日本近世史図書総覧

明治～平成

日外アソシエーツ

Catalog of Books
of
Edo Period History

1868-2007

Compiled by
Nichigai Associates, Inc.

©2009 by Nichigai Associates, Inc.
Printed in Japan

本書はディジタルデータでご利用いただくことができます。詳細はお問い合わせください。

●編集担当● 原沢 竜太
装　丁：浅海 亜矢子

刊行にあたって

　江戸時代は飢饉や鎖国、圧政などを批判的に語られることがかつては多かった。しかし近年、明治維新の研究が進むにつれ、その成功要因としての江戸時代が再評価されている。寺子屋による高い識字率が有名だが、他にも、街道や宿場など交通インフラの整備、農業生産力の向上による人口増、市場主義経済の発達、中央と地方の文化力の平準化など枚挙にいとまはない。こうした江戸期における諸発展が日本近代化の礎となり、現代社会にいまなお大きな影響を与えているのである。江戸時代を知ることは、日本という国を深く理解し、また当時の優れた知恵を学び未来に活かすという意味で非常に重要といえるだろう。

　本書はそうした日本近世史関連の図書を、主題を問わずに収録し、包括的に調査できるようにしたものである。現在の図書分類法では、政治史は「政治」、経済史は「経済」という主題のもとに分類整理されているが、本書ではそれらを網羅的に収録することにより、歴史研究の対象となる多様な主題を通覧することが可能になっている。歴史区分としての「近世」には諸説あるが、本書では江戸幕府開府から大政奉還までを便宜上の区切りとした。収録した図書は明治から現在までの140年間に刊行されたものであり、稀覯本から最新の学説書まで、幅広く参照できる。なお、古代（平安時代以前）を扱った文献の調査については「日本古代史図書総覧　明治～平成」（2008.6刊）があり、中世（鎌倉時代～安土桃山時代）については「日本中世史図書総覧　明治～平成」（2008.11刊）が便利である。併せてご利用いただきたい。

　本書が、江戸時代に関する図書を調査研究・利用する際の手がかりの一つとして、多くの人々に活用されることを願うものである。

2009年5月

　　　　　　　　　　　　　　　　　　　　　　　　　　　日外アソシエーツ

凡　例

1．本書の内容

　　本書は、日本の近世（江戸時代）関連の図書を網羅的に集め、主題分類した図書目録である。

2．収録対象

　(1) 1868年（明治元年）から2007年（平成19年）までの140年間に日本国内で刊行された図書を収録対象とした。
　(2) 日本史を包括的に扱った通史書は除外した。しかし近世に記述の重点を置いているものや、収録範囲が中世から近世にまたがる図書は収録した。また明治時代関連の図書でも、近世と関連が深いものは適宜収録した。
　(3) 近世を扱った図書でも小説、児童書、受験参考書・問題集、コミックは収録しなかった。
　(4) 収録した図書は34,033点である。

3．見出し

　(1) 各図書は、中世から近世にまたがる時代を扱った「中世・近世史」と、近世のみを扱った「近世史」に区分し、これを大見出しとした。
　(2) 各大見出しの下は主題分類し、これを中見出しとした。また中見出しの下には適宜小見出しを設けた。
　(3) 見出しの詳細は、目次を参照されたい。

4．排　列

　(1) 見出しの下での排列は、書名の読みの五十音順とした。
　(2) 濁音・半濁音は清音扱いとし、ヂ→シ、ヅ→スとした。また拗促音は直音扱いとし、長音（音引き）は無視した。
　(3) 「日本…」の読みは、「ニホン…」に統一した。
　(4) 同一書名の図書は刊行年月順に排列した。

5．図書の記述

　　記述の内容と順序は次の通り。
　　書名／副書名／巻次／各巻書名／著者表示／版表示／出版地（東京以外を表示）／出版者／出版年月／ページ数または冊数／大きさ／叢書名／叢書番号／定価（刊行時）／ISBN（Ⓘで表示）／NDC（Ⓝで表示）／文献番号（〔　〕で表示）

6．著者名索引

　　各図書の著者名を五十音順に排列した。本文における図書の所在は文献番号で示した。

7．事項名索引

　　本文の見出しに含まれるテーマをキーワードとして五十音順に排列し、見出しの掲載ページを示した。

8．書誌事項等の出所

　　本書に掲載した各図書の書誌事項は、概ねデータベース「BOOKPLUS」及びJAPAN/MARCに拠ったが、掲載にあたっては編集部で記述形式などを改めたものがある。

目　次

中世・近世史

- 中世・近世一般 …………………… 1
  - 古文書学 ………………………… 2
    - 花押・印章 …………………… 4
    - 系譜・系図 …………………… 4
  - 合戦史 …………………………… 4
- 外交史 ……………………………… 4
- 経済史 ……………………………… 4
  - 貨幣・金融 ……………………… 4
  - 農業史 …………………………… 4
  - 製造業・工業技術 ……………… 5
    - 製鉄・鍛冶 …………………… 5
    - 鋳物・焼物 …………………… 5
  - 鉱業 ……………………………… 5
  - 染物 ……………………………… 5
  - 運輸・交通 ……………………… 5
    - 道 ……………………………… 5
    - 水運・海運 …………………… 7
- 社会史 ……………………………… 7
  - 風俗・生活史 …………………… 7
  - 服飾史 …………………………… 7
    - 鎧・武具 ……………………… 7
  - 民間伝承 ………………………… 8
  - 歴史地理 ………………………… 8
- 宗教史 ……………………………… 8
- 文化史 ……………………………… 8
- 美術史 ……………………………… 8
- 建築史 ……………………………… 8
- 芸能史 ……………………………… 9
- 言語史 ……………………………… 9
- 文学史 ……………………………… 9
- 地方史 ……………………………… 9
  - 北海道 …………………………… 9
  - 東北地方 ………………………… 9
    - 岩手県 ………………………… 9
    - 宮城県 ………………………… 9
    - 秋田県 ………………………… 9
  - 関東地方 ………………………… 10
    - 茨城県 ………………………… 10
    - 栃木県 ………………………… 10
    - 埼玉県 ………………………… 10
    - 千葉県 ………………………… 10
    - 東京都 ………………………… 10
    - 神奈川県 ……………………… 10
  - 北越地方 ………………………… 10
    - 新潟県 ………………………… 10
    - 富山県 ………………………… 10
    - 福井県 ………………………… 10
  - 中部・東海地方 ………………… 10
    - 山梨県 ………………………… 10
    - 長野県 ………………………… 10
    - 愛知県 ………………………… 10
  - 近畿地方 ………………………… 11
    - 滋賀県 ………………………… 11
    - 京都府 ………………………… 11
    - 大阪府 ………………………… 11
    - 兵庫県 ………………………… 11
  - 中国地方 ………………………… 11
    - 鳥取県 ………………………… 11
    - 広島県 ………………………… 11
    - 山口県 ………………………… 11
  - 四国地方 ………………………… 11
    - 愛媛県 ………………………… 11
  - 九州地方 ………………………… 11
    - 福岡県 ………………………… 11
    - 熊本県 ………………………… 11
    - 宮崎県 ………………………… 11
    - 鹿児島県 ……………………… 11
    - 沖縄県 ………………………… 11
      - 歴代宝案 …………………… 13

近世史

- 近世一般 …………………………… 14
  - 諸家人物伝・系譜 ……………… 19
    - 徳川諸家系譜 ………………… 20
    - 寛永諸家系図伝 ……………… 20
    - 藩翰譜 ………………………… 21
    - 寛政重修諸家譜 ……………… 22
  - 古文書 …………………………… 22
  - 江戸時代史料 …………………… 24
    - 江戸幕府日記 ………………… 30
    - 徳川実紀 ……………………… 31
    - 続徳川実紀 …………………… 32
    - 大日本史料 …………………… 32
    - 干城録 ………………………… 33
    - 朝野旧聞裒藁 ………………… 33
    - 奥田家文書 …………………… 34
    - 甲子夜話 ……………………… 34
    - 雑兵物語 ……………………… 35

目　次

近古史談	35
鷹見泉石日記	35
江戸藩邸毎日記	36
桜斎随筆	36
大坂加番記録	36
大坂定番記録	36
甲子雑録	36
国史館日録	37
佐土原藩嶋津家江戸日記	37
慈性日記	37
細川家史料	37
廣橋兼胤公武御用日記	37
林鶴梁日記	38
連城漫筆	38
視聴草	38
官府御沙汰略記	38
三河物語	39
斎藤月岑日記	39
隔蓂記	39
慶長日件録	39
言経卿記	40
通兄公記	40
妙法院日次記	40
泰重卿記	40
貞丈雑記	40
舜旧記	41
柳営補任	41
幕府書物方日記	41
歴代残闕日記	42
井伊家史料	42
雑著	42
天皇・朝廷	43
後水尾天皇	43
明正天皇	44
後光明天皇	44
後西天皇	44
霊元天皇	44
東山天皇	44
中御門天皇	44
桜町天皇	44
桃園天皇	44
後桜町天皇	44
後桃園天皇	44
光格天皇	45
仁孝天皇	45
孝明天皇	45
公家	45
徳川将軍家	45
徳川三代	48
徳川家康	48
徳川秀忠	50
徳川家光	50
徳川家綱	50
徳川綱吉	50
徳川家宣	51
徳川家継	51
徳川吉宗	51
徳川家重	52
徳川家治	52
徳川家斉	52
徳川家慶	53
徳川家定	53
徳川家茂	53
徳川慶喜	53
幕藩体制	55
幕府政治	58
武鑑	60
旗本	61
大奥	62
春日局	64
天璋院篤姫	64
和宮	64
大名	64
藩政	67
藩鑑	68
御家騒動	69
伊達騒動	69
加賀騒動	70
江戸初期	70
江戸開府	70
大坂の陣	71
寛永時代	72
保科正之	72
由比正雪の乱	72
水戸黄門	73
元禄時代	73
赤穂事件	74
大石内蔵助	82
堀部安兵衛	82
吉良義央	82
文治政治	82
江戸中期	82
享保改革	83
大岡越前	84
徳川宗春	84
田沼時代	84
ワイロ	85
寛政改革	85
林子平	85
高山彦九郎	85

(7)

目次

藩政改革	85
上杉鷹山	86
江戸後期	87
大塩平八郎の乱	87
天保改革	88
幕末	88
幕末写真史	96
幕末史料	97
丁卯雑拾録	101
東西紀聞	101
東西評林	102
幕末風聞探索書	102
九条尚忠文書	102
連城紀聞	102
吉川経幹周旋記	102
向山誠斎雑記	102
中山忠能日記	104
中山忠能履歴資料	104
島津久光公實紀	104
大日本維新史料	104
野史台維新史料	105
川路聖謨文書	106
大老井伊直弼	106
安政大獄	107
桜田門外の変	107
尊王攘夷運動	108
公武合体運動	108
坂下門外の変	108
朝廷の動向	108
岩倉具視	109
維新の群像	109
松平春岳	115
橋本左内	115
河井継之助	116
幕末期の幕臣	116
川路聖謨	116
江川英龍	117
堀田正睦	117
勝海舟	117
小栗忠順	118
山岡鉄舟	119
幕末期の水戸藩	119
天狗党の乱	120
幕末期の会津藩	121
幕末期の土佐藩	121
武市半平太	122
坂本竜馬	122
中岡慎太郎	125
幕末期の薩摩藩	126
島津斉彬	126
西郷隆盛	126
大久保利通	129
幕末期の長州藩	130
木戸孝允	131
高杉晋作	132
大村益次郎	132
禁門の変	133
長州征伐	133
奇兵隊	133
相楽総三	134
幕末テロ	134
新選組	134
近藤勇	140
土方歳三	140
沖田総司	141
留学	141
幕末動乱	142
天誅組の乱	143
生野の乱	143
ええじゃないか	143
幕府滅亡	144
法制史	144
市中取締類集	146
教令類纂	147
憲教類典	147
武士の法度	148
参勤交代	148
町触・触書	148
地方法制	150
藩法	151
琉球の法制	154
司法	154
奉行所	155
代官	156
役人	157
刑事法	158
盗人	158
行刑・刑罰	158
犯科帳	159
流人・寄場送り	160
民事法	161
離婚	161
商法	161
郷帳・村落の法	162
部落法	162
外交史	162
初期外交・貿易史	163
朱印船	163
慶長遣欧使節・支倉常長	164
鎖国	164

(8)

目　次

長崎貿易	166
漂流民	166
大黒屋光太夫	168
高田屋嘉兵衛	168
中浜万次郎（ジョン万次郎）	168
ケンペル	168
日本誌	169
シーボルト	169
幕末外交・貿易史	171
幕末外交史料	172
幕末外国関係文書	172
幕末外国関係文書附録	174
続通信全覧	174
黒船・ペリー来航	176
開国	178
攘夷論	180
外国人殺傷事件	180
外国人の見た日本	180
アーネスト・サトウ	184
対アジア外交	184
対朝鮮外交	185
対中国外交	188
対オランダ外交	189
オランダ商館日記	191
対ロシア外交	192
対アメリカ外交	193
ハリス・ヒュースケン	194
万延元年遣米使節	194
対オーストラリア外交	196
対ヨーロッパ外交	196
対イギリス外交	197
イギリス商館日記	197
対フランス外交	198
経済史	198
幕末経済	200
経済思想	200
財政史	202
藩財政	202
領国経営	202
知行制	203
地方経済	203
商品流通	204
物価史	204
米取引	204
札差	205
専売制度	205
貨幣史	205
藩札・地方紙幣	207
金融史	208
産業史	209

農業史	209
農政	211
土地制度	211
米相場	211
商品作物・園芸	212
検地・石高調	212
地主制	213
新田開発	213
農書・農業技術	214
日本農書全書	214
土木史	215
用水・治水	215
宝暦治水	217
農民生活	217
年貢	218
飢饉	219
百姓一揆	220
世直し一揆	222
東北地方	222
関東地方	223
中部地方	224
近畿地方	225
中国地方	225
四国地方	226
九州地方	226
養蚕史	226
畜産史	226
林業史	227
狩猟	228
漁業	228
塩業	229
鉱業	229
製造業・工業技術	230
職人史	230
製鉄・大砲製造	231
砲術	231
鉄砲	232
造船	232
軍艦・海軍	232
鋳物	233
運輸・交通	233
飛脚	234
街道	234
宿駅	235
東海道	236
中山道	237
日光街道	238
甲州街道	239
奥州街道	239
その他の街道	239

目次

- 旅行 …………………………………… 240
- 関所 …………………………………… 241
- 水運 …………………………………… 241
  - 海運 ………………………………… 241
  - 北前船 ……………………………… 243
- 商業史 ………………………………… 244
  - 商業史料 …………………………… 245
  - 経営史 ……………………………… 246
    - 株仲間 …………………………… 246
  - 問屋 ………………………………… 246
    - 問屋仲間 ………………………… 247
    - 諸仲間再興調 …………………… 247
  - 商人 ………………………………… 247
    - 近江商人 ………………………… 249
    - 江戸商人 ………………………… 251
    - 大坂商人 ………………………… 251
    - 伊勢商人 ………………………… 252
    - 在郷商人 ………………………… 252
    - 江戸しぐさ ……………………… 252
  - 広告 ………………………………… 253
- 社会史 ………………………………… 253
  - 封建制度 …………………………… 255
    - 士農工商 ………………………… 256
  - 人口史 ……………………………… 257
  - 女性史 ……………………………… 257
  - 家族 ………………………………… 261
  - 町人の台頭 ………………………… 262
  - 差別史 ……………………………… 262
    - 浅草弾左衛門 …………………… 265
  - 犯罪・心中 ………………………… 265
    - 侠客・無宿人 …………………… 266
  - 村落 ………………………………… 266
    - 宮座 ……………………………… 269
  - 都市 ………………………………… 269
    - 城下町 …………………………… 271
    - 江戸 ……………………………… 271
    - 上方 ……………………………… 277
    - 横浜 ……………………………… 277
  - 事件史 ……………………………… 278
    - 逸話 ……………………………… 278
    - 暗殺事件 ………………………… 279
    - 絵島事件 ………………………… 279
  - 災害史 ……………………………… 279
    - 天明の大噴火 …………………… 280
    - 安政の大地震 …………………… 281
  - 風俗・生活史 ……………………… 281
    - 風俗史料 ………………………… 284
    - 環境問題 ………………………… 285
  - 時代考証 …………………………… 286
  - 武士生活 …………………………… 286
- 武家故実 ……………………………… 288
- 婚姻 …………………………………… 289
- 庶民の生活 …………………………… 289
  - 生業風俗 …………………………… 290
  - 子供 ………………………………… 291
  - 江戸っ子 …………………………… 291
- 家政学 ………………………………… 293
- 服飾史 ………………………………… 293
  - 鎧・武具 …………………………… 294
  - 髪結・化粧 ………………………… 295
  - 入浴 ………………………………… 295
- 食物・料理史 ………………………… 295
  - 料理史料 …………………………… 297
  - 蕎麦 ………………………………… 298
  - 酒 …………………………………… 298
- 住居史 ………………………………… 298
  - 灯り ………………………………… 298
  - 火事・火消し ……………………… 298
- 性風俗 ………………………………… 299
  - 男色 ………………………………… 300
  - 遊里 ………………………………… 300
    - 吉原 ……………………………… 302
- 遊戯 …………………………………… 303
  - 民具 ………………………………… 304
  - 凧 …………………………………… 304
- 葬儀 …………………………………… 304
- 年中行事・歳時記 …………………… 305
  - 祭礼・縁日 ………………………… 306
  - 絵馬 ………………………………… 306
  - 願掛け ……………………………… 306
- 民間伝承 ……………………………… 306
  - 埋蔵金伝説 ………………………… 307
- 歴史地理 ……………………………… 307
  - 名所図絵・切絵図 ………………… 309
  - 道中記 ……………………………… 311
- 思想史 ………………………………… 313
  - 人間尊重思想 ……………………… 315
  - 実学思想 …………………………… 315
  - 政治思想・封建思想 ……………… 316
  - 幕末思想 …………………………… 316
  - 兵学思想 …………………………… 316
  - 儒学一般 …………………………… 317
    - 漢学 ……………………………… 318
  - 朱子学派 …………………………… 319
    - 藤原惺窩 ………………………… 321
    - 林羅山 …………………………… 321
    - 室鳩巣 …………………………… 321
    - 木下順庵 ………………………… 321
    - 新井白石 ………………………… 321
      - 折たく柴の記 ………………… 322

(10)

雨森芳洲	322	大国隆正	347
野中兼山	322	塙保己一	347
山崎闇斎	323	菅江真澄	348
梅田雲浜	323	橘守部	348
浅見絅斎	323	内山真龍	348
佐藤直方	323	鈴木朖	348
貝原益軒	323	石塚龍麿	348
柴野栗山	324	植松茂岳	348
菅茶山	324	富士谷御杖	348
蘆東山	324	生田万	348
帆足万里	325	鈴木重胤	348
池田草庵	325	水戸学	348
村瀬太乙	325	佐々宗淳	350
横井小楠	325	吉田活堂	351
陽明学派	326	藤田東湖	351
中江藤樹	326	倫理・道徳	352
熊沢蕃山	327	武士道	352
佐藤一斎	328	葉隠	355
言志四録	329	敵討	355
大塩平八郎	329	民衆思想	356
山田方谷	330	石田梅岩	356
林良斎	330	二宮尊徳	356
佐久間象山	330	大原幽学	356
三島中洲	331	その他の思想	357
古学派	332	安藤昌益	357
山鹿素行	332	佐藤信淵	358
伊藤仁斎	334	三浦梅園	359
荻生徂徠	334	毛利空桑	359
太宰春台	335	吉田松陰	359
相馬九方	335	陰陽道・占い	363
山県周南	335	宗教史	363
亀井南冥	335	宗教統制	364
安井息軒	335	神道史	364
中山城山	335	神社	364
折衷学派	335	仏教史	365
細井平洲	336	寺院	366
皆川淇園	336	往生伝	366
亀田鵬斎	336	円空	366
広瀬淡窓	336	密教	367
大田錦城	337	浄土宗	367
東条一堂	337	浄土真宗	367
斎藤拙堂	337	かくれ念仏	367
国学	337	寺院史料	368
契沖	340	諸宗末寺帳	368
荷田春満	341	禅宗	368
賀茂真淵	341	良寛	369
本居宣長	341	貞心尼	369
伴信友	345	日蓮宗	369
平田篤胤	345	不受不施派	370
田中大秀	347	キリスト教	370

目　次

島原の乱 …………………………… 373
キリシタン類族帳 ………………… 373
民間信仰 ……………………………… 374
妖怪・怪談 …………………………… 375
学術・教育史 …………………………… 376
蘭学・洋学 …………………………… 376
　平賀源内 ………………………… 380
　杉田玄白 ………………………… 380
　　蘭学事始 …………………… 380
　大槻玄沢 ………………………… 381
　高野長英 ………………………… 381
　蛮社の獄 ………………………… 381
史学史 ………………………………… 381
　頼山陽 …………………………… 382
地理学史 ……………………………… 383
　探検史 …………………………… 383
　地図・測量 ……………………… 383
　　伊能忠敬 …………………… 384
　編脩地誌備用典籍解題 ………… 386
科学史 ………………………………… 386
　博物誌 …………………………… 387
　数学 ……………………………… 389
　　関孝和 ……………………… 391
　植物学 …………………………… 391
　動物学 …………………………… 391
　地学 ……………………………… 392
　化学 ……………………………… 392
　天文学 …………………………… 392
　時法・暦学 ……………………… 392
医学史 ………………………………… 392
　オランダ医学 …………………… 395
　民間療法 ………………………… 396
　歯科学 …………………………… 396
　薬学 ……………………………… 396
教育史 ………………………………… 397
　学校教育 ………………………… 399
　　昌平坂学問所 ……………… 400
　　藩校 ………………………… 400
　　私塾 ………………………… 402
　　懐徳堂 ……………………… 403
　　適塾 ………………………… 403
　　松下村塾 …………………… 404
　　郷校 ………………………… 404
　　庶民教育・寺子屋 ………… 404
　往来物 …………………………… 405
兵法史 ………………………………… 406
文化史 ………………………………… 408
　文化史(近世前期) ……………… 410
　文化史(近世中期) ……………… 410
　文化史(近世後期) ……………… 410

町人文化 ……………………………… 411
出版史 ………………………………… 411
　読書・図書 ……………………… 412
　図書館・文庫 …………………… 414
　本屋 ……………………………… 414
　京都書林仲間記録 ……………… 414
　大坂本屋仲間記録 ……………… 414
かわら版 ……………………………… 414
　初期新聞 ………………………… 415
　　広告史 ……………………… 415
デザイン ……………………………… 415
美術史 ………………………………… 416
　仏教美術 ………………………… 418
　芸術家 …………………………… 418
　　本阿弥光悦 ………………… 418
　彫刻 ……………………………… 418
　　仏像 ………………………… 419
　　左甚五郎 …………………… 419
　絵画 ……………………………… 419
　　地方の絵画 ………………… 423
　　　蠣崎波響 ……………… 423
　　　東東洋 ………………… 424
　　大和絵 ……………………… 424
　　　土佐光則 ……………… 424
　　　土佐光起 ……………… 424
　　　住吉如慶 ……………… 424
　　　住吉具慶 ……………… 424
　　　冷泉為恭 ……………… 424
　　水墨画・禅画 ……………… 424
　　　海北派 ………………… 425
　　　仙厓 …………………… 425
　　　白隠 …………………… 425
　　　曽我蕭白 ……………… 425
　　　南蛮美術 ……………… 425
　　狩野派 ……………………… 425
　　　狩野山雪 ……………… 427
　　　狩野芳崖 ……………… 427
　　　狩野探幽 ……………… 427
　　　久隅守景 ……………… 427
　　　英一蝶 ………………… 427
　　屏風絵 ……………………… 427
　　琳派・装飾画・障壁画 …… 428
　　　俵屋宗達 ……………… 429
　　　尾形光琳 ……………… 430
　　　酒井抱一 ……………… 430
　　　鈴木其一 ……………… 430
　　写生画・円山派・四条派 … 430
　　　岸駒 …………………… 431
　　　円山応挙 ……………… 431
　　　松村景文 ……………… 432

(12)

目　次

　　川口月嶺 …………………… 432
　　宋紫石 ……………………… 432
　　呉月渓（呉春）……………… 432
　　長沢蘆雪 …………………… 432
　花鳥画 ………………………… 432
　　抱一派 ……………………… 432
　　伊藤若冲 …………………… 433
　文人画・南画・俳画 ………… 433
　　池大雅 ……………………… 436
　　与謝蕪村 …………………… 437
　　浦上玉堂 …………………… 438
　　渡辺崋山 …………………… 438
　　谷文晁 ……………………… 440
　　椿椿山 ……………………… 440
　　増山雪斎 …………………… 440
　　合葉文山 …………………… 440
　　小田野直武 ………………… 440
　　田崎草雲 …………………… 440
　　佐竹曙山 …………………… 440
　　吉田蔵沢 …………………… 440
　　福田半香 …………………… 441
　　黒田泊庵 …………………… 441
　　柳沢淇園 …………………… 441
　　田能村竹田 ………………… 441
　　青木木米 …………………… 441
　　岡田米山人 ………………… 441
　浮世絵 ………………………… 442
　　浮世絵の目録 ……………… 450
　　美人画 ……………………… 450
　　役者絵 ……………………… 451
　　風景画 ……………………… 452
　　江戸風景 …………………… 453
　　風俗画 ……………………… 453
　　春画 ………………………… 455
　　大津絵 ……………………… 458
　　錦絵 ………………………… 459
　　肉筆浮世絵 ………………… 459
　絵師 …………………………… 460
　　菱川師宣 …………………… 461
　　葛飾北斎 …………………… 462
　　　北斎漫画 ………………… 466
　　北尾政美（鍬形惠斎）……… 466
　　鈴木春信 …………………… 466
　　東洲斎写楽 ………………… 467
　　鳥居清長 …………………… 469
　　安藤広重 …………………… 469
　　喜多川歌麿 ………………… 473
　　歌川豊春 …………………… 474
　　歌川国芳 …………………… 474
　　岩佐又兵衛 ………………… 475

　　磯田湖竜斎 ………………… 476
　　勝川春章 …………………… 476
　　歌川豊国 …………………… 476
　　池田英泉 …………………… 476
　　歌川国貞 …………………… 477
　　恋川笑山 …………………… 478
　　河鍋暁斎 …………………… 478
　　西川祐信 …………………… 478
　　鳥居清信 …………………… 478
　　勝川春潮 …………………… 478
　　絵金 ………………………… 478
　洋画・銅版画 ………………… 478
　　司馬江漢 …………………… 479
　　亜欧堂田善 ………………… 479
　　ガラス絵 …………………… 479
　漫画 …………………………… 480
陶芸 ……………………………… 480
　尾形乾山 ……………………… 482
　酒井田柿右衛門 ……………… 482
　野々村仁清 …………………… 482
　永楽善五郎 …………………… 483
　有田焼 ………………………… 483
　伊万里焼 ……………………… 483
　織部焼 ………………………… 484
　唐津焼 ………………………… 485
　京焼 …………………………… 485
　九谷焼 ………………………… 485
　薩摩焼 ………………………… 486
　信楽焼・伊賀焼 ……………… 487
　瀬戸焼 ………………………… 487
　丹波焼 ………………………… 488
　常滑焼 ………………………… 488
　越前焼 ………………………… 488
　鍋島焼 ………………………… 488
　萩焼 …………………………… 489
　備前焼 ………………………… 489
　益子焼 ………………………… 490
　美濃焼 ………………………… 490
　楽焼 …………………………… 491
　湖東焼 ………………………… 491
　吉向焼 ………………………… 491
　御庭焼 ………………………… 491
工芸 ……………………………… 491
　ガラス工芸 …………………… 492
　蒔絵 …………………………… 492
　染織工芸 ……………………… 492
　紙細工 ………………………… 493
　金工 …………………………… 493
建築史 …………………………… 493
　御所 …………………………… 495

(13)

目次

城郭建築・武家屋敷 ………………… 495
  江戸城 ………………………………… 497
  名古屋城 ……………………………… 498
  二条城 ………………………………… 498
  大坂城 ………………………………… 498
  姫路城 ………………………………… 498
  寺社建築 ……………………………… 499
    日光東照宮 ………………………… 501
  離宮 …………………………………… 501
    数奇屋造 …………………………… 501
    桂離宮 ……………………………… 501
    修学院 ……………………………… 502
  民家 …………………………………… 503
  庭園 …………………………………… 504
芸能史 …………………………………… 504
  演劇史 ………………………………… 505
  浄瑠璃 ………………………………… 506
    義太夫節 …………………………… 509
    近松門左衛門 ……………………… 509
      曾根崎心中 ……………………… 512
    竹田出雲 …………………………… 512
      義経千本桜 ……………………… 512
      仮名手本忠臣蔵 ………………… 512
  能楽 …………………………………… 513
  歌舞伎 ………………………………… 513
    歌舞伎史料 ………………………… 517
    鶴屋南北 …………………………… 518
      四谷怪談 ………………………… 519
    河竹黙阿弥 ………………………… 519
  音楽史 ………………………………… 519
    大道芸・曲芸 ……………………… 520
  寄席・見世物 ………………………… 520
  釣り …………………………………… 520
  体育史 ………………………………… 521
    武道 ………………………………… 521
      剣客 ……………………………… 521
      宮本武蔵 ………………………… 522
        五輪書 ………………………… 523
      柳生新陰流 ……………………… 524
    弓道 ………………………………… 524
    相撲 ………………………………… 524
  茶道 …………………………………… 525
    千家茶道 …………………………… 526
    千宗旦 ……………………………… 526
    古田織部 …………………………… 526
    小堀遠州 …………………………… 527
    酒井宗雅 …………………………… 527
    山田宗徧 …………………………… 527
    片桐石州 …………………………… 527
    八橋売茶翁 ………………………… 527
    織田有楽斎 ………………………… 527
  華道 …………………………………… 527
  書道 …………………………………… 527
  囲碁・将棋 …………………………… 528
言語史 …………………………………… 529
  江戸語 ………………………………… 531
  上方語 ………………………………… 531
    キリシタン語 ……………………… 531
  方言 …………………………………… 532
  外国語研究 …………………………… 532
    通訳・翻訳 ………………………… 532
文学史 …………………………………… 533
  女流文学 ……………………………… 542
  小説 …………………………………… 543
    石田軍記 …………………………… 545
    艶本 ………………………………… 545
  仮名草子 ……………………………… 546
    浅井了意 …………………………… 547
  浮世草子 ……………………………… 547
    井原西鶴 …………………………… 548
      好色一代男 ……………………… 553
      好色五人女 ……………………… 554
      日本永代蔵 ……………………… 554
      世間胸算用 ……………………… 554
      西鶴織留 ………………………… 554
      武道伝来記 ……………………… 555
      武家義理物語 …………………… 555
      西鶴諸国はなし ………………… 555
      西鶴俗つれづれ ………………… 555
      万の文反古 ……………………… 555
    八文字屋本 ………………………… 555
  洒落本 ………………………………… 556
    山東京伝 …………………………… 556
  人情本 ………………………………… 557
  滑稽本 ………………………………… 557
    式亭三馬 …………………………… 557
    十返舎一九 ………………………… 558
      東海道中膝栗毛 ………………… 558
  読本 …………………………………… 559
    上田秋成 …………………………… 560
      雨月物語 ………………………… 561
    滝沢馬琴 …………………………… 562
      南総里見八犬伝 ………………… 564
    景清外傳 …………………………… 564
    咲分仙臺萩 ………………………… 565
    太閤真顕記 ………………………… 565
  草双紙 ………………………………… 565
    黄表紙 ……………………………… 566
    合巻 ………………………………… 567
  咄本 …………………………………… 567

目次

随筆・評論 …………………………… 569
　常山紀談 ………………………… 570
　北越雪譜 ………………………… 571
　俳文 ……………………………… 571
和歌 ……………………………………… 572
短歌 ……………………………………… 573
　安藤野雁 ………………………… 576
　大隈言道 ………………………… 576
　大田垣蓮月 ……………………… 576
　小沢蘆庵 ………………………… 577
　香川景樹 ………………………… 577
　熊谷直好 ………………………… 577
　桂園派 …………………………… 577
　橘曙覧 …………………………… 577
　戸田茂睡 ………………………… 578
　平賀元義 ………………………… 578
　良寛 ……………………………… 578
　明倫歌集 ………………………… 582
狂歌 ……………………………………… 582
　大田蜀山人 ……………………… 584
俳諧 ……………………………………… 584
　地方俳諧 ………………………… 588
　　北海道・東北地方 …………… 588
　　関東地方 ……………………… 588
　　中部地方 ……………………… 589
　　近畿地方 ……………………… 590
　　中国地方 ……………………… 590
　　四国地方 ……………………… 590
　　九州地方 ……………………… 590
　初期俳諧 ………………………… 591
　　荒木田守武 …………………… 591
　　貞門派 ………………………… 591
　　談林派 ………………………… 591
　　北村季吟 ……………………… 592
　　井原西鶴 ……………………… 592
　松尾芭蕉 ………………………… 593
　　蕉風俳句 ……………………… 606
　　連句 …………………………… 606
　　俳諧七部集 …………………… 608
　　句碑 …………………………… 608
　　猿蓑 …………………………… 610
　　発句 …………………………… 610
　　書簡 …………………………… 611
　元禄・享保期俳諧 ……………… 611
　　蕉門俳諧 ……………………… 613
　　河合曽良 ……………………… 614
　　宝井其角 ……………………… 614
　　向井去来 ……………………… 615
　　各務支考 ……………………… 616
　　野沢凡兆 ……………………… 616

　　上島鬼貫 ……………………… 616
　　服部土芳 ……………………… 616
　　内藤丈草 ……………………… 616
　　加賀千代尼 …………………… 616
　　小西来山 ……………………… 617
　　鈴木清風 ……………………… 617
　　蝶夢 …………………………… 617
　　坪井杜国 ……………………… 617
　　立花北枝 ……………………… 617
　安永・天明期俳諧 ……………… 617
　　与謝蕪村 ……………………… 619
　　高井几董 ……………………… 621
　　加藤暁台 ……………………… 622
　化政・天保期俳諧 ……………… 622
　　小林一茶 ……………………… 623
　　高柳荘丹 ……………………… 626
　　井上井月 ……………………… 626
　　良寛 …………………………… 627
川柳 ……………………………………… 627
　柳多留 …………………………… 631
　末摘花 …………………………… 633
　武玉川 …………………………… 633
　雑俳 ……………………………… 633
歌謡・謡曲・狂言 ……………………… 634
　下掛謡本 ………………………… 636
紀行文 …………………………………… 637
　松尾芭蕉 ………………………… 640
　　奥の細道 ……………………… 641
　　野ざらし紀行 ………………… 646
　　更科紀行 ……………………… 646
　西遊記 …………………………… 646
　菅江真澄 ………………………… 647
漢詩文 …………………………………… 647
　良寛 ……………………………… 651
　頼山陽 …………………………… 652
　石川丈山 ………………………… 652
　江馬細香 ………………………… 652
　菅茶山 …………………………… 652
　梁川星巌 ………………………… 653
地方史 …………………………………… 653
　北海道 …………………………… 653
　　自治体史 ……………………… 654
　　一般史料 ……………………… 654
　　　近藤重蔵蝦夷地関係史料 … 655
　　史料目録 ……………………… 655
　　アイヌ史 ……………………… 655
　東北地方 ………………………… 655
　　青森県 ………………………… 656
　　　自治体史 …………………… 657
　　　自治体史史料 ……………… 657

(15)

目　次

一般史料	657
南部・八戸藩藩日記	658
岩手県	660
自治体史	660
自治体史史料	661
一般史料	662
盛岡藩雑書	663
史料目録	664
宮城県	664
自治体史	665
自治体史史料	665
一般史料	665
伊達治家記録	666
秋田県	666
自治体史	667
自治体史史料	667
一般史料	668
史料目録	669
山形県	669
自治体史	670
自治体史史料	671
一般史料	671
上杉家御年譜	672
史料目録	673
福島県	673
自治体史	675
自治体史史料	676
一般史料	678
史料目録	679
関東地方	679
一般史料	680
史料目録	680
茨城県	680
自治体史	681
自治体史史料	682
一般史料	683
史料目録	684
栃木県	684
自治体史	685
自治体史史料	685
一般史料	686
群馬県	686
自治体史	687
自治体史史料	687
一般史料	688
前橋藩松平家記録	688
史料目録	689
埼玉県	690
自治体史	691
自治体史史料	691

一般史料	693
史料目録	694
千葉県	695
自治体史	696
自治体史史料	697
一般史料	698
史料目録	699
東京都	699
自治体史史料	707
一般史料	709
江戸城下変遷絵図集	711
史料目録	712
八丈島	712
八丈島一般史料	712
神奈川県	713
自治体史	714
自治体史史料	714
一般史料	716
史料目録	717
北越地方	717
新潟県	717
自治体史	718
自治体史史料	719
一般史料	721
富山県	722
自治体史	723
自治体史史料	723
一般史料	723
史料目録	724
石川県	724
自治体史	725
自治体史史料	725
一般史料	726
加賀藩農政経済史料	727
史料目録	728
福井県	728
自治体史史料	728
一般史料	729
史料目録	729
中部・東海地方	729
山梨県	730
自治体史	730
自治体史史料	730
一般史料	731
史料目録	731
長野県	731
自治体史	733
自治体史史料	734
一般史料	734
上田藩村明細帳	736

目　次

岐阜県 ………………………… 736	自治体史 ……………………… 765
自治体史 ……………………… 737	自治体史史料 ………………… 765
自治体史史料 ………………… 737	一般史料 ……………………… 765
一般史料 ……………………… 737	島根県 ………………………… 765
史料目録 ……………………… 738	自治体史 ……………………… 766
静岡県 ………………………… 738	自治体史史料 ………………… 766
自治体史 ……………………… 739	史料目録 ……………………… 766
自治体史史料 ………………… 739	岡山県 ………………………… 766
一般史料 ……………………… 741	自治体史 ……………………… 767
史料目録 ……………………… 741	自治体史史料 ………………… 767
愛知県 ………………………… 742	一般史料 ……………………… 768
自治体史 ……………………… 744	史料目録 ……………………… 769
自治体史史料 ………………… 744	広島県 ………………………… 769
一般史料 ……………………… 745	自治体史 ……………………… 770
史料目録 ……………………… 747	自治体史史料 ………………… 770
三重県 ………………………… 748	一般史料 ……………………… 770
自治体史史料 ………………… 749	芸藩志 ……………………… 770
一般史料 ……………………… 749	山口県 ………………………… 771
史料目録 ……………………… 750	自治体史 ……………………… 772
近畿地方 ……………………… 750	自治体史史料 ………………… 772
滋賀県 ………………………… 750	一般史料 ……………………… 772
自治体史 ……………………… 751	史料目録 ……………………… 773
自治体史史料 ………………… 751	四国地方 ……………………… 773
一般史料 ……………………… 751	徳島県 ………………………… 773
史料目録 ……………………… 752	自治体史 ……………………… 774
京都府 ………………………… 752	一般史料 ……………………… 774
自治体史 ……………………… 753	史料目録 ……………………… 775
自治体史史料 ………………… 753	香川県 ………………………… 775
一般史料 ……………………… 754	自治体史 ……………………… 776
大阪府 ………………………… 754	自治体史史料 ………………… 776
自治体史 ……………………… 756	一般史料 ……………………… 776
自治体史史料 ………………… 756	史料目録 ……………………… 779
一般史料 ……………………… 756	愛媛県 ………………………… 779
史料目録 ……………………… 757	自治体史 ……………………… 780
兵庫県 ………………………… 757	自治体史史料 ………………… 780
自治体史 ……………………… 759	一般史料 ……………………… 780
自治体史史料 ………………… 759	史料目録 ……………………… 781
一般史料 ……………………… 760	高知県 ………………………… 781
史料目録 ……………………… 760	自治体史 ……………………… 782
奈良県 ………………………… 761	自治体史史料 ………………… 782
自治体史 ……………………… 761	一般史料 ……………………… 782
一般史料 ……………………… 761	史料目録 ……………………… 782
和歌山県 ……………………… 761	九州地方 ……………………… 782
自治体史 ……………………… 762	一般史料 ……………………… 783
自治体史史料 ………………… 762	福岡県 ………………………… 784
一般史料 ……………………… 762	自治体史 ……………………… 785
南紀徳川史 ………………… 763	自治体史史料 ………………… 785
史料目録 ……………………… 764	一般史料 ……………………… 785
中国地方 ……………………… 764	小倉藩人畜改帳 …………… 787
鳥取県 ………………………… 764	史料目録 ……………………… 787

(17)

目　次

佐賀県 …………………………………………… 788
　自治体史 …………………………………… 789
　自治体史史料 ……………………………… 789
　一般史料 …………………………………… 789
　史料目録 …………………………………… 790
長崎県 …………………………………………… 790
　自治体史 …………………………………… 792
　自治体史史料 ……………………………… 792
　一般史料 …………………………………… 792
熊本県 …………………………………………… 793
　自治体史 …………………………………… 794
　自治体史史料 ……………………………… 794
　一般史料 …………………………………… 794
　　肥後藩人畜改帳 ………………………… 796
　史料目録 …………………………………… 796
大分県 …………………………………………… 796
　自治体史 …………………………………… 797
　自治体史史料 ……………………………… 797
　一般史料 …………………………………… 798
　　豊後杵月藩城下町町役所日記 ………… 800
　史料目録 …………………………………… 801
宮崎県 …………………………………………… 801
　自治体史史料 ……………………………… 801
　一般史料 …………………………………… 801
鹿児島県 ………………………………………… 802
　自治体史史料 ……………………………… 803
　一般史料 …………………………………… 803
沖縄県 …………………………………………… 805
　自治体史史料 ……………………………… 806
　一般史料 …………………………………… 806
　史料目録 …………………………………… 807

(18)

中世・近世史

中世・近世一般

◇安土桃山・江戸時代「前期」 竹内誠監修 フレーベル館 2000.12 71p 31cm （地図でみる日本の歴史 5）2800円 Ⓘ4-577-02022-X 〔00001〕

◇安土桃山・江戸（前期）時代 小和田哲男監修 岩崎書店 2000.4 47p 29cm （人物・資料でよくわかる日本の歴史 7）3000円 Ⓘ4-265-04847-1,4-265-10223-9 〔00002〕

◇うめぼし博士の逆・日本史 2 武士の時代―江戸→戦国→鎌倉 樋口清之著 祥伝社 1987.2 328p 18cm （ノン・ブック）980円 Ⓘ4-396-50008-4 Ⓝ210.1 〔00003〕

◇絵と写真で学ぶ日本の歴史 3 鎌倉・室町・戦国・安土桃山・江戸（前期）時代編 古川清行著 東洋館出版社 1999.3 155p 26cm 2900円 Ⓘ4-491-01493-0 〔00004〕

◇教科書の絵と写真で見る日本の歴史資料集 4 安土桃山時代～江戸時代 宮原武夫監修 古舘明廣,加藤剛編著 岩崎書店 2002.4 46p 30cm 3000円 Ⓘ4-265-04854-4 〔00005〕

◇京大日本史 中 日本中・近世史 小葉田淳等 大阪 創元社 1953 22cm Ⓝ210.1 〔00006〕

◇教養人の日本史 第3 戦国時代から江戸中期まで 脇田修 社会思想社 1966-1967 15cm （現代教養文庫）Ⓝ210.1 〔00007〕

◇近世国家の形成と戦争体制 曽根勇二著 校倉書房 2004.9 414p 22cm （歴史科学叢書）10000円 Ⓘ4-7517-3560-8 Ⓝ210.48 〔00008〕

◇近世とはなにか 朝尾直弘著 岩波書店 2004.7 405,16p 22cm （朝尾直弘著作集 第8巻）9400円 Ⓘ4-00-092618-7 Ⓝ210.5 〔00009〕

◇近世日本の歴史 高木昭作,杉森哲也編著 放送大学教育振興会 2003.3 243p 21cm （放送大学教材 2003）2500円 Ⓘ4-595-23661-1 Ⓝ210.5 〔00010〕

◇近世の形成 歴史学研究会,日本史研究会編 東京大学出版会 2004.10 313p 19cm （日本史講座 第5巻）2200円 Ⓘ4-13-025105-8 Ⓝ210.48 〔00011〕

◇皇国の光―小学生の国史 第3巻 織田豊臣時代―江戸時代 松谷正治著 修文館 1940 612,16p 19cm Ⓝ375.3 〔00012〕

◇こども歴史新聞 中巻 室町（戦国）時代―江戸時代 世界文化社 1999.5 159p 24cm （別冊家庭画報）1200円 Ⓘ4-418-99116-6 〔00013〕

◇史料が語る日本の近世 大野瑞男編 吉川弘文館 2002.9 344p 22cm 8000円 Ⓘ4-642-03375-0 Ⓝ210.5 〔00014〕

◇新書 日本の歴史 第3 織豊政権の成立から江戸幕府の滅亡 笠原一男著 評論社 1967 251p 18cm Ⓝ210.1 〔00015〕

◇新日本史のかぎ 第3 織豊政権から徳川幕府崩壊まで 中部日本新聞社編 東京大学出版会 1957-1958 19cm Ⓝ210.1 〔00016〕

◇新日本歴史 第4 桃山江戸時代 新日本歴史学会編 福村書店 1953 22cm Ⓝ210.1 〔00017〕

◇人物・資料でよくわかる日本の歴史 7 安土桃山・江戸時代 小和田哲男監修 岩崎書店 2000.4 47p 30cm 3000円 Ⓘ4-265-04847-1 〔00018〕

◇人物日本の歴史・日本を変えた53人 4 高野尚好監修 学習研究社 2002.2 63p 27×22cm 2800円 Ⓘ4-05-201568-1 〔00019〕

◇千年の息吹き―京の歴史群像 下巻 上田正昭,村井康彦編 京都 京都新聞社 1994.11 361p 22cm 2500円 Ⓘ4-7638-0365-4 Ⓝ281.62 〔00020〕

◇「組織変革」事始め―さむらい達のリストラ苦心談 童門冬二著 実業之日本社 1993.11 239p 19cm 1300円 Ⓘ4-408-21009-9 Ⓝ210.049 〔00021〕

◇その時歴史が動いた 32 NHK取材班編 KTC中央出版 2005.4 253p 20cm 1600円 Ⓘ4-87758-345-9 Ⓝ210 〔00022〕

◇堂々日本史 第1巻 NHK取材班編 名古屋 KTC中央出版 1996.11 254p 20cm 1600円 Ⓘ4-924814-86-5 Ⓝ210 〔00023〕

◇謎の人物日本史―謀略・事件・騒動の驚くべき舞台裏 桑田忠親著 廣済堂出版 1992.2 249p 18cm （Kosaido books）780円 Ⓘ4-331-00555-0 Ⓝ210.5 〔00024〕

◇なるほど意外・日本史―歴史に隠されたアッ！と驚く真実!? 武光誠著 日本文芸社 1992.11 223p 15cm （にちぶん文庫）480円 Ⓘ4-537-06208-8 Ⓝ210.49 〔00025〕

◇日本近世国家成立史の研究 藤田達生著 校倉書房 2001.10 406p 22cm 10000円 Ⓘ4-7517-3240-4 Ⓝ210.48 〔00026〕

◇日本近世史 大口勇次郎,高木昭作著 放送大学教育振興会 1994.3 157p 21cm （放送大学教材 1994）1750円 Ⓘ4-595-85261-4 Ⓝ210.5 〔00027〕

◇日本近世史研究入門 荒居英次編 小宮山出版 1974 567p 22cm 3500円 Ⓝ210.5 〔00028〕

◇日本史史料 3 近世 歴史学研究会編 岩波書店 2006.12 448p 22cm 4200円 Ⓘ4-00-026138-X Ⓝ210.088 〔00029〕

◇日本史の迷宮―いまだ解けざるミステリー 戦国～近世 消された真相編 三浦竜著 青春出版社 1996.11 253p 15cm （青春best文庫）480円 Ⓘ4-413-08313-X Ⓝ210.04 〔00030〕

◇日本の近世 第1巻 世界史のなかの近世 辻達也,朝尾直弘編 朝尾直弘著 中央公論社 1991.6 410p 図版32p 21cm 2800円 Ⓘ4-12-403021-5 Ⓝ210.5 〔00031〕

◇日本の近世 2007 杉森哲也編著 放送大学教育振興会 2007.4 284p 21cm （放送大学教材 2007）2900円 Ⓘ978-4-595-30714-0 Ⓝ210.5 〔00032〕

◇日本の歴史 6 中世から近世へ 信長と秀吉―天下一統 新訂増補 朝日新聞社 2005.1 320p 30cm

中世・近世一般　　　　　　　　中世・近世史

◇（朝日百科）④4-02-380017-1　Ⓝ210.1　〔00033〕
◇日本の歴史　別巻3　図録　織豊から幕末　児玉幸多責任編集　中央公論社　1984.12　288,xiiip　18cm　（中公バックス）1700円　④4-12-401169-5　Ⓝ210.1　〔00034〕
◇日本の歴史がわかる本　「室町・戦国―江戸時代」篇　小和田哲男著　改訂版　三笠書房　2003.3　270p　15cm　（知的生きかた文庫）533円　④4-8379-7310-8　Ⓝ210.1　〔00035〕
◇日本の歴史がわかる本　「室町・戦国―江戸時代」篇　小和田哲男著　新装版　三笠書房　2004.8　270p　15cm　（知的生きかた文庫）533円　④4-8379-7421-X　Ⓝ210.1　〔00036〕
◇日本の歴史がわかる本　室町・戦国～江戸時代篇　小和田哲男著　三笠書房　1991.7　262p　15cm　（知的生きかた文庫）450円　④4-8379-0456-4　Ⓝ210.1　〔00037〕
◇日本の歴史がわかる本―人物篇　南北朝時代～戦国・江戸時代　小和田哲男著　三笠書房　1993.11　269p　15cm　（知的生きかた文庫）500円　④4-8379-0614-1　Ⓝ210.1　〔00038〕
◇日本歴史学界の回顧と展望　8　日本近世　1 1949～71　史学会編　山川出版社　1987.9　586p　22cm　7000円　④4-634-31080-5　Ⓝ204　〔00039〕
◇日本歴史学界の回顧と展望　9　日本近世　2 1972～85　史学会編　山川出版社　1987.9　543,48p　22cm　7000円　④4-634-31090-2　Ⓝ204　〔00040〕
◇日本歴史講座　第3巻　中世近世　序論〔ほか〕　歴史学研究会,日本史研究会共編　林屋辰三郎　東京大学出版会　1956-1957　18cm　Ⓝ210.1　〔00041〕
◇日本歴史の視点　3　近世　編集代表：児玉幸多　児玉幸多,大石慎三郎編　日本書籍　1973　450p　22cm　2200円　Ⓝ210.1　〔00042〕
◇年表日本歴史　4　安土桃山・江戸前期―1568～1715　井上光貞ほか編集　原田伴彦編　筑摩書房　1984.4　208,23p　27cm　3200円　Ⓝ210.032　〔00043〕
◇武将の運命　津本陽著　朝日新聞社　1997.7　267p　20×14cm　1500円　④4-02-257162-4　〔00044〕
◇よみがえる東国史譚―「太平記」から幕末動乱まで　坂本裕久著　講談社出版サービスセンター　2000.6　200p　18cm　1000円　④4-87601-516-3　Ⓝ210.1　〔00045〕
◇歴史を読み解く―さまざまな史料と視角　服部英雄著　青史出版　2003.11　216p　20cm　2381円　④4-921145-19-9　Ⓝ210.4　〔00046〕

◆古文書学

◇乍恐記置候―古文書を学んで十年　古文書を読む会編　松戸　ジュリン出版　1997.4　55p　26cm　④4-916160-00-2　Ⓝ210.029　〔00047〕
◇画引きかな解読字典　かな研究会編　新典社　1994.4　110p　21cm　618円　④4-7879-0427-2　Ⓝ210.02　〔00048〕
◇学校では教えなかった古文書　直筆が覆した日本史読本　奥成達著　青春出版社　1998.7　234p　17cm　（プレイブックス）830円　④4-413-01722-6　〔00049〕
◇旧華族家史料所在調査報告書　学習院大学史料館編　学習院大学史料館　1993.3　5冊（附編とも）　26cm　Ⓝ210.088　〔00050〕
◇京都大学蔵　大惣本稀書集成　第12巻　京都大学文学部国語国文学研究室編　京都　臨川書店　1995.7　485p　21cm　10918円　④4-653-02720-X　〔00051〕
◇京都大学文学部博物館の古文書　第8輯　大山崎宝積寺文書　仁木宏編　京都　思文閣出版　1991.5　32p　33cm　2060円　④4-7842-0647-7　Ⓝ210.088　〔00052〕
◇京都大学文学部博物館の古文書　第9輯　浄土宗西山派と三鈷寺文書　大山喬平編　京都　思文閣出版　1992.9　32p　33cm　2060円　④4-7842-0733-3　Ⓝ210.088　〔00053〕
◇京都大学文学部博物館の古文書　第10輯　葛川明王院文書　田島島哲編　京都　思文閣出版　1993.1　32p　34cm　2060円　④4-7842-0756-2　Ⓝ210.088　〔00054〕
◇京都大学文学部博物館の古文書　第11輯　永ител記紙背文書　佐藤泰弘編　京都　思文閣出版　1993.6　32p　33cm　2060円　④4-7842-0778-3　Ⓝ210.088　〔00055〕
◇京都大学文学部博物館の古文書　第12輯　伊勢松木文書　西山克編　京都　思文閣出版　1994.6　32p　33cm　2060円　④4-7842-0811-9　Ⓝ210.088　〔00056〕
◇禁裏・公家文庫研究　第1輯　田島公編　京都　思文閣出版　2003.2　390p　27cm　9800円　④4-7842-1143-8　Ⓝ210.029　〔00057〕
◇九条家歴世記録　3　宮内庁書陵部　1993.3　290p　22cm　（図書寮叢刊）Ⓝ210.088　〔00058〕
◇興福寺典籍文書目録　第2巻　奈良国立文化財研究所編　奈良　奈良国立文化財研究所　1996.3　399p　22cm　（奈良国立文化財研究所史料　第44冊）Ⓝ210.088　〔00059〕
◇興福寺典籍文書目録　第2巻　奈良国立文化財研究所編　京都　法蔵館　1996.9　399p　22cm　13390円　④4-8318-7266-0　Ⓝ210.088　〔00060〕
◇国書逸文　国書逸文研究会編　新訂増補版　国書刊行会　1995.2　1172p　21cm　18000円　④4-336-03695-0　〔00061〕
◇国立公文書館所蔵　勅奏任官履歴原書　全2巻　我部政男,広瀬順晧編　柏書房　1995.6　2冊（セット）　21cm　50000円　④4-7601-1165-4　〔00062〕
◇古事類苑　政治部　2　〔神宮司庁蔵版〕　吉川弘文館　1996.12　1222p　21cm　8910円　④4-642-00220-0　〔00063〕
◇古文書演習　平成3年度　静岡　駿河古文書会　1991　2冊　26×37cm　Ⓝ210.02　〔00064〕
◇古文書演習　平成4年度　静岡　駿河古文書会　1992　2冊　26×37cm　Ⓝ210.02　〔00065〕
◇古文書演習　平成5年度　静岡　駿河古文書会　1993　2冊　26×37cm　Ⓝ210.02　〔00066〕
◇古文書演習　平成6年度　静岡　駿河古文書会　1994　2冊　26×37cm　Ⓝ210.02　〔00067〕
◇古文書演習　平成7年度　静岡　駿河古文書会　1995　2冊　26×37cm　Ⓝ210.02　〔00068〕
◇古文書演習　平成8年度　静岡　駿河古文書会　1996　2冊　26×37cm　Ⓝ210.02　〔00069〕
◇古文書演習　平成9年度　静岡　駿河古文書会　1997　2冊　26×37cm　Ⓝ210.029　〔00070〕
◇古文書を読む―解読実践コース・解説ノート　三省堂編集部編　国立　日本放送協会学園　1993.4　2冊（別冊とも）　26cm　Ⓝ210.02　〔00071〕
◇「古文書を読む会」例会百回記念誌　境港市民図書館編　境港　境港市民図書館　1992.3　35p　26cm　Ⓝ210.02　〔00072〕
◇古文書解読講座テキスト　平成2年度　種市町立図書館編　種市町（岩手県）　種市町立図書館　1991　90p　26cm　Ⓝ210.02　〔00073〕
◇古文書解読講座テキスト　平成3年度　種市町立図書館編　種市町（岩手県）　種市町立図書館　1992.3　86p　26cm　Ⓝ210.02　〔00074〕
◇古文書解読講座テキスト　平成4年度　種市町立図書館

編　種市町（岩手県）　種市町立図書館　1993.3　88p　26cm　Ⓝ210.02　〔00075〕

◇古文書学入門　佐藤進一著　新版　法政大学出版局　1997.4　316,18p　図版40p　21cm　2900円　Ⓘ4-588-32002-5　Ⓝ210.02　〔00076〕

◇古文書調査記録　第17集　西国道中記―三谷家文書　福山城博物館友の会編　福山　福山城博物館友の会　1993.8　142p　26cm　非売品　Ⓝ210.1　〔00077〕

◇古文書調査記録　第18集　万覚書―広田家文書　中井家文庫182　1　福山城博物館友の会編　広田才太著　福山　福山城博物館友の会　1995.6　138p　26cm　非売品　Ⓝ210.1　〔00078〕

◇古文書調査記録　第19集　福山領本郷・広島領小原かな山一件―佐藤家文書　福山城博物館友の会編　福山　福山城博物館友の会　1997.3　154p　26cm　非売品　Ⓝ210.1　〔00079〕

◇古文書調査記録集　第16集　諸道具買入帳　土屋家日記3　福山城博物館友の会編　福山　福山城博物館友の会　1991.3　126p　26cm　非売品　Ⓝ210.1　〔00080〕

◇古文書に学ぶ日本史　上巻　古文書が語る知恵と暮らし　林英夫編　名著出版　1991.7　330p　21cm　3900円　Ⓘ4-626-01413-5　Ⓝ210.02　〔00081〕

◇古文書に学ぶ日本史　下巻　古文書に躍動するいのち　林英夫編　名著出版　1991.7　283p　21cm　3800円　Ⓘ4-626-01414-3　Ⓝ210.02　〔00082〕

◇古文書入門―判読から解読へ　藤本篤著　柏書房　1994.9　164p　21cm　2000円　Ⓘ4-7601-1118-2　Ⓝ210.02　〔00083〕

◇古文書入門―書きこみ式　よくわかる　人間舎　1996.9　63p　28cm　3090円　Ⓘ4-931408-80-X　Ⓝ210.029　〔00084〕

◇古文書入門講座　嗣永芳照著　新人物往来社　1992.3　206p　22cm　2000円　Ⓘ4-404-01889-4　Ⓝ210.02　〔00085〕

◇古文書入門ハンドブック　飯倉晴武著　吉川弘文館　1993.12　293,4p　19cm　2500円　Ⓘ4-642-07409-0　Ⓝ210.02　〔00086〕

◇古文書のおもしろさ　岩田明著　酒田　みちのく豆本の会　1994.5　106p　11cm　（みちのく豆本 127冊）Ⓝ210.02　〔00087〕

◇古文書用語事典―コンパクト版　池田正一郎著　新人物往来社　1991.10　473p　20cm　3800円　Ⓘ4-404-01857-6　Ⓝ210.02　〔00088〕

◇砂巌　宮内庁書陵部　1994.3　456p　22cm　（図書寮叢刊）Ⓝ210.088　〔00089〕

◇実例古文書判読演習　樋口政則著　名著出版　1991.5　354p　22cm　3600円　Ⓘ4-626-01130-6　Ⓝ210.02　〔00090〕

◇紙背文書の世界―テーマ展図録　神奈川県立金沢文庫編　横浜　神奈川県立金沢文庫　1994.6　63p　26cm　Ⓝ210.02　〔00091〕

◇史料を読む　小山田和夫著　第2版　府中（東京都）　小山田和夫　1996.6　172p　21cm　非売品　Ⓝ210.029　〔00092〕

◇史料纂集　古文書編　第1集6　熊野那智大社文書　第6　索引　続群書類従完成会　1991.9　233p　22cm　8240円　Ⓝ210.08　〔00093〕

◇史料保存と歴史学　津田秀夫著　三省堂　1992.5　434p　22cm　5200円　Ⓘ4-385-35430-8　Ⓝ210.07　〔00094〕

◇新編・古文書解読字典　根岸茂夫ほか編　柏書房　1993.5　480,99p　20cm　2900円　Ⓘ4-7601-0973-0　Ⓝ210.02　〔00095〕

◇図録・古文書入門事典　若尾俊平編著　柏書房　1991.1　318p　22cm　2800円　Ⓘ4-7601-0606-5　Ⓝ210.02　〔00096〕

◇図録・古文書入門事典　若尾俊平編著　新装版　柏書房　1997.6　318p　22cm　2800円　Ⓘ4-7601-0606-5　Ⓝ210.029　〔00097〕

◇桑華蒙求訳註　下巻　木下公定原著　吉田哲郎訳註　岡山　吉田哲郎　1994.4　4冊　26cm　Ⓝ210.049　〔00098〕

◇大日本古文書　家わけ第10之9　東寺文書之9　百合文書わ中之2　東京大学史料編纂所編纂　東京大学　1991.3　433p　9枚　22cm　6200円　Ⓝ210.088　〔00099〕

◇大日本古文書　家わけ第10之10　東寺文書之10　百合文書わ下　東京大学史料編纂所編纂　東京大学　1994.3　302p,3枚　22cm　4800円　Ⓘ4-13-091110-4　Ⓝ210.088　〔00100〕

◇大日本古文書　家わけ第10之11　東寺文書之11　百合文書よ之1　東京大学史料編纂所編纂　東京大学　1997.3　358,10p　22cm　6500円　Ⓘ4-13-091111-2　Ⓝ210.088　〔00101〕

◇大日本古文書　家わけ第18之15　東大寺文書之15　東大寺図書館架蔵文書之10　東京大学史料編纂所編纂　東京大学　1992.3　316p　22cm　4800円　Ⓝ210.088　〔00102〕

◇大日本古文書　家わけ第18之16　東大寺文書之16　東大寺図書館架蔵文書之11　東京大学史料編纂所編纂　東京大学　1996.3　326p　22cm　5562円　Ⓘ4-13-091187-2　Ⓝ210.088　〔00103〕

◇大日本古文書　家わけ第19之　10　醍醐寺文書之10　東京大学史料編纂所編纂　東京大学　1995.3　309,5p　22cm　5000円　Ⓘ4-13-091210-0　Ⓝ210.088　〔00104〕

◇大日本古文書　家わけ第21之4　蜷川家文書之4　東京大学史料編纂所編　東京大学　1992.3　412p　図版3枚　22cm　6200円　Ⓝ210.088　〔00105〕

◇大日本古文書　家わけ第21之5　蜷川家文書之5　東京大学史料編纂所編纂　東京大学　1994.3　277,1p　22cm　6400円　Ⓘ4-13-091235-6　Ⓝ210.088　〔00106〕

◇大日本古文書　家わけ第21之6　蜷川家文書之6　東京大学史料編纂所編纂　東京大学　1996.3　297p　22cm　5150円　Ⓘ4-13-091236-4　Ⓝ210.088　〔00107〕

◇大日本古文書　家わけ第17　別集2　大徳寺文書別集　真珠庵文書之2　東京大学史料編纂所編纂　東京大学　1992.3　414p　図版5枚　22cm　6000円　Ⓝ210.088　〔00108〕

◇大日本古文書　家わけ第17　別集3　大徳寺文書別集　真珠庵文書之3　東京大学史料編纂所編纂　東京大学　1995.3　284,12p　22cm　4800円　Ⓘ4-13-091170-8　Ⓝ210.088　〔00109〕

◇中世近世の禁裏の蔵書と古典学の研究―高松宮家伝来禁裏本を中心として　研究調査報告　人間文化研究機構連携研究「文化資源の高度活用」1　平成18年度「中世近世の禁裏の蔵書と古典学の研究―高松宮家伝来禁裏本を中心として―」研究プロジェクト編　「中世近世の禁裏の蔵書と古典学の研究―高松宮家伝来禁裏本を中心として―」研究プロジェクト　2007.3　236p　30cm　Ⓝ210.029　〔00110〕

◇二十周年記念誌―古文書に関する随想・論文集　青森　青森古文書解読研究会　1994.12　126p　26cm　Ⓝ210.02　〔00111〕

◇日本国見在書目録―宮内庁書陵部蔵室生寺本　名著刊行会　1996.1　99p　26cm　5150円　Ⓘ4-8390-0298-3　〔00112〕

◇日本歴史「古文書」総覧　新人物往来社　1992.4　515p

21cm （歴史読本特別増刊—事典シリーズ 第14号）1800円 Ⓝ210.02 〔00113〕
◇百官履歴 2 日本史籍協会編 北泉社 1997.1 573p 21cm 8000円 Ⓘ4-938424-72-X 〔00114〕
◇古里の心を訪ねて—古文書の手習いと史跡探訪 河合祐輔著 岐阜 〔河合祐輔〕1991.2 103p 31cm 非売品 Ⓝ281.04 〔00115〕
◇文庫新書で学ぶ日本史史料 前近代篇 小山田和夫著 府中（東京都）小山田和夫 1996.4 358p 21cm 非売品 Ⓝ210.07 〔00116〕
◇梵鐘実測図集成 奈良国立文化財研究所編 ビジネス教育出版社 1993.3 2冊（セット）30cm 40000円 Ⓘ4-8283-0867-9 〔00117〕
◇松尾大社史料集 記録篇2 松尾大社史料集編修委員会編 京都 松尾大社社務所 1995.3 327p 22cm 10300円 Ⓘ4-642-01101-3 Ⓝ210.088 〔00118〕
◇文書の流転と保護 京都市歴史資料館編 京都 京都市歴史資料館 1992.5 16p 26cm （寄託品特別展・灯心文庫の史料 3）Ⓝ210.02 〔00119〕
◇歴名土代 湯川敏治編 続群書類従完成会 1996.9 320,175,2p 22cm 15000円 Ⓘ4-7971-0269-1 Ⓝ210.088 〔00120〕

◆◆花押・印章

◇茶人の花押 小田栄一著 京都 河原書店 1991.10 264p 22cm 3000円 Ⓘ4-7611-0078-8 Ⓝ210.02 〔00121〕

◆◆系譜・系図

◇阿蘇の煙—細川氏歴代の逸話集 八代 八代古文書の会 1993.4 101,2p 21cm （八代古文書の会叢書 5）800円 Ⓝ288.3 〔00122〕
◇伊地知氏の研究—氏姓誕生から明治まで 伊地知幸彦著 宮崎 鉱脈社 1991.5 236p 22cm 2060円 Ⓝ288.3 〔00123〕
◇稲子沢古文書集成—気仙史料 第1巻 西田耕三解読・解説・編 気仙沼 耕風社 1994.2 392p 21cm 3800円 Ⓝ288.3 〔00124〕
◇稲子沢古文書集成—気仙史料 第2巻 西田耕三解読・解説・編 気仙沼 耕風社 1994.3 404p 21cm 3800円 Ⓝ288.3 〔00125〕
◇稲子沢古文書集成—気仙史料 第3巻 西田耕三解読・解説・編 気仙沼 耕風社 1994.6 380p 21cm 3800円 Ⓝ288.3 〔00126〕
◇皇胤・西国諸家研究 阪田数年著 万籟の会 1991.9 162p 26cm 非売品 Ⓝ288.2 〔00127〕
◇佐治古文書—中世—寛政期 佐治奎介編 〔佐治奎介〕1995.1 1冊 19×26cm Ⓝ288.2 〔00128〕
◇佐治史話—日本史の流れに沿って 佐治奎介著 〔佐治奎介〕1995.12 200p 27cm Ⓝ288.2 〔00129〕
◇島津家おもしろ歴史館 尚古集成館編 鹿児島 尚古集成館 1991.3 93p 26cm Ⓝ288.3 〔00130〕

◆合戦史

◇一統の論理—武士団にみる棟梁たちの規範学 田原八郎著 未知谷 1997.3 316p 20cm 2800円 Ⓘ4-915841-49-9 Ⓝ210.04 〔00131〕
◇雑学・日本の合戦66の謎—将門の乱から西南戦争まで…合戦にまつわる「66のなぜ？」 佐伯清一著 日本文芸社 1992.4 222p 18cm （Rakuda books）780円 Ⓘ4-537-02290-6 Ⓝ210.19 〔00132〕
◇日本合戦史 下 高柳光寿, 鈴木亨著 河出書房新社 1991.6 205p 15cm （河出文庫）490円 Ⓘ4-309-47223-0 Ⓝ210.19 〔00133〕
◇武家戦陣資料事典 笹間良彦著 第一書房 1992.3 651p 27cm 38000円 Ⓝ210.19 〔00134〕
◇歴史を変えた激戦日本史—凄絶！血で血を洗う合戦絵巻 祖田浩一著 日本文芸社 1992.9 250p 15cm （にちぶん文庫）480円 Ⓘ4-537-06205-3 Ⓝ210.19 〔00135〕

外交史

◇前近代の国際交流と外交文書 田中健夫著 吉川弘文館 1996.10 297,12p 22cm 7004円 Ⓘ4-642-01299-0 Ⓝ210.18 〔00136〕
◇前近代の日本と東アジア 田中健夫編 吉川弘文館 1995.1 514p 22cm 9970円 Ⓘ4-642-01298-2 Ⓝ210.18 〔00137〕
◇前近代東アジアのなかの韓日関係 関徳基著 早稲田大学出版部 1994.7 377p 22cm 9800円 Ⓘ4-657-94625-0 Ⓝ210.46 〔00138〕
◇善隣国宝記 新訂続善隣国宝記 瑞渓周鳳著 田中健夫編 集英社 1995.1 729,21p 23cm （訳注日本史料）15000円 Ⓘ4-08-197029-7 Ⓝ210.18 〔00139〕
◇中世近世日欧交渉史 上 R.ヒルドレス著, 北村勇訳 現代思潮社 1981.11 288p 20cm （古典文庫 61）1900円 Ⓝ210.18 〔00140〕
◇中世近世日欧交渉史 下 R.ヒルドレス著, 北村勇訳 現代思潮社 1981.12 262p 20cm （古典文庫 63）1900円 Ⓝ210.18 〔00141〕
◇ローマに行った4人の少年—安土・桃山—江戸 歴史教育者協議会編 ほるぷ出版 1999.4 47p 28cm （世界と出会う日本の歴史 3）2800円 Ⓘ4-593-50842-8 〔00142〕

経済史

◆貨幣・金融

◇越中の金・銀貨 三鍋昭吉編著 富山 桂書房 1991.11 87p 26cm 6180円 Ⓝ337.21 〔00143〕
◇お金の話—播磨の貨幣史 小野市立好古館編 小野 小野市立好古館 1997.10 56p 30cm （小野市立好古館特別展図録 15）Ⓝ337.21 〔00144〕
◇古銭語事典 大鎌淳正著 改訂増補 国書刊行会 1997.1 327p 27cm 9800円 Ⓘ4-336-03907-0 Ⓝ337.21 〔00145〕
◇新春泉譜人名録 別府 九州貨幣史学会 1991.1 63p 26cm Ⓝ337.21 〔00146〕
◇わが国幣制の変遷と対外関係—前近代を中心として 鹿野嘉昭著 日本銀行金融研究所 1996 25p 30cm （Discussion paper 96-J-8）Ⓝ337.21 〔00147〕

◆農業史

◇石橋家文書—摂津国天王寺牛市史料 大阪市史編纂所編 大阪 大阪市史料調査会 1997.6 146p 21cm （大阪市史料 第50輯）Ⓝ645.3 〔00148〕
◇飢饉日本史 中島陽一郎著 雄山閣出版 1996.4 203p 22cm （雄山閣books 6）2575円 Ⓘ4-639-00887-2,4-639-00012-X Ⓝ611.39 〔00149〕
◇飢饉の社会史 菊池勇夫著 校倉書房 1994.6 292p

20cm 3090円 ⓘ4-7517-2380-4 Ⓝ611.39 〔00150〕
◇図録農耕の技術とまつり─池島・福万寺遺跡の調査から 大阪 大阪文化財センター 1992.12 50p 30cm Ⓝ616.2 〔00151〕
◇中古農業機械整備評価の手引き 名古屋 愛知県農業水産部 1995.3 81p 21×30cm Ⓝ614.8 〔00152〕

◆製造業・工業技術

◆◆製鉄・鍛冶

◇会津農鍛冶小史 山口栄吾著 会津若松 山口商店 1991.12 71p 26cm Ⓝ614.8 〔00153〕
◇会津の野鍛冶─その技と群像 堤章著 会津若松 会津文化財調査研究会 1991.12 324p 21cm (鍛冶叢書 4) 4000円 Ⓝ566.2 〔00154〕
◇鍛冶道具考─実験考古学ノート 吉川金次著 平凡社 1991.8 294p 22cm (神奈川大学日本常民文化叢書 2) 3605円 ⓘ4-582-40612-2 Ⓝ581.2 〔00155〕
◇山陽・山陰鉄学の旅 島津邦弘著 広島 中國新聞社 1994.3 300p 19cm 2000円 ⓘ4-88517-189-X Ⓝ564.021 〔00156〕
◇信州鎌工業の歴史と現状─問屋制農村家内工業の一事例 伊藤武著 大阪 大阪経済大学中小企業・経営研究所 1992.7 39p 26cm (大阪経済大学中小企業・経営研究所調査報告 第7冊) Ⓝ566.2 〔00157〕
◇中国山地のたたら製鉄─平成4年度特別企画展 広島県立歴史民俗資料館編 三次 広島県立歴史民俗資料館 1992.10 37p 26cm Ⓝ564.021 〔00158〕
◇中世・近世の鋳鉄品─鉄仏・仏塔・灯ろう・湯釜・天水桶・大砲・建造物 (社) 日本鋳造工学会「鋳造工学」論文集 中野俊雄著 さいたま 中野俊雄 2007.4 139p 31cm 非売品 Ⓝ566.1 〔00159〕
◇東海の野鍛冶 東海民具学会編 瀬戸 東海民具学会 1994.11 175p 20cm Ⓝ566.1 〔00160〕
◇農工民の魂と鍛冶師 今井泰男著 佐久 櫟 1991.2 359p 21cm 2500円 ⓘ4-900408-31-X Ⓝ566.2 〔00161〕
◇播州宍粟・千草鉄山史年表 宇野正磯編 山崎町 (兵庫県) 〔宇野正磯〕 1992.9 76p 21cm Ⓝ564.09 〔00162〕
◇三浦半兵衛と岩手県南製鉄遺跡 芦文八郎編著 大東町 (岩手県) 芦東山先生記念館 1991.1 50p 21cm 800円 Ⓝ564.021 〔00163〕
◇宮城県の野鍛冶 東北歴史資料館編 多賀城 東北歴史資料館 1991.3 121p 26cm (東北歴史資料館資料集 30) Ⓝ566.1 〔00164〕

◆◆鋳物・焼物

◇かま火─みずの古窯つづり 瀬戸 水野まつり実行委員会 1994 28p 26cm Ⓝ573.2 〔00165〕
◇樹 (植木) 姓の鋳物師 中村勲著 鹿島 〔中村勲〕 1994.9 320p 19×26cm (肥前の鋳工 第1集) Ⓝ566.1 〔00166〕
◇九谷焼歴史意識調査報告書─結果とまとめ 古九谷研究委員会歴史・史学的考察部会編・著 寺井町 (石川県) 石川県九谷陶磁器商工業協同組合連合会 1996.12 9p 30cm 非売品 Ⓝ573.2 〔00167〕
◇上州白井吹屋の鋳物師 高橋久敬著 佐野 やじま印刷 (印刷) 1997.5 87p 21cm 非売品 Ⓝ566.1 〔00168〕
◇図録能登中居の鋳物 長谷進編著 穴水町 (石川県) 穴水町教育委員会 1997.6 99p 30cm Ⓝ566.1 〔00169〕
◇達磨窯─瓦匠のわざ400年 平成9年度特別展 吹田市立博物館編 吹田 吹田市立博物館 1997.4 60p 26cm Ⓝ573.35 〔00170〕
◇中世・近世の鋳鉄品─鉄仏・仏塔・灯ろう・湯釜・天水桶・大砲・建造物 (社) 日本鋳造工学会「鋳造工学」論文集 中野俊雄著 さいたま 中野俊雄 2007.4 139p 31cm 非売品 Ⓝ566.1 〔00171〕
◇塚本一族の四百年 土岐 塚本先祖奉贊会 1991.5 76p 27cm Ⓝ573.2 〔00172〕
◇砥部焼歴史資料 第1集 砥部焼伝統産業会館編 砥部町 (愛媛県) 砥部焼伝統産業会館 1997.4 178p 26cm Ⓝ573.2 〔00173〕
◇宮城県の瓦職 東北歴史資料館編 多賀城 東北歴史資料館 1993.3 111p 26cm (東北歴史資料館資料集 34) Ⓝ573.35 〔00174〕

◆鉱業

◇黄金花咲くみちのく展─平成五年癸酉新春特別展 塩竈神社博物館編 塩竈 塩竈神社博物館 1993.1 48p 26cm Ⓝ562.1 〔00175〕
◇史跡黄金山産金遺跡─関係資料集 涌谷町編 涌谷町 (宮城県) 涌谷町 1994.3 115p 26cm Ⓝ562.1 〔00176〕
◇みちのくの金─幻の砂金の歴史と科学 田口勇, 尾崎保博編 アグネ技術センター 1995.7 449p 22cm 4500円 ⓘ4-7507-0848-8 Ⓝ562.1 〔00177〕

◆染物

◇昔の顔料の研究─報告書 金沢美術工芸大学美術工芸研究所編 金沢 金沢美術工芸大学美術工芸研究所 1996.3 104p 22cm Ⓝ576.9 〔00178〕

◆運輸・交通

◇関所─その歴史と実態 大島延次郎著 改訂版 新人物往来社 1995.9 270p 20cm 3200円 ⓘ4-404-02251-4 Ⓝ210.04 〔00179〕

◆◆道

◇赤間関街道 山口県教育庁文化課編 山口 山口県教育委員会 1996.3 341p 30cm (歴史の道調査報告書) Ⓝ682.177 〔00180〕
◇出雲街道─岡山の出雲街道 片山薫著 岡山 日本文教出版 1996.11 157p 15cm (岡山文庫 183) 750円 ⓘ4-8212-5183-3 Ⓝ682.175 〔00181〕
◇宇和島街道 愛媛県教育委員会文化財保護課編 松山 愛媛県教育委員会 1997.3 44p 図版7p 30cm (愛媛県歴史の道調査報告書 第6集) Ⓝ682.183 〔00182〕
◇絵図でみる竹内街道 太子町立竹内街道歴史資料館編 太子町 (大阪府) 太子町立竹内街道歴史資料館 1994.9 51p 26cm (企画展解説書 平成6年度) Ⓝ682.163 〔00183〕
◇越前・若狭歴史街道 上杉喜寿著 福井 安田書店 (発売) 1992.6 374p 21cm 4500円 Ⓝ682.144 〔00184〕
◇大洲街道 愛媛県教育委員会文化財保護課編 松山 愛媛県教育委員会 1997.3 40p 図版9p 30cm (愛媛県歴史の道調査報告書 第5集) Ⓝ682.183 〔00185〕
◇大津の道 大津市史編さん室企画編集 4版 大津 大津市 1992.7 160p 19cm (ふるさと大津歴史文庫

◇尾張旭の道　尾張旭　尾張旭市教育委員会　1992.3　106p　21cm　（郷土シリーズ）Ⓝ682.155
〔00187〕

◇甲斐路ふるさとの道　山梨県編　甲府　山梨日日新聞社　1992.3　176p　22cm　（ふるさと自慢シリーズ 9）1700円　Ⓝ682.151
〔00188〕

◇加賀の道 1　石川県教育委員会編　金沢　石川県教育委員会　1996.3　163p　30cm　（歴史の道調査報告書　第3集）Ⓝ682.143
〔00189〕

◇加西の道標　加西市教育委員会編　加西　加西市教育委員会　1994.1　158p　21cm　Ⓝ682.164
〔00190〕

◇神奈川の街道と馬―秋季特別展　馬事文化財団馬の博物館　横浜　馬事文化財団　1993.10　80p　30cm　Ⓝ682.137
〔00191〕

◇川越・児玉往還　埼玉県立歴史資料館編　浦和　埼玉県教育委員会　1994.3　129p　30cm　（歴史の道調査報告書　第17集）Ⓝ682.134
〔00192〕

◇ごてんばの古道　御殿場市立図書館古文書を読む会編　御殿場　御殿場市立図書館古文書を読む会　1994.12　217p　21cm　Ⓝ682.154
〔00193〕

◇狛江の古い道　狛江　狛江市教育委員会　1992.3　62p　26cm　（狛江市文化財調査報告書　第11集）Ⓝ682.136
〔00194〕

◇埼玉県入間東部地区の歴史の道　入間東部地区文化財保護連絡協議会編　富士見　入間東部地区文化財保護連絡協議会（富士見市,上福岡市,大井町,三芳町）　1993.3　73p　30cm　（入間東部地区文化財調査報告書　第2集）Ⓝ682.134
〔00195〕

◇サバ街道と都の文化―京は遠ても十八里　特別展　福井県立若狭歴史民俗資料館編　小浜　福井県立若狭歴史民俗資料館　1995.10　37p　30cm　Ⓝ682.144
〔00196〕

◇「塩の道（千国街道）」に歴史をひろう　大日方健著　長野　ほおずき書籍　1994.4　255p　19cm　1800円　①4-89341-188-8　Ⓝ682.152
〔00197〕

◇下田街道―静岡県歴史の道　静岡県教育委員会文化課編　静岡　静岡県教育委員会　1995.9　139,5p　30cm　Ⓝ682.154
〔00198〕

◇新郷川俣関所　平井辰雄編　羽生　羽生市古文書に親しむ会　1991.9　74p　22cm　非売品　Ⓝ682.134
〔00199〕

◇信州・上州道　埼玉県立歴史資料館編　浦和　埼玉県教育委員会　1993.3　120p　30cm　（歴史の道調査報告書　第16集）Ⓝ682.134
〔00200〕

◇宿毛街道　愛媛県教育委員会文化財保護課編　松山　愛媛県教育委員会　1997.3　47p　図版12p　30cm　（愛媛県歴史の道調査報告書　第7集）Ⓝ682.183
〔00201〕

◇図説・近江の街道　岐阜　郷土出版社　1994.7　239p　31cm　14000円　①4-87664-085-8　Ⓝ682.161
〔00202〕

◇図説・新潟県の街道　「図説・新潟県の街道」刊行会編　松本　郷土出版社　1994.12　254p　38cm　16000円　①4-87663-263-4　Ⓝ682.141
〔00203〕

◇図説三河の街道と宿場―目で見る街道の決定版　大林淳男,日下英之監修　名古屋　郷土出版社　1997.12　246p　31cm　11000円　①4-87670-099-0　Ⓝ682.155
〔00204〕

◇他火と歴史的景観―讃岐の古道　唐木裕志著　坂出　他火の会　1993.1　82p　26cm　Ⓝ682.182
〔00205〕

◇筑前原田宿―歴史資料調査 1994　筑紫野　筑紫野市教育委員会　1994.3　59,128p　30cm　（筑紫野市文化財調査報告書　第44集）Ⓝ682.191
〔00206〕

◇秩父巡礼道　埼玉県立歴史資料館編　浦和　埼玉県教育委員会　1992.3　132p　30cm　（歴史の道調査報告書　第15集）Ⓝ682.134
〔00207〕

◇朝鮮人街道　大津　滋賀県教育委員会　1994.3　149p　30cm　（中近世古道調査報告書 1）Ⓝ682.161
〔00208〕

◇「朝鮮人街道」をゆく―彦根東高校新聞部による消えた道探し　門脇正人著　彦根　サンライズ印刷出版部　1995.12　193p　19cm　（淡海文庫 6）1000円　①4-88325-108-X　Ⓝ682.161
〔00209〕

◇定本・信州の街道　『定本・信州の街道』刊行会編　松本　郷土出版社　1991.7　267p　38cm　16000円　①4-87663-167-0　Ⓝ682.152
〔00210〕

◇東山道の景観と変貌　山田安彦ほか編　古今書院　1991.7　246p　20cm　（七道の景観と変貌 4）3500円　①4-7722-1816-5　Ⓝ682.1
〔00211〕

◇東山道の実証的研究　黒坂周平著　吉川弘文館　1992.5　208,9p　22cm　5800円　①4-642-02256-2　Ⓝ682.1
〔00212〕

◇長狭街道往来―千葉県の地方道　その歴史と地理　石井昇三著　流山　崙書房出版　1995.4　203p　21cm　2500円　Ⓝ682.135
〔00213〕

◇流山の道　流山　流山市立博物館　1995.3　144p　26cm　（流山市立博物館調査研究報告書 12）Ⓝ682.135
〔00214〕

◇なごやの街道 1　名古屋市教育委員会著　名古屋　名古屋市教育委員会　1993.3　53p　21cm　（文化財叢書　第91号）Ⓝ682.155
〔00215〕

◇なごやの街道 2　名古屋市教育委員会著　名古屋　名古屋市教育委員会　1994.3　59p　21cm　（文化財叢書　第92号）Ⓝ682.155
〔00216〕

◇南薩地域の道筋　鹿児島　鹿児島県教育委員会　1996.3　320p　30cm　（歴史の道調査報告書　第4集）Ⓝ682.197
〔00217〕

◇贄川関所―誕生と終焉・その再生　松田之利著　楢川村（長野県）　楢川村教育委員会　1991.2　77p　21cm　（楢川ブックレット 2）Ⓝ682.152
〔00218〕

◇西春と岩倉街道―岩倉街道調査報告書　岩倉街道調査委員会編著　西春町（愛知県）　西春町教育委員会　1993.3　188p　30cm　Ⓝ682.155
〔00219〕

◇能勢の道しるべ　森本弌著　能勢町（大阪府）　詩画工房　1991.11　253p　図版16枚　20cm　Ⓝ682.163
〔00220〕

◇能登街道 1　石川県教育委員会編　金沢　石川県教育委員会　1995.3　171p　30cm　（歴史の道調査報告書　第2集）Ⓝ682.143
〔00221〕

◇能登街道 2　石川県教育委員会編　金沢　石川県教育委員会　1997.3　244p　図版10枚　30cm　（歴史の道調査報告書　第4集）Ⓝ682.143
〔00222〕

◇羽生歴史の道　平井辰雄編　羽生　羽生市古文書に親しむ会　1992.7　96p　21cm　非売品　Ⓝ682.134
〔00223〕

◇浜街道　東京都教育庁生涯学習部文化課編　東京都教育庁生涯学習部文化課　1996.3　113p　30cm　（歴史の道調査報告書　第4集）Ⓝ682.136
〔00224〕

◇秘境はるか塩の道秋葉街道　有賀競文　野中賢三写真・イラスト　諏訪　友賀競　1993.4　194p　26cm　2500円　Ⓝ682.15
〔00225〕

◇彦根の道標―彦根市内道標実態調査報告　近江高等学校びわこ探究同好会編　彦根　近江高等学校びわこ探究同好会　1993.3　72p　26cm　Ⓝ682.161
〔00226〕

◇房総の道標　資料編　金田英二著　松戸　東洋ビジネス印刷　1997.3　857p　26cm　3000円　Ⓝ682.135
〔00227〕

◇北摂石造遺品の研究　辻尾栄市著　箕面　石仏を記録する部会　1994.12　1冊　26cm　（資料論集　第52冊）Ⓝ682.163　〔00228〕

◇北陸道（北国街道）　石川県教育委員会編　金沢　石川県教育委員会　1994.3　190p　30cm　（歴史の道調査報告書　第1集）Ⓝ682.143　〔00229〕

◇北国街道矢代宿　原田孝著　更埴　柿崎庸三　1995.7　112p　26cm　1800円　Ⓝ682.152　〔00230〕

◇三木の道しるべ―路傍に立つ石造遺品　ふるさとの文化財　三木市老人会連合会教養部編　三木　三木市教育委員会　1996.9　103p　26cm　（三木市文化研究資料　第12集）Ⓝ682.164　〔00231〕

◇道を辿る―街道の歴史と文化　富山　富山県民生涯学習カレッジ　1992.1　99p　26cm　Ⓝ682.142　〔00232〕

◇みちの風土記　岡泰著　鳴門　〔岡泰〕　1991.3　96p　26cm　Ⓝ682.18　〔00233〕

◇道松の腹打　河本勢一著　久賀町（山口県）　〔河本勢一〕　1995　48p　19cm　Ⓝ682.177　〔00234〕

◇昔を語る油山寺みちしるべ　袋井　鳴沢の会　1992.6　90p　26cm　Ⓝ682.154　〔00235〕

◇大和の伊勢街道―くらがり越え奈良街道・奈良上街道・名張街道・都祁山道　中村敏文著　桜井　近畿古道探索会　1991.3　206p　21cm　1400円　Ⓘ4-906314-01-5　Ⓝ682.165　〔00236〕

◆◆水運・海運

◇海の東海道　4　若林淳之著　静岡　静岡新聞社　1998.7　221p　19cm　1600円　Ⓘ4-7838-1063-X　〔00237〕

◇琉球山原船水運の展開　池野茂著　宜野湾　ロマン書房本店　1994.1　312,13p　22cm　3900円　Ⓝ683.2199　〔00238〕

社会史

◇埋もれた中近世の住まい―奈良国立文化研究所シンポジウム報告　浅川滋男,箱崎和久編　同成社　2001.5　442p　27cm　13000円　Ⓘ4-88621-222-0　Ⓝ210.4　〔00239〕

◇鎌倉幕府と江戸幕府　細川亀市著　日本放送出版協会　1941　168p　18cm　（ラヂオ新書　第36）Ⓝ210.4　〔00240〕

◇旧儀装飾十六式図譜・解説書　霞会館公家と武家文化に関する調査委員会編纂　霞会館　1994.11　82p　23×31cm　非売品　Ⓝ382.1　〔00241〕

◇近世・近代日本社会の展開と社会諸科学の現在―森田武教授退官記念論文集　森田武教授退官記念会編　新泉社　2007.6　610p　22cm　6000円　Ⓘ978-4-7877-0706-2　Ⓝ210.5　〔00242〕

◇近世近代の地域社会と文化　頼祺一先生退官記念論集刊行会編　大阪　清文堂出版　2004.3　622p　22cm　13500円　Ⓘ4-7924-0551-3　Ⓝ361.7　〔00243〕

◇近世の土地制度と在地社会　牧原成征著　東京大学出版会　2004.12　305,10p　22cm　6500円　Ⓘ4-13-026604-7　Ⓝ611.221　〔00244〕

◇公家と武家―その比較文明史的考察　村井康彦編　京都　思文閣出版　1995.10　437,2p　22cm　8034円　Ⓘ4-7842-0891-7　Ⓝ210.1　〔00245〕

◇中近世移行期の土豪と村落　池上裕子編　岩田書院　2005.12　351p　22cm　6900円　Ⓘ4-87294-410-0　Ⓝ210.47　〔00246〕

◇中・近世山村の景観と構造　米家泰作著　校倉書房　2002.10　366p　22cm　7000円　Ⓘ4-7517-3350-8　Ⓝ291.0176　〔00247〕

◇中近世都市形態史論　土本俊和著　中央公論美術出版　2003.2　533,26p　29cm　Ⓘ4-8055-0428-5　Ⓝ518.8　〔00248〕

◇中世・近世土地所有史の再構築　渡辺尚志,長谷川裕子編　青木書店　2004.10　314p　22cm　6200円　Ⓘ4-250-20427-8　Ⓝ611.221　〔00249〕

◇中世・近世の村と地域社会　西村幸信著　京都　思文閣出版　2007.6　385,11p　22cm　6200円　Ⓘ978-4-7842-1353-5　Ⓝ210.4　〔00250〕

◇日本残酷物語　1　貧しき人々のむれ　平凡社　1995.4　541p　16cm　（平凡社ライブラリー）1400円　Ⓘ4-582-76095-3　Ⓝ210.049　〔00251〕

◇日本残酷物語　2　忘れられた土地　平凡社　1995.5　573p　16cm　（平凡社ライブラリー）1400円　Ⓘ4-582-76099-6　Ⓝ210.049　〔00252〕

◇日本中・近世移行期の地域構造　藤田達生著　校倉書房　2000.8　420p　22cm　（歴史科学叢書）10000円　Ⓘ4-7517-3100-9　Ⓝ210.4　〔00253〕

◇日本奴隷史　阿部弘蔵著　明石書店　1996.8　506p　22cm　8755円　Ⓘ4-7503-0841-2　Ⓝ210.1　〔00254〕

◇日本の歴史　3　封建社会の確立.封建社会の動揺　家永三郎編　ほるぷ出版　1977.12　213p　28cm　（ほるぷ教育大系）Ⓝ210.1　〔00255〕

◇日本封建制下の都市と社会　原田伴彦著　増補　三一書房　1981.7　463p　23cm　4500円　Ⓝ210.4　〔00256〕

◇武家と天皇―王権をめぐる相剋　今谷明著　岩波書店　1993.6　249p　18cm　（岩波新書）580円　Ⓘ4-00-430286-2　Ⓝ288.41　〔00257〕

◇封建社会と家族　辻ミチ子述　亀岡市,亀岡市教育委員会編　亀岡　亀岡市　1995.11　44p　19cm　（亀岡生涯学習市民大学　平成6年度―丹波学叢書　2）Ⓝ361.63　〔00258〕

◆風俗・生活史

◇画報風俗史　2　日本近代史研究会編　日本図書センター　2006.3　p283-560　31cm　Ⓘ4-284-50010-4,4-284-50008-2　Ⓝ382.1　〔00259〕

◇サムライたちの小遣帳　神坂次郎著　新潮社　1996.8　238p　20cm　1400円　Ⓘ4-10-358409-2　Ⓝ210.04　〔00260〕

◆服飾史

◇桃山・江戸の能衣装―鐘紡コレクションより　カネボウファッションセンター編　出版地不明　鐘紡　1980.12　1冊　24×25cm　〔00261〕

◇桃山・江戸のファッションリーダー―描かれた流行の変遷　森理恵著　塙書房　2007.10　206p　19cm　（塙選書）2300円　Ⓘ978-4-8273-3105-9　〔00262〕

◆◆鎧・武具

◇真説鉄砲伝来　宇田川武久著　平凡社　2006.10　246p　18cm　（平凡社新書）800円　Ⓘ4-582-85346-3　Ⓝ559.1　〔00263〕

◇鉄砲伝来の日本史―火縄銃からライフル銃まで　歴博フォーラム　宇田川武久編　吉川弘文館　2007.10　307p　20cm　2900円　Ⓘ978-4-642-07980-8　Ⓝ559.1　〔00264〕

◇日本甲冑の基礎知識　山岸素夫,宮崎真澄著　第二版

雄山閣出版 1997.8 360p 26cm 6000円
①4-639-00973-9 〔00265〕
◇日本甲冑の実証的研究 山岸素夫著 増補版 つくばね舎 1997.9 902p 26cm 50000円 ①4-924836-21-4 〔00266〕
◇旗指物 高橋賢一著 増補版 新人物往来社 1996.1 348p 22cm 8500円 ①4-404-02324-3 Ⓝ288.9 〔00267〕
◇歴史のなかの鉄砲伝来―種子島から戊辰戦争まで 人間文化研究機構国立歴史民俗博物館編 佐倉 人間文化研究機構国立歴史民俗博物館 2006.10 199p 30cm Ⓝ559.1 〔00268〕

◆民間伝承
◇説話絵巻―庶民の世界 毎日新聞社 1991.4 135p 37cm （復元の日本史）5000円 ①4-620-60245-0 Ⓝ382.1 〔00269〕
◇日本の埋蔵金 畠山清行著 中央公論社 1995.9 472p 16cm （中公文庫）960円 ①4-12-202420-X Ⓝ915.9 〔00270〕
◇日本の埋蔵金100話 八重野充弘著 立風書房 1993.9 302p 20cm 1500円 ①4-651-75025-7 Ⓝ210.04 〔00271〕
◇「秘録」埋蔵金を発見した！―200兆円がまだ眠る黄金のジパング 八重野充弘著 ベストセラーズ 1993.8 266p 18cm （ワニの本―ベストセラーシリーズ）800円 ①4-584-00862-0 Ⓝ210.04 〔00272〕
◇埋蔵金を掘り当てる！―誰でもできる宝探し実践マニュアル 八重野充弘著 ワールドマガジン社 1996.10 227p 19cm 1200円 ①4-88296-803-7 Ⓝ210.04 〔00273〕

◆歴史地理
◇古地図への旅 矢守一彦著 朝日新聞社 1992.7 196,16p 21cm 2750円 ①4-02-256456-3 Ⓝ291.018 〔00274〕
◇西洋人の描いた日本地図―ジパングからシーボルトまで ドイツ東洋文化研究協会編 ドイツ東洋文化研究協会 1993 221p 30cm Ⓝ291.038 〔00275〕
◇中近世都市の歴史地理―町・筋・辻子をめぐって 足利健亮著 京都 地人書房 1984.6 246p 22cm 3700円 ①4-88501-050-0 Ⓝ291.0173 〔00276〕

宗教史

◇中近世の宗教と国家 今谷明,高埜利彦編 岩田書院 1998.6 563p 22cm 9900円 ①4-87294-120-9 Ⓝ210.4 〔00277〕
◇仏教の歴史 10 来世と現世の願い―室町から江戸へ ひろさちや著 春秋社 1997.11 260p 21cm 1800円 ①4-393-10820-5 Ⓝ182 〔00278〕
◇民衆と信仰―来世への救いをもとめた人々 特別展 千葉県立総南博物館編 千葉 千葉県社会教育施設管理財団 1994.10 37p 26cm （特別展示解説書）Ⓝ182.1 〔00279〕

文化史

◇京都文化の伝播と地域社会 源城政好著 京都 思文閣出版 2006.10 380,14p 22cm （思文閣史学叢書）7800円 ①4-7842-1325-2 Ⓝ210.4 〔00280〕
◇近世図書板本の研究 日下幸男編 京都 龍谷大学文学部日下研究室 2006.3 396p 21cm （龍谷大学仏教文化研究所共同研究報告書 2005年度）非売品 Ⓝ022.31 〔00281〕
◇世界のなかの日本―十六世紀まで遡って見る 司馬遼太郎,ドナルド・キーン著 中央公論社 1992.4 214p 18cm 1100円 ①4-12-002108-4 Ⓝ210.04 〔00282〕
◇世界のなかの日本―十六世紀まで遡って見る 司馬遼太郎,ドナルド・キーン著 中央公論社 1996.1 214p 16cm （中公文庫）480円 ①4-12-202510-9 Ⓝ210.04 〔00283〕

美術史

◇出光美術館名品選 2 出光美術館編 出光美術館 2006.11 167,8p 29cm Ⓝ702.1 〔00284〕
◇輝ける慶長時代の美術―桃山から江戸へ 徳川幕府開府四〇〇年記念秋季特別展 徳川美術館編 名古屋 徳川美術館 2003.10 143,9p 25×26cm Ⓝ702.148 〔00285〕
◇サントリー美術館名品展―日本美術の精華 サントリー美術館編 サントリー美術館 2005.7 123p 30cm Ⓝ702.146 〔00286〕
◇中・近世の絵画―館蔵歴史資料展5 佐倉 国立歴史民俗博物館 1987.11 32p 26cm 〔00287〕
◇西のみやこ東のみやこ―描かれた中・近世都市 人間文化研究機構国立歴史民俗博物館編 佐倉 人間文化研究機構国立歴史民俗博物館 2007.3 127p 30cm Ⓝ721.02 〔00288〕
◇日本絵画の表情 第1巻 雪舟から幕末まで 細野正信著 山種総合研究所 1996.3 275p 21cm 2300円 Ⓝ721.02 〔00289〕
◇日本の四季―春・夏の風物 近世の絵画・工芸品を中心に 石川県立美術館編 金沢 石川県立美術館 2004.4 85p 21×30cm Ⓝ702.148 〔00290〕
◇美術史の断面 武田恒夫先生古稀記念会編 大阪 清文堂出版 1995.1 474p 22cm 7725円 ①4-7924-0405-3 Ⓝ721.02 〔00291〕
◇美術の遊びとこころ『旅』―美術のなかに旅を見る 三井文庫三井記念美術館編 三井文庫三井記念美術館 2007.7 71p 21×30cm Ⓝ721.02 〔00292〕
◇「桃山から江戸―京都・雅び出光美術館名品展」図録 矢部良明監修 郡山市立美術館編 郡山 郡山市立美術館 2004.9 95p 30cm Ⓝ721.4 〔00293〕

建築史

◇城郭史研究 21号 日本城郭史学会,東京堂出版〔発売〕2001.6 120p 26cm 2700円 ①4-490-30392-0 〔00294〕
◇茶屋 麟閣―茶室の歴史と構成 中村昌生著 会津若松 歴史春秋出版 1994.12 148p 26cm 7000円 ①4-89757-322-X 〔00295〕
◇中世・戦国・江戸の城―城の見どころはここだ 新人物往来社 2004.10 173p 26cm （別冊歴史読本 第29巻第29号）2200円 ①4-404-03097-5 Ⓝ521.823 〔00296〕
◇日本名城秘話 百瀬明治著 徳間書店 1995.1 275p 16cm （徳間文庫）520円 ①4-19-890256-9 Ⓝ210.1 〔00297〕

芸能史

◇復原名城天守―目で見る天守の構成と実像　学習研究社　1996.2　207p　31cm　（歴史群像デラックス版）3800円　①4-05-500160-6　Ⓝ521.823　〔00298〕

芸能史

◇芸能史年表―応永8年―元禄8年　小高恭編　名著出版　1992.5　732,72p　22cm　14800円　①4-626-01441-0　Ⓝ772.1　〔00299〕
◇中近世放浪芸の系譜　渡辺昭五著　岩田書院　2000.2　772p　22cm　18800円　①4-87294-161-6　Ⓝ384.38　〔00300〕
◇都市と劇場―中近世の鎮魂・遊楽・権力　小笠原恭子著　平凡社　1992.4　285p　20cm　（平凡社選書 141）2575円　①4-582-84141-4　Ⓝ772.1　〔00301〕
◇日本芸能の起源　山上伊豆母著　大和書房　1997.4　283p　20cm　2800円＋税　①4-479-84041-9　Ⓝ772.1　〔00302〕
◇明治以前薩摩琵琶史　島津正著　ぺりかん社　1997.6　198p　22cm　3800円　①4-8315-0788-1　Ⓝ768.3　〔00303〕

言語史

◇中世・近世辞書論考　菊田紀郎著　鎌倉　港の人　2007.5　353p　22cm　8000円　①978-4-89629-173-5　Ⓝ813　〔00304〕
◇日本の歴史がわかる本　「室町・戦国―江戸時代」篇　小和田哲男著　新装版　三笠書房　2004.8　270p　15cm　（知的生きかた文庫）533円　①4-8379-7421-X　Ⓝ210.1　〔00305〕

文学史

◇新日本古典文学大系　58　狂言記　佐竹昭広ほか編　橋本朝生,土井洋一校注　岩波書店　1996.11　646,9p　22cm　4429円　①4-00-240058-1　Ⓝ918　〔00306〕
◇中世近世辞書論攷―洋学・往来・歌語辞典　関場武著　慶應義塾大学言語文化研究所　1996.3　314p　22cm　Ⓝ813　〔00307〕
◇中世近世　日本文学史　市村宏著　東洋大学出版部　1959　234p　22cm　Ⓝ910.2　〔00308〕
◇中世・近世の文芸　慶應義塾大学国文学研究会編　桜楓社　1982.7　221p　22cm　（国文学論叢　新集 4）3500円　Ⓝ910.24　〔00309〕
◇日本文学における中世と近世―共同研究　共立女子大学文学芸術研究所　1994.3　161p　21cm　（研究叢書　第13冊）Ⓝ910.2　〔00310〕

地方史

◆北海道

◇蝦夷島と北方世界　菊池勇夫編　吉川弘文館　2003.12　314,14p　22cm　（日本の時代史 19）3200円　①4-642-00819-5　Ⓝ211　〔00311〕
◇史料と語る北海道の歴史　中世・近世篇　海保嶺夫著　札幌　北海道出版企画センター　1985.3　247p　19cm　（北海道ライブラリー 23）1300円　Ⓝ211　〔00312〕
◇幕別町蝦夷文化考古館吉田菊太郎資料目録―アイヌ民族文化遺産集　1　幕別町（北海道）　幕別町教育委員会　1992.3　77p　26cm　Ⓝ382.11　〔00313〕
◇幕別町蝦夷文化考古館吉田菊太郎資料目録　2　文書資料編　幕別町（北海道）　幕別町教育委員会　1998.2　150p　26cm　Ⓝ382.11　〔00314〕
◇よみがえる北の中・近世―掘り出されたアイヌ文化　アイヌ文化振興・研究推進機構編　札幌　アイヌ文化振興・研究推進機構　2001.6　196p　30cm　Ⓝ211　〔00315〕

◆東北地方

◆◆岩手県

◇気仙の古文書　大船渡　大船渡市社会福祉協議会古文書講座　1992.2　105p　26cm　Ⓝ210.02　〔00316〕
◇御用手鏡永代記―猪川村大屋所蔵　大船渡　大船渡古文書之会　1993.1　372p　26cm　Ⓝ212.2　〔00317〕
◇城下町盛岡―盛岡城と城下町のすがた　吉田義昭著　盛岡　盛岡市教育委員会　1994.2　62p　19cm　（盛岡市文化財シリーズ　第23集）Ⓝ212.2　〔00318〕
◇大東町の城館　大東町文化財調査委員会編　増補　大東町（岩手県）　大東町教育委員会　1994.3　128p　26cm　（大東町文化財報告書　第15集）Ⓝ212.2　〔00319〕
◇種市町史　第1巻　史料編 1　種市町史編さん委員会編著　種市町（岩手県）　種市町　1996.3　732p　22cm　Ⓝ212.2　〔00320〕
◇ヒタカミ黄金伝説　山浦玄嗣著　大船渡　共和印刷企画センター　1991.7　360p　20cm　1800円　Ⓝ212.2　〔00321〕

◆◆宮城県

◇今井家文書―宮城県桃生郡桃生町　1　庄司恵一,中村守編　石巻　石巻古文書の会　1994.10　157p　26cm　Ⓝ212.3　〔00322〕
◇今井家文書―宮城県桃生郡桃生町　2　庄司恵一,中村守編　石巻　石巻古文書の会　1997.2　138p　26cm　Ⓝ212.3　〔00323〕
◇葛西中金山文書―地域史料　西田耕三解読・解説・編集　気仙沼　耕風社　1994.3　173p　21cm　2500円　Ⓝ212.3　〔00324〕
◇古文書目録　第1集　古川市図書館編　古川　古川図書館　1991.3　43p　26cm　Ⓝ212.3　〔00325〕
◇戦国から近世へ城・館・町　仙台　仙台市教育委員会文化財課　2000.9　1枚　30cm　（仙台市文化財パンフレット　第44集）〔00326〕
◇仙台伊達氏家臣団事典―史料　本田勇編著　仙台　丸善仙台出版サービスセンター（製作）　2003.2　658p　27cm　9500円　①4-86080-013-3　Ⓝ212.3　〔00327〕
◇謎の登米氏に迫る―シンポジウム記録　西田耕三編　仙台　宮城地域史学協議会　1994.5　247p　21cm　（宮城地域史学文庫　第6集）2500円　Ⓝ212.3　〔00328〕
◇宮城の研究　第3巻　中世篇 2.近世篇 1　渡辺信夫編　大阪　清文堂出版　1983.5　437p　22cm　4500円　Ⓝ291.23　〔00329〕

◆◆秋田県

◇蝦夷が哭く　田中純司著　光陽出版社　1997.3　101p　19cm　680円　①4-87662-199-3　Ⓝ212.4　〔00330〕
◇北秋田歴史用語解説―古文書・地方史を学ぶために　松橋栄信著　秋田　無明舎出版　1994.1　316p　19cm　2500円　〔00331〕

地方史　　　　　　　中世・近世史

◇古文書と碑に見る花館の歴史　花館民俗資料保存会編　大曲　大曲市花館財産区　1994.5　189p　31cm　Ⓝ212.4
〔00332〕

◆関東地方

◆◆茨城県
◇鹿島志・香取志　北条時鄰,小林重規著　京都　臨川書店　1997.4　337p　26cm　（版本地誌大系 14）12000円　①4-653-03300-5
〔00333〕

◆◆栃木県
◇野州芳賀郡堀込村上野家古文書収録　上野信夫編著　二宮町（栃木県）〔上野信夫〕　1991.9　213,55p　25cm　非売品　Ⓝ213.2
〔00334〕

◆◆埼玉県
◇新編埼玉県史　資料編 18　中世・近世 宗教　埼玉県編　浦和　埼玉県　1987.3　1106p 図版16枚　27cm　Ⓝ213.4
〔00335〕
◇両神村史　史料編 1　中世・近世出浦家文書　両神村村史編さん委員会編　両神村（埼玉県）　両神村　1985.3　820p　22cm　Ⓝ213.4
〔00336〕

◆◆千葉県
◇千葉県中近世遺跡調査目録　1970　千葉県中近世遺跡調査団編　千葉　千葉県教育委員会　1971　42p　26cm（昭和45中近世調査抄報）Ⓝ213.5
〔00337〕
◇千葉県中近世遺跡調査目録　1971　千葉県中近世遺跡調査団編　千葉　千葉県教育委員会　1972　2冊　26cm（昭和46中近世調査抄報）Ⓝ213.5
〔00338〕

◆◆東京都
◇中近世史研究と考古学―葛西城発掘30周年記念論文集　葛西城発掘30周年記念論文集刊行会編　岩田書院　2002.8　325p　22cm　7200円　①4-87294-258-2　Ⓝ213.61
〔00339〕
◇豊島区史　資料編 1　中世・近世編　豊島区史編纂委員会編　東京都豊島区　1975　615,10p　22cm　Ⓝ213.6
〔00340〕

◆◆神奈川県
◇江戸湾の歴史―中世・近世の湊と人びと　横浜開港資料館編　横浜　横浜開港資料普及協会　1990.4　97p　26cm　Ⓝ213.7
〔00341〕
◇堀江文書　第2巻　中・近世　1　神崎彰利編　伊勢原　新田堀江家　1995.8　699p　22cm　非売品　Ⓝ213.7
〔00342〕

◆北越地方
◇中・近世の北陸―考古学が語る社会史　北陸中世土器研究会編　富山　桂書房　1997.10　600p　31cm　10000円　Ⓝ214
〔00343〕
◇北陸を彩った武将たち―中近世の北陸　塩照夫著　富山〔塩照夫〕　1986.8　361p　19cm　1700円　Ⓝ214
〔00344〕

◆◆新潟県
◇考古―中・近世資料　上越市史専門委員会考古部会編　上越　上越市　2003.3　389p　27cm（上越市史叢書8）Ⓝ214.1
〔00345〕

◇弥彦村史　資料編　史料目録一覧　第1集 近世・近代1　岡真須徳編　弥彦村（新潟県）　弥彦村教育委員会　1995.3　192p　26cm　Ⓝ214.1
〔00346〕

◆◆富山県
◇魚津古今記・永鑑等史料　紙谷信雄編集校訂解説　富山　桂書房　1995.7　278p　22cm　4120円　Ⓝ214.2
〔00347〕
◇福岡町の中世・近世の文化　岩崎照栄著　岩崎貞子編　福岡町（富山県）　岩崎照栄　2002.12　273p　27cm　Ⓝ214.2
〔00348〕

◆◆福井県
◇福井県史　資料編 3　中・近世　1　福井市　福井　福井県　1982.3　938p　22cm　Ⓝ214.4
〔00349〕
◇福井県史　資料編 4　中・近世　2 吉田郡・坂井郡　福井　福井県　1984.1　1007p　22cm　Ⓝ214.4
〔00350〕
◇福井県史　資料編 5　中・近世　3 鯖江市・丹生郡　福井　福井県　1985.3　971p　22cm　Ⓝ214.4
〔00351〕
◇福井県史　資料編 6　中・近世　4 武生市・今立郡・南条郡　福井　福井県　1987.3　989p　26cm　Ⓝ214.4
〔00352〕
◇福井県史　資料編 7　中・近世　5 大野市・勝山市・足羽郡・大野郡　福井県編　福井　福井県　1992.3　1074p　22cm　Ⓝ214.4
〔00353〕
◇福井県史　資料編 8　中・近世　6 敦賀市・三方郡　福井　福井県　1989.3　1047p　26cm　Ⓝ214.4
〔00354〕
◇福井県史　資料編 9　中・近世　7 小浜市・遠敷郡・大飯郡　福井　福井県　1990.9　1125p　22cm　Ⓝ214.4
〔00355〕
◇福井藩祖結城秀康―平成十九年春季特別陳列　福井市立郷土歴史博物館編　福井　福井市立郷土歴史博物館　2007.5　33p　30cm　Ⓝ289.1
〔00356〕

◆中部・東海地方

◆◆山梨県
◇中近世甲斐の社会と文化　飯田文弥編　岩田書院　2005.9　491p　22cm　14800円　①4-87294-387-2　Ⓝ215.1
〔00357〕

◆◆長野県
◇伊那周辺の城館跡と村落―中・近世史研究への考古学的試論　飯塚政美著　ぎょうせい（印刷）　2002.5　197p　21cm　Ⓝ215.2
〔00358〕

◆◆愛知県
◇熱田と名古屋―中世から近世への歩み 企画展　名古屋市博物館編　名古屋　名古屋市博物館　1997.1　64p　30cm　Ⓝ215.5
〔00359〕
◇吉良町史　中世後期・近世　吉良町史編さん委員会編　吉良町（愛知県）　吉良町　1999.3　1249p　22cm　Ⓝ215.5
〔00360〕
◇幸田町史　資料編 1　幸田町教育委員会編　幸田町（愛知県）　幸田町　1994.8　723p　22cm　Ⓝ215.5
〔00361〕
◇戦国・江戸時代のかりや展　刈谷市教育委員会編　刈谷　刈谷市教育委員会　2000.4　75p　30cm　Ⓝ215.5
〔00362〕
◇豊田市の城下町展―中世～江戸期の豊田　豊田市郷土資料館編　豊田　豊田市教育委員会　2001.2　129p

中世・近世史　　地方史

30cm　Ⓝ215.5　　　　　　　　　　〔00363〕

◆近畿地方

◆◆滋賀県

◇戦国から近世の城下町―石寺・安土・八幡　滋賀県安土城郭調査研究所編　彦根　サンライズ出版　2006.10　139p　21cm　（近江旅の本）1800円　①4-88325-312-0　Ⓝ291.61
〔00364〕

◇戦国から泰平の世へ―井伊直政から直孝の時代　百花繚乱―彦根歴史絵巻　国宝・彦根城築城400年記念特別企画展　彦根城博物館編　彦根　彦根城博物館　2007.10　88p　21cm　Ⓝ210.48
〔00365〕

◇北国街道・北国脇往還　補遺　滋賀県教育委員会編　大津　滋賀県教育委員会　2004.3　122p　30cm　（中近世古道調査報告　7）Ⓝ682.161
〔00366〕

◇三浦十左衛門家文書・池田愍同家文書調査報告書　彦根城博物館編　彦根　彦根市教育委員会　2000.3　275p　26cm　（彦根城博物館古文書調査報告書　7）Ⓝ216.1
〔00367〕

◆◆京都府

◇京都文化の伝播と地域社会　源城政好著　京都　思文閣出版　2006.10　380,14p　22cm　（思文閣史学叢書）7800円　①4-7842-1325-2　Ⓝ210.4
〔00368〕

◆◆大阪府

◇南蛮船は入港しなかった―堺意外史　中井正弘著　大阪　澪標　2001.6　246p　20cm　1600円　①4-944164-69-6　Ⓝ216.3
〔00369〕

◆◆兵庫県

◇中世・近世前期の東神吉―播磨神吉城主神吉氏の興亡　久保一人著　加古川　[久保一人]　1999.7　161p　30cm　Ⓝ216.4
〔00370〕

◆中国地方

◇中・近世移行期大名領国の研究　光成準治著　校倉書房　2007.5　402p　22cm　（歴史科学叢書）10000円　①978-4-7517-3860-3　Ⓝ210.47
〔00371〕

◆◆鳥取県

◇新編倉吉市史　第2巻　中・近世編　新編倉吉市史編集委員会編　倉吉　倉吉市　1995.3　515,3p　22cm　Ⓝ217.2
〔00372〕

◆◆広島県

◇上下町史　史料編1　中世・近世　上下町史編纂委員会,上下町教育委員会編　上下町（広島県）　上下町　1998.3　1250p　22cm　Ⓝ217.6
〔00373〕

◆◆山口県

◇長門地頭秘史　大嶋敦子,伊藤太文著　叢文社　2002.10　382p　20cm　2000円　①4-7947-0419-4　Ⓝ288.3
〔00374〕

◇毛利氏の女性―特別展　毛利博物館編　防府　毛利博物館　1991.9　36p　26cm　Ⓝ217.7
〔00375〕

◆四国地方

◆◆愛媛県

◇谷村元［ミン］純甫日記―伊予国大洲藩医師谷村元［ミン］純甫　谷村元ミン純甫著　谷村英彦編　犬山　[谷村英彦]　2006.5　76p　22×31cm　Ⓝ289.1
〔00376〕

◇武家文書目録　愛媛県歴史文化博物館編　宇和町（愛媛県）　愛媛県歴史文化博物館　2000.3　122p　30cm　（愛媛県歴史文化博物館資料目録　第7集）Ⓝ218.3
〔00377〕

◆九州地方

◆◆福岡県

◇石橋（田鶴子）家・杉本家文書目録　柳川　九州歴史資料館分館柳川古文書館　2000.3　132p　26cm　（柳川古文書館史料目録　第12集）Ⓝ219.1
〔00378〕

◆◆熊本県

◇新熊本市史　別編　第1巻　上　絵図・地図　中世・近世　新熊本市史編纂委員会編　熊本　熊本市　1993.3　246p　37cm　Ⓝ219.4
〔00379〕

◆◆宮崎県

◇椎葉山根元記―歴史伝承資料による中世～近世の椎葉　椎葉高男著　宮崎　鉱脈社　1996.10　127p　19cm　1200円　Ⓝ219.6
〔00380〕

◇中・近世の日向国災害史　三好利奄著　佐土原町（宮崎県）　[三好利奄]　1996.3　100p　21cm　1500円　Ⓝ219.6
〔00381〕

◆◆鹿児島県

◇島津家本フィルムインデックス　東京大学史料編纂所　2000　279p　30cm　Ⓝ219.7
〔00382〕

◇島津家文書旧記雑録フィルムインデックス　東京大学史料編纂所　2000　3冊　30cm　Ⓝ219.7
〔00383〕

◇島津家文書目録―黒漆塗箱分　東京大学史料編纂所　1997.2　1冊　26cm　Ⓝ219.7
〔00384〕

◇島津家文書目録　第1分冊　山本博文編　改訂版　東京大学史料編纂所　2002.1　1冊　26cm　Ⓝ219.7
〔00385〕

◇島津家文書目録―受託研究「『島津家文書』の収集研究」研究成果報告書　2　山本博文編　東京大学史料編纂所　1999.7　18,570p　26cm　Ⓝ219.7
〔00386〕

◇島津家文書目録　第2分冊　山本博文編　改訂版　東京大学史料編纂所　2002.1　1冊　26cm　Ⓝ219.7
〔00387〕

◇島津家文書目録―受託研究「『島津家文書』の収集研究」研究成果報告書　3　山本博文編　東京大学史料編纂所　2000.2　24,600p　26cm　Ⓝ219.7
〔00388〕

◇島津世家　郡山遜志編著　鹿児島　鹿児島県立図書館　1998.3　211p　26cm　（鹿児島県史料集　37）Ⓝ219.7
〔00389〕

◆◆沖縄県

◇アジアのなかの琉球王国　高良倉吉著　吉川弘文館　1998.10　172p　19cm　（歴史文化ライブラリー）1700円　①4-642-05447-2
〔00390〕

◇蔡鐸本　中山世譜　宜野湾　榕樹書林　1998.7　217,9p　21cm　3800円　①4-947667-50-8
〔00391〕

◇冊封使録からみた琉球　原田禹雄著　宜野湾　榕樹書林

◇2000.3 238p 22cm （琉球弧叢書 7）4800円　①4-947667-66-4　Ⓝ219.9　〔00392〕
◇重編使琉球録　郭汝霖著　原田禹雄訳注　宜野湾　榕樹書林 2000.4 319,7p 22cm 13000円　①4-947667-67-2　Ⓝ219.9　〔00393〕
◇尚家関係資料総合調査報告書—平成十四年度 1 古文書編　那覇市市民文化部歴史資料室編　那覇　那覇市 2003.3 16,104p 30cm Ⓝ219.9　〔00394〕
◇使琉球紀　中山紀略　張学礼著　原田禹雄訳注　張学礼著　原田禹雄訳注　宜野湾　榕樹書林 1998.7 131,4p 22cm 3800円　①4-947667-51-6　Ⓝ219.9　〔00395〕
◇使琉球録　夏子陽著　原田禹雄訳注　宜野湾　榕樹書林 2001.8 423,4p 22cm 16000円　①4-947667-74-5　Ⓝ219.9　〔00396〕
◇使琉球録解題及び研究—研究成果報告書　夫馬進編　京都　京都大学文学部東洋史研究室 1998.3 177p 26cm Ⓝ219.9　〔00397〕
◇使琉球録解題及び研究　夫馬進編　増訂　宜野湾　榕樹書林 1999.9 217p 27cm 5800円　①4-947667-60-5　Ⓝ219.9　〔00398〕
◇清代琉球関係档案史料和訳目録　沖縄県文化振興会公文書管理部編　南風原町（沖縄県）　沖縄県公文書館 2002.3 322p 30cm Ⓝ219.9　〔00399〕
◇中国・琉球交流史　徐恭生著　西里喜行,上里賢一共訳　那覇　ひるぎ社 1991.3 262p 18cm （おきなわ文庫 56）980円　Ⓝ219.9　〔00400〕
◇定本琉球国由来記　外間守善,波照間永吉編著　角川書店 1997.4 599,91p 22cm 30000円　①4-04-821052-1　Ⓝ219.9　〔00401〕
◇南海の王国琉球の世紀—東アジアの中の琉球　陳舜臣ほか著　角川書店 1993.4 208p 19cm （角川選書 239）1400円　①4-04-703239-5　Ⓝ219.9　〔00402〕
◇波瀾の琉球王朝—南洋王国に迫る嵐　三谷茉沙夫著　廣済堂出版 1992.10 241p 18cm （Kosaido books）780円　①4-331-00584-4　Ⓝ219.9　〔00403〕
◇南の王国琉球—1993年NHK大河ドラマの歴史・文化ガイド　日本放送出版協会 1992.6 158p 24cm 1200円　Ⓝ219.9　〔00404〕
◇『明実録』の琉球史料 1　和田久徳ほか著　沖縄県文化振興会公文書館史料編集室編　南風原町（沖縄県）　沖縄県文化振興会公文書館史料編集室 2001.3 107p 26cm （歴代宝案編集参考資料 5）Ⓝ219.9　〔00405〕
◇訳注『汪楫冊封琉球使録三篇』　汪楫原著　原田禹雄訳注　宜野湾　榕樹書林 1997.9 432,14p 22cm 14000円　①4-947667-39-7　Ⓝ219.9　〔00406〕
◇甦える琉球王国—南海に生きる大琉球浪漫　武光誠著　ベストセラーズ 1992.11 237p 15cm （ワニ文庫—歴史文庫）500円　①4-584-30350-9　Ⓝ219.9　〔00407〕
◇琉球王国—大交易時代とグスク　沖縄県立博物館編　那覇　沖縄県立博物館 1992.10 201p 26cm Ⓝ219.9　〔00408〕
◇琉球王国　高良倉吉著　岩波書店 1993.1 194,13p 18cm （岩波新書）580円　①4-00-430261-7　Ⓝ219.9　〔00409〕
◇琉球王国の時代　宜野湾　沖縄大学公開講座委員会 1996.12 298p 19cm （沖縄国際大学公開講座 1）1456円　①4-938923-92-0　Ⓝ219.9　〔00410〕
◇琉球王国49の謎—知られざる沖縄の歴史、文化　中江克己著　廣済堂出版 1993.1 241p 18cm （Kosaido books）780円　①4-331-00593-3　Ⓝ219.9　〔00411〕

◇琉球王朝—物語と史蹟をたずねて　嶋岡晨著　成美堂出版 1992.11 207p 19cm 1000円　①4-415-06574-0　Ⓝ219.9　〔00412〕
◇琉球王朝記　童門冬二著　三笠書房 1992.10 261p 19cm 1100円　①4-8379-1488-8　Ⓝ219.9　〔00413〕
◇琉球王朝史　新里金福著　朝文社 1993.1 336p 20cm 2500円　①4-88695-080-9　Ⓝ219.9　〔00414〕
◇琉球王朝の謎99—知られざる沖縄の歴史・文化・風俗がまるごと1冊になった　坂元宇一郎著　実業之日本社 1992.11 238p 18cm （Just books）780円　①4-408-30145-0　Ⓝ219.9　〔00415〕
◇琉球王朝の光と陰　緒形隆司著　光風社出版 1993.2 244p 18cm 800円　①4-87519-609-1　Ⓝ219.9　〔00416〕
◇琉球・小笠原の地誌と地図—南の島々の風土とくらし　国立公文書館内閣文庫所蔵資料展　国立公文書館 1992 32p 21cm Ⓝ219.9　〔00417〕
◇琉球紀行　高野澄著　徳間書店 1993.2 252p 16cm （徳間文庫）460円　①4-19-597474-7　Ⓝ219.9　〔00418〕
◇琉球史辞典　中山盛茂編著　5版　那覇　文教図書 1993.6 1042,25p 22cm 19000円　Ⓝ219.9　〔00419〕
◇琉球・尚氏のすべて　喜舎場一隆編　新人物往来社 2000.8 234p 20cm 2800円　①4-404-02868-7　Ⓝ288.2　〔00420〕
◇琉球人種論　伊波普猷著　宜野湾　榕樹書林 1997.8 40p 22cm （沖縄学資料シリーズ 1）①4-947667-46-X　Ⓝ219.9　〔00421〕
◇琉球・中国交渉史に関するシンポジウム論文集　第1回　沖縄県立図書館史料編集室編　那覇　沖縄県立図書館 1993.3 5,306,9p 21cm Ⓝ219.9　〔00422〕
◇琉球・中国交渉史に関するシンポジウム論文集　第2回　沖縄県立図書館史料編集室編　那覇　沖縄県立図書館 1995.3 1冊 21cm 1800円　Ⓝ219.9　〔00423〕
◇琉球・中国交渉史に関するシンポジウム論文集　第3回　沖縄県文化振興会公文書館管理部史料編集室編　那覇　沖縄県教育委員会 1996.9 6,265,11p 21cm　Ⓝ219.9　〔00424〕
◇琉球と中国—忘れられた冊封使　原田禹雄著　吉川弘文館 2003.5 189p 19cm （歴史文化ライブラリー 153）1700円　①4-642-05553-3　Ⓝ219.9　〔00425〕
◇琉球と琉球の人々—琉球王国訪問記〈一八五〇年十月〉　ジョージ・スミス原著　山口栄鉄,新川右好訳　那覇　沖縄タイムス社 2003.9 138p 19cm 1300円　①4-87127-162-5　Ⓝ219.9　〔00426〕
◇琉球の英傑たち　大城立裕著　プレジデント社 1992.10 299p 20cm 1500円　①4-8334-1464-3　Ⓝ219.9　〔00427〕
◇琉球の城　名嘉正八郎著　那覇　アドバイザー 1993.11 240p 27cm 3800円　Ⓝ219.9　〔00428〕
◇琉球の「国つくり」考　崎間敏勝著　与那原町（沖縄県）　琉球文化歴史研究所 1994.2 141p 18cm （シリーズ「琉球の文化と歴史の考察」第13号）1000円　Ⓝ219.9　〔00429〕
◇琉球の「国つくり」考　崎間敏勝著　与那原町（沖縄県）　琉球文化歴史研究所 1998.10 387p 19cm （琉球の文化と歴史の考察 第4集）4000円　Ⓝ219.9　〔00430〕
◇琉球の朝貢貿易　辺土名朝有著　校倉書房 1998.7 458p 21cm （歴史科学叢書）15000円　①4-7517-2840-7　〔00431〕
◇琉球の文化　式場隆三郎編著　宜野湾　榕樹社 1995.6 14,304,40p 図版10枚 20cm 4500円　①4-947667-29-X

Ⓝ219.9　　　　　　　　　〔00432〕
◇「琉球・呂宋漂海録」の研究—二百年前の琉球・呂宋の民俗・言語　多和田真一郎著　武蔵野書院　1994.6　247p　22cm　13000円　Ⓘ4-8386-0147-6　Ⓝ219.9　〔00433〕
◇琉球歴史の謎とロマン　その1　総集編＆世界遺産　亀島靖著　那覇　環境芸術研究所　1999.9　226p　18cm　（琉球歴史入門シリーズ）933円　Ⓘ4-900374-00-8
　　　　　　　　　　　　　　　　　　　〔00434〕
◇琉明・琉清交渉史の研究　宮田俊彦著　文献出版　1996.6　445p　22cm　12360円　Ⓘ4-8305-1190-7　Ⓝ219.9　　　　　　　　　〔00435〕

◆◆◆歴代宝案
◇歴代宝案—校訂本　第1冊　沖縄県立図書館史料編集室編　和田久徳校訂　那覇　沖縄県教育委員会　1992.1　766p　27cm　7500円　Ⓝ219.9　　〔00436〕
◇歴代宝案　訳注本　第1冊　沖縄県立図書館史料編集室編　和田久徳訳注　那覇　沖縄県教育委員会　1994.3　691p　27cm　7400円　Ⓝ219.9　　〔00437〕
◇歴代宝案—校訂本　第2冊　沖縄県立図書館史料編集室編　和田久徳校訂　那覇　沖縄県教育委員会　1992.3　713p　27cm　7500円　Ⓝ219.9　　〔00438〕
◇歴代宝案—訳注本　第2冊　沖縄県文化振興会,沖縄県公文書館管理部史料編集室編　和田久徳訳注　那覇　沖縄県教育委員会　1997.3　592p　27cm　6300円　Ⓝ219.9　　　　　　　　　〔00439〕
◇歴代宝案—校訂本　第3冊　沖縄県立図書館史料編集室編　神田信夫校訂　那覇　沖縄県教育委員会　1993.1　585p　27cm　6300円　Ⓝ219.9　　〔00440〕
◇歴代宝案—訳注本　第3冊　沖縄県文化振興会公文書館管理部史料編集室編　神田信夫訳注　那覇　沖縄県教育委員会　1998.3　495p　27cm　Ⓝ219.9　〔00441〕
◇歴代宝案—校訂本　第4冊　沖縄県立図書館史料編集室編　神田信夫校訂　那覇　沖縄県教育委員会　1993.3　599p　27cm　6300円　Ⓝ219.9　　〔00442〕
◇歴代宝案—校訂本　第5冊　沖縄県立図書館史料編集室編　生田滋校訂　那覇　沖縄県教育委員会　1996.3　615p　27cm　Ⓝ219.9　〔00443〕
◇歴代宝案—校訂本　第7冊　沖縄県立図書館史料編集室編　浜下武志校訂　那覇　沖縄県教育委員会　1994.2　561p　27cm　6200円　Ⓝ219.9　　〔00444〕
◇歴代宝案—校訂本　第8冊　沖縄県文化振興会編　沖縄県公文書館管理部史料編集室編　浜下武志校訂　那覇　沖縄県教育委員会　1999.3　664p　27cm　5700円　Ⓝ219.9　　　　　　　　　〔00445〕
◇歴代宝案—校訂本　第11冊　沖縄県立図書館史料編集室編　小島晋治校訂　那覇　沖縄県教育委員会　1995.3　3,604p　27cm　Ⓝ219.9　〔00446〕
◇歴代宝案—校訂本　第12冊　沖縄県文化振興会公文書管理部史料編集室編　小島晋治校訂　那覇　沖縄県教育委員会　2000.7　606p　27cm　Ⓝ219.9　〔00447〕
◇歴代宝案—校訂本　第13冊　沖縄県立図書館史料編集室編　西里喜行校訂　那覇　沖縄県教育委員会　1996.3　4,555p　27cm　Ⓝ219.9　〔00448〕
◇歴代宝案—訳注本　第13冊　沖縄県文化振興会公文書管理部史料編集室編　西里喜行訳注　那覇　沖縄県教育委員会　2002.3　484p　27cm　Ⓝ219.9　〔00449〕
◇『歴代宝案』の基礎的研究　辺土名朝有著　校倉書房　1992.9　518p　27cm　20600円　Ⓘ4-7517-2190-9　Ⓝ219.9　　　　　　　　　〔00450〕
◇『歴代宝案』訳注本第13冊語注一覧表　南風原町（沖縄県）　沖縄県文化振興会公文書管理部史料編集室　2002　200p　21×30cm　（歴代宝案編集参考資料 6）Ⓝ219.9　〔00451〕

近世史

近世一般

◇朝日百科歴史を読みなおす　5　朝日新聞社　1996.11　1冊　31cm　Ⓘ4-02-257056-3　Ⓝ210.1　〔00452〕

◇生きることの近世史―人命環境の歴史から　塚本学著　平凡社　2001.8　293p　20cm　（平凡社選書 215）2700円　Ⓘ4-582-84215-1　Ⓝ210.5　〔00453〕

◇石田三成とその子孫　白川亭著　新人物往来社　2007.12　233p　19cm　2800円　Ⓘ978-4-404-03509-7　〔00454〕

◇1年1頁徳川300年ニュース　新人物往来社　1997.1　278p　21cm　（別冊歴史読本 83）1553円　Ⓘ4-404-02448-7　Ⓝ210.5　〔00455〕

◇伊藤近世史文庫目録　東浦町（愛知県）　東浦町郷土資料館　2000　109p　30cm　Ⓝ029.955　〔00456〕

◇岩波講座　日本通史　第11巻　近世　朝尾直弘、網野善彦、石井進、鹿野政直、早川庄八、安丸良夫編　岩波書店　2000.7　345p　21cm　3000円　Ⓘ4-00-010561-2　〔00457〕

◇岩波講座　日本通史　第12巻　近世　朝尾直弘、網野善彦、石井進、鹿野政直、早川庄八、安丸良夫編　岩波書店　2000.8　368p　21cm　3000円　Ⓘ4-00-010562-0　〔00458〕

◇岩波講座　日本通史　第13巻　近世　朝尾直弘、網野善彦、石井進、鹿野政直、早川庄八、安丸良夫編　岩波書店　2000.9　361p　21cm　3000円　Ⓘ4-00-010563-9　〔00459〕

◇岩波講座　日本通史　第14巻　近世　朝尾直弘、網野善彦、石井進、鹿野政直、早川庄八、安丸良夫編　岩波書店　2000.10　372p　21cm　3000円　Ⓘ4-00-010564-7　〔00460〕

◇岩波講座　日本通史　第15巻　近世　朝尾直弘、網野善彦、石井進、鹿野政直、早川庄八、安丸良夫著　第2刷　岩波書店　2000.11　348p　21cm　3000円　Ⓘ4-00-010565-5　〔00461〕

◇岩波講座日本歴史　第6　近世　1　国史研究会編　岩波書店　1933-1935　2冊　Ⓝ210　〔00462〕

◇岩波講座　日本歴史　第9　近世第1　近世史概説〔ほか〕　家永三郎等編　奈良本辰也　岩波書店　1963　302p　22cm　Ⓝ210.1　〔00463〕

◇岩波講座　日本歴史　第10　近世〔ほか〕　家永三郎等編　藤野保　岩波書店　1963　356p　22cm　Ⓝ210.1　〔00464〕

◇岩波講座　日本歴史　第11　近世〔ほか〕　家永三郎等編　辻達也　岩波書店　1963　310p　22cm　Ⓝ210.1　〔00465〕

◇岩波講座　日本歴史　第12　近世〔ほか〕　家永三郎等編　阿部真琴, 酒井一　岩波書店　1963　374p　22cm　Ⓝ210.1　〔00466〕

◇岩波講座　日本歴史　第13　近世〔ほか〕　家永三郎等編　矢木明夫　岩波書店　1964　342p　22cm　Ⓝ210.1　〔00467〕

◇絵で知る江戸時代―江戸万物事典　高橋幹夫著　芙蓉書房出版　1998.8　293p　27cm　（シリーズ「江戸」博物館 2）3500円　Ⓘ4-8295-0214-2　Ⓝ210.5　〔00468〕

◇江戸―その政治と社会　川崎房五郎著　光風社出版　1987.10　353p　19cm　（光風社選書）1300円　Ⓝ210.5　〔00469〕

◇江戸　第1巻　幕政編　1　大久保利謙編輯　立体社　1980.4　585p　22cm　9800円　Ⓝ210.5　〔00470〕

◇江戸　第2巻　幕政編　2　大久保利謙編輯　立体社　1980.6　615p　図版13枚　22cm　9800円　Ⓝ210.5　〔00471〕

◇江戸　第4巻　戦記編　大久保利謙編輯　立体社　1980.7　498p　22cm　8600円　Ⓝ210.5　〔00472〕

◇江戸　第5巻　人物編　大久保利謙編輯　立体社　1980.8　525p　図版16枚　22cm　8600円　Ⓝ210.5　〔00473〕

◇江戸生きかたの達人たち　楠戸義昭ほか著　河出書房新社　2002.5　234p　19cm　1500円　Ⓘ4-309-22385-0　Ⓝ281.04　〔00474〕

◇江戸宇宙　桐山桂一著　新人物往来社　2004.7　244p　20cm　2200円　Ⓘ4-404-03196-3　Ⓝ210.5　〔00475〕

◇江戸への新視点　高階秀爾, 田中優子編　新書館　2006.12　246p　20cm　1600円　Ⓘ4-403-21091-0　Ⓝ210.5　〔00476〕

◇江戸へ行こう　根本裕子著　佐田満編　大阪　リトル・ガリヴァー社　1998.12　213p　21cm　1400円　Ⓘ4-947683-08-2　Ⓝ210.5　〔00477〕

◇江戸沿革私記　塚原靖著　増訂　石塚徳次郎　1889.9　54p　18cm　Ⓝ291　〔00478〕

◇江戸を生きる　杉本苑子著　講談社　1997.9　316p　15cm　（講談社文庫）505円　Ⓘ4-06-263607-7　Ⓝ210.5　〔00479〕

◇江戸を楽しむ―三田村鳶魚の世界　山本博文著　中央公論新社　2000.2　252p　20cm　590円　Ⓘ4-12-203603-8　Ⓝ210.5　〔00480〕

◇江戸奇人・稀才事典　祖田浩一編　東京堂出版　1992.9　342p　19cm　1900円　Ⓘ4-490-10321-2　Ⓝ281　〔00481〕

◇江戸奇人・稀才事典　祖田浩一編　東京堂出版　1996.9　342p　18cm　（奇人・奇才人物伝）1133円　Ⓘ4-490-10441-3　Ⓝ281　〔00482〕

◇江戸狂者伝　中野三敏著　中央公論新社　2007.3　555p　22cm　8800円　Ⓘ978-4-12-003812-9　Ⓝ281.04　〔00483〕

◇江戸狂者伝　中野三敏著　限定特装版　中央公論新社　2007.4　555p　22cm　30000円　Ⓘ978-4-12-003827-3　Ⓝ281.04　〔00484〕

◇江戸事情―ヴィジュアル百科　第3巻　政治社会編　NHKデータ情報部編　雄山閣出版　1992.5　255p　27cm　3800円　Ⓘ4-639-01088-5　Ⓝ210.5　〔00485〕

◇江戸時代　北島正元著　岩波書店　1958　248p　18cm　（岩波新書）Ⓝ210.5　〔00486〕

◇江戸時代　大石慎三郎著　中央公論社　1977.8　266p

18cm （中公新書）460円　Ⓝ210.5
〔00487〕
◇江戸時代　北島正元著　岩波書店　1993.7　248p
20cm　（岩波新書の江戸時代）1500円　Ⓘ4-00-009121-2
Ⓝ210.5
〔00488〕
◇江戸時代　深谷克己著　岩波書店　2000.3　218,6p
18cm　（岩波ジュニア新書―日本の歴史　6）740円
Ⓘ4-00-500336-2
〔00489〕
◇一目でわかる江戸時代―地図・グラフ・図解でみる　竹内誠監修　市川寛明編　小学館　2004.5　127p
30cm　2400円　Ⓘ4-09-626067-3
〔00490〕
◇江戸時代―ビジュアルNippon「原寸大」絵画史料で読み解く江戸時代270年史　山本博文監修　小学館　2006.11　297p　30cm　4200円　Ⓘ4-09-623042-1　Ⓝ210.5
〔00491〕
◇江戸時代あれこれ　林亮勝著　人間舎　2004.11　332p
21cm　3800円　Ⓘ4-931408-77-X　Ⓝ210.5
〔00492〕
◇江戸時代への接近　大石学編　東京堂出版　2000.9
222p　21cm　2500円　Ⓘ4-490-20408-6　Ⓝ210.5
〔00493〕
◇江戸時代を考える―徳川三百年の遺産　辻達也著　中央公論社　1988.3　185p　18cm　（中公新書）480円
Ⓘ4-12-100870-7　Ⓝ210.5
〔00494〕
◇江戸時代を「探検」する　山本博文著　文藝春秋　1996.1　270p　20cm　1500円　Ⓘ4-16-351150-4　Ⓝ210.5
〔00495〕
◇江戸時代を「探検」する　山本博文著　新潮社　2005.2
303p　16cm　（新潮文庫）438円　Ⓘ4-10-116441-X
Ⓝ210.5
〔00496〕
◇江戸時代史　三上参次著　富山房　1943-1944　2冊
22cm　Ⓝ210.5
〔00497〕
◇江戸時代史　栗田元次、龍居松之助著　近藤出版社
1976.11　2冊　22cm　全25000円　Ⓝ210.5
〔00498〕
◇江戸時代史論　日本歴史地理学会編　仁友社　1915
644p　22cm　Ⓝ210.5
〔00499〕
◇江戸時代史論　日本歴史地理学会編　日本図書センター
1976.9　644p　図版32枚　22cm　9000円　Ⓝ210.5
〔00500〕
◇江戸時代史論　辻善之助述　辻達也編　悠思社
1991.11　274p　20cm　2200円　Ⓘ4-946424-09-1
Ⓝ210.5
〔00501〕
◇江戸時代新聞―1603～1867　新人物往来社　1998.7
195p　26cm　（別冊歴史読本　78号）1600円
Ⓘ4-404-02635-8　Ⓝ210.5
〔00502〕
◇江戸時代新聞―小学館版　大石学編　小学館　2003.9
223p　30cm　2200円　Ⓘ4-09-626129-7　Ⓝ210.5
〔00503〕
◇江戸時代人名控1000　山本博文監修　小学館　2007.10
367p　21cm　2800円　Ⓘ978-4-09-626607-6　Ⓝ281.03
〔00504〕
◇江戸時代と近代化　大石慎三郎、中根千枝著　筑摩書房
1986.11　480p　20cm　2800円　Ⓘ4-480-85347-2
Ⓝ210.5
〔00505〕
◇江戸時代とはなにか―日本史上の近世と近代　尾藤正英著　岩波書店　1992.12　254p　19cm　2600円
Ⓘ4-00-000207-4　Ⓝ210.5
〔00506〕
◇江戸時代とはなにか―日本史上の近世と近代　尾藤正英著　岩波書店　2006.4　282p　15cm　（岩波現代文庫
学術）1100円　Ⓘ4-00-600158-4　Ⓝ210.5
〔00507〕
◇江戸時代年鑑　遠藤元男著　雄山閣　2004.10　348,63p
21cm　4700円　Ⓘ4-639-01860-6　Ⓝ210.5
〔00508〕
◇江戸時代年表―見る・読む・調べる　山本博文監修　小

学館　2007.10　287p　21cm　2600円
Ⓘ978-4-09-626606-9　Ⓝ210.5
〔00509〕
◇江戸時代のさまざま　三田村鳶魚著　博文館　1929
814p　19cm　Ⓝ210.5
〔00510〕
◇江戸時代の見方が変わる本　「逆転の日本史」編集部編
洋泉社　1998.12　222p　21cm　1700円
Ⓘ4-89691-352-3　Ⓝ210.5
〔00511〕
◇江戸時代の歴史　原田伴彦著　三一書房　1983.7　359p
20cm　2800円　Ⓝ210.5
〔00512〕
◇江戸時代の61人　PHP研究所編　PHP研究所　2001.2
47p　31cm　（歴史人物アルバム日本をつくった人たち大集合　3）2900円　Ⓘ4-569-68263-4,4-569-29456-1
〔00513〕
◇江戸時代論　佐々木潤之介著　吉川弘文館　2005.9
433,13p　19cm　3000円　Ⓘ4-642-07945-9　〔00514〕
◇江戸10万日全記録―実録事件史年表　明田鉄男編著　雄山閣　2003.8　430p　21cm　3800円　Ⓘ4-639-01799-5
〔00515〕
◇江戸情報論　岩下哲典著　北樹出版　2000.4　255p
20cm　2400円　Ⓘ4-89384-754-6　Ⓝ210.5　〔00516〕
◇江戸人の生と死　立川昭二著　筑摩書房　1993.3　281p
15cm　（ちくま学芸文庫）850円　Ⓘ4-480-08048-1
Ⓝ281.04
〔00517〕
◇江戸人物談義　三田村鳶魚著　朝倉治彦編　中央公論社　1998.4　398p　16cm　（中公文庫―鳶魚江戸文庫
20）762円　Ⓘ4-12-203124-9　Ⓝ281.04　〔00518〕
◇江戸（中・後期）時代　小和田哲男監修　岩崎書店
2000.4　47p　29cm　（人物・資料でよくわかる日本の歴史　8）3000円　Ⓘ4-265-04848-X,4-265-10223-9
〔00519〕
◇江戸なるほど人物秘史―「志」に生きた逞しき男たち
邦光史郎著　廣済堂出版　1992.5　258p　18cm
（Kosaido books）780円　Ⓘ4-331-00567-4　Ⓝ281.04
〔00520〕
◇江戸の遺伝子―いまこそ見直されるべき日本人の知恵
徳川恒孝著　PHP研究所　2007.3　253p　20cm　1500円　Ⓘ978-4-569-65830-8　Ⓝ210.5　〔00521〕
◇江戸の怪人たち　童門冬二著　集英社　1995.12　277p
16cm　（集英社文庫）600円　Ⓘ4-08-748398-3　Ⓝ281.04
〔00522〕
◇江戸の構造改革―パックス・トクガワーナの時代　中村彰彦、山内昌之著　集英社　2004.2　318p　20cm　1800円　Ⓘ4-08-781292-8　Ⓝ210.5　〔00523〕
◇江戸ノ頃追憶―過ぎにし物語　鍋倉健悦著　彩図社
2001.11　191p　15cm　（ぶんりき文庫）520円
Ⓘ4-88392-225-1　Ⓝ281.04
〔00524〕
◇江戸のすべてがわかる事典　児玉幸多監修　三笠書房
1999.6　398p　15cm　（知的生きかた文庫―人物日本歴史館）848円　Ⓘ4-8379-7039-7　Ⓝ281.04　〔00525〕
◇江戸一口ばなし　今野信雄著　新紀元社　1995.7　254p
19cm　1000円　Ⓘ4-88317-255-4　Ⓝ210.5　〔00526〕
◇江戸人遣い達人伝　童門冬二著　講談社　1994.6　341p
20cm　1700円　Ⓘ4-06-207018-9　Ⓝ210.5　〔00527〕
◇大江戸開府四百年事情　石川英輔著　講談社　2006.7
307p　15cm　（講談社文庫）552円　Ⓘ4-06-275442-8
Ⓝ210.5
〔00528〕
◇大江戸史話　大石慎三郎著　中央公論社　1992.3　247p
16cm　（中公文庫）460円　Ⓘ4-12-201885-4　Ⓝ210.5
〔00529〕
◇大江戸大東京資料目録　浅草御蔵前書房　1981　56p
26cm　（浅草御蔵前書房古書目録　第1号）Ⓝ025.9
〔00530〕

近世一般　　　　　　　　　　　　　　　　　近世史

◇大江戸なんでもランキング　中田節子著　小学館　2002.12　191p　19cm　1200円　Ⓘ4-09-626065-7　Ⓝ210.5　〔00531〕

◇大江戸復元図鑑　武士編　笹間良彦著画　遊子館　2004.5　381p　22cm　6800円　Ⓘ4-946525-56-4　Ⓝ210.5　〔00532〕

◇大江戸よろず雑学帖　歴史散歩倶楽部編著　ぶんか社　2006.11　238p　15cm　（ぶんか社文庫）638円　Ⓘ4-8211-5074-3　Ⓝ210.5　〔00533〕

◇面白すぎる謎解き日本史―ここまでわかった幕末日本　下　巻　江戸幕府から明治維新まで　歴史の謎を探る会編　青春出版社　1991.11　248p　15cm　（青春best文庫）460円　Ⓘ4-413-08071-8　Ⓝ210.04　〔00534〕

◇解説近世日本国民史　平泉澄著　2刷　時事通信社　1963　188p　18cm　Ⓝ210.5　〔00535〕

◇学校では習わない江戸時代　山本博文著　新潮社　2007.2　248p　16cm　（新潮文庫）400円　Ⓘ978-4-10-116442-7　Ⓝ210.5　〔00536〕

◇画報近世史　1　日本近代史研究会編　日本図書センター　2002.9　286p　31cm　Ⓘ4-8205-8670-X,4-8205-8669-6　Ⓝ210.5　〔00537〕

◇画報近世史　2　日本近代史研究会編　日本図書センター　2002.9　p287-496　31cm　Ⓘ4-8205-8671-8,4-8205-8669-6　Ⓝ210.5　〔00538〕

◇画報近世史　3　日本近代史研究会編　日本図書センター　2002.9　p497-706　31cm　Ⓘ4-8205-8672-6,4-8205-8669-6　Ⓝ210.5　〔00539〕

◇画報近世史　4　日本近代史研究会編　日本図書センター　2002.9　p707-916　31cm　Ⓘ4-8205-8673-4,4-8205-8669-6　Ⓝ210.5　〔00540〕

◇画報近世史　5　日本近代史研究会編　日本図書センター　2002.9　p917-1126,7p　31cm　Ⓘ4-8205-8674-2,4-8205-8669-6　Ⓝ210.5　〔00541〕

◇聞いて極楽―史談百話　網淵謙錠著　文藝春秋　1991.7　212p　16cm　（文春文庫）360円　Ⓘ4-16-715712-8　Ⓝ210.5　〔00542〕

◇「兄弟型」で解く江戸の怪物　畑田国男,武光誠著　トクマオリオン　1993.9　308p　18cm　（Tokuma O books）1000円　Ⓘ4-19-045275-0　Ⓝ210.049　〔00543〕

◇近世近代史論集　九州大学国史学研究室編　吉川弘文館　1990.8　560p　22cm　10000円　Ⓘ4-642-01052-1　Ⓝ210.5　〔00544〕

◇近世国家と明治維新　津田秀夫編　三省堂　1989.8　677p　22cm　9000円　Ⓘ4-385-35047-7　Ⓝ210.5　〔00545〕

◇近世国家の成立過程　津田秀夫編　塙書房　1982.6　459p　22cm　7200円　Ⓝ210.5　〔00546〕

◇近世国家の展開　津田秀夫編　塙書房　1980.10　431p　22cm　6800円　Ⓝ210.5　〔00547〕

◇近世再考―地方の視点から　塚本学著　日本エディタースクール出版部　1986.10　249p　20cm　1800円　Ⓘ4-88888-110-3　Ⓝ210.5　〔00548〕

◇近世史　三上参次述　東京専門学校　1895　258p　21cm　（東京専門学校政治科第2年級第7回講義録）Ⓝ230　〔00549〕

◇近世史　斎藤阿具述　東京専門学校　1896　300p　21cm　（東京専門学校政治経済科第1回2部講義録）Ⓝ230　〔00550〕

◇近世史の群像　北島正元著　吉川弘文館　1977.2　304p　19cm　1400円　Ⓝ210.5　〔00551〕

◇近世史ノート　佐々野昭弘著　京都　啓文社　1985.5　134p　21cm　1200円　Ⓘ4-7729-1254-1　Ⓝ210.5　〔00552〕

◇近世史ハンドブック　児玉幸多等編　近藤出版社　1972　390,14p　22cm　2800円　Ⓝ210.5　〔00553〕

◇近世史用語事典　村上直編　新人物往来社　1993.1　413p　20cm　5800円　Ⓘ4-404-01979-3　Ⓝ210.5　〔00554〕

◇近世史論攷　安廣良平著　大宮　望月印刷　1987.9　202p　22cm　（マイブックサービス 23）非売品　Ⓝ210.5　〔00555〕

◇近世史話―人と政治　辻達也著　悠思社　1991.10　301p　20cm　1600円　Ⓘ4-946424-05-9　Ⓝ210.5　〔00556〕

◇近世新畸人伝　中野三敏著　岩波書店　2004.11　266p　15cm　（岩波現代文庫 学術）1100円　Ⓘ4-00-600134-7　Ⓝ281　〔00557〕

◇近世人傑伝――一国一人　山方香峰著　実業之日本社　1907.8　558p　19cm　Ⓝ281　〔00558〕

◇近世人の研究―江戸時代の日記に見る人間像　深谷克己著　名著刊行会　2003.6　319p　20cm　（歴史学叢書）3000円　Ⓘ4-8390-0319-X　〔00559〕

◇近世人物叢談　森銑三著　大道書房　1943　298p　19cm　Ⓝ281　〔00560〕

◇近世に生きる　国立歴史民俗博物館編　福武書店　1988.6　98p　26cm　（日本歴史探険）800円　Ⓘ4-8288-1173-7　〔00561〕

◇近世に生きる　国立歴史民俗博物館編　佐倉　国立歴史民俗博物館　1988.6　98p　26cm　（日本歴史探険）　〔00562〕

◇近世日本国民史　第16-25,41-50,62-65　徳富猪一郎著　民友社　1936-15　24冊　19cm　Ⓝ210.5　〔00563〕

◇近世日本国民史　　　第44-61　徳富猪一郎著　民友社　1933-14　18冊　22-23cm　Ⓝ210.5　〔00564〕

◇近世日本国民史附図　平泉洸編　近世日本国民史刊行会　1965　186p　27cm　Ⓝ210.5　〔00565〕

◇近世日本世相史　斎藤隆三著　博文館　1925　1238p　23cm　Ⓝ210.5　〔00566〕

◇近世の地域支配と文化　藤井一二編　岩田書院　2005.10　169p　21cm　2600円　Ⓘ4-87294-401-1　Ⓝ210.5　〔00567〕

◇近世の日本　内田銀蔵著　富山房　1919　499p　22cm　Ⓝ210.5　〔00568〕

◇近世の日本　内田銀蔵著　大阪　創元社　1938　173p　18cm　（日本文化名著選 第5）Ⓝ210.5　〔00569〕

◇近世の日本・日本近世史　内田銀蔵著,宮崎道生校注　平凡社　1975　308p　18cm　（東洋文庫 279）900円　Ⓝ210.5　〔00570〕

◇近世封建社会の研究　本庄栄治郎著　改造社　1928.4　315,12p　19cm　Ⓝ210.5　〔00571〕

◇近代日本を支えた人々―井関盛艮旧蔵コレクション　写真集　東京都港区立港郷土資料館編　東京都港区教育委員会　1991.3　107p　30cm　Ⓝ210.58　〔00572〕

◇近代の胎動　藤田覚編　吉川弘文館　2003.10　282,11p　22cm　（日本の時代史 17）3200円　Ⓘ4-642-00817-9　Ⓝ210.5　〔00573〕

◇訓蒙図彙の世界―江戸時代図説百科　大空社　2002.12　252,3,194p　22cm　（訓蒙図彙集成 別巻（解題・解説・語彙索引））26000円　Ⓘ4-283-00213-5　Ⓝ031　〔00574〕

◇苦楽の向う側―江戸の達人に学ぶ後半生の過し方　邦光史郎著　経営書院　1993.12　270p　19cm　1400円

◇講座日本近世史 10 近世史への招待 青木美智男, 佐藤誠朗編 有斐閣 1992.3 304p 20cm 3090円 ①4-641-07100-4 Ⓝ210.5 〔00576〕
◇講座日本歴史 5 近世 1 歴史学研究会編, 日本史研究会編 東京大学出版会 1985.3 xi,365p 19cm 1500円 ①4-13-025055-8 Ⓝ210.1 〔00577〕
◇国史講座 第2巻 江戸時代史 栗田元次著 受験講座刊行会 1930 367p 22cm Ⓝ210.1 〔00578〕
◇史蹟論―19世紀日本の地域社会と歴史意識 羽賀祥二著 名古屋 名古屋大学出版会 1998.10 415,9p 22cm 5800円 ①4-8158-0347-1 Ⓝ210.5 〔00579〕
◇史談徳川の落日―繁栄と崩壊の人物伝 邦光史郎著 大陸書房 1991.4 227p 16cm （大陸文庫）470円 ①4-8033-3306-8 Ⓝ210.5 〔00580〕
◇知っておきたい江戸の常識―事件と人物 大石学編 角川グループパブリッシング（発売） 2007.9 211p 15cm （角川文庫―角川ソフィア文庫 シリーズ江戸学）552円 ①978-4-04-406405-1 Ⓝ210.5 〔00581〕
◇知ってて知らない大江戸雑学 及川量正著 双葉社 2003.7 239p 15cm （双葉文庫）476円 ①4-575-71258-2 Ⓝ210.5 〔00582〕
◇知ってほしい江戸幕府の世に活躍した人びと―江戸時代 佐藤和彦監修 あかね書房 2000.4 47p 31cm （楽しく調べる人物図解日本の歴史 5）3200円 ①4-251-07935-3 〔00583〕
◇師弟―ここに志あり 童門冬二著 潮出版社 2006.6 269p 20cm 1700円 ①4-267-01741-7 Ⓝ281.04 〔00584〕
◇写真図説 総合日本史 第4巻 近世篇 日本近代史研究会編 国際文化情報社 1955-1957 31cm Ⓝ210.1 〔00585〕
◇写真図説 総合日本史 第5巻 近世篇 日本近代史研究会編 国際文化情報社 1955-1957 31cm Ⓝ210.1 〔00586〕
◇調べ学習に役立つ時代別・テーマ別日本の歴史博物館・史跡 6 江戸時代 佐藤和彦監修 あかね書房 1999.4 47p 31cm 3200円 ①4-251-07906-X 〔00587〕
◇しらべる江戸時代―事典 林英夫, 青木美智男編集代表 柏書房 2001.10 834,25p 27cm 18000円 ①4-7601-2103-X 〔00588〕
◇史料による 日本の歩み 第3 近世編 児玉幸多等編 吉川弘文館 1957-1958 22cm Ⓝ210.1 〔00589〕
◇新講大日本史 第6巻 江戸時代史 児玉幸多, 北島正元著 雄山閣 1941 170,123p 22cm Ⓝ210 〔00590〕
◇新・国史大年表 第6巻 1853-1895 日置英剛編 国書刊行会 2006.10 839,116p 27cm 20000円 ①4-336-04779-0 Ⓝ210.032 〔00591〕
◇真実の江戸人物史 江崎俊平, 志茂田誠諦著 ぶんか社 2006.7 253p 15cm （ぶんか社文庫）667円 ①4-8211-5057-3 Ⓝ281.04 〔00592〕
◇新視点日本の歴史 第5巻 近世編 江戸時代 青木美智男, 保坂智編 新人物往来社 1993.7 342p 22cm 4800円 ①4-404-02005-8 Ⓝ210.1 〔00593〕
◇心身関係論―近世における変遷と現代における省察 池田善昭著 京都 晃洋書房 1998.4 179p 20cm 2000円 ①4-7710-0989-9 Ⓝ114.2 〔00594〕
◇新日本史大系 第4巻 近世社会 小葉田淳編 朝倉書店 1952-1957 19cm Ⓝ210.1 〔00595〕
◇人物・資料でよくわかる日本の歴史 8 江戸時代 小和田哲男監修 岩崎書店 2000.4 47p 30cm 3000円 ①4-265-04848-X 〔00596〕
◇人物談義江戸の流行つ子 三田村鳶魚著 良国民社 1943 287p 19cm Ⓝ281 〔00597〕
◇人物・日本の歴史 第9 大江戸の世〔ほか〕 児玉幸多編 読売新聞社 1965 19cm Ⓝ210.1 〔00598〕
◇人物日本の歴史・日本を変えた53人 5 高野尚好監修 学習研究社 2002.2 63p 27×22cm 2800円 ①4-05-201569-X 〔00599〕
◇人物日本の歴史・日本を変えた53人 6 高野尚好監修 学習研究社 2002.2 64p 27×22cm 2800円 ①4-05-201570-3 〔00600〕
◇新編江戸志 近藤義休著 瀬名貞雄補 珍書刊行会 1917 220p 20cm （江戸趣味文庫 第5編）Ⓝ291.36 〔00601〕
◇図解雑学誰も知らない日本史の真実 加来耕三著 ナツメ社 2007.3 207p 19cm 1380円 ①978-4-8163-4277-6 Ⓝ210.5 〔00602〕
◇図説・江戸の人物254―決定版 学習研究社 2004.3 207p 26cm 1900円 ①4-05-603368-4 Ⓝ281.04 〔00603〕
◇図説日本の史跡 第7巻 近世・近代 1 狩野久ほか編 京都 同朋舎出版 1991.5 256p 31cm 14000円 ①4-8104-0930-9 Ⓝ291.02 〔00604〕
◇図説日本の史跡 第8巻 近世・近代 2 狩野久ほか編 京都 同朋舎出版 1991.5 228p 31cm 14000円 ①4-8104-0931-7 Ⓝ291.02 〔00605〕
◇STUDIES IN THE INTELLECTUAL HISTORY OF TOKUGAWA JAPAN 丸山真男著 Mikiso Hane訳 東京大学出版会 2001.1 383p 23×15cm 5000円 ①4-13-027008-7 〔00606〕
◇想古録―近世人物逸話集 1 山田三川著 小出昌洋編 平凡社 1998.4 337p 18cm （東洋文庫）2700円 ①4-582-80632-5 Ⓝ281.04 〔00607〕
◇想古録―近世人物逸話集 2 山田三川著 小出昌洋編 平凡社 1998.5 326p 18cm （東洋文庫）2700円 ①4-582-80634-1 Ⓝ281.04 〔00608〕
◇争点日本の歴史 第5巻 近世編―江戸時代 青木美智男, 保坂智編 新人物往来社 1991.4 381p 22cm 3700円 ①4-404-01778-2 Ⓝ210.1 〔00609〕
◇その時歴史が動いた 22 NHK取材班編 名古屋 KTC中央出版 2003.12 253p 20cm 1600円 ①4-87758-280-0 Ⓝ210 〔00610〕
◇大系日本国家史 3 近世 編集：原秀三郎等 佐々木潤之介等著 東京大学出版会 1975 341p 22cm 2000円 Ⓝ210.1 〔00611〕
◇探訪江戸明治名士の墓 千鹿野茂著 新人物往来社 1993.7 258p 20cm 2900円 ①4-404-02039-2 Ⓝ281.02 〔00612〕
◇小さな歴史と大きな歴史 塚本学著 吉川弘文館 1993.11 248p 20cm 2500円 ①4-642-07407-4 Ⓝ210.5 〔00613〕
◇綱ひきする歴史学―近世史研究の身構え 深谷克己著 校倉書房 1998.6 239p 20cm 3000円 ①4-7517-2830-X Ⓝ210.5 〔00614〕
◇徹底図解江戸時代―浮世絵・古地図で知る大江戸八百八町 新星出版社編集部編 新星出版社 2007.10 191p 21cm 1400円 ①978-4-405-10663-5 Ⓝ213.61 〔00615〕
◇天下泰平と江戸の賑わい―江戸期元禄―文化・文政 小和田哲男監修・年表解説 世界文化社 2006.9 167p 24cm （日本の歴史を見る ビジュアル版 7）2400円 ①4-418-06214-9 Ⓝ210.5 〔00616〕

◇展望日本歴史　13　近世国家　深谷克己,堀新編　東京堂出版　2000.4　460p　23cm　5000円　Ⓘ4-490-30563-X　Ⓝ210.1
〔00617〕

◇展望日本歴史　15　近世社会　藪田貫,深谷克己編　東京堂出版　2004.10　439p　23cm　5000円　Ⓘ4-490-30565-6　Ⓝ210.1
〔00618〕

◇堂々日本史　第10巻　NHK取材班編　名古屋　KTC中央出版　1997.11　252p　20cm　1600円　Ⓘ4-87758-057-3　Ⓝ210
〔00619〕

◇堂々日本史　第13巻　NHK取材班編　名古屋　KTC中央出版　1998.3　249p　20cm　1600円　Ⓘ4-87758-060-3　Ⓝ210
〔00620〕

◇堂々日本史　第18巻　NHK取材班編　名古屋　KTC中央出版　1998.10　247p　20cm　1600円　Ⓘ4-87758-111-1　Ⓝ210
〔00621〕

◇徳川おもしろ意外史　南条範夫著　大陸書房　1991.8　255p　16cm　（大陸文庫）460円　Ⓘ4-8033-3433-1　Ⓝ210.5
〔00622〕

◇徳川権力史論―絶筆　作田高太郎著　藤沢　作田徹也　1971　381p　22cm　非売　Ⓝ210.5
〔00623〕

◇徳川三百年人物大鑑　長日偶得編纂　クレス出版　1994.7　5冊　22cm　全78280円　Ⓘ4-906330-96-7　Ⓝ281.04
〔00624〕

◇徳川時代を支えた男たち―幕府・諸藩―ものしり傑出人物史　杉田幸三著　廣済堂出版　1992.8　283p　18cm　（Kosaido books）800円　Ⓘ4-331-00578-X　Ⓝ281.04
〔00625〕

◇徳川幕府時代史　池田晃淵講述　早稲田大学出版部　1868　1003p　22cm　（早稲田大学三十八年度歴史地理科第二学年講義録）
〔00626〕

◇徳川幕府時代史　池田晃淵著　早稲田大学出版部　1904.11　1003p　23cm　Ⓝ210.5
〔00627〕

◇徳川幕府時代史　佐田和太郎著　五鈴会　1908.10　256p　20cm　Ⓝ210.5
〔00628〕

◇徳川幕府時代史講義　池田晃淵述　早稲田大学出版部　1868　996p　22cm　（早稲田大学卅六年度史学科第一学年講義録）
〔00629〕

◇とっておき江戸おもしろ史談―将軍・大名・武士・町人…こぼれ話　稲垣史生著　ベストセラーズ　1993.7　255p　15cm　（ワニ文庫―歴史文庫）500円　Ⓘ4-584-37008-7　Ⓝ210.5
〔00630〕

◇日本近世国家の諸相　西村圭子編　東京堂出版　1999.9　401p　22cm　8000円　Ⓘ4-490-20382-9　Ⓝ210.5
〔00631〕

◇日本近世国家の諸相　2　西村圭子先生追悼論集編集委員会編　東京堂出版　2002.10　259p　22cm　5500円　Ⓘ4-490-20480-9　Ⓝ210.5
〔00632〕

◇日本近世史―（第2）享保―文化・文政　伊東多三郎著　有斐閣　1952　385p　19cm　（有斐閣全書）Ⓝ210.5
〔00633〕

◇日本近世史　蔵並省自著　京都　三和書房　1972　319p　22cm　1400円　Ⓝ210.5
〔00634〕

◇日本近世史研究事典　村上直編　東京堂出版　1989.6　264p　22cm　3689円　Ⓘ4-490-10256-9　Ⓝ210.5
〔00635〕

◇日本近世史説　花見朔巳著　日本学術普及会　1926　424p　22cm　Ⓝ210.5
〔00636〕

◇日本近世史図書目録　日外アソシエーツ株式会社編　日外アソシエーツ　1993.6　691p　22cm　（歴史図書総目録 3）29000円　Ⓘ4-8169-1170-7　Ⓝ210.5
〔00637〕

◇日本近世史の可能性　藪田貫著　校倉書房　2005.7　430p　20cm　4800円　Ⓘ4-7517-3640-X　Ⓝ210.5
〔00638〕

◇日本近世史の自立　朝尾直弘著　校倉書房　1988.5　321p　20cm　2800円　Ⓘ4-7517-1860-6　Ⓝ210.5
〔00639〕

◇日本近世史の性格　中村孝也著　万里閣　1941　317p　19cm　Ⓝ210.5
〔00640〕

◇日本近世史要　京口元吉著　広文堂書店　1935　330p　23cm　Ⓝ210.1
〔00641〕

◇日本近世史論考―地域・比較・文献研究　藤野保著　朝倉書店　1995.11　384,11p　22cm　7725円　Ⓘ4-254-53010-2　Ⓝ210.5
〔00642〕

◇日本近世史論叢　上巻　尾藤正英先生還暦記念会編　吉川弘文館　1984.7　491p　22cm　8800円　Ⓘ4-642-03254-1　Ⓝ210.5
〔00643〕

◇日本近世史論叢　下巻　尾藤正英,尾藤正英先生還暦記念会編　吉川弘文館　1984.7　475p　22cm　8800円　Ⓘ4-642-03255-X　Ⓝ210.5
〔00644〕

◇日本近世人名辞典　竹内誠,深井雅海編　吉川弘文館　2005.12　1150,170p　27cm　20000円　Ⓘ4-642-01347-4　Ⓝ281.03
〔00645〕

◇日本近世地誌編纂史研究　白井哲哉著　京都　思文閣出版　2004.2　354,20p　21cm　（思文閣史学叢書）9200円　Ⓘ4-7842-1180-2
〔00646〕

◇日本近世の政治と社会―豊田武博士古稀記念　豊田武先生古稀記念会編　吉川弘文館　1980.6　538p　22cm　7500円　Ⓝ210.5
〔00647〕

◇日本近世百年史　峯岸米造著　東華書房　1942　270p　19cm　Ⓝ210.5
〔00648〕

◇日本近代二百年の構造　謝世輝著　講談社　1976　208p　18cm　（講談社現代新書）370円　Ⓝ210.5
〔00649〕

◇日本近代の成立と展開―梅渓昇教授退官記念論文集　梅渓昇教授退官記念論文集刊行会編　京都　思文閣出版　1984.4　487p　22cm　9800円　Ⓝ210.5
〔00650〕

◇日本国家の史的特質　近世・近代　朝尾直弘教授退官記念会編　京都　思文閣出版　1995.4　592p　22cm　13802円　Ⓘ4-7842-0870-4　Ⓝ210.04
〔00651〕

◇日本最近世史序論　藤井甚太郎著　松華堂　1937　100p　23cm　Ⓝ210.6
〔00652〕

◇日本史こぼれ話　近世・近代　笠原一男,児玉幸多編　山川出版社　1993.3　203p　18cm　860円　Ⓘ4-634-60340-3　Ⓝ210.049
〔00653〕

◇日本史再発見―理系の視点から　板倉聖宣著　朝日新聞社　1993.6　312p　19cm　（朝日選書　477）1300円　Ⓘ4-02-259577-9　Ⓝ210.5
〔00654〕

◇日本史史話　2　近世　大口勇次郎,五味文彦編　山川出版社　1993.8　314p　19cm　1900円　Ⓘ4-634-60360-8　Ⓝ210.1
〔00655〕

◇日本史新講―近世近代篇　中村孝也著　国民学芸社　1948　302p　19cm　Ⓝa210
〔00656〕

◇日本史人物「その後のはなし」下　江戸・明治　加来耕三著　講談社　1995.2　397p　16cm　（講談社+α文庫）940円　Ⓘ4-06-256082-8　Ⓝ281.04
〔00657〕

◇日本史図録　第3　江戸時代　児玉幸多,斎藤忠,久野健編　吉川弘文館　1961　206p　22cm　Ⓝ210.038
〔00658〕

◇日本史総覧　4　近世　1　今井堯ほか編集　新人物往来社　1984.5　711p　27cm　9800円　Ⓝ210.03　〔00659〕

◇日本史総覧　5　近世　2　今井堯ほか編集　新人物往来社　1984.9　616p　27cm　9800円　Ⓝ210.03　〔00660〕

近世史　　　　　　　　　　　　　　　　　　　　　　　　　近世一般

◇日本史総覧　補巻3　近世 4.近代 2　今井堯ほか編　新人物往来社　1986.8　697p　27cm　9800円　④4-404-01363-9　Ⓝ210.03
〔00661〕
◇日本史総覧　補巻　中世 3.近世 3　今井堯ほか編集　新人物往来社　1984.11　529p　27cm　9800円　Ⓝ210.03
〔00662〕
◇日本史の研究　吉村重喜著　防府　吉村重喜　1987.8　132p　22cm　Ⓝ210.5
〔00663〕
◇日本史の人物像　第8　近世畸人伝　宮川寅雄編　筑摩書房　1967　266p　20cm　Ⓝ281.08
〔00664〕
◇日本人物史大系　第3巻　近世 第1　北島正元編　朝倉書店　1959　381p　22cm　Ⓝ210.1
〔00665〕
◇日本人物史大系　第4巻　近世 第2　林基編　朝倉書店　1959　378p　22cm　Ⓝ210.1
〔00666〕
◇日本全史　第7　近世 第2　沼田次郎　東京大学出版会　1959　340p　22cm　Ⓝ210.1
〔00667〕
◇日本の近世　大口勇次郎,高木昭作,杉森哲也著　放送大学教育振興会　1998.3　198p　21cm　（放送大学教材 1998）2000円　④4-595-55449-4　Ⓝ210.5
〔00668〕
◇日本の目覚め　岡倉覚三著　村岡博訳　岩波書店　1940.7（第8刷：2003.2）　109p　15cm　（岩波文庫）460円　④4-00-331153-1　Ⓝ210.5
〔00669〕
◇日本の歴史　7　近世 1　元禄文化―芭蕉・西鶴・光琳・白石　新訂増補　朝日新聞社　2005.1　320p　30cm　（朝日百科）④4-02-380017-1　Ⓝ210.1
〔00670〕
◇日本の歴史　別巻 第3　目録　児玉幸多編　中央公論社　1967　図版288p　18cm　Ⓝ210.1
〔00671〕
◇日本の歴史が10倍おもしろくなる　江戸　旺文社編　旺文社　1984.12　87p　21cm　（おもしろ教科書ゼミナール 4）580円　④4-01-017054-9　Ⓝ210.07
〔00672〕
◇日本の歴史が10倍おもしろくなる　5　江戸から明治　旺文社編　旺文社　1984.12　95p　21cm　（おもしろ教科書ゼミナール 5）580円　④4-01-017055-7　Ⓝ210.07
〔00673〕
◇日本歴史講座　第4巻　近世-近代 序論〔ほか〕　歴史学研究会,日本史研究会共編　奈良本辰也　東京大学出版会　1956-1957　18cm　Ⓝ210.1
〔00674〕
◇日本歴史シリーズ　第15巻　文化・文政　遠藤元男等編　大石慎三郎編　世界文化社　1967　221p　27cm　Ⓝ210.0
〔00675〕
◇日本歴史大系　3　近世　井上光貞ほか編　山川出版社　1988.8　1151,2p　27cm　12000円　④4-634-20030-9　Ⓝ210.1
〔00676〕
◇早わかり江戸時代―時代の流れが図解でわかる！　河合敦著　日本実業出版社　1999.6　257,5p　19cm　1400円　④4-534-02946-2　Ⓝ210.5
〔00677〕
◇晩学のすすめ―遅咲き人間の魅力　入江康範著　ダイヤモンド社　1996.9　216p　20cm　1600円　④4-478-70115-6　Ⓝ281.04
〔00678〕
◇ビジュアル・ワイド江戸時代館　小学館　2002.12　655p　29cm　9500円　④4-09-623021-9　Ⓝ210.5
〔00679〕
◇一目でわかる江戸時代―地図・グラフ・図解でみる　竹内誠監修　市川寛明編　小学館　2004.5　127p　30cm　2400円　④4-09-626067-3　Ⓝ210.5
〔00680〕
◇百夜一話・日本の歴史　第8　徳川の天下　和歌森太郎,山本藤枝著　集英社　1970　350p　18cm　580円　Ⓝ210.1
〔00681〕
◇百夜一話・日本の歴史　第9　ゆらぎゆく武家政治　和歌森太郎,山本藤枝著　集英社　1970　346p　18cm　580円　Ⓝ210.1
〔00682〕
◇部下の心をつかむ江戸の人間学　童門冬二著　集英社　2000.2　282p　16cm　（集英社文庫）533円　④4-08-747163-2　Ⓝ159
〔00683〕
◇複眼の視座―日本近世史の虚と実　松田修著　角川書店　1981.12　230p　19cm　（角川選書 131）880円　Ⓝ210.5
〔00684〕
◇辺境を歩いた人々　宮本常一著　河出書房新社　2005.12　224p　20cm　1800円　④4-309-22438-5　Ⓝ281.04
〔00685〕
◇ホップ・ステップ・エンド・ジャンプ　小番貞憲編著　新人物往来社　1997.5　493p　22cm　非売品　Ⓝ210.5
〔00686〕
◇掘り出された江戸時代　河越逸行著　2版　丸善　1965　224p　22cm　Ⓝ210.02
〔00687〕
◇要約近世日本国民史　第3巻　徳川氏時代 上　徳富猪一郎原著　村尾次郎　時事通信社　1967　19cm　Ⓝ210.5
〔00688〕
◇要約近世日本国民史　第4巻　徳川氏時代 中　徳富猪一郎原著　杉浦武　時事通信社　1967　19cm　Ⓝ210.5
〔00689〕
◇要約近世日本国民史　第5巻　徳川氏時代　徳富猪一郎原著　鳥巣通節　時事通信社　1967　19cm　Ⓝ210.5
〔00690〕
◇読み方で江戸の歴史はこう変わる　山本博文著　東京書籍　2000.7　244p　20cm　1600円　④4-487-79588-5　Ⓝ210.5
〔00691〕
◇両報　近世三百年史―1550-1850　日本近代史研究会編　1953-1954　16冊　32cm　Ⓝ210.5
〔00692〕
◇歴史を読みなおす　19～24　朝日新聞社　1994.7-1995.8　6冊（合本1冊）　31cm　（朝日百科―日本の歴史別冊）各980円　Ⓝ210.1
〔00693〕
◇歴史人物アルバム　日本をつくった人たち大集合　3　江戸時代の61人　PHP研究所編　PHP研究所　2001.2　47p　30cm　2900円　④4-569-68263-4
〔00694〕
◇歴史・遠いあし音　尾崎秀樹著　ゆまにて　1977.11　253p　19cm　1000円　Ⓝ210.5
〔00695〕
◇歴史のなかの江戸時代　速水融編　東洋経済新報社　1977.7　242p　19cm　（東経選書）1100円　Ⓝ210.5
〔00696〕
◇歴史の見方考え方―いたずら博士の科学教室 3　板倉聖宣著　仮説社　1986.4　254p　21cm　1500円　Ⓝ210.5
〔00697〕
◇連―対話集　田中優子著　河出書房新社　1991.5　280p　20cm　1900円　④4-309-23019-9　Ⓝ210.5
〔00698〕
◇和魂和才―世界を超えた江戸の偉人たち　童門冬二著　PHP研究所　2003.2　238p　20cm　1500円　④4-569-62664-5　Ⓝ281.04
〔00699〕
◇Final日本史こぼれ話　近世・近代　野呂肖生著　山川出版社　2007.6　232p　18cm　950円　④978-4-634-59322-0　Ⓝ210.1
〔00700〕

◆諸家人物伝・系譜

◇ある二本松藩士の系譜　木村浩著　八王子　清水工房（印刷）　1999.12　487p　21cm　Ⓝ288.3
〔00701〕
◇ある広島藩士の家系―佐々木家系図伝記考 私家版　資料編　佐々木一馬編著　歴研　2002.2　195p　21cm　非売品　④4-947769-09-2　Ⓝ288.2
〔00702〕
◇維新前後―ある武家の系譜 私家版　小出鐸男著　流山　小出鐸男　2001.2　107p　19cm　Ⓝ288.3
〔00703〕
◇伊勢亀山藩士のルーツを訪ねて　田村瑞夫著　津　三重県郷土資料刊行会　2001.10　151p　22cm　（三重県郷土資料叢書 第35集）Ⓝ288.3
〔00704〕

近世一般　　　　　　　　　　近世史

◇江戸奇人伝―旗本・川路家の人びと　氏家幹人著　平凡社　2001.5　257p　18cm　（平凡社新書）740円　Ⓘ4-582-85088-X　Ⓝ288.3
〔00705〕

◇江戸当時諸家人名録1・2編　江戸現在広益諸家人名録〔1編〕扇面亭編　扇面亭編　風俗絵巻図画刊行会〔ほか〕1918　84p　19cm　（芸苑叢書 第1期）Ⓝ281.03
〔00706〕

◇奥州泉藩主本多家十二代家譜御履歴　水沢松次編　いわき　〔水沢松次〕1991.11　90p　21cm　Ⓝ288.2
〔00707〕

◇奥田家の歴史―須坂藩主　広瀬紀子著　須坂　須坂万葉読書会　2004.4　187p　図版16枚　22cm　Ⓝ288.3
〔00708〕

◇寛政六年弘化三年御書上系譜・弘化譜書継―沼津藩水野家系譜　早稲田大学図書館所蔵　沼津市立駿河図書館編　沼津　沼津市立駿河図書館　1992.3　195p　21cm　（沼津資料集成 19）Ⓝ288.2
〔00709〕

◇関東郡代の終焉　九野啓祐著　講談社出版サービスセンター　2000.7　349p　20cm　1800円　Ⓘ4-87601-513-9　Ⓝ288.3
〔00710〕

◇旧岩国藩主吉川家墓所案内記　じゃげな会編　岩国　じゃげな会　1994.5　35p　26cm　Ⓝ288.2
〔00711〕

◇旧盛岡藩における小笠原一族・奥瀬氏　石坂美也男著　八戸　伊吉書院　2007.9　300p　22cm　1715円　Ⓝ288.2
〔00712〕

◇近世、岡田組下岡田村史料並鳥羽家系譜　鳥羽十蔵編　松本　鳥羽十蔵　1994.12　191p　22cm　Ⓝ288.3
〔00713〕

◇系図研究の基礎知識―家系にみる日本の歴史　第3巻　近世・近代　近藤安太郎著　近藤出版社　1989.8　p1757〜2597　22cm　13390円　Ⓘ4-7725-0267-X　Ⓝ288.2
〔00714〕

◇公儀勤方集　大和郡山　柳沢文庫保存会　1996.11　327p　22cm　（柳沢史料集成 第5巻）Ⓝ288.2
〔00715〕

◇御九代集―八戸藩主南部家の系譜集　三浦忠司著　種市町立歴史民俗資料館編　種市町（岩手県）　種市町教育委員会　1995.3　58p　19cm　Ⓝ288.2
〔00716〕

◇三田藩九鬼家年譜　髙田義久編　三田　〔髙田義久〕1999.6　326p　26cm　Ⓝ288.3
〔00717〕

◇信州飯田堀藩士杉本家系図―相模三浦一族杉本姓の足跡調査　杉本陽一編　飯田　杉本印刷　2004.5　189p　31cm　Ⓝ288.3
〔00718〕

◇戦国城主諸家伝―徳川外様大名篇　新田完三著　勉誠出版　2001.10　751p　23cm　15000円　Ⓘ4-585-05120-1　Ⓝ288.2
〔00719〕

◇増補 諸家知譜拙記　土橋定代編、速水房常等増補　続群書類従完成会　1966　361p　22cm　Ⓝ288.21〔00720〕

◇伊達綱村以降歴代藩主の墓　伊達泰宗著　仙台　伊達泰宗　1996.10　8p　21cm　（伊達泰山文庫 v.1 no.1）300円　Ⓝ288.2
〔00721〕

◇館山藩考　佐野邦雄著　館山　佐野邦雄　2002.9　183p　21cm　Ⓝ288.2
〔00722〕

◇沼田藩土岐氏家中由緒書　沼田市教育委員会社会教育課文化財保護係編　沼田　沼田市教育委員会　2007.3　546p　30cm　Ⓝ288.2
〔00723〕

◇萩藩諸家系譜　岡部忠夫編著　復刻　徳山　マツノ書店　1999.1　1216p　27cm　28571円　Ⓝ288.2〔00724〕

◇福井藩士加藤伝内の系譜　加藤恒勝編　福井　加藤恒勝　2004.4　99p　21cm　Ⓝ288.2
〔00725〕

◇藤木村白石氏の家系情報―寛永十七年藤木村水帳　岩井良平著　創栄出版　1998.3　188p　27cm　Ⓘ4-88250-728-5　Ⓝ288.2
〔00726〕

◇平家詞曲相伝の家―弘前藩士楠美家の人びと　鈴木元子著　青森　北の街社　1999.4　318p　22cm　5238円　Ⓘ4-87373-094-5　Ⓝ288.2
〔00727〕

◇益田氏と須佐―毛利藩の永代家老　西村武正編　須佐町（山口県）　須佐町教育委員会　1997.3　211p　21cm　Ⓝ288.2
〔00728〕

◇松代藩前嶋家文書考　前島孝編著　横浜　〔前島孝〕2000.9　473p　27cm　非売品　Ⓝ288.3
〔00729〕

◇三河松平一族　平野明夫著　新人物往来社　2002.5　334p　20cm　2800円　Ⓘ4-404-02961-6　Ⓝ288.3
〔00730〕

◇水戸徳川家「旗本成瀬家の歩み」　成瀬忠行著　仙台　成瀬美術記念館　1995.3　71p　22cm　Ⓘ4-88250-496-0　Ⓝ288.2
〔00731〕

◇要略会津藩諸士系譜　下巻　芳賀幸雄編著　会津若松　歴史春秋出版　2001.3　496p　27cm　10000円　Ⓘ4-89757-425-0　Ⓝ288.2
〔00732〕

◇我家我藩の歴史　兼崎茂樹編　門司　兼崎茂樹　1915　270p　23cm　Ⓝ288
〔00733〕

◇私の史料探訪　2　石橋家の人々　上田はる著　名古屋　上田英三　2004.6　433p　図版34枚　21cm　非売品　Ⓝ288.3
〔00734〕

◆◆徳川諸家系譜

◇徳川諸家系譜　第1　斎木一馬, 岩沢愿彦校訂　続群書類従完成会　1970　252p　22cm　3000円　Ⓝ288.21
〔00735〕

◇徳川諸家系譜　第2　斎木一馬, 岩沢愿彦, 戸原純一校訂　続群書類従完成会　1974　262p　22cm　Ⓝ288.21
〔00736〕

◇徳川諸家系譜　第3　斎木一馬ほか校訂　続群書類従完成会　1979.3　268p　22cm　5000円　Ⓝ288.21
〔00737〕

◇徳川諸家系譜　第3　斎木一馬ほか校訂　続群書類従完成会　1988.6　268p　22cm　5000円　Ⓝ288.21
〔00738〕

◇徳川諸家系譜　第4　斎木一馬ほか校訂　続群書類従完成会　1984.12　260,112p　22cm　6000円　Ⓝ288.21
〔00739〕

◆◆寛永諸家系図伝

◇寛永諸家系図伝　第1　斎木一馬ほか校訂　続群書類従完成会　1980.1　274p　22cm　4800円　Ⓝ288.2
〔00740〕

◇寛永諸家系図伝　第1巻　日光東照宮社務所編纂　日光　日光東照宮社務所　1989.12　581p　27cm　（日光叢書）Ⓝ288.2
〔00741〕

◇寛永諸家系図伝　第2　太田資宗ほか編, 斎木一馬ほか校訂　続群書類従完成会　1980.6　278p　22cm　4800円　Ⓝ288.2
〔00742〕

◇寛永諸家系図伝　第2巻　日光東照宮社務所編纂　日光　日光東照宮社務所　1989.12　618p　27cm　（日光叢書）Ⓝ288.2
〔00743〕

◇寛永諸家系図伝　第3　太田資宗ほか編, 斎木一馬ほか校訂　続群書類従完成会　1980.12　269p　22cm　4800円　Ⓝ288.2
〔00744〕

◇寛永諸家系図伝　第3巻　日光東照宮社務所編纂　日光　日光東照宮社務所　1990.10　360p　27cm　（日光叢書）Ⓝ288.2
〔00745〕

◇寛永諸家系図伝　第4　太田資宗ほか編, 斎木一馬ほか校

◇訂　続群書類従完成会　1981.7　280p　22cm　4800円　Ⓝ288.2
　〔00746〕

◇寛永諸系図伝　第4巻　日光東照宮社務所編纂　日光東照宮社務所　1990.10　586p　27cm　（日光叢書）Ⓝ288.2
　〔00747〕

◇寛永諸家系図伝　第5　太田資宗ほか編,斎木一馬ほか校訂　続群書類従完成会　1982.6　271p　22cm　4800円　Ⓝ288.2
　〔00748〕

◇寛永諸家系図伝　第5巻　日光東照宮社務所編纂　日光東照宮社務所　1991.12　611p　27cm　（日光叢書）Ⓝ288.2
　〔00749〕

◇寛永諸家系図伝　第6　太田資宗ほか編,斎木一馬ほか校訂　続群書類従完成会　1983.6　258p　22cm　4800円　Ⓝ288.2
　〔00750〕

◇寛永諸家系図伝　第6巻　日光東照宮社務所編纂　日光東照宮社務所　1991.12　932p　27cm　（日光叢書）Ⓝ288.2
　〔00751〕

◇寛永諸家系図伝　第7　太田資宗ほか編,斎木一馬ほか校訂　続群書類従完成会　1984.11　264p　22cm　4800円　Ⓝ288.2
　〔00752〕

◇寛永諸家系図伝　第8　太田資宗ほか編,斎木一馬ほか校訂　続群書類従完成会　1985.12　280p　22cm　4800円　Ⓝ288.2
　〔00753〕

◇寛永諸家系図伝　第10　太田資宗ほか編,斎木一馬ほか校訂　続群書類従完成会　1986.12　261p　22cm　4800円　Ⓝ288.2
　〔00754〕

◇寛永諸家系図伝　第11　太田資宗ほか編,斎木一馬ほか校訂　続群書類従完成会　1987.11　250p　22cm　4800円　Ⓝ288.2
　〔00755〕

◇寛永諸家系図伝　第12　斎木一馬ほか校訂　続群書類従完成会　1988.11　277p　22cm　4800円　Ⓝ288.2
　〔00756〕

◇寛永諸家系図伝　第14　太田資宗ほか編　斎木一馬ほか校訂　続群書類従完成会　1992.9　266p　22cm　5150円　Ⓝ288.2
　〔00757〕

◇寛永諸家系図伝　第15　斎木一馬,林亮勝,橋本政宣校訂　続群書類従完成会　1994.2　268p　22cm　5000円　①4-7971-0250-0　Ⓝ288.2
　〔00758〕

◇寛永諸家系図伝　索引1　斎木一馬ほか監修　続群書類従完成会　1997.9　54,128,65p　22cm　6000円　①4-7971-0251-9　Ⓝ288.2
　〔00759〕

◇寛永諸家系図伝　索引2　斎木一馬ほか監修　続群書類従完成会　1997.9　1冊　22cm　6000円　①4-7971-0252-7　Ⓝ288.2
　〔00760〕

◇寛永諸家系図伝　索引　日光東照宮社務所編纂　日光東照宮社務所　1991.12　117,39p　27cm　（日光叢書）Ⓝ288.2
　〔00761〕

◆◆藩翰譜

◇常山紀談抄　藩翰譜抄　鈴木敏也編　斯文書院　1924　24p　23cm　Ⓝ914
　〔00762〕

◇新講藩翰譜　寺田一郎著　健文社　1941　150,9p　19cm　（学生文化新書109）Ⓝ288
　〔00763〕

◇新編藩翰譜　第1巻　新井白石著　新人物往来社　1977.6　536p　20cm　3800円　Ⓝ288.3
　〔00764〕

◇新編藩翰譜　第2巻　新井白石著　人物往来社　1967　553p　20cm　Ⓝ288.3
　〔00765〕

◇新編藩翰譜　第2巻　新井白石著　新人物往来社　1977.7　555p　20cm　3800円　Ⓝ288.3
　〔00766〕

◇新編藩翰譜　第3巻　新井白石著　人物往来社　1967　523p　20cm　Ⓝ288.3
　〔00767〕

◇新編藩翰譜　第3巻　新井白石著　新人物往来社　1977.8　523p　20cm　3800円　Ⓝ288.3
　〔00768〕

◇新編　藩翰譜　第4巻　新井白石著　人物往来社　1967　581p　20cm　Ⓝ288.3
　〔00769〕

◇新編藩翰譜　第4巻　新井白石編　新人物往来社　1977.8　581p　20cm　3800円　Ⓝ288.3
　〔00770〕

◇新編　藩翰譜　第5巻　新井白石著　人物往来社　1968　577p　20cm　Ⓝ288.3
　〔00771〕

◇新編藩翰譜　第5巻　新井白石著　新人物往来社　1977.10　577p　20cm　3800円　Ⓝ288.3
　〔00772〕

◇藩翰譜―国文講義　増田于信述　大日本中学会　184p　19cm　（大日本中学会29年度第1学級講義録）Ⓝ288
　〔00773〕

◇藩翰譜―国文講義　増田于信述　大日本中学会　184p　19cm　（大日本中学会30年度第1学級講義録）Ⓝ288
　〔00774〕

◇藩翰譜―国文講義　増田于信述　大日本中学会　184p　19cm　（大日本中学会31年度第1学級講義録）Ⓝ288
　〔00775〕

◇藩翰譜　新井白石著　大槻如電校　吉川半七　1894-1896　7冊（12巻）　23cm　Ⓝ288
　〔00776〕

◇藩翰譜　新井白石著　岡泰彦解釈　研究社　1940　237p　16cm　（研究社学生文庫314）Ⓝ288
　〔00777〕

◇藩翰譜　1　新井白石編　観音寺　上坂氏顕彰会史料出版部　2000.9　1冊　30cm　（上坂氏顕彰会所蔵手写本21）54800円　Ⓝ288.3
　〔00778〕

◇藩翰譜　分冊―1　新井君美著　観音寺　上坂氏顕彰会史料出版部　2001.6　1冊　30cm　（諸書に散見する四国関係史料　第1巻）46800円　Ⓝ288.3
　〔00779〕

◇藩翰譜　2　新井白石編　観音寺　上坂氏顕彰会史料出版部　2000.9　1冊　30cm　（上坂氏顕彰会所蔵手写本22）46800円　Ⓝ288.3
　〔00780〕

◇藩翰譜　分冊―2　新井君美著　観音寺　上坂氏顕彰会史料出版部　2001.6　1冊　30cm　（諸書に散見する四国関係史料　第1巻）46800円　Ⓝ288.3
　〔00781〕

◇藩翰譜　3　新井白石編　観音寺　上坂氏顕彰会史料出版部　2000.9　1冊　30cm　（上坂氏顕彰会所蔵手写本23）46800円　Ⓝ288.3
　〔00782〕

◇藩翰譜　巻1-7　新井白石著　大槻如電校　校刻（再版）　吉川半七　1952-1954　7冊　23cm　Ⓝ288
　〔00783〕

◇藩翰譜　6 分冊1　新井白石編　観音寺　上坂氏顕彰会史料出版部　2000.9　1冊　30cm　（上坂氏顕彰会所蔵手写本20）46800円　Ⓝ288.3
　〔00784〕

◇藩翰譜　6 分冊2　新井白石編　観音寺　上坂氏顕彰会史料出版部　2000.9　1冊　30cm　（上坂氏顕彰会所蔵手写本20）46800円　Ⓝ288.3
　〔00785〕

◇藩翰譜　6 分冊3　新井白石編　観音寺　上坂氏顕彰会史料出版部　2000.9　1冊　30cm　（上坂氏顕彰会所蔵手写本20）46800円　Ⓝ288.3
　〔00786〕

◇藩翰譜　10 下　新井白石編　観音寺　上坂氏顕彰会史料出版部　2000.9　1冊　30cm　（上坂氏顕彰会所蔵手写本25）46800円　Ⓝ288.3
　〔00787〕

◇藩翰譜　11 分冊1　新井白石編　観音寺　上坂氏顕彰会史料出版部　2000.9　1冊　30cm　（上坂氏顕彰会所蔵手写本26）46800円　Ⓝ288.3
　〔00788〕

◇藩翰譜　11 分冊2　新井白石編　観音寺　上坂氏顕彰会史料出版部　2000.9　1冊　30cm　（上坂氏顕彰会所蔵手写本26）46800円　Ⓝ288.3
　〔00789〕

◇藩翰譜　11 分冊3　新井白石編　観音寺　上坂氏顕彰会

近世一般　　　　　　　　　　近世史

史料出版部　2000.9　1冊　30cm　(上坂氏顕彰会所蔵手写本 26) 46800円　Ⓝ288.3　〔00790〕
◇藩翰譜　4 上 分冊1　新井白石編　観音寺　上坂氏顕彰会史料出版部　2000.7　1冊　30cm　(上坂氏顕彰会所蔵手写本 14) 46800円　Ⓝ288.3　〔00791〕
◇藩翰譜　4 上 分冊2　新井白石編　観音寺　上坂氏顕彰会史料出版部　2000.7　1冊　30cm　(上坂氏顕彰会所蔵手写本 14) 46800円　Ⓝ288.3　〔00792〕
◇藩翰譜　4 上 分冊3　新井白石編　観音寺　上坂氏顕彰会史料出版部　2000.7　1冊　30cm　(上坂氏顕彰会所蔵手写本 14) 46800円　Ⓝ288.3　〔00793〕
◇藩翰譜　4 中 分冊1　新井白石編　観音寺　上坂氏顕彰会史料出版部　2000.7　1冊　30cm　(上坂氏顕彰会所蔵手写本 15) 46800円　Ⓝ288.3　〔00794〕
◇藩翰譜　4 中 分冊2　新井白石編　観音寺　上坂氏顕彰会史料出版部　2000.7　1冊　30cm　(上坂氏顕彰会所蔵手写本 15) 46800円　Ⓝ288.3　〔00795〕
◇藩翰譜　4 中 分冊3　新井白石編　観音寺　上坂氏顕彰会史料出版部　2000.7　1冊　30cm　(上坂氏顕彰会所蔵手写本 15) 46800円　Ⓝ288.3　〔00796〕
◇藩翰譜　7 上 分冊1　新井白石編　観音寺　上坂氏顕彰会史料出版部　2000.7　1冊　30cm　(上坂氏顕彰会所蔵手写本 16) 46800円　Ⓝ288.3　〔00797〕
◇藩翰譜　7 上 分冊2　新井白石編　観音寺　上坂氏顕彰会史料出版部　2000.7　1冊　30cm　(上坂氏顕彰会所蔵手写本 16) 46800円　Ⓝ288.3　〔00798〕
◇藩翰譜　8 上 分冊1　新井白石編　観音寺　上坂氏顕彰会史料出版部　2000.9　1冊　30cm　(上坂氏顕彰会所蔵手写本 18) 46800円　Ⓝ288.3　〔00799〕
◇藩翰譜　8 上 分冊2　新井白石編　観音寺　上坂氏顕彰会史料出版部　2000.9　1冊　30cm　(上坂氏顕彰会所蔵手写本 18) 46800円　Ⓝ288.3　〔00800〕
◇藩翰譜　8 下 分冊1　新井白石編　観音寺　上坂氏顕彰会史料出版部　2000.9　1冊　30cm　(上坂氏顕彰会所蔵手写本 19) 46800円　Ⓝ288.3　〔00801〕
◇藩翰譜　8 下 分冊2　新井白石編　観音寺　上坂氏顕彰会史料出版部　2000.9　1冊　30cm　(上坂氏顕彰会所蔵手写本 19) 46800円　Ⓝ288.3　〔00802〕
◇藩翰譜　10 上 分冊1　新井白石編　観音寺　上坂氏顕彰会史料出版部　2000.9　1冊　30cm　(上坂氏顕彰会所蔵手写本 24) 46800円　Ⓝ288.3　〔00803〕
◇藩翰譜　10 上 分冊2　新井白石編　観音寺　上坂氏顕彰会史料出版部　2000.9　1冊　30cm　(上坂氏顕彰会所蔵手写本 24) 46800円　Ⓝ288.3　〔00804〕
◇藩翰譜　12 上 分冊1　新井白石編　観音寺　上坂氏顕彰会史料出版部　2000.7　1冊　30cm　(上坂氏顕彰会所蔵手写本 17) 46800円　Ⓝ288.3　〔00805〕
◇藩翰譜　12 上 分冊2　新井白石編　観音寺　上坂氏顕彰会史料出版部　2000.7　1冊　30cm　(上坂氏顕彰会所蔵手写本 17) 46800円　Ⓝ288.3　〔00806〕
◇藩翰譜　12 上 分冊3　新井白石編　観音寺　上坂氏顕彰会史料出版部　2000.7　1冊　30cm　(上坂氏顕彰会所蔵手写本 17) 46800円　Ⓝ288.3　〔00807〕

◆◆寛政重修諸家譜

◇新訂 寛政重修諸家譜　第1　堀田正敦等編　続群書類従完成会　1964　318p　22cm　Ⓝ288.21　〔00808〕
◇新訂 寛政重修諸家譜　第2　堀田正敦等編　続群書類従完成会　1964　403p　22cm　Ⓝ288.21　〔00809〕
◇新訂 寛政重修諸家譜　第3　堀田正敦等編　続群書類従完成会　1964　411p　22cm　Ⓝ288.21　〔00810〕
◇新訂 寛政重修諸家譜　第4　堀田正敦等編　続群書類従完成会　1964　411p　22cm　Ⓝ288.21　〔00811〕
◇新訂 寛政重修諸家譜　第5　堀田正敦等編　続群書類従完成会　1964　429p　22cm　Ⓝ288.21　〔00812〕
◇新訂 寛政重修諸家譜　第6　堀田正敦等編　続群書類従完成会　1964　425p　22cm　Ⓝ288.21　〔00813〕
◇新訂 寛政重修諸家譜　第7　堀田正敦等編　続群書類従完成会　1965　387p　22cm　Ⓝ288.21　〔00814〕
◇新訂 寛政重修諸家譜　第8　堀田正敦等編　続群書類従完成会　1965　370p　22cm　Ⓝ288.21　〔00815〕
◇新訂 寛政重修諸家譜　第9　堀田正敦等編　続群書類従完成会　1965　414p　22cm　Ⓝ288.21　〔00816〕
◇新訂 寛政重修諸家譜　第10　堀田正敦等編　続群書類従完成会　1965　416p　22cm　Ⓝ288.21　〔00817〕
◇新訂 寛政重修諸家譜　第11　堀田正敦等編　続群書類従完成会　1965　409p　22cm　Ⓝ288.21　〔00818〕
◇新訂 寛政重修諸家譜　第12　堀田正敦等編　続群書類従完成会　1965　405p　22cm　Ⓝ288.21　〔00819〕
◇新訂 寛政重修諸家譜　第13　堀田正敦編　続群書類従完成会　1965　413p　22cm　Ⓝ288.21　〔00820〕
◇新訂 寛政重修諸家譜　第14　堀田正敦編　続群書類従完成会　1965　427p　22cm　Ⓝ288.21　〔00821〕
◇新訂 寛政重修諸家譜　第15　堀田正敦編　続群書類従完成会　1965　415p　22cm　Ⓝ288.21　〔00822〕
◇新訂 寛政重修諸家譜　第16　堀田正敦編　続群書類従完成会　1965　408p　22cm　Ⓝ288.21　〔00823〕
◇新訂 寛政重修諸家譜　第17　堀田正敦等編　続群書類従完成会　1965　426p　22cm　Ⓝ288.21　〔00824〕
◇新訂 寛政重修諸家譜　第18　堀田正敦等編　続群書類従完成会　1965　428p　22cm　Ⓝ288.21　〔00825〕
◇新訂 寛政重修諸家譜　第19　堀田正敦等編　続群書類従完成会　1966　403p　22cm　Ⓝ288.21　〔00826〕
◇新訂 寛政重修諸家譜　第20　堀田正敦等編　続群書類従完成会　1966　435p　22cm　Ⓝ288.21　〔00827〕
◇新訂 寛政重修諸家譜　第21　堀田正敦等編　続群書類従完成会　1966　401p　22cm　Ⓝ288.21　〔00828〕
◇新訂 寛政重修諸家譜　第22　堀田正敦等編　続群書類従完成会　1966　429p　22cm　Ⓝ288.21　〔00829〕
◇新訂寛政重修諸家譜家紋　千鹿野茂編　続群書類従完成会　1992.2　1冊　22cm　12360円　Ⓝ288.6　〔00830〕

◆古文書

◇江戸が大好きになる古文書　油井宏子著　柏書房　2007.4　237p　21cm　1800円　Ⓘ978-4-7601-3037-5　Ⓝ210.029　〔00831〕
◇江戸かな古文書入門　吉田豊著　柏書房　1995.3　174p　21cm　2000円　Ⓘ4-7601-1142-5　Ⓝ210.02　〔00832〕
◇江戸時代の古文書を読む—享保の改革　徳川黎明会徳川林政史研究所監修　東京堂出版　2004.6　159p　26cm　1900円　Ⓘ4-490-20524-4　〔00833〕
◇江戸時代の古文書を読む　寛政の改革　徳川黎明会徳川林政史研究所監修　竹内誠, 深井雅海, 太田尚宏, 白根孝胤著　東京堂出版　2006.6　151p　26cm　2300円　Ⓘ4-490-20590-2　Ⓝ210.5　〔00834〕
◇江戸時代の古文書を読む 享保の改革　徳川林政史研究所監修　竹内誠ほか著　東京堂出版　2004.6　159p　26cm　1900円　Ⓘ4-490-20524-4　Ⓝ210.5　〔00835〕
◇江戸時代の古文書を読む　元禄時代　徳川林政史研究所監修　竹内誠ほか著　東京堂出版　2002.6　134p

26cm 1800円 Ⓘ4-490-20465-5 Ⓝ210.5 〔00836〕

◇江戸時代の古文書を読む 田沼時代 徳川林政史研究所監修 竹内誠,深井雅海,太田尚宏,白根孝胤著 東京堂出版 2005.6 155p 26cm 2200円 Ⓘ4-490-20552-X Ⓝ210.5 〔00837〕

◇江戸時代の古文書を読む 文化・文政の世 徳川黎明会徳川林政史研究所監修 竹内誠,深井雅海,太田尚宏,白根孝胤著 東京堂出版 2007.6 149p 26cm 2300円 Ⓘ978-4-490-20611-1 Ⓝ210.5 〔00838〕

◇江戸人のこころ 山本博文著 角川グループパブリッシング(発売) 2007.9 210p 19cm (角川選書415)1400円 Ⓘ978-4-04-703415-0 Ⓝ210.5 〔00839〕

◇江戸のかな 樋口政則著 名著出版 1991.8 370p 19cm (おもしろ古文書館)3000円 Ⓘ4-626-01419-4 Ⓝ210.02 〔00840〕

◇江戸のかな 樋口政則著 名著出版 2000.10(第3刷) 370p 19cm (おもしろ古文書館 1)3000円 Ⓘ4-626-01584-0 Ⓝ210.02 〔00841〕

◇演習古文書選 近世編 日本歴史学会編 吉川弘文館 1987.8 192p 19×26cm 1500円 Ⓘ4-642-07022-2 Ⓝ210.088 〔00842〕

◇演習古文書選―続近世編 日本歴史学会編 吉川弘文館 1980.11 111p 19×26cm 1400円 Ⓝ210.02 〔00843〕

◇『越生の歴史近世史料〈古文書・記録〉』を読まれる町民の皆さんに 間々田和夫著 越生町教育委員会編 越生町(埼玉県) 越生町教育委員会 1993.3 31p 26cm Ⓝ210.02 〔00844〕

◇概説古文書学 近世編 日本歴史学会編 吉川弘文館 1989.6 349,6p 21cm 2900円 Ⓘ4-642-07280-2 Ⓝ210.02 〔00845〕

◇解読近世書状大鑑 林英夫監修 柏書房 2001.6 584,22p 27cm 12000円 Ⓘ4-7601-2090-4 Ⓝ210.029 〔00846〕

◇楫取家文書 第1,2 大塚武松編 日本史籍協会 1931 2冊 23cm Ⓝ210.5 〔00847〕

◇金沢文庫古文書 第13輯 江戸期篇 金沢文庫編 横浜 1958-1959 26cm Ⓝ210.4 〔00848〕

◇金沢文庫古文書 第14輯 江戸期篇 下 金沢文庫編 横浜 1958-1959 26cm Ⓝ210.4 〔00849〕

◇享保記―乾・坤 渋谷善嶺ほか校訂 岩出山町(宮城県) 岩出山古文書を読む会 1996.11 158p 30cm 2800円 Ⓝ210.55 〔00850〕

◇近世仮名書状集 久曽神昇著 風間書房 1994.7 135p 31cm 9785円 Ⓘ4-7599-0895-1 Ⓝ210.52 〔00851〕

◇近世古文書演習 立教大学文学部史学科日本史研究室編 増訂版 十一房出版 1969 110p 21×30cm (古文書演習シリーズ 近世編)700円 Ⓝ210.5 〔00852〕

◇近世古文書演習 昭和56年度 駿河古文書会編 静岡 〔駿河古文書会〕 1981 53枚 26cm Ⓝ210.02 〔00853〕

◇近世古文書演習 昭和57年度 静岡 駿河古文書会 1982 2冊 26×36cm Ⓝ210.02 〔00854〕

◇近世古文書解読字典 編者:若尾俊平,浅見恵,西口雅子 柏書房 1972 353p 19cm 1500円 Ⓝ210.029 〔00855〕

◇近世古文書解読字典 林英夫監修 若尾俊平,浅見恵,西口雅子編 増訂 柏書房 1972.10(第36刷:2003.9) 387p 19cm 2524円 Ⓘ4-7601-0003-2 Ⓝ210.029 〔00856〕

◇近世古文書解読字典 若尾俊平ほか編 増訂〔版〕 柏書房 1986.7 24,387p 19cm 2500円 Ⓘ4-7601-0003-2 Ⓝ210.02 〔00857〕

◇近世古文書辞典―米沢領 芳賀勝助編 増訂版 長井 長井古文書研究会 1997.1 407p 22cm 12000円 Ⓝ210.029 〔00858〕

◇近世古文書集 滝川武雄編 早稲田大学出版部 1991.12 492,12p 19×27cm (早稲田大学蔵資料影印叢書―国書篇 第32巻)15450円 Ⓘ4-657-91004-3 Ⓝ210.5 〔00859〕

◇近世古文書目録 編集:山中清孝 山中清孝 1972 48p 26cm Ⓝ210.031 〔00860〕

◇近世地方文書字鑑 若尾俊平,西口雅子編 新訂版 柏書房 1975 95p 21cm 780円 Ⓝ210.029 〔00861〕

◇近世史料所在調査概要 文部省史料館 1970 128p 21cm Ⓝ210.031 〔00862〕

◇近世史料の整理―関東地区公共図書館研究集会報告書 長野 長野図書館 1964.8 17p 25cm 〔00863〕

◇近世史料編纂綱例 史談会編 相川得寿 1904.1 103p 23cm Ⓝ210.5 〔00864〕

◇近世地方文書例集 北条浩,太田勝也編 御茶の水書房 1979.2 154p 16×22cm 2000円 Ⓝ210.029 〔00865〕

◇近世農村文書の読み方・調べ方 北原進著 雄山閣出版 1981.4 220p 15×21cm 2000円 Ⓘ4-639-00043-X Ⓝ210.02 〔00866〕

◇近世の古文書―その解読と利用法 荒居英次編 小宮山書店 1969 538p 31cm 3000円 Ⓝ210.5 〔00867〕

◇近世の古文書―その解読と利用法 荒居英次編 小宮山出版 1972 548p 30cm 3800円 Ⓝ210.5 〔00868〕

◇近世武家文書の研究 笠谷和比古著 法政大学出版局 1998.2 308,12p 22cm (叢書・歴史学研究)5300円 Ⓘ4-588-25048-5 Ⓝ210.029 〔00869〕

◇近世文字(古文書)解読本 巻1 佐野彦彦編 芝川町(静岡県) 芝川町文化財保護委員会 1975 118p 21cm Ⓝ210.029 〔00870〕

◇近世文書読解の手引―はじめて近世文書を読む人の為に 千々和実著 いずみ書房 1959 41p 21cm Ⓝ210.02 〔00871〕

◇近世文書の解読 林英夫,田畑勉編 柏書房 1978.4 2冊(別冊共) 19×26cm 全2500円 Ⓝ210.029 〔00872〕

◇近世文書略解 神山古文書を読む会編 神山町(徳島県) 神山町教育委員会社会教育課 1995.5 54p 26cm Ⓝ210.02 〔00873〕

◇暮らしの中の古文書 浅井潤子編 吉川弘文館 1992.4 174p 22cm 1980円 Ⓘ4-642-07310-8 Ⓝ210.02 〔00874〕

◇古文書への招待―近世文書判読入門 藤本篤著 柏書房 1979.5 142p 22cm ("調べる歴史"への入門シリーズ)1500円 Ⓝ210.029 〔00875〕

◇古文書を読んでみよう―古文書で知る江戸の農村のくらし 日本放送協会,日本放送出版協会編 日本放送出版協会 2001.7 95p 26cm (NHK趣味悠々)1000円 Ⓘ4-14-188321-2 Ⓝ210.029 〔00876〕

◇古文書から江戸時代を眺める 武井順一著 日本文学館 2005.4 198p 19cm 1200円 Ⓘ4-7765-0482-0 Ⓝ210.5 〔00877〕

◇古文書調査記録 第6集 元禄検地と木之庄村―岡本家文書 福山城博物館友の会編 福山 福山城博物館友の会 1983.6 181p 26cm 非売品 Ⓝ210.1 〔00878〕

◇古文書の語る日本史 6 江戸前期 所理喜夫ほか編

◇所理喜夫編　筑摩書房　1989.7　529,8p　20cm　3300円　Ⓘ4-480-35436-0　Ⓝ210.1　〔00879〕
◇古文書の語る日本史　7　江戸後期　所理喜夫ほか編　林英夫編　筑摩書房　1989.10　449,13p　20cm　3300円　Ⓘ4-480-35437-9　Ⓝ210.1　〔00880〕
◇古文書の基礎用語─近世古文書用語辞典　矢口中三編　中山町（山形県）　矢口中三　2002.7　217p　21cm　3500円　Ⓝ210.029　〔00881〕
◇古文書用語大辞典　林英夫監修　佐藤孝之，天野清文著　新人物往来社　2006.4　749,20p　27cm　28000円　Ⓘ4-404-03279-X　Ⓝ210.5　〔00882〕
◇古文書用字用語大事典　池田正一郎著　新人物往来社　1995.6　1119p　22cm　28000円　Ⓘ4-404-02217-4　Ⓝ210.5　〔00883〕
◇佐渡金銀山文書の読み方・調べ方　田中圭一著　雄山閣出版　1984.12　206p　15×21cm　（古文書入門叢書5）2500円　Ⓘ4-639-00420-6　Ⓝ210.02　〔00884〕
◇寺院古文書解読実践講座　下　清水琢道編著　四季社　2006.9　301p　27cm　18000円　Ⓘ4-88405-365-6　Ⓝ185.91　〔00885〕
◇史籍解題辞典　下巻　近世編　竹内理三編，滝沢武雄編　東京堂出版　1985.9　380p　22cm　5800円　Ⓝ210.031　〔00886〕
◇実習近世古文書辞典　若尾俊平編著　柏書房　1982.5　205,37p　19cm　2300円　Ⓝ210.02　〔00887〕
◇初学者のための近世文書解読の手引　印西町町史編さん室編　改訂増補　印西町（千葉県）　印西町　1991.11　107p　21cm　Ⓝ210.02　〔00888〕
◇史料による日本の歩み　近世編　大久保利謙ほか編　吉川弘文館　1988.3　288,9p　22cm　2500円　Ⓘ4-642-01008-4　Ⓝ210.088　〔00889〕
◇独習江戸時代の古文書　北原進著　雄山閣　2002.8　239p　21cm　2800円　Ⓘ4-639-01771-5　Ⓝ210.5　〔00890〕
◇日本古文書学論集　11　近世─近世の武家文書と外国関係文書　1　日本古文書学会編　村上直編，金井円編　吉川弘文館　1987.4　414p　22cm　5800円　Ⓘ4-642-01266-4　Ⓝ210.02　〔00891〕
◇日本古文書学論集　12　近世　2近世の地方・町方文書　日本古文書学会編　大野瑞男編　吉川弘文館　1987.2　452p　22cm　5800円　Ⓘ4-642-01267-2　Ⓝ210.02　〔00892〕
◇日本古文書学論集　13　近世　3近世の私文書　日本古文書学会編　中井信彦編　吉川弘文館　1987.10　434p　22cm　5800円　Ⓘ4-642-01268-0　Ⓝ210.02　〔00893〕
◇日本史を学ぶ　3　近世　吉田晶等編　佐々木潤之介等著　有斐閣　1976　373,6p　19cm　（有斐閣選書）1300円　Ⓝ210.07　〔00894〕
◇日本大学総合学術情報センター所蔵古典籍資料目録　6　近世小説編　古典籍資料目録編集委員会編　所沢　日本大学総合学術情報センター　2006.3　80p　31cm　Ⓝ026　〔00895〕
◇日本歴史「古記録」総覧─学校図書館用　近世篇　高木昭作ほか著　新人物往来社　1990.12　475p　22cm　3107円　Ⓘ4-404-01789-8　Ⓝ210.02　〔00896〕
◇入門近世文書字典　林英夫,中田易直編　柏書房　1975　298p　19cm　1800円　Ⓝ210.029　〔00897〕
◇入門近世文書字典　林英夫編,中田易直編　柏書房　1982.8　13,298p　19cm　1800円　Ⓝ210.02　〔00898〕
◇入門事例で見る江戸時代　落合功著　すいれん舎　2006.9　206p　21cm　（広島修道大学テキストシリーズ）2000円　Ⓘ4-902871-55-6　Ⓝ210.5　〔00899〕

◇「必修」近世古文書演習　林英夫監修　柏書房　2005.4　133p　19×26cm　1300円　Ⓘ4-7601-2684-8　Ⓝ210.029　〔00900〕
◇町方書上─国立国会図書館所蔵　上巻　江東古文書に親しむ会編纂　江東古文書に親しむ会　2003.7　1冊　26cm　Ⓝ213.61　〔00901〕
◇町方書上─国立国会図書館所蔵　下巻　江東古文書に親しむ会編纂　江東古文書に親しむ会　2003.7　1冊　26cm　Ⓝ213.61　〔00902〕

◆江戸時代史料
◇朝日文左衛門『鸚鵡籠中記』　朝日文左衛門原著　加賀樹芝朗著　雄山閣　2003.8　269p　19cm　（江戸時代選書1）2300円　Ⓘ4-639-01800-2　Ⓝ210.52　〔00903〕
◇阿部家史料集　1　公余録　上　児玉幸多校訂　川澄次是編　吉川弘文館　1975　529p　22cm　7500円　Ⓝ210.5　〔00904〕
◇阿部家史料集　2　公余録　下　児玉幸多校訂　川澄次是編　吉川弘文館　1976　613p　22cm　10000円　Ⓝ210.5　〔00905〕
◇一条忠香日記抄─原題・璞記抄 附・桃蕊集　日本史籍協会編　日本史籍協会　1915　690p　23cm　Ⓝ210.5　〔00906〕
◇隠州渡海一途ニ付東西御懸合御用状写─文化五辰年ヨリ　藤田新解題　横浜　藤田新　1984.8　p38〜63　26cm　Ⓝ210.59　〔00907〕
◇浮世の有様　1-3　巻1-6　矢野太郎編　国史研究会　1917　3冊　20cm　（国史叢書）210.5　〔00908〕
◇江戸時代書誌学者自筆本展覧会目録　日本書誌学会編　日本書誌学会　1934　56p　22cm　Ⓝ026　〔00909〕
◇江戸・長崎絵紀行─西遊旅譚　司馬江漢著　国書刊行会　1992.8　232p　27cm　7500円　Ⓘ4-336-03416-8　Ⓝ210.55　〔00910〕
◇江戸幕府勘定所史料─会計便覧　村上直,馬場憲一編　吉川弘文館　1986.2　335,24p　22cm　9700円　Ⓘ4-642-03262-2　Ⓝ210.5　〔00911〕
◇奥州棚倉藩主阿部家文書　学習院大学資料館編　学習院大学史料館　1977.3　111p　21cm　（学習院大学史料館所蔵史料目録　第2号）Ⓝ210.5　〔00912〕
◇押小路甫子日記　第1-3　日本史籍協会編　日本史籍協会　1917　3冊　23cm　Ⓝ210.5　〔00913〕
◇落穂集　大道寺友山著，萩原龍夫，水江漣子校注　人物往来社　1967　284p　20cm　（江戸史料叢書）Ⓝ210.5　〔00914〕
◇小原俊長上洛日記─陸奥会津藩士　渋谷光三校訂　大宮　さいたま「マイブック」サービス　1994.10　43p　21cm　（マイブック・シリーズ108）Ⓝ210.9　〔00915〕
◇学習院大学図書館所蔵丹鶴城旧蔵幕府史料　第1巻　丹鶴城旧蔵幕府書目録、幕府日記1　松尾美恵子監修・解説　吉成香澄解説　ゆまに書房　2007.12　742p　26cm　32000円　Ⓘ978-4-8433-2763-0　〔00916〕
◇学習院大学図書館所蔵丹鶴城旧蔵幕府史料　第2巻　幕府日記2　松尾美恵子監修　ゆまに書房　2007.12　745p　26cm　33000円　Ⓘ978-4-8433-2764-7　〔00917〕
◇学習院大学図書館所蔵丹鶴城旧蔵幕府史料　第4巻　内意留1　松尾美恵子監修　小宮山敏和解説　ゆまに書房　2007.12　710p　26cm　28000円　Ⓘ978-4-8433-2766-1　〔00918〕
◇学習院大学図書館所蔵丹鶴城旧蔵幕府史料　第5巻　内意留2　松尾美恵子監修　ゆまに書房　2007.12　539p　26cm　28000円　Ⓘ978-4-8433-2767-8　〔00919〕
◇花月日記─文化九年　松平定信著，天理図書館善本叢書

近世史　　　　　　　　　　　　　　　　　　　　　　　　　近世一般

◇和書之部編集委員会編　天理　天理大学出版部　1985.7　380,22p　22cm　(天理図書館善本叢書;和書之部 79‐2)Ⓝ210.52　〔00920〕
◇花月日記―文化九年・十年 私家版　松平定信著　木村三四吾編校　奈良　木村三四吾　1986　297p　21cm　8000円　Ⓘ4-8406-9625-X　Ⓝ915.5　〔00921〕
◇神奈川県立歴史博物館総合研究報告―総合研究―地域社会と近世文化　神奈川県立歴史博物館編　横浜　神奈川県立歴史博物館　1999.3　85p　30cm　Ⓝ210.07　〔00922〕
◇感覚記事私注　吉田敏子著　そうぶん社出版　2001.5　166p　22cm　Ⓘ4-88328-247-3　Ⓝ210.58　〔00923〕
◇寛文朱印留　国立史料館編　国立史料館　1980.3　2冊　22cm　(史料館叢書 1,2)Ⓝ210.52　〔00924〕
◇願力寺文書　安城古文書研究会編　安城　安城古文書研究会　2000.9　186p　21cm　Ⓝ210.55　〔00925〕
◇議奏加勢備忘　第1,2　倉606泰聡著　岩崎英重,大塚武松編　日本史籍協会　1926　2冊　23cm　Ⓝ210.5　〔00926〕
◇旧幕府引継書第一集第四集解説　南和男著　日本マイクロ写真　1970　69p　21cm　Ⓝ210.5　〔00927〕
◇旧幕府引継書第二集第三集解説―続　南和男著　日本マイクロ写真　1971　77p　21cm　Ⓝ210.5　〔00928〕
◇玉露叢　1　林鵞峰著　矢野太郎編　国史研究会　1917　460p　18cm　(国史叢書)Ⓝ210.5　〔00929〕
◇玉露叢　下　山本武夫校注　人物往来社　1967　386p　20cm　(江戸資料叢書)Ⓝ210.52　〔00930〕
◇錦栄古状揃文鑑―明治再刻 平仮名付　大倉孫兵衛編　錦栄堂　1880.1　23丁　27cm　Ⓝ210.5　〔00931〕
◇近古史要　黒川真頼著　矢野竜渓(文雄)補　大日本図書　1895.3　3冊(上51,中84,下58丁)　23cm　Ⓝ210.5　〔00932〕
◇近史偶論　大野太衛(雲潭)著　大野太衛　1881.10　17,22丁(上・下合本)　19cm　Ⓝ210.5　〔00933〕
◇近世諸藩来舶集　石黒千尋編　石黒五十二　1906.5　85丁　22cm　Ⓝ210.5　〔00934〕
◇近世日本国民史宝暦明和篇　徳富猪一郎著　民友社　1926　524,42,5p　19cm　Ⓝ210.5　〔00935〕
◇近世の武家社会　国立歴史民俗博物館編　佐倉　国立歴史民俗博物館　1994.9　105p　30cm　Ⓝ210.5　〔00936〕
◇近世民衆史の史料学　林基著　青木書店　2001.2　302p　22cm　4500円　Ⓘ4-250-20104-X　Ⓝ210.5　〔00937〕
◇近代月表　巻上　鈴木大編　玉巌堂　1873.4　91丁　19cm　Ⓝ210.5　〔00938〕
◇今代名臣献替録　永井徳鄰編　宝文閣　1879.3　3冊(上32,中32,下33丁)　19cm　Ⓝ210.5　〔00939〕
◇勤王秘史佐佐木老侯昔日談　佐佐木高行述　津田茂麿編　国晃館　1915　704,4,6p　22cm　Ⓝ210.5　〔00940〕
◇九条家国事記録　第1,2　日本史籍協会編　日本史籍協会　1921-1922　2冊　23cm　Ⓝ210.5　〔00941〕
◇九条尚忠文書―原題・尚忠公記　第1,2　日本史籍協会編　日本史籍協会　1916　2冊　23cm　Ⓝ210.5　〔00942〕
◇久世家文書　久世通熈著　日本史籍協会編　日本史籍協会　1919　374p　23cm　Ⓝ210.5　〔00943〕
◇黒田家文書　第2巻　福岡市博物館編纂　福岡　福岡市博物館　2002.3　443p　27cm　Ⓝ210.52　〔00944〕
◇訓読 雍州府志　立川美彦編　京都　臨川書店　1997.4　445,142p　21cm　10500円　Ⓘ4-653-03302-1　〔00945〕

◇慶安小史　中根淑著　中根淑　1876.2　17丁　23cm　Ⓝ210.5　〔00946〕
◇慶長見聞集　三浦浄心著,中丸和伯校注　新人物往来社　1969　386p　20cm　(江戸史料叢書)1800円　Ⓝ210.52　〔00947〕
◇稽徳編　深田正韶著　名古屋　観成社　1891.6　1012p　22cm　Ⓝ210.5　〔00948〕
◇啓蒙続日本外史　巻之1-10　馬杉繁著　汎愛堂　1880.1　10冊　19cm　Ⓝ210.5　〔00949〕
◇源公実録　藪田重守著　大和郡山　柳沢文庫保存会　1993.3　255p　22cm　(柳沢史料集成 第1巻)Ⓝ289.1　〔00950〕
◇見聞集全七十巻総目録―長崎県立大村中学校保管　高室一彦編　大村町(長崎県)〔長崎県立大村中学校〕1927　1冊　25cm　Ⓝ210.5　〔00951〕
◇元禄宝永帰参復役記　石部光当撰述,松岡孝雄校訂　伊勢　山文印刷(印刷)　1982.11　162p　21cm　Ⓝ210.55　〔00952〕
◇甲子兵燹図　前川五嶺画　京都　田中治兵衛　1893.8　2帖　24cm　Ⓝ210.5　〔00953〕
◇皇女品宮の日常生活―『无上法院殿御日記』を読む　瀬川淑子著　岩波書店　2001.1　261p　20cm　2700円　Ⓘ4-00-022812-9　Ⓝ288.44　〔00954〕
◇紅毛雑話　小野忠重編　双林社　1943　501p　19cm　Ⓝ210.5　〔00955〕
◇国史館日録　第1　山本武夫校訂　続群書類従完成会　1997.9　299p　22cm　(史料纂集)10000円　Ⓘ4-7971-1290-5　Ⓝ210.52　〔00956〕
◇古今武家盛衰記　1　黒川真道編　国史研究会　1914　502p　20cm　(国史叢書)Ⓝ210.5　〔00957〕
◇古今武家盛衰記 2　南島変乱記　黒川真道編　黒川真道編　国史研究会　1914　506p　20cm　(国史叢書)Ⓝ210.5　〔00958〕
◇越の山風　陸軍省編修掛編　陸軍省編修掛　1930　302p　24cm　Ⓝ210.5　〔00959〕
◇小島日記　26　小島日記研究会編　町田　小島資料館　2006.7　96p　21cm　1238円　Ⓝ213.65　〔00960〕
◇小島日記　27　小島日記研究会編　町田　小島資料館　2005.4　121p　21cm　1238円　Ⓝ213.65　〔00961〕
◇御造営方日並記　上巻　高畠厚定著　石川県教育委員会文化財課金沢城研究調査室編　金沢　石川県教育委員会文化財課金沢城研究調査室　2004.3　408p　22cm　(金沢城史料叢書 1)Ⓝ521.823　〔00962〕
◇御造営方日並記　下巻　高畠厚定著　石川県教育委員会文化財課金沢城研究調査室編　金沢　石川県教育委員会文化財課金沢城研究調査室　2005.3　458,42p 図版8p　22cm　(金沢城史料叢書 2)Ⓝ521.823　〔00963〕
◇御当家紀年録　榊原忠次編纂　児玉幸多編　集英社　1998.6　1094,32p　23cm　(訳注日本史料)23000円　Ⓘ4-08-197030-0　Ⓝ210.52　〔00964〕
◇御当代記―将軍綱吉の時代　戸田茂睡著　塚本学校注　平凡社　1998.11　468,10p　18cm　(東洋文庫)3200円　Ⓘ4-582-80643-0　Ⓝ210.52　〔00965〕
◇近衛家書類　第1,2　日本史籍協会編　日本史籍協会　1919　2冊　23cm　Ⓝ210.5　〔00966〕
◇御府内場末往還其外沿革図書　16　江戸幕府普請方編　科学書院,霞ケ関出版株式会社〔発売〕1997.6　516p　26cm　90000円　Ⓘ4-7603-0191-7　〔00967〕
◇採裸録　第1,2　巻第1至18　大塚武松編　日本史籍協会　1931　2冊　23cm　Ⓝ210.5　〔00968〕
◇再遊筆記―千屋菊次郎孝健日記 文久二年閏八月～三年

三月　千屋菊次郎著　横田達雄註釈　佐川町（高知県）　県立青山文庫後援会　1999.9　83p　21cm　（青山文庫所蔵資料集 9）1000円　Ⓝ210.58
〔00969〕

◇酒井家牛込別業御成之記　和田信二郎著　和田信二郎　1911.8　53p　22cm　Ⓝ210.5
〔00970〕

◇嵯峨実愛日記―原題続愚林記　第1至3　大塚武松編　日本史籍協会　1929-6　3冊　23cm　Ⓝ210.5
〔00971〕

◇雑事紛冗解　花岡興輝編　熊本　出水神社　1990.8　322,123p　22cm　（出水叢書 11）6796円　Ⓝ210.55
〔00972〕

◇三廓盛衰記　古文書に親しむ会編　名古屋　ブックショップ「マイタウン」　1996.2　168p　26cm　（歴史探索「徳川宗春」資料集 3）2857円　Ⓘ4-938341-08-5　Ⓝ210.55
〔00973〕

◇三十年史　木村芥舟著　交詢社　1892.2　753p　22cm　Ⓝ210.5
〔00974〕

◇三条家文書　第1　日本史籍協会編　日本史籍協会　1916　750p　23cm　Ⓝ210.5
〔00975〕

◇三条実万手録　第1,2　岩崎英重編　日本史籍協会　1925-1926　2冊　23cm　Ⓝ210.5
〔00976〕

◇重賢公日記　上巻　細川重賢著　熊本　出水神社　1988.5　428p　16×22cm　（出水叢書 9）6000円　Ⓝ210.55
〔00977〕

◇重賢公日記　下巻　細川重賢著　熊本　出水神社　1989.2　p431～887　16×22cm　（出水叢書 10）7000円　Ⓝ210.55
〔00978〕

◇史籍解題辞典　下巻　近世編　竹内理三,滝沢武雄編　東京堂出版　1999.9　380p　22cm　6800円　Ⓘ4-490-10520-7　Ⓝ210.031
〔00979〕

◇史籍集覧　52　玉音抄・耳囊抄・天明七丁未年江戸飢饉騒動之事　近藤瓶城校　近藤瓶城　1883.8　6,9,6丁　19cm　Ⓝ210
〔00980〕

◇史蹟竜岡城を彩る宮下村戦史　大井伝重著　長野県南佐久郡田口村　竜岡城保存会　1938　144p　23cm　Ⓝ210.5
〔00981〕

◇時代乃面影　長田権次郎（偶得）著　裳華房　1909.5　157p　22cm　Ⓝ210.5
〔00982〕

◇史談速記録　史談会　1893-1897　4冊（第1-54軒合本）　22cm　Ⓝ210.5
〔00983〕

◇七年史　北原雅長著　啓成社　1904　2冊（上888,下980p）　23cm　Ⓝ210.5
〔00984〕

◇賜勅始末　鈴木大častē 森重遠　1879.12　76p　18cm　Ⓝ210.5
〔00985〕

◇実録彙編　初輯　高野真遯編　忠愛社　1886.9　1冊　19cm　Ⓝ210.5
〔00986〕

◇貞享二年漂民送還葡船長崎入津に関する大村家文書　武藤長蔵著　武藤長蔵　1939　p225-278　21cm　Ⓝ210.5
〔00987〕

◇渉史偶筆　岡千仞著　岡千仞　1882-1883　2冊（118,153p）　21cm　Ⓝ210.5
〔00988〕

◇昭代記　塩谷世弘編　塩谷時敏　1879.4　5冊（巻1-10合本）　27cm　Ⓝ210.5
〔00989〕

◇正保野史　矢野玄道著　森礒吉編　大阪　米尾成治　1939　2冊（釈文共）　26cm　Ⓝ210.5
〔00990〕

◇書翰集　第1　日本史籍協会編　日本史籍協会　1923　514p　22cm　Ⓝ210.5
〔00991〕

◇諸国城地陣屋記―国立国会図書館蔵本　小川恭一解説　大阪　日本古城友の会　1987.10　56p　26cm　Ⓝ210.55
〔00992〕

◇所司代日記　上,下巻　大塚武松編　日本史籍協会　1928　2冊　23cm　Ⓝ210.5
〔00993〕

◇史料を読み解く　2　近世の村と町　森下徹,吉田伸之編　森下徹,吉田伸之編　山川出版社　2006.8　140,12p　26cm　1900円　Ⓘ4-634-59045-X　Ⓝ210.5
〔00994〕

◇史料館所蔵史料目録　第21集　国立史料館　1973　132p　26cm　Ⓝ210.031
〔00995〕

◇史料館所蔵史料目録　第28集　信濃国松代真田家文書目録　その1　国立史料館編　国立史料館　1978.3　400p　26cm　Ⓝ210.031
〔00996〕

◇史料館所蔵史料目録　第43集　信濃国松代真田家文書目録　その4　国立史料館編　国立史料館　1986.3　168p　26cm　Ⓝ210.031
〔00997〕

◇史料公用方秘録　佐々木克編集代表　彦根　サンライズ出版（発売）　2007.3　381p　27cm　（彦根城博物館叢書 7）6000円　Ⓘ978-4-88325-306-7　Ⓝ210.58
〔00998〕

◇史料纂集　第16　本源自性院記　近衛信尋著,近衛通隆,名和修,橋本政宣校訂　続群書類従完成会　1976　259p　22cm　4800円　Ⓝ210.08
〔00999〕

◇史料纂集　古文書編第34　歴代古案　第5　羽下徳彦,阿部洋輔,金子達校訂　続群書類従完成会　2002.11　189,60p　22cm　9000円　Ⓘ4-7971-0416-3　Ⓝ210.088
〔01000〕

◇史料纂集　古記録編71　義演准后日記　第3　弥永貞三校訂,副島種経校訂　続群書類従完成会　1985.6　274p　22cm　6200円　Ⓝ210.088
〔01001〕

◇史料纂集　古記録編79　田村藍水・西湖公用日記―自宝暦十三年六月　至　寛政三年正月　草野冴子校訂,藤田覚校訂　続群書類従完成会　1986.11　313p　22cm　7400円　Ⓝ210.088
〔01002〕

◇史料纂集　古記録編82　権記　第2　渡辺直彦校訂,厚谷和雄校訂　続群書類従完成会　1987.9　247pp　22cm　5400円　Ⓝ210.088
〔01003〕

◇史料纂集　第30　第1　香取大祢宜家日記　第1　香取神宮史誌編纂委員会校訂　続群書類従完成会　1995.5　666p　22cm　15450円　Ⓘ4-7971-1281-6　Ⓝ210.088
〔01004〕

◇史料綜覧　巻14　江戸時代之1　東京大学史料編纂所編　印刷局朝陽会　1953-1957　22cm　Ⓝ210.08　〔01005〕

◇史料綜覧　巻14　江戸時代之1　慶長8年～慶長19年　東京大学史料編纂所編纂　東京大学出版会　1982.3　327p　22cm　5000円　Ⓝ210.088
〔01006〕

◇史料綜覧　巻15　江戸時代之2　東京大学史料編纂所編　印刷局朝陽会　1953-1957　22cm　Ⓝ210.08　〔01007〕

◇史料綜覧　巻15　江戸時代之2　慶長19年～元和7年　東京大学史料編纂所編纂　東京大学出版会　1982.3　319p　22cm　5000円　Ⓝ210.088
〔01008〕

◇史料綜覧　巻16　江戸時代之3　東京大学史料編纂所編　印刷局朝陽会　1953-1957　22cm　Ⓝ210.08　〔01009〕

◇史料綜覧　巻16　江戸時代之3　元和8年～寛永9年　東京大学史料編纂所編纂　東京大学出版会　1982.3　325p　22cm　5000円　Ⓝ210.088
〔01010〕

◇史料綜覧　巻17　江戸時代之4　東京大学史料編纂所編　東京大学出版会　1963　302p　22cm　Ⓝ210.08
〔01011〕

◇史料綜覧　巻17　江戸時代之4　寛永10年～寛永16年　東京大学史料編纂所編纂　東京大学出版会　1982.3　302p　22cm　5000円　Ⓝ210.088
〔01012〕

◇史料による日本の歩み　近世編　児玉幸多,佐々木潤之介編　新版　吉川弘文館　1996.1　407p　22cm　3914円　Ⓘ4-642-01116-1　Ⓝ210.1
〔01013〕

◇新東鑑　1-3　黒川真道編　国史研究会　1915　4冊

20cm （国史叢書）Ⓝ210.5
〔01014〕

◇新古諸覚書（宝暦九年）・青木御家御続覚書（享保二十一年） 大阪 中谷一正 1980 2冊（別冊とも） 26cm Ⓝ210.55
〔01015〕

◇新訂増補 国史大系 第13巻 続史愚抄 黒板勝美, 国史大系編修会編 吉川弘文館 1966 634p 24cm Ⓝ210.08
〔01016〕

◇新訂増補 国史大系 第14巻 続史愚抄 黒板勝美, 国史大系編修会編 吉川弘文館 1966 788p 24cm Ⓝ210.08
〔01017〕

◇新訂増補 国史大系 第15巻 続史愚抄 黒板勝美, 国史大系編修会編 吉川弘文館 1966 754,2,80p 23cm Ⓝ210.08
〔01018〕

◇新訂増補 国史大系 第30巻 本朝文集 黒板勝美, 国史大系編修会編 完成記念版 吉川弘文館 1966 675p 23cm Ⓝ210.08
〔01019〕

◇真筆南山踏雲録について 畑中維堂著 畑中維堂 1943 1冊（頁付欠） 26cm Ⓝ210.5
〔01020〕

◇新編閨閤伝 中山幽夢著 伊笠碩哉補 叢書閣 1885.12 122,37,31p 19cm Ⓝ210.5
〔01021〕

◇莘野茗談 異本武江披抄—全七冊 江戸実情誠斎雑記 10-14 平秩東作編 太田南畝編 向山源太夫編 江戸叢書刊行会 1917 22,188,371p 23cm （江戸叢書 巻の11）Ⓝ914
〔01022〕

◇鈴木大雑集 第1-5 日本史籍協会編 日本史籍協会 1918-1919 5冊 23cm Ⓝ210.5
〔01023〕

◇静寛院宮御日記 上, 下巻 正親町公和編 皇朝秘笈刊行会 1927 2冊 23cm Ⓝ210.5
〔01024〕

◇青天霹靂史 島本仲道著 今橋厳 1887.8 132p 19cm Ⓝ210.5
〔01025〕

◇晴豊記 勧修寺晴豊著 坪井九馬三, 日下寛校 富山房 1899.7 3冊（32,46,40丁） 23cm （文科大学史誌叢書）Ⓝ210.5
〔01026〕

◇世事見聞録 武陽隠士著 本庄栄治郎校 改造社 1930 325p 16cm （改造文庫 第1部 第42篇）Ⓝ210.5
〔01027〕

◇膳所勤王烈士 膳所尋常高等小学校郷土研究部編 大津 膳所尋常高等小学校郷土研究部 1936 44p 23cm Ⓝ210.5
〔01028〕

◇銭屋五兵衛関係文書 中山家文書 金沢市立玉川図書館「藩政文書を読む会」編 金沢 能登印刷出版部 1998.9 113p 21cm （金沢市立玉川図書館「藩政文書を読む会」資料叢書 第1冊）1900円 ①4-89010-299-X
〔01029〕

◇浅草寺日記 第25巻 金龍山浅草寺, 吉川弘文館〔発売〕 2005.6 77p 21cm 10000円 ①4-642-03205-3
〔01030〕

◇浅草寺日記 第26巻 金龍山浅草寺, 吉川弘文館〔発売〕 2006.6 753p 23×17cm 10000円 ①4-642-03206-1
〔01031〕

◇浅草寺日記 第27巻 自安政四年至安政五年 金龍山浅草寺, 吉川弘文館〔発売〕 2007.6 655p 21cm 10000円 ①978-4-642-03207-0
〔01032〕

◇続外史訳語 望月亮観編 馬杉繁閲 汎愛堂 1877.7 56丁 19cm Ⓝ210.5
〔01033〕

◇続国史略 巻1-5 谷寛得著 小笠原勝修刪補 柏悦堂 1875 5冊 27cm Ⓝ210.5
〔01034〕

◇続国史略 三編 巻之上, 中, 下 小笠原勝修, 佐治次太郎編 柏悦堂 1880.10 3冊 18cm Ⓝ210.5
〔01035〕

◇続国史略 後編 巻1-5 小笠原勝修著 柏悦堂 1875 5冊 27cm Ⓝ210.5
〔01036〕

◇続国史略 後編 巻1-5 小笠原勝修著 校正 柏悦堂 1876 5冊 19cm Ⓝ210.5
〔01037〕

◇続国史略字引 小笠原勝修編 柏悦堂 1877.6 49丁 19cm Ⓝ210.5
〔01038〕

◇続国史略字類 巻中, 下 館徳編 小笠原勝修閲 内野弥平治 1879.11 2冊（78,72丁） 9×18cm Ⓝ210.5
〔01039〕

◇続々皇朝史略 石村貞一（桐陰）編 大槻磐渓（清崇）刪定 大阪 万巻楼〔ほか〕 1874.8 5冊 23cm Ⓝ210.5
〔01040〕

◇続々皇朝史略 石村貞一（桐陰）編 大槻磐渓（清崇）刪定 訂正増補 大阪 梶田文敬堂 1881.1 7冊 18cm Ⓝ210.5
〔01041〕

◇続々皇朝史略 石村貞一編 大槻磐渓刪定 訂正 大阪 文敬堂 1883.11 7冊 22cm Ⓝ210.5
〔01042〕

◇続々皇朝史略字引大全一頭書図彙 小森純一編 石村貞一閲 大阪 梶田春〔ほか〕 1880.6 2冊（上31, 下37丁） 13cm Ⓝ210.5
〔01043〕

◇続大東史略—自嘉永至明治 平井正編 巣枝堂 1874.1 2冊（23,31丁） 23cm Ⓝ210.5
〔01044〕

◇続泰平年表 第1 竹内秀雄校訂 続群書類従完成会 1982.6 240p 22cm 5200円 Ⓝ210.58
〔01045〕

◇続日本外史 馬杉繁著 頼又二郎閲 坂上半七 1876.9 3冊（巻1-10合本） 23cm Ⓝ210.5
〔01046〕

◇続日本外史 馬杉繁著 頼又二郎閲 大阪 田中太右衛門等 1880.11 10冊 19cm Ⓝ210.5
〔01047〕

◇続日本外史字解 小川光賢編 英蘭堂 1877.7 104丁 19cm Ⓝ210.5
〔01048〕

◇続日本外史字引 小川光賢編 馬杉繁閲 樋口徳造 1878.4 62丁 19cm Ⓝ210.5
〔01049〕

◇続日本政記 近藤瓶城著 頼又二郎, 岡千仭閲 坂上半七 1879.3 6冊 19cm Ⓝ210.5
〔01050〕

◇鼠璞十種 上巻 三田村鳶魚編 中央公論社 1978.8 387p 20cm 1900円 Ⓝ210.5
〔01051〕

◇鼠璞十種 中巻 三田村鳶魚編 中央公論社 1978.10 399p 20cm 1900円 Ⓝ210.5
〔01052〕

◇鼠璞十種 下巻 三田村鳶魚編 中央公論社 1978.12 354p 20cm 1900円 Ⓝ210.5
〔01053〕

◇尊号美談 福地桜痴（池畔釣夫）著 東京日々新聞社 1887 158p 22cm Ⓝ210.5
〔01054〕

◇尊攘紀事 岡千仭著 竜雲堂 1882.8 2冊（巻1-8合本） 23cm Ⓝ210.5
〔01055〕

◇尊攘紀事補遺 岡千仭著 訂正 鳳文館 1884.5 1冊（巻1-4合本） 23cm Ⓝ210.5
〔01056〕

◇尊攘堂誌 京都帝国大学附属図書館編 京都 京都帝国大学附属図書館 1940 42p 19cm Ⓝ210.5 〔01057〕

◇尊攘堂書類雑記 日本史籍協会編 日本史籍協会 1919 624p 23cm Ⓝ210.5
〔01058〕

◇尊王実記 馬場文英編 三輪村（愛知県） 金田治平 1897.10 30丁 23cm Ⓝ210.5
〔01059〕

◇大日本現代史 国府犀東著 博文館 1909.6 2冊（上・下1950p, 目次108,94p） 23cm Ⓝ210.5
〔01060〕

◇大日本史改造論 井川作之助著 東京堂 1916 168p 19cm Ⓝ210.5
〔01061〕

◇泰平年表 竹内秀雄校訂 続群書類従完成会 1979.4 239p 22cm 4800円 Ⓝ210.5
〔01062〕

◇泰平年表 竹内秀雄校訂 続群書類従完成会 1989.8 262,150p 22cm 7767円 Ⓝ210.5
〔01063〕

◇太平洋の先駆者 河村政平著 西東社 1943 322p

19cm　Ⓝ210.5　　　　　　　　〔01064〕
◇詫間樊六　井原大之助編　松江　松陽新報社　1912
　184p　19cm　Ⓝ210.5　　　　　　〔01065〕
◇玉利軒日記記録帳―寛政八丙辰歳正月　小山まほろば会編　町田　小山まほろば会　2007.3　54p　21cm　Ⓝ213.65　　　　　　　　　　　〔01066〕
◇智能抄　吉田幸一編　古典文庫　1988.7　527p　17cm　（古典文庫　第501冊）非売品　Ⓝ210.52　〔01067〕
◇聴潮館叢録　吉田祥三郎編　大阪　吉田祥三郎　1935　123p　24cm　Ⓝ210.5　　　　〔01068〕
◇聴潮館叢録　別巻之1至5　吉田祥三郎編　大阪　吉田祥三郎　1936-15　5冊　24cm　Ⓝ210.5　〔01069〕
◇重宝記資料集成　第21巻　算法・経世　2　長友千代治編　京都　臨川書店　2006.9　462p　22cm　8700円　①4-653-03900-3,4-653-03860-0　Ⓝ210.088　〔01070〕
◇朝林後編　堀貞高,堀貞儀著　松平君山編　『朝林』研究会編　日進　名古屋芸術大学短期大学部東海地域文化研究所　2007.3　403p　26cm　（共同研究報告書 9）非売品　Ⓝ210.52　　　　　　〔01071〕
◇朝林前編　堀貞高,堀貞儀著　松平君山編　『朝林』研究会編　日進　愛知女子短期大学東海地域文化研究所　1999.3　97p　26cm　（共同研究報告書 1）非売品　Ⓝ210.52　　　　　　　　　　　〔01072〕
◇朝林前編　堀貞高,堀貞儀著　松平君山編　『朝林』研究会編　日進　愛知女子短期大学東海地域文化研究所　2001.3　240p　26cm　（共同研究報告書 3）非売品　Ⓝ210.52　　　　　　　　　　　〔01073〕
◇朝林前編　堀貞高,堀貞儀著　松平君山編　『朝林』研究会編　日進　愛知女子短期大学東海地域文化研究所　2002.3　352p　26cm　（共同研究報告書 4）非売品　Ⓝ210.52　　　　　　　　　　　〔01074〕
◇朝林前編　堀貞高,堀貞儀著　松平君山編　『朝林』研究会編　日進　愛知女子短期大学東海地域文化研究所　2003.3　354p　26cm　（共同研究報告書 5）非売品　Ⓝ210.52　　　　　　　　　　　〔01075〕
◇朝林前編　堀貞高,堀貞儀著　松平君山編　『朝林』研究会編　日進　愛知女子短期大学東海地域文化研究所　2004.3　319p　26cm　（共同研究報告書 6）非売品　Ⓝ210.52　　　　　　　　　　　〔01076〕
◇朝林前編　堀貞高,堀貞儀著　松平君山編　『朝林』研究会編　日進　名古屋芸術大学短期大学部東海地域文化研究所　2005.3　351p　26cm　（共同研究報告書 7）非売品　Ⓝ210.52　　　　　　〔01077〕
◇朝林前編　堀貞高,堀貞儀著　松平君山編　『朝林』研究会編　日進　名古屋芸術大学短期大学部東海地域文化研究所　2006.3　368p　26cm　（共同研究報告書 8）非売品　Ⓝ210.52　　　　　　〔01078〕
◇綱差役川井家文書　〔東京都〕目黒区教育委員会社会教育課　1982.3　182p　26cm　Ⓝ210.5　〔01079〕
◇摘録鸚鵡籠中記―元禄武士の日記　上　朝日重章著　塚本学編注　岩波書店　1995.1　373p　15cm　（岩波文庫）670円　①4-00-334631-9　Ⓝ210.5　〔01080〕
◇摘録鸚鵡籠中記―元禄武士の日記　下　朝日重章著　塚本学編注　岩波書店　1995.2　374p　15cm　（岩波文庫）670円　①4-00-334632-7　Ⓝ210.5　〔01081〕
◇天保上知令騒動記　藪田貫編　大阪　清文堂出版　1998.5　357p　22cm　（清文堂史料叢書 第100刊）8000円　①4-7924-0441-X　Ⓝ210.58　〔01082〕
◇当麻伝兵衛家文書目録　小平市中央図書館編集　小平　小平市教育委員会　1988.3　168p　26cm　（古文書目録　第10集）Ⓝ210.5　　　　　〔01083〕

◇土芥寇讎記　金井円校注　限定版　人物往来社　1967　702p　20cm　（江戸史料叢書）Ⓝ210.5　〔01084〕
◇土芥寇讎記　金井円校注　新人物往来社　1985.7　702,6p　20cm　（史料叢書）6500円　①4-404-01270-5　Ⓝ210.5　　　　　　　　　　　〔01085〕
◇内閣文庫江戸城多聞櫓文書目録　明細短冊の部　国立公文書館　1980.3　241,80p　25cm　Ⓝ210.5　〔01086〕
◇内閣文庫所蔵江戸幕府編さん物展示目録　昭和48年5月14日―19日　国立公文書館　1973　35p　21cm　　　　　　　　　　　　　　　　〔01087〕
◇内閣文庫所蔵史籍叢刊　1　東武実録　巻第1〜巻第21　松平忠冬著　汲古書院　1981.1　454p　27cm　7500円　Ⓝ210.088　　　　　　〔01088〕
◇内閣文庫所蔵史籍叢刊　2　東武実録　巻第22〜巻第40　松平忠冬著　汲古書院　1981.2　p457〜910　27cm　7500円　Ⓝ210.088　　　　　〔01089〕
◇内閣文庫所蔵史籍叢刊　5　柳営秘鑑　1　菊池弥門著　汲古書院　1981.5　489p　27cm　8500円　Ⓝ210.088　〔01090〕
◇内閣文庫所蔵史籍叢刊　6　柳営秘鑑　2　菊池弥門著　汲古書院　1981.5　p493〜1063　27cm　10000円　Ⓝ210.088　　　　　　　　　　〔01091〕
◇内閣文庫未刊史料細目　上　国立公文書館内閣文庫　1977.11　262p　27cm　Ⓝ210.5　〔01092〕
◇内閣文庫未刊史料細目　下　国立公文書館内閣文庫　1978.10　244p　27cm　Ⓝ210.5　〔01093〕
◇内侍所　宍戸円喜著　愛知県知立町　東海義士会　1937　41丁　25cm　Ⓝ210.5　　　　　〔01094〕
◇内膳司浜島家文書　学習院大学史料館　1994.3　83p　26cm　（学習院大学史料館所蔵史料目録　第12号）Ⓝ210.5　　　　　　　　　　　〔01095〕
◇中川家文書　神戸大学文学部日本史研究室編　京都　臨川書店　1987.3　333,18p　22cm　6800円　①4-653-01546-5　Ⓝ210.5　〔01096〕
◇中山績子日記　日本史籍協会編　日本史籍協会　1917　788p　23cm　Ⓝ210.5　　　　　〔01097〕
◇中山夢物語現代語訳注　渥美登良男,渡辺弘,戸塚昭編　堀井三重子現代語訳統一　浜松　浜松市北部公民館古文書同好会　2002.9　154p　26cm　Ⓝ210.55　〔01098〕
◇南山踏雲録　保田与重郎著　小学館　1943　433p　22cm　Ⓝ210.5　　　　　　　　　〔01099〕
◇南山踏雲録　伴林光平著　栗山理一校註　春陽堂書店　1944　169p　18×11cm　（新文庫 21）Ⓝ210.5　〔01100〕
◇南塾乗　林鵞峰著　山本武夫校訂　続群書類従完成会　2005.9　271p　22cm　（史料纂集 143―国史館日録 第5）11000円　①4-7971-1323-5　Ⓝ210.52　〔01101〕
◇南方渡海古文献図録　大阪府立図書館編　京都　小林写真製版所出版部　1943　図版50丁　37cm　Ⓝ210.5　〔01102〕
◇西山叢書　第2輯　太田町（茨城県）　義公廟建設奉彰会　1941　103p　19cm　Ⓝ210.5　〔01103〕
◇日本近世史料学研究―史料空間論への旅立ち　高木俊輔,渡辺浩一編著　札幌　北海道大学図書刊行会　2000.2　528,18p　22cm　8500円　①4-8329-6081-4　Ⓝ210.5　〔01104〕
◇日本史史料　3　近世　歴史学研究会編　岩波書店　2006.12　448p　22cm　4200円　①4-00-026138-X　Ⓝ210.088　　　　　　　　　　〔01105〕
◇日本大学総合学術情報センター所蔵古典籍資料目録　6　近世小説編　古典籍資料目録編集委員会編　所沢

◇日本大学総合学術情報センター　2006.3　80p　31cm　Ⓝ026　〔01106〕
◇苣戸太華翁　杉原謙著　杉原謙　1898.6　926,84p　22cm　Ⓝ210.5　〔01107〕
◇幕府奏者番と情報管理　国文学研究資料館史料館著　名著出版　2003.3　361,8p　22cm　（史料叢書 6）Ⓝ210.5　〔01108〕
◇波山記事　玉虫茂誼著　日本史籍協会　1918　928p　23cm　Ⓝ210.5　〔01109〕
◇橋本実梁陣中日記　大塚武松編　日本史籍協会　1929　526p　23cm　Ⓝ210.5　〔01110〕
◇バタビヤ城日誌―抄訳　上中巻　村上直次郎訳註　日蘭交通史料研究会　1937　2冊　21cm　Ⓝ210.5　〔01111〕
◇盤錯秘談　中村忠誠編　武藤栄守　1891.8　88p　22cm　Ⓝ210.5　〔01112〕
◇番付で読む江戸時代　林英夫,青木美智男編　柏書房　2003.9　455,70p　30cm　15000円　①4-7601-2380-6　〔01113〕
◇番場矢島茂右衛門家文書目録・番場矢島九兵衛家文書目録　府中文化振興財団府中市郷土の森博物館編　府中（東京都）　府中文化振興財団府中市郷土の森博物館　2007.3　59p　30cm　（府中市内家分け古文書目録 10）Ⓝ213.65　〔01114〕
◇藩風と古城　内田茂文編　汎日本協会〔ほか〕　1918　110p　27×38cm　Ⓝ210.5　〔01115〕
◇日笠家文書目録　岡山大学附属図書館編　謄写版　岡山　1960　64p　25cm　Ⓝ210.5　〔01116〕
◇一橋徳川家図書目録　1　茨城県立歴史館史料部編　水戸　茨城県立歴史館　2003.3　117p　26cm　（史料目録 47）Ⓝ210.031　〔01117〕
◇一橋徳川家文書―摘録考証百選　辻達也編　続群書類従完成会　2006.3　368p　22cm　8000円　①4-7971-0746-4　Ⓝ288.3　〔01118〕
◇広沢真臣日記　大塚武松編　日本史籍協会　1931　514p　23cm　Ⓝ210.5　〔01119〕
◇楓軒文書纂　上　小宮山昌秀編　国立公文書館内閣文庫　1982.3　710p　27cm　（内閣文庫影印叢刊）Ⓝ210.088　〔01120〕
◇楓軒文書纂　中　小宮山昌秀編　国立公文書館内閣文庫　1984.3　730p　27cm　（内閣文庫影印叢刊）Ⓝ210.088　〔01121〕
◇楓軒文書纂　下　小宮山昌秀編　国立公文書館内閣文庫　1985.3　704p　27cm　（内閣文庫影印叢刊）Ⓝ210.088　〔01122〕
◇福島県平,宮崎県延岡・宮崎,大分地方　旧内藤藩領地方文書目録　明治大学図書館編　1966　122p　26cm　Ⓝ210.5　〔01123〕
◇武家泰平一覧・落穂集意訳　岡竜雄解読　弘前　岡竜雄　1986　256p　25cm　Ⓝ210.088　〔01124〕
◇武家編年事典　稲垣史生編　青蛙房　1968　725p　20cm　Ⓝ210.5　〔01125〕
◇武功雑記　松浦鎮信著　松浦詮編　青山清吉　1903.8　5冊　23cm　Ⓝ210.5　〔01126〕
◇藤井藍田と橋本香坂　大阪　大阪府青年塾堂　1939　102p　19cm　（先賢叢書 第2編）Ⓝ210.5　〔01127〕
◇府朝事略　吉川久勁(松浦)著　鹿島町（茨城県）　若不足塾　1901.11　2冊　23cm　Ⓝ210.5　〔01128〕
◇武徳編年集成　木村高敦著　名著出版　1976　2冊　22cm　全18000円　Ⓝ210.52　〔01129〕
◇武野燭談―三〇巻　国史研究会　1917　504p　23cm　（国史叢書）Ⓝ210.5　〔01130〕

◇文久二年四大事件記念講演集　候爵西郷家編輯所編　候爵西郷家編輯所　1931　101p　23cm　Ⓝ210.5　〔01131〕
◇本光国師日記　第1　崇伝著,副島種経校訂　新訂版　続群書類従完成会　1966　379p　22cm　Ⓝ210.52　〔01132〕
◇本光国師日記　第2　崇伝著,副島種経校訂　新訂版　続群書類従完成会　1967　334p　22cm　Ⓝ210.52　〔01133〕
◇本光国師日記　第3　崇伝著　新訂版　副島種経校訂　続群書類従完成会　1968　388p　22cm　2000円　Ⓝ210.52　〔01134〕
◇本光国師日記　第4　崇伝著　新訂版　副島種経校訂　続群書類従完成会　1970　331p　22cm　2000円　Ⓝ210.52　〔01135〕
◇本光国師日記　第5　崇伝著　新訂版　副島種経校訂　続群書類従完成会　1970　393p　22cm　2000円　Ⓝ210.52　〔01136〕
◇本光国師日記　第6　崇伝著　新訂版　副島種経校訂　続群書類従完成会　1971　382p　22cm　2000円　Ⓝ210.52　〔01137〕
◇本光国師日記　第7　崇伝著　新訂版　副島種経校訂　続群書類従完成会　1971　383p　22cm　2000円　Ⓝ210.52　〔01138〕
◇真木和泉守と日本精神　武藤直治講述　長府町（山口県）　尊攘堂事務所　1936　82p　20cm　（尊攘堂講演速記　第2号）Ⓝ210.5　〔01139〕
◇牧野文書　増田孝編　文献出版　1989.5　172p　19×26cm　5000円　Ⓝ210.52　〔01140〕
◇松浦法印征韓日記抄　松浦厚編　吉川半七　1894.11　23丁　23cm　Ⓝ210.5　〔01141〕
◇松尾家文書目録　松尾剛編　金沢　松尾剛　1981.5　31p　26cm　非売品　Ⓝ210.5　〔01142〕
◇松平家忠日記　盛本昌広著　角川書店　1999.3　242p　19cm　（角川選書）1400円　①4-04-703304-9　〔01143〕
◇松平太郎左エ門『御参府中日記』―家老神谷亮蔵筆の文書を中心として　神谷亮蔵著,浜島覚成編著　岡崎　小嶋百合　1979.8　58p　19cm　非売品　Ⓝ210.5　〔01144〕
◇万里小路日記　万里小路房,万里小路博房著　日本史籍協会編　日本史籍協会　1920　500p　23cm　Ⓝ210.5　〔01145〕
◇三浦吉信所蔵文書　日本史籍協会編　日本史籍協会　1917　518p　23cm　Ⓝ210.5　〔01146〕
◇水野家文書目録　東京都立大学附属図書館編　謄写版　1955　67p　25cm　Ⓝ210.5　〔01147〕
◇水野家文書目録―東京都立大学附属図書館所蔵　東京都立大学附属図書館　1974　116p　26cm　Ⓝ210.5　〔01148〕
◇壬生新写古文書　宮内省図書寮編　宮内省図書寮　1930　272,13p　23cm　Ⓝ210.5　〔01149〕
◇妙法院史料　第1巻　堯恕法親王日記　1　妙法院史研究会編　吉川弘文館　1976.3　49,544p　22cm　Ⓝ210.088　〔01150〕
◇妙法院史料　第2巻　堯恕法親王日記　2　妙法院史研究会編　吉川弘文館　1977.3　617p　22cm　Ⓝ210.088　〔01151〕
◇妙法院史料　第3巻　堯恕法親王日記 3 堯恕法親王別記他　妙法院史研究会編　吉川弘文館　1978.3　584p　22cm　7300円　Ⓝ210.08　〔01152〕
◇妙法院史料　第4巻　堯恭法親王日記.真仁法親王日記　妙法院史研究会編　吉川弘文館　1979.2　584p　22cm

近世一般　　　　　　　　　近世史

　　7500円　Ⓝ210.08　　　　　　　　〔01153〕
◇妙法院史料　第7巻　教仁法親王日記　妙法院史研究会
　編　吉川弘文館　1982.2　685p　22cm　13000円
　Ⓝ210.088　　　　　　　　　　　　　〔01154〕
◇虫附損毛留書　上　国立公文書館内閣文庫　1979.3
　580p　27cm　（内閣文庫影印叢刊）Ⓝ210.5　〔01155〕
◇虫附損毛留書　中　国立公文書館内閣文庫　1979.8
　527p　27cm　（内閣文庫影印叢刊）Ⓝ210.5　〔01156〕
◇虫附損毛留書　下　国立公文書館内閣文庫　1980.8
　526p　27cm　（内閣文庫影印叢刊）Ⓝ210.5　〔01157〕
◇明治起因大義尊攘録　平井類蔵著　鳥取　平井類蔵
　1882.11　84丁　22cm　Ⓝ210.5　　　　〔01158〕
◇明治前記　鈴木大著　長尾景弼　1885.1　424p（上・下
　合本）　20cm　Ⓝ210.5　　　　　　　〔01159〕
◇柳沢吉保側室の日記―松蔭日記　正親町町子作　増淵
　勝一訳　竜ヶ崎　国研出版,星雲社〔発売〕1999.2
　392p　19cm　1600円　Ⓘ4-7952-9217-5　〔01160〕
◇簗田家文書　御用・公用日記　第1巻　丸井佳寿子編者代
　表　会津若松　歴史春秋出版　2005.2　533p　21cm
　（会津史料大系）9524円　Ⓘ4-89757-526-5　〔01161〕
◇山県大弐遺著　山県大弐著　甲陽図書刊行会編　甲村
　（山梨県）　甲陽図書刊行会　1914　1冊　23cm　Ⓝ210.
　5　　　　　　　　　　　　　　　　　〔01162〕
◇有所不為斎雑録　第1-30,続第1-2　添川栗著　中野同子
　1942　3冊　24cm　Ⓝ210.5　　　　　　〔01163〕
◇夕日物語―国立国会図書館蔵本　日進古文書同好会編
　瀬戸　日進古文書同好会　1988.3　44p　21cm　Ⓝ210.
　55　　　　　　　　　　　　　　　　　〔01164〕
◇遊歴雑記初編　1　十方庵敬順著,朝倉治彦編訂　平凡社
　1989.4　334p　18cm　（東洋文庫 499）2575円
　Ⓘ4-582-80499-3　Ⓝ291.09　　　　　　〔01165〕
◇遊歴雑記初編　2　十方庵敬順著,朝倉治彦編訂　平凡社
　1989.7　193,29p　18cm　（東洋文庫 504）2575円
　Ⓘ4-582-80504-3　Ⓝ291.09　　　　　　〔01166〕
◇吉崎御坊願慶寺文書　北西弘編著　大阪　清文堂出版
　2005.10　244p　21cm　（清文堂史料叢書）7000円
　Ⓘ4-7924-0600-5　　　　　　　　　　　〔01167〕
◇淀稲葉家文書　日本史籍協会編　日本史籍協会　1926
　588p　23cm　Ⓝ210.5　　　　　　　　 〔01168〕
◇淀稲葉家文書写　大野重昭編　大野重昭　1935　27p
　22cm　Ⓝ210.5　　　　　　　　　　　　〔01169〕
◇旅雁秘録　尾崎忠征,尾崎良知著　尾崎知光編　名古
　屋　尾崎知光　2003.5　289p　22cm　Ⓝ210.58
　　　　　　　　　　　　　　　　　　　〔01170〕
◇歴朝要紀　12　神道古典研究会会員有志校注　神道大系
　編纂会　2004.11　433p　23cm　（続神道大系 朝儀祭祀
　編）18000円　Ⓝ210.088　　　　　　　〔01171〕

◆◆江戸幕府日記

◇江戸幕府日記―姫路酒井家本　第1巻　藤井譲治監修
　ゆまに書房　2003.5　560p　22cm　18000円
　Ⓘ4-8433-0875-7,4-8433-0872-2　Ⓝ210.52　〔01172〕
◇江戸幕府日記―姫路酒井家本　第2巻　藤井譲治監修
　ゆまに書房　2003.5　488p　22cm　18000円
　Ⓘ4-8433-0876-5,4-8433-0872-2　Ⓝ210.52　〔01173〕
◇江戸幕府日記―姫路酒井家本　第3巻　藤井譲治監修
　ゆまに書房　2003.5　424p　22cm　18000円
　Ⓘ4-8433-0877-3,4-8433-0872-2　Ⓝ210.52　〔01174〕
◇江戸幕府日記―姫路酒井家本　第4巻　藤井譲治監修
　ゆまに書房　2003.5　444p　22cm　18000円
　Ⓘ4-8433-0878-1,4-8433-0872-2　Ⓝ210.52　〔01175〕

◇江戸幕府日記―姫路酒井家本　第5巻　藤井譲治監修
　ゆまに書房　2003.5　546p　22cm　18000円
　Ⓘ4-8433-0879-X,4-8433-0872-2　Ⓝ210.52　〔01176〕
◇江戸幕府日記―姫路酒井家本　第6巻　藤井譲治監修
　ゆまに書房　2003.5　244p　22cm　18000円
　Ⓘ4-8433-0880-3,4-8433-0872-2　Ⓝ210.52　〔01177〕
◇江戸幕府日記―姫路酒井家本　第7巻　藤井譲治監修
　ゆまに書房　2003.5　622p　22cm　18000円
　Ⓘ4-8433-0881-1,4-8433-0872-2　Ⓝ210.52　〔01178〕
◇江戸幕府日記―姫路酒井家本　第8巻　藤井譲治監修
　ゆまに書房　2003.5　724p　22cm　18000円
　Ⓘ4-8433-0882-X,4-8433-0872-2　Ⓝ210.52　〔01179〕
◇江戸幕府日記―姫路酒井家本　第9巻　藤井譲治監修
　ゆまに書房　2003.5　756p　22cm　18000円
　Ⓘ4-8433-0883-8,4-8433-0872-2　Ⓝ210.52　〔01180〕
◇江戸幕府日記―姫路酒井家本　第10巻　藤井譲治監修
　ゆまに書房　2003.5　426p　22cm　18000円
　Ⓘ4-8433-0884-6,4-8433-0872-2　Ⓝ210.52　〔01181〕
◇江戸幕府日記―姫路酒井家本　第11巻　藤井譲治監修
　ゆまに書房　2003.5　378p　22cm　18000円
　Ⓘ4-8433-0885-4,4-8433-0872-2　Ⓝ210.52　〔01182〕
◇江戸幕府日記―姫路酒井家本　第12巻　藤井譲治監修
　ゆまに書房　2003.5　566p　22cm　18000円
　Ⓘ4-8433-0886-2,4-8433-0872-2　Ⓝ210.52　〔01183〕
◇江戸幕府日記―姫路酒井家本　第13巻　藤井譲治監修
　ゆまに書房　2004.4　522p　22cm　18000円
　Ⓘ4-8433-0887-0,4-8433-0873-0　Ⓝ210.52　〔01184〕
◇江戸幕府日記―姫路酒井家本　第14巻　藤井譲治監修
　ゆまに書房　2004.4　366p　22cm　18000円
　Ⓘ4-8433-0888-9,4-8433-0873-0　Ⓝ210.52　〔01185〕
◇江戸幕府日記―姫路酒井家本　第15巻　藤井譲治監修
　ゆまに書房　2004.4　244p　22cm　18000円
　Ⓘ4-8433-0889-7,4-8433-0873-0　Ⓝ210.52　〔01186〕
◇江戸幕府日記―姫路酒井家本　第16巻　藤井譲治監修
　ゆまに書房　2004.4　608p　22cm　18000円
　Ⓘ4-8433-0890-0,4-8433-0873-0　Ⓝ210.52　〔01187〕
◇江戸幕府日記―姫路酒井家本　第17巻　藤井譲治監修
　ゆまに書房　2004.4　598p　22cm　18000円
　Ⓘ4-8433-0891-9,4-8433-0873-0　Ⓝ210.52　〔01188〕
◇江戸幕府日記―姫路酒井家本　第18巻　藤井譲治監修
　ゆまに書房　2004.4　382p　22cm　18000円
　Ⓘ4-8433-0892-7,4-8433-0873-0　Ⓝ210.52　〔01189〕
◇江戸幕府日記―姫路酒井家本　第19巻　藤井譲治監修
　ゆまに書房　2004.4　558p　22cm　18000円
　Ⓘ4-8433-0893-5,4-8433-0873-0　Ⓝ210.52　〔01190〕
◇江戸幕府日記―姫路酒井家本　第20巻　藤井譲治監修
　ゆまに書房　2004.4　418p　22cm　18000円
　Ⓘ4-8433-0894-3,4-8433-0873-0　Ⓝ210.52　〔01191〕
◇江戸幕府日記―姫路酒井家本　第21巻　藤井譲治監修
　ゆまに書房　2004.4　682p　22cm　18000円
　Ⓘ4-8433-0895-1,4-8433-0873-0　Ⓝ210.52　〔01192〕
◇江戸幕府日記―姫路酒井家本　第22巻　藤井譲治監修
　ゆまに書房　2004.4　500p　22cm　18000円
　Ⓘ4-8433-0896-X,4-8433-0873-0　Ⓝ210.52　〔01193〕
◇江戸幕府日記―姫路酒井家本　第23巻　藤井譲治監修
　ゆまに書房　2004.4　418p　22cm　18000円
　Ⓘ4-8433-0897-8,4-8433-0873-0　Ⓝ210.52　〔01194〕
◇江戸幕府日記―姫路酒井家本　第24巻　藤井譲治監修
　ゆまに書房　2004.4　644p　22cm　18000円
　Ⓘ4-8433-0898-6,4-8433-0873-0　Ⓝ210.52　〔01195〕
◇江戸幕府日記―姫路酒井家本　第25巻　藤井譲治監修

ゆまに書房　2004.4　772p　22cm　18000円
①4-8433-0899-4,4-8433-0873-0　Ⓝ210.52
〔01196〕
◇江戸幕府日記―姫路酒井家本　第26巻　藤井讓治監修・解題　ゆまに書房　2004.4　569p　22cm　18000円
①4-8433-0900-1,4-8433-0873-0　Ⓝ210.52〔01197〕
◇寛文年録　第3巻　自寛文五年至寛文六年　野上出版　1993.10　658p　22cm　（江戸幕府日記　第1編之3）15450円　Ⓝ210.52
〔01198〕
◇寛文年録　第4巻　自寛文七年至寛文八年　相模原　野上出版　1993.12　523p　22cm　（江戸幕府日記　第1編之3）15450円　Ⓝ210.52
〔01199〕
◇寛文年録　第5巻　自寛文九年至寛文十年　野上出版　1994.2　412p　22cm　（江戸幕府日記　第1編之3）14420円　Ⓝ210.52
〔01200〕
◇寛文年録　第6巻　自寛文十一年至寛文十二年　野上出版　1994.3　406p　22cm　（江戸幕府日記　第1編之3）14420円　Ⓝ210.52
〔01201〕

◆◆徳川実紀

◇江戸幕府の日記と儀礼史料　小宮木代良著　吉川弘文館　2006.4　396,12p　22cm　10500円　①4-642-03410-2　Ⓝ210.5
〔01202〕
◇国史大系　第40巻　徳川実紀　第3篇　黒板勝美, 国史大系編修会編輯　新訂増補　吉川弘文館　1976　752p　23cm　6000円　Ⓝ210.08
〔01203〕
◇国史大系　第41巻　徳川実紀　第4篇　黒板勝美, 国史大系編修会編輯　新訂増補　吉川弘文館　1976　632p　27cm　4800円　Ⓝ210.08
〔01204〕
◇国史大系　第42巻　徳川実紀　第5篇　黒板勝美, 国史大系編修会編輯　新訂増補　吉川弘文館　1976　622p　23cm　4800円　Ⓝ210.08
〔01205〕
◇国史大系　第43巻　徳川実紀　第6篇　黒板勝美, 国史大系編修会編輯　新訂増補　吉川弘文館　1976　752p　23cm　6000円　Ⓝ210.08
〔01206〕
◇国史大系　第44巻　徳川実紀　第7篇　黒板勝美, 国史大系編修会編輯　新訂増補　吉川弘文館　1976　470p　23cm　3600円　Ⓝ210.08
〔01207〕
◇国史大系　第45巻　徳川実紀　第8篇　黒板勝美, 国史大系編修会編輯　新訂増補　吉川弘文館　1976　864p　23cm　6000円　Ⓝ210.08
〔01208〕
◇国史大系　第46巻　徳川実紀　第9編　黒板勝美, 国史大系編修会編輯　新訂増補　吉川弘文館　1976　771p　23cm　6000円　Ⓝ210.08
〔01209〕
◇国史大系　第47巻　徳川実紀　第10編　黒板勝美, 国史大系編修会編輯　新訂増補　吉川弘文館　1976　844p　23cm　7200円　Ⓝ210.08
〔01210〕
◇新訂増補 国史大系　第38巻　徳川実紀　黒板勝美, 国史大系編修会編　完成記念版　吉川弘文館　1964　762p　28cm　Ⓝ210.08
〔01211〕
◇新訂増補 国史大系　第39巻　徳川実紀　黒板勝美, 国史大系編修会編　完成記念版　吉川弘文館　1964　702p　23cm　Ⓝ210.08
〔01212〕
◇新訂増補 国史大系　第40巻　徳川実紀　黒板勝美, 国史大系編修会編　完成記念版　吉川弘文館　1964　752p　23cm　Ⓝ210.08
〔01213〕
◇新訂増補 国史大系　第41巻　徳川実紀　黒板勝美, 国史大系編修会編　完成記念版　吉川弘文館　1965　632p　28cm　Ⓝ210.08
〔01214〕
◇新訂増補 国史大系　第42巻　徳川実紀　黒板勝美, 国史大系編修会編　完成記念版　吉川弘文館　1965　622p　23cm　Ⓝ210.08
〔01215〕
◇新訂増補 国史大系　第43巻　徳川実紀　黒板勝美, 国史大系編修会編　完成記念版　吉川弘文館　1965　752p　23cm　Ⓝ210.08
〔01216〕
◇新訂増補 国史大系　第44巻　徳川実紀　黒板勝美, 国史大系編修会編　完成記念版　吉川弘文館　1965　470p　23cm　Ⓝ210.08
〔01217〕
◇新訂増補 国史大系　第45巻　徳川実紀　黒板勝美, 国史大系編修会編　完成記念版　吉川弘文館　1965　864p　23cm　Ⓝ210.08
〔01218〕
◇新訂増補 国史大系　第46巻　徳川実紀　黒板勝美, 国史大系編修会編　完成記念版　吉川弘文館　1966　772p　23cm　Ⓝ210.08
〔01219〕
◇新訂増補 国史大系　第47巻　徳川実紀　黒板勝美, 国史大系編修会編　完成記念版　吉川弘文館　1966　844,7p　23cm　Ⓝ210.08
〔01220〕
◇徳川実紀　経済雑誌社校　経済雑誌社　1904-1907　7冊　19cm　Ⓝ210.5
〔01221〕
◇徳川実紀　第1篇　黒板勝美編輯　新訂増補　吉川弘文館　1990.10　762p　23cm　（国史大系）7767円
①4-642-00041-0　Ⓝ210.5
〔01222〕
◇徳川実紀　第1篇　黒板勝美編　新装版　吉川弘文館　1998.9　762p　23cm　（国史大系 新訂増補　第38巻）10000円　①4-642-00341-X　Ⓝ210.5
〔01223〕
◇徳川実紀　第2篇　黒板勝美編輯　新訂増補　吉川弘文館　1990.11　702p　23cm　（国史大系）7767円
①4-642-00042-9　Ⓝ210.5
〔01224〕
◇徳川実紀　第2篇　黒板勝美編輯　新装版　吉川弘文館　1998.10　702p　23cm　（国史大系 新訂増補　第39巻）10000円　①4-642-00342-8　Ⓝ210.5
〔01225〕
◇徳川実紀　第3篇　黒板勝美編輯　吉川弘文館　1990.12　752p　23cm　（国史大系 新訂増補）7767円
①4-642-00043-7　Ⓝ210.5
〔01226〕
◇徳川実紀　第3篇　黒板勝美編輯　新装版　吉川弘文館　1998.11　752p　23cm　（国史大系 新訂増補　第40巻）10000円　①4-642-00343-6　Ⓝ210.5
〔01227〕
◇徳川実紀　第4篇　黒板勝美編　新訂増補版　吉川弘文館　1991.1　632p　21cm　（国史大系）7000円
①4-642-00044-5
〔01228〕
◇徳川実紀　第4篇　黒板勝美編　新装版　吉川弘文館　1998.12　632p　23cm　（国史大系 新訂増補　第41巻）8600円　①4-642-00344-4　Ⓝ210.5
〔01229〕
◇徳川実紀　第5篇　黒板勝美編輯, 国史大系編修会編輯　新訂増補〔版〕　吉川弘文館　1981.12　622p　23cm　（国史大系）5300円　Ⓝ210.5
〔01230〕
◇徳川実紀　第5篇　黒板勝美編輯　新装版　吉川弘文館　1999.1　622p　23cm　（国史大系 新訂増補　第42巻）8600円　①4-642-00345-2　Ⓝ210.5
〔01231〕
◇徳川実紀　第6篇　黒板勝美編輯, 国史大系編修会編輯　新訂増補〔版〕　吉川弘文館　1981.12　752p　23cm　（国史大系）6600円　Ⓝ210.5
〔01232〕
◇徳川実紀　第6篇　黒板勝美編　新訂増補版　吉川弘文館　1991.3　752p　21cm　（国史大系）8000円
①4-642-00046-1
〔01233〕
◇徳川実紀　第6篇　黒板勝美編　新装版　吉川弘文館　1999.2　752p　23cm　（国史大系 新訂増補　第43巻）10000円　①4-642-00346-0　Ⓝ210.5
〔01234〕
◇徳川実紀　第7篇　黒板勝美編　新装版　吉川弘文館　1999.3　470p　23cm　（国史大系 新訂増補　第44巻）6500円　①4-642-00347-9　Ⓝ210.5
〔01235〕
◇徳川実紀　第8篇　黒板勝美編　新訂増補版　吉川弘文館　1991.5　864p　21cm　（国史大系）9000円
①4-642-00048-8
〔01236〕
◇徳川実紀　第8篇　黒板勝美編　新装版　吉川弘文館

近世一般　　　　　　　　　　　近世史

1999.4　864p　23cm　（国史大系 新訂増補 第45巻）10800円　ⓘ4-642-00348-7　Ⓝ210.5
〔01237〕

◇徳川実紀　第9篇　黒板勝美編輯, 国史大系編輯会編輯　新訂増補〔版〕　吉川弘文館　1982.2　771p　23cm　（国史大系）6600円　Ⓝ210.5
〔01238〕

◇徳川実紀　第9篇　黒板勝美編　新訂増補版　吉川弘文館　1991.6　771p　21cm　（国史大系）8000円　ⓘ4-642-00049-6
〔01239〕

◇徳川実紀　第9篇　黒板勝美編　新装版　吉川弘文館　1999.5　771p　23cm　（国史大系 新訂増補 第46巻）10000円　ⓘ4-642-00349-5　Ⓝ210.5
〔01240〕

◇徳川実紀　第10篇　黒板勝美編輯, 国史大系編修会編輯　新訂増補〔版〕　吉川弘文館　1982.2　844p　23cm　（国史大系）7900円　Ⓝ210.5
〔01241〕

◇徳川実紀　第10篇　黒板勝美編　新訂増補版　吉川弘文館　1991.7　844,7p　21cm　（国史大系）9000円　ⓘ4-642-00050-X
〔01242〕

◇徳川実紀　第10篇　黒板勝美編　新装版　吉川弘文館　1999.6　844,7p　23cm　（国史大系 新訂増補 第47巻）10800円　ⓘ4-642-00350-9　Ⓝ210.5
〔01243〕

◇徳川実紀　巻1-133,139-180　内藤耻叟校訂標記　徳川実紀出版事務所　1896-1899　9冊　22cm　Ⓝ210.5
〔01244〕

◇徳川実紀　巻1-186　内藤耻叟校訂標記　徳川実紀出版事務所　1896-1899　25冊　Ⓝ210.5
〔01245〕

◇徳川実紀　続 第1,3-5編　経済雑誌社校　経済雑誌社　1905-1907　4冊　19cm　Ⓝ210.5
〔01246〕

◇徳川実紀索引　人名篇　徳川実紀研究会編　新装版　吉川弘文館　2003.6　537p　23cm　12000円　Ⓝ210.5
〔01247〕

◇徳川実紀索引　人名篇 上巻　徳川実紀研究会編　吉川弘文館　1972　256p　23cm　4800円　Ⓝ210.5
〔01248〕

◇徳川実紀索引　人名篇 下巻　徳川実紀研究会編　吉川弘文館　1973　257-537p　23cm　4800円　Ⓝ210.5
〔01249〕

◇徳川実紀索引　幕末篇　徳川実紀研究会編　吉川弘文館　1977.3　207p　23cm　Ⓝ210.5
〔01250〕

◇徳川実紀索引　幕末篇　徳川実紀研究会編　新装版　吉川弘文館　2003.6　207p　23cm　Ⓝ210.5
〔01251〕

◇徳川実紀索引　幕末篇　徳川実紀研究会編　新装版　吉川弘文館　2003.6　207p　21cm　6000円　ⓘ4-642-00186-7
〔01252〕

◇徳川実紀事項索引　上巻　あ―し　吉川弘文館編集部編　吉川弘文館　2003.4　618p　23cm　16000円　ⓘ4-642-00183-2　Ⓝ210.5
〔01253〕

◇徳川実紀事項索引　下巻　す―を　吉川弘文館編集部編　吉川弘文館　2003.4　p619-1172　23cm　16000円　ⓘ4-642-00184-0　Ⓝ210.5
〔01254〕

◆◆続徳川実紀

◇新訂増補 国史大系　第48巻　続徳川実紀　黒板勝美, 国史大系編修会編　完成記念版　吉川弘文館　1966　798p　23cm　Ⓝ210.08
〔01255〕

◇新訂増補 国史大系　第49巻　続徳川実紀　黒板勝美, 国史大系編修会編　完成記念版　吉川弘文館　1966　716p　23cm　Ⓝ210.08
〔01256〕

◇新訂増補 国史大系　第50巻　続徳川実紀　黒板勝美, 国史大系編修会編　完成記念版　吉川弘文館　1966　852p　24cm　Ⓝ210.08
〔01257〕

◇新訂増補 国史大系　第51巻　続徳川実紀　黒板勝美, 国史大系編修会編　完成記念版　吉川弘文館　1967　988p　28cm　Ⓝ210.08
〔01258〕

◇新訂増補 国史大系　第52巻　続徳川実紀　黒板勝美, 国史大系編修会編　完成記念版　吉川弘文館　1967　438p　24cm　Ⓝ210.08
〔01259〕

◇続徳川実紀　第1篇　黒板勝美編輯, 国史大系編修会編輯　新訂増補〔版〕　吉川弘文館　1982.3　798p　23cm　（国史大系）7900円　Ⓝ210.5
〔01260〕

◇続徳川実紀　第1篇　黒板勝美編輯　新装版　吉川弘文館　1999.7　798p　23cm　（国史大系 新訂増補 第48巻）10000円　ⓘ4-642-00351-7　Ⓝ210.5
〔01261〕

◇続徳川実紀　第2篇　黒板勝美編輯, 国史大系編修会編輯　新訂増補〔版〕　吉川弘文館　1982.3　716p　23cm　（国史大系）6600円　Ⓝ210.5
〔01262〕

◇続徳川実紀　第2篇　黒板勝美編輯　新装版　吉川弘文館　1999.8　716p　23cm　（国史大系 新訂増補 第49巻）10000円　ⓘ4-642-00352-5　Ⓝ210.5
〔01263〕

◇続徳川実紀　第3篇　黒板勝美編輯　新装版　吉川弘文館　1999.9　852p　23cm　（国史大系 新訂増補 第50巻）10800円　ⓘ4-642-00353-3　Ⓝ210.5
〔01264〕

◇続徳川実紀　第4篇　黒板勝美編　新訂増補版　吉川弘文館　1991.11　988p　21cm　（国史大系）10000円　ⓘ4-642-00054-2
〔01265〕

◇続徳川実紀　第4篇　黒板勝美編輯　新装版　吉川弘文館　1999.10　988p　23cm　（国史大系 新訂増補 第51巻）11800円　ⓘ4-642-00354-1　Ⓝ210.5
〔01266〕

◇続徳川実紀　第5篇　黒板勝美編　新訂増補版　吉川弘文館　1991.12　438,6p　21cm　（国史大系）6000円　ⓘ4-642-00055-0
〔01267〕

◇続徳川実紀　第5篇　黒板勝美編輯　新装版　吉川弘文館　1999.11　438,6p　23cm　（国史大系 新訂増補 第52巻）6500円　ⓘ4-642-00355-X　Ⓝ210.5
〔01268〕

◆◆大日本史料

◇大日本史料　第12編之28　後水尾天皇　元和3年9-12月　東京大学史料編纂所編纂　東京大学出版会　1997.9　896,59p　22cm　15000円　ⓘ4-13-090578-3　Ⓝ210.088
〔01269〕

◇大日本史料　第12編之35　後水尾天皇 元和6年年　東京大学史料編纂所編　1944-1958　22cm
〔01270〕

◇大日本史料　第12編之40　後水尾天皇　東京大学史料編纂所編　東京大学　1959　407,43p　22cm
〔01271〕

◇大日本史料　第12編之41　後水尾天皇　東京大学史料編纂所編　東京大学　1960　430,3p　22cm
〔01272〕

◇大日本史料　第12編之42　後水尾天皇　東京大学史料編纂所編　東京大学　1961　458,112p　22cm
〔01273〕

◇大日本史料　第12編之43　後水尾天皇　東京大学史料編纂所編　東京大学　1962　268,74,121p　22cm
〔01274〕

◇大日本史料　第12編之44　後水尾天皇　東京大学史料編纂所編　東京大学　1967　398p　22cm
〔01275〕

◇大日本史料　第12編之45　後水尾天皇　元和8年6月-同年7月　東京大学史料編纂所編纂　東京大学 東京大学出版会（発売）　1971　1冊　22cm　2800円　Ⓝ210.08
〔01276〕

◇大日本史料　第12編之46　後水尾天皇　元和8年7月-同年8月　東京大学史料編纂所編纂編纂　東京大学 東京大学出版会（発売）　1973　566,236p　22cm　2800円　Ⓝ210.08
〔01277〕

◇大日本史料　第12編之48　後水尾天皇―元和8年8月〜同年9月　東京大学史料編纂所編纂　東京大学　1979.3　558,63p　22cm　4500円　Ⓝ210.08
〔01278〕

◇大日本史料　第12編之49　後水尾天皇　元和8年10月〜同年11月　東京大学史料編纂所編纂　東京大学　1982.1　362,153,6p　22cm　5800円　Ⓝ210.088
〔01279〕

◇大日本史料　第12編之50　後水尾天皇　元和8年11月〜同年是歳　東京大学史料編纂所編纂　東京大学　1985.1　476p　22cm　6800円　Ⓝ210.088
〔01280〕

◇大日本史料　第12編之50　後水尾天皇　元和8年11月—是歳　東京大学史料編纂所編纂　東京大学出版会　1999.7　476p　22cm　12000円　Ⓘ4-13-090600-3　Ⓝ210.088
〔01281〕

◇大日本史料　第12編之51　後水尾天皇　元和8年雑載　東京大学史料編纂所編纂　東京大学　1988.3　467,74p　22cm　7600円　Ⓝ210.088
〔01282〕

◇大日本史料　第12編之52　後水尾天皇　元和8年雑載　東京大学史料編纂所編纂　東京大学　1991.3　437p　22cm　6200円　Ⓝ210.088
〔01283〕

◇大日本史料　第12編之53　後水尾天皇　元和8年雑載　東京大学史料編纂所編纂　東京大学　1994.3　366p　22cm　6000円　Ⓝ210.088
〔01284〕

◇大日本史料　第12編之54　後水尾天皇　元和8年雑載　東京大学史料編纂所編纂　東京大学　1997.3　417p　22cm　7000円　Ⓘ4-13-090604-6　Ⓝ210.088
〔01285〕

◇大日本史料　第12編之55　後水尾天皇　元和8年雑載　東京大学史料編纂所編纂　東京大学史料編纂所　2000.3　489,2p　22cm　8300円　Ⓘ4-13-090605-4　Ⓝ210.088
〔01286〕

◇大日本史料　第12編之56　後水尾天皇　元和8年雑載　東京大学史料編纂所編纂　東京大学史料編纂所　2002.3　406,203,6p　22cm　7800円　Ⓘ4-13-090606-2　Ⓝ210.088
〔01287〕

◇大日本史料　第12編之57　後水尾天皇　元和8年雑載　東京大学史料編纂所編纂　東京大学史料編纂所　2003.3　421,102,62p　22cm　10000円　Ⓘ4-13-090607-0　Ⓝ210.088
〔01288〕

◇大日本史料　第12編之58　東京大学史料編纂所編　東京大学史料編纂所,東京大学出版会〔発売〕　2006.3　392p　21cm　6800円　Ⓘ4-13-090608-9
〔01289〕

◇大日本史料　第12編之1-15　東京帝国大学文学部史料編纂所編　東京帝国大学　1901-1911　15冊　22cm　Ⓝ210
〔01290〕

◇大日本史料　第12編之19-44　東京大学史料編纂所編　東京大学　1917-1967　26冊　22cm　Ⓝ210.08
〔01291〕

◆◆干城録

◇内閣文庫所蔵史籍叢刊　57　干城録　1　戸田氏栄ほか編　汲古書院　1986.1　622p　27cm　12000円　Ⓝ210.088
〔01292〕

◇内閣文庫所蔵史籍叢刊　58　干城録　2　戸田氏栄ほか編　汲古書院　1986.2　543p　27cm　12000円　Ⓝ210.088
〔01293〕

◇内閣文庫所蔵史籍叢刊　59　干城録　3　戸田氏栄ほか編　汲古書院　1986.3　586p　27cm　12000円　Ⓝ210.088
〔01294〕

◇内閣文庫所蔵史籍叢刊　60　干城録　4　戸田氏栄ほか編　汲古書院　1986.4　530p　27cm　12000円　Ⓝ210.088
〔01295〕

◇内閣文庫所蔵史籍叢刊　61　干城録　5　戸田氏栄ほか編　汲古書院　1986.5　533p　27cm　12000円　Ⓝ210.088
〔01296〕

◇内閣文庫所蔵史籍叢刊　62　干城録　6　戸田氏栄ほか編　汲古書院　1986.6　499p　27cm　12000円　Ⓝ210.088
〔01297〕

◇内閣文庫所蔵史籍叢刊　63　干城録　7　戸田氏栄ほか編　汲古書院　1986.7　602p　27cm　12000円　Ⓝ210.088
〔01298〕

◇内閣文庫所蔵史籍叢刊　64　干城録　8　戸田氏栄ほか編　汲古書院　1986.8　565,6p　27cm　12000円　Ⓝ210.088
〔01299〕

◆◆朝野旧聞裒藁

◇朝野旧聞〔ホウ〕藁　第1輯　林述斎等編　東洋書籍出版協会　1923　691p　26cm　Ⓝ210.5
〔01300〕

◇内閣文庫所蔵史籍叢刊　特刊第1　1　朝野旧聞裒藁　第1巻　戸田氏栄ほか編　汲古書院　1982.7　754p　22cm　8500円　Ⓝ210.088
〔01301〕

◇内閣文庫所蔵史籍叢刊　特刊第1　2　朝野旧聞裒藁　第2巻　戸田氏栄ほか編　汲古書院　1982.8　880p　22cm　8500円　Ⓝ210.088
〔01302〕

◇内閣文庫所蔵史籍叢刊　特刊第1　3　朝野旧聞裒藁　第3巻　戸田氏栄ほか編　汲古書院　1982.9　885p　22cm　8500円　Ⓝ210.088
〔01303〕

◇内閣文庫所蔵史籍叢刊　特刊第1　4　朝野旧聞裒藁　第4巻　戸田氏栄ほか編　汲古書院　1982.10　878p　22cm　8500円　Ⓝ210.088
〔01304〕

◇内閣文庫所蔵史籍叢刊　特刊第1　5　朝野旧聞裒藁　第5巻　戸田氏栄ほか編　汲古書院　1982.11　890p　22cm　8500円　Ⓝ210.088
〔01305〕

◇内閣文庫所蔵史籍叢刊　特刊第1　6　朝野旧聞裒藁　第6巻　戸田氏栄ほか編　汲古書院　1982.12　870p　22cm　8500円　Ⓝ210.088
〔01306〕

◇内閣文庫所蔵史籍叢刊　特刊第1　7　朝野旧聞裒藁　第7巻　戸田氏栄ほか編　汲古書院　1983.1　881p　22cm　8500円　Ⓝ210.088
〔01307〕

◇内閣文庫所蔵史籍叢刊　特刊第1　8　朝野旧聞裒藁　第8巻　戸田氏栄ほか編　汲古書院　1983.2　888p　22cm　8500円　Ⓝ210.088
〔01308〕

◇内閣文庫所蔵史籍叢刊　特刊第1　9　朝野旧聞裒藁　第9巻　戸田氏栄ほか編　汲古書院　1983.3　884p　22cm　8500円　Ⓝ210.088
〔01309〕

◇内閣文庫所蔵史籍叢刊　特刊第1　10　朝野旧聞裒藁　第10巻　戸田氏栄ほか編　汲古書院　1983.4　868p　22cm　8500円　Ⓝ210.088
〔01310〕

◇内閣文庫所蔵史籍叢刊　特刊第1　11　朝野旧聞裒藁　第11巻　戸田氏栄ほか編　汲古書院　1983.5　878p　22cm　8500円　Ⓝ210.088
〔01311〕

◇内閣文庫所蔵史籍叢刊　特刊第1　12　朝野旧聞裒藁　第12巻　戸田氏栄ほか編　汲古書院　1983.6　888p　22cm　8500円　Ⓝ210.088
〔01312〕

◇内閣文庫所蔵史籍叢刊　特刊第1　13　朝野旧聞裒藁　第13巻　戸田氏栄ほか編　汲古書院　1983.7　886p　22cm　8500円　Ⓝ210.088
〔01313〕

◇内閣文庫所蔵史籍叢刊　特刊第1　14　朝野旧聞裒藁　第14巻　戸田氏栄ほか編　汲古書院　1983.8　879p　22cm　8500円　Ⓝ210.088
〔01314〕

◇内閣文庫所蔵史籍叢刊　特刊第1　15　朝野旧聞裒藁　第15巻　戸田氏栄ほか編　汲古書院　1983.9　870p　22cm　8500円　Ⓝ210.088
〔01315〕

◇内閣文庫所蔵史籍叢刊　特刊第1　16　朝野旧聞裒藁　第16巻　戸田氏栄ほか編　汲古書院　1983.10　859p　22cm　8500円　Ⓝ210.088
〔01316〕

◇内閣文庫所蔵史籍叢刊　特刊第1　17　朝野旧聞裒藁　第17巻　戸田氏栄ほか編　汲古書院　1983.11　875p

近世一般　　　　　　　　　　　　近世史

◇内閣文庫所蔵史籍叢刊　特刊第1　18　朝野旧聞裒藁
第18巻　戸田氏栄ほか編　汲古書院　1983.12　885p
22cm　8500円　Ⓝ210.088　　　　〔01318〕
◇内閣文庫所蔵史籍叢刊　特刊第1　19　朝野旧聞裒藁
第19巻　戸田氏栄ほか編　汲古書院　1984.1　861p
22cm　8500円　Ⓝ210.088　　　　〔01319〕
◇内閣文庫所蔵史籍叢刊　特刊第1　20　朝野旧聞裒藁
第20巻　戸田氏栄ほか編　汲古書院　1984.2　800p
22cm　8500円　Ⓝ210.088　　　　〔01320〕
◇内閣文庫所蔵史籍叢刊　特刊第1　21　朝野旧聞裒藁
第21巻　戸田氏栄ほか編　汲古書院　1984.3　785p
22cm　8500円　Ⓝ210.088　　　　〔01321〕
◇内閣文庫所蔵史籍叢刊　特刊第1　22　朝野旧聞裒藁
第22巻　戸田氏栄ほか編　汲古書院　1984.4　794p
22cm　8500円　Ⓝ210.088　　　　〔01322〕
◇内閣文庫所蔵史籍叢刊　特刊第1　23　朝野旧聞裒藁
第23巻　戸田氏栄ほか編　汲古書院　1984.5　785p
22cm　8500円　Ⓝ210.088　　　　〔01323〕
◇内閣文庫所蔵史籍叢刊　特刊第1　24　朝野旧聞裒藁
第24巻　戸田氏栄ほか編　汲古書院　1984.6　783p
22cm　8500円　Ⓝ210.088　　　　〔01324〕
◇内閣文庫所蔵史籍叢刊　特刊第1　25　朝野旧聞裒藁
第25巻　戸田氏栄ほか編　汲古書院　1984.7　539p
22cm　8500円　Ⓝ210.088　　　　〔01325〕
◇内閣文庫所蔵史籍叢刊　特刊第1　26　朝野旧聞裒藁
第26巻　戸田氏栄ほか編　汲古書院　1984.8　531p
22cm　8500円　Ⓝ210.088　　　　〔01326〕

◆◆奥田家文書

◇奥田家文書　第1巻　奥田家文書研究会編　大阪　大阪府立図書館　1969　925p　22cm　Ⓝ210.5　〔01327〕
◇奥田家文書　第2巻　奥田家文書研究会編　大阪　大阪府立図書館　1969　1180p　22cm　Ⓝ210.5　〔01328〕
◇奥田家文書　第3巻　奥田家文書研究会編　大阪　大阪府立図書館　1970　1107p　22cm　Ⓝ210.5　〔01329〕
◇奥田家文書　第4巻　奥田家文書研究会編　大阪　大阪府立図書館　1971　1035p　22cm　Ⓝ210.5　〔01330〕
◇奥田家文書　第5巻　奥田家文書研究会編　大阪　大阪府立図書館　1971　1102p　22cm　Ⓝ210.5　〔01331〕
◇奥田家文書　第6巻　奥田家文書研究会編　大阪　大阪府立図書館　1971　1031p　図　地図(巻末)　22cm　Ⓝ210.5　〔01332〕
◇奥田家文書　第7巻　奥田家文書研究会編　大阪　大阪府立図書館　1972　1137p　22cm　Ⓝ210.5　〔01333〕
◇奥田家文書　第8巻　奥田家文書研究会編　大阪　大阪府立図書館　1972　1209p　22cm　Ⓝ210.5　〔01334〕
◇奥田家文書　第9巻　奥田家文書研究会編　大阪　大阪府立図書館　1972　1227p　22cm　Ⓝ210.5　〔01335〕
◇奥田家文書　第10巻　奥田家文書研究会編　大阪　大阪府立図書館　1974　1249p　22cm　Ⓝ210.5　〔01336〕
◇奥田家文書　第11巻　奥田家文書研究会編　大阪　大阪府立図書館　1974　1069p　22cm　Ⓝ210.5　〔01337〕
◇奥田家文書　第12巻　奥田家文書研究会編　大阪　大阪府立図書館　1975　1128p　22cm　Ⓝ210.5　〔01338〕
◇奥田家文書　第13巻　奥田家文書研究会編　大阪　大阪府立図書館　1975　1181p　22cm　Ⓝ210.5　〔01339〕
◇奥田家文書　第14巻　奥田家文書研究会編　大阪　大阪府立中之島図書館　1976　1218p　22cm　Ⓝ210.5　〔01340〕
◇奥田家文書　第15巻　奥田家文書研究会編　大阪　大阪府立中之島図書館　1976　1150p　22cm　Ⓝ210.5　〔01341〕

◆◆甲子夜話

◇甲子夜話　松浦静山著,高野澄編訳　徳間書店　1978.4　252p　20cm　1700円　Ⓝ049.1　〔01342〕
◇甲子夜話　1　松浦静山著,中村幸彦,中野三敏校訂　平凡社　1977.4　354p　18cm　(東洋文庫)1200円　Ⓝ049.1　〔01343〕
◇甲子夜話　2　松浦静山著,中村幸彦,中野三敏校訂　平凡社　1977.9　366p　18cm　(東洋文庫)1200円　Ⓝ049.1　〔01344〕
◇甲子夜話　3　松浦静山著,中村幸彦,中野三敏校訂　平凡社　1977.12　332p　18cm　(東洋文庫 321)1100円　Ⓝ049.1　〔01345〕
◇甲子夜話　4　松浦静山著,中村幸彦,中野三敏校訂　平凡社　1978.7　364p　18cm　(東洋文庫 333)1300円　Ⓝ049.1　〔01346〕
◇甲子夜話　5　松浦静山著,中村幸彦,中野三敏校訂　平凡社　1978.9　382p　18cm　(東洋文庫 338)1300円　Ⓝ049.1　〔01347〕
◇甲子夜話　6　松浦静山著,中村幸彦,中野三敏校訂　平凡社　1978.11　435p　18cm　(東洋文庫 342)1400円　Ⓝ049.1　〔01348〕
◇甲子夜話三篇　1　松浦静山著,中村幸彦,中野三敏校訂　平凡社　1982.9　336p　18cm　(東洋文庫 413)1800円　Ⓝ049.1　〔01349〕
◇甲子夜話三篇　2　松浦静山著,中村幸彦,中野三敏校訂　平凡社　1982.12　323p　18cm　(東洋文庫 415)1700円　Ⓝ049.1　〔01350〕
◇甲子夜話三篇　3　松浦静山著,中村幸彦,中野三敏校訂　平凡社　1983.2　336p　18cm　(東洋文庫 418)1700円　Ⓝ049.1　〔01351〕
◇甲子夜話三篇　4　松浦静山著,中村幸彦,中野三敏校訂　平凡社　1983.5　329p　18cm　(東洋文庫 421)1700円　Ⓝ049.1　〔01352〕
◇甲子夜話三篇　5　松浦静山著,中村幸彦,中野三敏校訂　平凡社　1983.7　326p　18cm　(東洋文庫 423)1700円　Ⓝ049.1　〔01353〕
◇甲子夜話三篇　6　松浦静山著,中村幸彦,中野三敏校訂　平凡社　1983.11　328p　18cm　(東洋文庫 427)1700円　Ⓝ049.1　〔01354〕
◇甲子夜話続篇　1　松浦静山著,中村幸彦,中野三敏校訂　平凡社　1979.8　341p　18cm　(東洋文庫 360)1200円　Ⓝ049.1　〔01355〕
◇甲子夜話続篇　2　松浦静山著,中村幸彦,中野三敏校訂　平凡社　1979.10　348p　18cm　(東洋文庫 364)1500円　Ⓝ049.1　〔01356〕
◇甲子夜話続篇　3　松浦静山著,中村幸彦,中野三敏校訂　平凡社　1980.1　247p　18cm　(東洋文庫 369)1200円　Ⓝ049.1　〔01357〕
◇甲子夜話続篇　4　松浦静山著,中村幸彦,中野三敏校訂　平凡社　1980.4　259p　18cm　(東洋文庫 375)1200円　Ⓝ049.1　〔01358〕
◇甲子夜話続篇　5　松浦静山著,中村幸彦,中野三敏校訂　平凡社　1980.7　280p　18cm　(東洋文庫 381)1600円　Ⓝ049.1　〔01359〕
◇甲子夜話続篇　6　松浦静山著,中村幸彦,中野三敏校訂　平凡社　1980.9　324p　18cm　(東洋文庫 385)1700円　Ⓝ049.1　〔01360〕

近世史　　　　　　　　　　　　　　　　　　　　近世一般

◇甲子夜話続篇 7　松浦静山著,中村幸彦,中野三敏校訂　平凡社　1981.4　361p　18cm　（東洋文庫 396）1800円　Ⓝ049.1
〔01361〕
◇甲子夜話続篇 8　松浦静山著,中村幸彦,中野三敏校訂　平凡社　1981.8　317p　18cm　（東洋文庫 400）1700円　Ⓝ049.1
〔01362〕
◇「甲子夜話」の中の川柳　脇屋川柳著　脇屋川柳　1996.9　36p　21cm　Ⓝ911.45
〔01363〕
◇悠悠自適―老侯・松浦静山の世界　氏家幹人著　平凡社　2002.1　294p　16cm　（平凡社ライブラリー）1100円　①4-582-76421-5　Ⓝ210.55
〔01364〕

◆◆雑兵物語
◇図巻 雑兵物語　樋口秀雄校注　人物往来社　1967　245p　22cm　Ⓝ210.52
〔01365〕
◇雑兵物語　中村通夫,湯沢幸吉郎校訂　3刷　岩波書店　1965　163p　15cm　（岩波文庫）Ⓝ210.52
〔01366〕
◇雑兵物語　勉誠社　1977.3　96p　21cm　（勉誠社文庫 15）1000円　Ⓝ210.52
〔01367〕
◇雑兵物語―雑兵のための戦国戦陣心得　吉田豊訳　東村山　教育社　1980.10　270p　18cm　（教育社新書）700円　Ⓝ210.52
〔01368〕
◇雑兵物語　かもよしひさ原本完訳・挿画　講談社　1980.11　153p　21cm　1100円　Ⓝ210.52
〔01369〕
◇雑兵物語研究と総索引　深井一郎編　武蔵野書院　1973　593p　22cm　6500円　Ⓝ210.52
〔01370〕
◇雑兵物語索引　金田弘編　桜楓社　1972　206p　22cm　2800円　Ⓝ210.52
〔01371〕

◆◆近古史談
◇近古史談　大槻磐渓著　大槻如電（修二）訂　玉山堂　1879.9　2冊　19cm　Ⓝ210.5
〔01372〕
◇近古史談　大槻磐渓（清崇）著　大阪　東洋館　1882.3　4冊　23cm　Ⓝ210.5
〔01373〕
◇近古史談　大槻磐渓（清崇）著　大阪　柏原奎文堂　1882.4　4冊　23cm　Ⓝ210.5
〔01374〕
◇近古史談　大槻磐渓（清崇）著　京都　中西松香堂　1882.9　2冊　19cm　Ⓝ210.5
〔01375〕
◇近古史談　大槻磐渓著　江阪彊近点　京都　明田嘉七　1893.9　4冊　23cm　Ⓝ210.5
〔01376〕
◇近古史談　大槻磐渓著　江阪彊匠（塞堂）点　大阪　積善館　1895.2　2冊（前・後,190p）　22cm　Ⓝ210.5
〔01377〕
◇近古史談　大槻磐渓著　江阪彊匠（塞堂）点　小川寅松　1897.2　2冊（前・後,190p）　22cm　Ⓝ210.5
〔01378〕
◇近古史談　大槻磐渓著　大槻如電（修二）訂　大槻文彦刪修標注　大槻文彦　1899.1　38,38丁（上・下合本）　23cm　Ⓝ210.5
〔01379〕
◇近古史談　大槻磐渓著　伴成高点　中村鍾美堂　1900.6　2冊　22cm　Ⓝ210.5
〔01380〕
◇近古史談　大槻磐渓著　山田愚木訳註　盛花堂岡村書店　1911.5　403p　16cm　Ⓝ210.5
〔01381〕
◇近古史談 巻之2　大槻磐渓著　鈴木満治訳　大槻修二校　文華堂　1881.5　64丁　9cm　Ⓝ210.5
〔01382〕
◇近古史譚 第1-3編　長尾覚編　富田浦町（徳島県）　温知同盟舎　1882　1冊（第1-3編合本）　18cm　Ⓝ210.5
〔01383〕
◇近古史談原文集　大槻磐渓著　大槻文彦編　嵩山房　1910.8　227p　22cm　Ⓝ210.5
〔01384〕

◇近古史談講義　田谷九橋述　大阪　岡本偉業館　1898.5　273p　19cm　Ⓝ210.5
〔01385〕
◇近古史談註解 初編　伊藤介一注解　大槻文彦閲　山田俊蔵　1877.2　2冊(37,31丁)　19cm　Ⓝ210.5
〔01386〕
◇刪修近古史談　大槻磐渓著　大槻文彦訳　大阪　柳原嘉兵衛〔ほか〕　1882.12　2冊（巻1-4合本）　23cm　Ⓝ210.5
〔01387〕
◇刪修近古史談　大槻磐渓著　大槻如電,大槻文彦刪修訂正2版　大槻修二　1893.9　4冊　23cm　Ⓝ210.5
〔01388〕
◇刪修近古史談　大槻磐翁著　大槻文彦刪修　訂正　大槻文彦　1898.9　148p　22cm　Ⓝ210.5
〔01389〕
◇刪修近古史談字解―鼇頭挿画　水野盛之編　大阪　岸本栄七　1885.3　37丁　18cm　Ⓝ210.5
〔01390〕
◇刪修近古史談字引―鼇頭註解挿画　奥山猪吉著　大槻如電,河野通之閲　林書房　1895.1　95p　18cm　Ⓝ210.5
〔01391〕
◇刪修近古史談詳解　藤江卓三解　大槻如電校　大槻文彦訂　大阪　教育書房　1885.11　51丁　18cm　Ⓝ210.5
〔01392〕
◇刪修近古史談詳解　藤江卓三解　大槻如電校　大槻文彦訂　増訂2版　大阪　三木書店　1894.9　2冊（上 15,18，下 20,10丁）　18cm　Ⓝ210.5
〔01393〕
◇刪修近古史談字類大全　酒井門次郎編　高木展為校　大阪　小倉常七　1884.7　35丁　18cm　Ⓝ210.5
〔01394〕
◇刪修近古史談字類大全　酒井門次郎編　橋本鎌吉　1885.2　32丁　18cm　Ⓝ210.5
〔01395〕
◇新訳近古史談　大槻盤渓著　角田東涯訳　魚住書店〔ほか〕　1911.5　440p　16cm　Ⓝ210.5
〔01396〕
◇補正近古史談　大槻磐渓著　大槻如電補　大阪　三木佐助　1896.3　32,37丁(上・下合本)　23cm　Ⓝ210.5
〔01397〕
◇補正近古史談講義 下巻之1,2　大槻磐渓著　漢文学研究会講述　大阪　三木佐助　1898.6　131p　19cm　Ⓝ210.5
〔01398〕

◆◆鷹見泉石日記
◇鷹見泉石日記　第1巻　古河歴史博物館編　吉川弘文館　2001.3　337p　21cm　13000円　①4-642-01371-7
〔01399〕
◇鷹見泉石日記　第2巻　鷹見泉石著　古河歴史博物館編　吉川弘文館　2001.9　328p　21cm　13000円　①4-642-01372-5
〔01400〕
◇鷹見泉石日記　第3巻　鷹見泉石著　古河歴史博物館編　吉川弘文館　2002.3　332p　21cm　13000円　①4-642-01373-3
〔01401〕
◇鷹見泉石日記　第4巻　古河歴史博物館編　吉川弘文館　2002.9　361p　21cm　13000円　①4-642-01374-1
〔01402〕
◇鷹見泉石日記　第5巻　古河歴史博物館編　吉川弘文館　2003.3　343p　21cm　13000円　①4-642-01375-X
〔01403〕
◇鷹見泉石日記　第6巻　鷹見泉石著　古河歴史博物館編　吉川弘文館　2003.9　404p　21cm　13000円　①4-642-01376-8
〔01404〕
◇鷹見泉石日記　第7巻　古河歴史博物館編　吉川弘文館　2004.3　381p　21cm　13000円　①4-642-01377-6
〔01405〕
◇鷹見泉石日記　第8巻　古河歴史博物館編　吉川弘文館

近世一般　　　　　　　　　　　　　近世史

2004.9　385p　21cm　13000円　Ⓘ4-642-01378-4
〔01406〕

◆◆江戸藩邸毎日記
◇江戸藩邸毎日記　v.1-v.32　ゆまに書房　2001.11　マイクロフィルムリール32巻　16mm　（対馬宗家文書　第2期）1500000円　Ⓘ4-89714-421-3
〔01407〕
◇江戸藩邸毎日記　v.33-v.63　ゆまに書房　2002.10　マイクロフィルムリール31巻　16mm　（対馬宗家文書　第2期）1500000円　Ⓘ4-89714-422-1　Ⓝ210.5　〔01408〕
◇江戸藩邸毎日記　v.64-v.96　ゆまに書房　2003.9　マイクロフィルムリール33巻　16mm　（対馬宗家文書　第2期）1500000円　Ⓘ4-89714-423-X　Ⓝ210.5　〔01409〕

◆◆桜斎随筆
◇桜斎随筆　第1巻　鹿島則孝編著　本の友社　2000.11　416p　27cm　Ⓘ4-89439-331-X　Ⓝ210.58　〔01410〕
◇桜斎随筆　第2巻　鹿島則孝編著　本の友社　2000.11　370p　27cm　Ⓘ4-89439-331-X　Ⓝ210.58　〔01411〕
◇桜斎随筆　第3巻　鹿島則孝編著　本の友社　2000.11　326p　27cm　Ⓘ4-89439-331-X　Ⓝ210.58　〔01412〕
◇桜斎随筆　第4巻　鹿島則孝編著　本の友社　2000.11　300p　27cm　Ⓘ4-89439-331-X　Ⓝ210.58　〔01413〕
◇桜斎随筆　第5巻　鹿島則孝編著　本の友社　2000.11　390p　27cm　Ⓘ4-89439-331-X　Ⓝ210.58　〔01414〕
◇桜斎随筆　第6巻　鹿島則孝編著　本の友社　2000.11　328p　27cm　Ⓘ4-89439-331-X　Ⓝ210.58　〔01415〕
◇桜斎随筆　第7巻　鹿島則孝編著　村上直,深沢秋男編　本の友社　2002.11　380p　27cm　Ⓘ4-89439-422-7　Ⓝ210.58
〔01416〕
◇桜斎随筆　第8巻　鹿島則孝編著　村上直,深沢秋男編　本の友社　2002.11　566p　27cm　Ⓘ4-89439-422-7　Ⓝ210.58
〔01417〕
◇桜斎随筆　第9巻　鹿島則孝編著　村上直,深沢秋男編　本の友社　2002.11　380p　27cm　Ⓘ4-89439-422-7　Ⓝ210.58
〔01418〕
◇桜斎随筆　第10巻　鹿島則孝編著　村上直,深沢秋男編　本の友社　2002.11　386p　27cm　Ⓘ4-89439-422-7　Ⓝ210.58
〔01419〕
◇桜斎随筆　第11巻　鹿島則孝編著　村上直,深沢秋男編　本の友社　2002.11　514p　27cm　Ⓘ4-89439-422-7　Ⓝ210.58
〔01420〕
◇桜斎随筆　第12巻　鹿島則孝編著　村上直,深沢秋男編　本の友社　2002.11　360p　27cm　Ⓘ4-89439-422-7　Ⓝ210.58
〔01421〕
◇桜斎随筆　第13巻　鹿島則孝編著　鹿島則良,深沢秋男編　本の友社　2001.11　450p　27cm　Ⓘ4-89439-379-4　Ⓝ210.58
〔01422〕
◇桜斎随筆　第14巻　鹿島則孝編著　鹿島則良,深沢秋男編　本の友社　2001.11　448p　27cm　Ⓘ4-89439-379-4　Ⓝ210.58
〔01423〕
◇桜斎随筆　第15巻　鹿島則孝編著　鹿島則良,深沢秋男編　本の友社　2001.11　436p　27cm　Ⓘ4-89439-379-4　Ⓝ210.58
〔01424〕
◇桜斎随筆　第16巻　鹿島則孝編著　鹿島則良,深沢秋男編　本の友社　2001.11　396p　27cm　Ⓘ4-89439-379-4　Ⓝ210.58
〔01425〕
◇桜斎随筆　第17巻　鹿島則孝編著　鹿島則良,深沢秋男編　本の友社　2001.11　364p　27cm　Ⓘ4-89439-379-4　Ⓝ210.58
〔01426〕

◇桜斎随筆　第18巻　鹿島則孝編著　鹿島則良,深沢秋男編　本の友社　2001.11　454p　27cm　Ⓘ4-89439-379-4　Ⓝ210.58
〔01427〕
◇桜斎随筆のしおり　鹿島則良,深沢秋男編著　本の友社　2000.11　104p　26cm　Ⓘ4-89439-331-X　Ⓝ210.58
〔01428〕

◆◆大坂加番記録
◇大坂加番記録　1　大阪城天守閣編　大阪　大阪城天守閣　1997.3　119p　21cm　（徳川時代大坂城関係史料集　第1号）Ⓝ210.5
〔01429〕
◇大坂加番記録　2　大阪城天守閣編　大阪　大阪城天守閣　1999.3　296p　21cm　（徳川時代大坂城関係史料集　第2号）Ⓝ210.5
〔01430〕
◇大坂加番記録　3　大阪城天守閣編　大阪　大阪城天守閣　2003.3　99p　21cm　（徳川時代大坂城関係史料集　第6号）Ⓝ210.5
〔01431〕
◇大坂加番記録―慶応二年三月～十二月、青屋口加番・京橋口定番本多忠鄰 4　大坂定番記録―慶応二年三月～十二月、青屋口加番・京橋口定番本多忠鄰 4　大阪城天守閣編　大阪城天守閣編　大阪　大阪城天守閣　2005.3　305p　21cm　（徳川時代大坂城関係史料集　第8号）Ⓝ210.5
〔01432〕

◆◆大坂定番記録
◇大坂定番記録　1　大阪城天守閣編　大阪　大阪城天守閣　2001.3　216p　21cm　（徳川時代大坂城関係史料集　第4号）Ⓝ210.58
〔01433〕
◇大坂定番記録　2　大阪城天守閣編　大阪　大阪城天守閣　2002.3　214p　21cm　（徳川時代大坂城関係史料集　第5号）Ⓝ210.58
〔01434〕
◇大坂定番記録　3　大阪城天守閣編　大阪　大阪城天守閣　2004.3　271p　21cm　（徳川時代大坂城関係史料集　第7号）Ⓝ210.58
〔01435〕

◆◆甲子雑録
◇甲子雑録　小寺玉晁原編,日本史籍協会編　東京大学出版会　1970　3冊　22cm　（日本史籍協会叢書）各3000円　Ⓝ210.58
〔01436〕
◇甲子雑録　1　日本史籍協会編　東京大学出版会　1984.7　834p　22cm　（日本史籍協会叢書 52）6000円　Ⓘ4-13-097652-4　Ⓝ210.58
〔01437〕
◇甲子雑録　1　小寺玉晁原編　日本史籍協会編　新装版　東京大学出版会　1999.7　834p　22cm　（維新期風説風俗史料選）Ⓘ4-13-097883-7　Ⓝ210.58　〔01438〕
◇甲子雑録　2　日本史籍協会編　東京大学出版会　1984.8　760p　22cm　（日本史籍協会叢書 53）6000円　Ⓘ4-13-097653-2　Ⓝ210.58
〔01439〕
◇甲子雑録　2　小寺玉晁原編　日本史籍協会編　新装版　東京大学出版会　1999.7　760p　22cm　（維新期風説風俗史料選）Ⓘ4-13-097883-7　Ⓝ210.58　〔01440〕
◇甲子雑録　3　日本史籍協会編　東京大学出版会　1984.8　821p　22cm　（日本史籍協会叢書 54）6000円　Ⓘ4-13-097654-0　Ⓝ210.58
〔01441〕
◇甲子雑録　3　小寺玉晁原編　日本史籍協会編　新装版　東京大学出版会　1999.7　814p　22cm　（維新期風説風俗史料選）Ⓘ4-13-097883-7　Ⓝ210.58　〔01442〕
◇甲子雑録　第1-3　小寺玉晁原編　日本史籍協会編　日本史籍協会　1917　3冊　22-23cm　Ⓝ210.5　〔01443〕

◆◆国史館日録
◇国史館日録　第2　山本武夫校訂　続群書類従完成会　1998.5　258p　22cm　(史料纂集)9000円　Ⓘ4-7971-1294-8　Ⓝ210.52　〔01444〕

◇国史館日録　第3　山本武夫校訂　続群書類従完成会　1998.11　296p　22cm　(史料纂集)10000円　Ⓘ4-7971-1296-4　Ⓝ210.52　〔01445〕

◇国史館日録　第4　山本武夫校訂　続群書類従完成会　1999.1　273p　22cm　(史料纂集)9000円　Ⓘ4-7971-1297-2　Ⓝ210.52　〔01446〕

◆◆佐土原藩嶋津家江戸日記
◇佐土原藩嶋津家江戸日記　1　宮崎県立図書館編　宮崎県立図書館　2000.3　252p　22cm　非売品　Ⓝ210.55　〔01447〕

◇佐土原藩嶋津家江戸日記　2　宮崎県立図書館編　宮崎県立図書館　2001.3　191p　22cm　非売品　Ⓝ210.55　〔01448〕

◇佐土原藩嶋津家江戸日記　3　宮崎県立図書館編　宮崎県立図書館　2002.3　443p　22cm　非売品　Ⓝ210.55　〔01449〕

◇佐土原藩嶋津家江戸日記　4　宮崎県立図書館編　宮崎県立図書館　2003.3　397p　22cm　非売品　Ⓝ210.55　〔01450〕

◇佐土原藩嶋津家江戸日記　5　宮崎県立図書館編　宮崎県立図書館　2004.3　546p　22cm　非売品　Ⓝ210.55　〔01451〕

◇佐土原藩嶋津家江戸日記　6　宮崎県立図書館編　宮崎県立図書館　2005.3　434p　22cm　非売品　Ⓝ210.55　〔01452〕

◇佐土原藩嶋津家江戸日記　7　宮崎県立図書館編　宮崎県立図書館　2006.3　551p　22cm　非売品　Ⓝ210.55　〔01453〕

◇佐土原藩嶋津家江戸日記　8　宮崎県立図書館編　宮崎県立図書館　2007.3　520p　22cm　非売品　Ⓝ210.55　〔01454〕

◆◆慈性日記
◇慈性日記　第1　慈性著　林観照校訂　続群書類従完成会　2000.7　251p　22cm　(史料纂集 123)9000円　Ⓘ4-7971-1303-0　Ⓝ210.52　〔01455〕

◇慈性日記　第2　慈性著　林観照校訂　続群書類従完成会　2001.12　313,48p　22cm　(史料纂集 128)14000円　Ⓘ4-7971-1308-1　Ⓝ210.52　〔01456〕

◆◆細川家史料
◇大日本近世史料　細川家史料9　東京大学史料編纂所編　東京大学出版会　1984.3　27,380p　22cm　6800円　Ⓘ4-13-092939-9　Ⓝ210.5　〔01457〕

◇大日本近世史料　細川家史料10　東京大学史料編纂所編　東京大学出版会　1986.3　298p　22cm　5800円　Ⓘ4-13-092940-2　Ⓝ210.5　〔01458〕

◇大日本近世史料　細川家史料12　東京大学史料編纂所編纂　東京大学出版会　1990.3　314p　22cm　6400円　Ⓘ4-13-093012-5　Ⓝ210.5　〔01459〕

◇大日本近世史料　10 1　細川家史料　1　東京大学史料編纂所編纂　東京大学出版会　1969　404p　22cm　Ⓝ210.5　〔01460〕

◇大日本近世史料　10 2　細川家史料　2　東京大学史料編纂所編纂　東京大学出版会　1970　285p　22cm　2000円　Ⓝ210.5　〔01461〕

◇大日本近世史料　10 3　細川家史料　3　東京大学史料編纂所編纂　東京大学出版会　1972　331p　22cm　3000円　Ⓝ210.5　〔01462〕

◇大日本近世史料　10 4　細川家史料　4　東京大学史料編纂所編纂　東京大学出版会　1974　331p　22cm　4300円　Ⓝ210.5　〔01463〕

◇大日本近世史料　10 5　細川家史料　5　東京大学史料編纂所編纂　東京大学出版会　1976　376p　22cm　5600円　Ⓝ210.5　〔01464〕

◇大日本近世史料　10 6　細川家史料　6　東京大学史料編纂所編纂　東京大学出版会　1978.3　312p　22cm　5600円　Ⓝ210.5　〔01465〕

◇大日本近世史料　10 7　細川家史料　7　東京大学史料編纂所編　東京大学史料編纂所　1980.3　365p　22cm　5000円　Ⓝ210.5　〔01466〕

◇大日本近世史料　10 8　細川家史料　8　東京大学史料編纂所編　東京大学出版会　1982.3　248p　22cm　4600円　Ⓝ210.5　〔01467〕

◇大日本近世史料　10 9　細川家史料　9　東京大学史料編纂所編　東京大学史料編纂所　1984.3　380p　22cm　6800円　Ⓝ210.5　〔01468〕

◇大日本近世史料　10 10　細川家史料　10　東京大学史料編纂所編纂　東京大学史料編纂所　1986.3　298p　22cm　5800円　Ⓝ210.5　〔01469〕

◇大日本近世史料　10 11　細川家史料　11　東京大学史料編纂所編纂　東京大学史料編纂所　1988.3　274p　22cm　6000円　Ⓝ210.5　〔01470〕

◇大日本近世史料　10 13　細川家史料　13　東京大学史料編纂所編纂　東京大学　1992.3　319p　22cm　7400円　Ⓝ210.5　〔01471〕

◇大日本近世史料　10 14　細川家史料　14　東京大学史料編纂所編纂　東京大学　1994.3　346p　22cm　8400円　Ⓝ210.5　〔01472〕

◇大日本近世史料　10 15　細川家史料　15　東京大学史料編纂所編纂　東京大学　1996.3　320p　22cm　7931円　Ⓘ4-13-093015-X　Ⓝ210.5　〔01473〕

◇大日本近世史料　10 16　細川家史料　16　東京大学史料編纂所編　東京大学史料編纂所　1998.3　442p　22cm　10700円　Ⓘ4-13-093056-7　Ⓝ210.5　〔01474〕

◇大日本近世史料　10 17　細川家史料　17　東京大学史料編纂所編　東京大学史料編纂所　2000.3　527p　22cm　13000円　Ⓘ4-13-093057-5　Ⓝ210.5　〔01475〕

◇大日本近世史料　10 18　細川家史料　18　東京大学史料編纂所編　東京大学史料編纂所　2002.3　490p　22cm　13700円　Ⓘ4-13-093058-3　Ⓝ210.5　〔01476〕

◇大日本近世史料　10 19　細川家史料　19　東京大学史料編纂所編纂　東京大学史料編纂所　2004.3　266p　22cm　8300円　Ⓘ4-13-093059-1　Ⓝ210.5　〔01477〕

◇大日本近世史料　10 20　細川家史料　20　東京大学史料編纂所編纂　東京大学出版会(発売)　2006.3　498p　22cm　14000円　Ⓘ4-13-093060-5　Ⓝ210.5　〔01478〕

◇細川家史料　13　東京大学史料編纂所編　東京大学,東京大学出版会〔発売〕　1992.3　319p　21cm　(大日本近世史料)7622円　Ⓘ4-13-093013-3　〔01479〕

◇細川家史料　14　東京大学史料編纂所編　東京大学出版会　1994.3　346p　21cm　(大日本近世史料)8652円　Ⓘ4-13-093014-1　〔01480〕

◆◆廣橋兼胤公武御用日記
◇大日本近世史料　広橋兼胤公武御用日記 1　東京大学史

料編纂所編纂　東京大学出版会　1990.3　274p　22cm
6400円　Ⓘ4-13-093041-9　Ⓝ210.5
〔01481〕

◇大日本近世史料　13 2　広橋兼胤公武御用日記　2
宝暦元年正月～宝暦元年12月　東京大学史料編纂所編纂
東京大学　1992.3　296p　22cm　7000円　Ⓝ210.5
〔01482〕

◇大日本近世史料　13 3　広橋兼胤公武御用日記　3
宝暦2年正月～宝暦3年2月　東京大学史料編纂所編纂
東京大学史料編纂所　1995.3　319p　22cm　7200円
Ⓘ4-13-093043-5　Ⓝ210.5
〔01483〕

◇大日本近世史料　13 4　広橋兼胤公武御用日記
4（宝暦3年正月―宝暦4年6月）　東京大学史料編纂所編
纂　広橋兼胤著　東京大学史料編纂所　1997.3　356p
22cm　8400円　Ⓘ4-13-093044-3　Ⓝ210.5
〔01484〕

◇大日本近世史料　13 5　広橋兼胤公武御用日記
5（宝暦4年7月―宝暦5年6月）　東京大学史料編纂所編纂
広橋兼胤著　東京大学史料編纂所　1999.3　364p
22cm　8700円　Ⓘ4-13-093045-1　Ⓝ210.5　〔01485〕

◇大日本近世史料　13 6　広橋兼胤公武御用日記
6（宝暦5年7月―宝暦6年6月）　東京大学史料編纂所編纂
広橋兼胤著　東京大学史料編纂所　2001.3　320p
22cm　9100円　Ⓘ4-13-093046-X　Ⓝ210.5　〔01486〕

◇大日本近世史料　13 7　広橋兼胤公武御用日記
7（宝暦6年7月―宝暦7年12月）　東京大学史料編纂所編
纂　広橋兼胤著　東京大学史料編纂所　2004.3　326p
22cm　9300円　Ⓘ4-13-093047-8　Ⓝ210.5　〔01487〕

◇大日本近世史料　13 8　広橋兼胤公武御用日記
8（宝暦8年正月―宝暦9年3月）　東京大学史料編纂所編
纂　広橋兼胤著　東京大学出版会（発売）　2007.3
319p　22cm　12500円　Ⓘ978-4-13-093048-2　Ⓝ210.5
〔01488〕

◇広橋兼胤公武御用日記　2　東京大学史料編纂所編　東
京大学，東京大学出版会〔発売〕　1992.3　296p　21cm
（大日本近世史料）7210円　Ⓘ4-13-093042-7　〔01489〕

◆◆林鶴梁日記

◇林鶴梁日記　第1巻　天保十四年弘化三年　保田晴男編
日本評論社　2002.7　402p　21cm　19000円
Ⓘ4-535-06631-0
〔01490〕

◇林鶴梁日記　第2巻　弘化四年、弘化五年　保田晴男編
日本評論社　2002.10　368p　21cm　19000円
Ⓘ4-535-06632-9
〔01491〕

◇林鶴梁日記　第5巻　保田晴男編　日本評論社　2003.4
401p　21cm　19000円　Ⓘ4-535-06635-3　〔01492〕

◇林鶴梁日記　第6巻　万延元年・万延二年　林鶴梁著
保田晴男編　日本評論社　2003.10　347p　21cm
19000円　Ⓘ4-535-06636-1
〔01493〕

◇林鶴梁日記　第4巻　嘉永四年・嘉永五年・嘉永六年
保田晴男編　日本評論社　2003.2　418p　21cm　19000
円　Ⓘ4-535-06634-5
〔01494〕

◆◆連城漫筆

◇丙寅連城漫筆　第1,2　小寺玉晁編　日本史籍協会編
日本史籍協会　1919　2冊　23cm　Ⓝ210.5　〔01495〕

◇連城漫筆　1　小寺玉晁原編　日本史籍協会編　新装
版　東京大学出版会　1999.7　454p　22cm　（維新期風
説風俗史料選）Ⓘ4-13-097885-3　Ⓝ210.58　〔01496〕

◇連城漫筆　2　小寺玉晁原編　日本史籍協会編　新装
版　東京大学出版会　1999.7　460p　22cm　（維新期風
説風俗史料選）Ⓘ4-13-097885-3　Ⓝ210.58　〔01497〕

◆◆視聴草

◇影印本「視聴草」目次索引　福井保編　汲古書院　1996.
3　71p　26cm　2060円　Ⓘ4-7629-4159-X　Ⓝ210.5
〔01498〕

◇内閣文庫所蔵史籍叢刊　特刊第2　1　視聴草　第1巻
宮崎成身編　汲古書院　1984.11　547p　27cm　11000
円　Ⓝ210.088
〔01499〕

◇内閣文庫所蔵史籍叢刊　特刊第2　2　視聴草　第2巻
宮崎成身編　汲古書院　1984.12　538p　27cm　11000
円　Ⓝ210.088
〔01500〕

◇内閣文庫所蔵史籍叢刊　特刊第2　3　視聴草　第3巻
宮崎成身編　汲古書院　1985.1　537p　27cm　11000円
Ⓝ210.088
〔01501〕

◇内閣文庫所蔵史籍叢刊　特刊第2　5　視聴草　第5巻
宮崎成身編　汲古書院　1985.5　570p　27cm　11000円
Ⓝ210.088
〔01502〕

◇内閣文庫所蔵史籍叢刊　特刊第2　6　視聴草　第6巻
宮崎成身編　汲古書院　1985.6　530p　27cm　11000円
Ⓝ210.088
〔01503〕

◇内閣文庫所蔵史籍叢刊　特刊第2　7　視聴草　第7巻
宮崎成身編　汲古書院　1985.7　559p　27cm　11000円
Ⓝ210.088
〔01504〕

◇内閣文庫所蔵史籍叢刊　特刊第2　8　視聴草　第8巻
宮崎成身編　汲古書院　1985.8　545p　27cm　11000円
Ⓝ210.088
〔01505〕

◇内閣文庫所蔵史籍叢刊　特刊第2　9　視聴草　第9巻
宮崎成身編　汲古書院　1985.9　522p　27cm　11000円
Ⓝ210.088
〔01506〕

◇内閣文庫所蔵史籍叢刊　特刊第2　10　視聴草　第10
巻　宮崎成身編　汲古書院　1985.10　554p　27cm
11000円　Ⓝ210.088
〔01507〕

◇内閣文庫所蔵史籍叢刊　特刊第2　11　視聴草　第11
巻　宮崎成身編　汲古書院　1985.11　558p　27cm
11000円　Ⓝ210.088
〔01508〕

◇内閣文庫所蔵史籍叢刊　特刊第2　12　視聴草　第12
巻　宮崎成身編　汲古書院　1985.12　548p　27cm
11000円　Ⓝ210.088
〔01509〕

◇内閣文庫所蔵史籍叢刊　特刊第2　13　視聴草　第13
巻　宮崎成身編　汲古書院　1986.1　521p　27cm
11000円　Ⓝ210.088
〔01510〕

◇内閣文庫所蔵史籍叢刊　特刊第2　15　視聴草　第15
巻　宮崎成身編　汲古書院　1986.3　541p　27cm
11000円　Ⓝ210.088
〔01511〕

◇内閣文庫所蔵史籍叢刊　特刊第2　16　視聴草　第16
巻　宮崎成身編　汲古書院　1986.4　563,37p　27cm
11000円　Ⓝ210.088
〔01512〕

◆◆官府御沙汰略記

◇官府御沙汰略記―影印　1巻　小野直方著　文献出版
1992.8　325p　27cm　15000円　Ⓘ4-8305-1111-7
Ⓝ210.55
〔01513〕

◇官府御沙汰略記―影印　2巻　小野直方著　文献出版
1992.10　423p　27cm　15000円　Ⓘ4-8305-1112-5
Ⓝ210.55
〔01514〕

◇官府御沙汰略記―影印　3巻　小野直方著　文献出版
1992.12　405p　27cm　15000円　Ⓘ4-8305-1113-3
Ⓝ210.55
〔01515〕

◇官府御沙汰略記―影印　4巻　小野直方著　文献出版
1993.2　413p　27cm　15000円　Ⓘ4-8305-1114-1
Ⓝ210.55
〔01516〕

◇官府御沙汰略記―影印　5巻　小野直方著　文献出版
1993.4　438p　27cm　15000円　Ⓘ4-8305-1115-X

Ⓝ210.55　　　　　　　　　　　　〔01517〕
◇官府御沙汰略記―影印　6巻　小野直方著　文献出版
　1993.6　446p　27cm　15000円　Ⓘ4-8305-1116-8
　Ⓝ210.55　　　　　　　　　　　〔01518〕
◇官府御沙汰略記―影印　7巻　小野直方著　文献出版
　1993.8　431p　27cm　15000円　Ⓘ4-8305-1117-6
　Ⓝ210.55　　　　　　　　　　　〔01519〕
◇官府御沙汰略記―影印　8巻　小野直方著　文献出版
　1993.10　455p　27cm　15000円　Ⓘ4-8305-1118-4
　Ⓝ210.55　　　　　　　　　　　〔01520〕
◇官府御沙汰略記―影印　9巻　小野直方著　文献出版
　1993.12　465p　27cm　15000円　Ⓘ4-8305-1119-2
　Ⓝ210.55　　　　　　　　　　　〔01521〕
◇官府御沙汰略記―影印　10巻　小野直方著　文献出版
　1994.2　485p　27cm　15000円　Ⓘ4-8305-1120-6
　Ⓝ210.55　　　　　　　　　　　〔01522〕
◇官府御沙汰略記―影印　11巻　小野直方著　文献出版
　1994.4　446p　27cm　15000円　Ⓘ4-8305-1121-4
　Ⓝ210.55　　　　　　　　　　　〔01523〕
◇官府御沙汰略記―影印　12巻　小野直方著　文献出版
　1994.6　437p　27cm　15000円　Ⓝ210.55　〔01524〕
◇官府御沙汰略記―影印　13巻　小野直方著　文献出版
　1994.8　425p　27cm　15000円　Ⓘ4-8305-1123-0
　Ⓝ210.55　　　　　　　　　　　〔01525〕
◇官府御沙汰略記―影印　14巻　小野直方著　文献出版
　1994.10　391p　27cm　15000円　Ⓘ4-8305-1124-9
　Ⓝ210.55　　　　　　　　　　　〔01526〕

◆◆三河物語
◇大久保武蔵鐙　塚本哲三校　有朋堂書店　1927　546p
　18cm　（有朋堂文庫）Ⓝ210.5　〔01527〕
◇怪傑！大久保彦左衛門―天下の御意見番の真実　百瀬明
　治著　集英社　2000.12　254p　17cm　（集英社新
　書）700円　Ⓘ4-08-720070-1　〔01528〕
◇三河物語　大久保忠教著　　坪井九馬三,日下寛校　富
　山房　1898.7　3冊（上67,中42,下123丁）　23cm　（文
　科大学史誌叢書）Ⓝ210.5　〔01529〕
◇三河物語　大久保彦左衛門著　　熊谷隆雄,渡辺登喜雄
　訳　名古屋　三州閣　1942　152p　19cm　Ⓝ289.1
　　　　　　　　　　　　　　　　　〔01530〕
◇三河物語―原本　大久保忠教著,中田祝夫編　勉誠社
　1970　2冊　22cm　8500円　Ⓝ210.52　〔01531〕
◇三河物語　大久保彦左衛門原著,小林賢章訳　東村山
　教育社　1980.1　2冊　18cm　（教育社新書）各700円
　Ⓝ210.52　　　　　　　　　　　〔01532〕
◇三河物語　大久保彦左衛門著　鈴木邑現代訳　富士出
　版　1992.8　3冊（別冊とも）　19cm　全36000円
　Ⓘ4-938607-98-0　Ⓝ210.52　〔01533〕
◇三河物語　大久保彦左衛門著　百瀬明治編訳　徳間書
　店　1992.12　313p　20cm　2500円　Ⓘ4-19-245050-X
　Ⓝ210.52　　　　　　　　　　　〔01534〕
◇『三河物語』に学ぶ―徳川三百年政権の組織基盤は、い
　かにして創られたのか　鈴村進著　オーエス出版
　1993.8　255p　19cm　1300円　Ⓘ4-87190-637-X
　Ⓝ210.52　　　　　　　　　　　〔01535〕

◆◆斎藤月岑日記
◇安政乙卯武江地動之記―全二冊　砂子の残月―全二冊
　　江戸実情誠斎雑記 5-6　斎藤月岑編　向山源太夫
　編　江戸叢書刊行会　1917　1冊　23cm　（江戸叢書　巻
　の9）Ⓝ369.3　〔01536〕

◇斎藤月岑日記鈔　森銑三著　汲古書院　1983.6　316p
　20cm　2800円　Ⓝ910.25
　　　　　　　　　　　　　　　　　〔01537〕
◇大日本古記録　第24 1　斎藤月岑日記　天保元年～
　天保6年　東京大学史料編纂所編纂　岩波書店　1997.3
　249p　22cm　8652円　Ⓘ4-00-009891-8　Ⓝ210.088
　　　　　　　　　　　　　　　　　〔01538〕
◇大日本古記録　　第24 2　斎藤月岑日記　2（天保7年
　―天保11年）　東京大学史料編纂所編纂　斎藤月岑著
　岩波書店　1999.3　269p　22cm　8400円
　Ⓘ4-00-009892-6　Ⓝ210.088　〔01539〕
◇大日本古記録　　第24 3　斎藤月岑日記　3（天保12年
　―弘化2年）　東京大学史料編纂所編纂　斎藤月岑著　岩
　波書店　2001.3　283p　22cm　9000円　Ⓘ4-
　00-009893-4　Ⓝ210.088　〔01540〕
◇大日本古記録　　第24 4　斎藤月岑日記　4（弘化3年
　―嘉永2年）　東京大学史料編纂所編纂　斎藤月岑著　岩
　波書店　2003.3　307p　22cm　9400円
　Ⓘ4-00-009894-2　Ⓝ210.088　〔01541〕
◇大日本古記録　　第24 5　斎藤月岑日記　5（嘉永3年
　―安政元年）　東京大学史料編纂所編纂　斎藤月岑著
　岩波書店　2005.3　245p　22cm　8400円
　Ⓘ4-00-009895-0　Ⓝ210.088　〔01542〕
◇大日本古記録　　第24 6　斎藤月岑日記　6（自安政2
　年至安政5年）　東京大学史料編纂所編纂　斎藤月岑著
　岩波書店　2007.3　344p　22cm　9600円
　Ⓘ978-4-00-009896-0　Ⓝ210.088　〔01543〕
◇大日本古記録　斎藤月岑日記　5　東京大学史料編纂所編
　岩波書店　2005.3　245p　21cm　8400円
　Ⓘ4-00-009895-0　〔01544〕

◆◆隔蓂記
◇隔蓂記　鳳林承章著　　赤松俊秀編纂　京都　思文閣出
　版　1997.3　6冊　22cm　全57680円　Ⓘ4-7842-0935-2
　Ⓝ210.52　　　　　　　　　　　〔01545〕
◇隔蓂記　第1　寛永12年8月-正保2年12月　鳳林承章著,
　赤松俊秀校註　京都　鹿苑寺　1958-1960　22cm
　Ⓝ210.52　　　　　　　　　　　〔01546〕
◇隔蓂記　第2　正保3年正月-慶安3年12月　鳳林承章著,
　赤松俊秀校註　京都　鹿苑寺　1958-1960　22cm
　Ⓝ210.52　　　　　　　　　　　〔01547〕
◇隔蓂記　第3　慶安4年正月-明暦元年12月　鳳林承章著,
　赤松俊秀校註　京都　鹿苑寺　1958-1960　22cm
　Ⓝ210.52　　　　　　　　　　　〔01548〕
◇隔蓂記　第4　明暦2年正月-万治3年12月　鳳林承章著,
　赤松俊秀校註　京都　鹿苑寺　1961　764p　22cm
　Ⓝ210.52　　　　　　　　　　　〔01549〕
◇隔蓂記　第5　万治4年正月-寛文4年12月　鳳林承章著,
　赤松俊秀校註　京都　鹿苑寺　1964　699p　22cm
　Ⓝ210.52　　　　　　　　　　　〔01550〕
◇隔蓂記　第6　寛文5年正月-寛文8年6月　鳳林承章著,赤
　松俊秀校註　京都　鹿苑寺　1967　662p　22cm
　Ⓝ210.52　　　　　　　　　　　〔01551〕
◇寛永文化のネットワーク―『隔蓂記』の世界　冷泉為人
　監修　岡佳子,岩間香編　京都　思文閣出版　1998.3
　285,2p　23cm　3800円　Ⓘ4-7842-0945-X　Ⓝ210.52
　　　　　　　　　　　　　　　　　〔01552〕

◆◆慶長日件録
◇慶長日件録　舟橋秀賢著　　正宗敦夫編纂校訂　日本古
　典全集刊行会　1939　384p　18cm　（日本古典全
　集）Ⓝ210.5　〔01553〕
◇慶長日件録　舟橋秀賢著,正宗敦夫編纂校訂　現代思潮

社　1978.9　384p　16cm　（覆刻日本古典全集）Ⓝ210.
52
◇史料纂集　第19 第2　慶長日件録　第2　山本武夫
　校訂　続群書類従完成会　1996.6　164,53p　22cm
　7210円　Ⓘ4-7971-1287-5　Ⓝ210.088
〔01555〕

◆◆言経卿記
◇大日本古記録―言経卿記　12　東京大学史料編纂所編
　岩波書店　1983.3　304p　22cm　6800円　Ⓝ210.088
〔01556〕
◇大日本古記録　11 7　言経卿記　7　東京大学史料
　編纂所編　山科言経著　岩波書店　1971　426p　22cm
　3500円　Ⓝ210.08
〔01557〕
◇大日本古記録　11 8　言経卿記　8　東京大学史料
　編纂所編　山科言経著　岩波書店　1973　277p　22cm
　3200円　Ⓝ210.08
〔01558〕
◇大日本古記録　11 9　言経卿記　9　東京大学史料
　編纂所編　山科言経著　岩波書店　1975　240p　22cm
　4000円　Ⓝ210.08
〔01559〕
◇大日本古記録　11 10　言経卿記　10　東京大学史
　料編纂所編纂　山科言経著　岩波書店　1977.3　270p
　22cm　4600円　Ⓝ210.08
〔01560〕
◇大日本古記録　第11 12　言経卿記―慶長8年正月〜
　慶長9年6月　東京大学史料編纂所編纂　岩波書店
　1983.3　304p　22cm　6800円　Ⓝ210.088
〔01561〕
◇大日本古記録　第11 13　言経卿記―慶長9年7月〜
　慶長11年12月　東京大学史料編纂所編纂　岩波書店
　1987.3　429p　22cm　11000円　Ⓘ4-00-009528-5
　Ⓝ210.088
〔01562〕

◆◆通兄公記
◇史料纂集　136　通兄公記　第9　久我通兄著　今江広
　道,平井誠二校訂　続群書類従完成会　2003.11　306p
　22cm　11000円　Ⓘ4-7971-1316-2　Ⓝ210.088
〔01563〕
◇史料纂集　142　通兄公記　第10　久我通兄著　今江
　広道,平井誠二校訂　続群書類従完成会　2005.4　286p
　22cm　11000円　Ⓘ4-7971-1322-7　Ⓝ210.088
〔01564〕
◇史料纂集　第27 第1　通兄公記　第1　久我通兄著
　今江広道ほか校訂　続群書類従完成会　1991.8
　335p　22cm　10300円　Ⓝ210.088
〔01565〕
◇史料纂集　第27 第2　通兄公記　第2　久我通兄著
　今江広道ほか校訂　続群書類従完成会　1992.7
　303p　22cm　10300円　Ⓝ210.088
〔01566〕
◇史料纂集　第27 第3　通兄公記　第3　久我通兄著
　今江広道ほか校訂　続群書類従完成会　1993.11
　268p　22cm　8240円　Ⓝ210.088
〔01567〕
◇史料纂集　第27 第4　通兄公記　第4　久我通兄著
　今江広道ほか校訂　続群書類従完成会　1996.2
　327p　22cm　10300円　Ⓝ210.088
〔01568〕
◇通兄公記　第9　今江広道,平井誠二校訂　続群書類従完
　成会　2003.11　306p　21cm　（史料纂集 136）11000円
　Ⓘ4-7971-1316-2
〔01569〕

◆◆妙法院日次記
◇史料纂集　古記録編 68　妙法院日次記　第1　妙法院史
　研究会校訂　続群書類従完成会　1984.9　285p　22cm
　6400円　Ⓝ210.088
〔01570〕
◇史料纂集　古記録編 74　妙法院日次記　第2　妙法院史
　研究会校訂　続群書類従完成会　1985.9　345p　22cm
　7400円　Ⓝ210.088
〔01571〕

◇史料纂集　古記録編 78　妙法院日次記　第3　妙法院史
　研究会校訂　続群書類従完成会　1986.9　324p　22cm
　7400円　Ⓝ210.088
〔01572〕
◇史料纂集　古記録編 83　妙法院日次記　第4　妙法院史
　研究会校訂　続群書類従完成会　1987.9　280pp　22cm
　6600円　Ⓝ210.088
〔01573〕
◇史料纂集　古記録編 86　妙法院日次記　第5　妙法院史
　研究会校訂　続群書類従完成会　1988.11　304p　22cm
　7200円　Ⓝ210.088
〔01574〕
◇史料纂集　古記録編 88　妙法院日次記　第6　妙法院史
　研究会校訂　続群書類従完成会　1989.10　418p　22cm
　10300円　Ⓝ210.088
〔01575〕
◇史料纂集　古記録編 90　妙法院日次記　第7　妙法院史
　研究会校訂　続群書類従完成会　1990.11　400p　22cm
　10000円　Ⓝ210.088
〔01576〕
◇史料纂集　139　妙法院日次記　第20　妙法院校訂　続
　群書類従完成会　2004.7　380p　22cm　13000円
　Ⓘ4-7971-1319-7　Ⓝ210.088
〔01577〕
◇史料纂集　144　妙法院日次記　第21　妙法院校訂　続
　群書類従完成会　2006.2　407p　22cm　14000円
　Ⓘ4-7971-1324-3　Ⓝ210.088
〔01578〕
◇史料纂集　第22 第8　妙法院日次記　第8　妙法院
　史研究会校訂　続群書類従完成会　1991.12　444p
　22cm　14420円　Ⓝ210.088
〔01579〕
◇史料纂集　第22 第9　妙法院日次記　第9　妙法院
　史研究会校訂　続群書類従完成会　1992.12　428p
　22cm　14420円　Ⓝ210.088
〔01580〕
◇史料纂集　第22 第10　妙法院日次記　第10　妙法
　院史研究会校訂　続群書類従完成会　1993.12　366p
　22cm　12360円　Ⓝ210.088
〔01581〕
◇史料纂集　第22 第11　妙法院日次記　第11　妙法
　院史研究会校訂　続群書類従完成会　1994.12　351p
　22cm　12360円　Ⓘ4-7971-0379-5　Ⓝ210.088
〔01582〕
◇史料纂集　第22 第12　妙法院日次記　第12　妙法
　院史研究会校訂　続群書類従完成会　1995.12　415p
　22cm　14420円　Ⓘ4-7971-1283-2　Ⓝ210.088
〔01583〕
◇妙法院日次記　第13巻　続群書類従完成会　1997.3
　383p　22cm　（史料纂集 109）13000円
　Ⓘ4-7971-1289-1　Ⓝ210.088
〔01584〕
◇妙法院日次記　第20　妙法院校訂　続群書類従完成会
　2004.7　380p　21cm　（史料纂集 139）13000円
　Ⓘ4-7971-1319-7
〔01585〕
◇妙法院日次記　第21　妙法院校訂　続群書類従完成会
　2006.2　407p　21cm　（史料纂集 144）14000円
　Ⓘ4-7971-1324-3
〔01586〕

◆◆泰重卿記
◇史料纂集　138　泰重卿記　第3　土御門泰重著　本田
　慧子,武部敏夫校訂　続群書類従完成会　2004.6　268p
　22cm　10000円　Ⓘ4-7971-1318-9　Ⓝ210.088
〔01587〕
◇史料纂集　第28 第1　泰重卿記　第1　土御門泰重
　著　武部敏夫ほか校訂　続群書類従完成会　1993.9
　250p　22cm　8240円　Ⓝ210.088
〔01588〕

◆◆貞丈雑記
◇貞丈雑記　1　伊勢貞丈著,島田勇雄校注　平凡社
　1985.4　348p　18cm　（東洋文庫 444）2000円
　Ⓘ4-582-80444-6　Ⓝ210.09
〔01589〕
◇貞丈雑記　2　伊勢貞丈著,島田勇雄校注　平凡社

1985.6　322p　18cm　（東洋文庫 446）2000円
Ⓘ4-582-80446-2　Ⓝ210.09
〔01590〕
◇貞丈雑記　3　伊勢貞丈著, 島田勇雄校注　平凡社
1985.10　347p　18cm　（東洋文庫 450）2000円
Ⓘ4-582-80450-0　Ⓝ210.09
〔01591〕
◇貞丈雑記　4　伊勢貞丈著, 島田勇雄校注　平凡社
1986.2　307,60p　18cm　（東洋文庫 453）2500円
Ⓘ4-582-80453-5　Ⓝ210.09
〔01592〕

◆◆舜旧記
◇史料纂集　第7第6　舜旧記　第6　梵舜著　鎌田純一, 藤本元啓校訂　続群書類従完成会　1994.9　284p　22cm　10300円　Ⓘ4-7971-0378-7　Ⓝ210.088
〔01593〕
◇史料纂集　第7第7　舜旧記　第7　梵舜著　鎌田純一, 藤本元啓校訂　続群書類従完成会　1996.4　276p　22cm　10300円　Ⓘ4-7971-1285-9　Ⓝ210.088
〔01594〕
◇史料纂集　第7第8　舜旧記　第8　梵舜著　鎌田純一, 藤本元啓校訂　続群書類従完成会　1999.8　203,82p　22cm　10000円　Ⓘ4-7971-1300-6　Ⓝ210.088
〔01595〕

◆◆柳営補任
◇江戸幕府役職武鑑編年集成　第36巻　深井雅海, 藤実久美子編　東洋書林　1999.5　474p　23cm　28000円
Ⓘ4-88721-298-4　Ⓝ281.035
〔01596〕
◇大日本近世史料―柳営補任　1　東京大学史料編纂所編　東京大学出版会　1983.10　352p　22cm　5000円
Ⓘ4-13-092901-1　Ⓝ210.5
〔01597〕
◇大日本近世史料―柳営補任　索引　上　東京大学史料編纂所編　東京大学出版会　1983.11　242p　22cm　4000円　Ⓘ4-13-092907-0　Ⓝ210.5
〔01598〕
◇大日本近世史料―柳営補任　2　東京大学史料編纂所編　東京大学出版会　1983.10　318p　22cm　5000円
Ⓘ4-13-092902-X　Ⓝ210.5
〔01599〕
◇大日本近世史料―柳営補任　3　東京大学史料編纂所編　東京大学出版会　1983.10　364p　22cm　5000円
Ⓘ4-13-092903-8　Ⓝ210.5
〔01600〕
◇大日本近世史料―柳営補任　索引　下　東京大学史料編纂所編　東京大学出版会　1983.11　230p　22cm　4000円　Ⓘ4-13-092908-9　Ⓝ210.5
〔01601〕
◇大日本近世史料―柳営補任　4　東京大学史料編纂所編　東京大学出版会　1983.10　11,332p　22cm　5000円
Ⓘ4-13-092904-6　Ⓝ210.5
〔01602〕
◇大日本近世史料―柳営補任　5　東京大学史料編纂所編　東京大学出版会　1983.11　12,261p　22cm　4000円
Ⓘ4-13-092905-4　Ⓝ210.5
〔01603〕
◇大日本近世史料―柳営補任　6　東京大学史料編纂所編　東京大学出版会　1983.11　221p　22cm　4000円
Ⓘ4-13-092906-2　Ⓝ210.5
〔01604〕
◇大日本近世史料　第7第2　柳営補任　東京大学史料編纂所編　東京大学出版会　1963　318p　22cm
〔01605〕
◇大日本近世史料　第7第5　柳営補任　東京大学史料編纂所編　東京大学出版会　1965　262p　22cm
〔01606〕
◇大日本近世史料　第7第6　柳営補任　東京大学史料編纂所編　東京大学出版会　1965　221p　22cm
〔01607〕
◇大日本近世史料　7 1-6,索引上　柳営補任　1-6,索引上　東京大学史料編纂所編　東京大学出版会　1963-1969　7冊　22cm　Ⓝ210.5
〔01608〕
◇大日本近世史料　第7第3-4　柳営補任　東京大学史料編纂所　東京大学出版会　1964　22cm
〔01609〕
◇大日本近世史料　7　索引下　柳営補任　索引下　東京大学史料編纂所編纂　東京大学出版会　1970　230p　22cm　1400円　Ⓝ210.5
〔01610〕
◇柳営補任　1　根岸衛奮編　覆刻　東京大学出版会　1997.9　352p　22cm　（大日本近世史料）8000円
Ⓘ4-13-092901-1　Ⓝ281.035
〔01611〕
◇柳営補任　2　根岸衛奮編　覆刻　東京大学出版会　1997.9　318p　22cm　（大日本近世史料）8000円
Ⓘ4-13-092902-X　Ⓝ281.035
〔01612〕
◇柳営補任　3　根岸衛奮編　覆刻　東京大学出版会　1997.9　364p　22cm　（大日本近世史料）8000円
Ⓘ4-13-092903-8　Ⓝ281.035
〔01613〕
◇柳営補任　4　根岸衛奮編　覆刻　東京大学出版会　1997.9　332p　22cm　（大日本近世史料）8000円
Ⓘ4-13-092904-6　Ⓝ281.035
〔01614〕
◇柳営補任　5　根岸衛奮編　覆刻　東京大学出版会　1997.9　262p　22cm　（大日本近世史料）8000円
Ⓘ4-13-092905-4　Ⓝ281.035
〔01615〕
◇柳営補任　6　根岸衛奮編　覆刻　東京大学出版会　1997.9　221p　22cm　（大日本近世史料）8000円
Ⓘ4-13-092906-2　Ⓝ281.035
〔01616〕
◇柳営補任　索引　上　覆刻　東京大学出版会　1997.9　242p　22cm　（大日本近世史料）8000円
Ⓘ4-13-092907-0　Ⓝ281.035
〔01617〕
◇柳営補任　索引　下　覆刻　東京大学出版会　1997.9　230p　22cm　（大日本近世史料）8000円
Ⓘ4-13-092908-9　Ⓝ281.035
〔01618〕

◆◆幕府書物方日記
◇大日本近世史料―幕府書物方日記　16　東京大学史料編纂所編　東京大学出版会　1983.12　445p　22cm　7400円　Ⓘ4-13-092996-8　Ⓝ210.5
〔01619〕
◇大日本近世史料　幕府書物方日記　17　東京大学史料編纂所編　東京大学出版会　1986.1　394p　22cm　7000円　Ⓘ4-13-092997-6　Ⓝ210.5
〔01620〕
◇大日本近世史料　第8第2　幕府書物方日記　東京大学史料編纂所編　東京大学出版会　1965　410p　22cm
〔01621〕
◇大日本近世史料　第8第3　幕府書物方日記　東京大学史料編纂所編　東京大学出版会　1966　433p　22cm
〔01622〕
◇大日本近世史料　第8第4　幕府書物方日記　東京大学史料編纂所編　東京大学出版会　1967　496p　22cm
〔01623〕
◇大日本近世史料　第8第6　幕府書物方日記　6　享保11年-享保12年　東京大学史料編纂所編纂　東京大学出版会　1970　536p　22cm　3400円　Ⓝ210.5　〔01624〕
◇大日本近世史料　第8第7　幕府書物方日記　7　享保13年　東京大学史料編纂所編纂　東京大学出版会　1970　345p　22cm　2300円　Ⓝ210.5
〔01625〕
◇大日本近世史料　第8第8　幕府書物方日記　8　享保14年-享保15年　東京大学史料編纂所編纂　東京大学出版会　1971　416p　22cm　3600円　Ⓝ210.5
〔01626〕
◇大日本近世史料　第8第9　幕府書物方日記　9　享保16年-享保17年　東京大学史料編纂所編纂　東京大学出版会　1973　399p　22cm　3700円　Ⓝ210.5
〔01627〕
◇大日本近世史料　第8第10　幕府書物方日記　10　享保18年-享保19年　東京大学史料編纂所編纂　東京大学出版会　1974　338p　22cm　3800円　Ⓝ210.5

近世一般　　　　　　　　　　　　　　近世史

〔01628〕
◇大日本近世史料　　第8第11　幕府書物方日記　11　享保20年　東京大学史料編纂所編纂　東京大学出版会　1976　389p　22cm　5400円　Ⓝ210.5
〔01629〕
◇大日本近世史料　　第8第12　幕府書物方日記　12　元文元年　東京大学史料編纂所編纂　東京大学出版会　1977.3　364p　22cm　5900円　Ⓝ210.5
〔01630〕
◇大日本近世史料　　第8第13　幕府書物方日記　13　元文2年　東京大学史料編纂所編纂　東京大学出版会　1978.3　381p　22cm　6600円　Ⓝ210.5
〔01631〕
◇大日本近世史料　　第8第14　幕府書物方日記　14　元文3年　東京大学史料編纂所編　東京大学史料編纂所　1980.3　297p　22cm　5000円　Ⓝ210.5
〔01632〕
◇大日本近世史料　　第8第15　幕府書物方日記　15　元文4年　東京大学史料編纂所編纂　東京大学史料編纂所　1980.11　257p　22cm　4000円　Ⓝ210.5
〔01633〕
◇大日本近世史料　　第8第16　幕府書物方日記　16　元文5年〜寛保元年　東京大学史料編纂所編纂　東京大学史料編纂所　1983.12　445p　22cm　7400円　Ⓝ210.5
〔01634〕
◇大日本近世史料　　第8第17　幕府書物方日記　17　寛保2年〜寛保3年　東京大学史料編纂所編纂　東京大学史料編纂所　1986.1　394p　22cm　7000円　Ⓝ210.5
〔01635〕
◇大日本近世史料　　第8第18　幕府書物方日記　18　延享元年〜2年　東京大学史料編纂所編纂　東京大学史料編纂所　1988.3　427p　22cm　7800円　Ⓝ210.5
〔01636〕
◇大日本近世史料　　第8第1-5　幕府書物方日記　1-5　東京大学史料編纂所編　東京大学出版会　1964-1969　5冊　22cm　Ⓝ210.5
〔01637〕

◆◆歴代残闕日記
◇歴代残闕日記　　第23巻　巻101-105　黒川春村編　京都　臨川書店　1970　460p　22cm　Ⓝ210.08〔01638〕
◇歴代残闕日記　　第24巻　巻106-108　黒川春村編　京都　臨川書店　1970　510p　22cm　Ⓝ210.08〔01639〕
◇歴代残闕日記　　第25巻　巻109-110　黒川春村編　京都　臨川書店　1970　544p　22cm　Ⓝ210.08〔01640〕
◇歴代残闕日記　　第26巻　巻111-114　黒川春村編　京都　臨川書店　1970　562p　22cm　Ⓝ210.08〔01641〕
◇歴代残闕日記　　第27巻　巻115-118　黒川春村編　京都　臨川書店　1970　536p　22cm　Ⓝ210.08〔01642〕
◇歴代残闕日記　　第28巻　巻119-121　黒川春村編　京都　臨川書店　1970　444p　22cm　Ⓝ210.08〔01643〕
◇歴代残闕日記　　第29巻　巻122-124　黒川春村編　京都　臨川書店　1970　464p　22cm　Ⓝ210.08〔01644〕
◇歴代残闕日記　　第30巻　巻125-127　黒川春村編　京都　臨川書店　1971　490,13p　22cm　Ⓝ210.08
〔01645〕
◇歴代残闕日記　　第31冊　巻113〜巻115　黒川春村編　京都　臨川書店　1990.7　464p　22cm　①4-653-01914-2　Ⓝ210.088
〔01646〕
◇歴代残闕日記　　第32冊　巻116〜巻118　黒川春村編　京都　臨川書店　1990.7　416p　22cm　①4-653-01915-0　Ⓝ210.088
〔01647〕
◇歴代残闕日記　　第33冊　巻119〜巻121　黒川春村編　京都　臨川書店　1990.7　444p　22cm　①4-653-01916-9　Ⓝ210.088
〔01648〕
◇歴代残闕日記　　第34冊　巻122〜巻124　黒川春村編　京都　臨川書店　1990.7　464p　22cm　①4-653-01917-7

Ⓝ210.088
〔01649〕
◇歴代残闕日記　　第35冊　巻125〜巻127　黒川春村編　京都　臨川書店　1990.7　505p　22cm　①4-653-01918-5　Ⓝ210.088
〔01650〕

◆◆井伊家史料
◇井伊家史料　幕末風聞探索書　上　安政5年編　井伊正弘編　雄山閣出版　1967　555p　22cm　Ⓝ210.58
〔01651〕
◇井伊家史料　幕末風聞探索書　下　万延・文久編　井伊正弘編　雄山閣出版　1968　492p　22cm　Ⓝ210.58
〔01652〕
◇大日本維新史料　類纂之部　井伊家史料　7　安政5年6月-同年7月　東京大学史料編纂所編纂　東京大学　東京大学出版会（発売）　1971　335p　22cm　2800円　Ⓝ210.61
〔01653〕
◇大日本維新史料　類纂之部　井伊家史料　8　安政5年7月-同年8月　東京大学史料編纂所編纂　東京大学　東京大学出版会（発売）　1973　317p　22cm　2800円　Ⓝ210.61
〔01654〕
◇大日本維新史料　類纂之部　井伊家史料　9　安政5年8月-同年9月　東京大学史料編纂所編纂　東京大学　東京大学出版会（発売）　1975　298p　22cm　4000円　Ⓝ210.61
〔01655〕
◇大日本維新史料―類纂之部　井伊家史料　10　安政5年9月　東京大学史料編纂所編纂　東京大学　1977.3　285p　22cm　4000円　Ⓝ210.61
〔01656〕
◇大日本維新史料　類纂之部　井伊家史料　11　東京大学史料編纂所編　東京大学　1979.3　330p　26cm　4500円　Ⓝ210.61
〔01657〕
◇大日本維新史料　類纂之部　井伊家史料　12　安政5年10月〜同年11月　東京大学史料編纂所編纂　東京大学　1980.11　310p　22cm　5500円　Ⓝ210.61
〔01658〕
◇大日本維新史料―類纂之部井伊家史料　13　東京大学史料編纂所編　東京大学出版会　1983.3　12,333p　22cm　6200円　Ⓝ210.61
〔01659〕
◇大日本維新史料　類纂之部　井伊家史料　14　安政5年12月　東京大学史料編纂所編纂　東京大学　1985.2　360p　22cm　7200円　Ⓝ210.61
〔01660〕
◇大日本維新史料　類纂之部　井伊家史料　15　安政5年是年　東京大学史料編纂所編纂　東京大学　1987.2　376p　22cm　7600円　Ⓝ210.61
〔01661〕
◇大日本維新史料　類纂之部　井伊家史料　16　安政6年正月　東京大学史料編纂所編纂　東京大学　1988.12　327p　22cm　7200円　Ⓝ210.61
〔01662〕
◇大日本維新史料　類纂之部　井伊家史料　1-6　東京大学史料編纂所編　東京大学　1959-1969　6冊　22cm　1800-2300円　Ⓝ210.58
〔01663〕

◆◆雑著
◇あの猿を見よ―江戸伴狂伝　草森紳一著　新人物往来社　1984.11　336p　20cm　2300円　①4-404-01233-0　Ⓝ210.04
〔01664〕
◇池田光政　谷口澄夫著　吉川弘文館　1961　247p　図版地　18cm　（人物叢書　日本歴史学会編）Ⓝ289.1
〔01665〕
◇伊藤圭介　杉本勲著　吉川弘文館　1960　361p　18cm　（人物叢書　日本歴史学会編　第46）Ⓝ289.1〔01666〕
◇江戸あらかると　花咲一男著　三樹書房　1986.12　136p　22cm　2900円　Ⓝ020.4
〔01667〕
◇江戸意外史―NHK「趣味の手帳」より　文化出版局編集部編　文化出版局　1978.7　251p　18cm　700円

近世史　　　　　　　　　　　　　　　　近世一般

◇Ⓝ210.5　〔01668〕
◇江戸を生きる　杉本苑子著　中央公論社　1976　301p　20cm　980円　Ⓝ210.5　〔01669〕
◇江戸を生きる　杉本苑子著　中央公論社　1979.10　308p　15cm　（中公文庫）360円　Ⓝ210.5　〔01670〕
◇江戸時代図誌　別巻1　日本国尽　赤井達郎等編　児玉幸多等編　筑摩書房　1977.12　175,4p　30cm　1800円　Ⓝ210.5　〔01671〕
◇江戸時代図誌　別巻2　絵年表　赤井達郎ほか編　児玉幸多ほか編　筑摩書房　1978.1　167,4p　30cm　1800円　Ⓝ210.5　〔01672〕
◇江戸人とユートピア　日野竜夫著　朝日新聞社　1977.1　224p　19cm　（朝日選書78）660円　Ⓝ210.5　〔01673〕
◇江戸の少年　氏家幹人著　平凡社　1989.6　313p　20cm　1960円　Ⓘ4-582-46805-5　Ⓝ210.5　〔01674〕
◇江戸の珍物　三田村鳶魚著　桃源社　1972　260p　20cm　1000円　Ⓝ210.5　〔01675〕
◇江戸の華々問わず語り　酒井邦恭著　日経事業出版社　1980.1　183p　19cm　1000円　Ⓝ210.5　〔01676〕
◇江戸民話物語　窪田明治著　雄山閣出版　1972　262p　19cm　（物語歴史文庫23）880円　Ⓝ388.136　〔01677〕
◇NHK歴史への招待　第12巻　江戸・英雄伝　日本放送協会編　日本放送出版協会　1989.9　227p　18cm　（新コンパクト・シリーズ058）680円　Ⓘ4-14-018058-7　Ⓝ210.1　〔01678〕
◇NHK歴史への招待　第18巻　江戸大地獄　日本放送協会編　日本放送出版協会　1990.8　238p　18cm　700円　Ⓘ4-14-018087-0　Ⓝ210.1　〔01679〕
◇おもしろ江戸の雑学　北村鮭彦著　永岡書店　1988.10　254p　19cm　850円　Ⓘ4-522-01504-6　Ⓝ210.5　〔01680〕
◇聞いて極楽―史談百話　綱淵謙錠著　文藝春秋　1988.7　210p　18cm　900円　Ⓘ4-16-342450-4　Ⓝ210.5　〔01681〕
◇近藤富蔵―物語と史蹟をたずねて　小川武著　成美堂出版　1973　224p　19cm　600円　Ⓝ289.1　〔01682〕
◇史実大久保石見守長安　北島藤次郎著　鉄生堂　1977.9　464p　22cm　2600円　Ⓝ289.1　〔01683〕
◇詩仙堂　石川琢堂編　京都　詩仙堂丈山寺　1971　図131,51p　37cm　Ⓝ702.15　〔01684〕
◇西山松之助著作集　第1巻　家元の研究　吉川弘文館　1982.6　559,18p　22cm　7800円　Ⓝ702.15　〔01685〕
◇西山松之助著作集　第2巻　家元制の展開　吉川弘文館　1982.12　555,14p　22cm　7800円　Ⓝ702.15　〔01686〕
◇日本の歴史と個性―現代アメリカ日本学論集　上　近世　A.M.クレイグ,D.H.シャイヴリ編, 本山幸彦, 金井円, 芳賀徹監訳　京都　ミネルヴァ書房　1973　260p　22cm　1800円　Ⓝ210.04　〔01687〕
◇歴史を旅する　江戸・維新編　TBS編　新人物往来社　1972　236p　20cm　890円　Ⓝ291.09　〔01688〕

◆天皇・朝廷
◇維新回天史の一面―久邇宮朝彦親王を中心としての考察　徳富猪一郎著　民友社　1929　457,56p　23cm　Ⓝ210.6　〔01689〕
◇絵解き　幕末諷刺画と天皇　奈倉哲三編著　柏書房　2007.12　264p　26cm　6500円　Ⓘ978-4-7601-3247-8　〔01690〕
◇江戸幕府と朝廷　高埜利彦著　山川出版社　2001.5　104p　21cm　（日本史リブレット36）800円　Ⓘ4-634-54360-5　Ⓝ210.5　〔01691〕
◇王政復古と京都公卿衆の活躍―講演速記録　藤井甚太郎述　日本講演協会　1937　16p　22cm　Ⓝ210.5　〔01692〕
◇王政復古への道　原口清著　原口清著作集編集委員会編　岩田書院　2007.9　383p　21cm　（原口清著作集2）7900円　Ⓘ978-4-87294-477-8　〔01693〕
◇近世政治史と天皇　藤田覚著　吉川弘文館　1999.9　316,10p　22cm　7500円　Ⓘ4-642-03353-X　Ⓝ210.5　〔01694〕
◇近世朝廷と垂加神道　磯前順一,小倉慈司編　ぺりかん社　2005.2　366p　22cm　6800円　Ⓘ4-8315-1099-8　Ⓝ171.6　〔01695〕
◇近世の国家・社会と天皇　深谷克己著　校倉書房　1991.5　303p　22cm　5150円　Ⓘ4-7517-2090-2　Ⓝ210.5　〔01696〕
◇将軍権力と天皇―秀吉・家康の神国観　高木昭作著　青木書店　2003.5　238p　20cm　（シリーズ民族を問う2）2800円　Ⓘ4-250-20313-1　Ⓝ210.5　〔01697〕
◇天皇と明治維新　阪本健一著　暁書房　1983.1　268p　20cm　1700円　Ⓘ4-900032-16-6　Ⓝ210.5　〔01698〕
◇天皇のお歌―桃園天皇から孝明天皇　明治神宮崇敬会　1974.5　41p　19cm　（明治記念綜合歌会連続講座第9集）Ⓝ911.152　〔01699〕
◇東福門院和子―養源院の華　柿花仄著　木耳社　1997.9　363p　20cm　2500円　Ⓘ4-8393-7685-9　Ⓝ288.44　〔01700〕
◇徳川将軍と天皇　山本博文著　中央公論新社　1999.10　254p　20cm　1600円　Ⓘ4-12-002943-3　Ⓝ210.5　〔01701〕
◇徳川将軍と天皇　山本博文著　中央公論新社　2004.11　255p　16cm　（中公文庫）724円　Ⓘ4-12-204452-9　Ⓝ210.5　〔01702〕
◇日本近世国家の確立と天皇　野村玄著　大阪　清文堂出版　2006.8　330p　22cm　7800円　Ⓘ4-7924-0610-2　Ⓝ210.52　〔01703〕
◇日本の近世　第2巻　天皇と将軍　辻達也,朝尾直弘編　中央公論社　1991.9　370p　図版32p　21cm　2800円　Ⓘ4-12-403022-3　Ⓝ210.5　〔01704〕
◇幕末維新の政治と天皇　高橋秀直著　吉川弘文館　2007.2　553,6p　22cm　12000円　Ⓘ978-4-642-03777-8　Ⓝ210.61　〔01705〕
◇幕末の朝廷―若き孝明帝と鷹司関白　家近良樹著　中央公論新社　2007.10　328p　19cm　（中公叢書）1800円　Ⓘ978-4-12-003883-9　〔01706〕
◇幕末の天皇・明治の天皇　佐々木克著　講談社　2005.11　289p　15cm　（講談社学術文庫）960円　Ⓘ4-06-159734-5　Ⓝ210.61　〔01707〕

◆◆後水尾天皇
◇胡蝶―後水尾院天皇御撰小説　日英両文対照　後水尾院天皇著　明治聖徳記念学会編　金尾文淵堂　1922　1冊　23cm　Ⓝ913.5　〔01708〕
◇後水尾院　熊倉功夫著　朝日新聞社　1982.10　289p　20cm　（朝日評伝選26）1500円　Ⓝ288.41　〔01709〕
◇後水尾院御集　後水尾院著　鈴木健一著　明治書院　2003.10　302p　22cm　（和歌文学大系68）7000円　Ⓘ4-625-41317-6　Ⓝ911.157　〔01710〕
◇後水尾院御集―頭註　上,下　吉沢義則著　京都　仙寿院　1930　2冊　27cm　Ⓝ911.15　〔01711〕
◇後水尾天皇　熊倉功夫著　岩波書店　1994.1　313p

16cm （同時代ライブラリー 170）1050円
①4-00-260170-6 Ⓝ288.41　　　　　〔01712〕
◇後水尾天皇とその周辺　根津美術館, 恵観公山荘茶屋会編　1965　100p　21cm　Ⓝ288.41　〔01713〕
◇天皇皇族実録　103　後水尾天皇実録　第1巻　藤井譲治, 吉岡真之監修・解説　ゆまに書房　2005.11　638p　22cm　①4-8433-2027-7,4-8433-2022-6,4-8433-2021-8　Ⓝ288.4　〔01714〕
◇天皇皇族実録　104　後水尾天皇実録　第2巻　藤井譲治, 吉岡真之監修・解説　ゆまに書房　2005.11　p639-1251　22cm　①4-8433-2027-7,4-8433-2022-6,4-8433-2021-8　Ⓝ288.4　〔01715〕
◇天皇皇族実録　105　後水尾天皇実録　第3巻　藤井譲治, 吉岡真之監修・解説　ゆまに書房　2005.11　p1253-1868　22cm　①4-8433-2027-7,4-8433-2022-6,4-8433-2021-8　Ⓝ288.4　〔01716〕
◇花の行方—後水尾天皇の時代　北小路功光著　京都　駿々堂出版　1973　221p　19cm　750円　Ⓝ210.52　〔01717〕

◆◆明正天皇
◇天皇皇族実録　106　明正天皇実録　藤井譲治, 吉岡真之監修・解説　ゆまに書房　2005.11　368p　22cm　18500円　①4-8433-2028-5,4-8433-2022-6,4-8433-2021-8　Ⓝ288.4　〔01718〕

◆◆後光明天皇
◇天皇皇族実録　107　後光明天皇実録　藤井譲治, 吉岡真之監修・解説　ゆまに書房　2005.11　462p　22cm　18500円　①4-8433-2029-3,4-8433-2022-6,4-8433-2021-8　Ⓝ288.4　〔01719〕

◆◆後西天皇
◇天皇皇族実録　108　後西天皇実録　藤井譲治, 吉岡真之監修・解説　ゆまに書房　2005.11　596p　22cm　18500円　①4-8433-2030-7,4-8433-2022-6,4-8433-2021-8　Ⓝ288.4　〔01720〕

◆◆霊元天皇
◇天皇皇族実録　109　霊元天皇実録　第1巻　藤井譲治, 吉岡真之監修・解説　ゆまに書房　2005.11　539p　22cm　①4-8433-2031-5,4-8433-2022-6,4-8433-2021-8　Ⓝ288.4　〔01721〕
◇天皇皇族実録　110　霊元天皇実録　第2巻　藤井譲治, 吉岡真之監修・解説　ゆまに書房　2005.11　p541-1071　22cm　①4-8433-2031-5,4-8433-2022-6,4-8433-2021-8　Ⓝ288.4　〔01722〕
◇天皇皇族実録　111　霊元天皇実録　第3巻　藤井譲治, 吉岡真之監修・解説　ゆまに書房　2005.11　p1073-1342　22cm　①4-8433-2031-5,4-8433-2022-6,4-8433-2021-8　Ⓝ288.4　〔01723〕

◆◆東山天皇
◇天皇皇族実録　112　東山天皇実録　藤井譲治, 吉岡真之監修・解説　ゆまに書房　2006.4　7,572p　22cm　18500円　①4-8433-2032-3,4-8433-2023-4　Ⓝ288.4　〔01724〕

◆◆中御門天皇
◇天皇皇族実録　113　中御門天皇実録　第1巻　藤井譲治, 吉岡真之監修・解説　ゆまに書房　2006.4　10,525p　22cm　①4-8433-2033-1,4-8433-2023-4　Ⓝ288.4　〔01725〕
◇天皇皇族実録　114　中御門天皇実録　第2巻　藤井譲治, 吉岡真之監修・解説　ゆまに書房　2006.4　p527-804　22cm　①4-8433-2033-1,4-8433-2023-4　Ⓝ288.4　〔01726〕

◆◆桜町天皇
◇天皇皇族実録　115　桜町天皇実録　第1巻　藤井譲治, 吉岡真之監修・解説　ゆまに書房　2006.4　8,642p　22cm　①4-8433-2034-X,4-8433-2023-4　Ⓝ288.4　〔01727〕
◇天皇皇族実録　116　桜町天皇実録　第2巻　藤井譲治, 吉岡真之監修・解説　ゆまに書房　2006.4　p643-1276　22cm　①4-8433-2034-X,4-8433-2023-4　Ⓝ288.4　〔01728〕

◆◆桃園天皇
◇天皇皇族実録　117　桃園天皇実録　第1巻　藤井譲治, 吉岡真之監修・解説　ゆまに書房　2006.4　7,552p　22cm　①4-8433-2035-8,4-8433-2023-4　Ⓝ288.4　〔01729〕
◇天皇皇族実録　118　桃園天皇実録　第2巻　藤井譲治, 吉岡真之監修・解説　ゆまに書房　2006.4　p553-1020　22cm　①4-8433-2035-8,4-8433-2023-4　Ⓝ288.4　〔01730〕
◇天皇皇族実録　119　桃園天皇実録　第3巻　藤井譲治, 吉岡真之監修・解説　ゆまに書房　2006.4　p1021-1246　22cm　①4-8433-2035-8,4-8433-2023-4　Ⓝ288.4　〔01731〕

◆◆後桜町天皇
◇天皇皇族実録　120　後桜町天皇実録　第1巻　藤井譲治, 吉岡真之監修・解説　ゆまに書房　2006.4　6,518p　22cm　①4-8433-2036-6,4-8433-2023-4　Ⓝ288.4　〔01732〕
◇天皇皇族実録　121　後桜町天皇実録　第2巻　藤井譲治, 吉岡真之監修・解説　ゆまに書房　2006.4　p519-1116　22cm　①4-8433-2036-6,4-8433-2023-4　Ⓝ288.4　〔01733〕
◇天皇皇族実録　122　後桜町天皇実録　第3巻　藤井譲治, 吉岡真之監修・解説　ゆまに書房　2006.4　p1117-1598　22cm　①4-8433-2036-6,4-8433-2023-4　Ⓝ288.4　〔01734〕
◇天皇皇族実録　123　後桜町天皇実録　第4巻　藤井譲治, 吉岡真之監修・解説　ゆまに書房　2006.4　p1599-1870　22cm　①4-8433-2036-6,4-8433-2023-4　Ⓝ288.4　〔01735〕

◆◆後桃園天皇
◇後桃園天皇実録　藤井譲治, 吉岡真之監修・解説　ゆまに書房　2006.10　2冊（セット）　21cm　37000円　①4-8433-2037-4　〔01736〕
◇天皇皇族実録　124　後桃園天皇実録　第1巻　藤井譲治, 吉岡真之監修・解説　ゆまに書房　2006.10　6,580p　22cm　①4-8433-2037-4,4-8433-2288-1　Ⓝ288.4　〔01737〕
◇天皇皇族実録　125　後桃園天皇実録　第2巻　藤井譲治, 吉岡真之監修・解説　ゆまに書房　2006.10　p581-878　22cm　①4-8433-2037-4,4-8433-2288-1　Ⓝ288.4　〔01738〕

近世史　　　　　　　　　　　　　　　　近世一般

◆◆光格天皇
◇光格天皇実録　藤井讓治,吉岡真之監修・解説　ゆまに書房　2006.10　5冊（セット）　21cm　92500円　①4-8433-2038-2　〔01739〕
◇天皇皇族実録　126　光格天皇実録　第1巻　藤井讓治,吉岡真之監修・解説　ゆまに書房　2006.10　11,584p　22cm　①4-8433-2038-2,4-8433-2288-1　Ⓝ288.4　〔01740〕
◇天皇皇族実録　127　光格天皇実録　第2巻　藤井讓治,吉岡真之監修・解説　ゆまに書房　2006.10　p585-1132　22cm　①4-8433-2038-2,4-8433-2288-1　Ⓝ288.4　〔01741〕
◇天皇皇族実録　128　光格天皇実録　第3巻　藤井讓治,吉岡真之監修・解説　ゆまに書房　2006.10　p1133-1760　22cm　①4-8433-2038-2,4-8433-2288-1　Ⓝ288.4　〔01742〕
◇天皇皇族実録　129　光格天皇実録　第4巻　藤井讓治,吉岡真之監修・解説　ゆまに書房　2006.10　p1761-2344　22cm　①4-8433-2038-2,4-8433-2288-1　Ⓝ288.4　〔01743〕
◇天皇皇族実録　130　光格天皇実録　第5巻　藤井讓治,吉岡真之監修・解説　ゆまに書房　2006.10　p2345-2714　22cm　①4-8433-2038-2,4-8433-2288-1　Ⓝ288.4　〔01744〕

◆◆仁孝天皇
◇天皇皇族実録　131　仁孝天皇実録　第1巻　藤井讓治,吉岡真之監修・解説　ゆまに書房　2006.10　10,516p　22cm　①4-8433-2039-0,4-8433-2288-1　Ⓝ288.4　〔01745〕
◇天皇皇族実録　132　仁孝天皇実録　第2巻　藤井讓治,吉岡真之監修・解説　ゆまに書房　2006.10　p517-1140　22cm　①4-8433-2039-0,4-8433-2288-1　Ⓝ288.4　〔01746〕
◇天皇皇族実録　133　仁孝天皇実録　第3巻　藤井讓治,吉岡真之監修・解説　ゆまに書房　2006.10　p1141-1770　22cm　①4-8433-2039-0,4-8433-2288-1　Ⓝ288.4　〔01747〕
◇仁孝天皇実録　藤井讓治,吉岡真之監修・解説　ゆまに書房　2006.10　3冊（セット）　21cm　55500円　①4-8433-2039-0　〔01748〕

◆◆孝明天皇
◇王政復古への道　原口清著　原口清著作集編集委員会編　岩田書院　2007.9　383p　21cm　（原口清著作集2）7900円　①978-4-87294-477-8　〔01749〕
◇近世日本国民史　第34巻　孝明天皇初期世相編　徳富猪一郎著　近代日本国民史刊行会　1965　19cm　Ⓝ210.5　〔01750〕
◇近世日本国民史　第61巻　孝明天皇御宇終篇　徳富猪一郎著　近世日本国民史刊行会　1963　19cm　Ⓝ210.5　〔01751〕
◇近世日本国民史　第62巻　孝明天皇崩御後の形勢　徳富猪一郎著　近世日本国民史刊行会　1963　19cm　Ⓝ210.5　〔01752〕
◇近世日本国民史明治維新と江戸幕府　1　孝明天皇崩御後の形勢　徳富蘇峰著,平泉澄校訂　講談社　1979.8　389p　15cm　（講談社学術文庫）460円　Ⓝ210.61　〔01753〕
◇孝明天皇　福地重孝著　秋田書店　1974　266p　20cm　1300円　Ⓝ288.41　〔01754〕
◇孝明天皇紀　宮内省先帝御事蹟取調掛編　[宮内省]　1906.10　120冊（別冊とも）　27cm　Ⓝ288.41　〔01755〕
◇孝明天皇紀―綱文　宮内省先帝御事蹟取調掛編　京都　平安神宮　1971　162p　23cm　Ⓝ288.41　〔01756〕
◇孝明天皇紀　第1　宮内省先帝御事蹟取調掛編　京都　平安神宮　1967　950p　23cm　Ⓝ288.41　〔01757〕
◇孝明天皇紀　第2　宮内省先帝御事蹟取調掛編　京都　平安神宮　1967　932p　23cm　Ⓝ288.41　〔01758〕
◇孝明天皇紀　第3　宮内省先帝御事蹟取調掛編　京都　平安神宮　1967　929p　23cm　Ⓝ288.41　〔01759〕
◇孝明天皇紀　第4　宮内省先帝御事蹟取調掛編　京都　平安神宮　1968　986p　23cm　Ⓝ288.41　〔01760〕
◇孝明天皇紀　第5　宮内省先帝御事蹟取調掛編　京都　平安神宮　1969　945p　23cm　Ⓝ288.41　〔01761〕
◇孝明天皇紀　首巻　上・下, 第1-117　巻第1-220　宮内省先帝御事蹟取調掛編　先帝御事蹟取調掛　1906　119冊　27cm　Ⓝ288.4　〔01762〕
◇孝明天皇聖徳記―附・会津の勤王　遠藤友四郎編　錦旗本部　1933　82p　23cm　Ⓝ288.4　〔01763〕
◇孝明天皇と「一会桑」―幕末・維新の新視点　家近良樹著　文藝春秋　2002.3　228p　18cm　（文春新書）700円　①4-16-660221-7　Ⓝ210.58　〔01764〕
◇孝明天皇の御聖徳　京都　孝明天皇奉祀奉賛会　1938　32p　22cm　Ⓝ288.4　〔01765〕
◇孝明天皇の攘夷　鍋谷博著　近代文芸社　1995.8　199p　20cm　1500円　①4-7733-4111-4　Ⓝ210.59　〔01766〕
◇孝明天皇和歌御会記及御年譜　丹潔編　八弘書店　1943　354p　22cm　Ⓝ911.15　〔01767〕
◇幕末の天皇・明治の天皇　佐々木克著　講談社　2005.11　289p　15cm　（講談社学術文庫）960円　①4-06-159734-5　Ⓝ210.61　〔01768〕

◆◆公家
◇海外における公家大名展―第一回維新展　霞会館資料展示委員会編　霞会館　1980.9　71p　28cm　（霞会館資料　第6輯）Ⓝ210.61　〔01769〕
◇着て見て遊ぶ―公家文化に見る子ども　龍野　龍野市立歴史文化資料館　2001.10　90p　30cm　（龍野市立歴史文化資料館図録 26）Ⓝ210.5　〔01770〕
◇近世公家社会の研究　橋本政宣著　吉川弘文館　2002.12　867,22p　22cm　18000円　①4-642-03378-5　Ⓝ210.48　〔01771〕
◇公家茶道の研究　谷端昭夫著　京都　思文閣出版　2005.9　377,16p　22cm　6500円　①4-7842-1265-5　Ⓝ791.2　〔01772〕
◇次男坊たちの江戸時代―公家社会の"厄介者"　松田敬之著　吉川弘文館　2008.1　262p　19cm　（歴史文化ライブラリー）1800円　①978-4-642-05646-5　〔01773〕
◇朝廷をとりまく人びと　高埜利彦編　吉川弘文館　2007.7　239p　20cm　（身分的周縁と近世社会 8）3000円　①978-4-642-06564-1　Ⓝ210.5　〔01774〕
◇幕末の公家社会　李元雨著　吉川弘文館　2005.8　205,11p　22cm　7000円　①4-642-03402-1　Ⓝ210.58　〔01775〕
◇冷泉家展―近世公家の生活と伝統文化　冷泉家時雨亭文庫,朝日新聞社編　京都　冷泉家時雨亭文庫　1999　152p　30cm　Ⓝ702.1　〔01776〕

◆徳川将軍家
◇葵の御威光―江戸近郊徳川領の歴史と伝説 平成18年度

近世一般　　　　　　　　　　　　　　近世史

◇開館20周年記念特別展図録　足立区教育委員会文化課，足立区立郷土博物館編　足立区教育委員会文化課　2006.10　63p　30cm　Ⓝ210.5　〔01777〕

◇葵の呪縛―日本をダメにする「徳川株式会社」　八幡和郎著　同朋舎　2000.3　254p　20cm　1600円　Ⓘ4-8104-2590-8　Ⓝ288.2　〔01778〕

◇葵のふる里の歴史　中根大著　豊田「松平の里」観光協会　1996.12　112p　19cm　800円　Ⓝ288.2　〔01779〕

◇遊びをする将軍踊る大名　山本博文著　教育出版　2002.6　193p　19cm　（江戸東京ライブラリー 20）1500円　Ⓘ4-316-35890-1　Ⓝ210.52　〔01780〕

◇家康と徳川三百年の功罪―近代化への土壌　和田正道著　日本図書刊行会　1997.6　287p　20cm　1500円　Ⓘ4-89039-329-3　Ⓝ210.5　〔01781〕

◇家康の族葉　中村孝也著　碩文社　1997.4　681,25,6p　22cm　14286円　Ⓘ4-88200-303-1　Ⓝ288.3　〔01782〕

◇イラスト日本の歴史　4　将軍の時代　服部夕紀著　誠文堂新光社　1990.2　210p　21cm　920円　Ⓘ4-416-89002-8　Ⓝ210.1　〔01783〕

◇上野寛永寺　将軍家の葬儀　浦井正明著　吉川弘文館　2007.11　232p　19cm　（歴史文化ライブラリー）1700円　Ⓘ978-4-642-05643-4　〔01784〕

◇上野寛永寺将軍家の葬儀　浦井正明著　吉川弘文館　2007.11　232p　19cm　（歴史文化ライブラリー 243）1700円　Ⓘ978-4-642-05643-4　Ⓝ188.45　〔01785〕

◇江戸時代漫筆　第5　将軍の生活―その他　石井良助著　自治日報社出版局　1971　263p　19cm　620円　Ⓝ322.15　〔01786〕

◇江戸時代漫筆　第5　将軍の生活　石井良助著　明石書店　1990.9　263p　20cm　1860円　Ⓝ322.15　〔01787〕

◇江戸城―将軍家の生活　村井益男著　中央公論社　1964　198p　地　18cm　（中公新書）Ⓝ210.5　〔01788〕

◇江戸将軍外史―評論　青木可笑著　酉山堂　1878.6　5冊　19cm　Ⓝ210.5　〔01789〕

◇江戸城と将軍の暮らし　平井聖監修　学習研究社　2000.5　111p　24cm　（Gakken graphic books deluxe 10―図説江戸 1）1600円　Ⓘ4-05-401237-X　Ⓝ210.5　〔01790〕

◇江戸幕府徳川歴代将軍譜　寺沢滋著　新風舎　2005.3　122p　20cm　1600円　Ⓘ4-7974-5421-0　Ⓝ288.3　〔01791〕

◇江戸ばなし　第1巻　徳川の家督争ひ，将軍と大名　三田村鳶魚著　限定版　青蛙房　1965　313,295p　20cm　Ⓝ210.5　〔01792〕

◇公方様の話　三田村鳶魚著　朝倉治彦編　中央公論社　1997.6　267p　16cm　（中公文庫―鳶魚江戸文庫 10）629円　Ⓘ4-12-202882-5　Ⓝ210.5　〔01793〕

◇細波―徳川将軍灯籠に寄せて　沙々木隆之助著　湯河原町（神奈川県）　佐々木沙幽　1968　354p　20cm　（佐伝庫 9）880円　Ⓝ210.4　〔01794〕

◇将軍―徳川家十五代展　松平乗昌監修　徳川記念財団編　徳川記念財団　2004.7　161,8p　30cm　Ⓝ702.15　〔01795〕

◇将軍権力の創出　朝尾直弘著　岩波書店　2004.1　372,13p　22cm　（朝尾直弘著作集 第3巻）9400円　Ⓘ4-00-092613-6　Ⓝ210.5　〔01796〕

◇将軍巷談―随談随筆　木村与作著　泉書房　1944　256p　18cm　Ⓝ049　〔01797〕

◇将軍・大名・家臣　柴田一校訂・解題・解説　小野市立好古館編　小野　小野市立好古館　2004.3　499p　22cm　（播州小野藩―柳家史料 3）Ⓝ216.4　〔01798〕

◇将軍・大名家の墓　河原芳嗣著　アグネ技術センター　1999.3　174p　21cm　（シリーズ東京を歩く）1800円　Ⓘ4-900041-48-3　Ⓝ281.02　〔01799〕

◇将軍と大奥―江戸城の「事件と暮らし」　山本博文著　小学館　2007.7　191p　21cm　1800円　Ⓘ978-4-09-626605-2　Ⓝ210.5　〔01800〕

◇将軍と大名　三田村鳶魚著　青蛙房　1958　300p　19cm　（江戸ばなし 第15冊）Ⓝ210.5　〔01801〕

◇将軍と鍋島・柿右衛門　大橋康二著　雄山閣　2007.9　226p　22cm　6000円　Ⓘ978-4-639-01992-3　Ⓝ573.2　〔01802〕

◇将軍の座―御三家の争い　林董一著　人物往来社　1967　307p　20cm　Ⓝ210.5　〔01803〕

◇将軍の座―御三家の争い　林董一著　文藝春秋　1988.10　283p　16cm　（文春文庫）360円　Ⓘ4-16-748801-9　Ⓝ210.5　〔01804〕

◇将軍の生活　石井良助著　明石書店　1990.9　263p　20cm　（江戸時代漫筆 第5）1806円　Ⓝ322.15　〔01805〕

◇将軍の庭―浜離宮と幕末政治の風景　水谷三公著　中央公論新社　2002.4　268p　20cm　（中公叢書）1750円　Ⓘ4-12-003275-2　Ⓝ210.58　〔01806〕

◇新稿一橋徳川家記　辻達也編　徳川宗敬　1983.3　11,700p　22cm　非売品　Ⓝ288.3　〔01807〕

◇図説徳川将軍家・大名の墓―江戸の残照をたずねて　河原芳嗣著　アグネ技術センター　1995.3　328p　22cm　3605円　Ⓘ4-7507-0842-9　Ⓝ281.02　〔01808〕

◇図説徳川将軍家・大名の墓―江戸の残照をたずねて　河原芳嗣著　増補版　アグネ技術センター　2003.3　342p　22cm　3500円　Ⓘ4-901496-05-0　Ⓝ281.02　〔01809〕

◇「図説」徳川将軍家の「お家事情」―財産から趣味，結婚，後継ぎまで 江戸300年の歴史を作った意外なエピソード　中江克己著　PHP研究所　2007.4　111p　26cm　952円　Ⓘ978-4-569-69076-6　Ⓝ288.3　〔01810〕

◇増上寺 徳川将軍墓とその遺品・遺体　鈴木尚，矢島恭介，山辺知行編　東京大学出版会　1997.11　438,41p　30cm　22000円　Ⓘ4-13-066051-9　〔01811〕

◇第5 江戸時代漫筆 将軍の生活その他　石井良助著　自治日報社　1967　263p　19cm　Ⓝ322.15　〔01812〕

◇徳川家―家康を中心に　中村孝也著　至文堂　1961　179p　19cm　（日本歴史新書）Ⓝ288.3　〔01813〕

◇徳川家に伝わる徳川四百年の内緒話　徳川宗英著　文藝春秋　2004.8　285p　15cm　（文春文庫）562円　Ⓘ4-16-767922-1　〔01814〕

◇徳川権力の形成と発展　平野明夫著　岩田書院　2006.12　451,22p　22cm　9500円　Ⓘ4-87294-454-2　Ⓝ210.5　〔01815〕

◇徳川300年 ホントの内幕話―天璋院と和宮のヒミツ　徳川宗英著　大和書房　2007.12　284p　15cm　（だいわ文庫）648円　Ⓘ978-4-479-30145-5　〔01816〕

◇徳川15将軍の事件簿　山本敦司編　扶桑社　1998.2　159p　21cm　1143円　Ⓘ4-594-02395-9　Ⓝ288.3　〔01817〕

◇徳川十五代―吉宗，家康，慶喜，…時代を創った大君たち　世界文化社　1995.1　162p　26cm　（ビッグマンスペシャル―歴史クローズアップ 人物）1300円　Ⓝ210.5　〔01818〕

◇徳川十五代―吉宗，家康，慶喜…時代を創った大君たち　改訂新版　世界文化社　2006.12　152p　26cm　（Bigmanスペシャル）1400円　Ⓘ4-418-06150-9　Ⓝ210.5　〔01819〕

◇徳川十五代史　第1巻　内藤耻叟著　人物往来社　1968　544p　19cm　Ⓝ210.5
〔01820〕
◇徳川十五代史　1　内藤耻叟著　新人物往来社　1985.9　544p　20cm　4800円　Ⓘ4-404-01285-3　Ⓝ210.5
〔01821〕
◇徳川十五代史　第2　内藤耻叟著　人物往来社　1968　1084p　19cm　Ⓝ210.5
〔01822〕
◇徳川十五代史　2　内藤耻叟著　新人物往来社　1985.10　p546～1084　20cm　4800円　Ⓘ4-404-01292-6　Ⓝ210.5
〔01823〕
◇徳川十五代史　第3　内藤耻叟著　人物往来社　1968　1629p　19cm　Ⓝ210.5
〔01824〕
◇徳川十五代史　3　内藤耻叟著　新人物往来社　1985.11　p1086～1629　20cm　4800円　Ⓘ4-404-01303-5　Ⓝ210.5
〔01825〕
◇徳川十五代史　第4　内藤耻叟著　人物往来社　1968　1634-2167p　19cm　Ⓝ210.5
〔01826〕
◇徳川十五代史　4　内藤耻叟著　新人物往来社　1986.1　p1634～2167　20cm　4800円　Ⓘ4-404-01304-3　Ⓝ210.5
〔01827〕
◇徳川十五代史　第5　内藤耻叟著　新人物往来社　1969　2170-2712p　19cm　2000円　Ⓝ210.5
〔01828〕
◇徳川十五代史　5　内藤耻叟著　新人物往来社　1986.2　p2170～2712　20cm　4800円　Ⓘ4-404-01305-1　Ⓝ210.5
〔01829〕
◇徳川十五代史　第6　内藤耻叟著　新人物往来社　1969　2714-3220p　19cm　2000円　Ⓝ210.5
〔01830〕
◇徳川十五代史　6　内藤耻叟著　新人物往来社　1986.3　p2714～3220　20cm　4800円　Ⓘ4-404-01306-X　Ⓝ210.5
〔01831〕
◇徳川十五代将軍グラフティー―平成12年NHK大河ドラマ特集第二弾！　新人物往来社　2000.3　159p　26cm　（別冊歴史読本　39）1700円　Ⓘ4-404-02739-7　Ⓝ288.3
〔01832〕
◇徳川十五代将軍たちの病気カルテ　篠田達明著，愛知県教育サービスセンター編　名古屋　第一法規出版東海支社　1987.10　28p　21cm　（県民大学叢書　6）200円　Ⓝ210.049
〔01833〕
◇徳川十五代将軍展　松平乗昌編　読売新聞社　1983　1冊　26cm
〔01834〕
◇徳川十五代知れば知るほど　実業之日本社　1996.12　269p　19cm　1300円　Ⓘ4-408-10217-2　Ⓝ288.3
〔01835〕
◇徳川十五代の闇史―家康・光圀・家光　江戸〈怨の巻〉　小林久三著　青春出版社　1998.3　221p　18cm　（プレイブックス）810円　Ⓘ4-413-01711-0　Ⓝ210.5　〔01836〕
◇徳川十五代物語　南条範夫著　平凡社　1975　249p　20cm　960円　Ⓝ210.5
〔01837〕
◇徳川将軍家への反逆―幕府権力に挑んだ男たち　新人物往来社　1998.3　268p　21cm　（別冊歴史読本　70）1500円　Ⓘ4-404-02616-1　Ⓝ210.5　〔01838〕
◇徳川将軍家おもしろ意外史―家康・家光・吉宗etc.99の謎　加来耕三,河合敦著　二見書房　1995.1　299p　15cm　（二見wai wai文庫）500円　Ⓘ4-576-94200-X　Ⓝ210.5
〔01839〕
◇徳川将軍家十五代のカルテ　篠田達明著　新潮社　2005.5　188p　18cm　（新潮新書）680円　Ⓘ4-10-610119-X　Ⓝ288.3
〔01840〕
◇徳川将軍家人物系譜総覧　新人物往来社　2003.1　256p　21cm　（別冊歴史読本　34）1800円　Ⓘ4-404-03034-7　Ⓝ288.3
〔01841〕

◇徳川将軍家展―江戸開府四〇〇年記念　竹内誠学術監修　NHK,NHKプロモーション編　NHK　2003.8（第2刷）240p　30cm　Ⓝ702.15
〔01842〕
◇徳川将軍家と会津松平家―福島県立博物館若松城天守閣共同企画展展示解説図録　福島県立博物館編　会津若松　福島県立博物館　2006.9　139,12p　30cm　Ⓝ210.5
〔01843〕
◇徳川将軍家の演出力　安藤優一郎著　新潮社　2007.1　205p　18cm　（新潮新書）680円　Ⓘ978-4-10-610198-4　Ⓝ210.5
〔01844〕
◇徳川将軍家の結婚　山本博文著　文藝春秋　2005.12　212p　18cm　（文春新書）730円　Ⓘ4-16-660480-5　Ⓝ288.3
〔01845〕
◇徳川将軍家の真実　山下昌也著　学習研究社　2007.12　345p　15cm　（学研M文庫）700円　Ⓘ978-4-05-901210-8
〔01846〕
◇徳川将軍家歴史大事典　新人物往来社　2000.5　392p　21cm　（別冊歴史読本　43号）1800円　Ⓘ4-404-02743-5　Ⓝ288.3
〔01847〕
◇徳川将軍権力の構造　所理喜夫著　吉川弘文館　1984.9　650,19p　22cm　9800円　Ⓘ4-642-03067-0　Ⓝ210.5
〔01848〕
◇徳川将軍御直裁判実記　佐久間長敬著　高宮感斎閲　南北出版協会　1893　94p　23cm　（徳川政刑史料　第1編）Ⓝ322
〔01849〕
◇徳川将軍側近の研究　福留真紀著　校倉書房　2006.3　274p　22cm　（歴史科学叢書）7000円　Ⓘ4-7517-3720-1　Ⓝ210.52
〔01850〕
◇徳川将軍と天皇　山本博文著　中央公論新社　2004.11　255p　16cm　（中公文庫）724円　Ⓘ4-12-204452-9　Ⓝ210.5
〔01851〕
◇徳川将軍の意外なウラ事情―家康から慶喜まで、十五代の知られざるエピソード　中江克己著　PHP研究所　2004.5　314p　15cm　（PHP文庫）552円　Ⓘ4-569-66182-3　Ⓝ288.3
〔01852〕
◇徳川将軍の意外なウラ事情　中江克己著　愛蔵版　PHP研究所　2007.12　254p　19cm　476円　Ⓘ978-4-569-69694-2
〔01853〕
◇徳川将軍の人間学　岡谷繁実著　安藤英男校注　新人物往来社　1995.1　493p　21cm　5000円　Ⓘ4-404-02169-0
〔01854〕
◇徳川将軍百話　中江克己著　河出書房新社　1998.3　300p　20cm　2200円　Ⓘ4-309-22324-9　Ⓝ288.3
〔01855〕
◇徳川将軍列伝　北島正元編　秋田書店　1991.4　461p　20cm　1980円　Ⓘ4-253-00370-2　Ⓝ210.5　〔01856〕
◇徳川世記―評論　飯田熊次郎（宇宙学人）著　松成堂　1886.8　373p　18cm　Ⓝ210.5
〔01857〕
◇徳川政道―家康遺訓三舟補述　安倍正人編　有斐閣〔ほか〕　1903.12　207p　23cm　Ⓝ289.1
〔01858〕
◇徳川の家督争い―鳶魚江戸ばなし4　三田村鳶魚著　河出書房新社　1989.3　277p　15cm　（河出文庫）500円　Ⓘ4-309-47154-4　Ⓝ210.5
〔01859〕
◇徳川歴代将軍の本音―現代記者がインタビュー　徳永真一郎著　オール出版　1983.11　301p　19cm　1300円　Ⓘ4-279-32002-0　Ⓝ210.5
〔01860〕
◇特報！徳川将軍15代事件簿　新人物往来社　1998.3　225p　21cm　（別冊歴史読本　57）1600円　Ⓘ4-404-02600-5　Ⓝ210.5
〔01861〕
◇日本の近世　第2巻　天皇と将軍　辻達也，朝尾直弘編　中央公論社　1991.9　370p　図版32p　21cm　2800円　Ⓘ4-12-403022-3　Ⓝ210.5
〔01862〕

近世一般　　　　　　　　　　　近世史

◇日本歴史シリーズ　第12巻　将軍と大名　遠藤元男等編　進士慶幹編　世界文化社　1967　27cm　Ⓝ210.1
〔01863〕

◇日本歴史物語　第4　鎖国の時代　和島誠一等編　河出書房新社　1962　204p　18cm　Ⓝ210.1
〔01864〕

◇まるわかり！徳川十五代　コーエー出版部企画・編　横浜　光栄　2006.11　111p　21cm　1333円　Ⓘ4-7758-0497-9
〔01865〕

◇もうひとつの徳川物語―将軍家霊廟の謎　浦井正明著　誠文堂新光社　1983.11　250p　20cm　1400円　Ⓘ4-416-88319-6　Ⓝ288.3
〔01866〕

◆◆徳川三代
◇葵徳川三代展　NHK,NHKプロモーション編　NHK　2000.4　274p　30cm　Ⓝ702.1
〔01867〕

◇家康・秀忠・家光徳川三代の戦略と戦術―幕府創成への百年闘争　外川淳著　成美堂出版　1999.11　254p　16cm　(成美文庫)505円　Ⓘ4-415-06867-7　Ⓝ210.52
〔01868〕

◇一冊でのみこむ家康・秀忠・家光徳川三代　小和田哲男監修　東京書籍　2000.3　238p　19cm　1500円　Ⓘ4-487-79516-8　Ⓝ288.3
〔01869〕

◇紀州徳川家と葵三代　和歌山市立博物館編　和歌山　和歌山市教育委員会　2000.7　88p　30cm　Ⓝ288.3
〔01870〕

◇麒麟、蹄を研ぐ―家康・秀忠・家光とその時代　高野澄著　日本放送出版協会　2000.1　275p　20cm　1500円　Ⓘ4-14-080493-9　Ⓝ210.52
〔01871〕

◇徹底図解徳川三代―覇業をなし遂げた三人の将軍　成美堂出版　1999.12　143p　26cm　(Seibido mook)1300円　Ⓘ4-415-09481-3　Ⓝ210.52
〔01872〕

◇徳川葵三代―平成12年NHK大河ドラマ総特集　新人物往来社　1999.10　207p　26cm　(別冊歴史読本 31号)1800円　Ⓘ4-404-02731-1　Ⓝ288.3
〔01873〕

◇徳川三代―家康・秀忠・家光　面白すぎる博学日本史　鈴木亨著　河出書房新社　2000.2　222p　15cm　(Kawade夢文庫)476円　Ⓘ4-309-49326-2　Ⓝ210.52
〔01874〕

◇徳川三代葵新聞―家康・秀忠・家光をスクープする！　葵新聞編集室編　アートダイジェスト　1999.10　157p　26cm　1700円　Ⓘ4-900455-44-X　Ⓝ210.52
〔01875〕

◇徳川三代家康・秀忠・家光　童門冬二他著　中央公論新社　1999.11　279p　16cm　(中公文庫)629円　Ⓘ4-12-203540-6　Ⓝ288.3
〔01876〕

◇徳川三代99の謎―家康・秀忠・家光　森本繁著　PHP研究所　1999.8　379p　15cm　(PHP文庫)629円　Ⓘ4-569-57300-2　Ⓝ210.52
〔01877〕

◇徳川三代・諜報戦　童門冬二著　日本放送出版協会　1999.11　266p　19cm　1500円　Ⓘ4-14-080461-0
〔01878〕

◇徳川三代天下人への賭け―完全データファイル　高野澄,百瀬明治編　アートダイジェスト　1999.11　209p　21cm　1700円　Ⓘ4-900455-45-8　Ⓝ210.52
〔01879〕

◇徳川三代と女房たち　中島道子著　立風書房　1999.10　252p　20cm　1600円　Ⓘ4-651-75118-0　Ⓝ288.3
〔01880〕

◇徳川三代と幕府成立　煎本増夫著　新人物往来社　2000.2　209p　22cm　2800円　Ⓘ4-404-02851-2　Ⓝ210.1
〔01881〕

◇徳川三代なるほど事典―時代を作り上げた男たちの人物像と秘められた事件秘話　尾崎秀樹監修　大衆文学研究会編　東京堂出版　1999.11　293p　19cm　1900円　Ⓘ4-490-10536-3　Ⓝ210.52
〔01882〕

◇徳川三代の情報戦略　童門冬二著　学陽書房　2005.10　293p　15cm　(人物文庫)720円　Ⓘ4-313-75204-8
〔01883〕

◇徳川三代のトラウマ　瀬戸環,中野元著　宝島社　2000.5　221p　18cm　(宝島社新書)700円　Ⓘ4-7966-1819-8
〔01884〕

◇早わかり「徳川三代」　鈴村進著　三笠書房　1999.5　286p　15cm　(知的生きかた文庫)533円　Ⓘ4-8379-7030-3　Ⓝ210.48
〔01885〕

◆◆徳川家康
◇アダムスと家康　内山舜著　磯部甲陽堂　1926　308p　20cm　Ⓝ210.5
〔01886〕

◇按針と家康―将軍に仕えたあるイギリス人の生涯　クラウス・モンク・プロム著　幡井勉日本語版監修　下宮忠雄訳　出帆新社　2006.2　269,7p　19cm　2500円　Ⓘ4-86103-036-6　Ⓝ289.3
〔01887〕

◇家康教訓録　清水橘村著　日高有倫堂　1911.10　29,129p　15cm　Ⓝ150
〔01888〕

◇家康公　中谷無涯著　増上寺文書科　1915　256p　23cm　Ⓝ289.1
〔01889〕

◇家康公御遺状百個条(久能山宝蔵入)并松平定信公国本論　谷口鑵編　桑名町(三重県)　商況社　1891.3　76p　19cm　Ⓝ210.5
〔01890〕

◇家康公と三河武士　八田辰雄著　2版　岡崎　本文書店　1936　58p　19cm　Ⓝ289.1
〔01891〕

◇家康公物語―英雄伝豪傑譚　中俣白綾編　大学館　1911.7　260p　19cm　Ⓝ289.1
〔01892〕

◇家康道を歩く―歴史道探索紀行　加藤浩著　名古屋　風媒社　2006.6　152p　21cm　1700円　Ⓘ4-8331-5157-X　Ⓝ291.55
〔01893〕

◇家康と女と合戦と　漆畑弥一著　静岡　静岡新聞社　1977.4　238p　17cm　(Shizushin books)600円　Ⓝ289.1
〔01894〕

◇家康と駿府城　小和田哲男ほか著　静岡　静岡新聞社　1983.4　293p　20cm　1300円　Ⓘ4-7838-1022-2　Ⓝ210.52
〔01895〕

◇家康と茶屋四郎次郎　小和田泰経著　静岡　静岡新聞社　2007.11　197p　18×11cm　(静新新書)933円　Ⓘ978-4-7838-0341-6
〔01896〕

◇家康と直弼　大久保湖州著　春陽堂　1901.11　455p　23cm　Ⓝ289.1
〔01897〕

◇家康の臣僚―武将篇　中村孝也著　国書刊行会　1988.2　646,13p　22cm　12000円　Ⓝ288.3
〔01898〕

◇家康の政治経済臣僚　中村孝也著　雄山閣出版　1978.6　248,11p　22cm　3000円　Ⓝ210.52
〔01899〕

◇偉人伝記文庫　第77号　徳川家康　中川重著　日本社　1935　80p　19cm　Ⓝ289.1
〔01900〕

◇逸史　中井竹山(積善)著　大阪　浅井吉兵衛等　1876.5　7冊(首,1-12巻合本)　26cm　Ⓝ289.1
〔01901〕

◇江戸検定手習帖「江戸」のいろは　家康編　萩原裕雄グループ編著　コアラブックス(発売)　2006.10　192p　19cm　1300円　Ⓘ4-86097-214-7
〔01902〕

◇NHK歴史への招待　第11巻　徳川家康　日本放送協会編集　日本放送出版協会　1989.1　238p　18cm　(新コンパクト・シリーズ 031)680円　Ⓘ4-14-018031-5
〔01903〕

◇岡崎市史　別巻　徳川家康と其周囲　上,中,下巻　岡崎　岡崎市　1934-1935　3冊　23cm　Ⓝ215.5
〔01904〕

48　日本近世史図書総覧 明治～平成　　　　　　　〔01863～01904〕

◇合戦徳川家康　八切止夫著　日本シェル出版　1983.3　254,255p　19cm　1380円　Ⓝ210.04　〔01905〕
◇逆説の日本史　12　近世暁光編　天下泰平と家康の謎　井沢元彦著　小学館　2005.5　347p　20cm　1600円　④4-09-379682-3　Ⓝ210.04　〔01906〕
◇近世日本国民史　第11巻　家康時代　徳富猪一郎著　近世日本国民史刊行会　1964　19cm　Ⓝ210.5　〔01907〕
◇近世日本国民史　第12巻　家康時代　徳富猪一郎著　近世日本国民史刊行会　1964　19cm　Ⓝ210.5　〔01908〕
◇近世日本国民史　第13巻　家康時代　徳富猪一郎著　近世日本国民史刊行会　1964　19cm　Ⓝ210.5　〔01909〕
◇近世日本国民史家康時代　上,中,下巻　徳富猪一郎著　民友社　1922-1923　3冊　19cm　Ⓝ210.4　〔01910〕
◇近世日本国民史徳川家康　1　家康時代―関原役　徳富蘇峰著,平泉澄校訂　講談社　1981.9　507p　15cm　（講談社学術文庫）880円　Ⓝ210.52　〔01911〕
◇近世日本国民史徳川家康　2　家康時代―大阪役　徳富蘇峰著,平泉澄校訂　講談社　1981.10　489p　15cm　（講談社学術文庫）880円　Ⓝ210.52　〔01912〕
◇近世日本国民史　徳川家康　3　徳富蘇峰著,平泉澄校訂　講談社　1982.1　540p　15cm　（講談社学術文庫）880円　④4-06-158573-8　Ⓝ210.52　〔01913〕
◇さむらいウィリアム―三浦按針の生きた時代　ジャイルズ・ミルトン著　築地誠子訳　原書房　2005.10　396p　19cm　2800円　④4-562-03864-0　〔01914〕
◇史疑　徳川家康　村岡素一郎著,榛葉英治訳編　雄山閣出版　1963　236p　19cm　Ⓝ289.1　〔01915〕
◇史疑徳川家康物語　榛葉英治著　雄山閣出版　1972　236p　19cm　880円　Ⓝ289.1　〔01916〕
◇史談家康の周囲　山岡荘八著　毎日新聞社　1982.3　246p　20cm　980円　Ⓝ289.1　〔01917〕
◇史談家の周囲―歴史随想集　山岡荘八著　光文社　1987.10　292pp　16cm　（光文社文庫　や12-10）420円　④4-334-70622-3　Ⓝ289.1　〔01918〕
◇新修徳川家康文書の研究　徳川義宣著　吉川弘文館（発売）　2006.11　878,75p　22cm　25000円　④4-642-00906-X　Ⓝ210.52　〔01919〕
◇新修徳川家康文書の研究　第2輯　徳川義宣著　吉川弘文館（発売）　2006.11　863,49p　22cm　25000円　④4-642-03418-8　Ⓝ210.52　〔01920〕
◇人物再検討叢書　第3　徳川家康　藤井満喜太著　白揚社　1938　286p　18cm　Ⓝ281　〔01921〕
◇人物・日本の歴史　第8　家康の天下〔ほか〕　北島正元編　読売新聞社　1965　19cm　Ⓝ210.1　〔01922〕
◇神霊の国　日本―禁断の日本史　井沢元彦著　ベストセラーズ　2004.9　254p　19cm　476円　④4-584-16549-1　〔01923〕
◇駿府の大御所徳川家康　小和田哲男著　静岡　静岡新聞社　2007.4　250p　18cm　（静新新書）1048円　①978-4-7838-0332-4　Ⓝ289.1　〔01924〕
◇狸爺家康　長田偶得著　成功雑誌社　1915　214p　18cm　Ⓝ210.5　〔01925〕
◇東照宮一代記　松井惟利編　橋爪貫一訂　松井惟利〔ほか〕　1881.3　45丁　18cm　Ⓝ210.5　〔01926〕
◇東照宮御一代記　沼崎重孝著　沼崎重孝　1895.4　56p　19cm　Ⓝ289.1　〔01927〕
◇東照宮御実紀附録　第1　徳川家康　堀田璋左右,川上多助共編　国史研究会　1915　275p　19cm　（日本偉人言行資料）Ⓝ289.1　〔01928〕
◇東照宮実記仰晃雑誌　初編　1-9号　細倉蕉露,白石借翠編　平山省斎閲　仰晃社　1883　1冊（合本）　23cm　Ⓝ289.1　〔01929〕
◇徳川家康　本城正琢著　公愛社　1897.3　191p　20cm　Ⓝ289.1　〔01930〕
◇徳川家康　山路愛山著　再版　独立評論社　1915　725p　22cm　Ⓝ289.1　〔01931〕
◇徳川家康　南条範夫著　河出書房　1960　302p　19cm　（現代人の日本史　第15）Ⓝ210.52　〔01932〕
◇徳川家康―組織者の肖像　北島正元著　中央公論社　1963　234p　18cm　（中公新書）Ⓝ210.52　〔01933〕
◇徳川家康―歴史対談　山岡荘八,桑田忠親著　講談社　1972　245p　20cm　560円　Ⓝ210.52　〔01934〕
◇徳川家康―歴史対談　山岡荘八,桑田忠親著　講談社　1979.3　233p　15cm　（講談社文庫）280円　Ⓝ289.1　〔01935〕
◇徳川家康　八切止夫著　日本シェル出版　1983.7　309p　19cm　1180円　Ⓝ210.04　〔01936〕
◇徳川家康―乱世から太平の世へ　酒寄雅志監修　小西聖一著　理論社　2004.3　112p　25cm　（NHKにんげん日本史）1800円　④4-652-01469-4　〔01937〕
◇徳川家康　谷口克広監修　ポプラ社　2004.4　79p　27cm　（徹底大研究日本の歴史人物シリーズ　12）2850円　④4-591-07997-X　Ⓝ289.1　〔01938〕
◇徳川家康―天下人秀吉を圧倒した大戦略　改訂新版　世界文化社　2006.12　152p　26cm　（Bigmanスペシャル）1400円　④4-418-06149-5　Ⓝ289.1　〔01939〕
◇徳川家康　上巻　塚越芳太郎（停春）著　服部書店　1909.11　294p　22cm　Ⓝ289.1　〔01940〕
◇徳川家康　上,下　山路愛山著　改造社　1941　2冊　16cm　（改造文庫　第2部　第486-487）Ⓝ289.1　〔01941〕
◇徳川家康　上　山路愛山著　岩波書店　1988.1　355p　15cm　（岩波文庫）500円　④4-00-331203-1　Ⓝ210.52　〔01942〕
◇徳川家康　下　山路愛山著　岩波書店　1988.4　364p　15cm　（岩波文庫）550円　④4-00-331204-X　Ⓝ210.52　〔01943〕
◇徳川家康おもしろ事典　小山田和夫著　紀行社　1990.3　266p　19cm　（歴史おもしろシリーズ）1350円　④4-404-01706-5　Ⓝ289.1　〔01944〕
◇徳川家康おもしろものしり雑学事典　樋口清之編　講談社　1982.11　335p　18cm　680円　④4-06-200214-0　Ⓝ210.52　〔01945〕
◇徳川家康言行録　百目木剣虹著　東亜堂書房　1915　164p　18cm　（修養史伝　第4編）Ⓝ289.1　〔01946〕
◇徳川家康公　吐香散人著　日吉堂　1899.5　251p　22cm　Ⓝ289.1　〔01947〕
◇徳川家康公・十六神将図―滝山寺所蔵　昭和礼文社　1983　1軸　58cm　30000円　Ⓝ721　〔01948〕
◇徳川家康事典　藤野保,村上直,所理喜夫,新行紀一,小和田哲男編　コンパクト版　新人物往来社　2007.8　352p　20cm　4800円　①978-4-404-03479-3　Ⓝ289.1　〔01949〕
◇徳川家康と其周囲―岡崎市史別巻　柴田顕正著,岡崎市編纂　国書刊行会　1987.12　3冊　22cm　Ⓝ289.1　〔01950〕
◇徳川家康の研究―歴史に学ぶリーダーの条件　堺屋太一ほか著　プレジデント社　1984.12　230p　18cm　（イルカの本）720円　④4-8334-4021-0　Ⓝ289.1　〔01951〕
◇徳川家康のすべて　北島正元編　新人物往来社　1983.10　324p　20cm　2300円　Ⓝ289.1　〔01952〕
◇徳川家康の生母於大の歴史と遺跡めぐり　村瀬正章著

近世一般　　　　　　近世史

名古屋　中日出版社　2007.9　257p　19cm　1500円　①978-4-88519-298-2　Ⓝ289.1　〔01953〕

◇徳川家康のブレーンたち　童門冬二著　三笠書房　1986.7　273p　19cm　1100円　①4-8379-1302-4　Ⓝ210.049　〔01954〕

◇徳川家康必勝言行録　原麻紀夫著　改訂新版　青年書館　1983.11　223p　19cm　1000円　①4-7918-0068-0　Ⓝ159.8　〔01955〕

◇徳川家康文書の研究　上巻　中村孝也著　日本学術振興会　1958　782p　22cm　Ⓝ210.52　〔01956〕

◇徳川家康文書の研究　上巻　中村孝也著　日本学術振興会　1967　786p　22cm　Ⓝ210.52　〔01957〕

◇徳川家康文書の研究　中巻　中村孝也著　日本学術振興会　1959　832p　22cm　Ⓝ210.52　〔01958〕

◇徳川家康文書の研究　下巻之1　中村孝也著　日本学術振興会　1960　902p　22cm　Ⓝ210.52　〔01959〕

◇徳川家康文書の研究　下巻之2　中村孝也著　日本学術振興会　1961　410,136p　22cm　Ⓝ210.52　〔01960〕

◇徳川家康文書の研究—拾遺集　中村孝也著　日本学術振興会　丸善（発売）　1971　255p　22cm　2500円　Ⓝ210.52　〔01961〕

◇徳川家康文書の研究　上巻　中村孝也著　新訂版　日本学術振興会　1980.3　922p　22cm　9400円　Ⓝ210.52　〔01962〕

◇徳川家康文書の研究　中巻　中村孝也著　新訂版　日本学術振興会　1980.3　937p　22cm　10200円　Ⓝ210.52　〔01963〕

◇徳川家康文書の研究　下巻之1　中村孝也著　新訂版　日本学術振興会　1980.3　1002p　22cm　10800円　Ⓝ210.52　〔01964〕

◇徳川家康文書の研究　下巻之2　中村孝也著　新訂版　日本学術振興会　1982.3　310,139p　22cm　11300円　Ⓝ210.52　〔01965〕

◇徳川家康は二度死ぬ　赤司典弘著　ぶんか社　2007.2　207p　15cm　（ぶんか社文庫）600円　①978-4-8211-5089-2　Ⓝ289.1　〔01966〕

◇徳川実紀　第1篇　黒板勝美編輯　新訂増補　吉川弘文館　1990.10　762p　23cm　（国史大系）7767円　①4-642-00041-0　Ⓝ210.5　〔01967〕

◇徳川実紀　第1篇　黒板勝美編　新装版　吉川弘文館　1998.9　762p　23cm　（国史大系 新訂増補 第38巻）10000円　①4-642-00341-X　Ⓝ210.5　〔01968〕

◇日本史の人物像　第5　徳川家康　岡本良一編・解説　筑摩書房　1967　275p　20cm　Ⓝ281.08　〔01969〕

◇日本の合戦　第7　徳川家康〔ほか〕　桑田忠親編　中村吉治　人物往来社　1965　390p　20cm　Ⓝ210.1　〔01970〕

◇日本の歴史　13　江戸開府　辻達也著　改版　中央公論新社　2005.8　565p　15cm　（中公文庫）1238円　①4-12-204574-6　〔01971〕

◇烈祖成績　安積澹泊（覚）著　徳川昭武　1878.12　10冊（20巻合本）　24cm　Ⓝ289.1　〔01972〕

◆◆徳川秀忠

◇徳川実紀　第2篇　黒板勝美編輯　新訂増補　吉川弘文館　1990.11　702p　23cm　（国史大系）7767円　①4-642-00042-9　Ⓝ210.5　〔01973〕

◇徳川実紀　第2篇　黒板勝美編輯　新装版　吉川弘文館　1998.10　702p　23cm　（国史大系 新訂増補 第39巻）10000円　①4-642-00342-8　Ⓝ210.5　〔01974〕

◇徳川秀忠—三百年の礎を築いた男　百瀬明治著　経営書院　1995.10　283p　19cm　1500円　①4-87913-557-7　〔01975〕

◇徳川秀忠—「凡庸な二代目」の功績　小和田哲男著　PHP研究所　1999.12　198p　18cm　（PHP新書）657円　①4-569-60859-0　〔01976〕

◆◆徳川家光

◇家光と二人の弟—三代将軍徳川家光、駿河大納言忠長、保科正之　森谷尅暉著　高文堂出版社　2001.9　264p　19cm　1905円　①4-7707-0671-5　〔01977〕

◇国史大系　第40巻　徳川実紀　第3篇　黒板勝美, 国史大系編修会編輯　新訂増補　吉川弘文館　1976　752p　23cm　6000円　Ⓝ210.08　〔01978〕

◇新訂増補 国史大系　第39巻　徳川実紀　黒板勝美, 国史大系編修会編　完成記念版　吉川弘文館　1964　702p　23cm　Ⓝ210.08　〔01979〕

◇徳川家光　芳賀八弥著　民友社　1897.5　315p　20cm　Ⓝ289.1　〔01980〕

◇徳川家光　藤井譲治著　日本歴史学会編　新装版　吉川弘文館　1997.7　242p　19cm　（人物叢書）1800円　①4-642-05206-2　〔01981〕

◇徳川実紀　第3篇　黒板勝美編輯　吉川弘文館　1990.12　752p　23cm　（国史大系 新訂増補）7767円　①4-642-00043-7　Ⓝ210.5　〔01982〕

◇徳川実紀　第3篇　黒板勝美編輯　新装版　吉川弘文館　1998.11　752p　23cm　（国史大系 新訂増補 第40巻）10000円　①4-642-00343-6　Ⓝ210.5　〔01983〕

◆◆徳川家綱

◇国史大系　第41巻　徳川実紀　第4篇　黒板勝美, 国史大系編修会編輯　新訂増補　吉川弘文館　1976　632p　27cm　4800円　Ⓝ210.08　〔01984〕

◇国史大系　第42巻　徳川実紀　第5篇　黒板勝美, 国史大系編修会編輯　新訂増補　吉川弘文館　1976　622p　23cm　4800円　Ⓝ210.08　〔01985〕

◇将軍家綱・綱吉と宮廷の美—元禄の世へ　群馬県立歴史博物館, 霞会館資料展示委員会編　霞会館　2000.2　179p　28cm　Ⓝ702.15　〔01986〕

◇新訂増補 国史大系　第40巻　徳川実紀　黒板勝美, 国史大系編修会編　完成記念版　吉川弘文館　1964　752p　23cm　Ⓝ210.08　〔01987〕

◇新訂増補 国史大系　第41巻　徳川実紀　黒板勝美, 国史大系編修会編　完成記念版　吉川弘文館　1965　632p　28cm　Ⓝ210.08　〔01988〕

◇徳川実紀　第4篇　黒板勝美編　新訂増補版　吉川弘文館　1991.1　632p　21cm　（国史大系）7000円　①4-642-00044-5　〔01989〕

◇徳川実紀　第4篇　黒板勝美編　新装版　吉川弘文館　1998.12　632p　23cm　（国史大系 新訂増補 第41巻）8600円　①4-642-00344-4　Ⓝ210.5　〔01990〕

◇徳川実紀　第5篇　黒板勝美編輯, 国史大系編修会編輯　新訂増補〔版〕　吉川弘文館　1981.12　622p　23cm　（国史大系）5300円　Ⓝ210.5　〔01991〕

◇徳川実紀　第5篇　黒板勝美編輯　新装版　吉川弘文館　1999.1　622p　23cm　（国史大系 新訂増補 第42巻）8600円　①4-642-00345-2　Ⓝ210.5　〔01992〕

◆◆徳川綱吉

◇ケンペルと徳川綱吉—ドイツ人医師と将軍との交流　B. M. ボダルト＝ベイリー著　中直一訳　中央公論社　1994.1　255p　18cm　（中公新書）720円

◇元禄快事義士の研究　第1,2巻　春峰高山喜内著　義士の研究刊行会　1922　2冊　19cm　Ⓝ210.5　〔01994〕

◇黄門さまと犬公方　山室恭子著　文藝春秋　1998.10　254p　18cm　（文春新書）710円　Ⓘ4-16-660010-9　Ⓝ210.52　〔01995〕

◇国史大系　第43巻　徳川実紀　第6篇　黒板勝美, 国史大系編修会編輯　新訂増補　吉川弘文館　1976　752p　23cm　6000円　Ⓝ210.08　〔01996〕

◇週刊ビジュアル日本の歴史　no.29　幕藩体制の確立　9　デアゴスティーニ・ジャパン　2000.9　p338-377　30cm　533円　Ⓝ210.1　〔01997〕

◇生類憐みの世界　根崎光男著　同成社　2006.4　241p　20cm　（同成社江戸時代史叢書 23）2500円　Ⓘ4-88621-352-9　Ⓝ210.52　〔01998〕

◇生類憐みの令―道徳と政治　板倉聖宣著　仮説社　1992.8　173p　19cm　（社会の科学入門シリーズ）1650円　Ⓘ4-7735-0102-2　Ⓝ210.52　〔01999〕

◇新訂増補 国史大系　第42巻　徳川実記　黒板勝美, 国史大系編修会編　完成記念版　吉川弘文館　1965　622p　23cm　Ⓝ210.08　〔02000〕

◇新訂増補 国史大系　第43巻　徳川実紀　黒板勝美, 国史大系編修会編　完成記念版　吉川弘文館　1965　752p　23cm　Ⓝ210.08　〔02001〕

◇徳川実紀　第6篇　黒板勝美編, 国史大系編修会編輯　新訂増補〔版〕　吉川弘文館　1981.12　752p　23cm　（国史大系）6600円　Ⓝ210.5　〔02002〕

◇徳川実紀　第6篇　黒板勝美編　新訂増補版　吉川弘文館　1991.3　752p　21cm　（国史大系）8000円　Ⓘ4-642-00046-1　〔02003〕

◇徳川実紀　第6篇　黒板勝美編　新装版　吉川弘文館　1999.2　752p　23cm　（国史大系 新訂増補 第43巻）10000円　Ⓘ4-642-00346-0　Ⓝ210.5　〔02004〕

◇徳川綱吉と元禄時代　桑田忠親著　秋田書店　1975　261p　20cm　1300円　Ⓝ210.54　〔02005〕

◇内閣文庫所蔵史籍叢刊　17　常憲院贈大相国公実紀　30巻附1巻　柳沢吉保著　汲古書院　1982.5　537p　27cm　8500円　Ⓝ210.088　〔02006〕

◆◆徳川家宣

◇国史大系　第44巻　徳川実紀　第7篇　黒板勝美, 国史大系編修会編輯　新訂増補　吉川弘文館　1976　470p　23cm　3600円　Ⓝ210.08　〔02007〕

◇正徳の治―徳川家宣の生涯　森谷亘暉著　高文堂出版社　2006.6　244p　19cm　1886円　Ⓘ4-7707-0756-8　〔02008〕

◇新訂増補 国史大系　第44巻　徳川実紀　黒板勝美, 国史大系編修会編　完成記念版　吉川弘文館　1965　470p　23cm　Ⓝ210.08　〔02009〕

◇徳川実紀　第7篇　黒板勝美編　新装版　吉川弘文館　1999.3　470p　23cm　（国史大系 新訂増補 第44巻）6500円　Ⓘ4-642-00347-9　〔02010〕

◆◆徳川家継

◇国史大系　第44巻　徳川実紀　第7篇　黒板勝美, 国史大系編修会編輯　新訂増補　吉川弘文館　1976　470p　23cm　3600円　Ⓝ210.08　〔02011〕

◇新訂増補 国史大系　第44巻　徳川実紀　黒板勝美, 国史大系編修会編　完成記念版　吉川弘文館　1965　470p　23cm　Ⓝ210.08　〔02012〕

◇徳川実紀　第7篇　黒板勝美編　新装版　吉川弘文館　1999.3　470p　23cm　（国史大系 新訂増補 第44巻）6500円　Ⓘ4-642-00347-9　Ⓝ210.5　〔02013〕

◆◆徳川吉宗

◇一冊まるごと八代将軍吉宗の本　竹内睦泰著　ロングセラーズ　1995.6　217p　18cm　（ムックの本）850円　Ⓘ4-8454-0471-0　Ⓝ289.1　〔02014〕

◇江戸検定手習帖「江戸」のいろは　吉宗編　萩原裕雄グループ編著　コアラブックス（発売）　2006.9　204p　19cm　1300円　Ⓘ4-86097-212-0　〔02015〕

◇改革将軍 徳川吉宗　緒形隆司著　光風社出版　1994.12　235p　18cm　800円　Ⓘ4-87519-613-X　〔02016〕

◇近世日本国民史　徳川吉宗　徳富蘇峰著, 平泉澄校訂　講談社　1982.10　458p　15cm　（講談社学術文庫）920円　Ⓘ4-06-158579-7　Ⓝ210.55　〔02017〕

◇近世日本国民史吉宗時代　徳富猪一郎著　民友社　1926　512,58,8p　19cm　Ⓝ210.5　〔02018〕

◇国史大系　第45巻　徳川実紀　第8篇　黒板勝美, 国史大系編修会編輯　新訂増補　吉川弘文館　1976　864p　23cm　6000円　Ⓝ210.08　〔02019〕

◇国史大系　第46巻　徳川実紀　第9編　黒板勝美, 国史大系編修会編輯　新訂増補　吉川弘文館　1976　771p　23cm　6000円　Ⓝ210.08　〔02020〕

◇再現日本史―週刊time travel　江戸22　講談社　2003.1　42p　30cm　533円　Ⓝ210.1　〔02021〕

◇週刊ビジュアル日本の歴史　no.33　江戸の行革　3　デアゴスティーニ・ジャパン　2000.10　p86-125　30cm　533円　Ⓝ210.1　〔02022〕

◇将軍吉宗と宮廷「雅」―象がゆく　埼玉県立博物館, 霞会館資料展示委員会編　霞会館　2000.10　195p　28cm　Ⓝ210.55　〔02023〕

◇将軍吉宗とその時代展　サントリー美術館ほか編　NHK　1995　131p　28cm　Ⓝ210.55　〔02024〕

◇将軍・吉宗に学ぶ危機のリーダー論―半歩先が読めない時代に生かす"長耳の発想法"　八尋舜右著　ごま書房　1995.5　190p　18cm　（ゴマブックス）800円　Ⓘ4-341-01663-6　Ⓝ336.4　〔02025〕

◇新説 徳川吉宗伝　榛葉英治著　ベストセラーズ　1994.11　302p　20×14cm　1600円　Ⓘ4-584-18411-9　〔02026〕

◇新訂増補 国史大系　第45巻　徳川実紀　黒板勝美, 国史大系編修会編　完成記念版　吉川弘文館　1965　864p　23cm　Ⓝ210.08　〔02027〕

◇新訂増補 国史大系　第46巻　徳川実紀　黒板勝美, 国史大系編修会編　完成記念版　吉川弘文館　1966　772p　23cm　Ⓝ210.08　〔02028〕

◇誰も知らなかった徳川吉宗　後藤寿一著　勁文社　1995.1　209p　18cm　（ケイブンシャブックス）850円　Ⓘ4-7669-2146-1　〔02029〕

◇徳川実紀　第8篇　黒板勝美編　新訂増補版　吉川弘文館　1991.5　864p　21cm　（国史大系）9000円　Ⓘ4-642-00048-8　〔02030〕

◇徳川実紀　第8篇　黒板勝美編　新装版　吉川弘文館　1999.4　864p　23cm　（国史大系 新訂増補 第45巻）10800円　Ⓘ4-642-00348-7　Ⓝ210.5　〔02031〕

◇徳川実紀　第9篇　黒板勝美編輯, 国史大系編修会編輯　新訂増補〔版〕　吉川弘文館　1982.2　771p　23cm　（国史大系）6600円　Ⓝ210.5　〔02032〕

◇徳川実紀　第9篇　黒板勝美編　新訂増補版　吉川弘文館　1991.6　771p　21cm　（国史大系）8000円　Ⓘ4-642-00049-6　〔02033〕

◇徳川実紀　第9篇　黒板勝美編　新装版　吉川弘文館　1999.5　771p　23cm　（国史大系 新訂増補 第46巻）10000円　Ⓘ4-642-00349-5　Ⓝ210.5　〔02034〕

◇徳川中興明君言行録　大平三次著　大阪　赤志忠雅堂　1886.10　61p　19cm　Ⓝ289.1　〔02035〕

◇徳川吉宗と朝鮮通信使　片野次雄著　誠文堂新光社　2003.5　274p　19cm（Ondemand collection）2900円　Ⓘ4-416-90322-7　Ⓝ210.55　〔02036〕

◇徳川吉宗　辻達也著　吉川弘文館　1958　229p　18cm（人物叢書日本歴史学会編）Ⓝ289.1　〔02037〕

◇徳川吉宗―物語と史蹟をたずねて　井口朝生著　成美堂出版　1983.6　205p　19cm　900円　Ⓝ289.1　〔02038〕

◇徳川吉宗―物語と史蹟をたずねて　井口朝生著　成美堂出版　1994.10　273p　16cm（成美文庫）560円　Ⓘ4-415-06409-4　Ⓝ289.1　〔02039〕

◇徳川吉宗　徳永真一郎著　毎日新聞社　1994.11　327p　19cm　1500円　Ⓘ4-620-10515-5　〔02040〕

◇徳川吉宗―「天下一」の将軍　斎藤晴輝著　講談社　1994.12　189p　18cm（講談社―火の鳥伝記文庫93）540円　Ⓘ4-06-147593-2　〔02041〕

◇徳川吉宗―享保の改革とその時代　NHK大河ドラマ「八代将軍吉宗」の歴史・文化ガイド　日本放送出版協会　1994.12　158p　24cm（NHKシリーズ）1300円　Ⓝ210.55　〔02042〕

◇徳川吉宗―八代米将軍の豪胆と治政　学習研究社　1995.1　177p　26cm（歴史群像シリーズ 41）1200円　Ⓝ289.1　〔02043〕

◇徳川吉宗―時代に活を入れた手腕と業績　百瀬明治著　角川書店　1995.2　222p　19cm（角川選書 260）1200円　Ⓘ4-04-703260-3　〔02044〕

◇徳川吉宗　笠谷和比古著　筑摩書房　1995.9　254p　18cm（ちくま新書）680円　Ⓘ4-480-05644-0　Ⓝ210.55　〔02045〕

◇徳川吉宗と江戸の改革　大石慎三郎著　講談社　1995.9　291p　15cm（講談社学術文庫）840円　Ⓘ4-06-159194-0　Ⓝ210.55　〔02046〕

◇徳川吉宗と大岡越前守　歴史と文学の会編　勉誠社　1994.10　252p　21cm　1600円　Ⓘ4-585-05010-8　〔02047〕

◇徳川吉宗と康熙帝―鎖国下での日中交流　大庭脩著　大修館書店　1999.12　296p　19cm（あじあブックス 19）1900円　Ⓘ4-469-23159-2　Ⓝ210.55　〔02048〕

◇徳川吉宗とその時代―江戸転換期の群像　大石慎三郎著　9版　中央公論社　1995.4　282p　15cm（中公文庫）580円　Ⓘ4-12-201598-7　〔02049〕

◇徳川吉宗とその時代―NHK文化セミナー・歴史に学ぶ　辻達也著　日本放送出版協会　1995.10　221p　21cm（NHKシリーズ）850円　Ⓝ210.55　〔02050〕

◇徳川吉宗と朝鮮通信使―知られざる交流　片野次雄著　改訂　誠文堂新光社　1996.7　275p　20cm　1800円　Ⓘ4-416-99601-2　Ⓝ210.55　〔02051〕

◇徳川吉宗の紀州政事草　徳川吉宗著　松田文夫編　和歌山　〔松田文夫〕　2005.6　5,166,44p　23cm　2600円　Ⓝ216.6　〔02052〕

◇徳川吉宗のすべて　安藤精一,浦井正明,大石慎三郎,大石学,加来耕三ほか著　新人物往来社　1995.2　252p　19cm　2800円　Ⓘ4-404-02187-9　〔02053〕

◇徳川吉宗の謎　高野澄著　毎日新聞社　1994.10　215p　19cm　1300円　Ⓘ4-620-31017-4　〔02054〕

◇徳川吉宗ものしり百科―決定版　新人物往来社　1995.3　416p　21cm（別冊歴史読本特別増刊）1800円　Ⓝ289.1　〔02055〕

◇八代将軍吉宗を5倍楽しむ法　江戸研究野次馬サークル編　ポケットブック社　1995.4　222p　19cm（Pocket book）1000円　Ⓘ4-341-14087-6　Ⓝ210.55　〔02056〕

◇八代将軍吉宗公紀州より被召連候御供衆姓名調　結城進編　和歌山　〔結城進〕　1995.10　9,409p　22cm　Ⓝ210.55　〔02057〕

◇批評日本史―政治的人間の系譜　5　徳川吉宗　奈良本辰也,芳賀徹,楢林忠男著　思索社　1973　298p　20cm　980円　Ⓝ281.08　〔02058〕

◇吉宗の謎88―八代「米」将軍の虚と実と噂の真相　三谷茉沙夫著　学習研究社　1994.12　240p　18cm（歴史群像新書）780円　Ⓘ4-05-400408-3　Ⓝ289.1　〔02059〕

◇吉宗も暮らした紀伊家上屋敷―徳川御三家江戸屋敷発掘物語　平成18年度特別展（千代田・新宿・文京三区共同企画）　千代田区教育委員会,千代田区立四番町歴史民俗資料館編　千代田区教育委員会　2006.10　43p　30cm　Ⓝ213.61　〔02060〕

◆◆徳川家重

◇国史大系　第46巻　徳川実紀　第9編　黒板勝美,国史大系編修会編輯　新訂増補　吉川弘文館　1976　771p　23cm　6000円　Ⓝ210.08　〔02061〕

◇新訂増補 国史大系　第45巻　徳川実紀　黒板勝美,国史大系編修会編　完成記念版　吉川弘文館　1965　864p　23cm　Ⓝ210.08　〔02062〕

◇新訂増補 国史大系　第46巻　徳川実紀　黒板勝美,国史大系編修会編　完成記念版　吉川弘文館　1966　772p　23cm　Ⓝ210.08　〔02063〕

◇徳川実紀　第9篇　黒板勝美編輯,国史大系編修会編輯　新訂増補〔版〕　吉川弘文館　1982.2　771p　23cm（国史大系）6600円　Ⓝ210.5　〔02064〕

◇徳川実紀　第9篇　黒板勝美編　新訂増補版　吉川弘文館　1991.6　771p　21cm（国史大系）8000円　Ⓘ4-642-00049-6　〔02065〕

◇徳川実紀　第9篇　黒板勝美編　新装版　吉川弘文館　1999.5　771p　23cm（国史大系 新訂増補 第46巻）10000円　Ⓘ4-642-00349-5　Ⓝ210.5　〔02066〕

◆◆徳川家治

◇国史大系　第47巻　徳川実紀　第10編　黒板勝美,国史大系編修会編輯　新訂増補　吉川弘文館　1976　844p　23cm　7200円　Ⓝ210.08　〔02067〕

◇新訂増補 国史大系　第47巻　徳川実紀　黒板勝美,国史大系編修会編　完成記念版　吉川弘文館　1966　844,7p　23cm　Ⓝ210.08　〔02068〕

◇徳川実紀　第10篇　黒板勝美編輯,国史大系編修会編輯　新訂増補〔版〕　吉川弘文館　1982.2　844p　23cm（国史大系）7900円　Ⓝ210.5　〔02069〕

◇徳川実紀　第10篇　黒板勝美編　新訂増補版　吉川弘文館　1991.7　844,7p　21cm（国史大系）9000円　Ⓘ4-642-00050-X　〔02070〕

◇徳川実紀　第10篇　黒板勝美編輯　新装版　吉川弘文館　1999.6　844,7p　23cm（国史大系 新訂増補 第47巻）10800円　Ⓘ4-642-00350-9　Ⓝ210.5　〔02071〕

◆◆徳川家斉

◇新訂増補 国史大系　第48巻　続徳川実紀　黒板勝美,国史大系編修会編　完成記念版　吉川弘文館　1966　798p　23cm　Ⓝ210.08　〔02072〕

◇新訂増補 国史大系　第49巻　続徳川実紀　黒板勝美,国史大系編修会編　完成記念版　吉川弘文館　1966　716p

23cm　Ⓝ210.08　　　　　　〔02073〕
◇続徳川実紀　第1篇　黒板勝美編輯, 国史大系編修会編輯　新訂増補〔版〕　吉川弘文館　1982.3　798p　23cm　（国史大系）7900円　Ⓝ210.5　〔02074〕
◇続徳川実紀　第1篇　黒板勝美編輯　新装版　吉川弘文館　1999.7　798p　23cm　（国史大系 新訂増補 第48巻）10000円　Ⓘ4-642-00351-7　Ⓝ210.5　〔02075〕
◇続徳川実紀　第2篇　黒板勝美編輯, 国史大系編修会編輯　新訂増補〔版〕　吉川弘文館　1982.3　716p　23cm　（国史大系）6600円　Ⓝ210.5　〔02076〕
◇続徳川実紀　第2篇　黒板勝美編輯　新装版　吉川弘文館　1999.8　716p　23cm　（国史大系 新訂増補 第49巻）10000円　Ⓘ4-642-00352-5　Ⓝ210.5　〔02077〕

◆◆徳川家慶
◇新訂増補 国史大系　第49巻　続徳川実紀　黒板勝美, 国史大系編修会編　完成記念版　吉川弘文館　1966　716p　23cm　Ⓝ210.08　〔02078〕
◇続徳川実紀　第2篇　黒板勝美編輯, 国史大系編修会編輯　新訂増補〔版〕　吉川弘文館　1982.3　716p　23cm　（国史大系）6600円　Ⓝ210.5　〔02079〕
◇続徳川実紀　第2篇　黒板勝美編輯　新装版　吉川弘文館　1999.8　716p　23cm　（国史大系 新訂増補 第49巻）10000円　Ⓘ4-642-00352-5　Ⓝ210.5　〔02080〕
◇篤姫の生涯　宮尾登美子著　日本放送出版協会　2007.11　219p　19cm　1300円　Ⓘ978-4-14-005534-2　〔02081〕
◇新訂増補 国史大系　第50巻　続徳川実紀　黒板勝美, 国史大系編修会編　完成記念版　吉川弘文館　1966　852p　24cm　Ⓝ210.08　〔02082〕
◇続徳川実紀　第3篇　黒板勝美編輯　新装版　吉川弘文館　1999.9　852p　23cm　（国史大系 新訂増補 第50巻）10800円　Ⓘ4-642-00353-3　Ⓝ210.5　〔02083〕

◆◆徳川家茂
◇新訂増補 国史大系　第50巻　続徳川実紀　黒板勝美, 国史大系編修会編　完成記念版　吉川弘文館　1966　852p　24cm　Ⓝ210.08　〔02084〕
◇新訂増補 国史大系　第51巻　続徳川実紀　黒板勝美, 国史大系編修会編　完成記念版　吉川弘文館　1967　988p　28cm　Ⓝ210.08　〔02085〕
◇続徳川実紀　第3篇　黒板勝美編輯　新装版　吉川弘文館　1999.9　852p　23cm　（国史大系 新訂増補 第50巻）10800円　Ⓘ4-642-00353-3　Ⓝ210.5　〔02086〕
◇続徳川実紀　第4篇　黒板勝美編　新訂増補版　吉川弘文館　1991.11　988p　21cm　（国史大系）10000円　Ⓘ4-642-00054-2　〔02087〕
◇続徳川実紀　第4篇　黒板勝美編輯　新装版　吉川弘文館　1999.10　988p　23cm　（国史大系 新訂増補 第51巻）11800円　Ⓘ4-642-00354-1　Ⓝ210.5　〔02088〕
◇徳川家茂とその時代—若き将軍の生涯　徳川恒孝監修　徳川記念財団編　徳川記念財団　2007.1　83p　30cm　Ⓝ210.58　〔02089〕

◆◆徳川慶喜
◇NHK大河ドラマ徳川慶喜を五倍楽しむ本—幕末オモシロ裏話　江戸研究野次馬サークル編　ごま書房　1997.7　183p　21cm　1200円　Ⓘ4-341-13031-5　Ⓝ210.58　〔02090〕
◇孤高の将軍 徳川慶喜—水戸の子・有栖川宮の孫に生まれて　桐野作人著　集英社　1998.2　253p　19cm　1600円　Ⓘ4-08-781157-3　〔02091〕
◇最後の公方 徳川慶喜—魔人と恐れられた十五代将軍の生涯　佐野正時著　光人社　1998.1　267p　19cm　1900円　Ⓘ4-7698-0842-9　〔02092〕
◇最後の将軍徳川慶喜　田中惣五郎著　千倉書房　1939　317p　19cm　Ⓝ289.1　〔02093〕
◇最後の将軍徳川慶喜　林左馬衛著　河出書房新社　1997.8　259p　15cm　（河出文庫）580円　Ⓘ4-309-47335-0　Ⓝ210.58　〔02094〕
◇最後の将軍徳川慶喜　田中惣五郎著　中央公論社　1997.12　317p　16cm　（中公文庫）648円　Ⓘ4-12-203015-3　Ⓝ210.58　〔02095〕
◇最後の将軍徳川慶喜とその時代がわかる本　永岡慶之助著　三笠書房　1997.8　248p　15cm　（知的生きかた文庫）495円　Ⓘ4-8379-0901-9　Ⓝ210.58　〔02096〕
◇最後の将軍徳川慶喜の無念—大統領になろうとした男の誤算　星亮一, 遠藤由紀子著　光人社　2007.2　289p　20cm　2000円　Ⓘ978-4-7698-1338-5　Ⓝ289.1　〔02097〕
◇最後の大君徳川慶喜とその時代　加来耕三著　立風書房　1997.9　269p　20cm　1600円　Ⓘ4-651-75109-1　Ⓝ210.58　〔02098〕
◇十五代将軍・慶喜—先が見えすぎた男　綱淵謙錠著　PHP研究所　1997.6　253p　17cm　857円　Ⓘ4-569-55684-1　〔02099〕
◇宿命の将軍徳川慶喜　藤井貞文著　吉川弘文館　1983.6　302p　20cm　2700円　Ⓝ210.58　〔02100〕
◇将軍 徳川慶喜—「最後の将軍」の政略と実像　星亮一著　廣済堂出版　1997.9　262p　18cm　（廣済堂ブックス）857円　Ⓘ4-331-00777-4　〔02101〕
◇私論 徳川慶喜—モラトリアム人間からの視点　磯野五郎著　近代文芸社　1998.10　101p　19cm　1300円　Ⓘ4-7733-6523-4　〔02102〕
◇新訂増補 国史大系　第52巻　続徳川実紀　黒板勝美, 国史大系編修会編　完成記念版　吉川弘文館　1967　438p　24cm　Ⓝ210.08　〔02103〕
◇図説徳川慶喜　河出書房新社編集部編　河出書房新社　1997.12　112p　22cm　1500円　Ⓘ4-309-72572-4　Ⓝ210.58　〔02104〕
◇前将軍としての慶喜卿　市村残月著　春江堂書店　1913　1冊　23cm　Ⓝ289.1　〔02105〕
◇続徳川実紀　第5篇　黒板勝美編輯　新訂増補版　吉川弘文館　1991.12　438,6p　21cm　（国史大系）6000円　Ⓘ4-642-00055-0　〔02106〕
◇続徳川実紀　第5篇　黒板勝美編輯　新装版　吉川弘文館　1999.11　438,6p　23cm　（国史大系 新訂増補 第52巻）6500円　Ⓘ4-642-00355-X　Ⓝ210.5　〔02107〕
◇その後の慶喜—大正まで生きた将軍　家近良樹　講談社　2005.1　214p　19cm　（講談社選書メチエ 320）1500円　Ⓘ4-06-258320-8　Ⓝ289.1　〔02108〕
◇大政奉還—徳川慶喜の二〇〇〇日　童門冬二著　日本放送出版協会　1997.11　270p　20cm　1500円　Ⓘ4-14-080341-X　〔02109〕
◇大政奉還—徳川慶喜　童門冬二著　学陽書房　2006.1　335p　15cm　（人物文庫）780円　Ⓘ4-313-75212-9　Ⓝ210.58　〔02110〕
◇誰も知らなかった徳川慶喜　左方郁子著　勁文社　1997.12　217p　18cm　（ケイブンシャブックス）848円　Ⓘ4-7669-2863-6　〔02111〕
◇父より慶喜殿へ—水戸斉昭一橋慶喜宛書簡集　大庭邦彦著　集英社　1997.11　303p　19cm　2000円

◇徳川慶喜―家康の再来と恐れられた男　鈴村進著　三笠書房　1997.6　278p　19cm　1143円　Ⓘ4-8379-1690-2　〔02113〕

◇徳川慶喜―最後の将軍と幕末維新　奈良本辰也他著　三笠書房　1997.6　234p　15cm　（知的生きかた文庫）495円　Ⓘ4-8379-0890-X　Ⓝ210.58　〔02114〕

◇徳川慶喜―将軍家の明治維新　松浦玲著　増補版　中央公論社　1997.7　253p　18cm　（中公新書）720円　Ⓘ4-12-190397-8　Ⓝ289.1　〔02115〕

◇徳川慶喜―近代日本の演出者　高野澄著　日本放送出版協会　1997.9　278p　19cm　（NHKブックス）1020円　Ⓘ4-14-001807-0　〔02116〕

◇徳川慶喜―逆境を生きぬく決断と行動力　藤田公道監修　成美堂出版　1997.10　253p　16cm　（成美文庫）505円　Ⓘ4-415-06479-5　Ⓝ210.58　〔02117〕

◇徳川慶喜―将軍としての幕末、人間としての明治　加来耕三監修・著　光文社　1997.12　197p　16cm　（光文社文庫―グラフィティにんげん謎事典）495円　Ⓘ4-334-72528-7　Ⓝ289.1　〔02118〕

◇徳川慶喜―幕末の群像と最後の将軍の野望　世界文化社　1997.12　162p　26cm　（ビッグマンスペシャル―歴史クローズアップ）1360円　Ⓘ4-418-97151-3　Ⓝ210.58　〔02119〕

◇徳川慶喜―知れば知るほど　永岡慶之助著　実業之日本社　1998.1　294p　19cm　1300円　Ⓘ4-408-10259-8　Ⓝ210.58　〔02120〕

◇徳川慶喜　家近良樹著　吉川弘文館　2004.10　242p　20cm　（幕末維新の個性 1）2600円　Ⓘ4-642-06281-5　Ⓝ289.1　〔02121〕

◇徳川慶喜維新への挑戦　田原八郎著　新人物往来社　1997.12　233p　20cm　2200円　Ⓘ4-404-02554-8　Ⓝ210.58　〔02122〕

◇徳川慶喜を歩く　さんぽみち総合研究所編著　植苗竹司監修　新紀元社　1998.1　176p　21cm　1300円　Ⓘ4-88317-305-4　Ⓝ291.09　〔02123〕

◇徳川慶喜を紀行する―幕末二十四景　津川安男著　新人物往来社　1998.3　220p　21cm　2000円　Ⓘ4-404-02598-X　Ⓝ210.58　〔02124〕

◇徳川慶喜をめぐる幕末百人オールキャスト　世界文化社　1998.10　178p　26cm　（ビッグマンスペシャル）1400円　Ⓘ4-418-98136-5　Ⓝ210.58　〔02125〕

◇徳川慶喜をめぐる歴史散歩―水戸・東京・静岡・京都・大阪　原遙平著　三心堂出版社　1998.2　100p　21cm　1300円　Ⓘ4-88342-165-1　Ⓝ291.09　〔02126〕

◇徳川慶喜家の食卓　徳川慶朝著　文藝春秋　2005.9　230p　19cm　1600円　Ⓘ4-16-367410-1　〔02127〕

◇徳川慶喜家カメラマン二代目　徳川慶朝著　角川グループパブリッシング（発売）　2007.4　164p　18cm　（角川oneテーマ21 B-94）724円　Ⓘ978-4-04-710023-7　Ⓝ289.1　〔02128〕

◇徳川慶喜家にようこそ―わが家に伝わる愛すべき「最後の将軍」の横顔　徳川慶朝著　集英社　1997.10　223p　19cm　1500円　Ⓘ4-08-783112-4　〔02129〕

◇徳川慶喜公伝　巻1　渋沢栄一著　平凡社　1967　308p　18cm　（東洋文庫 88）Ⓝ210.58　〔02130〕

◇徳川慶喜公伝　史料篇1　日本史籍協会編　新装版　東京大学出版会　1997.11　667p　22cm　（続日本史籍協会叢書）9500円　Ⓘ4-13-099891-9　Ⓝ210.58　〔02131〕

◇徳川慶喜公伝　巻2　渋沢栄一著　平凡社　1967　315p　18cm　（東洋文庫 95）Ⓝ210.58　〔02132〕

◇徳川慶喜公伝　史料篇2　日本史籍協会編　新装版　東京大学出版会　1997.11　522p　22cm　（続日本史籍協会叢書）9500円　Ⓘ4-13-099892-7　Ⓝ210.58　〔02133〕

◇徳川慶喜公伝　巻3　渋沢栄一著　平凡社　1967　395p　18cm　（東洋文庫 98）Ⓝ210.58　〔02134〕

◇徳川慶喜公伝　史料篇3　日本史籍協会編　新装版　東京大学出版会　1997.11　664p　22cm　（続日本史籍協会叢書）9500円　Ⓘ4-13-099893-5　Ⓝ210.58　〔02135〕

◇徳川慶喜公伝　巻4　渋沢栄一著　平凡社　1968　356p　18cm　（東洋文庫 107）Ⓝ210.58　〔02136〕

◇徳川慶喜公伝　巻1-8　渋沢栄一著　竜門社　1918　8冊　23cm　Ⓝ289.1　〔02137〕

◇徳川慶喜公伝　史料篇　渋沢栄一編　東京大学出版会　1975.11　3冊　22cm　（続日本史籍協会叢書）各7000円　Ⓝ289.1　〔02138〕

◇徳川慶喜公伝　史料篇 1　日本史籍協会編　新装版　東京大学出版会　1997.11　667p　21cm　（続日本史籍協会叢書）9500円　Ⓘ4-13-099891-9　〔02139〕

◇徳川慶喜公伝　史料篇 2　日本史籍協会編　新装版　東京大学出版会　1997.11　522p　21cm　（続日本史籍協会叢書）9500円　Ⓘ4-13-099892-7　〔02140〕

◇徳川慶喜公伝　史料篇 3　日本史籍協会編　新装版　東京大学出版会　1997.11　664p　21cm　（続日本史籍協会叢書）9500円　Ⓘ4-13-099893-5　〔02141〕

◇徳川慶喜公の散歩道―別荘の街・国府津の人模様　奥津弘高著　秦野　夢工房（製作）　2007.5　249p　19cm　1800円　Ⓘ978-4-86158-016-1　Ⓝ213.7　〔02142〕

◇徳川慶喜　静岡の30年　前林孝一良著　静岡　静岡新聞社　1997.12　179p　21cm　1700円　Ⓘ4-7838-1061-3　〔02143〕

◇徳川慶喜新聞　新人物往来社　1997.11　161p　26cm　（別冊歴史読本 38号）Ⓝ210.58　〔02144〕

◇徳川慶喜と勝海舟　立石優著　学陽書房　1997.11　298p　19cm　1600円　Ⓘ4-313-85076-7　〔02145〕

◇徳川慶喜と華麗なる一族　祖田浩一著　東京堂出版　1997.9　314p　19cm　1800円　Ⓘ4-490-20330-6　〔02146〕

◇徳川慶喜と賢侯の時代　会田雄次他著　中央公論社　1997.11　265p　16cm　（中公文庫）571円　Ⓘ4-12-202990-2　Ⓝ281.04　〔02147〕

◇徳川慶喜と将軍家の謀略　世界文化社　1998.5　162p　26cm　（ビッグマンスペシャル―歴史クローズアップ）1360円　Ⓘ4-418-98119-5　Ⓝ210.5　〔02148〕

◇徳川慶喜とそれからの一族―徳川一族の明治・大正・昭和史　佐藤朝泰著　立風書房　1998.8　278p　20cm　1800円　Ⓘ4-651-70078-0　Ⓝ288.3　〔02149〕

◇徳川慶喜と幕臣たち―十万人静岡移住その後　田村貞雄編著　静岡　静岡新聞社出版局　1998.5　183p　19cm　1500円　Ⓘ4-7838-1062-1　Ⓝ215.4　〔02150〕

◇徳川慶喜と幕臣たちの履歴書　入江康範著　ダイヤモンド社　1997.12　229p　19cm　1600円　Ⓘ4-478-70148-2　〔02151〕

◇徳川慶喜と幕末99の謎　後藤寿一著　PHP研究所　1997.9　278p　15cm　（PHP文庫）514円　Ⓘ4-569-57051-8　Ⓝ210.58　〔02152〕

◇徳川慶喜と幕末ふしぎ発見―TVに100％映らない謎　伊藤英一郎著　コスミックインターナショナル　1997.12　206p　19cm　（Cosmo books）1000円　Ⓘ4-88532-570-6　Ⓝ210.58　〔02153〕

◇徳川慶喜と水戸家の謎―「最後の将軍」悲劇の深層　小林久三著　歴思書院, かんき出版〔発売〕　1997.11　221p　19cm　1400円　Ⓘ4-7612-5681-8　〔02154〕

◇「徳川慶喜」なるほど百話―NHK大河ドラマの人物像がよくわかる　大衆文学研究会編　廣済堂出版　1998.1　318p　18cm　(Kosaido books)933円　Ⓘ4-331-00793-6　〔02155〕
◇徳川慶喜家にようこそ―わが家に伝わる愛すべき「最後の将軍」の横顔　徳川慶朝著　文藝春秋　2003.9　221p　15cm　(文春文庫)543円　Ⓘ4-16-765680-9　〔02156〕
◇徳川慶喜の生涯―最後の将軍と幕末動乱　中江克己著　太陽企画出版　1997.10　222p　20cm　1700円　Ⓘ4-88466-288-1　Ⓝ210.58　〔02157〕
◇徳川慶喜のすべて　小西四郎編　新装版　新人物往来社　1997.9　294p　19cm　2800円　Ⓘ4-404-02525-4　〔02158〕
◇徳川慶喜の幕末・明治　童門冬二他著　中央公論社　1998.2　296p　16cm　(中公文庫)629円　Ⓘ4-12-203064-1　〔02159〕
◇徳川慶喜の明治維新　緒形隆司著　光風社出版　1997.11　273p　18cm　781円　Ⓘ4-415-08718-3　Ⓝ210.58　〔02160〕
◇徳川慶喜の歴史散歩―最後の将軍が見た風景　保科輝勝著　なぷる　1997.12　239p　21cm　1800円　Ⓘ4-931440-04-5　Ⓝ210.58　〔02161〕
◇徳川慶喜101の謎　菊地明,伊東成郎著　新人物往来社　1997.12　262p　19cm　2800円　Ⓘ4-404-02556-4　〔02162〕
◇徳川慶喜評判記―同時代人が語る毀誉褒貶　高野澄著　徳間書店　1997.12　253p　16cm　(徳間文庫)495円　Ⓘ4-19-890800-1　Ⓝ210.58　〔02163〕
◇謎とき徳川慶喜―なぜ大坂城を脱出したのか　河合重子著　草思社　2007.5　318p　20cm　2200円　Ⓘ978-4-7942-1598-7　Ⓝ289.1　〔02164〕
◇幕末維新40人で読むほんとうの徳川慶喜―「最後の将軍」とその時代がわかる事典　加来耕三監修　PHPエディターズ・グループ　1998.1　234p　19cm　1200円　Ⓘ4-569-55965-4　Ⓝ210.58　〔02165〕
◇反・徳川慶喜伝説―幕末政治ドラマの真実　北野太乙著　今日の話題社　1998.4　286p　19cm　1500円　Ⓘ4-87565-500-2　Ⓝ210.58　〔02166〕
◇慶喜公と王政復古　普通教育研究会編　水野書店　1914　42p　23cm　Ⓝ210.5　〔02167〕
◇慶喜登場―遠い崖　アーネスト・サトウ日記抄　4　萩原延寿著　朝日新聞社　2007.11　417p　15cm　(朝日文庫)840円　Ⓘ978-4-02-261546-6　〔02168〕
◇慶喜と容保―平成十年度若松城天守閣特別展　会津若松市観光課編　会津若松　会津若松市観光課　1998.7　64p　30cm　Ⓝ210.5　〔02169〕
◇歴史現場からわかる徳川慶喜の真実―幕末史跡ガイド　外川淳著　東洋経済新報社　1998.2　268p　19cm　1500円　Ⓘ4-492-04109-5　Ⓝ210.58　〔02170〕

◆幕藩体制
◇新しい近世史　1　国家と秩序　山本博文編　新人物往来社　1996.3　445p　22cm　5900円　Ⓘ4-404-02348-0　Ⓝ210.5　〔02171〕
◇江戸御留守居役―近世の外交官　笠谷和比古著　吉川弘文館　2000.4　205p　19cm　(歴史文化ライブラリー　89)1700円　Ⓘ4-642-05489-8　Ⓝ210.5　〔02172〕
◇江戸開府と幕藩体制―江戸期慶長―寛永・寛文　小和田哲男監修・年表解説　世界文化社　2006.8　167p　24cm　(日本の歴史を見る ビジュアル版 6)2400円　Ⓘ4-418-06213-0　Ⓝ210.52　〔02173〕
◇江戸300藩県別うんちく話　八幡和郎著　講談社　2003.6　323p　15cm　(講談社+α文庫)740円　Ⓘ4-06-256750-4　Ⓝ210.5　〔02174〕
◇江戸300藩の意外な「その後」―「藩」から「県」へ―教科書が教えない歴史　日本博学倶楽部著　PHP研究所　2005.2　214,26p　15cm　(PHP文庫)514円　Ⓘ4-569-66342-7　Ⓝ210.5　〔02175〕
◇江戸300藩の意外な「その後」　日本博学倶楽部著　愛蔵版　PHP研究所　2007.6　253p　19cm　476円　Ⓘ978-4-569-69243-2　Ⓝ210.61　〔02176〕
◇江戸三百藩まるごとデータブック―大名屋敷マップ掲載　人文社　2007.4　143p　21cm　(ものしりミニシリーズ)1700円　Ⓘ978-4-7959-1750-7　Ⓝ210.5　〔02177〕
◇江戸時代をどう視るか―幕府・藩・天領　藤野保著　雄山閣出版　1997.9　255p　20cm　2500円　Ⓘ4-639-01464-3　Ⓝ210.5　〔02178〕
◇江戸時代の官僚制　藤井譲治著　青木書店　1999.11　210p　20cm　(Aoki library―日本の歴史 近世)2200円　Ⓘ4-250-99050-8,4-250-95062-X　Ⓝ210.5　〔02179〕
◇江戸時代武家読史要覧　川島武編　横浜　川島武　2003.3　1冊　21×30cm　Ⓝ210.5　〔02180〕
◇江戸城の宮廷政治―熊本藩細川忠興・忠利父子の往復書状　山本博文著　講談社　2004.11　346p　15cm　(講談社学術文庫)1100円　Ⓘ4-06-159681-0　Ⓝ210.52　〔02181〕
◇江戸諸藩役人役職白書―藩のためならリストラも！各藩各様、知恵と努力の職制　新人物往来社　1998.4　244p　21cm　(別冊歴史読本 59)1700円　Ⓘ4-404-02604-8　Ⓝ210.5　〔02182〕
◇江戸幕府直轄軍団の形成　小池進著　吉川弘文館　2001.9　344,9p　22cm　8900円　Ⓘ4-642-03370-X　Ⓝ210.52　〔02183〕
◇江戸幕府と情報管理　大友一雄著　京都　臨川書店　2003.9　192p　19cm　(原典講読セミナー 11)2300円　Ⓘ4-653-03809-0　Ⓝ210.55　〔02184〕
◇江戸幕府と譜代藩　煎本増夫著　雄山閣出版　1996.3　319p　22cm　4944円　Ⓘ4-639-01346-9　Ⓝ210.5　〔02185〕
◇江戸幕府の制度と伝達文書　高木昭作著　角川書店　1999.9　250p　20cm　(角川叢書 8)2800円　Ⓘ4-04-702109-1　Ⓝ210.52　〔02186〕
◇江戸幕府役職集成　笹間良彦著　新装版　雄山閣出版　1999.11　473,24p　22cm　4700円　Ⓘ4-639-00058-8　Ⓝ210.5　〔02187〕
◇お家相続―大名家の苦闘　大森映子著　角川書店　2004.8　212p　19cm　(角川選書 368)1400円　Ⓘ4-04-703368-5　Ⓝ210.5　〔02188〕
◇御家断絶―改易大名の末路　新人物往来社　1999.4　263p　21cm　(別冊歴史読本 15)1600円　Ⓘ4-404-02715-X　Ⓝ210.5　〔02189〕
◇改易と御家再興　岡崎寛徳著　同成社　2007.8　210p　20cm　(同成社江戸時代史叢書 24)2300円　Ⓘ978-4-88621-403-4　Ⓝ210.5　〔02190〕
◇畿内からみた幕藩制社会　朝尾直弘著　岩波書店　2004.3　415,19p　22cm　(朝尾直弘著作集 第2巻)9400円　Ⓘ4-00-092612-8　Ⓝ210.5　〔02191〕
◇木村礎著作集　3　藩領と大名　木村礎著　名著出版　1997.3　508p　22cm　9500円　Ⓘ4-626-01528-X　Ⓝ210　〔02192〕
◇近世広域支配の研究　村田路人著　吹田　大阪大学出版会　1995.11　374p　22cm　7282円　Ⓘ4-87259-015-5　Ⓝ210.5　〔02193〕
◇近世国家解体過程の研究―幕藩制と明治維新　前編　藤

近世一般　　　　　　　　　　近世史

野保著　吉川弘文館　2006.7　713p　22cm　23000円
Ⓘ4-642-03412-9　Ⓝ210.5
〔02194〕

◇近世国家解体過程の研究 後編—幕藩制と明治維新　藤野保著　吉川弘文館　2006.7　806,34p　21cm　27000円　Ⓘ4-642-03413-7
〔02195〕

◇近世国家解体過程の研究 前編—幕藩制と明治維新　藤野保著　吉川弘文館　2006.7　713p　21cm　23000円
Ⓘ4-642-03412-9
〔02196〕

◇近世国家史の研究—幕藩制と領国体制　藤野保著　吉川弘文館　2002.12　690,26p　22cm　20000円
Ⓘ4-642-03379-3　Ⓝ210.5
〔02197〕

◇近世国家の権力構造—政治・支配・行政　大石学編　岩田書院　2003.5　431p　22cm　11800円
Ⓘ4-87294-269-8　Ⓝ210.5
〔02198〕

◇近世国家の支配構造　林睦朗先生還暦記念会編　雄山閣出版　1986.7　xi,501p　22cm　15000円
Ⓘ4-639-00581-4　Ⓝ210.5
〔02199〕

◇近世国家の成立・展開と近代　藤野保編　雄山閣出版　1998.4　417p　22cm　13000円　Ⓘ4-639-01528-3　Ⓝ210.5
〔02200〕

◇近世史の研究　第4冊　幕府と諸藩　伊東多三郎著　吉川弘文館　1984.3　474p　22cm　7800円
Ⓘ4-642-03234-7　Ⓝ210.5
〔02201〕

◇近世社会と知行制　J.F.モリス,白川部達夫,高野信治共編　京都　思文閣出版　1999.5　371p　22cm　7800円
Ⓘ4-7842-1005-9　Ⓝ210.5
〔02202〕

◇近世社会の政治と経済　蔵並省自,実方寿義共著　京都　ミネルヴァ書房　1995.6　268,11p　22cm　3000円
Ⓘ4-623-02507-1　Ⓝ210.5
〔02203〕

◇近世大名家の権力と領主経済　吉村豊雄著　大阪　清文堂出版　2001.8　489p　22cm　13000円
Ⓘ4-7924-0509-2　Ⓝ210.5
〔02204〕

◇近世日本国民史徳川幕府上期　上,中,下巻　徳富猪一郎著　民友社　1924-1925　3冊　19cm　Ⓝ210.5
〔02205〕

◇近世日本 封建社会の史的分析　土屋喬雄著　御茶の水書房　1949　397p　22cm　Ⓝa330
〔02206〕

◇近世の支配体制と社会構造　北島正元編　吉川弘文館　1983.9　666p　22cm　9900円　Ⓝ210.5
〔02207〕

◇近世・幕藩体制と高野山　松田文夫著　和歌山　〔松田文夫〕　2001.9　266p　23cm　3000円　Ⓝ210.5
〔02208〕

◇近世幕領の行政と組合村　久留島浩著　東京大学出版会　2002.8　363,4p　22cm　6800円　Ⓘ4-13-020134-4　Ⓝ210.5
〔02209〕

◇近世藩制・藩校大事典　大石学編　吉川弘文館　2006.3　1048,97p　23cm　10000円　Ⓘ4-642-01431-4　Ⓝ210.5
〔02210〕

◇近世藩領社会の展開　高橋啓著　広島　渓水社　2000.5　360,8p　22cm　8000円　Ⓘ4-87440-597-5　Ⓝ210.5
〔02211〕

◇近世武家官位の研究　橋本政宣編　続群書類従完成会　1999.2　547p　22cm　8000円　Ⓘ4-7971-0678-6　Ⓝ210.5
〔02212〕

◇近世武家社会の形成と構造　根岸茂夫著　吉川弘文館　2000.2　341,12p　22cm　8700円　Ⓘ4-642-03356-4　Ⓝ210.5
〔02213〕

◇近世武家社会の政治構造　笠谷和比古著　吉川弘文館　1993.2　454,12p　22cm　6400円　Ⓘ4-642-03310-6　Ⓝ210.5
〔02214〕

◇講座日本近世史　1　幕藩制国家の成立　深谷克己編,加藤栄一編　有斐閣　1981.8　xii,311p　20cm　2000円　Ⓝ210.5
〔02215〕

◇講座日本近世史　8　幕藩制国家の崩壊　佐藤誠朗編,河内八郎編　有斐閣　1981.3　xi,256p　20cm　1800円　Ⓝ210.5
〔02216〕

◇考績録—国立公文書館内閣文庫所蔵 マイクロフィルム版　雄松堂書店　1999.6　マイクロフィルムリール4巻　35mm　（江戸幕府武家補任資料）
〔02217〕

◇古地図・城下町絵図で見る幕末諸州最後の藩主たち—ペリー来航から戊辰戦争・西南戦争まで激動の25年史　西日本編　宮地佐一郎監修　人文社　1997.11　128p　30cm　（古地図ライブラリー 6）2200円
Ⓘ4-7959-1905-4　Ⓝ210.58
〔02218〕

◇週刊ビジュアル日本の歴史　no.21　幕藩体制の確立　1　デアゴスティーニ・ジャパン　2000.7　41p　30cm　533円　Ⓝ210.1
〔02219〕

◇週刊ビジュアル日本の歴史　no.25　幕藩体制の確立　5　デアゴスティーニ・ジャパン　2000.8　p170-209　30cm　533円　Ⓝ210.1
〔02220〕

◇将軍権力の創出　朝尾直弘著　岩波書店　1994.9　359,12p　22cm　6800円　Ⓘ4-00-002942-8　Ⓝ210.5
〔02221〕

◇将軍権力の創出　朝尾直弘著　岩波書店　2004.1　372,13p　22cm　（朝尾直弘著作集　第3巻）9400円
Ⓘ4-00-092613-6　Ⓝ210.5
〔02222〕

◇大名権力の法と裁判　藩法研究会編　創文社　2007.2　412p　22cm　8000円　Ⓘ978-4-423-74094-1　Ⓝ322.15
〔02223〕

◇地域社会の展開と幕藩制支配　森安彦編　名著出版　2005.2　512p　22cm　9500円　Ⓘ4-626-01693-6　Ⓝ210.5
〔02224〕

◇重宝記資料集成　第32巻　商業・地誌　2　長友千代治編　京都　臨川書店　2007.5　530p　22cm　10000円
Ⓘ978-4-653-03937-2,978-4-653-03860-3　Ⓝ210.088
〔02225〕

◇東海道交通施設と幕藩制社会　渡辺和敏著　岩田書院　2005.3　471p　22cm　（愛知大学綜合郷土研究所研究叢書 18）7800円　Ⓘ4-87294-367-8　Ⓝ682.1
〔02226〕

◇徳川御三家展　香川県歴史博物館編　高松　香川県歴史博物館　2000.4　219p　30cm　Ⓝ210.5
〔02227〕

◇徳川御三家の野望—秘められた徳川時代史　河合敦著　光人社　2000.4　229p　20cm　1800円
Ⓘ4-7698-0951-4　Ⓝ288.3
〔02228〕

◇徳川将軍政治権力の研究　深井雅海著　吉川弘文館　1991.5　504,9p　22cm　9500円　Ⓘ4-642-03304-1　Ⓝ210.5
〔02229〕

◇徳川政権論　藤野保著　吉川弘文館　1991.12　203p　20cm　2300円　Ⓘ4-642-07293-4　Ⓝ210.5
〔02230〕

◇徳川絶対王政論　飯沼二郎著　未來社　1991.8　128p　20cm　1545円　Ⓘ4-624-11136-2　Ⓝ210.5
〔02231〕

◇徳川幕藩制の構造と解体　入交好脩著　雄松堂書店　1963　367p　22cm　Ⓝ332.1
〔02232〕

◇徳川幕府刑事図譜　藤田新太郎編　神戸直吉　1893.9　1帖　27cm　Ⓝ322
〔02233〕

◇徳川幕府県治要略　安藤博編　赤城書店　1915　490,2p　23cm　Ⓝ322
〔02234〕

◇徳川幕府時代書籍考—附・関係事項及出版史　牧野善兵衛編述　東京書籍商組合事務所　1912　92丁　23cm　Ⓝ023
〔02235〕

◇徳川幕府事典　竹内誠編　東京堂出版　2003.7　583p　22cm　5800円　Ⓘ4-490-10621-1　Ⓝ210.5
〔02236〕

◇徳川幕府成立過程の基礎的研究　和泉清司著　文献出版

◇1995.12　1017,41p　22cm　28840円　Ⓘ4-8305-1184-2
Ⓝ210.5　　　　　　　　　　　　　　　　　　〔02237〕
◇徳川幕府のしくみがわかる本　新人物往来社　2002.1
227p　21cm　（別冊歴史読本 96号）1600円
Ⓘ4-404-02796-6　Ⓝ210.5　　　　　　　　〔02238〕
◇徳川幕府の昇進制度―寛政十年末旗本昇進表　小川恭一
著　岩田書院　2006.10　264p　27cm　7900円
Ⓘ4-87294-443-7　Ⓝ210.5　　　　　　　　〔02239〕
◇徳川幕府の成立・動揺・崩壊　後藤基春著　日本政治文
化研究所　1943　292p　22cm　Ⓝ210.5　〔02240〕
◇日本近世国家史の研究　高木昭作著　岩波書店　1990.7
414,2p　22cm　4900円　Ⓘ4-00-001677-6　Ⓝ210.5
　　　　　　　　　　　　　　　　　　　　〔02241〕
◇日本近世武家政権論　村川浩平著　日本図書刊行会
2000.6　209p　20cm　2000円　Ⓘ4-8231-0528-1
Ⓝ210.5　　　　　　　　　　　　　　　　　〔02242〕
◇日本史探訪　13　幕藩体制の軌跡　角川書店編　角川書
店　1984.11　398p　15cm　（角川文庫 5363）490円
Ⓘ4-04-153313-9　Ⓝ210.1　　　　　　　　〔02243〕
◇日本の近世　第3巻　支配のしくみ　辻達也, 朝尾直弘編
藤井譲治編　中央公論社　1991.11　372p 図版32p
21cm　2800円　Ⓘ4-12-403023-1　Ⓝ210.5　〔02244〕
◇日本の歴史　第18　幕藩制の苦悶　北島正元　中央公論
社　1966　518p 図版 地　18cm　Ⓝ210.1　〔02245〕
◇日本の歴史　18　幕藩体制の苦悶　北島正元著　中央公
論社　1984.6　592p 図版 18p　18cm　（中公バックス）1200円
Ⓘ4-12-401158-X　Ⓝ210.1　　　　　　　　〔02246〕
◇日本の歴史　20　幕藩制の転換　大石慎三郎著　小学館
1975　390p　20cm　790円　Ⓝ210.1　　　〔02247〕
◇日本の歴史　近世から近代へ 4　薩・長と水戸―諸藩の
動き　新訂増補　朝日新聞社　2004.9　p98-128　30cm
（週刊朝日百科 84）476円　Ⓝ210.1　　　〔02248〕
◇日本藩史　北川舜治編　六書堂　1942　1115p　22cm
Ⓝ210.5　　　　　　　　　　　　　　　　　〔02249〕
◇日本封建制と幕藩体制　藤野保著　塙書房　1983.6
494,20p　22cm　7000円　Ⓝ210.5　　　　〔02250〕
◇日本歴史シリーズ　第16巻　幕藩制の動揺　遠藤元男等
編　奈良本辰也編　世界文化社　1969　221p（おもに図
版）27cm　1200円　Ⓝ210.1　　　　　　　〔02251〕
◇日本歴史大系　9　幕藩体制の成立と構造　下　井上光
貞ほか編　山川出版社　1996.5　220,22p　22cm　3000
円　Ⓘ4-634-33090-3　Ⓝ210.1　　　　　　〔02252〕
◇廃県置藩　童門冬二著　にっかん書房　1994.11　254p
20cm　1500円　Ⓘ4-526-03627-7　Ⓝ210.5　〔02253〕
◇幕藩・維新期の国家支配と法―官僚制・兵制・村・家・
婚姻を主題とする　山中永之佑著　信山社出版　1991.3
328p　23cm　（学術選書 10 日本法制史）12360円
Ⓘ4-88261-176-7　Ⓝ210.5　　　　　　　　〔02254〕
◇幕藩権力の基礎構造―「小農」自立と軍役　佐々木潤之
介著　御茶の水書房　1964　416p　22cm　Ⓝ210.5
　　　　　　　　　　　　　　　　　　　　〔02255〕
◇幕藩社会の地域構造　矢守一彦著　大明堂　1970　316p
22cm　2300円　Ⓝ210.022　　　　　　　　〔02256〕
◇幕藩制下の政治と社会　丸山雍成編　文献出版　1983.
12　555p　22cm　8000円　Ⓝ219　　　　〔02257〕
◇幕藩制から近代へ　林英夫編, 山田昭次編　柏書房
1979.12　315p　22cm　（歴史学研究叢書）3800円
Ⓝ210.5　　　　　　　　　　　　　　　　　〔02258〕
◇幕藩制国家解体過程の研究　天保期を中心に　北島正元
編　吉川弘文館　1978.1　549p　22cm　6800円
Ⓝ210.57　　　　　　　　　　　　　　　　〔02259〕

◇幕藩制国家成立過程の研究　寛永期を中心に　北島正元
編　吉川弘文館　1978.1　705p　22cm　8800円
Ⓝ210.52　　　　　　　　　　　　　　　　〔02260〕
◇幕藩制国家の基礎構造―村落構造の展開と農民闘争　森
安彦著　吉川弘文館　1981.2　662p　22cm　8300円
Ⓝ210.5　　　　　　　　　　　　　　　　　〔02261〕
◇幕藩制国家の政治史的研究―天保期の秩序・軍事・外交
藤田覚著　校倉書房　1987.9　412p　22cm　（歴史科学
叢書）7500円　Ⓘ4-7517-1810-X　Ⓝ210.58　〔02262〕
◇幕藩制国家の展開―広島藩・福山藩を中心として　土井
作治著　広島　渓水社　1985.2　642p　22cm　6800円
Ⓝ210.5　　　　　　　　　　　　　　　　　〔02263〕
◇幕藩制国家の領有制と領民　長野暹著　吉川弘文館
2004.7　423,6p　22cm　14000円　Ⓘ4-642-03389-0
Ⓝ210.5　　　　　　　　　　　　　　　　　〔02264〕
◇幕藩制国家論　上　佐々木潤之介著　東京大学出版会
1984.1　341p　22cm　4000円　Ⓘ4-13-020068-2
Ⓝ210.5　　　　　　　　　　　　　　　　　〔02265〕
◇幕藩制国家論　下　佐々木潤之介著　東京大学出版会
1984.5　p344〜705,24p　22cm　4200円
Ⓘ4-13-020069-0　Ⓝ210.5　　　　　　　　〔02266〕
◇幕藩制支配と地域動向―村上直先生退官記念論集　森安
彦, 吉原健一郎編著　文献出版　1996.10　343p　22cm
10300円　Ⓘ4-8305-1191-5　Ⓝ210.5　　　〔02267〕
◇幕藩制社会解体期の研究　須田茂著　国書刊行会
1985.8　465,3p　22cm　9500円　Ⓝ210.58　〔02268〕
◇幕藩制社会形成過程の研究　大舘右喜著　校倉書房
1987.5　506p　22cm　（歴史科学叢書）9800円　Ⓝ210.
52　　　　　　　　　　　　　　　　　　　〔02269〕
◇幕藩制社会と石高制　松下志朗著　塙書房　1984.2
328,11p　22cm　5000円　Ⓝ210.5　　　　〔02270〕
◇幕藩制社会と領内支配　柳田和久著　文献出版　1998.7
485p　22cm　13000円　Ⓘ4-8305-1206-7　Ⓝ210.5
　　　　　　　　　　　　　　　　　　　　〔02271〕
◇幕藩制社会の地域的展開　村上直編　雄山閣出版
1996.4　612p　22cm　18025円　Ⓘ4-639-01353-1
Ⓝ210.5　　　　　　　　　　　　　　　　　〔02272〕
◇幕藩制社会の展開過程　荒居英次著　新生社　1965
729p　22cm　Ⓝ210.5　　　　　　　　　　〔02273〕
◇幕藩制成立史の基礎的研究―越後国を中心として　小村
弌著　吉川弘文館　1983.2　744,9p　22cm　8700円
Ⓝ210.5　　　　　　　　　　　　　　　　　〔02274〕
◇幕藩制成立史の研究　山口啓二著　校倉書房　1974
388p　22cm　（歴史科学叢書）4000円　Ⓝ210.5
　　　　　　　　　　　　　　　　　　　　〔02275〕
◇幕藩制都市の研究　田中喜男著　文献出版　1986.4
534p　22cm　8500円　Ⓝ210.5　　　　　　〔02276〕
◇幕藩制の苦悶　北島正元著　改版　中央公論新社
2006.1　595p　16cm　（中公文庫―日本の歴史
18）1238円　Ⓘ4-12-204638-6　Ⓝ210.5　　〔02277〕
◇幕藩制の成立と近世の国制　山本博文著　校倉書房
1990.4　420p　22cm　（歴史科学叢書）8000円
Ⓘ4-7517-2000-7　Ⓝ210.5　　　　　　　　〔02278〕
◇幕藩制の地域支配と在地構造　福島雅蔵著　柏書房
1987.11　312p　22cm　7800円　Ⓘ4-7601-0344-9
Ⓝ210.5　　　　　　　　　　　　　　　　　〔02279〕
◇幕藩制の変遷と崩壊―ある侍一族の年代記　松浦真人著
松浦真人　1997　282p　21cm　Ⓝ210.5　〔02280〕
◇幕藩体制　伊東多三郎著　弘文堂　1956　75p　15cm
（アテネ文庫 日本歴史シリーズ）Ⓝ210.5　〔02281〕
◇幕藩体制　伊東多三郎著　清水弘文堂書房　1969　112p

近世一般　　　　　　　　　　　　近世史

◇幕藩体制解体の史的研究　長倉保著　吉川弘文館　1997.10　374,14p　22cm　7500円　Ⓘ4-642-03334-3　Ⓝ210.5
〔02283〕
◇幕藩体制確立期の諸問題　大阪歴史学会編　吉川弘文館　1963　284p　22cm　Ⓝ210.52
〔02284〕
◇幕藩体制期における大名家格制の研究　加藤隆著　近世日本城郭研究所　1969　235p　22cm　1200円　Ⓝ210.5
〔02285〕
◇幕藩体制史序説　木村礎著　文雅堂書店　1961　197p　22cm　Ⓝ210.5
〔02286〕
◇幕藩体制史の研究—権力構造の確立と展開　藤野保著　新訂　吉川弘文館　1975　890,64p　図17枚　22cm　8800円　Ⓝ210.5
〔02287〕
◇幕藩体制社会の成立と構造　安良城盛昭著　御茶の水書房　1959　249p　22cm　Ⓝ332.1
〔02288〕
◇幕藩体制社会の成立と構造　安良城盛昭著　第3版　御茶の水書房　1982.1　352p　22cm　2500円　Ⓝ210.5
〔02289〕
◇幕藩体制社会の成立と構造　安良城盛昭著　増訂第4版　有斐閣　1986.4　406p　22cm　3200円　Ⓘ4-641-06455-5　Ⓝ210.5
〔02290〕
◇幕藩体制成立史の研究　煎本増夫著　雄山閣出版　1979.12　351p　22cm　4800円　Ⓝ210.52
〔02291〕
◇幕藩体制と維新変革　鎌田永吉著，鎌田永吉遺稿集刊行会編　鎌田永吉遺稿集刊行会　1977.6　374p　22cm　Ⓝ210.5
〔02292〕
◇幕藩体制と明治維新　大谷瑞郎著　亜紀書房　1973　227p　22cm　1000円　Ⓝ210.5
〔02293〕
◇幕藩体制の新研究　丸山雍成編　文献出版　1982.3　349p　22cm　4700円　Ⓝ210.5
〔02294〕
◇幕藩体制論　中村吉治著　山川出版社　1972　363p　22cm　3500円　Ⓝ210.5
〔02295〕
◇幕藩領主の権力構造　藤井讓治著　岩波書店　2002.10　506,18p　22cm　11000円　Ⓘ4-00-024414-0　Ⓝ210.52
〔02296〕
◇幕府権力と城郭統制—修築・監察の実態　白峰旬著　岩田書院　2006.10　382p　22cm　（近世史研究叢書16）7900円　Ⓘ4-87294-447-X　Ⓝ210.5
〔02297〕
◇幕閣譜代藩の政治構造—相模小田原藩と老中政治　下重清著　岩田書院　2006.2　378,5p　22cm　（近世史研究叢書14）7900円　Ⓘ4-87294-416-X　Ⓝ213.7
〔02298〕
◇藩国と藩輔の構図　高野信治著　名著出版　2002.12　592,14p　22cm　9800円　Ⓘ4-626-01666-9　Ⓝ210.5
〔02299〕
◇藩と城下町の事典—国別　二木謙一監修　工藤寛正編　東京堂出版　2004.9　661p　23cm　6600円　Ⓘ4-490-10651-3　Ⓝ210.5
〔02300〕
◇藩と日本人—現代に生きる〈お国柄〉　武光誠著　PHP研究所　1999.10　205p　18cm　（PHP新書）657円　Ⓘ4-569-60797-7　Ⓝ210.5
〔02301〕
◇万年録—国立公文書館内閣文庫所蔵　マイクロフィルム版　雄松堂書店　1999.6　マイクロフィルムリール4巻　35mm　（江戸幕府武家補任資料）
〔02302〕
◇明治維新幕末列藩図—附・藩主名一覧表　明治維新史料編纂会製　時事聯合通信社出版部　1929　1枚　79×109cm　Ⓝ291
〔02303〕
◇論集日本歴史　7　幕藩体制　1　大館右喜，森安彦編　有精堂出版　1973　377p　22cm　Ⓝ210.1　〔02304〕
◇論集日本歴史　8　幕藩体制　2　大館右喜，森安彦編　有精堂出版　1973　382p　22cm　Ⓝ210.1　〔02305〕

◇論集幕藩体制史　第1期　第1巻　支配体制と外交・貿易　織豊政権の成立　藤野保編　雄山閣出版　1994.5　453p　22cm　8800円　Ⓘ4-639-01228-4,4-639-01165-2　Ⓝ210.5
〔02306〕
◇論集幕藩体制史　第1期　第2巻　支配体制と外交・貿易　幕藩体制論・国家論　藤野保編　雄山閣出版　1993.5　471p　22cm　8800円　Ⓘ4-639-01166-0,4-639-01165-2　Ⓝ210.5
〔02307〕
◇論集幕藩体制史　第1期　第3巻　支配体制と外交・貿易　江戸幕府の構造　藤野保編　雄山閣出版　1993.8　514p　22cm　8800円　Ⓘ4-639-01181-4,4-639-01165-2　Ⓝ210.5
〔02308〕
◇論集幕藩体制史　第1期　第4巻　支配体制と外交・貿易　天領と支配形態　藤野保編　雄山閣出版　1994.8　495p　22cm　8800円　Ⓘ4-639-01246-2,4-639-01165-2　Ⓝ210.5
〔02309〕
◇論集幕藩体制史　第1期　第5巻　支配体制と外交・貿易　旗本と知行制　藤野保編　雄山閣出版　1995.1　502p　22cm　8800円　Ⓘ4-639-01265-9,4-639-01165-2　Ⓝ210.5
〔02310〕
◇論集幕藩体制史　第1期　第6巻　支配体制と外交・貿易　藩体制の形成　1　藤野保編　雄山閣出版　1993.11　466p　22cm　8800円　Ⓘ4-639-01203-9,4-639-01165-2　Ⓝ210.5
〔02311〕
◇論集幕藩体制史　第1期　第7巻　支配体制と外交・貿易　藩体制の形成　2　藤野保編　雄山閣出版　1994.2　485p　22cm　8800円　Ⓘ4-639-01213-6,4-639-01165-2　Ⓝ210.5
〔02312〕
◇論集幕藩体制史　第1期　第8巻　支配体制と外交・貿易　対外関係と鎖国　藤野保編　雄山閣出版　1995.4　465p　22cm　8800円　Ⓘ4-639-01284-5,4-639-01165-2　Ⓝ210.5
〔02313〕
◇論集幕藩体制史　第1期　第9巻　支配体制と外交・貿易　近世社会と宗教　藤野保編　雄山閣出版　1995.7　487p　22cm　8800円　Ⓘ4-639-01302-7,4-639-01165-2　Ⓝ210.5
〔02314〕
◇論集幕藩体制史　第1期　第10巻　支配体制と外交・貿易　封建思想と教学　藤野保編　雄山閣出版　1995.10　511p　22cm　8800円　Ⓘ4-639-01323-X,4-639-01165-2　Ⓝ210.5
〔02315〕
◇論集幕藩体制史　第1期　第11巻　支配体制と外交・貿易　幕政の新段階　藤野保編　雄山閣出版　1996.1　501p　22cm　8800円　Ⓘ4-639-01338-8,4-639-01165-2　Ⓝ210.5
〔02316〕

◆◆幕府政治

◇江戸時代の三大改革　津田秀夫著　弘文堂　1956　72p　15cm　（アテネ文庫　日本歴史シリーズ）Ⓝ210.55
〔02317〕
◇江戸城の宮廷政治—熊本藩細川忠興・忠利父子の往復書状　山本博文著　読売新聞社　1993.6　310p　20cm　1800円　Ⓘ4-643-93041-1　Ⓝ210.52　〔02318〕
◇江戸城の宮廷政治—熊本藩細川忠興・忠利父子の往復書状　山本博文著　講談社　1996.9　382p　15cm　（講談社文庫）700円　Ⓘ4-06-263336-1　Ⓝ210.52　〔02319〕
◇江戸のリストラ仕掛人　童門冬二著　集英社　1993.12　299p　16cm　（集英社文庫）500円　Ⓘ4-08-748112-3　Ⓝ281.04
〔02320〕
◇江戸幕臣人名事典　第1巻　熊井保,大賀妙子編　新人物往来社　1989.5　300p　22cm　12000円　Ⓘ4-404-01616-6　Ⓝ281.035　〔02321〕
◇江戸幕臣人名事典　第2巻　熊井保,大賀妙子編　新人物往来社　1989.8　309p　22cm　12000円

◇4-404-01626-3　Ⓝ281.035
〔02322〕
◇江戸幕臣人名事典　第3巻　熊井保,大賀妙子編　新人物往来社　1990.3　321p　22cm　12000円
◇4-404-01627-1　Ⓝ281.035
〔02323〕
◇江戸幕府―その実力者たち　北島正元編　国書刊行会　1983.1　2冊　20cm　各2800円　Ⓝ210.5
〔02324〕
◇江戸幕府―その実力者たち　上巻　北島正元編　人物往来社　1964　269p　19cm　Ⓝ210.5
〔02325〕
◇江戸幕府職制の基礎的研究―美和信夫教授遺稿集　美和信夫著　美和信夫教授遺稿集刊行会編　柏　広池学園出版部　1991.7　696p　22cm　7200円
◇4-89205-297-3　Ⓝ210.5
〔02326〕
◇江戸幕府政治史研究　辻達也著　続群書類従完成会　1996.7　630p　22cm　13390円　◇4-7971-1507-6　Ⓝ210.5
〔02327〕
◇江戸幕府と情報管理　国文学研究資料館編　京都　臨川書店　2003.9　192p　19cm　（原典講読セミナー11）2300円　◇4-653-03809-0
〔02328〕
◇江戸幕府の権力構造　北島正元著　岩波書店　1964　702,29p　22cm　Ⓝ210.5
〔02329〕
◇江戸幕府の政治と人物　村上直著　同成社　1997.4　253p　20cm　（同成社江戸時代史叢書 2）2300円　◇4-88621-146-1　Ⓝ210.5
〔02330〕
◇江戸幕府の天領　村上直著　飯島町（長野県）　飯島町歴史民俗資料館　1996.9　32p　21cm　（飯島陣屋ブックレット）Ⓝ210.5
〔02331〕
◇江戸幕閣人物100話　萩原裕雄著　立風書房　1992.10　310p　20cm　1500円　◇4-651-75023-0　Ⓝ210.5
〔02332〕
◇回天私牒　巻之1,2　竹内隼太（昌明）編　由己社　1878.7　21,20丁　(巻1・2合本版)　23cm　Ⓝ210.5〔02333〕
◇旧事諮問録　東京帝国大学史談会編　青蛙房　1964　412p　22cm　（青蛙選書）Ⓝ210.5
〔02334〕
◇京都所司代　第1部　群雄上洛　京都新聞社編　人物往来社　1967　317p　19cm　Ⓝ210.5
〔02335〕
◇京都所司代　第2部　幕府と御所　京都新聞社編　人物往来社　1967　326p　19cm　Ⓝ210.5
〔02336〕
◇京都所司代　第3部　勤王と佐幕　京都新聞社編　人物往来社　1967　333p　19cm　Ⓝ210.5
〔02337〕
◇近世日本国民史　徳川幕府統制篇　徳富蘇峰著,平泉澄校訂　講談社　1983.1　508p　15cm　（講談社学術文庫）1100円　◇4-06-158589-4　Ⓝ910.52
〔02338〕
◇御家人分限帳　鈴木寿校訂　近藤出版社　1984.7　35,517,77p　20cm　（日本史選書 23）7600円　Ⓝ281.035
〔02339〕
◇さらりーまんで候―"非情"の世界―江戸の管理者　童門冬二著　日本経済新聞社　1982.10　262p　20cm　1200円　◇4-532-09295-7　Ⓝ210.04
〔02340〕
◇将軍と側用人の政治　大石慎三郎著　講談社　1995.6　240p　18cm　（講談社現代新書―新書・江戸時代 1）650円　◇4-06-149257-8　Ⓝ210.5
〔02341〕
◇史料 徳川幕府の制度　小野清著,高柳金芳校注　人物往来社　1968　269p　22cm　Ⓝ322.15
〔02342〕
◇図説日本の歴史　12　変動する幕政　井上幸治等編　編集責任：児玉幸多　集英社　1975　263p　28cm　1800円　Ⓝ210.1
〔02343〕
◇高橋磌一著作集　第2巻　近世の政治とその変革　あゆみ出版　1984.11　291p　22cm　2600円　Ⓝ210.08
〔02344〕
◇天領　村上直著　人物往来社　1965　470p　20cm　Ⓝ210.5
〔02345〕

◇徳川家臣団の研究　中嶋次太郎著　松本　1966　479p　図版 地　19cm　Ⓝ288.3
〔02346〕
◇徳川家臣団の研究　中嶋次太郎著　国書刊行会　1981.7　479,7p　22cm　6200円　Ⓝ288.3
〔02347〕
◇徳川家臣団の研究　中嶋次太郎著　名古屋　マイタウン　1987.7　479,7p　22cm　7500円　Ⓝ288.3
〔02348〕
◇徳川御三家付家老の研究　小山誉城著　大阪　清文堂出版　2006.12　382p　22cm　8400円　◇4-7924-0617-X　Ⓝ210.5
〔02349〕
◇徳川将軍側近の研究　福留真紀著　校倉書房　2006.3　274p　22cm　（歴史科学叢書）7000円　◇4-7517-3720-1　Ⓝ210.52
〔02350〕
◇徳川政権と幕閣　藤野保編　新人物往来社　1995.1　324p　20cm　2800円　◇4-404-02173-9　Ⓝ210.5
〔02351〕
◇徳川幕閣―武功派と官僚派の抗争　藤野保著　中央公論社　1965　243p　表　18cm　（中公新書）Ⓝ210.5
〔02352〕
◇徳川幕府事典　竹内誠編　東京堂出版　2003.7　583p　22×16cm　5800円　◇4-490-10621-1
〔02353〕
◇徳川幕府と巨大都市江戸　竹内誠編　東京堂出版　2003.10　574p　21cm　9500円　◇4-490-20511-2　〔02354〕
◇徳川幕府政談　萩原裕雄著　東京経済　1983.6　212p　19cm　980円　Ⓝ210.5
〔02355〕
◇徳川幕府政談　萩原裕雄著　マイブックチェーン21　1987.6　212p　18cm　1000円　Ⓝ210.5
〔02356〕
◇徳川幕閣のすべて　藤野保編　新人物往来社　1987.12　324p　20cm　2200円　◇4-404-01469-4　Ⓝ210.5
〔02357〕
◇日本史の人物像　第11　悲劇の幕臣　松島栄一編　筑摩書房　1968　319p　20cm　Ⓝ281.08
〔02358〕
◇日本の歴史文庫　11　江戸幕府　中田易直著　講談社　1975　365p　15cm　380円　Ⓝ210.1
〔02359〕
◇幕政改革　家近良樹編　吉川弘文館　2001.2　352p　22cm　（幕末維新論集 3）5500円　◇4-642-03723-3　Ⓝ210.58
〔02360〕
◇幕政と藩政　藤野保著　吉川弘文館　1979.10　258,10p　20cm　1900円　Ⓝ210.5
〔02361〕
◇幕府・関係機関旧蔵帝室博物館所蔵書籍解題　第1巻　村山徳淳編　ゆまに書房　2000.5　356p　22cm　（書誌書目シリーズ 52）◇4-8433-0027-6　Ⓝ029.61361
〔02362〕
◇幕府・関係機関旧蔵帝室博物館所蔵書籍解題　第5巻　村山徳淳編　ゆまに書房　2000.5　450p　22cm　（書誌書目シリーズ 52）◇4-8433-0031-4　Ⓝ029.61361
〔02363〕
◇幕府政治の弛張・諸藩の治　志賀剛編　京都　政経書院　1937　126p　23cm　（小学国史教師用書史料詳解　第26）Ⓝ375.3
〔02364〕
◇幕府制度史の研究　児玉幸多先生古稀記念会編　吉川弘文館　1983.10　406p　22cm　7800円　Ⓝ210.5
〔02365〕
◇幕末に於ける政治的支配形態　羽仁五郎著　岩波書店　1932.11　46p　23cm　（日本資本主義発達史講座 第1部　明治維新史）Ⓝ210.5
〔02366〕
◇非情の人間管理学―江戸の高級官僚たち　童門冬二著　旺文社　1986.1　279p　16cm　（旺文社文庫）400円　◇4-01-064361-7　Ⓝ210.04
〔02367〕
◇名家老がいて、愚家老がいた―江戸の殿様を支えたナンバー2それぞれの美学　鈴木亨著　ベストセラーズ　2002.12　239p　15cm　（ワニ文庫）619円

◆◆◆武鑑

◇秋田武鑑　則道原著　三浦賢童編　普及版　秋田　無明舎出版　2005.2　243p　21cm　3000円
Ⓘ4-89544-389-2　Ⓝ281.24　〔02369〕

◇江戸幕臣人名事典　熊井保編　改訂新版　新人物往来社　1997.11　1292p　22cm　40000円　Ⓘ4-404-02553-X　Ⓝ281.035　〔02370〕

◇江戸幕府大名武鑑編年集成　第1巻　深井雅海, 藤実久美子編　東洋書林　1999.11　411p　23cm　28000円
Ⓘ4-88721-379-4　Ⓝ281.035　〔02371〕

◇江戸幕府大名武鑑編年集成　第2巻　深井雅海, 藤実久美子編　東洋書林　1999.11　419p　23cm　28000円
Ⓘ4-88721-380-8　Ⓝ281.035　〔02372〕

◇江戸幕府大名武鑑編年集成　第3巻　深井雅海, 藤実久美子編　東洋書林　1999.11　451p　23cm　28000円
Ⓘ4-88721-381-6　Ⓝ281.035　〔02373〕

◇江戸幕府大名武鑑編年集成　第4巻　深井雅海, 藤実久美子編　東洋書林　1999.11　517p　23cm　28000円
Ⓘ4-88721-382-4　Ⓝ281.035　〔02374〕

◇江戸幕府大名武鑑編年集成　第5巻　深井雅海, 藤実久美子編　東洋書林　1999.11　397p　23cm　28000円
Ⓘ4-88721-383-2　Ⓝ281.035　〔02375〕

◇江戸幕府大名武鑑編年集成　第6巻　深井雅海, 藤実久美子編　東洋書林　1999.11　497p　23cm　28000円
Ⓘ4-88721-384-0　Ⓝ281.035　〔02376〕

◇江戸幕府大名武鑑編年集成　第7巻　深井雅海, 藤実久美子編　東洋書林　2000.4　477p　23cm　28000円
Ⓘ4-88721-385-9　Ⓝ281.035　〔02377〕

◇江戸幕府大名武鑑編年集成　第8巻　深井雅海, 藤実久美子編　東洋書林　2000.4　463p　23cm　28000円
Ⓘ4-88721-386-7　Ⓝ281.035　〔02378〕

◇江戸幕府大名武鑑編年集成　第9巻　深井雅海, 藤実久美子編　東洋書林　2000.4　475p　23cm　28000円
Ⓘ4-88721-387-5　Ⓝ281.035　〔02379〕

◇江戸幕府大名武鑑編年集成　第10巻　深井雅海, 藤実久美子編　東洋書林　2000.4　521p　23cm　28000円
Ⓘ4-88721-388-3　Ⓝ281.035　〔02380〕

◇江戸幕府大名武鑑編年集成　第11巻　深井雅海, 藤実久美子編　東洋書林　2000.4　431p　23cm　28000円
Ⓘ4-88721-389-1　Ⓝ281.035　〔02381〕

◇江戸幕府大名武鑑編年集成　第12巻　深井雅海, 藤実久美子編　東洋書林　2000.4　605p　23cm　28000円
Ⓘ4-88721-390-5　Ⓝ281.035　〔02382〕

◇江戸幕府大名武鑑編年集成　第13巻　深井雅海, 藤実久美子編　東洋書林　2000.11　477p　23cm　28000円
Ⓘ4-88721-391-3　Ⓝ281.035　〔02383〕

◇江戸幕府大名武鑑編年集成　第14巻　深井雅海, 藤実久美子編　東洋書林　2000.11　449p　23cm　28000円
Ⓘ4-88721-392-1　Ⓝ281.035　〔02384〕

◇江戸幕府大名武鑑編年集成　第15巻　深井雅海, 藤実久美子編　東洋書林　2000.11　543p　23cm　28000円
Ⓘ4-88721-393-X　Ⓝ281.035　〔02385〕

◇江戸幕府大名武鑑編年集成　第16巻　深井雅海, 藤実久美子編　東洋書林　2000.11　417p　23cm　28000円
Ⓘ4-88721-394-8　Ⓝ281.035　〔02386〕

◇江戸幕府大名武鑑編年集成　第17巻　深井雅海, 藤実久美子編　東洋書林　2000.11　425p　23cm　28000円
Ⓘ4-88721-395-6　Ⓝ281.035　〔02387〕

◇江戸幕府大名武鑑編年集成　第18巻　深井雅海, 藤実久美子編　東洋書林　2000.11　425p　23cm　28000円
Ⓘ4-88721-396-4　Ⓝ281.035　〔02388〕

◇江戸幕府役職武鑑編年集成　第1巻　深井雅海, 藤実久美子編　東洋書林　1996.9　36,535p　23cm　28000円
Ⓘ4-88721-155-4　Ⓝ281.035　〔02389〕

◇江戸幕府役職武鑑編年集成　第2巻　深井雅海, 藤実久美子編　東洋書林　1996.9　12,527p　23cm　28000円
Ⓘ4-88721-156-2　Ⓝ281.035　〔02390〕

◇江戸幕府役職武鑑編年集成　第3巻　深井雅海, 藤実久美子編　東洋書林　1996.9　12,487p　23cm　28000円
Ⓘ4-88721-157-0　Ⓝ281.035　〔02391〕

◇江戸幕府役職武鑑編年集成　第4巻　深井雅海, 藤実久美子編　東洋書林　1996.9　14,485p　23cm　28000円
Ⓘ4-88721-158-9　Ⓝ281.035　〔02392〕

◇江戸幕府役職武鑑編年集成　第5巻　深井雅海, 藤実久美子編　東洋書林　1996.9　12,563p　23cm　28000円
Ⓘ4-88721-159-7　Ⓝ281.035　〔02393〕

◇江戸幕府役職武鑑編年集成　第6巻　深井雅海, 藤実久美子編　東洋書林　1996.9　12,557p　23cm　28000円
Ⓘ4-88721-160-0　Ⓝ281.035　〔02394〕

◇江戸幕府役職武鑑編年集成　第7巻　深井雅海, 藤実久美子編　東洋書林　1997.4　502p　23cm　28000円
Ⓘ4-88721-161-9　Ⓝ281.035　〔02395〕

◇江戸幕府役職武鑑編年集成　第8巻　深井雅海, 藤実久美子編　東洋書林　1997.4　535p　23cm　28000円
Ⓘ4-88721-162-7　Ⓝ281.035　〔02396〕

◇江戸幕府役職武鑑編年集成　第9巻　深井雅海, 藤実久美子編　東洋書林　1997.4　497p　23cm　28000円
Ⓘ4-88721-163-5　Ⓝ281.035　〔02397〕

◇江戸幕府役職武鑑編年集成　第10巻　深井雅海, 藤実久美子編　東洋書林　1997.4　535p　23cm　28000円
Ⓘ4-88721-164-3　Ⓝ281.035　〔02398〕

◇江戸幕府役職武鑑編年集成　第11巻　深井雅海, 藤実久美子編　東洋書林　1997.4　587p　23cm　28000円
Ⓘ4-88721-165-1　Ⓝ281.035　〔02399〕

◇江戸幕府役職武鑑編年集成　第12巻　深井雅海, 藤実久美子編　東洋書林　1997.4　593p　23cm　28000円
Ⓘ4-88721-166-X　Ⓝ281.035　〔02400〕

◇江戸幕府役職武鑑編年集成　第13巻　深井雅海, 藤実久美子編　東洋書林　1997.11　467p　23cm　28000円
Ⓘ4-88721-167-8　Ⓝ281.035　〔02401〕

◇江戸幕府役職武鑑編年集成　第14巻　深井雅海, 藤実久美子編　東洋書林　1997.11　471p　23cm　28000円
Ⓘ4-88721-168-6　Ⓝ281.035　〔02402〕

◇江戸幕府役職武鑑編年集成　第15巻　深井雅海, 藤実久美子編　東洋書林　1997.11　479p　23cm　28000円
Ⓘ4-88721-169-4　Ⓝ281.035　〔02403〕

◇江戸幕府役職武鑑編年集成　第16巻　深井雅海, 藤実久美子編　東洋書林　1997.11　505p　23cm　28000円
Ⓘ4-88721-170-8　Ⓝ281.035　〔02404〕

◇江戸幕府役職武鑑編年集成　第17巻　深井雅海, 藤実久美子編　東洋書林　1997.11　513p　23cm　28000円
Ⓘ4-88721-171-6　Ⓝ281.035　〔02405〕

◇江戸幕府役職武鑑編年集成　第18巻　深井雅海, 藤実久美子編　東洋書林　1997.11　501p　23cm　28000円
Ⓘ4-88721-172-4　Ⓝ281.035　〔02406〕

◇江戸幕府役職武鑑編年集成　第19巻　深井雅海, 藤実久美子編　東洋書林　1998.4　511p　23cm　28000円
Ⓘ4-88721-281-X　Ⓝ281.035　〔02407〕

◇江戸幕府役職武鑑編年集成　第20巻　深井雅海, 藤実久美子編　東洋書林　1998.4　485p　23cm　28000円
Ⓘ4-88721-282-8　Ⓝ281.035　〔02408〕

◇江戸幕府役職武鑑編年集成　第21巻　深井雅海,藤実久美子編　東洋書林　1998.4　533p　23cm　28000円　Ⓘ4-88721-283-6　Ⓝ281.035　〔02409〕

◇江戸幕府役職武鑑編年集成　第22巻　深井雅海,藤実久美子編　東洋書林　1998.4　525p　23cm　28000円　Ⓘ4-88721-284-4　Ⓝ281.035　〔02410〕

◇江戸幕府役職武鑑編年集成　第23巻　深井雅海,藤実久美子編　東洋書林　1998.4　471p　23cm　28000円　Ⓘ4-88721-285-2　Ⓝ281.035　〔02411〕

◇江戸幕府役職武鑑編年集成　第24巻　深井雅海,藤実久美子編　東洋書林　1998.4　567p　23cm　28000円　Ⓘ4-88721-286-0　Ⓝ281.035　〔02412〕

◇江戸幕府役職武鑑編年集成　第25巻　深井雅海,藤実久美子編　東洋書林　1998.11　605p　23cm　28000円　Ⓘ4-88721-287-9　Ⓝ281.035　〔02413〕

◇江戸幕府役職武鑑編年集成　第26巻　深井雅海,藤実久美子編　東洋書林　1998.11　517p　23cm　28000円　Ⓘ4-88721-288-7　Ⓝ281.035　〔02414〕

◇江戸幕府役職武鑑編年集成　第27巻　深井雅海,藤実久美子編　東洋書林　1998.11　543p　23cm　28000円　Ⓘ4-88721-289-5　Ⓝ281.035　〔02415〕

◇江戸幕府役職武鑑編年集成　第28巻　深井雅海,藤実久美子編　東洋書林　1998.11　435p　23cm　28000円　Ⓘ4-88721-290-9　Ⓝ281.035　〔02416〕

◇江戸幕府役職武鑑編年集成　第29巻　深井雅海,藤実久美子編　東洋書林　1998.11　537p　23cm　28000円　Ⓘ4-88721-291-7　Ⓝ281.035　〔02417〕

◇江戸幕府役職武鑑編年集成　第30巻　深井雅海,藤実久美子編　東洋書林　1998.11　523p　23cm　28000円　Ⓘ4-88721-292-5　Ⓝ281.035　〔02418〕

◇江戸幕府役職武鑑編年集成　第31巻　深井雅海,藤実久美子編　東洋書林　1999.5　513p　23cm　28000円　Ⓘ4-88721-293-3　Ⓝ281.035　〔02419〕

◇江戸幕府役職武鑑編年集成　第32巻　深井雅海,藤実久美子編　東洋書林　1999.5　507p　23cm　28000円　Ⓘ4-88721-294-1　Ⓝ281.035　〔02420〕

◇江戸幕府役職武鑑編年集成　第33巻　深井雅海,藤実久美子編　東洋書林　1999.5　545p　23cm　28000円　Ⓘ4-88721-295-X　Ⓝ281.035　〔02421〕

◇江戸幕府役職武鑑編年集成　第34巻　深井雅海,藤実久美子編　東洋書林　1999.5　547p　23cm　28000円　Ⓘ4-88721-296-8　Ⓝ281.035　〔02422〕

◇江戸幕府役職武鑑編年集成　第35巻　深井雅海,藤実久美子編　東洋書林　1999.5　573p　23cm　28000円　Ⓘ4-88721-297-6　Ⓝ281.035　〔02423〕

◇御国分武鑑　京都　出雲寺文次郎〔ほか〕　1868　25丁　11×16cm　Ⓝ281.03　〔02424〕

◇京都武鑑　下　京都市歴史資料館編　京都　京都市歴史資料館　2004.2　75,30p　22×31cm　（叢書・京都の史料 8）3619円　Ⓝ281.62　〔02425〕

◇誠忠武鑑　堀部次郎著　文昌閣　1909.6　538,46p　23cm　Ⓝ210.5　〔02426〕

◇幕末諸侯綜覧　太田正弘編　神戸　六甲出版　1996.11　194p　22cm　5000円　Ⓘ4-947600-78-0　Ⓝ281.035　〔02427〕

◇文政武鑑　3　大名編　文政5〜8年　柏書房　1991.9　432p　23cm　（編年江戸武鑑）6800円　Ⓘ4-7601-0723-1　Ⓝ281.035　〔02428〕

◇文政武鑑　4　役職編　文政5〜8年　柏書房　1991.12　470p　23cm　（編年江戸武鑑）6800円　Ⓘ4-7601-0742-8　Ⓝ281.035　〔02429〕

◇文政武鑑　5　大名編　文政9〜12年　柏書房　1992.5　439p　23cm　（編年江戸武鑑）6800円　Ⓘ4-7601-0749-5　Ⓝ281.035　〔02430〕

◆◆◆旗本

◇江戸の旗本事典―歴史・時代小説ファン必携　小川恭一著　講談社　2003.9　423p　15cm　（講談社文庫）667円　Ⓘ4-06-273616-0　Ⓝ210.5　〔02431〕

◇江戸の旗本たち―墓碑銘をたずねて　河原芳嗣著　アグネ技術センター　1997.3　275p　21cm　3500円　Ⓘ4-7507-0860-7　Ⓝ281.04　〔02432〕

◇江戸幕府旗本人名事典　第1巻　小川恭一編著　原書房　1989.6　685p　27cm　19506円　Ⓘ4-562-02038-5　Ⓝ281.035　〔02433〕

◇江戸幕府旗本人名事典　第2巻　小川恭一編著　原書房　1989.8　532p　27cm　19500円　Ⓘ4-562-02039-3　Ⓝ281.035　〔02434〕

◇江戸幕府旗本人名事典　第3巻　小川恭一編著　原書房　1989.10　541p　27cm　19500円　Ⓘ4-562-02040-7　Ⓝ281.035　〔02435〕

◇江戸幕府旗本人名事典　第4巻　小川恭一編著　原書房　1989.12　585p　27cm　19500円　Ⓘ4-562-02041-5　Ⓝ281.035　〔02436〕

◇江戸幕府旗本人名事典　別巻　小川恭一編著　原書房　1990.5　367p　27cm　19500円　Ⓘ4-562-02042-3　Ⓝ281.035　〔02437〕

◇江戸老人旗本夜話　氏家幹人著　講談社　2004.6　349p　15cm　（講談社文庫）695円　Ⓘ4-06-274791-X　〔02438〕

◇お旗本の家計事情と暮らしの知恵　小川恭一著　つくばね舎　1999.7　197p　21cm　2500円　Ⓘ4-924836-37-0　Ⓝ210.5　〔02439〕

◇家紋・旗本八万騎　高橋賢一著　秋田書店　1976　317p　20cm　1200円　Ⓝ288.6　〔02440〕

◇寛政譜以降旗本家百科事典　第1巻　小川恭一編著　東洋書林　1997.11　766p　24cm　28000円　Ⓘ4-88721-303-4　Ⓝ281.035　〔02441〕

◇寛政譜以降旗本家百科事典　第2巻　小川恭一編著　東洋書林　1997.11　p768-1158　24cm　28000円　Ⓘ4-88721-304-2　Ⓝ281.035　〔02442〕

◇寛政譜以降旗本家百科事典　第3巻　小川恭一編著　東洋書林　1997.12　p1160-1890　24cm　28000円　Ⓘ4-88721-305-0　Ⓝ281.035　〔02443〕

◇寛政譜以降旗本家百科事典　第4巻　小川恭一編著　東洋書林　1998.5　p1892-2466　24cm　28000円　Ⓘ4-88721-306-9　Ⓝ281.035　〔02444〕

◇寛政譜以降旗本家百科事典　第5巻　小川恭一編著　東洋書林　1998.5　p2468-3109　24cm　28000円　Ⓘ4-88721-307-7　Ⓝ281.035　〔02445〕

◇寛政譜以降旗本家百科事典　第6巻　小川恭一編著　東洋書林　1998.7　470p　24cm　28000円　Ⓘ4-88721-308-5　Ⓝ281.035　〔02446〕

◇記録御用所本古文書―近世旗本家伝文書集　上巻　神崎彰利監修　下山治久編　東京堂出版　2000.9　519p　22cm　15000円　Ⓘ4-490-20416-7　Ⓝ210.5　〔02447〕

◇記録御用所本古文書―近世旗本家伝文書集　下巻　神崎彰利監修　下山治久編　東京堂出版　2001.9　587p　22cm　19000円　Ⓘ4-490-20441-8　Ⓝ210.5　〔02448〕

◇元禄養老夜話―旗本天野弥五右衛門の晩節　氏家幹人著　新人物往来社　1996.2　263p　19cm　2200円　Ⓘ4-404-02344-8　〔02449〕

近世一般　　　　　　　　　　　　　　近世史

◇交代寄合高木家の研究―近世領主権力と支配の特質　伊藤孝幸著　大阪　清文堂出版　2004.11　430p　21cm　8800円　④4-7924-0559-9　〔02450〕

◇三百石以上御旗本方御先代并御高御屋敷之記―文政七年申正月改之　樋口正意著　三島市郷土館編　三島　三島市教育委員会　1997.3　91p　19×26cm　Ⓝ281.035　〔02451〕

◇攘夷と伝統―その思想史的考察　小池喜明著　ぺりかん社　1985.5　231p　20cm　2000円　Ⓝ121.5　〔02452〕

◇攘夷論　片岡啓治著　イザラ書房　1974　198p　20cm　1400円　Ⓝ121.02　〔02453〕

◇徳川幕府の昇進制度―寛政十年末旗本昇進表　小川恭一著　岩田書院　2006.10　264p　27cm　7900円　④4-87294-443-7　Ⓝ210.5　〔02454〕

◇徳川旗本八万騎人物系譜総覧　新人物往来社　2004.5　264p　21cm　（別冊歴史読本　第29巻15号）1800円　④4-404-03083-5　Ⓝ281.04　〔02455〕

◇旗本　新見吉治著　吉川弘文館　1995.3　402,10p　20cm　（日本歴史叢書 新装版）3296円　④4-642-06609-8　Ⓝ210.5　〔02456〕

◇旗本金田氏家史研究　金田近二著　金田正也編　尾張旭　金田正也　2004.5　291p　21cm　非売品　Ⓝ288.2　〔02457〕

◇旗本たちの昇進競争―鬼平と出世　山本博文著　角川グループパブリッシング（発売）　2007.5　222p　15cm　（角川文庫―角川ソフィア文庫 シリーズ江戸学）552円　④978-4-04-406301-6　Ⓝ289.1　〔02458〕

◇旗本知行所の支配構造―旗本石河氏の知行所支配と家政改革　川村優著　吉川弘文館　1991.3　420,3p　22cm　9000円　④4-642-03301-7　Ⓝ210.5　〔02459〕

◇旗本と町奴　柏原昌三著　国史講習会　1922　132p　19cm　（文化叢書 第5編）Ⓝ210.5　〔02460〕

◇旗本の経済学―御庭番川村修富の手留帳　小松重男著　新潮社　1991.1　270p　19cm　（新潮選書）1000円　④4-10-600392-9　Ⓝ210.55　〔02461〕

◇旗本の経済学―御庭番川村修富の手留帳　小松重男著　郁朋社　2000.9　265p　20cm　1500円　④4-87302-116-2　Ⓝ210.55　〔02462〕

◇旗本の実態―大嶋雲四郎家の場合、発掘の成果を踏まえて　上　旗本研究会編　糸貫町（岐阜県）〔旗本研究会〕　2003.3　256p　19cm　1600円　Ⓝ213.61　〔02463〕

◇旗本の村落支配史料　3　川村優編　白子町（千葉県）日本村落自治史料調査研究会　2002.6　39p　19×26cm　1000円　〔02464〕

◇旗本夫人が見た江戸のたそがれ―井関隆子のエスプリ日記　深沢秋男著　文藝春秋　2007.11　230p　18cm　（文春新書）730円　④978-4-16-660606-1　〔02465〕

◇旗本領郷村の研究　川村優著　岩田書院　2004.8　468p　22cm　（近世史研究叢書 11）11800円　④4-87294-328-7　Ⓝ210.5　〔02466〕

◆◆大奥

◇江戸大奥閨房情史　九華坊編　一元社書房　1929　1冊　19cm　Ⓝ210.5　〔02467〕

◇江戸奥女中物語　畑尚子著　講談社　2001.8　235p　18cm　（講談社現代新書）680円　④4-06-149565-8　Ⓝ210.5　〔02468〕

◇絵解き 大奥の謎―愛憎と謀略が渦巻く女たちの魔宮　山本博文監修　廣済堂出版　2008.1　95p　26cm　1200円　④978-4-331-51280-7　〔02469〕

◇江戸検定手習帖「江戸」のいろは 大奥編　萩原裕雄グループ著　シーエイチシー，コアラブックス〔発売〕　2006.10　187p　19cm　1300円　④4-86097-215-5　〔02470〕

◇江戸城大奥―権力と愛憎の女たち　卜部典子著　ぶんか社　2005.12　287p　15cm　（ぶんか社文庫）714円　④4-8211-5020-4　〔02471〕

◇江戸城大奥の生活　高柳金芳著　雄山閣　1965　308p　22cm　Ⓝ210.5　〔02472〕

◇江戸城大奥の生活　高柳金芳著　雄山閣出版　1969　308p　22cm　（生活史叢書 7）1200円　Ⓝ210.5　〔02473〕

◇江戸城大奥の生活　高柳金芳著　雄山閣出版　1980.12　316p　22cm　（生活史叢書 7）Ⓝ210.5　〔02474〕

◇江戸城「大奥の謎」―教科書にはでてこない歴史の裏側　邦光史郎著　光文社　1989.1　247p　18cm　（カッパ・ブックス）730円　④4-334-00479-2　Ⓝ210.5　〔02475〕

◇江戸城「大奥」の謎―教科書に出てこない歴史の裏側　中江克己著　ベストセラーズ　2002.5　230p　19cm　1380円　④4-584-18674-X　Ⓝ210.5　〔02476〕

◇江戸城大奥の秘密―趣味史談　武田完二著　大原書房　1936　49p　19cm　Ⓝ210.5　〔02477〕

◇江戸城・大奥の秘密　安藤優一郎著　文藝春秋　2007.6　181p　18cm　（文春新書）690円　④978-4-16-660576-7　〔02478〕

◇江戸城・大奥の秘密　安藤優一郎著　文藝春秋　2007.6　181p　18cm　（文春新書）690円　④978-4-16-660576-7　Ⓝ210.5　〔02479〕

◇江戸城大奥秘史―趣味史談　武田完二著　大同館　1934　520p　20cm　Ⓝ210.5　〔02480〕

◇江戸城「大奥」秘蔵考　足立直郎著　イースト・プレス　1998.1　237p　21cm　（幻の性資料 第7巻）2200円　④4-87257-129-0　〔02481〕

◇江戸城大奥100話　立風書房　1989.9　284p　20cm　1350円　④4-651-75019-2　Ⓝ210.5　〔02482〕

◇江戸城と大奥　中西立太画・文　学習研究社　1988.12　127p　26cm　（ピクトリアル江戸 1）2400円　④4-05-103038-5　Ⓝ210.5　〔02483〕

◇江戸城の迷宮「大奥の謎」を解く　中江克己著　PHP研究所　2006.9　295p　15cm　（PHP文庫）629円　④4-569-66675-2　〔02484〕

◇江戸の女の底力―大奥随筆　氏家幹人著　世界文化社　2004.11　271p　20cm　1700円　④4-418-04527-9　Ⓝ210.5　〔02485〕

◇江戸爛熟期の大奥女中の紊乱振り　武田完二著　大原書房　1936　49p　19cm　Ⓝ210.5　〔02486〕

◇大江戸おもしろ帳―大奥から庶民の日常まで！　大江戸研究会編　コスミック出版　2007.3　223p　18cm　（コスミック新書）838円　④978-4-7747-0682-5　〔02487〕

◇大江戸百華繚乱―大奥から遊里まで54のおんなみち　森実与子著　学習研究社　2007.2　309p　15cm　（学研M文庫）638円　④978-4-05-901193-4　〔02488〕

◇大奥　鈴木由紀子著　幻冬舎　2005.10　278p　19cm　1500円　④4-344-01055-8　〔02489〕

◇大奥―絢爛きもの図鑑　扶桑社（発売）　2006.12　91p　30cm　1905円　④4-594-05268-1　Ⓝ753.2　〔02490〕

◇大奥―女たちの謀略 ビックリ映画・ドラマが超面白くなる歴史のウラ常識 歴史人物エンターテインメント　江戸歴史文化研究会編　日本文芸社　2006.12　197p　18cm　648円　④4-537-25451-3　Ⓝ210.5　〔02491〕

◇大奥―女たちの暮らしと権力闘争　清水昇, 川口素生著

新紀元社　2007.12　281p　21cm　(Truth In History 12)1900円　①978-4-7753-0595-9　〔02492〕

◇大奥炎上―江戸城の女たち　楠戸義昭著　大和書房　2007.11　284p　15cm　(だいわ文庫)705円　①978-4-479-30139-4　〔02493〕

◇大奥をゆるがせた七人の女―天璋院篤姫から絵島まで　由良弥生著　講談社　2007.11　253p　15cm　(講談社プラスアルファ文庫)648円　①978-4-06-281159-0　〔02494〕

◇大奥、群盗騒動記―江戸時代あれこれ話　加藤むつみ著　文芸社　2003.1　171p　19cm　1000円　①4-8355-4978-3　Ⓝ210.5　〔02495〕

◇大奥激震録　吉田豊編　柏書房　2000.9　143p　26cm　(チャレンジ江戸の古文書)2000円　①4-7601-1956-6　Ⓝ210.5　〔02496〕

◇大奥公式之書　フジテレビ出版, 扶桑社〔発売〕　2004.12　159p　21cm　1600円　①4-594-04863-3　〔02497〕

◇大奥の裏話―日本性笑史2　原利夫著, 木俣清史画　女性モード社　1988.5　235p　19cm　2500円　Ⓝ049.1　〔02498〕

◇大奥のおきて―「女人版図」しきたりの謎　由良弥生著　阪急コミュニケーションズ　2007.10　211p　19cm　1300円　①978-4-484-07226-5　〔02499〕

◇大奥の奥　鈴木由紀子著　新潮社　2006.11　205p　18cm　(新潮新書)680円　①4-10-610191-2　Ⓝ210.5　〔02500〕

◇大奥の虚像と謎―江戸城に秘められた夜の舞台裏　風巻絃一著　日本文芸社　1983.9　222p　18cm　(舵輪ブックス)680円　①4-537-00771-0　Ⓝ210.5　〔02501〕

◇大奥の宰相　古那局　野村昭子著　叢文社　2000.2　224p　19cm　1800円　①4-7947-0330-9　〔02502〕

◇大奥のしきたり―豪華絵巻で楽しむ　オールカラー　雲村俊慥著　PHP研究所　2007.12　48p　図版8枚　21×30cm　1300円　①978-4-569-69491-7　Ⓝ210.5　〔02503〕

◇大奥の女中　池田晃淵著　富山房　1895.1　3冊(上226, 中172, 下222p)　22cm　Ⓝ210.5　〔02504〕

◇大奥の女中　池田晃淵著　富山房　1917　576p　18cm　Ⓝ210.5　〔02505〕

◇大奥の謎―秘められた江戸の密室　邦光史郎著　光文社　2003.9　258p　16cm　(知恵の森文庫)533円　①4-334-78243-4　Ⓝ210.5　〔02506〕

◇「大奥の謎」を解く―江戸城の迷宮　中江克己著　PHP研究所　2006.9　295p　15cm　(PHP文庫)629円　①4-569-66675-2　Ⓝ210.5　〔02507〕

◇大奥の24時間　由良弥生著　三笠書房　2005.4　251p　15cm　(知的生きかた文庫)533円　①4-8379-7476-7　Ⓝ210.5　〔02508〕

◇大奥の秘事　高柳金芳著　雄山閣　2003.7　145p　19cm　(江戸時代選書 3)1600円　①4-639-01802-9　Ⓝ210.5　〔02509〕

◇大奥の秘事　高柳金芳著　光文社　2006.12　190p　15cm　(知恵の森文庫)552円　①4-334-78455-0　〔02510〕

◇大奥の美女は踊る―徳川十五代のお家事情　雲村俊慥著　PHP研究所　2007.1　275p　18cm　(PHP新書)760円　①4-569-65794-X　Ⓝ210.5　〔02511〕

◇大奥101の謎　淡野史良著　河出書房新社　2007.12　94p　26cm　933円　①978-4-309-22474-9　〔02512〕

◇大奥よろず草紙　由良弥生著　原書房　2003.2　275p　20cm　1800円　①4-562-03611-7　Ⓝ210.5　〔02513〕

◇面白いほどわかる大奥のすべて―江戸城の女性たちは、どのような人生を送っていたのか　山本博文著　中経出版　2007.12　223p　19cm　1300円　①978-4-8061-2919-6　〔02514〕

◇お世継ぎのつくりかた―大奥から長屋まで　江戸の性と統治システム　鈴木理生著　筑摩書房　2006.9　246p　19cm　1700円　①4-480-85785-0　〔02515〕

◇怨念と情欲の大奥㊙絵巻―禁断の魔境に絡み合う愛欲と野心　風巻絃一著　日本文芸社　1993.11　235p　15cm　(にちぶん文庫)480円　①4-537-06239-8　Ⓝ210.049　〔02516〕

◇大奥・代表取締役　春日局　長谷川順音著　文芸社　1999.11　214p　19cm　1500円　①4-88737-661-8　〔02517〕

◇豪華絵巻で楽しむ大奥のしきたり―厳選8作品塗り絵つき　雲村俊慥著　PHP研究所　2007.12　1冊　21×30cm　1300円　①978-4-569-69491-7　〔02518〕

◇御殿女中　三田村鳶魚著　朝倉治彦編　中央公論社　1998.1　505p　16cm　(中公文庫―鳶魚江戸文庫 17)933円　①4-12-203049-8　Ⓝ210.5　〔02519〕

◇最後の大奥　天璋院篤姫と和宮　鈴木由紀子著　幻冬舎　2007.11　204p　18cm　(幻冬舎新書)720円　①978-4-344-98062-4　〔02520〕

◇週刊ビジュアル日本の歴史　no.32　江戸の行革　2　デアゴスティーニ・ジャパン　2000.9　p44-83　30cm　533円　Ⓝ210.1　〔02521〕

◇将軍と大奥―江戸城の「事件と暮らし」　山本博文著　小学館　2007.7　191p　21cm　1800円　①978-4-09-626605-2　Ⓝ210.5　〔02522〕

◇史料　徳川夫人伝　高柳金芳校注　人物往来社　1967　438p　20cm　Ⓝ288.3　〔02523〕

◇深秘徳川大奥　高瀬羽皐著　嵩山房　1930　249p　20cm　Ⓝ210.5　〔02524〕

◇人物事典江戸城大奥の女たち　卜部典子著　新人物往来社　1988.12　207p　20cm　2000円　①4-404-01577-1　Ⓝ281　〔02525〕

◇「図解」大奥のすべてがわかる本―知られざる徳川250年の裏面史　日本博学倶楽部著　PHP研究所　2007.11　95p　26cm　952円　①978-4-569-69475-7　Ⓝ210.5　〔02526〕

◇図説・大奥のすべて―衣装・御殿・全職制　決定版　学習研究社　2007.12　173p　26cm　(歴史群像シリーズ　特別編集)1900円　①978-4-05-604947-3　Ⓝ210.5　〔02527〕

◇千代田城大奥　永島今四郎, 太田饗雄編　朝野新聞社　1892　2冊(上250, 下217,68p)　22cm　(朝野叢書)Ⓝ210.5　〔02528〕

◇千代田城大奥　永島今四郎, 太田饗雄合著　原書房　1971　1冊　22cm　(明治百年史叢書)4500円　Ⓝ210.5　〔02529〕

◇定本　江戸城大奥　永島今四郎, 大田資雄編　人物往来社　1968　453p　20cm　Ⓝ210.5　〔02530〕

◇定本江戸城大奥　永島今四郎, 太田饗雄編　新人物往来社　1995.1　453p　22cm　5000円　①4-404-02171-2　Ⓝ210.5　〔02531〕

◇徳川葵の女たち―母と子の絆と愛憎絵巻　新人物往来社　2000.7　192p　26cm　(別冊歴史読本 48)2000円　①4-404-02748-6　Ⓝ288.3　〔02532〕

◇徳川妻妾記　高柳金芳著　雄山閣　2003.8　286p　19cm　(江戸時代選書 9)2300円　①4-639-01808-8　Ⓝ288.3　〔02533〕

◇徳川の母と子　真野恵激著　名古屋　中日新聞本社

近世一般　　　　　　　　　　近世史

◇1987.2　325p　19cm　1500円　Ⓘ4-8062-0179-0
Ⓝ210.5　〔02534〕
◇徳川夫人伝―史料　高柳金芳校注　新人物往来社
1995.1　438p　22cm　5000円　Ⓘ4-404-02170-4
Ⓝ288.3　〔02535〕
◇幕末の大奥　高柳金芳著　雄山閣　1974　235p　22cm
（雄山閣歴史選書 24）1800円　Ⓝ210.58　〔02536〕
◇幕末の大奥―天璋院と薩摩藩　畑尚子著　岩波書店
2007.12　211,3p　18cm　（岩波新書）740円
Ⓘ978-4-00-431109-6　〔02537〕
◇ピクトリアル江戸　1　江戸城と大奥　中西立太画・文
学習研究社　1988.12　126p　26cm　2400円
Ⓘ4-05-103038-5　Ⓝ210.5　〔02538〕
◇武家の夫人たち　稲垣史生著　増補改訂　新人物往来社
1995.6　237p　20cm　2600円　Ⓘ4-404-02210-7
Ⓝ210.5　〔02539〕
◇？大奥残酷物語―陰謀と怪奇の裏面史　須崎竜平著　日
本文芸社　1968　222p　18cm　〔02540〕
◇三田村鳶魚全集　第3巻　中央公論社　1976　360p
20cm　1800円　Ⓝ210.5　〔02541〕

◆◆◆春日局
◇春日局おもしろ事典　左方郁子著　紀行社　1988.11
258p　19cm　（歴史おもしろシリーズ）1300円
Ⓘ4-404-01562-3　Ⓝ289　〔02542〕
◇春日局伝　天沢文雅著　天沢文雅　1892.10　28p
19cm　Ⓝ289.1　〔02543〕
◇春日局のすべて　稲垣史生編　新人物往来社　1988.11
235p　20cm　2000円　Ⓘ4-404-01561-5　Ⓝ289
〔02544〕
◇殉職の女性春日局　大阪　郷土史研究会　1942　55p
19cm　Ⓝ289.1　〔02545〕

◆◆◆天璋院篤姫
◇篤姫―わたくしこと一命にかけ徳川の「家」を守り抜い
た女の生涯　原口泉著　グラフ社　2008.1　239p
19cm　1200円　Ⓘ978-4-7662-1111-5　〔02546〕
◇篤姫と大奥の秘められた真実　清水将大著　コスミック
出版　2008.1　223p　18cm　762円
Ⓘ978-4-7747-0699-3　〔02547〕
◇篤姫の生涯　宮尾登美子著　日本放送出版協会　2007.11
219p　19cm　1300円　Ⓘ978-4-14-005534-2　〔02548〕
◇天璋院篤姫　寺尾美保著　鹿児島　高城書房　2007.6
270p　19cm　1500円　Ⓘ978-4-88777-104-8　Ⓝ289.1
〔02549〕
◇天璋院篤姫―徳川家を護った将軍御台所　徳永和喜著
新人物往来社　2007.12　244p　19cm　1800円
Ⓘ978-4-404-03507-3　〔02550〕
◇天璋院篤姫と大奥の女たちの謎―徹底検証　加来耕三著
講談社　2007.10　459p　15cm　（講談社文庫）733円
Ⓘ978-4-06-275861-1　〔02551〕
◇天璋院篤姫のすべて　芳即正編　新人物往来社　2007.
11　222p　20cm　2800円　Ⓘ978-4-404-03491-5
Ⓝ289.1　〔02552〕
◇天璋院と徳川将軍家101の謎　川口素生著　PHP研究所
2007.11　311p　15cm　（PHP文庫）590円
Ⓘ978-4-569-66811-6　Ⓝ289.1　〔02553〕
◇幕末の大奥―天璋院と薩摩藩　畑尚子著　岩波書店
2007.12　211,3p　18cm　（岩波新書）740円
Ⓘ978-4-00-431109-6　〔02554〕

◆◆◆和宮
◇和宮　武部敏夫著　吉川弘文館　1965　244p　18cm
（人物咳書 日本歴史学会編）Ⓝ288.44　〔02555〕
◇和宮―物語と史蹟をたずねて　遠藤幸威著　成美堂出版
1979.12　224p　19cm　800円　Ⓝ288.44　〔02556〕
◇和宮　武部敏夫著　吉川弘文館　1987.3　244p　19cm
（人物叢書 新装版）1500円　Ⓘ4-642-05071-X　Ⓝ288.44
〔02557〕
◇和宮―物語と史蹟をたずねて　遠藤幸威著　成美堂出版
1996.7　327p　16cm　（成美文庫）560円
Ⓘ4-415-06446-9　Ⓝ288.44　〔02558〕
◇和宮様御飛ゐ那御道具―和宮様御婚礼御入用帳八　翻刻
国立公文書館内閣文庫所蔵　吉田節子翻刻　出版地不明
［吉田節子］　2007.11　142p　21cm　Ⓝ385.4　〔02559〕
◇和宮様御下向『御固出役留記』を読む　丸山吉三郎原著
倉石梓著　むげん出版　2006.12　39p　26cm
1600円　Ⓘ4-89640-904-3　Ⓝ210.58　〔02560〕
◇和宮様御下向御用日記留　岡田加兵衛著，蕨市編　蕨
蕨市　1987.1　110p　26cm　（蕨市史調査報告書　第3
集）Ⓝ213.4　〔02561〕
◇和宮様御下向ニ付諸事留帳―古里下飯田　谷口宰著　名
古屋　朝日新聞名古屋本社企画事業部編集制作センター
（製作）　2004.2　203p　22cm　Ⓝ215　〔02562〕
◇近世日本国民史和宮御降嫁―久世・安藤執政時代　徳富
蘇峰著　平泉澄校訂　講談社　1992.7　488p　15cm
（講談社学術文庫）1600円　Ⓘ4-06-159034-0　Ⓝ210.58
〔02563〕
◇皇女和宮　遠藤幸威著　新人物往来社　1976　233p
20cm　1200円　Ⓝ288.44　〔02564〕
◇皇女和宮―幕末の朝廷と幕府　東京都江戸東京博物館編
東京都江戸東京博物館　1997.10　181p　30cm　Ⓝ210.
58　〔02565〕
◇皇女和宮と中山道　依田幸人著　長野　信毎書籍出版セ
ンター　1985.4　211p　20cm　1500円　Ⓝ288.44
〔02566〕
◇再現日本史―週刊time travel　幕末・維新 5　講談社
2001.8　42p　30cm　533円　Ⓝ210.1　〔02567〕
◇中仙道関係資料から見た皇女和ノ宮の降嫁　渡辺俊典著
瑞浪　瑞浪市地方史研究会　1971.2　189p　22cm　非
売品　Ⓝ210.58　〔02568〕

◆◆大名
◇遊びをする将軍踊る大名　山本博文著　教育出版
2002.6　193p　19cm　（江戸東京ライブラリー
20）1500円　Ⓘ4-316-35890-1　Ⓝ210.52　〔02569〕
◇池上本門寺近世大名家墓所の調査　坂詰秀一編　池上本
門寺奉賛会日蓮聖人立教開宗750年慶讃事業実行委員会
2002.10　277p　図版53枚　31cm　Ⓝ281.02　〔02570〕
◇隠居大名の江戸暮らし―年中行事と食生活　江後迪子著
吉川弘文館　1999.9　191p　19cm　（歴史文化ライブラ
リー 74）1700円　Ⓘ4-642-05474-X　Ⓝ210.5　〔02571〕
◇江戸三〇〇藩最後の藩主―うちの殿さまは何をした？
八幡和郎著　光文社　2004.3　375p　18cm　（光文社新
書）850円　Ⓘ4-334-03241-9　〔02572〕
◇江戸三〇〇藩最後の藩主―うちの殿様は何をした？　八
幡和郎著　光文社　2004.3　375p　18cm　（光文社新
書）850円　Ⓘ4-334-03241-9　Ⓝ210.58　〔02573〕
◇江戸300藩殿様のその後―明治から平成まで、大名はこ
う生き抜いた！　中山良昭著　朝日新聞社　2007.8
316p　18cm　（朝日新書）780円　Ⓘ978-4-02-273160-9
Ⓝ281.04　〔02574〕

近世史　　　　　　　　　　　　　　　　　　　　　　　　　近世一般

◇江戸三百藩まるごとデータブック―大名屋敷マップ掲載　人文社　2007.4　143p　21cm　（ものしりミニシリーズ）1700円　①978-4-7959-1750-7　Ⓝ210.5　〔02575〕

◇江戸城のトイレ、将軍のおまる―小川恭一翁柳営談　小川恭一著　講談社　2007.10　445p　18cm　1300円　①978-4-06-214193-2　Ⓝ210.5　〔02576〕

◇江戸大名―知れば知るほど　大石慎三郎監修　実業之日本社　1998.8　269p　19cm　1300円　①4-408-10284-9　Ⓝ281.04　〔02577〕

◇江戸大名家誕生物語　新人物往来社　2000.6　196p　21cm　（歴史読本臨時増刊）1429円　Ⓝ210.5　〔02578〕

◇江戸大名五十三次旅日記　新人物往来社　1995.6　296p　21cm　（歴史読本臨時増刊）1600円　Ⓝ210.5　〔02579〕

◇江戸大名下屋敷を考える　児玉幸多監修　品川区立品川歴史館編　雄山閣　2004.8　188p　21cm　2400円　①4-639-01854-1　Ⓝ521.853　〔02580〕

◇江戸大名データファイル127人　新人物往来社　2003.10　208p　21cm　（別冊歴史読本 60号）1600円　①4-404-03060-6　Ⓝ281.04　〔02581〕

◇江戸・大名の墓を歩く　河原芳嗣著　六興出版　1991.8　283p　19cm　（ロッコウブックス）1400円　①4-8453-5073-4　Ⓝ281.02　〔02582〕

◇江戸大名墓総覧　秋元茂陽著　金融界社　1998.6　1371p　31cm　76190円　①4-7888-9984-1　Ⓝ281.02　〔02583〕

◇江戸大名100話　立風書房　1990.4　303p　20cm　1350円　①4-651-75020-6　Ⓝ281.04　〔02584〕

◇江戸錦大絵図―附録・徳川時代大名変遷一覧表　日本美術書院編　日本美術書院　1929　1枚　102×114cm　Ⓝ291.36　〔02585〕

◇江戸日本を創った藩祖総覧　武光誠著　PHP研究所　2005.9　297p　18cm　（PHP新書）780円　①4-569-64453-8　Ⓝ281.04　〔02586〕

◇江戸の大名人物列伝　童門冬二監修　東京書籍　2000.6　245p　20cm　1600円　①4-487-79517-6　Ⓝ281.04　〔02587〕

◇江戸の殿さま全600家―創業も生き残りもたいへんだ　八幡和郎著　講談社　2004.8　363p　16cm　（講談社＋α文庫）743円　①4-06-256869-1　Ⓝ210.48　〔02588〕

◇江戸幕藩大名家事典　上巻　小川恭一編著　原書房　1992.2　388p　23cm　18000円　①4-562-02281-7　Ⓝ210.5　〔02589〕

◇江戸幕藩大名家事典　中巻　小川恭一編著　原書房　1992.3　p391～810　23cm　18000円　①4-562-02282-5　Ⓝ210.5　〔02590〕

◇江戸幕藩大名家事典　下巻　小川恭一編著　原書房　1992.6　348p　23cm　16000円　①4-562-02283-3　Ⓝ210.5　〔02591〕

◇大江戸の姫さま―ペットからお輿入れまで　関口すみ子著　角川学芸出版　2005.8　188p　19cm　（角川選書 381）1400円　①4-04-703381-2　Ⓝ367.21　〔02592〕

◇おかしな大名たち　神坂次郎著　中央公論社　1995.11　401p　15cm　（中公文庫）800円　①4-12-202465-X　〔02593〕

◇お大名の話　三田村鳶魚著　8版　雄山閣　1924　264p　18cm　Ⓝ210.5　〔02594〕

◇お大名の話・武家の婚姻　三田村鳶魚著　朝倉治彦編　中央公論社　1998.9　383p　16cm　（中公文庫―鳶魚江戸文庫 25）629円　①4-12-203248-2　Ⓝ385.4　〔02595〕

◇お殿様ご苦労記―下野国烏山藩主大久保家の歴史物語　大久保忠良著　三鷹　烏山大久保藩歴史継承会　2005.3　206p　図版18枚　19cm　Ⓝ213.2　〔02596〕

◇お殿様たちの出世―江戸幕府老中への道　山本博文著　新潮社　2007.6　263p　19cm　（新潮選書）1200円　①978-4-10-603585-2　〔02597〕

◇『お殿様の遊芸』展図録―楽しみながら描いてみる　板橋区立美術館　2006.9　103p　30cm　（江戸文化シリーズ 22）Ⓝ721.025　〔02598〕

◇恩栄録・廃絶録　小田彰信編、藤野保校訂　近藤出版社　1970　347,20p　20cm　（日本資料選書 6）2600円　Ⓝ210.5　〔02599〕

◇各藩における大名家等の変遷と各大名家等の転封について　森正弘著　大阪　日本古城友の会　2004.7　126p　26cm　（研究紀要）Ⓝ281.04　〔02600〕

◇近世前期浅野家経済史料　仏教大学総合研究所「宗教と政治」研究班編　京都　仏教大学総合研究所　1997.3　9,100p　26cm　Ⓝ288.3　〔02601〕

◇近世大名家臣団の社会構造　磯田道史著　東京大学出版会　2003.9　397,17p　22cm　9400円　①4-13-026203-3　Ⓝ210.5　〔02602〕

◇慶長大名物語―日出藩主木下延俊の一年　二木謙一著　角川書店　1990.4　239p　19cm　（角川選書 194）1100円　①4-04-703194-1　Ⓝ210.52　〔02603〕

◇考証風流大名列伝　稲垣史生著　新潮社　2004.4　252p　16cm　（新潮文庫）400円　①4-10-143721-1　Ⓝ281.04　〔02604〕

◇最後の藩主―四七都道府県の幕末維新　ビジュアル版　八幡和郎監修　光文社　2004.11　127p　26cm　952円　①4-334-97464-3　Ⓝ210.58　〔02605〕

◇酒井忠勝にみる近世大名の姿―川越藩主酒井家ゆかりの品々　川越市立博物館編　川越　川越市立博物館　1995.9　104p　30cm　Ⓝ288.3　〔02606〕

◇三百諸侯　戸川残花著　新人物往来社　1971　2冊　20cm　各3000円　Ⓝ210.5　〔02607〕

◇三百諸侯おもしろ史話　新井英生著　毎日新聞社　1990.12　251p　18cm　（ミューブックス）757円　①4-620-72045-3　Ⓝ281　〔02608〕

◇事典にのらない江戸大名の晩年と隠居　新人物往来社　2006.5　207p　21cm　（別冊歴史読本 36号）1600円　①4-404-03336-2　Ⓝ281.04　〔02609〕

◇週刊ビジュアル日本の歴史　no.22　幕藩体制の確立　2　デアゴスティーニ・ジャパン　2000.7　p44-83　30cm　533円　Ⓝ210.1　〔02610〕

◇将軍・大名家の墓　河原芳嗣著　アグネ技術センター　1999.3　174p　21cm　（シリーズ東京を歩く）1800円　①4-900041-48-3　Ⓝ281.02　〔02611〕

◇将軍と大名　三田村鳶魚著　青蛙房　1958　300p　19cm　（江戸ばなし 第15冊）Ⓝ210.5　〔02612〕

◇将軍と大名―徳川幕府と山内家　企画展示図録　土佐山内家宝物資料館編　高知　土佐山内家宝物資料館　2000.11　100p　30cm　Ⓝ210.5　〔02613〕

◇新・日本大名100選　秋田書店　1991.4　262p　20cm　（新100選シリーズ）1700円　①4-253-00407-5　Ⓝ210.5　〔02614〕

◇図説徳川将軍家・大名の墓―江戸の残照をたずねて　河原芳嗣著　アグネ技術センター　1995.3　328p　22cm　3605円　①4-7507-0842-9　Ⓝ281.02　〔02615〕

◇図説徳川将軍家・大名の墓―江戸の残照をたずねて　河原芳嗣著　増補版　アグネ技術センター　2003.3　342p　22cm　3500円　①4-901496-05-0　Ⓝ281.02　〔02616〕

◇大名預所の研究　服藤弘司著　創文社　1981.2

近世一般　　　　　　　　　　　　　近世史

◇　858,45p　22cm　（幕藩体制国家の法と権力 2）11000円
Ⓝ210.5
〔02617〕

◇大名あれ、これ　小林正一著　講談社出版サービスセンター（製作）　1996.3　259p　19cm　1456円
Ⓘ4-87601-357-8　Ⓝ281.04
〔02618〕

◇大名概要―城主大名の特権　小川恭一著　東大阪　日本古城友の会　1991.11　62p　26cm　（研究紀要 195号）Ⓝ210.5
〔02619〕

◇大名行列の費用はどのくらい？―江戸時代　佐藤和彦監修　ポプラ社　1998.4　47p　29cm　（調べ学習にやくだつ日本史の大疑問 6）3000円
Ⓘ4-591-05700-3,4-591-99229-2
〔02620〕

◇大名生活の内秘　三田村玄竜著　早稲田大学出版部　1921　446p　19cm　Ⓝ210.5
〔02621〕

◇大名生活の内秘　三田村鳶魚著　朝倉治彦編　中央公論社　1997.12　401p　16cm　（中公文庫―鳶魚江戸文庫 16）762円　Ⓘ4-12-203025-0　Ⓝ210.5
〔02622〕

◇大名と御伽衆　桑田忠親著　青磁社　1942　246p　22cm　Ⓝ210
〔02623〕

◇大名と百姓　佐々木潤之介著　改版　中央公論新社　2005.10　559p　16cm　（中公文庫―日本の歴史 15）1238円　Ⓘ4-12-204604-1　Ⓝ210.52
〔02624〕

◇大名と町衆の文化―江戸時代　中村修也監修　京都　淡交社　2007.4　111p　21cm　（よくわかる伝統文化の歴史 4）1600円　Ⓘ978-4-473-03346-8　Ⓝ210.5
〔02625〕

◇大名というお仕事―幕府と家臣に縛られた大名たちの生き方を探る　世界文化社　1999.7　178p　21cm　（ビッグマンスペシャル―お江戸の「仕事師」たち）1400円
Ⓘ4-418-99132-8　Ⓝ210.5
〔02626〕

◇大名と領国経営　藤野保著　新人物往来社　1978.3　260p　20cm　1800円　Ⓝ210.5
〔02627〕

◇大名と領民　青野春水著　東村山　教育社　1983.1　236p　18cm　（教育社歴史新書 日本史 201）800円　Ⓝ210.5
〔02628〕

◇大名の財政　長谷川正次著　同成社　2001.5　268p　20cm　（同成社江戸時代史叢書 10）3000円
Ⓘ4-88621-219-0　Ⓝ210.5
〔02629〕

◇大名の旅―徳島藩参勤交代の社会史 特別展　徳島市立徳島城博物館編　徳島　徳島市立徳島城博物館　2005.10　82p　30cm　Ⓝ210.5
〔02630〕

◇大名の旅―本陣と街道 企画展　松戸市立博物館編　松戸　松戸市立博物館　2007.10　79p　30cm　Ⓝ682.135
〔02631〕

◇大名の日本地図　中嶋繁雄著　文藝春秋　2003.11　414p　18cm　（文春新書）940円　Ⓘ4-16-660352-3　Ⓝ210.5
〔02632〕

◇大名廃絶録　南条範夫著　人物往来社　1964　333p　20cm　Ⓝ210.5
〔02633〕

◇大名廃絶録　南条範夫著　人物往来社　1967　333p　19cm　（歴史選書 1）Ⓝ210.5
〔02634〕

◇大名廃絶録　南条範夫著　新人物往来社　1976　333p　20cm　1200円　Ⓝ210.5
〔02635〕

◇大名廃絶録　南条範夫著　文藝春秋　1993.5　352,14p　16cm　（文春文庫）480円　Ⓘ4-16-728216-X　Ⓝ210.5
〔02636〕

◇大名廃絶録　南条範夫著　新装版　文藝春秋　2007.7　361p　15cm　（文春文庫）638円　Ⓘ978-4-16-728221-9
〔02637〕

◇大名夫人の江戸歩き―『江戸名所図会』でたどる『石原記』　山口哲子著　朝日クリエ　2007.5　138p　21cm　1200円　Ⓘ978-4-903623-01-6　Ⓝ291.361
〔02638〕

◇大名留守居の研究　服藤弘司著　創文社　1984.2　884,45p　22cm　（幕藩体制国家の法と権力 3）13000円
Ⓝ210.5
〔02639〕

◇大名列伝　第1　武功篇　児玉幸多,木村礎編　人物往来社　1966　441p　20cm　Ⓝ210.5
〔02640〕

◇大名列伝　第2　武功篇　児玉幸多,木村礎編　人物往来社　1967　411p　20cm　Ⓝ210.5
〔02641〕

◇大名列伝　第3　悲劇篇　児玉幸多,木村礎編　人物往来社　1967　405p　20cm　Ⓝ210.5
〔02642〕

◇大名列伝　第4　名君篇　児玉幸多,木村礎編　人物往来社　1967　395p　20cm　Ⓝ210.5
〔02643〕

◇大名列伝　第5　学芸篇　児玉幸多,木村礎編　人物往来社　1967　395p　20cm　Ⓝ210.5
〔02644〕

◇大名列伝　第6　幕閣篇　児玉幸多,木村礎編　人物往来社　1967　382p　20cm　Ⓝ210.5
〔02645〕

◇大名列伝　第7　幕閣篇　児玉幸多,木村礎編　人物往来社　1967　367p　20cm　Ⓝ210.5
〔02646〕

◇大名列伝　第8　幕末篇　児玉幸多,木村礎編　人物往来社　1967　444p　20cm　Ⓝ210.5
〔02647〕

◇探訪・江戸大名旗本の墓　河原芳嗣著　毎日新聞社　1993.11　354p　20cm　2800円　Ⓘ4-620-30958-3　Ⓝ281.02
〔02648〕

◇とうほく藩主の墓標　加藤貞仁著　秋田　無明舎出版　2006.4　153p　21cm　（んだんだブックス）1800円
Ⓘ4-89544-421-X　Ⓝ212
〔02649〕

◇徳川加除封録　清田黙著,藤野保校訂　近藤出版社　1972　428,30p　19cm　（日本史料選書 8）4300円
Ⓝ210.5
〔02650〕

◇徳川300藩最後の藩主人物事典　新人物往来社　1996.3　355p　21cm　（別冊歴史読本 40）1800円　Ⓝ210.58
〔02651〕

◇徳川時代大名変遷一覧表　日本美術書院　1929　1枚　24cm　Ⓝ210.5
〔02652〕

◇徳川氏と江戸幕府　林亮勝著　人間舎　2003.6　308p　22cm　6500円　Ⓘ4-931408-76-1　Ⓝ210.52
〔02653〕

◇徳川大名改易録　須田茂著　流山　崙書房出版　1998.12　256p　20cm　Ⓘ4-8455-1054-5　Ⓝ281.04
〔02654〕

◇殿様と鼠小僧―老侯・松浦静山の世界　氏家幹人著　中央公論社　1991.1　237p　18cm　（中公新書）640円
Ⓘ4-12-101004-3　Ⓝ210.55
〔02655〕

◇殿様の通信簿　磯田道史著　朝日新聞社　2006.6　253p　19cm　1300円　Ⓘ4-02-250189-8　Ⓝ281
〔02656〕

◇殿さまのひとりごと　徳川義宣著　京都　思文閣出版　1994.6　326p　20cm　2800円　Ⓘ4-7842-0829-1　Ⓝ288.3
〔02657〕

◇「殿」に関するおもしろ88話―検証・日本のお殿さま/その知られざる素顔　加来耕三著　ベストセラーズ　1994.3　255p　15cm　（ワニ文庫―歴史文庫）530円
Ⓘ4-584-37015-X　Ⓝ281.04
〔02658〕

◇日本史の社会集団　第4巻　大名　児玉幸多著　小学館　1990.5　446p　15cm　800円　Ⓘ4-09-401124-2　Ⓝ210.1
〔02659〕

◇日本大名100選　秋田書店　1971　286p　19cm　750円　Ⓝ210.5
〔02660〕

◇日本の城―大名の生活と気風　稲垣史生著　平凡社　1975　151p　18cm　（平凡社カラー新書）550円　Ⓝ210.5
〔02661〕

◇日本の大名家はいま　中嶋繁雄著　学習研究社　1995.11　271p　19cm　1300円　Ⓘ4-05-400616-7　〔02662〕

66　日本近世史図書総覧 明治〜平成　　　〔02617〜02662〕

近世史　　　　　　　　　　　　　　　　　　　　　　近世一般

◇日本の歴史　第15　大名と百姓　佐々木潤之介　中央公論社　1966　18cm　Ⓝ210.1
〔02663〕
◇日本の歴史　15　大名と百姓　佐々木潤之介著　中央公論社　1984.5　484p　18cm　(中公バックス)1200円　①4-12-401155-5　Ⓝ210.1
〔02664〕
◇日本の歴史　18　大名　児玉幸多著　小学館　1975　374p　20cm　790円　Ⓝ210.1
〔02665〕
◇日本歴史シリーズ　第12巻　将軍と大名　遠藤元男等編　進士慶幹編　世界文化社　1967　27cm　Ⓝ210.1
〔02666〕
◇バカ殿様こそ名君主—江戸の常識は今の非常識　山本博文著　双葉社　2005.5　229p　15cm　(双葉文庫)571円　①4-575-71295-7　Ⓝ210.5
〔02667〕
◇幕末諸州最後の藩主たち　西日本編—ペリー来航から戊辰戦争・西南戦争まで激動の25年史　人文社第一編集部編　宮地佐一郎監修　人文社　1997.11　128p　30cm　(古地図ライブラリー　6)2200円　①4-7959-1905-4
〔02668〕
◇幕末諸州最後の藩主たち　東日本編—ペリー来航から戊辰戦争・西南戦争まで激動の25年史　人文社第一編集部編　宮地佐一郎監修　人文社　1997.11　128p　30cm　(古地図ライブラリー　7)2200円　①4-7959-1906-2
〔02669〕
◇幕末藩主の通知表—八幡和郎が幕末の藩主・志士たち200人を徹底検証！　八幡和郎監修　宝島社　2007.9　144p　26cm　(別冊宝島　1460号)1143円　①978-4-7966-6010-5
〔02670〕
◇藩主なるほど人物事典—江戸260年をしたたかに生き抜いた全国各地の名君たち　武田鏡村著　PHP研究所　2005.6　95p　26cm　952円　①4-569-64244-6　Ⓝ281.04
〔02671〕
◇悲劇の藩史—大名廃絶録　南条範夫著　新人物往来社　1970　321,13p　19cm　680円　Ⓝ210.5
〔02672〕
◇ビジュアル版　最後の藩主—四七都道府県の幕末維新　八幡和郎監修　光文社　2004.11　127p　26cm　952円　①4-334-97464-3
〔02673〕
◇松平周防守と川越藩展示図録—第3回企画展　川越　川越市立博物館　1991.3　90p　26cm　Ⓝ288.3　〔02674〕
◇三田村鳶魚全集　第1巻　中央公論社　1976　417p　20cm　1800円　Ⓝ210.5
〔02675〕
◇名君・暗君江戸のお殿様　中嶋繁雄著　平凡社　2006.12　211p　18cm　(平凡社新書　355)740円　①4-582-85355-2　Ⓝ281.04
〔02676〕
◇「名君」の蹉跌—藩政改革の政治経済学　マーク・ラビナ著　浜野潔訳　NTT出版　2004.2　300p　22cm　(叢書「世界認識の最前線」)3500円　①4-7571-4065-7　Ⓝ210.5
〔02677〕
◇六人の名君—その経営哲学　安藤英男著　新人物往来社　1974　249p　20cm　980円　Ⓝ210.5
〔02678〕

◆◆◆藩政
◇江戸諸藩要覧　井上隆明編著　東洋書院　1982.6　449p　20cm　3400円　Ⓝ210.5
〔02679〕
◇江戸諸藩要覧　井上隆明編　東洋書院　1983.2　449p　20cm　3400円　Ⓝ210.5
〔02680〕
◇尾張藩政とくらし展—郷土の政治とくらし展　第1回　昭和47年3月1日—15日　出版地不明　名古屋市　1974　14p　26cm
〔02681〕
◇関址と藩界—その歴史地理的解明　岩田孝三著　校倉書房　1962　192p　19cm　Ⓝ210.02
〔02682〕
◇九州と藩政　1　藤野保編　国書刊行会　1984.6　492p　22cm　(九州近世史研究叢書　2)8000円　Ⓝ219
〔02683〕
◇近世大名家臣団と領主制　高野信治著　吉川弘文館　1997.2　414,9p　22cm　7210円　①4-642-03333-5　Ⓝ210.5
〔02684〕
◇近世における在町の展開と藩政—熊本藩を中心として　森田誠一著　山川出版社　1982.12　379,5p　22cm　5000円　Ⓝ210.5
〔02685〕
◇近世日本国民史　第26巻　雄藩篇　徳富猪一郎著　近世日本国民史刊行会　1964　19cm　Ⓝ210.5
〔02686〕
◇佐伯藩政資料漢籍目録　平成16年度　高山節也、清水信子共編　佐伯　佐伯市教育委員会　2004.12　88p　30cm　非売品　Ⓝ219.5
〔02687〕
◇三百藩重役おもしろ史話　新井英生著　毎日新聞社　1993.3　254p　18cm　(ミューブックス)780円　①4-620-72069-0　Ⓝ281.04
〔02688〕
◇知られざる久居藩政史—藤堂高虎の分家社会を知る事典　岡田文雄著　改訂・増補　久居　タイムトンネル刊行部　2005.10　378p　22cm　2900円　Ⓝ215.6
〔02689〕
◇高須藩人物略誌　大野正茂編　名古屋〔大野正茂〕　1994.8　79p　26cm　Ⓝ288.3
〔02690〕
◇中村家の近世五代と河内の出来事　中村正三著　堺　大湊書房　1995.8　137p　19cm　Ⓝ288.3
〔02691〕
◇南部藩平山家の歴史　平山坦著　座間　平山靖夫　1993.1　150p　20cm　Ⓝ288.3
〔02692〕
◇幕政と藩政　藤野保著　吉川弘文館　1979.10　258,10p　20cm　1900円　Ⓝ210.5
〔02693〕
◇幕末維新期における関東譜代藩の研究　小島茂男著　明徳出版社　1975　638p　22cm　6500円　Ⓝ210.58
〔02694〕
◇藩史事典　藩史研究会編　秋田書店　1976　542p　19cm　3500円　Ⓝ210.5
〔02695〕
◇藩史大事典　第1巻　北海道・東北編　木村礎ほか編　雄山閣出版　1988.10　516p　27cm　13000円　①4-639-00767-1　Ⓝ210.5
〔02696〕
◇藩史大事典　第2巻　関東編　木村礎ほか編　雄山閣出版　1989.11　706p　27cm　15500円　①4-639-00920-8　Ⓝ210.5
〔02697〕
◇藩史大事典　第3巻　中部編　1　北陸・甲信越　木村礎ほか編　雄山閣出版　1989.7　505p　27cm　13500円　①4-639-00888-0　Ⓝ210.5
〔02698〕
◇藩史大事典　第4巻　中部編　2　東海　木村礎ほか編　雄山閣出版　1989.1　525p　27cm　13000円　①4-639-00792-2　Ⓝ210.5
〔02699〕
◇藩史大事典　第5巻　近畿編　木村礎ほか編　雄山閣出版　1989.4　625p　27cm　14420円　①4-639-00849-X　Ⓝ210.5
〔02700〕
◇藩史大事典　第6巻　中国・四国編　木村礎ほか編　雄山閣出版　1990.2　600p　27cm　14500円　①4-639-00941-0　Ⓝ210.5
〔02701〕
◇藩史大事典　第7巻　九州編　木村礎ほか編　雄山閣出版　1988.7　599p　27cm　14000円　Ⓝ210.5　〔02702〕
◇藩史大事典　第8巻　史料・文献総覧・索引　木村礎ほか編　雄山閣出版　1990.6　379,51p　27cm　13500円　①4-639-00965-8　Ⓝ210.5
〔02703〕
◇藩政　金井円著　至文堂　1962　240p　19cm　(日本歴史新書)Ⓝ210.5
〔02704〕
◇藩政下の傑物と民衆　安藤保ほか著　熊本　熊本日日新聞社　2003.12　397p　19cm　(熊本歴史叢書　4　近世編)2000円　①4-87755-161-1　Ⓝ219.4　〔02705〕
◇藩制成立期の研究　金井円著　吉川弘文館　1975

◇日暮硯―松代藩政改革実録　恩田木工著　菅原兵治評註　金鶏学院　1932　32p　23cm　(聖賢遺書新釈叢刊第15)　Ⓝ342　〔02707〕

◇日暮硯―松代藩政建替物語　恩田木工著　増訂　京都　回光社　1935　64p　18cm　Ⓝ342　〔02708〕

◇日暮硯―松代藩政建替物語　恩田木工著　改訂　京都　回光社　1942　60p　19cm　Ⓝ342　〔02709〕

◇悲劇の藩史―大名廃絶録　南条範夫著　新人物往来社　1970　321,13p　19cm　680円　Ⓝ210.5　〔02710〕

◇弘前藩政の諸問題　黒瀧十二郎著　弘前　北方新社　1997.10　353p　22cm　4762円　①4-89297-016-5　Ⓝ212.1　〔02711〕

◇武家社会に生きた人々―会津藩・原氏の一系譜より　山口光一, 池田富重著　苫小牧　山口光一　1991.9　293p　22cm　Ⓝ288.3　〔02712〕

◇武家社会に生きた人々　補遺　山口光一, 池田富重著　苫小牧　山口光一　1994.1　73p　22cm　Ⓝ288.3　〔02713〕

◇譜代藩の研究―譜代内藤藩の藩政と藩領　明治大学内藤家文書研究会編　八木書店　1972　670p　22cm　(日本史研究叢書)　4800円　Ⓝ210.5　〔02714〕

◇ふるさとの藩　前田勤著　朝日出版社　1996.11　320,81p　22cm　3500円　①4-255-96024-0　Ⓝ210.5　〔02715〕

◇名家老列伝―歴史に学ぶ「実力重役」の条件　童門冬二著　PHP研究所　1988.3　220p　20cm　1200円　①4-569-22174-2　Ⓝ210.04　〔02716〕

◇目で見る藩史―藩風と古城　内田茂文編　史籍出版　1984.5　p103～156　図版100枚　22×31cm　16000円　Ⓝ210.5　〔02717〕

◇物語　藩史　第1巻　東京の諸藩〔ほか〕　児玉幸多, 北島正元編　児玉幸多　人物往来社　1964　456p　20cm　Ⓝ210.5　〔02718〕

◇物語　藩史　第2巻　外様大名と譜代大名〔ほか〕　児玉幸多, 北島正元編　児玉幸多　人物往来社　1964　495p　20cm　Ⓝ210.5　〔02719〕

◇物語　藩史　第3巻　将軍と大名〔ほか〕　児玉幸多, 北島正元編　児玉幸多　人物往来社　1964　442p　20cm　Ⓝ210.5　〔02720〕

◇物語　藩史　第4巻　御家騒動論〔ほか〕　児玉幸多, 北島正元編　北島正元　人物往来社　1965　454p　20cm　Ⓝ210.5　〔02721〕

◇物語　藩史　第5巻　藩とは何か〔ほか〕　児玉幸多, 北島正元編　児玉幸多　人物往来社　1965　457p　20cm　Ⓝ210.5　〔02722〕

◇物語　藩史　第6巻　藩政改革〔ほか〕　児玉幸多, 北島正元編　北島正元　人物往来社　1965　477p　20cm　Ⓝ210.5　〔02723〕

◇物語　藩史　第7巻　大名の一生〔ほか〕　児玉幸多, 北島正元編　児玉幸多　人物往来社　1965　508p　20cm　Ⓝ210.5　〔02724〕

◇物語　藩史　第8巻　明治維新と西南雄藩〔ほか〕　児玉幸多, 北島正元編　北島正元　人物往来社　1965　525p　20cm　Ⓝ210.5　〔02725〕

◇物語　藩史　第2期　第1巻　東北・北関東の諸藩　児玉幸多, 北島正元編　人物往来社　1966　466p　20cm　Ⓝ210.5　〔02726〕

◇物語　藩史　第2期　第2巻　関東の諸藩　児玉幸多, 北島正元編　人物往来社　1966　551p　20cm　Ⓝ210.5　〔02727〕

◇物語　藩史　第2期　第3巻　信越の諸藩　児玉幸多, 北島正元編　人物往来社　1966　537p　20cm　Ⓝ210.5　〔02728〕

◇物語　藩史　第2期　第4巻　東海・北陸の諸藩　児玉幸多, 北島正元編　人物往来社　1966　483p　20cm　Ⓝ210.5　〔02729〕

◇物語　藩史　第2期　第5巻　近畿の諸藩　児玉幸多, 北島正元編　人物往来社　1966　482p　20cm　Ⓝ210.5　〔02730〕

◇物語　藩史　第2期　第6巻　中国・四国の諸藩　児玉幸多, 北島正元編　人物往来社　1966　497,14p　表　20cm　Ⓝ210.5　〔02731〕

◇物語　藩史　第2期　第7巻　九州の諸藩　児玉幸多, 北島正元編　人物往来社　1966　584p　表　20cm　Ⓝ210.5　〔02732〕

◇雄藩雑話　上田義亮著　二本松町(福島県)　郷土史料頒布会　1951　72p　23cm　(積達史料叢書　第2輯)　Ⓝ288.3　〔02733〕

◆◆◆藩鑑

◇元禄快事義士の研究　第1,2巻　春峰高山喜内著　義士の研究刊行会　1922　2冊　19cm　Ⓝ210.5　〔02734〕

◇薩陽武鑑　鹿児島　尚古集成館　1996.1　117p　30cm　Ⓝ281.035　〔02735〕

◇内閣文庫所蔵史籍叢刊　特刊第3　1　藩鑑　第1巻　諏訪頼永ほか編　汲古書院　1986.6　486p　27cm　10000円　Ⓝ210.088　〔02736〕

◇内閣文庫所蔵史籍叢刊　特刊第3　2　藩鑑　第2巻　諏訪頼永ほか編　汲古書院　1986.7　518p　27cm　10000円　Ⓝ210.088　〔02737〕

◇内閣文庫所蔵史籍叢刊　特刊第3　3　藩鑑　第3巻　諏訪頼永ほか編　汲古書院　1986.8　458p　27cm　10000円　Ⓝ210.088　〔02738〕

◇内閣文庫所蔵史籍叢刊　特刊第3　4　藩鑑　第4巻　諏訪頼永ほか編　汲古書院　1986.9　392p　27cm　10000円　Ⓝ210.088　〔02739〕

◇内閣文庫所蔵史籍叢刊　特刊第3　5　藩鑑　第5巻　諏訪頼永ほか編　汲古書院　1986.10　476p　27cm　10000円　Ⓝ210.088　〔02740〕

◇内閣文庫所蔵史籍叢刊　特刊第3　6　藩鑑　第6巻　諏訪頼永ほか編　汲古書院　1986.11　553p　27cm　10000円　Ⓝ210.088　〔02741〕

◇内閣文庫所蔵史籍叢刊　特刊第3　7　藩鑑　第7巻　諏訪頼永ほか編　汲古書院　1986.12　501p　27cm　10000円　Ⓝ210.088　〔02742〕

◇内閣文庫所蔵史籍叢刊　特刊第3　8　藩鑑　第8巻　諏訪頼永ほか編　汲古書院　1987.1　481p　27cm　10000円　Ⓝ210.088　〔02743〕

◇内閣文庫所蔵史籍叢刊　特刊第3　9　藩鑑　第9巻　諏訪頼永ほか編　汲古書院　1987.2　473p　27cm　10000円　Ⓝ210.088　〔02744〕

◇内閣文庫所蔵史籍叢刊　特刊第3　10　藩鑑　第10巻　諏訪頼永ほか編　汲古書院　1987.3　450p　27cm　10000円　Ⓝ210.088　〔02745〕

◇内閣文庫所蔵史籍叢刊　特刊第3　11　藩鑑　第11巻　諏訪頼永ほか編　汲古書院　1987.4　564p　27cm　10000円　Ⓝ210.088　〔02746〕

◇内閣文庫所蔵史籍叢刊　特刊第3　12　藩鑑　第12巻　諏訪頼永ほか編　汲古書院　1987.5　428p　27cm　10000円　Ⓝ210.088　〔02747〕

◇内閣文庫所蔵史籍叢刊　特刊第3　13　藩鑑　第13巻

諏訪頼永ほか編　汲古書院　1987.6　489p　27cm
10000円　Ⓝ210.088
　　　　　　　　　　　　　　　　　　　〔02748〕
◇内閣文庫所蔵史籍叢刊　特刊第3　14　藩鑑　第14巻
諏訪頼永ほか編　汲古書院　1987.7　526p　27cm
10000円　Ⓝ210.088
　　　　　　　　　　　　　　　　　　　〔02749〕
◇内閣文庫所蔵史籍叢刊　特刊第3　16　藩鑑　第16巻
諏訪頼永ほか編　汲古書院　1987.9　510,32p　27cm
10000円　Ⓝ210.088
　　　　　　　　　　　　　　　　　　　〔02750〕

◆◆◆御家騒動

◇悪のお家騒動学—生き残る男たちの人間ドラマ　書かれ
ざる日本史　神谷次郎著　経済界　1983.12　226p
18cm　（リュウブックス）730円　Ⓘ4-7667-0075-9
Ⓝ210.5
　　　　　　　　　　　　　　　　　　　〔02751〕
◇兎の耳—もう一つの伊達騒動　神津陽著　松山　創風社
出版　1987.12　318p　20cm　1800円
Ⓘ4-915699-02-1　Ⓝ218.3
　　　　　　　　　　　　　　　　　　　〔02752〕
◇江戸大名のお家騒動　中嶋繁雄著　幻冬舎　2005.8
263p　19cm　1400円　Ⓘ4-344-01032-9　Ⓝ210.5
　　　　　　　　　　　　　　　　　　　〔02753〕
◇江戸ばなし　第3巻　御家騒動,加賀騒動実記　三田村鳶
魚著　限定版　青蛙房　1966　306,316p　20cm
Ⓝ210.5
　　　　　　　　　　　　　　　　　　　〔02754〕
◇お家相続—大名家の苦闘　大森映子著　角川書店
2004.8　212p　19cm　（角川選書 368）1400円
Ⓘ4-04-703368-5　Ⓝ210.5
　　　　　　　　　　　　　　　　　　　〔02755〕
◇御家騒動　三田村鳶魚著　早稲田大学出版部　1933
461p　19cm　（江戸叢書 第3）Ⓝ210.5
　　　　　　　　　　　　　　　　　　　〔02756〕
◇御家騒動　三田村鳶魚著　青蛙房　1957　306p　19cm
（江戸ばなし　第11冊）Ⓝ210.5
　　　　　　　　　　　　　　　　　　　〔02757〕
◇御家騒動　北島正元編　人物往来社　1965　409p
20cm　Ⓝ210.5
　　　　　　　　　　　　　　　　　　　〔02758〕
◇お家騒動—その虚説と真実　稲垣史生著　早川書房
1966　227p　19cm　（ハヤカワ・ライブラリー）Ⓝ210.5
　　　　　　　　　　　　　　　　　　　〔02759〕
◇御家騒動　北島正元編　新版　新人物往来社　1970　2
冊　19cm　各580円　Ⓝ210.5
　　　　　　　　　　　　　　　　　　　〔02760〕
◇お家騒動　稲垣史生著　文藝春秋　1979.10　266p
16cm　（文春文庫）280円　Ⓝ210.5
　　　　　　　　　　　　　　　　　　　〔02761〕
◇御家騒動—江戸の権力抗争　百瀬明治著　講談社
1993.2　234p　18cm　（講談社現代新書）600円
Ⓘ4-06-149137-7　Ⓝ210.5
　　　　　　　　　　　　　　　　　　　〔02762〕
◇御家騒動—江戸の権力抗争　百瀬明治著　中央公論新社
2000.6　241p　15cm　（中公文庫）629円
Ⓘ4-12-203671-2　Ⓝ210.5
　　　　　　　　　　　　　　　　　　　〔02763〕
◇御家騒動—大名家を揺るがした権力闘争　福田千鶴著
中央公論新社　2005.3　248p　18cm　（中公新書）760
円　Ⓘ4-12-101788-9　Ⓝ210.5
　　　　　　　　　　　　　　　　　　　〔02764〕
◇おさわがせ日本史　童門冬二編著　廣済堂出版　1992.9
253p　16cm　（廣済堂文庫）460円　Ⓘ4-331-65152-5
　　　　　　　　　　　　　　　　　　　〔02765〕
◇神尾騒動—幕末・旗本領主の御家騒動　杉久保村高橋治右
衛門「出府中日記控帳」・「出府中諸入用書上控帳」　高橋
治右衛門著　海老名市教育委員会文化財課編　海老名
海老名市　2006.3　209p　21cm　（海老名市史叢書
10）Ⓝ213.7
　　　　　　　　　　　　　　　　　　　〔02766〕
◇黒羽藩「主君押込」事件顛末　次田万貴子著　新人物往
来社　1992.8　254p　19cm　2300円　Ⓘ4-404-01937-8
　　　　　　　　　　　　　　　　　　　〔02767〕
◇再現日本史—週刊time travel　江戸17　講談社　2001.
12　44p　30cm　533円　Ⓝ210.1
　　　　　　　　　　　　　　　　　　　〔02768〕

◇実説名古屋城青松葉事件—尾張徳川家お家騒動　水谷盛
光著　増補改訂版　名古屋　名古屋城振興協会　1981.1
267p　19cm　（名古屋城叢書 4）Ⓝ215.5
　　　　　　　　　　　　　　　　　　　〔02769〕
◇主君「押込」の構造—近世大名と家臣団　笠谷和比古著
平凡社　1988.5　279p　20cm　（平凡社選書 119）2000
円　Ⓘ4-582-84119-8　Ⓝ210.5
　　　　　　　　　　　　　　　　　　　〔02770〕
◇主君「押込」の構造—近世大名と家臣団　笠谷和比古著
講談社　2006.10　314p　15cm　（講談社学術文
庫）1000円　Ⓘ4-06-159785-X　Ⓝ210.5
　　　　　　　　　　　　　　　　　　　〔02771〕
◇諸藩騒動記—歴史を歩く　中嶋繁雄著　立風書房
1994.5　235p　20cm　1600円　Ⓘ4-651-75105-9
Ⓝ210.04
　　　　　　　　　　　　　　　　　　　〔02772〕
◇新選　御家騒動　上　福田千鶴編　新人物往来社　2007.
12　333p　19cm　2800円　Ⓘ978-4-404-03517-2
　　　　　　　　　　　　　　　　　　　〔02773〕
◇新選　御家騒動　下　福田千鶴編　新人物往来社　2007.
12　366p　19cm　2800円　Ⓘ978-4-404-03518-9
　　　　　　　　　　　　　　　　　　　〔02774〕
◇仙石騒動　宿南保著　神戸　神戸新聞出版センター
1985.3　294p　20cm　（シリーズ兵庫の歴史 1）1800円
Ⓘ4-87521-050-7　Ⓝ216.4
　　　　　　　　　　　　　　　　　　　〔02775〕
◇大名石川康通死後、家中騒動史料集　亀山市歴史博物館
編　亀山　亀山市歴史博物館　2004.2　90p　30cm
（亀山市歴史博物館歴史資料叢書　第11集）Ⓝ215.6
　　　　　　　　　　　　　　　　　　　〔02776〕
◇高崎五万石騒動　細野格城著　高崎　あさを社　1975
184p　22cm　4500円　Ⓝ213.3
　　　　　　　　　　　　　　　　　　　〔02777〕
◇高崎五万石騒動—たかさきの夜明け前　利根川靖幸著
高崎　あさを社　1987.11　226p　19cm　1500円
Ⓝ213.3
　　　　　　　　　　　　　　　　　　　〔02778〕
◇忠直卿狂乱始末　渡辺克己著　大分　双林社出版部
1984.3　174p　19cm　850円　Ⓝ210.52
　　　　　　　　　　　　　　　　　　　〔02779〕
◇対馬遺事——一名・対馬御家騒動　川本達著　厳原町（長崎
県）　川本達　1926　320p　23cm　Ⓝ219.3　〔02780〕
◇天下の悪妻—越前藩主松平忠直夫人勝子　中島道子著
河出書房新社　1995.1　252p　19cm　1800円
Ⓘ4-309-00955-7
　　　　　　　　　　　　　　　　　　　〔02781〕
◇幕藩制的秩序と御家騒動　福田千鶴著　校倉書房
1999.11　408p　22cm　（歴史科学叢書）10000円
Ⓘ4-7517-3000-2　Ⓝ210.5
　　　　　　　　　　　　　　　　　　　〔02782〕
◇磔茂左衛門—沼田藩騒動　後閑祐次著　人物往来社
1966　414p　20cm　Ⓝ213.3
　　　　　　　　　　　　　　　　　　　〔02783〕
◇襖の下貼が語る紀州藩の御家騒動　宮本八束著　和歌山
〔宮本八束〕　1984.3　88p　22cm　Ⓝ216.6　〔02784〕
◇三田村鳶魚全集　第4巻　中央公論社　1976　391p
20cm　1800円　Ⓝ210.5
　　　　　　　　　　　　　　　　　　　〔02785〕
◇列藩騒動録　第1巻　海音寺潮五郎著　新潮社　1965
254p　20cm　Ⓝ210.5
　　　　　　　　　　　　　　　　　　　〔02786〕
◇列藩騒動録　第2巻　海音寺潮五郎著　新潮社　1965
233p　20cm　Ⓝ210.5
　　　　　　　　　　　　　　　　　　　〔02787〕
◇列藩騒動録　第3巻　海音寺潮五郎著　新潮社　1966
278p　20cm　Ⓝ210.5
　　　　　　　　　　　　　　　　　　　〔02788〕

◆◆◆◆伊達騒動

◇仙台藩の歴史　第2　伊達騒動　平重道著　仙台　宝文
堂　1970　254p　19cm　790円　Ⓝ212.3　〔02789〕
◇伊達騒動　山田野理夫著　新人物往来社　1970　293p
19cm　580円　Ⓝ212.3
　　　　　　　　　　　　　　　　　　　〔02790〕
◇伊達騒動　須知徳平訳　東村山　教育社　1982.4　2冊
18cm　（教育社新書　原本現代訳 35,36）各700円

◇伊達騒動記　山路愛山著　敬文館　1912　296p　22cm
（御家騒動叢書　第1編）Ⓝ212.3
〔02792〕

◇伊達騒動実録　上巻　乾ノ巻　大槻文彦著　名著出版　1970　720p　22cm　2500円　Ⓝ212.3
〔02793〕

◇伊達騒動と原田甲斐　小林清治著　徳間書店　1970　213,5p　19cm　490円　Ⓝ212.3
〔02794〕

◇病跡学から見た伊達騒動―有馬猫騒動と村上刃傷事件　王丸勇著　歴史図書社　1971　270p　19cm　600円　Ⓝ212.3
〔02795〕

◆◆◆◆加賀騒動

◇加賀騒動　若林喜三郎著　中央公論社　1979.1　181p　18cm　（中公新書）320円　Ⓝ214.3
〔02796〕

◇加賀騒動―百万石をたばかる、大槻伝蔵の奸計　青山克弥訳　東村山　教育社　1981.12　216p　18cm　（教育社新書）700円　Ⓝ214.3
〔02797〕

◇加賀騒動　三田村鳶魚著　朝倉治彦編　中央公論社　1997.8　507p　15cm　（中公文庫―鳶魚江戸文庫12）933円　Ⓘ4-12-202924-4　Ⓝ214.3
〔02798〕

◇加賀騒動記　山路愛山著　敬文館　1912　204p　22cm　（御家騒動叢書　第2編）Ⓝ214.3
〔02799〕

◇加賀騒動実記　三田村鳶魚著　青蛙房　1958　316p　19cm　（江戸ばなし）Ⓝ214.3
〔02800〕

◇加賀藩における悲劇の人物―加賀騒動と銭五疑獄事件について　歴史講話　鏑木悠紀夫述　金沢　ハイウェイ俱楽部北陸支部　1991.9　22p　26cm　Ⓝ214.3　〔02801〕

◇三田村鳶魚全集　第5巻　中央公論社　1976　400p　20cm　1800円　Ⓝ210.5
〔02802〕

◆江戸初期

◇稲葉正則とその時代―江戸社会の形成　下重清著　秦野　夢工房　2002.5　165p　19cm　（小田原ライブラリー6）1200円　Ⓘ4-946513-77-9　Ⓝ210.4
〔02803〕

◇岩波講座日本通史　第12巻　近世　2　朝尾直弘ほか編　岩波書店　1994.3　368p　22cm　2800円
Ⓘ4-00-010562-0　Ⓝ210.1
〔02804〕

◇江戸お留守居役の日記―寛永期の萩藩邸　山本博文著　講談社　2003.10　371p　15cm　（講談社学術文庫）1150円　Ⓘ4-06-159620-9
〔02805〕

◇江戸時代史　1　三上参次著　講談社　1977.1　251p　15cm　（講談社学術文庫）320円　Ⓝ210.5
〔02806〕

◇江戸時代史　上　三上参次著　講談社　1992.9　778p　15cm　（講談社学術文庫）1800円　Ⓘ4-06-159044-8　Ⓝ210.5
〔02807〕

◇江戸時代史　2　三上参次著　講談社　1977.2　249p　15cm　（講談社学術文庫）320円　Ⓝ210.5　〔02808〕

◇江戸時代史　3　三上参次著　講談社　1977.3　248p　15cm　（講談社学術文庫）320円　Ⓝ210.5　〔02809〕

◇江戸時代創始期　西村真次著　早稲田大学出版部　1922　706p　19cm　（国民の日本史　第9編）Ⓝ210.5　〔02810〕

◇逆説の日本史　12　近世暁光編　天下泰平と家康の謎　井沢元彦著　小学館　2005.5　347p　20cm　1600円
Ⓘ4-09-379682-3　Ⓝ210.04
〔02811〕

◇近世前期政治的主要人物の居所と行動　藤井讓治編　京都　京都大学人文科学研究所　1994.3　316p　26cm　（京都大学人文科学研究所調査報告　第37号）非売品
Ⓝ210.5
〔02812〕

◇近世日本国民史　第14巻　徳川幕府上期　徳富猪一郎著　近世日本国民史刊行会　1964　19cm　Ⓝ210.5

◇近世日本国民史　第15-16巻　徳川幕府上期　徳富猪一郎著　日本　近世日本国民史刊行会　1964　19cm
Ⓝ210.5
〔02814〕

◇近世日本国民史徳川幕府上期　上,中,下巻　徳富猪一郎著　民友社　1924-1925　3冊　19cm　Ⓝ210.5
〔02815〕

◇近世の日本　高尾一彦著　講談社　1976　222p　18cm　（講談社現代新書）390円　Ⓝ210.52
〔02816〕

◇古文書の語る日本史　6　江戸前期　所理喜夫ほか編　所理喜夫編　筑摩書房　1989.7　529,8p　20cm　3300円　Ⓘ4-480-35436-0　Ⓝ210.1
〔02817〕

◇再現日本史―週刊time travel　江戸１１　講談社　2001.11　42p　30cm　533円　Ⓝ210.1
〔02818〕

◇再現日本史―週刊time travel　江戸１５　講談社　2001.12　42p　30cm　533円　Ⓝ210.1
〔02819〕

◇再現日本史―週刊time travel　江戸１８　講談社　2001.12　42p　30cm　533円　Ⓝ210.1
〔02820〕

◇週刊ビジュアル日本の歴史　no.27　幕藩体制の確立　7　デアゴスティーニ・ジャパン　2000.8　p254-293　30cm　533円　Ⓝ210.1
〔02821〕

◇セバスチャン・ビスカイノ金銀島探検記　西田耕三著　気仙沼　耕風社　1998.7　293p　21cm　2800円
Ⓝ210.52
〔02822〕

◇対立と興亡の中で　中谷裕子著　〔中谷裕子〕　2000.11　210p　図版18p　26cm　Ⓝ210.52
〔02823〕

◇天下泰平　横田冬彦著　講談社　2002.3　398p　20cm　（日本の歴史　第16巻）2200円　Ⓘ4-06-268916-2　Ⓝ210.52
〔02824〕

◇日本史の舞台　8　諸国に薫る江戸の春　大石慎三郎ほか著　集英社　1982.10　167p　27cm　1800円　Ⓝ210.1
〔02825〕

◇日本の歴史　16　江戸幕府　北島正元著　小学館　1975　406p　地　20cm　790円　Ⓝ210.1
〔02826〕

◇日本の歴史　中世から近世へ　8　徳川幕府　新訂増補　朝日新聞社　2002.12　p226-256　30cm　（週刊朝日百科　28）476円　Ⓝ210.1
〔02827〕

◇日本の歴史パノラマ絵地図　5―時代のようすが一目でわかる　江戸時代前期　田代脩監修　学習研究社　2005.4　48p　31×22cm　3000円　Ⓘ4-05-202142-8　〔02828〕

◆◆江戸開府

◇江戸開府　辻達也著　改版　中央公論新社　2005.8　565p　16cm　（中公文庫―日本の歴史　13）1238円
Ⓘ4-12-204574-6　Ⓝ210.52
〔02829〕

◇江戸開府と幕藩体制―江戸期慶長・寛永・寛文　小和田哲男監修・年表解説　世界文化社　2006.8　167p　24cm　（日本の歴史を見る　ビジュアル版 6）2400円
Ⓘ4-418-06213-0　Ⓝ210.52
〔02830〕

◇大江戸開府四百年事情　石川英輔著　講談社　2003.6　237p　19cm　1800円　Ⓘ4-06-211871-8　Ⓝ210.5
〔02831〕

◇大江戸開府四百年事情　石川英輔著　講談社　2006.7　307p　15cm　（講談社文庫）552円　Ⓘ4-06-275442-8
〔02832〕

◇週刊ビジュアル日本の歴史　no.9　天下統一への道　9　デアゴスティーニ・ジャパン　2000.4　p338-377　30cm　533円　Ⓝ210.1
〔02833〕

◇図説日本の歴史　11　江戸の開幕　井上幸治等編　編集責任：箭内健次　集英社　1975　263p　28cm　2300円
Ⓝ210.1
〔02834〕

◇日本を創った戦略集団　3　泰平の守成と先見　堺屋太一責任編集　高坂正堯ほか著　集英社　1988.1　269p　20cm　1400円　Ⓘ4-08-194003-7　Ⓝ281
〔02835〕
◇日本の歴史―集英社版　12　江戸開幕　児玉幸多ほか編　藤井譲治著　集英社　1992.5　342p　22cm　2400円　Ⓘ4-08-195012-1　Ⓝ210.1
〔02836〕
◇日本の歴史　13　江戸開府　辻達也著　中央公論社　1984.4　496p　18cm　（中公バックス）1200円　Ⓘ4-12-401153-9　Ⓝ210.1
〔02837〕
◇日本の歴史　13　江戸開府　辻達也著　改版　中央公論新社　2005.8　565p　15cm　（中公文庫）1238円　Ⓘ4-12-204574-6
〔02838〕
◇日本歴史シリーズ　第11巻　江戸開府　遠藤元男等編　北島正元編　世界文化社　1968　221p（おもに図版）27cm　1200円　Ⓝ210.1
〔02839〕
◇わたしたちの歴史　日本編　第9巻　新版　国際情報社　1975.11　106p　30cm
〔02840〕

◆◆大坂の陣
◇大阪城　岡本良一著　岩波書店　1970　202p　18cm　（岩波新書）150円　Ⓝ210.49
〔02841〕
◇大坂城―物語・日本の名城　江崎誠致著　成美堂出版　1981.11　224p　19cm　1000円　Ⓘ4-415-08101-0　Ⓝ210.52
〔02842〕
◇大阪城古絵図展図録―特別陳列　大阪城天守閣編　大阪　日本古城友の会　1978.4　24p　26cm　Ⓝ210.49
〔02843〕
◇大阪城の謎　村川行弘著　学生社　1970　216p　19cm　580円　Ⓝ210.49
〔02844〕
◇大阪城悲劇の真相　小林博著　大同館書店　1932　363p　20cm　Ⓝ210.5
〔02845〕
◇大坂城物語　牧村史陽著　大阪　創元社　1959　340p　19cm　Ⓝ210.49
〔02846〕
◇大坂城余燼　木崎国嘉著　大阪　ヘルス研究所　1983.5　163p　19cm　1000円　Ⓘ4-89294-016-X　Ⓝ210.04
〔02847〕
◇大阪陣―日本史蹟　熊田葦城著　至誠堂　1912,1913　2冊（前480,後464p）22cm　Ⓝ210.5
〔02848〕
◇大阪陣に就いて　建部遯吾著　44p　23cm　Ⓝ210.52
〔02849〕
◇大阪陣に就いて　建部遯吾著　〔史学会〕　1905　44p　22cm　Ⓝ210.5
〔02850〕
◇大坂の役―日本の戦史　旧参謀本部編纂　徳間書店　1994.10　439p　16cm　（徳間文庫）620円　Ⓘ4-19-890201-1　Ⓝ210.52
〔02851〕
◇大坂の陣―証言・史上最大の攻防戦　二木謙一著　中央公論社　1983.11　214p　18cm　（中公新書）500円　Ⓘ4-12-100711-5　Ⓝ210.52
〔02852〕
◇大阪の陣―新分析現代に生きる戦略・戦術　旺文社　1984.5　175p　26cm　1800円　Ⓘ4-01-070772-0　Ⓝ210.52
〔02853〕
◇大阪陣　前篇　福本日南著　南北社出版部　1918　310p　19cm　Ⓝ210.5
〔02854〕
◇大阪の陣と徳島藩―特別展　徳島　徳島市立徳島城博物館　1994　36p　26cm　Ⓝ210.52
〔02855〕
◇大坂の陣と八尾―戦争とその復興　平成15年度特別展　八尾市立歴史民俗資料館編　八尾　八尾市教育委員会　2003.10　52p　30cm　Ⓝ210.52
〔02856〕
◇大坂の陣・なるほど人物事典―豊臣vs徳川―主役・脇役たちの意外な素顔　加賀康之著　PHP研究所　2006.2　257p　15cm　（PHP文庫）552円　Ⓘ4-569-66588-8　Ⓝ210.52
〔02857〕
◇大阪冬之陣図―附・大阪城古図　井内千尋編　大阪　慶元堂　1922　2枚　54×69cm　Ⓝ210.5
〔02858〕
◇大阪冬陣東西両軍配布之図　垂水啓進館製　大阪　垂水啓進館　1924　1枚　75×73cm　Ⓝ210.5
〔02859〕
◇大坂冬の陣夏の陣　岡本良一著　筑摩書房　1964　208p　地　18cm　（グリーンベルト・シリーズ）Ⓝ210.52
〔02860〕
◇大坂冬の陣夏の陣　岡本良一著　大阪　創元社　1972　215p　地　18cm　（創元新書）340円　Ⓝ210.52
〔02861〕
◇大坂落城―浅井三代と豊臣家　松好貞夫著　新人物往来社　1975　227p　20cm　1300円　Ⓝ210.498
〔02862〕
◇画報新説日本史　第11巻　大阪落城と江戸幕府　時事世界新社編　時事世界新社　1963-1964　31cm　Ⓝ210.1
〔02863〕
◇カラーで読む大坂冬の陣・夏の陣―徳川政権250年が確立した日　邦光史郎著　京都　PHP研究所　1983.8　169p　18cm　（21世紀図書館 23）780円　Ⓘ4-569-21141-0　Ⓝ210.52
〔02864〕
◇寛永文化の研究　熊倉功夫著　吉川弘文館　1988.10　334,11p　22cm　6500円　Ⓘ4-642-03290-8　Ⓝ210.52
〔02865〕
◇木村重成――一名・大阪落城史　芳賀八弥著　民友社　1898.7　198p　19cm　Ⓝ210.5
〔02866〕
◇慶元軍記　序・惣目録・巻之1-2　分冊1　守田宗俊著　観音寺　上坂氏顕彰会史料出版部　2000.5　1冊　30cm　（上坂氏顕彰会所蔵手写本 6）46800円　Ⓝ210.52
〔02867〕
◇慶元軍記　序・惣目録・巻之1-2　分冊2　守田宗俊著　観音寺　上坂氏顕彰会史料出版部　2000.5　1冊　30cm　（上坂氏顕彰会所蔵手写本 6）46800円　Ⓝ210.52
〔02868〕
◇慶元軍記　巻之10-13　分冊1　守田宗俊著　観音寺　上坂氏顕彰会史料出版部　2000.5　1冊　30cm　（上坂氏顕彰会所蔵手写本 7）46800円　Ⓝ210.52
〔02869〕
◇慶元軍記　巻之10-13　分冊2　守田宗俊著　観音寺　上坂氏顕彰会史料出版部　2000.5　1冊　30cm　（上坂氏顕彰会所蔵手写本 7）46800円　Ⓝ210.52
〔02870〕
◇慶元軍記　巻之14-17　分冊1　守田宗俊著　観音寺　上坂氏顕彰会史料出版部　2000.5　1冊　30cm　（上坂氏顕彰会所蔵手写本 8）46800円　Ⓝ210.52
〔02871〕
◇慶元軍記　巻之14-17　分冊2　守田宗俊著　観音寺　上坂氏顕彰会史料出版部　2000.5　1冊　30cm　（上坂氏顕彰会所蔵手写本 8）46800円　Ⓝ210.52
〔02872〕
◇慶元軍記　巻之28-29　分冊1　守田宗俊著　観音寺　上坂氏顕彰会史料出版部　2000.5　1冊　30cm　（上坂氏顕彰会所蔵手写本 9）46800円　Ⓝ210.52
〔02873〕
◇慶元軍記　巻之28-29　分冊2　守田宗俊著　観音寺　上坂氏顕彰会史料出版部　2000.5　1冊　30cm　（上坂氏顕彰会所蔵手写本 9）46800円　Ⓝ210.52
〔02874〕
◇慶元軍記　巻之30-31　分冊1　守田宗俊著　観音寺　上坂氏顕彰会史料出版部　2000.5　1冊　30cm　（上坂氏顕彰会所蔵手写本 10）46800円　Ⓝ210.52
〔02875〕
◇慶元軍記　巻之30-31　分冊2　守田宗俊著　観音寺　上坂氏顕彰会史料出版部　2000.5　1冊　30cm　（上坂氏顕彰会所蔵手写本 10）46800円　Ⓝ210.52
〔02876〕
◇慶元軍記　巻之35-37　分冊1　守田宗俊著　観音寺　上坂氏顕彰会史料出版部　2000.6　1冊　30cm　（上坂氏顕彰会所蔵手写本 11）46800円　Ⓝ210.52
〔02877〕
◇慶元軍記　巻之35-37　分冊2　守田宗俊著　観音寺　上

坂氏顕彰会史料出版部　2000.6　1冊　30cm　(上坂氏顕彰会所蔵手写本 11)46800円　Ⓝ210.52　〔02878〕
◇慶元軍記　巻之38-40・大尾 分冊1　守田宗俊著　観音寺　上坂氏顕彰会史料出版部　2000.6　1冊　30cm　(上坂氏顕彰会所蔵手写本 12)46800円　Ⓝ210.52　〔02879〕
◇慶元軍記　巻之38-40・大尾 分冊2　守田宗俊著　観音寺　上坂氏顕彰会史料出版部　2000.6　1冊　30cm　(上坂氏顕彰会所蔵手写本 12)46800円　Ⓝ210.52　〔02880〕
◇激闘大坂の陣―最大最後の戦国合戦　学習研究社　2000.5　195p　26cm　(歴史群像シリーズ―「戦国」セレクション)1600円　Ⓘ4-05-602236-4　Ⓝ210.52　〔02881〕
◇元和先鋒録―藤堂藩大阪夏の陣御先手勤方覚書　藤堂高文著,中村勝ره校注　津　三重県郷土資料刊行会　1976.11　207p　22cm　(三重県郷土資料叢書 第78集)2500円　Ⓝ210.52　〔02882〕
◇再現日本史―週刊time travel 江戸12　講談社　2001.11　42p　30cm　533円　Ⓝ210.1　〔02883〕
◇真田三代録―伝説から史実へ　猪坂直一著　理論社　1966　334p　20cm　Ⓝ210.49　〔02884〕
◇真田幸村　小林計一郎著　人物往来社　1966　253p　19cm　(日本の武将 64)Ⓝ210.49　〔02885〕
◇真田幸村―大阪の陣 悲運の武将　砂田弘著　講談社　1992.11　189p　18cm　(講談社 火の鳥伝記文庫 82)490円　Ⓘ4-06-147582-7　〔02886〕
◇真田幸村と大坂の陣―家康を震撼させた猛将の戦い　学習研究社　2006.4　147p　26cm　(歴史群像シリーズ―新・歴史群像シリーズ 2)1500円　Ⓘ4-05-604247-0　Ⓝ210.52　〔02887〕
◇真田幸村と大坂の陣―大阪城・上田城友好城郭締結記念特別展　大阪城天守閣編　大阪　大阪城天守閣特別事業委員会　2006.10　167p　26cm　Ⓝ210.52　〔02888〕
◇週刊ビジュアル日本の歴史　no.10　天下統一への道 10　デアゴスティーニ・ジャパン　2000.4　p380-419　30cm　533円　Ⓝ210.1　〔02889〕
◇真説大坂の陣　吉本健二著　学習研究社　2005.1　302p　15cm　(学研M文庫)620円　Ⓘ4-05-901167-3　Ⓝ210.52　〔02890〕
◇図説大坂の陣　岡本良一著　大阪　創元社　1978.10　157p 図版32p　27cm　3900円　Ⓝ210.52　〔02891〕
◇関ヶ原合戦と大坂の陣　笠谷和比古著　吉川弘文館　2007.11　316,4p　20cm　(戦争の日本史 17)2500円　Ⓘ978-4-642-06327-2　Ⓝ210.48　〔02892〕
◇戦況図録大坂の陣―永き戦乱の世に終止符を打った日本史上最大規模の攻城戦　新人物往来社　2003.8　157p　26cm　(別冊歴史読本 56号)2200円　Ⓘ4-404-03056-8　Ⓝ210.52　〔02893〕
◇千姫―物語と史蹟をたずねて　松本幸子著　成美堂出版　1982.5　231p　19cm　900円　Ⓘ4-415-06546-5　Ⓝ289.1　〔02894〕
◇千姫―物語と史蹟をたずねて　松本幸子著　成美堂出版　1996.4　340p　16cm　(成美文庫)560円　Ⓘ4-415-06439-5　Ⓝ289.1　〔02895〕
◇手紙をよむ―寛永の文化人たち　伊藤敏子著　平凡社　1988.4　258p　26cm　2400円　Ⓘ4-582-46003-8　Ⓝ210.52　〔02896〕
◇日本の戦史　第7　大坂の役　旧参謀本部編纂,桑田忠親,山岡荘八監修　徳間書店　1965　20cm　Ⓝ210.13　〔02897〕
◇秀頼の首　木崎国嘉著　大阪　共同出版社　1982.11　286p　19cm　1200円　Ⓝ210.04　〔02898〕
◇秀頼は薩摩で生きていた　木下俊熈著　新峰社　1968　248p　19cm　Ⓝ288.3　〔02899〕
◇本多忠朝の時代―関ケ原から大坂の陣 平成十八年度企画展図録　千葉県立中央博物館編　千葉　千葉県立中央博物館　2006.10　28p　30cm　〔02900〕
◇物語日本の歴史―その時代を見た人が語る　第21巻　大坂落城　笠原一男編　木耳社　1992.7　210p　20cm　1500円　Ⓘ4-8393-7573-9　Ⓝ210.1　〔02901〕

◆◆寛永時代
◇寛永江戸図　稀書複製会編　〔米山堂〕　1930　1枚　97×148cm　Ⓝ291.36　〔02902〕
◇寛永時代　山本博文著　吉川弘文館　1989.7　253,13p　20cm　(日本歴史叢書 39)2680円　Ⓘ4-642-06539-3　Ⓝ210.52　〔02903〕
◇寛永時代　山本博文著　吉川弘文館　1996.5　253,13p　20cm　(日本歴史叢書 新装版)2678円　Ⓘ4-642-06637-3　Ⓝ210.52　〔02904〕

◆◆◆保科正之
◇保科正之―徳川将軍家を支えた会津藩主　中村彰彦著　中央公論社　1995.1　204p　18cm　(中公新書 1227)680円　Ⓘ4-12-101227-5　〔02905〕
◇保科正之―徳川将軍家を支えた会津藩主　中村彰彦著　中央公論新社　2006.5　233p　16cm　(中公文庫)648円　Ⓘ4-12-204685-8　Ⓝ289.1　〔02906〕
◇保科正之　1　真壁俊信,佐藤洋一校注　神道大系編纂会　2002.2　378p　23cm　(続神道大系 論説編)17000円　Ⓝ212.6　〔02907〕
◇保科正之　2　真壁俊信校注　神道大系編纂会　2002.2　502p　23cm　(続神道大系 論説編)18000円　Ⓝ212.6　〔02908〕
◇保科正之　3　真壁俊信校注　神道大系編纂会　2002.7　429p　23cm　(続神道大系 論説編)18000円　Ⓝ212.6　〔02909〕
◇保科正之　4　真壁俊信校注　神道大系編纂会　2005.3　347p　23cm　(続神道大系 論説編)18000円　Ⓝ212.6　〔02910〕
◇保科正之　5　真壁俊信校注　神道大系編纂会　2005.10　388p　23cm　(続神道大系 論説編)18000円　Ⓝ212.6　〔02911〕
◇保科正之言行録―仁心無私の政治家　中村彰彦著　中央公論社　1997.1　224p　18cm　(中公新書)720円　Ⓘ4-12-101344-1　〔02912〕
◇保科正之の生涯と土津神社　小桧山六郎著　会津若松　歴史春秋出版　2001.1　71p　19cm　(歴春ブックレット 26)505円　Ⓘ4-89757-419-6　〔02913〕
◇名君保科正之―歴史の群像　中村彰彦著　文藝春秋　1996.7　346p　16cm　(文春文庫)490円　Ⓘ4-16-756702-4　Ⓝ281.04　〔02914〕
◇名君保科正之と会津松平一族―歴史の闇に埋もれた幕政改革のリーダー　新人物往来社　2005.10　166p　26cm　(別冊歴史読本 第30巻18号)2000円　Ⓘ4-404-03321-4　Ⓝ289.1　〔02915〕

◆◆由比正雪の乱
◇慶安騒動と静岡事件　山雨楼主人著　静岡　山雨楼叢書刊行会　1959　176p　19cm　Ⓝ210.64　〔02916〕
◇言論太平記 由比正雪　長文連著　叢文社　1992.7　299p　19cm　2000円　Ⓘ4-7947-0187-X　〔02917〕
◇週刊ビジュアル日本の歴史　no.26　幕藩体制の確立　6　デアゴスティーニ・ジャパン　2000.8　p212-251　30cm

533円 Ⓝ210.1 〔02918〕

◇謀略家・由比正雪 その栄光と挫折のプロセス 関川周著 アサヒ芸能出版 1964 218p 18cm (新歴史シリーズ) 〔02919〕

◇由比正雪 小泉策太郎(三申)著 裳華書房 1896.12 195p 23cm (偉人史叢 臨時)Ⓝ289.1 〔02920〕

◇由比正雪 進士慶幹著 吉川弘文館 1961 252p 図版地 18cm (人物叢書 日本歴史学会編)Ⓝ289.1 〔02921〕

◇由比正雪実記・松木新左衛門始末聞書 静岡郷土研究会編 静岡 静岡郷土研究会 1928 110p 18cm (東海文庫 第5)Ⓝ215.4 〔02922〕

◆◆水戸黄門

◇黄門さまと犬公方 山室恭子著 文藝春秋 1998.10 254p 18cm (文春新書)710円 ①4-16-660010-9 Ⓝ210.52 〔02923〕

◇黄門様の知恵袋 但野正弘著 国書刊行会 1999.11 175p 19cm 1200円 ①4-336-04199-7 〔02924〕

◇実説 水戸黄門 高野澄著 毎日新聞社 1995.6 205p 19cm 1200円 ①4-620-31052-2 〔02925〕

◇正伝黄門光圀公 小島徳弥著 教文社 1927 648p 17cm Ⓝ289.1 〔02926〕

◇つくられた明君―光圀、義公そして水戸黄門 鈴木一夫著 ニュートンプレス 1998.10 250,3p 19cm (ニュートンプレス選書)1200円 ①4-315-51500-0 〔02927〕

◇天下は天下の天下なり―徳川五代と水戸黄門 山下昌也著 展望社 2000.4 254p 20cm 1800円 ①4-88546-029-8 Ⓝ210.52 〔02928〕

◇人間義公―水戸黄門一代記 大内地山著 水戸 水戸学研究会 1938 216p 20cm Ⓝ289.1 〔02929〕

◇光圀と斉昭 高須芳次郎著 潮文閣 1943 253p 19cm Ⓝ289.1 〔02930〕

◇水戸学と其の朗誦・水戸黄門公と大日本史 雨谷毅著 水戸 正声会 1933 36p 20cm Ⓝ121 〔02931〕

◇水戸黄門―付・徳川家系図 坂本辰之助著 如山堂 1910.4 321p 23cm Ⓝ289.1 〔02932〕

◇水戸黄門―物語と史蹟をたずねて 稲垣史生著 成美堂出版社 1980.4 208p 19cm 800円 Ⓝ289.1 〔02933〕

◇水戸黄門―物語と史蹟をたずねて 稲垣史生著 成美堂出版社 1994.12 283p 16cm (成美文庫)560円 ①4-415-06413-2 Ⓝ289.1 〔02934〕

◇水戸黄門言行録 笛岡清泉著 東亜堂書房 1916 174p 19cm (修養史伝 第10編)Ⓝ289.1 〔02935〕

◇水戸黄門邸を探る―徳川御三家江戸屋敷発掘物語 平成18年度特別展図録 千代田・新宿・文京三区共同企画 文京ふるさと歴史館編 文京区 2006.10 96p 30cm 800円 Ⓝ213.61 〔02936〕

◇水戸黄門の跡をゆく 鈴木茂乃夫著 暁印書館 1994.11 227p 19cm 1600円 ①4-87015-111-1 〔02937〕

◇水戸黄門の世界―ある専制君主の鮮麗なパフォーマンス 鈴木一夫著 河出書房新社 1995.10 310p 21cm 1900円 ①4-309-22279-X 〔02938〕

◇水戸黄門は旅嫌いだった!?―種明かし日本史20人の素顔 楠木誠一郎著 朝日新聞社 2006.3 190p 19cm (朝日選書 794)1000円 ①4-02-259894-8 〔02939〕

◇水戸黄門は"悪人"だった 木村哲人著 第三書館 2002.2 187p 19cm ①4-8074-0204-8 〔02940〕

◇水戸黄門は旅嫌いだった!?―種明かし日本史20人の素顔 楠木誠一郎著 朝日新聞社 2006.3 190p 19cm (朝日選書 794)1000円 ①4-02-259894-8 Ⓝ281.04 〔02941〕

◇水戸の光圀 瀬谷義彦著 新装版 水戸 茨城新聞社 2000.6 310p 19cm 1600円 ①4-87273-136-0 〔02942〕

◇水戸光圀 名越時正著 日本教文社 1966 228p 20cm (日本人のための国史叢書 13)Ⓝ289.1 〔02943〕

◇水戸光圀 名越時正著 新版 水戸 水戸史学会 1986.7 228p 19cm (水戸史学選書)2700円 ①4-7646-0203-2 Ⓝ289.1 〔02944〕

◇水戸光圀を語る 小滝淳著 崇文堂 1939 222p 20cm Ⓝ289.1 〔02945〕

◇水戸光圀卿生誕三百年記念講演 川崎巳之太郎編 楽天社 1928 180,24p 20cm Ⓝ289.1 〔02946〕

◇水戸光圀公 山本秋広著 水戸 1961 533p 19cm (紀山文集 第2巻)Ⓝ213.1 〔02947〕

◇水戸光圀語録―生きつづける合理的精神 鈴木一夫著 中央公論新社 2002.5 193p 18cm (中公新書)680円 ①4-12-101642-4 〔02948〕

◇水戸光圀の『梅里先生碑』 宮田正彦著 水戸 水戸史学会,錦正社〔発売〕 2004.3 96p 19cm (水戸の碑文シリーズ 3)1200円 ①4-7646-0265-2 〔02949〕

◇水戸光圀は暴れん坊副将軍だった―真説水戸黄門 武山憲明著 ぶんか社 2007.7 239p 15cm (ぶんか社文庫)638円 ①978-4-8211-5109-7 Ⓝ289.1 〔02950〕

◆◆元禄時代

◇尾張の元禄人間模様 芥子川律治著 名古屋 中日新聞本社 1979.11 590p 19cm 2000円 Ⓝ210.54 〔02951〕

◇勘定奉行荻原重秀の生涯―新井白石が嫉妬した天才経済官僚 村井淳志著 集英社 2007.3 249p 18cm (集英社新書)700円 ①978-4-08-720385-1 〔02952〕

◇近世日本国民史 第17巻 元禄時代 徳富猪一郎著 近世日本国民史刊行会 1964 19cm Ⓝ210.5 〔02953〕

◇近世日本国民史 第18巻 元禄時代 徳富猪一郎著 近世日本国民史刊行会 1964 19cm Ⓝ210.5 〔02954〕

◇近世日本国民史 第19巻 元禄時代 徳富猪一郎著 近世日本国民史刊行会 1964 19cm Ⓝ210.5 〔02955〕

◇近世日本国民史元禄享保中間時代 徳富猪一郎著 民友社 1926 504,36,8p 19cm Ⓝ210.5 〔02956〕

◇近世日本国民史 元禄時代―政治篇 徳富蘇峰著,平泉澄校訂 講談社 1982.8 471p 15cm (講談社学術文庫 575)880円 ①4-06-158575-4 Ⓝ210.52 〔02957〕

◇近世日本国民史元禄時代 上,中,下巻 徳富猪一郎著 民友社 1925 3冊 19cm Ⓝ210.5 〔02958〕

◇近世日本国民史 元禄時代世相篇 徳富蘇峰著,平泉澄校訂 講談社 1982.7 494p 15cm (講談社学術文庫 565)980円 ①4-06-158565-7 Ⓝ210.52 〔02959〕

◇元禄―江戸と上方 サントリー美術館編 サントリー美術館 1969 1冊 26cm 〔02960〕

◇元禄栄華覚書―附・江戸私娼変遷録 元禄時代の女性 皆川美彦著 紅玉堂書店 1930 112p 19cm (紅玉堂版大衆文庫 1)Ⓝ384 〔02961〕

◇元禄御畳奉行の日記―尾張藩士の見た浮世 神坂次郎著 中央公論社 1984.9 208p 18cm (中公新書)480円 ①4-12-100740-9 Ⓝ210.52 〔02962〕

◇元禄御畳奉行の日記 神坂次郎著 中央公論社 1987.8 253p 16cm (中公文庫)380円 ①4-12-201442-5

近世一般　　　　　　　　　　近世史

◇Ⓝ210.52　　　　　　　　　　　　　〔02963〕
◇「元禄」を見てきた　風野真知雄著　朝日ソノラマ
　1998.12　211p　19cm　1600円　Ⓘ4-257-03552-8
　　　　　　　　　　　　　　　　　　〔02964〕
◇元禄時勢粧　笹川臨風著　博文館　1901.5　172,80p
　16cm　Ⓝ210.5　　　　　　　　　　〔02965〕
◇元禄時代　大石慎三郎著　岩波書店　1970　206p
　18cm　（岩波新書）150円　Ⓝ210.54　〔02966〕
◇元禄時代　大石慎三郎著　岩波書店　1993.7　206p
　20cm　（岩波新書の江戸時代）1500円　Ⓘ4-00-009122-0
　Ⓝ210.55　　　　　　　　　　　　　〔02967〕
◇元禄時代　児玉幸多著　改版　中央公論新社　2005.11
　559p　16cm　（中公文庫—日本の歴史 16）1238円
　Ⓘ4-12-204619-X　Ⓝ210.52　　　　　〔02968〕
◇元禄時代がわかる。朝日新聞社　1998.12　176p
　26cm　（アエラムック no.45）1050円　Ⓘ4-02-274095-7
　Ⓝ210.52　　　　　　　　　　　　　〔02969〕
◇元禄時代観　中村孝也著　啓成社　1919　524p　22cm
　Ⓝ210.5　　　　　　　　　　　　　　〔02970〕
◇元禄時代考証総覧—決定版　新人物往来社　1999.5
　291p　21cm　（別冊歴史読本 19—考証事典シリーズ）2100円　Ⓘ4-404-02719-2　Ⓝ210.52　〔02971〕
◇元禄時代の経済学的研究　山本勝太郎著　宝文館　1925
　762p　23cm　Ⓝ332.1　　　　　　　〔02972〕
◇元禄十家俳句集　大塚甲山（寿助）編　内外出版協会
　1903.6　220p　15cm　Ⓝ911.3　　　〔02973〕
◇元禄世相志　斎藤隆三著　博文館　1905.12　336p
　23cm　Ⓝ210.5　　　　　　　　　　〔02974〕
◇元禄世相志　斎藤隆三著　日本図書センター　1983.3
　336,11p　22cm　（日本風俗叢書）6000円　Ⓝ210.5
　　　　　　　　　　　　　　　　　　〔02975〕
◇元禄—転換期の群像—人と事件と風俗のすべて　邑井操
　著　大和出版　1982.2　206p　19cm　890円　Ⓝ210.52
　　　　　　　　　　　　　　　　　　〔02976〕
◇元禄人間模様—変動の時代を生きる　竹内誠著　角川書
　店　2000.1　217p　19cm　（角川選書 313）1300円
　Ⓘ4-04-703313-8　Ⓝ210.52　　　　　〔02977〕
◇元禄の哀歓　今東光著　河出書房新社　1962　238p
　19cm　（現代人の日本史 16）Ⓝ210.54　〔02978〕
◇元禄の演出者たち　暉峻康隆著　朝日新聞社　2005.6
　254p　19cm　（朝日選書 66）2800円　Ⓘ4-86143-025-9
　Ⓝ910.25　　　　　　　　　　　　　〔02979〕
◇元禄の社会　脇田修著　塙書房　1980.12　316,13p
　19cm　（塙選書 88）2300円　Ⓝ210.52　〔02980〕
◇元禄の社会と文化　高埜利彦編　吉川弘文館　2003.8
　324,14p　22cm　（日本の時代史 15）3200円
　Ⓘ4-642-00815-2　Ⓝ210.52　　　　　〔02981〕
◇元禄非常物語—柳沢側近政治の光と影　川野京輔著　波
　書房　1975　264p　19cm　780円　Ⓝ210.54　〔02982〕
◇元禄ものしり話　江戸野次馬クラブ編　ごま書房
　1982.6　218p　19cm　（ゴマブックス）730円　Ⓝ210.04
　　　　　　　　　　　　　　　　　　〔02983〕
◇元禄ものしり話—日本人って今も昔も変わらないんだ
　なァ　江戸野次馬クラブ編　ごま書房　1982.6　218p
　19cm　（ゴマブックス 284）730円　Ⓝ210.52　〔02984〕
◇元禄模様　毛利和夫著　評論社　1971　250p　18cm
　（若い世代と語る日本の歴史 19）350円　Ⓝ210.54
　　　　　　　　　　　　　　　　　　〔02985〕
◇元禄よもやま話—人と事件と風俗と　邑井操著　大和出
　版販売　1974　206p　19cm　680円　Ⓝ210.54
　　　　　　　　　　　　　　　　　　〔02986〕

◇元禄繚乱展　元禄繚乱展図録編集委員会編　NHK
　1999　238p　29cm　Ⓝ702.15　　　　〔02987〕
◇西鶴と元禄時代　松本四郎著　新日本出版社　2001.3
　198p　18cm　（新日本新書）950円　Ⓘ4-406-02806-4
　Ⓝ210.52　　　　　　　　　　　　　〔02988〕
◇生類をめぐる政治—元禄のフォークロア　塚本学著　平
　凡社　1983.4　302p　20cm　（平凡社選書 80）1700円
　Ⓝ210.52　　　　　　　　　　　　　〔02989〕
◇生類をめぐる政治—元禄のフォークロア　塚本学著　平
　凡社　1993.8　357p　16cm　（平凡社ライブラ
　リー）1200円　Ⓘ4-582-76018-X　Ⓝ210.52　〔02990〕
◇真説元禄太平記　南条範夫著　中央公論社　1975　232p
　20cm　680円　Ⓝ210.54　　　　　　〔02991〕
◇日本の歴史　第16　元禄時代　児玉幸多　中央公論社
　1966　18cm　Ⓝ210.1　　　　　　　〔02992〕
◇日本の歴史　16　元禄時代　児玉幸多著　中央公論社
　1984.5　486p　18cm　（中公バックス）1200円
　Ⓘ4-12-401156-3　Ⓝ210.1　　　　　〔02993〕
◇日本の歴史　19　元禄時代　尾藤正英著　小学館　1975
　358p 地　20cm　790円　Ⓝ210.1　　〔02994〕
◇日本の歴史　近世 1-4　元禄文化—芭蕉・西鶴・光琳・
　白石　新訂増補　朝日新聞社　2003.8　p98-128　30cm
　（週刊朝日百科 64）476円　Ⓝ210.1　〔02995〕
◇日本歴史シリーズ　第13巻　元禄時代　遠藤元男等編
　西山松之助編　世界文化社　1967　27cm　Ⓝ210.1
　　　　　　　　　　　　　　　　　　〔02996〕
◇爆笑花の元禄　シブサワ・コウ,光栄出版部企画編集
　横浜　光栄　1993.11　171p　19cm　（歴史人物笑
　史）1000円　Ⓘ4-87719-046-5　Ⓝ210.52　〔02997〕
◇柳沢吉保の実像　野沢公次郎著　三芳町（埼玉県）　三
　芳町教育委員会　1996.3　159p　19cm　（みよしほたる
　文庫 3）500円　Ⓝ289.1　　　　　　〔02998〕
◇歴史おもしろ博学館　杉田幸三著　廣済堂出版　1991.2
　248p　16cm　（廣済堂文庫）440円　Ⓘ4-331-65090-1
　Ⓝ210.52　　　　　　　　　　　　　〔02999〕

◆◆赤穂事件
◇赤穂義挙録　植田均著　熊本　青年新聞社　1911.12
　249p　22cm　Ⓝ210.5　　　　　　　〔03000〕
◇赤穂義挙録　上　義士叢書刊行会編　義士叢書刊行会
　1921　308p　19cm　（義士叢書）Ⓝ210.5　〔03001〕
◇赤穂義士　福地桜痴編　勝山堂　1902.3　228p　23cm
　Ⓝ210.5　　　　　　　　　　　　　　〔03002〕
◇赤穂義士　中島董畝（喜久平）著　修文館　1912.1
　136p　23cm　Ⓝ210.5　　　　　　　〔03003〕
◇赤穂義士　三田村鳶魚著　青蛙房　1958　304p　19cm
　（江戸ばなし 第14冊）Ⓝ210.54　　　〔03004〕
◇赤穂義士—鳶魚江戸ばなし5　三田村鳶魚著　河出書房
　新社　1989.12　269p　15cm　（河出文庫）500円
　Ⓘ4-309-47188-9　Ⓝ210.52　　　　　〔03005〕
◇赤穂義士　海音寺潮五郎著　文藝春秋　1994.5　331p
　15cm　（文春文庫）460円　Ⓘ4-16-713530-2　〔03006〕
◇赤穂義士仇討本伝　春日山人著　田村奈良吉　1913
　24p　19cm　（科外教育本伝叢書 第1編）Ⓝ210.5
　　　　　　　　　　　　　　　　　　〔03007〕
◇赤穂義士一覧表—精選審定　釈種蓬仙編　赤穂町（兵庫
　県）　花岳寺　1924　1枚　55×78cm　Ⓝ281.64
　　　　　　　　　　　　　　　　　　〔03008〕
◇赤穂義士遺墨写真帖　加藤忠吉編　一戸善四郎　1914
　1冊　13×18cm　Ⓝ281.64　　　　　〔03009〕
◇赤穂義士観　蘇峰徳富猪一郎著　民友社　1929　118p

◇赤穗義士関係書目　松岡脩三編　京城　松岡脩三　1934　232,4p　23cm　Ⓝ210.5　〔03011〕

◇赤穗義士研究　笹川臨風著　大東書館　1942　332p　22cm　Ⓝ210.5　〔03012〕

◇赤穗義士参考内侍所　下編　中内蝶二校　鍾美堂編輯部編　鍾美堂　1911.6　263p　15cm　（今古文学　第7編）Ⓝ210.5　〔03013〕

◇赤穗義士四十七士譚　元禄山人著　盛陽堂　1908.4　220p　19cm　Ⓝ210.5　〔03014〕

◇赤穗義士事蹟　岡謙蔵編　九春堂　1887.5　398p　20cm　Ⓝ210.5　〔03015〕

◇赤穗義士史跡めぐり　赤穗市教育研究所義士と教育部編　改訂版　赤穗市文化振興財団　赤穗　赤穗市文化振興財団　1993.3　42p　21cm　Ⓝ291.64　〔03016〕

◇赤穗義士実纂　斎藤茂編著　赤穗義士実纂領布会　1975　832p　27cm　16000円　Ⓝ210.54　〔03017〕

◇赤穗義士実話　重野安繹述　西村天囚記　大成館　1889.12　259p　20cm　Ⓝ210.5　〔03018〕

◇赤穗義士事典―大石神社蔵　赤穗義士顕彰会編、佐佐木杜太郎改訂増補　新人物往来社　1983.4　807p　22cm　9800円　Ⓝ210.52　〔03019〕

◇赤穗義士修養実話　西村豊（越渓）著　不巧堂　1910.12　280p　16cm　Ⓝ210.5　〔03020〕

◇赤穗義士史料―未刊・新集　中央義士会編、佐佐木杜太郎校注　新人物往来社　1984.3　394p　22cm　6800円　Ⓝ210.52　〔03021〕

◇赤穗義士史料　中央義士会編　渡辺世祐校訂　復刻版　雄山閣　1999.1　3冊　23cm　全44762円　①4-639-01575-5　Ⓝ210.52　〔03022〕

◇赤穗義士史料　上,中,下巻　中央義士会編　渡辺世祐校　雄山閣　1931　3冊　23cm　Ⓝ210.5　〔03023〕

◇赤穗義士真実談　小野辰太郎著　大阪　石塚猪男蔵　1896.6　164p　23cm　Ⓝ210.5　〔03024〕

◇赤穗義士誠忠百話　川村定静著　求光閣書店　1916　213p　19cm　（教訓叢書）Ⓝ281.64　〔03025〕

◇赤穗義士千馬光忠の事　岡山　岡山県郷土史学会　1940　29p　19cm　Ⓝ289.1　〔03026〕

◇赤穗義士談　信夫恕軒（粲）述　談叢社　1897.10　372p　23cm　Ⓝ210.5　〔03027〕

◇赤穗義士寺坂雪冤録　伊藤武雄著　第2版　赤穗町（兵庫県）　皇国士風会　1935　176p　19cm　Ⓝ289.1　〔03028〕

◇赤穗義士寺坂雪冤録　伊藤武雄著　赤穗町（兵庫県）　皇国士風会　1935　176p　19cm　Ⓝ210.5　〔03029〕

◇赤穗義士寺坂雪冤録　伊藤武雄著　第3版　赤穗町（兵庫県）　皇国士風会　1936　176p　19cm　Ⓝ289.1　〔03030〕

◇赤穗儀士伝　岡田霞船編　翰箋堂　1879.10　24丁　16cm　Ⓝ210.5　〔03031〕

◇赤穗義士伝―浪花ぶし　吉田奈良丸講演　緑葉散史編　盛陽堂　1912.4　91p　18cm　Ⓝ779.1　〔03032〕

◇赤穗義士伝―夕話　山崎美成著　大阪　岡島宝文館　1888.1　556p　19cm　Ⓝ210.5　〔03033〕

◇赤穗義士伝説教　蘇芳菴主人著　京都　法蔵館　1916　540p　20cm　Ⓝ210.5　〔03034〕

◇赤穗義士読本　赤穗中学義士研究部編　赤穗町（兵庫県）　越智精栄堂　1933　328p　19cm　Ⓝ210.5　〔03035〕

◇赤穗義士読本　赤穗中学義士研究部編　訂5版　兵庫県　赤穗町　清水堂　1941　438p　19cm　Ⓝ210.5　〔03036〕

◇赤穗義士と讃岐及讃岐人　小田徳三著　高松　香川県教育図書　1933　116p　23cm　Ⓝ210.5　〔03037〕

◇赤穗義士と女性　平尾孤城著　越後屋書房　1944　218p　図版　表　19cm　Ⓝ210.5　〔03038〕

◇赤穗義士の歩いた道　柏原新著　文芸社　2004.5　350p　20cm　1800円　①4-8355-7318-8　Ⓝ210.52　〔03039〕

◇赤穗義士乃木将軍切腹実話　西村豊著　成蹊堂　1913　136p　18cm　Ⓝ289.1　〔03040〕

◇赤穗義士の戸籍調べ―皇国の精華武士道の粋　醍醐恵端著　二松堂書店　1920　306p　19cm　Ⓝ281　〔03041〕

◇赤穗義士の修養　楳太仙著　修養社　1909.5　162p　22cm　Ⓝ281.64　〔03042〕

◇赤穗義士の書翰　宇治楽文編　良明堂書店　1910.8　350p　22cm　Ⓝ281.64　〔03043〕

◇赤穗義士の手紙　片山伯仙編著　赤穗　「赤穗義士の手紙」刊行会　1970　434p　23cm　2000円　Ⓝ210.5　〔03044〕

◇赤穗「義士」の手紙―平成13年度企画展　赤穗市立歴史博物館編　赤穗　赤穗市立歴史博物館　2001.4　127p　21×30cm　（赤穗市立歴史博物館企画展資料集　no.7）Ⓝ210.52　〔03045〕

◇赤穗義士の引揚げ―元禄の凱旋　中央義士会監修　街と暮らし社　2006.11　118p　21cm　1200円　①4-901317-13-X　Ⓝ210.52　〔03046〕

◇赤穗義士人の鑑――名涙襟集　桜東雄著　国民精神総動員栃木県本部編　栃木　国民精神総動員栃木県本部　1940.7　34p　23cm　Ⓝ210.52　〔03047〕

◇赤穗義士碑文集　辻岩雄編　神戸　辻こう　1922　129丁　27cm　Ⓝ210.5　〔03048〕

◇赤穗義士評論―先哲　足立栗園著　積文社〔ほか〕　1910.2　182p　22cm　Ⓝ281.64　〔03049〕

◇赤穗義士復讐譚　東渓隠士、皚々子編　萩原新陽館　1902.6　223p　16cm　Ⓝ210.5　〔03050〕

◇赤穗義士銘々伝　隅田古雄編　尾形月耕画　錦耕堂　1885.11　30丁　13cm　Ⓝ281.64　〔03051〕

◇赤穗義士銘々伝　奥田忠兵衛編　奥田忠兵衛　1887.8　16丁　12cm　Ⓝ281.64　〔03052〕

◇赤穗義士銘名伝　講談倶楽部著　中村惣次郎　1911.7　299p　13cm　（講談文庫）Ⓝ210.5　〔03053〕

◇赤穗義士銘々記　山村清助編　寺沢松之助　1883.11　32丁　12cm　Ⓝ281.64　〔03054〕

◇赤穗義士銘々略伝　中島藤一郎編　大月清四郎校　豊加美村（茨城県）　中島藤一郎　1893.11　34p　19cm　Ⓝ281.64　〔03055〕

◇赤穗義士烈婦銘々伝　弄月亭有人編　転々堂主人補　文永堂　1881.8　25丁　18cm　（続変態百人一首　第65冊）Ⓝ281.64　〔03056〕

◇赤穗義士論―寺坂吉右衛門をめぐって　赤穗市総務部市史編さん室編　赤穗　赤穗市　1997.3　93p　21cm　Ⓝ210.52　〔03057〕

◇赤穗義人纂書―赤穗義士資料大成　第1　鍋田晶山原編　日本シェル出版　1975　550p　22cm　4800円　Ⓝ210.54　〔03058〕

◇赤穗義人纂書―赤穗義士資料大成　第2　鍋田晶山原編　日本シェル出版　1975　583p　22cm　4800円　Ⓝ210.54　〔03059〕

◇赤穗義人纂書―赤穗義士資料大成　第3　鍋田晶山原編　日本シェル出版　1976.1　554p　22cm　4800円　Ⓝ210.52　〔03060〕

◇赤穂義臣伝　片島武矩著　集文館　1913　524p　15cm　（日本歴史文庫）Ⓝ210.5　〔03061〕

◇赤穂義臣伝実記　神山村（福井県）　広部正　1941　114丁　19cm　Ⓝ210.5　〔03062〕

◇赤穂義臣銘々伝記　西村三郎編　西村三郎　1882.12　32丁　12cm　Ⓝ281.64　〔03063〕

◇赤穂義臣銘々伝記　渡辺泰然編　渡辺泰然　1886.5　32丁　13cm　Ⓝ281.64　〔03064〕

◇赤穂義臣銘々伝記　松下鉄之助編　松下鉄之助　1887.11　29丁　12cm　Ⓝ281.64　〔03065〕

◇赤穂義人録　室鳩巣著　大阪　秋田屋市兵衛等　1868　2冊（乾34, 坤25丁）　26cm　Ⓝ210.5　〔03066〕

◇赤穂義人録　室鳩巣著　佃清太郎（南畝）訳・註　如山堂　1910.5　115p　23cm　Ⓝ210.5　〔03067〕

◇赤穂義人録　室鳩巣著　杉原夷山補　扶桑文社　1910.5　118,142p（上・下合本）　16cm　Ⓝ210.5　〔03068〕

◇赤穂義人録—尊経閣叢刊　室鳩巣著　〔育徳財団〕　1934　49丁　28cm　Ⓝ121　〔03069〕

◇赤穂事件と"忠臣蔵"—特別展　兵庫県立歴史博物館編　姫路　兵庫県立歴史博物館　1984.1　51p　26cm　Ⓝ210.52　〔03070〕

◇赤穂事件に関する文芸と思想　「赤穂事件に表出された国民精神の研究」プロジェクトチーム著, 学習院大学東洋文化研究所編　学習院大学東洋文化研究所　1984.3　136,2p　26cm　（調査研究報告 no.18）Ⓝ910.25　〔03071〕

◇赤穂事件の虚像と謎—裏から描いた素顔の忠臣蔵　村松駿吉著　日本文芸社　1982.8　230p　18cm　680円　Ⓝ210.52　〔03072〕

◇赤穂事件の検討　金杉英五郎著　日本医事週報社　1934　142p　19cm　Ⓝ210.5　〔03073〕

◇赤穂四十七士伝　青山延光著　大阪　真部武助　1883.7　1冊（上・下合本）　25cm　（珮弦斎雑著　巻1）Ⓝ210.5　〔03074〕

◇赤穂四十七士伝—補正　青山延光　杉原子幸補　松山堂　1910.1　184,23p　16cm　Ⓝ210.5　〔03075〕

◇赤穂四十六士論　荻生徂徠, 太宰春台著　足立栗園訳注　五井蘭洲, 赤松滄洲, 山本北山駁論　如山堂　1910.5　112,52p　22cm　Ⓝ210.5　〔03076〕

◇赤穂四十六士論—幕藩制の精神構造　田原嗣郎著　吉川弘文館　1978.3　231p　20cm　1700円　Ⓝ210.54　〔03077〕

◇赤穂四十六士論—幕藩制の精神構造　田原嗣郎著　吉川弘文館　2006.11　239p　19cm　（歴史文化セレクション）1800円　ⓘ4-642-06303-X　〔03078〕

◇赤穂四十六士論—幕藩制の精神構造　田原嗣郎著　吉川弘文館　2006.11　239p　20cm　（歴史文化セレクション）1800円　ⓘ4-642-06303-X　Ⓝ210.52　〔03079〕

◇赤穂精義　母念寺　1970　529p　19cm　2500円　Ⓝ210.54　〔03080〕

◇赤穂忠臣録　留守孤雲著　帝国史書研究会　1915　634p　16cm　Ⓝ210.5　〔03081〕

◇赤穂版 真説忠臣蔵　内海定治郎著　神戸　のじぎく文庫　1965　123p　19cm　Ⓝ210.54　〔03082〕

◇赤穂不義士の戸籍調べ—天誅を目的とせる　醍醐恵端著　二松堂書店　1920　244p　19cm　Ⓝ281　〔03083〕

◇赤穂落城—元禄の倒産とその始末　童門冬二著　経済界　1999.8　220p　20cm　1429円　ⓘ4-7667-8188-0　〔03084〕

◇赤穂浪士—その歴史的背景と人間性　田村栄太郎著　雄山閣出版　1964　250p　22cm　Ⓝ210.54　〔03085〕

◇赤穂浪士—物語と史蹟をたずねて　船戸安之著　成美堂出版　1974　224p　19cm　650円　Ⓝ210.54　〔03086〕

◇赤穂浪士　高橋富士雄著　上野原町（山梨県）　高橋富士雄　1974　178p　18cm　500円　Ⓝ210.54　〔03087〕

◇赤穂浪士—物語と史蹟をたずねて　船戸安之著　成美堂出版　1974.10（第37刷：1998.11）　224p　19cm　980円　ⓘ4-415-06519-8　Ⓝ210.54　〔03088〕

◇赤穂浪士—物語と史蹟をたずねて　船戸安之著　成美堂出版　1994.12　314p　16cm　（成美文庫）560円　ⓘ4-415-06414-0　Ⓝ210.52　〔03089〕

◇赤穂浪士—紡ぎ出される「忠臣蔵」　宮沢誠一著　三省堂　1999.4　236p　20cm　（歴史と個性）1900円　ⓘ4-385-35913-X　Ⓝ210.52　〔03090〕

◇赤穂浪士 討入り以後　菊村紀彦著　人物往来社　1965　238p　19cm　Ⓝ210.54　〔03091〕

◇赤穂浪士討ち入る—大江戸をわかせたかたき討ち　小西聖一著　理論社　2005.12　141p　21cm　（ものがたり日本歴史の事件簿 3）1200円　ⓘ4-652-01633-6　〔03092〕

◇赤穂浪士史談　桑田忠親著　潮出版社　1981.12　217p　20cm　980円　Ⓝ210.52　〔03093〕

◇赤穂浪士の陰謀—討ち入りに隠された野望と葛藤　塩田道夫著　日本文芸社　1993.11　237p　15cm　（にちぶん文庫）480円　ⓘ4-537-06238-X　Ⓝ210.54　〔03094〕

◇赤穂浪士の討入りと米沢藩　上村良作著　米沢　よねざわ豆本の会　1977.4　75p　9×9cm　（よねざわ豆本 第27輯）Ⓝ210.54　〔03095〕

◇赤穂浪士の実像　谷口真子著　吉川弘文館　2006.7　199p　19cm　（歴史文化ライブラリー 214）1700円　ⓘ4-642-05614-9　Ⓝ210.52　〔03096〕

◇赤穂浪士の復讐　佐藤直太郎著　京都　東枝律書房　1902.10　150p　23cm　Ⓝ210.5　〔03097〕

◇浅野内匠頭吉良上野介喧嘩並敵討聞書註解　渥美登良男編　補訂　浜松　浜松市北部公民館古文書同好会　1999.8　188p　26cm　Ⓝ210.52　〔03098〕

◇浅野内匠頭刃傷の秘密—精神科医の見た赤穂事件　中島静雄著　札幌　メディカル・パブリシティ　1985.11　250p　19cm　1500円　Ⓝ210.52　〔03099〕

◇集まれ！忠臣蔵の人形たち—平成18年度特別展　赤穂市立歴史博物館編　赤穂　赤穂市立歴史博物館　2006.9　75p　30cm　（赤穂市立歴史博物館特別展図録 no.21）759.9　〔03100〕

◇意外史忠臣蔵　飯尾精著　新人物往来社　1982.6　301p　20cm　1500円　Ⓝ210.52　〔03101〕

◇異議あり忠臣蔵　飯尾精著　新人物往来社　1993.11　308p　20cm　1800円　ⓘ4-404-02061-9　Ⓝ210.52　〔03102〕

◇生きている元禄事件　堀川豊弘著　明玄書房　1979.12　213p　22cm　1500円　Ⓝ210.52　〔03103〕

◇一冊まるごと忠臣蔵の本　藤田洋著　ロングセラーズ　1986.12　230p　18cm　（ムックの本）730円　ⓘ4-8454-0226-2　Ⓝ210.52　〔03104〕

◇偽られた忠臣蔵　堀川豊弘著　明玄書房　1975　93p　22cm　750円　Ⓝ210.54　〔03105〕

◇浮世絵忠臣蔵の世界　中右瑛著　里文出版　1998.12　137p　22cm　2500円　ⓘ4-89806-087-0　Ⓝ721.8　〔03106〕

◇裏返し忠臣蔵　上下巻　田村栄太郎著　再建社　1956　2冊　18cm　Ⓝ210.54　〔03107〕

◇うろんなり助右衛門—ある赤穂浪士とその末裔　冨森叡

◇易水連秧録―元禄十六年著述　筆耕及校訂：斉藤茂児著　草思社　2002.12　209p　20cm　1600円　①4-7942-1179-1　Ⓝ210.52　〔03108〕

◇易水連秧録―元禄十六年著述　筆耕及校訂：斉藤茂　日本防人協会堀田文庫頒布部　1974　240p　19cm　（堀田文庫）1500円　Ⓝ210.54　〔03109〕

◇江戸川柳で読む忠臣蔵　阿部達二著　文藝春秋　2002.11　213p　18cm　（文春新書）690円　①4-16-660286-1　Ⓝ912.5　〔03110〕

◇江戸川柳で読む忠臣蔵物語　北嶋廣敏著　グラフ社　2002.11　366p　19cm　1700円　①4-7662-0711-4　Ⓝ210.52　〔03111〕

◇江戸ばなし　第2巻　武家の生活,赤穂義士　三田村鳶魚著　限定版　青蛙房　1965　324,304p　20cm　Ⓝ210.5　〔03112〕

◇NHK歴史への招待　第15巻　忠臣蔵　日本放送協会編集　日本放送出版協会　1988.11　238p　18cm　680円　①4-14-018024-2　Ⓝ210.1　〔03113〕

◇お江戸探訪「忠臣蔵」を歩く　ブルーガイド編集部編　実業之日本社　2002.11　127p　21cm　1280円　①4-408-00778-1　Ⓝ291.361　〔03114〕

◇おもちゃ・de・忠臣蔵―忠臣蔵をあそぶ　平成12年度特別展　赤穂市立歴史博物館編　赤穂　赤穂市立歴史博物館　2000.11　111p　30cm　（赤穂市立歴史博物館特別展図録 no.15）Ⓝ759.021　〔03115〕

◇おんな忠臣蔵　田口章子著　筑摩書房　1998.11　205p　18cm　（ちくま新書）660円　①4-480-05780-3　Ⓝ210.52　〔03116〕

◇聞書―松山藩赤穂御預人始末　菱田権太夫書写　赤穂市総務部市史編さん室編　赤穂　赤穂市　1993.2　35p　21cm　Ⓝ210.52　〔03117〕

◇聞き書き忠臣蔵　片岡紀明著　光人社　1998.12　223p　19cm　1700円　①4-7698-0886-0　Ⓝ210.52　〔03118〕

◇義士雑稿十篇　松岡脩三著　京城　松岡脩三　1937　49p　23cm　Ⓝ210.5　〔03119〕

◇義士雑稿続十篇　松岡脩三著　新義州　松岡脩三　1941　39p　19cm　Ⓝ210.5　〔03120〕

◇義士帖　弥富破摩雄,久保田米斎編　大塚巧芸社　1922　1冊　27×39cm　Ⓝ210.5　〔03121〕

◇義士大観　第1-12輯　義士会出版部編　義士会出版部　1920-1921　13冊（附録共）　27×38cm　Ⓝ210.5　〔03122〕

◇義士大観解説　福本日南述　義士会出版部　1921　1冊　26cm　Ⓝ210.5　〔03123〕

◇義士中心江戸時代年表　大正2年版　赤穂義士研究会編　赤穂町（兵庫県）　赤穂義士研究会　1913　11p　19cm　Ⓝ210.5　〔03124〕

◇義士の栞　兵庫県立赤穂中学校義士研究部編　兵庫県立赤穂中学校義士研究部　1937　24,116p　19cm　Ⓝ210.5　〔03125〕

◇義士の真相―恕軒遺稿　信夫恕軒遺稿　信夫淳平編　大阪屋号書店　1921　320p　19cm　Ⓝ210.5　〔03126〕

◇義士のゆかり　丹霊源編　泉岳寺観覧場　1890.4　13p　19cm　Ⓝ210.5　〔03127〕

◇義士銘々実伝―赤穂忠臣　塚田為徳編　木村文三郎　1884.3　29丁　13cm　Ⓝ281.64　〔03128〕

◇義士銘々伝―赤穂美譚　赤穂義士研究会編　一勇齋国芳画　日吉堂　1910.7　192p　16cm　Ⓝ281.64　〔03129〕

◇義士銘々伝―赤穂美譚　赤穂義士研究会編　日吉堂　1911.11　192p　19cm　Ⓝ281.64　〔03130〕

◇擬装元禄義挙の真相　堀川豊弘著　明玄書房　1976.12　188p　22cm　1500円　Ⓝ210.54　〔03131〕

◇逆説の日本史　14　近世爛熟編　文治政治と忠臣蔵の謎　井沢元彦著　小学館　2007.7　443p　20cm　1600円　①978-4-09-379684-2　Ⓝ210.04　〔03132〕

◇教科書が教えない忠臣蔵―それぞれの赤穂事件　山本敦司,中野元共著　扶桑社　1999.2　222p　19cm　1238円　①4-594-02648-6　Ⓝ210.52　〔03133〕

◇義烈四十七士篇　三浦道寿（寧楽）著　三浦道寿　1883.1　12丁　22cm　Ⓝ281.64　〔03134〕

◇金銀忠臣蔵―仇討ちの収支決算　中江克己著　太陽企画出版　1998.12　245p　19cm　1500円　①4-88466-309-8　Ⓝ210.52　〔03135〕

◇近世日本国民史　赤穂義士―元禄時代　義士篇　德富蘇峰著　ギシヘン　講談社　1981.12　469p　15cm　（講談社学術文庫）880円　①4-06-158564-9　Ⓝ210.52　〔03136〕

◇近世武家教育思想　第1巻　新装版　日本図書センター　2001.11　689p　22cm　（日本近世教育思想シリーズ）4-8205-5979-6,4-8205-5978-8　Ⓝ156　〔03137〕

◇近代日本と「忠臣蔵」幻想　宮沢誠一著　青木書店　2001.11　260p　20cm　2800円　①4-250-20150-3　Ⓝ210.52　〔03138〕

◇賢妻烈婦四十七女　樋口麗陽著　武田博盛堂　1912.2　334p　19cm　Ⓝ281　〔03139〕

◇検証・赤穂事件―平成13年度特別展　1　殿中刃傷から赤穂城明け渡しまで　赤穂市立歴史博物館編　赤穂　赤穂市立歴史博物館　2001.11　115p　30cm　（赤穂市立歴史博物館特別展図録 no.16）Ⓝ210.52　〔03140〕

◇検証・赤穂事件―平成14年度特別展　2　討入りへ、そして本懐、事件後　赤穂市立歴史博物館編　赤穂　赤穂市立歴史博物館　2002.11　130p　30cm　（赤穂市立歴史博物館特別展図録 no.17）Ⓝ210.52　〔03141〕

◇現代語版The・忠臣蔵　秋田といくみとたみ子ちゃん著　五月書房　1991.10　208p　19cm　1210円　①4-7727-0160-5　Ⓝ210.52　〔03142〕

◇現代語版the忠臣蔵　秋田健夫,香川いくみ,渡辺民子作　新装版　五月書房　1998.12　208p　19cm　1400円　①4-7727-0281-4　Ⓝ210.52　〔03143〕

◇元禄赤穂事件―将軍綱吉と「忠臣蔵」四十七士　学習研究社　1999.1　176p　26cm　（歴史群像シリーズ 57号）1300円　①4-05-602008-6　Ⓝ210.52　〔03144〕

◇元禄を紀行する―忠臣蔵二十二景　津川安男著　新人物往来社　1999.2　240p　21cm　2000円　①4-404-02701-X　Ⓝ210.52　〔03145〕

◇元禄快挙赤穂義士伝―附・大石内蔵之助全伝　三水社　1928　341p　19cm　Ⓝ210.5　〔03146〕

◇元禄快挙赤穂義士伝　杉原夷山編　日の丸出版社　1928　246p　15cm　Ⓝ210.5　〔03147〕

◇元禄快挙真相録　福本日南著　東亜堂書房　1914　916,2p　22cm　Ⓝ210.5　〔03148〕

◇元禄快挙別録　三田村鳶魚（玄竜）著　啓成社　1910.5　225p　22cm　Ⓝ210.5　〔03149〕

◇元禄快挙別録　三田村鳶魚著　朝倉治彦編　中央公論社　1998.11　323p　16cm　（中公文庫―鳶魚江戸文庫 27）629円　①4-12-203295-4　Ⓝ210.52　〔03150〕

◇元禄快挙録　福本日南著　啓成社　1909.12　848p　23cm　Ⓝ210.5　〔03151〕

◇元禄快挙録　上　福本日南著　改版　岩波書店　1982.10　320p　15cm　（岩波文庫）450円　Ⓝ210.52　〔03152〕

◇元禄快挙録　中　福本日南著　改版　岩波書店　1982.

近世一般　　　　　　　　　　　近世史

◇11　314p　15cm　（岩波文庫）450円　Ⓝ210.52
〔03153〕
◇元禄快挙録　下　福本日南著　改版　岩波書店　1982.12　388p　15cm　（岩波文庫）500円　Ⓝ210.52
〔03154〕
◇元禄義挙の顛末　笹川臨風述　山形　遠藤書店　1941　62p　19cm　Ⓝ210.5
〔03155〕
◇元禄事件現代考　堀川豊弘著　明玄書房　1977.12　188p　22cm　1800円　Ⓝ210.54
〔03156〕
◇元禄事件始末記―大石良雄の謎　佐々木杜太郎著　新人物往来社　1975　246p　20cm　1300円　Ⓝ210.54
〔03157〕
◇元禄事件の虚と実―吉良義央の人間像　堀川豊弘著　明玄書房　1975　302p　22cm　1300円　Ⓝ210.54
〔03158〕
◇元禄事件批判　遠藤達著　元禄事件批判発行所　1942　113p　22cm　Ⓝ210.5
〔03159〕
◇元禄事件夜話　堀川豊弘著　明玄書房　1991.12　112p　22cm　Ⓝ210.52
〔03160〕
◇元禄四十七士の光と影―最新一級資料から読み解く三百年後の真実　中島康夫著　青春出版社　1999.10　239p　20cm　1400円　Ⓘ4-413-03156-3　Ⓝ210.52　〔03161〕
◇元禄時代と赤穂事件　大石学著　角川学芸出版, 角川グループパブリッシング〔発売〕　2007.3　266p　19cm　（角川選書）1500円　Ⓘ978-4-04-703407-5　〔03162〕
◇元禄騒擾慎思録　堀川豊弘著　明玄書房　1978.12　182p　22cm　1500円　Ⓝ210.54
〔03163〕
◇元禄忠臣蔵―その表と裏　飯尾精著　赤穂　大石神社々務所　1975　343p　19cm　1500円　Ⓝ210.54
〔03164〕
◇元禄忠臣蔵　鈴村進著　三笠書房　1998.5　264p　15cm　（知的生きかた文庫）495円　Ⓘ4-8379-0955-8　Ⓝ210.52
〔03165〕
◇元禄忠臣蔵―実録・赤穂事件の全貌　新人物往来社　1998.10　222p　26cm　（別冊歴史読本　88号）2000円　Ⓘ4-404-02663-3　Ⓝ210.52
〔03166〕
◇元禄忠臣蔵―知れば知るほど　吉原健一郎監修　実業之日本社　1998.12　269p　19cm　1300円　Ⓘ4-408-10312-8　Ⓝ210.52
〔03167〕
◇元禄忠臣蔵　日本芸術文化振興会　2006.10　300p　21cm　（国立劇場上演資料集　494）Ⓝ774　〔03168〕
◇元禄忠臣蔵データファイル　元禄忠臣蔵の会編　新人物往来社　1999.4　255p　21cm　（データ百科シリーズ）1500円　Ⓘ4-404-02810-5　Ⓝ210.52
〔03169〕
◇元禄忠節史詩談―国民必読　王峰野々山直記著　三友堂書店　1919　86p　23cm　Ⓝ281
〔03170〕
◇元禄忠節史詩談―国民必読　野々山直記著　元禄忠節史詩談刊行会　1925　86,46p　23cm　Ⓝ210.5　〔03171〕
◇元禄武士道―忠臣蔵と人間像　塩田道夫著　グリーンアロー出版　1981.12　235p　19cm　（グリーンアロー・ブックス）780円　Ⓝ210.54
〔03172〕
◇「元禄繚乱」と赤穂事件の謎―TV・歴史解体読本　立原洋一著　本の森出版センター　1999.2　185p　19cm　1000円　Ⓘ4-87693-460-6　Ⓝ210.52
〔03173〕
◇考証赤穂事件―墓碑探訪1　茅原照雄著　大阪　東方出版　1982.12　286p　20cm　2000円　Ⓝ210.52
〔03174〕
◇考証赤穂浪士　尾崎秀樹編　秋田書店　1974　286p　20cm　1200円　Ⓝ210.54
〔03175〕
◇「考証」元禄赤穂事件―「忠臣蔵」の虚実　稲垣史生著　PHP研究所　1998.5　254p　18cm　（PHP business library History）857円　Ⓘ4-569-60122-7　Ⓝ210.52
〔03176〕
◇呉服橋吉良邸絵図面―米沢栗林本　米沢　よねざわ豆本の会　1982.12　24p　9cm　（よねざわ豆本）Ⓝ210.52
〔03177〕
◇古文書を主としたる通俗四十七義士　中, 下　林新著　高野町（和歌山県）　高野山中学同志会　1925　2冊　（202,244p）　20cm　Ⓝ210.5
〔03178〕
◇古文書で読み解く忠臣蔵　吉田豊, 佐藤孔亮著　柏書房　2001.12　302p　22cm　2800円　Ⓘ4-7601-2172-2　Ⓝ210.52
〔03179〕
◇古文書による赤穂義臣伝　宮本哲治著　科学書院　1988.12　366p　20cm　3000円　Ⓘ4-905575-10-9　Ⓝ210.52
〔03180〕
◇再現日本史―週刊time travel　江戸1 10　講談社　2001.5　42p　30cm　533円　Ⓝ210.1　〔03181〕
◇ザ・忠臣蔵　飯尾精著　新人物往来社　1985.6　273p　20cm　1500円　Ⓘ4-404-01267-5　Ⓝ210.52　〔03182〕
◇史実赤穂義士　岩崎元一著　歴山堂　1938　426p　19cm　Ⓝ210.5
〔03183〕
◇四十七士　大町桂月著　弘学館　1910.3　291p　22cm　Ⓝ281.64
〔03184〕
◇四十七士　大日本雄弁会講談社　1936.12　1冊　26cm　（講談社の絵本　2）Ⓝ210.52
〔03185〕
◇四十七士実伝　町田源太郎著　晴光館　1910.3　262p　22cm　Ⓝ281.64
〔03186〕
◇四十七士の正体―真説・元禄忠臣蔵　会田雄次ほか著　ベストセラーズ　1998.12　270p　15cm　（ワニ文庫）524円　Ⓘ4-584-39108-4　Ⓝ210.52　〔03187〕
◇四十七士の手紙　桂木寛子現代語訳　小学館　1982.7　209p　18cm　（小学館テレビ文庫）650円　Ⓝ210.52
〔03188〕
◇四十七名士の四十七士観　大町桂月評　至誠堂　1910.6　270p　20cm　Ⓝ281.64
〔03189〕
◇七人の吉右衛門　江下博彦著　叢文社　1999.6　403p　20cm　2300円　Ⓘ4-7947-0308-2　Ⓝ210.52　〔03190〕
◇七人の吉右衛門　江下博彦著　新版　福岡　梓書院　2002.6　571p　20cm　3143円　Ⓘ4-87035-184-6　Ⓝ210.52
〔03191〕
◇実証赤穂義士　佐々木杜太郎著　新人物往来社　1972　229p　20cm　850円　Ⓝ210.54
〔03192〕
◇実証義士銘々伝　飯尾精著　赤穂　大石神社務所　1974　159p　21cm　Ⓝ210.54
〔03193〕
◇実説元禄忠臣蔵　新井英生著　日本文華社　1981.11　211p　18cm　（文華新書）680円　Ⓘ4-8211-0384-2　Ⓝ210.52
〔03194〕
◇実録赤穂義士　植田均著　共益社出版部　1924　382p　19cm　Ⓝ210.5
〔03195〕
◇実録・忠臣蔵　飯尾精著　のじぎく文庫編　神戸　神戸新聞総合出版センター　1996.12　395p　20cm　2000円　Ⓘ4-87521-490-1　Ⓝ210.52
〔03196〕
◇実録・忠臣蔵　飯尾精著　神戸　神戸新聞総合出版センター　1998.9　395p　20cm　2000円　Ⓘ4-343-00024-9　Ⓝ210.52
〔03197〕
◇実録米沢忠臣蔵―赤穂浪士と上杉家　田宮友亀雄著　米沢　不忘出版　1981.12　282p　18cm　1200円　Ⓝ210.52
〔03198〕
◇実録米沢忠臣蔵―赤穂浪士と上杉家　田宮友亀雄著　米沢　不忘出版　1987.4　282p　19cm　1200円　Ⓝ210.52
〔03199〕

◇信濃義士会会報　第2,3回　松本　信濃義士会
　1924-1925　2冊(31,41p)　23cm　Ⓝ210.5　〔03200〕
◇週刊ビジュアル日本の歴史　no.30　幕藩体制の確立
　10　デアゴスティーニ・ジャパン　2000.9　p380-419
　30cm　533円　Ⓝ210.1　〔03201〕
◇証言赤穂事件―われわれにとって復讐とは　田辺明雄著
　新人物往来社　1974　224p　20cm　980円　Ⓝ210.54
　〔03202〕
◇史録・忠臣蔵―元禄時代と武士道　緒形隆司著　光風社
　出版　1998.11　280p　18cm　781円　Ⓘ4-415-08754-X
　Ⓝ210.52　〔03203〕
◇真説赤穂義士録　内海定治郎著　博美社　1933　610p
　23cm　Ⓝ210.5　〔03204〕
◇真説　赤穂事件　童門冬二著　日本放送出版協会　1998.
　11　268p　19cm　1500円　Ⓘ4-14-080393-2　〔03205〕
◇真説赤穂銘々伝　童門冬二著　平凡社　1999.11　280p
　18cm　(平凡社新書)760円　Ⓘ4-582-85027-8　Ⓝ210.
　52　〔03206〕
◇真説元禄忠臣蔵　哭考一著　リフレ出版(発売)　2006.9
　368p　21cm　2000円　Ⓘ4-86223-063-6　Ⓝ210.52
　〔03207〕
◇真相義士四十七話　太田能寿著　宝雲舎　1942　252p
　19cm　Ⓝ210.5　〔03208〕
◇新訂堀部金丸覚書　堀部弥兵衛金丸著　佐藤誠校訂
　瑞穂町(東京都)　HP赤穂義士史料館　2001.4　100p
　21cm　Ⓝ210.52　〔03209〕
◇図解雑学忠臣蔵　菊地明著　ナツメ社　2002.11　255p
　19cm　1300円　Ⓘ4-8163-3359-2　Ⓝ210.52　〔03210〕
◇図説忠臣蔵　西山松之助監修　河出書房新社　1998.10
　127p　22cm　1600円　Ⓘ4-309-72587-2　Ⓝ210.52
　〔03211〕
◇図録忠臣蔵画報　中山栄之輔著　河出書房新社　1999.2
　95p　22cm　2600円　Ⓘ4-309-22343-5　Ⓝ210.52
　〔03212〕
◇正史赤穂義士　渡辺世祐　光和堂　1965　299p
　20cm　Ⓝ210.54　〔03213〕
◇正史赤穂義士　渡辺世祐著,井筒調策校訂　光和堂
　1975　299p　20cm　950円　Ⓝ210.54　〔03214〕
◇正史赤穂義士　渡辺世祐著　井筒調策校訂　新版　光
　和堂　1998.11　297p　20cm　2000円
　Ⓘ4-87538-117-4　Ⓝ210.52　〔03215〕
◇正史忠臣蔵　福島四郎著　厚生閣　1939　437p　Ⓝ210.
　5　〔03216〕
◇正史忠臣蔵　福島四郎著　中央公論社　1992.12　422p
　16cm　(中公文庫)820円　Ⓘ4-12-201960-5　Ⓝ210.52
　〔03217〕
◇精神修養より見たる義士快挙　小野利教著　大阪　湯川
　松次郎　1918　334p　15cm　Ⓝ210.5　〔03218〕
◇青天の霹靂―忠臣蔵あ・ら・か・る・と　松井一夫編・
　著　半田　松井一夫　2001.3　268p　19cm
　Ⓘ4-89597-297-6　Ⓝ210.52　〔03219〕
◇政変「忠臣蔵」―吉良上野介はなぜ殺されたか？　円堂
　晃著　並木書房　2006.12　394p　19cm　1900円
　Ⓘ4-89063-209-3　Ⓝ210.52　〔03220〕
◇尊王論の勃興と赤穂義士　林新著　京都　義士顕彰会出
　版部　1935　75p　23cm　Ⓝ210.5　〔03221〕
◇中央義士会主催忠臣蔵展覧会記念写真帳―赤穂義士討入
　二百三十年記念　松坂屋編　松阪屋　1931　1冊　19×
　26cm　Ⓝ210.5　〔03222〕
◇忠士銘々亀鑑―赤穂実伝　第1巻　小金井蘆洲(亀之助)
　著　須藤南翠訂補　山本与市　1886.1　26p　19cm

　Ⓝ281.64　〔03223〕
◇忠臣蔵　増田七郎著　弘文堂　1940　167p　18cm
　(教養文庫　第76)Ⓝ774　〔03224〕
◇忠臣蔵―その成立と展開　松島栄一著　岩波書店　1964
　232p　18cm　(岩波新書)Ⓝ210.54　〔03225〕
◇忠臣蔵―もう一つの歴史感覚　渡辺保　白水社
　1981.11　286p　19cm　(白水叢書 59)1500円　Ⓝ774.
　2　〔03226〕
◇忠臣蔵―もう一つの歴史感覚　渡辺保著　中央公論社
　1985.12　298p　16cm　(中公文庫)420円
　Ⓘ4-12-201285-6　Ⓝ774.2　〔03227〕
◇忠臣蔵―赤穂事件・史実の肉声　野口武彦　筑摩書房
　1994.11　237p　18cm　(ちくま新書)680円
　Ⓘ4-480-05614-9　Ⓝ210.52　〔03228〕
◇忠臣蔵―証言・赤穂事件　田辺明雄著　沖積舎　1999.7
　285p　19cm　2500円　Ⓘ4-8060-4064-9　Ⓝ210.52
　〔03229〕
◇忠臣蔵―闇の真相　岡本和明著　ローカス　2000.1
　245p　21cm　(ローカスなるほどシリーズ　地理と歴
　史)1200円　Ⓘ4-89814-065-3　Ⓝ210.52　〔03230〕
◇忠臣蔵―時代を動かした男たち　飯尾精著　神戸　神戸
　新聞総合出版センター　2002.10　319p　20cm　1800円
　Ⓘ4-343-00195-4　Ⓝ210.52　〔03231〕
◇忠臣蔵―敗者の『意地』と『誇り』そして、日本人　乗附
　久著　近代文芸社　2007.3　158p　20cm　1200円
　Ⓘ978-4-7733-7449-0　Ⓝ210.52　〔03232〕
◇忠臣蔵―赤穂事件・史実の肉声　野口武彦　筑摩書房
　2007.11　253p　15cm　(ちくま学芸文庫)900円
　Ⓘ978-4-480-09109-3　〔03233〕
◇忠臣蔵　第1巻　赤穂市総務部市史さん室編　赤穂
　赤穂市　1989.3　393,14p　22cm　Ⓝ210.52　〔03234〕
◇忠臣蔵　第3巻　赤穂市総務部市史さん室編　赤穂
　赤穂市　1987.7　753p　22cm　Ⓝ210.52　〔03235〕
◇忠臣蔵　第4巻　赤穂市総務部市史さん室編　赤穂
　赤穂市　1990.3　1010p　22cm　Ⓝ210.52　〔03236〕
◇忠臣蔵　第5巻　赤穂市総務部市史さん室編　赤穂
　赤穂市　1993.3　888p　22cm　Ⓝ210.52　〔03237〕
◇忠臣蔵　第6巻　赤穂市総務部市史さん室編　赤穂
　赤穂市　1997.3　417p　22cm　Ⓝ210.52　〔03238〕
◇忠臣蔵赤穂義士紳士録　忠臣蔵研究会著　青樹社
　1999.1　282p　1300円　Ⓘ4-7913-1133-7
　Ⓝ210.52　〔03239〕
◇忠臣蔵意外史―続・もう一つの赤穂浪士伝　熊代照夫著
　東京新聞出版局　1981.12　249p　19cm　980円
　Ⓘ4-8083-0100-8　Ⓝ210.52　〔03240〕
◇忠臣蔵浮世絵―浮世絵でみる歴史読本　中右瑛著　里文
　出版　1988.12　196p　19cm　1200円　Ⓝ721.8
　〔03241〕
◇忠臣蔵浮世絵―浮世絵でみる歴史読本　中右瑛著　里文
　出版　1988.12　196p　19cm　1200円　Ⓝ721.8
　〔03242〕
◇忠臣蔵討ち入りを支えた八人の証言　中島康夫著　青春
　出版社　2002.11　187p　18cm　(ブレイブックスイン
　テリジェンス)667円　Ⓘ4-413-04042-2　Ⓝ210.52
　〔03243〕
◇忠臣蔵を生きた女―内蔵助の妻理玖とその周辺　瀬戸谷
　晧著　豊岡　北星社　2005.12　351p　20cm　2800円
　Ⓘ4-939145-06-9　Ⓝ289.1　〔03244〕
◇忠臣蔵解体新書　大江戸討入り評議会,スタジオ百哩,ゼ
　スト編集部編　ゼスト　1999.1　143p　21cm　1300円
　Ⓘ4-88377-062-1　Ⓝ210.52　〔03245〕

近世一般　　　　　　　　　　近世史

◇忠臣蔵かほよ御前考　藤本正治著　粟賀村(兵庫県)伝説研究会　1935　117p　22cm　Ⓝ210.5〔03246〕

◇忠臣蔵菊と葵を結ぶ暗号—三百年間語り継がれなかった討ち入りの虚々実々　小林久三著　青春出版社　1998.11　221p　20cm　1400円　①4-413-03120-2　Ⓝ210.52〔03247〕

◇忠臣蔵99の謎　立石優著　PHP研究所　1998.9　308p　15cm　(PHP文庫)590円　①4-569-57192-1　Ⓝ210.52〔03248〕

◇忠臣蔵ご案内—ストーリーでたどる義士たちの足跡　山下昌也著　国書刊行会　1998.12　208p　19cm　1400円　①4-336-04117-2　Ⓝ210.52〔03249〕

◇「忠臣蔵事件」の真相　佐藤孔亮著　平凡社　2003.11　200p　18cm　(平凡社新書)740円　①4-582-85205-X〔03250〕

◇忠臣蔵四十七義士全名鑑—愛蔵版　中央義士会監修　駿台曜曜社　1998.12　346p　19cm　1500円　①4-89692-167-4　Ⓝ210.52〔03251〕

◇忠臣蔵四十七義士全名鑑　完全版　中央義士会監修　小池書院　2007.11　345p　19cm　1714円　①978-4-86225-222-7〔03252〕

◇「忠臣蔵」四十七士のオモテとウラがわかる本　藤田洋著　三笠書房　1998.7　228p　15cm　(知的生きかた文庫)495円　①4-8379-0969-8　Ⓝ210.52〔03253〕

◇忠臣蔵四十七席談　田淵静縁著　京都　法藏館　1916　692p　20cm　Ⓝ210.5〔03254〕

◇忠臣蔵大全—歴史ものしり事典　勝部真長監修　主婦と生活社　1998.12　397p　21cm　(主婦と生活・生活シリーズ 391)1800円　①4-391-60852-9　Ⓝ210.52〔03255〕

◇忠臣蔵的人間学　志村武著　ジェー・アンド・エー出版　1978.10　254p　20cm　980円　Ⓝ210.54〔03256〕

◇忠臣蔵と元禄群像　中江克己著　並木書房　1998.9　244p　20cm　1600円　①4-89063-099-6　Ⓝ210.52〔03257〕

◇忠臣蔵と元禄時代　中江克己著　中央公論社　1999.1　221p　16cm　(中公文庫)533円　①4-12-203329-2　Ⓝ210.52〔03258〕

◇忠臣蔵と日本人—日本的心情の回帰点　勝部真長著　PHP研究所　1994.7　238p　20cm　1600円　①4-569-54395-2　Ⓝ210.52〔03259〕

◇忠臣蔵と日本の仇討　池波正太郎他著　中央公論新社　1999.3　299p　16cm　(中公文庫)629円　①4-12-203372-1　Ⓝ210.52〔03260〕

◇忠臣蔵とは何だろうか—武士の政治学を読む　高野澄著　日本放送出版協会　1998.12　277p　19cm　(NHKブックス)1070円　①4-14-001849-6　Ⓝ210.52〔03261〕

◇「忠臣蔵」なるほど百話—NHK大河ドラマの人物像がよくわかる！　大衆文学研究会編　廣済堂出版　1998.12　333p　18cm　(Kosaido books)933円　①4-331-00823-1　Ⓝ210.52〔03262〕

◇忠臣蔵なんてなかった　神門酔生話者,三宅一志構成　晩声社　1989.1　174p　19cm　1300円　Ⓝ210.52〔03263〕

◇忠臣蔵の浮世絵—赤穂市立歴史博物館収蔵　赤穂市立歴史博物館編　赤穂　赤穂市立歴史博物館　2004.4　187p　30cm　(赤穂市立歴史博物館特別展図録 no.19)721.8〔03264〕

◇忠臣蔵の絵巻物—忠臣蔵300年祭記念 平成14年度企画展　赤穂市立歴史博物館編　赤穂　赤穂市立歴史博物館　2002.4　87p　21×30cm　(赤穂市立歴史博物館企画展資料集 no.8)Ⓝ721.2〔03265〕

◇忠臣蔵の男たち—現代語訳『赤穂義士伝一夕話』　山崎美成作　長谷圭剛編訳　展望社　1999.11　287p　20cm　2100円　①4-88546-025-5　Ⓝ210.52〔03266〕

◇忠臣蔵の経営学—大石内蔵助と赤穂藩"倒産"　童門冬二著　学陽書房　2003.12　252p　15cm　(人物文庫)700円　①4-313-75171-8〔03267〕

◇忠臣蔵のことが面白いほどわかる本—確かな史料に基づいた、最も事実に近い本当の忠臣蔵！　山本博文著　中経出版　2003.12　287p　21cm　1400円　①4-8061-1923-7　Ⓝ210.52〔03268〕

◇忠臣蔵の事件簿　小室金之助著　東京書籍　1985.12　177p　19cm　(東書選書 99)1000円　①4-487-72199-7　Ⓝ322.15〔03269〕

◇忠臣蔵の思想　田原南軒著　佐世保　田原南軒　1978.8　332p　22cm　1500円　Ⓝ210.54〔03270〕

◇忠臣蔵の時代—NHK大河ドラマ『元禄繚乱』の歴史・文化ガイド　竹内誠監修　日本放送出版協会　1998.12　158p　24cm　1300円　①4-14-910320-8　Ⓝ210.52〔03271〕

◇忠臣蔵の収支決算—お金で読み解く仇討プロジェクト　中江克己著　PHP研究所　2002.11　269p　15cm　(PHP文庫)571円　①4-569-57837-3　Ⓝ210.52〔03272〕

◇忠臣蔵の人生訓　志村武著　三笠書房　1988.12　266p　19cm　1200円　①4-8379-1303-2　Ⓝ210.52〔03273〕

◇忠臣蔵の人生訓　志村武著　三笠書房　1998.4　247p　19cm　1143円　①4-8379-1732-1　Ⓝ210.52〔03274〕

◇忠臣蔵の真相　飯尾精著　新人物往来社　1988.4　264p　20cm　1800円　①4-404-01495-3　Ⓝ210.52〔03275〕

◇忠臣蔵の真相　飯尾精著　新装版　新人物往来社　1999.1　260p　20cm　2000円　①4-404-02703-6　Ⓝ210.52〔03276〕

◇「忠臣蔵」のすべて—決定版　新人物往来社　1992.12　487p　21cm　(歴史読本臨時増刊 1992年 冬号—歴史ロマンシリーズ)Ⓝ210.52〔03277〕

◇忠臣蔵のすべてがわかる本　河合敦著　成美堂出版　1998.12　253p　16cm　(成美文庫)505円　①4-415-06822-7　Ⓝ210.52〔03278〕

◇忠臣蔵の世界—日本人の心情の源流　諏訪春雄著　大和書房　1982.1　218p　20cm　1300円　Ⓝ210.52〔03279〕

◇忠臣蔵の世界　兵庫県立歴史博物館編　姫路　兵庫県立歴史博物館　1999.11　51p　30cm　(収蔵資料目録 8)Ⓝ210.52〔03280〕

◇忠臣蔵の謎　中江克己著　河出書房新社　1994.12　256p　15cm　(河出文庫)650円　①4-309-47277-X　Ⓝ210.52〔03281〕

◇忠臣蔵の謎　中江克己著　新装版　河出書房新社　1998.6　256p　15cm　(河出文庫)650円　①4-309-47357-1　Ⓝ210.52〔03282〕

◇忠臣蔵の謎—歴史人物エンターテインメント　山本博文監修　日本文芸社　2006.12　199p　18cm　648円　①4-537-25450-5　Ⓝ210.52〔03283〕

◇「忠臣蔵」の謎学—芝居やドラマじゃわからない、意外な史実の数々　中島康夫監修　青春出版社　1998.11　235p　15cm　(青春best文庫)476円　①4-413-08396-2　Ⓝ210.52〔03284〕

◇忠臣蔵101の謎　伊東成郎著　新人物往来社　1998.12　290p　20cm　2800円　①4-404-02668-4　Ⓝ210.52〔03285〕

◇忠臣蔵100問勝負　杉並良太郎+歴史文化100問委員会著　武蔵野　出版社　1998.11　205p　19cm　1000円

ⓘ4-931178-18-9　Ⓝ210.52　　〔03286〕
◇忠臣蔵百科　泉秀樹著　講談社　1998.11　285p　19cm
　1600円　ⓘ4-06-209251-4　Ⓝ210.52　〔03287〕
◇忠臣蔵銘々伝―絵本　井上幸治郎編　大阪　中野啓蔵
　〔ほか〕　1884.7　27丁　16cm　Ⓝ281.64
　　　　　　　　　　　　　　　　　　　　　〔03288〕
◇忠臣蔵銘々伝―物語と史蹟をたずねて　尾崎秀樹監修
　成美堂出版　1981.11　224p　19cm　1000円
　ⓘ4-415-06544-9　Ⓝ210.52　　　　　　　〔03289〕
◇忠臣蔵銘々伝―物語と史蹟をたずねて　成美堂出版
　1995.12　318p　16cm　（成美文庫）560円
　ⓘ4-415-06432-9　Ⓝ210.52　　　　　　　〔03290〕
◇忠臣蔵物語　田村栄太郎著　白揚社　1934　312p
　19cm　Ⓝ210.5　　　　　　　　　　　　　〔03291〕
◇忠臣蔵物語　中山幹雄著　學藝書林　1988.12　56p
　31cm　（浮世絵かぶきシリーズ 3）2000円
　ⓘ4-905640-37-7　Ⓝ774.2　　　　　　　〔03292〕
◇忠臣蔵夜咄　池宮彰一郎著　角川書店　2002.11　233p
　20cm　1400円　ⓘ4-04-883793-1　Ⓝ210.52　〔03293〕
◇忠臣蔵夜咄　池宮彰一郎著　角川書店　2006.11　245p
　15cm　（角川文庫）514円　ⓘ4-04-368713-3　Ⓝ210.52
　　　　　　　　　　　　　　　　　　　　　〔03294〕
◇忠芬義芳　小野利教編　神戸　辻こう　1922.10　3冊
　27cm　Ⓝ281.02　　　　　　　　　　　　〔03295〕
◇定本忠臣蔵　第3-4,6-7巻　矢田挿雲著　長隆舎書店
　1942,18　4冊　19cm　Ⓝ913.6　　　　　〔03296〕
◇徹底検証元禄赤穂事件―殿中刃傷の真相と四十七士の素
　顔　成美堂出版　1998.12　144p　26cm　（Seibido
　mook）1300円　ⓘ4-415-09360-4　Ⓝ210.52　〔03297〕
◇徹底検証「忠臣蔵」の謎　尾崎秀樹編　講談社　1998.10
　472p　15cm　（講談社文庫）781円　ⓘ4-06-263934-3
　Ⓝ210.52　　　　　　　　　　　　　　　〔03298〕
◇天皇の四十七士―元禄忠臣蔵の真実　泉秀樹著　立風書
　房　1998.9　286p　20cm　1600円　ⓘ4-651-75116-4
　Ⓝ210.52　　　　　　　　　　　　　　　〔03299〕
◇天保十一年の忠臣蔵―鶴屋南北『盟三五大切』を読む
　犬丸治著　雄山閣　2005.12　249p　21cm　5600円
　ⓘ4-639-01912-2　　　　　　　　　　　　〔03300〕
◇堂々日本史　別巻　堂々忠臣蔵　NHK取材班編　名古
　屋　KTC中央出版　1999.2　247p　20cm　1600円
　ⓘ4-87758-124-3　Ⓝ210　　　　　　　　〔03301〕
◇通し狂言 仮名手本忠臣蔵　上巻　五幕七場　国立劇場
　監修　ぴあ　2006.4　111p　21cm　（開場40周年記念国
　立劇場歌舞伎公演記録集 10）2500円　ⓘ4-8356-1594-8
　　　　　　　　　　　　　　　　　　　　　〔03302〕
◇ドキュメンタリー忠臣蔵　河野龍也著　青谷舎　1998.
　12　253p　18cm　1000円　ⓘ4-915822-37-0　Ⓝ210.52
　　　　　　　　　　　　　　　　　　　　　〔03303〕
◇独学・忠臣蔵　山田泰三著　神戸　神戸新聞総合出版セ
　ンター（製作・発売）　2006.12　406p　20cm　2000円
　ⓘ4-343-00381-7　Ⓝ210.52　　　　　　　〔03304〕
◇内侍所―元禄赤穂武士の秘密古文書　仁の巻　二千風円
　喜著,赤堀政宣編　津山　広陽古社　1982.8　157p
　22cm　3000円　Ⓝ210.52　　　　　　　　〔03305〕
◇名古屋の忠臣蔵―歴史の学びかた　林董一述　愛知県
　教育サービスセンター編　名古屋　第一法規出版東海支
　社　1995.3　28p　21cm　（県民大学叢書 45）250円
　Ⓝ210.52　　　　　　　　　　　　　　　〔03306〕
◇なぞ解き忠臣蔵　祖田浩一著　東京堂出版　1998.9
　314p　19cm　1600円　ⓘ4-490-20356-X　Ⓝ210.52
　　　　　　　　　　　　　　　　　　　　　〔03307〕
◇なるほど元禄忠臣蔵完全ガイドブック　世界文化社

　1998.12　178p　26cm　（ビッグマンスペシャル）1400
　円　ⓘ4-418-98147-0　Ⓝ210.52　　　　　〔03308〕
◇なるほど！忠臣蔵―イラスト図鑑　元禄探検隊編著
　PHPエディターズ・グループ　1998.12　151p　21cm
　1286円　ⓘ4-569-60393-9　Ⓝ210.52　　　〔03309〕
◇南国土佐の忠臣蔵―絵金が描いた芝居絵屏風　平成19年
　度特別展図録　赤穂市立歴史博物館編　赤穂　赤穂市立
　歴史博物館　2007.11　57p　30cm　（赤穂市立歴史博物
　館特別展図録 no.22）721.8　　　　　　　〔03310〕
◇錦絵にみる「忠臣蔵」の世界―平成10年度特別展　赤穂
　市立歴史博物館編　赤穂　赤穂市立歴史博物館　1998.
　11　122p　30cm　（赤穂市立歴史博物館特別展図録 no.
　13）721.8　　　　　　　　　　　　　　　〔03311〕
◇早水家文書　1　八木哲浩監修　赤穂市立歴史博物館
　編　赤穂　赤穂市立歴史博物館　1994.3　109p　26cm
　（博物館資料集 第2号）Ⓝ216.4　　　　　〔03312〕
◇早わかり歴史クイズ忠臣蔵　グループ歴史舎編　角川書
　店　1999.2　127p　12cm　（角川mini文庫）200円
　ⓘ4-04-700266-5　Ⓝ210.52　　　　　　　〔03313〕
◇播州赤穂之城主浅野内匠頭牢人御預記―長府藩御預記録
　八木哲浩監修　　赤穂市立歴史博物館編　赤穂　赤穂市
　立歴史博物館　1999.11　66p　26cm　（博物館資料集
　第3号）Ⓝ210.52　　　　　　　　　　　　〔03314〕
◇反「忠臣蔵」読本―元禄・赤穂事件三〇〇年後の真実！
　逆転の日本史　洋泉社　1999.1　191p　21cm　（洋泉社
　mook）1000円　ⓘ4-89691-356-6　Ⓝ210.52　〔03315〕
◇武士道の権化赤穂義士　岩崎元一著　成武堂　1926
　Ⓝ210.5　　　　　　　　　　　　　　　　〔03316〕
◇二つの『忠臣蔵』―続歌舞伎随想　浜田侚子著　未知谷
　2007.5　124p　19cm　1400円　ⓘ978-4-89642-189-7
　　　　　　　　　　　　　　　　　　　　　〔03317〕
◇文献と史料による赤穂事件の考察　上杉虎雄著　米沢
　〔上杉虎雄〕　2000.12　38p　21cm　Ⓝ210.52　〔03318〕
◇「へっ,ちうしんぐらあなんだそれ？」と言う方にピッ
　タリの忠臣蔵です。　秋田といくみとたみこちゃん著
　五月書房　1988.11　221p　19cm　980円
　ⓘ4-7727-0089-7　Ⓝ210.52　　　　　　　〔03319〕
◇堀内伝右衛門手記浅野内匠頭様御家来御預りの節覚書
　水野定吉編　川崎　日本義道会　1936　127p　23cm
　Ⓝ210.5　　　　　　　　　　　　　　　　〔03320〕
◇滅びゆくものの美―赤穂浪士の死生観　平尾孤城著　三
　交社　1974　394p　19cm　（逝水選書 第7巻）980円
　Ⓝ210.54　　　　　　　　　　　　　　　〔03321〕
◇滅びゆくものの美―赤穂浪士元禄事件　平尾孤城,都築
　久義著　三交社　1974　427p　18cm　（逝水選書）1500
　円　Ⓝ210.54　　　　　　　　　　　　　〔03322〕
◇三河に於ける義士の遺蹟　三井博述　安城町（愛知県）
　安城第一尋常高等小学校　1938　12p　23cm　Ⓝ210.5
　　　　　　　　　　　　　　　　　　　　　〔03323〕
◇未刊新集赤穂義士史料　中央義士会編,佐佐木杜太郎校
　注　新人物往来社　1984.3　394p　22cm　6800円
　Ⓝ210.52　　　　　　　　　　　　　　　〔03324〕
◇三田村鳶魚全集　第16巻　中央公論社　1975　403p
　20cm　1800円　Ⓝ210.5　　　　　　　　〔03325〕
◇陽明学と忠臣蔵―不況・逆境に負けない心の鍛え方　林
　田明大著　徳間書店　1999.4　342p　16cm　（徳間文
　庫）590円　ⓘ4-19-891089-8　Ⓝ210.52　　〔03326〕
◇横から見た赤穂義士　三田村鳶魚著　叢文閣　1934
　358p　20cm　Ⓝ210.5　　　　　　　　　〔03327〕
◇横から見た赤穂義士　三田村鳶魚著　朝倉治彦編　中
　央公論社　1996.11　365p　16cm　（中公文庫―鳶魚江
　戸文庫 3）620円　ⓘ4-12-202747-0　Ⓝ210.52　〔03328〕

近世一般　　　　　　　　　　近世史

◇歴史紀行「忠臣蔵」を歩く　森本繁著　中央公論社　1999.1　366p　16cm　（中公文庫）838円　①4-12-203330-6　Ⓝ210.52　〔03329〕
◇私の赤穂浪士　桑原三二著　桑原三二　2000.4　221p　19cm　非売品　Ⓝ210.52　〔03330〕

◆◆◆大石内蔵助

◇岩屋寺と大石良雄　京都　岩屋寺　1938　45p　19cm　Ⓝ210.5　〔03331〕
◇大石内蔵助―赤穂義士　精華生著　大阪　立川文明堂　1909.8　230,238p（前・後編合本）　19cm　Ⓝ289.1　〔03332〕
◇大石内蔵助―日本の英雄か？その正体は　加来耕三著　光文社　1999.12　196p　16cm　（光文社文庫―グラフィティにんげん謎事典）571円　①4-334-72705-0　Ⓝ210.52　〔03333〕
◇大石内蔵助預金銀受払帳　元箱根村（神奈川県）　箱根神社々務所　1909.6　41p　22cm　Ⓝ289.1　〔03334〕
◇大石内蔵助を見直す　勝部真長著　学生社　1997.3　196p　20cm　1854円　①4-311-20211-3　Ⓝ210.52　〔03335〕
◇大石内蔵助、最期の密使―南部坂・三百年目の真実　中島康夫著　三五館　2000.11　205p　20cm　1600円　①4-88320-210-0　Ⓝ210.52　〔03336〕
◇大石内蔵助と元禄・忠臣蔵の真実　伊藤英一郎著　コスミックインターナショナル　1998.11　201p　19cm　（コスモブックス）1000円　①4-88532-949-3　Ⓝ210.52　〔03337〕
◇大石内蔵助の生涯―真説・忠臣蔵　中島康夫著　三五館　1998.9　157p　20cm　1000円　①4-88320-154-6　Ⓝ210.52　〔03338〕
◇大石内蔵助の素顔　飯尾精著　新人物往来社　1999.1　324p　20cm　2800円　①4-404-02702-8　Ⓝ210.52　〔03339〕
◇大石内蔵助の謎　高野澄著　毎日新聞社　1993.12　226p　18cm　（ミューブックス）880円　①4-620-72080-1　Ⓝ210.52　〔03340〕
◇大石内蔵助のリーダー学―"目的達成"のために何をすべきか　村石利夫著　PHP研究所　1999.1　237p　15cm　（PHP文庫）514円　①4-569-57225-1　Ⓝ210.52　〔03341〕
◇大石家外戚枝葉伝―大石神社蔵　佐佐木杜太郎校注訳文　新人物往来社　1979.10　303p　22cm　（赤穂義士史料集 1）Ⓝ288.2　〔03342〕
◇大石家義士文書―大石神社蔵　原文・現代語訳　佐佐木杜太郎校注訳文　新人物往来社　1982.11　328p　22cm　（赤穂義士史料集 3）5000円　Ⓝ210.52　〔03343〕
◇大石家義士文書―原文現代語訳　大石神社編、佐佐木杜太郎校注訳文　新人物往来社　1982.11　328p　22cm　（赤穂義士史料集 3）5000円　Ⓝ210.088　〔03344〕
◇大石家系図正纂―大石神社蔵　佐佐木杜太郎校注訳文　新人物往来社　1980.10　329p　22cm　（赤穂義士史料集 2）4000円　Ⓝ288.2　〔03345〕
◇大石家系図正纂―大石神社蔵　大石荘司良麿編、佐佐木杜太郎校注　新人物往来社　1980.10　329p　22cm　（赤穂義士史料集 2）4000円　Ⓝ288.2　〔03346〕
◇大石神社蔵赤穂城請取文書　飯尾精編　新人物往来社　1993.5　427p　22cm　Ⓝ210.52　〔03347〕
◇大石代三郎従豊岡引越之節覚書―大石内蔵助良雄三男広島行きの一件　豊岡市出土文化財管理センター編　豊岡　豊岡市教育委員会　2001.10　10,88p　図版6枚　30cm　Ⓝ217.6　〔03348〕

◇「男の意気」の貫き方―「忠臣蔵」の大石内蔵助に見る統率力の研究　坂川山輝夫著　大和出版　1994.2　209p　19cm　1400円　①4-8047-1295-X　Ⓝ210.52　〔03349〕
◇内蔵助、蜩の構え　津名道代著　海鳴社　2002.9　452p　20cm　2800円　①4-87525-209-9　Ⓝ210.52　〔03350〕
◇われ等の偉人大石良雄　赤穂尋常高等小学校著　大阪　立川書店　1934　147,11p　19cm　Ⓝ289.1　〔03351〕

◆◆◆堀部安兵衛

◇高田馬場と安兵衛の面影　越渓西村豊著　義士史料編纂所編　成蹊堂　1933　62,8p　19cm　Ⓝ210.5　〔03352〕
◇堀部安兵衛　上野喜永次著　新発田町（新潟県）　新発田新聞社　1913　129,27,2p　18cm　（近世人物資料）Ⓝ289.1　〔03353〕
◇堀部安兵衛　福本日南著　中央義士会　1917　318,8p　19cm　Ⓝ289.1　〔03354〕

◆◆◆吉良義央

◇吉良上野介を弁護する　岳真也著　文藝春秋　2002.11　206p　18cm　（文春新書）680円　①4-16-660285-3　Ⓝ210.52　〔03355〕
◇吉良上野介日記延宝八年申五月より日記并覚　上　吉良義央著, 小林定信解読　吉良町（愛知県）　吉良公史跡保存会　1975　176p　22cm　Ⓝ210.54　〔03356〕
◇吉良上野介の覚悟　中津攸子著　文芸社　2001.2　193p　19cm　1200円　①4-8355-1354-1　Ⓝ210.52　〔03357〕
◇吉良上野介の正体―真説元禄事件　佐々木杜太郎著　エルム　1975　245p　20cm　1200円　Ⓝ210.54　〔03358〕
◇吉良上野介の忠臣蔵―文化摩擦が起した史上最大の仇討ち事件　文館輝子著　京都　PHP研究所　1988.12　220p　20cm　1200円　①4-569-22383-4　Ⓝ210.52　〔03359〕
◇吉良夫人上杉三姫―米沢女性の面目と忠臣蔵の真相　田宮友亀雄著　米沢　不忘出版　1994.2　230p　19cm　1200円　Ⓝ210.52　〔03360〕
◇吉良義央と元禄事件　堀川豊弘著　明玄書房　1974　248p　21cm　1200円　Ⓝ210.54　〔03361〕
◇新版 吉良上野介　鈴木悦道著　名古屋　中日新聞本社　1995.11　198p　19cm　1400円　①4-8062-0302-5　〔03362〕

◆◆文治政治

◇新井白石の文治政治　栗田元次著　石崎書店　1952　655p　図版15枚　22cm　Ⓝ210.5　〔03363〕
◇史論集　山路愛山著　みすず書房　1958　489p　20cm　Ⓝ210.04　〔03364〕
◇転換期の戦略　4　徳川泰平―元禄から享保の時代　山本七平他著　経済界　1988.9　251p　20cm　1300円　①4-7667-8053-1　Ⓝ210.1　〔03365〕

◆江戸中期

◇維新革命前夜物語　白柳秀湖著　千倉書房　1947　372p　19cm　85円　Ⓝ210.56　〔03366〕
◇維新革命前夜物語　上　白柳秀湖著　心交会　1984.12　234p　18cm　（やまと文庫 8）750円　①4-89522-108-3　Ⓝ210.55　〔03367〕
◇維新革命前夜物語　下　白柳秀湖著　心交会　1985.7　236p　18cm　（やまと文庫 9）750円　Ⓝ210.55　〔03368〕

◇岩波講座日本通史　第13巻　近世 3　朝尾直弘ほか編　岩波書店　1994.9　361p　22cm　2800円　Ⓘ4-00-010563-9　Ⓝ210.1　〔03369〕

◇岩波講座日本通史　第14巻　近世 4　朝尾直弘ほか編　岩波書店　1995.1　372p　22cm　2800円　Ⓘ4-00-010564-7　Ⓝ210.1　〔03370〕

◇江戸時代興隆期　高須梅渓著　早稲田大学出版部　1922　518p　19cm　（国民の日本史　第10編）Ⓝ210.5　〔03371〕

◇江戸時代史 4　三上参次著　講談社　1977.3　193p　15cm　（講談社学術文庫）280円　Ⓝ210.5　〔03372〕

◇江戸時代史 5　三上参次著　講談社　1977.4　245p　15cm　（講談社学術文庫）320円　Ⓝ210.5　〔03373〕

◇江戸時代史 6　三上参次著　講談社　1977.5　226p　15cm　（講談社学術文庫）320円　Ⓝ210.5　〔03374〕

◇江戸時代史 7　三上参次著　講談社　1977.6　231p　15cm　（講談社学術文庫）320円　Ⓝ210.5　〔03375〕

◇江戸時代爛熟期　高須梅渓著　早稲田大学出版部　1922　562p　19cm　（国民の日本史　第11編）Ⓝ210.5　〔03376〕

◇江戸転換期の群像　大石慎三郎著　東京新聞出版局　1982.4　294p　19cm　1300円　Ⓘ4-8083-0112-1　Ⓝ210.55　〔03377〕

◇逆説の日本史 14　近世爛熟編　文治政治と忠臣蔵の謎　井沢元彦著　小学館　2007.7　443p　20cm　1600円　Ⓘ978-4-09-379684-2　Ⓝ210.04　〔03378〕

◇近世日本国民史　第20巻　元禄享保中間時代　徳富猪一郎著　近世日本国民史刊行会　1964　19cm　Ⓝ210.5　〔03379〕

◇近世日本国民史　第22巻　宝暦明和続　徳富猪一郎著　日本　近世日本国民史刊行会　1964　19cm　Ⓝ210.5　〔03380〕

◇近世日本国民史　第25巻　幕府分解接近時代　徳富猪一郎著　近世日本国民史刊行会　1964　19cm　Ⓝ210.5　〔03381〕

◇近世の三大改革　藤田覚著　山川出版社　2002.3　101p　21cm　（日本史リブレット　48）800円　Ⓘ4-634-54480-6　Ⓝ210.55　〔03382〕

◇講座日本近世史 5　宝暦・天明期の政治と社会　山田忠雄編, 松本四郎編　有斐閣　1988.11　280p　20cm　2600円　Ⓘ4-641-07095-4　Ⓝ210.5　〔03383〕

◇再現日本史―週刊time travel　江戸 24　講談社　2003.1　42p　30cm　533円　Ⓝ210.1　〔03384〕

◇再現日本史―週刊time travel　江戸 27　講談社　2003.2　42p　30cm　533円　Ⓝ210.1　〔03385〕

◇再現日本史―週刊time travel　江戸 28　講談社　2003.2　42p　30cm　533円　Ⓝ210.1　〔03386〕

◇再現日本史―週刊time travel　江戸 31　講談社　2002.8　42p　30cm　533円　Ⓝ210.1　〔03387〕

◇再現日本史―週刊time travel　江戸 35　講談社　2002.9　42p　30cm　533円　Ⓝ210.1　〔03388〕

◇週刊ビジュアル日本の歴史　no.38　江戸の行革 8　デアゴスティーニ・ジャパン　2000.11　p296-335　30cm　533円　Ⓝ210.1　〔03389〕

◇週刊ビジュアル日本の歴史　no.44　徳川幕府の衰退 4　デアゴスティーニ・ジャパン　2000.12　p128-167　30cm　533円　Ⓝ210.1　〔03390〕

◇趣味の日本史談　巻9　江戸時代の中編　北垣恭次郎著　明治図書出版　1953-1954　19cm　Ⓝ210.1　〔03391〕

◇図説日本文化の歴史 9　江戸 中　進士慶幹編　小学館　1980.9　251p　28cm　3500円　Ⓝ210.1　〔03392〕

◇大系日本の歴史 10　江戸と大坂　永原慶二ほか著　小学館　1993.4　465p　16cm　（小学館ライブラリー）980円　Ⓘ4-09-461010-3　Ⓝ210.1　〔03393〕

◇日本史の舞台 9　甍にゆれる泰平の華―江戸時代中期　竹内誠ほか著　集英社　1982.11　167p　27cm　1800円　Ⓝ210.1　〔03394〕

◇日本の歴史―集英社版　13　元禄・享保の時代　児玉幸多ほか編　高埜利彦著　集英社　1992.6　342p　22cm　2400円　Ⓘ4-08-195013-X　Ⓝ210.1　〔03395〕

◇日本の歴史　近世 2-7　田沼意次と松平定信　新訂増補　朝日新聞社　2003.11　p194-224　30cm　（週刊朝日百科 77）476円　Ⓝ210.1　〔03396〕

◇日本歴史大系 10　幕藩体制の展開と動揺　上　井上光貞ほか編　山川出版社　1996.7　268,24p　22cm　3000円　Ⓘ4-634-33100-4　Ⓝ210.1　〔03397〕

◇漂流日本の羅針盤―江戸四百年の知恵に学ぶ　大石慎三郎著　東京新聞出版局　1996.2　305p　19cm　1400円　Ⓘ4-8083-0538-0　Ⓝ210.55　〔03398〕

◇万年帳零話　草野冴子著　潮流社　2002.9　297p　20cm　2381円　Ⓘ4-88665-087-2　Ⓝ210.5　〔03399〕

◇物語日本の歴史―その時代を見た人が語る　第23巻　騒動に明け暮れる江戸の権力　笠原一男編　木耳社　1992.11　205p　20cm　1500円　Ⓘ4-8393-7575-5　Ⓝ210.1　〔03400〕

◇物語日本の歴史―その時代を見た人が語る　第24巻　江戸をゆるがす人びと　笠原一男編　木耳社　1993.1　226p　20cm　1500円　Ⓘ4-8393-7576-3　Ⓝ210.1　〔03401〕

◇わたしたちの歴史　日本編　第11巻―第12巻　国際情報社　1976.1-1976.2　2冊　30cm　〔03402〕

◆◆享保改革

◇『御定書百箇条』を読む　福永英男編　国分寺　福永英男　2002.12　448,11p　22cm　Ⓝ322.15　〔03403〕

◇『紀州政事草』を読む―吉宗が語る「享保の改革」の原点　リーダー学　神坂次郎著　プレジデント社　1995.6　228p　20cm　1500円　Ⓘ4-8334-1570-4　Ⓝ210.55　〔03404〕

◇享保改革と社会変容　大石学編　吉川弘文館　2003.9　346p　21cm　（日本の時代史 16）3200円　Ⓘ4-642-00816-0　〔03405〕

◇享保改革の商業政策　大石慎三郎著　吉川弘文館　1998.2　299,5p　22cm　7000円　Ⓘ4-642-03337-8　Ⓝ210.55　〔03406〕

◇享保改革の地域政策　大石学著　吉川弘文館　1996.2　571,28p　22cm　13390円　Ⓘ4-642-03329-7　Ⓝ210.55　〔03407〕

◇享保通鑑　辻達也校訂　近藤出版社　1984.12　36,518,22p　20cm　（日本史料選書 24）6000円　Ⓝ210.55　〔03408〕

◇享保改革の経済政策　第1部　享保改革の農村政策　大石慎三郎著　御茶の水書房　1961　305p　22cm　Ⓝ332.1　〔03409〕

◇享保改革の研究　辻達也著　創文社　1963　302p　22cm　Ⓝ210.56　〔03410〕

◇享保改革の研究　辻達也著　創文社　1981.2　302p　22cm　3000円　Ⓝ210.55　〔03411〕

◇近世日本国民史　第21巻　吉宗時代　徳富猪一郎著　日本　近世日本国民史刊行会　1964　19cm　Ⓝ210.5　〔03412〕

◇米将軍とその時代　土肥鑑高著　東村山　教育社

近世一般　　　　　　　　　　　近世史

◇1977.10　202p　18cm　（教育社歴史新書）600円　Ⓝ210.56　〔03413〕
◇貢地騒動の丘を語る　梨本義雄著　清里村（新潟県）〔梨本義雄〕1989　39p　26cm　Ⓝ210.55　〔03414〕
◇週刊ビジュアル日本の歴史　no.34　江戸の行革 4　デアゴスティーニ・ジャパン　2000.10　p128-167　30cm　533円　Ⓝ210.1　〔03415〕
◇徳川吉宗とその時代―江戸転換期の群像　大石慎三郎著　中央公論社　1989.3　282p　16cm　（中公文庫）440円　Ⓘ4-12-201598-7　Ⓝ210.55　〔03416〕
◇日本の歴史　近世 1-8　享保の改革―吉宗の時代　新訂増補　朝日新聞社　2003.9　p226-256　30cm　（週刊朝日百科 68）476円　Ⓝ210.1　〔03417〕
◇日本歴史シリーズ　第14　享保の改革　遠藤元男等編　大石慎三郎編　世界文化社　1966　221p（おもに図版）27cm　Ⓝ210.1　〔03418〕
◇名君と賢臣―江戸の政治改革　百瀬明治著　講談社　1996.7　235p　18cm　（講談社現代新書）650円　Ⓘ4-06-149313-2　Ⓝ210.5　〔03419〕
◇吉宗と享保改革―江戸をリストラした将軍　大石慎三郎著　日本経済新聞社　1994.9　226p　20cm　1500円　Ⓘ4-532-16141-X　Ⓝ210.55　〔03420〕
◇吉宗と享保の改革―教養の日本史　大石学著　東京堂出版　1995.9　352p　19cm　2600円　Ⓘ4-490-20278-4　Ⓝ210.55　〔03421〕
◇吉宗と享保の改革　大石学著　改訂新版　東京堂出版　2001.9　376p　19cm　（教養の日本史）2800円　Ⓘ4-490-20427-2　Ⓝ210.55　〔03422〕

◆◆◆大岡越前
◇江戸のエリート経済官僚　大岡越前の構造改革　安藤優一郎著　日本放送出版協会　2007.12　170p　18cm　（生活人新書）660円　Ⓘ978-4-14-088238-2　〔03423〕
◇大岡越前―物語と史蹟をたずねて　竹内勇太郎著　成美堂出版　1976　208p　19cm　700円　Ⓝ289.1　〔03424〕
◇大岡越前逸話集―江戸の名奉行　新人物往来社　1994.10　416p　21cm　（別冊歴史読本特別増刊）1800円　Ⓝ289.1　〔03425〕
◇大岡越前公略伝　春秋居士著　三井駒治　1913　16p　20cm　Ⓝ289.1　〔03426〕
◇大岡越前守　沼田頼輔著　明治書院　1929　194p　20cm　Ⓝ289.1　〔03427〕
◇大岡越前守　宇野脩平著　日本放送出版協会　1967　261p　18cm　（NHKブックス）Ⓝ322.15　〔03428〕
◇大岡越前守忠相日記　上　大岡家文書刊行会編纂　三一書房　1972　681p　27cm　10000円　Ⓝ210.56　〔03429〕
◇大岡越前守忠相日記　下　大岡家文書刊行会編纂　三一書房　1975　739,13p　27cm　20000円　Ⓝ210.56　〔03430〕
◇大岡越前守 名奉行の虚像と実像　辻達也著　中央公論社　1964　191p　18cm　（中公新書）Ⓝ322.15　〔03431〕
◇再現日本史―週刊time travel　江戸 23　講談社　2003.1　42p　30cm　533円　Ⓝ210.1　〔03432〕
◇徳川吉宗と大岡越前守　歴史と文学の会編　勉誠出版　1994.10　252p　21cm　1600円　Ⓘ4-585-05010-8　〔03433〕

◆◆徳川宗春
◇尾張の宗春　亀井宏著　東洋経済新報社　1995.4　237p　19cm　1500円　Ⓘ4-492-06069-3　〔03434〕
◇近世名古屋享元絵巻の世界　林董一編　大阪　清文堂出版　2007.7　428p　21cm　9400円　Ⓘ978-4-7924-0631-8　〔03435〕
◇徳川宗春 尾張宰相の深謀　加来耕三著　毎日新聞社　1995.6　296p　19cm　1500円　Ⓘ4-620-10528-7　〔03436〕
◇宗春と芸能　鬼頭勝之著　名古屋　ブックショップマイタウン　2006.10　147p　26cm　2500円　Ⓝ772.1　〔03437〕
◇宗春の肖像―「享元絵巻」と「夢の跡」　鬼頭勝之編　名古屋　ブックショップ「マイタウン」　1995.11　146p　26cm　（歴史探索「徳川宗春」資料集 2）2000円　Ⓘ4-938341-07-7　Ⓝ289.1　〔03438〕
◇歴史探索・徳川宗春―なめたらいかんて、名古屋城　舟橋武志著　名古屋　ブックショップ「マイタウン」　1995.4　185p　21cm　（Muneharu series 1）1500円　Ⓝ215.5　〔03439〕

◆◆田沼時代
◇悪名の論理―田沼意次の生涯　江上照彦著　復刻版　中央公論新社　1999.10　184p　18cm　（中公新書）800円　Ⓘ4-12-170187-9　〔03440〕
◇江戸時代の古文書を読む　田沼時代　徳川林政史研究所監修　竹内誠,深井雅海,太田尚宏,白根孝胤著　東京堂出版　2005.6　155p　26cm　2200円　Ⓘ4-490-20552-X　Ⓝ210.5　〔03441〕
◇近世日本国民史　第23巻　田沼時代　徳富猪一郎著　近世日本国民慰刊行会　1964　19cm　Ⓝ210.5　〔03442〕
◇近世日本国民史　田沼時代　徳富蘇峰著,平泉澄校訂　講談社　1983.7　467p　15cm　（講談社学術文庫）1100円　Ⓘ4-06-158608-4　Ⓝ210.55　〔03443〕
◇再現日本史―週刊time travel　江戸 26　講談社　2003.2　42p　30cm　533円　Ⓝ210.1　〔03444〕
◇週刊ビジュアル日本の歴史　no.35　江戸の行革 5　デアゴスティーニ・ジャパン　2000.10　p170-209　30cm　533円　Ⓝ210.1　〔03445〕
◇田沼意次―ゆがめられた経世の政治家　後藤一朗著　清水書院　1971　204p　19cm　（センチュリーブックス）Ⓝ289.1　〔03446〕
◇田沼意次―御不審を蒙ること、身に覚えなし　藤田覚著　京都　ミネルヴァ書房　2007.7　271,11p　19cm　（ミネルヴァ日本評伝選）2800円　Ⓘ978-4-623-04941-7　〔03447〕
◇田沼意次関連講話録　関根徳男著　佐野　思門出版会　2006.9　60p　20cm　非売品　Ⓘ4-921168-19-9　Ⓝ289.1　〔03448〕
◇田沼意次・その虚実　後藤一朗著　清水書院　1984.10　204p　18cm　（清水新書）480円　Ⓘ4-389-44003-9　Ⓝ289.1　〔03449〕
◇田沼意次と松平定信　童門冬二著　時事通信社　2000.6　252p　20cm　1600円　Ⓘ4-7887-0059-X　Ⓝ210.55　〔03450〕
◇田沼意次の時代　大石慎三郎著　岩波書店　1991.12　236p　19cm　2400円　Ⓘ4-00-001274-6　Ⓝ210.55　〔03451〕
◇田沼意次の時代　大石慎三郎著　岩波書店　2001.6　265p　15cm　（岩波現代文庫 学術）1000円　Ⓘ4-00-600054-5　Ⓝ210.55　〔03452〕

84　日本近世史図書総覧 明治～平成　　　　〔03413～03452〕

◇田沼時代　辻善之助著　日本学術普及会　1915　346p　18cm　（歴史講座）Ⓝ210.5　〔03453〕

◇田沼時代　辻善之助著　訂再版　日本学術普及会　1936　345p　19cm　Ⓝ210.5　〔03454〕

◇田沼時代　辻善之助著　岩波書店　1980.3　357p　15cm　（岩波文庫）450円　Ⓝ210.55　〔03455〕

◇通史田沼意次　関根徳男著　佐野　思門出版会　2007.5　145p　19cm　1000円　Ⓘ978-4-921168-20-9　Ⓝ289.1　〔03456〕

◇星月夜万八実録─田沼意次　その実像　林泰教著　棚橋宗馬翻刻　近代文芸社　1995.7　193p　19cm　2000円　Ⓘ4-7733-4040-1　〔03457〕

◆◆ワイロ

◇江戸時代の賄賂秘史　中瀬勝太郎著　築地書館　1989.12　198p　20cm　1442円　Ⓘ4-8067-5668-7　Ⓝ210.5　〔03458〕

◇江戸のワイロ─もらい上手・渡し上手の知恵くらべ　童門冬二著　ネスコ　1995.3　235p　20cm　1500円　Ⓘ4-89036-887-6　Ⓝ210.5　〔03459〕

◇江戸の賄賂　童門冬二著　集英社　1998.8　277p　16cm　（集英社文庫）533円　Ⓘ4-08-748848-9　Ⓝ210.5　〔03460〕

◆◆寛政改革

◇寛政改革と畿内農村の動向　竹安繁治著　布施　布施市　1963.10　25p　21cm　（布施市史研究紀要　第29号）　〔03461〕

◇寛政改革と代官行政　柏村哲博著　国書刊行会　1985.12　226,7p　22cm　5800円　Ⓝ210.55　〔03462〕

◇寛政改革の都市政策─江戸の米価安定と飯米確保　安藤優一郎著　校倉書房　2000.10　394p　22cm　（歴史科学叢書）10000円　Ⓘ4-7517-3130-0　Ⓝ332.105　〔03463〕

◇近世日本国民史　第24巻　松平定信時代　徳富猪一郎著　近世日本国民慰刊行会　1964　19cm　Ⓝ210.5　〔03464〕

◇近世日本国民史　松平定信時代　徳富蘇峰著, 平泉澄校訂　講談社　1983.8　517p　15cm　（講談社学術文庫）1200円　Ⓘ4-06-158609-2　Ⓝ210.55　〔03465〕

◇定信お見通し─寛政視覚改革の治世学　タイモン・スクリーチ著　高山宏訳　青土社　2003.9　484p　19cm　4200円　Ⓘ4-7917-6049-2　〔03466〕

◇週刊ビジュアル日本の歴史　no.39　江戸の行革　9　デアゴスティーニ・ジャパン　2000.11　p338-377　30cm　533円　Ⓝ210.1　〔03467〕

◇松平定信─政治改革に挑んだ老中　藤田覚著　中央公論社　1993.7　217p　18cm　（中公新書1142）720円　Ⓘ4-12-101142-2　〔03468〕

◆◆林子平

◇林子平と幕末の海防　上巻　内藤世水著　下田　下田開国記念館　1940　48p　23cm　Ⓝ210.5　〔03469〕

◆◆高山彦九郎

◇江戸日記　高山彦九郎著　武田勘治編著　道統社　1943　338p　19cm　Ⓝ289.1　〔03470〕

◇高山先生寛政元年江戸日記　高山彦九郎著　筑後史談会編　久留米　筑後史談会　1928　36p　13×20cm　Ⓝ289.1　〔03471〕

◇高山仲縄遺墨──一名・江戸日記　高山彦九郎著　1871　3冊　26cm　Ⓝ289.1　〔03472〕

◇高山彦九郎─明治維新の先導者　正田喜久著　前橋　みやま文庫　2007.11　237p　19cm　（みやま文庫188）1500円　Ⓝ289.1　〔03473〕

◆◆藩政改革

◇泉штат主本多忠籌の民政に就て─江戸時代後期に於ける東北諸藩の民政研究　其の1　黒田源六著　来島捨六　1936　70p　24cm　Ⓝ212　〔03474〕

◇江戸諸藩中興の祖　川口素生著　河出書房新社　2005.1　257p　20cm　1500円　Ⓘ4-309-22425-3　Ⓝ210.5　〔03475〕

◇"御家"立て直し─江戸十八藩の台所事情を探る　中江克己著　青春出版社　2004.5　252p　18cm　（プレイブックスインテリジェンス）780円　Ⓘ4-413-04092-9　Ⓝ210.5　〔03476〕

◇改革者たち─上杉鷹山から二宮尊徳まで　勝部真長著　プレジデント社　1993.4　286p　18cm　1350円　Ⓘ4-8334-1479-1　Ⓝ281.04　〔03477〕

◇改革と維新　原田伴彦著　講談社　1976　222p　18cm　（講談社現代新書）390円　Ⓝ210.55　〔03478〕

◇改革の虚像─幕政の危機と世なおし　土肥鑑高著　秀英出版　1971　216,8p　19cm　（歴史図書館）560円　Ⓝ210.57　〔03479〕

◇画報新説日本史　第12巻　町人文化と幕政の改革　時事世界新社編　時事世界新社　1963-1964　31cm　Ⓝ210.1　〔03480〕

◇寛政改革と柳樽の改版　岡田朝太郎著　磯部甲陽堂　1927　398p　20cm　Ⓝ911.4　〔03481〕

◇九州と藩政改革　1　藤野保編　国書刊行会　1985.3　453p　22cm　（九州近世史研究叢書10）8000円　Ⓝ219　〔03482〕

◇九州と藩政改革　2　藤野保編　国書刊行会　1985.4　440p　22cm　（九州近世史研究叢書11）8000円　Ⓝ219　〔03483〕

◇虚言申すまじく候─江戸中期の行財政改革　大石慎三郎著　筑摩書房　1983.7　219p　20cm　1200円　Ⓝ210.55　〔03484〕

◇近世中後期藩財務役人の研究─佐竹秋田藩・内藤藩を事例として　森507久著　巖南堂書店　2003.9　276p　22cm　6500円　Ⓘ4-7626-0245-0　Ⓝ210.55　〔03485〕

◇熊本経済録─細川重賢の「宝暦の改革」　大村荘助著　八代　八代古文書の会　1995.9　134p　21cm　（八代古文書の会叢書　第6巻）1000円　Ⓝ210.5　〔03486〕

◇現代に生かす山田方谷の藩政改革─その経済政策を中心として　三宅康久著　岡山　大学教育出版　2006.10　210p　22cm　2200円　Ⓘ4-88730-704-7　Ⓝ217.5　〔03487〕

◇週刊ビジュアル日本の歴史　no.46　徳川幕府の衰退　6　デアゴスティーニ・ジャパン　2001.1　p212-251　30cm　533円　Ⓝ210.1　〔03488〕

◇続佐賀藩の総合研究─藩政改革と昭和維新　藤野保編　吉川弘文館　1987.2　23,1063p　22cm　13000円　Ⓘ4-642-03279-7　Ⓝ219.2　〔03489〕

◇大名たちの構造改革─彼らは藩財政の危機にどう立ち向かったのか　谷口研語, 和崎晶著　ベストセラーズ　2001.11　214p　18cm　（ベスト新書）680円　Ⓘ4-584-12024-2　Ⓝ210.5　〔03490〕

◇大名の日本地図　中嶋繁雄著　文藝春秋　2003.11　414p　18cm　（文春新書）940円　Ⓘ4-16-660352-3

近世一般　　　　　　　　　　　　近世史

◇「中興の祖」の研究―組織をよみがえらせるリーダーの条件　童門冬二著　PHP研究所　2006.6　215p　20cm　1300円　Ⓘ4-569-64905-X　Ⓝ281.04
〔03492〕
◇幕藩制改革の展開　藤田覚編　山川出版社　2001.11　232p　22cm　3800円　Ⓘ4-634-52160-1　Ⓝ210.55
〔03493〕
◇幕末佐賀藩改革ことはじめ　佐賀新聞社報道局編　佐賀　佐賀新聞社　2004.3　241p　21cm　1524円　Ⓘ4-88298-143-2　Ⓝ219.2
〔03494〕
◇幕末の薩摩―悲劇の改革者,調所笑左衛門　原口虎雄著　中央公論社　1966　183p　18cm　（中公新書）Ⓝ219.7
〔03495〕
◇幕末の藩政改革　田中彰著　塙書房　1965　247p　図版表　19cm　（塙選書）Ⓝ210.58
〔03496〕
◇幕末名君と参謀　西東玄著　ダイヤモンド社　1979.5　222p　19cm　980円　Ⓝ210.58
〔03497〕
◇幕末名君と参謀―維新パワー西南四藩の秘密を解く　西東玄著　PHP研究所　1990.10　284p　15cm　（PHP文庫）480円　Ⓘ4-569-56283-3　Ⓝ210.58
〔03498〕
◇早わかり江戸の決断―武士たちは,どう諸藩を立て直したのか　河合敦著　講談社　2006.10　270p　19cm　1400円　Ⓘ4-06-213332-6　Ⓝ210.5
〔03499〕
◇藩財政を再建した名君・名家老たち　杉田幸三ほか著　京都　PHP研究所　1993.6　205p　21cm　（歴史人物群像）1300円　Ⓘ4-569-53964-5　Ⓝ281.04
〔03500〕
◇藩政改革条件　彦根　彦根藩　1871.5　7丁　25cm　Ⓝ322
〔03501〕
◇藩政改革と百姓一揆―津藩の寛政期　深谷克己著　比較文化研究所　2004.5　287p　22cm　（日本史叢書）6000円　Ⓘ4-902292-01-7　Ⓝ215.6
〔03502〕
◇藩政改革と明治維新―藩体制の危機と農民分化　関順也著　有斐閣　1956　193p　21cm　Ⓝ210.5
〔03503〕
◇藩政改革の研究　堀江英一著　御茶の水書房　1955　340p　22cm　Ⓝ210.5
〔03504〕
◇藩論　時野谷勝脚注・解説　京都　霊山顕彰会　1978.10　71p　21cm　980円　Ⓝ311.21
〔03505〕
◇日暮硯―松代藩政改革実録　恩田木工著　菅原兵治評註　金鶏学院　1932　32p　23cm　（聖賢遺書新釈叢刊第15）Ⓝ342
〔03506〕
◇非常の才―細川重賢藩政再建の知略　加来耕三著　講談社　1999.11　355p　19cm　1800円　Ⓘ4-06-209907-1
〔03507〕
◇名君と賢臣―江戸の政治改革　百瀬明治著　講談社　1996.7　235p　18cm　（講談社現代新書）650円　Ⓘ4-06-149313-2　Ⓝ210.5
〔03508〕
◇「名君」の蹉跌―藩政改革の政治経済学　マーク・ラビナ著　浜野潔訳　NTT出版　2004.2　300p　21cm　（叢書「世界認識の最前線」）3500円　Ⓘ4-7571-4065-7
〔03509〕

◆◆◆上杉鷹山

◇異端の変革者上杉鷹山　加来耕三著　集英社　2001.9　317p　19cm　1700円　Ⓘ4-08-781235-9
〔03510〕
◇上杉鷹山の危機突破法　童門冬二著　廣済堂出版　2001.5　236p　15cm　（廣済堂文庫―ヒューマンセレクト）571円　Ⓘ4-331-65287-4
〔03511〕
◇上杉鷹山　佐藤太平著　宮越太陽堂　1941　257p　19cm　Ⓝ289.1
〔03512〕
◇上杉鷹山　下村千秋著　新潮社　1942　277p　19cm　（土の偉人叢書）Ⓝ289.1
〔03513〕

◇上杉鷹山―改革への道　特別展　米沢　米沢市上杉博物館　2004.10　79p　30cm　Ⓝ289.1
〔03514〕
◇上杉鷹山言行録　秋山悟庵編　内外出版協会　1908.7　230p　19cm　（偉人研究　第42編）Ⓝ289.1
〔03515〕
◇上杉鷹山公　富永周太編述　米沢　米沢郷土館　1930　95p　23cm　Ⓝ212.5
〔03516〕
◇上杉鷹山公と其遺訓―非常時国家再建の巨人　高橋力編　米沢　米沢士風会　1940　273p　20cm　Ⓝ289.1
〔03517〕
◇上杉鷹山公と其遺訓―非常時国家再建の巨人　高橋力著　改訂版　米沢　米沢士風会本部　1942　243,23p　19cm　Ⓝ289.1
〔03518〕
◇上杉鷹山公とその時代―図録　米沢市教育委員会編　米沢　米沢上杉文化振興財団　1993.4　77p　26cm　1500円　Ⓝ289.1
〔03519〕
◇上杉鷹山公の人生観―公が米沢藩復興に成功された鍵　渡部図南夫著　宮崎　鉱脈社（発売）　1981.10（2003.7:4刷）　325p　19cm　2000円　Ⓘ4-86061-067-9　Ⓝ289.1
〔03520〕
◇上杉鷹山の経営学―危機を乗り切るリーダーの条件　童門冬二著　〔新装版〕PHP研究所　1992.10　218p　19cm　1400円　Ⓘ4-569-53762-6
〔03521〕
◇上杉鷹山の失敗に学ぶ―トップダウンで大組織を改革するために　藩政改革に学ぶ会著　仙台　創栄出版　2003.12　222p　22cm　1200円　Ⓘ4-7559-0156-1　Ⓝ212.5
〔03522〕
◇上杉鷹山の人間愛　五十公野清一著　大鵬社　1943　349p　19cm　Ⓝ612
〔03523〕
◇上杉鷹山の人間と生涯　安彦孝次郎著　壮年社　1942　411p　22cm　Ⓝ289.1
〔03524〕
◇近世日本経済史―上杉鷹山と米沢藩政史　渡辺与五郎著　文化書房博文社　1973　675p　22cm　3500円　Ⓝ332.1
〔03525〕
◇史伝上杉鷹山　杉原三郎著　日本産業報国新聞社　1943　403p　19cm　Ⓝ289.1
〔03526〕
◇図説 上杉謙信と上杉鷹山　花ケ前盛明,横山昭男著　河出書房新社　1999.11　111p　21cm　（ふくろうの本）1800円　Ⓘ4-309-72625-9
〔03527〕
◇誰も書かなかった上杉鷹山の秘密　新谷博司著　6版　米沢　経営効率研究所　1997.11　145p　19cm　1200円　Ⓝ212.5
〔03528〕
◇日本人の美しい心―上杉鷹山に学ぶ　童門冬二著　柏　モラロジー研究所,（柏）広池学園事業部〔発売〕　2000.11　63p　21cm　（生涯学習ブックレット）600円　Ⓘ4-89639-033-4
〔03529〕
◇細井平洲と上杉鷹山　鈴村進著　三笠書房　1999.8　261p　16cm　（知的生きかた文庫）533円　Ⓘ4-8379-7052-4　Ⓝ121.57
〔03530〕
◇「名君」の蹉跌―藩政改革の政治経済学　マーク・ラビナ著　浜野潔訳　NTT出版　2004.2　300p　21cm　（叢書「世界認識の最前線」）3500円　Ⓘ4-7571-4065-7
〔03531〕
◇勇気―細井平洲/上杉鷹山　上　鈴村進著　黙出版　1997.8　239p　20cm　（Moku books）1500円　Ⓘ4-900682-23-3　Ⓝ121.57
〔03532〕
◇勇気―細井平洲/上杉鷹山　下　鈴村進著　黙出版　1997.8　226p　20cm　（Moku books）1500円　Ⓘ4-900682-24-1　Ⓝ121.57
〔03533〕
◇鷹山公偉蹟録　甘糟継成編　米沢　鷹山公偉蹟録刊行会　1934　1096,23p　22cm　Ⓝ289.1
〔03534〕
◇鷹山公世紀　池田成章編　吉川弘文館　1906.9　1056p

23cm　Ⓝ289.1
〔03535〕
◇鷹山公世紀　池田成章編　再版　池田成彬　1924　986,2p　22cm　Ⓝ289.1
〔03536〕
◇鷹山公と平洲先生　小西重直著　同文社　1944　296p　19cm　Ⓝ289.1
〔03537〕
◇鷹山公の時艱打開の途　古瀬長栄著　平野書房　1933　84p　19cm　Ⓝ289.1
〔03538〕
◇米沢鷹山公　川村惇著　朝野新聞社　1893.10　364p　19cm　Ⓝ289.1
〔03539〕

◆江戸後期
◇岩波講座日本通史　第15巻　近世5　朝尾直弘ほか編　岩波書店　1995.5　348p　22cm　2800円　①4-00-010565-5　Ⓝ210.1
〔03540〕
◇江戸時代「後期」　竹内誠監修　フレーベル館　2000.11　71p　31cm　（地図でみる日本の歴史6）2800円　①4-577-02023-8
〔03541〕
◇江戸時代史　下　三上参次著　講談社　1992.10　819p　15cm　（講談社学術文庫）1800円　①4-06-159045-6　Ⓝ210.5
〔03542〕
◇江戸時代頽唐期　高須梅渓著　早稲田大学出版部　1923　523p　19cm　（国民の日本史　第12編）Ⓝ210.5
〔03543〕
◇教養人の日本史　第4　江戸末期から明治時代まで　池田敬正,佐々木隆爾　社会思想社　1967　319p　15cm　（現代教養文庫）Ⓝ210.1
〔03544〕
◇近世日本国民史　第27巻　文政天保時代　徳富猪一郎著　近世日本国民史刊行会　1964　19cm　Ⓝ210.5
〔03545〕
◇近世日本国民史　第29巻　幕府実力失墜時代　徳富猪一郎著　近世日本国民史刊行会　1964　19cm　Ⓝ210.5
〔03546〕
◇近世日本国民史　第30巻　彼理来航以前の形勢　徳富猪一郎著　近世日本国民史刊行会　1964　19cm　Ⓝ210.5
〔03547〕
◇近世日本国民史開国日本　1　ペルリ来航以前の形勢　徳富蘇峰著,平泉澄校訂　講談社　1979.3　417p　15cm　（講談社学術文庫）480円　Ⓝ210.5
〔03548〕
◇趣味の日本史談　巻10　江戸時代の後期　北垣恭次郎著　明治図書出版　1953-1954　19cm　Ⓝ210.1
〔03549〕
◇庄屋平兵衛獄門記　宇野宗佑著　青蛙房　1984.9　384p　22cm　（青蛙選書34）2800円　Ⓝ210.58
〔03550〕
◇新徴組　小山松勝一郎著　国書刊行会　1976　308p　19cm　Ⓝ210.58
〔03551〕
◇世事見聞録　武陽隠士著,本庄栄治郎校訂,滝川政次郎解説　青蛙房　1966　326p　22cm　（青蛙選書）Ⓝ210.57
〔03552〕
◇先師景仰　入交好脩著　〔入交好脩〕　1978.11　368p　23cm　Ⓝ210.58
〔03553〕
◇大系日本の歴史　11　近代の予兆　永原慶二ほか編　青木美智男著　小学館　1993.6　505p　16cm　（小学館ライブラリー）980円　①4-09-461011-1　Ⓝ210.1
〔03554〕
◇天皇の世紀　2　地熱　大仏次郎著　朝日新聞社　1977.9　271p　15cm　340円　Ⓝ210.58
〔03555〕
◇天皇の世紀　10　逆潮　大仏次郎著　朝日新聞社　1978.1　221p　15cm　300円　Ⓝ210.58
〔03556〕
◇天皇の世紀　11　新しい門　大仏次郎著　朝日新聞社　1978.1　239p　15cm　320円　Ⓝ210.58
〔03557〕
◇堂々日本史　第14巻　NHK取材班編　名古屋　KTC中央出版　1998.4　249p　20cm　1600円　①4-87758-061-1　Ⓝ210
〔03558〕
◇堂々日本史　第20巻　NHK取材班編　名古屋　KTC中央出版　1998.12　247p　20cm　1600円　①4-87758-113-8　Ⓝ210
〔03559〕
◇堂々日本史　第24巻　NHK取材班編　名古屋　KTC中央出版　1999.7　247p　20cm　1600円　①4-87758-117-0　Ⓝ210
〔03560〕
◇遠山金四郎の時代　藤田覚著　校倉書房　1992.9　221p　20cm　2575円　①4-7517-2200-X　Ⓝ210.58
〔03561〕
◇日本の近世　第10巻　近代への胎動　辻達也,朝尾直弘編　中央公論社　1993.1　366p　図版32p　21cm　2800円　①4-12-403030-4　Ⓝ210.5
〔03562〕
◇日本歴史大系　11　幕藩体制の展開と動揺　下　井上光貞ほか編　山川出版社　1996.7　285,31p　22cm　3000円　①4-634-33110-1　Ⓝ210.1
〔03563〕
◇年表日本歴史　第5巻　江戸後期―1716・1867　井上光貞ほか編集　村井益男,森谷尅久編　筑摩書房　1988.11　248,41p　27cm　3800円　①4-480-35205-8　Ⓝ210.032
〔03564〕
◇未公刊史料を軸とした慶応三年十月期政治情況の再検討　上　目良誠二郎著　海城高等学校　1983.6　p11～67　26cm　Ⓝ210.58
〔03565〕

◆◆大塩平八郎の乱
◇大塩事件関係史料　2　野口家文書　門真市企画財政部市史編さん室編　門真　門真市　1990.1　160p　19×27cm　（門真市史資料集　第2号）Ⓝ210.58
〔03566〕
◇大塩平八郎　国府犀東著　裳華書房　1896.12　184p　23cm　（偉人叢書　第8巻）Ⓝ289.1
〔03567〕
◇大塩平八郎　香川蓬洲著　精華堂書店　1912　349p　19cm　Ⓝ289.1
〔03568〕
◇大塩平八郎　丹潔著　文潮社　1922　1冊　20cm　（第1編）Ⓝ289.1
〔03569〕
◇大塩平八郎　幸田成友著　改訂　大阪　創元社　1942　270p　19cm　（日本文化名著選　第2輯　第11）Ⓝ289.1
〔03570〕
◇大塩平八郎　岡本良一著　大阪　創元社　1956　180p　19cm　（創元歴史選書）Ⓝ289.1
〔03571〕
◇大塩平八郎一件書留　国立史料館編　東京大学出版会　1987.3　405,14p　22cm　（史料館叢書9）8800円　①4-13-092809-0　Ⓝ210.58
〔03572〕
◇大塩平八郎建議書　仲田正之編校註　文献出版　1990.3　309p　22cm　9000円　①4-8305-1140-0　Ⓝ210.58
〔03573〕
◇大塩平八郎言行録　勝水瓊泉編　内外出版協会　1908.8　212p　19cm　（偉人研究　第44編）Ⓝ289.1
〔03574〕
◇大塩平八郎と民衆　大阪人権歴史資料館編　大阪　大阪人権歴史資料館　1993.3　61p　26cm　Ⓝ210.58
〔03575〕
◇大塩平八郎の時代―洗心洞門人の軌跡　森田康夫著　校倉書房　1993.8　226p　20cm　2884円　①4-7517-2280-8　Ⓝ210.58
〔03576〕
◇大塩平八郎の乱―精神科医が診た歴史上の事件　大原和雄著　新風舎　2000.3　182p　20cm　1500円　①4-7974-1202-X　Ⓝ210.58
〔03577〕
◇警世矯俗大塩平八郎伝　河村与一郎著　大阪　赤志忠雅堂　1888.4　136p　19cm　Ⓝ289.1
〔03578〕
◇再現日本史―週刊time travel　江戸38　講談社　2002.10　42p　30cm　533円　Ⓝ210.1
〔03579〕
◇週刊ビジュアル日本の歴史　no.45　徳川幕府の衰退　5

近世一般　　　　　　　　　近世史

◇デアゴスティーニ・ジャパン　2000.12　p170-209　30cm　533円　Ⓝ210.1　〔03580〕
◇史料が語る大塩事件と天保改革　中瀬寿一, 村上義光編著　京都　晃洋書房　1992.3　262p　22cm　3000円　Ⓘ4-7710-0556-7　Ⓝ210.58　〔03581〕
◇浪華異聞・大潮余談　森田康夫著　大阪　和泉書院　1996.2　294p　20cm　(和泉選書 99) 3090円　Ⓘ4-87088-762-2　Ⓝ210.58　〔03582〕
◇野口家文書大塩事件関係史料　門真市市民部広報広聴課編　門真　門真市　1984.12　105p　21cm　(門真市史資料集　第1号) Ⓝ210.58　〔03583〕
◇暴力の鏡―反逆と前衛の構造　鈴木鴻人著　泰流社　1983.7　209p　19cm　(泰流選書) 1200円　Ⓘ4-88470-438-X　Ⓝ210.58　〔03584〕
◇民衆史料が語る大塩事件　中瀬寿一, 村上義光編著　京都　晃洋書房　1990.7　284p　22cm　3300円　Ⓘ4-7710-0491-9　Ⓝ210.58　〔03585〕
◇民衆のたたかいと思想―百姓一揆・大塩平八郎…　向江強著　大阪　耕文社　1997.10　300p　21cm　3000円　Ⓘ4-906456-16-4　〔03586〕
◇民本主義の犠牲者大塩平八郎　相馬由也著　開発社　1919　370p　15cm　Ⓝ289.1　〔03587〕

◆◆天保改革

◇近世日本国民史　第28巻　天保改革篇　徳富猪一郎著　近世日本国民史刊行会　1964　19cm　Ⓝ210.5　〔03588〕
◇講座日本近世史　6　天保期の政治と社会　青木美智男編, 山田忠雄編　有斐閣　1981.4　xiii,319p　20cm　2000円　Ⓝ210.5　〔03589〕
◇週刊ビジュアル日本の歴史　no.47　徳川幕府の衰退　7　デアゴスティーニ・ジャパン　2001.1　p254-293　30cm　533円　Ⓝ210.1　〔03590〕
◇史料が語る大塩事件と天保改革　中瀬寿一, 村上義光編著　京都　晃洋書房　1992.3　262p　22cm　3000円　Ⓘ4-7710-0556-7　Ⓝ210.58　〔03591〕
◇天保改革鬼譚　石井研堂著　春陽堂　1926　258p　20cm　Ⓝ210.5　〔03592〕
◇天保改革と印旛沼普請　鏑木行広著　同成社　2001.11　238p　20cm　(同成社江戸時代史叢書 12) 2800円　Ⓘ4-88621-236-0　Ⓝ210.58　〔03593〕
◇天保改革の法と政策　坂本忠久著　創文社　1997.10　350,15p　23cm　7300円　Ⓘ4-423-74076-1　Ⓝ210.58　〔03594〕
◇天保の改革　藤田覚著　吉川弘文館　1989.4　244,13p　20cm　(日本歴史叢書 38) 2680円　Ⓘ4-642-06538-5　Ⓝ210.55　〔03595〕
◇天保の改革　藤田覚著　新装版　吉川弘文館　1996.9　244,13p　20cm　(日本歴史叢書　新装版) 2678円　Ⓘ4-642-06644-6　Ⓝ210.55　〔03596〕
◇日本の歴史　22　天保改革　津田秀夫著　小学館　1975　422p　地　20cm　790円　Ⓝ210.1　〔03597〕
◇水野忠邦　北島正元著　吉川弘文館　1969　535p　18cm　(人物叢書　日本歴史学会編) 850円　Ⓝ289.1　〔03598〕
◇水野忠邦　北島正元著　吉川弘文館　1987.12　535p　19cm　(人物叢書　新装版) 1900円　Ⓘ4-642-05101-5　Ⓝ289.1　〔03599〕
◇水野忠邦天保改革老中日記　第1巻　水野忠邦著　大口勇次郎監修　ゆまに書房　1999.10　430p　27cm　Ⓘ4-89714-807-3　Ⓝ210.55　〔03600〕

◇水野忠邦天保改革老中日記　第2巻　水野忠邦著　大口勇次郎監修　ゆまに書房　1999.10　460p　27cm　Ⓘ4-89714-807-3　Ⓝ210.55　〔03601〕
◇水野忠邦天保改革老中日記　第3巻　水野忠邦著　大口勇次郎監修　ゆまに書房　1999.10　456p　27cm　Ⓘ4-89714-807-3　Ⓝ210.55　〔03602〕
◇水野忠邦天保改革老中日記　第4巻　水野忠邦著　大口勇次郎監修　ゆまに書房　1999.10　369p　27cm　Ⓘ4-89714-807-3　Ⓝ210.55　〔03603〕
◇水野忠邦天保改革老中日記　第5巻　水野忠邦著　大口勇次郎監修　ゆまに書房　1999.10　353p　27cm　Ⓘ4-89714-807-3　Ⓝ210.55　〔03604〕
◇水野忠邦天保改革老中日記　第6巻　水野忠邦著　大口勇次郎監修　ゆまに書房　1999.10　428p　27cm　Ⓘ4-89714-807-3　Ⓝ210.55　〔03605〕
◇水野忠邦天保改革老中日記　第7巻　水野忠邦著　大口勇次郎監修　ゆまに書房　1999.10　550p　27cm　Ⓘ4-89714-807-3　Ⓝ210.55　〔03606〕
◇水野忠邦天保改革老中日記　第8巻　水野忠邦著　大口勇次郎監修　ゆまに書房　1999.10　550p　27cm　Ⓘ4-89714-807-3　Ⓝ210.55　〔03607〕
◇水野忠邦天保改革老中日記　第9巻　水野忠邦著　大口勇次郎監修　ゆまに書房　1999.10　641p　27cm　Ⓘ4-89714-807-3　Ⓝ210.55　〔03608〕
◇水野忠邦天保改革老中日記　第10巻　水野忠邦著　大口勇次郎監修　ゆまに書房　1999.10　518p　27cm　Ⓘ4-89714-807-3　Ⓝ210.55　〔03609〕
◇水野忠邦天保改革老中日記　第11巻　水野忠邦著　大口勇次郎監修　ゆまに書房　2001.9　537p　27cm　Ⓘ4-89714-808-1　Ⓝ210.55　〔03610〕
◇水野忠邦天保改革老中日記　第12巻　水野忠邦著　大口勇次郎監修　ゆまに書房　2001.9　462p　27cm　Ⓘ4-89714-808-1　Ⓝ210.55　〔03611〕
◇水野忠邦天保改革老中日記　第13巻　水野忠邦著　大口勇次郎監修　ゆまに書房　2001.9　466p　27cm　Ⓘ4-89714-808-1　Ⓝ210.55　〔03612〕
◇水野忠邦天保改革老中日記　第14巻　水野忠邦著　大口勇次郎監修　ゆまに書房　2001.9　423p　27cm　Ⓘ4-89714-808-1　Ⓝ210.55　〔03613〕
◇水野忠邦天保改革老中日記　第15巻　水野忠邦著　大口勇次郎監修　ゆまに書房　2001.9　463p　27cm　Ⓘ4-89714-808-1　Ⓝ210.55　〔03614〕
◇水野忠邦天保改革老中日記　第16巻　水野忠邦著　大口勇次郎監修　ゆまに書房　2001.9　566p　27cm　Ⓘ4-89714-808-1　Ⓝ210.55　〔03615〕
◇水野忠邦天保改革老中日記　第17巻　水野忠邦著　大口勇次郎監修　ゆまに書房　2001.9　521p　27cm　Ⓘ4-89714-808-1　Ⓝ210.55　〔03616〕
◇水野忠邦天保改革老中日記　第18巻　水野忠邦著　大口勇次郎監修　針谷武志解説　ゆまに書房　2001.9　651p　27cm　Ⓘ4-89714-808-1　Ⓝ210.55　〔03617〕
◇水戸藩天保改革と豪農　乾宏巳著　大阪　清文堂出版　2006.12　201p　22cm　4800円　Ⓘ4-7924-0618-8　Ⓝ213.1　〔03618〕
◇山銀百科シリーズ　第8　天保の改革　山口銀行編　山口　21cm　Ⓝ210.08　〔03619〕

◆幕末

◇生きている維新史　足立直郎著　高風館　1956　2冊　18cm　Ⓝ210.61　〔03620〕
◇維新運動史論序論　宮本誠三著　東亜問題研究所　1941　15p　22cm　(東亜問題叢書　第1輯) Ⓝ210.5　〔03621〕

◇維新を奪う―天皇史批判と講座派の克服　三原迪夫著　都市出版社　1971　295p　19cm　750円　Ⓝ210.61
〔03622〕

◇維新を語る　下中弥三郎著　日本書房　1953　334p　19cm　Ⓝ210.61
〔03623〕

◇維新をめぐる人々―明治維新の源流2　木村時夫著　早稲田大学出版部　1981.10　98p　19cm　(リカレントブックス　2)Ⓝ210.61
〔03624〕

◇維新を求めて　芳賀登著　毎日新聞社　1976　238p　20cm　(江戸シリーズ　2)980円　Ⓝ210.58
〔03625〕

◇維新外史　安藤徳器著　日本公論社　1940　335p　19cm　Ⓝ210.5
〔03626〕

◇維新回天史―維新殉難者慰霊　野村春畝著　徳山　青雲社　1986.1　153p　27cm　3500円　Ⓝ210.61
〔03627〕

◇維新回天の礎　史話会編　日本公論社　1940　299p　19cm　Ⓝ210.5
〔03628〕

◇維新革命史　全日本新聞連盟編　全日本新聞連盟　新聞時代社(発売)　1969　836p　31cm　10000円　Ⓝ210.61
〔03629〕

◇維新革命前夜物語　白柳秀湖著　千倉書房　1947　372p　19cm　Ⓝ210.5
〔03630〕

◇維新侠艶録　井筒月翁著　中央公論社　1988.3　201p　16cm　(中公文庫)340円　①4-12-201498-0　Ⓝ210.61
〔03631〕

◇維新経国秘録―海舟と南洲　日高節著　大日本皇道奉賛会　1944　306p　19cm　Ⓝ210.5
〔03632〕

◇維新剣影　戸田徐作著　京都　戸田徐作　1940　148p　19cm　Ⓝ210.5
〔03633〕

◇維新後大年表―附・幕末事歴便覧　妻木忠太編　増訂再版　有朋堂書店　1925　1冊　19cm　Ⓝ210.6
〔03634〕

◇維新残影　守田正明著　新見　新見空手道拳誠会　2003.5　247p　21cm　2286円　①4-86069-034-6　Ⓝ210.58
〔03635〕

◇維新史の課題―日本近世史研究　奈良本辰也著　京都　白東書館　1949　199p　19cm　Ⓝ210.61
〔03636〕

◇維新正観　蜷川新著　千代田書院　1952　277p　19cm　Ⓝ210.61
〔03637〕

◇維新正観　蜷川新著　千代田書院　1953　290p　19cm　Ⓝ210.61
〔03638〕

◇維新前史の研究　井野辺茂雄著　中文館書店　1935　562p　23cm　Ⓝ210.5
〔03639〕

◇維新前史の研究　井野辺茂雄著　新訂　中文館書店　1942　562p　22cm　Ⓝ210.5
〔03640〕

◇維新前十年―明治への苦悶　渡辺保著　人物往来社　1965　260p　19cm　Ⓝ210.58
〔03641〕

◇維新前夜―その一つの流れ　荒川久寿男著　日本教文社　1965　242p　20cm　(日本人のための国史叢書　6)Ⓝ121.8
〔03642〕

◇維新の詩　奈良本辰也著　河合出版　1990.4　329p　20cm　1942円　①4-87999-029-9　Ⓝ210.61　〔03643〕

◇維新の日本　金子治司著　早川書房　1968　346,21p　19cm　Ⓝ210.58
〔03644〕

◇維新のふるさとを往く　奈良本辰也著　徳間書店　1991.12　220p　16cm　(徳間文庫)440円　①4-19-599432-2　Ⓝ210.04
〔03645〕

◇維新風雲回顧録　田中光顕著　大和書房　1968　319p　20cm　Ⓝ210.58
〔03646〕

◇維新風雲回顧録　田中光顕著　河出書房新社　1990.9　294p　15cm　(河出文庫)580円　①4-309-47199-4　Ⓝ210.58
〔03647〕

◇維新変革と民衆　落合延孝編　吉川弘文館　2000.12　379p　22cm　(幕末維新論集　5)5500円　①4-642-03725-X　Ⓝ210.58
〔03648〕

◇維新変革における在村的諸潮流　鹿野政直,高木俊輔編著　三一書房　1972　479p　23cm　3200円　Ⓝ210.61
〔03649〕

◇維新裏面史―幕末秘録　黎明の巻　植松隆次著　大盛堂書店　1928　494p　19cm　Ⓝ210.5
〔03650〕

◇伊勢へ奈良へ―幕末の旅と社会―府中市郷土の森博物館特別展　府中市郷土の森事業団編　府中(東京都)　府中市郷土の森事業団　1991.3　36p　26cm　Ⓝ210.58
〔03651〕

◇浮世絵で見る幕末・明治文明開化　端山孝著　改訂新版　講談社　1980.7　222p　38cm　14000円　Ⓝ210.58
〔03652〕

◇有待庵を繞る維新史談　大久保侯爵述　京都　同志社　1944　56p　19cm　(同志社講演集　第8輯)Ⓝ210.6
〔03653〕

◇海の鎖―描かれた維新　酒井忠康著　小沢書店　1977.1　269p　20cm　1500円　Ⓝ210.61
〔03654〕

◇永遠の維新者　葦津珍彦著　二月社　1975　286p　21cm　1400円　Ⓝ210.61
〔03655〕

◇江戸御用盗・薩邸焼討・赤報隊事件　河野弘善著　講談社出版サービスセンター　2006.12　180p　20cm　(維新歴史紀行シリーズ　4)①4-87601-779-4　Ⓝ210.61
〔03656〕

◇江戸のヨブ―われらが同時代・幕末　野口武彦著　中央公論新社　1999.10　253p　20cm　1900円　①4-12-002946-8　Ⓝ210.58
〔03657〕

◇王政復古義挙録　小河一敏著　丸善　1886.8　37,57,12丁(上・下・附録合本)　22cm　Ⓝ210.5
〔03658〕

◇王政復古の指導精神　井野辺茂雄著　神祇院　1942　76p　21cm　(敬神思想普及資料　第11)Ⓝ210.5
〔03659〕

◇王政復古の歴史　萩野由之講　明治書院　1918　215,25p　23cm　Ⓝ210.5
〔03660〕

◇大庄屋林勇蔵―維新史料　藤井竹蔵著　小郡町(山口県)　小郡郷土研究会　1971　208p　21cm　非売　Ⓝ289.1
〔03661〕

◇遠近橋　高橋多一郎著　国書刊行会　1912　612p　22cm　(国書刊行会本)Ⓝ210.5
〔03662〕

◇懐往事談―附：新聞紙実歴　福地源一郎著　改造社　1941　232p　15cm　(改造文庫)Ⓝ210.5
〔03663〕

◇懐往事談―伝記・福地源一郎　福地源一郎著　大空社　1993.6　248,4,5p　22cm　(伝記叢書　110)8000円　①4-87236-409-0　Ⓝ210.6
〔03664〕

◇概観維新史　維新史料編纂会編　明治書院　1940　946p　22cm　Ⓝ210.6
〔03665〕

◇概観維新史　維新史料編纂事務局　維新史料編纂事務局　1940　946p　22cm　Ⓝ210.6
〔03666〕

◇概観維新史　維新史料編纂会編　17版　明治書院　1944　946p　22cm　Ⓝ210.6
〔03667〕

◇隠された幕末日本史　早乙女貢著　廣済堂出版　1992.2　247p　16cm　(廣済堂文庫)450円　①4-331-65126-6　Ⓝ210.61
〔03668〕

◇学説批判　明治維新論　石井孝著　吉川弘文館　1961　379,26p　19cm　Ⓝ210.61
〔03669〕

◇完全制覇　幕末維新―この一冊で歴史に強くなる！　外川淳著　立風書房　1997.12　254p　19cm　1333円　①4-651-75201-2
〔03670〕

◇館蔵史料に見る幕末期の情報伝達　岐阜県歴史資料館編

近世一般　　　　　　　　　　　　　近世史

◇岐阜　岐阜県歴史資料館　2001.3　83,12p　30cm
　Ⓝ210.58
　　　　　　　　　　　　　　　　　〔03671〕
◇記憶録　西村茂樹遺稿,勝部真長校訂解説　日本弘道会
　1961　171,23p　19cm　Ⓝ210.61
　　　　　　　　　　　　　　　　　〔03672〕
◇木村礎著作集　2　明治維新と下級武士　名著出版
　1997.1　355p　22cm　7725円　Ⓘ4-626-01527-1
　Ⓝ210
　　　　　　　　　　　　　　　　　〔03673〕
◇教育を考える　松尾造酒蔵著　横須賀　横須賀学院
　1978.10-1980.10　2冊　19cm　各900円　Ⓝ210.61
　　　　　　　　　　　　　　　　　〔03674〕
◇近世日本国民史維新への胎動　上　寺田屋事件―文久大
　勢一変　上篇　徳富蘇峰著　平泉澄校訂　講談社
　1993.10　495p　15cm　（講談社学術文庫）1700円
　Ⓘ4-06-159097-9　Ⓝ210.58
　　　　　　　　　　　　　　　　　〔03675〕
◇近世日本国民史維新への胎動　中　生麦事件―文久大勢
　一変　中篇　徳富蘇峰著　平泉澄校訂　講談社　1994.3
　538p　15cm　（講談社学術文庫）1800円
　Ⓘ4-06-159119-3　Ⓝ210.58
　　　　　　　　　　　　　　　　　〔03676〕
◇近世日本国民史維新への胎動　下　勅使東下―文久大勢
　一変　下篇　徳富蘇峰著　平泉澄校訂　講談社　1996.
　11　455p　15cm　（講談社学術文庫）1600円
　Ⓘ4-06-159258-0　Ⓝ210.58
　　　　　　　　　　　　　　　　　〔03677〕
◇近世日本国民史明治維新と江戸幕府　3　大政返上篇
　徳富蘇峰著,平泉澄校訂　講談社　1979.10　388p
　15cm　（講談社学術文庫）460円　Ⓝ210.61
　　　　　　　　　　　　　　　　　〔03678〕
◇近代日本のなりたち　服部之総著　青木書店　1961
　165p　16cm　（青木文庫）Ⓝ210.61
　　　　　　　　　　　　　　　　　〔03679〕
◇勤皇維新史話　大野慎著　大新社　1943　444p　19cm
　Ⓝ210.5
　　　　　　　　　　　　　　　　　〔03680〕
◇草の根の維新　桜沢一昭著　浦和　埼玉新聞社　1982.8
　272,5p　20cm　1800円　Ⓝ210.61
　　　　　　　　　　　　　　　　　〔03681〕
◇黒船以降―政治家と官僚の条件　山内昌之,中村彰彦著
　中央公論新社　2006.1　218p　20cm　1800円
　Ⓘ4-12-003696-0　Ⓝ210.58
　　　　　　　　　　　　　　　　　〔03682〕
◇慶応三年素描―江戸ッ娘の幕末調書一八六七〜六八年
　西茂子著　ユック舎　1990.8　204p　19cm　1068円
　Ⓝ210.58
　　　　　　　　　　　　　　　　　〔03683〕
◇激動を見た―咸臨丸の幕末維新　小西聖一著　高田勲
　絵　理論社　2007.2　146p　21cm　（ものがたり日本
　歴史の事件簿　10）1200円　Ⓘ978-4-652-01640-4
　　　　　　　　　　　　　　　　　〔03684〕
◇激動の世紀―明治維新　中日新聞社「激動の世紀」取材
　班編　春日井　鹿友館　1989.9　248p　19cm　1800円
　Ⓘ4-947636-02-5　Ⓝ210.61
　　　　　　　　　　　　　　　　　〔03685〕
◇見聞略記―幕末筑前浦商人の記録　高田茂広校註　福岡
　海鳥社　1989.11　705,33p　22cm　18540円
　Ⓘ4-906234-62-3　Ⓝ210.58
　　　　　　　　　　　　　　　　　〔03686〕
◇講座日本史　4　幕藩制社会　歴史学研究会,日本史研究
　会編　東京大学出版会　1970　321p　19cm　480円
　Ⓝ210.08
　　　　　　　　　　　　　　　　　〔03687〕
◇国政維新　沢海五郎作（桜州）編　哲学書院　1899.2
　171p　23cm　Ⓝ210.5
　　　　　　　　　　　　　　　　　〔03688〕
◇御用盗始末記　栗原隆一著　學藝書林　1975　267p
　20cm　1300円　Ⓝ210.61
　　　　　　　　　　　　　　　　　〔03689〕
◇再現日本史―週刊time travel　幕末・維新　10　講談社
　2001.6　42p　30cm　533円　Ⓝ210.1
　　　　　　　　　　　　　　　　　〔03690〕
◇最後の江戸留守居役　白石良夫著　筑摩書房　1996.7
　254p　18cm　（ちくま新書）680円　Ⓘ4-480-05674-2
　Ⓝ210.58
　　　　　　　　　　　　　　　　　〔03691〕
◇最後の箱館奉行の日記　田口英爾著　新潮社　1995.4
　226p　19cm　（新潮選書）1100円　Ⓘ4-10-600475-5

◇最後の藩主―四七都道府県の幕末維新　ビジュアル版
　八幡和郎監修　光文社　2004.11　127p　26cm　952円
　Ⓘ4-334-97464-3　Ⓝ210.58
　　　　　　　　　　　　　　　　　〔03692〕
◇雑学おどろき日本史　幕末・明治維新の巻　日本雑学能
　力協会編著　新講社　2001.8　254p　19cm　1238円
　Ⓘ4-915872-64-5　Ⓝ210.049
　　　　　　　　　　　　　　　　　〔03693〕
◇雑学幕末・維新ものしり百科　維新研究会編　日東書院
　1990.7　297p　18cm　1000円　Ⓘ4-528-00877-7
　Ⓝ210.58
　　　　　　　　　　　　　　　　　〔03694〕
◇佐幕派論議　大久保利謙著　吉川弘文館　1986.5　282p
　20cm　2500円　Ⓘ4-642-07252-7　Ⓝ210.61
　　　　　　　　　　　　　　　　　〔03695〕
◇30のエピソードですっきりわかる「幕末維新」　長尾剛
　著　PHP研究所　2007.10　279p　15cm　（PHP文
　庫）571円　Ⓘ978-4-569-66908-3
　　　　　　　　　　　　　　　　　〔03696〕
◇史実維新のいしずえ　宇都宮泰長著　鵬和出版　1976
　308p　19cm　1800円　Ⓝ210.61
　　　　　　　　　　　　　　　　　〔03697〕
◇史蹟　花外楼物語―明治維新と大阪　河本寛編　大阪
　創元社　1964　309p　19cm　Ⓝ210.61
　　　　　　　　　　　　　　　　　〔03698〕
◇司馬史観を語る　さくら俊太郎著　所沢　さくら俊太郎
　2002.12　352p　19cm　2000円　Ⓝ210.5
　　　　　　　　　　　　　　　　　〔03699〕
◇司馬史観がわかる本―決定版　幕末史観編　北影雄幸著
　白亜書房　2005.2　326p　19cm　1800円
　Ⓘ4-89172-677-6　Ⓝ910.268
　　　　　　　　　　　　　　　　　〔03700〕
◇修補殉難録稿―宮内省蔵版　宮内省編纂　復刻版　周南
　マツノ書店　2005.3　1冊　22cm　24000円　Ⓝ281.04
　　　　　　　　　　　　　　　　　〔03701〕
◇新講大日本史　第7巻　幕末維新時代史　阿部真琴著
　雄山閣　1942　332p　22cm　Ⓝ210
　　　　　　　　　　　　　　　　　〔03702〕
◇新版　幕末維新新聞　幕末維新新聞編纂委員会編　新版
　日本文芸社　2003.12　223p　26cm　1200円
　Ⓘ4-537-25187-5
　　　　　　　　　　　　　　　　　〔03703〕
◇シンポジウム幕末維新と山陽道　山陽新聞社編　岡山
　山陽新聞社　1984.5-6　2冊　19cm　各1700円　Ⓝ210.
　61
　　　　　　　　　　　　　　　　　〔03704〕
◇新名将言行録　続幕末維新　榊山潤著　講談社　1975
　318p　20cm　1800円　Ⓝ210.61
　　　　　　　　　　　　　　　　　〔03705〕
◇図解雑学幕末・維新　高野澄著　ナツメ社　2005.2
　255p　19cm　1350円　Ⓘ4-8163-3824-1　Ⓝ210.61
　　　　　　　　　　　　　　　　　〔03706〕
◇図説幕末・維新おもしろ事典　三笠書房　1989.10　269p
　19cm　1100円　Ⓘ4-8379-1403-9　Ⓝ210.58
　　　　　　　　　　　　　　　　　〔03707〕
◇図説幕末・維新おもしろ事典　奈良本辰也著　三笠書房
　1994.9　283p　15cm　（知的生きかた文庫）500円
　Ⓘ4-8379-0680-X　Ⓝ210.61
　　　　　　　　　　　　　　　　　〔03708〕
◇「図説」幕末・維新おもしろ事典　三笠書房　1997.4
　269p　19cm　1143円+税　Ⓘ4-8379-1686-4　Ⓝ210.61
　　　　　　　　　　　　　　　　　〔03709〕
◇図説幕末・維新おもしろ事典　奈良本辰也監修　新装新
　版　三笠書房　2004.5　283p　15cm　（知的生きかた文
　庫）533円　Ⓘ4-8379-7405-8　Ⓝ210.61
　　　　　　　　　　　　　　　　　〔03710〕
◇図説幕末維新の歴史地図　河合敦監修　青春出版社
　2004.3　95p　26cm　1000円　Ⓘ4-413-00666-6　Ⓝ210.
　61
　　　　　　　　　　　　　　　　　〔03711〕
◇図説歴史の街道・幕末維新　榊原和夫写真・文　河出書
　房新社　1990.11　127p　22cm　1553円
　Ⓘ4-309-72477-9　Ⓝ210.58
　　　　　　　　　　　　　　　　　〔03712〕
◇世界史のなかの明治維新　芝原拓自著　岩波書店
　1977.5　224p　18cm　（岩波新書）280円　Ⓝ210.61
　　　　　　　　　　　　　　　　　〔03713〕

◇世界資本主義と明治維新　中村哲著　青木書店　1978.4
　226p　20cm　1300円　Ⓝ210.61
　　　　　　　　　　　　　　　　　　　　　　〔03715〕
◇泉州堺土藩士烈挙実紀―妙国寺の切腹　佐々木甲象著
　高知　土佐史談会　1979.9　116,34p　21cm　(土佐史
　談複刻叢書 3)1000円　　　　　　　　　　〔03716〕
◇仙台藩軍監姉歯武之進　姉歯量平著　川崎　佐藤忠太
　1988.7　84p　26cm　Ⓝ210.61
　　　　　　　　　　　　　　　　　　　　　　〔03717〕
◇「善玉」「悪玉」大逆転の幕末史　新井喜美夫著　講談社
　2005.1　201p　18cm　(講談社+α新書)800円
　Ⓘ4-06-272296-8　Ⓝ281.04　　　　　　　〔03718〕
◇増補幕末百話　篠田鉱造著　岩波書店　1996.4　329p
　15cm　(岩波文庫)620円　Ⓘ4-00-334691-2
　　　　　　　　　　　　　　　　　　　　　　〔03719〕
◇増補幕末百話　篠田鉱造著　岩波書店　2001.2　329p
　19cm　(ワイド版岩波文庫)1200円　Ⓘ4-00-007181-5
　Ⓝ210.58　　　　　　　　　　　　　　　　〔03720〕
◇増補　幕末百話　篠田鉱造著　岩波書店　2002.4　329p
　15cm　(岩波文庫)660円　Ⓘ4-00-334691-2 〔03721〕
◇草莽の維新史　寺尾五郎著　徳間書店　1980.2　284p
　20cm　1500円　Ⓝ210.58　　　　　　　　〔03722〕
◇草莽の系譜―明治維新への底流　大町雅美著　三一書房
　1970　207p　20cm　780円　Ⓝ210.58　　〔03723〕
◇草莽論―その精神史的自己検証　村上一郎著　大和書房
　1972　288p　20cm　(大和選書)Ⓝ210.61　〔03724〕
◇草莽論―その精神史的自己検証　村上一郎著　大和書房
　1978.5　288p　20cm　1500円　Ⓝ210.61　〔03725〕
◇側面観幕末史　桜木章著　啓成社　1905.9　807,82p
　23cm　Ⓝ210.5　　　　　　　　　　　　　〔03726〕
◇その時歴史が動いた　34　NHK取材班編　KTC中央出
　版　2005.7　253p　20cm　1600円　Ⓘ4-87758-347-5
　Ⓝ210　　　　　　　　　　　　　　　　　〔03727〕
◇大系日本の歴史　11　近代の予兆　永原慶二ほか編集
　青木美智男著　小学館　1989.2　390p　21cm　1800円
　Ⓘ4-09-622011-6　Ⓝ210.1　　　　　　　〔03728〕
◇大系日本の歴史　12　開国と維新　永原慶二ほか編　石
　井寛治著　小学館　1993.6　441p　16cm　(小学館ライ
　ブラリー)980円　Ⓘ4-09-461012-X　Ⓝ210.1〔03729〕
◇大政奉還と討幕の密勅　石尾芳久著　三一書房　1979.
　12　248p　20cm　1800円　Ⓝ210.61　　　〔03730〕
◇竹亭回顧録維新前後　東久世通禧述,高瀬真卿編　東京
　大学出版会　1982.9　270,15p　22cm　(続日本史籍協
　会叢書)5000円　Ⓝ210.61　　　　　　　　〔03731〕
◇血の維新史の影に―明治百年のため　太田俊穂著　大和
　書房　1965　255p　20cm　Ⓝ210.58　　　〔03732〕
◇忠正公勤王事蹟　中原邦平著　訂正・補修〔版〕　下関
　防長史料出版社　1974　791,33p　22cm　8000円
　Ⓝ210.61　　　　　　　　　　　　　　　　〔03733〕
◇通俗幕末勤皇史　第1-3　得富太郎著　目黒書店
　1942-1944　3冊　19cm　Ⓝ210.5　　　　〔03734〕
◇徹底図解幕末・維新―カラー版　近代日本の幕を開いた激
　動の20年　新星出版社編集部編　新星出版社　2007.8
　191p　21cm　1400円　Ⓘ978-4-405-10662-8　Ⓝ210.61
　　　　　　　　　　　　　　　　　　　　　　〔03735〕
◇転向―明治維新と幕臣　しまねきよし著　三一書房
　1969　224p　18cm　(三一新書)290円　Ⓝ210.61
　　　　　　　　　　　　　　　　　　　　　　〔03736〕
◇天皇の世紀　3　大仏次郎著　朝日新聞社　1969.8(第18
　刷：1997.10)　421p　23cm　5000円　Ⓘ4-02-253674-8
　Ⓝ210.58　　　　　　　　　　　　　　　　〔03737〕
◇天皇の世紀　7　大仏次郎著　朝日新聞社　1971.6(第11
　刷：1997.10)　482p　23cm　5000円　Ⓘ4-02-253678-0
　Ⓝ210.58　　　　　　　　　　　　　　　　〔03738〕
◇天皇の世紀　7　　大政奉還　大仏次郎著　普及版　朝
　日新聞社　2006.5　482p　19cm　1800円
　Ⓘ4-02-250157-X　Ⓝ210.61　　　　　　　〔03739〕
◇天皇の世紀　8　　江戸攻め　大仏次郎著　普及版　朝
　日新聞社　2006.6　476p　19cm　1800円
　Ⓘ4-02-250158-8　Ⓝ210.61　　　　　　　〔03740〕
◇天皇の世紀　9　　武士の城　大仏次郎著　普及版　朝
　日新聞社　2006.7　482p　19cm　1800円
　Ⓘ4-02-250159-6　Ⓝ210.61　　　　　　　〔03741〕
◇天皇の世紀　10　大仏次郎著　朝日新聞社　1974.7(第3
　刷：1997.10)　401p　23cm　5000円　Ⓘ4-02-253681-0
　Ⓝ210.58　　　　　　　　　　　　　　　　〔03742〕
◇天皇の世紀　10　　金城自壊　大仏次郎著　普及版　朝
　日新聞社　2006.8　401p　19cm　1800円
　Ⓘ4-02-250160-X　Ⓝ210.61　　　　　　　〔03743〕
◇堂々日本史　第3巻　NHK取材班編　名古屋　KTC中央
　出版　1997.2　256p　20cm　1600円　Ⓘ4-924814-88-1
　Ⓝ210　　　　　　　　　　　　　　　　　〔03744〕
◇堂々日本史　第4巻　NHK取材班編　名古屋　KTC中央
　出版　1997.3　251p　20cm　1600円　Ⓘ4-924814-89-X
　Ⓝ210　　　　　　　　　　　　　　　　　〔03745〕
◇遠山茂樹著作集　第2巻　維新変革の諸相　岩波書店
　1992.5　386p　22cm　4800円　Ⓘ4-00-091702-1
　Ⓝ210.6　　　　　　　　　　　　　　　　〔03746〕
◇なるほど・ザ・幕末維新史―「徳川」崩壊の真相　奈良
　本辰也著　大陸書房　1992.2　254p　16cm　(大陸文
　庫)530円　Ⓘ4-8033-3966-X　Ⓝ210.58　　〔03747〕
◇南部維新記―万亀女覚え書から　太田俊穂著　大和書房
　1973　261p　20cm　980円　Ⓝ210.61　　〔03748〕
◇日本近世時代史　第1,2　早稲田大学出版部　1909
　2冊　23cm　Ⓝ210.5　　　　　　　　　　〔03749〕
◇日本時代史　第11巻　幕末史　小林庄次郎著　早稲田大
　学出版部　1927　506p　23cm　Ⓝ210.1　〔03750〕
◇日本史探訪　20　幕末に散った火花　角川書店編　角川
　書店　1985.6　296p　15cm　(角川文庫　5370)460円
　Ⓘ4-04-153320-1　Ⓝ210.1　　　　　　　〔03751〕
◇日本史探訪　21　菊と葵の盛衰　角川書店編　角川書店
　1985.11　280p　15cm　(角川文庫)420円
　Ⓘ4-04-153321-X　Ⓝ210.1　　　　　　　〔03752〕
◇日本史探訪　22　幕末維新の英傑たち　角川書店編　角
　川書店　1985.8　332p　15cm　(角川文庫　5372)460円
　Ⓘ4-04-153322-8　Ⓝ210.1　　　　　　　〔03753〕
◇日本史の舞台　10　風雲つげる幕末維新　木村礎ほか著
　集英社　1982.12　167p　27cm　1800円　Ⓝ210.1
　　　　　　　　　　　　　　　　　　　　　　〔03754〕
◇日本人の死に際　幕末維新編　合田一道著　小学館
　1995.11　253p　19cm　1400円　Ⓘ4-09-387162-0
　　　　　　　　　　　　　　　　　　　　　　〔03755〕
◇日本の近世　第18巻　近代国家への志向　辻達也,朝尾
　直弘編　田中彰編　中央公論社　1994.5　386p　図版32p
　21cm　2800円　Ⓘ4-12-403038-X　Ⓝ210.5〔03756〕
◇日本の歴史　9　　近世から近代へ　維新と明治の新政
　新訂増補　朝日新聞社　2005.1　320p　30cm　(朝日百
　科)Ⓘ4-02-380017-1　Ⓝ210.1　　　　　　〔03757〕
◇日本の歴史―集英社版　15　開国と倒幕　児玉幸多ほか
　編　田中彰編　集英社　1992.8　342p　22cm　2400円
　Ⓘ4-08-195015-6　Ⓝ210.1　　　　　　　〔03758〕
◇日本の歴史　近世から近代へ　2　大塩の乱と天保の改革
　新訂増補　朝日新聞社　2003.12　p34-64　30cm　(週

◇刊朝日百科 82) 476円 Ⓝ210.1
〔03759〕
◇日本の歴史パノラマ絵地図 6—時代のようすが一目でわかる 江戸時代後期 田代脩監修 学習研究社 2005.4 48p 31×22cm 3000円 ⓘ4-05-202143-6 〔03760〕
◇日本派閥考 幕末維新の巻 奈良本辰也編 平凡社 1980.12 329p 19cm 1200円 Ⓝ210.61 〔03761〕
◇日本歴史大系 12 開国と幕末政治 井上光貞ほか編 山川出版社 1996.9 226,12p 22cm 2913円 ⓘ4-634-33120-9 Ⓝ210.1 〔03762〕
◇敗者は復讐により復活する—幕末小藩秘話 高野澄著 力富書房 1982.8 254p 19cm （リキトミブックス 3) 1400円 ⓘ4-89776-003-8 Ⓝ210.58 〔03763〕
◇敗走—幕末小藩の運命 高野澄著 創世記 1977.3 257p 20cm 1200円 Ⓝ210.58 〔03764〕
◇爆笑幕末維新 シブサワ・コウ編 横浜 光栄 1997.12 166p 19cm （歴史人物笑史) 1000円 ⓘ4-87719-528-9 Ⓝ210.58 〔03765〕
◇幕末—その常識のうそ 北岡敬文 鷹書房弓プレス 1998.11 253p 19cm 1500円 ⓘ4-8034-0443-7 Ⓝ210.58 〔03766〕
◇幕末—三条実美と七卿落・坂本龍馬・民衆の激動 開館10周年記念特別展 福山市鞆の浦歴史民俗資料館編 福山 福山市鞆の浦歴史民俗資料館活動推進協議会 1998.11 48p 30cm Ⓝ210.58 〔03767〕
◇幕末 下巻 東京放送(株式会社)編 人物往来社 1965 249p 19cm Ⓝ210.58 〔03768〕
◇幕末哀史 堀江秀雄著 雄山閣 1927 321p 19cm Ⓝ210.5 〔03769〕
◇幕末維新 本庄栄治郎編 竜吟社 1942 332p 19cm （経済史話叢書 2) Ⓝ332.1 〔03770〕
◇幕末維新 本庄栄治郎著 大阪 堀書店 1948 224p 18cm （教養叢書) Ⓝa210 〔03771〕
◇幕末維新—新生日本の礎となった騒擾の時代を読む 世界文化社 1995.11 162p 26cm （ビッグマンスペシャル—歴史クローズアップ事件) 1400円 Ⓝ210.61 〔03772〕
◇幕末維新—新選組と新生日本の礎となった時代を読む 改訂新版 世界文化社 2003.12 162p 26cm （ビッグマンスペシャル) 1400円 ⓘ4-418-03175-8 Ⓝ210.61 〔03773〕
◇幕末・維新 高野澄著 ナツメ社 2005.2 255p 19cm （図解雑学) 1350円 ⓘ4-8163-3824-1 〔03774〕
◇幕末・維新 井上勝生著 岩波書店 2006.11 242,15p 18cm （岩波新書—シリーズ日本近現代史 1) 780円 ⓘ4-00-431042-3 Ⓝ210.61 〔03775〕
◇幕末・維新—シリーズ日本近現代史 1 井上勝生著 岩波書店 2006.11 242,15p 18cm （岩波新書) 780円 ⓘ4-00-431042-3 〔03776〕
◇幕末維新を歩く—箱館、会津、水戸、江戸、多摩、京、萩、土佐、薩摩…全国の史跡をたどる JTB 2004.7 159p 21cm （JTBキャンブックス) 1600円 ⓘ4-533-05417-X 〔03777〕
◇幕末維新を往く—早乙女貢画文集 早乙女貢著 新人物往来社 1997.11 106p 19×25cm 4800円 ⓘ4-404-02549-1 〔03778〕
◇幕末維新懐古談 高村光雲著 岩波書店 1995.1 464p 15cm （岩波文庫) 770円 ⓘ4-00-334671-8 Ⓝ712.1 〔03779〕
◇幕末維新解体新書 歴史ファンワールド編集部編 横浜 光栄 1998.3 157p 21cm 1300円 ⓘ4-87719-553-X 〔03780〕

◇幕末維新ガイド 小山内新著 新紀元社編集部,知識計画編 新紀元社 1993.5 229p 21cm 1800円 ⓘ4-88317-222-8 Ⓝ210.58 〔03781〕
◇「幕末維新」がわかるキーワード事典—ペリー来航から西南戦争まで、激動の25年が見えてくる 川口素生著 PHP研究所 2004.2 443,7p 15cm （PHP文庫) 724円 ⓘ4-569-66142-4 Ⓝ210.61 〔03782〕
◇幕末維新期の研究 石井孝編 吉川弘文館 1978.11 419p 22cm 4600円 Ⓝ210.58 〔03783〕
◇幕末維新期の情報活動と政治構想—宮島誠一郎研究 由井正臣編著 松戸 梓出版社 2004.3 342,55p 22cm 5800円 ⓘ4-87262-107-7 Ⓝ289.1 〔03784〕
◇幕末維新期の政治社会構造 高橋実著 岩田書院 1995.5 582p 22cm 12154円 ⓘ4-900697-23-0 Ⓝ210.58 〔03785〕
◇幕末・維新期の手紙 桑原三二著 桑原三二 1999.5 276p 19cm 非売品 Ⓝ210.58 〔03786〕
◇幕末維新期の都市と経済 松本四郎著 校倉書房 2007.6 346p 22cm （歴史科学叢書) 9000円 ⓘ978-4-7517-3870-2 Ⓝ210.58 〔03787〕
◇幕末・維新こぼれ話 万代修著 大阪 〔万代修〕 1991.5 552p 27cm Ⓝ210.58 〔03788〕
◇幕末維新三百藩総覧 神谷次郎,祖田浩一著 新人物往来社 1977.7 411p 20cm 2800円 Ⓝ210.61 〔03789〕
◇幕末維新史事典 神谷次郎,安岡昭男編集 新人物往来社 1983.9 662p 22cm 8800円 Ⓝ210.61 〔03790〕
◇幕末維新史の研究 田中彰著 吉川弘文館 1996.3 360,13p 22cm （日本史学研究叢書) 8137円 ⓘ4-642-03660-1 Ⓝ210.61 〔03791〕
◇幕末・維新史の謎—幕末動乱の虚像と実像 長文連著 日本文芸社 1978.9 305p 19cm （読物日本史シリーズ) 850円 Ⓝ210.61 〔03792〕
◇幕末維新史料叢書 第4 逸事史補〔ほか〕 松平慶永 人物往来社 1968 414p 20cm Ⓝ210.58 〔03793〕
◇幕末維新史料展—福井藩その活動の記録 解説総目録 福井市立郷土歴史博物館編 福井 福井市立郷土歴史博物館 1985.10 25p 図版12枚 26cm Ⓝ210.61 〔03794〕
◇幕末・維新知れば知るほど 実業之日本社 1996.12 269p 19cm 1300円 ⓘ4-408-10219-9 Ⓝ210.61 〔03795〕
◇幕末維新政治史研究覚え書 1 慶応三年秋 上 目良誠二郎著 海城高等学校 1980.10 1冊 26cm Ⓝ210.61 〔03796〕
◇幕末維新政治史研究覚え書 2 慶応三年秋 下 後藤象二郎・小松帯刀・辻将曹の動向を中心に 目良誠二郎著 海城高等学校 1982.3 43p 26cm Ⓝ210.61 〔03797〕
◇幕末維新政治史の研究—日本近代国家の生成について 井上勝生著 塙書房 1994.2 492,18p 22cm 8961円 ⓘ4-8273-1105-6 Ⓝ210.58 〔03798〕
◇幕末・維新大百科—激動の時代が何でもわかる本 歴史トレンド研究会編 ロングセラーズ 1989.11 227p 18cm （ムックの本) 760円 ⓘ4-8454-0298-X Ⓝ210.61 〔03799〕
◇幕末・維新通になる本 加来耕三著 オーエス出版 1997.12 221p 19cm 1300円 ⓘ4-87190-794-5 Ⓝ210.61 〔03800〕
◇幕末維新展—長州志士の軌跡 直筆が語る実像 平成十六年度京都大学附属図書館公開企画展 京都大学附属図書

◇館編　京都　京都大学附属図書館　2004.11　106p　30cm　Ⓝ210.61
〔03801〕
◇幕末維新と情報　保谷徹編　吉川弘文館　2001.3　366p　22cm　(幕末維新論集 10)5500円　①4-642-03730-6　Ⓝ210.58
〔03802〕
◇幕末維新と民衆社会　青木美智男,阿部恒久編　高志書院　1998.10　427p　22cm　8600円　①4-906641-20-2　Ⓝ210.58
〔03803〕
◇幕末・維新なるほど事典—歴史を動かしたすごい奴ら　実業之日本社　1994.1　269p　19cm　1200円　①4-408-39413-0　Ⓝ210.61
〔03804〕
◇幕末 維新の暗号—群像写真はなぜ撮られ、そして抹殺されたのか　加治将一著　祥伝社　2007.5　453p　19cm　1900円　①978-4-396-61286-3
〔03805〕
◇幕末維新の研究　雄山閣編輯局編　雄山閣　1934　405p　22cm　Ⓝ210.5
〔03806〕
◇幕末・維新のしくみ—入門ビジュアルヒストリー　童門冬二監修　日本実業出版社　1998.6　190p　21cm　1400円　①4-534-02794-X　Ⓝ210.58
〔03807〕
◇幕末・維新の政治構造　佐藤誠朗著　校倉書房　1980.8　355p　22cm　(歴史科学叢書)5000円　Ⓝ210.58
〔03808〕
◇幕末・維新の内戦　鈴木正節著　三一書房　1977.12　254p　20cm　1300円　Ⓝ210.61
〔03809〕
◇幕末・維新の日本　近代日本研究会編　山川出版社　1981.10　534p　21cm　(年報・近代日本研究 3)4800円　Ⓝ210.61
〔03810〕
◇幕末・維新の日本　近代日本研究会編　山川出版社　1981.11　534p　21cm　(年報・近代日本研究 3)4800円　Ⓝ210.58
〔03811〕
◇幕末維新の入試モンダイ!—アナタは幕末の志士になれるか!?　山村竜也著　PHPエディターズ・グループ　2001.9　221p　19cm　1250円　①4-569-61832-4　Ⓝ210.58
〔03812〕
◇幕末維新/奔流の時代　青山忠正著　文英堂　1996.9　239p　21cm　1800円　①4-578-00657-3　Ⓝ210.58
〔03813〕
◇幕末維新ものしり意外史　天山出版　1989.4　256p　16cm　(天山文庫)420円　①4-8033-1749-6　Ⓝ210.61
〔03814〕
◇幕末維新ものしり事典　奈良本辰也監修　主婦と生活社　1990.5　625p　21cm　(主婦と生活・生活シリーズ 146)1942円　Ⓝ210.58
〔03815〕
◇幕末を読み直す—通説が語らない「歴史」の真実　中村彰彦著　PHP研究所　2003.11　333p　15cm　(PHP文庫)686円　①4-569-66068-1
〔03816〕
◇幕末学のみかた。　朝日新聞社　1998.4　176p　26cm　(アエラムック 36)1050円　①4-02-274085-X　Ⓝ210.58
〔03817〕
◇幕末から維新へ　奈良本辰也著　徳間書店　1993.1　378p　16cm　(徳間文庫)560円　①4-19-577445-4　Ⓝ210.61
〔03818〕
◇幕末期の思想と習俗　宮城公子著　ぺりかん社　2004.12　359,7p　22cm　4600円　①4-8315-1097-1　Ⓝ121.5
〔03819〕
◇幕末気分　野口武彦著　講談社　2002.2　284p　20cm　1900円　①4-06-211092-X　Ⓝ210.58
〔03820〕
◇幕末気分　野口武彦著　講談社　2005.3　351p　15cm　(講談社文庫)590円　①4-06-275038-4
〔03821〕
◇幕末—「狂」を生きる　奈良本辰也著　徳間書店　1985.9　222p　16cm　(徳間文庫)320円　①4-19-597933-1　Ⓝ210.04
〔03822〕

◇幕末・京大坂歴史の旅　松浦玲著　朝日新聞社　1999.2　331,9p　19cm　(朝日選書 620)1500円　①4-02-259720-8　Ⓝ210.58
〔03823〕
◇幕末京都　上　明田鉄男著　京都　白川書院　1967　302p　19cm　(京都市民史シリーズ)Ⓝ210.58
〔03824〕
◇幕末勤王史　高橋茂著　天泉社　1942　259p　19cm　(大東亜近世史)Ⓝ210.5
〔03825〕
◇幕末勤王美談—風雲秘史　土屋春泉著　修教社書院　1925　496p　Ⓝ281
〔03826〕
◇幕末勤皇名歌評釈　森敬三著　前野書店　1942　411p　19cm　Ⓝ911.15
〔03827〕
◇幕末勤王烈士手翰抄　佐竹義継編　実業之日本社　1909.6　505p　Ⓝ281
〔03828〕
◇幕末血涙史　山崎有信著　日本書院　1928　384p　20cm　Ⓝ289.1
〔03829〕
◇幕末!最後の剣豪たち　別冊宝島編集部編　宝島社　2003.12　253p　16cm　(宝島社文庫)600円　①4-7966-3727-3　Ⓝ210.58
〔03830〕
◇幕末雑記帖　西谷文著　第2版　物部村(高知県)　白水社　1985.1　108p　19cm　3000円　Ⓝ210.58
〔03831〕
◇幕末史　小林庄次郎著　訂正増補　早稲田大学出版部　1915　504p　23cm　(大日本時代史〔11〕)Ⓝ210.5
〔03832〕
◇幕末史—激闘!薩摩・長州・会津　星亮一著　三修社　2004.7　285p　19cm　1900円　①4-384-03488-1
〔03833〕
◇幕末史概説　井野辺茂雄著　紀元社　1927　692,68p　22cm　Ⓝ210.5
〔03834〕
◇幕末史概説　井野辺茂雄著　中文館書店　1930　701,68p　23cm　Ⓝ210.5
〔03835〕
◇幕末実戦史　大鳥圭介著　中田薫村編　宝文館〔ほか〕　1911.4　397p　22cm　Ⓝ210.5
〔03836〕
◇幕末実戦史　大鳥圭介著　新人物往来社　1978.9　336p　20cm　(史料叢書)2800円　Ⓝ210.58
〔03837〕
◇幕末実戦史　中田薫村編輯　東京大学出版会　1981.5　397,17p　22cm　(続日本史籍協会叢書)5000円　Ⓝ210.61
〔03838〕
◇幕末史読本　田中惣五郎著　白揚社　1939　369p　23cm　Ⓝ210.5
〔03839〕
◇幕末史の研究　井野辺茂雄著　雄山閣　1927　690p　23cm　Ⓝ210.5
〔03840〕
◇幕末事変録　第1巻　皆川昌著　博友社　1894.7　211p　20cm　Ⓝ210.5
〔03841〕
◇幕末小史　戸川残花著　東京大学出版会　1978.12　550p　22cm　(続日本史籍協会叢書)5000円　Ⓝ210.58
〔03842〕
◇幕末新詳解事典—知れば知るほど面白い・人物歴史丸ごとガイド　脇坂昌宏著　学習研究社　2004.1　325p　19cm　1400円　①4-05-402085-2　Ⓝ210.58
〔03843〕
◇幕末新聞　幕末新聞編纂委員会編　アスペクト　1997.3　223p　27cm　1500円　①4-89366-657-6　Ⓝ210.58
〔03844〕
◇幕末政治と倒幕運動　家近良樹著　吉川弘文館　1995.11　313,7p　22cm　6386円　①4-642-03324-6　Ⓝ210.58
〔03845〕
◇幕末戦記　永岡慶之助著　大陸書房　1974　254p　19cm　980円　Ⓝ210.61
〔03846〕
◇幕末大全　上巻　黒船来航と尊攘の嵐　学習研究社　2004.4　220p　26cm　(歴史群像シリーズ 73号)1800

◇幕末大全　下巻　維新回天と戊辰戦争　学習研究社　2004.5　220p　26cm　(歴史群像シリーズ 74号)1800円　①4-05-603403-6　Ⓝ210.58　〔03848〕

◇幕末って何だろう―図解・日本の歴史　PHP研究所編　PHP研究所　1990.6　159p　21cm　1100円　①4-569-52723-X　Ⓝ210.58　〔03849〕

◇幕末デキゴトロジー―日本はなぜ植民地にならなかったのか　桐山光弘著　鳥影社　2000.11　492p　21cm　1900円　①4-88629-533-9　Ⓝ210.58　〔03850〕

◇幕末伝説　野口武彦著　講談社　2003.5　287p　20cm　1900円　①4-06-211851-3　Ⓝ210.58　〔03851〕

◇幕末なるほど新聞　歴史記者クラブ幕末班著　廣済堂出版　2003.12　159p　26cm　1200円　①4-331-51012-3　Ⓝ210.58　〔03852〕

◇幕末における「王」と「覇者」　吉田昌彦著　ぺりかん社　1997.9　503,4p　22cm　7600円　①4-8315-0786-5　Ⓝ210.58　〔03853〕

◇幕末ニッポン あれやこれや―江戸のおわりの珍談奇談　紀田順一郎著　久保書店　1965　220p　18cm　Ⓝ210.58　〔03854〕

◇幕末日本を救った先見力と胆識―逆風の中の名リーダー　新井喜美夫著　プレジデント社　1992.6　286p　20cm　1600円　①4-8334-1451-1　Ⓝ210.58　〔03855〕

◇幕末日本の軍制　栗原隆一著　新人物往来社　1972　242p　20cm　880円　Ⓝ210.58　〔03856〕

◇幕末入門　中村彰彦著　中央公論新社　2003.11　288p　19cm　1700円　①4-12-003469-0　〔03857〕

◇幕末入門　中村彰彦著　中央公論新社　2007.7　295p　16cm　(中公文庫)724円　①978-4-12-204888-1　Ⓝ210.58　〔03858〕

◇幕末人間学―サムライ講座　童門冬二著　産経新聞ニュースサービス　1994.4　305p　20cm　1400円　①4-594-01383-X　Ⓝ210.58　〔03859〕

◇幕末農村構造の展開　大口勇次郎著　名著刊行会　2004.4　382p　19cm　(歴史学叢書)3500円　①4-8390-0321-1　〔03860〕

◇幕末の京都をゆく―絵解き案内　宗政五十緒,村上明子,西野由紀著　小学館　1997.12　127p　21cm　1600円　①4-09-626197-1　Ⓝ291.62　〔03861〕

◇幕末の情報と社会変革　岩田みゆき著　吉川弘文館　2001.2　336,10p　22cm　8000円　①4-642-03365-3　Ⓝ210.58　〔03862〕

◇幕末のスローライフ―浜浅葉日記が描く農民の暮らし　辻井善弥著　秦野　夢工房　2006.1　256p　19cm　1500円　①4-86158-010-2　Ⓝ612.1　〔03863〕

◇幕末の政争　河北展生著　講談社　1968　232p　18cm　(講談社現代新書)Ⓝ210.58　〔03864〕

◇幕末の全貌―回天偉業　東洋文化協会編　東洋文化協会　1934　36p 図版78枚　26×37cm　Ⓝ210.5　〔03865〕

◇幕末の動乱　松本清張著　河出書房新社　2007.11　253p　19cm　1600円　①978-4-309-22472-5　〔03866〕

◇幕末の日本　金子治司著　早川書房　1968　446p 地　19cm　Ⓝ210.58　〔03867〕

◇幕末の日本　金子治司著　早川書房　1992.11　446p　20cm　2000円　①4-15-203069-0　Ⓝ210.58　〔03868〕

◇幕末の武家　柴田宵曲編　青蛙房　1965　375p　22cm　(青蛙選書 7)Ⓝ210.58　〔03869〕

◇幕末の武家―体験談聞書集成　柴田宵曲編　新装版　青蛙房　2007.11　375p　21cm　4000円　①978-4-7905-0872-4　〔03870〕

◇幕末の変動と諸藩　三宅紹宣編　吉川弘文館　2001.1　362p　22cm　(幕末維新論集 4)5500円　①4-642-03724-1　Ⓝ210.58　〔03871〕

◇幕末バトル・ロワイヤル　野口武彦著　新潮社　2007.3　254p　18cm　(新潮新書)720円　①978-4-10-610206-6　〔03872〕

◇幕末パノラマ館　野口武彦著　新人物往来社　2000.4　251p　20cm　2000円　①4-404-02855-5　Ⓝ210.58　〔03873〕

◇幕末美談―趣味国史講座　遠藤早泉著　南海書院　1926　396p　19cm　Ⓝ210.5　〔03874〕

◇幕末百人一首　菊地明著　学習研究社　2007.11　229p　18cm　(学研新書)740円　①978-4-05-403467-9　〔03875〕

◇幕末百話　篠田鉱造著　補　万里閣書房　1929　509p　19cm　Ⓝ210.5　〔03876〕

◇幕末百話　篠田鉱造編著　角川書店　1969　304p　19cm　(角川選書 14)Ⓝ210.58　〔03877〕

◇幕末秘録　寺沢正明著　山崎有信編　大道書房　1943　270p　19cm　Ⓝ210.5　〔03878〕

◇幕末明治 研究雑誌目次集覧　柳生四郎,朝倉治彦編　日本古書通信社　1968　265p　22cm　Ⓝ210.58　〔03879〕

◇幕末明治実歴譚　綿谷雪編　青蛙房　1971　421p　22cm　(青蛙選書 37)1500円　Ⓝ210.58　〔03880〕

◇幕末・明治 匠たちの挑戦―現代に甦るプロジェクトリーダーの本質　長尾剛著　実業之日本社　2004.4　243p　19cm　1400円　①4-408-32221-0　〔03881〕

◇幕末明治風俗逸話事典　紀田順一郎著　東京堂出版　1993.5　629p　19cm　2900円　①4-490-10338-7　Ⓝ210.61　〔03882〕

◇幕末・明治豆本集成　加藤康子編著　国書刊行会　2004.2　398p　31×23cm　28000円　①4-336-04620-4　〔03883〕

◇幕末ものしり読本　杉田幸三著　廣済堂出版　1988.7　249p　16cm　(廣済堂文庫)420円　①4-331-65033-2　Ⓝ210.58　〔03884〕

◇幕末ものしり話　江戸野次馬クラブ編　ごま書房　1982.7　218p　19cm　(ゴマブックス)730円　Ⓝ210.58　〔03885〕

◇幕末余話―NHK「趣味の手帳」より　文化出版局編集部編　文化出版局　1978.7　227p　18cm　700円　Ⓝ210.58　〔03886〕

◇幕末裏面史　上田景二著　有宏社　1928　1冊　19cm　Ⓝ210.5　〔03887〕

◇幕末裏面の活動　高橋幸義著　金港堂　1910.9　260p　23cm　Ⓝ210.5　〔03888〕

◇幕末略年表　青柳静林編　百草庵(印刷)　1931　118p　26cm　Ⓝ210.5　〔03889〕

◇幕末歴史散歩 京阪神篇　一坂太郎著　中央公論新社　2005.8　368p　18cm　(中公新書)980円　①4-12-101811-7　Ⓝ210.58　〔03890〕

◇幕末歴史散歩 東京篇　一坂太郎著　中央公論新社　2004.6　320p　18cm　(中公新書)940円　①4-12-101754-4　〔03891〕

◇幕末は終末―内村剛介歴史対談集　内村剛介著　新人物往来社　1974　237p　20cm　1300円　Ⓝ210.58　〔03892〕

◇服部之総全集 3　明治維新　福村出版　1973　264p　20cm　Ⓝ210.6　〔03893〕

◇服部之総全集 4　維新史の方法　福村出版　1973　319p　20cm　1300円　Ⓝ210.6　〔03894〕

◇服部之総著作集　第1巻　維新史の方法　服部之総著　理論社　1955　18cm　Ⓝ210.6　〔03895〕

◇服部之総著作集　第1巻　維新史の方法　服部之総著　理論社　1967　20cm　Ⓝ288.3　〔03896〕

◇花沢瀉—篠原家の幕末小史　篠原重一著　〔篠原重一〕　1997.5　45p　26cm　Ⓝ288.3　〔03897〕

◇ビートたけしのゴックン日本史—幕末・明治の巻　ビートたけし著　リヨン社　1982.10　252p　18cm　（Lyon books）800円　Ⓝ210.04　〔03898〕

◇平野弥十郎幕末・維新日記　平野弥十郎著　桑原真人，田中彰編著　札幌　北海道大学図書刊行会　2000.4　441,27p　21cm　7500円　①4-8329-6091-1　〔03899〕

◇風雲—史談・明治百年のかげに　戸川幸夫著　海燕社　1967　278p　19cm　Ⓝ210.61　〔03900〕

◇封建社会解体期の研究　小林茂著　明石書店　1992.4　857p　21cm　18540円　〔03901〕

◇戊辰の内乱—再考・幕末維新史　星亮一著　三修社　2006.7　336p　19cm　1800円　①4-384-03839-9　〔03902〕

◇まるわかり！幕末維新　コーエー出版部編　横浜　光栄　2006.10　111p　21cm　1200円　①4-7758-0493-6　〔03903〕

◇まるわかり！幕末維新　コーエー出版部企画・編集　横浜　光栄　2006.10　111p　21cm　1200円　①4-7758-0493-6　Ⓝ210.58　〔03904〕

◇未完の明治維新　田中彰　三省堂　1968　187p　18cm　（三省堂新書）Ⓝ210.6　〔03905〕

◇未完の明治維新　田中彰著　第2版　三省堂　1974　239p　18cm　（三省堂新書）380円　Ⓝ210.6　〔03906〕

◇未完の明治維新　田中彰著　新版　三省堂　1979.1　269p　19cm　（三省堂選書 55）900円　Ⓝ210.6　〔03907〕

◇明治維新—現代日本の起源　羽仁五郎著　岩波書店　1946　184p　19cm　（岩波新書）25円　Ⓝ210.61　〔03908〕

◇明治維新　尾佐竹猛著　重版　白揚社　1947-1949　4冊　22cm　（近代日本歴史講座）Ⓝ210.61　〔03909〕

◇明治維新　遠山茂樹著　岩波書店　1951　368p　表　18cm　（岩波全書）Ⓝ210.61　〔03910〕

◇明治維新—現代日本の起源　羽仁五郎著　岩波書店　1956　186p　18cm　（岩波新書）Ⓝ210.61　〔03911〕

◇明治維新　榊山潤著　河出書房新社　1963　305p　20cm　（現代人の日本史 第18）Ⓝ210.61　〔03912〕

◇明治維新　鳥巣通明著　日本教文社　1965　232p　20cm　（日本人のための国史叢書 7）Ⓝ210.61　〔03913〕

◇明治維新　遠山茂樹著　改版　岩波書店　1972　366,13p　18cm　（岩波全書）600円　Ⓝ210.61　〔03914〕

◇明治維新　尾佐竹猛著　宗高書房　1978.4　2冊　22cm　各6500円　Ⓝ210.61　〔03915〕

◇明治維新　永井道雄,M.ウルティア編　国際連合大学　1986.6　268p　20cm　1600円　①4-13-038083-4　Ⓝ210.61　〔03916〕

◇明治維新革命　斎藤信明著　彩流社　1981.8　333p　19cm　1700円　Ⓝ210.61　〔03917〕

◇明治維新観の研究　田中彰著　札幌　北海道大学図書刊行会　1987.3　287,16p　22cm　4000円　Ⓝ210.61　〔03918〕

◇明治維新紀行　邦光史郎著　徳間書店　1989.11　253p　16cm　（徳間文庫）420円　①4-19-568917-1　Ⓝ210.61　〔03919〕

◇明治維新紀行　上　邦光史郎著　平凡社　1973　209p（共）　20cm　（歴史と文学の旅）750円　Ⓝ210.61　〔03920〕

◇明治維新期の政治文化　佐々木克編　京都　思文閣出版　2005.9　367p　22cm　5400円　①4-7842-1262-0　Ⓝ210.61　〔03921〕

◇明治維新研究史論　下山三郎著　御茶の水書房　1966　437p　19cm　Ⓝ210.61　〔03922〕

◇明治維新史　服部之総著　河出書房　1952　176p　15cm　（市民文庫）Ⓝ210.61　〔03923〕

◇明治維新史　坂田吉雄著　未来社　1960　266p　22cm　Ⓝ210.61　〔03924〕

◇明治維新史　服部之総著　青木書店　1972　238p　16cm　（青木文庫）Ⓝ210.61　〔03925〕

◇明治維新史研究　服部之総著　再版　三和書房　1947　217p　19cm　Ⓝ210.61　〔03926〕

◇明治維新史研究　羽仁五郎著　岩波書店　1956　408p　22cm　Ⓝ210.61　〔03927〕

◇明治維新史研究　羽仁五郎著　岩波書店　1978.12　520p　15cm　（岩波文庫）500円　Ⓝ210.61　〔03928〕

◇明治維新史研究講座　第1巻　天保期-嘉永期　歴史学研究会編　平凡社　1958　22cm　Ⓝ210.61　〔03929〕

◇明治維新史研究講座　第2巻　天保期-嘉永期　歴史学研究会編　平凡社　1958　22cm　Ⓝ210.61　〔03930〕

◇明治維新史研究講座　第3巻　ペリー来航—幕府の倒壊　歴史学研究会編　平凡社　1958　353p　22cm　Ⓝ210.61　〔03931〕

◇明治維新史研究講座　第6巻　明治維新史史料・文献目録　歴史学研究会編　平凡社　1959　266,87p　22cm　Ⓝ210.61　〔03932〕

◇明治維新史研究講座　別巻　歴史学研究会編　平凡社　1969　229p　22cm　500円　Ⓝ210.61　〔03933〕

◇明治維新史研究の発展—その研究史と文献解題　入交好脩著　同文館　1949　199p　19cm　Ⓝ210.61　〔03934〕

◇明治維新静岡県勤皇義団事歴　静岡　静岡県神社庁　1973　490p　22cm　非売品　Ⓝ210.61　〔03935〕

◇明治維新史の問題点　坂田吉雄編　未来社　1962　420p　22cm　Ⓝ210.61　〔03936〕

◇明治維新草莽運動史　高木俊輔著　勁草書房　1974　388,53p　22cm　4500円　Ⓝ210.61　〔03937〕

◇明治維新と現代　遠山茂樹著　岩波書店　1969　230p　18cm　（岩波新書）150円　Ⓝ210.61　〔03938〕

◇明治維新と中国　呂万和著　六興出版　1988.10　343,14p　21cm　（東アジアのなかの日本歴史 6）3000円　①4-8453-8096-X　Ⓝ210.61　〔03939〕

◇明治維新と日本人　芳賀徹著　講談社　1980.6　352p　15cm　（講談社学術文庫）620円　Ⓝ210.61　〔03940〕

◇明治維新と日本の城—逆転の歴史をどう生きたか　井上宗和著　グリーンアロー出版社　1979.12　280p　19cm　（グリーンアロー・ブックス）980円　Ⓝ210.61　〔03941〕

◇明治維新とフランス革命　小林良彰著　三一書房　1988.12　372p　22cm　4000円　Ⓝ210.61　〔03942〕

◇明治維新と歴史教育　田中彰著　青木書店　1970　252p　20cm　850円　Ⓝ210.61　〔03943〕

◇明治維新入門　奈良本辰也著　徳間書店　1990.6　252p　16cm　（徳間文庫 な・8・16）427円　①4-19-599107-2　Ⓝ210.61　〔03944〕

◇明治維新のころ　朝日新聞社編　1968　330p　20cm　Ⓝ210.58　〔03945〕

近世一般　　　　　　　　　　　　　近世史

◇明治維新の敗者と勝者　田中彰著　日本放送出版協会　1980.5　235p　19cm　（NHKブックス368）700円　Ⓝ210.61　〔03946〕

◇明治維新のはなし　服部之総著　青木書店　1955　135p　15cm　（青木文庫）Ⓝ210.61　〔03947〕

◇明治維新のはなし・近代日本のなりたち　服部之総著　青木書店　1990.8　135,165p　18cm　1854円　①4-250-90027-4　Ⓝ210.61　〔03948〕

◇明治維新の舞台裏　石井孝著　第2版　岩波書店　1975　211,4p　18cm　（岩波新書）230円　Ⓝ210.61　〔03949〕

◇明治維新の舞台裏　石井孝著　岩波書店　1960　220p　18cm　（岩波新書）Ⓝ210.61　〔03950〕

◇明治維新論　奈良本辰也著　徳間書店　1968　314p　20cm　Ⓝ210.58　〔03951〕

◇明治日記—平尾魯仙亮致録　青森県立図書館編　青森　青森県立図書館　1970.1　315p　19cm　（青森県立図書館郷土双書　2）Ⓝ210.58　〔03952〕

◇明治の革命　服部之総著　日本評論社　1950　309p　19cm　Ⓝ210.6　〔03953〕

◇明治の日本　金子治司著　早川書房　1968　376p　19cm　570円　Ⓝ210.58　〔03954〕

◇名城と維新—維新とその後の城郭史　森山英一著　日本城郭資料館出版会　1970　265p　19cm　650円　Ⓝ210.61　〔03955〕

◇明治零年　後藤嘉一著　山形　山形市郷土研究会　1960　287p　19cm　Ⓝ210.61　〔03956〕

◇もう一度学びたい幕末・明治維新　永浜真理子著　西東社　2007.7　255p　21cm　1400円　①978-4-7916-1396-0　〔03957〕

◇もう一つの五稜郭　中村勝実著　佐久　櫟　1982.6　275p　22cm　1800円　Ⓝ210.58　〔03958〕

◇もう一つの五稜郭—信州龍岡城　中村勝実著　新版　佐久　櫟　1997.7　192p　19cm　（千曲川文庫22）1500円　①4-900408-72-7　Ⓝ210.58　〔03959〕

◇もうひとつの明治維新—幕末史の再検討　家近良樹編　有志舎　2006.10　262p　22cm　（大阪経済大学日本経済史研究所研究叢書　第16冊）5000円　①4-903426-05-X　Ⓝ210.61　〔03960〕

◇持丸長者　幕末・維新篇—日本を動かした怪物たち　広瀬隆著　ダイヤモンド社　2007.2　373p　19cm　1800円　①978-4-478-92044-2　〔03961〕

◇物語維新史　第1-3　足立勇著　大日本出版社峰文荘　1942-1943　3冊　地　19cm　Ⓝ210.5　〔03962〕

◇物語日本の歴史—その時代を見た人が語る　第25巻　黒船の威容にゆれる人びと　笠原一男編　木耳社　1993.3　204p　20cm　1500円　①4-8393-7577-1　Ⓝ210.1　〔03963〕

◇物語日本の歴史—その時代を見た人が語る　第26巻　新しい時代と若き志士　笠原一男編　木耳社　1993.5　215p　20cm　1500円　①4-8393-7578-X　Ⓝ210.1　〔03964〕

◇ものしり江戸諸国—天保国郡全図でみる　地図で読み解く江戸日本史　西日本編　　上方、四国、中国、西国、琉球　人文社編集部企画・編集　人文社　2004.11　240p　26cm　（ものしりシリーズ）1900円　①4-7959-1951-8　Ⓝ210.58　〔03965〕

◇ものしり江戸諸国—天保国郡全図でみる　地図で読み解く江戸日本史　東日本編　　奥羽、坂東、東国、北国、上方、蝦夷地　人文社編集部企画・編集　人文社　2005.1（第2刷）224p　26cm　（ものしりシリーズ）1900円　①4-7959-1950-X　Ⓝ210.58　〔03966〕

◇山銀百科シリーズ　第10　明治維新の前夜　山口銀行編　山口　21cm　Ⓝ210.08　〔03967〕

◇山口八十八所蔵勤皇志士遺墨展覧会記念講演集　山口八十八編　横浜　帝国社農芸化学　1941.11　390p　図版15枚　21cm　非売品　Ⓝ210.61　〔03968〕

◇夢の跡紀行—旅路に雨の降るごとく　幕末維新　福島溥著　教育書籍　1990.5　235p　20cm　1500円　①4-317-60041-2　Ⓝ210.61　〔03969〕

◇要約近世日本国民史　第6巻　孝明天皇時代　下　徳富猪一郎原著　永江新三　時事通信社　1967　19cm　Ⓝ210.5　〔03970〕

◇よくわかる幕末—ペリー来航から江戸城開城まで　五十嵐和敏著　エール出版社　1975　204p　18cm　（Yell books）680円　Ⓝ210.8　〔03971〕

◇よみがえる幕末伝説　別冊宝島編集部編　宝島社　2001.1　221p　16cm　（宝島社文庫）600円　①4-7966-2048-6　Ⓝ210.58　〔03972〕

◇乱世に生き残る条件—幕末にみるトップとブレーン　奈良本辰也編　主婦の友社　1979.2　220p　19cm　（Tomo選書）780円　Ⓝ210.58　〔03973〕

◇歴史地誌学へのいざない　森田健次著　田無　いろり社　1993.3　93p　21cm　750円　①4-900694-01-0　Ⓝ210.58　〔03974〕

◇歴史と小説　司馬遼太郎著　集英社　2006.12　368p　15cm　（集英社文庫）619円　①4-08-746113-0　〔03975〕

◇歴史に学ぶ—明治維新入門　奈良本辰也著　潮出版社　1981.6　253p　20cm　980円　Ⓝ210.61　〔03976〕

◇私の幕末　奈良本辰也著　主婦の友社　1978.3　214p　19cm　（Tomo選書）700円　Ⓝ210.58　〔03977〕

◇私の幕末維新　松代英二郎作成　池田　[松代英二郎]　2007.10　295p　21cm　Ⓝ210.61　〔03978〕

◇私の明治維新—有馬藤太聞き書き　有馬藤太著,上野一郎編　産業能率短期大学出版部　1976　226p　19cm　880円　Ⓝ210.61　〔03979〕

◆◆幕末写真史

◇上野彦馬と幕末の写真家たち　上野彦馬ほか撮影　岩波書店　1997.9　71p　23×23cm　（日本の写真家1）2300円　①4-00-008341-4　Ⓝ748　〔03980〕

◇写された幕末　第1　歴史篇　石黒敬七編　アソカ書房　1957-1959　27cm　Ⓝ210.58　〔03981〕

◇写された幕末　第1　石黒敬七著　改訂版　アソカ書房　1960　151p（図版94p共）　27cm　Ⓝ210.58　〔03982〕

◇写された幕末　第2　庶民篇　石黒敬七編　アソカ書房　1957-1959　27cm　Ⓝ210.58　〔03983〕

◇写された幕末　第3　人物篇　石黒敬七編　アソカ書房　1957-1959　27cm　Ⓝ210.58　〔03984〕

◇写された幕末　第3　人物篇　石黒敬七編　改訂版　アソカ書房　1962　図版105,16p　27cm　Ⓝ210.58　〔03985〕

◇写された幕末　続巻　第1　ファー・イースト　アソカ書房編　アソカ書房　1962　110p（図版102p共）　27cm　Ⓝ210.58　〔03986〕

◇F.ベアト幕末日本写真集　横浜開港資料館,横浜開港資料普及協会編　横浜　横浜開港資料普及協会　1987.2　199p　26cm　2000円　Ⓝ210.58　〔03987〕

◇館蔵古写真集　第1集　幕末から明治中期　岐阜県歴史資料館編　岐阜　岐阜県歴史資料館　1997.3　63p　30cm　Ⓝ740.21　〔03988〕

◇士—日本のダンディズム　東京都歴史文化財団東京都写真美術館企画・監修　二玄社　2003.10　173,19p　26cm

近世史　近世一般

2500円　Ⓘ4-544-02325-4　〔03989〕
◇サムライ古写真帖―武士道に生きた男たちの肖像　新人物往来社　2004.8　171p　26cm　(別冊歴史読本　第29巻25号)2000円　Ⓘ4-404-03093-2　Ⓝ210.58　〔03990〕
◇写真で見る江戸東京　芳賀徹,岡部昌幸著　新潮社　1992.1　127p　22cm　(とんぼの本)1500円　Ⓘ4-10-602002-5　Ⓝ210.58　〔03991〕
◇写真で見る幕末・明治―ワーズウィックコレクション秘蔵の古写真2000枚の中から、未発表100枚を含む430枚を厳選!　世界文化社　1990.4　255p　26cm　3800円　Ⓘ4-418-90901-X　Ⓝ210.58　〔03992〕
◇写真で見る幕末・明治　小沢健志編著　新版　世界文化社　2000.3　271p　26cm　3800円　Ⓘ4-418-00203-0　Ⓝ210.58　〔03993〕
◇所蔵古写真カタログ　その1　国際日本文化研究センター文化資料研究企画室編　京都　国際日本文化研究センター　2000.3　320p　30cm　Ⓝ210.58　〔03994〕
◇追跡―一枚の幕末写真　長編ノンフィクション　鈴木明著　集英社　1984.7　314p　20cm　980円　Ⓘ4-08-772492-1　Ⓝ210.59　〔03995〕
◇追跡―一枚の幕末写真　鈴木明著　集英社　1988.9　355p　16cm　(集英社文庫)500円　Ⓘ4-08-749385-7　Ⓝ210.59　〔03996〕
◇日本の写真史―幕末の伝播から明治期まで　小沢健志著　ニッコールクラブ　1986.3　176p　24cm　(ニコンサロンブックス　12)非売品　Ⓝ740.21　〔03997〕
◇幕末―写真の時代　小沢健志編著　筑摩書房　1994.3　308p　29cm　9800円　Ⓘ4-480-85652-8　Ⓝ210.58　〔03998〕
◇幕末維新―写真が語る　安田克広編　明石書店　1997.3　187p　22cm　2575円　Ⓘ4-7503-0893-5　Ⓝ210.61　〔03999〕
◇幕末維新風俗写真史　山田集美堂編　1950　図版46枚　31cm　Ⓝa380　〔04000〕
◇幕末―写真の時代　小沢健志編　筑摩書房　1996.6　254p　15cm　(ちくま学芸文庫)1000円　Ⓘ4-480-08288-3　Ⓝ210.58　〔04001〕
◇幕末日本の風景と人びと―フェリックス・ベアト写真集　フェリックス・ベアト著,横浜開港資料館編　明石書店　1987.12　199p　27cm　2300円　Ⓝ210.58　〔04002〕
◇幕末の素顔―日本異外史　毎日新聞社　1970　図版178p　26cm　1100円　Ⓝ210.58　〔04003〕
◇幕末の北海道写真師田本研造と熊野―Nagasaki Hakodate　岡本実著　熊野　熊野市青年商友会　1983.3　479p　22cm　3000円　Ⓘ4-87601-033-1　Ⓝ740.21　〔04004〕
◇幕末漂流　松本逸也著　人間と歴史社　1993.4　356p　20cm　2200円　Ⓘ4-89007-077-X　Ⓝ210.58　〔04005〕
◇幕末明治期写真資料目録―東京国立博物館所蔵　1 図版篇　東京国立博物館編　国書刊行会　1999.7　403p　31cm　Ⓘ4-336-04154-7　Ⓝ702.15　〔04006〕
◇幕末明治期写真資料目録―東京国立博物館所蔵　2 図版篇　東京国立博物館編　国書刊行会　2000.6　422p　31cm　Ⓘ4-336-04236-5　Ⓝ702.15　〔04007〕
◇幕末明治期写真資料目録―東京国立博物館所蔵　3 図版篇　東京国立博物館編　国書刊行会　2002.6　367p　31cm　Ⓘ4-336-04446-5　Ⓝ702.15　〔04008〕
◇幕末・明治期日本古写真コレクション目録―長崎大学附属図書館所蔵　長崎大学附属図書館編　長崎　長崎大学附属図書館　1996.2　153,38,23p　30cm　Ⓝ210.58　〔04009〕

◇幕末・明治古写真帖―写真が語る近代日本激動の瞬間　新人物往来社　2000.8　216p　26cm　(別冊歴史読本)2000円　Ⓘ4-404-02751-6　Ⓝ210.58　〔04010〕
◇幕末・明治古写真帖―愛蔵版　新人物往来社　2003.3　206p　27cm　2400円　Ⓘ4-404-03112-2　Ⓝ210.58　〔04011〕
◇幕末・明治・大正古写真帖―写真でよみがえる近代日本の原風景　新人物往来社　2002.8　184p　26cm　(別冊歴史読本　第27巻24号)2000円　Ⓘ4-404-03019-3　Ⓝ210.58　〔04012〕
◇幕末・明治のおもしろ写真　石黒敬章著　平凡社　1996.10　157p　22cm　(コロナ・ブックス 16)1600円　Ⓘ4-582-63313-7　Ⓝ740.21　〔04013〕
◇幕末明治の古写真―激動の時代を生きた人々　学習院大学史料館　2005.3　53p　26cm　Ⓝ210.58　〔04014〕
◇幕末・明治の写真　小沢健志編　筑摩書房　1997.7　358p　15cm　(ちくま学芸文庫)1200円　Ⓘ4-480-08356-1　Ⓝ210.58　〔04015〕
◇幕末明治横浜写真館物語　斎藤多喜夫著　吉川弘文館　2004.4　219p　19cm　(歴史文化ライブラリー 175)1700円　Ⓘ4-642-05575-4　Ⓝ740.2137　〔04016〕
◇甦る幕末―写真集ライデン大学写真コレクションより　後藤和雄編,松本逸也編　朝日新聞社　1987.8　299pp　27cm　3500円　Ⓘ4-02-255724-9　Ⓝ210.58　〔04017〕

◆◆幕末史料

◇赤根武人の冤罪　村上磐太郎著　柳井　柳井市立図書館　1971　179p　21cm　350円　Ⓝ210.58　〔04018〕
◇朝彦親王日記　久邇宮朝彦著,日本史籍協会編　東京大学出版会　1969　2冊　22cm　(日本史籍協会叢書 7-8)各3000円　Ⓝ210.58　〔04019〕
◇安達清風日記　日本史籍協会編　東京大学出版会　1969　668p　22cm　(日本史籍協会叢書 9)3000円　Ⓝ210.58　〔04020〕
◇阿部正弘事蹟　渡辺修二郎著　東京大学出版会　1978.5-6　2冊　22cm　(続日本史籍協会叢書)各6000円　Ⓝ210.58　〔04021〕
◇安政五年正月二十八日出立参府阿蘭陀人付添一件留　長崎純心大学・長崎学研究所編　長崎　長崎純心大学　2000.12　218p　21cm　Ⓝ291.09　〔04022〕
◇維新史料　野史台　1887-1896　80冊　18-23cm　Ⓝ210.6　〔04023〕
◇維新史料綱要　巻1　東京大学出版会　1983.6　10,692p　22cm　8000円　Ⓝ210.61　〔04024〕
◇維新史料綱要　巻2　東京大学出版会　1983.7　604p　22cm　8000円　Ⓝ210.61　〔04025〕
◇維新史料綱要　巻3,6　維新史料編纂会編　維新史料編纂事務局　1941-1943　2冊　22cm　Ⓝ210.6　〔04026〕
◇維新史料綱要　巻3　東京大学出版会　1983.8　536p　22cm　8000円　Ⓝ210.61　〔04027〕
◇維新史料綱要　巻4　東京大学出版会　1983.9　649p　22cm　8000円　Ⓝ210.61　〔04028〕
◇維新史料綱要　巻5　東京大学出版会　1983.10　737p　22cm　8000円　Ⓘ4-13-099225-2　Ⓝ210.61　〔04029〕
◇維新史料綱要　巻6　東京大学出版会　1983.11　741p　22cm　8000円　Ⓘ4-13-099226-0　Ⓝ210.61　〔04030〕
◇維新史料綱要　巻7　東京大学出版会　1983.12　501p　22cm　8000円　Ⓘ4-13-099227-9　Ⓝ210.61　〔04031〕
◇維新史料綱要　巻1〜2,4〜5,7〜10　維新史料編纂事務局　1937-15　8冊　23cm　Ⓝ210.6　〔04032〕

近世一般　　　　　　　　　　　　　　近世史

◇維新史料聚芳　文部省編　修正再版　京都　大雅堂　1944　46,62枚　30cm　〔04033〕
◇維新史料聚芳　乾,坤　文部省維新史料編纂事務局編　巧芸社　1936　2冊　31cm　Ⓝ210.6　〔04034〕
◇維新史料編纂会講演速記録　維新史料編纂会編　東京大学出版会　1977.6-12　3冊　22cm　(続日本史籍協会叢書)各5000円　Ⓝ210.61　〔04035〕
◇維新史料編纂事務局開局十五年記念　〔維新史料編纂事務局〕　1912　図版6枚　9×14cm　Ⓝ210.6　〔04036〕
◇維新前後実歴史伝　西河称編述　東京大学出版会　1980.1-4　3冊　22cm　(続日本史籍協会叢書)各6000円　Ⓝ210.61　〔04037〕
◇維新日乗纂輯　日本史籍協会編　東京大学出版会　1969　5冊　22cm　(日本史籍協会叢書 10-14)各3000円　Ⓝ210.58　〔04038〕
◇維新日誌　第1-6巻　橋本博編著　改訂　名著刊行会　1966　6冊　22cm　5000-7000円　Ⓝ210.61　〔04039〕
◇維新日誌　第7-10巻　橋本博編著　改訂　名著刊行会　1966　4冊　22cm　5000-7000円　Ⓝ210.61　〔04040〕
◇維新裏面史—幕末秘録　黎明の巻　植松隆次著　大盛堂書店　1928　494p　19cm　Ⓝ210.5　〔04041〕
◇井関隆子日記　上巻　深沢秋男校注　勉誠社　1978.11　459p　19cm　4500円　Ⓝ210.57　〔04042〕
◇井関隆子日記　中巻　深沢秋男校注　勉誠社　1980.8　456p　19cm　4500円　Ⓝ210.58　〔04043〕
◇井関隆子日記　下巻　深沢秋男校注　勉誠社　1981.6　396p　19cm　4500円　Ⓝ210.58　〔04044〕
◇一条忠香日記抄　日本史籍協会編　東京大学出版会　1967　699p　22cm　(日本史籍協会叢書)Ⓝ210.58　〔04045〕
◇夷匪入港録　日本史籍協会編　東京大学出版会　1967　2冊　22cm　(日本史籍協会叢書 16-17)Ⓝ210.59　〔04046〕
◇越前藩幕末維新公用日記　本多修理著,谷口初意校訂　福井　福井県郷土誌懇話会　1974　701p　22cm　Ⓝ210.58　〔04047〕
◇江戸・京都御供日記—文久三年七月十九日〜四年六月七日　志賀与惣右エ門著,佐藤高俊編　相馬　相馬郷土研究会　1983.2　82p　26cm　(相馬郷土研究会資料叢書 第22輯)Ⓝ210.58　〔04048〕
◇江戸書状　その1　関西大学図書館編　吹田　関西大学図書館　1981.6　544p　21cm　(関西大学図書館資料シリーズ 第1輯)6500円　Ⓝ210.58　〔04049〕
◇江戸書状　その2　関西大学図書館編　吹田　関西大学図書館　1982.9　490p　21cm　(関西大学図書館資料シリーズ 第2輯)5500円　Ⓝ210.58　〔04050〕
◇江戸書状　その3　関西大学図書館編　吹田　関西大学図書館　1983.3　362p　21cm　(関西大学図書館資料シリーズ 第3輯)3800円　Ⓝ210.58　〔04051〕
◇岡山池田家文書　日本史籍協会編　東京大学出版会　1970　2冊　22cm　(日本史籍協会叢書 44-45)各3000円　Ⓝ210.58　〔04052〕
◇尾崎忠征日記　日本史籍協会編　東京大学出版会　1970　2冊　22cm　(日本史籍協会叢書)各3000円　Ⓝ210.58　〔04053〕
◇尾崎忠征日記　1　日本史籍協会編　東京大学出版会　1984.4　532p　22cm　(日本史籍協会叢書 46)5000円　Ⓘ4-13-097646-X　Ⓝ289　〔04054〕
◇尾崎忠征日記　2　尾崎忠征著,日本史籍協会編　東京大学出版会　1984.5　499p　22cm　(日本史籍協会叢書 47)5000円　Ⓘ4-13-097647-8　Ⓝ210.58　〔04055〕
◇押小路甫子日記　第1　安政6年正月-文久元年12月　押小路甫子著,日本史籍協会編　東京大学出版会　1968　752p　22cm　(日本史籍協会叢書 第48)Ⓝ210.58　〔04056〕
◇押小路甫子日記　1　押小路甫子著,日本史籍協会編　東京大学出版会　1984.5　752p　22cm　(日本史籍協会叢書 48)5000円　Ⓘ4-13-097648-6　Ⓝ210.58　〔04057〕
◇押小路甫子日記　第2　文久2年正月-元治元年12月　押小路甫子著,日本史籍協会編　東京大学出版会　1968　22cm　(日本史籍協会叢書 第49-50)Ⓝ210.58　〔04058〕
◇押小路甫子日記　2　押小路甫子著,日本史籍協会編　東京大学出版会　1984.6　684p　22cm　(日本史籍協会叢書 49)6000円　Ⓘ4-13-097649-4　Ⓝ210.58　〔04059〕
◇押小路甫子日記　3　押小路甫子著,日本史籍協会編　東京大学出版会　1984.6　790p　22cm　(日本史籍協会叢書 50)6000円　Ⓘ4-13-097650-8　Ⓝ210.58　〔04060〕
◇懐往事談　福地源一郎著,中野文平衛校訂・補説　行人社　1985.5　475p　22cm　3000円　Ⓘ4-905978-18-1　Ⓝ210.088　〔04061〕
◇懐往事談・幕末政治家　福地源一郎著　東京大学出版会　1979.6　531p　22cm　(続日本史籍協会叢書)5000円　Ⓝ210.58　〔04062〕
◇晦結溢言　堀内信著　和歌山　和歌山県立図書館　1973　258,206p　26cm　非売品　Ⓝ210.5　〔04063〕
◇嘉永明治年間録　吉野真保編,布施弥平治解題　軌南堂書店　1968　2冊　22cm　Ⓝ210.58　〔04064〕
◇勧修寺経理日記　日本史籍協会編　東京大学出版会　1970　590p　22cm　(日本史籍協会叢書 51)3000円　Ⓝ210.58　〔04065〕
◇勧修寺経理日記　日本史籍協会編　東京大学出版会　1984.7　590p　22cm　(日本史籍協会叢書 51)6000円　Ⓘ4-13-097651-6　Ⓝ210.58　〔04066〕
◇梶取家文書　日本史籍協会編　東京大学出版会　1970　2冊　22cm　(日本史籍協会叢書)3000円　Ⓝ210.58　〔04067〕
◇梶取家文書　1　日本史籍協会編　東京大学出版会　1984.9　24,500p　22cm　(日本史籍協会叢書 55)5000円　Ⓘ4-13-097655-9　Ⓝ210.58　〔04068〕
◇梶取家文書　2　日本史籍協会編　東京大学出版会　1984.9　10,521p　22cm　(日本史籍協会叢書 56)5000円　Ⓘ4-13-097656-7　Ⓝ210.58　〔04069〕
◇川勝家文書　日本史籍協会編　東京大学出版会　1984.10　1冊　22cm　(日本史籍協会叢書 57)5000円　Ⓘ4-13-097657-5　Ⓝ210.58　〔04070〕
◇艱難実録—板倉家中幕末秘話　高梁　高梁市郷土資料刊行会　1992.11　421p　21cm　Ⓝ210.58　〔04071〕
◇官武通紀　玉虫茂誼編　東京大学出版会　1976.6　2冊　22cm　(続日本史籍協会叢書)各6000円　Ⓝ210.58　〔04072〕
◇官武通紀　第1,2　玉虫左太夫編　国書刊行会　1913　2冊　22cm　(国書刊行会本)Ⓝ210.5　〔04073〕
◇議奏加勢備忘　倉橋泰聡著,日本史籍協会編　東京大学出版会　1970　2冊　22cm　(日本史籍協会叢書)Ⓝ210.58　〔04074〕
◇議奏加勢備忘　1　日本史籍協会編　東京大学出版会　1985.2　438p　22cm　(日本史籍協会叢書 66)5000円　Ⓘ4-13-097666-4　Ⓝ210.58　〔04075〕
◇議奏加勢備忘　2　日本史籍協会編　東京大学出版会　1985.3　521p　22cm　(日本史籍協会叢書 67)5000円　Ⓘ4-13-097667-2　Ⓝ210.58　〔04076〕

◇木村摂津守喜毅日記　木村喜毅著，慶応義塾図書館編　塙書房　1977.10　525p　22cm　7500円　Ⓝ210.58
〔04077〕

◇郷土の手紙が語る幕末動乱期の世相―竹添弥八兵衛関係書翰より　天保八年～明治五年　出水市立歴史民俗資料館編　出水　出水市教育委員会　1999.10　126p　26cm　Ⓝ210.58
〔04078〕

◇京都東町奉行日記―安政5年編　岡部豊常著　鈴木里行編　新人物往来社　1994.7　231p　22cm　12000円　Ⓘ4-404-02122-4　Ⓝ210.58
〔04079〕

◇京都東町奉行日記　安政3年編　岡部豊常著　鈴木里行編　新人物往来社　1995.3　247p　22cm　12000円　Ⓘ4-404-02122-4　Ⓝ210.58
〔04080〕

◇近世日本国民史　第62-74冊　徳富猪一郎著　明治書院　1939-1946　13冊　22cm　Ⓝ210.5
〔04081〕

◇近世日本国民史　第66-76冊　徳富猪一郎著　明治書院　1941-1945　11冊　19cm　Ⓝ210.5
〔04082〕

◇勤皇京洛の賦　木俣秋水著　京都　立命館出版部　1944　344p　19cm　Ⓝ210.5
〔04083〕

◇勤王秘史佐佐木老侯昔日談　1　佐佐木高行著　東京大学出版会　1980.3　303p　22cm　（続日本史籍協会叢書）
〔04084〕

◇勤王秘史佐佐木老侯昔日談　2　佐佐木高行著　東京大学出版会　1980.6　p304～626　22cm　（続日本史籍協会叢書）5000円　Ⓝ210.58
〔04085〕

◇九条家国事記録　日本史籍協会編　東京大学出版会　1971　2冊　22cm　（日本史籍協会叢書）各3000円　Ⓝ210.58
〔04086〕

◇九条家国事記録　1　日本史籍協会編　東京大学出版会　1986.10　402p　22cm　（日本史籍協会叢書　89）8000円　Ⓘ4-13-097689-3　Ⓝ210.58
〔04087〕

◇九条家国事記録　2　日本史籍協会編　東京大学出版会　1986.11　413p　22cm　（日本史籍協会叢書　90）8000円　Ⓘ4-13-097690-7　Ⓝ210.58
〔04088〕

◇久世家文書　久世通熙著，日本史籍協会編　東京大学出版会　1970　389p　22cm　（日本史籍協会叢書）3000円　Ⓝ210.58
〔04089〕

◇久世家文書　日本史籍協会編　東京大学出版会　1987.4　389p　22cm　（日本史籍協会叢書　95）8000円　Ⓘ4-13-097695-8　Ⓝ210.58
〔04090〕

◇栗本鋤雲遺稿　栗本瀬兵衛編　鎌倉　鎌倉書房　1943　312p　19cm　Ⓝ210.5
〔04091〕

◇桑名藩京都所司代中の事情　加太邦憲著　維新史料編纂会　1912　75p　22cm　Ⓝ210.5
〔04092〕

◇慶応事件記　吉川惣七郎著　枚方　枚方市　1968　68p　地　21cm　（枚方市史資料　第2集）Ⓝ210.61
〔04093〕

◇皇国形勢聞書―宮島家蔵版　前田水穂原著　柏村哲判，増田淑美校註　新人物往来社　1995.2　560p　22cm　7000円　Ⓘ4-404-02163-1　Ⓝ210.58
〔04094〕

◇五卿滞在記録　日本史籍協会編　東京大学出版会　1971　453p　22cm　（日本史籍協会叢書）3000円　Ⓝ210.58
〔04095〕

◇五卿滞在記録　日本史籍協会編　東京大学出版会　1987.8　453p　22cm　（日本史籍協会叢書　99）8000円　Ⓘ4-13-097699-0　Ⓝ210.58
〔04096〕

◇近衛家書類　日本史籍協会編　東京大学出版会　1987.9-10　2冊　22cm　（日本史籍協会叢書　100,101）各8000円　Ⓘ4-13-097700-8　Ⓝ210.58
〔04097〕

◇近衛家書類　第1　日本史籍協会編　東京大学出版会　1967　530p　22cm　（日本史籍協会叢書　100）Ⓝ210.58
〔04098〕

◇近衛家書類　第2　日本史籍協会編　東京大学出版会　1967　602p　22cm　（日本史籍協会叢書　101）Ⓝ210.58
〔04099〕

◇古文書の語る日本史　7　江戸後期　所理喜夫ほか編　林英夫編　筑摩書房　1989.10　449,13p　20cm　3300円　Ⓘ4-480-35437-9　Ⓝ210.1
〔04100〕

◇採襍録　日本史籍協会編　東京大学出版会　1972　2冊　22cm　（日本史籍協会叢書）各3000円　Ⓝ210.58
〔04101〕

◇採襍録　1　日本史籍協会編　東京大学出版会　1987.12　460p　22cm　（日本史籍協会叢書　103）8000円　Ⓘ4-13-097703-2　Ⓝ210.58
〔04102〕

◇採襍録　2　日本史籍協会編　東京大学出版会　1988.1　448p　22cm　（日本史籍協会叢書　104）8000円　Ⓘ4-13-097704-0　Ⓝ210.58
〔04103〕

◇嵯峨実愛日記　日本史籍協会編　東京大学出版会　1972　3冊　22cm　（日本史籍協会叢書）各3000円　Ⓝ210.58
〔04104〕

◇嵯峨実愛日記　1　日本史籍協会編　東京大学出版会　1988.9　588p　22cm　（日本史籍協会叢書　112）8000円　Ⓘ4-13-097712-1　Ⓝ210.58
〔04105〕

◇嵯峨実愛日記　2　日本史籍協会編　東京大学出版会　1988.10　414p　22cm　（日本史籍協会叢書　113）8000円　Ⓘ4-13-097713-X　Ⓝ210.58
〔04106〕

◇嵯峨実愛日記　3　日本史籍協会編　東京大学出版会　1988.11　543p　22cm　（日本史籍協会叢書　114）8000円　Ⓘ4-13-097714-8　Ⓝ210.58
〔04107〕

◇薩長同盟記　上巻　飯田熊次郎（宇宙）著　正教社　1887.12　190p　19cm　Ⓝ210.5
〔04108〕

◇佐幕派史談　長谷川伸著　大道書房　1942　367p　19cm　Ⓝ210.5
〔04109〕

◇三十年史　木村喜毅著　東京大学出版会　1978.4-7　2冊　22cm　（続日本史籍協会叢書）6000円，5000円　Ⓝ210.58
〔04110〕

◇三条家文書　日本史籍協会編　東京大学出版会　1972　774p　22cm　（日本史籍協会叢書）3000円　Ⓝ210.58
〔04111〕

◇三条実万手録　日本史籍協会編　東京大学出版会　1972　2冊　23cm　（日本史籍協会叢書）各3000円　Ⓝ210.58
〔04112〕

◇七年史　北原雅長輯述　京都　臨川書店　1972　2冊　22cm　15000円　Ⓝ210.61
〔04113〕

◇七年史　北原雅長著　東京大学出版会　1978.1　4冊　22cm　（続日本史籍協会叢書）5000～7000円　Ⓝ210.58
〔04114〕

◇実歴史伝―維新前後　海江田信義談　西河称編　啓成社　1913　200,266,218p　23cm　Ⓝ210.5
〔04115〕

◇島津家書翰集　日本史籍協会編　東京大学出版会　1972　519p　22cm　（日本史籍協会叢書）3000円　Ⓝ210.58
〔04116〕

◇島村衛吉関係史料集―南国市が生んだ土佐勤王党志士　高橋史朗編　南国　南国市教育委員会　2001.3　105p　30cm　Ⓝ210.58
〔04117〕

◇趣味の維新外史　安藤徳器著　日本公論社　1934　378p　20cm　Ⓝ210.5
〔04118〕

◇乗蓮寺文書―中山道板橋宿　東京都板橋区教育委員会　1969　90p　21cm　（文化財シリーズ　第3集）Ⓝ210.57
〔04119〕

◇乗蓮寺文書―中山道板橋宿　増補版　板橋区教育委員会　1970　107p　21cm　（文化財シリーズ　第7集　郷土史料集）Ⓝ210.57
〔04120〕

近世一般　　　　　　　　　　　近世史

◇所司代日記　日本史籍協会編　東京大学出版会　1972　2冊　22cm　（日本史籍協会叢書）各3000円　Ⓝ210.58
〔04121〕

◇資料集順席―慶応三年　相模原市立博物館編　相模原　相模原市立博物館　1998.3　88p　30cm　Ⓝ210.58
〔04122〕

◇史料墨宝　日本史籍協会編　東京大学出版会　1968　図版50枚　解説43p　26×38cm　（日本史籍協会叢書　別巻）3000円　Ⓝ210.58
〔04123〕

◇新聞薈叢　会訳社編,明治文化研究会校訂　限定版　名著刊行会　1968　461p　22cm　Ⓝ210.58
〔04124〕

◇杉浦梅潭箱館奉行日記―慶応二年―慶応四年　稲垣敏子解読　杉浦梅潭日記刊行会　1991.11　630p　23cm　①4-8380-1451-1　Ⓝ210.58
〔04125〕

◇杉浦梅潭目付日記―文久二年―元治元年　稲垣敏子解読　杉浦梅潭日記刊行会　1991.11　532p　23cm　①4-8380-1451-1　Ⓝ210.58
〔04126〕

◇鈴木大雑集　日本史籍協会編　東京大学出版会　1972　5冊　22cm　（日本史籍協会叢書）各3000円　Ⓝ210.58
〔04127〕

◇巣内信善遺稿　日本史籍協会編　東京大学出版会　1972　380p　22cm　（日本史籍協会叢書）3000円　Ⓝ210.58
〔04128〕

◇征東日誌―丹波山国農兵隊日誌　藤野斎著,仲村研,宇佐美英機編　国書刊行会　1980.12　312p　22cm　5000円　Ⓝ210.58
〔04129〕

◇先人遺稿　石川いさむ編　青梅　松琴草舎　1983.3　354p　22cm　非売品　Ⓝ210.58
〔04130〕

◇側面観幕末史　上巻　桜木章著,三上参次校閲　千葉　青史社　東京　合同出版（発売）　1975　365p　22cm　4500円　Ⓝ210.58
〔04131〕

◇側面観幕末史　1　桜木章著　東京大学出版会　1982.1　453p　22cm　（続日本史籍協会叢書）5000円　Ⓝ210.58
〔04132〕

◇側面観幕末史　2　桜木章著　東京大学出版会　1982.5　p453～807,82,10p　22cm　（続日本史籍協会叢書）Ⓝ210.58
〔04133〕

◇側面観幕末史　下巻　桜木章著,三上参次校閲　千葉　青史社　東京　合同出版（発売）　1975　365-806,82,14p　22cm　5500円　Ⓝ210.58
〔04134〕

◇尊攘堂書類雑記　日本史籍協会編　東京大学出版会　1972　647p　22cm　（日本史籍協会叢書）3000円　Ⓝ210.58
〔04135〕

◇武広遜遺稿　武広武雄編　ビッグフォー出版　1977.3　194p　19cm　非売品　Ⓝ210.58
〔04136〕

◇立花種恭公の老中日記　立花種恭著　大牟田　三池郷土館　1981.3　172p　26cm　非売品　Ⓝ210.58〔04137〕

◇伊達宗城在京日記　日本史籍協会編　東京大学出版会　1972　726p　22cm　（日本史籍協会叢書）3000円　Ⓝ210.58
〔04138〕

◇寺村左膳道成日記　1　横田達雄編　高知　県立青山文庫後援会　1978.12　80p　22cm　（青山文庫所蔵資料集　3）2000円　Ⓝ210.58
〔04139〕

◇寺村左膳道成日記　2　文久三年　横田達雄編　高知　県立青山文庫後援会　1979.12　62p　22cm　（青山文庫所蔵資料集　4）1500円　Ⓝ210.58
〔04140〕

◇寺村左膳道成日記　3　慶応三年　横田達雄編　高知　県立青山文庫後援会　1980.10　66p　22cm　（青山文庫所蔵資料集　5）1500円　Ⓝ210.58
〔04141〕

◇天保消息―水戸藩士川瀬七郎衛門家族間書簡　川瀬二郎編著　船橋　川瀬二郎　1990.6　239p　21cm　Ⓝ210.58
〔04142〕

◇徳川斉昭・伊達宗城往復書翰集　河内八郎編　校倉書房　1993.2　482p　22cm　14420円　①4-7517-2260-3　Ⓝ210.58
〔04143〕

◇鳥取池田家文書　日本史籍協会編　東京大学出版会　1968　4冊　22cm　（日本史籍協会叢書）各3000円　Ⓝ210.58
〔04144〕

◇内閣文庫所蔵史籍叢刊　11　鈴木大日記　汲古書院　1981.11　870p　27cm　15000円　Ⓝ210.088
〔04145〕

◇内閣文庫所蔵史籍叢刊　12　朝野纂聞・浅野梅堂雑記　浅野梅堂著　汲古書院　1981.12　7,500p　27cm　8000円　Ⓝ210.088
〔04146〕

◇中御門家文書　下巻　早稲田大学社会科学研究所編　1965　407p　22cm　Ⓝ210.61
〔04147〕

◇中山繽子日記　中山繽子著,日本史籍協会編　東京大学出版会　1967　816p　22cm　（日本史籍協会叢書　154）Ⓝ210.58
〔04148〕

◇那須信吾書簡　1　横田達雄編　佐川町（高知県）　青山文庫後援会　1977.12　24p　22cm　（青山文庫所蔵資料集　1）500円　Ⓝ210.58
〔04149〕

◇那須信吾書簡　2　横田達雄編　佐川町（高知県）　青山文庫後援会　1977.12　22p　22cm　（青山文庫所蔵資料集　2）500円　Ⓝ210.58
〔04150〕

◇那須信吾書簡　3　横田達雄編　高知　青山文庫後援会　1983.3　48p　22cm　（青山文庫所蔵資料集　7）1500円　Ⓝ210.58
〔04151〕

◇幕府衰亡論　福地源一郎著,石塚裕道校注　平凡社　1967　278p　18cm　（東洋文庫　84）Ⓝ210.58　〔04152〕

◇幕府衰亡論　福地源一郎著　東京大学出版会　1978.9　361p　22cm　（続日本史籍協会叢書）5000円　Ⓝ210.58
〔04153〕

◇幕末維新大阪町人記録　脇田修,中川すがね編　大阪　清文堂出版　1994.2　576p　22cm　（清文堂史料叢書　第70刊）14000円　①4-7924-0399-5　Ⓝ210.58
〔04154〕

◇幕末維新史料叢書　第1　開国始末〔ほか〕　島田三郎　人物往来社　1968　368p　20cm　Ⓝ210.58　〔04155〕

◇幕末維新史料叢書　第8　懐往事談〔ほか〕　福地源一郎　人物往来社　1968　406p　20cm　Ⓝ210.58　〔04156〕

◇幕末維新史料叢書　第10　幕末小史〔ほか〕　戸川残花　人物往来社　1968　430p　20cm　Ⓝ210.58　〔04157〕

◇幕末維新史料展―将軍家・尾州家文書　徳川林政史研究所　1969　図版30p（解説共）　26cm　Ⓝ210.61
〔04158〕

◇幕末維新風雲通信―蘭医坪井信良家兄宛書翰集　坪井信良著,宮地正人編　東京大学出版会　1978.12　475,9p　20cm　2800円　Ⓝ210.58
〔04159〕

◇幕末開港綿羊娘情史　中里機庵著　5版　赤炉閣書房　1931　484p　Ⓝ384
〔04160〕

◇幕末掛川藩江戸藩邸日記―渡辺嘉彰「公私日記」　奈倉有子編　大阪　清文堂出版　1995.10　378p　22cm　（清文堂史料叢書　第74刊）8858円　①4-7924-0409-6　Ⓝ210.58
〔04161〕

◇幕末見聞録　安田正秀著　新潟　安田正秀　1919　156p　22cm　Ⓝ210.5
〔04162〕

◇幕末巷間史料抄　棚橋琢之助編　京都　棚橋琢之助　1940　330p　19cm　Ⓝ210.5
〔04163〕

◇幕末風聞探索書―井伊家史料　中　安政6年編　井伊正弘編　雄山閣出版　1967　496p　22cm　2500円　Ⓝ210.58
〔04164〕

◇幕末明治日誌集成　第1巻　甲斐鎮撫日誌.御東巡日録.平

潟口総督日誌　朝倉治彦編　東京堂出版　1986.9　281p　27cm　15000円　Ⓘ4-490-30231-2　Ⓝ210.6　〔04165〕

◇幕末明治日誌集成　第2巻　北征日誌.還幸日誌　朝倉治彦編　東京堂出版　1986.9　254p　27cm　15000円　Ⓘ4-490-30232-0　Ⓝ210.6　〔04166〕

◇幕末明治日誌集成　第3巻　東征日誌.公議所日誌　続　朝倉治彦編　東京堂出版　1986.11　352p　27cm　15000円　Ⓘ4-490-30233-9　Ⓝ210.6　〔04167〕

◇旗本三嶋政養日記―幕末・維新期を生きた旗本みずからの記録　西脇康編著　徳川氏旗本藤月三嶋氏四百年史刊行会　1987.10　448p　22cm　（徳川氏旗本藤月三嶋氏四百年史叢書　第1巻）Ⓝ210.58　〔04168〕

◇東久世通禧日記　上巻　霞会館華族資料調査委員会編纂　霞会館　1992.1　591p　22cm　非売品　Ⓝ210.58　〔04169〕

◇東久世通禧日記　下巻　霞会館華族資料調査委員会編纂　霞会館　1993.3　495p　22cm　非売品　Ⓝ210.58　〔04170〕

◇東久世通禧日記　別巻　霞会館華族資料調査委員会編纂　霞会館　1995.3　141,175p　22cm　非売品　Ⓝ210.58　〔04171〕

◇樋口真吉日記「遺倦録―愚菴筆記」―文久元年十月六日～慶応三年二月十六日　付・註　樋口真吉著　横田達雄編・註　佐川町（高知県）　県立青山文庫後援会　2006.10　60p　21cm　（青山文庫所蔵資料集　6）1000円　Ⓝ210.58　〔04172〕

◇常陸帯　4巻　藤田東湖著　4冊　27cm　Ⓝ210.58　〔04173〕

◇広沢真臣日記　日本史籍協会編　東京大学出版会　1973　551p　22cm　（日本史籍協会叢書）3000円　Ⓝ210.58　〔04174〕

◇風説留中画像史料一覧（稿）―附・幕末維新期民衆諷刺目録　東京大学史料編纂所附属画像史料解析センター編　東京大学史料編纂所　1999.3　193p　30cm　Ⓘ4-907671-02-4　Ⓝ210.031　〔04175〕

◇復刻　仙台戊辰史　藤原相之助著　柏書房　1968　1021p　22cm　Ⓝ210.58　〔04176〕

◇文久三年一月日記―孝明天皇を利用した人々の日記　畑中一男著　大阪　アイ・エス・シー　1991.10　351p　19cm　2800円　Ⓝ210.58　〔04177〕

◇文久三年四・五・六月日記―勅諭を遵奉した馬関戦争　畑中一男著　大阪　アイ・エス・シー　1998.11　405p　19cm　3500円　Ⓘ4-900360-18-X　Ⓝ210.58　〔04178〕

◇文久三年七・八月日記―勅諭を否定する勅諭　畑中一男著　大阪　アイ・エス・シー　1999.3　329p　19cm　4000円　Ⓘ4-900360-19-8　Ⓝ210.58　〔04179〕

◇文久三年二・三月日記―勅諭はどのようにして出されたか　畑中一男著　大阪　アイ・エス・シー　1998.6　373p　19cm　4500円　Ⓘ4-900360-17-1　Ⓝ210.58　〔04180〕

◇匏庵遺稿　栗本鋤雲著　東京大学出版会　1975.11-12　2冊　22cm　（続日本史籍協会叢書）各5000円　Ⓝ210.58　〔04181〕

◇万里小路日記　万里小路正房,万里小路博房著　東京大学出版会　1974.6　511p　22cm　（日本史籍協会叢書　179）Ⓝ210.58　〔04182〕

◇三浦古信所蔵文書　日本史籍協会編　東京大学出版会　1974.12　526p　22cm　（日本史籍協会叢書　180）Ⓝ210.58　〔04183〕

◇水野忠精　幕末老中日記　大口勇次郎監修　ゆまに書房　1999.2　9冊（セット）　26cm　234000円　Ⓘ4-89714-638-0　〔04184〕

◇村上忠順記録集成　村上忠順著　村瀬正章編校訂　文献出版　1997.9　535p　22cm　14000円　Ⓘ4-8305-1201-6　Ⓝ210.58　〔04185〕

◇明治維新関係文書目録―早稲田大学社会科学部研究所所蔵　早稲田大学社会科学研究所　1974　55p　25cm　Ⓝ210.61　〔04186〕

◇明治維新史料選集　上　幕末編　東京大学史料編纂所編纂　東京大学出版会　1970　342p　22cm　2400円　Ⓝ210.61　〔04187〕

◇明治維新史料選集　下　明治編　東京大学史料編纂所編纂　東京大学出版会　1972　439p　22cm　3000円　Ⓝ210.61　〔04188〕

◇もとのしづく―贈正五位野村望東尼伝　三宅竜子編輯　東京大学出版会　1982.4　393,8p　22cm　（続日本史籍協会叢書）5000円　Ⓝ289.1　〔04189〕

◇文部省維新史料編纂事務局所蔵図書目録　文部省維新史料編纂事務局編　文部省維新史料編纂事務局　1936　812p　23cm　Ⓝ029　〔04190〕

◇山口八十八所蔵維新前後志士遺墨展覧会記念講演集　第1輯　山口八十八編　文章院出版部　1933　102p　23cm　Ⓝ210.6　〔04191〕

◇山口八十八所蔵維新前後志士遺墨展覧会記念講演集　第2輯　山口八十八編　文章院出版部　1933　156p　23cm　Ⓝ210.6　〔04192〕

◇山口八十八所蔵維新前後志士遺墨展覧会記念講演集　第3輯　山口八十八編　文章院出版部　1935　128p　23cm　Ⓝ210.6　〔04193〕

◇山口八十八所蔵維新前後志士遺墨展覧会記念講演集　第4輯　渡部求編　文章院出版部　1936　123p　23cm　Ⓝ210.6　〔04194〕

◆◆◆丁卯雑拾録

◇再夢紀事・丁卯日記　中根雪江著,日本史籍協会編　東京大学出版会　1988.2　302p　22cm　（日本史籍協会叢書　105）8000円　Ⓘ4-13-097705-9　Ⓝ210.58　〔04195〕

◇丁卯雑拾録　日本史籍協会編　東京大学出版会　1972　2冊　22cm　（日本史籍協会叢書）各3000円　Ⓝ210.58　〔04196〕

◇丁卯雑拾録　第1,2　小寺玉晃編　日本史籍協会編　日本史籍協会　1922　2冊　23cm　Ⓝ210.5　〔04197〕

◇丁卯雑拾録　1　小寺玉晃編　日本史籍協会編　新装版　東京大学出版会　1999.7　472p　22cm　（維新期風説風俗史料選）Ⓘ4-13-097886-1　Ⓝ210.58　〔04198〕

◇丁卯雑拾録　2　小寺玉晃原編　日本史籍協会編　新装版　東京大学出版会　1999.7　496p　22cm　（維新期風説風俗史料選）Ⓘ4-13-097886-1　Ⓝ210.58　〔04199〕

◆◆◆東西紀聞

◇東西紀聞　小寺玉晃原編,日本史籍協会編　東京大学出版会　1968　2冊　22cm　（日本史籍協会叢書）各3000円　Ⓝ210.58　〔04200〕

◇東西紀聞　第1,2　小寺玉晃原編　日本史籍協会編　日本史籍協会　1917　2冊　23cm　Ⓝ210.5　〔04201〕

◇東西紀聞　1　小寺玉晃原編　日本史籍協会編　新装版　東京大学出版会　1999.7　798p　22cm　（維新期風説風俗史料選）Ⓘ4-13-097882-9　Ⓝ210.58　〔04202〕

◇東西紀聞　2　小寺玉晃原編　日本史籍協会編　新装版　東京大学出版会　1999.7　804p　22cm　（維新期風説風俗史料選）Ⓘ4-13-097882-9　Ⓝ210.58　〔04203〕

近世一般　　　　　　　　　　　　　近世史

◆◆◆東西評林
◇東西評林　小寺玉晃原編　日本史籍協会編　日本史籍協会　1916　864p　23cm　Ⓝ210.5
〔04204〕
◇東西評林　1　小寺玉晃原編,日本史籍協会編　東京大学出版会　1973　500p　22cm　（日本史籍協会叢書）3000円　Ⓝ210.58
〔04205〕
◇東西評林　1　小寺玉晃原編　日本史籍協会編　新装版　東京大学出版会　1999.7　500p　22cm　（維新期風説風俗史料選）Ⓘ4-13-097881-0　Ⓝ210.58
〔04206〕
◇東西評林　2　小寺玉晃原編,日本史籍協会編　東京大学出版会　1973　376p　22cm　（日本史籍協会叢書）3000円　Ⓝ210.58
〔04207〕
◇東西評林　2　小寺玉晃原編　日本史籍協会編　新装版　東京大学出版会　1999.7　364p　22cm　（維新期風説風俗史料選）Ⓘ4-13-097881-0　Ⓝ210.58
〔04208〕

◆◆◆幕末風聞探索書
◇幕末風聞探索書―井伊家史料　上　井伊正弘編　復刻版　雄山閣　1999.12　555p　22cm　Ⓘ4-639-01651-4　Ⓝ210.58
〔04209〕
◇幕末風聞探索書―井伊家史料　中　井伊正弘編　復刻版　雄山閣　1999.12　496p　22cm　Ⓘ4-639-01651-4　Ⓝ210.58
〔04210〕
◇幕末風聞探索書―井伊家史料　下　井伊正弘編　復刻版　雄山閣　1999.12　492,8p　22cm　Ⓘ4-639-01651-4　Ⓝ210.58
〔04211〕

◆◆◆九条尚忠文書
◇九条尚忠文書　日本史籍協会編　東京大学出版会　1971　4冊　22cm　（日本史籍協会叢書）各3000円　Ⓝ210.58
〔04212〕
◇九条尚忠文書　1　日本史籍協会編　東京大学出版会　1986.12　376p　22cm　（日本史籍協会叢書 91）8000円　Ⓘ4-13-097691-5　Ⓝ210.58
〔04213〕
◇九条尚忠文書　2　日本史籍協会編　東京大学出版会　1987.1　448p　22cm　（日本史籍協会叢書 92）8000円　Ⓘ4-13-097692-3　Ⓝ210.58
〔04214〕
◇九条尚忠文書　3　日本史籍協会編　東京大学出版会　1987.2　418p　22cm　（日本史籍協会叢書 93）8000円　Ⓘ4-13-097693-1　Ⓝ210.58
〔04215〕
◇九条尚忠文書　4　日本史籍協会編　東京大学出版会　1987.3　476p　22cm　（日本史籍協会叢書 94）8000円　Ⓘ4-13-097694-X　Ⓝ210.58
〔04216〕

◆◆◆連城紀聞
◇連城紀聞　小寺玉晃編　東京大学出版会　1974.9　2冊　22cm　（日本史籍協会叢書 189,190）Ⓝ210.58
〔04217〕
◇連城紀聞　第1,2　小寺玉晃編　日本史籍協会編　日本史籍協会　1922　2冊　23cm　Ⓝ210.5
〔04218〕
◇連城紀聞　1　小寺玉晃原編　日本史籍協会編　新装版　東京大学出版会　1999.7　532p　22cm　（維新期風説風俗史料選）Ⓘ4-13-097884-5　Ⓝ210.58
〔04219〕
◇連城紀聞　2　小寺玉晃原編　日本史籍協会編　新装版　東京大学出版会　1999.7　522p　22cm　（維新期風説風俗史料選）Ⓘ4-13-097884-5　Ⓝ210.58
〔04220〕
◇連城漫筆　小寺玉晃編　東京大学出版会　1974.9-11　2冊　22cm　（日本史籍協会叢書 191,192）Ⓝ210.58
〔04221〕

◆◆◆吉川経幹周旋記
◇吉川経幹周旋記　日本史籍協会編　東京大学出版会　1970-1971　6冊　22cm　（日本史籍協会叢書）各3000円　Ⓝ210.58
〔04222〕
◇吉川経幹周旋記　1　日本史籍協会編　東京大学出版会　1985.3　46,558p　22cm　（日本史籍協会叢書 68）5000円　Ⓘ4-13-097668-0　Ⓝ210.58
〔04223〕
◇吉川経幹周旋記　4　日本史籍協会編　東京大学出版会　1985.5　16,478p　22cm　（日本史籍協会叢書 71）5000円　Ⓘ4-13-097671-0　Ⓝ210.58
〔04224〕
◇吉川経幹周旋記　5　日本史籍協会編　東京大学出版会　1985.5　36,620p　22cm　（日本史籍協会叢書 72）5000円　Ⓘ4-13-097672-9　Ⓝ210.58
〔04225〕
◇吉川経幹周旋記　6　日本史籍協会編　東京大学出版会　1985.6　34,501p　22cm　（日本史籍協会叢書 73）6000円　Ⓘ4-13-097673-7　Ⓝ210.58
〔04226〕

◆◆◆向山誠斎雑記
◇向山誠斎雑記　嘉永・安政篇 第1巻　向山誠斎編著　大口勇次郎監修　針谷武志編・解説　ゆまに書房　2001.2　614p　22cm　23000円　Ⓘ4-8433-0230-9　Ⓝ210.58
〔04227〕
◇向山誠斎雑記　嘉永・安政篇 第2巻　向山誠斎編著　大口勇次郎監修　針谷武志編・解説　ゆまに書房　2001.2　534p　22cm　23000円　Ⓘ4-8433-0231-7　Ⓝ210.58
〔04228〕
◇向山誠斎雑記　嘉永・安政篇 第3巻　向山誠斎編著　大口勇次郎監修　針谷武志編・解説　ゆまに書房　2001.2　616p　22cm　23000円　Ⓘ4-8433-0232-5　Ⓝ210.58
〔04229〕
◇向山誠斎雑記　嘉永・安政篇 第4巻　向山誠斎編著　大口勇次郎監修　針谷武志編・解説　ゆまに書房　2001.2　534p　22cm　23000円　Ⓘ4-8433-0233-3　Ⓝ210.58
〔04230〕
◇向山誠斎雑記　嘉永・安政篇 第5巻　向山誠斎編著　大口勇次郎監修　針谷武志編・解説　ゆまに書房　2001.2　558p　22cm　23000円　Ⓘ4-8433-0234-1　Ⓝ210.58
〔04231〕
◇向山誠斎雑記　嘉永・安政篇 第6巻　向山誠斎編著　大口勇次郎監修　針谷武志編・解説　ゆまに書房　2001.2　562p　22cm　23000円　Ⓘ4-8433-0235-X　Ⓝ210.58
〔04232〕
◇向山誠斎雑記　嘉永・安政篇 第7巻　向山誠斎編著　大口勇次郎監修　針谷武志編・解説　ゆまに書房　2001.2　666p　22cm　23000円　Ⓘ4-8433-0236-8　Ⓝ210.58
〔04233〕
◇向山誠斎雑記　嘉永・安政篇 第8巻　向山誠斎編著　大口勇次郎監修　針谷武志編・解説　ゆまに書房　2001.2　674p　22cm　23000円　Ⓘ4-8433-0237-6　Ⓝ210.58
〔04234〕
◇向山誠斎雑記　嘉永・安政篇 第9巻　向山誠斎編著　大口勇次郎監修　針谷武志編・解説　ゆまに書房　2001.2　562p　22cm　23000円　Ⓘ4-8433-0238-4　Ⓝ210.58
〔04235〕
◇向山誠斎雑記　嘉永・安政篇 第10巻　向山誠斎編著　大口勇次郎監修　針谷武志編・解説　ゆまに書房　2001.2　678p　22cm　23000円　Ⓘ4-8433-0239-2　Ⓝ210.58
〔04236〕
◇向山誠斎雑記　嘉永・安政篇 第11巻　向山誠斎編著　大口勇次郎監修　針谷武志編・解説　ゆまに書房　2002.2　566p　22cm　23000円　Ⓘ4-8433-0272-4,4-8433-0271-6　Ⓝ210.58
〔04237〕

◇向山誠斎雑記　嘉永・安政篇 第12巻　向山誠斎編著
　　大口勇次郎監修　　針谷武志編・解説　ゆまに書房
　　2002.2　542p　22cm　23000円
　　①4-8433-0273-2,4-8433-0271-6　Ⓝ210.58　〔04238〕
◇向山誠斎雑記　嘉永・安政篇 第13巻　向山誠斎編著
　　大口勇次郎監修　　針谷武志編・解説　ゆまに書房
　　2002.2　668p　22cm　23000円
　　①4-8433-0274-0,4-8433-0271-6　Ⓝ210.58　〔04239〕
◇向山誠斎雑記　嘉永・安政篇 第14巻　向山誠斎編著
　　大口勇次郎監修　　針谷武志編・解説　ゆまに書房
　　2002.2　548p　22cm　23000円
　　①4-8433-0275-9,4-8433-0271-6　Ⓝ210.58　〔04240〕
◇向山誠斎雑記　嘉永・安政篇 第15巻　向山誠斎編著
　　大口勇次郎監修　　針谷武志編・解説　ゆまに書房
　　2002.2　502p　22cm　23000円
　　①4-8433-0276-7,4-8433-0271-6　Ⓝ210.58　〔04241〕
◇向山誠斎雑記　嘉永・安政篇 第16巻　向山誠斎編著
　　大口勇次郎監修　　針谷武志編・解説　ゆまに書房
　　2002.2　562p　22cm　23000円
　　①4-8433-0277-5,4-8433-0271-6　Ⓝ210.58　〔04242〕
◇向山誠斎雑記　嘉永・安政篇 第17巻　向山誠斎編著
　　大口勇次郎監修　　針谷武志編・解説　ゆまに書房
　　2002.2　690p　22cm　23000円
　　①4-8433-0278-3,4-8433-0271-6　Ⓝ210.58　〔04243〕
◇向山誠斎雑記　嘉永・安政篇 第18巻　向山誠斎編著
　　大口勇次郎監修　　針谷武志編・解説　ゆまに書房
　　2002.2　690p　22cm　23000円
　　①4-8433-0279-1,4-8433-0271-6　Ⓝ210.58　〔04244〕
◇向山誠斎雑記　嘉永・安政篇 第19巻　向山誠斎編著
　　大口勇次郎監修　　針谷武志編・解説　ゆまに書房
　　2002.2　732p　22cm　23000円
　　①4-8433-0280-5,4-8433-0271-6　Ⓝ210.58　〔04245〕
◇向山誠斎雑記　嘉永・安政篇 第20巻　向山誠斎編著
　　大口勇次郎監修　　針谷武志編・解説　ゆまに書房
　　2002.2　862p　22cm　23000円
　　①4-8433-0281-3,4-8433-0271-6　Ⓝ210.58　〔04246〕
◇向山誠斎雑記　嘉永・安政篇 第21巻　向山誠斎編著
　　大口勇次郎監修　　針谷武志編・解説　ゆまに書房
　　2002.2　259p 図版17p　22cm　23000円
　　①4-8433-0282-1,4-8433-0271-6　Ⓝ210.58　〔04247〕
◇向山誠斎雑記　天保・弘化篇 第1巻　向山誠斎編著
　　大口勇次郎監修　　針谷武志編集・解説　ゆまに書房
　　2003.2　500p　22cm　23000円
　　①4-8433-0774-2,4-8433-0772-6　Ⓝ210.58　〔04248〕
◇向山誠斎雑記　天保・弘化篇 第2巻　向山誠斎編著
　　大口勇次郎監修　　針谷武志編集・解説　ゆまに書房
　　2003.2　644p　22cm　23000円
　　①4-8433-0775-0,4-8433-0772-6　Ⓝ210.58　〔04249〕
◇向山誠斎雑記　天保・弘化篇 第3巻　向山誠斎編著
　　大口勇次郎監修　　針谷武志編集・解説　ゆまに書房
　　2003.2　472p　22cm　23000円
　　①4-8433-0776-9,4-8433-0772-6　Ⓝ210.58　〔04250〕
◇向山誠斎雑記　天保・弘化篇 第4巻　向山誠斎編著
　　大口勇次郎監修　　針谷武志編集・解説　ゆまに書房
　　2003.2　420p　22cm　23000円
　　①4-8433-0777-7,4-8433-0772-6　Ⓝ210.58　〔04251〕
◇向山誠斎雑記　天保・弘化篇 第5巻　向山誠斎編著
　　大口勇次郎監修　　針谷武志編集・解説　ゆまに書房
　　2003.2　300p　22cm　23000円
　　①4-8433-0778-5,4-8433-0772-6　Ⓝ210.58　〔04252〕
◇向山誠斎雑記　天保・弘化篇 第6巻　向山誠斎編著
　　大口勇次郎監修　　針谷武志編集・解説　ゆまに書房
　　2003.2　480p　22cm　23000円
　　①4-8433-0779-3,4-8433-0772-6　Ⓝ210.58　〔04253〕
◇向山誠斎雑記　天保・弘化篇 第7巻　向山誠斎編著
　　大口勇次郎監修　　針谷武志編集・解説　ゆまに書房
　　2003.2　558p　22cm　23000円
　　①4-8433-0780-7,4-8433-0772-6　Ⓝ210.58　〔04254〕
◇向山誠斎雑記　天保・弘化篇 第8巻　向山誠斎編著
　　大口勇次郎監修　　針谷武志編集・解説　ゆまに書房
　　2003.2　506p　22cm　23000円
　　①4-8433-0781-5,4-8433-0772-6　Ⓝ210.58　〔04255〕
◇向山誠斎雑記　天保・弘化篇 第9巻　向山誠斎編著
　　大口勇次郎監修　　針谷武志編集・解説　ゆまに書房
　　2003.2　324p　22cm　23000円
　　①4-8433-0782-3,4-8433-0772-6　Ⓝ210.58　〔04256〕
◇向山誠斎雑記　天保・弘化篇 第10巻　向山誠斎編著
　　大口勇次郎監修　　針谷武志編集・解説　ゆまに書房
　　2003.2　608p　22cm　23000円
　　①4-8433-0783-1,4-8433-0772-6　Ⓝ210.58　〔04257〕
◇向山誠斎雑記　天保・弘化篇 第11巻　向山誠斎編著
　　大口勇次郎監修　　針谷武志編集・解説　ゆまに書房
　　2003.2　520p　22cm　23000円
　　①4-8433-0784-X,4-8433-0772-6　Ⓝ210.58　〔04258〕
◇向山誠斎雑記　天保・弘化篇 第12巻　向山誠斎編著
　　大口勇次郎監修　　針谷武志編集・解説　ゆまに書房
　　2003.2　578p　22cm　23000円
　　①4-8433-0785-8,4-8433-0772-6　Ⓝ210.58　〔04259〕
◇向山誠斎雑記　天保・弘化篇 第13巻　向山誠斎編著
　　大口勇次郎監修　　針谷武志編集・解説　ゆまに書房
　　2003.2　576p　22cm　23000円
　　①4-8433-0786-6,4-8433-0772-6　Ⓝ210.58　〔04260〕
◇向山誠斎雑記　天保・弘化篇 第14巻　向山誠斎編著
　　大口勇次郎監修　　針谷武志編集・解説　ゆまに書房
　　2004.2　614p　22cm　23000円
　　①4-8433-0787-4,4-8433-0773-4　Ⓝ210.58　〔04261〕
◇向山誠斎雑記　天保・弘化篇 第15巻　向山誠斎編著
　　大口勇次郎監修　　針谷武志編集・解説　ゆまに書房
　　2004.2　576p　22cm　23000円
　　①4-8433-0788-2,4-8433-0773-4　Ⓝ210.58　〔04262〕
◇向山誠斎雑記　天保・弘化篇 第16巻　向山誠斎編著
　　大口勇次郎監修　　針谷武志編集・解説　ゆまに書房
　　2004.2　712p　22cm　23000円
　　①4-8433-0789-0,4-8433-0773-4　Ⓝ210.58　〔04263〕
◇向山誠斎雑記　天保・弘化篇 第17巻　向山誠斎編著
　　大口勇次郎監修　　針谷武志編集・解説　ゆまに書房
　　2004.2　646p　22cm　23000円
　　①4-8433-0790-4,4-8433-0773-4　Ⓝ210.58　〔04264〕
◇向山誠斎雑記　天保・弘化篇 第18巻　向山誠斎編著
　　大口勇次郎監修　　針谷武志編集・解説　ゆまに書房
　　2004.2　670p　22cm　23000円
　　①4-8433-0791-2,4-8433-0773-4　Ⓝ210.58　〔04265〕
◇向山誠斎雑記　天保・弘化篇 第19巻　向山誠斎編著
　　大口勇次郎監修　　針谷武志編集・解説　ゆまに書房
　　2004.2　744p　22cm　23000円
　　①4-8433-0792-0,4-8433-0773-4　Ⓝ210.58　〔04266〕
◇向山誠斎雑記　天保・弘化篇 第20巻　向山誠斎編著
　　大口勇次郎監修　　針谷武志編集・解説　ゆまに書房
　　2004.2　512p　22cm　23000円
　　①4-8433-0793-9,4-8433-0773-4　Ⓝ210.58　〔04267〕
◇向山誠斎雑記　天保・弘化篇 第21巻　向山誠斎編著
　　大口勇次郎監修　　針谷武志編集・解説　ゆまに書房
　　2004.2　502p　22cm　23000円
　　①4-8433-0794-7,4-8433-0773-4　Ⓝ210.58　〔04268〕
◇向山誠斎雑記　天保・弘化篇 第22巻　向山誠斎編著

◇向山誠斎雑記　天保・弘化篇　第22巻　向山誠斎編著
　　大口勇次郎監修　　針谷武志編集・解説　ゆまに書房
　　2004.2　614p　22cm　23000円
　　Ⓘ4-8433-0795-5,4-8433-0773-4　Ⓝ210.58　　〔04269〕

◇向山誠斎雑記　天保・弘化篇　第23巻　向山誠斎編著
　　大口勇次郎監修　　針谷武志編集・解説　ゆまに書房
　　2004.2　734p　22cm　23000円
　　Ⓘ4-8433-0796-3,4-8433-0773-4　Ⓝ210.58　　〔04270〕

◇向山誠斎雑記　天保・弘化篇　第24巻　向山誠斎編著
　　大口勇次郎監修　　針谷武志編集・解説　ゆまに書房
　　2004.2　618p　22cm　23000円
　　Ⓘ4-8433-0797-1,4-8433-0773-4　Ⓝ210.58　　〔04271〕

◇向山誠斎雑記　天保・弘化篇　第25巻　向山誠斎編著
　　大口勇次郎監修　　針谷武志編集・解説　ゆまに書房
　　2004.2　518p　22cm　23000円
　　Ⓘ4-8433-0798-X,4-8433-0773-4　Ⓝ210.58　　〔04272〕

◇向山誠斎雑記　天保・弘化篇　第26巻　向山誠斎編著
　　大口勇次郎監修　　針谷武志編集・解説　ゆまに書房
　　2004.2　193p　22cm　23000円
　　Ⓘ4-8433-0799-8,4-8433-0773-4　Ⓝ210.58　　〔04273〕

◆◆◆中山忠能日記
◇中山忠能日記　1　日本史籍協会編　東京大学出版会
　　1973　498p　22cm　（日本史籍協会叢書）3000円
　　Ⓝ210.58　　〔04274〕

◇中山忠能日記　2　日本史籍協会編　東京大学出版会
　　1973　372p　22cm　（日本史籍協会叢書）3000円
　　Ⓝ210.58　　〔04275〕

◇中山忠能日記　3　日本史籍協会編　東京大学出版会
　　1973　690p　22cm　（日本史籍協会叢書）3000円
　　Ⓝ210.58　　〔04276〕

◇中山忠能日記　4　日本史籍協会編　東京大学出版会
　　1973　720p　22cm　（日本史籍協会叢書）3000円
　　Ⓝ210.58　　〔04277〕

◇中山忠能日記―原題・正心誠意　第1-3　日本史籍協会編
　　日本史籍協会　1916　3冊　23cm　Ⓝ210.5　　〔04278〕

◇中山忠能履歴資料　第1-10　大塚武松, 藤井甚太郎編
　　日本史籍協会　1932-1935　10冊　23cm　Ⓝ210.5
　　　　〔04279〕

◆◆◆中山忠能履歴資料
◇中山忠能履歴資料　1　日本史籍協会編　東京大学出版会
　　1973　504p　22cm　（日本史籍協会叢書）3000円
　　Ⓝ210.58　　〔04280〕

◇中山忠能履歴資料　2　日本史籍協会編　東京大学出版会
　　1973　438p　22cm　（日本史籍協会叢書）3000円
　　Ⓝ210.58　　〔04281〕

◇中山忠能履歴資料　3　日本史籍協会編　東京大学出版会
　　1973　462p　22cm　（日本史籍協会叢書）3000円
　　Ⓝ210.58　　〔04282〕

◇中山忠能履歴資料　4　日本史籍協会編　東京大学出版会
　　1973　500p　22cm　（日本史籍協会叢書）3000円
　　Ⓝ210.58　　〔04283〕

◇中山忠能履歴資料　5　日本史籍協会編　東京大学出版会
　　1973　456p　22cm　（日本史籍協会叢書）3000円
　　Ⓝ210.58　　〔04284〕

◇中山忠能履歴資料　6　日本史籍協会編　東京大学出版会
　　1974.2　502p　22cm　（日本史籍協会叢書164）Ⓝ210.58
　　　　〔04285〕

◇中山忠能履歴資料　7　日本史籍協会編　東京大学出版会
　　1974.2　466p　22cm　（日本史籍協会叢書165）Ⓝ210.58
　　　　〔04286〕

◇中山忠能履歴資料　8　日本史籍協会編　東京大学出版会
　　1974.5　476p　22cm　（日本史籍協会叢書166）Ⓝ210.58
　　　　〔04287〕

◇中山忠能履歴資料　9　日本史籍協会編　東京大学出版会
　　1974.5　542p　22cm　（日本史籍協会叢書167）Ⓝ210.58
　　　　〔04288〕

◇中山忠能履歴資料　10　日本史籍協会編　東京大学出版会
　　1975.1　511p　22cm　（日本史籍協会叢書168）Ⓝ210.58
　　　　〔04289〕

◆◆◆島津久光公實紀
◇島津久光公実紀　東京大学出版会　1977.7-10　3冊
　　22cm　（続日本史籍協会叢書）各5000円　Ⓝ210.58
　　　　〔04290〕

◇島津久光公実紀　1　日本史籍協会編　新装版　東京大学出版会　2000.10　13,322p　22cm　（続日本史籍協会叢書）10000円　Ⓘ4-13-097888-8　Ⓝ210.58　〔04291〕

◇島津久光公実紀　2　日本史籍協会編　新装版　東京大学出版会　2000.10　458p　22cm　（続日本史籍協会叢書）10000円　Ⓘ4-13-097889-6　Ⓝ210.58　〔04292〕

◇島津久光公実紀　3　日本史籍協会編　新装版　東京大学出版会　2000.10　388p　22cm　（続日本史籍協会叢書）10000円　Ⓘ4-13-097890-X　Ⓝ210.58　〔04293〕

◆◆◆大日本維新史料
◇大日本維新史料　第1編,7　東京大学史料編纂所編　東京大学出版会　1984.11　710p　22cm　8000円
　　Ⓘ4-13-090757-3　Ⓝ210.61　　〔04294〕

◇大日本維新史料　類纂之部 井伊家史料 17　安政6年2月　東京大学史料編纂所編纂　東京大学　1991.3　331p　22cm　8200円　Ⓝ210.61　　〔04295〕

◇大日本維新史料　類纂之部 井伊家史料 18　安政6年3月～同年4月　東京大学史料編纂所編纂　東京大学　1993.3　333p　22cm　8800円　Ⓝ210.61　〔04296〕

◇大日本維新史料　類纂之部 井伊家史料 19　安政6年4月～同年6月　東京大学史料編纂所編纂　東京大学　1995.3　352p　22cm　9000円　Ⓘ4-13-090819-7　Ⓝ210.61
　　　　〔04297〕

◇大日本維新史料　類纂之部 井伊家史料 20　安政6年7月―同年8月　東京大学史料編纂所編纂　東京大学　1997.3　376p　22cm　11700円　Ⓘ4-13-090820-0　Ⓝ210.61
　　　　〔04298〕

◇大日本維新史料　類纂之部 井伊家史料 24　東京大学史料編纂所編纂　東京大学出版会（発売）　2005.3　304p　22cm　10100円　Ⓘ4-13-090824-3　Ⓝ210.61　〔04299〕

◇大日本維新史料　類纂之部 井伊家史料 25　東京大学史料編纂所編纂　東京大学出版会（発売）　2007.3　302p　22cm　16300円　Ⓘ978-4-13-090825-2　Ⓝ210.61
　　　　〔04300〕

◇大日本維新史料　第1編ノ3　東京大学史料編纂所編　東京大学出版会　1984.7　11,794p　22cm　8000円
　　Ⓘ4-13-090753-0　Ⓝ210.61　　〔04301〕

◇大日本維新史料　第1編ノ4　東京大学史料編纂所編　東京大学出版会　1984.8　831p　22cm　8000円
　　Ⓘ4-13-090754-9　Ⓝ210.61　　〔04302〕

◇大日本維新史料　第1編ノ5　東京大学史料編纂所編　東京大学出版会　1984.9　703p　22cm　8000円
　　Ⓘ4-13-090755-7　Ⓝ210.61　　〔04303〕

◇大日本維新史料　第1編ノ6　東京大学史料編纂所編　東京大学出版会　1984.10　736p　22cm　8000円
　　Ⓘ4-13-090756-5　Ⓝ210.61　　〔04304〕

◇大日本維新史料　第2編ノ1　東京大学史料編纂所編　東京大学出版会　1984.12　12,882p　22cm　8000円
Ⓘ4-13-090758-1　Ⓝ210.61　〔04305〕

◇大日本維新史料　第2編ノ2　東京大学史料編纂所編　東京大学出版会　1985.1　708p　22cm　8000円
Ⓘ4-13-090759-X　Ⓝ210.61　〔04306〕

◇大日本維新史料　第2編ノ3　東京大学史料編纂所編　東京大学出版会　1985.2　994p　22cm　8000円
Ⓘ4-13-090760-3　Ⓝ210.61　〔04307〕

◇大日本維新史料　第2編ノ4　東京大学史料編纂所編　東京大学出版会　1985.3　714p　22cm　8000円
Ⓘ4-13-090761-1　Ⓝ210.61　〔04308〕

◇大日本維新史料　第3編ノ2　東京大学史料編纂所編　東京大学出版会　1985.6　11,884p　22cm　8000円
Ⓘ4-13-090764-6　Ⓝ210.61　〔04309〕

◇大日本維新史料　第3編ノ3　東京大学史料編纂所編　東京大学出版会　1985.7　828p　22cm　8000円
Ⓘ4-13-090765-4　Ⓝ210.61　〔04310〕

◇大日本維新史料　第3編ノ4　東京大学史料編纂所編　東京大学出版会　1985.8　820p　22cm　8000円
Ⓘ4-13-090766-2　Ⓝ210.61　〔04311〕

◇大日本維新史料　第3編ノ5　東京大学史料編纂所編　東京大学出版会　1985.9　694p　22cm　8000円
Ⓘ4-13-090767-0　Ⓝ210.61　〔04312〕

◇大日本維新史料　第3編ノ6　東京大学史料編纂所編　東京大学出版会　1985.10　768p　22cm　8000円
Ⓘ4-13-090768-9　Ⓝ210.61　〔04313〕

◇大日本維新史料　第3編ノ7　東京大学史料編纂所編　東京大学出版会　1985.11　804p　22cm　8000円
Ⓘ4-13-090769-7　Ⓝ210.61　〔04314〕

◇大日本維新史料　第1編 1-5, 第2編 1-2, 第3編 1-5　維新史料編纂事務局　1938-15　12冊　21cm　Ⓝ210.6
〔04315〕

◇大日本維新史料　第1編 6-7, 第2編 3-5, 第3編 6-7　維新史料編纂事務局編　維新史料編纂事務局　1941-1943　7冊　22cm　Ⓝ210.6
〔04316〕

◆◆◆野史台維新史料

◇野史台維新史料叢書　1　公文　日本史籍協会編　東京大学出版会　1972　229p　22cm　（日本史籍協会叢書　別編1）2800円　Ⓝ210.61　〔04317〕

◇野史台維新史料叢書　2　論策　日本史籍協会編　東京大学出版会　1973　409p　22cm　（日本史籍協会叢書　別編2）2800円　Ⓝ210.61　〔04318〕

◇野史台維新史料叢書　3　上書 1　日本史籍協会編　東京大学出版会　1974　236p　22cm　（日本史籍協会叢書　別編3）2800円　Ⓝ210.61　〔04319〕

◇野史台維新史料叢書　4　上書 2　日本史籍協会編　東京大学出版会　1973　270p　22cm　（日本史籍協会叢書　別編4）2800円　Ⓝ210.61　〔04320〕

◇野史台維新史料叢書　5　上書 3　日本史籍協会編　東京大学出版会　1974　244p　22cm　（日本史籍協会叢書　別編5）2800円　Ⓝ210.61　〔04321〕

◇野史台維新史料叢書　6　書翰 1　日本史籍協会編　東京大学出版会　1973　317p　22cm　（日本史籍協会叢書　別編6）2800円　Ⓝ210.61　〔04322〕

◇野史台維新史料叢書　7　書翰 2　日本史籍協会編　東京大学出版会　1974.7　327p　22cm　（日本史籍協会叢書　別編7）Ⓝ210.61　〔04323〕

◇野史台維新史料叢書　8　日記 1　日本史籍協会編　東京大学出版会　1972　347p　22cm　（日本史籍協会叢書　別編8）2800円　Ⓝ210.61　〔04324〕

◇野史台維新史料叢書　9　日記 2　日本史籍協会編　東京大学出版会　1973　347p　22cm　（日本史籍協会叢書　別編9）2800円　Ⓝ210.61　〔04325〕

◇野史台維新史料叢書　10　伝記 1　日本史籍協会編　東京大学出版会　1973　210p　22cm　（日本史籍協会叢書　別編10）2800円　Ⓝ210.61　〔04326〕

◇野史台維新史料叢書　11　伝記 2　日本史籍協会編　東京大学出版会　1974　216p　22cm　（日本史籍協会叢書　別編11）2800円　Ⓝ210.61　〔04327〕

◇野史台維新史料叢書　12　伝記 3　日本史籍協会編　東京大学出版会　1973　243p　22cm　（日本史籍協会叢書　別編12）2800円　Ⓝ210.61　〔04328〕

◇野史台維新史料叢書　13　伝記 4　日本史籍協会編　東京大学出版会　1974　248p　22cm　（日本史籍協会叢書　別編13）2800円　Ⓝ210.61　〔04329〕

◇野史台維新史料叢書　14　伝記 5　日本史籍協会編　東京大学出版会　1974.9　397p　22cm　（日本史籍協会叢書　別編14）Ⓝ210.61　〔04330〕

◇野史台維新史料叢書　15　伝記 6　日本史籍協会編　東京大学出版会　1974.12　437p　22cm　（日本史籍協会叢書　別編15）Ⓝ210.61　〔04331〕

◇野史台維新史料叢書　16　伝記 7　日本史籍協会編　東京大学出版会　1975.7　306p　22cm　（日本史籍協会叢書　別編16）Ⓝ210.61　〔04332〕

◇野史台維新史料叢書　17　七卿西竄始末 1　日本史籍協会編　東京大学出版会　1972　211p　22cm　（日本史籍協会叢書　別編17）2800円　Ⓝ210.61　〔04333〕

◇野史台維新史料叢書　18　七卿西竄始末 2　日本史籍協会編　東京大学出版会　1972　348p　22cm　（日本史籍協会叢書　別編18）2800円　Ⓝ210.61　〔04334〕

◇野史台維新史料叢書　19　七卿西竄始末 3　日本史籍協会編　東京大学出版会　1972　328p　22cm　（日本史籍協会叢書　別編19）2800円　Ⓝ210.61　〔04335〕

◇野史台維新史料叢書　20　七卿西竄始末 4　日本史籍協会編　東京大学出版会　1973　264p　22cm　（日本史籍協会叢書　別編20）2800円　Ⓝ210.61　〔04336〕

◇野史台維新史料叢書　21　七卿西竄始末 5　日本史籍協会編　東京大学出版会　1973　308p　22cm　（日本史籍協会叢書　別編21）2800円　Ⓝ210.61　〔04337〕

◇野史台維新史料叢書　22　七卿西竄始末 6　日本史籍協会編　東京大学出版会　1974　304,32p　22cm　（日本史籍協会叢書　別編22）2800円　Ⓝ210.61　〔04338〕

◇野史台維新史料叢書　23　回天実記 1　日本史籍協会編　東京大学出版会　1972　208p　22cm　（日本史籍協会叢書　別編23）2800円　Ⓝ210.61　〔04339〕

◇野史台維新史料叢書　24　回天実記 2　日本史籍協会編　東京大学出版会　1972　254p　22cm　（日本史籍協会叢書　別編24）2800円　Ⓝ210.61　〔04340〕

◇野史台維新史料叢書　25　泰平年表　日本史籍協会編　東京大学出版会　1972　210p　22cm　（日本史籍協会叢書　別編25）2800円　Ⓝ210.61　〔04341〕

◇野史台維新史料叢書　26　柳営沙汰書　日本史籍協会編　東京大学出版会　1975.2　309p　22cm　（日本史籍協会叢書　別編26）Ⓝ210.61　〔04342〕

◇野史台維新史料叢書　27　開港起原.日本政事上観察一班　日本史籍協会編　東京大学出版会　1974.7　318p　22cm　（日本史籍協会叢書　別編27）Ⓝ210.61　〔04343〕

◇野史台維新史料叢書　28　安政録・常陸帯　日本史籍協会編　東京大学出版会　1973　231p　22cm　（日本史籍協会叢書　別編28）2800円　Ⓝ210.61　〔04344〕

近世一般　近世史

◇野史台維新史料叢書　30　維新之源・新撰組始末記其他　日本史籍協会編　東京大学出版会　1974　290p　22cm　（日本史籍協会叢書 別編30）2800円　Ⓝ210.61
〔04345〕

◇野史台維新史料叢書　31　戦記・碑文其他　日本史籍協会編　東京大学出版会　1973　347p　22cm　（日本史籍協会叢書 別編31）2800円　Ⓝ210.61
〔04346〕

◇野史台維新史料叢書　32　詩歌　日本史籍協会編　東京大学出版会　1974.10　209p　22cm　（日本史籍協会叢書 別編32）Ⓝ210.61
〔04347〕

◇野史台維新史料叢書　33　雑1　日本史籍協会編　東京大学出版会　1974　227p　22cm　（日本史籍協会叢書 別編33）2800円　Ⓝ210.61
〔04348〕

◇野史台維新史料叢書　34　雑2　日本史籍協会編　東京大学出版会　1974　208p　22cm　（日本史籍協会叢書 別編34）2800円　Ⓝ210.61
〔04349〕

◇野史台維新史料叢書　35　雑3　日本史籍協会編　東京大学出版会　1975.8　750p　22cm　（日本史籍協会叢書 別編35）Ⓝ210.61
〔04350〕

◇野史台維新史料叢書　36　雑4　日本史籍協会編　東京大学出版会　1975.8　170p　22cm　（日本史籍協会叢書 別編36）Ⓝ210.61
〔04351〕

◇野史台維新史料叢書　37　雑5　日本史籍協会編　東京大学出版会　1975.3　231p　22cm　（日本史籍協会叢書 別編37）Ⓝ210.61
〔04352〕

◇野史台維新史料叢書　38　雑6　日本史籍協会編　東京大学出版会　1975.3　231p　22cm　（日本史籍協会叢書 別編38）Ⓝ210.61
〔04353〕

◇野史台維新史料叢書　39　雑7　日本史籍協会編　東京大学出版会　1975.7　204p　22cm　（日本史籍協会叢書 別編39）Ⓝ210.61
〔04354〕

◇野史台維新史料叢書　40　雑8　日本史籍協会編　東京大学出版会　1974.9　177p　22cm　（日本史籍協会叢書 別編40）Ⓝ210.61
〔04355〕

◆◆◆川路聖謨文書

◇川路聖謨文書　第4-8　藤井甚太郎編　日本史籍協会　1933-1934　5冊　23cm　Ⓝ210.5
〔04356〕

◇川路聖謨文書　第1　濃役紀行，岐岨路の日記，島根のすさみ　日本史籍協会編　東京大学出版会　1967　552p　22cm　（日本史籍協会叢書）Ⓝ210.58
〔04357〕

◇川路聖謨文書　1　日本史籍協会編　東京大学出版会　1984.10　12,552p　22cm　（日本史籍協会叢書 58）5000円　Ⓘ4-13-097658-3　Ⓝ210.58
〔04358〕

◇川路聖謨文書　第2　玉川日記，寧府紀事　日本史籍協会編　東京大学出版会　1967　447p　22cm　（日本史籍協会叢書）Ⓝ210.58
〔04359〕

◇川路聖謨文書　2　日本史籍協会編　東京大学出版会　1984.11　447p　22cm　（日本史籍協会叢書 59）5000円　Ⓘ4-13-097659-1　Ⓝ210.58
〔04360〕

◇川路聖謨文書　第3　寧府紀事　日本史籍協会編　東京大学出版会　1967　489p　22cm　（日本史籍協会叢書）Ⓝ210.58
〔04361〕

◇川路聖謨文書　3　日本史籍協会編　東京大学出版会　1984.11　489p　22cm　（日本史籍協会叢書 60）5000円　Ⓘ4-13-097660-5　Ⓝ210.58
〔04362〕

◇川路聖謨文書　第4　寧府紀事　日本史籍協会編　東京大学出版会　1967　504p　22cm　（日本史籍協会叢書）Ⓝ210.58
〔04363〕

◇川路聖謨文書　4　日本史籍協会編　東京大学出版会　1984.12　504p　22cm　（日本史籍協会叢書 61）5000円　Ⓘ4-13-097661-3　Ⓝ210.58
〔04364〕

◇川路聖謨文書　第5　寧府紀事　日本史籍協会編　東京大学出版会　1968　22cm　（日本史籍協会叢書）Ⓝ210.58
〔04365〕

◇川路聖謨文書　5　日本史籍協会編　東京大学出版会　1984.12　509p　22cm　（日本史籍協会叢書 62）5000円　Ⓘ4-13-097662-1　Ⓝ210.58
〔04366〕

◇川路聖謨文書　第6　浪花日記，房総海岸巡見日記，長崎日記，下田日記，京都日記，京日記　日本史籍協会編　東京大学出版会　1968　22cm　（日本史籍協会叢書）Ⓝ210.58
〔04367〕

◇川路聖謨文書　6　日本史籍協会編　東京大学出版会　1985.1　440p　22cm　（日本史籍協会叢書 63）5000円　Ⓘ4-13-097663-X　Ⓝ210.58
〔04368〕

◇川路聖謨文書　7　日本史籍協会編　東京大学出版会　1968　530p　22cm　（日本史籍協会叢書）3000円　Ⓝ210.58
〔04369〕

◇川路聖謨文書　7　日本史籍協会編　東京大学出版会　1985.1　530p　22cm　（日本史籍協会叢書 64）5000円　Ⓘ4-13-097664-8　Ⓝ210.58
〔04370〕

◇川路聖謨文書　8　日本史籍協会編　東京大学出版会　1968　525p　22cm　（日本史籍協会叢書）3000円　Ⓝ210.58
〔04371〕

◇川路聖謨文書　8　日本史籍協会編　東京大学出版会　1985.2　525p　22cm　（日本史籍協会叢書 65）5000円　Ⓘ4-13-097665-6　Ⓝ210.58
〔04372〕

◇川路聖謨文書　第1至3　大塚武松編　日本史籍協会　1932-8　3冊　23cm　Ⓝ210.5
〔04373〕

◆◆大老井伊直弼

◇井伊大老　碧瑠璃園著　大鐙閣〔ほか〕　1926　506p　19cm　Ⓝ289.1
〔04374〕

◇井伊大老　井伊直弼朝臣顕彰会著　京都　井伊直弼朝臣顕彰会　1940　38p　22cm　Ⓝ289.1
〔04375〕

◇井伊大老　岡繁樹著　さわもと書房　1948　335p　19cm　Ⓝ289.1
〔04376〕

◇井伊直弼　吉田常吉著　吉川弘文館　1963　452p　18cm　（人物叢書 日本歴史学会編）Ⓝ289.1
〔04377〕

◇井伊直弼―物語と史蹟をたずねて　徳永真一郎著　成美堂出版　1974　216p　19cm　650円　Ⓝ289.1
〔04378〕

◇井伊直弼　母利美和著　吉川弘文館　2006.5　244p　19cm　（幕末維新の個性 6）2600円　Ⓘ4-642-06286-6
〔04379〕

◇井伊直弼言行録　武田鶯塘著　東亜堂書房　1918　158p　19cm　（修養史伝 第17編）Ⓝ289.1
〔04380〕

◇井伊直弼公三十三回忌追悼演説筆記　高野栄次郎編　高野栄次郎　1892.7　102p　23cm　Ⓝ289.1
〔04381〕

◇井伊直弼修養としての茶の湯　谷村玲子著　創文社　2001.11　248,33p　22cm　4800円　Ⓘ4-423-10100-9　Ⓝ791.2
〔04382〕

◇井伊直弼ってどんな人？―小学生用解説書　彦根城博物館編　彦根　彦根城博物館　2005.3　15p　21cm　Ⓝ289.1
〔04383〕

◇井伊直弼の茶の湯　熊倉功夫編　国書刊行会　2007.6　261p　20cm　3000円　Ⓘ978-4-336-04941-4　Ⓝ791.2
〔04384〕

◇家康と直弼　大久保湖州著　春陽堂　1901.11　455p　23cm　Ⓝ289.1
〔04385〕

◇偉人伝記文庫　第75号　井伊直弼　中川重著　日本社

1935　83p　19cm　Ⓝ289.1
〔04386〕
◇埋木舎―井伊直弼の青春　国指定特別史蹟　大久保治男著　高文堂出版社　1980.11　156p　18cm　(高文堂新書)720円　Ⓝ289.1
〔04387〕
◇埋木舎―井伊直弼の青春　国指定特別史蹟　大久保治男著　改訂版　高文堂出版社　1991.10　207p　19cm　1250円　Ⓘ4-7707-0368-6　Ⓝ289.1
〔04388〕
◇開国元勲井伊大老　戸田為次郎編　聚栄堂〔ほか〕1909.6　384p　19cm　Ⓝ289.1
〔04389〕
◇開国元勲井伊大老実伝　伊豆のや主人編　愛智堂　1892.9　384p　10cm　Ⓝ289.1
〔04390〕
◇近世日本国民史　第39巻　井伊直弼執政時代　徳富猪一郎著　近世日本国民史刊行会　1965　19cm　Ⓝ210.5
〔04391〕
◇近世日本国民史　井伊直弼　徳富蘇峰著, 平泉澄校訂　講談社　1983.10　471p　15cm　(講談社学術文庫)1100円　Ⓘ4-06-158615-7　Ⓝ210.58
〔04392〕
◇史料井伊直弼の茶の湯　上　熊倉功夫編　彦根　彦根市教育委員会　2002.3　397p　27cm　(彦根城博物館叢書2)6000円　Ⓘ4-88325-217-5　Ⓝ791.2
〔04393〕
◇史料井伊直弼の茶の湯　下　熊倉功夫編集代表　彦根　サンライズ出版(発売)　2007.11　375p　27cm　(彦根城博物館叢書3)6500円　Ⓘ978-4-88325-334-0　Ⓝ791.2
〔04394〕
◇史料公用方秘録　佐々木克編集代表　彦根　サンライズ出版(発売)　2007.3　381p　27cm　(彦根城博物館叢書7)6000円　Ⓘ978-4-88325-306-7　Ⓝ210.58
〔04395〕
◇大老の仇を討った男　世良琢磨著　彦根　1966　23p　21cm　Ⓝ210.58
〔04396〕
◇幕末・男の決断　会田雄次ほか著　三笠書房　1986.12　277p　19cm　1000円　Ⓘ4-8379-1311-3　Ⓝ281
〔04397〕
◇幕末外交維新と井伊大老の死　水谷次郎著　日本書院出版部　1929　317p　18cm　Ⓝ210.5
〔04398〕
◇彦根藩公用方秘録　中村達夫編　彦根　彦根藩史料研究普及会　1975　4冊(別冊共)　26cm　全20000円　Ⓝ210.58
〔04399〕

◆◆◆安政大獄
◇安政大獄―近世日本国民史　後篇　徳富猪一郎著　民友社　1933　546,39,8p　23cm　Ⓝ210.5
〔04400〕
◇安政大獄関係志士遺墨集　青山会館編　巧芸社　1930　37,5,5p　図版70枚　31cm　Ⓝ281
〔04401〕
◇安政の大獄―井伊直弼と吉田松陰　永江新三著　日本教文社　1966　224p　20cm　(日本人のための国史叢書14)　Ⓝ210.58
〔04402〕
◇安政の大獄　杉田幸三著　大陸書房　1974　270p　19cm　950円　Ⓝ210.58
〔04403〕
◇安政の大獄　吉田常吉著　吉川弘文館　1991.8　349,5p　20cm　(日本歴史叢書46)3000円　Ⓘ4-642-06546-6　Ⓝ210.58
〔04404〕
◇安政の大獄　吉田常吉著　吉川弘文館　1996.11　349,5p　20cm　(日本歴史叢書 新装版)3090円　Ⓘ4-642-06648-9　Ⓝ210.58
〔04405〕
◇安政の大獄―井伊直弼と長野主膳　松岡英夫著　中央公論新社　2001.3　223p　18cm　(中公新書)720円　Ⓘ4-12-101580-0　Ⓝ210.58
〔04406〕
◇近世日本国民史　第40巻　安政大獄　徳富猪一郎著　近世日本国民史刊行会　1965　19cm　Ⓝ210.5
〔04407〕

◇近世日本国民史　第41巻　安政大獄　徳富猪一郎著　近世日本国民史刊行会　1965　19cm　Ⓝ210.5
〔04408〕
◇近世日本国民史　第42巻　安政大獄　徳富猪一郎著　近世日本国民史刊行会　1965　19cm　Ⓝ210.5
〔04409〕
◇近世日本国民史　安政の大獄―中篇　徳富蘇峰著, 平泉澄校訂　講談社　1983.12　500p　15cm　(講談社学術文庫)1200円　Ⓘ4-06-158617-3　Ⓝ210.58
〔04410〕
◇近世日本国民史　安政の大獄―後篇　徳富蘇峰著, 平泉澄校訂　講談社　1984.1　518p　15cm　(講談社学術文庫)1200円　Ⓘ4-06-158618-1　Ⓝ210.58
〔04411〕
◇再現日本史―週刊time travel　幕末・維新3　講談社　2001.7　42p　30cm　533円　Ⓝ210.1
〔04412〕
◇桜田一条伝聞記―原本解説　芳根次朗編　芳根次朗　1967　98p　22cm　非売品　Ⓝ210.58
〔04413〕
◇天皇の世紀　2　大獄　大仏次郎著　朝日新聞社　1969　419p　23cm　1300円　Ⓝ210.58
〔04414〕
◇天皇の世紀　2　大仏次郎著　朝日新聞社　1969.3(第21刷：1997.10)　419p　23cm　5000円　Ⓘ4-02-253673-X　Ⓝ210.58
〔04415〕
◇天皇の世紀　2　大獄　大仏次郎著　普及版　朝日新聞社　2005.12　419p　19cm　1800円　Ⓘ4-02-250152-9　Ⓝ210.61
〔04416〕
◇天皇の世紀　3　大獄　大仏次郎著　朝日新聞社　1977.9　259p　15cm　340円　Ⓝ210.58
〔04417〕
◇非常危機に対する安政大獄と殉難烈士の回顧　川崎紫山著　日本時代社　1934　162p　20cm　Ⓝ210.5
〔04418〕

◆◆◆桜田門外の変
◇井伊大老暗殺―水戸浪士金子孫二郎の軌跡　童門冬二著　光人社　1999.2　205p　20cm　1700円　Ⓘ4-7698-0893-3　Ⓝ210.58
〔04419〕
◇井伊大老と桜田事変―幕末維新異聞　矢橋三子雄著　大盛堂書店　1928　530p　19cm　Ⓝ210.5
〔04420〕
◇近世日本国民史　第43巻　桜田事変　徳富猪一郎著　近世日本国民史刊行会　1965　19cm　Ⓝ210.5
〔04421〕
◇近世日本国民史　桜田事変　徳富蘇峰著, 平泉澄校訂　講談社　1984.3　453p　15cm　(講談社学術文庫)1100円　Ⓘ4-06-158629-7　Ⓝ210.58
〔04422〕
◇桜田快挙録―十八烈士　高橋筑峰著　春江堂　1910.5　214p　19cm　Ⓝ210.5
〔04423〕
◇桜田快挙録―十八烈士　高橋筑峰著　春江堂書店　1918　214p　19cm　Ⓝ210.5
〔04424〕
◇桜田義挙と其一党　野口勝一著　松延桜洲編　桜洲公論東京事務局　1936　340p　23cm　Ⓝ210.5
〔04425〕
◇桜田事変―維新史劇　長崎武著　日用書房　1920　160p　16cm　Ⓝ912
〔04426〕
◇桜田事変―韻文　内田周平著　谷門精舎　1934　14p　22cm　Ⓝ210.5
〔04427〕
◇桜田門　赤川菊村著　海棠書房　1919　299,4p　18cm　Ⓝ210.5
〔04428〕
◇桜田門　赤川菊村著　三友堂書店　1928　352,8p　20cm　Ⓝ210.5
〔04429〕
◇桜田門外の変―杵築藩江戸屋敷の前で起こった　手紙と解読文　久米忠臣解読・編　杵築　杵築藩研究会　1992.12　57p　26cm　Ⓝ210.58
〔04430〕
◇幕末確定史資料大成―桜田騒動記・官武通紀　玉虫左太夫著　日本シェル出版　1976　542p　22cm　4800円　Ⓝ210.58
〔04431〕
◇雪の桜田門外をゆく　鈴木茂乃夫著　暁印書館　1990.4

259p　20cm　1553円　Ⓘ4-87015-085-9　Ⓝ210.58
〔04432〕

◆◆尊王攘夷運動
◇江戸時代の尊皇家　小嶺嘉太郎著　大阪　田中宋栄堂　1942.10　116p　22cm　(大東亜少国民文庫)281
〔04433〕
◇近世日本国民史　第49巻　尊皇攘夷篇　徳富猪一郎著　近世日本国民史刊行会　1965　496p　19cm　Ⓝ210.5
〔04434〕
◇近世日本国民史　第50巻　攘夷実行篇　徳富猪一郎著　近世日本国民史刊行会　1965　481p　19cm　Ⓝ210.5
〔04435〕
◇近世日本国民史 安政の大獄―前篇　徳富蘇峰著, 平泉澄校訂　講談社　1983.11　471p　15cm　(講談社学術文庫)1100円　Ⓘ4-06-158616-5　Ⓝ210.58
〔04436〕
◇最後の攘夷党　谷川健一著　三一書房　1966　212p　18cm　(三一新書)Ⓝ219.1
〔04437〕
◇真忠組―真忠組の樋山小四郎義行は幕末徳川水戸藩、佐幕派の領袖、城代家老鈴木石見守重棟の従兄、鈴木謙之介重弘であった。　鈴木国夫著　千葉　和泉書房　2006.6　80p　26cm　1000円　Ⓘ4-9901390-8-9　Ⓝ210.58
〔04438〕
◇図説 国民の歴史―近代日本の百年　第2 尊王攘夷運動　日本近代史研究会編　国文社　1963　30cm　Ⓝ210.6
〔04439〕
◇尊攘思想と絶対主義　遠山茂樹, 服部之総, 丸山真男著　白日書院　1948　202p　19cm　(東洋文化講座 第2巻)Ⓝ210.6
〔04440〕
◇尊皇攘夷史秘話　和田信義著　秀文閣書房　1943.10　322p　18cm　Ⓝ210.59
〔04441〕

◆◆公武合体運動
◇維新外史公武合体篇　本山仲造著　至玄社　1928　358p　19cm　Ⓝ210.6
〔04442〕
◇近世日本国民史　第35巻　公武合体篇　徳富猪一郎著　近世日本国民史刊行会　1965　19cm　Ⓝ210.5
〔04443〕
◇近世日本国民史　第36巻　朝幕背離緒篇　徳富猪一郎著　近世日本国民史刊行会　1965　19cm　Ⓝ210.5
〔04444〕
◇近世日本国民史　第38巻　朝幕交渉篇　徳富猪一郎著　近世日本国民史刊行会　1965　19cm　Ⓝ210.5
〔04445〕
◇公武合体論の研究―越前藩幕末維新史分析　三上一夫著　御茶の水書房　1979.6　287,2p　22cm　3800円　Ⓝ210.58
〔04446〕
◇公武合体論の研究―越前藩幕末維新史分析　改訂版　三上一夫著　御茶の水書房　1990.1　232,2p　22cm　3914円　Ⓘ4-275-01359-X　Ⓝ210.58
〔04447〕

◆◆◆坂下門外の変
◇安藤対馬守と幕末　山本秋広著　増補2版　水戸　山本秋広　1971.9　636p　19cm　(紀山文集 第4巻)1000円　Ⓝ210.58
〔04448〕
◇閣老安藤対馬守　藤沢衛彦著　いわき　白竜会竜が城美術館　1992.7　603,7,2p　26cm　Ⓝ289.1
〔04449〕
◇近世日本国民史　第45巻　久世安藤執政時代　徳富猪一郎著　近世日本国民史刊行会　1965　19cm　Ⓝ210.5
〔04450〕
◇阪下義挙録　沢本江南編　阪下事件表彰会　1931　382p 図版14枚　23cm　Ⓝ210.5
〔04451〕
◇阪下門外の変　小林友雄著　宇都宮　栃木県師範学校卒業生同窓会　1939　374p　19cm　Ⓝ210.5
〔04452〕
◇坂下門外の変―閣老安藤対馬守信正の記録　斎藤伊知郎著　いわき　纂修堂出版　1982.6　293p　27cm　3500円　Ⓝ210.58
〔04453〕

◆◆朝廷の動向
◇有栖川宮幟仁親王略御事蹟―昭和六十一年一月二十四日 百年祭に当って　高松宮　1986　8p　21cm　Ⓝ288.44
〔04454〕
◇有栖川宮について　武田勝蔵著　高松宮　1974　25p　21cm　Ⓝ288.44
〔04455〕
◇維新期天皇祭祀の研究　武田秀章著　大明堂　1996.12　313p　22cm　4120円　Ⓘ4-470-20044-1　Ⓝ210.09
〔04456〕
◇裏切られた三人の天皇―明治維新の謎　鹿島昇著　新国民社　1997.1　394p　20cm　2330円　Ⓘ4-915157-81-4　Ⓝ210.61
〔04457〕
◇近世日本国民史　第63巻　新政曙光篇　徳富猪一郎著　近世日本国民史刊行会　1963　19cm　Ⓝ210.5
〔04458〕
◇近世の朝廷運営―朝幕関係の展開　久保貴子著　岩田書院　1998.5　329,11p　22cm　(近世史研究叢書 2)6900円　Ⓘ4-87294-115-2　Ⓝ210.5
〔04459〕
◇近代への曙と公家大名　霞会館資料展示委員会編　霞会館　1994.10　258p　28cm　(霞会館資料 第18輯)非売品　Ⓝ210.61
〔04460〕
◇御所はん　畑中一男著　大阪　アイ・エス・シー　1979.5　464p　19cm　1850円　Ⓝ210.5
〔04461〕
◇七卿落　池辺義象著　辰文館　1912.3　178p　22cm　Ⓝ210.5
〔04462〕
◇七卿回天史　七卿顕彰会編　京都　妙法院門跡事務所　1941　97丁　23cm　Ⓝ210.5
〔04463〕
◇七卿回天史　七卿顕彰会編　大日本雄弁会講談社　1942　262p　19cm　Ⓝ210.5
〔04464〕
◇七卿西遷小史　明治維新政治史序説　中野泰雄著　新光閣書店　1965　253p　22cm　Ⓝ312.1
〔04465〕
◇七卿西竄始末 初編　三条実美公之記 第1　馬場文英編　野口勝一, 富岡政信校訂　野史台　1891.12　51丁　23cm　Ⓝ210.5
〔04466〕
◇幟仁親王日記　有栖川宮幟仁著　高松宮家　1936-1937　4冊　23cm　Ⓝ288.44
〔04467〕
◇幟仁親王日記　有栖川宮幟仁著　東京大学出版会　1976.3-4　4冊　22cm　(続日本史籍協会叢書)5000～6000円　Ⓝ288.44
〔04468〕
◇朝敵の世紀　上　工藤宜著　朝日新聞社　1983.7　350p　20cm　1500円　Ⓝ210.5
〔04469〕
◇朝敵の世紀　下　工藤宜著　朝日新聞社　1983.8　374p　20cm　1600円　Ⓝ210.5
〔04470〕
◇天皇家の歴史　第3　徳川時代と明治維新　ねずまさし著　新評論社　1953-1954　19cm　Ⓝ210.1
〔04471〕
◇天皇の世紀　5　京都, 長州　大仏次郎著　朝日新聞社　1970　360p　23cm　1300円　Ⓝ210.58
〔04472〕
◇幕末京都の政局と朝廷―肥後藩京都留守居役の書状・日記から見た　宮地正人編著　名著刊行会　2002.3　417,19p　22cm　8600円　Ⓘ4-8390-0316-5　Ⓝ210.58
〔04473〕
◇幕末の宮廷　下橋敬長述, 羽倉敬尚注　平凡社　1979.4　396p　18cm　(東洋文庫 353)1300円　Ⓝ210.09

〔04474〕
◇幕末の天皇　藤田覚著　講談社　1994.9　252p　19cm　（講談社選書メチエ 26）1500円　Ⓘ4-06-258026-8　Ⓝ288.41
〔04475〕

◆◆◆岩倉具視
◇岩倉公実記　多田好問編　香川敬三閲　皇后宮職　1906.9　4冊　26cm　Ⓝ289.1
〔04476〕
◇岩倉公と叢裡鳴虫　大久保利武著　京都府愛宕郡岩倉村岩倉公旧蹟保存会　1935　16p　23cm　Ⓝ289.1
〔04477〕
◇岩倉使節団という冒険　泉三郎著　文藝春秋　2004.7　221p　18cm　（文春新書）700円　Ⓘ4-16-660391-4
〔04478〕
◇岩倉具視　中川重春　日本社　1935　54p　19cm　（百偉人伝 第44号）Ⓝ289.1
〔04479〕
◇岩倉具視　佐々木克著　吉川弘文館　2006.2　204p　20cm　（幕末維新の個性 5）2500円　Ⓘ4-642-06285-8　Ⓝ289.1
〔04480〕
◇岩倉具視関係文書　第3　文久2年2月11日-明治元年5月30日　日本史籍協会編　覆刻版　東京大学出版会　1968　537p　22cm　（日本史籍協会叢書 20）Ⓝ210.61
〔04481〕
◇岩倉具視公　徳富蘇峰著　京都　岩倉公旧蹟保存会　1932　294p　22cm　Ⓝ289.1
〔04482〕
◇岩倉具視公　徳富猪一郎著　民友社　1932　294p　23cm　Ⓝ289.1
〔04483〕
◇岩倉具視公小伝　山脇之人編　修正堂　1883.7　28p　19cm　Ⓝ289.1
〔04484〕
◇岩倉具視公之実伝　雑賀豊太郎編　金松堂　1883.7　32p　18cm　Ⓝ289.1
〔04485〕
◇岩倉具視―『国家』と『家族』―米欧巡回中の「メモ帳」とその後の家族の歴史　岩倉具忠著　木津町（京都府）国際高等研究所　2006.10　183p　19cm　（高等研選書 21）1100円　Ⓘ4-906671-51-9　Ⓝ210.61
〔04486〕
◇従一位大勲位岩倉具視公誠忠義伝　芝定四郎編　摂陽堂　1883.7　30丁　18cm　Ⓝ289.1
〔04487〕
◇贈太政大臣岩倉公伝　内藤久人編　京都　駸々堂　1883.8　11p　19cm　Ⓝ289.1
〔04488〕
◇幕末・維新の群像　第2巻　岩倉具視　毛利敏彦著　PHP研究所　1989.12　227p　20cm　（歴史人物シリーズ）1300円　Ⓘ4-569-52657-8　Ⓝ281
〔04489〕
◇明治維新と西洋文明―岩倉使節団は何を見たか　田中彰著　岩波書店　2003.11　213p　18cm　（岩波新書）740円　Ⓘ4-00-430862-3　Ⓝ210.61
〔04490〕
◇明治元勲岩倉公言行録　秋山徳三郎編　九春社　1883.8　53p　18cm　Ⓝ289.1
〔04491〕
◇明治国家と岩倉具視　大塚桂著　盛岡　信山社　2004.6　254p　22cm　（SBC学術文庫 129）6667円　Ⓘ4-86075-068-3　Ⓝ312.1
〔04492〕

◆◆維新の群像
◇吾妻山に散る―館林藩士森谷留八郎垂休小史　森谷正孝著　福島　〔森谷正孝〕1991.10　322p　22cm　非売品　Ⓝ289.1
〔04493〕
◇当てはずれの面々―江戸から明治へ　杉浦明平著　岩波書店　1998.8　249p　20cm　1900円　Ⓘ4-00-002476-0　Ⓝ281.04
〔04494〕
◇維新英雄言行録　吉田笠雨著　文友堂　1908.5　282p　20cm　Ⓝ281
〔04495〕

◇維新英雄詩人伝　堀江秀雄著　大日本百科全書刊行会　1943　456p　19cm　Ⓝ281
〔04496〕
◇維新沿革　菊池三九郎、林正躬編　亀井商店書籍部　1909.11　145p　19cm　Ⓝ210.6
〔04497〕
◇維新を語る　下中弥三郎著　平凡社　1934　568p　20cm　Ⓝ210.6
〔04498〕
◇維新を語る　上　下中弥三郎著　補再版　平凡社　1941　300p　19cm　Ⓝ210.6
〔04499〕
◇維新回顧巨人伝　伊藤痴遊著　登美屋書店　1926　614p　15cm　Ⓝ281
〔04500〕
◇維新回天の仏人清風先生　福江治郎作著　村田清風遺蹟保存会　1935　16p　19cm　Ⓝ289.1
〔04501〕
◇維新革命前夜物語　白柳秀湖著　千倉書房　1934　465p　20cm　Ⓝ210.6
〔04502〕
◇維新活歴史　阪東宣雄著　公明館　1893.4　91p　19cm　Ⓝ210.6
〔04503〕
◇維新挙兵史　滝沢利量著　昭文閣　1942　259p　19cm　Ⓝ210.6
〔04504〕
◇維新勤王志士活躍史　上，下巻　上田景二著　共益社出版部　1923　2冊　19cm　Ⓝ210.6
〔04505〕
◇維新勤王史蹟巡　東田清三郎編　大阪　東田清三郎　1935　67p　19cm　Ⓝ281
〔04506〕
◇維新勤王人傑史　上巻　杉本政吉著　大日本中興会出版部　1933　384,4p　23cm　Ⓝ281
〔04507〕
◇維新勤王人傑史　中巻　杉本政吉著　大日本中興会　1936　336,6p　23cm　Ⓝ281
〔04508〕
◇維新元勲三条実美公　遠藤速太著　聚英堂〔ほか〕　1909.9　263p　19cm　Ⓝ289.1
〔04509〕
◇維新元勲十傑論　山脇之人著　山脇之人　1884.3　90p　19cm　Ⓝ281
〔04510〕
◇維新元勲十傑論　山脇之人著　栄泉堂　1886.12　43p　18cm　Ⓝ281
〔04511〕
◇維新豪傑談―天囚聞書　西村天囚（時彦）著　春陽堂　1891.8　175p　23cm　Ⓝ281
〔04512〕
◇維新豪傑の情事　長田偶得著　大学館　1901.4　137p　22cm　Ⓝ281
〔04513〕
◇維新功臣伝　谷口流鶯編　松声堂　1899.2　80p　22cm　Ⓝ281
〔04514〕
◇維新後に於ける名士の逸談　茶話主人著　文友館　1900.2　167p　20cm　Ⓝ281
〔04515〕
◇維新五人男　清水孝教著　明治出版社　1912　415p　22cm　Ⓝ281
〔04516〕
◇維新後の人物と最後　岩崎徂堂，須藤鷗山著　求光閣　1902.2　130p　22cm　Ⓝ281
〔04517〕
◇維新雑史考　高梨光司著　大阪　高梨光司　1934　222p　20cm　Ⓝ210.6
〔04518〕
◇維新史考　井野辺茂雄著　中文館書店　1933　316p　22cm　Ⓝ210.6
〔04519〕
◇維新史考　井野辺茂雄著　新訂（訂補）　中文館　1943　316p　21cm　Ⓝ210.6
〔04520〕
◇維新志士池田徳太郎　沢井常四郎著　三原町（広島県）広島県三原図書館　1934　279p　20cm　Ⓝ289.1
〔04521〕
◇維新志士遺墨集　偉人遺墨顕彰会編　偉人遺墨顕彰会　1933　8p　図版51枚　37cm　Ⓝ281
〔04522〕
◇維新志士小津小太郎事蹟　宮淳三編　小津小太郎記念碑建立後援会　1937　35p　22cm　Ⓝ289.1
〔04523〕
◇維新志士回天詩歌集　藤田徳太郎著　金鈴社　1944

近世一般　　　　　　　　　近世史

◇維新志士正気集　国民新聞社編　民友社　1911.11　385p　30cm　Ⓝ281　〔04525〕
◇維新志士新谷翁の話　新谷道太郎述　諏訪正編著　島根県簸川郡塩治村　諏訪正　1936　272p　19cm　Ⓝ289.1　〔04526〕
◇維新志士巣内式部愛国歌集　近藤信編　粟津村（愛媛県）　巣内式部先生頌徳会　1942　71p　17cm　Ⓝ911.16　〔04527〕
◇維新志士の若き頃　鈴木一水著　青年書房　1941　368p　19cm　Ⓝ281　〔04528〕
◇維新志士銘々伝　安藤徳器著　東光書院　1935　378p　19cm　Ⓝ281　〔04529〕
◇維新史籍解題　伝記篇　高梨光司著　明治書院　1935　359p　23cm　Ⓝ281.03　〔04530〕
◇維新史蹟図説　京都の巻　維新史蹟会編　京都　東山書房　1924　468p　22cm　Ⓝ210.6　〔04531〕
◇維新史叢説　尾佐竹猛著　学而書院　1935　333p　20cm　Ⓝ210.6　〔04532〕
◇維新史大観　井野辺茂雄著　秩父書房　1943　220p　22cm　Ⓝ210.6　〔04533〕
◇維新史談　松村厳著　京都　田中治兵衛　1893.6　72p　19cm　Ⓝ210.6　〔04534〕
◇維新史の課題—日本近世史研究　奈良本辰也著　京都　白東書館　1949　199p　19cm　Ⓝ210.6　〔04535〕
◇維新史の青春激像—動乱期に情熱を賭けた若き獅子たちの熱血譜　藤田公道著　日本文芸社　1983.10　254p　18cm　（舵輪ブックス）680円　①4-537-00769-9　Ⓝ281　〔04536〕
◇維新史の片影塩沢元長　塩沢秋嶺編　塩沢秋嶺　1912.5　128p　22cm　Ⓝ289.1　〔04537〕
◇維新史の片鱗　有馬純雄著　日本警察新聞社　1921　352,20p　19cm　Ⓝ210.6　〔04538〕
◇維新史の方法論　服部之総著　白揚社　1934　222p　23cm　Ⓝ210.6　〔04539〕
◇維新史八講　吉田東伍著　冨山房　1910.9　277p　23cm　Ⓝ210.6　〔04540〕
◇維新殉難の人々と萩　文久・元治篇　明治維新殉難者百年記念会編　萩　1964　111p　19cm　Ⓝ210.58　〔04541〕
◇維新史料大庄屋林勇蔵　藤井葆光編　小郡町（山口県）　豊島虎一　1916　258p　23cm　Ⓝ289.1　〔04542〕
◇維新人物学—激動に生きた百七人　林青梧著　全日出版　2001.11　286p　20cm　1800円　①4-921044-34-1　Ⓝ281.04　〔04543〕
◇維新人物史話　高梨光司著　大阪　博多成象堂　1943　345p　19cm　Ⓝ210.5　〔04544〕
◇維新史八講と徳川政教考　吉田東伍著　冨山房　1918　406p　17cm　Ⓝ210.5　〔04545〕
◇維新精神史研究　徳重浅吉著　京都　立命館出版部　1934　796p　23cm　Ⓝ210.6　〔04546〕
◇維新戦役実歴談　維新戦歿者五十年祭事務所編　維新戦歿者五十年祭事務所　1917　495,71p　23cm　Ⓝ210.6　〔04547〕
◇維新前後　浅野長勲述　手島益雄編　東京芸備社　1921　58,2p　21cm　（芸備叢書 第7編）Ⓝ217.5　〔04548〕
◇維新前後奇談と逸話　森田市三編　赤門堂　1908.2　158p　15cm　Ⓝ281　〔04549〕

◇維新前後実歴史伝　海江田信義述　西河称編　牧野善兵衛　1891-1892　10冊　23cm　Ⓝ210.6　〔04550〕
◇維新前後読史便覧同人異名集　宮地美彦編　高知　白洋社書店　1934　44丁　25cm　Ⓝ210.6　〔04551〕
◇維新前後名士叢談　天野御民著　山口町（山口県）　超世館　1900.2　131,16p　19cm　Ⓝ281　〔04552〕
◇維新戦史録　平尾道雄著　秋津書房　1942　328p　19cm　Ⓝ210.6　〔04553〕
◇維新草莽詩文集　藤田東湖ほか著　京都　新学社　2007.6　361p　16cm　（新学社近代浪漫派文庫 1）1343円　①978-4-7868-0059-7　Ⓝ911.08　〔04554〕
◇維新断行参謀総長中山忠光卿　前編　佐原隆巳著　明倫新聞社編纂　長府町（山口県）　明倫新聞社　1934　212p　23cm　Ⓝ289.1　〔04555〕
◇維新柱石雷名十勇士伝　大久保常吉編　南窓外史評　春陽堂　1886.4　246p　19cm　Ⓝ281　〔04556〕
◇維新的人間像—新時代の予告者たち　奈良本辰也著　日本放送出版協会　1979.6　244p　19cm　（NHKブックス 346）650円　Ⓝ210.61　〔04557〕
◇維新的人間像—新時代の予告者たち　奈良本辰也著　徳間書店　1986.2　254p　16cm　（徳間文庫）360円　①4-19-598023-2　Ⓝ210.61　〔04558〕
◇維新伝疑史話　牧野謙次郎著　牧野巽　1938　253p　23cm　Ⓝ210.6　〔04559〕
◇維新日乗纂輯　第1-3　岩崎英重編　日本史籍協会　1925-1926　3冊　23cm　Ⓝ210.6　〔04560〕
◇維新の隠れたる勤王家岡本碧巌事蹟　岡本太郎編　神奈川県足柄郡早川村　岡本太郎　1937　12p　23cm　Ⓝ289.1　〔04561〕
◇維新の蔭の功労者大槻重助伝　村上利男著　新風舎　2007.6　79p　19cm　1000円　①978-4-289-02046-1　Ⓝ289.1　〔04562〕
◇維新の勤皇家遠藤七郎　金塚友之丞著　新発田町（新潟県）　新発田郷土研究社　1941　76p　地　22cm　Ⓝ289.1　〔04563〕
◇維新の群像　邑井操著　社会思想社　1965　326p　15cm　（現代教養文庫）Ⓝ210.58　〔04564〕
◇維新の群像—志士とやまと魂　荒川久寿男著　日本教文社　1970　273p　19cm　500円　Ⓝ210.58　〔04565〕
◇維新の群像　奈良本辰也著　徳間書店　1976　312p　20cm　1200円　Ⓝ210.61　〔04566〕
◇維新の志士たち幕末維新大事典　碩茂出版歴史研究部編著　第3版　福島　碩茂出版　2005.8　54p　19cm　3000円　①4-903296-01-6　Ⓝ281.04　〔04567〕
◇維新の志士と女たち—不滅の愛と死と思想　森川哲郎著　日本文芸社　1978.6　253p　19cm　850円　Ⓝ210.61　〔04568〕
◇維新の青春群像—目でみる日本史　小西四郎編　文藝春秋　1986.4　278p　16cm　（文春文庫）420円　①4-16-810402-8　Ⓝ210.61　〔04569〕
◇維新の烈士国学の泰斗飯田武郷翁伝　坂本辰之助著　明文社　1944　212p　19cm　Ⓝ289.1　〔04570〕
◇維新百話—山海余滴い之巻　随筆　西村圭石著　東舞鶴　西村弥兵衛門　1940　136p　19cm　Ⓝ210.6　〔04571〕
◇維新百傑　堀内静宇編　成功雑誌社　1910.4　242p　19cm　Ⓝ281　〔04572〕
◇維新風雲回顧録　田中光顕著　大日本雄弁会講談社　1928　413p　19cm　Ⓝ210.6　〔04573〕
◇維新風雲談—伊藤・井上二元老直話　末松謙澄編　3版　福岡新三　1918　208p　19cm　Ⓝ210.6　〔04574〕

◇維新風雲録―伊藤・井上二元老直話　末松謙澄編　哲学書院　1900.10　208p　23cm　Ⓝ210.6　〔04575〕
◇維新風雲録―伊藤・井上二元老直話　末松謙澄編　哲学書院　1900.10　208p　22cm　Ⓝ210.6　〔04576〕
◇維新物語　番町老翁述　村上晋編　京都　江陽堂　1911.11　229p　22cm　Ⓝ210.6　〔04577〕
◇維新歴史の編纂に関する意見　黒田長成著　史談会　1892.5　22p　26cm　Ⓝ210.6　〔04578〕
◇維新烈士史談　上　上田景二編　共益社出版部　1924　1冊　19cm　Ⓝ210.6　〔04579〕
◇維新烈士史談　下　上田景二編　共益社出版部　1924　19cm　Ⓝ210.6　〔04580〕
◇浮世の名残―故北島滝之助君之略伝　北島直之助編　面潟村（秋田県）　北島直之助　1895.7　16p　21cm　Ⓝ289.1　〔04581〕
◇内野東庵とその一族　清原芳治著　大分合同新聞文化センター編　行橋　『内野東庵とその一族』刊行委員会　2006.2　206p　22cm　1500円　Ⓝ289.1　〔04582〕
◇越佐維新志士事略―附・志士紀念展覧会列品目録　国幣中社弥彦神社越佐徴古館　弥彦村（新潟県）　国幣中社弥彦神社越佐徴古館　1922　118,11,24p　20cm　Ⓝ281.41　〔04583〕
◇大江戸曲者列伝　幕末の巻　野口武彦著　新潮社　2006.2　220,9p　18cm　（新潮新書）720円　①4-10-610156-4　Ⓝ281.04　〔04584〕
◇大阪に於ける維新勤王家　高梨光司,稲上四郎著　大阪　松浦一郎　1936　333p　23cm　Ⓝ281.63　〔04585〕
◇小河一敏伝　小河忠夫著　小河忠夫　143丁　23cm　（維新史料）Ⓝ289.1　〔04586〕
◇面白い日本大人物のお話　中村徳五郎著　内田忠一画　大阪　石塚松雲堂　1923　3冊　18cm　Ⓝ281　〔04587〕
◇開国の時代を生き抜く知恵　童門冬二著　大阪　プレイグラフ社　1996.4　301p　20cm　1600円　①4-938829-01-0　Ⓝ281.04　〔04588〕
◇加越能維新勤王家略　中田敬義編　加越能維新勤王家表彰会　1930　99p　23cm　Ⓝ214.3　〔04589〕
◇覚王院義観の生涯―幕末史の闇と謎　長島進著　さいたま　さきたま出版会　2005.2　328p　19cm　2000円　①4-87891-372-X　〔04590〕
◇隠された維新史―志士たちの実像　早乙女貢著　廣済堂出版　1981.9　234p　18cm　（Kosaido books）680円　Ⓝ210.61　〔04591〕
◇隠された維新史　早乙女貢著　廣済堂出版　1988.7　220p　16cm　（廣済堂文庫）400円　①4-331-65034-0　Ⓝ210.61　〔04592〕
◇葛城彦一伝―薩藩維新秘史　山内修一著　福岡　葛城彦一伝編輯所　1935　697p　図版23枚　23cm　Ⓝ289.1　〔04593〕
◇完全保存版　幕末維新なるほど人物事典―100人のエピソードで読む幕末維新　泉秀樹著　PHP研究所　2004.4　110p　26cm　952円　①4-569-63596-2　〔04594〕
◇90分でわかる幕末・維新の読み方―動乱の時代がいま始まる！基本と常識　加来耕三監修　日本史フォーラム21編著　かんき出版　1997.10　233,6p　19cm　1400円　①4-7612-5668-0　Ⓝ210.61　〔04595〕
◇教養のすすめ―明治の知の巨人に学ぶ　岡崎久彦著　青春出版社　2005.7　223p　19cm　1400円　①4-413-03535-6　〔04596〕
◇清河八郎遺著　山路愛山編　東京大学出版会　1976.12　14,493p　22cm　（続日本史籍協会叢書）6000円　Ⓝ210.58　〔04597〕
◇清河八郎の明治維新―草莽の志士なるがゆえに　高野澄著　日本放送出版協会　2004.3　307p　19cm　（NHKブックス）1160円　①4-14-001994-8　〔04598〕
◇桐野利秋日記　栗原智久編著・訳　PHP研究所　2004.11　227p　19cm　2500円　①4-569-63862-7　〔04599〕
◇近畿百年　維新前後　朝日新聞大阪社会部編　神戸　中外書房　1967.8　1冊　22cm　Ⓝ216　〔04600〕
◇近世英傑詩歌集　内田尚長編　奈良　購文書屋　1878.1　2冊（乾14,坤18丁）　12cm　Ⓝ919　〔04601〕
◇近世英傑詩選　玉置正太郎（東海慨士）編　沢田佐兵衛　1877.9　14丁　13cm　Ⓝ919　〔04602〕
◇近世英傑文抄　玉置正太郎編　沢田佐兵衛　1878.2　2冊（1巻24,2巻26丁）　13cm　Ⓝ919　〔04603〕
◇近世英傑略伝　金田耕平編　名古屋　黄雲山房　1878.3　2冊（40,41丁）　21cm　Ⓝ281　〔04604〕
◇近世英名伝―画入　初編　伊東兵馬編　川越屋松次郎〔ほか〕　1874　12丁　18cm　Ⓝ281　〔04605〕
◇近世英名百首伝　富田安敬編　開進堂　1887.3　丁29-50　13cm　Ⓝ281　〔04606〕
◇近世英雄小伝　松本長四郎編　岡田伴治　1878.3　40丁　12cm　Ⓝ281　〔04607〕
◇近世英雄名誉新史　松本長四郎編　甘泉堂　1878.9　35丁　13cm　Ⓝ281　〔04608〕
◇近世二十傑　第6巻　清河八郎・河井継之助　伊藤痴遊著　平凡社　1936　421p　20cm　Ⓝ281　〔04609〕
◇近世二十傑　第7巻　大村益次郎・西園寺公望　伊藤痴遊著　平凡社　1936　546p　20cm　Ⓝ281　〔04610〕
◇近代日本の社会と文化―明治維新とは何だったのか　河村望著　人間の科学新社　2007.12　249p　19cm　1900円　①978-4-8226-0270-3　〔04611〕
◇勤王開国の先唱者溝口健斎公　梅田又次郎著　民友社　1907.7　408p　22cm　Ⓝ289.1　〔04612〕
◇勤王文庫　第4編　伝記集　有馬祐政編　大日本明道会　1919　561p　23cm　Ⓝ121.1　〔04613〕
◇勤王烈士伝　萩原正太郎編　大空社　1995.7　1冊　22cm　（列伝叢書 25）33000円　①4-87236-567-4　Ⓝ281　〔04614〕
◇クイズ幕末・維新・明治―教科書が教えない"日本の青春"　黒瀬巌,山野井亮監修　主婦の友社　2007.8　95p　26cm　950円　①978-4-07-257041-8　〔04615〕
◇愚直に生きる―幕末列伝敗者の美学　早乙女貢著　創美社　2004.1　252p　20cm　1600円　①4-420-31006-5　Ⓝ281　〔04616〕
◇黒船前後―維新史夜話　服部之総著　三和書房　1946　178p　19cm　Ⓝ210.6　〔04617〕
◇激変の時代を生き抜く発想と行動―幕末・明治の大物にみる　黒川志津雄著　日新報道　1995.12　228p　19cm　1300円　①4-8174-0359-4　Ⓝ281.04　〔04618〕
◇国際人事典　幕末・維新　エス・ケイ・ケイ編　毎日コミュニケーションズ　1991.6　232,718,114p　31cm　31500円　①4-89563-160-5　Ⓝ281.03　〔04619〕
◇金剛輪寺と草莽の志士たち―赤報隊の軌跡　平成七年度秋期特別展図録　秦荘町歴史文化資料館編　秦荘町（滋賀県）　秦荘町歴史文化資料館　1995.10　38p　30cm　Ⓝ210.61　〔04620〕
◇サイコロジー人物日本史―小田晋の精神歴史学　下巻　幕末・維新から現代　小田晋著　ベストセラーズ　1992.7　235p　19cm　1100円　①4-584-15804-5　Ⓝ210.049　〔04621〕

◇佐野鼎と幕末・明治維新　磯部博平著　清水　磯部出版　1997.4　51p　25cm　Ⓝ289.1
〔04622〕
◇サムライたちの幕末維新　近江七実著　スキージャーナル　2005.5　207p　19cm　（剣道日本コレクション）1000円　①4-7899-0058-4
〔04623〕
◇志士清風録―維新前夜の京をゆく　京都新聞出版センター編　京都　京都新聞出版センター　2004.4　157p　21cm　1333円　①4-7638-0532-0　Ⓝ291.62　〔04624〕
◇志士の遺言書―維新秘話　新谷道太郎述　諏訪正編著　塩冶村（島根県）　諏訪正　1937　262p　19cm　Ⓝ210.5
〔04625〕
◇自刃―幕末志士の死にかた　富成博著　新人物往来社　1972　243p　20cm　850円　Ⓝ210.58
〔04626〕
◇時勢と人物―維新の大業と先輩の遺績　徳富猪一郎著　民友社　1929　406p　19cm　Ⓝ281
〔04627〕
◇知ってほしい幕末・明治維新に活躍した人びと―江戸時代末期・明治時代　佐藤和彦監修　あかね書房　2000.4　47p　31cm　（楽しく調べる人物図解日本の歴史6）3200円　①4-251-07936-1,4-251-07933-7　〔04628〕
◇詩に生きる維新登場者　堀江秀雄著　6版　万里閣書房　1930　418p　19cm　Ⓝ281
〔04629〕
◇司馬遼太郎の世界―「明治」を拓いたひとびと　鶴田隆志,村井英雄編　毎日新聞社　1996　165p　30cm　Ⓝ281.04
〔04630〕
◇子母澤寛全歴史エッセイ集　2　幕末の群像　新人物往来社　1972　235p　20cm　880円　Ⓝ914.6　〔04631〕
◇週刊ビジュアル日本の歴史　no.12　近代国家への道　2　デアゴスティーニ・ジャパン　2000.5　p44-83　30cm　533円　Ⓝ210.1
〔04632〕
◇人物相関日本史　幕末維新編　神一行著　本の森出版センター　1997.9　213p　20cm　（「超」読解講座）1400円　①4-87693-368-5　Ⓝ281.04
〔04633〕
◇人物日本歴史館　幕末・維新篇　前期　三笠書房　1997.3　525p　15cm　（知的生きかた文庫）980円　①4-8379-0870-5　Ⓝ281
〔04634〕
◇人物日本歴史館　幕末・維新篇　後期　三笠書房　1997.3　509p　15cm　（知的生きかた文庫）980円　①4-8379-0871-3　Ⓝ281
〔04635〕
◇人物列伝幕末維新史―明治戊辰への道　網淵謙錠著　講談社　1988.2　247p　20cm　1200円　①4-06-203768-8　Ⓝ914.6
〔04636〕
◇人物列伝幕末維新史　網淵謙錠著　講談社　1992.11　276p　15cm　（講談社文庫）440円　①4-06-185278-7　Ⓝ914.6
〔04637〕
◇図説幕末・維新おもしろ事典　奈良本辰也監修　新装新版　三笠書房　2004.5　283p　15cm　（知的生きかた文庫）533円　①4-8379-7405-8　Ⓝ210.61　〔04638〕
◇図説・幕末志士199―決定版　学習研究社　2003.4　207p　26cm　1900円　①4-05-603016-2　Ⓝ281.04
〔04639〕
◇青年の山脈―維新の中の生と死　村上兵衛著　徳間書店　1966　256p　19cm　Ⓝ210.58
〔04640〕
◇青年の山脈―明治0年の野望と挫折　村上兵衛著　徳間書店　1967　256p　19cm　Ⓝ210.58
〔04641〕
◇青年の明治維新史　田中惣五郎著　東洋書館　1942　195p　19cm　（勤労青年文化叢書）Ⓝ210.6
〔04642〕
◇先哲美談　2　森立之著　武蔵村山　青裳堂書店　1997.10　96p　21cm　（書誌学月報　別冊5―枳園随筆）2500円　Ⓝ281.04
〔04643〕
◇戦闘者の姿勢―幕末動乱期の志士たち　奈良本辰也著　徳間書店　1970　235p　20cm　690円　Ⓝ210.58
〔04644〕
◇戦亡殉難志士人名録―従嘉永元年至明治二十三年期間　史談会編　原書房　1976　353p図・18枚　22cm　（明治百年史叢書）6000円　Ⓝ210.6
〔04645〕
◇草莽の志士後藤純平―大分県の幕末維新騒乱　清原芳治著　大分　大分合同新聞文化センター（発売）　2006.3　207p　20cm　1400円　Ⓝ289.1
〔04646〕
◇地方名望家・山口左七郎の明治維新　渡辺尚志編著　岡山　大学教育出版　2003.9　159p　21cm　1800円　①4-88730-537-0　Ⓝ289.1
〔04647〕
◇天皇の世紀　3　有志者　大仏次郎著　朝日新聞社　1969　421p　23cm　1300円　Ⓝ210.58　〔04648〕
◇天皇の世紀　3　有志者　大仏次郎著　普及版　朝日新聞社　2006.1　421p　19cm　1800円　①4-02-250153-7　Ⓝ210.61
〔04649〕
◇天皇の世紀　5　有志者　大仏次郎著　朝日新聞社　1977.10　266p　15cm　340円　Ⓝ210.58　〔04650〕
◇徳川最後の西国代官　西沢隆治著　叢文社　1997.10　247p　19cm　1600円　①4-7947-0271-X　〔04651〕
◇楠公精神の展開と幕末維新の志士　金本喜一著　長府町（山口県）　皇道宣揚会　1934　140,4p　19cm　Ⓝ121.1
〔04652〕
◇楠公精神の展開と幕末維新の志士　金本喜一著　皇道宣揚会　1939　140,4p　19cm　Ⓝ121.1
〔04653〕
◇日本維新人物誌　岡本監輔著　金港堂　1903.10　2冊　25cm　Ⓝ281
〔04654〕
◇日本を創った戦略集団　5　維新の知識と情熱　堺屋太一責任編集　中川八洋ほか著　集英社　1988.3　261p　20cm　1400円　①4-08-194005-3　Ⓝ281　〔04655〕
◇日本勤王篇―王政維新　小畠功一編　大阪　田中宋栄堂　1891.3　590p　20cm　Ⓝ281
〔04656〕
◇日本警察の父川路大警視―幕末・明治を駆け抜けた巨人　加来耕三著　講談社　2004.2　429p　16cm　（講談社+α文庫）1000円　①4-06-256824-1　Ⓝ289.1
〔04657〕
◇日本三大維新の精神　松原晃著　多摩書房　1944　268p　18cm　Ⓝ210.1
〔04658〕
◇日本史の人物像　第10　維新の志士　奈良本辰也編　筑摩書房　1967　287p　20cm　Ⓝ281.08　〔04659〕
◇日本精神作興歴史読本　第1　維新回天記　実業之日本社編　実業之日本社　1933　350p　19cm　Ⓝ210.1
〔04660〕
◇日本の歴史　20　明治維新　井上清著　改版　中央公論新社　2006.4　533p　15cm　（中公文庫）1238円　①4-12-204674-2
〔04661〕
◇日本歴史を点検する　海音寺潮五郎,司馬遼太郎著　新装版　講談社　2007.12　249p　15cm　（講談社文庫）495円　①978-4-06-275916-8　〔04662〕
◇人情秘録維新前夜―黒船来より鹿鳴館時代まで　寺島柾史著　日本公論社　1935　345p　20cm　Ⓝ210.6
〔04663〕
◇熱血史談　第2編　維新前後　溝口白羊著　日本評論社出版部　1921　19cm　Ⓝ210.1
〔04664〕
◇熱血史談　第3編　維新の人々　溝口白羊著　日本評論社出版部　1921　511p　19cm　Ⓝ210.1　〔04665〕
◇熱血史談維新前後　溝口白羊著　有宏社　1936　554p　20cm　Ⓝ210.6
〔04666〕
◇萩原延寿集　2　陸奥宗光　萩原延寿著　朝日新聞社　2007.12　485p　19cm　3700円　①978-4-02-250378-7

◇爆笑幕末維新　シブサワ・コウ編　横浜　光栄　1997.12　166p　19cm　(歴史人物笑史)1000円　ⓘ4-87719-528-9　〔04667〕

◇幕末維新―新撰組・勤皇志士・佐幕藩士たちのプロフィール　高平鳴海監修　幕末研究会著　新紀元社　1997.11　347p　21cm　(Truth in fantasy 29)1800円　ⓘ4-88317-294-5　Ⓝ281.04　〔04668〕

◇幕末維新英傑キャラクターファイル100　新人物往来社　2002.2　173p　21cm　(別冊歴史読本　第27巻第6号)1700円　ⓘ4-404-03001-0　Ⓝ281.04　〔04669〕

◇幕末・維新おもしろ群像―風雲の世の主役たちを裸にする　河野亮著　廣済堂出版　1990.1　230p　18cm　(Kosaido books)718円　ⓘ4-331-00476-7　Ⓝ210.58　〔04670〕

◇幕末維新　陰の参謀　童門冬二著　東京書籍　2000.12　246p　19cm　1700円　ⓘ4-487-79643-1　〔04671〕

◇幕末維新・群像の死に際　合田一道著　小学館　1998.10　303p　16cm　(小学館ライブラリー)870円　ⓘ4-09-460115-5　〔04672〕

◇幕末偉人斎藤弥九郎伝　大坪武門著　安倍関男　1918　222p　23cm　Ⓝ289.1　〔04673〕

◇幕末維新　珠玉の一言―心に響く人生訓　木村幸比古著　京都　淡交社　2006.11　223p　19cm　1500円　ⓘ4-473-03341-4　〔04674〕

◇幕末維新人物事典―日本の歴史を大転換させた　泉秀樹著　講談社　1997.4　585p　16cm　(講談社＋α文庫)1500円　ⓘ4-06-256194-8　Ⓝ281.04　〔04675〕

◇幕末維新人物事典　高平鳴海監修　幕末研究会著　新紀元社　2004.5　231p　21cm　(Truth In History 2)1800円　ⓘ4-7753-0237-X　〔04676〕

◇幕末維新人物一〇〇選　日本史蹟研究会著　5版　秋田書店　1983.7　264p　19cm　1200円　ⓘ4-253-00317-6　Ⓝ210.58　〔04677〕

◇幕末維新人物100話　泉秀樹著　立風書房　1987.5　241p　20cm　1300円　ⓘ4-651-75013-3　Ⓝ210.58　〔04678〕

◇幕末維新人物列伝　奈良本辰也著　たちばな出版　2005.12　293p　19cm　1600円　ⓘ4-8133-1909-2　Ⓝ281.04　〔04679〕

◇幕末維新新聞―新時代建設を夢見た熱血群像をスクープ！　幕末維新新聞編纂委員会編　新版　日本文芸社　2003.12　8,223p　26cm　1200円　ⓘ4-537-25187-5　Ⓝ210.61　〔04680〕

◇幕末維新人名事典　宮崎十三八, 安岡昭男編　新人物往来社　1994.2　1090p　22cm　28000円　ⓘ4-404-02063-5　Ⓝ281.03　〔04681〕

◇幕末維新全殉難者名鑑　1　明田鉄男編　新人物往来社　1986.6　528p　22cm　9800円　ⓘ4-404-01335-3　Ⓝ210.61　〔04682〕

◇幕末維新全殉難者名鑑　2　明田鉄男編　新人物往来社　1986.7　531p　22cm　9800円　ⓘ4-404-01336-1　Ⓝ210.61　〔04683〕

◇幕末維新全殉難者名鑑　4　明田鉄男編　新人物往来社　1986.9　551p　22cm　9800円　ⓘ4-404-01390-6　Ⓝ210.58　〔04684〕

◇幕末維新なるほど人物事典―100人のエピソードで激動の時代がよくわかる　泉秀樹著　PHP研究所　2003.8　452p　15cm　(PHP文庫)781円　ⓘ4-569-66020-7　Ⓝ281.04　〔04685〕

◇幕末維新なるほど人物事典―100人のエピソードで読む

◇幕末維新　完全保存版　泉秀樹著　PHP研究所　2004.4　110p　26cm　952円　ⓘ4-569-63596-2　Ⓝ281.04　〔04686〕

◇幕末維新の群像―新春特別展　熱田神宮文化課編　名古屋　熱田神宮庁　1998　63p　26cm　Ⓝ702.15　〔04687〕

◇幕末・維新の群像　第3巻　大隈重信　榛葉英治著　PHP研究所　1989.12　206p　20cm　(歴史人物シリーズ)1300円　ⓘ4-569-52659-4　Ⓝ281　〔04688〕

◇幕末・維新の群像　第5巻　板垣退助　高野澄著　PHP研究所　1990.1　206p　20cm　(歴史人物シリーズ)1300円　ⓘ4-569-52668-3　Ⓝ281　〔04689〕

◇幕末・維新の群像　第10巻　岩崎弥太郎　榛葉英治著　PHP研究所　1990.4　218p　20cm　(歴史人物シリーズ)1300円　ⓘ4-569-52747-7　Ⓝ281　〔04690〕

◇幕末維新の志士読本　奈良本辰也著　天山出版　1989.9　278p　16cm　(天山文庫)420円　ⓘ4-8033-1804-2　Ⓝ281.04　〔04691〕

◇幕末維新の志士ほぉ〜の本―志士たちのトリビア　裏歴史研究会編　リイド社　2004.4　128p　18cm　(パーフェクト・メモワール)705円　ⓘ4-8458-2468-X　Ⓝ210.61　〔04692〕

◇幕末維新の人物　尾佐竹猛著　学而書院　1935　283p　19cm　Ⓝ210.5　〔04693〕

◇幕末維新の光と影　童門冬二著　光人社　1998.12　229p　19cm　1700円　ⓘ4-7698-0883-6　〔04694〕

◇幕末維新　奔流の時代　青山忠正著　新装版　文英堂　1998.1　239p　21cm　1800円　ⓘ4-578-10077-4　〔04695〕

◇幕末維新列伝　綱淵謙錠著　学陽書房　1998.8　316p　15cm　(人物文庫)660円　ⓘ4-313-75054-1　〔04696〕

◇幕末　英傑風雲録　羽生道英著　中央公論社　1998.5　365p　21cm　(中公文庫)800円　ⓘ4-12-203146-X　〔04697〕

◇幕末を駆けぬけた男たち　鹿島町立歴史民俗資料館編　鹿島町(島根県)　鹿島町立歴史民俗資料館　1991.10　24p　26cm　Ⓝ210.58　〔04698〕

◇幕末・男たちの名言―時代を超えて甦る「大和魂」　童門冬二著　PHP研究所　2007.3　283p　18cm　950円　ⓘ978-4-569-65956-5　Ⓝ159.8　〔04699〕

◇幕末畸人伝　松本健一著　文藝春秋　1996.2　257p　20cm　1800円　ⓘ4-16-351270-5　Ⓝ281.04　〔04700〕

◇幕末競艶録―志士と女たち　木村幸比古著　第2版　高知　高知新聞社　2002.5　293p　19cm　1714円　ⓘ4-87503-333-8　Ⓝ281.04　〔04701〕

◇幕末群像―大義に賭ける男の生き方　奈良本辰也著　ダイヤモンド社　1982.4　198p　19cm　(シリーズ・歴史の発想 2)800円　Ⓝ281.04　〔04702〕

◇幕末群像　第1巻　秦達之著　名古屋　〔秦達之〕　1976　181p　26cm　Ⓝ210.58　〔04703〕

◇幕末三傑　川崎紫山著　春陽堂　1897.11　204p　23cm　Ⓝ281　〔04704〕

◇幕末三傑・乱世の行動学　尾崎秀樹著　時事通信社　1994.2　184p　19cm　1030円　ⓘ4-7887-9405-5　Ⓝ281.04　〔04705〕

◇幕末志士の世界　芳賀登著　雄山閣　2003.12　276p　19cm　(江戸時代選書 15)2300円　ⓘ4-639-01814-2　〔04706〕

◇幕末志士の手紙　奈良本辰也編　學藝書林　1969　358p　20cm　690円　Ⓝ281.04　〔04707〕

近世一般　　　　　　　　近世史

◇幕末史話　第1巻　夜明け前の群像　金子治司著　創造陽樹社（発売）　1976　252p　19cm　1500円　⑪210.58　〔04709〕

◇幕末政治家　福地源一郎著　平凡社　1989.5　297p　18cm　（東洋文庫　501）2300円　④4-582-80501-9　⑪210.58　〔04710〕

◇幕末転勤伝―桑名藩・勘定人渡部勝之助の日記　本間寛治著　〔新装版〕　名古屋　エフエー出版　1993.4　227p　19cm　1300円　④4-87208-042-4　〔04711〕

◇幕末に散った男たちの行動学　童門冬二著　PHP研究所　2004.2　397p　15cm　（PHP文庫）743円　④4-569-66123-8　〔04712〕

◇幕末入門書―志士たちの生涯と死生観　花谷幸比古著　展転社　2002.12　221p　19cm　1800円　④4-88656-224-8　〔04713〕

◇幕末の男たち　八切止夫著　日本シェル出版　1982.5　238p　19cm　980円　⑪210.04　〔04714〕

◇幕末の奇傑贈正四位清河八郎　山口忠助著　天童村（山形県）　舞鶴屋（発売）　1923　416p　22cm　⑪289.1　〔04715〕

◇幕末の群像　早乙女貢著　新人物往来社　1979.2　235p　20cm　1300円　⑪281.04　〔04716〕

◇幕末の志士―草莽の明治維新　高木俊輔著　中央公論社　1976　195p　18cm　（中公新書）360円　⑪210.58　〔04717〕

◇幕末之志士関鉄之介と白河　佐久間男留編　白河町（福島県）　白河史談会　1935　12p　19cm　⑪289.1　〔04718〕

◇幕末ノ志士松岡梅太郎君詳伝　渡辺静一著　下松町（山口県）　渡辺静一　1916　286p　19cm　⑪289.1　〔04719〕

◇幕末の毒舌家　野口武彦著　中央公論新社　2005.1　326p　20cm　2000円　④4-12-003602-2　⑪210.58　〔04720〕

◇幕末の密使―会津藩士雑賀孫六郎と蝦夷地　好之範著　札幌　北海道新聞社　1992.10　245p　19cm　（道新選書　25）1300円　④4-89363-944-7　〔04721〕

◇幕末之名士金子与三郎　寺尾英量編　上山町（山形県）　上山町教育会　1926　343p　23cm　⑪289.1　〔04722〕

◇幕末非運の人びと　石井孝著　横浜　有隣堂　1979.10　222p　18cm　（有隣新書）680円　⑪210.58　〔04723〕

◇幕末・明治維新期における江川坦庵とその門下生　磯部博平, 磯部美波共著　清水　磯部出版　1996.9　29p　26cm　⑪289.1　〔04724〕

◇幕末明治快傑伝　伊藤痴遊著　大阪　明文館　1927.6　614p　20cm　⑪281.04　〔04725〕

◇幕末・明治陰の主役たち　三好徹著　日本放送出版協会　1997.6　328p　16cm　（NHKライブラリー）940円　④4-14-084056-0　⑪210.61　〔04726〕

◇幕末明治志士誠忠録　皇国修養会編　皇国修養会　1924　815p　22cm　⑪210.6　〔04727〕

◇幕末乱世の群像　吉田常吉著　吉川弘文館　1996.1　282p　20cm　2884円　④4-642-07479-1　⑪210.58　〔04728〕

◇平野屋武兵衛、幕末の大坂を走る　脇田修著　角川書店　1995.4　209p　19cm　（角川選書　259）1300円　④4-04-703259-X　⑪210.58　〔04729〕

◇秘話・幕末明治の101人　中嶋繁雄著　新人物往来社　1990.5　257p　20cm　2200円　④4-404-01716-2　⑪210.6　〔04730〕

◇葬られた功労者　谷村夢十著　松山　自費出版まつやま（製作）　1991.1　2冊　19cm　全3000円　④4-88299-006-7　⑪210.58　〔04731〕

◇真木和泉　山口宗之著　吉川弘文館　1973　297p　18cm　（人物叢書　日本歴史学会編）700円　⑪289.1　〔04732〕

◇まるわかり！幕末維新　コーエー出版部編　横浜　光栄　2006.10　111p　21cm　1200円　④4-7758-0493-6　〔04733〕

◇未完の明治維新　坂野潤治著　筑摩書房　2007.3　249p　18cm　（ちくま新書）740円　④978-4-480-06353-3　〔04734〕

◇名家老とダメ家老―戦国～幕末・維新三〇〇諸侯の家老列伝　加来耕三著　講談社　2006.4　493p　19cm　1700円　④4-06-212813-6　⑪281.04　〔04735〕

◇明治維新赤穂志士高野の殉難　太田雪中著　大阪　十五志士事績顕揚会　1926　120p　19cm　⑪210.6　〔04736〕

◇明治維新運動人物考　田中惣五郎著　東洋書館　1941　337p　22cm　⑪210.5　〔04737〕

◇明治維新運動の展開　田中惣五郎著　日本青年文化協会　1943　265p　19cm　⑪210.5　〔04738〕

◇明治維新三大政治家　池辺吉太郎著　新潮社　1943　226p　15cm　（新潮文庫）281　〔04739〕

◇明治維新三大政治家―大久保・岩倉・伊藤論　池辺三山著　滝田樗陰編　改版　中央公論新社　2005.4　275p　16cm　（中公文庫）1429円　④4-12-204509-6　⑪312.8　〔04740〕

◇明治維新志士歌集　平野小右衛門著　金沢　平野小右衛門　1936　80p　23cm　⑪911.16　〔04741〕

◇明治維新志士殿木春次郎小伝―附・薩摩屋敷焼討の事実　長谷川伸著　殿木三郎　1936　37p　20cm　⑪289.1　〔04742〕

◇明治維新人名辞典　日本歴史学会編　吉川弘文館　1981.9　1096,8p　23cm　11000円　⑪210.61　〔04743〕

◇明治維新と文明開化―明治期　半藤一利監修・年表解説　世界文化社　2006.11　167p　24cm　（日本の歴史を見るビジュアル版　9）2400円　④4-418-06216-5　⑪210.61　〔04744〕

◇明治維新と歴史意識　明治維新史学会編　吉川弘文館　2005.4　206p　22cm　（明治維新史研究　7）4800円　④4-642-03642-3　⑪210.61　〔04745〕

◇明治維新の勤皇家遠藤七郎　金塚友之丞著　新潟県〔荒木七之亟〕　1943　12p　22cm　⑪289.1　〔04746〕

◇明治維新の源流―その人と作品　安岡正篤編著　嵐山町（埼玉県）　明徳出版（発売）　2000.11　171p　20cm　④4-89619-531-0　⑪210.61　〔04747〕

◇明治維新の青年像　中村武彦著　今日の問題社　1966　221p　19cm　⑪210.58　〔04748〕

◇明治を創った人々―乱世型リーダーのすすめ　利根川裕著　講談社　1986.11　286p　15cm　（講談社文庫）420円　④4-06-183880-6　⑪210.6　〔04749〕

◇持丸長者　幕末・維新篇―日本を動かした怪物たち　広瀬隆著　ダイヤモンド社　2007.2　373p　19cm　1800円　④978-4-478-92044-2　〔04750〕

◇夜明けを切り開いた志士たち　古川薫著　徳間書店　1992.3　312p　16cm　（徳間文庫）520円　④4-19-599484-5　⑪281　〔04751〕

◇夭折幕末維新史　童門冬二著　光人社　2000.12　273p　20cm　1900円　④4-7698-0982-4　⑪281.04　〔04752〕

◇よくわかる幕末維新ものしり事典　主婦と生活社編　主婦と生活社　2003.12　420p　21cm　1600円　①4-391-12892-6　〔04753〕

◇吉田東洋　平尾道雄著　吉川弘文館　1959　200p　18cm　（人物叢書日本歴史学会編）Ⓝ289.1　〔04754〕

◇ラストサムライの群像―幕末維新に生きた誇り高き男たち　星亮一,遠藤由紀子著　光人社　2006.2　283p　19cm　1800円　①4-7698-1287-6　Ⓝ281.04　〔04755〕

◇われに万古の心あり―幕末藩士小林虎三郎　松本健一著　筑摩書房　1997.7　365p　15cm　（ちくま学芸文庫）1150円　①4-480-08355-3　〔04756〕

◆◆◆松平春岳

◇昨夢記事　中根雪江著　八尾書店　1896　2冊（上793,下687p）　22cm　Ⓝ210.5　〔04757〕

◇昨夢紀事　中根雪江著,日本史籍協会編　東京大学出版会　1968　4冊　22cm　（日本史籍協会叢書）Ⓝ210.58　〔04758〕

◇昨夢紀事　2　中根雪江著,日本史籍協会編　東京大学出版会　1989.3　464p　22cm　（日本史籍協会叢書118）8000円　①4-13-097718-0　Ⓝ210.58　〔04759〕

◇昨夢紀事　3　中根雪江著,日本史籍協会編　東京大学出版会　1989.4　406p　22cm　（日本史籍協会叢書119）8240円　①4-13-097719-9　Ⓝ210.58　〔04760〕

◇昨夢紀事　4　中根雪江著,日本史籍協会編　東京大学出版会　1989.5　409p　22cm　（日本史籍協会叢書120）8240円　①4-13-097720-2　Ⓝ210.58　〔04761〕

◇昨夢紀事　第1-4　中根雪江著　日本史籍協会　1920-1921　4冊　23cm　Ⓝ210.5　〔04762〕

◇昨夢紀事　第1-4　中根雪江著　1922　4冊　23cm　Ⓝ210.5　〔04763〕

◇政治総裁職松平春岳　幕末覚書　小池藤五郎著　人物往来社　1968　350p　20cm　Ⓝ210.58　〔04764〕

◇続再夢紀事　1　文久2年8月-文久3年3月　中根雪江著,日本史籍協会編　東京大学出版会　1974　438p　22cm　（日本史籍協会叢書）3000円　Ⓝ210.58　〔04765〕

◇続再夢紀事　1　村田氏寿,佐々木千尋著,日本史籍協会編　東京大学出版会　1988.3　438p　22cm　（日本史籍協会叢書106）8000円　①4-13-097706-7　Ⓝ210.58　〔04766〕

◇続再夢紀事　2　文久3年4月-元治元年2月　中根雪江著,日本史籍協会編　東京大学出版会　1974　448p　22cm　（日本史籍協会叢書）3000円　Ⓝ210.58　〔04767〕

◇続再夢紀事　2　村田氏寿,佐々木千尋著,日本史籍協会編　東京大学出版会　1988.4　448p　22cm　（日本史籍協会叢書107）8000円　①4-13-097707-5　Ⓝ210.58　〔04768〕

◇続再夢紀事　3　元治元年3月-12月　中根雪江著,日本史籍協会編　東京大学出版会　1974　406p　22cm　（日本史籍協会叢書）3000円　Ⓝ210.58　〔04769〕

◇続再夢紀事　3　村田氏寿,佐々木千尋著,日本史籍協会編　東京大学出版会　1988.5　406p　22cm　（日本史籍協会叢書108）8000円　①4-13-097708-3　Ⓝ210.58　〔04770〕

◇続再夢紀事　4　慶応元年1月-12月　中根雪江著,日本史籍協会編　東京大学出版会　1974　450p　22cm　（日本史籍協会叢書）3000円　Ⓝ210.58　〔04771〕

◇続再夢紀事　4　村田氏寿,佐々木千尋著,日本史籍協会編　東京大学出版会　1988.6　450p　22cm　（日本史籍協会叢書109）8000円　①4-13-097709-1　Ⓝ210.58　〔04772〕

◇続再夢紀事　5　慶応2年1月-8月　中根雪江著,日本史籍協会編　東京大学出版会　1974　396p　22cm　（日本史籍協会叢書）3000円　Ⓝ210.58　〔04773〕

◇続再夢紀事　5　村田氏寿,佐々木千尋著,日本史籍協会編　東京大学出版会　1988.7　396p　22cm　（日本史籍協会叢書110）8000円　①4-13-097710-5　Ⓝ210.58　〔04774〕

◇続再夢紀事　6　村田氏寿,佐々木千尋著,日本史籍協会編　東京大学出版会　1988.8　475p　22cm　（日本史籍協会叢書111）8000円　①4-13-097711-3　Ⓝ210.58　〔04775〕

◇幕末維新と松平春岳　三上一夫著　吉川弘文館　2004.5　238p　20cm　2400円　①4-642-07927-0　Ⓝ289.1　〔04776〕

◇奉答紀事―春岳松平慶永実記　中根雪江著　東京大学出版会　1980.10　306,2,66p　22cm　（新編日本史籍協会叢書1）6000円　Ⓝ289.1　〔04777〕

◇松平春岳公　徳山国三郎著　福井　貴信房　1938　560p　23cm　Ⓝ289.1　〔04778〕

◇松平春岳公　徳山国三郎著　福井郷土史伝刊行会　1941　180p　22cm　Ⓝ289.1　〔04779〕

◇松平春岳公を偲びて　川端太平著　大安寺村（福井県）　川端太平　1943　101p　22cm　Ⓝ289.1　〔04780〕

◇松平春岳公松平巽岳公履歴略　佐々木千尋編　佐々木千尋　1890.10　65丁　19cm　Ⓝ289.1　〔04781〕

◇松平春岳公未公刊書簡集　1　福井市立郷土歴史博物館編　福井　福井市立郷土歴史博物館　1983.3　98p　21cm　（福井市立郷土歴史博物館史料叢書2）Ⓝ289.1　〔04782〕

◇松平春岳公未公刊書簡集　2　福井市立郷土歴史博物館編　福井　福井市立郷土歴史博物館　1985.3　77p　21cm　（福井市立郷土歴史博物館史料叢書3）Ⓝ289.1　〔04783〕

◇松平春岳公未公刊書簡集　3　福井市立郷土歴史博物館編　福井　福井市立郷土歴史博物館　1986.3　73p 図版18枚　21cm　（福井市立郷土歴史博物館史料叢書4）Ⓝ289.1　〔04784〕

◇松平春岳公略伝　浅井政綱著　福井　岡崎左喜介　1890.8　54p　19cm　Ⓝ289.1　〔04785〕

◇松平春岳全集　第1巻　松平春岳全集編纂委員会編　原書房　1973　586p　22cm　（明治百年史叢書）5000円　Ⓝ210.58　〔04786〕

◇松平春岳全集　第2巻　松平春岳全集編纂委員会編　原書房　1973　571p　22cm　（明治百年史叢書）5000円　Ⓝ210.58　〔04787〕

◇松平春岳全集　第3巻　松平春岳全集編纂委員会編　原書房　1973　778p　22cm　（明治百年史叢書）5000円　Ⓝ210.58　〔04788〕

◇松平春岳全集　第4巻　松平春岳全集編纂委員会編　原書房　1973　705,30p　22cm　（明治百年史叢書）5000円　Ⓝ210.58　〔04789〕

◇慶永公名臣献言録　1　福井　福井市立郷土歴史博物館　1993.3　29p 図版8枚　21cm　（福井市立郷土歴史博物館史料叢書8）Ⓝ210.58　〔04790〕

◇慶永公名臣献言録　2　福井　福井市立郷土歴史博物館　1994.3　47p　21cm　（福井市立郷土歴史博物館史料叢書9）Ⓝ210.58　〔04791〕

◆◆◆橋本左内

◇全集未収　橋本左内関係史料研究　橋本左内著,山口宗之編　久留米　山口宗之　1965　169p　21cm　Ⓝ289.1

◇橋本左内―幕末英傑　白土与五郎著　高岡寅次郎　1900.9　121p　16cm　Ⓝ289.1　〔04793〕
◇橋本左内　山口宗之著　吉川弘文館　1962　327p　18cm　（人物叢書　日本歴史学会編）Ⓝ289.1　〔04794〕
◇橋本左内研究　大久保竜著　玉川学園出版部　1931　369p　19cm　Ⓝ289.1　〔04795〕
◇橋本左内事跡　中根雪江筆　福井　福井市立郷土歴史博物館　1987.3　38p　21cm　（福井市立郷土歴史博物館史料叢書　5）Ⓝ289.1　〔04796〕

◆◆◆河井継之助
◇河井継之助と明治維新　太田修著　新潟　新潟日報事業社　2003.10　235p　19cm　1600円　Ⓘ4-86132-004-6　Ⓝ210.61　〔04797〕
◇近世二十傑　第6巻　清河八郎・河井継之助　伊藤痴遊著　平凡社　1936　421p　20cm　Ⓝ281　〔04798〕
◇長岡藩軍事総督河井継之助―武士道に生きた最後のサムライ　星亮一著　ベストセラーズ　2005.1　244p　18cm　（ベスト新書）780円　Ⓘ4-584-12073-0　Ⓝ289.1　〔04799〕

◆◆幕末期の幕臣
◇榎本武揚から世界史が見える　臼井隆一郎著　PHP研究所　2005.3　293p　18cm　（PHP新書）800円　Ⓘ4-569-63851-1　Ⓝ289.1　〔04800〕
◇榎本武揚子　一戸隆次郎著　嵩山堂　1909.1　135p　23cm　Ⓝ289.1　〔04801〕
◇大久保一翁―最後の幕臣　松岡英夫著　中央公論社　1979.4　248p　18cm　（中公新書）420円　Ⓝ289.1　〔04802〕
◇開国へのあゆみ―阿部正弘とペリー　福山市立福山城博物館編　福山　福山市立福山城博物館　1985.4　80p　26cm　Ⓝ210.5953　〔04803〕
◇閣老安藤対馬守　藤沢衛彦著　平陽社　1914　603p　23cm　Ⓝ210.5　〔04804〕
◇旧幕臣の明治維新―沼津兵学校とその群像　樋口雄彦著　吉川弘文館　2005.11　206p　19cm　（歴史文化ライブラリー）1700円　Ⓘ4-642-05601-7　〔04805〕
◇近世二十傑　第5巻　高島秋帆・江川坦庵　伊藤痴遊著　平凡社　1936　444p　20cm　Ⓝ281　〔04806〕
◇栗本鋤雲遺稿　栗本鋤雲著　栗本瀬兵衛編　慧文社　2007.6　188p　22cm　8000円　Ⓘ978-4-905849-77-3　Ⓝ210.58　〔04807〕
◇最後の浦賀奉行土方出雲守勝敬と旗本土方家文書　下　高木文夫編著　小川町（埼玉県）　高木文夫　2004.8　93p　26cm　Ⓝ213.7　〔04808〕
◇最後の幕閣―徳川家に伝わる47人の真実　徳川宗英著　講談社　2006.5　253p　18cm　（講談社＋α新書）876円　Ⓘ4-06-272380-8　Ⓝ281.04　〔04809〕
◇徳川慶喜最後の寵臣　渋沢栄一―そしてその一族の人びと　渋沢華子著　国書刊行会　1997.12　317p　19cm　1900円　Ⓘ4-336-04047-8　〔04810〕
◇徳川慶喜と幕臣たち―十万人静岡移住その後　田村貞雄編著　静岡　静岡新聞社出版局　1998.5　183p　19cm　1500円　Ⓘ4-7838-1062-1　Ⓝ215.4　〔04811〕
◇徳川慶喜と幕臣たちの履歴書　入江康範著　ダイヤモンド社　1997.12　226p　19cm　1600円　Ⓘ4-478-70148-2　〔04812〕
◇日本人の志―最後の幕臣たちの生と死　片岡紀明著　光人社　1996.12　257p　20cm　1800円　Ⓘ4-7698-0797-X　Ⓝ281.04　〔04813〕
◇日本の開国と三人の幕臣　桑原三二著　桑原三二　1996.12　217p　19cm　非売品　Ⓝ210.58　〔04814〕
◇幕臣井上貫流左衛門家文書の世界　東京都江戸東京博物館都市歴史研究室編　東京都　2006.3　173p　図版10枚　30cm　（東京都江戸東京博物館調査報告書　第18集）Ⓘ4-924965-56-1　Ⓝ210.58　〔04815〕
◇幕臣たちと技術立国―江川英龍・中島三郎助・榎本武揚が追った夢　佐々木譲著　集英社　2006.5　222p　18cm　（集英社新書）680円　Ⓘ4-08-720342-5　Ⓝ281.04　〔04816〕
◇幕臣たちの誤算―彼らはなぜ維新を実現できなかったか　星亮一著　青春出版社　2003.5　187p　18cm　（プレイブックスインテリジェンス）700円　Ⓘ4-413-04059-7　Ⓝ210.58　〔04817〕
◇幕臣達の明治維新―箱館戦争始末記　市立函館博物館特別展示図録　平成17年度特別展　市立函館博物館編　函館　市立函館博物館　2005.7　36p　30cm　Ⓝ210.61　〔04818〕
◇幕臣列伝　綱淵謙錠著　中央公論社　1981.3　269p　20cm　1000円　Ⓝ281.04　〔04819〕
◇幕末維新期の旗本―松平諦之助の場合　特別展　竜ケ崎市文化振興事業団、竜ケ崎市歴史民俗資料館編　竜ケ崎　竜ケ崎市文化振興事業団　1996.2　91p　26cm　Ⓝ210.61　〔04820〕
◇幕末外国奉行　田辺太一　尾辻紀子著　新人物往来社　2006.8　257p　19cm　1800円　Ⓘ4-404-03415-6　〔04821〕
◇幕末閣僚伝　徳永真一郎著　毎日新聞社　1982.3　227p　20cm　1200円　Ⓝ281　〔04822〕
◇幕末閣僚伝　徳永真一郎著　PHP研究所　1989.11　413p　15cm　（PHP文庫）620円　Ⓘ4-569-56228-0　Ⓝ281　〔04823〕
◇幕末五人の外国奉行―開国を実現させた武士　土居良三著　中央公論社　1997.7　358p　20cm　2400円　Ⓘ4-12-002707-4　Ⓝ210.59　〔04824〕
◇幕末三舟伝　頭山満著　大日本雄弁会講談社　1930　374p　19cm　Ⓝ281　〔04825〕
◇幕末三舟伝　頭山満著　島津書房　1999.11　368p　21cm　2850円　Ⓘ4-88218-079-0　〔04826〕
◇幕末三舟伝　頭山満述　国書刊行会　2007.11　340p　19cm　2800円　Ⓘ978-4-336-04984-1　〔04827〕
◇幕末志士の世界　芳賀登著　雄山閣　2003.12　276p　19cm　（江戸時代選書　15）2300円　Ⓘ4-639-01814-2　Ⓝ210.61　〔04828〕
◇幕末政治家　福地桜痴著　民友社　1900.6　266p　19cm　Ⓝ281　〔04829〕
◇幕末政治家　福地桜痴著　佐々木潤之介校注　岩波書店　2003.11　357,23p　15cm　（岩波文庫）800円　Ⓘ4-00-331861-7　Ⓝ210.58　〔04830〕
◇幕末中央政局の動向　原口清著　岩田書院　2007.5　367p　22cm　（原口清著作集　1）7900円　Ⓘ978-4-87294-459-4　Ⓝ210.58　〔04831〕
◇幕末の官僚―どのように政治危機を乗り切ろうとしたか　檜山良昭著　光文社　1998.2　246p　20cm　1500円　Ⓘ4-334-97165-2　Ⓝ210.59　〔04832〕

◆◆◆川路聖謨
◇川路聖謨　川田貞夫著　日本歴史学会編　新装版　吉川弘文館　1997.10　380p　19cm　（人物叢書）2100円

◇①4-642-05207-0 〔04833〕
◇北への絆　喜多太郎著　文芸社　2001.1　374p　19cm　1400円　①4-8355-1104-2 〔04834〕
◇長崎日記・下田日記　川路聖謨著, 藤井貞文, 川田貞夫校註　平凡社　1968　282p　18cm　（東洋文庫）Ⓝ210.598 〔04835〕

◆◆◆江川英龍
◇江川太郎左衛門―幕末偉傑　桂涯生著　朝香堂　1911.1　63p　23cm　Ⓝ289.1 〔04836〕
◇江川太郎左衛門　古見一夫著　国民文学社　1930　254p　20cm　Ⓝ289.1 〔04837〕
◇江川坦庵―幕末之偉人　矢田七太郎著　国光社　1902.12　243p　20cm　Ⓝ289.1 〔04838〕
◇江川英武―最後の韮山代官　伊豆の国市韮山郷土史料館編　伊豆の国　伊豆の国市韮山郷土史料館　2005.9　8p　30cm 〔04839〕
◇近世後期代官江川氏の研究―支配と構造　仲田正之著　吉川弘文館　2005.5　213,7p　21cm　8000円　①4-642-03400-5 〔04840〕
◇近世後期代官江川氏の研究―支配と構造　仲田正之著　吉川弘文館　2005.5　212,7p　22cm　8000円　①4-642-03400-5　Ⓝ210.5 〔04841〕
◇近世二十傑　第5巻　高島秋帆・江川坦庵　伊藤痴遊著　平凡社　1936　444p　20cm　Ⓝ281 〔04842〕
◇天保騒動始末記―甲州と江川坦庵　島田駒男著　石和町（山梨県）〔島田駒男〕1982.11　146p　27cm　1500円　Ⓝ210.55 〔04843〕
◇韮山代官江川氏の研究　仲田正之著　吉川弘文館　1998.11　665,9p　22cm　1300円　①4-642-03346-7　Ⓝ210.5 〔04844〕
◇韮山反射炉―江川太郎左衛門の遺墨と小伝　国谷豊次郎著　千珊閣書店　1924.9　1冊　19cm　Ⓝ564.09 〔04845〕
◇反射炉と江川坦庵　山田寿々六著編　三島〔山田寿々六〕1995.1　1冊　26cm　Ⓝ564.09 〔04846〕
◇反射炉と江川坦庵　山田寿々六著編　増補改訂　三島〔山田寿々六〕1996.3　23枚　26cm　500円　Ⓝ564.09 〔04847〕

◆◆◆堀田正睦
◇近世日本国民史堀田正睦　4　安政条約締結篇　徳富蘇峰著, 平泉澄校訂　講談社　1981.3　545p　15cm　（講談社学術文庫）880円　Ⓝ210.58 〔04848〕
◇近世日本国民史堀田正睦　5　朝幕交渉篇　徳富蘇峰著, 平泉澄校訂　講談社　1981.3　413p　15cm　（講談社学術文庫）780円　Ⓝ210.58 〔04849〕
◇近世日本国民史堀田正睦　1〜3　徳富蘇峰著, 平泉澄校訂　講談社　1981.2　3冊　15cm　（講談社学術文庫）各780円　Ⓝ210.58 〔04850〕
◇評伝　堀田正睦　土居良三著　国書刊行会　2003.4　254p　19cm　2500円　①4-336-04524-0 〔04851〕
◇堀田正睦公開国事蹟　藤木真著　藤木真　1903.3　36p　23cm　Ⓝ289.1 〔04852〕

◆◆◆勝海舟
◇偉人勝海舟　水守亀之助著　東和出版社　1942　335p　19cm　（現代青年読物撰書）Ⓝ289.1 〔04853〕
◇偉人伝記文庫　第51号　勝海舟　中川重著　日本社　1935　55p　19cm　Ⓝ289.1 〔04854〕
◇太田克巳家文書―勝海舟宛書簡を中心とする資料群　多摩市文化振興財団編　多摩　多摩市文化振興財団　2004.3　47p　30cm　（パルテノン多摩資料叢書　第2集）Ⓝ289.1 〔04855〕
◇外交余勢・断腸記　勝安芳著　五味貞吉　1921　18,12丁　23cm　Ⓝ210.5 〔04856〕
◇海舟語録　勝海舟著　江藤淳, 松浦玲編　講談社　2004.10　299p　15cm　（講談社学術文庫）1000円　①4-06-159677-2　Ⓝ289.1 〔04857〕
◇海舟座談　勝海舟述　巌本善治編　岩波書店　1930　209p　16cm　（岩波文庫　376-377）Ⓝ210.6 〔04858〕
◇海舟座談　勝海舟述　巌本善治編　増補　岩波書店　1937　271p　16cm　（岩波文庫　376-377）Ⓝ210.6 〔04859〕
◇海舟座談　勝海舟述, 巌本善治編　新訂　勝部真長校注　岩波書店　1983.2　373p　15cm　（岩波文庫）500円　Ⓝ210.61 〔04860〕
◇海舟座談　勝海舟述　巌本善治編　新訂　勝部真長校注　岩波書店　1995.2　376p　19cm　（ワイド版岩波文庫）1200円　①4-00-007161-0　Ⓝ210.61 〔04861〕
◇海舟先生の氷川清話　相馬御風集　名著評論社　1915　168p　17cm　（名著梗概及評論　第31篇）Ⓝ289.1 〔04862〕
◇海舟先生氷川清話　海舟述　吉本襄撰著　大阪　大文館書店　1933.9　400p　19cm　Ⓝ210.61 〔04863〕
◇海舟余波―わが読史余滴　江藤淳著　文藝春秋　1974　331p　20cm　1200円　Ⓝ289.1 〔04864〕
◇海舟余波―わが読史余滴　江藤淳著　文藝春秋　1984.7　351p　16cm　（文春文庫）400円　Ⓝ289.1 〔04865〕
◇海舟余録―「掌記」・「詠草」を読む　勝部真長編　PHP研究所　1996.11　315p　19cm　3000円　①4-569-55324-9 〔04866〕
◇解難録・建言書類　勝海舟著　原書房　1968　522p　22cm　（明治百年史叢書）Ⓝ210.58 〔04867〕
◇勝海舟　民友社編　民友社　1899.5　119,86,135p（1-3合本）19cm　Ⓝ289.1 〔04868〕
◇勝海舟　山路愛山著　東亜堂書房　1911.5　244,14p　22cm　Ⓝ289.1 〔04869〕
◇勝海舟　山路愛山著　改造社　1929　198p　20cm　Ⓝ289.1 〔04870〕
◇勝海舟　田中惣五郎著　千倉書房　1940　316p　19cm　Ⓝ289.1 〔04871〕
◇勝海舟　和田政雄著　大日本雄弁会講談社　1940.3　324,6p　19cm　（偉人伝文庫　4）Ⓝ289.1 〔04872〕
◇勝海舟―史伝　童門冬二著　大陸書房　1973　286p　19cm　700円　Ⓝ289.1 〔04873〕
◇勝海舟　石井孝著　吉川弘文館　1974　284p　18cm　（人物叢書　日本歴史学会編）800円　Ⓝ289.1 〔04874〕
◇勝海舟―物語と史蹟をたずねて　船戸安之著　成美堂出版　1991.1　222p　19cm　1000円　①4-415-06526-0 〔04875〕
◇勝海舟―物語と史蹟をたずねて　船戸安之著　成美堂出版　1994.6　315p　16cm　（成美文庫）560円　①4-415-06404-3　Ⓝ289.1 〔04876〕
◇勝海舟―わが青春のポセイドン　古川薫著　岡田嘉夫画　小峰書店　2001.8　209p　22cm　（時代を動かした人々　維新篇3）1600円　①4-338-17103-0 〔04877〕
◇勝海舟翁　静古学人編　魚住書店　1899.2　158p　19cm　Ⓝ289.1 〔04878〕
◇勝海舟をめぐる群像　早乙女貢ほか著　青人社　1993.3

近世一般　　　　　　　　　　　近世史

　203p　21cm　（幕末・維新百人一話 1）1500円
　①4-88296-107-5　Ⓝ281.04
　　　　　　　　　　　　　　　　〔04879〕
◇勝海舟関係資料海舟日記　2　勝海舟著　東京都江戸
　東京博物館都市歴史研究室編　東京都　2003.10　290p
　26cm　（江戸東京博物館史料叢書）①4-924965-40-5
　Ⓝ289.1　　　　　　　　　　　　　〔04880〕
◇勝海舟関係資料海舟日記　3　勝海舟著　東京都江戸
　東京博物館都市歴史研究室編　東京都　2005.2　224p
　26cm　（江戸東京博物館史料叢書）①4-924965-50-2
　Ⓝ289.1　　　　　　　　　　　　　〔04881〕
◇勝海舟関係資料海舟日記　4　勝海舟著　東京都江戸
　東京博物館都市歴史研究室編　東京都　2006.2　153p
　26cm　（江戸東京博物館史料叢書）①4-924965-54-5
　Ⓝ289.1　　　　　　　　　　　　　〔04882〕
◇勝海舟言行録　浅海琴一著　東亜堂書房　1916　156p
　19cm　（修養史伝　第9編）Ⓝ289.1
　　　　　　　　　　　　　　　　　　〔04883〕
◇勝海舟 行蔵は我にあり　加来耕三著　日本実業出版社
　1998.6　256,5p　19cm　1500円　①4-534-02800-8
　　　　　　　　　　　　　　　　　　〔04884〕
◇勝海舟 この人物の大きさを見よ！　風巻絃一著　三笠書
　房　1997.1　265p　15cm　（知的生きかた文庫）500円
　①4-8379-0854-3　　　　　　　　　　〔04885〕
◇勝海舟自伝─氷川清話　勝安芳述, 吉本襄撰, 勝部真長編
　柏　広池学園出版部　1967　332p　19cm　Ⓝ210.61
　　　　　　　　　　　　　　　　　　〔04886〕
◇勝海舟自伝─氷川清話　勝海舟述, 勝部真長編　柏　広
　池学園事業部　1971　305p　19cm　550円　Ⓝ210.61
　　　　　　　　　　　　　　　　　　〔04887〕
◇勝海舟全集　1　幕末日記　講談社　1976　444p　20cm
　1900円　Ⓝ081.8　　　　　　　　　　〔04888〕
◇勝海舟全集　1　開国起源　1　勝部真長, 松本三之介, 大
　口勇次郎編　勁草書房　1977.8　448p　20cm　2200円
　Ⓝ081.8　　　　　　　　　　　　　　〔04889〕
◇勝海舟全集　2　開国起源　2　勝部真長ほか編　勁草書
　房　1979.7　500p　20cm　2200円　Ⓝ081.8　〔04890〕
◇勝海舟全集　3　開国起原　3　勝部真長ほか編　勁草書
　房　1979.11　479p　20cm　2200円　Ⓝ081.8　〔04891〕
◇勝海舟全集　18　開国起原　4　講談社　1975　773p
　20cm　1900円　Ⓝ081.8　　　　　　　〔04892〕
◇勝海舟全集　19　開国起原　55　講談社　1975　816p
　20cm　1900円　Ⓝ081.8　　　　　　　〔04893〕
◇勝海舟全集　12　2　海軍歴史　1　勝海舟著　勝
　部真長, 松本三之介, 大口勇次郎編　勁草書房　1978.11
　416p　20cm　Ⓝ081.5　　　　　　　　〔04894〕
◇勝海舟先生戊辰日記─清明会終結記念　清明会編　2版
　清明文庫　1935　76p　23cm　Ⓝ289.1　〔04895〕
◇勝海舟先生戊辰日記─清明会終結記念　清明会編　清明
　文庫　1935　75p　23cm　Ⓝ289.1　　　〔04896〕
◇勝海舟 強い生き方　窪島一系著　中経出版　2008.1
　255p　15cm　（中経の文庫）552円
　①978-4-8061-2925-7　　　　　　　　〔04897〕
◇勝海舟と坂本龍馬　加来耕三著　PHP研究所　1996.8
　416p　15cm　（PHP文庫）740円　①4-569-56912-9
　　　　　　　　　　　　　　　　　　〔04898〕
◇勝海舟と坂本龍馬　加来耕三著　学習研究社　2001.1
　531p　15cm　（学研M文庫）830円　①4-05-901026-X
　　　　　　　　　　　　　　　　　　〔04899〕
◇勝海舟と幕末長崎─日蘭修好一五〇周年記念事業　開館
　二周年記念特別展　長崎歴史文化博物館編　長崎　長崎
　歴史文化博物館　2007.11　113p　30cm　Ⓝ210.59
　　　　　　　　　　　　　　　　　　〔04900〕

◇勝海舟と幕末明治　松浦玲著　講談社　1973　218p
　20cm　680円　Ⓝ289.1　　　　　　　〔04901〕
◇勝海舟と明治維新　板倉聖宣著　仮説社　2006.12
　290p　20cm　2000円　①4-7735-0197-9　Ⓝ210.61
　　　　　　　　　　　　　　　　　　〔04902〕
◇勝海舟文言抄　高野澄編訳　徳間書店　1974　238p
　20cm　1500円　Ⓝ210.58　　　　　　　〔04903〕
◇勝小吉おもいで噺　久坂総三著　鳥影社, 星雲社〔発売〕
　1998.12　268p　19cm　1400円　①4-7952-2578-8
　　　　　　　　　　　　　　　　　　〔04904〕
◇勝麟太郎　田村栄太郎著　雄山閣出版　1967　266p
　22cm　（人物史叢書）Ⓝ289.1　　　　　〔04905〕
◇鶏肋　勝安芳（海舟）著　春陽堂　1897.7　109p　23cm
　Ⓝ210.5　　　　　　　　　　　　　　　〔04906〕
◇鶏肋　勝安芳（海舟）著　春陽堂　1897.9　124p　23cm
　Ⓝ210.5　　　　　　　　　　　　　　　〔04907〕
◇激動を見た─咸臨丸の幕末維新　小西聖一著　高田勲
　絵　理論社　2007.2　146p　21cm　（ものがたり日本
　歴史の事件簿 10）1200円　①978-4-652-01640-4
　　　　　　　　　　　　　　　　　　〔04908〕
◇最後の幕臣 勝海舟　童門冬二著　成美堂出版　1999.12
　262p　15cm　（成美文庫）543円　①4-415-06863-4
　　　　　　　　　　　　　　　　　　〔04909〕
◇史料からみた勝海舟　田村栄太郎著　雄山閣　1974
　266p　22cm　（雄山閣歴史選書 22）1800円　Ⓝ289.1
　　　　　　　　　　　　　　　　　　〔04910〕
◇新訂 海舟座談　巌本善治編　勝部真長校注　岩波書
　店　2002.9　376p　15cm　（岩波文庫）700円
　①4-00-331001-2　　　　　　　　　　〔04911〕
◇それからの海舟　半藤一利著　筑摩書房　2003.11
　324p　19cm　1800円　①4-480-85775-3　〔04912〕
◇断腸之記─附・詩歌　勝安芳著　石光与吉　1888.10
　46,5p　20cm　Ⓝ210.5　　　　　　　　〔04913〕
◇徳川慶喜と勝海舟　立石優著　学陽書房　1997.11
　298p　19cm　1600円　①4-313-85076-7　〔04914〕
◇幕臣勝麟太郎　土居良三著　文藝春秋　1995.3　382p
　19cm　2000円　①4-16-350000-6　　　　〔04915〕
◇幕末を歩く　5　江戸勝海舟　学習研究社　2004.7
　40,19p　30cm　（ムー別冊─学研グラフィック百科）533
　円　　　　　　　　　　　　　　　　　〔04916〕
◇幕末海軍の創始者勝海舟・榎本武揚伝　田中惣五郎著
　日本海軍図書　1944　437p　19cm　Ⓝ289.1　〔04917〕
◇氷川清話　勝海舟述, 江藤淳編著　講談社　1974　376p
　18cm　Ⓝ210.61　　　　　　　　　　　〔04918〕
◇夢酔独言─現代語訳「勝小吉自伝」　勝部真長編訳
　PHP研究所　1995.3　220p　19cm　1300円
　①4-569-54665-X　　　　　　　　　　〔04919〕

◆◆◆小栗忠順

◇小栗上野介　市川光一, 村上泰賢, 小板橋良平共著　前橋
　みやま文庫　2004.8　222p　19cm　（みやま文庫
　174）1500円　Ⓝ289.1　　　　　　　　〔04920〕
◇小栗上野介研究史料　落穂ひろい　大坪元治著　倉淵村
　（群馬県群馬郡）　小栗公顕彰会　1957　48p　22cm
　Ⓝ289.1　　　　　　　　　　　　　　　〔04921〕
◇小栗上野介忠順公を憶ふ　市川亭三郎著　前橋　上毛郷
　土史研究会　1937　5p　23cm　Ⓝ289.1　〔04922〕
◇海軍の先駆者小栗上野介正伝　阿部道山著　海軍有終会
　1941　420,10p　19cm　Ⓝ289.1　　　　〔04923〕
◇開国の先覚者 小栗上野介　蜷川新著　千代田書院

1953　257p　19cm　Ⓝ210.58　　〔04924〕
◇勝海舟のライバル 小栗上野介一族の悲劇―小栗夫人等脱出潜行、会津への道踏査実録　小板橋良平著　高崎あさを社　1999.5　272p　26cm　2300円
〔04925〕
◇君はトミー・ポルカを聴いたか―小栗上野介と立石斧次郎の「幕末」　赤塚行雄著　風媒社　1999.10　255,4p　19cm　1700円　①4-8331-0518-7
〔04926〕
◇上州権田村の驟雨―小栗上野介の生涯　星亮一著　教育書籍　1995.6　285p　19cm　1800円　①4-317-60085-4
〔04927〕
◇幕末経済秘史　第1巻　仏蘭西公使ロセスと小栗上野介　神長倉真民著　ダイヤモンド出版　1935　473p　19cm　Ⓝ210.5
〔04928〕
◇幕末の英傑小栗上野介を偲ぶ―横須賀海軍工廠創設の由来　石原成造編　マネジメント社　1934　54p　19cm　Ⓝ210.5
〔04929〕

◆◆◆山岡鉄舟
◇おれが師匠山岡鉄舟を語る　小倉鉄樹著　石津寛,牛山栄治手記　井田書店　1942　495p　19cm　Ⓝ289.1
〔04930〕
◇おれの師匠―山岡鉄舟先生正伝　小倉鉄樹著　石津寛,牛山栄治編　春風館　1937　487p　20cm　Ⓝ289.1
〔04931〕
◇おれの師匠―山岡鉄舟先生正伝　小倉鉄樹著　島津書房　2001.3　487p　21cm　4800円　①4-88218-084-7
〔04932〕
◇高士山岡鉄舟　葛生能久編　黒竜会出版部　1929　456,140p　19cm　Ⓝ289.1
〔04933〕
◇新・一分銀分類譜　浅井晋吾著　調布　書信館出版　2003.8　144p　26cm　4500円　①4-901553-07-0
〔04934〕
◇鉄舟言行録　安部正人編　光融館　1907.12　311p　23cm　Ⓝ289.1
〔04935〕
◇鉄舟随感録　山岡鉄舟著　勝海舟評論　高橋泥舟校閲　安部正人編述　大阪　秋田屋書店　1942　277p　19cm　Ⓝ289.1
〔04936〕
◇鉄舟随感録　安部正人編　山岡鉄舟筆記　勝海舟評論　国書刊行会　2001.4　292p　19cm　2400円　①4-336-04335-3
〔04937〕
◇鉄舟随筆　安部正人編　光融館　1903.8　311p　23cm　Ⓝ289.1
〔04938〕
◇幕末三舟伝　頭山満述　国書刊行会　2007.11　340p　19cm　2800円　①978-4-336-04984-1
〔04939〕
◇幕末二傑海舟と鉄舟　鹿島桜巷著　大学館　1911.3　232p　19cm　Ⓝ289.1
〔04940〕
◇飛騨に於ける山岡鉄舟　飛騨考古土俗学会編　高山町（岐阜県）　高山観光協会　1935　68p　Ⓝ289.1
〔04941〕
◇明治戊辰山岡先生与西郷氏応接筆記　山岡鉄太郎述　大森方綱編　大森方綱　1882.6　15p　19cm　Ⓝ289.1
〔04942〕
◇山岡鉄舟　小島英煕著　日本経済新聞社　2002.11　335p　19cm　2000円　①4-532-16434-6
〔04943〕
◇山岡鉄舟言行録　富岡直方著　三省堂　1940　104p　15cm　Ⓝ289.1
〔04944〕
◇山岡鉄舟　剣禅話　山岡鉄舟原著　高野澄編訳　たちばな出版　2003.9　242p　16cm　（タチバナ教養文庫）1000円　①4-8133-1727-8
〔04945〕
◇山岡鉄舟居士伝　荻野独園著　京都　荻野独園　1889.

10　5丁　23cm　Ⓝ289.1　　〔04946〕
◇山岡鉄舟伝　佐倉孫三著　普及舎　1893.5　139p　20cm　Ⓝ289.1
〔04947〕
◇山岡鉄舟伝　牛山栄治著　2版　日本青年館　1943　318p　19cm　Ⓝ289.1
〔04948〕
◇山岡鉄舟の生涯　谷田左一著　忠誠堂　1926　506p　15cm　Ⓝ289.1
〔04949〕
◇山岡鉄舟 幕末・維新の仕事人　佐藤寛著　光文社　2002.7　254p　18cm　（光文社新書）700円　①4-334-03150-1
〔04950〕
◇山岡鉄舟論語　百川元著　教材社　1940　140p　19cm　Ⓝ289.1
〔04951〕

◆◆幕末期の水戸藩
◇維新回天の偉業に於ける水戸の功績　徳富猪一郎著　民友社　1928　69,50p　20cm　Ⓝ210.6
〔04952〕
◇維新前夜の水戸藩　山本秋広著　水戸　1961　528p　19cm　（紀山文集 第6巻）Ⓝ213.1
〔04953〕
◇鵜飼吉左衛門・幸吉と幕末―吉左衛門生誕200年記念特別展　尾西　尾西市歴史民俗資料館　1998.7　12p　30cm　（尾西市歴史民俗資料館特別展図録 no.51）
〔04954〕
◇覚書幕末の水戸藩　山川菊栄著　岩波書店　1974　417p　19cm　1500円　Ⓝ210.58
〔04955〕
◇詳釈勤王水戸志士の歌　有馬徳著　道統社　1944　212p　19cm　Ⓝ911.15
〔04956〕
◇助川海防城―幕末水戸藩の海防策　鈴木彰著　流山　崙書房　1979.2　98p　18cm　（ふるさと文庫）580円　Ⓝ213.1
〔04957〕
◇尊王攘夷水戸浪士始末　山本元著　敦賀町（福井県）山上書店　1928　187p　図版10枚　19cm　Ⓝ210.5
〔04958〕
◇大正四年旧水戸藩贈位諸賢略歴　横山康編　水戸　横山康　1916　84p　22cm　Ⓝ281.31
〔04959〕
◇幕末期水戸藩勝手方鋳銭掛の記録「鋳銭御用留」　日本銀行金融研究所貨幣博物館編　日本銀行金融研究所貨幣博物館　2006.3　76p　26cm　（水戸鋳銭座史料2）Ⓝ337.21
〔04960〕
◇幕末の水戸歌壇　其8　梶山孝夫編　江戸崎町（茨城県）　江風舎　2000.9　120p　21cm　Ⓝ911.15
〔04961〕
◇幕末の水戸藩―覚書　山川菊栄著　岩波書店　1991.8　453p　15cm　（岩波文庫）720円　①4-00-331624-X　Ⓝ210.58
〔04962〕
◇幕末水戸藩と民衆運動―尊王攘夷運動と世直し　高橋裕文著　青史出版　2005.12　266,10p　22cm　8500円　①4-921145-30-X　Ⓝ213.1
〔04963〕
◇水戸の斉昭　瀬谷義彦著　新装版　水戸　茨城新聞社　2000.6　268p　19cm　1500円　①4-87273-137-9
〔04964〕
◇水戸の明暗―随想幕末・維新　瀬谷義彦著　水戸　ふじ工房　1998.5　94p　21cm　（月刊みとブックレット）1000円　Ⓝ213.1
〔04965〕
◇水戸幕末風雲録　沢本孟虎編　田中光顕監修　水戸　常陽明治記念会　1933　1024p　図版12枚　22cm　Ⓝ210.5
〔04966〕
◇水戸幕末風雲録　沢本孟虎編纂　常陽明治記念会編　茨城町（茨城県）　常野文献社　1995.11　1024p　22cm　17000円　①4-916026-04-7　Ⓝ210.58
〔04967〕
◇水戸藩関係文書　第1　日本史籍協会　1916　728p　23cm　Ⓝ210.5
〔04968〕
◇水戸藩の崩壊―天狗党と諸生党　粉川幸男著　〔粉川幸

◇水戸藩、幕府、朝廷等実録記—敗者、農民、女性の立場などから史実の見直し　栗栖平造著　土浦　筑波書林　1998.3　366p　22cm　1429円　Ⓝ4-900725-59-5　Ⓝ210.58　〔04970〕

◇水戸藩末史料　武熊武編　水戸　武熊武　1902.2　136丁　23cm　Ⓝ213.1　〔04971〕

◇明治維新水戸風雲録　常陽明治記念会編　井田書店　1941　1024p　22cm　Ⓝ210.5　〔04972〕

◇燃えよ大和魂—幕末動乱を駆けた水戸浪士たち　大内政之介著　暁印書館　1998.9　190p　22cm　1500円　Ⓝ4-87015-133-2　Ⓝ210.59　〔04973〕

◇流星の如く—幕末維新・水戸藩の栄光と苦境　瀬谷義彦, 鈴木暎一著　日本放送出版協会　1998.1　222p　20cm　1400円　Ⓝ4-14-080347-9　Ⓝ213.1　〔04974〕

◇烈公の神発仮名と幕末志士の隠し名に就て　前田香径著　水戸　平野書店　1940　43p　19cm　Ⓝ210.5　〔04975〕

◇烈公水戸斉昭　高野澄著　毎日新聞社　1997.5　282p　19cm　1800円　Ⓝ4-620-31176-6　〔04976〕

◆◆◆天狗党の乱

◇池田町に残る水戸「天狗党」通行にかかる諸記録—全文書読み下し　池田町(福井県)　池田歴史の会　1993.7　85p　26cm　Ⓝ210.58　〔04977〕

◇梶山敬介と水戸天狗党　梶山静六著　常陸太田　梶山静六　1978.5　53p　21cm　非売品　Ⓝ210.58　〔04978〕

◇近世日本国民史　第54　筑波山一挙の始末　徳富猪一郎著　近世日本国民史刊行会　1962　19cm　Ⓝ210.5　〔04979〕

◇激派と民衆—大橋の天狗党始末　江川文展著　土浦　筑波書林　1981.10　114p　18cm　(ふるさと文庫)580円　Ⓝ213.1　〔04980〕

◇元治甲子府中杉並戦争物語・筑波義軍旗挙の前後　山口誠太郎著　石岡　常陸郷土資料館　1981.5　39p　26cm　Ⓝ210.58　〔04981〕

◇元治元年　上　筑波挙兵と禁門戦争　関山豊正著　那珂湊　桜井印刷所(印刷)　1968　369p　25cm　非売　Ⓝ210.61　〔04982〕

◇元治元年　中　那珂湊の大戦　関山豊正著　那珂湊　桜井印刷所(印刷)　1970　64,671p　図24枚　26cm　非売　Ⓝ210.61　〔04983〕

◇元治元年　下の1　波山分離隊の最期　関山豊正著　那珂湊　桜井印刷所(印刷)　1975.9　389p　図版60p　26cm　非売品　Ⓝ210.61　〔04984〕

◇元治元年　下の2　那珂湊大戦の終末　関山豊正著　那珂湊〔関山豊正〕1984.1　679p　26cm　9000円　Ⓝ210.61　〔04985〕

◇元治元年の苦難—或高崎藩士(佐股致愷)の筆録　佐股致愷著,註解：佐股忠正　佐股忠正　1971　146p　25cm　非売　Ⓝ210.58　〔04986〕

◇後裔が見た水戸藩騒動の事実　野沢汎著　佐久間好雄監修　水戸　ぷらざ茨城　2004.3　257p　22cm　1200円　Ⓝ213.1　〔04987〕

◇武田耕雲斎詳伝——名水戸藩幕末史　上,下　大内地山著　水戸　水戸学精神作興会　1936　2冊　23cm　Ⓝ210.5　〔04988〕

◇筑波義軍旗挙　上　その前後と府中杉並戦争　山口誠太郎著,常陸郷土資料館編　土浦　筑波書林　1987.4　98p　18cm　(ふるさと文庫)600円　Ⓝ210.58　〔04989〕

◇筑波義軍旗挙　下　尊王攘夷と楠公崇拝　常陸郷土資料館編　渡辺宏著　土浦　筑波書林　1989.4　124p　18cm　(ふるさと文庫)600円　Ⓝ210.58　〔04990〕

◇天狗騒ぎ　横瀬夜雨編　流山　崙書房　1974　666p　20cm　(横瀬夜雨複刻全集　歴史篇)Ⓝ210.58　〔04991〕

◇天狗党異聞—田中隊の八溝路とその終焉　鈴木三郎著　土浦　筑波書林　1988.11　121p　18cm　(ふるさと文庫)600円　Ⓝ210.58　〔04992〕

◇天狗党鹿島落ち　織田鉄三郎著　土浦　筑波書林　1984.11　90p　18cm　(ふるさと文庫)600円　Ⓝ210.58　〔04993〕

◇天狗党が往く　光武敏郎著　秋田書店　1992.4　390p　20cm　2500円　Ⓝ4-253-00300-1　Ⓝ210.58　〔04994〕

◇天狗党血風録　杉田幸三著　毎日新聞社　1993.3　270p　19cm　1600円　Ⓝ4-620-10470-1　〔04995〕

◇天狗党始末記—変革への挑戦　上村健二著　善本社　1977.9　396p　20cm　1800円　Ⓝ210.58　〔04996〕

◇天狗党殉難者名簿　織田鉄三郎編　鹿島町(茨城県)　1964　134p　26cm　Ⓝ210.58　〔04997〕

◇天狗党追慕—写真紀行　西上の軌跡をたどる　室伏勇著　暁印書館　2001.7　269p　26cm　3500円　Ⓝ4-87015-143-X　Ⓝ210.58　〔04998〕

◇天狗党と民権—利根河畔の先行者たち　石川猷興著　三一書房　1982.4　248p　20cm　2000円　Ⓝ210.58　〔04999〕

◇天狗党の跡をゆく　鈴木茂乃夫著　暁印書館　1983.1　224p　20cm　1500円　Ⓝ210.58　〔05000〕

◇天狗党の跡をゆく　鈴木茂乃夫著　増補版　暁印書館　1989.2　264p　20cm　1500円　Ⓝ4-87015-043-3　Ⓝ210.58　〔05001〕

◇天狗党悲歌　鹿島落　織田鉄三郎著　鹿島町(茨城県)　1958　84p　24cm　和　大和綴　Ⓝ213.1　〔05002〕

◇天狗党悲史　石井良一著　国書刊行会　1983.3　87p　19cm　800円　Ⓝ210.58　〔05003〕

◇幕末の上州—水戸天狗党と下仁田戦争　第73回企画展　群馬県立歴史博物館編　高崎　群馬県立歴史博物館　2002.10　72p　30cm　Ⓝ210.58　〔05004〕

◇波山記事　日本史籍協会編　東京大学出版会　1973　2冊　22cm　(日本史籍協会叢書)各3000円　Ⓝ210.58　〔05005〕

◇波山始末　川瀬教文著,史談会編纂　流山　崙書房　1973　296p　22cm　4000円　Ⓝ210.58　〔05006〕

◇波山始末　川瀬教文著　茨城町(茨城県)　常野文献社　1995.9　296p　22cm　7500円　Ⓝ4-916026-03-9　Ⓝ210.58　〔05007〕

◇常陸太田市史編さん史料　第12号　天狗党関係殉難死節履歴　常陸太田市史編さん委員会編　常陸太田　常陸太田市　1979.3　134p　22cm　Ⓝ213.1　〔05008〕

◇常陸小川稽医館と天狗党　井坂教著　小川町(茨城県)〔井坂教〕1976　222p　22cm　Ⓝ213.1　〔05009〕

◇真菅日記—天狗党に加担した名主日記　上　大久保七郎左衛門著,佐野俊正編　土浦　筑波書林　1984.3　90p　18cm　(ふるさと文庫)600円　Ⓝ210.58　〔05010〕

◇真菅日記—天狗党に加担した名主日記　中　大久保七郎左衛門著,佐野俊正編　土浦　筑波書林　1988.1　p91〜200　18cm　(ふるさと文庫)600円　Ⓝ210.58　〔05011〕

◇松原神社祭神事歴　藤井貞文著　敦賀　水戸烈士遺徳顕彰会　1963　60p　22cm　Ⓝ210.58　〔05012〕

◇水戸義軍と信濃路　小林郊人著　豊国社　1943　230p　19cm　Ⓝ210.5　〔05013〕

◇水戸家騒動天狗派余聞　佐原騒擾の真相—南山高橋善左

衛門秀一伝　平柳翠著　佐原　佐原興業　1962　348　図版　表　19cm　Ⓝ213.5
〔05014〕

◇水戸天狗党　田中真理子, 松本直子著　講談社　1977.11　356p　20cm　1300円　Ⓝ210.58
〔05015〕

◇水戸天狗党遺聞　金沢春友著　富貴書房　1955　248p　19cm　Ⓝ210.58
〔05016〕

◇水戸天狗党と久慈川舟運　金沢春友　柏書房　1974　298p(図・共)　22cm　2400円　Ⓝ213.1
〔05017〕

◇水戸天狗党と下仁田戦争150話　大塚政義著　前橋　上毛新聞社　1984.2　373p　19cm　1500円　Ⓝ210.58
〔05018〕

◇水戸天狗党と下仁田戦争150話　大塚政義著　前橋　上毛新聞社　1984.2(第2刷：2004.10)　373p　19cm　①4-88058-906-3　Ⓝ210.58
〔05019〕

◇水戸天狗党栃木町焼打事件—稲葉重左衛門日記　稲葉誠太郎編著　栃木　ふろんてぃあ　1983.11　379p　23cm　Ⓝ210.58
〔05020〕

◇水戸の悲劇—天狗党の軌跡　青木健一著　林武朗編　下諏訪町(長野県)「水戸の悲劇」刊行会事務局　1992.12　368p　20cm　2700円　Ⓝ210.58
〔05021〕

◇水戸浪士西上録　校訂・解説：日置謙　金沢　石川県図書館協会　1972　224p　22cm　Ⓝ213.1
〔05022〕

◇憂国の情やみがたし—実録水戸浪士の信濃路通行　塩沢尚人編著　松本　郷土出版社　1985.1　279p　19cm　1500円　Ⓝ210.58
〔05023〕

◆◆幕末期の会津藩

◇会津藩最後の首席家老　長谷川つとむ著　中央公論新社　1999.5　277p　15cm　(中公文庫)648円　①4-12-203422-1
〔05024〕

◇会津藩士好川範之丞以後　好川之範著　札幌　好川平輔　1981.12　33p　21cm　Ⓝ288.3
〔05025〕

◇会津藩庁記録　日本史籍協会編　東京大学出版会　1969　6冊　22cm　(日本史籍協会叢書 1-6)各3000円　Ⓝ210.58
〔05026〕

◇会津藩庁記録　1　日本史籍協会編　東京大学出版会　1982.6　540p　22cm　(日本史籍協会叢書 1)5000円　Ⓝ210.58
〔05027〕

◇会津藩庁記録　2　日本史籍協会編　東京大学出版会　1982.6　706p　22cm　(日本史籍協会叢書 2)5000円　Ⓝ210.58
〔05028〕

◇会津藩庁記録　3　日本史籍協会編　東京大学出版会　1982.7　542p　22cm　(日本史籍協会叢書 3)5000円　Ⓝ210.58
〔05029〕

◇会津藩庁記録　4　日本史籍協会編　東京大学出版会　1982.7　745p　22cm　(日本史籍協会叢書 4)5000円　Ⓝ210.58
〔05030〕

◇会津藩庁記録　5　日本史籍協会編　東京大学出版会　1982.8　712p　22cm　(日本史籍協会叢書 5)5000円　Ⓝ210.58
〔05031〕

◇会津藩庁記録　6　日本史籍協会編　東京大学出版会　1982.8　491p　22cm　(日本史籍協会叢書 6)5000円　Ⓝ210.58
〔05032〕

◇会津藩幕末・維新史料集　川口芳昭編　喜多方　おもはん社　2005.10　462p　22cm　(会津北書)5500円　Ⓝ212.6
〔05033〕

◇会津藩はなぜ「朝敵」か—幕末維新史最大の謎　星亮一著　ベストセラーズ　2002.9　205p　18cm　(ベスト新書)680円　①4-584-12046-3　Ⓝ210.58
〔05034〕

◇維新史に於ける会津　徳富猪一郎著　若松　会津蘇峰会　1937　34p　23cm　Ⓝ212.6
〔05035〕

◇維新前後の会津の人々　相田泰三編　会津若松　会津士魂会　1967.9　177p　22cm　非売品　Ⓝ281.26
〔05036〕

◇京都守護職始末　第1　旧会津藩老臣の手記　山川浩著, 遠山茂樹校注, 金子光晴訳　平凡社　1965　256p　18cm　(東洋文庫)Ⓝ210.58
〔05037〕

◇京都守護職始末　第2　旧会津藩老臣の手記　山川浩著, 遠山茂樹校注, 金子光晴訳　平凡社　1966　275p　18cm　(東洋文庫)Ⓝ210.58
〔05038〕

◇激動の明治維新—世界が動いたその時日本は薩摩は琉球はペリー来航150年・薩英戦争140年黎明館開館20周年記念企画特別展　鹿児島県歴史資料センター黎明館企画・編集　鹿児島「激動の明治維新」展実行委員会　2003.10　159p　30cm　Ⓝ219.7
〔05039〕

◇新選組と会津藩—彼らは幕末・維新をどう戦い抜いたか　星亮一著　平凡社　2004.2　198p　18cm　(平凡社新書)720円　①4-582-85212-2　Ⓝ210.58
〔05040〕

◇幕末会津藩　会津若松　歴史春秋出版　1999.4　202p　30cm　1429円　①4-89757-385-8　Ⓝ212.6
〔05041〕

◇幕末会津藩往復文書　上巻　会津若松市総務部秘書広聴課編　会津若松　会津若松市　2000.3　558p　22cm　(会津若松市史 史料編 1)3000円　Ⓝ212.6
〔05042〕

◇幕末会津藩往復文書　下巻　会津若松市総務部秘書広聴課編　会津若松　会津若松市　2000.3　580p　22cm　(会津若松市史 史料編 2)3000円　Ⓝ212.6
〔05043〕

◇幕末・会津藩士銘々伝　上　小桧山六郎, 間島勲編　新人物往来社　2004.7　331p　19cm　2800円　①4-404-03201-3
〔05044〕

◇幕末・会津藩士銘々伝　下　小桧山六郎, 間島勲編　新人物往来社　2004.7　311p　20cm　2800円　①4-404-03202-1　Ⓝ281.26
〔05045〕

◇幕末会津藩主・松平容保　帯金充利著　叢文社　2006.11　235p　19cm　1500円　①4-7947-0563-8　Ⓝ289.1
〔05046〕

◇幕末の会津と若松市の成立—近代化への道　若松城天守閣市制百周年記念特別展　若松城天守閣市制百周年記念特別展実行委員会編　会津若松　若松城天守閣市制百周年記念特別展実行委員会　1999.9　126p　26cm　Ⓝ212.6
〔05047〕

◇幕末の会津藩—運命を決めた上洛　星亮一著　中央公論新社　2001.12　237p　18cm　(中公新書)740円　①4-12-101619-X　Ⓝ210.58
〔05048〕

◇松平容保とその時代—京都守護職と会津藩　星亮一著　会津若松　歴史春秋社　1984.7　306p　20cm　1500円　Ⓝ210.58
〔05049〕

◆◆幕末期の土佐藩

◇維新土佐勤王史　瑞山会編　富山房　1912　1300,49,4p　23cm　Ⓝ218.4
〔05050〕

◇維新土佐勤王史　瑞山会編　日本図書センター　1977.11　1冊　22cm　18000円　Ⓝ210.58
〔05051〕

◇維新土佐勤王人名録　宮地美彦編　高知県香美郡立田村　宮地美彦　1937　88丁　25cm　Ⓝ281.84
〔05052〕

◇維新土佐歴史　寺石正路著　高知　富士越書店　1917　200p　23cm　Ⓝ210.6
〔05053〕

◇高知県主催維新志士遺墨展覧会出品目録　高知県編　高知〔高知県立図書館〕1928　28p　19cm　Ⓝ281
〔05054〕

◇志士は今も生きている—その墓所をたづねて　高知県教育委員会, 高知県退職公務員連盟編　高知　高知県教育委員会　1982.3　245p　19cm　Ⓝ210.58
〔05055〕

◇土佐維新史料　書翰篇1　平尾道雄編　高知　高知市民図書館　1992.3　290p　20cm　（史料平尾文庫 3）2700円　Ⓝ218.4　〔05056〕

◇土佐維新史料　日記篇2　平尾道雄編　高知　高知市民図書館　1991.3　346p　20cm　（史料平尾文庫 2）2500円　Ⓝ218.4　〔05057〕

◇土佐維新史料　書翰篇2　平尾道雄編　高知　高知市民図書館　1993.12　338p　20cm　（史料平尾文庫 4）3300円　Ⓝ218.4　〔05058〕

◇土佐藩家老物語　松岡司著　高知　高知新聞社　2001.11　295p　19cm　1800円　Ⓘ4-87503-322-2　Ⓝ218.4　〔05059〕

◇幕末維新　第4編　第十六代豊範公紀　慶応元年一月～慶応元年十二月　山内家史料刊行委員会編　高知　山内神社宝物資料館　1983.9　6,792,19p　27cm　（山内家史料）10000円　Ⓝ218.4　〔05060〕

◇幕末維新　第5編　第十六代豊範公紀　慶応二年一月～慶応三年三月　山内家史料刊行委員会編　高知　山内神社宝物資料館　1983.12　7,720,23p　27cm　（山内家史料）10000円　Ⓝ218.4　〔05061〕

◇幕末維新　第6編　第十六代豊範公紀　慶応三年四月～慶応三年十月　山内家史料刊行委員会編　高知　山内神社宝物資料館　1984.4　26,810,12p　27cm　（山内家史料）10000円　Ⓝ218.4　〔05062〕

◇幕末維新　第7編　第十六代豊範公紀　慶応三年十月十六日～慶応三年十二月末日　山内家史料刊行委員会編　高知　山内神社宝物資料館　1985.6　1冊　27cm　（山内家史料）10000円　Ⓝ218.4　〔05063〕

◇幕末洋学教育史研究―土佐藩「徳弘家資料」による実態分析　坂本保富著　高知　高知市民図書館　2004.2　558,44p　22cm　3810円　Ⓝ402.105　〔05064〕

◇容堂公と政権返上の建白　井野辺茂雄著　高知　山内神社　1940　47p　23cm　Ⓝ210.5　〔05065〕

◇吉田東洋遺稿　大塚武松編　日本史籍協会　1929　486p　23cm　Ⓝ210.5　〔05066〕

◇吉田東洋遺稿　東京大学出版会　1974.11　501p　22cm　（日本史籍協会叢書 186）Ⓝ210.58　〔05067〕

◆◆◆武市半平太

◇維新土佐勤王史　瑞山会編纂　周南　マツノ書店　2004.1　1300,49,4p　図版16枚　22cm　19047円　Ⓝ210.61　〔05068〕

◇武市瑞山関係文書　日本史籍協会編　東京大学出版会　1972　2冊　22cm　（日本史籍協会叢書）Ⓝ210.58　〔05069〕

◇武市瑞山関係文書　第1,2　日本史籍協会編　日本史籍協会　1916　2冊　23cm　Ⓝ210.5　〔05070〕

◇『武市半平太―ある草莽の実像』批判―併せて我が国史壇批判　横田達雄著　日本図書刊行会, 近代文芸社〔発売〕　2003.12　379p　19cm　2000円　Ⓘ4-8231-0627-X　〔05071〕

◇『武市半平太―ある草莽の実像』批判―併せて我が国史壇批判　横田達雄著　日本図書刊行会　2003.12　379　20cm　2000円　Ⓘ4-8231-0627-X　Ⓝ210.61　〔05072〕

◇武市半平太伝―月と影と　松岡司著　新人物往来社　1997.3　387p　19cm　3914円　Ⓘ4-404-02473-8　〔05073〕

◇武市半平太と土佐勤王党　横田達雄著　出版地不明　横田達雄　2007.4　713p　22cm　5000円　Ⓝ210.58　〔05074〕

◆◆◆坂本竜馬

◇維新創世坂本龍馬―"日本の夜明け"を疾駆した快男児　学習研究社　2006.8　171p　26cm　（歴史群像シリーズ―新・歴史群像シリーズ 4）1500円　Ⓘ4-05-604396-5　Ⓝ289.1　〔05075〕

◇偉人伝記文庫　第7号　坂本竜馬　中川重著　日本社　1935　56p　19cm　Ⓝ289.1　〔05076〕

◇NHK歴史への招待　第22巻　海援隊と奇兵隊　日本放送協会編　日本放送出版協会　1990.1　238p　18cm　700円　Ⓘ4-14-018071-4　Ⓝ210.1　〔05077〕

◇沖田総司・土方歳三・坂本竜馬の手紙　新人物往来社　1988.5　3枚　19cm　2800円　Ⓘ4-404-01506-2　Ⓝ210.58　〔05078〕

◇海援隊始末記　平尾道雄著　大道書房　1941　371p　19cm　Ⓝ210.5　〔05079〕

◇海援隊長坂本竜馬　品川陣居著　興亜文化協会　1942　286p　19cm　Ⓝ289.1　〔05080〕

◇勝海舟と坂本龍馬　加来耕三著　PHP研究所　1996.8　416p　15cm　（PHP文庫）740円　Ⓘ4-569-56912-9　〔05081〕

◇勝海舟と坂本龍馬　加来耕三著　学習研究社　2001.1　531p　15cm　（学研M文庫）830円　Ⓘ4-05-901026-X　〔05082〕

◇共同研究・坂本竜馬　新人物往来社編　新人物往来社　1997.9　332p　19cm　3400円　Ⓘ4-404-02508-4　〔05083〕

◇クロニクル坂本龍馬の33年　菊地明著　新人物往来社　2006.4　263p　21cm　1800円　Ⓘ4-404-03296-X　Ⓝ289.1　〔05084〕

◇再現日本史―週刊time travel　幕末・維新 8　講談社　2001.5　42p　30cm　533円　Ⓝ210.1　〔05085〕

◇坂本龍馬、京をゆく　木村幸比古文　三村博史写真　京都　淡交社　2001.4　126p　21cm　（新撰 京の魅力）1500円　Ⓘ4-473-01809-1　〔05086〕

◇坂本竜馬　弘松宣枝著　民友社　1896.7　160p　20cm　Ⓝ289.1　〔05087〕

◇坂本竜馬　土田泰蔵著　三松堂　1897.9　131p　19cm　Ⓝ289.1　〔05088〕

◇阪本竜馬　和田恒彦（天華）著　東亜堂書房　1912.6　396p　22cm　Ⓝ289.1　〔05089〕

◇坂本竜馬　千頭清臣著　博文館　1914　290p　22cm　（偉人伝叢書 第2冊）Ⓝ289.1　〔05090〕

◇坂本竜馬―老荘の風雲児　森茂者　金鶏学院　1927　39p　23cm　（人物研究叢刊 第2）Ⓝ289.1　〔05091〕

◇坂本竜馬　小嶋徳弥著　春陽堂書店　1936　198p　17cm　（少年文庫 214）Ⓝ289.1　〔05092〕

◇坂本竜馬　水守亀之助著　人文会出版部　1942　386p　19cm　Ⓝ289.1　〔05093〕

◇坂本竜馬　千頭清臣著　高知　土佐史談会　1985.3　324,6p　23cm　（土佐史談復刻叢書 9）2000円　Ⓝ289.1　〔05094〕

◇坂本竜馬　山村竜也編　教育書籍　1993.3　257p　20cm　（英雄の時代 3）1700円　Ⓘ4-317-60068-4　Ⓝ289.1　〔05095〕

◇坂本竜馬―物語と史蹟をたずねて　八尋舜右著　成美堂出版　1994.6　311p　16cm　（成美文庫）560円　Ⓘ4-415-06401-9　Ⓝ289.1　〔05096〕

◇坂本竜馬―動乱の時代を疾走した風雲児　世界文化社　1996.8　162p　26cm　（ビッグマンスペシャル―歴史クローズアップ 人物）1400円　Ⓘ4-418-96122-4　Ⓝ289.1　〔05097〕

◇坂本龍馬―現代的に学ぶ 堅山忠男著 東洋書院 1997.10 248p 19cm 1400円 Ⓘ4-88594-264-0 〔05098〕

◇坂本龍馬 近畿日本ツーリスト 1998.8 191p 22cm (歴史の舞台を旅する 2)1800円 Ⓘ4-87638-659-5 Ⓝ291.09 〔05099〕

◇坂本竜馬―飛べ！ペガスス 古川薫著 岡田嘉夫画 小峰書店 2000.5 185p 22cm (時代を動かした人々 維新篇 1)1500円 Ⓘ4-338-17101-4 〔05100〕

◇坂本龍馬 飛鳥井雅道著 講談社 2002.5 329p 15cm (講談社学術文庫)1000円 Ⓘ4-06-159546-6 〔05101〕

◇坂本龍馬―歴史の舵をきった男 河出書房新社 2003.6 247p 21cm (Kawade夢ムック―文芸別冊)1143円 Ⓘ4-309-97653-0 〔05102〕

◇坂本龍馬―幕末志士の旅 河合敦著 光人社 2004.2 302p 19cm 1800円 Ⓘ4-7698-1171-3 Ⓝ289.1 〔05103〕

◇坂本龍馬暗殺事件覚え書 土屋雄嗣著 新人物往来社 2002.4 209p 19cm 1500円 Ⓘ4-404-02965-9 〔05104〕

◇坂本竜馬・いろは丸事件の謎を解く 森本繁著 新人物往来社 1990.10 207p 20cm 2233円 Ⓘ4-404-01749-9 Ⓝ210.58 〔05105〕

◇坂本龍馬を歩く 一坂太郎著 山と渓谷社 2003.3 159p 21cm (歩く旅シリーズ歴史・文学)1500円 Ⓘ4-635-60060-2 〔05106〕

◇坂本龍馬を歩く 一坂太郎著 改訂版 山と渓谷社 2006.12 159p 21cm (歩く旅シリーズ 歴史・文学)1500円 Ⓘ4-635-60069-6 〔05107〕

◇坂本龍馬 男の幸福論 宮地佐一郎著 PHP研究所 1997.12 266p 19cm 1619円 Ⓘ4-569-55909-3 〔05108〕

◇坂本竜馬をめぐる群像 邦光史郎ほか著 青人社 1993.3 203p 21cm (幕末・維新百人一話 2)1500円 Ⓘ4-88296-108-3 Ⓝ281.04 〔05109〕

◇坂本竜馬おもしろ事典 百瀬明治著 紀行社 1989.6 270p 19cm (歴史おもしろシリーズ)1350円 Ⓘ4-404-01633-6 Ⓝ289.1 〔05110〕

◇坂本龍馬海援隊始末 平尾道雄著 万里閣書房 1929 409p 図版25枚 19cm Ⓝ210.5 〔05111〕

◇坂本龍馬 海援隊始末記 平尾道雄著 白竜社 1968 293p Ⓝ210.58 〔05112〕

◇坂本竜馬海援隊士列伝 山田一郎他著 新人物往来社 1988.2 252p 20cm 2000円 Ⓘ4-404-01483-X Ⓝ281.84 〔05113〕

◇坂本龍馬関係文書 第1,2 岩崎英重編 日本史籍協会 1926 2冊 23cm Ⓝ210.6 〔05114〕

◇坂本龍馬関係文書 第1 日本史籍協会編 東京大学出版会 1967 502p 22cm (日本史籍協会叢書 115)Ⓝ289.1 〔05115〕

◇坂本龍馬関係文書 第2 日本史籍協会編 東京大学出版会 1967 548p 22cm (日本史籍協会叢書 116)Ⓝ289.1 〔05116〕

◇坂本竜馬関係文書 1 日本史籍協会編 東京大学出版会 1988.12 502p 22cm (日本史籍協会叢書 115)8000円 Ⓘ4-13-097715-6 Ⓝ210.58 〔05117〕

◇坂本竜馬関係文書 1 日本史籍協会編 北泉社 1996.9 502p 22cm 8000円 Ⓘ4-938424-66-5 Ⓝ210.58 〔05118〕

◇坂本竜馬関係文書 2 日本史籍協会編 東京大学出版会 1989.1 548p 22cm (日本史籍協会叢書 116)8000円 Ⓝ210.58 〔05119〕

◇坂本竜馬関係文書 2 日本史籍協会編 北泉社 1996.9 548p 22cm 8000円 Ⓘ4-938424-67-3 Ⓝ210.58 〔05120〕

◇坂本竜馬言行録 渡辺修二郎編 内外出版協会 1913 176p 19cm (偉人研究 第76編)Ⓝ289.1 〔05121〕

◇坂本竜馬言行録 川又category二著 東亜堂書房 1917 178p 18cm (修養史伝 第11編)Ⓝ289.1 〔05122〕

◇坂本龍馬 33年の生涯 高野澄著 三修社 2003.9 271p 19cm 2200円 Ⓘ4-384-03179-3 〔05123〕

◇坂本龍馬事典 小西四郎, 山本大, 江藤文夫, 宮地佐一郎, 広谷喜十郎編 コンパクト版 新人物往来社 2007.3 402p 20cm 4800円 Ⓘ978-4-404-03446-5 Ⓝ289.1 〔05124〕

◇坂本龍馬 自分の「壁」を破る生き方―人間関係の極意 童門冬二著 三笠書房 1999.9 249p 15cm (知的生きかた文庫)533円 Ⓘ4-8379-7060-5 〔05125〕

◇坂本龍馬 知れば知るほど―維新をプロデュースした発想力・行動力・先見性 山本大監修 実業之日本社 1999.7 237p 19cm (知れば知るほどシリーズ)1300円 Ⓘ4-408-10341-1 〔05126〕

◇坂本龍馬進化論 菊地明著 新人物往来社 2002.7 270p 19cm 2500円 Ⓘ4-404-02977-2 〔05127〕

◇坂本龍馬新聞 坂本龍馬新聞編集委員会編 新装版 新人物往来社 2004.1 161p 26cm 1800円 Ⓘ4-404-03179-3 Ⓝ289.1 〔05128〕

◇坂本竜馬先生 高知県学務部編 高知 高知県学務部 1942 93p 19cm (土佐先哲精神顕彰叢書 4)Ⓝ289.1 〔05129〕

◇坂本龍馬先生・中岡慎太郎先生年譜 高知 竜馬会 1936 38p 15cm Ⓝ289.1 〔05130〕

◇坂本龍馬大事典 新人物往来社 1995.5 336p 21cm 9800円 Ⓘ4-404-02205-0 〔05131〕

◇坂本龍馬大事典 コンパクト版 新人物往来社編 新人物往来社 2001.12 339p 19cm 4800円 Ⓘ4-404-02952-7 〔05132〕

◇坂本龍馬伝 千頭清臣著 新人物往来社 1995.7 330p 21cm (日本伝記叢書)6000円 Ⓘ4-404-02234-4 〔05133〕

◇坂本龍馬と薩長同盟―龍馬周旋は作り話か… 新説・通説異論あり 芳即正著 鹿児島 高城書房 1998.12 242p 19cm 1600円 Ⓘ4-924752-82-7 Ⓝ210.58 〔05134〕

◇坂本竜馬と下関―特別展 下関市立長府博物館編 下関 下関市立長府博物館 1992.11 79p 28cm Ⓝ210.61 〔05135〕

◇坂本龍馬と刀剣 小美濃清明著 新人物往来社 1995.11 180p 21cm 2900円 Ⓘ4-404-02263-8 〔05136〕

◇坂本龍馬と明治維新 マリアス・B・ジャンセン著, 平尾道雄, 浜田亀吉訳 時事通信社 1965 437p 22cm Ⓝ210.61 〔05137〕

◇坂本龍馬と明治維新 マリアス・ジャンセン著, 平尾道雄, 浜田亀吉訳 新版 時事通信社 1973 400p 19cm 950円 Ⓝ210.61 〔05138〕

◇坂本竜馬と明治維新 マリアス・B.ジャンセン著, 平尾道雄, 浜田亀吉訳 新版 時事通信社 1989.7 400p 19cm 1236円 Ⓘ4-7887-0002-6 Ⓝ210.61 〔05139〕

◇坂本竜馬・中岡慎太郎 平尾道雄著 地人書館 1943 358p 19cm (維新勤皇遺文選書)Ⓝ289.1 〔05140〕

◇坂本竜馬・中岡慎太郎 その1 伊藤痴遊著 平凡社 1940 309p 18cm (新装維新十傑 第9巻)Ⓝ289.1

近世一般　　　　　　　　　　　　　　　　近世史

〔05141〕
◇坂本竜馬・中岡慎太郎　その2　伊藤痴遊著　平凡社　1941　280p　19cm　（新装維新十傑　第9巻）Ⓝ289.1
〔05142〕
◇坂本龍馬・中岡慎太郎展―暗殺一四〇年！―時代が求めた"命"か？　特別展三館合同企画　高知県立歴史民俗資料館，高知県立坂本龍馬記念館，北川村立中岡慎太郎館編　南国　高知県立歴史民俗資料館　2007.7　102p　30cm　Ⓝ210.58
〔05143〕
◇坂本龍馬に聞け！―志高く，度量は海の如し。　才谷登士夫著　鳥影社　2003.12　240p　19cm　1500円　Ⓘ4-88629-790-0　Ⓝ289.1
〔05144〕
◇坂本龍馬日記　上　菊地明，山村竜也編　新人物往来社　1996.7　267p　21cm　9800円　Ⓘ4-404-02337-5
〔05145〕
◇坂本龍馬日記　下　菊地明，山村竜也編　新人物往来社　1996.7　238p　21cm　9800円　Ⓘ4-404-02374-X
〔05146〕
◇坂本龍馬 人間の大きさ―人は何をバネにして大きくなるのか　童門冬二著　三笠書房　1998.2　251p　15cm　（知的生きかた文庫）495円　Ⓘ4-8379-0937-X
〔05147〕
◇坂本龍馬の系譜　土居晴夫著　新人物往来社　2006.11　270p　19cm　2800円　Ⓘ4-404-03428-8
〔05148〕
◇坂本龍馬のすべてがわかる本　風巻絃一著　新装新版　三笠書房　2004.4　298p　15cm　（知的生きかた文庫）562円　Ⓘ4-8379-7389-2　Ⓝ289.1
〔05149〕
◇坂本竜馬の手紙　嶋岡晨著　名著刊行会　1983.1　267p　19cm　1500円　Ⓝ289.1
〔05150〕
◇坂本龍馬101の謎　菊地明，伊東成郎，山村竜也著　新人物往来社　1994.7　239p　19cm　2500円　Ⓘ4-404-02118-6
〔05151〕
◇写真集 龍馬脱藩物語　前田秀徳著　新人物往来社　1999.6　208p　19cm　2800円　Ⓘ4-404-02811-3
〔05152〕
◇儁傑坂本竜馬　坂本中岡銅像建設会編　坂本中岡銅像建設会事務所　1927　551p 図版14枚　22cm　Ⓝ289.1
〔05153〕
◇史料が語る坂本龍馬の妻お龍　鈴木かほる著　新人物往来社　2007.12　274p　21cm　2800円　Ⓘ978-4-404-03513-4
〔05154〕
◇晋作・龍馬像「青春交響の塔」完成記念誌　志士の杜推進実行委員会事務局編　下関　志士の杜推進実行委員会　2003.12　90p　30cm
〔05155〕
◇図説坂本龍馬　小椋克己，土居晴夫監修　戎光祥出版　2005.3　191p　22cm　1800円　Ⓘ4-900901-50-4　Ⓝ289.1
〔05156〕
◇世界の伝記　17　坂本龍馬　山下喬子著　新装版　ぎょうせい　1995.2　318p　19cm　1600円　Ⓘ4-324-04394-9
〔05157〕
◇定本坂本龍馬伝―青い航跡　松岡司著　新人物往来社　2003.12　950p　20cm　7800円　Ⓘ4-404-03116-5　Ⓝ289.1
〔05158〕
◇天下の事成就せり―福井藩と坂本龍馬　福井市立郷土歴史博物館企画・制作・編集　福井　福井市立郷土歴史博物館　2004.3　111p　30cm　Ⓝ289.1
〔05159〕
◇歳三と龍馬―幕末・維新の青春譜　菊地明ほか筆　集英社　2003.11　220p　21cm　1600円　Ⓘ4-08-781294-4　Ⓝ289.1
〔05160〕
◇中岡慎太郎と坂本竜馬―薩長連合の演出者　寺尾五郎著　徳間書店　1990.1　285p　16cm　（徳間文庫 662-2）427円　Ⓘ4-19-598979-5　Ⓝ210.58
〔05161〕

◇日本を今一度せんたくいたし申候―龍馬が「手紙」で伝えたかったこと　木村幸比古著　祥伝社　2000.10　280p　19cm　1600円　Ⓘ4-396-61113-7
〔05162〕
◇爆笑問題が読む龍馬からの手紙　爆笑問題著　情報センター出版局　2005.8　270p　20cm　1200円　Ⓘ4-7958-4382-1　Ⓝ289.1
〔05163〕
◇幕末・維新の群像　第1巻　坂本竜馬　邦光史郎著　PHP研究所　1989.12　203p　20cm　（歴史人物シリーズ）1300円　Ⓘ4-569-52658-6　Ⓝ281
〔05164〕
◇幕末京都―新選組と龍馬たち　川端洋之文　中田昭写真　京都　光村推古書院　2003.11　95p　17×19cm　（SUIKO BOOKS）1600円　Ⓘ4-8381-0324-7
〔05165〕
◇もっと知りたい坂本龍馬　木村幸比古，木村武仁著　日本実業出版社　2003.12　246,7p　19cm　（歴史を動かした人物series）1400円　Ⓘ4-534-03686-8　Ⓝ289.1
〔05166〕
◇物語竜馬を愛した七人の女　新人物往来社編　新人物往来社　1991.6　236p　20cm　2300円　Ⓘ4-404-01824-X　Ⓝ281.04
〔05167〕
◇〈郵政の父〉前島密と坂本龍馬　加来耕三著　二見書房　2004.12　326p　20cm　1700円　Ⓘ4-576-04220-3　Ⓝ289.1
〔05168〕
◇勇のこと―坂本龍馬，西郷隆盛が示した変革期の生き方　津本陽著　講談社　2002.4　198p　15cm　（講談社文庫）448円　Ⓘ4-06-273404-4
〔05169〕
◇龍馬暗殺 完結篇　菊地明著　新人物往来社　2000.8　241p　19cm　2500円　Ⓘ4-404-02870-9
〔05170〕
◇龍馬の時代―京を駆けた志士群像　木村幸比古著　京都　淡交社　2006.2　269p　19cm　1500円　Ⓘ4-473-03304-X　Ⓝ281.04
〔05171〕
◇龍馬阿波路を行く―幕末秘史 実説明治維新　鎌村善子編　美馬町（徳島県）［鎌村善子］　2004.8　121p　21cm　2500円　Ⓝ289.1
〔05172〕
◇龍馬阿波路を行く―幕末秘史 実説明治維新　鎌村善子編　美馬［鎌村善子］　2006.1　122p　21cm　2700円　Ⓝ289.1
〔05173〕
◇竜馬暗殺―幕末最大の謎闇からの刺客を暴く　世界文化社　1994.10　184p　26cm　（ビッグマンスペシャル―歴史クローズアップ事件）1400円　Ⓝ289.1
〔05174〕
◇龍馬暗殺―捜査報告書　小林久三著　光風社出版　1996.9　265p　19cm　1200円　Ⓘ4-87519-760-8
〔05175〕
◇龍馬暗殺の真犯人は誰か　木村幸比古著　新人物往来社　1995.7　251p　19cm　2800円　Ⓘ4-404-02230-1
〔05176〕
◇龍馬暗殺の謎―諸説を徹底検証　木村幸比古著　PHP研究所　2007.3　259p　18cm　（PHP新書）740円　Ⓘ978-4-569-69065-0　Ⓝ289.1
〔05177〕
◇龍馬暗殺の謎を解く　新人物往来社編　新人物往来社　1991.7　253p　19cm　2300円　Ⓘ4-404-01836-3
〔05178〕
◇竜馬いま―黒潮海援隊の思想と自分史　秦泉寺正一著　論創社　1986.6　193p　20cm　1600円　Ⓝ289.1
〔05179〕
◇龍馬を読む愉しさ―再発見の手紙が語ること　宮川禎一著　京都　臨川書店　2003.11　214p　19cm　（臨川選書）2000円　Ⓘ4-653-03918-6
〔05180〕
◇龍馬を読む愉しさ―再発見の手紙が語ること　宮川禎一著　京都　臨川書店　2003.11　214p　19cm　（臨川選書 23）2000円　Ⓘ4-653-03918-6　Ⓝ289.1
〔05181〕
◇龍馬が愛した下関　一坂太郎著　新人物往来社　1995.8　295p　19cm　2800円　Ⓘ4-404-02247-6
〔05182〕

◇龍馬回想―青雲の志　森田恭二著　大阪　和泉書院
　2004.9　93p　19cm　(Izumi books 9)1000円
　Ⓘ4-7576-0272-3　Ⓝ289.1
　〔05183〕
◇龍馬が長い手紙を書く時　小椋克己著　戎光祥出版
　2007.1　231p　19cm　1500円　Ⓘ4-900901-74-1
　Ⓝ289.1
　〔05184〕
◇竜馬からのメッセージ―高知城の謎から幕末・竜馬関係までの史跡を探訪する　息のながい本　前田秀徳著　改訂　高知　前田秀徳　1993.9　288p　21cm　2300円
　Ⓝ291.84
　〔05185〕
◇竜馬からの遺言状　山田一郎著　新人物往来社　1991.11　256p　20cm　2500円　Ⓘ4-404-01856-8　Ⓝ210.58
　〔05186〕
◇龍馬、原点消ゆ。―2006年夏、土佐の墓山が跡形もなく消えた―。新発見で編んだ『龍馬事典』　前田秀徳著　三自館　2006.12　430p　21cm　2300円
　Ⓘ4-88320-365-4　Ⓝ289.1
　〔05187〕
◇龍馬とおりょうの想い出物語―名は龍と申私にヽにてをり候　斎藤秀一著　横須賀　湘南海援隊　2005.1　39p　21cm　(湘南海援隊文庫)390円　Ⓝ289.1
　〔05188〕
◇龍馬とおりょうの想い出物語―名は龍と申私にヽにてをり候　斎藤秀一筆　再版　横須賀　湘南海援隊　2007.11　40p　21cm　(湘南海援隊文庫 第1刊)500円
　Ⓝ289.1
　〔05189〕
◇竜馬と象二郎　矢田挿雲著　霞ケ関書房　1942　397p　19cm　Ⓝ289.1
　〔05190〕
◇龍馬と新選組―〈文〉で読む幕末　菅宗次著　講談社　2004.9　238p　19cm　(講談社選書メチエ 309)1700円
　Ⓘ4-06-258309-7　Ⓝ289.1
　〔05191〕
◇龍馬と新選組の京都―史跡ガイド　武山峯久著　大阪　創元社　2001.1　207p　19cm　1300円
　Ⓘ4-422-20142-5　Ⓝ291.62
　〔05192〕
◇龍馬とその仲間たち―フォトエッセイ　前田秀徳撮影・著　高知　リーブル出版　2001.4　208p　20cm　2667円　Ⓘ4-947727-26-8　Ⓝ281.84
　〔05193〕
◇龍馬と八人の女性　阿井景子著　戎光祥出版　2005.4　220p　20cm　1800円　Ⓘ4-900901-56-3　Ⓝ289.1
　〔05194〕
◇龍馬の翔けた時代―その生涯と激動の幕末 The age of Sakamoto Ryoma 特別展覧会　京都国立博物館編　京都　京都新聞社　2005.7　313p　30cm　Ⓝ210.58〔05195〕
◇龍馬の金策日記―維新の資金をいかにつくったか　竹下倫一著　祥伝社　2006.5　252p　18cm　(祥伝社新書)760円　Ⓘ4-396-11038-3　Ⓝ289.1
　〔05196〕
◇龍馬の時代―京を駆けた志士群像　木村幸比古著　高知　高知新聞社　1997.7　258p　20cm　1900円
　Ⓘ4-87503-221-8　Ⓝ281.04
　〔05197〕
◇龍馬の時代―京を駆けた志士群像　木村幸比古著　追補版　高知　高知新聞社　2000.11　272p　20cm　1900円
　Ⓘ4-87503-298-6　Ⓝ281.04
　〔05198〕
◇龍馬のすべて　平尾道雄著　新版　高知　高知新聞社　1985.9　443,11p　22cm　3800円　Ⓝ289
　〔05199〕
◇龍馬の洗濯―亀山社中から薩長同盟　高杉俊一郎著　萩　アガリ総合研究所　2005.3　155p　19cm　(Siesta books v.4)1400円　Ⓘ4-901151-11-8　Ⓝ289.1
　〔05200〕
◇竜馬の手紙―坂本竜馬全書簡集・関係文書・詠草　坂本竜馬著　宮地佐一郎著　PHP研究所　1995.8　576,8p　15cm　(PHP文庫)940円　Ⓘ4-569-56794-0　Ⓝ289.1
　〔05201〕
◇龍馬の手紙―坂本龍馬全書簡集・関係文書・詠草　宮地佐一郎著　講談社　2003.12　627p　15cm　(講談社学術文庫)1500円　Ⓘ4-06-159628-4
　〔05202〕
◇龍馬の手紙―坂本龍馬全書簡集・関係文書・詠草　坂本龍馬原著　宮地佐一郎著　講談社　2003.12　627,10p　15cm　(講談社学術文庫)1500円　Ⓘ4-06-159628-4
　Ⓝ289.1
　〔05203〕
◇龍馬の謎―徹底検証　加来耕三著　講談社　2002.7　517p　15cm　(講談社文庫)733円　Ⓘ4-06-273391-9
　〔05204〕
◇龍馬の姪岡上菊栄の生涯　武井優著　鳥影社　2003.3　352p　20cm　1800円　Ⓘ4-88629-736-6　Ⓝ289.1
　〔05205〕
◇龍馬の夢―幕末に夢を信じて夢を追い続けた男　斉藤秀一筆　横須賀　湘南海援隊　2007.10　46p　21cm　(湘南海援隊文庫 第3刊)390円　Ⓝ289.1　〔05206〕
◇龍馬の夢は君たちの夢―龍馬に学ぶ夢と希望の人生 明日をみつめる　百瀬昭次著　学習研究社　2004.1　223p　19cm　1200円　Ⓘ4-05-402357-6　Ⓝ289.1　〔05207〕
◇龍馬100問　「幕末動乱」研究会編　双葉社　2007.11　226p　19cm　476円　Ⓘ978-4-575-29994-6　Ⓝ289.1
　〔05208〕
◇竜馬逝く―〈歴史裁判〉坂本竜馬暗殺の黒幕 維新の自由人を葬った悪しき者ども　会田雄次ほか著　ベストセラーズ　1993.11　279p　15cm　(ワニ文庫―歴史マガジン文庫)580円　Ⓘ4-584-37011-7　Ⓝ289.1　〔05209〕
◇私の坂本龍馬―三百字ぴったりエッセイ集＋歴史写真集　小野沢知之企画・編集　志木　〈ひかる〉企画　2000.1　333p　19cm　Ⓝ289.1
　〔05210〕

◆◆◆中岡慎太郎

◇坂本竜馬先生・中岡慎太郎先生年譜　高知　竜馬会　1936　38p　15cm　Ⓝ289.1
　〔05211〕
◇坂本竜馬・中岡慎太郎　平尾道雄著　地人書館　1943　358p　19cm　(維新勤皇遺文選書)Ⓝ289.1　〔05212〕
◇坂本竜馬・中岡慎太郎　その1　伊藤痴遊著　平凡社　1940　309p　18cm　(新装維新十傑 第9巻)Ⓝ289.1
　〔05213〕
◇坂本竜馬・中岡慎太郎　その2　伊藤痴遊著　平凡社　1941　280p　19cm　(新装維新十傑 第9巻)Ⓝ289.1
　〔05214〕
◇坂本龍馬・中岡慎太郎展―暗殺一四〇年！―時代が求めた"命"か？　特別展三館合同企画　高知県立歴史民俗資料館,高知県立坂本龍馬記念館,北川村立中岡慎太郎館編　南国　高知県立歴史民俗資料館　2007.7　102p　30cm
　Ⓝ210.58
　〔05215〕
◇土佐と明治維新―中岡慎太郎をめぐって　近藤勝著　新人物往来社　1992.1　185p　20cm　1300円
　Ⓘ4-404-01883-5　Ⓝ289.1
　〔05216〕
◇中岡慎太郎　尾崎卓爾著　陽明社印刷所　1926　378p　19cm　Ⓝ289.1
　〔05217〕
◇中岡慎太郎―新訂陸援隊始末記　平尾道雄著　白竜社　1966　368p　20cm　Ⓝ210.58
　〔05218〕
◇中岡慎太郎先生　尾崎卓爾著　訂3版　陽明社出版部　1927　500p　20cm　Ⓝ289.1
　〔05219〕
◇中岡慎太郎先生伝　中岡慎太郎先生銅像建設会編　高知　中岡慎太郎先生銅像建設会　1935　50p　19cm　Ⓝ289.1
　〔05220〕
◇中岡慎太郎伝―大輪の回天　松岡司著　新人物往来社　1999.1　385p　19cm　3800円　Ⓘ4-404-02694-3
　〔05221〕
◇中岡慎太郎と坂本竜馬―薩長連合の演出者　寺尾五郎著　徳間書店　1990.1　285p　16cm　(徳間文庫 662-

2) 427円　①4-19-598979-5　Ⓝ210.58
〔05222〕
◇「中岡慎太郎と薩長連合」展―中岡慎太郎館開館10周年記念特別展　中岡慎太郎館編　北川村（高知県）　中岡慎太郎館　2004.8　61p　30cm　Ⓝ210.58
〔05223〕
◇中岡慎太郎と野根山二十三士展―平成十四年度中岡慎太郎館夏期企画展　中岡慎太郎館編　北川村（高知県）　中岡慎太郎館　2002.8　43p　30cm　Ⓝ218.4　〔05224〕
◇中岡慎太郎と陸援隊―平成十七年度中岡慎太郎館夏期特別展　中岡慎太郎館編　北川村（高知県）　中岡慎太郎館　2005.8　47p　30cm　Ⓝ210.58
〔05225〕
◇中岡慎太郎陸援隊始末記　平尾道雄著　中央公論社　1977.6　292p　15cm　（中公文庫）360円　Ⓝ210.58
〔05226〕
◇陸援隊始末記　平尾道雄著　大日本出版社峰文荘　1942　324p　19cm　Ⓝ210.5
〔05227〕

◆◆幕末期の薩摩藩

◇英国人が見た幕末薩摩　宮沢真一編著　鹿児島　高城書房出版　1988.9　206p　27cm　4500円　①4-924752-06-1　Ⓝ219.7
〔05228〕
◇激動の明治維新―世界が動いたその時日本は薩摩は琉球はペリー来航150年・薩英戦争140年黎明館開館20周年記念企画特別展　鹿児島県歴史資料センター黎明館企画・編集　鹿児島　「激動の明治維新」展実行委員会　2003.10　159p　30cm　Ⓝ219.7
〔05229〕
◇皇国精神を代表したる西郷南洲と大久保甲東　大久保甲東先生銅像建設会編　大阪　大久保甲東先生銅像建設会　1935　339p　22cm　Ⓝ289.1
〔05230〕
◇薩英戦争　東幸治著　鹿児島　若松書店　1913　224p　18cm　Ⓝ210.5
〔05231〕
◇薩英戦争と西郷南洲　茂野幽考著　六芸社　1940　291p　20cm　Ⓝ210.5
〔05232〕
◇薩英戦争の話―薩英戦争八拾年記念　鹿児島市郷土課編　鹿児島　鹿児島市　1942　85p　19cm　（鹿児島観光叢書　第4輯）Ⓝ210.5
〔05233〕
◇薩摩義士殉節録・時弊矯正論　岩田徳義著　麻布学館　1922　1冊　23cm　Ⓝ210.5
〔05234〕
◇薩摩のキセキ―日本の礎を築いた英傑たちの真実！　西郷吉太郎、西郷隆文、大久保利泰、島津修久著　薩摩総合研究所「チェスト」編著　総合法令出版　2007.10　447p　19cm　1700円　①978-4-86280-014-5　〔05235〕
◇薩摩藩文化官僚の幕末・明治―木脇啓四郎『万留』―翻刻と注釈　原口泉、丹羽謙治、下原美佐、河津梨紗、入船もとる、安達晃一、加治屋貞之共編　岩田書院　2005.2　326,26p　22cm　6000円　①4-87294-360-0　Ⓝ289.1
〔05236〕
◇図説・西郷隆盛と大久保利通　芳即正、毛利敏彦編著　新装版　河出書房新社　2004.2　126p　22cm　（ふくろうの本）1800円　①4-309-76041-4　Ⓝ289.1　〔05237〕
◇赤報隊と薩摩邸の浪士　安藤良平著　日本文学館　2004.7　237p　19cm　1200円　①4-7765-0331-X　Ⓝ210.61
〔05238〕
◇大西郷と大久保―七転八起　高橋淡水著　下村書房　1921　Ⓝ289.1
〔05239〕
◇幕末期薩摩藩の農業と社会―大隅国高山郷士守屋家をめぐって　秀村選三著　創文社　2004.10　685,38p　22cm　13000円　①4-423-43030-4　Ⓝ612.197　〔05240〕
◇幕末政治と薩摩藩　佐々木克著　吉川弘文館　2004.10　440,7p　21cm　11000円　①4-642-03393-9　〔05241〕
◇幕末の薩摩―悲劇の改革者、調所笑左衛門　原口虎雄著　中央公論社　1966　183p　18cm　（中公新書）Ⓝ219.7

◇明治御維新直前に於ける薩藩財政研究資料　永井竜一編　鹿児島　山元徳二　1933　202p　23cm　Ⓝ219.7
〔05242〕
〔05243〕
◇若き薩摩の群像―サツマ・スチューデントの生涯　門田明著　鹿児島　春苑堂出版　1991.11　222p　19cm　（かごしま文庫　1)1500円　①4-915093-06-9　Ⓝ210.59
〔05244〕

◆◆◆島津斉彬

◇島津斉彬　芳即正著　吉川弘文館　1993.11　249p　19cm　（人物叢書　新装版)1650円　①4-642-05197-X　Ⓝ289.1
〔05245〕
◇島津斉彬言行録　岩波書店　1944　211p　15cm　（岩波文庫　3460-3463）Ⓝ289.1
〔05246〕
◇島津斉彬公　中村徳五郎著　文章院出版部　1933　325p　23cm　Ⓝ289.1
〔05247〕
◇島津斉彬公　大政翼賛鹿児島県支部編　鹿児島　大政翼賛会鹿児島県支部　1943　23p　19cm　（鹿児島県勤皇烈士先覚者叢書　第1輯)Ⓝ289.1
〔05248〕
◇島津斉彬公伝　石神今太編　鹿児島　鹿児島県教育会　1924　92p　19cm　（薩藩偉人伝　第2編)Ⓝ289.1
〔05249〕
◇島津斉彬公伝　鹿児島市編　鹿児島　鹿児島市教育会　1935　318p　22cm　Ⓝ289.1
〔05250〕
◇島津斉彬とその時代　安田山彦著　横浜　安田山彦　2006.3　495p　22cm　4500円　Ⓝ210.58　〔05251〕
◇島津斉彬のすべて　村野守治編　新装版　新人物往来社　2007.11　259p　20cm　2800円　①978-4-404-03505-9　Ⓝ289.1
〔05252〕
◇島津斉彬文書　上巻　天保11-嘉永3年, 補遺　島津斉彬文書刊行会編　吉川弘文館　1959　472p　22cm　Ⓝ210.58
〔05253〕
◇島津斉彬文書　中巻　嘉永3年7月-4年12月　島津斉彬文書刊行会編　吉川弘文館　1963　332p　22cm　Ⓝ210.58
〔05254〕
◇島津斉彬文書　下巻1　嘉永5年正月-6年12月　島津斉彬文書刊行会編　吉川弘文館　1969.3　778p　22cm　Ⓝ210.58
〔05255〕
◇順聖公事蹟―附・年譜　小牧昌業述　講話会編　講話会　1910.8　125p　23cm　Ⓝ289.1　〔05256〕
◇照国公感旧録　国光社編　静思館　1899.3　242p　27cm　Ⓝ289.1
〔05257〕
◇照国公文書　第1,2巻　島津家臨時編輯所編　島津家臨時編輯所　1910.11　2冊（121,123丁）　27cm　Ⓝ289.1
〔05258〕
◇贈正一位島津斉彬公記　寺師宗徳著　須磨村（兵庫県）村野山人　1908　152p　26cm　Ⓝ289.1　〔05259〕
◇幕末・維新の群像　第4巻　島津斉彬　綱淵謙錠著　PHP研究所　1990.1　234p　20cm　（歴史人物シリーズ)1300円　①4-569-52667-5　Ⓝ281　〔05260〕
◇物件を通して見たる島津斉彬公　照国神社々務所編　鹿児島　照国神社々務所　1934　116p　24cm　Ⓝ289.1
〔05261〕

◆◆◆西郷隆盛

◇維新元勲西郷隆盛君之伝　渡辺朝霞著　文事堂　1889.8　372p　18cm　Ⓝ289.1
〔05262〕
◇維新史話快傑大西郷　相馬正道著　帝国講学会　1926　800p　19cm　Ⓝ289.1
〔05263〕

◇維新前後の大西郷　伊藤痴遊著　革新時報社出版部　1926　116p　19cm　(政治教育パンフレット　第7冊)Ⓝ289.1　〔05264〕

◇偉人伝記文庫　第3号　西郷隆盛　中川重著　日本社　1935　54,56p　19cm　Ⓝ289.1　〔05265〕

◇偉人之鞋痕　遠矢才二著　鹿児島　遠矢才二　1909.11　86p　20cm　Ⓝ289.1　〔05266〕

◇岩崎洞中記　小林新八著　鹿児島　鹿児島活版所　1894.12　80p　17cm　Ⓝ289.1　〔05267〕

◇英雄未死魂―西郷奇聞　哭天居士編　大阪　兎屋書店　1891.4　21p　19cm　Ⓝ289.1　〔05268〕

◇海舟と南洲　伊藤銀月著　千代田書房〔ほか〕　1909.12　271p　20cm　Ⓝ289.1　〔05269〕

◇近現代戦闘精神の継承―西郷隆盛・頭山満・葦津珍彦の思想と行動　頭山満翁生誕百五十年祭記念誌　頭山満翁生誕百五十年祭実行委員会編　頭山満翁生誕百五十年祭実行委員会　2006.2　p235-307,79,12p　21cm　1000円　Ⓝ281　〔05270〕

◇近代日本の社会と文化―明治維新とは何だったのか　河村望著　人間の科学新社　2007.12　249p　19cm　1900円　①978-4-8226-0270-3　〔05271〕

◇西郷菊次郎と台湾―父西郷隆盛の「敬天愛人」を活かした生涯　佐野幸夫著　鹿児島　南日本新聞開発センター(製作発売)　2007.5(第4刷)　263p　19cm　1429円　①978-4-86074-104-4　Ⓝ289.1　〔05272〕

◇西郷言行録　渡辺孝徳編　大阪　福原有因　1879.2　3冊(上21,中26,下28丁)　13cm　Ⓝ289.1　〔05273〕

◇西郷後日栄誉　安田直孝編　安田直孝　1889.3　32p　19cm　Ⓝ289.1　〔05274〕

◇西郷さんを語る―義妹・岩山トクの回想　岩山清子,岩山和子編著　至言社,ぺりかん社〔発売〕　1997.6　213p　19cm　2200円　①4-8315-0781-4　〔05275〕

◇西郷さんを語る―義妹・岩山トクの回想　岩山清子,岩山和子編著　増補版　至言社,ぺりかん社〔発売〕　1999.5　216p　19cm　2200円　①4-8315-0880-2　〔05276〕

◇西郷隆盛―維新史料　渡辺霞亭(朝霞)著　岡村書店　1909.1　300p　19cm　Ⓝ289.1　〔05277〕

◇西郷隆盛　下中弥三郎著　万世閣　1925　402p　20cm　Ⓝ289.1　〔05278〕

◇西郷隆盛　富田常雄著　大日本雄弁会講談社　1940.10　379,6p　19cm　(偉人伝文庫 5)Ⓝ289.1　〔05279〕

◇西郷隆盛　高垣眸著　偕成社　1941　316p　19cm　(偉人物語文庫 第2)Ⓝ289.1　〔05280〕

◇西郷隆盛　芳賀登著　雄山閣　1968　301p　22cm　(人物史叢書 3)980円　Ⓝ289.1　〔05281〕

◇西郷隆盛―福沢諭吉の証言　坂元盛秋著　新人物往来社　1977.5　298p　20cm　1300円　Ⓝ210.61　〔05282〕

◇西郷隆盛―物語と史蹟をたずねて　童門冬二著　成美堂出版　1995.2　338p　16cm　(成美文庫)560円　①4-415-06415-9　Ⓝ289.1　〔05283〕

◇西郷隆盛　勝部真長著　PHP研究所　1996.2　324p　15cm　(PHP文庫)600円　①4-569-56859-9　〔05284〕

◇西郷隆盛　山路愛山著　小尾俊人解説　復刻版　日本図書センター　1998.1　498,21p　22cm　(山路愛山伝記選集 第10巻)①4-8205-8247-X,4-8205-8237-2　Ⓝ210.58　〔05285〕

◇西郷隆盛―薩摩ハヤトのバラード　古川薫著　岡田嘉夫画　小峰書店　2001.12　201p　22cm　(時代を動かした人々 維新篇4)1600円　①4-338-17104-9　〔05286〕

◇西郷隆盛　上田滋著　弓立社　2005.10　412p　22cm　(甦る伝記の名著　幕末維新編 1)2800円　①4-89667-502-9　Ⓝ289.1　〔05287〕

◇西郷隆盛―西南戦争への道　猪飼隆明著　岩波書店　2006.11　234p　18cm　(岩波新書)740円　①4-00-430231-5　〔05288〕

◇西郷隆盛　上巻　山路愛山著　玄黄社　1910　498p　20cm　(時代代表日本英雄伝)Ⓝ289.1　〔05289〕

◇西郷隆盛　上　島田正蔵,松本浩記共編　再版　中文館書店　1929.6　60p　19cm　(学習室文庫 第5期)Ⓝ289.1　〔05290〕

◇西郷隆盛　下　島田正蔵,松本浩記共編　再版　中文館書店　1929.6　64p　19cm　(学習室文庫 第5期)Ⓝ289.1　〔05291〕

◇西郷隆盛蓋棺記　山本園衛編　聚星館　1877.5　27丁　17cm　Ⓝ289.1　〔05292〕

◇西郷隆盛蓋棺記　前田喜二郎編　大阪　前田喜二郎　1877.11　4,4丁　17cm　Ⓝ289.1　〔05293〕

◇西郷隆盛一代記―絵入通俗　村井弦斎,福良竹亭編　報知社　1898　3冊(1-6編,1272p)　23cm　Ⓝ289.1　〔05294〕

◇西郷隆盛写真の誤伝正体　大熊浅次郎著　福岡　大熊浅次郎　出版年不明　7p　26cm　Ⓝ289.1　〔05295〕

◇西郷隆盛詳伝―絵入通俗　村井弦斎,福良竹亭著　春陽堂　1899-1903　3冊(385,231,299p)　23cm　Ⓝ289.1　〔05296〕

◇西郷隆盛惜別譜　横田庄一郎著　朔北社　2004.3　211p　20cm　1900円　①4-86085-015-7　Ⓝ210.627　〔05297〕

◇西郷隆盛謫居事記　土持政照述　鮫島宗辛記　1898.11　75丁　21cm　(有馬家文庫)Ⓝ289.1　〔05298〕

◇西郷隆盛伝　鎌田冲太著　浦和町(埼玉県)　有終館　1908.5　60p　22cm　Ⓝ289.1　〔05299〕

◇西郷隆盛伝　鎌田冲太著　増訂2版　浦和町(埼玉県)　有終館　1909.4　86p　22cm　Ⓝ289.1　〔05300〕

◇西郷隆盛伝　下中弥三郎(芳岳)著　内外出版協会　1912.8　524p　19cm　Ⓝ289.1　〔05301〕

◇西郷隆盛伝説　佐高信著　角川学芸出版,角川グループパブリッシング〔発売〕　2007.4　361p　19cm　1800円　①978-4-04-621055-5　〔05302〕

◇西郷隆盛伝説　佐高信著　角川グループパブリッシング(発売)　2007.4　361p　19cm　1800円　①978-4-04-621055-5　Ⓝ289.1　〔05303〕

◇西郷隆盛と維新の英傑たち　佐々克明著　三笠書房　1989.5　237p　15cm　(知的生きかた文庫)420円　①4-8379-0317-7　Ⓝ281.04　〔05304〕

◇西郷隆盛と大久保利通―幕末・維新ものしり百科　幕末・維新史研究会編　リクルート出版　1989.12　317p　21cm　1748円　①4-88991-164-2　Ⓝ210.58　〔05305〕

◇西郷隆盛と大久保利通―新しい時代、明治の礎となって　酒寄雅志監修　小西聖一著　理論社　2005.2　109p　25×19cm　(NHKにんげん日本史)1800円　①4-652-01479-1　〔05306〕

◇西郷隆盛と士族　落合弘樹著　吉川弘文館　2005.10　235p　19cm　(幕末維新の個性 4)2600円　①4-642-06284-X　〔05307〕

◇西郷隆盛と士族　落合弘樹著　吉川弘文館　2005.10　235p　20cm　(幕末維新の個性 4)2600円　①4-642-06284-X　Ⓝ289.1　〔05308〕

◇西郷隆盛と徳之島―徳のある島…徳のある人との出会い…　益田宗児著　大阪　浪速社　2006.11　204p　21cm　1429円　①4-88854-432-8　Ⓝ289.1　〔05309〕

◇西郷隆盛「南洲翁遺訓」―ビキナーズ日本の思想　西郷

隆盛著　猪飼隆明訳・解説　角川学芸出版, 角川グループパブリッシング〔発売〕2007.4　207p　15cm　（角川ソフィア文庫）590円　Ⓘ978-4-04-407201-8　〔05310〕
◇西郷隆盛に学ぶ―先ず世界共通語　石原貫一郎著　第8改訂版　鹿児島　石原出版社　2004.3　270p　15cm　952円　Ⓘ4-900611-39-5　Ⓝ289.1　〔05311〕
◇西郷隆盛に学ぶ―現代人目覚めよ世界共通語こそ平和に直結　石原貫一郎著　第9改訂版　鹿児島　石原出版社　2005.9　270p　15cm　952円　Ⓘ4-900611-46-8　Ⓝ289.1　〔05312〕
◇西郷隆盛に学ぶ　世界は一つ　石原貫一郎著　鹿児島　石原出版社　2002.9　275p　15cm　952円　Ⓘ4-900611-35-2　〔05313〕
◇西郷隆盛の人生訓　童門冬二著　PHP研究所　1996.1　236p　15cm　（PHP文庫）520円　Ⓘ4-569-56826-2　〔05314〕
◇西郷隆盛物語　篠田仙果（久次郎）編　清風堂〔ほか〕1877.12　9,9丁　17cm　Ⓝ289.1　〔05315〕
◇西郷隆盛物語並城山討死之伝　小神野中編　清風堂　1877.11　8丁　18cm　Ⓝ289.1　〔05316〕
◇西郷隆盛文書　西郷隆盛著　日本史籍協会編　日本史籍協会　1923　340p　21cm　Ⓝ289.1　〔05317〕
◇西郷隆盛文書　日本史籍協会編　東京大学出版会　1987.11　387p　22cm　（日本史籍協会叢書 102）8000円　Ⓘ4-13-097702-4　Ⓝ289.1　〔05318〕
◇西郷隆盛夢物譚　巻之1　山本園衛編　聚星館　1877.8　10丁　18cm　Ⓝ289.1　〔05319〕
◇西郷南洲　桜庭経緯（乾外）著　大倉書店　1891.4　116p　20cm　Ⓝ289.1　〔05320〕
◇西郷南洲―偉人言行録　杉原夷山著　三芳屋〔ほか〕1910.11　223p　16cm　Ⓝ289.1　〔05321〕
◇西郷南洲　古谷知新著　保健協会出版部　1942　47p　22cm　（明治維新小史 外篇―近代日本偉人伝 第1篇）Ⓝ289.1　〔05322〕
◇西郷南洲遺訓　片淵琢編　木内天民書　研学会　1896.2　21丁　23cm　Ⓝ289.1　〔05323〕
◇西郷南洲遺訓　山田済斎編　岩波書店　1939.2　108p　15cm　（岩波文庫）Ⓝ289.1　〔05324〕
◇西郷南洲遺訓―附・手抄言志録及遺文　山田済斎編　岩波書店　2003.4　108p　15cm　（岩波文庫）400円　Ⓘ4-00-331011-X　〔05325〕
◇西郷南洲遺訓　山田済斎編　岩波書店　2006.1　108p　19cm　（ワイド版岩波文庫）800円　Ⓘ4-00-007265-X　Ⓝ289.1　〔05326〕
◇西郷南洲翁　川崎三郎著　博文館　1894.2　193p　16cm　（寸珍百種 第40編）Ⓝ289.1　〔05327〕
◇西郷南洲翁逸話　川崎三郎著　福岡　磊落堂　1894.3　107丁　23cm　Ⓝ289.1　〔05328〕
◇西郷南洲家の家庭教師 北条巻蔵先生の死　北仁健介著　ダブリュネット, 星雲社〔発売〕2000.5　161p　19cm　1715円　Ⓘ4-7952-1040-3　〔05329〕
◇西郷南洲言行録　臼田石楠著　鼎立社　1907.12　206p　24cm　Ⓝ289.1　〔05330〕
◇西郷南洲書簡集　加治木常樹編　実業之日本社　1911.9　276p　22cm　Ⓝ289.1　〔05331〕
◇西郷南州史料　東西文化調査会編　東西文化調査会　1966　図版121枚　31×43cm　Ⓝ289.1　〔05332〕
◇サムライたちの幕末維新　近江七実著　スキージャーナル　2005.5　207p　19cm　（剣道日本コレクション）1000円　Ⓘ4-7899-0058-4　〔05333〕
◇情之南洲　山崎忠和著　一二三館　1901.5　193p　23cm　Ⓝ289.1　〔05334〕
◇(新)西郷南洲伝　上　稲垣秀哉著　鹿児島　高城書房　2006.8　466p　26cm　2000円　Ⓘ4-88777-090-1　Ⓝ289.1　〔05335〕
◇人生の王道―西郷南洲の教えに学ぶ　稲盛和夫著　日経BP社, 日経BP出版センター〔発売〕2007.9　263p　19cm　1700円　Ⓘ978-4-8222-4499-6　〔05336〕
◇人物再検討叢書　第7　西郷隆盛　大原賢次著　白揚社　1938　333p　18cm　Ⓝ281　〔05337〕
◇図説・西郷隆盛と大久保利通　芳即正, 毛利敏彦編著　新装版　河出書房新社　2004.2　126p　22cm　（ふくろうの本）1800円　Ⓘ4-309-76041-4　Ⓝ289.1　〔05338〕
◇絶島の南洲　田中鉄軒著　内外出版協会　1909.10　234p　20cm　Ⓝ289.1　〔05339〕
◇僧月照伝―維新柱石　馬場六郎著　鴻盟社　1893.9　79p　23cm　Ⓝ289.1　〔05340〕
◇贈正三位陸軍大将西郷隆盛君生存記　仙橋散史　井ノ口松之助　1891.4　200p　19cm　Ⓝ289.1　〔05341〕
◇大西郷遺訓―立雲頭山満先生講評　西郷隆盛述　頭山満講評　『大西郷遺訓』出版委員会編　K&Kプレス　2006.2　181p　19cm　952円　Ⓘ4-906674-29-1　Ⓝ289.1　〔05342〕
◇大西郷書翰大成　第1-4巻　西郷隆盛著　渡辺盛衛編　平凡社　1940　4冊　23cm　Ⓝ289.1　〔05343〕
◇大西郷と僧月照―趣味の明治維新史　中村徳五郎著　弘道閣　1935　501p　20cm　Ⓝ281　〔05344〕
◇大西郷の逸話　西田実著　鹿児島　南方新社　2005.1　346p　21cm　1700円　Ⓘ4-86124-037-9　Ⓝ289.1　〔05345〕
◇大西郷の秘話―その他　勝海舟述　越谷忠烈編　現実処　1937　43p　19cm　（日本主義叢書 第2編）Ⓝ289.1　〔05346〕
◇通俗西郷隆盛伝　巻1-4,6　荘司晋太郎編　植木枝盛閲　大阪　開成社　1880　2冊（合本）19cm　Ⓝ289.1　〔05347〕
◇天を敬い人を愛す―西郷南洲・人と友　芳即正著　鹿児島　高城書房　2003.7　238p　19cm　1500円　Ⓘ4-88777-045-6　〔05348〕
◇頭山満言志録　頭山満著　書肆心水　2006.1　316p　20cm　3300円　Ⓘ4-902854-12-0　Ⓝ289.1　〔05349〕
◇南海物語―西郷家の愛と哀しみの系譜　加藤和子著　郁朋社　2007.8　261p　20×14cm　1500円　Ⓘ978-4-87302-388-5　〔05350〕
◇南洲翁遺訓　土居十郎編　広島　阪本武雄　1891.4　27丁　16cm　Ⓝ289.1　〔05351〕
◇南洲翁遺訓　大森村（島根県）　安江国太郎　1893.10　15丁　22cm　Ⓝ289.1　〔05352〕
◇「南洲翁遺訓」を読む―わが西郷隆盛論　渡部昇一著　致知出版社　1996.11　252p　19cm　1600円　Ⓘ4-88474-502-7　〔05353〕
◇南洲翁遺訓の人間学　渡邉五郎三郎著　致知出版社　2005.7　182p　20cm　1300円　Ⓘ4-88474-717-8　Ⓝ289.1　〔05354〕
◇南洲月照投海録―幕末哀史　野田豊実著　明治出版社　1913　211p　22cm　Ⓝ210.5　〔05355〕
◇南洲残影　江藤淳著　文藝春秋　2001.3　280p　15cm　（文春文庫）448円　Ⓘ4-16-736611-8　〔05356〕
◇南洲私学問答　村山義行訓繹　山本園衛編　万字堂　1882.12　20丁　23cm　Ⓝ289.1　〔05357〕
◇南洲八面観　山崎忠和著　右文館　1909.12　235p

◇　　20cm　Ⓝ289.1　　　　　　　〔05358〕
◇南洲百話　山田準著　明徳出版社　1997.11　149p
　19cm　1200円　④4-89619-139-0　　〔05359〕
◇幕末・維新の群像　第6巻　西郷隆盛　勝部真長著
　PHP研究所　1990.2　254p　20cm　(歴史人物シリー
　ズ)1300円　④4-569-52705-1　Ⓝ281　〔05360〕
◇話し言葉で読める「西郷南洲翁遺訓」—無事は有事のご
　とく、有事は無事のごとく　長尾剛著　PHP研究所
　2005.12　205p　15cm　(PHP文庫)514円
　④4-569-66582-9　Ⓝ289.1　　　　　〔05361〕
◇明治秘史西郷隆盛暗殺事件　日高節著　隼陽社　1938
　461p　19cm　Ⓝ210.6　　　　　　　〔05362〕
◇明治戊辰山岡先生与西郷氏応接筆記　山岡鉄太郎述
　大森方綱編　大森方綱　1882.6　15p　19cm　Ⓝ289.1
　　　　　　　　　　　　　　　　　　〔05363〕

◆◆◆大久保利通
◇偉人伝記文庫　第5号　大久保利通　中川重著　日本社
　1935　55p　19cm　Ⓝ289.1　　　　　〔05364〕
◇大久保卿の偉功を偲びて　中村徳五郎講演　大阪　三越
　呉服店大阪支店　1927　40p　23cm　Ⓝ289.1　〔05365〕
◇大久保公言行録　中沢水雄編　甲府　徴古堂　1880.6
　2冊(上16、下20丁)　12cm　Ⓝ289.1　　〔05366〕
◇大久保公小伝　佐々木由太良編　佐々木由太良　1878.5
　2丁　17cm　Ⓝ289.1　　　　　　　　〔05367〕
◇大久保甲東　川崎三郎著　春陽堂　1898.4　172p
　23cm　Ⓝ289.1　　　　　　　　　　　〔05368〕
◇大久保甲東先生　徳富猪一郎著　民友社　1927
　478,20p　20cm　Ⓝ289.1　　　　　　〔05369〕
◇大久保忠真公御事跡の一斑　豊原資清著　小田原　尾崎
　亮司　1919　14p　23cm　Ⓝ289.1　　〔05370〕
◇大久保利通　谷口流鶯著　盛林堂　1909.4　154p
　20cm　Ⓝ289.1　　　　　　　　　　　〔05371〕
◇大久保利通　伊集院秀秋著　東邦出版社　1928
　252,10p　18cm　Ⓝ289.1　　　　　　〔05372〕
◇大久保利通　田中惣五郎著　千倉書房　1938　444p
　19cm　Ⓝ289.1　　　　　　　　　　　〔05373〕
◇大久保利通　白柳秀湖著　潮文閣　1943　270p　19cm
　Ⓝ289.1　　　　　　　　　　　　　　〔05374〕
◇大久保利通　佐々木克監修　講談社　2004.11　334p
　15cm　(講談社学術文庫)1050円　④4-06-159683-7
　Ⓝ289.1　　　　　　　　　　　　　　〔05375〕
◇大久保利通　笠原英彦著　吉川弘文館　2005.5　238p
　19cm　(幕末維新の個性 3)2600円　④4-642-06283-1
　　　　　　　　　　　　　　　　　　〔05376〕
◇大久保利通　笠原英彦著　吉川弘文館　2005.5　238p
　20cm　(幕末維新の個性 3)2600円　④4-642-06283-1
　Ⓝ289.1　　　　　　　　　　　　　　〔05377〕
◇大久保利通卿略伝　小野田虎太編　甲府　温故堂
　1878.7　35丁　12cm　Ⓝ289.1　　　　〔05378〕
◇大久保利通言行録　渡辺修二郎著　内外出版協会　1909.
　3　171p　19cm　(偉人研究　第56編)Ⓝ289.1　〔05379〕
◇大久保利通公伝　寺岡弥三郎著　寺岡弥三郎　1890.6
　29p　18cm　Ⓝ289.1　　　　　　　　〔05380〕
◇大久保利通公之伝　三宅虎太著　文会堂〔ほか〕　1878.
　5　12丁　18cm　(明治功臣銘々図鑑　第1編)Ⓝ289.1
　　　　　　　　　　　　　　　　　　〔05381〕
◇大久保利通伝　上巻　勝田孫弥著　周南　マツノ書店
　2004.7　691p　22cm　Ⓝ289.1　　　　〔05382〕
◇大久保利通伝　中巻　勝田孫弥著　周南　マツノ書店
　2004.7　876p　22cm　Ⓝ289.1　　　　〔05383〕
◇大久保利通伝　下巻　勝田孫弥著　周南　マツノ書店
　2004.7　827,7p　図版10枚　22cm　Ⓝ289.1　〔05384〕
◇大久保利通と安積開拓—開拓者の群像　立岩寧著　青史
　出版　2004.5　410,12p　22cm　2762円
　④4-921145-23-7　Ⓝ611.24126　　　〔05385〕
◇大久保利通日記　上,下巻　日本史籍協会　1927　2冊
　23cm　Ⓝ210.6　　　　　　　　　　　〔05386〕
◇大久保利通日記　1　大久保利通著　日本史籍協会編
　北泉社　1997.7　496p　22cm　8000円
　④4-938424-75-4　Ⓝ210.58　　　　　〔05387〕
◇大久保利通日記　2　大久保利通著　日本史籍協会編
　北泉社　1997.7　605p　22cm　8000円
　④4-938424-76-2　Ⓝ210.58　　　　　〔05388〕
◇大久保利通之一生　渡辺修二郎著　大学館　1900.11
　216p　23cm　Ⓝ289.1　　　　　　　　〔05389〕
◇大久保利通文書　第1巻　大久保利通著　周南　マツノ
　書店　2005.9　502p　22cm　Ⓝ210.61　〔05390〕
◇大久保利通文書　第2巻　大久保利通著　周南　マツノ
　書店　2005.9　502p　22cm　Ⓝ210.61　〔05391〕
◇大久保利通文書　第3巻　大久保利通著　周南　マツノ
　書店　2005.9　558p　22cm　Ⓝ210.61　〔05392〕
◇大久保利通文書　第4巻　大久保利通著　周南　マツノ
　書店　2005.9　529p　22cm　Ⓝ210.61　〔05393〕
◇大久保利通文書　第5巻　大久保利通著　周南　マツノ
　書店　2005.9　566p　22cm　Ⓝ210.61　〔05394〕
◇大久保利通文書　第6巻　大久保利通著　周南　マツノ
　書店　2005.9　552p　22cm　Ⓝ210.61　〔05395〕
◇大久保利通文書　第7巻　大久保利通著　周南　マツノ
　書店　2005.9　576p　22cm　Ⓝ210.61　〔05396〕
◇大久保利通文書　第8巻　大久保利通著　周南　マツノ
　書店　2005.9　522p　22cm　Ⓝ210.61　〔05397〕
◇大久保利通文書　第9巻　大久保利通著　周南　マツノ
　書店　2005.9　546p　22cm　Ⓝ210.61　〔05398〕
◇大久保利通文書　第10巻　大久保利通著　周南　マツノ
　書店　2005.9　486,84,22p　22cm　Ⓝ210.61　〔05399〕
◇大久保利通文書　第1至10　日本史籍協会　1927-4　10
　冊　23cm　Ⓝ210.6　　　　　　　　　〔05400〕
◇大久保利通文書・人名索引　勝田政治編　周南　マツノ
　書店　2005.9　154,84p　21cm　Ⓝ210.61　〔05401〕
◇外政家としての大久保利通　清沢洌著　中央公論社
　1942　263p　22cm　(国民学術協会叢書)Ⓝ289.1
　　　　　　　　　　　　　　　　　　〔05402〕
◇傑人大久保甲東　田中稲彦(鉄軒)著　崇文館　1911.6
　242p　22cm　Ⓝ289.1　　　　　　　　〔05403〕
◇甲東逸話　勝田孫弥著　復刻版　周南　マツノ書店
　2004.7　281,41,5p　22cm　7000円　Ⓝ289.1　〔05404〕
◇甲東先生遺墨集　大久保利通著　青山会館編　巧芸社
　1927　1冊　39cm　Ⓝ289.1　　　　　〔05405〕
◇故参議兼内務卿大久保利通公略伝　加池雄二郎著　大阪
　池上儀八　1878.5　6丁　17cm　Ⓝ289.1　〔05406〕
◇西郷、大久保、稲盛和夫の源流　島津いろは歌　斎藤之幸
　著　出版文化社　2000.7　301p　19cm　1700円
　④4-88338-244-3　　　　　　　　　　〔05407〕
◇西郷隆盛と大久保利通—新しい時代、明治の礎となって
　酒寄雅志監修　小西聖一著　理論社　2005.2　109p
　25×19cm　(NHKにんげん日本史)1800円
　④4-652-01479-1　　　　　　　　　　〔05408〕
◇内務卿大久保利通評伝—遭難までの五年間、その業績と

近世一般　　　　　　　　　　近世史

生きざま　安島良著　東京書籍　2005.6　330p　20cm　2381円　Ⓝ210.62　〔05409〕

◇幕末・維新の群像　第7巻　大久保利通　宮野澄著　PHP研究所　1990.2　221p　20cm　(歴史人物シリーズ)1300円　Ⓘ4-569-52706-X　Ⓝ281　〔05410〕

◇武家奉公人と労働社会　森下徹著　山川出版社　2007.2　101p　21cm　(日本史リブレット　45)800円　Ⓘ978-4-634-54450-5　Ⓝ217.7　〔05411〕

◆◆幕末期の長州藩

◇会津藩VS長州藩―なぜ"怨念"が消えないのか　星亮一著　ベストセラーズ　2004.4　223p　18cm　(ベスト新書)780円　Ⓘ4-584-12066-8　〔05412〕

◇赤間関海戦紀事　吉田直温編　水交社　1890.10　44p　地　21cm　Ⓝ210.5　〔05413〕

◇維新の回天と長州藩―倒幕へ向けての激動の軌跡　相沢邦衛著　新人物往来社　2006.4　246p　19cm　1900円　Ⓘ4-404-03404-0　〔05414〕

◇維新の長州　古川薫著　大阪　創元社　1988.2　253p　19cm　1300円　Ⓘ4-422-20460-2　Ⓝ210.61　〔05415〕

◇裏からみた長州の維新史　中原雅夫著　大阪　創元社　1974　177p　18cm　480円　Ⓝ210.61　〔05416〕

◇旧臣列伝―下関の幕末維新　企画展　下関市立長府博物館編　下関　下関市立長府博物館　2004.10　61p　30cm　Ⓝ217.7　〔05417〕

◇近世瀬戸内経済史研究―岡山藩・長州藩の史的分析　河田章著　岡山　吉備人出版　2005.2　375p　21cm　5000円　Ⓘ4-86069-072-9　〔05418〕

◇近世日本国民史　第59巻　倒幕勢力台頭編　徳富猪一郎著　近世日本国民史刊行会　1963　415p　19cm　Ⓝ210.5　〔05419〕

◇下関・維新物語―明治維新発祥の地　清永唯夫著　新日本教育図書　2004.8　83p　17×19cm　1800円　Ⓘ4-88024-313-2　〔05420〕

◇週刊ビジュアル日本の歴史　no.46　徳川幕府の衰退　6　デアゴスティーニ・ジャパン　2001.1　p212-251　30cm　533円　Ⓝ210.1　〔05421〕

◇攘夷戦長州砲始末―大砲パリから帰る　清永唯夫著　宇部　東秀出版　1984.8　150p　19cm　700円　Ⓘ4-924676-00-4　Ⓝ210.59　〔05422〕

◇資料幕末馬関戦争　下関文書館編　三一書房　1971　329p　23cm　3500円　Ⓝ210.58　〔05423〕

◇長州攘夷戦争始末　古川薫著　時事通信社　1972　228p　19cm　550円　Ⓝ210.58　〔05424〕

◇長州戦争―幕府瓦解への岐路　野口武彦著　中央公論新社　2006.3　261p　18cm　(中公新書)820円　Ⓘ4-12-101840-0　〔05425〕

◇長州戦争と徳川将軍―幕末期畿内の政治空間　久住真也著　岩田書院　2005.10　352,6p　22cm　(近代史研究叢書　9)6900円　Ⓘ4-87294-405-4　Ⓝ210.58　〔05426〕

◇長州鐔　小倉惣右衛門著　中央刀剣本部　1927　29,3p　図版20枚　22cm　Ⓝ756　〔05427〕

◇長州之天下　平野岑一著　日東堂書店　1912　292p　22cm　Ⓝ281.77　〔05428〕

◇長州閥の教育戦略―近代日本の進学教育の黎明　永添祥多著　福岡　九州大学出版会　2006.10　228,5p　22cm　4300円　Ⓘ4-87378-921-3　Ⓝ372.177　〔05429〕

◇長州ファイブ―近代日本の発展の礎を築いた5人の若者たち。　山口　ザメディアジョン　2006.11　208p　30cm　(月刊タウン情報やまぐち別冊)4571円　Ⓘ978-4-86250-032-8　Ⓝ210.61　〔05430〕

◇長州暴走―幕末の青春譜　疾風怒濤の時代を生きた若き志士たち　古川薫著　ベストセラーズ　1994.6　238p　19cm　(Wani-selection)1200円　Ⓘ4-584-19503-X　Ⓝ210.58　〔05431〕

◇長府藩報国隊史　徳見光三著　徳山　マツノ書店　1998.6　335p　22cm　10000円　Ⓝ217.7　〔05432〕

◇長防波速の記　池田由寿控,池田米寿編補　謄写版　浅間町(長野県)　池田米寿　1956　46p　19cm　Ⓝ210.58　〔05433〕

◇天皇の世紀　5　京都,長州　大仏次郎　朝日新聞社　1970　360p　23cm　1300円　Ⓝ210.58　〔05434〕

◇天皇の世紀　5　大仏次郎著　朝日新聞社　1970.8(第15刷：1997.10)　360p　23cm　5000円　Ⓘ4-02-253676-4　Ⓝ210.58　〔05435〕

◇天皇の世紀　5　長州　大仏次郎著　普及版　朝日新聞社　2006.3　360p　19cm　1800円　Ⓘ4-02-250155-3　〔05436〕

◇長井雅楽周旋に関する世論に就いて　杉敏介述　温知会　1936　24,28,32p　23cm　(温知会講演速記録　第53輯―第55輯)Ⓝ210.5　〔05437〕

◇長井雅楽の周旋に就て　杉敏介著　防長倶楽部　1936　42p　23cm　Ⓝ210.5　〔05438〕

◇幕末・維新をめぐる周防山代の回顧　錦町(山口県)　錦町教育委員会　1968　144p　図版　表　地　21cm　非売　Ⓝ217.7　〔05439〕

◇幕末・維新期長州藩の政治構造　三宅紹宣著　校倉書房　1993.4　356p　22cm　(歴史科学叢書)7725円　Ⓘ4-7517-2270-0　Ⓝ210.61　〔05440〕

◇幕末維新長州風雲録　木村高士著　新人物往来社　1995.9　217p　20cm　(歴研ブックス)2800円　Ⓘ4-404-02249-2　Ⓝ217.7　〔05441〕

◇幕末維新長州烈風伝　木村高士著　歴史研究会出版局　2000.5　238p　20cm　(歴研ブックス)2800円　Ⓘ4-404-02865-2　Ⓝ217.7　〔05442〕

◇幕末維新展―長州志士の軌跡　直筆が語る実像　平成十六年度京都大学附属図書館公開企画展　京都大学附属図書館編　京都　京都大学附属図書館　2004.11　106p　30cm　Ⓝ210.61　〔05443〕

◇「幕末維新」動乱の長州と人物群像　新人物往来社　2005.7　157p　26cm　(別冊歴史読本　15号)2000円　Ⓘ4-404-03315-X　Ⓝ210.58　〔05444〕

◇幕末期長州藩洋学史の研究　小川亜弥子著　京都　思文閣出版　1998.2　256,22p　22cm　6800円　Ⓘ4-7842-0967-0　Ⓝ217.7　〔05445〕

◇幕末・長州に吹いた風　古川薫著　京都　PHP研究所　1990.12　347p　15cm　(PHP文庫　フ‐8‐2)524円　Ⓘ4-569-56290-6　Ⓝ210.58　〔05446〕

◇幕末長州の舞台裏―椋梨藤太覚え書　古川薫著　新人物往来社　1971　240p　20cm　830円　Ⓝ210.58　〔05447〕

◇幕末長州藩の暗闘―椋梨藤太覚え書　古川薫著　徳間書店　1991.1　252p　16cm　(徳間文庫)440円　Ⓘ4-19-599253-2　Ⓝ210.58　〔05448〕

◇幕末の長州―維新志士出現の背景　田中彰著　中央公論社　1965　187p　18cm　(中公新書)Ⓝ210.58　〔05449〕

◇幕末防長勤王史談　第1　得富太郎著　3版　幕末防長勤王史談刊行会　1940　1冊　22cm　Ⓝ210.5　〔05450〕

◇幕末防長勤王史談　第2　晩山得富太郎著　2版　幕末防長勤王史談刊行会　1940　1冊　21cm　Ⓝ210.5　〔05451〕

◇幕末防長勤王史談　第3　晩山得富太郎著　2版　幕末防長勤王史談刊行会　1941　1冊　21cm　Ⓝ210.5
〔05452〕

◇幕末防長勤王史談　第4　得富太郎著　2版　幕末防長勤王史談刊行会　1941　p495〜682,34p　21cm　Ⓝ210.5
〔05453〕

◇幕末防長勤王史談　第5　晩山得富太郎著　4版　幕末防長勤王史談刊行会　1941　1冊　21cm　Ⓝ210.5
〔05454〕

◇幕末防長勤王史談　第6　晩山得富太郎著　2版　幕末防長勤王史談刊行会　1942　1冊　21cm　Ⓝ210.5
〔05455〕

◇幕末防長勤王史談　第1至7巻　得富太郎著　幕末防長勤王史談刊行会　1937-14　7冊　22-23cm　Ⓝ210.5
〔05456〕

◇幕末防長勤王史談　第8-9巻　得富太郎著　幕末防長勤王史談刊行会　1943　2冊　21cm　Ⓝ210.5　〔05457〕

◇防長維新関係者要覧　田村哲夫編　徳山　マツノ書店　1995.8　127p　22cm　2500円　Ⓝ281.77　〔05458〕

◇防長維新秘録　野原祐三郎著　山口　防長新聞社　1937　916p　22cm　Ⓝ210.6　〔05459〕

◇防長回天史　末松謙澄著　修訂〔版〕　柏書房　1980.5　2冊　27cm　43000円　Ⓝ217.7　〔05460〕

◇防長回天史　末松謙澄著　修訂　徳山　マツノ書店　1991.6　13冊（別冊とも）　22cm　全120000円　Ⓝ217.7
〔05461〕

◇防長の近世地図史研究　川村博忠著　山口　川村博忠教授退官記念事業会　1997.4　323p　21cm　Ⓝ217.7
〔05462〕

◇防長藩政期への視座　河村一郎著　山口　桜プリント企業組合（印刷）　1998.12　252p　21cm　Ⓝ217.7
〔05463〕

◇前田・回顧120年─馬関戦争と里帰りした長州砲　下関　下関市前田東部自治会　1984.8　36p　19cm
〔05464〕

◇山銀百科シリーズ　第11　幕末の下関　山口銀行編　山口　21cm　Ⓝ210.08　〔05465〕

◇龍馬と長州　山口　ザメディアジョン　2007.11　224p　30cm　（山口の歴史シリーズ）4571円
Ⓘ978-4-86250-049-6　〔05466〕

◇わが長州砲流離譚　古川薫著　毎日新聞社　2006.9　191p　19cm　1600円　Ⓘ4-620-31772-1　Ⓝ210.58
〔05467〕

◆◆◆木戸孝允

◇維新三傑木戸孝允　前,後編　伊藤痴遊著　講談落語社　1912-1913　2冊　22cm　Ⓝ289.1
〔05468〕

◇偉人伝記文庫　第4号　木戸孝允　中川重著　日本社　1935　58p　19cm　Ⓝ289.1　〔05469〕

◇木戸公小伝　皆川嘉一著　松村平吉　1877.9　28丁　22cm　Ⓝ289.1　〔05470〕

◇木戸松菊　川崎紫山著　春陽堂　1900.11　160p　23cm　Ⓝ289.1　〔05471〕

◇木戸松菊公逸話─史実参照　妻木忠太著　有朋堂書店　1935　568p　20cm　Ⓝ289.1　〔05472〕

◇木戸松菊先生　徳富猪一郎著　民友社　1928　86p　19cm　Ⓝ289.1　〔05473〕

◇木戸松菊略伝　妻木忠太編　妻木忠太　1926　337p　23cm　Ⓝ289.1　〔05474〕

◇木戸松菊略伝　妻木忠太著　村田書店　1985.8　1冊　22cm　4500円　Ⓝ210.58　〔05475〕

◇木戸孝允　無何有郷主人著　民友社　1897.4　195p　20cm　Ⓝ289.1　〔05476〕

◇木戸孝允　田中惣五郎著　千倉書房　1941　328p　19cm　Ⓝ289.1　〔05477〕

◇木戸孝允　松尾正人著　吉川弘文館　2007.2　248p　19cm　（幕末維新の個性 8）2600円
Ⓘ978-4-642-06288-6　〔05478〕

◇木戸孝允　松尾正人著　吉川弘文館　2007.2　248p　20cm　（幕末維新の個性 8）2600円
Ⓘ978-4-642-06288-6　Ⓝ289.1　〔05479〕

◇木戸孝允遺文集　妻木忠太編　東京大学出版会　1982.7　46,286,6p　22cm　（続日本史籍協会叢書）5000円
Ⓝ289.1　〔05480〕

◇木戸孝允関係文書　第1巻　木戸孝允関係文書研究会編　東京大学出版会　2005.10　439p　23cm　12000円
Ⓘ4-13-097991-4　Ⓝ210.61　〔05481〕

◇木戸孝允関係文書　第2巻　木戸孝允関係文書研究会編　東京大学出版会　2007.2　441p　23cm　12000円
Ⓘ978-4-13-097992-4　Ⓝ210.61　〔05482〕

◇木戸孝允言行録　渡辺修二郎編著　内外出版協会　1912　187p　19cm　（偉人研究　第71編）Ⓝ289.1　〔05483〕

◇木戸孝允公伝　木戸公伝記編纂所編　明治書院　1927　2冊　23cm　Ⓝ289.1　〔05484〕

◇木戸孝允日記　1　日本史籍協会編　東京大学出版会　1985.7　464p　22cm　（日本史籍協会叢書 74）6000円
Ⓘ4-13-097674-5　Ⓝ210.58　〔05485〕

◇木戸孝允日記　2　日本史籍協会編　東京大学出版会　1985.8　504p　22cm　（日本史籍協会叢書 75）6000円
Ⓘ4-13-097675-3　Ⓝ210.58　〔05486〕

◇木戸孝允日記　3　日本史籍協会編　東京大学出版会　1985.9　591p　22cm　（日本史籍協会叢書 76）7000円
Ⓘ4-13-097676-1　Ⓝ210.58　〔05487〕

◇木戸孝允日記　第1至3　妻木忠太編　早川良吉　1932-1933　3冊　22-23cm　Ⓝ210.6　〔05488〕

◇木戸孝允文書　1　日本史籍協会編　東京大学出版会　1971　438p　22cm　（日本史籍協会叢書）3000円
Ⓝ210.6　〔05489〕

◇木戸孝允文書　2　日本史籍協会編　東京大学出版会　1971　368p　22cm　（日本史籍協会叢書）3000円
Ⓝ210.6　〔05490〕

◇木戸孝允文書　3　日本史籍協会編　東京大学出版会　1985.12　22,482p　22cm　（日本史籍協会叢書 79）6000円　Ⓘ4-13-097679-6　Ⓝ210.58　〔05491〕

◇木戸孝允文書　4　日本史籍協会編　東京大学出版会　1986.1　24,432p　22cm　（日本史籍協会叢書 80）6000円　Ⓘ4-13-097680-X　Ⓝ210.58　〔05492〕

◇木戸孝允文書　5　日本史籍協会編　東京大学出版会　1986.2　28,480p　22cm　（日本史籍協会叢書 81）6000円　Ⓘ4-13-097681-8　Ⓝ210.58　〔05493〕

◇木戸孝允文書　6　日本史籍協会編　東京大学出版会　1986.3　30,438p　22cm　（日本史籍協会叢書 82）6000円　Ⓘ4-13-097682-6　Ⓝ210.58　〔05494〕

◇木戸孝允文書　7　日本史籍協会編　東京大学出版会　1986.4　22,442p　22cm　（日本史籍協会叢書 83）6000円　Ⓘ4-13-097683-4　Ⓝ210.58　〔05495〕

◇木戸孝允文書　8　日本史籍協会編　東京大学出版会　1986.5　10,431p　22cm　（日本史籍協会叢書 84）6000円　Ⓘ4-13-097684-2　Ⓝ210.58　〔05496〕

◇木戸孝允文書　第1至8　木戸公伝記編纂所編　日本史籍

協会　1929-6　8冊　23cm　Ⓝ210.6　〔05497〕
◇木戸松菊公逸事―史実考証　妻木忠太著　有朋堂書店　1932　538p　20cm　Ⓝ289.1　〔05498〕
◇史実考証木戸松菊公逸事　妻木忠太著　村田書店　1984.3　50,19,538p　20cm　6000円　Ⓝ210.58　〔05499〕
◇史実参考木戸松菊公逸話　妻木忠太著　村田書店　1985.8　1冊　20cm　6000円　Ⓝ210.58　〔05500〕
◇松菊先生遺墨集　木戸孝允書　青山会館編　巧芸社　1928　1冊　39cm　Ⓝ289.1　〔05501〕
◇松菊余影　足立荒人著　春陽堂　1897.7　282p　23cm　Ⓝ289.1　〔05502〕
◇贈正二位木戸公小伝　小川光賢編　江島喜兵衛　1877.10　23丁　23cm　Ⓝ289.1　〔05503〕

◆◆◆高杉晋作
◇偉人伝記文庫　第53号　高杉晋作　中川重著　日本社　1935　62p　19cm　Ⓝ289.1　〔05504〕
◇維新の英傑高杉晋作　野原秋草著　徳山町（山口県）梅田利一　1933　172p　19cm　Ⓝ289.1　〔05505〕
◇再現日本史―週刊time travel　幕末・維新 7　講談社　2001.8　42p　30cm　533円　Ⓝ210.1　〔05506〕
◇松陰と晋作の志―捨て身の変革者　一坂太郎著　ベストセラーズ　2005.1　254p　18cm　（ベスト新書）780円　①4-584-12076-5　〔05507〕
◇晋作語録　一坂太郎著　下関　山口新聞社　2000.3　243p　19cm　1715円　Ⓝ289.1　〔05508〕
◇晋作・龍馬像「青春交響の塔」完成記念誌　志士の杜推進実行委員会事務局編　下関　志士の杜推進実行委員会　2003.12　60p　30cm　Ⓝ289.1　〔05509〕
◇高杉晋作　渡辺修次郎著　少年園　1897.7　172p　20cm　Ⓝ289.1　〔05510〕
◇高杉晋作　村田峰次郎著　民友社　1914　254p　22cm　Ⓝ289.1　〔05511〕
◇高杉晋作　横山健堂著　武侠世界社　1916　570p　19cm　Ⓝ289.1　〔05512〕
◇高杉晋作　和田政雄著　ヒマラヤ書房　1942.12　328p　19cm　Ⓝ289.1　〔05513〕
◇高杉晋作　森本覚丹著　高山書院　1943　277p　19cm　Ⓝ289.1　〔05514〕
◇高杉晋作―物語と史蹟をたずねて　八尋舜右著　成美堂出版　1976　224p　19cm　700円　Ⓝ289.1　〔05515〕
◇高杉晋作―物語と史蹟をたずねて　八尋舜右著　成美堂出版　1995.2　318p　16cm　（成美文庫）560円　①4-415-06416-7　Ⓝ289.1　〔05516〕
◇高杉晋作　横山健堂著　復刻版　下関　東行庵　1996.4　570,6p　21cm　3500円　Ⓝ289.1　〔05517〕
◇高杉晋作　一坂太郎著　文藝春秋　2002.3　236p　18cm　（文春新書）700円　①4-16-660236-5　〔05518〕
◇高杉晋作　冨成博著　弓立社　2005.10　315p　21cm　（甦る伝記の名著 幕末維新編 2）2800円　①4-89667-503-7　〔05519〕
◇高杉晋作―動けば雷電のごとく　海原徹著　京都　ミネルヴァ書房　2007.2　305,9p　20cm　（ミネルヴァ日本評伝選）2800円　①978-4-623-04793-2　Ⓝ289.1　〔05520〕
◇高杉晋作を歩く　一坂太郎著　吉岡一生写真　山と渓谷社　2002.11　159p　21cm　（歩く旅シリーズ 歴史・文学）1500円　①4-635-60061-0　〔05521〕
◇高杉晋作を歩く―面白きこともなき世に面白く　一坂太郎著　吉岡一生写真　改訂版　山と渓谷社　2006.12　159p　21cm　（歩く旅シリーズ歴史・文学）1500円　①4-635-60070-X　〔05522〕
◇高杉晋作・男の値打ち―この"人間的魅力"を見よ！　芳岡堂太著　三笠書房　1998.2　246p　19cm　1143円　①4-8379-1728-3　〔05523〕
◇高杉晋作志士の精神　和田健爾著　京文社書店　1943　337p　19cm　Ⓝ289.1　〔05524〕
◇高杉晋作・上海行―攘夷から開国への覚醒　相沢邦衛著　叢文社　2007.10　223p　19cm　1500円　①978-4-7947-0588-4　〔05525〕
◇高杉晋作小伝　香川政一著　下関　東行会　1936　216p　20cm　Ⓝ289.1　〔05526〕
◇高杉晋作小伝　香川政一著　山口　白銀日新堂　1936　216p　20cm　Ⓝ289.1　〔05527〕
◇高杉晋作と奇兵隊　田中彰著　岩波書店　1993.7　210,5p　20cm　（岩波新書の江戸時代）1500円　①4-00-009125-5　Ⓝ210.61　〔05528〕
◇高杉晋作と奇兵隊　田中彰著　岩波書店　2006.11　208p　18cm　（岩波新書）700円　①4-00-420317-1　〔05529〕
◇高杉晋作と奇兵隊　青山忠正著　吉川弘文館　2007.1　218p　20cm　（幕末維新の個性 7）2500円　①978-4-642-06287-9　Ⓝ289.1　〔05530〕
◇高杉晋作の上海報告　宮永孝著　新人物往来社　1995.3　261p　19cm　3200円　①4-404-02192-5　〔05531〕
◇高杉晋作の生涯　冨成博著　新人物往来社　1996.8　270p　19cm　2900円　①4-404-02393-6　〔05532〕
◇高杉晋作略伝―入筑始末　江島茂逸編　団々社〔ほか〕　1893.11　120p　23cm　Ⓝ289.1　〔05533〕
◇長州藩の経営管理　林三雄著　文芸社　2001.6　315p　20cm　2800円　①4-8355-1909-4　Ⓝ217.7　〔05534〕
◇飛びゆく彼方―高杉晋作独歩登天の志を決す　中山佳英著　新風舎　2007.1　63p　19cm　1100円　①4-289-01031-8　〔05535〕
◇星はまた輝く―晋作の炎馬関に燃ゆ　入野清著　歴史研究会出版局編　歴研　2006.10　242p　21cm　（歴研選書）2000円　①4-947769-60-2　Ⓝ289.1　〔05536〕

◆◆◆大村益次郎
◇大村卿遺徳顕彰会記念誌・大村益次郎卿記念講演集　大阪　大村卿遺徳顕彰会　1942　48,44p　22cm　Ⓝ289.1　〔05537〕
◇大村卿、三条公書簡　乾,坤巻　大村益次郎,三条実美著　大阪　大村卿遺徳顕彰会　1940　2軸　22cm　Ⓝ289.1　〔05538〕
◇大村兵部大輔　足助直次郎著　金港堂　1902.7　105p　20cm　Ⓝ289.1　〔05539〕
◇大村益次郎　和田政雄著　講談社　1940　355p　19cm　（偉人伝記文庫 第6）Ⓝ289.1　〔05540〕
◇大村益次郎　和田政雄著　大日本雄弁会講談社　1940.10　355,5p　19cm　（偉人伝記文庫 6）Ⓝ289.1　〔05541〕
◇大村益次郎　大村益次郎先生伝記刊行会編　肇書房　1944　2冊（附録共）　22cm　Ⓝ289.1　〔05542〕
◇大村益次郎―物語と史蹟をたずねて　土橋治重著　成美堂出版　1976　221p　19cm　700円　Ⓝ289.1　〔05543〕
◇大村益次郎先生事蹟　村田峰次郎著　村田峰次郎　1919　305p　22cm　Ⓝ289.1　〔05544〕
◇大村益次郎先生小伝　井上清介著　兵庫県川辺郡小浜村　井上清介　1940　92p　23cm　Ⓝ289.1　〔05545〕

◇大村益次郎先生伝　村田峯次郎著　稲垣常三郎　1892.10　57丁　23cm　Ⓝ289.1
〔05546〕
◇大村益次郎と草莽諸隊—周防国郷土史　石永雅編　山口　山口県教育財団　2001.4　34p　26cm　非売品
〔05547〕
◇近世二十傑　第7巻　大村益次郎・西園寺公望　伊藤痴遊　平凡社　1936　546p　20cm　Ⓝ281
〔05548〕
◇近代軍制の創始者大村益次郎　田中惣五郎著　千倉書房　1938　356p　19cm　Ⓝ289.1
〔05549〕
◇兵部大輔大村益次郎先生　高梨光司著　大阪　大村卿遺徳顕彰会　1941　136p　19cm　Ⓝ289.1
〔05550〕
◇名将遺芳　大村益次郎先生七十年記念事業会編　大村益次郎先生七十年記念事業会　1938　54p　図版76枚　31cm　Ⓝ289.1
〔05551〕
◇名将遺芳　大村益次郎先生七十年記念事業会編　巧芸社　1941　図版106枚　30cm　Ⓝ289.1
〔05552〕

◆◆◆禁門の変
◇会津禁門の変戦記—官軍会津賊軍長州怨念の対決　河内山雅郎著　武蔵野　河内山雅郎　2004.8　139p　21cm　Ⓝ210.58
〔05553〕
◇近世日本国民史　第53　元治甲子禁門の役　徳富猪一郎著　近世日本国民史刊行会　1962　19cm　Ⓝ210.5
〔05554〕
◇元治甲子禁門事変実歴談　馬屋原二郎演述　防長学友会　1913　124p　22cm　Ⓝ210.5
〔05555〕
◇長州の天皇征伐—日本の〈悲劇〉はすべてここから始まった　太田龍著　成甲書房　2005.11　379p　19cm　1900円　①4-88086-189-8　Ⓝ361.65
〔05556〕
◇読解「随行日記」—蛤御門の変で京都出兵した須佐兵陣場奉行の日記　東京須佐史談会編　須佐町（山口県）須佐町郷土史研究会　2004.9　78p　図版15枚　30cm　（温故　第18号）非売品　Ⓝ210.58
〔05557〕
◇真木保臣　山口宗之著　ふくおか人物誌編集委員会編　福岡　西日本新聞社　1995.8　205p　19cm　（ふくおか人物誌　5）1500円　①4-8167-0396-9
〔05558〕

◆◆◆長州征伐
◇浦滋之助日記—四境戦争を中心に　柳井市立柳井図書館編　柳井　柳井市立柳井図書館　1992.3　103p　21cm　（柳井図書館叢書　第8集）Ⓝ210.58
〔05559〕
◇近世日本国民史　第56巻　長州征伐　徳富猪一郎著　近世日本国民史刊行会　1962　19cm　Ⓝ210.5
〔05560〕
◇近世日本国民史　第57　幕長交戦　徳富猪一郎著　近世日本国民史刊行会　1962　19cm　Ⓝ210.5
〔05561〕
◇近世日本国民史　第60巻　長州再征篇　徳富猪一郎著　近世日本国民史刊行会　1963　426p　19cm　Ⓝ210.5
〔05562〕
◇御進発御供中諸事筆記　上　慶応元年4月より9月まで　秋川市教育委員会社会教育課編　秋川　秋川市教育委員会　1977.12　191p　21cm　（秋川市史史料集　第4集）Ⓝ210.58
〔05563〕
◇御進発御供中諸事筆記　中　慶応元年10月より2年4月まで　秋川市教育委員会社会教育課編　秋川　秋川市教育委員会　1980.3　224p　21cm　（秋川市史史料集　第7集）Ⓝ210.58
〔05564〕
◇御進発御供中諸事筆記　下　慶応2年5月より11月まで　秋川市教育委員会社会教育課編　秋川　秋川市教育委員会　1980.7　196p　21cm　（秋川市史史料集　第9集）Ⓝ210.58
〔05565〕
◇四境役大島口の戦況　豊田稔一編著　豊田稔一　1972　49p　12×18cm　Ⓝ210.61
〔05566〕
◇征長の役安芸口戦　角井菊雄著　近代文芸社　1995.4　177p　20cm　1500円　①4-7733-3925-X　Ⓝ210.58
〔05567〕
◇千人同心岡本安右衛門と小泉茂兵衛—長州再征従軍日記・天然理心流神文血判帳　笹野邦一編著　相模原　笹野邦一　1991.11　277p　21cm　Ⓝ210.58
〔05568〕
◇長州征伐石州口戦争　矢富熊一郎著　益田　益田史談会　1964　207p　22cm　（矢富文化シリーズ）Ⓝ210.58
〔05569〕
◇長州戦争—幕府瓦解への岐路　野口武彦著　中央公論新社　2006.3　261p　18cm　（中公新書）820円　①4-12-101840-0　Ⓝ210.58
〔05570〕
◇長州戦争と徳川将軍—幕末期畿内の政治空間　久住真也著　岩田書院　2005.10　352,6p　22cm　（近代史研究叢書　9）6900円　①4-87294-405-4　Ⓝ210.58
〔05571〕
◇天皇の世紀　5　長州　大仏次郎著　普及版　朝日新聞社　2006.3　360p　19cm　1800円　①4-02-250155-3　Ⓝ210.61
〔05572〕
◇豊国戦記　佐野経彦著　下関　防長史料出版社　1977.2　299p　22cm　Ⓝ210.58
〔05573〕
◇中山忠光卿謀殺の謎　大西正一著　下関　川中ふるさと研究会　1989　50p　21cm　Ⓝ210.58
〔05574〕
◇幕府征長記録　日本史籍協会編　日本史籍協会　1919　656p　23cm　Ⓝ210.5
〔05575〕
◇幕府征長記録　日本史籍協会編　東京大学出版会　1973　667p　22cm　（日本史籍協会叢書）3000円　Ⓝ210.58
〔05576〕

◆◆◆奇兵隊
◇赤根武人の冤罪　村上磐太郎著　周南　マツノ書店　2007.1　281,20p　21cm　5000円　Ⓝ210.58
〔05577〕
◇維新の扉を開いた諸隊の雄・遊撃軍　周東町教育委員会編　周東町（山口県）周東町生涯学習推進協議会　1997.1　285p　20cm　（ふるさと歴史物語）1700円　Ⓝ217.7
〔05578〕
◇NHK歴史への招待　第22巻　海援隊と奇兵隊　日本放送協会編　日本放送出版協会　1990.1　238p　18cm　700円　①4-14-018071-4　Ⓝ210.1
〔05579〕
◇奇兵隊—勤王志士　高橋立吉（淡水）編　磯部甲陽堂　1910.7　210p　19cm　Ⓝ210.5
〔05580〕
◇奇兵隊　長文連著　三一書房　1965　249p　18cm　（三一新書）Ⓝ210.58
〔05581〕
◇奇兵隊—写真集　一坂太郎著　奇兵隊士研究所編　下関　奇兵隊士研究所　1993.6　88p　26cm　（奇兵隊士研究別冊）Ⓝ210.58
〔05582〕
◇奇兵隊—写真集　一坂太郎著　奇兵隊士研究所編　増補版　下関　奇兵隊士研究所　1994.6　96p　26cm　（奇兵隊士研究別冊）Ⓝ210.58
〔05583〕
◇奇兵隊士の青春—特別展　目録　下関　東行記念館　1991.9　1冊　26cm　Ⓝ210.58
〔05584〕
◇奇兵隊始末記　中原雅夫著　新人物往来社　1973　247p　20cm　930円　Ⓝ210.58
〔05585〕
◇奇兵隊日記　日本史籍協会編　東京大学出版会　1971　4冊　22cm　（日本史籍協会叢書）各3000円　Ⓝ210.58
〔05586〕
◇奇兵隊日記　1　日本史籍協会編　東京大学出版会　1986.6　724p　22cm　（日本史籍協会叢書　85）9000円　①4-13-097685-0　Ⓝ210.58
〔05587〕
◇奇兵隊日記　2　日本史籍協会編　東京大学出版会

近世一般　　　　　　　　　　　　　　　近世史

◇1986.7　732p　22cm　（日本史籍協会叢書 86）9000円　①4-13-097686-9　Ⓝ210.58　　　　　〔05588〕
◇奇兵隊日記　3　日本史籍協会編　東京大学出版会　1986.8　680p　22cm　（日本史籍協会叢書 87）9000円　①4-13-097687-7　Ⓝ210.58　　　　　〔05589〕
◇奇兵隊日記　4　日本史籍協会編　東京大学出版会　1986.9　739p　22cm　（日本史籍協会叢書 88）9000円　①4-13-097688-5　Ⓝ210.58　　　　　〔05590〕
◇奇兵隊日記　第1-4　日本史籍協会編　日本史籍協会　1918　4冊　23cm　Ⓝ210.5　　　　　〔05591〕
◇奇兵隊の反乱　西谷重道原作, 藤生豪作画　柏書房　1979.1　142p　22cm　（歴史ドキュメント劇画シリーズ）1200円　Ⓝ210.58　　　　　〔05592〕
◇奇兵隊のまち, 吉田―史跡ガイド　奇兵隊士研究所編　下関　下関市吉田観光協会　1992.11　15p　26cm　Ⓝ291.77　　　　　〔05593〕
◇高杉晋作と奇兵隊　田中彰著　岩波書店　1985.10　208,5p　18cm　（岩波新書）480円　Ⓝ210.61　〔05594〕
◇高杉晋作と奇兵隊　田中彰著　岩波書店　2006.11　208p　18cm　（岩波新書）700円　①4-00-420317-1　　　　　〔05595〕
◇高杉晋作と奇兵隊　青山忠正著　吉川弘文館　2007.1　218p　20cm　（幕末維新の個性 7）2500円　①978-4-642-06287-9　Ⓝ289.1　　　〔05596〕
◇長州奇兵隊―栄光と挫折　古川薫著　大阪　創元社　1972　196p　18cm　360円　Ⓝ210.58　〔05597〕
◇長州諸隊　高野義祐著　小郡町（山口県）　山口民報社　1977　2冊　19cm　1500,1400円　Ⓝ210.58　〔05598〕
◇天皇の世紀　6　奇兵隊　大仏次郎　朝日新聞社　1970　413p　23cm　1300円　Ⓝ210.58　〔05599〕
◇天皇の世紀　6　大仏次郎著　朝日新聞社　1970.12（第14刷：1997.10）　413p　23cm　5000円　①4-02-253677-2　Ⓝ210.58　　　〔05600〕
◇天皇の世紀　6　奇兵隊　大仏次郎著　普及版　朝日新聞社　2006.4　413p　19cm　1800円　①4-02-250156-1　Ⓝ210.61　　　〔05601〕
◇幕末諸隊始末　栗原隆一著　新人物往来社　1972　269p　20cm　880円　Ⓝ210.58　〔05602〕
◇幕末諸隊100選　栗原隆一著　秋田書店　1974　245p　19cm　980円　Ⓝ210.58　〔05603〕

◆◆◆相楽総三
◇相楽総三関係史料集　信濃教育会諏訪部会編　青史社　合同出版（発売）　1975　132,7p　22cm　2500円　Ⓝ289.1　　　　　〔05604〕
◇相楽総三とその同志　長谷川伸著　新小説社　1968　698p　図版12枚　20cm　Ⓝ210.58　〔05605〕

◆◆幕末テロ
◇あらしのあと　横田達雄編　佐川町（高知県）　県立青山文庫後援会　2006.8　84p　21cm　（青山文庫所蔵資料集 11）1000円　Ⓝ210.58　　　〔05606〕
◇暗殺　松浦玲著　徳間書店　1966　229p　18cm　Ⓝ210.58　　　　　〔05607〕
◇暗殺―明治維新の思想と行動　松浦玲著　取手　辺境社　1979.7　258p　20cm　1300円　Ⓝ210.61　〔05608〕
◇暗殺時代―幕末史談　山田愛剣著　岡村書店　1930　713p　Ⓝ210.5　　　　　〔05609〕
◇暗殺の季節　奈良本辰也著　創世記　1976　257p　20cm　（創世記寺小屋講座）980円　Ⓝ210.58　〔05610〕

◇維新暗殺秘録　平尾道雄著　民友社　1930　400,6p　20cm　Ⓝ210.6　　　　　〔05611〕
◇維新暗殺秘録　平尾道雄著　白竜社　1967　367p　20cm　Ⓝ210.58　　　　　〔05612〕
◇維新暗殺秘録　平尾道雄著　新人物往来社　1978.1　271p　20cm　1800円　Ⓝ210.58　〔05613〕
◇維新暗殺秘録　平尾道雄著　河出書房新社　1990.8　288p　15cm　（河出文庫）580円　①4-309-47196-X　Ⓝ210.58　　　　　〔05614〕
◇維新の礎―寺田屋騒動と田中河内介・海賀宮門ら一党惨殺事件　河野弘善著　講談社出版サービスセンター　1994.9　266p　20cm　2800円　①4-87601-320-9　Ⓝ210.61　　　　　〔05615〕
◇京都見廻組史録　菊地明著　新人物往来社　2005.12　210p　22cm　3800円　①4-404-03287-0　Ⓝ210.58　〔05616〕
◇斬奸状　栗原隆一著　學藝書林　1975　393p　20cm　2800円　Ⓝ210.58　　　　　〔05617〕
◇史説幕末暗殺　中沢巠夫著　雄山閣出版　1993.7　286p　21cm　2880円　①4-639-01174-1　Ⓝ210.58　〔05618〕
◇幕末暗殺―史説　中沢巠夫著　雄山閣出版　1971　286p　22cm　1200円　Ⓝ210.58　〔05619〕
◇幕末暗殺史　森川哲郎著　三一書房　1967　262p　18cm　（三一新書）Ⓝ210.58　〔05620〕
◇幕末暗殺史　森川哲郎著　毎日新聞社　1993.7　260p　18cm　（ミューブックス）780円　①4-620-72073-9　Ⓝ210.58　　　　　〔05621〕
◇幕末暗殺史録　中沢巠夫著　雄山閣出版　1966　303p　22cm　Ⓝ210.58　　　　　〔05622〕
◇幕末天誅斬奸録　菊地明著　新人物往来社　2005.4　213p　22cm　3800円　①4-404-03239-0　Ⓝ210.58　〔05623〕

◆◆◆新選組
◇会津小鉄と新選組　原田弘著　会津若松　歴史春秋出版　2004.4　261p　20cm　1500円　①4-89757-498-6　Ⓝ289.1　　　　　〔05624〕
◇会津藩と新選組　会津若松　歴史春秋出版　2003.11　115p　30cm　1500円　①4-89757-484-6　Ⓝ210.58　〔05625〕
◇蒼き戦士新選組―川西正隆と私　川西正隆著, 若山拳編著　新人物往来社　1982.5　336p　20cm　1500円　Ⓝ210.58　　　　　〔05626〕
◇池田屋事変始末記―新選組と吉田稔麿　富成博著　新人物往来社　1975　222p　20cm　1300円　Ⓝ210.58　〔05627〕
◇維新前夜の京をゆく新選組見聞録　京都新聞出版センター編　京都　京都新聞出版センター　2003.7　150p　21cm　1333円　①4-7638-0520-7　Ⓝ210.58　〔05628〕
◇出流山尊王義軍　栗原彦三郎著　鍾美堂　1943　193p　19cm　Ⓝ210.5　　　　　〔05629〕
◇英傑の日本史―新撰組・幕末編　井沢元彦著　角川書店, 角川グループパブリッシング〔発売〕　2007.12　371p　15cm　（角川文庫）590円　①978-4-04-166217-5　〔05630〕
◇英傑の日本史　新撰組・幕末編　井沢元彦著　角川書店　2004.10　311p　20cm　1500円　①4-04-883901-2　Ⓝ281.04　　　　　〔05631〕
◇映像で見る新選組　学習研究社　2003.12　111p　26cm　1500円　①4-05-402114-X　Ⓝ778.21　〔05632〕
◇NHK歴史への招待　第21巻　新選組　日本放送協会編

134　日本近世史図書総覧　明治〜平成　　　　　　　　　　　〔05588〜05632〕

◇日本放送出版協会　1990.2　210p　18cm　670円　Ⓘ4-14-018074-9　Ⓝ210.1　〔05633〕

◇沖田総司・土方歳三・坂本竜馬の手紙　新人物往来社　1988.5　3枚　19cm　2800円　Ⓘ4-404-01506-2　Ⓝ210.58　〔05634〕

◇完全制覇新選組―この一冊で歴史に強くなる！　山村竜也著　立風書房　1998.2　254p　19cm　1333円　Ⓘ4-651-75202-0　Ⓝ210.58　〔05635〕

◇聞きがき新選組　佐藤昱編　新人物往来社　1972　275p　20cm　850円　Ⓝ210.58　〔05636〕

◇聞きがき新選組　佐藤昱編著　新装版　新人物往来社　2003.3　275p　19cm　2800円　Ⓘ4-404-03102-5　〔05637〕

◇紀行新選組　尾崎秀樹文　榊原和夫写真　光文社　2003.12　179p　16cm　（知恵の森文庫）552円　Ⓘ4-334-78256-6　Ⓝ210.58　〔05638〕

◇軌跡―史料と解説　2　新選組特集　日野　日野の古文書を読む会　2005.12　73p　30cm　Ⓝ213.65　〔05639〕

◇旧幕新撰組の結城無二三　結城礼一郎著　改版　中央公論新社　2005.4　204p　16cm　（中公文庫）1286円　Ⓘ4-12-204523-1　Ⓝ289.1　〔05640〕

◇共同研究新選組　新人物往来社編　新人物往来社　1973　264p　20cm　850円　Ⓝ210.58　〔05641〕

◇京都新選組案内―物語と史跡　武山峯久著　大阪　創元社　2004.1　227p　19cm　1300円　Ⓘ4-422-20144-1　〔05642〕

◇京都・幕末維新をゆく　木村幸比古文　三村博史写真　京都　淡交社　2000.5　126p　21cm　（新撰京の魅力）1500円　Ⓘ4-473-01742-7　Ⓝ291.62　〔05643〕

◇京都壬生八木家の歴史　1　八木家と新選組　八木喜久男著　角川学芸出版, 角川書店〔発売〕2006.9　254p　19cm　1800円　Ⓘ4-04-621501-1　〔05644〕

◇激闘！新選組　中村彰彦著　ダイナミックセラーズ　1987.1　315p　19cm　1500円　Ⓝ210.58　〔05645〕

◇激闘！新選組　中村彰彦著　ダイナミックセラーズ出版　1994.10　315p　19cm　1500円　Ⓘ4-88493-250-1　〔05646〕

◇激録新撰組　上　原康史著　東京スポーツ新聞社　1977.5　284p　19cm　840円　〔05647〕

◇激録新撰組　中　原康史著　東京スポーツ新聞社　1977.8　320p　19cm　840円　〔05648〕

◇激録新撰組　下　原康史著　東京スポーツ新聞社　1977.11　232p　19cm　840円　Ⓝ210.58　〔05649〕

◇決断！新選組　中村彰彦著　ダイナミックセラーズ　1985.3　273p　19cm　1500円　Ⓝ210.58　〔05650〕

◇決断！新選組　中村彰彦著　ダイナミックセラーズ出版　1994.10　273p　19cm　1500円　Ⓘ4-88493-251-X　〔05651〕

◇甲州道中日野宿と新選組　日野市ふるさと博物館編　日野　日野市教育委員会　2001.12　100p　30cm　Ⓝ213.65　〔05652〕

◇高台寺党の人びと　市居浩一著　高槻　人びと文庫　1977.9　317p　20cm　Ⓝ210.58　〔05653〕

◇豪農たちの見た新選組―多摩に芽生えた政治意識　町田市立自由民権資料館編　町田　町田市教育委員会　2005.3　120p　21cm　（民権ブックス　18号）Ⓝ210.58　〔05654〕

◇興亡新撰組　加太こうじ著　光和堂　1989.5　229p　20cm　1650円　Ⓘ4-87538-085-2　Ⓝ210.58　〔05655〕

◇再現・新選組―見直される青春譜　鈴木亨著　三修社　2003.11　251p　19cm　1900円　Ⓘ4-384-03231-5　〔05656〕

◇再現日本史―週刊time travel　幕末・維新6　講談社　2001.8　42p　30cm　533円　Ⓝ210.1　〔05657〕

◇最後のサムライ！新選組入門　田中ひろみ著　幻冬舎　2004.4　119p　19cm　1200円　Ⓘ4-344-00609-7　〔05658〕

◇坂本龍馬は新撰組だった！　赤司典弘著　ぶんか社　2006.12　251p　15cm　（ぶんか社文庫）657円　Ⓘ4-8211-5079-4　Ⓝ210.58　〔05659〕

◇実録新選組　京一輔著　愛隆堂　2004.4　239p　19cm　1500円　Ⓘ4-7502-0270-3　Ⓝ210.58　〔05660〕

◇士道―新撰組と箱館戦争　平成16年度特別展　市立函館博物館特別展展示図録　市立函館博物館編　函館　市立函館博物館　2004.7　67p　30cm　Ⓝ210.61　〔05661〕

◇司馬遼太郎が描いた「新選組」の風景　司馬遼太郎著　新潮社　2003.12　127p　21cm　（とんぼの本）1300円　Ⓘ4-10-602110-2　〔05662〕

◇写真集新選組散華　菊地明ほか著　新人物往来社　1988.12　207p　20cm　1800円　Ⓘ4-404-01589-5　Ⓝ210.58　〔05663〕

◇写真集・新選組宝典　釣洋一著　新人物往来社　2003.12　259p　21cm　2800円　Ⓘ4-404-03156-4　〔05664〕

◇週刊ビジュアル日本の歴史　no.11　近代国家への道　1　デアゴスティーニ・ジャパン　2000.5　41p　30cm　533円　Ⓝ210.1　〔05665〕

◇知れば知るほど面白い！NHK大河ドラマ的新選組　新選組「誠」発掘隊編　久保田英一文　上福岡　リフレ出版　2003.8　185p　19cm　1200円　Ⓘ4-901880-26-8　Ⓝ210.58　〔05666〕

◇真説新選組　山村竜也著　学習研究社　2001.8　342p　15cm　（学研M文庫）650円　Ⓘ4-05-901069-3　Ⓝ210.58　〔05667〕

◇新撰江戸歌声しらべ　山村美声（秀太郎）編　大阪　此村藜光堂　1894.4　239p　16cm　Ⓝ768　〔05668〕

◇新撰組―物語と史蹟をたずねて　童門冬二著　成美堂出版　1976　223p　19cm　700円　Ⓝ210.58　〔05669〕

◇新撰組　旺文社　1983.3　200p　26cm　（現代視点　戦国・幕末の群像）1900円　Ⓘ4-01-070553-1　Ⓝ210.58　〔05670〕

◇新撰組　萩尾農, 山村竜也編　教育書籍　1991.6　186p　22cm　（英雄の時代　1）1500円　Ⓘ4-317-60057-9　Ⓝ210.58　〔05671〕

◇新撰組―物語と史蹟をたずねて　童門冬二著　成美堂出版　1994.6　317p　16cm　（成美文庫）560円　Ⓘ4-415-06402-7　Ⓝ210.58　〔05672〕

◇新選組―士道残英　時代の激流に呑まれた壬生の狼　学習研究社　1996.5　119p　22cm　（Gakken graphic books 9）1600円　Ⓘ4-05-400669-8　Ⓝ210.58　〔05673〕

◇新撰組―幕末を駆け抜けた最強の剣客たち　世界文化社　1997.10　162p　26cm　（ビッグマンスペシャル―歴史クローズアップ）1360円　Ⓘ4-418-97133-5　Ⓝ210.58　〔05674〕

◇新選組―知れば知るほど　松浦玲監修　実業之日本社　1998.8　269p　19cm　1300円　Ⓘ4-408-10283-0　Ⓝ210.58　〔05675〕

◇新選組―幕末に咲いた滅びの美学　総特集　永久保存版　河出書房新社　2001.6　263p　21cm　（Kawade夢ムック―文芸別冊）1143円　Ⓘ4-309-97610-7　Ⓝ210.58　〔05676〕

◇新選組―時代に翻弄された誠　小森宏著　文芸社

近世一般　　　　　　　　　　近世史

2003.4　238p　20cm　1300円　Ⓘ4-8355-5524-4　Ⓝ210.58
〔05677〕
◇新選組　松浦玲著　岩波書店　2003.9　243p　18cm（岩波新書）740円　Ⓘ4-00-430855-0
〔05678〕
◇新撰組―物語と史蹟をたずねて　童門冬二著　改訂　成美堂出版　2003.11　317p　16cm　（成美文庫）543円　Ⓘ4-415-07045-0　Ⓝ210.58
〔05679〕
◇新選組―知れば知るほど面白い・人物歴史丸ごとガイド　横田淳著　山村竜也監修　学習研究社　2003.12　239p　19cm　1300円　Ⓘ4-05-402083-6
〔05680〕
◇新選組　佐藤文明文　ふなびきかずこイラスト　現代書館　2003.12　174p　21×14cm　（FOR BEGINNERSシリーズ　96）1200円　Ⓘ4-7684-0096-5
〔05681〕
◇新選組―知られざる隊士の真影　相川司著　新紀元社　2003.12　271p　21cm　（Truth In History 1）1800円　Ⓘ4-7753-0223-X
〔05682〕
◇新選組―新選組をつくった男たち　三田村信行著　若菜等,Ki絵　ポプラ社　2003.12　215p　18cm　600円　Ⓘ4-591-07938-4　Ⓝ210.58
〔05683〕
◇新選組―知れば知るほど面白い・人物歴史丸ごとガイド　横田淳著　山村竜也監修　学習研究社　2003.12　239p　19cm　1300円　Ⓘ4-05-402083-6　Ⓝ210.58
〔05684〕
◇新選組―幕末を駆け抜けた最強の剣客たち　改訂新版　世界文化社　2003.12　162p　26cm　（ビッグマンスペシャル）1400円　Ⓘ4-418-03174-X　Ⓝ210.58〔05685〕
◇新選組―知られざる隊士の真影　相川司著　新紀元社　2003.12　271p　21cm　（Truth in history 1）1800円　Ⓘ4-7753-0223-X　Ⓝ210.58
〔05686〕
◇新選組―「最後の武士」の実像　大石学　中央公論新社　2004.11　308p　18cm　（中公新書）920円　Ⓘ4-12-101773-0　Ⓝ210.58
〔05687〕
◇新選組―将軍警護の最後の武士団　ロミュラス・ヒルズボロウ著　正木恵美訳　バベルプレス　2007.6　251p　19cm　1400円　Ⓘ978-4-89449-059-8　Ⓝ210.58
〔05688〕
◇新撰組―尽忠報国の輩　上　石井勉著　文芸社　2004.2　323p　20cm　1700円　Ⓘ4-8355-6969-5　Ⓝ210.58
〔05689〕
◇新撰組・池田屋事件顛末記　冨成博著　新人物往来社　2001.7　255p　20cm　2800円　Ⓘ4-404-02918-7　Ⓝ210.58
〔05690〕
◇新選組一番隊・沖田総司　結喜しはや著　新人物往来社　2004.3　280p　20cm　2800円　Ⓘ4-404-03178-5　Ⓝ289.1
〔05691〕
◇新選組裏話　万代修著　新人物往来社　1999.4　279p　20cm　2800円　Ⓘ4-404-02801-6　Ⓝ210.58
〔05692〕
◇新選組を歩く―士道に殉じた男たちの軌跡　新人物往来社　2003.10　175p　26cm　（別冊歴史読本　第28巻第31号）1800円　Ⓘ4-404-03062-2　Ⓝ210.58〔05693〕
◇新撰組おでかけbook　コーエー出版部企画編集　横浜　光栄　2003.8　151p　21cm　1400円　Ⓘ4-7758-0083-5　Ⓝ291.02
〔05694〕
◇新選組覚え書　小野圭次郎他著　新人物往来社　1972　267p　20cm　850円　Ⓝ210.58
〔05695〕
◇新選組！をめぐる京都の旅　レブン著　メイツ出版　2003.12　144p　21cm　1500円　Ⓘ4-89577-679-4
〔05696〕
◇新選組女ひとり旅　赤間倭子著　鷹書房　1990.7　250p　19cm　1000円　Ⓘ4-8034-0370-8　Ⓝ210.58　〔05697〕

◇新撰組　解体新書　Da Gama編集部編　横浜　光栄　1997.10　157p　21cm　1200円　Ⓘ4-87719-514-9
〔05698〕
◇新撰組が京都で見た夢―動乱の幕末に青春を賭けた男たちがいた　中田昭写真　学習研究社　2003.11　145p　22×17cm　（GAKKEN GRAPHIC BOOKS―美ジュアル日本　22）1600円　Ⓘ4-05-402230-8　　〔05699〕
◇「新選組」がゆく―過激に"誠"を貫いた男たちの実像　立石優著　ベストセラーズ　2003.10　260p　15cm　（ワニ文庫）648円　Ⓘ4-584-39173-4
〔05700〕
◇新選組紀行　中村彰彦著　神長文夫写真　文藝春秋　2003.10　261p　18cm　（文春新書）760円　Ⓘ4-16-660343-4
〔05701〕
◇新選組キャラクターファイル　コーエー出版部企画・編集　横浜　光栄　2004.4　167p　21cm　1500円　Ⓘ4-7758-0169-4　Ⓝ210.58
〔05702〕
◇新選組99の謎　鈴木亨著　PHP研究所　1993.10　240p　15cm　（PHP文庫）520円　Ⓘ4-569-56589-1　Ⓝ210.58
〔05703〕
◇新選組、京をゆく　木村幸比古文　三村博史写真　京都　淡交社　2001.6　126p　21cm　（新撰京の魅力）1500円　Ⓘ4-473-01819-9　Ⓝ210.58　〔05704〕
◇新選組京都の日々―日野市立新選組のふるさと歴史館特別展第二回特別展　日野　日野市立新選組のふるさと歴史館　c2007　8p　30cm
〔05705〕
◇新選組クイズ100連発！　幕末史研究会編　笠原秀文　学習研究社　2003.12　216p　18cm　950円　Ⓘ4-05-402232-4　Ⓝ210.58
〔05706〕
◇新選組組長列伝―新選組最強者の伝説　新人物往来社　2002.8　208p　26cm　（別冊歴史読本　18）2000円　Ⓘ4-404-03018-5　Ⓝ210.58
〔05707〕
◇新選組決定録　伊東成郎著　河出書房新社　2003.5　301p　20cm　1800円　Ⓘ4-309-22400-8　Ⓝ210.58
〔05708〕
◇新選組剣客伝　山村竜也著　PHP研究所　1998.7　212p　20cm　1500円　Ⓘ4-569-60176-6　Ⓝ210.58　〔05709〕
◇新選組剣客伝　山村竜也著　PHP研究所　2002.9　251p　15cm　（PHP文庫）495円　Ⓘ4-569-57801-2　Ⓝ210.58
〔05710〕
◇新選組研究・最前線　上　新人物往来社編　新人物往来社　1998.4　296p　20cm　2900円　Ⓘ4-404-02592-0　Ⓝ210.58
〔05711〕
◇新選組研究・最前線　下　新人物往来社編　新人物往来社　1998.4　298p　20cm　2900円　Ⓘ4-404-02593-9　Ⓝ210.58
〔05712〕
◇新選組剣豪秘話　流泉小史著　新人物往来社　1973　247p　20cm　850円　Ⓝ210.58
〔05713〕
◇新選組原論―新選組研究バイブル　新人物往来社　2001.10　176p　26cm　（別冊歴史読本　86）2200円　Ⓘ4-404-02786-9　Ⓝ210.58
〔05714〕
◇新選組原論―新選組研究バイブル　新装版　新人物往来社編　新人物往来社　2004.5　172p　26cm　1800円　Ⓘ4-404-03194-7　Ⓝ210.58
〔05715〕
◇新選組・高台寺党　市居浩一著　新人物往来社　2004.4　248p　20cm　2800円　Ⓘ4-404-03165-3　Ⓝ210.58
〔05716〕
◇新選組興亡史―幕末に青春を賭けた若者たちの軌跡　NHK取材班編　名古屋　KTC中央出版　2003.9　171p　20cm　（その時歴史が動いた　別巻）1400円　Ⓘ4-87758-314-9　Ⓝ210.58
〔05717〕
◇新撰組五兵衛新田始末　増田光明著　流山　崙書房出版

◇新選組 2006.7　124p　18cm　（ふるさと文庫 185）780円　①4-8455-0185-6　Ⓝ210.58　〔05718〕
◇新選組こぼれ話　万代修著　鳥影社　1984.6　114p　19cm　980円　Ⓝ210.58　〔05719〕
◇新選組再掘記　釣洋一著　新人物往来社　1972　253p　20cm　850円　Ⓝ210.58　〔05720〕
◇新選組・斎藤一のすべて　新人物往来社編　新人物往来社　2003.11　256p　19cm　2800円　①4-404-03135-1　〔05721〕
◇新選組残影　村松友視ほか文　神長文夫写真　日本放送出版協会　2003.11　133p　22cm　1600円　①4-14-080820-9　Ⓝ210.58　〔05722〕
◇新選組残照―史跡探訪　赤間倭子著　東洋書院　1994.7　297p　20cm　1900円　①4-88594-221-7　Ⓝ210.58　〔05723〕
◇新選組残日録　伊東成郎著　新人物往来社　2007.6　269p　19cm　2800円　①978-4-404-03465-6　〔05724〕
◇新選組三部作 新選組遺聞　子母沢寛著　改版　中央公論社　1997.1　330p　15cm　（中公文庫）740円　①4-12-202782-9　〔05725〕
◇新撰組史　平尾道雄著　平尾道雄　1928　263p　20cm　Ⓝ210.5　〔05726〕
◇新選組史跡事典　西日本編　新人物往来社編　新人物往来社　2002.9　268p　22cm　7800円　①4-404-02982-9　Ⓝ210.58　〔05727〕
◇新選組史跡事典　東日本編　新人物往来社編　新人物往来社　2002.9　260p　22cm　7800円　①4-404-02981-0　Ⓝ210.58　〔05728〕
◇新選組実戦史　鹿島淑男著　新人物往来社　1975　195p　20cm　1300円　Ⓝ289.1　〔05729〕
◇新選組実録　相川司, 菊地明著　筑摩書房　1996.8　238p　18cm　（ちくま新書）680円　①4-480-05678-5　Ⓝ210.58　〔05730〕
◇新選組事典　新人物往来社編　新人物往来社　1973　262p　20cm　850円　Ⓝ210.58　〔05731〕
◇新選組事典　鈴木亨編　中央公論新社　1999.11　488p　16cm　（中公文庫）1048円　①4-12-203541-4　Ⓝ210.58　〔05732〕
◇新選組事典　歴史と文学の会編　勉誠出版　2003.12　267p　19cm　2800円　①4-585-05129-5　〔05733〕
◇新選組始末記　子母沢寛著　中央公論社　1967　346p　図版16枚　20cm　Ⓝ210.58　〔05734〕
◇新選組始末記―写真集　釣洋一編　新人物往来社　1981.11　212p　22cm　1800円　Ⓝ210.58　〔05735〕
◇新選組写真集　新人物往来社編　新人物往来社　1974　196p（おもに図）　20cm　1200円　Ⓝ210.58　〔05736〕
◇新選組写真全集　釣洋一著　新人物往来社　1997.3　249p　24cm　3502円　①4-404-02476-2　Ⓝ210.58　〔05737〕
◇「新選組・彰義隊・白虎隊」のすべて―決定版　新人物往来社　1995.12　384p　21cm　（別冊歴史読本―歴史ロマンシリーズ）1748円　Ⓝ281　〔05738〕
◇新選組証言録―『史談会速記録』が語る真実　山村竜也編著　PHP研究所　2004.7　291p　18cm　（PHP新書）780円　①4-569-63718-3　Ⓝ210.58　〔05739〕
◇新選組情報館　大石学編　教育出版　2004.3　274p　19cm　1600円　①4-316-80070-1　Ⓝ210.58　〔05740〕
◇新選組史料集　新人物往来社編　新人物往来社　1993.9　362p　22cm　8800円　①4-404-02049-X　Ⓝ210.58　〔05741〕

◇新選組史料集―コンパクト版　新人物往来社編　新人物往来社　1995.3　362p　20cm　4000円　①4-404-02200-X　Ⓝ210.58　〔05742〕
◇新選組史料集　続　新人物往来社編　新人物往来社　2006.3　433p　22cm　9800円　①4-404-03290-0　Ⓝ210.58　〔05743〕
◇新撰組史録　平尾道雄著　育英書院　1942　296p　19cm　Ⓝ210.5　〔05744〕
◇新撰組史録　平尾道雄著　白竜社　1967　318p　20cm　Ⓝ210.58　〔05745〕
◇新選組新聞　新選組新聞編集委員会編　新装版　新人物往来社　2003.10　163p　26cm　1800円　①4-404-03160-2　〔05746〕
◇新選組随想録――一五〇年の時をへて蘇る語り継がれる幕末剣士集団の実像と秘話　日本随想録編集委員会編　歴研　2005.1　159p　21cm　2400円　①4-947769-36-X　Ⓝ210.58　〔05747〕
◇新選組誠史　釣洋一著　新人物往来社　1998.3　443p　20cm　4300円　①4-404-02570-X　Ⓝ210.58　〔05748〕
◇新選組戦記　新人物往来社　1999.4　163p　26cm　（別冊歴史読本　18号）2700円　①4-404-02718-4　Ⓝ210.58　〔05749〕
◇新選組全史―天誅vs.志士狩りの幕末　木村幸比古著　講談社　2004.7　254p　19cm　（講談社選書メチエ　303）1600円　①4-06-258303-8　Ⓝ210.58　〔05750〕
◇新選組全史　上　菊地明著　新人物往来社　2004.2　267p　20cm　2800円　①4-404-03166-1　Ⓝ210.58　〔05751〕
◇新選組全史　中　菊地明著　新人物往来社　2004.4　290p　20cm　2800円　①4-404-03167-X　Ⓝ210.58　〔05752〕
◇新選組全史　下　菊地明著　新人物往来社　2004.6　317p　19cm　2800円　①4-404-03168-8　Ⓝ210.58　〔05753〕
◇新選組全史　戊辰・箱館編　中村彰彦著　角川書店　2001.7　332p　15cm　（角川文庫）571円　①4-04-190612-1　Ⓝ210.58　〔05754〕
◇新選組全史　幕末・京都編　中村彰彦著　角川書店　2001.7　346p　15cm　（角川文庫）590円　①4-04-190611-3　Ⓝ210.58　〔05755〕
◇新選組戦場日記―永倉新八「浪士文久報国記事」を読む　木村幸比古編著・訳　PHP研究所　1998.10　231p　20cm　1524円　①4-569-60333-5　Ⓝ210.58　〔05756〕
◇新選組全隊士徹底ガイド　前田政記著　河出書房新社　2004.1　213p　15cm　（河出文庫）680円　①4-309-40708-0　Ⓝ210.58　〔05757〕
◇「新撰組」全隊士録　古賀茂作, 鈴木亨編著　講談社　2003.11　439p　22cm　3800円　①4-06-211855-6　Ⓝ210.58　〔05758〕
◇新選組隊士遺聞　谷春雄, 林栄太郎著　新人物往来社　1973　279p　20cm　900円　Ⓝ210.58　〔05759〕
◇新選組大事典　新人物往来社編　新人物往来社　1994.6　281p　22cm　8800円　Ⓝ210.58　〔05760〕
◇新選組大事典―コンパクト版　新人物往来社編　新人物往来社　1999.3　284p　20cm　3800円　①4-404-02804-0　Ⓝ210.58　〔05761〕
◇新選組隊士伝―蒼き群狼, その生と死の断章　学習研究社　2004.1　195p　26cm　（歴史群像シリーズ 72号）1300円　①4-05-603283-1　Ⓝ210.58　〔05762〕
◇新選組隊士ノート　三十一人会編　新人物往来社　1975　256p　20cm　1300円　Ⓝ210.58　〔05763〕

◇新選組隊士列伝　新人物往来社編　新人物往来社　1972　243p　20cm　850円　Ⓝ210.58
〔05764〕

◇新選組隊士列伝　続　新人物往来社編　新人物往来社　1974　279p　20cm　1200円　Ⓝ210.58
〔05765〕

◇新選組隊士録　新人物往来社　1998.9　168p　26cm（別冊歴史読本 第83号）1600円　Ⓘ4-404-02651-X　Ⓝ210.58
〔05766〕

◇新選組大全史　新人物往来社　2003.11　240p　26cm（別冊歴史読本 第28巻34号—新選組クロニクル 通史篇）1800円　Ⓘ4-404-03065-7　Ⓝ210.58
〔05767〕

◇新選組多摩党の虚実—土方歳三・日野宿・佐藤彦五郎　神津陽著　彩流社　2004.9　294p　19cm　1800円　Ⓘ4-88202-916-2　Ⓝ210.58
〔05768〕

◇新選組多摩の四天王　宮本三郎著　日本図書刊行会　1993.5　329p　20cm　1800円　Ⓘ4-7733-1328-5　Ⓝ210.58
〔05769〕

◇新選組誕生—日野市立新選組のふるさと歴史館特別展　日野　日野市立新選組のふるさと歴史館　2005　8p　30cm
〔05770〕

◇新選組誕生—特別展　日野市立新選組のふるさと歴史館制作　日野　日野市　2006.3　170p　30cm（日野市立新選組のふるさと歴史館叢書　第1輯）Ⓝ210.58
〔05771〕

◇新選組超読本　新人物往来社　2003.12　240p　26cm（別冊歴史読本 第28巻36号—新選組クロニクル 入門篇）1800円　Ⓘ4-404-03067-3　Ⓝ210.58
〔05772〕

◇新選組追究録　万代修著　新人物往来社　1998.10　268p　20cm　2800円　Ⓘ4-404-02656-0　Ⓝ210.58
〔05773〕

◇「新選組」展　NHK,NHKプロモーション編　NHK　2004.4　203p　29cm　Ⓝ210.58
〔05774〕

◇新撰組顛末記　永倉新八著　新人物往来社　1971　258p　20cm　830円　Ⓝ210.58
〔05775〕

◇新撰組顛末記　永倉新八著　新装版　新人物往来社　1998.11　275p　20cm　1800円　Ⓘ4-404-02670-6　Ⓝ210.58
〔05776〕

◇新選組と会津藩—彼らは幕末・維新をどう戦い抜いたか　星亮一著　平凡社　2004.2　198p　18cm（平凡社新書）720円　Ⓘ4-582-85212-2　Ⓝ210.58
〔05777〕

◇新選組読本　司馬遼太郎ほか著　日本ペンクラブ編　光文社　2003.11　626p　15cm（光文社文庫）895円　Ⓘ4-334-73594-0
〔05778〕

◇新選組と出会った人びと　伊東成郎著　河出書房新社　2004.2　254p　19cm　1600円　Ⓘ4-309-22411-3　Ⓝ210.58
〔05779〕

◇新選組と幕末の京都　ユニプラン編集部企画・編　京都　ユニプラン　2003.12　174p　21cm　1238円　Ⓘ4-89704-191-0
〔05780〕

◇新撰組永倉新八—故杉村義衛の壮年時代　杉村義太郎編　小樽　杉村義太郎　1927　171,60p 図版14枚　23cm　Ⓝ289.1
〔05781〕

◇新撰組永倉新八外伝　杉村悦郎著　新人物往来社　2003.12　194p　20cm　2400円　Ⓘ4-404-03157-2　Ⓝ289.1
〔05782〕

◇新選組・永倉新八のすべて　新人物往来社編　新人物往来社　2004.2　255p　20cm　2800円　Ⓘ4-404-03136-X　Ⓝ289.1
〔05783〕

◇新選組永倉新八のひ孫がつくった本　杉村悦郎, 杉村和紀編著　札幌　柏艪舎　2005.11　290p　19cm（ネプチューン〈ノンフィクション〉シリーズ）1600円　Ⓘ4-434-06814-8　Ⓝ289.1
〔05784〕

◇新撰組流山始末—幕末の下総と近藤勇一件　山形紘著　流山　崙書房　1979.2　142p　18cm（ふるさと文庫）580円　Ⓝ210.58
〔05785〕

◇新撰組流山始末—幕末の下総と近藤勇一件　山形紘著　増補版　流山　崙書房出版　1981.4　164p　18cm（ふるさと文庫）Ⓘ4-8455-0042-6　Ⓝ210.58
〔05786〕

◇新撰組流山始末—幕末の下総と近藤勇一件　山形紘著　新編　流山　崙書房出版　2004.7　179p　18cm　1500円　Ⓘ4-8455-1104-5　Ⓝ210.58
〔05787〕

◇新撰組流山隊・新選組と流山完全ガイド—下総・流山近藤勇・土方歳三離別の地　地図・写真集物語・研究　松下英治著　流山　アーテック　2004.8　33p　21cm　1000円　Ⓘ4-8455-1106-1　Ⓝ210.58
〔05788〕

◇新選組二千二百四十五日　伊東成郎著　新潮社　2007.6　396p　16cm（新潮文庫）552円　Ⓘ978-4-10-131871-4　Ⓝ210.58
〔05789〕

◇新選組日記—永倉新八日記・島田魁日記を読む　木村幸比古編著・訳　PHP研究所　2003.7　321p　18cm（PHP新書）800円　Ⓘ4-569-63008-1　Ⓝ210.58
〔05790〕

◇新選組日誌　上　菊地明ほか編　新人物往来社　1995.8　377p　22cm　9800円　Ⓘ4-404-02232-8　Ⓝ210.58
〔05791〕

◇新選組日誌　下　菊地明ほか編　新人物往来社　1995.8　336p　22cm　9800円　Ⓘ4-404-02233-6　Ⓝ210.58
〔05792〕

◇新選組日誌 コンパクト版　上　菊地明, 伊東成郎, 山村竜也編　新人物往来社　2003.2　380p　19cm　4800円　Ⓘ4-404-03104-1
〔05793〕

◇新選組日誌 コンパクト版　下　菊地明, 伊東成郎, 山村竜也編　新人物往来社　2003.2　339p　19cm　4800円　Ⓘ4-404-03105-X
〔05794〕

◇新撰組の歩き方—来て、見て、さわってShinsengumi　光栄出版部企画編集　横浜　光栄　1996.7　154p　21cm（歴史パラダイス外伝）1165円　Ⓘ4-87719-379-0　Ⓝ210.58
〔05795〕

◇新選組の遠景　野口武彦著　集英社　2004.8　346p　20cm　2100円　Ⓘ4-08-774713-1　Ⓝ210.58
〔05796〕

◇新撰組の女たち　童門冬二著　朝日新聞社　1982.4　206p　20cm　980円　Ⓝ210.58
〔05797〕

◇新撰組の虚像と謎—幕末動乱を"誠"に殉じた男の軌跡　新井英生著　日本文芸社　1983.8　245p　19cm　680円　Ⓘ4-537-00785-0　Ⓝ210.58
〔05798〕

◇「新選組」の事情通になる！—マニアも知らないネタまで開陳 人物、事件史、ウワサ話まで徹底取材　岳真也編著　PHP研究所　2003.11　325p　15cm（PHP文庫）648円　Ⓘ4-569-66050-9
〔05799〕

◇新選組の時代—歴史・文化ガイド　大石学監修　日本放送出版協会　2003.12　158p　24cm（NHKシリーズ）1300円　Ⓘ4-14-910516-2　Ⓝ210.58
〔05800〕

◇新選組の真実—幕末の最強集団　菊地明著　PHPエディターズ・グループ　2004.2　285p　19cm　1400円　Ⓘ4-569-63342-0　Ⓝ210.58
〔05801〕

◇新選組のすべて　新人物往来社編　新人物往来社　1981.5　294p　20cm　1800円　Ⓝ210.58
〔05802〕

◇新選組のすべて　新人物往来社編　増補版　新人物往来社　2004.5　354p　20cm　2800円　Ⓘ4-404-03180-7　Ⓝ210.58
〔05803〕

◇新選組の青春—壬生と日野の日々　京都　青幻舎　2003.4　94p　26cm　1600円　Ⓘ4-916094-82-4　Ⓝ210.58
〔05804〕

◇新選組の大常識　矢口祥有理監修　青木美加子, 宮崎

紀幸,グループ・コロンブス文　ポプラ社　2003.12　143p　22cm　(これだけは知っておきたい！6)880円　Ⓣ4-591-07834-5　Ⓝ210.58
〔05805〕

◇新選組のトリビア―へぇ～!!70連発!!　幕末新選組倶楽部編　リイド社　2004.3　159p　18cm　(パーフェクト・メモワール)800円　4-8458-2536-8　Ⓝ210.58
〔05806〕

◇新撰組の謎 徹底検証　加来耕三著　講談社　2003.10　505p　15cm　(講談社文庫)714円　4-06-273858-9
〔05807〕

◇新撰組の謎88―幕末・維新を駆け抜けた男たちの生きざま　新井英生著　日本文芸社　1994.5　237p　15cm　(にちぶん文庫)480円　4-537-06251-7　Ⓝ210.58
〔05808〕

◇新撰組の光と影―幕末を駆け抜けた男達　童門冬二著　学陽書房　2003.10　263p　15cm　(人物文庫)660円　4-313-75169-6
〔05809〕

◇新選組の舞台裏　菊地明著　新人物往来社　1998.3　249p　20cm　2800円　4-404-02581-5　Ⓝ210.58
〔05810〕

◇新選組のふるさと日野―甲州道中日野宿と新選組　日野市ふるさと博物館編　日野　新選組フェスタin日野実行委員会　2003.5　8,104p　30cm　1000円　Ⓝ213.65
〔05811〕

◇新選組101の謎　菊地明著　新人物往来社　1993.3　264p　20cm　2300円　4-404-01998-X　Ⓝ210.58
〔05812〕

◇新選組111の謎―Q&Aで知る幕末最強軍団の真実　楠木誠一郎著　成美堂出版　2003.10　271p　15cm　(成美文庫)524円　4-415-07038-8
〔05813〕

◇新選組100話　鈴木亨著　立風書房　1981.9　293p　20cm　1200円　Ⓝ210.58
〔05814〕

◇新選組100話　鈴木亨著　中央公論社　1996.12　493p　16cm　(中公文庫)980円　4-12-202763-2　Ⓝ210.58
〔05815〕

◇新選組秘録　釣洋一著　新人物往来社　1976　256p　20cm　1600円　Ⓝ210.58
〔05816〕

◇新選組武士道―「退くな！」の美学　田原八郎著　大阪　燃焼社　2003.11　157p　19cm　1300円　4-88978-039-4
〔05817〕

◇「新選組」ふれあいの旅―人や史跡との出逢いを求めて　岳真也著　PHP研究所　2003.12　249p　19cm　1200円　4-569-63235-1　Ⓝ210.58
〔05818〕

◇新選組宝典―写真集　釣洋一著　新人物往来社　2003.12　259p　22cm　2800円　4-404-03156-4　Ⓝ210.58
〔05819〕

◇新選組ミニガイド　小島政孝編　町田　小島資料館　2001.7　99p　19cm　762円　4-906062-07-5　Ⓝ210.58
〔05820〕

◇新選組銘々伝　第1巻　新人物往来社編　新人物往来社　2003.7　278p　20cm　2800円　4-404-03139-4　Ⓝ210.58
〔05821〕

◇新選組銘々伝　第2巻　新人物往来社編　新人物往来社　2003.7　289p　20cm　2800円　4-404-03140-8　Ⓝ210.58
〔05822〕

◇新選組銘々伝　第3巻　新人物往来社編　新人物往来社　2003.9　279p　20cm　2800円　4-404-03141-6　Ⓝ210.58
〔05823〕

◇新選組銘々伝　第4巻　新人物往来社編　新人物往来社　2003.10　292p　19cm　2800円　4-404-03142-4
〔05824〕

◇新選組、敗れざる武士達　山川健一著　ダイヤモンド社　2004.8　288p　19cm　1400円　4-478-92041-9
〔05825〕

◇新選組余滴　小島政孝著　日野　未来工房　1980.9　116p　9cm　(多摩豆本)850円　Ⓝ210.58
〔05826〕

◇新選組余滴　小島政孝著　改訂版　町田　小島資料館　2004.4　136p　8.7cm　1200円　Ⓝ210.58
〔05827〕

◇新撰組余聞史　高木たかし著　新人物往来社　1989.11　218p　20cm　1500円　4-404-01670-0　Ⓝ210.58
〔05828〕

◇新撰組余話　小島政孝　町田　小島資料館　1991.3　172p　22cm　1600円　4-906062-04-0　Ⓝ210.58
〔05829〕

◇新選組468隊士大名鑑―幕末を駆け抜けた壬生狼たちの群像 愛蔵版　壬生狼友の会編　駿台曜曜社　1999.12　351p　19cm　1500円　4-89692-190-9　Ⓝ210.58
〔05830〕

◇新選組は京都で何をしていたか　伊東成郎著　名古屋　KTC中央出版　2003.10　309p　20cm　1800円　4-87758-315-7　Ⓝ210.58
〔05831〕

◇新選組 二千二百四十五日　伊東成郎著　新潮社　2007.6　396p　15cm　(新潮文庫)552円　978-4-10-131871-4
〔05832〕

◇新選組468隊士大名鑑 完全版　壬生狼友の会監修　小池書院　2007.11　351p　19cm　1714円　978-4-86225-223-4
〔05833〕

◇図解雑学新選組　菊地明著　ナツメ社　2001.10　231p　19cm　1300円　4-8163-3078-X　Ⓝ210.58
〔05834〕

◇図解新選組のことが面白いほどわかる本―2時間でわかる　中見利男著　中経出版　2003.12　271p　21cm　1300円　4-8061-1921-0　Ⓝ210.58
〔05835〕

◇図説新選組　横田淳著　河出書房新社　2004.1　127p　22cm　(ふくろうの本)1800円　4-309-76040-6　Ⓝ210.58
〔05836〕

◇図説・新選組史跡紀行―決定版　萩尾農文　岡田正人写真　学習研究社　2003.10　199p　26cm　2000円　4-05-603026-X　Ⓝ210.58
〔05837〕

◇閃光の新選組　伊東成郎著　新人物往来社　2006.6　324p　20cm　2800円　4-404-03402-4　Ⓝ210.58
〔05838〕

◇蒼狼の剣―グラフィックス新選組　山村竜也著　岡田正人写真　PHPエディターズ・グループ　2002.5　157p　19cm　1500円　4-569-62188-0　Ⓝ210.58
〔05839〕

◇その名は新選組　砂田弘著　伊藤勢絵　ポプラ社　2003.12　119p　22cm　900円　4-591-07937-6　Ⓝ210.58
〔05840〕

◇多摩・新選組紀聞　平野勝著　東京新聞出版局　2005.2　220p　19cm　1500円　4-8083-0821-5　Ⓝ210.58
〔05841〕

◇定本新撰組史録　平尾道雄著　新人物往来社　1977.11　259p　20cm　1300円　Ⓝ210.58
〔05842〕

◇定本新撰組史録　平尾道雄著　新装版　新人物往来社　2003.3　273p　20cm　2800円　4-404-03107-6　Ⓝ210.58
〔05843〕

◇入門新選組―イラストで読む　黒鉄ヒロシ画　新選組研究会「碧血碑」文　PHPエディターズ・グループ　2003.12　157p　21cm　1400円　4-569-63211-4　Ⓝ210.58
〔05844〕

◇敗者から見た明治維新―松平容保と新選組　早乙女貢著　日本放送出版協会　2003.11　251p　20cm　1500円　4-14-080821-7　Ⓝ210.61
〔05845〕

◇爆笑新選組　シブサワ・コウ+光栄出版部企画編集　横

浜　光栄　1993.7　169p　19cm　（歴史人物笑史）1000円　①4-87719-019-8　Ⓝ281
〔05846〕
◇爆笑新撰組　シブサワ・コウ編　横浜　光栄　1998.5　157p　15cm　（歴史ポケットシリーズ）570円　①4-87719-589-0　Ⓝ210.58
〔05847〕
◇幕末維新新選組　新選社編　新選社, サンクチュアリ・パブリッシング〔発売〕2003.10　319p　21cm　2000円　①4-921132-87-9
〔05848〕
◇幕末を駆け抜けた男たち―新選組誠忠録　今川徳三著　教育書籍　1988.6　254p　20cm　1500円　Ⓝ210.58
〔05849〕
◇幕末を駆け抜けた男たち―新選組誠忠録　今川徳三著　教育書籍　1988.6　254p　20cm　1500円　①4-317-60017-X　Ⓝ210.58
〔05850〕
◇幕末京都―新選組と龍馬たち　川端洋之文　中田昭写真　京都　光村推古書院　2003.11　95p　17×19cm　（SUIKO BOOKS）1600円　①4-8381-0324-7　〔05851〕
◇幕末激闘録新選組―佐幕の節義に殉じた男たち　成美堂出版　2003.12　143p　26cm　（Seibido mook）1300円　①4-415-09900-9　Ⓝ210.58
〔05852〕
◇幕末私設機動隊―新撰組と諸隊の光と影　童門冬二著　ベストセラーズ　1994.5　255p　15cm　（ワニ文庫―歴史文庫）530円　①4-584-37017-6　Ⓝ210.58　〔05853〕
◇幕末・新選組雑学事典　山村竜也著　リイド社　2005.7　238p　19cm　476円　①4-8458-2620-8
〔05854〕
◇幕末新選組拾遺帖　伊東成郎著　新人物往来社　2004.7　285p　20cm　2800円　①4-404-03200-5　Ⓝ210.58
〔05855〕
◇早わかり新選組―時代を読む・歴史を感じる！　山村竜也著　日本実業出版社　2003.9　239,7p　19cm　1400円　①4-534-03639-6　Ⓝ210.58
〔05856〕
◇ひのっ子新選組探検隊―歩こう調べようふるさと日野　小杉博司監修　日野市教育委員会編　日野　日野市教育委員会　2004.3　36p　26cm　Ⓝ213.65　〔05857〕
◇風雲新撰組 局中指南ノ書　エンタテインメント書籍編集部編　ソフトバンクパブリッシング　2004.1　191p　21cm　（The PlayStation2 BOOKS）1300円　①4-7973-2675-1
〔05858〕
◇僕たちの好きな新選組―幕末史に浮かびあがる「主要人物72人」と「18のドラマ」　宝島社　2003.12　141p　26cm　（別冊宝島 910）952円　①4-7966-3726-5
〔05859〕
◇壬生狼FILE―新選組人物事典　加来耕三監修　水谷俊樹著　朝日ソノラマ　2003.12　143p　21cm　1200円　①4-257-03684-2
〔05860〕
◇物語新選組隊士悲話　北原亜以子他著　新人物往来社　1988.6　308p　20cm　1800円　①4-404-01515-1　Ⓝ210.58
〔05861〕
◇八木家と新選組　八木喜久男著　角川書店（発売）2006.11　254p　20cm　（京都壬生八木家の歴史 1）1800円　①4-04-621501-1　Ⓝ288.3　〔05862〕
◇洛西壬生村 八木一族と新選組 2　橋本隆著　日本文学館　2005.4　86p　19cm　1000円　①4-7765-0488-X
〔05863〕
◇龍馬と新選組―〈文〉で読む幕末　菅宗次著　講談社　2004.9　238p　19cm　（講談社選書メチエ 309）1700円　①4-06-258309-7　Ⓝ289.1
〔05864〕
◇龍馬と新選組の京都―史跡ガイド　武山峯久著　大阪　創元社　2001.11　207p　19cm　1300円　①4-422-20142-5　Ⓝ291.62
〔05865〕
◇歴史のなかの新選組　宮地正人著　岩波書店　2004.3　263,8p　20cm　2900円　①4-00-002531-7　Ⓝ210.58

◇わかる！新選組―この一冊であなたも新選組通！　山村竜也監修　PHPエディターズ・グループ　2003.9　141p　26cm　1300円　①4-569-63031-6　Ⓝ210.58　〔05867〕
◇私の新選組　近藤良介著　余市町（北海道）　余市豆本の会　1989.6　86p　11cm　（余市豆本 9）Ⓝ210.58
〔05868〕
◇Bakuhatsu！新選組　スターツ出版　2004.1　208p　21cm　1200円　①4-88381-026-7　Ⓝ210.58　〔05869〕

◆◆◆◆近藤勇
◇慶応四年新撰組近藤勇始末―江戸から五兵衛新田・流山・板橋まで　あさくらゆう著　流山　崙書房出版　2006.12　194p　18cm　（ふるさと文庫 187）1200円　①4-8455-0187-2　Ⓝ210.58
〔05870〕
◇近藤勇　松村巌著　内外出版協会　1903.5　131p　19cm　Ⓝ289.1
〔05871〕
◇近藤勇―士道を貫く誠の魂　学習研究社　2004.1　71p　22cm　（歴史群像シリーズ―歴史群像フィギュアシリーズ v.1）950円　①4-05-603324-2　Ⓝ289.1　〔05872〕
◇近藤勇ト土佐勤王党　朝倉村（高知県）　伊野部勝作　1929　206p　19cm　Ⓝ210.6　〔05873〕
◇近藤勇略伝　林正禅著　林正禅　1935　60p　19cm　Ⓝ289.1
〔05874〕
◇再現・新選組―見直される青春譜　鈴木亨著　新装版　三修社　2008.1　251p　19cm　1600円　①978-4-384-04143-9
〔05875〕
◇新選組局長近藤勇―士道に殉じたその実像　木村幸比古著　京都　淡交社　2003.12　237p　21cm　1800円　①4-473-03123-3
〔05876〕
◇新選組 近藤勇伝　山村竜也著　日本放送出版協会　2003.11　218p　19cm　1300円　①4-14-080826-8
〔05877〕
◇図解雑学近藤勇　菊地明著　ナツメ社　2003.12　269p　19cm　1400円　①4-8163-3613-3　Ⓝ289.1　〔05878〕
◇拝啓近藤勇様―いさまーからの手紙　持月美乃著　新人物往来社　2007.5　159p　19cm　1500円　①978-4-404-03474-8
〔05879〕

◆◆◆◆土方歳三
◇一冊で読む土方歳三　河合敦著　成美堂出版　2003.12　235p　16cm　（成美文庫）524円　①4-415-07029-9　Ⓝ289.1
〔05880〕
◇クロニクル土方歳三の35年　菊地明著　新人物往来社　2003.11　261p　21cm　1800円　①4-404-03162-9
〔05881〕
◇子孫が語る土方歳三　土方愛著　新人物往来社　2005.5　232p　20cm　2200円　①4-404-03246-3　Ⓝ289.1
〔05882〕
◇写真集 土方歳三の生涯　菊地明, 伊東成郎, 横田淳著　新人物往来社　2001.7　195p　19cm　2800円　①4-404-02930-6
〔05883〕
◇「新選組」土方歳三を歩く　蔵田敏明著　山と渓谷社　2003.12　159p　21cm　（歩く旅シリーズ 歴史・文学）1500円　①4-635-60063-7
〔05884〕
◇新選組土方歳三の游霊―ドキュメンタリー1869年5月11日　小林孝史著　松戸　梁山泊舎　1989　64p　30cm　Ⓝ210.61
〔05885〕
◇図解雑学土方歳三　山村竜也著　ナツメ社　2004.1　223p　19cm　1350円　①4-8163-3629-X　Ⓝ289.1
〔05886〕

◇歳三と龍馬―幕末・維新の青春譜　菊地明ほか筆　集英社　2003.11　220p　21cm　1600円　④4-08-781294-4　Ⓝ289.1　〔05887〕

◇俳遊の人・土方歳三―句と詩歌が語る新選組　菅宗次著　PHP研究所　2004.1　235p　18cm　（PHP新書）720円　④4-569-63346-3　Ⓝ289.1　〔05888〕

◇箱館五稜郭物語　河合敦著　光人社　2006.7　247p　19cm　1700円　④4-7698-1307-4　〔05889〕

◇箱館戦争銘々伝　下　好川之範, 近江幸雄編　新人物往来社　2007.8　351p　19cm　2800円　④978-4-404-03472-4　〔05890〕

◇土方新選組　菊地明, 山村竜也著　PHP研究所　1997.6　219p　19cm　1476円　④4-569-55660-4　〔05891〕

◇土方歳三―物語と史蹟をたずねて　童門冬二著　成美堂出版　1985.11　240p　19cm　900円　④4-415-06557-0　Ⓝ289.1　〔05892〕

◇土方歳三―物語と史蹟をたずねて　童門冬二著　成美堂出版　1994.8　317p　16cm　（成美文庫）560円　④4-415-06408-6　Ⓝ289.1　〔05893〕

◇土方歳三―幕末新選組の旅　河合敦著　光人社　2002.10　221p　19cm　1600円　④4-7698-1072-5　〔05894〕

◇土方歳三―副長「トシさん」かく描かれき the complete　今川美玖, 別冊ダ・ヴィンチ編集部編　メディアファクトリー　2003.10　206p　19cm　（ダ・ヴィンチ特別編集 4）1300円　④4-8401-0876-5　Ⓝ289.1　〔05895〕

◇土方歳三―知れば知るほど面白い・人物歴史丸ごとガイド　藤堂利寿著　学習研究社　2004.2　279p　19cm　1350円　④4-05-402084-4　〔05896〕

◇土方歳三―知れば知るほど面白い・人物歴史丸ごとガイド　藤堂利寿著　学習研究社　2004.2　279p　19cm　1350円　④4-05-402084-4　Ⓝ289.1　〔05897〕

◇土方歳三―闇を斬り裂く非情の剣　学習研究社　2004.3　63p　22cm　（歴史群像シリーズ―歴史群像フィギュアシリーズ v.2）950円　④4-05-603325-0　Ⓝ289.1　〔05898〕

◇土方歳三遺聞　菊地明著　新人物往来社　2002.11　243p　19cm　2800円　④4-404-02996-9　〔05899〕

◇土方歳三・沖田総司全書簡集　菊地明著　新人物往来社　1995.12　183p　21cm　3200円　④4-404-02306-5　〔05900〕

◇土方歳三・孤立無援の戦士　新人物往来社編　新装版　新人物往来社　2003.5　274p　19cm　2800円　④4-404-03127-0　〔05901〕

◇土方歳三写真集　菊地明, 伊東成郎編　新人物往来社　1995.11　195p　19cm　2800円　④4-404-02303-0　〔05902〕

◇土方歳三の歩いた道―多摩に生まれ多摩に帰る　のんぶる舎編集部編　八王子　のんぶる舎　1998.10　155p　21cm　1500円　④4-931247-56-3　Ⓝ210.58　〔05903〕

◇土方歳三の生涯　菊地明著　新人物往来社　1995.1　304p　19cm　2900円　④4-404-02168-2　〔05904〕

◇土方歳三の生涯　菊地明著　新装版　新人物往来社　2003.4　302p　19cm　2800円　④4-404-03118-1　〔05905〕

◇土方歳三の日記　伊東成郎著　新人物往来社　2000.7　271p　19cm　2800円　④4-404-02861-X　〔05906〕

◇土方歳三の遺言状　鵜飼清著　新人物往来社　2003.11　317p　19cm　2800円　④4-404-03151-3　〔05907〕

◇土方歳三の35年―クロニクル　菊地明著　新人物往来社　2003.11　261p　21cm　1800円　④4-404-03162-9　Ⓝ289.1　〔05908〕

◇土方歳三波濤録　釣洋一著　新人物往来社　2003.9　278p　19cm　2800円　④4-404-03134-3　〔05909〕

◇ふるさとが語る土方歳三　児玉幸多監修　谷春雄, 大空智明著　日野　日野郷土史研究会　2003.12　300p　20cm　1500円　Ⓝ289.1　〔05910〕

◇歴史と小説　司馬遼太郎著　集英社　2006.12　368p　15cm　（集英社文庫）619円　④4-08-746113-0　〔05911〕

◆◆◆◆沖田総司

◇沖田総司―物語と史蹟をたずねて　童門冬二著　成美堂出版　1977.9　222p　19cm　800円　Ⓝ289.1　〔05912〕

◇沖田総司―誠一筋の天才剣士　学習研究社　2004.4　63p　22cm　（歴史群像シリーズ―歴史群像フィギュアシリーズ v.3）950円　④4-05-603326-9　Ⓝ289.1　〔05913〕

◇沖田総司を歩く　大路和子著　新潮社　2003.12　313p　16cm　（新潮文庫）514円　④4-10-127521-1　Ⓝ289.1　〔05914〕

◇沖田総司・おもかげ抄　森満喜子著　新装版　新人物往来社　1999.4　216p　19cm　2200円　④4-404-02807-5　〔05915〕

◇沖田総司・青春の愛と死　新人物往来社編　新人物往来社　2001.10　271p　19cm　2400円　④4-404-02942-X　〔05916〕

◇沖田総司伝私記　菊地明著　新人物往来社　2007.4　221p　22cm　3200円　④978-4-404-03462-5　Ⓝ289.1　〔05917〕

◇風光る京都―沖田総司と歩く新選組の舞台　Q-DESIGN編　渡辺多恵子協力　小学館　2002.1　124p　21cm　（Flower Do it!）1238円　④4-09-179805-5　〔05918〕

◇実録沖田総司と新選組　今川徳三著　PHP研究所　2004.1　284p　16cm　（PHP文庫）571円　④4-569-66121-1　Ⓝ210.58　〔05919〕

◇新選組と沖田総司―「誠」とは剣を極めることなり　木村幸比古著　PHP研究所　2002.12　244p　18cm　（PHP新書）760円　④4-569-62573-8　Ⓝ210.58　〔05920〕

◇図解雑学沖田総司と新選組隊士　河合敦著　ナツメ社　2004.1　206p　19cm　1350円　④4-8163-3628-1　Ⓝ210.58　〔05921〕

◆◆留学

◇大鳥圭介の英・米産業視察日記―明治5年・6年　福本龍著　国書刊行会　2007.6　234p　20cm　2300円　④978-4-336-04943-8　Ⓝ502.33　〔05922〕

◇薩摩藩英国留学生　犬塚孝明著　中央公論社　1974　182p　18cm　（中公新書）340円　Ⓝ377.6　〔05923〕

◇渋沢栄一、パリ万博へ　渋沢華子著　国書刊行会　1995.5　244p　19cm　1800円　④4-336-03724-8　〔05924〕

◇攘夷論者の渡欧―父・渋沢栄一　渋沢秀雄著　双雅房　1941　271p　19cm　Ⓝ289.1　〔05925〕

◇地中海世界を見た日本人―エリートたちの異文化体験　牟田口義郎著　白水社　2002.10　237p　20cm　2200円　④4-560-04981-5　Ⓝ210.5　〔05926〕

◇徳川昭武幕末滞欧日記　宮地正人監修　松戸市教育委員会編　山川出版社　1999.5　230,45p　21cm　3800円　④4-634-52010-9　〔05927〕

◇土佐藩留学生異聞　永国淳哉著　高知　土佐出版社　1989.10　185p　19cm　（土佐出版郷土文庫 008）1455円　④4-924795-49-6　Ⓝ377.6　〔05928〕

◇幕府オランダ留学生　宮永孝著　東京書籍　1982.3

近世一般　　　　　　　　　　近世史

258p　19cm　（東書選書 73）1100円　Ⓝ210.59
〔05929〕
◇幕末維新初期海外留学生の背後にうごめいたもの　小柳伸一著　文芸書房　2001.5　202p　20cm　1500円　①4-89477-077-6　Ⓝ210.59　〔05930〕
◇幕末和蘭留学関係史料集成　日蘭学会編, 大久保利謙編著　雄松堂書店　1982.2　948,212p　22cm　（日蘭学会学術叢書 第3）19000円　Ⓝ210.59
〔05931〕
◇幕末和蘭留学関係史料集成　日蘭学会編　大久保利謙編著　雄松堂出版　2007.2　82,948,212p　22cm　（日蘭学会学術叢書 第3）21000円　①978-4-8419-3122-8　Ⓝ210.59
〔05932〕
◇幕末和蘭留学関係史料集成　続　日蘭学会編, 大久保利謙編著　雄松堂出版　1984.2　865p　22cm　（日蘭学会学術叢書 第4）16000円　Ⓝ210.59　〔05933〕
◇幕末和蘭留学関係史料集成　続　日蘭学会編　大久保利謙編著　雄松堂出版　2007.2　865p　22cm　（日蘭学会学術叢書 第4）17000円　①978-4-8419-3123-5　Ⓝ210.59
〔05934〕
◇幕末オランダ留学生の研究　宮永孝著　日本経済評論社　1990.10　878p　22cm　18000円　①4-8188-0434-7　Ⓝ210.59
〔05935〕
◇幕末オランダ留学生の研究　宮永孝著　日本経済評論社　2003.7　878p　22cm　18000円　①4-8188-1614-0　Ⓝ210.59359
〔05936〕
◇幕末教育史の研究　2　諸術伝習政策　倉沢剛著　吉川弘文館　1984.2　764p　22cm　12000円　①4-642-03252-5　Ⓝ372.105　〔05937〕
◇幕末明治海外渡航者総覧　第1巻　人物情報編　手塚晃, 国立教育会館編　柏書房　1992.3　506p　27cm　①4-7601-0802-5　Ⓝ281.03　〔05938〕
◇幕末明治海外渡航者総覧　第2巻　人物情報編　手塚晃, 国立教育会館編　柏書房　1992.3　508p　27cm　①4-7601-0803-3　Ⓝ281.03　〔05939〕
◇幕末明治海外渡航者総覧　第3巻　検索編　手塚晃, 国立教育会館編　柏書房　1992.3　202p　27cm　①4-7601-0804-1　Ⓝ281.03　〔05940〕
◇花のパリへ少年使節―慶応三年パリ万国博奮闘記　高橋邦太郎著　三修社　1979.10　250p　19cm　1200円　Ⓝ606.7　〔05941〕
◇林竹二著作集　4　幕末海外留学生の記録　筑摩書房　1985.6　250p　20cm　1600円　Ⓝ370.8　〔05942〕
◇プリンス昭武の欧州紀行―慶応3年パリ万博使節　宮永孝著　山川出版社　2000.3　239p　19cm　1905円　①4-634-60840-5　〔05943〕

◆◆幕末動乱
◇維新の内乱　石井孝著　至誠堂　1968　286p　20cm　Ⓝ210.61　〔05944〕
◇維新の内乱　石井孝著　至誠堂　1974　286p　18cm　（至誠堂新書）850円　Ⓝ210.61　〔05945〕
◇偽りの明治維新―会津戊辰戦争の真実　星亮一著　大和書房　2008.1　268p　15cm　（だいわ文庫）705円　①978-4-479-30151-6　〔05946〕
◇画報新説日本史　第13巻　幕末の動乱　時事世界新社編　時事世界新社　1963-1964　31cm　Ⓝ210.1　〔05947〕
◇京洛維新風雲史　木俣秋水著　京都　白川書院　1969　314p　19cm　530円　Ⓝ210.58　〔05948〕
◇近世日本国民史　第46巻　文久大勢一変　徳富猪一郎著　近世日本国民史刊行会　1965　19cm　Ⓝ210.5
〔05949〕

◇近世日本国民史　第47　文久大勢一変　徳富猪一郎著　近世日本国民史刊行会　1965　19cm　Ⓝ210.5
〔05950〕
◇近世日本国民史　第48　文久大勢一変　徳富猪一郎著　近世日本国民史刊行会　1965　19cm　Ⓝ210.5
〔05951〕
◇近世日本国民史　第52巻　文久・元治の時局　徳富猪一郎著　近世日本国民史刊行会　1962　19cm　Ⓝ210.5
〔05952〕
◇激録日本大戦争　第19巻　幕末・維新の動乱　上　原康史著　東京スポーツ新聞社　1985.5　310p　19cm　1300円　①4-8084-0071-5　Ⓝ210.1　〔05953〕
◇激録日本大戦争　第20巻　幕末・維新の動乱　下　原康史著　東京スポーツ新聞社　1985.10　316p　19cm　1300円　①4-8084-0073-1　Ⓝ210.1　〔05954〕
◇薩藩出軍戦状　日本史籍協会編　東京大学出版会　1972　2冊　22cm　（日本史籍協会叢書）各3000円　Ⓝ210.61
〔05955〕
◇戦乱の日本史「合戦と人物」　第12巻　幕末維新の争乱　林英夫責任編集　第一法規出版　1988.6　158p　31cm　3500円　①4-474-10142-1　Ⓝ210.19　〔05956〕
◇その時歴史が動いた　31　NHK取材班編　KTC中央出版　2005.3　253p　19cm　1600円　①4-87758-344-0
〔05957〕
◇錦絵幕末明治の歴史　4　維新の内乱　小西四郎著　講談社　1977.5　139p（おもに図）　31cm　2000円　Ⓝ210.6　〔05958〕
◇幕末・維新史の謎―幕末動乱の虚像と実像　長文連著　批評社　1988.11　305p　19cm　1800円　Ⓝ210.58
〔05959〕
◇幕末維新大戦争―幕末維新の戦争・事変・テロを完全再現！　新人物往来社　2004.3　184p　26cm　（別冊歴史読本　第29巻 7号）2000円　①4-404-03075-4　Ⓝ210.61
〔05960〕
◇幕末動乱の記録―「史談会」速記録　史談会著, 八木昇編　桃源社　1965　206p　20cm　（桃源選書）Ⓝ210.58
〔05961〕
◇幕末の動乱　松本清張著　河出書房新社　1961　334p　20cm　（現代人の日本史 第17巻）Ⓝ210.5　〔05962〕
◇風雪　第1　維新の嵐　木下宗一著　人物往来社　1965　246p　19cm　Ⓝ210.6　〔05963〕
◇兵乱の維新史　1　幕末・戊辰戦争　金子常規著　原書房　1980.7　234p　20cm　1600円　①4-562-01071-1　Ⓝ391.2　〔05964〕
◇明治維新の全貌　早稲田大学講演部編　早稲田大学出版部　1935　434p　23cm　Ⓝ210.6　〔05965〕
◇明治維新の大業　徳富猪一郎著　民友社　1935　189p　20cm　Ⓝ210.6　〔05966〕
◇明治維新の旗上げ　小滝辰雄著　第3版　皇大日本世界社　1938　15p　23cm　Ⓝ210.6　〔05967〕
◇明治維新発祥記　明治維新発祥地記念銅標建立会編　五条町（奈良県）　樽井藤吉　1919　107,2,3p　22cm　Ⓝ210.6　〔05968〕
◇明治維新秘史―小塚原烈士常行会講座　生田目経徳述　桜花倶楽部　1934　24p　19cm　（桜花叢書 第2篇）Ⓝ210.6　〔05969〕
◇明治の歴史　第2　維新の炎　大久保利謙, 寒川光太郎著　集英社　1968　429p　18cm　Ⓝ210.6　〔05970〕
◇もう一度学びたい幕末・明治維新　永浜真理子著　西東社　2007.7　255p　21cm　1400円　①978-4-7916-1396-0　〔05971〕

◇もうひとつの明治維新―幕末史の再検討　家近良樹編　有志舎　2006.10　262p　22cm　（大阪経済大学日本経済史研究所研究叢書 第16冊）5000円　①4-903426-05-X　Ⓝ210.61　〔05972〕

◇30のエピソードですっきりわかる「幕末維新」　長尾剛著　PHP研究所　2007.10　279p　15cm　（PHP文庫）571円　①978-4-569-66908-3　〔05973〕

◆◆◆天誅組の乱

◇維新秘話中山忠伊公―天誅組外伝　水郡庸皓著　富田林　水郡庸皓　1983.7　1冊　26cm　非売品　Ⓝ210.58　〔05974〕

◇いはゆる天誅組の大和義挙の研究　久保田辰彦著　大阪　大阪毎日新聞社　1931　520p　23cm　Ⓝ210.5　〔05975〕

◇いはゆる天誅組の大和義挙の研究　久保田辰彦著　訂　大阪　大阪毎日新聞社　1941　521p　19cm　Ⓝ210.5　〔05976〕

◇近世日本国民史　第51巻　大和及生野義挙　徳富猪一郎著　近世日本国民史刊行会　1962　19cm　Ⓝ210.5　〔05977〕

◇護国の英霊たち―天忠組の大和義挙と中山忠光卿暗殺事件　河野弘善著　講談社出版サービスセンター　1997.2　301p　20cm　3000円　Ⓝ210.61　〔05978〕

◇従軍日録―天誅組　文久三年　川合梅所著,志賀裕春編　和歌山　宮井平安堂（発売）　1982.12　89p　19cm　2000円　Ⓝ210.58　〔05979〕

◇草莽ノ記―天誅組始末　阪本基義著　東吉野村（奈良県）［阪本基義］　2003.9　269p　19cm　Ⓝ210.58　〔05980〕

◇天誅組　木崎愛吉（好尚）著　大阪　吉岡書店　1900.6　141p　23cm　（少年史談 第2編）Ⓝ375　〔05981〕

◇天誅組―重坂峠　西口紋太郎著　原書房　1978.10　208p　20cm　1500円　Ⓝ210.58　〔05982〕

◇天誅組概説　奈良県宇智郡五条町編　五条町（奈良県）　奈良県宇智郡五条町　1941　28p　22cm　Ⓝ210.5　〔05983〕

◇天誅組河内勢の研究　水郡庸皓著　出版地不明　天誅組河内勢顕彰会　1966　380p　22cm　1000円　Ⓝ210.58　〔05984〕

◇天誅組紀行　吉見良三著　京都　人文書院　1993.6　370p　20cm　2678円　①4-409-52020-2　Ⓝ210.5　〔05985〕

◇天誅組義士伴林光平一代記　武田弥富久著　大阪　育文館　1917　86p　15cm　Ⓝ289.1　〔05986〕

◇天誅組紀州落顛末　井上豊太郎著　和歌山県御坊町　起雲閣　1936　53p　20cm　Ⓝ210.5　〔05987〕

◇天誅組始末―実記　樋口三郎著　新人物往来社　1973　282p　20cm　950円　Ⓝ210.58　〔05988〕

◇天誅組天誅録　東野善一郎著　4版　万里閣書房　1929　330p　20cm　Ⓝ210.5　〔05989〕

◇天忠組とわが北摂―隠れたる維新の史実　阪上文夫著　宝塚　宝塚地方史研究所　1969　54p　26cm　Ⓝ210.5　〔05990〕

◇天誅組の菊の旗幟と半鐘並にさせんどうの不動尊　水郡庸皓著　富田林　水郡庸皓　1987.7　46p　26cm　非売品　Ⓝ210.58　〔05991〕

◇天誅組の研究　節嶺田村吉永著　五条町（奈良県）　中川書店　1920　202p　19cm　Ⓝ210.5　〔05992〕

◇天忠組の研究　田村吉永著　小川村（奈良県）　桝井基行　1932　115p　22cm　Ⓝ210.5　〔05993〕

◇天忠組の主将中山忠光　正親町季董著　やまと刊行会　1931　493p　図版12枚　19cm　Ⓝ210.5　〔05994〕

◇天誅組烈士鷲家落　馬場白竜編　大阪　維新事蹟取調所　1916　179p　15cm　Ⓝ210.5　〔05995〕

◇天皇の世紀　7　義兵　大仏次郎著　朝日新聞社　1977.11　274p　15cm　340円　Ⓝ210.58　〔05996〕

◇中山家の悲劇―天誅組外伝　水郡庸皓著　富田林　天誅組河内勢顕彰会　1967.7　43p　21cm　Ⓝ210.58　〔05997〕

◇南山踏雲録―天誅組史料展覧会記念　伴林光平著　西宮　天誅組史談会　1941　42p　21cm　Ⓝ210.5　〔05998〕

◇南山踏雲録　保田与重郎著　京都　新学社　2000.10　383p　16cm　（保田与重郎文庫 13）1260円　①4-7868-0034-1　Ⓝ210.58　〔05999〕

◇幕末勤王天誅組烈士戦誌　梶谷信平編　清水一心堂　1920　240p　22cm　Ⓝ210.5　〔06000〕

◇福島に於ける天誅組浪士の最期―附・世良文献集　高野孤鹿編著　渡利村（福島県）　真相報知社　1931　54p　19cm　Ⓝ210.5　〔06001〕

◇北摂に於ける天忠組―隠れたる明治維新の史実　阪上文夫著　神戸　中央印刷・出版部　1974　106p　22cm　Ⓝ210.61　〔06002〕

◇明治維新と天忠組　影山正治著　2版　維新寮　1937　112p　19cm　Ⓝ210.6　〔06003〕

◇明治維新と天忠組　影山正治著　維新寮　1937　112p　19cm　Ⓝ210.6　〔06004〕

◇明治維新の先駆者天忠組中山忠光　正親町季董著　第一書房　1941　416p　22cm　Ⓝ289.1　〔06005〕

◇吉野路の山河―天誅組訪碑紀行　五条市・吉野路に天誅組の碑をたずねて　1　樋口昌徳著　下市町（奈良県）［樋口昌徳］　2005.5　208p　21cm　Ⓝ291.65　〔06006〕

◇吉野路の山河―天誅組訪碑紀行　五条市・吉野路に天誅組の碑をたずねて　2　樋口昌徳著　下市町（奈良県）［樋口昌徳］　2005.5　p211-521　21cm　Ⓝ291.65　〔06007〕

◇吉村虎太郎―天誅組烈士　平尾道雄著　大道書房　1941　307p　19cm　Ⓝ289.1　〔06008〕

◆◆◆生野の乱

◇生野義挙と其同志　沢宜一,望月茂著　春川会　1932　704,63p　23cm　Ⓝ210.5　〔06009〕

◇生野義挙日記　太田虎一著　生野町（兵庫県）　生野町教育委員会　1993.10　128p　図版7枚　26cm　Ⓝ210.58　〔06010〕

◇生野挙兵始末　木村発著　梁瀬村（兵庫県）　木村発　1924　39p　24cm　Ⓝ210.5　〔06011〕

◇近世日本国民史　第51巻　大和及生野義挙　徳富猪一郎著　近世日本国民史刊行会　1962　19cm　Ⓝ210.5　〔06012〕

◇実説生野の義挙　岩崎水哉著　神戸　岡田弁弥　1892.12　18p　19cm　Ⓝ210.5　〔06013〕

◇幕末生野義挙の研究―但馬草莽の社会経済的背景　前嶋雅光著　明石書店　1992.6　238p　22cm　5150円　①4-7503-0430-1　Ⓝ210.58　〔06014〕

◆◆ええじゃないか

◇阿波えゝぢやないか　山口吉一著　徳島土俗芸術研究所　1931　184p　20cm　Ⓝ210.5　〔06015〕

◇ええじゃないか―民衆運動の系譜　西垣晴次著　新人物往来社　1973　296p　20cm　980円　Ⓝ210.58

近世一般　　　　　　　　　　近世史

◇ええじゃないか　高木俊輔著　東村山　教育社　1979.9　238p　18cm　（教育社歴史新書）600円　Ⓝ210.58
〔06016〕

◇ええじゃないか―名古屋330年の歴史秘話　水谷盛光著　名古屋　中日新聞本社　1982.7　187p　19cm　1200円　Ⓘ4-8062-0125-1　Ⓝ215.5
〔06017〕

◇ええじゃないか　渡辺和敏著　名古屋　あるむ　2001.3　100p　21cm　（愛知大学綜合郷土研究所ブックレット　1）1000円　Ⓘ4-901095-31-5　Ⓝ210.58
〔06018〕

◇「ええじゃないか」と近世社会　伊藤忠士著　校倉書房　1995.11　318p　22cm　（歴史科学叢書）7725円　Ⓘ4-7517-2520-3　Ⓝ210.58
〔06019〕

◇ええじゃないかの不思議―信仰と娯楽のあいだ　名古屋市博物館特別展　名古屋市博物館編　名古屋　名古屋市博物館　2006.9　112p　30cm　Ⓝ210.58
〔06020〕

◇ええじゃないか始まる　田村貞雄著　青木書店　1987.1　240,6p　20cm　2300円　Ⓘ4-250-87003-0　Ⓝ210.58
〔06021〕

◇「おかげまいり」と「ええじゃないか」　藤谷俊雄著　岩波書店　1993.7　209p　20cm　（岩波新書の江戸時代）1500円　Ⓘ4-00-009126-3　Ⓝ175.8
〔06022〕

◇日本の歴史　近世から近代へ　6　世直しとええじゃないか　新訂増補　朝日新聞社　2004.2　p162-192　30cm　（週刊朝日百科　86）476円　Ⓝ210.1
〔06023〕

◇世の中変わればええじゃないか―幕末の民衆　兵庫県立歴史博物館編　姫路　兵庫県立歴史博物館　1997.8　122p　30cm　（兵庫県立歴史博物館特別展図録　no.38）Ⓝ210.58
〔06024〕

◆◆幕府滅亡

◇江戸無血開城のうそ　山中秀夫著　日本出版放送企画　1993.11　149p　19cm　1000円　Ⓘ4-7952-5333-1　Ⓝ210.58
〔06025〕

◇NHK歴史への招待　第24巻　幕府崩壊　日本放送協会編　日本放送出版協会　1990.3　229p　18cm　700円　Ⓘ4-14-018075-7　Ⓝ210.1
〔06026〕

◇近世国家の解体と近代　津田秀夫編　塙書房　1979.11　485p　22cm　7000円　Ⓝ210.6
〔06027〕

◇近世日本国民史　第58　幕府瓦解期に入る　徳富猪一郎著　近世日本国民史刊行会　1962　19cm　Ⓝ210.5
〔06028〕

◇近世日本国民史　第64巻　大政返上篇　徳富猪一郎著　近世日本国民史刊行会　1963　19cm　Ⓝ210.5
〔06029〕

◇近世日本国民史明治維新と江戸幕府　2　新政曙光篇　徳富蘇峰著, 平泉澄校訂　講談社　1979.9　378p　15cm　（講談社学術文庫）460円　Ⓝ210.5
〔06030〕

◇近世日本国民史明治維新と江戸幕府　4　皇政復古篇　徳富蘇峰著, 平泉澄校訂　講談社　1979.11　389p　15cm　（講談社学術文庫）460円　Ⓝ210.5
〔06031〕

◇近世の解体　歴史学研究会, 日本史研究会編　東京大学出版会　2005.4　327p　19cm　（日本史講座　第7巻）2200円　Ⓘ4-13-025107-4　Ⓝ210.58
〔06032〕

◇写真図説　近代日本史―明治維新百年　第1　幕府の滅亡　日本近代史研究会編　国文社　1967　31cm　Ⓝ210.6
〔06033〕

◇大政奉還―徳川慶喜　童門冬二著　学陽書房　2006.1　335p　15cm　（人物文庫）780円　Ⓘ4-313-75212-9　Ⓝ210.58
〔06034〕

◇大政奉還―遠い崖　アーネスト・サトウ日記抄　6　萩原延寿著　朝日新聞社　2007.12　355p　15cm　（朝日文庫）760円　Ⓘ978-4-02-261548-0
〔06035〕

◇天皇の世紀　7　大政奉還　大仏次郎著　朝日新聞社　1971　482p　23cm　1300円　Ⓝ210.58
〔06036〕

◇天皇の世紀　8　大仏次郎著　朝日新聞社　1971.11（第10刷：1997.10）　476p　23cm　5000円　Ⓘ4-02-253679-9　Ⓝ210.58
〔06037〕

◇天皇の世紀　12　大政奉還　大仏次郎著　朝日新聞社　1978.2　270p　15cm　340円　Ⓝ210.58
〔06038〕

◇倒幕の思想＝草莽の維新　寺尾五郎編著　社会評論社　1990.8　308p　21cm　（思想の海へ「解放と変革」　5）2524円　Ⓝ210.58
〔06039〕

◇「徳川」が滅ぶとき―泰平から変革への事件簿　早乙女貢著　ベストセラーズ　1993.8　255p　15cm　（ワニ文庫―歴史文庫）500円　Ⓘ4-584-37010-9　Ⓝ210.5
〔06040〕

◇徳川幕府崩壊―大政奉還と武力討幕　中岡慎太郎館編　北川村（高知県）　中岡慎太郎館　2002.2　67p　30cm　Ⓝ218.4
〔06041〕

◇幕藩権力解体過程の研究　小野正雄著　校倉書房　1993.11　318p　22cm　（歴史科学叢書）7725円　Ⓘ4-7517-2320-0　Ⓝ210.58
〔06042〕

◇幕藩権力と明治維新　明治維新史学会編　吉川弘文館　1992.4　264p　22cm　（明治維新史研究　1）4800円　Ⓘ4-642-03636-9　Ⓝ210.58
〔06043〕

◇幕府瓦解史　上・中編　熊田葦城著　有朋堂書店　1915　712p　17cm　Ⓝ210.5
〔06044〕

◇幕府始末　勝安芳著　国光社　1895.3　16丁　23cm　Ⓝ210.5
〔06045〕

◇幕府衰亡論　福地桜痴著　垣田純朗　1892.12　342p　19cm　Ⓝ210.5
〔06046〕

◇幕府衰亡論　福地源一郎著　改版　民友社　1926　375p　19cm　Ⓝ210.5
〔06047〕

◇幕府衰亡論　福地源一郎著　国文館　1936　321p　20cm　Ⓝ210.5
〔06048〕

◇幕末維新三百藩総覧―コンパクト版　神谷次郎, 祖田浩一著　新人物往来社　1995.9　411p　20cm　4800円　Ⓘ4-404-02264-6　Ⓝ210.61
〔06049〕

◇幕末維新史料叢書　第2　氷川清話　幕府始末他〔ほか〕　勝海舟　人物往来社　1968　386p　20cm　Ⓝ210.58
〔06050〕

◇封建社会崩壊過程の研究―江戸時代における諸侯の財政　土屋喬雄著　京都　弘文堂書房　1927　729p　22cm　Ⓝ342
〔06051〕

法制史

◇赤子方御用留―天保十一年ヨリ　仙台　東北大学法学部法政資料調査室　1996.3　101p　26cm　（東北大学法学部法政資料調査室研究資料　26―仙台藩法制史料　第4）Ⓝ322.15
〔06052〕

◇新井白石と裁判　山口繁著　西神田編集室　2003.2　302p　22cm　3500円　Ⓝ322.15
〔06053〕

◇板倉政要―国会図書館本　三瓶源作訳　福島　三瓶ちゑ　1994.7　297p　19cm　2000円　Ⓝ322.15
〔06054〕

◇江戸歌舞伎法令集成　吉田節子編　桜楓社　1989.3　898p　27cm　Ⓘ4-273-02296-6　Ⓝ322.15
〔06055〕

◇江戸市政裁判所同心当用留　長島憲子解説　岩田書店　2002.7　511p　22cm　（岩田書院影印叢刊　3）11800円　Ⓘ4-87294-252-3　Ⓝ322.15
〔06056〕

◇江戸時代　制度篇　大槻義次著　京城　安東時事新報社　1930　560p　20cm　Ⓝ210.5　〔06058〕

◇江戸時代の法とその周縁—吉宗と重賢と定信と　高塩博著　汲古書院　2004.8　252,6p　19cm　3000円　Ⓘ4-7629-4168-9　〔06059〕

◇江戸時代の法とその周縁—吉宗と重賢と定信と　高塩博著　汲古書院　2007.2　264,6p　19cm　3000円　Ⓘ978-4-7629-4168-9　〔06060〕

◇江戸の自治制　後藤新平著　二松堂書店　1922　390p　19cm　Ⓝ318　〔06061〕

◇江戸幕府法の研究　茎田佳寿子著　厳南堂書店　1980.3　649p　22cm　10000円　Ⓝ322.15　〔06062〕

◇江府江御差下囚人差添一件留・徳川幕府刑罪大秘録　長崎純心大学長崎学研究所編　長崎　長崎純心大学　2003.10　219p　21cm　Ⓝ322.15　〔06063〕

◇大江戸捕物帳　秋山忠弥監修　学習研究社　2003.12　112p　24cm　（Gakken graphic books deluxe 34—図説江戸 8）1600円　Ⓘ4-05-402264-2　Ⓝ322.15　〔06064〕

◇関東取締出役—シンポジウムの記録　関東取締出役研究会編　岩田書院　2005.10　162,14p　21cm　2200円　Ⓘ4-87294-409-7　Ⓝ322.15　〔06065〕

◇旧幕引継書目録　第1冊　文生書院　2001.9　586p　22cm　Ⓘ4-89253-113-8　Ⓝ322.15　〔06066〕

◇旧幕引継書目録　第2冊　文生書院　2001.9　478p　22cm　Ⓘ4-89253-113-8　Ⓝ322.15　〔06067〕

◇旧幕引継書目録　第3冊　文生書院　2001.9　650p　22cm　Ⓘ4-89253-113-8　Ⓝ322.15　〔06068〕

◇近世近代の法と社会—尾張藩を中心として　林董一博士古稀記念論文集刊行会編　大阪　清文堂出版　1998.2　427p　22cm　12000円　Ⓘ4-7924-0434-7　Ⓝ322.15　〔06069〕

◇近世社会と法規範—名誉・身分・実力行使　谷口真子著　吉川弘文館　2005.6　348,7p　21cm　8600円　Ⓘ4-642-03403-X　〔06070〕

◇近世都市社会の「訴訟」と行政　坂本忠久著　創文社　2007.11　281,9p　21cm　6000円　Ⓘ978-4-423-74095-8　〔06071〕

◇近世の裁判記録　人間文化研究機構国文学研究資料館編　名著出版　2007.3　415p　22cm　（史料叢書 9）8500円　Ⓘ978-4-626-01712-3　Ⓝ322.1981　〔06072〕

◇近世の地主制と地域社会　舟橋明宏著　岩田書院　2004.7　439p　21cm　（近世史研究叢書）8900円　Ⓘ4-87294-324-4　〔06073〕

◇近世法制史料集　第1巻　京都大学日本法史研究会編　創文社　1973　829p　22cm　9000円　Ⓝ322.15　〔06074〕

◇近世法制史料集　第2巻　京都大学日本法史研究会編　創文社　1974　464p　22cm　5000円　Ⓝ322.15　〔06075〕

◇近世法制史料集　第3巻　京都大学日本法史研究会編　創文社　1977.6　47,569p　22cm　6800円　Ⓝ322.15　〔06076〕

◇近世法制史料集　第4巻　京都大学日本法史研究会編　創文社　1977.6　62,859p　22cm　9500円　Ⓝ322.15　〔06077〕

◇近世法制史料集　第5巻　京都大学日本法史研究会編　創文社　1977.9　637p　22cm　13000円　Ⓝ322.15　〔06078〕

◇近世法制史料集解説　石井良助著　雄松堂フィルム出版　1967　89p　21cm　Ⓝ322.15　〔06079〕

◇近世法制史料叢書　第1　御仕置裁許帳・厳牆集・元禄御法式　石井良助編　弘文堂　1938　464p　23cm　Ⓝ322　〔06080〕

◇近世法制史料叢書　第1　御仕置裁許帳，厳牆集，元禄御法式　石井良助校訂並編集　訂正版　創文社　1959　22cm　Ⓝ322.15　〔06081〕

◇近世法制史料叢書　第2　御当家令条・律令要略　石井良助編　弘文堂　1939　357p　23cm　Ⓝ322　〔06082〕

◇近世法制史料叢書　第2　御当家令条，律令要略　石井良助校訂並編集　訂正版　創文社　1959　22cm　Ⓝ322.15　〔06083〕

◇近世法制史料叢書　第3,別篇　石井良助編　弘文堂　1941-1944　2冊　22cm　Ⓝ322　〔06084〕

◇近世法制史料叢書　第3　武家厳制録，庁政談　石井良助校訂並編集　訂正版　創文社　1959　22cm　Ⓝ322.15　〔06085〕

◇近世法の再検討—歴史学と法史学の対話　藤田覚編　山川出版社　2005.10　225p　21cm　（史学会シンポジウム叢書）4000円　Ⓘ4-634-52352-3　Ⓝ322.15　〔06086〕

◇支配　1　大阪商業大学商業史博物館編　東大阪　大阪商業大学商業史博物館　2006.3　30,382,21p　22cm　（大阪商業大学商業史博物館史料叢書　第10巻）10000円　Ⓘ4-902567-10-5　Ⓝ322.15　〔06087〕

◇社会と秩序　藪田貫編　青木書店　2000.3　337p　22cm　（民衆運動史　近世から近代へ 3）3600円　Ⓘ4-250-20009-4,4-250-99080-X　Ⓝ210.5　〔06088〕

◇諸心得留・諸心得問合挨拶留・諸向聞合書・諸向問合御附札済之写　本間修平編　創文社　2006.2　564p　22cm　（問答集 8）12000円　Ⓘ4-423-78008-9　Ⓝ322.15　〔06089〕

◇制度通　1　伊藤東涯著　礪波護，森華校訂　平凡社　2006.9　356p　18cm　（東洋文庫）2900円　Ⓘ4-582-80754-2　〔06090〕

◇撰要類集　第1　辻達也校訂　続群書類従完成会　1967　290p　22cm　Ⓝ322.15　〔06091〕

◇撰要類集　第2　辻達也校訂　続群書類従完成会　1971　344p　22cm　3000円　Ⓝ322.15　〔06092〕

◇撰要類集　第3　辻達也校訂　続群書類従完成会　1979.9　269p　22cm　5000円　Ⓝ322.15　〔06093〕

◇撰要類集細目　第1　享保類集　国立国会図書館参考書誌部編　1967　174p　21cm　（旧幕引継書目録 9）Ⓝ322.15　〔06094〕

◇撰要類集細目　第2　明和撰要集,安永撰要類集　国立国会図書館参考書誌部編　1967　144p　21cm　（旧幕引継書目録 10）Ⓝ322.15　〔06095〕

◇撰要類集細目　第3　天保撰要類集　国立国会図書館参考書誌部　1968　134p　21cm　（旧幕引継書目録 11）Ⓝ322.15　〔06096〕

◇撰要類集細目　第4　嘉永撰要類集,南撰要類集,七十冊物類集　国立国会図書館参考書誌部編　国立国会図書館　1969　155p　21cm　（旧幕引継書目録 12）Ⓝ322.15　〔06097〕

◇大名権力の法と裁判　藩法研究会編　創文社　2007.2　412p　22cm　8000円　Ⓘ978-4-423-74094-1　Ⓝ322.15　〔06098〕

◇徳川禁令考　前集　第1-6　司法省大臣官房庶務課編,法制史学会編,石井良助校訂　創文社　1959　6冊　22cm　Ⓝ322.15　〔06099〕

◇徳川禁令考　後集　第1-4　石井良助校訂　創文社　1959-1960　4冊　22cm　Ⓝ322.15　〔06100〕

◇徳川禁令考　別巻　司法省大臣官房庶務課編,法制史学会編,石井良助校訂　創文社　1961　567p　22cm

◇Ⓝ322.15　　　　　　　　　　〔06101〕
◇徳川時代の文学に見えたる私法　中田薫著　岩波書店　1984.3　257,11p　15cm　（岩波文庫）400円　Ⓝ322.15
〔06102〕
◇徳川時代の文学に見えたる私法　改組版　中田薫著　創文社　1956　172p　22cm　Ⓝ322.15　〔06103〕
◇徳川幕府法制資料集成　青森　光輪山南部妙法寺　1985　5冊　26cm　Ⓝ322.15　〔06104〕
◇内閣文庫所蔵史籍叢刊　3　新令句解　新井白石著　汲古書院　1981.8　399p　27cm　6600円　Ⓝ210.088
〔06105〕
◇内閣文庫所蔵史籍叢刊　4　霾余一得　2　向山誠斎編　汲古書院　1981.9　p401～821　27cm　6600円　Ⓝ210.088
〔06106〕
◇内閣文庫所蔵史籍叢刊　28　憲法類集　15巻続15巻　宮崎栗軒編　汲古書院　1983.4　584p　27cm　9800円　Ⓝ210.088
〔06107〕
◇内済論　相見昌吾著　驢馬出版　1997.5　288p　22cm　Ⓝ322.15　〔06108〕
◇日本近世法の研究　石尾芳久著　木鐸社　1975　514p　22cm　3000円　Ⓝ322.15　〔06109〕
◇幕制彙纂・寺社公聴裁許律　小島信泰編　創文社　2004.2　779p　22cm　（問答集7）14000円　①4-423-78007-0　Ⓝ322.15　〔06110〕
◇幕藩国家の法と支配―高柳真三先生頌寿記念　大竹秀男, 服藤弘司編　有斐閣　1984.4　554,9p　22cm　9800円　①4-641-02648-3　Ⓝ322.15　〔06111〕
◇幕府時代の掟及古文書数種　名古屋　名古屋控訴院　1935.7　74p　23cm　（司法資料　第19号）Ⓝ322.15
〔06112〕
◇幕末維新期の治安と情報　横浜開港資料館, 横浜近世史研究会編　大河書房　2003.11　252p　21cm　2700円　①4-902417-02-2　Ⓝ210.58　〔06113〕
◇幕末日本の法意識―近世から近代へ　茎田佳寿子著　巌南堂書店　1982.9　298p　22cm　5700円　Ⓝ322.15
〔06114〕
◇藩法幕府法と維新法　井上和夫著　巌南堂書店　1965　3冊　22cm　Ⓝ322.15　〔06115〕
◇法制を中心とせる江戸時代史論　呉文炳著　白水社　1918　332p　22cm　Ⓝ322　〔06116〕
◇法文化のなかの創造性―江戸時代に探る　国学院大学日本文化研究所編　創文社　2005.3　221p　22cm　3500円　①4-423-74087-7　Ⓝ322.15　〔06117〕
◇明治大学刑事博物館資料　第1集　明治大学刑事博物館編　明治大学刑事博物館　1977.2　98p　21cm　Ⓝ322.15
〔06118〕
◇明治大学刑事博物館資料　第2集　郷帳　2　明治大学刑事博物館編　明治大学刑事博物館　1978.3　113p　21cm　Ⓝ322.15　〔06119〕
◇明治大学刑事博物館資料　第3集　郷帳　3　明治大学刑事博物館編　明治大学刑事博物館　1979.2　82p　21cm　Ⓝ322.15　〔06120〕
◇明治大学刑事博物館資料　第4集　郷帳　4　明治大学刑事博物館編　明治大学刑事博物館　1979.9　82p　21cm　Ⓝ322.15　〔06121〕
◇明治大学刑事博物館資料　第5集　郷帳　5　明治大学刑事博物館編　明治大学刑事博物館　1981.3　62p　21cm　Ⓝ322.15　〔06122〕
◇明治大学刑事博物館資料　第6集　郷帳　6　明治大学刑事博物館編　明治大学刑事博物館　1984.2　69p　21cm　Ⓝ322.15　〔06123〕

◇明治大学刑事博物館資料　第7集　郷帳　6　明治大学刑事博物館編　明治大学刑事博物館　1985.2　71p　21cm　Ⓝ322.15　〔06124〕
◇明治大学刑事博物館資料　第8集　郷帳　8　明治大学刑事博物館編　明治大学刑事博物館　1986.2　108p　21cm　Ⓝ322.15　〔06125〕
◇明治大学刑事博物館資料　第9集　郷帳　9　明治大学刑事博物館編　明治大学刑事博物館　1987.2　78p　21cm　Ⓝ322.15　〔06126〕
◇明治大学刑事博物館資料　第10集　郷帳　10　明治大学刑事博物館編　明治大学刑事博物館　1988.2　96p　21cm　Ⓝ322.15　〔06127〕
◇明治大学刑事博物館資料　第11集　郷帳　11　明治大学刑事博物館編　明治大学刑事博物館　1988.11　84p　21cm　Ⓝ322.15　〔06128〕
◇目安箱の研究　大平祐一著　創文社　2003.7　388,23p　22cm　（立命館大学法学部叢書　第5号）8000円　①4-423-74084-2　Ⓝ322.15　〔06129〕

◆◆市中取締類集
◇市中取締類集　1　覆刻　東京大学出版会　1999.9　494p　22cm　（大日本近世史料）12000円　①4-13-092958-5　Ⓝ322.15　〔06130〕
◇市中取締類集　2　覆刻　東京大学出版会　1999.9　484p　22cm　（大日本近世史料）12000円　①4-13-092959-3　Ⓝ322.15　〔06131〕
◇市中取締類集　3　覆刻　東京大学出版会　1999.9　382p　22cm　（大日本近世史料）12000円　①4-13-092960-7　Ⓝ322.15　〔06132〕
◇市中取締類集　4　覆刻　東京大学出版会　1999.9　386p　22cm　（大日本近世史料）12000円　①4-13-092961-5　Ⓝ322.15　〔06133〕
◇市中取締類集　5　覆刻　東京大学出版会　1999.10　594p　22cm　（大日本近世史料）12000円　①4-13-092962-3　Ⓝ322.15　〔06134〕
◇市中取締類集　6　覆刻　東京大学出版会　1999.10　577p　22cm　（大日本近世史料）12000円　①4-13-092963-1　Ⓝ322.15　〔06135〕
◇市中取締類集　7　覆刻　東京大学出版会　1999.10　434p　22cm　（大日本近世史料）12000円　①4-13-092964-X　Ⓝ322.15　〔06136〕
◇市中取締類集　8　覆刻　東京大学出版会　1999.10　486p　22cm　（大日本近世史料）12000円　①4-13-092965-8　Ⓝ322.15　〔06137〕
◇市中取締類集　9　覆刻　東京大学出版会　1999.11　269p　22cm　（大日本近世史料）12000円　①4-13-092966-6　Ⓝ322.15　〔06138〕
◇市中取締類集　10　覆刻　東京大学出版会　1999.11　319p　22cm　（大日本近世史料）12000円　①4-13-092967-4　Ⓝ322.15　〔06139〕
◇市中取締類集　20　書物錦絵之部 3　東京大学史料編纂所編　東京大学, 東京大学出版会〔発売〕　1992.2　308p　21cm　（大日本近世史料）6386円　①4-13-093020-6
〔06140〕
◇市中取締類集（正・続）細目　国立国会図書館一般考査部編　1959　96p　21cm　Ⓝ322.15　〔06141〕
◇大日本近世史料　市中取締類集 16　東京大学史料編纂所編　東京大学出版会　1984.3　16,311p　22cm　5600円　①4-13-092973-9　Ⓝ210.5　〔06142〕
◇大日本近世史料　市中取締類集 17　東京大学史料編纂所編　東京大学出版会　1985.11　22,346p　22cm　6600円　①4-13-092974-7　Ⓝ210.5　〔06143〕

近世史　　　　　　　　　　　　　　　　　　　　　　　　　　　　　　　　法制史

◇大日本近世史料　市中取締類集 19　東京大学史料編纂所編纂　東京大学出版会　1990.3　425p　22cm　8200円　①4-13-093019-2　Ⓝ210.5　〔06144〕

◇大日本近世史料　　　第6第2　市中取締類集　東京大学史料編纂所編　東京大学出版会　1960　484p　22cm　〔06145〕

◇大日本近世史料　　　第6第3　市中取締類集　東京大学史料編纂所編　東京大学出版会　1961　382p　22cm　〔06146〕

◇大日本近世史料　　　第6第4　市中取締類集　東京大学史料編纂所編　東京大学出版会　1962　386p　22cm　〔06147〕

◇大日本近世史料　　　第6第5　市中取締類集　東京大学史料編纂所編　東京大学出版会　1965　594p　22cm　〔06148〕

◇大日本近世史料　　　第6第6　市中取締類集　東京大学史料編纂所編　東京大学出版会　1966　577p　22cm　〔06149〕

◇大日本近世史料　　　第6第7　市中取締類集　東京大学史料編纂所編　東京大学出版会　1967　434p　22cm　〔06150〕

◇大日本近世史料　　6 9　市中取締類集　9 地所取計之部 1　東京大学史料編纂所編纂　東京大学出版会　1971　269p　22cm　2200円　Ⓝ210.5　〔06151〕

◇大日本近世史料　　6 10　市中取締類集　10 地所取計之部 2　東京大学史料編纂所編纂　東京大学出版会　1972　319p　22cm　3600円　Ⓝ210.5　〔06152〕

◇大日本近世史料　　6 11　市中取締類集　11 河岸地調之部 1　東京大学史料編纂所編纂　東京大学出版会　1974　256p　22cm　3200円　Ⓝ210.5　〔06153〕

◇大日本近世史料　　6 12　市中取締類集　12 河岸地調之部 2　東京大学史料編纂所編纂　東京大学出版会　1977.3　298p　22cm　4900円　Ⓝ210.5　〔06154〕

◇大日本近世史料　　6 13　市中取締類集　13 河岸地調之部 3　東京大学史料編纂所編纂　東京大学出版会　1978.3　434p　22cm　7700円　Ⓝ210.5　〔06155〕

◇大日本近世史料　　6 14　市中取締類集　14 河岸地調之部 4　東京大学史料編纂所編　東京大学史料編纂所　1980.3　443p　22cm　5000円　Ⓝ210.5　〔06156〕

◇大日本近世史料　　6 15　市中取締類集　15 門前囲込之部・町名橋銘之部・在町家作之部　東京大学史料編纂所編纂　東京大学出版会　1982.3　363p　22cm　4800円　Ⓝ210.5　〔06157〕

◇大日本近世史料　　6 16　市中取締類集　16 出家社人之部・寺社家作窓見隠板之部　東京大学史料編纂所編　東京大学史料編纂所　1984.3　311p　22cm　5600円　Ⓝ210.5　〔06158〕

◇大日本近世史料　　6 17　市中取締類集　17 身分取扱之部・祭礼開帳之部　東京大学史料編纂所編纂　東京大学史料編纂所　1985.11　346p　22cm　6600円　Ⓝ210.5　〔06159〕

◇大日本近世史料　　6 18　市中取締類集　18 書物錦絵之部 1　東京大学史料編纂所編纂　東京大学史料編纂所　1988.3　339p　22cm　6600円　Ⓝ210.5　〔06160〕

◇大日本近世史料　　6 20　市中取締類集　20 書物錦絵之部 2　東京大学史料編纂所編纂　東京大学　1992.2　308p　22cm　6200円　Ⓝ210.5　〔06161〕

◇大日本近世史料　　6 21　市中取締類集　21 書物錦絵之部 4　東京大学史料編纂所編纂　東京大学　1994.3　329p　22cm　7000円　①4-13-093021-4　Ⓝ210.5　〔06162〕

◇大日本近世史料　　6 22　市中取締類集　22 御参詣調之部・立商人并荷車日傘之部・鳥類鉢植之部・町人衣服之部・高価飢物之部・雛菖蒲刀之部　東京大学史料編纂所編纂　東京大学　1996.3　346p　22cm　8549円　①4-13-093022-2　Ⓝ210.5　〔06163〕

◇大日本近世史料　　6 23　市中取締類集　23 町触申渡之部・鉄砲鋳立之部　東京大学史料編纂所編纂　東京大学史料編纂所　1998.3　333p　22cm　10100円　①4-13-093023-0　Ⓝ210.5　〔06164〕

◇大日本近世史料　　6 24　市中取締類集　24 諸願筋下ヶ之部・奇特御賞之部・手習師匠之部　東京大学史料編纂所編纂　東京大学史料編纂所　2000.3　294p　22cm　9200円　①4-13-093024-9　Ⓝ210.5　〔06165〕

◇大日本近世史料　　6 25　市中取締類集　25 高年御賞之部・人宿取締之部　東京大学史料編纂所編纂　東京大学史料編纂所　2002.3　384p　22cm　6900円　①4-13-093025-7　Ⓝ210.5　〔06166〕

◇大日本近世史料　　6 26　市中取締類集　26（旧里帰農之部・人別出稼之部）　東京大学史料編纂所編纂　東京大学史料編纂所　2004.3　268p　22cm　5200円　①4-13-093026-5　Ⓝ210.5　〔06167〕

◇大日本近世史料　　6 27　市中取締類集　27（人足寄場之部・非人寄場之部・上納金之部）　東京大学史料編纂所編纂　東京大学出版会（発売）　2006.3　395p　22cm　8200円　①4-13-093027-3　Ⓝ210.5　〔06168〕

◇大日本近世史料　　6 1-8　市中取締類集　1-8　東京大学史料編纂所編　東京大学出版会　1959-1969　8冊　22cm　Ⓝ210.5　〔06169〕

◆◆教令類纂

◇内閣文庫所蔵史籍叢刊　21　教令類纂　初集 1（巻1〜35）　宮崎栗軒編　汲古書院　1982.9　654p　27cm　10000円　Ⓝ210.088　〔06170〕

◇内閣文庫所蔵史籍叢刊　22　教令類纂　初集 2（巻36〜76）　宮崎栗軒編　汲古書院　1982.10　669p　27cm　10000円　Ⓝ210.088　〔06171〕

◇内閣文庫所蔵史籍叢刊　23　教令類纂　初集 3（巻77〜107）　宮崎栗軒編　汲古書院　1982.11　653p　27cm　10000円　Ⓝ210.088　〔06172〕

◇内閣文庫所蔵史籍叢刊　24　教令類纂　2集 1（巻1〜26）　宮崎栗軒編　汲古書院　1982.12　593p　27cm　10000円　Ⓝ210.088　〔06173〕

◇内閣文庫所蔵史籍叢刊　25　教令類纂　2集 2（巻27〜59）　宮崎栗軒編　汲古書院　1983.1　567p　27cm　10000円　Ⓝ210.088　〔06174〕

◇内閣文庫所蔵史籍叢刊　26　教令類纂　2集 3（巻60〜95）　宮崎栗軒編　汲古書院　1983.2　567p　27cm　10000円　Ⓝ210.088　〔06175〕

◇内閣文庫所蔵史籍叢刊　27　教令類纂　2集 4（巻96〜125）　宮崎栗軒編　汲古書院　1983.3　566p　27cm　10000円　Ⓝ210.088　〔06176〕

◆◆憲教類典

◇内閣文庫所蔵史籍叢刊　37　憲教類典　1　近藤重蔵編纂　汲古書院　1984.6　545p　27cm　11000円　Ⓝ210.088　〔06177〕

◇内閣文庫所蔵史籍叢刊　38　憲教類典　2　近藤重蔵編纂　汲古書院　1984.7　548p　22cm　11000円　Ⓝ210.088　〔06178〕

◇内閣文庫所蔵史籍叢刊　39　憲教類典　3　近藤重蔵編纂　汲古書院　1984.8　564p　27cm　11000円　Ⓝ210.088　〔06179〕

◇内閣文庫所蔵史籍叢刊　40　憲教類典　4　近藤重蔵編

法制史　　　　　　　　　　　近世史

纂　汲古書院　1984.9　551p　22cm　11000円　Ⓝ210.
088
〔06180〕
◇内閣文庫所蔵史籍叢刊　41　憲教類典　5　近藤重蔵編
纂　汲古書院　1984.10　572p　27cm　11000円
Ⓝ210.088
〔06181〕
◇内閣文庫所蔵史籍叢刊　42　憲教類典　6　近藤重蔵編
纂　汲古書院　1984.11　545p　22cm　11000円
Ⓝ210.088
〔06182〕
◇内閣文庫所蔵史籍叢刊　43　憲教類典　7　近藤重蔵編
纂　汲古書院　1984.12　570p　27cm　11000円
Ⓝ210.088
〔06183〕

◆武士の法度
◇江戸時代制度の研究　松平太郎著　関東学園編　新人
物往来社　1993.3　1100,24p　22cm　10000円
Ⓘ4-404-02012-0　Ⓝ322.15
〔06184〕
◇江戸時代制度の研究　松平太郎著　進士慶幹校訂　柏
書房　1993.10　756p　22cm　9800円
Ⓘ4-7601-1004-6　Ⓝ322.15
〔06185〕
◇江戸時代制度の研究　上巻　松平太郎著　武家制度研究
会　1919　1100p　22cm　Ⓝ322
〔06186〕
◇江戸時代制度の研究　下巻　松平太郎著　武家制度研究
会　1919　22cm　Ⓝ322
〔06187〕
◇御勝手方御定書　須藤敏夫校訂　国学院大学消費生活協
同組合　1971　237p　21cm　Ⓝ322.15
〔06188〕
◇御勘定所御定書　若木近世史研究会編　補訂再版　国学
院大学消費生活協同組合　1970　119p　22cm　680円
Ⓝ322.15
〔06189〕
◇御勘定所御定書　須藤敏夫編　白帝社　1984.3　114p
22cm　2200円　Ⓝ322.15
〔06190〕
◇近世武家社会と諸法度　進士慶幹著　学陽書房　1989.9
216p　20cm　2000円　Ⓘ4-313-35018-7　Ⓝ322.15
〔06191〕
◇徳川幕府の会計検査制度　中瀬勝太郎著　築地書館
1990.10　211p　22cm　3296円　Ⓘ4-8067-6780-8
Ⓝ322.15
〔06192〕
◇日本の歴史　近世2-2　法度と掟　新訂増補　朝日新聞
社　2003.10　p34-64　30cm　（週刊朝日百科 72）476
円　Ⓝ210.1
〔06193〕
◇幕藩体制における武士家族法　鎌田浩著　成文堂　1970
286p　22cm　（基礎法学叢書 1）1500円　Ⓝ322.15
〔06194〕
◇武家事典　三田村鳶魚著, 稲垣史生編　青蛙房　1958
459p　20cm　Ⓝ322.15
〔06195〕

◆◆参勤交代
◇浦山宿と参勤交代　宇奈月町（富山県）　宇奈月町教育
委員会　1995.9　34p　26cm　Ⓝ210.5
〔06196〕
◇加賀百万石と中山道の旅　忠田敏男著　新人物往来社
2007.8　229p　20cm　2000円　Ⓘ978-4-404-03477-9
Ⓝ210.5
〔06197〕
◇近世日本交通史—伝馬制度と参勤交代　田村栄太郎著
清和書店　1935　451p　19cm　Ⓝ682
〔06198〕
◇御参勤・御帰国御道中日記—付御意帳　金沢　能登印刷
出版部　2001.7　117p　21cm　（資料叢書 第3冊）1700
円　Ⓘ4-89010-388-0　Ⓝ210.5
〔06199〕
◇御参勤御道中日記　伊沢慶治編　横手　彦栄堂　1989.4
205p　26cm　Ⓝ210.5
〔06200〕
◇西国外様小藩の江戸参勤—「佐土原藩島津家江戸日記」
拾い読み　多田武利著　宮崎　鉱脈社　2007.6　239p
19cm　（みやざき文庫 45）1429円

Ⓘ978-4-86061-224-5　Ⓝ210.55
〔06201〕
◇参勤交代　石川県立歴史博物館編　金沢　石川県立歴史
博物館　1991.7　63p　26cm　Ⓝ210.5
〔06202〕
◇参勤交代—巨大都市江戸のなりたち　東京都江戸東京博
物館, 東京新聞編　東京都江戸東京博物館　1997.2
170p　30cm　Ⓝ210.5
〔06203〕
◇参勤交代　山本博文著　講談社　1998.3　219p　18cm
（講談社現代新書）660円　Ⓘ4-06-149394-9　Ⓝ210.5
〔06204〕
◇参勤交代　丸山雍成著　吉川弘文館　2007.7　270,6p
20cm　（日本歴史叢書 新装版）2900円
Ⓘ978-4-642-06664-8　Ⓝ210.5
〔06205〕
◇参勤交代行列絵図　霞会館公家と武家文化調査委員会編
纂　霞会館　2000.10　1冊　30×42cm　非売品　Ⓝ721.
025
〔06206〕
◇参勤交代史料集・御例集　大和郡山　郡山城史跡柳沢文
庫保存会　2004.2　383p　22cm　（柳沢史料集成 第10
巻）Ⓝ210.5
〔06207〕
◇参勤交代道中記—加賀藩史料を読む　忠田敏男著　平凡
社　1993.9　293p　20cm　2800円　Ⓘ4-582-44903-4
Ⓝ210.5
〔06208〕
◇参勤交代道中記—加賀藩史料を読む　忠田敏男著　平凡
社　2003.4　307p　16cm　（平凡社ライブラリー）1200
円　Ⓘ4-582-76463-0　Ⓝ210.5
〔06209〕
◇参勤交代と日本の文化　コンスタンティン・ノミコス・
ヴァポリス述　京都　国際日本文化研究センター
2004.10　29p　21cm　（日文研フォーラム 第169
回）Ⓝ210.5
〔06210〕
◇参勤交代年表　上　大和郡山　柳沢文庫保存会　1997.
11　326p　22cm　（柳沢史料集成 第6巻）Ⓝ210.5
〔06211〕
◇参勤交代年表　中　大和郡山　柳沢文庫保存会　1998.9
335p　22cm　（柳沢史料集成 第7巻）Ⓝ210.5　〔06212〕
◇参勤交代年表　続　大和郡山　柳沢文庫保存会　2002.2
471p　22cm　（柳沢史料集成 第9巻）Ⓝ210.5　〔06213〕
◇参勤交代年表　下　大和郡山　柳沢文庫保存会　1999.
12　511p　22cm　（柳沢史料集成 第8巻）Ⓝ210.5
〔06214〕
◇大名行列—よみがえる江戸時代絵巻　徳島県立博物館編
徳島　徳島県立博物館　1999.4　56p　30cm　（徳島県
立博物館企画展図録）Ⓝ210.5
〔06215〕
◇大名の旅—徳島藩参勤交代の社会史 特別展　徳島市立
徳島城博物館編　徳島　徳島市立徳島城博物館　2005.
10　82p　30cm　Ⓝ210.5
〔06216〕
◇はるかなり江戸・鹿児島の旅—黎明館企画特別展　鹿児
島県, 鹿児島県歴史資料センター黎明館企画・編集　出
版地不明　はるかなり江戸・鹿児島の旅実行委員会
2005.10　126p　30cm　Ⓝ682.1
〔06217〕
◇遙かなる江戸への旅—日向国諸大名の参勤交代　永井哲
雄著　宮崎　鉱脈社　2006.9　261p　19cm　（みやざき
文庫 40）1800円　Ⓘ4-86061-194-2　Ⓝ219.6　〔06218〕
◇武者たちが通る—行列絵図の世界 展示解説目録　福島
県立博物館編　会津若松　福島県立博物館　2001.9
68p　30cm　Ⓝ721.025
〔06219〕

◆町触・触書
◇秋田藩町触集　上　今村義孝, 高橋秀夫編　未來社
1971　447p　22cm　4200円　Ⓝ322.19
〔06220〕
◇秋田藩町触集　中　今村義孝, 高橋秀夫編　未來社
1972　419p　22cm　4200円　Ⓝ322.19
〔06221〕
◇秋田藩町触集　下　今村義孝, 高橋秀夫編　未來社

◇1973 593p 22cm 4500円 Ⓝ322.19 〔06222〕
◇江戸下水の町触集 栗田彰編著 柳下重雄監修 日本下水文化研究会 2006.12 36,343p 21cm (下水文化叢書 9)Ⓝ518.2 〔06223〕
◇江戸町触集成 第1巻 近世史料研究会編 塙書房 1994.2 547p 22cm 15450円 Ⓘ4-8273-1111-0 Ⓝ322.15 〔06224〕
◇江戸町触集成 第2巻 近世史料研究会編 塙書房 1994.10 542p 22cm 15450円 Ⓘ4-8273-1112-9 Ⓝ322.15 〔06225〕
◇江戸町触集成 第3巻 近世史料研究会編 塙書房 1995.2 542p 22cm 15450円 Ⓘ4-8273-1113-7 Ⓝ322.15 〔06226〕
◇江戸町触集成 第4巻 近世史料研究会編 塙書房 1995.10 560p 22cm 15450円 Ⓘ4-8273-1114-5 Ⓝ322.15 〔06227〕
◇江戸町触集成 第5巻 近世史料研究会編 塙書房 1996.2 611p 22cm 15450円 Ⓘ4-8273-1115-3 Ⓝ322.15 〔06228〕
◇江戸町触集成 第6巻 近世史料研究会編 塙書房 1996.10 488p 22cm 15450円 Ⓘ4-8273-1116-1 Ⓝ322.15 〔06229〕
◇江戸町触集成 第7巻 近世史料研究会編 塙書房 1997.3 472p 22cm 15000円 Ⓘ4-8273-1117-X Ⓝ322.15 〔06230〕
◇江戸町触集成 第8巻 近世史料研究会編 塙書房 1997.10 424p 21cm 15000円 Ⓘ4-8273-1118-8 Ⓝ322.15 〔06231〕
◇江戸町触集成 第9巻 近世史料研究会編 塙書房 1998.3 444p 22cm 15000円 Ⓘ4-8273-1119-6 Ⓝ322.15 〔06232〕
◇江戸町触集成 第10巻 近世史料研究会編 塙書房 1998.10 484p 22cm 15000円 Ⓘ4-8273-1120-X Ⓝ322.15 〔06233〕
◇江戸町触集成 第11巻 近世史料研究会編 塙書房 1999.3 462p 22cm 15000円 Ⓘ4-8273-1121-8 Ⓝ322.15 〔06234〕
◇江戸町触集成 第12巻 近世史料研究会編 塙書房 1999.10 444p 22cm 15000円 Ⓘ4-8273-1122-6 Ⓝ322.15 〔06235〕
◇江戸町触集成 第13巻 近世史料研究会編 塙書房 2000.3 460p 22cm 15000円 Ⓘ4-8273-1123-4 Ⓝ322.15 〔06236〕
◇江戸町触集成 第14巻 近世史料研究会編 塙書房 2000.10 454p 22cm 15000円 Ⓘ4-8273-1124-2 Ⓝ322.15 〔06237〕
◇江戸町触集成 第15巻 近世史料研究会編 塙書房 2001.3 480p 22cm 15000円 Ⓘ4-8273-1125-0 Ⓝ322.15 〔06238〕
◇江戸町触集成 第16巻 近世史料研究会編 塙書房 2001.10 529p 22cm 15000円 Ⓘ4-8273-1126-9 Ⓝ322.15 〔06239〕
◇江戸町触集成 第17巻 近世史料研究会編 塙書房 2002.4 480p 22cm 15000円 Ⓘ4-8273-1127-7 Ⓝ322.15 〔06240〕
◇江戸町触集成 第18巻 近世史料研究会編 塙書房 2002.10 488p 22cm 15000円 Ⓘ4-8273-1128-5 Ⓝ322.15 〔06241〕
◇江戸町触集成 第19巻 慶応四年・追加・付載史料 近世史料研究会編 塙書房 2003.3 493p 21cm 15000円 Ⓘ4-8273-1129-3 〔06242〕
◇江戸町触集成 第20巻 索引 近世史料研究会編 塙書房 2006.5 354p 21cm 15000円 Ⓘ4-8273-1130-7 〔06243〕
◇「大坂御仕置御書出之写」「大坂御仕置留」―大阪市立大学大学院文学研究科都市文化研究センター(21世紀COEプログラム研究拠点)「都市文化創造のための人文科学的研究」事業報告書 塚田孝,近世大坂研究会編 大阪 大阪市立大学大学院文学研究科都市文化研究センター 2007.3 152p 26cm (近世大坂町触関係史料 2)Ⓝ322.15 〔06244〕
◇大坂町奉行所御触書総目録 黒羽兵治郎編 大阪 清文堂出版 1974 500p 22cm (清文堂史料叢書 第10刊)6500円 Ⓝ322.19 〔06245〕
◇御触書寛保集成 高柳真三,石井良助共編 岩波書店 1958 2刷 1356p 22cm Ⓝ322.15 〔06246〕
◇御触書寛保集成編年目録 須藤敏夫編 国学院大学生協 1970 102p 25cm Ⓝ322.15 〔06247〕
◇御触書集成 第1 御触書寛保集成 高柳真三,石井良助編 岩波書店 1934 1356p 23cm Ⓝ322 〔06248〕
◇御触書集成 第2 御触書宝暦集成 高柳真三,石井良助共編 岩波書店 1935 583p 21cm Ⓝ322 〔06249〕
◇御触書集成 第3 御触書天明集成 高柳真三,石井良助編 岩波書店 1936 958p 22cm Ⓝ322 〔06250〕
◇御触書集成 第4 御触書天保集成 上 高柳真三,石井良助共編 岩波書店 1937 1104p 21cm Ⓝ322 〔06251〕
◇御触書集成 第5 御触書天保集成 下 高柳真三,石井良助共編 岩波書店 1941 930p 21cm Ⓝ322 〔06252〕
◇御触書集成編年索引 上 大口勇次郎監修 小林年春著 ゆまに書房 1997.9 491p 22cm Ⓘ4-89714-187-7,4-89714-189-3 Ⓝ322.15 〔06253〕
◇御触書集成編年索引 下 大口勇次郎監修 小林年春著 ゆまに書房 1997.9 417p 22cm Ⓘ4-89714-188-5,4-89714-189-3 Ⓝ322.15 〔06254〕
◇御触書集成目録 上 事項目録 石井良助,服藤弘司編 岩波書店 2002.12 498p 22cm Ⓘ4-00-008838-6 Ⓝ322.15 〔06255〕
◇御触書集成目録 下 編年目録 石井良助,服藤弘司編 岩波書店 2002.12 469p 22cm Ⓘ4-00-008838-6 Ⓝ322.15 〔06256〕
◇御触書天保集成 上,下 高柳真三,石井良助共編 岩波書店 1958 2刷 2冊 22cm Ⓝ322.15 〔06257〕
◇御触書天保集成編年目録 須藤敏夫編 国学院大学消費生活協同組合 1971 231p 25cm Ⓝ322.15 〔06258〕
◇御触書天明集成編年目録 須藤敏夫編 国学院大学消費生活協同組合 1971 109p 25cm Ⓝ322.15 〔06259〕
◇御触書宝暦集成 高柳真三,石井良助編 岩波書店 1958 2刷 583p 22cm Ⓝ322.15 〔06260〕
◇御触書宝暦集成編年目録 須藤敏夫編 国学院大学消費生活協同組合 1971 60p 25cm Ⓝ322.15 〔06261〕
◇京都町触集成 第1巻 元禄五年～享保十一年 京都町触研究会編 岩波書店 1983.10 540p 23cm 6800円 Ⓝ322.15 〔06262〕
◇京都町触集成 第2巻 享保十二年～寛保三年 京都町触研究会編 岩波書店 1984.1 494p 23cm 6200円 Ⓝ322.15 〔06263〕
◇京都町触集成 第3巻 延享元年～宝暦七年 京都町触研究会編 岩波書店 1984.4 480p 23cm 6400円 Ⓝ322.15 〔06264〕
◇京都町触集成 第4巻 宝暦八年～明和五年 京都町触

法制史　　　　　　　　　　　近世史

◇京都町触集成　研究会編　岩波書店　1984.7　536p　23cm　6800円　Ⓝ322.15　〔06265〕
◇京都町触集成　第5巻　明和六年～安永七年　京都町触研究会編　岩波書店　1984.10　465p　23cm　6200円　Ⓘ4-00-008705-3　Ⓝ322.15　〔06266〕
◇京都町触集成　第6巻　安永八年～天明八年　京都町触研究会編　岩波書店　1985.2　559p　23cm　7500円　Ⓘ4-00-008706-1　Ⓝ322.15　〔06267〕
◇京都町触集成　第7巻　寛政元年～寛政十年　京都町触研究会編　岩波書店　1985.5　511p　23cm　7400円　Ⓘ4-00-008707-X　Ⓝ322.15　〔06268〕
◇京都町触集成　第8巻　寛政十一年～文化五年　京都町触研究会編　岩波書店　1985.9　501p　23cm　7400円　Ⓘ4-00-008708-8　Ⓝ322.15　〔06269〕
◇京都町触集成　第9巻　文化六年～文政二年　京都町触研究会編　岩波書店　1986.2　466p　23cm　7000円　Ⓘ4-00-008709-6　Ⓝ322.15　〔06270〕
◇京都町触集成　第10巻　文政三年～天保五年　京都町触研究会編　岩波書店　1986.6　448p　23cm　6800円　Ⓘ4-00-008710-X　Ⓝ322.15　〔06271〕
◇京都町触集成　第11巻　京都町触研究会編　岩波書店　1986.10　446p　23cm　6800円　Ⓘ4-00-008711-8　Ⓝ322.15　〔06272〕
◇京都町触集成　第12巻　嘉永元年～文久三年　京都町触研究会編　岩波書店　1987.3　459p　23cm　7000円　Ⓘ4-00-008712-6　Ⓝ322.15　〔06273〕
◇京都町触集成　第13巻　元治元年～明治四年　京都町触研究会編　岩波書店　1987.10　609p　23cm　8600円　Ⓘ4-00-008713-4　Ⓝ322.15　〔06274〕
◇京都町触集成　別巻1　参考資料　京都町触研究会編　岩波書店　1988.3　626p　23cm　9000円　Ⓘ4-00-008714-2　Ⓝ322.15　〔06275〕
◇京都町触集成　別巻2　補遺・参考資料　京都町触研究会編　岩波書店　1989.3　733p　23cm　9800円　Ⓘ4-00-008720-7　Ⓝ322.15　〔06276〕
◇京都町触の研究　京都町触研究会編　岩波書店　1996.6　423p　22cm　9500円　Ⓘ4-00-002753-0　Ⓝ322.15　〔06277〕
◇慶安御触書成立試論　山本英二著　日本エディタースクール出版部　1999.2　257p　22cm　3800円　Ⓘ4-88888-288-6　Ⓝ322.15　〔06278〕
◇慶安の触書は出されたか　山本英二著　山川出版社　2002.7　91p　21cm　(日本史リブレット38)800円　Ⓘ4-634-54380-X　Ⓝ322.15　〔06279〕
◇高札―支配と自治の最前線　大阪人権博物館編　大阪　大阪人権博物館　1998.4　98p　30cm　Ⓝ322.15　〔06280〕
◇せん年より御ふれふみ―近世大坂町触関係史料　大阪市立大学大学院文学研究科都市文化研究センター編　大阪　大阪市立大学大学院文学研究科都市文化研究センター　2004.3　337p　26cm　Ⓝ322.15　〔06281〕
◇天保改革町触史料　荒川秀俊編　雄山閣出版　1974　354p　22cm　5000円　Ⓝ322.15　〔06282〕
◇幕末御触書集成　第1巻　石井良助,服藤弘司編　岩波書店　1992.3　479p　22cm　1400円　Ⓘ4-00-008831-9　Ⓝ322.15　〔06283〕
◇幕末御触書集成　第2巻　石井良助,服藤弘司編　岩波書店　1992.8　542p　22cm　14000円　Ⓘ4-00-008832-7　Ⓝ322.15　〔06284〕
◇幕末御触書集成　第3巻　石井良助,服藤弘司編　岩波書店　1993.4　486p　22cm　14000円　Ⓘ4-00-008833-5

Ⓝ322.15　〔06285〕
◇幕末御触書集成　第4巻　石井良助,服藤弘司編　岩波書店　1993.12　512p　22cm　14000円　Ⓘ4-00-008834-3　Ⓝ322.15　〔06286〕
◇幕末御触書集成　第5巻　石井良助,服藤弘司編　岩波書店　1994.8　590p　22cm　14000円　Ⓘ4-00-008835-1　Ⓝ322.15　〔06287〕
◇幕末御触書集成　第6巻　石井良助,服藤弘司編　岩波書店　1995.4　686p　22cm　14000円　Ⓘ4-00-008836-X　Ⓝ322.15　〔06288〕
◇幕末御触書集成　別巻　石井良助,服藤弘司編　岩波書店　1997.3　2冊　22cm　全15450円　Ⓘ4-00-008837-8　Ⓝ322.15　〔06289〕
◇都のべからず物語　藤原みてい絵　三浦隆夫文　京都新聞社編　京都　京都新聞社　1995.4　199p　19cm　1000円　Ⓘ4-7638-0374-3　Ⓝ322.15　〔06290〕

◆地方法制
◇江戸時代の漁場争い―松江藩郡奉行所文書から　安藤正人著　京都　臨川書店　1999.8　193p　19cm　(原典講読セミナー4)2200円　Ⓘ4-653-03637-3　Ⓝ322.1973　〔06291〕
◇江戸時代の法とその周縁―吉宗と重賢と定信と　高塩博著　汲古書院　2004.8　252,6p　19cm　3000円　Ⓘ4-7629-4168-9　〔06292〕
◇奥州守山藩領の犯科と刑法　草野喜久著　郡山　〔草野喜久〕　1997.12　142p　21cm　Ⓝ332.1921　〔06293〕
◇大内氏壁書を読む―掟書による中世社会の探究　岩崎俊彦著　山口　大内文化探訪会　1997.10　279p　26cm　Ⓝ322.1977　〔06294〕
◇大内氏壁書を読む―掟書による中世社会の探究　岩崎俊彦著　山口　大内文化探訪会　2002.10（第2刷）　299p　26cm　Ⓝ322.1977　〔06295〕
◇朧月集　三上定右衛門著　青森　青森県文化財保護協会　2000.3　519p　22cm　(みちのく双書　第43集)非売品　Ⓝ322.15　〔06296〕
◇近世刑事史料集　1　盛岡藩　藩法研究会編　谷口昭編集代表　守屋浩光編　鎌田浩校訂　創文社　2006.2　20,1659p　23cm　43000円　Ⓘ4-423-78201-4　Ⓝ322.15　〔06297〕
◇近世初期における紀州藩々法の成立　平山行三著　和歌山　和歌山大学紀州経済史文化史研究所　1956　41p　21cm　(紀州史研究叢書　第9号)　〔06298〕
◇近世藩法資料集成　第3巻　松江藩出雲国国令　京都帝国大学法学部日本法制史研究室編　富山房創立事務所　1944　363p　22cm　Ⓝ322　〔06299〕
◇近世藩法資料集成　第1-3巻　京都帝国大学法学部日本法制史研究室編　京都　京都帝国大学法学部日本法制史研究室　1942-1944　3冊　21cm　Ⓝ322　〔06300〕
◇近世家並帳の研究　早川秋子著　大阪　清文堂出版　2003.6　645,11p　22cm　18000円　Ⓘ4-7924-0538-6　Ⓝ322.1955　〔06301〕
◇御用記録書　仙台　東北大学法学部法政資料調査室　2000.3　33p　26cm　(東北大学法学部法政資料調査室研究資料　30―仙台藩法制史料　第8号)　Ⓝ322.15　〔06302〕
◇城下町警察日記　紀州藩牢番頭家文書編纂会編　大阪　清文堂出版　2003.5　848p　22cm　(清文堂史料叢書　第111刊)15000円　Ⓘ4-7924-0531-9　Ⓝ322.1966　〔06303〕
◇初代新潟奉行川村修就文書　14　新潟奉行所、役宅普請関係文書　新潟市郷土資料館編　新潟　新潟市郷土資料館　1991.3　58p　21cm　(新潟市郷土資料館調査年報

◇初代新潟奉行川村修就文書　15　川村家系譜関係文書・御庭番関係文書・要用留（修就）　新潟市郷土資料館編　新潟　新潟市郷土資料館　1992.3　54p　21cm　(新潟市郷土資料館調査年報　第16集)　Ⓝ322.1941　〔06305〕

◇仙台藩評定所文例等手控　仙台　東北大学法学部法政資料調査室　1995.3　38p　26cm　(東北大学法学部法政資料調査室研究資料　25—仙台藩法制史料　第3)322.15　〔06306〕

◇大名権力の法と裁判　藩法研究会編　林紀昭編集代表　創文社　2007.2　412p　21cm　8000円　①978-4-423-74094-1　〔06307〕

◇地方凡例録　大石慎三郎校訂　東京堂出版　1995.9　2冊　22cm　全8500円　①4-490-20275-X　322.15　〔06308〕

◇東北大学法学部法政資料調査室研究資料　1　諸令聚要—仙台藩法制史料第1　上　仙台　東北大学法学部法政資料調査室　1989.3　37p　26cm　Ⓝ320　〔06309〕

◇東北大学法学部法政資料調査室研究資料　2　諸令聚要—仙台藩法制史料第1　下　仙台　東北大学法学部法政資料調査室　1990.3　33p　26cm　Ⓝ320　〔06310〕

◇各近例—大意文　上　深田忠慶著　芦刈政治監修　三重町古文書を読む会解読　三重町(大分県)　三重町立図書館　2002.3　39p　26cm　Ⓝ322.1995　〔06311〕

◇各近例　下　深田忠慶著　芦刈政治監修　三重町古文書を読む会解読　三重町(大分県)　三重町立図書館　2001.3　p321-620　26cm　Ⓝ322.1995　〔06312〕

◇鳥羽藩の五人組帳—社会同和教育啓発資料　鳥羽　鳥羽市教育委員会社会教育課　1998　78p　26cm　Ⓝ322.15　〔06313〕

◇内藤家文書増補・追加目録—陸奥国磐城平藩・日向国延岡藩　明治大学所蔵　1　内藤忠興書状　明治大学刑事博物館編　明治大学刑事博物館　1992.3　49p　26cm　Ⓝ322.1926　〔06314〕

◇内藤家文書増補・追加目録—陸奥国磐城平藩・日向国延岡藩　明治大学所蔵　2　老中等奉書　1　明治大学刑事博物館編　明治大学刑事博物館　1992.3　41p　26cm　Ⓝ322.1926　〔06315〕

◇内藤家文書増補・追加目録—陸奥国磐城平藩・日向国延岡藩　明治大学所蔵　3　老中等奉書　2　明治大学刑事博物館編　明治大学刑事博物館　1993.3　33p　26cm　Ⓝ322.1926　〔06316〕

◇内藤家文書増補・追加目録—陸奥国磐城平藩・日向国延岡藩　明治大学所蔵　4　老中等奉書　3　明治大学刑事博物館編　明治大学刑事博物館　1994.3　75p　26cm　Ⓝ322.1926　〔06317〕

◇内藤家文書増補・追加目録—陸奥国磐城平藩・日向国延岡藩　明治大学所蔵　5　内藤政道氏寄贈書　明治大学刑事博物館編　明治大学刑事博物館　1994.12　30p　図版7枚　26cm　Ⓝ322.1926　〔06318〕

◇内藤家文書増補・追加目録—陸奥国磐城平藩・日向国延岡藩　6　内藤家文書筆写史料目録　明治大学刑事博物館編　明治大学刑事博物館　1998.3　51p　26cm　Ⓝ322.1926　〔06319〕

◇内藤家文書増補・追加目録—陸奥国磐城平藩・日向国延岡藩　7　内藤家文書江戸幕府日記目録　明治大学刑事博物館編　明治大学刑事博物館　1998.10　35p　26cm　Ⓝ322.1926　〔06320〕

◇長崎奉行所分類雑載　長崎県立長崎図書館編　長崎　長崎県立長崎図書館　2005.3　341p　22cm　(長崎県立長崎図書館郷土史料叢書　5)Ⓝ322.15　〔06321〕

◇長崎奉行の研究　鈴木康子著　京都　思文閣出版　2007.3　386,21p　図版2p　22cm　6200円　①978-4-7842-1339-9　Ⓝ322.15　〔06322〕

◇日本近世の法と民衆　黒瀧十二郎著　高科書店　1994.3　456,4,12p　21cm　9785円　〔06323〕

◇萩藩近世前期主要法制史料集—大記録・編年細目次　山口県史史料編近世2別冊目録　山口県編　山口　山口県　2005.3　182,41p　21cm　Ⓝ322.1977　〔06324〕

◇萩藩戸籍制度と戸口統計　石川敦彦著　山口　石川敦彦　2005.12　188p　26cm　Ⓝ322.1977　〔06325〕

◇播磨国村々申渡法度書　脇坂俊夫影印解読・著作　西脇　脇坂俊夫　2007.1　30丁　25cm　(脇坂文庫　14)Ⓝ322.1964　〔06326〕

◇肥後藩の庶民事件録—日本近代自由刑の誕生　鎌田浩著　熊本　熊本日日新聞社　2000.11　201p　18cm　(熊日新書)952円　①4-87755-079-8　Ⓝ322.1994　〔06327〕

◇評定所勤方手控　仙台　東北大学法学部法政資料調査室　1998.3　62p　26cm　(東北大学法学部法政資料調査室研究資料　28—仙台藩法制史料　第6)Ⓝ322.15　〔06328〕

◇部寄頭書　仙台　東北大学法学部法政資料調査室　1997.3　35p　26cm　(東北大学法学部法政資料調査室研究資料　27—仙台藩法制史料　第5)Ⓝ322.15　〔06329〕

◇宝暦四戌年徳島藩役人帳　宮本武史編　徳島　徳島藩士譜刊行会　1996.10　28p　21cm　Ⓝ322.1981　〔06330〕

◇松江藩郡奉行所文書調査目録—島根県立図書館所蔵　上巻　国文学研究資料館史料館,島根県立図書館編　松江　島根県立図書館　2001.3　275p　30cm　Ⓝ322.15　〔06331〕

◇松江藩郡奉行所文書調査目録—島根県立図書館所蔵　下巻　国文学研究資料館史料館,島根県立図書館編　松江　島根県立図書館　2002.3　285p　30cm　Ⓝ322.15　〔06332〕

◆◆藩法

◇会津藩御法度書—解読書　秋月一江編　会津若松　歴史春秋出版　1995.7　236p　27cm　4000円　①4-89757-085-9　Ⓝ322.1926　〔06333〕

◇池田光政の傾城・歌舞音曲法度—付・日本古代の歌垣に似た南方地域の婚姻習俗　荒木祐臣著　岡山　荒木祐臣　1973　59,23p　21cm　Ⓝ322.19　〔06334〕

◇岩国藩の法令集　2　在方箇条　岩国　岩国徴古館　1976　103p　21cm　Ⓝ322.19　〔06335〕

◇雲藩職制　正井儀之丞, 早川仲編　歴史図書社　1979.7　164,280p　20cm　6800円　Ⓝ322.19　〔06336〕

◇小田原衆所領役帳—永禄二年　江戸廻り葛西分抄　佐藤如天註, 礒部鎮雄補註　江戸町名俚俗研究会　1968　28,8p　21cm　非売　Ⓝ322.19　〔06337〕

◇小田原衆所領役帳　杉山博校訂　近藤出版社　1969　268,17p　19cm　(日本史料選書)980円　Ⓝ322.19　〔06338〕

◇尾張藩公法史の研究　林董一著　日本学術振興会　1962　883,22p　地　22cm　Ⓝ322.19　〔06339〕

◇尾張藩の給知制　林董一著　名古屋　一条社　1957　296p　21cm　Ⓝ322.19　〔06340〕

◇海南政典　上　高知地方史研究会編　高知　高知市民図書館　1960　156p　26cm　Ⓝ322.19　〔06341〕

◇海南政典・海南律例の研究　石尾芳久著　京都　法律文化社　1967　274p　22cm　(学術選書)Ⓝ322.19　〔06342〕

◇海南政典の研究　石尾芳久著　吹田　関西大学東西学術研究所　1969　304p　22cm　(関西大学東西学術研究所研究刊　2)非売　Ⓝ322.19　〔06343〕

法制史　　　　　　　　　　　　　　近世史

◇加賀藩御定書　金沢　石川県図書館協会　1981.3　2冊　22cm　Ⓝ322.1943　〔06344〕
◇加賀藩法要資料　未刊資料複写会編　井波町(富山県)　未刊資料複写会　1968-1969　136冊　25cm　Ⓝ322.19　〔06345〕
◇加賀藩治要資料 郷代官御法覚帳並諸御用覚帳　第1　未刊資料複写会編　井波町(富山県)　未刊資料複写会　1968　1冊　25cm　Ⓝ322.19　〔06346〕
◇加賀藩治要資料 国主前田家之亀鑑　第2　未刊資料複写会編　井波町(富山県)　未刊資料複写会　1968　1冊　25cm　Ⓝ322.19　〔06347〕
◇加賀藩治要資料 国主前田家之亀鑑　第3　未刊資料複写会編　井波町(富山県)　未刊資料複写会　1968　1冊　25cm　Ⓝ322.19　〔06348〕
◇加賀藩治要資料 国主前田家之亀鑑　第4　未刊資料複写会編　井波町(富山県)　未刊資料複写会　1968　1冊　25cm　Ⓝ322.19　〔06349〕
◇駈入り農民史　阿部善雄著　至文堂　1965　276p　19cm　(日本歴史新書)Ⓝ322.19　〔06350〕
◇紀州藩農村法の研究　平山行三著　吉川弘文館　1972　277p　22cm　2000円　Ⓝ322.19　〔06351〕
◇熊本藩法制史料集　小林宏,高塩博編　創文社　1996.3　1303p　22cm　21630円　Ⓘ4-423-74073-7　Ⓝ322.1994　〔06352〕
◇久留米藩郡方下代豊田丈助公用見聞録　豊田丈助著,井上農夫解読　久留米　豊田三郎　1974　105p　25cm　Ⓝ322.19　〔06353〕
◇黒羽藩政史料 創垂可継　大関増業原編,栃木県那須郡黒羽町教育委員会編　柏書房　1968　1125p　22cm　Ⓝ322.19　〔06354〕
◇検見之事―豊後藩政史料　後藤重巳編　別府　後藤重巳　1971　40p　25cm　Ⓝ322.19　〔06355〕
◇憲章簿―土佐藩法制史料　第1巻 官掟編　高知県立図書館編　高知　高知県立図書館　1983.4　416p　22cm　5200円　Ⓝ322.1984　〔06356〕
◇憲章簿―土佐藩法制史料　第2巻 里正・浦方・山方・禽獣編　高知県立図書館編　高知　高知県立図書館　1984.1　562p　22cm　7400円　Ⓝ322.1984　〔06357〕
◇憲章簿―土佐藩法制史料　第3巻 殻泉・国産・御用銀編　高知県立図書館編　高知　高知県立図書館　1982.1　6,550p　22cm　5000円　Ⓝ322.1984　〔06358〕
◇憲章簿―土佐藩法制史料　第4巻 封疆・海禦・海衛・巡覧・通行・肝煎・手次編　高知県立図書館編　高知　高知県立図書館　1982.12　558p　22cm　5300円　Ⓝ322.1984　〔06359〕
◇憲章簿―土佐藩法制史料　第5巻 職人・商人・郷人・寺社・耶蘇・浪人・医師・遍路・盲人・穢多・牛馬編　高知県立図書館編　高知　高知県立図書館　1985.1　582p　22cm　8300円　Ⓝ322.1984　〔06360〕
◇憲章簿―土佐藩法制史料　第6巻 宣令・租税・御侍郷士諸奉公人類編　高知県立図書館編　高知　高知県立図書館　1986.1　414p　22cm　6000円　Ⓝ322.1984　〔06361〕
◇憲章簿―土佐藩法制史料　第7巻 田銀諸林米・雑集・版築・郵駅・(付)曠時録編　高知県立図書館編　高知　高知県立図書館　1986.12　413p　22cm　5700円　Ⓝ322.1984　〔06362〕
◇憲法記　第1-4冊　水戸市史編纂委員会編　水戸　水戸市史編纂委員会　1965　3冊　22cm　Ⓝ322.19　〔06363〕
◇甲州法制史　第1巻　林貞夫著,甲州法制史編纂会編　甲陽書房　1958　261p　22cm　Ⓝ322.19　〔06364〕

◇御繪約御触書留メ―天保13年寅丑月留メ書　象潟屋新蔵編　函館　市立函館図書館　1973　1冊　25cm　(市立函館図書館郷土資料複製叢書 24)Ⓝ322.19　〔06365〕
◇御繪約御法改革并ニ御触書留メ扣―天保14年卯五月中旬より　象潟屋新蔵編　函館　市立函館図書館　1973　1冊　25cm　(市立函館図書館郷土資料複製叢書 25)非売品　Ⓝ322.19　〔06366〕
◇佐渡兵制史話　橘正隆著　赤泊村(新潟県)　橘正隆　1942.7　68p　18cm　Ⓝ322.19　〔06367〕
◇仕官格義弁　春日行清著,須藤敏夫校訂　国学院大学消費生活協同組合　1970　36p　25cm　Ⓝ322.15　〔06368〕
◇十村役 金子家古文書抄　砺波市史編纂委員会編　謄写版　砺波　1961　72p　25cm　Ⓝ322.19　〔06369〕
◇正宝事録　第1-3巻　近世史料研究会編　日本学術振興会　1964-1966　3冊　22cm　Ⓝ322.15　〔06370〕
◇人員惣計調書類　八王子　谷津十九一　1975　13丁　25cm　Ⓝ322.19　〔06371〕
◇新編江戸時代漫筆　上　石井良助著　朝日新聞社　1979.2　328p　19cm　(朝日選書 130)940円　Ⓝ322.15　〔06372〕
◇新編江戸時代漫筆　下　石井良助著　朝日新聞社　1979.3　281p　19cm　(朝日選書 131)860円　Ⓝ322.15　〔06373〕
◇仙台藩法令集―仮題　仙台　東北大学法学部法政資料調査室　1999.3　48p　26cm　(東北大学法学部法政資料調査室研究資料 29―仙台藩法制史料 第7)Ⓝ322.19　〔06374〕
◇相馬藩刑法万覚　吉田幸雄校訂・校注　出版地不明　続群書類従完成会(製作・発売)　2006.6　178p　22cm　6500円　Ⓘ4-7971-0747-2　Ⓝ322.1926　〔06375〕
◇続江戸時代漫筆 江戸の遊女その他　石井良助著　井上書房　1961　328p　19cm　Ⓝ322.15　〔06376〕
◇続沖縄旧法制史料集成　第1巻 聞得大君御新下日記　崎浜秀明編　崎浜秀明　1973　148p　25cm　Ⓝ322.19　〔06377〕
◇続沖縄旧法制史料集成　第2巻 女官御双紙・服制　崎浜秀明編　崎浜秀明　1978.9　131p　25cm　Ⓝ322.19　〔06378〕
◇「村法」より見たる 江戸時代の農民生活―山形県・上山市・蔵高松村「定」について　木村博,荒井貴次郎著　伊東　猪山文庫　1967　45p　22cm　(猪山叢書 別冊)Ⓝ322.19　〔06379〕
◇高松藩御令条之内書抜　上巻　香川県立文書館,香川県立文書館・文書館管理財団編　高松　香川県立文書館　1998.3　250p　22cm　(香川県立文書館史料集 1)Ⓝ322.15　〔06380〕
◇高松藩御令条之内書抜　下巻　香川県立文書館,香川県立文書館・文書館管理財団編　高松　香川県立文書館　1999.3　336p　22cm　(香川県立文書館史料集 2)Ⓝ322.15　〔06381〕
◇丹後田辺藩裁判資料　綾部市立図書館編　綾部　1957　18p　25cm　(郷土史資料 第1輯)Ⓝ322.15　〔06382〕
◇地方支配機構と法　服藤弘司著　創文社　1987.1　1147,54p　22cm　(幕藩体制国家の法と権力 6)15000円　Ⓝ322.15　〔06383〕
◇地方凡例録　上巻　大石久敬原著,大石信敬補訂,大石慎三郎校訂　近藤出版社　1969　345p　19cm　(日本史料選書 1)1500円　Ⓝ322.15　〔06384〕
◇対馬藩に於ける奴婢制成立の研究　安河内博著　福岡　九州大学文学部国史研究室　1953　194p　19cm　(九

◇州史学叢書)Ⓝ322.19　　　　　　〔06385〕
◇徳川幕府県治要略　安藤博編　柏書房　1981.6　494,11p　19cm　2800円　Ⓝ322.15　〔06386〕
◇徳川幕府 県治要略　安藤博編　青蛙房　1965　419p　22cm　（青蛙選書 6)Ⓝ322.15　〔06387〕
◇徳川幕府と中国法　奥野彦六著　創文社　1979.9　175p　22cm　3000円　Ⓝ322.15　〔06388〕
◇徳島藩職制取調書抜　上　国立史料館編　東京大学出版会　1983.3　35,333p　22cm　（史料館叢書 5)Ⓝ322.1981　〔06389〕
◇徳島藩職制取調書抜　下　国立史料館編　東京大学出版会　1984.3　p335〜616,102p　22cm　（史料館叢書 6）①4-13-092806-6　Ⓝ322.1981　〔06390〕
◇土佐藩元禄大定目の法制史的研究　庄野隆著　東海大学出版会　1990.2　330p　22cm　6695円　Ⓝ322.15　〔06391〕
◇土佐藩の法制　矢野城楼著　高知　矢野城楼　1974.1　394,13p　22cm　Ⓝ322.19　〔06392〕
◇土佐藩法制史　吉永豊美著　いずみ出版　1974　405p　22cm　3500円　Ⓝ322.19　〔06393〕
◇鳥羽藩禄高帳―明治三庚午年十二月改正　鳥羽　鳥羽郷土資料刊行会　1975　100p　18×26cm　Ⓝ322.19　〔06394〕
◇中川善之助寄贈文書　上　学習院大学史料館　1978.3　257p　21cm　（学習院大学史料館所蔵資料目録 第3号)Ⓝ322.15　〔06395〕
◇中川善之助寄贈文書　中　学習院大学史料館　1979.3　232p　21cm　（学習院大学史料館所蔵資料目録 第4号)Ⓝ322.15　〔06396〕
◇中川善之助寄贈文書　下　学習院大学史料館　1980.3　234p　21cm　（学習院大学史料館所蔵資料目録 第5号)Ⓝ322.15　〔06397〕
◇南部藩『文化律』徒党条について　1　熊林実著　盛岡〔熊林実〕1981　23p　26cm　Ⓝ322.15　〔06398〕
◇二条陣屋の研究　滝川政次郎等著　早稲田大学比較法研究所　1962　294p　21cm　（早稲田大学比較法研究所叢書 3)Ⓝ322.15　〔06399〕
◇日光山近世法制史料　第1　柴田豊久著　日光　日光東照宮社務所　1952　72丁　26cm　和　（日光山史料)Ⓝ322.19　〔06400〕
◇萩藩四冊御書附　山口県文書館編　山口　山口県立山口図書館　1962　103p　22cm　Ⓝ322.19　〔06401〕
◇幕府法と藩法　服藤弘司著　創文社　1980.2　660,43p　22cm　（幕藩体制国家の法と権力 1)8500円　Ⓝ322.15　〔06402〕
◇幕末維新土佐藩・高知藩法制の研究　矢野城楼著　高知　高知市民図書館　1980.11　286,8p　22cm　3800円　Ⓝ322.1984　〔06403〕
◇羽地仕置―校註　東恩納寛惇著　興南社　1952　116p　21cm　Ⓝ322.19　〔06404〕
◇旗本　新見吉治著　吉川弘文館　1967　402,10p　20cm　（日本歴史叢書 16)Ⓝ322.15　〔06405〕
◇八戸藩法制史料　工藤祐董編　創文社　1991.2　710p　22cm　15450円　①4-423-74070-2　Ⓝ322.1921　〔06406〕
◇藩制成立史の綜合研究―米沢藩　藩政史研究会編　吉川弘文館　1963　839p　図版 表 地　22cm　Ⓝ322.19　〔06407〕
◇藩屏年表・諸侯年表　内務省地理局編纂　柏書房　1984.7　9冊　31cm　120000円　Ⓝ322.15　〔06408〕

◇藩法集　第1　岡山藩　藩法研究会編　創文社　1959　22cm　Ⓝ322.15　〔06409〕
◇藩法集　第2　鳥取藩　藩法研究会編　創文社　1961　587p　22cm　Ⓝ322.15　〔06410〕
◇藩法集　第3　徳島藩　藩法研究会編　創文社　1962　1079p　22cm　Ⓝ322.15　〔06411〕
◇藩法集　第4　金沢藩　藩法研究会編　創文社　1963　1034p　22cm　Ⓝ322.15　〔06412〕
◇藩法集　第5　諸藩　藩法研究会編　創文社　1964　988p　22cm　Ⓝ322.15　〔06413〕
◇藩法集　第6　続金沢藩　藩法研究会編　創文社　1966　22cm　Ⓝ322.15　〔06414〕
◇藩法集　第7　熊本藩　藩法研究会編　創文社　1966　22cm　Ⓝ322.15　〔06415〕
◇藩法集　第8　鹿児島藩　上　藩法研究会編　創文社　1969　955p　22cm　7000円　Ⓝ322.15　〔06416〕
◇藩法集　10　続鳥取藩　藩法研究会編　創文社　1972　1709p　20cm　15000円　Ⓝ322.15　〔06417〕
◇藩法集　12　続諸藩　藩法研究会編　創文社　1975　853p　22cm　12000円　Ⓝ322.15　〔06418〕
◇藩法集　第8の下　鹿児島藩　下　藩法研究会編　創文社　1969　1083p　22cm　8000円　Ⓝ322.15　〔06419〕
◇藩法集　第9の上　盛岡藩　上　藩法研究会編　創文社　1970　928p　22cm　8000円　Ⓝ322.15　〔06420〕
◇藩法集　9の下　盛岡藩　下　藩法研究会編　創文社　1971　1032p　22cm　Ⓝ322.15　〔06421〕
◇藩法史料集成　京都大学日本法史研究会編　創文社　1980.2　533p　22cm　7500円　Ⓝ322.15　〔06422〕
◇藩法史料叢書　1　佐野藩　藩法史料叢書刊行会編　坂本忠久編　創文社　2000.2　530p　22cm　12000円　①4-423-78051-8　Ⓝ322.15　〔06423〕
◇藩法史料叢書　2　金沢藩　藩法史料叢書刊行会編　服藤弘司編　創文社　2001.2　868p　22cm　16000円　①4-423-78052-6　Ⓝ322.15　〔06424〕
◇藩法史料叢書　3　仙台藩　上　藩法史料叢書刊行会編　吉田正志　創文社　2002.2　861p　22cm　18000円　①4-423-78053-4　Ⓝ322.15　〔06425〕
◇藩法史料叢書　4　磐城平藩・延岡藩　藩法史料叢書刊行会編　神崎直美編　創文社　2005.2　842p　22cm　19000円　①4-423-78054-2　Ⓝ322.15　〔06426〕
◇藩法史料叢書　5　仙台藩　下　藩法史料叢書刊行会編　吉田正志,畠山亮編　創文社　2007.2　898p　22cm　18000円　①978-4-423-78055-8　Ⓝ322.15　〔06427〕
◇日田県御触書写　高倉芳男翻刻　日田　日田市教育委員会　1968　162p　26cm　（日田郷土史料）非売　Ⓝ322.19　〔06428〕
◇平戸藩法令規式集成　山口麻太郎著　郷ノ浦町（長崎県）　壱岐郷土史料刊行会　1957　3冊　22cm　Ⓝ322.19　〔06429〕
◇広島藩の庄屋　永井弥六著　白木町（広島県）　永井弥六　1972　147p　22cm　Ⓝ322.19　〔06430〕
◇文化律　森ノブ校訂　盛岡　岩手県文化財愛護協会　1984.10　87p　19cm　Ⓝ322.1922　〔06431〕
◇牧民金鑑　荒井顕道編,滝川政次郎校訂　刀江書院　1969　2冊　22cm　各5000円　Ⓝ322.15　〔06432〕
◇松本藩の刑罰手続―藩領・預所の刑罰権と幕府法　藤井嘉雄著　豊科町（長野県）　山麓舎　1993.3　337p　22cm　9200円　Ⓝ322.15　〔06433〕
◇松山藩法令集　景浦勉校訂　近藤出版社　1978.9　420p

法制史　　　　　　　　　　　近世史

◇22cm 9500円　Ⓝ322.19　〔06434〕
◇三重県法制資料集纂　第4巻　近世法-桃山時代・江戸時代篇　武藤和夫著　津　三重大学法政研究会　1954　28cm　Ⓝ322.19　〔06435〕
◇水城金鑑　小宮山楓軒著　水戸　水戸市史編纂会　1965　38,46,40p　22cm　Ⓝ322.19　〔06436〕
◇皆沢村御用留帳　上　上山市史編さん委員会編　上山　上山市　1974　182p　21cm　（上山市史編集資料8）Ⓝ322.19　〔06437〕
◇明治大学所蔵　内藤家文書目録　明治大学図書館編　1965　656p　26cm　Ⓝ322.19　〔06438〕
◇米沢藩刑法　古城正佳著　専修大学出版局　2003.2　522p　22cm　6800円　Ⓘ4-88125-137-6　Ⓝ322.1925　〔06439〕
◇与良郷給人奉公帳─対馬藩郷士制度史料　中村正夫共編，梅野初平共編　福岡　九州大学出版会　1986.12　362p　22cm　5000円　Ⓘ4-87378-155-8　Ⓝ322.1993　〔06440〕

◆◆琉球の法制
◇沖縄旧法制史料集成　第1巻　琉球料律・糺明法条　崎浜秀明編　1964　233p　25cm　Ⓝ322.19　〔06441〕
◇沖縄旧法制史料集成　第2巻　崎浜秀明編　崎浜秀明　1966　173p　25cm　Ⓝ322.19　〔06442〕
◇沖縄旧法制史料集成　第3巻　崎浜秀明編　崎浜秀明　1967　209p　25cm　Ⓝ322.19　〔06443〕
◇沖縄旧法制史料集成　第4巻　崎浜秀明編　崎浜秀明　1968　223p　25cm　Ⓝ322.19　〔06444〕
◇沖縄旧法制史料集成　第5巻　崎浜秀明編　崎浜秀明　1971　277p　25cm　Ⓝ322.19　〔06445〕
◇沖縄の人事法制史　奥野彦六郎著　至言社　1977.11　590.15p　22cm　7800円　Ⓝ322.19　〔06446〕
◇沖縄の法典と判例集　崎浜秀明編　本邦書籍　1986.1　579p　22cm　8000円　Ⓝ322.1999　〔06447〕
◇御教条　蔡温ほか編　那覇　沖縄県立図書館　1982.3　1冊　26cm　（沖縄県立図書館資料叢書　第3巻）Ⓝ322.1999　〔06448〕
◇南島村内法─民の法の構成素因・目標・積層　奥野彦六郎著　至言社　1977.8　407,9p　22cm　4800円　Ⓝ322.19　〔06449〕
◇琉球科律　宮城栄昌編および校訂　吉川弘文館　1965　226p　22cm　Ⓝ322.19　〔06450〕

◆司法
◇江戸ばなし　第5巻　捕物の世界，泥坊づくし　三田村鳶魚著　限定版　青蛙房　1966　315,307p　20cm　Ⓝ210.5　〔06451〕
◇鬼平を歩く　毎日ムック・アミューズ編　西尾忠久監修　光文社　2002.11　224p　15cm　（知恵の森文庫）838円　Ⓘ4-334-78196-9　〔06452〕
◇鬼平と出世─旗本たちの昇進競争　山本博文著　黒鉄ヒロシ絵　講談社　2002.5　236p　18cm　（講談社現代新書）680円　Ⓘ4-06-149607-7　〔06453〕
◇「鬼平」の江戸　今川徳三著　教育書籍　1995.3　295p　20cm　1800円　Ⓘ4-317-60083-8　Ⓝ289.1　〔06454〕
◇鬼平・長谷川平蔵の生涯　重松一義著　新人物往来社　1999.3　271p　19cm　2800円　Ⓘ4-404-02671-4　〔06455〕
◇虚像の英雄─判官と岡っ引　戸部新十郎著　日本書籍　1978.12　226p　19cm　880円　Ⓝ210.5　〔06456〕

◇校訂　江戸時代制度の研究　松平太郎著，進士慶幹校訂　限定版　柏書房　1964　756p　22cm　Ⓝ322.15　〔06457〕
◇校訂　江戸時代制度の研究　松平太郎著，進士慶幹校訂　普及版　柏書房　1965　756p　22cm　Ⓝ322.15　〔06458〕
◇国治誠秘書　名古屋　名古屋控訴院　1935.4　72p　23cm　（司法資料　第16号）Ⓝ322.15　〔06459〕
◇御条目　若木近世史研究会編　補訂再版　国学院大学消費生活協同組合　1970　72p　21cm　Ⓝ322.15　〔06460〕
◇御条目　須藤敏夫編　白帝社　1987.3　97p　22cm　3200円　Ⓝ322.15　〔06461〕
◇再現日本史─週刊time travel　江戸2 10　講談社　2003.3　42p　30cm　533円　Ⓝ210.1　〔06462〕
◇司法資料　第187,192号　徳川時代民事慣例集　人事ノ部,動産ノ部　司法省調査課編　司法省調査課　1934-1935　2冊　22cm　Ⓝ320　〔06463〕
◇司法資料　第216号　徳川時代民事慣例集　訴訟ノ部　司法大臣官房調査課編　司法省調査課　1936　208p　22cm　Ⓝ320　〔06464〕
◇司法資料　第221号　徳川時代裁判事例　刑事ノ部　司法大臣官房調査課編　司法省調査課　1936　1006p　22cm　Ⓝ320　〔06465〕
◇司法資料　第273号　徳川時代裁判事例　刑事ノ部　続　司法省調査部　1942　592p　21cm　Ⓝ320　〔06466〕
◇図説江戸　8　大江戸捕物帳　秋山忠弥監修　学習研究社　2003.12　112p　24×19cm　（GAKKEN GRAPHIC BOOKS DELUXE 34）1600円　Ⓘ4-05-402264-2　〔06467〕
◇図説江戸の司法・警察事典　笹間良彦著　柏書房　1980.10　294p　27cm　6800円　Ⓝ322.15　〔06468〕
◇徳川時代警察沿革誌　内務省警保局編　国書刊行会　1972　2冊　22cm　12000円　Ⓝ322.15　〔06469〕
◇土地所有と身分─近世の法と裁判　後藤正人著　京都　法律文化社　1995.5　295,12p　22cm　3296円　Ⓘ4-589-01884-5　Ⓝ322.15　〔06470〕
◇捕物コレクション　野々山勝美著　刈谷　[野々山勝美]　2003.8　92p　30cm　Ⓝ322.15　〔06471〕
◇捕物の世界　三田村鳶魚著　青蛙房　1957　315p　19cm　（江戸ばなし　第8冊）Ⓝ210.5M533t　〔06472〕
◇捕物の世界　1　今戸栄一編　日本放送出版協会　1983.5　267p　20cm　（目で見る日本風俗誌 3）1700円　Ⓘ4-14-004029-7　Ⓝ322.15　〔06473〕
◇捕物の世界　2　今戸栄一編　日本放送出版協会　1983.5　282p　20cm　（目で見る日本風俗誌 4）1700円　Ⓘ4-14-004030-0　Ⓝ322.15　〔06474〕
◇捕物の世界　3　今戸栄一編　日本放送出版協会　1986.6　238p　20cm　（目で見る日本風俗誌 8）2500円　Ⓘ4-14-004034-3　Ⓝ322.15　〔06475〕
◇捕物の話　三田村鳶魚著　早稲田大学出版部　1934　460p　19cm　（江戸叢書　第4）Ⓝ210.5　〔06476〕
◇捕物の話　三田村鳶魚著　朝倉治彦編　中央公論社　1996.9　420p　16cm　（中公文庫─鳶魚江戸文庫1）780円　Ⓘ4-12-202699-7　Ⓝ382.1　〔06477〕
◇日光の司法─御仕置と公事宿　竹末広美著　宇都宮　随想舎　2001.4　158p　18cm　（ずいそうしゃ新書）1000円　Ⓘ4-88748-054-7　Ⓝ322.15　〔06478〕
◇長谷川平蔵仕置帳　今川徳三著　中央公論新社　2001.1　208p　15cm　（中公文庫）552円　Ⓘ4-12-203773-5

◇藩制一覧　第2　日本史籍協会編　東京大学出版会　1967　489p　22cm　(日本史籍協会叢書 第174) ⓃⒸ322.16 〔06480〕
◇火付盗賊改 長谷川平蔵99の謎　楠木誠一郎著　二見書房　1994.12　250p　15cm　(二見文庫—二見WAiWAi文庫) 500円　①4-576-94185-2 〔06481〕
◇三田村鳶魚全集　第13巻　中央公論社　1975　384p　20cm　1800円　Ⓝ210.5 〔06482〕

◆◆奉行所
◇青山秘録　本間修平編　創文社　2002.2　476p　22cm　(問答集 6) 11000円　①4-423-78006-2　Ⓝ322.15 〔06483〕
◇白井家文書　第1巻　横須賀史学研究会編　横須賀　横須賀史学研究会　1995.11　299p　26cm　(浦賀奉行所関係史料) 3500円　Ⓝ322.15 〔06484〕
◇白井家文書　第2巻　横須賀史学研究会編　新訂　横須賀　横須賀史学研究会　1997.1　304p　26cm　(浦賀奉行所関係史料) Ⓝ322.15 〔06485〕
◇白井家文書　第3巻　横須賀史学研究会編　新訂　横須賀　横須賀史学研究会　1998.2　314p　26cm　(浦賀奉行所関係史料) Ⓝ322.15 〔06486〕
◇白井家文書　第4巻　横須賀史学研究会編　新訂　横須賀　横須賀史学研究会　1999.7　302p　26cm　(浦賀奉行所関係史料) Ⓝ322.15 〔06487〕
◇白井家文書　第5巻　浦賀古文書研究会編　新訂　横須賀　浦賀古文書研究会　2007.8　239,24p　26cm　(浦賀奉行所関係史料) Ⓝ322.15 〔06488〕
◇浦賀奉行　高橋恭一著　學藝書林　1976.8　237p　20cm　1300円　Ⓝ322.15 〔06489〕
◇浦賀奉行史　高橋恭一著　名著出版　1974　1132p　22cm　8700円　Ⓝ322.15 〔06490〕
◇浦賀奉行所関係史料　第1集 上巻　白井家文書　横須賀史学研究会編　横須賀　横須賀市図書館　1967　561p　27cm 〔06491〕
◇浦賀奉行所関係史料　第1-2集　横須賀史学研究会編　横須賀　横須賀市図書館　1967-1969　3冊　26cm　Ⓝ322.15 〔06492〕
◇浦賀奉行所関係史料　第1集 下巻　白井家文書　横須賀史学研究会編　米子　たたら書房　1968　570p　27cm 〔06493〕
◇江戸時代奉行職事典　川口謙二ほか著　東京美術　1983.8　195p　19cm　(東京美術選書 33) 1200円　①4-8087-0139-1　Ⓝ322.15 〔06494〕
◇江戸時代漫筆　第1　江戸の町奉行—その他　石井良助著　自治日報社出版局　1971　286,9p　19cm　680円　Ⓝ322.15 〔06495〕
◇江戸時代漫筆　第1　江戸の町奉行　石井良助著　明石書店　1989.11　286,9p　20cm　1860円　Ⓝ322.15 〔06496〕
◇江戸時代漫筆 江戸の町奉行その他　石井良助著　井上書房　1959　286p　19cm　Ⓝ322.15 〔06497〕
◇江戸の町奉行—第一江戸時代漫筆　石井良助著　明石書店　1989.11　286,9p　20cm　1806円　Ⓝ322.15 〔06498〕
◇江戸の町奉行　南和男著　吉川弘文館　2005.7　220p　19cm　(歴史文化ライブラリー) 1700円　①4-642-05593-2 〔06499〕
◇江戸の町奉行　南和男著　吉川弘文館　2005.7　220p　19cm　(歴史文化ライブラリー 193) 1700円　①4-642-05593-2　Ⓝ322.15 〔06500〕
◇江戸町奉行—支配のシステム　佐藤友之著　三一書房　1998.2　245p　18cm　(三一新書) 850円　①4-380-98003-0　Ⓝ322.15 〔06501〕
◇江戸町奉行　横倉辰次著　雄山閣　2003.11　238p　19cm　(江戸時代選書 6) 2000円　①4-639-01805-3 〔06502〕
◇江戸町奉行事蹟問答　佐久間長敬著,南和男校注　人物往来社　1967　308p 図版 表　20cm　Ⓝ322.15 〔06503〕
◇江戸町奉行事蹟問答　佐久間長敬著　南和男校注　東洋書院　1967.3(第2刷：2000.12)　308p　22cm　3800円　①4-88594-299-3 〔06504〕
◇江戸町奉行所物語　堤淳一著　〔堤淳一〕　1996.8　109p　19cm　非売品　Ⓝ322.15 〔06505〕
◇大江戸裁判事情　戸部新十郎著　廣済堂出版　1998.8　249p　16cm　(廣済堂文庫) 495円　①4-331-65264-5　Ⓝ210.5 〔06506〕
◇大阪の町奉行所と裁判　春原源太郎著　富山房　1962　241p　19cm　Ⓝ322.15 〔06507〕
◇大坂町奉行吟味伺書　大阪市史編纂所編　大阪　大阪市史料調査会　1991.11　116p　21cm　(大阪市史史料 第33輯) Ⓝ322.15 〔06508〕
◇大坂町奉行所異聞　渡辺忠司著　大阪　東方出版　2006.5　236p　19cm　2800円　①4-86249-006-9 〔06509〕
◇大坂町奉行所異聞　渡辺忠司著　大阪　東方出版　2006.5　236p　20cm　2800円　①4-86249-006-9　Ⓝ322.15 〔06510〕
◇大坂町奉行所旧記　上　大阪市史編纂所編　大阪　大阪市史料調査会　1994.6　149p　21cm　(大阪市史史料 第41輯) Ⓝ322.15 〔06511〕
◇大坂町奉行所旧記　下　大阪市史編纂所編　大阪　大阪市史料調査会　1994.8　150p　21cm　(大阪市史史料 第42輯) Ⓝ322.15 〔06512〕
◇大坂町奉行所与力・同心勤方記録　大阪市史編纂所編　大阪　大阪市史料調査会　1995.4　139p　21cm　(大阪市史史料 第43輯) Ⓝ322.15 〔06513〕
◇大坂町奉行所与力留書・覚書拾遺　大阪市史編纂所編　大阪　大阪市史料調査会　1996.3　126p　21cm　(大阪市史史料 第47輯) Ⓝ322.15 〔06514〕
◇大坂町奉行と支配所・支配国　渡辺忠司著　大阪　東方出版　2005.3　242p　20cm　2800円　①4-88591-926-6　Ⓝ322.15 〔06515〕
◇御客屋日記—萩町奉行羽仁右衛門幸統公務日記　萩市郷土博物館編　萩　萩市郷土博物館　1994.3　61p　21cm　(萩市郷土博物館叢書 第3集) Ⓝ322.15 〔06516〕
◇神奈川奉行所職員録—開港当時の役人たち　横浜郷土研究会編　横浜　横浜郷土研究会　1997.3　158p　26cm　(よこれき双書 第16巻) Ⓝ322.15 〔06517〕
◇京都御役所向大概覚書　校訂：岡田信子等　大阪　清文堂出版　1973　2冊　22cm　(清文堂史料叢書 第5-6刊)　全12000円　Ⓝ210.5 〔06518〕
◇京都・名奉行の歴史読本—徳川安泰の鍵を握る7つの事件帳 知られざる江戸時代史　檜谷昭彦著　青春出版社　1998.2　217p　18cm　(プレイブックス) 810円　①4-413-01702-1　Ⓝ210.52 〔06519〕
◇考証「江戸町奉行」の世界　稲垣史生著　新人物往来社　1997.3　356p　22cm　(江戸時代考証叢書) 5150円　①4-404-02486-X　Ⓝ322.15 〔06520〕
◇三聴秘録　大平祐一編　創文社　2001.2　564p　22cm　(問答集 5) 13000円　①4-423-78005-4　Ⓝ322.15 〔06521〕

法制史　　　　　　　　　　　　　　近世史

◇三秘集・公裁集　吉田正志編　創文社　2000.2　540p　22cm　（問答集 4）13000円　Ⓘ4-423-78004-6　Ⓝ322.15
〔06522〕

◇三奉行問答　服藤弘司編　創文社　1997.9　943p　23cm　（問答集 1）21000円　Ⓘ4-423-78001-1　Ⓝ322.15
〔06523〕

◇時宜指令・三奉行伺附札　藪利和編　創文社　1998.2　471p　23cm　（問答集 2）12000円　Ⓘ4-423-78002-X　Ⓝ322.15
〔06524〕

◇実説・遠山の金さん—名町奉行 遠山左衛門尉景元の生涯　大川内洋士著　近代文芸社　1996.8　253p　19cm　1800円　Ⓘ4-7733-5731-2
〔06525〕

◇十手・捕縄事典—江戸町奉行所の装備と逮捕術　名和弓雄著　雄山閣出版　1996.2　44,32,262p　21cm　5974円　Ⓘ4-639-01339-6　Ⓝ322.15
〔06526〕

◇諸例撰要・諸家秘聞集　工藤祐董編　創文社　1999.2　663p　22cm　（問答集 3）13000円　Ⓘ4-423-78003-8　Ⓝ322.15
〔06527〕

◇図説・江戸町奉行所事典　笹間良彦著　柏書房　1991.1　294p　22cm　3800円　Ⓘ4-7601-0605-7　Ⓝ322.15
〔06528〕

◇図説・江戸町奉行所事典　笹間良彦著　普及版　柏書房　2004.2　294p　22cm　3800円　Ⓘ4-7601-2494-2　Ⓝ322.15
〔06529〕

◇津山町奉行　渡部武著　津山　広陽本社　1981.10　199p　21cm　2200円　Ⓝ322.15
〔06530〕

◇遠山金四郎—物語と史蹟をたずねて　童門冬二著　成美堂出版　1982.8　206p　19cm　900円　Ⓘ4-415-06547-3　Ⓝ289.1
〔06531〕

◇遠山金四郎—物語と史蹟をたずねて　童門冬二著　成美堂出版　1995.8　308p　16cm　（成美文庫）560円　Ⓘ4-415-06425-6　Ⓝ289.1
〔06532〕

◇内閣文庫所蔵史籍叢刊　10　尹台秘録　50巻　草加定環編　汲古書院　1981.10　5,313p　27cm　5600円　Ⓝ210.088
〔06533〕

◇長崎奉行—江戸幕府の耳と目　外山幹夫著　中央公論社　1988.12　215p　18cm　（中公新書 905）560円　Ⓘ4-12-100905-3　Ⓝ210.5
〔06534〕

◇長崎奉行所関係文書調査報告書　長崎　長崎県教育委員会　1997.3　264p　30cm　（長崎県文化財調査報告書 第131集）Ⓝ322.15
〔06535〕

◇長崎奉行所分類雑載　長崎県立長崎図書館編　長崎　長崎県立長崎図書館　2005.3　341p　22cm　（長崎県立長崎図書館郷土史料叢書 5）Ⓝ322.15
〔06536〕

◇奈良奉行所記録　大宮守友編著　大阪　清文堂出版　1995.12　595p　22cm　（清文堂史料叢書 第75刊）14420円　Ⓘ4-7924-0414-2　Ⓝ322.15
〔06537〕

◇町奉行　稲垣史生著　人物往来社　1964　358p　20cm　Ⓝ322.15
〔06538〕

◇町奉行を考証する　稲垣史生著　旺文社　1985.5　343p　16cm　（旺文社文庫）460円　Ⓘ4-01-061377-7　Ⓝ322.15
〔06539〕

◆◆代官

◇天草鈴木代官の歴史検証—切腹と石半減その真実 重成公歿三百五十年了記念研究　鶴田文史編著　本渡　天草民報社　2006.2　178p　26cm　1500円　Ⓝ289.1
〔06540〕

◇伊奈忠次文書集成　和泉清司編　文献出版　1981.8　373p　22cm　7800円　Ⓝ210.52
〔06541〕

◇江戸時代代官制度の研究—生野代官を中心として観た　石川準吉著　日本学術振興会　1963　937p　22cm　Ⓝ322.15
〔06542〕

◇江戸の十手コレクション　2　井出正信編著　里文出版　2004.6　100p　21×22cm　3000円　Ⓘ4-89806-211-3　Ⓝ756
〔06543〕

◇江戸の転勤族—代官所手代の世界　高橋章則著　平凡社　2007.7　268p　20cm　（平凡社選書 228）2600円　Ⓘ978-4-582-84228-9　Ⓝ210.5
〔06544〕

◇江戸幕府郡代代官史料集　村上直校訂　近藤出版社　1981.4　457p　20cm　（日本史料選書 21）4500円　Ⓝ210.5
〔06545〕

◇江戸幕府代官頭文書集成　和泉清司編著　文献出版　1999.2　1104,48p　22cm　28000円　Ⓘ4-8305-1212-1　Ⓝ210.52
〔06546〕

◇江戸幕府代官史料—県令集覧　村上直,荒川秀俊編　吉川弘文館　1975　451,5p　22cm　7000円　Ⓝ322.15
〔06547〕

◇江戸幕府代官竹垣直清日記　寺田登校訂　新人物往来社　1988.2　405p　22cm　7500円　Ⓘ4-404-01487-2　Ⓝ210.55
〔06548〕

◇江戸幕府代官履歴辞典　西沢淳男編　岩田書院　2001.10　592p　22cm　9900円　Ⓘ4-87294-221-3　Ⓝ210.5
〔06549〕

◇江戸幕府の代官　村上直著　新人物往来社　1970　315p　20cm　980円　Ⓝ210.5
〔06550〕

◇江戸幕府の代官　村上直著　国書刊行会　1983.1　339p　20cm　3500円　Ⓝ210.5
〔06551〕

◇江戸幕府の代官—春季特別展　東京都大田区立郷土博物館編　大田区立郷土博物館　1996.5　87p　30cm　Ⓝ322.15
〔06552〕

◇江戸幕府の代官群像　村上直著　同成社　1997.1　245p　20cm　（同成社江戸時代史叢書 1）2300円　Ⓘ4-88621-139-9　Ⓝ210.5
〔06553〕

◇近江国幕府代官由緒帳—別冊　私立近江高等学校びわこ探究同好会編　彦根　〔私立近江高等学校びわこ探究同好会〕　1992.3　13p　26cm　Ⓝ210.5
〔06554〕

◇大坂代官竹垣直道日記　1　竹垣直道著　藪田貫編　松本望,内海寧子校訂　吹田　関西大学なにわ・大阪文化遺産学研究センター　2007.3　262p　21cm　（なにわ・大阪文化遺産学叢書 2）Ⓝ216.3
〔06555〕

◇お役人—代官、手付、手代たち　西沢淳男著　改訂版　飯島町（長野県）　飯島町歴史民俗資料館　2006.3　36p　21cm　（飯島陣屋ブックレット）Ⓝ322.15
〔06556〕

◇久世代官早川八郎左衛門—民政資料　花土文太郎編　岡山　花土文太郎　1912.5　133p　19cm　Ⓝ289.1
〔06557〕

◇激動を生きた代官の妻—民衆の幕末維新史—『大場美佐の日記』より　〔東京都〕世田谷区立郷土資料館　1988.10　36p　26cm　Ⓝ210.61
〔06558〕

◇皿山代官旧記覚書　池田史郎編　皿山代官旧記覚書刊行会　1966　521p　22cm　Ⓝ322.15
〔06559〕

◇皿山代官旧記覚書　その1-2　池田史郎編　佐賀県社会教育研究会高校部会　1961-1963　2冊　21cm　Ⓝ322.15
〔06560〕

◇鈴木重成とその周辺—天草を救った代官 鈴木重成公没後三五〇年記念事業特別展　本渡市立歴史民俗資料館編　本渡　本渡市立歴史民俗資料館　2003.10　137p　30cm　Ⓝ289.1
〔06561〕

◇代官塩谷大四郎　久米忠臣編　明石　宮園昌之　2006.3　460p　26cm　（久八叢書 11）非売品　Ⓝ289.1
〔06562〕

◇代官の日常生活―江戸の中間管理職　西沢淳男著　講談社　2004.11　246p　19cm　(講談社選書メチエ)1600円　①4-06-258314-3　〔06563〕
◇代官長谷川安左衛門尉利次公　中島惣左衛門著　長野県坂城町史蹟勝地保存会　1936　64p　23cm　Ⓝ215.2　〔06564〕
◇竹垣・岸本代官民政資料　村上直編　近藤出版　1971　162p　22cm　800円　Ⓝ210.5　〔06565〕
◇寺西代官治績集　金沢春友編　福島県東白川郡常豊村　常豊郷土史刊行会　1936　329p　20cm　Ⓝ212.6　〔06566〕
◇長崎代官記録集　上巻　森永種夫編　長崎　犯科帳刊行会　1968　369p　27cm　2000円　Ⓝ322.19　〔06567〕
◇長崎代官記録集　中巻　森永種夫編　限定版　長崎　犯科帳刊行会　1968　362p　27cm　Ⓝ322.19　〔06568〕
◇長崎代官手代控―金井八郎備考録　第1巻　金井八郎著,原田博二ほか校注　長崎　長崎文献社　1980.5　322p　22cm　8000円　Ⓝ322.15　〔06569〕
◇幕府の地域支配と代官　和泉清司著　同成社　2001.10　274p　20cm　(同成社江戸時代史叢書 11)3000円　①4-88621-231-X　Ⓝ210.5　〔06570〕
◇幕末の長崎―長崎代官の記録　森永種夫著　岩波書店　1966　199p　18cm　(岩波新書)Ⓝ322.15　〔06571〕
◇幕領陣屋と代官支配　西沢淳男著　岩田書院　1998.11　323,7p　22cm　(近世史研究叢書 4)7900円　①4-87294-129-2　Ⓝ210.5　〔06572〕
◇八州廻りと代官　今川徳三著　雄山閣　1974　240p　22cm　(雄山閣歴史選書)1800円　Ⓝ322.15　〔06573〕
◇早川代官　永山卯三郎著　岡山　岡山県教育会　1929　844p　23cm　Ⓝ217.5　〔06574〕
◇部類別考鑑　1　鳥栖市誌編纂委員会編　鳥栖　鳥栖市　2006.3　548p　26cm　(鳥栖市誌資料編 第9集)3000円　Ⓝ219.2　〔06575〕

◆◆役人
◇江戸時代 御目付の生活　寺島荘二著　雄山閣出版　1965　315p　22cm　Ⓝ322.15　〔06576〕
◇江戸時代役職事典　川口謙二ほか著　東京美術　1981.7　190p　19cm　(東京美術選書 27)980円　①4-8087-0018-2　Ⓝ210.5　〔06577〕
◇江戸時代役職事典　川口謙二ほか著　改訂新版　東京美術　1992.7　198p　19cm　(東京美術選書 27)1300円　①4-8087-0018-2　Ⓝ210.5　〔06578〕
◇江戸出訴への領主の対応―交代寄合高木家役人出府中御用日記　伊藤孝幸編著　広島　渓水社　2006.2　190p　21cm　(愛知学院大学文学会叢書 2)1800円　①4-87440-908-3　Ⓝ288.3　〔06579〕
◇江戸城御庭番―徳川将軍の耳と目　深井雅海著　中央公論社　1992.4　214p　18cm　(中公新書)620円　①4-12-101073-6　Ⓝ210.5　〔06580〕
◇江戸の町役人　吉原健一郎著　吉川弘文館　1980.10　200p　19cm　(江戸選書 4)1200円　Ⓝ210.5　〔06581〕
◇江戸の町役人　吉原健一郎著　復刊　吉川弘文館　2007.2　206p　19cm　(歴史文化セレクション)1700円　①978-4-642-06306-7　〔06582〕
◇江戸の役人事情―『よしの冊子』の世界　水谷三公著　筑摩書房　2000.6　237p　18cm　(ちくま新書)660円　①4-480-05851-6　Ⓝ210.5　〔06583〕
◇江戸幕府八王子千人同心　村上直編　雄山閣出版　1988.8　311p　22cm　3800円　①4-639-00740-X　Ⓝ210.5　〔06584〕
◇江戸幕府八王子千人同心　村上直編　増補改訂　雄山閣出版　1993.3　337p　22cm　4500円　①4-639-00740-X　Ⓝ210.5　〔06585〕
◇江戸幕府役職集成　笹間良彦著　雄山閣出版　1965　450p　22cm　Ⓝ210.5　〔06586〕
◇江戸幕府役職集成　笹間良彦著　増補版　雄山閣出版　1970　461p　22cm　2800円　Ⓝ210.5　〔06587〕
◇江戸幕府役職集成　笹間良彦著　改訂増補版　雄山閣出版　1974　473,24p　22cm　3500円　Ⓝ210.5　〔06588〕
◇江戸幕府老中制形成過程の研究　藤井譲治著　校倉書房　1990.5　562p　22cm　(歴史科学叢書)12360円　①4-7517-2020-1　Ⓝ210.5　〔06589〕
◇江戸町方与力　原弥三郎胤昭等　原弥三郎　1918　58丁　23cm　Ⓝ322　〔06590〕
◇江戸町与力の世界―原胤昭が語る幕末　平成19年度特別展　千代田区立四番町歴史民俗資料館編　千代田区立四番町歴史民俗資料館　2007.10　45p　30cm　Ⓝ322.15　〔06591〕
◇江戸役人役職大事典　新人物往来社編　新人物往来社　1995.4　455p　22cm　3800円　①4-404-02193-3　Ⓝ210.5　〔06592〕
◇大坂東町奉行所与力公務日記　続　明和五年八月ヨリ十二月迄　大阪市史編纂所編　大阪　大阪市史料調査会　1989.2　150p　21cm　(大阪市史史料 第26輯)Ⓝ322.15　〔06593〕
◇大坂東町奉行所与力公務日記　明和五年正月ヨリ七月迄　大阪市史編纂所編　大阪　大阪市史料調査会　1988.2　157p　21cm　(大阪市史史料 第23輯)Ⓝ322.15　〔06594〕
◇大坂町奉行与力史料図録―門真市大西家旧蔵、京都市武藤家現蔵、田坂家早川家文書　大野正義編　門真　大西経子　1987.8　324p　22×23cm　Ⓝ322.15　〔06595〕
◇大庄屋走る―小倉藩・村役人の日記　土井重人著　福岡　海鳥社　2007.9　231p　19cm　(海鳥ブックス 26)1700円　①978-4-87415-641-4　Ⓝ219.1　〔06596〕
◇お役人―代官、手付、手代たち　西沢淳男著　飯島町(長野県)　飯島町歴史民俗資料館　1994.9　32p　21cm　(飯島陣屋ブックレット)Ⓝ322.15　〔06597〕
◇株式会社江戸幕府さらりーまん事情　童門冬二著　ベストセラーズ　1993.10　255p　18cm　(ワニの本―ベストセラーシリーズ)800円　①4-584-00868-X　Ⓝ281.04　〔06598〕
◇関東郡代　本間清利著　浦和　埼玉県新聞社　1977.3　267p　20cm　1800円　Ⓝ210.5　〔06599〕
◇関東郡代―伊奈氏の系譜　本間清利著　増補新版　浦和　埼玉新聞社　1983.11　351p　20cm　2200円　Ⓝ210.5　〔06600〕
◇関東取締出役道案内人史料―下総国相馬郡守谷町飯塚家文書　関東取締出役研究会編　関東取締出役研究会　1994.11　244p　26cm　Ⓝ322.15　〔06601〕
◇旧事諮問録―江戸幕府役人の証言　上　旧事諮問会編,進士慶幹校注　岩波書店　1986.1　312p　15cm　(岩波文庫)550円　Ⓝ210.5　〔06602〕
◇旧事諮問録―江戸幕府役人の証言　下　旧事諮問会編,進士慶幹校注　岩波書店　1986.2　301,10p　15cm　(岩波文庫)550円　Ⓝ210.5　〔06603〕
◇御当家御役人前帳　下関文書館編　下関　下関文書館　1971.10　153p　21cm　(史料叢書 2)　〔06604〕
◇天保七年『豊州高田役人席月行事及雑掌』　森猛編　大分　古文書研究会　2006.11　74p　26cm　(古文書研究会資料 別冊1)Ⓝ219.5　〔06605〕

法制史　　　　　　　　近世史

◇東海道藤沢宿役人史料　1　藤沢市文書館編　藤沢　藤沢市文書館　2006.3　118p　21cm　（藤沢市史料集30）Ⓝ213.7
〔06606〕
◇徳川隠密組織と御庭番　新人物往来社　1995.7　360p　21cm　（別冊歴史読本特別増刊）1600円　Ⓝ210.5
〔06607〕
◇西尾藩の侍屋敷・西尾藩御役人両奉行系・西尾藩士成瀬氏資料・西尾藩大給松平氏分限帳索引　西尾市教育委員会編　西尾　西尾市教育委員会　2007.3　148p　26cm（西尾市史資料叢書 3）Ⓝ215.5
〔06608〕
◇幕府役人（筒井政憲・川路聖謨・古賀茶渓）の佐賀藩反射炉見学記―2004年低平地研究会・歴史部会研究報告書　伊豆戸田村でのロシア船建造見学記―2004年低平地研究会・歴史部会研究報告書　小宮睦之翻刻・校註　低平地研究会歴史部編　小宮睦之翻刻・校註　低平地研究会歴史部編　佐賀　低平地研究会　2005.3　67p　21cm　Ⓝ210.5
〔06609〕
◇羽地方役人関連資料　名護市教育委員会文化課市史編さん係編　名護　名護市　2005.3　114p　26cm　（名護市史 資料編 5（文献資料集）3）500円　Ⓝ219.9
〔06610〕
◇枚方宿役人日記―中島儀輔御用留　中島儀輔著　中島三佳、松本弦子編　大阪　清文堂出版　1992.12　400p　22cm　（清文堂史料叢書 第63刊）④4-7924-0380-4　Ⓝ216.3
〔06611〕
◇聞訟秘鑑について―代官所役人の手引書　滝田重一著　野田　〔滝田重一〕　1991　233p　18×26cm　Ⓝ322.15
〔06612〕
◇目明し金十郎の生涯―江戸時代庶民生活の実像　阿部善雄著　中央公論社　1981.2　218p　18cm　（中公新書）440円　Ⓝ289.1
〔06613〕
◇名判官物語　小山松吉著　人物往来社　1968　541p　20cm　Ⓝ322.15
〔06614〕
◇役人の灸治―一名・肩の凝　加藤寿編　大阪　金随堂　1880.4　20p　17cm　Ⓝ150
〔06615〕
◇与力・同心・十手捕縄　板津安彦著　新人物往来社　1992.9　367p　20cm　2000円　④4-404-01942-4　Ⓝ210.5
〔06616〕
◇与力・同心・目明しの生活　横倉辰次著　雄山閣出版　1966　323p　22cm　Ⓝ322.15
〔06617〕
◇与力・同心・目明しの生活　横倉辰次著　雄山閣出版　1970　323p　22cm　（生活史叢書 9）1200円　Ⓝ322.15
〔06618〕
◇与力・同心・目明しの生活　横倉辰次著　増補　雄山閣出版　1994.12　323p　22cm　（生活史叢書 9）2800円　④4-639-00662-4　Ⓝ322.15
〔06619〕

◆刑事法
◇江戸の刑法―御定書百箇条　大久保治男著　高文堂出版社　1978.4　174p　18cm　（高文堂新書）780円　Ⓝ322.15
〔06620〕
◇御定書百箇条と刑罰手続　藤井嘉雄著　高文堂出版社　1987.11　549p　22cm　13500円　④4-7707-0226-4　Ⓝ322.15
〔06621〕
◇近世御仕置集成　小寺鉄之助編著　宮崎　宮崎県史料編集会　1962　448p　22cm　Ⓝ322.19
〔06622〕
◇近世刑事史料集　1　盛岡藩　藩法研究会編　谷口昭編集代表　守屋浩光編　鎌田浩校訂　創文社　2006.2　20,1659p　23cm　43000円　④4-423-78201-4　Ⓝ322.15
〔06623〕
◇刑事法と民事法　服藤弘司著　創文社　1983.2　853,39p　22cm　（幕藩体制国家の法と権力 4）12000円

Ⓝ322.15
〔06624〕
◇定本 御定書の研究　奥野彦六著　酒井書店　1968　3冊（別冊共）　22cm　Ⓝ322.15
〔06625〕
◇21世紀をひらく歴史と文化の再発見―明治大学刑事博物館資料の世界　明治大学刑事博物館編　明治大学刑事博物館　2002.3　41p　30cm　Ⓝ322.15
〔06626〕
◇百箇条調書　第1巻　内々篇、巻1-4　布施弥平治編　新生社　1966　22cm　Ⓝ322.15
〔06627〕
◇百箇条調書　第2巻　巻5-10　布施弥平治編　新生社　1966　22cm　Ⓝ322.15
〔06628〕
◇百箇条調書　第3巻　巻11-16　布施弥平治編　新生社　1966　755-1141p　22cm　Ⓝ322.15
〔06629〕
◇百箇条調書　第4巻　巻17-22　布施弥平治編　新生社　1966　1147-1523p　22cm　Ⓝ322.15
〔06630〕
◇百箇条調書　第5巻　巻23-27　布施弥平治編　新生社　1967　22cm　Ⓝ322.15
〔06631〕
◇百箇条調書　第6巻　巻28-32　布施弥平治編　新生社　1967　22cm　Ⓝ322.15
〔06632〕
◇百箇条調書　第7巻　巻33-38　布施弥平治編　新生社　1967　22cm　Ⓝ322.15
〔06633〕
◇百箇条調書　第8巻　巻39-43　布施弥平治編　新生社　1967　22cm　Ⓝ322.15
〔06634〕
◇百箇条調書　第9巻　巻44-48　布施弥平治編　新生社　1967　22cm　Ⓝ322.15
〔06635〕
◇百箇条調書　第10巻　第49-54　布施弥平治編　新生社　1967　3303-3736p　22cm　Ⓝ322.15
〔06636〕
◇百箇条調書　第11巻　巻55-60　布施弥平治編　新生社　1968　3741-4093p　22cm　Ⓝ322.15
〔06637〕
◇百箇条調書　第12巻　巻61-66　布施弥平治編　新生社　1968　4099-4424p　22cm　Ⓝ322.15
〔06638〕
◇百箇条調書　第13巻　巻67-70 付　布施弥平治編　新生社　1968　4429-4690p　22cm　Ⓝ322.15
〔06639〕
◇民衆から見た罪と罰―民間学としての刑事法学の試み　村井敏邦著　花伝社, 共栄書房〔発売〕　2005.4　327p　19cm　（龍谷大学矯正・保護研究センター叢書）2400円　④4-7634-0439-3
〔06640〕

◆◆盗人
◇江戸の白浪　三田村鳶魚著　早稲田大学出版部　1933　474p　19cm　（江戸叢書 第2）Ⓝ210.5
〔06641〕
◇江戸の白浪　三田村鳶魚著　朝倉治彦編　中央公論社　1997.2　411p　16cm　（中公文庫―鳶魚江戸文庫 6）780円　④4-12-202803-5　Ⓝ210.5
〔06642〕
◇江戸の盗賊―知られざる"闇の記録"に迫る　丹野顕著　青春出版社　2005.5　235p　18cm　（プレイブックス・インテリジェンス）750円　④4-413-04118-6
〔06643〕
◇NHK歴史への招待　第13巻　江戸・怪盗伝　日本放送協会編　日本放送出版協会　1990.6　214p　18cm　670円　④4-14-018082-X　Ⓝ210.1
〔06644〕
◇泥坊づくし　三田村鳶魚著　青蛙房　1956　307p　19cm　（江戸ばなし 第6冊）Ⓝ210.5
〔06645〕
◇泥坊づくし―鳶魚江戸ばなし　三田村鳶魚著　河出書房新社　1988.3　258p　15cm　（河出文庫）460円　④4-309-47129-3　Ⓝ210.5
〔06646〕
◇三田村鳶魚全集　第14巻　中央公論社　1975　385p　20cm　1800円　Ⓝ210.5
〔06647〕

◆◆行刑・刑罰
◇江戸暗黒秘録 封建刑罰悲史　鈴木和夫著　あまとりあ社　1959　215p　19cm　Ⓝ322.15
〔06648〕

◇江戸時代刑罰風俗細見　小野武雄編著　展望社　1976　406p　20cm　2700円　Ⓝ322.15　〔06649〕

◇江戸時代の罪と刑罰抄説　高柳眞三著　有斐閣　1988.12　490,9p　22cm　9500円　Ⓘ4-641-04099-0　Ⓝ322.15　〔06650〕

◇江戸時代犯罪・刑罰事例集　佐久間長敬ほか著，原胤昭，尾佐竹猛編集・解題　柏書房　1982.3　516,5,508p　19cm　4800円　Ⓝ322.15　〔06651〕

◇江戸時代漫筆　第4　人殺・密通―その他　石井良助著　自治日報社出版局　1971　208p　19cm　580円　Ⓝ322.15　〔06652〕

◇江戸時代漫筆　第4　人殺・密通　石井良助著　明石書店　1990.5　208p　20cm　1860円　Ⓝ322.15　〔06653〕

◇江戸の刑罰　石井良助著　中央公論社　1964　202p　18cm　（中公新書）Ⓝ322.15　〔06654〕

◇江戸の刑罰風俗誌　小野武雄編著　増補版　展望社　1998.5　549p　20cm　4600円　Ⓘ4-88546-010-7　Ⓝ322.15　〔06655〕

◇江戸の捜査・裁判・刑執行の実情　藤井嘉雄著　〔藤井嘉雄〕　1982.11　261p　18cm　Ⓝ322.15　〔06656〕

◇江戸の罪と罰　平松義郎著　平凡社　1988.5　334p　20cm　（平凡社選書 118）2300円　Ⓘ4-582-84118-X　Ⓝ322.15　〔06657〕

◇江戸の犯罪と刑罰―残虐・江戸犯科帳十話　大久保治男著　高文堂出版社　1988.1　134p　19cm　（人間活性化双書）1100円　Ⓘ4-7707-0234-5　Ⓝ322.15　〔06658〕

◇江戸の犯罪白書―十手・捕縄・御用提灯―百万都市の罪と罰　重松一義著　PHP研究所　1986.3　212p　18cm　（21世紀図書館 71）520円　Ⓘ4-569-21707-9　Ⓝ322.15　〔06659〕

◇江戸牢獄・拷問実記　横倉辰次著　雄山閣　2003.11　171p　19cm　（江戸時代選書 13）1600円　Ⓘ4-639-01812-6　Ⓝ322.15　〔06660〕

◇大江戸暗黒街―八百八町の犯罪と刑罰　重松一義著　柏書房　2005.11　222p　20cm　2200円　Ⓘ4-7601-2808-5　Ⓝ322.15　〔06661〕

◇大江戸刑事録　大久保治男著　六法出版社　1985.5　290p　19cm　1500円　Ⓘ4-89770-220-8　Ⓝ332.15　〔06662〕

◇近世日本の法と刑罰　神崎直美著　巖南堂書店　1998.12　434p　22cm　7800円　Ⓘ4-7626-0243-4　Ⓝ322.15　〔06663〕

◇近世北海道行刑史　中河原喬著　同成社　1988.12　339p　22cm　6000円　Ⓘ4-88621-059-7　Ⓝ322.15　〔06664〕

◇刑罰記　巻之1　古文書を読む会編　仙台　古文書を読む会　1980.7　47p　22cm　（宮城県図書館資料 4）Ⓝ322.1923　〔06665〕

◇刑罰記　巻之2　古文書を読む会編　仙台　古文書を読む会　1981.2　68p　22cm　（宮城県図書館資料 5）Ⓝ322.1923　〔06666〕

◇刑罰風俗細見　小野武雄編著　展望社　1983.12　406p　20cm　2500円　Ⓝ322.15　〔06667〕

◇小塚原刑場史―その成立から刑場大供養まで　黄木土也著　新風舎　2006.8　190p　20cm　1600円　Ⓘ4-289-00053-3　Ⓝ322.15　〔06668〕

◇「地獄物語」の世界―江戸時代の法と刑罰―図録ガイド―名古屋大学附属図書館2006年春季特別展　名古屋大学附属図書館・附属図書館研究開発室編　名古屋　名古屋大学附属図書館　2006.4　39,50p　30cm　Ⓝ322.15　〔06669〕

◇諸藩の刑罰　井上和夫著　人物往来社　1965　458p　20cm　Ⓝ322.19　〔06670〕

◇仙台藩刑罰記　高倉淳編　仙台　高倉淳　1988.6　893p　22cm　Ⓝ322.1923　〔06671〕

◇第三　江戸時代漫筆　ばくちその他　石井良助著　井上書房　1963　224p　19cm　Ⓝ322.15　〔06672〕

◇第四　江戸時代漫筆　人殺・密通その他　石井良助著　井上図書　1964　208p　19cm　Ⓝ322.15　〔06673〕

◇津軽藩の犯罪と刑罰　黒滝十二郎著　弘前　北方新社　1984.8　150,4p　19cm　（青森県の文化シリーズ 23）1300円　Ⓝ322.1921　〔06674〕

◇伝馬町牢屋敷―エピソード刑罰史　布施弥平治著　人物往来社　1968　260p　20cm　Ⓝ322.15　〔06675〕

◇徳隣厳秘録　蜂屋新五郎編　淡交社　1976　2冊　25cm　48000円　Ⓝ322.15　〔06676〕

◇日本近世行刑史稿　刑務協会編　矯正協会　1974　2冊　22cm　全15000円　Ⓝ326.5　〔06677〕

◇日本刑事史跡散歩　後藤丈二著　勁草出版サービスセンター　1985.2　218p　19cm　1900円　Ⓝ322.15　〔06678〕

◇日本刑罰風俗史　藤沢衛彦著　藤森書店　1982.7　1冊　22cm　（日本文化史叢書）7000円　Ⓝ322.15　〔06679〕

◇盗み・ばくち　石井良助著　明石書店　1990.2　224p　20cm　（江戸時代漫筆　第3）1806円　Ⓝ322.15　〔06680〕

◇法と刑の歴史的考察―平松義郎博士追悼論文集　平松義郎博士追悼論文集編集委員会編　名古屋　名古屋大学出版会　1987.12　555p　22cm　10000円　Ⓘ4-930689-79-1　Ⓝ322.1　〔06681〕

◇北海道刑罰史　西村秀雄著　札幌　みやま書房　1988.11　295p　20cm　1900円　Ⓝ322.191　〔06682〕

◆◆犯科帳

◇会津藩女性をめぐる犯科帳　大塚実著　会津若松　歴史春秋出版　1998.11　275p　19cm　1714円　Ⓘ4-89757-377-7　Ⓝ322.15　〔06683〕

◇足軽目付犯科帳―近世酒田湊の事件簿　高橋義夫著　中央公論新社　2005.6　217p　18cm　（中公新書）720円　Ⓘ4-12-101803-6　Ⓝ322.15　〔06684〕

◇江戸300藩犯科帳　新人物往来社　1996.4　292p　21cm　（歴史読本特別増刊）1600円　Ⓝ322.15　〔06685〕

◇江戸の犯科帳　樋口秀雄著　人物往来社　1962　330p　20cm　Ⓝ322.15　〔06686〕

◇江戸の犯科帳　樋口秀雄著　新人物往来社　1995.4　327p　20cm　2700円　Ⓘ4-404-02172-0　Ⓝ322.15　〔06687〕

◇沖縄の犯科帳　比嘉春潮,崎浜秀明編訳　平凡社　1965　35,262p　18cm　（東洋文庫 41）Ⓝ322.19　〔06688〕

◇御仕置伺集―長崎奉行所記録　森永種夫編　限定版　長崎　犯科帳刊行会　1962　2冊　27cm　Ⓝ322.15　〔06689〕

◇御仕置例類集　細目　国立国会図書館参考書誌部編　1965-1966　2冊　21cm　（旧幕引継書目録 7-8）Ⓝ322.15　〔06690〕

◇近世紀州続・村の事件簿　高垣重造著　三一書房　1997.8　334p　20cm　3000円　Ⓘ4-380-97271-2　Ⓝ322.15　〔06691〕

◇近世紀州村の事件簿　高垣重造著　三一書房　1995.12　302p　20cm　2600円　Ⓘ4-380-95303-3　Ⓝ322.15　〔06692〕

法制史　　　　　　　　　　近世史

◇仙台藩犯科帳　高倉淳著　仙台　今野印刷　1995.11
198p　19cm　1500円　Ⓝ322.1923
〔06693〕
◇長崎奉行所記録 口書集　森永種夫編　限定版　長崎
犯科帳刊行会　1963-1964　3冊　27cm　Ⓝ322.15
〔06694〕
◇長崎奉行所判決記録 犯科帳　第1巻　第1-13冊　森永種
夫著　長崎　1958　27cm　Ⓝ322.15
〔06695〕
◇長崎奉行所判決記録 犯科帳　第2巻　第14-31冊〔ほか〕
森永種夫著　長崎　1958　27cm　Ⓝ322.15
〔06696〕
◇長崎奉行所判決記録 犯科帳　第3巻　第32-46冊　森永
種夫編　長崎　犯科帳刊行会　1958　414p　27cm
Ⓝ322.15
〔06697〕
◇長崎奉行所判決記録 犯科帳　第4巻　第47-59冊　森永
種夫編　長崎　犯科帳刊行会　1959　385p　27cm
Ⓝ322.15
〔06698〕
◇長崎奉行所判決記録 犯科帳　第5巻　第60-75冊　森永
種夫編　長崎　犯科帳刊行会　1959　414p　27cm
Ⓝ322.15
〔06699〕
◇長崎奉行所判決記録 犯科帳　第6巻　第76-89冊　森永
種夫編　限定版　長崎　犯科帳刊行会　1959　415p
27cm　Ⓝ322.15
〔06700〕
◇長崎奉行所判決記録 犯科帳　第7巻　第90-105冊　森永
種夫編　長崎　犯科帳刊行会　1960　415p　27cm
Ⓝ322.15
〔06701〕
◇長崎奉行所判決記録 犯科帳　第8巻　第106-118冊　森
永種夫編　長崎　犯科帳刊行会　1960　426p　27cm
Ⓝ322.15
〔06702〕
◇長崎奉行所判決記録 犯科帳　第9巻　第119-129冊　森
永種夫編　長崎　犯科帳刊行会　1960　418p　27cm
Ⓝ322.15
〔06703〕
◇長崎奉行所判決記録 犯科帳　第10巻　第130-137冊　森
永種夫編　長崎　犯科帳刊行会　1960　396p　27cm
Ⓝ322.15
〔06704〕
◇長崎奉行所判決記録 犯科帳　第11巻　第138-145冊　森
永種夫編　長崎　犯科帳刊行会　1961　375,10p　27cm
Ⓝ322.15
〔06705〕
◇長崎奉行所判決記録 犯科帳目録　森永種夫著　長崎
長崎学会　1956　224p　22cm　（長崎学会叢書　第3
輯）Ⓝ322.15
〔06706〕
◇犯科帳―長崎奉行の記録　森永種夫著　岩波書店　1962
202p 図版 地　18cm　（岩波新書）210.5　〔06707〕
◇犯科帳―長崎奉行の記録　森永種夫著　岩波書店
1993.7　202p　20cm　（岩波新書の江戸時代）1500円
①4-00-009127-1　Ⓝ210.5
〔06708〕
◇犯科帳のなかの女たち―岡山藩の記録から　妻鹿淳子著
平凡社　1995.10　269p　20cm　（平凡社選書
161）2369円　①4-582-84161-9　Ⓝ322.15　〔06709〕
◇犯姦集録　編・解題：尾佐竹猛　三崎書房　1972　515p
20cm　（史録叢書 3）1900円　Ⓝ322.15　〔06710〕

◆◆流人・寄場送り
◇石川嶋人足寄場居越帳　重松一義解説　人足寄場顕彰会
1973　75p　21cm　Ⓝ322.15
〔06711〕
◇江戸時代流人の生活　大隈三好著　雄山閣出版　1970
300p　22cm　（生活史叢書）1200円　Ⓝ322.15
〔06712〕
◇江戸時代流人の生活　大隈三好著　雄山閣出版　1982.1
300p　22cm　（生活史叢書 20）2000円
①4-639-00129-0　Ⓝ322.15
〔06713〕
◇江戸の流刑　小石房子著　平凡社　2005.4　196p
18cm　（平凡社新書）720円　①4-582-85269-6　〔06714〕

◇江戸の流刑　小石房子著　平凡社　2005.4　196p
18cm　（平凡社新書）720円　①4-582-85269-6　Ⓝ322.
15
〔06715〕
◇江戸牢獄・拷問実記　横倉辰次著　雄山閣　2003.11
171p　19cm　（江戸時代選書 13）1600円
①4-639-01812-6
〔06716〕
◇遠島―島流し　大隈三好著　雄山閣　2003.12　246p
19cm　（江戸時代選書 14）2000円　①4-639-01813-4
〔06717〕
◇隠岐の流人　横山弥四郎著　松江　島根県　1953.2
219p　25cm　非売品　Ⓝ322.15
〔06718〕
◇近世佐渡の流人　磯部欣三著　両津　文芸懇話会　1969
378p　22cm　非売　Ⓝ322.15
〔06719〕
◇佐原喜三郎と鹿島則文―江戸時代行刑史料八丈島流人の
秘録　海野正造著　佐原　柳翠史料館　1977.6　331p
19cm　5000円　Ⓝ322.15
〔06720〕
◇島もの語り―寺島蔵人能登島流刑日記　寺島蔵人著，金
沢近世史料研究会編　金沢　北国出版社　1982.4　272p
19cm　1800円　Ⓝ322.15
〔06721〕
◇島もの語り　続　寺島蔵人著，金沢近世史料研究会編
金沢　北国出版社　1985.11　331p　19cm　2000円
Ⓝ322.15
〔06722〕
◇仙台藩流刑史　紫桃正隆著　仙台　宝文堂出版販売
1980.1　344p　22cm　2900円　Ⓝ322.1923　〔06723〕
◇仙台藩流刑史　紫桃正隆著　仙台　宝文堂出版販売
1980.1　344p　21cm　2600円　Ⓝ322.1923　〔06724〕
◇人足寄場史―我が国自由刑・保安処分の源流　人足寄場
顕彰会編　創文社　1974　583p　22cm　4500円
Ⓝ322.15
〔06725〕
◇八丈島流人帳　今川徳三著　毎日新聞社　1978.1　237p
20cm　980円　Ⓝ213.69
〔06726〕
◇八丈島流人銘々伝　葛西重雄,吉田貫三著　吉田南光園
1964　412p 地　22cm　Ⓝ322.15
〔06727〕
◇八丈島流人銘々伝　葛西重雄,吉田貫三著　増補改訂
第一書房　1975　440p 地　22cm　3500円　Ⓝ322.15
〔06728〕
◇八丈島流人銘々伝　葛西重雄,吉田貫三著　増補三訂
第一書房　1982.12　460p　22cm　3800円　Ⓝ322.15
〔06729〕
◇八丈流人赦免花　今川徳三著　毎日新聞社　1981.7
237p　20cm　980円　Ⓝ213.6
〔06730〕
◇八丈流人犯科帳　今川徳三著　毎日新聞社　1979.6
255p　20cm　980円　Ⓝ213.69
〔06731〕
◇三宅島流刑史　池田信道著　小金井　小金井新聞社
1978.10　600p　22cm　7800円　Ⓝ322.15　〔06732〕
◇物語大江戸牢屋敷　中嶋繁雄著　文藝春秋　2001.2
226p　18cm　（文春新書）690円　①4-16-660157-1
Ⓝ322.15
〔06733〕
◇流人帖―伊豆・佐渡・隠岐の流人　森末義彰編　人物往
来社　1964　341p　20cm　Ⓝ322.15
〔06734〕
◇流人と非人―続・長崎奉行の記録　森永種夫著　岩波書
店　1963　217p　18cm　（岩波新書）Ⓝ322.15
〔06735〕
◇流人と非人―続・長崎奉行の記録　森永種夫著　岩波書
店　1993.7　217p　20cm　（岩波新書の江戸時代）1500
円　①4-00-009128-X　Ⓝ322.15
〔06736〕
◇流人の過去帳―離島に文化を伝えた流人　安川浄生著
北九州　ナガリ書店　1985.12　236p　19cm　1300円
Ⓝ322.19
〔06737〕
◇流人の歴史を探る―新島の住民との生活の中で　前田明

永著　新島本村（東京都）〔前田明永〕1975.6　82p　24cm　非売品　Ⓝ322.15
〔06738〕

◆民事法

◇江戸時代土地法の生成と体系　石井良助著　創文社　1989.2　546,12p　22cm　11000円　Ⓘ4-423-74065-6　Ⓝ322.15
〔06739〕

◇江戸の訴訟―御宿村一件顚末　高橋敏著　岩波書店　1996.11　220p　18cm　（岩波新書）650円　Ⓘ4-00-430470-9　Ⓝ210.58
〔06740〕

◇江戸の土地問題　片倉比佐子著　同成社　2004.8　217p　20cm　（同成社江戸時代史叢書 19）2300円　Ⓘ4-88621-296-4　Ⓝ213.61
〔06741〕

◇江戸町方の制度　石井良助編　人物往来社　1968　526p　23cm　Ⓝ322.15
〔06742〕

◇江戸町方の制度　石井良助編　増補新訂版　新人物往来社　1995.8　534p　22cm　9000円　Ⓘ4-404-02223-9　Ⓝ322.15
〔06743〕

◇大坂菊屋町宗旨人別帳　第1巻　阪本平一郎,宮本又次編　吉川弘文館　1971　793p　22cm　6500円　Ⓝ322.15
〔06744〕

◇大坂菊屋町宗旨人別帳　第2巻　阪本平一郎,宮本又次編　吉川弘文館　1972　763p　22cm　7000円　Ⓝ322.15
〔06745〕

◇大坂菊屋町宗旨人別帳　第3巻　阪本平一郎,宮本又次編　吉川弘文館　1973　795p　22cm　8600円　Ⓝ322.15
〔06746〕

◇大坂菊屋町宗旨人別帳　第4巻　阪本平一郎,宮本又次編　吉川弘文館　1974　737p　22cm　8800円　Ⓝ322.15
〔06747〕

◇大坂菊屋町宗旨人別帳　第5巻　阪本平一郎,宮本又次編　吉川弘文館　1975　724p　22cm　9400円　Ⓝ322.15
〔06748〕

◇大阪菊屋町宗旨人別帳―心斎橋筋の古記録　第7巻　阪本平一郎,宮本又次編　吉川弘文館　1977.3　654p　22cm　8900円　Ⓝ322.15
〔06749〕

◇大坂堺問答――九世紀初頭大坂・堺の民事訴訟手続　安竹貴彦編　大阪　大阪市史料調査会　1995.6　162p　21cm　（大阪市史料 第44輯）Ⓝ322.15
〔06750〕

◇大坂町人相続の研究　中埜喜雄著　京都　嵯峨野書院　1976　433p　22cm　3500円　Ⓝ322.19
〔06751〕

◇近世雇傭関係史論　大竹秀男著　神戸　神戸大学研究双書刊行会　1983.6　242p　22cm　（神戸法学双書 17）4000円　Ⓘ4-641-09945-6　Ⓝ322.15
〔06752〕

◇近世庶民法資料　第1輯　庄屋　春原源太郎編　法学博士春原先生還暦記念出版会　1967　172p　21cm　Ⓝ322.15
〔06753〕

◇近世庶民法資料　第2輯　訴訟事件の記録　春原源太郎編　法学博士春原先生還暦記念出版会　1967　172p　21cm　Ⓝ322.15
〔06754〕

◇近世庶民法資料　第3輯　摂津国―大坂町入用・町年寄撰出　比山芳昭,比山定枝編　宝塚　比山総合研究所　1980.3　182p　24cm　3000円　Ⓝ322.15
〔06755〕

◇近世日本の人身売買の系譜　牧英正著　創文社　1970　488p　22cm　3500円　Ⓝ322.15
〔06756〕

◇近世民事訴訟制度の研究　小早川欣吾著　有斐閣　1957　696p　22cm　Ⓝ322.15
〔06757〕

◇近世民事訴訟制度の研究　小早川欣吾著　増補　名著普及会　1988.6　768,25p　22cm　15000円　Ⓘ4-89551-321-1　Ⓝ322.15
〔06758〕

◇近世民事訴訟法史　石井良助著　創文社　1984.2　591,11p　22cm　（法制史論集 第8巻）9000円　Ⓝ322.15
〔06759〕

◇近世民事訴訟法史　続　石井良助著　創文社　1985.2　760,16p　22cm　（法制史論集 第9巻）11000円　Ⓝ322.15
〔06760〕

◇公事方御定書の研究　渡辺治湟著　神戸〔皆川ゆり子〕1983　13冊（合本5冊）26cm　Ⓝ322.15
〔06761〕

◇刑事法と民事法　服藤弘司著　創文社　1983.2　853,39p　22cm　（幕藩体制国家の法と権力 4）12000円　Ⓝ322.15
〔06762〕

◇相続法の特質　服藤弘司著　創文社　1982.2　819,35p　22cm　（幕藩体制国家の法と権力 5）12000円　Ⓝ322.15
〔06763〕

◇道頓堀裁判　牧英正著　岩波書店　1993.7　227p　20cm　（岩波新書の江戸時代）1500円　Ⓘ4-00-009129-8　Ⓝ323.96
〔06764〕

◇町会所一件書留目録　国立国会図書館図書部編　国立国会図書館　1992.10　252p　21cm　（旧幕引継書目録 14）Ⓘ4-87582-336-3　Ⓝ322.15
〔06765〕

◆◆離婚

◇江戸時代漫筆　第7　江戸の離婚　石井良助著　明石書店　1991.2　245,6p　20cm　1860円　Ⓝ322.15
〔06766〕

◇江戸の離婚 三行り半と縁切寺　石井良助著　日本経済新聞社　1965　222p　18cm　（日経新書）Ⓝ322.15
〔06767〕

◇縁切寺　五十嵐富夫著　柏書房　1972　355p　19cm　1200円　Ⓝ322.15
〔06768〕

◇縁切寺の研究―徳川満徳寺の寺史と寺法　五十嵐富夫著　中之条町（群馬県）　西毛新聞社　1967　270p　19cm　Ⓝ322.15
〔06769〕

◇縁切寺満徳寺史料集　高木侃編著　成文堂　1976　223p　22cm　4500円　Ⓝ322.15
〔06770〕

◇縁切寺満徳寺の研究　高木侃著　成文堂　1990.12　748p　22cm　14563円　Ⓘ4-7923-0180-7　Ⓝ322.15
〔06771〕

◇駆入寺―松ヶ岡東慶寺の寺史と寺法　井上禅定著　小山書店　1955　293p　19cm　Ⓝ188.85
〔06772〕

◇駆込寺―女人救済の尼寺　五十嵐富夫著　塙書房　1989.4　263p　18cm　（塙新書）870円　Ⓝ322.15
〔06773〕

◇駆込寺と村社会　佐藤孝之著　吉川弘文館　2006.5　267,85p　20cm　3300円　Ⓘ4-642-07956-4　Ⓝ322.15
〔06774〕

◇鎌倉東慶寺の縁切寺法　井上禅定著　鎌倉　鎌倉市教育委員会,鎌倉国宝館　1966　93p　21cm　（鎌倉国宝館論集 第10）Ⓝ322.15
〔06775〕

◇三くだり半―江戸の離婚と女性たち　高木侃著　平凡社　1987.3　330p　20cm　（平凡社選書 105）2200円　Ⓘ4-582-84105-8　Ⓝ385.4
〔06776〕

◆◆商法

◇江戸時代の帳合法　河原一夫著　ぎょうせい　1977.4　437p　22cm　2800円　Ⓝ679.5
〔06777〕

◇江戸時代漫筆　第6　商人と商取引―その他　石井良助著　自治日報社出版局　1971　286p　19cm　680円　Ⓝ322.15
〔06778〕

◇江戸時代漫筆　第6　商人　石井良助著　明石書店　1991.2　286p　20cm　1860円　Ⓝ322.15
〔06779〕

◇近世債権法　金田平一郎著　法務庁資料統計局資料課

1948　262p　21cm　（司法資料　第298号）Ⓝ322.15
〔06780〕

◇近世商人法制の研究　隈崎渡著　芦書房　1973　330,9p　22cm　1700円　Ⓝ322.15
〔06781〕

◇近世取引法史　石井良助著　創文社　1982.2　516,9p　22cm　（法制史論集　第7巻）7500円　Ⓝ322.15
〔06782〕

◆◆郷帳・村落の法

◇大阪周辺の村落史料　第1輯　庄屋留書　関西大学法制史学会, 関西大学経済学会経済史研究室共編　大阪　関西大学出版部　1955-1956　21cm　Ⓝ322.15
〔06783〕

◇大阪周辺の村落史料　第2輯　耕肥, 拝借銀, 頼母子　関西大学法制史学会, 関西大学経済学会経済史研究室共編　大阪　関西大学出版部　1955-1956　21cm　Ⓝ322.15
〔06784〕

◇大阪周辺の村落史料　第3輯　証文集, 村役人　関西大学法制史学会, 関西大学経済学会経済史研究室共編　大阪　関西大学出版部　1955-1956　21cm　Ⓝ322.15
〔06785〕

◇大阪周辺の村落史料　第4輯　五人組帳　関西大学法制史学会, 関西大学経済学会経済史研究室共編　大阪　関西大学出版部　1958　167,16p　21cm　Ⓝ322.15
〔06786〕

◇大阪周辺の村落史料　第5輯　宗門改帳・穢多非人番陰坊宗門改帳　関西大学法制史学会, 関西大学経済学会経済史研究室共編　大阪　関西大学　1960　188p　21cm　Ⓝ322.15
〔06787〕

◇加賀藩の十村制度　米沢元健著　富山　富山県郷土史会　1956　340p　19cm　Ⓝ322.19
〔06788〕

◇五人組帳の研究　矢島浩著　東日本印刷（印刷）　1971　127p　22cm　Ⓝ322.15
〔06789〕

◇五人組帳の研究―享和四年下総国片山村　熊谷信一著　武蔵野　多摩書房　1985.12　229p　21cm　2700円　Ⓝ322.15
〔06790〕

◇日本近世村法の研究　前田正治著　有斐閣　1950　498p（附共）　22cm　Ⓝ322.15
〔06791〕

◇封建社会の農民家族―江戸期農民家族の歴史的位置づけ　大竹秀男著　創文社　1962　301p　22cm　Ⓝ322.15
〔06792〕

◇封建社会の農民家族―江戸期農民家族の歴史的位置づけ　大竹秀男著　改訂版　創文社　1982.12　346p　22cm　5000円　Ⓝ322.15
〔06793〕

◇町々役料高書上―弘化2年　東京都　1969　2冊　21cm　Ⓝ322.15
〔06794〕

◇村及び入会の研究　中田薫著　岩波書店　1949　331p　22cm　Ⓝ322.15
〔06795〕

◇村の生活　1　事件・事故・訴訟　小平市中央図書館編　小平　小平市教育委員会　2004.3　384p　21cm　（小平市史料集　第15集）1300円　Ⓝ213.65
〔06796〕

◇村の生活　2　事件・事故・訴訟　小平市中央図書館編　小平　小平市中央図書館　2005.3　313p　21cm　（小平市史料集　第16集）1100円　Ⓝ213.65
〔06797〕

◇村の生活　3　事件・事故・訴訟　小平市中央図書館編　小平　小平市中央図書館　2005.3　412p　21cm　（小平市史料集　第17集）1500円　Ⓝ213.65
〔06798〕

◇村の生活　4　事件・事故・訴訟　補遺, 御門訴事件, 村役人、村政、結婚・相続・褒賞, 興行・行事, 災害・救済　小平市中央図書館編　小平　小平市中央図書館　2006.3　352p　21cm　（小平市史料集　第18集）1400円　Ⓝ213.65
〔06799〕

◆◆部落法

◇近世被差別部落関係法令集―天領を中心として　小林茂編　明石書店　1981.4　503p　27cm　18000円　Ⓝ322.15
〔06800〕

◇定本近世被差別部落関係法令集　小林茂編　明石書店　1995.9　503p　27cm　25750円　Ⓘ4-7503-0746-7　Ⓝ322.15
〔06801〕

◇部落史関係法令集―天領を中心として　小林茂編　尼崎　尼崎市教育委員会　1973.3　174p　26cm　（同和教育資料　第6集）Ⓝ322.15
〔06802〕

◇部落史関係法令集―天領を中心として　2　小林茂編　尼崎　尼崎市教育委員会　1976.3　212p　26cm　（同和教育資料　第11集）Ⓝ322.15
〔06803〕

外交史

◇新しい近世史　2　国家と対外関係　曽根勇二, 木村直也編　新人物往来社　1996.6　431p　22cm　5900円　Ⓘ4-404-02351-0　Ⓝ210.5
〔06804〕

◇海の往還記―近世国際人列伝　泉秀樹著　中央公論社　1999.1　359p　16cm　（中公文庫）838円　Ⓘ4-12-203328-4　Ⓝ280.4
〔06805〕

◇江戸　第3巻　渉外編　大久保利謙編輯　立体社　1981.1　594p　22cm　9800円　Ⓝ210.5
〔06806〕

◇江戸西洋事情　金井円著　新人物往来社　1988.2　223p　20cm　2000円　Ⓘ4-404-01472-4　Ⓝ210.5
〔06807〕

◇江戸の海外情報ネットワーク　岩下哲典著　吉川弘文館　2006.2　173p　19cm　（歴史文化ライブラリー　207）1700円　Ⓘ4-642-05607-6　Ⓝ210.5
〔06808〕

◇江戸の外国公使館―開国150周年記念資料集　港区立港郷土資料館編　港区立港郷土資料館　2005.3　207p　30cm　Ⓝ210.59
〔06809〕

◇大江戸異人往来　タイモン・スクリーチ著　高山宏訳　丸善　1995.11　223p　19cm　（丸善ブックス　36）1700円　Ⓘ4-621-06036-8　Ⓝ210.5
〔06810〕

◇海外視点・日本の歴史　10　将軍の国と異邦人　大石慎三郎編　ぎょうせい　1986.11　175p　27cm　2800円　Ⓘ4-324-00264-9　Ⓝ210.1
〔06811〕

◇九州と外交・貿易・キリシタン　1　藤野保編　国書刊行会　1985.1　476p　22cm　（九州近世史研究叢書　5）8000円　Ⓝ219
〔06812〕

◇九州と外交・貿易・キリシタン　2　藤野保編　国書刊行会　1985.2　540p　22cm　（九州近世史研究叢書　6）8000円　Ⓝ219
〔06813〕

◇近世外交史　中村進午述　東京専門学校　1898　498p　21cm　（東京専門学校政治経済科第2回1年級講義録）Ⓝ319
〔06814〕

◇近世外交史　第1　有賀長雄述　伯爵会　1903.11　52p　19cm　Ⓝ319
〔06815〕

◇近世外交史料と国際関係　木崎弘美著　吉川弘文館　2005.1　255,7p　22cm　8000円　Ⓘ4-642-03395-5　Ⓝ210.5
〔06816〕

◇近世外国貿易実践　畠山豊吉著　松邑三松堂　1927.1　110p　23cm　Ⓝ678
〔06817〕

◇近世対外関係史の研究　中田易直著　吉川弘文館　1984.2　586,16p　22cm　7500円　Ⓘ4-642-03238-X　Ⓝ210.5
〔06818〕

◇近世対外交渉史論　中村質著　吉川弘文館　2000.8　247,8p　22cm　9000円　Ⓘ4-642-03359-9　Ⓝ210.48
〔06819〕

◇近世日本国民史 第55巻 内外交渉篇 徳富猪一郎著 近世日本国民史刊行会 1962 19cm Ⓝ210.5 〔06820〕

◇近世日本対外関係文献目録 中田易直,清水紘一編 刀水書房 1999.12 901p 27cm 50000円 Ⓘ4-88708-245-2 Ⓝ210.5 〔06821〕

◇近世日本の海外情報 岩下哲典,真栄平房昭編 岩田書院 1997.5 328p 22cm 6900円 Ⓘ4-900697-76-1 Ⓝ210.5 〔06822〕

◇近世日本の国際観念の発達 尾佐竹猛著 共立社 1932 149p 23cm 319.1 〔06823〕

◇遣外使節日記纂輯 第1至3 大塚武松編 日本史籍協会 1928-5 3冊 23cm Ⓝ210.5 〔06824〕

◇元文の黒船―仙台藩異国船騒動記 安部宗男著 仙台宝文堂出版販売 1989.5 165p 19cm 1500円 Ⓘ4-8323-0017-2 Ⓝ210.55 〔06825〕

◇元禄三午年元禄之度玉村より通船出入申立 文化二丑年旅人乗船出入一件始末書留帳 前橋 群馬県立文書館友の会［シミ］の会 2001.9 52p 26cm（［シミ］の会学習記録 第2集（平成11・12年度））Ⓝ684.0213 〔06826〕

◇国際社会の形成と近世日本 箭内健次編 日本図書センター 1998.7 298p 22cm 5400円 Ⓘ4-8205-1999-9 Ⓝ210.5 〔06827〕

◇鎖国時代対外応接関係史料 片桐一男校訂 近藤出版社 1972 245,20p 19cm （日本史料選書 9）3000円 Ⓝ210.5 〔06828〕

◇サムライ異文化交渉史 御手洗昭治著 ゆまに書房 2007.4 270p 21cm 2000円 Ⓘ978-4-8433-2299-4 Ⓝ210.5 〔06829〕

◇世界のなかの江戸・日本―(財)東洋文庫のコレクションを中心に 東京都江戸東京博物館,東洋文庫編 東京都江戸東京博物館 1994.10 144p 30cm Ⓝ210.5 〔06830〕

◇添川廉斎―有所不為斎雑録の研究 木部誠二著 町田 無窮会 2005.8 425,22p 23cm 13500円 Ⓘ4-9902608-3-X Ⓝ210.59 〔06831〕

◇対外交渉史文献目録 近世篇 京都外国語大学付属図書館編 雄松堂書店 1977.9 448p 27cm 15000円 Ⓝ210.5 〔06832〕

◇日本外交概説 池井優著 3訂版 慶応通信 1992.9 373,12p 22cm 3914円 Ⓘ4-7664-0265-0 319.1 〔06833〕

◇日本外交史関係文献目録 英修道編 日本図書センター 1997.4 485,122p 22cm （社会科学書誌書目集成 第28巻）20000円 Ⓘ4-8205-4193-5,4-8205-4185-4 Ⓝ319.1 〔06834〕

◇日本外交史辞典 外務省外交史料館日本外交史辞典編纂委員会編 新版 山川出版社 1992.5 1103,224p 22cm Ⓘ4-634-62200-9 Ⓝ319.1 〔06835〕

◇日本海防史料叢書 住田正一編 クレス出版 1989.7 5冊 22cm 全51500円 Ⓘ4-906330-10-X Ⓝ210.5 〔06836〕

◇日本近世外交史 渡辺幾治郎著 千倉書房 1938 494p 23cm Ⓝ319.1 〔06837〕

◇日本貿易史 徳増栄太郎著 京都 玄林書房 1948 282p 19cm Ⓝ678 〔06838〕

◇日本貿易史綱 鶴見左吉雄著 巌松堂 1939 789p 23cm Ⓝ678 〔06839〕

◆初期外交・貿易史

◇異国往復書翰集 増訂異国日記抄 村上直次郎訳註 崇伝著 村上直次郎訳註 雄松堂出版 2005.5 153,335,15p 図版12枚 23cm （異国叢書 第1巻）15000円 Ⓘ4-8419-3011-6 Ⓝ210.48 〔06840〕

◇異国日記―金地院崇伝外交文書集成 影印本 以心崇伝著,異国日記刊行会編 東京美術 1989.12 245,49p 31cm 20600円 Ⓘ4-8087-9544-3 Ⓝ210.52 〔06841〕

◇影印本異国日記―金地院崇伝外交文書集成 異国日記刊行会編集 東京美術 1989.12 245,49p 31cm 20000円 Ⓘ4-8087-0544-3 Ⓝ210.5 〔06842〕

◇近世長崎貿易史の研究 中村質著 吉川弘文館 1988.2 619,20p 22cm 9800円 Ⓘ4-642-03289-4 Ⓝ678.21 〔06843〕

◇近世日本貿易論の展開 渡辺与五郎著 文化書房博文社 1978.2 202p 22cm 2200円 Ⓝ678.21 〔06844〕

◇糸乱記 高石屋通喬編著,中田易直校訂 近藤出版社 1979.5 198,20p 20cm （日本史料選書 17）3200円 Ⓝ210.5 〔06845〕

◇住友史料叢書―「銅会所御公用帳」ほか銅貿易関係史料 朝尾直弘監修 住友史料館編 京都 思文閣出版 2003.12 387,4,8p 21cm 9500円 Ⓘ4-7842-1168-3 〔06846〕

◇大日本商業史―附・平戸貿易史 菅沼貞風著 訂3版 八尾書店 1902.10 661,135p 22cm Ⓝ670 〔06847〕

◇南蛮船貿易史 外山卯三郎著 東光出版 1943 610p 22cm Ⓝ678 〔06848〕

◇南方渡海古文献図録 大阪府立図書館編著 京都 臨川書店 1992.8 1冊 38cm 14420円 Ⓘ4-653-02405-7 Ⓝ210.5 〔06849〕

◇日本貿易史 徳増栄太郎著 京都 玄林書房 1948 282p 19cm Ⓝ678 〔06850〕

◇日本貿易史綱 鶴見左吉雄著 巌松堂 1939 789p 23cm Ⓝ678 〔06851〕

◇抜け荷―鎖国時代の密貿易 山脇悌二郎著 日本経済新聞社 1965 184p 18cm （日経新書）Ⓝ678.21 〔06852〕

◇幕藩制国家と異域・異国 加藤栄一ほか編著 校倉書房 1989.10 451p 20cm 3914円 Ⓘ4-7517-1970-X Ⓝ210.5 〔06853〕

◇幕藩制国家の成立と対外関係 加藤栄一著 京都 思文閣出版 1998.2 439,26p 22cm （思文閣史学叢書）8800円 Ⓘ4-7842-0954-9 Ⓝ210.5 〔06854〕

◇藩貿易史の研究 武野要子著 京都 ミネルヴァ書房 1979.6 275,14p 22cm 2500円 Ⓝ678.21 〔06855〕

◇貿易史上の平戸 村上直次郎著 日本学術普及会 1917 131,50p 22cm Ⓝ219.3 〔06856〕

◇貿易史徴 川島右次編 神戸 神戸商工協会 1915 図版24枚 27×35cm Ⓝ678 〔06857〕

◆◆朱印船

◇大賀（本姓大神）宗九実録―英傑博多の豪商 博多三商傑 徳川時代に於ける御朱印船による海外貿易家 大賀静子著 北九州 ［大賀静子］ 1992.5 56p 22×31cm 非売品 Ⓝ289.1 〔06858〕

◇海外視点・日本の歴史 9 朱印船と南への先駆者 大石慎三郎編 ぎょうせい 1986.7 175p 27cm 2800円 Ⓘ4-324-00263-0 Ⓝ210.1 〔06859〕

◇近世初期の外交 永積洋子著 創文社 1990.3 197,52p 22cm 3914円 Ⓘ4-423-43027-4 Ⓝ210.52 〔06860〕

◇御朱印船―貿易史伝 近藤泥牛著 大阪 経済界社 1917 213p 19cm Ⓝ678 〔06861〕

外交史　　　　　　　近世史

◇御朱印船航海図　中村拓著　原書房　1979.10　582,99p　図版27枚　22cm　8000円　Ⓝ210.5　〔06862〕
◇朱印船　永積洋子著　吉川弘文館　2001.10　247,12p　20cm　（日本歴史叢書　新装版）2700円　④4-642-06659-4　Ⓝ210.52　〔06863〕
◇朱印船時代の日本人―消えた東南アジア日本町の謎　小倉貞男著　中央公論社　1989.2　219p　18cm　（中公新書）540円　④4-12-100913-4　Ⓝ210.52　〔06864〕
◇朱印船と日本町　岩生成一著　至文堂　1962　233p　19cm　（日本歴史新書）Ⓝ210.5　〔06865〕
◇朱印船貿易史　川島元次郎著　内外出版　1921　616p　23cm　Ⓝ210.5　〔06866〕
◇朱印船貿易史　川島元次郎著　大阪　巧人社　1940　616p　22cm　Ⓝ210.5　〔06867〕
◇朱印船貿易史　川島元次郎著　4版　大阪　巧人社　1942　616p　22cm　Ⓝ210.5　〔06868〕
◇朱印船貿易史の研究　岩生成一著　弘文堂　1958　426p　図版　地　22cm　Ⓝ678.21　〔06869〕
◇朱印船貿易史の研究　岩生成一著　新版　吉川弘文館　1985.12　485,41p　22cm　9500円　④4-642-01187-0　Ⓝ210.52　〔06870〕
◇朱印船貿易と肥後　玉名市立歴史博物館こころピア編　玉名　玉名市立歴史博物館こころピア　1999.10　24p　30cm　Ⓝ210.5　〔06871〕

◆◆慶長遣欧使節・支倉常長
◇欧南遣使考　平井希昌編纂　原普口語訳編纂　仙台　江馬印刷　1991.3　2冊　19cm　Ⓝ210.52　〔06872〕
◇慶長遣欧使節―徳川家康と南蛮人　松田毅一著　朝文社　1992.6　323p　20cm　2700円　④4-88695-065-5　Ⓝ210.52　〔06873〕
◇慶長遣欧使節―徳川家康と南蛮人　松田毅一著　新装版　朝文社　2002.2　323p　20cm　（松田毅一著作選集）3142円　④4-88695-159-7　Ⓝ210.52　〔06874〕
◇慶長遣欧使節関係資料　仙台市博物館編　仙台　仙台市博物館　1988.8　90p　21cm　（仙台市博物館収蔵資料図録 1）Ⓝ210.52　〔06875〕
◇慶長遣欧使節の研究―支倉六右衛門使節一行を巡る若干の問題について　大泉光一著　文真堂　1994.6　228p　22cm　3605円　④4-8309-4153-7　Ⓝ210.52　〔06876〕
◇慶長使節―日本人初の太平洋横断　松田毅一著　新人物往来社　1969　306p　19cm　550円　Ⓝ210.52　〔06877〕
◇慶長雄図抄―慶長遣使行点検ノートより　佐藤仲雄著　仙台　丸善仙台出版サービスセンター（製作）　2003.1　203p　23cm　④4-86080-011-7　Ⓝ210.52　〔06878〕
◇検証・伊達の黒船―技術屋が解く歴史の謎　須藤光興著　仙台　宝文堂　2002.6　148p　19cm　1143円　④4-8323-0116-0　Ⓝ552.73　〔06879〕
◇国宝「慶長遣欧使節関係資料」　仙台市博物館編　仙台　仙台市博物館　2001.10　91p　21×20cm　（仙台市博物館収蔵資料図録）Ⓝ702.099　〔06880〕
◇世界史のなかの伊達政宗と支倉常長　高橋富雄著　仙台　仙台日伊協会　1987.1　39p　19cm　350円　Ⓝ210.52　〔06881〕
◇大東亜戦争と伊達政宗の南蛮遣使及使節支倉常長の事跡　内藤世水著　下田町（静岡県）　下田開国記念会　1943　48p　地　19cm　Ⓝ210.5　〔06882〕
◇伊達八百年歴史絵巻―時を超へ輝く人の物語　伊達宗弘著　新人物往来社　2007.12　210p　19cm　2000円　①978-4-404-03512-7　〔06883〕

◇伊達政宗の黒船―ねつ造された歴史の告白　須藤光興著　文芸社ビジュアルアート　2006.9　262p　19cm　1000円　④4-86264-000-1　Ⓝ552.73　〔06884〕
◇伊達政宗の遣欧使節　松田毅一著　新人物往来社　1987.9　255p　20cm　2000円　④4-404-01448-1　Ⓝ210.52　〔06885〕
◇支倉遣欧使節のキューバにおける足跡調査―調査報告書　石巻　慶長遣欧使節船協会　2002.3　118p　30cm　Ⓝ210.52　〔06886〕
◇支長常長―慶長遣欧使節の悲劇　大泉光一著　中央公論新社　1999.3　207p　18cm　（中公新書）660円　④4-12-101468-5　Ⓝ210.52　〔06887〕
◇支倉常長―栄光の果　キリシタン武士の終焉の地を尋ねて　村上六七男著　胆沢町（岩手県）　村上六七男　2005.7　94p　26cm　Ⓝ912.7　〔06888〕
◇支倉常長―武士、ローマを行進す　田中英道著　京都　ミネルヴァ書房　2007.5　294,6p　図版2枚　20cm　（ミネルヴァ日本評伝選）2800円　①978-4-623-04877-9　Ⓝ210.52　〔06889〕
◇支倉常長異聞―海外に消えた侍たち　中丸明著　宝島社　1994.5　270p　20cm　1600円　④4-7966-0802-8　Ⓝ210.52　〔06890〕
◇支倉常長慶長遣欧使節の真相―肖像画に秘められた実像　大泉光一著　雄山閣　2005.9　271p　22cm　3600円　④4-639-01900-9　Ⓝ210.52　〔06891〕
◇支倉常長伝記・ふらいルイスそてろ略伝　鈴木省三著　仙台　伊勢斎助　1928　38p　19cm　Ⓝ289.1　〔06892〕
◇支倉常長と胆沢町―常長の終焉地を探る　切田未良著　仙台　秋桜社　1994.7　97p　19cm　1000円　④4-88278-093-3　〔06893〕
◇支倉常長とスペイン―歴史シンポジウム記録　西田耕三編　仙台　宮城スペイン協会　1992.6　248p　21cm　非売品　Ⓝ210.52　〔06894〕
◇支倉六右衛門常長―慶長遣欧使節を巡る学際的研究　大泉光一著　文真堂　1998.10　424p　22cm　6800円　④4-8309-4306-8　Ⓝ210.52　〔06895〕
◇支倉六右衛門と西欧使節　田中英道著　丸善　1994.1　228p　18cm　（丸善ライブラリー 110）640円　④4-621-05110-5　Ⓝ210.52　〔06896〕
◇遙かなるロマン―支倉常長の闘い　河北新報社編集局編　仙台　河北新報社　1993.7　119p　26cm　1500円　④4-87341-060-6　Ⓝ210.52　〔06897〕
◇よみがえった慶長使節船　慶長遣欧使節船協会編　仙台　河北新報社　1993.10　189p　19cm　1500円　④4-87341-063-0　Ⓝ210.52　〔06898〕
◇ヨーロッパに消えたサムライたち　太田尚樹著　角川書店　1999.7　243p　20cm　1700円　④4-04-883579-3　Ⓝ210.52　〔06899〕
◇ヨーロッパに消えたサムライたち　太田尚樹著　筑摩書房　2007.1　327p　15cm　（ちくま文庫）780円　①978-4-480-42295-8　Ⓝ210.52　〔06900〕
◇ローマへの遠い旅―慶長使節支倉常長の足跡　高橋由貴彦著　講談社　1981.12　351p　22cm　2400円　④4-06-115101-0　Ⓝ210.52　〔06901〕
◇若き日本と世界―支倉使節から榎本移民団まで　東海大学外国語教育センター編　東海大学出版会　1998.3　262p　20cm　2000円　④4-486-01437-5　Ⓝ210.5　〔06902〕

◆◆鎖国
◇江戸時代―鎖国の構造　信夫清三郎著　新地書房　1987.3　446p　20cm　3700円　Ⓝ210.5　〔06903〕

◇江戸幕府鎖国史論　中村孝也著　奉公会　1914　400p　22cm　(奉公叢書 第1編)　Ⓝ210.5　〔06904〕

◇逆説の日本史　13—江戸文化と鎖国の謎　近世展開編　井沢元彦著　小学館　2006.7　353p　19cm　1600円　Ⓘ4-09-379683-1　〔06905〕

◇逆説の日本史　13　近世展開編　江戸文化と鎖国の謎　井沢元彦著　小学館　2006.7　353p　20cm　1600円　Ⓘ4-09-379683-1　Ⓝ210.04　〔06906〕

◇キリシタン禁教と鎖国　塩田嵩著　京都　大化書院　1947　160p　19cm　(大化歴史文庫)　Ⓝ198.2　〔06907〕

◇近世オランダ貿易と鎖国　八百啓介著　吉川弘文館　1998.12　325,18p　22cm　9600円　Ⓘ4-642-03347-5　Ⓝ678.210359　〔06908〕

◇近世日本国民史 徳川幕府鎖国篇　徳富蘇峰著,平泉澄校訂　講談社　1982.12　469p　15cm　(講談社学術文庫)　980円　Ⓘ4-06-158588-6　Ⓝ210.5　〔06909〕

◇講座日本近世史　2　鎖国　加藤栄一編,山田忠雄編　有斐閣　1981.12　xv,459p　20cm　2800円　Ⓘ4-641-07092-X　Ⓝ210.5　〔06910〕

◇鎖国—1-6　和辻哲郎著　6冊　27cm　Ⓝ210.46　〔06911〕

◇鎖国—日本の悲劇　和辻哲郎著　筑摩書房　1950　783p　22cm　Ⓝ210.46　〔06912〕

◇鎖国—日本の悲劇　和辻哲郎著　筑摩書房　1964　401p　19cm　(筑摩叢書)　Ⓝ210.46　〔06913〕

◇鎖国　妹尾啓司著　評論社　1973　219p　18cm　(若い世代と語る日本の歴史 17)450円　Ⓝ210.5　〔06914〕

◇鎖国—日欧文化交渉史をめぐって　妹尾啓司著　評論社　1987.11　219p　20cm　(若い世代と語る日本の歴史 17)1600円　Ⓘ4-566-06016-0　Ⓝ210.5　〔06915〕

◇鎖国　朝尾直弘著　岩波書店　2004.4　391,18p　22cm　(朝尾直弘著作集 第5巻)9400円　Ⓘ4-00-092615-2　Ⓝ210.5　〔06916〕

◇鎖国　岩生成一著　改版　中央公論新社　2005.9　533p　16cm　(中公文庫—日本の歴史 14)1238円　Ⓘ4-12-204589-4　Ⓝ210.1　〔06917〕

◇鎖国—日本の悲劇　上　和辻哲郎著　岩波書店　1982.1　367p　15cm　(岩波文庫)500円　Ⓝ210.46　〔06918〕

◇鎖国—日本の悲劇　下　和辻哲郎著　岩波書店　1982.2　322,15p　15cm　(岩波文庫)450円　Ⓝ210.46　〔06919〕

◇鎖国への道　助野健太郎著　東出版　1967　76p　19cm　Ⓝ210.5　〔06920〕

◇鎖国への道　助野健太郎著　東出版　1969　116p　19cm　480円　Ⓝ210.53　〔06921〕

◇「鎖国」を開く　川勝平太編著　同文舘出版　2000.6　258p　19cm　2000円　Ⓘ4-495-86481-5　Ⓝ210.5　〔06922〕

◇「鎖国」を見直す　永積洋子編　国際文化交流推進協会　1999.5　220p　19cm　(シリーズ国際交流 1)1800円　Ⓘ4-634-47110-8　Ⓝ210.5　〔06923〕

◇「鎖国」を見直す　荒野泰典著　川崎　川崎市生涯学習振興事業団かわさき市民アカデミー出版部　2003.4　90p　21cm　(かわさき市民アカデミー講座ブックレット no.13)650円　Ⓘ4-916092-41-4　Ⓝ210.5　〔06924〕

◇鎖国時代の世界地理学　鮎沢信太郎著　日大堂書店　1943　363p　22cm　Ⓝ290　〔06925〕

◇鎖国史論　海老沢有道著　図書出版　1944　202p　19cm　Ⓝ210.5　〔06926〕

◇鎖国世界の映像　前田愛著　毎日新聞社　1976　238p　20cm　(江戸シリーズ 1)980円　Ⓝ210.5　〔06927〕

◇鎖国と海禁の時代　山本博文著　校倉書房　1995.6　263p　20cm　3090円　Ⓘ4-7517-2480-0　Ⓝ210.52　〔06928〕

◇鎖国と開国　山口啓二著　岩波書店　1993.4　318p　19cm　(日本歴史叢書)2600円　Ⓘ4-00-004533-4　Ⓝ210.5　〔06929〕

◇鎖国と開国　山下尚志著　近代文芸社　1996.6　154p　20cm　1300円　Ⓘ4-7733-5157-8　Ⓝ210.5　〔06930〕

◇鎖国と開国　山口啓二著　岩波書店　2006.6　346p　15cm　(岩波現代文庫)1200円　Ⓘ4-00-600160-6　〔06931〕

◇鎖国と国際関係　中村質編　吉川弘文館　1997.8　379p　22cm　8000円　Ⓘ4-642-03673-3　Ⓝ210.5　〔06932〕

◇鎖国と国境の成立　武田万里子　同成社　2005.8　184p　19cm　(同成社江戸時代史叢書 21)2200円　Ⓘ4-88621-330-8　〔06933〕

◇鎖国とシルバーロード—世界のなかのジパング　木村正弘著　サイマル出版会　1989.2　255p　19cm　1900円　Ⓘ4-377-10807-7　Ⓝ678.21　〔06934〕

◇鎖国と藩貿易—薩摩藩の琉球密貿易　上原兼善著　八重岳書房　1981.11　308p　20cm　2700円　Ⓝ678.21　〔06935〕

◇鎖国日本と国際交流　箭内健次編　吉川弘文館　1988.2　2冊　22cm　各9800円　Ⓘ4-642-03284-3　Ⓝ210.5　〔06936〕

◇鎖国の研究—日本はほんとうに国を閉ざしていたのか？　荒野泰典監修　ポプラ社　2000.4　47p　29cm　(調べ学習日本の歴史 6)3000円　Ⓘ4-591-06381-X　〔06937〕

◇鎖国の思想—ケンペルの世界史的使命　小堀桂一郎著　中央公論社　1974　214p　18cm　(中公新書)360円　Ⓝ210.5　〔06938〕

◇「鎖国」の比較文明論—東アジアからの視点　上垣外憲一著　講談社　1994.3　262p　19cm　(講談社選書メチエ 9)1500円　Ⓘ4-06-258009-8　Ⓝ210.5　〔06939〕

◇鎖国の窓　増ён廉吉著　大阪　朝日新聞社　1943　310p　22cm　Ⓝ219.3　〔06940〕

◇鎖国の窓—異文化の受容と拒絶　舩橋晴雄著　東急エージェンシー出版部　1986.6　308,3p　19cm　2000円　Ⓘ4-924664-15-4　Ⓝ210.5　〔06941〕

◇鎖国=ゆるやかな情報革命　市村佑一,大石慎三郎著　講談社　1995.9　206p　18cm　(講談社現代新書—新書・江戸時代 4)650円　Ⓘ4-06-149260-8　Ⓝ210.5　〔06942〕

◇週刊ビジュアル日本の歴史　no.24　幕藩体制の確立　4　デアゴスティーニ・ジャパン　2000.8　p128-167　30cm　533円　Ⓝ210.1　〔06943〕

◇週刊ビジュアル日本の歴史　no.40　江戸の行革　10　デアゴスティーニ・ジャパン　2000.11　p380-419　30cm　533円　Ⓝ210.1　〔06944〕

◇対外関係と鎖国　藤野保編　雄山閣出版　1995.4　465p　21cm　(論集幕藩体制史 支配体制と外交・貿易 第8巻)8800円　Ⓘ4-639-01284-5　〔06945〕

◇地球日本史　2　西尾幹二責任編集　産経新聞ニュースサービス　1998.11　446p　20cm　1714円　Ⓘ4-594-02607-9　Ⓝ210.1　〔06946〕

◇地球日本史　2　西尾幹二責任編集　産経新聞ニュースサービス　2001.2　491p　16cm　(扶桑社文庫)648円　Ⓘ4-594-03085-8　Ⓝ210.1　〔06947〕

◇展望日本歴史　14　海禁と鎖国　紙屋敦之,木村直也編　東京堂出版　2002.9　459p　23cm　5000円　Ⓘ4-490-30564-8　Ⓝ210.1　〔06948〕

外交史　　　　　　　　　　　　　近世史

◇徳川鎖国―幕藩封建体制の構造　小林良正著　4版　京都　三和書房　1957　301p　22cm　Ⓝ210.5　〔06949〕
◇日本残酷物語　第3部　鎖国の悲劇　平凡社編　平凡社　1960　406p　20cm　Ⓝ210.049　〔06950〕
◇日本残酷物語　3　鎖国の悲劇　平凡社　1995.6　587p　16cm　（平凡社ライブラリー）1500円　Ⓘ4-582-76104-6　Ⓝ210.049　〔06951〕
◇日本の歴史　第14　鎖国　岩生成一　中央公論社　1966　18cm　Ⓝ210.1　〔06952〕
◇日本の歴史　14　鎖国　岩生成一著　中央公論社　1984.4　474p　18cm　（中公バックス）1200円　Ⓘ4-12-401154-7　Ⓝ210.1　〔06953〕
◇日本の歴史　17　鎖国　朝尾直弘著　小学館　1975　406p　地　20cm　790円　Ⓝ210.1　〔06954〕
◇日本の歴史　近世2-1　異国と異文化―鎖国下の日本　新訂増補　朝日新聞社　2003.10　32p　30cm　（週刊朝日百科　71）476円　Ⓝ210.1　〔06955〕

◆長崎貿易

◇「株式会社」長崎出島　赤瀬浩著　講談社　2005.7　260p　19cm　（講談社選書メチエ　336）1600円　Ⓘ4-06-258336-4　Ⓝ219.3　〔06956〕
◇近世長崎貿易と海運制度の展開　西村圭子著　文献出版　1998.10　416p　22cm　10000円　Ⓘ4-8305-1209-1　Ⓝ678.21　〔06957〕
◇鎖国時代長崎貿易史の研究　太田勝也著　京都　思文閣出版　1992.2　636,14p　22cm　（思文閣史学叢書）14214円　Ⓘ4-7842-0706-6　Ⓝ678.21　〔06958〕
◇鎖国・長崎貿易の華―ギヤマン／更紗／金唐革　特別展　神戸市立博物館編　神戸　神戸市スポーツ教育公社　1994.7　190p　24×25cm　Ⓝ678.21　〔06959〕
◇世界史の中の出島―日欧通交史上長崎の果たした役割　森岡美子著　金井円監修　新装版　長崎　長崎文献社　2005.9　199p　21cm　1600円　Ⓘ4-88851-089-X　Ⓝ210.183　〔06960〕
◇出島―日本とオランダの関係　沼田次郎著　京都　大化書房　1947　132p　18cm　（大化歴史文庫）Ⓝ210.5　〔06961〕
◇出島　長崎　長崎県教育委員会　2005.3　49p　30cm　（長崎県文化財調査報告書　第184集）Ⓝ210.0254　〔06962〕
◇出島以前―平戸・海外交流の始まり　海外交流史研究会著　長崎　長崎労金サービス（発売）　1999.4　96p　21cm　（ろうきんブックレット　8）Ⓘ4-900895-30-X　Ⓝ219.3　〔06963〕
◇出島蘭館日誌　上,中,下巻　村上直次郎訳　文明協会　1938-14　3冊　22cm　Ⓝ210.5　〔06964〕
◇長崎華商貿易の史的研究　朱徳蘭著　芙蓉書房出版　1997.1　192p　22cm　4944円　Ⓘ4-8295-0179-0　Ⓝ678.21022　〔06965〕
◇長崎開役日記―幕末の情報戦争　山本博文著　筑摩書房　1999.2　221p　18cm　（ちくま新書）660円　Ⓘ4-480-05787-0　Ⓝ210.59　〔06966〕
◇長崎居留地と外国商人　重藤威夫著　風間書房　1967　488p　22cm　Ⓝ678.21　〔06967〕
◇長崎居留地貿易時代の研究　重藤威夫著　酒井書店　1961　324p　22cm　Ⓝ678.21　〔06968〕
◇長崎商人伝　大浦お慶の生涯　小川内清孝著　商業界　2002.10　183p　19cm　1400円　Ⓘ4-7855-0217-7　〔06969〕
◇長崎出島オランダ異国事情　西和夫著　角川書店　2004.9　230p　20cm　（角川叢書　28）2800円　Ⓘ4-04-702128-8　Ⓝ210.5　〔06970〕
◇長崎出島の遊女―近代への窓を開いた女たち　白石広子著　勉誠出版　2005.4　172p　19cm　（智慧の海叢書）1200円　Ⓘ4-585-07111-3　〔06971〕
◇長崎唐通事―大通事林道栄とその周辺　林陸朗著　吉川弘文館　2000.6　311p　22cm　9800円　Ⓘ4-642-03358-0　Ⓝ210.5　〔06972〕
◇長崎とオランダ―近代日本への歩み　長崎県教育委員会編　新訂版　長崎　長崎県文化団体協議会　2000.6　206p　21cm　Ⓝ210.5　〔06973〕
◇長崎の唐人貿易　山脇悌二郎著　吉川弘文館　1995.6　323,6p　20cm　（日本歴史叢書　新装版）2884円　Ⓘ4-642-06615-2　Ⓝ678.21　〔06974〕
◇長崎貿易　太田勝也著　同成社　2000.12　283p　20cm　（同成社江戸時代史叢書　8）3000円　Ⓘ4-88621-211-5　Ⓝ678.21　〔06975〕
◇長崎貿易と寛永鎖国　木崎弘美著　東京堂出版　2003.8　295p　22cm　8000円　Ⓘ4-490-20501-5　Ⓝ678.21　〔06976〕
◇西井口文書資料集（抜粋）―小出島組大割元史料に読む近世の魚沼　小出町文化財室所蔵　松井正一編著　小出町（新潟県）　小出の歴史資料を刊行する会　2004.10　117p　30cm　Ⓝ214.1　〔06977〕
◇日本の歴史　中世から近世へ　9　出島と唐人町　新訂増補　朝日新聞社　2002.12　p258-288　30cm　（週刊朝日百科　29）476円　Ⓝ210.1　〔06978〕
◇幕末・明治期における長崎居留地外国人名簿　2　長崎県立長崎図書館編　長崎　長崎県立長崎図書館　2003.3　497p　22cm　（長崎県立長崎図書館郷土史料叢書　3）Ⓝ219.3　〔06979〕
◇幕末・明治期における長崎居留地外国人名簿　3　長崎県立長崎図書館編　長崎　長崎県立長崎図書館　2004.3　510p　22cm　（長崎県立長崎図書館郷土史料叢書　4）Ⓝ219.3　〔06980〕
◇開かれた鎖国―長崎出島の人・物・情報　片桐一男著　講談社　1997.11　222p　18cm　（講談社現代新書）660円　Ⓘ4-06-149377-9　Ⓝ210.5　〔06981〕
◇復原オランダ商館―長崎出島ルネサンス　西和夫編　戎光祥出版　2004.2　254p　19cm　1800円　Ⓘ4-900901-35-0　Ⓝ210.5　〔06982〕

◆漂流民

◇秋田領民漂流物語―鎖国下に異国を見た男たち　神宮滋著　秋田　無明舎出版　2006.6　206p　19cm　1700円　Ⓘ4-89544-428-7　Ⓝ210.5　〔06983〕
◇アメリカ彦蔵自叙伝―開国逸史　ジョゼフ・ヒコ著　土方久徴,藤島長敏訳　京都　ぐろりあそさえて　1932　1冊　19cm　Ⓝ289.1　〔06984〕
◇池田寛親自筆本『船長日記』―督乗丸漂流記―を読む　池田寛親原著　村瀬正章著　成山堂書店　2005.8　208p　22cm　2600円　Ⓘ4-425-30291-5　Ⓝ210.5　〔06985〕
◇異国船漂着物語―難破者と、彼らを救った浜辺の住民たちの交流秘話　松島駿二郎著　JTB　2002.4　253p　19cm　1500円　Ⓘ4-533-04237-6　Ⓝ290.92　〔06986〕
◇異国漂流記集　クレス出版　2002.8　275p　22cm　（翻刻歴史史料叢書　2）4200円　Ⓘ4-87733-154-9,4-87733-152-2　Ⓝ210.5　〔06987〕
◇異国漂流記続集　クレス出版　2002.8　318p　22cm　（翻刻歴史史料叢書　3）4800円　Ⓘ4-87733-158-1,4-87733-152-2　Ⓝ210.5　〔06988〕

◇栄力丸漂流人―ふるさとへの遠い道　井上朋義著　播磨町（兵庫県）〔井上朋義〕1984.5　101p　26cm　Ⓝ210.59　〔06989〕

◇江戸時代漂着唐船資料集　5　安永九年安房千倉漂着南京船元順号資料　大庭脩編著　吹田　関西大学東西学術研究所　1991.3　248p　26cm　（関西大学東西学術研究所資料集刊 13-5）5000円　Ⓘ4-87354-131-X　Ⓝ210.5　〔06990〕

◇江戸時代漂着唐船資料集　6　寛政十二年遠州漂着唐船万勝号資料　藪田貫編著　吹田　関西大学東西学術研究所　1997.11　278p　21cm　（関西大学東西学術研究所資料集刊 13-6）5000円　Ⓘ4-87354-233-2　Ⓝ210.5　〔06991〕

◇江戸時代漂着唐船資料集　7　文政十年土佐漂着江南商船蔣元利資料　松浦章編著　吹田　関西大学東西学術研究所　2006.11　231p　21cm　（関西大学東西学術研究所資料集刊 13-7）3400円　Ⓘ4-87354-436-X　Ⓝ210.5　〔06992〕

◇江戸漂流記総集―石井研堂これくしょん　第1巻　山下恒夫再編　日本評論社　1992.4　622p　20cm　8000円　Ⓘ4-535-06611-6　Ⓝ210.5　〔06993〕

◇江戸漂流記総集―石井研堂これくしょん　第2巻　山下恒夫再編　日本評論社　1992.5　623p　20cm　8000円　Ⓘ4-535-06612-4　Ⓝ210.5　〔06994〕

◇江戸漂流記総集―石井研堂これくしょん　第3巻　山下恒夫再編　日本評論社　1992.7　623p　20cm　8000円　Ⓘ4-535-06613-2　Ⓝ210.5　〔06995〕

◇江戸漂流記総集―石井研堂これくしょん　第4巻　山下恒夫再編　日本評論社　1992.9　618p　20cm　8000円　Ⓘ4-535-06614-0　Ⓝ210.5　〔06996〕

◇江戸漂流記総集―石井研堂これくしょん　第5巻　山下恒夫再編　日本評論社　1992.12　646p　20cm　8000円　Ⓘ4-535-06615-9　Ⓝ210.5　〔06997〕

◇江戸漂流記総集―石井研堂これくしょん　第6巻　山下恒夫再編　日本評論社　1993.7　832p　20cm　8000円　Ⓘ4-535-06616-7　Ⓝ210.5　〔06998〕

◇嘉永無人島漂流記―長州藤曲村廻船遭難事件の研究　小林郁著　三一書房　1998.6　254p　20cm　2400円　Ⓘ4-380-98275-0　Ⓝ210.58　〔06999〕

◇春日丸船頭伝兵衛漂流記―史料　西田耕三編　気仙沼　耕風社　1992.6　207p　21cm　3000円　Ⓝ210.5　〔07000〕

◇寛政年間仙台漂客世界周航実記　小原大衛編　博文館　1894.4　198p　16cm　（寸珍百種　第45編）Ⓝ290　〔07001〕

◇北前船長者丸の漂流　高瀬重雄著　清水書院　1974.4　261p　22cm　Ⓝ290.9　〔07002〕

◇近世アジア漂流　田中優子著　朝日新聞社　1990.12　278p　20cm　1505円　Ⓘ4-02-256229-3　Ⓝ210.5　〔07003〕

◇光塩丸フィリピン漂流記―徳三郎異国見聞録　井上朋義著　播磨町（兵庫県）〔井上朋義〕1983.11　23p　26cm　Ⓝ210.59　〔07004〕

◇鎖国をはみ出た漂流者―その足跡を追う　松島駿二郎著　筑摩書房　1999.2　199p　19cm　（ちくまプリマーブックス）1100円　Ⓘ4-480-04227-X　〔07005〕

◇薩摩漂流奇譚　名越護著　鹿児島　南方新社　2004.9　189p　19cm　1600円　Ⓘ4-86124-027-1　Ⓝ210.5　〔07006〕

◇新世界へ―鎖国日本からはみ出た栄寿丸の十三人　佐野芳和著　法政大学出版局　1989.12　342p　20cm　2884円　Ⓘ4-588-31202-2　Ⓝ210.59　〔07007〕

◇新能登・加賀漂流物語　佃和雄著　金沢　北國新聞社出版局　2006.9　316p　19cm　2000円　Ⓘ4-8330-1492-0　Ⓝ210.5　〔07008〕

◇世界一周した漂流民　石巻若宮丸漂流民の会編著　東洋書店　2003.10　63p　21cm　（ユーラシア・ブックレット No.54）600円　Ⓘ4-88595-464-9　〔07009〕

◇世界を見てしまった男たち　春名徹著　文藝春秋　1981.7　317p　20cm　1400円　Ⓝ210.5　〔07010〕

◇世界を見てしまった男たち―江戸の異郷体験　春名徹著　筑摩書房　1988.3　399p　15cm　（ちくま文庫）560円　Ⓘ4-480-02209-0　Ⓝ210.5　〔07011〕

◇船頭伝兵衛漂流記覚書―西田耕三著作集　西田耕三著　気仙沼　耕風社　1993.10　331p　22cm　3500円　Ⓝ210.5　〔07012〕

◇鳥取に流れ着いた朝鮮人―文政二年伯耆国赤崎沖漂流一件史料集　鳥取県立博物館編　鳥取　鳥取県立博物館　1998.3　166p　26cm　Ⓝ210.55　〔07013〕

◇怒濤を越えた男たち―漂流史料研究集　「怒濤を越えた男たち」編集委員会編　播磨町（兵庫県）　播磨町　1997.12　389p　21cm　Ⓝ210.5　〔07014〕

◇南海紀聞　東航紀聞　彦蔵漂流記　青木定遠、浜田彦蔵著　岩崎俊章、池田晧解説・訳　雄松堂出版　1991.10　559p　22cm　（海外渡航記叢書 4）7210円　Ⓘ4-8419-0118-3　Ⓝ210.5　〔07015〕

◇ニッポン人異国漂流記　小林茂文著　小学館　2000.1　381p　20cm　2500円　Ⓘ4-09-626122-X　Ⓝ210.5　〔07016〕

◇能登・加賀漂流物語　佃和雄著　金沢　北國新聞社出版局　1998.5　248p　19cm　1500円　Ⓘ4-8330-1012-7　Ⓝ210.5　〔07017〕

◇幕末漂流―日米開国秘話　青木健著　河出書房新社　2004.10　230p　20cm　2200円　Ⓘ4-309-01668-5　Ⓝ210.5953　〔07018〕

◇幕末漂流伝―庶民たちの早すぎた「海外体験」の記録　村上貢著　PHP研究所　1988.4　216p　20cm　1200円　Ⓘ4-569-22233-1　Ⓝ210.59　〔07019〕

◇遙かなり、わが故郷　中村喜和, 安井亮平, 長縄光男, 長与進編　横浜　成文社　2005.4　288p　22cm　（異郷に生きる 3）3000円　Ⓘ4-915730-48-4　Ⓝ334.41　〔07020〕

◇漂民の記録―極限下の人間ドラマ　池田晧著　講談社　1969　205p　18cm　（講談社現代新書）230円　Ⓝ299　〔07021〕

◇漂流―鎖国時代の海外発展　鮎沢信太郎著　至文堂　1956　205p　19cm　（日本歴史新書）Ⓝ210.5　〔07022〕

◇漂流―ジョセフ・ヒコと仲間たち　春名徹著　角川書店　1982.1　253p　19cm　（角川選書 132）880円　Ⓝ210.5953　〔07023〕

◇漂流―江戸時代の異国情報　特別展図録　仙台市博物館編　仙台　仙台市博物館　1998.9　159p　26cm　Ⓝ210.5　〔07024〕

◇漂流―読み下し文　岩手県文化財愛護協会編　盛岡　岩手県文化財愛護協会　2007.8　4,107p　21cm　Ⓝ210.5　〔07025〕

◇漂流奇談集成　加藤貴校訂　国書刊行会　1990.5　553p　20cm　（叢書江戸文庫 1）5700円　Ⓘ4-336-03003-0　Ⓝ210.5　〔07026〕

◇漂流記録と漂流体験　倉地克直著　京都　思文閣出版　2005.2　339,5p　22cm　7500円　Ⓘ4-7842-1225-6　Ⓝ210.59　〔07027〕

◇漂流人次郎吉物語　高岡　高岡市立中央図書館　1973.6　44p　19cm　（高岡市古書古文献シリーズ　第2集）Ⓝ210.

◇風濤の果て―永久丸漂流顛末記　山田哲夫著　田辺道子編　横浜　門土社総合出版　1995.11　358p　20cm　2400円　Ⓘ4-89561-183-3　Ⓝ210.5953 〔07029〕

◇船長日記―池田寛親自筆本　池田寛親原著　鈴木太吉著　名古屋　愛知県郷土資料刊行会　2000.6　273p　21cm　2500円　Ⓘ4-87161-071-3　Ⓝ210.5 〔07030〕

◇船長日記　池田寛親原作　稲田浩治訳　文芸社　2001.11　169p　19cm　1000円　Ⓘ4-8355-2544-2　Ⓝ210.5 〔07031〕

◇南太平洋の民族誌―江戸時代日本漂流民のみた世界　高山純著　雄山閣出版　1991.3　262p　22cm　4500円　Ⓘ4-639-01013-3　Ⓝ389.7 〔07032〕

◇魯西亜から来た日本人―漂流民善六物語　大島幹雄著　廣済堂出版　1996.10　227p　20cm　1700円　Ⓘ4-331-50556-1　Ⓝ210.55 〔07033〕

◇若宮丸漂流記　石巻古文書の会編　石巻　石巻古文書の会　1995.8　53p　26cm　（石巻古文書の会テキスト解読シリーズ　第3冊）Ⓝ210.5 〔07034〕

◆◆大黒屋光太夫

◇光太夫とラクスマン―幕末日露交渉史の一側面　木崎良平著　刀水書房　1992.3　266p　20cm　（刀水歴史全書30）2600円　Ⓘ4-88708-134-0　Ⓝ210.5938 〔07035〕

◇大黒屋光太夫　亀井高孝著　吉川弘文館　1964　346p　18cm　（人物叢書　日本歴史学会編）Ⓝ289.1 〔07036〕

◇大黒屋光太夫―帝政ロシア漂流の物語　山下恒夫著　岩波書店　2004.2　243p　18cm　（岩波新書）740円　Ⓘ4-00-430879-8 〔07037〕

◇大黒屋光太夫史料集　第1巻　開国のあけぼの―ロシアの黒船蝦夷地に出現する　山下恒夫編纂　日本評論社　2003.1　736p　20cm　（江戸漂流記総集　別巻）9500円　Ⓘ4-535-06617-5　Ⓝ210.5938 〔07038〕

◇大黒屋光太夫史料集　第2巻　漂流と漂泊の十年―アレウト列島からシベリアへ、そしてペテルブルグ　山下恒夫編纂　日本評論社　2003.3　703p　20cm　（江戸漂流記総集　別巻）9500円　Ⓘ4-535-06618-3　Ⓝ210.5938 〔07039〕

◇大黒屋光太夫史料集　第3巻　伊勢二標民の懐旧談・ロシア資料　山下恒夫編纂　日本評論社　2003.5　780p　20cm　（江戸漂流記総集　別巻）9500円　Ⓘ4-535-06619-1　Ⓝ210.5938 〔07040〕

◇大黒屋光太夫史料集　第4巻　郷土と江戸の史跡と史実・絵画資料―神昌丸漂流事件関連年譜/人名索引　山下恒夫編纂　日本評論社　2003.6　816,64p　20cm　（江戸漂流記総集　別巻）10000円　Ⓘ4-535-06620-5　Ⓝ210.5938 〔07041〕

◇北槎聞略―大黒屋光太夫ロシア漂流記　桂川甫周著　亀井高孝校訂　岩波書店　2000.10　484p　15cm　（岩波文庫）860円　Ⓘ4-00-334561-4 〔07042〕

◆◆高田屋嘉兵衛

◇高田屋嘉兵衛―物語と史蹟をたずねて　童門冬二著　成美堂出版　1988.11　202p　19cm　900円　Ⓘ4-415-06569-4　Ⓝ289.1 〔07043〕

◇高田屋嘉兵衛―物語と史蹟をたずねて　童門冬二著　成美堂出版　1995.10　282p　16cm　（成美文庫）560円　Ⓘ4-415-06428-0　Ⓝ289.1 〔07044〕

◇北海の豪商　高田屋嘉兵衛―日露危機を救った幕末傑物伝　柴村羊五著　亜紀書房　2000.12　348p　19cm　2000円　Ⓘ4-7505-0014-3 〔07045〕

◆◆中浜万次郎（ジョン万次郎）

◇亜米利加漂流譚―土佐国中浜万次郎伝　江本嘉兵衛編　江本嘉兵衛　1878.11　10丁　18cm　Ⓝ289.1 〔07046〕

◇ジョン万次郎　長谷川義史絵　大友博文　アートン　2002.7　1冊　26cm　（Box絵草紙シリーズ v.1（幕末ヒーロー伝）Ⓘ4-901006-31-2　Ⓝ726.5 〔07047〕

◇ジョン万次郎物語　アーサー・モニーズ絵　ウエルカムジョン万の会文　冨山房インターナショナル　2006.10　41p　31cm　1500円　Ⓘ4-902385-31-7　Ⓝ289.1 〔07048〕

◇ジョン・マンと呼ばれた男―漂流民中浜万次郎の生涯　宮永孝著　集英社　1994.1　285p　20cm　1800円　Ⓘ4-08-781092-5　Ⓝ289.1 〔07049〕

◇中浜万次郎―日本社会は幕末の帰国子女をどのように受け入れたか　古谷多紀子著　日本図書刊行会　1997.3　125p　20cm　1500円　Ⓘ4-89039-264-5　Ⓝ289.1 〔07050〕

◇中浜万次郎―「アメリカ」を初めて伝えた日本人　中浜博著　冨山房インターナショナル　2005.1　359p　22cm　2800円　Ⓘ4-902385-08-2　Ⓝ289.1 〔07051〕

◇中浜万次郎集成　川澄哲夫編著　鶴見俊輔監修　中浜博史料監修　スチュアート・M.フランク英文史料監修　増補改訂版　小学館　2001.12　1159p　21cm　19048円　Ⓘ4-09-358042-1 〔07052〕

◇中浜万次郎伝　中浜東一郎著　冨山房　1936　521p　22cm　Ⓝ289.1 〔07053〕

◇中浜万次郎と咸臨丸　磯部寿恵, 磯部美波, 磯部博平共著　清水　磯部出版　1999.1　58p　26cm　非売品　Ⓝ210.59 〔07054〕

◇漂巽紀略　川田維鶴撰　高知　高知市民図書館　1986.3　147,74p　22cm　2000円　Ⓝ210.5953 〔07055〕

◇ファースト・ジャパニーズジョン万次郎　中浜武彦著　講談社　2007.9　211p　20cm　1500円　Ⓘ978-4-06-214177-2　Ⓝ289.1 〔07056〕

◇夜明け―ジョン万次郎と佐倉惣五郎　河村望著　人間の科学新社　2005.12　295p　20cm　1900円　Ⓘ4-8226-0259-1　Ⓝ210.58 〔07057〕

◆ケンペル

◇江戸参府旅行日記　ケンペル著, 斎藤信訳　平凡社　1977.2　371,12p　18cm　（東洋文庫 303）1000円　Ⓝ291.099 〔07058〕

◇ケンプェル江戸参府紀行　上巻　ケンプェル著　呉秀三訳註　呉茂一校訂　雄松堂出版　2005.5　28,596p　23cm　（異国叢書　第5巻）15000円　Ⓘ4-8419-3016-7　Ⓝ291.09 〔07059〕

◇ケンプェル江戸参府紀行　下巻　ケンプェル著　呉秀三訳註　呉茂一校訂　雄松堂出版　2005.5　634p　23cm　（異国叢書　第6巻）15000円　Ⓘ4-8419-3017-5　Ⓝ291.09 〔07060〕

◇ケンペル展―ドイツ人の見た元禄時代　国立民族学博物館, ドイツ―日本研究所編　吹田　国立民族学博物館　1991.2　165p　24×25cm　Ⓝ210.52 〔07061〕

◇ケンペルと徳川綱吉―ドイツ人医師と将軍との交流　B.M.ボダルト=ベイリー著　中直一訳　中央公論社　1994.1　255p　18cm　（中公新書）720円　Ⓘ4-12-101168-6　Ⓝ210.52 〔07062〕

◇検夫爾日本誌　上巻　エンゲルベルト・ケンペル著　坪井信良訳　霞ヶ関出版　1997.6　921p　27cm　Ⓘ4-7603-0126-7　Ⓝ291.09 〔07063〕

◇検夫爾日本誌　中巻　エンゲルベルト・ケンペル著

近世史　　　　　　　　　　　　　　　　　　外交史

坪井信良訳　霞ヶ関出版　1997.6　p922-1890　27cm　Ⓘ4-7603-0126-7　Ⓝ291.09　〔07064〕

◇検夫爾日本誌　下巻　エンゲルベルト・ケンペル著　坪井信良訳　霞ヶ関出版　1997.6　p1892-2758　27cm　Ⓘ4-7603-0126-7　Ⓝ291.09　〔07065〕

◇『検夫爾日本誌』解説・総索引　『検夫爾日本誌』解説・総索引編纂委員会編　霞ケ関出版　1999.3　458p　26cm　30000円　Ⓘ4-7603-0126-7　Ⓝ291.09　〔07066〕

◇ケンペルのみたトクガワ・ジャパン　ヨーゼフ・クライナー編　六興出版　1992.1　294p　20cm　2800円　Ⓘ4-8453-8118-4　Ⓝ210.52　〔07067〕

◇ケンペルのみた日本　ヨーゼフ・クライナー編　日本放送出版協会　1996.3　252p　19cm　(NHKブックス762)950円　Ⓘ4-14-001762-7　Ⓝ210.52　〔07068〕

◇遙かなる目的地—ケンペルと徳川日本の出会い　ベアトリス・M.ボダルト＝ベイリー，デレク・マサレラ著　中直一，小林早百合訳　吹田　大阪大学出版会　1999.7　298p　19cm　3500円　Ⓘ4-87259-064-3　〔07069〕

◆◆日本誌

◇新編通俗大日本誌　三好守雄編　学友館　1891.11　4冊　18cm　Ⓝ210　〔07070〕

◇日本誌—日本の歴史と紀行　エンゲルベルト・ケンペル著，翻訳：今井正　霞ケ関出版　1973　2冊　27cm　6000円，7000円　Ⓝ291.099　〔07071〕

◇日本誌—日本の歴史と紀行　エンゲルベルト・ケンペル著，今井正編訳　改訂・増補　霞ケ関出版　1989.10　2冊　27cm　全61800円　Ⓝ291.09　〔07072〕

◇日本誌—日本の歴史と紀行　第1分冊　エンゲルベルト・ケンペル著　今井正編訳　改訂・増補 新版　霞ケ関出版　2001.7　181p　21cm　(古典叢書 1)4000円　Ⓘ4-7603-0246-8,4-7603-0253-0　Ⓝ291.09　〔07073〕

◇日本誌—日本の歴史と紀行　第2分冊　エンゲルベルト・ケンペル著　今井正編訳　改訂・増補 新版　霞ケ関出版　2001.7　264p　21cm　(古典叢書 2)4000円　Ⓘ4-7603-0247-6,4-7603-0253-0　Ⓝ291.09　〔07074〕

◇日本誌—日本の歴史と紀行　第3分冊　エンゲルベルト・ケンペル著　今井正編訳　改訂・増補 新版　霞ケ関出版　2001.7　p265-400　21cm　(古典叢書 3)4000円　Ⓘ4-7603-0248-4,4-7603-0253-0　Ⓝ291.09　〔07075〕

◇日本誌—日本の歴史と紀行　第4分冊　エンゲルベルト・ケンペル著　今井正編訳　改訂・増補 新版　霞ケ関出版　2001.7　p401-492　21cm　(古典叢書 4)4000円　Ⓘ4-7603-0249-2,4-7603-0253-0　Ⓝ291.09　〔07076〕

◇日本誌—日本の歴史と紀行　第5分冊　エンゲルベルト・ケンペル著　今井正編訳　改訂・増補 新版　霞ケ関出版　2001.7　p493-704　21cm　(古典叢書 5)4000円　Ⓘ4-7603-0250-6,4-7603-0253-0　Ⓝ291.09　〔07077〕

◇日本誌—日本の歴史と紀行　第6分冊　エンゲルベルト・ケンペル著　今井正編訳　改訂・増補 新版　霞ケ関出版　2001.7　p705-1104　21cm　(古典叢書 6)4000円　Ⓘ4-7603-0251-4,4-7603-0253-0　Ⓝ291.09　〔07078〕

◇日本誌—日本の歴史と紀行　第7分冊　エンゲルベルト・ケンペル著　今井正編訳　改訂・増補 新版　霞ケ関出版　2001.7　p1105-1880　21cm　(古典叢書 7)4000円　Ⓘ4-7603-0252-2,4-7603-0253-0　Ⓝ291.09　〔07079〕

◇日本地図—中地理学日本誌用　矢津昌永編　丸善　1900.2　地図9枚　23cm　Ⓝ290.38　〔07080〕

◇普通新地理—日本誌　高橋兼吉，加藤竜次郎編　大倉書店　1900　2冊　23-27cm　Ⓝ290　〔07081〕

◇モンタヌス日本誌　モンタヌス著　和田萬吉訳　日本語版復刻　柏書房　2004.4　469p　図版69枚　23cm　(モンタヌス「日本誌」英語版)Ⓘ4-7601-2507-8　Ⓝ291.09　〔07082〕

◆シーボルト

◇異国叢書　第2　江戸参府紀行　シーボルト著　呉秀三註訳　駿南社　1928　604p　23cm　Ⓝ291　〔07083〕

◇異国叢書　第6　江戸参府紀行　上巻　ケンプェル著　呉秀三訳註　駿南社　1928　596p　23cm　Ⓝ291　〔07084〕

◇異国叢書　第8　日本交通貿易史　シーボルト著　呉秀三訳註　駿南社　1929　540p　23cm　Ⓝ291　〔07085〕

◇異国叢書　第9　江戸参府紀行　下巻　ケンプェル著　呉秀三訳註　駿南社　1929　633p　23cm　Ⓝ291　〔07086〕

◇異国叢書　第9　シーボルト日本交通貿易史　シーボルト著，呉秀三訳註　雄松堂書店　1966　23cm　Ⓝ291.099　〔07087〕

◇近代日本の光源—鳴滝塾の悲劇と展開　久米康生著　木耳社　1974　244p　19cm　1200円　Ⓝ402.105　〔07088〕

◇歳月—シーボルトの生涯　今村明生著　新人物往来社　2006.2　847p　19cm　3800円　Ⓘ4-404-03293-5　〔07089〕

◇再現日本史—週刊time travel　江戸37　講談社　2002.9　42p　30cm　533円　Ⓝ210.1　〔07090〕

◇シーボルト—日本の植物に賭けた生涯　石山禎一著　里文出版　2000.4　281p　20cm　2000円　Ⓘ4-89806-021-8　Ⓝ470.2　〔07091〕

◇シーボルト江戸参府紀行　シーボルト著　呉秀三訳註　呉茂一校訂　雄松堂出版　2005.5　604p　23cm　(異国叢書 第7巻)13000円　Ⓘ4-8419-3018-3　Ⓝ291.09　〔07092〕

◇シーボルト関係文書マイクロフィルム目録—フォン・ブランデンシュタイン家所蔵　第2巻　シーボルト記念館編　長崎　長崎市教育委員会　2001.11　603p　31cm　Ⓝ289.3　〔07093〕

◇シーボルト研究　日独文化協会編　岩波書店　1938　712p　23cm　Ⓝ289.3　〔07094〕

◇ジーボルト最後の日本旅行　A.ジーボルト著，斎藤信訳　平凡社　1981.6　210p　18cm　(東洋文庫 398)1200円　Ⓝ291.09　〔07095〕

◇シーボルト資料展覧会出品目録　日独文化協会等編　〔日独文化協会等〕　1935　122p　23cm　Ⓝ289.3　〔07096〕

◇シーボルト先生—その生涯及び功業　呉秀三著　再版　吐鳳堂書店　1926　1冊　26cm　Ⓝ289.3　〔07097〕

◇シーボルトと宇田川榕菴—江戸蘭学交遊記　高橋輝和著　平凡社　2002.2　225p　18cm　(平凡社新書)740円　Ⓘ4-582-85129-0　Ⓝ402.105　〔07098〕

◇シーボルトと鎖国・開国日本　宮崎道生著　京都　思文閣出版　1997.3　361p　22cm　8755円　Ⓘ4-7842-0926-3　Ⓝ210.58　〔07099〕

◇シーボルトと鳴滝塾—悲劇の展開　久米康生著　木耳社　1989.3　244p　19cm　(オリエントブックス)1236円　Ⓘ4-8393-7480-5　Ⓝ402.105　〔07100〕

◇シーボルトと日蘭交流史の遺産展—シーボルト一族の遺品と江戸の解剖学　長崎　シーボルト記念館　1992　11p　26cm　〔07101〕

◇シーボルトと日本　京都国立博物館ほか編　朝日新聞社

◇シーボルトと日本の開国近代化　箭内健次, 宮崎道生編　続群書類従完成会　1997.2　321p　22cm　7000円　①4-7971-0657-3　Ⓝ210.58　〔07103〕

◇シーボルトと日本の植物―東西文化交流の源泉　木村陽二郎著　恒和出版　1981.2　235p　19cm　（恒和選書 5）1400円　Ⓝ470.2　〔07104〕

◇シーボルトと町絵師慶賀―日本画家が出会った西欧　兼重護著　長崎　長崎新聞社　2003.3　231p　18cm　（長崎新聞新書）1143円　①4-931493-38-6　Ⓝ721.83　〔07105〕

◇シーボルト日記―再来日時の幕末見聞記　シーボルト著　石山禎一, 牧幸一訳　八坂書房　2005.11　398,8p　22cm　4800円　①4-89694-855-6　Ⓝ289.3　〔07106〕

◇シーボルト・日本を旅する――外国人の見た日本の原風景　中核市移行記念・シーボルト生誕200年記念特別展　堺　シーボルト・カウンシル　1996　110p　30cm　Ⓝ210.58　〔07107〕

◇シーボルト日本交通貿易史　フィーリップ・フランツ・フォン・シーボルト著　呉秀三訳　〔　〕540p　23cm　Ⓝ210　〔07108〕

◇シーボルト日本交通貿易史　シーボルト著　呉秀三訳註　呉茂一校訂　雄松堂出版　2005.5　540p　23cm　（異国叢書 第8巻）13000円　①4-8419-3019-1　Ⓝ210.18　〔07109〕

◇シーボルト　日本植物誌　P.F.B.フォン・シーボルト著　大場秀章監修・解説　筑摩書房　2007.12　351p　15cm　（ちくま学芸文庫）1400円　①978-4-480-09123-9　〔07110〕

◇シーボルト　日本植物誌　本文覚書篇　P.F.B.フォン・シーボルト著　大場秀章監修・解説　瀬倉正克訳　改訂版　八坂書房　2007.10　291,7p　21cm　3600円　①978-4-89694-899-8　〔07111〕

◇シーボルト「日本」の研究と解説　緒方富雄等著　講談社　1977.1　319p　31cm　8000円　Ⓝ291.099　〔07112〕

◇シーボルトの江戸参府展―日蘭交流400周年記念・第13回特別展　シーボルト記念館編　長崎　シーボルト記念館　2000.9　88p　30cm　Ⓝ210.58　〔07113〕

◇シーボルトの水族館―特別企画展　長崎歴史文化博物館編　長崎　長崎歴史文化博物館　2007.7　155p　26cm　Ⓝ487.5　〔07114〕

◇シーボルトの21世紀　大場秀章編　東京大学総合研究博物館　2003.11　231p　27cm　（東京大学コレクション 16）3000円　①4-13-020216-2　Ⓝ470.38　〔07115〕

◇シーボルトの日本研究　石山禎一編著　吉川弘文館　1997.11　198,4p　22cm　6000円　①4-642-03335-1　Ⓝ210　〔07116〕

◇シーボルトの日本史　布施昌一著　木耳社　1988.10　278p　19cm　1300円　①4-8393-7459-7　Ⓝ210.55　〔07117〕

◇シーボルトの日本探険―この「人間と歴史」の風景　布施昌一著　木耳社　1977.11　278p　19cm　1300円　Ⓝ210.58　〔07118〕

◇シーボルトの娘たち　羽仁説子著　創生社　1948　171p　19cm　Ⓝ281　〔07119〕

◇シーボルト、波瀾の生涯　ヴェルナー・シーボルト著　酒井幸子訳　どうぶつ社　2006.8　317p　19cm　2200円　①4-88622-334-6　〔07120〕

◇シーボルト父子のみた日本　ドイツ日本研究所ほか編　ドイツ日本研究所　1996.2　1冊　30cm　Ⓝ702.15　〔07121〕

◇シーボルト豆辞典―シーボルトへのぎもんに答えます　やまおかみつはる著　山形　藤庄印刷　2004.10　33p　15cm　（豆辞典シリーズ 3）200円　①4-944077-73-4　Ⓝ289.3　〔07122〕

◇ジーボルト論攷　第1冊　京都　独逸文化研究所ジーボルト委員会　1944　160p　19cm　Ⓝ289.3　〔07123〕

◇黄昏のトクガワ・ジャパン―シーボルト父子の見た日本　ヨーゼフ・クライナー編　日本放送出版協会　1998.10　284p　19cm　（NHKブックス）1070円　①4-14-001842-9　〔07124〕

◇日本　第1巻　フィリップ・フランツ・フォン・シーボルト著, 中井晶夫訳　雄松堂書店　1977.11　414p　23cm　5200円　〔07125〕

◇日本　図録 第1巻　フィリップ・フランツ・フォン・シーボルト著, 中井晶夫, 八城圀衛訳　雄松堂書店　1978.3　76p 図版24枚　31cm　7500円　Ⓝ291.099　〔07126〕

◇日本　第2巻　フィリップ・フランツ・フォン・シーボルト著, 中井晶夫, 斎藤信訳　雄松堂書店　1978.1　400p　23cm　5200円　Ⓝ291.099　〔07127〕

◇日本　図録 第2巻　フィリップ・フランツ・フォン・シーボルト著, 中井晶夫, 金本正之訳　雄松堂書店　1978.5　56p 図版92枚　31cm　7500円　Ⓝ291.099　〔07128〕

◇日本　第3巻　フィリップ・フランツ・フォン・シーボルト著, 斎藤信, 金本正之訳　雄松堂書店　1978.5　386p　23cm　5200円　Ⓝ291.099　〔07129〕

◇日本　図録 第3巻　フィリップ・フランツ・フォン・シーボルト著, 末木文美士ほか訳　雄松堂書店　1979.2　102p 図版69枚　31cm　7500円　Ⓝ291.099　〔07130〕

◇日本　第4巻　フィリップ・フランツ・フォン・シーボルト著, 中井晶夫ほか訳　雄松堂書店　1978.7　350p　23cm　5200円　Ⓝ291.099　〔07131〕

◇日本　第5巻　フィリップ・フランツ・フォン・シーボルト著, 尾崎賢治訳　雄松堂書店　1978.12　292p　23cm　5200円　Ⓝ291.099　〔07132〕

◇日本　第6巻　フィリップ・フランツ・フォン・シーボルト著, 加藤九祚ほか訳　雄松堂書店　1979.5　482p　23cm　5200円　Ⓝ291.09　〔07133〕

◇発覚、シーボルト事件　小西聖一著　高田勲絵　理論社　2006.3　145p　21cm　（ものがたり日本 歴史の事件簿）1200円　①4-652-01635-2　〔07134〕

◇ヒポクラテス日本特使―フィリップ・フランツ・フォン・シーボルトの功績　ハルメン・ビューケルス著　Yutaka Matsumoto訳　Amsterdam　Organon　c1997　143p　27cm　Ⓝ490.21　〔07135〕

◇文久元年の対露外交とシーボルト　保田孝一編著　高橋輝和ほか共訳　岡山　吉備洋学資料研究会　1995.3　239p　30cm　Ⓝ210.58　〔07136〕

◇文政十一年のスパイ合戦―検証・謎のシーボルト事件　秦新二著　文藝春秋　1992.4　318p　20cm　1700円　①4-16-346270-8　Ⓝ210.58　〔07137〕

◇文政十一年のスパイ合戦―検証・謎のシーボルト事件　秦新二著　文藝春秋　1996.3　366p　16cm　（文春文庫）510円　①4-16-735302-4　Ⓝ210.58　〔07138〕

◇文政十一年のスパイ合戦―検証・謎のシーボルト事件　秦新二著　双葉社　2007.6　371p　15cm　（双葉文庫―日本推理作家協会賞受賞作全集 73）695円　①978-4-575-65872-9　Ⓝ210.55　〔07139〕

◇牧野標本館所蔵のシーボルトコレクション　加藤僖重著　京都　思文閣出版　2003.11　288p　22cm　5400円　①4-7842-1165-9　Ⓝ470.2　〔07140〕

◇連座―シーボルト事件と馬場為八郎　吉田昭治著　秋田

無明舎出版　1984.1　240p　20cm　1700円　Ⓝ289.1
〔07141〕

◆幕末外交・貿易史
◇阿部正弘と日米和親条約―平成16年度春の企画展　広島県立歴史博物館編　福山　広島県立歴史博物館　2004.4　103p　30cm　（広島県立歴史博物館展示図録　第31冊）Ⓝ210.58
〔07142〕
◇異国船来航と三浦半島―古文書を中心として　渡辺正美著　横須賀　渡辺正美　1982.3　330p　20cm　2500円　Ⓝ210.59
〔07143〕
◇石本卯之助書翰―豊後岡藩御用達書簡　別府　別府大学付属博物館　1991.2　198p　21cm　Ⓝ210.59〔07144〕
◇維新前夜―スフィンクスと34人のサムライ　鈴木明著　小学館　1988.6　365p　20cm　1500円　①4-09-387023-3　Ⓝ210.59
〔07145〕
◇維新前夜―スフィンクスと34人のサムライ　鈴木明著　小学館　1992.2　372p　16cm　（小学館ライブラリー）880円　①4-09-460018-3　Ⓝ210.59〔07146〕
◇海のまくあけ―漂流・探検・海防、そして開国　企画展　福島県立博物館編　会津若松　福島県立博物館　1995.7　52p　30cm　Ⓝ210.59
〔07147〕
◇小笠原諸島異国船来航記　大熊良一著　近藤出版社　1985.11　193p　22cm　4300円　Ⓝ213.6〔07148〕
◇開港から攘夷の海―大開港展シリーズ・第3回　霞会館資料展示委員会編　霞会館　1989.9　80p　28cm　（霞会館資料　第14輯）Ⓝ210.59
〔07149〕
◇開国期日本外交史の断面　浜屋雅軌著　高文堂出版社　1993.10　191p　22cm　2980円　①4-7707-0436-4　Ⓝ210.59
〔07150〕
◇開国と攘夷　小西四郎著　改版　中央公論新社　2006.2　581p　16cm　（中公文庫―日本の歴史 19）1238円　①4-12-204645-9　Ⓝ210.58
〔07151〕
◇開国と攘夷―日本の対外戦争幕末　豊田泰著　文芸社　2006.6　389p　21cm　2000円　①4-286-01292-1　Ⓝ210.59
〔07152〕
◇開国と幕末の動乱　井上勲編　吉川弘文館　2004.1　328,18p　20cm　（日本の時代史 20）3200円　①4-642-00820-9　Ⓝ210.59
〔07153〕
◇開国と幕末変革　井上勝生著　講談社　2002.5　396p　20cm　（日本の歴史　第18巻）2200円　①4-06-268918-9　Ⓝ210.58
〔07154〕
◇彼方に眠る日本の夢―海の向こうの幕末・維新史紀行　古川薫著　PHP研究所　1989.12　184p　20cm　1300円　①4-569-52631-4　Ⓝ210.59〔07155〕
◇川勝家文書　日本史籍協会編　東京大学出版会　1970　460,15,19p　22cm　（日本史籍協会叢書）3000円　Ⓝ210.59
〔07156〕
◇近世後期政治史と対外関係　藤田覚著　東京大学出版会　2005.12　312,11p　22cm　5700円　①4-13-020141-7　Ⓝ210.55
〔07157〕
◇近世日本国防論　上,下巻　足立栗園著　三教書院　1939-15　2冊　23cm　Ⓝ392
〔07158〕
◇黒船富士山に登る！―幕末外交異聞　谷有二著　同朋舎　2001.12　221p　20cm　1500円　①4-8104-2730-7　Ⓝ210.59
〔07159〕
◇国際法より観たる幕末外交物語　尾佐竹猛著　文化生活研究会　1926　499,11p　19cm　Ⓝ210.5〔07160〕
◇国際法より観たる幕末外交物語　尾佐竹猛著　邦光堂　1930　1冊　20cm　Ⓝ210.5
〔07161〕
◇再現日本史―週刊time travel　幕末・維新 4　講談社　2001.7　46p　30cm　533円　Ⓝ210.1
〔07162〕
◇鎖国日本異国Mexico―難船栄寿丸の13人　佐野芳和著　トナティウ・グティエレス,L.グティエレス監修　メキシコ　アルテス・グラフィカス・パノラマ（印刷）　1999.6　126p　38cm　①970-91-81-1-3　Ⓝ210.5956
〔07163〕
◇James Biddleの来航　高橋恭一編著　横須賀　郷土の歴史を探る会　1975　33p　26cm　Ⓝ210.59〔07164〕
◇下田開港関係文書緊急調査報告書　静岡県教育委員会編　下田　下田市教育委員会　1976.3　160p　26cm　（文化財シリーズ no.4）Ⓝ210.59
〔07165〕
◇写真記録日本外交史　日米通信社編　外務省鑑修　日本図書センター　2007.3　344p　31cm　24000円　①978-4-284-50019-7　Ⓝ319.1
〔07166〕
◇周光山済海寺蔵外国書願留　東京都港区教育委員会編　東京都港区教育委員会　1987.12　114p　30cm　Ⓝ210.59
〔07167〕
◇趣味の日本史談　巻11　江戸時代の幕末外交編　北垣恭次郎著　明治図書出版　1953-1954　19cm　Ⓝ210.1
〔07168〕
◇西欧軍事体制の受容と近代日本―オランダの長崎海軍伝習とその影響を中心に（1855-1859）　朴栄濬著　富士ゼロックス小林節太郎記念基金編　富士ゼロックス小林節太郎記念基金　2001.10　61p　30cm　非売品　Ⓝ210.58
〔07169〕
◇尊皇攘夷論と開国史観　森昌也著　日本問題研究所　1940　95p　19cm　（戦争文化叢書　第28輯）Ⓝ210.5
〔07170〕
◇対外交渉史の研究―開国期の東西文化交流　金井円著　横浜　有隣堂　1988.12　324,30p　22cm　7800円　①4-89660-085-1　Ⓝ210.59
〔07171〕
◇大日本商業史―附・平戸貿易史　菅沼貞風著　訂3版　八尾書店　1902.10　661,135p　22cm　Ⓝ670〔07172〕
◇日本近代思想大系　13　歴史認識　加藤周一ほか編　田中彰,宮地正人校注　岩波書店　1991.4　561p　22cm　5600円　①4-00-230013-7　Ⓝ121.6
〔07173〕
◇日本の歴史　19　開国と攘夷　小西四郎著　改版　中央公論新社　2006.2　581p　15cm　（中公文庫）1238円　①4-12-204645-9
〔07174〕
◇日本の歴史　近世から近代へ 5　開国　新訂増補　朝日新聞社　2004.1　p130-160　30cm　（週刊朝日百科 85）476円　Ⓝ210.1
〔07175〕
◇幕末維新期の外圧と抵抗　洞富雄著　校倉書房　1977.3　520p　22cm　（歴史科学叢書）5800円　Ⓝ210.59
〔07176〕
◇幕末維新期の外交と貿易　鵜飼政志著　校倉書房　2002.9　418p　22cm　（歴史科学叢書）10000円　①4-7517-3340-0　Ⓝ210.59
〔07177〕
◇幕末維新と外交　横山伊徳編　吉川弘文館　2001.8　370p　22cm　（幕末維新論集 7）5500円　①4-642-03727-6　Ⓝ210.59
〔07178〕
◇幕末維新の異文化交流―外圧をよみとく　洞富雄著　横浜　有隣堂　1995.2　333p　20cm　2300円　①4-89660-125-4　Ⓝ210.59
〔07179〕
◇幕末維新の海　渡辺加藤一著　成山堂書店　1999.10　216p　22cm　2600円　①4-425-30171-4　Ⓝ210.59
〔07180〕
◇幕末維新の領土と外交　安岡昭男著　大阪　清文堂出版　2002.3　270p　22cm　8000円　①4-7924-0513-0　Ⓝ210.59
〔07181〕
◇幕末欧州見聞録―尾蠅欧行漫録　市川清流著　楠家重

外交史　　　　　　　　　　　　　　近世史

敏編訳　新人物往来社　1992.8　238p　22cm　3800円
Ⓘ4-404-01934-3　Ⓝ210.59
〔07182〕

◇幕末外交使節池田筑後守　小林久磨雄著　岡山　恒心社
1934　154p　20cm　Ⓝ289.1
〔07183〕

◇幕末外交史の研究　大塚武松著　宝文館　1952　436p
図版　表　22cm　Ⓝ210.59
〔07184〕

◇幕末外交史の研究　大塚武松著　新訂増補版　宝文館出版　1967　434,30p　22cm　Ⓝ210.59
〔07185〕

◇幕末外交史余話—エピソードが照らす史実の側面　具島兼三郎著　評論社　1974　222p　19cm　（評論社の教養叢書　38）1200円　Ⓝ210.59
〔07186〕

◇幕末外交と開国　加藤祐三著　筑摩書房　2004.1　249,4p　18cm　（ちくま新書）740円　Ⓘ4-480-06153-3　Ⓝ210.5953
〔07187〕

◇幕末開国新観—附・新島襄　根岸橘三郎著　博文館　1927　520p　図版12枚　20cm　Ⓝ210.5
〔07188〕

◇幕末外船渡来記抄　岡山　岡山文化協会　1942　46p　19cm　Ⓝ210.5
〔07189〕

◇幕末に於ける世界情勢及び外交事情　服部之総著　岩波書店　1982.5　48p　23cm　（日本資本主義発達史講座第1部　明治維新史）Ⓝ210.59
〔07190〕

◇幕末の小笠原—欧米の捕鯨船で栄えた緑の島　田中弘之著　中央公論社　1997.10　273p　18cm　（中公新書）840円　Ⓘ4-12-101388-3
〔07191〕

◇幕末之外交　高橋宇一著　尾道　郷学堂　1906.8　105p　24cm　Ⓝ210.5
〔07192〕

◇幕末の外交　石井孝著　京都　三一書房　1948　244p　19cm　（新日本歴史双書　近世　第5）Ⓝa316
〔07193〕

◇幕末の外交　石井孝著　京都　三一書房　1948　244p　19cm　（新日本歴史双書　近世　第5）Ⓝ210.5
〔07194〕

◇幕末の交渉学　藤田忠著　プレジデント社　1981.10　257p　20cm　1200円　Ⓝ210.58
〔07195〕

◇幕末の駐日外交官・領事官　川崎晴朗著　雄松堂出版　1988.3　335p　22cm　（東西交流叢書　4）4200円
Ⓘ4-8419-0043-8　Ⓝ210.59
〔07196〕

◇幕末貿易史　山口和雄　中央公論社　1943　380p　22cm　Ⓝ678
〔07197〕

◇幕末貿易史　山口和雄　生活社　1947　380p　19cm　Ⓝ678.21
〔07198〕

◇幕末貿易史　山口和雄　生活社　1947　380p　19cm　Ⓝ678
〔07199〕

◇幕末貿易史の研究　石井孝　日本評論社　1944　526p　22cm　（日本歴史学大系　4）Ⓝ678
〔07200〕

◇はじめての外国人　伊藤喜助著　北上　〔伊藤喜助〕　1992.5　110p　21cm　1000円　Ⓝ210.59
〔07201〕

◇貿易史上の平戸　村上直次郎著　日本学術普及会　1917　131,50p　22cm　Ⓝ219.3
〔07202〕

◇貿易史徴　川島右次編　神戸　神戸商工協会　1915　図版24枚　27×35cm　Ⓝ678
〔07203〕

◇貿易統計からみた横浜港の百三十年—変わりゆく輸出入商品の百三十年小史　横浜税関編　横浜　日本関税協会横浜支部　1989.4　36,3p　26cm　Ⓝ678.91
〔07204〕

◇益頭駿次郎と幕末・明治維新　磯部博平筆　清水　磯部出版　1997.4　36p　25cm　非売品　Ⓝ210.59
〔07205〕

◇御蔵島—西洋黒船漂着一件記 1863年　高橋基生著　ノーベル書房　1969　109,35p　30cm　2500円　Ⓝ213.69
〔07206〕

◇港区の文化財　第1集　幕末の外交史跡　東京都港区教

育委員会,東京都港区文化財調査委員会編　東京都港区教育委員会　1964.10　29p　26cm　Ⓝ709.136
〔07207〕

◇明治維新対外関係史研究　犬塚孝明著　吉川弘文館　1987.7　341,9p　22cm　6800円　Ⓘ4-642-03599-0　Ⓝ210.59
〔07208〕

◇明治維新と外圧　石井孝　吉川弘文館　1993.7　217,9p　20cm　2500円　Ⓘ4-642-07399-X　Ⓝ210.61
〔07209〕

◇明治維新とナショナリズム—幕末の外交と政治変動　三谷博著　山川出版社　1997.1　364,22p　22cm　6800円　Ⓘ4-634-61180-5　Ⓝ210.61
〔07210〕

◇乱世の歴史像—幕末の日本と世界　高橋磌一著　一声社　1979.5　307p　20cm　1500円　Ⓝ210.58
〔07211〕

◇両洋の眼—幕末明治の文化接触　吉田光邦著　朝日新聞社　2005.6　216p　19cm　（朝日選書　117）2500円　Ⓘ4-86143-036-4　Ⓝ210.59
〔07212〕

◆◆幕末外交史料

◇近代日本と幕末外交文書編纂の研究　田中正弘著　京都　思文閣出版　1998.2　461,22p　22cm　9800円　Ⓘ4-7842-0958-1　Ⓝ210.59
〔07213〕

◇続通信全覧　46　類輯之部　30　船艦門　外務省原編纂　通信全覧編集委員会編　雄松堂出版　1987.4　834p　27cm　Ⓝ210.59
〔07214〕

◇日本近代思想大系　1　開国　加藤周一ほか編　田中彰校注　岩波書店　1991.1　498p　22cm　5200円　Ⓘ4-00-230001-3　Ⓝ121.6
〔07215〕

◇幕末維新外交史料集成　第1-6巻　維新史学会編　財政経済学会　1942-1944　6冊　22cm　Ⓝ210.5
〔07216〕

◇幕末維新外交史料集成　第1巻〜第6巻　維新史学会編　第一書房　1978.4　6冊　22cm　全58000円　Ⓝ210.59
〔07217〕

◇幕末外交談　田辺太一著　東京大学出版会　1976.5　546p　22cm　（続日本史籍協会叢書）5000円　Ⓝ210.59
〔07218〕

◇幕末外交談　第1　田辺太一著,坂田精一訳校注　平凡社　1966　268,17p　18cm　（東洋文庫　69）Ⓝ210.59
〔07219〕

◇幕末外交談　第2　田辺太一著,坂田精一訳校注　平凡社　1966　333p　18cm　（東洋文庫　72）Ⓝ210.59　〔07220〕

◇幕末貿易史料　本庄栄治郎編　出版地不明　経済史研究会　大阪　清文堂出版（発売）　1970　336p　22cm　（経済史研究会叢刊　第3分冊）2800円　Ⓝ678.21　〔07221〕

◇奉使日録　村山拙軒著　〔海軍軍医学校〕　出版年不明　40丁　23cm　Ⓝ210.59
〔07222〕

◇明治戊辰局外中立顛末　外務省編　東京大学出版会　1967　434p　22cm　（日本史籍協会叢書　185）3000円　Ⓝ210.59
〔07223〕

◆◆◆幕末外国関係文書

◇大日本古文書—幕末外国関係文書之30　東京大学史料編纂所編　東京大学　1960　406,15p　22cm　Ⓝ210.08
〔07224〕

◇大日本古文書—幕末外国関係文書之31　東京大学史料編纂所編　東京大学　1961　392p　22cm　Ⓝ210.08
〔07225〕

◇大日本古文書—幕末外国関係文書之32　東京大学史料編纂所編　東京大学　1962　412,24p　22cm　Ⓝ210.08
〔07226〕

◇大日本古文書—幕末外国関係文書之33　東京大学史料編

纂所編　東京大学　1964　356,100p　22cm　Ⓝ210.08
〔07227〕

◇大日本古文書　幕末外国関係文書之1　嘉永六年六月～同年七月　東京大学史料編纂所編　東京大学出版会　1984.6　860,12p　22cm　8000円　Ⓘ4-13-091351-4　Ⓝ210.59
〔07228〕

◇大日本古文書　幕末外国関係文書之2　嘉永六年八月～同年九月　東京大学史料編纂所編纂　東京大学出版会　1984.7　636,46p　22cm　8000円　Ⓘ4-13-091352-2　Ⓝ210.59
〔07229〕

◇大日本古文書　幕末外国関係文書之3　嘉永六年十月～同年十二月　東京大学史料編纂所編纂　東京大学出版会　1984.8　606p　22cm　8000円　Ⓘ4-13-091353-0　Ⓝ210.59
〔07230〕

◇大日本古文書　幕末外国関係文書之4　安政元年正月　東京大学史料編纂所編纂　東京大学出版会　1984.9　636p　22cm　8000円　Ⓘ4-13-091354-9　Ⓝ210.59
〔07231〕

◇大日本古文書　幕末外国関係文書之5　安政元年二月～同年三月　東京大学史料編纂所編纂　東京大学出版会　1984.10　674,4,6p　22cm　8000円　Ⓘ4-13-091355-7　Ⓝ210.59
〔07232〕

◇大日本古文書　幕末外国関係文書之6　安政元年四月～同年六月　東京大学史料編纂所編纂　東京大学出版会　1984.11　652,2p　22cm　8000円　Ⓘ4-13-091356-5　Ⓝ210.59
〔07233〕

◇大日本古文書　幕末外国関係文書之7　安政元年七月～同年九月　東京大学史料編纂所編纂　東京大学出版会　1984.12　680,104p　22cm　8000円　Ⓘ4-13-091357-3　Ⓝ210.59
〔07234〕

◇大日本古文書　幕末外国関係文書之8　安政元年拾月～同年拾弐月　東京大学史料編纂所編纂　東京大学出版会　1985.1　588p　22cm　8000円　Ⓘ4-13-091358-1　Ⓝ210.59
〔07235〕

◇大日本古文書　幕末外国関係文書之9　安政二年正月～同年三月上旬　東京大学史料編纂所編纂　東京大学出版会　1985.2　596p　22cm　8000円　Ⓘ4-13-091359-X　Ⓝ210.59
〔07236〕

◇大日本古文書　幕末外国関係文書之10　安政二年三月中旬～同年四月中旬　東京大学史料編纂所編纂　東京大学出版会　1985.3　538p　22cm　5000円　Ⓘ4-13-091360-3　Ⓝ210.59
〔07237〕

◇大日本古文書　幕末外国関係文書之11　安政二年四月中旬～同年五月下旬　東京大学史料編纂所編纂　東京大学出版会　1985.4　484p　22cm　6000円　Ⓘ4-13-091361-1　Ⓝ210.59
〔07238〕

◇大日本古文書　幕末外国関係文書之12　安政二年六月上旬～同年九月上旬　東京大学史料編纂所編纂　東京大学出版会　1985.5　494p　22cm　6000円　Ⓘ4-13-091362-X　Ⓝ210.59
〔07239〕

◇大日本古文書　幕末外国関係文書之13　安政二年九月中旬～同三年二月下旬　東京大学史料編纂所編纂　東京大学出版会　1985.5　466p　22cm　6000円　Ⓘ4-13-091363-8　Ⓝ210.59
〔07240〕

◇大日本古文書　幕末外国関係文書之14　安政三年三月～同年八月　東京大学史料編纂所編纂　東京大学出版会　1985.5　960p　22cm　9000円　Ⓘ4-13-091364-6　Ⓝ210.59
〔07241〕

◇大日本古文書　幕末外国関係文書之15　安政三年九月～同四年四月　東京大学史料編纂所編纂　東京大学出版会　1985.6　912p　22cm　9000円　Ⓘ4-13-091365-4　Ⓝ210.59
〔07242〕

◇大日本古文書　幕末外国関係文書之16　安政四年五月～同年七月中旬　東京大学史料編纂所編纂　東京大学出版会　1985.6　896p　22cm　9000円　Ⓘ4-13-091366-2　Ⓝ210.59
〔07243〕

◇大日本古文書　幕末外国関係文書之17　安政四年七月下旬～同年九月　東京大学史料編纂所編纂　東京大学出版会　1985.7　884,4p　22cm　9000円　Ⓘ4-13-091367-0　Ⓝ210.59
〔07244〕

◇大日本古文書　幕末外国関係文書之18　安政四年十月～同年十二月　東京大学史料編纂所編纂　東京大学出版会　1985.7　910,14p　22cm　9000円　Ⓘ4-13-091368-9　Ⓝ210.59
〔07245〕

◇大日本古文書　幕末外国関係文書之19　安政五年正月～同年四月上旬　東京大学史料編纂所編纂　東京大学出版会　1985.8　838,74p　22cm　9000円　Ⓘ4-13-091369-7　Ⓝ210.59
〔07246〕

◇大日本古文書　幕末外国関係文書之20　安政五年四月中旬～同年七月　東京大学史料編纂所編纂　東京大学出版会　1985.8　860,42p　22cm　9000円　Ⓘ4-13-091370-0　Ⓝ210.59
〔07247〕

◇大日本古文書　幕末外国関係文書之21　安政五年八月～同年十二月　東京大学史料編纂所編纂　東京大学出版会　1985.9　962,6p　22cm　9000円　Ⓘ4-13-091371-9　Ⓝ210.59
〔07248〕

◇大日本古文書　幕末外国関係文書之22　安政六年正月～同年三月　東京大学史料編纂所編纂　東京大学出版会　1985.9　962,34p　22cm　9000円　Ⓘ4-13-091372-7　Ⓝ210.59
〔07249〕

◇大日本古文書　幕末外国関係文書之23　安政六年四月～同年六月　東京大学史料編纂所編纂　東京大学出版会　1985.10　440,16p　22cm　6000円　Ⓘ4-13-091373-5　Ⓝ210.59
〔07250〕

◇大日本古文書　幕末外国関係文書之24　安政六年六月～同年七月　東京大学史料編纂所編纂　東京大学出版会　1985.10　447,34p　22cm　6000円　Ⓘ4-13-091374-3　Ⓝ210.59
〔07251〕

◇大日本古文書　幕末外国関係文書之25　安政六年七月～同年八月　東京大学史料編纂所編纂　東京大学出版会　1985.10　506,41p　22cm　6000円　Ⓘ4-13-091375-1　Ⓝ210.59
〔07252〕

◇大日本古文書　幕末外国関係文書之26　安政六年八月　東京大学史料編纂所編纂　東京大学出版会　1985.10　398,26p　22cm　6000円　Ⓘ4-13-091376-X　Ⓝ210.59
〔07253〕

◇大日本古文書　幕末外国関係文書之27　安政六年九月　東京大学史料編纂所編纂　東京大学出版会　1985.12　421,16p　22cm　6000円　Ⓘ4-13-091377-8　Ⓝ210.59
〔07254〕

◇大日本古文書　幕末外国関係文書之28　安政六年十月　東京大学史料編纂所編纂　東京大学出版会　1985.12　412,38p　22cm　6000円　Ⓘ4-13-091378-6　Ⓝ210.59
〔07255〕

◇大日本古文書　幕末外国関係文書之29　安政六年十月～同年十一月　東京大学史料編纂所編纂　東京大学出版会　1986.1　418,17p　22cm　6000円　Ⓘ4-13-091379-4　Ⓝ210.59
〔07256〕

◇大日本古文書　幕末外国関係文書之30　安政六年十一月　東京大学史料編纂所編纂　東京大学出版会　1986.1　406,15p　22cm　6000円　Ⓘ4-13-091380-8　Ⓝ210.59
〔07257〕

◇大日本古文書　幕末外国関係文書之31　安政六年十一月～同年十二月　東京大学史料編纂所編纂　東京大学出版会　1986.2　392,8p　22cm　6000円　Ⓘ4-13-091381-6

外交史　　　　　　　　　　　　近世史

Ⓝ210.59　　　　　　　　　〔07258〕

◇大日本古文書　幕末外国関係文書之32　安政六年十二月　東京大学史料編纂所編纂　東京大学出版会　1986.2　412,24p　22cm　6000円　Ⓘ4-13-091382-4　Ⓝ210.59
〔07259〕

◇大日本古文書　幕末外国関係文書之33　安政六年十二月　東京大学史料編纂所編纂　東京大学出版会　1986.3　356,100p　22cm　6000円　Ⓘ4-13-091383-2　Ⓝ210.59
〔07260〕

◇大日本古文書　幕末外国関係文書之34　万延元年正月　東京大学史料編纂所編纂　東京大学出版会　1986.3　481,43p　22cm　6000円　Ⓘ4-13-091384-0　Ⓝ210.59
〔07261〕

◇大日本古文書　幕末外国関係文書之35　万延元年二月　東京大学史料編纂所編纂　東京大学出版会　1986.4　349,11p　22cm　6000円　Ⓘ4-13-091385-9　Ⓝ210.59
〔07262〕

◇大日本古文書　幕末外国関係文書之36　万延元年二月　東京大学史料編纂所編纂　東京大学出版会　1986.4　277,12,10p　22cm　6000円　Ⓘ4-13-091386-7　Ⓝ210.59
〔07263〕

◇大日本古文書　幕末外国関係文書之37　万延元年三月　東京大学史料編纂所編纂　東京大学出版会　1986.5　294,19p　22cm　6000円　Ⓘ4-13-091387-5　Ⓝ210.59
〔07264〕

◇大日本古文書　幕末外国関係文書之38　万延元年3年　東京大学史料編纂所編纂　東京大学　1980.11　312,10p　22cm　3800円　Ⓝ210.088
〔07265〕

◇大日本古文書—幕末外国関係文書　39　東京大学史料編纂所編　東京大学出版会　1983.3　15,315,60p　22cm　4800円　Ⓝ210.088
〔07266〕

◇大日本古文書　幕末外国関係文書之41　万延元年7月〜同年8月　東京大学史料編纂所編纂　東京大学　1987.1　239,51p　22cm　4200円　Ⓝ210.088
〔07267〕

◇大日本古文書　幕末外国関係文書之42　万延元年9月1日〜同年10月5日　東京大学史料編纂所編纂　東京大学　1989.3　386,11p　22cm　5600円　Ⓝ210.088　〔07268〕

◇大日本古文書　幕末外国関係文書之43　万延元年10月6日〜同年10月晦日　東京大学史料編纂所編纂　東京大学　1991.3　588,17p　22cm　8400円　Ⓝ210.088　〔07269〕

◇大日本古文書　幕末外国関係文書之44　万延元年11月1日〜同年11月20日　東京大学史料編纂所編纂　東京大学　1993.3　524,14p　22cm　8400円　Ⓝ210.088　〔07270〕

◇大日本古文書　幕末外国関係文書之45　万延元年11月21日〜同年12月13日　東京大学史料編纂所編纂　東京大学　1995.3　534,15p　22cm　9400円　Ⓘ4-13-091395-6　Ⓝ210.088
〔07271〕

◇大日本古文書　幕末外国関係文書之46　万延元年12月　東京大学史料編纂所編纂　東京大学　1997.3　527,17p　22cm　10400円　Ⓘ4-13-091396-4　Ⓝ210.088
〔07272〕

◇大日本古文書　幕末外国関係文書之47　文久元年正月　東京大学史料編纂所編纂　東京大学史料編纂所　1999.3　384,13p　22cm　8400円　Ⓘ4-13-091397-2　Ⓝ210.088
〔07273〕

◇大日本古文書　幕末外国関係文書之48　文久元年正月　東京大学史料編纂所編纂　東京大学史料編纂所　2001.3　440,26p　22cm　12000円　Ⓘ4-13-091398-0　Ⓝ210.088
〔07274〕

◇大日本古文書　幕末外国関係文書之49　東京大学史料編纂所編纂　東京大学史料編纂所　2003.3　430p　22cm　9900円　Ⓘ4-13-091399-9　Ⓝ210.088　〔07275〕

◇大日本古文書　幕末外国関係文書之50　東京大学史料編纂所編纂　東京大学出版会（発売）　2005.3　532p　22cm　9700円　Ⓘ4-13-091400-6　Ⓝ210.088　〔07276〕

◇大日本古文書　幕末外国関係文書之51　東京大学史料編纂所編纂　東京大学出版会（発売）　2007.3　474p　22cm　10800円　Ⓘ978-4-13-091451-2　Ⓝ210.088
〔07277〕

◇大日本古文書　幕末外国関係文書之1-34　東京大学史料編纂所編　東京大学　1910-1969　34冊　22cm　Ⓝ210.08
〔07278〕

◇幕末外国関係文書　44　東京大学史料編纂所編　東京大学出版会　1993.3　524,14p　21cm　（大日本古文書）8652円　Ⓘ4-13-091394-8　〔07279〕

◆◆◆◆幕末外国関係文書附録

◇大日本古文書—幕末外国関係文書 附録之 5　東京大学史料編纂所編　東京大学　1965　396p　22cm　Ⓝ210.08
〔07280〕

◇大日本古文書—幕末外国関係文書 附録之6　東京大学史料編纂所編　東京大学　1966　284p　22cm　Ⓝ210.08
〔07281〕

◇大日本古文書—幕末外国関係文書 附録之7　東京大学史料編纂所編　東京大学　1967　577p　22cm　Ⓝ210.08
〔07282〕

◇大日本古文書　幕末外国関係文書 附録之1-7　東京大学史料編纂所編　東京大学　1913-1967　7冊　22cm　Ⓝ210.08　〔07283〕

◇大日本古文書　幕末外国関係文書附録之1　東京大学史料編纂所編纂　東京大学出版会　1986.5　648p　22cm　9000円　Ⓘ4-13-091401-4　Ⓝ210.59　〔07284〕

◇大日本古文書　幕末外国関係文書附録之2　東京大学史料編纂所編纂　東京大学出版会　1986.6　544p　22cm　6000円　Ⓘ4-13-091402-2　Ⓝ210.59　〔07285〕

◇大日本古文書　幕末外国関係文書附録之3　東京大学史料編纂所編纂　東京大学出版会　1986.6　482p　22cm　6000円　Ⓘ4-13-091403-0　Ⓝ210.59　〔07286〕

◇大日本古文書　幕末外国関係文書附録之4　東京大学史料編纂所編纂　東京大学出版会　1986.7　928p　22cm　9000円　Ⓘ4-13-091404-9　Ⓝ210.59　〔07287〕

◇大日本古文書　幕末外国関係文書附録之5　東京大学史料編纂所編纂　東京大学出版会　1986.5　396p　22cm　6000円　Ⓘ4-13-091405-7　Ⓝ210.59　〔07288〕

◇大日本古文書　幕末外国関係文書附録之6　東京大学史料編纂所編纂　東京大学出版会　1986.8　284p　22cm　6000円　Ⓘ4-13-091406-5　Ⓝ210.59　〔07289〕

◇大日本古文書　幕末外国関係文書附録之7　東京大学史料編纂所編纂　東京大学出版会　1986.8　577p　22cm　6000円　Ⓘ4-13-091407-3　Ⓝ210.59　〔07290〕

◆◆◆続通信全覧

◇続通信全覧　1　編年之部　1　文久元年　外務省原編纂，通信全覧編集委員会編　雄松堂出版　1983.7　819p　27cm　19000円　Ⓝ210.59
〔07291〕

◇続通信全覧　2　編年之部　2　文久元年　外務省原編纂，通信全覧編集委員会編　雄松堂出版　1983.8　939p　27cm　19000円　Ⓝ210.59
〔07292〕

◇続通信全覧　3　編年之部　3　文久元年・文久2年　外務省原編纂, 通信全覧編集委員会編　雄松堂出版　1983.9　872p　27cm　19000円　Ⓝ210.59　〔07293〕

◇続通信全覧　4　編年之部　4　文久2年　外務省原編纂，通信全覧編集委員会編　雄松堂出版　1983.10　728p

近世史　　　　　　　　　　　　　　　　　　　　　　　外交史

◇続通信全覧　5　編年之部　5　文久3年　外務省原編纂,通信全覧編集委員会編　雄松堂出版　1983.11　912p　27cm　19000円　Ⓝ210.59　〔07295〕

◇続通信全覧　6　編年之部　6　文久3年・元治元年　外務省原編纂,通信全覧編集委員会編　雄松堂出版　1983.12　864p　27cm　19000円　Ⓝ210.59　〔07296〕

◇続通信全覧　7　編年之部　7　元治元年・慶応元年　外務省原編纂,通信全覧編集委員会編　雄松堂出版　1984.1　767p　27cm　19000円　Ⓝ210.59　〔07297〕

◇続通信全覧　8　編年之部　8　慶応元年　外務省原編纂,通信全覧編集委員会編　雄松堂出版　1984.2　781p　27cm　19000円　Ⓝ210.59　〔07298〕

◇続通信全覧　9　編年之部　9　慶応元年・慶応2年　外務省原編纂,通信全覧編集委員会編　雄松堂出版　1984.3　838p　27cm　19000円　Ⓝ210.59　〔07299〕

◇続通信全覧　10　編年之部　10　慶応二年　外務省原編纂,通信全覧編集委員会編　雄松堂出版　1984.4　962p　27cm　19000円　Ⓝ210.59　〔07300〕

◇続通信全覧　11　編年之部　11　慶応2年　外務省原編纂,通信全覧編集委員会編　雄松堂出版　1984.5　692p　27cm　19000円　Ⓝ210.59　〔07301〕

◇続通信全覧　12　編年之部　12　慶応3年　外務省原編纂,通信全覧編集委員会編　雄松堂出版　1984.6　883p　27cm　19000円　Ⓝ210.59　〔07302〕

◇続通信全覧　13　編年之部　13　慶応三年　外務省原編纂,通信全覧編集委員会編　雄松堂出版　1984.7　642p　27cm　19000円　Ⓝ210.59　〔07303〕

◇続通信全覧　14　編年之部　14　慶応3年　外務省原編纂,通信全覧編集委員会編　雄松堂出版　1984.8　599p　27cm　19000円　Ⓝ210.59　〔07304〕

◇続通信全覧　15　編年之部　15　慶応三年　外務省原編纂,通信全覧編集委員会編　雄松堂出版　1984.9　572p　27cm　19000円　Ⓝ210.59　〔07305〕

◇続通信全覧　16　編年之部　16　慶応三年・慶応四年　外務省原編纂,通信全覧編集委員会編　雄松堂出版　1984.10　583p　27cm　19000円　Ⓝ210.59　〔07306〕

◇続通信全覧　17　類輯之部　1　総目録　上　外務省原編纂,通信全覧編集委員会編　雄松堂出版　1984.11　660p　27cm　19000円　Ⓝ210.59　〔07307〕

◇続通信全覧　18　類輯之部　2　総目録　下　外務省原編纂,通信全覧編集委員会編　雄松堂出版　1984.12　640p　27cm　19000円　Ⓝ210.59　〔07308〕

◇続通信全覧　19　類輯之部　3　礼典門・礼儀門　外務省原編纂,通信全覧編集委員会編　雄松堂出版　1985.1　872p　27cm　19000円　Ⓝ210.59　〔07309〕

◇続通信全覧　20　類輯之部　4　礼儀門・慶弔門・修好門　外務省原編纂,通信全覧編集委員会編　雄松堂出版　1985.2　875p　27cm　19000円　Ⓝ210.59　〔07310〕

◇続通信全覧　21　類輯之部　5　修好門　外務省原編纂,通信全覧編集委員会編　雄松堂出版　1985.3　932p　27cm　19000円　Ⓝ210.59　〔07311〕

◇続通信全覧　22　類輯之部　6　修好門　外務省原編纂,通信全覧編集委員会編　雄松堂出版　1985.4　957p　27cm　19000円　Ⓝ210.59　〔07312〕

◇続通信全覧　23　類輯之部　7　修好門　外務省原編纂,通信全覧編集委員会編　雄松堂出版　1985.5　959p　27cm　19000円　Ⓝ210.59　〔07313〕

◇続通信全覧　24　類輯之部　8　修好門　外務省原編纂,通信全覧編集委員会編　雄松堂出版　1985.6　886p　27cm　19000円　Ⓝ210.59　〔07314〕

◇続通信全覧　25　類輯之部　9　修好門　外務省原編纂,通信全覧編集委員会編　雄松堂出版　1985.7　800p　27cm　19000円　Ⓝ210.59　〔07315〕

◇続通信全覧　26　類輯之部　10　修好門　外務省原編纂,通信全覧編集委員会編　雄松堂出版　1985.8　858p　27cm　19000円　Ⓝ210.59　〔07316〕

◇続通信全覧　27　類輯之部　11　修好門・官令門　外務省原編纂,通信全覧編集委員会編　雄松堂出版　1985.9　859p　27cm　19000円　Ⓝ210.59　〔07317〕

◇続通信全覧　28　類輯之部　12　官令門　外務省原編纂,通信全覧編集委員会編　雄松堂出版　1985.10　934p　27cm　19000円　Ⓝ210.59　〔07318〕

◇続通信全覧　29　類輯之部　13　規則門　外務省原編纂,通信全覧編集委員会編　雄松堂出版　1985.11　802p　27cm　19000円　Ⓝ210.59　〔07319〕

◇続通信全覧　30　類輯之部　14　規則門・法令門　外務省原編纂,通信全覧編集委員会編　雄松堂出版　1985.12　768p　27cm　19000円　Ⓝ210.59　〔07320〕

◇続通信全覧　31　類輯之部　15　警衛門　外務省原編纂,通信全覧編集委員会編　雄松堂出版　1986.1　871p　27cm　19000円　Ⓝ210.59　〔07321〕

◇続通信全覧　32　類輯之部　16　警衛門・貿易門　外務省原編纂,通信全覧編集委員会編　雄松堂出版　1986.2　893p　27cm　19000円　Ⓝ210.59　〔07322〕

◇続通信全覧　33　類輯之部　17　貿易門　外務省原編纂,通信全覧編集委員会編　雄松堂出版　1986.3　875p　27cm　19000円　Ⓝ210.59　〔07323〕

◇続通信全覧　34　類輯之部　18　貿易門・租税門　外務省原編纂,通信全覧編集委員会編　雄松堂出版　1986.4　895p　27cm　19000円　Ⓝ210.59　〔07324〕

◇続通信全覧　35　類輯之部　19　地処門　外務省原編纂,通信全覧編集委員会編　雄松堂出版　1986.5　740p　27cm　19000円　Ⓝ210.59　〔07325〕

◇続通信全覧　類輯之部　35　暴行門　外務省編纂,通信全覧編集委員会編集　雄松堂出版　1987.10　891pp　27cm　19000円　Ⓝ210.59　〔07326〕

◇続通信全覧　類輯之部　36　暴行門・訴訟門　外務省編纂,通信全覧編集委員会編集　雄松堂出版　1987.11　816p　27cm　19000円　Ⓝ210.59　〔07327〕

◇続通信全覧　37　類輯之部　21　地処門　外務省原編纂,通信全覧編集委員会編　雄松堂出版　1986.7　675p　27cm　19000円　Ⓝ210.59　〔07328〕

◇続通信全覧　38　類輯之部　22　館舎門　外務省原編纂,通信全覧編集委員会編　雄松堂出版　1986.8　679p　27cm　19000円　Ⓝ210.59　〔07329〕

◇続通信全覧　類輯之部　38　雑・修好門補遺・船鑑門補遺　外務省原編纂,通信全覧編集委員会編集　雄松堂出版　1988.2　994p　27cm　19000円　Ⓝ210.59　〔07330〕

◇続通信全覧　39　類輯之部　23　館舎門　外務省原編纂,通信全覧編集委員会編　雄松堂出版　1986.9　875p　27cm　19000円　Ⓝ210.59　〔07331〕

◇続通信全覧　40　類輯之部　24　傭雇門・羇旅門　外務省原編纂,通信全覧編集委員会編　雄松堂出版　1986.10　815p　27cm　19000円　Ⓝ210.59　〔07332〕

◇続通信全覧　41　類輯之部　25　羇旅門　外務省原編纂,通信全覧編集委員会編　雄松堂出版　1986.11　952p　27cm　19000円　Ⓝ210.59　〔07333〕

◇続通信全覧　42　類輯之部　26　工業門・外航門・機関門　外務省原編纂,通信全覧編集委員会編　雄松堂出版　1986.12　925p　27cm　19000円　Ⓝ210.59　〔07334〕

◇続通信全覧　43　類輯之部　27　物産門・宗教門・船鑑門

外務省原編纂,通信全覧編集委員会編　雄松堂出版
1987.1　837p　27cm　19000円　Ⓝ210.59　〔07335〕
◇続通信全覧　44　類輯之部　28　船艦門　外務省原編纂,
通信全覧編集委員会編　雄松堂出版　1987.2　923p
27cm　19000円　Ⓝ210.59　〔07336〕
◇続通信全覧　45　類輯之部　29　船艦門　外務省原編纂,
通信全覧編集委員会編　雄松堂出版　1987.3　939p
27cm　19000円　Ⓝ210.59　〔07337〕
◇続通信全覧　47　類輯之部　31　船艦門・貨財門　外務
省原編纂,通信全覧編集委員会編　雄松堂出版　1987.6
836p　27cm　19000円　Ⓝ210.59　〔07338〕
◇続通信全覧　48　類輯之部　32　貨財門・芸学門・文書門
外務省原編纂,通信全覧編集委員会編　雄松堂出版
1987.7　858p　27cm　19000円　Ⓝ210.59　〔07339〕
◇続通信全覧　49　類輯之部　33　武器門・暴門　外務
省原編纂,通信全覧編集委員会編　雄松堂出版　1987.8
951p　27cm　19000円　Ⓝ210.59　〔07340〕
◇続通信全覧　50　類輯之部　34　暴行門　外務省原編纂,
通信全覧編集委員会編　雄松堂出版　1987.9　982p
27cm　19000円　Ⓝ210.59　〔07341〕
◇続通信全覧　51　類輯之部　35　暴行門　外務省原編纂,
通信全覧編集委員会編　雄松堂出版　1987.10　891p
27cm　19000円　Ⓝ210.59　〔07342〕
◇続通信全覧　52　類輯之部　36　暴行門・訴訟門　外務
省原編纂,通信全覧編集委員会編　雄松堂出版　1987.11
816p　27cm　19000円　Ⓝ210.59　〔07343〕
◇続通信全覧　53　類輯之部　37　雑　外務省原編纂,通信
全覧編集委員会編　雄松堂出版　1987.12　991p　27cm
19000円　Ⓝ210.59　〔07344〕
◇続通信全覧　54　類輯之部　38　雑・修好門補遺・船艦門
補遺　外務省原編纂,通信全覧編集委員会編　雄松堂出
版　1988.2　994p　27cm　19000円　Ⓝ210.59
〔07345〕
◇通信全覧総目録・解説　田中正弘著,通信全覧編集委員
会編　雄松堂出版　1989.10　615p　22cm　10300円
Ⓘ4-8419-0097-7　Ⓝ210.59　〔07346〕

◆黒船・ペリー来航
◇猪口孝が読み解く『ペリー提督日本遠征記』　フランシ
ス・L.ホークス編　猪口孝監修　三方洋子訳　NTT
出版　1999.10　286p　20cm　2000円
Ⓘ4-7571-4010-X　Ⓝ210.5953　〔07347〕
◇海を渡った生き人形―ペリー以前以後の日米交流　小林
淳一著　朝日新聞社　1999.9　222p　19cm　(朝日選書
633)1200円　Ⓘ4-02-259733-X　Ⓝ210.5953　〔07348〕
◇江戸の終焉～黒船・開国―解説目録　平成14年度企画展
東北大学附属図書館編　仙台　東北大学附属図書館
2002.10　12p　30cm　〔07349〕
◇NHK歴史への招待　第20巻　黒船襲来　日本放送協会
編　日本放送出版協会　1989.5　245p　18cm　700円
Ⓘ4-14-018044-7　Ⓝ210.1　〔07350〕
◇開国へのあゆみ―阿部正弘とペリー　福山市立福山城博
物館編　福山　福山市立福山城博物館　1985.4　80p
26cm　Ⓝ210.5953　〔07351〕
◇開国とペリ　桑田透一著　日本放送出版協会　1941
151p　18cm　(ラジオ新書 57)Ⓝ210.5　〔07352〕
◇開国百年ペリ祭展覧会出品目録　柏崎　柏崎市　1953
47p　23cm　Ⓝ210.5953　〔07353〕
◇嘉永下田取計一件―国立国会図書館蔵　下田市教育委員
会編　下田　下田市教育委員会　1979.3-1980.3　4冊
26cm　(文化財シリーズ no.11～14)Ⓝ210.59　〔07354〕

◇片葉雑記―色川三中黒船風聞日記　色川三中著,中井信
彦校注　慶友社　1986.7　291,7p　22cm　5000円
Ⓝ210.59　〔07355〕
◇隠されたペリーの「白旗」―日米関係のイメージ論的・
精神史的研究　三輪公忠著　上智大学,信山社〔発売〕
1999.3　391,16p　19cm　2800円　Ⓘ4-7972-6001-7
〔07356〕
◇近世日本国民史　第31巻　彼理来航及其当時　徳富猪一
郎著　近世日本国民史刊行会　1965　19cm　Ⓝ210.5
〔07357〕
◇近世日本国民史開国日本　2　ペリ来航およびその当
時　徳富蘇峰著,平泉澄校訂　講談社　1979.4　444p
15cm　(講談社学術文庫)480円　Ⓝ210.5　〔07358〕
◇故郷燃える―兵庫県・近代の出発　第1巻　黒船編　神
戸新聞社編　神戸　のじぎく文庫　1970　490p　19cm
Ⓝ216.4　〔07359〕
◇黒船　石井直樹編　下田　サン印刷出版室　1981.9
97p　22cm　(サン文庫)Ⓝ210.59　〔07360〕
◇黒船―特別展　神奈川県立歴史博物館編　横浜　神奈川
県立歴史博物館　2003.4　135p　30cm　Ⓝ210.5953
〔07361〕
◇黒船以降―政治家と官僚の条件　山内昌之,中村彰彦著
中央公論新社　2006.1　218p　20cm　1800円
Ⓘ4-12-003696-0　Ⓝ210.58　〔07362〕
◇黒船以前―アメリカの対日政策はそこから始まった!!
御手洗昭治著　第一書房　1994.4　152,42p　20cm
2200円　Ⓘ4-8042-0069-X　Ⓝ210.5953　〔07363〕
◇黒船異聞―日本を開国したのは捕鯨船だ　川澄哲夫著
横浜　有隣堂　2004.12　246p　20cm　1700円
Ⓘ4-89660-188-2　Ⓝ210.5953　〔07364〕
◇黒船異変―ペリーの挑戦　加藤祐三著　岩波書店
1988.2　198p　18cm　(岩波新書)480円
Ⓘ4-00-430013-4　Ⓝ210.5953　〔07365〕
◇黒船異変―ペリーの挑戦　加藤祐三著　岩波書店
1993.7　198p　20cm　(岩波新書の江戸時代)1500円
Ⓘ4-00-009130-1　Ⓝ210.5953　〔07366〕
◇黒船画譜　黒船社編　下田町(静岡県)　黒船社　1934
131p　23×31cm　Ⓝ215.4　〔07367〕
◇黒船が見た幕末日本―徳川慶喜とペリーの時代　ピー
ター・ブース・ワイリー著　興梠一郎訳　ティビーエ
ス・ブリタニカ　1998.7　415p　20cm　2500円
Ⓘ4-484-98108-4　Ⓝ210.5953　〔07368〕
◇黒船がやってきた―幕末の情報ネットワーク　岩田みゆ
き著　吉川弘文館　2005.6　194p　19cm　(歴史文化ラ
イブラリー 191)1700円　Ⓘ4-642-05591-6　Ⓝ210.5
〔07369〕
◇黒船記―(開国史話)　川路柳虹著　法政大学出版局
1953　242p　19cm　Ⓝ210.58　〔07370〕
◇黒船時代―佐久間象山の生涯　塚原健二郎著　吉田貫
三郎画　学習社　1941.10　234p　21cm　(学習社文
庫)Ⓝ121.55　〔07371〕
◇黒船前後　服部之総著　大畑書店　1933　264p　19cm
Ⓝ210.6　〔07372〕
◇黒船前後　服部之総著　清和書店　1935　293p　20cm
Ⓝ210.6　〔07373〕
◇黒船前後―維新史夜話　服部之総著　三和書房　1946
178p　19cm　Ⓝ204　〔07374〕
◇黒船前後―維新史夜話　服部之総著　三和書房　1946
178p　19cm　Ⓝ210.6　〔07375〕
◇黒船前後　服部之総著　角川書店　1953　211p　15cm
(角川文庫)Ⓝ204　〔07376〕

◇黒船前後―服部之総随筆集　服部之総著　筑摩書房　1966　385p　19cm　(筑摩叢書)　Ⓝ204　〔07377〕

◇黒船前後・志士と経済―他十六篇　服部之総著　岩波書店　1981.7　266p　15cm　(岩波文庫)350円　Ⓝ210.58　〔07378〕

◇黒船前後の世界　加藤祐三著　岩波書店　1985.11　432,14p　19cm　3000円　Ⓘ4-00-000433-6　Ⓝ210.59　〔07379〕

◇黒船前後の世界　加藤祐三著　筑摩書房　1994.5　522,14p　15cm　(ちくま学芸文庫)1650円　Ⓘ4-480-08128-3　Ⓝ210.59　〔07380〕

◇黒船前夜の出会い―捕鯨船長クーパーの来航　平尾信子著　日本放送出版協会　1994.7　220p　19cm　(NHKブックス　706)830円　Ⓘ4-14-001706-6　Ⓝ210.5953　〔07381〕

◇黒船とニッポン開国―異文化交錯の劇空間　神徳昭甫著　富山　梧桐書院(発売)　2006.4　195,7p　20cm　(富山大学出版会学術図書シリーズ v.1)4800円　Ⓘ4-340-53001-8　Ⓝ210.5953　〔07382〕

◇黒船と幕府―ペリー来航の背景と幕府の対応　浜屋雅軌著　高文堂出版社　1984.10　190p　21cm　2400円　Ⓘ4-7707-0101-2　Ⓝ210.5953　〔07383〕

◇黒船の衝撃―明治維新の源流　木村時夫著　早稲田大学出版部　1981.7　82p　19cm　(リカレントブックス 1)　Ⓝ210.59　〔07384〕

◇黒船祭記念写真帖　昭和14年4月　黒船協会編　黒船協会　1939　図版24枚　28×39cm　Ⓝ210.5　〔07385〕

◇黒船来航と川越藩―第13回企画展図録　川越市立博物館編　川越　川越市立博物館　1998.10　67p　30cm　Ⓝ213.4　〔07386〕

◇黒船来航と品川台場　東京都品川区立品川歴史館編　品川区立品川歴史館　1987.11　44p　26cm　Ⓝ210.59　〔07387〕

◇黒船来航と倒幕への動き―江戸時代後期　古川清行著　小峰書店　1998.4　119p　27cm　(人物・遺産でさぐる日本の歴史 調べ学習に役立つ 11)2500円　Ⓘ4-338-15111-0　〔07388〕

◇黒船来航と横浜　横浜　横浜郷土研究会　1993.3　179p　21cm　(よこれき双書　第12巻)　Ⓝ210.59　〔07389〕

◇黒船来航の経済史的背景―石炭関連業界の利益と思惑　浜屋雅軌著　高文堂出版社　1989.10　111p　21cm　1648円　Ⓘ4-7707-0306-6　Ⓝ210.5953　〔07390〕

◇黒船来航譜―開港への序曲　毎日新聞社　1988.12　199p　37cm　39000円　Ⓘ4-620-80219-0　Ⓝ210.59　〔07391〕

◇再現日本史―週刊time travel　幕末・維新 1　講談社　2001.7　42p　30cm　533円　Ⓝ210.1　〔07392〕

◇週刊ビジュアル日本の歴史　no.49　徳川幕府の衰退 9　デアゴスティーニ・ジャパン　2001.1　p338-377　30cm　533円　〔07393〕

◇庶民の維新史　第1　ペリー日本に来たる　日置昌一著　日本出版協同株式会社　1953　256p　19cm　Ⓝ210.61　〔07394〕

◇図説・黒船の時代　黒船館編　河出書房新社　1995.4　127p　22cm　1700円　Ⓘ4-309-72494-9　Ⓝ210.58　〔07395〕

◇西洋化の構造―黒船・武士・国家　園田英弘著　京都　思文閣出版　1993.10　350,11p　22cm　7725円　Ⓘ4-7842-0801-1　Ⓝ210.6　〔07396〕

◇伝記 ペリー提督の日本開国　サミュエル・エリオット・モリソン著　座本勝之訳　双葉社　2000.4　471p　19cm　2400円　Ⓘ4-575-29062-9　〔07397〕

◇天皇の世紀　1　黒船　大仏次郎著　朝日新聞社　1969　392p　23cm　1300円　Ⓝ210.58　〔07398〕

◇天皇の世紀　1　大仏次郎著　朝日新聞社　1969.2(第23刷：1997.10)　392p　23cm　5000円　Ⓘ4-02-253672-1　Ⓝ210.58　〔07399〕

◇天皇の世紀　1　黒船渡来　大仏次郎著　朝日新聞社　1977.9　300p　15cm　360円　Ⓝ210.58　〔07400〕

◇天皇の世紀　1　黒船　大仏次郎著　普及版　朝日新聞社　2005.12　392p　19cm　1800円　Ⓘ4-02-250151-0　Ⓝ210.61　〔07401〕

◇南浦書信―ペリー来航と浦賀奉行戸田伊豆守氏栄の書簡集　浦賀近世史研究会監修　未來社　2002.3　198p　20cm　2000円　Ⓘ4-624-11188-5　Ⓝ210.5953　〔07402〕

◇錦絵幕末明治の歴史　1　黒船来航　小西四郎著　講談社　1977.2　139p(おもに図)　31cm　1800円　Ⓝ210.6　〔07403〕

◇日米関係の原点―ペリー来航に関する研究　浜屋雅軌著　高文堂出版社　1992.2　101p　21cm　1680円　Ⓘ4-7707-0375-9　Ⓝ210.5953　〔07404〕

◇日本遠征日記　ペリー著,金井円訳　雄松堂出版　1985.10　502,31p　23cm　(新異国叢書　第2輯 1)5200円　Ⓝ210.58　〔07405〕

◇幕末史話　第2巻　黒船前後　金子治司著　創造　陽樹社(発売)　1976　292p　19cm　1500円　Ⓝ210.58　〔07406〕

◇箱館開港とペリーの足跡―日米関係の原点を探る　市立函館博物館編　函館　市立函館博物館　1992.4　22p　21cm　Ⓝ210.5953　〔07407〕

◇米国使節彼理提督来朝図絵　樋畑翁輔遺稿　樋畑雪湖編　吉田一郎　1931　1冊　24cm　Ⓝ210.5　〔07408〕

◇ペリーがやってきた―19世紀にやってきた異国人たち　沖縄県文化振興会公文書館管理部史料編集室編　那覇　沖縄県教育委員会　1999.3　57p　30cm　(沖縄県史ビジュアル版 4(近世 1))　Ⓝ219.9　〔07409〕

◇ペリー艦隊大航海記　大江志乃夫著　立風書房　1994.4　332p　20cm　2700円　Ⓘ4-651-70061-6　Ⓝ210.5953　〔07410〕

◇ペリー艦隊大航海記　大江志乃夫著　朝日新聞社　2000.7　372p　15cm　(朝日文庫)840円　Ⓘ4-02-261306-8　Ⓝ210.5953　〔07411〕

◇ペリー艦隊日本遠征記　V.1　M.C.Perry著　オフィス宮崎訳・構成　栄光教育文化研究所　1997.10　535p　30cm　Ⓘ4-89711-035-1　Ⓝ291.09　〔07412〕

◇ペリー艦隊日本遠征記　V.2　M.C.Perry著　オフィス宮崎訳・構成　栄光教育文化研究所　1997.10　1冊　30cm　Ⓘ4-89711-035-1　Ⓝ291.09　〔07413〕

◇ペリー艦隊日本遠征記　V.3　M.C.Perry著　オフィス宮崎訳・構成　栄光教育文化研究所　1997.10　704p　30cm　Ⓘ4-89711-035-1　Ⓝ291.09　〔07414〕

◇ペリー提督日本遠征日記　マシュー・C.ペリー原著　木原悦子訳　小学館　1996.10　283p　20cm　(地球人ライブラリー)1500円　Ⓘ4-09-251028-4　Ⓝ210.5953　〔07415〕

◇ペリー提督の機密報告書―コンフィデンシャル・レポートと開国交渉の真実　今津浩一著　横浜　ハイデンス　2007.10　221p　22cm　2381円　Ⓘ978-4-9902228-1-9　Ⓝ210.5953　〔07416〕

◇ペリーと下田開港　森義男編　下田町(静岡県)　下田史談会　1969　180p　19cm　320円　Ⓝ210.593

〔07417〕
◇ペリーと大琉球　高良倉吉,玉城朋彦編　那覇　琉球放送　1997.3　205p　19cm　1429円　Ⓘ4-938923-52-1　Ⓝ219.9
〔07418〕
◇ペリーに大砲を向けた男友平栄　壬生町立歴史民俗資料館編　壬生町（栃木県）　壬生町　1998　118p　25cm　Ⓝ210.59
〔07419〕
◇ペリー日本遠征記図譜　豆州下田郷土資料館編　京都　京都書院　1998.6　255p　15cm　（京都書院アーツコレクション 86 絵画 8）1000円　Ⓘ4-7636-1586-6　Ⓝ291.09
〔07420〕
◇ペリー日本遠征随行記　サミュエル・ウェルズ・ウィリアムズ著,洞富雄訳　雄松堂書店　1970　553,17p　図版11枚　23cm　（新異国叢書 8）2600円　Ⓝ291.099
〔07421〕
◇ペリー日本遠征随行記　サミュエル・ウェルズ・ウィリアムズ著,洞富雄訳　雄松堂書店　1978.10　553,17p　図版11枚　23cm　（新異国叢書 8）3500円　Ⓝ291.099
〔07422〕
◇ペリーの白旗―150年目の真実　岸俊光著　毎日新聞社　2002.11　238p　20cm　1700円　Ⓘ4-620-31590-7　Ⓝ210.5953
〔07423〕
◇ペリーの対日交渉記　藤田忠編著　日本能率協会マネジメントセンター　1994.3　309p　20cm　1500円　Ⓘ4-8207-0937-2　Ⓝ210.5953
〔07424〕
◇ペリー来航　三谷博著　吉川弘文館　2003.10　292,7p　20cm　（日本歴史叢書 新装版）2800円　Ⓘ4-642-06661-6　Ⓝ210.59
〔07425〕
◇ペリー来航前後の江戸湾の海防―企画展　横浜マリタイムミュージアム編　横浜　横浜マリタイムミュージアム　2002.10　36p　26cm　Ⓝ210.59
〔07426〕
◇ペリー来航前夜―異国船打ち払い評議　浜屋雅軌著　高文堂出版社　1988.9　85p　21cm　1200円　Ⓘ4-7707-0263-9　Ⓝ210.59
〔07427〕
◇ペリー来航と横浜　横浜開港資料館編　横浜　横浜開港資料館　2004.4　96p　28cm　Ⓝ210.5953
〔07428〕
◇ペリー来航 歴史を動かした男たち　山本博文著　小学館　2003.11　203p　19cm　1500円　Ⓘ4-09-626069-X
〔07429〕
◇ペリーは、なぜ日本に来たか　曽村保信著　新潮社　1987.4　268p　19cm　（新潮選書）880円　Ⓘ4-10-600328-7　Ⓝ210.5953
〔07430〕
◇ペルリ艦隊の来航　竹内東一郎述　小学生新聞社　1930　41p　19cm　Ⓝ210.5
〔07431〕
◇ペルリ提督遠征記　M.C.ペルリ著,アメリカ合衆国海軍省編,大羽綾子訳　酣灯社　1947　365p　21cm　35円　Ⓝ210.593
〔07432〕
◇ペルリ提督日本遠征記　ペルリ著,土屋喬雄,玉城肇共訳　京都　臨川書店　1988.6　2冊　27cm　全38000円　Ⓘ4-653-01754-9　Ⓝ291.09
〔07433〕
◇ペルリ提督 日本遠征記　第2　ペルリ著,土屋喬雄,玉城肇共訳　岩波書店　1948　252p　地　15cm　（岩波文庫）ⓝa210
〔07434〕
◇ペルリ提督琉球訪問記　神田精輝著訳　国書刊行会　1997.7　246p　20cm　4800円　Ⓘ4-336-03996-8　Ⓝ291.99
〔07435〕
◇彼理日本紀行―ペリーと浦賀　横須賀開国史研究会編　横須賀　横須賀市　2001.3　149p　21cm　（横須賀開国史シリーズ 4）Ⓝ291.09
〔07436〕
◇北米合衆国水師提督ペルリ久里浜上陸誌　平戸大編　横浜　原田印刷　1901.7　36p　22cm　Ⓝ210.5
〔07437〕

◇堀達之助とその子孫―父・村田豊作　村田豊治著　同時代社　2003.9　221p　21cm　2800円　Ⓘ4-88683-509-0
〔07438〕
◇予告されていたペリー来航と幕末情報戦争　岩下哲典著　洋泉社　2006.5　206p　18cm　（新書y）780円　Ⓘ4-86248-028-4
〔07439〕

◆開国
◇夷匪入港録　第1-2　大塚武松編　日本史籍協会　1930-1931　2冊　23cm　Ⓝ210.5
〔07440〕
◇岩瀬忠震―日本を開国させた外交家　松岡英夫著　中央公論社　1981.10　208p　18cm　（中公新書）420円　Ⓝ210.58
〔07441〕
◇江戸の外国公使館―開国150周年記念資料集　港区立港郷土資料館編　港区立港郷土資料館　2005.3　207p　30cm　Ⓝ210.59
〔07442〕
◇遠近橋　高橋多一郎編著　東京大学出版会　1976.5　622p　22cm　（続日本史籍協会叢書）6000円　Ⓝ210.58
〔07443〕
◇海外視点・日本の歴史　12　開国への渦潮　高村直助編　ぎょうせい　1986.1　175p　27cm　2800円　Ⓘ4-324-00266-5　Ⓝ210.1
〔07444〕
◇開国　井上勝生編　吉川弘文館　2001.7　338p　22cm　（幕末維新論集 2）5500円　Ⓘ4-642-03722-5　Ⓝ210.59
〔07445〕
◇開国への布石―評伝・老中首座阿部正弘　土居良三著　未來社　2000.8　359,5p　19cm　3500円　Ⓘ4-624-11178-8
〔07446〕
◇開国起源　勝安芳著　吉川半七　1893　3冊　22cm　Ⓝ210.5
〔07447〕
◇開国起原　勝安芳著　吉川半七　1893.1　3冊（上・中・下2944p）　22cm　Ⓝ210.5
〔07448〕
◇開国起原　勝安芳著　原書房　1968　2冊　22cm　（明治百年史叢書）Ⓝ210.59
〔07449〕
◇開国起原安政紀事―附・開国始末弁妄　内藤耻叟述　内藤燦聚記　東崖堂　1888.6　509p　19cm　Ⓝ210.5
〔07450〕
◇開国史跡玉泉寺　村上節編　下田　玉泉寺　1975.8　1冊　19×26cm
〔07451〕
◇開国始末　1　島田三郎著　東京大学出版会　1978.4　1冊　22cm　（続日本史籍協会叢書）5000円　Ⓝ210.59
〔07452〕
◇開国始末　2　島田三郎著　東京大学出版会　1978.9　1冊　22cm　（続日本史籍協会叢書）5000円　Ⓝ210.59
〔07453〕
◇開国小史　恩田栄次郎著　横浜　信陽堂　1899.6　451p　22cm　Ⓝ210.5
〔07454〕
◇開国叢談　前編　雲下兼行編　丸善　1887.1　64p　18cm　Ⓝ210.5
〔07455〕
◇開国大勢史　大隈重信著　早稲田大学出版部　1913　1230p　22cm　Ⓝ210.1
〔07456〕
◇開国と近代化　中村質編　吉川弘文館　1997.8　297p　22cm　7000円　Ⓘ4-642-03674-1　Ⓝ210.59
〔07457〕
◇開国と治外法権―領事裁判制度の運用とマリア・ルス号事件　森田朋子著　吉川弘文館　2005.1　332,3p　22cm　10000円　Ⓘ4-642-03767-5　Ⓝ329.28
〔07458〕
◇開国のかたち　松本健一著　毎日新聞社　1994.7　334p　20cm　2300円　Ⓘ4-620-31003-4　Ⓝ210.58
〔07459〕
◇開国の深淵　畑中一男著　大阪　アイ・エス・シー　1990.8　371p　19cm　2427円　Ⓘ4-900360-11-2

◇Ⓝ210.59　〔07460〕
◇開国の精神　紀田順一郎著　三一書房　1969　224p　18cm　(三一新書)320円　Ⓝ210.58　〔07461〕
◇開国表裏八十年史　上　佐久間啓荘著　三入村(広島県)　三入神社社務所　1935　533p　21cm　Ⓝ210.6　〔07462〕
◇開国文化　朝日新聞社編　大阪　朝日新聞社　1929　477p　22cm　Ⓝ210.6　〔07463〕
◇開国文化史料大観　朝日新聞社編　大阪　朝日新聞社　1929　111,10p　27cm　Ⓝ210.6　〔07464〕
◇開国文化大観　朝日新聞社編　大阪　朝日新聞社　1929　67p　39cm　Ⓝ210.6　〔07465〕
◇開国文化八十年史　信濃毎日新聞社編　長野　信濃毎日新聞　1932　1冊　26×28cm　Ⓝ210.6　〔07466〕
◇開国文化八十年史　芸備日日新聞社発行所編　広島　早速社　1932　1冊　26×38cm　Ⓝ210.6　〔07467〕
◇開国文化八十年史　山陽新報社編　岡山　山陽新報社　1933　1冊　26×38cm　Ⓝ210.6　〔07468〕
◇開国より維新へ　森谷秀亮著　秋津書房　1942　250p　19cm　Ⓝ210.6　〔07469〕
◇開国より維新へ　森谷秀亮著　3版　文松堂書店　1943　250p　19cm　Ⓝ210.1　〔07470〕
◇開国八十年史　万朝報社編　万朝報社　1931　1冊　27×39cm　Ⓝ210.6　〔07471〕
◇勝ち組が消した開国の真実―新撰組の誠と会津武士道の光跡　鈴木荘一著　かんき出版　2004.6　389p　19cm　1800円　ⓘ4-7612-6189-7　〔07472〕
◇神奈川県立歴史博物館総合研究報告―総合研究―開国と異文化の交流　神奈川県立歴史博物館編　横浜　神奈川県立歴史博物館　2005.3　53p　30cm　Ⓝ210.59　〔07473〕
◇玉泉寺今昔物語―開国史蹟　村上文機著　増補5版　下田　玉泉寺　1975.8　130p　22cm　Ⓝ210.5953　〔07474〕
◇近世日本国民史　第32巻　神奈川条約締結篇　徳富猪一郎著　近世日本国民史刊行会　1965　19cm　Ⓝ210.5　〔07475〕
◇近世日本国民史　第33巻　日露英蘭条約締結篇　徳富猪一郎著　近代日本国民史刊行会　1965　19cm　Ⓝ210.5　〔07476〕
◇近世日本国民史　第37巻　安政条約締結篇　徳富猪一郎著　近世日本国民史刊行会　1965　19cm　Ⓝ210.5　〔07477〕
◇近世日本国民史　第44巻　開国初期篇　徳富猪一郎著　近世日本国民史刊行会　1965　19cm　Ⓝ210.5　〔07478〕
◇近世日本国民史開国日本　3　神奈川条約締結篇　徳富蘇峰著,平泉澄校訂　講談社　1979.5　484p　15cm　(講談社学術文庫)480円　Ⓝ210.5　〔07479〕
◇近世日本国民史開国日本　4　日・露・英・蘭条約締結篇　徳富蘇峰著,平泉澄校訂　講談社　1979.6　482p　15cm　(講談社学術文庫)480円　Ⓝ210.58　〔07480〕
◇黒船異聞―日本を開国したのは捕鯨船だ　川澄哲夫著　横浜　有隣堂　2004.12　246p　20cm　1700円　ⓘ4-89660-188-2　Ⓝ210.5953　〔07481〕
◇黒船とニッポン開国―異文化交錯の劇空間　神徳昭甫著　富山　梧桐書院(発売)　2006.4　195,7p　20cm　(富山大学出版会学術図書シリーズ v.1)4800円　ⓘ4-340-53001-8　Ⓝ210.5953　〔07482〕
◇鯨族開国論　桑田透一著　書物展望社　1940　146p　19cm　Ⓝ210.5　〔07483〕
◇講座日本近世史　7　開国　青木美智男編,河内八郎編　有斐閣　1985.5　xiv,315p　20cm　2500円　ⓘ4-641-07097-0　Ⓝ210.5　〔07484〕
◇古地図・浮世絵にみる開港名品展―初公開立正大学田中啓爾文庫　浮世絵太田記念美術館　1987.11　1冊　30cm　Ⓝ210.59　〔07485〕
◇鎖国と開国　山口啓二著　岩波書店　1993.4　318p　19cm　(日本歴史叢書)2600円　ⓘ4-00-004533-4　Ⓝ210.5　〔07486〕
◇鎖国と開国　山下尚志著　近代文芸社　1996.6　154p　20cm　1300円　ⓘ4-7733-5157-8　Ⓝ210.5　〔07487〕
◇鎖国と開国　山口啓二著　岩波書店　2006.6　346p　15cm　(岩波現代文庫)1200円　ⓘ4-00-600160-6　〔07488〕
◇島田三郎全集　第3巻　開国始末―井伊掃部頭直弼伝　島田三郎全集編集委員会編　西田毅編　編集復刻増補版　龍溪書舎　1989.1　1冊　22cm　ⓘ4-8447-3316-8　Ⓝ081.6　〔07489〕
◇週刊ビジュアル日本の歴史　no.48　徳川幕府の衰退　8　デアゴスティーニ・ジャパン　2001.1　p296-335　30cm　533円　Ⓝ210.1　〔07490〕
◇シンポジウム『何が日本を開国させたか？』―横浜とペリーとクジラの関係を探る　横浜開港150周年プレイベント開催の記録　日本鯨類研究所,日本捕鯨協会編　日本鯨類研究所　2004.9　90p　21cm　Ⓝ213.7　〔07491〕
◇図説 国民の歴史―近代日本の百年　第1　鎖国から開国へ　日本近代史研究会編　国文社　1963　30cm　Ⓝ210.6　〔07492〕
◇「西洋が伝えた日本/日本が描いた異国」図録―開国150年記念展　凸版印刷印刷博物館　2004.9　186p　26cm　Ⓝ210.5　〔07493〕
◇世界市場と幕末開港　石井寛治,関口尚志編　東京大学出版会　1982.11　338p　22cm　(東京大学産業経済研究叢書)3000円　Ⓝ332.105　〔07494〕
◇大系日本の歴史　12　開国と維新　永原慶二ほか編集　石井寛治著　小学館　1989.3　350p　21cm　1800円　ⓘ4-09-622012-4　Ⓝ210.1　〔07495〕
◇第三の開国と日米関係　松本健一著　第三文明社　2004.3　238p　20cm　1600円　ⓘ4-476-03263-X　Ⓝ210.5953　〔07496〕
◇高橋磌一著作集　第3巻　開国への政治情勢　あゆみ出版　1985.1　276p　20cm　2600円　Ⓝ210.08　〔07497〕
◇錦絵幕末明治の歴史　2　横浜開港　小西四郎著　講談社　1977.3　139p(おもに図)　31cm　2000円　Ⓝ210.6　〔07498〕
◇日本開国史　香川鉄夫著　大阪　武田福蔵　1894.4　198p　23cm　Ⓝ210.5　〔07499〕
◇日本開国志　朝比奈厚生著　名古屋　安藤次郎　1935　95p　19cm　(尚徳堂叢書 第6集)Ⓝ210.5　〔07500〕
◇日本開国史　石井孝著　吉川弘文館　1972　406,12p　20cm　Ⓝ210.59　〔07501〕
◇日本開国史　石井孝著　吉川弘文館　1996.10　406,12p　19cm　2987円　ⓘ4-642-07028-1　〔07502〕
◇日本史探訪　19　開国か攘夷か　角川書店編　角川書店　1985.5　327p　15cm　(角川文庫 5369)460円　ⓘ4-04-153319-8　Ⓝ210.1　〔07503〕
◇日本生活文化史　第7巻　西欧文明の衝撃―江戸-明治　門脇禎二ほか編　川村善二郎ほか編　新版　河出書房新社　1987.2　244p　図版11枚　26cm　Ⓝ210.1　〔07504〕

外交史　　　　　　　　　　　近世史

◇日本の開国と三人の幕臣　桑原三二著　桑原三二　1996.12　217p　19cm　非売品　Ⓝ210.58　〔07505〕
◇日本の歴史―集英社版　14　崩れゆく鎖国　児玉幸多ほか編　賀川隆行著　集英社　1992.7　334p　22cm　2400円　Ⓘ4-08-195014-8　Ⓝ210.1　〔07506〕
◇日本の歴史　第19　開国と攘夷　小西四郎　中央公論社　1966　508p　18cm　Ⓝ210.1　〔07507〕
◇日本の歴史　19　開国と攘夷　小西四郎著　中央公論社　1984.7　508p　18cm　（中公バックス）1200円　Ⓘ4-12-401159-8　Ⓝ210.1　〔07508〕
◇日本の歴史　23　開国　芝原拓自著　小学館　1975　390p　20cm　790円　Ⓝ210.1　〔07509〕
◇日本の歴史　近世から近代へ5　開国　新訂増補　朝日新聞社　2004.1　p130-160　30cm　（週刊朝日百科85）476円　Ⓝ210.1　〔07510〕
◇日本の歴史文庫　13　開国前後　沼田次郎著　講談社　1975　320p　15cm　380円　Ⓝ210.1　〔07511〕
◇日本歴史シリーズ　第17巻　開国と攘夷　遠藤元男等編　原口清編　世界文化社　1967　221p　27cm　Ⓝ210.1　〔07512〕
◇幕末外交と開国　加藤祐三著　筑摩書房　2004.1　249,4p　18cm　（ちくま新書）740円　Ⓘ4-480-06153-3　Ⓝ210.5953　〔07513〕
◇幕末開国新観―附・新島襄　根岸橘三郎著　博文館　1927　520p　図版12枚　20cm　Ⓝ210.5　〔07514〕
◇幕末動乱と開国　半藤一利監修　世界文化社　2006.10　167p　24×19cm　（ビジュアル版 日本の歴史を見る8）2400円　Ⓘ4-418-06215-7　〔07515〕
◇幕末日本の情報活動―「開国」の情報史　岩下哲典著　雄山閣出版　2000.1　377p　22cm　11000円　Ⓘ4-639-01665-4　Ⓝ210.59　〔07516〕
◇服部之総全集　7　開国　福村出版　1973　268p　20cm　1300円　Ⓝ210.6　〔07517〕
◇林竹二著作集　5　開国をめぐって　筑摩書房　1984.2　291p　20cm　1600円　Ⓝ370.8　〔07518〕
◇ペリー来航前後―幕末開国史　山口宗之著　ぺりかん社　1988.11　239,2p　20cm　2400円　Ⓝ210.58　〔07519〕
◇明治の歴史　第1　開国の夜明け　大久保利謙,寒川光太郎著　集英社　1968　432p　18cm　Ⓝ210.6　〔07520〕
◇よこすか開国物語―ペリー来航150周年記念　かこさとし文・絵　横須賀市企画　西堀昭,山本詔一監修　新装版　エッコ・ワールド　2003.9　1冊　24×24cm　（EWえほん）1300円　Ⓘ4-916016-41-6　Ⓝ213.7　〔07521〕
◇横浜開港と中居屋重兵衛　竹村篤原作,かげやまこうじ作画　柏書房　1979.1　142p　22cm　（歴史ドキュメント劇画シリーズ）1200円　Ⓝ289.1　〔07522〕
◇我国開国時代海洋発展の偉人　日本海事振興会編纂　神戸　日本海運集会所　1941　67p　19cm　Ⓝ683　〔07523〕

◆攘夷論
◇異国船撃攘秘史　茂野幽考著　高山書院　1943　291p　19cm　Ⓝ210.5　〔07524〕
◇孝明天皇の攘夷　鍋谷博著　近代文芸社　1995.8　199p　20cm　1500円　Ⓘ4-7733-4111-4　Ⓝ210.59　〔07525〕
◇攘夷と護憲―歴史比較の日本原論　井沢元彦著　徳間書店　2004.3　290p　20cm　1400円　Ⓘ4-19-861840-2　Ⓝ210.58　〔07526〕
◇「攘夷」と「護憲」―幕末が教えてくれた日本人の大欠陥　井沢元彦著　徳間書店　2005.12　311p　16cm　（徳間文庫）571円　Ⓘ4-19-892344-2　Ⓝ210.58　〔07527〕
◇新尊皇攘夷論―他一〇　河村幹雄著　長野　河村幹雄　1933　391,11p　23cm　Ⓝ210.5　〔07528〕
◇尊王攘夷の旗―徳川斉昭と藤田東湖　童門冬二著　光人社　2004.7　213p　19cm　1600円　Ⓘ4-7698-1198-5　Ⓝ289.1　〔07529〕
◇尊皇攘夷論と開国史観　森昌也著　日本問題研究所　1940　95p　19cm　（戦争文化叢書　第28輯）Ⓝ210.5　〔07530〕
◇天皇の世紀　4　攘夷　大仏次郎著　朝日新聞社　1970　425p　23cm　1300円　Ⓝ210.58　〔07531〕
◇天皇の世紀　4　大仏次郎著　朝日新聞社　1970.1（第16刷：1997.10）　425p　23cm　5000円　Ⓘ4-02-253675-6　Ⓝ210.58　〔07532〕
◇天皇の世紀　4　反動　大仏次郎著　朝日新聞社　1977.10　250p　15cm　320円　Ⓝ210.58　〔07533〕
◇天皇の世紀　4　攘夷　大仏次郎著　普及版　朝日新聞社　2006.2　425p　19cm　1800円　Ⓘ4-02-250154-5　Ⓝ210.61　〔07534〕
◇天皇の世紀　6　攘夷　大仏次郎著　朝日新聞社　1977.11　306p　15cm　360円　Ⓝ210.58　〔07535〕
◇徳川後期の攘夷思想と「西洋」　星山京子著　風間書房　2003.3　185p　22cm　4800円　Ⓘ4-7599-1368-8　Ⓝ121.5　〔07536〕
◇幕末長州藩の攘夷戦争―欧米連合艦隊の来襲　古川薫著　中央公論社　1996.1　258p　18cm　（中公新書）760円　Ⓘ4-12-101285-2　Ⓝ210.59　〔07537〕

◆◆外国人殺傷事件
◇所謂『生麦事件』に関する日英応酬文書とポムペ医官のこれが批判　ポムペ・フアン・メールデルフート著,荒瀬進訳　善通寺町（香川県）〔荒瀬進〕　1951　24p　25cm　Ⓝ210.5933　〔07538〕
◇鎌倉英人殺害一件　岡田章雄著　横浜　有隣堂　1977.10　215p　18cm　（有隣新書）Ⓝ210.59　〔07539〕
◇薩摩とイギリスの出会い―生麦事件（英国側資料から見る）　宮沢真一著　鹿児島　高城書房出版　1987.9　276p　21cm　1300円　Ⓘ4-924752-09-6　Ⓝ210.5933　〔07540〕
◇血の迷宮―生麦事件　長岡由秀著　鹿児島　高城書房　2006.5　216p　19cm　1500円　Ⓘ4-88777-087-1　Ⓝ210.5933　〔07541〕
◇東海道生麦事変英国人リチアードソン殞命六旬年祭記念栞　西田直堅編　横浜　西田直堅　1932　24p　23cm　Ⓝ210.5　〔07542〕
◇幕末異人殺傷録　宮永孝著　角川書店　1996.3　286p　20cm　1800円　Ⓘ4-04-821050-5　Ⓝ210.59　〔07543〕
◇幕末英人殺傷事件　岡田章雄著　筑摩書房　1964　213p　図版　表　18cm　（グリーンベルトシリーズ）Ⓝ210.58　〔07544〕
◇「幕末」に殺された男―生麦事件のリチャードソン　宮沢真一著　新潮社　1997.9　294p　20cm　（新潮選書）1200円　Ⓘ4-10-600525-5　Ⓝ210.5933　〔07545〕
◇フランス艦長の見た堺事件　プティ・トゥアール著　森本英夫訳　新人物往来社　1993.8　239p　20cm　2200円　Ⓘ4-404-02041-8　Ⓝ210.59　〔07546〕

◆外国人の見た日本
◇ある英国外交官の明治維新―ミットフォードの回想　ヒュー・コータッツィ著,中須賀哲朗訳　中央公論社

◇1986.6　253p　20cm　1300円　Ⓘ4-12-001491-6　Ⓝ210.59
〔07547〕
◇按針に会いに——青い目のサムライ　逸見道郎著　鎌倉　かまくら春秋社　2007.11　95p　19cm　571円　Ⓘ978-4-7740-0378-8
〔07548〕
◇イギリス紳士の幕末　山田勝著　日本放送出版協会　2004.8　243p　19cm　(NHKブックス 1009) 970円　Ⓘ4-14-091009-7　Ⓝ210.5933
〔07549〕
◇異国人の見た幕末・明治Japan——古写真と初公開図版が証言する日本への好奇と驚異の眼差し　新人物往来社　2003.10　155p　26cm　(別冊歴史読本　第28巻30号) 2000円　Ⓘ4-404-03061-4　Ⓝ210.58
〔07550〕
◇異国人の見た幕末・明治Japan　愛蔵版　新人物往来社　2005.6　189p　27cm　2400円　Ⓘ4-404-03252-8　Ⓝ210.58
〔07551〕
◇維新外論　巻之上　希利比士(グリヒス)著　牟田豊訳　牟田豊〔ほか〕　1875.9　32丁　23cm　Ⓝ210.6
〔07552〕
◇イタリア使節の幕末見聞記　V.F.アルミニョン著, 大久保昭男訳　新人物往来社　1987.2　205p　20cm　1800円　Ⓘ4-404-01410-4　Ⓝ210.59
〔07553〕
◇イタリア使節の幕末見聞記　V.F.アルミニョン著　大久保昭男訳　講談社　2000.2　285p　15cm　(講談社学術文庫) 860円　Ⓘ4-06-159420-6　Ⓝ210.5937
〔07554〕
◇『イリュストラシオン』日本関係記事集——1843〜1905　第1巻　1843〜1880　横浜開港資料館編　横浜　横浜開港資料館　1986.3　146p　37cm　Ⓝ210.58
〔07555〕
◇『イリュストラシオン』日本関係記事集——1843〜1905　第2巻　1881〜1903　横浜開港資料館編　横浜　横浜開港資料館　1988.3　162p　37cm　Ⓝ210.58
〔07556〕
◇英国外交官の見た幕末維新　A.B.ミットフォード著, 長岡祥三訳　新人物往来社　1985.8　210p　20cm　1800円　Ⓘ4-404-01282-9　Ⓝ210.58
〔07557〕
◇英国外交官の見た幕末維新——リーズデイル卿回想録　A.B.ミットフォード著　長岡祥三訳　講談社　1998.10　291p　15cm　(講談社学術文庫) 900円　Ⓘ4-06-159349-8　Ⓝ210.58
〔07558〕
◇英国外交官の見た幕末日本　飯田鼎著　吉川弘文館　1995.9　316,4p　20cm　2884円　Ⓘ4-642-07469-4　Ⓝ210.5933
〔07559〕
◇英国公使館員の維新戦争見聞記　ローレンス・オリファント, ウィリアム・ウィリス著, 中須賀哲朗訳　校倉書房　1974　198p　22cm　2400円　Ⓝ210.61
〔07560〕
◇英国人が見た幕末薩摩　宮沢真一編著　鹿児島　高城書房出版　1988.9　206p　27cm　4500円　Ⓘ4-924752-06-1　Ⓝ219.7
〔07561〕
◇英人の観た徳川初期の世相——平戸商館長日記より　皆川三郎著　泰文堂　1979.2　95p　22cm　1500円　Ⓝ291.099
〔07562〕
◇英宣教医ベッテルハイム——琉球伝道の九年間　照屋善彦著　山口栄鉄, 新川右好訳　京都　人文書院　2004.9　379p　19cm　3600円　Ⓘ4-409-52053-9
〔07563〕
◇英米仏蘭聯合艦隊幕末海戦記　アルフレッド・ルサン著　安藤徳器, 大井征訳　平凡社　1930　414p　19cm　Ⓝ210.5
〔07564〕
◇描かれた幕末明治——イラストレイテッド・ロンドン・ニュース日本通信1853-1902　イラストレイテッド・ロンドン・ニュース編, 金井円訳　雄松堂書店　1973　345p　31cm　9600円　Ⓝ210.58
〔07565〕
◇絵で見る幕末日本　エメェ・アンベール著　茂森唯士訳　講談社　2004.9　352p　15cm　(講談社学術文

庫) 1100円　Ⓘ4-06-159673-X　Ⓝ291.09
〔07566〕
◇絵で見る幕末日本　続　エメェ・アンベール著　高橋邦太郎訳　講談社　2006.7　364p　15cm　(講談社学術文庫) 1150円　Ⓘ4-06-159771-X　Ⓝ291.09
〔07567〕
◇江戸参府随行記　C.P.ツュンベリー著　高橋文訳　平凡社　1994.11　406p　18cm　(東洋文庫 583) 2987円　Ⓘ4-582-80583-3　Ⓝ291.09
〔07568〕
◇江戸時代を見た英国人——日本及び日本人は彼らの目にどう映ったか　ろじゃめいちん著　京都　PHP研究所　1984.2　193p　18cm　(21世紀図書館 33) 500円　Ⓘ4-569-21231-X　Ⓝ210.5
〔07569〕
◇江戸と北京——英国園芸学者の極東紀行　ロバート・フォーチュン著, 三宅馨訳　廣川書店　1969　365p　19cm　1200円　Ⓝ291.099
〔07570〕
◇江戸の暮らし——Traditional Japan　チャールズ・J.ダン著　チャールズ・イー・タトル出版　2004.7　197p　21×13cm　1500円　Ⓘ4-8053-0739-0
〔07571〕
◇江戸幕末滞在記　E.スエンソン著, 長島要一訳　新人物往来社　1989.2　205p　20cm　1800円　Ⓘ4-404-01579-8　Ⓝ210.58
〔07572〕
◇江戸幕末滞在記——若き海軍士官の見た日本　エドゥアルド・スエンソン著　長島要一訳　講談社　2003.11　277p　15cm　(講談社学術文庫) 1050円　Ⓘ4-06-159625-X
〔07573〕
◇エルギン卿遣日使節録　ローレンス・オリファント著, 岡田章雄訳　雄松堂書店　1968　298p　図版10枚　地23cm　(新修異国叢書 9) 2600円　Ⓝ291.099　〔07574〕
◇エルギン卿遣日使節録　ローレンス・オリファント著, 岡田章雄訳　雄松堂書店　1978.10　298,13p　図版11枚　23cm　(新異国叢書 9) 3500円　Ⓝ291.099
〔07575〕
◇エルベ号艦長幕末記　R.ヴェルナー著, 金森誠也, 安藤勉訳　新人物往来社　1990.7　190p　20cm　2200円　Ⓘ4-404-01743-X　Ⓝ291.09
〔07576〕
◇オイレンブルク日本遠征記　上　中井晶夫訳　雄松堂書店　1969　409,13p　23cm　(新異国叢書 12) 2600円　Ⓝ291.099
〔07577〕
◇オランダ商館長の見た日本——ティツィング往復書翰集　横山伊徳編　吉川弘文館　2005.2　506,22p　22cm　14000円　Ⓘ4-642-03398-X　Ⓝ210.55
〔07578〕
◇オランダ領事の幕末維新——長崎出島からの手紙　A.ボードウァン著, フォス美弥子訳　新人物往来社　1987.8　213p　20cm　1800円　Ⓘ4-404-01438-4　Ⓝ210.58
〔07579〕
◇オールコックの江戸——初代英国公使が見た幕末日本　佐野真由子　中央公論新社　2003.8　283p　18cm　(中公新書) 860円　Ⓘ4-12-101710-2
〔07580〕
◇外国人カメラマンが撮った幕末日本　F.ベアト撮影　横浜開港資料館編　明石書店　2006.4　135p　26cm　(F.ベアト写真集 2) 2200円　Ⓘ4-7503-2329-2　Ⓝ210.58
〔07581〕
◇外国新聞に見る日本——国際ニュース事典　第1巻　1852〜1873　国際ニュース事典出版委員会, 毎日コミュニケーションズ編　毎日コミュニケーションズ　1989.9　2冊　31cm　全63000円　Ⓘ4-89563-130-3　Ⓝ210.59
〔07582〕
◇外国新聞に見る日本——国際ニュース事典　第3巻　1896〜1905　国際ニュース事典出版委員会, 毎日コミュニケーションズ編　毎日コミュニケーションズ　1992.9　3冊　31cm　全105000円　Ⓘ4-89563-208-3　Ⓝ210.59
〔07583〕
◇外国新聞に見る日本——国際ニュース事典　第4巻　1906〜1922　国際ニュース事典出版委員会, 毎日コミュニ

◇ケーションズ編　毎日コミュニケーションズ　1993.9　3冊　31cm　全105000円　Ⓘ4-89563-229-6　Ⓝ210.59　〔07584〕

◇外国新聞に見る日本―国際ニュース事典　第1巻 1852-1873　国際ニュース事典出版委員会編集,毎日コミュニケーションズ編集　毎日コミュニケーションズ　1989.9　2冊　31cm　63000円　Ⓘ4-89563-130-3　Ⓝ210.58　〔07585〕

◇外人の見た　幕末・明治初期―日本図会　第1　生活・技術篇　池田政敏著　春秋社　1955　27cm　Ⓝ210.6　〔07586〕

◇外人の見た　幕末・明治初期―日本図会　第2　文化・景観篇　池田政敏著　春秋社　1955　27cm　Ⓝ210.6　〔07587〕

◇回想の明治維新――ロシア人革命家の手記　メーチニコフ著,渡辺雅司訳　岩波書店　1987.3　350p　15cm　（岩波文庫）500円　Ⓝ210.61　〔07588〕

◇回想の明治維新――ロシア人革命家の手記　レフ・イリイッチ・メーチニコフ著　渡辺雅司訳　岩波書店　2007.5　350p　15cm　（岩波文庫）800円　Ⓘ4-00-334411-1　〔07589〕

◇海游録―朝鮮通信使の日本紀行　申維翰著,姜在彦訳注　平凡社　1974　339p 地　18cm　（東洋文庫 252）850円　Ⓝ291.099　〔07590〕

◇ギルデマイスターの手紙―ドイツ商人と幕末の日本　生熊文編訳　横浜　有隣堂　1991.3　207p　18cm　（有隣新書）920円　Ⓘ4-89660-097-5　Ⓝ210.59　〔07591〕

◇禁教国日本の報道―『ヘラルド』1825年・1873年誌より　塩野和夫訳・解説　雄松堂出版　2007.2　283,15p　21cm　（東西交流叢書）6000円　Ⓘ978-4-8419-0443-7　〔07592〕

◇グリフイス博士の観たる維新時代の福井　グリフイス著　斎藤静訳　福井　明新会　1927　78p　23cm　Ⓝ291.44　〔07593〕

◇クルウゼンシュテルン日本紀行　上巻　クルウゼンシュテルン著　羽仁五郎訳註　雄松堂出版　2005.5　523p　図版14枚　23cm　（異国叢書 第2巻）15000円　Ⓘ4-8419-3012-4　Ⓝ291.09　〔07594〕

◇クルウゼンシュテルン日本紀行　下巻　クルウゼンシュテルン著　羽仁五郎訳註　雄松堂出版　2005.5　449p　23cm　（異国叢書 第3巻）15000円　Ⓘ4-8419-3013-2　Ⓝ291.09　〔07595〕

◇グレタ号日本通商記　F.A.リュードルフ著,中村赳訳,小西四郎校訂　雄松堂出版　1984.1　332,12p　22cm　（新異国叢書 第2輯 3）5200円　Ⓝ210.59　〔07596〕

◇『ザ・タイムズ』にみる幕末維新―「日本」はいかに論議されたか　皆村武一著　中央公論社　1998.2　214p　18cm　（中公新書）680円　Ⓘ4-12-101405-7　Ⓝ210.59　〔07597〕

◇サハリン島占領日記1853-54―ロシア人の見た日本人とアイヌ　ニコライ・ブッセ著　秋月俊幸訳　平凡社　2003.4　347p　18cm　（東洋文庫）2800円　Ⓘ4-582-80715-1　Ⓝ210.5938　〔07598〕

◇参府旅行中の日記　シーボルト著,フリードリヒ・M.トラウツ編,斎藤信訳　京都　思文閣出版　1983.10　211,11p　20cm　2500円　Ⓝ291.09　〔07599〕

◇ジャポン1867年　リュドヴィック・ド・ボーヴォワール著,綾部友治郎訳　横浜　有隣堂　1984.5　168p　18cm　（有隣新書）680円　Ⓘ4-89660-063-0　Ⓝ291.09　〔07600〕

◇十六・七世紀イエズス会日本報告集　第1期 第4巻　1601年-1604年　松田毅一監訳　家入敏光,岡村多希子訳　京都　同朋社出版　1988.6　305p　22cm　4800円　Ⓘ4-8104-0703-9　Ⓝ198.221　〔07601〕

◇十六・七紀イエズス会日本報告集　第1期 第5巻　1605年-1607年　松田毅一監訳　岡村多希子訳　京都　同朋舎出版　1988.9　299p　22cm　4800円　Ⓘ4-8104-0735-7　Ⓝ198.221　〔07602〕

◇十六・七世紀イエズス会日本報告集　第2期 第1巻　1605年-1612年　松田毅一監訳　鳥居正雄,相原寛彰訳　京都　同朋舎出版　1990.2　390p　22cm　7000円　Ⓘ4-8104-0828-0　Ⓝ198.221　〔07603〕

◇シュリーマン旅行記―清国・日本　ハインリッヒ・シュリーマン著　石井和子訳　エス・ケイ・アイ　1991.3　192p　222cm　3500円　Ⓝ210.58　〔07604〕

◇小シーボルト蝦夷見聞記　ハインリッヒ・フォン・シーボルト著　原田信男,ハラルド・スパンシチ,ヨーゼフ・クライナー訳注　平凡社　1996.2　299p　17cm　（東洋文庫）2678円　Ⓘ4-582-80597-3　〔07605〕

◇スイス領事の見た幕末日本　ルドルフ・リンダウ著,森本英夫訳　新人物往来社　1986.3　231p　20cm　2000円　Ⓘ4-404-01332-9　Ⓝ210.58　〔07606〕

◇スウェーデン人の観た日本　延岡繁著　名古屋　風媒社（発売）　2007.3　87p　21cm　（中部大学ブックシリーズacta 8）700円　Ⓘ978-4-8331-4059-1　Ⓝ210.5　〔07607〕

◇ゾーフ日本回想録　フィッセル参府紀行　ゾーフ著　斎藤阿具訳註　斎藤文根校訂　フィッセル著　斎藤阿具訳註　斎藤文根校訂　雄松堂出版　2005.5　5,344,67p　23cm　（異国叢書第9巻）13000円　Ⓘ4-8419-3020-5　Ⓝ291.09　〔07608〕

◇西人の浮世絵観　平田禿木編　七丈書院　1942　104p　19cm　Ⓝ721.8　〔07609〕

◇西洋奇説大日本発見録――名・日本外交起原史　ヘルドリッチ著　河原英吉編訳　絵入自由出版社　1884.7　103p　23cm　Ⓝ210.5　〔07610〕

◇世界史のなかの明治維新―外国人の視角から　坂田吉雄,吉田光邦編　京都　京都大学人文科学研究所　1973　332,29p　27cm　Ⓝ210.61　〔07611〕

◇続・絵で見る幕末日本　エメェ・アンベール著　高橋邦太郎訳　講談社　2006.7　364p　15cm　（講談社学術文庫）1150円　Ⓘ4-06-159771-X　〔07612〕

◇大君の首府―日本における三年間　R.オールコック著,山路健抄訳　謄写版　農業発達史調査会　1952　93p　25cm　（農業発達史調査会資料 第73号）Ⓝ210.58　〔07613〕

◇大君の都―幕末日本滞在記　上　オールコック著,山口光朔訳　岩波書店　1962　420p　15cm　（岩波文庫）Ⓝ210.58　〔07614〕

◇ツンベルグ日本紀行　ツンベルグ著　山田珠樹訳註　山田ジャク校訂　雄松堂出版　2005.5　503p　23cm　（異国叢書 第10巻）13000円　Ⓘ4-8419-3021-3　Ⓝ291.09　〔07615〕

◇ドイツ公使の見た明治維新　M.V.ブラント著,原潔,永岡敦訳　新人物往来社　1987.1　274p　20cm　2000円　Ⓘ4-404-01409-0　Ⓝ210.61　〔07616〕

◇ドゥーフ 日本回想録　ヘンドリック・ドゥーフ著　永積洋子訳　雄松堂出版　2003.8　308,6p　23×16cm　（新異国叢書 第3輯 10）5500円　Ⓘ4-8419-0302-X　〔07617〕

◇ドン・ロドリゴ日本見聞録　ビスカイノ金銀島探検報告　ドン・ロドリゴ著　村上直次郎訳註　ビスカイノ著　村上直次郎訳註　雄松堂出版　2005.5　174,182p　図版12枚　23cm　（異国叢書 第11巻）13000

円　④4-8419-3022-1　Ⓝ291.09　　　〔07618〕
◇長崎函館滞在記　ホジソン著,多異実訳　雄松堂出版　1984.9　339,11p　23cm　(新異国叢書 第2輯 4)5200円　Ⓝ210.58　　　〔07619〕
◇南部漂着記―南部山田浦漂着のオランダ船長コルネリス・スハープの日記　コルネリス・スハープ著　永積洋子訳　キリシタン文化研究会　1974.9　226,12p　21cm　(キリシタン文化研究シリーズ 9)Ⓝ210.52
　　　〔07620〕
◇ニコライの見た幕末日本　ニコライ著,中村健之介訳　講談社　1979.5　155p　15cm　(講談社学術文庫)260円　Ⓝ291.099　　　〔07621〕
◇日本回想記―インディアンの見た幕末の日本　マクドナルド著,ウィリアム・ルイス,村上直次郎編,富田虎男訳訂　刀水書房　1979.11　288p　20cm　(刀水歴史全書 5)1600円　Ⓝ291.099　　　〔07622〕
◇日本回想記―インディアンの見た幕末の日本　マクドナルド著　ウィリアム・ルイス,村上直次郎編　富田虎男訳訂　補訂版　刀水書房　1981.7　310p　20cm　(刀水歴史全書 5)Ⓝ291.09　　〔07623〕
◇日本周航記　ロドルフ・リンダウ著　飯盛宏訳　西田書店　1992.11　254p　21cm　2600円　④4-88866-177-4　Ⓝ291.09　　　〔07624〕
◇日本滞在見聞記―日本における五年間　ポンペ著,沼田次郎,荒瀬進共訳　雄松堂書店　1968　470p　23cm　(新異国叢書 10)2600円　Ⓝ291.099　〔07625〕
◇日本滞在見聞記―日本における五年間　ポンペ著,沼田次郎,荒瀬進共訳　雄松堂書店　1978.10　470,14p　23cm　(新異国叢書 10)3500円　Ⓝ291.099　〔07626〕
◇日本滞在日記―1804―1805　レザーノフ著　大島幹雄訳　岩波書店　2000.8　440p　15cm　(岩波文庫)800円　④4-00-334791-9　Ⓝ210.55　　〔07627〕
◇日本中国旅行記　シュリーマン,藤川徹訳　雄松堂書店　1982.12　1冊　23cm　(新異国叢書 第2輯 6)5200円　Ⓝ291.09　　　〔07628〕
◇日本伝聞記　ベルンハルドゥス・ヴァレニウス著,エルンストークリスティアン・フォルクマン独訳,マルティン・シュヴィント,ホルスト・ハミッチュ編注,宮内芳明訳　大明堂　1975　241p　22cm　1600円　Ⓝ291.099
　　　〔07629〕
◇日本渡航記　ゴンチャローフ著,高野明,島田陽共訳　雄松堂書店　1969　753,15p　23cm　(新異国叢書 11)2600円　Ⓝ291.099　　　〔07630〕
◇日本渡航記　セーリス著,村川堅固訳　雄松堂書店　1970　1冊　23cm　(新異国叢書 6)2600円　Ⓝ291.09　　　〔07631〕
◇日本と中国　H.マローン著　真田収一郎訳　雄松堂出版　2002.3　360,10p　23cm　(新異国叢書 第3輯 2)5500円　④4-8419-0294-5　Ⓝ291.09　〔07632〕
◇日本における十週間　G.スミス著　宮永孝訳　雄松堂出版　2003.6　520,11p　23cm　(新異国叢書 第3輯 7)5500円　④4-8419-0299-6　Ⓝ291.09　〔07633〕
◇日本の200年―徳川時代から現代まで　上　アンドルー・ゴードン著　森谷文昭訳　みすず書房　2006.10　383,16p　20cm　2800円　④4-622-07246-7　Ⓝ210.1
　　　〔07634〕
◇日本比較文明論的考察　2　S.N.アイゼンシュタット著　梅津順一,柏岡富英訳　岩波書店　2006.4　186,31p　20cm　3200円　④4-00-024227-X　Ⓝ210.04　〔07635〕
◇日本俘虜実記　上　ゴロウニン著,徳力真太郎訳　講談社　1984.4　317p　15cm　(講談社学術文庫)780円　④4-06-158634-3　Ⓝ210.5938　〔07636〕

◇日本俘虜実記　下　ゴロウニン著,徳力真太郎訳　講談社　1984.5　275p　15cm　(講談社学術文庫 635)740円　④4-06-158635-1　Ⓝ210.5938　〔07637〕
◇日本幽囚記　ゴロヴニン著　井上満訳　岩波書店　1948　3冊　15cm　(岩波文庫 3104-3107)Ⓝ210.5
　　　〔07638〕
◇幕末維新を駆け抜けた英国人医師―甦るウィリアム・ウィリス文書 鹿児島県歴史資料センター黎明館所蔵　ウィリアム・ウィリス著　大山瑞代訳　創泉堂出版　2003.11　880p　23cm　14000円　④4-902416-01-8　Ⓝ289.3　　　〔07639〕
◇幕末日本記　アルミニヨン著　田沼利男訳　松崎実編　三学書房　1943　517p　22cm　Ⓝ210.5　〔07640〕
◇幕末日本見聞録　ゴロウニン著　大塚博人訳　大観堂　1943　473p　地　22cm　Ⓝ210.5　〔07641〕
◇幕末日本図絵　上　アンベール著,高橋邦太郎訳　雄松堂書店　1969　366p　図版96p　23cm　(新異国叢書 14)2600円　Ⓝ291.099　　　〔07642〕
◇幕末日本図絵　下　アンベール著,高橋邦太郎訳　雄松堂書店　1970　400,18p　図96p　23cm　(新異国叢書 15)2600円　Ⓝ291.099　　　〔07643〕
◇幕末日本探訪記―江戸と北京　ロバート・フォーチュン著　三宅馨訳　講談社　1997.12　363p　15cm　(講談社学術文庫)960円　④4-06-159308-0　Ⓝ291.09
　　　〔07644〕
◇幕末日本の風景と人びと　F.ベアト撮影　横浜開港資料館編　明石書店　2006.7　199p　26cm　(F.ベアト写真集 1)2800円　④4-7503-2369-1　Ⓝ210.58　〔07645〕
◇幕末・明治の生活風景―外国人の見たニッポン 図集　須藤功編著　東方総合研究所　1995.3　351p　27cm　17000円　④4-540-94139-9　Ⓝ382.1　〔07646〕
◇函館の幕末・維新―フランス士官ブリュネのスケッチ100枚　ブリュネ画,岡田新一ほか執筆　中央公論社　1988.6　110p　29cm　1600円　④4-12-001699-4　Ⓝ211.8　　　〔07647〕
◇フランスから見た幕末維新―「イリュストラシオン日本関係記事集」から　朝比奈美知子編訳　増子博調解説　東信堂　2004.3　418p　22cm　4800円　④4-88713-547-5　Ⓝ210.61　　　〔07648〕
◇フランス人の幕末維新　M.ド・モージュ他著　市川慎一,榊原直文編訳　横浜　有隣堂　1996.6　185p　18cm　(有隣新書)980円　④4-89660-135-1　Ⓝ291.09
　　　〔07649〕
◇古き日本の瞥見　マーガレット・バラ著　川久保とくお訳　横浜　有隣堂　1992.9　187p　18cm　(有隣新書)920円　④4-89660-106-8　Ⓝ210.58　〔07650〕
◇文化交流史展―日本人のみた西洋・西洋人のみた日本　京都　京都外国語大学付属図書館　1996　36p　26cm　Ⓝ210.5
　　　〔07651〕
◇ベニョフスキー航海記　水口志計夫,沼田次郎編訳　平凡社　1970　350p　18cm　(東洋文庫 160)550円　Ⓝ291.099　　　〔07652〕
◇ヘボンさんの幕末維新―日本プロテスタントの誕生　志村純著　キリスト新聞社　2006.1　165p　21cm　1429円　④4-87395-458-4　Ⓝ289.3　　〔07653〕
◇亡命ロシア人の見た明治維新　レフ・イリイッチ・メーチニコフ著,渡辺雅司訳　講談社　1982.5　195p　15cm　(講談社学術文庫)500円　④4-06-158548-7　Ⓝ210.61
　　　〔07654〕
◇ポルスブルック日本報告―1857-1870 オランダ領事の見た幕末事情　ポルスブルック著　ヘルマン・ムースハルト編著　生熊文訳　雄松堂出版　1995.5　244p

22cm （東西交流叢書 8）4635円　Ⓘ4-8419-0154-X　Ⓝ210.58　〔07655〕

◇ポルスブルック日本報告――一八五七――一八七〇　オランダ領事の見た幕末事情　ポルスブルック著　ヘルマン・ムースハルト編著　生熊文訳　雄松堂出版　2007.5　244p　22cm　（東西交流叢書 8）6800円　Ⓘ978-4-8419-3127-3　Ⓝ210.59　〔07656〕

◇ヤング・ジャパン　第1　J.R.ブラック著, ねず・まさし, 小池晴子訳　平凡社　1970　278p　18cm　（東洋文庫 156）400円　Ⓝ210.59　〔07657〕

◇ヤング・ジャパン　第2　J.R.ブラック著, ねず・まさし, 小池晴子訳　平凡社　1970　246p　18cm　（東洋文庫 166）400円　Ⓝ210.59　〔07658〕

◇ヤング・ジャパン　第3　J.R.ブラック著, ねず・まさし, 小池晴子訳　平凡社　1970　312,12p　18cm　（東洋文庫 176）500円　Ⓝ210.59　〔07659〕

◇揺籃時代の日本海軍　リッダー・ホイセン・ファン・カッテンディーケ著　水田信利訳　海軍有終会　1943　262p　19cm　Ⓝ210.5　〔07660〕

◇ヨーロッパ人の見た文久使節団――イギリス・ドイツ・ロシア　鈴木健夫,P.スノードン,G.ツォーベル著　早稲田大学出版部　2005.2　190p　21cm　3000円　Ⓘ4-657-05101-6　Ⓝ210.593　〔07661〕

◇レフィスゾーン　江戸参府日記　J.H.レフィスゾーン著　片桐一男訳　雄松堂出版　2003.4　407,3p　21cm　（新異国叢書）5500円　Ⓘ4-8419-0298-8　〔07662〕

◇レフィスゾーン江戸参府日記　J.H.レフィスゾーン著　片桐一男訳　雄松堂出版　2003.4　407,3p　23cm　（新異国叢書 第3輯 6）5500円　Ⓘ4-8419-0298-8　Ⓝ291.09　〔07663〕

◇露艦「ヂアーナ」号艦長ガローウニン日本幽囚実記　ウェー.エム.ガローウニン著,大日本帝国海軍軍令部第二局訳述　海軍文庫　1894.8　465p　23cm　Ⓝ291.099　〔07664〕

◇ロシア艦隊幕末来訪記　ヴィシェスラフツォフ著, 長島要一訳　新人物往来社　1990.4　200p　20cm　2200円　Ⓘ4-404-01714-6　Ⓝ210.58　〔07665〕

◇ロシア士官の見た徳川日本――続・日本俘虜実記　W.M.ゴロウニン著, 徳力真太郎訳　講談社　1985.3　345p　15cm　（講談社学術文庫）880円　Ⓘ4-06-158676-9　Ⓝ210.5　〔07666〕

◇ロシア人の日本発見――北太平洋における航海と地図の歴史　S・ズナメンスキー著, 秋月俊幸訳　札幌　北海道大学図書刊行会　1986.2　xii,273,15p　20cm　2400円　Ⓝ291.09　〔07667〕

◇露人兀老尹就囚紀事――文化年間　上巻　ワシーリー・ミハイロウイチ・ガローウニン著　参謀本部海軍部編纂課訳　参謀本部海軍部　1888.5　219p　19cm　Ⓝ290　〔07668〕

◇F・ベアトが見た日本　F.ベアト撮影　金子三郎編訳　鎌倉　リーブ企画（製作）　2006.12　153p　21cm　非売品　Ⓝ210.58　〔07669〕

◆◆アーネスト・サトウ

◇アーネスト・サトウ――女王陛下の外交官　古川薫著　小峰書店　2005.10　183p　22cm　（時代を動かした人々　維新篇 8）1600円　Ⓘ4-338-17108-1　Ⓝ289.1　〔07670〕

◇アーネスト・サトウ神道論　アーネスト・サトウ著　庄田元男編訳　平凡社　2006.11　308p　18cm　（東洋文庫 756）2800円　Ⓘ4-582-80756-9　Ⓝ170.4　〔07671〕

◇アーネスト・サトウの生涯――その日記と手紙より　イアン・C.ラックストン著　長岡祥三,関口英男訳　雄松堂出版　2003.8　499,28,20p　22cm　（東西交流叢書 10）8500円　Ⓘ4-8419-0316-X　Ⓝ289.3　〔07672〕

◇維新日本外交秘録　アーネスト・サトウ著　維新史料編纂事務局訳編　維新史料編纂事務局　1938　599p　19cm　Ⓝ210.5　〔07673〕

◇一外交官の見た明治維新　上　アーネスト・サトウ著, 坂田精一訳　岩波書店　1960　290p　15cm　（岩波文庫）Ⓝ210.61　〔07674〕

◇一外交官の見た明治維新　上　アーネスト・サトウ著　坂田精一訳　岩波書店　2002.8　290p　15cm　（岩波文庫）660円　Ⓘ4-00-334251-8　〔07675〕

◇一外交官の見た明治維新　下　アーネスト・サトウ著　坂田精一訳　岩波書店　2003.4　294p　15cm　（岩波文庫）660円　Ⓘ4-00-334252-6　〔07676〕

◇江戸開城――遠い崖　アーネスト・サトウ日記抄 7　萩原延寿著　朝日新聞社　2008.1　382p　15cm　（朝日文庫）800円　Ⓘ978-4-02-261549-7　〔07677〕

◇外国交際――遠い崖　アーネスト・サトウ日記抄 5　萩原延寿著　朝日新聞社　2007.12　379p　15cm　（朝日文庫）820円　Ⓘ978-4-02-261547-3　〔07678〕

◇帰国――遠い崖　アーネスト・サトウ日記抄 8　萩原延寿著　朝日新聞社　2008.1　397p　15cm　（朝日文庫）820円　Ⓘ978-4-02-261550-3　〔07679〕

◇旅立ち―遠い崖　アーネスト・サトウ日記抄 1　萩原延寿著〔改装新版〕　朝日新聞社　1998.10　277p　19cm　2400円　Ⓘ4-02-257313-9　〔07680〕

◆対アジア外交

◇アジアにおける文明の対抗――攘夷論と守旧論に関する日本、朝鮮、中国の比較研究　藤田雄二著　御茶の水書房　2001.10　477,11p　22cm　7000円　Ⓘ4-275-01887-7　Ⓝ210.59　〔07681〕

◇江戸幕府と東アジア　荒野泰典編　吉川弘文館　2003.8　435,11p　21cm　（日本の時代史 14）3200円　Ⓘ4-642-00814-4　〔07682〕

◇近世アジア漂流　田中優子著　朝日新聞社　1995.7　273p　15cm　（朝日文芸文庫）680円　Ⓘ4-02-264074-X　Ⓝ210.5　〔07683〕

◇近世日越交流史――日本町・陶磁器　桜井清彦, 菊池誠一編　柏書房　2002.5　374p　22cm　6800円　Ⓘ4-7601-2235-4　Ⓝ210.5　〔07684〕

◇近世日本と東アジア　荒野泰典著　東京大学出版会　1988.10　296,10p　22cm　4800円　Ⓘ4-13-020085-2　Ⓝ210.5　〔07685〕

◇近世日本の国家形成と外交　ロナルド・トビ著, 速水融ほか訳　創文社　1990.9　198,84p　22cm　3914円　Ⓘ4-423-43028-2　Ⓝ210.5　〔07686〕

◇近世東アジアの海洋秩序と「海国」の海防論――日本における海軍建設及び近代国家変容の思想的起源　朴栄濬著　富士ゼロックス小林節太郎記念基金編　富士ゼロックス小林節太郎記念基金　2002.11　73p　30cm　非売品　Ⓝ210.59　〔07687〕

◇近代における熊本・日本・アジア　熊本近代史研究会編　熊本　熊本近代史研究会　1991.3　429p　22cm　4500円　Ⓝ210.59　〔07688〕

◇十七世紀の日本と東アジア　藤田覚編　山川出版社　2000.11　218p　22cm　3500円　Ⓘ4-634-52100-8　Ⓝ210.52　〔07689〕

◇大君外交と東アジア　紙屋敦之著　吉川弘文館　1997.12　309,7p　22cm　6000円　Ⓘ4-642-03336-X　Ⓝ210.5　〔07690〕

◇日本近世と東アジア世界　川勝守著　吉川弘文館　2000.6　336,11,8p　22cm　9800円　Ⓘ4-642-03357-2　Ⓝ210.5　〔07691〕
◇幕末維新回想記　アーネスト・サトウ著　塩尻清市訳　日本評論社　1943　315p　19cm　Ⓝ210.5　〔07692〕
◇幕末期東亜外交史　大熊真著　乾元社　1944　285p　22cm　Ⓝ210.5　〔07693〕
◇東アジアにおける世界像の形成―徳川日本と中国　銭国紅著　富士ゼロックス小林節太郎記念基金　富士ゼロックス小林節太郎記念基金　1996.10　54p　26cm　非売品　Ⓝ210.59　〔07694〕
◇東アジアのなかの下関―近世下関の対外交渉―特別展　下関市立長府博物館編　下関　下関市立長府博物館　1996.11　81p　28cm　Ⓝ210.59　〔07695〕
◇明治維新とアジア　吉川弘文館　2001.12　258p　22cm　(明治維新史研究 6)　5300円　Ⓘ4-642-03641-5　Ⓝ319.102　〔07696〕
◇十七世紀に於ける日暹関係　郡司喜一著　外務省調査部　1934　1187p　23cm　(調 第11号)　Ⓝ210.5　〔07697〕
◇十七世紀に於ける日泰関係　郡司喜一著　日本タイ協会　1942　1195p　地　22cm　Ⓝ210.5　〔07698〕

◆対朝鮮外交

◇明石藩朝鮮国信使接伴記録　明石　明石市教育委員会　1981.3　2冊　21cm　(明石市史資料 第2集)　Ⓝ216.4　〔07699〕
◇描かれた「異国」「異域」―朝鮮、琉球、アイヌモシリの人びと　大阪人権博物館編　大阪　大阪人権博物館　2001.4　123p　30cm　Ⓝ210.5　〔07700〕
◇江戸時代の朝鮮通信使　映像文化協会編　毎日新聞社　1979.12　233p　20cm　1200円　Ⓝ210.5　〔07701〕
◇江戸時代の朝鮮通信使　李進熙著　講談社　1987.4　271p　19cm　1300円　Ⓘ4-06-203427-1　Ⓝ210.5　〔07702〕
◇江戸時代の朝鮮通信使　李進熙著　講談社　1992.8　301p　15cm　(講談社学術文庫)900円　Ⓘ4-06-159039-1　Ⓝ210.5　〔07703〕
◇江戸時代の朝鮮通信使と日本文学　朴贊基著　京都　臨川書店　2006.10　255,24p　22cm　3200円　Ⓘ4-653-03965-8　Ⓝ910.25　〔07704〕
◇江戸の外交都市―朝鮮通信使と町づくり　三宅理一著　鹿島出版会　1990.6　248p　20cm　3193円　Ⓘ4-306-09314-X　Ⓝ217.5　〔07705〕
◇海槎日記―江戸時代第十一次(宝暦・明和)朝鮮通信使の記録　酬唱録編　趙曮著　若松実訳　名古屋　日朝協会愛知県連合会　1997.10　130p　26cm　Ⓝ210.5　〔07706〕
◇海槎日記―江戸時代第十一次(宝暦・明和)朝鮮通信使の記録　書契・筆話編　趙曮著　若松実訳　名古屋　日朝協会愛知県連合会　1999.3　129p　26cm　Ⓝ210.5　〔07707〕
◇海槎日記―江戸時代第十一次(宝暦・明和)朝鮮通信使の記録　日記篇　趙曮著　若松実訳　名古屋　日朝協会愛知県連合会　1995.2　330p　26cm　Ⓝ210.5　〔07708〕
◇海槎録―江戸時代第一次(慶長十二年)朝鮮通信使の記録　慶七松著　若松実訳　改訂版　名古屋　日朝協会愛知県連合会　1997.7　128p　26cm　Ⓝ210.5　〔07709〕
◇書き替えられた国書―徳川・朝鮮外交の舞台裏　田代和生著　中央公論社　1983.6　220p　18cm　(中公新書)460円　Ⓝ210.52　〔07710〕

◇韓国と日本の交流史　近世篇　姜在彦著　明石書店　1994.9　80p　21cm　(講座制「民族大学」ブックレット 2)750円　Ⓘ4-7503-0612-6　Ⓝ210.18　〔07711〕
◇紀行・朝鮮使の道　朴春日著　新人物往来社　1972　249p　20cm　850円　Ⓝ210.5　〔07712〕
◇近世アジアの日本と朝鮮半島　三宅英利著　朝日新聞社　1993.12　259p　20cm　2000円　Ⓘ4-02-256691-4　Ⓝ210.5　〔07713〕
◇近世日朝関係史の研究　三宅英利著　文献出版　1986.3　676p　22cm　11000円　Ⓝ210.5　〔07714〕
◇近世日朝通交貿易史の研究　田代和生著　創文社　1981.2　458,48,5p　22cm　7000円　Ⓝ678.21021　〔07715〕
◇近世日本人は朝鮮をどうみていたか―「鎖国」のなかの「異人」たち　倉地克直著　角川書店　2001.11　253p　19cm　(角川選書 330)1500円　Ⓘ4-04-703330-8　Ⓝ210.5　〔07716〕
◇近世日本と朝鮮漂流民　池内敏著　京都　臨川書店　1998.6　294,173p　22cm　8000円　Ⓘ4-653-03496-6　Ⓝ210.5　〔07717〕
◇近世日本における外国使節と社会変容　2　鈴木文,玉井建也編　紙屋敦之研究室　2007.7　133p　30cm　(紙屋敦之ゼミ共同研究成果報告書 2006年度)Ⓝ210.55　〔07718〕
◇近世の朝鮮と日本―交隣関係の虚と実　孫承哲著　鈴木信昭監訳　山里澄江,梅村雅英訳　明石書店　1998.8　422p　20cm　5500円　Ⓘ4-7503-1056-5　Ⓝ210.5　〔07719〕
◇近世の日本と朝鮮　三宅英利著　講談社　2006.2　293p　15cm　(講談社学術文庫)1100円　Ⓘ4-06-159751-5　〔07720〕
◇こころの交流朝鮮通信使―江戸時代から21世紀へのメッセージ　21世紀記念特別展　京都文化博物館,京都新聞社編　京都　京都文化博物館　2001.4　267p　30cm　Ⓝ210.5　〔07721〕
◇使行録に見る朝鮮通信使の日本観―江戸時代の日朝関係　鄭章植著　明石書店　2006.7　476p　20cm　5800円　Ⓘ4-7503-2366-7　Ⓝ210.5　〔07722〕
◇正徳朝鮮信使登城行列図　京城　朝鮮総督府　1938　1軸　22cm　(朝鮮史料叢刊 第20)Ⓝ221　〔07723〕
◇辛基秀と朝鮮通信使の時代―韓流の原点を求めて　上野敏彦著　明石書店　2005.9　338p　19cm　2500円　Ⓘ4-7503-2167-2　〔07724〕
◇図説・朝鮮通信使の旅　辛基秀,仲尾宏編著　明石書店　2000.8　133p　21cm　1300円　Ⓘ4-7503-1331-9　Ⓝ210.5　〔07725〕
◇誠信の交わり―文化八年の朝鮮通信使　佐賀県立名護屋城博物館編　鎮西町(佐賀県)　佐賀県立名護屋城博物館　1997.10　56p　30cm　Ⓝ210.5　〔07726〕
◇前近代の日本と朝鮮―朝鮮通信使の軌跡　仲尾宏著　明石書店　1989.2　245p　20cm　2000円　Ⓝ210.5　〔07727〕
◇善隣友好のコリア史―朝鮮通信使と吉宗の時代　片野次雄著　彩流社　2007.9　291p　19cm　1900円　Ⓘ978-4-7791-1296-6　〔07728〕
◇宗家記録と朝鮮通信使展―江戸時代の日朝交流　朝日新聞社文化企画局編　朝日新聞社　c1992　128p　29cm　Ⓝ210.5　〔07729〕
◇大君外交と「武威」―近世日本の国際秩序と朝鮮観　池内敏著　名古屋　名古屋大学出版会　2006.2　444,14p　22cm　6800円　Ⓘ4-8158-0531-8　Ⓝ210.5　〔07730〕
◇大系・善隣と友好の記録・朝鮮通信使　第4巻　辛卯・正

徳度　辛基秀,仲尾宏責任編集　明石書店　1993.1
177p　38cm　62500円　Ⓘ4-7503-0481-6　Ⓝ210.5
〔07731〕

◇大系朝鮮通信使―善隣と友好の記録　第1巻　丁未・慶長度/丁巳・元和度/甲子・寛永度　辛基秀,仲尾宏責任編集　明石書店　1996.4　228p　38cm　80000円
Ⓘ4-7503-0803-X　Ⓝ210.5　〔07732〕

◇大系朝鮮通信使―善隣と友好の記録　第2巻　丙子・寛永度,癸未・寛永度　辛基秀,仲尾宏責任編集　明石書店　1996.8　190p　38cm　70000円　Ⓘ4-7503-0839-0
Ⓝ210.5　〔07733〕

◇大系朝鮮通信使―善隣と友好の記録　第3巻　乙未・明暦度/壬戌・天和度　辛基秀,仲尾宏責任編集　明石書店　1995.3　233p　38cm　75000円　Ⓘ4-7503-0681-9
Ⓝ210.5　〔07734〕

◇大系朝鮮通信使―善隣と友好の記録　第5巻　己亥・享保度　辛基秀,仲尾宏責任編集　明石書店　1995.9　208p　38cm　75000円　Ⓘ4-7503-0748-3　Ⓝ210.5　〔07735〕

◇大系朝鮮通信使―善隣と友好の記録　第6巻　戊辰・延享度　辛基秀,仲尾宏責任編集　明石書店　1994.9　221p　38cm　70000円　Ⓘ4-7503-0624-X　Ⓝ210.5　〔07736〕

◇大系朝鮮通信使―善隣と友好の記録　第7巻　甲申・宝暦度　辛基秀,仲尾宏責任編集　明石書店　1994.3　272p　38cm　80000円　Ⓘ4-7503-0577-4　Ⓝ210.5　〔07737〕

◇大系朝鮮通信使―善隣と友好の記録　第8巻　辛未・文化度　辛基秀,仲尾宏責任編集　明石書店　1993.11　204p　38cm　62500円　Ⓘ4-7503-0550-2　Ⓝ210.5　〔07738〕

◇中国・朝鮮の史籍における日本史料集成　清実録之部 1　日本史料集成編纂会編　国書刊行会　1976　362p　22cm　4500円　Ⓝ210.08
〔07739〕

◇中国・朝鮮の史籍における日本史料集成　清実録之部 2　日本史料集成編纂会編　国書刊行会　1976　792p　22cm　4500円　Ⓝ210.08
〔07740〕

◇中国・朝鮮の史籍における日本史料集成　明実録之部 3　日本史料集成編纂会編　国書刊行会　1975　641-997,27p　22cm　4500円　Ⓝ210.08　〔07741〕

◇朝鮮王朝実録琉球史料集成　原文篇　池谷望子,内田晶子,高瀬恭子編　宜野湾　榕樹書林　2005.5　168,18p　22cm　Ⓘ4-89805-109-X,4-89805-103-0　Ⓝ219.9
〔07742〕

◇朝鮮王朝実録琉球史料集成　訳注篇　池谷望子,内田晶子,高瀬恭子編訳　宜野湾　榕樹書林　2005.5　490p　22cm　Ⓘ4-89805-110-3,4-89805-103-0　Ⓝ219.9
〔07743〕

◇朝鮮信使来朝帰帆官録　石阪孝二郎翻刻および解説　神戸　兵庫岡方古文書刊行委員　1969　663p　22cm　2000円　Ⓝ210.5　〔07744〕

◇朝鮮信使来朝帰帆官録　石阪孝二郎編　増補　明石書店　1992.8　739p　22cm　24000円　Ⓘ4-7503-0450-6
Ⓝ210.5　〔07745〕

◇朝鮮通交大紀　松浦允任撰,田中健夫,田代和生校訂　名著出版　1978.7　374p　22cm　6200円　Ⓝ210.4
〔07746〕

◇朝鮮通信使―近世200年の日韓文化交流　東京国立博物館編　国際交流基金　1985.10　99p　26cm　Ⓝ210.5
〔07747〕

◇朝鮮通信使―江戸時代の親善外交　特別展　岐阜市歴史博物館編　岐阜　岐阜市歴史博物館　1992　96p　26cm
Ⓝ210.5　〔07748〕

◇朝鮮通信使―善隣友好の使節団　特別展　大阪市立博物館編　大阪　大阪市立博物館　1994.9　128p　30cm　（展覧会目録　第125号）Ⓝ210.5　〔07749〕

◇朝鮮通信使―人の往来、文化の交流　辛基秀著　明石書店　1999.6　250p　22cm　3800円　Ⓘ4-7503-1174-X
Ⓝ210.5　〔07750〕

◇朝鮮通信使―日韓共通歴史教材　豊臣秀吉の朝鮮侵略から友好へ　日韓共通歴史教材制作チーム編　明石書店　2005.4　116p　21cm　1300円　Ⓘ4-7503-2096-X
Ⓝ210.49　〔07751〕

◇朝鮮通信使―江戸日本の誠信外交　仲尾宏著　岩波書店　2007.9　205,3p　18×11cm　（岩波新書）740円
Ⓘ978-4-00-431093-8　〔07752〕

◇朝鮮通信使絵図集成　辛規秀他著　講談社　1985.11　196p　37cm　35000円　Ⓘ4-06-201791-1　Ⓝ210.5
〔07753〕

◇朝鮮通信使往来―260年の平和と友好　辛基秀著　労働経済社　1993.11　135p　26cm　3000円
Ⓘ4-947585-51-X　Ⓝ210.5　〔07754〕

◇朝鮮通信使往来―江戸時代260年の平和と友好　辛基秀著　新版　明石書店　2002.2　135p　27cm　3900円
Ⓘ4-7503-1525-7　Ⓝ210.5　〔07755〕

◇朝鮮通信使をよみなおす―「鎖国」史観を越えて　仲尾宏著　明石書店　2006.10　363p　19cm　3800円
Ⓘ4-7503-2425-6　〔07756〕

◇朝鮮通信使がみた日本　姜在彦著　明石書店　2002.6　278p　20cm　3300円　Ⓘ4-7503-1589-3　Ⓝ210.5
〔07757〕

◇朝鮮通信使紀行　杉洋子著　集英社　2002.8　238p　19cm　1800円　Ⓘ4-08-774603-8　〔07758〕

◇朝鮮通信使私考　山中靖城著編　近江八幡　Ｏ・Ｂ・Ｍ・ＷＰ・Ｃpt・Ｓ.　1996　44p　26cm　339円　Ⓝ210.5
〔07759〕

◇朝鮮通信使資料館御馳走一番館　柴村敬次郎編・著　下蒲刈町（広島県）　下蒲刈町　1994.11　76p　21×30cm
（ふるさと下蒲刈　その20）Ⓝ210.5　〔07760〕

◇朝鮮通信使史話　朴春日著　雄山閣出版　1992.11　194p　22cm　（雄山閣books 27）2200円
Ⓘ4-639-01129-6　Ⓝ210.5　〔07761〕

◇朝鮮通信使史話　朴春日著　POD版　雄山閣　2003.4　194p　21cm　（雄山閣BOOKS）2100円
Ⓘ4-639-10025-6　〔07762〕

◇朝鮮通信使と江戸時代の三都　仲尾宏著　明石書店　1993.8　202p　20cm　2060円　Ⓘ4-7503-0530-8
Ⓝ210.5　〔07763〕

◇朝鮮通信使と江戸時代の人々―天理ギャラリー第83回展　天理大学附属天理図書館編　天理ギャラリー　1989.5　1冊　26cm　Ⓝ210.5　〔07764〕

◇朝鮮通信史と大津―送迎のため逢坂越を整備　大津　滋賀県文化財保護協会　1993.3　1冊　26cm　（文化財教室シリーズ 133）　〔07765〕

◇朝鮮通信使と紀州―'87秋季特別展　和歌山市立博物館編　和歌山　和歌山市教育委員会　1987.10　64p　26cm　Ⓝ210.5　〔07766〕

◇朝鮮通信使と下関　前田博司著　下関　〔前田博司〕　1996.10　127p　19cm　Ⓝ210.5　〔07767〕

◇朝鮮通信使とその時代　上田正昭,辛基秀,仲尾宏著　明石書店　2001.6　303p　20cm　3000円
Ⓘ4-7503-1434-X　Ⓝ210.5　〔07768〕

◇朝鮮通信史と徳川幕府　仲尾宏著　明石書店　1997.9　357p　21cm　5825円　Ⓘ4-7503-0971-0　〔07769〕

◇朝鮮通信使と日本人　李元植ほか著　学生社　1992.3　274p　19cm　2200円　Ⓘ4-311-20174-5　Ⓝ210.5
〔07770〕

◇朝鮮通信使と福山藩・鞆の津―国際都市鞆が見えてくる古文書、文献調査記録集 その1　慶長―天和　福山市鞆の浦歴史民俗資料館友の会編　福山　福山市鞆の浦歴史民俗資料館活動推進協議会　2004.3　166p　26cm　Ⓝ217.6
〔07771〕

◇朝鮮通信使と文化伝播―唐子踊り・唐人踊りと祭礼行列を中心に　任東権著　竹田旦訳　第一書房　2004.8　241,8p　20cm　(Academic series new Asia 44)3500円　Ⓘ4-8042-0756-2　Ⓝ386.81
〔07772〕

◇朝鮮通信使と民画屏風―辛基秀コレクションの世界　第1回特別展　大阪歴史博物館編　大阪　大阪歴史博物館　2001.11　64p　21×30cm　Ⓝ210.5
〔07773〕

◇朝鮮通信使の海へ―日朝交流の歴史をたどる　小島敦夫著　丸善　1997.9　239p　19cm　(丸善ブックス65)1800円　Ⓘ4-621-06065-1　Ⓝ210.5
〔07774〕

◇朝鮮通信使の軌跡―増補・前近代の日本と朝鮮　仲尾宏著　明石書店　1993.1　296p　20cm　3090円　Ⓘ4-7503-0480-8
〔07775〕

◇朝鮮通信使の饗応　高正晴子著　明石書店　2001.3　254p　22cm　3800円　Ⓘ4-7503-1393-9　Ⓝ596.21
〔07776〕

◇朝鮮通信使の研究　李元植著　京都　思文閣出版　1997.8　684,45p　22cm　15000円　Ⓘ4-7842-0863-1　Ⓝ210.5
〔07777〕

◇朝鮮通信使の足跡を訪ねて　安岡隆一著　労働経済社(製作)　1998.6　103p　20cm　Ⓝ210.5
〔07778〕

◇朝鮮通信使の旅日記―ソウルから江戸―「誠信の道」を訪ねて　辛基秀著　PHP研究所　2002.11　209p　18cm(PHP新書)720円　Ⓘ4-569-62571-1　Ⓝ210.5
〔07779〕

◇朝鮮通信使・琉球使節の日光参り―三使の日記から読む日光道中　佐藤権司著　宇都宮　随想舎　2007.8　223p　21cm　1800円　Ⓘ978-4-88748-163-3　Ⓝ210.52
〔07780〕

◇対馬からみた日朝関係　鶴田啓著　山川出版社　2006.8　105p　21cm　(日本史リブレット 41)800円　Ⓘ4-634-54410-5　Ⓝ210.1821
〔07781〕

◇対馬宗家文書―大韓民国国史編纂委員会所蔵　古文書目録集　1　鶴田啓日本語版監修　伊豆　ビスタピー・エス　2006.12　404p　27cm　52000円　Ⓘ4-939153-55-X　Ⓝ221.05
〔07782〕

◇対馬宗家文書―大韓民国国史編纂委員会所蔵　書契目録集　2　鶴田啓日本語版監修　ビスタピー・エス　2004　284p　27cm　30000円　Ⓘ4-939153-23-1　Ⓝ221.05
〔07783〕

◇対馬宗家文書―大韓民国国史編纂委員会所蔵　書契目録集　3　鶴田啓日本語版監修　ビスタピー・エス　2004　274p　27cm　30000円　Ⓘ4-939153-25-8　Ⓝ221.05
〔07784〕

◇対馬宗家文書―大韓民国国史編纂委員会所蔵　書契目録集　4　鶴田啓日本語版監修　ビスタピー・エス　2004　264p　27cm　30000円　Ⓘ4-939153-27-4　Ⓝ221.05
〔07785〕

◇対馬宗家文書―大韓民国国史編纂委員会所蔵　書契目録集　5　鶴田啓日本語版監修　ビスタピー・エス　2005.4　260p　27cm　30000円　Ⓘ4-939153-39-8　Ⓝ221.05
〔07786〕

◇対馬宗家文書―大韓民国国史編纂委員会所蔵　古文書目録集　21　鶴田啓日本語版監修　ビスタピー・エス　2005.12　305p　27cm　38000円　Ⓘ4-939153-44-4　Ⓝ221.05
〔07787〕

◇対馬宗家文書―大韓民国国史編纂委員会所蔵　古文書目録集　22　鶴田啓日本語版監修　ビスタピー・エス　2006.5　p309-633　27cm　41000円　Ⓘ4-939153-51-7　Ⓝ221.05
〔07788〕

◇対馬藩江戸家老―近世日朝外交をささえた人びと　山本博文著　講談社　1995.2　278p　19cm　(講談社選書メチエ 38)1500円　Ⓘ4-06-258038-1　Ⓝ210.5
〔07789〕

◇対馬藩江戸家老―近世日朝外交をささえた人びと　山本博文著　講談社　2002.6　321p　15cm　(講談社学術文庫)1000円　Ⓘ4-06-159551-2　Ⓝ210.5
〔07790〕

◇東槎日記―江戸時代第八次(正徳元年)朝鮮通信使の記録　任守幹著　若松実訳　名古屋　日朝協会愛知県連合会　1993.9　192p　26cm　Ⓝ210.5
〔07791〕

◇東槎録―江戸時代第三次(寛永元)朝鮮通信使の記録　姜弘重著,若松実訳　名古屋　日朝協会愛知県連合会　1988.5　90p　26cm　Ⓝ210.52
〔07792〕

◇東槎録　2　洪禹載著,若松実訳　名古屋　日朝協会愛知県連合会　1989.5　118p　26cm　Ⓝ210.52
〔07793〕

◇「唐人殺し」の世界―近世民衆の朝鮮認識　池内敏著　京都　臨川書店　1999.5　190p　19cm　(臨川選書)2000円　Ⓘ4-653-03636-5　Ⓝ210.5
〔07794〕

◇唐船進港回棹録・島原本唐人風説書・割符留帳―近世日中交渉史料集　大庭脩編著　吹田　関西大学東西学術研究所　1974　267,19p　21cm　(関西大学東西学術研究所資料集刊 9)Ⓝ210.5
〔07795〕

◇徳川吉宗と朝鮮通信使　片野次雄著　誠文堂新光社　2003.5　274p　19cm　(Ondemand collection)2900円　Ⓘ4-416-90322-7　Ⓝ210.55
〔07796〕

◇徳川吉宗と朝鮮通信使　片野次雄著　誠文堂新光社　1985.11　274p　19cm　1600円　Ⓘ4-416-88525-3　Ⓝ210.55
〔07797〕

◇徳川吉宗と朝鮮通信使―知られざる交流　片野次雄著　改訂　誠文堂新光社　1996.7　275p　20cm　1800円　Ⓘ4-416-99601-2　Ⓝ210.55
〔07798〕

◇長崎の唐人貿易　山脇悌二郎著　吉川弘文館　1964　323p　20cm　(日本歴史叢書 6 日本歴史学会編)Ⓝ678.21
〔07799〕

◇日東壮遊歌―ハングルでつづる朝鮮通信使の記録　金仁謙著　高島淑郎訳注　平凡社　1999.11　425p　18cm(東洋文庫)3100円　Ⓘ4-582-80662-7　Ⓝ210.55
〔07800〕

◇日本見聞録にみる朝鮮通信使　西村毬子著　明石書店　2000.12　422p　20cm　4800円　Ⓘ4-7503-1367-X　Ⓝ210.5
〔07801〕

◇幕末維新日朝外交史の研究　沈箕載著　京都　臨川書店　1997.12　329p　22cm　6500円　Ⓘ4-653-03308-0　Ⓝ210.5
〔07802〕

◇福岡藩朝鮮通信使記録　1　福岡地方史研究会古文書を読む会編　福岡　福岡地方史研究会　1993.6　172p　26cm　Ⓝ210.5
〔07803〕

◇福岡藩朝鮮通信使記録　2　福岡地方史研究会古文書を読む会編　福岡　福岡地方史研究会　1994.3　166p　26cm　Ⓝ210.5
〔07804〕

◇福岡藩朝鮮通信使記録　3　福岡地方史研究会古文書を読む会編　福岡　福岡地方史研究会　1994.8　226p　26cm　Ⓝ210.5
〔07805〕

◇福岡藩朝鮮通信使記録　4　福岡地方史研究会古文書を読む会編　福岡　福岡地方史研究会　1995.5　236p　26cm　Ⓝ210.5
〔07806〕

◇福岡藩朝鮮通信使記録　5　福岡地方史研究会古文書を読む会編　福岡　福岡地方史研究会　1995.12　194p

◇福岡藩朝鮮通信使記録 6 福岡地方史研究会古文書を
  読む会編 福岡 福岡地方史研究会 1996.10 209p
  26cm Ⓝ210.5 〔07808〕
◇福岡藩朝鮮通信使記録 7 福岡地方史研究会古文書を
  読む会編 福岡 福岡地方史研究会 1997.10 178p
  26cm Ⓝ210.5 〔07809〕
◇福岡藩朝鮮通信使記録 8 福岡地方史研究会古文書を
  読む会編 福岡 福岡地方史研究会 1999.7 203p
  26cm Ⓝ210.5 〔07810〕
◇福岡藩朝鮮通信使記録 9 福岡地方史研究会古文書を
  読む会編 福岡 福岡地方史研究会 1999.12 191p
  26cm Ⓝ210.5 〔07811〕
◇福岡藩朝鮮通信使記録 10 福岡地方史研究会古文書を
  読む会編 福岡 福岡地方史研究会 2000.4 184p
  26cm Ⓝ210.5 〔07812〕
◇福岡藩朝鮮通信使記録 11 福岡地方史研究会古文書を
  読む会編 福岡 福岡地方史研究会 2000.6 180p
  26cm Ⓝ210.5 〔07813〕
◇福岡藩朝鮮通信使記録 12 福岡地方史研究会古文書を
  読む会編 福岡 福岡地方史研究会 2000.8 189p
  26cm Ⓝ210.5 〔07814〕
◇福岡藩朝鮮通信使記録 13 福岡地方史研究会古文書を
  読む会編 福岡 福岡地方史研究会 2000.9 305p
  26cm Ⓝ210.5 〔07815〕
◇扶桑録—江戸時代第二次(元和三)朝鮮通信使の記録
  李景稷著, 若松実訳 名古屋 日朝協会愛知県連合会
  1988.2 87p 26cm Ⓝ210.52 〔07816〕
◇扶桑録—江戸時代第六次(明暦元)朝鮮通信使の記録
  上 南壷谷著 若松実訳 名古屋 日朝協会愛知県連
  合会 1991.12 172p 26cm Ⓝ210.52 〔07817〕
◇扶桑録—江戸時代第六次(明暦元)朝鮮通信使の記録
  下 南壷谷著 若松実訳 名古屋 日朝協会愛知県連
  合会 1991.12 194p 26cm Ⓝ210.52 〔07818〕
◇丙子日本日記—江戸時代第四次(寛永一三)朝鮮通信使
  の記録 任絖著, 若松実訳 名古屋 日朝協会愛知県連
  合会 1988.7 146p 21cm Ⓝ210.52 〔07819〕
◇伯耆国赤崎沖朝鮮人漂流一件 池内敏, 坂本敬司著 名
  古屋 [池内敏] 2003.8 73p 19cm 477円 Ⓝ217.
  2 〔07820〕
◇奉使日本時聞見録—江戸時代第十次(寛延元年)朝鮮通
  信使の記録 曹蘭谷著 若松実訳 名古屋 日朝協会
  愛知県連合会 1993.10 261p 26cm 2000円 Ⓝ210.
  5 〔07821〕
◇芳洲外交関係資料集 続 雨森芳洲原著, 泉澄一編 吹
  田 関西大学出版部 1984.3 263p 21cm (関西大
  学東西学術研究所資料集刊 11-4)4300円 Ⓝ210.52
   〔07822〕
◇芳洲外交関係資料・書翰集 雨森芳洲編著 吹田 関西
  大学出版部 1982.6 346p 21cm (関西大学東西学術
  研究所資料集刊 11-3)7500円 Ⓝ210.52 〔07823〕
◇李朝国使3000キロの旅—雑学"朝鮮通信使"を歩く 嶋
  村初吉著 神戸 みずのわ出版 1999.12 240p 21cm
  1900円 ①4-944173-07-5 Ⓝ210.5 〔07824〕
◇李朝の通信使—江戸時代の日本と朝鮮 李進熙著 講談
  社 1976 236p 20cm 980円 Ⓝ210.5 〔07825〕
◇わが町に来た朝鮮通信使 1 辛基秀編 明石書店
  1993.3 217p 20cm (青丘文化叢書—1)2600円
  ①4-7503-0491-3 Ⓝ210.5 〔07826〕
◇倭館—鎖国時代の日本人町 田代和生著 文藝春秋
  2002.10 268p 18cm (文春新書)760円

①4-16-660281-0 Ⓝ210.5 〔07827〕

◆対中国外交

◇江戸時代唐船による日中文化交流 松浦章著 京都 思
  文閣出版 2007.7 449,10p 22cm 9000円
  ①978-4-7842-1361-0 Ⓝ210.5 〔07828〕
◇江戸時代における唐船持渡書の研究 大庭脩編著 吹田
  関西大学東西学術研究所 1967 744,60p 27cm (関
  西大学東西学術研究所研究叢刊 第1)Ⓝ210.18 〔07829〕
◇江戸時代における中国文化受容の研究 大庭脩著 京都
  同朋舎出版 1984.6 636p 22cm 12000円
  ①4-8104-0408-0 Ⓝ210.5 〔07830〕
◇江戸時代の日中関係資料—蘭園鶏肋集 大庭脩編著 吹
  田 関西大学出版部 1997.4 417p 26cm (関西大学
  東西学術研究所資料集刊 9-5—近世日中交渉史料集
  5)8000円 ①4-87354-229-4 Ⓝ210.5 〔07831〕
◇江戸時代の日中秘話 大庭脩著 東方書店 1980.5
  254p 19cm (東方選書 5)980円 Ⓝ210.5 〔07832〕
◇江戸時代漂着唐船資料集 3 寛政元年土佐漂着安利船
  資料 松浦章編著 吹田 関西大学出版部 1989.3
  416p 21cm (関西大学東西学術研究所資料集刊
  13-3)3000円 ①4-87354-110-7 Ⓝ210.5 〔07833〕
◇江戸時代漂着唐船資料集 4 文化五年土佐漂着江南商
  船郁長発資料 松浦章編著 吹田 関西大学出版部
  1989.3 134p 21cm (関西大学東西学術研究所資料集
  刊 13-4)2500円 ①4-87354-113-1 Ⓝ210.5 〔07834〕
◇江戸時代漂着唐船資料集 7 文政十年土佐漂着江南商
  船蒋元利資料 松浦章編著 吹田 関西大学東西学術研
  究所 2006.11 231p 21cm (関西大学東西学術研
  究所資料集刊 13-7)3400円 ①4-87354-436-X Ⓝ210.5
   〔07835〕
◇唐船輸出入品数量一覧1637〜1833年—復元唐船貨物改
  帳・帰帆荷物買渡帳 永積洋子編 創文社 1987.2
  396pp 27cm 15000円 Ⓝ678.21 〔07836〕
◇享保時代の日中関係資料 1 近世日中交渉史料集 2
  大庭脩編著 吹田 関西大学出版部 1986.3 376p
  21cm (関西大学東西学術研究所資料集刊 9-2)6000円
  Ⓝ210.55 〔07837〕
◇享保時代の日中関係資料 2 朱氏三兄弟—近世日中
  交渉史料集3 大庭脩編著 吹田 関西大学東西学術研
  究所 1995.3 747p 図版14枚 21cm (関西大学東西
  学術研究所資料集刊 9-3)12000円 ①4-87354-187-5
  Ⓝ210.55 〔07838〕
◇享保時代の日中関係資料 3 荻生北渓集—近世日中交
  渉史料集4 大庭脩編著 吹田 関西大学東西学術研究
  所 1995.11 554p 図版4枚 26cm (関西大学東西学
  術研究所資料集刊 9-4)10000円 ①4-87354-196-4
  Ⓝ210.55 〔07839〕
◇近世海産物貿易史の研究—中国向け輸出貿易と海産物
  荒居英次著 吉川弘文館 1975 594,5p 22cm 7000
  円 Ⓝ678.21 〔07840〕
◇近世支那外国貿易史 米谷栄一著 生活社 1939 318p
  23cm Ⓝ222 〔07841〕
◇近世日中文人交流史の研究 徳田武著 研文出版
  2004.11 443p 22cm 8000円 ①4-87636-239-4
  Ⓝ910.25 〔07842〕
◇近世日中貿易史の研究 山脇悌二郎著 吉川弘文館
  1960 245p 22cm Ⓝ678.21 〔07843〕
◇近世日本と日中貿易 任鴻章著 六興出版 1988.12
  339,11p 21cm (東アジアのなかの日本歴史 4)3000
  円 ①4-8453-8094-3 Ⓝ678.21022 〔07844〕
◇近代中日思想交流史の研究 徐興慶著 京都 朋友書店

2004.2　1冊　22cm　(朋友学術叢書)11400円
①4-89281-095-9　Ⓝ319.1022
〔07845〕

◇近代日中関係史年表―1799-1949　近代日中関係史年表編集委員会編　岩波書店　2006.1　809p 27cm　14000円　①4-00-022537-5　Ⓝ210.5
〔07846〕

◇慶寛時代の長崎唐人をめぐる諸問題‐附：長崎へ唐人の来始めた初期のこと，平戸における唐人とその遺跡　李献璋著　〔中国学誌編集部〕　1974　1冊　22cm
〔07847〕

◇清代中国・琉球関係档案史料展目録―沖縄県公文書館開館記念特別展　沖縄県公文書館編　南風原町(沖縄県)　沖縄県公文書館　1995.8　46p　Ⓝ210.5
〔07848〕

◇西学東漸と中国事情―「雑書」札記　増田渉著　岩波書店　1979.2　361p 19cm　1900円　Ⓝ210.5　〔07849〕

◇長崎華僑物語―中国貿易・唐人屋敷・長崎華僑　長崎中国交流史協会編　長崎　長崎労金サービス(発売)　2001.8　98p 21cm　(ろうきんブックレット11)①4-900895-36-9　Ⓝ219.3
〔07850〕

◇長崎唐館図集成　大庭脩編著　吹田　関西大学東西学術研究所　2003.11　242p 30cm　(関西大学東西学術研究所資料集刊 9-6―近世日中交渉史料集 6)13500円
①4-87354-383-5　Ⓝ219.3
〔07851〕

◇長崎唐人屋敷　山本紀綱著　謙光社　1983.2　582p 20cm　6000円　①4-905864-45-3　Ⓝ210.5
〔07852〕

◇日華明治維新史　中村孝也著　東京堂　1942　370p 22cm　Ⓝ210.6
〔07853〕

◇日支文化の交流　辻善之助著　大阪　創元社　1938　218p 18cm　(日本文化名著選 第1)Ⓝ210.1　〔07854〕

◇日中交流史話―江戸時代の日中関係を読む　大庭脩著　大阪　燃焼社　2003.4　332p 19cm　2400円
①4-88978-033-5　Ⓝ210.5
〔07855〕

◇日本と中国における「西洋」の発見―19世紀日中知識人の世界像の形成　銭国紅著　山川出版社　2004.10　357p 20cm　3200円　①4-634-64960-8　Ⓝ210.593
〔07856〕

◇漂着船物語―江戸時代の日中交流　大庭脩著　岩波書店　2001.8　243p 18cm　(岩波新書)780円
①4-00-430746-5　Ⓝ210.5
〔07857〕

◇豊後国佐伯藩蒲江浦唐人漂着史料　簀川長兵衛原著，佐藤正博編　別府　広雅堂書店　1984.12　110,10p 23cm　(広雅堂叢書 3)2000円　Ⓝ219.5　〔07858〕

◆対オランダ外交

◇安政二年万記帳―オランダ通詞会所記録　長崎県立長崎図書館編　長崎　長崎県立長崎図書館　2001.3　799p 22cm　(長崎県立長崎図書館郷土史料叢書 1)Ⓝ210.59359
〔07859〕

◇江戸時代日蘭文化交流資料集　1　明治以前洋馬の輸入と増殖　日蘭学会編　岩生成一著　日蘭学会　1980.11　193p 図版11枚　27cm　(日蘭学会学術叢書 第2)Ⓝ210.5
〔07860〕

◇江戸時代日蘭文化交流資料集　2　江戸幕府旧蔵蘭書総合目録　日蘭学会編　日蘭学会　1980.11　224,3p 27cm　(日蘭学会学術叢書 第2)Ⓝ210.5
〔07861〕

◇江戸時代の日本とオランダ―日蘭交流400年記念シンポジウム講演要旨　記念シンポジウム実行委員会編　調布　栗原福也　2000.10　72p　21×21cm　Ⓝ210.5
〔07862〕

◇江戸時代の日本とオランダ―日蘭交流400年記念シンポジウム報告　記念シンポジウム実行委員会編　武蔵野洋学史学会　2001.3　192p 23cm　Ⓝ210.5　〔07863〕

◇江戸のオランダ人―カピタンの江戸参府　片桐一男著　中央公論新社　2000.3　310p 18cm　(中公新書)980円　①4-12-101525-8　Ⓝ210.5
〔07864〕

◇江戸のオランダ人定宿・長崎屋物語　坂内誠一著　竜ヶ崎　流通経済大学出版会　1998.1　205p 19cm　2500円　①4-947553-06-5　Ⓝ210.5
〔07865〕

◇大坂が見た「異国」―オランダからの風　平成9年度大阪府立中之島図書館特別展示　大阪　大阪府立中之島図書館　1997.10　21p 30cm　Ⓝ210.5
〔07866〕

◇和蘭雑話　幸田成友著　第一書房　1934　315p 20cm　Ⓝ210.5
〔07867〕

◇オランダ商館長日記　原文編 8　東京大学史料編纂所編　東京大学出版会　1993.3　338,22p 21cm　(日本関係海外史料)8034円　①4-13-092708-6
〔07868〕

◇オランダ商館長の江戸参府―日蘭交流400周年記念　室津海駅館等運営専門委員会編　御津町(兵庫県)　御津町教育委員会　2000.11　41p 26cm　(特別展図録 6)Ⓝ210.5
〔07869〕

◇阿蘭陀商館物語　宮永孝著　筑摩書房　1986.12　233p 20cm　1900円　①4-480-85352-9　Ⓝ210.5　〔07870〕

◇オランダ人捕縛から探る近世史　レイニアー・H.ヘスリンク著　鈴木부子訳　山田町(岩手県)　山田町教育委員会　1998.6　312,35p 22cm　2857円
①4-9980655-0-5　Ⓝ210.52
〔07871〕

◇阿欄陀通詞の研究　片桐一男著　吉川弘文館　1985.2　626,25p 22cm　7500円　①4-642-03115-4　Ⓝ801.7
〔07872〕

◇オランダ東インド会社―日蘭貿易のルーツ　科野孝蔵著　同文館出版　1984.12　204p 22cm　3800円
①4-495-67381-5　Ⓝ678.210359
〔07873〕

◇オランダ東インド会社出島商館長ワーヘナール　オランダ村博物館編　西彼町(長崎県)　長崎オランダ村　1987　111p 26cm　1500円　Ⓝ210.52　〔07874〕

◇和蘭風説書集成　上巻　日蘭学会法政蘭学研究会編　吉川弘文館　1977.2　328p 22cm　(日蘭学会学術叢書 第1 上)6800円　Ⓝ210.5
〔07875〕

◇和蘭風説書集成　下巻　日蘭学会法政蘭学研究会編　吉川弘文館　1979.2　401,67p 22cm　(日蘭学会学術叢書)7500円　Ⓝ210.5
〔07876〕

◇オランダ風説書と近世日本　松方冬子著　東京大学出版会　2007.6　308,13p 22cm　7200円
①978-4-13-026215-6　Ⓝ210.5
〔07877〕

◇阿蘭陀風説書の研究　板沢武雄著，日本古文化研究所編　吉川弘文館　1988.11　280,10p 28cm　(日本古文化研究所報告)①4-642-07586-0　Ⓝ210.5　〔07878〕

◇阿蘭陀宿海老屋の研究　1　研究篇　片桐一男著　京都　思文閣出版　1998.5　293,14p 22cm
①4-7842-0966-2　Ⓝ210.5
〔07879〕

◇海国日本の夜明け―オランダ海軍ファビウス駐留日誌　フォス美弥子編訳　京都　思文閣出版　2000.10　388,10p 22cm　5000円　①4-7842-1047-4　Ⓝ210.59359
〔07880〕

◇京のオランダ人―阿蘭陀宿海老屋の実態　片桐一男著　吉川弘文館　1998.6　217p 19cm　(歴史文化ライブラリー 40)1700円　①4-642-05440-5　Ⓝ210.5　〔07881〕

◇近世日蘭貿易史の研究　鈴木康子著　京都　思文閣出版　2004.1　420,42,14p 22cm　(思文閣史学叢書)9600円
①4-7842-1178-0　Ⓝ678.210359
〔07882〕

◇近世日本とオランダ　金井円著　放送大学教育振興会　1993.3　142,48p 21cm　(放送大学教材 1993)1750円
①4-595-21367-0　Ⓝ210.5
〔07883〕

外交史　　　　　　　　　　　　近世史

◇近世東アジアにおける日・朝・蘭三国関係―オランダの東アジア貿易政策と朝鮮漂着オランダ人送還問題を中心に　申東珪著　富士ゼロックス小林節太郎記念基金編　富士ゼロックス小林節太郎記念基金　2000.9　39p　30cm　非売品　Ⓝ210.59359
〔07884〕

◇近世貿易の誕生―オランダの「母なる貿易」　M.v.ティールホフ著　玉木俊明, 山本大丙訳　知泉書館　2005.5　403p　23cm　6500円　Ⓘ4-901654-51-9　Ⓝ678.23590389
〔07885〕

◇紅毛文化―鎖国下の舶来文物と出島の生活　特別展　たばこと塩の博物館編　たばこと塩の博物館　1986.10　72p　26cm　Ⓝ210.5
〔07886〕

◇これを知りたいながさき出島―ながさき浪漫　ながさき浪漫会編　長崎　長崎文献社　2000.3　89p　30cm　1800円　Ⓘ4-88851-014-8　Ⓝ210.5
〔07887〕

◇シェイスオランダ日本開国論　J.A.ファン・デル・シェイス著　小暮実徳訳　雄松堂出版　2004.8　433,11p　23cm　（新異国叢書 第3輯 9）5500円　Ⓘ4-8419-0301-1　Ⓝ210.59359
〔07888〕

◇史跡出島和蘭商館跡復元整備構想―答申書　長崎　長崎市出島史跡整備審議会　1982.10　50p　26cm　Ⓝ709.193
〔07889〕

◇シーボルトと日蘭交流史の遺品展―シーボルト一族の遺品と江戸の解剖学　長崎　シーボルト記念館　1992　11p　26cm
〔07890〕

◇19世紀における日蘭関係の一考察　京都　京都外国語大学付属図書館　1981.3　1冊　26cm　（京都外国語大学講演集 1）非売品　Ⓝ210.5
〔07891〕

◇十七世紀 日蘭交渉史　オスカー・ナホッド著, 富永牧太訳　天理　養徳社　1956　554p 地　22cm　（天理図書館 参考資料 第5）Ⓝ210.5
〔07892〕

◇ヅーフと日本　斎藤阿具著　広文館　1922　251p　22cm　Ⓝ210.5
〔07893〕

◇それぞれの日蘭交流―武士・町人・オランダ人　日蘭交流400周年記念　津山洋学資料館編　津山　津山洋学資料館　2000.8　19p　30cm　Ⓝ210.5
〔07894〕

◇痴愚の女神とオランダ人　松井満夫著　郁朋社　2001.3　238p　20cm　1600円　Ⓘ4-87302-135-9　Ⓝ210.5
〔07895〕

◇出島―日本とオランダの関係　沼田次郎著　京都　文化書房　1947　132p*　19cm　（大化歴史文庫）24円　Ⓝ210.18
〔07896〕

◇出島―日本とオランダの関係　沼田次郎著　京都　大化書房　1947　132p　18cm　（大化歴史文庫）Ⓝ210.5
〔07897〕

◇出島―異文化交流の舞台　片桐一男著　集英社　2000.10　230p　18cm　（集英社新書）700円　Ⓘ4-08-720058-2　Ⓝ210.5
〔07898〕

◇出島以前―平戸・海外交流の始まり　海外交流史研究会著　長崎　長崎労金サービス（発売）　1999.4　96p　21cm　（ろうきんブックレット 8）Ⓘ4-900895-30-X　Ⓝ219.3
〔07899〕

◇長崎海軍伝習所―十九世紀東西文化の接点　藤井哲博著　中央公論社　1991.5　188p　18cm　（中公新書）600円　Ⓘ4-12-101024-8　Ⓝ210.59
〔07900〕

◇長崎万華鏡―近世日蘭交流の華長崎　開館記念特別展　長崎歴史文化博物館・ライデン国立民族学博物館共同企画　長崎歴史文化博物館編　長崎　長崎歴史文化博物館　2005　224p　28cm　Ⓝ702.15
〔07901〕

◇長崎出島オランダ異国事情　西和夫著　角川書店　2004.9　230p　20cm　（角川叢書 28）2800円　Ⓘ4-04-702128-8　Ⓝ210.5
〔07902〕

◇長崎出島の遊女―近代への窓を開いた女たち　白石広子著　勉誠出版　2005.4　172p　19cm　（智慧の海叢書 17）1200円　Ⓘ4-585-07111-3　Ⓝ210.5
〔07903〕

◇長崎とオランダ―近代日本への歩み　長崎県教育委員会編　長崎　長崎県教育委員会　1990.3　206p　21cm　Ⓝ210.5
〔07904〕

◇長崎のオランダ商館―世界のなかの鎖国日本　山脇悌二郎著　中央公論社　1980.6　218p　18cm　（中公新書）460円　Ⓝ678.21
〔07905〕

◇日蘭関係資料 2　県外編　長崎　長崎県教育委員会　2004.3　173p　30cm　（長崎県文化財調査報告書 第180集）Ⓝ210.5
〔07906〕

◇日蘭交渉史の研究　金井円著　京都　思文閣出版　1986.7　450,6,36p　22cm　（思文閣史学叢書）7800円　Ⓘ4-7842-0446-6　Ⓝ210.5
〔07907〕

◇日蘭交流史―その人・物・情報　片桐一男編　京都　思文閣出版　2002.12　541,25p　22cm　15000円　Ⓘ4-7842-1125-X　Ⓝ210.5
〔07908〕

◇日蘭交流400周年記念稀覯書展示会―京都外国語大学オランダ・ウィーク 展示目録　京都外国語大学付属図書館編　京都　京都外国語大学付属図書館　2000.6　59p　26cm　非売品　Ⓝ210.5
〔07909〕

◇日蘭三百年の親交　村上直次郎著　訂再版　富山房　1915　183p　26cm　Ⓝ210.5
〔07910〕

◇日蘭文化交渉史の研究　板沢武雄著　吉川弘文館　1959　690p　22cm　（日本史学研究叢書）Ⓝ210.18
〔07911〕

◇日蘭貿易史　板沢武雄著　平凡社　1949　144p　19cm　（平凡社全書）Ⓝa678
〔07912〕

◇日蘭貿易の史的研究　石田千尋著　吉川弘文館　2004.9　447p　22cm　18000円　Ⓘ4-642-03391-2　Ⓝ678.210359
〔07913〕

◇日露交渉史話　平岡雅英著　筑摩書房　1944　418p　19cm　Ⓝ210.5
〔07914〕

◇日本　G.F.メイラン著　庄司三男訳　雄松堂出版　2002.1　384,10p　23cm　（新異国叢書 第3輯 1）5500円　Ⓘ4-8419-0293-7　Ⓝ210.55
〔07915〕

◇日本とオランダ―近世の外交・貿易・学問　板沢武雄著　至文堂　1955　194p　19cm　（日本歴史新書）Ⓝ210.5
〔07916〕

◇年番阿蘭陀通詞史料　片桐一男, 服部匡延校訂　近藤出版社　1977.9　374,16p　20cm　（日本史料選書 14）5000円　Ⓝ210.5
〔07917〕

◇幕藩制国家の形成と外国貿易　加藤栄一著　校倉書房　1993.9　296p　22cm　（歴史科学叢書）7725円　Ⓘ4-7517-2290-5　Ⓝ210.52
〔07918〕

◇幕府オランダ留学生　宮永孝著　東京書籍　1982.3　258p　19cm　（東書選書 73）1100円　Ⓝ210.59
〔07919〕

◇幕末維新オランダ異聞　宮永孝著　日本経済評論社　1992.7　274p　20cm　2884円　Ⓘ4-8188-0616-1　Ⓝ210.59
〔07920〕

◇幕末和蘭留学関係史料集成　日蘭学会編, 大久保利謙編著　雄松堂書店　1982.2　948,212p　22cm　（日蘭学会学術叢書 第3）19000円　Ⓝ210.59
〔07921〕

◇幕末和蘭留学関係史料集成　日蘭学会編　大久保利謙編著　雄松堂出版　2007.2　82,948,212p　22cm　（日蘭学会学術叢書 第3）21000円　Ⓘ978-4-8419-3122-8　Ⓝ210.59
〔07922〕

◇幕末和蘭留学関係史料集成 続　日蘭学会編, 大久保利謙編著　雄松堂出版　1984.2　865p　22cm　（日蘭学会学術叢書 第4）16000円　Ⓝ210.59
〔07923〕

◇幕末和蘭留学関係史料集成 続 日蘭学会編 大久保利謙編著 雄松堂出版 2007.2 865p 22cm （日蘭学会学術叢書 第4）17000円 Ⓘ978-4-8419-3123-5 Ⓝ210.59 〔07924〕

◇幕末オランダ留学生の研究 宮永孝著 日本経済評論社 1990.10 878p 22cm 18000円 Ⓘ4-8188-0434-7 Ⓝ210.59 〔07925〕

◇幕末オランダ留学生の研究 宮永孝著 日本経済評論社 2003.7 878p 22cm 18000円 Ⓘ4-8188-1614-0 Ⓝ210.59359 〔07926〕

◇幕末出島未公開文書─ドンケル＝クルチウス覚え書 ドンケル＝クルチウス著 フォス美弥子編訳 新人物往来社 1992.5 223,7p 22cm 4800円 Ⓘ4-404-01905-X Ⓝ210.59 〔07927〕

◇復原オランダ商館─長崎出島ルネサンス 西和夫編 戎光祥出版 2004.2 254p 19cm 1800円 Ⓘ4-900901-35-0 Ⓝ210.5 〔07928〕

◇平成蘭学事始─江戸・長崎の日蘭交流史話 片桐一男著 智書房 2004.1 314p 19cm 1800円 Ⓘ4-434-04046-4 Ⓝ210.5 〔07929〕

◇掘り出された都市─日蘭出土資料の比較から 小林克編 日外アソシエーツ 2002.9 339p 21cm 3800円 Ⓘ4-8169-1733-0 Ⓝ210.5 〔07930〕

◇山田浦阿蘭陀船入津の追跡 佐藤仁志著 山田町（岩手県） 佐藤仁志 1986.5 95p 21cm Ⓝ210.52 〔07931〕

◆◆オランダ商館日記

◇長崎オランダ商館日記 1 1801年度～1803年度 日蘭学会編,日蘭交渉史研究会訳注 雄松堂出版 1989.3 419,24,20p 22cm （日蘭学会学術叢書 第8）8500円 Ⓘ4-8419-0059-4 Ⓝ210.59 〔07932〕

◇長崎オランダ商館日記 2 1804年度～1806年度 日蘭学会編,日蘭交渉史研究会訳注 雄松堂出版 1990.3 342,37,24p 22cm （日蘭学会学術叢書 第9）8240円 Ⓘ4-8419-0103-5 Ⓝ210.59 〔07933〕

◇長崎オランダ商館日記 3 1807年度～1809年度 日蘭学会編 日蘭交渉史研究会訳注 雄松堂出版 1991.3 313,39,16p 22cm （日蘭学会学術叢書 第10）8446円 Ⓘ4-8419-0115-9 Ⓝ210.59 〔07934〕

◇長崎オランダ商館日記 4 秘密日記─1800年度～1810年度 日蘭学会編 日蘭交渉史研究会訳注 雄松堂出版 1992.3 382,20p 22cm （日蘭学会学術叢書 第11）8240円 Ⓘ4-8419-0123-X Ⓝ210.59 〔07935〕

◇長崎オランダ商館日記 5 1810年度～1813年度 日蘭学会編 日蘭交渉史研究会訳注 雄松堂出版 1994.1 416,4,20p 22cm （日蘭学会学術叢書 第14）8240円 Ⓘ4-8419-0135-3 Ⓝ210.59 〔07936〕

◇長崎オランダ商館日記 6 1814年度～1817年度 日蘭学会編 日蘭交渉史研究会訳注 雄松堂出版 1995.3 327,4,21p 22cm （日蘭学会学術叢書 第15）8240円 Ⓘ4-8419-0141-8 Ⓝ210.59 〔07937〕

◇長崎オランダ商館日記 7 1818年度 日蘭学会編 日蘭交渉史研究会訳注 雄松堂出版 1996.3 288,70p 22cm （日蘭学会学術叢書 第16）8000円 Ⓘ4-8419-0164-7 Ⓝ210.59359 〔07938〕

◇長崎オランダ商館日記 8 1819年度─1820年度 日蘭学会編 日蘭交渉史研究会訳注 雄松堂出版 1997.3 382,25p 22cm （日蘭学会学術叢書 第17）8000円 Ⓘ4-8419-0217-1 Ⓝ210.59359 〔07939〕

◇長崎オランダ商館日記 9 1820年度─1822年度 日蘭学会編 日蘭交渉史研究会訳注 雄松堂出版 1998.5 354,29p 22cm （日蘭学会学術叢書 第18）8000円 Ⓘ4-8419-0233-3 Ⓝ210.59359 〔07940〕

◇長崎オランダ商館日記 10 1822年度─1823年度 日蘭学会編 日蘭交渉史研究会訳注 雄松堂出版 1999.12 426,25p 22cm （日蘭学会学術叢書 第19）83000円 Ⓘ4-8419-0264-3 Ⓝ210.59359 〔07941〕

◇長崎オランダ商館の日記 第1輯 マキシミリヤン・ルメールの日記〔ほか〕 村上直次郎訳 岩波書店 1956-1958 22cm Ⓝ210.5 〔07942〕

◇長崎オランダ商館の日記 第2輯 ピーテル・アントニスゾーン・オーフェルトワーテルの日記 村上直次郎訳 岩波書店 1956-1958 22cm Ⓝ210.5 〔07943〕

◇長崎オランダ商館の日記 第3輯 ピーテル・ステルテミウスの日記〔ほか〕 村上直次郎訳 岩波書店 1956-1958 22cm Ⓝ210.5 〔07944〕

◇日本関係海外史料 1 1 オランダ商館長日記 原文編之1（寛永10年8月-寛永12年11月） 東京大学史料編纂所編纂 東京大学 1974 340p 22cm 4000円 Ⓝ210.08 〔07945〕

◇日本関係海外史料 1 2 オランダ商館長日記 原文編之2（寛永12年11月-寛永14年6月） 東京大学史料編纂所編纂 東京大学 1974 318p 22cm 4000円 Ⓝ210.08 〔07946〕

◇日本関係海外資料 1 3 オランダ商館長日記 原文編之3（寛永14年6月～寛永16年正月） 東京大学史料編纂所編纂 東京大学 1977.3 345,38p 22cm 4000円 Ⓝ210.08 〔07947〕

◇日本関係海外史料 1 4 オランダ商館長日記 原文編之4（寛永16年正月～寛永18年正月） 東京大学史料編纂所編 東京大学 1981.11 14,352,16p 22cm 6000円 Ⓝ210.088 〔07948〕

◇日本関係海外史料 1 5 オランダ商館長日記 原文編之5（寛永18年正月～同年9月） 東京大学史料編纂所編 東京大学 1984.3 14,236,37p 22cm 5200円 Ⓝ210.088 〔07949〕

◇日本関係海外史料 1 6 オランダ商館長日記 原文編之6（寛永18年9月～寛永19年閏9月） 東京大学史料編纂所編纂 東京大学 1986.3 20,213,22p 22cm 4800円 Ⓝ210.088 〔07950〕

◇日本関係海外史料 1 7 オランダ商館長日記 原文編之7（寛永19年閏9月～寛永20年9月） 東京大学史料編纂所編纂 東京大学 1989.3 20,338,20p 22cm 7200円 Ⓝ210.088 〔07951〕

◇日本関係海外史料 1 8 オランダ商館長日記 原文編之8（寛永20年9月～寛永21年10月） 東京大学史料編纂所編纂 東京大学 1993.3 18,338,22p 22cm 7800円 Ⓝ210.088 〔07952〕

◇日本関係海外史料 1 9 オランダ商館長日記 原文編之9（寛永21年10月─正保3年9月） 東京大学史料編纂所編纂 東京大学史料編纂所 1999.3 20,226,17p 22cm 6600円 Ⓘ4-13-092709-4 Ⓝ210.088 〔07953〕

◇日本関係海外史料 1 10 東京大学史料編纂所編纂 東京大学史料編纂所 2003.3 20,222,19p 22cm 6900円 Ⓘ4-13-092710-8 Ⓝ210.088 〔07954〕

◇日本関係海外史料 1 11 オランダ商館長日記 原文編之11（正保4年10月─慶安2年10月） 東京大学史料編纂所編纂 東京大学出版会（発売） 2007.3 22,256,19p 22cm 11500円 Ⓘ978-4-13-092711-6 Ⓝ210.088 〔07955〕

◇日本関係海外史料 2 1 東京大学史料編纂所編纂 東京大学 東京大学出版会（発売） 1976 2冊 22cm 各4000円 Ⓝ210.08 〔07956〕

外交史　　　　　　　　　　近世史

◇日本関係海外史料　　２２　東京大学史料編纂所編纂　東京大学　東京大学出版会（発売）　1975　2冊　22cm　各4000円　Ⓝ210.08　〔07957〕
◇日本関係海外資料　　２３　オランダ商館長日記　訳文編之3（上）（寛永14年6月～寛永15年6月）　東京大学史料編纂所編纂　東京大学　1977.3　250p　22cm　4000円　Ⓝ210.08　〔07958〕
◇日本関係海外史料　　２３　オランダ商館長日記　訳文編之3（下）（寛永15年6月～寛永16年正月）　東京大学史料編纂所編　東京大学　1978.3　242,58p　22cm　4000円　Ⓝ210.08　〔07959〕
◇日本関係海外史料　　２４　オランダ商館長日記　訳文編之4（上）（寛永16年正月～同年閏11月）　東京大学史料編纂所編纂　東京大学　1983.3　230p　22cm　4200円　Ⓝ210.088　〔07960〕
◇日本関係海外史料　　２５　オランダ商館長日記　訳文編之5（寛永18年正月～同年9月）　東京大学史料編纂所編　東京大学　1985.3　353,36p　22cm　7000円　Ⓝ210.088　〔07961〕
◇日本関係海外史料　　２６　オランダ商館長日記　訳文編之6（寛永18年9月～寛永19年閏9月）　東京大学史料編纂所編纂　東京大学　1987.3　271,16p　22cm　5600円　Ⓝ210.088　〔07962〕
◇日本関係海外史料　　２７　オランダ商館長日記　訳文編之7（寛永19年閏9月～20年9月）　東京大学史料編纂所編纂　東京大学　1991.3　322,22p　22cm　6800円　Ⓝ210.088　〔07963〕
◇日本関係海外史料　　２９　オランダ商館長日記　訳文編之9（寛永21年10月―正保3年9月）　東京大学史料編纂所編纂　東京大学　2001.3　292,20p　22cm　8300円　①4-13-092729-9　Ⓝ210.088　〔07964〕
◇日本関係海外史料　　２１０　オランダ商館長日記　訳文編之10（正保3年9月―正保4年9月）　東京大学史料編纂所編纂　東京大学出版会（発売）　2005.3　254,22p　22cm　8200円　①4-13-092730-2　Ⓝ210.088　〔07965〕
◇日本関係海外史料　　２４下　オランダ商館長日記　訳文編之4（下）（寛永16年閏11月～寛永17年正月）　東京大学史料編纂所編　東京大学　1984.3　229,34p　22cm　5000円　Ⓝ210.088　〔07966〕
◇日本関係海外史料　　２８上　オランダ商館長日記　訳文編之8　上（寛永20年9月～寛永21年6月）　東京大学史料編纂所編纂　東京大学　1995.3　212p　22cm　5800円　①4-13-092727-2　Ⓝ210.088　〔07967〕
◇日本関係海外史料　　２８下　オランダ商館長日記　訳文編之8　下（寛永21年6月～同年10月）　東京大学史料編纂所編纂　東京大学　1997.3　188,24p　22cm　5500円　①4-13-092728-0　Ⓝ210.088　〔07968〕
◇平戸オランダ商館イギリス商館日記―碧眼のみた近世の日本と鎖国への道　永積洋子,武田万里子著　そしえて　1981.1　333,13p　22cm　（日記・記録による日本歴史叢書　近世編 7）4900円　Ⓝ210.5　〔07969〕
◇平戸オランダ商館日記―近世外交の確立　永積洋子著　講談社　2000.6　331p　15cm　（講談社学術文庫）960円　①4-06-159431-1　Ⓝ210.5　〔07970〕
◇平戸オランダ商館の日記　第1輯　永積洋子訳　岩波書店　1969　473p　22cm　1500円　Ⓝ210.5　〔07971〕
◇平戸オランダ商館の日記　第2輯　永積洋子訳　岩波書店　1969　558p　22cm　1600円　Ⓝ210.5　〔07972〕
◇平戸オランダ商館の日記　第3輯　永積洋子訳　岩波書店　1969　576,24p　22cm　1700円　Ⓝ210.5　〔07973〕
◇平戸オランダ商館の日記　第4輯　永積洋子訳　岩波書店　1970　556,24p　22cm　2000円　Ⓝ210.5　〔07974〕

◆対ロシア外交
◇維新前後の日本とロシア　平岡雅英著　ナウカ社　1934　413p　20cm　Ⓝ210.6　〔07975〕
◇ウラー・ディアナ―知られざる日本北辺関係史　田中明著　近代文芸社　1995.1　286p　20cm　1500円　①4-7733-3094-5　Ⓝ210.5　〔07976〕
◇おろしや盆踊唄考―日露文化交渉史拾遺　中村喜和著　現代企画室　1990.5　306p　19cm　（PQ books）2266円　Ⓝ210.5　〔07977〕
◇海外視点・日本の歴史　11　北方の時代　大石慎三郎編　ぎょうせい　1987.2　175p　27cm　2800円　①4-324-00265-7　Ⓝ210.1　〔07978〕
◇開国以前の日露関係―東北アジア研究センターシンポジウム　寺山恭輔編　仙台　東北大学東北アジア研究センター　2006.6　267p　26cm　（東北アジア研究シリーズ　第7号）非売品　①4-901449-34-6　Ⓝ210.5　〔07979〕
◇開国―日露国境交渉　和田春樹著　日本放送出版協会　1991.4　219p　19cm　（NHKブックス 620）780円　①4-14-001620-5　Ⓝ210.5938　〔07980〕
◇回想の明治維新――ロシア人革命家の手記　レフ・イリイッチ・メーチニコフ著　渡辺雅司訳　岩波書店　2007.5　350p　15cm　（岩波文庫）800円　①4-00-334411-1　〔07981〕
◇鎖国時代のロシアにおける日本水夫たち　ヴラディスラブ ニカノロヴィッチ ゴレグリャード述　国際日本文化研究センター編　京都　国際日本文化研究センター　2001.6　53p　21cm　（日文研フォーラム　第123回）Ⓝ210.5　〔07982〕
◇薩摩漂流奇譚　名越護著　鹿児島　南方新社　2004.9　189p　19cm　1600円　①4-86124-027-1　Ⓝ210.5　〔07983〕
◇私残記―大村治五平に拠るエトロフ島事件　森荘已池著　大和書店　1943　322p　19cm　Ⓝ210.5　〔07984〕
◇私残記―大村治五平に拠るエトロフ島事件　森荘已池著　中央公論社　1977.10　308p　15cm　（中公文庫）380円　Ⓝ210.57　〔07985〕
◇駿河湾に沈んだディアナ号　奈木盛雄著　元就出版社　2005.1　659p　20cm　3500円　①4-86106-020-6　Ⓝ210.5938　〔07986〕
◇西征紀行―幕末の日露外交　箕作阮甫著　木村岩治編　津山　津山洋学資料館友の会　1991.12　553p　22cm　Ⓝ210.5938　〔07987〕
◇仙台漂民とレザノフ―幕末日露交渉史の一側面no.2　木崎良平著　刀水書房　1997.1　261p　20cm　（刀水歴史全書 42）2884円　①4-88708-198-7　Ⓝ210.5938　〔07988〕
◇ディアナ号の軌跡―日露友好の幕開け　日露友好150周年記念特別展　富士市立博物館編　富士　富士市立博物館　2005.1　50p　30cm　Ⓝ210.5938　〔07989〕
◇遠い隣人―近世日露交渉史　ノルベルト・R.アダミ著　市川伸二訳　平凡社　1993.7　268p　20cm　（平凡社選書 149）2369円　①4-582-84149-X　Ⓝ210.5　〔07990〕
◇日露関係史―1697～1875　真鍋重忠著　吉川弘文館　1978.4　347p　20cm　2200円　Ⓝ210.5　〔07991〕
◇日露交渉史話―維新前後の日本とロシア　平岡雅英著　原書房　1982.9　418,10p　20cm　2200円　①4-562-01302-8　Ⓝ210.5938　〔07992〕
◇日露領土問題　1850-1875　ピーター・A.バートン著,田村幸策訳　鹿島研究所出版会　1967　177,16p　19cm　（鹿島平和研究所選書）210.598　〔07993〕

◇日ソ外交事始　藤野順著　山手書房　1980.8　230p　20cm　1200円　Ⓝ210.5938
〔07994〕
◇日ソ外交事始―交流の原点はここにあった　藤野順著　山手書房新社　1990.8　239p　20cm　1553円　①4-8413-0012-0　Ⓝ210.5938
〔07995〕
◇日本人とロシア人―物語日露人物往来史　中村新太郎著　大月書店　1978.5　298p　20cm　1700円　Ⓝ210.5
〔07996〕
◇日本人のロシア・コンプレックス―その源流を探る　志水速雄著　中央公論社　1984.11　217p　18cm　(中公新書 745)520円　①4-12-100745-X　Ⓝ210.5
〔07997〕
◇日本とロシア―両国交渉の源流　高野明著　紀伊國屋書店　1971　230p　18cm　(紀伊国屋新書)300円　Ⓝ210.5
〔07998〕
◇日本とロシア―両国交渉の源流　高野明著　紀伊國屋書店　1994.1　230p　20cm　(精選復刻紀伊国屋新書)1800円　①4-314-00675-7　Ⓝ210.5
〔07999〕
◇幕末おろしや留学生　宮永孝著　筑摩書房　1991.1　271p　19cm　(ちくまライブラリー 52)1340円　①4-480-05152-X　Ⓝ210.5938
〔08000〕
◇幕末における対馬と英露　日野清三郎著, 長正統編　東京大学出版会　1968　344p　22cm　1500円　Ⓝ210.59
〔08001〕
◇幕末日露関係史研究　郡山良光著　国書刊行会　1980.8　372p　22cm　10000円　Ⓝ210.5938
〔08002〕
◇幕末北方関係史攷　大熊良一著　北方領土問題対策協議会　1972　185p　21cm　Ⓝ210.598
〔08003〕
◇幕末北方関係史考　大熊良一著　増補版　近藤出版社　1990.4　256p　22cm　4635円　①4-7725-0176-2　Ⓝ210.5938
〔08004〕
◇漂流民とロシア―北の黒船に揺れた幕末日本　木崎良平著　中央公論社　1991.6　199p　18cm　(中公新書)600円　①4-12-101028-0　Ⓝ210.5938
〔08005〕
◇プチャーチン使節団の日本来航―ロシアからみた安政の日露通好条約への道　玉木功一著　改訂版　岐阜　岐阜マルチメディア研究所　2007.7　135p　19cm　1524円　①4-86239-017-X　Ⓝ210.5938
〔08006〕
◇プチャーチン提督―150年の航跡　上野芳江著　東洋書店　2005.6　63p　21cm　(ユーラシア・ブックレット no.80)600円　①4-88595-570-X　Ⓝ210.5938
〔08007〕
◇プチャーチンと下田　森義男著　下田　下田市観光協会　1977.8　409p　19cm　1300円　Ⓝ210.59
〔08008〕
◇文久元年の対露外交とシーボルト　保田孝一編著　高橋輝和ほか共訳　岡山　吉備洋学資料研究会　1995.3　239p　30cm　Ⓝ210.58
〔08009〕
◇ペテルブルグからの黒船―ドキュメント　大南勝彦著　六興出版　1973　366p　20cm　1200円　Ⓝ210.598
〔08010〕
◇ペテルブルグからの黒船　大南勝彦著　角川書店　1979.1　305p　19cm　(角川選書 97)880円　Ⓝ210.598
〔08011〕
◇ベニオウスキイの日本来航　重久篤太郎著　10p　23cm　Ⓝ210.56
〔08012〕
◇北方史入門―日本人とロシア人の大探検史　吉田武三著　伝統と現代社　現代ジャーナリズム出版会(発売)　1974　253p　20cm　1200円　Ⓝ210.598
〔08013〕
◇北方の空白―北方圏における日本・ロシア交渉史　吉田武三著　限定版　北方文化研究会　1967　432p　図版16枚　22cm　Ⓝ210.598
〔08014〕
◇北方の空白―北方圏における日本・ロシア交渉史　吉田武三著　時事通信社　1970　273p　18cm　(時事新書)300円　Ⓝ210.598
〔08015〕
◇北方未公開古文書集成　第1巻　蝦夷志　寺沢一ほか責任編集　新井白石著　叢文社　1979.4　240p　22cm　7000円　Ⓝ210.5
〔08016〕
◇北方未公開古文書集成　第2巻　瓊浦偶筆　寺沢一ほか責任編集　平沢元愷著　叢文社　1979.5　220p　22cm　7000円　Ⓝ210.5
〔08017〕
◇北方未公開古文書集成　第3巻　赤蝦夷風説考　寺沢一ほか責任編集　工藤平助著　叢文社　1978.7　206p　22cm　7000円　Ⓝ210.5
〔08018〕
◇北方未公開古文書集成　第4巻　休明光記　寺沢一ほか責任編集　羽太庄左衛門正養著　叢文社　1978.6　259p　22cm　7000円　Ⓝ210.5
〔08019〕
◇北方未公開古文書集成　第7巻　千島誌　寺沢一ほか責任編集　A.S.ボロンスキー著, 榎本武揚他訳　叢文社　1979.7　209p　22cm　7000円　Ⓝ210.5
〔08020〕
◇ロシアから来た黒船　大南勝彦著　静岡　静岡新聞社　1991.3　149p　21cm　1500円　①4-7838-1041-9　Ⓝ210.5938
〔08021〕
◇ロシアから来た黒船―幕末の北方領土交渉　植木静山著　扶桑社　2005.8　509p　19cm　1700円　①4-594-04995-8
〔08022〕
◇ロシア軍艦ディアナ号の遭難―富士市とのかかわり　富士市ディアナ号研究会編　富士　富士市教育委員会　1991.3　377p　21cm　Ⓝ210.5938
〔08023〕
◇ロシア史料にみる18～19世紀の日露関係　第1集　平川新監修　寺山恭輔, 藤原潤子, 伊賀上菜穂, 畠山禎編　仙台　東北大学東北アジア研究センター　2004.3　205p　26cm　(東北アジア研究センター叢書 第15号)非売品　①4-901449-16-8　Ⓝ319.1038
〔08024〕
◇ロシア史料にみる18～19世紀の日露関係　第2集　平川新監修　寺山恭輔, 畠山禎, 小野寺歌子, 藤原潤子編　仙台　東北大学東北アジア研究センター　2007.3　208p　26cm　(東北アジア研究センター叢書 第26号)非売品　①978-4-901449-41-0　Ⓝ319.1038
〔08025〕
◇ロシア人の日本発見―北太平洋における航海と地図の歴史　S.ズナメンスキー著, 秋月俊幸訳　札幌　北海道大学図書刊行会　1986.2　273,15p　20cm　2400円　Ⓝ229.2
〔08026〕
◇魯西亜人来朝記　永峰文男編　野辺地町(青森県)　永峰文男　1997.12　110p　21cm　Ⓝ210.5
〔08027〕
◇ロシアと日本―その交流の歴史　E.ファインベルク著, 小川政邦訳　新時代社　1973　370p　19cm　1300円　Ⓝ210.5
〔08028〕
◇魯西亜渡来録　野中素校注　諫早　諫早郷土資料刊行会　1994.2　455p　21cm　(諫早郷土史料叢書 3)2700円　Ⓝ210.55
〔08029〕

◆対アメリカ外交

◇亜行日記鴻目魁耳　亜行記録　解題　尾道と高野長英　三原洋学所小誌　長尾幸作記　長尾浩策記　佐志伝記　村田弘之著　村田弘之著　出版地不明　出版者不明　1961　61p　21cm　Ⓝ210.5953
〔08030〕
◇亜国来使記　天　石塚官蔵著　函館　市立函館図書館　1972　1冊　26cm　(郷土資料複製叢書 19)Ⓝ210.59
〔08031〕
◇亜米利加応接書　静岡　駿河古文書会　1974.11　62p　26cm　(駿河古文書会原典シリーズ 別冊 1)Ⓝ210.5953
〔08032〕
◇亜墨利加ミニストル旅宿記　東京都港区教育委員会編　東京都港区教育委員会　1984.3　179p　30cm　Ⓝ210.5953
〔08033〕

◇浦賀湊江異国船渡来聞書　野坂忠尚編　野辺地町（青森県）　野坂忠尚　1998.7　135p　21cm　Ⓝ210.5953
〔08034〕

◇嘉永新聞　横須賀開国史研究会編　横須賀　横須賀市　1998.2　121p　21cm　（横須賀開国史シリーズ 1）Ⓝ210.5953
〔08035〕

◇近代アメリカと日本　久保田恭平著　草薙書房　1973　95p　19cm　500円　Ⓝ210.593
〔08036〕

◇黒船異聞―日本を開国したのは捕鯨船だ　川澄哲夫著　横浜　有隣堂　2004.12　226p　20cm　1700円　Ⓝ210.5　Ⓘ4-89660-188-2　Ⓝ210.5953
〔08037〕

◇黒船とニッポン開国―異文化交錯の劇空間　神徳昭甫著　富山　梧桐書院（発売）　2006.4　195,7p　20cm　（富山大学出版会学術図書シリーズ v.1）4800円　Ⓘ4-340-53001-8　Ⓝ210.5953
〔08038〕

◇遣米使日記　村垣範正著　阿部隆一編　文学社　1943　255p　19cm　Ⓝ210.5
〔08039〕

◇最初にアメリカを見た日本人　キャサリン・プラマー著, 酒井正子訳　日本放送出版協会　1989.10　292p　19cm　1800円　Ⓘ4-14-008672-6　Ⓝ210.5
〔08040〕

◇週刊ビジュアル日本の歴史　no.50　徳川幕府の衰退 10　デアゴスティーニ・ジャパン　2001.2　p380-419　30cm　533円　Ⓝ210.1
〔08041〕

◇青年首相井伊大老の政治と日米外交　矢部寛一著　大光社　1951.8　154p　19cm　非売品　Ⓝ210.5953
〔08042〕

◇第三の開国と日米関係　松本健一著　第三文明社　2004.3　238p　19cm　1600円　Ⓘ4-476-03263-X
〔08043〕

◇玉虫左太夫『航米日録』を読む―日本最初の世界一周日記　小田基著　仙台　東北大学出版会　2000.2　366p　19cm　（東北大学出版会叢書 4）2500円　Ⓘ4-925085-25-5　Ⓝ210.5953
〔08044〕

◇天保八年米船モリソン号渡来の研究　相原良一著　野人社　1954　239,10p　22cm　400円　Ⓝ210.57　〔08045〕

◇トミーという名の日本人―日米修好史話　金井円著　文一総合出版　1979.5　224p　19cm　1400円　Ⓝ210.593
〔08046〕

◇日米関係史研究　本橋正著　学習院大学　1986.9　361,8p　22cm　（学習院大学研究叢書 14）Ⓝ210.5953
〔08047〕

◇日米関係史研究 2　本橋正著　学習院大学　1989.10　490p　22cm　（学習院大学研究叢書 18）Ⓝ210.5953
〔08048〕

◇日本開国＝ペリーとハリスの交渉　アルフレッド・タマリン著, 浜屋雅軌訳　高文堂出版社　1986.5　236p　21cm　2900円　Ⓘ4-7707-0156-X　Ⓝ210.5953
〔08049〕

◇幕末外交と開国　加藤祐三著　筑摩書房　2004.1　249,4p　18cm　（ちくま新書）740円　Ⓘ4-480-06153-3　Ⓝ210.5953
〔08050〕

◇幕末遣米使節小栗忠順従者の記録―名主佐藤藤七の世界一周　村上泰賢編著　倉渕村（群馬県）　東善寺　2001.11　191p　22cm　2000円　Ⓘ4-88058-826-1　Ⓝ210.5953
〔08051〕

◇幕末漂流―日米開国秘話　青木健著　河出書房新社　2004.10　230p　20cm　2200円　Ⓘ4-309-01668-5　Ⓝ210.5953
〔08052〕

◇ビッドル来航と鳳凰丸建造　横須賀開国史研究会編　横須賀　横須賀市　2000.3　131p　21cm　（横須賀開国史シリーズ 3）Ⓝ210.5953
〔08053〕

◇ペリー提督の機密報告書―コンフィデンシャル・レポートと開国交渉の真実　今津浩一著　横浜　ハイデンス　2007.10　221p　22cm　2381円　Ⓘ978-4-9902228-1-9　Ⓝ210.5953
〔08054〕

◇ペリー来航と横浜　横浜開港資料館編　横浜　横浜開港資料館　2004.4　96p　28cm　Ⓝ210.5953　〔08055〕

◆◆ハリス・ヒュースケン

◇維新秘史日米外交の真相　タウンセント・ハリス手録　生駒粂蔵訳　金港堂書籍　1913　433p　19cm　Ⓝ210.5
〔08056〕

◇開国の使者―ハリスとヒュースケン　宮永孝著　雄松堂出版　1986.2　226,6p　図版10枚　22cm　（東西交流叢書 1）3000円　Ⓘ4-8419-0021-7　Ⓝ210.5953　〔08057〕

◇開国の使者―ハリスとヒュースケン　宮永孝著　雄松堂出版　2007.6　226,6p　図版10枚　22cm　（東西交流叢書 1）6700円　Ⓘ978-4-8419-3128-0　Ⓝ210.5953　〔08058〕

◇黒船物語―日本の黎明に生きたハリスの滞在記録　レイモンド・服部著　ルック社　1968　235p　19cm　Ⓝ210.593
〔08059〕

◇孤独の人―日本の黎明に生きたハリスの滞在記録　レイモンド・服部著　ルック社　1968　235p　18cm　（ルックブックス）Ⓝ210.593
〔08060〕

◇下田物語　上　アメリカ総領事ハリスの着任　スタットラー著, 金井円ほか共訳　社会思想社　1983.1　343p　15cm　（現代教養文庫 1072）600円　Ⓝ210.5953
〔08061〕

◇下田物語　中　玉泉寺領事館と奉行所の確執　スタットラー著, 金井円ほか共訳　社会思想社　1983.2　397p　15cm　（現代教養文庫 1073）680円　Ⓝ210.5953
〔08062〕

◇下田物語　下　総領事ハリスの江戸への旅行　スタットラー著, 金井円ほか共訳　社会思想社　1983.4　364p　15cm　（現代教養文庫 1074）640円　Ⓝ210.5953
〔08063〕

◇世界の平和を謀る井伊大老とハリス　北村寿四郎著　大阪　近江人協会　1934　260p　19cm　Ⓝ210.5
〔08064〕

◇タウンゼント・ハリスと堀田正睦―日米友好関係史の一局面　河村望著　人間の科学新社　2005.10　295p　20cm　1900円　Ⓘ4-8226-0262-1　Ⓝ210.5953
〔08065〕

◇唐人お吉―幕末外交秘史　吉田常吉著　中央公論社　1966　175p　18cm　（中公新書）Ⓝ210.593　〔08066〕

◇唐人お吉物語　竹岡範男著　文芸社　2006.11　126p　19cm　1200円　Ⓘ4-286-02022-3　〔08067〕

◇日本日記　ヒュースケン著, 青木枝朗訳　校倉書房　1971　226p　22cm　2000円　Ⓝ291.099　〔08068〕

◇ヒュースケン日本日記　青木枝朗訳　岩波書店　1989.7　322p　15cm　（岩波文庫）570円　Ⓘ4-00-334491-X　Ⓝ210.59
〔08069〕

◇『ヒュースケン日本日記』に出会ってから、　西岡たかし著　そしえて　2002.10　159p　21cm　（Roots music叢書 2）1905円　Ⓘ4-88169-953-9　Ⓝ210.5953　〔08070〕

◆◆万延元年遣米使節

◇海を渡った侍たち―万延元年の遣米使節は何を見たか　石川栄吉著　読売新聞社　1997.6　286p　20cm　1600円　Ⓘ4-643-97062-6　Ⓝ210.5953　〔08071〕

◇咸臨丸海を渡る―曽祖父・長尾幸作の日記より　土居良三著　未來社　1992.11　530p　20cm　4635円　Ⓘ4-624-11141-9　Ⓝ210.5953
〔08072〕

◇咸臨丸海を渡る　土居良三著　中央公論社　1998.12　602p　16cm　（中公文庫）1429円　Ⓘ4-12-203312-8　Ⓝ210.5953
〔08073〕
◇咸臨丸栄光と悲劇の5000日　合田一道著　札幌　北海道新聞社　2000.11　281p　19cm　（道新選書 37）1500円　Ⓘ4-89453-125-9　Ⓝ210.58
〔08074〕
◇咸臨丸還る―蒸気方小杉雅之進の軌跡　橋本進著　中央公論新社　2001.2　373,6p　20cm　2800円　Ⓘ4-12-003107-1　Ⓝ210.5953
〔08075〕
◇咸臨丸出航―物語と史蹟をたずねて　土橋治重著　成美堂出版　1973　222p　19cm　600円　Ⓝ210.61
〔08076〕
◇咸臨丸船員と米国　市川俊介著　岡山　岡山ユネスコ協会　1972　69p　21cm　（日本人の国際理解シリーズ 3）非売品　Ⓝ210.593
〔08077〕
◇咸臨丸太平洋を渡る―遣米使節140周年　横浜開港資料館編　横浜　横浜開港資料館　2000.8　63p　30cm　Ⓝ210.5953
〔08078〕
◇咸臨丸と国際化　磯部美波著　清水　磯部出版　1997.3　1冊　26cm　非売品　Ⓝ210.59
〔08079〕
◇咸臨丸と清水港と国際化―清水開港100周年記念港づくりシンポジウム自主研究　磯部寿恵, 磯部美波, 磯部博平著　清水　磯部出版　1999.1　9p　26cm　非売品　Ⓝ210.59
〔08080〕
◇咸臨丸渡米日記　石川政太郎著　高松　香川県立図書館　1959　35p　22cm　Ⓝ210.593
〔08081〕
◇近世日本国民史遣米使節と露英対決篇―開国初期篇　徳富蘇峰著　平泉澄校訂　講談社　1991.11　444p　15cm　（講談社学術文庫）1400円　Ⓘ4-06-159002-2　Ⓝ210.59
〔08082〕
◇軍艦奉行木村摂津守―近代海軍誕生の陰の立役者　土居良三著　中央公論社　1994.2　297p　18cm　（中公新書）820円　Ⓘ4-12-101174-0　Ⓝ289.1
〔08083〕
◇遣外使節日記纂輯　1　日本史籍協会編　東京大学出版会　1971　510p　22cm　（日本史籍協会叢書）3000円　Ⓝ210.593
〔08084〕
◇遣外使節日記纂輯　1　日本史籍協会編　東京大学出版会　1987.5　510p　22cm　（日本史籍協会叢書 96）8000円　Ⓘ4-13-097696-6　Ⓝ210.59
〔08085〕
◇遣外使節日記纂輯　2　日本史籍協会編　東京大学出版会　1971　562p　22cm　（日本史籍協会叢書）3000円　Ⓝ210.593
〔08086〕
◇遣外使節日記纂輯　2　日本史籍協会編　東京大学出版会　1987.6　562p　22cm　（日本史籍協会叢書 97）8000円　Ⓘ4-13-097697-4　Ⓝ210.59
〔08087〕
◇遣外使節日記纂輯　3　日本史籍協会編　東京大学出版会　1987.7　548p　22cm　（日本史籍協会叢書 98）8000円　Ⓘ4-13-097698-2　Ⓝ210.59
〔08088〕
◇航米記―万延元年遣米使節　木村鉄太著　熊本　青潮社　1974　344,37,20p　22cm　（肥後国史料叢書 第2巻）3500円　Ⓝ210.593
〔08089〕
◇航米記―万延元年遣米使節　木村鉄太著　第2版　熊本　青潮社　1974.9　344,37,20p　22cm　（肥後国史料叢書 第2巻）Ⓝ210.593
〔08090〕
◇航米記―万延元年遣米使節　現代語訳　木村鉄太著　高野和人編訳　熊本　熊本日日新聞社　2005.4　302p　21cm　2000円　Ⓘ4-87755-203-0　Ⓝ210.5953
〔08091〕
◇七十七人の侍アメリカへ行く　服部逸郎著　講談社　1965　254p　19cm　Ⓝ210.593
〔08092〕
◇77人の侍アメリカへ行く―万延元年遣米使節の記録　レイモンド服部著　講談社　1968　341p　20cm　Ⓝ210.593
〔08093〕
◇幕臣航海記―太平洋を渡る遣米使節　服部逸郎著　人物往来社　1964　246p　19cm　Ⓝ210.593
〔08094〕
◇幕末軍艦咸臨丸　文倉平次郎編　名著刊行会　1969　791p　22cm　5000円　Ⓝ210.593
〔08095〕
◇幕末軍艦咸臨丸　上巻　文倉平次郎著　中央公論社　1993.6　481p　16cm　（中公文庫）940円　Ⓘ4-12-202004-2　Ⓝ210.5953
〔08096〕
◇幕末軍艦咸臨丸　下巻　文倉平次郎著　中央公論社　1993.7　475p　16cm　（中公文庫）940円　Ⓘ4-12-202019-0　Ⓝ210.5953
〔08097〕
◇幕末遣外使節物語―夷狄の国へ　尾佐竹猛著　講談社　1989.12　292p　15cm　（講談社学術文庫）700円　Ⓘ4-06-158907-5　Ⓝ210.59
〔08098〕
◇福沢諭吉と写真屋の娘　中崎昌雄著　吹田　大阪大学出版会　1996.10　213p　20cm　2000円　Ⓘ4-87259-025-2　Ⓝ210.59
〔08099〕
◇米紙から見た万延元年遣米使節―『万延元年遣米使節史料集成・第6巻（万延元年遣米使節関係外国新聞記事）』（英文）の抄訳　磯部博平ほか編著　静岡　静岡県立静岡高等学校郷土研究部　1999.6　167p　26cm　Ⓝ210.593
〔08100〕
◇米紙から見た万延元年遣米使節―アメリカ人の見た日本、日本人の見たアメリカ　静岡県立静岡高等学校郷土研究部著　静岡県高等学校郷土研究連盟編　静岡〔静岡県立静岡高等学校郷土研究部〕　2000　19p　26cm　Ⓝ210.5953
〔08101〕
◇米紙から見た万延元年遣米使節　磯部博平編著　静岡　静岡県立静岡高等学校郷土研究部　2000.3　48p　26cm　非売品　Ⓝ210.593
〔08102〕
◇万延元年「咸臨」航米　星亮一著　教育書籍　1991.4　248p　19cm　1500円　Ⓘ4-317-60058-7
〔08103〕
◇万延元年遣米使節写生集　田中一貞編　田中一貞　1920　図版15枚　26cm　Ⓝ210.5
〔08104〕
◇万延元年　遣米使節史料集成　第1巻　日米修好通商百年記念行事運営会編　森田清行記　風間書房　1961　438p　22cm　Ⓝ210.593
〔08105〕
◇万延元年　遣米使節史料集成　第2巻　日米修好通商百年記念行事運営会編　日高為善記　風間書房　1961　399p　22cm　Ⓝ210.593
〔08106〕
◇万延元年　遣米使節史料集成　第3巻　日米修好通商百年記念行事運営会編　加藤素毛述, 水野正信記　風間書房　1960　415p　22cm　Ⓝ210.593
〔08107〕
◇万延元年　遣米使節史料集成　第4巻　日米修好通商百年記念行事運営会編　木村喜毅記　風間書房　1961　446p　22cm　Ⓝ210.593
〔08108〕
◇万延元年　遣米使節史料集成　第5巻　日米修好通商百年記念行事運営会編　ジョン・マーサー・ブルック記, 清岡暎一訳　風間書房　1961　137,189p　22cm　Ⓝ210.593
〔08109〕
◇万延元年　遣米使節史料集成　第6巻　日米修好通商百年記念行事運営会編　風間書房　1961　387p　22cm　Ⓝ210.593
〔08110〕
◇万延元年　遣米使節史料集成　第7巻　総説篇　日米修好通商百年記念行事運営会編　石井孝　風間書房　1961　430p　22cm　Ⓝ210.593
〔08111〕
◇万延元年遣米使節図録・附・米人の見たる万延遣米使節　田中一貞編　田中一貞　1920　37p　図版65枚　22×30cm　Ⓝ210.5
〔08112〕
◇万延元年のアメリカ報告　宮永孝著　新潮社　1990.10　258p　20cm　（新潮選書）971円　Ⓘ4-10-600388-0　Ⓝ210.5953
〔08113〕

◇万延元年/訪米日記　佐野鼎著　金沢　金沢文化協会　1946　202p*　19cm　Ⓝ210.59　〔08114〕
◇万延元年訪米日記　佐野鼎遺稿　金沢　金沢文化協会　1946.7　202p　19cm　Ⓝ295.309　〔08115〕
◇我ら見しままに―万延元年遣米使節の旅路　マサオ・ミヨシ著,飯野正子ほか訳　平凡社　1984.3　309p　20cm　2000円　Ⓝ210.5953　〔08116〕

◆対オーストラリア外交
◇謎の異国船―眠っていた日豪交流のルーツを求めて　遠藤雅子著　文化出版局　1981.7　211p　20cm　980円　Ⓝ210.59　〔08117〕
◇謎の異国船―日豪交流のルーツを求めて　遠藤雅子著　三修社　1985.7　217p　15cm　420円　Ⓘ4-384-07002-0　Ⓝ210.59　〔08118〕
◇幻の石碑―鎖国下の日豪関係　遠藤雅子著　サイマル出版会　1993.3　236p　19cm　1600円　Ⓘ4-377-20965-5　Ⓝ210.59　〔08119〕

◆対ヨーロッパ外交
◇夷狄襲来―幕末の異人たち　パット・バー著,内藤豊訳　早川書房　1972　251p　20cm　780円　Ⓝ210.59　〔08120〕
◇浦賀表江戸異国船渡来之覚書・安南国漂流人帰国物語　石巻　石巻古文書の会　1989.12　22p　26cm（石巻古文書の会テキスト解読シリーズ　第2冊）Ⓝ210.59　〔08121〕
◇江戸がのぞいた〈西洋〉　戸沢行夫著　教育出版　1999.2　197p　19cm（江戸東京ライブラリー　4）1500円　Ⓘ4-316-35760-3　Ⓝ210.5　〔08122〕
◇江戸・東京の中のドイツ　ヨーゼフ・クライナー著　安藤勉訳　講談社　2003.12　236p　15cm（講談社学術文庫）900円　Ⓘ4-06-159629-2　Ⓝ334.41　〔08123〕
◇近世の対外関係と日本文化―ヨーロッパ文化の受容と展開　妹尾啓司著　福山　内外印刷出版部　1985.4　239p　22cm　Ⓝ210.5　〔08124〕
◇国際文化交流史論―近世日本文化とヨーロッパ文化　妹尾啓司　福山〔妹尾啓司〕2000.3　218p　21cm　Ⓝ210.5　〔08125〕
◇鎖国下海外知識の系譜―日欧交渉史文献解題　1　昭和48年度　上智大学大学院文学研究科史学専攻・文学部史学科日欧交渉史演習　1992　297p　26cm　Ⓝ210.5　〔08126〕
◇鎖国下海外知識の系譜―日欧交渉史文献解題　2　昭和49年度　上智大学大学院文学研究科史学専攻・文学部史学科日欧交渉史演習　1992　238p　26cm　Ⓝ210.5　〔08127〕
◇鎖国下海外知識の系譜―日欧交渉史文献解題　3　昭和50年度　上智大学大学院文学研究科史学専攻・文学部史学科日欧交渉史演習　1992　247p　26cm　Ⓝ210.5　〔08128〕
◇鎖国下海外知識の系譜―日欧交渉史文献解題　4　昭和51年度　上智大学大学院文学研究科史学専攻・文学部史学科日欧交渉史演習　1992　244p　26cm　Ⓝ210.5　〔08129〕
◇鎖国下海外知識の系譜―日欧交渉史文献解題　5　昭和52年度　上智大学大学院文学研究科史学専攻・文学部史学科日欧交渉史演習　1992　252p　26cm　Ⓝ210.5　〔08130〕
◇鎖国下海外知識の系譜―日欧交渉史文献解題　6　昭和53年度　上智大学大学院文学研究科史学専攻・文学部史学科日欧交渉史演習　1992　258p　26cm　Ⓝ210.5　〔08131〕

◇鎖国下海外知識の系譜―日欧交渉史文献解題　7　昭和54年度　上智大学大学院文学研究科史学専攻・文学部史学科日欧交渉史演習　1992　248p　26cm　Ⓝ210.5　〔08132〕
◇鎖国下海外知識の系譜―日欧交渉史文献解題　8　昭和55年度　上智大学大学院文学研究科史学専攻・文学部史学科日欧交渉史演習　1992　244p　26cm　Ⓝ210.5　〔08133〕
◇鎖国下海外知識の系譜―日欧交渉史文献解題　9　昭和56年度　上智大学大学院文学研究科史学専攻・文学部史学科日欧交渉史演習　1992　247p　26cm　Ⓝ210.5　〔08134〕
◇鎖国下海外知識の系譜―日欧交渉史文献解題　10　昭和57年度　上智大学大学院文学研究科史学専攻・文学部史学科日欧交渉史演習　1992　241p　26cm　Ⓝ210.5　〔08135〕
◇初期日本＝スイス関係史―スイス連邦文書館の幕末日本貿易史料　中井晶夫著　風間書房　1971　492,15p　22cm　5000円　Ⓝ210.59　〔08136〕
◇西欧世界と日本　上　ジョージ・ベイリー・サンソム著　金井円ほか訳　筑摩書房　1995.2　356p　15cm（ちくま学芸文庫）1200円　Ⓘ4-480-08186-0　Ⓝ210.5　〔08137〕
◇西欧世界と日本　中　ジョージ・ベイリー・サンソム著　金井円ほか訳　筑摩書房　1995.3　318p　15cm（ちくま学芸文庫）1100円　Ⓘ4-480-08187-9　Ⓝ210.5　〔08138〕
◇西欧世界と日本　下　ジョージ・ベイリー・サンソム著　金井円ほか訳　筑摩書房　1995.4　365,24p　15cm（ちくま学芸文庫）1350円　Ⓘ4-480-08188-7　Ⓝ210.5　〔08139〕
◇世界史の中の出島―日欧通交史上長崎の果たした役割　森岡美子著　金井円監修　新装版　長崎　長崎文献社　2005.9　199p　21cm　1600円　Ⓘ4-88851-089-X　Ⓝ210.183　〔08140〕
◇大君の使節―幕末日本人の西欧体験　芳賀徹著　中央公論社　1968　234p　18cm（中公新書）Ⓝ210.59　〔08141〕
◇南蛮から来た食文化　江後迪子著　福岡　弦書房　2004.10　219p　19cm　1800円　Ⓘ4-902116-25-1　Ⓝ383.81　〔08142〕
◇南蛮船貿易史　外山卯三郎著　東光出版　1943　610p　22cm　Ⓝ678　〔08143〕
◇日伊文化史考―十九世紀イタリアの日本研究　吉浦盛純著　イタリア書房出版部　1968　225p　19cm　1000円　Ⓝ027.3　〔08144〕
◇日独交渉史話　丸山国雄著　日本放送出版協会　1941　160p　18cm（ラジオ新書　60）Ⓝ210.5　〔08145〕
◇日独交通資料　第6輯　近世日独文化の交流　日独文化協会編　丸山国雄著　日独文化協会　1943　101p　21cm　Ⓝ680　〔08146〕
◇日葡貿易史の研究　和田斐太著　新東亜建設社　1941　201p　22cm　Ⓝ678　〔08147〕
◇日本・デンマーク文化交流史―1600-1873　長島要一著　秦野　東海大学出版会　2007.9　318p　22cm　5800円　Ⓘ978-4-486-01764-6　Ⓝ210.5　〔08148〕
◇日本とスイスの交流―幕末から明治へ　森田安一編　山川出版社　2005.6　160p　19cm　2400円　Ⓘ4-634-64012-0　Ⓝ210.59345　〔08149〕
◇幕末・明治期における日伊交流　日伊協会編　日本放送出版協会　1984.3　134p　26cm　3000円　Ⓘ4-14-009088-X　Ⓝ210.6　〔08150〕

◇文久二年のヨーロッパ報告　宮永孝著　新潮社　1989.6
278p　19cm　（新潮選書）980円　Ⓘ4-10-600363-5
Ⓝ210.59　　　　　　　　　　　　　　　　〔08151〕
◇ヨーロッパ人の見た文久使節団―イギリス・ドイツ・ロ
シア　鈴木健夫,P.スノーデン,G.ツォーベル著　早稲田
大学出版部　2005.2　190p　21cm　3000円
Ⓘ4-657-05101-6　Ⓝ210.593　　　　　　　〔08152〕
◇欧羅巴船長崎渡来記　岐阜　岐阜県歴史古文書研究会
1982　1冊　26cm　Ⓝ210.55　　　　　　　〔08153〕

◆対イギリス外交
◇イギリス紳士の幕末　山田勝著　日本放送出版協会
2004.8　243p　19cm　（NHKブックス 1009）970円
Ⓘ4-14-091009-7　Ⓝ210.5933　　　　　　　〔08154〕
◇維新の港の英人たち　ヒュー・コータッツィ著,中須賀
哲朗訳　中央公論社　1988.8　461p　20cm　2200円
Ⓘ4-12-001713-3　Ⓝ210.61　　　　　　　　〔08155〕
◇海の長崎学　2　英艦フェートン号事件―焼払い通告文
は、ドゥフ捏造に非ず　松竹秀雄著　長崎　くさの書店
1993.3　120p　21cm　800円　Ⓝ210.18　　 〔08156〕
◇海の長崎学　3　幕末長崎イカルス号事件―海援隊に嫌
疑、但し犯人は水之浦に自刃　松竹秀雄著　長崎　くさ
の書店　1993.8　146p　21cm　1000円　Ⓝ210.18
　　　　　　　　　　　　　　　　　　　　〔08157〕
◇英一番館―日本に於ける百年　安政6年～昭和34年
Jardine・Matheson　1959　43p　25cm　非売品
Ⓝ678.067　　　　　　　　　　　　　　　 〔08158〕
◇英艦イカルス号事件と東南アジア情勢　松竹秀雄著　長
崎　長崎大学東南アジア研究所　1993.3　125p　21cm
（東南アジア研究叢書 27）非売品　Ⓝ210.59　〔08159〕
◇江戸の英吉利熱―ロンドン橋とロンドン時計　タイモ
ン・スクリーチ著　村山和裕訳　講談社　2006.1
254p　19cm　（講談社選書メチエ 352）1700円
Ⓘ4-06-258352-6　　　　　　　　　　　　　〔08160〕
◇開国と治外法権―領事裁判制度の運用とマリア・ルス号
事件　森田朋子著　吉川弘文館　2005.1　332,3p
22cm　10000円　Ⓘ4-642-03767-5　Ⓝ329.28　〔08161〕
◇気魄で片付けた薩英戦争　新納大海著　研進社　1942
77p　19cm　Ⓝ210.5　　　　　　　　　　　〔08162〕
◇近世日英交流地誌地図年表―1576-1800　島田孝右,島田
ゆり子著　雄松堂出版　2006.10　294p　27cm　20000
円　Ⓘ4-8419-0399-2　Ⓝ291.018　　　　　　〔08163〕
◇慶応二年幕府イギリス留学生　宮永孝著　新人物往来社
1994.3　278p　20cm　3200円　Ⓘ4-404-02087-2
Ⓝ210.5933　　　　　　　　　　　　　　　　〔08164〕
◇慶元イギリス書翰　岩生成一訳註　雄松堂出版　2005.5
598p　図版11枚　23cm　（異国叢書 第4巻）15000円
Ⓘ4-8419-3015-9　Ⓝ210.52　　　　　　　　〔08165〕
◇テームズ川物語展―英国2000年の文化と歴史　'73英国
フェア　テームズ川物語展編集委員会編　毎日新聞社
1973　1冊　24cm　　　　　　　　　　　　　〔08166〕
◇トーマス・グラバー伝　アレキサンダー・マッケイ著
平岡緑訳　中央公論社　1997.1　277p　19cm　2200
円　Ⓘ4-12-002652-3　　　　　　　　　　　〔08167〕
◇日英交通の研究に貢献せし幕末及明治時代の日英交通史
上の三英国外交官　武藤長蔵著　長崎　武藤長蔵　1938
p779～812　23cm　Ⓝ319.1　　　　　　　　〔08168〕
◇日英交流史近世誌年表　島田孝右編　豊中　ユーリ
カ・プレス　2005.1　7,295p　27cm　9333円
Ⓘ4-902454-06-8　Ⓝ210.1833　　　　　　　〔08169〕
◇日本人とイギリス―「問いかけ」の軌跡　今井宏著　筑
摩書房　1994.12　219p　18cm　（ちくま新書）680円

Ⓘ4-480-05619-X　Ⓝ210.5　　　　　　　　　〔08170〕
◇日本とイギリス―日英交流の400年　宮永孝著　山川出
版社　2000.7　271,9p　19cm　1900円
Ⓘ4-634-60850-2　Ⓝ210.5933　　　　　　　〔08171〕
◇萩原延寿集　2　陸奥宗光　萩原延寿著　朝日新聞社
2007.12　485p　19cm　3700円　Ⓘ978-4-02-250378-7
　　　　　　　　　　　　　　　　　　　　〔08172〕
◇パークス伝―日本駐在の日々　F.V.ディキンズ著,高梨
健吉訳　平凡社　1984.1　371p　18cm　（東洋文庫
429）1800円　Ⓝ210.5933　　　　　　　　　〔08173〕
◇幕末維新を駆け抜けた英国人医師―甦るウィリアム・
ウィリス文書　鹿児島県歴史資料センター黎明館所蔵
ウィリアム・ウィリス著　　大山瑞代訳　創泉堂出版
2003.11　880p　23cm　14000円　Ⓘ4-902416-01-8
Ⓝ289.3　　　　　　　　　　　　　　　　　〔08174〕
◇幕末における対馬と英露　日野清三郎著,長正統編　東
京大学出版会　1968　344p　22cm　1500円　Ⓝ210.59
　　　　　　　　　　　　　　　　　　　　〔08175〕
◇ホームズ船長の冒険―開港前後のイギリス商社　横浜開
港資料館編　杉山伸也,H.ボールハチェット訳　横浜
有隣堂　1993.11　166p　18cm　（有隣新書）950円
Ⓘ4-89660-114-9　Ⓝ210.5933　　　　　　　〔08176〕
◇明治維新とイギリス商人―トマス・グラバーの生涯　杉
山伸也著　岩波書店　1993.7　221,3p　18cm　（岩波新
書）580円　Ⓘ4-00-430290-0　Ⓝ289.3　　　〔08177〕

◆◆イギリス商館日記
◇日本関係海外史料　　3　イギリス商館長日記　原文
編之上（元和元年5月～元和2年11月）　東京大学史料編
纂所編　〔東京大学〕　1978.3　377p　22cm　4000円
Ⓝ210.08　　　　　　　　　　　　　　　　〔08178〕
◇日本関係海外史料　　3 中　イギリス商館長日記　原
文編之中（元和2年12月～元和4年12月）　東京大学史料
編纂所編纂　東京大学　1979.3　415,6p　22cm　4500
　　　　　　　　　　　　　　　　　　　　〔08179〕
◇日本関係海外史料　　3 下　イギリス商館長日記　原
文編之下（元和6年11月～元和8年2月）　東京大学史料
纂所編　東京大学史料編纂所　1980.3　327,68,4p
22cm　5000円　Ⓝ210.088　　　　　　　　　〔08180〕
◇日本関係海外史料　　4 上　イギリス商館長日記　訳
文編之上（元和元年5月～元和3年6月）　東京大学史料編
纂所編纂　東京大学　1979.3　800p　22cm　11000円
Ⓝ210.08　　　　　　　　　　　　　　　　〔08181〕
◇日本関係海外史料　　4 下　イギリス商館長日記　訳
文編之下（元和3年6月～元和8年2月）　東京大学史料編
纂所編　東京大学史料編纂所　1980.3　972,10p　22cm
14000円　Ⓝ210.088　　　　　　　　　　　〔08182〕
◇日本関係海外史料　　5 上　イギリス商館長日記―訳
文編附録　上（元和5年正月～元和9年11月）　東京大学
史料編纂所編纂　東京大学　1981.3　180p　22cm
3400円　Ⓝ210.088　　　　　　　　　　　　〔08183〕
◇日本関係海外史料　　5 下　イギリス商館長日記　訳
文編附録 下　総索引　東京大学史料編纂所編纂　東京大
学　1982.3　45,502p　22cm　7800円　Ⓝ210.088
　　　　　　　　　　　　　　　　　　　　〔08184〕
◇平戸英国商館日記　皆川三郎編注　篠崎書林　1957
159p　22cm　Ⓝ678.21　　　　　　　　　　〔08185〕
◇平戸英国商館日記　皆川三郎編　訂正増補版　篠崎書林
1967　281p　22cm　Ⓝ678.21　　　　　　　〔08186〕
◇平戸オランダ商館イギリス商館日記―碧眼のみた近世の
日本と鎖国への道　永積洋子,武田万里子著　そしえて
1981.1　333,13p　22cm　（日記・記録による日本歴史

叢書 近世編 7）4900円 Ⓝ210.5 〔08187〕

◆対フランス外交

◇池田筑後守長発とパリ 岸加四郎著 岡山 岡山ユネスコ協会 1975 78p 22cm （日本人の国際理解シリーズ 6）非売品 Ⓝ210.59 〔08188〕

◇永遠のジャポン―異郷に眠るフランス人たち 富田仁著 早稲田大学出版部 1981.5 189,5p 19cm 1200円 Ⓝ210.5 〔08189〕

◇渋沢栄一滞仏日記 日本史籍協会編 東京大学出版会 1967 504p 22cm （日本史籍協会叢書）3000円 Ⓝ210.595 〔08190〕

◇日仏のあけぼの 富田仁著 高文堂出版社 1983.7 376p 22cm 2700円 Ⓘ4-7707-0048-2 Ⓝ210.5 〔08191〕

◇幕末日仏交流記―フォルカード神父の琉球日記 フォルカード著 中島昭子,小川早百合訳 中央公論社 1993.4 315p 16cm （中公文庫）640円 Ⓘ4-12-201987-7 Ⓝ210.59 〔08192〕

◇幕末日本とフランス外交―レオン・ロッシュの選択 鳴岩宗三著 大阪 創元社 1997.5 285p 20cm 2000円 Ⓘ4-422-20137-9 Ⓝ210.5935 〔08193〕

◇仏蘭西学のあけぼの―仏学事始とその背景 富田仁著 カルチャー出版社 1975 359,13p 19cm 1500円 Ⓝ210.5 〔08194〕

◇フランスから見た幕末維新―「イリュストラシオン日本関係記事集」から 朝比奈美知子編訳 増子博調解説 東信堂 2004.3 418p 22cm 4800円 Ⓘ4-88713-547-5 Ⓝ210.61 〔08195〕

◇フランス士官の下関海戦記 アルフレッド・ルサン著，樋口裕一訳 新人物往来社 1987.12 201p 20cm 1800円 Ⓘ4-404-01461-9 Ⓝ210.59 〔08196〕

◇仏蘭西軍事教官団来日始末―1867-1869 植松長一郎作蕨 植松長一郎 1973.8 158p 25cm （私家版叢書第22）Ⓝ210.61 〔08197〕

◇横須賀製鉄所の人びと―花ひらくフランス文化 富田仁，西堀昭著 横浜 有隣堂 1983.6 189,8p 18cm （有隣新書）680円 Ⓘ4-89660-057-6 Ⓝ210.59 〔08198〕

経済史

◇新しい江戸時代史像を求めて―その社会経済史的接近 社会経済史学会編 東洋経済新報社 1977.8 285p 21cm 2900円 Ⓝ332.1 〔08199〕

◆新しい近世史 3 市場と民間社会 斎藤善之編 新人物往来社 1996.4 467p 22cm 5900円 Ⓘ4-404-02349-9 Ⓝ210.5 〔08200〕

◇江戸時代のポリティカル・エコノミー 西川俊作著 日本評論社 1979.12 228p 19cm （日評選書）1400円 Ⓝ332.1 〔08201〕

◇江戸地廻り経済と地域市場 白川部達夫著 吉川弘文館 2001.8 262p 22cm 9200円 Ⓘ4-642-03369-6 Ⓝ332.13 〔08202〕

◇江戸商人の経済学 童門冬二著 丸善 1996.1 184p 18cm （丸善ライブラリー 183）660円 Ⓘ4-621-05183-0 Ⓝ332.105 〔08203〕

◇江戸生活のうらおもて 三田村鳶魚著 朝倉治彦編 中央公論新社 1999.2 453p 16cm （中公文庫―鳶魚江戸文庫 30）762円 Ⓘ4-12-203361-6 Ⓝ332.105 〔08204〕

◇江戸と大阪 幸田成友著 富山房 1995.7 330p 18cm （富山房百科文庫 48）1400円 Ⓘ4-572-00148-0 Ⓝ332.105 〔08205〕

◇江戸と大阪―近代日本の都市起源 斎藤修著 NTT出版 2002.3 251p 20cm （ネットワークの社会科学）2500円 Ⓘ4-7571-4037-1 Ⓝ332.105 〔08206〕

◇江戸の奇跡―富と治世と活力と 大石慎三郎著 ダイヤモンド社 1999.4 218p 20cm 1600円 Ⓘ4-478-92027-3 Ⓝ210.5 〔08207〕

◇江戸の経済改革―日本人の知恵の原点 童門冬二著 ビジネス社 2004.8 269p 19cm 1500円 Ⓘ4-8284-1140-2 〔08208〕

◇江戸の経済官僚 佐藤雅美著 徳間書店 1994.4 283p 16cm （徳間文庫）500円 Ⓘ4-19-890104-X Ⓝ332.105 〔08209〕

◇江戸の経済システム―米と貨幣の覇権争い 鈴木浩三著 日本経済新聞社 1995.7 247p 20cm 1700円 Ⓘ4-532-16160-6 Ⓝ332.105 〔08210〕

◇江戸の経済政策と現代―江戸がわかれば今がみえる 鈴木浩三著 ビジネス教育出版社 1993.12 237p 19cm 1600円 Ⓘ4-8283-9307-2 Ⓝ332.105 〔08211〕

◇江戸の市場経済―歴史制度分析からみた株仲間 岡崎哲二著 講談社 1999.4 176p 19cm （講談社選書メチエ 155）1400円 Ⓘ4-06-258155-8 Ⓝ332.105 〔08212〕

◇お江戸の経済事情 小沢詠美子著 東京堂出版 2002.5 257p 19cm 2200円 Ⓘ4-490-20467-1 Ⓝ332.105 〔08213〕

◇京都経済史研究会紀要 第2冊 明治維新経済史研究 本庄栄治郎著 改造社 1930 Ⓝ332 〔08214〕

◇近世経済史の研究 藤田五郎著 御茶の水書房 1953 271p 22cm Ⓝ332.1 〔08215〕

◇近世社会経済学説大系 第1 本多利明集 本庄栄治郎解題 誠文堂 1935 113,404p 19cm Ⓝ330 〔08216〕

◇近世社会経済学説大系 第5 二宮尊徳集 八木沢善次解題 誠文堂新光社 1935 112,424p 19cm Ⓝ330 〔08217〕

◇近世社会経済学説大系 第14 坂本竜馬・由利公正集 尾佐竹猛解題 誠文堂新光社 1935 90,364p 19cm Ⓝ330 〔08218〕

◇近世社会経済史研究―徳川時代 野村兼太郎著 青木書店 1948 335p 21cm Ⓝ332.1 〔08219〕

◇近世社会経済史料集 第1集 飛脚問屋井野口屋記録第1～3巻,幕末期河州天領五人組帳集,柏原船旧記,慶応3年江戸銀座発行金札史料,上荷船茶船仲間永代帳,淀川筋浜荷物出入記録,創先船諸事留書 黒羽兵治郎編 大阪 大阪経済大学日本経済史研究所 1961-1964 21cm Ⓝ332.1 〔08220〕

◇近世社会経済史論集 福尾教授退官記念事業会編 吉川弘文館 1972 394p 22cm 3000円 Ⓝ332.1 〔08221〕

◇近世社会経済叢書 本庄栄治郎ほか共編 クレス出版 1989.12 6冊 22cm 全67980円 Ⓘ4-906330-19-3 Ⓝ210.5 〔08222〕

◇近世社会経済叢書 第1巻 世事見聞録 本庄栄治郎等編 武陽隠士著 改造社 1926 322p 22cm Ⓝ332.1 〔08223〕

◇近世社会経済叢書 第2巻 浜方記録 本庄栄治郎等編 室谷鉄膓編 改造社 1926 374,5p 23cm Ⓝ332.1 〔08224〕

◇近世社会経済叢書 第3,5,6巻 本庄栄治郎等編 改造社 1926 3冊 23cm Ⓝ332.1 〔08225〕

◇近世社会経済叢書 第4巻 薩藩天保以後財政改革顛

末書　鹿児島藩租額事件　本庄栄治郎等編　海老原雍斎著　改造社　1926　273p　23cm　Ⓝ332.1　〔08226〕

◇近世商工業沿革略史―付録・名家実伝　村山登志雄(天外野史)著　久居町(三重県)　村山登志雄　1889.11　63p　19cm　Ⓝ281　〔08227〕

◇近世都市社会経済史研究　中部よし子著　京都　晃洋書房　1974　263p　22cm　2200円　Ⓝ332.1　〔08228〕

◇近世日本における富籤の社会経済史的研究　青木茂著　広島　増田兄弟活版所　1962.12　360p　図版12枚　22cm　Ⓝ676.8　〔08229〕

◇近世日本農村経済史論―徳川時代　土屋喬雄著　改訂版　改造社　1947　228p　18cm　(改造選書)Ⓝ612　〔08230〕

◇近世日本の経済社会　速水融著　柏　麗沢大学出版会　2003.5　322p　20cm　2800円　①4-89205-458-5　Ⓝ332.105　〔08231〕

◇近世日本の経済政策　堀江保蔵著　有斐閣　1942　396p　22cm　(日本経済史研究叢書　第15冊)Ⓝ332.1　〔08232〕

◇近世日本の三大改革　本庄栄治郎編　竜吟社　1944　302p　19cm　(経済史話叢書 4)Ⓝ210.5　〔08233〕

◇近世の日本　本庄栄治郎著　有斐閣　1954　200p　19cm　Ⓝ332.1　〔08234〕

◇近世封建社会の経済構造　脇田修著　御茶の水書房　1963　361p　表　22cm　Ⓝ332.1　〔08235〕

◇近世封建社会の経済構造　脇田修著　御茶の水書房　1978.2　361p　22cm　4000円　Ⓝ332.1　〔08236〕

◇近代移行期経済史の諸問題　新保博,渡辺文夫編著　名古屋　中京大学経済学部付属経済研究所　1995.3　162p　22cm　(中京大学経済学部付属経済研究所研究叢書　第3輯)非売品　Ⓝ332.105　〔08237〕

◇近代日本経済史序説　滝沢秀樹著　新装版　八尾　大阪経済法科大学出版部　2004.5　185p　21cm　2000円　①4-87204-123-2　Ⓝ332.106　〔08238〕

◇経済史経営史論集　大阪経済大学日本経済史研究所編　大阪　大阪経済大学　1984.12　876p　22cm　非売品　Ⓝ332.1　〔08239〕

◇経済小説の原点『日本永代蔵』―西鶴を楽しむ　2　谷脇理史著　大阪　清文堂出版　2004.3　307p　19cm　2800円　①4-7924-1382-6　〔08240〕

◇元禄時代の経済学的研究　山本勝太郎著　宝文館　1925　762p　23cm　Ⓝ332.1　〔08241〕

◇幸田成友著作集　第1巻　近世経済史篇　1　中央公論社　1972　519p　22cm　3600円　Ⓝ081.8　〔08242〕

◇幸田成友著作集　第2巻　近世経済史篇　2　中央公論社　1972　518p　22cm　3600円　Ⓝ081.8　〔08243〕

◇西鶴流の経済と処世術　寺坂邦雄著　高文堂出版社　2005.9　155p　19cm　1857円　①4-7707-0740-1　〔08244〕

◇市場と経営の歴史―近世から近代への歩み　安藤精一,藤田貞一郎編　大阪　清文堂出版　1996.10　372p　22cm　8858円　①4-7924-0426-6　Ⓝ332.105　〔08245〕

◇資本主義は江戸で生まれた　鈴木浩三著　日本経済新聞社　2002.5　325p　15cm　(日経ビジネス人文庫)714円　①4-532-19124-6　Ⓝ332.105　〔08246〕

◇社会経済史の諸問題―黒羽兵治郎先生古稀記念論文集　巌南堂書店　1973　303p　22cm　3000円　Ⓝ332.1　〔08247〕

◇新時代―江戸時代で未来が見えた　清水秀雄著　日本図書刊行会,近代文芸社〔発売〕　1998.8　99p　20cm　1300円　①4-8231-0085-9　〔08248〕

◇政治経済の史的研究―森杉夫先生退官記念論文集　森杉夫先生退官記念会編纂　巌南堂書店　1983.4　485p　22cm　18000円　Ⓝ210.5　〔08249〕

◇政治ライブラリー　第8　近世経済学説史　上巻　高橋誠一郎著　政治教育協会　1928　274p　23cm　Ⓝ310　〔08250〕

◇政治ライブラリー叢書　第8巻　近世経済学説史　上巻　高橋誠一郎著　日本図書センター　2004.5　274p　22cm　①4-8205-9715-9,4-8205-9707-8　Ⓝ310.8　〔08251〕

◇重宝記資料集成　第21巻　算法・経世　2　長友千代治編　京都　臨川書店　2006.9　462p　22cm　8700円　①4-653-03900-3,4-653-03860-0　Ⓝ210.088　〔08252〕

◇徳川時代経済秘録全集　安達太郎著(編輯・校訂・解題・註解)　大阪　玉栄宝資友の会(製作発売)　1973　510p　18cm　(相場成功名作全集　天ノ巻)2000円　Ⓝ676.7　〔08253〕

◇徳川時代初期経済の発展・構造・国際化の研究　神谷満雄著　拓殖大学研究所　1994.3　205,5p　22cm　(拓殖大学研究叢書　社会科学　13)Ⓝ332.105　〔08254〕

◇日本近世経済史　岡光夫著　京都　啓文社　1961　2版　238,30p　22cm　Ⓝ332.1　〔08255〕

◇日本近世社会経済史　桑田優著　京都　晃洋書房　2000.5　166p　22cm　2100円　①4-7710-1167-2　Ⓝ332.105　〔08256〕

◇日本近世社会の市場構造　大石慎三郎著　岩波書店　1975　340p　22cm　2400円　Ⓝ332.1　〔08257〕

◇日本経済史―幕藩体制の経済構造　岡光夫,山崎隆三編著　京都　ミネルヴァ書房　1983.3　287p　22cm　2500円　Ⓝ332.105　〔08258〕

◇日本経済史―近世から近代へ　岡光夫ほか編著　京都　ミネルヴァ書房　1991.4　307p　22cm　(Basic books)2700円　①4-623-02037-1　Ⓝ332.105　〔08259〕

◇日本経済史　1　石井寛治,原朗,武田晴人編　東京大学出版会　2000.10　291,16p　22cm　3600円　①4-13-044071-3　Ⓝ332.106　〔08260〕

◇日本経済史への視角　速水融著　東洋経済新報社　1977.5　215p　22cm　1600円　Ⓝ332.105　〔08261〕

◇日本経済史概説　井上準之助,荒井孝昌共著　興学社　1984.10　203p　19cm　1800円　①4-87491-019-X　Ⓝ332.105　〔08262〕

◇日本経済史研究所所蔵古文書目録　第1集　中島家文書目録　野村君典,渡辺忠司編　大阪　大阪経済大学日本経済史研究所　1997.3　154p　26cm　Ⓝ332.1　〔08263〕

◇日本経済史大系　第3　近世　上　古島敏雄編　東京大学出版会　1965　381p　22cm　Ⓝ332.1　〔08264〕

◇日本経済史大系　第4　近世　下　古島敏雄編　東京大学出版会　1965　357p　表　22cm　Ⓝ332.1　〔08265〕

◇日本経済典籍考　滝本誠一著　日本図書センター　1996.11　454p　22cm　(社会科学書誌書目集成　第11巻)15450円　①4-8205-4173-0,4-8205-4172-2　Ⓝ332.105　〔08266〕

◇日本経済の近代化序説　大山敷太郎著　京都　同朋舎　1970.5　〔64〕,6,271p　19cm　Ⓝ332.105　〔08267〕

◇日本経済の故郷を歩く―蓮如から龍馬へ　舩橋晴雄著　中央公論新社　2000.6　390p　20cm　2200円　①4-12-003011-3　Ⓝ332.105　〔08268〕

◇日本経済の200年　西川俊作ほか編著　日本評論社　1996.1　508p　22cm　4841円　①4-535-55026-3　Ⓝ332.105　〔08269〕

経済史　　　　　　　　　　近世史

◇日本経済の発展―近世から近代へ　梅村又次等編　日本経済新聞社　1976　374p　22cm　(数量経済史論集1)4500円　Ⓝ332.1　　〔08270〕
◇日本史にみる経済改革―歴史教科書には載らない日本人の知恵　童門冬二著　角川書店　2002.9　212p　18cm　(角川oneテーマ21)667円　Ⓘ4-04-704102-5　Ⓝ332.105　〔08271〕
◇日本資本主義史論集　土屋喬雄編著　象山社　1981.8　370p　22cm　5000円　Ⓝ332.105　〔08272〕
◇日本における近代社会の成立　上巻　正田健一郎著　三嶺書房　1990.5　384p　22cm　2718円　Ⓘ4-88294-004-3　Ⓝ332.105　〔08273〕
◇日本封建経済政策史論　安岡重明著　増補版　京都　晃洋書房　1985.11　x,286p　22cm　3000円　Ⓘ4-7710-0318-1　Ⓝ332.105　〔08274〕
◇幕藩制国家の経済構造　長野ひろ子著　吉川弘文館　1987.6　477,14p　22cm　8000円　Ⓘ4-642-03282-7　Ⓝ332.105　〔08275〕
◇藤田五郎著作集　御茶の水書房　1977.9　5冊　22cm　各3000円　Ⓝ332.1　〔08276〕
◇藤田五郎著作集　第5巻　近世経済史の研究　御茶の水書房　1971　339p　22cm　1800円　Ⓝ332.1　〔08277〕
◇本庄栄治郎著作集　第8冊　近世経済史の諸研究　大阪　清文堂出版　1973　446p　22cm　4500円　Ⓝ332.1　〔08278〕
◇本庄先生古稀記念　近世日本の経済と社会　堀江保蔵等編　有斐閣　1958　454p　22cm　Ⓝ332.1　〔08279〕

◆◆幕末経済
◇維新経済史　土屋喬雄著　中央公論社　1942　277p　22cm　Ⓝ332.1　〔08280〕
◇維新経済史　土屋喬雄著　生活社　1947　277p　19cm　Ⓝ332.1　〔08281〕
◇江戸幕末大不況の謎―なぜ薩長が生き残ったのか　邦光史郎著　光文社　1994.5　211p　18cm　(カッパ・ブックス)820円　Ⓘ4-334-00549-7　Ⓝ332.105　〔08282〕
◇近代移行期における経済発展　神木哲男,松浦昭編著　同文館出版　1987.5　400p　22cm　5800円　Ⓘ4-495-45031-X　Ⓝ332.105　〔08283〕
◇近代移行期の日本経済―幕末から明治へ　新保博,安場保吉編　日本経済新聞社　1979.2　317p　22cm　(数量経済史論集 2)3800円　Ⓝ332.1　〔08284〕
◇経営と労働の明治維新―横須賀製鉄所・造船所を中心に　西成田豊著　吉川弘文館　2004.6　247,7p　21cm　5000円　Ⓘ4-642-03763-2　〔08285〕
◇経済史上の明治維新　宮本又次著　京都　大八洲出版　1947　172p　18cm　Ⓝ332.1　〔08286〕
◇諸色調類集目録　天保度御改正諸事留目録―諸事留の内　国立国会図書館　1993.11　80p　22cm　(旧幕引継書目録 15)6880円　Ⓘ4-87582-360-6　Ⓝ332.105　〔08287〕
◇諸色調類集目録・天保度御改正諸事留目録(諸事留の内)　国立国会図書館図書部編　国立国会図書館　1993.10　80p　21cm　(旧幕引継書目録 15)Ⓘ4-87582-360-6　Ⓝ332.105　〔08288〕
◇随想幕末維新　荒川英夫著　かまわぬ書房　1995.11　204p　20cm　Ⓝ332.105　〔08289〕
◇数量経済史論集 4　幕末・明治の日本経済　尾高煌之助編,山本有造編　日本経済新聞社　1988.3　284p　22cm　3500円　Ⓘ4-532-07486-X　Ⓝ332.06　〔08290〕
◇世界市場と幕末開港　石井寛治,関口尚志編　東京大学出版会　1982.11　338p　22cm　(東京大学産業経済研究叢書)3000円　Ⓝ332.105　〔08291〕
◇幕藩制解体期の経済構造　小松和生著　大阪　清文堂出版　1995.10　451p　22cm　9888円　Ⓘ4-7924-0412-6　Ⓝ332.105　〔08292〕
◇幕藩体制解体期の経済構造　川浦康次著　御茶の水書房　1965　326p　22cm　Ⓝ332.1　〔08293〕
◇幕末維新経済史研究―開国と貿易　菅野和太郎著　京都　ミネルヴァ書房　1961　305p　22cm　(大阪経済大学日本経済史研究所叢書 第1冊)Ⓝ332.1　〔08294〕
◇幕末開港期経済史研究　石井孝著　横浜　有隣堂　1987.6　372,20p　22cm　5600円　Ⓘ4-89660-076-2　Ⓝ332.105　〔08295〕
◇幕末経済史研究　日本経済史研究所編　有斐閣　1935　420p　23cm　(日本経済史研究所研究叢書 第6冊)Ⓝ332.1　〔08296〕
◇幕末経済史研究　日本経済史研究所編　京都　臨川書店　1973　420p　22cm　3500円　Ⓝ332.1　〔08297〕
◇幕末経済秘史　第1巻　仏蘭西公使ロセスと小栗上野介　神長倉真民著　ダイヤモンド出版　1935　473p　19cm　Ⓝ210.5　〔08298〕
◇幕末に於ける社会経済状態、階級関係及び階級闘争　後篇　羽仁五郎著　岩波書店　1932.11　104p　23cm　(日本資本主義発達史講座 第1部 明治維新史)Ⓝ210.5　〔08299〕
◇幕末日本経済に潜む自由とその展開　名手慶一著　和歌山　名手慶一　1992.5　56p　21cm　Ⓝ332.105　〔08300〕
◇幕末日本の経済革命　童門冬二著　TBSブリタニカ　1990.8　228p　20cm　1262円　Ⓘ4-484-90221-4　Ⓝ332.105　〔08301〕
◇幕末の社会史―徳川幕藩制と庶民　工藤恭吉著　紀伊國屋書店　1994.1　215p　20cm　(精選復刻紀伊国屋新書)1800円　Ⓘ4-314-00661-7　Ⓝ332.1　〔08302〕
◇幕末の新政策　本庄栄治郎著　有斐閣　1935　344p　23cm　(日本経済史研究所研究叢書 第5冊)Ⓝ332.1　〔08303〕
◇幕末の新政策　増補版　本庄栄治郎著　有斐閣　1958　563p　22cm　Ⓝ332.1　〔08304〕
◇幕末・明治の国際市場と日本―生糸貿易と横浜　西川武臣著　雄山閣出版　1997.4　206p　22cm　5800円　Ⓘ4-639-01436-8　Ⓝ586.421　〔08305〕
◇堀江英一著作集　第2巻　幕末・維新期の経済構造　青木書店　1976　324p　20cm　2500円　Ⓝ332.06　〔08306〕
◇本庄栄治郎著作集　第9冊　幕末維新の諸研究　大阪　清文堂出版　1973　602p　22cm　5500円　Ⓝ332.1　〔08307〕

◆経済思想
◇江戸時代の経済思想―「経済主体」の生成　川口浩著　名古屋　中京大学経済学部　1992.3　363,4p　22cm　(中京大学経済学研究叢書 第3輯)非売品　Ⓝ331.21　〔08308〕
◇江戸時代の経済思想―「経済主体」の生成　川口浩著　勁草書房　1992.4　263,4p　21cm　(中京大学経済学研究叢書 第3輯)4944円　Ⓘ4-326-93249-X　〔08309〕
◇江戸時代の経世家　野村兼太郎著　ダイヤモンド社　1942　346p　19cm　Ⓝ281　〔08310〕
◇江戸時代の先覚者たち―近代への遺産・産業知識人の系譜　山本七平著　PHP研究所　1990.10　300p　20cm　1400円　Ⓘ4-569-52885-6　Ⓝ331.21　〔08311〕

◇江戸・明治時代の経済学者　本庄栄治郎著　至文堂　1962　231p　19cm　（日本歴史新書）Ⓝ331.21　〔08312〕
◇懐徳堂と経済思想　藤井定義著　堺　大阪府立大学経済学部　1976　142p　21cm　（大阪府立大学経済研究叢書　第43冊）Ⓝ331.21　〔08313〕
◇海保青陵経済思想の研究　蔵並省自著　雄山閣出版　1990.11　203p　22cm　4369円　Ⓘ4-639-00986-0　Ⓝ331.21　〔08314〕
◇近世経済思想史研究　谷口弥五郎著　文修堂書店　1925　317p　19cm　Ⓝ331　〔08315〕
◇近世経済思想史論　河上肇著　27版　岩波書店　1920　357p　19cm　Ⓝ331　〔08316〕
◇近世経済思想の研究—「国益」思想と幕藩体制　藤田貞一郎著　吉川弘文館　1966　221p　22cm　Ⓝ331.21　〔08317〕
◇近世豪農の学問と思想　柴田一著　新生社　1966　408p　22cm　（日本史学研究双書）Ⓝ331.21　〔08318〕
◇近世社会経済学説大系　第2　海保青陵集　石浜知行解題　誠文堂　1935　114,404p　19cm　Ⓝ330　〔08319〕
◇近世社会経済学説大系　第3　佐藤信淵集　大川周明解題　誠文堂新光社　1935　94,376p　19cm　Ⓝ330　〔08320〕
◇近世社会経済学説大系　第4　山鹿素行集　内田繁隆解題　誠文堂新光社　1935　112,437p　19cm　Ⓝ330　〔08321〕
◇近世社会経済学説大系　第6　太宰春台集　中村孝也解題　誠文堂新光社　1935　114,405p　19cm　Ⓝ330　〔08322〕
◇近世社会経済学説大系　第7　新井白石集　猪谷善一解題　誠文堂新光社　1936　102,45p　19cm　Ⓝ330　〔08323〕
◇近世社会経済学説大系　第8　山片蟠桃集　土屋喬雄解題　誠文堂新光社　1936　80,310p　19cm　Ⓝ330　〔08324〕
◇近世社会経済学説大系　第9　石田春律集　小野武夫解題　誠文堂新光社　1936　36,438p　19cm　Ⓝ330　〔08325〕
◇近世社会経済学説大系　第10　本居宣長集　長谷川如是閑解題　誠文堂新光社　1936　84,323p　19cm　Ⓝ330　〔08326〕
◇近世社会経済学説大系　第11　荻生徂徠集　三浦梅園集　黒正巌解題　堀江保蔵解題　誠文堂新光社　1937　90,297p　19cm　Ⓝ330　〔08327〕
◇近世社会経済学説大系　第12　浅見絅斎集　田崎仁義解題　誠文堂新光社　1937　138,492p　19cm　Ⓝ330　〔08328〕
◇近世社会経済学説大系　第13　中井竹山集　菅野和太郎解題　誠文堂新光社　1935　85,419p　19cm　Ⓝ330　〔08329〕
◇近世社会経済学説大系　第15　福沢諭吉・神田孝平集　加田哲二解題　誠文堂新光社　1936　89,426p　19cm　Ⓝ330　〔08330〕
◇近世日本経済倫理思想史—江戸時代前期に於ける日本儒家の経済倫理思想の研究　東晋太郎著　慶応出版社　1944　678p　22cm　Ⓝ331　〔08331〕
◇近世日本の経済倫理　東晋太郎著　有斐閣　1962　245p　22cm　（関西学院大学経済学研究叢書　第4）Ⓝ331.21　〔08332〕
◇近世日本の経世家　野村兼太郎著　泉文堂　1948　366p　19cm　Ⓝ281　〔08333〕

◇近世日本の研究　その1　近世の経済思想　本庄栄治郎著　日本評論社　1931　340p　22cm　Ⓝ210.5　〔08334〕
◇近世日本の研究　その2-3　本庄栄治郎著　日本評論社　1938-14　2冊　23cm　Ⓝ210.5　〔08335〕
◇近世日本の社会・経済思想—封建社会意識の発展過程に関する一研究　大山敷太郎著　京都　社会文化学会　1949　358p　21cm　Ⓝ331.21　〔08336〕
◇経世論の近世　上安祥子著　青木書店　2005.11　269,6p　21cm　7000円　Ⓘ4-250-20534-7　〔08337〕
◇経世論の近世　上安祥子著　青木書店　2005.11　269,6p　22cm　7000円　Ⓘ4-250-20534-7　Ⓝ121.5　〔08338〕
◇元禄及び享保時代における経済思想の研究　中村孝也著　国民文化研究会　1927　1151p　23cm　Ⓝ331　〔08339〕
◇元禄及び享保時代に於ける経済思想の研究　上,中,下　中村孝也著　小学館　1942　3冊　22cm　Ⓝ331　〔08340〕
◇元禄享保時代に於ける経済思想の研究　中村孝也著　国民文化研究会　1922　458p　23cm　Ⓝ331　〔08341〕
◇石門心学の経済思想　町人社会の経済と道徳　竹中靖一著　京都　ミネルヴァ書房　1962　699p　22cm　Ⓝ331.21　〔08342〕
◇草莽の経済思想—江戸時代における市場・「道」・権利　小室正紀著　御茶の水書房　1999.2　391p　22cm　7100円　Ⓘ4-275-01750-1　Ⓝ331.21　〔08343〕
◇太宰春台転換期の経済思想　武部善人著　御茶の水書房　1991.3　382p　22cm　6180円　Ⓘ4-275-01416-2　Ⓝ331.21　〔08344〕
◇地方官僚と儒者の経済思想　田中喜男著　日本経済評論社　2001.9　293p　22cm　4000円　Ⓘ4-8188-1370-2　Ⓝ331.21　〔08345〕
◇徳川時代の経済思想　野村兼太郎著　日本評論社　1939　562p　23cm　Ⓝ331　〔08346〕
◇日本経済学史の旅—江戸時代の経済学者たち　大矢真一著　恒和出版　1980.6　258p　19cm　（恒和選書2）1400円　Ⓝ331.21　〔08347〕
◇日本資本主義の精神　山本七平著　文藝春秋　1997.8　453p　19cm　（山本七平ライブラリー　9）1714円　Ⓘ4-16-364690-6　Ⓝ331.21　〔08348〕
◇日本の経済学　玉野井芳郎著　中央公論社　1971　246p　18cm　（中公新書）Ⓝ331.21　〔08349〕
◇日本の経済思想—江戸期から現代まで　テッサ・モーリス＝鈴木著　藤井隆至訳　岩波書店　1991.11　337,28p　19cm　3600円　Ⓘ4-00-001687-3　Ⓝ331.21　〔08350〕
◇日本の経済思想世界—「十九世紀」の企業者・政策者・知識人　川口浩編著　日本経済評論社　2004.12　530p　22cm　6300円　Ⓘ4-8188-1707-4　Ⓝ331.21　〔08351〕
◇日本の経済思想四百年　杉原四郎ほか編著　日本経済評論社　1990.6　429p　22cm　3605円　Ⓘ4-8188-0425-8　Ⓝ331.21　〔08352〕
◇幕末キリスト教経済思想史　小田信士著　教文館　1982.3　565,16p　22cm　7000円　Ⓝ331.21　〔08353〕
◇幕末の経済思想　藤井定義著　堺　大阪府立大学経済学部　1963　126p　22cm　（大阪府立大学経済研究叢書　第10冊）Ⓝ331.21　〔08354〕
◇横井小楠の社会経済思想　山崎益吉著　多賀出版　1981.2　356p　22cm　5700円　Ⓝ331.21　〔08355〕
◇頼山陽の社会経済思想—通議と新策の研究　徳田進著

◇黎明期日本の経済思想―イギリス留学生・お雇い外国人・経済学の制度化 井上琢智著 日本評論社 2006.11 362p 21cm (関西学院大学経済学研究叢書 第32編)6500円 Ⓘ4-535-55508-7 〔08357〕

◆財政史
◇江戸時代の江戸の税制と明治六年地租改正法公布 土方晋著 税務経理協会 2004.3 213p 19cm 2200円 Ⓘ4-419-04327-X Ⓝ345.21 〔08358〕
◇江戸時代の徳政秘史 中瀬勝太郎著 築地書館 1991.3 231p 20cm 1648円 Ⓘ4-8067-6781-6 Ⓝ210.5 〔08359〕
◇江戸の財政改革 童門冬二著 小学館 2002.11 300p 15cm (小学館文庫)571円 Ⓘ4-09-403533-8 Ⓝ342.1 〔08360〕
◇江戸の財政再建―恩田木工・上杉鷹山ほか20人の改革者たち 井門寛著 中央公論新社 2000.12 291p 16cm (中公文庫)686円 Ⓘ4-12-203761-1 Ⓝ342.1 〔08361〕
◇江戸の財政再建20人の知恵 山本敦司編 扶桑社 1998.10 159p 21cm 1238円 Ⓘ4-594-02572-2 Ⓝ342.1 〔08362〕
◇江戸の税と通貨―徳川幕府を支えた経済官僚 佐藤雅美著 太陽企画出版 1989.2 285p 20cm 1400円 Ⓘ4-88466-147-8 Ⓝ332.105 〔08363〕
◇江戸幕府御用金の研究 賀川隆行著 法政大学出版局 2002.3 361,4p 22cm (叢書・歴史学研究)7700円 Ⓘ4-588-25049-3 Ⓝ342.1 〔08364〕
◇江戸幕府財政史論 大野瑞男著 吉川弘文館 1996.12 452p 22cm 8755円 Ⓘ4-642-03332-7 Ⓝ342.1 〔08365〕
◇江戸幕府財政の研究 飯島千秋著 吉川弘文館 2004.6 541,12p 21cm 17000円 Ⓘ4-642-03388-2 〔08366〕
◇大江戸「懐」事情―知れば知るほど 小林弘忠著 実業之日本社 2003.12 278p 19cm 1400円 Ⓘ4-408-10566-X Ⓝ342.1 〔08367〕
◇なにわのスーパーコンサルタント―大根屋小右衛門の財政改革 開館25周年記念特別展 池田市立歴史民俗資料館編 池田 池田市立歴史民俗資料館 2005.10 38p 30cm Ⓝ342.1 〔08368〕
◇幕藩制社会の財政構造 長野暹著 大原新生社 1980.7 524p 22cm (日本史学研究双書 16)10000円 Ⓝ332.105 〔08369〕
◇幕末財政金融史論 大山敷太郎著 京都 ミネルヴァ書房 1969 412,27p 22cm 2500円 Ⓝ332.1 〔08370〕
◇幕末財政史研究 大山敷太郎著 京都 思文閣 1974 723,17p 22cm 8000円 Ⓝ332.1 〔08371〕
◇歴史に学ぶ「執念」の財政改革 佐藤雅美著 集英社 1999.8 278p 16cm (集英社文庫)495円 Ⓘ4-08-747085-7 Ⓝ342.1 〔08372〕

◆◆藩財政
◇出雲松江藩「出入捷覧」データベース化のための基礎作業 安沢秀一著 浦安 明海大学経済学会 1991 98p 26cm (ディスカッションペーパーシリーズ 第5号)Ⓝ342.177 〔08373〕
◇岩国藩財政史の研究 桂芳樹編著 岩国 岩国徴古館 1986.10 381p 26cm Ⓝ342.177 〔08374〕
◇大村藩の産業経済史 喜々津健寿著 佐世保 芸文堂 1980.8 334p 19cm (肥前歴史叢書 5)2000円 Ⓝ332.193 〔08375〕
◇高知藩財政史 平尾道雄著 高知 高知市立市民図書館 1953 122p 29cm Ⓝ342.184 〔08376〕
◇高知藩財政史 増補新版 平尾道雄著 高知 高知市立市民図書館 1965 176p 19cm Ⓝ342.184 〔08377〕
◇石高制と九州の藩財政 松下志朗著 福岡 九州大学出版会 1996.12 572p 22cm 10300円 Ⓘ4-87378-468-9 Ⓝ210.5 〔08378〕
◇大名と百姓 佐々木潤之介著 改版 中央公論新社 2005.10 559p 16cm (中公文庫―日本の歴史 15)1238円 Ⓘ4-12-204604-1 Ⓝ210.52 〔08379〕
◇高遠藩財政史の研究 長谷川正次著 岩田書院 2003.8 691,29p 21cm (近世史研究叢書)18800円 Ⓘ4-87294-291-4 〔08380〕
◇長州藩財政史談―兼重慎一談話 兼重慎一著 徳山 マツノ書店 1976 280p 21cm (新防長叢書)Ⓝ342.177 〔08381〕
◇土佐藩経済史研究―近世土佐藩経済史研究 第1 入交好脩著 高知 高知市立市民図書館 1966 316p 図版 表 19cm (市民叢書)Ⓝ332.184 〔08382〕
◇萩藩の財政と撫育制度 三坂圭治著 復刻版 徳山 マツノ書店 1999.1 212p 22cm 5714円 Ⓝ342.177 〔08383〕
◇日暮硯 恩田木工著 笠谷和比古校注 新訂 岩波書店 1991.1 178p 19cm (ワイド版岩波文庫)700円 Ⓘ4-00-007002-9 Ⓝ342.152 〔08384〕
◇日暮硯紀行 奈良本辰也著 長野 信濃毎日新聞社 1991.11 262p 20cm 1800円 Ⓘ4-7840-9118-1 Ⓝ342.152 〔08385〕
◇松江藩・出入捷覧 安沢秀一編 原書房 1999.11 9,180p 27cm 7500円 Ⓘ4-562-03253-7 Ⓝ342.173 〔08386〕
◇三河吉田藩財政資料 其3 柴田伸吉編 豊橋 柴田伸吉 1943 165丁 24cm Ⓝ215.5 〔08387〕
◇三河吉田藩財政資料 其1至2 柴田伸吉編 豊橋 柴田伸吉 1938 2冊 24cm Ⓝ215.5 〔08388〕
◇明治御維新直前に於ける薩藩財政研究資料 永井竜一編 鹿児島 山元徳二 1933 202p 23cm Ⓝ219.7 〔08389〕

◆◆領国経営
◇金貸と大名 松好貞夫著 弘文堂 1957 190p 19cm (アテネ新書)Ⓝ332.1 〔08390〕
◇金持大名 貧乏大名 松好貞夫著 人物往来社 1964 270p 20cm Ⓝ332.1 〔08391〕
◇金持大名 貧乏大名 松好貞夫著 人物往来社 1967 270p 19cm (歴史選書)Ⓝ332.1 〔08392〕
◇近世日本経済―上杉鷹山と米沢藩政史 渡辺与五郎著 文化書房博文社 1973 675p 22cm 3500円 Ⓝ332.1 〔08393〕
◇大名金融史論 森泰博著 新生社 1970 316p 22cm (日本史学研究双書)2000円 Ⓝ332.1 〔08394〕
◇大名 その領国経営 藤野保著 人物往来社 1964 299p 20cm Ⓝ332.1 〔08395〕
◇大名やりくり帖―金持大名・貧乏大名 松好貞夫著 新人物往来社 1970 270p 19cm 630円 Ⓝ332.1 〔08396〕
◇土佐藩商業経済史 平尾道雄著 高知 高知市立市民図書館 1960 297p 19cm (市民叢書)Ⓝ332.184 〔08397〕

近世史　　　　　　　　　　　　　　　　　　　　　経済史

◇萩藩の財政と撫育制度　三坂圭治著　改訂版　徳山　マツノ書店　1977.10　212p　21cm　(新防長叢書)2500円　Ⓝ342.177　〔08398〕
◇肥後藩の経済構造　熊本女子大学歴史学研究部編　熊本　1957　112p　21cm　Ⓝ332.194　〔08399〕
◇松江藩経済史の研究　原伝著　京都　臨川書店　1973　291,6p　22cm　2800円　Ⓝ332.173　〔08400〕
◇名家老列伝──組織を動かした男たち　童門冬二著　PHP研究所　2003.2　249p　15cm　(PHP文庫)495円　①4-569-57905-1　〔08401〕

◆◆知行制
◇近世大名領の研究──信州松本藩を中心として　金井円著　名著出版　1981.8　446,4p　22cm　6800円　Ⓝ210.5　〔08402〕
◇近世知行制の研究　鈴木寿著　日本学術振興会　丸善(発売)　1971　610p　22cm　4000円　Ⓝ210.5　〔08403〕
◇近世日本知行制の研究　J.F.モリス著　大阪　清文堂出版　1988.3　336,12p　22cm　5800円　Ⓝ212.3　〔08404〕
◇体系・日本歴史　第3　大名領国制　永原慶二　日本評論社　1967　262p　19cm　Ⓝ210.1　〔08405〕
◇旗本知行所の研究　川村優著　京都　思文閣出版　1988.12　486,30p　22cm　(思文閣史学叢書)9800円　①4-7842-0532-2　Ⓝ210.5　〔08406〕
◇旗本知行と村落　関東近世史研究会編　文献出版　1986.5　337p　22cm　7000円　Ⓝ210.5　〔08407〕
◇旗本領の研究　若林淳之著　吉川弘文館　1987.5　303,3p　22cm　6000円　①4-642-03283-5　Ⓝ210.5　〔08408〕

◆地方経済
◇蝦夷地場所請負人──山田文右衛門家の活躍とその歴史的背景　ロバート・G.フラーシェム,ヨシコ・N.フラーシェム著　札幌　北海道出版企画センター　1994.5　309p　19cm　2000円　①4-8328-9404-8　Ⓝ332.11　〔08409〕
◇江戸地廻り経済の展開　伊藤好一著　柏書房　1966　311p　22cm　Ⓝ332.13　〔08410〕
◇紀州経済史研究叢書　第1-23輯　和歌山大学紀州経済史文化史研究所編　和歌山　和歌山大学紀州経済史文化史研究所　1952-1973　23冊(合本)　22cm　非売品　Ⓝ332.166　〔08411〕
◇九州経済史研究　宮本又次編　京都　三和書房　1953　317p　21cm　(経済史研究　第1集)Ⓝ332.19　〔08412〕
◇九州経済史論集　第1巻　九州社会・経済の史的考察〔ほか〕　宮本又次編　宮本又次　福岡　福岡商工会議所　1954　224p　21cm　Ⓝ332.19　〔08413〕
◇九州経済史論集　第2巻　博多と福岡〔ほか〕　宮本又次編　宮本又次　福岡　福岡商工会議所　1956-1958　21cm　Ⓝ332.19　〔08414〕
◇九州経済史論集　第3巻　長崎貿易における俵物役所の消長〔ほか〕　宮本又次編　宮本又次　福岡　福岡商工会議所　1956-1958　21cm　Ⓝ332.19　〔08415〕
◇近世甲斐産業経済史の研究　飯田文弥著　国書刊行会　1982.3　286p　22cm　5800円　Ⓝ332.151　〔08416〕
◇近世小豆島社会経済史話　川野正雄著　土庄町(香川県)　小豆島新聞社　1967-1969　3冊　22cm　Ⓝ332.182　〔08417〕
◇近世小豆島社会経済史話　川野正雄著　未来社　1973　417p　22cm　2500円　Ⓝ332.182　〔08418〕

◇近世瀬戸内経済史研究──岡山藩・長州藩の史的分析　河田章著　岡山　吉備人出版　2005.2　375p　22cm　5000円　①4-86069-072-9　Ⓝ602.174　〔08419〕
◇近世地方経済史料　小野武夫編　吉川弘文館　1987.10　10冊　22cm　70000円　①4-642-03099-9　Ⓝ332.105　〔08420〕
◇近世地方経済史料　第1巻　足民論〔ほか〕　小野武夫編　木村謙　吉川弘文館　1958　22cm　Ⓝ332.1　〔08421〕
◇近世地方経済史料　第2巻　済急記聞〔ほか〕　小野武夫編　旦暮庵野巣　吉川弘文館　1958　22cm　Ⓝ332.1　〔08422〕
◇近世地方経済史料　第3巻　南畝偶語〔ほか〕　小野武夫編　武元立平　吉川弘文館　1958　22cm　Ⓝ332.1　〔08423〕
◇近世地方経済史料　第4巻　農家実況調書,農業夜咄,仙台藩租税要略〔ほか〕　小野武夫編　宮城県庁　吉川弘文館　1958　22cm　Ⓝ332.1　〔08424〕
◇近世地方経済史料　第5巻　農譚藪〔ほか〕　小野武夫編　鹿峰田理　吉川弘文館　1958　22cm　Ⓝ332.1　〔08425〕
◇近世地方経済史料　第6巻　鳩民邇言〔ほか〕　小野武夫編　平山貞　吉川弘文館　1958　22cm　Ⓝ332.1　〔08426〕
◇近世地方経済史料　第7巻　国家要伝,御餉指方旧記,地方大意抄,補饑新書〔ほか〕　小野武夫編　東条耕　吉川弘文館　1958　22cm　Ⓝ332.1　〔08427〕
◇近世地方経済史料　第8巻　憐農民詞〔ほか〕　小野武夫編　竹村茂雄　吉川弘文館　1958　22cm　Ⓝ332.1　〔08428〕
◇近世の経済発展と地方社会──芸備地方の都市と農村　中山富広著　大阪　清文堂出版　2005.6　380p　21cm　8500円　①4-7924-0591-2　〔08429〕
◇酒田米の経済史的考察　尾形誠次著　酒田　尾形つな　1995.5　128p　21cm　Ⓝ332.105　〔08430〕
◇島根県近世地方経済資料集　第1集　免法記,農作自得集,田法記,伝法記,地方問答記　出雲郷土研究会社会科学部会編　1955　160p　26cm　Ⓝ332.173　〔08431〕
◇島原藩の経済　高木繁幸著　長崎　ゆるり書房　2006.11　341p　21cm　(島原藩の歴史　第2集(藩経済編))2381円　①4-916159-36-5　Ⓝ332.193　〔08432〕
◇前工業化時代の経済──『防長風土注進案』による数量的接近　穐本洋哉著　京都　ミネルヴァ書房　1987.2　242p　22cm　3000円　①4-623-01721-4　Ⓝ332.177　〔08433〕
◇大忍庄の研究　横川末吉著　高知　高知市立市民図書館　1959　324p　図版　地　19cm　(市民叢書　近世土佐藩経済史研究　第2)Ⓝ332.184　〔08434〕
◇東北産業経済史　第1-7巻　東北振興会編　東北振興会　1936-12　7冊　23cm　Ⓝ602.19　〔08435〕
◇長岡経済三百年史　長岡商工会議所編　長岡　1964　253p　表　21cm　Ⓝ332.141　〔08436〕
◇松前蝦夷地場所請負制度成立過程の研究　白山友正著　函館　北海道経済史研究所　1961　4冊　21cm　(北海道経済史研究所研究叢書　第25-28編)Ⓝ332.11　〔08437〕
◇松前蝦夷地場所請負制度の研究　白山友正著　増訂　巌南堂書店　1971　875p　22cm　7000円　Ⓝ332.11　〔08438〕
◇森嘉兵衛著作集　第1巻　奥羽社会経済史の研究/平泉文化論　法政大学出版局　1987.11　602p　22cm　9800円　Ⓝ332.1　〔08439〕

経済史　　　　　　　　　　　　　　　近世史

◆商品流通

◇江戸時代の商品流通と交通—信州中馬の研究　古島敏雄著　御茶の水書房　1951　319p　22cm　Ⓝ332.1
〔08440〕

◇加賀藩流通史の研究　高瀬保著　富山　桂書房　1990.4　968,12p　22cm　12360円　Ⓝ672.1
〔08441〕

◇近世魚肥流通の地域的展開　古田悦造著　古今書院　1996.2　418p　22cm　9785円　Ⓘ4-7722-1658-8　Ⓝ291.018
〔08442〕

◇近世商品流通の研究　中村信二著　奈良　〔中村信二〕　1985.2　293p　22cm　Ⓝ672.1
〔08443〕

◇近世特産物流通史論—竜野醤油と幕藩制市場　長谷川彰著　柏書房　1993.2　274p　21cm　(ポテンティア叢書22)3800円　Ⓘ4-7601-0917-X　Ⓝ588.6
〔08444〕

◇近世における駄賃稼ぎと商品流通　太田勝也著　御茶の水書房　1978.11　365p　22cm　(村落社会構造史研究叢書　第4巻)4000円　Ⓝ332.1
〔08445〕

◇近世日本における石灰の生産流通構造　川勝守生著　山川出版社　2007.5　524,31p　22cm　11905円　Ⓘ978-4-634-52013-4　Ⓝ573.89
〔08446〕

◇近世日本の社会と流通　藤野保先生還暦記念会編著　雄山閣出版　1993.11　432p　22cm　12000円　Ⓘ4-639-01199-7　Ⓝ210.5
〔08447〕

◇近世の北関東と商品流通　井上定幸著　岩田書院　2004.10　410p　22cm　(近世史研究叢書 12)5900円　Ⓘ4-87294-341-4　Ⓝ672.133
〔08448〕

◇近世の市場構造と流通　林玲子著　吉川弘文館　2000.12　315p　22cm　8000円　Ⓘ4-642-03362-9　Ⓝ672.1
〔08449〕

◇近世の商品流通　八木哲浩著　塙書房　1962　344p　地19cm　(塙選書 第21)Ⓝ672.1
〔08450〕

◇近世の流通経済と経済思想　和泉清司著　岩田書院　1998.7　358,10p　22cm　(近世史研究叢書 3)7900円　Ⓘ4-87294-121-7　Ⓝ332.105
〔08451〕

◇近世東三河の水産物流通　伊村吉秀著　岩田書院　2004.3　318p　22cm　(愛知大学綜合郷土研究所研究叢書 17)5900円　Ⓘ4-87294-318-X　Ⓝ661.4
〔08452〕

◇近代日本流通史　石井寛治編　東京堂出版　2005.9　283p　21cm　2800円　Ⓘ4-490-20550-3　Ⓝ675.4
〔08453〕

◇19世紀日本の商品生産と流通—農業・農産加工業の発展と地域市場　井奥成彦著　日本経済評論社　2006.2　298p　22cm　5800円　Ⓘ4-8188-1817-8　Ⓝ612.1
〔08454〕

◇商品生産・流通の史的構造—日本近世・近代の経済的発展の基礎　北条浩著　御茶の水書房　1987.6　316p　22cm　3500円　Ⓘ4-275-00726-3　Ⓝ672.1
〔08455〕

◇商品流通と駄賃稼ぎ　増田広実著　同成社　2005.4　214p　20cm　(同成社江戸時代史叢書 20)2200円　Ⓘ4-88621-321-9　Ⓝ215
〔08456〕

◇日本近世の地域と流通　原直史著　山川出版社　1996.2　372,12p　22cm　7000円　Ⓘ4-634-61690-4　Ⓝ332.1
〔08457〕

◇幕藩社会と商品流通　中井信彦著　塙書房　1961　251p　19cm　(塙選書 第11)Ⓝ332.1
〔08458〕

◇物流史の研究—近世・近代の物流の諸断面　森泰博編著　御茶の水書房　1995.9　202p　22cm　(関西学院大学産研叢書 19)3605円　Ⓘ4-275-01595-9　Ⓝ672
〔08459〕

◇流通と幕藩権力　吉田伸之編　山川出版社　2004.11　223p　21cm　(史学会シンポジウム叢書)4000円　Ⓘ4-634-52350-7　Ⓝ672.1
〔08460〕

◇流通列島の誕生　林玲子,大石慎三郎著　講談社　1995.11　180p　18cm　(講談社現代新書—新書・江戸時代 5)650円　Ⓘ4-06-149261-6　Ⓝ672.1
〔08461〕

◆物価史

◇江戸の家計簿　小菅宏,夏目けいじ著　ぶんか社　2007.3　221p　15cm　(ぶんか社文庫)619円　Ⓘ978-4-8211-5093-9　Ⓝ332.105
〔08462〕

◇江戸物価事典　小野武雄編著　展望社　1979.5　482p　20cm　(江戸風俗図誌 第6巻)3600円　Ⓝ332.1
〔08463〕

◇江戸物価事典　小野武雄編著　展望社　1991.7　475p　19cm　(江戸風俗図誌 第6巻)3700円
〔08464〕

◇お江戸の意外な「モノ」の値段—物価から見える江戸っ子の生活模様　中江克己著　PHP研究所　2003.8　264p　15cm　(PHP文庫)533円　Ⓘ4-569-66003-7　Ⓝ210.5
〔08465〕

◇大阪に於ける幕末米価変動史　鈴木直二著　国書刊行会　1977.10　340,3p　22cm　5500円　Ⓝ611.43
〔08466〕

◇近世大阪の物価と利子　大阪大学近世物価史研究会編　創文社　1963　391p　27cm　(日本近世物価史研究 3)Ⓝ337.82
〔08467〕

◇近世後期における主要物価の動態　三井文庫編　東京大学出版会　1989.6　125p　19×27cm　4944円　Ⓘ4-13-046038-2　Ⓝ337.821
〔08468〕

◇近世賃金物価史史料　小柳津信郎著　改訂版　豊橋　成工社出版部　2006.6　607p　27cm　7000円　Ⓝ337.821
〔08469〕

◇近世日本物価史の研究—近世米価の構造と変動　岩橋勝著　大原新生社　1981.10　542p　22cm　(日本史学研究双書 17)15000円　Ⓝ332.15
〔08470〕

◇近世の市場経済と地域差—物価史からの接近　草野正裕著　京都　京都大学学術出版会　1996.11　400p　23cm　(福井県立大学研究叢書 2)6200円　Ⓘ4-87698-033-0　Ⓝ337.821
〔08471〕

◇近世の物価と経済発展—前工業化社会への数量的接近　新保博著　東洋経済新報社　1978.9　371p　22cm　5900円　Ⓝ337.8
〔08472〕

◇近世物価史研究　山崎隆三著　塙書房　1983.2　421,4p　22cm　5800円　Ⓝ332.105
〔08473〕

◇近世物価政策の展開　土肥鑑高著　雄山閣出版　1987.4　163p　22cm　2000円　Ⓘ4-639-00642-X　Ⓝ332.105
〔08474〕

◇15〜17世紀における物価変動の研究　京都大学近世物価史研究会編　京都　読史会　1962　191p　19×27cm　(日本近世物価史研究 1)Ⓝ337.82
〔08475〕

◇徳川幕府の米価調節　本庄栄治郎著　柏書房　1966　415p　22cm　Ⓝ612.1
〔08476〕

◇日本近世物価史研究史料　第1巻　大阪大学経済学部経済史研究室編纂　大阪　大阪大学経済学部経済史研究室　1961.11　62p　25cm　非売品　Ⓝ337.821
〔08477〕

◇幕末明治文学と庶民経済　阿達義雄著　東洋館出版社　1983.3　325p　19cm　2600円　Ⓘ4-491-00379-3　Ⓝ337.821
〔08478〕

◇本庄栄治郎著作集　第6冊　米価調節史の研究　大阪　清文堂出版　1973　420p　22cm　3500円　Ⓝ332.1
〔08479〕

◆米取引

◇江戸に於ける米取引の研究　鈴木直二著　四海書房　1935　303,10p　23cm　Ⓝ672
〔08480〕

◇江戸における米取引の研究　鈴木直二著　増補版　柏書房　1965　354p　22cm　Ⓝ672.1
〔08481〕

◇大坂堂島米会所物語　島実蔵著　時事通信社　1994.7　242p　19cm　1600円　Ⓘ4-7887-9422-5
〔08482〕

◇九州米切手図録　百田米美編　福岡　福岡古泉会　1977.8　179p（おもに図）　40cm　非売品　Ⓝ332.1
〔08483〕

◇近世畿内在払制度の研究　美馬佑造著　京都　松籟社　2006.3　479,10p　22cm　3800円　Ⓘ4-87984-241-9　Ⓝ612.1
〔08484〕

◇近世後期経済発展の構造―米穀・金融市場の展開　加藤慶一郎著　大阪　清文堂出版　2001.5　194p　22cm　4200円　Ⓘ4-7924-0504-1　Ⓝ332.105
〔08485〕

◇近世中央市場の解体―大坂米市場と諸藩の動向　藤村聡著　大阪　清文堂出版　2000.6　310p　22cm　8400円　Ⓘ4-7924-0488-6　Ⓝ332.105
〔08486〕

◇近世日本の市場経済―大坂米市場分析　宮本又郎著　有斐閣　1988.6　446,9p　22cm　7900円　Ⓘ4-641-06503-9　Ⓝ672.1
〔08487〕

◇近世米穀金融史の研究　土肥鑑高著　柏書房　1974　273,7p　22cm　3000円　Ⓝ672.1
〔08488〕

◇近世米穀流通史の研究　土肥鑑高著　隣人社　1969　321p　図版　地　22cm　（日本史研究叢書 4）1600円　Ⓝ672.1
〔08489〕

◇蔵米切手の基礎的研究　島本得一著　大阪　産業経済社　1960　98p　22cm　Ⓝ332.1
〔08490〕

◇米が金・銀を走らせる―江戸史講義　大石慎三郎、津本陽著　朝日出版社　1985.6　189p　19cm　（Lecture books）1200円　Ⓘ4-255-85041-0　Ⓝ210.5
〔08491〕

◇米切手図録―徳川時代の有価証券　島本得一著　大阪　明徳舎　1964.3　111p　21cm　非売品　Ⓝ332.105
〔08492〕

◇堂島米会所文献集―世界最古の証券市場文献　島本得一編　東大阪　所書店　1970　1冊　23cm　4500円　Ⓝ332.1
〔08493〕

◇徳川時代の米穀配給組織　鈴木直二著　国書刊行会　1977.10　1冊　22cm　13500円　Ⓝ672.1
〔08494〕

◇米穀流通経済の研究―近世以降の史的研究　鈴木直二著　成文堂　1975　398p　22cm　4800円　Ⓝ611.46
〔08495〕

◆◆札差

◇江戸の札差　北原進著　吉川弘文館　1985.8　208p　19cm　（江戸選書 10）1200円　Ⓘ4-642-07100-8　Ⓝ338.21
〔08496〕

◇江戸札差と住友家　宮本又次著　大阪　住友銀行行史編纂委員会　1975　66p　26cm　（住友銀行行史編纂資料）Ⓝ332.1
〔08497〕

◇蔵前に札差あり―江戸の金貨からたどる文化史　台東区文化財保護審議会監修　台東区教育委員会文化事業体育課　1999.3　139p　30cm　（台東区文化財調査報告書 第24集）Ⓝ338.21
〔08498〕

◇札差　三田村鳶魚著　朝倉治彦編　中央公論社　1998.2　343p　16cm　（中公文庫―鳶魚江戸文庫 18）629円　Ⓘ4-12-203074-9　Ⓝ338.21
〔08499〕

◇札差事略　一橋大学札差事略刊行会編　創文社　1965-1967　3冊　22cm　Ⓝ332.1
〔08500〕

◇札差と両替　小野武雄編著　展望社　1977.11　302p　20cm　（江戸時代風俗図誌 第4巻）2300円　Ⓝ338.21
〔08501〕

◇三田村鳶魚全集　第6巻　中央公論社　1975　401p　20cm　1800円　Ⓝ210.5
〔08502〕

◆専売制度

◇近世の専売制度　吉永昭著　吉川弘文館　1973　340,10p　20cm　（日本歴史叢書 32 日本歴史学会編集）1500円　Ⓝ332.1
〔08503〕

◇近世の専売制度　吉永昭著　新装版　吉川弘文館　1996.9　340,10p　20cm　（日本歴史叢書 新装版）3090円　Ⓘ4-642-06645-4　Ⓝ332.105
〔08504〕

◇煙草専売制度と農民経済　近藤康男著　西ケ原刊行会　1937　455p　23cm　Ⓝ348
〔08505〕

◇米沢藩の特産業と専売制―青苧・漆蝋・養蚕業　渡部史夫著　米沢　不忘出版　遠藤書店（発売）　1976　233p　21cm　1500円　Ⓝ602.125
〔08506〕

◇我国近世の専売制度　堀江保蔵著　日本評論社　1933　281p　23cm　（日本経済史研究所研究叢書 第1冊）Ⓝ332.1
〔08507〕

◇我国近世の専売制度　堀江保蔵著　京都　臨川書店　1973　287p　22cm　2500円　Ⓝ348.4
〔08508〕

◆貨幣史

◇絵解き金座・銀座絵巻―金吹方之図・幕府銀座之図　西脇康編著　調布　書信館出版　2003.8　96p　図版16p　26cm　（書信館出版貨幣叢書 6）3500円　Ⓘ4-901553-06-2　Ⓝ337.21
〔08509〕

◇江戸期銀目手形について　山口健次郎著　日本銀行金融研究所　1996　15p　30cm　（Discussion paper 96-J-1）Ⓝ337.21
〔08510〕

◇江戸期銭貨概要　日本銀行調査局編　1965　172p　図版20p　26cm　（通貨研究資料 14）Ⓝ337.21
〔08511〕

◇江戸期包金銀について　山口健次郎著　日本銀行金融研究所　1996　36p　30cm　（Discussion paper 96-J-3）Ⓝ337.21
〔08512〕

◇江戸期秤量銀貨の使用状況―重量ならびに小極印からみた若干の考察　西川裕一著　日本銀行金融研究所　2000　16p　30cm　（IMES discussion paper series no.2000-J-24）Ⓝ337.21
〔08513〕

◇江戸時代の古銭書　上　増尾富房編　松戸　銭貨情報社　1998.10　60p　21cm　4000円　Ⓝ337.21
〔08514〕

◇江戸時代の紙幣　国立史料館編　東京大学出版会　1993.1　224,118p　31cm　（史料館叢書 別巻2）39140円　Ⓘ4-13-092812-0　Ⓝ337.21
〔08515〕

◇江戸時代の銭勘定―貨幣制度とその運用　川合森之助遺稿　川合森之助著　中尾達雄編　豊川　中尾達雄　1994.5　81p　26cm　Ⓝ337.21
〔08516〕

◇江戸の貨幣物語　三上隆三著　東洋経済新報社　1996.3　308p　20cm　2266円　Ⓘ4-492-37082-X　Ⓝ337.21
〔08517〕

◇江戸の銭と庶民の暮らし　吉原健一郎著　同成社　2003.7　207p　19cm　（同成社江戸時代史叢書）2200円　Ⓘ4-88621-275-1
〔08518〕

◇江戸幕府・破産への道―貨幣改鋳のツケ　三上隆三著　日本放送出版協会　1991.12　198p　19cm　（NHKブックス 636）800円　Ⓘ4-14-001636-1　Ⓝ337.21
〔08519〕

◇加藩貨幣録　森田柿園著　日置謙校　金沢　石川県図書館協会　1935　206p　24cm　Ⓝ337
〔08520〕

◇加藩貨幣録　森田良見著　西脇康校訂・補編　新訂　調布　書信館出版　2005.7　170p　26cm　（書信館出版貨幣叢書 13）4761円　Ⓘ4-901553-13-5　Ⓝ337.2143
〔08521〕

◇貨幣―複刻　第3巻　近世前期銭貨類之部　東洋貨幣協

◇会編纂　天保堂　1987.7　234p　26cm　5800円　Ⓝ337.2　〔08522〕
◇貨幣―複刻　第4巻　古金銀貨幣類之部　東洋貨幣協会編纂　天保堂　1986.3　230p　26cm　5800円　Ⓝ337.2　〔08523〕
◇貨幣―複刻　第5巻　古寛永銭之部　東洋貨幣協会編纂　天保堂　1987.10　247p　26cm　5500円　Ⓝ337.2　〔08524〕
◇貨幣―複刻　第6巻　新寛永銭之部　1　東洋貨幣協会編　天保堂　1985.1　146p　26cm　4500円　Ⓝ337.2　〔08525〕
◇貨幣―複刻　第7巻　新寛永銭之部　2　東洋貨幣協会編纂　天保堂　1987.12　238p　26cm　5800円　Ⓝ337.2　〔08526〕
◇貨幣―複刻　第8巻　天保当百銭類・上棟銭之部　東洋貨幣協会編纂　天保堂　1985.8　250p　26cm　5800円　Ⓝ337.2　〔08527〕
◇貨幣―複刻　第9巻　近世後期銭貨類之部・贋造貨幣之部　東洋貨幣協会編纂　天保堂　1985.12　119p　26cm　4500円　Ⓝ337.2　〔08528〕
◇貨幣―複刻　第28巻　藩札類之部　東洋貨幣協会編纂　天保堂　1987.3　294p　26cm　6000円　Ⓝ337.2　〔08529〕
◇寛永銭記　泉行館編　千郷村（愛知県）　泉行館　1927　106p　23cm　Ⓝ202　〔08530〕
◇寛永銭研究牒　泉行館編著　千郷村（愛知県）　泉行館　1930　50丁　24cm　Ⓝ202　〔08531〕
◇寛永銭集　第1集　熊代繁編　岡山　寺備古泉会　1959　42p　19cm　Ⓝ202.7　〔08532〕
◇寛永銭之研究　今泉忠左衛門編　愛知県南設楽郡千郷村　今泉忠左衛門　1928　52丁　24cm　Ⓝ202　〔08533〕
◇寛永通宝銭譜　小川浩著　1960　150p　和　26cm　Ⓝ210.02　〔08534〕
◇寛永通宝銭譜　小川浩編　改訂版　久留米町（東京都）　日本古銭研究会　1967　134p　和　26cm　Ⓝ210.02　〔08535〕
◇寛永通宝銭譜　小川浩編　再改訂版　東久留米　日本古銭研究会　1972　186p　26cm　3000円　Ⓝ337.21　〔08536〕
◇寛永通宝銭譜―古寛永之部　上巻　谷巧二編著　新居浜　〔谷巧二〕　2002.9　206p　27cm　Ⓝ210.027　〔08537〕
◇寛永通宝銭譜―古寛永之部　下巻　余話・泉談　谷巧二著　新居浜　谷巧二　2006.10　77p　27cm　Ⓝ210.027　〔08538〕
◇寛永通宝銭譜―古寛永之部　下巻　谷巧二編著　新居浜　〔谷巧二〕　2006.12　274p　27cm　Ⓝ210.027　〔08539〕
◇紀州の銭座―その鋳銭の考察　橋本　〔紀州古銭会〕　1982　49p　26cm　Ⓝ337.2166　〔08540〕
◇銀座御用留―銀座掛箱名重次郎の手控　1　西脇康校訂・補編　調布　書信館出版　2002.7　113p　26cm　（書信館出版貨幣資料叢書 2）2500円　①4-901553-04-6　Ⓝ337.21　〔08541〕
◇銀座万覚書―京都銀座役所年寄の手帳　上　西脇康校訂・補編　調布　書信館出版　2004.8　160p　26cm　（書信館出版貨幣叢書 11）4761円　①4-901553-11-9　Ⓝ337.21　〔08542〕
◇銀座万覚書―京都銀座役所年寄の手帳　下　西脇康校訂・補編　調布　書信館出版　2006.7　151p　26cm　（書信館出版貨幣叢書 12）4761円　①4-901553-14-3　Ⓝ337.21　〔08543〕
◇近世銀座の研究　田谷博吉著　吉川弘文館　1963　467p　22cm　Ⓝ337.21　〔08544〕
◇近世史の研究　第5冊　領国・鉱山・貨幣　伊東多三郎著　吉川弘文館　1984.8　420p　22cm　7300円　①4-642-03235-5　Ⓝ210.5　〔08545〕
◇近世銭貨に関する理化学的研究―寛永通宝と長崎貿易銭の鉛同位体比分析　斎藤努, 高橋照彦, 西川裕一著　日本銀行金融研究所　2000　1冊　30cm　（IMES discussion paper series no.2000-J-1）Ⓝ337.21　〔08546〕
◇近世日本貨幣史　作道洋太郎著　改文堂　1958　301p　19cm　（アテネ新書　第93）Ⓝ337.21　〔08547〕
◇近世の出土銭―出土銭が語る近世の貨幣　考古資料から新たな展開　1　論考篇　永井久美男編著　尼崎　兵庫埋蔵銭調査会　1997.10　322p　27cm　Ⓝ210.027　〔08548〕
◇近世の出土銭―出土銭が語る近世の貨幣　考古資料から新たな展開　2　分類図版篇　永井久美男編著　尼崎　兵庫埋蔵銭調査会　1998.2　230p　27cm　Ⓝ210.027　〔08549〕
◇近世領国貨幣研究序説　榎本宗次著　東洋書院　1977.9　225p　22cm　3500円　Ⓝ337.21　〔08550〕
◇後藤家書―慶長小判の製法　佐藤成男編　取手　佐藤成男　2007.5　111p　26cm　Ⓝ337.21　〔08551〕
◇再吟味を要する江戸時代貨幣研究の基本問題　遠藤佐々喜著　遠藤佐々喜　1930　31p　22cm　Ⓝ337　〔08552〕
◇再考古南鐐二朱銀の分類―明和、安永、寛政の判別方法　清水恒吉著　山形　南鐐コイン・スタンプ社　1994.5　79p　26cm　5000円　Ⓝ337.21　〔08553〕
◇思安房馬角斎松浦氏私蔵　松浦武四郎編　〔松浦武四郎〕　1868　1冊　15cm　Ⓝ210.027　〔08554〕
◇新・一分銀分類譜　浅井晋吾著　調布　書信館出版　2003.8　144p　26cm　4500円　①4-901553-07-0　Ⓝ337.21　〔08555〕
◇新寛永銭鑑識と手引　小川吉儀編　万国貨幣研究会　1956　106p　和　27cm　Ⓝ202.7　〔08556〕
◇新寛永通宝図会　ハドソン・東洋鋳造貨幣研究所編　札幌　ハドソン・東洋鋳造貨幣研究所　1998.5　115,24p　26cm　4762円　Ⓝ210.027　〔08557〕
◇図説九州諸藩鋳造貨幣の研究―武泉還暦記念泉誌　橋詰武彦編著　大分　九州貨幣史学会　1979.5　142p　25cm　Ⓝ337.21　〔08558〕
◇図録日本の貨幣　2　近世幣制の成立　日本銀行調査局編　東洋経済新報社　1973　327,5p　31cm　15000円　Ⓝ337.21　〔08559〕
◇図録日本の貨幣　3　近世幣制の展開　日本銀行調査局編　東洋経済新報社　1974　349,5p　31cm　18000円　Ⓝ337.21　〔08560〕
◇図録日本の貨幣　4　近世幣制の動揺　日本銀行調査局編　東洋経済新報社　1973　335,5p　31cm　15000円　Ⓝ337.21　〔08561〕
◇図録日本の貨幣　5　近世信用貨幣の発達　1　日本銀行調査局編　東洋経済新報社　1974　322p　31cm　20000円　Ⓝ337.21　〔08562〕
◇図録日本の貨幣　6　近世信用貨幣の発達　2　日本銀行調査局編　東洋経済新報社　1975　223,101p　31cm　20000円　Ⓝ337.21　〔08563〕
◇泉屋叢考　第22輯　正徳・享保の新銀鋳造と銀銅吹分け　住友史料館編纂　京都　住友史料館　1992.9　130,2,25p　21cm　Ⓝ288.3　〔08564〕
◇川柳江戸貨幣文化　阿達義雄著　東洋館　1947　273p*　18cm　25円　Ⓝa210　〔08565〕

◇対読・吾職秘鑑—小判師坂倉九郎次の秘録　坂倉九郎次編　西脇康校訂・補編　調布　書信館出版　2001.7　119p　26cm　（書信館出版貨幣叢書 1）2500円　①4-901553-03-8　Ⓝ337.21　〔08566〕

◇天保銭事典　瓜生有伸著　歴史図書社　1976　454p　22cm　8300円　Ⓝ337.21　〔08567〕

◇天保銭図譜　小川浩編　小川青宝楼　1935　22枚　24cm　Ⓝ202　〔08568〕

◇天保銭図譜　小川浩編　新訂　日本古銭研究会　1975　119p　26cm　5000円　Ⓝ337.21　〔08569〕

◇天保通宝母銭図録　瓜生有伸編著　天保堂　1983.12　161p　26cm　6000円　Ⓝ337.21　〔08570〕

◇徳川時代の金座　木村荘五著　聚海書林　1988.2　331,9p 図版13枚　20cm　（東京市史）4800円　①4-915521-36-2　Ⓝ337.21　〔08571〕

◇徳川封建経済の貨幣的機構　吉川光治著　法政大学出版局　1991.2　546p　22cm　12875円　①4-588-64524-2　Ⓝ332.105　〔08572〕

◇留書上州鉛銭　梅沢信夫著　渋川　上州鉛銭研究舎　2003.1　169p　22cm　4700円　Ⓝ210.027　〔08573〕

◇日本貨幣史　滝本誠一著　国史講習会　1923　238p　19cm　（文化叢書 第24編）Ⓝ337　〔08574〕

◇日本貨幣図史　第4巻　慶長・元和時代　小川浩編　日本古銭研究会　1964　99p　26cm　Ⓝ337.21　〔08575〕

◇日本貨幣図史　第5巻　寛永・寛永時代　小川浩編　日本古銭研究会　1964　102p　26cm　Ⓝ337.21　〔08576〕

◇日本貨幣図史　第6巻　正徳・寛保時代　小川浩編　日本古銭研究会　1964　85p　26cm　Ⓝ337.21　〔08577〕

◇日本貨幣図史　第7巻　明和・安政時代　小川浩編　日本古銭研究会　1964　94p　26cm　Ⓝ337.21　〔08578〕

◇日本貨幣図史　第8巻　万延・明治初年　小川浩編　日本古銭研究会　1965　96p　26cm　Ⓝ337.21　〔08579〕

◇日本貨幣図史　第9巻　手本・試鋳・藩鋳銭　小川浩編　日本古銭研究会　1965　109p　26cm　Ⓝ337.21　〔08580〕

◇幕府諸藩天保銭の鑑定と分類　瓜生有伸著　天保堂　1983.7　143p　26cm　5000円　Ⓝ337.21　〔08581〕

◇幕末維新の貨幣政策　岡田俊平著　森山書店　1955　216p　22cm　Ⓝ337.21　〔08582〕

◇幕末期水戸藩勝手方鋳銭掛の記録「鋳銭御用留」　日本銀行金融研究所貨幣博物館編　日本銀行金融研究所貨幣博物館　2006.3　76p　26cm　（水戸鋳銭座史料 2）Ⓝ337.21　〔08583〕

◇豊後国岡藩貨幣の歴史　橋詰武彦編　別府　九州貨幣史学会　1981.4　61p　24cm　Ⓝ337.2195　〔08584〕

◇三田村鳶魚全集　第6巻　中央公論社　1975　401p　20cm　1800円　Ⓝ210.5　〔08585〕

◇水戸鋳銭座史料　1　明和・安永期鋳銭願主小沢九郎兵衛の記録　日本銀行金融研究所貨幣博物館編　日本銀行金融研究所貨幣博物館　2004.3　116p　26cm　Ⓝ337.21　〔08586〕

◇毛利藩貨幣　山本勉弥著　萩　萩文化協会　1954　62p　22cm　（萩文化叢書 第7巻）Ⓝ337.21　〔08587〕

◇両から円へ—幕末・明治前期貨幣問題研究　山本有造著　京都　ミネルヴァ書房　1994.2　344p　22cm　4500円　①4-623-02368-0　Ⓝ337.21　〔08588〕

◆◆藩札・地方紙幣

◇秋田藩通貨変遷史　佐藤清一郎著　2版　大曲　1963　76p　22cm　Ⓝ337.2124　〔08589〕

◇江戸時代の紙幣—館蔵「平尾文庫」コレクションを中心に　平成9年度企画展　赤穂市立歴史博物館編　赤穂　赤穂市立歴史博物館　1997.4　75p　30cm　（赤穂市立歴史博物館企画展資料集 no.4）Ⓝ337.21　〔08590〕

◇奥州岩代二本松藩—第17回みちのく合同古銭福島大会記念　小島徳二著　安達町（福島県）　福島古泉会　2002.9　1冊　26cm　Ⓝ337.2126　〔08591〕

◇奥州岩代二本松藩札とニセ金　福島古泉会著　安達町（福島県）　福島古泉会　1996　1冊　26cm　Ⓝ337.2126　〔08592〕

◇奥州岩代国二本松藩札とにせ金　小島徳二著　改定版　安達町（福島県）　小島徳二　1999.11　1冊　26cm　Ⓝ337.2126　〔08593〕

◇大分県貨幣経済史料　8　中津藩の古紙幣　橋詰武彦著　出版地不明　九州貨幣史学会　1976　34p はり込み図2枚　23cm　Ⓝ337.2195　〔08594〕

◇大分県貨幣経済史料　9　府内藩の古紙幣　橋詰武彦著　大分　九州貨幣史学会　1976　36p はり込み図2枚　22cm　Ⓝ337.2195　〔08595〕

◇尾張藩米切手銀札・御払銭の分類　本美吉朗編　半田　尾州古札史発掘同好会　1984.8　72p　26cm　1500円　Ⓝ337.21　〔08596〕

◇改印一歩銀の分類—旧庄内一分銀　清水恒吉著, 共同出版編　山形　南鐐コイン・スタンプ社　1989.6　109p　26cm　2500円　Ⓝ337.2126　〔08597〕

◇川之江藩札史　進藤直作著　神戸　菊水会　1960　301p　22cm　Ⓝ337.2183　〔08598〕

◇九州諸藩の藩札図録　橋詰武彦編著　大分　九州貨幣史学会　1984.6　108p　25cm　2000円　Ⓝ337.21　〔08599〕

◇桑名藩札考—桑名貨幣研究会創立四十周年記念誌　大橋誠式著　桑名貨幣研究会編　桑名　〔桑名貨幣研究会〕　1996.4　149p　26cm　Ⓝ337.2156　〔08600〕

◇古札探訪記　3　関宿藩飛地泉州伏尾札　橋本　紀州古泉会　1991　87p　26cm　非売品　Ⓝ337.21　〔08601〕

◇古札探訪記　4　紀伊藩領紙漉の里越部・鷺家　橋本　紀州古泉会　1991　160p　26cm　非売品　Ⓝ337.21　〔08602〕

◇古札探訪記　5　河州狭山領北条氏札　橋本　紀州古泉会　1992　134p　26cm　非売品　Ⓝ337.21　〔08603〕

◇古札探訪記　6　堺百舌鳥夕雲開木地屋札　橋本　紀州古泉会　1993　35p　26cm　非売品　Ⓝ337.21　〔08604〕

◇古札探訪記　7　橋本　紀州古泉会　1995　1冊　26cm　非売品　Ⓝ337.21　〔08605〕

◇古札探訪記　8　橋本　紀州古泉会　1996　95p　26cm　Ⓝ337.21　〔08606〕

◇讃岐の藩札—県立図書館展示のものを中心として　草薙金四郎著　高松　香川県立図書館　1959　36p　22cm　Ⓝ337.21　〔08607〕

◇山陰古札図録　中村清美著　米子　中村清美　1976　110p　26cm　1800円　Ⓝ337.2171　〔08608〕

◇私札　荒木豊三郎著　京都　いそべ印刷所（印刷者）　1959　223p　22cm　Ⓝ337.21　〔08609〕

◇図説佐賀藩の藩札　百田米美編　大分　九州貨幣史学会　1983.7　294p　27cm　（図説九州の藩札 第5集）3900円　Ⓝ337.2192　〔08610〕

◇図説筑後の藩札　百田米美編　別府　九州貨幣史学会　1979.8　243p　27cm　2700円　Ⓝ337.21　〔08611〕

◇全国弐百弐拾藩札図鑑―原色原寸版　大場俊賢著　島津書房　2006.5　343p　31cm　19000円　①4-88218-120-7　Ⓝ337.21　〔08612〕

◇丹後国古札七七選　城下嘉昭編　京都　城下嘉昭　2003.11　79,4p　29cm　Ⓝ337.2162　〔08613〕

◇天領日田の古紙幣の研究　橋詰武彦著　別府　九州貨幣史学会　1991.7　136p　26cm　Ⓝ337.2195　〔08614〕

◇旗本札目録―近世経済史資料　百田米美編　尼崎　兵庫紙幣史編纂所　1992.8　163p　26cm　5000円　Ⓝ337.21　〔08615〕

◇播磨札図録　脇坂俊夫編著　西脇　脇坂俊夫　1997.7　44丁　25cm　（脇坂文庫 5）Ⓝ337.2164　〔08616〕

◇播磨国多可郡の紙幣　脇坂俊夫編著　西脇　脇坂俊夫　2002.7　34丁　25cm　（脇坂文庫 10）Ⓝ337.2164　〔08617〕

◇藩札　荒木豊三郎　京都　いそべ印刷所（印刷者）　1958　2冊　22cm　Ⓝ337.21　〔08618〕

◇藩札　荒木三郎兵衛著　改訂版　京都　1965-1966　2冊　22cm　Ⓝ337.21　〔08619〕

◇藩札　上巻　荒木三郎兵衛著　改訂3版　京都　いそべ印刷所（印刷）　1969　374p　22cm　Ⓝ337.21　〔08620〕

◇藩札　下巻　荒木三郎兵衛著　改訂3版　京都　荒木三郎兵衛　1971　268p 図18枚　22cm　Ⓝ337.21　〔08621〕

◇藩札を漉く―江戸時代の名塩紙と藩札　西宮市立郷土資料館第20回特別展　西宮市立郷土資料館編　西宮　西宮市教育委員会　2005.7　13p　26cm　〔08622〕

◇藩札史研究序説　山口和雄著　日本銀行調査局　1966　76p 図版16枚　26cm　（通貨研究資料 15）Ⓝ337.21　〔08623〕

◇藩札・私札展観目録　黒川古文化研究所編　芦屋　1955　27p　18cm　Ⓝ337.21　〔08624〕

◇藩札図録　佐野英山編著　文献出版　1978.6　6冊（別冊とも）　23cm　全20000円　Ⓝ337.21　〔08625〕

◇藩札図録　巻1-4, 附録　佐野英山編　大阪　佐野英山　1921　5冊　23cm　Ⓝ337　〔08626〕

◇藩札叢　第1編　佐貝虎夫著　佐岡村（高知県）　田村久寿英　1918　図版60枚　19×26cm　Ⓝ337　〔08627〕

◇東美濃路宿場札図録　中津川貨幣研究会編　中津川　中津川貨幣研究会　1991.9　132p　26cm　Ⓝ337.2152　〔08628〕

◇肥後熊本藩豊後鶴崎地方の古紙幣図録　袖清一編　大分　九州貨幣史学会　1991.3　193p　26cm　Ⓝ337.2194　〔08629〕

◇備前岡山藩幣制史の研究　原三正著　岡山　吉備古泉協会　1987.4　163p　26cm　2000円　Ⓝ337.2175　〔08630〕

◇日向国古札発行史―宮崎県近世貨幣経済史料　橋詰武彦編　大分　九州貨幣史学会　1976　130p（おもに図）はり込図2枚　25cm　Ⓝ337.2196　〔08631〕

◇兵庫紙幣史資料集　第1集　尼崎　兵庫紙幣史編纂所　1988.2　146p　26cm　Ⓝ337.2164　〔08632〕

◇広島藩の古札・古銭考　藤井正伸著　相模原　創スペース研究会　1989.4　138p　26cm　Ⓝ337.2176　〔08633〕

◇福井藩札銀考　嶋田静著　福井　福井豆本の会　1979.10　82p　12cm　（福井豆本 第8号）2500円　Ⓝ337.21　〔08634〕

◇福知山藩銀札座覚書　吉田三右衛門編　京都　比叡書房　1976.12　155p　22cm　2800円　Ⓝ337.21　〔08635〕

◇村岡藩札考　古川哲男著　村岡町（兵庫県）　古川哲男　1998.10　38p　21cm　500円　Ⓝ337.2164　〔08636〕

◆金融史

◇一件書類目録―京・江戸・大阪両替店等原所蔵分　三井文庫編　三井文庫　2002.12　208p　26cm　（三井文庫所蔵史料 第9集）2100円　①4-89527-109-9　Ⓝ338.21　〔08637〕

◇一件書類目録―大元方原所蔵分　1　三井文庫編　三井文庫　2003.12　117p　26cm　（三井文庫所蔵史料 第10集）1400円　①4-89527-110-2　Ⓝ338.21　〔08638〕

◇一件書類目録―大元方原所蔵分　2　三井文庫編　三井文庫　2004.12　102p　26cm　（三井文庫所蔵史料 第11集）1300円　①4-89527-111-0　Ⓝ338.21　〔08639〕

◇一件書類目録　補遺　三井文庫編　三井文庫　2007.10　118p　26cm　（三井文庫所蔵史料 第13集）1400円　①978-4-89527-113-4　Ⓝ338.21　〔08640〕

◇大坂両替商の金融と社会　中川すがね著　大阪　清文堂出版　2003.12　398,65p　21cm　10000円　①4-7924-0547-5　〔08641〕

◇近世寺社名目金の史的研究―近世庶民金融市場の展開と世直し騒動　三浦俊明著　吉川弘文館　1983.2　437,14p　22cm　6600円　Ⓝ332.105　〔08642〕

◇近世質屋史稿　鈴木亀二著　行人社　1984.4　366p　22cm　①4-905978-14-9　Ⓝ338.77　〔08643〕

◇近世質屋史談　鈴木亀二著　逗子　鈴木亀二　1972　275p　19cm　850円　Ⓝ338.77　〔08644〕

◇近世質屋史談　鈴木亀二著　増補〔版〕　行人社　1986.12　420p　22cm　3500円　①4-905978-24-6　Ⓝ338.77　〔08645〕

◇近世大名金融史の研究　賀川隆行著　吉川弘文館　1996.2　414,5p　22cm　12360円　①4-642-03327-0　Ⓝ338.21　〔08646〕

◇近世農村金融の構造　福山昭著　雄山閣出版　1975　275p　22cm　4000円　Ⓝ338.21　〔08647〕

◇近世の産業と両替商金融　松好貞夫著　金融研究会　1938　349p　23cm　（叢書 第10編―両替商金融史 第1部）Ⓝ338　〔08648〕

◇近世の地方金融と社会構造　楠本美智子著　福岡　九州大学出版会　1999.1　464p　22cm　10000円　①4-87378-564-2　Ⓝ338.21　〔08649〕

◇近世封建社会の貨幣金融構造　作道洋太郎著　塙書房　1971　587,8p　22cm　4700円　Ⓝ338.21　〔08650〕

◇近代日本金融史文献資料集成　第41巻　渋谷隆一, 麻島昭一監修　髙嶋雅明, 波形昭一編・解説　日本図書センター　2005.6　346p　31cm　①4-8205-8814-1,4-8205-8810-9　Ⓝ338.21　〔08651〕

◇金融約定成立史の研究―上方での両替取引に探る　谷啓輔著　経済法令研究会　1994.5　310p　21cm　3000円　①4-7668-0272-1　Ⓝ338.21　〔08652〕

◇新稿両替年代記関鍵　巻1　資料篇　三井高維編著　岩波書店　1995.1　816p　27cm　①4-00-002458-2　Ⓝ338.21　〔08653〕

◇大名金融史論　森泰博著　新生社　1970　316p　22cm　（日本史学研究双書）2000円　Ⓝ332.1　〔08654〕

◇日本の質屋―近世・近代の史的研究　渋谷隆一ほか共著　早稲田大学出版部　1982.6　666p　22cm　6000円　Ⓝ338.77　〔08655〕

◇三井両替店　日本経営史研究所編　三井銀行『三井両替店』編纂委員会　1983.7　502p　22cm　非売品　Ⓝ338.21　〔08656〕

近世史　経済史

◇物語三井両替店―三井銀行三〇〇年の原点　三井銀行調査部著　東洋経済新報社　1984.6　256p　20cm　1600円　Ⓝ338.21　〔08657〕

◆産業史
◇江戸事情―ヴィジュアル百科　第2巻　産業編　NHKデータ情報部編　雄山閣出版　1992.1　247p　27cm　3800円　Ⓘ4-639-01074-5　Ⓝ210.5　〔08658〕
◇江戸時代中期における諸藩の農作物―享保・元文諸国物産帳から　盛永俊太郎,安田健著　日本農業研究所　1986.2　272p　21cm　Ⓝ612.1　〔08659〕
◇江戸の産業ルネッサンス―近代化の源泉をさぐる　小島慶三著　中央公論社　1989.4　215p　18cm　（中公新書）580円　Ⓘ4-12-100921-5　Ⓝ602.1　〔08660〕
◇江戸幕府輸出海産物の研究―俵物の生産と集荷機構　小川国治著　吉川弘文館　1973　411,12p　22cm　2800円　Ⓝ672.1　〔08661〕
◇大村藩の産業経済史　喜々津健寿著　佐世保　芸文堂　1980.8　334p　19cm　（肥前歴史叢書5）2000円　Ⓝ332.193　〔08662〕
◇享保元文諸国産物帳集成　第4巻　参河・美濃・尾張　盛永俊太郎編,安田健編　科学書院　1986.12　1041,68p　27cm　38000円　Ⓝ602.1　〔08663〕
◇享保元文諸国産物帳集成　第7巻　筑前・筑後　盛永俊太郎編,安田健編　科学書院　1989.7　890,33p　27cm　38000円　Ⓝ602.1　〔08664〕
◇享保元文諸国産物帳集成　第9巻　周防　続　盛永俊太郎編,安田健編　科学書院　1989.9　1210,48p　27cm　38000円　Ⓝ602.1　〔08665〕
◇享保元文諸国産物帳集成　第13巻　豊後・肥後　盛永俊太郎編,安田健編　科学書院　1989.11　706,32p　27cm　38000円　Ⓝ602.1　〔08666〕
◇享保元文諸国産物帳集成　第14巻　薩摩・日向・大隈　盛永俊太郎編,安田健編　科学書院　1989.12　712,19p　27cm　38000円　Ⓝ602.1　〔08667〕
◇享保元文諸国産物帳集成　第15巻　蝦夷・陸奥・出羽　盛永俊太郎編,安田健編　科学書院　1990.4　944,80p　27cm　38000円　Ⓝ602.1　〔08668〕
◇享保元文諸国産物帳集成　第16巻　諸国　盛永俊太郎編,安田健編　科学書院　1990.7　834,6p　27cm　38000円　Ⓝ602.1　〔08669〕
◇近世九州産業史の研究　野口喜久雄著　吉川弘文館　1987.3　337p　22cm　6800円　Ⓘ4-642-03278-9　Ⓝ602.19　〔08670〕
◇近世産物政策史の研究　田中喜男著　文献出版　1986.5　442,35p　22cm　7500円　Ⓝ602.1　〔08671〕
◇近世漆器工業の研究　半田市太郎著　吉川弘文館　1970　682p　22cm　4000円　Ⓝ752.2　〔08672〕
◇近世灘酒経済史　柚木学著　京都　ミネルヴァ書房　1965　353p　22cm　（関西学院大学研究叢書　第22篇）Ⓝ588.52　〔08673〕
◇近世農村工業史の基礎過程―濃尾縞木綿織物史の研究　林英夫著　青木書店　1960　226p　22cm　（歴史学研究叢書）Ⓝ586.221　〔08674〕
◇近世の産業と両替商金融　松好貞夫著　金融研究会　1938　349p　23cm　（叢書　第10編―両替商金融史　第1部）Ⓝ338　〔08675〕
◇人物・近世産業文化史　田村栄太郎著　雄山閣出版　1984.1　326p　22cm　3800円　Ⓘ4-639-00312-9　Ⓝ502.8　〔08676〕
◇大聖寺藩産業史の研究　山口隆治著　富山　桂書房　2000.10　277p　22cm　3500円　Ⓘ4-905564-23-9　Ⓝ602.143　〔08677〕
◇東北産業経済史　第1巻　仙台藩史　東北振興会編　東洋書院　1976　462,5,10p　22cm　7500円　Ⓝ602.12　〔08678〕
◇東北産業経済史　第2巻　米沢藩史　東北振興会編　東洋書院　1975　306,5,7p　22cm　5500円　Ⓝ602.12　〔08679〕
◇東北産業経済史　第3巻　秋田藩史　東北振興会編　東洋書院　1975　352,4,8p　22cm　6500円　Ⓝ602.12　〔08680〕
◇東北産業経済史　第4巻　庄内藩史　東北振興会編　東洋書院　1976　222,3,7p　22cm　5000円　Ⓝ602.12　〔08681〕
◇東北産業経済史　第5巻　津軽藩史　東北振興会編　東洋書院　1976　345,5,9p　22cm　6000円　Ⓝ602.12　〔08682〕
◇東北産業経済史　第6巻　南部藩史　東北振興会編　東洋書院　1976　341,5,10p　22cm　6000円　Ⓝ602.12　〔08683〕
◇東北産業経済史　第7巻　会津藩史　東北振興会編　東洋書院　1975　390,4,9p　22cm　6500円　Ⓝ602.12　〔08684〕
◇日本産業史資料　1　総論　浅見恵,安田健訳編　科学書院　1992.1　964,73p　27cm　（近世歴史資料集成　第2期　第1巻）51500円　Ⓝ602.1　〔08685〕
◇日本産業史資料　3　農業及農産製造　浅見恵,安田健訳編　科学書院　1991.10　990,20p　27cm　（近世歴史資料集成　第2期　第3巻）51500円　Ⓝ602.1　〔08686〕
◇日本産業史資料　4　農産製造・林業及鉱山・冶金　浅見恵,安田健訳編　科学書院　1992.10　1052,10p　27cm　（近世歴史資料集成　第2期　第4巻）51500円　Ⓝ602.1　〔08687〕
◇日本産業史資料　5　水産　浅見恵,安田健訳編　科学書院　1995.5　1413p　27cm　（近世歴史資料集成　第2期　第5巻）51500円　Ⓘ4-7603-0037-6　Ⓝ602.1　〔08688〕
◇姫路藩国産木綿と江戸の木綿問屋　穂積勝次郎著　姫路　穂積勝次郎　1971　31p　22cm　非売　Ⓝ586.22164　〔08689〕
◇姫路藩綿業経済史―姫路藩の綿業と河合寸翁　穂積勝次郎著　姫路　1962　349p　22cm　Ⓝ586.221　〔08690〕
◇姫路藩綿業経済史の研究　穂積勝次郎著　姫路　〔穂積勝次郎〕　1970　362p　22cm　非売　Ⓝ586.221　〔08691〕
◇三木文庫所蔵庶民史料目録　第1輯　阿波藍関係　三木産業株式会社編　松茂村（徳島県板野郡）　1956-1957　22cm　Ⓝ210.5　〔08692〕
◇三木文庫所蔵庶民史料目録　第2輯　庶民史料,天然藍に関する文献解題　三木産業株式会社編　松茂村（徳島県板野郡）　1956-1957　Ⓝ210.5　〔08693〕

◆農業史
◇『安永風土記』記載百姓屋敷調べ―220年前の散居の復元　胆沢町教育委員会編　胆沢町（岩手県）　胆沢町教育委員会　1997.3　90p　30cm　（胆沢町文化財調査報告書　第19集）Ⓝ612.122　〔08694〕
◇江戸時代海面入会争論再審実録　見城幸雄編　岩田書院　2000.9　228p　22cm　（愛知大学綜合郷土研究所資料叢書　第8集）3700円　Ⓘ4-87294-178-0　Ⓝ322.15　〔08695〕
◇江戸時代の諸稼ぎ―地域経済と農家経営　深谷克己,川鍋定男著　農山漁村文化協会　1988.11　223p　19cm

◇（人間選書 132）1300円　①4-540-88080-2　Ⓝ210.5
〔08696〕

◇江戸・東京農業名所めぐり　立川　JA東京中央会　2002.8　223p　22cm　2429円　①4-540-02060-9　Ⓝ612.136
〔08697〕

◇江戸の野菜―消えた三河島菜を求めて　野村圭佑著　荒川クリーンエイド・フォーラム　2005.9　245p　20cm　2400円　①4-89694-861-0　Ⓝ626
〔08698〕

◇沖縄の農業―近世から現代への変遷　飯沼二郎著　大阪　海風社　1993.6　211,12p　19cm　（南島叢書 66）2500円　①4-87616-229-8　Ⓝ612.199
〔08699〕

◇加賀藩十村ノート　武部保人著　富山　桂書房　2001.1　354p　21cm　4000円　①4-905564-24-7　Ⓝ612.143
〔08700〕

◇九州農業史史料　第3輯　肥後藩干拓史概説　九州大学農学部農業経済学教室編　付年表　福岡　1967　25cm　Ⓝ612.19
〔08701〕

◇京都府農業発達史―明治・大正初期　三橋時雄,荒木幹雄著,京都府農村研究所編　京都　1962　1207p　図版　表　地　22cm　Ⓝ612.162
〔08702〕

◇近世蝦夷地農作物地名別集成　山本正編　札幌　北海道大学図書刊行会　1998.6　242p　21cm　3200円　①4-8329-5971-9
〔08703〕

◇近世蝦夷地農作物年表　山本正編　札幌　北海道大学図書刊行会　1996.4　135p　21cm　2884円　①4-8329-5791-0　Ⓝ612.1
〔08704〕

◇近世畿内在払制度の研究　美馬佑造著　京都　松籟社　2006.3　479,10p　22cm　3800円　①4-87984-241-9　Ⓝ612.1
〔08705〕

◇近世畿内農業の構造―近世土地制度の研究第3部　竹安繁治著　御茶の水書房　1969　315p　22cm　1200円　Ⓝ612.16
〔08706〕

◇近世社会と百姓成立―構造論的研究　渡辺忠司著　京都　思文閣出版（製作発売）　2007.3　288,9p　22cm　（仏教大学研究叢書 1）6500円　①978-4-7842-1340-5　Ⓝ210.5
〔08707〕

◇近世先進地域の農業構造―和泉国南郡春木村の場合　中村哲著　京都　京都大学人文科学研究所　1965　111p　表　26cm　（京都大学人文科学研究所調査報告 第21号）Ⓝ612.163
〔08708〕

◇近世村落の経済構造　神立孝一著　吉川弘文館　2003.10　359,4p　22cm　12000円　①4-642-03385-8　Ⓝ612.1
〔08709〕

◇近世東北農村史の研究　細井計著　東洋書院　2002.4　362p　22cm　4762円　①4-88594-317-5　Ⓝ612.12
〔08710〕

◇近世日本農業の構造　古島敏雄著　日本評論社　1943　619,26p　22cm　（日本歴史学大系 3）Ⓝ612
〔08711〕

◇近世日本農業の構造　古島敏雄著　3刷　日本評論社　1949　619p　22cm　Ⓝ612.1
〔08712〕

◇近世日本農業の構造　古島敏雄著　東京大学出版会　1957　548,28p　22cm　Ⓝ612.1
〔08713〕

◇近世日本農業の構造　上巻　古島敏雄著　日本評論社　1948　304p　21cm　Ⓝ612.1
〔08714〕

◇近世日本農業の展開　古島敏雄著　東京大学出版会　1963　615p　22cm　Ⓝ612.1
〔08715〕

◇近世農業覚え書　加藤恵造著　東京明文堂　1961　168p　19cm　Ⓝ612.1
〔08716〕

◇近世農業経営史論　戸谷敏之著　日本評論社　1949　529p　22cm　Ⓝa611
〔08717〕

◇近世農業経営の展開―自作経営の諸形態　岡光夫著　ミネルヴァ書房　1966　294p　22cm　Ⓝ612.1
〔08718〕

◇近世農業の展開―幕藩権力と農民　岡光夫著　京都　ミネルヴァ書房　1991.8　276p　22cm　3800円　①4-623-02112-2　Ⓝ612.1
〔08719〕

◇近世農業発展の生産力分析―小農生産の展開過程における耕地利用形態　葉山禎作著　御茶の水書房　1969　336p　22cm　1400円　Ⓝ612.1
〔08720〕

◇近世農功伝　松原晃著　亜細亜書房　1944　394p　19cm　Ⓝ612
〔08721〕

◇近世の日本農業　岡光夫,三好正喜編　農山漁村文化協会　1981.10　348p　20cm　1800円　Ⓝ612.1
〔08722〕

◇草山の語る近世　水本邦彦著　山川出版社　2003.7　99p　21cm　（日本史リブレット 52）800円　①4-634-54520-9　Ⓝ612.1
〔08723〕

◇小金牧を歩く　青木更吉著　流山　崙書房出版　2003.8　238p　18cm　1500円　①4-8455-1094-4
〔08724〕

◇済急記聞　旦暮庵野巣輯　二本松　二本松郷土史研究会　2006.11　1冊　26cm　（二本松郷土史研究会資料集　第5巻）Ⓝ612.1
〔08725〕

◇周防大島 天保度農業問答―嘉永度年中行事　宮本常一,岡本定共編　日本常民文化研究所　1955　80p　21cm　（常民文化研究 第71）Ⓝ612.177
〔08726〕

◇関谷家稲刈覚帳の研究―一農家における文化七年以降の水田生産力の変遷　岸英次著　農林省農業綜合研究所　1947　139p*図版*地図*表　22cm　（農業綜合研究所研究叢書 第1号）Ⓝ612.1
〔08727〕

◇前代の農業社会における農耕民と漂泊民及び商業民―支配と被支配の内実の解明への第一歩　杉原哲渉著　下関　クォリティ出版　1999.4　163p　21cm　2000円　①4-906240-20-8　Ⓝ210.5
〔08728〕

◇仙台藩農業史研究　野村岩夫著　仙台　無一文館書店　1932　244p　19cm　Ⓝ612
〔08729〕

◇土佐藩農業経済史　平尾道雄著　高知　高知市立市民図書館　1958　261p　19cm　（市民叢書 第11）Ⓝ612.184
〔08730〕

◇日本封建農業史　古島敏雄著　光和書房　1947　283p　19cm　（日本経済史全書）80円　Ⓝ612.1
〔08731〕

◇日本封建農業史　古島敏雄著　再版　光和書房　1948　283p　19cm　Ⓝa611
〔08732〕

◇農具が語る稲とくらし―『会津農書』による農具の歴史　佐々木長生著　会津若松　歴史春秋出版　2001.2　174p　19cm　（歴春ふくしま文庫 30）1200円　①4-89757-616-4　Ⓝ384.3
〔08733〕

◇農村社会史論講　小野武夫著　再訂増補8版　巌松堂書店　1944.6　468p　22cm　Ⓝ612.1
〔08734〕

◇幕藩体制下の小農経済　岡光夫著　法政大学出版局　1976　218p　22cm　1800円　Ⓝ612.1
〔08735〕

◇肥後藩の農業構造　熊本女子大学歴史学研究部編　熊本　1955　175p　21cm　Ⓝ612.194
〔08736〕

◇百姓成立　深谷克己著　塙書房　1993.4　258p　19cm　（塙選書 95）2884円　①4-8273-3095-6　Ⓝ210.5
〔08737〕

◇広島藩地方書の研究　勝矢倫生著　京都　英伝社　1999.8　504p　22cm　6500円　①4-900833-11-8　Ⓝ612.176
〔08738〕

◇古島敏雄著作集　第1巻　徭役労働制の崩壊過程―伊那被官の研究　東京大学出版会　1974　294p　22cm　3000円　Ⓝ610.8
〔08739〕

◇古島敏雄著作集　第2巻　日本封建農業史　東京大学出版会　1974　370p　22cm　3000円　Ⓝ610.8
〔08740〕

◇古島敏雄著作集　第3巻　近世日本農業の構造　東京大学出版会　1974　548,28p　22cm　3500円　Ⓝ610.8
〔08741〕

◇身分としての百姓、職業としての百姓　石瀧豊美著　須恵町(福岡県)　イシタキ人権学研究所　2007.6　200p　21cm　1700円　Ⓝ210.5
〔08742〕

◇明治維新の農業構造―幕末水戸藩経済史研究　木戸田四郎著　増補版　御茶の水書房　1978.7　338p　22cm　3800円　Ⓝ612.1
〔08743〕

◇森嘉兵衛著作集　第4巻　奥羽農業経営論　法政大学出版局　1983.9　528p　22cm　8800円　Ⓝ332.1
〔08744〕

◇森嘉兵衛著作集　第6巻　近世農業労働構成論　森嘉兵衛著　法政大学出版局　1998.11　874p　22cm　14000円　Ⓘ4-588-27026-5　Ⓝ332.1
〔08745〕

◇我国近世の農村問題　本庄栄治郎著　改造社　1930　265p　16cm　(改造文庫　第1部　第45篇)Ⓝ611.9
〔08746〕

◆◆農政

◇尾張藩農政年表稿本　安藤次郎編　名古屋　安藤次郎　1935　176p　27cm　Ⓝ215.5
〔08747〕

◇加賀藩農政史考　小田吉之丈編　刀江書院　1929　694,18,8p　23cm　Ⓝ214.3
〔08748〕

◇加賀藩農政史考　小田吉之丈編著,若林喜三郎校訂・解説　国書刊行会　1977.6　1冊　22cm　18000円　Ⓝ612.143
〔08749〕

◇加賀藩農政史の研究　上巻　若林喜三郎著　吉川弘文館　1970　718p　22cm　4500円　Ⓝ612.143
〔08750〕

◇加賀藩農政史の研究　下巻　若林喜三郎著　吉川弘文館　1972　972p　22cm　7500円　Ⓝ612.143
〔08751〕

◇加賀藩農政文書ノート―利長・利常・綱紀の時代　武部保人著　富山　桂書房　2005.11　264p　21cm　3000円　Ⓘ4-905564-98-0　Ⓝ612.143
〔08752〕

◇加賀藩の農政一般と富山県下に於ける特殊小作慣行　大森戒三著　名古屋　名古屋控訴院　1932　51p　23cm　Ⓝ611
〔08753〕

◇紀州藩農政史の研究　広本満著　和歌山　宇治書店　1992.5　340,3p　22cm　5000円　Ⓘ4-900531-05-7　Ⓝ612.166
〔08754〕

◇旧加賀藩田地割制度　栃内礼次郎　仙台　カメラ会(東北帝国大学農科大学内)　1911.6　224p　22cm　(経済学農政学研究叢書　第1冊)Ⓝ610
〔08755〕

◇近世初期農政史研究　中村吉治著　岩波書店　1938　487p　23cm　Ⓝ612
〔08756〕

◇近世初期農政史研究　中村吉治著　岩波書店　1970　500p　22cm　1200円　Ⓝ612.1
〔08757〕

◇近世日本の「重商主義」思想研究―貿易思想と農政　矢嶋道文著　御茶の水書房　2003.2　476,18p　23cm　7800円　Ⓘ4-275-01955-5　Ⓝ331.21
〔08758〕

◇近世農政史料集　第1　江戸幕府法令　児玉幸多編　吉川弘文館　1966　250p　22cm　Ⓝ612.1
〔08759〕

◇近世農政史料集　第2　江戸幕府法令　児玉幸多,大石慎三郎編　吉川弘文館　1968　272p　22cm　Ⓝ612.1
〔08760〕

◇近世農政史料集　3　旗本領名主日記　児玉幸多,川村優編　吉川弘文館　1972　456p　22cm　3000円　Ⓝ612.1
〔08761〕

◇近世農政史論―日本封建社会史研究序説　藤田五郎著　御茶の水書房　1950　193p　22cm　Ⓝa611
〔08762〕

◇近世農民支配と家族・共同体　大島真理夫著　増補版　御茶の水書房　1993.7　393p　21cm　6695円　Ⓘ4-275-01512-6
〔08763〕

◇近世領主権力と農民　伊藤忠士著　吉川弘文館　1996.12　292,7p　22cm　7004円　Ⓘ4-642-03331-9　Ⓝ210.5
〔08764〕

◇久留米藩農政・農民史料集　鶴久二郎,古賀幸雄編　三潴町(福岡県)　鶴久二郎　1969　235p　26cm　Ⓝ612.191
〔08765〕

◇原典による　近世農政語彙集　森田誠一編　塙書房　1965　296p　19cm　Ⓝ612.1
〔08766〕

◇時局下食糧問題に直面して鷹山公の農政を語る　高橋力著　米沢　上杉鷹山公遺徳顕彰会　1946　97,23p　19cm　Ⓝ612
〔08767〕

◇仙台藩農政の研究　近世村落研究会編　日本学術振興会　1958　630p　地　22cm　(綜合研究)第66)Ⓝ612.123
〔08768〕

◇大名権力と走り者の研究　宮崎克則著　校倉書房　1995.11　342p　22cm　(歴史科学叢書)8240円　Ⓘ4-7517-2540-8　Ⓝ210.52
〔08769〕

◇高鍋藩の農政　石川恒太郎著　宮崎　日向文化研究所〔高鍋町(宮崎県)〕　高鍋町立図書館　1956　255p　19cm　Ⓝ612.196
〔08770〕

◇藤田五郎著作集　第2巻　近世農政史論―日本封建社会史研究序説　御茶の水書房　1970　250p　22cm　1300円　Ⓝ332.1
〔08771〕

◇兵農分離と地域社会　吉田ゆり子著　校倉書房　2000.11　442p　22cm　10000円　Ⓘ4-7517-3140-8　Ⓝ210.52
〔08772〕

◇琉球王政時代の農政及林政　沖縄県山林会編　那覇　沖縄県山林会　1933　120p　23cm　Ⓝ651
〔08773〕

◆◆土地制度

◇近世土地政策の研究　竹安繁治著　堺　大阪府立大学経済学部　1962　235p　22cm　(大阪府立大学経済研究叢書　第7冊)Ⓝ611.22
〔08774〕

◇近世の土地私有制　双川喜文著　新地書房　1980.7　385p　22cm　3800円　Ⓝ611.22
〔08775〕

◇近世封建制の土地構造―近世土地制度の研究　第1部　竹安繁治著　お茶の水書房　1966　453p　表　22cm　Ⓝ611.22
〔08776〕

◇天正の土地改革　双川喜文著　新地書房　1982.12　368p　22cm　3900円　Ⓝ611.22
〔08777〕

◇日本近世割地制史の研究　青野春水著　雄山閣出版　1982.2　409p　22cm　6800円　Ⓘ4-639-00133-9　Ⓝ611.22
〔08778〕

◇封建的土地所有の解体過程　第1部　寄生地主的土地所有の形成過程　大石慎三郎著　御茶の水書房　1958　350p　22cm　Ⓝ611.22
〔08779〕

◆◆米相場

◇於江戸表米会所相始之一巻　石田朗編　東京穀物商品取引所　1995.11　42p　21cm　Ⓝ611.33
〔08780〕

◇江戸幕府ノ米価調節　本庄栄治郎著　京都　京都法学会　1916　318p　23cm　(法律学経済学研究叢書　第19冊)Ⓝ611.3
〔08781〕

◇江戸幕末三会所帳合商取調一件　石田朗編　東京穀物商品取引所　1994.10　78,61p　21cm　Ⓝ611.33
〔08782〕

◇大阪に於ける幕末米価変動史　鈴木直二著　四海書房　1935　340,3p　23cm　Ⓝ611.3
〔08783〕

◇幕藩制社会の展開と米穀市場　本城正徳著　吹田　大阪大学出版会　1994.12　450p　22cm　6000円　Ⓘ4-87259-006-6　Ⓝ611.33　〔08784〕

◆◆商品作物・園芸
◇アサガオ江戸の贈りもの—夢から科学へ　米田芳秋著　裳華房　1995.4　166p　19cm　（ポピュラー・サイエンス）1545円　Ⓘ4-7853-8616-9　Ⓝ627.4　〔08785〕
◇伊藤伊兵衛と江戸園芸　2003年度第2回企画展図録　豊島区立郷土資料館編　豊島区教育委員会　2003.10　20p　30cm　〔08786〕
◇江戸時代の野菜の栽培と利用　杉山直儀著　保谷　杉山朝子　1998.4　96p　21cm　2000円　Ⓘ4-8425-9810-7　Ⓝ626　〔08787〕
◇江戸時代の野菜の品種　杉山直儀著　養賢堂（発売）　1995.6　134p　22cm　2575円　Ⓘ4-8425-9518-3　Ⓝ626.11　〔08788〕
◇江戸・東京の四季菜—商品作物・漬物の生産と板橋　特別展　板橋区立郷土資料館編　板橋区立郷土資料館　2001.10　87p　30cm　Ⓝ612.1361　〔08789〕
◇江戸・東京ゆかりの野菜と花　JA東京中央会　1992.10　211p　22cm　2500円　Ⓘ4-540-92065-0　Ⓝ626　〔08790〕
◇江戸の園芸—自然と行楽文化　青木宏一郎著　筑摩書房　1998.2　206p　18cm　（ちくま新書）660円　Ⓘ4-480-05744-7　Ⓝ622.1　〔08791〕
◇江戸の園芸・平成のガーデニング　小笠原亮著　小学館　1999.4　240p　19cm　（プロが教える園芸秘伝）1300円　Ⓘ4-09-305301-4　Ⓝ622.1　〔08792〕
◇江戸のガーデニング　青木宏一郎著　平凡社　1999.4　118p　22cm　（コロナ・ブックス 61）1524円　Ⓘ4-582-63358-7　Ⓝ622.1　〔08793〕
◇江戸の変わり咲き朝顔　渡辺好孝著　平凡社　1996.7　173p　21cm　2000円　Ⓘ4-582-51505-3　Ⓝ627.4　〔08794〕
◇近世蝦夷地農作物誌　山本正著　札幌　北海道大学出版会　2006.6　310p　21cm　3600円　Ⓘ4-8329-6641-3　Ⓝ612.11　〔08795〕
◇近世東海綿作地域の研究　岩崎公弥著　大明堂　1999.1　290p　22cm　5200円　Ⓘ4-470-45049-9　Ⓝ618.1　〔08796〕
◇近世渡来園芸植物　松崎直枝著　誠文堂　1934　548,12p　22cm　Ⓝ627　〔08797〕
◇十九世紀日本の園芸文化—江戸と東京、植木屋の周辺　平野恵著　京都　思文閣出版　2006.3　503,31p　22cm　6500円　Ⓘ4-7842-1292-2　Ⓝ627.021　〔08798〕
◇緑茶の時代—宇治・黄檗の近世史　宇治市歴史資料館編　宇治　宇治市歴史資料館　1999.2　125p　19cm　（宇治文庫 10）Ⓝ619.8　〔08799〕

◆◆検地・石高調
◇伊予国旧石高調帳　愛媛県立図書館編　松山　愛媛県教育委員会　1974　174p　23cm　（愛媛県史料 1）非売品　Ⓝ611.22　〔08800〕
◇伊予八藩土地関係史料目録　松山　愛媛県立図書館　1976　106p　25cm　Ⓝ611.22　〔08801〕
◇越後中将光長公御領覚　新潟大学人文学部農村社会研究室編　新潟　新潟大学人文学部　1967　192p　21cm　（農村社会研究室年報 1）Ⓝ611.22　〔08802〕
◇延享二乙丑年八月吉日　下野国知行高—宇都宮御領分村々御屋敷道之里方角　九郡村数覚帳　徳田浩淳編　宇都宮　宇都宮史料保存会　1960　44p　18cm　和　（特別史料第9号）Ⓝ611.22　〔08803〕
◇延宝検地　森杉夫編　高石　高石市郷土史研究委員会，高石市教育委員会　1970　599p　22cm　（高石市郷土史研究紀要 第3号）Ⓝ611.22　〔08804〕
◇延宝検地帳　八千代町史編纂委員会編　多可町（兵庫県）　八千代町史編纂委員会　2006.3　382p　21cm　（八千代町史　史料編 別冊）Ⓝ216.4　〔08805〕
◇大阪の佃—延宝検地帳　末中哲夫解説編集　見市治一翻刻　中尾堅一郎企画編集　大阪　和泉書院　2003.1　413p　22cm　（大阪叢書 1）8500円　Ⓘ4-7576-0188-3　Ⓝ216.3　〔08806〕
◇尾張藩石高考　徳川義親著　徳川林政史研究所　1959　348p　地　21cm　Ⓝ611.22　〔08807〕
◇岸和田地方の延宝検地　森杉夫著　岸和田　岸和田市　1979.1　148p　21cm　（岸和田市史紀要 第3号）Ⓝ611.22　〔08808〕
◇旧旗下相知行調—埼玉県史調査報告書　埼玉県県民部県史編さん室編　浦和　埼玉県県民部県史編さん室　1986.3　277p　26cm　Ⓝ611.22　〔08809〕
◇旧高旧領取調帳　中部編　木村礎校訂　近藤出版社　1977.4　701,7p　19cm　（日本史料選書 13）6800円　Ⓝ611.22　〔08810〕
◇旧高旧領取調帳　九州編　木村礎校訂　近藤出版社　1979.8　251,6p　19cm　（日本史料選書 18）3500円　Ⓝ611.22　〔08811〕
◇旧高旧領取調帳　九州編　木村礎校訂　東京堂出版　1995.9　251,6p　22cm　Ⓘ4-490-30251-7　Ⓝ611.22　〔08812〕
◇旧高旧領取調帳　中国・四国編　木村礎校訂　近藤出版社　1978.6　366,7p　19cm　（日本史料選書 16）4200円　Ⓝ611.22　〔08813〕
◇旧高旧領取調帳　中国・四国編　木村礎校訂　東京堂出版　1995.9　366,7p　22cm　Ⓘ4-490-30251-7　Ⓝ611.22　〔08814〕
◇旧高旧領取調帳　関東編　木村礎校訂　近藤出版社　1969　564p　19cm　（日本史料選書）2500円　Ⓝ322.19　〔08815〕
◇旧高旧領取調帳　関東編　木村礎校訂　東京堂出版　1995.9　564,6,2p　22cm　Ⓘ4-490-30251-7　Ⓝ611.22　〔08816〕
◇旧高旧領取調帳　近畿編　木村礎校訂　近藤出版社　1975　484,8p　19cm　（日本史料選書 11）5800円　Ⓝ611.22　〔08817〕
◇旧高旧領取調帳　近畿編　木村礎校訂　東京堂出版　1995.9　484,8p　22cm　Ⓘ4-490-30251-7　Ⓝ611.22　〔08818〕
◇旧高旧領取調帳　東北編　木村礎校訂　近藤出版社　1979.8　233,4p　19cm　（日本史料選書 19）3200円　Ⓝ611.22　〔08819〕
◇旧高旧領取調帳　東北編　木村礎校訂　東京堂出版　1995.9　233,5p　22cm　Ⓘ4-490-30251-7　Ⓝ611.22　〔08820〕
◇近世社会を創出した文書検地帳—第25回企画展　徳島県立文書館編　徳島　徳島県立文書館　2002.10　1冊　30cm　〔08821〕
◇近世初期藤枝市内検知帳　藤枝市史編さん専門委員会編　復刻　藤枝　藤枝市教育委員会　2007.3　131p　26cm　（藤枝市史叢書 11）Ⓝ215.4　〔08822〕
◇近世日本の地図と測量—村と「廻り検地」　鳴海邦匡著　福岡　九州大学出版会　2007.2　193p　27cm　4800円　Ⓘ978-4-87378-932-3　Ⓝ512　〔08823〕

◇近世の検地と地域社会　中野達哉著　吉川弘文館　2005.2　401p　22cm　13000円　Ⓘ4-642-03397-1　Ⓝ210.48
〔08824〕

◇近世の領主支配と村落　松本寿三郎著　大阪　清文堂出版　2004.7　421p　22cm　9800円　Ⓘ4-7924-0555-6　Ⓝ219.4
〔08825〕

◇検地帳集成　新編安城市史編集委員会近世部会編　安城　安城市　2006.3　206p　30cm（新編安城市史報告書4）Ⓝ215.5
〔08826〕

◇元禄高帳による元禄期遠江国石高表　磐田　磐田市誌編纂室　1976　159p　26cm　Ⓝ611.22
〔08827〕

◇石高制の研究―日本型絶対主義の基礎構造　飯沼二郎著　京都　ミネルヴァ書房　1974　214p　22cm　1700円　Ⓝ611.22
〔08828〕

◇南部藩検地検見作法書　国税庁税務大学校租税資料室編　霞出版社　1986.6　191p　22cm（租税資料叢書　第1巻）3800円　Ⓘ4-87602-253-7　Ⓝ611.22
〔08829〕

◇本間家土地文書　第1巻　松尾武夫編　農業総合研究所　1976　456p　22cm（農業総合研究所刊行物　第356号）Ⓝ611.22
〔08830〕

◇本間家土地文書　第2巻　松尾武夫編　農業総合研究所　1976.12　433p　22cm（農業総合研究所刊行物　第362号）Ⓝ611.22
〔08831〕

◇本間家土地文書　第3巻　松尾武夫編　農業総合研究所　1977.11　508p　22cm（農業総合研究所刊行物　第373号）Ⓝ611.22
〔08832〕

◇本間家土地文書　第4巻　松尾武夫編　農業総合研究所　1979.3　517p　22cm（農業総合研究所刊行物　第384号）Ⓝ611.22
〔08833〕

◇本間家土地文書　第5巻　松尾武夫編　農業総合研究所　1979.11　524p　22cm（農業総合研究所刊行物　第390号）Ⓝ611.22
〔08834〕

◇本間家土地文書　第6巻　松尾武夫編　農業総合研究所　1980.11　522p　22cm（農業総合研究所刊行物　第398号）Ⓝ611.22
〔08835〕

◇本間家土地文書　第7巻　松尾武夫編　農業総合研究所　1981.11　554p　22cm（農業総合研究所刊行物　第404号）Ⓝ611.22
〔08836〕

◇本間家土地文書　第8巻　松尾武夫編　農業総合研究所　1983.3　527p　22cm（農業総合研究所刊行物　第414号）Ⓝ611.22
〔08837〕

◇本間家土地文書　第9巻　松尾武夫編　農業総合研究所　1986.3　601p　22cm（農業総合研究所刊行物　第439号）Ⓝ611.22
〔08838〕

◇武蔵田園簿　北島正元校訂　近藤出版社　1977.9　275,59p　20cm（日本史料選書 15）4000円　Ⓝ611.22
〔08839〕

◆◆地主制

◇紙生産と地主制の形成―美濃紙業地における　丹羽弘,船戸政一共著　岐阜　栄文堂書店　1960　163p　22cm　Ⓝ611.22
〔08840〕

◇寄生地主制の研究　福島大学経済学会編　御茶の水書房　1978.6　293p　22cm　3500円　Ⓝ611.22
〔08841〕

◇寄生地主制論―ブルジョア的発展との関連　塩沢君夫,川浦康次著　第2版　御茶の水書房　1979.8　312p　22cm　Ⓝ611.22
〔08842〕

◇近世庄内地主の生成　阿部英樹著　日本経済評論社　1994.9　236p　22cm　4635円　Ⓘ4-8188-0762-1　Ⓝ611.22
〔08843〕

◇近世大地主制の成立と展開　中山清著　吉川弘文館　1998.2　423p　22cm　11000円　Ⓘ4-642-03338-6　Ⓝ611.95
〔08844〕

◇近世における百姓の土地所有―中世から近代への展開　神谷智著　校倉書房　2000.9　360p　22cm（歴史科学叢書）9000円　Ⓘ4-7517-3110-6　Ⓝ210.5
〔08845〕

◇近世の地主制と地域社会　舟橋明宏著　岩田書院　2004.7　439p　21cm（近世史研究叢書）8900円　Ⓘ4-87294-324-4
〔08846〕

◇近世の土地制度と在地社会　牧原成征著　東京大学出版会　2004.12　305,10p　22cm　6500円　Ⓘ4-13-026604-7　Ⓝ611.221
〔08847〕

◇地主制の形成と構造―美濃縞地帯における実証的分析　丹羽弘著　御茶の水書房　1982.4　440,4p　22cm　6000円　Ⓝ611.22
〔08848〕

◇新田地主の研究―信州水内郡水沢平における地主制の展開　農村史料調査会（東京大学文学部国史学研究室内）編　山川出版社　1957　396p　22cm（農村史料調査報告　第2輯）Ⓝ611.22
〔08849〕

◇日本地主制史研究　古島敏雄著　岩波書店　1958　432p　22cm　Ⓝ611.22
〔08850〕

◆◆新田開発

◇秋田藩における新田開発―その地理学的研究　三浦鉄郎著　古今書院　1983.10　152p　22cm　2200円　Ⓝ612.124
〔08851〕

◇飯沼新田開発―悪水とたたかった江戸時代の農民たち　長命豊著　流山　崙書房　1978.10　134p　18cm（ふるさと文庫）580円　Ⓝ611.24
〔08852〕

◇近世有明海沿岸干拓資料調査―福岡県古文書調査報告書　平成5～7年度　福岡県立図書館郷土課編　福岡　福岡県立図書館　1996.3　27,233p　26cm　Ⓝ614.5　〔08853〕

◇近世新田とその源流　福田徹著　古今書院　1986.3　311p　22cm　4800円　Ⓘ4-7722-1091-1　Ⓝ611.24
〔08854〕

◇近世の新田村　木村礎著　吉川弘文館　1995.11　266,6p　20cm（日本歴史叢書 新装版）2678円　Ⓘ4-642-06625-X　Ⓝ611.24
〔08855〕

◇新田開発史考―山形県に於ける徭役労働の研究補稿　斎藤保吉著　山形　斎藤保吉　1981.11　109p　22cm　非売品　Ⓝ611.24
〔08856〕

◇新田村落の史的展開と土地問題　喜多村俊夫著　岩波書店　1981.6　473p　22cm　8600円　Ⓝ612.1　〔08857〕

◇長州藩新田開発の研究―北ノ江開作百五十年の歩み　石川卓美著　山口　〔石川卓美〕　1981.1　172p　21cm　Ⓝ611.24
〔08858〕

◇津軽新田記録―野呂謙太郎所蔵古文書　第1巻　豊島勝蔵編集・解読　五所川原　西北刊行会　1982.10　515p　23cm　5000円　Ⓝ611.24
〔08859〕

◇津軽新田記録　第2巻　宮本家古文書　豊島勝蔵解読　五所川原　西北刊行会　1984.8　540p　23cm　3000円　Ⓝ611.24
〔08860〕

◇津軽新田記録　第3巻　万日記　第1編　豊島勝蔵解読　盛敏直著　五所川原　豊島勝蔵　1992.7　215p　26cm　2500円　Ⓝ611.24
〔08861〕

◇津軽新田記録　第5巻　三上健之助所蔵古文書　豊島勝蔵解読　五所川原　〔豊島勝蔵〕　1991.9　154p　25cm　2000円　Ⓝ611.24
〔08862〕

◇幕末旗本士族と土―牧之原開墾ものがたり　平井行男著　歴史文庫刊行会　1993.7　269p　15cm（歴史文庫）1000円　Ⓘ4-404-02033-3　Ⓝ611.24　〔08863〕

◆◆農書・農業技術

◇会津農書　佐瀬与次右衛門著, 長谷川吉次編著　会津若松　佐瀬与次右衛門顕彰会　1968　412p　22cm　非売　Ⓝ610.12
〔08864〕

◇大原農書文庫・古医書集成目録―岡山大学所蔵　岡山大学附属図書館編　岡山　岡山大学附属図書館　1987.3　157p　26cm　Ⓝ610.31
〔08865〕

◇近世秋田の農書―史料　田口勝一郎編　秋田　みしま書房　1975　244p　25cm　Ⓝ610.12
〔08866〕

◇近世稲作技術史―その立地生態的解析　嵐嘉一著　農山漁村文化協会　1975　625p　22cm　5000円　Ⓝ616.2
〔08867〕

◇近世稲種論と稲作生産力の展開　佐藤常雄著, 学習院大学東洋文化研究所編　学習院大学東洋文化研究所　1980.3　127,4p　26cm　(調査研究報告 no.12) Ⓝ616.2
〔08868〕

◇近世代における九州の稲作技術史―(1967年～現在続行中)　嵐嘉一著　福岡　嵐嘉一　1971　1冊　26cm　Ⓝ616.2
〔08869〕

◇近世東海地域の農耕技術　有薗正一郎著　岩田書院　2005.12　268p　22cm　(愛知大学綜合郷土研究所研究叢書 19) 5200円　Ⓘ4-87294-412-7　Ⓝ610.1215
〔08870〕

◇近世日本における伝統技術の諸相　「わが国農村社会における伝統技術の研究」プロジェクトチーム著, 学習院大学東洋文化研究所編　学習院大学東洋文化研究所　1982.3　71p　26cm　(調査研究報告 no.16) Ⓝ610.12
〔08871〕

◇近世の一農書の成立―徳山敬猛『農業子孫養育草』(文政九年)の研究　神立春樹著　御茶の水書房　2005.6　149,4p　22cm　3600円　Ⓘ4-275-00383-7　Ⓝ610.1
〔08872〕

◇近世農書「清良記」巻七の研究　永井義瑩著　大阪　清文堂出版　2003.3　352p　22cm　8800円　Ⓘ4-7924-0530-0　Ⓝ612.1
〔08873〕

◇近世農書に学ぶ　飯沼二郎編　日本放送出版協会　1976　262p　19cm　(NHKブックス) 650円　Ⓝ612.1
〔08874〕

◇近世農書の地理学的研究　有薗正一郎著　古今書院　1986.3　301p　22cm　4400円　Ⓘ4-7722-1089-X　Ⓝ612.1
〔08875〕

◇近世の農書 1　出版地不明　茨城県農業史編さん会　1979.3　20p　21cm　(農業史資料 第31号)
〔08876〕

◇近世北陸農業技術史―鹿野小四郎著「農事遺書」を中心として　清水隆久著　片山津町(石川県)　石川県片山津町教育委員会　1957　327p　図版 地図 表　22cm　Ⓝ612.14
〔08877〕

◇近世北陸農業史―加賀藩農書の研究　清水隆久著　農山漁村文化協会　1987.4　532p　22cm　5800円　Ⓘ4-540-86098-4　Ⓝ610.1
〔08878〕

◇広益国産考　大蔵永常著　土屋喬雄校訂　岩波書店　1995.3　336p　15cm　(岩波文庫) 670円　Ⓘ4-00-330051-3　Ⓝ610.12
〔08879〕

◇篤農家戸谷源八の農業改革―江戸時代、米の増収をはかり、情熱を傾けた人がいた。平成18年度秋季企画展資料　松江　松江市立出雲玉作資料館　2006.10　10p　30cm
〔08880〕

◇日本農業技術史―近世から近代へ　岡光夫著　京都　ミネルヴァ書房　1988.1　324p　22cm　3500円　Ⓘ4-623-01786-9　Ⓝ610.1
〔08881〕

◇日本農法の天道―現代農業と江戸期の農書　徳永光俊著　農山漁村文化協会　2000.12　258p　19cm　(人間選書 233) 1762円　Ⓘ4-540-00187-6　Ⓝ610.121
〔08882〕

◇日本の農書―農業はなぜ近世に発展したか　筑波常治著　中央公論社　1987.9　219p　18cm　(中公新書) 540円　Ⓘ4-12-100852-9　Ⓝ610.12
〔08883〕

◇民家検労図　北村与右衛門良忠著　金沢　石川県図書館協会　1995.3　4冊(別冊とも)　27cm　Ⓝ610.1
〔08884〕

◇明治前 日本農業技術史　日本学士院日本科学史刊行会編　日本学術振興会　1964　574p 図版 表　22cm　Ⓝ615
〔08885〕

◇物紛―土佐最古の農業書　岡本高長著　末久儀運編註　高知　土佐史談会　1991.2　86p　21cm　(土佐史談選書 第13巻) 1300円　Ⓝ610.1
〔08886〕

◆◆◆日本農書全書

◇日本農書全集　第60巻 畜産・獣医　鶉書　犬狗養畜伝(摂津)　廐作附飼方之次第　牛書　安西流馬医秘物　万病應療鍼灸撮要　解馬新書　佐藤常雄ほか編　蘇生堂主人, 暁鐘成, 安西播磨守, 平安隠士泥道人, 菊池東水著　松原信一, 白水完児, 村井秀夫翻刻・現代語訳・解題　農山漁村文化協会　1996.6　519,13p　22cm　7000円　Ⓘ4-540-95061-4　Ⓝ610.8
〔08887〕

◇日本農書全集　第63巻 農村振興　儀定書(信濃)　永代取極申印証之事・永代取極議定書(下総)　暮方取直日掛縄索手段帳(駿河)　報徳作大益細伝記(遠江)　仕事割控(下総)　年中仕業割并日記控(下総)　耕作談(羽後)　佐藤常雄ほか編　芦田村, 南生実村, 二宮金次郎, 安居院庄七, 遠藤伊兵衛, 遠藤良左衛門, 石川理紀之助著　古川貞雄, 渡辺尚志, 大藤修, 足立洋一郎, 松沢和彦, 佐藤常雄翻訳・現代語訳・注記・解題　農山漁村文化協会　1995.2　463,13p　22cm　6800円　Ⓘ4-540-94013-9　Ⓝ610.8
〔08888〕

◇日本農書全集　第68巻 本草・救荒　備荒草木図　農家心得草　薬草木作植書付　農家用心集(下野)　佐藤常雄ほか編　建部清庵, 大蔵永常, 小坂力五郎, 関根矢之助著　田中耕司, 江藤彰彦, 阿部昭翻刻・現代語訳・解題　農山漁村文化協会　1996.10　443,13p　27cm　6500円　Ⓘ4-540-96001-6　Ⓝ610.8
〔08889〕

◇日本農書全集　第42巻 農事日誌 1　高野家農事記録(羽後)　大福田畑種蒔仕農帳(下野)　年中万日記帳(武蔵)　子丑日記帳(越中)　鹿野家農事日誌(加賀)　日知録(三河)　佐藤常雄ほか編　高野与次右衛門, 小貫摠右衛門, 林信海, 金子半兵衛, 鹿野小四郎, 山崎譲平著　今野真, 阿部昭, 小暮利明, 佐伯安一, 清水隆久, 田崎哲郎, 湯浅大司翻刻・注記・解題　農山漁村文化協会　1994.12　468,13p　22cm　6800円　Ⓘ4-540-94012-0　Ⓝ610.8
〔08890〕

◇日本農書全集　第43巻 農事日記 2　御百姓用家務日記帳(美濃)　午年日記帳(河内)　家事目録(但馬)　佐藤常雄ほか編　牧村治七, 中塚紋右衛門, 田井惣助著　丸山幸太郎, 徳永光俊, 小谷茂夫翻刻・注記・解題　農山漁村文化協会　1997.2　295,13p　22cm　Ⓘ4-540-96092-X　Ⓝ610.8
〔08891〕

◇日本農書全集　第45巻 特産 1　名物虹の袖(羽前)　あゐ作手引草(備後)　油菜録　五瑞編　海苔培養法(武蔵)　煙草諸国名産(武蔵)　朝鮮人参耕作記　後藤小平次, 藤井行, 大蔵永常, 佐藤成裕, 高木正年, 三河屋弥平次, 田村藍水著　野口一雄, 宇山孝人, 佐藤常雄, 中村克哉, 北村敏, 湯浅淑子, 斎藤洋一翻刻・現代語訳・解題　農山漁村文化協会　1993.10　454,13p　22cm　5500円　Ⓘ4-540-93031-1　Ⓝ610.8
〔08892〕

◇日本農書全集　第46巻 特産 2　梨栄造育秘鑑(越後)　紀州蜜柑伝来記(紀伊)　添木家伝書(陸奥)　佐藤常雄ほか編　阿部源太夫, 中井甚兵衛, 成田五右衛門著

西村屋小市書継　篆取作次, 原田政美, 福井敏隆翻訳・現代語訳・注記・解題　農山漁村文化協会　1994.10　236,13p　22cm　5000円　Ⓘ4-540-94011-2　Ⓝ610.8
〔08893〕

◇日本農書全集　第47巻 特産3　蚕飼養法記（陸奥）　養蚕規範（加賀）　蚕茶楮書（伊勢）　製茶図解（近江）　樹芸志意（因幡）　佐藤常雄, 徳永光俊, 江藤彰彦編　野本道玄, 石黒千尋, 竹川竹斎, 岡嶋正義著　浪川健治, 松村敏, 上野利三, 粕渕宏昭, 坂本敬司翻刻・現代語訳・注記・解題　農山漁村文化協会　1997.4　292,13p　22cm　5524円　Ⓘ4-540-97001-1　Ⓝ610.8
〔08894〕

◇日本農書全集　第50巻 農産加工1　製油録　甘蔗大成　製葛録　唐方渡俵物諸色大略絵図（松前）　佐藤常雄ほか編　大蔵永常著　佐藤常雄同俊二, 粕渕宏昭, 田島佳也翻刻・現代語訳・注記・解題　農山漁村文化協会　1994.8　362,13p　22cm　6300円　Ⓘ4-540-94010-4　Ⓝ610.8
〔08895〕

◇日本農書全集　第54巻 園芸1　花壇地錦抄（武蔵）　佐藤常雄ほか編　伊藤伊兵衛著　君塚仁彦翻刻・現代語訳・注記・解題　農山漁村文化協会　1995.12　340,13p　22cm　6000円　Ⓘ4-540-95037-1　Ⓝ610.8
〔08896〕

◇日本農書全集　第56巻 林業1　山林雑記（陸中）　太山の左知（下野）　佐藤常雄ほか編　栗谷川仁右衛門, 興野隆雄著　八重樫良暉, 加藤衛拡翻刻・現代語訳・注記・解題　農山漁村文化協会　1995.6　317,13p　22cm　5800円　Ⓘ4-540-95002-9　Ⓝ610.8
〔08897〕

◇日本農書全集　第57巻 林業2　弐拾番山御書付（長門・周防）　林政八書全（琉球）　佐藤常雄, 徳永光俊, 江藤彰彦ほか編　山内広通, 蔡温ほか著　沖縄県編　脇野博, 加藤衛拡校注・執筆　農山漁村文化協会　1997.10　261,13p　22cm　5238円　Ⓘ4-540-97005-4　Ⓝ610.8
〔08898〕

◇日本農書全集　第58巻 漁業1　松前産物大概鑑（松前）　関東鰯網来由記（上総）　能登国採魚図絵（能登）　安下浦年中行事（周防）　小川嶋鯨鯢合戦（肥前）　佐藤常雄ほか編　村山伝兵衛, 北村穀実, 中務貞右衛門, 豊秋亭専遊著　田島佳也, 高橋覚, 浜岡伸也, 定兼学翻刻・現代語訳・解題　農山漁村文化協会　1995.10　406,13p　22cm　6500円　Ⓘ4-540-95004-5　Ⓝ610.8
〔08899〕

◇日本農書全集　第61巻 農法普及1　豊秋農笑種（出雲）　試験田畑（羽後）　御米作方実語之教（信濃）　勧農徹志・他（大和）　讃岐砂糖製法聞書（播磨）　廻在之日記（羽前）　東道農事荒増（周防）　源八, 児玉伝左衛門, 中村直三, 小山某, 植木四郎兵衛著　内田和義, 佐藤常雄, 牛島史彦, 徳永光俊, 岡虔二, 田口勝一郎, 高橋秀夫, 西島勘治ほか翻刻・現代語訳・解題　農山漁村文化協会　1994.2　490,13p　22cm　6800円　Ⓘ4-540-93082-6　Ⓝ610.8
〔08900〕

◇日本農書全集　第64巻 開発と保全1　当八重原新田開発日書（信濃）　尾州入鹿御池開発記（尾張）　飯沼定式目録高帳（下総）　出羽国飽海郡遊左郷西浜植村縁起（羽前）　木庭停止論（対馬）　佐藤常雄ほか編　早武新助, 佐藤藤蔵, 陶山訥庵著　斎藤洋一, 須方肇, 林敬, 須藤儀門, 月川雅夫翻訳・現代語訳・注記・解題　農山漁村文化協会　1995.8　391,13p　22cm　6500円　Ⓘ4-540-95003-7　Ⓝ610.8
〔08901〕

◇日本農書全集　第65巻 開発と保全2　川除仕様帳（甲斐）　積方見合帳（紀伊）　治河要録　通潤橋仕法書（肥後）　佐藤常雄, 徳永光俊, 江藤彰彦ほか編　小林丹右衛門, 大畑才蔵, 布田保之助著　安達満, 秋功, 知野泰明, 山口祐造校注・執筆　農山漁村文化協会　1997.6　385,13p　22cm　6190円　Ⓘ4-540-97002-X　Ⓝ610.8
〔08902〕

◇日本農書全集　第66巻 災害と復興1　富士山砂降り訴願記録（相模）　富士山焼出し砂石降り之事（相模）　浅間大変覚書（上野）　嶋原大変記（肥前）　弘化大地震見聞記（信濃）　大地震難渋日記（大和）　高崎浦地震津波記録（安房）　大地震津波実記控帳（志摩）　鈴木理左衛門, 大久保董斎, 六兵衛, 長井杢兵衛, 岩田市兵衛著　大友一雄, 泉雅博, 斎藤洋一, 高木繁幸, 原田和彦, 稲葉長療, 古山豊, 浦谷広己翻刻・現代語訳・注記・解題　農山漁村文化協会　1994.4　428,13p　22cm　6500円　Ⓘ4-540-94008-2　Ⓝ610.8
〔08903〕

◇日本農書全集　第69巻 学者の農書1　農稼肥培論　培養秘録　佐藤常雄ほか編　大蔵永常, 佐藤信淵著　徳永光俊翻訳・現代語訳・解題　農山漁村文化協会　1996.2　406,13p　22cm　5800円　Ⓘ4-540-95034-7　Ⓝ610.8
〔08904〕

◇日本農書全集　第70巻 学者の農書2　甘蔗培養井ニ製造ノ法　羽県秋北水土録（羽後）　甘藷記　再種方二物考　農家須知（土佐）　佐藤常雄ほか編　平賀源内, 釈浄因, 越智直澄, 青木昆陽, 小比賀時胤, 大蔵永常, 高野長英, 宮地太仲著　内田和義, 田口勝一郎, 徳永光俊, 吉田厚子, 田中安興翻訳・現代語訳・注記・解題　農山漁村文化協会　1996.12　456,13p　22cm　6800円　Ⓘ4-540-96015-6　Ⓝ610.8
〔08905〕

◇日本農書全集　第71巻 絵農書1　佐藤常雄ほか編　農山漁村文化協会　1996.4　196,13p　27cm　6500円　Ⓘ4-540-95067-3　Ⓝ610.8
〔08906〕

◇日本農書全集　第36巻 地域農書1　津軽農書案山子物語（陸奥）　農業心得記（羽後）　やせかまど（越後）　佐藤常雄ほか編　長崎七左衛門, 太刀川喜右衛門著　浪川健治, 田口勝一郎, 松永靖夫翻刻・現代語訳・解題　農山漁村文化協会　1994.6　370,13p　22cm　6300円　Ⓘ4-540-94009-0　Ⓝ610.8
〔08907〕

◇日本農書全集　第38巻 地域農書3　東郡田畠耕方并草木目当書上（常陸）　農業順次（常陸）　促耕南針（武蔵）　家政行事（上総）　佐藤常雄ほか編　木名瀬庄三郎, 大関光弘, 橋鷗夢, 富塚治郎右衛門主静著　秋山房子, 木塚久仁子, 長島淳子, 田上繁翻刻・現代語訳・解題　農山漁村文化協会　1995.4　313,13p　22cm　5800円　Ⓘ4-540-95001-0　Ⓝ610.8
〔08908〕

◇日本農書全集　第39巻 地域農書4　深耕録（下野）　百姓耕作仕方控（上野）　農業耕作万覚帳（信濃）　耕作仕様考（越中）　耕作大要（加賀）　諸作手入之事・諸法度慎之事（若狭）　稲乃軒兎水, 森田梅園, 寺沢直興, 五十嵐篤好, 林六郎左衛門, 所平著　平野哲也, 山沢学, 佐藤常雄, 佐伯安一, 清水隆久, 橋詰久幸翻刻・現代語訳・改題　農山漁村文化協会　1997.8　370,13p　22cm　6190円　Ⓘ4-540-97003-8　Ⓝ610.8
〔08909〕

◆◆土木史

◇近世を拓いた土木技術―平成16年度特別展・大和川付替え300周年記念　大阪府立狭山池博物館編　大阪狭山　大阪府立狭山池博物館　2004.10　72p　30cm　（大阪府立狭山池博物館図録 6）Ⓝ510.921
〔08910〕

◇明治以前日本土木史　土木学会編　岩波書店　1973　1745,14p 図36枚　27cm　20000円　Ⓝ513.9
〔08911〕

◆◆用水・治水

◇江戸下水の町触集　栗田彰編著　柳下重雄監修　日本下水文化研究会　2006.12　36,343p　21cm　（下水文化叢書 9）Ⓝ518.2
〔08912〕

◇江戸城下町における「水」支配　坂詰智美著　専修大学出版局　1999.4　352p　22cm　4500円　Ⓘ4-88125-105-8　Ⓝ322.19361
〔08913〕

◇江戸上水道の歴史　伊藤好一著　吉川弘文館　1996.12　208p　20cm　2266円　Ⓘ4-642-07497-X　Ⓝ210.5

◇江戸上水の技術と経理—玉川上水留：抄翻刻と解析　栄森康治郎,神吉和夫,肥留間博編著　クオリ　2000.8　309p　26cm　3600円　〔08914〕

◇江戸上水配水樋配管路の復現図作成について　福沢昭著〔福沢昭〕1993　53p　26cm　Ⓝ518.1　〔08915〕

◇江戸・東京の下水道のはなし　東京下水道史探訪会編　技報堂出版　1995.5　157p　19cm　1854円　Ⓘ4-7655-4407-9　Ⓝ518.2　〔08916〕

◇〈江戸東京〉水をもとめて四〇〇年　栄森康治郎著　TOTO出版　1989.11　247p　20cm　2300円　Ⓘ4-88706-005-X　Ⓝ518.1　〔08917〕

◇江戸の女たちのトイレ—絵図と川柳にみる排泄文化　渡辺信一郎著　TOTO出版　1993.11　208p　19cm　(TOTO books 10)1000円　Ⓘ4-88706-086-6　Ⓝ911.45　〔08918〕

◇江戸の下水道　栗田彰著　青蛙房　1997.7　261p　20cm　2400円　Ⓘ4-7905-0450-6　Ⓝ911.45　〔08919〕

◇江戸の下水道を探る—享保・明和・安永の古文書から　柳下重雄著　日本下水文化研究会　2005.2　196p　21cm　(下水文化叢書 8)Ⓝ518.2　〔08920〕

◇江戸の上水と三田用水　三田用水普通水利組合　1984.9　288p　23cm　非売品　Ⓝ518.1　〔08921〕

◇江戸幕府治水政策史の研究　大谷貞夫著　雄山閣出版　1996.10　380p　22cm　9064円　Ⓘ4-639-01396-5　Ⓝ210.5　〔08922〕

◇江戸・水の生活誌—利根川・荒川・多摩川　尾河直太郎著　新草出版　1986.7　287p　20cm　2000円　Ⓝ517.21　〔08923〕

◇江戸水の生活誌—利根川・荒川・多摩川　尾河直太郎著　新版　新草出版　1993.2　313p　19cm　2500円　Ⓘ4-915652-19-X　Ⓝ517.21　〔08924〕

◇愛媛の水をめぐる歴史　門田恭一郎著　松山　愛媛文化双書刊行会　2006.12　224p　19cm　(愛媛文化双書 52)1700円　Ⓝ614.3183　〔08925〕

◇開削決水の道を識ぜん—幕末の治水家船橋随庵　高崎哲郎著　鹿島出版会　2000.7　177p　19cm　2000円　Ⓘ4-306-09362-X　〔08926〕

◇加賀辰巳用水東岩隧道とその周辺—辰巳ダム建設に係る記録保存　金沢　加賀辰巳用水東岩隧道周辺調査団　1989.3　284p 図版24p　27cm　Ⓝ614.3　〔08927〕

◇岐阜県治水史資料綱文　第1-5　岐阜県編　岐阜　岐阜県　1942　5冊　27cm　Ⓝ614　〔08928〕

◇旧木ノ俣用水解読史料—高根沢清次家文書　黒磯郷土史研究会編　黒磯　黒磯郷土史研究会　1993.3　56p　26cm　Ⓝ614.3　〔08929〕

◇旧藩時代の治水技術—「飯田藩下市田大川除堤」の記録　市村咸人著　林業発達史調査会　1954　44p　25cm　(林業発達史資料 第20号)　〔08930〕

◇近世後期の用水堰組合と用元・惣代役—荒川奈良堰用水組合を事例として　立正大学古文書研究会編　立正大学古文書研究会　2007.3　66p　26cm　(調査報告書 平成18年度)Ⓝ614.3134　〔08931〕

◇近世三都の水事情—大坂・江戸・名古屋　山野寿男著　日本下水文化研究会　2000.7　180p　21cm　(下水文化叢書 6)Ⓝ517.21　〔08932〕

◇近世中後期における用水組合の運営—福岡伊丹堰用水組合の事例　立正大学古文書研究会編　立正大学古文書研究会　1987.11　82p　26cm　Ⓝ611.29　〔08933〕

◇近世日本治水史の研究　大谷貞夫著　雄山閣出版　1986.9　405,19p　22cm　8800円　Ⓘ4-639-00592-X　Ⓝ517.21　〔08934〕

◇近世日本治水史の研究　大谷貞夫著　POD版　雄山閣　2003.4　405p　21cm　8800円　Ⓘ4-639-10003-5　〔08935〕

◇近世日本の水利と地域—淀川地域を中心に　福山昭著　雄山閣　2003.12　234p　21cm　5500円　Ⓘ4-639-01829-0　〔08936〕

◇近世樋口村水利関係史料　高井宗雄編著　辰野町(長野県)　高井宗雄　1997.7　203p　22cm　Ⓝ614.3152　〔08937〕

◇荒野の回廊—江戸期・水の技術者の光と影　高崎哲郎著　鹿島出版会　2002.10　220p　20cm　2000円　Ⓘ4-306-09368-9　Ⓝ517.213　〔08938〕

◇五郎兵衛用水史　浅科村(長野県)〔信州農村開発史研究所〕1961　26p　26cm　Ⓝ289.1　〔08939〕

◇甚兵衛と大和川—北から西への改流・300年　中九兵衛著　大阪　中九兵衛　2004.1　307p　20cm　2500円　Ⓝ517.2163　〔08940〕

◇水道の文化史—江戸の水道・東京の水道　堀越正雄著　鹿島出版会　1981.12　313p　19cm　2200円　Ⓘ4-306-06018-7　Ⓝ518.1　〔08941〕

◇図説江戸・東京の川と水辺の事典　鈴木理生編著　柏書房　2003.3　445,9p　27cm　12000円　Ⓘ4-7601-2352-0　Ⓝ517.2136　〔08942〕

◇千川上水・用水と江戸・武蔵野—管理体制と流域社会　大石学監修　東京学芸大学近世史研究会編　名著出版　2006.7　532,71p　22cm　(東京学芸大学近世史研究会調査報告 2)8500円　Ⓘ4-626-01702-9　Ⓝ213.6　〔08943〕

◇川柳江戸貨幣文化　阿達義雄著　東洋館　1947　273p*　18cm　25円　Ⓝa210　〔08944〕

◇増補 洪水と治水の河川史—水害の制圧から受容へ　大熊孝著　増補版　平凡社　2007.5　309p　15cm　(平凡社ライブラリー)1400円　Ⓘ978-4-582-76611-0　〔08945〕

◇辰巳用水—加賀藩政秘史　中井安治著　金沢　北国出版社　1972　171p　18cm　600円　Ⓝ614.3　〔08946〕

◇辰巳用水—加賀藩政秘史 生と死の構図　中井安治著　金沢　北国出版社　1980.5　227p　19cm　1400円　Ⓝ614.3　〔08947〕

◇辰巳用水にみる先人の匠　青木治夫著　金沢　能登印刷・出版部(発売)　1993.5　167p　19cm　2000円　Ⓘ4-89010-195-0　Ⓝ518.1　〔08948〕

◇治水思想の風土—近世から現代へ　伊藤安男著　古今書院　1994.3　336p　22cm　4738円　Ⓘ4-7722-1837-8　Ⓝ517.21　〔08949〕

◇天狗岩堰開鑿史—江戸初期水利開発の一例　都丸十九一著　伊勢崎　群馬国語文化研究所出版部　1947　106p*　19cm　Ⓝ614.3　〔08950〕

◇天保明治水戸見聞実記　坂井四郎兵衛編　水戸　知新堂　1894.10　108丁　24cm　Ⓝ213.1　〔08951〕

◇利根川東遷と関宿藩—平成18年度千葉県立関宿城博物館企画展図録 平成18年度企画展　千葉県立関宿城博物館編　野田　千葉県立関宿城博物館　2006.10　35p　30cm　Ⓝ517.213　〔08952〕

◇日本の歴史　近世 1-7　開発と治水　新訂増補　朝日新聞社　2003.9　p194-224　30cm　(週刊朝日百科 67)476円　Ⓝ210.1　〔08953〕

◇肥後藩農業水利史—肥後藩農業水利施設の歴史的研究　本田彰男著　熊本　熊本県土地改良事業団体連合会,熊本県普及事業協議会　1970　214p　22cm　1300円　Ⓝ614.3　〔08954〕

◇備前堀と北武蔵—380年間にわたる用水史　茂木悟著　熊谷　北むさし文化会　1977.3　229p　19cm　2000円　Ⓝ614.3
〔08956〕
◇水戸藩に於ける水道の維持管理に就て　高橋六郎著　常磐書房　1941　79p　22cm　Ⓝ519
〔08957〕
◇水戸藩利水史料集—永田茂衛門父子の業績と三大江堰　大宮町歴史民俗資料館編　大宮町(茨城県)　大宮町教育委員会　2002.3　492p　31cm　Ⓝ614.3131　〔08958〕
◇南尚翁—広瀬井堰・近世偉人・郷土恩人　奥田忠著　宇佐　奥田忠　1988.3　279p　19×27cm　非売品　Ⓝ614.3
〔08959〕
◇宮田用水史　森徳一郎著　稲沢町(愛知県中島郡)　宮田用水普通水利組合　1944　4冊　22cm　Ⓝ614　〔08960〕
◇大和川付替(川違え)工事史—治水の恩人中甚兵衛考とその周辺　藤原秀憲著　大阪　新和出版社　1982.1　265p　19cm　2300円　Ⓝ517.21
〔08961〕
◇大和川つけかえと八尾—平成16年度特別展　八尾市立歴史民俗資料館編　八尾　八尾市教育委員会　2004.10　72p　30cm　Ⓝ517.2163
〔08962〕
◇吉倉堀を拓いた人—名主鈴木庄左衛門と百姓金三郎　吉倉堀に纏わる矛盾・謎・疑問　鴨原仙吉著　安達町(福島県)　〔鴨原仙吉〕　1993.11　82p　26cm　非売品　Ⓝ614.3
〔08963〕

◆◆宝暦治水
◇旱害防止治水血涙史　前田多三郎編　大分　九皋書院　1935.1　101p　23cm　(郷土史料 第2巻)Ⓝ210.56
〔08964〕
◇薩藩と宝暦之治水　上巻　川村俊秀著　鹿児島　鹿児島新聞社　1927　428p　23cm　Ⓝ219.7　〔08965〕
◇薩摩義士殉節録—宝暦治水工事　岩田徳義著　麻布学館　1919　19,49,94p　23cm　Ⓝ210.5　〔08966〕
◇薩摩義士伝 濁流の人柱　西村利雄著　岐阜　薩摩義士伝濁流の人柱刊行会　1968　275p 図版 地　22cm　Ⓝ215.3
〔08967〕
◇薩摩義士録—宝暦治水工事　岩田徳義編　4版　麻布学館　1914　23,25,24p　22cm　Ⓝ210.5　〔08968〕
◇薩摩義士録—宝暦治水工事　岩田徳義編　5版　麻布学館　1916　19,49p　23cm　Ⓝ210.5　〔08969〕
◇薩摩義士録—宝暦治水工事　岩田徳義編　6版　東京麻布学館　1917　19,49,47p　23cm　Ⓝ210.5　〔08970〕
◇先人たちからの贈物—宝暦治水から240年—座談会　中部建設協会桑名支所編集製作　桑名　建設省中部地方建設局木曽川下流工事事務所　1994.9　163p　22cm　Ⓝ517.215
〔08971〕
◇千本松原—宝暦治水と薩摩義士　大垣青年クラブ編　大垣　大垣青年クラブ　1981.5　112p　18cm　非売品　Ⓝ210.55
〔08972〕
◇濃尾勢三大川宝暦治水誌　西田喜兵衛著　復刻版　小林誠一　1998.10　1冊　23cm　Ⓝ210.55　〔08973〕
◇箱根用水と宝暦治水物語　浜田進著　新人物往来社　1993.11　212p　20cm　1800円　①4-404-02065-1　Ⓝ614.3
〔08974〕
◇宝暦治水—歴史を動かした治水プロジェクト　牛嶋正著　名古屋　風媒社　2007.1　282p　20cm　2400円　①978-4-8331-0535-4　Ⓝ210.55
〔08975〕
◇宝暦治水御用状留—木曽三川の技術と人間　伊藤忠士編　名古屋　高木家文書宝暦治水史料研究会　1996.3　344p　22cm　Ⓝ517.215
〔08976〕
◇宝暦治水・薩摩義士　坂口達夫著　鹿児島　春苑堂出版　2000.3　228p　19cm　(かごしま文庫 59)1500円

①4-915093-66-2　Ⓝ210.55
〔08977〕
◇宝暦治水薩摩義士顕彰百年史　高橋直服著　流山　高橋直服先生著書刊行会　1995.8　223p　22cm　1500円　Ⓝ210.56
〔08978〕
◇宝暦治水薩摩義士事蹟概要　山田貞策著　岐阜県養老郡池辺村　薩摩義士顕彰会　1932　262p　23cm　Ⓝ219.7
〔08979〕
◇宝暦治水と薩摩藩—開藩五周年記念特別展　岐阜県博物館編　関　岐阜県博物館　1980.4　48p　26cm　Ⓝ219.7
〔08980〕
◇宝暦治水と薩摩藩士　伊藤信著　鶴書房　1943　438p 図版 地　22cm　Ⓝ517
〔08981〕
◇宝暦治水と薩摩藩士　伊藤信著　鶴書房　1954　436p 図版 地　22cm　Ⓝ215.3
〔08982〕
◇宝暦治水と薩摩藩士　伊藤信著　岐阜　郷土出版社　1986.6　438p　22cm　4500円　Ⓝ215.3　〔08983〕
◇宝暦治水と平田靭負の死—試論　水無瀬侃著　島本町(大阪府)　水無瀬侃　1977.9　342p　20cm　Ⓝ210.56
〔08984〕

◆◆農民生活
◇江戸時代農民生活史—土岐川上郷　上巻　佐藤実著　瑞浪　土岐川上郷郷土文化研究所　2004.9　368p　21cm　Ⓝ612.1
〔08985〕
◇江戸時代農民生活史—土岐川上郷　下巻　佐藤実著　瑞浪　土岐川上郷郷土文化研究所　2004.9　p369-630　21cm　Ⓝ612.1
〔08986〕
◇江戸時代の農民　安藤精一著　至文堂　1959　238p　19cm　(日本歴史新書)Ⓝ612.1
〔08987〕
◇江戸時代の農民支配と農民　見城幸雄著　岩田書院　2000.3　457p　22cm　(愛知大学綜合郷土研究所研究叢書 14)7800円　①4-87294-158-6　Ⓝ210.5
〔08988〕
◇江戸時代の農民生活　児玉幸多著　大八洲出版株式会社　1948　326p　19cm　(大八洲史書 第1輯)Ⓝa611
〔08989〕
◇江戸時代の農民生活　児玉幸多著　大八洲出版　1948　326p　18cm　(大八洲史書 第1輯)Ⓝ612
〔08990〕
◇江戸時代の百姓生活　嶋岡七郎編　新潟　農業新潟協会　1949　309p　19cm　Ⓝ612.1
〔08991〕
◇江戸の農民生活史—宗門改帳にみる濃尾の一農村　速水融著　日本放送出版協会　1988.7　211p　19cm　(NHKブックス 555)750円　①4-14-001555-1　Ⓝ334.3153
〔08992〕
◇加賀の走り移民　池端大二著　金沢　北国出版社　1984.12　184p　19cm　2000円　Ⓝ612.14　〔08993〕
◇鹿児島藩の民衆と生活　松下志朗著　鹿児島　南方新社　2006.9　227,9p　22cm　2800円　①4-86124-087-5　Ⓝ219.7
〔08994〕
◇近世青森県農民の生活史　盛田稔著　青森　青森県図書館協会　1972　332p　19cm　(青森県立図書館郷土双書 第4集)Ⓝ612.121
〔08995〕
◇近世青森県農民の生活史　盛田稔著　2版　青森　青森県立図書館　1978.3　332p　19cm　(青森県立図書館郷土双書 第10集)Ⓝ612.121
〔08996〕
◇近世日本農村社会史　北島正元著　雄山閣　1947　255p　19cm　(歴史新書 5)Ⓝ612
〔08997〕
◇近世日本農民運動史　木村靖二著　白揚社　1935　432p　20cm　Ⓝ611.9
〔08998〕
◇近世日本農民史　玉内治三著　刀江書院　1951　230p　19×11cm　(刀江文庫 第16)Ⓝ612.1
〔08999〕

◇近世農村地域社会史の研究　阿部英樹著　勁草書房　2004.3　308p　21cm　(中京大学経済学研究叢書)4200円　ⓘ4-326-54951-3
〔09000〕

◇近世農村地域社会史の研究　阿部英樹著　名古屋　中京大学経済学部　2004.3　308p　22cm　(中京大学経済学研究叢書　第12輯)Ⓝ612.1
〔09001〕

◇近世農民支配と家族・共同体　大島真理夫著　御茶の水書房　1991.2　364p　22cm　5665円　ⓘ4-275-01412-X　Ⓝ611.9
〔09002〕

◇近世農民支配と家族・共同体　大島真理夫著　増補版　御茶の水書房　1993.7　393p　22cm　ⓘ4-275-01512-6　Ⓝ210.5
〔09003〕

◇近世農民生活史―江戸時代の農民生活　児玉幸多著　3版　吉川弘文館　1952　347p　19cm　Ⓝ612.1
〔09004〕

◇近世農民生活史　児玉幸多著　新稿版　吉川弘文館　1957　356p　地　19cm　Ⓝ612.1
〔09005〕

◇近世農民生活史　児玉幸多著　新版　吉川弘文館　2006.9　371,9p　20cm　(歴史文化セレクション)2600円　ⓘ4-642-06301-3　Ⓝ612.1
〔09006〕

◇近世の農村生活―大阪近郊の歴史　髙尾一彦著　大阪　創元社　1958　223p　18cm　(創元歴史選書)Ⓝ612.163
〔09007〕

◇近世の農民生活と騒動　上田市誌編さん委員会編　上田　上田市　2003.10　231p　26cm　(上田市誌　歴史編9)Ⓝ612.152
〔09008〕

◇近世の百姓世界　白川部達夫著　吉川弘文館　1999.6　218p　19cm　(歴史文化ライブラリー　69)1700円　ⓘ4-642-05469-3　Ⓝ210.5
〔09009〕

◇鍬下年期　丸山恵山著　仙台　創栄出版　1987.11　66,22p　22cm　1000円　ⓘ4-88250-018-3　Ⓝ210.5
〔09010〕

◇古文書が語る近世村人の一生　森安彦著　平凡社　1994.8　175p　19cm　(セミナー「原典を読む」4)2000円　ⓘ4-582-36424-1　Ⓝ210.5
〔09011〕

◇庄屋日記にみる江戸の世相と暮らし　成松佐恵子著　京都　ミネルヴァ書房　2000.1　350,7p　20cm　(Minerva21世紀ライブラリー　56)3500円　ⓘ4-623-03093-8　Ⓝ210.5
〔09012〕

◇逃げる百姓、追う大名―江戸の農民獲得合戦　宮崎克則著　中央公論新社　2002.2　218p　18cm　(中公新書)720円　ⓘ4-12-101629-7　Ⓝ210.52
〔09013〕

◇仁助咄―近世・肥後農民の生活と思想　星子忠義訳　福岡　葦書房　1979.9　155p　19cm　980円　Ⓝ612.194
〔09014〕

◇日本近世農村金融史の研究―村融通制の分析　大塚英二著　校倉書房　1996.3　368p　22cm　8755円　ⓘ4-7517-2570-X　Ⓝ611.9
〔09015〕

◇日本農民史料聚粋　第2巻　小野武夫編　酒井書店・育英堂事業部　1970　584p　23cm　7000円　Ⓝ612.1
〔09016〕

◇日本農民史料聚粋　第4巻　小野武夫編　酒井書店・育英堂事業部　1970　564p　23cm　7000円　Ⓝ612.1
〔09017〕

◇日本農民史料聚粋　第6巻　小野武夫編　酒井書店・育英堂事業部　1970　568p　23cm　7000円　Ⓝ612.1
〔09018〕

◇日本農民史料聚粋　第8巻　小野武夫編　酒井書店・育英堂事業部　1970　2冊　23cm　6500円　Ⓝ612.1
〔09019〕

◇日本農民史料聚粋　第9巻　小野武夫編　酒井書店・育英堂事業部　1970　590p　23cm　7000円　Ⓝ612.1
〔09020〕

◇日本農民史料聚粋　第10巻　小野武夫編　酒井書店・育英堂事業部　1973　703p　23cm　25000円　Ⓝ612.1
〔09021〕

◇日本農民史料聚粋　第11巻　小野武夫編　酒井書店・育英堂事業部　1970　591p　23cm　7000円　Ⓝ612.1
〔09022〕

◇日本の江戸時代―舞台に上がった百姓たち　田中圭一著　刀水書房　1999.3　259p　20cm　(刀水歴史全書50)2400円　ⓘ4-88708-233-9　Ⓝ210.5
〔09023〕

◇日本の歴史　第15　大名と百姓　佐々木潤之介　中央公論社　1966　18cm　Ⓝ210.1
〔09024〕

◇日本の歴史　15　大名と百姓　佐々木潤之介著　中央公論社　1984.5　484p　18cm　(中公バックス)1200円　ⓘ4-12-401155-5　Ⓝ210.1
〔09025〕

◇農民・町民とその文化―江戸時代　2　古川清行著　小峰書店　1998.4　127p　26cm　(人物・遺産でさぐる日本の歴史　10)2500円　ⓘ4-338-15110-2
〔09026〕

◇農民の日記　国文学研究資料館史料館編　名著出版　2001.3　393,24p　22cm　(史料叢書　5)9000円　ⓘ4-626-01645-6　Ⓝ210.58
〔09027〕

◇幕末期村落における農民の百姓観―下総国相馬郡川崎村の事例　立正大学古文書研究会編　立正大学古文書研究会　1988.10　34p　26cm　Ⓝ612.131
〔09028〕

◇幕末農民生活誌　山本光正著　同成社　2000.12　251p　20cm　(同成社江戸時代史叢書　9)2800円　ⓘ4-88621-213-1　Ⓝ210.58
〔09029〕

◇播州黍味村農民の歴史　山田正雄著　神戸　山田正雄　1980.4　480p　22cm　Ⓝ611.9
〔09030〕

◇百姓の江戸時代　田中圭一著　筑摩書房　2000.11　219p　18cm　(ちくま新書)680円　ⓘ4-480-05870-2　Ⓝ210.5
〔09031〕

◇百姓の義―ムラを守る・ムラを超える　大野和興編著　社会評論社　1990.9　316p　21cm　(思想の海へ「解放と変革」1)2600円　Ⓝ611.9
〔09032〕

◇百姓烈伝　南雲道雄著　たいまつ社　1977.2　174p　17cm　(たいまつ新書)680円　Ⓝ611.9
〔09033〕

◇貧農史観を見直す　佐藤常雄,大石慎三郎著　講談社　1995.8　177p　18cm　(講談社現代新書―新書・江戸時代　3)650円　ⓘ4-06-149259-4　Ⓝ210.5
〔09034〕

◇身分としての百姓、職業としての百姓　石瀧豊美著　須恵町(福岡県)　イシタキ人権学研究所　2007.6　200p　21cm　1700円　ⓘ4-88683-318-7　Ⓝ612.131
〔09035〕

◇村方争論・事件にみる近世農民の生活―近世村史の一齣　神立春樹著　御茶の水書房　2005.7　141,4p　22cm　3600円　ⓘ4-275-00389-6　Ⓝ612.134
〔09036〕

◇明治維新と水戸農村　吉田俊純著　同時代社　1995.1　421p　26cm　6000円　ⓘ4-88683-318-7　Ⓝ612.131
〔09037〕

◇ゆりかごから墓場まで―近世文書が語る人の一生　平成2年度特別展　三芳町立歴史民俗資料館編　三芳町(埼玉県)　三芳町教育委員会　1991.1　28p　26cm　Ⓝ210.5
〔09038〕

◆◆年貢

◇江戸時代の江戸の税制と明治六年地租改正法公布　土方晋著　税務経理協会　2004.3　213p　19cm　2200円　ⓘ4-419-04327-X　Ⓝ345.21
〔09039〕

◇江戸時代の税―年貢―展―平成12年度特別展示　国税庁税務大学校租税史料館編　和光　税務大学校租税史料館　2002.3　19p　30cm
〔09040〕

◇江戸時代の年貢―土支田村割付状解説　平野実著　練馬郷土史研究会　1965　50p　22cm　（郷土史研究ノート24）
〔09041〕

◇江戸時代の村と税―出羽国村山郡入間村の名主史料――平成13年度特別展示　国税庁税務大学校租税史料館編　和光　税務大学校租税史料館　2002.3　19p　30cm
〔09042〕

◇畿内幕領の綿作徴租法　森杉夫著　東大阪　東大阪市　1977.3　35p　22cm　（東大阪市史紀要　第10号）
〔09043〕

◇近世畿内在払制度の研究　美馬佑造著　京都　松籟社　2006.3　479,10p　22cm　3800円　Ⓘ4-87984-241-9　Ⓝ612.1
〔09044〕

◇近世経済史の基礎過程―年貢収奪と共同体　古島敏雄著　岩波書店　1978.9　396p　22cm　3000円　Ⓝ332.1
〔09045〕

◇近世徴租法と農民生活　森杉夫著　柏書房　1993.4　383p　22cm　9800円　Ⓘ4-7601-0974-9　Ⓝ210.5
〔09046〕

◇近世幕領年貢制度の研究　本間勝喜著　文献出版　1993.10　620p　22cm　16000円　Ⓘ4-8305-1168-0　Ⓝ210.5
〔09047〕

◇相良藩の年貢　若尾俊平,武田魁著　廿日市町（広島県）　若尾俊平　1978.4　113p　21cm　Ⓝ611.22
〔09048〕

◇人物・税の歴史―江戸時代から現代まで　日本税理士会連合会編　武田昌輔著　東林出版社　1992.1　223p　19cm　1500円　Ⓘ4-7952-3563-5　Ⓝ345.21
〔09049〕

◇筑前国各藩田制貢租調査　福岡　福岡県内務部　1932.6　228p　23cm　Ⓝ219.1
〔09050〕

◇徳川時代の年貢　トマス・C.スミス著,大内力訳　東京大学経済学会　1965　41p　21cm　（東京大学経済学部日本産業経済研究資料　第2集）200円　Ⓝ332.1
〔09051〕

◇福岡県旧藩久留米藩仲津藩小倉藩田制貢租ニ関スル調査　福岡　福岡県内務部　1933.3　137p　22cm　Ⓝ219.1
〔09052〕

◇文政12年狐神寺村年貢関連文書―解説と翻刻　松浦昭,李東彦著　神戸　兵庫県立大学経済経営研究所　2005.7　115p　26cm　（研究資料 no.194）Ⓝ212.2
〔09053〕

◇武蔵国多摩郡江古田村名主文書―土地年貢関係　高野進芳編　堀野家　1968　657,57p　図版16枚　22cm　非売　Ⓝ611.22
〔09054〕

◆◆飢饉

◇市川日記・天保三辰ヨリ七ケ年凶作日記　九代佐々木太郎左衛門著,向谷地又三郎編　八戸　向谷地芳久　1985.4　95,251p　22cm　Ⓝ611.39
〔09055〕

◇飢饉　荒川秀俊著　東村山　教育社　1979.4　201p　18cm　（教育社歴史新書）600円　Ⓝ611.39
〔09056〕

◇飢饉―企画展　食糧危機をのりこえる　名古屋市博物館編　名古屋　名古屋市博物館　1999.3　55p　30cm　Ⓝ210.5
〔09057〕

◇飢饉から読む近世社会　菊池勇夫著　校倉書房　2003.10　448p　21cm　8000円　Ⓘ4-7517-3470-9
〔09058〕

◇飢饉と救済の社会史　高橋孝助著　青木書店　2006.2　322,8p　19cm　（シリーズ中国にとっての20世紀）3400円　Ⓘ4-250-20603-3
〔09059〕

◇近世後期村落における凶災と復興策―下総国相馬郡川崎村の事例　立正大学古文書研究会編　立正大学古文書研究会　1992.11　47p　26cm　Ⓝ611.39
〔09060〕

◇近世社会経済史料集成　第1巻　飢饉考　上　高橋梵仙編　大東文化大学東洋研究所　1969　231p　22cm　非売　Ⓝ332.1
〔09061〕

◇近世社会経済史料集成　第2巻　飢饉考　下　高橋梵仙編　大東文化大学東洋研究所　1969　232-485p　22cm　非売　Ⓝ332.1
〔09062〕

◇近世社会経済史料集成　第4巻　飢渇もの　上　高橋梵仙編　大東文化大学東洋研究所　1977.2　416p　図13枚　22cm　Ⓝ332.1
〔09063〕

◇近世社会経済史料集成　第5巻　飢渇もの　下　高橋梵仙編　大東文化大学東洋研究所　1977.2　417〜855p　22cm　Ⓝ332.1
〔09064〕

◇近世の飢饉　菊池勇夫著　吉川弘文館　1997.9　260,7p　20cm　（日本歴史叢書　新装版）2600円　Ⓘ4-642-06654-3　Ⓝ611.39
〔09065〕

◇近世の救荒食糧施策　和田斉著　人文閣　1943　242p　19cm　Ⓝ611.3
〔09066〕

◇近世の荒政―饑饉及び食糧問題とその対策　上田藤十郎著　京都　大雅堂　1947　302p　22cm　Ⓝ611.3
〔09067〕

◇寺院過去帳からよみとる江戸時代の飢饉―GISを使用した死亡変動分析　立命館大学産業社会学部高木正朗ゼミナール編著　京都　〔立命館大学産業社会学部高木正朗ゼミナール〕　2005.3　182p　30cm　Ⓝ611.39
〔09068〕

◇史籍集覧　52　玉音抄・耳襄抄・天明七丁未年江戸飢饉騒動之事　近藤瓶城校　近藤瓶城　1883.8　6,9,6丁　19cm　Ⓝ210
〔09069〕

◇下北・南部の飢饉供養塔―補遺津軽の飢饉供養塔　関根達人編　弘前　弘前大学人文学部文化財論ゼミナール　2005.8　87p　30cm　（弘前大学人文学部文化財論ゼミナール調査報告 5）Ⓝ714.02121
〔09070〕

◇週刊ビジュアル日本の歴史　no.36　江戸の行革　6　デアゴスティーニ・ジャパン　2000.10　p212-251　30cm　533円　Ⓝ210.1
〔09071〕

◇仙台郷土資料　第1　天明天保に於ける仙台の飢饉記録　阿刀田令造編　仙台　無一文館　1931　123p　19cm　Ⓝ212.3
〔09072〕

◇津軽の飢饉供養塔　関根達人編著　弘前　弘前大学人文学部文化財論ゼミナール　2004.7　155p　30cm　（弘前大学人文学部文化財論ゼミナール調査報告 3）Ⓝ714.02121
〔09073〕

◇天保の飢饉とふるさとの備荒倉　八木均著・編　黒部　八木均　1994.6　150p　26cm　Ⓝ611.39
〔09074〕

◇天保の大飢饉と粗岡村　古川哲男編　村岡町（兵庫県）　村岡藩資料館　1994.6　150p　26cm　800円　Ⓝ216.4
〔09075〕

◇天明飢饉史料石谷家文書　芳賀登,乾宏巳,石谷貞彦編　雄山閣出版　1977.11　230p　22cm　3000円　Ⓝ611.39
〔09076〕

◇天明天保奥州飢渇事控　片平六左著　石巻　石巻海陸運送　1985.10　314p　20cm　1500円　Ⓝ611.39
〔09077〕

◇天明の江戸打ちこわし　片倉比佐子著　新日本出版社　2001.10　189p　18cm　（新日本新書）950円　Ⓘ4-406-02841-2　Ⓝ210.55
〔09078〕

◇天明の飢饉と諸藩の改革　守谷早苗著　会津若松　歴史春秋出版　2002.2　158p　19cm　（歴春ふくしま文庫59）1200円　Ⓘ4-89757-633-4　Ⓝ611.39
〔09079〕

◇東北日本の食―『遠野物語』と雑穀・飢饉　『遠野物語』ゼミナール2006講義記録　遠野物語研究所編　遠野　遠野物語研究所　2007.3　322p　18cm　1000円　Ⓝ382.122
〔09080〕

◇富山藩天保の飢饉留記　高瀬保編　古葉会解読　富山

経済史　　　　　　　　　　　近世史

◇桂書房　1995.9　181p　18cm　(桂新書 8)824円
　Ⓝ214.2
〔09081〕
◇日本飢饉誌　司法省刑事局編　海路書院　2004.10
　409p　23cm　22000円　Ⓘ4-902796-05-8　Ⓝ611.39
〔09082〕
◇日本近世饑饉志　小野武夫編　学芸社　1935　448p
　23cm　Ⓝ210.5
〔09083〕
◇日本近世饑饉志　小野武夫著　有明書房　1987.4　448p
　図版11枚　22cm　12000円　Ⓘ4-87044-085-7　Ⓝ611.39
〔09084〕
◇日本の歴史　近世 2-10　浅間の噴火と飢饉—災害と予兆
　新訂増補　朝日新聞社　2003.12　p290-320　30cm
　(週刊朝日百科 80)476円　Ⓝ210.1
〔09085〕
◇満作往来—天保飢饉の記録 全訳　霞川山岡著,伊藤美津
　子訳　袖ケ浦町(千葉県)　麦野裕(製作)　1987.4　38p
　26cm　Ⓝ611.39
〔09086〕
◇民間備荒録—江戸時代の飢饉と救荒書　一関市博物館編
　一関　一関市博物館　2002.9　64p　30cm　Ⓝ210.5
〔09087〕

◆◆百姓一揆

◇「悪党」の一九世紀—民衆運動の変質と"近代移行期"
　須田努著　青木書店　2002.5　250,4p　22cm　3200円
　Ⓘ4-250-20213-5　Ⓝ210.58
〔09088〕
◇維新農民蜂起譚　小野武夫編著　改造社　1930　623p
　23cm　Ⓝ210.6
〔09089〕
◇一揆　勝俣鎮夫著　岩波書店　1982.6　200p　18cm
　(岩波新書)380円　Ⓝ210.1
〔09090〕
◇一揆 1　一揆史入門　青木美智男ほか編　東京大学出
　版会　1981.1　306p　19cm　1800円　Ⓝ210.1
〔09091〕
◇一揆 2　一揆の歴史　青木美智男ほか編　東京大学出
　版会　1981.2　387p　19cm　1800円　Ⓝ210.1
〔09092〕
◇一揆 3　一揆の構造　青木美智男ほか編　東京大学出
　版会　1981.5　327p　19cm　1800円　Ⓝ210.1
〔09093〕
◇一揆 4　生活・文化・思想　青木美智男ほか編　東京
　大学出版会　1981.8　372p　19cm　1800円　Ⓝ210.1
〔09094〕
◇一揆 5　一揆と国家　青木美智男ほか編　東京大学出
　版会　1981.10　419p　19cm　1800円　Ⓝ210.1
〔09095〕
◇一揆打毀しの運動構造　山田忠雄著　校倉書房　1984.9
　312p　22cm　(歴史科学叢書)5800円　Ⓘ4-7517-1610-7
　Ⓝ210.5
〔09096〕
◇一揆・監獄・コスモロジー—周縁性の歴史学　安丸良夫
　著　朝日新聞社　1999.10　248p　20cm　2400円
　Ⓘ4-02-257433-X　Ⓝ210.5
〔09097〕
◇一揆・雲助・博徒　田村栄太郎著　大畑書店　1933
　471p　20cm　Ⓝ210.5
〔09098〕
◇一揆・雲助・博徒　田村栄太郎著　三笠書房　1935
　471p　20cm　Ⓝ210.5
〔09099〕
◇一揆・雲助・博徒　田村栄太郎著　三崎書房　1972
　398p　19cm　(史録叢書 2)1500円　Ⓝ210.5　〔09100〕
◇一揆と周縁　保坂智編　青木書店　2000.2　307p
　22cm　(民衆運動史 近世から近代へ 1)3500円
　Ⓘ4-250-20007-8,4-250-99080-X　Ⓝ210.5　〔09101〕
◇一揆論　松永伍一著　大和書房　1984.11　243p　20cm
　(大和選書)1500円　Ⓘ4-479-80003-4　Ⓝ210.5
〔09102〕

◇解放群書　第21編　武左衛門一揆　中西伊之助著　解放
　社　1927　227p　19cm　Ⓝ363
〔09103〕
◇餓死一揆碑めぐり　杉山勝著　日本図書刊行会　1997.3
　225p　20cm　1800円　Ⓘ4-89039-143-6　Ⓝ210.5
〔09104〕
◇合戦騒動事典　歴史と文学の会,志村有弘共編　勉誠出
　版　2005.11　591,15p　23cm　9800円
　Ⓘ4-585-06046-4　Ⓝ210.19
〔09105〕
◇義民—百姓一揆の指導者たち　横山十四男著　三省堂
　1973　200p　18cm　(三省堂新書)300円　Ⓝ210.5
〔09106〕
◇義民　横山十四男著　新版　三省堂　1981.6　210p
　19cm　(三省堂選書 83)900円　Ⓝ210.5
〔09107〕
◇義民伝承の研究　横山十四男著　三一書房　1985.1
　374p　23cm　5500円　Ⓝ210.5
〔09108〕
◇切支丹一揆　武藤虎太著　熊本　武藤虎太　1897.5
　97p 図版 地　18cm　Ⓝ210.5
〔09109〕
◇近世義民年表　保坂智編　吉川弘文館　2004.12　526p
　23cm　8000円　Ⓘ4-642-01342-3　Ⓝ210.48　〔09110〕
◇近世後期の社会と民衆—天明三年～慶応四年,都市・在
　郷町・農村　長谷川伸三著　雄山閣出版　1999.2　392p
　22cm　12381円　Ⓘ4-639-01585-2　Ⓝ210.5　〔09111〕
◇近世社会経済史料集成　第3巻　百姓一揆—其他　高橋
　梵仙編　大東文化大学東洋研究所　1980.3　490p
　22cm　Ⓝ332.1
〔09112〕
◇近世都市騒擾の研究—民衆運動史における構造と主体
　岩田浩太郎著　吉川弘文館　2004.8　444p　22cm
　10000円　Ⓘ4-642-03384-X　Ⓝ210.5
〔09113〕
◇近世農民一揆の展開　岡光夫著　京都　ミネルヴァ書房
　1970　222p　22cm　980円　Ⓝ612.1
〔09114〕
◇近世農民騒動史料集 小作騒動に関する史料集　農政調
　査会編　明治文献資料刊行会　1959　1118p　26cm
　Ⓝ612.1
〔09115〕
◇近世の農民一揆　上　田村栄太郎著　雄山閣出版
　1985.8　272p　22cm　3800円　Ⓘ4-639-00504-0
　Ⓝ210.5
〔09116〕
◇近世の農民一揆　下　田村栄太郎著　雄山閣出版
　1985.12　p275～574　22cm　3800円　Ⓘ4-639-00532-6
　Ⓝ210.5
〔09117〕
◇近世民衆運動の研究　津田秀夫著　三省堂　1979.7
　344p　22cm　3500円　Ⓝ210.58
〔09118〕
◇近世民衆運動の展開　谷山正道著　高科書店　1994.11
　463,8,4p　22cm　9000円　Ⓝ210.5
〔09119〕
◇近世民衆の教育と政治参加　八鍬友広著　校倉書房
　2001.10　416p　22cm　(歴史科学叢書)10000円
　Ⓘ4-7517-3230-7　Ⓝ210.5
〔09120〕
◇近代移行期の民衆像　新井勝紘編　青木書店　2000.7
　313p　22cm　(民衆運動史 近世から近代へ 4)3500円
　Ⓘ4-250-20016-7,4-250-99080-X　Ⓝ210.58　〔09121〕
◇国訴と百姓一揆の研究　藪田貫著　校倉書房　1992.5
　378p　22cm　(歴史科学叢書)7725円　Ⓘ4-7517-2170-4
　Ⓝ210.5
〔09122〕
◇小作騒動に関する史料集　農政調査会編　御茶の水書房
　1978.6　1240p　27cm　25000円　Ⓝ611.26　〔09123〕
◇地蔵堂通夜物語　西野辰吉著　勉誠社　1996.1　247p
　20cm　(日本合戦騒動叢書 8)2575円　Ⓘ4-585-05108-2
　Ⓝ289.1
〔09124〕
◇七人童子快挙録—寛延百姓一揆　佐々栄三郎著　社会新
　聞社　1950　175p　18cm　Ⓝ210.5
〔09125〕
◇地鳴り山鳴り—民衆のたたかい三〇〇年　国立歴史民俗
　博物館編　佐倉　国立歴史民俗博物館　2000.3　127p

近世史　経済史

　　30cm　Ⓝ210.5　　　　　　　　　〔09126〕
◇社会意識と世界像　岩田浩太郎編　青木書店　1999.11　313p　22cm　（民衆運動史 近世から近代へ 2）3500円　①4-250-99044-3,4-250-99080-X　Ⓝ210.5　〔09127〕
◇庄屋平兵衛獄門記　宇野宗佑著　青蛙房　1971　384p　22cm　（青蛙選書）1200円　Ⓝ210.57　〔09128〕
◇真宗史料集成　第3巻　一向一揆　柏原祐泉ほか編　北西弘編　再版　京都　同朋舎メディアプラン　2003.3　81,1258p　23cm　④4-901339-76-1　Ⓝ188.72　〔09129〕
◇真忠組―真忠組の樋山小四郎義行は幕末徳川水戸藩、佐幕派の領袖、城代家老鈴木石見守重棟の従兄、鈴木謙之介重弘であった。　鈴木国夫著　千葉　和泉書房　2006.6　80p　26cm　1000円　④4-9901390-8-9　Ⓝ210.58　〔09130〕
◇助郷一揆の研究―近世農民運動史論　高橋実著　岩田書院　2003.2　338p　22cm　（近世史研究叢書 8）7400円　④4-87294-267-1　Ⓝ210.5　〔09131〕
◇図説日本の百姓一揆　歴史教育者協議会編　斎藤純監修　民衆社　1999.10　347p　26cm　7800円　④4-8383-0778-0　Ⓝ210.5　〔09132〕
◇天保期の人民闘争と社会変革　上　百姓一揆研究会著　校倉書房　1980.11　399p　22cm　5000円　Ⓝ210.58　〔09133〕
◇天保期の人民闘争と社会変革　下　百姓一揆研究会著　校倉書房　1982.2　251p　22cm　4000円　Ⓝ210.58　〔09134〕
◇天保義民録　河村吉三著　高知堂　1893.9　228p　19cm　Ⓝ210.5　〔09135〕
◇天保国替一揆史料展　致道博物館編　鶴岡　致道博物館　1986　1冊　26cm　〔09136〕
◇天保の義民　松好貞夫著　岩波書店　1962　221p　18cm　（岩波新書）Ⓝ210.57　〔09137〕
◇日本農民一揆録　田村栄太郎著　南蛮書房　1930　334p　22cm　Ⓝ611.9　〔09138〕
◇日本民衆の歴史　4　百姓一揆と打ちこわし　佐々木潤之介編　三省堂　1974　409p　19cm　950円　Ⓝ210.1　〔09139〕
◇日本民衆の歴史　5　世直し　佐々木潤之介編　三省堂　1974　399p　19cm　950円　Ⓝ210.1　〔09140〕
◇農政叢書　第5輯　徳川時代百姓一揆叢談　上,下　小野武夫編　刀江書院　1927　2冊　22cm　Ⓝ612　〔09141〕
◇幕藩制解体期の民衆運動―明治維新と上信農民動向　中島明著　校倉書房　1993.2　580p　22cm　（歴史科学叢書）10300円　④4-7517-2250-6　Ⓝ210.58　〔09142〕
◇八右衛門・兵助・伴助　深谷克己著　朝日新聞社　1978.5　347p　20cm　（朝日評伝選 20）1300円　Ⓝ210.57　〔09143〕
◇原田伴彦著作集　別巻　近世都市騒擾史　京都　思文閣出版　1982.6　459,8p　20cm　2900円　Ⓝ210.1　〔09144〕
◇百姓一揆　芳賀登著　潮出版社　1973　222p　18cm　（潮新書）270円　Ⓝ210.5　〔09145〕
◇百姓一揆研究文献総目録　保坂智編　三一書房　1997.11　471,41p　22cm　8000円　④4-380-97303-4　Ⓝ210.5　〔09146〕
◇百姓一揆史談　黒正巌著　日本評論社　1929　319p　19cm　Ⓝ210.5　〔09147〕
◇百姓一揆事典　深谷克己監修　民衆社　2004.11　667p　27cm　25000円　④4-8383-0912-0　Ⓝ210.5　〔09148〕
◇百姓一揆総合年表　青木虹二著　三一書房　1971　682,35p　23cm　7000円　Ⓝ210.5　〔09149〕

◇百姓一揆と義民伝承　横山十四男著　東村山　教育社　1977.10　273p　18cm　（教育社歴史新書）600円　Ⓝ210.5　〔09150〕
◇百姓一揆と義民の研究　保坂智著　吉川弘文館　2006.7　382,25p　22cm　9000円　④4-642-03414-5　Ⓝ210.5　〔09151〕
◇百姓一揆とその作法　保坂智著　吉川弘文館　2002.3　204p　19cm　（歴史文化ライブラリー 137）1700円　④4-642-05537-1　Ⓝ210.5　〔09152〕
◇百姓一揆の研究　黒正巌著　岩波書店　1928　474p　23cm　Ⓝ210.5　〔09153〕
◇百姓一揆の研究　黒正巌著　京都　思文閣　1971　474p　22cm　（大阪経済大学日本経済史研究所叢書 第4冊）3500円　Ⓝ612.1　〔09154〕
◇百姓一揆の研究　黒正巌著　大阪　大阪経済大学日本経済史研究所　2002.9　346p　22cm　（黒正巌著作集 第1巻）④4-7842-1122-5　Ⓝ210.5　〔09155〕
◇百姓一揆の研究　続篇　黒正巌著　京都　ミネルヴァ書房　1959　347p　22cm　（大阪経済大学叢書 第1）Ⓝ612.1　〔09156〕
◇百姓一揆の研究　続編　黒正巌著　京都　思文閣　1971　347p　22cm　（大阪経済大学日本経済史研究所叢書 第5冊）3000円　Ⓝ612.1　〔09157〕
◇百姓一揆の時代　青木美智男著　校倉書房　1999.1　344p　20cm　3800円　④4-7517-2900-4　Ⓝ210.5　〔09158〕
◇百姓一揆の伝統　林基著　新評論　1971　2冊（続共）　18cm　各1000円　Ⓝ611.96　〔09159〕
◇百姓一揆の伝統　林基著　第2版　新評論　2002.12　382p　19cm　（Shinhyoron selection 23）4800円　④4-7948-9977-7　Ⓝ210.5　〔09160〕
◇百姓一揆の伝統　続　林基著　新評論　2002.12　379p　19cm　（Shinhyoron selection 24）4800円　④4-7948-9976-9　Ⓝ210.5　〔09161〕
◇百姓一揆の年次的研究　青木虹二著　新生社　1966　151,325,78p　22cm　（日本史学研究双書）Ⓝ210.5　〔09162〕
◇百姓一揆の年次的研究　青木虹二著　新生社　1967　48p　22cm　Ⓝ210.5　〔09163〕
◇百姓一揆の歴史的構造　深谷克己著　校倉書房　1979.9　398p　22cm　（歴史科学叢書）5000円　Ⓝ210.5　〔09164〕
◇百姓一揆の歴史的構造　深谷克己著　増補改訂版　校倉書房　1986.3　517p　22cm　（歴史科学叢書）8000円　④4-7517-1261-6　Ⓝ210.5　〔09165〕
◇百姓一揆論　黒正巌著　大阪　大阪経済大学日本経済史研究所　2002.9　441p　22cm　（黒正巌著作集 第2巻）④4-7842-1122-5　Ⓝ210.5　〔09166〕
◇紛争と世論―近世民衆の政治参加　平川新著　東京大学出版会　1996.11　333,6p　22cm　5665円　④4-13-020108-5　Ⓝ210.5　〔09167〕
◇編年百姓一揆史料集成　第1巻　天正十八年～元禄二年　青木虹二編　三一書房　1979.2　592,48p　27cm　17000円　Ⓝ210.5　〔09168〕
◇編年百姓一揆史料集成　第2巻　元禄三年～享保八年　青木虹二編　三一書房　1979.5　556,34p　27cm　17000円　Ⓝ210.5　〔09169〕
◇編年百姓一揆史料集成　第3巻　享保九年～寛延二年　青木虹二編　三一書房　1979.8　552,36p　27cm　17000円　Ⓝ210.5　〔09170〕
◇編年百姓一揆史料集成　第4巻　寛延二年～明和三年　青木虹二編　三一書房　1979.12　551,28p　27cm

経済史　　　　　　　　　　近世史

◇編年百姓一揆史料集成　第5巻　明和4年～天明3年　青木虹二編　三一書房　1980.4　553,36p　27cm　17000円　Ⓝ210.5
〔09172〕

◇編年百姓一揆史料集成　第6巻　天明四年～寛政五年　青木虹二編　三一書房　1980.9　563,30p　27cm　18000円　Ⓝ210.5
〔09173〕

◇編年百姓一揆史料集成　第7巻　寛政6年～享和1年　青木虹二編　三一書房　1981.3　533,20p　27cm　18000円　Ⓝ210.5
〔09174〕

◇編年百姓一揆史料集成　第8巻　享和二年～文化八年　青木虹二編　三一書房　1981.9　531,20p　27cm　18000円　Ⓝ210.5
〔09175〕

◇編年百姓一揆史料集成　第9巻　文化八年～文化十二年　青木虹二編　保坂智補編　三一書房　1982.3　565,16p　27cm　18000円　Ⓝ210.5
〔09176〕

◇編年百姓一揆史料集成　第10巻　文化十三年～文政六年　青木虹二編　保坂智補編　三一書房　1982.11　602,24p　27cm　18000円　Ⓝ210.5
〔09177〕

◇編年百姓一揆史料集成　第11巻　文政七年～文政十二年　青木虹二編　保坂智補編　三一書房　1983.9　590,20p　27cm　18000円　Ⓝ210.5
〔09178〕

◇編年百姓一揆史料集成　第12巻　天保一年～天保四年　青木虹二編　保坂智補編　三一書房　1984.5　694,20p　27cm　21000円　Ⓝ210.5
〔09179〕

◇編年百姓一揆史料集成　第13巻　天保5年～天保7年　青木虹二編,保坂智補編　三一書房　1985.6　659,16p　27cm　21000円　Ⓝ210.5
〔09180〕

◇編年百姓一揆史料集成　第14巻　天保7年～天保8年　青木虹二編,保坂智補編　三一書房　1986.12　667,14p　27cm　21000円　Ⓝ210.5
〔09181〕

◇編年百姓一揆史料集成　第15巻　天保9年～天保11年　青木虹二編,保坂智補編　三一書房　1988.5　554,12p　27cm　21000円　Ⓝ210.5
〔09182〕

◇編年百姓一揆史料集成　第16巻　天保12年～弘化3年　青木虹二編　保坂智補編　三一書房　1991.10　624,22p　27cm　21630円　①4-380-91504-2　Ⓝ210.5
〔09183〕

◇編年百姓一揆史料集成　第17巻　弘化4年～嘉永5年　青木虹二編　保坂智補編　三一書房　1993.5　641,24p　27cm　23690円　①4-380-93504-3　Ⓝ210.5
〔09184〕

◇編年百姓一揆史料集成　第18巻　嘉永6年～安政3年　青木虹二編　保坂智補編　三一書房　1996.1　581,20p　27cm　23690円　①4-380-96504-X　Ⓝ210.5
〔09185〕

◇編年百姓一揆史料集成　第19巻　青木虹二編　保坂智補編　三一書房　1997.7　611,24p　27cm　23000円　①4-380-97504-5　Ⓝ210.5
〔09186〕

◇編年百姓一揆史料集成　月報―編集のしおり 1-17,19　三一書房　1979.2-1997.7　1冊　21cm　Ⓝ210.5　〔09187〕

◇宝永一揆の研究　天明絹騒動の研究　深谷ゼミ編　深谷ゼミ編　〔深谷ゼミ〕　1999.6　1冊　27cm　(深谷ゼミ共同研究 1)Ⓝ213.1
〔09188〕

◇封建制下の農民一揆　田村栄太郎著　叢文閣　1933　333p　22cm　Ⓝ612
〔09189〕

◇宝暦郡上一揆外伝石徹白社人騒動―石徹白追放社人およそ五三〇人、内、凍死餓死七〇人余　上村武住著　名古屋　星雲社(発売)　2007.5　287p　21cm　2800円　①978-4-434-10596-8　Ⓝ215.3
〔09190〕

◇民衆のたたかいと思想―百姓一揆・大塩平八郎…　向江強著　大阪　耕文社　1997.10　300p　21cm　3000円　①4-906456-16-4
〔09191〕

◇民衆のたたかいと思想―百姓一揆・大塩平八郎…　向江強著　大阪　耕文社　1997.10　300p　22cm　2858円　①4-906456-16-2　Ⓝ210.5
〔09192〕

◇乱・一揆・非人　岡本良一著　柏書房　1983.5　219p　20cm　1600円　Ⓝ210.5
〔09193〕

◇歴史科学大系　第22巻　農民闘争史　上　歴史科学協議会編　編集・解説：山田忠雄　校倉書房　1973　345p　22cm　1800円　Ⓝ210.08
〔09194〕

◇歴史科学大系　第23巻　農民闘争史　下　歴史科学協議会編　編集・解説：山田忠雄　校倉書房　1974　333p　22cm　2000円　Ⓝ210.08
〔09195〕

◆◆◆世直し一揆

◇民の理―世直しへの伏流　石渡博明編著　社会評論社　1990.10　322p　21cm　(思想の海へ「解放と変革」 4)2524円　Ⓝ121.5
〔09196〕

◇田村栄太郎著作集　第1　世直し　田村栄太郎著　雄山閣　1960　19cm　Ⓝ210.5
〔09197〕

◇幕末維新世直し騒動の一性格―九十九里浜真忠組騒動をめぐって　柴田武雄著　雄山閣出版　1982.4　539,11p　22cm　12000円　①4-639-00156-8　Ⓝ210.58　〔09198〕

◇幕末社会の基礎構造―武州世直し層の形成　大館右喜著　浦和　埼玉新聞社　1981.10　308,9p　22cm　3800円　Ⓝ210.58
〔09199〕

◇幕末社会論―「世直し状況」研究序論　佐々木潤之介著　塙書房　1969　297p　19cm　(塙選書)850円　Ⓝ210.58
〔09200〕

◇村方騒動と世直し―世直し状況の研究　上　佐々木潤之介編　青木書店　1972　406p　22cm　(歴史学研究叢書)Ⓝ210.58
〔09201〕

◇村方騒動と世直し―世直し状況の研究　下　佐々木潤之介編　青木書店　1973　430p　22cm　(歴史学研究叢書)3000円　Ⓝ210.58
〔09202〕

◆◆◆東北地方

◇会津御蔵入騒動と寛延一揆　海老名俊雄著　三島町(福島県)　海老名俊雄　1996.8　272p　19cm　2600円　Ⓝ212.6
〔09203〕

◇会津藩政から見た猪苗代農民一揆　佐野喜与伊著　猪苗代町(福島県)　佐野喜与伊　1984.6　57p　22cm　非売品　Ⓝ212.6
〔09204〕

◇会津百姓騒動記　住吉古文書研究会編　大阪　住吉古書研究会　2005.10　106p　21×30cm　Ⓝ212.6
〔09205〕

◇秋田県百姓一揆総合年表　堤洋子著　百姓一揆研究会　1995.1　43p　26cm　非売品　Ⓝ212.4　〔09206〕

◇一揆の激流―南部三閉伊一揆に先行するもの　民間伝承　佐々木京一著　民衆社　1993.12　315p　20cm　2500円　①4-8383-0711-X　Ⓝ212.2
〔09207〕

◇一揆の奔流―南部三閉伊一揆の民間伝承　佐々木京一著　民衆社　1984.8　357p　20cm　2000円　Ⓝ212.2
〔09208〕

◇疣石峠の話―享保十四年信達農民強訴物語　鈴木俊夫著　飯野町(福島県)　1959　102p　22cm　Ⓝ612.126
〔09209〕

◇大山騒動史―庄内御料百姓一揆　余目郷名主の記録より　佐藤幸夫著　余目町(山形県)　大山騒動史刊行会　1992.12　398p　22cm　Ⓝ212.5　〔09210〕

◇葛西大崎一揆関係文献　西田耕三編　気仙沼　耕風社　1992.10　371p　21cm　(葛西史料集成　第2巻)6000円　Ⓝ212.3
〔09211〕

◇川井村の百姓一揆文書　川井村（岩手県）　川井村教育委員会　1980　130p　22cm　（川井村郷土誌追録2）Ⓝ212.2
〔09212〕

◇寛永白岩一揆　渡辺為夫著　山形　渡辺為夫　1986.6　335p　20cm　非売品　Ⓝ210.52
〔09213〕

◇寛延二年の一揆と義民彦内　吉田勇著　伊達町（福島県）　伊達町　1994.3　44p　21cm　（伊達文庫）Ⓝ212.6
〔09214〕

◇寛政九年における仙台藩領の農民一揆　平重道著　仙台地域社会研究会　1956　77p　21cm　（地域社会研究会資料　第8）Ⓝ612.123
〔09215〕

◇近世秋田の農民一揆試論　ぬめひろし著　大曲　北方風土社　1987.12　119p　21cm　1200円　Ⓝ212.4
〔09216〕

◇近世非領国地域の民衆運動と郡中議定　青木美智男著　ゆまに書房　2004.5　417p　22cm　8000円　①4-8433-1160-X　Ⓝ212.5
〔09217〕

◇元文義民伝―磐城百姓騒動　志賀伝吉著　いわき　元文義民顕彰会　1976.9　211p　19cm　1600円　Ⓝ212.6
〔09218〕

◇五義民―坊沢村百姓一揆の考察　佐藤貞夫著　大館　よねしろ書房　1980.7　126p　19cm　740円　Ⓝ212.4
〔09219〕

◇荘内天保義民　前,後・続篇　清野鉄臣編　鶴岡　アサヒ印刷所　1934-1935　2冊　23-24cm　Ⓝ210.5
〔09220〕

◇荘内天保義民物語　大井五郎編　鶴岡　阿部久書店　1971　79p　13×19cm　Ⓝ212.5
〔09221〕

◇平藩小姓騒動誌　志賀伝吉著　いわき　元文義民顕彰会　1980.10　211p　19cm　2000円　Ⓝ212.6
〔09222〕

◇出羽百姓一揆録　長井政太郎編著　国書刊行会　1973　301p　22cm　2500円　Ⓝ612.125
〔09223〕

◇天保義民　京田通西郷組荘内侯国替引止運動　天保義民追慕会編　12p　23cm　Ⓝ212.5
〔09224〕

◇南山義民小栗山喜四郎　渡部庄平,杉原幸次郎著　田島町（福島県）　会南社　1898.7　123p　24cm　Ⓝ289.1
〔09225〕

◇南部藩百姓一揆の指導者 三浦命助伝　森嘉兵衛著　平凡社　1962　348p　22cm　Ⓝ612.122
〔09226〕

◇ふくしまの百姓一揆―百姓一揆から世直しへ　福田和久著　会津若松　歴史春秋出版　2004.5　156p　19cm　（歴春ふくしま文庫 62）1200円　①4-89757-565-6　Ⓝ212.6
〔09227〕

◇幻の老人切牛の万六―弘化四年南部盛岡領遠野強訴覚書　早坂基著　川口　ぶなのもり　1997.9　385p　27cm　2800円　Ⓝ212.2
〔09228〕

◇森嘉兵衛著作集　第7巻　南部藩百姓一揆の研究　森嘉兵衛著　法政大学出版局　1992.10　613p　22cm　①4-588-27027-3　Ⓝ332.1
〔09229〕

◇山形県に於ける百姓一揆資料　山形県.農地部農地課編,長井政太郎追補解説　山形　1948　301p　23cm　Ⓝ212.5
〔09230〕

◆◆◆関東地方

◇新井宿村名主惣百姓訴状―復刻　酒井泰治訳・著　義民六人衆顕彰会編　義民六人衆顕彰会　1996.4　1冊（丁付なし）　30cm　Ⓝ213.61
〔09231〕

◇一揆と村方騒動―古文書による村人たちの諸相 第59回企画展　真壁町歴史民俗資料館編　真壁町（茨城県）　真壁町歴史民俗資料館　1995.10　31p　26cm　Ⓝ213.1
〔09232〕

◇茨城県百姓一揆総合年表　斎藤善之著　中・近世一揆研究会　1989.5　115p　26cm　非売品　Ⓝ213.1
〔09233〕

◇茨城の百姓一揆と義民伝承―史蹟と口碑訪ね歩記　下　木村由美子著　土浦　筑波書林　1986.1　93p　18cm　（ふるさと文庫）600円　Ⓝ213.1
〔09234〕

◇茨城百姓一揆　植田敏雄編　風濤社　1974　296p　22cm　2000円　Ⓝ213.1
〔09235〕

◇印旛沼は年古りた銀―白秋・庄亮・佐倉宗吾をめぐって　鬼川太刀雄著　近代文芸社　1995.5　143p　19cm　1500円　①4-7733-3993-4
〔09236〕

◇牛久助郷一揆の構造とその世界　高橋実著　土浦　筑波書林　1989.11　110p　18cm　（ふるさと文庫）618円　Ⓝ213.1
〔09237〕

◇牛久助郷一揆ハンドブック　牛久助郷一揆二〇〇周年顕彰・第八回全国義民サミット実行委員会編　土浦　筑波書林　2004.10　57p　21cm　667円　①4-86004-052-X　Ⓝ213.1
〔09238〕

◇越訴―水戸藩・宝永一揆の謎　長須祥行著　三一書房　1986.11　314p　20cm　2200円　Ⓝ213.1
〔09239〕

◇鹿沼助郷 安政野尻騒動記　腰山厳著　鹿沼　1955　263p　19cm　Ⓝ213.2
〔09240〕

◇義民顕彰録　緒川村（茨城県）　小瀬義民顕彰会　1975.12　138p　26cm　非売品　Ⓝ213.1
〔09241〕

◇近世後期における村方騒動と名主―下総国相馬郡川崎村の事例　立正大学古文書研究会編　立正大学古文書研究会　1987.3　47p　26cm　Ⓝ213.1
〔09242〕

◇佐倉義民事件―戯曲集　伊න恣著　内外社　1932　412p　19cm　Ⓝ210.5
〔09243〕

◇佐倉惣五郎―研究史　青柳嘉忠著　佐倉　佐倉市文化財保護協会　1981.11　207p　26cm　Ⓝ289.1
〔09244〕

◇下総佐倉の農民騒動　須田茂著　流山　崙書房出版　2006.12　285p　21cm　3800円　①4-8455-1133-9　Ⓝ213.5
〔09245〕

◇上州の百姓一揆―世直しの時代　中島明著　前橋　上毛新聞社　1986.6　187p　19cm　（上毛文庫 6）1250円　Ⓝ213.3
〔09246〕

◇天明一揆史料　羽村町教育委員会編　羽村町（東京都）　羽村町教育委員会　1980.3　193p　21cm　（羽村町史料集 第5集）Ⓝ213.6
〔09247〕

◇野分のあと―牛久助郷一揆ものがたり 絵草紙　木村有見著　戸井昌造画　土浦　筑波書林　1995.1　48p　31cm　2500円　①4-900725-20-X　Ⓝ213.1
〔09248〕

◇幕末の農民一揆―変革期野州農民の闘い　大町雅美,長谷川伸三編著　雄山閣　1974　253p　22cm　1800円　Ⓝ210.58
〔09249〕

◇礫茂左衛門一揆の研究　丑木幸男著　文献出版　1992.3　614p　22cm　14000円　①4-8305-1154-0　Ⓝ210.5
〔09250〕

◇宝永一揆―水戸藩を揺がせた百姓たち　江川文展著　土浦　筑波書林　1981.6　134p　18cm　（ふるさと文庫）580円　Ⓝ213.1
〔09251〕

◇水戸藩宝永一揆史料集　宝永一揆研究会編　宝永一揆研究会　1988.5　188p　26cm　非売品　Ⓝ213.1
〔09252〕

◇村方騒動の展開―関宿藩領常州小坂村の事例　鈴木光夫著　水戸　茨城県農業史研究会　1974.3　16p　26cm　（農業史資料 第26号）Ⓝ611.2
〔09253〕

◇明和の大一揆　北沢文武著　鳩の森書房　1973　212p　20cm　790円　Ⓝ210.56
〔09254〕

◇明和の大一揆　北沢文武著　文化書房博文社　1982.7　224p　19cm　1500円　Ⓝ210.55
〔09255〕

◇山銀百科シリーズ　第9　佐倉義民伝　山口銀行編　山口　21cm　Ⓝ210.08
〔09256〕

◆◆◆中部地方

◇上田藩農民騒動史　横山十四男著　上田　上田小県資料刊行会　1968　309p　18cm　630円　Ⓝ215.2
〔09257〕

◇上田藩農民騒動史　横山十四男著　上田　平林堂書店　1981.11　485p　23cm　4300円　Ⓝ215.2
〔09258〕

◇打ちこわしと一揆―近世郷土庶民抵抗史話　川良雄著　金沢　石川県図書館協会　1958　179p　18cm　（郷土シリーズ）Ⓝ214.3
〔09259〕

◇打ちこわしと一揆―近世郷土庶民抵抗史話　川良雄著　金沢　石川県図書館協会　1993.3　187p　19cm　（郷土シリーズ　第3期 1）Ⓝ214.3
〔09260〕

◇越後佐渡農民騒動　新潟県内務部編　青史社　1983.9　629,4,9p　22cm　（百姓一揆叢書 1）8500円　Ⓝ210.5
〔09261〕

◇越後と佐渡の一揆―歴史的風土と庶民の情念　新潟県庶民史研究会編　新潟　新潟日報事業社出版部　1985.1　591p　19cm　2800円　①4-88862-244-2　Ⓝ210.5
〔09262〕

◇江戸時代の百姓一揆―天竜川地方を中心として　鈴木謹一著　浜松　遠江地方史研究会　1970　91p　図版　地26cm　非売　Ⓝ215.4
〔09263〕

◇大原騒動の研究　北越一揆（文化期）の研究　深谷ゼミ編　深谷ゼミ編　〔深谷ゼミ〕1999.6　1冊　27cm　（深谷ゼミ共同研究 2）Ⓝ215.3
〔09264〕

◇大原騒動余聞―近世飛騨国の百姓一揆　林格男著　高山　〔林格男〕2006.6　594p　22cm　3200円　Ⓝ215.3
〔09265〕

◇加賀藩の農政一般と富山県下に於ける特殊小作慣行　大森戒三著　名古屋　名古屋控訴院　1932.12　46,51p　23cm　（司法資料　第2号）Ⓝ612.143
〔09266〕

◇加助騒動―松本領百姓一揆　横山篤美著　松本　郷土出版社　1984.1　211p　19cm　1200円　Ⓝ215.2
〔09267〕

◇刈谷藩における寛政一揆史料集　刈谷古文書研究会編　刈谷　西村書房　1971　86p　21cm　（刈谷叢書　第1輯）Ⓝ215.5
〔09268〕

◇寛政義民岡村権左衛門　大平与文次編　長岡　温故談話会　1896.2　28p　24cm　Ⓝ289.1
〔09269〕

◇寛政太桝事件　弦間耕一編著　2版　竜王町（山梨県）　甲斐郷土史教育研究会　1983.3　137p　26cm　Ⓝ215.1
〔09270〕

◇義民城に叫ぶ―加助騒動の真相をさぐる　塚田正公著　松本　貞享義民を讃える会　1986.3　179p　19cm　1000円　Ⓝ215.2
〔09271〕

◇近世の農民生活と騒動　上田市誌編さん委員会編　上田　上田市　2003.10　231p　26cm　（上田市誌　歴史編 9）Ⓝ612.152
〔09272〕

◇郡上一揆―シナリオ完全版　シネ・フロント社　2001.9　82p　26cm　（シネ・フロント別冊 33号）
〔09273〕

◇郡上金森藩宝暦騒動　杉田理一郎著　岐阜　岐阜新聞社　2002.2　162p　19cm　1238円　①4-87797-026-6　Ⓝ215.3
〔09274〕

◇郡上藩宝暦騒動史　白石博男著　岩田書院　2005.8　590p　22cm　Ⓝ215.3
〔09275〕

◇郡上藩　宝暦騒動の基礎的研究　野田直治,鈴木義秋著　八幡町（岐阜県）　岐阜県立郡上高等学校郡上史料研究会　1967　112p　22cm　Ⓝ215.3
〔09276〕

◇郡上宝暦騒動の研究　高橋教雄著　名著出版　2005.11　412p　22cm　5000円　①4-626-01698-7　Ⓝ215.3
〔09277〕

◇甲信義民騒動記と二人の芋代官―比較郷土史　島田駒男編　石和町（山梨県）〔島田駒男〕1981.1　418p　27cm　Ⓝ215.1
〔09278〕

◇佐久の騒動と一揆　市川武治著　佐久　櫟　1996.1　188p　19cm　（千曲川文庫 19）2000円　①4-900408-65-4　Ⓝ215.2
〔09279〕

◇佐州百姓共騒立ニ付吟味落着一件留―従天保11年7月至同12年4月　川路聖謨録,新潟県立佐渡高等学校同窓会編　佐和田町（新潟県）　新潟県立佐渡高等学校同窓会　1966　450,23p　22cm　和　Ⓝ214.1
〔09280〕

◇信濃農民騒動史　小林郊人著　青史社　1985.5　1冊　20cm　（百姓一揆叢書 2）8000円　Ⓝ210.5
〔09281〕

◇信濃の百姓一揆と義民伝承　横山十四男著　松本　郷土出版社　1986.6　218p　21cm　2400円　Ⓝ215.2
〔09282〕

◇貞享騒動の正しい理解　倉科明正著　三郷村教育委員会,貞享義民記念館編　三郷村（長野県）　三郷村教育委員会　1996.3　69p　30cm　Ⓝ215.2
〔09283〕

◇詳説郡上宝暦義民伝　白鳥町教育委員会編　白鳥町（岐阜県）　白鳥町　1985.3　340,4,2p　図版7枚　22cm　Ⓝ210.5
〔09284〕

◇真説甲州一揆―犬目の兵助逃亡記　佐藤健一著　時事通信社　1993.4　267p　20cm　1700円　①4-7887-9314-8　Ⓝ215.1
〔09285〕

◇図説・大原騒動―飛騨百姓一揆の史実と伝承　図説・大原騒動刊行会編　岐阜　郷土出版社　1992.10　246p　27cm　4500円　①4-87664-068-8　Ⓝ215.3
〔09286〕

◇天保義民と加賀藩の農政　大場芳朗著　金沢　天保義民顕彰保存会　1966　122p　19cm　Ⓝ612.143
〔09287〕

◇天明義民物語―西村弥藤七の生涯　前沢潤著　柏崎〔前沢潤〕1967.10　80p　21cm　Ⓝ210.56
〔09288〕

◇鈍訳濃北宝暦義民録　杉田理一郎著　八幡町（岐阜県）　杉田チヨ子　1982.9　387p　22cm　2500円　Ⓝ210.55
〔09289〕

◇中条村から起きた百姓一揆　中条村教育委員会編　中条村（長野県）　中条村教育委員会　1996.3　81p　26cm　Ⓝ215.2
〔09290〕

◇那谷寺通夜物語―正徳の百姓一揆史料　石川郷土史学会編　金沢　石川県図書館協会　1960　167p　地　18cm　（郷土シリーズ）Ⓝ214.3
〔09291〕

◇農士の心　島田駒男編集　石和町（山梨県）〔島田駒男〕1977.10　122p　27cm　Ⓝ210.56
〔09292〕

◇農士の心　補遺　島田駒男編集　石和町（山梨県）〔島田駒男〕1978.6　156p　27cm　Ⓝ210.56
〔09293〕

◇農民騒擾の思想史的研究―幕末・維新期,三河山間地域の場合　布川清司著　未來社　1970　404p　22cm　2000円　Ⓝ215.5
〔09294〕

◇破地士等竄―弘化三年浜松の百姓一揆記録　猪古斉主人著　浜松　文京堂書店　1963　80p　地　22cm　Ⓝ215.4
〔09295〕

◇藩政改革と百姓一揆―津藩の寛政期　深谷克己著　比較文化研究所　2004.5　287p　22cm　（日本史学叢書）6000円　①4-902292-01-7　Ⓝ215.6
〔09296〕

◇百姓一揆の展開　平沢清人著　校倉書房　1972　276p　22cm　（歴史科学叢書）2000円　Ⓝ215.2
〔09297〕

◇百姓惑乱一件留帳　富山県郷土会編　富山　1950　2冊（附録共）　21cm　（富山県郷土史会叢書　第1）Ⓝ612.142
〔09298〕

◇福井藩に於ける百姓一揆史の研究　島崎圭一著　芦原村（福井県）　島崎文庫　1931　107p　20cm　Ⓝ214.4
〔09299〕

◇福井藩に於ける百姓一揆史の研究　島崎圭一著　福井　安田書店　1982.11　108p　19cm　1000円　Ⓝ214.4
〔09300〕

◇文政十二年徳山分家領騒動記録　1　各務原市歴史民俗資料館編　各務原　各務原市歴史民俗資料館　1990.3　241p　26cm　（各務原市資料調査報告書　第11号）Ⓝ215.3
〔09301〕

◇文政十二年徳山分家領騒動記録　2　各務原市歴史民俗資料館編　各務原　各務原市歴史民俗資料館　1991.1　372p　26cm　（各務原市資料調査報告書　第13号）Ⓝ215.3
〔09302〕

◇宝暦石徹白願書一件控―解読・余録　大西正一編　岐阜〔大西正一〕　1988.2　2冊（別冊とも）　26cm　非売品　Ⓝ215.3
〔09303〕

◇南山一揆　平沢清人著　飯田　伊那史学会　1970　184p　21cm　（伊那文庫　5）550円　Ⓝ215.2
〔09304〕

◇籾の乱―百姓一揆「加助騒動」の真相　横山篤美著　家の光協会　1987.8　229p　20cm　2000円　①4-259-54375-X　Ⓝ215.2
〔09305〕

◇若狭の義民―義人荘左衛門と当時の若狭農政　河村仁右衛門著　上中町（福井県）　松木神社奉賛会　1970　143p　18cm　Ⓝ612.144
〔09306〕

◆◆◆近畿地方

◇近江天保一揆とその時代―平成十七年度秋期企画展図録　銅鐸博物館（野洲市歴史民俗資料館）編　野洲　銅鐸博物館　2005.10　62p　30cm　Ⓝ216.1
〔09307〕

◇大藪騒動取扱日記帳　井上与右衛門原著,井上弘著　養父町（兵庫県）　養父町教育委員会　1979.3　25,30p　21cm　（養父町文化財シリーズ　12）Ⓝ216.4
〔09308〕

◇「改革」が生んだ近江大一揆　加藤徳夫著　鳥影社　2002.6　372p　19cm　1800円　①4-88629-666-1　Ⓝ216.1
〔09309〕

◇禾舟漫筆　第13　竜野藩に於ける百姓一揆　川嶋右次著　神戸　川嶋右次　1940　46p　23cm　Ⓝ049
〔09310〕

◇寛延二年　姫路藩百姓一揆と滑甚兵衛　島田清著　夢前町（兵庫県）　清水澄海　1955　99p　22cm　Ⓝ612.164
〔09311〕

◇近世近江の農民　畑中誠治著　大津　滋賀県同和問題研究所　1994.8　197p　22cm　2000円　①4-914922-07-X　Ⓝ210.5
〔09312〕

◇近世日本経済史考―幕藩体制下における農民の反抗,特に伊勢国百姓一揆の研究　原田好雄著　亀山　原田好雄　1972　69p　26cm　Ⓝ210.5
〔09313〕

◇近世播磨の農民像―黍田村庄屋佐七郎の生涯　山田正雄著　神戸　山田正雄　1982.10　351p　19cm　3000円　Ⓝ612.164
〔09314〕

◇元文三年西摂津・青山丹後守領村々　百姓逃散一件関係史料　兵庫史学会編　神戸　1954　61p　25cm　（兵庫史学会研究資料　第2集）Ⓝ612.164
〔09315〕

◇三丹百姓一揆物語　第2集　天田郡百姓一揆　加藤宗一著　綾部　加藤宗一　1951　40p　21cm　非売　Ⓝ210.5
〔09316〕

◇荘内藩移封田川郡阻止運動と天保義民録　石原重俊著　鶴岡　アサヒ印刷所　1935　44,32,18p　23cm　Ⓝ210.5
〔09317〕

◇多可西脇の一揆と騒動　脇坂俊夫編著　西脇　脇坂俊夫　1978.7　96p　22cm　Ⓝ210.5
〔09318〕

◇千原騒動―天明の義挙　児山祐一良著　京都　文理閣　1978.11　167p　19cm　Ⓝ216.3
〔09319〕

◇天保の義民　松好貞夫著　岩波書店　1993.3　221p　18cm　（岩波新書　471）580円　①4-00-413143-X
〔09320〕

◇天保四年　加古川筋百姓一揆関係史料　兵庫史学会編　神戸　1955　42p　26cm　（兵庫史学会研究資料　第3集）Ⓝ612.164
〔09321〕

◇天明の地鳴り―口丹波一揆物語　湯浅貞夫著　京都　かもがわ出版　1986.12　189p　19cm　1200円　①4-906247-03-2　Ⓝ216.2
〔09322〕

◇播州一揆騒動　脇坂俊夫校註・解説　西脇　脇坂俊夫　1992.6　9丁　2p　25cm　（脇坂文庫―史料集　1）Ⓝ216.4
〔09323〕

◇百姓一揆―幕末維新の民衆史　赤松啓介著　明石書店　1995.1　390p　20cm　5000円　①4-7503-0657-6　Ⓝ210.5
〔09324〕

◇伏見天明事件要録　京都　伏見義民顕彰会　1988.5　2冊　23cm　非売品　Ⓝ210.55
〔09325〕

◇文化八年　殿田村一件略日記―一八一一年園部藩に於ける一農村出入顛末記　船越喜平次著,井尻良雄編　船井史談会　1959　58p　22cm　Ⓝ216.2
〔09326〕

◇燃え上がれ,一揆の炎―天保の近江騒動をひきいた人びと　小西聖一著　高田勲絵　理論社　2007.8　149p　22×16cm　（新ものがたり日本歴史の事件簿　1）1200円　①978-4-652-01641-1
〔09327〕

◇夜明けへの狼火―近江国天保義民誌　大谷雅彦著　野洲町（滋賀県）　天保義民150年顕彰事業実行委員会　1992.10　196p　21cm　1500円　Ⓝ210.58
〔09328〕

◇吉野の義民　池田吉則編　下市町（奈良県）　義民遺蹟顕彰会　1948　40p　21cm　Ⓝ216.5
〔09329〕

◆◆◆中国地方

◇因伯民乱太平記　咄聴堂集書先生著,原田久美子校訂・編　大阪　関西地方史研究者協議会　1953　102p　地21cm　Ⓝ210.5
〔09330〕

◇岡山県地方史資料叢書　第1　美作国鶴田藩農民騒動史料　上　長光徳和,安東靖雄編集校訂　岡山　岡山県地方史研究連絡協議会　1964　126p　22cm　Ⓝ217.5
〔09331〕

◇岡山県百姓一揆覚書　太田敏兄著　岡山　操山閣　1936　52p　19cm　（操山閣パンフレット　第2輯）Ⓝ611.9
〔09332〕

◇渋染一揆論　柴田一著　八木書店　1971　252p　19cm　1000円　Ⓝ217.5
〔09333〕

◇渋染一揆論　柴田一著　明石書店　1995.11　252p　20cm　2987円　①4-7503-0760-2　Ⓝ217.5
〔09334〕

◇妹尾郷百姓一揆の研究―天保十五年の一揆を中心として　池葉須藤樹著　岡山　〔池葉須藤樹〕　1988.6　69p　19cm　1500円　Ⓝ217.5
〔09335〕

◇天明六年恵蘇郡百姓一揆資料集　一揆首謀者の墓修復発起人会,庄原市立山内公民館編　庄原　一揆首謀者の墓修復発起人会　1984.2　54p　21cm　Ⓝ217.6
〔09336〕

◇備前備中美作百姓一揆史料　第1巻　長光徳和編　国書刊行会　1978.3　382p　22cm　8000円　Ⓝ210.5
〔09337〕

◇備前備中美作百姓一揆史料　第2巻　長光徳和編　国書刊行会　1978.4　758p　22cm　8000円　Ⓝ210.5
〔09338〕

◇備前備中美作百姓一揆史料　第3巻　長光徳和編　国書刊行会　1978.5　1211p　22cm　9500円　Ⓝ210.5

経済史　近世史

〔09339〕
◇備前備中美作百姓一揆史料　第4巻　長光徳和編　国書刊行会　1978.6　1848p　22cm　12000円　Ⓝ210.5
〔09340〕
◇備前備中美作百姓一揆史料　第5巻　長光徳和編　国書刊行会　1978.9　p1847～2276　22cm　8000円　Ⓝ210.5
〔09341〕
◇虫明街道―渋染一揆物語　やすはらまん著　福武書店　1977.3　158p　19cm　900円　Ⓝ217.5
〔09342〕
◇山中一揆調査史料　第1回　山中一揆顕彰会編　湯原町（岡山県）　1956　2冊（別冊共）　25cm　Ⓝ612.175
〔09343〕
◇山中一揆と首なし地蔵　畑輝忠著　津山　首なし地蔵保存会　1981.8　91p　18cm　Ⓝ217.5
〔09344〕

◆◆◆四国地方

◇阿波の百姓一揆　三好昭一郎著　徳島　出版　1970　219p　27cm　（阿波の古文書 1）1500円　Ⓝ218.1
〔09345〕
◇一揆の系譜　山原健二郎著　高知　四国写植出版制作室　1991.7　205p　21cm　1500円　①4-88255-012-1　Ⓝ218.4
〔09346〕
◇義民小村田之助　讃岐百姓一揆史　福家惣衛著　丸亀　香川県文化同好会　1954　92p　22cm　Ⓝ612.182
〔09347〕
◇享保の義農作兵衛　相原熊太郎著　相原熊太郎　1914　154p　19cm　Ⓝ289.1
〔09348〕
◇享保の蝗害と義農作兵衛　景浦稚桃編　松山　伊予史籍刊行会　1924　48p　23cm　Ⓝ289.1
〔09349〕
◇讃州百姓一揆史　佐々栄三郎著　新人物往来社　1982.6　280p　20cm　2200円　Ⓝ210.5
〔09350〕
◇西讃百姓一揆始末　佐々栄三郎著　高松　讃文社　1976　331p　19cm　1300円　Ⓝ218.2
〔09351〕
◇南予の百姓一揆　松浦泰本　松山　愛媛民報社　1965　230p　18cm　Ⓝ218.3
〔09352〕

◆◆◆九州地方

◇奥之丞獄門記―岡藩宝暦農民一揆　原尻正治著　大分　〔原尻正治〕　1984.6　88p　21cm　Ⓝ219.5　〔09353〕
◇九州と一揆　藤野保編　国書刊行会　1985.8　690p　22cm　（九州近世史研究叢書 9）9000円　Ⓝ219
〔09354〕
◇西海の乱―民衆史は精神的文化遺産なり　上巻　天草民衆運動史研究　鶴田文史著　天草　西海文化史研究所　2005.12　451p　26cm　（西海・天草地域史鉱脈 1）Ⓝ210.52
〔09355〕
◇西海の乱―民衆史は精神的文化遺産なり　下巻　天草民衆運動史図録　鶴田文史著　天草　西海文化史研究所　2006.2　415p　26cm　（西海・天草地域史鉱脈 2）Ⓝ210.52
〔09356〕
◇山陰百姓一揆三百年忌―後世に語り継ぎたい百姓一揆　前田米作著　東郷町（宮崎県）　〔前田米作〕　1988.7　25p　21cm　Ⓝ219.6
〔09357〕
◇筑前竹槍一揆　紫村一重著　福岡　葦書房　1973　343p　地　20cm　1300円　Ⓝ219.1
〔09358〕
◇農民一揆　北村清士著　竹田　1958　194p　22cm　Ⓝ210.5
〔09359〕
◇日向国山陰村坪屋村百姓逃散史料集　野口逸三郎編纂校訂　東郷町（宮崎県）　東郷町　1989.8　294p　22cm　Ⓝ210.52
〔09360〕

◇豊後国百姓騒動覚書　後藤秀国記　別府　麻生書店　1972　198p　26cm　Ⓝ210.5
〔09361〕
◇宝暦四戌久留米藩百姓一揆　今村武志編・著　吉井町（福岡県）　今村武志　1988.3　73p　23cm　Ⓝ219.1
〔09362〕
◇山陰村坪谷村百姓一揆伝　都甲鶴男著　西郷村（宮崎県）　ふるさと双書社　1988.12　134p　21cm　（ふるさと双書）1000円　Ⓝ219.6
〔09363〕

◆養蚕史

◇近世下総牧の研究　松下邦夫著　松戸　〔松下邦夫〕　1978.3　412p　21cm　Ⓝ641.7
〔09364〕
◇近世養蚕業発達史　庄司吉之助著　御茶の水書房　1964　317p　図版　表　22cm　Ⓝ630.21
〔09365〕
◇近世養蚕業発達史　庄司吉之助著　御茶の水書房　1978.3　317p　22cm　3500円　Ⓝ630.21
〔09366〕
◇市場経済の形成と地域―十八、十九世紀の福島信達地方と蚕糸業　長谷部弘著　刀水書房　1994.2　413p　22cm　8800円　①4-88708-164-2　Ⓝ632.126
〔09367〕
◇明治前 日本蚕業技術史　日本学士院日本科学史刊行会編　日本学術振興会　1960　342p　22cm　Ⓝ630.21
〔09368〕

◆畜産史

◇馬の文化叢書　第4巻　近世―馬と日本史3　林英夫編　横浜　馬事文化財団　1993.12　537p　22cm　Ⓝ210.1
〔09369〕
◇江戸・東京暮らしを支えた動物たち　立川　東京都農業協同組合中央会　1996.3　208p　22cm　2500円　①4-540-95078-9　Ⓝ642.136
〔09370〕
◇江戸動物図鑑―出会う・暮らす・愛でる　開館二十周年記念特別展　港区立港郷土資料館　港区立港郷土資料館　2002.10　103p　30cm　Ⓝ642.1361
〔09371〕
◇近世越後と佐渡の家畜誌　釼持計夫執筆・編集　新津　釼持計夫　1994.3　494p　21cm　3000円　Ⓝ642.141
〔09372〕
◇日本食肉史基礎資料集成　第9輯　徳川禁令集　栗田奏二編　栗田　1977.12　157p　18×26cm　Ⓝ648.2
〔09373〕
◇日本食肉史基礎資料集成　第28輯　本朝食鑑　栗田奏二編　栗田　1978　1冊　18×26cm　Ⓝ648.2　〔09374〕
◇日本食肉史基礎資料集成　第38輯　倭漢三才図会　栗田奏二編　栗田　1979　1冊　26cm　Ⓝ648.2　〔09375〕
◇日本食肉史基礎資料集成　第54輯　御触書寛保集成　栗田奏二編　高柳真三,石井良助編　栗田　1980　1冊　26cm　Ⓝ648.2
〔09376〕
◇日本食肉史基礎資料集成　第57輯　古今要覧考　栗田奏二編　国書刊行会編　栗田　1980　1冊　18×26cm　Ⓝ648.2
〔09377〕
◇日本食肉史基礎資料集成　第62輯　群書類従 1　栗田奏二編　塙保己一編　栗田　1980　1冊　26cm　Ⓝ648.2
〔09378〕
◇日本食肉史基礎資料集成　第68輯　弾左衛門由緒書　栗田奏二編　栗田　1980　1冊　25cm　Ⓝ648.2　〔09379〕
◇日本食肉史基礎資料集成　第70輯　常憲院御実紀―徳川綱吉生類憐愍令　栗田奏二編　栗田　1980　71p　18×25cm　Ⓝ648.2
〔09380〕
◇日本食肉史基礎資料集成　第71輯　江戸繁昌記　栗田奏二編　寺門静軒著　栗田　1980　1冊　25cm　Ⓝ648.2
〔09381〕
◇日本食肉史基礎資料集成　第72輯　江戸川柳　栗田奏二

近世史　経済史

編　栗田奏二編　栗田　1980　1冊　25cm　Ⓝ648.2
〔09382〕

◇日本食肉史基礎資料集成　第74輯　拾芥抄・貞丈雑記　栗田奏二編　栗田　1980　1冊　26cm　Ⓝ648.2
〔09383〕

◇日本食肉史基礎資料集成　第75輯　江戸商売図絵　栗田奏二編　三谷一馬著　栗田　1980　1冊　18×26cm　Ⓝ648.2
〔09384〕

◇日本食肉史基礎資料集成　第83輯　日本山海名産図会—附・人倫訓蒙図彙　栗田奏二編　栗田　1981　1冊　26cm　Ⓝ648.2
〔09385〕

◇日本食肉史基礎資料集成　第98輯　落穂集　栗田奏二編　栗田　1981　1冊　26cm　Ⓝ648.2
〔09386〕

◆林業史

◇秋田杉—林政史随筆 旧秋田藩林政史入門の栞　鈴木英男著　海老名　〔鈴木英男〕　1978　130p　26cm　Ⓝ650.2124
〔09387〕

◇秋田藩の林政談義—みんなで考えよう山の履歴書　長岐喜代次著　秋田　長岐喜代次　1988.12　144p　26cm　1300円　Ⓝ651.2
〔09388〕

◇出雲藩山論史料集　第1集　松江　島根郷土資料刊行会　1973　234p　図 地図2枚　22cm　（島根郷土資料シリーズ 3-I）Ⓝ651.15
〔09389〕

◇出雲藩山論史料集　第2集　松江　島根郷土資料刊行会　1973　239p　図 地図5枚　22cm　（島根郷土資料シリーズ 3-II）2700円　Ⓝ651.15
〔09390〕

◇出雲藩山論史料集　第3集　松江　島根郷土資料刊行会　1973　205p　地図2枚　22cm　（島根郷土資料シリーズ 3-III）2700円　Ⓝ651.15
〔09391〕

◇出雲藩山論史料集　第4集　松江　島根郷土資料刊行会　1974　242p　図 地図3枚　22cm　（島根郷土資料シリーズ 3-IV）2900円　Ⓝ651.15
〔09392〕

◇出雲藩山論史料集　第5集　松江　島根郷土資料刊行会　1974　243p　図 地図6枚　22cm　（島根郷土資料シリーズ 3-V）3000円　Ⓝ651.15
〔09393〕

◇宇和島・吉田両藩の林業と目黒村山境争いの顛末書　須田武男著　松山　愛媛県森林組合連合会　1974　471p　22cm　（建徳寺文書）非売品　Ⓝ651.2
〔09394〕

◇江戸時代に於ける造林技術の史的研究　徳川宗敬著　西ケ原刊行会　1941　379p　22cm　Ⓝ653
〔09395〕

◇江戸時代に於ける/造林技術の史的研究　徳川宗敬著　3版　地球出版　1947　373p　21cm　Ⓝa634
〔09396〕

◇江戸時代の林業思想　狩野亨二著　静岡　1963　485p　22cm　Ⓝ650.2
〔09397〕

◇江戸時代の林業思想　狩野亨二著　巌南堂書店　1967　485p　22cm　Ⓝ650.2
〔09398〕

◇江戸時代の林業思想研究　狩野亨二著　日本林業調査会　1977.12　190p　22cm　2000円　Ⓝ650.21
〔09399〕

◇江戸・東京木場の今昔　松本善治郎著　日本林業調査会　1986.4　239p　20cm　1800円　Ⓝ651.4
〔09400〕

◇江戸東京木場の歴史　秋永芳郎著　新人物往来社　1975　282p　20cm　1800円　Ⓝ651.4
〔09401〕

◇江戸東京材木問屋組合正史　島田錦蔵編集・解説　土井林学振興会　日刊木材新聞社（発売）　1976　596p　22cm　Ⓝ651.4
〔09402〕

◇江戸の街づくり—木曽林業と江戸とのかかわり 企画展　目黒区守屋教育会館郷土資料室編　目黒区守屋教育会館郷土資料室　1989.10　54p　26cm　Ⓝ652.152
〔09403〕

◇加賀藩林制史の研究　山口隆治著　法政大学出版局　1987.5　290,6p　22cm　（叢書・歴史学研究）4500円　Ⓝ652.14
〔09404〕

◇加賀藩林野制度の研究　山口隆治著　法政大学出版局　2003.3　500,12p　22cm　（叢書・歴史学研究）8800円　Ⓘ4-588-25050-7　Ⓝ651.2
〔09405〕

◇木場の材木屋その経営と生活—江戸・明治期の文書に見る　小沢雄次編著　文献出版　1994.4　141p　22cm　4200円　Ⓘ4-8305-1173-7　Ⓝ651.4
〔09406〕

◇金鯱叢書—史学美術史論文集　第14輯　大石慎三郎編集, 徳川義宣編集　徳川黎明会　1987.8　410,31pp　22cm　7500円　Ⓘ4-88604-009-8　Ⓝ210.5
〔09407〕

◇金鯱叢書—史学美術史論文集　第15輯　大石慎三郎編集, 徳川義宣編集　京都　徳川黎明会　1988.8　425,28p　22cm　7500円　Ⓘ4-7842-0526-8　Ⓝ210.5
〔09408〕

◇金鯱叢書—史学美術史論文集　第16輯　大石慎三郎編集, 徳川義宣編集　京都　徳川黎明会　1989.10　530,85p　22cm　8500円　Ⓘ4-7842-0570-5　Ⓝ210.5
〔09409〕

◇金鯱叢書—史学美術史論文集　第17輯　大石慎三郎編集, 徳川義宣編集　京都　徳川黎明会　1990.6　441 図版13枚　22cm　7725円　Ⓘ4-7842-0601-9　Ⓝ210.5
〔09410〕

◇金鯱叢書—史学美術史論文集　第18輯　徳川黎明会　1991.9　403p 図版25枚　22cm　7210円　Ⓘ4-7842-0685-X　Ⓝ210.5
〔09411〕

◇金鯱叢書—史学美術史論文集　第19輯　徳川黎明会　1992.9　392,36p 図版21枚　22cm　7725円　Ⓘ4-7842-0742-2　Ⓝ210.5
〔09412〕

◇金鯱叢書—史学美術史論文集　第20輯　徳川黎明会　1993.9　468,37p 図版38枚　22cm　8240円　Ⓘ4-7842-0803-8　Ⓝ210.5
〔09413〕

◇金鯱叢書—史学美術史論文集　第21輯　徳川黎明会　1994.6　242,33p 図版21枚　22cm　7210円　Ⓘ4-7842-0848-8　Ⓝ210.5
〔09414〕

◇金鯱叢書—史学美術史論文集　第22輯　徳川黎明会　1995.10　1冊　22cm　9785円　Ⓘ4-7842-0887-9　Ⓝ210.5
〔09415〕

◇金鯱叢書—史学美術史論文集　第23輯　徳川黎明会　1996.9　253,27p 図版14枚　27cm　9270円　Ⓘ4-7842-0914-X　Ⓝ210.5
〔09416〕

◇金鯱叢書—史学美術史論文集　第24輯　徳川黎明会　1998.1　307,85,21p　27cm　10000円　Ⓘ4-7842-0959-X　Ⓝ210.5
〔09417〕

◇金鯱叢書—史学美術史論文集　第25輯　徳川黎明会　1998.8　293,23p　27cm　9700円　Ⓘ4-7842-0980-8　Ⓝ210.5
〔09418〕

◇金鯱叢書—史学美術史論文集　第26輯　竹内誠, 徳川義宣編　徳川黎明会　1999.8　221p 図版18枚　27cm　8500円　Ⓘ4-7842-1014-8　Ⓝ210.5
〔09419〕

◇金鯱叢書—史学美術史論文集　第27輯　竹内誠, 徳川義宣編　徳川黎明会　2000.11　335,63p 図版10枚　27cm　10000円　Ⓘ4-7842-1065-2　Ⓝ210.5
〔09420〕

◇金鯱叢書—史学美術史論文集　第28輯　竹内誠, 徳川義宣編　徳川黎明会　2001.12　231,52p　27cm　8500円　Ⓘ4-7842-1093-8　Ⓝ210.5
〔09421〕

◇金鯱叢書—史学美術史論文集　第29輯　竹内誠, 徳川義宣編　徳川黎明会　2002.11　255,98,12p　27cm　9500円　Ⓘ4-7842-1128-4　Ⓝ210.5
〔09422〕

◇近世入会制度解体過程の研究—山割制度の発生とその変質　原田敏丸著　塙書房　1969　456,13p　22cm　2800円　Ⓝ651.2
〔09423〕

◇近世越中の木材流通と東岩瀬港　高瀬保著　富山　富山

港植物検疫協会　1980.11　102p　19cm　Ⓝ651.4
〔09424〕

◇近世山村史の研究─江戸地廻り山村の成立と展開　加藤衛拡著　吉川弘文館　2007.2　297,7p　22cm　13000円　①978-4-642-03419-7　Ⓝ652.13
〔09425〕

◇近世における林野入会の諸形態　北条浩著　御茶の水書房　1979.1　406p　22cm　（村落社会構造史研究叢書　第5巻）4200円　Ⓝ651.15
〔09426〕

◇近世濃飛林業史　田上一生編著　岐阜　岐阜県山林協会　1979.4　476p　21cm　非売品　Ⓝ650.2153
〔09427〕

◇近世木材流通史の研究─丹波材流通の発展過程　藤田叔民著　大原新生社　1973　668p　22cm　（日本史学研究双書）8500円　Ⓝ650.2162
〔09428〕

◇近世林業史の研究　所三男著　吉川弘文館　1980.2　858,16p　22cm　8900円　Ⓝ652.1
〔09429〕

◇杣野山の歴史　近世篇　所三男著　徳川林政史研究所　1975.7　231p　22cm　Ⓝ652.152
〔09430〕

◇森林所有権の法的構造　第1編　森林所有権研究会著　林野庁　1957.9　402p　21cm　非売品　Ⓝ651.15
〔09431〕

◇周参見・江住・大谷御仕入方役所の実態─近世すさみ林制史料　史料解読・解説付　野village寅夫編　すさみ町（和歌山県）　すさみ町　1974　120p　25cm　非売品　Ⓝ651.2
〔09432〕

◇土佐藩林業経済史　平尾道雄著　高知　高知市立市民図書館　1956　230p　19cm　（市民叢書）Ⓝ650.21
〔09433〕

◇藩政時代赤石川流域・大然村のマタギの系譜を探る─地域を"掘る"　嶋祐三著　つがる　〔嶋祐三〕　2007.2　67p　26cm　Ⓝ212.1
〔09434〕

◇弘前藩における山林制度と木材流通構造　黒瀧秀久著　弘前　北方新社　2005.8　177p　21cm　1800円　①4-89297-078-6　Ⓝ652.1
〔09435〕

◇富士山麓入会権史料集　第1　新屋・近世入会文書　富士山麓入会権研究所編　限定版　宗文館書店　1964　22cm　Ⓝ651.15
〔09436〕

◇水戸徳川家林制資料目録　東京大学附属図書館整理課編　東京大学附属図書館　1986.10　52,16,4p　30cm　①4-88659-004-7　Ⓝ651.2
〔09437〕

◇明治前 日本林業技術発達史　日本学士院日本科学史刊行会編　日本学術振興会　1959　753p 地　22cm　Ⓝ650.21
〔09438〕

◇琉球藩林制書　那覇　琉球林業協会　1982.2　59p　21cm　（林政資料 第4号）400円　Ⓝ650.2199　〔09439〕

◇林野所有権の形成過程の研究─資料　1　土佐藩林政史　渡辺喜作著　渡辺喜作　1980　101p　25cm　Ⓝ651.2
〔09440〕

◇林野所有権の形成過程の研究─資料　2　秋田藩林政史　渡辺喜作著　渡辺喜作　1981.8　100p　25cm　Ⓝ651.2
〔09441〕

◇林野所有権の形成過程の研究─資料　3　仙台藩林政史　渡辺喜作著　渡辺喜作　1981.12　110p　25cm　Ⓝ651.2
〔09442〕

◇林野所有権の形成過程の研究─資料　4　津軽藩林政史　渡辺喜作著　渡辺喜作　1982.9　130p　25cm　Ⓝ651.2
〔09443〕

◇林野所有権の形成過程の研究─資料　5　南部藩林政史　渡辺喜作著　渡辺喜作　1983.3　122p　25cm　Ⓝ651.2
〔09444〕

◇林野所有権の形成過程の研究─資料　6　肥後細川藩林政史　渡辺喜作著　渡辺喜作　1984.3　128p　25cm　Ⓝ651.2
〔09445〕

◇林野所有権の形成過程の研究─資料　7　肥後相良藩林政史　渡辺喜作著　渡辺喜作　1985.1　106p　25cm　Ⓝ651.2
〔09446〕

◇林野所有権の形成過程の研究─資料　8　鹿児島藩林政史　渡辺喜作著　渡辺喜作　1986.3　123p　25cm　Ⓝ651.2
〔09447〕

◇林野所有権の形成過程の研究─資料　9　高鍋藩林政史　渡辺喜作著　渡辺喜作　1987.3　121p　25cm　Ⓝ651.2
〔09448〕

◇林野所有権の形成過程の研究─資料　10　会津藩林政史　渡辺喜作著　渡辺喜作　1988.3　109p　25cm　Ⓝ651.2
〔09449〕

◆狩猟

◇御鷹場　本間清利著　浦和　埼玉新聞社　1981.2　240p　20cm　1700円　Ⓝ210.5
〔09450〕

◇将軍の鷹狩り　根崎光男著　同成社　1999.8　221p　20cm　（同成社江戸時代史叢書 3）2500円　①4-88621-186-0　Ⓝ210.5
〔09451〕

◇盛岡藩御狩り日記─江戸時代の野生動物誌　遠藤公男著　講談社　1994.4　261p　20cm　1800円　①4-06-206890-7　Ⓝ659
〔09452〕

◆漁業

◇アチックミューゼアム彙報　第31　近世越中灘浦台網漁業史　山口和雄編　アチックミューゼアム　1939　287,3p　23cm　Ⓝ382.1
〔09453〕

◇伊予漁業史序説─近世宇和海の場合　熊谷正文著　松山　青葉図書　1991.6　258p　27cm　Ⓝ662.183　〔09454〕

◇浦々鰯網前網代改牒─安政三丙辰年　宇和島藩御浦方作成、久保高一編　明浜町（愛媛県）　明浜史談会　1986.7　137,17p　26cm　Ⓝ662.183
〔09455〕

◇蝦夷地に於ける寄場漁業の研究　白山友正著　函館　北海道経済史研究所　1962　30p　24cm　（北海道経済史研究叢書 第32編）Ⓝ660.211
〔09456〕

◇大阪雑喉場魚問屋史料　大阪市中央卸売市場本場市場協会編　三一書房　1997.10　902p　27cm　28000円　①4-380-97280-1　Ⓝ662.1
〔09457〕

◇金魚と日本人─江戸の金魚ブームを探る　鈴木克美著　三一書房　1997.11　250p　18cm　（三一新書）850円　①4-380-97022-1　Ⓝ666.9
〔09458〕

◇近世海産物経済史の研究　荒居英次著, 荒居英次先生遺著刊行会編　名著出版　1988.11　457p　22cm　9800円　①4-626-01326-0　Ⓝ662.1
〔09459〕

◇近世海村の構造　山口徹著　吉川弘文館　1998.10　249,8p　22cm　6500円　①4-642-03340-8　Ⓝ662.1
〔09460〕

◇近世漁業社会構造の研究　後藤雅知著　山川出版社　2001.5　295,7p　22cm　4800円　①4-634-52110-5　Ⓝ662.1
〔09461〕

◇近世漁業社会史の研究─近代前期漁業政策の展開と成り立ち　高橋美貴著　大阪　清文堂出版　1995.8　304p　22cm　6180円　①4-7924-0411-8　Ⓝ662.1　〔09462〕

◇近世漁村共同体の変遷過程─商品経済の進展と村落共同体　岩本由輝著　御茶の水書房　1977.11　256,5p　22cm　（村落社会調査研究叢書 第1輯）3000円　Ⓝ661.8
〔09463〕

◇近世漁村史料の研究─大阪湾沿岸漁村学術調査報告　野村豊著　三省堂出版株式会社　1956　499p　22cm　Ⓝ661.8
〔09464〕

◇近世漁村の史的研究—紀州の漁村を素材として　笠原正夫著　名著出版　1993.2　318,5p　22cm　4900円　Ⓘ4-626-01476-3　Ⓝ662.166
〔09465〕
◇近世漁民の生業と生活　山口徹著　吉川弘文館　1999.2　259,9p　22cm　6500円　Ⓘ4-642-03350-5　Ⓝ662.1
〔09466〕
◇近世西海捕鯨業史料—山県家文書　福岡　福岡大学総合研究所　1994.3　246p　21cm　（福岡大学総合研究所資料叢書　第8冊）非売品　Ⓝ664.9
〔09467〕
◇近世に於ける紀州印南漁民の活躍史—鰹節製法ルーツの確証を求めて　要海正夫著　印南町（和歌山県）　要海正夫　1980.1　122p　22cm　非売品　Ⓝ662.166
〔09468〕
◇近世日本蜑人伝統の研究　田辺悟著　慶友社　1998.2　331p　22cm　6500円　Ⓘ4-87449-088-3　Ⓝ384.36
〔09469〕
◇近世日本漁村史の研究　荒居英次著　新生社　1963　662p　表　22cm　Ⓝ661.8
〔09470〕
◇近世日本漁村史の研究　荒居英次著　新生社　1967　662p,35p　22cm　Ⓝ661.8
〔09471〕
◇近世の漁村　荒居英次　吉川弘文館　1970　413,11p　20cm　（日本歴史叢書 26　日本歴史学会編）Ⓝ661.8
〔09472〕
◇近世の漁村　荒居英次著　吉川弘文館　1996.2　413,11p　20cm　（日本歴史叢書 新装版）3296円　Ⓘ4-642-06631-4　Ⓝ661.9
〔09473〕
◇近世の漁村と海産物流通　細井計著　河出書房新社　1994.2　383p　22cm　8900円　Ⓘ4-309-22257-9　Ⓝ662.12
〔09474〕
◇西海のくじら捕り—西海捕鯨の歴史と鯨絵巻　立平進著　長崎　長崎県労働金庫　1995.6　92p　21cm　（ろうきんブックレット　1）485円　Ⓝ664.9
〔09475〕
◇地域漁業史の研究—海洋資源の利用と管理　伊藤康宏著　農山漁村文化協会　1992.8　217p　22cm　4200円　Ⓘ4-540-92038-3　Ⓝ662.1
〔09476〕
◇ちょっと昔の江戸前　塩屋照雄著　日本図書刊行会　1997.6　161p　20cm　1300円　Ⓘ4-89039-330-7　Ⓝ662.136
〔09477〕
◇土佐藩漁業経済史　平尾道雄著　高知　高知市立市民図書館　1955　227p　19cm　（市民叢書　第4）Ⓝ660.2184
〔09478〕
◇ニシン漁家列伝—百万石時代の担い手たち　今田光夫著　函館　幻洋社　1991.8　365p　19cm　1500円　Ⓘ4-906320-13-9　Ⓝ662.1
〔09479〕
◇八郎潟近世漁業史料　半田市太郎編　謄写版　秋田　みしま書房　1967　112p　22cm　Ⓝ660.2124
〔09480〕
◇肥前路を行く—江戸時代の佐賀の道　佐賀県立博物館企画展　平成十八年度企画展　佐賀県立博物館編　佐賀　佐賀県立博物館　2006.10　136p　30cm　Ⓝ682.192
〔09481〕

◆◆塩業
◇赤穂塩業史料集　第4巻　赤穂塩業史料集編纂委員会編　赤穂　赤穂市教育委員会　1991.12　302p　22cm　Ⓝ669
〔09482〕
◇赤穂塩業史料集　第5巻　赤穂塩業史料集編纂委員会編　赤穂　赤穂市教育委員会　1991.12　332p　22cm　Ⓝ669
〔09483〕
◇赤穂塩業史料集　第6巻　赤穂塩業史料集編纂委員会編　赤穂　赤穂市教育委員会　1993.2　309p　22cm　Ⓝ669
〔09484〕
◇赤穂塩業史料集　第7巻　赤穂塩業史料集編纂委員会編　赤穂　赤穂市教育委員会　1994.2　360p　22cm　Ⓝ669
〔09485〕
◇近世後期瀬戸内塩業史の研究　山下恭著　京都　思文閣出版　2006.2　296,14p　22cm　6000円　Ⓘ4-7842-1287-6　Ⓝ669.02174
〔09486〕
◇近世諸藩の塩事情—現地調査覚書　上　出版地不明　赤穂塩業資料館　1976　1冊　21cm　（赤穂塩業資料館報　第3号）
〔09487〕
◇近世諸藩の塩事情—現地調査覚書　下　出版地不明　赤穂塩業資料館　1978.3　1冊　21cm　（赤穂塩業資料館報　第4号）
〔09488〕
◇近世日本塩業の研究　河手龍海著　塙書房　1971.3　354p　22cm　Ⓝ669
〔09489〕
◇近世日本の塩　広山堯道編著　雄山閣出版　1997.9　372,8p　22cm　5800円　Ⓘ4-639-01462-7　Ⓝ669.021
〔09490〕
◇多喜浜塩田史考　矢野益治著　新居浜郷土史談会編集部編　新居浜　新居浜郷土史談会　1992　192p　21cm　1500円　Ⓝ669
〔09491〕

◆鉱業
◇青山家談叢—鉱山技術を以て藩に仕えた武士の系譜　青山隆一編述　足利　青山隆一　1986.5　374p　22cm　非売品　Ⓝ288.3
〔09492〕
◇泉屋叢考　第6輯　南蛮吹の伝習とその流伝　修史室篇　大阪　1951-1958　21cm　Ⓝ288.3
〔09493〕
◇江戸幕府石見銀山史料　村上直ほか共編　雄山閣　1978.7　159p　図版12枚　22cm　2500円　Ⓝ569.2173
〔09494〕
◇尾去沢・白根鉱山史—近世銅鉱業史の研究　麓三郎著　勁草書房　1964　440p　図版　地　22cm　Ⓝ569.2124
〔09495〕
◇御仕立炭山定—福岡藩山方史料　福岡大学研究所編　福岡　福岡大学研究所　1978.3　306p　21cm　（福岡大学研究所資料叢書　第2冊）非売品　Ⓝ567.9
〔09496〕
◇近世硫黄史の研究—白根・万座・殺生ヶ原の場合　小林文瑞著　嬬恋村（群馬県吾妻郡）　嬬恋村　1968　329p　図版　表　22cm　Ⓝ569.9
〔09497〕
◇近世大葛金山関係史料　浪川健治校訂, 比内町史編纂室編　比内町（秋田県）　比内町教育委員会　1986.1　248p　21cm　非売品　Ⓝ562.1
〔09498〕
◇近世鉱山社会史の研究　荻慎一郎著　京都　思文閣出版　1996.2　632,19p　22cm　13184円　Ⓘ4-7842-0900-X　Ⓝ560.9212
〔09499〕
◇近世千草鉄山史料　宇野正碩編　山崎町（兵庫県）　宇野正碩　1966.11-1970.1　3冊　18cm　Ⓝ564.09
〔09500〕
◇佐渡金銀山史の研究　長谷川利平次著　近藤出版社　1991.7　328p　27cm　15450円　Ⓝ562.1
〔09501〕
◇佐渡金銀山史話　麓三郎著　増補版　三菱金属鉱業　1973　573,31p　図31枚　地　22cm　3000円　Ⓝ569.21
〔09502〕
◇佐渡金銀山文書の読み方・調べ方　田中圭一著　雄山閣出版　1984.12　206p　15×21cm　（古文書入門叢書　5）2500円　Ⓘ4-639-00420-6　Ⓝ210.02
〔09503〕
◇佐渡金山　田中圭一著　東村山　教育社　1980.6　270p　18cm　（教育社歴史新書）600円　Ⓝ562.1
〔09504〕
◇佐渡金山　磯部欣三著　中央公論社　1992.8　393p　15cm　（中公文庫）680円　Ⓘ4-12-201927-3　Ⓝ562.1
〔09505〕
◇仙台藩の金と鉄—特別展　東北歴史博物館編　多賀城　東北歴史博物館　2003.7　63p　30cm　Ⓝ562.1

経済史　　　　　　　　　　　　　近世史

〔09506〕
◇日本鉱業史料集　第14期 近世篇　日本鉱業史料集刊行委員会編　白亜書房 1991.12　3冊 26cm　全21000円
Ⓘ4-89172-140-5　Ⓝ560.921
〔09507〕
◇無宿人―佐渡金山秘史　磯部欣三著　人物往来社 1964　232p 19cm　Ⓝ569.2141
〔09508〕
◇明治前 日本鉱業技術発達史　日本学士院日本科学史刊行会編　日本学術振興会 1958　354p 22cm　Ⓝ569.21
〔09509〕

◆製造業・工業技術

◇海を渡った江戸の和紙―パークス・コレクション展　紙の博物館編　紙の博物館 1994　127p 30cm　Ⓝ585.6
〔09510〕
◇江戸さいえんす図鑑　インテグラ 1994.6　111p 29cm　2000円　Ⓘ4-88169-666-1　Ⓝ502.1
〔09511〕
◇江戸の御時計師―忘れられた日本の機械工芸　千賀耕平著　京都　桜風舎 2000.10　127p 27cm　2000円　Ⓝ535.2
〔09512〕
◇江戸のからくり夢空間―近代科学事始 特別展 展示図録　大宮　埼玉県立博物館 1992.7　56p 25cm　Ⓝ502.1
〔09513〕
◇塩硝の道―五箇山から土清水へ　塩硝の道研究会編　金沢　塩硝の道研究会 2002.6　158p 30cm　Ⓝ575.9
〔09514〕
◇大江戸テクノロジー事情　石川英輔著　講談社 1991.5　301p 19cm　1600円　Ⓘ4-06-205853-7　Ⓝ210.5
〔09515〕
◇大江戸テクノロジー事情　石川英輔著　講談社 1995.5　359p 15cm　（講談社文庫）640円　Ⓘ4-06-185940-4　Ⓝ210.5
〔09516〕
◇加賀藩塩硝をたどる歴史の道　塩硝の道検証委員会編　金沢　金沢市崎浦公民館 2001.2　158p 22cm　Ⓝ575.9
〔09517〕
◇からくり人形―微笑みに隠された江戸の夢、ハイテクの秘密　鈴木一義著　大塚誠治写真　学習研究社 1994.7　120p 22cm　（Gakken graphic books）1600円　Ⓘ4-05-400215-3　Ⓝ502.1
〔09518〕
◇からくり人形の文化誌　高梨生馬著　學藝書林 1991.4　191p 22cm　2480円　Ⓘ4-905640-77-6　Ⓝ502.1
〔09519〕
◇近世和糖業の発祥過程―池上太郎左衛門幸豊に視点を据えて　谷口学著　鳩山町（埼玉県）　楓橋書房 2005.3　128p 22cm　Ⓝ588.1
〔09520〕
◇「近代を開いた江戸のモノづくり―幕末の地域ネットワークと近代化の諸相」報告書―第2回リレーシンポジウム　萩博物館編　萩　萩博物館 2006.3　79p 30cm　非売品　Ⓝ402.105
〔09521〕
◇再発見からくりの世界　知立市歴史民俗資料館編　知立　知立市教育委員会 1992.10　35p 26cm　Ⓝ502.1
〔09522〕
◇サムライ、ITに遭う―幕末通信事始　中野明著　NTT出版 2004.9　266p 20cm　1800円　Ⓘ4-7571-0134-1　Ⓝ547.454
〔09523〕
◇銃薬製式録　化学史学会 2002.1　85p 30cm　（化学古典叢書 幕末彩色史料）Ⓘ4-87738-135-X　Ⓝ575.9
〔09524〕
◇長崎製硝図絵―長崎硝舎機械名数・甲辰春実験製硝式　上野俊之丞著　化学史学会 2002.1　64p 30cm　（化学古典叢書 幕末彩色史料）Ⓘ4-87738-135-X　Ⓝ575.9
〔09525〕
◇日本近世染織業発達史の研究　貫秀高著　京都　思文閣出版 1994.9　770p 22cm　12360円　Ⓘ4-7842-0852-6　Ⓝ586.0921
〔09526〕
◇日本社会史における伝統と創造―工業化の内在的諸要因 1750-1920年　トマス・C.スミス著　大島真理夫訳　京都　ミネルヴァ書房 1995.7　305,7p 22cm　（Minerva日本史ライブラリー 1）3800円　Ⓘ4-623-02534-9　Ⓝ502.1
〔09527〕
◇日本の技術者―江戸・明治時代　中山秀太郎著　技術史教育学会編　雇用問題研究会 2004.8　206p 21cm　1500円　Ⓘ4-87563-224-X　Ⓝ502.1
〔09528〕
◇日本の近世　第4巻　生産の技術　辻達也, 朝尾直弘編　葉山禎作編　中央公論社 1992.1　334p 図版32p 21cm　2800円　Ⓘ4-12-403024-X　Ⓝ210.5
〔09529〕
◇幕末テクノクラートの群像　矢野武著　近代文芸社 2005.11　339p 18cm　（近代文芸社新書）1200円　Ⓘ4-7733-7303-2　Ⓝ281.04
〔09530〕
◇火縄銃から黒船まで―江戸時代技術史　奥村正二著　岩波書店 1993.7　206p 20cm　（岩波新書の江戸時代）1500円　Ⓘ4-00-009131-X　Ⓝ502.1
〔09531〕
◇見て楽しむ江戸のテクノロジー　鈴木一義監修　数研出版 2006.5　207p 21cm　（チャートbooks―Chart books special issue）1500円　Ⓘ4-410-13886-3　Ⓝ402.105
〔09532〕
◇和時計―江戸のハイテク技術　沢田平著　京都　淡交社 1996.3　173p 21cm　1800円　Ⓘ4-473-01462-2　Ⓝ535.2
〔09533〕

◆◆職人史

◇ヴィジュアル史料日本職人史　第2巻　職人の世紀　近世篇 上　旧来のもの　遠藤元男著　雄山閣出版 1991.8　202p 26cm　4500円　Ⓘ4-639-01046-X　Ⓝ502.1
〔09534〕
◇ヴィジュアル史料日本職人史　第3巻　職人の世紀　近世編 下　新規の技術によるもの　遠藤元男著　雄山閣出版 1991.10　190p 26cm　4500円　Ⓘ4-639-01054-0　Ⓝ502.1
〔09535〕
◇江戸職人歌合　上, 下　石原正明著　名古屋　片野東四郎 1868　2冊 26cm　Ⓝ911.15
〔09536〕
◇江戸職人づくし　鍬形蕙斎画　岩崎美術社 1980.6　11p 図版50枚　26cm　（双書美術の泉 46）1800円　Ⓝ721.8
〔09537〕
◇江戸職人づくし　鍬形蕙斎画, 朝倉治彦解説　岩崎美術社 1987.7　11 図版50枚　26cm　（双書美術の泉 46）1800円　Ⓝ721.8
〔09538〕
◇江戸職人図聚　三谷一馬著　立風書房 1984.12　271p 22×31cm　35000円　Ⓝ502.1
〔09539〕
◇江戸職人図聚　三谷一馬著　中央公論新社 2001.12　507p 16cm　（中公文庫）1238円　Ⓘ4-12-203948-7　Ⓝ384.38
〔09540〕
◇江戸職人図聚・解説　三谷一馬著　立風書房 1984.12　190,4p 30cm　Ⓝ384.3
〔09541〕
◇江戸東京職人の名品　TBS『お江戸粋いき！』制作スタッフ編　東京書籍 2006.2　207p 20cm　1600円　Ⓘ4-487-80091-9　Ⓝ750.2136
〔09542〕
◇江戸東京大工道具職人　松永ゆかこ著　冬青社 1993.3　212p 20cm　1800円　Ⓘ4-924725-15-3　Ⓝ583.8
〔09543〕
◇江戸の職人―伝統の技に生きる　中江克己著　泰流社 1986.1　229p 20cm　1400円　Ⓘ4-88470-522-X　Ⓝ750.2136
〔09544〕
◇江戸の職人―伝統の技に生きる　中江克己著　中央公論社 1998.1　238p 16cm　（中公文庫）648円

230　日本近世史図書総覧 明治～平成　　　　　　　〔09506～09544〕

◇江戸の職人その「技」と「粋」な暮らし　鈴木章生監修　青春出版社　2003.1　204p　18cm　(プレイブックスインテリジェンス)667円　Ⓘ4-413-04047-3　Ⓝ384.3
〔09546〕
◇江戸の諸職風俗誌　佐瀬恒,矢部三千法編著　展望社　千葉出版（発売）　1972　395p　19cm　2300円　Ⓝ384.3
〔09547〕
◇江戸の諸職風俗誌　佐瀬恒,矢部三千法編著　展望社　1975　395p　19cm　2300円　Ⓝ384.3
〔09548〕
◇江戸の人形文化と名工原舟月—人形師・雛祭り・山車人形　栃木　とちぎ蔵の街美術館　2005　69p　28cm　Ⓝ759.021
〔09549〕
◇江戸和竿職人歴史と技を語る—竹、節ありて強し　松本三郎,かくまつとむ著　平凡社　2006.7　278p　17cm　(平凡社ライブラリー 580)1300円　Ⓘ4-582-76580-7　Ⓝ787.1
〔09550〕
◇岡山藩の絵師と職人　片山新助著　岡山　山陽新聞社　1993.12　301p　22cm　Ⓘ4-88197-482-3　Ⓝ384.3
〔09551〕
◇近世職人史話　遠藤元男著　誠文堂新光社　1946　142p　19cm　Ⓝ332.1
〔09552〕
◇近世職人史話　遠藤元男著　再版　小川書房　1949　142p　18cm　Ⓝ210.5
〔09553〕
◇職人絵—姿絵にみる匠の世界　開館記念特別展　川越　川越市立博物館　1990.3　49p　26cm　Ⓝ721.4
〔09554〕
◇職人・親方・仲間　塚田孝編　吉川弘文館　2000.8　268p　20cm　(シリーズ近世の身分的周縁 3)2800円　Ⓘ4-642-06553-9　Ⓝ384.38
〔09555〕
◇日本職人史の研究　3　近世職人の世界　遠藤元男著　雄山閣出版　1985.6　375p　22cm　4800円　Ⓘ4-639-00440-0　Ⓝ502.1
〔09556〕
◇幕末・明治匠たちの挑戦—現代に甦るプロジェクトリーダーの本質　長尾剛著　実業之日本社　2004.4　243p　19cm　1400円　Ⓘ4-408-32221-0　Ⓝ502.1
〔09557〕
◇百万石の職人—現代に生きるその精神　田中喜男著　金沢　北国書林　1968　335p　20cm　1300円　Ⓝ502.8
〔09558〕
◇目で見る江戸職人百姿　国書刊行会編　国書刊行会　1985.11　205p　27cm　8500円　Ⓝ384.3
〔09559〕
◇目で見る江戸職人百姿　国書刊行会編　国書刊行会　1985.11　205p　27cm　8500円　Ⓝ502.1
〔09560〕

◆◆製鉄・大砲製造
◇岩手の製鉄遺跡　岩手県教育委員会生涯学習文化課編　盛岡　岩手県教育委員会　2006.3　69p　30cm　(岩手県文化財調査報告書 第122集—岩手県内重要遺跡詳細分布調査報告書 4)Ⓝ212.2
〔09561〕
◇切支丹と製鉄—第一回県際三町・東和町・藤沢町・本吉町歴史シンポジウム全記録　東和町（宮城県）　県際三町歴史シンポジウム実行委員会　1995.12　260p　21cm　2500円　Ⓝ564.02123
〔09562〕
◇切支丹と製鉄—第一回県際三町・東和町・藤沢町・本吉町歴史シンポジウム全記録　縮刷版　気仙沼　耕風社　1995.12(2刷：1997.5)　217p　21cm　2300円　Ⓝ564.02123
〔09563〕
◇近世たたら製鉄の歴史　雀部実,館充,寺島慶一編　丸善プラネット,丸善〔発売〕　2003.12　273p　21cm　6000円　Ⓘ4-901689-23-1
〔09564〕
◇現代語訳 鉱山必要記事　館充訳　日本鉄鋼協会社会鉄鋼工学部会前近代における鉄の歴史フォーラム「鉄山必用記事研究会」監修　丸善　2001.6　219p　21cm　4000円　Ⓘ4-621-04893-7
〔09565〕
◇史跡韮山反射炉保存修理事業報告書　韮山町教育委員会,建材試験センター編　韮山町（静岡県）　韮山町　1989.3　208p　30cm　Ⓝ709.154
〔09566〕
◇史跡萩反射炉保存整備事業報告書　萩市教育委員会編　萩　萩市　1987.3　264p　30cm　Ⓝ709.177
〔09567〕
◇下原重仲　幡原敦夫編　米子　〔幡原敦夫〕　1989.5　52p　27cm　1000円　Ⓝ564
〔09568〕
◇関口大砲製造所　大松騏一著　東京文献センター　2005.2　145p　26cm　1524円　Ⓘ4-925187-46-5
〔09569〕
◇仙台藩製鉄史　第1巻　佐藤興二郎著　西田耕三編　気仙沼　耕風社　1995.11　131p　19cm　2060円　Ⓝ564.02123
〔09570〕
◇仙台藩製鉄史　第2巻　佐藤興二郎著　西田耕三編　気仙沼　耕風社　1995.11　109p　19cm　2060円　Ⓝ564.02123
〔09571〕
◇仙台藩製鉄史　第3巻　佐藤興二郎著　西田耕三編　気仙沼　耕風社　1996.2　107p　19cm　2060円　Ⓝ564.02123
〔09572〕
◇仙台藩製鉄史　第4巻　佐藤興二郎著　西田耕三編　気仙沼　耕風社　1996.3　131p　19cm　2060円　Ⓝ564.02123
〔09573〕
◇たたら製鉄の近代史　渡辺ともみ著　吉川弘文館　2006.3　305,3p　21cm　9500円　Ⓘ4-642-03775-6
〔09574〕
◇幕末の反射炉跡を訪ねて—反射炉紀行　金子功著　東栄町（愛知県）　金子功　1987.5　102p　26cm　(山村文化研究所報 no.22)Ⓝ564.09
〔09575〕
◇幕末明治製鉄史　大橋周治著　アグネ　1975　332p　22cm　2000円　Ⓝ564.9
〔09576〕
◇幕末明治製鉄論　大橋周治編著　アグネ　1991.2　524p　21cm　5500円　Ⓘ4-7507-0625-6　Ⓝ564.09
〔09577〕
◇反射炉—大砲をめぐる社会史　1　金子功著　法政大学出版局　1995.4　231p　20cm　(ものと人間の文化史 77-1)1957円　Ⓘ4-588-20771-7　Ⓝ564.09
〔09578〕
◇反射炉—大砲をめぐる社会史　2　金子功著　法政大学出版局　1995.4　448p　20cm　(ものと人間の文化史 77-2)1957円　Ⓘ4-588-20772-5　Ⓝ564.09
〔09579〕
◇反射炉と江川坦庵—碑文入り　山田寿々六著　増補改訂 再改訂　修善寺町（静岡県）　修善寺印刷所（印刷）　1998.11　23p　26cm　500円　Ⓝ564.09
〔09580〕
◇反射炉と江川坦庵—碑文入り　山田寿々六著　増補改訂 再改訂　韮山町（静岡県）　蔵屋鳴沢　2001.3　23p　26cm　500円　Ⓝ564.09
〔09581〕
◇復刻解説版 古来の砂鉄製錬法—たたら吹製鉄法　俵国一著　館充監修　「古来の砂鉄製錬法」研究会編　慶友社　2007.6　193,13p　21cm　4800円　Ⓘ978-4-87449-061-7
〔09582〕
◇文久山—仙台藩洋式高炉のはじめ　芦文八郎編著　大東町（岩手県）　芦東山先生記念館　1988.7　140p　21cm　1300円　Ⓝ564
〔09583〕
◇みちのくの鉄—仙台藩炯屋製鉄の歴史と科学　田口勇,尾崎保博編　アグネ技術センター　1994.3　418p　22cm　4500円　Ⓘ4-7507-0835-6　Ⓝ564.09
〔09584〕
◇洋式製鉄の萌芽—蘭書と反射炉　芹沢正雄著　アグネ技術センター　1991.11　177p　21cm　(アグネ叢書 4)2060円　Ⓘ4-7507-0817-8　Ⓝ564.021
〔09585〕

◆◆◆砲術
◇江戸時代砲術家の生活　安斎実著　雄山閣出版　1969　262p　22cm　(生活史叢書 18)1200円　Ⓝ559.1

◇江戸の炮術―継承される武芸　宇田川武久著　東洋書林　2000.10　264p　20cm　2800円　①4-88721-429-4　Ⓝ559.1　　〔09587〕
◇江戸の砲術―砲術書から見たその歴史　特別展　板橋区立郷土資料館編　板橋区立郷土資料館　2007.1　127p　30cm　Ⓝ559.1　　〔09588〕
◇近世土佐の炮術史―徳島孝蔵とその時代　高知県立歴史民俗資料館編　南国　高知県立歴史民俗資料館　2000.7　68p　30cm　Ⓝ559.1　　〔09589〕
◇讃岐高松と鉄砲　占部日出明著　東かがわ　占部日出明　2004.10　96p　30cm　Ⓝ559.1　　〔09590〕
◇集論高島秋帆　東京都板橋区立郷土資料館編　板橋区立郷土資料館　1995.3　78p　30cm　Ⓝ559.1　　〔09591〕
◇中村藩の炮術―関流炮術を中心として　野馬追の里原町市立博物館編　原町　野馬追の里原町市立博物館　2003.1　48p　30cm（野馬追の里原町市立博物館企画展図録　第19集）Ⓝ559.1　　〔09592〕
◇日本の炮術―和流炮術から西洋流炮術へ　特別展　板橋区立郷土資料館編　板橋区立郷土資料館　2004.2　96p　30cm　Ⓝ559.1　　〔09593〕
◇幕末期日本におけるオランダ語号令の受容とその日本語化問題―土佐藩「徳弘家資料」所収のオランダ語号令関係資料の解読と分析　坂本保富著　松本　信州大学坂本保富研究室　2003.9　38p　30cm（研究報告書　通巻第3号（平成15年度））Ⓝ559.1　　〔09594〕
◇幕末期日本における西洋砲術家の洋学知識―高知市民図書館蔵「徳弘家資料」所収「書籍写本等史料」の分析　坂本保富著　松本　信州大学坂本保富研究室　2002.9　82p　30cm（研究報告書　通巻第2号（平成14年度））Ⓝ559.1　　〔09595〕
◇幕末洋学教育史研究―土佐藩「徳弘家資料」による実態分析　坂本保富著　高知　高知市民図書館　2004.2　558,44p　22cm　3810円　①4-87999-168-0　Ⓝ402.105　　〔09596〕
◇武州徳丸原操練に参加した高島秋帆門人―既知史料の吟味と新史料の紹介による比較検討　坂本保富著　松本　信州大学坂本保富研究室　2006.3　55p　30cm（研究報告書　通巻第5号（平成17年度））Ⓝ559.1　　〔09597〕
◇砲術家の生活　安斎実著　雄山閣出版　1989.7　328p　22cm（生活史叢書　18）4000円　①4-639-00892-9　Ⓝ559.1　　〔09598〕
◇砲術家の生活　安斎実著　POD版　雄山閣　2003.4　328p　21cm（生活史叢書　18）3800円　①4-639-10017-5　　〔09599〕

◆◆◆鉄砲
◇上杉鉄砲物語―火縄は消えず　近江雅和著　国書刊行会　1976　251p　19cm　950円　Ⓝ559.1　　〔09600〕
◇加賀藩と鉄砲　米村正夫編　金沢　米村正夫　1986.9　170p　22cm　Ⓝ559.1　　〔09601〕
◇佐賀藩銃砲沿革概要　鍋島家編纂所編　鍋島家編纂所　1926.11　53p　図18枚　22cm　非売品　Ⓝ559.1　　〔09602〕
◇鉄砲のカラクリ―近世の技術革新　沢田コレクションより　第5回企画展　安土町（滋賀県）　滋賀県立安土城考古博物館　1994　14p　26cm　Ⓝ559.1　　〔09603〕
◇明治前日本造兵史　日本学士院日本科学史刊行会編　日本学術振興会　1960　479p　22cm　Ⓝ559　　〔09604〕

◆◆造船
◇異様の船―洋式船導入と鎖国体制　安達裕之著　平凡社　1995.6　349p　20cm（平凡社選書　157）2987円　①4-582-84157-0　Ⓝ550.21　　〔09605〕
◇川船―大堰川の舟運と船大工　第42回企画展　亀岡市文化資料館編　亀岡　亀岡市文化資料館　2007.2　47p　30cm　Ⓝ684.02162　　〔09606〕
◇日本近世造船史　造船協会編　弘道館　1911　966p　21cm　Ⓝ550　　〔09607〕
◇日本近世造船史　造船協会編　弘道館　1911.1　2冊（944,22p,附図）　22-26cm　Ⓝ550　　〔09608〕
◇日本近世造船史　大正時代　造船協会編　造船協会　1935　2冊　27cm　Ⓝ550　　〔09609〕
◇日本近世造船史　上　復刻版　龍溪書舎　1997.1　287p　21cm（明治後期産業発達史資料　第335巻）22660円　　〔09610〕
◇日本近世造船史　中　復刻版　龍溪書舎　1997.1　288～722p　21cm（明治後期産業発達史資料　第336巻）22660円　　〔09611〕
◇日本近世造船史　下　復刻版　龍溪書舎　1997.1　723～944,22p　21cm（明治後期産業発達史資料　第337巻）22660円　　〔09612〕
◇幕末の蒸気船物語　元綱数道著　成山堂書店　2004.4　210p　22cm　2800円　①4-425-30251-6　Ⓝ552.75　　〔09613〕

◆◆◆軍艦・海軍
◇開陽丸ルネッサンス―幕末最後の軍艦　石橋藤雄著　札幌　共同文化社　1993.8　211p　19cm　1500円　①4-905664-85-3　Ⓝ709.118　　〔09614〕
◇軍艦開陽丸―江差への航跡　柏倉清著　教育書籍　1990.3　262p　20cm　1500円　①4-317-60040-4　Ⓝ210.58　　〔09615〕
◇軍艦開陽丸物語　脇哲著　新人物往来社　1990.4　249p　20cm　2000円　①4-404-01709-X　Ⓝ210.58　〔09616〕
◇大艦・巨砲ヲ造ル―江戸時代の科学技術　開館1周年記念　平成17年度佐賀城本丸歴史館企画展　佐賀　佐賀県立佐賀城本丸歴史館　2005.12　104p　30cm　Ⓝ402.105　　〔09617〕
◇長崎海軍伝習所の日々　カッテンディーケ著,水田信利訳　平凡社　1964　235p　18cm（東洋文庫）Ⓝ210.59　　〔09618〕
◇長崎海軍伝習所の日々　カッテンディーケ著,水田信利訳　平凡社　1974　235p　17cm　420円　Ⓝ210.59　　〔09619〕
◇幕末浦賀軍艦建造記　横須賀開国史研究会編　横須賀　横須賀市　2002.3　177p　21cm（横須賀開国史シリーズ　5）Ⓝ210.5953　　〔09620〕
◇幕末海戦物語　栗原隆一著　雄山閣出版　1971　272p　19cm（物語歴史文庫　21）880円　Ⓝ210.58　〔09621〕
◇幕末海防史の研究―全国的にみた日本の海防態勢　原剛著　名著出版　1988.7　380p　22cm　4800円　①4-626-01314-7　Ⓝ210.59　　〔09622〕
◇幕末に於ける我海軍と和蘭　水田稲葉著　有終会　1929　206p　19cm　Ⓝ210.5　　〔09623〕
◇幕末の海防思想　坂ノ上信夫著　東洋堂　1943　365p　19cm　Ⓝ392　　〔09624〕
◇幕末の仙台藩軍艦開成丸―近世日本で造られた洋式帆船とジャンク　石巻　慶長遣欧使節船協会　1999.10　12p　30cm　Ⓝ556.7　　〔09625〕
◇本牧表日記―鳥取藩海防控　横浜郷土研究会編集校訂　横浜　横浜市図書館　1985.3　182p　21cm　Ⓝ210.59　　〔09626〕

◆◆鋳物

◇夜明けの戦艦―開陽丸物語　高橋昭夫著　札幌　北海道新聞社　1991.5　245p　19cm　1300円　①4-89363-607-3　Ⓝ210.58　〔09627〕

◇よみがえる幕末の軍艦開陽丸展―海底に探る日本史　江差町（北海道）〔北海道江差町教育委員会〕1978　1冊　26cm　Ⓝ210.58　〔09628〕

◆◆鋳物

◇鋳物の文化史―銅鐸から自動車エンジンまで　石野亨文　稲川弘明図・絵　小峰書店　2004.2　71p　29cm　（図説日本の文化をさぐる　新版）2700円　①4-338-07505-8　Ⓝ566.1　〔09629〕

◇江戸近郊の鋳物師―谷保村関鋳物師の業績　くにたち郷土文化館編　国立　くにたち郷土文化館　2000.2　47p　30cm　Ⓝ566.1　〔09630〕

◇近世鋳物師社会の構造―真継家を中心として　中川弘泰著　近藤出版社　1986.4　358p　22cm　7500円　Ⓝ566.1　〔09631〕

◇近世の鋳物師―真継家を中心として　中川弘泰著　近藤出版社　1977.7　168p　19cm　1500円　Ⓝ566.1　〔09632〕

◇粉河鋳物―粉河町内に分布する作品　粉河町文化財保護審議委員会,粉河町生涯学習課編　粉河町（和歌山県）粉河町教育委員会　2003.12　172p　30cm　Ⓝ566.1　〔09633〕

◇佐野の鋳物師―天明鋳物師民俗文化財調査報告書　佐野市郷土博物館編　佐野　佐野市教育委員会　1988.3　154p　26cm　Ⓝ384.3　〔09634〕

◇真継家と近世の鋳物師　笹本正治著　京都　思文閣出版　1996.2　552,46p　22cm　11124円　①4-7842-0899-2　Ⓝ566.1　〔09635〕

◆運輸・交通

◇宇治茶御用道中図景　西尾　西尾市岩瀬文庫　2000.3　80p　30cm　Ⓝ682.1　〔09636〕

◇江戸紀行―名所・名物・旅模様　第20回特別展　大分市歴史資料館編　大分　大分市歴史資料館　2001.10　51p　30cm　Ⓝ682.1　〔09637〕

◇江戸時代の交通―近世日本交通史　田村栄太郎著　雄山閣出版　1970　293p　22cm　1800円　Ⓝ682.1　〔09638〕

◇江戸時代の交通文化　樋畑雪湖著　臨川書店　1974　555p　22cm　9000円　Ⓝ682.1　〔09639〕

◇江戸時代の流通路―ふくしま―米のゆく道・塩のくる道　企画展　福島県立博物館編　会津若松　福島県立博物館　1988.7　48p　30cm　Ⓝ682.1　〔09640〕

◇江戸の牛　東京都編　東京都　1987.3　153p　18cm　（都史紀要 32）Ⓝ682.136　〔09641〕

◇江戸の交通運輸組織　復興局計画課編　復興局　1928　19p　22cm　Ⓝ680　〔09642〕

◇塩道と高瀬舟―陰陽交通路の発達と都市の構造変化　富岡儀八著　古今書院　1973　278p　22cm　2200円　Ⓝ682.1　〔09643〕

◇駕籠　桜井芳昭著　法政大学出版局　2007.10　275,7p　20cm　（ものと人間の文化史 141）2800円　①978-4-588-21411-0　Ⓝ682.1　〔09644〕

◇近世交通運輸史の研究　丹治健蔵著　吉川弘文館　1996.2　532,16p　22cm　12360円　①4-642-03326-2　Ⓝ682.1　〔09645〕

◇近世交通経済史論　大山敷太郎著　柏書房　1967　596p　22cm　Ⓝ682.1　〔09646〕

◇近世交通史の研究　児玉幸多著　筑摩書房　1986.8　485p　22cm　6500円　①4-480-85316-2　Ⓝ682.1　〔09647〕

◇近世交通史料集　第1　五街道取締書物類寄　児玉幸多校訂　吉川弘文館　1967　770p　22cm　Ⓝ682.1　〔09648〕

◇近世交通史料集　第2　五街道取締書物類寄　児玉幸多校訂　吉川弘文館　1968　852p　22cm　Ⓝ682.1　〔09649〕

◇近世交通史料集　7　児玉幸多校訂　吉川弘文館　1974　617p　22cm　6700円　Ⓝ682.1　〔09650〕

◇近世交通史料集　8　幕府法令　上　児玉幸多編　吉川弘文館　1978.3　425p　22cm　8700円　Ⓝ682.1　〔09651〕

◇近世交通史料集　9　幕府法令　下　児玉幸多編　吉川弘文館　1979.2　389p　22cm　7600円　Ⓝ682.1　〔09652〕

◇近世交通史料集　10　道中方秘書・五駅弁覧・御触御書付留他　児玉幸多編　吉川弘文館　1980.2　319p　22cm　Ⓝ682.1　〔09653〕

◇近世交通史料集　1-6　児玉幸多校訂　吉川弘文館　1967-1972　6冊　22cm　4500-8800円　Ⓝ682.1　〔09654〕

◇近世交通制度の研究　渡辺和敏著　吉川弘文館　1991.5　626,21p　22cm　11000円　①4-642-03302-5　Ⓝ682.1　〔09655〕

◇近世交通の史的研究　丸山雍成編　文献出版　1998.10　640p　22cm　16000円　①4-8305-1210-5　Ⓝ682.1　〔09656〕

◇近世女性旅と街道交通　深井甚三著　富山　桂書房　1995.10　337,5p　22cm　6180円　Ⓝ682.1　〔09657〕

◇近世助郷制の研究―西相模地域を中心に　宇佐美ミサ子著　法政大学出版局　1998.2　373,16p　22cm　（叢書・歴史学研究）9000円　①4-588-25047-7　Ⓝ682.137　〔09658〕

◇近世日本の交通と地域経済　平川新著　大阪　清文堂出版　1997.11　347p　22cm　7700円　①4-7924-0435-5　Ⓝ332.105　〔09659〕

◇近世日本の国家支配と街道　土田良一著　文献出版　2001.2　273p　22cm　7000円　①4-8305-1223-7　Ⓝ682.1　〔09660〕

◇近世日本の都市と交通　渡辺信夫編　河出書房新社　1992.4　402p　22cm　9800円　①4-309-22218-8　Ⓝ210.5　〔09661〕

◇近世封建交通史の構造的研究　藤沢晋著, 谷口澄夫編　福武書店　1977.3　850p　22cm　9000円　Ⓝ682.1　〔09662〕

◇近代交通成立史の研究　山本弘文編　法政大学出版局　1994.6　445p　22cm　9682円　①4-588-32601-5　Ⓝ682.1　〔09663〕

◇交通　1　大阪商業大学商業史博物館編　東大阪　大阪商業大学商業史博物館　2003.3　250,28p　22cm　（大阪商業大学商業史博物館史料叢書　第4巻）10000円　①4-9980818-7-X　Ⓝ682.1　〔09664〕

◇交通史を主とした論集　内藤二郎著　文献出版　1991.5　284p　22cm　6000円　①4-8305-1147-8　Ⓝ682.1　〔09665〕

◇交通博物館所蔵近世交通史料目録　交通博物館　1991.3　120p　26cm　Ⓝ682.1　〔09666〕

◇社寺参詣の社会経済史的研究　新城常三著　塙書房　1964　1017p　22cm　Ⓝ682.1　〔09667〕

経済史　　　　　　　　　　　　近世史

◇社寺と交通—熊野詣でと伊勢参り　新城常三著　至文堂　1960　161p　19cm　（日本歴史新書）Ⓝ682.1
〔09668〕

◇関所抜け江戸の女たちの冒険　金森敦子著　晶文社　2001.8　302p　20cm　2300円　Ⓘ4-7949-6497-8　Ⓝ682.1
〔09669〕

◇仙台藩道中物語　高倉淳著　仙台　今野印刷　1997.1　199p　19cm　1554円　Ⓘ4-906607-15-2　Ⓝ682.1
〔09670〕

◇滝沢旧道調査報告書　会津若松　会津若松市教育委員会　1991　37p　26cm　（会津若松市文化財調査報告書　第20号）Ⓝ682.126
〔09671〕

◇道中絵巻展　豊橋市二川宿本陣資料館編　豊橋　豊橋市二川宿本陣資料館　1997.1　16p　21×30cm　Ⓝ682.1
〔09672〕

◇道中記の旅　原田伴彦著　芸艸堂　1983.10　248p　22cm　2000円　Ⓝ210.5
〔09673〕

◇特別展「江戸時代の旅」〔東京都〕大田区立郷土博物館　1981　52p　26cm　Ⓝ682.1
〔09674〕

◇日本近世交通史研究　児玉幸多先生古稀記念会編　吉川弘文館　1979.12　558p　22cm　7500円　Ⓝ682.1
〔09675〕

◇日本近世交通史の研究　丸山雍成著　吉川弘文館　1989.2　650,13p　22cm　9800円　Ⓘ4-642-03292-4　Ⓝ682.1
〔09676〕

◇日本近世交通史の研究　丸山雍成著　吉川弘文館　1994.6　650,13p　21cm　11330円　Ⓘ4-642-03292-4
〔09677〕

◇日本近世交通史論集　交通史研究会編　吉川弘文館　1986.12　610p　22cm　9800円　Ⓘ4-642-03276-2　Ⓝ682.1
〔09678〕

◇日本の近世　第6巻　情報と交通　辻達也、朝尾直弘編　丸山雍成編　中央公論社　1992.5　462p　図版32p　21cm　2800円　Ⓘ4-12-403026-6　Ⓝ210.5
〔09679〕

◇幕藩制下陸上交通の研究　深井甚三著　吉川弘文館　1994.2　409,11p　22cm　10000円　Ⓘ4-642-03313-0　Ⓝ682.1
〔09680〕

◇幕末明治乗物集—天理ギャラリー・第60回展　天理ギャラリー　1981.11　24p　26cm　Ⓝ682.1
〔09681〕

◇八戸藩の陸上交通—街道と交通、参勤交代、大名飛脚と町飛脚、および情報伝達について　三浦忠司著　八戸　八戸通運　1994.4　50p　26cm　Ⓝ682.121
〔09682〕

◇古島敏雄著作集　第4巻　信州中馬の研究—近世日本陸上運輸史の一齣　東京大学出版会　1974　416p　22cm　3000円　Ⓝ610.8
〔09683〕

◆◆◆飛脚

◇日本の飛脚便—郵便への序曲　二宮久著　大阪　日本フィラテリックセンター　1987.2　162p　27cm　4700円　Ⓝ693.21
〔09684〕

◇飛脚—幕末明治の民間通信　山崎好是解説　駅逓郵趣会　1980.5　47p　26cm　2000円　Ⓝ693.21
〔09685〕

◆◆街道

◇家康道を歩く—歴史道探索紀行　加藤浩著　名古屋　風媒社　2006.6　152p　21cm　1700円　Ⓘ4-8331-5157-X　Ⓝ291.55
〔09686〕

◇伊勢広島紀行—天保一二年吉山藤兵衛の旅日記　吉山藤兵衛著　久留米市文化観光部文化財保護課編　久留米　久留米市　2006.3　121p　30cm　（久留米市文化財調査報告書　第228集）Ⓝ682.1
〔09687〕

◇浮世絵に描かれた人・馬・旅風俗—東海道と木曾海道　橋本健一郎編著　横浜　神奈川新聞社　2001.1　80p　21cm　（うまはくブックレット　no.2）800円　Ⓘ4-87645-291-1　Ⓝ682.1
〔09688〕

◇江戸をたずねて街道めぐり　西脇隆英著　五曜書房　2003.2　254p　19cm　（食と文化シリーズ　2）2190円　Ⓘ4-434-02368-3　Ⓝ291.3
〔09689〕

◇江戸四宿を歩く—品川宿・千住宿・板橋宿・内藤新宿　街と暮らし社編　街と暮らし社　2001.12　127p　21cm　（江戸・東京文庫　江戸の名残と情緒の探訪　7）1600円　Ⓘ4-901317-07-5　Ⓝ291.361
〔09690〕

◇江戸時代の交通文化　樋畑雪湖著　刀江書院　1931　Ⓝ682
〔09691〕

◇江戸の宿—三都・街道宿泊事情　深井甚三著　平凡社　2000.8　252p　18cm　（平凡社新書）720円　Ⓘ4-582-85052-9　Ⓝ682.1
〔09692〕

◇青梅街道　東京都教育庁生涯学習部文化課編　東京都教育庁生涯学習部文化課　1995.3　196p　30cm　（歴史の道調査報告書　第3集）Ⓝ682.136
〔09693〕

◇大江戸一里塚物語　東山欣之助文・写真・編集　福山　小林茂　2006.11　92p　23cm　非売品　Ⓝ682.1
〔09694〕

◇尾張の街道と村　桜井芳昭著　春日井　桜井芳昭　1997.11　314p　22cm　Ⓝ682.155
〔09695〕

◇街道—生きている近世2　小林博、足利健亮編、浅野喜市写真　京都　淡交社　1978.11　211p　31cm　6500円　Ⓝ682.1
〔09696〕

◇街道案内　1　権藤晋文・写真　北冬書房　1996.6　172p　20cm　（風景とくらし叢書）1900円　Ⓘ4-89289-090-1　Ⓝ682.1
〔09697〕

◇街道絵図の成立と展開　山本光正著　京都　臨川書店　2006.6　322,8p　21cm　4600円　Ⓘ4-653-03963-1
〔09698〕

◇街道を歩く京への道　植条則夫文　小笠原敏孝写真　京都　淡交社　2004.4　127p　21cm　（新撰京の魅力）1500円　Ⓘ4-473-03163-2　Ⓝ682.1
〔09699〕

◇街道・宿場・旅—旅人からのメッセージ　開館1周年記念特別展　大津市歴史博物館編　大津　大津市歴史博物館　1991.10　118p　26cm　Ⓝ682.161
〔09700〕

◇街道と宿場町　アクロス福岡文化誌編纂委員会編　福岡　アクロス福岡文化誌編纂委員会,(福岡)海鳥社〔発売〕　2007.1　160p　21cm　（アクロス福岡文化誌　1）1800円　Ⓘ978-4-87415-617-9
〔09701〕

◇街道百景—道の歴史と見どころ案内　竹田はなこ著　希林館, 星雲社〔発売〕　2004.7　207p　19cm　1400円　Ⓘ4-434-04078-2
〔09702〕

◇川越街道展—板橋から川越まで　人・道・歴史　板橋区立郷土資料館開館20周年特別展　東京都板橋区立郷土資料館編　板橋区立郷土資料館　1992.2　79p　30cm　Ⓝ682.136
〔09703〕

◇久右衛門の旅日記—東海道・中山道および日光街道　出田恒治著　守山　出田恒治　1988.11　271p　21cm　非売品　Ⓝ291.09
〔09704〕

◇旧水戸街道繁盛記　上　山本鉱太郎著　流山　崙書房出版　1994.10　210p　20cm　2800円　Ⓘ4-8455-1009-X　Ⓝ682.13
〔09705〕

◇旧水戸街道繁盛記　下　山本鉱太郎著　流山　崙書房出版　1995.4　238p　20cm　2900円　Ⓘ4-8455-1013-8　Ⓝ682.13
〔09706〕

◇享和元年西国巡礼旅日記　舞阪町立郷土資料館編　舞阪町（静岡県）　舞阪町立郷土資料館　2004.9　91p　21cm　（舞阪町立郷土資料館資料集　第8集）Ⓝ682.1
〔09707〕

◇近世日本交通史—伝馬制度と参勤交代　田村栄太郎著

◇清和書店　1935　451p　19cm　Ⓝ682
〔09708〕
◇交通　1　大阪商業大学商業史博物館編　東大阪　大阪商業大学商業史博物館　2003.3　250,28p　22cm　(大阪商業大学商業史博物館史料叢書　第4巻)10000円　①4-9980818-7-X　Ⓝ682.1
〔09709〕
◇五街道細見　岸井良衛編　青蛙房　1959　275p　20cm　Ⓝ682.1
〔09710〕
◇五街道細見　岸井良衛編　新修版　青蛙房　1973　図21枚　335p　地図1枚(折込)　20cm　3200円　Ⓝ682.1
〔09711〕
◇五街道細見―新修　岸井良衛著　新装版　青蛙房　2004.5　335p　図版22枚　20cm　5500円　①4-7905-0513-8　Ⓝ682.1
〔09712〕
◇五街道風俗誌　1　小野武雄著　展望社　1974　312p　20cm　(江戸風俗資料　第7巻)2300円　Ⓝ682.1
〔09713〕
◇五街道風俗誌　2　小野武雄編著　展望社　1974　350p　20cm　(江戸風俗資料　第8巻)2300円　Ⓝ682.1
〔09714〕
◇五街道分間延絵図　加太越奈良道見取絵図　第1巻　上　児玉幸多監修　東京美術　1998.5　60p　42×18cm　40000円　①4-8087-0651-2
〔09715〕
◇宿場と街道―五街道入門　児玉幸多著　東京美術　1986.12　209p　19cm　(東京美術選書　50)1200円　①4-8087-0353-X　Ⓝ682.1
〔09716〕
◇新修五街道細見　岸井良衛編　青蛙房　1993.9　335p　図版23枚　20cm　5150円　①4-7905-0565-0　Ⓝ682.1
〔09717〕
◇東金御成街道―房総の道　本保弘文著　聚海書林　1991.12　262p　20cm　2000円　Ⓝ682.135
〔09718〕
◇東北の街道―道の文化史いまむかし　渡辺信夫監修　無明舎出版編　仙台　東北建設協会　1998.7　237p　26cm　2857円　①4-89544-188-1
〔09719〕
◇日本「古街道」探訪―東北から九州まで、歴史ロマン23選　泉秀樹著　PHP研究所　2007.4　322p　15cm　(PHP文庫)619円　①978-4-569-66815-4　Ⓝ291.02　〔09720〕
◇箱根旧街道「石畳と杉並木」　伊藤潤,大和田公一著　横浜　神奈川新聞社　1997.3　174p　18cm　(かなしんブックス　44―箱根叢書　27)930円　①4-87645-214-8　Ⓝ682.154
〔09721〕
◇氷上町の道標―江戸時代の街道と道しるべ　氷上町教育委員会編　氷上町(兵庫県)　氷上町教育委員会　1993.3　27p　26cm　(ふるさと発見シリーズ　第1集)Ⓝ682.164
〔09722〕
◇百年前の秋葉道―実地踏査の記録　榛原町文化財保護審議委員会編集・執筆　榛原町(静岡県)　榛原町教育委員会　1993.1　69p　21cm　(郷土シリーズ　35)Ⓝ682.154
〔09723〕

◆◆宿駅
◇会津の宿場―会津五街道と宿場・再見　会津史学会編　会津若松　歴史春秋社　1983.2　182p　26cm　3400円　Ⓝ682.126
〔09724〕
◇馬宿―近世街道のローマンチズム　都筑方治著　飯田　南信州新聞社出版局　2004.2　217p　22cm　3000円　①4-943981-61-5　Ⓝ682.152
〔09725〕
◇江戸の宿場町新宿　安宅峯子著　同成社　2004.4　198p　20cm　(同成社江戸時代史叢書　18)2300円　①4-88621-290-5　Ⓝ213.61
〔09726〕
◇大内宿　大塚実著　会津若松　歴史春秋出版　1998.5　309p　19cm　①4-89757-362-9　Ⓝ212.6
〔09727〕

◇街道と宿場　信州歴史の道研究会解説,三橋秀年写真　長野　信濃毎日新聞社　1981.4　300p　19cm　(信州の文化シリーズ)2000円　Ⓝ682.152
〔09728〕
◇街道と宿場町　福岡　海鳥社(発売)　2007.1　160p　21cm　(アクロス福岡文化誌　1)1800円　①978-4-87415-617-9　Ⓝ682.191
〔09729〕
◇近世宿駅制度の研究―中山道追分宿を中心として　児玉幸多著　吉川弘文館　1957　574p　表　地　22cm　Ⓝ682.1
〔09730〕
◇近世宿駅の基礎的研究　丸山雍成著　吉川弘文館　1975　2冊　22cm　10000円,12000円　Ⓝ682.1
〔09731〕
◇近世宿駅の歴史地理学的研究　土田良一著　吉川弘文館　1994.5　487,9p　22cm　7725円　①4-642-03315-7　Ⓝ682.1
〔09732〕
◇近世宿場町の景観と流通―西国街道の宿場町・四日市遺跡を掘る　東広島市教育委員会編　東広島　東広島市教育委員会　2005.3　78p　30cm　(安芸のまほろばフォーラム　記録集　第10回)Ⓝ682.176
〔09733〕
◇五駅便覧　駒沢大学近世交通史研究会編　駒沢大学近世交通史研究会　1979.4　151p　21cm　(近世交通史料　1)Ⓝ682.1
〔09734〕
◇宿駅　児玉幸多著　至文堂　1960　230p　19cm　(日本歴史新書)Ⓝ682.1
〔09735〕
◇宿駅としての大磯と府中　松村鉄心著　府中(東京都)　〔松村鉄心〕　1983.10　265p　22cm　Ⓝ682.1　〔09736〕
◇宿場　大宮　埼玉県立博物館　1985.4　1冊　25cm　Ⓝ682.1
〔09737〕
◇宿場　児玉幸多編　東京堂出版　1999.7　334p　20cm　(日本史小百科)2800円　①4-490-20331-4　Ⓝ682.1
〔09738〕
◇宿場春秋―近江の国・草津宿史話　小林保夫,八杉淳著　角川書店　2000.6　192p　19cm　(角川選書　316)1200円　①4-04-703316-2　Ⓝ682.161
〔09739〕
◇宿場と街道―五街道入門　児玉幸多著　東京美術　1986.12　209p　19cm　(東京美術選書　50)1200円　①4-8087-0353-X　Ⓝ682.1
〔09740〕
◇宿場の日本史―街道に生きる　宇佐美ミサ子著　吉川弘文館　2005.9　221p　19cm　(歴史文化ライブラリー　198)1700円　①4-642-05598-3　Ⓝ682.1　〔09741〕
◇大名の旅―本陣と街道　企画展　松戸市立博物館編　松戸　松戸市立博物館　2007.10　79p　30cm　Ⓝ682.135
〔09742〕
◇大名の宿本陣展　豊橋市二川宿本陣資料館編　豊橋　豊橋市二川宿本陣資料館　1994.5　63p　26cm　Ⓝ682.1
〔09743〕
◇旅と宿場―特別展　沼津　沼津市歴史民俗資料館　1994　16p　26cm　Ⓝ682.154
〔09744〕
◇旅の民俗と歴史　2　大名の旅―本陣を訪ねて　宮本常一編著　八坂書房　1987.6　255p　19cm　1800円　Ⓝ682.1
〔09745〕
◇中馬本街道と文化―写真集　鶴田雄亮著　瀬戸　〔鶴田雄亮〕　2006.2　81p　21×30cm　Ⓝ682.1　〔09746〕
◇天明の大井宿助郷訴訟記録―藩を背景にした宿と助郷十四年間の争い　安藤利通執筆　恵那　恵那市教育委員会　2004.3　105p　21cm　Ⓝ215.3　〔09747〕
◇豊橋市二川宿本陣資料館―展示案内　豊橋市二川宿本陣資料館編　豊橋　豊橋市二川宿本陣資料館　1992.8　80p　26cm　Ⓝ682.155
〔09748〕
◇浜本陣の研究　中谷保二著　京都　洛北書房　1956　249p　図版　表　地　19cm　Ⓝ682.1
〔09749〕

経済史　　　　　　　　　　　　　　　　　　　　近世史

◇本陣に泊まった大名たち―筑前福岡藩黒田家と薩摩鹿児島藩島津家　豊橋市二川宿本陣資料館編　豊橋　豊橋市二川宿本陣資料館　1996.10　95p　30cm　Ⓝ682.1
〔09750〕

◇本陣の研究　大島延次郎著　吉川弘文館　1955　191p　22cm　Ⓝ682.1
〔09751〕

◇宿と街道・草津　草津市立街道文化情報センター編　草津　草津市　1996.3　123p　19cm　Ⓝ682.161
〔09752〕

◇山崎通郡山宿椿之本陣宿帳―元禄九年～明治三年　丸山雍成監修　梶洸,福留照尚編　大阪　向陽書房　2000.11　282p　27cm　19000円　Ⓘ4-906108-42-3　Ⓝ216.3
〔09753〕

◇歴史の宿70選―江戸・明治をたずねる　朝日新聞社編　朝日新聞社　1989.3　143p　25cm　(朝日ハンディガイド)900円　Ⓘ4-02-258451-3　Ⓝ689.8
〔09754〕

◆◆東海道

◇浮世絵対比五十三次今昔写真集　菊原馥写真・文　改訂版　八千代　八千代市文芸協会　2007.4　89p　26cm　Ⓘ978-4-906609-01-7　Ⓝ291.5
〔09755〕

◇江戸期の女たちが見た東海道　柴桂子著　桂文庫　2002.6　295p　19cm　(江戸期ひと文庫 4番)1200円　Ⓝ215
〔09756〕

◇江戸時代図誌　14　東海道 1　赤井達郎等編　大戸吉古,山口修編　筑摩書房　1976　175,7p　30cm　1800円　Ⓝ210.5
〔09757〕

◇江戸時代図誌　15　東海道 2　赤井達郎等編　児玉幸多編　筑摩書房　1977.1　173,5p　30cm　1800円　Ⓝ210.5
〔09758〕

◇江戸時代図誌　16　東海道 3　赤井達郎等編　吉田光邦編　筑摩書房　1976　180,6p　30cm　1800円　Ⓝ210.5
〔09759〕

◇江戸時代の東海道―描かれた街道の姿と賑わい―特別展　神奈川県立歴史博物館編　横浜　神奈川県立歴史博物館　2001.9　111p　30cm　Ⓝ721.025
〔09760〕

◇江戸時代の道づくり―神奈川県の東海道　横浜　神奈川東海道ルネッサンス推進協議会　2000　35p　30cm　Ⓝ213.7
〔09761〕

◇江戸川柳東海道の旅　江戸川柳研究会編　至文堂　2002.2　228p　21cm　(「国文学解釈と鑑賞」別冊)2400円　Ⓝ291.5
〔09762〕

◇江戸・大正・平成 東海道五十三次いまむかし　マール社編集部編　マール社　1997.9　151p　21cm　1400円　Ⓘ4-8373-0732-9
〔09763〕

◇神奈川県を通ずる東海道の今昔　佐藤善治郎著　横浜　神奈川県高等女学校学友会　1936　60p　22cm　Ⓝ213.7
〔09764〕

◇亀山宿・関宿のにぎわい―記録から見た往く人来る人　亀山市歴史博物館編　亀山　亀山市歴史博物館　1997.11　64p　30cm　Ⓝ682.156
〔09765〕

◇亀山領内の東海道絵図―江戸幕府による五街道分間絵図作成事業の足跡　亀山市歴史博物館編　亀山　亀山市歴史博物館　2001.10　80p　30cm　Ⓝ291.56
〔09766〕

◇今昔三州宝飯郡東海道沿い―写真で見る郷土史研究　夏目勝弘編　豊川　豊川桜町校区の昔を知る会　2007.8　153p　31cm　8000円　Ⓝ215.5
〔09767〕

◇今昔東海道独案内　今井金吾著　日本交通公社出版事業局　1994.9　334,8,16p　22cm　5000円　Ⓘ4-533-02046-1　Ⓝ291.09
〔09768〕

◇今昔中山道独案内　今井金吾著　日本交通公社出版事業局　1994.9　449,11,20p　22cm　6500円　Ⓘ4-533-02047-X　Ⓝ291.09
〔09769〕

◇新・東海道五十三次―平成から江戸を見る　宮川重信著　東洋出版　2000.10　437p　22cm　4000円　Ⓘ4-8096-7359-6　Ⓝ291.5
〔09770〕

◇図説東海道五十三次　今井金吾編　河出書房新社　2000.12　127p　22cm　(ふくろうの本)1800円　Ⓘ4-309-72651-8　Ⓝ215
〔09771〕

◇図説東海道歴史散歩―宿駅制度400年記念保存版　新人物往来社　2001.8　158p　26cm　(別冊歴史読本)2200円　Ⓘ4-404-02783-4　Ⓝ215
〔09772〕

◇東海道―安藤広重の『東海道五十三次』と古道と宿駅の変遷　八幡義生著　有峰書店　1974　348p　19cm　(歴史と風土 10)1300円　Ⓝ291.09
〔09773〕

◇東海道―静岡県歴史の道　静岡県教育委員会文化課編　静岡　静岡県教育委員会　1994.3　343,12p　30cm　Ⓝ682.154
〔09774〕

◇東海道宇津ノ谷峠―道に咲いた文化　静岡　建設省静岡国道工事事務所　1993.2　191p　26cm　Ⓝ682.154
〔09775〕

◇東海道絵図　1　巻第1-巻第5　木下良監修　昭和礼文社　2000.12　1冊　31×43cm　(東海道絵図集成 1)42000円　Ⓘ4-915124-55-X　Ⓝ291.5
〔09776〕

◇東海道遠州見付宿―江戸時代後期に於ける一宿駅の交通文化史的考察　田中友次郎著　磐田　静岡県磐田市磐田市誌編纂委員会　1974　278p　22cm　(磐田市誌シリーズ 第2冊)Ⓝ682.1
〔09777〕

◇東海道川崎宿　三輪修三著　八雲書房　1982.10　365p　19cm　1800円　Ⓝ682.1
〔09778〕

◇東海道川崎宿とその周辺　三輪修三著　文献出版　1995.12　329p　22cm　6180円　Ⓘ4-8305-1183-4　Ⓝ682.1
〔09779〕

◇東海道川崎宿とその周辺　三輪修三著　文献出版　1995.12　329p　21cm　6000円　Ⓘ4-8305-1183-4
〔09780〕

◇東海道見聞録―江戸の道は、きょうに新しい　ニッセイエブロ株式会社編　〔ニッセイエブロ〕　1992.9　77p　30cm　Ⓝ682.13
〔09781〕

◇東海道交通施設と幕藩制社会　渡辺和敏著　岩田書院　2005.3　471p　22cm　(愛知大学綜合郷土研究所研究叢書 18)7800円　Ⓘ4-87294-367-8　Ⓝ682.1
〔09782〕

◇東海道交通史の研究　静岡県地域史研究会編　大阪　清文堂出版　1996.9　455p　22cm　8549円　Ⓘ4-7924-0427-4　Ⓝ682.154
〔09783〕

◇東海道交通の今昔　郡菊之助著　名古屋　山田活版印刷所(印刷)　1931　36p　19cm　(アヴォケーション叢書 第2)Ⓝ682
〔09784〕

◇東海道五十三次を歩く　1　日本橋―大磯　児玉幸多監修　碧水社企画・編集　講談社　1999.8　126p　20cm　(Kodansha sophia books―歴史街道ガイド)1600円　Ⓘ4-06-269062-4　Ⓝ291.09
〔09785〕

◇東海道五十三次を歩く　2　小田原―箱根―府中　児玉幸多監修　碧水社企画・編集　講談社　1999.9　126p　20cm　(Kodansha sophia books―歴史街道ガイド)1600円　Ⓘ4-06-269063-2　Ⓝ291.09
〔09786〕

◇東海道五十三次を歩く　3　丸子―大井川浜名湖―新居　児玉幸多監修　碧水社編集・企画　講談社　1999.10　126p　20cm　(Kodansha sophia books―歴史街道ガイド)1600円　Ⓘ4-06-269064-0　Ⓝ291.09
〔09787〕

◇東海道五十三次を歩く　4　白須賀―伊勢湾・木曽川―桑名　児玉幸多監修　碧水社企画・編集　講談社　1999.11　126p　20cm　(Kodansha sophia books―歴

史街道ガイド）1600円　Ⓘ4-06-269065-9　Ⓝ291.09
〔09788〕

◇東海道五十三次を歩く　5　四日市―鈴鹿峠・琵琶湖―三条大橋　児玉幸多監修　碧水社企画・編集　講談社　1999.12　126p　20cm　（Kodansha sophia books―歴史街道ガイド）1600円　Ⓘ4-06-269066-7　Ⓝ291.09
〔09789〕

◇「東海道五十三次」おもしろ探訪――宿一話で読む歴史雑学の旅　泉秀樹　PHP研究所　2001.8　360p　15cm　（PHP文庫）648円　Ⓘ4-569-57599-4　Ⓝ291.5
〔09790〕

◇東海道五十三次紀行―四〇〇年街道のドラマ　現代歴史視考　高田宏文　中里和人写真　黙出版　2001.7　205p　19cm　2200円　Ⓘ4-900682-60-8　Ⓝ915.6
〔09791〕

◇東海道五十三次宿場展　6　府中・丸子・岡部・藤枝　豊橋　豊橋市二川宿本陣資料館　1998　18p　30cm　Ⓝ215
〔09792〕

◇東海道五十三次宿場展　7　豊橋　豊橋市二川宿本陣資料館　1999　22p　30cm　Ⓝ215
〔09793〕

◇東海道五十三次宿場展　8　豊橋　豊橋市二川宿本陣資料館　2000　26p　30cm　Ⓝ215
〔09794〕

◇東海道五十三次宿場展　9　豊橋　豊橋市二川宿本陣資料館　2001.2　124p　30cm　Ⓝ215
〔09795〕

◇東海道五十三次宿場展　10　豊橋　豊橋市二川宿本陣資料館　2002　22p　30cm　Ⓝ215
〔09796〕

◇東海道五十三次で数学しよう―"和算"を訪ねて日本を巡る　仲田紀夫著　新装版　名古屋　黎明書房　2006.12　190p　21cm　2000円　Ⓘ4-654-00934-5
〔09797〕

◇東海道五十三次どまん中袋井宿物語・海道筋歴史散歩　田中元峰著　袋井　〔田中元峰〕　1993　95p　21cm　Ⓝ682.154
〔09798〕

◇東海道五十三次ハンドブック　森川昭著　改訂版　三省堂　2007.7　223p　21×14cm　1600円　Ⓘ978-4-385-41057-9
〔09799〕

◇東海道御油・赤坂宿交通史料　近藤恒次編　国書刊行会　1980.9　271p　図版23p　22cm　4500円　Ⓝ682.1
〔09800〕

◇東海道薩埵峠―東と西の出会う道　静岡　建設省静岡国道工事事務所　1994.2　239p　26cm　Ⓝ682.154
〔09801〕

◇東海道小夜の中山―命を再生する峠　浜松　建設省浜松工事事務所　1995.3　203p　26cm　Ⓝ682.154
〔09802〕

◇東海道人物志　大須賀鬼卵者　静岡　杉本光子　1984.1　66丁　18cm　非売品　Ⓝ210.5
〔09803〕

◇東海道中なるほど読本―川柳で五十三次まるわかり　新田完三著　リイド社　2006.2　255p　15cm　（リイド文庫）476円　Ⓘ4-8458-2877-4
〔09804〕

◇東海道と新居宿―特別展　新居関所史料館編　新居町（静岡県）　新居関所史料館　1996.10　50p　30cm　Ⓝ682.154
〔09805〕

◇東海道と伊勢湾　本多隆成，酒井一編　吉川弘文館　2004.1　270,29p　19cm　（街道の日本史　30）2500円　Ⓘ4-642-06230-0
〔09806〕

◇東海道と神奈川宿―企画展　横浜市歴史博物館，横浜市ふるさと歴史財団編　横浜　横浜市歴史博物館　1996.3　79p　30cm　Ⓝ682.137
〔09807〕

◇東海道の風物・歴史・文学・物語五十三次の宿場・魅力の再発見―東海道宿駅四〇〇年記念21世紀特集　鈴木幸朗編　岡崎　鈴木幸朗　2001.4　412p　30cm　Ⓝ682.1
〔09808〕

◇東海道の宿―水口屋ものがたり　スタットラー著, 斎藤襄治訳　社会思想社　1978.3　422p　15cm　（現代教養文庫）480円　Ⓝ682.1
〔09809〕

◇東海道二川宿の研究　紅林太郎著　豊橋　から沢文庫　1981.11　371p　図版18枚　22cm　4500円　Ⓝ682.1
〔09810〕

◇東海道名所歩き―川柳で愉しむ伊豆・駿河・遠江の旅　清博美著　三樹書房　2005.11　214p　19cm　2400円　Ⓘ4-89522-464-3
〔09811〕

◇東海道名所図会　下　秋里籬島原著　竹原春泉斎画　粕谷宏紀監修　新訂　ぺりかん社　2001.11　360p　20cm　（新訂日本名所図会集　2）2700円　Ⓘ4-8315-0978-7　Ⓝ291.5
〔09812〕

◇東海道守口宿・守口駅　菊田太郎著　京都　柳原書店　1959　230p　22cm　（大阪経済大学研究叢書　第2冊）Ⓝ682.1
〔09813〕

◇東海道四日市宿本陣の基礎的研究　大石学監修　太田尚宏, 佐藤宏之編　岩田書院　2001.10　386p　22cm　7900円　Ⓘ4-87294-220-5　Ⓝ215.6
〔09814〕

◇ニッポンの旅―江戸達人と歩く東海道　石川英輔著　京都　淡交社　2007.9　237p　19cm　1500円　Ⓘ978-4-473-03431-1　Ⓝ682.1
〔09815〕

◇広重と歩こう東海道五十三次　安村敏信, 岩崎均史著　小学館　2000.4　127p　25cm　（アートセレクション）1900円　Ⓘ4-09-607001-7　Ⓝ215
〔09816〕

◇歴史地図の歩き方東海道五十三次　長崎健監修　青春出版社　2001.9　219p　20cm　1100円　Ⓘ4-413-03287-X　Ⓝ682.1
〔09817〕

◇歴史の旅　東海道を歩く　本多隆成著　吉川弘文館　2007.4　226,8p　21cm　2500円　Ⓘ978-4-642-07972-3
〔09818〕

◆◆中山道

◇江戸時代図誌　10　中山道　1　赤井達郎等編　児玉幸多, 芳賀登編　筑摩書房　1977.6　168,5p　30cm　1800円　Ⓝ210.5
〔09819〕

◇江戸時代図誌　11　中山道　2　赤井達郎等編　赤井達郎編　筑摩書房　1976　174,4p（おもに図）　30cm　1800円　Ⓝ210.5
〔09820〕

◇改正中山道往来―全　蕨市立歴史民俗資料館編　蕨　蕨市立歴史民俗資料館　2002.5　17p　22cm　（蕨市立歴史民俗資料館史料叢書　第3集）
〔09821〕

◇街道文化佐久の中山道宿場展―佐久市を貫く中山道今に伝える宿場町　平成十九年度特別展図録　望月歴史民俗資料館編　佐久　佐久市教育委員会　2007.8　28p　30cm　Ⓝ682.152
〔09822〕

◇加賀百万石と中山道の旅　忠田敏男著　新人物往来社　2007.8　229p　19cm　2000円　Ⓘ978-4-404-03477-9
〔09823〕

◇木曽路紀行藤波の記―江戸開幕50年中山道の旅　飯塚明著　日本図書刊行会　1999.9　261p　20cm　2000円　Ⓘ4-8231-0322-X　Ⓝ291.5
〔09824〕

◇木曽路名所図絵　秋里籬島編著　名著出版　1972　569p　23cm　3800円　Ⓝ291.02
〔09825〕

◇木曽福島関所女手形控帳―史料　遠山高志編著　桂文庫　2004.3　161p　21cm　（近世女性双書　第2巻）1700円　Ⓝ682.152
〔09826〕

◇考証中山道六十九次　戸羽山瀚著　秋田書店　1975　326p　20cm　1200円　Ⓝ682.1
〔09827〕

◇図説中山道歴史散歩―宿駅制定400年記念保存版　新人物往来社　2001.10　158p　26cm　（別冊歴史読本）2200円　Ⓘ4-404-02788-5　Ⓝ291.5
〔09828〕

経済史　　　　　　　　　　　　　　　近世史

◇旅と桶川宿に生きる人々―開館5周年記念特別展図録　桶川　桶川市歴史民俗資料館　1997.11　42p　30cm　Ⓝ682.134　〔09829〕

◇田村本陣休泊控帳―中山道本庄宿　1　解説・凡例／寛永―享保　長谷川勇編　さいたま　さきたま出版会　2007.6　21,343p　30cm　Ⓘ978-4-87891-391-4,978-4-87891-390-7　Ⓝ682.134　〔09830〕

◇田村本陣休泊控帳―中山道本庄宿　2　享保―天明　長谷川勇編　さいまた　さきたま出版会　2007.6　p347-709　30cm　Ⓘ978-4-87891-392-1,978-4-87891-390-7　Ⓝ682.134　〔09831〕

◇田村本陣休泊控帳―中山道本庄宿　3　天明―文政　長谷川勇編　さいたま　さきたま出版会　2007.6　p713-1078　30cm　Ⓘ978-4-87891-393-8,978-4-87891-390-7　Ⓝ682.134　〔09832〕

◇田村本陣休泊控帳―中山道本庄宿　4　文政―文久　長谷川勇編　さいたま　さきたま出版会　2007.6　p1081-1494　30cm　Ⓘ978-4-87891-394-5,978-4-87891-390-7　Ⓝ682.134　〔09833〕

◇定本中山道美濃十六宿　太田三郎,安藤利道監修　岐阜　郷土出版社　1997.7　255p　31cm　9500円　Ⓘ4-87664-104-8　Ⓝ682.153　〔09834〕

◇中仙道　前橋　みやま文庫　1970　377p　19cm　（みやま文庫 36）Ⓝ682.1　〔09835〕

◇中山道―美濃十六宿　太田三郎著　岐阜　大衆書房　1973　322p　22cm　980円　Ⓝ682.153　〔09836〕

◇中山道―江戸東京400年記念"街道と旅"展　東京都　1990.2　1冊　21×30cm　〔09837〕

◇中山道　東京都教育庁生涯学習部文化課編　東京都教育委員会　1994.3　140p　30cm　（歴史の道調査報告書 第2集）Ⓝ682.136　〔09838〕

◇中山道　大津　滋賀県教育委員会　1996.3　277p　30cm　（中近世古道調査報告書 2）Ⓝ682.161　〔09839〕

◇中山道―宿場と途上の踏査研究　藤島亥治郎著　東京堂出版　1997.9　670p　27cm　46000円　Ⓘ4-490-20322-5　Ⓝ682.15　〔09840〕

◇中山道板橋宿―平尾宿―脇本陣豊田家 板橋区立郷土資料館企画展　東京都板橋区立郷土資料館編　板橋区立郷土資料館　1991.1　49p　26cm　Ⓝ682.136　〔09841〕

◇中山道碓氷関所の研究　上巻　金井達雄著　文献出版　1997.3　700p　22cm　19000円　Ⓘ4-8305-1195-8　Ⓝ682.1　〔09842〕

◇中山道碓氷関所の研究　下巻　金井達雄著　文献出版　1997.3　762p　22cm　19000円　Ⓘ4-8305-1196-6　Ⓝ682.1　〔09843〕

◇中仙道鵜沼宿図録　横山住雄著　岐阜　教育出版文化協会　1992.12　70p　26cm　（各務原歴史散歩 2）Ⓝ215.3　〔09844〕

◇中山道鵜沼宿の人々　梅田薫著　各務原　鵜沼歴史研究会　2002.9　299p　21cm　2000円　Ⓝ215.3　〔09845〕

◇中山道を歩く　児玉幸多著　中央公論社　1986.8　434p　20cm　2000円　Ⓘ4-12-001506-8　Ⓝ682.15　〔09846〕

◇中山道を歩く　児玉幸多著　中央公論社　1988.10　427p　16cm　（中公文庫）580円　Ⓘ4-12-201556-1　Ⓝ682.15　〔09847〕

◇中山道大井宿俳諧研究レポート　ひしや古文書研究会編　恵那　恵那市教育委員会　2002.3　47p　30cm　Ⓝ911.302　〔09848〕

◇中山道交通史料集　3　御触書の部　御触書留帳 塩尻宿　波田野富信編　吉川弘文館　1985.2　367p　22cm　14000円　Ⓘ4-642-03010-7　Ⓝ682.15　〔09849〕

◇中山道信濃二六宿　長野県文化財保護協会編　長野　信濃毎日新聞社　1980.11　442p　27cm　4800円　Ⓝ682.152　〔09850〕

◇中仙道宿場物語　北園孝吉著　雄山閣出版　1974　288p　19cm　880円　Ⓝ682.1　〔09851〕

◇中山道と板橋　板橋区教育委員会　1972　13p　地　15×20cm　（文化財シリーズ 第12集）Ⓝ382.136　〔09852〕

◇中山道と板橋宿―夜明け前の世界　東京都板橋区教育委員会社会教育課編　板橋区教育委員会　1987.5　58p　26cm　Ⓝ682.136　〔09853〕

◇中山道本陣展御岳宿を中心として　中山道みたけ館編　御嵩町（岐阜県）　御嵩町教育委員会　1997　20p　30cm　Ⓝ682.153　〔09854〕

◇中仙道―美濃十六宿―中部未来博88記念展　岐阜県博物館編　岐阜　岐阜県博物館　1988.7　64p　26cm　Ⓝ682.153　〔09855〕

◇中山道名物今昔　サンライズ出版編　彦根　サンライズ出版　1998.4　164p　21cm　1800円　Ⓘ4-88325-045-8　Ⓝ602.1　〔09856〕

◇中山道六十九次旅日記―歴史のかけらを拾いながら　坪田茉莉子著　言海書房　2003.12　327p　19cm　1300円　Ⓘ4-901891-08-1　〔09857〕

◇中山道和田宿の記録―交通賦役の足跡と鎮魂と　長井典雄著　山海堂　1990.6　460p　22cm　4000円　Ⓘ4-381-00821-9　Ⓝ682.152　〔09858〕

◇中山道蕨宿本陣―第4回特別展　蕨　蕨市立歴史民俗資料館　1992.11　30p　26cm　Ⓝ682.134　〔09859〕

◇長野県内近世交通関係遺跡分布調査概報―歴史の道―中山道調査　長野県教育委員会編　長野　長野県教育委員会　1978.3　202p　26cm　Ⓝ682.152　〔09860〕

◇名古屋・岐阜と中山道　松田之利編　吉川弘文館　2004.4　266,21p　19cm　（街道の日本史 29）2500円　Ⓘ4-642-06229-7　〔09861〕

◇ぶらり中山道―訪ねてみよう宿場町 中山道全行程と六十九宿場町　松山達彦著　京都　松山達彦　1998.7　285p　26cm　2500円　Ⓘ4-88848-430-9　Ⓝ291.09　〔09862〕

◇ふるさと大湫百話―中山道大湫宿史　渡辺俊典執筆・編　瑞浪　大湫町コミュニティ推進協議会　1997.10　286p　21cm　Ⓝ215.3　〔09863〕

◇宮ノ越宿史話―中山道（江戸～京都）の中間地宿場東西文化の接触地　神村辰男執筆　日義村（長野県）　宮ノ越宿保存会　2003.12　184p　22cm　非売品　Ⓘ4-86125-014-5　Ⓝ215.2　〔09864〕

◇歴史の道中山道整備事業報告書　中津川市編　中津川　中津川市　1996.3　102p　30cm　Ⓝ682.153　〔09865〕

◇歴史の道中山道調査報告書　岐阜　岐阜県教育委員会　1979.3　59p 図版14p　26cm　Ⓝ682.153　〔09866〕

◆◆日光街道

◇江戸時代図誌　9　日光道　赤井達郎等編　芳賀登編　筑摩書房　1976　176,5p（おもに図）　30cm　1800円　Ⓝ210.5　〔09867〕

◇千人同心日光道―八王子―佐野天明　中山高安著　川越　銀尚　2003.12　199p　19cm　（街道を歩く シニア世代の退屈しのぎと健康のために 9）900円　Ⓝ291.3　〔09868〕

◇東遊奇勝　日光・奥州街道編　渋江長伯著　山崎栄作編　十和田　山崎栄作　2003.3　621p　22cm　（渋江長

◇伯シリーズ 上）6500円　Ⓝ291.09
〔09869〕
◇日光御成道大門宿　会田熊雄ほか執筆　浦和市郷土文化会編　浦和　浦和市郷土文化会　1995.3　31p　19cm（浦和歴史文化叢書 11）600円　Ⓘ4-87891-335-5　Ⓝ682.134
〔09870〕
◇日光御成道　埼玉県立博物館編　浦和　埼玉県教育委員会　1984.3　79p　30cm（歴史の道調査報告書 第2集）Ⓝ682.134
〔09871〕
◇日光街道と小山―第13回企画展　小山　小山市立博物館　1986.4　46p　26cm　Ⓝ682.132
〔09872〕
◇日光街道繁昌記　本間清利著　浦和　埼玉新聞社　1975　246p　19cm（しろこばと選書 1）1000円　Ⓝ682.13
〔09873〕
◇日光街道繁昌記　本間清利著　補訂版　浦和　埼玉新聞社　1980.4　265p　19cm（しらこばと選書 1）1000円　Ⓝ682.13
〔09874〕
◇日光参詣の道―第6回企画展　宇都宮　栃木県立博物館　1984.2　159p　26cm　Ⓝ682.132
〔09875〕
◇日光道中　埼玉県立博物館編　浦和　埼玉県教育委員会　1985.3　57p　30cm（歴史の道調査報告書 第3集）Ⓝ682.134
〔09876〕
◇日光道中江戸近郊の宿駅と文化　佐藤久夫著　越谷〔佐藤久夫〕1993.10　689p　22cm　Ⓝ682.134
〔09877〕
◇日光例幣使街道　五十嵐富夫著　柏書房　1977.3　251p　22cm　3500円　Ⓝ682.133
〔09878〕
◇日光例幣使街道　五十嵐富夫著　柏書房　1977.3　251p　22cm（歴史学研究叢書）3500円　Ⓝ291.018
〔09879〕
◇日光脇往還　埼玉県立博物館編　浦和　埼玉県教育委員会　1985.3　59p　30cm（歴史の道調査報告書 第4集）Ⓝ682.134
〔09880〕

◆◆甲州街道
◇甲州街道の今昔　石井正義著　多摩郷土史研究会　1932　88p　19cm　Ⓝ213.6
〔09881〕
◇甲州道中を旅する―特別展　八王子市郷土資料館編　八王子　八王子市教育委員会　1992.11　63p　21×30cm　Ⓝ682.151
〔09882〕
◇甲州道中「高井戸宿」東京都杉並区教育委員会編　杉並区教育委員会　1981.12　65p　26cm（文化財シリーズ 26）Ⓝ682.136
〔09883〕

◆◆奥州街道
◇江戸時代図誌 7　奥州道 1　赤井達郎等編　芳賀登編　筑摩書房　1977.8　175,5p　30cm　1800円　Ⓝ210.5
〔09884〕
◇江戸時代図誌 8　奥州道 2　赤井達郎等編　森谷尅久編　筑摩書房　1977.11　176,5p　30cm　1800円　Ⓝ210.5
〔09885〕
◇奥州街道―歴史探訪・全宿場ガイド　無明舎出版編　秋田　無明舎出版　2002.12　255p　27cm　3600円　Ⓘ4-89544-321-3　Ⓝ291.2
〔09886〕
◇奥州街道宿駅制の研究―仙台領斎川宿を中心に　風間観静著　仙台　仙台鉄道管理局　1958　464p　22cm（東北交通史 第2巻）Ⓝ682.12
〔09887〕
◇奥州街道宿駅制の研究　風間観静著　改訂増補版　巌南堂書店　1966　464,61p　22cm（東北交通史 第2巻）Ⓝ682.12
〔09888〕
◇奥州宿駅街道の時代的変遷　飯沼寅治著　改訂増補版　巌南堂書店　1966　393,58,29p　22cm（東北交通史 第1巻）Ⓝ682.12
〔09889〕

◇奥州道中越堀宿資料の断片　三宅広孜編　黒磯〔三宅広孜〕1991.6　213p　26cm　Ⓝ682.132
〔09890〕
◇東遊奇勝　日光・奥州街道編　渋江長伯著　山崎栄作編　十和田　山崎栄作　2003.3　621p　22cm（渋江長伯シリーズ 上）6500円　Ⓝ291.09
〔09891〕
◇みちのく街道史　渡辺信夫著　河出書房新社　1990.3　267,7p　20cm　2600円　Ⓘ4-309-22168-8　Ⓝ682.12
〔09892〕

◆◆その他の街道
◇会津の街道　会津史学会編　会津若松　歴史春秋出版　1985.3　306p　27cm　Ⓝ682.126
〔09893〕
◇阿波国交通史―藩政時代　井上良雄著　富岡町（徳島県）1954　169p　図版　地図　表　19cm　Ⓝ682.181
〔09894〕
◇五日市街道を歩く　筒井作蔵著　街と暮らし社　2006.7　111p　21cm（江戸・東京文庫 11）1300円　Ⓘ4-901317-12-1
〔09895〕
◇五日市街道を歩く　筒井作蔵著　街と暮らし社　2006.7　111p　21cm（江戸・東京文庫 11）1300円　Ⓘ4-901317-12-1　Ⓝ291.36
〔09896〕
◇歌川国芳木曽街道六十九次―江戸時代の楽しみ上手な文化人　岐阜県博物館所蔵　タルイピアセンター第34回企画展　タルイピアセンター編　垂井町（岐阜県）　タルイピアセンター　2005.4　27p　30cm
〔09897〕
◇江戸時代図誌 12　北陸道 1　赤井達郎等編　赤井達郎編　筑摩書房　1976　176,4p（おもに図）30cm　1800円　Ⓝ210.5
〔09898〕
◇江戸時代図誌 13　北陸道 2　赤井達郎等編　吉田光邦編　筑摩書房　1977.9　171,5p　30cm　1800円　Ⓝ210.5
〔09899〕
◇江戸時代図誌 19　山陰道　赤井達郎等編　矢守一彦編　筑摩書房　1977.7　174,7p　30cm　1800円　Ⓝ210.5
〔09900〕
◇江戸時代図誌 20　山陽道　赤井達郎等編　村井康彦編　筑摩書房　1976　174,7p　30cm　1800円　Ⓝ210.5
〔09901〕
◇江戸時代図誌 21　南海道　赤井達郎等編　山本大，岩井宏実編　筑摩書房　1976　183,6p　30cm　Ⓝ210.5
〔09902〕
◇江戸時代図誌 22　西海道 1　赤井達郎等編　原田伴彦編　筑摩書房　1976　181,7p　30cm　1800円　Ⓝ210.5
〔09903〕
◇江戸時代図誌 23　西海道 2　赤井達郎等編　原田伴彦，山口修編　筑摩書房　1977.5　170,6p　30cm　1800円　Ⓝ210.5
〔09904〕
◇江戸時代図誌 24　南島　赤井達郎等編　吉田光邦編　筑摩書房　1977.3　172,5p　30cm　Ⓝ210.5
〔09905〕
◇大村藩の街道と宿場　喜々津健寿著　佐世保　芸文堂　1985.12　176p　19cm（肥前歴史叢書 7）1800円　Ⓝ682.193
〔09906〕
◇街道探索―福山藩の山陽道　東山欣之助文・写真・編集　福山　小林茂　2003.6　177p　23cm　非売品　Ⓝ291.74
〔09907〕
◇加賀・越前と美濃街道　隼田嘉彦，松浦義則編　吉川弘文館　2004.5　270,30p　19cm（街道の日本史 28）2500円　Ⓘ4-642-06228-9
〔09908〕
◇近世伊那交通史研究　第1集　近世下伊那交通史概説〔ほか〕　下伊那教育会編　大沢和夫　飯田　1958-1961　25cm　Ⓝ682.152
◇近世伊那交通史研究　第2集　江戸時代における天龍川通船〔ほか〕　下伊那教育会編　大沢和夫　飯田

経済史　　　　　　　　　　　　　　　　　　　　近世史

1958-1961　25cm　Ⓝ682.152
〔09910〕
◇近世芸備の山陽道—平成12(2000)年度企画展　広島県立歴史博物館編　福山　広島県立歴史博物館　2000.10　95p　30cm　(広島県立歴史博物館展示図録　第26冊)Ⓝ682.176
〔09911〕
◇近世の交通と上田宿　上田市誌編さん委員会編　上田　上田市　2003.10　195p　26cm　(上田市誌　歴史編8)Ⓝ682.152
〔09912〕
◇塩の道・千国街道　亀井千歩子著　東京新聞出版局　1980.6　317p　19cm　1500円　④4-8083-0005-2　Ⓝ682.1
〔09913〕
◇塩の道・千国街道物語—人と道の民俗記　亀井千歩子著　国書刊行会　1976　317p　19cm　980円　Ⓝ682.1
〔09914〕
◇仙台・松島と陸前諸街道　難波信雄,大石直正編　吉川弘文館　2004.11　250,23p　19cm　(街道の日本史8)2600円　④4-642-06208-4
〔09915〕
◇東国名勝志　鳥飼酔雅著,月岡丹下画　新典社　1987.5　198p　22cm　(新典社叢書　14)2500円　④4-7879-3014-1　Ⓝ291.02
〔09916〕
◇土佐と南海道　秋沢繁,荻慎一郎編　吉川弘文館　2006.12　246,22p　19cm　(街道の日本史　47)2600円　④4-642-06247-5
〔09917〕
◇長崎〜江戸歴史街道を歩く—旧長崎街道〜山陽道〜東海道の34日間　餅田健著　諫早　昭和堂(印刷)　2004.11　117p　22cm　952円　④4-916159-04-7　Ⓝ291.9
〔09918〕
◇長崎街道筑前黒崎宿での五卿の宿　山神明日香著　北九州　[山神明日香]　2004.6　155p　21cm　1500円　Ⓝ291.9
〔09919〕
◇日本「古街道」探訪—東北から九州まで,歴史ロマン23選　泉秀樹著　PHP研究所　2007.4　322p　15cm　(PHP文庫)619円　④978-4-569-66815-4　Ⓝ291.02〔09920〕
◇日本のやきもの木曽街道六十九次　上松町(長野県)　木曽路美術館　1990　14p　26cm　(木曽谷歴史文化研究文庫　第53号)
〔09921〕
◇のんびりひたすら「江戸五街道」　佐藤清著　クリエイティブダック　2002.7　310p　21cm　1500円　④4-87249-170-X　Ⓝ682.1
〔09922〕
◇発掘された箱根旧街道—石畳・山中宿・接待茶屋を中心に　展示図録　企画展　三島市郷土館編　三島　三島市教育委員会　1996.10　45p　30cm　Ⓝ682.154〔09923〕
◇肥前路を行く—江戸時代の佐賀の道　佐賀県立博物館企画展　平成十八年度企画展　佐賀県立博物館編　佐賀　佐賀県立博物館　2006.10　136p　30cm　Ⓝ682.192
〔09924〕
◇北国街道と脇往還—街道が生んだ風景と文化　市立長浜城歴史博物館企画・編集　長浜　市立長浜城歴史博物館　2004.10　201p　22cm　Ⓝ682.161
〔09925〕
◇北国街道と脇往還—街道が生んだ風景と文化　市立長浜城歴史博物館企画・編集　長浜　市立長浜城歴史博物館　2004.10　201p　22cm　1800円　④4-88325-263-9　Ⓝ682.161
〔09926〕
◇三国街道　前橋　みやま文庫　1968　272p　19cm　(みやま文庫　31)Ⓝ682.133
〔09927〕
◇三島宿本陣家史料集　17　三島市郷土資料館編　三島　三島市教育委員会　2005.3　117p　19×26cm　Ⓝ215.4
〔09928〕

◆◆旅行

◇江戸時代の旅　国立公文書館編　国立公文書館　1987　28p　21cm
〔09929〕

◇江戸庶民の旅—旅のかたち・関所と女　金森敦子著　平凡社　2002.7　227p　18cm　(平凡社新書)740円　④4-582-85148-7　Ⓝ384.37
〔09930〕
◇江戸の旅　今野信雄著　岩波書店　1993.7　206p　20cm　(岩波新書の江戸時代)1500円　④4-00-009140-9　Ⓝ682.1
〔09931〕
◇江戸の旅と交通「道中」がわかる　凡平著　技術評論社　2005.12　198p　21cm　(落語カルチャーブックス—志ん生で味わう江戸情緒　3)1880円　④4-7741-2553-9　Ⓝ682.1
〔09932〕
◇江戸の旅〜成田詣と大和田宿—平成15年度第3回企画展図録　八千代市立郷土博物館編　八千代　八千代市立郷土博物館　2004.1　23p　30cm
〔09933〕
◇江戸の旅日記—「徳川啓蒙期」の博物学者たち　ヘルベルト・プルチョウ著　集英社　2005.8　238p　18cm　(集英社新書)700円　④4-08-720304-2
〔09934〕
◇江戸の旅人　高橋千劔破著　時事通信社　2002.5　292p　20cm　1800円　④4-7887-0257-6　Ⓝ384.37〔09935〕
◇江戸の旅人—大名から逃亡者まで30人の旅　高橋千劔破著　集英社　2005.9　326p　16cm　(集英社文庫)600円　④4-08-747866-1　Ⓝ384.37
〔09936〕
◇江戸の旅人たち—収蔵文書展　広島県立文書館編　広島　広島県立文書館　1994.10　12p　26cm　Ⓝ682.1
〔09937〕
◇江戸の旅人たち　深井甚三著　吉川弘文館　1997.2　221p　19cm　(歴史文化ライブラリー　9)1700円　④4-642-05409-X　Ⓝ682.1
〔09938〕
◇江戸の旅風俗—道中記を中心に　今井金吾著　大空社　1997.4　235p　22cm　6000円　④4-7568-0176-5　Ⓝ682.1
〔09939〕
◇江戸の旅文化　神崎宣武著　岩波書店　2004.3　253p　18cm　(岩波新書)780円　④4-00-430884-4　〔09940〕
◇お伊勢参り—江戸時代の庶民の旅　第17回特別展　大宮市立博物館編　大宮　大宮市立博物館　1993.10　47p　26cm　Ⓝ682.1
〔09941〕
◇近世おんな旅日記　柴桂子著　吉川弘文館　1997.4　213p　19cm　(歴史文化ライブラリー　13)1700円　④4-642-05413-8　Ⓝ682.1
〔09942〕
◇こんなに面白い江戸の旅—東海道五十三次ガイドブック　菅井靖雄著　東京美術　2001.8　143p　21cm　1600円　④4-8087-0707-1　Ⓝ682.1
〔09943〕
◇庶民の旅—第15回特別展　浜松市博物館編　浜松　浜松市博物館　1996.9　36p　30cm　Ⓝ682.1
〔09944〕
◇庶民の旅　宮本常一編著　八坂書房　2006.9　245p　20cm　1800円　④4-89694-878-5　Ⓝ682.1　〔09945〕
◇図説浮世絵に見る江戸の旅　佐藤要人監修　藤原千恵子編　河出書房新社　2000.6　111p　22cm　(ふくろうの本)1800円　④4-309-72638-0　Ⓝ682.1　〔09946〕
◇旅と交遊の江戸思想　八木清治著　花林書房　2006.5　288,6p　20cm　2800円　④4-905807-25-5　Ⓝ682.1
〔09947〕
◇旅と名所　新居関所史料館編　新居町(静岡県)　新居関所史料館　1997.10　20p　30cm　Ⓝ682.1　〔09948〕
◇旅は世につれ—企画展示図録　千葉県立総南博物館編　千葉　千葉県社会教育施設管理財団　1998.10　30p　26cm　Ⓝ682.1
〔09949〕
◇道中記の世界—江戸時代の旅と道　平成6年度特別展　千葉県立上総博物館編　木更津　千葉県立上総博物館　1994.3　1冊　26cm　Ⓝ682.1
〔09950〕
◇特別展「江戸時代の旅—弥次喜多道中」図録　大田区立郷土博物館編　大田区立郷土博物館　2000.10　144p

◇30cm ⓃN682.1 〔09951〕
◇日本の歴史 近世 1-9 旅―信仰から物見遊山へ 新訂増補 朝日新聞社 2003.9 p258-288 30cm （週刊朝日百科 69）476円 ⓃN210.1 〔09952〕
◇昔の旅―伊勢参宮日記に見る 小川八千代著 大泉町（群馬県） 里蓬舎 1994.10 352p 19cm 2200円 ⓃN682.1 〔09953〕
◇弥次さん喜多さん旅をする―旅人100人に聞く江戸時代の旅 東京都大田区立郷土博物館編 大田区立郷土博物館 1997.11 111p 30cm ⓃN682.1 〔09954〕
◇旅行用心集 八隅蘆庵著 八坂書房 1972 191p 20cm （生活の古典双書 3）950円 ⓃN291.09 〔09955〕

◆◆関所
◇阿波淡路両国番所跡探訪記 桑井薫著 徳島 桑井薫 1996.1 234p 21cm 1957円 ⓃN682.181 〔09956〕
◇金町松戸関所―将軍御成と船橋 特別展 葛飾区郷土と天文の博物館 2003.3 144p 21×30cm ⓃN682.1 〔09957〕
◇近世関所制度の研究 五十嵐富夫著 有峯書店 1975 654p 22cm 7800円 ⓃN322.15 〔09958〕
◇近世関所の基礎的研究―中山道碓氷関所を中心として 五十嵐富夫著 多賀出版 1986.11 704p 22cm 11500円 ①4-8115-7160-6 ⓃN682.1 〔09959〕
◇関所手形 新居関所史料館編 新居町（静岡県） 新居関所史料館 1997.3 103p 30cm （館蔵図録1）ⓃN682.154 〔09960〕
◇追録西関宿誌 幸手町（埼玉県） 喜多村常次郎 1969 102p 26cm ⓃN682.1 〔09961〕
◇西関宿誌―関宿関所と船舶 喜多村常次郎著 謄写版 幸手町（埼玉県） 1960 81p 25cm ⓃN682.1 〔09962〕
◇箱根関所物語 加藤利之著 横浜 神奈川新聞社 1985.3 220p 18cm （かなしんブックス 5）870円 ⓃN682.1 〔09963〕
◇箱根の関所 立木望隆著 第5版 箱根町（神奈川県） 箱根町箱根関所管理事務所 1978.7 47p 21cm 300円 ⓃN682.1 〔09964〕

◆◆水運
◇江戸時代の米原湊―平成十一年度企画展 彦根 滋賀大学経済学部附属史料館 1999.10 24p 30cm ⓃN684 〔09965〕
◇川越舟運―江戸と小江戸を結んで三百年 斎藤貞夫著 浦和 さきたま出版会 1982.6 247p 19cm 1800円 ⓃN684 〔09966〕
◇近世河川絵図の研究 小野寺淳著 古今書院 1991.4 282p 22cm 7000円 ①4-7722-1615-4 ⓃN684 〔09967〕
◇近世河川水運史の研究―最上川水運の歴史的展開を中心として 横山昭男著 吉川弘文館 1980.2 485,8p 22cm 5800円 ⓃN684 〔09968〕
◇近世利根川水運史の研究 渡辺英夫著 吉川弘文館 2002.1 341,11p 22cm 13000円 ①4-642-03373-4 ⓃN684.0213 〔09969〕
◇近世日本水運史の研究 川名登著 雄山閣出版 1984.11 428p 22cm 7800円 ①4-639-00408-7 ⓃN684 〔09970〕
◇近世日本水運史の研究 川名登著 POD版 雄山閣 2003.4 428p 21cm 7800円 ①4-639-10002-7 〔09971〕

◇近世日本の川船研究 上 近世河川水運史 川名登著 日本経済評論社 2003.12 496p 21cm 8000円 ①4-8188-1545-4 〔09972〕
◇近世日本の川船研究 下 近世河川水運史 川名登著 日本経済評論社 2005.3 956p 21cm 8000円 ①4-8188-1706-6 〔09973〕
◇近世の廻漕史料 東北編 25 雄松堂出版 2000.9 マイクロフィルムリール16巻 35mm 非売品 〔09974〕
◇近世の加古川舟運史―滝野船座を中心に 野[]至著 加古川 加古川流域史学会（製作） 1991.3 107p 18cm （研究文庫）750円 ⓃN684 〔09975〕
◇近世の北上川と水運 東北歴史資料館編 多賀城 東北歴史資料館 1982.10 58p 26cm ⓃN684 〔09976〕
◇近世淀川水運史料集 日野照正編 京都 同朋舎出版 1982.12 995p 22cm 16000円 ①4-8104-0302-5 ⓃN684 〔09977〕
◇検証・伊達の黒船―技術屋が解く歴史の謎 須藤光興著 仙台 宝文堂 2002.6 148p 19cm 1143円 ①4-8323-0116-0 〔09978〕
◇港湾にみなぎる進取の気風 童門冬二ほか著 ぎょうせい 1991.8 223p 20cm （ふるさと歴史舞台 4）2000円 ①4-324-02512-6 ⓃN210.5 〔09979〕
◇坂越廻船と奥藤家―赤穂市立歴史博物館開館5周年記念特別展 赤穂市立歴史博物館編 赤穂 赤穂市立歴史博物館 1994.4 113p 30cm （赤穂市立歴史博物館特別展図録 no.9）ⓃN683.2164 〔09980〕
◇舟運と河川技術―琵琶湖・淀川舟運～近世から現代 大阪 国土交通省近畿地方整備局河川部 2004.3 100p 30cm ⓃN684.0216 〔09981〕
◇高瀬船 渡辺貢二著 流山 崙書房 1978.4 117p 18cm （ふるさと文庫 千葉・茨城）580円 ⓃN684 〔09982〕
◇徳島藩御召鯨船千山丸と徳島藩の船 徳島市立徳島城博物館編 徳島 徳島市立徳島城博物館 1997.6 36p 30cm （夏の特別展図録 平成9年度）ⓃN550.21 〔09983〕
◇特別展江戸の和船―その生活と文化 〔東京都〕大田区立郷土博物館 1980 32p 26cm ⓃN550.21 〔09984〕
◇日本水上交通史論集 第4巻 江戸・上方間の水上交通史 柚木学著 文献出版 1991.6 629p 22cm 14000円 ①4-8305-7809-2 ⓃN683.21 〔09985〕
◇日本水上交通史論集 第5巻 九州水上交通史 柚木学編 文献出版 1993.6 430p 22cm 10300円 ①4-8305-7810-6 ⓃN683.21 〔09986〕
◇淀川と物流―江戸時代 田中喜佐雄著 池田 〔田中喜佐雄〕 1997.3 287p 22cm ⓃN684 〔09987〕

◆◆◆海運
◇赤沢家文書目録 1 酒屋徳右衛門家文書 島田治編著 島田治編著 東かがわ 赤沢記念財団 2006.11 114p 30cm ⓃN683.2182 〔09988〕
◇秋田屋御用留 桜井冬樹編集・解読・解説 深浦町（青森県） 深浦町教育委員会 2003.12 328p 21cm ⓃN683.2121 〔09989〕
◇伊勢湾海運・流通史の研究 村瀬正章著 法政大学出版局 2004.1 354,8p 21cm （叢書・歴史学研究）6800円 ①4-588-25051-5 〔09990〕
◇内海船と幕藩制市場の解体 斎藤善之著 柏書房 1994.6 387p 21cm （ポテンティア叢書 34）4800円 ①4-7601-1086-0 ⓃN683.21 〔09991〕
◇海からの江戸時代―神奈川湊と海の道 横浜市歴史博物

経済史　近世史

◇館, 横浜市ふるさと歴史財団編　横浜　横浜市歴史博物館　1997.4　81p　30cm　Ⓝ683.21　〔09992〕
◇江戸海運と弁才船　石井謙治著　日本海事広報協会　1988.5　413p　22cm　(海の歴史選書 2)Ⓝ683.21　〔09993〕
◇江戸時代の大阪海運　出版地不明　〔大阪港史編集室〕　1962.2　54p　25cm　〔09994〕
◇江戸時代舟と航路の歴史　横倉辰次著　雄山閣出版　1971　298p　22cm　1200円　Ⓝ683.21　〔09995〕
◇江戸内湾の湊と流通　西川武臣著　岩田書院　1993.10　239p　22cm　6077円　ⓘ4-900697-07-9　Ⓝ683.21　〔09996〕
◇江戸明治所処湊港・舟船絵図集—並・改正日本船路細見記　日本地図選集刊行員会, 人文社編集部編　人文社　1972　地図15枚 107p　39cm　(日本地図選集)15000円　Ⓝ683.21　〔09997〕
◇海事史料叢書　1-10　日本海事史学会編　成山堂書店　1969　10冊　23cm　各6000円　Ⓝ683.21　〔09998〕
◇海商古河屋—北前船の航跡　古河嘉雄著　小浜　若狭学術振興会　1971　410,4p　22cm　(若狭郷土叢書 第2輯)3300円　Ⓝ288.3　〔09999〕
◇海道をゆく—江戸時代の瀬戸内海　愛媛県歴史文化博物館編　宇和町(愛媛県)　愛媛県歴史文化博物館　1999.7　214p　30cm　Ⓝ683.2174　〔10000〕
◇加賀藩海運史の研究　高瀬保著　雄山閣出版　1979.2　599p　22cm　15000円　Ⓝ683.214　〔10001〕
◇加賀藩の海運　高瀬保著　成山堂書店　1997.1　338p　22cm　3800円　ⓘ4-425-30151-X　Ⓝ683.214　〔10002〕
◇近世伊勢湾海運史の研究　村瀬正章著　法政大学出版局　1980.12　434,4p　22cm　(叢書・歴史学研究)5800円　Ⓝ683.21　〔10003〕
◇近世海運関係資料調査—福岡県古文書調査報告書　昭和63～平成3年度　福岡県立図書館編　福岡　福岡県立図書館　1992.3　44,188p　26cm　Ⓝ683.2191　〔10004〕
◇近世海運史の研究　柚木学著　法政大学出版局　1979.4　440,15p　22cm　(叢書・歴史学研究)5800円　Ⓝ683.21　〔10005〕
◇近世海運の経営と歴史　柚木学著　大阪　清文堂出版　2001.4　274p　22cm　8000円　ⓘ4-7924-0505-X　Ⓝ683.21　〔10006〕
◇近世海難救助制度の研究　金指正三著　吉川弘文館　1968　757p　22cm　Ⓝ322.15　〔10007〕
◇近世筑前海事史の研究　高田茂広著　文献出版　1993.9　328p　22cm　8000円　Ⓝ683.2191　〔10008〕
◇近世・筑前の海運—企画展　福岡　福岡市立歴史資料館　1983.7　16p　26cm　(福岡市立歴史資料館図録 第8集)　〔10009〕
◇近世日本海運史の研究　上村雅洋著　吉川弘文館　1994.4　475,4p　22cm　11000円　ⓘ4-642-03314-9　Ⓝ683.21　〔10010〕
◇近世日本海運の諸問題　津川正幸著　吹田　関西大学出版部　1998.6　215p　22cm　2800円　ⓘ4-87354-261-8　Ⓝ683.21　〔10011〕
◇玄界灘に生きた人々—廻船・遭難・浦の暮らし　高田茂広著　福岡　海鳥社　1998.1　260p　19cm　(海鳥ブックス 21)2000円　ⓘ4-87415-205-8　Ⓝ683.2191　〔10012〕
◇鮫御役所日記—天明四年　種市町(岩手県)　種市町教育委員会　1993.3　181p　21cm　Ⓝ683.2121　〔10013〕
◇鮫御役所日記　寛政3年・享和4年　種市町(岩手県)　種市町教育委員会　1994.3　184p　21cm　Ⓝ683.2121　〔10014〕
◇鮫御役所日記　天保4年・嘉永5年・慶応3年　種市町(岩手県)　種市町教育委員会　1995.3　350p　21cm　Ⓝ683.2121　〔10015〕
◇鮫御役所日記索引　寛政3年　種市町(岩手県)　〔種市町立図書館〕　1994　29p　26cm　Ⓝ683.2121　〔10016〕
◇鮫御役所日記索引　享和4年　種市町(岩手県)　〔種市町立図書館〕　1994　28p　26cm　Ⓝ683.2121　〔10017〕
◇商人と流通—近世から近代へ　吉田伸之, 高村直助編　山川出版社　1992.11　419p　22cm　6400円　ⓘ4-634-61610-6　Ⓝ683.21　〔10018〕
◇諸国御客船帳—近世海運史料　柚木学編　大阪　清文堂出版　1977.3　2冊　22cm　(清文堂史料叢書 第12刊, 第13刊)Ⓝ683.21　〔10019〕
◇白子回船よもやま話—光太夫の時代　鈴鹿　大黒屋光太夫顕彰会　1995.12　21p　21cm　(光太夫シリーズ 5)Ⓝ683.2156　〔10020〕
◇須川船の研究—日本商業史の一齣として　西川源一著　長崎　長崎大学地域経済研究会　1973　239p　19cm　非売品　Ⓝ683.21　〔10021〕
◇千石船の時代—ベザイ船の技術　石巻　宮城県慶長使節船ミュージアム　2000.10　20p　30cm　Ⓝ552.73　〔10022〕
◇続海事史料叢書　第1巻　日本海事史学会編　成山堂書店　1969　637p　23cm　8000円　Ⓝ683.21　〔10023〕
◇続海事史料叢書　第2巻　日本海事史学会編　成山堂書店　1972　608p　23cm　8000円　Ⓝ683.21　〔10024〕
◇続海事史料叢書　第3巻　日本海事史学会編　成山堂書店　1978.7　595p　23cm　12000円　Ⓝ683.21　〔10025〕
◇続海事史料叢書　第4巻　日本海事史学会編　成山堂書店　1979.8　576p　23cm　12000円　Ⓝ683.21　〔10026〕
◇続海事史料叢書　第5巻　日本海事史学会編　成山堂書店　1980.9　458p　23cm　12000円　Ⓝ683.21　〔10027〕
◇続海事史料叢書　第6巻　日本海事史学会編　成山堂書店　1981.10　626p　23cm　12000円　Ⓝ683.21　〔10028〕
◇続海事史料叢書　第7巻　九店仲間関係史料 4　日本海事史学会編　成山堂書店　1982.11　23,559p　23cm　12000円　ⓘ4-425-30047-5　Ⓝ683.21　〔10029〕
◇続海事史料叢書　第8巻　日本海事史学会編　成山堂書店　1984.1　643p　23cm　12000円　ⓘ4-425-30048-3　Ⓝ683.21　〔10030〕
◇続海事史料叢書　第9巻　日本海事史学会編　成山堂書店　1984.11　34,621p　23cm　12000円　ⓘ4-425-30049-1　Ⓝ683.21　〔10031〕
◇続海事史料叢書　第10巻　日本海事史学会編　成山堂書店　1986.8　x,50,650p　23cm　15000円　ⓘ4-425-30050-5　Ⓝ683.21　〔10032〕
◇高瀬船運搬物資記録資料　第2集　湯浅照弘編　謄写版　岡山　1967　46p　26cm　Ⓝ683.2175　〔10033〕
◇高瀬船運搬物資記録資料　第3集　湯浅照弘編　謄写版　岡山　1967　52p　26cm　Ⓝ683.2175　〔10034〕
◇高瀬船運搬物資記録資料　第4集　湯浅照弘編　岡山　湯浅照弘　1968　108p　26cm　Ⓝ683.2175　〔10035〕
◇武山六右衛門家文書—陸奥国石巻湊・御穀船船主　斎藤善之編　石巻　石巻千石船の会　2006.2　723p　26cm　5000円　Ⓝ683.2123　〔10036〕
◇但馬・廻船史話　安本恭二編　第2版　浜坂町(兵庫県)

近世史　　　　　　　　　　　　　　　経済史

　　安本恭二　2004.6　241p　27cm　3000円　Ⓝ683.2164
　　　　　　　　　　　　　　　　　　　　　〔10037〕
◇筑前五ケ浦廻船　高田茂広著　福岡　西日本新聞社
　1976　405p　20cm　3200円　Ⓝ683.21　〔10038〕
◇特別展「千石船」―展示資料図録　日本海事科学振興財
　団船の科学館編　日本海事科学振興財団船の科学館
　1992　48p　24cm　Ⓝ683.21　〔10039〕
◇土佐海事法制史　吉永豊実著　山海堂　1983.3　314p
　22cm　4500円　Ⓝ683.2184　〔10040〕
◇錦絵に描かれた西宮樽廻船問屋藤田伊兵衛　藤田卯三郎
　編　西宮　〔藤田卯三郎〕1994.5　49p　26cm　Ⓝ683.
　2164　〔10041〕
◇錦絵に描かれた西宮樽廻船問屋藤田伊兵衛　藤田卯三郎
　編　改定版　西宮　〔藤田卯三郎〕2000.10　56p
　26cm　Ⓝ683.2164　〔10042〕
◇『西廻り』航路フォーラム報告書　第1回　河野村（福井
　県）　河野村　1993.3　126p　26cm　Ⓝ683.21
　　　　　　　　　　　　　　　　　　　　　〔10043〕
◇『西廻り』航路フォーラム報告書　第2回　河野村（福井
　県）　河野村　1995.3　126p　26cm　Ⓝ683.21
　　　　　　　　　　　　　　　　　　　　　〔10044〕
◇日本海域歴史大系　第4巻　近世篇1　小林昌二監修
　長谷川成一,千田嘉博編　大阪　清文堂出版　2005.
　9　465p　22cm　3800円　①4-7924-0584-X　Ⓝ210.1
　　　　　　　　　　　　　　　　　　　　　〔10045〕
◇日本海域歴史大系　第5巻　近世篇2　小林昌二監修
　原直史,大橋康二編　大阪　清文堂出版　2006.6
　403p　22cm　3800円　①4-7924-0585-8　Ⓝ210.1
　　　　　　　　　　　　　　　　　　　　　〔10046〕
◇日本海運の近代化―海から富国強兵を支えたもの　企画
　展　横浜マリタイムミュージアム編　横浜　横浜マリタ
　イムミュージアム　2005.10　36p　26cm　Ⓝ683.21
　　　　　　　　　　　　　　　　　　　　　〔10047〕
◇日本社会再考―海からみた列島文化　網野善彦著　小学
　館　2004.4　277p　21cm　1900円　①4-09-626207-2
　Ⓝ210.1　〔10048〕
◇日本水上交通史論集　第1巻　日本海水上交通史　柚木
　学編　文献出版　1986.5　616p　22cm　11000円
　Ⓝ683.21　〔10049〕
◇日本水上交通史論集　第2巻　日本海水上交通史　続
　柚木学編　文献出版　1987.9　503p　22cm　10000円
　Ⓝ683.21　〔10050〕
◇日本水上交通史論集　第3巻　瀬戸内海水上交通史　柚
　木学編　文献出版　1989.8　387p　22cm　10300円
　　　　　　　　　　　　　　　　　　　　　〔10051〕
◇八戸藩の海運資料　上　青森　青森県文化財保護協会
　2005.3　229p　21cm　（みちのく双書　第48集）非売品
　Ⓝ683.2121　〔10052〕
◇八戸藩の海運資料　下　青森　青森県文化財保護協会
　2007.3　289p　21cm　（みちのく双書　第50集）非売品
　Ⓝ683.2121　〔10053〕
◇引田の船大工と海運業―20世紀を振り返って（2）　引田
　町歴史民俗資料館編　引田町（香川県）　引田町歴史民
　俗資料館　2002.3　107p　30cm　Ⓝ683.2182　〔10054〕
◇ふるさと再発見　no.2　二宮町文化財保護委員会編　二
　宮町（神奈川県）　二宮町教育委員会　1999.3　57p
　21cm　Ⓝ291.37　〔10055〕
◇弁財船西回り航路海運湊風景　沢口清著　余市町（北海
　道）　北海信金地域振興基金　1995.12　117p　19cm
　　　　　　　　　　　　　　　　　　　　　〔10056〕
◇伯耆国の藩倉と千石船　関本誠治著　羽合町（島取県）

　関本誠治　1978.8　94p　22cm　非売品　Ⓝ683.2172
　　　　　　　　　　　　　　　　　　　　　〔10057〕
◇松前蝦夷地海上保険慣例の研究　白山友正著　函館　北
　海道経済史研究所　1963　36p　21cm　（北海道経済史
　研究所研究叢書　第35輯）Ⓝ339.8　〔10058〕
◇南九州の海商人たち―豪商の時代の舞台を行く　三又た
　かし著　宮崎　鉱脈社　2004.11　243p　19cm　（みや
　ざき文庫　31）1600円　①4-86061-120-9　Ⓝ683.2196
　　　　　　　　　　　　　　　　　　　　　〔10059〕
◇南知多の廻船文書　南知多町教育委員会編　南知多町
　（愛知県）　南知多町教育委員会　1982.3　134p　26cm
　（南知多町資料集　第1編）Ⓝ683.21　〔10060〕
◇本吉港の歴史　本吉港史編纂委員会編　白山　石川県白
　山市　2005.12　341p　27cm　Ⓝ214.3　〔10061〕
◇甦る海上の道・日本と琉球　谷川健一著　文藝春秋
　2007.3　246p　18cm　（文春新書）750円
　①978-4-16-660560-6　Ⓝ219.9　〔10062〕

◆◆◆北前船
◇海の総合商社北前船　加藤貞仁著　秋田　無明舎出版
　2003.3　391p　20cm　2500円　①4-89544-328-0
　Ⓝ683.21　〔10063〕
◇海商古河屋―北前船の航跡　古河嘉雄著　小浜　若狭学
　術振興会　1971　410,4p　22cm　（若狭郷土叢書　第
　2輯）3300円　Ⓝ288.3　〔10064〕
◇海拓―富山と北前船と昆布ロードの文献集　北前船新総
　曲輪夢倶楽部編　富山　富山経済同友会　2006.4　238p
　21cm　Ⓝ683.21　〔10065〕
◇川渡甚太夫一代記―北前船頭の幕末自叙伝　師岡佑行編
　注　師岡笑子訳　平凡社　1995.11　421p　18cm
　（東洋文庫）3296円　①4-582-80595-7　〔10066〕
◇北前船主との交流―地方史論文集　桜井冬樹執筆編集
　鰺ヶ沢町（青森県）　桜井冬樹　2007.7　217p　21cm
　Ⓝ683.2121　〔10067〕
◇『北前船主の館右近家』総合案内　河野村編　河野村（福
　井県）　河野村　1995.3　55p　30cm　Ⓝ683.21
　　　　　　　　　　　　　　　　　　　　　〔10068〕
◇北前船頭の幕末自叙伝―川渡甚太夫一代記　川渡甚太夫
　著,師岡佑行編集・解説,師岡笑子現代語訳　柏書房
　1981.11　318p　22cm　3800円　Ⓝ289.1　〔10069〕
◇北前の記憶―北洋・移民・米騒動との関係　井本三夫編
　富山　桂書房　1998.12　350,9p　21cm　2400円
　Ⓝ683.21　〔10070〕
◇北前船―日本海海運史の一断面　牧野隆信著　三訂版
　柏書房　1972　347p　19cm　（柏選書）1200円　Ⓝ683.
　21　〔10071〕
◇北前船―日本海こんぶロード　読売新聞北陸支社編　金
　沢　能登印刷出版部　1997.8　281p　19cm　1600円
　①4-89010-280-9　Ⓝ683.21　〔10072〕
◇北前船―寄港地と交易の物語　加藤貞仁文　鐙啓記写
　真　秋田　無明舎出版　2002.10　241p　27cm　2800円
　①4-89544-317-5　Ⓝ683.21　〔10073〕
◇北前船考　越崎宗一著　新版　札幌　北海道出版企画セ
　ンター　1972　268p　19cm　1600円　Ⓝ683.21
　　　　　　　　　　　　　　　　　　　　　〔10074〕
◇北前船と秋田　加藤貞仁著　秋田　無明舎出版　2005.1
　87p　21cm　（んだんだブックレット―秋田の文化入門
　講座）900円　①4-89544-383-3　Ⓝ683.21　〔10075〕
◇北前船と蝦夷地―和人とアイヌのくらし　1998特別展
　市立函館博物館編　函館　市立函館博物館　1998.7
　64p　30cm　Ⓝ683.21　〔10076〕

経済史　　近世史

◇北前船と大阪　大阪　大阪市立博物館　1983　80p　26cm　（展覧会目録 第92号）Ⓝ683.21　〔10077〕
◇北前船と芸州廿日市湊　佐伯録一著　廿日市町（広島県）　佐伯録一　1987.10　48p　26cm　Ⓝ683.21　〔10078〕
◇北前船と下津井港　角田直一著　岡山　日本文教出版　1967　242p　19cm　Ⓝ683.2179　〔10079〕
◇北前船とその時代―鞆の津のにぎわい 特別展　福山市鞆の浦歴史民俗資料館編　福山　福山市鞆の浦歴史民俗資料館活動推進協議会　2004.10　102p　30cm　Ⓝ683.21　〔10080〕
◇北前船とそのふる里―日本海の商船 北前船の里資料館　牧野隆信著　加賀市教育委員会社会教育課編　加賀　加賀市教育委員会　1985.3　62p 図版15枚　21cm　Ⓝ683.21　〔10081〕
◇北前船と日本海の時代―シンポジウム/第三回・「西廻り」航路フォーラム　日本福祉大学知多半島総合研究所編　河野村（福井県）　河野村　1997.8　259p　20cm　2500円　Ⓘ4-7517-2730-3　Ⓝ683.21　〔10082〕
◇北前船の研究　牧野隆信著　法政大学出版局　1989.3　433,10p　22cm　（叢書・歴史学研究）8500円　Ⓘ4-588-25039-6　Ⓝ683.21　〔10083〕
◇北前船の研究―日本海海運史研究序説　第1　牧野隆信著　北陸謄写堂　1968　72p　20cm　Ⓝ683.21　〔10084〕
◇北前船の里資料館―概要と資料目録　加賀市教育委員会社会教育課編　加賀　北前船の里資料館　1989.3　72p　26cm　Ⓝ683.21　〔10085〕
◇北前船の時代―近世以後の日本海海運史　牧野隆信著　東村山　教育社　1979.10　261p　18cm　（教育社歴史新書）600円　Ⓝ683.21　〔10086〕
◇北前船の人々―能登・加賀・越前・若狭　上杉喜寿著　福井　安田書店　1993.8　417p　22cm　4300円　Ⓝ683.21　〔10087〕
◇昆布を運んだ北前船―昆布食文化と薬売りのロマン　塩照夫著　金沢　北國新聞社　1993.8　206p　20cm　2000円　Ⓘ4-8330-0802-5　Ⓝ664.8　〔10088〕
◇特別展「北前船」―展示資料図録　日本海事科学振興財団船の科学館編　日本海事科学振興財団船の科学館　1993　48p　24cm　Ⓝ683.21　〔10089〕
◇水橋の北前船と三種の食技　護摩堂七之助編　富山　護摩堂七之助　1994.12　14p　21cm　Ⓝ683.21　〔10090〕

◆商業史
◇商いの場と社会　吉田伸之編　吉川弘文館　2000.9　277p　20cm　（シリーズ近世の身分的周縁 4）2800円　Ⓘ4-642-06554-7　Ⓝ672.1　〔10091〕
◇浅井氏家内仕法覚書　西坂友宏編　大阪　和泉書院　1997.7　31p　31cm　Ⓝ672.1　〔10092〕
◇東講商人鑑　大城屋良助編　復刻　秋田　無明舎出版　2006.2　167p　15×21cm　2800円　Ⓘ4-89544-423-6　Ⓝ672.1　〔10093〕
◇越後屋反古控　三井高陽著　中央公論社　1982.12　265p　20cm　1200円　Ⓝ672.1　〔10094〕
◇絵で見る江戸の商い―江戸商売絵字引　高橋幹夫著　芙蓉書房出版　1998.8　222p　27cm　（シリーズ「江戸」博物館 3）3500円　Ⓘ4-8295-0215-0　Ⓝ672.1　〔10095〕
◇江戸あきない図譜　高橋幹夫著　青蛙房　1993.7　301p　22cm　3800円　Ⓘ4-7905-0860-9　Ⓝ672.1　〔10096〕
◇江戸あきない図譜　高橋幹夫著　筑摩書房　2002.7　279,10p　15cm　（ちくま文庫）900円　Ⓘ4-480-03739-X　Ⓝ672.1　〔10097〕

◇江戸・上方の大店と町家女性　林玲子著　吉川弘文館　2001.11　352p　22cm　8500円　Ⓘ4-642-03371-8　Ⓝ672.1　〔10098〕
◇江戸行商百姿　花咲一男著　三樹書房　1992.8　253p　22cm　3090円　Ⓘ4-89522-161-X　Ⓝ672.1　〔10099〕
◇江戸行商百姿　花咲一男著　新装版　三樹書房　2003.6　253p　22cm　2400円　Ⓘ4-89522-332-9　Ⓝ672.1　〔10100〕
◇江戸検定手習帖「江戸」のいろは　商い編　萩原裕雄グループ編著　コアラブックス（発売）　2006.11　202p　19cm　1300円　Ⓘ4-86097-217-1　〔10101〕
◇江戸商売絵字引―絵で見る江戸の商い　高橋幹夫著　芙蓉書房出版　1995.4　222p　27cm　5800円　Ⓘ4-8295-0149-9　Ⓝ672.1　〔10102〕
◇江戸店の明け暮れ　林玲子著　吉川弘文館　2003.1　197p　19cm　（歴史文化ライブラリー 148）1700円　Ⓘ4-642-05548-7　Ⓝ672.1　〔10103〕
◇江戸と上方―人・モノ・カネ・情報　林玲子著　吉川弘文館　2001.2　195p　19cm　（歴史文化ライブラリー 112）1700円　Ⓘ4-642-05512-6　Ⓝ672.1　〔10104〕
◇江戸に学ぶ企業倫理―日本におけるCSRの源流　弦間明,小林俊治監修　日本取締役協会編著　生産性出版　2006.3　299p　20cm　2600円　Ⓘ4-8201-1824-2　Ⓝ672.1　〔10105〕
◇江戸の繁盛「商い」がわかる　凡平著　技術評論社　2006.5　198p　21cm　（落語カルチャーブックス―志ん生で味わう江戸情緒 5）1880円　Ⓘ4-7741-2733-7　Ⓝ672.1　〔10106〕
◇江戸のビジネス感覚　童門冬二著　朝日新聞社　1996.10　277p　15cm　（朝日文芸文庫）560円　Ⓘ4-02-264132-0　Ⓝ672.1　〔10107〕
◇江戸見世屋図聚　三谷一馬著　中央公論新社　2003.9　2冊　22×31cm　55000円　Ⓘ4-12-003422-4　Ⓝ384.3　〔10108〕
◇江戸見世屋図聚　三谷一馬著　新装普及版　中央公論新社　2005.6　2冊（セット）　30cm　36000円　Ⓘ4-12-003641-3　〔10109〕
◇お江戸の意外な商売事情―リサイクル業からファストフードまで　中江克己著　PHP研究所　2007.6　333p　15cm　（PHP文庫）619円　Ⓘ978-4-569-66858-1　〔10110〕
◇会計学の源流を求めて　大阪商業大学会計研究会編　東大阪　大阪商業大学会計研究会　1998.5　110p　26cm　Ⓝ672.1　〔10111〕
◇小売商のルーツを求めて　江戸・明治篇　田中政治著　日本コンサルタント・グループ　1980.11　286p　20cm　1500円　Ⓘ4-88916-069-8　Ⓝ672.1　〔10112〕
◇城下町飯田―中馬で栄えた商工業都市　塩沢仁治著　長野　ほおずき書籍　1992.5　195p　19cm　1500円　Ⓘ4-89341-163-2　Ⓝ672.152　〔10113〕
◇図説大江戸おもしろ商売　北嶋広敏著　学習研究社　2006.3　255p　19cm　1500円　Ⓘ4-05-402993-0　Ⓝ672.1　〔10114〕
◇中心商業地の構造と変容　杉村暢二著　大明堂　2000.7　350p　22cm　3600円　Ⓘ4-470-54023-6　Ⓝ672.1　〔10115〕
◇長者の山―近世的経営の日欧比較　バルト・ガーンス述　国際日本文化研究センター編　京都　国際日本文化研究センター　2002.9　23p　21cm　（日文研フォーラム 第136回）Ⓝ672.1　〔10116〕
◇帳箱の中の江戸時代史　下　近世商業・文化史論　田中圭一著　刀水書房　1993.5　490p　22cm　6800円

◇天海・光秀の謎―会計と文化　岩辺晃三著　税務経理協会　1993.2　338p　22cm　3900円　①4-419-01801-1　Ⓝ672.1　〔10118〕

◇天海・光秀の謎―会計と文化　岩辺晃三著　改訂版　税務経理協会　2002.10　352p　21cm　3200円　①4-419-04110-2　Ⓝ336.91　〔10119〕

◇童子一百集―小沢蕭鳳の教え　小沢蕭鳳著　小沢七兵衛編　野洲町(滋賀県)　小沢七兵衛　1998.1　58p　図版10枚　19cm　Ⓝ672.1　〔10120〕

◇徳川時代における市場成立の研究―尾張藩領一ノ宮村市場の開設を中心に　森靖雄著　一宮　一宮史談会　1964　141p　19cm　(一宮史談会叢書 6)　Ⓝ672.1　〔10121〕

◇日本近世商業史の研究　山口徹著　東京大学出版会　1991.10　298,10p　22cm　5150円　①4-13-020097-6　Ⓝ672.1　〔10122〕

◇日本近世商業資本発達史論　遠藤正男著　日本評論社　1936　354p　22cm　Ⓝ672　〔10123〕

◇日本人なら知っておきたい江戸の商い―朝から晩まで　歴史の謎を探る会編　河出書房新社　2008.1　221p　15cm　(KAWADE夢文庫)　514円　①978-4-309-49672-6　〔10124〕

◇日本の歴史　近世 1-2　弁財船と三都―商業と交通の体系　新訂増補　朝日新聞社　2003.8　p34-64　30cm　(週刊朝日百科 62)　476円　Ⓝ210.1　〔10125〕

◇秤座　林英夫著　吉川弘文館　1995.12　268,5p　20cm　(日本歴史叢書 新装版)2678円　①4-642-06626-8　Ⓝ332.105　〔10126〕

◇幕末維新期長崎の市場構造　小山幸伸著　御茶の水書房　2006.1　337,36p　23cm　5600円　①4-275-00393-4　Ⓝ672.193　〔10127〕

◇譜代藩城下町姫路の研究　三浦俊明著　大阪　清文堂出版　1997.9　317,10p　22cm　7200円　①4-7924-0433-9　Ⓝ672.164　〔10128〕

◇宮本又次著作集　第4巻　幕藩体制論　講談社　1978.2　522,15p　20cm　3800円　Ⓝ672.1　〔10129〕

◇宮本又次著作集　第5巻　九州経済史研究　講談社　1978.3　512,12p　20cm　3800円　Ⓝ672.1　〔10130〕

◇宮本又次著作集　第6巻　風土と経済　講談社　1977.10　519,19p　20cm　3800円　Ⓝ672.1　〔10131〕

◇露店市・縁日市　秦孝治郎著、坂本武人編　京都　白川書院　1977.11　262p　図16枚　22cm　2300円　Ⓝ672.1　〔10132〕

◆◆商業史料

◇一件書類目録―京本店等原所蔵分　三井文庫編　三井文庫　1993.12　244p　26cm　(三井文庫所蔵史料)3400円　①4-89527-101-3　Ⓝ672.1　〔10133〕

◇雲州三ケ月御屋敷日記―天川屋文書 4番　八代目天川屋長右衛門著　米津正治編　重安かふ子　1994.9　60p　26cm　非売品　Ⓝ672.1　〔10134〕

◇蔵屋敷　1　大阪商業大学商業史博物館編　東大阪　大阪商業大学商業史博物館　2000.3　349,28p　22cm　(大阪商業大学商業史博物館史料叢書 第1巻)　Ⓝ672.1　〔10135〕

◇蔵屋敷　2　大阪商業大学商業史博物館編　東大阪　大阪商業大学商業史博物館　2001.3　16,346,31p　22cm　(大阪商業大学商業史博物館史料叢書 第2巻)10000円　①4-9980818-3-7　Ⓝ672.1　〔10136〕

◇蔵屋敷　3　大阪商業大学商業史博物館編　東大阪　大阪商業大学商業史博物館　2002.3　14,296,37p　22cm　(大阪商業大学商業史博物館史料叢書 第3巻)10000円　①4-9980818-4-5　Ⓝ672.1　〔10137〕

◇式目類目録(原所蔵者別)　三井文庫編　三井文庫　2005.12　100p　22cm　(三井文庫所蔵史料 第12集)1100円　①4-89527-112-9　Ⓝ672.1　〔10138〕

◇主要帳簿目録―京本店等作成分　三井文庫編　三井文庫　1994.12　172p　26cm　(三井文庫所蔵史料)2400円　①4-89527-102-1　Ⓝ672.1　〔10139〕

◇主要帳簿目録　河内新田会所等作成分　三井文庫編　三井文庫　1999.12　50p　26cm　(三井文庫所蔵史料 第7集)800円　①4-89527-107-2　Ⓝ672.1　〔10140〕

◇主要帳簿目録　京両替店等作成分　三井文庫編　三井文庫　1996.12　165p　26cm　(三井文庫所蔵史料)2000円　①4-89527-104-8　Ⓝ672.1　〔10141〕

◇主要帳簿目録　江戸本店、大坂本店等作成分　三井文庫編　三井文庫　1995.12　267p　26cm　(三井文庫所蔵史料)3300円　①4-89527-103-X　Ⓝ672.1　〔10142〕

◇主要帳簿目録　江戸両替店等作成分　三井文庫編　三井文庫　1997.12　138p　26cm　(三井文庫所蔵史料)1700円　①4-89527-105-6　Ⓝ672.1　〔10143〕

◇主要帳簿目録　大元方等作成分　三井文庫編　三井文庫　2001.12　155p　26cm　(三井文庫所蔵史料 第8集)1600円　①4-89527-108-0　Ⓝ672.1　〔10144〕

◇主要帳簿目録　大坂両替店等作成分　三井文庫編　三井文庫　1998.12　192p　26cm　(三井文庫所蔵史料)2300円　①4-89527-106-4　Ⓝ672.1　〔10145〕

◇諸色日記帳　大和屋小源治著　熊谷　大和　1991.11　150p　図版12枚　27cm　非売品　Ⓝ672.1　〔10146〕

◇住友史料叢書　1　年々帳―無番・一番　住友修史室編　京都　思文閣出版　1985.11　297,2,12p　22cm　7500円　①4-7842-0402-4　Ⓝ332.105　〔10147〕

◇住友史料叢書　2　年々諸用留―二番・三番　住友修史室編　京都　思文閣出版　1986.11　352,19,8p　22cm　8000円　①4-7842-0454-7　Ⓝ332.105　〔10148〕

◇住友史料叢書　3　別子銅山公用帳――一番・二番　住友史料館編　京都　思文閣出版　1987.10　319,12,6p　22cm　8000円　①4-7842-0490-3　Ⓝ332.105　〔10149〕

◇住友史料叢書　4　銅座公用留・銅座御用扣　住友史料館編　京都　思文閣出版　1989.1　407,22,11p　22cm　9500円　①4-7842-0536-5　Ⓝ332.105　〔10150〕

◇住友史料叢書　5　銅異国売覚帳(抄)・鉱業諸用留・上棹銅帳　住友史料館編　京都　思文閣出版　1989.12　398,5,9p　22cm　9785円　①4-7842-0576-4　Ⓝ332.105　〔10151〕

◇住友史料叢書　6　宝の山・諸国銅山見分扣　住友史料館編　京都　思文閣出版　1991.12　301,12,15p　22cm　8240円　①4-7842-0688-4　Ⓝ332.105　〔10152〕

◇住友史料叢書　7　年々諸用留―四番 上　住友修史室編　京都　思文閣出版　1992.12　387,6,9p　22cm　9785円　①4-7842-0758-9　Ⓝ332.105　〔10153〕

◇住友史料叢書　8　年々諸用留―四番 下・五番　住友史料館編　京都　思文閣出版　1993.12　361,6,10p　22cm　9785円　①4-7842-0809-7　Ⓝ332.105　〔10154〕

◇住友史料叢書　9　別子銅山公用帳―三番・四番　住友史料館編　京都　思文閣出版　1995.1　398,12,10p　22cm　9785円　①4-7842-0867-4　Ⓝ332.105　〔10155〕

◇住友史料叢書　10　宝永六年日記・辰蔵江戸公用帳・長崎下銅公用帳 一番・長崎公用帳 三番・長崎下シ銅御用ニ付御番所へ差上候書付写(抄)　住友史料館編　京都　思文閣出版　1996.1　347,6,13p　22cm　9785円　①4-7842-0895-X　Ⓝ332.105　〔10156〕

◇住友史料叢書　11　浅草米店万控帳　上　住友史料

経済史　近世史

◇館編　京都　思文閣出版　1997.1　304,10,13p　22cm
8240円　①4-7842-0923-9　Ⓝ332.105
〔10157〕
◇住友史料叢書　年々諸用留 2番・3番　住友修史室編
京都　思文閣出版　1986.11　352,19p　22cm　8000円
①4-7842-0454-7　Ⓝ672.1
〔10158〕
◇縮間屋加賀屋資料　1　江戸・京出役書状　安政五年
十日町市史編さん委員会編　十日町　十日町市史編さん
委員会　1991.11　303p　22cm（十日町市郷土資料双
書 1）Ⓝ672.1
〔10159〕
◇縮間屋加賀屋資料　2　江戸・京出役書状　文久元年
十日町市史編さん委員会編　十日町　十日町市史編さん
委員会　1992.7　243p　21cm（十日町市郷土資料双書
2）Ⓝ672.1
〔10160〕
◇縮間屋加賀屋資料　3　江戸出役書状　文久2年　十日町
市史編さん委員会編　十日町　十日町市史編さん委員会
1993.7　226p　21cm（十日町市郷土資料双書
3）Ⓝ672.1
〔10161〕
◇縮間屋加賀屋資料　4　江戸・京出役書状　元治元年
十日町市史編さん委員会編　十日町　十日町市史編さん
委員会　1995.10　4,286p　21cm（十日町市郷土資料
双書 5）Ⓝ672.1
〔10162〕
◇縮間屋加賀屋資料　5　江戸・京出役書状　慶応元年
十日町市史編さん委員会編　十日町　十日町市史編さん
委員会　1996.12　6,288p　21cm（十日町市郷土資料
双書 6）Ⓝ672.1
〔10163〕
◇縮間屋加賀屋資料　7　江戸・京出役書状　慶応3年　十
日町市博物館編　十日町　十日町市博物館　1998.10
12,270p　21cm（十日町市郷土資料双書 9）Ⓝ672.1
〔10164〕
◇縮間屋加賀屋資料　8　江戸・京出役書状　慶応4年　十
日町情報館編　十日町　十日町情報館　2001.12　183p
21cm（十日町市郷土資料双書 10）Ⓝ672.1〔10165〕
◇縮間屋加賀屋資料　10　加賀屋の年中行事　2　十日町
情報館編　十日町　十日町情報館　2004.11　178p
21cm（十日町市郷土資料双書 13）Ⓝ386.141
〔10166〕
◇竹橋蠹簡・竹橋余筆　大田覃編　村上直校訂　文献出
版　1995.4　457,7p　19cm　9270円　①4-8305-1171-0
Ⓝ210.5
〔10167〕
◇中央区旧家所蔵文書—小津商店・佐々木印店・中村家文
書　東京都中央区教育委員会社会教育課編　中央区教育
委員会　1995.2　195p　26cm（中央区文化財調査報告
書 第3輯）Ⓝ672.136
〔10168〕
◇重宝記資料集成　第31巻　商業・地誌 1　長友千代治
編　京都　臨川書店　2007.5　450p　22cm　9500円
①978-4-653-03936-5,978-4-653-03860-3　Ⓝ210.088
〔10169〕
◇重宝記資料集成　第32巻　商業・地誌 2　長友千代治
編　京都　臨川書店　2007.5　530p　22cm　10000円
①978-4-653-03937-2,978-4-653-03860-3　Ⓝ210.088
〔10170〕
◇長崎公用帳五番・長崎公用帳二番・長崎公用帳（正徳四
年）　小葉田淳監修　住友史料館編　京都　思文閣出
版　1997.12　370,6,8p　22cm（住友史料叢書）9500円
①4-7842-0956-5　Ⓝ332.105
〔10171〕
◇西陣木屋卯兵衛家文書目録・北之御門町文書目録　京都
同志社大学人文科学研究所　1973　44p　26cm　Ⓝ672.
1
〔10172〕
◇三井家勘定管見—江戸時代の三井家における内部会計報
告制度および会計処理技法の研究　西川登著　白桃書房
1993.2　369,12p　22cm　7800円　①4-561-36047-6
Ⓝ672.1
〔10173〕
◇宮川家古文書—江戸時代商家文書　宮川半蔵編　宮川半

蔵　1970　24p　26cm　Ⓝ288.3
〔10174〕
◇村谷嘉右衛門家文治家史料集—南部近江高島商人　郡山井
筒屋彦兵エ島好生家 並ニ南部分家の展開について　音
羽会編　紫波町（岩手県）　2004.6　409p
30cm　非売品　①4-938681-98-6　Ⓝ212.2　〔10175〕
◇師崎屋諸書記—尾張国名古屋納屋町肥物問屋高松家史料
斎藤善之、高部淑子校訂　日本福祉大学知多半島総合
研究所編　校倉書房　1994.11　754p　27cm　51500円
①4-7517-2440-1　Ⓝ672.155
〔10176〕

◆◆経営史

◇江戸時代をふりかえれば明日のビジネスがみえてくる—
江戸時代に学ぶビジネス読本　井徳正吾著　はまの出版
2003.12　269p　19cm　1500円　①4-89361-385-5
Ⓝ675
〔10177〕
◇近世商業経営の研究　宮本又次著　京都　大八洲出版
1948　389p　22cm（日本商業史の研究 その3）Ⓝ672.
1
〔10178〕
◇近世商業経営の研究　宮本又次著　大阪　清文堂出版
1971　389p　22cm　3000円　Ⓝ672.1　〔10179〕
◇近世日本経営史論考　宮本又次著　京都　東洋文化社
1979.9　314p　22cm　4500円　Ⓝ335.021　〔10180〕
◇商家の世界・裏店の世界—江戸と大阪の比較都市史　斎
藤修著　リブロポート　1987.10　210p　20cm（社会
科学の冒険 6）1800円　①4-8457-0295-9　Ⓝ210.5
〔10181〕
◇日本経営史—江戸時代から21世紀へ　宮本又郎, 阿部武
司, 宇田川勝, 沢井実, 橘川武郎著　新版　有斐閣　2007.
10　410p　22cm（Y21）3400円　①978-4-641-16300-3
Ⓝ335.21
〔10182〕
◇日本経営史　1　近世的経営の展開　安岡重明ほか編
安岡重明, 天野雅敏編　岩波書店　1995.1　340,8p
22cm　3600円　①4-00-003891-5　Ⓝ335.21　〔10183〕
◇日本経営史講座　第1巻　江戸時代の企業者活動　宮本
又次責任編集　日本経済新聞社　1977　266,11p　22cm
2000円　Ⓝ335.02
〔10184〕
◇日本商業史の研究　その3　近世商業経営の研究　宮本
又次著　京都　大八洲出版　1948　389p　22cm
Ⓝ672.1
〔10185〕
◇秤座　林英夫著　吉川弘文館　1973　268,5p　20cm
（日本歴史叢書 31 日本歴史学会編集）Ⓝ332.1〔10186〕
◇宮本又次著作集　第3巻　近世商業経営の研究　講談社
1977.12　543,11p　20cm　3800円　Ⓝ672.1　〔10187〕

◆◆◆株仲間

◇江戸時代に於ける株仲間組合制度特に西陣織屋仲間の研
究　沢田章著　鳳鳴書院　1932.5　246p　24cm　非売
品　Ⓝ672.162
〔10188〕
◇株仲間の研究　宮本又次著　2版　有斐閣　1958　436p
22cm（日本経済史研究所研究叢書 第9冊）Ⓝ672.1
〔10189〕
◇京都の株仲間—その実証的研究　藤田彰典著　京都　同
朋舎出版　1983.4　275p　21cm　3500円
①4-8104-0326-2　Ⓝ672.1
〔10190〕
◇幕藩制確立期の商品流通　渡辺信夫著　柏書房　1966
461p　22cm　Ⓝ672.1
〔10191〕
◇宮本又次著作集　第1巻　株仲間の研究　講談社　1977.
6　493,11p　20cm　3800円　Ⓝ672.1　〔10192〕

◆◆問屋

◇諸問屋沿革誌　東京都編　東京都　1995.3　19,507p

19cm （江戸東京問屋史料）Ⓝ672.136 〔10193〕

◇白木屋文書 問屋株帳　石井寛治, 林玲子編　るぽわ書房, 吉川弘文館〔発売〕 1998.3　565p　21cm　18000円　Ⓘ4-642-03341-6 〔10194〕

◇史料採訪の日々―塩野芳夫歴史随想集　塩野芳夫著　塩野淑子編　創栄出版　1995.11　132p　19cm　Ⓘ4-88250-538-X　Ⓝ210.5 〔10195〕

◇白木屋文書諸問屋記録　林玲子, 谷本雅之編　るぽわ書房　2001.4　328p　22cm　13000円　Ⓝ672.1 〔10196〕

◇白木屋文書問屋株帳　石井寛治, 林玲子編　るぽわ書房　1998.3　565p　22cm　18000円　Ⓘ4-478-44039-5　Ⓝ672.1 〔10197〕

◇日本橋界隈の問屋と街―江戸・明治・大正史　白石孝著　文真堂　1997.7　205p　20cm　2500円　Ⓘ4-8309-4267-3　Ⓝ672.1361 〔10198〕

◇飛脚問屋井野口家記録　第4巻　渡辺忠司, 徳永光俊共編　京都　思文閣出版　2004.3　563p　22cm　（大阪経済大学日本経済史研究所史料叢書　第7冊）11800円　Ⓘ4-7842-1186-1　Ⓝ693.21 〔10199〕

◆◆◆問屋仲間

◇維新前 東京諸問屋商事慣例―明治22年調査　東京都都政史料館編　1957　305p　25cm　Ⓝ672.136 〔10200〕

◇江戸問屋仲間の研究―幕藩体制下の都市商業資本　林玲子著　御茶の水書房　1967　288p　表　22cm　Ⓝ672.1 〔10201〕

◇江戸問屋仲間の研究―幕藩体制下の都市商業資本　林玲子著　御茶の水書房　1978.3　288p　22cm　3000円　Ⓝ672.1 〔10202〕

◇近世紅花問屋の研究　沢田章著　京都　大学堂書店　1969　281p　22cm　3300円　Ⓝ672.1 〔10203〕

◇諸問屋名前帳　国立国会図書館閲覧部編　湖北社　1978.4　1冊　21cm　（旧幕引継書目録 3〜6）3200円　Ⓝ672.136 〔10204〕

◇諸問屋名前帳―細目　第1　国立国会図書館閲覧部編　1961　121p　21cm　（旧幕引継書目録 3）Ⓝ672.136 〔10205〕

◇諸問屋名前帳―細目　第4　国立国会図書館参考書誌部編　1964　106p　21cm　（旧幕引継書目録 6）Ⓝ672.136 〔10206〕

◇諸問屋名前帳―細目　第2〜3　国立国会図書館閲覧部編　1962-1963　2冊　21cm　（旧幕引継書目録 4-5）Ⓝ672.136 〔10207〕

◇相州三浦郡 東浦賀干鰯問屋関係史料　横須賀史学研究会校訂・解説　謄写版　横須賀　横須賀市図書館　1966　247p　25cm　Ⓝ672.137 〔10208〕

◇続日本近世問屋制の研究―近世問屋制の転形　宮本又次著　京都　三和書房　1954　366p　22cm　Ⓝ672.1 〔10209〕

◇日本近世問屋制の研究―近世問屋制の形成　宮本又次著　刀江書院　1951　426p　22cm　Ⓝ672.1 〔10210〕

◇日本近世問屋制の研究　宮本又次著　刀江書院　1971　792p　22cm　6000円　Ⓝ672.1 〔10211〕

◇橋本家（湯浅屋）文書―東浦賀干鰯問屋史料　横須賀史学研究会編　横須賀　横須賀市図書館　1973　417p　26cm　非売品　Ⓝ672.137 〔10212〕

◇東浦賀干鰯問屋関係史料　横須賀史学研究会編　米子　たたら書房　1968　106p　26cm　Ⓝ672.137 〔10213〕

◇広屋三百年を駆ける―資料が物語る江戸の問屋　広屋編　広屋　1989.1　381p　27cm　非売品　Ⓝ672.1 〔10214〕

◆◆◆諸仲間再興調

◇大日本近世史料　第5　諸問屋再興調　東京大学史料編纂所編　東京大学出版会　1953-1956　22cm 〔10215〕

◇大日本近世史料　第5第2　諸問屋再興調　東京大学史料編纂所編　東京大学出版会　1959　448p 〔10216〕

◇大日本近世史料　第5第3　諸問屋再興調　東京大学史料編纂所編　東京大学出版会　1961　392p　22cm 〔10217〕

◇大日本近世史料　第5第4　諸問屋再興調　東京大学史料編纂所編　東京大学出版会　1962　323p　22cm 〔10218〕

◇大日本近世史料　第5第5　諸問屋再興調　東京大学史料編纂所編　東京大学出版会　1963　388p　22cm 〔10219〕

◇大日本近世史料　第5第6　諸問屋再興調　東京大学史料編纂所編　東京大学出版会　1965　432p　22cm 〔10220〕

◇大日本近世史料　第5第7　諸問屋再興調　東京大学史料編纂所編　東京大学出版会　1966　371p　22cm 〔10221〕

◇大日本近世史料　第5第8　諸問屋再興調　東京大学史料編纂所編　東京大学出版会　1967　307p　22cm 〔10222〕

◇大日本近世史料　第5第9　諸問屋再興調　東京大学史料編纂所編　東京大学出版会　1968　317p　22cm 〔10223〕

◇大日本近世史料　5 10　諸問屋再興調　10　東京大学史料編纂所編纂　東京大学出版会　1970　231p　22cm　1600円　Ⓝ210.5 〔10224〕

◇大日本近世史料　5 11　諸問屋再興調　11　東京大学史料編纂所編纂　東京大学出版会　1971　212p　22cm　1600円　Ⓝ210.5 〔10225〕

◇大日本近世史料　5 12　諸問屋再興調　12　東京大学史料編纂所編纂　東京大学出版会　1973　237p　22cm　2200円　Ⓝ210.5 〔10226〕

◇大日本近世史料　5 13　諸問屋再興調　13　東京大学史料編纂所編纂　東京大学出版会　1975　217p　22cm　3000円　Ⓝ210.5 〔10227〕

◇大日本近世史料　5 14　諸問屋再興調　14　東京大学史料編纂所編纂　東京大学出版会　1976　305p　22cm　4300円　Ⓝ210.5 〔10228〕

◇大日本近世史料　5 15　諸問屋再興調　15　東京大学史料編纂所編　東京大学史料編纂所　1980.3　215p　22cm　5000円　Ⓝ210.5 〔10229〕

◇大日本近世史料　5 1-9　諸問屋再興調　1-9　東京大学史料編纂所編　東京大学出版会　1956-1968　9冊　22cm　Ⓝ210.5 〔10230〕

◆◆商人

◇商いがむすぶ人びと　原直史編　吉川弘文館　2007.6　245p　20cm　（身分的周縁と近世社会 3）3000円　Ⓘ978-4-642-06559-7　Ⓝ210.5 〔10231〕

◇商人歳旦―天和二年正月　加賀文庫　1926　3丁　14×20cm　Ⓝ911.3 〔10232〕

◇東講商人鑑　大城屋良助編　復刻　秋田　無明舎出版　2006.2　167p　15×21cm　2800円　Ⓘ4-89544-423-6　Ⓝ672.1 〔10233〕

◇江戸期商人の革新的行動―日本的経営のルーツ　作道洋太郎ほか著　有斐閣　1978.10　246,4p　18cm　（有斐閣新書）Ⓝ672.1 〔10234〕

◇江戸期不況を乗り切った「六大商人」の知恵―リストラ時代を勝ち抜くヒント〈近江商人から富山商人まで〉 鈴木旭著 日本文芸社 1994.12 254p 19cm 1200円 Ⓘ4-537-02446-1 Ⓝ673.04 〔10235〕

◇江戸行商百姿 花咲一男著 三樹書房 2003.6 253p 21cm 2400円 Ⓘ4-89522-332-9 〔10236〕

◇江戸300年大商人の知恵 童門冬二著 講談社 2004.7 237p 18cm （講談社+α新書）876円 Ⓘ4-06-272268-2 Ⓝ672.1 〔10237〕

◇江戸商家と地所―江戸草分け町家の存続と守成 鈴木理生著 青蛙房 2000.12 223p 20cm 2500円 Ⓘ4-7905-0441-7 Ⓝ288.3 〔10238〕

◇江戸商家の家訓に学ぶ商いの原点 荒田弘司著 すばる舎 2006.8 269p 20cm 1600円 Ⓘ4-88399-549-6 Ⓝ672.1 〔10239〕

◇江戸大商人が守り抜いた商いの原点―目先の一両より、はるかに大事なものとは 童門冬二著 青春出版社 2006.3 206p 20cm 1300円 Ⓘ4-413-03577-1 Ⓝ672.1 〔10240〕

◇江戸に学ぶ企業倫理―日本におけるCSRの源流 弦間明, 小林俊治監修 日本取締役協会編著 生産性出版 2006.3 299p 20cm 2600円 Ⓘ4-8201-1824-2 Ⓝ672.1 〔10241〕

◇江戸秘伝職養道のすすめ 佐藤六龍著 講談社 2007.10 183p 18cm （講談社+α新書）800円 Ⓘ978-4-06-272466-1 Ⓝ673 〔10242〕

◇榎本弥左衛門覚書―近世初期商人の記録 榎本弥左衛門著 大野瑞男校注 平凡社 2001.10 377p 18cm （東洋文庫）3000円 Ⓘ4-582-80695-3 Ⓝ213.4 〔10243〕

◇金沢城下町―社寺信仰と都市のにぎわい 藤島秀隆, 根岸茂夫監修 金沢 北國新聞社 2004.6 278p 21cm 2000円 Ⓘ4-8330-1355-X 〔10244〕

◇神屋宗湛 岡田武彦監修 武野要子著 福岡 西日本新聞社 1998.10 209p 19cm （西日本人物誌9）1500円 Ⓘ4-8167-0471-X 〔10245〕

◇近世商家の儀礼と贈答―京都岡田家の不祝儀・祝儀文書の検討 森田登代子著 岩田書院 2001.8 351p 22cm 7400円 Ⓘ4-87294-212-4 Ⓝ385 〔10246〕

◇近世商家の経営理念・制度・雇用 安岡重明著 京都 晃洋書房 1998.2 346,13p 22cm 5700円 Ⓘ4-7710-0985-6 Ⓝ672.1 〔10247〕

◇近世商人意識の研究―家訓及店則と日本商人道 宮本又次著 有斐閣 1941 330p 22cm （日本商業史の研究 2）Ⓝ672 〔10248〕

◇近世商人の世界―三井高房『町人考見録』を中心に 第97回日文研フォーラム ヤン・シコラ述 国際日本文化研究センター編 京都 国際日本文化研究センター 1997.12 26p 21cm Ⓝ672.1 〔10249〕

◇近世商人風土記 宮本又次著 日本評論社 1971 372p 20cm 1500円 Ⓝ672.8 〔10250〕

◇近世庶民家訓の研究―「家」の経営と教育 入江宏著 多賀出版 1996.2 436p 22cm 9270円 Ⓘ4-8115-4061-1 Ⓝ672.1 〔10251〕

◇近世地方商家の生活と文化 永島福太郎監修 桑田優編著 神戸 ジュンク堂書店 2000.2 282p 27cm 3333円 Ⓘ4-915540-27-8 Ⓝ288.3 〔10252〕

◇近世日本の商人と都市社会 杉森玲子著 東京大学出版会 2006.3 331,8p 22cm 6200円 Ⓘ4-13-026212-2 Ⓝ672.1 〔10253〕

◇近世三井経営史の研究 賀川隆行著 吉川弘文館 1985.2 602,9p 22cm 8000円 Ⓘ4-642-03116-2 Ⓝ335.58 〔10254〕

◇具足屋天香百年記―文化十二年二月～明治三十二年十二月 中田嘉平著 小町真之現代版訳 楠啓次郎編 楠啓次郎 2006.1 8,200p 30cm 非売品 Ⓝ672.163 〔10255〕

◇現代に生きる三方よし―「世間よし」の理念は新しいビジネスモデル 三方よし研究所 彦根 三方よし研究所 2003.4 245p 21cm 1600円 Ⓘ4-88325-230-2 Ⓝ672.1 〔10256〕

◇鴻鵠の系譜―淀屋歴代記 新山通江著 大阪 淀屋顕彰会 1980.12 426p 20cm Ⓝ672.1 〔10257〕

◇鴻鵠の系譜―淀屋歴代記 続 新山通江著 名和町（鳥取県） 鴻鵠の系譜（続）編集委員会 1983.9 376p 20cm 2800円 Ⓝ672.1 〔10258〕

◇こうして豪商になった―商才とは何か 左方郁子著 力富書房 1986.4 197p 19cm （リキトミブックス 18）880円 Ⓘ4-89776-018-6 Ⓝ672.1 〔10259〕

◇豪商への道―現代に生きる「攻め」と「守り」の近江商法 邦光史郎著 PHP研究所 1994.12 206p 18cm （PHP business library―Business）850円 Ⓘ4-569-54583-1 Ⓝ672.1 〔10260〕

◇豪商おもしろ日本史―戦乱の救世主から死の商人まで 河野亮著 廣済堂出版 1991.5 234p 18cm （Kosaido books）760円 Ⓘ4-331-00523-2 Ⓝ672.8 〔10261〕

◇豪商たちの時代―徳川三百年は「あきんど」が創った 脇本祐一著 日本経済新聞社 2006.10 286p 20cm 1600円 Ⓘ4-532-16573-3 Ⓝ672.1 〔10262〕

◇豪商たちの智略商魂 風巻絃一著 実業之日本社 1984.2 272p 19cm 980円 Ⓝ672.1 〔10263〕

◇豪商に学ぶ商道の原点 邦光史郎著 経営書院 1993.7 201p 19cm 1400円 Ⓘ4-87913-453-8 Ⓝ672.1 〔10264〕

◇豪商の雇人時代―商人立志 墨堤隠士著 大学館 1905.9 227p 19cm Ⓝ281 〔10265〕

◇豪商物語――一世を風靡した北方の桟留（木綿）縞興隆史 近世大名旗本統治下商家経営の実態金融史 加納宏幸著 岐阜 教育出版文化協会 1991.2 104p 19cm 1000円 Ⓝ672.153 〔10266〕

◇豪商列伝 宮本又次著 講談社 2003.9 237p 15cm （講談社学術文庫）900円 Ⓘ4-06-159615-2 Ⓝ672.1 〔10267〕

◇巷談大阪の商業及商人―巷談大阪商業史 佐古慶三著 大阪 大阪市立天王寺商業学校校友会編纂部 1927 34p 22cm （希有第14輯）Ⓝ672 〔10268〕

◇鴻池四方山話 大阪 三和銀行業務企画部 1977.5 14枚 17×20cm Ⓝ332.105 〔10269〕

◇碁盤割商家の暮らし 山本花子著 名古屋 愛知県郷土資料刊行会 1996.1 20,420p 22cm Ⓘ4-87161-053-5 Ⓝ672.155 〔10270〕

◇彩色江戸物売百姿 三谷一馬著 新装 立風書房 1987.6 1冊 22×31cm Ⓝ384.3 〔10271〕

◇産業化と商家経営―米穀肥料商広海家の近世・近代 石井寛治, 中西聡編 名古屋 名古屋大学出版会 2006.2 502,12p 22cm 6600円 Ⓘ4-8158-0528-8 Ⓝ672.1 〔10272〕

◇商家高名録・諸業高名録 萩原進, 近藤義雄編 前橋 みやま文庫 1983.3 238p 13×19cm （みやま文庫 89）Ⓝ332.132 〔10273〕

◇商家の家訓―商いの知恵と掟 山本真功監修 青春出版社 2005.12 203p 18cm （青春新書インテリジェンス）700円 Ⓘ4-413-04133-X Ⓝ672.1 〔10274〕

◇商魂　京都新聞社編　京都　京都新聞社　1974　340p　19cm　980円　Ⓝ672　〔10275〕

◇商魂　佐江衆一著　PHP研究所　2003.11　238p　19cm　1400円　Ⓘ4-569-63252-1　〔10276〕

◇商人たちの明治維新　大島英子著　花伝社　1998.5　219p　19cm　1500円　Ⓘ4-7634-0322-2　Ⓝ672.153　〔10277〕

◇商人百夜草―家庭教育　保田安政著　目黒書店　1892.2　2冊（上314, 下360p）　19cm　150　〔10278〕

◇図説大江戸おもしろ商売　北嶋広敏著　学習研究社　2006.3　255p　19cm　1500円　Ⓘ4-05-402993-0　Ⓝ672.1　〔10279〕

◇住友のルーツ―巨大企業の創業哲学を学ぶ　山木育著　マネジメント伸社　1996.11　271p　20cm　1800円　Ⓘ4-8378-0376-8　Ⓝ332.105　〔10280〕

◇泉屋叢考　第23輯　近世住友の家法　住友史料館編纂　京都　住友史料館　1997.2　202p　21cm　Ⓝ288.3　〔10281〕

◇町人社会の人間群像　宮本又次著　ぺりかん社　1982.5　322p　20cm　2400円　Ⓝ672.1　〔10282〕

◇痛快にっぽん商人道　加来耕三著　日本経済新聞社　2003.10　294p　19cm　1600円　Ⓘ4-532-31096-2　〔10283〕

◇天を翔けた男―西海の豪商・石本平兵衛　河村哲夫著　福岡　梓書院　2007.12　258p　21cm　1714円　Ⓘ978-4-87035-305-3　〔10284〕

◇徳川政権をあやつった陰の豪商―江戸の日本銀行後藤一族黄金の管理学　後藤𣳾著　山手書房　1984.2　236p　19cm　1100円　Ⓝ210.5　〔10285〕

◇日本を変えた淀屋　池口漂舟, 谷川健夫編　倉吉　因伯時事評論社　1981.4　255p　20cm　2000円　Ⓝ672.1　〔10286〕

◇日本商人史　日本歴史地理学会編　日本学術普及会　1935　372p　23cm　Ⓝ672　〔10287〕

◇日本商人史　日本歴史地理学会編　2版　日本学術普及会　1939　372p　23cm　Ⓝ672　〔10288〕

◇日本商人伝　物上敬著　佃書房　1943　2冊　19cm　Ⓝ672　〔10289〕

◇日本商人五百年史　河瀬蘇北著　再版　表現社　1924　412p　19cm　Ⓝ672　〔10290〕

◇日本町人道の研究―商人心の原点を探る　宮本又次著　京都　PHP研究所　1982.10　186p　19cm　980円　Ⓝ672.1　〔10291〕

◇日本の近世　第5巻　商人の活動　辻達也, 朝尾直弘編　林玲子著　中央公論社　1992.3　318p　図版32p　21cm　2800円　Ⓘ4-12-403025-8　Ⓝ210.5　〔10292〕

◇日本の三大商人―大阪・近江・伊勢　邦光史郎著　日本経済新聞社　1982.3　208p　20cm　1200円　Ⓘ4-532-09256-6　Ⓝ672.1　〔10293〕

◇日本の商人　1　豪商の登場　ティビーエス・ブリタニカ　1984.1　243p　20cm　1300円　Ⓝ672.1　〔10294〕

◇日本の商人　5　大番頭の手腕　ティビーエス・ブリタニカ　1984.4　243p　20cm　1300円　Ⓝ672.1　〔10295〕

◇幕末維新の経済人―先見力・決断力・指導力　坂本藤良著　中央公論社　1984.4　204p　18cm　（中公新書）480円　Ⓘ4-12-100726-3　Ⓝ332.8　〔10296〕

◇彦根高等商業学校調査研究　第23輯　徳川時代の商人カルテル・明治維新と近江商人　菅野和太郎著　彦根町（滋賀県）　彦根高等商業学校調査課　1932　8,8p　23cm　Ⓝ330　〔10297〕

◇風土に生きる商人紀行―日本経済を築いた商家　国勢研究会編纂　国勢研究会（発売）　1994.7　222p　31cm　40000円　Ⓝ672.1　〔10298〕

◇マイナス転じて福となす経営―名商人に学ぶ始末と才覚の研究　童門冬二著　PHP研究所　1993.2　213p　20cm　1300円　Ⓘ4-569-53888-6　Ⓝ672.8　〔10299〕

◇三井越後屋奉公人の研究　西坂靖著　東京大学出版会　2006.12　347,4p　22cm　7500円　Ⓘ4-13-026213-0　Ⓝ672.1　〔10300〕

◇三井財閥史　近世・明治編　安岡重明著　東村山　教育社　1979.8　261p　18cm　（教育社歴史新書）600円　Ⓝ335.28　〔10301〕

◇宮本又次著作集　第2巻　近世商人意識の研究　講談社　1977.8　456,14p　20cm　3800円　Ⓝ672.1　〔10302〕

◇儲かる奴はどこが違うか―すばらしき30人の豪商たち　富子勝久著　ダイヤモンドセールス編集企画　1977.7　246p　19cm　980円　Ⓝ672.8　〔10303〕

◇儲ける奴はここが違う　富子勝久著　潮出版社　1986.10　320p　15cm　（潮文庫）460円　Ⓘ4-267-01105-2　Ⓝ672.8　〔10304〕

◇よみがえる商人道　藤本義一著　日刊工業新聞社　1998.5　206p　20cm　（B&Tブックス）1200円　Ⓘ4-526-04188-2　Ⓝ672.1　〔10305〕

◇歴史のベンチャーたち―いま蘇る不屈の精神　童門冬二著　日経BP社　2000.10　223p　22cm　5000円　Ⓘ4-8222-1447-8　Ⓝ672.1　〔10306〕

◆◆◆近江商人

◇異色の近江商人―小野組物語　久保田暁一著　京都　かもがわ出版　1994.11　269p　19cm　2400円　Ⓘ4-87699-156-1　〔10307〕

◇岩城枡屋の『独慎俗話』詳説―江戸後期・近江商人の教育書紹介　中野嘉吉編著　堺　〔中野嘉吉〕　1986.3　164p　21cm　1300円　Ⓝ672.1　〔10308〕

◇近江商人と北前船―北の幸を商品化した近江商人たち　サンライズ出版編著　彦根　サンライズ出版　2001.2　173p　19cm　（淡海文庫 20）1200円　Ⓘ4-88325-128-4　Ⓝ672.1　〔10309〕

◇近江商人に学ぶ　サンライズ出版編集部編著　彦根　サンライズ出版　2003.9　157p　19cm　1500円　Ⓘ4-88325-238-8　Ⓝ672.1　〔10310〕

◇近江商人の経営史　上村雅洋著　大阪　清文堂出版　2000.1　664p　22cm　16000円　Ⓘ4-7924-0485-1　Ⓝ672.1　〔10311〕

◇近江商人　井上政共著　八幡町（滋賀県）　松桂堂　1890.8　260p　22cm　Ⓝ281.61　〔10312〕

◇近江商人　江頭恒治著　弘文堂　1959　251,20p　19cm　（アテネ新書）Ⓝ672.1　〔10313〕

◇近江商人　渡辺守順著　東村山　教育社　1980.8　224p　18cm　（教育社歴史新書）800円　Ⓝ672.1　〔10314〕

◇近江商人―東北の末裔たち　盛岡　近江商人末裔会　1991.7　175p　27cm　非売品　Ⓝ672.1　〔10315〕

◇近江商人―軌跡・系譜と現代の群像　朝日新聞大津支局編　京都　かもがわ出版　1991.8　219p　20cm　1500円　Ⓘ4-87699-018-2　Ⓝ672.1　〔10316〕

◇近江商人―現代を生き抜くビジネスの指針　末永国紀著　中央公論新社　2000.5　238p　18cm　（中公新書）740円　Ⓘ4-12-101536-3　Ⓝ672.1　〔10317〕

◇近江商人　第110号　八幡町（滋賀県）　近江尚商会　1936　311p　23cm　Ⓝ672　〔10318〕

◇近江商人学入門―CSRの源流「三方よし」　末永国紀著　彦根　サンライズ出版　2004.9　193,8p　19cm　（淡海

経済史　　　　　　　　　　　　　　近世史

文庫 31）1200円　①4-88325-146-2　Ⓝ672.161
〔10319〕
◇近江商人私考　山中靖城著編　近江八幡　O・B・M・WP・Cpt・S.　1996　52p　26cm　388円　Ⓝ672.1
〔10320〕
◇近江商人事績写真帖　滋賀県経済協会編　世界聖典刊行協会（発売）　1979.5　1冊　31cm　17000円　Ⓝ672.161
〔10321〕
◇近江商人事績写真帖　上, 下巻　滋賀県経済協会編　京都　小林写真製版所　1930　2冊　35cm　Ⓝ281.61
〔10322〕
◇近江商人外村宗兵衛家と家訓　上村雅洋著　彦根　〔滋賀大学経済学部附属史料館〕　1993.11　21p　21cm　（滋賀大学経済学部附属史料館研究彙報　第41号）Ⓝ672.1
〔10323〕
◇近江商人 中井家の研究　江頭恒治著　雄山閣　1965　1018p　図版　表　22cm　Ⓝ672.1
〔10324〕
◇近江商人中井家の家訓・店則に見る「立身」と「出世」　宇佐美英機著　彦根　〔滋賀大学経済学部附属史料館〕　1998.12　18p　21cm　（滋賀大学経済学部附属史料館研究彙報　第50号）Ⓝ672.1
〔10325〕
◇近江商人中井家の研究　江頭恒治著　雄山閣　1992.10　1013p　22cm　18000円　①4-639-01127-X　Ⓝ672.1
〔10326〕
◇近江商人中井源左衛門―新収史資料を中心に　平成16年度企画展　滋賀大学経済学部附属史料館編　彦根　滋賀大学経済学部附属史料館　2004.10　8p　30cm　〔10327〕
◇近江商人中井源左衛門大田原出店についての一考察　萩原恵一著　大田原　〔萩原恵一〕　1985.2　174p　26cm　Ⓝ672.132
〔10328〕
◇近江商人西川家の家訓について　近江八幡　近江八幡市立郷土資料館　1981　15p　26cm　（近江八幡歴史シリーズ）
〔10329〕
◇近江商人の開発力―管理システムと北海道開発にみる近代経営　小倉栄一郎著　中央経済社　1989.3　275p　20cm　1600円　①4-481-63492-8　Ⓝ672.1
〔10330〕
◇近江商人の活躍について　菅野和太郎著　彦根町（滋賀県）　彦根高等商業学校研究部　1929　16p　22cm　（調査研究　第2輯）Ⓝ672
〔10331〕
◇近江商人の金言名句　小倉栄一郎著　中央経済社　1990.3　240p　20cm　1600円　①4-502-60562-X　Ⓝ672.1
〔10332〕
◇近江商人の金融活動と滋賀金融小史　渕上清二著　彦根　サンライズ出版　2005.4　271p　27cm　4000円　①4-88325-275-2　Ⓝ338.2161
〔10333〕
◇近江商人の経営　小倉栄一郎著　京都　サンブライト出版　1988.3　287p　20cm　1500円　①4-7832-0104-8　Ⓝ672.1
〔10334〕
◇近江商人の経営遺産―その再評価　安岡重明ほか編著　同文館出版　1992.1　259p　22cm　4000円　①4-495-35161-3　Ⓝ672.1
〔10335〕
◇近江商人の経営管理　小倉栄一郎著　中央経済社　1991.2　248p　20cm　1800円　①4-502-60952-8　Ⓝ672.1
〔10336〕
◇近江商人の系譜―活躍の舞台と経営の実像　小倉栄一郎著　日本経済新聞社　1980.2　188,15p　18cm　（日経新書）550円　Ⓝ672.1
〔10337〕
◇近江商人の系譜―活躍の舞台と経営の実像　小倉栄一郎著　社会思想社　1990.4　247p　15cm　（現代教養文庫 1336）520円　①4-390-11336-4　Ⓝ672.1
〔10338〕
◇近江商人の研究　菅野和太郎著　有斐閣　1941　329p　22cm　（日本経済史研究所研究叢書　第12冊）Ⓝ672

◇近江商人の研究　菅野和太郎著　有斐閣　1972　329p　図11枚　22cm　（日本経済史研究所研究叢書　第12冊）1800円　Ⓝ672.1
〔10340〕
◇近江商人の生成―移入商品と移出商品の流通の側面から　水原正亨著　彦根　〔滋賀大学経済学部附属史料館〕　1993.11　22p　21cm　（滋賀大学経済学部附属史料館研究彙報　第39号）Ⓝ672.1
〔10341〕
◇近江商人の内助―湖国名婦伝　渡辺千治郎, 太田誠一郎共著　社会教育会　1935　1冊　19cm　Ⓝ281.61
〔10342〕
◇近江商人の道―近江歴史回廊　淡海文化を育てる会編　彦根　淡海文化を育てる会　2004.1　237p　21cm　1500円　①4-88325-245-0　Ⓝ672.161
〔10343〕
◇近江商人の理念―近江商人家訓撰集　小倉栄一郎著　大津　あきんどフォーラム実行委員会　1991.8　109p　22cm　非売品　Ⓝ672.1
〔10344〕
◇近江商人の理念―近江商人家訓撰集　小倉栄一郎著　彦根　サンライズ出版　2003.9　136p　21cm　1200円　①4-88325-232-9　Ⓝ672.1
〔10345〕
◇近江商人博物館展示案内　五個荘町歴史博物館企画・編集　五個荘町（滋賀県）　五個荘町教育委員会　1997.3　70p　30cm　Ⓝ672.1
〔10346〕
◇近江商人幕末・維新見聞録　佐藤誠朗著　三省堂　1990.10　406p　22cm　5000円　①4-385-35362-X　Ⓝ210.58
〔10347〕
◇近江商人松居遊見翁　松居久左衛門編　北五ケ庄村（滋賀県）　松居久左衛門　1922　350p　15cm　Ⓝ289.1
〔10348〕
◇近江商人物語　島武史著　国書刊行会　1976　296p　19cm　950円　Ⓝ672.1
〔10349〕
◇近江商人ものしり帖―ビジネス成功の源泉「始末してきばる」『もったいない』『世間さま』のこころ　渕上清二著　彦根　サンライズ出版（発売）　2006.10　141p　18cm　800円　①4-88325-314-7　Ⓝ672.161
〔10350〕
◇近江商人列伝　江南良三著　近江八幡　近江八幡郷土史会　1989.11　324p　19cm　1800円　Ⓝ672.1　〔10351〕
◇近江商人列伝　江南良三著　改訂版　彦根　サンライズ印刷出版部　1996.1　324p　19cm　1800円　①4-88325-016-4　Ⓝ672.1
〔10352〕
◇淡海の夢―近江商人・大橋宇兵衛家の記録　大橋洋著　彦根　大橋洋　1996.4　110p　26cm　Ⓝ288.3
〔10353〕
◇近江日野商人山中兵右衛門家の資料的研究　日野商人山中兵右衛門家文書研究会編集作成　御殿場　御殿場市立図書館　2006.3　137,108p　30cm　Ⓝ672.191
〔10354〕
◇江州商人　江頭恒治著　至文堂　1965　255p　19cm　（日本歴史新書）Ⓝ672.1
〔10355〕
◇日本の近代化と宗教倫理―近世近江商人論　芹川博通著　多賀出版　1997.2　36,342p　22cm　7210円　①4-8115-4451-X　Ⓝ161.3
〔10356〕
◇日本の商人　3　近江・伊勢の商人魂　ティビーエス・ブリタニカ　1983.12　251p　20cm　1300円　Ⓝ672.1
〔10357〕
◇日本橋の近江商人―柳屋外池宇兵衛寅松家の四〇〇年　蝦名賢造著　新評論　2001.12　246p　20cm　2000円　①4-7948-0544-6　Ⓝ672.1
〔10358〕
◇彦根高等商業学校調査研究　第1輯　近江商人史料展覧会出品目録―開校五周年記念　彦根町（滋賀県）　彦根高等商業学校調査課　1929　12p　23cm　Ⓝ330

◇変革期の商人資本―近江商人丁吟の研究　近江商人郷土館丁吟史研究会編　吉川弘文館　1984.11　14,508p　21cm　6000円　Ⓘ4-642-03239-8　Ⓝ672.1　〔10360〕

◆◆◆江戸商人
◇江戸あきんどの知恵袋―老舗の商法　いま受け継ぎたいこと、活かしていきたいこと　藤井康男著　大和出版　1993.11　206p　19cm　1350円　Ⓘ4-8047-1285-2　Ⓝ672.1　〔10361〕
◇江戸買物独案内　中川芳山堂編　近世風俗研究会　1958　5冊　10×15cm　Ⓝ672.136　〔10362〕
◇江戸買物独案内　中川芳山堂原編，花咲一男編　渡辺書店　1972　377p　27cm　3500円　Ⓝ672.136　〔10363〕
◇江戸買物独案内　第5　飲食之部　中川芳山堂編　1958　38丁　10×15cm　Ⓝ672.136　〔10364〕
◇江戸買物独案内　第1-2　中川芳山堂編　近世風俗研究会　1958　2冊　10×15cm　Ⓝ672.136　〔10365〕
◇江戸買物独案内　第3-4　中川芳山堂編　限定版　近世風俗研究会　1958　2冊　10×15cm　Ⓝ672.136　〔10366〕
◇江戸買物独案内人名索引　近世風俗研究会編　1961　224p　10×15cm　和　Ⓝ672.136　〔10367〕
◇江戸豪商の謎　駒敏郎著　祥伝社　1978.2　214p　18cm　(ノン・ブック)600円　Ⓝ672.8　〔10368〕
◇江戸豪商100話　萩原裕雄著　立風書房　1990.5　301p　20cm　1350円　Ⓘ4-651-75021-4　Ⓝ672.8　〔10369〕
◇江戸小咄商売往来　興津要著　旺文社　1986.11　281p　16cm　(旺文社文庫)420円　Ⓘ4-01-064376-5　Ⓝ672.1　〔10370〕
◇江戸材木商史序説　助野健太郎著　東京材木商史編纂委員会　81-130p　21cm　Ⓝ672.1　〔10371〕
◇江戸・老舗さんぽ　西尾忠久著　誠文堂新光社　1982.6　195p　21cm　1900円　Ⓝ672.1　〔10372〕
◇江戸老舗地図　江戸文化研究会編　主婦と生活社　1981.12　135p　26cm　1600円　Ⓝ672.1　〔10373〕
◇江戸老舗地図　江戸文化研究会編　新装改訂版　主婦と生活社　1992.12　135p　26cm　2500円　Ⓘ4-391-11511-5　Ⓝ672.1　〔10374〕
◇江戸商業と伊勢店―木綿問屋長谷川家の経営を中心として　北島正元編著　吉川弘文館　1962　687p　22cm　Ⓝ672.1　〔10375〕
◇江戸商人・成功の法則八十手　羽生道英著　PHP研究所　2007.12　300p　15cm　(PHP文庫)552円　Ⓘ978-4-569-66937-3　〔10376〕
◇江戸商人の経営哲学―豪商にみる成熟期の経営　茂木正雄著　にっかん書房　1994.4　251p　19cm　1400円　Ⓘ4-526-03521-1　Ⓝ673.04　〔10377〕
◇江戸商人の知恵嚢　中島誠著　現代書館　1999.5　238p　20cm　2200円　Ⓘ4-7684-6753-9　Ⓝ672.1　〔10378〕
◇江戸店犯科帳　林玲子著　吉川弘文館　1982.3　200p　19cm　(江戸選書 8)1200円　Ⓝ672.1　〔10379〕
◇江戸店舗図譜　林美一著　三樹書房　1978.11　322p　20×27cm　18000円　Ⓝ672.1　〔10380〕
◇江戸日本橋のれん物語　島武史著　暁印書館　1975　223p　19cm　1200円　Ⓝ672.1　〔10381〕
◇江戸に学ぶヒット商品の発想法　邦光史郎著　勁文社　1989.2　186p　18cm　(ケイブンシャブックス)690円　Ⓘ4-7669-0896-1　Ⓝ672.1　〔10382〕
◇江戸の飴売り　花咲一男編　限定版　近代風俗研究会　1960　86p　13×18cm　Ⓝ672.1　〔10383〕

◇江戸の大店高崎屋　文京ふるさと歴史館編　〔東京都〕文京区教育委員会　1994.10　32p　26cm　(特別展図録　平成6年度)Ⓝ672.1　〔10384〕
◇江戸の商標　花咲一男編著　岩崎美術社　1987.11　102p　26cm　(双書美術の泉 71)1800円　Ⓝ672.1　〔10385〕
◇江戸のビジネス感覚　童門冬二著　朝日新聞社　1988.10　260p　19cm　1100円　Ⓘ4-02-255925-X　Ⓝ672.1　〔10386〕
◇江戸の物売　松宮三郎著　東峰書房　1968　359p　23cm　Ⓝ672.1　〔10387〕
◇江戸明治紙屋とその広告図集　関義城著　関義城　1968　282p　27cm　非売　Ⓝ672.1　〔10388〕
◇江戸明治紙屋とその広告図集　続編　関義城著　関義城　1969　338p　見本紙(はり込み)30枚　27cm　非売　Ⓝ672.1　〔10389〕
◇江戸名物　酒飯手引草　近世風俗研究会編　1961　図版104枚　15×20cm　和　Ⓝ672.136　〔10390〕
◇大江戸趣味風流名物くらべ　上　吉村武夫著　西田書店　1976　389p　20cm　1700円　Ⓝ672.136　〔10391〕
◇現代ビジネスに活かす江戸商人の知恵　島武史著　パテント社　1998.4　203p　19cm　1200円　Ⓘ4-89357-048-X　Ⓝ672.1　〔10392〕
◇〈商人道〉現状打破の経営―江戸商人に学ぶ経営の知恵　中江克己著　ぱる出版　1994.8　236p　19cm　1400円　Ⓘ4-89386-411-4　Ⓝ673.04　〔10393〕
◇商人名家　東京買物独案内　上原東一郎著　近世風俗研究会　1958-1959　10×15cm　和　Ⓝ672.136　〔10394〕
◇商売繁盛の知恵―現代に生きる江戸商人「秘録」　青野豊作著　プレジデント社　1996.1　237p　20cm　1600円　Ⓘ4-8334-1604-2　Ⓝ672.1　〔10395〕
◇諸国買物調方記―江戸十組問屋便覧・東京買物独案内　花咲一男編　渡辺書店　1972　285p　26cm　3500円　Ⓝ672.1　〔10396〕
◇図絵江戸行商百姿　花咲一男著　三樹書房　1977.4　253p　22cm　5000円　Ⓝ672.1　〔10397〕
◇定本江戸商売図絵　三谷一馬著　立風書房　1986.5　340,12p　22cm　4600円　Ⓘ4-651-81014-4　Ⓝ672.1　〔10398〕

◆◆◆大坂商人
◇泉屋叢考　第5輯　蘇我理右衛門寿済翁の研究　修史室篇　大阪　1951-1958　21cm　Ⓝ288.3　〔10399〕
◇泉屋叢考　第7輯　近世前期に於ける住友の興隆　修史室編　大阪　1951-1958　21cm　Ⓝ288.3　〔10400〕
◇泉屋叢考　第8輯　近世前期の銅貿易株と住友　修史室編　大阪　1951-1958　21cm　Ⓝ288.3　〔10401〕
◇泉屋叢考　第9輯　近世前期に於ける銅貿易と住友　修史室編　大阪　1951-1958　21cm　Ⓝ288.3　〔10402〕
◇泉屋叢考　第10編　近世前期に於ける住友の輸入貿易　修史室編　大阪　1951-1958　21cm　Ⓝ288.3　〔10403〕
◇寛政のビジネス・エリート―大阪商人・草間直方にみる江戸時代人の経営感覚　新保博著　京都　PHP研究所　1985.9　194p　18cm　(21世紀図書館)520円　Ⓘ4-569-21574-2　Ⓝ332.105　〔10404〕
◇近世なにわ商人の風習と年中行事　宮本又次著　文献出版　1988.3　285p　22cm　3800円　Ⓝ672.163　〔10405〕
◇豪商鴻池―その暮らしと文化　大阪歴史博物館編　大阪　東方出版　2003.3　113p　30cm　2000円　Ⓘ4-88591-840-5　Ⓝ288.3　〔10406〕

◇商人の舞台―天下の台所・大坂　大阪市立博物館編　大阪　大阪市立博物館　1996.3　68p　30cm（展覧会目録 第130号）Ⓝ672.163
〔10407〕
◇日本の商人　2　上方商人の戦略　ティビーエス・ブリタニカ　1983.10　251p　20cm　1300円　Ⓝ672.1
〔10408〕
◇宮本又次著作集　第7巻　豪商と大阪　講談社　1978.1　547,18p　20cm　3800円　Ⓝ672.1　〔10409〕
◇宮本又次著作集　第8巻　大阪町人論　講談社　1977.4　558,14p　20cm　3800円　Ⓝ672.1　〔10410〕
◇宮本又次著作集　第9巻　大阪商人太平記　上　講談社　1977.7　534,15p　20cm　3800円　Ⓝ672.1　〔10411〕
◇宮本又次著作集　第10巻　大阪商人太平記　下　講談社　1978.4　474,14p　20cm　3800円　Ⓝ672.1　〔10412〕
◇淀屋考千夜一夜―なにわの豪商波瀾の三代記　新山通江著　たま出版　1985.7　222p　19cm　1200円　①4-88481-138-0　Ⓝ672.1　〔10413〕

◆◆◆伊勢商人
◇伊勢商人　嶋田謙次著　日野　伊勢商人研究会　1988.2　268p　20cm　2500円　Ⓝ672.1　〔10414〕
◇伊勢商人の世界―経済と文化　後藤隆之著　増補　津　三重県良書出版会　1992.1　277p　20cm　2000円　Ⓝ672.1
〔10415〕
◇幕末維新期伊勢商人の文化史的研究　上野利三著　多賀出版　2001.2　323p　22cm　8300円　①4-8115-5961-4　Ⓝ672.1
〔10416〕
◇松坂商人のすべて　1　江戸進出期の様相　大喜多甫文語り手　松阪　伊勢の国・松坂十楽　2005.2　56p　21cm　（十楽選よむゼミ no.11）Ⓝ672.156
〔10417〕
◇松坂商人のすべて　2　あるじの苦悩と奉公人の苦労　大喜多甫文語り手　松阪　伊勢の国・松坂十楽　2005.3　65p　22cm　（十楽選よむゼミ no.12）420円　Ⓝ672.156
〔10418〕
◇松坂商人のすべて　3　時代を彩った豪商たち　大喜多甫文語り手　松阪　伊勢の国・松坂十楽　2006.2　119p　21cm　（十楽選よむゼミ no.13）620円　Ⓝ672.156
〔10419〕

◆◆◆在郷商人
◇羽前米沢宮内・酒田屋文書資料　伊藤長太郎編　南陽　三四クラブ　1978.9　595p　27cm　Ⓝ672.1　〔10420〕
◇浦和宿二・七市場跡実態調査報告書―浦和市指定史跡　浦和市教育委員会編　浦和　浦和市教育委員会　1986.3　45p　26cm　Ⓝ672.134　〔10421〕
◇北九州の豪商たち　北九州市立歴史博物館編　北九州　北九州市立歴史博物館　1991.10　48p　26cm　Ⓝ672.1
〔10422〕
◇近世吾妻の商品流通―その史的考察　五十嵐富夫著　中之条町（群馬県）　西毛新聞社　1969　240p　19cm　600円　Ⓝ672.133　〔10423〕
◇近世在方市の構造　伊ામ好一著　隣人社　1967　231p　22cm　（日本史研究叢書 1）Ⓝ672.1　〔10424〕
◇近世在方商業の研究　安藤精一著　吉川弘文館　1958　423p　22cm　Ⓝ672.1　〔10425〕
◇近世名古屋商人の研究　林董一著　名古屋　名古屋大学出版会　1994.2　566p　22cm　10300円　①4-8158-0221-1　Ⓝ672.155　〔10426〕
◇近世の都市と在郷商人　豊田武編　巌南堂書店　1979.10　310p　22cm　4800円　Ⓝ672.1　〔10427〕

◇在払米流通と在郷商人の発展　美馬佑造著　枚方市史編さん室編　枚方　枚方市　1972.3　56p　21cm　（枚方市史研究紀要 第6号）
〔10428〕
◇薩摩の豪商たち　高向嘉昭著　鹿児島　春苑堂出版　1996.6　228p　19cm　（かごしま文庫 31）1500円　①4-915093-38-7　Ⓝ672.197　〔10429〕
◇日本の商人　4　飛翔する地方商人　ティビーエス・ブリタニカ　1983.11　245p　20cm　1300円　Ⓝ672.1
〔10430〕
◇博多商人―鴻臚館から現代まで　読売新聞西部本社編　福岡　海鳥社　2004.11　127p　21cm　1700円　①4-87415-494-8　〔10431〕
◇博多商人とその時代　武野要子著　福岡　葦書房　1990.7　198p　20cm　1825円　Ⓝ672.1　〔10432〕
◇博多町人―栄華と経営手腕　武野要子著　中央経済社　1992.6　216p　20cm　1900円　①4-502-61402-5　Ⓝ672.191
〔10433〕
◇幕末の特権商人と在郷商人　入交好脩著　創文社　1977.5　285p　22cm　3500円　Ⓝ672.1　〔10434〕

◆◆◆江戸しぐさ
◇今こそ江戸しぐさ―日本人の良さ再発見　第一歩　江戸の良さを見なおす会著　稜北出版　1986.11　240p　20cm　1200円　①4-947521-09-0　Ⓝ385.9　〔10435〕
◇絵解き江戸しぐさ―今日から身につく粋なマナー　和城伊勢著　金の星社　2007.9　156p　19cm　1000円　①978-4-323-07098-8　Ⓝ385.9　〔10436〕
◇江戸作法から学ぶ快適暮らしの知恵　村石利夫著　実業之日本社（発売）　2006.11　202p　19cm　1300円　①4-408-59273-0　Ⓝ210.5　〔10437〕
◇江戸しぐさ――一夜一話　和城伊勢著　新風舎　2004.4　133p　19cm　（Shinpu books）1100円　①4-7974-3886-X　Ⓝ210.5　〔10438〕
◇江戸しぐさから学ぼう　第1巻　まちかどの思いやり　秋山浩子文　伊藤まさあき絵　汐文社　2007.12　35p　21×22cm　1900円　①978-4-8113-8444-3　〔10439〕
◇「江戸しぐさ」完全理解―「思いやり」に、こんにちは　越川礼子,林田明大著　三五館　2006.12　222p　19cm　1300円　①4-88320-375-1　〔10440〕
◇江戸しぐさ講―浦島太郎からのおくりもの　江戸の良さを見なおす会著　新風舎　2005.9　126p　19cm　（Shinpu books）1100円　①4-7974-7321-5　Ⓝ210.5
〔10441〕
◇江戸しぐさと思いやり―平成18年度人権週間行事「講演と映画の集い」講演録　越川礼子述　練馬区総務部人権・男女共同参画課編　練馬区総務部人権・男女共同参画課　2007.8　34p　21cm　Ⓝ385.93　〔10442〕
◇江戸の繁盛しぐさ―こうして江戸っ子になった　越川礼子著　日本経済新聞社　1992.12　238p　20cm　1600円　①4-532-16077-4　Ⓝ385.9　〔10443〕
◇江戸の繁盛しぐさ―イキな暮らしの知恵袋　越川礼子著　日本経済新聞社　2006.8　244p　15cm　（日経ビジネス人文庫）667円　①4-532-19357-5　Ⓝ382.1　〔10444〕
◇暮らしうるおう江戸しぐさ　越川礼子著　朝日新聞社　2007.7　165p　18cm　900円　①978-4-02-250312-1　Ⓝ385.93　〔10445〕
◇ササッとわかるいろはかるたの「江戸しぐさ」　越川礼子著　講談社　2007.12　110p　18×13cm　（図解 大安心シリーズ）952円　①978-4-06-284712-4　〔10446〕
◇商人道「江戸しぐさ」の知恵袋　越川礼子著　講談社　2001.9　222p　18cm　（講談社＋α新書）800円

◇4-06-272091-4　Ⓝ385.93
〔10447〕
◇図説暮らしとしきたりが見えてくる江戸しぐさ—日本人なら忘れてはいけない「気づかい」「心づかい」　越川礼子監修　青春出版社　2007.7　95p　26cm　1000円　①978-4-413-00897-6　Ⓝ382.1361　〔10448〕
◇身につけよう！江戸しぐさ—イキで元気でカッコいい！出来るおとなの大切な心得　越川礼子著　ロングセラーズ　2004.10　177p　19cm　1200円　①4-8454-2054-6　Ⓝ385.93
〔10449〕
◇身につけよう！江戸しぐさ　越川礼子著　ロングセラーズ　2006.11　184p　18cm　905円　①4-8454-0775-2　Ⓝ385.93
〔10450〕

◆◆広告

◇江戸看板図譜　林美一著　三樹書房　1977.12　350p　20×27cm　22000円　Ⓝ672.1
〔10451〕
◇江戸時代広告図録　高橋直一編　宣伝文庫　1936　図版30丁　23cm　Ⓝ674
〔10452〕
◇江戸の看板—文字のメッセージ　企画展　栗東歴史民俗博物館編　栗東町（滋賀県）　栗東歴史民俗博物館　1993　39p　26cm　Ⓝ674.8
〔10453〕
◇江戸の看板展—庶民芸術の粋　東京新聞社編　東京新聞社　1962　1冊　22cm
〔10454〕
◇江戸のニューメディア—浮世絵情報と広告と遊び　高橋克彦著　角川書店　1992.3　155p　22cm　2900円　①4-04-851098-3　Ⓝ721.8
〔10455〕
◇大阪の引札・絵びら—江戸・明治のチラシ広告　南木コレクション　大阪引札研究会編　大阪　大阪城天守閣特別事業委員会　1992.3　156p　27cm　Ⓝ674.7　〔10456〕
◇大阪の引札・絵びら—江戸・明治のチラシ広告　南木コレクション　大阪引札研究会編　大阪　東方出版　1992.5　156p　27cm　6000円　①4-88591-298-9　Ⓝ674.7
〔10457〕
◇京都の引札—明治時代の広告　展示目録　向日　向日市立図書館　1992　1冊　26cm
〔10458〕
◇広告で見る江戸時代　中田節子著　林美一監修　角川書店　1999.3　205p　図版12枚　27cm　5900円　①4-04-883566-1　Ⓝ674.21
〔10459〕

社会史

◇足の向く儘　三田村鳶魚著　朝倉治彦編　中央公論社　1998.12　443p　16cm　（中公文庫—鳶魚江戸文庫28）762円　①4-12-203317-9　Ⓝ762
〔10460〕
◇新しい近世史　5　民衆世界と正統　岩田浩太郎編　新人物往来社　1996.2　437p　22cm　5900円　①4-404-02347-2　Ⓝ210.5
〔10461〕
◇維新前夜の江戸庶民　南和男著　東村山　教育社　1980.6　230p　18cm　（教育社歴史新書）600円　Ⓝ210.58
〔10462〕
◇維新農村社会史論　小野武夫著　刀江書院　1932　468,17p　22cm　Ⓝ612
〔10463〕
◇江戸宇宙　桐山桂一著　新人物往来社　2004.7　244p　20cm　2200円　①4-404-03196-3　Ⓝ210.5　〔10464〕
◇江戸時代制度の研究　上巻　松平太郎著　武家制度研究会　1919　1100p　22cm　Ⓝ322
〔10465〕
◇江戸時代制度の研究　下巻　松平太郎著　武家制度研究会　1919　22cm　Ⓝ322
〔10466〕
◇江戸時代の国家・法・社会　山本博文著　校倉書房　2004.8　383p　20cm　3800円　①4-7517-3550-0

Ⓝ210.5
〔10467〕
◇江戸社会史　呉文炳著　啓明社　1929　338p　22cm　Ⓝ210.5
〔10468〕
◇江戸人の老い　氏家幹人著　PHP研究所　2001.3　212p　18cm　（PHP新書）660円　①4-569-61477-9　Ⓝ210.5
〔10469〕
◇江戸にフランス革命を！　上　江戸という哲学　橋本治著　中央公論社　1994.9　185p　16cm　（中公文庫）460円　①4-12-202132-4　Ⓝ210.5
〔10470〕
◇江戸にフランス革命を！　中　江戸はなぜ難解か　橋本治著　中央公論社　1994.10　224p　16cm　（中公文庫）500円　①4-12-202159-6　Ⓝ210.5
〔10471〕
◇江戸にフランス革命を！　下　江戸のその後　橋本治著　中央公論社　1994.11　249p　16cm　（中公文庫）540円　①4-12-202177-4　Ⓝ210.5
〔10472〕
◇江戸の老い方　氏家幹人述　富山県民生涯学習カレッジ編　富山　富山県民生涯学習カレッジ　2001.2　61p　19cm　（県民カレッジ叢書　83）Ⓝ210.5　〔10473〕
◇江戸の幾何空間　野口武彦著　福村出版　1991.12　236p　20cm　2000円　①4-571-30033-6　Ⓝ210.5
〔10474〕
◇江戸の切口　高山宏編著　丸善　1994.6　273p　19cm　（丸善ブックス　1）1800円　①4-621-06001-5　Ⓝ210.5
〔10475〕
◇江戸の社会構造　南和男著　塙書房　1969　405p　19cm　（塙選書）950円　Ⓝ210.5
〔10476〕
◇江戸の社会構造　南和男著　塙書房　1969.7（3刷：1997.6）　405p　19cm　（塙選書）3800円　①4-8273-3067-0　Ⓝ210.5
〔10477〕
◇江戸の情報屋—幕末庶民史の側面　吉原健一郎著　日本放送出版協会　1978.12　228p　19cm　（NHKブックス　332）650円　Ⓝ210.57
〔10478〕
◇江戸の情報力—ウェブ化と知の流通　市村佑一著　講談社　2004.1　222p　19cm　（講談社選書メチエ　290）1500円　①4-06-258290-2　Ⓝ210.5　〔10479〕
◇江戸の真実　別冊宝島編集部編　宝島社　2000.3　365p　16cm　（宝島社文庫）648円　①4-7966-1740-X　Ⓝ210.5
〔10480〕
◇江戸の智恵・現代の壁—視覚障害者の社会貢献　大泉昭男著　近代文芸社　1995.4　110p　20cm　1200円　①4-7733-4180-7　Ⓝ369.27
〔10481〕
◇江戸の定年後—"ご隠居"に学ぶ現代人の知恵　中江克己著　光文社　1999.8　245p　16cm　（光文社文庫）457円　①4-334-72868-5　Ⓝ210.5
〔10482〕
◇江戸の民衆世界と近代化　小林信也著　山川出版社　2002.10　282,4p　22cm　（山川歴史モノグラフ　1）5000円　①4-634-52220-9　Ⓝ210.58
〔10483〕
◇江戸の民衆と社会　西山松之助先生古稀記念会編　吉川弘文館　1985.3　573p　22cm　8500円　①4-642-03142-1　Ⓝ210.5
〔10484〕
◇江戸はネットワーク　田中優子　平凡社　2008.1　355p　16cm　（平凡社ライブラリー）1300円　①978-4-582-76633-2
〔10485〕
◇江戸びとの情報活用術　中田節子著　教育出版　2005.8　196p　19cm　（江戸東京ライブラリー　24）1500円　①4-316-35930-4　Ⓝ210.5
〔10486〕
◇江戸民衆史　上　尾河直太郎著　京都　文理閣　1982.4　270p　20cm　1600円　①4-89259-051-7　Ⓝ210.5
〔10487〕
◇江戸民衆史　下　尾河直太郎著　京都　文理閣　1983.7　388p　20cm　1800円　①4-89259-062-2　Ⓝ210.5

◇鳶魚で江戸を読む―江戸学と近世史研究　山本博文著　中央公論新社　2000.9　235p　20cm　1600円　Ⓘ4-12-003047-4　Ⓝ210.5
〔10489〕
◇大江戸かくれ話事典　平田公著　叢文社　1999.3　264p　20cm　2000円　Ⓘ4-7947-0288-4　Ⓝ210.5
〔10490〕
◇大江戸人情舞台百一景　秋山忠弥著　市川　エピック　1998.4　230p　19cm　1800円　Ⓘ4-576-98076-9　Ⓝ210.5
〔10491〕
◇記録史料と日本近世社会　記録史料研究会編　千葉　千葉大学大学院社会文化科学研究科　2000.5　144p　30cm　(千葉大学大学院社会文化科学研究科研究プロジェクト報告書)Ⓝ210.5
〔10492〕
◇記録史料と日本近世社会　2　記録史料研究会編　千葉　千葉大学大学院社会文化科学研究科　2002.3　151p　30cm　(千葉大学大学院社会文化科学研究科プロジェクト研究成果報告書　第46集(2000-2001年度))Ⓝ210.5
〔10493〕
◇記録史料と日本近世社会―記録史料に関する総合的研究　3　記録史料研究会編　千葉　千葉大学大学院社会文化科学研究科　2004.3　207p　30cm　(千葉大学大学院社会文化科学研究科プロジェクト研究成果報告書　第97集(2002-2003年度))Ⓝ210.5
〔10494〕
◇記録史料と日本近世社会―記録史料に関する総合的研究　4　菅原憲二編　千葉　千葉大学大学院社会文化科学研究科　2006.3　73p　30cm　(千葉大学大学院社会文化科学研究科プロジェクト研究成果報告書　第136集(2004-2005年度))Ⓝ210.5
〔10495〕
◇近世・近代日本社会の展開と社会諸科学の現在―森田武教授退官記念論文集　森田武教授退官記念編　新泉社　2007.6　610p　21cm　6000円　Ⓘ978-4-7877-0706-2
〔10496〕
◇近世近代の社会と民衆　有元正雄先生退官記念論文集刊行会編　大阪　清文堂出版　1993.3　570p　22cm　Ⓘ4-7924-0384-7　Ⓝ210.5
〔10497〕
◇近世近代の地域社会と文化　頼祺一先生退官記念論集刊行会編　大阪　清文堂出版　2004.3　622p　21cm　13500円　Ⓘ4-7924-0551-3
〔10498〕
◇近世史の研究　第3冊　文化論.生活論.学問論.史学論　伊東多三郎著　吉川弘文館　1983.6　494p　22cm　7800円　Ⓝ210.5
〔10499〕
◇近世社会　薮田貫,深谷克己編　東京堂出版　2004.10　439p　21cm　(展望　日本歴史　15)5000円　Ⓘ4-490-30565-6
〔10500〕
◇近世社会史　住谷亮一著　三笠書房　1936　345p　17cm　(唯物論全書　第34)Ⓝ332
〔10501〕
◇近世社会史　住谷悦治著　三笠書房　1941　274p　16cm　(現代学芸全書　52)Ⓝ362
〔10502〕
◇近世社会の成立と崩壊　大阪歴史学会編　吉川弘文館　1976　379p　22cm　6000円　Ⓝ210.5
〔10503〕
◇近世社会福祉史料―秋田感恩講文書　青木美智男監修　庄司拓也校訂　校倉書房　2000.2　150p　22cm　7000円　Ⓘ4-7517-3040-1　Ⓝ369.02124
〔10504〕
◇近世社会論　歴史学研究会,日本史研究会編　東京大学出版会　2005.2　331p　19cm　(日本史講座　第6巻)2200円　Ⓘ4-13-025106-6　Ⓝ210.5
〔10505〕
◇近世障害者関係史料集成　生瀬克己編　明石書房　1996.9　806p　22cm　18540円　Ⓘ4-7503-0850-1　Ⓝ210.5
〔10506〕
◇近世生活史年表　遠藤元男著　雄山閣出版　1982.1　348,63p　図版16枚　22cm　4800円　Ⓘ4-639-00122-3　Ⓝ210.5
〔10507〕

◇近世生活史年表　遠藤元男著　雄山閣出版　1989.2　348,63p　21cm　5800円　Ⓘ4-639-00799-X　Ⓝ210.5
〔10508〕
◇近世知識人社会の研究　芳賀登著　教育出版センター　1985.4　907p　23cm　(史学選書　2)18000円　Ⓝ210.5
〔10509〕
◇近世における地域支配と文化　北原進編　大河書房　2003.11　430p　22cm　6600円　Ⓘ4-902417-01-4　Ⓝ210.5
〔10510〕
◇近世日本社会史研究　羽鳥卓也著　未來社　1954　256p　22cm　Ⓝ332.1
〔10511〕
◇近世日本の障害者と民衆　生瀬克己著　三一書房　1989.7　178p　22cm　2500円　Ⓘ4-380-89233-6　Ⓝ210.5
〔10512〕
◇近世日本の文化と社会　大石慎三郎編　雄山閣出版　1995.9　334p　22cm　10300円　Ⓘ4-639-01315-9　Ⓝ210.5
〔10513〕
◇近世日本の民衆文化と政治　渡辺信夫編　河出書房新社　1992.4　426p　22cm　9800円　Ⓘ4-309-22217-X　Ⓝ210.5
〔10514〕
◇近世の国体論　河野省三著　日本文化協会出版部　1937　68p　26cm　(国民精神文化研究　第4年　第5冊)Ⓝ155
〔10515〕
◇近世の社会集団―由緒と言説　久留島浩,吉田伸之編　山川出版社　1995.11　342p　22cm　5300円　Ⓘ4-634-61680-7　Ⓝ210.5
〔10516〕
◇近世の社会的権力―権威とヘゲモニー　久留島浩,吉田伸之編　山川出版社　1996.10　292p　22cm　4900円　Ⓘ4-634-61070-1　Ⓝ210.5
〔10517〕
◇近世封建社会の研究　井上準之助著　名著出版　1993.3　364p　22cm　6500円　Ⓘ4-626-01478-X　Ⓝ210.5
〔10518〕
◇近世民衆史の再構成　佐々木潤之介著　校倉書房　1984.1　224p　20cm　2300円　Ⓝ210.5
〔10519〕
◇近世和歌研究書要集　第2巻　中沢伸弘,宮崎和広,鈴木亮編・解題　クレス出版　2005.11　727,4p　22cm　Ⓘ4-87733-301-0　Ⓝ911.15
〔10520〕
◇近代日本社会成立史　加田哲二著　文元社　1949　356p　22cm　Ⓝ210.5
〔10521〕
◇近代日本文化の誕生　海老沢有道著　日本YMCA同盟　1956　154p　18cm　(キリスト教教養新書)Ⓝ210.5
〔10522〕
◇コスモロジーの「近世」　岩波書店　2001.12　310p　22cm　(岩波講座近代日本の文化史　2)3200円　Ⓘ4-00-011072-1　Ⓝ210.5
〔10523〕
◇サムライの知恵・現代の知性　芳賀登著　山手書房　1977.7　270p　19cm　900円　Ⓝ210.5
〔10524〕
◇資本主義と他者　荻野昌弘著　西宮　関西学院大学出版会　1998.5　238p　20cm　2800円　Ⓘ4-907654-01-4　Ⓝ362.1
〔10525〕
◇しらけの系譜　邦光史郎編著　六興出版　1977.1　241p　20cm　1200円　Ⓝ210.5
〔10526〕
◇知られざる日本　第2集　国際経済交流財団　2001.3　32p　27cm　(Journal of Japanese trade & industry special edition)非売品　Ⓝ302.1
〔10527〕
◇新日本史選書　第10　近世生活史　中村孝也著　春日書院　1958　22cm　Ⓝ210.08
〔10528〕
◇すべては江戸時代に花咲いた―ニッポン型生活世界の源流　農山漁村文化協会　1996.2　256p　21cm　(現代農業増刊)Ⓝ210.5
〔10529〕
◇摺物総合編年目録―第二稿　東京大学史料編纂所附属画

◇像史料解析センター編　東京大学史料編纂所　2000.7　245p　30cm　①4-907671-03-2　Ⓝ070.21　〔10530〕

◇摺物総合編年目録（稿）　東京大学史料編纂所附属画像史料解析センター編　東京大学史料編纂所　1998.3　186p　30cm　①4-907671-01-6　Ⓝ070.21　〔10531〕

◇世界システム論で読む日本　山下範久著　講談社　2003.4　260p　19cm　（講談社選書メチエ　266）1600円　①4-06-258266-X　Ⓝ210.5　〔10532〕

◇世事見聞録　武陽隠士著　本庄栄治郎校訂　新装版　青蛙房　2001.9　324p　22cm　3500円　①4-7905-0114-0　Ⓝ210.55　〔10533〕

◇体系日本史叢書　9　社会史　2　安藤良雄ほか編集　中村吉治編　第2版　山川出版社　1982.9　466,41p　22cm　2500円　Ⓝ210.08　〔10534〕

◇大地を拓く人びと　後藤雅知編　吉川弘文館　2006.12　231p　20cm　（身分的周縁と近世社会　1）3000円　①4-642-06557-1　Ⓝ210.5　〔10535〕

◇知識と学問をになう人びと　横田冬彦編　吉川弘文館　2007.4　239p　20cm　（身分的周縁と近世社会　5）3000円　①978-4-642-06561-0　Ⓝ210.5　〔10536〕

◇徳川時代の社会史　大口勇次郎著　吉川弘文館　2001.5　209p　20cm　2300円　①4-642-07774-X　Ⓝ210.5　〔10537〕

◇徳川時代の遊民論　守本順一郎著　未來社　1985.4　251p　21cm　2800円　Ⓝ210.5　〔10538〕

◇徳川時代の遊民論　守本順一郎著　復刊　未來社　2001.9　251p　21cm　3200円　①4-624-30049-1　Ⓝ210.5　〔10539〕

◇徳川社会からの展望─発展・構造・国際関係　速水融ほか編　同文館出版　1989.6　362p　23cm　4120円　①4-495-42301-0　Ⓝ210.5　〔10540〕

◇徳川社会と近代化　ジョン・W.ホール,マリウス・B.ジャンセン編,宮本又次,新保博監訳　京都　ミネルヴァ書房　1973　331p　22cm　1800円　Ⓝ210.5　〔10541〕

◇鳶魚で江戸を読む─江戸学と近世史研究　山本博文著　中央公論新社　2005.10　252p　15cm　（中公文庫）648円　①4-12-204599-1　〔10542〕

◇名もなき俺達の詩─幕藩体制下の民衆　半谷二郎著　新人物往来社　1974　226p　20cm　980円　Ⓝ121.02　〔10543〕

◇日本近世雇用労働史の研究　森下徹著　東京大学出版会　1995.7　285,7p　22cm　7004円　①4-13-026063-4　Ⓝ210.5　〔10544〕

◇日本近世社会史の研究　尾池義雄著　中西書房　1928　210p　20cm　Ⓝ210.5　〔10545〕

◇日本近世社会の形成と変容の諸相　青木美智男編　ゆまに書房　2007.3　318p　21cm　3200円　①978-4-8433-2354-0　Ⓝ210.5　〔10546〕

◇日本近世の政治と社会─豊田武博士古稀記念　豊田武先生古稀記念会編　吉川弘文館　1980.6　538p　22cm　7500円　Ⓝ210.5　〔10547〕

◇日本近世の地域社会と海域　安池尋幸著　巌南堂書店　1994.3　296p　22cm　6800円　①4-7626-0231-0　Ⓝ291.37　〔10548〕

◇日本近世の地域社会論　丸山雍成編　文献出版　1998.11　477p　22cm　11000円　①4-8305-1211-3　Ⓝ210.5　〔10549〕

◇日本社会の史的構造　近世・近代　朝尾直弘教授退官記念会編　京都　思文閣出版　1995.4　570p　22cm　13802円　①4-7842-0871-2　Ⓝ210.04　〔10550〕

◇幕末維新の民衆世界　佐藤誠朗著　岩波書店　1994.4　242,4p　18cm　（岩波新書）620円　①4-00-430333-8　Ⓝ210.58　〔10551〕

◇幕末江戸社会の研究　南和男著　吉川弘文館　1978.10　402,6p　22cm　6500円　Ⓝ210.58　〔10552〕

◇幕末社会の研究　津田秀夫著　柏書房　1978.1　321p　22cm　3800円　Ⓝ210.58　〔10553〕

◇幕末社会の展開　佐々木潤之介著　岩波書店　1993.9　454,11p　22cm　9800円　①4-00-001876-0　Ⓝ210.58　〔10554〕

◇幕末の社会史─徳川幕藩制と庶民　工藤恭吉著　紀伊國屋書店　1980.4　215p　20cm　1400円　Ⓝ332.1　〔10555〕

◇幕末の社会史　徳川幕藩制と庶民　工藤恭吉著　紀伊國屋書店　1965　215p　18cm　（紀伊国屋新書）Ⓝ332.1　〔10556〕

◇幕末民衆の情報世界─風説留が語るもの　落合延孝著　有志舎　2006.9　215p　20cm　2500円　①4-903426-04-1　Ⓝ210.58　〔10557〕

◇原田伴彦著作集　5　近世社会史　京都　思文閣出版　1981.11　406p　20cm　2900円　Ⓝ210.1　〔10558〕

◇藩社会の研究　宮本又次編　京都　ミネルヴァ書房　1960　640p　22cm　Ⓝ332.1　〔10559〕

◇藩社会の研究　宮本又次編　京都　ミネルヴァ書房　1972　640p　22cm　6000円　Ⓝ332.1　〔10560〕

◇ビジネスに活かす江戸の知恵　芳賀登著　教育出版センター　1984.3　193p　19cm　（サンシャインカルチャー）980円　Ⓝ210.5　〔10561〕

◇福島県の近世からの救済史　遠藤久江,菊池義昭著　会津若松　会津大学短期大学部遠藤研究室　1994.3　98p　26cm　Ⓝ369.02126　〔10562〕

◇武家時代の社会と精神　藤直幹著　大阪　創元社　1967　586p　22cm　Ⓝ210.04　〔10563〕

◇文明としての江戸システム　鬼頭宏著　講談社　2002.6　338p　20cm　（日本の歴史　第19巻）2200円　①4-06-268919-7　Ⓝ210.5　〔10564〕

◇文明としての徳川日本　芳賀徹著　中央公論社　1993.10　614p　20cm　（叢書比較文学比較文化　1）5300円　①4-12-002254-4　Ⓝ210.5　〔10565〕

◇身分的周縁と社会=文化構造　吉田伸之著　京都　部落問題研究所　2003.11　466,11p　21cm　10000円　①4-8298-2065-9　〔10566〕

◇『夜明け前』の世界─「大黒屋日記」を読む　高木俊輔著　国文学研究資料館編　平凡社　1998.10　173p　19cm　（セミナー「原典を読む」11）2000円　①4-582-36431-4　〔10567〕

◆封建制度

◇改訂増補　近世封建社会史論　奈良本辰也著　要書房　1952　277p　22cm　Ⓝ210.5　〔10568〕

◇京大日本史　第4巻　封建社会の成熟〔ほか〕　藤直幹等　大阪　創元社　1951-1953　22cm　Ⓝ210.1　〔10569〕

◇近世封建支配と民衆社会─和歌森太郎先生還暦記念　和歌森太郎先生還暦記念論文集編集委員会編　弘文堂　1975　570p　22cm　Ⓝ210.5　〔10570〕

◇近世封建社会史論　奈良本辰也著　京都　高桐書院　1948　229p　22cm　（現代歴史学論叢　第3）Ⓝ210.5　〔10571〕

◇近世封建社会の基礎構造─畿内における幕藩体制　朝尾直弘著　御茶の水書房　1967　354p　22cm　Ⓝ210.5　〔10572〕

◇近世封建社会の基礎構造─畿内における幕藩体制　朝尾

社会史　　　　　　　　　近世史

直弘著　御茶の水書房　1978.4　354,13p　22cm　4000円　Ⓝ210.5　〔10573〕

◇近世封建社会の研究　本庄栄治郎著　改造社　1928.4　315,12p　19cm　Ⓝ210.5　〔10574〕

◇近世封建社会の構造―日本絶対主義形成の基礎過程　藤田五郎,羽鳥卓也共著　お茶の水書房　1951　352p　表　22cm　Ⓝ332.1　〔10575〕

◇新日本史講座　　第5　封建時代後期〔ほか〕　中村吉治　中央公論社　1947-1953　21cm　Ⓝ210.08　〔10576〕

◇新日本歴史　第4巻　後期封建時代　新日本歴史学会編　再版　1948-1949　22cm　Ⓝ210.1　〔10577〕

◇永田広志日本思想史研究　第2巻　日本封建制イデオロギー　永田広志著　法政大学出版局　1968　320p　22cm　Ⓝ121.02　〔10578〕

◇日本通史　2　封建制の再編と日本的社会の確立―近世　水林彪著　山川出版社　1987.5　476,16pp　24cm　3800円　Ⓘ4-634-30020-6　Ⓝ210.1　〔10579〕

◇日本の歴史　第9巻　ゆらぐ封建制　岡田章雄,豊田武,和歌森太郎編　読売新聞社　1959　315p　図版　地　23cm　Ⓝ210.1　〔10580〕

◇日本の歴史　第9　ゆらぐ封建制　岡田章雄,豊田武,和歌森太郎編　読売新聞社　1963　18cm　Ⓝ210.1　〔10581〕

◇日本の歴史　第9　ゆらぐ封建制　岡田章雄,豊田武,和歌森太郎編　読売新聞社　1968　288p　図版　地　18cm　Ⓝ210.1　〔10582〕

◇日本の歴史　9　ゆらぐ封建制　編集委員・執筆者代表：岡田章雄,豊田武,和歌森太郎　読売新聞社　1973　288p　図　地　19cm　550円　Ⓝ210.1　〔10583〕

◇日本封建社会研究史　続　木村礎等著　文雅堂銀行研究社　1972　305,79p　22cm　1800円　Ⓝ210.4　〔10584〕

◇日本封建社会史　蔵並省自著　京都　三和書房　1954　214p　22cm　Ⓝ210.13　〔10585〕

◇日本封建社会論　永原慶二著　東京大学出版会　1955　318p　18cm　（東大学術叢書）Ⓝ210.4　〔10586〕

◇日本封建制イデオロギー　永田広志著　白揚社　1947　436p　21cm　130円　Ⓝ121　〔10587〕

◇日本封建制成立の研究　竹内理三著　吉川弘文館　1955　348p　22cm　Ⓝ210.4　〔10588〕

◇日本封建制度史　伊東多三郎著　大八洲出版株式会社　1948　338p　18cm　（大八洲史書）Ⓝa210　〔10589〕

◇日本封建制と幕藩体制　藤野保著　塙書房　1983.6　494,20p　22cm　7000円　Ⓝ210.5　〔10590〕

◇母のための　日本歴史　第3　封建制の確立から崩壊まで　和歌森太郎著　中央公論社　1960　253p　18cm　Ⓝ210.1　〔10591〕

◇藤田五郎著作集　第3巻　近世封建社会の構造―日本絶対主義形成の基礎過程　御茶の水書房　1970　333p　図版　表　22cm　1500円　Ⓝ332.1　〔10592〕

◇封建経済政策の展開と市場構造　津田秀夫著　御茶の水書房　1961　467p　表　22cm　Ⓝ332.1　〔10593〕

◇封建社会解体過程研究序説　津田秀夫著　塙書房　1970　308p　22cm　1900円　Ⓝ210.55　〔10594〕

◇封建社会成立史論　服部謙太郎著　日本評論新社　1958　159p　22cm　Ⓝ332.1　〔10595〕

◇封建社会と近代―津田秀夫先生古稀記念　津田秀夫先生古稀記念会編　吹田　〔津田秀夫先生古稀記念会〕　1989.3　31,970p　22cm　18000円　Ⓝ210.5　〔10596〕

◇封建社会の構造とその崩壊過程　入交好脩著,早稲田大学経済史学会編　平沼博士記念日本経済史研究室　1961.4　107p　21cm　Ⓝ332.1　〔10597〕

◇封建社会崩壊過程の研究　土屋喬雄著　象山社　1981.10　729p　22cm　13000円　Ⓝ332.105　〔10598〕

◇名誉と恥辱―日本の封建社会意識　桜井庄太郎著　法政大学出版局　1971　353p　19cm　（教養選書 2）750円　Ⓝ121.02　〔10599〕

◇歴史科学大系　第6巻　日本封建制の社会と国家　下　歴史科学協議会編　佐々木潤之助編集・解説　校倉書房　1975.2　408p　22cm　3000円　Ⓝ210.08　〔10600〕

◇歴史科学大系　第7巻　日本における封建制から資本制へ　上　歴史科学協議会　編集・解説：中村哲　校倉書房　1975　322p　22cm　2500円　Ⓝ210.08　〔10601〕

◇歴史科学大系　第8巻　日本における封建制から資本制へ　下　歴史科学協議会編　編集・解説：池田敬正　校倉書房　1975　301p　22cm　2500円　Ⓝ210.08　〔10602〕

◆◆士農工商

◇絵で読む日本の歴史　4　士農工商の世―安土・桃山～江戸　加藤文三,斎藤純編,石井勉絵　大月書店　1990.2　47p　22×27cm　1650円　Ⓘ4-272-50084-8　〔10603〕

◇近世身分論　峯岸賢太郎著　校倉書房　1989.6　232p　20cm　2575円　Ⓘ4-7517-1960-2　Ⓝ210.5　〔10604〕

◇士農工商―幕藩制下の四民の生活　清水勝太郎著　評論社　1969　239p　18cm　（若い世代と語る日本の歴史 18）290円　Ⓝ210.5　〔10605〕

◇士農工商―儒教思想と官僚支配　植松忠博著　同文館出版　1997.3　340p　20cm　2575円　Ⓘ4-495-86331-2　Ⓝ210.5　〔10606〕

◇支配をささえる人々　久留島浩編　吉川弘文館　2000.10　258p　20cm　（シリーズ近世の身分的周縁 5）2800円　Ⓘ4-642-06555-5　Ⓝ210.5　〔10607〕

◇周縁文化と身分制　脇田晴子,マーチン・コルカット,平雅行共編　京都　思文閣出版　2005.3　345p　22cm　5500円　Ⓘ4-7842-1231-0　Ⓝ210.4　〔10608〕

◇大系日本の歴史　9　士農工商の世　永原慶二ほか編集　深谷克己著　小学館　1988.10　358p　21cm　1800円　Ⓘ4-09-622009-4　Ⓝ210.1　〔10609〕

◇大系日本の歴史　9　士農工商の世　永原慶二ほか編　深谷克己著　小学館　1993.4　457p　16cm　（小学館ライブラリー）980円　Ⓘ4-09-461009-X　Ⓝ210.1　〔10610〕

◇日本の歴史　第8巻　士・農・工・商　岡田章雄,豊田武,和歌森太郎編　読売新聞社　1959　314p　23cm　Ⓝ210.1　〔10611〕

◇日本の歴史　第8　士・農・工・商　岡田章雄,豊田武,和歌森太郎編　読売新聞社　1963　18cm　Ⓝ210.1　〔10612〕

◇日本の歴史　第8　士・農・工・商　岡田章雄,豊田武,和歌森太郎編　読売新聞社　1968　19cm　Ⓝ210.1　〔10613〕

◇日本の歴史　8　士・農・工・商　編集委員・執筆者代表：岡田章雄,豊田武,和歌森太郎　読売新聞社　1973　288p　図　地　19cm　550円　Ⓝ210.1　〔10614〕

◇身分を問い直す　久留島浩ほか編　吉川弘文館　2000.11　216p　20cm　（シリーズ近世の身分的周縁 6）2500円　Ⓘ4-642-06556-3　Ⓝ210.5　〔10615〕

◇身分制社会論　朝尾直弘著　岩波書店　2004.2　349,11p　22cm　（朝尾直弘著作集　第7巻）9000円　Ⓘ4-00-092617-9　Ⓝ210.5　〔10616〕

◇身分的周縁と社会=文化構造　吉田伸之著　京都　部落問題研究所　2003.11　466,11p　22cm　10000円　Ⓘ4-8298-2065-9　Ⓝ210.5
〔10617〕
◇身分論から歴史学を考える　塚田孝著　校倉書房　2000.4　324p　22cm　3800円　Ⓘ4-7517-3050-9　Ⓝ210.5
〔10618〕
◇明治維新と近世身分制の解体　横山百合子著　山川出版社　2005.11　333,9p　22cm　（山川歴史モノグラフ8）5500円　Ⓘ4-634-52342-6　Ⓝ210.61
〔10619〕

◆人口史
◇江戸の農民生活史—宗門改帳にみる濃尾の一農村　速水融著　日本放送出版協会　1988.7　211p　19cm　（NHKブックス 555）750円　Ⓘ4-14-001555-1　Ⓝ334.3153
〔10620〕
◇近世京都の歴史人口学的研究—都市町人の社会構造を読む　浜野潔著　慶應義塾大学出版会　2007.8　265p　21cm　3800円　Ⓘ978-4-7664-1401-1
〔10621〕
◇近世人口問題史料　本庄栄治郎編　京都　経済史研究会　清文堂出版（発売）　1971　183p　22cm　（経済史研究会叢刊　第4冊）2500円　Ⓝ334.31
〔10622〕
◇近世日本マビキ慣行史料集成　太田素子編　刀水書房　1997.6　793p　22cm　16000円　Ⓘ4-88708-209-6　Ⓝ385
〔10623〕
◇近世農村の歴史人口学的研究—信州諏訪地方の宗門改帳分析　速水融著　東洋経済新報社　1973　232p　27cm　4500円　Ⓝ334.3152
〔10624〕
◇前工業化期日本の経済と人口　S.B.ハンレー,K.ヤマムラ著,速水融,穐本洋哉訳　京都　ミネルヴァ書房　1982.12　320p　22cm　2500円　Ⓝ332.105
〔10625〕
◇堕胎間引の研究　高橋梵仙著　第一書房　1981.4　286p　22cm　4000円　Ⓝ322.15
〔10626〕
◇徳川日本のライフコース—歴史人口学との対話　落合恵美子編著　京都　ミネルヴァ書房　2006.3　448,5p　22cm　5500円　Ⓘ4-623-04616-8　Ⓝ361.63
〔10627〕
◇都市と農村の歴史人口学—宗門改帳からみた近世の町と村　立命館大学高木ゼミ著　京都　産業社会学部高木研究室　1988.3　246p　26cm　Ⓝ334.2
〔10628〕
◇日本人口史之研究　第3　近世諸藩の人口と人口増加政策-特に盛岡・仙台両藩の人口と石高に関聯して、米生産高と人口収容力についての若干の研究-,盛岡藩人口統計資料,　高橋梵仙著　日本学術振興会　1962　402p　表　22cm　Ⓝ334.31
〔10629〕
◇飛騨O寺院過去帳の研究　須田圭三著　国府町（岐阜県）　生仁会須田病院　1973　461,116p　26cm　非売品　Ⓝ358.153
〔10630〕
◇飛騨O寺院過去帳の研究　第2部　基礎資料　須田圭三著　国府町（岐阜県）　生仁会須田病院　1987.7　461p　26cm　Ⓝ358.153
〔10631〕

◆女性史
◇会津藩の女たち—武家社会を生きた十人の女性像　柴桂子著　恒文社　1994.7　307p　19cm　2500円　Ⓘ4-7704-0801-3
〔10632〕
◇ある若き儒者の書状—女性史の視点でよむ　堀庄次郎,堀金之丞著　鳥取近世女性史研究会編　鳥取　鳥取近世女性史研究会　1994.4　193p　21cm　Ⓝ289.1
〔10633〕
◇産む性・遊ぶ性・女という性—江戸を生きぬいた女たち　大阪人権歴史資料館編　大阪　大阪人権歴史資料館　1993.5　82p　26cm　Ⓝ367.21
〔10634〕
◇「言葉」を手にした市井の女たち—俳諧にみる女性史　別所真紀子著　オリジン出版センター　1993.3　251p　20cm　2060円　Ⓘ4-7564-0169-4　Ⓝ911.302
〔10635〕
◇絵で見る江戸の女たち　原田伴彦,遠藤武,百瀬明治著　柏書房　2006.11　170,9p　22cm　2200円　Ⓘ4-7601-3044-6　Ⓝ384.6
〔10636〕
◇江戸女の色と恋—若衆好み　田中優子,白倉敬彦著　学習研究社　2002　135p　22cm　（Gakken graphic books 16）1800円　Ⓘ4-05-401844-0　Ⓝ384.7
〔10637〕
◇江戸女百花譜　女の研究・江戸編　田井友季子著　櫂書房　1978.10　251p　19cm　（Kai books）780円　Ⓝ281.09
〔10638〕
◇江戸後期の女性たち　関民子著　亜紀書房　1980.7　260p　19cm　1500円　Ⓝ367.21
〔10639〕
◇江戸小咄女百態　興津要著　筑摩書房　2008.1　300p　15cm　（ちくま文庫）700円　Ⓘ978-4-480-42409-9
〔10640〕
◇江戸時代女性生活絵図大事典　第1巻　江戸前期の女子用往来　大空社　1993.5　303p　27cm　Ⓘ4-87236-283-7　Ⓝ367.21
〔10641〕
◇江戸時代女性生活絵図大事典　第2巻　教訓・行儀作法　大空社　1993.5　328p　27cm　Ⓘ4-87236-283-7　Ⓝ367.21
〔10642〕
◇江戸時代女性生活絵図大事典　第3巻　家庭・社会　大空社　1993.5　306p　27cm　Ⓘ4-87236-283-7　Ⓝ367.21
〔10643〕
◇江戸時代女性生活絵図大事典　第4巻　学問・家事・諸芸　大空社　1993.5　341p　27cm　Ⓘ4-87236-283-7　Ⓝ367.21
〔10644〕
◇江戸時代女性生活絵図大事典　第5巻　四季・動植物・名所　大空社　1993.5　294p　27cm　Ⓘ4-87236-283-7　Ⓝ367.21
〔10645〕
◇江戸時代女性生活絵図大事典　第6巻　化粧・養生・占い　大空社　1994.6　387p　27cm　Ⓘ4-87236-284-5　Ⓝ367.21
〔10646〕
◇江戸時代女性生活絵図大事典　第7巻　通過儀礼・年中行事　大空社　1994.6　404p　27cm　Ⓘ4-87236-284-5　Ⓝ367.21
〔10647〕
◇江戸時代女性生活絵図大事典　第8巻　和歌・古典文学　大空社　1994.6　338p　27cm　Ⓘ4-87236-284-5　Ⓝ367.21
〔10648〕
◇江戸時代女性生活絵図大事典　第9巻　伝記・信仰—ほか　大空社　1994.6　385p　27cm　Ⓘ4-87236-284-5　Ⓝ367.21
〔10649〕
◇江戸時代女性生活研究　大空社　1994.6　1冊　27cm　25000円　Ⓘ4-87236-913-0　Ⓝ367.21
〔10650〕
◇江戸時代女性文庫　1　大空社　1994.5　1冊　22cm　10000円　Ⓘ4-87236-948-3　Ⓝ210.5
〔10651〕
◇江戸時代女性文庫　補遺1　小泉吉永編　大空社　1999.12　428p　22cm　13000円　Ⓘ4-7568-0961-8　Ⓝ210.5
〔10652〕
◇江戸時代女性文庫　2　大空社　1994.5　1冊　22cm　11000円　Ⓘ4-87236-949-1　Ⓝ210.5
〔10653〕
◇江戸時代女性文庫　補遺2　小泉吉永編　大空社　1999.12　476p　22cm　14000円　Ⓘ4-7568-0962-6　Ⓝ210.5
〔10654〕
◇江戸時代女性文庫　3　大空社　1994.5　1冊　22cm　11000円　Ⓘ4-87236-950-5　Ⓝ210.5
〔10655〕
◇江戸時代女性文庫　補遺3　小泉吉永編　大空社　1999.12　376p　22cm　11000円　Ⓘ4-7568-0963-4　Ⓝ210.5
〔10656〕

◇江戸時代女性文庫　4　大空社　1994.5　1冊　22cm　11000円　Ⓘ4-87236-951-3　Ⓝ210.5　〔10657〕

◇江戸時代女性文庫　補遺4　小泉吉永編　大空社　1999.12　434p　22cm　13000円　Ⓘ4-7568-0964-2　Ⓝ210.5　〔10658〕

◇江戸時代女性文庫　5　大空社　1994.5　1冊　22cm　11000円　Ⓘ4-87236-952-1　Ⓝ210.5　〔10659〕

◇江戸時代女性文庫　補遺5　小泉吉永編　大空社　1999.12　424p　22cm　13000円　Ⓘ4-7568-0965-0　Ⓝ210.5　〔10660〕

◇江戸時代女性文庫　6　大空社　1994.5　1冊　22cm　10000円　Ⓘ4-87236-953-X　Ⓝ210.5　〔10661〕

◇江戸時代女性文庫　補遺6　小泉吉永編　大空社　1999.12　428p　22cm　13000円　Ⓘ4-7568-0966-9　Ⓝ210.5　〔10662〕

◇江戸時代女性文庫　7　大空社　1994.5　1冊　22cm　10000円　Ⓘ4-87236-954-8　Ⓝ210.5　〔10663〕

◇江戸時代女性文庫　補遺7　小泉吉永編　大空社　2000.10　460p　22cm　14000円　Ⓘ4-7568-0967-7　Ⓝ210.5　〔10664〕

◇江戸時代女性文庫　8　大空社　1994.5　1冊　22cm　11000円　Ⓘ4-87236-955-6　Ⓝ210.5　〔10665〕

◇江戸時代女性文庫　補遺8　小泉吉永編　大空社　2000.10　484p　22cm　15000円　Ⓘ4-7568-0968-5　Ⓝ210.5　〔10666〕

◇江戸時代女性文庫　9　大空社　1994.5　1冊　22cm　10000円　Ⓘ4-87236-956-4　Ⓝ210.5　〔10667〕

◇江戸時代女性文庫　補遺9　小泉吉永編　大空社　2000.10　420p　22cm　13000円　Ⓘ4-7568-0969-3　Ⓝ210.5　〔10668〕

◇江戸時代女性文庫　10　大空社　1994.5　1冊　22cm　11000円　Ⓘ4-87236-957-2　Ⓝ210.5　〔10669〕

◇江戸時代女性文庫　補遺10　小泉吉永編　大空社　2000.10　442p　22cm　14000円　Ⓘ4-7568-0970-7　Ⓝ210.5　〔10670〕

◇江戸時代女性文庫　11　大空社　1994.11　1冊　22cm　10000円　Ⓘ4-87236-958-0　Ⓝ210.5　〔10671〕

◇江戸時代女性文庫　補遺11　小泉吉永編　大空社　2000.10　426p　22cm　13000円　Ⓘ4-7568-0971-5　Ⓝ210.5　〔10672〕

◇江戸時代女性文庫　12　大空社　1994.11　1冊　22cm　10000円　Ⓘ4-87236-959-9　Ⓝ210.5　〔10673〕

◇江戸時代女性文庫　補遺12　小泉吉永編　大空社　2000.10　428p　22cm　13000円　Ⓘ4-7568-0972-3　Ⓝ210.5　〔10674〕

◇江戸時代女性文庫　13　大空社　1994.11　1冊　22cm　11000円　Ⓘ4-87236-960-2　Ⓝ210.5　〔10675〕

◇江戸時代女性文庫　14　大空社　1994.11　1冊　22cm　10000円　Ⓘ4-87236-961-0　Ⓝ210.5　〔10676〕

◇江戸時代女性文庫　15　大空社　1994.11　1冊　22cm　12000円　Ⓘ4-87236-962-9　Ⓝ210.5　〔10677〕

◇江戸時代女性文庫　16　大空社　1994.11　1冊　22cm　15000円　Ⓘ4-87236-963-7　Ⓝ210.5　〔10678〕

◇江戸時代女性文庫　17　大空社　1994.11　1冊　22cm　14000円　Ⓘ4-87236-964-5　Ⓝ210.5　〔10679〕

◇江戸時代女性文庫　18　大空社　1994.11　1冊　22cm　11000円　Ⓘ4-87236-965-3　Ⓝ210.5　〔10680〕

◇江戸時代女性文庫　19　大空社　1994.11　1冊　22cm　11000円　Ⓘ4-87236-966-1　Ⓝ210.5　〔10681〕

◇江戸時代女性文庫　20　大空社　1994.11　1冊　22cm　11000円　Ⓘ4-87236-967-X　Ⓝ210.5　〔10682〕

◇江戸時代女性文庫　21　大空社　1995.5　1冊　22cm　11000円　Ⓘ4-87236-968-8　Ⓝ210.5　〔10683〕

◇江戸時代女性文庫　22　大空社　1995.5　1冊　22cm　14000円　Ⓘ4-87236-969-6　Ⓝ210.5　〔10684〕

◇江戸時代女性文庫　23　大空社　1995.5　1冊　22cm　11000円　Ⓘ4-87236-970-X　Ⓝ210.5　〔10685〕

◇江戸時代女性文庫　24　大空社　1995.5　1冊　22cm　10000円　Ⓘ4-87236-971-8　Ⓝ210.5　〔10686〕

◇江戸時代女性文庫　25　大空社　1995.5　1冊　22cm　12000円　Ⓘ4-87236-972-6　Ⓝ210.5　〔10687〕

◇江戸時代女性文庫　26　大空社　1995.5　1冊　22cm　15000円　Ⓘ4-87236-973-4　Ⓝ210.5　〔10688〕

◇江戸時代女性文庫　27　大空社　1995.5　1冊　22cm　15000円　Ⓘ4-87236-974-2　Ⓝ210.5　〔10689〕

◇江戸時代女性文庫　28　大空社　1995.5　1冊　22cm　11000円　Ⓘ4-87236-975-0　Ⓝ210.5　〔10690〕

◇江戸時代女性文庫　29　大空社　1995.5　1冊　22cm　11000円　Ⓘ4-87236-976-9　Ⓝ210.5　〔10691〕

◇江戸時代女性文庫　30　大空社　1995.5　1冊　22cm　11000円　Ⓘ4-87236-977-7　Ⓝ210.5　〔10692〕

◇江戸時代女性文庫　31　大空社　1995.11　1冊　22cm　10680円　Ⓘ4-87236-978-5　Ⓝ210.5　〔10693〕

◇江戸時代女性文庫　32　大空社　1995.11　1冊　22cm　9709円　Ⓘ4-87236-979-3　Ⓝ210.5　〔10694〕

◇江戸時代女性文庫　33　大空社　1995.11　1冊　22cm　14563円　Ⓘ4-87236-980-7　Ⓝ210.5　〔10695〕

◇江戸時代女性文庫　34　大空社　1995.11　1冊　22cm　13592円　Ⓘ4-87236-981-5　Ⓝ210.5　〔10696〕

◇江戸時代女性文庫　35　大空社　1995.11　1冊　22cm　10680円　Ⓘ4-87236-982-3　Ⓝ210.5　〔10697〕

◇江戸時代女性文庫　36　大空社　1995.11　1冊　22cm　14563円　Ⓘ4-87236-983-1　Ⓝ210.5　〔10698〕

◇江戸時代女性文庫　37　大空社　1995.11　1冊　22cm　14563円　Ⓘ4-87236-984-X　Ⓝ210.5　〔10699〕

◇江戸時代女性文庫　38　大空社　1995.11　1冊　22cm　14563円　Ⓘ4-87236-985-8　Ⓝ210.5　〔10700〕

◇江戸時代女性文庫　39　大空社　1995.11　1冊　22cm　9709円　Ⓘ4-87236-986-6　Ⓝ210.5　〔10701〕

◇江戸時代女性文庫　40　大空社　1995.11　1冊　22cm　13592円　Ⓘ4-87236-987-4　Ⓝ210.5　〔10702〕

◇江戸時代女性文庫　41　大空社　1996.5　1冊　22cm　10000円　Ⓘ4-87236-988-2　Ⓝ210.5　〔10703〕

◇江戸時代女性文庫　42　大空社　1996.5　1冊　22cm　10000円　Ⓘ4-87236-989-0　Ⓝ210.5　〔10704〕

◇江戸時代女性文庫　43　大空社　1996.5　1冊　22cm　10000円　Ⓘ4-87236-990-4　Ⓝ210.5　〔10705〕

◇江戸時代女性文庫　44　大空社　1996.5　1冊　22cm　10000円　Ⓘ4-87236-991-2　Ⓝ210.5　〔10706〕

◇江戸時代女性文庫　45　大空社　1996.5　1冊　22cm　11000円　Ⓘ4-87236-992-0　Ⓝ210.5　〔10707〕

◇江戸時代女性文庫　46　大空社　1996.5　1冊　22cm　11000円　Ⓘ4-87236-993-9　Ⓝ210.5　〔10708〕

◇江戸時代女性文庫　47　大空社　1996.5　1冊　22cm　11000円　Ⓘ4-87236-994-7　Ⓝ210.5　〔10709〕

◇江戸時代女性文庫　48　大空社　1996.5　1冊　22cm　10000円　Ⓘ4-87236-995-5　Ⓝ210.5　〔10710〕

◇江戸時代女性文庫　49　大空社　1996.5　1冊　22cm　10000円　Ⓘ4-87236-996-3　Ⓝ210.5　〔10711〕

◇江戸時代女性文庫 50 大空社 1996.5 1冊 22cm 13000円 Ⓘ4-87236-997-1 Ⓝ210.5 〔10712〕
◇江戸時代女性文庫 51 大空社 1996.11 1冊 22cm 10000円 Ⓘ4-7568-0120-X Ⓝ210.5 〔10713〕
◇江戸時代女性文庫 52 大空社 1996.11 1冊 22cm 10000円 Ⓘ4-7568-0121-8 Ⓝ210.5 〔10714〕
◇江戸時代女性文庫 53 大空社 1996.11 1冊 22cm 10000円 Ⓘ4-7568-0122-6 Ⓝ210.5 〔10715〕
◇江戸時代女性文庫 54 大空社 1996.11 1冊 22cm 10000円 Ⓘ4-7568-0123-4 Ⓝ210.5 〔10716〕
◇江戸時代女性文庫 55 大空社 1996.11 1冊 22cm 10000円 Ⓘ4-7568-0124-2 Ⓝ210.5 〔10717〕
◇江戸時代女性文庫 56 大空社 1996.11 1冊 22cm 10000円 Ⓘ4-7568-0125-0 Ⓝ210.5 〔10718〕
◇江戸時代女性文庫 57 大空社 1996.11 1冊 22cm 10000円 Ⓘ4-7568-0126-9 Ⓝ210.5 〔10719〕
◇江戸時代女性文庫 58 大空社 1996.11 1冊 22cm 10000円 Ⓘ4-7568-0127-7 Ⓝ210.5 〔10720〕
◇江戸時代女性文庫 59 大空社 1996.11 1冊 22cm 10000円 Ⓘ4-7568-0128-5 Ⓝ210.5 〔10721〕
◇江戸時代女性文庫 60 大空社 1996.11 1冊 22cm 10000円 Ⓘ4-7568-0129-3 Ⓝ210.5 〔10722〕
◇江戸時代女性文庫 61 大空社 1997.5 1冊 22cm 10000円 Ⓘ4-7568-0130-7 Ⓝ210.5 〔10723〕
◇江戸時代女性文庫 62 大空社 1997.5 1冊 22cm 10000円 Ⓘ4-7568-0131-5 Ⓝ210.5 〔10724〕
◇江戸時代女性文庫 63 大空社 1997.5 1冊 22cm 10000円 Ⓘ4-7568-0132-3 Ⓝ210.5 〔10725〕
◇江戸時代女性文庫 64 大空社 1997.5 1冊 22cm 10000円 Ⓘ4-7568-0133-1 Ⓝ210.5 〔10726〕
◇江戸時代女性文庫 65 大空社 1997.5 1冊 22cm 13000円 Ⓘ4-7568-0134-X Ⓝ210.5 〔10727〕
◇江戸時代女性文庫 66 大空社 1997.5 1冊 22cm 12000円 Ⓘ4-7568-0135-8 Ⓝ210.5 〔10728〕
◇江戸時代女性文庫 67 大空社 1997.5 1冊 22cm 10000円 Ⓘ4-7568-0136-6 Ⓝ210.5 〔10729〕
◇江戸時代女性文庫 68 大空社 1997.5 1冊 22cm 11000円 Ⓘ4-7568-0137-4 Ⓝ210.5 〔10730〕
◇江戸時代女性文庫 69 大空社 1997.5 1冊 22cm 10000円 Ⓘ4-7568-0138-2 Ⓝ210.5 〔10731〕
◇江戸時代女性文庫 70 大空社 1997.5 1冊 22cm 10000円 Ⓘ4-7568-0139-0 Ⓝ210.5 〔10732〕
◇江戸時代女性文庫 71 大空社 1997.11 1冊 22cm 10000円 Ⓘ4-7568-0140-4 Ⓝ210.5 〔10733〕
◇江戸時代女性文庫 72 大空社 1997.11 1冊 22cm 10000円 Ⓘ4-7568-0141-2 Ⓝ210.5 〔10734〕
◇江戸時代女性文庫 73 大空社 1997.11 1冊 22cm 11000円 Ⓘ4-7568-0142-0 Ⓝ210.5 〔10735〕
◇江戸時代女性文庫 74 大空社 1997.11 1冊 22cm 12000円 Ⓘ4-7568-0143-9 Ⓝ210.5 〔10736〕
◇江戸時代女性文庫 75 大空社 1997.11 1冊 22cm 11000円 Ⓘ4-7568-0144-7 Ⓝ210.5 〔10737〕
◇江戸時代女性文庫 76 大空社 1997.11 1冊 22cm 11000円 Ⓘ4-7568-0145-5 Ⓝ210.5 〔10738〕
◇江戸時代女性文庫 77 大空社 1997.11 1冊 22cm 10000円 Ⓘ4-7568-0146-3 Ⓝ210.5 〔10739〕
◇江戸時代女性文庫 78 大空社 1997.11 1冊 22cm 10000円 Ⓘ4-7568-0147-1 Ⓝ210.5 〔10740〕
◇江戸時代女性文庫 79 大空社 1997.11 1冊 22cm 10000円 Ⓘ4-7568-0148-X Ⓝ210.5 〔10741〕
◇江戸時代女性文庫 80 大空社 1997.11 1冊 22cm 10000円 Ⓘ4-7568-0149-8 Ⓝ210.5 〔10742〕
◇江戸時代女性文庫 81 大空社 1998.6 1冊 22cm 11000円 Ⓘ4-7568-0150-1 Ⓝ210.5 〔10743〕
◇江戸時代女性文庫 82 大空社 1998.6 1冊 22cm 10000円 Ⓘ4-7568-0151-X Ⓝ210.5 〔10744〕
◇江戸時代女性文庫 83 大空社 1998.6 1冊 22cm 10000円 Ⓘ4-7568-0152-8 Ⓝ210.5 〔10745〕
◇江戸時代女性文庫 84 大空社 1998.6 1冊 22cm 10000円 Ⓘ4-7568-0153-6 Ⓝ210.5 〔10746〕
◇江戸時代女性文庫 85 大空社 1998.6 1冊 22cm 11000円 Ⓘ4-7568-0154-4 Ⓝ210.5 〔10747〕
◇江戸時代女性文庫 86 大空社 1998.6 1冊 22cm 10000円 Ⓘ4-7568-0155-2 Ⓝ210.5 〔10748〕
◇江戸時代女性文庫 87 大空社 1998.6 1冊 22cm 10000円 Ⓘ4-7568-0156-0 Ⓝ210.5 〔10749〕
◇江戸時代女性文庫 88 大空社 1998.6 1冊 22cm 11000円 Ⓘ4-7568-0157-9 Ⓝ210.5 〔10750〕
◇江戸時代女性文庫 89 大空社 1998.6 1冊 22cm 10000円 Ⓘ4-7568-0158-7 Ⓝ210.5 〔10751〕
◇江戸時代女性文庫 90 大空社 1998.6 1冊 22cm 11000円 Ⓘ4-7568-0159-5 Ⓝ210.5 〔10752〕
◇江戸時代女性文庫 91 大空社 1998.12 1冊 22cm 10000円 Ⓘ4-7568-0160-9 Ⓝ210.5 〔10753〕
◇江戸時代女性文庫 92 大空社 1998.12 1冊 22cm 10000円 Ⓘ4-7568-0161-7 Ⓝ210.5 〔10754〕
◇江戸時代女性文庫 93 大空社 1998.12 1冊 22cm 10000円 Ⓘ4-7568-0162-5 Ⓝ210.5 〔10755〕
◇江戸時代女性文庫 94 大空社 1998.12 1冊 22cm 11000円 Ⓘ4-7568-0163-3 Ⓝ210.5 〔10756〕
◇江戸時代女性文庫 95 大空社 1998.12 1冊 22cm 11000円 Ⓘ4-7568-0164-1 Ⓝ210.5 〔10757〕
◇江戸時代女性文庫 96 大空社 1998.12 1冊 22cm 11000円 Ⓘ4-7568-0165-X Ⓝ210.5 〔10758〕
◇江戸時代女性文庫 97 大空社 1998.12 1冊 22cm 11000円 Ⓘ4-7568-0166-8 Ⓝ210.5 〔10759〕
◇江戸時代女性文庫 98 大空社 1998.12 1冊 22cm 12000円 Ⓘ4-7568-0167-6 Ⓝ210.5 〔10760〕
◇江戸時代女性文庫 99 大空社 1998.12 1冊 22cm 10000円 Ⓘ4-7568-0168-4 Ⓝ210.5 〔10761〕
◇江戸時代女性文庫 100 大空社 1998.12 1冊 22cm 10000円 Ⓘ4-7568-0169-2 Ⓝ210.5 〔10762〕
◇江戸時代の女たちその生と愛―師弟愛・母の愛・夫婦愛・兄妹愛・秘めた愛 柴桂子著 桂文庫 2000.2 239p 19cm （江戸期ひと文庫 2番）Ⓝ367.21 〔10763〕
◇江戸時代の女性たち 近代女性史研究会編 吉川弘文館 1990.2 329p 22cm 6000円 Ⓘ4-642-03257-6 Ⓝ367.21 〔10764〕
◇江戸のおしゃべり―川柳にみる男と女 渡辺信一郎著 平凡社 2000.1 245p 18cm （平凡社新書）680円 Ⓘ4-582-85030-8 Ⓝ911.45 〔10765〕
◇江戸の女 三田村鳶魚著 早稲田大学出版部 1934 461p 20cm （江戸叢書 第5）Ⓝ210.5 〔10766〕
◇江戸の女―鳶魚江戸ばなし2 三田村鳶魚著 河出書房新社 1988.8 290p 15cm （河出文庫）520円 Ⓘ4-309-47139-0 Ⓝ210.5 〔10767〕
◇江戸の女 三田村鳶魚著 朝倉治彦編 中央公論社

社会史　　　　近世史

1996.10　404p　16cm　（中公文庫―鳶魚江戸文庫 2）780円　Ⓘ4-12-202723-3　Ⓝ210.5 〔10768〕

◇江戸の女たちの月華考―川柳に描かれた藝の文化を探る　渡辺信一郎著　大阪　葉文館出版　1999.8　285p　20cm　1800円　Ⓘ4-89716-082-0　Ⓝ911.45 〔10769〕

◇江戸の女の底力―大奥随筆　氏家幹人著　世界文化社　2004.11　271p　20cm　1700円　Ⓘ4-418-04527-9　Ⓝ210.5 〔10770〕

◇江戸の女ばなし　西岡まさ子著　河出書房新社　1993.6　214p　20cm　1900円　Ⓘ4-309-22244-7　Ⓝ210.5 〔10771〕

◇江戸の芸者　陳奮館主人著　改版　中央公論新社　2005.11　220p　16cm　（中公文庫）838円　Ⓘ4-12-204618-1　Ⓝ384.9 〔10772〕

◇江戸の思想　第6号　身体/女性論　「江戸の思想」編集委員会編　ぺりかん社　1997.5　178p　21cm　2000円　Ⓘ4-8315-0772-5　Ⓝ121.5 〔10773〕

◇江戸の女性―躾・結婚・食事・占い　陶智子著　新典社　1998.10　238p　19cm　1300円　Ⓘ4-7879-7803-9　Ⓝ384.6 〔10774〕

◇江戸の微意識―生成する都市と〈女・子ども〉　森下みさ子著　新曜社　1988.12　242p　20cm　（ノマド叢書）1700円　Ⓝ210.5 〔10775〕

◇江戸の百女事典　橋本勝三郎著　新潮社　1997.5　266p　20cm　（新潮選書）1100円　Ⓘ4-10-600516-6　Ⓝ281.04 〔10776〕

◇江戸の娘がたり　本田和子著　朝日新聞社　1992.10　237p　20cm　1600円　Ⓘ4-02-256502-0　Ⓝ384.6 〔10777〕

◇江戸ばなし　第7巻　江戸の女，女の世の中　三田村鳶魚著　限定版　青蛙房　1966　321,301p　Ⓝ210.5 〔10778〕

◇おあん・婉・お馬……―土佐の近世の女性と文学　企画展図録　高知県立文学館編　高知　高知県立文学館　2001.11　64p　21×30cm　Ⓝ367.2184 〔10779〕

◇お江戸ガールズライフ　江藤千文文　ブロンズ新社　2005.12　144p　21cm　1500円　Ⓘ4-89309-376-2　Ⓝ384.6 〔10780〕

◇大江戸女ばなし―したたかな"庶民の女"の人生模様　重松一義著　PHP研究所　1988.2　268p　20cm　1400円　Ⓘ4-569-22188-2　Ⓝ367.21 〔10781〕

◇大江戸の姫さま―ペットからお輿入れまで　関口すみ子著　角川学芸出版　2005.8　188p　19cm　（角川選書 381）1400円　Ⓘ4-04-703381-2　Ⓝ367.21 〔10782〕

◇大江戸百華繚乱―大奥から遊里まで54のおんなみち　森実与子著　学習研究社　2007.2　309p　15cm　（学研M文庫）638円　Ⓘ978-4-05-901193-4 〔10783〕

◇男と女の近世史　藪田貫著　青木書店　1998.5　196p　20cm　（Aoki library―日本の歴史　近世）2200円　Ⓘ4-250-98013-8,4-250-95062-X　Ⓝ210.5 〔10784〕

◇「男と女」の八百八町　林美一編　はまの出版　1988.5　242p　18cm　850円　Ⓘ4-89361-047-3　Ⓝ210.5 〔10785〕

◇女ありて　安西篤子著　千人社　1979.1　222p　20cm　（歴史選書 3 江戸）980円　Ⓝ210.5 〔10786〕

◇女大学集　石川松太郎編　平凡社　1977.2　325,9p　18cm　（東洋文庫 302）900円　Ⓝ376.9 〔10787〕

◇女たちの幕末京都　辻ミチ子著　中央公論新社　2003.4　250p　18cm　（中公新書）760円　Ⓘ4-12-101693-9　Ⓝ210.58 〔10788〕

◇女と男の時空―日本女性史再考　4　爛熟する女と男―近世　福田光子編　藤原書店　1995.11　574p　22cm　6800円　Ⓘ4-89434-026-7　Ⓝ367.21 〔10789〕

◇女と男の時空―日本女性史再考　5　鬩ぎ合う女と男―近代　奥田暁子編　藤原書店　1995.10　606p　22cm　6800円　Ⓘ4-89434-024-0　Ⓝ367.21 〔10790〕

◇女と男の時空―日本女性史再考　7　爛熟する女と男―近世　上　鶴見和子ほか監修　福田光子編　藤原書店　2000.11　275,10p　19cm　（藤原セレクション）2000円　Ⓘ4-89434-206-5　Ⓝ367.21 〔10791〕

◇女と男の時空―日本女性史再考　8　爛熟する女と男―近世　下　鶴見和子ほか監修　福田光子編　藤原書店　2000.11　p276-571,12p　19cm　（藤原セレクション）2000円　Ⓘ4-89434-207-3　Ⓝ367.21 〔10792〕

◇女のいない世の中なんて―江戸再考　藪田貫著　大阪　フォーラム・A　2003.3　149p　19cm　（こんちは出前授業です！）952円　Ⓘ4-89428-277-1　Ⓝ367.21 〔10793〕

◇女の世の中　三田村鳶魚著　青蛙房　1958　301p　19cm　（江戸ばなし　第16冊）Ⓝ210.5 〔10794〕

◇女の世の中―鳶魚江戸ばなし3　三田村鳶魚著　河出書房新社　1988.11　271p　15cm　（河出文庫）520円　Ⓘ4-309-47145-5　Ⓝ210.5 〔10795〕

◇笠森おせん　藤沢衛彦著　啓文館　1919　99p　16cm　（江戸伝説叢書　第5編）Ⓝ388.1 〔10796〕

◇春日局と歴史を変えた女たち　高野澄著　祥伝社　1988.12　283p　16cm　（ノン・ポシェット た5-1）420円　Ⓘ4-396-31021-8　Ⓝ281 〔10797〕

◇考える女たち―仮名草子から「女大学」　中野節子著　大空社　1997.4　311,10p　22cm　7000円　Ⓘ4-7568-0177-3　Ⓝ367.21 〔10798〕

◇近世かな書翰集（解読）　新井弘子編　可児　新井弘子　2002.2　126p　30cm　Ⓝ210.5 〔10799〕

◇近世史のなかの女たち　水江漣子著　日本放送出版協会　1983.6　243p　19cm　（NHKブックス 440）750円　Ⓘ4-14-001440-7　Ⓝ210.5 〔10800〕

◇近世女性生活絵典　原田伴彦ほか著　柏書房　1983.9　140p　22cm　2300円　Ⓝ384.6 〔10801〕

◇近世の女旅日記事典　柴桂子著　東京堂出版　2005.9　332p　19cm　3200円　Ⓘ4-490-10679-3 〔10802〕

◇近世の女性相続と介護　柳谷慶子著　吉川弘文館　2007.3　328,6p　21cm　9000円　Ⓘ978-4-642-03420-3 〔10803〕

◇近世肥後女性伝　豊福一喜著　大空社　1995.2　166p　22cm　（列伝叢書 24）6000円　Ⓘ4-87236-566-6　Ⓝ281.94 〔10804〕

◇近世名婦伝　松浦政泰編訳　大日本文明協会　1909.9　718p　22cm　（大日本文明協会刊行叢書　第13編）Ⓝ280 〔10805〕

◇御一新とジェンダー―荻生徂徠から教育勅語まで　関口すみ子著　東京大学出版会　2005.3　374,13p　22cm　6200円　Ⓘ4-13-036223-2　Ⓝ367.21 〔10806〕

◇相模野に生きた女たち―古文書にみる江戸時代の農村　長田かな子著　横浜　有隣堂　2001.1　219p　18cm　（有隣新書）1000円　Ⓘ4-89660-166-1　Ⓝ367.2137 〔10807〕

◇薩藩女性史　中村徳五郎著　鹿児島市婦人会編　鹿児島　鹿児島市教育会　1935　414p　23cm　Ⓝ367 〔10808〕

◇ジェンダーで読み解く江戸時代　桜井由幾,菅野則子,長野ひろ子編　三省堂　2001.6　273p　19cm　2800円　Ⓘ4-385-36052-9 〔10809〕

◇ジェンダーの形成と越境—女と男の近世・近代　浅野美和子著　桂文庫　2003.7　260p　19cm　(江戸期ひと文庫 6番)1300円　Ⓝ367.21　〔10810〕

時代を生きる女性たち—江戸から東京へ、女性400年史　加太こうじ文・絵　あけび書房　1991.10　182p　20cm　1500円　Ⓘ4-900423-52-1　Ⓝ367.21　〔10811〕

将軍が愛した女たち　稲垣史生著　旺文社　1983.1　226p　16cm　(旺文社文庫)320円　Ⓘ4-01-061375-0　Ⓝ210.5　〔10812〕

◇将軍の女　真野恵潋著　名古屋　中日新聞本社　1981.6　240p　19cm　1400円　Ⓘ4-8062-0099-9　Ⓝ210.5　〔10813〕

◇女子教育における裁縫の教育史的研究—江戸・明治両時代における裁縫教育を中心として　関口富左著　家政教育社　1980.12　625p　22cm　8800円　Ⓝ375.5　〔10814〕

◇女性を中心にした江戸時代史　加藤清司著　一心社　1936　388p　19cm　Ⓝ210.5　〔10815〕

◇女性を中心にした江戸時代史　加藤清司著　改訂版　一心社　1936　388p　19cm　Ⓝ210.5　〔10816〕

◇女性史としての近世　藪田貫著　校倉書房　1996.6　344p　20cm　3090円　Ⓘ4-7517-2610-2　Ⓝ210.5　〔10817〕

◇女性のいる近世　大口勇次郎著　勁草書房　1995.10　292,15p　20cm　2884円　Ⓘ4-326-65185-7　Ⓝ367.21　〔10818〕

◇『女礼十冊書弁解』全註　陶智子著　大阪　和泉書院　1998.12　290p　22cm　5000円　Ⓘ4-87088-940-4　Ⓝ382.1　〔10819〕

◇史料で見る女たちの近世—南奥二本松領・守山領を中心に　草野喜久著　会津若松　歴史春秋出版　2004.9　464p　22cm　3000円　Ⓝ367.21　〔10820〕

◇図録・近世女性生活史入門事典　原田伴彦ほか編著　柏書房　1991.3　277p　22cm　2600円　Ⓘ4-7601-0603-0　Ⓝ384.6　〔10821〕

◇世田谷女性史　中　幕末期の太子堂村と妻たちの生涯　森安彦著　東京都世田谷区教育委員会　1986.3　184p　26cm　Ⓝ367.21　〔10822〕

◇川柳江戸女の一生　渡辺信一郎著　太平書屋　1991.9　310p　19cm　7000円　Ⓝ911.45　〔10823〕

◇田村栄太郎著作集　第5　妖婦列伝　田村栄太郎著　雄山閣　1960　288p　19cm　Ⓝ210.5　〔10824〕

◇東慶寺と駆込女　井上禅定著　横浜　有隣堂　1995.6　210p　18cm　(有隣新書)980円　Ⓘ4-89660-129-7　〔10825〕

◇日本おんな噺—女がつくった江戸三〇〇年　樋口清之著　文化放送開発センター出版部　1976　222p　18cm　630円　Ⓝ367.21　〔10826〕

◇日本近世ジェンダー論—「家」経営体・身分・国家　長野ひろ子著　吉川弘文館　2003.1　263,10p　22cm　7000円　Ⓘ4-642-03380-7　Ⓝ367.21　〔10827〕

◇日本女性史　第3巻　近世　女性史総合研究会編　東京大学出版会　1982.3　334p　20cm　1800円　Ⓝ367.21　〔10828〕

◇日本女性史　4　義理と人情に泣く女　笠原一男編　評論社　1973　314p　20cm　890円　Ⓝ367.21　〔10829〕

◇日本女性生活史　第3巻　近世　女性史総合研究会編　東京大学出版会　1990.7　285p　20cm　2472円　Ⓘ4-13-024163-X　Ⓝ367.21　〔10830〕

◇日本の近世　第15巻　女性の近世　辻達也,朝尾直弘編　林玲子編　中央公論社　1993.11　422p　図版32p　21cm　2800円　Ⓘ4-12-403035-5　Ⓝ210.5　〔10831〕

◇日本の女性史　第3　近世　和歌森太郎,山本藤枝共著　集英社　1966　392p　18cm　Ⓝ367.21　〔10832〕

◇日本の女性史　3　封建女性の愛と哀しみ　和歌森太郎,山本藤枝著　集英社　1982.7　286p　16cm　(集英社文庫)300円　Ⓝ367.21　〔10833〕

◇日本歴史おんな噺—史実とエピソードで綴る　樋口清之著　大陸書房　1991.9　239p　16cm　(大陸文庫)520円　Ⓘ4-8033-3698-9　Ⓝ367.21　〔10834〕

◇幕藩制社会のジェンダー構造　長島淳子著　校倉書房　2006.3　424p　22cm　(歴史科学叢書)10000円　Ⓘ4-7517-3700-7　Ⓝ367.21　〔10835〕

◇幕末維新の美女紅涙録—徳川慶喜の時代　楠戸義昭,岩尾光代著　中央公論社　1997.11　305p　16cm　(中公文庫)743円　Ⓘ4-12-202988-0　Ⓝ281.04　〔10836〕

◇幕末の愛国女性—松尾多勢子の生涯　安間公観著　育生社　1938　312p　20cm　Ⓝ289.1　〔10837〕

◇幕末のおんな　新人物往来社編　新人物往来社　1974　242p　20cm　980円　Ⓝ281.09　〔10838〕

◇幕末・明治女の事件簿—近代日本を駆け抜けた女たち　田井友季子著　東京法経学院出版　1987.4　226p　18cm　(ライトブックス・おもしろ情報百科)880円　Ⓘ4-8089-4425-1　Ⓝ367.21　〔10839〕

◇幕末明治女百話　篠田鉱造著　角川書店　1971　428p　19cm　(角川選書)Ⓝ210.6　〔10840〕

◇幕末裏面史—勤皇烈女伝　小川煙村著　木村幸比古解説　新人物往来社　1998.1　292p　22cm　(日本伝記叢書)4200円　Ⓘ4-404-02580-7　Ⓝ281.04　〔10841〕

◇百花繚乱江戸を生きた女たち　石丸晶子著　清流出版　2004.12　220p　20cm　1500円　Ⓘ4-86029-095-X　Ⓝ281.04　〔10842〕

◇武家の夫人たち—将軍・大名・旗本の奥向　稲垣史生著　人物往来社　1967　243p　19cm　Ⓝ210.5　〔10843〕

◇豊後国の二孝女　豊後国の二孝女研究会編　水戸　豊後国の二孝女研究会　2006.3　200,6p　19cm　2000円　Ⓝ210.55　〔10844〕

◇娘たちの江戸　森下みさ子著　筑摩書房　1996.7　218,2p　20cm　2472円　Ⓘ4-480-85739-7　Ⓝ384.6　〔10845〕

◇諒鏡院・佐竹悦子の生涯—土佐女の見た秋田の幕末明治維新　伊藤武美著　秋田　無明舎出版　1993.6　247p　19cm　1800円　Ⓝ289.1　〔10846〕

◇恋愛かわらばん—江戸の男女の人生模様　関民子著　はまの出版　1996.10　254p　19cm　1456円　Ⓘ4-89361-219-0　Ⓝ367.21　〔10847〕

◇論集近世女性史　近世女性史研究会編　吉川弘文館　1986.4　393p　22cm　7000円　Ⓘ4-642-03256-8　Ⓝ367.21　〔10848〕

◇わたしたちの「江戸」—〈女・子ども〉の誕生　本田和子ほか著　新曜社　1985.2　205p　20cm　1500円　Ⓝ384.6　〔10849〕

◆家族

◇江戸の親子—父親が子どもを育てた時代　太田素子著　中央公論社　1994.5　240p　18cm　(中公新書)740円　Ⓘ4-12-101188-0　Ⓝ210.5　〔10850〕

◇江戸の子育て　中江和恵著　文藝春秋　2003.4　206p　18cm　(文春新書)680円　Ⓘ4-16-660315-9　Ⓝ379.9　〔10851〕

◇江戸の笑う家庭学　高橋幹夫著　芙蓉書房出版　1998.12　224p　20cm　2200円　Ⓘ4-8295-0220-7　Ⓝ210.5

社会史　　　　　　　　　　　　　近世史

〔10852〕
◇男と女の近世史　薮田貫著　青木書店　1998.5　196p　19cm　（AOKI LIBRARY―日本の歴史 近世）2200円　①4-250-98013-8
〔10853〕
◇家族と子供の江戸時代―躾と消費からみる　高橋敏著　朝日新聞社　1997.5　201p　20cm　2300円+税　①4-02-257130-6　Ⓝ210.5
〔10854〕
◇近世村落社会の家と世帯継承―家族類型の変動と回帰　岡田あおい著　知泉書館　2006.1　345p　23cm　6500円　①4-901654-65-9　①361.63
〔10855〕
◇出産と身体の近世　沢山美果子著　勁草書房　1998.5　282,14p　19cm　2900円　①4-326-65208-X
〔10856〕

◆町人の台頭
◇江戸三百年　1　天下の町人　西山松之助, 芳賀登編　講談社　1975　222p　18cm　（講談社現代新書）370円　Ⓝ210.5
〔10857〕
◇江戸時代の上方町人　作道洋太郎著　東村山　教育社　1978.9　207p　18cm　（教育社歴史新書）600円　Ⓝ210.5
〔10858〕
◇画報新説日本史　第12巻　町人文化と幕政の改革　時事世界新社編　時事世界新社　1963-1964　31cm　Ⓝ210.1
〔10859〕
◇京の町人―近世都市生活史　守屋毅著　東村山　教育社　1980.12　295p　18cm　（教育社歴史新書）800円　Ⓝ210.5
〔10860〕
◇真説日本歴史　第8　庶民の勃興　津田秀夫　雄山閣出版　1960　304p　22cm　Ⓝ210.1
〔10861〕
◇町人　坂田吉雄著　弘文堂　1939　158p　18cm　（教養文庫　第28）Ⓝ210.5
〔10862〕
◇町人　坂田吉雄著　3版　弘文堂書房　1947　158p　16cm　（教養文庫 28）Ⓝ210.5
〔10863〕
◇町人―その社会史的考察　坂田吉雄　清水弘文堂書房　1968　183p　19cm　Ⓝ210.5
〔10864〕
◇町人考見録　三井高房原編著, 鈴木昭一訳　東村山　教育社　1981.6　223p　18cm　（教育社新書）700円　Ⓝ210.5
〔10865〕
◇町人と娯楽　三田村鳶魚著　青蛙房　1959　295p　19cm　（江戸ばなし　第20冊）Ⓝ210.5
〔10866〕
◇町人の実力　奈良本辰也著　改版　中央公論新社　2005.12　549p　16cm　（中公文庫―日本の歴史　17）1238円　①4-12-204628-9　Ⓝ210.55
〔10867〕
◇町人の天下　白柳秀湖著　隆文館　1910.12　192,150p　19cm　Ⓝ210.5
〔10868〕
◇日本史の社会集団　第5巻　町人　中井信彦著　小学館　1990.5　478p　15cm　800円　①4-09-401125-0　Ⓝ210.1
〔10869〕
◇日本町人道―市民的精神の源流　原田伴彦著　講談社　1968　222p　18cm　（講談社現代新書）Ⓝ210.5
〔10870〕
◇日本の歴史　第17　町人の実力　奈良本辰也　中央公論社　1966　18cm　Ⓝ210.1
〔10871〕
◇日本の歴史　17　町人の実力　奈良本辰也著　中央公論社　1984.6　476p　18cm　（中公バックス）1200円　①4-12-401157-1　Ⓝ210.1
〔10872〕
◇日本の歴史　21　町人　中井信彦著　小学館　1975　390p　地　20cm　790円　Ⓝ210.1
〔10873〕
◇日本の歴史文庫　12　庶民の擡頭　大石慎三郎著　講談社　1975　309p　15cm　380円　Ⓝ210.1
〔10874〕
◇幕末維新京都町人日記―高木在中日記　高木在中著, 内田九州男, 島野三千穂編　大阪　清文堂出版　1989.2　386p　22cm　（清文堂史料叢書　第30刊）9700円　①4-7924-0287-5　Ⓝ210.58
〔10875〕
◇武士の困窮と町人の勃興―商業資本主義の発展　加田哲二著　小川書店　1960　425p　22cm　Ⓝ332.1
〔10876〕
◇わたしたちの歴史　日本編　第10巻　新版　国際情報社　1975.12　106p　30cm
〔10877〕

◆差別史
◇裏社会の日本史　フィリップ・ポンス著　安永愛訳　筑摩書房　2006.3　403p　22cm　4300円　①4-480-85782-6　Ⓝ210.5
〔10878〕
◇江戸から東京へ物語でつづる部落の歴史　高山秀夫著　京都　文理閣　1977.8　214p　19cm　Ⓝ361.86
〔10879〕
◇江戸時代の差別観念―近世の差別をどうとらえるか　中尾健次著　三一書房　1997.2　217p　20cm　2163円　①4-380-97215-1　Ⓝ361.86
〔10880〕
◇江戸時代の被差別社会　石井良助編　明石書店　1994.11　786p　22cm　16800円　①4-7503-0637-1　Ⓝ361.86
〔10881〕
◇江戸時代被差別身分層の生活史　高柳金芳著　明石書店　1979.7　192p　22cm　2900円　Ⓝ210.5
〔10882〕
◇江戸時代非人の生活　高柳金芳著　雄山閣出版　1971　213p　22cm　（生活史叢書　21）1200円　Ⓝ210.5
〔10883〕
◇江戸時代非人の生活　高柳金芳著　雄山閣出版　1981.2　218p　22cm　（生活史叢書　21）①4-639-00031-6, 4-639-00009-X　Ⓝ210.5
〔10884〕
◇江戸時代 非人の生活　高柳金芳著　雄山閣出版　1981.2　218p　22cm　（生活史叢書　21）2000円　①4-639-00031-6　Ⓝ210.5
〔10885〕
◇江戸時代部落の生活　高柳金芳著　POD版　雄山閣　2003.4　254p　21cm　（生活史叢書）2000円　①4-639-10022-1
〔10886〕
◇江戸時代部落民の生活　高柳金芳著　雄山閣出版　1971　231p　22cm　（生活史叢書　24）1200円　Ⓝ322.15
〔10887〕
◇江戸時代部落民の生活　高柳金芳著　増補　雄山閣出版　1973　254p　22cm　（生活史叢書　24）Ⓝ322.15
〔10888〕
◇江戸時代部落民の生活　高柳金芳著　雄山閣出版　1981.1　254p　22cm　（生活史叢書　24）2000円　①4-639-0010-3　Ⓝ361.86
〔10889〕
◇江戸・東京の被差別部落の歴史―弾左衛門と被差別民衆　浦本誉至史著　明石書店　2003.11　241p　19cm　2300円　①4-7503-1810-8
〔10890〕
◇江戸の下層社会　朝野新聞編　塩見鮮一郎解説　明石書店　1993.2　164p　20cm　2060円　①4-7503-0488-3　Ⓝ210.5
〔10891〕
◇江戸の賤民　石井良助著　明石書店　1988.12　258,13p　20cm　2400円　Ⓝ361.8
〔10892〕
◇江戸の賤民　石井良助著　明石書店　1989.4　258,13p　20cm　2472円　Ⓝ210.5
〔10893〕
◇江戸の非人―部落史研究の課題　本田豊著　三一書房　1992.7　221p　20cm　2000円　①4-380-92227-8　Ⓝ361.86
〔10894〕
◇江戸の非人頭車善七―100万人大都市を「裏」で支えた男　塩見鮮一郎著　三一書房　1997.11　219p　18cm　（三一新書）800円　①4-380-97021-3　Ⓝ210.5
〔10895〕

◇江戸の部落―部落史研究の課題と方法　本田豊著　三一書房　1994.7　265p　20cm　2400円　①4-380-94256-2　Ⓝ361.86
〔10896〕

◇愛媛部落史資料　近世～明治初年　高市光男編著　大阪　近代史文庫大阪研究会　1976　375p　22cm　Ⓝ368.6
〔10897〕

◇愛媛部落史資料　近世～明治初年　続　高市光男編著　大阪　近代史文庫大阪研究会　1983.10　44,574p　26cm　Ⓝ361.86
〔10898〕

◇加賀藩被差別部落史研究　田中喜男編　明石書店　1986.8　795p　22cm　30000円　Ⓝ361.86
〔10899〕

◇「かわた」と平人―近世身分社会論　畑中敏之著　京都　かもがわ出版　1997.2　278p　21cm　2700円　①4-87699-287-8　Ⓝ210.5
〔10900〕

◇河原巻物　盛田嘉徳著　法政大学出版局　1978.2　7,211p　20cm　（ものと人間の文化史 26）1200円　Ⓝ210.5
〔10901〕

◇紀州藩牢番頭家文書を読む―部落史に学ぶ　林紀昭, 市川訓敏著　和歌山人権研究所編　和歌山　和歌山人権研究所　2003.2　35p　21cm　（人権ブックレット　第3号）Ⓝ210.5
〔10902〕

◇京都の部落史　5　史料近世　2　井上清ほか編　京都　京都部落史研究所　1988.7　587,7p　22cm　8900円　Ⓝ361.86
〔10903〕

◇京都の部落問題　1　前近代京都の部落史　部落問題研究所編　京都　部落問題研究所　1987.8　272p　20cm　2000円　①4-8298-2521-9　Ⓝ361.86
〔10904〕

◇京都部落史年表―稿本　近世篇　京都部落史研究所編　京都　京都部落史研究所　1979.3　240p　21cm　Ⓝ361.86
〔10905〕

◇京都部落史年表―稿本　近代篇 4　京都部落史研究所編　京都　京都部落史研究所　1984.3　87p　21cm　Ⓝ361.86
〔10906〕

◇近世大坂の非人と身分的周縁　塚田孝著　京都　部落問題研究所　2007.3　327p　22cm　6000円　①978-4-8298-2067-4　Ⓝ210.5
〔10907〕

◇近世神奈川の被差別部落　荒井貢次郎, 藤野豊編　明石書店　1985.9　332p　20cm　2500円　Ⓝ361.86
〔10908〕

◇近世関東の被差別部落　石井良助編　明石書店　1978.9　638p　22cm　9800円　Ⓝ368.6
〔10909〕

◇近世関東の被差別部落　石井良助編　明石書店　1980.8（第3刷）642p　22cm　Ⓝ361.86
〔10910〕

◇近世九州の差別と周縁民衆　松下志朗著　福岡　海鳥社　2004.4　273,5p　19cm　2500円　①4-87415-473-5
〔10911〕

◇近世九州被差別部落の成立と展開　松下志朗著　明石書店　1989.9　526p　20cm　6180円　Ⓝ361.86　〔10912〕

◇近世細民の文明論　井伊玄太郎著　雄松堂出版（発売）1994.6　470p　21cm　6000円　①4-8419-0145-0　Ⓝ210.5
〔10913〕

◇近世賤民社会の基礎構造　荒井貢次郎著　明石書店　1987.3　426p　22cm　10000円　Ⓝ361.86　〔10914〕

◇近世賤民制と地域社会―和泉国の歴史像　藤本清二郎著　大阪　清文堂出版　1997.2　424p　22cm　8300円+税　①4-7924-0430-4　Ⓝ210.5
〔10915〕

◇近世中国被差別部落史研究　後藤陽一, 小林茂編　明石書店　1986.8　415p　22cm　4900円　Ⓝ361.86
〔10916〕

◇近世都市社会の身分構造　吉田伸之著　東京大学出版会　1998.5　329,8p　22cm　6400円　①4-13-020117-4　Ⓝ210.5
〔10917〕

◇近世日本身分制の研究　塚田孝著　神戸　兵庫部落問題研究所　1987.11　381p　22cm　3800円　①4-89202-151-2　Ⓝ210.5
〔10918〕

◇近世の質地出入をめぐって―埼玉県被差別部落の一事例　瀬下裕仁著　深谷　瀬下裕仁　1978　55p　22cm　Ⓝ368.6
〔10919〕

◇近世の被差別部落　大石慎三郎ほか編集　雄山閣出版　1981.6　136p　23cm　（歴史公論ブックス 4）1200円　①4-639-00073-1　Ⓝ361.86
〔10920〕

◇近世の身分制　後藤陽一著　広島　渓水社　1983.2　89p　21cm　800円　Ⓝ361.8
〔10921〕

◇近世被差別社会の研究―東日本の類型構造　荒井貢次郎著　明石書店　1979.11　579p　22cm　9500円　Ⓝ361.86
〔10922〕

◇近世被差別民史の研究　峯岸賢太郎著　校倉書房　1996.9　428p　22cm　（歴史科学叢書）1030円　①4-7517-2630-7　Ⓝ210.5
〔10923〕

◇近世部落史研究　小西愛之助著　吹田　関西大学部落問題研究室　1982.9　614p　22cm　5000円　Ⓝ361.86
〔10924〕

◇近世部落史の研究―信州の具体像　塚田正朋著　京都　部落問題研究所出版部　1986.3　406p　22cm　4000円　①4-8298-2025-X　Ⓝ361.86
〔10925〕

◇近世部落史の研究　上　西播地域皮多村文書研究会編　雄山閣出版　1976　413p　22cm　3800円　Ⓝ368.6
〔10926〕

◇近世部落の史的研究　部落解放研究所　大阪　解放出版社　1979.6　2冊　22cm　3800円,4000円　Ⓝ368.6
〔10927〕

◇近世部落の諸問題―堺の被差別部落を中心として　森杉夫著　堺　古文書調査研究会, 堺市教育委員会　1975　209p　22cm　Ⓝ368.6
〔10928〕

◇近世部落の成立と展開　寺木伸明著　大阪　解放出版社　1986.7　438p　22cm　4000円　Ⓝ361.86
〔10929〕

◇近世身分制社会と被差別民―役目と生業　大阪人権博物館編　大阪　大阪人権博物館　2004.1　37p　21cm　（部落史学習ビデオ 10）800円　①4-7592-4038-1　Ⓝ210.5
〔10930〕

◇近世身分制と周縁社会　塚田孝著　東京大学出版会　1997.11　307,14p　22cm　5500円　①4-13-020114-X　Ⓝ210.5
〔10931〕

◇近世身分制と被差別部落　脇田修著　京都　部落問題研究所　2001.11　257,13p　22cm　4800円　①4-8298-2061-6　Ⓝ361.86
〔10932〕

◇近世身分と被差別民の諸相―「部落史の見直し」の途上から　寺木伸明著　大阪　解放出版社　2000.3　264p　19cm　1900円　①4-7592-4029-2
〔10933〕

◇近世大和の身分制―その実証的研究　浅野安隆著　京都　部落問題研究所出版部　1999.5　234p　22cm　5000円　①4-8298-2057-8　Ⓝ361.86
〔10934〕

◇乞胸―江戸の辻芸人　塩見鮮一郎著　河出書房新社　2006.7　220p　20cm　1900円　①4-309-22454-7　Ⓝ779.7
〔10935〕

◇五郎兵衛新田と被差別部落　斎藤洋一著　三一書房　1987.11　299p　20cm　2000円　Ⓝ215.2　〔10936〕

◇サンカの民と被差別の世界―日本人のこころ中国・関東　五木寛之著　講談社　2005.10　284p　18cm　（五木寛之のこころの新書）838円　①4-06-212937-X
〔10937〕

◇四国近世被差別部落史研究　三好昭一郎編　明石書店　1982.12　351p　22cm　4900円　Ⓝ361.86　〔10938〕

社会史　　　　　　　　　　　近世史

◇賤民身分論―中世から近世へ　塚田孝ほか著　明石書店
　1994.3　210p　20cm　2400円　①4-7503-0571-5
　Ⓝ210.5　　　　　　　　　　　　　　　　　〔10939〕
◇続・人物でつづる被差別民の歴史　中尾健次, 黒川みど
　り著　大阪　部落解放・人権研究所,（大阪）解放出版社
　〔発売〕　2006.4　172p　21cm　1600円
　①4-7592-4043-8　　　　　　　　　　　　　〔10940〕
◇竜野の部落史　近世編　竜野市教育委員会編　竜野　竜
　野市教育委員会　1989.3　438p　21cm　Ⓝ361.86
　　　　　　　　　　　　　　　　　　　　　　〔10941〕
◇長州藩部落解放史研究　布引敏雄著　三一書房　1980.3
　331p　23cm　3800円　Ⓝ361.86　　　　　　　〔10942〕
◇定本加賀藩被差別部落関係史料集成　田中喜男編　明石
　書店　1995.9　795p　22cm　30900円
　①4-7503-0747-5　Ⓝ361.86　　　　　　　　 〔10943〕
◇道頓堀非人関係文書　上巻　岡本良一, 内田九州男編
　大阪　清文堂出版　1974　754p　22cm　(清文堂史料
　叢書 第8刊)9500円　Ⓝ322.19　　　　　　　〔10944〕
◇道頓堀非人関係文書　下巻　岡本良一, 内田九州男編
　大阪　清文堂出版　1976　544p　22cm　(清文堂史料
　叢書 第9刊)8900円　Ⓝ322.19　　　　　　　〔10945〕
◇同和教育指導資料―歴史的背景の年表・藩政期資料 検討
　用　光市同和教育資料等調査専門委員会事務局編　光
　光市同和教育資料等調査専門委員会事務局　1979.3
　176p　26cm　非売品　Ⓝ379.8　　　　　　　〔10946〕
◇同和問題の歴史と認識―幕末・維新期の差別の実態　吉
　田証著　明石書店　1989.4　254p　22cm　1700円
　Ⓝ361.86　　　　　　　　　　　　　　　　　　〔10947〕
◇徳島藩の身分制の展開と賤民支配　高市光男著　豊中
　高市光男　1973　52p　26cm　Ⓝ322.19　　　〔10948〕
◇都市大坂と非人　塚田孝著　山川出版社　2001.11　96p
　21cm　(日本史リブレット 40)800円　①4-634-54400-8
　Ⓝ216.3　　　　　　　　　　　　　　　　　　〔10949〕
◇都市の周縁に生きる　塚田孝編　吉川弘文館　2006.12
　235p　20cm　(身分的周縁と近世社会 4)3000円
　①4-642-06560-1　Ⓝ210.5　　　　　　　　 〔10950〕
◇日本差別史関係資料集成　5　　近世資料篇 1　東京人
　権歴史資料館編　霞ケ関出版（発売）　2006.11　985p
　27cm　(世界・日本歴史集成シリーズ 第1期 第5
　巻)50000円　①4-7603-0294-8　Ⓝ361.86　　〔10951〕
◇日本の近世　第7巻　身分と格式　辻達也, 朝尾直弘編
　朝尾直弘編　中央公論社　1992.7　392p 図版32p
　21cm　2800円　①4-12-403027-4　Ⓝ210.5　〔10952〕
◇日本の障害者の歴史―近世篇　生瀬克己著　明石書店
　1999.5　269p　22cm　6400円　①4-7503-1159-6
　Ⓝ210.5　　　　　　　　　　　　　　　　　　〔10953〕
◇日本の聖と賤　近世篇　野間宏, 沖浦和光著　京都　人
　文書院　1987.2　341p　20cm　1800円
　①4-409-24020-X　Ⓝ361.8　　　　　　　　 〔10954〕
◇日本の歴史　近世 1-10　賤民と王権　新訂増補　朝日
　新聞社　2003.10　p290-320　30cm　(週刊朝日百科
　70)476円　Ⓝ210.1　　　　　　　　　　　　〔10955〕
◇播磨国被差別部落庄屋文書　安達五男編　明石書店
　1996.2　669p　22cm　15400円　①4-7503-0783-1
　Ⓝ361.86　　　　　　　　　　　　　　　　　　〔10956〕
◇東日本部落解放研究所・歴史論集　1　東日本の近世部
　落の具体像　東日本部落解放研究所編　明石書店
　1992.6　425p　22cm　6180円　①4-7503-0433-6
　Ⓝ361.86　　　　　　　　　　　　　　　　　　〔10957〕
◇東日本部落解放研究所歴史論集　2　東日本の近世部落
　の生業と役割　東日本部落解放研究所編　明石書店
　1994.6　425p　22cm　8240円　①4-7503-0597-9

　Ⓝ361.86　　　　　　　　　　　　　　　　　　〔10958〕
◇被差別部落起源論序説―近世政治起源説の再生　寺木伸
　明著　明石書店　1990.8　209p　19cm　2060円
　Ⓝ361.86　　　　　　　　　　　　　　　　　　〔10959〕
◇被差別部落の起源―近世政治起源説の再生　寺木伸明著
　明石書店　1996.2　328p　20cm　3605円
　①4-7503-0772-6　Ⓝ361.86　　　　　　　　〔10960〕
◇被差別部落の起源とは何か　寺木伸明著　明石書店
　1992.11　169p　19cm　1300円　①4-7503-0462-X
　Ⓝ361.86　　　　　　　　　　　　　　　　　　〔10961〕
◇被差別部落の形成と展開―徳島藩を中心に　三好昭一郎
　著　柏書房　1980.12　381p　22cm　3800円　Ⓝ361.86
　　　　　　　　　　　　　　　　　　　　　　〔10962〕
◇被差別部落の形成と展開　三好昭一郎著　改訂新版　柏
　書房　1991.1　333p　21cm　3600円　①4-7601-0662-6
　Ⓝ361.86　　　　　　　　　　　　　　　　　　〔10963〕
◇被差別部落の生活　斎藤洋一著　同成社　2005.10
　260p　20cm　(同成社江戸時代史叢書 22)2800円
　①4-88621-336-7　Ⓝ210.5　　　　　　　　 〔10964〕
◇被差別部落の大騒動―武州鼻緒騒動記　和気紀於著　明
　石書店　1984.5　142p　19cm　1000円　Ⓝ361.86
　　　　　　　　　　　　　　　　　　　　　　〔10965〕
◇被差別民たちの大阪　近世前期編　のびしょうじ著　大
　阪　部落解放・人権研究所,（大阪）解放出版社〔発売〕
　2007.6　254p　21cm　2500円　①978-4-7592-4221-8
　　　　　　　　　　　　　　　　　　　　　　〔10966〕
◇非人溜―溜預けの制度を中心として　高柳金芳著　同信
　舎　1978.5　124p　21cm　(江戸時代下層民生活シリー
　ズ 4)Ⓝ210.5　　　　　　　　　　　　　　　〔10967〕
◇兵庫の部落史―近世部落の成立と展開　臼井寿光編著
　神戸　神戸新聞出版センター　1980.10　459p　19cm
　1800円　Ⓝ361.86　　　　　　　　　　　　　〔10968〕
◇兵庫の部落史　第1巻　近世部落の成立と展開　臼井寿
　光編著　神戸　神戸新聞総合出版センター　1991.4
　459p　19cm　(のじぎく文庫)2300円　①4-87521-697-1
　Ⓝ361.86　　　　　　　　　　　　　　　　　　〔10969〕
◇兵庫の部落史　第3巻　幕末・維新の賤民制　臼井寿光
　編著　神戸　神戸新聞出版センター　1991.5　473p
　19cm　(のじぎく文庫)2500円　①4-87521-466-9
　Ⓝ361.86　　　　　　　　　　　　　　　　　　〔10970〕
◇部落史料選集　第2巻　近世編 1生活　部落問題研
　究所編　京都　部落問題研究所出版部　1989.5　352,4p
　22cm　6000円　①4-8298-2532-4　Ⓝ361.86　〔10971〕
◇部落史料選集　第3巻　近世編 2―思想・文化　部落
　問題研究所編　京都　部落問題研究所出版部　1989.8
　351,4p　22cm　6000円　①4-8298-2533-2　Ⓝ361.86
　　　　　　　　　　　　　　　　　　　　　　〔10972〕
◇「部落史」に関する史料・文献目録―前近代　津田潔編
　著　宝塚　立教出版印刷　1981.7　217p　26cm
　Ⓝ361.86　　　　　　　　　　　　　　　　　　〔10973〕
◇部落の生業　平井清隆著　大津　滋賀県同和問題研究所
　1993.7　254p　19cm　1800円　①4-914922-04-5
　Ⓝ210.5　　　　　　　　　　　　　　　　　　〔10974〕
◇部落の歴史と解放運動　前近代篇　部落問題研究所編
　京都　部落問題研究所　1985.12　294p　19cm　1500円
　①4-8298-2023-3　Ⓝ361.86　　　　　　　　〔10975〕
◇編年差別史資料集成　第6巻　近世部落編 1 1601年～
　1673年　原田伴彦ほか編　三一書房　1986.11　628p
　27cm　25000円　Ⓝ361.86　　　　　　　　　〔10976〕
◇編年差別史資料集成　第7巻　近世部落編 2 1674年～
　1703年　原田伴彦ほか編　三一書房　1987.3　617p
　27cm　25000円　Ⓝ361.86　　　　　　　　　〔10977〕

◇編年差別史資料集成　第8巻　近世部落編　3 1704年～1725年　原田伴彦ほか　三一書房　1987.7　608p　27cm　25000円　Ⓝ361.86　〔10978〕
◇編年差別史資料集成　第9巻　近世部落編　4 1726年～1746年　原田伴彦ほか　三一書房　1987.10　637p　27cm　25000円　Ⓝ361.86　〔10979〕
◇編年差別史資料集成　第10巻　近世部落編　5 1747年～1782年　原田伴彦ほか編集　三一書房　1988.2　627p　27cm　25000円　Ⓝ361.86　〔10980〕
◇編年差別史資料集成　第11巻　近世部落編　6 1783年～1803年　原田伴彦ほか編　三一書房　1988.6　677p　27cm　25000円　Ⓝ361.86　〔10981〕
◇編年差別史資料集成　第12巻　近世部落編　7 1804年～1819年　原田伴彦ほか編集　三一書房　1988.10　635p　27cm　25000円　Ⓝ361.86　〔10982〕
◇編年差別史資料集成　第13巻　近世部落編　8 1820年～1830年　原田伴彦ほか編集　三一書房　1989.3　625p　27cm　25000円　Ⓘ4-380-89507-6　Ⓝ361.86　〔10983〕
◇編年差別史資料集成　第14巻　近世部落編　9 1831年～1836年　原田伴彦ほか編　三一書房　1989.8　583p　27cm　25750円　Ⓘ4-380-89508-4　Ⓝ361.86　〔10984〕
◇編年差別史資料集成　第15巻　近世部落編　10 1837年～1841年　原田伴彦ほか編　三一書房　1989.11　588p　27cm　25750円　Ⓘ4-380-89509-2　Ⓝ361.86　〔10985〕
◇編年差別史資料集成　第16巻　近世部落編　11 1842年～1848年　原田伴彦ほか編　三一書房　1990.5　607p　27cm　25750円　Ⓘ4-380-90507-1　Ⓝ361.86　〔10986〕
◇編年差別史資料集成　第17巻　近世部落編　12 1849年～1853年　原田伴彦ほか編集　三一書房　1990.11　641p　27cm　25000円　Ⓘ4-380-90508-X　Ⓝ361.86　〔10987〕
◇編年差別史資料集成　第19巻　近世部落編　14 1861年～1867年　原田伴彦ほか編　三一書房　1992.4　691p　27cm　25750円　Ⓘ4-380-92507-2　Ⓝ361.86　〔10988〕
◇編年差別史資料集成　第20巻　近世部落編 15 年未詳編　東日本編　補遺　原田伴彦ほか編　三一書房　1993.4　575p　27cm　25750円　Ⓘ4-380-93507-8　Ⓝ361.86　〔10989〕
◇編年差別史資料集成　第21巻　近世部落編　16 補遺2　原田伴彦ほか編　三一書房　1995.7　558p　27cm　25750円　Ⓘ4-380-95507-9　Ⓝ361.86　〔10990〕
◇三重県部落史史料集　前近代篇　三重県厚生会編　三一書房　1975　600p　27cm　12000円　Ⓝ368.6　〔10991〕
◇未解放部落の起源―近世皮多部落形成過程の研究　落合重信著　神戸　神戸学術出版　東京　小宮山書店（発売）1973　152,8p　21cm　（神戸学術叢書 3）900円　Ⓝ368.6　〔10992〕
◇身分差別社会の真実　斎藤洋一,大石慎三郎著　講談社　1995.7　198p　18cm　（講談社現代新書―新書・江戸時代 2）650円　Ⓘ4-06-149258-6　Ⓝ210.5　〔10993〕
◇身分制社会と市民社会―近世日本の社会と法　塚田孝著　柏書房　1992.12　334p　21cm　（ポテンティア叢書 20）3800円　Ⓘ4-7601-0911-0　Ⓝ210.5　〔10994〕
◇身分の周縁　塚田孝ほか編　京都　部落問題研究所出版部　1994.5　573p　22cm　8446円　Ⓘ4-8298-2045-4　Ⓝ210.5　〔10995〕

◆◆浅草弾左衛門
◇浅草弾左衛門―関東穢多頭と江戸文化　同和文献保存会編纂　同和文献保存会　2006.10　621p　31cm　59000円　Ⓘ4-903181-01-4　Ⓝ210.5　〔10996〕
◇江戸浅草弾左衛門由緒　磯ケ谷紫江編　明元社　1932　16p　17cm　Ⓝ288　〔10997〕
◇江戸の弾左衛門―被差別民衆に君臨した"頭"　中尾健次著　三一書房　1996.2　206p　18cm　（三一新書）800円　Ⓘ4-380-96003-X　Ⓝ210.5　〔10998〕
◇資料浅草弾左衛門　塩見鮮一郎著　批評社　1988.10　438p　20cm　4300円　Ⓝ210.5　〔10999〕
◇資料浅草弾左衛門　塩見鮮一郎著　批評社　1996.12　438p　19cm　3250円　Ⓘ4-8265-0222-2　Ⓝ210.5　〔11000〕
◇資料浅草弾左衛門　塩見鮮一郎著　増補新版　三一書房　1998.7　467p　20cm　3500円　Ⓘ4-380-98290-4　Ⓝ210.5　〔11001〕
◇弾左衛門―大江戸もう一つの社会　中尾健次著　大阪　解放出版社　1994.10　194p　21cm　1854円　Ⓘ4-7592-4015-2　Ⓝ210.5　〔11002〕
◇弾左衛門関係史料集―旧幕府引継書　第1巻　中尾健次編　大阪　部落解放研究所　1995.9　619p　22cm　25000円　Ⓝ361.86　〔11003〕
◇弾左衛門関係史料集―旧幕府引継書　第2巻　中尾健次編　大阪　部落解放研究所　1995.9　609p　22cm　25000円　Ⓝ361.86　〔11004〕
◇弾左衛門関係史料集―旧幕府引継書　第3巻　中尾健次編　大阪　部落解放研究所　1995.9　606p　22cm　25000円　Ⓝ361.86　〔11005〕
◇弾左衛門研究会報告集　弾左衛門研究会編　神戸　弾左衛門研究会　1990.7　114p　26cm　Ⓝ210.5　〔11006〕
◇弾左衛門制度と賤民文化　塩見鮮一郎ほか著　批評社　1992.10　165p　21cm　1900円　Ⓘ4-8265-0147-1　Ⓝ210.5　〔11007〕
◇弾左衛門体制と頭支配　全国部落史研究交流会編　大阪　全国部落史研究交流会　2000.9　119p　21cm　（部落史研究 4）1200円　Ⓘ4-7592-4030-6　Ⓝ210.5　〔11008〕
◇弾左衛門とその時代―賤民文化のドラマツルギー　塩見鮮一郎著　批評社　1996.3　174p　21cm　1700円　Ⓘ4-8265-0202-8　Ⓝ210.5　〔11009〕
◇弾左衛門の謎―歌舞伎・吉原・囲内　塩見鮮一郎著　三一書房　1997.6　268p　20cm　2300円　Ⓘ4-380-97255-0　Ⓝ210.5　〔11010〕

◆犯罪・心中
◇江戸時代漫筆　第3　盗み・ばくち　石井良助著　明石書店　1990.2　224p　20cm　1860円　Ⓝ322.15　〔11011〕
◇江戸の色ごと仕置帳　丹野顕著　集英社　2003.1　237p　18cm　（集英社新書）680円　Ⓘ4-08-720178-3　Ⓝ322.15　〔11012〕
◇江戸のお白州　山本博文著　文藝春秋　2000.9　219p　18cm　（文春新書）690円　Ⓘ4-16-660127-X　Ⓝ322.15　〔11013〕
◇江戸の心中　新人物往来社　1995.11　360p　21cm　（別冊歴史読本特別増刊―江戸コレクション）1600円　Ⓝ368.3　〔11014〕
◇江戸の犯罪白書―百万都市の罪と罰　重松一義著　PHP研究所　2001.1　225p　15cm　（PHP文庫）514円　Ⓘ4-569-57502-1　Ⓝ322.15　〔11015〕
◇江戸の放火―火あぶり放火魔群像　永寿日郎著　原書房　2007.5　302p　20cm　2000円　Ⓘ978-4-562-04073-5　Ⓝ210.5　〔11016〕
◇江戸猟奇犯罪考　富岡皷川編著　古今稀書刊行会　1934　87p　19cm　Ⓝ210.5　〔11017〕
◇大江戸暗黒街―八百八町の犯罪と刑罰　重松一義著　柏書房　2005.11　222p　19cm　2200円

◇大江戸残酷物語　氏家幹人著　洋泉社　2002.6　237p　18cm　（新書y）720円　Ⓘ4-89691-640-9　Ⓝ210.5
〔11019〕
◇大江戸死体考―人斬り浅右衛門の時代　氏家幹人著　平凡社　1999.9　227p　18cm　（平凡社新書）680円　Ⓘ4-582-85016-2　Ⓝ210.5
〔11020〕
◇奇妙追跡―幕末・明治の破天荒な犯罪者達　佐藤清彦著　大和書房　1991.1　242p　20cm　1650円　Ⓘ4-479-39021-9　Ⓝ368.6
〔11021〕
◇刑罪珍書集　1　江戸の政刑一班　原胤昭解題　大空社　1998.8　516p　22cm　（近代犯罪資料叢書 5）16000円　Ⓘ4-7568-0528-0　Ⓝ322.15
〔11022〕
◇刑罪珍書集　2　尾佐竹猛解題　大空社　1998.8　508p　22cm　（近代犯罪資料叢書 6）15000円　Ⓘ4-7568-0529-9　Ⓝ322.15
〔11023〕
◇捕物小説に学ぶ江戸用語の基礎知識　山本真帆ほか著　警視庁警務部教養課編　自警会　1994.10　415p　22cm　（自警文庫 24）Ⓝ210.5
〔11024〕
◇日本の歴史　近世 1-3　仇討・殉死・心中　新訂増補　朝日新聞社　2003.8　p66-96　30cm　（週刊朝日百科 63）476円　Ⓝ210.1
〔11025〕
◇火附盗賊改の研究　史料編　服藤弘司編著　創文社　1998.5　418p　22cm　10000円　Ⓘ4-423-74077-X　Ⓝ322.15
〔11026〕
◇人殺・密通　石井良助著　明石書店　1990.5　208p　20cm　（江戸時代漫筆 第4）1806円　Ⓝ322.15
〔11027〕

◆◆侠客・無宿人

◇維新侠艶録　井筒月翁著　6版　万里閣書房　1929　223p　19cm　Ⓝ210.6
〔11028〕
◇江戸時代無宿人の生活　今川徳三著　雄山閣出版　1973　256p　22cm　（生活史叢書 26）1300円　Ⓝ210.5
〔11029〕
◇江戸のアウトロー―無宿と博徒　阿部昭著　講談社　1999.3　286p　19cm　（講談社選書メチエ 152）1700円　Ⓘ4-06-258152-3　Ⓝ210.5
〔11030〕
◇江戸の豪侠人さまざま　三田村鳶魚著　朝倉治彦編　中央公論社　1998.8　407p　16cm　（中公文庫―鳶魚江戸文庫 24）762円　Ⓘ4-12-203224-5　Ⓝ281.04
〔11031〕
◇江戸のバガボンドたち―「通り者」～順わぬ者たち～の社会史　吉岡孝著　ぶんか社　2003.12　366p　19cm　1900円　Ⓘ4-8211-0849-6　Ⓝ210.5
〔11032〕
◇江戸ばなし　第10巻　侠客と角力, 人さまざま　三田村鳶魚著　限定版　青蛙房　1966　306,312p　20cm　Ⓝ210.5
〔11033〕
◇江戸やくざ研究　田村栄太郎著　雄山閣　2003.8　218p　19cm　（江戸時代選書 4）1800円　Ⓘ4-639-01803-7　Ⓝ368.51
〔11034〕
◇江戸やくざ列伝　田村栄太郎著　雄山閣　2003.11　219p　19cm　（江戸時代選書 12）1800円　Ⓘ4-639-01811-8
〔11035〕
◇親分子分日本史―侠客編　白柳秀湖著, 加田哲二編　実業之日本社　1956　209p　18cm
〔11036〕
◇侠客と角力　三田村鳶魚著　青蛙房　1957　306p　19cm　（江戸ばなし 第9冊）Ⓝ210.5
〔11037〕
◇虚像の英雄　裏街道の男　戸部新十郎著　日本書籍　1979.4　213p　19cm　880円　Ⓝ210.5
〔11038〕
◇国定忠治を男にした女侠―菊池徳の一生　高橋敏著　朝日新聞社　2007.10　233p　19cm　（朝日選書）1100円　Ⓘ978-4-02-259932-2
〔11039〕
◇再現日本史―週刊time travel　江戸 3 10　講談社　2002.10　42p　30cm　533円　Ⓝ210.1
〔11040〕
◇サムライとヤクザ―「男」の来た道　氏家幹人著　筑摩書房　2007.9　259p　18cm　（ちくま新書）780円　Ⓘ978-4-480-06381-6　Ⓝ210.5
〔11041〕
◇実説江戸侠客伝　林和著　日本公論社　1935　334p　20cm　Ⓝ368
〔11042〕
◇清水次郎長に学ぶクヨクヨしない生き方　高田明和著　廣済堂出版　2005.8　220p　19cm　1400円　Ⓘ4-331-51120-0　Ⓝ289.1
〔11043〕
◇次郎長の風景　深Й渉著　静岡　静岡新聞社　2002.3　331p　19cm　1500円　Ⓘ4-7838-9519-8
〔11044〕
◇博徒の幕末維新　高橋敏著　筑摩書房　2004.2　249p　18cm　（ちくま新書）740円　Ⓘ4-480-06154-1　Ⓝ210.58
〔11045〕
◇八州廻りと上州の無宿・博徒　中島明著　前橋　みやま文庫　2004.12　222p　19cm　（みやま文庫 177）Ⓝ322.15
〔11046〕
◇八州廻りと博徒　落合延孝著　山川出版社　2002.11　99p　21cm　（日本史リブレット 49）800円　Ⓘ4-634-54490-3　Ⓝ322.15
〔11047〕
◇本邦侠客の研究　尾形鶴吉著　大空社　1999.1　331p　22cm　（近代犯罪資料叢書 12）12000円　Ⓘ4-283-00037-X　Ⓝ210.5
〔11048〕
◇万延水滸伝　今川徳三著　毎日新聞社　1978.8　239p　20cm　980円　Ⓝ289.1
〔11049〕
◇三田村鳶魚全集　第5巻　中央公論社　1976　400p　20cm　1800円　Ⓝ210.5
〔11050〕
◇無宿人―佐渡金山秘史　磯部欣三著　人物往来社　1964　232p　19cm　Ⓝ569.2141
〔11051〕
◇「森の石松」の世界　橋本勝三郎著　新潮社　1989.9　245p　19cm　（新潮選書）880円　Ⓘ4-10-600367-8　Ⓝ779.15
〔11052〕

◆村落

◇新しい近世史　4　村落の変容と地域社会　渡辺尚志編　新人物往来社　1996.5　373p　22cm　5900円　Ⓘ4-404-02350-2　Ⓝ210.5
〔11053〕
◇或村の近世史　小山勝清著　聚英閣　1925　301p　19cm　Ⓝ611.9
〔11054〕
◇江戸時代の村と地域―美濃養老・日比家文書にみる暮らしと災害　名古屋大学附属図書館2006年秋季特別展（地域貢献特別支援事業成果報告）　名古屋大学附属図書館・附属図書館研究開発室編　名古屋　名古屋大学附属図書館・附属図書館研究開発室　2006.9　67p　30cm　Ⓝ215.3
〔11055〕
◇江戸時代の村人たち　渡辺尚志著　山川出版社　1997.5　242,3p　19cm　2700円　Ⓘ4-634-61190-2　Ⓝ210.5
〔11056〕
◇江戸時代村社会の存立構造　平野哲也著　御茶の水書房　2004.12　497,11p　23cm　9200円　Ⓘ4-275-00347-0　Ⓝ612.1
〔11057〕
◇大阪周辺の村落史料　第1輯　庄屋留書　関西大学法制史学会, 関西大学経済学会経済史研究室共編　大阪　関西大学出版部　1955-1956　21cm　Ⓝ322.15
〔11058〕
◇大阪周辺の村落史料　第2輯　耕肥, 拝借銀, 頼母子　関西大学法制史学会, 関西大学経済学会経済史研究室共編　大阪　関西大学出版部　1955-1956　21cm　Ⓝ322.15
〔11059〕
◇大阪周辺の村落史料　第3輯　証文集, 村役人　関西大学

◇法制史学会,関西大学経済学会経済史研究室共編　大阪　関西大学出版部　1955-1956　21cm　Ⓝ322.15
〔11060〕

◇大阪周辺の村落史料　第4輯　五人組帳　関西大学法制史学会,関西大学経済学会経済史研究室共編　大阪　関西大学出版部　1958　167,16p　21cm　Ⓝ322.15
〔11061〕

◇大阪周辺の村落史料　第5輯　宗門改帳・穢多非人番陰坊宗門改帳　関西大学法制史学会,関西大学経済学会経済史研究室共編　大阪　関西大学　1960　188p　21cm　Ⓝ322.15
〔11062〕

◇大原幽学と幕末村落社会―改心楼始末記　高橋敏著　岩波書店　2005.3　232p　20cm　2900円　①4-00-022383-6　Ⓝ289.1
〔11063〕

◇近世大坂平野の村落　木村武夫編　京都　ミネルヴァ書房　1970　359p　22cm　1800円　Ⓝ332.163
〔11064〕

◇近世漁村共同体の変遷過程―商品経済の進展と村落共同体　岩本由輝著　塙書房　1970　256p　22cm　(村落社会調査研究叢書　第1輯)2000円　Ⓝ332.122
〔11065〕

◇近世作南農村史料　第1巻　矢吹修編　柵原町(岡山県)　柵原町郷土文化研究会　1960　279p　22cm　非売　Ⓝ612.175
〔11066〕

◇近世作南農村史料　第2巻　矢吹修編　柵原町(岡山県)　柵原町郷土文化研究会　1971　700p　22cm　非売　Ⓝ612.175
〔11067〕

◇近世山村史の研究―江戸地廻り山村の成立と展開　加藤衛拡著　吉川弘文館　2007.2　297,7p　22cm　13000円　①978-4-642-03419-7　Ⓝ652.13
〔11068〕

◇近世山村社会構造の研究　大賀郁夫著　校倉書房　2005.3　378p　21cm　(歴史科学叢書)10000円　①4-7517-3610-8
〔11069〕

◇近世社会の支配と村落　村上直編　文献出版　1992.9　393p　22cm　9000円　①4-8305-1155-9　Ⓝ210.5
〔11070〕

◇近世初期・南武蔵野の村落と支配―武蔵田園簿を中心に　林巌著　府中　林巌　1973　36p　25cm　非売品　Ⓝ612.136
〔11071〕

◇近世前期の幕領支配と村落　佐藤孝之著　巌南堂書店　1993.9　525,15p　22cm　8800円　①4-7626-0230-2　Ⓝ210.52
〔11072〕

◇近世村落形成の基礎構造　安沢秀一著　吉川弘文館　1972　728,11p　図　地　22cm　6300円　Ⓝ612.1
〔11073〕

◇近世村落構造の研究―信州下伊郡地方を中心に　平沢清人著　吉川弘文館　1965　628p　22cm　Ⓝ215.2
〔11074〕

◇近世村落祭祀の構造と変容　兼本雄三著　岩田書院　1998.1　401p　22cm　(御影史学研究会民俗学叢書　11)7900円　①4-900697-98-2　Ⓝ386.1
〔11075〕

◇近世村落自治史料集　第1輯　松本藩松川組大庄屋清水家文書　近世村落研究会編　日本学術振興会　1954,56　22cm　(総合研究　第24,37)　Ⓝ210.5
〔11076〕

◇近世村落自治史料集　第2輯　土佐国地方史料　近世村落研究会編　日本学術振興会　1954,56　22cm　(総合研究　第24,37)　Ⓝ210.5
〔11077〕

◇近世村落社会の家と世帯継承―家族類型の変動と回帰　岡田あおい著　知泉書館　2006.1　345p　23cm　6500円　①4-901654-65-9　Ⓝ361.63
〔11078〕

◇近世村落社会の身分構造　畑中敏之著　京都　部落問題研究所出版部　1990.6　365p　22cm　5800円　①4-8298-2036-5　Ⓝ210.5
〔11079〕

◇近世村落生活文化史序説―上野国原之郷村の研究　高橋敏著　未來社　1990.7　309,21p　22cm　5665円　①4-624-11127-3　Ⓝ210.5
〔11080〕

◇近世村落と「組」組織―土浦藩領大形村の事例を中心に　立正大学古文書研究会編　立正大学古文書研究会　1979.11　77p　26cm　Ⓝ612.131
〔11081〕

◇近世村落と現代民俗　福田アジオ著　吉川弘文館　2002.11　310,7p　22cm　(日本歴史民俗叢書)6400円　①4-642-07363-9　Ⓝ384.1
〔11082〕

◇近世村落における農村荒廃と復興―常陸国信太郡右籾村の事例　立正大学古文書研究会編　立正大学古文書研究会　1983.11　50p　26cm　Ⓝ213.1
〔11083〕

◇近世村落の経済と社会　原田敏丸著　山川出版社　1983.2　434,12p　22cm　4800円　Ⓝ611.921
〔11084〕

◇近世村落の研究―伊香保・木暮金太夫八左エ門文書集　森毅編著　芦書房　1963　268p　図版　地　22cm　Ⓝ213.3
〔11085〕

◇近世村落の構造と農家経営　阿部昭著　文献出版　1988.4　302p　22cm　5000円　Ⓝ210.5
〔11086〕

◇近世村落の社会史的研究　後藤陽一著　広島　渓水社　1982.11　450p　22cm　5800円　Ⓝ210.5
〔11087〕

◇近世村落の成立と切添新開―常陸国信太郡烏山村の事例　立正大学古文書研究会編　立正大学古文書研究会　1981.10　83p　26cm　Ⓝ612.131
〔11088〕

◇近世村落の成立と展開―北播磨地方を中心に　桑村寛著　明石書店　2000.7　206p　20cm　2500円　①4-7503-1319-X　Ⓝ210.5
〔11089〕

◇近世村落の成立と封建小農―土浦領坂田村の事例を中心に　立正大学古文書研究会編　立正大学古文書研究会　1976　93p　26cm　Ⓝ612.1
〔11090〕

◇近世村落の特質と展開　渡辺尚志著　校倉書房　1998.11　292p　22cm　(歴史科学叢書)8000円　①4-7517-2880-6　Ⓝ210.5
〔11091〕

◇近世村落の土地と金融　松永靖夫著　高志書院　2004.10　870p　22cm　10000円　①4-906641-89-X　Ⓝ611.22141
〔11092〕

◇近世村落の身分構造　井ケ田良治著　国書刊行会　1984.9　437,3p　22cm　8000円　Ⓝ210.5
〔11093〕

◇近世村落の歴史地理　山澄元著　柳原書店　1982.10　313p　22cm　3800円　①4-8409-5003-2　Ⓝ291.18
〔11094〕

◇近世村落の歴史地理学的研究　菊池万雄著　出版地不明　鈴木文江堂(印刷)　1968　192p　22cm　Ⓝ210.5
〔11095〕

◇近世中後期の地域社会と村政　冨善一敏著　東京大学日本史学研究室　1996.5　321p　26cm　(東京大学日本史学研究叢書　1341-1640)非売品　Ⓝ210.5
〔11096〕

◇近世における村と家の社会構造　大島真理夫著　御茶の水書房　1978.11　506p　22cm　(村落社会構造史研究叢書　第3巻)5000円　Ⓝ611.9
〔11097〕

◇近世日本農村経済史論―徳川時代　土屋喬雄著　改訂版　改造社　1947　228p　18cm　(改造選書)60円　Ⓝ612.1
〔11098〕

◇近世日本/農村社会史　北島正元著　雄山閣　1947　255p　19cm　(歴史新書　5)75円　Ⓝ612.1
〔11099〕

◇近世日本　農村社会史　北島正元著　再版　大谷書店　1951　225p　19cm　Ⓝ611.9
〔11100〕

◇近世農村経済史の研究―巌内における農民流通と農民闘争の展開　小林茂著　未來社　1963　408p　22cm　Ⓝ612.1
〔11101〕

◇近世農村構造の史的分析―幕藩体制解体期の関東農村と在郷町　長谷川伸三著　柏書房　1981.6　300,12p

社会史　　　　　　　　　　　　　近世史

22cm　6500円　Ⓝ210.5　　　〔11102〕
◇近世農村構造の史的分析―幕藩体制解体期の関東農村と在郷町　長谷川伸三著　柏書房　1981.6　300,12p　22cm　（歴史学研究叢書）6500円　Ⓝ612.136　〔11103〕
◇近世農村産業史論　井上準之助著　明石書店　1980.7　427p　22cm　6900円　Ⓝ612.1　〔11104〕
◇近世農村史の研究　安藤精一著　大阪　清文堂出版　1984.10　292p　22cm　5900円　Ⓝ210.5　〔11105〕
◇近世農村社会史論　遠藤進之助著　吉川弘文館　1956　237p　22cm　Ⓝ612.1　〔11106〕
◇近世農村社会の研究　児玉幸多著　吉川弘文館　1953　561p　22cm　Ⓝ612.1　〔11107〕
◇近世農村青年の生活―愛知県の若者掟から　宮田力松著　第一法規出版　1985.6　321p　19cm　2000円　Ⓝ384.1　〔11108〕
◇近世農村地域社会史の研究　阿部英樹著　勁草書房　2004.3　308p　22cm　（中京大学経済学研究叢書　第12輯）4200円　①4-326-54951-3　Ⓝ612.1　〔11109〕
◇近世農村地域社会史の研究　阿部英樹著　名古屋　中京大学経済学部　2004.3　308p　22cm　（中京大学経済学研究叢書　第12輯）Ⓝ612.1　〔11110〕
◇近世農村における市場経済の展開　植村正治著　同文館出版　1986.9　430p　22cm　4800円　①4-495-41921-8　Ⓝ332.105　〔11111〕
◇近世農村の人口地理的研究　内田寛一著　帝国書院　1971　479p　22cm　非売　Ⓝ612.1　〔11112〕
◇近世農村の数的研究―越前国宗門人別御改帳の分析綜合　佐久高士著　吉川弘文館　1975　588p　22cm　9500円　Ⓝ612.144　〔11113〕
◇近世農村文書の読み方・調べ方　北原進著　雄山閣出版　1981.4　220p　15×21cm　2000円　①4-639-00043-X　Ⓝ210.02　〔11114〕
◇近世農村問題史論　本庄栄治郎著　改造社　1925　329,17p　19cm　Ⓝ611.9　〔11115〕
◇近世農民と家・村・国家―生活史・社会史の視座から　大藤修著　吉川弘文館　1996.2　475,14p　22cm　8240円　①4-642-03328-9　Ⓝ210.5　〔11116〕
◇近世の郷村自治と行政　水本邦彦著　東京大学出版会　1993.11　305,10p　22cm　5356円　①4-13-020104-2　Ⓝ210.5　〔11117〕
◇近世の豪農と村落共同体　渡辺尚志著　東京大学出版会　1994.12　277,5p　22cm　5150円　①4-13-026062-6　Ⓝ210.5　〔11118〕
◇近世の山間村落　千葉徳爾著　名著出版　1986.12　324p　22cm　（愛知大学綜合郷土研究所研究叢書　2）3800円　①4-626-01289-2　Ⓝ210.5　〔11119〕
◇近世の新田村　木村礎著　吉川弘文館　1964　255p　図版　地　20cm　（日本歴史叢書　9 日本歴史学会編）Ⓝ210.5　〔11120〕
◇近世の村落と地域社会　渡辺尚志著　塙書房　2007.10　429,4p　21cm　9500円　①978-4-8273-1215-7　〔11121〕
◇近世の農村構造と農民生活　岩本税著　菊陽町（熊本県）　菊陽町教育委員会　1995.5　287p　22cm　Ⓝ210.5　〔11122〕
◇近世の村　木村礎著　東村山　教育社　1980.7　254p　18cm　（教育社歴史新書）800円　Ⓝ612.1　〔11123〕
◇近世の村・家・人　国文学研究資料館史料館編　名著出版　1997.3　400p　22cm　（史料叢書 1）Ⓝ210.5　〔11124〕
◇近世の村社会と国家　水本邦彦著　東京大学出版会

1987.10　312,8p　22cm　5000円　①4-13-020077-1　Ⓝ210.5　〔11125〕
◇近世の村と生活文化―村落から生まれた知恵と報徳仕法　大藤修著　吉川弘文館　2001.2　466,10p　22cm　9500円　①4-642-03366-1　Ⓝ210.5　〔11126〕
◇近世の村と町　川村優先生還暦記念会編　吉川弘文館　1988.1　439p　22cm　9000円　①4-642-03286-X　Ⓝ210.5　〔11127〕
◇近世幕領地域社会の研究　山崎圭著　校倉書房　2005.1　316p　22cm　（歴史科学叢書）8000円　①4-7517-3600-0　Ⓝ210.5　〔11128〕
◇近世畑作村落の研究　山口徹編著　白桃書房　2000.3　336p　22cm　（神奈川大学経貿易研究叢書　第15号）5000円　①4-561-96078-3　Ⓝ602.1　〔11129〕
◇近世米作単作地帯の村落社会―越後国岩手村佐藤家文書の研究　渡辺尚志編　岩田書院　1995.11　444p　22cm　9067円　①4-900697-39-7　Ⓝ210.5　〔11130〕
◇近世封建社会の基礎構造　朝尾直弘著　岩波書店　2003.12　377,12p　22cm　（朝尾直弘著作集　第1巻）9400円　①4-00-092611-X　Ⓝ210.5　〔11131〕
◇近世南信濃村落社会史　堀口貞幸著　令文社　1970　211p　22cm　1000円　Ⓝ215.2　〔11132〕
◇近世南信濃農村の研究　平沢清人著　日本評論社　1951　238p　22cm　Ⓝ612.152　〔11133〕
◇近世南信濃農村の研究　平沢清人著　御茶の水書房　1978.10　238p　22cm　2800円　Ⓝ612.152　〔11134〕
◇耕地と集落の歴史―香取社領村落の中世と近世　木村礎, 高島緑雄編　文雅堂銀行研究社　1969　458p　22cm　2000円　Ⓝ611.2　〔11135〕
◇豪農・村落共同体と地域社会―近世から近代へ　渡辺尚志著　柏書房　2007.4　324p　22cm　6800円　①978-4-7601-3041-2　Ⓝ210.5　〔11136〕
◇新日本史選書　第9　近世農村社会史　中村孝也著　春日書院　1958　22cm　Ⓝ210.08　〔11137〕
◇地域形成と近世社会―兵農分離制下の村と町　落合功著　岩田書院　2006.8　333p　22cm　（近世史研究叢書§広島修道大学学術選書 15§34）5900円　①4-87294-431-3　Ⓝ210.5　〔11138〕
◇帳箱の中の江戸時代史　上　近世村落史論　田中圭一著　刀水書房　1991.8　507p　22cm　6800円　①4-88708-121-9　Ⓝ210.5　〔11139〕
◇東京学芸大学近世史研究　第1号　1972年　武蔵国埼玉郡七左衛門村研究調査報告―井出家文書を中心に　小金井　〔東京学芸大学近世史研究会〕　1972　45p　25cm　Ⓝ210.5　〔11140〕
◇東京学芸大学近世史研究　2号　1973年度　武蔵国埼玉郡袋山村研究調査報告―細沼家文書を中心に　小金井　〔東京学芸大学〕近世史研究会　1974.3　70p　25cm　Ⓝ210.5　〔11141〕
◇東京学芸大学近世史研究　第3号　1980年度　下総国相馬郡野木崎村研究調査報告―椎名半之助家文書を中心に　小金井　東京学芸大学近世史研究会　1981.1　91p　26cm　Ⓝ210.5　〔11142〕
◇東京学芸大学近世史研究　第4号　武蔵国多摩郡中野村名主家堀江家文書調査報告書　東京学芸大学近世史研究会編　小金井　〔東京学芸大学〕近世史研究会　1990.6　208p　26cm　Ⓝ210.5　〔11143〕
◇遠くて近い江戸の村―上総国本小轡村の江戸時代　渡辺尚志著　流山　崙書房出版　2004.9　203p　18cm　（ふるさと文庫）1200円　①4-8455-0181-3　Ⓝ612.135　〔11144〕
◇遠江国山名郡北原川村名主足立五郎左衛門の記録文書―

近世史　　　　　　　　　　　　　　　　　　社会史

◇江戸時代後期の袋井地方の農村事情　足立五郎左衛門著　田中省三編　静岡　〔田中省三〕2006.1　1冊　30cm　（足立家文書・家普　第2）Ⓝ612.154　〔11145〕

◇土佐藩の山村構造―三谷家文書考究　間宮尚子著　高知　高知市民図書館　1978.11　260,3p　21cm　2500円　Ⓝ612.184　〔11146〕

◇名主文書にみる江戸時代の農村の暮らし　成松佐恵子著　雄山閣　2004.12　241p　22cm　3200円　Ⓘ4-639-01861-4　Ⓝ212.6　〔11147〕

◇日本近世の村と百姓的世界　白川部達夫著　校倉書房　1994.11　318p　22cm　（歴史科学叢書）7210円　Ⓘ4-7517-2430-4　Ⓝ210.5　〔11148〕

◇日本村落史講座　第3巻　景観　2　近世・近現代　日本村落史講座編集委員会編　雄山閣出版　1991.2　287p　22cm　5000円　Ⓘ4-639-01014-1,4-639-00955-0　Ⓝ210.1　〔11149〕

◇日本村落史講座　5　政治　2　近世・近現代　日本村落史講座編集委員会編　雄山閣出版　1990.11　288p　22cm　4854円　Ⓘ4-639-00996-8　Ⓝ210　〔11150〕

◇日本村落史講座　第7巻　生活　2　近世　日本村落史講座編集委員会編　雄山閣出版　1990.5　334p　22cm　4854円　Ⓘ4-639-00956-9　Ⓝ210　〔11151〕

◇日本の近世　第8巻　村の生活文化　辻達也, 朝尾直弘編　塚本学編　中央公論社　1992.9　398p　図版32p　21cm　2800円　Ⓘ4-12-403028-2　Ⓝ210.5　〔11152〕

◇幕藩制確立期の村落　高牧実著　吉川弘文館　1973　589,23p　図・地図6枚（箱入り）　22cm　4500円　Ⓝ612.1　〔11153〕

◇幕末北関東農村の研究　河内八郎著　河内八郎先生遺稿集刊行会編　名著出版　1994.6　438p　22cm　6800円　Ⓘ4-626-01492-5　Ⓝ210.5　〔11154〕

◇幕末農村構造の展開　大口勇次郎著　名著刊行会　2004.4　382p　19cm　（歴史学叢書）3500円　Ⓘ4-8390-0321-1　〔11155〕

◇幕末のスローライフ―浜浅葉日記が描く農民の暮らし　辻井善弥著　秦野　夢工房　2006.1　256p　19cm　1500円　Ⓘ4-86158-010-2　Ⓝ612.1　〔11156〕

◇旗本知行と村落　関東近世史研究会編　文献出版　1986.5　337p　22cm　7000円　Ⓝ210.5　〔11157〕

◇肥後藩農村史料　第1　松本寿三郎, 城後尚年共編　大牟田　農村史料刊行会　1968　78p　26cm　（農村史料叢書　1）非売　Ⓝ612.194　〔11158〕

◇肥後藩農村史料　2　松本寿三郎, 城後尚年共編　大牟田　農村史料刊行会　1970　69p　26cm　（農村史料叢書　4）非売　Ⓝ612.194　〔11159〕

◇肥後藩農村史料　3　松本寿三郎, 城後尚年共編　大牟田　農村史料刊行会　1972　134p　26cm　（農村史料叢書　6）非売　Ⓝ612.194　〔11160〕

◇肥後藩の農村構造　熊本女子大学歴史学研究部編　熊本　1956　211p　21cm　Ⓝ612.194　〔11161〕

◇不思議の村の子どもたち―江戸時代の間引きや捨子と社会　1　樋口政則著　名著出版　1995.3　310,13p　19cm　（おもしろ古文書館）3200円　Ⓘ4-626-01506-9　Ⓝ210.02　〔11162〕

◇不思議の村の子どもたち―江戸時代の間引きや捨子と社会　2　樋口政則著　名著出版　1995.3　294,16p　19cm　（おもしろ古文書館）3200円　Ⓘ4-626-01507-7　Ⓝ210.02　〔11163〕

◇封建村落の研究　岡光夫著　有斐閣　1963　238p　22cm　Ⓝ612.1　〔11164〕

◇民衆と豪農―幕末明治の村落社会　高橋敏著　未來社　1985.5　261p　20cm　2000円　Ⓝ210.58　〔11165〕

◇民衆と豪農―幕末明治の村落社会　高橋敏著　復刊　未來社　1998.5　262p　20cm　2800円　Ⓘ4-624-11088-9　Ⓝ210.58　〔11166〕

◇村長規矩　別府大学文学部史学科近世文書講読会編　別府　後藤重巳　1987.2　75p　21cm　（近世文書解読シリーズ　第4集）Ⓝ210.5　〔11167〕

◇村からみた日本史　田中圭一著　筑摩書房　2002.1　236p　18cm　（ちくま新書）720円　Ⓘ4-480-05928-8　Ⓝ210.5　〔11168〕

◇村と改革―近世村落史・女性史研究　菅野則子著　三省堂　1992.12　381p　22cm　7000円　Ⓘ4-385-35459-6　Ⓝ210.5　〔11169〕

◇村の語る日本の歴史　近世編1　木村礎著　そしえて　1983.12　216,10p　20cm　（そしえて文庫 9）2000円　Ⓘ4-88169-208-9　Ⓝ291.0176　〔11170〕

◇村の語る日本の歴史　近世編2　木村礎著　そしえて　1983.12　265,10p　20cm　（そしえて文庫 10）2300円　Ⓘ4-88169-209-7　Ⓝ291.0176　〔11171〕

◇村のこころ―史料が語る村びとの精神生活　木村礎著　雄山閣出版　2001.9　302p　20cm　2600円　Ⓘ4-639-01748-0　Ⓝ210.12　〔11172〕

◇村明細帳の研究　野村兼太郎著　有斐閣　1949　1122,136p　22cm　Ⓝ612.1　〔11173〕

◇由緒書と近世の村社会　井上攻著　大河書房　2003.10　412p　22cm　7600円　Ⓘ4-902417-00-6　Ⓝ210.5　〔11174〕

◇領域支配の展開と近世　杉本史子著　山川出版社　1999.7　293,17p　22cm　8500円　Ⓘ4-634-52030-3　Ⓝ210.5　〔11175〕

◇我国近世の農村問題　本庄栄治郎著　改造図書出版販売　1977.2　265p　15cm　（改造文庫覆刻版　第1期）Ⓝ612.1　〔11176〕

◆◆宮座

◇近世宮座の史的研究―紀北農村を中心として　安藤精一著　吉川弘文館　1960　179p　22cm　Ⓝ210.5　〔11177〕

◇近世宮座の成立　鳥越憲三郎著　弘文堂　1978.2　250p　22cm　2800円　Ⓝ384.1　〔11178〕

◆都市

◇描かれた近世都市　杉森哲也著　山川出版社　2003.11　106p　21cm　（日本史リブレット　44）800円　Ⓘ4-634-54440-7　Ⓝ721.024　〔11179〕

◇江戸時代に見るニッポン型環境保全の源流―「いま」と「お江戸」を重ねてみれば　農山漁村文化協会　1991.9　256p　21cm　（現代農業臨時増刊）519.21　〔11180〕

◇江戸のノイズ―監獄都市の光と闇　桜井進著　日本放送出版協会　2000.2　236p　19cm　（NHKブックス）920円　Ⓘ4-14-001879-8　Ⓝ210.5　〔11181〕

◇江戸の名所と都市文化　鈴木章生著　吉川弘文館　2001.3　276,7p　22cm　7000円　Ⓘ4-642-03367-X　Ⓝ210.5　〔11182〕

◇近世後期都市政策の研究　坂本忠久著　吹田　大阪大学出版会　2003.11　302p　21cm　6000円　Ⓘ4-87259-172-0　〔11183〕

◇近世寺院門前町の研究　平沼淑郎著, 入交好脩編　早稲田大学出版部　1957　365p　22cm　Ⓝ210.5　〔11184〕

◇近世地方都市成立史の研究　三好昭一郎著　徳島　モウラ（発売）　2006.4　493p　22cm　（喜寿記念日本史論集　第1部）Ⓝ218.1　〔11185〕

社会史　　　　　　　　　　　　　　近世史

◇近世地方都市における不動産取引と都市構成に関する史的研究―近世大津町の町絵図と沽券帳を用いて　大場修著　地域社会研究所, 第一住宅建設協会編　地域社会研究所　1996.8　29p 図版18枚　30cm　(調査研究報告書) Ⓝ361.78 〔11186〕

◇近世都市近郊農村の研究―大阪地方の農村人口　三浦忍著　京都　ミネルヴァ書房　2004.4　262p 21cm　(MINERVA人文・社会科学叢書) 3800円　①4-623-03963-3 〔11187〕

◇近世都市近郊農村の研究―大阪地方の農村人口　三浦忍著　京都　ミネルヴァ書房　2004.4　262,4p 22cm　(Minerva人文・社会科学叢書 93) 3800円　①4-623-03963-3　Ⓝ612.163 〔11188〕

◇近世都市空間の原景―村・館・市・宿・寺・社と町場の空間形成　伊藤裕久著　中央公論美術出版　2003.2　412p 26cm　24000円　①4-8055-0434-X　Ⓝ291.0173 〔11189〕

◇近世都市史の研究　安藤精一著　大阪　清文堂出版　1985.10　352p 22cm　6600円　Ⓝ210.5 〔11190〕

◇近世都市住民の研究　乾宏巳著　大阪　清文堂出版　2003.10　415p 22×15cm　8800円　①4-7924-0546-7 〔11191〕

◇近世都市住民の研究　乾宏巳著　大阪　清文堂出版　2003.10　415p 22cm　8800円　①4-7924-0546-7　Ⓝ216.3 〔11192〕

◇近世都市騒擾の研究―民衆運動史における構造と主体　岩田浩太郎著　吉川弘文館　2004.8　444p 22cm　10000円　①4-642-03384-X　Ⓝ210.5 〔11193〕

◇近世都市の社会史　菊池万雄編著　名著出版　1987.3　326,4p 22cm　2500円　Ⓝ210.5 〔11194〕

◇近世都市の成立　鈴木博之, 石山修武, 伊藤毅, 山岸常人編　東京大学出版会　2005.9　409,3p 22cm　(シリーズ都市・建築・歴史 5) 4200円　①4-13-065205-2　Ⓝ518.8 〔11195〕

◇近世都市の成立と構造　中部よし子著　新生社　1967　708p 22cm　(日本史学研究双書) Ⓝ210.5 〔11196〕

◇近世都市の組織体　国文学研究資料館編　名著出版　2005.12　379p 22cm　(史料叢書 8) 8200円　①4-626-01700-2　Ⓝ210.5 〔11197〕

◇近世都市の地域構造―その歴史地理学的研究　藤本利治著　古今書院　1976　429p 22cm　4500円　Ⓝ291.017 〔11198〕

◇近世都市論　朝尾直弘著　岩波書店　2004.5　402,10p 22cm　(朝尾直弘著作集 第6巻) 9400円　①4-00-092616-0　Ⓝ210.5 〔11199〕

◇近世日本の都市と交通　渡辺信夫編　河出書房新社　1992.4　402p 22cm　9800円　①4-309-22218-8　Ⓝ210.5 〔11200〕

◇近世日本の都市と民衆―住民結合と序列意識　渡辺浩一著　吉川弘文館　1999.2　336,14p 22cm　8200円　①4-642-03349-1　Ⓝ210.5 〔11201〕

◇近世の地方都市と町人　深井甚三著　吉川弘文館　1995.9　307,7p 22cm　7725円　①4-642-03322-X　Ⓝ210.5 〔11202〕

◇近世の都市社会史―大坂を中心に　塚田孝著　青木書店　1996.5　228p 20cm　(Aoki library―日本の歴史 近世) 2266円　①4-250-96020-X　Ⓝ210.5 〔11203〕

◇空間・公・共同体―中世都市から近世都市へ　仁木宏著　青木書店　1997.5　256p 19cm　(AOKI LIBRARY―日本の歴史) 2300円　①4-250-97021-3 〔11204〕

◇講座日本の封建都市　第1巻 総説篇　豊田武ほか編　文一総合出版　1982.5　439p 22cm　4500円　Ⓝ210.5

〔11205〕

◇港市論―平戸・長崎・横瀬浦　安野真幸著　日本エディタースクール出版部　1992.11　280p 20cm　2800円　①4-88888-196-0 〔11206〕

◇三都　守屋毅著　京都　柳原書店　1981.12　282p 20cm　(記録都市生活史 6) 2300円　①4-8409-1007-3　Ⓝ210.58 〔11207〕

◇図録都市生活史事典　原田伴彦ほか共編　柏書房　1981.11　254p 27cm　7800円　Ⓝ210.5 〔11208〕

◇図録・都市生活史事典　原田伴彦ほか編　柏書房　1991.1　261p 26cm　2800円　①4-7601-0624-3　Ⓝ210.5 〔11209〕

◇創立五十年記念 国史論集 第2　都市の地域差〔ほか〕読史会(京都大学文学部内)編　松山宏　京都　1959　22cm　Ⓝ210.04 〔11210〕

◇大系日本の歴史 10　江戸と大坂　永原慶二ほか編　竹内誠著　小学館　1993.4　465p 16cm　(小学館ライブラリー) 980円　①4-09-461010-3　Ⓝ210.1 〔11211〕

◇都市空間の近世史研究　宮本雅明著　中央公論美術出版　2005.2　718p 21cm　12000円　①4-8055-0482-X 〔11212〕

◇都市と近世社会を考える―信長・秀吉から綱吉の時代まで　朝尾直弘著　朝日新聞社　1995.5　337,17p 20cm　2800円　①4-02-256854-2　Ⓝ210.5 〔11213〕

◇都市の周縁に生きる　塚田孝編　吉川弘文館　2006.12　235p 20cm　(身分的周縁と近世社会 4) 3000円　①4-642-06560-1　Ⓝ210.5 〔11214〕

◇日本近世都市論　松本四郎著　東京大学出版会　1983.5　327,5p 22cm　3800円　Ⓝ210.5 〔11215〕

◇日本政治社会史研究 下　岸俊男教授退官記念会編　塙書房　1985.3　593p 22cm　8800円　Ⓝ210.04 〔11216〕

◇日本都市生活史料集成 1　三都篇 1　原田伴彦等編集代表　学習研究社　1977.7　642p 27cm　17000円　Ⓝ210.5 〔11217〕

◇日本都市生活史料集成 2　三都篇 2　原田伴彦等編集代表　学習研究社　1977.10　724p 27cm　17000円　Ⓝ210.5 〔11218〕

◇日本都市生活史料集成 3　城下町篇 1　編集代表：原田伴彦　学習研究社 文彩社(編集制作)　1975　664p 27cm　17000円　Ⓝ210.5 〔11219〕

◇日本都市生活史料集成 4　城下町篇 2　編集代表：原田伴彦　学習研究社 文彩社(編集制作)　1975　661p 27cm　17000円　Ⓝ210.5 〔11220〕

◇日本都市生活史料集成 5　城下町篇 3　編集代表：原田伴彦等　学習研究社 文彩社(編集製作)　1976　705p 27cm　17000円　Ⓝ210.5 〔11221〕

◇日本都市生活史料集成 6　港町篇 1　原田伴彦ほか編集　学習研究社　1975.10　680p 27cm　17000円　Ⓝ210.5 〔11222〕

◇日本都市生活史料集成 7　港町篇 2　編集代表：原田伴彦等　学習研究社 文彩社(編集製作)　1976　741p 27cm　17000円　Ⓝ210.5 〔11223〕

◇日本都市生活史料集成 8　宿場町篇　原田伴彦ほか編集　学習研究社　1977.1　782p 27cm　17000円　Ⓝ210.5 〔11224〕

◇日本都市生活史料集成 9　門前町篇　原田伴彦等編集代表　学習研究社　1977.4　774p 27cm　17000円　Ⓝ210.5 〔11225〕

◇日本都市生活史料集成 10　在郷町篇　原田伴彦ほか編集　学習研究社　1978.10　727p 27cm　17000円　Ⓝ210.5 〔11226〕

◇日本の近世　第9巻　都市の時代　辻達也,朝尾直弘編　吉田伸之編　中央公論社　1992.11　378p　図版32p　21cm　2800円　④4-12-403029-0　Ⓝ210.5　〔11227〕

◇日本の近世　第17巻　東と西江戸と上方　辻達也,朝尾直弘編　青木美智男編　中央公論社　1994.3　394p　図版32p　21cm　2800円　④4-12-403037-1　Ⓝ210.5　〔11228〕

◇日本の町　第2　封建都市の諸問題　地方史研究協議会編　雄山閣出版　1959　393p　図版　表　地　19cm　Ⓝ210.04　〔11229〕

◇日本の町　第3　幕末・明治期における都市と農村　地方史研究協議会編　雄山閣出版　1961　361p　19cm　Ⓝ210.04　〔11230〕

◇幕末維新期の都市と経済　松本四郎著　校倉書房　2007.6　346p　22cm　(歴史科学叢書)9000円　①978-4-7517-3870-2　Ⓝ210.58　〔11231〕

◇幕末都市社会の研究　南和男著　塙書房　1999.2　410p　22cm　7800円　④4-8273-1160-9　Ⓝ210.58　〔11232〕

◇原田伴彦著作集　別巻　近世都市騒擾史　京都　思文閣出版　1982.6　459,8p　20cm　2900円　Ⓝ210.1　〔11233〕

◇本庄栄治郎著作集　第7冊　三都の研究　大阪　清文堂出版　1973　531p　22cm　5000円　Ⓝ332.1　〔11234〕

◇町に住まう知恵―上方三都のライフスタイル　谷直樹著　平凡社　2005.4　357p　20cm　2500円　④4-582-54430-4　Ⓝ521.86　〔11235〕

◇まちの成立とにぎわい―企画展　会津若松　福島県立博物館　1989.7　79p　26cm　Ⓝ210.5　〔11236〕

◆◆城下町

◇上原城下町遺跡　茅野市教育委員会編　茅野　茅野市教育委員会　2005.3　38p　図版8p　30cm　Ⓝ210.0254　〔11237〕

◇大坂城下町跡　2　大阪市文化財協会編　大阪　大阪市文化財協会　2004.9　486,8,7p　図版4枚,58p　30cm　④4-900687-84-7　Ⓝ210.0254　〔11238〕

◇巨大城下町江戸の分節構造　吉田伸之著　山川出版社　2000.1　385,5p　22cm　6500円　④4-634-52070-2　Ⓝ210.5　〔11239〕

◇近世城下町の研究　小野均著　至文堂　1928　298p　23cm　(国史研究叢書　第7編)Ⓝ210.5　〔11240〕

◇近世城下町の研究　小野晃嗣著　増補版　法政大学出版局　1993.1　360p　22cm　(叢書・歴史学研究)8034円　④4-588-25042-6　Ⓝ210.5　〔11241〕

◇近世城下町のルーツ・長浜―秀吉の城と城下町　特別展覧会　市立長浜城歴史博物館編　長浜　市立長浜城歴史博物館　2002.2　95p　20×22cm　Ⓝ216.1　〔11242〕

◇城下町古地図散歩　9　江戸・関東の城下町　平凡社　1998.10　167p　29cm　(太陽コレクション)2800円　④4-582-94319-5　Ⓝ210.1　〔11243〕

◇城下町探訪　1　藤島亥治郎著　千人社　1978.12　222p　20cm　(歴史選書 1)980円　Ⓝ291.017　〔11244〕

◇城下町探訪　1　藤島亥治郎著　千人社　1982.4　222p　20cm　(歴史選書 1)1300円　④4-87574-301-7　Ⓝ291.017　〔11245〕

◇城下町探訪　2　藤島亥治郎著　千人社　1979.4　222p　20cm　(歴史選書 6)980円　Ⓝ291.017　〔11246〕

◇城下町の記憶―写真が語る彦根城今昔　城下町彦根を考える会編　西川幸治著　彦根　サンライズ出版　2007.3　113p　27cm　2000円　①978-4-88325-326-5　Ⓝ216.1　〔11247〕

◇城下町の地域構造　矢守一彦編　名著出版　1987.1　492p　22cm　(日本城郭史研究叢書 第12巻)6500円　④4-626-01290-6　Ⓝ291.017　〔11248〕

◇城下町の歴史地理学的研究　松本豊寿著　吉川弘文館　1967　385p　22cm　Ⓝ291.017　〔11249〕

◇城下町・松本―町と暮らしと人々と　松本城物語実行委員会編　長野　銀河書房　1993.7　155p　29cm　2000円　Ⓝ215.2　〔11250〕

◇城と城下町　石井進,千田嘉博監修　山川出版社　1999.7　123,15p　21cm　(文化財探訪クラブ 6)1600円　④4-634-22260-4　Ⓝ521.82　〔11251〕

◇高山旧城下町の町並み―下二之町・大新町地区伝統的建造物群保存対策調査報告　高山　高山市教育委員会　2003.3　103p　30cm　Ⓝ521.86　〔11252〕

◇藩と城下町の事典―国別　二木謙一監修　工藤寛正編　東京堂出版　2004.9　661p　23cm　6600円　④4-490-10651-3　Ⓝ210.5　〔11253〕

◇よみがえる小倉城下町　北九州　北九州市立考古博物館　1992.9　57p　26cm　Ⓝ210.2　〔11254〕

◆◆江戸

◇一日江戸人　杉浦日向子著　新潮社　2005.4　264p　15cm　(新潮文庫)438円　④4-10-114917-8　〔11255〕

◇江戸アルキ帖　杉浦日向子著　新潮社　1989.4　258p　16cm　(新潮文庫)640円　④4-10-114911-9　Ⓝ210.5　〔11256〕

◇江戸あるき西ひがし　早乙女貢著　小学館　1999.10　288,16p　16cm　(小学館文庫)600円　④4-09-403611-3　Ⓝ915.6　〔11257〕

◇江戸へようこそ　杉浦日向子著　筑摩書房　1986.8　234p　19cm　(ちくまぶっくす 63)900円　④4-480-05063-9　Ⓝ702.15　〔11258〕

◇江戸へようこそ　杉浦日向子著　筑摩書房　1989.1　247p　15cm　(ちくま文庫)380円　④4-480-02286-4　Ⓝ702.15　〔11259〕

◇江戸を歩く　田中優子著　石山貴美子写真　集英社　2005.11　206p　18cm　(集英社新書ヴィジュアル版)1000円　④4-08-720316-6　〔11260〕

◇江戸・王権のコスモロジー　内藤正敏著　法政大学出版局　2007.6　344p　19cm　(内藤正敏民俗の発見 3)3500円　①978-4-588-27043-7　〔11261〕

◇江戸を知る事典　加藤貴編　東京堂出版　2004.6　364p　20cm　2800円　④4-490-10647-5　Ⓝ210.5　〔11262〕

◇「江戸」を楽しむ　今野信雄著　朝日新聞社　1994.8　286p　15cm　(朝日文庫)580円　④4-02-261030-1　Ⓝ210.5　〔11263〕

◇江戸を楽しむ―三田村鳶魚の世界　山本博文著　中央公論社　1997.9　246p　20cm　1350円　④4-12-002714-7　Ⓝ210.5　〔11264〕

◇江戸表御用留帳の研究　中谷一正著　大阪　中谷一正　1988　1冊　26cm　〔11265〕

◇江戸懐古録　熊田葦城著　奠都記念会　1918　Ⓝ291.36　〔11266〕

◇江戸学入門　西山松之助著　筑摩書房　1981.6　288p　20cm　1900円　Ⓝ210.5　〔11267〕

◇江戸学入門―衣・食・医・ことば　東洋大学井上円了記念学術センター編　すずさわ書店　1997.9　180p　19cm　(えっせんてぃあ選書 5)1600円　④4-7954-0131-4　Ⓝ210.5　〔11268〕

◇江戸楽のすすめ・生きる　江戸の良さを見なおす会編　新風舎　2007.4　157p　19cm　1400円

◇江戸気質と上方気質―日本人の生きかた　興津要著　早稲田大学出版部　1983.8　55p　19cm　（リカレントブックス 7）450円　Ⓝ210.5　〔11270〕

◇江戸記念博覧会案内　江戸記念博覧会編　寺岡弥三郎　1915　112p　図版16p　15cm　Ⓝ210.5　〔11271〕

◇江戸脚本中幕物　行友李風編　梁江堂書店　1914　126p　15cm　（カナメ叢書 第3編）Ⓝ912　〔11272〕

◇江戸旧事考　小宮山綏介編　江戸会　1892　3冊（7巻）23cm　Ⓝ380　〔11273〕

◇江戸近郊八景　広重画　酒井好古堂　1916　Ⓝ721.8　〔11274〕

◇江戸空間―100万都市の原景　石川英輔著　コナミ出版　1987.12　222p　19cm　1500円　①4-87655-003-4　Ⓝ210.5　〔11275〕

◇江戸空間――一〇〇万都市の原景　石川英輔著　評論社　1993.8　334p　20cm　2400円　①4-566-05259-1　Ⓝ212.6　〔11276〕

◇江戸現在広益諸家人名録　2・3編　扇面亭編　風俗絵巻図画刊行会〔ほか〕　1919　102p　19cm　（芸苑叢書第1期）Ⓝ281.03　〔11277〕

◇江戸―現代に続く粋の原点　小山観翁著　グラフ社　1988.1　222p　18cm　（ふくろうブックス）780円　①4-7662-0169-8　Ⓝ210.5　〔11278〕

◇江戸検定手習帖「江戸」のいろは　上級編　萩原裕雄グループ編著　コアラブックス（発売）　2006.9　204p　19cm　1300円　①4-86097-211-2　〔11279〕

◇江戸検定手習帖「江戸」のいろは　中級編　萩原裕雄グループ編著　コアラブックス（発売）　2006.8　204p　19cm　1300円　①4-86097-207-4　〔11280〕

◇江戸検定手習帖「江戸」のいろは　日本橋神田編　萩原裕雄グループ編著　コアラブックス（発売）　2006.12　200p　19cm　1300円　①4-86097-219-8　〔11281〕

◇江戸検定手習帖「江戸」のいろは　入門編　萩原裕雄グループ編　第2版　コアラブックス（発売）　2006.10（第3刷）　200p　19cm　1300円　①4-86097-206-6　〔11282〕

◇江戸検定手習帖「江戸」のいろは　上級編　萩原裕雄グループ編著　シーエイチシー, コアラブックス〔発売〕　2006.9　204p　19cm　1300円　①4-86097-211-2　〔11283〕

◇江戸検定手習帖「江戸」のいろは　中級編　萩原裕雄グループ編著　シーエイチシー, コアラブックス〔発売〕　2006.8　204p　19cm　1300円　①4-86097-207-4　〔11284〕

◇江戸検定手習帖「江戸」のいろは　日本橋・神田編　萩原裕雄グループ著　シーエイチシー, コアラブックス〔発売〕　2006.12　200p　19cm　1300円　①4-86097-219-8　〔11285〕

◇江戸検定手習帖「江戸」のいろは　入門編　萩原裕雄グループ編　シーエイチシー, コアラブックス〔発売〕　2006.7　200p　19cm　1300円　①4-86097-206-6　〔11286〕

◇江戸検定手習帖「江戸」のいろは　吉宗編　萩原裕雄グループ編　シーエイチシー, コアラブックス〔発売〕　2006.9　204p　19cm　1300円　①4-86097-212-0　〔11287〕

◇江戸こぼれ話　文藝春秋編　文藝春秋　1996.9　239p　16cm　（文春文庫）420円　①4-16-721757-0　Ⓝ210.5　〔11288〕

◇江戸ごよみ十二ヶ月―季節とあそぶ旧暦でめぐる四季のくらし　高橋達郎文　人文社　2007.9　143p　22cm　（ものしりミニシリーズ）1400円　①978-4-7959-1989-1　Ⓝ386.1361　〔11289〕

◇江戸散策　杉本苑子著　毎日新聞社　1978.2　222p　20cm　（江戸シリーズ 12）980円　Ⓝ210.5　〔11290〕

◇江戸散策―歴史エッセイ　杉本苑子著　旺文社　1985.5　253p　16cm　（旺文社文庫）360円　①4-01-064314-5　Ⓝ210.5　〔11291〕

◇江戸三度　村松七九著　金沢　村松七九　1917　22,42p　22cm　Ⓝ682　〔11292〕

◇江戸三百年　3　江戸から東京へ　西山松之助, 小木新造編　講談社　1976　228p　18cm　（講談社現代新書）370円　Ⓝ210.5　〔11293〕

◇江戸300年の舞台裏―ここが一番おもしろい！　歴史の謎研究会編　青春出版社　2007.8　237p　19cm　476円　①978-4-413-00900-3　Ⓝ210.5　〔11294〕

◇江戸散歩・東京散歩―切り絵図・古地図で楽しむ, 最新東京地図で歩く100の町と道　成美堂出版編集部編　成美堂出版　2005.3　144p　26cm　（Seibido mook）1400円　①4-415-10139-9　〔11295〕

◇江戸史跡事典　上巻　新人物往来社編　新人物往来社　2007.3　288p　21cm　9000円　①978-4-404-03452-6　〔11296〕

◇江戸史跡事典　中巻　新人物往来社編　新人物往来社　2007.3　304p　21cm　9000円　①978-4-404-03453-3　〔11297〕

◇江戸史跡事典　下巻　新人物往来社編　新人物往来社　2007.3　276p　21cm　9000円　①978-4-404-03454-0　〔11298〕

◇江戸時代史　三上参次著　富山房　1943-1944　2冊　22cm　Ⓝ210.5　〔11299〕

◇江戸時代小説はやわかり―江戸の暮らしがよく分かる　人文社編集部企画・編　人文社　2006.1　153p　26cm　（時代小説シリーズ別冊）1900円　①4-7959-1935-6　〔11300〕

◇江戸時代史論　日本歴史地理学会編　仁友社　1915　644p　22cm　Ⓝ210.5　〔11301〕

◇江戸時代図誌　4　江戸　1　赤井達郎等編　西山松之助, 吉原健一郎編　筑摩書房　1975　178,7p　30cm　1800円　〔11302〕

◇江戸時代図誌　5　江戸　2　赤井達郎等編　西山松之助, 竹内誠編　筑摩書房　1976　176,5p　30cm　1800円　Ⓝ210.5　〔11303〕

◇江戸時代図誌　6　江戸　3　赤井達郎等編　筑摩書房　1977.2　167,6p　30cm　1800円　Ⓝ210.5　〔11304〕

◇江戸時代年鑑　遠藤元男著　新装版　雄山閣　2004.10　348,61p　21cm　4700円　①4-639-01860-6　〔11305〕

◇江戸時代論　佐々木潤之介著　吉川弘文館　2005.9　433,13p　20cm　3000円　①4-642-07945-9　Ⓝ210.5　〔11306〕

◇江戸市中形成史の研究　水江漣子著　弘文堂　1977.6　406,9p　22cm　4800円　Ⓝ210.5　〔11307〕

◇江戸城と大名屋敷を歩く　滝尾紀子著　大月書店　1994.12　110p　20cm　（こだわり歴史散策 2）1400円　①4-272-61072-4　Ⓝ291.36　〔11308〕

◇江戸資料展　出版地不明　日比谷図書館　出版年不明　36p　26cm　〔11309〕

◇江戸隅田川界隈　中尾達郎著　三弥井書店　1996.11　303p　20cm　2800円　①4-8382-9033-0　Ⓝ291.361　〔11310〕

◇江戸東京学　小木新造著　都市出版　2005.8　225p

近世史　　　　　　　　　　　　　　　　　　　　　社会史

　19cm　1714円　ⓘ4-901783-19-X　Ⓝ213.61　〔11311〕
◇江戸・東京近郊の史的空間―地方史研究協議会第53回東京大会成果論集　地方史研究協議会編　雄山閣　2003.10　307p　21cm　5700円　ⓘ4-639-01825-8　〔11312〕
◇江戸東京古地図―どんな町？どう変わった？世界の大都市・大江戸八百八町400年の歴史を散歩する　正井泰夫監修　インターナショナル・ワークス編著　幻冬舎　2004.1　95p　26cm　1000円　ⓘ4-344-00453-1　Ⓝ213.61　〔11313〕
◇江戸と東京　槌川満文,大串夏夕,佐藤健二,吉見俊哉編〔復刻版〕明石書店　1991.4　4冊(セット)　21cm　82400円　〔11314〕
◇江戸とパリ　鵜川馨他編　岩田書院　1995.2　683p　22cm　15244円　ⓘ4-900697-25-7　Ⓝ210.5　〔11315〕
◇江戸という幻景　渡辺京二著　福岡　弦書房　2004.6　259p　20cm　2400円　ⓘ4-902116-21-9　Ⓝ210.5　〔11316〕
◇「江戸」な生き方―粋・意地・色の町人生活　小菅宏著　徳間書店　2008.1　261p　15cm　(徳間文庫)590円　ⓘ978-4-19-892702-2　〔11317〕
◇江戸にぞっこん―風流な暮らし案内　菊地ひと美著　中央公論新社　2006.11　166p　16cm　(中公文庫)838円　ⓘ4-12-204777-3　Ⓝ384.2　〔11318〕
◇江戸に就ての話　岡本綺堂著,岸井良衛編　青蛙房　1987.10　517p　20cm　3000円　Ⓝ914.6　〔11319〕
◇江戸に就ての話　増訂版　岡本綺堂著,岸井良衛編　青蛙房　1960　493p　19cm　Ⓝ382.1　〔11320〕
◇江戸日記―寛政元年己酉　高山彦九郎著　筑後史談会編　久留米　筑後史談会　1928　1冊　13×19cm　Ⓝ289.1　〔11321〕
◇江戸に和む　根本裕子著　文芸社　2005.9　203p　19cm　1400円　ⓘ4-286-00249-7　Ⓝ382.1　〔11322〕
◇江戸に学ぶ粋のこころ　小山観翁著　グラフ社　2006.2　220p　19cm　1300円　ⓘ4-7662-0952-4　Ⓝ210.5　〔11323〕
◇江戸年代記　磐瀬玄策編　吉川弘文館　1909.7　94p　18cm　Ⓝ210.5　〔11324〕
◇江戸の意気　田中優子編著　求龍堂　2003.10　224p　21cm　(サクセスフルエイジング―SA読本 v.4)1200円　ⓘ4-7630-0323-2　Ⓝ367.7　〔11325〕
◇江戸の祈り―信仰と願望　江戸遺跡研究会編　吉川弘文館　2004.11　304p　21cm　6600円　ⓘ4-642-03394-7　〔11326〕
◇江戸の懐古　田中優子監修　講談社　2006.2　494p　15cm　(講談社学術文庫)1400円　ⓘ4-06-159748-5　〔11327〕
◇江戸の蛙　桜田壬午郎著　三鈴社　1947　172p　19cm　Ⓝ291.36　〔11328〕
◇江戸の〈かたち〉を歩く―八百八町に秘められた○△□とは？　宮崎興二著　祥伝社　2007.7　286p　16cm　(祥伝社黄金文庫)571円　ⓘ978-4-396-31436-1　Ⓝ382.1　〔11329〕
◇江戸の巷説　竜居松之助　国史講習会　1917　240p　19cm　Ⓝ210.5　〔11330〕
◇江戸のごみ・東京のごみ―杉並から見た廃棄物処理の社会史　平成9年度企画展　東京都杉並区立郷土博物館編　杉並区立郷土博物館　1997.10　44p　30cm　400円　Ⓝ518.52　〔11331〕
◇江戸の今昔　歌川広重著　東々亭主人編　湯島写真場　1932　108p　23cm　Ⓝ291.36　〔11332〕
◇江戸の盛り場　伊藤晴雨著　春潮社　1947　160p　A5　120円　〔11333〕
◇江戸の盛り場　海野弘著　青土社　1995.11　549p　20cm　2600円　ⓘ4-7917-5377-1　Ⓝ291.36　〔11334〕
◇江戸の実話　三田村鳶魚著　政教社　1936　408p　19cm　Ⓝ210.5　〔11335〕
◇江戸の城と川　塩見鮮一郎著　批評社　1992.5　158p　21cm　(Series地図を読む 1)1700円　ⓘ4-89175-156-8　Ⓝ291.36　〔11336〕
◇江戸の人生論―木枯し紋次郎のことわざ漫歩　笹沢左保著　光文社　1999.10　243p　16cm　(光文社文庫)457円　ⓘ4-334-72902-9　Ⓝ914.6　〔11337〕
◇江戸のすがた　斎藤隆三著　雄山閣　1936　249p　22cm　Ⓝ210.5　〔11338〕
◇江戸の助け合い　芳賀登,光田憲雄,谷田部隆博著　つくばね舎　2004.1　253p　21cm　1900円　ⓘ4-924836-62-1　Ⓝ210.5　〔11339〕
◇江戸の都市計画　鈴木理生著　三省堂　1988.10　278p　20cm　(都市のジャーナリズム)1800円　ⓘ4-385-41215-4　Ⓝ518.8　〔11340〕
◇江戸の華―21世紀を江戸時代に　横山芳郎著　新潟　考古堂書店　2004.9　260p　19cm　1715円　ⓘ4-87499-617-5　Ⓝ210.5　〔11341〕
◇江戸の広場　吉田伸之,長島弘明,伊藤毅編　東京大学出版会　2005.7　228p　26cm　4500円　ⓘ4-13-020138-7　Ⓝ213.6　〔11342〕
◇江戸の町づくりと神田川　唐沢勝敏ほか編著　文京区教育委員会生涯学習部文化振興課　2004.3　59p　30cm　(文の京史跡散歩 2)200円　Ⓝ291.361　〔11343〕
◇江戸の町づくりと神田川　唐沢勝敏,榎本幸弘,池田悦夫,高杉美彦編著　第2版　文京区教育委員会生涯学習部文化振興課　2005.3　59p　30cm　(文の京史跡散歩 2)200円　Ⓝ291.361　〔11344〕
◇江戸の町並み景観復元図―御府内中心部　立川博章原図著　竹内誠,吉原健一郎監修　内外地図　2003.12　60p　31cm　3800円　ⓘ4-9901862-0-6　Ⓝ213.61　〔11345〕
◇江戸の町並み景観復元図―御府内上野・浅草周辺　立川博章原図著　竹内誠,吉原健一郎監修　内外地図　2004.7　74p　31cm　3800円　ⓘ4-9901862-1-4　Ⓝ213.61　〔11346〕
◇江戸の町は骨だらけ　鈴木理生著　筑摩書房　2004.8　275p　15cm　(ちくま学芸文庫)1100円　ⓘ4-480-08871-7　Ⓝ213.61　〔11347〕
◇江戸の無意識―都市空間の民俗学　桜井進著　講談社　1991.12　211p　18cm　(講談社現代新書)600円　ⓘ4-06-149079-6　Ⓝ210.5　〔11348〕
◇江戸の夢の島　伊藤好一著　吉川弘文館　1982.9　190p　19cm　(江戸選書 9)1200円　Ⓝ518.52　〔11349〕
◇江戸のリッチモンド―あこがれの王子・飛鳥山展　平成16年度企画展図録　北区飛鳥山博物館編　東京都北区教育委員会　2005.3　48p　30cm　Ⓝ213.61　〔11350〕
◇江戸博覧強記―江戸文化歴史検定公式テキスト「上級編」　江戸文化歴史検定協会編　小学館　2007.6　406p　21cm　2400円　ⓘ978-4-09-626602-1　〔11351〕
◇江戸はこうして造られた―幻の百年を復原する　鈴木理生著　筑摩書房　2000.1　349p　15cm　(ちくま学芸文庫)1100円　ⓘ4-480-08539-4　〔11352〕
◇江戸発掘　扇浦正義著　名著出版　1993.2　151,5p　22cm　2800円　ⓘ4-626-01477-1　Ⓝ210.2　〔11353〕
◇江戸八百八町―史実に見る政治と社会　川崎房五郎著　桃源社　1967　363p　19cm　(桃源選書)210.5

〔11311～11353〕　　　　　　　　　日本近世史図書総覧 明治～平成　273

◇江戸八百八町　川崎房五郎著　新版　光風社出版　1983.9　365p　19cm　1200円　Ⓘ4-87519-720-9　Ⓝ210.5　〔11355〕

◇江戸ばなし　其2　三田村鳶魚著　大東出版社　1943　256p　19cm　Ⓝ213.6　〔11356〕

◇江戸は夢か　水谷三公著　筑摩書房　2004.2　301p　15cm　（ちくま学芸文庫）1400円　Ⓘ4-480-08809-1　〔11357〕

◇江戸版画名作稀版―高見沢版　1-3　丹緑画堂　1935-1936　図版6枚　53cm　Ⓝ733　〔11358〕

◇江戸百話　三田村鳶魚著　大日社　1939　536p　20cm　Ⓝ210.5　〔11359〕

◇江戸風俗惣まくり　春の紅葉―全三冊　江戸実情誠斎雑記1-4　川崎重恭編　向山源太夫編　江戸叢書刊行会　1917　55,142,372p　23cm　（江戸叢書 巻の8）Ⓝ382.1　〔11360〕

◇江戸深川華づくし　中山幹雄著　読売新聞社　1996.10　263p　19cm　1400円　Ⓘ4-643-96083-3　Ⓝ291.361　〔11361〕

◇江戸深川猟師町の成立と展開　高山慶子著　名著刊行会　2007.12　309,15p　21cm　7000円　Ⓘ978-4-8390-0332-6　〔11362〕

◇江戸武家地の研究　岩淵令治著　塙書房　2004.11　678,30p　21cm　12000円　Ⓘ4-8273-1188-9　〔11363〕

◇江戸府内絵本風俗往来　菊池貴一郎（芦乃葉散人）著　東陽堂　1905.12　2冊（上・中・下編）　24cm　Ⓝ380　〔11364〕

◇江戸への新視点　高階秀爾,田中優子編　新書館　2006.12　246p　19cm　1600円　Ⓘ4-403-21091-0　〔11365〕

◇江戸編年事典　稲垣史生編　青蛙房　1966　679p　20cm　Ⓝ210.5　〔11366〕

◇江戸・町づくし稿　上巻　岸井良衛著　新装版　青蛙房　2003.11　354p　20×18cm　4700円　Ⓘ4-7905-0515-4　〔11367〕

◇江戸・町づくし稿　中巻　岸井良衛著　新装版　青蛙房　2003.12　379p　20cm　4700円　Ⓘ4-7905-0516-2　Ⓝ291.361　〔11368〕

◇江戸町の風光―立正大学文学部公開講座録　坂詰秀一編　名著出版　1989.9　216p　19cm　1500円　Ⓘ4-626-01357-0　Ⓝ210.5　〔11369〕

◇江戸見立本の研究　小林ふみ子,鹿倉秀典,延広真治,広部俊也,松田高行ほか編　汲古書院　2006.2　352,17p　21cm　7500円　Ⓘ4-7629-3546-8　〔11370〕

◇江戸名勝詩　大沼枕山著　大沼新吉,大沼嘉禰校　下谷吟社　1878.10　16丁　24cm　Ⓝ919　〔11371〕

◇江戸名所記　浅井了意著　多麻史談会　1947　144p　A5　15円　〔11372〕

◇江戸名所記―全七巻　青標紙―前・後編　慶長見聞集―全十巻　浅井了意著　大野広城編　三浦浄心著　江戸叢書刊行会　1916　160,124,288p　23cm　（江戸叢書 巻の2）Ⓝ291.36　〔11373〕

◇江戸名所花暦　岡山鳥編　長谷川雪旦画　博文館　1893.12　2冊（春・夏,秋・冬之部合本）　23cm　Ⓝ213.6　〔11374〕

◇江戸名所花暦　岡山鳥編　長谷川雪旦画　博文館　1894.5　4冊　23cm　Ⓝ213.6　〔11375〕

◇江戸名所花暦　岡山鳥編　長谷川雪旦画　吉川弘文館　1911.7　204p　15cm　（錦葵文庫 第1輯2編）Ⓝ213.6　〔11376〕

◇江戸名所百人一首　近藤清春筆　米山堂　1918　65丁　23cm　（続変態百人一首 第92冊）Ⓝ911.19　〔11377〕

◇江戸名物評判記案内　中野三敏著　岩波書店　1985.9　228p　18cm　（岩波新書）480円　Ⓝ210.5　〔11378〕

◇江戸名物評判記集成　中野三敏著　岩波書店　1987.6　432p　23cm　9000円　Ⓘ4-00-000200-7　Ⓝ210.5　〔11379〕

◇江戸物語　和田維四郎編　和田維四郎　1916　Ⓝ291.36　〔11380〕

◇江戸物語　細田隆善著　ノンブル　1988.9　228,8,12p　19cm　1800円　Ⓘ4-931117-08-2　Ⓝ210.5　〔11381〕

◇江戸ものしり話　江戸野次馬クラブ編　ごま書房　1982.2　273p　19cm　（ゴマブックス）750円　Ⓝ210.5　〔11382〕

◇江戸ものしり475の考証―時代劇が3倍も4倍も楽しくなる本　稲垣史生著　新版　ロングセラーズ　1982.7　246p　18cm　（ムックの本）730円　Ⓘ4-8454-0146-0　Ⓝ210.5　〔11383〕

◇江戸よいとこ　星川清司著　平凡社　1997.7　197p　20cm　1400円　Ⓘ4-582-46809-8　Ⓝ210.5　〔11384〕

◇江戸は心意気　山本一力著　朝日新聞社　2007.6　242p　19cm　1200円　Ⓘ978-4-02-250297-1　Ⓝ914.6　〔11385〕

◇江戸は過ぎる―史話　河野桐谷編　新人物往来社　1969　329p　20cm　1200円　Ⓝ210.58　〔11386〕

◇江戸は燃えているか　野口武彦著　文藝春秋　2006.7　285p　20cm　1952円　Ⓘ4-16-325080-8　Ⓝ210.58　〔11387〕

◇江戸は夢か　水谷三公著　筑摩書房　2004.2　301p　15cm　（ちくま学芸文庫）1400円　Ⓘ4-480-08809-1　Ⓝ210.5　〔11388〕

◇お江戸案内パッケージツアーガイド　源草社編　人文社　2007.10　143p　21cm　（ものしりミニシリーズ）1400円　Ⓘ978-4-7959-1990-7　〔11389〕

◇お江戸でござる　杉浦日向子監修　新潮社　2006.7　288p　16cm　（新潮文庫）476円　Ⓘ4-10-114920-8　Ⓝ210.5　〔11390〕

◇お江戸の事情―こんな裏があったのか!! しょーもない珍疑問から歴史のウソ・ホントまで　三浦竜著　青春出版社　1994.12　254p　15cm　（青春best文庫）480円　Ⓘ4-413-08228-1　Ⓝ210.5　〔11391〕

◇「お江戸」の素朴な大疑問―住宅事情からゴミ問題・犯罪・盛り場のことまで　中江克己著　PHP研究所　2005.11　282p　15cm　（PHP文庫）571円　Ⓘ4-569-66548-9　〔11392〕

◇お江戸の話　三田村鳶魚著　雄山閣　1924　278p　19cm　Ⓝ210.5　〔11393〕

◇お江戸八百八町地下探険図録―東京の遺跡展　東京都教育委員会,朝日新聞社編　東京都教育委員会　1991.2　111p　24cm　Ⓝ210.2　〔11394〕

◇お江戸風流さんぽ道　杉浦日向子著　小学館　2005.7　243p　15cm　（小学館文庫）571円　Ⓘ4-09-402362-3　Ⓝ210.5　〔11395〕

◇大江戸を遊ぶ―「のむ・うつ・かう」の風俗百科　渡辺誠著　三修社　2006.9　223p　19cm　1600円　Ⓘ4-384-04094-6　Ⓝ210.5　〔11396〕

◇大江戸を歩く　浅草寺日並記研究会編　浅草寺日並記研究会　2004.6　311p　19cm　1500円　Ⓘ4-8087-0757-8　Ⓝ210.5　〔11397〕

◇大江戸おもしろ帳―大奥から庶民の日常まで！　大江戸研究会編　コスミック出版　2007.3　223p　18cm　（コスミック新書）838円　Ⓘ978-4-7747-0682-5　〔11398〕

◇大江戸観光　杉浦日向子著　筑摩書房　1987.5　227p　20cm　1200円　Ⓘ4-480-85385-5　Ⓝ702.15　〔11399〕

◇大江戸"奇人変人"かわら版　中江克己著　新潮社　2005.1　296p　15cm　（新潮文庫）438円　Ⓘ4-10-116331-6　〔11400〕

◇大江戸綺談　八切止夫著　日本シェル出版　1983.6　255p　18cm　1380円　Ⓝ210.04　〔11401〕

◇大江戸曲者列伝―太平の巻　野口武彦著　新潮社　2006.1　255p　18cm　（新潮新書）720円　Ⓘ4-10-610152-1　〔11402〕

◇大江戸曲者列伝―幕末の巻　野口武彦著　新潮社　2006.2　220,9P　18cm　（新潮新書）720円　Ⓘ4-10-610156-4　〔11403〕

◇大江戸曲者列伝　太平の巻　野口武彦著　新潮社　2006.1　255p　18cm　（新潮新書）720円　Ⓘ4-10-610152-1　Ⓝ281.04　〔11404〕

◇大江戸見聞録―江戸文化歴史検定公式テキスト「初級編」　江戸文化歴史検定協会編　小学館　2006.7　191p　21cm　1714円　Ⓘ4-09-626601-9　〔11405〕

◇大江戸巷談八百八町　北村鮭彦著　六興出版　1983.10　273p　19cm　1200円　Ⓝ210.5　〔11406〕

◇大江戸座談会　竹内誠監修　柏書房　2006.12　335p　21cm　2800円　Ⓘ4-7601-3043-8　〔11407〕

◇大江戸散歩絵図　松本哉著　新人物往来社　1996.12　203p　20cm　2500円　Ⓘ4-404-02442-8　Ⓝ291.361　〔11408〕

◇大江戸下町散歩　2006年版　昭文社　2005.11　127p　26cm　（マップルマガジン 133）800円　Ⓘ4-398-24627-4　Ⓝ291.361　〔11409〕

◇大江戸庶民いろいろ事情　石川英輔著　講談社　2005.1　333p　15cm　（講談社文庫）571円　Ⓘ4-06-274981-5　Ⓝ210.5　〔11410〕

◇大江戸図鑑　武家編　東京都江戸東京博物館監修　朝倉書店　2007.10　188p　38cm　24000円　Ⓘ978-4-254-53016-2　Ⓝ210.5　〔11411〕

◇大江戸世相夜話―奉行、髪結い、高利貸し　藤田覚著　中央公論新社　2003.11　224p　18cm　（中公新書）740円　Ⓘ4-12-101723-4　Ⓝ210.5　〔11412〕

◇大江戸探索―浮世絵と写真に見る江戸の今昔　企画展　たばこと塩の博物館　1993　14p　26cm　〔11413〕

◇大江戸調査網　栗原智久著　講談社　2007.1　215p　19cm　（講談社選書メチエ 380）1500円　Ⓘ978-4-06-258380-0　Ⓝ210.5　〔11414〕

◇大江戸二百六十年―日本史の中の江戸　川崎房五郎著　桃源社　1977.11　303p　20cm　1300円　Ⓝ210.5　〔11415〕

◇大江戸の栄華　田村栄太郎著　雄山閣　2003.12　260p　19cm　（江戸時代選書 11）2000円　Ⓘ4-639-01810-X　Ⓝ210.5　〔11416〕

◇大江戸の思出　竜居松之助著　大同館書店　1917　356p　20cm　Ⓝ210.5　〔11417〕

◇大江戸の正体　鈴木理生著　三省堂　2004.8　297p　20cm　1900円　Ⓘ4-385-36028-6　Ⓝ213.61　〔11418〕

◇大江戸の成立　芳賀登著　吉川弘文館　1980.8　206p　19cm　（江戸選書 2）1200円　Ⓝ210.5　〔11419〕

◇大江戸八百八町―知れば知るほど　石川英輔監修　実業之日本社　2004.1　259p　19cm　1400円　Ⓘ4-408-39543-9　Ⓝ210.5　〔11420〕

◇大江戸ビジネス―現代ビジネスの起源がすべて、ここにある！　呉光生著　経済界　2005.6　245p　18cm　（リュウ・ブックスアステ新書 18）800円

Ⓘ4-7667-1018-5　Ⓝ602.1　〔11421〕

◇大江戸ファンタジー―ユミとケンタの江戸への冒険　沢田真理文・絵　パロディー社　2002.1　32p　19×27cm　1500円　Ⓘ4-938688-08-5　〔11422〕

◇大江戸復元図鑑　庶民編　笹間良彦著画　遊子館　2003.11　385p　22cm　6800円　Ⓘ4-946525-54-8　Ⓝ210.5　〔11423〕

◇大江戸復元図鑑　武士編　笹間良彦著画　遊子館　2004.5　381p　22cm　6800円　Ⓘ4-946525-56-4　Ⓝ210.5　〔11424〕

◇大江戸文人戒名考―寺々ぶらりの江戸・東京散策　上村瑛著　原書房　2004.1　365p　20cm　2000円　Ⓘ4-562-03721-0　Ⓝ281.04　〔11425〕

◇大江戸魔方陣―徳川三百年を護った風水の謎　加門七海著　河出書房新社　1994.10　229p　20cm　1500円　Ⓘ4-309-22266-8　Ⓝ291.36　〔11426〕

◇大江戸魔方陣―徳川三百年を護った風水の謎　加門七海著　河出書房新社　1997.9　265p　15cm　（河出文庫）580円　Ⓘ4-309-47336-9　Ⓝ291.361　〔11427〕

◇大江戸まるわかり事典　大石学編　時事通信社　2005.7　239p　21cm　1500円　Ⓘ4-7887-0551-6　〔11428〕

◇大江戸曼陀羅　朝日ジャーナル編　朝日新聞社　1996.5　425p　22cm　3600円　Ⓘ4-02-256255-2　Ⓝ210.5　〔11429〕

◇大江戸めぐり　林順信編著　JTB　2003.12　159p　21cm　（JTBキャンブックス）1600円　Ⓘ4-533-05055-7　Ⓝ291.361　〔11430〕

◇大江戸歴史の風景　加藤貴編　山川出版社　1999.10　189p　19cm　1900円　Ⓘ4-634-60760-3　Ⓝ210.5　〔11431〕

◇大江戸歴史百科　河出書房新社編集部編　河出書房新社　2007.8　334p　19cm　1400円　Ⓘ978-4-309-22467-1　〔11432〕

◇面白いほどよくわかる江戸時代―社会のしくみと庶民の暮らしを読み解く！　山本博文監修　日本文芸社　2003.10　335p　19cm　（学校で教えない教科書）1300円　Ⓘ4-537-25175-1　Ⓝ210.5　〔11433〕

◇おもしろ大江戸生活百科　北村鮭彦著　新潮社　2004.10　306p　16cm　（新潮文庫）476円　Ⓘ4-10-115331-0　Ⓝ210.5　〔11434〕

◇上方文学と江戸文学　藤村作著　至文堂　1922　382p　18cm　Ⓝ910.25　〔11435〕

◇寛永江戸図　稀書複製会編　〔米山堂〕　1930　1枚　97×148cm　Ⓝ291.36　〔11436〕

◇観光都市　江戸の誕生　安藤優一郎著　新潮社　2005.6　199,7p　18cm　（新潮新書）680円　Ⓘ4-10-610122-X　〔11437〕

◇狂歌江戸名物誌　上巻　松川弘太郎編　江戸採訪会　1931　46p　23cm　（江戸資料叢書 第1篇）Ⓝ911.19　〔11438〕

◇近世巨大都市の社会構造　吉田伸之著　東京大学出版会　1991.11　357,16p　22cm　6180円　Ⓘ4-13-020100-X　Ⓝ210.5　〔11439〕

◇近世都市江戸の構造　竹内誠編　三省堂　1997.7　317,41p　22cm　6600円　Ⓘ4-385-35773-0　Ⓝ210.5　〔11440〕

◇京阪と江戸　宮本又次著　青蛙房　1974　269p　22cm　（青蛙選書）1500円　Ⓝ382.1　〔11441〕

◇考証・江戸を歩く　稲垣史生著　時事通信社　1988.11　243p　20cm　1300円　Ⓘ4-7887-8838-1　Ⓝ210.5　〔11442〕

社会史　　近世史

◇考証江戸を歩く　稲垣史生著　河出書房新社　1991.12　254p　15cm　（河出文庫）580円　④4-309-47228-1　Ⓝ210.5　〔11443〕

◇考証・江戸を歩く　稲垣史生著　隅田川文庫　2003.7　262p　19cm　1800円　④4-434-03325-5　Ⓝ210.5　〔11444〕

◇考証江戸おもしろ覚え帖　稲垣史生著　コンパニオン出版　1982.9　257p　19cm　1300円　④4-906121-12-8　Ⓝ210.5　〔11445〕

◇考証江戸情緒　稲垣史生著　評論社　1979.2　255p　20cm　（江戸文化選書 5）1500円　Ⓝ210.5　〔11446〕

◇〈考証〉大江戸ものしり読本　稲垣史生著　三笠書房　1992.6　269p　15cm　（知的生きかた文庫）480円　④4-8379-0512-9　Ⓝ210.5　〔11447〕

◇御所とき江戸とき　第1,3-5輯　野村正治郎編　京都　芸艸堂　1931-1932　4冊　38cm　Ⓝ753　〔11448〕

◇坂の町・江戸東京を歩く　大石学著　PHP研究所　2007.9　432,8p　18cm　（PHP新書）950円　①978-4-569-69178-7　〔11449〕

◇史実　江戸　第1巻　樋口清之著　芳賀書店　1967　253p　20cm　Ⓝ210.5　〔11450〕

◇史実　江戸　第2巻　樋口清之著　芳賀書店　1967　261p　20cm　Ⓝ210.5　〔11451〕

◇史実　江戸　第3巻　樋口清之著　芳賀書店　1967　270p　20cm　Ⓝ210.5　〔11452〕

◇史実　江戸　第4巻　樋口清之著　芳賀書店　1968　253p　20cm　Ⓝ210.5　〔11453〕

◇史実　江戸　第5巻　樋口清之著　芳賀書店　1968　254p　20cm　Ⓝ210.5　〔11454〕

◇知っておきたい江戸の常識 事件と人物—シリーズ江戸学　大石学編　角川学芸出版, 角川グループパブリッシング〔発売〕　2007.9　211p　15cm　（角川ソフィア文庫）552円　①978-4-04-406405-1　〔11455〕

◇趣味研究大江戸—附・江戸庄図　江戸研究会編　大屋書房　1913　352p　22cm　Ⓝ210.5　〔11456〕

◇趣味研究大江戸　江戸研究会編　5版　成光館出版部　1922　352p　22cm　Ⓝ210.5　〔11457〕

◇常識江戸歴史ドリル—+雑学豆知識　鈴木亨編　渡邊晃一, 片野純恵執筆　毎日コミュニケーションズ　2007.5　111p　26cm　900円　①978-4-8399-2327-3　〔11458〕

◇新江戸趣味　巻之2　宮川柯月園著　丸久合名会社意匠部　1924　1冊　25cm　Ⓝ727　〔11459〕

◇新・江戸の実話—「実話譚」の世界　荒川秀俊著　桃源社　1966　240p　19cm　（桃源選書）Ⓝ210.5　〔11460〕

◇図解雑学誰も知らない日本史の真実　加来耕三著　ナツメ社　2007.3　207p　19cm　1380円　①978-4-8163-4277-6　Ⓝ210.5　〔11461〕

◇杉浦日向子の江戸塾　杉浦日向子著　PHP研究所　2006.5　265p　15cm　（PHP文庫）590円　④4-569-66632-9　Ⓝ210.5　〔11462〕

◇図説江戸　6　江戸の旅と交通　竹内誠監修　学習研究社　2003.9　128p　24×19cm　1600円　④4-05-401991-9　〔11463〕

◇図説江戸　7　江戸の仕事づくし　竹内誠監修　学習研究社　2003.10　128p　24×18cm　（GAKKEN GRAPHIC BOOKS DELUXE 33）1600円　④4-05-401992-7　〔11464〕

◇図説・江戸図屏風をよむ　小沢弘, 丸山伸彦編　河出書房新社　1993.2　103p　22cm　1600円　④4-309-72486-8　Ⓝ210.5　〔11465〕

◇「図説」お江戸の地名の意外な由来　中江克己著　PHP研究所　2005.1　111p　26cm　952円　④4-569-63981-X　Ⓝ291.361　〔11466〕

◇図説大江戸ウォーク・マガジン—古地図をたよりに歩く江戸万華鏡　竹内誠監修　新人物往来社　2000.10　158p　26cm　（別冊歴史読本 55）2000円　④4-404-02755-9　Ⓝ210.5　〔11467〕

◇図説大江戸おもしろ事典　稲垣史生著　三笠書房　1993.6　264p　19cm　1100円　④4-8379-1511-6　Ⓝ210.5　〔11468〕

◇成熟する江戸　吉田伸之著　講談社　2002.4　382p　20cm　（日本の歴史 第17巻）2200円　④4-06-268917-0　Ⓝ210.55　〔11469〕

◇世界一おもしろい江戸の授業　河合敦著　二見書房　2007.12　262p　15cm　（二見文庫）600円　①978-4-576-07205-0　〔11470〕

◇大系日本の歴史　10　江戸と大坂　永原慶二ほか編　竹内誠著　小学館　1989.1　366p　21cm　1800円　④4-09-622010-8　Ⓝ210.1　〔11471〕

◇大名夫人の江戸歩き—『江戸名所図会』でたどる『石原記』　山口哲子著　朝日クリエ　2007.5　138p　21cm　1200円　④4-903623-01-6　Ⓝ291.361　〔11472〕

◇地図に見る江戸八百八町—東京大学附属図書館所蔵資料展 展示資料目録　東京大学附属図書館所蔵資料展示委員会編著　東京大学附属図書館　1996.11　25p　30cm　〔11473〕

◇定本 武江年表　中　今井金吾校訂　筑摩書房　2003.12　361p　15cm　（ちくま学芸文庫）1300円　④4-480-08802-4　〔11474〕

◇徹底比較江戸と上方—東京vs大阪の原点がここにある！　竹内誠監修　PHP研究所編　PHP研究所　2007.9　223p　19cm　（雑学3分間ビジュアル図解シリーズ）1200円　①978-4-569-69279-1　Ⓝ361.42　〔11475〕

◇天下泰平と江戸の賑わい—江戸期 元禄・文化・文政　小和田哲男監修・年表解説　井沢元彦巻頭概覧　世界文化社　2006.9　167p　19×24cm　（ビジュアル版 日本の歴史を見る 7）2400円　④4-418-06214-9　〔11476〕

◇東京の原風景　川添登著　筑摩書房　1993.11　291p　15cm　（ちくま学芸文庫）850円　④4-480-08102-X　Ⓝ518.88　〔11477〕

◇東京の中の江戸名所図会　杉本苑子著, 写真：中谷吉隆　北洋社　1975　208p　図16枚　21cm　1400円　Ⓝ915.6　〔11478〕

◇都市江戸への歴史視座—大江戸八百八町展・武家拝領地・江戸首都論　竹内誠監修　大石学編　名著出版　2004.12　210p　22cm　3200円　④4-626-01688-X　Ⓝ213.61　〔11479〕

◇都市と貧困の社会史—江戸から東京へ　北原糸子著　吉川弘文館　1995.9　375p　22cm　8034円　④4-642-03323-8　Ⓝ210.5　〔11480〕

◇21世紀の「江戸」　吉田伸之著　山川出版社　2004.11　102p　21cm　（日本史リブレット 53）800円　④4-634-54530-6　Ⓝ210.5　〔11481〕

◇日本の首都江戸・東京—都市づくり物語　河村茂著　都政新報社　2001.2　287p　20cm　1800円　④4-88614-061-0　Ⓝ518.8　〔11482〕

◇日本の名随筆　別巻 94　江戸　田中優子編　作品社　1998.12　247p　19cm　1800円　④4-87893-674-6　Ⓝ914.68　〔11483〕

◇日本の歴史　近世 1-6　江戸の都市計画　新訂増補　朝日新聞社　2003.9　p162-192　30cm　（週刊朝日百科 66）476円　Ⓝ210.1　〔11484〕

◇日本の歴史が10倍おもしろくなる　江戸　旺文社編　旺文社　1984.12　87p　21cm　(おもしろ教科書ゼミナール)580円　Ⓘ4-01-017054-9　〔11485〕

◇入門おとなの江戸東京ドリル　竹内誠監修　ダイヤモンド社(発売)　2006.1　95p　26cm　(地球の歩き方)1000円　Ⓘ4-478-07996-X　Ⓝ291.36　〔11486〕

◇残されたる江戸　柴田流星著　中央公論社　1990.6　241p　16cm　(中公文庫)540円　Ⓘ4-12-201717-3　Ⓝ210.5　〔11487〕

◇幕末江戸社会の研究　南和男著　吉川弘文館　1997.9　402,6p　21cm　7500円　Ⓘ4-642-03144-8　〔11488〕

◇八百八町の考古学　シンポジウム江戸を掘る著　大塚初重ほか著　山川出版社　1994.8　221p　19cm　1700円　Ⓘ4-634-60410-8　Ⓝ210.2　〔11489〕

◇遥かなる江戸への旅—日向国諸大名の参勤交代　永井哲雄著　宮崎　鉱脈社　2006.9　261p　19cm　(みやざき文庫 40)1800円　Ⓘ4-86061-194-2　Ⓝ219.6　〔11490〕

◇復原・江戸の町　波多野純著　筑摩書房　1998.11　197p　19cm　(ちくまプリマーブックス 126)1100円　Ⓘ4-480-04226-1　〔11491〕

◇べらんめぇ大江戸講座—たけみつ教授に聞け！江戸コトバも楽しく分かる　緒上鏡著　武光誠監修　リイド社　2006.10　287p　15cm　(リイド文庫)476円　Ⓘ4-8458-3206-2　Ⓝ213.61　〔11492〕

◇魔都江戸の都市計画—徳川将軍家の知られざる野望　内藤正敏著　洋泉社　1996.7　217p　20cm　1600円　Ⓘ4-89691-225-X　Ⓝ210.5　〔11493〕

◇水辺都市—江戸東京のウォーターフロント探検　陣内秀信,法政大学・東京のまち研究会著　朝日新聞社　1989.11　240p　19cm　(朝日選書 390)950円　Ⓘ4-02-259490-X　Ⓝ518.8　〔11494〕

◇三田村鳶魚全集　第8巻　中央公論社　1975　386p　20cm　1800円　Ⓝ210.5　〔11495〕

◇三田村鳶魚全集　第9巻　中央公論社　1976　392p　20cm　1800円　Ⓝ210.5　〔11496〕

◇三田村鳶魚全集　第17巻　中央公論社　1976　366p　20cm　1800円　Ⓝ210.5　〔11497〕

◇むかしばなし—天明前後の江戸の思い出　只野真葛著,中山栄子校注　平凡社　1984.6　268p　18cm　(東洋文庫 433)1700円　Ⓝ210.5　〔11498〕

◇名所江戸百景—新・今昔対照　浮世絵太田記念美術館編　浮世絵太田記念美術館　2003.9　71p　30cm　Ⓝ721.8　〔11499〕

◇名所江戸百景今昔画集　1　四谷・内藤・新宿　山陽パルフ編　山陽パルフ　出版年不明　9枚　28cm　〔11500〕

◇名所江戸百景今昔画集　2　市ヶ谷・八幡　山陽パルフ編　山陽パルフ　出版年不明　9枚　28cm　〔11501〕

◇名所江戸百景今昔画集　3　芝・神明・増上寺　山陽パルフ編　山陽パルフ　出版年不明　9枚　28cm　〔11502〕

◇名所江戸百景今昔画集　4　江戸百景余興鉄砲洲・築地・門跡　山陽パルフ編　山陽パルフ　出版年不明　9枚　28cm　〔11503〕

◇名所江戸百景今昔画集　5　外桜田弁慶堀麹町・飛鳥山北の眺望・両国橋大川ばた　山陽パルフ編　山陽パルフ　出版年不明　9枚　28cm　〔11504〕

◇山本博文教授の江戸学講座　山本博文,逢坂剛,宮部みゆき著　PHP研究所　2007.3　253p　15cm　(PHP文庫)571円　Ⓘ978-4-569-66790-4　〔11505〕

◇甦る江戸　江戸遺跡研究会編　新人物往来社　1991.4　289p　20cm　2200円　Ⓘ4-404-01813-4　Ⓝ210.2　〔11506〕

◇甦る江戸文化—人びとの暮らしの中で　西山松之助著　日本放送出版協会　1992.12　239p　22cm　1800円　Ⓘ4-14-080075-5　Ⓝ210.5　〔11507〕

◆◆上方

◇江戸時代上方絵画の底ぢから—特別陳列　京都府立総合資料館・敦賀市立博物館・大和文華館所蔵作品と館蔵品・寄託品による　奈良県立美術館編　奈良　奈良県立美術館　2007.4　45p　30cm　Ⓝ721.025　〔11508〕

◇江戸時代図誌　1　京都　1　赤井達郎等編　林屋辰三郎,森谷尅久編　筑摩書房　1975　182,5p　30cm　1800円　Ⓝ210.5　〔11509〕

◇江戸時代図誌　2　京都　2　赤井達郎等編　林屋辰三郎,森谷尅久編　筑摩書房　1976　169,8p　30cm　1800円　Ⓝ210.5　〔11510〕

◇江戸時代図誌　3　大阪　赤井達郎等編　岡本良一編　筑摩書房　1976　178,7p　30cm　1800円　Ⓝ210.5　〔11511〕

◇江戸時代図誌　17　畿内　1　赤井達郎等編　西川幸治,木村至宏編　筑摩書房　1977.4　180,6p　30cm　1800円　Ⓝ210.5　〔11512〕

◇江戸時代図誌　18　畿内　2　赤井達郎等編　岩井宏美編　筑摩書房　1977.10　168,5p　30cm　1800円　Ⓝ210.5　〔11513〕

◇江戸と上方　笹川臨風著　国史講習会　1922　116p　19cm　(文化叢書 第3編)Ⓝ382.1　〔11514〕

◇江戸と上方—東男と京女　池田弥三郎,林屋辰三郎編　至文堂　1964.2　252p　23cm　Ⓝ210.5　〔11515〕

◇上方巷談集　井口洋ほか編　神戸　上方芸文叢刊刊行会　1982.4　425p　19cm　(上方芸文叢刊 8)6500円　Ⓝ210.5　〔11516〕

◇京の人大阪の人　原田伴彦著　朝日新聞社　1980.7　249p　19cm　(朝日選書 161)840円　Ⓝ210.5　〔11517〕

◇京の人大阪の人　原田伴彦著　デジタルパブリッシングサービス(発売)　2005.6　249p　19cm　(朝日選書 161)2700円　Ⓝ210.5　〔11518〕

◇近世上方の民衆　小林茂著　東村山　教育社　1979.11　220p　18cm　(教育社歴史新書)600円　Ⓝ210.5　〔11519〕

◇近世の大阪　本庄栄治郎編　大阪　関西経済同友会　1959　225p 図版 10枚　22cm　Ⓝ332.163　〔11520〕

◇京阪と江戸　宮本又次著　青蛙房　1974　269p　22cm　(青蛙選書)1500円　Ⓝ382.1　〔11521〕

◇城下町大坂—地中より今甦る激動の歴史　特別展　大阪城天守閣　大阪　大阪城天守閣特別事業委員会　1993.10　95p　26cm　Ⓝ210.2　〔11522〕

◇大系日本の歴史　10　江戸と大坂　永原慶二ほか編　竹内誠著　小学館　1989.1　366p　21cm　1800円　Ⓘ4-09-622010-8　Ⓝ210.1　〔11523〕

◇徹底比較江戸と上方—東京vs大阪の原点がここにある！　竹内誠監修　PHP研究所編　PHP研究所　2007.9　223p　19cm　(雑学3分間ビジュアル図解シリーズ)1200円　Ⓘ978-4-569-69279-1　Ⓝ361.42　〔11524〕

◆◆横浜

◇江戸時代図誌　25　長崎・横浜　赤井達郎等編　越中哲也,大戸吉古編　筑摩書房　1976　175,8p　30cm　1800円　Ⓝ210.5　〔11525〕

社会史　　　　　　　　　　近世史

◇江戸時代の横浜─古文書が語る生活史　横浜開港資料普及協会編　横浜　有隣堂　1983.1　140p　26cm　1500円　④4-89660-053-3　Ⓝ213.7　〔11526〕
◇黒船から百年─横浜・舶来文化のあと　朝日新聞社.横浜支局編　朝日新聞社　1954　149p　20cm　(朝日文化手帖)Ⓝ213.7　〔11527〕
◇港都横浜の誕生　石井孝著　横浜　有隣堂　1976　231p　18cm　(有隣新書)680円　Ⓝ213.7　〔11528〕
◇19世紀の世界と横浜　横浜開港資料館・横浜近世史研究会編　山川出版社　1993.3　368p　21cm　2800円　④4-634-61450-2　Ⓝ210.59　〔11529〕
◇ペリー来航と横浜　横浜開港資料館編　横浜　横浜開港資料館　2004.4　96p　28cm　Ⓝ210.5953　〔11530〕
◇横浜開港と境域文化　内海孝著　御茶の水書房　2007.2　101p　21cm　(神奈川大学評論ブックレット 27)1000円　④978-4-275-00515-1　Ⓝ602.137　〔11531〕

◆事件史
◇江戸を騒がせた珍談、奇談、大災害　檜山良昭著　東京書籍　2000.8　276p　20cm　1600円　④4-487-79601-6　Ⓝ210.5　〔11532〕
◇江戸検定手習帖「江戸」のいろは　大事件編　萩原裕雄グループ編著　コアラブックス(発売)　2006.12　186p　19cm　1300円　④4-86097-220-1　Ⓝ210.04　〔11533〕
◇江戸時代の事件帳─仇討ち・殺人・かぶきもの─元禄以前の世相を読む　桧сазнь昭彦著　京都　PHP研究所　1985.1　193p　18cm　(21世紀図書館 57)500円　④4-569-21456-8　Ⓝ210.52　〔11534〕
◇江戸人物伝　白石一郎著　文藝春秋　1993.1　206p　20cm　1200円　④4-16-347130-8　Ⓝ914.6　〔11535〕
◇江戸人物伝　白石一郎著　文藝春秋　1996.3　248p　16cm　(文春文庫)420円　④4-16-737015-8　Ⓝ914.6　〔11536〕
◇江戸の事件かわら版　柳田森英著　廣済堂出版　1993.10　253p　16cm　(廣済堂文庫)480円　④4-331-65188-6　Ⓝ210.5　〔11537〕
◇江戸の事件簿─加太こうじ江戸百科　加太こうじ著　立風書房　1979.6　207p　18cm　(マンボウ・ブックス)630円　Ⓝ210.5　〔11538〕
◇江戸の実話─「実事譚」の世界　荒川秀俊訳編　桃源社　1965　227p　19cm　(桃源選書)Ⓝ210.5　〔11539〕
◇江戸の大変　地の巻　仇討・心中・乱・黒船　平凡社　1995.8　111p　22cm　1600円　④4-582-63302-1　Ⓝ210.5　〔11540〕
◇NHK歴史への招待　第19巻　江戸・大陰謀　日本放送協会編集　日本放送出版協会　1988.7　245p　18cm　680円　④4-14-018011-0　Ⓝ210.1　〔11541〕
◇大江戸おもしろ事件簿80─八百八町なるほど(珍)かわら版　萩原裕雄著　日本文芸社　1994.9　236p　15cm　(にちぶん文庫)480円　④4-537-06259-2　Ⓝ210.5　〔11542〕
◇かわら版徳川事件史　萩原裕雄著　日本文芸社　1983.12　254p　18cm　(舵輪ブックス)680円　④4-537-00888-1　Ⓝ210.5　〔11543〕
◇近世事件史年表　明田鉄男著　雄山閣出版　1993.1　396p　21cm　5800円　④4-639-01095-8　Ⓝ210.5　〔11544〕
◇近世風聞・耳の垢　進藤寿伯稿, 金指正三校註　青蛙房　1972　281p　22cm　(青蛙選書 40)1500円　Ⓝ210.5　〔11545〕
◇雑学大江戸おもしろ事件簿─天下をわかせた天災・騒動・社会事件！　柳田森英著　日東書院　1992.5　298p　19cm　1000円　④4-528-00889-0　Ⓝ210.5　〔11546〕
◇知っておきたい江戸の常識 事件と人物─シリーズ江戸学　大石学編　角川学芸出版, 角川グループパブリッシング〔発売〕　2007.9　211p　15cm　(角川ソフィア文庫)552円　④978-4-04-406405-1　〔11547〕
◇秩父清雲寺事件　山中佐市著　第2版　秩父〔山中佐市〕　1982.11　18,110p　19cm　900円　Ⓝ210.58　〔11548〕
◇「調息の獄」について　高柳乙晴編著　茅ケ崎　高柳乙晴　2003.7　260p　21cm　非売品　Ⓝ210.5　〔11549〕
◇天保騒動記　青木美智男著　三省堂　1979.2　306p　20cm　1800円　Ⓝ210.57　〔11550〕
◇天保騒動始末記─甲州と江川坦庵　島田駒男著　石和町(山梨県)〔島田駒男〕　1982.11　146p　27cm　1500円　Ⓝ210.55　〔11551〕
◇間違いだらけの江戸─謎に満ちた事件・人物伝　大石慎三郎著　大陸書房　1991.6　253p　16cm　(大陸文庫)540円　④4-8033-3397-1　Ⓝ210.5　〔11552〕
◇街なか場末の大事件　吉田豊編　柏書房　1999.9　142p　26cm　(チャレンジ江戸の古文書)2000円　④4-7601-1799-7　Ⓝ210.5　〔11553〕
◇漫筆草市噺　長戸寛美著　長戸寛美　1980.10　349p　19cm　1800円　Ⓝ210.04　〔11554〕
◇物語江戸の事件史　加太こうじ著　立風書房　1988.4　220p　19cm　(加太こうじ江戸東京誌)1500円　④4-651-70502-2　Ⓝ210.5　〔11555〕
◇物語江戸の事件史　加太こうじ著　中央公論新社　2000.4　291p　16cm　(中公文庫)743円　④4-12-203635-6　Ⓝ210.5　〔11556〕

◆◆逸話
◇江戸逸話事典　逸話研究会編　新人物往来社　1989.2　350p　22cm　4800円　④4-404-01593-3　Ⓝ210.5　〔11557〕
◇近世畸人伝　伴蒿蹊著　三熊花顛画　大阪　青木嵩山堂　1909.6　2冊(375, 続366p)　19cm　Ⓝ281　〔11558〕
◇近世奇人伝─選評　蒿蹊大人著　大川屋書店　1912　162p　19cm　(十銭文庫 第19編)Ⓝ281　〔11559〕
◇近世畸人伝　伴蒿蹊, 三熊花顛著　饗庭篁村校　富山房　1912　267p　15cm　(名著文庫 巻49)Ⓝ281　〔11560〕
◇近世畸人伝─選評　伴蒿蹊著　西村玖選評　聚栄堂　1921　162p　19cm　(日本名著文庫 第5編)Ⓝ281　〔11561〕
◇近世畸人伝　伴蒿蹊, 三熊思孝著　正宗敦夫編纂校訂　日本古典全集刊行会　1929　196p　16cm　(日本古典全集 第3期〔第9〕)Ⓝ281　〔11562〕
◇近世畸人伝　伴蒿蹊著　森銑三校註　岩波書店　1940　271p　16cm　(岩波文庫 2196-2198)Ⓝ281　〔11563〕
◇近世畸人伝　伴蒿蹊著　森銑三校註　岩波書店　1948　271p　15cm　(岩波文庫 2196-2198)Ⓝ281　〔11564〕
◇近世畸人伝　伴蒿蹊著　森銑三校注　岩波書店　2004.6　271p　15cm　(岩波文庫)700円　④4-00-302171-1　〔11565〕
◇近世畸人伝　伴蒿蹊著　中野三敏校注　中央公論新社　2005.5　344p　18cm　(中公クラシックス J25)1450円　④4-12-160078-9　Ⓝ281.04　〔11566〕
◇近世畸人伝　続　伴蒿蹊記伝　三熊露香女画　正宗敦夫編纂校訂　日本古典全集刊行会　1929　207-393p

16cm （日本古典全集 第3期〔第10〕）Ⓝ281 〔11567〕

◇近世畸人伝 続 三熊花顛著 伴蒿蹊補 中野三敏校注 中央公論新社 2006.3 303p 18cm（中公クラシックス J28）1500円 ①4-12-160087-8 Ⓝ281.04 〔11568〕

◇近世畸人伝 続近世畸人伝 伴蒿蹊著 三熊花顛画 三熊花顛編 伴蒿蹊校 正宗敦夫編・校 日本古典全集刊行会 1936 393p 18cm（日本古典全集基本版 第14）Ⓝ281 〔11569〕

◇近世畸人伝その他 坪内逍遙著 東京堂 1931 200p 20cm Ⓝ912 〔11570〕

◇考証江戸奇伝 稲垣史生著 河出書房新社 1976 252p 20cm 880円 Ⓝ210.5 〔11571〕

◇考証江戸奇伝 稲垣史生著 河出書房新社 1984.3 254p 15cm（河出文庫）360円 Ⓝ210.5 〔11572〕

◇考証 江戸事典 南条範夫編 人物往来社 1964 407p 20cm Ⓝ210.5 〔11573〕

◇珍奇怪江戸の実話 早川純夫著 コンパニオン出版 1983.10 237p 19cm 1300円 ①4-906121-32-2 Ⓝ210.5 〔11574〕

◇伝説史話の詮議誌 高山坦三著 展望社 1981.3 190p 20cm（資料風俗双書 2）1800円 Ⓝ210.5 〔11575〕

◆◆暗殺事件

◇江戸暗殺史 森川哲郎著 三一書房 1981.8 295p 18cm（三一新書）700円 Ⓝ210.5 〔11576〕

◇江戸城―暗殺事件の謎 菊村紀彦著 大和書房 1967 230p 18cm（ペンギン・ブックス）Ⓝ210.5 〔11577〕

◇幕末暗殺史 森川哲郎著 筑摩書房 2002.8 393p 15cm（ちくま文庫）880円 ①4-480-03744-6 Ⓝ210.58 〔11578〕

◆◆絵島事件

◇絵島生島資料 松竹京都撮影所大庭組編 京都 松竹京都撮影所大庭組 1955.7 141p 25cm Ⓝ210.55 〔11579〕

◆災害史

◇『雲仙災害』防災シンポ・防災展―寛政大津波から200年 寛政大津波200年事業実行委員会事務局, 肥後金石研究会編 熊本 寛政大津波200年事業実行委員会 1991.8 36p 26cm 500円 Ⓝ369.3 〔11580〕

◇江戸時代災害資料展示目録―内閣文庫所蔵 国立公文書館編 国立公文書館 1979 77p 21cm 〔11581〕

◇江戸時代震火災ニ関スル図書記録類展覧会目次 〔帝国図書館〕 1923 1冊 25cm Ⓝ210.5 〔11582〕

◇江戸・東京の地震と火事 山本純美著 河出書房新社 1995.10 217p 20cm 2000円 ①4-309-22283-8 Ⓝ210.5 〔11583〕

◇江戸の旧跡江戸の災害 三田村鳶魚著 朝倉治彦編 中央公論社 1998.5 409p 16cm（中公文庫―鳶魚江戸文庫 21）762円 ①4-12-203150-8 Ⓝ291.36 〔11584〕

◇江戸の大変 天の巻 地震・雷・火事・怪物 平凡社 1995.7 111p 22cm 1600円 ①4-582-63301-3 Ⓝ210.5 〔11585〕

◇海防と災害―弘化～安政元年の社会不安 浜屋雅軌著 高文堂出版社 2004.11 268p 22cm 2857円 ①4-7707-0721-5 Ⓝ210.58 〔11586〕

◇近世気象災害志 荒川秀俊編 気象研究所 1963 233p 22cm（気象史料シリーズ 4）Ⓝ210.5 〔11587〕

◇近世気象災害志 クレス出版 2002.8 233p 22cm（翻刻歴史史料叢書 4）3600円 ①4-87733-156-5,4-87733-152-2 Ⓝ210.5 〔11588〕

◇近世災害情報論 北原糸子著 塙書房 2003.5 12,381p 26cm 12000円 ①4-8273-1181-1 〔11589〕

◇近世中後期における災害と農村―土浦藩領高岡・松塚村の事例を中心に 立正大学古文書研究会編 立正大学古文書研究会 1977.11 54p 26cm Ⓝ615.8 〔11590〕

◇近世に於ける災害の記録 池田正一郎編 海老名 池田正一郎 1983.1 152p 18cm Ⓝ210.5 〔11591〕

◇近世日光災害史料 柴田豊久編 日光〔柴田豊久〕 1978 p169～251 22cm Ⓝ213.2 〔11592〕

◇弘化四年善光寺大地震記録集 岡沢要編 長野〔岡沢要〕 1982.4 363p 22cm Ⓝ215.2 〔11593〕

◇災害都市江戸と地下室 小沢詠美子著 吉川弘文館 1998.2 202p 19cm（歴史文化ライブラリー 33）1700円 ①4-642-05433-2 Ⓝ210.5 〔11594〕

◇埼玉県の近世災害碑 高瀬正経著 小川町（埼玉県）ヤマトヤ出版 1996.8 205p 19cm Ⓝ213.4 〔11595〕

◇地震道中記―安政東海大地震見聞録 宮負定雄著 那智篤敬, 宇井邦夫校注 巌松堂出版 1995.9 111p 19cm 1650円 ①4-87356-904-4 〔11596〕

◇下野地震史料―日光御番所日記を中心として 越川善明編 鎌倉〔越川善明〕 1984.10 399p 23cm 8000円 Ⓝ213.2 〔11597〕

◇新収日本地震史料 第2巻 自慶長元年至元禄十六年 東京大学地震研究所編 東京大学地震研究所 1982.3 2冊（別巻とも） 22cm 全5200円 Ⓝ453.21 〔11598〕

◇新収日本地震史料 第3巻 自宝永元年至天明八年 東京大学地震研究所編 東京大学地震研究所 1983.3 2冊（別巻とも） 22cm 全9000円 Ⓝ453.21 〔11599〕

◇新収日本地震史料 第4巻 自寛政元年至天保十四年 東京大学地震研究所編 東京大学地震研究所 1984.3 2冊（別巻とも） 22cm 全8800円 Ⓝ453.21 〔11600〕

◇新収日本地震史料 第5巻 自弘化元年至明治五年 東京大学地震研究所編 東京大学地震研究所 1985.3 599p 22cm Ⓝ453.21 〔11601〕

◇新収日本地震史料 第5巻 別巻1 嘉永六年二月二日・明治五年二月六日 東京大学地震研究所編 東京大学地震研究所 1985.3 403p 22cm Ⓝ453.21 〔11602〕

◇新収日本地震史料 第5巻 別巻2 安政二年十月二日 東京大学地震研究所編 東京大学地震研究所 1985.2 2冊 22cm 全9700円 Ⓝ453.21 〔11603〕

◇新収日本地震史料 第5巻 別巻3 安政元年六月十五日 東京大学地震研究所編 東京大学地震研究所 1986.1 293p 22cm Ⓝ453.21 〔11604〕

◇新収日本地震史料 第5巻 別巻4 安政五年二月二十六日 東京大学地震研究所編 東京大学地震研究所 1986.1 667p 22cm Ⓝ453.21 〔11605〕

◇新収日本地震史料 第5巻 別巻5 安政元年十一月四・五・七日 東京大学地震研究所編 東京大学地震研究所 1987.3 2冊 22cm Ⓝ453.21 〔11606〕

◇新収日本地震史料 第5巻 別巻6 弘化四年三月十四・二十九日 東京大学地震研究所編 東京大学地震研究所 1988.3 2冊 22cm Ⓝ453.21 〔11607〕

◇新収日本地震史料 続補遺 別巻 元禄十六年十一月二十三日.宝永四年十月四日.文政十一年十一月十二日.天保元年七月二日.弘化四年三月二十四日.安政元年六月十五日.安政元年十一月四・五・七日.安政二年十月二日.安政五年二月二十六日 東京大学地震研究所編 東京大学地震研究所 1994.3 1228p 22cm Ⓝ453.21 〔11608〕

社会史　　　　　　　　近世史

◇善光寺地震に学ぶ　赤羽貞幸, 北原糸子編著　長野　信濃毎日新聞社　2003.7　177p　21cm　1600円　Ⓘ4-7840-9951-4　〔11609〕
◇善光寺大地震図絵—弘化四年 地震後世俗語之種　永井善左衛門絵　長野　銀河書房　1985.12　269p　27cm　10000円　Ⓝ215.2　〔11610〕
◇大日本地震史料　第2巻　元禄7年-天明3年　文部省震災予防評議会編　増訂　鳴鳳社　1975　754p　22cm　9200円　Ⓝ453.2　〔11611〕
◇大日本地震史料　第3巻　天明4年-弘化4年　文部省震災予防評議会編　増訂　鳴鳳社　1976　945p　22cm　11800円　Ⓝ453.2　〔11612〕
◇たいへん—島原大変二百回忌記念誌　島原市仏教会編　島原　島原市仏教会　1992.4　621p　27cm　Ⓝ219.3　〔11613〕
◇館林藩史話—館林叢談　岡谷繁実著　歴史図書社　1976　336p　22cm　5500円　Ⓝ213.3　〔11614〕
◇津波とたたかった人—浜口梧陵伝　戸石四郎著　新日本出版社　2005.8　188p　19cm　1600円　Ⓘ4-406-03210-X　〔11615〕
◇天、一切ヲ流ス—江戸期最大の寛保水害・西国大名による手伝い普請　高崎哲郎著　鹿島出版会　2001.10　233p　20cm　2000円　Ⓘ4-306-09367-0　Ⓝ210.55　〔11616〕
◇天変地異—文書にみる近世埼玉の災害 第19回収蔵文書展　埼玉県立文書館編　浦和　埼玉県立文書館　1992.6　12p　26cm　Ⓝ213.4　〔11617〕
◇天保巳年洪水凶年慈悲心鳥—天保の義人菅原儀右衛門の事業　荘内史料研究会編　鶴岡　荘内史料研究会　1934　48p　19cm　（荘内叢書 第4輯）Ⓝ289.1　〔11618〕
◇トバタの山崩れと大水江戸時代の天然ダムによる災害　松本市安曇資料館編　松本　松本市安曇資料館　2006.3　58p　30cm　Ⓝ369.33　〔11619〕
◇西さがみ地震—〈西さがみ庶民史録〉地震記事総集　江戸時代から近未来まで　播摩晃一編　小田原　西さがみ庶民史録の会　1995.3　200p　21cm　1500円　Ⓝ369.31　〔11620〕
◇日本炎災資料集成　第1集 第1期 第1シリーズ　火の用心編　忍甲一編　尾道　日本炎災資料出版　1991　13枚　43cm　28000円　Ⓝ369.32　〔11621〕
◇日本の歴史災害—江戸後期の寺院過去帳による実証　菊池万雄著　古今書院　1980.12　301p　22cm　3900円　Ⓝ210.5　〔11622〕
◇日本の歴史災害 続編　菊池万雄著　船橋　〔菊池万雄〕　1996　126p　26cm　Ⓝ210.5　〔11623〕
◇幕末狂乱—コレラがやって来た！　高橋敏著　朝日新聞社　2005.11　231p　19cm　（朝日選書 787）1100円　Ⓘ4-02-259887-5　Ⓝ210.58　〔11624〕
◇肥後近世明治前期 気象災害記録　本田彰男編著　熊本　熊本農業経済学会　1960　58p　15×21cm　Ⓝ219.4　〔11625〕
◇複合大噴火　上前淳一郎著　文藝春秋　1992.9　318p　15cm　（文春文庫）420円　Ⓘ4-16-724819-0　〔11626〕
◇富士山大噴火—宝永の「砂降り」と神奈川　神奈川県立歴史博物館編　横浜　神奈川県立歴史博物館　2006.10　127p　30cm　Ⓝ369.31　〔11627〕
◇富士山宝永大爆発　永原慶二著　集英社　2002.1　267p　18cm　（集英社新書）740円　Ⓘ4-08-720126-0　Ⓝ210.52　〔11628〕
◇宝永大地震—土佐最大の被害地震　間城竜男著　高知　〔間城竜男〕　1995.1　167p　19cm　Ⓝ218.4　〔11629〕

◇房総災害史—元禄の大地震と津波を中心に　千葉県郷土史研究連絡協議会編　千秋社　1984.6　311p　22cm　（郷土叢書 4）3800円　Ⓘ4-88477-077-3　Ⓝ213.5　〔11630〕
◇輪中北川辺の水害—近世古河川辺領における歴史地理学的考察　渡辺勤著　羽生　〔渡辺勤〕　1994.3　121p　22cm　（埼玉県教育委員会長期研修教員報告 平成5年度）Ⓝ213.4　〔11631〕
◇1662寛文近江・若狭地震報告書　中央防災会議災害教訓の継承に関する専門調査会　2005.3　170p　30cm　Ⓝ369.31　〔11632〕
◇1707富士山宝永噴火報告書　中央防災会議災害教訓の継承に関する専門調査会　2006.3　190p 図版8p　30cm　Ⓝ369.31　〔11633〕

◆◆天明の大噴火
◇浅間山大噴火　渡辺尚志著　吉川弘文館　2003.11　204p　19cm　（歴史文化ライブラリー）1700円　Ⓘ4-642-05566-5　〔11634〕
◇浅間山天明噴火史料集成　1 日記編　萩原進編　前橋　群馬県文化事業振興会　1985.12　372p　22cm　3500円　Ⓝ213.3　〔11635〕
◇浅間山天明噴火史料集成　2 記録編 1　萩原進編　前橋　群馬県文化事業振興会　1986.12　348p　22cm　3500円　Ⓝ213.3　〔11636〕
◇浅間山天明噴火史料集成　3 記録編 2　萩原進編　前橋　群馬県文化事業振興会　1989.3　381p　22cm　3500円　Ⓝ213.3　〔11637〕
◇浅間山天明噴火史料集成　4 記録編 3　萩原進編　前橋　群馬県文化事業振興会　1993.8　343p　22cm　3500円　Ⓝ213.3　〔11638〕
◇浅間山天明噴火史料集成　5 雑編　萩原進編　前橋　群馬県文化事業振興会　1995.7　354p　22cm　3500円　Ⓝ213.3　〔11639〕
◇浅間山焼砂石大変地方御用日記—天明三癸卯年七月　下磯部村名主源左衛門著　岩井弘毅読み下し　安中　磯部公民館　1992　69p　21cm　Ⓝ213.3　〔11640〕
◇浅間山、歴史を飲みこむ—天明の大噴火　小西聖一著　小泉澄夫絵　理論社　2006.11　141p　21cm　（ものがたり日本 歴史の事件簿 8）1200円　Ⓘ4-652-01638-7　〔11641〕
◇再現日本史—週刊time travel 江戸 2 9　講談社　2003.3　42p　30cm　533円　Ⓝ210.1　〔11642〕
◇天明三年浅間大噴火—日本のポンペイ鎌原村発掘　大石慎三郎著　角川書店　1986.11　197p　19cm　（角川選書 174）880円　Ⓘ4-04-703174-7　Ⓝ213.3　〔11643〕
◇天明三年浅間山噴火史料集　児玉幸多ほか編　東京大学出版会　1989.4　2冊　22cm　全26780円　Ⓘ4-13-020092-5　Ⓝ213.3　〔11644〕
◇天明三年浅間山噴火史料集　上　児玉幸多ほか編　東京大学出版会　1989.4　656,61p　22cm　Ⓝ213.3　〔11645〕
◇天明の浅間焼け—第52回企画展　高崎　群馬県立歴史博物館　1995.10　91p　30cm　Ⓝ213.3　〔11646〕
◇日本の歴史 近世 2-10　浅間の噴火と飢饉—災害と予兆　新訂増補　朝日新聞社　2003.12　p290-320　30cm　（週刊朝日百科 80）476円　Ⓝ210.1　〔11647〕
◇1783天明浅間山噴火報告書　中央防災会議災害教訓の継承に関する専門調査会　2006.3　193p 図版8p　30cm　Ⓝ369.31　〔11648〕

◆◆安政の大地震

◇安政江戸地震―災害と政治権力　野口武彦著　筑摩書房
1997.3　238p　18cm　(ちくま新書)680円
Ⓘ4-480-05700-5　Ⓝ210.58　　　　　　　　〔11649〕
◇安政江戸地震　野口武彦著　筑摩書房　2004.12　283p
15cm　(ちくま学芸文庫)900円　Ⓘ4-480-08886-5
Ⓝ210.58　　　　　　　　　　　　　　　　　〔11650〕
◇安政江戸地震災害誌　上巻　佐山守著　海路書院　2004.
10　607p　21cm　28000円　Ⓘ4-902796-02-3　〔11651〕
◇安政江戸地震災害誌　下巻　佐山守著　海路書院
2004.10　p609-1073　23cm　28000円
Ⓘ4-902796-03-1　Ⓝ369.31　　　　　　　　　〔11652〕
◇安政江戸地震の精密震度分布図　宇佐美竜夫編　〔宇佐
美竜夫〕　1995　12,185p　30cm　Ⓝ453.21　〔11653〕
◇安政大地震と民衆―地震の社会史　北原糸子著　三一書
房　1983.9　264p　20cm　1700円　Ⓝ369.31　〔11654〕
◇越中安政大地震見聞録―立山大鳶崩れの記　富山県郷土
史会校注　復刻版　富山　ケイエヌビィ・イー　2007.9
239p　22cm　2381円　Ⓘ4-904078-00-4　Ⓝ369.31
　　　　　　　　　　　　　　　　　　　　　　〔11655〕
◇越中立山大鳶崩れ―古絵図が語る安政の大災害　開館企
画展　安政五年大地震大洪水の古絵図集成　立山カルデ
ラ砂防博物館編　広瀬誠監修　立山町(富山県)　立
山カルデラ砂防博物館　1998.3　95p　30cm　Ⓝ214.2
　　　　　　　　　　　　　　　　　　　　　　〔11656〕
◇古文書による安政東海南海大地震　平山高書著　干潟町
(千葉県)　〔平山高書〕　1984.3　62p　19cm　500円
Ⓝ215.4　　　　　　　　　　　　　　　　　　〔11657〕
◇再現日本史―週刊time travel　幕末・維新 2　講談社
2001.7　42p　30cm　533円　Ⓝ210.1　　　　〔11658〕
◇地震の社会史―安政大地震と民衆　北原糸子著　講談社
2000.8　352p　15cm　(講談社学術文庫)1050円
Ⓘ4-06-159442-7　Ⓝ369.31　　　　　　　　　〔11659〕
◇1855安政江戸地震報告書　中央防災会議災害教訓の継承
に関する専門調査会　2004.3　205p　30cm　Ⓝ369.31
　　　　　　　　　　　　　　　　　　　　　　〔11660〕

◆風俗・生活史

◇一日江戸人　杉浦日向子著　小学館　1998.4　283p
15cm　(小学館文庫)552円　Ⓘ4-09-402361-5　Ⓝ210.5
　　　　　　　　　　　　　　　　　　　　　　〔11661〕
◇一日江戸人　杉浦日向子著　新潮社　2005.4　264p
16cm　(新潮文庫)438円　Ⓘ4-10-114917-8　Ⓝ210.5
　　　　　　　　　　　　　　　　　　　　　　〔11662〕
◇一問一答クイズ 大江戸風俗往来　久染健夫監修　実業
之日本社　2007.6　253p　19cm　476円
Ⓘ978-4-408-61156-3　　　　　　　　　　　　〔11663〕
◇色恋江戸の本―知らなくてもいい面白話　板坂元編　同
文書院　1994.1　187p　19cm　1200円
Ⓘ4-8103-7185-9　Ⓝ382.1　　　　　　　　　　〔11664〕
◇いろはカルタに潜む江戸のこころ・上方の知恵　藤本義
一, 杉浦日向子著　小学館　1998.11　207p　19cm　(小
学館ジェイブックス)1200円　Ⓘ4-09-504420-9
　　　　　　　　　　　　　　　　　　　　　　〔11665〕
◇うつくしく、やさしく、おろかなり―私の惚れた「江
戸」　杉浦日向子著　筑摩書房　2006.8　181p　20cm
1400円　Ⓘ4-480-81649-6　Ⓝ210.5　　　　　　〔11666〕
◇絵でよむ江戸のくらし風俗大事典　棚橋正博, 村田裕司
編著　柏書房　2004.10　589p　27cm　15000円
Ⓘ4-7601-2582-5　Ⓝ210.5　　　　　　　　　　〔11667〕
◇江戸落穂拾　荘司賢太郎著　三省堂書店(発売)　2006.2
263p　20cm　(せんすのある話 2)1700円
Ⓘ4-88142-277-4　Ⓝ210.5　　　　　　　　　　〔11668〕
◇江戸管理社会反骨者列伝　童門冬二著　講談社　1998.2
259p　15cm　(講談社文庫)495円　Ⓘ4-06-263710-3
Ⓝ281.04　　　　　　　　　　　　　　　　　　〔11669〕
◇江戸雑録　三田村鳶魚著　朝倉治彦編　中央公論新社
1999.8　515p　16cm　(中公文庫―鳶魚江戸文庫
36)1095円　Ⓘ4-12-203488-4　Ⓝ210.5　　　　〔11670〕
◇江戸事情―ヴィジュアル百科　第1巻　生活編　NHK
データ情報部編　雄山閣出版　1991.11　271p　27cm
3800円　Ⓘ4-639-01066-4　Ⓝ210.5　　　　　　〔11671〕
◇江戸時代「生活・文化」総覧　新人物往来社　1991.4
481p　21cm　(歴史読本特別増刊―事典シリーズ 第10
号)1500円　Ⓝ210.5　　　　　　　　　　　　〔11672〕
◇江戸時代「生活・文化」総覧　西山松之助ほか著　新人
物往来社　1992.3　481p　22cm　3800円
Ⓘ4-404-01899-1　Ⓝ210.5　　　　　　　　　　〔11673〕
◇江戸時代に生きたなら―生活・風俗―江戸の物価変遷史
中江克己著　廣済堂出版　1993.11　233p　18cm
(Kosaido books)800円　Ⓘ4-331-00625-5　Ⓝ210.5
　　　　　　　　　　　　　　　　　　　　　　〔11674〕
◇江戸時代の支配と生活　蔵並省自著　京都　三和書房
1967　282p　22cm　Ⓝ210.5　　　　　　　　〔11675〕
◇江戸時代の常識・非常識　『歴史街道』編集部編　PHP
研究所　1995.2　226p　15cm　(PHP文庫)460円
Ⓘ4-569-56726-6　Ⓝ210.5　　　　　　　　　　〔11676〕
◇江戸人のこころ　山本博文著　角川学芸出版, 角川グ
ループパブリッシング〔発売〕　2007.9　210p　19cm
(角川選書)1400円　Ⓘ978-4-04-703415-0　　　〔11677〕
◇江戸人のしきたり―日本橋、天麩羅、三社札、寺子屋、
歌舞伎、吉原…日本人の知恵と元気の源泉　北嶋廣敏著
幻冬舎　2007.5　230p　19cm　1300円
Ⓘ978-4-344-01328-5　　　　　　　　　　　　〔11678〕
◇江戸人の昼と夜　野口武彦著　筑摩書房　1984.8　256p
20cm　1800円　Ⓝ210.5　　　　　　　　　　　〔11679〕
◇江戸生活草紙　佐藤敏著　京都　サンブライト出版
1983.9　175p　19cm　800円　Ⓝ382.1　　　　〔11680〕
◇江戸で暮らしてみる　近松鴻二責任編集　中央公論新社
2002.10　124p　21cm　(江戸東京歴史探検 第3
巻)1800円　Ⓘ4-12-490224-7　Ⓝ382.136　　　〔11681〕
◇江戸・東京風俗史料　上巻　岡本昆石著　鈴木栄三
編・校訂　武蔵野　秋山書店　1991.12　626p　22cm
9000円　Ⓘ4-87023-538-2　Ⓝ382.136　　　　　〔11682〕
◇江戸東京〈もの〉がたり―江戸東京博物館特別収蔵品展
江戸開府400年・江戸東京博物館開館10周年記念　東京
都江戸東京博物館編　東京都江戸東京博物館　2003.3
69p　30cm　Ⓘ4-924965-43-X　Ⓝ382.136　　　〔11683〕
◇江戸・東京はどんな色―色彩表現を読む　小林忠雄著
教育出版　2000.5　181p　19cm　(江戸東京ライブラ
リー 12)1500円　Ⓘ4-316-35810-3　Ⓝ382.136
　　　　　　　　　　　　　　　　　　　　　　〔11684〕
◇江戸と東京風俗野史　伊藤晴雨著　宮尾与男編注　国
書刊行会　2001.6　415p　27cm　5800円
Ⓘ4-336-03067-7　Ⓝ382.1361　　　　　　　　〔11685〕
◇江戸にぞっこん―菊地ひと美の江戸案内　菊地ひと美著
文化出版局　2001.5　87p　25cm　1400円
Ⓘ4-579-30392-X　Ⓝ384.2　　　　　　　　　　〔11686〕
◇江戸の意気　田中優子編著　求龍堂　2003.10　223p
21cm　(SA読本 Vol.4)1200円　Ⓘ4-7630-0323-2
　　　　　　　　　　　　　　　　　　　　　　〔11687〕
◇江戸のいにしえぃしょん―江戸の気分其3　陶智子著

社会史　　　　　　　　　　　　　近世史

富山　桂書房　1996.6　126p　19cm　1236円　Ⓝ382.1
〔11688〕

◇江戸の恋―「粋」と「艶気」に生きる　田中優子著　集英社　2002.4　206p　18cm　(集英社新書)680円　Ⓘ4-08-720140-6　Ⓝ384.7
〔11689〕

◇江戸の盛り場・考―浅草・両国の聖と俗　竹内誠著　教育出版　2000.5　208p　19cm　(江戸東京ライブラリー11)1500円　Ⓘ4-316-35790-5　Ⓝ384.2
〔11690〕

◇江戸の時代って本当はこんなに面白い！―学校では教えないビックリ江戸学　大和田守，歴史の謎を探る会著　河出書房新社　2004.5　223p　15cm　(Kawade夢文庫)476円　Ⓘ4-309-49532-X　Ⓝ210.5
〔11691〕

◇江戸の知られざる風俗―川柳で読む江戸文化　渡辺信一郎著　筑摩書房　2001.5　238p　18cm　(ちくま新書)680円　Ⓘ4-480-05895-8　Ⓝ210.5
〔11692〕

◇江戸の素顔　暉峻康隆著　小学館　1995.7　237p　20cm　1800円　Ⓘ4-09-387160-4　Ⓝ210.5
〔11693〕

◇江戸の生活と経済　宮林義信著　三一書房　1998.8　221p　20cm　2000円　Ⓘ4-380-98299-8　Ⓝ210.5
〔11694〕

◇江戸の生活と風俗　三田村鳶魚著　朝倉治彦編　中央公論社　1998.7　338p　16cm　(中公文庫―鳶魚江戸文庫 23)629円　Ⓘ4-12-203200-8　Ⓝ210.5
〔11695〕

◇江戸ノート　山本昌代著　新潮社　1997.2　189p　20cm　1442円　Ⓘ4-10-411202-X　Ⓝ210.5
〔11696〕

◇江戸の道楽　棚橋正博著　講談社　1999.7　238p　19cm　(講談社選書メチエ 161)1500円　Ⓘ4-06-258161-2　Ⓝ210.5
〔11697〕

◇江戸の二十四時間　林美一著　河出書房新社　1989.1　298p　20cm　1800円　Ⓘ4-309-22157-2　Ⓝ210.5
〔11698〕

◇江戸の二十四時間　林美一著　河出書房新社　1996.6　311p　15cm　(河出文庫)780円　Ⓘ4-309-47301-6　Ⓝ210.5
〔11699〕

◇江戸の舶来風俗誌　小野武雄編著　展望社　1975　397p　20cm　2600円　Ⓝ210.5
〔11700〕

◇江戸万物事典―絵で知る江戸時代　高橋幹夫著　芙蓉書房出版　1994.11　293p　27cm　5800円　Ⓘ4-8295-0138-3　Ⓝ210.5
〔11701〕

◇江戸風俗図絵　黒川真道編　柏美術出版　1993.11　678p　27cm　8800円　Ⓘ4-906443-39-7　Ⓝ382.1
〔11702〕

◇江戸風俗図絵集　上巻　国書刊行会編　国書刊行会　1986.5　390p　31cm　7500円　Ⓝ382.1
〔11703〕

◇江戸府内絵本風俗往来　菊池貴一郎文・絵　新装版　青蛙房　2003.5　434p　22cm　4300円　Ⓘ4-7905-0109-4　Ⓝ382.1361
〔11704〕

◇江戸文化の考古学　江戸遺跡研究会編　吉川弘文館　2000.8　315p　22cm　5800円　Ⓘ4-642-03360-2　Ⓝ210.5
〔11705〕

◇江戸明治流行細見記　花咲一男解説　太平主人編　太平書屋　1994.9　402p　21cm　(太平文庫 27)12000円　Ⓝ382.136
〔11706〕

◇江戸名物評判記案内　中野三敏著　岩波書店　1993.7　228p　20cm　(岩波新書の江戸時代)1500円　Ⓘ4-00-009139-5　Ⓝ210.5
〔11707〕

◇江戸・もうひとつの風景―大江戸寺社繁昌記　鈴木一夫著　読売新聞社　1998.11　210p　20cm　1500円　Ⓘ4-643-98117-2　Ⓝ210.5
〔11708〕

◇江戸文様図譜　熊谷博人編著　クレオ　2007.11　142p　30×23cm　2800円　Ⓘ978-4-87736-119-8
〔11709〕

◇江戸は躍る！　中田浩作著　PHP研究所　2001.11　251p　20cm　1400円　Ⓘ4-569-61872-3　Ⓝ210.5
〔11710〕

◇江戸わかもの考　野口武彦著　三省堂　1986.10　233p　20cm　(歴史のなかの若者たち 3)1600円
〔11711〕

◇江戸はネットワーク　田中優子著　平凡社　1993.2　331p　20cm　2200円　Ⓘ4-582-46806-3　Ⓝ210.5
〔11712〕

◇江戸は夢か　水谷三公著　筑摩書房　1992.10　253p　19cm　(ちくまライブラリー 79)1350円　Ⓘ4-480-05179-1　Ⓝ210.5
〔11713〕

◇NHK歴史への招待　第17巻　江戸風俗絵巻　日本放送協会編　日本放送出版協会　1990.9　222p　18cm　670円　Ⓘ4-14-018089-7　Ⓝ210.1
〔11714〕

◇鳶魚江戸学―座談集　朝倉治彦編　中央公論社　1998.12　436p　20cm　2400円　Ⓘ4-12-002862-3　Ⓝ210.5
〔11715〕

◇お江戸風流さんぽ道　杉浦日向子編著　世界文化社　1998.8　195p　20cm　1400円　Ⓘ4-418-98516-6　Ⓝ210.5
〔11716〕

◇大江戸生活事情　石川英輔著　講談社　1997.1　357p　15cm　(講談社文庫)560円　Ⓘ4-06-263431-7　Ⓝ210.5
〔11717〕

◇大江戸番付づくし―江戸の暮らしとホンネ　石川英輔著　実業之日本社　2001.10　323p　19cm　1700円　Ⓘ4-408-53404-8　Ⓝ210.5
〔11718〕

◇大江戸風俗往来―一問一答クイズ 楽しく学べる江戸八百八町　久染健夫監修　実業之日本社　2007.6　253p　19cm　476円　Ⓘ978-4-408-61156-3　Ⓝ382.1361
〔11719〕

◇大江戸ものしり図鑑―ひと目で八百八町の暮らしがわかる　主婦と生活社編　花咲一男監修　主婦と生活社　2000.1　463p　21cm　2000円　Ⓘ4-391-12386-X　Ⓝ210.5
〔11720〕

◇「男と女」の八百八町　林美一編　はまの出版　1988.5　242p　18cm　850円　Ⓘ4-89361-047-3　Ⓝ210.5
〔11721〕

◇おもしろ大江戸生活百科　北村鮭彦著　新潮社　2004.10　306p　15cm　(新潮文庫)476円　Ⓘ4-10-115331-0
〔11722〕

◇女重宝記・男重宝記―元禄若者心得集　長友千代治校註　社会思想社　1993.11　393,31p　15cm　(現代教養文庫)1300円　Ⓘ4-390-11507-3
〔11723〕

◇画報風俗史　3　日本近代史研究会編　日本図書センター　2006.3　p561-840　31cm　Ⓘ4-284-50011-2,4-284-50008-2　Ⓝ382.1
〔11724〕

◇境界紀行―近世日本の生活文化と権力　鯨井千佐登著　取手　辺境社　2000.6　249p　20cm　2200円　Ⓘ4-326-95029-3　Ⓝ382.1
〔11725〕

◇近世小笠原流礼法家の研究　陶智子著　新典社　2003.9　349p　21cm　(新典社研究叢書 152)9000円　Ⓘ4-7879-4152-6
〔11726〕

◇近世先島の生活習俗　玉木順彦著　那覇　ひるぎ社　1996.2　202p　18cm　(おきなわ文庫 76)880円　Ⓝ382.199
〔11727〕

◇近世生活史年表　遠藤元男著　雄山閣出版　1995.2　348,63p 図版16枚　21cm　5974円　Ⓘ4-639-00799-X　Ⓝ210.5
〔11728〕

◇近世日本世相史　斎藤隆三著　日本図書センター　1983.3　1238,11p　22cm　(日本風俗叢書)15000円

◇Ⓝ210.5 〔11729〕

◇近世日本の生活文化と地域社会　渡辺信夫編　河出書房新社　1995.10　370p　22cm　9800円
①4-309-22282-X　Ⓝ210.5 〔11730〕

◇近世風俗見聞集　国書刊行会編　国書刊行会　1970　4冊　22cm　15000円　Ⓝ382.1 〔11731〕

◇近世風俗見聞集　第1-4　国書刊行会編　国書刊行会　1912-1913　4冊　22cm　（国書刊行会本）Ⓝ382.1 〔11732〕

◇近世風俗事典　江馬務, 西岡虎之助, 浜田義一郎）　人物往来社　1967　935,208,21p　23cm　Ⓝ382.1 〔11733〕

◇近代世相風俗誌集　4　紀田順一郎編・解説　クレス出版　2006.1　346,9,3p　27cm　12000円
①4-87733-306-1,4-87733-312-6　Ⓝ382.1 〔11734〕

◇暮らしに生かす江戸の粋　高田喜佐著　集英社　2003.11　171p　16cm　（集英社be文庫）695円
①4-08-650049-3　Ⓝ750.21361 〔11735〕

◇現代に生きる江戸談義十番　竹内誠編　小学館　2003.11　238p　19cm　1400円　①4-09-362068-7 〔11736〕

◇講座 日本風俗史　第1巻　江戸時代の風俗〔ほか〕　雄山閣出版株式会社講座日本風俗史編集部編　松島栄一　雄山閣出版　1958　370p　図版共　22cm　Ⓝ382.1 〔11737〕

◇講座 日本風俗史　第9巻　幕末・維新時代の風俗〔ほか〕　雄山閣出版株式会社講座日本風俗史編集部編　小西四郎　雄山閣出版　1959　338p　図版共　22cm　Ⓝ382.1 〔11738〕

◇古文書から学ぶ江戸の知恵、江戸の技　北田正弘著　日刊工業新聞社　1998.8　303p　19cm　1600円
①4-526-04222-6　Ⓝ210.5 〔11739〕

◇〈コンチクショウ〉考—江戸の心性史　三橋修著　日本エディタースクール出版部　1992.7　302p　20cm　2800円　①4-88888-190-1　Ⓝ382.1 〔11740〕

◇四季の生活　三田村鳶魚著　青蛙房　1957　302p　19cm　（江戸ばなし　第12冊）Ⓝ382.1 〔11741〕

◇城下町の若者たち—地方都市の猥雑　武田正著　南陽置賜民俗学会　1997.3　229p　18cm　Ⓝ384.2 〔11742〕

◇史料が語る江戸期の社会実相一〇〇話　日本風俗史学会編　つくばね舎　1998.11　332p　21cm　2800円
①4-924836-30-3　Ⓝ210.5 〔11743〕

◇史料が語る江戸の暮らし122話　日本風俗史学会編　つくばね舎　1994.4　275p　21cm　2575円
①4-924836-13-3　Ⓝ210.5 〔11744〕

◇人倫訓蒙図彙　源三郎画　現代思潮新社　2006.12　4,290p　16cm　（覆刻日本古典全集）3900円
①4-329-02603-1　Ⓝ382.1 〔11745〕

◇図解・江戸の暮らし事典—江戸時代の生活をイラストで解説　決定版　河合敦監修　河合敦, 橋場日月, 古川敏夫, 中西立太執筆　学習研究所　2007.9　159p　26cm　（歴史群像シリーズ　特別編集）1900円
①978-4-05-604783-7　Ⓝ382.1361 〔11746〕

◇杉浦日向子の江戸塾—対談　杉浦日向子著　PHP研究所　1997.9　219p　20cm　1550円　①4-569-55727-9
Ⓝ210.5 〔11747〕

◇杉浦日向子の江戸塾　杉浦日向子著　PHP研究所　2006.5　265p　15cm　（PHP文庫）590円
①4-569-66632-9　Ⓝ210.5 〔11748〕

◇杉浦日向子のぶらり江戸学　杉浦日向子述　マドラ出版　1992.11　90p　19cm　（夜中の学校 5）980円　Ⓝ210.5 〔11749〕

◇図説・浮世絵に見る江戸の一日　藤原千恵子編　河出書房新社　1996.6　127p　22cm　1800円
①4-309-72555-4　Ⓝ210.5 〔11750〕

◇図説大江戸知れば知るほど　実業之日本社　1996.12　269p　19cm　1300円　①4-408-10218-0　Ⓝ210.5 〔11751〕

◇世事見聞録　武陽隠士著　本庄栄治郎校訂　奈良本辰也補訂　岩波書店　1994.12　458p　15cm　（岩波文庫）770円　①4-00-330481-0　Ⓝ210.55 〔11752〕

◇象の旅—長崎から江戸へ　石坂昌三著　新潮社　1992.5　244p　20cm　1400円　①4-10-385601-7　Ⓝ210.55 〔11753〕

◇袖ケ浦・くらしのうつりかわり—近世～現代（海のくらしと道具）　袖ケ浦町（千葉県）　袖ケ浦町郷土博物館　1985.10　50p　13×18cm　Ⓝ384.36 〔11754〕

◇〈知恵の宝庫〉江戸に学ぶ　今野信雄著　サンドケー出版局　1992.5　269p　19cm　1300円　①4-914938-05-7
Ⓝ210.5 〔11755〕

◇天保の江戸くらしガイド—遊女から将軍まで54人の仕事とくらし　江戸見廻りめ組編　メディアファクトリー　1993.11　217p　19cm　1200円　①4-88991-307-6
Ⓝ210.5 〔11756〕

◇渡世民俗の精神—遊女・歌舞伎・医師・任侠・相撲渡世の近現代史　田原八郎著　大阪　燃焼社　2002.7　274p　19cm　2000円　①4-88978-023-8　Ⓝ382.1 〔11757〕

◇日本史おもしろ謎学—"知ってるつもり"に一歩踏み込んだおもしろさ！　渡辺誠著　コスモ出版　1994.8　250p　15cm　500円　①4-87683-427-X　Ⓝ210.5 〔11758〕

◇日本時代風俗展解説—江戸時代風俗展　第29回展観　京都　風俗博物館　1988.6　21p　21cm 〔11759〕

◇日本生活風俗史　第3　江戸風俗〔ほか〕　宮本又次　雄山閣出版　1961　22cm　Ⓝ382.1 〔11760〕

◇日本生活風俗史　第4　江戸風俗〔ほか〕　田村栄太郎　雄山閣出版　1961　22cm　Ⓝ382.1 〔11761〕

◇日本生活文化史　6　日本的生活の完成　編集委員：門脇禎二等　池上彰彦等著　河出書房新社　1974　278p　26cm　4200円　Ⓝ210.1 〔11762〕

◇日本生活文化史　第6巻　日本的生活の完成—江戸　門脇禎二ほか編　西山松之助ほか編　新版　河出書房新社　1987.2　278p　図版11枚　26cm　Ⓝ210.1 〔11763〕

◇日本地域社会の歴史と民俗　神奈川大学日本経済史研究会編　雄山閣　2003.9　269,4p　22cm　4500円
①4-639-01822-3　Ⓝ210.5 〔11764〕

◇日本の近世　第16巻　民衆のこころ　辻達也, 朝尾直弘編　ひろたまさき編　中央公論社　1994.1　344p　図版32p　21cm　2800円　①4-12-403036-3　Ⓝ210.5 〔11765〕

◇日本風俗図絵—江戸木版画集　1　黒川真道編　柏書房　1983.6　244p　27cm　2200円　Ⓝ382.1 〔11766〕

◇日本風俗図絵—江戸木版画集　2　黒川真道編　柏書房　1983.7　235p　27cm　2200円　Ⓝ382.1 〔11767〕

◇日本風俗図絵—江戸木版画集　11　黒川真道編　柏書房　1983.7　217p　27cm　2200円　Ⓝ382.1 〔11768〕

◇日本風俗図絵—江戸木版画集　12　黒川真道編　柏書房　1983.6　220p　27cm　2200円　Ⓝ382.1 〔11769〕

◇日本名所風俗図会　別巻　風俗の巻　朝倉治彦編　角川書店　1988.12　563p　31cm　8800円
①4-04-620219-X　Ⓝ291.08 〔11770〕

◇納涼に関する江戸の風俗　江戸時代納涼会編　芸艸堂　1925　1冊　31cm　Ⓝ383 〔11771〕

◇幕末風俗故事物語　紀田順一郎著　河出書房新社　1985.6　274p　15cm　(河出文庫)460円　①4-309-40118-X　Ⓝ210.58　〔11772〕

◇幕末・明治期古写真等資料集―忘れられた日本の風景、風俗　長崎大学附属図書館編　長崎　長崎大学附属図書館　1995.11　39p　30cm　Ⓝ382.1　〔11773〕

◇幕末明治 暮しの素顔　篠田鉱造著　青蛙房　1957　297p　19cm　Ⓝ382.1　〔11774〕

◇花の大江戸風俗案内　菊地ひと美著　筑摩書房　2002.12　175p　15cm　(ちくま文庫)820円　①4-480-03776-4　Ⓝ382.1361　〔11775〕

◇「半七捕物帳」大江戸歳時記　今井金吾著　筑摩書房　2001.1　310p　15cm　(ちくま文庫)760円　①4-480-03615-6　Ⓝ384.2　〔11776〕

◇人づくり風土記―江戸時代 50　近世日本の地域づくり200のテーマ　会田雄次, 大石慎三郎, 林英夫監修　農山漁村文化協会　2000.10　541p　27cm　4762円　①4-540-99008-X　Ⓝ210.5　〔11777〕

◇風俗江戸東京物語　岡本綺堂著　今井金吾校註　河出書房新社　2001.12　430p　15cm　(河出文庫)930円　①4-309-40644-0　Ⓝ210.5　〔11778〕

◇風俗江戸物語　岡本綺堂著, 今井金吾校註　河出書房新社　1986.9　204p　15cm　(河出文庫)420円　①4-309-47095-5　Ⓝ210.5　〔11779〕

◇風俗江戸物語　岡本綺堂著　今井金吾校註　新座　埼玉福祉会　1991.10　432p　22cm　(大活字本シリーズ)3811円　Ⓝ210.5　〔11780〕

◇不義密通―禁じられた恋の江戸　氏家幹人著　洋泉社　2007.2　348p　18cm　(MC新書 11)1500円　①978-4-86248-113-9　Ⓝ210.5　〔11781〕

◇復元江戸生活図鑑　笹間良彦著　柏書房　1995.3　271p　27cm　4800円　①4-7601-1137-9　Ⓝ210.5　〔11782〕

◇碧眼日本民俗図絵　吉村善太郎編著　雄松堂出版　1987.7　486p　27cm　9200円　①4-8419-0041-1　Ⓝ210.5　〔11783〕

◇目明しと囚人・浪人と侠客の話　三田村鳶魚著　朝倉治彦編　中央公論社　1997.10　350p　16cm　(中公文庫―鳶魚江戸文庫 14)629円　①4-12-202974-0　Ⓝ210.5　〔11784〕

◇目からウロコの江戸時代―風俗・暮らしのおもしろ雑学　武田櫂太郎著　PHPエディターズ・グループ　2003.8　252p　19cm　1300円　①4-569-62793-5　Ⓝ210.5　〔11785〕

◇目で見る日本風俗誌 9　江戸町人の生活 続　日本映画テレビプロデューサー協会編　今戸栄一編　日本放送出版協会　1987.4　259p　20cm　2500円　①4-14-004035-1　Ⓝ382.1　〔11786〕

◇頼梅〔シ〕日記の研究　大口勇次郎　お茶の水女子大学ジェンダー研究センター　2001.3　244p　30cm　Ⓝ210.5　〔11787〕

◇落書というメディア―江戸民衆の怒りとユーモア　吉原健一郎著　教育出版　1999.6　202p　19cm　(江戸東京ライブラリー 7)1500円　①4-316-35730-1　Ⓝ210.5　〔11788〕

◆◆風俗史料

◇近世庶民史料―元禄時代に於ける一庄屋の記録(河内屋可正旧記)　河内屋可正著, 野村豊, 由井喜太郎編著　大阪　近世庶民史料刊行会　1955　376p　図版地　22cm　Ⓝ210.5　〔11789〕

◇近世庶民史料所在目録　第1輯　近世庶民史料調査委員会編　京都　臨川書店　1981.12　255p　22cm　①4-653-00735-7　Ⓝ210.5　〔11790〕

◇近世庶民史料所在目録　第2輯　近世庶民史料調査委員会編　京都　臨川書店　1981.12　486p　22cm　①4-653-00736-5　Ⓝ210.5　〔11791〕

◇近世庶民史料所在目録　第3輯　近世庶民史料調査委員会編　京都　臨川書店　1981.12　10,240p　22cm　①4-653-00737-3　Ⓝ210.5　〔11792〕

◇近世庶民史料所在目録　第1-3集　近世庶民史料調査委員会編　日本学術振興会　1952-1955　3冊　22cm　Ⓝ210.5　〔11793〕

◇近世庶民生活史料未刊日記集成　第1巻　門屋養安日記 上　茶谷十六, 松岡精編　三一書房　1996.11　603p　27cm　23690円　①4-380-96500-7　Ⓝ281　〔11794〕

◇近世庶民生活史料未刊日記集成　第2巻　門屋養安日記 下　門屋養安著　茶谷十六, 松岡精編　三一書房　1997.9　543,108p　27cm　23000円　①4-380-97500-2　Ⓝ281　〔11795〕

◇近世庶民生活史料未刊日記集成　第3巻　鈴木修理日記 1　鈴木棠三, 保田晴男編　三一書房　1997.3　548p　27cm　23690円　①4-380-97501-0　Ⓝ281　〔11796〕

◇近世庶民生活史料未刊日記集成　第4巻　鈴木修理日記 2　鈴木長常, 鈴木長頼著　鈴木棠三, 保田晴男編　三一書房　1998.1　549p　27cm　23000円　①4-380-98500-8　Ⓝ281　〔11797〕

◇近世庶民生活史料 未刊日記集成　第5巻　鈴木修理日記　鈴木棠三, 保田晴男編　三一書房　1998.5　539p　26cm　23000円　①4-380-98501-6　〔11798〕

◇近世風俗志―守貞稿 1　喜田川守貞著　宇佐美英機校訂　岩波書店　1996.5　429p　15cm　(岩波文庫)980円　①4-00-302671-3　Ⓝ382.1　〔11799〕

◇近世風俗志―守貞謾稿 2　喜田川守貞著　宇佐美英機校訂　岩波書店　1997.9　450p　15cm　(岩波文庫)940円　①4-00-302672-1　Ⓝ382.1　〔11800〕

◇近世風俗志―守貞謾稿 3　喜田川守貞著　宇佐美英機校訂　岩波書店　1999.10　461p　15cm　(岩波文庫)940円　①4-00-302673-X　Ⓝ382.1　〔11801〕

◇近世風俗志―守貞謾稿 4　喜田川守貞著　宇佐美英機校訂　岩波書店　2001.10　416p　15cm　(岩波文庫)940円　①4-00-302674-8　Ⓝ382.1　〔11802〕

◇近世風俗志―守貞謾稿 5　喜田川守貞著　宇佐美英機校訂　岩波書店　2002.12　294,82p　15cm　(岩波文庫)940円　①4-00-302675-6　Ⓝ382.1　〔11803〕

◇撰写録―翻刻　日本大学法学部図書館所蔵　吉田節子翻刻　出版地不明　[吉田節子]　2007.11　146p　21cm　Ⓝ382.1　〔11804〕

◇藤岡屋日記　第1巻　1～10(文化元年～天保七年)　鈴木棠三, 小池章太郎編　三一書房　1987.11　630p　27cm　(近世庶民生活史料)19000円　Ⓝ210.58　〔11805〕

◇藤岡屋日記　第2巻　11～17(天保八年～弘化二年)　鈴木棠三, 小池章太郎編　三一書房　1988.3　607p　27cm　(近世庶民生活史料)19000円　Ⓝ210.58　〔11806〕

◇藤岡屋日記　第3巻　18～26(弘化三年～嘉永三年六月)　鈴木棠三, 小池章太郎編　三一書房　1988.7　634p　27cm　(近世庶民生活史料)19000円　Ⓝ210.58　〔11807〕

◇藤岡屋日記―近世庶民生活史料　第4巻　二十七｜三十六―嘉永三年七月｜嘉永五年　鈴木棠三編, 小池章太郎編　三一書房　1988.11　666p　27cm　19000円　Ⓝ210.58　〔11808〕

◇藤岡屋日記　第5巻　37～46(嘉永五年～安政元年)　鈴木棠三, 小池章太郎編　三一書房　1989.5　642p　27cm

◇（近世庶民生活史料）19570円　Ⓘ4-380-89500-9　Ⓝ210.58
〔11809〕

◇藤岡屋日記　第6巻　47～56（安政元年～安政2年9月）　鈴木棠三，小池章太郎編　三一書房　1989.11　609p　27cm　（近世庶民生活史料）19750円　Ⓘ4-380-89501-7　Ⓝ210.58
〔11810〕

◇藤岡屋日記―近世庶民生活史料　第7巻　五十七｜六十四―安政二年十月｜安政四年八月　鈴木棠三，小池章太郎編　三一書房　1990.6　613p　27cm　19000円　Ⓘ4-380-90500-4　Ⓝ210.58
〔11811〕

◇藤岡屋日記　第8巻　65～73（安政4年9月～安政6年9月）　鈴木棠三，小池章太郎編　三一書房　1990.10　645p　27cm　（近世庶民生活史料）19570円　Ⓘ4-380-90501-2　Ⓝ210.58
〔11812〕

◇藤岡屋日記　第9巻　74～82（安政6年10月～文久元年5月）　鈴木棠三，小池章太郎編　三一書房　1991.5　604p　27cm　（近世庶民生活史料）19570円　Ⓘ4-380-91500-X　Ⓝ210.58
〔11813〕

◇藤岡屋日記　第10巻　83～93（文久元年6月～文久3年2月）　藤岡屋由蔵著　鈴木棠三，小池章太郎編　三一書房　1991.11　584p　27cm　（近世庶民生活史料）19570円　Ⓘ4-380-91501-8　Ⓝ210.58
〔11814〕

◇藤岡屋日記　第11巻　94～106（文久3年3月～元治元年6月）　藤岡屋由蔵著　鈴木棠三，小池章太郎編　三一書房　1992.7　585p　27cm　（近世庶民生活史料）19570円　Ⓘ4-380-92500-5　Ⓝ210.58
〔11815〕

◇藤岡屋日記　第12巻　107～117（元治元年7月～慶応元年5月）　藤岡屋由蔵著　鈴木棠三，小池章太郎編　三一書房　1993.4　582p　27cm　（近世庶民生活史料）19570円　Ⓘ4-380-93500-0　Ⓝ210.58
〔11816〕

◇藤岡屋日記　第13巻　118～130（慶応元年5月～慶応2年5月）　藤岡屋由蔵著　鈴木棠三，小池章太郎編　三一書房　1994.1　578p　27cm　（近世庶民生活史料）19570円　Ⓘ4-380-94500-6　Ⓝ210.58
〔11817〕

◇藤岡屋日記　第14巻　131～140（慶応2年6月～慶応3年3月）　藤岡屋由蔵著　鈴木棠三，小池章太郎編　三一書房　1994.8　554p　27cm　（近世庶民生活史料）19570円　Ⓘ4-380-94501-4　Ⓝ210.58
〔11818〕

◇藤岡屋日記　第15巻　141～152（慶応3年4月～慶応4年3月）・安政2年江戸大地震　藤岡屋由蔵著　鈴木棠三，小池章太郎編　三一書房　1995.12　615p　27cm　（近世庶民生活史料）19570円　Ⓘ4-380-95500-1　Ⓝ210.58
〔11819〕

◇藤岡屋日記　編集のしおり―1-15　三一書房　1987.11-1995.12　1冊　22cm　Ⓝ210.58
〔11820〕

◇藤岡屋ばなし―江戸巷談　鈴木棠三著　三一書房　1991.8　334p　20cm　2600円　Ⓘ4-380-91225-6　Ⓝ210.5
〔11821〕

◇藤岡屋ばなし―江戸巷談　鈴木棠三著　筑摩書房　2003.5　426p　15cm　（ちくま学芸文庫）1400円　Ⓘ4-480-08775-3　Ⓝ210.58
〔11822〕

◇藤岡屋ばなし―江戸巷談　続集　藤岡屋由蔵著　鈴木棠三著　三一書房　1992.5　358p　20cm　2600円　Ⓘ4-380-92223-5　Ⓝ210.58
〔11823〕

◇藤岡屋ばなし―江戸巷談　続集　鈴木棠三著　筑摩書房　2003.6　437p　15cm　（ちくま学芸文庫）1400円　Ⓘ4-480-08776-1　Ⓝ210.58
〔11824〕

◇守貞漫稿　上巻　喜多川守貞著，朝倉治彦編　東京堂出版　1973　308p　27cm　9000円　Ⓝ382.1
〔11825〕

◇守貞謾稿　第1巻　喜田川守貞著　朝倉治彦，柏川修一校訂編集　東京堂出版　1992.9　271p　22cm　6600円　Ⓘ4-490-30439-0　Ⓝ382.1
〔11826〕

◇守貞漫稿　中巻　喜多川守貞著，朝倉治彦編　東京堂出版　1974　323p　27cm　9000円　Ⓝ382.1
〔11827〕

◇守貞謾稿　第2巻　喜田川守貞著　朝倉治彦，柏川修一校訂編集　東京堂出版　1992.9　287p　22cm　6600円　Ⓘ4-490-30440-4　Ⓝ382.1
〔11828〕

◇守貞謾稿　第3巻　喜田川守貞著　朝倉治彦，柏川修一校訂編集　東京堂出版　1992.9　272p　22cm　6600円　Ⓘ4-490-30441-2　Ⓝ382.1
〔11829〕

◇守貞謾稿　第4巻　喜田川守貞著　朝倉治彦，柏川修一校訂編集　東京堂出版　1992.9　224p　22cm　6600円　Ⓘ4-490-30442-0　Ⓝ382.1
〔11830〕

◇守貞謾稿　第5巻　喜田川守貞著　朝倉治彦，柏川修一校訂編集　東京堂出版　1992.9　272p　22cm　6600円　Ⓘ4-490-30443-9　Ⓝ382.1
〔11831〕

◇守貞謾稿図版集成　喜田川守貞原著　高橋雅夫編著　雄山閣　2002.1　360p　27cm　19048円　Ⓘ4-639-01688-3　Ⓝ382.1
〔11832〕

◇類聚近世風俗志―原名守貞漫稿　喜田川守貞著　室松岩雄編　榎本書房　1927.6　586,621p　23cm　Ⓝ382.1
〔11833〕

◇類聚近世風俗志―原名守貞漫稿　喜田川季荘著，室松岩雄ほか編　日本図書センター　1977.11　2冊　22cm　各5000円　Ⓝ382.1
〔11834〕

◆◆環境問題

◇江戸時代にみる日本型環境保全の源流　農山漁村文化協会編　農山漁村文化協会　2002.9　282p　19cm　1619円　Ⓘ4-540-02188-5　Ⓝ519.81
〔11835〕

◇江戸東京のエコロジー――江戸の残像を今日に探る　コラム　安藤義雄著　足立区郷土史料刊行会　2001.5　207p　19cm　（史談文庫　1）900円　Ⓝ382.1361
〔11836〕

◇大江戸えころじー事情　石川英輔著　講談社　2000.11　335p　19cm　1800円　Ⓘ4-06-210414-8　Ⓝ382.1
〔11837〕

◇大江戸えころじー事情　石川英輔著　講談社　2003.12　361p　15cm　（講談社文庫）590円　Ⓘ4-06-273904-6　Ⓝ382.1
〔11838〕

◇大江戸えねるぎー事情　石川英輔著　講談社　1993.7　314p　15cm　（講談社文庫）480円　Ⓘ4-06-185431-3　Ⓝ382.1
〔11839〕

◇大江戸リサイクル事情　石川英輔著　講談社　1994.8　314p　19cm　1600円　Ⓘ4-06-207049-9　Ⓝ382.1
〔11840〕

◇大江戸リサイクル事情　石川英輔著　講談社　1997.10　379p　15cm　（講談社文庫）562円　Ⓘ4-06-263612-3　Ⓝ382.1
〔11841〕

◇環境先進国・江戸　鬼頭宏著　PHP研究所　2002.4　217p　18cm　（PHP新書）660円　Ⓘ4-569-62147-3　Ⓝ519.21
〔11842〕

◇近世公害史の研究　安藤精一著　吉川弘文館　1992.2　402,4p　22cm　7500円　Ⓘ4-642-03306-8　Ⓝ519.21
〔11843〕

◇日本近世環境史料演習　根崎光男編　同成社　2006.4　189p　21cm　1800円　Ⓘ4-88621-351-0　Ⓝ519.81
〔11844〕

◇人間らしく生きるなら江戸庶民の知恵に学べ―その豊かな生き方，ムダのない生活術に，大事なヒントがある　淡野史良著　河出書房新社　2000.1　208p　18cm　（Kawade夢新書）667円　Ⓘ4-309-50187-7　Ⓝ210.5
〔11845〕

社会史　　　　　　　　　　近世史

◆時代考証

◇絵でみる時代考証百科　檜、鎧、具足編　名和弓雄著　新人物往来社　1988.12　241p　22cm　5800円　①4-404-01555-0　Ⓝ210.5　〔11846〕
◇絵でみる時代考証百科　日本刀・火縄銃・忍び道具編　名和弓雄著　新人物往来社　1983.12　274p　22cm　3800円　Ⓝ210.5　〔11847〕
◇絵でみる時代考証百科　捕者道具編　名和弓雄著　新人物往来社　1985.3　248p　22cm　4800円　①4-404-01259-4　Ⓝ322.15　〔11848〕
◇江戸時代を観る　得能審二著　リバティ書房　1994.10　218p　19cm　1300円　①4-947629-67-3　Ⓝ778.8　〔11849〕
◇江戸時代用語考証事典　池田正一郎著　新人物往来社　1984.7　519p　22cm　6500円　Ⓝ210.5　〔11850〕
◇江戸の千一夜―時代劇に描く時代考証家の夢　林美一著　桃源社　1974　275p　20cm　（桃源選書）950円　Ⓝ210.5　〔11851〕
◇大江戸世相夜話―奉行、髪結い、高利貸し　藤田覚著　中央公論新社　2003.11　244p　18cm　（中公新書）740円　①4-12-101723-4　〔11852〕
◇柿の落葉―考証随筆　中沢伸弘著　〔柿之舎〕　2002.4　303p　18cm　非売品　Ⓝ121.52　〔11853〕
◇考証忍者物語　田村栄太郎著　雄山閣出版　1988.8　277p　20cm　2000円　①4-639-00738-8　Ⓝ210.5　〔11854〕
◇時代劇を斬る　名和弓雄著　河出書房新社　2001.2　266p　20cm　2400円　①4-309-22368-0　Ⓝ210.5　〔11855〕
◇時代劇を考証する―大江戸人間模様　稲垣史生著　旺文社　1983.10　238p　16cm　（旺文社文庫）340円　①4-01-061376-9　Ⓝ210.5　〔11856〕
◇時代劇さんぽ―東映プロデューサーとはみだしOLの東京・時代劇珍道中　東京編　小嶋雄嗣著　到文社　1999.7　206p　19cm　1480円　①4-7669-3243-9　Ⓝ778.8　〔11857〕
◇時代劇のウソ・ホント―絵で見て納得！　笹間良彦画　遊子館　2004.12　235p　19cm　（遊子館歴史選書1）1800円　①4-946525-65-3　Ⓝ210.5　〔11858〕
◇時代考証事典　稲垣史生著　新人物往来社　1971　478p　22cm　3800円　Ⓝ210.5　〔11859〕
◇時代考証事典　続　稲垣史生著　新人物往来社　1985.10　536p　22cm　4800円　Ⓝ210.5　〔11860〕
◇時代考証百科　八剣浩太郎著　新人物往来社　1975　231p　20cm　1300円　Ⓝ210.5　〔11861〕
◇時代小説用語辞典　歴史群像編集部編　学習研究社　2005.4　336p　19cm　1600円　①4-05-402607-9　Ⓝ210.5　〔11862〕
◇時代風俗考証事典　林美一著　河出書房新社　1993.8　705,33p　20cm　4000円　①4-309-22252-8　Ⓝ382.1　〔11863〕
◇時代風俗考証事典　林美一著　新装新版　河出書房新社　1999.1　705,33p　20cm　3900円　①4-309-22338-9　Ⓝ382.1　〔11864〕
◇時代風俗考証事典　林美一著　新装版　河出書房新社　2001.1　705,33p　20cm　3900円　①4-309-22367-2　Ⓝ382.1　〔11865〕
◇生活と文化展―江戸時代の資料を中心として　実践女子大学図書館所蔵　実践女子大学図書館編　日野　実践女子大学図書館　1991.5　14p　26cm　Ⓝ382.1　〔11866〕
◇テレビ時代劇の謎―「水戸黄門」「銭形平次」「鬼平犯科帳」「大岡越前」「遠山の金さん」ブラウン管を彩る江戸のヒーロー、その素顔と真実　川原郁夫,宝泉薫著　日本文芸社　1993.11　239p　18cm　950円　①4-537-02383-X　Ⓝ778.8　〔11867〕
◇間違いだらけの時代劇　名和弓雄著　河出書房新社　1989.7　221p　15cm　（河出文庫）450円　①4-309-47184-6　Ⓝ210.5　〔11868〕
◇間違いだらけの時代劇　続　名和弓雄著　河出書房新社　1994.4　211p　15cm　（河出文庫）640円　①4-309-47265-6　Ⓝ210.5　〔11869〕
◇間違いだらけの時代考証―テレビ・映画が二倍楽しめる　名和弓雄著　グリーンアロー出版社　1980.1　240p　19cm　（グリーンアロー・ブックス）760円　Ⓝ210.5　〔11870〕
◇もっと愉しむ時代劇ガイド―痛快ヒーローと江戸知識　滝沢精之介著　同文書院　1996.12　223p　18cm　1000円　①4-8103-7356-8　Ⓝ778.8　〔11871〕
◇歴史考証なるほど読本　八剣浩太郎著　廣済堂出版　1992.3　324p　16cm　（廣済堂文庫）480円　①4-331-65128-2　Ⓝ210.5　〔11872〕

◆武士生活

◇足軽の生活　笹間良彦著　雄山閣出版　1969　260p　22cm　（生活史叢書）1200円　Ⓝ210.5　〔11873〕
◇絵図でさぐる武士の生活　1　職制・儀礼　武士生活研究会編　柏書房　1982.3　128p　22cm　2000円　Ⓝ210.5　〔11874〕
◇絵図でさぐる武士の生活　2　生活・文化　武士生活研究会編　柏書房　1982.5　127p　22cm　2000円　Ⓝ210.5　〔11875〕
◇絵図でさぐる武士の生活　3　武芸・事件　武士生活研究会編　柏書房　1982.6　135p　22cm　2000円　Ⓝ210.5　〔11876〕
◇江戸お留守居役の日記―寛永期の萩藩邸　山本博文著　読売新聞社　1991.7　294p　20cm　1800円　①4-643-91060-7　Ⓝ210.52　〔11877〕
◇江戸お留守居役の日記―寛永期の萩藩邸　山本博文著　講談社　1994.11　363p　15cm　（講談社文庫）1640円　①4-06-185830-0　Ⓝ210.52　〔11878〕
◇江戸三〇〇年「普通の武士」はこう生きた―誰も知らないホントの姿　八幡和郎,臼井喜法著　ベストセラーズ　2005.8　269p　18cm　（ベスト新書）780円　①4-584-12092-7　Ⓝ210.5　〔11879〕
◇江戸時代　御目付の生活　寺島荘二著　雄山閣出版　1965　315p　22cm　Ⓝ322.15　〔11880〕
◇江戸時代　御家人の生活　高柳金芳著　雄山閣出版　1966　288p　22cm　Ⓝ210.5　〔11881〕
◇江戸時代御家人の生活　高柳金芳著　雄山閣出版　1982.1　288p　22cm　（生活史叢書 12）2000円　①4-639-00128-2　Ⓝ210.5　〔11882〕
◇江戸時代御家人の生活　高柳金芳著　POD版　雄山閣　2003.4　288p　21cm　（生活史叢書）2000円　①4-639-10019-1　〔11883〕
◇江戸時代の武家社会―公儀・鷹場・史料論　福田千鶴著　校倉書房　2005.4　350p　20cm　3800円　①4-7517-3620-5　Ⓝ210.5　〔11884〕
◇江戸時代の武家の生活　進士慶幹著　至文堂　1961　202p　19cm　（日本歴史新書）Ⓝ210.5　〔11885〕
◇江戸時代の武士　瓜生喬著　宝永館　1900.11　166p　23cm　Ⓝ210.5　〔11886〕
◇江戸時代　武士の生活　進士慶幹編　雄山閣出版　1963

318p 22cm Ⓝ210.5 〔11887〕
◇江戸時代 武士の生活 進士慶幹編 増補版 雄山閣出版 1966 342p 22cm Ⓝ210.5 〔11888〕
◇江戸時代武士の生活 進士慶幹編 増補版 雄山閣出版 1969 342p 22cm （生活史叢書 1）1200円 Ⓝ210.5 〔11889〕
◇江戸時代武士の生活 進士慶幹編 雄山閣出版 1980.12 342p 22cm （生活史叢書 1）Ⓝ210.5 〔11890〕
◇江戸時代武士の生活 進士慶幹編 POD版 雄山閣 2003.4 342p 21cm （生活史叢書 1）2400円 ①4-639-10018-3 〔11891〕
◇江戸の金・女・出世 山本博文著 角川書店（発売） 2006.10 237p 15cm （角川文庫―角川ソフィア文庫 シリーズ江戸学）552円 ①4-04-406302-8 Ⓝ210.5 〔11892〕
◇江戸の侍グッズコレクション 井出正信編著 里文出版 1998.8 99p 21×22cm 3000円 ①4-89806-079-X Ⓝ750.21 〔11893〕
◇江戸のサラリーマンのしたたかな生き方に学べ―がんばれ！サラリーマン諸兄 鈴木亨著 河出書房新社 2002.7 208p 18cm （Kawade夢新書）667円 ①4-309-50248-2 Ⓝ210.5 〔11894〕
◇江戸の転勤族―代官所手代の世界 高橋章則著 平凡社 2007.7 268p 20cm （平凡社選書 228）2600円 ①978-4-582-84228-9 Ⓝ210.5 〔11895〕
◇江戸の武士伊庭想太郎 東台隠士著 日本館 1901 134p 22cm Ⓝ289.1 〔11896〕
◇江戸の武士の朝から晩まで―日本人なら知っておきたい歴史の謎を探る会編 河出書房新社 2007.6 221p 15cm （KAWADE夢文庫）514円 ①978-4-309-49652-8 〔11897〕
◇江戸のミクロコスモス―加賀藩江戸屋敷 迫川吉生著 新泉社 2004.12 93p 21cm （シリーズ「遺跡を学ぶ」11）1500円 ①4-7877-0531-8 Ⓝ213.61 〔11898〕
◇江戸幕府と武士の暮らし―江戸時代 1 古川清行著 小峰書店 1998.4 127p 27cm （人物・遺産でさぐる日本の歴史 調べ学習に役立つ 9）2500円 ①4-338-15109-9 〔11899〕
◇江戸ばなし 第2巻 武家の生活,赤穂義士 三田村鳶魚著 限定版 青蛙房 1965 324,304p 20cm Ⓝ210.5 〔11900〕
◇江戸藩邸物語―戦場から街角へ 氏家幹人著 中央公論社 1988.6 222p 18cm （中公新書）560円 ①4-12-100883-9 Ⓝ210.5 〔11901〕
◇江戸武家事典 三田村鳶魚原著 稲垣史生編 新装版 青蛙房 2007.7 515p 20cm 4500円 ①978-4-7905-0500-6 Ⓝ210.5 〔11902〕
◇江戸武家地の研究 岩淵令治著 塙書房 2004.11 678,30p 22cm 12000円 ①4-8273-1188-9 Ⓝ210.5 〔11903〕
◇江戸武士の日常生活―素顔・行動・精神 柴田純著 講談社 2000.11 254p 19cm （講談社選書メチエ 196）1600円 ①4-06-258196-5 Ⓝ210.5 〔11904〕
◇江戸老人旗本夜話 氏家幹人著 講談社 2004.6 349p 15cm （講談社文庫）695円 ①4-06-274791-X 〔11905〕
◇お江戸の武士の意外な生活事情―衣食住から趣味・仕事まで 中江克己著 PHP研究所 2005.6 250p 15cm （PHP文庫）514円 ①4-569-66396-6 Ⓝ210.5 〔11906〕
◇大江戸おもしろ侍顛末記 高野澄著 勁文社 1993.11 237p 15cm （勁文社文庫21）580円 ①4-7669-1879-7

Ⓝ210.5 〔11907〕
◇大江戸サラリーマン学―武士の生き方に学ぶ！ 山本博文著 PHP研究所 2001.4 221p 20cm 1300円 ①4-569-61626-7 Ⓝ210.5 〔11908〕
◇御旗本物語―日本史の意外な証言者たち 谷有二著 未來社 1989.1 261p 19cm 1800円 ①4-624-11110-9 Ⓝ210.5 〔11909〕
◇下級士族の研究 新見吉治著 改訂増補 巖南堂書店 1979.9 362,144p 22cm 6000円 Ⓝ210.5 〔11910〕
◇下級武士と幕末明治―川越・前橋藩の武術流派と士族授産 布施賢治著 岩田書院 2006.8 356,13p 22cm （近代史研究叢書 12）7900円 ①4-87294-438-0 Ⓝ210.61 〔11911〕
◇下級武士論 木村礎著 塙書房 1967 311p 19cm （塙選書）Ⓝ210.5 〔11912〕
◇杵築藩足軽方定 岡照秀著 中尾弥三郎編・解説 安岐町（大分県） 中尾弥三郎 1992.5 1冊 26cm Ⓝ210.5 〔11913〕
◇近世日本浪人伝 浅井正純著 明徳会出版部 1929 488p 20cm Ⓝ281 〔11914〕
◇近世武家社会の儀礼と交際 岡崎寛徳著 校倉書房 2006.5 392p 22cm （歴史科学叢書）10000円 ①4-7517-3730-9 Ⓝ210.09 〔11915〕
◇近世武家の「個」と社会―身分格式と名前に見る社会像 堀田幸義著 刀水書房 2007.1 292p 22cm 6000円 ①978-4-88708-355-4 Ⓝ210.5 〔11916〕
◇近世武士の生活と意識―添田儀左衛門日記 天和期の江戸と弘前 浪川健治編 岩田書院 2004.10 311,21p 22cm 8900円 ①4-87294-342-2 Ⓝ210.5 〔11917〕
◇元禄下級武士の生活―朝日文左衛門重章日記 朝日重章原著,加賀樹芝朗著 雄山閣出版 1966 249p 22cm Ⓝ210.54 〔11918〕
◇元禄下級武士の生活―朝日文左衛門重章日記 朝日重章原著,加賀樹芝朗著 雄山閣出版 1970 249p 22cm （生活史叢書 10）1200円 Ⓝ210.54 〔11919〕
◇元禄武士学―武道初心集を読む 神坂次郎 中央公論社 1987.7 241p 20cm 1100円 ①4-12-001594-7 Ⓝ210.5 〔11920〕
◇元禄武士学 神坂次郎著 中央公論社 1992.8 222p 16cm （中公文庫）440円 ①4-12-201926-5 Ⓝ210.5 〔11921〕
◇小石川御家人物語 氏家幹人著 朝日新聞社 1993.5 317p 19cm 1600円 ①4-02-256614-0 〔11922〕
◇犢を逐いて青山に入る―会津藩士・広沢安任 松本健一著 多摩 ベネッセコーポレーション 1997.2 290p 19cm 1900円 ①4-8288-2528-2 〔11923〕
◇考証江戸武家史談 稲垣史生著 河出書房新社 1993.2 236p 15cm （河出文庫）540円 ①4-309-47244-3 Ⓝ291.36 〔11924〕
◇考証武家奇談 稲垣史生著 時事通信社 1980.5 282p 20cm 1300円 Ⓝ210.5 〔11925〕
◇考証武家奇談 稲垣史生著 河出書房新社 1986.5 293p 15cm （河出文庫）480円 ①4-309-47088-2 Ⓝ210.5 〔11926〕
◇考証武家の世界 稲垣史生著 千人社 1978.12 222p 20cm （歴史選書 2 江戸）980円 Ⓝ210.5 〔11927〕
◇考証武家の世界 稲垣史生著 千人社 1981.5 222p 20cm （歴史選書 2）1300円 ①4-87574-304-1 Ⓝ210.5 〔11928〕
◇御家人の私生活 高柳金芳著 雄山閣 2003.12 261p 19cm （江戸時代選書 7）2300円 ①4-639-01806-1

社会史　近世史

〔11929〕
◇サムライの胸算用　大分の文化と自然探険隊・Bahan事業部編　大分　極東印刷紙工　1992.8　47p　30cm　(Bahan no.12)550円　Ⓝ210.5
〔11930〕
◇武士はつらいよ―"江戸役人"不始末実録　笹間良彦著　PHP研究所　1997.3　270p　18cm　1350円　Ⓘ4-569-55532-2　Ⓝ210.55
〔11931〕
◇サムライはどう評価されたのか―現代評価のルーツを探る　川村彰男著　新人物往来社　2007.5　228p　20cm　1600円　Ⓘ978-4-404-03464-9　Ⓝ210.5
〔11932〕
◇サラリーマン武士道―江戸のカネ・女・出世　山本博文著　講談社　2001.2　250p　18cm　(講談社現代新書)680円　Ⓘ4-06-149541-0　Ⓝ210.5
〔11933〕
◇図説江戸の下級武士　高柳金芳著　柏書房　1980.10　141p　22cm　2000円　Ⓝ210.5
〔11934〕
◇図説大江戸さむらい百景　渡辺誠著　学習研究社　2007.11　246p　19cm　1500円　Ⓘ978-4-05-403538-6　Ⓝ210.5
〔11935〕
◇図録・近世武士生活史入門事典　武士生活研究会編　柏書房　1991.1　279p　22cm　2800円　Ⓘ4-7601-0604-9　Ⓝ210.5
〔11936〕
◇説話のなかの江戸武士たち　白石良夫著　岩波書店　2002.8　202p　20cm　2500円　Ⓘ4-00-023633-4　Ⓝ210.5
〔11937〕
◇大名と旗本の暮らし　平井聖監修　学習研究社　2000.6　112p　24cm　(Gakken graphic books deluxe 11―図説江戸 2)1600円　Ⓘ4-05-401238-8　Ⓝ210.5
〔11938〕
◇徳川盛世録　市岡正一著　平凡社　1989.1　326p　18cm　(東洋文庫 496)2000円　Ⓘ4-582-80496-9　Ⓝ210.5
〔11939〕
◇徳川礼典録　徳川黎明会編　原書房　1982.6　3冊　22cm　各13000円　Ⓘ4-562-01261-7　Ⓝ210.5
〔11940〕
◇幕末下級武士の絵日記―その暮らしと住まいの風景を読む　大岡敏昭著　相模書房　2007.5　201p　19cm　1400円　Ⓘ978-4-7824-0703-5　Ⓝ384.2
〔11941〕
◇幕末下級武士の記録　山本政恒著,吉田常吉校訂　時事通信社　1985.11　456p　22cm　6000円　Ⓘ4-7887-8527-7　Ⓝ210.58
〔11942〕
◇幕末志士の生活　芳賀登著　雄山閣　1965　301p　22cm　Ⓝ210.58
〔11943〕
◇幕末志士の生活　芳賀登著　雄山閣出版　1970　301p　22cm　(生活史叢書)1200円　Ⓝ210.58
〔11944〕
◇幕末志士の生活　芳賀登著　増補　雄山閣出版　1974　333p　22cm　(生活史叢書)1800円　Ⓝ210.58
〔11945〕
◇幕末志士の生活　芳賀登著　雄山閣出版　1982.6　333p　22cm　(生活史叢書 8)2500円　Ⓘ4-639-00161-4　Ⓝ210.58
〔11946〕
◇幕末単身赴任下級武士の食日記　青木直己著　日本放送出版協会　2005.12　195p　18cm　(生活人新書 165)700円　Ⓘ4-14-088165-8　Ⓝ383.81
〔11947〕
◇幕末動乱を生きた武士―武州金沢藩士・萩原唯右衛門則嘉の生涯　企画展　横浜市歴史博物館,横浜市ふるさと歴史財団編　横浜　横浜市歴史博物館　2005.4　63p　30cm　Ⓝ213.7
〔11948〕
◇幕末武家の時代相　上―熊本藩郡代中村恕斎日録抄　吉村豊雄著　大阪　清文堂出版　2007.12　277p　19cm　2600円　Ⓘ978-4-7924-0643-1
〔11949〕
◇幕末武家の時代相　下―熊本藩郡代中村恕斎日録抄　吉村豊雄著　大阪　清文堂出版　2007.12　291p　19cm　2600円　Ⓘ978-4-7924-0644-8
〔11950〕
◇武家の生活　三田村鳶魚著　青蛙房　1956　324p　19cm　(江戸ばなし 第5冊)Ⓝ210.5
〔11951〕
◇武家の生活　三田村鳶魚著　朝倉治彦編　中央公論社　1997.7　412p　16cm　(中公文庫―鳶魚江戸文庫 11)762円　Ⓘ4-12-202900-7　Ⓝ210.5
〔11952〕
◇武家父子おもしろ史話　新井英生著　毎日新聞社　1992.4　251p　18cm　(ミューブックス)780円　Ⓘ4-620-72061-5　Ⓝ281
〔11953〕
◇武士道と家庭　大畑裕著　盛林堂　1910　152p　23cm　Ⓝ156
〔11954〕
◇武士の家計簿―「加賀藩御算用者」の幕末維新　磯田道史著　新潮社　2003.4　222p　18cm　(新潮新書)680円　Ⓘ4-10-610005-3　Ⓝ210.58
〔11955〕
◇武士の周縁に生きる　森下徹編　吉川弘文館　2007.2　245p　20cm　(身分的周縁と近世社会 7)3000円　Ⓘ978-4-642-06563-4　Ⓝ210.5
〔11956〕
◇武士は禿げると隠居する　山本博文著　双葉社　2001.12　223p　18cm　(江戸の雑学 サムライ篇)838円　Ⓘ4-575-15311-7　Ⓝ210.5
〔11957〕
◇文化文政武士残酷物語　笹間良彦著　雄山閣出版　1971　241p　19cm　(歴史物語文庫 10)880円　Ⓝ210.57
〔11958〕
◇本郷に生きたサムライの生涯―幕臣・官僚・明治維新　文京ふるさと歴史館編　〔東京都〕文京区教育委員会　1997.10　63p　30cm　(特別展図録 平成9年度)Ⓝ210.58
〔11959〕
◇三田村鳶魚　江戸武家事典　稲垣史生編　新装版　青蛙房　2007.7　515p　19cm　4500円　Ⓘ978-4-7905-0500-6
〔11960〕
◇三田村鳶魚全集　第2巻　中央公論社　1975　398p　20cm　1800円　Ⓝ210.5
〔11961〕
◇目でみる江戸・明治百科　第3巻　武家の暮らしと地方の風俗の巻　国書刊行会編　国書刊行会　1996.3　159p　14×20cm　2400円　Ⓘ4-336-03798-1　Ⓝ382.1
〔11962〕

◆◆武家故実
◇江戸時代武家行事儀礼図譜　第1巻　深井雅海編　東洋書林　2001.6　576p　23cm　28000円　Ⓘ4-88721-513-4　Ⓝ210.09
〔11963〕
◇江戸時代武家行事儀礼図譜　第2巻　深井雅海編　東洋書林　2001.7　488p　23cm　28000円　Ⓘ4-88721-514-2　Ⓝ210.09
〔11964〕
◇江戸時代武家行事儀礼図譜　第3巻　深井雅海編　東洋書林　2001.8　690p　23cm　35000円　Ⓘ4-88721-515-0　Ⓝ210.09
〔11965〕
◇江戸時代武家行事儀礼図譜　第4巻　深井雅海編　東洋書林　2001.10　522p　23cm　32000円　Ⓘ4-88721-516-9　Ⓝ210.09
〔11966〕
◇江戸時代武家行事儀礼図譜　第5巻　深井雅海編　東洋書林　2002.40　516p　23cm　28000円　Ⓘ4-88721-517-7　Ⓝ210.09
〔11967〕
◇江戸時代武家行事儀礼図譜　第6巻　深井雅海編　東洋書林　2002.5　834p　23cm　28000円　Ⓘ4-88721-518-5　Ⓝ210.09
〔11968〕
◇江戸時代武家行事儀礼図譜　第7巻　深井雅海編　東洋書林　2002.6　391p　23cm　28000円　Ⓘ4-88721-519-3　Ⓝ210.09
〔11969〕
◇江戸時代武家行事儀礼図譜　第8巻　深井雅海ほか編　東洋書林　2002.10　356p　23cm　28000円　Ⓘ4-88721-520-7　Ⓝ210.09
〔11970〕

◇近世武家社会の儀礼と交際　岡崎寛徳著　校倉書房　2006.5　392p　22cm　(歴史科学叢書)10000円　Ⓘ4-7517-3730-9　Ⓝ210.09　〔11971〕

◇重宝記資料集成　第14巻　礼法・服飾　1　長友千代治編　京都　臨川書店　2005.1　466p　22cm　8400円　Ⓘ4-653-03874-0,4-653-03860-0　Ⓝ210.088　〔11972〕

◇譜代大名井伊家の儀礼　朝尾直弘ほか編　彦根　彦根城博物館　2004.3　430p　27cm　(彦根城博物館叢書5)6000円　Ⓘ4-88325-253-1　Ⓝ216.1　〔11973〕

◆婚姻

◇江戸の花嫁―婿えらびとブライダル　森下みさ子著　中央公論社　1992.2　170p　18cm　(中公新書)600円　Ⓘ4-12-101063-9　Ⓝ385.4　〔11974〕

◇お大名の話・武家の婚姻　三田村鳶魚著　朝倉治彦編　中央公論社　1998.9　383p　16cm　(中公文庫―鳶魚江戸文庫 25)629円　Ⓘ4-12-203248-2　Ⓝ385.4　〔11975〕

◇婚礼のいろとかたち―近世工芸の華　京都府京都文化博物館学芸第一課編　京都　京都府京都文化博物館　1997.4　138p　30cm　Ⓝ385.4　〔11976〕

◇事典にのらない日本史有名人の結婚事情　新人物往来社　2006.7　207p　21cm　(別冊歴史読本 40号)1600円　Ⓘ4-404-03340-0　Ⓝ281.04　〔11977〕

◇徳川家の名宝展　和歌山県立博物館編　和歌山　わかやま400年祭実行委員会　1985.11　18p　26cm　Ⓝ210.098　〔11978〕

◇徳川竹姫の婚礼と嫁入本徳川竹姫の婚礼調度献上目録　北条秀雄編著　名古屋　東海学園女子短期大学国語国文学会　1971　34p　21cm　(東海学園国文叢書 2)非売　Ⓝ386.4　〔11979〕

◇武家の婚礼―八代・松井家のお嫁入り　秋季特別展覧会　八代市立博物館未来の森ミュージアム編　八代　八代市立博物館未来の森ミュージアム　2004.10　135p　30cm　(八代の歴史と文化 14)Ⓝ750.21　〔11980〕

◇三くだり半―江戸の離婚と女性たち　高木侃著　増補　平凡社　1999.7　488p　16cm　(平凡社ライブラリー)1400円　Ⓘ4-582-76296-4　Ⓝ385.4　〔11981〕

◇三くだり半と縁切寺―江戸の離婚を読みなおす　高木侃著　講談社　1992.3　253p　18cm　(講談社現代新書)600円　Ⓘ4-06-149092-3　Ⓝ385.4　〔11982〕

◆庶民の生活

◇江戸から学ぶ私たちの暮らし―子どものための省エネ読本　台東区環境清掃部環境保全課　2007.2　28p　21×23cm　Ⓝ501.6　〔11983〕

◇江戸時代　町人の生活　田村栄太郎著　雄山閣出版　1966　290p　22cm　Ⓝ382.1　〔11984〕

◇江戸時代町人の生活　田村栄太郎著　雄山閣出版　1971　290p　22cm　(生活史叢書 11)1200円　Ⓝ382.1　〔11985〕

◇江戸時代町人の生活　田村栄太郎著　雄山閣出版　1994.5　290p　22cm　(生活史叢書 11)2800円　Ⓘ4-639-01231-4　Ⓝ210.5　〔11986〕

◇江戸時代の遺産―庶民の生活文化　スーザン・B.ハンレー著,指昭博訳　中央公論社　1990.4　234p　20cm　(中公叢書)1650円　Ⓘ4-12-001924-1　Ⓝ210.5　〔11987〕

◇江戸時代の孝行者―「孝義録」の世界　菅野則子著　吉川弘文館　1999.8　225p　19cm　(歴史文化ライブラリー 73)1700円　Ⓘ4-642-05473-1　Ⓝ281　〔11988〕

◇江戸時代の人々　森銑三著　大東出版社　1942　285p　19cm　Ⓝ281　〔11989〕

◇江戸市民の暮らしと文明開化　西ヶ谷恭弘監修　あすなろ書房　2002.4　47p　31cm　(衣食住にみる日本人の歴史 4(江戸時代～明治時代))3200円　Ⓘ4-7515-2164-0　〔11990〕

◇江戸庶民の衣食住　竹内誠監修　学習研究社　2003.6　128p　24cm　(Gakken graphic books deluxe 30―図説江戸 4)1600円　Ⓘ4-05-401931-5　Ⓝ384.2　〔11991〕

◇江戸庶民の暮らし　田村栄太郎著　雄山閣　2003.12　157p　19cm　(江戸時代選書 10)1600円　Ⓘ4-639-01809-6　〔11992〕

◇江戸庶民の楽しみ　青木宏一郎著　中央公論新社　2006.5　326p　19cm　2800円　Ⓘ4-12-003734-7　〔11993〕

◇江戸庶民風俗絵典　三谷一馬著　三崎書房　1970　2冊(別冊解説書共)　19×27cm　5500円　Ⓝ382.1　〔11994〕

◇江戸庶民風俗絵典　三谷一馬著　改訂新版　三崎書房　1973　2冊(別冊解説書共)　19×27cm(別冊：26cm)　6000円　Ⓝ382.1　〔11995〕

◇江戸庶民風俗図絵　三谷一馬著　三樹書房　1975　2冊(別冊共)　20×27cm　全20000円　Ⓝ328.1　〔11996〕

◇江戸庶民風俗図絵　三谷一馬著　三樹書房　1999.5　419,9p　22cm　9500円　Ⓘ4-89522-240-3　Ⓝ384.2　〔11997〕

◇江戸生活事典　三田村鳶魚原著　稲垣史生編　新装版　青蛙房　2007.9　561p　20cm　4500円　Ⓘ978-4-7905-0501-3　Ⓝ382.1361　〔11998〕

◇江戸生活のうらおもて　三田村鳶魚著　民友社　1930　559,27p　19cm　Ⓝ210.5　〔11999〕

◇江戸のくらしがわかる絵事典―衣食住から行事まで　あなたも江戸博士になれる！　宮本袈裟雄監修　PHP研究所　2003.7　95p　31cm　2800円　Ⓘ4-569-68404-1　Ⓝ382.1　〔12000〕

◇江戸の暮らし図鑑―道具で見る江戸時代　高橋幹夫著　芙蓉書房出版　1994.5　237p　27cm　5800円　Ⓘ4-8295-0129-4　Ⓝ383　〔12001〕

◇江戸の暮らしの春夏秋冬―日本人なら知っておきたい歴史の謎を探る会編　河出書房新社　2006.12　222p　15cm　(Kawade夢文庫)514円　Ⓘ4-309-49634-2　Ⓝ210.5　〔12002〕

◇江戸の庶民生活・行事事典　渡辺信一郎著　東京堂出版　2000.7　272p　23cm　2800円　Ⓘ4-490-10546-0　Ⓝ210.5　〔12003〕

◇江戸の庶民の朝から晩まで―日本人なら知っておきたい歴史の謎を探る会編　河出書房新社　2006.6　221p　15cm　(Kawade夢文庫)514円　Ⓘ4-309-49616-4　Ⓝ210.5　〔12004〕

◇江戸の庶民の朝から晩まで―日本人なら知っておきたい江戸の暮らしがひと目でわかる　博学ビジュアル版　歴史の謎を探る会編　河出書房新社　2006.11　95p　26cm　933円　Ⓘ4-309-65046-5　Ⓝ210.5　〔12005〕

◇江戸の生活　三田村鳶魚著　大東出版社　1941　317p　19cm　(大東名著選 20)Ⓝ382.1　〔12006〕

◇江戸の銭と庶民の暮らし　吉原健一郎著　同成社　2003.7　207p　20cm　(同成社江戸時代史叢書 16)2200円　Ⓘ4-88621-275-1　Ⓝ337.21　〔12007〕

◇江戸のまかない―大江戸庶民事情　石川英輔著　講談社　2002.1　275p　19cm　1800円　Ⓘ4-06-211112-8　Ⓝ210.5　〔12008〕

◇江戸の夕栄　鹿島萬兵衛著　改版　中央公論新社　2005.5　233p　16cm　(中公文庫)800円　Ⓘ4-12-204526-6　Ⓝ213.61　〔12009〕

◇江戸の遊歩術―近郊ウォークから長期トラベルまで　中

社会史　　　　　　　　　近世史

江克己著　光文社　2001.2　244p　16cm　（知恵の森文庫）495円　Ⓘ4-334-78074-1　Ⓝ210.5
〔12010〕

◇江戸奉公人の心得帖―呉服商白木屋の日常　油井宏子著　新潮社　2007.12　206p　18cm　（新潮新書）680円　Ⓘ978-4-10-610242-4
〔12011〕

◇お江戸の意外な生活事情―衣食住から商売・教育・遊びまで　中江克己著　PHP研究所　2001.2　248p　15cm　（PHP文庫）495円　Ⓘ4-569-57512-9　Ⓝ210.5
〔12012〕

◇大江戸浮世事情　秋山忠弥著　筑摩書房　2004.6　317p　15cm　（ちくま文庫）740円　Ⓘ4-480-03964-3　Ⓝ210.5
〔12013〕

◇大江戸暮らし―泣いた！笑った！江戸庶民の素顔と風俗イラスト図鑑　大江戸探検隊編著　PHPエディターズ・グループ　1999.11　157p　21cm　1450円　Ⓘ4-569-60807-8　Ⓝ210.5
〔12014〕

◇大江戸暮らし―武士と庶民の生活事情 イラスト図鑑　大江戸探検隊著　改訂新版　PHPエディターズ・グループ　2003.4　211p　21cm　1500円　Ⓘ4-569-62748-X　Ⓝ210.5
〔12015〕

◇大江戸庶民のあっと驚く生活考―意外な風俗、しきたり、信仰心がわかる本　渡辺信一郎著　青春出版社　2003.9　286p　20cm　1380円　Ⓘ4-413-03428-7　Ⓝ382.1361
〔12016〕

◇大江戸長屋ばなし―庶民たちの粋と情の日常生活　興津要著　PHP研究所　1991.5　289p　15cm　（PHP文庫）520円　Ⓘ4-569-56362-7　Ⓝ210.5
〔12017〕

◇大江戸八百八町―なるほどナットク 純日本風を生んだ奇跡の町人文化　河野亮,岸志征新著　青谷舎　1993.8　211p　18cm　（Seikokusha books）780円　Ⓘ4-915822-13-3　Ⓝ210.5
〔12018〕

◇大江戸復元図鑑 庶民編　笹間良彦著画　遊子館　2003.11　385p　21cm　6800円　Ⓘ4-946525-54-8
〔12019〕

◇大江戸ボランティア事情　石川英輔,田中優子著　講談社　1996.10　334p　19cm　1700円　Ⓘ4-06-208342-6　Ⓝ210.5
〔12020〕

◇大江戸ボランティア事情　石川英輔,田中優子著　講談社　1999.10　360p　15cm　（講談社文庫）590円　Ⓘ4-06-264692-7　Ⓝ210.5
〔12021〕

◇面白いほどよくわかる江戸時代―社会のしくみと庶民の暮らしを読み解く！　山本博文監修　日本文芸社　2003.10　335p　19cm　（学校で教えない教科書）1300円　Ⓘ4-537-25175-1
〔12022〕

◇街談文々集要　石塚豊芥子編　鈴木棠三校訂　三一書房　1993.11　517p　27cm　（近世庶民生活史料）19570円　Ⓘ4-380-93274-5　Ⓝ210.5
〔12023〕

◇近世村人のライフサイクル　大藤修著　山川出版社　2003.1　106p　21cm　（日本史リブレット 39）800円　Ⓘ4-634-54390-7　Ⓝ210.5
〔12024〕

◇古書に見る暮らしの知恵―手引書の世界　国立公文書館　1994　35p　21cm　Ⓝ382.1
〔12025〕

◇御譜代町の生業―職人と商人　下巻　仙台　仙台市歴史民俗資料館　1987.3　117p　26cm　（仙台市歴史民俗資料館調査報告書 第8集）Ⓝ384.3
〔12026〕

◇古文書にみる江戸時代の庶民のくらし―市民とつくる展覧会　一関市博物館,一関古文書に親しむ会編集・執筆　一関　一関市博物館　2004.7　15p　30cm
〔12027〕

◇雑学「大江戸庶民事情」　石川英輔著　講談社　1998.2　366p　15cm　（講談社文庫）571円　Ⓘ4-06-263709-X　Ⓝ210.5
〔12028〕

◇市井の風俗　三田村鳶魚著　青蛙房　1957　301p　19cm　（江戸ばなし 第7巻）Ⓝ382.1
〔12029〕

◇図説 日本庶民生活史　第4巻　安土桃山-江戸前期　奈良本辰也等編　門脇禎二他　河出書房新社　1962　253p　27cm　Ⓝ210.1
〔12030〕

◇図説 日本庶民生活史　第5巻　江戸中期　奈良本辰也等編　赤井達郎等　河出書房新社　1962　248p　27cm　Ⓝ210.1
〔12031〕

◇図説 日本庶民生活史　第6巻　江戸後期-明治維新　奈良本辰也等編　赤井達郎等　河出書房新社　1962　244p　27cm　Ⓝ210.1
〔12032〕

◇図説 見取り図で読み解く江戸の暮らし　中江克己著　青春出版社　2007.2　95p　26cm　1000円　Ⓘ978-4-413-00873-0
〔12033〕

◇刷り物に見る幕末・明治の庶民生活　岐阜県歴史資料館編　岐阜　岐阜県歴史資料館　2002.3　116p　30cm　Ⓝ210.58
〔12034〕

◇町屋と町人の暮らし　平井聖監修　学習研究社　2000.6　112p　24cm　（Gakken graphic books deluxe 12―図説江戸 3）1600円　Ⓘ4-05-401239-6　Ⓝ210.5
〔12035〕

◇目でみる江戸・明治百科　第1巻　江戸庶民の暮らしの巻　国書刊行会編　国書刊行会　1996.1　149p　14×20cm　2400円　Ⓘ4-336-03796-5　Ⓝ382.1
〔12036〕

◇わが庶民たち　田宮房男著　創栄出版　1998.10　411p　22cm　Ⓘ4-88250-781-1　Ⓝ210.5
〔12037〕

◆◆生業風俗

◇江戸暦渡世絵姿―今村恒美画帖　今村恒美著　創拓社　1984.11　227p　21cm　4800円　Ⓘ4-87138-039-4　Ⓝ384.3
〔12038〕

◇江戸商売往来　興津要著　プレジデント社　1993.7　232p　21cm　1500円　Ⓘ4-8334-1493-7　Ⓝ384.3
〔12039〕

◇江戸商売図絵　三谷一馬画並びに解説　青蛙房　1963　2冊　解説共　20×27cm　Ⓝ384.3
〔12040〕

◇江戸商売図絵　三谷一馬画・解説　三樹書房　1975　2冊（解説共）　20×27cm　全15000円　Ⓝ384.3
〔12041〕

◇江戸商売図絵　三谷一馬著　中央公論社　1995.1　632p　16cm　（中公文庫）1300円　Ⓘ4-12-202226-6　Ⓝ384.3
〔12042〕

◇江戸生業物価事典　三好一光編　新装版　青蛙房　2002.12　461p　20cm　4500円　Ⓘ4-7905-0511-1　Ⓝ382.1361
〔12043〕

◇江戸東京職業図典　槌田満文編　東京堂出版　2003.8　227p　26cm　3800円　Ⓘ4-490-10639-4
〔12044〕

◇江戸東京の諸職―東京都諸職関係民俗文化財調査報告　東京都教育庁生涯学習部文化課　1994.3　2冊　26cm　Ⓝ384.3
〔12045〕

◇江戸の飴売り　花咲一男編　2版　近世風俗研究会　1971　96p　14×18cm　1200円　Ⓝ384.3
〔12046〕

◇江戸の職人―都市民衆史への志向　乾宏巳著　吉川弘文館　1996.11　206p　19cm　（歴史文化ライブラリー 4）1751円　Ⓘ4-642-05404-9　Ⓝ384.3
〔12047〕

◇江戸の生業事典　渡辺信一郎著　東京堂出版　1997.5　360p　23cm　4200円　Ⓘ4-490-10453-7　Ⓝ210.5
〔12048〕

◇江戸・明治世渡風俗図会　第1冊～第5冊　清水晴風編・画　国書刊行会　1986.6　321p　22cm　4500円　Ⓝ384.3
〔12049〕

◇江戸・明治世渡風俗図会　第6冊～第8冊　清水晴風編・画　国書刊行会　1986.6　298p　22cm　4500円　Ⓝ384.3
〔12050〕

◇江戸物売図聚　三谷一馬著　立風書房　1979.9　345,21p　22cm　4600円　Ⓝ384.3
〔12051〕
◇お江戸でござる―現代に活かしたい江戸の知恵　杉浦日向子監修　深笛義也構成　ワニブックス　2003.9　286p　19cm　1300円　①4-8470-1518-5　Ⓝ210.5
〔12052〕
◇大江戸商売ばなし―庶民の生活と商いの知恵　興津要著　PHP研究所　1997.6　250p　15cm　（PHP文庫）571円　①4-569-57026-7　Ⓝ384.3
〔12053〕
◇桶屋一代江戸を復元する　三浦宏著　小田豊二聞き書き　石崎幸治写真　筑摩書房　2002.9　222p　20cm　1900円　①4-480-81621-6　Ⓝ382.1361
〔12054〕
◇芸人風俗姿　足立直郎著　学風書院　1957　281p　19cm　（江戸風俗史　第2巻）Ⓝ384.3
〔12055〕
◇彩色江戸物売図絵　三谷一馬著　中央公論社　1996.3　312p　16cm　（中公文庫）1200円　①4-12-202564-8　Ⓝ384.3
〔12056〕
◇商家二階展示解説　千葉県立房総のむら編　栄町（千葉県）　千葉県立房総のむら　1995.11　12p　26cm　Ⓝ384.3
〔12057〕
◇商売往来風俗誌　小野武雄編著　展望社　1975　348p　20cm　（江戸風俗資料　第9巻）2600円　Ⓝ384.3
〔12058〕
◇商売往来風俗誌　小野武雄　展望社　1983.11　348p　20cm　（江戸風俗資料　9）2600円　Ⓝ672.1
〔12059〕
◇商売繁昌―江戸文学と稼業　国文学研究資料館編　京都臨川書店　1999.3　228p　19cm　（古典講演シリーズ　3）2500円　①4-653-03619-5　Ⓝ210.5
〔12060〕
◇町人嚢・百姓嚢長崎夜話草　西川如見著　飯島忠夫,西川忠幸校訂　岩波書店　1942.6（第5刷：2000.2）310p　15cm　（岩波文庫）660円　①4-00-330181-1　Ⓝ153
〔12061〕
◇街の姿―晴風翁物売り物貰い図譜　江戸篇　清水晴風筆　太平書屋　1983.5　425p　26cm　20000円　Ⓝ384.3
〔12062〕

◆◆子供
◇浮世絵に見る江戸の子どもたち　くもん子ども研究所編著　小学館　2000.11　231p　26cm　2800円　①4-09-681321-4　Ⓝ384.5
〔12063〕
◇浮世絵の子どもたち―帰国展図録　稲垣進一,上笙一郎,黒田日出男監修　くもん子ども研究所編　大阪　くもん子ども研究所　c2000　159p　30cm　Ⓝ721.8
〔12064〕
◇浮世絵の子どもたち図録　東武美術館ほか編　東武美術館　c1994　159p　30cm　Ⓝ721.8
〔12065〕
◇浮世絵のなかの子どもたち　江戸子ども文化研究会編　くもん出版　1993.11　267,14p　31cm　7500円　①4-87576-810-9　Ⓝ384.5
〔12066〕
◇絵図集成近世子どもの世界　絵図編　第1巻　子ども・手習い　大空社　1994.11　463,12p　27cm　①4-87236-930-0　Ⓝ384.5
〔12067〕
◇絵図集成近世子どもの世界　絵図編　第2巻　諸礼・芸能　大空社　1994.11　414,12p　27cm　①4-87236-930-0　Ⓝ384.5
〔12068〕
◇絵図集成近世子どもの世界　絵図編　第3巻　家庭・生活　大空社　1994.11　494,12p　27cm　①4-87236-930-0　Ⓝ384.5
〔12069〕
◇絵図集成近世子どもの世界　絵図編　第4巻　職業　大空社　1994.11　572,12p　27cm　①4-87236-930-0　Ⓝ384.5
〔12070〕
◇絵図集成近世子どもの世界　絵図編　第5巻　社会・信仰　大空社　1995.10　513,12p　27cm　①4-87236-931-9　Ⓝ384.5
〔12071〕
◇絵図集成近世子どもの世界　絵図編　第6巻　名所・旅行　大空社　1995.10　439,12p　27cm　①4-87236-931-9　Ⓝ384.5
〔12072〕
◇絵図集成近世子どもの世界　絵図編　第7巻　生物・中国風俗　大空社　1995.10　429,12p　27cm　①4-87236-931-9　Ⓝ384.5
〔12073〕
◇絵図集成近世子どもの世界　絵図編　第8巻　人物略伝　大空社　1995.10　481,12p　27cm　①4-87236-931-9　Ⓝ384.5
〔12074〕
◇絵図集成近世子どもの世界　翻刻　第2巻　大空社　1995.10　305,12p　27cm　①4-87236-931-9　Ⓝ384.5
〔12075〕
◇江戸子育て事情　今野信雄著　築地書館　1988.10　195p　19cm　1400円　①4-8067-5654-7　Ⓝ372.1
〔12076〕
◇江戸の少年　氏家幹人著　平凡社　1994.10　359p　16cm　（平凡社ライブラリー）1200円　①4-582-76072-4　Ⓝ210.5
〔12077〕
◇絵本西川東童　絵本大和童―松の巻　竹馬之友　幼心学図絵　江都二色　西川祐信,辰景,歌川国芳,北尾重政著　久山社　1997.4　277p　22cm　（日本〈子どもの歴史〉叢書　7）7800円　①4-906563-41-4　Ⓝ384.5
〔12078〕
◇徳川時代児童保護資料　日本堕胎史　社会事業研究所編　徳田彦安著　久山社　1998.4　1冊　22cm　（日本〈子どもの歴史〉叢書　23）①4-906563-43-0　Ⓝ385.2
〔12079〕

◆◆江戸っ子
◇浮世絵に見る江戸の暮らし　橋本澄子,高橋雅夫編　河出書房新社　1988.7　139p　22cm　1500円　①4-309-22149-1　Ⓝ210.5
〔12080〕
◇江戸庶民街芸風俗誌　宮尾しげを,木村仙秀著　千葉出版,展望社　1970　296p　20cm　2000円　Ⓝ382.136
〔12081〕
◇江戸人のしきたり―日本橋、天麩羅、三社札、寺子屋、歌舞伎、吉原…日本人の知恵と元気の源泉　北嶋広敏著　幻冬舎　2007.5　230p　19cm　1300円　①978-4-344-01328-5　Ⓝ382.1361
〔12082〕
◇江戸生活事典　三田村鳶魚著,稲垣史生編　青蛙房　1959　541p　19cm　Ⓝ382.136
〔12083〕
◇江戸町人地に関する研究　玉井哲雄著　近世風俗研究会　1977.12　205p　21cm　Ⓝ210.5
〔12084〕
◇江戸町人の研究　第1巻　西山松之助編　吉川弘文館　1972　720,13p　22cm　4100円　Ⓝ210.5
〔12085〕
◇江戸町人の研究　第1巻　西山松之助編　吉川弘文館　2006.3　720,13p　22cm　16000円　①4-642-00900-0　Ⓝ210.5
〔12086〕
◇江戸町人の研究　第2巻　西山松之助編　吉川弘文館　1973　548,12p　22cm　3900円　Ⓝ210.5
〔12087〕
◇江戸町人の研究　第2巻　西山松之助編　吉川弘文館　2006.3　548,12p　22cm　14000円　①4-642-00901-9　Ⓝ210.5
〔12088〕
◇江戸町人の研究　第3巻　西山松之助編　吉川弘文館　1974　550,21p　22cm　4300円　Ⓝ210.5
〔12089〕
◇江戸町人の研究　第3巻　西山松之助編　吉川弘文館　2006.3　550,21p　22cm　14000円　①4-642-00902-7　Ⓝ210.5
〔12090〕

社会史　　　　　　　　　　　　近世史

◇江戸町人の研究　第4巻　西山松之助編　吉川弘文館　1975　517,16p　22cm　4800円　Ⓝ210.5　〔12091〕

◇江戸町人の研究　第4巻　西山松之助編　吉川弘文館　2006.3　517,16p　22cm　14000円　Ⓘ4-642-00903-5　Ⓝ210.5　〔12092〕

◇江戸町人の研究　第5巻　西山松之助編　吉川弘文館　1978.11　565,16p　22cm　6200円　Ⓝ210.5　〔12093〕

◇江戸町人の研究　第5巻　西山松之助編　吉川弘文館　2006.3　565,16p　22cm　14000円　Ⓘ4-642-00904-3　Ⓝ210.5　〔12094〕

◇江戸町人の生活　日本映画テレビプロデューサー協会編　日本放送出版協会　1980.12　284p　20cm　（目で見る日本風俗誌 1)1700円　Ⓝ382.136　〔12095〕

◇江戸っ子　三田村鳶魚著　早稲田大学出版部　1933　467p　20cm　（江戸叢書 第1)Ⓝ210.5　〔12096〕

◇江戸っ子―川柳・狂歌・小咄に彩られた江戸風俗詩　石母田俊著　桃源社　1966　316p　19cm　（桃源選書)Ⓝ382.136　〔12097〕

◇江戸ッ子　西山松之助著　吉川弘文館　1980.8　205p　19cm　（江戸選書 1)1200円　Ⓝ210.5　〔12098〕

◇江戸ッ子　西山松之助著　吉川弘文館　2006.5　213p　20cm　（歴史文化セレクション)1700円　Ⓘ4-642-06297-1　Ⓝ210.5　〔12099〕

◇江戸っ子学・知ってるつもり―時代劇の「ウソ」と「ホント」が分かる　フーンとうなって思わず人に教えたくなる「江戸っ子」雑学　中村整史朗著　大和出版　1994.12　217p　19cm　1400円　Ⓘ4-8047-6037-7　Ⓝ210.5　〔12100〕

◇江戸っ子気質と鯰絵　若水俊著　角川グループパブリッシング（発売）　2007.8　235p　19cm　（角川学芸ブックス)1500円　Ⓘ978-4-04-651993-1　Ⓝ387.91361　〔12101〕

◇江戸っ子語のイキ・イナセ―絵で見て楽しむ！　笹間良彦著画　瓜坊進編　遊子館　2006.8　239,17p　19cm　（遊子館歴史選書 4)1800円　Ⓘ4-946525-79-3　Ⓝ818.36　〔12102〕

◇「江戸っ子」事典―日本史百科　歴史真相研究会編著　コアラブックス（発売）　2007.1　209p　19cm　1400円　Ⓘ978-4-86097-221-9　Ⓝ382.1361　〔12103〕

◇江戸っ子長さんの舶来週一代記　茂登山長市郎著　集英社　2005.7　253p　18cm　（集英社新書)700円　Ⓘ4-08-720302-6　Ⓝ673.04　〔12104〕

◇江戸ッ子と浅草花屋敷―元祖テーマパーク奮闘の軌跡　小沢詠美子著　小学館　2006.10　223p　19cm　1900円　Ⓘ4-09-387632-0　Ⓝ689.5　〔12105〕

◇江戸っ子と助六　赤坂治績著　新潮社　2006.8　206p　18cm　（新潮新書)680円　Ⓘ4-10-610178-5　〔12106〕

◇江戸っ子の教訓　桂小金治著　幻冬舎　2007.11　211p　19cm　1300円　Ⓘ978-4-344-01421-3　〔12107〕

◇江戸子の死　岡本綺堂著　改造社　1927　330p　20cm　Ⓝ912　〔12108〕

◇江戸っ子の春夏秋冬―続「半七捕物帳」江戸めぐり　今井金吾著　河出書房新社　1991.12　249p　20cm　2200円　Ⓘ4-309-22210-2　Ⓝ210.5　〔12109〕

◇江戸っ子の世界　南和男著　講談社　1980.8　222p　18cm　（講談社現代新書)390円　Ⓝ210.5　〔12110〕

◇江戸っ子の美学―いきと意気　諏訪春雄著　日本書籍　1980.4　214p　20cm　1300円　Ⓝ210.5　〔12111〕

◇江戸っ子の身の上―綺堂随筆　岡本綺堂著　河出書房新社　2003.1　343p　15cm　（河出文庫)820円　Ⓘ4-309-40669-2　Ⓝ914.6　〔12112〕

◇江戸っ子は何を食べていたか　大久保洋子監修　青春出版社　2005.2　188p　18cm　（プレイブックス・インテリジェンス)700円　Ⓘ4-413-04112-7　〔12113〕

◇江戸ッ子百話　上　能美金之助著　三一書房　1972　282p　20cm　Ⓝ382.136　〔12114〕

◇江戸ッ子百話　下　能美金之助著　三一書房　1973　247p　20cm　Ⓝ382.136　〔12115〕

◇江戸っ子はなぜ蕎麦なのか？　岩崎信也著　光文社　2007.6　388p　18cm　（光文社新書)950円　Ⓘ978-4-334-03408-5　Ⓝ383.81　〔12116〕

◇江戸っ子は何を食べていたか　大久保洋子監修　青春出版社　2005.2　188p　18cm　（プレイブックスインテリジェンス)700円　Ⓘ4-413-04112-7　Ⓝ383.81　〔12117〕

◇江戸東京　実見画録　長谷川深造著　和　有光書房　1968　1冊　18×26cm　Ⓝ382.136　〔12118〕

◇江戸東京風俗地理　第1　千代田城とその周辺　田村栄太郎著　雄山閣　1965　334p　22cm　Ⓝ382.136　〔12119〕

◇江戸東京風俗地理　第2　銀座　田村栄太郎著　雄山閣出版　1965　316p　22cm　Ⓝ382.136　〔12120〕

◇江戸東京風俗地理　第3　浅草　田村栄太郎著　雄山閣　1964　266p　地図共　22cm　Ⓝ382.136　〔12121〕

◇江戸東京風俗地理　第4　本所　田村栄太郎著　雄山閣　1965　328p　22cm　Ⓝ382.136　〔12122〕

◇江戸　東京　風物誌　遠藤元男編　至文堂　1963　279p　図版共　22cm　Ⓝ382.136　〔12123〕

◇江戸と東京風俗野史　伊藤晴雨著　有光書房　1967　352p　図版共　27cm　Ⓝ382.136　〔12124〕

◇江戸絵噺いせ辰十二ヶ月　広瀬辰五郎著　徳間書店　1978.12　223p　図版12枚　21cm　3900円　Ⓝ382.136　〔12125〕

◇江戸の人情「長屋」がわかる　凡平著　技術評論社　2006.2　198p　21cm　（落語カルチャーブックス―志ん生で味わう江戸情緒 4)1880円　Ⓘ4-7741-2649-7　Ⓝ382.1361　〔12126〕

◇江戸ばなし　第8巻　市井の風俗, 四季の生活　三田村鳶魚著　限定版　青蛙房　1966　301,302p　20cm　Ⓝ210.5　〔12127〕

◇江戸ばなし　第9巻　江戸の衣食住, 江戸の史蹟　三田村鳶魚著　限定版　青蛙房　1966　300,317p　20cm　Ⓝ210.5　〔12128〕

◇江戸繁昌記　寺門静軒著, 佐藤進一訳　三崎書房　1972　459p　20cm　（史録叢書 1)1700円　Ⓝ210.5　〔12129〕

◇江戸繁昌記　寺門静軒原著, 竹谷長二郎訳　東村山　教育社　1980.3　2冊　18cm　（教育社新書)各700円　Ⓝ210.5　〔12130〕

◇江戸繁昌記　1　寺門静軒著, 朝倉治彦, 安藤菊二校注　平凡社　1974　260p　18cm　（東洋文庫 259)700円　Ⓝ210.5　〔12131〕

◇江戸繁昌記　2　寺門静軒著, 朝倉治彦, 安藤菊二校注　平凡社　1975　280p　18cm　（東洋文庫 276)800円　Ⓝ210.5　〔12132〕

◇江戸繁昌記　3　寺門静軒著, 朝倉治彦, 安藤菊二校注　平凡社　1976　315p　18cm　（東洋文庫 295)900円　Ⓝ210.5　〔12133〕

◇江戸風物詩―史実にみる庶民生活　川崎房五郎著　桃源社　1967　433p　20cm　（桃源選書)Ⓝ382.136　〔12134〕

◇江戸風物詩　川崎房五郎著　新版　光風出版　1984.1　436p　19cm　1300円　Ⓘ4-87519-721-7　Ⓝ210.5　〔12135〕

◇江戸府内 絵本風俗往来　菊池貴一郎著　青蛙房　1965　434p　22cm　(青蛙選書)　Ⓝ382.136　〔12136〕

◇江戸物語　和田維四郎著　雄松堂書店　1980.5　40丁　図版49枚　34cm　55000円　Ⓝ382.136　〔12137〕

◇お江戸あちこち　保科恒二著　芸文社　1969　372p　19cm　500円　Ⓝ382.136　〔12138〕

◇下町四代―庶民たちの江戸から昭和へ　松本和也著　朝日ソノラマ　1988.8　316p　20cm　1800円　Ⓘ4-257-03253-7　Ⓝ382.136　〔12139〕

◇図解で見る江戸民俗史　市川正徳編　集団形星　1972　144p　26cm　500円　Ⓝ382.136　〔12140〕

◇すぐそこの江戸―考証・江戸人の暮らしと知恵　稲垣史生著　大和書房　1987.6　228p　20cm　1700円　Ⓘ4-479-70019-6　Ⓝ210.5　〔12141〕

◇図説浮世絵に見る江戸っ子の一生　佐藤要人監修　藤原千恵子編　河出書房新社　2002.4　111p　22cm　(ふくろうの本)1800円　Ⓘ4-309-76016-3　Ⓝ382.1　〔12142〕

◇図説江戸っ子のたしなみ　藤原千恵子編　河出書房新社　2007.9　111p　22cm　(ふくろうの本)1800円　Ⓘ978-4-309-76101-5　Ⓝ382.1361　〔12143〕

◇図説大江戸の賑い　高橋雅夫編　河出書房新社　1987.11　103p　22cm　1500円　Ⓘ4-309-22139-4　Ⓝ382.136　〔12144〕

◇続・江戸町人の生活　今戸栄一編　日本放送出版協会　1987.4　259p　20cm　(目で見る日本風俗誌 9)2500円　Ⓘ4-14-004035-1　Ⓝ382.136　〔12145〕

◇その日ぐらし―江戸っ子人生のすすめ　高橋克彦,杉浦日向子著　PHP研究所　1991.4　206p　19cm　1100円　Ⓘ4-569-53047-8　Ⓝ210.5　〔12146〕

◇その日ぐらし―江戸っ子人生のすすめ　高橋克彦,杉浦日向子著　PHP研究所　1994.4　208p　15cm　(PHP文庫)460円　Ⓘ4-569-56635-9　Ⓝ210.5　〔12147〕

◇タイムカプセル江戸―江戸暮浮世噺　浜野生太郎著　リバティ書房　1990.10　223p　19cm　1165円　Ⓘ4-947629-28-2　Ⓝ210.5　〔12148〕

◇田村栄太郎著作集　第2　江戸の風俗　田村栄太郎著　雄山閣　1960　19cm　Ⓝ210.5　〔12149〕

◇田村栄太郎著作集　第3　江戸の風俗　田村栄太郎著　雄山閣　1960　19cm　Ⓝ210.5　〔12150〕

◇東京風俗志　平出鏗二郎著　原書房　1968　1冊　22cm　(明治百年史叢書)　Ⓝ382.136　〔12151〕

◇日本史おもしろ百貨店―江戸と江戸ッ子　秋山忠弥著　新人物往来社　1983.5　237p　19cm　980円　Ⓝ210.5　〔12152〕

◇三田村鳶魚全集　第7巻　中央公論社　1975　390p　20cm　1800円　Ⓝ210.5　〔12153〕

◆家政学

◇家政学文献集成　第1冊　江戸期〔ほか〕　田中ちた子,田中初夫編ならびに解説　著者不詳　渡辺書店　1966　434p　25cm　Ⓝ590.2　〔12154〕

◇家政学文献集成　第2冊　江戸期〔ほか〕　田中ちた子,田中初夫編ならびに解説　著者不詳　渡辺書店　1965-1966　25cm　Ⓝ590.2　〔12155〕

◇家政学文献集成　第3冊　江戸期〔ほか〕　田中ちた子,田中初夫編ならびに解説　三松館主人著　渡辺書店　1965-1966　25cm　Ⓝ590.2　〔12156〕

◇家政学文献集成　第4冊　江戸期〔ほか〕　田中ちた子,田中初夫編ならびに解説　墨磨主人編　渡辺書店　1965-1966　25cm　Ⓝ590.2　〔12157〕

◇家政学文献集成　第5冊　江戸期〔ほか〕　田中ちた子,田中初夫編ならびに解説　杉田信著　渡辺書店　1966　343p　25cm　Ⓝ590.2　〔12158〕

◇家政学文献集成　続編　第1冊　江戸期 1　田中ちた子,田中初夫編纂ならびに解説　渡辺書店　1971　306p　25cm　4000円　Ⓝ590.2　〔12159〕

◇家政学文献集成　続編　第2冊　江戸期　第2　田中ちた子,田中初夫編ならびに解説　渡辺書店　1969　334p　25cm　4000円　Ⓝ590.2　〔12160〕

◇家政学文献集成　続編　第3冊　江戸期　第3　田中ちた子,田中初夫編ならびに解説　渡辺書店　1970　343p　25cm　4000円　Ⓝ590.2　〔12161〕

◇家政学文献集成　続編　第4冊　江戸期 4　田中ちた子,田中初夫編ならびに解説　渡辺書店　1971　320p　25cm　4000円　Ⓝ590.2　〔12162〕

◇家政学文献集成　続編　第5冊　江戸期　第5　田中ちた子,田中初夫編ならびに解説　渡辺書店　1969　294p　25cm　4000円　Ⓝ590.2　〔12163〕

◇家政学文献集成　続編　第6冊　江戸期　第6　田中ちた子,田中初夫編ならびに解説　渡辺書店　1970　255p　25cm　4000円　Ⓝ590.2　〔12164〕

◇家政学文献集成　続編　第7冊　江戸期　田中ちた子,田中初夫編ならびに解説　渡辺書店　1969　420p　25cm　4000円　Ⓝ590.2　〔12165〕

◇家政学文献集成　続編　第8冊　江戸期　第8　田中ちた子,田中初夫編ならびに解説　渡辺書店　1970　295p　25cm　4000円　Ⓝ590.2　〔12166〕

◇家政学文献集成　続編　第9冊　江戸期　第9　田中ちた子,田中初夫編ならびに解説　渡辺書店　1969　344p　25cm　4000円　Ⓝ590.2　〔12167〕

◇女子教育における裁縫の教育史的研究―江戸・明治両時代における裁縫教育を中心として　関口富左著　家政教育社　1980.12　625p　22cm　8800円　Ⓝ375.5　〔12168〕

◆服飾史

◇江戸おしゃれ図絵―衣裳と結髪の三百年　菊地ひと美著　講談社　2007.3　157p　19cm　1500円　Ⓘ978-4-06-213803-1　〔12169〕

◇江戸事情―ヴィジュアル百科　第6巻　服飾編　NHKデータ情報部編　雄山閣出版　1994.11　250p　27cm　3800円　Ⓘ4-639-01160-1　Ⓝ210.5　〔12170〕

◇江戸時代衣服模様百選　上,下　考古学会編　大塚巧芸社　1922　2冊　25cm　Ⓝ753　〔12171〕

◇江戸時代衣服文様集　1-4輯　風俗研究会編　京都　芸艸堂　1918-1920　4冊　45cm　Ⓝ753　〔12172〕

◇江戸時代団扇集　福岡玉僊著　京都　岸佐一　1925　1冊　25×34cm　Ⓝ721　〔12173〕

◇江戸時代前半期の世相と衣裳風俗　斎藤隆三著　大塚巧芸社　1933　262p　図版20枚　22cm　Ⓝ383　〔12174〕

◇江戸Tokyoストリートファッション　遠藤雅弘著　ギャップ出版　1999.10　206p　20cm　1800円　Ⓘ4-88357-057-6　Ⓝ383.1　〔12175〕

◇江戸Tokyoストリートファッション　遠藤雅弘著　ギャップ出版　1999.10　206p　20cm　1800円　Ⓘ4-901594-04-4　Ⓝ383.1　〔12176〕

◇江戸の気分　陶智子著　富山　桂書房　1996.1　128p　19cm　1236円　Ⓝ383.15　〔12177〕

◇江戸のきものと衣生活―日本ビジュアル生活史　丸山伸彦編著　小学館　2007.6　175p　27cm　3800円　Ⓘ978-4-09-626241-2　Ⓝ383.1　〔12178〕

社会史　　　　　　　　　　　近世史

◇江戸のダンディズム・男の美学　河上繁樹著　青幻舎　2007.5　115p　26cm　（大江戸カルチャーブックス）1800円　①978-4-86152-110-2　〔12179〕
◇江戸のふぁっしょん—肉筆浮世絵にみる女たちの装い　工芸学会麻布美術工芸学芸課編　工芸学会麻布美術工芸館　1989.6　109p　26cm　Ⓝ383.15　〔12180〕
◇江戸服飾史　金沢康隆著　青蛙房　1962　437p　20cm　Ⓝ383.1　〔12181〕
◇江戸服飾史　金沢康隆著　新装改訂版　青蛙房　1998.9　397p　20cm　3500円　①4-7905-0509-X　Ⓝ383.1　〔12182〕
◇江戸服飾史談—大槻如電講義録　大槻如電著　吉田豊編著　芙蓉書房出版　2001.4　185p　21cm　2300円　①4-8295-0280-0　Ⓝ383.1　〔12183〕
◇近江商人の妻たち—特別展　滋賀県立琵琶湖文化館編　大津　滋賀県立琵琶湖文化館　1993.10　82p　26cm　Ⓝ383.1　〔12184〕
◇華麗なる装いの美—元禄三〇〇年甦る江戸のロマン　紫紅社編　朝日新聞東京本社企画第一部　c1987　139p　29cm　〔12185〕
◇狂歌と着物の模様のメッセージ—浮世絵の女性達　伊藤敦子著　朱鳥社, 星雲社〔発売〕2005.6　207p　19cm　1400円　①4-434-06307-3　〔12186〕
◇近世日本履物史の研究　石元明著　雄山閣出版　1963　189p　22cm　Ⓝ383.2　〔12187〕
◇元禄小袖からミニ・スカートまで—日本のファッション・300年絵巻　戸板康二著　サンケイ新聞社出版局　1972　254p（おもに図）19cm　650円　Ⓝ383.1　〔12188〕
◇彩発見—よみがえる江戸の装い　平成11年度秋季特別展覧会　八代市立博物館未来の森ミュージアム編　八代　八代市立博物館未来の森ミュージアム　1999.10　140p　26cm　（八代の歴史と文化 9）Ⓝ383　〔12189〕
◇時代衣裳ポーズ集　江戸編 1　マール社編集部編　マール社　1994.3　179p　26cm　3000円　①4-8373-0230-0　Ⓝ726.5　〔12190〕
◇時代衣裳ポーズ集　江戸編 2　マール社編集部編　マール社　1994.4　179p　26cm　2800円　①4-8373-0231-9　Ⓝ726.5　〔12191〕
◇事典絹と木綿の江戸時代　山脇悌二郎著　吉川弘文館　2002.6　216,7p　20cm　2200円　①4-642-07788-X　Ⓝ586.421　〔12192〕
◇雪踏をめぐる人びと—近世はきもの風俗史　畑中敏之著　京都　かもがわ出版　1998.7　219p　19cm　1900円　①4-87699-392-0　Ⓝ383.2　〔12193〕
◇せんすのある話　荘司賢太郎著　創英社　2003.8　196p　20cm　1600円　①4-88142-234-0　Ⓝ210.5　〔12194〕
◇特別展江戸のよそおい　大宮　埼玉県立博物館　1981.10　64p　25cm　Ⓝ383　〔12195〕
◇那波三郎右衛門・百足屋新六・新助往復書簡集　那波三郎右衛門, 百足屋新六・新助著　秋田　中央図書館明徳館古文書解読研究会　1998.1　76p　30cm　（古文書解読研究シリーズ 1）Ⓝ586.47　〔12196〕
◇奈良晒—近世南都を支えた布　平成12年度特別展図録　奈良県立民俗博物館編　大和郡山　奈良県立民俗博物館　2000.7　47p　30cm　Ⓝ586.72165　〔12197〕
◇服飾の歴史　近世・近代篇　ミシェル・ボーリュウ著, 中村祐三訳　白水社　1976　166,5p　18cm　（文庫クセジュ）450円　Ⓝ383.1　〔12198〕
◇福助足袋の六十年—近世足袋文化史　金子要次郎編　ゆまに書房　1998.7　1冊　22cm　（社史で見る日本経済史 第13巻）20000円　①4-89714-303-9,4-89714-290-3　Ⓝ589.23　〔12199〕

◇服装の歴史　第2　キモノの時代　村上信彦著　理論社　1955-1956　19cm　Ⓝ383.1　〔12200〕
◇服装の歴史　2　キモノの時代　村上信彦著　理論社　1974　204p　20cm　1000円　Ⓝ383.1　〔12201〕
◇服装の歴史　2　キモノの時代　村上信彦著　講談社　1979.9　224p　15cm　（講談社文庫）320円　Ⓝ383.1　〔12202〕
◇羊毛の語る日本史—南蛮渡来の洋服はいかに日本文化に組み込まれたか　山根章弘著　京都　PHP研究所　1983.7　258p　18cm　（21世紀図書館 20）650円　①4-569-21114-3　Ⓝ383.1　〔12203〕

◆◆鎧・武具
◇江戸時代の刀—新刀・新々刀　第31回埼玉県名刀展　浦和　埼玉会館郷土資料室　1987　2p　26cm　〔12204〕
◇江戸時代の甲冑—復古調　彦根城博物館編　彦根　彦根市教育委員会　2001.6　24p　21cm　〔12205〕
◇江戸時代の名刀展—第二十四回日本刀展　特別展図録　米沢上杉文化振興財団編　米沢　米沢市立上杉博物館　1994.9　45p　26cm　Ⓝ756.6　〔12206〕
◇江戸の短刀拵コレクション　井出正信編著　里文出版　1997.10　99p　21×22cm　3000円　①4-89806-062-5　Ⓝ756.6　〔12207〕
◇江戸の短刀拵コレクション　井出正信編著　改訂版　里文出版　1999.7　99p　21×22cm　3000円　①4-89806-101-X　Ⓝ756.6　〔12208〕
◇江戸の短刀拵コレクション　井出正信著　里文出版　1998.5　99p　21×22cm　3000円　①4-89806-074-9　〔12209〕
◇江戸の刀剣拵コレクション　井出正信編著　里文出版　2000.8　99p　21×22cm　3000円　①4-89806-125-7　Ⓝ756.6　〔12210〕
◇江戸の刀剣拵コレクション　井出正信編著　改定　里文出版　2001.4　97p　21×22cm　3000円　①4-89806-143-5　Ⓝ756.6　〔12211〕
◇江戸の槍鞘コレクション　井出正信編著　里文出版　1996.11　102p　21×22cm　3000円　①4-947546-99-9　Ⓝ756.6　〔12212〕
◇斬る—幕末の名工高橋長信　鹿島町（島根県）　鹿島町立歴史民俗資料館　1993.10　35p　26cm　Ⓝ756.6　〔12213〕
◇近世の甲冑—技術と意匠　企画展　広島市歴史科学教育事業団広島城編　広島　広島市歴史科学教育事業団広島城　1995.4　37p　26cm　Ⓝ756.7　〔12214〕
◇虎徹と清麿—日本刀の華江戸の名工　佐野美術館創立40周年記念特別展　長曽祢虎徹, 山浦清麿作　佐野美術館編　三島　佐野美術館　2006.7　159p　30cm　①4-915857-64-6　Ⓝ756.6　〔12215〕
◇図鑑江戸三作之研究—正秀・直胤・清麿　藤代義雄著　藤代商店　1936　60p　27cm　Ⓝ756　〔12216〕
◇大名家の甲冑—三百諸侯に受け継がれた武家のダンディズム　決定版　藤本巌監修　笠原采女, 須藤茂樹, 小和田泰経執筆　坂元永撮影　学習研究社　2007.3　174p　26cm　（歴史群像シリーズ 特別編集）2100円　①978-4-05-604582-6　Ⓝ756.7　〔12217〕
◇幕末志士愛刀物語　長野桜岳著　雄山閣出版　1971　264p　19cm　（物語歴史文庫 17）880円　Ⓝ210.58　〔12218〕
◇妖刀村正—昔ばなし聞書控　名和弓雄著　河出書房新社　2001.3　267p　20cm　1800円　①4-309-22369-9　Ⓝ210.5　〔12219〕

294　日本近世史図書総覧　明治～平成　　　〔12179～12219〕

◆◆髪結・化粧
◇江戸結髪史　金沢康隆著　青蛙房　1961　413p　20cm　Ⓝ383.5　〔12220〕
◇江戸結髪史　金沢康隆著　6版　青蛙房　1982.12　413p　20cm　2300円　Ⓝ383.5　〔12221〕
◇江戸結髪史　金沢康隆著　新装改訂版　青蛙房　1998.9　371p　20cm　3500円　Ⓘ4-7905-0508-1　Ⓝ383.5　〔12222〕
◇江戸三〇〇年の女性美—化粧と髪型　村田孝子著　花林舎編　京都　青幻舎　2007.11　113p　26cm　(大江戸カルチャーブックス)1800円　Ⓘ978-4-86152-126-3　Ⓝ383.5　〔12223〕
◇江戸ッ子のチョン髷　鶯亭金升著　豊文館　1917　321p　16cm　Ⓝ914.6　〔12224〕
◇江戸の化粧　陶智子著　新典社　1999.1　174p　19cm　1200円　Ⓘ4-7879-7804-7　Ⓝ383.5　〔12225〕
◇江戸の化粧—川柳で知る女の文化　渡辺信一郎著　平凡社　2002.6　238p　18cm　(平凡社新書)760円　Ⓘ4-582-85143-6　Ⓝ383.5　〔12226〕
◇江戸美人の化粧術　陶智子著　講談社　2005.12　198p　19cm　(講談社選書メチエ 349)1500円　Ⓘ4-06-258349-6　Ⓝ383.5　〔12227〕
◇絵本 江戸化粧志　近世風俗研究会編　1955　76p　14×21cm　Ⓝ383.56　〔12228〕
◇大江戸世相夜話—奉行、髪結い、高利貸し　藤田覚著　中央公論新社　2003.11　224p　18cm　(中公新書)740円　Ⓘ4-12-101723-4　Ⓝ210.5　〔12229〕
◇顔の文化誌　村沢博人著　講談社　2007.2　285p　15cm　(講談社学術文庫)960円　Ⓘ978-4-06-159804-1　Ⓝ383.5　〔12230〕
◇近世理容回想録　岡正信著　東京丸の内理容美創会　1975.6　86p　26cm　非売品　Ⓝ595　〔12231〕
◇くし・かんざし・化粧具—江戸の巧芸—サントリー美術館コレクション　サントリー美術館　1990　62p　28cm　Ⓝ383.5　〔12232〕
◇特別展江戸の櫛・簪—岡崎智予コレクション　東京都渋谷区立松濤美術館編　渋谷区立松濤美術館　c1982　1冊　24×25cm　Ⓝ383.5　〔12233〕
◇婦人たしなみ草—江戸時代の化粧道具　村田孝子編　ポーラ文化研究所　2002.7　47p　19cm　600円　Ⓘ4-938547-65-1　Ⓝ383.5　〔12234〕
◇前田家の化粧書　陶智子編　富山　桂書房　1992.3　159p　20cm　2575円　Ⓝ383.5　〔12235〕
◇むきまづら—江戸結髪集　水越みかる著　文芸社　2004.5　46p　20cm　1400円　Ⓘ4-8355-7337-4　Ⓝ383.5　〔12236〕
◇粧いの文化史—江戸の女たちの流行通信　ポーラ文化研究所、たばこと塩の博物館企画・編集　ポーラ文化研究所　1991.11　112p　26cm　2000円　Ⓘ4-938547-21-X　Ⓝ383　〔12237〕

◆◆入浴
◇浮世風呂—江戸の銭湯　神保五弥著　毎日新聞社　1977.12　222p　20cm　(江戸シリーズ 10)980円　Ⓝ383.6　〔12238〕
◇江戸入浴百姿　花咲一男著　三樹書房　1978.9　281p　22cm　5000円　Ⓝ383.6　〔12239〕
◇江戸入浴百姿　花咲一男著　三樹書房　1992.3　281p　22cm　3090円　Ⓘ4-89522-157-1　Ⓝ383.6　〔12240〕
◇江戸入浴百姿　花咲一男著　増補新訂版　三樹書房　2004.10　281p　22cm　2800円　Ⓘ4-89522-438-4　Ⓝ383.6　〔12241〕
◇江戸の温泉学　松田忠徳著　新潮社　2007.5　255p　20cm　(新潮選書)1200円　Ⓘ978-4-10-603579-1　Ⓝ383.6　〔12242〕
◇江戸の女たちの湯浴み—川柳にみる沐浴文化　渡辺信一郎著　新潮社　1996.10　259p　20cm　(新潮選書)1100円　Ⓘ4-10-600506-9　Ⓝ911.45　〔12243〕
◇江戸の風呂　今野信雄著　新潮社　1989.2　217p　20cm　(新潮選書)850円　Ⓘ4-10-600355-4　Ⓝ383.6　〔12244〕
◇「入浴」はだかの風俗史—浮世絵で見るお風呂の歴史と文化　花咲一男文　町田忍写真　講談社　1993.2　127p　21cm　(講談社カルチャーブックス 70)1500円　Ⓘ4-06-198070-X　Ⓝ383.6　〔12245〕

◆食物・料理史
◇安芸蒲刈御馳走一番—朝鮮通信使饗応料理「七五三の膳」と「三汁十五菜」　下蒲刈町文化財保護委員会編纂　下蒲刈町(広島県)　下蒲刈町　1989.11　83p　26cm　(ふるさと下蒲刈 その15)Ⓝ383.8　〔12246〕
◇池波正太郎の江戸料理を創る　藤井宗哲, 川口宗清尼著　マガジンハウス　1999.4　119p　21×21cm　2200円　Ⓘ4-8387-0984-6　Ⓝ596.21　〔12247〕
◇いも百珍—江戸時代の珍本(現代訳)甘藷百珍　京都　大曜　1986.1　85p　15×22cm　Ⓝ596.37　〔12248〕
◇江戸あじわい図譜　高橋幹夫著　青蛙房　1995.6　301p　22cm　3800円　Ⓘ4-7905-0861-7　Ⓝ383.8　〔12249〕
◇江戸あじわい図譜　高橋幹夫著　筑摩書房　2003.1　288,9p　15cm　(ちくま文庫)950円　Ⓘ4-480-03789-6　Ⓝ383.8　〔12250〕
◇江戸美味い物帖　平野雅章著　廣済堂出版　1995.9　287p　20cm　1700円　Ⓘ4-331-50501-4　Ⓝ383.8　〔12251〕
◇江戸期の宮廷と菓子—粽屋道喜の文書から　林淳一著　京都　同志社大学出版部　1989.10　47p　19cm　500円　Ⓘ4-924608-21-1　Ⓝ383.8　〔12252〕
◇江戸期料理人の記録—料理秘伝并調理秘録　海野岩美著　新宿調理師専門学校出版部　1994.12　181p　20cm　1500円　Ⓘ4-7733-3674-9　Ⓝ596.21　〔12253〕
◇江戸時代の食糧問題　小野武夫著　啓明会　1942　63p　22cm　Ⓝ611.3　〔12254〕
◇江戸・食の履歴書　平野雅章著　小学館　2000.4　283p　15cm　(小学館文庫)533円　Ⓘ4-09-417321-8　Ⓝ383.81　〔12255〕
◇江戸たべもの歳時記　浜田義一郎著　中央公論社　1977.12　294p　15cm　(中公文庫)320円　Ⓝ383.8　〔12256〕
◇江戸食べもの誌　興津要著　作品社　1981.12　230p　19cm　980円　Ⓘ4-87893-076-4　Ⓝ383.8　〔12257〕
◇江戸食べもの誌　興津要著　旺文社　1985.1　248p　16cm　(旺文社文庫)360円　Ⓘ4-01-064307-2　Ⓝ383.8　〔12258〕
◇江戸食べもの誌　興津要著　朝日新聞社　1995.4　264p　15cm　(朝日文庫)560円　Ⓘ4-02-261077-8　Ⓝ383.8　〔12259〕
◇江戸っ子は何を食べていたか　大久保洋子監修　青春出版社　2005.2　188p　18cm　(プレイブックスインテリジェンス)700円　Ⓘ4-413-04112-7　Ⓝ383.81　〔12260〕
◇江戸東京グルメ歳時記　林順信著　雄山閣出版　1998.5　246p　19cm　2300円　Ⓘ4-639-01531-3　Ⓝ383.81　〔12261〕

社会史　　　　　　　　　　　　近世史

◇江戸の衣食住　三田村鳶魚著　青蛙房　1957　317p
　19cm　（江戸ばなし　第10册）Ⓝ383.8　　〔12262〕
◇江戸のおかず帖美味百二十選　島崎とみ子著　女子栄養
　大学出版部　2004.5　135p　26cm　1800円
　Ⓘ4-7895-4727-2　Ⓝ596.21　　　　　〔12263〕
◇江戸の女たちのグルメ事情―絵図と川柳にみる食文化
　渡辺信一郎著　TOTO出版　1994.10　250p　19cm
　1100円　Ⓘ4-88706-106-4　Ⓝ911.45　〔12264〕
◇江戸のグルメ―企画展展示図録　千葉県立総南博物館編
　千葉　千葉県社会教育施設管理財団　1999.10　21p
　26cm　Ⓝ383.81　　　　　　　　　　〔12265〕
◇江戸の食生活　原田信男著　岩波書店　2003.11
　276,21p　20cm　2800円　Ⓘ4-00-022267-8　Ⓝ383.81
　　　　　　　　　　　　　　　　　　　〔12266〕
◇江戸の食卓―おいしすぎる雑学知識　歴史の謎を探る会
　編　河出書房新社　2007.11　220p　15cm
　（KAWADE夢文庫）514円　Ⓘ978-4-309-49668-9
　　　　　　　　　　　　　　　　　　　〔12267〕
◇江戸の食文化　江戸遺跡研究会編　吉川弘文館　1992.1
　309p　22cm　5300円　Ⓘ4-642-03305-X　Ⓝ383.8
　　　　　　　　　　　　　　　　　　　〔12268〕
◇江戸の庶民が拓いた食文化　渡辺信一郎著　三樹書房
　1996.4　263p　20cm　2500円　Ⓘ4-89522-201-2
　Ⓝ911.45　　　　　　　　　　　　　　〔12269〕
◇江戸の台所―江戸庶民の食風景　江戸で花開いた豊かな
　食文化をまんがや絵図で紹介　源草社編集部、人文社編
　集部企画編集　小川英美, 河原千津子, 山田真知子, 井
　下優子, 松永もうこ, 佐藤啓次執筆　人文社　2006.7
　143p　26cm　（ものしりシリーズ）1600円
　Ⓘ4-7959-1960-7　Ⓝ383.81　　　　　〔12270〕
◇江戸の俳諧にみる魚食文化　磯直道著　成山堂書店
　2006.6　172p　19cm　（ベルソーブックス　24）1600円
　Ⓘ4-425-85231-1　Ⓝ911.304　　　　　〔12271〕
◇江戸のファーストフード―町人の食卓、将軍の食卓　大
　久保洋子著　講談社　1998.1　238p　19cm　（講談社選
　書メチエ　121）1500円　Ⓘ4-06-258121-3　Ⓝ383.81
　　　　　　　　　　　　　　　　　　　〔12272〕
◇江戸の野菜―消えた三河島菜を求めて　野村圭佑著　荒
　川クリーンエイド・フォーラム, 八坂書房〔発売〕　2005.
　9　245p　19cm　2400円　Ⓘ4-89694-861-0　〔12273〕
◇江戸の料理史―料理本と料理文化　原田信男　中央公
　論社　1989.6　259p　18cm　（中公新書）640円
　Ⓘ4-12-100929-0　Ⓝ383.8　　　　　　〔12274〕
◇江戸の料理と食生活―ビジュアル日本生活史　原田信男
　編　小学館　2004.6　167p　28×21cm　2800円
　Ⓘ4-09-626130-0　　　　　　　　　　〔12275〕
◇江戸風流「食」ばなし　堀和久著　講談社　1997.3
　275p　20cm　1648円　Ⓘ4-06-208474-0　Ⓝ383.8
　　　　　　　　　　　　　　　　　　　〔12276〕
◇江戸風流「食」ばなし　堀和久著　講談社　2000.12
　277p　20cm　（講談社文庫）552円　Ⓘ4-06-273035-9
　Ⓝ383.81　　　　　　　　　　　　　　〔12277〕
◇江戸味覚歳時記　興津要著　時事通信社　1993.12
　262p　20cm　1800円　Ⓘ4-7887-9343-1　Ⓝ383.8
　　　　　　　　　　　　　　　　　　　〔12278〕
◇江戸流行料理通　栗山善四郎原著, 平野雅章訳　東村山
　教育社　1989.2　2冊　18cm　（教育社新書）各980円
　Ⓘ4-315-50847-0　Ⓝ596.21　　　　　〔12279〕
◇江戸料理をつくる　福田浩編著　東村山　教育社
　1991.3　159p　23×23cm　2900円　Ⓘ4-315-51167-6
　Ⓝ596.21　　　　　　　　　　　　　　〔12280〕
◇江戸料理史・考―日本料理「草創期」　江原恵著　河出

書房新社　1986.6　310p　20cm　2200円
　Ⓘ4-309-24084-4　Ⓝ596.21　　　　　〔12281〕
◇大江戸美味草紙　杉浦日向子著　新潮社　1998.10
　171p　19cm　1400円　Ⓘ4-10-425901-2　Ⓝ383.81
　　　　　　　　　　　　　　　　　　　〔12282〕
◇大江戸美味草紙　杉浦日向子著　新潮社　2001.6　182p
　16cm　（新潮文庫）400円　Ⓘ4-10-114915-1　Ⓝ383.81
　　　　　　　　　　　　　　　　　　　〔12283〕
◇大江戸料理帖　福田浩, 松藤庄平著　新潮社　1999.9
　111p　22cm　（とんぼの本）1500円　Ⓘ4-10-602080-7
　Ⓝ596.21　　　　　　　　　　　　　　〔12284〕
◇鬼平が「うまい」と言った江戸の味　逢坂剛, 北原亜以子
　文　PHP研究所　1999.12　141p　20cm　1300円
　Ⓘ4-569-60895-7　Ⓝ596.21　　　　　〔12285〕
◇寛永七年刊和歌食物本草現代語訳―江戸時代に学ぶ食養
　生　半田喜久美著　源草社　2004.5　335p　21cm　（東
　静漢方研究叢書　4）3000円　Ⓘ4-906668-38-0　Ⓝ499.9
　　　　　　　　　　　　　　　　　　　〔12286〕
◇「完本」大江戸料理帖　福田浩, 松藤庄平著　新潮社
　2006.3　127p　21cm　（とんぼの本）1400円
　Ⓘ4-10-602140-4　Ⓝ596.21　　　　　〔12287〕
◇杵築藩料理書　久米忠臣編　杵築　久米忠臣　1998.6
　176p　26cm　Ⓝ596.21　　　　　　　〔12288〕
◇巨大都市江戸が和食をつくった　渡辺善次郎著　農山漁
　村文化協会　1988.11　265,12p　19cm　1300円
　Ⓘ4-540-88074-8　Ⓝ383.8　　　　　　〔12289〕
◇近世以降の日本の都市部における「夜食文化」の成立と
　その通時的発展にかんする歴史的研究―麺類を中心とし
　て　第15回味の素食の文化センター食文化研究助成成果
　報告書　竹内里欧, 西村大志, 近森高明, 島岡哉著　出版
　地不明　〔竹内里欧〕　2005.12　86p　30cm　Ⓝ383.81
　　　　　　　　　　　　　　　　　　　〔12290〕
◇近世菓子製法書集成　1　鈴木晋一, 松本仲子編訳注　平
　凡社　2003.1　416p　18cm　（東洋文庫）3000円
　Ⓘ4-582-80710-0　Ⓝ596.65　　　　　〔12291〕
◇近世菓子製法書集成　2　鈴木晋一, 松本仲子編訳注　平
　凡社　2003.2　424p　18cm　（東洋文庫）3000円
　Ⓘ4-582-80713-5　Ⓝ596.65　　　　　〔12292〕
◇近世庶民の日常食―百姓は米を食べられなかったか　有
　薗正一郎著　大津　海青社　2007.4　219p　21cm
　1800円　Ⓘ978-4-86099-231-6　Ⓝ383.81　〔12293〕
◇小粋なレシピ59―江戸の名著料理山海郷・料理珍味集よ
　り　博望子原著　原田信男, 奥村彪生著　ニュートン
　プレス　2003.10　173p　28cm　2000円
　Ⓘ4-315-51703-8　Ⓝ596.21　　　　　〔12294〕
◇娯楽の江戸江戸の食生活　三田村鳶魚著　朝倉治彦編
　中央公論社　1997.1　366p　16cm　（中公文庫―鳶魚江
　戸文庫　5）620円　Ⓘ4-12-202785-3　Ⓝ210.5　〔12295〕
◇再現江戸時代料理―食養生講釈付　松下幸子, 榎木伊太
　郎編　小学館　1993.3　182p　27cm　4800円
　Ⓘ4-09-387074-8　Ⓝ596.21　　　　　〔12296〕
◇再現江戸惣菜事典　川口はるみ編　東京堂出版　1995.
　12　282p　19cm　2600円　Ⓘ4-490-10407-3　Ⓝ596.21
　　　　　　　　　　　　　　　　　　　〔12297〕
◇食辞林―日本の食べ物・語源考　興津要著　双葉社
　1997.9　270p　18cm　（ふたばらいふ新書）800円
　Ⓘ4-575-15233-1　Ⓝ911.45　　　　　〔12298〕
◇食の歳時記―江戸・明治の味を訪ねて　新人物往来社
　2006.12　157p　26cm　（別冊歴史読本　第31巻第26
　号）1600円　Ⓘ4-404-03352-4　Ⓝ383.81　〔12299〕
◇食の鳥獣戯画―江戸の意外な食材と料理　田中千博著
　高文堂出版社　2006.11　164p　22cm　2381円

◇①4-7707-0762-2 Ⓝ383.81 〔12300〕

◇食文化に関する文献目録 江戸期 第2版 食の文化センター準備委員会 1981.9 107p 30cm Ⓝ383.8
〔12301〕

◇食文化に関する文献目録 江戸期 第3版 食の文化センター準備室 1983.10 9,118p 30cm Ⓝ383.8 〔12302〕

◇食文化に関する用語集 菓子 江戸期 食の文化センター準備委員会 1982.1 112p 30cm Ⓝ383.8 〔12303〕

◇図説江戸時代食生活事典 日本風俗史学会編 雄山閣出版 1978.7 413p 22cm 4000円 Ⓝ383.8 〔12304〕

◇図説江戸時代食生活事典 日本風俗史学会編 雄山閣出版 1989.9 413p 21cm 4800円 ①4-639-00907-0 Ⓝ383.8 〔12305〕

◇図説江戸料理事典 松下幸子著 柏書房 1996.4 444p 22cm 9800円 ①4-7601-1243-X Ⓝ596.21 〔12306〕

◇川柳うなぎの蒲焼 花咲一男著 太平書屋 1991.6 142p 19cm 5000円 Ⓝ911.45 〔12307〕

◇川柳河豚考 小野真孝著 太平書屋 1987.12 239p 19cm 5000円 Ⓝ911.45 〔12308〕

◇大名の暮らしと食 江後迪子著 同成社 2002.11 236p 20cm (同成社江戸時代史叢書 14) 2600円 ①4-88621-260-3 Ⓝ383.81 〔12309〕

◇たべもの江戸史 永山久夫著 新人物往来社 1976 235p 20cm 1200円 Ⓝ383.8 〔12310〕

◇たべもの江戸史 永山久夫著 旺文社 1986.2 264p 16cm (旺文社文庫) 400円 ①4-01-064335-8 Ⓝ383.8 〔12311〕

◇たべもの江戸史 永山久夫著 河出書房新社 1996.12 258p 15cm (河出文庫) 600円 ①4-309-47310-5 Ⓝ383.81 〔12312〕

◇たべもの東海道 鈴木晋一著 小学館 2000.2 246p 16cm (小学館ライブラリー) 830円 ①4-09-460130-9 Ⓝ383.81 〔12313〕

◇食べる―近世・近代の食事情 平成6年度春季特別展 小野市立好古館編 小野 小野市立好古館 1994.4 21p 27cm Ⓝ383.8 〔12314〕

◇着想江戸時代の大ハヤリ食 田井友季子著 農山漁村文化協会 1989.8 236p 20cm (食卓のなぜ学ストーリー 1) 1140円 ①4-540-89081-6 Ⓝ383.8 〔12315〕

◇朝鮮通信使の饗応 髙正晴子著 明石書店 2001.3 254p 22cm 3800円 ①4-7503-1393-9 Ⓝ596.21 〔12316〕

◇東海道たべもの五十三次 鈴木晋一著 平凡社 1991.7 246p 20cm 2200円 ①4-582-82849-3 Ⓝ383.8 〔12317〕

◇長崎出島の食文化 佐世保 親和銀行ふるさと振興基金 1993.3 168p 31cm (親和文庫 第17号) Ⓝ383.8 〔12318〕

◇日本食物史 下 近世から近代 笹川臨風, 足立勇共著 雄山閣出版 1995.1 502p 22cm 5800円 ①4-639-01263-2 Ⓝ383.8 〔12319〕

◇幕末単身赴任下級武士の食日記 青木直己著 日本放送出版協会 2005.12 195p 18cm (生活人新書 165) 700円 ①4-14-088165-8 Ⓝ383.81 〔12320〕

◇幕末のスローフード―浜浅葉日記の食の風景 辻village善弥著 秦野 夢工房 2003.3 268p 19cm 1700円 ①4-946513-84-1 Ⓝ383.81 〔12321〕

◇花の下影―幕末浪花のくいだおれ 朝日新聞阪神支局執筆 3版 大阪 清文堂出版 1994.8 158p 27cm 9800円 ①4-7924-2215-9 Ⓝ382.163 〔12322〕

◇万国総図―料理献立之部 1696元禄九年 窪野英夫著 入善町 (富山県) 窪野英夫 1993.8 39p 22cm Ⓝ596.21 〔12323〕

◇パンの日本史―食文化の西洋化と日本人の知恵 安達巌著 ジャパンタイムズ 1989.12 187p 20cm 1650円 ①4-7890-0487-2 Ⓝ383.8 〔12324〕

◇肥前の菓子―シュガーロード長崎街道を行く 村岡安廣著 佐賀 佐賀新聞社 2006.3 155p 30cm 953円 ①4-88298-156-4 〔12325〕

◇美味にて候―八百八町を食べつくす 産経新聞文化部編著 産経新聞出版 2006.8 215p 19cm 1600円 ①4-902970-66-X Ⓝ383.81 〔12326〕

◇翻刻 江戸時代料理本集成 吉井始子編 京都 臨川書店 2007.5 11冊 (セット) 21cm 72000円 ①978-4-653-00364-9 〔12327〕

◇万宝料理秘密箱―江戸の名著万宝料理秘密箱より 奥村彪生著 ニュートンプレス 2003.10 173p 28cm 2000円 ①4-315-51701-1 Ⓝ596.3 〔12328〕

◇水戸黄門の食卓―元禄の食事情 小菅桂子著 中央公論社 1992.1 212p 18cm (中公新書) 620円 ①4-12-101059-0 Ⓝ383.8 〔12329〕

◇宮部みゆきの江戸レシピ 福田浩料理・解説 ぴあ 2006.3 95p 22cm 1600円 ①4-8356-1621-9 Ⓝ596.21 〔12330〕

◇宮良殿内・石垣殿内の膳符日記―近世沖縄の料理研究史料 金城須美子編著 福岡 九州大学出版会 1995.6 769p 19×27cm 20600円 ①4-87378-400-X Ⓝ383.8 〔12331〕

◇慶喜とワイン―至高の味と権力者 小田晋著 悠飛社 2001.10 267p 20cm 2000円 ①4-946448-98-5 Ⓝ383.8 〔12332〕

◇落語にみる江戸の食文化 旅の文化研究所編 河出書房新社 2000.2 214p 20cm 1800円 ①4-309-24224-3 Ⓝ383.81361 〔12333〕

◇料理山海郷―江戸時代の珍味佳肴を知る 博望子著, 原田信男訳 教育社 1988.8 274p 18cm (教育社新書) 980円 ①4-315-50686-9 Ⓝ596.3 〔12334〕

◇料理物語・考―江戸の味今昔 江原恵著 三一書房 1991.10 222p 20cm 1600円 ①4-380-91228-0 Ⓝ596.21 〔12335〕

◇「歴史上の人物と和菓子」展 その2 将軍綱吉から吉宗の時代 虎屋虎屋文庫編 〔虎屋文庫〕 1995.10 30p 21cm Ⓝ383.8 〔12336〕

◇論集江戸の食―くらしを通して 石川寛子編著 川崎 弘学出版 1994.12 195p 22cm 2500円 ①4-87492-087-X Ⓝ383.8 〔12337〕

◆◆料理史料

◇江戸時代料理本集成―翻刻 第1巻 料理物語.料理切形秘伝抄.料理献立集.合類日用料理抄 吉井始子編 京都 臨川書店 1978.10 291p 22cm 5500円 Ⓝ596.1 〔12338〕

◇江戸時代料理本集成―翻刻 第2巻 古今料理集.和漢精進料理抄 吉井始子編 京都 臨川書店 1978.12 280p 22cm 5500円 Ⓝ596.1 〔12339〕

◇江戸時代料理本集成―翻刻 第3巻 茶湯献立指南.当流節用料理大全.歌仙の組糸 吉井始子編 京都 臨川書店 1979.3 319p 22cm 6200円 Ⓝ596.1 〔12340〕

◇江戸時代料理本集成―翻刻 第4巻 吉井始子編 京都 臨川書店 1979.6 289p 22cm 5500円 Ⓝ596.1 〔12341〕

◇江戸時代料理本集成―翻刻 第5巻 吉井始子編 京都

臨川書店　1980.1　331p　22cm　5500円　Ⓝ596.21
〔12342〕

◇江戸時代料理本集成―翻刻　第6巻　当流料理献立抄.新撰献立部類集.会席料理帳.料理早指南　吉井始子編　京都　臨川書店　1980.3　324p　22cm　6000円　Ⓝ596.21
〔12343〕

◇江戸時代料理本集成―翻刻　第7巻　料理伊呂波庖丁.卓子式.素人庖丁.名飯部類.都鄙安逸伝　吉井始子編　京都　臨川書店　1980.6　322p　22cm　6000円　Ⓝ596.21
〔12344〕

◇江戸時代料理本集成―翻刻　第8巻　新撰庖丁梯.料理簡便集.会席料理細工庖丁.当世料理筌.臨時客応接.鯨肉調味方.料理調菜四季献立集　吉井始子編　京都　臨川書店　1980.9　316p　22cm　5500円　Ⓝ596.21
〔12345〕

◇江戸時代料理本集成―翻刻　第9巻　精進献立集.魚類精進早見献立帳　吉井始子編　京都　臨川書店　1980.11　321p　22cm　5500円　Ⓝ596.21
〔12346〕

◇江戸時代料理本集成―翻刻　第10巻　料理通.四季献立会席料理秘嚢抄.年中番菜録.新編異国料理　吉井始子編　京都　臨川書店　1981.1　298p　22cm　6000円　Ⓝ596.21
〔12347〕

◇江戸時代料理本集成―翻刻　別巻　総索引・見出し語一覧・解題・江戸時代料理書刊行年表　吉井始子編著　京都　臨川書店　1981.10　341p　22cm　6000円　①4-653-00375-0　Ⓝ596.21
〔12348〕

◇加賀藩料理人舟木伝内編著集　舟木伝内編著　綿抜豊昭編　富山　桂書房　2006.4　294p　21cm　4000円　①4-903351-07-6　Ⓝ596.21
〔12349〕

◇重宝記資料集成　第33巻　料理・食物 1　長友千代治編　京都　臨川書店　2005.5　454p　22cm　8200円　①4-653-03938-0,4-653-03860-0　Ⓝ210.088
〔12350〕

◇重宝記資料集成　第34巻　料理・食物 2　長友千代治編　京都　臨川書店　2004.8　496p　22cm　①4-653-03939-9,4-653-03860-0　Ⓝ210.088
〔12351〕

◇重宝記資料集成　第35巻　料理・食物 3　長友千代治編　京都　臨川書店　2004.9　474p　22cm　8800円　①4-653-03940-2,4-653-03860-0　Ⓝ210.088
〔12352〕

◆◆蕎麦

◇江戸を訪ねてそばを打つ　小口郷人著　講談社出版サービスセンター　1999.6　214p　19cm　1300円　①4-87601-473-6　Ⓝ383.81
〔12353〕

◇近世蕎麦随筆集成　新島繁編・著　武蔵野　秋山書店　1996.12　432p　22cm　8755円　Ⓝ383.81
〔12354〕

◇川柳蕎麦切考　大坂芳一ほか共著　太平書屋　1982.4　215p　19cm　4000円　Ⓝ911.45
〔12355〕

◇蕎麦―江戸の食文化　笠井俊弥著　岩波書店　2001.12　334p　19cm　2500円　①4-00-023703-9　Ⓝ383.81
〔12356〕

◇蕎麦と江戸文化―二八蕎麦の謎　笠井俊弥著　雄山閣出版　1998.6　234p　19cm　1980円　①4-639-01534-8　Ⓝ383.81
〔12357〕

◇そばの浮世絵　山本重太郎編集・解説　大阪　関西そば製粉組合　1969.12　図版36枚　41cm　Ⓝ721.8
〔12358〕

◆◆酒

◇江戸の酒―その技術・経済・文化　吉田元著　朝日新聞社　1997.1　235p　19cm　（朝日選書 569）1339円　①4-02-259669-4　Ⓝ588.52
〔12359〕

◇江戸風流「酔っぱらい」ばなし　堀和久著　講談社　2002.11　259p　15cm　（講談社文庫）590円　①4-06-273496-6　Ⓝ383.885
〔12360〕

◇近世酒造業と関東御免上酒の展開　立正大学古文書研究会編　立正大学古文書研究会　2002.3　51p　26cm　（調査報告書 平成13年度）Ⓝ588.52
〔12361〕

◇酒造りの歴史　柚木学著　POD版　雄山閣　2003.4　363p　21cm　（雄山閣BOOKS）4800円　①4-639-10024-8
〔12362〕

◆◆住居史

◇江戸かわら図絵　花咲一男著　太平書屋　1978.7　196p　22cm　6000円　Ⓝ383.9
〔12363〕

◇江戸厠百姿　花咲一男著　三樹書房　2000.11　209p　22cm　2800円　①4-89522-263-2　Ⓝ383.9
〔12364〕

◇江戸住宅事情　東京都編　東京都　1990.3　170p　19cm　（都史紀要 34）Ⓝ383.9
〔12365〕

◇江戸のおトイレ　渡辺信一郎著　新潮社　2002.11　221p　20cm　（新潮選書）1100円　①4-10-603521-9　Ⓝ383.9
〔12366〕

◇のぞいて見よう！大名の家づくりとその暮らし―汐留遺跡展パート2　平成15年度港区立港郷土資料館特別展　港区立港郷土資料館編　港区立港郷土資料館　2003　10枚　21×30cm　Ⓝ383.9
〔12367〕

◇町家のしつらいと飾り―近世大坂の住まい　開館記念展　大阪市立住まいのミュージアム編　大阪　大阪市立住まいのミュージアム　2001　6p　30cm
〔12368〕

◆◆灯り

◇あかりの今昔―光と人の江戸東京史　東京都江戸東京博物館編　江戸東京歴史財団　1995.7　120p　30cm　Ⓝ383.9
〔12369〕

◇江戸・東京における無尽灯―引札や『重宝無尽灯用法記』を中心として　大谷典久著　さいたま　大谷典久　2003.5　46p　26cm　Ⓝ383.95
〔12370〕

◇江戸のあかり―ナタネ油の旅と都市の夜　塚本学文, 一ノ関圭絵　岩波書店　1990.2　55p　30cm　（歴史を旅する絵本）1750円　①4-00-110646-9
〔12371〕

◇幕末・明治あかり編年誌　中根君郎著　恒陽社印刷所（印刷）　1969　231p　21cm　1400円　Ⓝ545
〔12372〕

◆◆火事・火消し

◇江戸三火消図鑑―町火消・定火消・大名火消のしるし　東京連合防火協会編　岩崎美術社　1988.3　229p　31cm　18000円　Ⓝ210.5
〔12373〕

◇江戸三火消図鑑―町火消・定火消・大名火消のしるし　西山松之助ほか解説,東京連合防火協会編集　岩崎美術社　1988.3　229p　31cm　18000円　Ⓝ384.3
〔12374〕

◇江戸消防　江戸消防記念会　1984.10　161p　31cm　非売品　Ⓝ210.5
〔12375〕

◇江戸消防　江戸消防記念会編　東京消防庁監修　江戸消防記念会　2004.11　191p　31cm　非売品　Ⓝ210.5
〔12376〕

◇江戸消防彩粋会十五年史　江戸消防彩粋会編　江戸消防彩粋会　2000.11　155p　26cm　非売品　Ⓝ384.3
〔12377〕

◇江戸の火事　黒木喬著　同成社　1999.12　239p　20cm　（同成社江戸時代史叢書 4）2500円　①4-88621-190-9　Ⓝ210.5
〔12378〕

◇江戸の火事と火消　山本純美著　河出書房新社　1993.3　280p　20cm　2300円　①4-309-22241-2　Ⓝ210.5
〔12379〕

◇江戸の消防　村山茂直著　東京消防協会　1996.1　171p　22cm　Ⓝ210.5　〔12380〕
◇江戸の消防　村山茂直著　改訂　東京消防協会　2000.2　324p　22cm　Ⓝ210.5　〔12381〕
◇江戸火消錦絵集　東京消防庁江戸火消研究会編著　岩崎美術社　1975　原色はり込み図70枚　42cm　24000円　Ⓝ721.8　〔12382〕
◇江戸町火消合印控　浮島彦太郎原筆　日本鳶伝統文化振興財団　1993.3　182p　19×27cm　非売品　Ⓝ384.3　〔12383〕
◇お七火事の謎を解く　黒木喬著　教育出版　2001.8　202p　19cm　（江戸東京ライブラリー　17）1500円　Ⓘ4-316-35860-X　Ⓝ210.52　〔12384〕
◇考証江戸の火災は被害が少なかったのか？─歴史と工学からわかる都市の安全　西田幸夫著　住宅新報社　2006.9　202p　21cm　（住宅・不動産実務ブック）2000円　Ⓘ4-7892-2637-9　Ⓝ518.87　〔12385〕
◇再現日本史─週刊time travel　江戸16　講談社　2001.12　42p　30cm　533円　Ⓝ210.1　〔12386〕
◇彩粋会の歩み─思い出編・資料編　江戸消防彩粋会　2005.4　211p　26cm　非売品　Ⓝ384.3　〔12387〕
◇消防むかしばなし　井上敦夫著　牛込消防署総務課　2000.11　266p　21cm　非売品　Ⓝ210.5　〔12388〕
◇1657明暦の江戸大火報告書　中央防災会議災害教訓の継承に関する専門調査会　2004.3　69p　30cm　Ⓝ369.32　〔12389〕
◇大火の歴史と街づくり─川越大火百年　川越市立博物館編　川越　川越市立博物館　1993　13p　26cm　Ⓝ210.5　〔12390〕
◇日本人の気風　増岡道二郎著　二見書房（発売）　2007.10　198p　18cm　（かに心書）781円　Ⓘ978-4-576-07151-0　Ⓝ210.5　〔12391〕
◇火消刺子に見る江戸の粋─第13回企画展　大宮　大宮市立博物館　1999.3　18p　30cm　〔12392〕
◇火との斗い　江戸時代編　竹内吉平著　全国加除法令出版　1993.1　227p　19cm　1800円　Ⓘ4-421-00566-5　Ⓝ317.79　〔12393〕
◇振袖火事と八百屋お七と水戸様火事の江戸雑学　加瀬順一著　［加瀬順一］　2006.4　117p　21cm　Ⓝ210.5　〔12394〕
◇明暦の大火　黒木喬著　黒木喬　1972　2冊（参考資料共）　26cm（参考資料：26×36cm）　Ⓝ210.54　〔12395〕
◇明暦の大火　黒木喬著　講談社　1977.12　230p　18cm　（講談社現代新書）390円　Ⓝ210.54　〔12396〕
◇連雀多摩の曙─明暦振袖火事　森英樹著　三鷹　〔森英樹〕　1987.10　198p　18cm　Ⓝ213.6　〔12397〕

◆性風俗
◇医者見立て江戸の好色　田野辺富蔵著　河出書房新社　1989.1　304p　15cm　（河出文庫）580円　Ⓘ4-309-47150-1　Ⓝ384.7　〔12398〕
◇色好み江戸の歳時記　白倉敬彦,上村久留美著　学習研究社　2004.2　214p　20cm　1800円　Ⓘ4-05-402317-7　Ⓝ384.7　〔12399〕
◇江戸あへあへ草紙　淡野史良著　河出書房新社　1985.6　218p　15cm　（河出文庫）400円　Ⓘ4-309-47077-7　Ⓝ210.5　〔12400〕
◇江戸女の色もよう─秘蔵・浮世絵巷談　北泉太郎著　清風書房　1968　201p　19cm　780円　Ⓝ384.6　〔12401〕
◇江戸好色文学史　斎藤昌三著　星光書院　1949　219p　19cm　Ⓝ910.25　〔12402〕
◇江戸時代の性生活　西島実著　江戸書院　雄山閣出版（発売）　1969　263p　図版30枚　23cm　2800円　Ⓝ384.7　〔12403〕
◇江戸時代の男女関係　田中香涯著　大阪　黎明社　1926　340p　19cm　Ⓝ367　〔12404〕
◇江戸時代の男女関係　田中香涯著　内外出版協会　1927　340p　20cm　Ⓝ384　〔12405〕
◇江戸時代の男女関係　田中香涯著　再版　大阪　近代文芸社　1927.2　340p　19cm　Ⓝ384.7　〔12406〕
◇江戸時代の男女関係　田中香涯著　有宏社　1930　340p　20cm　Ⓝ384　〔12407〕
◇江戸時代の男女関係　田中香涯著　内外出版社　1937　284p　22cm　Ⓝ384　〔12408〕
◇江戸庶民の性愛文化を愉しむ　蕣露庵主人著　三樹書房　1998.12　236p　20cm　1600円　Ⓘ4-89522-234-9　Ⓝ384.7　〔12409〕
◇江戸庶民の性愛文化を愉しむ　蕣露庵主人著　三樹書房　2006.3　236p　19cm　1000円　Ⓘ4-89522-469-4　Ⓝ384.7　〔12410〕
◇江戸庶民の性愛文化を愉しむ　渡辺信一郎著　三樹書房　2007.11　236p　19cm　1000円　Ⓘ978-4-89522-059-0　〔12411〕
◇江戸性風俗夜話─巷談・江戸から東京へ1　樋口清之著　河出書房新社　1988.12　273p　15cm　（河出文庫）480円　Ⓘ4-309-47146-3　Ⓝ384.7　〔12412〕
◇江戸の閨房術　渡辺信一郎著　新潮社　2005.3　221p　20cm　（新潮選書）1100円　Ⓘ4-10-603547-2　Ⓝ384.7　〔12413〕
◇江戸の色道指南書の系譜─凄絶なる性愛文化を探る　蕣露庵主人著　大阪　葉文館出版　1998.8　249p　20cm　1800円　Ⓘ4-89716-021-9　Ⓝ384.7　〔12414〕
◇江戸の性　中江克己著　河出書房新社　2005.10　210p　15cm　（河出i文庫）550円　Ⓘ4-309-48153-1　〔12415〕
◇江戸の性愛学　福田和彦著　河出書房新社　1988.5　245p　15cm　（河出文庫）450円　Ⓘ4-309-47135-8　Ⓝ384.7　〔12416〕
◇江戸の性愛術　渡辺信一郎著　新潮社　2006.5　218p　20cm　（新潮選書）1100円　Ⓘ4-10-603564-2　Ⓝ384.7　〔12417〕
◇江戸の性愛文化　秘薬秘具事典　蕣露庵主人著　三樹書房　2003.3　275p　21cm　3800円　Ⓘ4-89522-307-8　〔12418〕
◇江戸の性談─男は死ぬまで恋をする　氏家幹人著　講談社　2003.8　237p　20cm　（The new fifties）1600円　Ⓘ4-06-268385-7　Ⓝ384.7　〔12419〕
◇江戸の性談─男たちの秘密　氏家幹人著　講談社　2005.12　261p　15cm　（講談社文庫）533円　Ⓘ4-06-275262-X　Ⓝ384.7　〔12420〕
◇江戸の性病─梅毒流行事情　苅谷春郎著　三一書房　1993.8　184p　20cm　1900円　Ⓘ4-380-93248-6　Ⓝ210.5　〔12421〕
◇江戸の性風俗─笑いと情死のエロス　氏家幹人著　講談社　1998.12　220p　18cm　（講談社現代新書）660円　Ⓘ4-06-149432-5　Ⓝ384.7　〔12422〕
◇江戸の性風俗百巻　平成西鶴著　道出版　2002.7　261p　19cm　1300円　Ⓘ4-944154-81-X　Ⓝ598.2　〔12423〕
◇江戸のセクシュアリティ&笑い　日本性教育協会編　日本性教育協会　2003.6　63p　21cm　（性科学ハンドブック v.8）Ⓝ384.7　〔12424〕

◇江戸の秘薬─女悦丸・長命丸・帆柱丸 古川柳と絵図と文献による閨房文化　蘂露庵主人著　大阪　葉文館出版　1999.5　241p　20cm　1800円　Ⓘ4-89716-098-7　Ⓝ384.7　〔12425〕

◇江戸の媚薬術　渡辺信一郎著　新潮社　2007.10　206p　20cm　（新潮選書）1000円　Ⓘ978-4-10-603592-0　Ⓝ384.7　〔12426〕

◇江戸風流女ばなし　堀和久著　講談社　2000.5　271p　20cm　1800円　Ⓘ4-06-209934-9　Ⓝ384.7　〔12427〕

◇江戸風流女ばなし　堀和久著　講談社　2003.5　269p　15cm　（講談社文庫）571円　Ⓘ4-06-273752-3　Ⓝ384.7　〔12428〕

◇大江戸岡場所細見　江戸の性を考える会著　三一書房　1998.2　214p　19cm　1600円　Ⓘ4-380-98210-6　Ⓝ384.9　〔12429〕

◇大江戸女犯科帳　荒木誠三著　大陸書房　1981.9　238p　19cm　980円　Ⓘ4-8033-0551-X　Ⓝ384.7　〔12430〕

◇大江戸好色細見　江戸の性を考える会著　三一書房　1996.10　254p　19cm　1700円　Ⓘ4-380-96287-3　Ⓝ384.7　〔12431〕

◇大江戸性事情─性生活を楽しむ江戸の人々　中江克己著　廣済堂出版　1999.7　227p　18cm　（Kosaido books）857円　Ⓘ4-331-00834-7　Ⓝ384.7　〔12432〕

◇大江戸風俗艶学事始　小菅宏著　ぶんか社　2006.12　207p　15cm　（ぶんか社文庫）571円　Ⓘ4-8211-5080-8　〔12433〕

◇大蛸に食われた女たち─江戸雑談　花咲一男著　三樹書房　2007.2　196p　20cm　（江戸風俗シリーズ）2000円　Ⓘ978-4-89522-489-5　Ⓝ384.7　〔12434〕

◇お世継ぎのつくりかた─大奥から長屋まで江戸の性と統治システム　鈴木理生著　筑摩書房　2006.9　246p　20cm　1700円　Ⓘ4-480-85785-0　Ⓝ210.5　〔12435〕

◇近代日本のセクシュアリティ　15　鈴木貞美編　ゆまに書房　2007.7　436,2p　22cm　15000円　Ⓘ978-4-8433-2665-7,978-4-8433-2662-6　Ⓝ367.9　〔12436〕

◇芸術と民俗に現われた性風俗　江戸開花篇　林美一著　河出書房新社　1998.2　169p　15cm　（河出文庫）500円　Ⓘ4-309-47350-4　Ⓝ384.7　〔12437〕

◇咲くやこの花　花咲一男著　太平書屋　1999.7　294p　22cm　10000円　Ⓝ384.7　〔12438〕

◇性と身体の近世史　倉地克直著　東京大学出版会　1998.1　254,4p　22cm　4200円　Ⓘ4-13-020115-8　Ⓝ384.7　〔12439〕

◇性と生殖の近世　沢山美果子著　勁草書房　2005.9　359,19p　20cm　3500円　Ⓘ4-326-65307-8　Ⓝ367.21　〔12440〕

◇川柳・性風俗事典　山本成之助著　牧野出版　1982.4　240p　22cm　3000円　Ⓝ911.45　〔12441〕

◇男女狂訓華のあり香─一名千開万交　影印・翻刻・注解　玩宮隠士校注　飯尾東州遺稿　恋々山人校合　婦多川好員画　太平書屋　1996.9　226p　19×26cm　10000円　Ⓝ384.7　〔12442〕

◇東海道艶本考　林美一著　有光書房　1962　2冊（付録共）　14×20cm　Ⓝ384.94　〔12443〕

◇徳川性典大鑑　高橋鉄編　美学館　1983.1　2冊　26cm　全10000円　Ⓝ384.7　〔12444〕

◇徳川性典大鑑　高橋鉄編纂　日本精神分析学会，日本生活心理学会　1989　2冊　26cm　全20000円　Ⓝ384.7　〔12445〕

◇張形と江戸をんな　田中優子著　洋泉社　2004.3　186p　18cm　（新書y）720円　Ⓘ4-89691-804-5　Ⓝ721.8　〔12446〕

◇秘薬秘具事典─江戸の性愛文化 文献と絵図と川柳で繙く　蘂露庵主人著　三樹書房　2003.3　275p　22cm　3800円　Ⓘ4-89522-307-8　Ⓝ384.7　〔12447〕

◇不義密通─禁じられた恋の江戸　氏家幹人著　講談社　1996.10　290p　19cm　（講談社選書メチエ　88）1500円　Ⓘ4-06-258088-8　Ⓝ210.5　〔12448〕

◇不義密通─禁じられた恋の江戸　氏家幹人著　洋泉社　2007.2　348p　18cm　（洋泉社MC新書）1500円　Ⓘ978-4-86248-113-9　〔12449〕

◇娘節用　品川弥千江解読　川崎　博美館出版　1997.11　278p　22cm　2800円　Ⓘ4-938546-53-1　Ⓝ384.7　〔12450〕

◇「夜のお江戸」地図　歴史ミステリー探訪会編　廣済堂出版　2007.2　230p　16cm　（廣済堂文庫─ヒューマン文庫）571円　Ⓘ978-4-331-65407-1　Ⓝ210.5　〔12451〕

◇落語にみる江戸の性文化　旅の文化研究所編　河出書房新社　1997.8　233p　20cm　2200円　Ⓘ4-309-24194-8　Ⓝ384.7　〔12452〕

◆◆男色

◇江戸男色考　悪所篇　柴山肇著　批評社　1992.12　229p　20cm　2575円　Ⓘ4-8265-0150-1　Ⓝ384.7　〔12453〕

◇江戸男色考　若衆篇　柴山肇著　批評社　1993.1　230p　20cm　2575円　Ⓘ4-8265-0151-X　Ⓝ384.7　〔12454〕

◇江戸男色考　色道篇　柴山肇著　批評社　1993.2　230p　20cm　2575円　Ⓘ4-8265-0152-8　Ⓝ384.7　〔12455〕

◇江戸の色道─性愛文化を繙く禁断の絵図と古川柳　上　男色篇　蘂露庵主人著　大阪　葉文館出版　1996.12　235p　19cm　1748円　Ⓘ4-916067-17-7　Ⓝ911.45　〔12456〕

◇江戸の色道─性愛文化を繙く禁断の絵図と古川柳　下　女色篇　蘂露庵主人著　大阪　葉文館出版　1996.12　205p　19cm　1748円　Ⓘ4-916067-42-8　Ⓝ911.45　〔12457〕

◇江戸のかげま茶屋　花咲一男著　三樹書房　1980.12　184p　12×16cm　2800円　Ⓝ384.7　〔12458〕

◇江戸のかげま茶屋　花咲一男著　三樹書房　1992.1　224p　14×19cm　3090円　Ⓝ384.7　〔12459〕

◇江戸のかげま茶屋　花咲一男著　増補新訂版　三樹書房　2002.2　239p　13×19cm　2800円　Ⓘ4-89522-285-3　Ⓝ384.7　〔12460〕

◇江戸のかげま茶屋　花咲一男著　増補新訂版　三樹書房　2006.3　239p　13×19cm　2800円　Ⓘ4-89522-470-8　Ⓝ384.7　〔12461〕

◇江戸の男色─上方・江戸の「売色風俗」の盛衰　白倉敬彦著　洋泉社　2005.5　253p　18cm　（新書y）780円　Ⓘ4-89691-919-X　〔12462〕

◇少年愛の連歌俳諧史─菅原道真から松尾芭蕉まで　喜多唯志著　沖積舎　1997.11　457p　20cm　4800円　Ⓘ4-8060-4623-X　Ⓝ911.302　〔12463〕

◆◆遊里

◇異色川柳　遊女風俗姿細見　足立直郎著　那須書房　1962　313p　22cm　Ⓝ384.91　〔12464〕

◇「色里」物語めぐり─遊里に花開いた伝説・戯作・小説　朝倉喬司著　現代書館　2006.5　370p　19cm　3000円　Ⓘ4-7684-6924-8　〔12465〕

◇色町俗謡抄─浅草・吉原・隅田川　中尾達郎著　三弥井

書店　1987.11　229p　20cm　1800円
Ⓘ4-8382-9019-5　Ⓝ384.9　〔12466〕

◇海を越えた艶ごと―日中文化交流秘史　唐権著　新曜社
2005.4　370,11p　20cm　3200円　Ⓘ4-7885-0944-X
Ⓝ384.9　〔12467〕

◇越後いろざと奇聞―食彩もみごと　『間叟雑録』本文訳注
田中一郎編著　新潟　新潟日報事業社　2005.10　214p
19cm　1600円　Ⓘ4-86132-135-2　〔12468〕

◇江戸いろざと図譜　高橋幹夫著　青蛙房　1997.2　301p
22cm　3800円　Ⓘ4-7905-0862-5　Ⓝ382.1　〔12469〕

◇江戸いろざと図譜　高橋幹夫著　筑摩書房　2004.5
313,6p　15cm　（ちくま文庫）950円　Ⓘ4-480-03971-6
Ⓝ382.1　〔12470〕

◇江戸岡場所図絵―雑俳川柳　拾遺　朝倉無声，花咲一男
編　近世風俗研究会　1970　488p　14×19cm　Ⓝ384.91　〔12471〕

◇江戸岡場所遊女百婆　花咲一男著　三樹書房　1992.11
274p　22cm　3090円　Ⓘ4-89522-164-4　Ⓝ384.9　〔12472〕

◇江戸花街沿革誌　上，下巻　関根金四郎編　六合館弦巻
書店　1894　2冊　19cm　Ⓝ384　〔12473〕

◇江戸幻想批判―「江戸の性愛」礼讃論を撃つ　小谷野敦
著　新曜社　1999.12　214p　20cm　1800円
Ⓘ4-7885-0698-X　Ⓝ384.9　〔12474〕

◇江戸時代音楽通解　古曲保存会編　古曲保存会　1920
288,8p　23cm　Ⓝ768　〔12475〕

◇江戸時代漫筆　第2　江戸の遊女―その他　石井良助著
自治日報社出版局　1971　328,8p　19cm　680円
Ⓝ322.15　〔12476〕

◇江戸時代漫筆　第2　江戸の遊女　石井良助著　明石書
店　1989.12　328,8p　20cm　1860円　Ⓝ322.15　〔12477〕

◇江戸諸国遊里図絵　佐藤要人，花咲一男共著　三樹書房
1994.10　317p　22cm　3296円　Ⓘ4-89522-184-9
Ⓝ384.9　〔12478〕

◇江戸の色里―遊女と廓の図誌　小野武雄編　新装版　展
望社　2004.5　413p　20cm　2800円　Ⓘ4-88546-108-1
Ⓝ384.9　〔12479〕

◇江戸のエロス―悦楽と艶美の極致　新人物往来社
1998.5　194p　26cm　（別冊歴史読本 67）2500円
Ⓘ4-404-02613-7　Ⓝ384.9　〔12480〕

◇江戸の女ことば―あそばせとアリンスと　杉本つとむ著
創拓社　1985.10　286p　19cm　1600円　Ⓝ814.9　〔12481〕

◇江戸の芸者　陳奮館主人著　中央公論社　1989.8　232p
16cm　（中公文庫）360円　Ⓘ4-12-901636-3　Ⓝ384.9　〔12482〕

◇江戸の芸者　陳奮館主人著　中央公論社　1989.8　232p
16cm　（中公文庫 M423）350円　Ⓘ4-12-201636-3
Ⓝ384.9　〔12483〕

◇江戸の出合茶屋　花咲一男編　近世風俗研究会　1972
108p　はりこみ図版4枚　14×19cm　Ⓝ384.91　〔12484〕

◇江戸の出合茶屋　花咲一男著　三樹書房　1996.6　176p
22cm　2369円　Ⓘ4-89522-205-5　Ⓝ382.1　〔12485〕

◇江戸の花街　三田村鳶魚著　朝倉治彦編　中央公論社
1997.9　321p　16cm　（中公文庫―鳶魚江戸文庫
13）629円　Ⓘ4-12-202950-3　Ⓝ210.5　〔12486〕

◇江戸の花街「遊廓」がわかる　凡平著　技術評論社
2005.9　206p　21cm　（落語カルチャーブックス―志ん
生で味わう江戸情緒 2）1880円　Ⓘ4-7741-2437-0
Ⓝ384.9　〔12487〕

◇江戸の遊廓―目でみる遊里　宮本由紀子編　国書刊行会
1986.8　2冊　31cm　各7500円　Ⓝ384.9　〔12488〕

◇江戸の遊女　石井良助著　明石書店　1989.12　328,8p
20cm　（江戸時代漫筆　第2）1806円　Ⓝ322.15　〔12489〕

◇江戸の遊里　志摩芳次郎著　大陸書房　1976　269p
19cm　980円　Ⓝ384.91　〔12490〕

◇江戸売笑記　宮川曼魚著　批評社　1927　364p　19cm
Ⓝ384　〔12491〕

◇江戸売笑記　宮川曼魚著　訂　文藝春秋社出版部　1929
364p　18cm　Ⓝ384　〔12492〕

◇江戸売笑記　宮川曼魚著　青蛙房　1982.1　265p
22cm　（青蛙選書 60）2300円　Ⓝ384.9　〔12493〕

◇江戸深川遊里志　佐藤要人著　太平書屋　1979.12
238p　22cm　7000円　Ⓝ384.9　〔12494〕

◇江戸水茶屋風俗考　佐藤要人著　三樹書房　1993.10
206p　図版12枚　22cm　3296円　Ⓘ4-89522-174-1
Ⓝ382.1　〔12495〕

◇江戸遊女語論集　近藤豊勝著　新典社　1993.10　182p
22cm　（新典社研究叢書 67）6000円　Ⓘ4-7879-4067-8
Ⓝ814.9　〔12496〕

◇江戸遊女語論集　近藤豊勝著　改訂　新典社　1996.5
182p　22cm　（新典社研究叢書 67）6000円
Ⓘ4-7879-4067-8　Ⓝ814.9　〔12497〕

◇江戸遊里盛衰記　渡辺憲司著　講談社　1994.10　229p
18cm　（講談社現代新書）650円　Ⓘ4-06-149224-1
Ⓝ384.9　〔12498〕

◇艶本紀行東海道五十三次　林美一著　河出書房新社
1986.12　400p　15cm　（河出文庫）640円
Ⓘ4-309-47100-5　Ⓝ384.9　〔12499〕

◇艶本紀行東海道五十三次　林美一著　新装版　河出書房
新社　2001.1　400p　15cm　（河出文庫）650円
Ⓘ4-309-47410-1　Ⓝ384.9　〔12500〕

◇大江戸百華繚乱―大奥から遊里まで54のおんなみち　森
実与子著　学習研究社　2007.2　309p　15cm　（学研M
文庫）638円　Ⓘ978-4-05-901193-4　Ⓝ281.04　〔12501〕

◇廓語考　松川弘太郎編　江戸文芸同好会　1928　33丁
19cm　（江戸往来特輯　第2巻 5号）Ⓝ814　〔12502〕

◇花柳風俗　三田村鳶魚著　朝倉治彦編　中央公論社
1998.10　381p　16cm　（中公文庫―鳶魚江戸文庫
26）629円　Ⓘ4-12-203271-7　Ⓝ210.5　〔12503〕

◇軽井沢三宿と食売女　岩井伝重著　佐久　櫟　1987.8
234p　19cm　（千曲川文庫 9）1800円　Ⓘ4-900408-18-2
Ⓝ384.9　〔12504〕

◇廓の大帳　笹川臨風著　展望社　1981.10　2冊　20cm
4800円，5600円　Ⓝ384.9　〔12505〕

◇好色修行諸国ものがたり　恋川笑山著，八木敬一編　太
平書屋　1982.12　2冊（別冊とも）　20cm　8000円
Ⓝ384.9　〔12506〕

◇雑俳川柳　江戸岡場所図絵　朝倉無声，花咲一男構成　近
世風俗研究会　1964　2冊　14×19cm　Ⓝ384.91　〔12507〕

◇色道大鏡　藤本箕山撰，野間光辰解題　八木書店　1974
3冊　27cm　Ⓝ384.9　〔12508〕

◇品川宿遊里三代　秋谷勝三著　青蛙房　1983.11　312p
22cm　（青蛙選書 64）2500円　Ⓝ384.9　〔12509〕

◇宿場と飯盛女　宇佐美ミサ子著　同成社　2000.8　224p
20cm　（同成社江戸時代史叢書 6）2500円
Ⓘ4-88621-202-6　Ⓝ384.9　〔12510〕

◇娼婦のルーツをたずねて―京都、そして江戸・大阪　豊
浜紀代子著　京都　かもがわ出版　2002.6　141p

社会史　　　　　　　　近世史

◇諸国遊里図絵　佐藤要人,花咲一男共著　三樹書房　1978.6　305p　22cm　5800円　Ⓝ384.9　〔12512〕
◇図説よたか風俗考　花咲一男著　太平書屋　1986.12　118p　19cm　5000円　Ⓝ384.9　〔12513〕
◇艶本紀行東海道五十三次　林美一著　河出書房新社　1986.12　400p　15cm　(河出文庫)640円　①4-309-47100-5　Ⓝ384.9　〔12514〕
◇東海道売色考　林美一著　三樹書房　1979.8　345p　22cm　7500円　Ⓝ384.9　〔12515〕
◇長崎出島の遊女─近代への窓を開いた女たち　白石広子著　勉誠出版　2005.4　172p　19cm　(智慧の海叢書17)1200円　①4-585-07111-3　Ⓝ210.5　〔12516〕
◇長崎丸山花月記　山口雅生著　神戸　山口雅生　1968.6　346p　図版18枚　19cm　Ⓝ384.9　〔12517〕
◇日本遊里史　上村行彰編　文化生活研究会　1929　615p　19cm　Ⓝ384　〔12518〕
◇女人差別と近世賤民　石井良助著　明石書店　1995.2　486p　20cm　5620円　①4-7503-0639-8　Ⓝ384.9　〔12519〕
◇博多風俗史　遊里編　井上精三著　福岡　積文館書店　1968.12　364p　19cm　Ⓝ384.9　〔12520〕
◇花街風俗志　大久保葩雪著　日本図書センター　1983.3　306,11p　22cm　(日本風俗叢書)6000円　Ⓝ384.9　〔12521〕
◇丸山遊女と唐紅毛人　古賀十二郎著,永島正一校注,長崎学会編　長崎　長崎文献社　1968-1969　2冊　22cm　各5000円　Ⓝ384.94　〔12522〕
◇丸山遊女と唐紅毛人　前編　古賀十二郎著　長崎学会編　永島正一校注　新訂　長崎　長崎文献社　1995.8　846p　図版12枚　22cm　15000円　①4-88851-001-6　Ⓝ384.9　〔12523〕
◇丸山遊女と唐紅毛人　後編　古賀十二郎著　長崎学会編　永島正一校注　新訂　長崎　長崎文献社　1995.11　780,101p　図版10枚　22cm　15000円　①4-88851-002-4　Ⓝ384.9　〔12524〕
◇三田村鳶魚全集　第10巻　中央公論社　1975　387p　20cm　1800円　Ⓝ210.5　〔12525〕
◇三田村鳶魚全集　第11巻　中央公論社　1975　380p　20cm　1800円　Ⓝ210.5　〔12526〕
◇目でみる遊里江戸の遊廓　吉原篇　宮本由紀子編　国書刊行会　1986.8　319p　31cm　7500円　Ⓝ384.9　〔12527〕
◇遊女勝山と南部重直公─巷談　野草老仙著　盛岡　野草老仙　1989.1　28p　19cm　Ⓝ384.9　〔12528〕
◇遊女と廓の図誌　小野武雄編著　展望社　1977.9　413p　20cm　(江戸時代風俗図誌　第3巻)2800円　Ⓝ384.91　〔12529〕
◇遊女と廓の図誌　小野武雄編著　展望社　1983.8　413p　20cm　(江戸時代風俗図誌)1800円　Ⓝ384.9　〔12530〕
◇遊女の江戸─苦界から結婚へ　下山弘著　中央公論社　1993.3　180p　18cm　(中公新書)680円　①4-12-101123-6　Ⓝ384.9　〔12531〕
◇遊女の知恵　中野栄三著　雄山閣　2003.7　276p　19cm　(江戸時代選書 5)2300円　①4-639-01804-5　〔12532〕
◇遊女の墓─加賀の串　川良雄、池田己亥一著　金沢　北国出版社　1972　186p　19cm　600円　Ⓝ384.94　〔12533〕
◇遊女風俗姿細見　足立直郎著　展望社　1976　316p　20cm　2000円　Ⓝ384.9　〔12534〕
◇遊里文学資料集　第1集　林美一編輯・校訂　京都　未刊江戸文学刊行会　1955.3　1冊　21cm　(「未刊江戸文学」別冊)非売品　Ⓝ384.9　〔12535〕
◇遊里文学資料集　第1集　林美一編輯・校訂　横須賀　未刊江戸文学刊行会　1981.10　38,35,22p　21cm　Ⓝ384.9　〔12536〕
◇遊里文学資料集　第2集　尾崎久弥校訂　京都　未刊江戸文学刊行会　1955.9　61p　22cm　(「未刊江戸文学」別冊)非売品　Ⓝ384.9　〔12537〕
◇遊里文学資料集　第2集　尾崎久弥校訂　横須賀　未刊江戸文学刊行会　1981.10　61p　22cm　Ⓝ384.9　〔12538〕
◇らしゃめん─羅紗綿　荒木誠三著　大陸書房　1982.1　237p　19cm　1200円　①4-8033-0580-3　Ⓝ384.9　〔12539〕
◇柳橋新誌　成島柳北著,塩田良平校訂　岩波書店　1987.11　101p　15cm　(岩波文庫 31‐117‐1)250円　①4-00-311171-0　Ⓝ384.9　〔12540〕

◆◆◆吉原

◇江戸検定手習帖「江戸」のいろは　浅草吉原編　萩原裕雄グループ編著　コアラブックス(発売)　2006.11　189p　19cm　1300円　①4-86097-218-X　〔12541〕
◇江戸三〇〇年吉原のしきたり　渡辺憲司監修　青春出版社　2004.9　202p　18cm　(プレイブックスインテリジェンス)730円　①4-413-04100-3　Ⓝ384.9　〔12542〕
◇江戸の吉原─廓遊び　白倉敬彦著　学習研究社　2002　127p　22cm　(Gakken graphic books 15)1800円　①4-05-401843-2　Ⓝ384.9　〔12543〕
◇江戸ばなし　第6巻　吉原に就ての話,町人と娯楽　三田村鳶魚著　限定版　青蛙房　1966　329,269p　20cm　Ⓝ210.5　〔12544〕
◇江戸吉原誌　興津要著　作品社　1984.4　249p　19cm　980円　①4-87893-098-5　Ⓝ911.45　〔12545〕
◇江戸吉原図絵　花咲一男編　三樹書房　1976　352p　22cm　12000円　Ⓝ384.91　〔12546〕
◇江戸吉原図絵　続　花咲一男編　三樹書房　1979.3　384p　22cm　12000円　Ⓝ384.91　〔12547〕
◇江戸吉原図聚　三谷一馬著　立風書房　1977.2　348,16p　22cm　3800円　Ⓝ384.91　〔12548〕
◇江戸吉原図聚　三谷一馬著　中央公論社　1992.2　656p　16cm　(中公文庫)1200円　①4-12-201882-X　Ⓝ384.9　〔12549〕
◇江戸吉原図聚　三谷一馬著　中央公論新社　2006.3　2冊(解説とも)　22×31cm　全55000円　①4-12-003702-9　Ⓝ384.9　〔12550〕
◇お江戸吉原草紙　田中夏織著　原書房　2002.9　277p　20cm　1800円　①4-562-03543-9　Ⓝ384.9　〔12551〕
◇お江戸吉原ものしり帖　北村鮭彦著　新潮社　2005.9　343p　16cm　(新潮文庫)514円　①4-10-115332-9　Ⓝ384.9　〔12552〕
◇大江戸吉原御開帳　小菅宏、チャールズ後藤著　ぶんか社　2007.8　207p　15cm　(ぶんか社文庫)600円　①978-4-8211-5115-8　Ⓝ598.2　〔12553〕
◇廓─昔の吉原　佐藤敏著　佐藤敏　1988.9　358p　22cm　非売品　Ⓝ384.9　〔12554〕
◇三省堂川柳吉原便覧　佐藤要人編　三省堂　1999.8　404p　16cm　1500円　①4-385-13841-9　Ⓝ384.9　〔12555〕
◇新吉原史考　東京都台東区編　1960　308p　22cm　(台東叢書)Ⓝ384.4　〔12556〕

◇図説浮世絵に見る江戸吉原　佐藤要人監修　藤原千恵子編　河出書房新社　1999.5　127p　22cm　（ふくろうの本）1800円　Ⓘ4-309-72604-6　Ⓝ384.9　〔12557〕
◇図説浮世絵に見る江戸吉原　佐藤要人監修　藤原千恵子編　新装版　河出書房新社　2007.1　127p　22cm　（ふくろうの本）1800円　Ⓘ978-4-309-76090-2　Ⓝ384.9　〔12558〕
◇青楼絵本年中行事　十返舎一九編，喜多川歌麿画　実業之日本社　1975　3冊（解説共）　23cm　全58000円　Ⓝ384.91　〔12559〕
◇川柳江戸吉原図絵　花咲一男著　三樹書房　1993.2　357p　22cm　7210円　Ⓘ4-89522-167-9　Ⓝ384.9　〔12560〕
◇川柳吉原誌―江戸研究　佐々醒雪，西原柳雨編　育英書院　1916　278p（以下欠）　13×19cm　Ⓝ911.4　〔12561〕
◇川柳吉原風俗絵図　佐藤要人編　至文堂　1973　308p　22cm　Ⓝ384.91　〔12562〕
◇風流吉原こばなし　宮尾しげを著　高文社　1966　251p　18cm　(Best sellers series)Ⓝ384.91　〔12563〕
◇遊廓の世界―新吉原の想い出　中村芝鶴著　評論社　1976　237,6p　20cm　1500円　Ⓝ384.91　〔12564〕
◇遊女風俗姿　足立直郎著　学風書院　1956　269p　19cm　（江戸風俗史　第1巻）Ⓝ384.91　〔12565〕
◇吉原―江戸の遊廓の実態　石井良助著　中央公論社　1967　193p　18cm　（中公新書）Ⓝ384.91　〔12566〕
◇吉原艶史　北村長吉著　新人物往来社　1986.1　285p　20cm　2800円　Ⓘ4-404-01314-0　Ⓝ384.9　〔12567〕
◇吉原細見―江戸美女競　平木浮世絵財団編　横浜　平木浮世絵財団　1995.9　127p　29cm　Ⓝ384.91　〔12568〕
◇吉原細見年表　八木敬一，丹羽謙治共編　武蔵村山　青裳堂書店　1996.3　427p　図版104p　22cm　（日本書誌学大系 72）39140円　Ⓝ384.9　〔12569〕
◇吉原下町談話　小林栄著　綜合編集社　1968　163p　19cm　Ⓝ384.91　〔12570〕
◇吉原・島原　小野武雄著　東村山　教育社　1978.8　243p　18cm　（教育社歴史新書）600円　Ⓝ384.91　〔12571〕
◇吉原史話　市川小太夫著　東京書房　1964　342p　図版共　22cm　Ⓝ384.91　〔12572〕
◇吉原史話　続　市川小太夫著　邦楽と舞踊社　1968　381p　22cm　2500円　Ⓝ384.91　〔12573〕
◇吉原酔狂ぐらし　吉村平吉著　三一書房　1990.6　218p　20cm　1500円　Ⓘ4-380-90220-X　Ⓝ384.9　〔12574〕
◇吉原図会　尾崎久弥著　日本図書センター　1983.3　1冊　27cm　（日本風俗叢書）8000円　Ⓝ384.9　〔12575〕
◇吉原徒然草　上野洋三校注　岩波書店　2003.1　327p　15cm　（岩波文庫）700円　Ⓘ4-00-302771-X　Ⓝ384.9　〔12576〕
◇吉原とかいわい　堀田恭子著　〔堀田恭子〕　1986.2　91p　22cm　Ⓝ384.9　〔12577〕
◇吉原と島原　小野武雄著　講談社　2002.8　244p　15cm　（講談社学術文庫）900円　Ⓘ4-06-159559-8　Ⓝ384.9　〔12578〕
◇吉原に就ての話　三田村鳶魚著　青蛙房　1956　329p　19cm　（江戸ばなし　第2冊）Ⓝ384.91　〔12579〕
◇吉原の四季―清元「北州千歳寿」考証　滝川政次郎著　青蛙房　1971　337p　22cm　（青蛙選書）1500円　Ⓝ384.91　〔12580〕
◇吉原風俗資料　蘇武緑郎著　日本図書センター　1983.3　586,11p　22cm　（日本風俗叢書）8000円　Ⓝ384.9　〔12581〕
◇吉原風俗資料　蘇武緑郎編　復刻版　永田社　1998.4　586p　22cm　12381円　Ⓝ384.9　〔12582〕
◇吉原風俗資料　全　復刻版　永田社，星雲社〔発売〕　1998.4　586p　21cm　12381円　Ⓘ4-7952-5548-2　〔12583〕
◇吉原ホログラフィー―江戸・男と女の風俗　北村一夫著　六興出版　1987.6　239,6p　19cm　1700円　Ⓘ4-8453-8076-5　Ⓝ384.9　〔12584〕
◇吉原夜話　喜熨斗古登子述，宮内好太朗編，三谷一馬画　青蛙房　1964　251p　22cm　（青蛙選書）Ⓝ384.91　〔12585〕
◇吉原遊女評判記細見　八木敬一編　近世風俗研究会　1975　6冊　16cm　Ⓝ384.91　〔12586〕
◇よしわら「吉原」―『洞房語園異本』をめぐって　石崎芳男著　早稲田出版　2003.4　368p　21cm　2500円　Ⓘ4-89827-246-0　〔12587〕

◆遊戯
◇江戸いろはカルタ　原和子，持田靖之共編　泰文堂　1976.12　142p　19cm　〔12588〕
◇江戸からおもちゃがやって来た　千葉惣次著　晶文社　2004.3　130p　22cm　2200円　Ⓘ4-7949-6609-1　Ⓝ759.9　〔12589〕
◇江戸娯楽誌　興津要著　作品社　1983.12　258p　19cm　980円　Ⓘ4-87893-094-2　Ⓝ384.8　〔12590〕
◇江戸庶民の娯楽　竹内誠監修　学習研究社　2003.6　128p　24cm　（Gakken graphic books deluxe 31―図説江戸 5）1600円　Ⓘ4-05-401930-7　Ⓝ384.8　〔12591〕
◇江戸庶民の楽しみ　青木宏一郎著　中央公論新社　2006.5　326p　20cm　2800円　Ⓘ4-12-003734-7　Ⓝ384.8　〔12592〕
◇江戸のあそび―品川歴史館特別展　東京都品川区立品川歴史館編　品川区立品川歴史館　1988.10　44p　26cm　Ⓝ759　〔12593〕
◇江戸の遊び―けっこう楽しいエコレジャー　平成18年度東北大学附属図書館企画展　東北大学附属図書館編　仙台　東北大学附属図書館　2006.11　125p　30cm　Ⓝ382.1　〔12594〕
◇江戸の遊び方―若旦那に学ぶ現代人の知恵　中江克己著　光文社　2000.6　246p　16cm　（知恵の森文庫）495円　Ⓘ4-334-78003-2　Ⓝ384.8　〔12595〕
◇江戸の影絵遊び―光と影の文化史　山本慶一著　草思社　1988.12　165p　20cm　1600円　Ⓘ4-7942-0332-2　Ⓝ798　〔12596〕
◇江戸の娯楽と交流の道―厚木道・大山道・中原道　ふるさと歴史シンポジウム　平塚　ふるさと歴史シンポジウム実行委員会　2005　12p　30cm　〔12597〕
◇江戸の娯楽と交流の道―厚木道・大山道・中原道　報告書　平成17年度ふるさと歴史シンポジウム　ふるさと歴史シンポジウム実行委員会編　平塚　ふるさと歴史シンポジウム実行委員会　2006.3　60p　30cm　Ⓝ210.5　〔12598〕
◇江戸の遊戯―貝合せ・かるた・すごろく　並木誠士著　花林舎編　京都　青幻舎　2007.7　111p　26cm　（大江戸カルチャーブックス）1800円　Ⓘ978-4-86152-116-4　Ⓝ384.55　〔12599〕
◇江戸の遊戯風俗図誌　小野武雄編著　展望社　1977.2　358p　20cm　3600円　Ⓝ384　〔12600〕
◇江戸の遊戯風俗図誌　小野武雄編著　展望社　1983.9　358p　20cm　2600円　Ⓝ384　〔12601〕

◇近世の学びと遊び　竹下喜久男著　京都　仏教大学通信教育部　2004.3　407p　20cm　(仏教大学鷹陵文化叢書10) 2500円　①4-7842-1184-5　Ⓝ372.105　　〔12602〕

◇子どもの世界―祝いと遊び　第29回企画展図録　川越　川越市立博物館　2007.3　71p　30cm　Ⓝ385.021
〔12603〕

◇娯楽の江戸　三田村鳶魚著　3版　恵風館　1925　288p　19cm　Ⓝ210.5　　〔12604〕

◇幕末・明治の絵双六　加藤康子,松村倫子編著　国書刊行会　2002.2　347p　31cm　20000円
①4-336-04188-1　Ⓝ798　　〔12605〕

◆◆民具

◇会津只見の生産用具と仕事着コレクション―国指定重要有形民俗文化財　只見町（福島県）　只見町教育委員会　2005.3　94p　図版5枚　30cm　(只見町文化財調査報告書　第13集) Ⓝ383.93　　〔12606〕

◇江戸あねさま―紙人形　武藤徳子著　マコー社　1991.3　137p　21cm　(趣味のぎゃらりい) 1200円
①4-8377-0791-2　Ⓝ759　　〔12607〕

◇江戸独楽―粋と洒落の手技―伝統と創作　広井道顕,広井政昭編著　日貿出版社　1993.8　198p　26cm　3800円　①4-8170-8770-6　Ⓝ759.9　　〔12608〕

◇江戸時代カタログ　高橋幹夫著　山と渓谷社　1983.8　239p　26cm　2400円　①4-635-65001-4　Ⓝ383
〔12609〕

◇江戸の人形―祈りと遊びの世界　特別展　渋谷区立松濤美術館編　渋谷区立松濤美術館　1996　175p　24×26cm　Ⓝ759.087　　〔12610〕

◇江戸の民芸展―日本民芸館創立五十周年記念　日本民芸館ほか編　日本民芸館　c1986　142p　25×26cm
Ⓝ383

◇大江戸生活体験事情　石川英輔,田中優子著　講談社　1999.3　284p　19cm　1700円　①4-06-209566-1
Ⓝ383　　〔12612〕

◇大江戸生活体験事情　石川英輔,田中優子著　講談社　2002.3　304p　15cm　(講談社文庫) 533円
①4-06-273390-0　Ⓝ383　　〔12613〕

◇沖縄の民具と生活　上江洲均著　宜野湾　榕樹書林　2005.11　297p　22cm　(琉球弧叢書 11―沖縄民俗誌1) 4800円　①4-89805-114-6　Ⓝ383.93　　〔12614〕

◇からくり玩具をつくろう―江戸時代で遊ぶ本　鎌田道隆,安田真紀子著　河出出版研究所企画・編集　河出書房新社　1998.3　143p　25cm　3800円　①4-309-90194-8
Ⓝ759　　〔12615〕

◇からくり玩具をつくろう―江戸時代で遊ぶ本　鎌田道隆,安田真紀子編著　普及版　河出書房新社　2002.8　143p　25cm　2800円　①4-309-26585-5　Ⓝ759　　〔12616〕

◇樺太アイヌ民族誌―工芸に見る技と匠　アイヌ文化振興・研究推進機構編　板橋区立郷土資料館　2004.7　140p　30cm　Ⓝ383.93　　〔12617〕

◇樺太アイヌ民族誌―工芸に見る技と匠　アイヌ文化振興・研究推進機構編　札幌　アイヌ文化振興・研究推進機構　2004.7　140p　30cm　Ⓝ383.93　　〔12618〕

◇川井村民俗誌　民具編　図説・民具とその周辺　川井村文化財調査委員会編　川井村（岩手県）　川井村教育委員会　2000.3　357p　31cm　Ⓝ382.122　〔12619〕

◇木とくらしたころ―私たちのくらしは、かつて「木」とともにありました。　特別展図録　仙台市市民文化事業団仙台市歴史民俗資料館編　仙台　仙台市教育委員会　2005.11　80p　21cm　Ⓝ383.93　　〔12620〕

◇樹と竹―列島の文化、北から南から　福島県立博物館鹿児島県歴史資料センター黎明館共同企画　福島県立博物館平成19年度企画展図録　福島県立博物館,鹿児島県歴史資料センター黎明館企画・編集　会津若松　福島県立博物館　2007.7　119p　30cm　Ⓝ383.93　　〔12621〕

◇木の文化―かたちとぬくもり　特別企画展　中野区教育委員会,山崎記念中野区立歴史民俗資料館編　中野区教育委員会　1994.10　31p　30cm　Ⓝ383.93
〔12622〕

◇熊本県文化企画課松橋収蔵庫資料目録　v.1　民俗1　熊本県地域振興部文化企画課編　熊本　熊本県地域振興部文化企画課　2006.10　229p　30cm　Ⓝ219.4
〔12623〕

◇西条藩松平家の雛と雛道具　愛媛県歴史文化博物館編　宇和町（愛媛県）　愛媛県歴史文化博物館　2000.2　35p　21cm　(愛媛県歴史文化博物館資料目録　第6集) Ⓝ759.087　　〔12624〕

◇水車屋ぐらしを支えた民具―武蔵野（野川流域）の水車経営農家民具調査報告書　三鷹　三鷹市教育委員会　2005.3　179p　30cm　(文化財シリーズ　第27集) Ⓝ383.93　　〔12625〕

◇立版古―江戸・浪花秀視立体紙景色　INAXギャラリー企画委員会企画　アルシーヴ社編　INAX　1993.6　84p　21×21cm　(INAX booklet) 1442円　Ⓝ759　〔12626〕

◇多摩の民具―江戸時代の農具　町田市立博物館編　町田　町田市立博物館　1991.8　60p　21×30cm　(町田市立博物館展覧会図録　第76集) Ⓝ384.3　　〔12627〕

◇道具が証言する江戸の暮らし　前川久太郎著　小学館　1999.10　210p　15cm　(小学館文庫) 476円
①4-09-417061-8　Ⓝ383.93　　〔12628〕

◇道具からみた江戸の生活　前川久太郎著　ぺりかん社　1978.11　211p　22cm　(江戸の生活シリーズ) 1800円
Ⓝ383

◇道具で見る江戸時代―江戸の暮らし図鑑　高橋幹夫著　芙蓉書房出版　1998.8　237p　27cm　(シリーズ「江戸」博物館　1) 3500円　①4-8295-0213-4　Ⓝ383
〔12630〕

◇道具と暮らしの江戸時代　小泉和子著　吉川弘文館　1999.4　211p　19cm　(歴史文化ライブラリー　64) 1700円　①4-642-05464-2　Ⓝ383.93　〔12631〕

◇日本の手仕事道具―秋岡コレクション　江戸から昭和に使われた手仕事道具と生活用具　No.1　鉋　その1　置戸町教育委員会森林工芸館制作・編集　置戸町（北海道）　置戸町教育委員会　2007.3　128p　26cm　Ⓝ383.93
〔12632〕

◇日本の手仕事道具―秋岡コレクション　江戸から昭和に使われた手仕事道具と生活用具　no.2　鉋　その2　置戸町教育委員会森林工芸館制作・編集　置戸町（北海道）　置戸町教育委員会　2007.11　164p　26cm　Ⓝ383.93
〔12633〕

◇民具のこころ―江戸三百年　前川久太郎著　時事通信社　1981.4　302p　20cm　1500円　Ⓝ383.9　〔12634〕

◆◆凧

◇凧と歌舞伎展出品目録―江戸凧史と風俗をさぐる　国立劇場　1982　〔5〕p　26cm　　〔12635〕

◇平賀源内と相良凧―凧あげの歴史　川原崎次郎著　静岡　羽衣出版　1996.11　293p　図版12枚　22cm　3204円
①4-938138-17-4　Ⓝ759.9　　〔12636〕

◆葬儀

◇江戸の葬送墓制　東京都公文書館編　東京都公文書館　1999.3　203p　19cm　(都史紀要 37) Ⓝ385.6
〔12637〕

◇近世服忌令の研究―幕藩制国家の喪と穢　林由紀子著　大阪　清文堂出版　1998.2　459p　22cm　9975円　①4-7924-0436-3　Ⓝ322.15　〔12638〕
◇葬式と檀家　圭室文雄著　吉川弘文館　1999.7　231p　19cm　（歴史文化ライブラリー 70）1700円　①4-642-05470-7　Ⓝ182.1　〔12639〕
◇墓と埋葬と江戸時代　江戸遺跡研究会編　吉川弘文館　2004.8　252p　22cm　6000円　①4-642-03390-4　Ⓝ385.6　〔12640〕

◆年中行事・歳時記
◇色好み江戸の歳時記　白倉敬彦,上村久留美著　学習研究社　2004.2　214p　20cm　1800円　①4-05-402317-7　Ⓝ384.7　〔12641〕
◇絵暦・江戸の365日　沢田真理絵と文　河出書房新社　1996.11　1冊　22cm　1800円　①4-309-22301-X　Ⓝ386.136　〔12642〕
◇江戸歳時記―都市民俗誌の試み　宮田登著　吉川弘文館　1981.7　203p　19cm　（江戸選書 5）1200円　Ⓝ210.5　〔12643〕
◇江戸歳時記　宮田登著　復刊　吉川弘文館　2007.12　211p　19cm　（歴史文化セレクション）1700円　①978-4-642-06342-5　〔12644〕
◇江戸時代の門松―名古屋市博物館企画展　名古屋市博物館編　名古屋　名古屋市博物館　1994.1　72p　26cm　Ⓝ386.1　〔12645〕
◇江戸庶民の四季　西山松之助著　岩波書店　1993.3　220p　19cm　（岩波セミナーブックス 46）1800円　①4-00-004216-5　Ⓝ210.5　〔12646〕
◇江戸東京歳時記　長沢利明著　吉川弘文館　2001.4　223p　19cm　（歴史文化ライブラリー 115）1700円　①4-642-05515-0　Ⓝ386.1361　〔12647〕
◇江戸東京の年中行事　長沢利明著　三弥井書店　1999.11　378p　20cm　3200円　①4-8382-9051-9　Ⓝ386.1361　〔12648〕
◇江戸年中行事図絵　吾妻健三郎著　鮮斉永濯筆　東陽堂　1893.12　1冊　26cm　Ⓝ386.136　〔12649〕
◇江戸年中行事図聚　三谷一馬著　中央公論社　1998.1　426p　16cm　（中公文庫）1143円　①4-12-203042-0　Ⓝ386.1　〔12650〕
◇江戸年中行事　三田村鳶魚著　春陽堂　1927　648p　19cm　Ⓝ385　〔12651〕
◇江戸年中行事　三田村鳶魚編,朝倉治彦校訂　中央公論社　1981.12　428p　16cm　（中公文庫）560円　Ⓝ386.136　〔12652〕
◇江戸年中行事図絵　吾妻健三郎著　東陽堂　1893.11　1帖　26cm　Ⓝ380　〔12653〕
◇江戸年中行事図聚　三谷一馬著　立風書房　1988.2　263p　22cm　4500円　①4-651-81015-2　Ⓝ386.1　〔12654〕
◇江戸年中行事と際物　東京都葛飾区郷土と天文の博物館　1995.3　73p　26cm　（民俗資料調査報告書 平成5年度―都市の儀礼文化と近郊農村 1）Ⓝ386.136　〔12655〕
◇江戸の歳事風俗誌　小野武雄編著　展望社　1973　414p（図12枚共）　20cm　（江戸の風俗資料 第4巻）2600円　Ⓝ382.131　〔12656〕
◇江戸の歳事風俗誌　小野武雄著　展望社　1983.1　356p　20cm　2600円　Ⓝ386.136　〔12657〕
◇江戸の歳事風俗誌　小野武雄著　講談社　2002.1　258p　15cm　（講談社学術文庫）1000円　①4-06-159527-X　Ⓝ386.1361　〔12658〕

◇江戸の夏―その涼と美　東京都江戸東京博物館編　江戸東京歴史財団　1994.7　92p　30cm　Ⓝ386.136　〔12659〕
◇江戸の花見　小野佐和子著　築地書館　1992.4　197p　20cm　1751円　①4-8067-5696-2　Ⓝ210.5　〔12660〕
◇江戸の日暦　上　岸井良衛著　実業之日本社　1977.10　214p　20cm　（有楽選書 14）1200円　Ⓝ385.8　〔12661〕
◇江戸の日暦　下　岸井良衛著　実業之日本社　1977.12　224p　20cm　（有楽選書 15）1200円　Ⓝ385.8　〔12662〕
◇江戸風俗東都歳時記を読む　川田寿著　東京堂出版　1993.1　193p　21cm　2600円　①4-490-20203-2　Ⓝ386.136　〔12663〕
◇江戸武蔵野の今昔　窪田明治著　雄山閣出版　1973　372p　19cm　（物語歴史文庫 39）980円　Ⓝ385.8　〔12664〕
◇「縁」を結ぶ日本の寺社参り　渡辺憲司監修　青春出版社　2006.1　205p　18cm　（青春新書インテリジェンス）730円　①4-413-04136-4　Ⓝ386.1　〔12665〕
◇大江戸の春　西山松之助著　小学館　1996.12　157p　18cm　1200円　①4-09-626058-4　Ⓝ210.5　〔12666〕
◇近世の民俗的世界―濃州山間農家の年中行事と生活　林英一著　岩田書院　2001.3　269p　22cm　6900円　①4-87294-195-0　Ⓝ386.153　〔12667〕
◇讃岐に於ける江戸末期 豪農年中行事録―享和2・文化8・同12年藤村家記録　香川県立図書館編　高松　1960　71p　26cm　Ⓝ385.8　〔12668〕
◇四季暦江戸模様　久保元彦著　〔久保元彦〕　2000.2　238p　21cm　Ⓝ386.1361　〔12669〕
◇新訂東都歳時記　上　斎藤月岑著　市古夏生,鈴木健一校訂　筑摩書房　2001.5　278p　15cm　（ちくま学芸文庫）1000円　①4-480-08621-8　Ⓝ386.1361　〔12670〕
◇新訂東都歳時記　下　斎藤月岑著　市古夏生,鈴木健一校訂　筑摩書房　2001.6　332p　15cm　（ちくま学芸文庫）1100円　①4-480-08622-6　Ⓝ386.1361　〔12671〕
◇図説浮世絵に見る江戸の歳時記　佐伯要人監修　藤原千恵子編　河出書房新社　1997.11　127p　22cm　1800円　①4-309-72571-6　Ⓝ386.1361　〔12672〕
◇川柳江戸歳時記　花咲一男著　岩波書店　1997.3　299p　20cm　3000円　①4-00-000214-7　Ⓝ382.1361　〔12673〕
◇年中行事を体験する　鈴木章生責任編集　中央公論新社　2002.7　125p　21cm　（江戸東京歴史探検 第1巻）1800円　①4-12-490222-0　Ⓝ386.1361　〔12674〕
◇日比谷図書館所蔵江戸風俗年中行事展覧会目録　日比谷図書館編　日比谷図書館　1926　1枚　47×63cm　Ⓝ385　〔12675〕
◇武家年中行事略解　戸川残花述　早稲田大学出版部　1904　134p　22cm　（早稲田大学卅六年度史学科第二学年講義録）Ⓝ210.5　〔12676〕
◇〈ふるさと東京〉江戸風物誌　佐藤高写真・文　朝文社　1995.5　189,22p　22cm　3500円　①4-88695-127-9　Ⓝ386.136　〔12677〕
◇墨東歳時記―江戸下町の生活と行事　今井栄著　3版　有明書房　1974　208p　22cm　2500円　Ⓝ385.8　〔12678〕
◇水戸歳時記―水戸藩の庶民資料集成　秋山房子編　流山　崙書房　1983.2　182p　19cm　（うばら叢書 3）1500円　Ⓝ386.131　〔12679〕
◇目でみる江戸・明治百科　第2巻　江戸歳時記の巻　国

社会史　　　　　　　　　　　近世史

書刊行会編　国書刊行会　1996.2　159p　14×20cm　2400円　Ⓘ4-336-03797-3　Ⓝ382.1　〔12680〕

◆◆祭礼・縁日

◇江戸里神楽の源之助　大崎春哉編　青蛙房　1988.5　242p　20cm　1700円　Ⓝ386.8　〔12681〕

◇江戸下町神輿　アクロス編　アクロス　1987.4　183p　27cm　5000円　Ⓘ4-7952-8904-2　Ⓝ386.136　〔12682〕

◇江戸の神楽を考える　中村規著　日本図書刊行会　1998.2　199p　20cm　1300円　Ⓘ4-89039-836-8　Ⓝ386.8136　〔12683〕

◇江戸の冠婚葬祭　中江克己著　潮出版社　2004.12　237p　19cm　（潮ライブラリー）1300円　Ⓘ4-267-01703-4　Ⓝ385　〔12684〕

◇江戸の心意気「祭り」がわかる　凡平著　技術評論社　2005.7　206p　21cm　（落語カルチャーブックス―志ん生で味わう江戸情緒 1）1880円　Ⓘ4-7741-2405-2　Ⓝ210.5　〔12685〕

◇江戸の祭囃子―江戸の祭囃子現状調査報告書　東京都教育庁生涯学習部文化課　1997.3　389p　26cm　Ⓝ386.8136　〔12686〕

◇江戸祭・縁日地図　江戸文化研究会編　主婦と生活社　1983.5　136p　26cm　1600円　Ⓘ4-391-10652-3　Ⓝ386.038　〔12687〕

◇江戸神輿　小沢宏之写真　講談社　1981.5　159p　22cm　3800円　Ⓝ386.136　〔12688〕

◇江戸神輿　小沢宏之著　講談社　1984.4　222p　15cm　（講談社文庫）580円　Ⓘ4-06-183250-6　Ⓝ386.136　〔12689〕

◇江戸神輿春秋　春の巻　林順信著　大正出版　1983.4　229p　25cm　4500円　Ⓝ386.136　〔12690〕

◇江戸神輿春秋　秋の巻　林順信著　大正出版　1983.7　229p　25cm　4500円　Ⓝ386.136　〔12691〕

◇大江戸の天下祭り　作美陽一著　河出書房新社　1996.9　271p　20cm　2300円　Ⓘ4-309-22299-4　Ⓝ386.13　〔12692〕

◇御田植祭りと民俗芸能　下野敏見著　岩田書院　2004.10　417p　22cm　（隼人の国の民俗誌 2）9900円　Ⓘ4-87294-338-4　Ⓝ386.8197　〔12693〕

◇近世祇園祭山鉾巡行志　京都　祇園祭山鉾連合会　1968　90p　26cm　非売　Ⓝ385.2　〔12694〕

◇近世祇園祭山鉾巡行史　祇園祭山鉾連合会編　改訂　京都　祇園祭山鉾連合会　1974　104p　26cm　非売品　Ⓝ385.2　〔12695〕

◇近世祭礼・月次風俗絵巻　狩野博幸、山路興造、藤井健三執筆　花林舎編　大阪　東方出版　2005.12　273p　30×30cm　30000円　Ⓘ4-88591-957-6　Ⓝ721.8　〔12696〕

◇近世祝祭文資料　島田蜻洲編　佐藤蔵太郎閲　大阪　積善館　1905.2　336p　15cm　Ⓝ816.7　〔12697〕

◇近世祝辞弔祭文例　松ül春雪編　木村小舟閲　嵩山房　1904.12　208p　23cm　Ⓝ816.7　〔12698〕

◇近世祝辞弔祭文例　松井春雪編　木村小舟閲　6版　嵩山房　1905.6　208,12p　23cm　Ⓝ816.7　〔12699〕

◇近世祝辞弔祭文例　松井春雪編　木村小舟閲　8版　嵩山房　1909.7　209p　22cm　Ⓝ816.7　〔12700〕

◇近世の都市と祭礼　高牧実著　吉川弘文館　2000.11　342,51p　22cm　10000円　Ⓘ4-642-03361-0　Ⓝ386.1　〔12701〕

◇天下祭読本―幕末の神田明神祭礼を読み解く　都市と祭礼研究会編　雄山閣　2007.4　261p　21cm　（神田明神

選書 1）2000円　Ⓘ978-4-639-01980-0　〔12702〕

◇南部藩山伏神楽権現舞の研究―笛を中心として　阿部達著　八戸　阿部達　1986.1　267p　26cm　Ⓝ386.8　〔12703〕

◇日本の歴史 8　近世 2　祭りと休み日・若者組と隠居　新訂増補　朝日新聞社　2005.1　320p　30cm　（朝日百科）Ⓘ4-02-380017-1　Ⓝ210.1　〔12704〕

◇日本の歴史　近世 2-3　祭りと休み日・若者組と隠居　新訂増補　朝日新聞社　2003.10 p66-96　30cm　（週刊朝日百科 73）476円　Ⓝ210.1　〔12705〕

◇祭礼・山車・風流―近世都市祭礼の文化史　平成七年度特別展　四日市市立博物館編　四日市　四日市市立博物館　1995.10　151p　25cm　Ⓝ386　〔12706〕

◇四谷塩町一丁目人別関係補遺・近世祭礼篇　東京都江戸東京博物館都市歴史研究室編　東京都　2005.2　197p　27cm　（江戸東京博物館史料叢書 8）Ⓘ4-924965-51-0　Ⓝ213.61　〔12707〕

◆◆絵馬

◇近世の大絵馬　馬事文化財団編　横浜　〔馬事文化財団〕　1979.10　44p　26cm　Ⓝ385.1　〔12708〕

◇金龍山浅草寺絵馬図録　金龍山浅草寺　1978.10　1冊　20×22cm　Ⓝ387　〔12709〕

◇浅草寺絵馬扁額調査報告　浅草寺絵馬調査団編　東京都教育庁社会教育部文化課　1990.3　116p　26cm　Ⓝ387　〔12710〕

◇津軽藩の絵馬　馬事文化財団学芸部編　横浜　根岸競馬記念公苑　1981.4　1冊　26cm　Ⓝ387　〔12711〕

◇津軽藩の絵馬　馬事文化財団学芸部編　横浜　根岸競馬記念公苑　1983.12　70p　26cm　Ⓝ387　〔12712〕

◆◆願掛け

◇江戸神仏願懸重宝記　葛葉山人著, 勝川春亭画, 磯ケ谷紫江編　千葉　紫香会　1953.1　36p　16cm　非売品　Ⓝ387　〔12713〕

◇江戸神仏願懸重宝記　万寿亭正二著, 大島建彦編　国書刊行会　1987.11　107p　19cm　1200円　Ⓝ387　〔12714〕

◆民間伝承

◇一寸の虫にも五分の神―江戸っ子の生活と意見　杉本つとむ著　雄山閣　2001.11　334p　19cm　2200円　Ⓘ4-639-01752-9　Ⓝ388.81　〔12715〕

◇絵解き江戸庶民のことわざ　F.ステナケル, 上田得之助著　河鍋暁斎画　北村孝一訳・解説　東京堂出版　1991.9　231p　21cm　1900円　Ⓘ4-490-20183-4　Ⓝ388.81　〔12716〕

◇江戸城七不思議―江戸・東京・山手線の民話　岡崎柾男著　げんごろう　2000.10　254p　20cm　2000円　Ⓘ4-906426-12-3　Ⓝ388.136　〔12717〕

◇おいてけ堀―江戸・東京下町の民話　岡崎柾男著　げんごろう　1993.11　253p　20cm　1800円　Ⓝ388.136　〔12718〕

◇大江戸路地裏人間図鑑　岸井良衛著　小学館　1999.10　267p　16cm　（小学館文庫）533円　Ⓘ4-09-403461-7　Ⓝ388.136　〔12719〕

◇企画展むかしむかし―浮世絵にみる東北地方ゆかりの伝説　村田町歴史みらい館編　村田町（宮城県）　村田町歴史みらい館　1998　23p　26cm　Ⓝ388.123　〔12720〕

◇ことわざ研究資料集成　第19巻　江戸期補遺 1　ことわざ研究会編　大空社　1994.11　1冊　22cm

◇ことわざ研究資料集成　第20巻　江戸期補遺　2　ことわざ研究会編　大空社　1994.11　1冊　22cm
Ⓘ4-87236-929-7　Ⓝ388.81
〔12722〕

◇ことわざ研究資料集成　第21巻　江戸期補遺　3　ことわざ研究会編　大空社　1994.11　1冊　22cm
Ⓘ4-87236-929-7　Ⓝ388.81
〔12723〕

◇実録・大江戸奇怪草子—忘れられた神々　花房孝典編著　三五館　1997.8　286p　20cm　1800円
Ⓘ4-88320-119-8　Ⓝ388.1
〔12724〕

◇伝説のなかの神—天皇と異端の近世史　平川新著　吉川弘文館　1993.12　256p　20cm　2600円
Ⓘ4-642-07416-3　Ⓝ388.1
〔12725〕

◆◆埋蔵金伝説

◇あるとしか言えない—赤城山徳川埋蔵金・発掘と激闘の記録　糸井重里&赤城山埋蔵金発掘プロジェクト・チーム編　集英社　1993.2　259p　18cm　780円
Ⓘ4-08-780174-8　Ⓝ210.04
〔12726〕

◇実録埋蔵金35兆円の謎—赤城に眠る徳川御用金の行方　水野智之著　徳間書店　1973　230p　19cm　630円
Ⓝ915.9
〔12727〕

◇徳川埋蔵金検証事典　川口素生著　新人物往来社　2001.1　246p　20cm　2500円　Ⓘ4-404-02897-0　Ⓝ210.04
〔12728〕

◇徳川埋蔵金の謎を解いた—何かが何かを伝えている　要子広堂著　イースト・プレス　1994.4　207p　19cm　1400円　Ⓘ4-87257-006-5　Ⓝ210.04
〔12729〕

◇謎解き徳川埋蔵金伝説　八重野充弘著　二見書房　1992.10　227p　19cm　1500円　Ⓘ4-576-92137-1
Ⓝ210.04
〔12730〕

◆歴史地理

◇足尾通見取絵図　第1巻　細尾・上神子内・足尾新梨子・銅山金山権現社　日向野徳久解説　東京美術　1993.1　2冊（解説篇とも）　42×18cm　全29870円
Ⓘ4-8087-0592-3　Ⓝ291.32
〔12731〕

◇足尾通見取絵図　第2巻　沢入・惣輪塔・神戸　日向野徳久ほか解説　東京美術　1993.8　2冊（解説篇とも）　42×18cm　全29870円　Ⓘ4-8087-0593-1　Ⓝ291.32
〔12732〕

◇足尾通見取絵図　第3巻　花輪・赤城山・桐原・大間々　井上定幸ほか解説　東京美術　1993.8　2冊（解説篇とも）　42×18cm　全29870円　Ⓘ4-8087-0594-X　Ⓝ291.32
〔12733〕

◇足尾通見取絵図　第4巻　大原本町・木崎　井上定幸ほか解説　東京美術　1993.4　2冊（解説篇とも）　42×18cm　全29870円　Ⓘ4-8087-0595-8　Ⓝ291.32
〔12734〕

◇足尾通見取絵図　第5巻　大間々・桐生・小俣・足利　井上定幸ほか解説　東京美術　1992.12　2冊（解説篇とも）　42×18cm　全36050円　Ⓘ4-8087-0596-6　Ⓝ291.32
〔12735〕

◇失われた景観—名所が語る江戸時代　長谷川成一著　吉川弘文館　1996.2　243p　20cm　2678円
Ⓘ4-642-07481-3　Ⓝ290.13
〔12736〕

◇描かれた竜野—絵図の世界　特別展図録　竜野市教育委員会編　竜野　竜野市立歴史文化資料館　1991.10　137p　26cm　（竜野市立歴史文化資料館図録 7）Ⓝ291.64
〔12737〕

◇えがかれた広島藩内の滝　広島市歴史科学教育事業団広島城編　広島　広島市歴史科学教育事業団広島城　1994.10　7p　図版24枚　19×26cm　Ⓝ291.76　〔12738〕

◇絵図にみる信濃—江戸時代の村や町　1995年夏季企画展図録　長野県立歴史館編　更埴　長野県立歴史館　1995.7　22p　30cm　Ⓝ291.52
〔12739〕

◇江戸古地図散歩　池波正太郎著　新装版　平凡社　1994.3　107p　22×17cm　（コロナ・ブックス）1600円
Ⓘ4-582-63306-4
〔12740〕

◇江戸時代古地図をめぐる　山下和正著　NTT出版　1996.3　220p　19cm　（気球の本 Around the world library）1700円　Ⓘ4-87188-614-X　Ⓝ291.038
〔12741〕

◇江戸時代「古地図」総覧　新人物往来社　1997.7　428p　21cm　（別冊歴史読本—事典シリーズ 32）2000円
Ⓘ4-404-02510-6　Ⓝ291.018
〔12742〕

◇江戸人が登った百名山　住谷雄幸著　小学館　1999.10　453p　15cm　（小学館文庫）752円　Ⓘ4-09-411291-X
Ⓝ291
〔12743〕

◇江戸東京大地図—地図でみる江戸東京の今昔　平凡社　1993.9　205p　37cm　12000円　Ⓘ4-582-43414-2
Ⓝ291.36
〔12744〕

◇江戸東京地名事典　本間信治著　新人物往来社　1994.1　249p　22cm　8800円　Ⓘ4-404-02066-X　Ⓝ291.36
〔12745〕

◇江戸・東京百名山を行く—都会の中に深山の趣　手島宗太郎著　日本テレビ放送網　1995.10　267p　20cm　1200円　Ⓘ4-8203-9539-4　Ⓝ291.36
〔12746〕

◇江戸百名山図譜　住谷雄幸著　小学館　1995.11　279p　22cm　2800円　Ⓘ4-09-680434-7　Ⓝ291
〔12747〕

◇江戸町方書上—文政のまちのようす　1　芝編　上巻　東京都港区立みなと図書館編　東京都港区　1993.3　760,14p　22cm　10000円　Ⓝ291.36
〔12748〕

◇江戸町方書上—文政のまちのようす　2　芝編　下巻　東京都港区立みなと図書館編　東京都港区　1994.3　481,10p　22cm　8000円　Ⓝ291.36
〔12749〕

◇江戸町方書上—文政のまちのようす　3　麻布編　東京都港区立みなと図書館編　東京都港区　1995.3　678,14p　22cm　8000円　Ⓝ291.36
〔12750〕

◇江戸町方書上—文政のまちのようす　4　赤坂編　東京都港区立みなと図書館編　東京都港区　1996.3　390,9p　22cm　6500円　Ⓝ291.36
〔12751〕

◇お江戸の地名の意外な由来　中江克己著　PHP研究所　2002.9　345p　15cm　（PHP文庫）571円
Ⓘ4-569-57806-3　Ⓝ291.361
〔12752〕

◇尾張徳川家の絵図—大名がいだいた世界観—特別展　名古屋市博物館編　名古屋　名古屋市博物館　2000.10　103p　30cm　Ⓝ290.038
〔12753〕

◇近世日本の世界像　川村博忠著　ぺりかん社　2003.12　286p　22cm　3200円　Ⓘ4-8315-1064-5　Ⓝ290.12
〔12754〕

◇近世日本の地図と測量—村と「廻り検地」　鳴海邦匡著　福岡　九州大学出版会　2007.2　193p　27cm　4800円
Ⓘ978-4-87378-932-3　Ⓝ512
〔12755〕

◇近世の名所案内展—平成13年度大阪府立中之島図書館初夏の展示　大阪　大阪府立中之島図書館　2001.6　8p　30cm
〔12756〕

◇近世風俗・地誌叢書　第1巻　駅路の鈴　龍渓書舎　1996.5　15,324p　22cm　（立命館大学図書館所蔵善本復刻叢書）Ⓘ4-8447-3409-1　Ⓝ291
〔12757〕

◇近世風俗・地誌叢書　第2巻　南遊紀行　西遊紀程　高橋克庵,大槻磐渓著　龍渓書舎　1996.5　24,233p　22cm　（立命館大学図書館所蔵善本復刻叢書）Ⓘ4-8447-3409-1　Ⓝ291
〔12758〕

社会史　　　　　　　　　　近世史

◇近世風俗・地誌叢書　第3巻　慶応再刻京都順覧記　京城勝覧　池田東籬亭編　貝原益軒著　龍溪書舎　1996.5　10,403p　22cm　（立命館大学図書館所蔵善本復刻叢書）Ⓘ4-8447-3409-1　Ⓝ291　〔12759〕

◇近世風俗・地誌叢書　第4巻　再撰花洛名勝図会東山之部　上　木村明啓,川喜多真彦編著　龍溪書舎　1996.5　9,322p　22cm　（立命館大学図書館所蔵善本復刻叢書）Ⓘ4-8447-3409-1　Ⓝ291　〔12760〕

◇近世風俗・地誌叢書　第5巻　再撰花洛名勝図会東山之部　下　木村明啓,川喜多真彦編著　龍溪書舎　1996.5　301p　22cm　（立命館大学図書館所蔵善本復刻叢書）Ⓘ4-8447-3409-1　Ⓝ291　〔12761〕

◇近世風俗・地誌叢書　第6巻　京羽二重大全　百足屋次郎兵衛編　龍溪書舎　1996.5　8,389p　22cm　（立命館大学図書館所蔵善本復刻叢書）Ⓘ4-8447-3409-1　Ⓝ291　〔12762〕

◇近世風俗・地誌叢書　第7巻　山城名勝志　1　大島武好編　龍溪書舎　1996.5　8,327p　22cm　（立命館大学図書館所蔵善本復刻叢書）Ⓘ4-8447-3409-1　Ⓝ291　〔12763〕

◇近世風俗・地誌叢書　第8巻　山城名勝志　2　大島武好編　龍溪書舎　1996.5　339p　22cm　（立命館大学図書館所蔵善本復刻叢書）Ⓘ4-8447-3409-1　Ⓝ291　〔12764〕

◇近世風俗・地誌叢書　第9巻　山城名勝志　3　大島武好編　龍溪書舎　1996.5　292p　22cm　（立命館大学図書館所蔵善本復刻叢書）Ⓘ4-8447-3409-1　Ⓝ291　〔12765〕

◇近世風俗・地誌叢書　第10巻　山城名勝志　4　大島武好編　龍溪書舎　1996.5　315p　22cm　（立命館大学図書館所蔵善本復刻叢書）Ⓘ4-8447-3409-1　Ⓝ291　〔12766〕

◇近世風俗・地誌叢書　第11巻　山城名勝志　5　大島武好編　龍溪書舎　1996.5　321p　22cm　（立命館大学図書館所蔵善本復刻叢書）Ⓘ4-8447-3409-1　Ⓝ291　〔12767〕

◇近世風俗・地誌叢書　第12巻　山城名勝志　6　大島武好編　龍溪書舎　1996.5　376p　22cm　（立命館大学図書館所蔵善本復刻叢書）Ⓘ4-8447-3409-1　Ⓝ291　〔12768〕

◇近世風俗・地誌叢書　第13巻　山城名勝志　7　大島武好編　龍溪書舎　1996.5　336p　22cm　（立命館大学図書館所蔵善本復刻叢書）Ⓘ4-8447-3409-1　Ⓝ291　〔12769〕

◇近世風俗・地誌叢書　第14巻　山城名勝志　8　大島武好編　龍溪書舎　1996.5　287p　22cm　（立命館大学図書館所蔵善本復刻叢書）Ⓘ4-8447-3409-1　Ⓝ291　〔12770〕

◇近世風俗・地誌叢書　第15巻　諸国図会年中行事大成　速水春暁斎著　龍溪書舎　1996.5　7,476p　22cm　（立命館大学図書館所蔵善本復刻叢書）Ⓘ4-8447-3409-1　Ⓝ291　〔12771〕

◇元禄十五年「薩摩国・大隅国・日向国」国絵図解説書　鹿児島　鹿児島県教育委員会　1997.3　37p　30×42cm　（鹿児島藩国絵図解説書）Ⓝ291.97　〔12772〕

◇郊外の風景―江戸から東京へ　樋口忠彦著　教育出版　2000.8　190p　19cm　（江戸東京ライブラリー　14）1500円　Ⓘ4-316-35830-8　Ⓝ291.361　〔12773〕

◇古絵図にみる江戸時代の大分―第9回特別展図録　大分市歴史資料館編　大分　大分市歴史資料館　1991.4　28p　19×26cm　Ⓝ291.95　〔12774〕

◇古板江戸図集成　第1巻　古板江戸図集成刊行会編　中央公論美術出版　2000.7　193,36p　37cm　25000円　Ⓘ4-8055-1476-0,4-8055-1475-2　Ⓝ291.361　〔12775〕

◇古板江戸図集成　第2巻　古板江戸図集成刊行会編　中央公論美術出版　2001.5　193,46p　37cm　25000円　Ⓘ4-8055-1477-9,4-8055-1475-2　Ⓝ291.361　〔12776〕

◇古板江戸図集成　第3巻　古板江戸図集成刊行会編　中央公論美術出版　2000.9　174,36p　37cm　25000円　Ⓘ4-8055-1478-7,4-8055-1475-2　Ⓝ291.361　〔12777〕

◇古板江戸図集成　第4巻　古板江戸図集成刊行会編　中央公論美術出版　2002.1　173,44p　37cm　25000円　Ⓘ4-8055-1479-5,4-8055-1475-2　Ⓝ291.361　〔12778〕

◇古板江戸図集成　第5巻　古板江戸図集成刊行会編　中央公論美術出版　2001.10　145,50p　37cm　25000円　Ⓘ4-8055-1480-9,4-8055-1475-2　Ⓝ291.361　〔12779〕

◇御府内備考　第1巻　蘆田伊人編集校訂　雄山閣　2000.11　537p　22cm　（大日本地誌大系　1）Ⓘ4-639-01710-3　Ⓝ291.361　〔12780〕

◇御府内備考　第2巻　蘆田伊人編集校訂　雄山閣　2000.11　307p　22cm　（大日本地誌大系　2）Ⓘ4-639-01710-3　Ⓝ291.361　〔12781〕

◇御府内備考　第3巻　蘆田伊人編集校訂　雄山閣　2000.11　364p　22cm　（大日本地誌大系　3）Ⓘ4-639-01710-3　Ⓝ291.361　〔12782〕

◇御府内備考　第4巻　蘆田伊人編集校訂　雄山閣　2000.11　396p　22cm　（大日本地誌大系　4）Ⓘ4-639-01710-3　Ⓝ291.361　〔12783〕

◇御府内備考　第5巻　蘆田伊人編集校訂　雄山閣　2000.11　363p　22cm　（大日本地誌大系　5）Ⓘ4-639-01710-3　Ⓝ291.361　〔12784〕

◇御府内備考　第6巻　蘆田伊人編集校訂　雄山閣　2000.11　293p　22cm　（大日本地誌大系　6）Ⓘ4-639-01710-3　Ⓝ291.361　〔12785〕

◇杉並近世絵図　東京都杉並区教育委員会編　杉並区教育委員会　1993.3　63p　31cm　（杉並資料集録）1500円　Ⓝ291.36　〔12786〕

◇立田村近世村絵図集　立田村文化財専門委員会編　立田村（愛知県）　立田村　1991.3　34枚　51×73cm　Ⓝ291.55　〔12787〕

◇館林道見取絵図―行田・上新郷・川俣・館林　東京美術　1995.5　1冊　42×18cm　43260円　Ⓘ4-8087-0617-2　Ⓝ291.33　〔12788〕

◇遠江古蹟図絵　再影藤長庚著　神谷昌志修訂解説　静岡　明文出版社　1991.1　469p　22cm　3000円　Ⓘ4-943976-18-2　Ⓝ291.54　〔12789〕

◇根府川通見取絵図　第1巻　根府川・岩村・真鶴浜・吉浜　神崎彰利解説　東京美術　1996.3　2冊（解説篇とも）　42×18cm　40170円　Ⓘ4-8087-0630-X　Ⓝ291.54　〔12790〕

◇根府川通見取絵図　第2巻　伊豆山・熱海・日金・軽井沢・平井・玉沢　渡辺和敏解説　東京美術　1996.3　2冊（解説篇とも）　42×18cm　43260円　Ⓘ4-8087-0631-8　Ⓝ291.54　〔12791〕

◇比較研究江戸名所古地図散策　平井聖監修　新人物往来社　2000.12　158p　26cm　（別冊歴史読本）2200円　Ⓘ4-404-02759-1　Ⓝ291.361　〔12792〕

◇復元・江戸情報地図―1：6,500　吉原健一郎ほか編集・制作　朝日新聞社　1994.10　126p　37cm　15000円　Ⓘ4-02-256797-X　Ⓝ291.36　〔12793〕

◇民衆史を学ぶということ　佐々木潤之介著　吉川弘文館　2006.4　248p　20cm　2300円　Ⓘ4-642-07957-2　Ⓝ210.5　〔12794〕

◇琉球国絵図史料集　第1集　正保国絵図及び関連史料　琉球国絵図史料集編集委員会,沖縄県教育庁文化課編　那覇　沖縄県教育委員会　1992.3　163p　30cm　Ⓝ291.99　〔12795〕

◇琉球国絵図史料集　第1集　正保国絵図及び関連史料　沖縄県教育委員会文化課,琉球国絵図史料集編集委員会編　宜野湾　榕樹社　1993.2　163p　30cm　9800円

Ⓝ291.99　〔12796〕
◇琉球国絵図史料集　第2集　元禄国絵図及び関連史料　琉球国絵図史料集編集委員会, 沖縄県教育庁文化課編　那覇　沖縄県教育委員会　1993.3　165p　30cm　Ⓝ291.99　〔12797〕
◇琉球国絵図史料集　第3集　天保国絵図・首里古地図及び関連史料　琉球国絵図史料集編集委員会, 沖縄県教育庁文化課編　那覇　沖縄県教育委員会　1994.3　171p　30cm　Ⓝ291.99　〔12798〕
◇琉球国絵図史料集　第3集　天保国絵図・首里古地図及び関連史料　沖縄県教育委員会文化課, 琉球国絵図史料集編集委員会編　宜野湾　榕樹社　1994.8　171p　30cm　Ⓝ291.99　〔12799〕
◇歴史街道名所案内―宿場・町並み・峠みち「江戸時代」を歩く　婦人画報社　1996.11　139p　21cm　(Ars books 35) 1600円　①4-573-40035-4　Ⓝ291.09　〔12800〕

◆◆名所図絵・切絵図
◇淡路国名所図絵　暁鐘成著　京都　臨川書店　1995.6　642p　22cm　(版本地誌大系 5) 9270円　①4-653-03010-3　Ⓝ291.64　〔12801〕
◇板橋の絵図・絵地図　東京都板橋区立郷土資料館編　板橋区立郷土資料館　1994.3　72p　21×30cm　Ⓝ291.36　〔12802〕
◇今とむかし広重名所江戸百景帖―江戸と東京　暮しの手帖社　1993.6　221p　21cm　4800円　①4-7660-0047-1　Ⓝ291.36　〔12803〕
◇浮世絵にみる江戸名所　ヘンリー・スミス編　岩波書店　1993.5　94p　26cm　(ビジュアルブック江戸東京 2) 2000円　①4-00-008482-8　Ⓝ291.36　〔12804〕
◇江戸大絵図　江戸大絵図発行所製　神奈川県中郡大野村　江戸大絵図発行所　1929　1枚　108×115cm　Ⓝ291.36　〔12805〕
◇江戸岡場所図誌　江戸町名俚俗研究会　1962.2-11　3冊 (合本1冊)　23cm　Ⓝ384.91　〔12806〕
◇江戸切絵図を歩く　新人物往来社編　新人物往来社　2001.8　262p　20cm　2600円　①4-404-02931-4　Ⓝ291.361　〔12807〕
◇江戸切絵図を読む　祖田浩一著　東京堂出版　1999.6　238p　21cm　2200円　①4-490-20383-7　Ⓝ291.361　〔12808〕
◇江戸切絵図散策―江戸開府四百年記念　新人物往来社　2002.12　159p　26cm　(別冊歴史読本 30号) 1900円　①4-404-03030-4　Ⓝ291.361　〔12809〕
◇江戸切絵図集　市古夏生, 鈴木健一編　筑摩書房　1997.4　407p　15cm　(ちくま学芸文庫―新訂江戸名所図会別巻1) 1250円　①4-480-08337-5　Ⓝ291.1361　〔12810〕
◇江戸切絵図と東京名所絵　白石つとむ編　小学館　1993.3　197p　37cm　12000円　①4-09-680432-0　Ⓝ291.36　〔12811〕
◇江戸切絵図と東京名所絵　白石つとむ編　普及版　小学館　2002.12　153p　37cm　5600円　①4-09-680435-5　Ⓝ291.36　〔12812〕
◇江戸切絵図にひろがる鬼平犯科帳・雲霧仁左衛門　鶴松房治解説　人文社　2003.9　126p　30×21cm　(時代小説シリーズ池波正太郎×江戸切絵図) 2400円　①4-7959-1930-5　〔12813〕
◇江戸切絵図にひろがる鬼平犯科帳雲霧仁左衛門―池波正太郎×江戸切絵図　鶴松房治解説　人文社　2003.9　126p　30cm　(時代小説シリーズ) 2400円　①4-7959-1930-5　Ⓝ910.268　〔12814〕
◇江戸切絵図にひろがる鬼平犯科帳雲霧仁左衛門　鶴松房治解説　普及版　人文社　2004.6　126p　26cm　(時代小説シリーズ) 1600円　①4-7959-1933-X　Ⓝ910.268　〔12815〕
◇江戸切絵図にひろがる鬼平犯科帳、雲霧仁左衛門　鶴松房治解説　人文社編集部編　普及版　人文社　2004.6　126p　26cm　(時代小説シリーズ) 1600円　①4-7959-1933-X　〔12816〕
◇江戸切絵図にひろがる剣客商売、仕掛人・藤枝梅安　鶴松房治解説　人文社編集部編　人文社　2004.6　143p　26cm　(時代小説シリーズ) 1600円　①4-7959-1932-1　〔12817〕
◇江戸切絵図にひろがる剣客商売仕掛人・藤枝梅安　鶴松房治解説　人文社　2004.6　143p　26cm　(時代小説シリーズ) 1600円　①4-7959-1932-1　Ⓝ910.268　〔12818〕
◇江戸切絵図にひろがる藤沢周平の世界　桜井洋子説明・案内文　人文社編集部編　人文社　2004.6　111p　26cm　(時代小説シリーズ) 1600円　①4-7959-1931-3　〔12819〕
◇江戸切絵図にひろがる藤沢周平の世界　人文社　2004.6　111p　26cm　(時代小説シリーズ) 1600円　①4-7959-1931-3　Ⓝ910.268　〔12820〕
◇江戸切絵図の世界―尾張屋板切絵図/近江屋板切絵図　切絵図で江戸を歩く　新人物往来社　1998.4　207p　26cm　(別冊歴史読本 第60号) 2500円　①4-404-02605-6　Ⓝ291.361　〔12821〕
◇江戸切絵図・富士見十三州興地全図で辿る北斎・広重の冨岳三十六景筆くらべ　人文社　2005.2　127p　30cm　(古地図ライブラリー 11) 2200円　①4-7959-1909-7　〔12822〕
◇江戸散歩・東京散歩―切り絵図・古地図で楽しむ、最新東京地図で歩く100の町と道　成美堂出版編集部編　成美堂出版　2005.3　144p　26cm　(Seibido mook) 1400円　①4-415-10139-9　〔12823〕
◇江戸時代古版地図集　広島高等師範学校地歴学会編　広島　広島高等師範学校地歴学会　1928　6p　図版11枚　27cm　Ⓝ291　〔12824〕
◇江戸時代の名所案内「名所図会」展　豊橋市二川宿本陣資料館編　豊橋　豊橋市二川宿本陣資料館　1995.7　63p　30cm　Ⓝ291.031　〔12825〕
◇江戸諸国の名所旧跡案内―天保国郡全図でみる　古地図で楽しむ江戸の旅　西日本編　上方・四国・中国・西国・琉球　人文社　2006.1　157p　26cm　(ものしりシリーズ) 1900円　①4-7959-1958-5　Ⓝ291.09　〔12826〕
◇江戸諸国の名所旧跡案内―天保国郡全図でみる　古地図で楽しむ江戸の旅　東日本編　奥羽・坂東・東国・北国・上方・蝦夷地　人文社　2006.1　151p　26cm　(ものしりシリーズ) 1900円　①4-7959-1957-7　Ⓝ291.09　〔12827〕
◇江戸/東京芸能地図大鑑　エーピーピーカンパニー編　エーピーピーカンパニー　2002.12　79,33p　26cm　15800円　①4-901441-33-7　Ⓝ772.1361　〔12828〕
◇江戸東京古地図―どんな町？どう変わった？世界の大都市・大江戸八百八町400年の歴史を散歩する　正井泰夫監修　インターナショナル・ワークス編著　幻冬舎　2004.1　95p　26cm　1000円　①4-344-00453-1　Ⓝ213.61　〔12829〕
◇江戸・東京の老舗地図　正井泰夫監修　青春出版社　2005.3　204p　18cm　(プレイブックスインテリジェンス) 750円　①4-413-04115-1　Ⓝ673　〔12830〕
◇江戸の地図屋さん―販売競争の舞台裏　俵元昭著　吉川弘文館　2003.12　215p　19cm　(歴史文化ライブラリー 168) 1700円　①4-642-05568-1　Ⓝ291.361　〔12831〕

社会史　　　　　　　　　　近世史

◇江戸幕府撰慶長国絵図集成―付江戸初期日本総図　川村博忠編　柏書房　2000.4　2冊(解題とも)　46×62cm　360000円　Ⓘ4-7601-1894-2　Ⓝ291.018　〔12832〕

◇江戸名所記　巻1至7　稀書複製会編　米山堂　1936-137冊　29cm　Ⓝ291.36　〔12833〕

◇江都名所会　北尾蕙斎政美画　大空社　1993.9　32枚　26×32～26×84cm　35000円　Ⓘ4-87236-840-1　Ⓝ291.36　〔12834〕

◇江戸名所図会　1,2　斎笠幸雄編　武笠三校　有朋堂書店　1922　2冊　18cm　Ⓝ291.36　〔12835〕

◇江戸名所図会　第1　森実保編　森実保　1926　12p　16cm　Ⓝ291.36　〔12836〕

◇江戸名所図会　巻1　斎藤幸雄編　長谷川雪旦画　吉川弘文館　1928　488p　20cm　(日本図会全集)Ⓝ291.36　〔12837〕

◇江戸名所図会　第1至4　斎藤幸雄等著　武笠三校　有朋堂書店　1927　4冊　18cm　(有朋堂文庫)Ⓝ291.36　〔12838〕

◇江戸名所図会を読む　続　川田寿著　東京堂出版　1995.3　302p　21cm　2900円　Ⓘ4-490-20261-X　Ⓝ291.36　〔12839〕

◇江戸名所図会画稿　稀書複製会編　米山堂　1923　1帖　28cm　Ⓝ291.36　〔12840〕

◇『江戸名所図会』厳選50景―第28回特別展図録　さいたま市立博物館編　さいたま　さいたま市立博物館　2004.10　40p　30cm　Ⓝ291.361　〔12841〕

◇江戸名所図会事典　市古夏生,鈴木健一編　筑摩書房　1997.6　443p　15cm　(新訂江戸名所図会 別巻2―ちくま学芸文庫)1200円　Ⓘ4-480-08338-3　Ⓝ291.361　〔12842〕

◇『江戸名所図会』でたどる新宿名所めぐり　新宿区生涯学習財団新宿歴史博物館編　新宿歴史博物館　2000.7　44,32p　30cm　Ⓝ291.361　〔12843〕

◇江戸名所図会の世界―近世巨大都市の自画像　千葉正樹著　吉川弘文館　2001.3　326,15p　22cm　7500円　Ⓘ4-642-03363-7　Ⓝ291.36　〔12844〕

◇江戸名所図屏風―出光美術館蔵 大江戸劇場の幕が開く　内藤正人著　小学館　2003.9　127p　25cm　(アートセレクション)1900円　Ⓘ4-09-607017-3　Ⓝ721.025　〔12845〕

◇江戸名所花暦　岡山鳥著　長谷川雪旦画　今井金吾校注　改訂新装版　八坂書房　1994.3　236,8p　20cm　2500円　Ⓘ4-89694-642-1　Ⓝ291.36　〔12846〕

◇江戸所縁港区落語絵図　柳亭燕路解説　芝落語会　1987　1枚　26cm　〔12847〕

◇近江名所図会　秦石田,秋里籬島著　京都　臨川書店　1997.3　358p　22cm　(版本地誌大系 13)6600円　Ⓘ4-653-03287-4　Ⓝ291.61　〔12848〕

◇大江戸ぶらり切絵図散歩―時代小説を歩く　縄田一男著　PHP研究所　1995.9　127p　21cm　1500円　Ⓘ4-569-54891-1　Ⓝ291.36　〔12849〕

◇尾張名所図会　前編1　岡田啓,野口道直著　尾張名所図会を原文で読む会編　名古屋　ブックショップマイタウン　1995.8　174p　30cm　2800円　Ⓝ291.55　〔12850〕

◇尾張名所図会　前編2　岡田啓,野口道直著　尾張名所図会を原文で読む会編　名古屋　ブックショップマイタウン　1995.11　134p　30cm　2000円　Ⓝ291.55　〔12851〕

◇尾張名所図会　後編1　岡田啓,野口道直著　尾張名所図会を原文で読む会編　名古屋　ブックショップマイタウン　1995.9　108p　30cm　1800円　Ⓝ291.55

◇甲斐名所図会―甲斐叢記　大森快庵著　京都　臨川書店　1996.9　957p　22cm　(版本地誌大系 12)12866円　Ⓘ4-653-03202-5　Ⓝ291.51　〔12853〕

◇嘉永・慶応江戸切絵図―江戸・東京今昔切絵図散歩　人文社　1995.4　80p　30cm　(古地図ライブラリー 1)1500円　Ⓘ4-7959-1350-1　Ⓝ291.36　〔12854〕

◇嘉永・慶応江戸切絵図で見る幕末人物・事件散歩―江戸切絵図姉妹編　人文社第一編集部解説・編　人文社　1995.10　87p　30cm　(古地図ライブラリー 2)1500円　Ⓘ4-7959-1901-1　Ⓝ291.361　〔12855〕

◇紀伊国名所図会　初・二編　高市志友他著　京都　臨川書店　1996.3　996p　22cm　(版本地誌大系 9)Ⓘ4-653-03192-4,4-653-03191-6　Ⓝ291.66　〔12856〕

◇紀伊国名所図会　三編　高市志友他著　京都　臨川書店　1996.3　749p　22cm　(版本地誌大系 9)Ⓘ4-653-03193-2,4-653-03191-6　Ⓝ291.66　〔12857〕

◇紀伊国名所図会　熊野編　高市志友他著　京都　臨川書店　1996.3　579p　22cm　(版本地誌大系 9)Ⓘ4-653-03195-9,4-653-03191-6　Ⓝ291.66　〔12858〕

◇祇園精舎図について　花車利行監修　横山勝行編著　〔横山勝行〕　1998.9　74p　26cm　非売品　Ⓝ210.5　〔12859〕

◇京都名所図会―絵解き案内　宗政五十緒,西野由紀著　小学館　1997.5　127p　21cm　1600円　Ⓘ4-09-626196-3　Ⓝ216.2　〔12860〕

◇近郊散策江戸名所図会を歩く　川田寿著　東京堂出版　1997.7　259p　21cm　2900円　Ⓘ4-490-20321-7　Ⓝ291.3　〔12861〕

◇近世の絵図―狭山池の世界 特別展　大阪狭山市立郷土資料館編　大阪狭山　大阪狭山市立郷土資料館　1998.10　49p　26cm　Ⓝ291.63　〔12862〕

◇国絵図の世界―Kuniezu：province maps of Japan made by the Tokugawa Government　国絵図研究会編　柏書房　2005.7　403p　31cm　20000円　Ⓘ4-7601-2754-2　Ⓝ291.038　〔12863〕

◇鍬形蕙斎・江都名所図会の世界　小沢弘ほか著　大空社　1993.9　278p　27cm　35000円　Ⓘ4-87236-840-1　Ⓝ291.36　〔12864〕

◇原寸復刻江戸名所図会　斎藤幸雄,斎藤幸孝,斎藤幸成著　長谷川雪旦画　石川英輔,田中優子監修　評論社　1996.12　3冊　26cm　全36893円　Ⓘ4-566-05263-X,4-566-05262-1　Ⓝ291.361　〔12865〕

◇西国三十三所名所図会　暁鐘成著　京都　臨川書店　1991.4　1041p　22cm　17510円　Ⓘ4-653-02200-3　Ⓝ291.6　〔12866〕

◇ザ・絵図 近世やまがたの風景―特別展図録　山形　山形県立博物館　1994.6　88p　30cm　Ⓝ291.25　〔12867〕

◇市内に残る江戸時代の村絵図―企画展 「江戸開府400年」関連事業　武蔵村山市教育委員会,武蔵村山市立歴史民俗資料館編　武蔵村山　武蔵村山市教育委員会　2003.10　32p　30cm　〔12868〕

◇新撰近江名所図会　清水新兵衛編　長浜町(滋賀県)　文泉堂　1909.2　69p　27cm　Ⓝ216.1　〔12869〕

◇新撰京都名所図絵　小林元之助著　京都　寺田熊次郎[ほか]　1893.1　56丁　9×13cm　Ⓝ216.2　〔12870〕

◇新撰京都名所図絵　松本正造編　京都　遠藤平左衛門　1894.4　56丁　8×12cm　Ⓝ216.2　〔12871〕

◇新訂江戸名所図会　1　市古夏生,鈴木健一校訂　筑摩書房　1996.9　335p　15cm　(ちくま学芸文庫)1000円　Ⓘ4-480-08311-1　Ⓝ291.361　〔12872〕

◇新訂江戸名所図会　2　市古夏生, 鈴木健一校訂　筑摩書房　1996.10　406p　15cm　(ちくま学芸文庫)1200円　Ⓘ4-480-08312-X　Ⓝ291.361
〔12873〕

◇新訂江戸名所図会　3　市古夏生, 鈴木健一校訂　筑摩書房　1996.11　508p　15cm　(ちくま学芸文庫)1400円　Ⓘ4-480-08313-8　Ⓝ291.361
〔12874〕

◇新訂江戸名所図会　4　市古夏生, 鈴木健一校訂　筑摩書房　1996.12　412p　15cm　(ちくま学芸文庫)1200円　Ⓘ4-480-08314-6　Ⓝ291.361
〔12875〕

◇新訂江戸名所図会　5　市古夏生, 鈴木健一校訂　筑摩書房　1997.1　441p　15cm　(ちくま学芸文庫)1236円　Ⓘ4-480-08315-4　Ⓝ291.361
〔12876〕

◇新訂江戸名所図会　6　市古夏生, 鈴木健一校訂　筑摩書房　1997.2　410p　15cm　(ちくま学芸文庫)1236円　Ⓘ4-480-08316-2　Ⓝ291.361
〔12877〕

◇図説幕末維新の歴史地図　河合敦監修　青春出版社　2004.3　95p　26cm　1000円　Ⓘ4-413-00666-6　Ⓝ210.61
〔12878〕

◇摂津名所図会　第1巻　秋里籬島著　京都　臨川書店　1996.6　714p　22cm　(版本地誌大系10)　Ⓘ4-653-03200-9,4-653-03199-1　Ⓝ291.63
〔12879〕

◇摂津名所図会　第2巻　秋里籬島著　京都　臨川書店　1996.6　608p　22cm　(版本地誌大系10)　Ⓘ4-653-03201-7,4-653-03199-1　Ⓝ291.63
〔12880〕

◇大日本名所図会　第2輯 第3-6編　江戸名所図会　第1-4巻　大日本名所図会刊行会編　斎藤幸雄著　大日本名所図会刊行会　1920-1922　4冊　22-23cm　Ⓝ291
〔12881〕

◇東海道名所図会　復刻版　静岡　羽衣出版　1999.8　2冊(セット)　26cm　14286円　Ⓘ4-938138-29-8
〔12882〕

◇東海道名所図会を読む　粕谷宏紀著　東京堂出版　1997.4　267p　21cm　2800円+税　Ⓘ4-490-20309-8　Ⓝ291.5
〔12883〕

◇殿様のコレクション―臼杵藩と絵図　平成17年度企画展　大分県立歴史博物館編　宇佐　大分県立歴史博物館　2005.12　47p　30cm　Ⓝ291.018
〔12884〕

◇日本地図から歴史を読む方法　武光誠著　河出書房新社　2004.3　220p　15cm　(KAWADE夢文庫)476円　Ⓘ4-309-49524-9
〔12885〕

◇日本の歴史パノラマ絵地図　6―時代のようすが一目でわかる　江戸時代後期　田代脩監修　学習研究社　2005.4　48p　31×22cm　3000円　Ⓘ4-05-202143-6
〔12886〕

◇脳を鍛える書き込み式大江戸地図ドリル―江戸検定に役立つ副読本　大江戸文化研究会編　ぶんか社　2007.6　191p　21cm　1200円　Ⓘ978-4-8211-0932-6
〔12887〕

◇ひと美の江戸東京名所図絵―江戸の女・町めぐり　菊地ひと美著　講談社　2004.1　157p　22cm　2200円　Ⓘ4-06-212028-3　Ⓝ291.361
〔12888〕

◇広重の三都めぐり―京・大坂・江戸・近江　京絵図大全・大坂細見図・御江戸大絵図で歩く　歌川広重画　菅井靖雄執筆　人文社　2006.11　127p　30cm　(古地図ライブラリー 14)2200円　Ⓘ4-7959-1912-7　Ⓝ721.8
〔12889〕

◇北斎・広重の冨岳三十六景筆くらべ―江戸切絵図・冨士見十三州輿地全図で辿る　葛飾北斎, 歌川広重画　森山悦乃, 松村真佐子作品解説　人文社編集部企画・編集　人文社　2005.5　127p　30cm　(古地図ライブラリー 11)2200円　Ⓘ4-7959-1909-7　Ⓝ721.8
〔12890〕

◇都名所図会を読む　宗政五十緒編　東京堂出版　1997.3　272p　21cm　2987円　Ⓘ4-490-20302-0　Ⓝ291.62
〔12891〕

◇武蔵名勝図会　植田孟縉著　片山迪夫校訂　慶友社　1993.1　609p　22cm　13000円　Ⓘ4-87449-080-8　Ⓝ291.36
〔12892〕

◇明治新撰播磨名所図絵　中谷与助著　大阪　大阪工新図匠館　1893.11　32丁　15cm　Ⓝ216.4
〔12893〕

◇明暦江戸大絵図　之潮編集部編　国分寺　之潮　2007.1　80p　47cm　88000円　Ⓘ978-4-902695-03-8　Ⓝ291.361
〔12894〕

◇もち歩き江戸東京散歩―切絵図・現代図で歩く 江戸開府400年記念保存版　人文社　2003.7　160p　24cm　(古地図ライブラリー 別冊)1600円　Ⓘ4-7959-1295-5　Ⓝ291.361
〔12895〕

◇大和名所絵図巡り―一枚刷りにみる遊山風物　天理ギャラリー第102回展　天理大学附属天理参考館編　天理ギャラリー　1996.2　25p　26cm　Ⓝ291.65
〔12896〕

◇大和名所図会　秋里籬島著　京都　臨川書店　1995.2　717p　22cm　(版本地誌大系 3)9888円　Ⓘ4-653-03005-7　Ⓝ291.65
〔12897〕

◇悠悠逍遙江戸名所　白石つとむ著　小学館　1995.11　399p　27cm　4800円　Ⓘ4-09-680433-9　Ⓝ291.36
〔12898〕

◆◆道中記

◇伊勢参宮所々名所並道法道中記　阿部庄兵衛原著　阿部彰晤著　迫町(宮城県)〔阿部彰晤〕　1992.1　155p　22cm　非売品　Ⓝ291.09
〔12899〕

◇伊勢参宮道中記―天明六年　大馬金蔵著　いわき　いわき地域学会出版部　1993.12　125p　21cm　(いわき地域学会図書 15)2000円　Ⓝ291.09
〔12900〕

◇江戸時代人気道中ひとり旅―先祖達の足跡を訪ねて 伊勢・金比羅・四国　土屋宏一著　中野　北信エルシーネット北信ローカル事業部　2007.8　218p　26cm　1429円　Ⓘ4-9903302-1-8　Ⓝ291.09
〔12901〕

◇江戸の極楽とんぼ―「筆満可勢」―ある旅芸人の記録　織田久著　秋田　無明舎出版　1997.7　240p　20cm　1800円　Ⓘ4-89544-167-9　Ⓝ291.09
〔12902〕

◇大江戸泉光院旅日記　石川英輔著　講談社　1997.5　415p　15cm　(講談社文庫)600円　Ⓘ4-06-263519-4　Ⓝ291.09
〔12903〕

◇開港への幕臣旅中日記―加藤祐一筆『旅中日記』挿画熱海日記　内田四方蔵ほか編集・校訂　横浜　横浜郷土研究会　1996.3　230p　26cm　(よこれき双書 第15巻)Ⓝ291.54
〔12904〕

◇海陸道順達日記―佐渡廻船商人の西国見聞記　笹井秀山著　佐藤利夫編　法政大学出版局　1991.3　677,18p　22cm　12360円　Ⓘ4-588-32505-1　Ⓝ291.09
〔12905〕

◇金井忠兵衛旅日記―文政五年・板鼻⇆長崎・伊勢参宮大社拝礼記行　金井方平編　高崎　あさを社(製作)　1991.6　266p　26cm　2500円　Ⓝ291.09
〔12906〕

◇神路山詣道中記―下野の膝栗毛「江戸時代の旅」　阿久津重雄原著　阿久津満編述　宇都宮　随想舎　1991.6　219p　19cm　1442円　Ⓝ291.09
〔12907〕

◇"きよのさん"と歩く江戸六百里　金森敦子著　バジリコ　2006.11　343p　19cm　1800円　Ⓘ4-86238-024-7
〔12908〕

◇採薬志　1　浅見恵, 安田健訳編　科学書院　1994.10　1257,63p　27cm　(近世歴史資料集成 第2期 第6巻)51500円　Ⓘ4-7603-0039-2　Ⓝ291.09
〔12909〕

◇採薬志　2　浅見恵, 安田健訳編　科学書院　1996.4　786,76p　27cm　(近世歴史資料集成 第2期 第7巻)51500円　Ⓘ4-7603-0038-4　Ⓝ291.09
〔12910〕

◇泉光院江戸旅日記―山伏が見た江戸期庶民のくらし　石

川英輔著　講談社　1994.5　331p　20cm　1800円　Ⓘ4-06-206841-9　Ⓝ291.09　〔12911〕
◇善兵衛さんの道中記―駿河国安倍郡水見色村の庄屋　宮本勉編著　静岡　羽衣出版（製作）　1992.12　91p　27cm　2000円　Ⓝ291.09　〔12912〕
◇天保十二年参府日記（資料）―『松井章之参府日記』より　松井章之著　八代　八代古文書の会　1992.11　71p　26cm　Ⓝ291.09　〔12913〕
◇道中記―善光寺・出羽三山伊勢参宮　小山古文書愛好会編著　小山　小山古文書愛好会　1997.3　103p　21cm　Ⓝ291.09　〔12914〕
◇道中記集　梁川町史編纂室編　梁川町（福島県）　梁川町史編纂委員会　1989.3　219p　21cm　（梁川町史資料集　第27集（資料叢書 8））Ⓝ212.6　〔12915〕
◇道中記集成　第1巻　今井金吾監修　大空社　1998.7　407,10p　22cm　Ⓘ4-7568-0174-9　Ⓝ291.09　〔12916〕
◇道中記集成　第2巻　今井金吾監修　大空社　1998.7　321,10p　22cm　Ⓘ4-7568-0174-9　Ⓝ291.09　〔12917〕
◇道中記集成　第3巻　今井金吾監修　大空社　1998.7　300,10p　22cm　Ⓘ4-7568-0174-9　Ⓝ291.09　〔12918〕
◇道中記集成　第4巻　今井金吾監修　大空社　1998.7　328,10p　22cm　Ⓘ4-7568-0174-9　Ⓝ291.09　〔12919〕
◇道中記集成　第5巻　今井金吾監修　大空社　1998.7　507,10p　22cm　Ⓘ4-7568-0174-9　Ⓝ291.09　〔12920〕
◇道中記集成　第6巻　今井金吾監修　大空社　1998.7　327,10p　22cm　Ⓘ4-7568-0174-9　Ⓝ291.09　〔12921〕
◇道中記集成　第7巻　今井金吾監修　大空社　1998.7　398,10p　22cm　Ⓘ4-7568-0174-9　Ⓝ291.09　〔12922〕
◇道中記集成　第8巻　今井金吾監修　大空社　1998.7　354,10p　22cm　Ⓘ4-7568-0174-9　Ⓝ291.09　〔12923〕
◇道中記集成　第9巻　大空社　1996.6　307,10p　22cm　Ⓘ4-7568-0170-6　Ⓝ291.09　〔12924〕
◇道中記集成　第10巻　大空社　1996.6　326,10p　22cm　Ⓘ4-7568-0170-6　Ⓝ291.09　〔12925〕
◇道中記集成　第11巻　大空社　1996.6　312,10p　22cm　Ⓘ4-7568-0170-6　Ⓝ291.09　〔12926〕
◇道中記集成　第12巻　大空社　1996.6　384,10p　22cm　Ⓘ4-7568-0170-6　Ⓝ291.09　〔12927〕
◇道中記集成　第13巻　大空社　1996.6　401,10p　22cm　Ⓘ4-7568-0170-6　Ⓝ291.09　〔12928〕
◇道中記集成　第14巻　大空社　1996.6　320,10p　22cm　Ⓘ4-7568-0170-6　Ⓝ291.09　〔12929〕
◇道中記集成　第15巻　大空社　1996.6　332,10p　22cm　Ⓘ4-7568-0170-6　Ⓝ291.09　〔12930〕
◇道中記集成　第16巻　大空社　1996.6　364,10p　22cm　Ⓘ4-7568-0170-6　Ⓝ291.09　〔12931〕
◇道中記集成　第17巻　大空社　1996.6　379,10p　22cm　Ⓘ4-7568-0170-6　Ⓝ291.09　〔12932〕
◇道中記集成　第18巻　大空社　1996.12　422,10p　22cm　Ⓘ4-7568-0171-4　Ⓝ291.09　〔12933〕
◇道中記集成　第19巻　大空社　1996.12　430,10p　22cm　Ⓘ4-7568-0171-4　Ⓝ291.09　〔12934〕
◇道中記集成　第20巻　大空社　1996.12　354,10p　22cm　Ⓘ4-7568-0171-4　Ⓝ291.09　〔12935〕
◇道中記集成　第21巻　大空社　1996.12　379,10p　22cm　Ⓘ4-7568-0171-4　Ⓝ291.09　〔12936〕
◇道中記集成　第22巻　大空社　1996.12　286,10p　22cm　Ⓘ4-7568-0171-4　Ⓝ291.09　〔12937〕
◇道中記集成　第23巻　大空社　1996.12　331,10p　22cm　Ⓘ4-7568-0171-4　Ⓝ291.09　〔12938〕
◇道中記集成　第24巻　大空社　1996.12　343,10p　22cm　Ⓘ4-7568-0171-4　Ⓝ291.09　〔12939〕
◇道中記集成　第25巻　大空社　1996.12　328,10p　22cm　Ⓘ4-7568-0171-4　Ⓝ291.09　〔12940〕
◇道中記集成　第26巻　大空社　1996.12　351,10p　22cm　Ⓘ4-7568-0171-4　Ⓝ291.09　〔12941〕
◇道中記集成　第27巻　今井金吾監修　大空社　1997.6　390,10p　22cm　Ⓘ4-7568-0172-2　Ⓝ291.09　〔12942〕
◇道中記集成　第28巻　今井金吾監修　大空社　1997.6　415,10p　22cm　Ⓘ4-7568-0172-2　Ⓝ291.09　〔12943〕
◇道中記集成　第29巻　今井金吾監修　大空社　1997.6　313,10p　22cm　Ⓘ4-7568-0172-2　Ⓝ291.09　〔12944〕
◇道中記集成　第30巻　今井金吾監修　大空社　1997.6　426,10p　22cm　Ⓘ4-7568-0172-2　Ⓝ291.09　〔12945〕
◇道中記集成　第31巻　今井金吾監修　大空社　1997.6　352,10p　22cm　Ⓘ4-7568-0172-2　Ⓝ291.09　〔12946〕
◇道中記集成　第32巻　今井金吾監修　大空社　1997.6　285,10p　22cm　Ⓘ4-7568-0172-2　Ⓝ291.09　〔12947〕
◇道中記集成　第33巻　今井金吾監修　大空社　1997.6　304,10p　22cm　Ⓘ4-7568-0172-2　Ⓝ291.09　〔12948〕
◇道中記集成　第34巻　今井金吾監修　大空社　1997.6　383,10p　22cm　Ⓘ4-7568-0172-2　Ⓝ291.09　〔12949〕
◇道中記集成　第35巻　今井金吾監修　大空社　1997.6　393,10p　22cm　Ⓘ4-7568-0172-2　Ⓝ291.09　〔12950〕
◇道中記集成　第36巻　今井金吾監修　大空社　1997.12　283,10p　22cm　Ⓘ4-7568-0173-0　Ⓝ291.09　〔12951〕
◇道中記集成　第37巻　今井金吾監修　大空社　1997.12　385,10p　22cm　Ⓘ4-7568-0173-0　Ⓝ291.09　〔12952〕
◇道中記集成　第38巻　今井金吾監修　大空社　1997.12　472,10p　22cm　Ⓘ4-7568-0173-0　Ⓝ291.09　〔12953〕
◇道中記集成　第39巻　今井金吾監修　大空社　1997.12　314,10p　22cm　Ⓘ4-7568-0173-0　Ⓝ291.09　〔12954〕
◇道中記集成　第40巻　今井金吾監修　大空社　1997.12　379,10p　22cm　Ⓘ4-7568-0173-0　Ⓝ291.09　〔12955〕
◇道中記集成　第41巻　今井金吾監修　大空社　1997.12　396,10p　22cm　Ⓘ4-7568-0173-0　Ⓝ291.09　〔12956〕
◇道中記集成　第42巻　今井金吾監修　大空社　1997.12　335,10p　22cm　Ⓘ4-7568-0173-0　Ⓝ291.09　〔12957〕
◇道中記集成　第43巻　今井金吾監修　大空社　1997.12　384,10p　22cm　Ⓘ4-7568-0173-0　Ⓝ291.09　〔12958〕
◇道中記集成　第44巻　今井金吾監修　大空社　1997.12　417,10p　22cm　Ⓘ4-7568-0173-0　Ⓝ291.09　〔12959〕
◇道中記集成　別巻1　今井金吾監修　大空社　1998.7　313,10p　22cm　Ⓘ4-7568-0174-9　Ⓝ291.09　〔12960〕
◇道中記集成　別巻2　今井金吾監修　大空社　1998.7　374,10p　22cm　Ⓘ4-7568-0174-9　Ⓝ291.09　〔12961〕
◇道中記集成　別巻3　今井金吾監修　大空社　1998.7　384,8p　22cm　Ⓘ4-7568-0174-9　Ⓝ291.09　〔12962〕
◇道中見聞録―飛陽益川東山谷合里真穂舎控　中西茂右衛門延澄著　片田良一解読・編　下呂町（岐阜県）　片田良一　1991.1　53p　22cm　Ⓝ291.09　〔12963〕
◇道中日記―弘化三年六月　柏原辰右衛門原著　窪野英夫著　入善町（富山県）　窪野英夫　1992.10　49p　22cm　Ⓝ291.09　〔12964〕
◇道中之日記―勝俣花岳の西国旅行　嘉永六年一月（正月〜二月）　三島市郷土資料館編　勝俣花岳著　三島　三島市教育委員会　1999.3　32p　19×26cm　Ⓝ291.09　〔12965〕

◇東本願寺本山詣道中記―文化三丙寅中夏　山田佐兵衛著　野村泰三編　知立　野村泰三　1995.2　79p　21cm　Ⓝ291.09　〔12966〕

◇マシケ旅日記―北方防備の秋田藩士紀行　水谷勝職著　久米道彦編　八郎潟町（秋田県）〔久米道彦〕1992.9　95p　31cm　2500円　Ⓝ291.1　〔12967〕

◇松井章之参府日記―安政三年　八代　八代古文書の会　1994.9　116p　26cm　Ⓝ291.09　〔12968〕

◇旅行用心集―現代訳　八隅蘆菴著　桜井正信監訳　八坂書房　1993.8　253p　20cm　2000円　①4-89694-633-2　Ⓝ291.09　〔12969〕

思想史

◇現人神の創作者たち　山本七平著　文藝春秋　1997.9　413p　19cm　（山本七平ライブラリー　12）1714円　①4-16-364720-1　Ⓝ121.5　〔12970〕

◇安東省菴集　影印編2　安東省菴編著　柳川市史編集委員会編　柳川　柳川市　2004.3　27,410,9p　30cm　（柳川文化資料集成　第2集―2）Ⓝ121.54　〔12971〕

◇磐城平藩儒者桜関室直養伝　諸根樟一著　室桜関先生伝刊行会　1934　280,14p 図版12枚　23cm　Ⓝ121　〔12972〕

◇雲萍雑誌・梅園叢書―新講　寺田一郎著　学生の友社　1941　82,55,3,4p　18cm　（学生文化新書 112）Ⓝ121　〔12973〕

◇枝吉神陽先生遺稿　枝吉神陽著　龍造寺八幡宮楠神社編　佐賀　出門堂　2006.5　402p　22cm　14286円　①4-903157-01-6　Ⓝ121.54　〔12974〕

◇江戸学者おもしろ史話　杉田幸三著　毎日新聞社　1992.10　254p　18cm　（ミューブックス）780円　①4-620-72065-8　Ⓝ121.05　〔12975〕

◇江戸期日本の先覚者たち―唯物論思想の夜明け　ラードリ・ザトロフスキー著,日ソ協会翻訳委員会訳　東研　1979.11　279p　20cm　（東研選書　3）1800円　Ⓝ121.5　〔12976〕

◇江戸期の開明思想―世界へ開く・近代を耕す　杉浦明平編著,別所興一編著　社会評論社　1990.6　315p　22cm　（思想の海へ「解放と変革」3）2524円　Ⓝ121.5　〔12977〕

◇江戸思想史講義　子安宣邦著　岩波書店　1998.6　362,8p　20cm　3000円　①4-00-000216-3　Ⓝ121.5　〔12978〕

◇江戸思想史の地形　野口武彦著　ぺりかん社　1993.9　306,8p　22cm　3800円　①4-8315-0609-5　Ⓝ121.5　〔12979〕

◇江戸人の歴史意識　野口武彦著　朝日新聞社　1987.7　271p　19cm　（朝日選書 333）940円　①4-02-259433-0　Ⓝ121.5　〔12980〕

◇江戸人の歴史意識　野口武彦著　朝日新聞社　2005.6　271p　19cm　（朝日選書 333）2900円　①4-86143-053-4　Ⓝ121.5　〔12981〕

◇江戸の思想―論集　高崎　高崎哲学堂設立の会　1989.5　301p　21cm　〔12982〕

◇江戸の思想　第2号　言語論の位相　「江戸の思想」編集委員会編　ぺりかん社　1995.10　177p　21cm　1900円　①4-8315-0694-X　Ⓝ121.5　〔12983〕

◇江戸の思想　第4号　国家（自己）像の形成　「江戸の思想」編集委員会編　ぺりかん社　1996.7　179p　21cm　2070円　①4-8315-0738-5　Ⓝ121.5　〔12984〕

◇江戸の思想　第7号　思想史の19世紀　「江戸の思想」編集委員会編　ぺりかん社　1997.11　213p　21cm　2000円　①4-8315-0822-5　Ⓝ121.5　〔12985〕

◇江戸の思想　第8号　歴史の表象　「江戸の思想」編集委員会編　ぺりかん社　1998.6　189p　21cm　2000円　①4-8315-0839-X　Ⓝ121.5　〔12986〕

◇江戸の思想　第9号　空間の表象　「江戸の思想」編集委員会編　ぺりかん社　1998.12　184p　21cm　2000円　①4-8315-0866-7　Ⓝ121.5　〔12987〕

◇江戸の思想　第10号　方法としての江戸　「江戸の思想」編集委員会編　ぺりかん社　1999.10　218p　21cm　2000円　①4-8315-0901-9　Ⓝ121.5　〔12988〕

◇江戸の思想家たち　相良亨ほか編　研究社出版　1979.11　2冊　20cm　2200円,2800円　Ⓝ121.02　〔12989〕

◇江戸のダイナミズム―古代と近代の架け橋　西尾幹二著　文藝春秋　2007.1　638p　20cm　2762円　①978-4-16-368830-5　Ⓝ121.5　〔12990〕

◇江戸の歴史家　野口武彦著　筑摩書房　1993.10　381p　15cm　（ちくま学芸文庫）1100円　①4-480-08101-1　Ⓝ210.01　〔12991〕

◇江戸文人辞典―国学者・漢学者・洋学者　石山洋ほか編　東京堂出版　1996.9　419p　22cm　9785円　①4-490-10427-8　Ⓝ121.5　〔12992〕

◇桜関室直養伝磐城平藩儒者　諸根樟一著　平町（福島県）　室桜関先生伝刊行会　1934　280,14p　23cm　Ⓝ121　〔12993〕

◇大槻盤渓―東北を動かした右文左武の人　第9回企画展　一関市博物館編　一関　一関市博物館　2004　48p　30cm　Ⓝ121.54　〔12994〕

◇大槻磐渓の世界―昨夢詩情のこころ　大島英介著　仙台　宝文堂　2004.3　354p　22cm　3000円　①4-8323-0126-8　Ⓝ121.54　〔12995〕

◇開国経験の思想史―兆民と時代精神　宮村治雄著　東京大学出版会　1996.5　290,5p　22cm　5150円　①4-13-030103-9　Ⓝ311.21　〔12996〕

◇寛政三博士の学勲　内田周平著　谷門精舎　1931　48p　22cm　Ⓝ121　〔12997〕

◇郷土先賢叢書　第1　大島贄川先生伝　石川県思想問題研究会，日本文化協会石川県支部編　平野謙一著　金沢　石川県思想問題研究会〔ほか〕1938　22p　22cm　Ⓝ121　〔12998〕

◇郷土先賢叢書　第3　上田作之丞に於ける師道の研究　石川県思想問題研究会,日本文化協会石川県支部編　毎田周一著　金沢　石川県思想問題研究会〔ほか〕1938　66p　22cm　Ⓝ121　〔12999〕

◇近世革新思想の系譜　市井三郎著　NHKサービスセンター　1978.10　131p　19cm　（NHK大学講座）Ⓝ121.5　〔13000〕

◇近世革新思想の系譜　市井三郎著　日本放送出版協会　1980.5　226p　19cm　（新NHK市民大学叢書　3）850円　Ⓝ121.5　〔13001〕

◇近世教育思想史の研究―日本における「公教育」思想の源流　辻本雅史著　京都　思文閣出版　1990.2　349,9p　22cm　5974円　①4-7842-0582-9　Ⓝ121.5　〔13002〕

◇近世・近代の思想と文化―日本文化の確立と連続性　宮崎道生著　ぺりかん社　1985.5　286p　20cm　2200円　Ⓝ121.5　〔13003〕

◇近世思想史研究の現在　衣笠安喜編　京都　思文閣出版　1995.4　509,21p　22cm　12154円　①4-7842-0869-0　Ⓝ121.5　〔13004〕

◇近世史の研究　第1冊　信仰と思想の統制　伊東多三郎著　吉川弘文館　1981.11　406p　22cm　5800円

思想史　近世史

Ⓝ210.5　　　　　　　　　　　　〔13005〕
◇近世町人思想史研究—江戸・大坂・京都町人の場合　布川清司著　吉川弘文館　1983.11　294p　22cm　5800円　①4-642-03272-X　Ⓝ150.21　〔13006〕
◇近世日本国民史　徳川幕府思想篇　徳富蘇峰著, 平泉澄校訂　講談社　1983.2　507p　15cm　（講談社学術文庫590）1100円　①4-06-158590-8　Ⓝ210.5　〔13007〕
◇近世日本思想史研究　奈良本辰也編　河出書房新社　1965　309p　22cm　Ⓝ121.02　〔13008〕
◇近世日本思想史研究　平重道著　吉川弘文館　1969　484p　22cm　3500円　Ⓝ121.02　〔13009〕
◇近世日本思想と倭論語　梅野守雄著　富山　富山県護国神社　1970　78p　21cm　非売　Ⓝ121.02　〔13010〕
◇近世日本思想の研究　古川哲史著　小山書店　1948　276p　21cm　Ⓝ121.02　〔13011〕
◇近世日本哲学史　麻生義輝著　近藤書店　1942　388p　22cm　Ⓝ121.9　〔13012〕
◇近世日本哲学史　麻生義輝著　宗高書房　1974　384,4p　22cm　3000円　Ⓝ121.02　〔13013〕
◇近世日本の歴史思想　玉懸博之著　ぺりかん社　2007.3　392,6p　21cm　7200円　①978-4-8315-1170-6　〔13014〕
◇近世日本民衆思想史料集　布川清司編　明石書店　2000.4　433p　22cm　9000円　①4-7503-1283-5　Ⓝ150.21　〔13015〕
◇近世の思想—大東急記念文庫公開講座講演録　中村幸彦ほか講述　大東急記念文庫　1979.8　148p　22cm　Ⓝ121.02　〔13016〕
◇近世の精神生活　大倉精神文化研究所編　続群書類従成会　1996.3　954,3p　22cm　22000円　①4-7971-0776-6　Ⓝ121.5　〔13017〕
◇近世民衆思想の研究　庄司吉之助著　校倉書房　1979.3　252p　22cm　（歴史科学叢書）3800円　Ⓝ121.02　〔13018〕
◇近世立志伝　足立栗園著　大阪　積善館　1902-1903　7冊　23cm　Ⓝ281　〔13019〕
◇近代日本思想史　第1巻　幕末における諸思想〔ほか〕　近代日本思想史研究会著　宮川透　青木書店　1956-1957　19cm　Ⓝ121.02　〔13020〕
◇近代日本思想史大系　第1　近代日本社会思想史　古田光, 作田啓一, 生松敬三編　有斐閣　1968　321p　22cm　Ⓝ121.02　〔13021〕
◇経世論の近世　上安祥子著　青木書店　2005.11　269,6p　22cm　7000円　①4-250-20534-7　Ⓝ121.5　〔13022〕
◇決定版 中村元選集　別巻7　近世日本の批判的精神—日本の思想 3　中村元著　春秋社　1998.9　391,10p　21cm　5000円　①4-393-31239-2　〔13023〕
◇講座日本近世史 9　近世思想論　本郷隆盛編, 深谷克己編　有斐閣　1981.10　xv,417p　20cm　2600円　①4-641-07099-7　Ⓝ210.5　〔13024〕
◇慊堂日歴　松崎慊堂著　浜野知三郎編纂　再版　六合館　1932.11　2冊　23cm　Ⓝ121.54　〔13025〕
◇五雄藩皇国精神講義　小郡町（山口県）　山口県吉敷郡国民学校教員会　1942　255p　21cm　Ⓝ121　〔13026〕
◇斎藤竹堂全集　第1-21冊　伊勢斎助編　裳華房　1939　21冊　24cm　Ⓝ121　〔13027〕
◇茶山・朴斎・鰐水—福山藩の儒者たち　2003年度秋季特別展　ふくやま芸術文化振興財団福山城博物館編　福山　ふくやま芸術文化振興財団福山城博物館　2003.10　96p　30cm　Ⓝ121.54　〔13028〕

◇思想史と文化史の間—東アジア・日本・京都　衣笠安喜著　ぺりかん社　2004.7　321p　22cm　4200円　①4-8315-1068-8　Ⓝ121.5　〔13029〕
◇思想史における近世　柴田純著　京都　思文閣出版　1991.6　290,11p　22cm　5974円　①4-7842-0650-7　Ⓝ121.5　〔13030〕
◇靖献遺言講義　浅見安正編輯　再版　京都　風月堂　1899.3　2冊　19cm　Ⓝ121.54　〔13031〕
◇精神文化淵叢　政経学会編　明善社　1937　239p　23cm　Ⓝ121　〔13032〕
◇精神文化論集　精神文化学会編　明善社　1939　253p　23cm　Ⓝ121　〔13033〕
◇大峰先生　高津才次郎著　長野　信修堂　1948.3　60p　19cm　Ⓝ121.54　〔13034〕
◇知識人社会の形成—風俗・情報文化　芳賀登著　雄山閣出版　2000.4　354p　22cm　（芳賀登著作選集　第3巻）8800円　①4-639-01677-8, 4-639-01638-7　Ⓝ210.5　〔13035〕
◇知のサムライたち—いまこそ日本をささえる10人の思想　長尾剛著　光文社　2002.5　273p　20cm　1400円　①4-334-97344-2　Ⓝ121.5　〔13036〕
◇「血」の思想—江戸時代の死生観　西田知己著　研成社　1995.9　252p　20cm　2060円　①4-87639-107-6　Ⓝ121.5　〔13037〕
◇忠誠と反逆—転形期日本の精神史的位相　丸山真男著　筑摩書房　1992.6　401p　22cm　3800円　①4-480-85563-7　Ⓝ121.5　〔13038〕
◇津坂東陽の生涯—生誕250年　津坂治男著　大阪　竹林館　2007.10　157p　19cm　2000円　①978-4-86000-134-6　Ⓝ121.59　〔13039〕
◇展望日本歴史 16　近世の思想・文化　青木美智男, 若尾政希編　東京堂出版　2002.4　483p　23cm　5000円　①4-490-30566-4　Ⓝ210.1　〔13040〕
◇天明の聖人中根東里先生　松濤在竜編　松田刷司寮　1940　24p　24cm　Ⓝ121　〔13041〕
◇徳川イデオロギー　ヘルマン・オームス著, 黒住真ほか共訳　ぺりかん社　1990.10　394,19,16p　22cm　5631円　①4-8315-0496-3　Ⓝ121.5　〔13042〕
◇徳川合理思想の系譜　源了円著　中央公論社　1972　382p　20cm　（中公叢書）950円　Ⓝ121.02　〔13043〕
◇徳川思想史研究　田原嗣郎著　未來社　1967　528p　22cm　Ⓝ121.6　〔13044〕
◇土佐の南学　大久保千濤著　長浜町（高知県）　大久保千濤　1933　457p　19cm　Ⓝ121　〔13045〕
◇西山拙斎　朝森要著　鴨方町教育委員会編　鴨方町（岡山県）　鴨方町教育委員会　1995.3　44p　21cm　Ⓝ121.54　〔13046〕
◇西山拙斎全集　第1巻　西山拙斎著　広常人世編　鴨方町（岡山県）　鴨方町　2005.3　461p　22cm　Ⓝ121.54　〔13047〕
◇西山拙斎全集　第2巻　西山拙斎著　広常人世編　浅口　浅口市　2006.3　281p　22cm　Ⓝ121.54　〔13048〕
◇日本教師論—松陰・藤樹・淡窓に学ぶ　小野禎一著　近代文芸社　1991.2　255p　20cm　1800円　①4-7733-1022-7　Ⓝ121.5　〔13049〕
◇日本近世思想史研究　前田一良著　文一総合出版　1980.9　356p　22cm　4500円　Ⓝ121.5　〔13050〕
◇日本近世思想史序説　上　岩崎允胤著　新日本出版社　1997.6　481,11p　22cm　5200円　①4-406-02520-0　Ⓝ121.5　〔13051〕
◇日本近世思想史序説　下　岩崎允胤著　新日本出版社

1997.6　563,11p　22cm　5800円　Ⓘ4-406-02521-9
Ⓝ121.5
〔13052〕
◇日本近世思想の研究　藤原暹著　京都　法律文化社
1971　237,2p　22cm　1300円　Ⓝ121
〔13053〕
◇日本近世の思想と文化　奈良本辰也著　岩波書店
1978.1　6,444p　19cm　2200円　Ⓝ210.5
〔13054〕
◇日本思想史　清原貞雄著　地人書館　1942　249p
19cm　（大観日本文化史叢書）Ⓝ121
〔13055〕
◇日本思想史　第6巻　近世国民の精神生活　上巻　清原
貞雄著　中文館書店　1943　380p　22cm　Ⓝ121
〔13056〕
◇日本思想史への試論　1995年—1998年　愛知教育大学哲
学教室内日本思想史研究会編　秋田　みしま書房
1998.3　189,18p　26cm　Ⓝ121.5　〔13057〕
◇日本思想史講座　第4巻　近世の思想　1　古川哲史,石
田一良編集　雄山閣出版　1976　304p　19cm　1800円
Ⓝ121.08
〔13058〕
◇日本思想史講座　第5巻　近世の思想　2　古川哲史,石
田一良編　雄山閣出版　1975　286p　19cm　1600円
Ⓝ121.08
〔13059〕
◇日本思想の精髄　日本精神文化研究会編　目黒書店
1934　468p　23cm　Ⓝ121
〔13060〕
◇日本深層文化を歩く旅　海原峻著　梨の木舎　2002.6
211,5p　21cm　2300円　Ⓘ4-8166-0202-X　Ⓝ121.5
〔13061〕
◇日本精神研究の本流を溯る　河野省三著　日本文化協会
1936　61,13p　20cm　（日本文化小輯　第14）Ⓝ121
〔13062〕
◇日本精神文化大系　第6巻　日本図書センター　2001.2
48,478p　22cm　Ⓘ4-8205-6724-1,4-8205-6718-7
Ⓝ121.08
〔13063〕
◇日本精神文化大系　第7巻　日本図書センター　2001.2
50,495p　22cm　Ⓘ4-8205-6725-X,4-8205-6718-7
Ⓝ121.08
〔13064〕
◇日本精神文化大系　第8巻　日本図書センター　2001.2
55,552p　22cm　Ⓘ4-8205-6726-8,4-8205-6718-7
Ⓝ121.08
〔13065〕
◇日本精神論叢　精神文化学会編　明善社　1941　241p
22cm　Ⓝ121
〔13066〕
◇日本の近世　第13巻　儒学・国学・洋学　辻達也,朝尾
直弘編　頼祺一編　中央公論社　1993.7　390p　図版32p
21cm　2800円　Ⓘ4-12-403033-9　Ⓝ210.5　〔13067〕
◇日本の思想文化　三枝博音著　第一書房　1937　373p
20cm　Ⓝ121
〔13068〕
◇日本の思想文化　三枝博音著　訂補再版　第一書房
1942　274p　19cm　Ⓝ121
〔13069〕
◇日本文化の哲学　高橋治男著　前橋　〔高橋治男〕
2000.5　612p　22cm　Ⓝ121.5
〔13070〕
◇人間学のすすめ　安岡正篤著　福村出版　1987.4　238p
20cm　1300円　Ⓝ121.5
〔13071〕
◇萩野由之博士蒐集近世先賢書簡集—新潟県立佐渡高等学
校同窓会蔵舟崎文庫　尾藤正英ほか編　刀水書房
1994.10　275p　23×31cm　30000円　Ⓘ4-88708-154-5
Ⓝ121.5
〔13072〕
◇白石と徂徠と春台　中村孝也著　万里閣　1942　395p
19cm　Ⓝ121
〔13073〕
◇幕末・開化期の思想史研究　藤原暹著　岩田書院（発売）
1997.3　203p　22cm　Ⓝ121.5
〔13074〕
◇幕末・明治の士魂—啓蒙と抵抗の思想的系譜　飯田鼎著
御茶の水書房　2005.8　412,11p　22cm　（飯田鼎著作
集　第7巻）9000円　Ⓘ4-275-00359-4　Ⓝ309.021

〔13075〕
◇博覧古言註釈—新撰漢洋　鈴木寿太郎著　昌平楼
1885.11　132p　19cm　Ⓝ121
〔13076〕
◇備前心学をめぐる論争書—玉川大学図書館所蔵版本『催
雅評論』と『儒仏論聞書』　小沢富夫,山本真功編著　町
田　玉川大学出版部　1988.3　524p　22cm　9000円
Ⓘ4-472-07861-9　Ⓝ121
〔13077〕
◇復古思想と寛政異学の禁　渡辺年応著　日本文化協会出
版部　1935　138p　27cm　（国民精神文化研究　第5年
第3冊）Ⓝ121
〔13078〕
◇方法としての江戸—日本思想史と批判的視座　子安宣邦
著　ぺりかん社　2000.5　299p　20cm　2700円
Ⓘ4-8315-0939-6　Ⓝ121.5
〔13079〕
◇方法の革命=感性の解放—〈徳川の平和〉の弁証法　いい
だもも編著　社会評論社　1990.1　324p　21cm　（思想
の海へ「解放と変革」2）2600円　Ⓝ121.5
〔13080〕
◇股野玉川と松久家の人びと—龍野藩儒家『幽蘭堂年譜』
に見える、半治、左仲、浅治、多市　松久寛著　たつの
［松久寛］　2006.11　211p　21cm　Ⓝ121.54　〔13081〕
◇松宮観山集　第2,3巻　国民精神文化研究所編　国民精
神文化研究所　1936-15　2冊　23cm　（国民精神文化文
献　第1）Ⓝ121
〔13082〕
◇松宮観山集　第4巻　　士鑑用法直旨鈔　下　国民精神文
化研究所編　国民精神文化研究所　1941　444p　22cm
（国民精神文化文献　第1）Ⓝ121
〔13083〕
◇道—近世日本の思想　野崎守英著　東京大学出版会
1979.2　282p　20cm　1800円　Ⓝ121.02　〔13084〕
◇明治維新の源流　安藤英男著　紀伊國屋書店　1994.1
272p　20cm　（精選復刻紀伊国屋新書）1800円
Ⓘ4-314-00666-8　Ⓝ121.5
〔13085〕
◇黙霖に於ける臣道実践　吉野浩三著　目黒書店　1941
122p　19cm　（東洋文化叢書 4）Ⓝ121
〔13086〕

◆人間尊重思想
◇近世日本の人間尊重思想　高坂正顕編　福村出版　1968
2冊　19cm　Ⓝ121.02
〔13087〕
◇徳川時代における　人間尊重思想の系譜　第1　徳川時代
における人間尊重思想の諸問題〔ほか〕　民主教育協会編
高坂顕一　福村書店　1961　20cm　Ⓝ121.02　〔13088〕
◇徳川時代における　人間尊重思想の系譜　第2　三浦梅園
のヒューマニズム〔ほか〕　民主教育協会編　本田済
福村書店　1961　20cm　Ⓝ121.02
〔13089〕

◆実学思想
◇近世初期実学思想の研究　源了円著　創文社　1980.2
598,32p　22cm　7500円　Ⓝ121.5
〔13090〕
◇近世日本における実学思想の研究　松浦伯夫著　理想社
1963　322p　22cm　Ⓝ121.02
〔13091〕
◇近世日本の学術—実学の展開を中心に　杉本勲著　法政
大学出版局　1982.6　277p　19cm　（教養選書
45）1700円　Ⓝ402.1
〔13092〕
◇実学史研究　1　実学資料研究会編　京都　思文閣出版
1984.12　273,1p　22cm　4800円　Ⓝ121.5　〔13093〕
◇実学史研究　2　実学資料研究会編　京都　思文閣出版
1985.11　295,1p　22cm　4800円　Ⓘ4-7842-0401-6
Ⓝ121.5
〔13094〕
◇実学史研究　3　実学資料研究会編　京都　思文閣出版
1986.12　292p　22cm　4800円　Ⓘ4-7842-0459-8
Ⓝ121.5
〔13095〕
◇実学史研究　4　実学資料研究会編　京都　思文閣出版
1987.12　262p　22cm　4800円　Ⓘ4-7842-0498-9

Ⓝ121.5　　　　　　　　　〔13096〕

◇実学史研究　5　実学資料研究会編　京都　思文閣出版
1988.12　290p　22cm　4800円　Ⓘ4-7842-0540-3
Ⓝ121.5　　　　　　　　　〔13097〕

◇実学史研究　6　実学資料研究会編　京都　思文閣出版
1990.3　322p　22cm　5974円　Ⓘ4-7842-0583-7
Ⓝ121.5　　　　　　　　　〔13098〕

◇実学史研究　7　実学資料研究会編　京都　思文閣出版
1991.3　315p　22cm　5974円　Ⓘ4-7842-0636-1
Ⓝ121.5　　　　　　　　　〔13099〕

◇実学史研究　8　実学資料研究会編　京都　思文閣出版
1992.3　262p　22cm　5974円　Ⓘ4-7842-0703-1
Ⓝ121.5　　　　　　　　　〔13100〕

◇実学史研究　9　実学資料研究会編　京都　思文閣出版
1993.5　300p　22cm　5974円　Ⓘ4-7842-0784-8
Ⓝ121.5　　　　　　　　　〔13101〕

◇実学史研究　10　実学資料研究会編　京都　思文閣出版
1994.8　268p　22cm　5974円　Ⓘ4-7842-0850-X
Ⓝ121.5　　　　　　　　　〔13102〕

◇実学史研究　11　実学資料研究会編　京都　思文閣出版
1999.5　316p　22cm　6800円　Ⓘ4-7842-0999-9
Ⓝ121.5　　　　　　　　　〔13103〕

◇実学思想の系譜　源了円著　講談社　1986.6　349p
15cm　（講談社学術文庫）840円　Ⓘ4-06-158739-0
Ⓝ121　　　　　　　　　　〔13104〕

◇実心実学の発見―いま甦る江戸期の思想　小川晴久編著
論創社　2006.10　200p　19cm　2000円
Ⓘ4-8460-0315-9　　　　　〔13105〕

◇日中実学史研究　源了円, 末中哲夫共編　京都　思文閣
出版　1991.3　461,14p　22cm　10094円
Ⓘ4-7842-0639-6　Ⓝ121.5　〔13106〕

◆政治思想・封建思想

◇温知政要　徳川宗春著　　大石学訳・解説　名古屋　海
越出版社　1996.12　101p　21cm　1650円
Ⓘ4-87697-224-9　Ⓝ311.21　〔13107〕

◇近世政道論　奈良本辰也校注　岩波書店　1995.12
465p　22cm　（日本思想大系新装版―芸の思想・道の思
想　4）4500円　Ⓘ4-00-009074-7　Ⓝ311.21　〔13108〕

◇近世日本政治思想　渡辺浩著　放送大学教育振興会
1985.3　134p　21cm　（放送大学教材）1300円
Ⓘ4-14-531041-1　Ⓝ311.21　〔13109〕

◇近世日本の思想像―歴史的考察　松本三之介著　研文出
版　1984.12　261,9p　22cm　3800円　Ⓝ311.21
〔13110〕

◇近世日本の政治と外交　藤野保先生還暦記念会編著　雄
山閣出版　1993.10　512p　22cm　15000円
Ⓘ4-639-01195-4　Ⓝ210.5　〔13111〕

◇近世の民衆と支配思想　倉地克直著　柏書房　1996.10
307,6p　21cm　（ポテンティア叢書　43）4738円
Ⓘ4-7601-1347-9　Ⓝ210.5　〔13112〕

◇士の思想―日本型組織・強さの構造　笠谷和比古著　日
本経済新聞社　1993.8　232p　20cm　1600円
Ⓘ4-532-16106-1　Ⓝ210.5　〔13113〕

◇士の思想―日本型組織と個人の自立　笠谷和比古著　岩
波書店　1997.6　271p　16cm　（同時代ライブラ
リー）1000円　Ⓘ4-00-260309-1　Ⓝ210.5　〔13114〕

◇宗教研究とイデオロギー分析　ヘルマン・オームス著
大桑斉編訳　ぺりかん社　1996.7　244,4p　22cm
3760円　Ⓘ4-8315-0733-4　Ⓝ121.04　〔13115〕

◇集団的理想の思想化　松野達雄著　中道町（山梨県）
〔松野達雄〕　1994.7　676p　20cm　Ⓝ210.5　〔13116〕

◇シンポジウム〈徳川イデオロギー〉　ヘルマン・オーム
ス, 大桑斉編　ぺりかん社　1996.7　312p　22cm　4800
円　Ⓘ4-8315-0732-6　Ⓝ311.21　〔13117〕

◇政治思想　2　近世日本政治思想　渡辺浩著　放送大学
教育振興会　1985.3　134p　21cm　（放送大学教
材）Ⓘ4-14-531041-1　Ⓝ311.2　〔13118〕

◇「太平記読み」の時代―近世政治思想史の構figure　若尾政
希著　平凡社　1999.6　350p　20cm　（平凡社選書
192）2800円　Ⓘ4-582-84192-9　Ⓝ311.21　〔13119〕

◇徳川政治思想史研究　守本順一郎著　未來社　1981.3
184p　21cm　1200円　Ⓝ311.21　〔13120〕

◇日本政治思想史―近世を中心に　平石直昭著　放送大学
教育振興会　1997.3　182p　21cm　（放送大学教材
1997）1600円　Ⓘ4-595-53338-1　Ⓝ311.21　〔13121〕

◇日本政治思想史―近世を中心に　平石直昭著　放送大学
教育振興会　2001.3　184p　21cm　（放送大学教材
2001）1800円　Ⓘ4-595-53842-1　Ⓝ311.21　〔13122〕

◆幕末思想

◇尊皇維新の論理　松永材著　思索の道舎　1988.10
647p　20cm　3000円　Ⓝ313.6　〔13123〕

◇土佐藩憲政思想成立史　高橋信司著　高知　高知市立市
民図書館　1958　354p　19cm　（市民叢書）Ⓝ312.1
〔13124〕

◇幕末維新の思想家たち　山田洸著　青木書店　1983.12
268p　20cm　2200円　Ⓘ4-250-83036-5　Ⓝ121.5
〔13125〕

◇幕末期の思想と習俗　宮城公子著　ぺりかん社　2004.
12　359,7p　22cm　4600円　Ⓘ4-8315-1097-1　Ⓝ121.5
〔13126〕

◇幕末国体論の行方　山岸紘一著　尾原和久編纂　砂子
屋書房　1999.8　239p　22cm　2500円　Ⓝ121.5
〔13127〕

◇幕末政治思想史研究　山口宗之著　隣人社　1968　210p
22cm　（日本史研究叢書　3）Ⓝ312.1　〔13128〕

◇幕末政治思想史研究　山口宗之著　改訂増補　ぺりかん
社　1982.11　319,6p　22cm　3800円　Ⓝ210.58
〔13129〕

◇幕末政治思想の史的展開　鵜沢義行著　京都　三和書房
1975　351p　22cm　3500円　Ⓝ311.21　〔13130〕

◇幕末に於ける思想的動向　羽仁五郎著　岩波書店
1933.8　41p　23cm　（日本資本主義発達史講座第1部
明治維新史）Ⓝ210.5　〔13131〕

◇幕末に於ける思想的動向　羽仁五郎著　岩波書店
1982.5　41p　23cm　（日本資本主義発達史講座　第1部
明治維新史）Ⓝ121.5　〔13132〕

◇幕末の思想家　中沢護人著　筑摩書房　1966　218p
18cm　（グリーンベルトシリーズ）Ⓝ121.02　〔13133〕

◇幕末の精神―日本近代史の逆説　片岡啓治著　日本評論
社　1979.11　230p　19cm　（日評選書）1300円　Ⓝ121.
02　〔13134〕

◇明治維新の精神構造　芳賀登著　雄山閣　1971　258p
22cm　1500円　Ⓝ210.58　〔13135〕

◇「明治維新」の哲学　市井三郎著　講談社　1967　231p
18cm　（講談社現代新書）Ⓝ210.58　〔13136〕

◆兵学思想

◇江戸の兵学思想　野口武彦著　中央公論社　1991.2
317p　20cm　2000円　Ⓘ4-12-001999-3　Ⓝ121.5
〔13137〕

◇江戸の兵学思想　野口武彦著　中央公論新社　1999.5

395p　16cm　（中公文庫）952円　Ⓘ4-12-203421-3
Ⓝ121.5
〔13138〕
◇近世日本の儒学と兵学　前田勉著　ぺりかん社　1996.5
492p　22cm　5820円　Ⓘ4-8315-0728-8　Ⓝ121.5
〔13139〕

◆儒学一般
◇愛静館筆語―校注　野木将典著　近代文芸社　1992.5
318p　20cm　5000円　Ⓘ4-7733-1621-7　Ⓝ121.53
〔13140〕
◇江戸期の儒学―朱王学の日本的展開　岡田武彦著　木耳社　1982.11　440p　22cm　5500円　Ⓝ121.53
〔13141〕
◇江戸思想史における儒教の命運―外来思想受容をめぐる未完成のドラマ　相見昌吾著　驪馬出版　2001.7　304p　22cm　Ⓝ121.53
〔13142〕
◇江戸儒教と近代の「知」　中村春作著　ぺりかん社　2002.10　275p　20cm　2800円　Ⓘ4-8315-1024-6　Ⓝ121.53
〔13143〕
◇江戸の思想　第3号　儒教とは何か　「江戸の思想」編集委員会編　ぺりかん社　1996.2　195p　21cm　2070円　Ⓘ4-8315-0708-3　Ⓝ121.53
〔13144〕
◇江戸の儒学―『大学』受容の歴史　源了円編　京都　思文閣出版　1988.9　240,8p　21cm　3800円　Ⓘ4-7842-0524-1　Ⓝ121.53
〔13145〕
◇江戸の儒学　日野龍夫著　ぺりかん社　2005.3　544p　22cm　（日野龍夫著作集　第1巻）8500円　Ⓘ4-8315-1102-1　Ⓝ121.53
〔13146〕
◇王道と革命の間―日本思想と孟子問題　野口武彦著　筑摩書房　1986.3　383p　20cm　2800円　Ⓘ4-480-82206-2　Ⓝ121.53
〔13147〕
◇大橋訥菴―日本「商人国」批判と攘夷論　小池喜明著　ぺりかん社　1999.2　194p　22cm　2600円　Ⓘ4-8315-0871-3　Ⓝ121.53
〔13148〕
◇乙瀬の儒者岡田三代の記　板東俊一著　藍住町（徳島県）〔板東俊一〕　1987.7　16p　23cm　Ⓝ121.53　〔13149〕
◇〈記号〉としての儒学　沢井啓一著　光芒社　2000.3　251p　20cm　2300円　Ⓘ4-89542-171-6　Ⓝ121.53
〔13150〕
◇鬼神論―儒家知識人のディスクール　子安宣邦著　福武書店　1992.4　209p　20cm　2200円　Ⓘ4-8288-2427-8　Ⓝ121.53
〔13151〕
◇鬼神論―神と祭祀のディスクール　子安宣邦著　新版　武蔵野　白沢社　2002.11　219p　20cm　2000円　Ⓘ4-7684-7903-0　Ⓝ121.53
〔13152〕
◇旧雨社小伝　巻1　坂口筑母著　町田〔坂口筑母〕1982.11　187p　19cm　（幕末維新儒者文人小伝シリーズ　第8冊）Ⓝ121.53
〔13153〕
◇旧雨社小伝　巻2　坂口筑母著　町田　坂口筑母　1983.4　190p　19cm　（幕末維新儒者文人小伝シリーズ　第9冊）Ⓝ121.53
〔13154〕
◇旧雨社小伝　巻3　坂口筑母著　町田　坂口筑母　1984.2　191p　19cm　（幕末維新儒者文人小伝シリーズ　第10冊）Ⓝ121.53
〔13155〕
◇旧雨社小伝　巻4　坂口筑母著　町田　坂口筑母　1985.8　p569～755　19cm　（幕末維新儒者文人小伝シリーズ　第12冊）Ⓝ121.53
〔13156〕
◇九州儒学思想の研究　楠本正継等著　謄写版　1957　2冊　22cm　Ⓝ121.3
〔13157〕
◇九州の儒者たち―儒学の系譜を訪ねて　西村天囚著　菰口治校注　福岡　海鳥社　1991.6　200p　19cm　（海鳥ブックス　9）1700円　Ⓘ4-906234-98-4　Ⓝ121.53
〔13158〕
◇近世阿波漢学史の研究　竹治貞夫著　風間書房　1989.8　572,19p　22cm　24720円　Ⓘ4-7599-0736-X　Ⓝ121.53
〔13159〕
◇近世阿波漢学史の研究　続編　竹治貞夫著　風間書房　1997.7　591,12p　22cm　24000円　Ⓘ4-7599-1040-9　Ⓝ121.53
〔13160〕
◇近世漢学―書誌と書評　水田紀久著　桜楓社　1988.9　421p　22cm　28000円　Ⓘ4-273-02260-5　Ⓝ121.53
〔13161〕
◇近世儒学研究の方法と課題　土田健次郎編　汲古書院　2006.2　228,3p　21cm　5000円　Ⓘ4-7629-2759-7
〔13162〕
◇近世儒学史―本邦　久保得二述　早稲田大学出版部　1904　286p　22cm　（早稲田大学卅七年度文学教育科第二学年講義録）Ⓝ121
〔13163〕
◇近世儒学史　久保天随著　博文館　1907.11　346p　24cm　（帝国百科全書　第172編）Ⓝ121
〔13164〕
◇近世儒学思想史の研究　衣笠安喜著　法政大学出版局　1976　303,5p　22cm　（叢書・歴史学研究）3800円　Ⓝ121.3
〔13165〕
◇近世儒家史料　上,中　関儀一郎編　井田書店　1942-1943　2冊　22cm　Ⓝ121.3
〔13166〕
◇近世儒家文集集成　第10巻　静寄軒集　相良亨ほか編　尾藤二洲著　頼惟勤他編・解説　ぺりかん社　1991.1　42,338p　27cm　14000円　Ⓘ4-8315-0506-4　Ⓝ121.53
〔13167〕
◇近世儒家文集集成　第11巻　尺五堂先生全集　相良亨ほか編　松永尺五著　徳田武編・解説　ぺりかん社　2000.10　271p　27cm　14000円　Ⓘ4-8315-0897-7　Ⓝ121.53
〔13168〕
◇近世儒家文集集成　第14巻　瀫水叢書　相良亨ほか編　宇佐美瀫水著　沢井啓一編・解説　ぺりかん社　1995.1　243p　27cm　13390円　Ⓝ121.53　〔13169〕
◇近世儒家文集集成　第15巻　精里全書　相良亨ほか編　古賀精里著　梅沢秀夫編・解説　ぺりかん社　1996.2　572p　27cm　14000円　Ⓝ121.53　〔13170〕
◇近世儒家文集集成　第12巻　上　鷲峰林学士文集　上　相良亨ほか編　林鷲峰著　日野龍夫編集・解説　ぺりかん社　1997.10　593p　27cm　Ⓘ4-8315-0818-7,4-8315-0820-9　Ⓝ121.53　〔13171〕
◇近世儒家文集集成　第12巻　下　鷲峰林学士文集　下　相良亨ほか編　林鷲峰著　日野龍夫編集・解説　ぺりかん社　1997.10　606p　27cm　Ⓘ4-8315-0819-5,4-8315-0820-9　Ⓝ121.53　〔13172〕
◇近世儒者の思想挑戦　本山幸彦著　京都　思文閣出版　2006.5　302,10p　21cm　7500円　Ⓘ4-7842-1304-X
〔13173〕
◇近世儒林年表　内野皎亭（五郎三）編　吉川弘文館　1910.12　124p　18cm　Ⓝ121
〔13174〕
◇近世儒林年表　内野皎亭編　訂正増補6版　松雲堂　1926　78,14p　19cm　Ⓝ121
〔13175〕
◇近世儒林編年志　斎藤惠太郎著　大阪　全国書房　1943　474p　22cm　Ⓝ121
〔13176〕
◇近世日本社会と儒教　黒住真著　ぺりかん社　2003.4　569,14,7p　22cm　5800円　Ⓘ4-8315-1028-9　Ⓝ121.53
〔13177〕
◇近世日本儒学史　高須芳次郎著　越後屋書房　1943　290p　19cm　Ⓝ121
〔13178〕
◇近世日本　儒教運動の系譜　相良亨著　弘文堂　1955

◇205p 19cm （アテネ新書）Ⓝ121.3　　〔13179〕
◇近世日本釈奠の研究　須藤敏夫著　京都　思文閣出版　2001.3　347,7p　22cm　8000円　Ⓘ4-7842-1070-9　Ⓝ121.53　〔13180〕
◇近世日本における儒教運動の系譜　相良亨著　理想社　1965　255p　19cm　（哲学全書）Ⓝ121.3　〔13181〕
◇近世日本の儒学―徳川公継宗七十年祝賀記念　徳川公継宗七十年祝賀記念会編　岩波書店　1939　1149p　22cm　Ⓝ121　〔13182〕
◇近世日本の儒学と兵学　前田勉著　ぺりかん社　1996.5　492p　22cm　5820円　Ⓘ4-8315-0728-8　Ⓝ121.5　〔13183〕
◇近世日本の儒学と洋学　大月明著　京都　思文閣出版　1988.9　349,16p　22cm　8500円　Ⓘ4-7842-0523-3　Ⓝ121.53　〔13184〕
◇近世の儒教思想　相良亨著　塙書房　1966　235p　19cm　（塙選書）Ⓝ121.3　〔13185〕
◇近世の心身論―徳川前期儒教の三つの型　高橋文博著　ぺりかん社　1990.5　293p　20cm　2580円　Ⓝ121.53　〔13186〕
◇光霽楼叢話　若山光円著　大垣　〔若山光円〕　1991.4　311p　22cm　Ⓝ121.53　〔13187〕
◇国儒論争の研究―直毘霊を起点として　小笠原春夫著　ぺりかん社　1988.1　293p　22cm　3800円　Ⓝ121.5　〔13188〕
◇在村知識人の儒学　川村肇著　京都　思文閣出版　1996.7　271,7p　22cm　6592円　Ⓘ4-7842-0912-3　Ⓝ121.53　〔13189〕
◇阪谷朗廬関係文書目録　国立国会図書館専門資料部編　国立国会図書館　1990.4　127p　21cm　（憲政資料目録第16）Ⓘ4-87582-251-0　Ⓝ121.53　〔13190〕
◇阪谷朗廬の世界　山下五樹著　岡山　日本文教出版　1995.11　171p　15cm　（岡山文庫177）750円　Ⓘ4-8212-5177-9　Ⓝ121.53　〔13191〕
◇社会・文化・思潮―東海の地平から　東海地域文化研究所編　名古屋　風媒社　1997.3　474p　21cm　（愛知女子短期大学附属東海地域文化研究所研究叢書2）2000円+税　Ⓘ4-8331-4013-6　Ⓝ121.53　〔13192〕
◇儒教と日本　山下龍二著　研文社　2001.9　278p　19cm　1600円　Ⓘ4-9900920-0-7　Ⓝ121.53　〔13193〕
◇儒者の時代―幕末昌平校の詩人たち　第1巻　序章『古賀侗庵目録鈔』　坂口筑母著　町田　坂口筑母　1984.9　225p　19cm　（幕末維新儒者文人小伝シリーズ第11冊）Ⓝ121.54　〔13194〕
◇儒者の書　三浦思雲編　三浦思雲,橋本栄治,浦野俊則,和栗久雄著　京都　同朋舎出版　1989.1　186p　26cm　（日本書学大系　研究篇第8巻）Ⓝ728.215　〔13195〕
◇荀子注釈史上における邦儒の活動　藤川正数著　風間書房　1980.1　606,11p　22cm　15000円　Ⓝ121.53　〔13196〕
◇荀子注釈史上における邦儒の活動　続篇　藤川正数著　風間書房　1990.2　338,8p　22cm　12360円　Ⓘ4-7599-0766-1　Ⓝ121.5　〔13197〕
◇聖堂略志　中山久四郎編　大空社　1998.12　93,28,9p　図版14枚　22cm　（日本教育史基本文献・史料叢書57）6000円　Ⓘ4-87236-657-3　Ⓝ121.53　〔13198〕
◇仙台藩儒学史　平重道著　仙台　地域社会研究会　1962　139p　21cm　（地域社会研究会資料21）Ⓝ121.5　〔13199〕
◇先哲叢談　原念斎著　源了円,前田勉訳注　平凡社　1994.2　472p　18cm　（東洋文庫574）3296円　Ⓘ4-582-80574-4　Ⓝ121.53　〔13200〕

◇田舎学人筆録―わが祖先久保木竹窓とその周辺　1　久保木良編著　四街道　久保木良　1999.6　236p　30cm　Ⓝ121.53　〔13201〕
◇田舎学人筆録―四街道町市の文化財から　2　久保木良編著　四街道　久保木良　2000.3　242p　30cm　Ⓝ121.53　〔13202〕
◇田舎学人筆録―四街道町市の郷土史研究誌から　3　久保木良編著　四街道　久保木良　2000.12　252p　30cm　Ⓝ121.53　〔13203〕
◇田舎学人筆録―諸紙・諸誌から　4　久保木良編著　四街道　久保木良　2001.10　250p　30cm　Ⓝ121.53　〔13204〕
◇徳川日本の思想形成と儒教　佐久間正著　ぺりかん社　2007.8　547p　22cm　8000円　Ⓘ978-4-8315-1178-2　Ⓝ121.53　〔13205〕
◇日中儒学の比較　王家驊著　六興出版　1988.6　354,11p　21cm　（東アジアのなかの日本歴史5）3000円　Ⓘ4-8453-9095-1　Ⓝ121.53　〔13206〕
◇日本儒学史　高田真治著　地人書館　1941　278p　19cm　（大観日本文化史叢書）Ⓝ121　〔13207〕
◇日本主義儒学の性格に関する考察―松陰思想を中心に　李秀石著　富士ゼロックス・小林節太郎記念基金編　富士ゼロックス・小林節太郎記念基金　1991.8　28p　26cm　非売品　Ⓝ121.53　〔13208〕
◇日本儒教史　5　近世篇　下　市川本太郎著　長野　東亜学術研究会　1995.10　590p　22cm　9800円　Ⓝ121.53　〔13209〕
◇日本儒教史　目次集　市川本太郎著　長野　東亜学術研究会　1995.9　75p　21cm　Ⓝ121.53　〔13210〕
◇日本之儒教　日本儒教宣揚会編　大空社　1997.10　284,8p　22cm　（日本教育史基本文献・史料叢書45）8500円　Ⓘ4-87236-645-X　Ⓝ121.53　〔13211〕
◇幕末維新儒者文人小伝　第1集　坂口筑母著　町田　坂口筑母　1986.10　427p　26cm　（幕末維新儒者文人小伝シリーズ第13冊）Ⓝ121.53　〔13212〕
◇幕末維新儒者文人小伝　第2集　坂口筑母著　町田　幕末維新儒者文人小伝刊行会　1988.11　878p　26cm　（幕末維新儒者文人小伝シリーズ第14冊）Ⓝ121.53　〔13213〕
◇幕末の儒学者―美濃の文人たち　横山寛吾著　岐阜　大衆書房　1982.3　356p　22cm　4000円　Ⓝ121.53　〔13214〕
◇幕末防長儒医の研究　亀田一邦著　知泉書館　2006.10　340,28p　22cm　6000円　Ⓘ4-901654-80-2　Ⓝ121.53　〔13215〕
◇幕末・明治期の儒学思想の変遷　山田芳則著　京都　思文閣出版　1998.10　241,12p　22cm　5600円　Ⓘ4-7842-0982-4　Ⓝ121.53　〔13216〕
◇分間大江戸絵図　徳田重義製　英正社　1929　1枚　76.00×84.50cm　Ⓝ291.36　〔13217〕
◇朗廬先生宛諸氏書簡集　山下五樹編　井原　〔山下五樹〕　1993.12　318p　26cm　Ⓝ121.53　〔13218〕
◇吾国近世儒学者の大義名分思想　田崎仁義述　神戸高等商船学校編　本庄村（兵庫県）　海軍教育振興会　1937　12,46p　23cm　（精神講話　第2輯）Ⓝ121　〔13219〕

◆◆漢学

◇漢学者渋井太室　2　平井辰雄編　羽生　渋井太室顕彰会　1991.5　83p　22cm　非売品　Ⓝ121.54　〔13220〕
◇漢学者渋井太室　続編　平井辰雄編　羽生　渋井太室顕

彰会　1994.4　93p　22cm　非売品　Ⓝ121.54
〔13221〕
◇漢学者渋井太室　付録2　平井辰雄編　羽生　羽生市古文書に親しむ会　2000.2　101p　22cm　非売品　Ⓝ121.54
〔13222〕
◇漢学者渋井太室　付録3　平井辰雄編　羽生　羽生市古文書に親しむ会　2001.3　173p　22cm　非売品　Ⓝ121.54
〔13223〕
◇漢学者渋井太室　付録　平井辰雄編　羽生　羽生市古文書に親しむ会　1999.1　195p　22cm　非売品　Ⓝ121.54
〔13224〕
◇漢学者伝記及著述集覧　小川貫道編　復刻　東出版　1997.9　781,12p　22cm　（辞典叢書 32）16000円　①4-87036-052-7　Ⓝ121.53
〔13225〕
◇漢学者伝記集成　竹林貫一編　復刻　東出版　1997.9　1冊　22cm　（辞典叢書 31）28000円　①4-87036-051-9　Ⓝ121.53
〔13226〕
◇漢学者はいかに生きたか―近代日本と漢学　村山吉廣著　大修館書店　1999.12　233p　19cm　（あじあブックス 18）1800円　①4-469-23158-4　Ⓝ121.53
〔13227〕
◇漢学塾を中心とする江戸時代の教育　佐々木清之丞著　佐々木清之丞　1943　237p　21cm　Ⓝ372
〔13228〕
◇近世漢学史　久保天随述　早稲田大学出版部　1907　289p　22cm　（早稲田大学三十九年度文学教育科第二学年講義録）Ⓝ121
〔13229〕
◇近世漢学者著述目録大成　関儀一郎,関義直共編　東洋図書刊行会　1941　573,100p　30cm　Ⓝ121
〔13230〕
◇近世漢学者伝記著作大事典　関儀一郎,関義直共編　井田書店　1943　779p　26cm　Ⓝ281.03
〔13231〕
◇近世漢文雑考　三浦叶著　岡山〔三浦叶〕1983.8　112p　21cm　Ⓝ121.5
〔13232〕
◇古学者高橋赤水―近世阿波漢学史の研究　有馬卓也著　福岡　中国書店　2007.3　305p　22cm　4600円　①978-4-924779-98-3　Ⓝ121.56
〔13233〕
◇先哲像伝―影印　原徳斎著, 田中佩刀註　文化書房博文社　1980.6　271p　25cm　3500円　Ⓝ121.53
〔13234〕
◇日本漢学研究初探　楊儒賓,張宝三共編　勉誠出版　2002.10　436p　22cm　9600円　①4-585-03092-1　Ⓝ121.53
〔13235〕
◇日本漢学思想史論考―徂徠・仲基および近代　陶徳民著　吹田　関西大学東西学術研究所　1999.3　240p　22cm　（関西大学東西学術研究所研究叢刊 11）3500円　①4-87354-279-0　Ⓝ121.53
〔13236〕
◇備前の漢学　三浦叶著　岡山　三浦叶　1978.9　184p　21cm　Ⓝ121.3
〔13237〕
◇補注小学句読　1,2,3,4 分冊1　陳選句読　山井幹六補注　観音寺　上坂氏顕彰会史料出版部　2002.1　1冊　30cm　（理想日本リプリント 第66巻）52800円　Ⓝ121.53
〔13238〕
◇補注小学句読　5,6 分冊1　陳選句読　山井幹六補注　観音寺　上坂氏顕彰会史料出版部　2002.1　1冊　30cm　（理想日本リプリント 第66巻）52800円　Ⓝ121.53
〔13239〕

◆朱子学派
◇安積艮斎先生生誕二百年遺著・遺墨展図録　郡山　安積艮斎顕彰会　1992.1　36p　30cm　非売品　Ⓝ121.54
〔13240〕
◇安積艮斎と門人たち　福島県立博物館編　会津若松　福島県立博物館　2001.1　111p　30cm　（福島県立博物館企画展図録　平成12年度　第4回）Ⓝ121.54
〔13241〕
◇安東省菴　松野一郎著　西日本人物誌編集委員会編　福岡　西日本新聞社　1995.11　221p　19cm　（西日本人物誌 6）1500円　①4-8167-0409-4　Ⓝ121.54
〔13242〕
◇安東省菴集　影印編1　安東省菴編著　柳川市史編集委員会編　柳川　柳川市　2002.3　31,588p　30cm　（柳川文化資料集成　第2集）Ⓝ121.54
〔13243〕
◇池田草庵　望月高明著　明徳出版社　2001.6　223p　20cm　（シリーズ陽明学 30）2500円　①4-89619-930-8　Ⓝ121.54
〔13244〕
◇石井豊洲年譜　小原千秋, 菅脩二郎共編　竹原　菅脩二郎　1994.1　52p　26cm　Ⓝ121.54
〔13245〕
◇市河寛斎先生―復刻　市河三陽著　草津町（群馬県）寛斎・米庵顕彰会　1992.2　383p　27cm　7000円　Ⓝ121.54
〔13246〕
◇稲葉黙斎上総道学関係諸学者略伝（未完）　柴田武雄著　東金　東金市郷土研究愛好会　1998.2　79p　22cm　非売品　Ⓝ121.54
〔13247〕
◇岩本贅庵　徳島　宮井章良　2000.8　39p　26cm　非売品　Ⓝ121.54
〔13248〕
◇宇都宮遯庵　桂芳樹著　岩国　岩国徴古館　1978.11　213p　19cm　Ⓝ121.43
〔13249〕
◇江戸文人のスクラップブック　工藤宜著　新潮社　1989.8　321p　20cm　1500円　①4-10-336902-7　Ⓝ121.54
〔13250〕
◇大倉山文化科学研究所所蔵　崎門学派著作文献題解　阿部隆一著　横浜　大倉山文化科学研究所　1957　89p　21cm　Ⓝ121.43
〔13251〕
◇大橋訥庵伝　寺田剛著　慧文社　2006.12　229p　22cm　10000円　①4-905849-58-6　Ⓝ121.53
〔13252〕
◇岡田寒泉―善政を施した名代官　重田定一著　土浦　筑波書林　1980.5　102p　18cm　（ふるさと文庫）580円　Ⓝ121.54
〔13253〕
◇乙骨耐軒―幕末の官学派詩人　小伝　坂口筑母著　明石書房（発売）　1981.1　160p　19cm　1500円　Ⓝ121.54
〔13254〕
◇小野鶴山の研究　近藤啓吾著　京都　神道史学会　2002.4　210p　22cm　（神道史研究叢書 19）5700円　①4-653-03804-X　Ⓝ121.54
〔13255〕
◇玩易斎遺稿　上巻　東山蘆野徳林著　信山社出版　1998.3　44,389p　23cm　（日本立法資料全集　別巻 104―東山蘆野徳林著作集　第4巻）30000円　①4-7972-4594-8　Ⓝ121.54
〔13256〕
◇玩易斎遺稿　下巻　東山蘆野徳林著　信山社出版　1998.3　p391-852　23cm　（日本立法資料全集　別巻 105―東山蘆野徳林著作集　第5巻）32000円　①4-7972-4595-6　Ⓝ121.54
〔13257〕
◇関西の孔子西山拙斎先生伝其の遺跡を尋ねて　藤井猛編著　福山　児島書店　1980.3　38p　Ⓝ121.54
〔13258〕
◇菅山以後―菅山先生並門下の切磋と交情　山口久三編著　大飯町（福井県）　山口久三　1973　164p　26cm　Ⓝ121.45
〔13259〕
◇強斎先生語録　若林強斎述　金本正孝編　広島　渓水社　2001.2　372p　22cm　①4-87440-629-7　Ⓝ121.54
〔13260〕
◇近世大坂と知識人社会　小堀一正著　大阪　清文堂出版　1996.8　257p　22cm　3914円　①4-7924-0425-8　Ⓝ121.54
〔13261〕
◇近世後期朱子学派の研究　頼祺一著　広島　渓水社

思想史　　　　　　　　　　　近世史

◇1986.2　594p　23cm　8000円　Ⓝ121.54　〔13262〕
◇近世日本社会と宋学　渡辺浩著　東京大学出版会　1985.10　252,9p　20cm　2800円　Ⓘ4-13-033031-4　Ⓝ121.53　〔13263〕
◇草場船山日記　草場船山著　荒木見悟監修　三好嘉子校註　文献出版　1997.10　728p　22cm　18000円　Ⓘ4-8305-1202-4　Ⓝ121.54　〔13264〕
◇『芸林蒙求』の日中比較文学性―富岡鉄斎旧蔵本による　徳田進著　高崎　徳田進　1987　p33～49　26cm　Ⓝ121.54　〔13265〕
◇後藤芝山　阿河準三著　高松　後藤芝山先生顕彰会　1982.4　203p 34丁　22cm　3500円　Ⓝ121.54　〔13266〕
◇近藤篤山　近藤則之著　明徳出版社　1988.4　255p　20cm　(叢書・日本の思想家 29)2000円　Ⓝ121.54　〔13267〕
◇相良亨著作集　1　日本の儒教　1　佐藤正英ほか編　ぺりかん社　1992.1　373,9p　22cm　7800円　Ⓘ4-8315-0534-X　Ⓝ121　〔13268〕
◇朱子学の新研究―近世士大夫の思想史的地平　吾妻重二著　創文社　2004.9　553,52p　22cm　(東洋学叢書)11000円　Ⓘ4-423-19260-8　Ⓝ125.4　〔13269〕
◇朱子の白鹿洞書院掲示の日本への伝来と普及　平坂謙二著　岡山　〔平坂謙二〕1997.5　83p　21cm　非売品　Ⓝ121.54　〔13270〕
◇朱子の白鹿洞書院掲示は今も日本に生きている　平坂謙二著　岡山　〔平坂謙二〕1995.5　32,15p　21cm　非売品　Ⓝ121.53　〔13271〕
◇朱子の白鹿洞書院掲示は日本にどう受入れられたか　平坂謙二著　岡山　〔平坂謙二〕1991.3　20p　21cm　非売品　Ⓝ121.54　〔13272〕
◇儒者の時代―幕末昌平校官学派の詩人たち　第2巻　本章『乙骨耐軒日記』『乙骨耐軒詩文稿』『友野霞舟詩集』　坂口筑母著　町田　坂口筑母　1991.9　p226～685　19cm　(幕末維新儒者文人小伝シリーズ　第16冊)Ⓝ121.54　〔13273〕
◇儒者の時代―幕末昌平校官学派の詩人たち　第3巻『耐軒日記』『耐軒詩文稿』『霞舟詩集』〈重野家文書〉〈向山家文書〉本章　坂口筑母著　町田　坂口筑母　1992.4　p689～1123　19cm　(幕末維新儒者文人小伝シリーズ　第17冊)Ⓝ121.54　〔13274〕
◇儒者の時代―幕末昌平校官学派の詩人たち　第4巻　「乙骨家文書」『向山家文書』『重野家文書』本章　坂口筑母著　町田　坂口筑母　1993.4　p1124～1568　19cm　(幕末維新儒者文人小伝シリーズ　第18冊)Ⓝ121.54　〔13275〕
◇紹宇存稿―垂加者の思ひ　近藤啓吾著　国書刊行会　2000.6　380p　22cm　12000円　Ⓘ4-336-04255-1　Ⓝ121.54　〔13276〕
◇青谿書院ルネサンス―池田草庵研究フォーラム　八鹿町教育委員会編　八鹿町(兵庫県)　八鹿町　1995.3　99p　26cm　(八鹿町ふるさとシリーズ第7集)Ⓝ121.54　〔13277〕
◇靖献遺言講議　近藤啓吾著　国書刊行会　1987.9　766p　22cm　10000円　Ⓝ121.54　〔13278〕
◇石瀬漫録―松岡肇蔵書　宮　草野石瀬著　宇土　宇土市史研究会　1984.8　1冊　26cm　Ⓝ121.54　〔13279〕
◇石瀬漫録―松岡肇蔵書　商　草野石瀬著　宇土　宇土市史研究会　1986.2　1冊　26cm　Ⓝ121.54　〔13280〕
◇叢書・日本の思想家　39　斎藤拙堂・土井聱牙　橋本栄治著　明徳出版社　1993.6　221p　20cm　2900円　Ⓘ4-89619-639-2　Ⓝ121　〔13281〕

◇南学と師道―谷秦山と南学の人々　溝淵忠広著　明徳出版社　1958　216p　19cm　(師友選書)Ⓝ121.45　〔13282〕
◇西山拙斎―関西の孔子　朝森要著　鴨方町(岡山県)　鴨方町　1998.10　199p　19cm　1143円　Ⓘ4-88197-659-1　Ⓝ121.54　〔13283〕
◇日本朱子学と朝鮮　阿部吉雄著　東京大学出版会　1965　563p　22cm　Ⓝ121.4　〔13284〕
◇日本朱子学派学統表　安井小太郎編　安井小太郎　1931　24p　23cm　Ⓝ121　〔13285〕
◇日本朱子学派之哲学　井上哲次郎著　富山房　1905.12　700p　21cm　Ⓝ121　〔13286〕
◇日本朱子学派之哲学　井上哲次郎著　増訂5版　富山房　1915　838p　23cm　Ⓝ121　〔13287〕
◇日本朱子学派之哲学　井上哲次郎著　28版　冨山房　1945　838p*　19cm　Ⓝ121.4　〔13288〕
◇日本宋学史の研究　和島芳男著　吉川弘文館　1962　365p　22cm　Ⓝ121.4　〔13289〕
◇日本宋学史の研究　和島芳男著　増補版　吉川弘文館　1988.5　514,17p　22cm　8500円　Ⓘ4-642-01214-1　Ⓝ121.54　〔13290〕
◇日本と朝鮮における朱子学　渭川健三著　大阪　渭川健三　1988.11　75p　22cm　1000円　Ⓝ121.54　〔13291〕
◇日本封建思想史研究―幕藩体制の原理と朱子学的思惟　尾藤正英著　青木書店　1961　307p　22cm　(歴史学研究叢書歴史学研究会編)Ⓝ121.3　〔13292〕
◇幕末維新　朱王学者書翰集　巻1　岡田武彦,佐藤仁共編　謄写版　1962　234p　25cm　Ⓝ121.3　〔13293〕
◇播州竜野藩儒家日記―幽蘭堂年譜　上巻　竹下喜久男編　大阪　清文堂出版　1995.6　363p　27cm　(清文堂史料叢書 第72刊)Ⓘ4-7924-0407-X　Ⓝ121.54　〔13294〕
◇播州竜野藩儒家日記―幽蘭堂年譜　下巻　竹下喜久男編　大阪　清文堂出版　1995.6　407p　27cm　(清文堂史料叢書 第73刊)Ⓘ4-7924-0408-8　Ⓝ121.54　〔13295〕
◇尾藤二洲伝　白木豊著　川之江　川之江市　1979.11　613p　22cm　Ⓝ121.54　〔13296〕
◇広瀬藩儒山村勉斎覚書―幕末儒者の生涯　山村良夫著　飯塚書房　1978.4　235p　22cm　3500円　Ⓝ121.47　〔13297〕
◇文武雅俗涇渭弁　広瀬台山著　三樹書房　1993.4　2冊(別冊とも)　22cm　全7210円　Ⓘ4-89522-166-0　Ⓝ121.54　〔13298〕
◇松崎慊堂―その生涯と彼をめぐる人びと　鈴木瑞枝著　研文出版　2002.4　394,8p　20cm　(研文選書 85)3300円　Ⓘ4-87636-209-2　Ⓝ121.54　〔13299〕
◇元田永孚関係文書　沼田哲,元田竹彦編　山川出版社　1985.7　413p　20cm　(近代日本史料選書 14)4000円　Ⓘ4-634-26330-0　Ⓝ121.54　〔13300〕
◇森田節斎　新城軍平著　五条　五条市　1973　336p　19cm　Ⓝ121.43　〔13301〕
◇柳川人から見た安東省庵とその著三忠伝楠正成公伝世子正行公附よみ下し文　柳川山門三池教育会編　柳川　柳川山門三池教育会　1977.9　200p　26cm　(郷土資料解説 第13編 柳川学問の祖の巻)非売品　Ⓝ121.43　〔13302〕
◇梁田蛻巌先生二百回忌記念誌　梁田蛻巌先生顕彰会著　明石　明石市教育委員会　1957　102p　19cm　Ⓝ121.4　〔13303〕
◇若林強斎の研究―拾穂書屋蔵版　続　近藤啓吾著　京都　臨川書店　1997.5　126p　21cm　2800円　Ⓘ4-653-03301-3　Ⓝ121.54　〔13304〕

◆◆藤原惺窩

◇近世日本政治思想の成立―惺窩学と羅山学　今中寛司著　創文社　1972　407,11p　22cm　2800円　Ⓝ121.43
〔13305〕

◇藤原惺窩　太田青丘著　吉川弘文館　1985.10　185p　19cm　(人物叢書 新装版)1200円　①4-642-05041-8　Ⓝ121.54
〔13306〕

◆◆林羅山

◇近世日本政治思想の成立―惺窩学と羅山学　今中寛司著　創文社　1972　407,11p　22cm　2800円　Ⓝ121.43
〔13307〕

◇叢書・日本の思想家　2　林羅山・(附)林鵞峰　宇野茂彦著　明徳出版社　1992.5　244p　20cm　2900円　Ⓝ121
〔13308〕

◇高松宮本・林羅山書入本和名類聚抄声点付和訓索引　佐藤栄作編　アクセント史資料研究会　2000.12　229p　21cm　(アクセント史資料索引 第16号)　813.2
〔13309〕

◇日本の近世と老荘思想―林羅山の思想をめぐって　大野出著　ぺりかん社　1997.2　362,5p　22cm　6800円　①4-8315-0768-7　Ⓝ121.5
〔13310〕

◇林羅山　堀勇雄著　吉川弘文館　1964　465p　18cm　(人物叢書 日本歴史学会編)　Ⓝ121.43
〔13311〕

◇林羅山　堀勇雄著　吉川弘文館　1990.2　465p　19cm　(人物叢書 新装版)1960円　①4-642-05185-6　Ⓝ121.54
〔13312〕

◇林羅山年譜稿　鈴木健一著　ぺりかん社　1999.7　233,21p　図版8p　22cm　4700円　①4-8315-0888-8　Ⓝ121.54
〔13313〕

◇林羅山の江戸上野忍岡の書院　平坂謙二著　岡山　〔平坂謙二〕　1998.5　17,13p　21cm　非売品　Ⓝ372.105
〔13314〕

◆◆室鳩巣

◇郷土先賢叢書　第4　室鳩巣の人と学風　石川県思想問題研究会,日本文化協会石川県支部編　岡田竜邦著　金沢　石川県思想問題研究会〔ほか〕　1938　36p　22cm　Ⓝ121
〔13315〕

◇近世儒家文集集成　第13巻　鳩巣先生文集　相良亨ほか編　室鳩巣著　杉下元明編・解説　ぺりかん社　1991.10　36,534p　27cm　16000円　①4-8315-0530-7　Ⓝ121.53
〔13316〕

◇駿台雑話詳解　岩見護著　大阪　書店ササヤ　1946　122p　18cm　Ⓝ121.43
〔13317〕

◆◆木下順庵

◇叢書・日本の思想家　7　木下順庵　雨森芳洲　竹内弘行,上野日出刀著　明徳出版社　1991.11　257p　20cm　2900円　Ⓝ121
〔13318〕

◆◆新井白石

◇新井白石　山路愛山著　民友社　1894.12　188p　19cm　(拾二文豪 第8巻)　289.1
〔13319〕

◇新井白石　足立四郎吉著　裳華房　1897.5　328p　23cm　(偉人史叢 第12巻)　Ⓝ289.1
〔13320〕

◇新井白石―興国の偉人　上田万年著　広文堂書店　1917　332p　18cm　Ⓝ121
〔13321〕

◇新井白石　池田雪雄著　ふたら書房　1941　274p　19cm　(日本思想史研究)　Ⓝ121
〔13322〕

◇新井白石　尾崎憲三著　青梧堂　1942　305p　19cm　Ⓝ121
〔13323〕

◇新井白石　宮崎道生著　至文堂　1957　192p　19cm　(日本歴史新書)　Ⓝ210.55
〔13324〕

◇新井白石　宮崎道生著　吉川弘文館　1989.10　326p　19cm　(人物叢書 新装版)1960円　①4-642-05190-2　Ⓝ121.54
〔13325〕

◇新井白石　山路愛山著　復刻版　日本図書センター　1998.1　188,16p　22cm　(山路愛山伝記選集 第7巻)　①4-8205-8244-5,4-8205-8237-2　Ⓝ121.54
〔13326〕

◇新井白石　一海知義,池沢一郎著　研文出版　2001.1　242p　20cm　(日本漢詩人選集 5)3300円　①4-87636-191-6　Ⓝ121.54
〔13327〕

◇新井白石研究論考　森原章著,森原章研究論考編集出版委員会編　名古屋　森原章研究論考編集出版委員会　1983.12　224p　22cm　Ⓝ121.54
〔13328〕

◇新井白石言行録　藤森花影著　東亜堂書房　1916　166p　19cm　(修養史伝 第6編)　Ⓝ121
〔13329〕

◇新井白石序論　宮崎道生著　増訂版　吉川弘文館　1976　251p　22cm　3500円　Ⓝ121.49
〔13330〕

◇新井白石先生言行録　渡辺修二郎著　内外出版協会　1908.3　284p　19cm　(偉人研究 第18編)　Ⓝ289.1
〔13331〕

◇新井白石先生誕辰紀念講話　高桑駒吉等述　1904　69p　22cm　Ⓝ289.1
〔13332〕

◇新井白石闘いの肖像　入江隆則著　新潮社　1979.8　306p　20cm　1600円　Ⓝ121.49
〔13333〕

◇新井白石断想　宮崎道生著　近藤出版社　1987.10　188p　20cm　1800円　Ⓝ121.54
〔13334〕

◇新井白石と切支丹屋敷の夷人―西洋紀聞による　岩井薫著　名古屋　一粒社　1934　155p　19cm　Ⓝ210.5
〔13335〕

◇新井白石と裁判　山口繁著　西神田編集室　2003.2　302p　22cm　3500円　Ⓝ322.15
〔13336〕

◇新井白石と思想家文人　宮崎道生著　吉川弘文館　1985.3　335p　20cm　2500円　①4-642-07198-9　Ⓝ121.54
〔13337〕

◇新井白石と伝通院裏門前町の住居　加瀬順一著　〔加瀬順一〕　2007.7　83p　22cm　Ⓝ121.54
〔13338〕

◇新井白石の学問思想の研究―特に晩年を中心として　荒川久寿男著　伊勢　皇学館大学出版部　1987.3　319p　22cm　Ⓝ121.54
〔13339〕

◇新井白石の学問と思想　勝田勝年著　雄山閣　1973　473p　22cm　7000円　Ⓝ121.49
〔13340〕

◇新井白石の現代的考察　宮崎道生編　吉川弘文館　1985.6　292p　20cm　2600円　①4-642-07200-4　Ⓝ121.54
〔13341〕

◇新井白石の史学と地理学　宮崎道生著　吉川弘文館　1988.3　384,6p　22cm　7800円　①4-642-03287-8　Ⓝ121.54
〔13342〕

◇新井白石の時代と世界　宮崎道生著　吉川弘文館　1975　224p　19cm　1000円　Ⓝ121.49
〔13343〕

◇新井白石の人物と政治　宮崎道生著　吉川弘文館　1977.11　255p　20cm　1800円　Ⓝ121.49
〔13344〕

◇新井白石の政治戦略―儒学と史論　ケイト・W.ナカイ著　平石直昭,小島康敬,黒住真訳　東京大学出版会　2001.8　288,8p　22cm　5000円　①4-13-020132-8　Ⓝ121.54
〔13345〕

◇新井白石の世界地理研究　鮎沢信太郎著　京成社　1943　198p　地　19cm　Ⓝ290
〔13346〕

◇新井白石の洋学と海外知識　宮崎道生著　吉川弘文館

1973　458,10p　22cm　4000円　Ⓝ121.49
〔13347〕

◇新井白石の歴史学　勝田勝年著　厚生閣　1939　332p　23cm　Ⓝ210
〔13348〕

◇新井白石・福沢諭吉―断片―日本に於ける教育の世界的進歩に対する先駆者の寄与　羽仁五郎著　岩波書店　1937　427p　19cm　(大教育家文庫 第7)Ⓝ121
〔13349〕

◇新井白石・福沢諭吉―断片 日本に於ける教育の世界的進歩に対する先駆者の寄与　羽仁五郎著　岩波書店　1946　427p　19cm　Ⓝ121
〔13350〕

◇偉人伝記文庫　第13巻　新井白石　中川重著　日本社　1935　52p　19cm　Ⓝ289.1
〔13351〕

◇奇会新井白石とシドティ　垣花秀武著　講談社　2000.1　426p　20cm　3800円　①4-06-209572-6　Ⓝ121.54
〔13352〕

◇近世社会経済学説大系　第7　新井白石集　猪谷善一解題　誠文堂新光社　1936　102,45p　19cm　Ⓝ330
〔13353〕

◇近世日本の世界像　川村博忠著　ぺりかん社　2003.12　286p　21cm　3200円　①4-8315-1064-5
〔13354〕

◇五事略　新井白石(君美)著　竹中邦香校　白石社　1883.5　52,29丁(上・下合本)　23cm　Ⓝ121
〔13355〕

◇再現日本史―週刊time travel　江戸 2 1　講談社　2002.12　42p　30cm　533円　Ⓝ210.1
〔13356〕

◇週刊ビジュアル日本の歴史　no.31　江戸の行革 1　デアゴスティーニ・ジャパン　2000.9　41p　30cm　533円　Ⓝ210.1
〔13357〕

◇人物再検討叢書　第5　新井白石　伊豆公夫著　白揚社　1938　285p　18cm　Ⓝ281
〔13358〕

◇西洋紀聞　新井白石(君美)著　箕作秋坪,大槻文彦校　白石社　1882.5　37,48丁(天・地合本)　23cm　Ⓝ290
〔13359〕

◇西洋紀聞　新井白石著　村岡典嗣校訂　岩波書店　1936　153p　16cm　(岩波文庫 1353)Ⓝ290
〔13360〕

◇大日本思想全集　第6巻　新井白石集　室鳩巣集　大日本思想全集刊行会　1932　472p　23cm　Ⓝ121
〔13361〕

◇読史余論　新井白石著　村岡典嗣校訂　岩波書店　1995.3　321p　15cm　(岩波文庫)620円　①4-00-302122-3
〔13362〕

◇白石先生年譜　三田葆光著　白石社　1881.6　30丁　23cm　Ⓝ289.1
〔13363〕

◇晩年の新井白石　多賀義憲著　北光書房　1943　199p　19cm　Ⓝ289.1
〔13364〕

◆◆◆折たく柴の記

◇折たく柴の記　新井白石　竹中邦香校　白石社　1881.7　3冊(上55,中80,下81丁)　23cm　Ⓝ289.1
〔13365〕

◇折たく柴之記　新井白石著　内藤耻叟標註・校正　2版　青山清吉　1890.6　3冊(上55,中69,下77丁)　23cm　Ⓝ289.1
〔13366〕

◇折たく柴之記　新井白石著　鈴木弘恭校正　訂6版　青山堂　1893-1894　3冊(上51,中65,下70丁)　23cm　Ⓝ289.1
〔13367〕

◇折たく柴の記　新井白石著　佐藤仁之助校註　青山堂　1911.6　423p　19cm　Ⓝ289.1
〔13368〕

◇折たく柴の記　新井白石著　伊豆公夫校訂　改造社　1937　388p　17cm　(改造文庫 第2部 第273篇)Ⓝ121
〔13369〕

◇折たく柴の記　新井白石著　羽仁五郎校訂　岩波書店　1939　278p　16cm　(岩波文庫 2005-2007)Ⓝ121
〔13370〕

◇折たく柴の記　新井白石著　英敏道解釈　研究社　1941　342p　16cm　(研究社学生文庫 313)Ⓝ121
〔13371〕

◇折たく柴の記　新井白石著　羽仁五郎校訂　岩波書店　1949　278p　15cm　(岩波文庫 2005-2007)Ⓝ121
〔13372〕

◇折たく柴の記　新井白石著　松村明校注　岩波書店　1999.12　476p　15cm　(岩波文庫)800円　①4-00-302121-5　Ⓝ121.54
〔13373〕

◇折りたく柴の記　新井白石著　桑原武夫訳　中央公論新社　2004.6　368p　18cm　(中公クラシックス)1500円　①4-12-160067-3　Ⓝ121.54
〔13374〕

◇抄本折焚く柴の記　新井白石著　倉橋勇蔵,佐々木曠一校注　京都　立命館出版部　1935　94p　23cm　Ⓝ121
〔13375〕

◇定本 折たく柴の記釈義　宮崎道生著　至文堂　1964　628,23p　22cm　Ⓝ121.49
〔13376〕

◇定本折たく柴の記釈義　宮崎道生著　増訂版　近藤出版社　1985.1　630,24p　22cm　9600円　Ⓝ121.54
〔13377〕

◆◆雨森芳洲

◇雨森芳洲―元禄享保の国際人　上垣外憲一著　中央公論社　1989.10　224p　18cm　(中公新書)560円　①4-12-100945-2　Ⓝ121.54
〔13378〕

◇雨森芳洲　永留久恵著　福岡　西日本新聞社　1999.11　237p　19cm　(西日本人物誌 14)1500円　①4-8167-0492-2　Ⓝ121.54
〔13379〕

◇雨森芳洲―日韓のかけ橋　呉満著　大阪　新風書房　2004.11　176p　19cm　1200円　①4-88269-539-1　Ⓝ121.54
〔13380〕

◇雨森芳洲―元禄享保の国際人　上垣外憲一著　講談社　2005.2　248p　15cm　(講談社学術文庫)880円　①4-06-159696-9　Ⓝ121.54
〔13381〕

◇雨森芳洲関係資料調査報告書　滋賀県教育委員会事務局文化財保護課編　大津　滋賀教育委員会　1994.3　232p　26cm　Ⓝ121.54
〔13382〕

◇叢書・日本の思想家　7　木下順庵　雨森芳洲　竹内弘行,上野日出刀著　明徳出版社　1991.11　257p　20cm　2900円　Ⓝ121
〔13383〕

◇大日本思想全集　第7巻　荻生徂徠集　太宰春台集―附・中井竹山・雨森芳洲　大日本思想全集刊行会　1931　453p　23cm　Ⓝ121
〔13384〕

◇対馬藩藩儒雨森芳洲の基礎的研究　泉澄一著　吹田　関西大学東西学術研究所　1997.11　589,40p　22cm　(関西大学東西学術研究所研究叢刊 10)4000円　①4-87354-239-1　Ⓝ121.54
〔13385〕

◆◆野中兼山

◇野中兼山　小川俊夫著　高知　高知新聞社　2001.1　177p　19cm　1500円　①4-87503-309-5　Ⓝ121.54
〔13386〕

◇野中兼山関係文書　高知県文教協会著　高知　1965　655p　22cm　Ⓝ121.45
〔13387〕

◇野中兼山と其の時代　平尾道雄著　高知　高知県文教協会　1970　250p　22cm　1000円　Ⓝ121.45
〔13388〕

◆◆山崎闇斎

◇会津藩に於ける山崎闇斎　前田恒治著　西沢書店　1935　271p　23cm　Ⓝ121　〔13389〕

◇紹宇存稿—垂加者の思ひ　近藤啓吾著　国書刊行会　2000.6　380p　22cm　12000円　Ⓘ4-336-04255-1　Ⓝ121.54　〔13390〕

◇大日本思想全集　第4巻　伊藤仁斎集　伊藤東涯集　山崎闇斎集　大日本思想全集刊行会　1932　461p　22cm　Ⓝ121　〔13391〕

◇日本イデオロギーの完成—山崎闇斎　村野豪著　高槻　出版樹々　2001.3　549p　22cm　Ⓝ121.54　〔13392〕

◇日本イデオロギーの完成—山崎闇斎　村野豪著　改訂版　高槻　出版樹々　2001.6　549p　22cm　Ⓝ121.54　〔13393〕

◇山崎闇斎　日本精神研究会編　世界創造社　1941　53p　15cm　（スメラ文庫）Ⓝ121　〔13394〕

◇山崎闇斎—日本朱子学と垂加神道　高島元洋著　ぺりかん社　1992.2　730,16p　22cm　12000円　Ⓘ4-8315-0543-9　Ⓝ121.54　〔13395〕

◇山崎闇斎　牛尾弘孝著　山崎町（兵庫県）　山崎町教育委員会　2005.3　68p　26cm　Ⓝ121.54　〔13396〕

◇山崎闇斎言行録　大橋長一郎著　内外出版協会　1909.5　119p　19cm　（偉人研究　第58編）Ⓝ289.1　〔13397〕

◇山崎闇斎全集　上巻　日本古典学会編　日本古典学会　1936　424p　23cm　Ⓝ121　〔13398〕

◇山崎闇斎全集　下巻　山崎闇斎著　日本古典学会編纂　名古屋　松本書店（発売）　1937.1　p425-832　23cm　Ⓝ121.54　〔13399〕

◇山崎闇斎全集　続 上,中巻　日本古典学会編　日本古典学会　1937　2冊　23cm　Ⓝ121　〔13400〕

◇山崎闇斎先生　出雲路通次郎編　京都　下御霊神社　1912　82p　22cm　Ⓝ121　〔13401〕

◇山崎闇斎先生詞堂碑帖　内田周平著　池上幸二郎　1943　6丁　24cm　Ⓝ121　〔13402〕

◇山崎闇斎先生の学問　阿部吉雄著　山崎町（兵庫県）　山崎町　1962　26p　13×18cm　Ⓝ121.45　〔13403〕

◇山崎闇斎と其門流　伝記学会編　明治書房　1938　348p　23cm　（伝記学会叢書　第1輯）Ⓝ121　〔13404〕

◇山崎闇斎と其門流　伝記学会編　増補　明治書房　1943　410p　21cm　Ⓝ121　〔13405〕

◇山崎闇斎の研究　近藤啓吾著　京都　神道史学会　1986.7　542p　22cm　（神道史研究叢書 13）8500円　Ⓝ121.54　〔13406〕

◇山崎闇斎の研究　続　近藤啓吾著　京都　神道史学会　1991.2　332p　22cm　（神道史研究叢書 15）8240円　Ⓘ4-653-02178-3　Ⓝ121.54　〔13407〕

◇山崎闇斎の研究　続々　近藤啓吾著　京都　神道史学会　1995.4　357p　22cm　（神道史研究叢書 16）9579円　Ⓘ4-653-03004-9　Ⓝ121.54　〔13408〕

◇山崎闇斎の政治理念　朴鴻圭著　東京大学出版会　2002.3　255,12p　22cm　6800円　Ⓘ4-13-036209-7　Ⓝ121.54　〔13409〕

◇山崎闇斎の世界　田尻祐一郎著　ぺりかん社　2006.7　317p　20cm　3800円　Ⓘ4-8315-1136-6　Ⓝ121.54　〔13410〕

◇山崎闇斎派之学説　法貴慶次郎編　佐藤政二郎　1902.6　93,106p　24cm　Ⓝ121　〔13411〕

◆◆梅田雲浜

◇梅田雲浜　北島正元著　地人書院　1943　311p　19cm　（維新勤皇遺文選書）Ⓝ289.1　〔13412〕

◇梅田雲浜関係史料　青木晦蔵,佐伯仲蔵編集　東京大学出版会　1976.11　1冊　22cm　（続日本史籍協会叢書）5000円　Ⓝ289.1　〔13413〕

◇梅田雲浜先生—勤王志士領袖安政大獄首魁　内田周平,佐伯仲蔵著　有朋堂書店　1933　217,13p　図版32枚　23cm　Ⓝ289.1　〔13414〕

◇梅田雲浜と維新秘史　梅田薫著　東京正生学院　1979.11　382p　19cm　1800円　Ⓝ289.1　〔13415〕

◆◆浅見絅斎

◇浅見絅斎　石田和夫著　明徳出版社　1990.2　245p　20cm　（叢書・日本の思想家 13）2233円　Ⓝ121.54　〔13416〕

◇浅見絅斎の研究　近藤啓吾著　京都　神道史学会　1970　446p　22cm　（神道史研究叢書 7）3000円　Ⓝ121.45　〔13417〕

◇浅見絅斎の研究　近藤啓吾著　増訂版　京都　神道史学会　1990.6　503p　22cm　（神道史研究叢書）11330円　Ⓘ4-653-02143-0　Ⓝ121.54　〔13418〕

◇靖献遺言　洗心洞箚記　浅見絅斎著　大塩平八郎著　有朋堂書店　1929　659p　18cm　Ⓝ121　〔13419〕

◇忠孝類説—絅斎先生遺稿　浅見絅斎著　大津　本屋宗治郎　1870　34丁　19cm　Ⓝ121.54　〔13420〕

◆◆佐藤直方

◇佐藤直方　吉田健舟著　明徳出版社　1990.10　244p　20cm　（叢書・日本の思想家 12）2524円　Ⓝ121.54　〔13421〕

◆◆貝原益軒

◇異例の書　貝原益軒著,水木ひろかず註訳　人と文化社　1989.2　172p　22cm　1000円　Ⓘ4-938587-14-9　Ⓝ121.54　〔13422〕

◇「江戸学」のすすめ—貝原益軒の『慎思録』を読む　久須本文雄著　佼成出版社　1992.11　297p　20cm　1700円　Ⓘ4-333-01589-8　Ⓝ121.54　〔13423〕

◇貝原益軒　沖野辰之助著　護国新報社　1899.1　118p　20cm　Ⓝ289.1　〔13424〕

◇貝原益軒　碧瑠璃園,渡辺霞亭著　大阪　巧人社（発売）　1935.10　263,41p　19cm　（偉人の少年時代）Ⓝ281　〔13425〕

◇貝原益軒　井上忠著　吉川弘文館　1963　370p　表　18cm　（人物叢書　日本歴史学会編）Ⓝ121.44　〔13426〕

◇貝原益軒　井上忠著　吉川弘文館　1989.2　371p　19cm　（人物叢書 新装版）1900円　Ⓘ4-642-05145-7　Ⓝ121.54　〔13427〕

◇貝原益軒　福岡　西日本新聞社　1993.7　190p　19cm　（西日本人物誌 1）Ⓘ4-8167-0342-X　Ⓝ121.54　〔13428〕

◇貝原益軒—天地和楽の文明学　横山俊夫編　平凡社　1995.12　388p　22cm　（京都大学人文科学研究所共同研究報告）3900円　Ⓘ4-582-70221-X　Ⓝ121.54　〔13429〕

◇貝原益軒言行録　秋山悟庵著　内外出版協会　1907.12　205p　19cm　（偉人研究　第11編）Ⓝ289.1　〔13430〕

◇貝原益軒言行録　上田南人著　東亜堂書房　1916　160p　18cm　（修養史伝　第7編）Ⓝ121　〔13431〕

◇貝原益軒言行録　秋山悟庵編著　第4版　大京堂出版部　1934　205p　19cm　（偉人研究　第11編）Ⓝ121

◇貝原益軒修養論　町田源太郎(柳塘)訳　崇文館　1912.6
307p　19cm　Ⓝ121　〔13433〕

◇貝原益軒処世訓―「慎思録」88のおしえ　久須本文雄著　講談社　1989.9　197,6p　20cm　1300円
①4-06-204232-0　Ⓝ121.54　〔13434〕

◇貝原益軒百話　浩然斎主人編　大学館　1910.1　165p　20cm　Ⓝ289.1　〔13435〕

◇貝原益軒百話　河村北溟著　求光閣　1911.3　183p　19cm　Ⓝ150　〔13436〕

◇貝原益軒「楽訓」を読む　無能唱元著　致知出版社　1999.8　175p　19cm　1200円　①4-88474-570-1　Ⓝ121.54　〔13437〕

◇家庭に於ける貝原益軒　伊東尾四郎著　丸善　1914　45,39p 図版16枚　22cm　Ⓝ121　〔13438〕

◇五〇歳から貝原益軒になる―心と体のことわざ養生術　山崎光夫監修　講談社　2006.11　238p　19cm　1400円
①4-06-213580-9　Ⓝ121.54　〔13439〕

◇上手に生きる養生訓　平野繁生著　日本実業出版社　2003.6　251p　19cm　1500円　①4-534-03582-9
〔13440〕

◇初学知要　貝原益軒著　益軒会編　益軒全集刊行部　1911.4　88p　22cm　(貝原益軒全集 巻2ノ内)Ⓝ121
〔13441〕

◇慎思録―現代語訳　貝原益軒著　伊藤友信訳　講談社　1996.3　262p　15cm　(講談社学術文庫)780円
①4-06-159219-X　Ⓝ121.54　〔13442〕

◇慎思録新釈　貝原益軒原著　小和田武紀編　明治書院　1940.10　8,341p　20cm　Ⓝ121.54　〔13443〕

◇人生訓―貝原益軒『家道訓』を読む　斎藤茂太訳・解説　三笠書房　1984.4　208p　19cm　890円
①4-8379-1256-7　Ⓝ121.54　〔13444〕

◇大日本思想全集　第5巻　貝原益軒集　平賀源内集―附・心学一派,石田梅巌集・手島堵庵集・中沢道二集　大日本思想全集刊行会　1931　494p　23cm　Ⓝ121
〔13445〕

◇旅する益軒『西北紀行』―山城・丹波・丹後・若狭・近江を巡る　西村隆夫著　大阪　和泉書院　1997.11　206p　19cm　2500円　①4-87088-872-6　Ⓝ121.54　〔13446〕

◇人間―この楽しきもの 貝原益軒『楽訓』を読む　斎藤茂太訳・解説　三笠書房　1984.5　197p　19cm　890円
①4-8379-1259-1　Ⓝ121.54　〔13447〕

◇人間としての最高の生きかた―貝原益軒の名著『家道訓』を読む　貝原益軒著,斎藤茂太訳・解説　三笠書房　1990.10　208p　19cm　1030円　①4-8379-1425-X
Ⓝ121.54　〔13448〕

◇養生訓―ほか　貝原益軒著　松田道雄訳　中央公論新社　2005.12　375p　18cm　(中公クラシックス　J27)1500円　①4-12-160085-1　Ⓝ121.54　〔13449〕

◇養生訓・和俗童子訓　貝原益軒著　石川謙校訂　岩波書店　1991.6　309p　19cm　(ワイド版岩波文庫)1000円　①4-00-007032-0　Ⓝ121.54　〔13450〕

◇五〇歳から貝原益軒になる―心と体のことわざ養生術　山崎光夫監修　講談社　2006.11　238p　19cm　1400円
①4-06-213580-9　〔13451〕

◆◆柴野栗山

◇志を嗣ぐ―後藤芝山から山田晋香 柴野栗山先生二百年祭記念　井下香泉著　高松　讃岐先賢顕彰会　2006.4　230p　19cm　1500円　Ⓝ121.5　〔13452〕

◇柴野栗山　福家惣衛著　牟礼村(香川県木田郡)　栗山顕彰会,丸亀文化同好会　1949　160p　22cm　Ⓝ121.47
〔13453〕

◇柴野栗山　福家惣衛著　高松　栗山顕彰会　2006　343p　30cm　Ⓝ121.54　〔13454〕

◇柴野栗山　小川太一郎著　高松　栗山顕彰会　2006.3　39p　30cm　Ⓝ121.54　〔13455〕

◇柴野栗山と寛政「異学の禁(異常な学問の禁止令)」―柴野栗山先生二百年祭記念　井下香泉著　牟礼町(香川県)　柴野栗山顕彰会　2005.11　74p　19cm　300円
Ⓝ121.54　〔13456〕

◇柴野栗山二百年祭記念誌　二百年祭実行委員会編　高松　二百年祭実行委員会　2007.6　89p　30cm　Ⓝ121.54
〔13457〕

◇柴野栗山の手紙　柴野栗山著　井下香泉解訳編　高松　讃岐先賢顕彰会　2004.10　76p　26cm　Ⓝ121.54
〔13458〕

◆◆菅茶山

◇菅茶山　藤井猛編著　福山　〔藤井猛〕　1981.6　134p　21cm　Ⓝ121.54　〔13459〕

◇菅茶山　藤井猛編著　増訂2版　福山　藤井猛　1981.10　137p　21cm　1300円　Ⓝ121.54　〔13460〕

◇菅茶山自然へのまなざし―菅茶山記念館第15回特別展　福山市かんなべ文化振興会菅茶山記念館編　福山　福山市かんなべ文化振興会菅茶山記念館　2007.10　39p　30cm　Ⓝ121.54　〔13461〕

◇菅茶山とその世界―黄葉夕陽文庫を中心に　広島県立歴史博物館編　福山　広島県立歴史博物館　1995.4　116p　30cm　(広島県立歴史博物館展示図録 第14冊)Ⓝ121.54
〔13462〕

◇菅茶山と頼家の人々―菅茶山記念館第四回特別展　菅茶山記念館編　神辺町(広島県)　菅茶山記念館　1996.11　55p　30cm　Ⓝ121.54　〔13463〕

◇菅茶山の師と弟子たち―菅茶山記念館第二回特別展図録　菅茶山記念館編　神辺町(広島県)　菅茶山記念館　1994.11　46p　21×30cm　Ⓝ121.54　〔13464〕

◇菅茶山とその世界　2　広島県立歴史博物館編　福山　広島県立歴史博物館　1998.4　96p　30cm　(広島県立歴史博物館展示図録 第22冊)Ⓝ121.54　〔13465〕

◇教育者菅茶山―菅茶山記念館第七回特別展　菅茶山記念館編　神辺町(広島県)　菅茶山記念館　2000.3　39p　30cm　Ⓝ121.54　〔13466〕

◇近世宮座の史的展開　安藤精一著　吉川弘文館　2005.5　269,4p　22cm　8000円　①4-642-03399-8　Ⓝ384.1
〔13467〕

◇黄葉夕陽村舎に憩う―平成17年度秋の企画展　広島県立歴史博物館編　福山　広島県立歴史博物館　2005.10　127p　30cm　(広島県立歴史博物館展示図録 第34冊―菅茶山とその世界 3)Ⓝ121.54　〔13468〕

◆◆蘆東山

◇蘆東山先生伝　芦文八郎編著　大東町(岩手県)　芦東山先生記念館　1995.5　306p　22cm　3000円　Ⓝ121.54
〔13469〕

◇芦東山先生とその後　芦文八郎著　〔芦文八郎〕　1979　32p　18cm　Ⓝ121.54　〔13470〕

◇芦東山日記　芦東山著　橘川俊忠校訂　平凡社　1998.3　502p　22cm　(神奈川大学日本常民文化叢書　4)5300円　①4-582-40614-9　Ⓝ121.54　〔13471〕

◇芦東山日記の一考察―宮崎石母田家中との関係　芦文八郎著　芦文八郎　1979　25p　25cm　Ⓝ121.54

◇東山研究　第3集　芦文八郎著　芦文八郎　1982　42p　26cm　Ⓝ121.54　〔13473〕
◇東山研究　第4集　芦東山先生記念館編　大東町（岩手県）〔芦山先生記念館〕1983.8　60p　26cm　Ⓝ121.54　〔13474〕
◇東山研究　第5集　芦東山先生記念館編　大東町（岩手県）〔芦山先生記念館〕1984.9　46p　26cm　Ⓝ121.54　〔13475〕

◆◆帆足万里
◇大いなり帆足万里先生―郷土日出町の碩学　日出町教育委員会著　日出町文化財保護委員会監修　日出町（大分県）帆足万里祭実行委員会　1991.6　64p　21cm　Ⓝ121.54　〔13476〕
◇万里祭記念講演集　日出町（大分県）　万里図書館　1968　50p　22cm　（図書館叢書　第1集）非売　Ⓝ121.47　〔13477〕
◇帆足万里　帯刀次六著　中山香村（大分県）　環翠書院　1913　182p　19cm　Ⓝ121　〔13478〕
◇帆足万里　帆足図南次著　吉川弘文館　1966　281p　18cm　（人物叢書　日本歴史学会編）Ⓝ121.47　〔13479〕
◇帆足万里　帆足図南次著　吉川弘文館　1990.1　281p　19cm　（人物叢書　新装版）1760円　①4-642-05183-X　Ⓝ121.54　〔13480〕
◇帆足万里全集　上,下巻　日出町（大分県）　帆足記念図書館　1926　2冊　23cm　Ⓝ121　〔13481〕
◇帆足万里先生小伝―日出っ子よ学んで欲しい　宇野木好雄著　日出町（大分県）〔宇野木好雄〕1991.3　114p　19cm　非売品　Ⓝ121.54　〔13482〕
◇帆足万里先生門人考　高橋英義編著　日出町（大分県）町立万里図書館　1981.6　100p　21cm　非売品　Ⓝ121.54　〔13483〕
◇帆足万里と医学　帆足図南次著　甲陽書房　1983.11　148p　20cm　1500円　Ⓝ121.54　〔13484〕
◇帆足万里の世界　狭間久著　大分　大分合同新聞社　1993.6　251p　19cm　3500円　Ⓝ121.54　〔13485〕
◇帆足万里の手紙集―研究資料　古賀了介解読　久米忠臣編　杵築　きつき松平藩研究会　1992.2　135p　26cm　非売品　Ⓝ121.54　〔13486〕

◆◆池田草庵
◇池田草庵研究　木南卓一著　枚方　〔木南卓一〕1987.9　1冊　22cm　Ⓝ121.54　〔13487〕
◇池田草菴全集　第1編　池田草菴先生著作集　青谿書院保存会編　八鹿町（兵庫県）池田草菴全集編集委員会　1981.9　1157,161p　22cm　18000円　Ⓝ121.54　〔13488〕
◇池田草庵先生―生涯とその精神　木南卓一執筆　八鹿町（兵庫県）池田草菴百年祭記念事業実行委員会　1976.10　106p　22cm　非売品　Ⓝ121.54　〔13489〕
◇但馬聖人　豊田小八郎著,池田粂次郎補　八鹿町（兵庫県）青谿書院保存会　1983.9　1冊　21cm　Ⓝ121.54　〔13490〕
◇レトリックとしての江戸　スミエ・ジョーンズ述　京都国際日本文化研究センター　1992.9　63p　21cm　（日文研フォーラム　第19回）Ⓝ210.5　〔13491〕

◆◆村瀬太乙
◇村瀬太乙―詩書画の三絶　作品・詩鈔　向井桑人著　名古屋　愛知県郷土資料刊行会　1981.10　193p　21cm　1500円　Ⓝ121.54　〔13492〕
◇村瀬太乙の生涯　吉田暁一郎著　限定版　犬山　県政新聞社　1964　120p（図版53p共）　22cm　Ⓝ121.47　〔13493〕

◆◆横井小楠
◇小楠と天道覚明論　坂田大著　熊本　坂田情報社　1963　160p　19cm　Ⓝ121.47　〔13494〕
◇新編横井小楠の詩　井上司朗著　熊本　〔井上司朗〕1991.5　180p　19cm　952円　Ⓝ121.54　〔13495〕
◇大義を世界に―横井小楠の生涯　石津達也著　東洋出版　1998.8　272p　19cm　1600円　①4-8096-7255-7　〔13496〕
◇なるほど！横井小楠　徳永洋著　松本　〔徳永洋〕1994.2　42,16p　19cm　Ⓝ121.54　〔13497〕
◇日本精神研究　第1　横井小楠の思想及信仰　大川周明著　社会教育研究所　1924　44p　22cm　Ⓝ121.1　〔13498〕
◇白墓の声―横井小楠暗殺事件の深層　栗谷川虹著　新人物往来社　2004.1　205p　19cm　1500円　①4-404-03173-4　〔13499〕
◇発見！感動!!横井小楠―郷土の偉人に魅せられて　徳永洋著　熊本　〔徳永洋〕2000.6　179p　19cm　1500円　Ⓝ121.54　〔13500〕
◇横井小楠　上田庄三郎著　啓文社　1942　274p　19cm　Ⓝ289.1　〔13501〕
◇横井小楠　圭室諦成著　吉川弘文館　1967　356p　18cm　（人物叢書　日本歴史学会編）Ⓝ121.47　〔13502〕
◇横井小楠　松浦玲著　朝日新聞社　1976　291p　20cm　（朝日評伝選 8）1200円　Ⓝ121.47　〔13503〕
◇横井小楠　山崎正董著　大和学芸図書　1977.10　2冊　23cm　15000,11000円　Ⓝ121.47　〔13504〕
◇横井小楠　圭室諦成著　吉川弘文館　1988.12　356p　19cm　（人物叢書　新装版）1900円　①4-642-05140-6　Ⓝ121.54　〔13505〕
◇横井小楠―「開国」と「公議」を中心に　李雲著　富士ゼロックス小林節太郎記念基金編　富士ゼロックス小林節太郎記念基金　1992.7　39p　26cm　非売品　Ⓝ121.54　〔13506〕
◇横井小楠　堤克彦著　福岡　西日本新聞社　1999.3　221p　19cm　（西日本人物誌 11）1500円　①4-8167-0478-7　Ⓝ121.54　〔13507〕
◇横井小楠―その思想と行動　三上一夫著　吉川弘文館　1999.3　218p　19cm　（歴史文化ライブラリー 62）1700円　①4-642-05462-6　Ⓝ121.54　〔13508〕
◇横井小楠―儒学的正義とは何か　松浦玲著　増補版　朝日新聞社　2000.2　401,7p　19cm　（朝日選書 645）1500円　①4-02-259745-3　Ⓝ121.54　〔13509〕
◇横井小楠―維新の青写真を描いた男　徳永洋著　新潮社　2005.1　205p　18cm　（新潮新書）680円　①4-10-610101-7　〔13510〕
◇横井小楠遺稿　横井小楠著　山崎正董著　復刻　周南　マツノ書店　2006.5　971,28p　28cm　18000円　Ⓝ121.54　〔13511〕
◇横井小楠関係史料　山崎正董編　東京大学出版会　1977.2-6　2冊　22cm　（続日本史籍協会叢書）各5000円　Ⓝ121.54　〔13512〕
◇横井小楠研究入門　松井康秀著　北九州　松井康秀　1978.11　27p　26cm　非売品　Ⓝ121.47　〔13513〕
◇横井小楠シンポジウム報告書―熊本が生んだ幕末・維新

の思想家 生誕190年・没後130年　熊本　横井小楠フェスティバル実行委員会　2000.2　52p　26cm　Ⓝ121.54
〔13514〕

◇横井小楠先生　熊本県教育会上益城郡支会沼山津分会編　隆文館　1921　70,6p　22cm　Ⓝ121
〔13515〕

◇横井小楠伝　山崎正董著　復刻　周南　マツノ書店　2006.1　1冊　22cm　18000円　Ⓝ121.54
〔13516〕

◇横井小楠伝　上,中,下　山崎正董著　日新書院　1942　3冊　19cm　Ⓝ121
〔13517〕

◇横井小楠とその弟子たち　徳永新太郎著　評論社　1979.9　261p　19cm　(日本人の行動と思想 43)1500円　Ⓝ121.47
〔13518〕

◇横井小楠と道徳哲学―総合大観の行方　山崎益吉著　高文堂出版社　2003.1　274p　19cm　2381円　①4-7707-0692-8　Ⓝ121.54
〔13519〕

◇横井小楠と松平春岳　高木不二著　吉川弘文館　2005.2　217p　20cm　(幕末維新の個性 2)2600円　①4-642-06282-3　Ⓝ214.4
〔13520〕

◇横井小楠の新政治社会像―幕末維新変革の軌跡　三上一夫著　京都　思文閣出版　1996.4　190p　21cm　3296円　①4-7842-0903-4　Ⓝ121.54
〔13521〕

◇横井小楠のすべて　源了円ほか編　新人物往来社　1998.3　256p　20cm　2800円　①4-404-02568-8　Ⓝ121.54
〔13522〕

◇横井小楠の「天地公共の実理」をめぐって―幕末儒学と国際化　沖田行司著　京都　同志社　2007.2　27p　19cm　(新島講座 第26回(2006))500円　Ⓝ121.54
〔13523〕

◇横井小楠評伝　佐々木憲徳著　御船町(熊本県)　文化新報社　1966　86p　18cm　(文化新報叢書 第25集)Ⓝ121.47
〔13524〕

◆陽明学派
◇今、読み解く重職心得箇条　萩原裕雄著　アートブック本の森　2001.12　135p　19cm　1300円　①4-87693-841-5　Ⓝ121.55
〔13525〕

◇伊予大洲藩新谷藩教学の研究　桜井久次郎著　松山　大洲藩史料研究所　1971　153p　21cm　(伊予大洲藩論叢 第7編)400円　Ⓝ121.5
〔13526〕

◇言志録講話―付・王陽明物語　山田準著　明徳出版社　1998.11　145p　19cm　1200円　①4-89619-147-1　Ⓝ121.55
〔13527〕

◇正墻適処　正墻明著　〔正墻明〕　1988.8　71p　20cm　非売品　Ⓝ121.55
〔13528〕

◇正墻適処とその系譜　小谷恵造ほか著,正墻適処顕彰展実行委員会編　倉吉　正墻適処顕彰展実行委員会　1988.10　207p 図版12枚　22cm　Ⓝ121.55
〔13529〕

◇中根東里　篠崎源三著　佐野　知松庵跡宝竜寺　1974　51p　22cm　非売品　Ⓝ121.59
〔13530〕

◇日本人の心を育てた陽明学―現代人は陽明学から何を学ぶべきか　吉田和男著　大阪　恒星出版　2002.4　277p　20cm　(カルチャーフロンティアシリーズ)1500円　①4-907856-09-1　Ⓝ121.55
〔13531〕

◇日本における陽明学　吉田公平著　ぺりかん社　1999.12　260,8p　22cm　4700円　①4-8315-0921-3　Ⓝ121.55
〔13532〕

◇日本における陽明学の系譜　安藤英男著　新人物往来社　1971　226,4p　20cm　780円　Ⓝ121.5
〔13533〕

◇日本陽明学奇蹟の系譜　大橋健二著　叢文社　1995.5　445p　20cm　2900円　①4-7947-0228-0　Ⓝ121.55
〔13534〕

◇日本陽明学奇蹟の系譜　大橋健二著　改訂版　叢文社　2006.12　445p　19cm　2500円　①978-4-7947-0558-7　Ⓝ121.55
〔13535〕

◇日本陽明学派之哲学　井上哲次郎著　富山房　1900.10　631p　19cm　Ⓝ121
〔13536〕

◇日本陽明学派之哲学　井上哲次郎著　新訂　富山房　1938　420p　18cm　(富山房百科文庫 第28)Ⓝ121
〔13537〕

◇日本陽明学派の哲学　井上哲次郎著　新訂版　富山房　1945　420p*図版　15cm　(富山房百科文庫)Ⓝ121.5
〔13538〕

◇日本陽明学派之哲学　井上哲次郎著　新訂版　富山房　1945　420p　15cm　(富山房百科文庫)Ⓝ121
〔13539〕

◇林良斎研究　木南卓一著　枚方　〔木南卓一〕　1983.9　1冊　22cm　Ⓝ121.55
〔13540〕

◇東沢瀉　野口善敬著　明徳出版社　1994.5　225p　20cm　(シリーズ陽明学 35)2400円　①4-89619-935-9　Ⓝ121.55
〔13541〕

◇肥後藩之陽明学　上妻博之著　熊本　私立九州学院学友会　1921　29p　23cm　Ⓝ121
〔13542〕

◇淵岡山　古川治著　明徳出版社　2000.3　254p　20cm　(シリーズ陽明学 21)2500円　①4-89619-921-9　Ⓝ121.55
〔13543〕

◇三島中洲　中田勝著　明徳出版社　1990.6　190p　20cm　(シリーズ陽明学 34)2233円　Ⓝ121.55
〔13544〕

◇三輪執斎の文書　三輪執斎著　植野徹編　津名町(兵庫県)〔植野徹〕　2000　127p　19×26cm　Ⓝ121.55
〔13545〕

◇陽明学十講　安岡正篤著,二松学舎大学陽明学研究所編　二松学舎大学陽明学研究所　1981.10　292p　20cm　1900円　Ⓝ121.55
〔13546〕

◇陽明学と抜本塞源論　山田準著　日本文化協会　1936　52p　19cm　(日本文化小輯 第18)Ⓝ121
〔13547〕

◇陽明学派　下巻　小柳司気太校　春陽堂　1936　476p　20cm　(大日本文庫 儒教篇)Ⓝ121
〔13548〕

◇陽明学派の人物　石崎東国著　大阪　前川書店　1912　176p　23cm　Ⓝ121
〔13549〕

◇陽明哲学四言教講義と歌集―附・大村道慈翁歌若干首　三輪執斎遺著　蓬累軒東敬治編　陽明学会　1922　113,4p　16cm　Ⓝ121
〔13550〕

◆◆中江藤樹
◇近江聖人　峡北隠士著　魚住書店　1900.11　84p　23cm　Ⓝ289.1
〔13551〕

◇近江聖人　村井弦斎著　2版　東京堂〔ほか〕　1903.1　104,128p　16cm　Ⓝ289.1
〔13552〕

◇近江聖人中江藤樹　大久保竜著　啓文社　1937　306p　20cm　Ⓝ121
〔13553〕

◇近江聖人百話　南山隠士著　大学館　1910　158p　19cm　Ⓝ289.1
〔13554〕

◇翁問答　中江藤樹著,加藤盛一校註　岩波書店　1989.3　255p　15cm　(岩波文庫 33-036-1)500円　①4-00-330361-X　Ⓝ121.55
〔13555〕

◇鑑草―付春風・陰騭　中江藤樹著,加藤盛一校注　岩波書店　1989.10　319p　15cm　(岩波文庫 33-036-2)553円　①4-00-330362-8　Ⓝ121.55
〔13556〕

◇近世の死生観―徳川前期儒教と仏教　高橋文博著　ぺりかん社　2006.5　290p　22cm　4000円　①4-8315-1135-8　Ⓝ121.53
〔13557〕

◇時代のこころ人のこころ―中江藤樹に学ぶ 熱血和尚の

◇にんげん説法3　栢木寛照著　二期出版　1994.4　230p　20cm　1400円　①4-89050-238-6　Ⓝ159
〔13558〕

◇少年中江藤樹伝　三浦藤作著　大同館　1939　288p　20cm　Ⓝ121
〔13559〕

◇新撰妙好人伝　第4編　中江藤樹　富士川遊著　正信協会編　厚徳書院　1937　42p　23cm　Ⓝ281
〔13560〕

◇聖人中江藤樹　柴田甚五郎著　弘学社　1937　256p　23cm　Ⓝ121
〔13561〕

◇先哲叢書　第1篇　中江藤樹先生　先哲研究会編　滋賀県今津町　滋賀県立今津中学校　1937　193p　23cm　Ⓝ121
〔13562〕

◇大日本思想全集　第2巻　中江藤樹集　熊沢蕃山集　大日本思想全集刊行会　1935　454p　20cm　Ⓝ121
〔13563〕

◇藤樹学　藤田覚著　広島　藤樹会　1996.11　276p　26cm　3000円　Ⓝ121.55
〔13564〕

◇藤樹学の成立に関する研究　木村光徳著　風間書房　1971　816,59p　22cm　9400円　Ⓝ121.5
〔13565〕

◇藤樹書院文献調査報告書　安曇川町(滋賀県)　安曇川町　1993.2　117p　26cm　Ⓝ121.55
〔13566〕

◇藤樹先生年譜　川田剛著　京都　山鹿善兵衛　1893.4　8丁　20cm　Ⓝ289.1
〔13567〕

◇中江藤樹―家庭訓話　佐藤緑葉著　岡村書店　1909.9　196p　19cm　Ⓝ289.1
〔13568〕

◇中江藤樹　島田正蔵,松本浩記共編　再版　中文館書店　1929.6　60p　19cm　(学習室文庫 第5期)Ⓝ121.55
〔13569〕

◇中江藤樹　加藤盛一著　啓文社　1939　200p　20cm　Ⓝ121
〔13570〕

◇中江藤樹　大倉桃郎著　大日本雄弁会講談社　1940.12　320,6p　19cm　(偉人伝文庫 7)Ⓝ121.55
〔13571〕

◇中江藤樹　加藤盛一著　文教書院　1942　257p　19cm　(日本教育先哲叢書 5)Ⓝ121
〔13572〕

◇中江藤樹　高橋俊乗著　弘文堂　1942　157p　18cm　Ⓝ121
〔13573〕

◇中江藤樹　今堀文一郎著　愛隆堂　1959　157p　19cm　Ⓝ121.51
〔13574〕

◇中江藤樹　清水安三著　東出版　1967　344p　19cm　Ⓝ121.51
〔13575〕

◇中江藤樹　渡部武著　清水書院　1974　205p　19cm　(Century books)400円　Ⓝ121.51
〔13576〕

◇中江藤樹　山住正己著　朝日新聞社　1977.10　269p　20cm　(朝日評伝選 17)1200円　Ⓝ121.51
〔13577〕

◇中江藤樹　古川治著　明徳出版社　1990.2　230p　20cm　(シリーズ陽明学 20)2233円　Ⓝ121.55
〔13578〕

◇中江藤樹―天寿学原理　太田竜著　泰流社　1994.12　384p　20cm　3000円　①4-8121-0099-2　Ⓝ121.55
〔13579〕

◇中江藤樹―近江聖人と慕われたまごころの教育者　千葉ひろ子文　遠藤恵美子絵　新教育者連盟　2005.1　139p　21cm　(子供のための伝記シリーズ 1)953円　①4-902757-00-1　Ⓝ121.55
〔13580〕

◇中江藤樹―道に志し孝を尽くし徳を養う生き方　久保田暁一著　致知出版社　2006.8　205p　20cm　1600円　①4-88474-750-X　Ⓝ121.55
〔13581〕

◇中江藤樹・異形の聖人―ある陽明学者の苦悩と回生　大橋健二著　現代書館　2000.12　286p　20cm　2500円　①4-7684-6790-3　Ⓝ121.55
〔13582〕

◇中江藤樹研究　第1巻　中江藤樹伝及び道統　後藤三郎著　理想社　1970　334p　22cm　1400円　Ⓝ121.51
〔13583〕

◇中江藤樹言行録　中里介山著　内外出版協会　1907.12　170p　19cm　(偉人研究 第10編)Ⓝ289.1
〔13584〕

◇中江藤樹言行録　原坦嶺著　東亜堂書房　1918　174p　19cm　(修養史伝 第20編)Ⓝ121
〔13585〕

◇中江藤樹 人生百訓　中江彰著　致知出版社　2007.7　229p　19cm　1500円　①978-4-88474-781-7
〔13586〕

◇中江藤樹先生　神戸酒商青年会編　神戸　神戸酒商青年会　1927　17p　19cm　Ⓝ121
〔13587〕

◇中江藤樹先生略伝　上原七右衛門著　大溝町(滋賀県)　上原斯文堂　1911.9　9p　19cm　Ⓝ289.1
〔13588〕

◇中江藤樹とその教育　後藤三郎著　新紀元社　1944　238p　19cm　Ⓝ121
〔13589〕

◇中江藤樹のことば―素読用　中江藤樹著　中江彰編　大阪　明德出版社(発売)　2006.8　68p　26cm　(サムライスピリット 2)619円　①4-89619-453-5　Ⓝ121.55
〔13590〕

◇中江藤樹の儒学―その形成史的研究　山本命著　風間書房　1977.2　654p　22cm　13200円　Ⓝ121.51
〔13591〕

◇中江藤樹の生涯と思想―藤樹学の現代的意義　高柳俊哉著　行人社　2004.10　241,3p　22cm　2800円　①4-905978-65-3　Ⓝ121.55
〔13592〕

◇中江藤樹の人生観　陶山務著　第一書房　1943　356p　19cm　Ⓝ121
〔13593〕

◇中江藤樹の総合的研究　古川治著　ぺりかん社　1996.2　815,20p　22cm　14420円　①4-8315-0720-2　Ⓝ121.55
〔13594〕

◇中江藤樹の人間学的研究　下程勇吉著　柏　広池学園出版部　1994.6　323p　22cm　4500円　①4-89205-369-4　Ⓝ121.55
〔13595〕

◇中江藤樹百話　河村北溟著　求光閣　1911.3　180p　19cm　(教訓叢話)Ⓝ150
〔13596〕

◇中江藤樹文集　武笠三校　有朋堂書店　1926　552p　18cm　(有朋堂文庫)Ⓝ121
〔13597〕

◇中江藤樹論語　百川元著　教材社　1941　158p　19cm　Ⓝ121
〔13598〕

◆◆熊沢蕃山

◇大いなる蕃山　茂木光春著　文芸社　2007.6　329p　20cm　1600円　①978-4-286-02927-6　Ⓝ121.55
〔13599〕

◇北小路俊光日記抄　井上通泰校　聚精堂　1911.10　171p　25cm　(蕃山遺材 巻1)Ⓝ289.1
〔13600〕

◇熊沢蕃山　塚越芳太郎著　民友社　1898.3　570p　20cm　Ⓝ289.1
〔13601〕

◇熊沢蕃山　奥田義人著　博文館　1915　292,24p　22cm　(偉人伝叢書 第7冊)Ⓝ121
〔13602〕

◇熊沢蕃山　高瀬武次郎著　和邇村(滋賀県)　熊沢光造　1937　62p　19cm　Ⓝ121
〔13603〕

◇熊沢蕃山　後藤三郎著　文教書院　1942　220p　19cm　(日本教育先哲叢書 6)Ⓝ121
〔13604〕

◇熊沢蕃山　和田伝著　偕成社　1942　282p　19cm　(伝記文庫)Ⓝ121
〔13605〕

◇熊沢蕃山―人物・事績・思想　宮崎道生著　新人物往来社　1995.5　251p　20cm　2500円　①4-404-02207-7　Ⓝ121.55
〔13606〕

◇熊沢蕃山―その生涯と思想　吉田俊純著　吉川弘文館

◇熊沢蕃山教訓録　柘城学人著　中村書院　1911.4　188p　19cm　Ⓝ150　〔13608〕

◇熊沢蕃山教訓録　柘城学人著　中村書院　1911.4　188p　19cm　Ⓝ289.1　〔13609〕

◇熊沢蕃山言行録　本田無外編　内外出版協会　1908.2　201p　19cm　（偉人研究叢書 第17編）Ⓝ289.1　〔13610〕

◇熊沢蕃山言行録　畠山秋更著　東亜堂書房　1917　172p　19cm　（修養史伝 第13編）Ⓝ121　〔13611〕

◇熊沢蕃山と佐久間象山　金子鷹之助著　日本放送出版協会　1941　199p　18cm　（ラジオ新書 48）Ⓝ121　〔13612〕

◇熊沢蕃山の研究　宮崎道生著　京都　思文閣出版　1990.2　654,32p　22cm　11000円　Ⓘ4-7842-0585-3　Ⓝ121.55　〔13613〕

◇熊沢蕃山論語　岡山研堂著　教材社　1941　138p　18cm　Ⓝ121　〔13614〕

◇山林家としての蕃山　岡山県山林会編　岡山　岡山県山林会　1903.4　44p　19cm　Ⓝ289.1　〔13615〕

◇達人熊沢蕃山　安岡正篤著　金鶏学院　1930　32p　22cm　（人物研究叢刊 第11）Ⓝ121　〔13616〕

◇達人熊沢蕃山—附・蕃山先生農政論抄　安岡正篤著　篤農協会　1933　55p　23cm　（篤農協会叢書 第1）Ⓝ121　〔13617〕

◇藤樹先生詳伝　川越森之助,小川喜代蔵著　大溝町（滋賀県）　上原斯文堂　1908.6　88p　20cm　Ⓝ289.1　〔13618〕

◇藤樹先生贈位奉告祭常省先生二百年祭記念帖　青柳村（滋賀県）　藤樹書院　1909.3　49p 図版74枚　16×22cm　Ⓝ289.1　〔13619〕

◇日本の開明思想—熊沢蕃山と本多利明　中沢護人,森数男著　紀伊國屋書店　1970　187p　18cm　（紀伊国屋新書）300円　Ⓝ121.02　〔13620〕

◇日本の開明思想—熊沢蕃山と本多利明　中沢護人,森数男著　紀伊國屋書店　1994.1　187p　20cm　（精選復刻紀伊国屋新書）1800円　Ⓘ4-314-00671-4　Ⓝ121.5　〔13621〕

◇反近代の精神熊沢蕃山　大橋健二著　勉誠出版　2002.6　392p　22cm　（遊学叢書 27）4500円　Ⓘ4-585-04087-0　Ⓝ121.55　〔13622〕

◇蕃山考　井上通泰著　岡山　岡山県　1902,36　2冊（72,続68p）23cm　Ⓝ289.1　〔13623〕

◇蕃山先生二百二十年祭記事　中村正躬編　古河町（茨城県）　古河郷友会事務所　1910.10　85p　22cm　Ⓝ289.1　〔13624〕

◇蕃山先生年譜　片山重範編　平野献太郎　1890.9　22丁　24cm　Ⓝ289.1　〔13625〕

◇慕賢録—熊沢伯継伝　秋山弘道著　成ün元美訂　岡山　岡山県　1901.11　26丁　22cm　Ⓝ289.1　〔13626〕

◇三輪物語—自筆本　熊沢蕃山著　宮崎道生編・校訂　桜井　三輪明神大神神社　1991.8　675p　22cm　8600円　Ⓘ4-7842-0683-2　Ⓝ121.55　〔13627〕

◆◆佐藤一斎

◇いかに生き、いかに死すべきか—佐藤一斎「言志録」に学ぶ生き方の極意　福田常雄著　廣済堂出版　1997.8　213p　18cm　（Kosaido books）857円　Ⓘ4-331-00781-2　Ⓝ121.55　〔13628〕

◇生き方ルネサンス—佐藤一斎の思想　鈴木恭一著　リーベル出版　1996.1　271p　19cm　2060円　Ⓘ4-89798-515-3　Ⓝ121.55　〔13629〕

◇大塩中斎・佐藤一斎　山田準著　啓文社　1939　201p　20cm　Ⓝ121　〔13630〕

◇近世儒家文集集成　第16巻　愛日楼全集　相良亨ほか編　佐藤一斎著　荻生茂博編・解説　ぺりかん社　1999.3　725p　27cm　26000円　Ⓘ4-8315-0860-8　Ⓝ121.55　〔13631〕

◇佐藤一斎　佐藤一斎著,山崎道夫著　明徳出版社　1989.5　224p　20cm　（シリーズ陽明学 24）2300円　Ⓝ121.55　〔13632〕

◇佐藤一斎上に立つ者の教え「重職心得箇条」　月岡兎平著　中経出版　2002.1　141p　20cm　900円　Ⓘ4-8061-1580-0　Ⓝ121.55　〔13633〕

◇佐藤一斎—克己の思想　栗原剛著　講談社　2007.7　278p　19cm　（再発見日本の哲学）1400円　Ⓘ978-4-06-278751-2　Ⓝ121.55　〔13634〕

◇佐藤一斎「重職心得箇条」を読む　安岡正篤著　致知出版社　1995.4　96p　18cm　800円　Ⓘ4-88474-360-1　Ⓝ121.55　〔13635〕

◇佐藤一斎全集　第2巻　詩文類 上　明徳出版社　1991.5　422p　22cm　9300円　Ⓝ121.55　〔13636〕

◇佐藤一斎全集　第3巻　詩文類 下　明徳出版社　1992.5　280p　22cm　7500円　Ⓝ121.55　〔13637〕

◇佐藤一斎全集　第4巻　欄外書類 1　明徳出版社　1992.12　549p　22cm　12000円　Ⓘ4-89619-704-6　Ⓝ121.55　〔13638〕

◇佐藤一斎全集　第5巻　欄外書類 2　佐藤一斎著　岡田武彦監修　明徳出版社　1998.8　397p　22cm　9000円　Ⓘ4-89619-705-4　Ⓝ121.55　〔13639〕

◇佐藤一斎全集　第6巻　欄外書類 3　明徳出版社　1994.1　529p　22cm　12000円　Ⓘ4-89619-706-2　Ⓝ121.55　〔13640〕

◇佐藤一斎全集　第7巻　欄外書類 4　明徳出版社　1994.11　623p　22cm　15000円　Ⓘ4-89619-707-0　Ⓝ121.55　〔13641〕

◇佐藤一斎全集　第8巻　欄外書類 5　明徳出版社　1996.2　307p　22cm　7800円　Ⓘ4-89619-708-9　Ⓝ121.55　〔13642〕

◇佐藤一斎全集　第9巻　欄外書類 6　佐藤一斎著　岡田武彦監修　明徳出版社　2002.4　832p　22cm　16000円　Ⓘ4-89619-709-7　Ⓝ121.55　〔13643〕

◇佐藤一斎全集　第13巻　腹暦 上　佐藤一斎著　岡田武彦監修　明徳出版社　1998.12　1249p　22cm　17000円　Ⓘ4-89619-713-5　Ⓝ121.55　〔13644〕

◇佐藤一斎全集　第14巻　腹暦 下　佐藤一斎著　岡田武彦監修　明徳出版社　2003.8　1114,29p　22cm　18000円　Ⓘ4-89619-714-3　Ⓝ121.55　〔13645〕

◇佐藤一斎と其門人　高瀬代次郎著　南陽堂本店　1922　868,2p 図版14枚　23cm　Ⓝ121　〔13646〕

◇佐藤一斉と其門人　高瀬代次郎著　鳳文書館　1985.7　868,2p 図版14枚　22cm　Ⓝ121.55　〔13647〕

◇佐藤一斎「人の上に立つ人」の勉強　佐藤一斎著　坂井昌彦訳　三笠書房　2002.4　130p　19cm　900円　Ⓘ4-8379-1952-9　Ⓝ121.55　〔13648〕

◇真釈佐藤一斎「重職心得箇条」　佐藤一斎原著　深沢賢治著　石川梅次郎監修　小学館　2002.3　166p　15cm　（小学館文庫）714円　Ⓘ4-09-418002-8　Ⓝ121.55　〔13649〕

◇大儒佐藤一斎　亀井一雄著　金鶏学院　1931　34p　22cm　（人物研究叢刊 第14）Ⓝ121　〔13650〕

◇大日本思想全集　第16巻　大塩平八郎集　佐藤一斎集　大日本思想全集刊行会　1931　478p　23cm　Ⓝ121
〔13651〕

◇誰でもわかる重職心得箇条―マネジメントの真髄十七カ条　佐藤一斎著　平凡社　2001.12　61p　18cm　500円　Ⓘ4-582-61003-X　Ⓝ121.55
〔13652〕

◆◆◆言志四録

◇いかに人物たり得るか―佐藤一斎『言志四録』をどう読むか　神渡良平著　三笠書房　1993.11　325p　20cm　2000円　Ⓘ4-8379-1526-4　Ⓝ121.55
〔13653〕

◇おじいちゃんとぼく―親子で読む「言志四録」佐藤一斎さんからの伝言　恵那　いわむら一斎塾　2006.2　32p　25cm　1050円　Ⓝ121.55
〔13654〕

◇言志四録―座右版　佐藤一斎著　久須本文雄全訳注　講談社　1994.12　913,17p　20cm　4500円　Ⓘ4-06-207292-0　Ⓝ121.55
〔13655〕

◇言志四録―現代語抄訳　佐藤一斎著　岬龍一郎編訳　PHP研究所　2005.6　254p　19cm　1200円　Ⓘ4-569-64258-6　Ⓝ121.55
〔13656〕

◇「言志四録」を読む　井原隆一著　プレジデント社　1997.9　422p　20cm　2400円　Ⓘ4-8334-1639-5　Ⓝ121.55
〔13657〕

◇「言志四録」心の名言集　佐藤一斎著　久須本文雄訳　細川景一編　講談社　2004.9　221p　19cm　1600円　Ⓘ4-06-212384-3　Ⓝ121.55
〔13658〕

◇佐藤一斎「言志四録」を読む　神渡良平著　致知出版社　2003.2　250p　19cm　1600円　Ⓘ4-88474-640-6　Ⓝ121.55
〔13659〕

◇佐藤一斎全集　第11巻　言志四録　上　明徳出版社　1991.11　339p　22cm　8400円　Ⓝ121.55
〔13660〕

◇佐藤一斎全集　第12巻　言志四録　下　明徳出版社　1993.6　354,47p　22cm　9000円　Ⓘ4-89619-712-7　Ⓝ121.55
〔13661〕

◇佐藤一斎「南洲手抄言志録101カ条」を読む　福田常雄著　致知出版社　1996.3　246p　18cm　1000円　Ⓘ4-88474-382-2　Ⓝ121.55
〔13662〕

◇自分を磨く―名著『言志四録』を読む　赤根祥道著　三笠書房　1987.3　281p　19cm　1000円　Ⓘ4-8379-1323-7　Ⓝ121.55
〔13663〕

◇儒教に学ぶ福祉の心―『言志四録』を読む　京極高宣著　明徳出版社　2001.9　244p　19cm　1900円　Ⓘ4-89619-156-0　Ⓝ121.55
〔13664〕

◇新説言志録　荻原井泉水著　春秋社　1958　242p　19cm　Ⓝ121.46
〔13665〕

◇新編言志四録―人生の知恵五〇〇の座右言　井原隆一著　京都　PHP研究所　1987.3　288p　15cm　（PHP文庫　イ-62）450円　Ⓘ4-569-26106-X　Ⓝ121.55
〔13666〕

◇人間学言志録　越川春樹著　以文社　1984.11　285,4p　20cm　2000円　Ⓝ121.55
〔13667〕

◇人間は一生学ぶことができる―佐藤一斎「言志四録」にみる生き方の智慧　谷沢永一, 渡部昇一著　PHP研究所　2007.5　261p　20cm　1500円　Ⓘ978-4-569-69067-4　Ⓝ121.55
〔13668〕

◇晩成運―佐藤一斎「言志てつ録」に学ぶ　金重瑞夫著　日新報道　2004.1　249p　19cm　1400円　Ⓘ4-8174-0561-9　Ⓝ121.55
〔13669〕

◆◆大塩平八郎

◇大塩中斎　竹内弘行, 角田達朗著　明徳出版社　1994.10　254p　20cm　（シリーズ陽明学　25）2500円　Ⓘ4-89619-925-1　Ⓝ121.55
〔13670〕

◇大塩中斎空虚の哲理　高田集蔵著　大阪　立正屋書房　1925　106,30p　23cm　（大虚堂叢書　第1編）Ⓝ121
〔13671〕

◇大塩中斎空虚の哲理―復刻版　高田集蔵著　小金井　高田集蔵著書刊行会　1996.10　106p　21cm　3000円　Ⓝ121.55
〔13672〕

◇大塩中斎先生天保救民告文　大塩中斉先生九十年記念会　1926　1枚　34cm　Ⓝ121
〔13673〕

◇大塩平八郎―史劇　中村吉蔵著　天佑社　1921　320p　19cm　Ⓝ912
〔13674〕

◇大塩平八郎　安岡正篤著　金鶏学院　1930　31p　22cm　（人物研究叢刊　第10）Ⓝ121
〔13675〕

◇大塩平八郎―構造改革に玉砕した男　長尾剛著　ベストセラーズ　2003.5　237p　19cm　1600円　Ⓘ4-584-18747-9　Ⓝ121.55
〔13676〕

◇大塩平八郎　宮城公子著　ぺりかん社　2005.1　299p　20cm　2800円　Ⓘ4-8315-1100-5　Ⓝ121.55
〔13677〕

◇大塩平八郎書簡集―後素手簡　三村清三郎編　文祥堂書店　1933　46p　22cm　Ⓝ121
〔13678〕

◇大塩平八郎書簡の研究　第1冊　大塩平八郎著　相蘇一弘著　大阪　清文堂出版　2003.10　426p　22cm　Ⓘ4-7924-0542-4,4-7924-0545-9　Ⓝ121.55
〔13679〕

◇大塩平八郎書簡の研究　第2冊　大塩平八郎著　相蘇一弘著　大阪　清文堂出版　2003.10　p427-878　22cm　Ⓘ4-7924-0543-2,4-7924-0545-9　Ⓝ121.55
〔13680〕

◇大塩平八郎書簡の研究　第3冊　大塩平八郎著　相蘇一弘著　大阪　清文堂出版　2003.10　p879-1345　22cm　Ⓘ4-7924-0544-0,4-7924-0545-9　Ⓝ121.55
〔13681〕

◇大塩平八郎伝　石崎東国著　大鐙閣　1920　378p　23cm　Ⓝ121
〔13682〕

◇訓読儒門空虚聚語　大塩中斎著　秋山青渓訓解　教材社　1937　537p　19cm　Ⓝ121
〔13683〕

◇神話の壊滅―大塩平八郎と天道思想　大橋健二著　勉誠出版　2005.11　346p　22cm　3800円　Ⓘ4-585-05341-7　Ⓝ121.55
〔13684〕

◇洗心洞箚記　大塩中斎著　松本乾知点　松浦誠之, 但馬守約校　吉川半七　1881.3　3冊（上, 下, 附録）19cm　Ⓝ121
〔13685〕

◇洗心洞箚記　大塩中斎著　松本乾知点　松浦誠之, 但馬守約校　秀英舎　1892.12　292p　19cm　Ⓝ121
〔13686〕

◇洗心洞箚記　大塩平八郎（中斎）著　松本乾知点　松浦誠之, 但馬守約校　松山堂　1907.5　203p　23cm　Ⓝ121
〔13687〕

◇洗心洞箚記―五十条　大塩中斎著　安岡正篤訳註　金鶏学院　1928　（聖賢遺書新釈叢刊　第3）Ⓝ121
〔13688〕

◇洗心洞箚記―大塩平八郎の読書ノート　上　大塩平八郎原著　吉田公平著　たちばな出版　1998.9　376p　16cm　（タチバナ教養文庫）1200円　Ⓘ4-88692-936-2　Ⓝ121.55
〔13689〕

◇洗心洞箚記―大塩平八郎の読書ノート　下　大塩平八郎原著　吉田公平著　たちばな出版　1998.9　369p　16cm　（タチバナ教養文庫）1200円　Ⓘ4-88692-937-0　Ⓝ121.55
〔13690〕

◇洗心洞剳記　大塩中斎著　吉川延太郎訳註　大阪　三田村高治　1939　370p　23cm　Ⓝ121
〔13691〕

◇大日本思想全集　第16巻　大塩平八郎集　佐藤一斎集　大日本思想全集刊行会　1931　478p　23cm　Ⓝ121
〔13692〕

◇通俗洗心洞箚記　大塩中斎著　下中芳岳訳　内外出版協会　1913　186p　23cm　Ⓝ121　〔13693〕
◇日本陽明学の一断面—大塩平八郎研究の問題点　宋彙七述　国際日本文化研究センター編　京都　国際日本文化研究センター　1991.3　26p　21cm　非売品　Ⓝ121.55　〔13694〕

◆◆山田方谷
◇救国の漢詩人—ある「山田方谷」伝　上村敦之著　知道出版　2004.1　250p　19cm　2000円　Ⓘ4-88664-122-9　Ⓝ121.55　〔13695〕
◇ケインズに先駆けた日本人—山田方谷外伝　矢吹邦彦著　明徳出版社　1998.4　393p　22cm　2800円　Ⓘ4-89619-141-2　Ⓝ121.55　〔13696〕
◇現代に生かす山田方谷の藩政改革—その経済政策を中心として　三宅康久著　岡山　大学教育出版　2006.10　210p　22cm　2200円　Ⓘ4-88730-704-7　Ⓝ217.5　〔13697〕
◇財政の巨人—幕末の陽明学者・山田方谷　林田明大著　三五館　1996.12　286p　20cm　1800円　Ⓘ4-88320-097-3　Ⓝ121.55　〔13698〕
◇財務の教科書—「財政の巨人」山田方谷の原動力　林田明大著　三五館　2006.10　365p　19cm　1800円　Ⓘ4-88320-343-3　〔13699〕
◇高梁方谷会報　高梁方谷会会報編集委員会編　復刻　高梁　高梁方谷会　2006.6　501p　26cm　Ⓝ121.55　〔13700〕
◇哲人山田方谷—附・陽明学講話　三島復著　文華堂　1910.8　364p　22cm　Ⓝ289.1　〔13701〕
◇哲人・山田方谷—その人と詩　宮原信著　再版　明徳出版社　1998.12　184p　18cm　1000円　Ⓘ4-89619-082-3　Ⓝ121.55　〔13702〕
◇入門 山田方谷—至誠の人　山田方谷に学ぶ会著　改訂増補版　明徳出版社　2007.6　138,15p　21cm　1280円　Ⓘ978-4-89619-185-1　〔13703〕
◇備中聖人山田方谷　朝森要著　岡山　山陽新聞社　1995.4　283p　19cm　1800円　Ⓘ4-88197-527-7　Ⓝ121.55　〔13704〕
◇方谷園誌—附・贈位申告式山田方谷先生事蹟　高梁町（岡山県）　私立上房郡教育会　1911.12　101p　23cm　Ⓝ289.1　〔13705〕
◇方谷先生年譜　山田準著　鹿児島　山田準　1905.8　44丁　23cm　Ⓝ289.1　〔13706〕
◇炎の陽明学—山田方谷伝　矢吹邦彦著　明徳出版社　1996.3　443p　22cm　3400円　Ⓘ4-89619-128-5　Ⓝ121.55　〔13707〕
◇誠は天の道なり—幕末の名補佐役・山田方谷の生涯　童門冬二著　講談社　1995.8　243p　20cm　1400円　Ⓘ4-06-207082-0　Ⓝ121.55　〔13708〕
◇山田家の歴史と方谷の一生　田井章夫著　高梁　〔山田琢〕　1986　51p　27cm　Ⓝ121.54　〔13709〕
◇山田方谷　伊吹岩五郎著　高梁町（岡山県）　順正高等女学校清馨会　1930　278p　20cm　Ⓝ121　〔13710〕
◇山田方谷—その藩政改革に学ぶ　倉敷　山田方谷に学ぶ会　1998.7　106p　26cm　Ⓝ121.55　〔13711〕
◇山田方谷　山田琢著　明徳出版社　2001.10　163p　20cm　（シリーズ陽明学 28)2200円　Ⓘ4-89619-928-6　Ⓝ121.55　〔13712〕
◇山田方谷—河井継之助が学んだ藩政改革の師　童門冬二著　学陽書房　2002.5　260p　15cm　（人物文庫）760円　Ⓘ4-313-75138-6　Ⓝ121.55　〔13713〕

◇山田方谷先生—家庭読本　山根楊治郎著　岡山　教育資料社　1911.12　38p　18cm　Ⓝ289.1　〔13714〕
◇山田方谷とその門人　朝森要著　岡山　日本文教出版　2005.11　218p　19cm　2381円　Ⓘ4-8212-9225-4　Ⓝ121.55　〔13715〕
◇山田方谷に学ぶ財政改革—上杉鷹山を上回る財政改革者　野島透著　明徳出版社　2002.4　133p　19cm　1300円　Ⓘ4-89619-160-9　Ⓝ217.5　〔13716〕
◇山田方谷の研究　山田方谷研究会編　岡山　吉備人出版（発売）　2006.6　65p　21cm　800円　Ⓘ4-86069-132-6　Ⓝ121.55　〔13717〕
◇山田方谷の思想—幕末維新の巨人に学ぶ財政改革の8つの指針　小野晋也著　中経出版　2006.5　221p　18cm　700円　Ⓘ4-8061-2426-5　〔13718〕
◇山田方谷の世界　朝森要著　岡山　日本文教出版　2002.2　157p　15cm　（岡山文庫 215)800円　Ⓘ4-8212-5215-5　Ⓝ121.55　〔13719〕
◇山田方谷の文—方谷遺文訳解　山田方谷著　浜久雄著　明徳出版社　1999.10　622p　22cm　7500円　Ⓘ4-89619-149-8　Ⓝ121.55　〔13720〕
◇山田方谷のメッセージ　太田健一著　岡山　吉備人出版　2006.2　182p　18cm　（吉備人選書 5)1000円　Ⓘ4-86069-122-9　Ⓝ121.55　〔13721〕
◇山田方谷「理財論」—財政破綻を救う　深沢賢治著　石川梅次郎監修　小学館　2002.7　188p　15cm　（小学館文庫）733円　Ⓘ4-09-402846-3　Ⓝ121.55　〔13722〕

◆◆林良斎
◇林良斎　林良斎著　松崎賜著　明徳出版社　1999.10　249p　20cm　（シリーズ陽明学 27)2500円　Ⓘ4-89619-927-8　Ⓝ121.55　〔13723〕
◇林良斎全集　林良斎著　多度津文化財保存会編　吉田公平監修　ぺりかん社　1999.5　916p　22cm　17000円　Ⓘ4-8315-0879-9　Ⓝ121.55　〔13724〕

◆◆佐久間象山
◇偉人叢書　第16　佐久間象山　赤尾藤市著　三教名院　1942　149p　19cm　Ⓝ281　〔13725〕
◇偉人伝記文庫　第8号　佐久間象山　中川重著　日本社　1935　53p　19cm　Ⓝ289.1　〔13726〕
◇開国論者佐久間象山雅号字音異説の考察　大熊浅次郎著　福岡　大熊浅次郎　1942　5p　26cm　Ⓝ289.1　〔13727〕
◇熊沢蕃山と佐久間象山　金子鷹之助著　日本放送出版協会　1941　199p　18cm　（ラジオ新書 48)Ⓝ121　〔13728〕
◇佐久間象山　林政文著　開新堂　1893.12　269p　20cm　Ⓝ289.1　〔13729〕
◇佐久間象山　斎藤謙著　隆文館　1910.1　301p　22cm　Ⓝ289.1　〔13730〕
◇佐久間象山　山路愛山著　東亜堂書房　1911.8　274p　22cm　Ⓝ289.1　〔13731〕
◇佐久間象山　埴科教育会編　富田文陽堂　1914　130p　23cm　Ⓝ121　〔13732〕
◇佐久間象山　象山先生遺蹟表彰会編　再版　実業之日本社　1916　227p　19cm　Ⓝ121　〔13733〕
◇佐久間象山　象山先生遺跡表彰会編　実業之日本社　1916　227p　20cm　Ⓝ121　〔13734〕
◇佐久間象山　大平喜間多著　2版　長野　信濃郷土文化普及会　1930　109p　19cm　（信濃郷土叢書　第8

◇佐久間象山　象山先生遺蹟表彰会編　増訂版　地理歴史研究会　1930 再版　273p　19cm　Ⓝ121　〔13736〕
◇佐久間象山　宮本仲著　岩波書店　1932　705p　23cm　Ⓝ121　〔13737〕
◇佐久間象山―世界的大偉人　堀内信水著　不動書房　1933　249p　20cm　Ⓝ121　〔13738〕
◇佐久間象山　赤池濃著　金鶏学院　1934　36p　22cm　（人物研究叢刊　第26）Ⓝ121　〔13739〕
◇佐久間象山　宮本仲著　訂2版　岩波書店　1936　863p　23cm　Ⓝ121　〔13740〕
◇佐久間象山　スメラ民文庫編輯部編　世界創造社　1941　64p　15cm　（スメラ民文庫）Ⓝ121　〔13741〕
◇佐久間象山　奈良本辰也,左方郁子共著　清水書院　1975　197p　19cm　（Century books）400円　Ⓝ121.55　〔13742〕
◇佐久間象山　竜野咲人著　新人物往来社　1975　233p　20cm　1300円　Ⓝ121.55　〔13743〕
◇佐久間象山　宮本仲著　象山社　1979.12　863p　22cm　17000円　Ⓝ121.55　〔13744〕
◇佐久間象山　大平喜間多著　吉川弘文館　1987.9　216p　19cm　（人物叢書　新装版）1500円　①4-642-05092-2　Ⓝ121.55　〔13745〕
◇佐久間象山　山路愛山著　復刻版　日本図書センター　1998.1　274p　22cm　（山路愛山伝記選集　第8巻）①4-8205-8245-3,4-8205-8237-2　Ⓝ121.55　〔13746〕
◇佐久間象山―誇り高きサムライ・テクノクラート　古川薫著　岡田嘉夫画　小峰書店　2006.7　183p　22cm　（時代を動かした人々　維新篇9）1600円　①4-338-17109-X　Ⓝ121.55　〔13747〕
◇佐久間象山翁―望嶽の賦講義総かなつき俗解　竹内義光著　竹内義光　1900.6　54p　19cm　Ⓝ289.1　〔13748〕
◇佐久間象山紀念銅像建設之趣意書　市川興太郎編　市川興太郎　1889.1　18p　19cm　Ⓝ289.1　〔13749〕
◇佐久間象山言行録　村田寛敬編　内外出版協会　1908.5　211p　19cm　（偉人研究　第35編）Ⓝ289.1　〔13750〕
◇佐久間象山言行録　笹井花明編　東亜堂書房　1916　160p　19cm　（修養史伝　第8編）Ⓝ121　〔13751〕
◇佐久間象山公務日記―附・京都に於ける象山会の顛末、象山年譜　柄沢義郎編　長野　信濃毎日新聞社　1931　106p　23cm　Ⓝ121　〔13752〕
◇佐久間象山再考―その人と思想と　前野喜代治著　長野　銀河書房　1977.2　203p　19cm　（研究・資料シリーズ2）1000円　Ⓝ121.55　〔13753〕
◇佐久間象山集　雑賀博愛監修　興文社　1942　248p　22cm　（勤皇志士叢書）Ⓝ121　〔13754〕
◇佐久間象山先生　新村出,久保田収共著　京都　象山会　1964.7　140p　19cm　300円　Ⓝ121.55　〔13755〕
◇佐久間象山先生遺墨選集　佐久間象山先生遺墨顕彰会編　5版　長野　佐久間象山先生遺墨顕彰会　1943　図版34枚　36cm　Ⓝ121　〔13756〕
◇佐久間象山先生をしのふ　岩下武岳編　長野　岩下武岳　1993　180p　24cm　Ⓝ121　〔13757〕
◇佐久間象山先生省〔ケン〕録衍義　信濃教育会編　長野　大日方利雄　1930　192p　23cm　Ⓝ121　〔13758〕
◇佐久間象山先生と仏教　清水松濤著　長野　信濃郷土誌刊行会　1935　134p　20cm　Ⓝ121　〔13759〕
◇佐久間象山と科学技術　東徹著　京都　思文閣出版　2002.2　283p　22cm　7600円　①4-7842-1101-2　Ⓝ121.55　〔13760〕
◇佐久間象山の実像　田中誠三郎著　長野　銀河書房　1983.4　146p　19cm　（研究・資料シリーズ5）1000円　Ⓝ121.55　〔13761〕
◇佐久間象山の省〔ケン〕録　飯島忠夫執筆　内閣印刷局　1940　123p　15cm　（日本精神叢書59）Ⓝ121.1　〔13762〕
◇佐久間象山の世界　長野　長野市　2004.11　109p　30cm　Ⓝ121.55　〔13763〕
◇佐久間象山の人と思想　金子鷹之助著　今日の問題社　1943　425,39p　19cm　Ⓝ121　〔13764〕
◇佐久間象山百話　大庭三郎著　求光閣書店　1916　190p　19cm　（教訓叢書）Ⓝ121　〔13765〕
◇佐久間象山山口菅山問答鬼神論　柄沢義郎編　古里村（長野県）　柄沢義郎　1899　59,22p　22cm　Ⓝ121　〔13766〕
◇山陽言行録・象山言行録　松村操編　兎屋誠〔ほか〕　1882.6　51,54p（合本版）　19cm　Ⓝ289.1　〔13767〕
◇信濃英傑佐久間象山大志伝　清水義寿著　松本　市川量造　1882.7　94丁（上・下合本）　19cm　Ⓝ289.1　〔13768〕
◇象山翁事跡　松本芳忠著　兎屋誠　1888.11　2冊（上68,下61丁）　23cm　Ⓝ289.1　〔13769〕
◇象山雅号に決着を　山口義孝著　長野　龍鳳書房　2003.8　145p　21cm　（龍鳳ブックレット―歴史研究シリーズ）1500円　①4-947697-21-0　〔13770〕
◇象山・松陰概世余聞　斎藤丁治編　丸善商社　1889.3　122p　22cm　Ⓝ289.1　〔13771〕
◇象山松陰概世余聞―解説版　斎藤丁治編著,笛木俤治編　藤沢　富士見書房　東京　講談社出版サービスセンター（製作）　1975　122,170p（図・共）　22cm　非売品　Ⓝ121.55　〔13772〕
◇象山書翰集　色部城南（祐二郎）編　有朋堂　1911.2　520p　22cm　Ⓝ289.1　〔13773〕
◇象山先生実録　巌松堂忠貞居士編　金港堂　1909.9　192,90p　23cm　Ⓝ289.1　〔13774〕
◇省𠎸録　佐久間象山著　飯島忠夫訳註　岩波書店　1944.4（第8刷：2001.2）　131p　15cm　（岩波文庫）460円　①4-00-330141-2　Ⓝ121.55　〔13775〕
◇大日本思想全集　第17巻　吉田松陰集　佐久間象山集―附・会沢正志・浅見絅斎　大日本思想全集刊行会　1931　493p　22cm　Ⓝ121　〔13776〕
◇大日本思想全集　第17巻　吉田松陰集　佐久間象山集　大日本思想全集刊行会　1932　493p　20cm　Ⓝ121　〔13777〕
◇日本精神叢書　第64　佐久間象山の省〔ケン〕録　文部省教学局編　飯島忠夫著　文部省教学局　1942　89p　22cm　Ⓝ121　〔13778〕
◇幕末・維新の群像　第8巻　佐久間象山　源了円著　PHP研究所　1990.3　218p　20cm　（歴史人物シリーズ）1300円　①4-569-52735-3　Ⓝ281　〔13779〕
◇評伝佐久間象山　上　松本健一著　中央公論新社　2000.9　317p　20cm　（中公叢書）1850円　①4-12-003054-7　Ⓝ121.55　〔13780〕
◇評伝佐久間象山　下　松本健一著　中央公論新社　2000.9　313p　20cm　（中公叢書）1850円　①4-12-003055-5　Ⓝ121.55　〔13781〕

◆◆三島中洲
◇最後の儒者―三島中洲　三島正明著　明徳出版社

1998.9 263p 20cm 2500円 ⓘ4-89619-144-7 Ⓝ121.55 〔13782〕

◇中洲三島先生年譜 門人編 山田準 1899.9 34p 22cm Ⓝ289.1 〔13783〕

◇三島中洲の学芸とその生涯 戸川芳郎編 雄山閣出版 1999.9 660p 22cm 22000円 ⓘ4-639-01635-2 Ⓝ121.55 〔13784〕

◆古学派

◇宇佐美灊水先生頌徳碑建立記念誌 清水豊編著 岬町（千葉県） 宇佐美灊水先生顕彰会 1965.11 9p 26cm 非売品 Ⓝ121.69 〔13785〕

◇江戸の奇人天愚孔平 土屋侯保著 錦正社 1999.2 350p 22cm 3000円 ⓘ4-7646-0249-0 Ⓝ121.56 〔13786〕

◇奥貫友山 佐藤繁編著 熊谷 佐藤繁 1979.10 59p 21cm Ⓝ121.56 〔13787〕

◇咸宜園出身二百名略伝集 中野範編著 日田 広瀬先賢顕彰会 1975 114p 25cm 非売品 Ⓝ121.7 〔13788〕

◇咸宜園出身八百名略伝集 中野範編著 日田 広瀬先賢顕彰会 1974 286p 25cm 非売品 Ⓝ121.7 〔13789〕

◇咸宜園入門簿抄―広瀬宗家 高倉芳男解説 日田 古川克己 1968 23,67p 28cm 非売 Ⓝ121.7 〔13790〕

◇近世防長儒学史関係年表 河村一郎編著 萩 〔河村一郎〕 1996.5 198p 21cm Ⓝ121.56 〔13791〕

◇久保三水・蘭所小伝 志水雅明著 四日市 博文社 1993.1 86p 21cm （四日市らいぶらりい 別冊1）1200円 Ⓝ121.56 〔13792〕

◇古学派 上,下巻 宇野哲人校 大日本文庫刊行会 1936-1938 2冊 20cm （大日本文庫 儒教篇）Ⓝ121 〔13793〕

◇立原翠軒 前田香径著 限定版 水戸 立原善重 1963 243p 19cm Ⓝ121.7 〔13794〕

◇中朝事実―漢和 山鹿素行原著 四元学堂訳著 14版 帝国報徳会出版局 1917.10 370,2p 23cm 非売品 Ⓝ121.56 〔13795〕

◇寺門静軒 永井啓夫著 理想社 1966 306p 22cm Ⓝ121.7 〔13796〕

◇徳川思想史研究 田原嗣郎著 未來社 1992.7 528p 22cm 5974円 ⓘ4-624-30008-4 Ⓝ121.56 〔13797〕

◇日本古学派之哲学 井上哲次郎著 富山房 1902.9 714p 23cm Ⓝ121 〔13798〕

◇日本古学派之哲学 井上哲次郎著 訂補 富山房 1915 842,10,8p 22cm Ⓝ121 〔13799〕

◇日本古学派之哲学 井上哲次郎著 25版 富山房 1945 842,18p 19cm Ⓝ121.6 〔13800〕

◇日本古学派之哲学 井上哲次郎著 25版 富山房 1945 842,18p 19cm Ⓝ121 〔13801〕

◇日本人の論語―『童子問』を読む 上 谷沢永一著 PHP研究所 2002.6 307p 18cm （PHP新書）820円 ⓘ4-569-62224-0 Ⓝ121.56 〔13802〕

◇日本人の論語―『童子問』を読む 下 谷沢永一著 PHP研究所 2002.7 307p 18cm （PHP新書）820円 ⓘ4-569-62271-2 Ⓝ121.56 〔13803〕

◇弁非物 藤沢東垓著 吹田 関西大学東西学術研究所 2001.3 1冊 21cm （関西大学東西学術研究所資料集刊 22）4000円 ⓘ4-87354-336-3 Ⓝ121.56 〔13804〕

◇名家門人録集 宗政五十緒,多治比郁夫編 神戸 上方芸文叢刊刊行会 1981.11 254p 19cm （上方芸文叢刊 5）4000円 Ⓝ121.57 〔13805〕

◇山井崑崙・山県周南 藤井明著,久富木成大著 明徳出版社 1988.10 221p 20cm （叢書・日本の思想家 18）2000円 Ⓝ121.56 〔13806〕

◇竜草廬―京から招いた彦根藩儒学者の軌跡 テーマ展 彦根城博物館編 彦根 彦根市教育委員会 1993.7 32p 26cm Ⓝ121.56 〔13807〕

◆◆山鹿素行

◇偉人志操山鹿素行 須藤荘一著 大成社 1912.11 232p 19cm Ⓝ121.56 〔13808〕

◇一愛国者の生涯―山鹿素行物語 内藤晃著 京都 星野書店 1943 293,32p 19cm Ⓝ121 〔13809〕

◇近世社会経済学説大系 第4 山鹿素行集 内田繁隆解題 誠文堂新光社 1935 112,437p 19cm Ⓝ330 〔13810〕

◇近世日本学の研究 中山広司著 野々市町（石川県） 金沢工業大学出版局 1997.1 446p 22cm （金沢工業大学日本学研究所研究叢書 第1輯）ⓘ4-906122-36-1 Ⓝ121.5 〔13811〕

◇経済道義の創建者―山鹿素行 東晋太郎著 三省堂 1944 324p 19cm Ⓝ121 〔13812〕

◇思想的先覚者としての山鹿素行 清原貞雄著 藤井書店 1930 242p 19cm （精神科学叢書 第2編）Ⓝ121 〔13813〕

◇人物再検討叢書 第4 山鹿素行 上,下巻 堀勇雄著 白揚社 1938 2冊 18cm Ⓝ281 〔13814〕

◇聖教要録 配所残筆 山鹿素行原著 土田健次郎全訳注 山鹿素行原著 土田健次郎全訳注 講談社 2001.1 207p 15cm （講談社学術文庫）960円 ⓘ4-06-159470-2 Ⓝ121.56 〔13815〕

◇尊王攘夷山鹿素行先生 赤穂町（兵庫県） 素行会赤穂支部 1924 32p 20cm Ⓝ121 〔13816〕

◇大日本思想全集 第3巻 山鹿素行集 大道寺友山集―附・宮本武蔵 大日本思想全集刊行会 1932 461p 23cm Ⓝ121 〔13817〕

◇大日本思想全集 第3巻 山鹿素行集 大道寺友山集 大日本思想全集刊行会 1933 461p 20cm Ⓝ121 〔13818〕

◇中朝事実―乃木大将本覆刻 山鹿素行著 中朝事実刊行会 1985.9 3冊（付録とも） 22cm 非売品 Ⓝ121.56 〔13819〕

◇中朝事実 山鹿素行原著 新田大作編著 御在位六十年奉祝中朝事実刊行会 1985.12 218p 22cm 非売品 Ⓝ121.56 〔13820〕

◇中朝事実―平成十年伊丹・姫路師友会新春合同研修会講録 鬼頭有一講述 神戸 伊丹師友会 1999.3 122p 21cm Ⓝ121.56 〔13821〕

◇中朝事実―山鹿素行先生自筆本写真版 天,地 山鹿素行著 広瀬豊校訂 東京武蔵野書院 1938 2冊 28cm Ⓝ121 〔13822〕

◇日本精神叢書 第12 山鹿素行の配所残筆 文部省思想局編 紀平正美著 日本文化協会 1937 76p 22cm Ⓝ121 〔13823〕

◇乃木将軍のみたる山鹿素行修養訓話 大平規著 春江堂書店 1912 300p 11cm Ⓝ121 〔13824〕

◇配所残筆―山鹿素行遺稿 山鹿素行著 育成会 1913 49,16p 22cm Ⓝ121 〔13825〕

◇武家事紀 上,中,下巻 素行子山鹿高興著 山鹿素行先生全集刊行会 1915-1918 3冊 22cm （山鹿素行先生

◇全集）Ⓝ210.4　　　　　　　　　　〔13826〕
◇武士道は死んだか―山鹿素行武士道哲学の解説　佐佐木杜太郎著　壮神社　1995.12　270p　22cm　3800円　Ⓘ4-915906-27-2　Ⓝ121.56　〔13827〕
◇不滅の士道魂―山鹿素行教育説選集　武田勘治編　第一出版協会　1938　200p　19cm　Ⓝ121　〔13828〕
◇山鹿誌　津軽政方著　素行会　1909.4　27p　19cm　Ⓝ289.1　〔13829〕
◇山鹿素行　碧瑠璃園著　東亜堂書房　1912　226p　23cm　〔13830〕
◇山鹿素行　斎藤弔花著　大阪　博文堂合資会社　1925　499p　19cm　Ⓝ121　〔13831〕
◇山鹿素行　斎藤弔花著　大阪　近代文芸社　1933　499p　19cm　Ⓝ121　〔13832〕
◇山鹿素行　堀勇雄著　吉川弘文館　1959　331p　18cm　（人物叢書 日本歴史学会編）Ⓝ121.61　〔13833〕
◇山鹿素行　山鹿光世著　原書房　1981.10　192p　20cm　2000円　Ⓘ4-562-01183-1　Ⓝ121.56　〔13834〕
◇山鹿素行　堀勇雄著　吉川弘文館　1987.4　361p　19cm　（人物叢書 新装版）1900円　Ⓘ4-642-05073-6　Ⓝ121.56　〔13835〕
◇山鹿素行―「聖学」とその展開　劉長輝著　ぺりかん社　1998.6　438,8p　22cm　6800円　Ⓘ4-8315-0796-2　Ⓝ121.56　〔13836〕
◇山鹿素行　山鹿光世著　錦正社　1999.12　194p　20cm　2000円　Ⓘ4-7646-0251-2　Ⓝ121.56　〔13837〕
◇山鹿素行遺訓　遺訓叢書刊行会編　あをぞら会出版部　1937　41p　19cm　（遺訓叢書）Ⓝ121　〔13838〕
◇山鹿素行学概論　平尾孤城著　立川書店　1937　108,85,5p　23cm　Ⓝ121　〔13839〕
◇山鹿素行研究　木村卯之著　深草町（京都府）　青人草社　1931　179p　20cm　Ⓝ121　〔13840〕
◇山鹿素行研究　木村卯之著　京都　丁字屋　1942　286p　19cm　（全集 第2巻）Ⓝ121　〔13841〕
◇山鹿素行言行録　渡辺修二郎著　内外出版協会　1907.11　169p　19cm　（偉人研究 第9編）Ⓝ289.1　〔13842〕
◇山鹿素行言行録　足立栗園著　東亜堂書房　1915　168p　19cm　（修養史伝 第3編）Ⓝ121　〔13843〕
◇山鹿素行集　第1-5巻　国民精神文化研究所　1936-15　5冊　23cm　（国民精神文化文献 第8）Ⓝ121　〔13844〕
◇山鹿素行集　第1-8巻　国民精神文化研究所編　目黒書店　1943-1944　8冊　22cm　Ⓝ121　〔13845〕
◇山鹿素行集　第6-7巻　国民精神文化研究所編　国民精神文化研究所　1941　2冊　22cm　（国民精神文化文献 第8）Ⓝ121　〔13846〕
◇山鹿素行修養訓　足立栗園著　富田文陽堂　1913　330p　15cm　Ⓝ121　〔13847〕
◇山鹿素行修養士談　山鹿素行著　生田目経徳訂　春秋堂　1911.4　256p　18cm　Ⓝ150　〔13848〕
◇山鹿素行全集　立石駒吉校訂　四元内治編　東京文社　1913　742p　23cm　Ⓝ121　〔13849〕
◇山鹿素行全集　四元内治編　帝国武徳学会　1916　742p　23cm　Ⓝ121　〔13850〕
◇山鹿素行全集　島津学堂訳編　帝国報徳会本部　1924　678p　22cm　Ⓝ121　〔13851〕
◇山鹿素行全集　思想編 第1-10,15巻　広瀬豊編　岩波書店　1941-1942　11冊　22cm　Ⓝ121　〔13852〕
◇山鹿素行全集　思想篇 第11-13巻　広瀬豊編　岩波書店　1940　3冊　20cm　Ⓝ121　〔13853〕

◇山鹿素行先生　井上哲次郎著　素行会　1910.1　47p　22cm　Ⓝ289.1　〔13854〕
◇山鹿素行先生実伝―附・神道論　平尾孤城著　立川書店　1939　286p　20cm　Ⓝ121　〔13855〕
◇山鹿素行先生精神訓　松浦伯爵家文庫楽歳堂編　大江書房　1915　352p　23cm　Ⓝ121　〔13856〕
◇山鹿素行先生著書及旧蔵書目録　広瀬豊編　軍事史学会　1938　273p　19cm　Ⓝ121　〔13857〕
◇山鹿素行先生伝―軍国精神　斎藤弔花著　修養図書普及会　1934　499p　19cm　Ⓝ121　〔13858〕
◇山鹿素行先生と乃木将軍　井上哲次郎著　帝国軍人後援会　1913　32p　22cm　Ⓝ289.1　〔13859〕
◇山鹿素行先生と乃木将軍　井上哲次郎著　3版　平和会　1922　32p　23cm　Ⓝ289.1　〔13860〕
◇山鹿素行先生日記　素行会編　東洋図書刊行会　1934　421p　23cm　Ⓝ121　〔13861〕
◇山鹿素行先生弐百五拾年忌記念祭典紀要　中央義士会, 素行会編　中央義士会〔ほか〕　1936　129p　23cm　Ⓝ121　〔13862〕
◇山鹿素行智謀の書　松波節斉著　教材社　1936　310p　20cm　Ⓝ121　〔13863〕
◇山鹿素行と大石良雄　平尾孤城著　越後屋書房　1943　176p　19cm　Ⓝ121　〔13864〕
◇山鹿素行とその誕生　前田恒治著　培風館　1941　272p　19cm　Ⓝ289.1　〔13865〕
◇山鹿素行と津軽信政　森林助著　弘前　森林助　1935　183p　23cm　Ⓝ121　〔13866〕
◇山鹿素行の教育思想　加藤仁平著　目黒書店　1934　313p　23cm　Ⓝ121　〔13867〕
◇山鹿素行の研究　中山広司著　京都　神道史学会　1988.1　404p　22cm　（神道史研究叢書 14）7500円　Ⓝ121.56　〔13868〕
◇山鹿素行の国体観　納富康之著　鶴書房　1943　296p　19cm　Ⓝ121　〔13869〕
◇山鹿素行の思想　立花均著　ぺりかん社　2007.10　197,5p　19cm　2800円　Ⓘ978-4-8315-1184-3　〔13870〕
◇山鹿素行の精神　和田健爾著　京文社　1942　322p　19cm　Ⓝ121　〔13871〕
◇山鹿素行の中朝事実　大町桂月著　名著評論社　1915　198p　17cm　（名著梗概及評論 第26編）Ⓝ121　〔13872〕
◇山鹿素行の武士道　平尾孤城著　大阪　立川書店　1942　372p　19cm　Ⓝ156　〔13873〕
◇山鹿素行の兵学　清原貞雄著　ダイヤモンド社　1944.9　251p　19cm　（国防科学叢書 11）Ⓝ399.1　〔13874〕
◇山鹿素行百話　川村定静著　求光閣書店　1916　218p　19cm　（教訓叢書）Ⓝ121　〔13875〕
◇山鹿素行文集　武笠三校　有朋堂書店　1926　520p　18cm　（有朋堂文庫）Ⓝ121　〔13876〕
◇山鹿素行兵学全集　第4-5　広瀬豊編　教材社　1944　2冊　19cm　Ⓝ399　〔13877〕
◇山鹿素行兵法学の史的研究　石岡久夫著　町田　玉川大学出版部　1980.2　277p　22cm　4000円　Ⓝ121.56　〔13878〕
◇山鹿素行論語　松波節斎著　教材社　1936　93p　19cm　Ⓝ121　〔13879〕
◇吉田松陰と山鹿素行　竹内尉著　健文社　1941　223p　19cm　（学生文化新書 301）Ⓝ289.1　〔13880〕

◆◆伊藤仁斎

◇伊藤仁斎　竹内松治著　裳華書房　1896.5　144p　23cm　(偉人史叢 第3巻)Ⓝ289.1　〔13881〕

◇伊藤仁斎　石田一良著　吉川弘文館　1960　217p　18cm　(人物叢書 日本歴史学会編)Ⓝ121.62　〔13882〕

◇伊藤仁斎—人倫的世界の思想　子安宣邦著　東京大学出版会　1982.5　244p　22cm　3200円 Ⓝ121.56　〔13883〕

◇伊藤仁斎—(附)伊藤東涯　伊東倫厚著　明徳出版社　1983.3　255p　20cm　(叢書・日本の思想家 10)1900円 Ⓝ121.56　〔13884〕

◇伊藤仁斎　石田一良著　吉川弘文館　1989.11　217p　19cm　(人物叢書 新装版)1550円 ①4-642-05176-7 Ⓝ121.56　〔13885〕

◇伊藤仁斎　相良亨著　ぺりかん社　1998.1　282p　22cm　3800円　①4-8315-0827-6 Ⓝ121.56　〔13886〕

◇伊藤仁斎言行録　槙不二夫編　内外出版協会　1908.4　142p　18cm　(偉人研究 第26編)Ⓝ289.1　〔13887〕

◇伊藤仁斎と其教育　増沢淑著　明治出版　1919　162p　19cm　Ⓝ121　〔13888〕

◇伊藤仁斎の学問と教育—古義堂即ち堀川塾の教育史的研究　加藤仁平著　目黒書店　1940　908p　23cm　Ⓝ121　〔13889〕

◇伊藤仁斎の学問と教育—古義堂即ち堀川塾の教育史的研究　加藤仁平著　第一書房　1979.3　908,10p　22cm　9800円 Ⓝ121.62　〔13890〕

◇伊藤仁斎の世界　子安宣邦著　ぺりかん社　2004.7　345p　20cm　3800円　①4-8315-1060-2 Ⓝ121.56　〔13891〕

◇京都町衆伊藤仁斎の思想形成　三宅正彦著　京都　思文閣出版　1987.6　370p　22cm　5800円　①4-7842-0484-9 Ⓝ121.56　〔13892〕

◇古義堂文庫展—伊藤仁斎没後三百年を記念して　天理ギャラリー第125回展　天理大学附属天理図書館編　天理ギャラリー　2005.5　一冊　26cm Ⓝ121.56　〔13893〕

◇仁斎・徂徠・宣長　吉川幸次郎著　岩波書店　1975　321,46p　22cm　2000円 Ⓝ121.6　〔13894〕

◇仁斎日記　伊藤仁斎著,天理図書館善本叢書和書之部編集委員会編　天理　天理大学出版部　1985.7　478,30p　16×22cm　(天理図書館善本叢書;和書之部 79-1)Ⓝ210.52　〔13895〕

◇仁斎日記抄　中村幸彦著　生活社　1946　31p　19cm　(日本叢書 第83)2円 Ⓝ121.62　〔13896〕

◇大日本思想全集　第4巻　伊藤仁斎集　伊藤東涯集　山崎闇斎集　大日本思想全集刊行会　1932　461p　22cm　Ⓝ121　〔13897〕

◆◆荻生徂徠

◇江戸のバロック—徂徠学の周辺　高橋博巳著　ぺりかん社　1991.5　224,3p　20cm　2400円　①4-8315-0520-X Ⓝ121.56　〔13898〕

◇江戸のバロック—徂徠学の周辺　高橋博巳著　新装版　ぺりかん社　1997.6　228,3p　20cm　2400円　①4-8315-0782-2 Ⓝ121.56　〔13899〕

◇荻生徂徠　山路愛山著　民友社　1893.9　164p　19cm　(拾弐文豪 第3巻)Ⓝ289.1　〔13900〕

◇荻生徂徠　野村兼太郎著　三省堂　1934　212p　20cm　(社会科学の建設者人と学説叢書 第6)Ⓝ121　〔13901〕

◇荻生徂徠—江戸のドン・キホーテ　野口武彦著　中央公論社　1993.11　317p　18cm　(中公新書)840円　①4-12-101161-9 Ⓝ121.56　〔13902〕

◇荻生徂徠　山路愛山著　復刻版　日本図書センター　1998.1　160,20p　22cm　(山路愛山伝記選集 第6巻)①4-8205-8243-7,4-8205-8237-2 Ⓝ121.56　〔13903〕

◇荻生徂徠全集 月報—1-7　みすず書房　1973.7-1987.8　1冊　21cm Ⓝ121.56　〔13904〕

◇荻生徂徠・その父と兄弟　堀部寿雄著　流山　崙書房　1985.8　134p　18cm　(ふるさと文庫)680円 Ⓝ121.56　〔13905〕

◇荻生徂徠年譜考　平石直昭著　平凡社　1984.5　267,17p　22cm　5500円 Ⓝ121.56　〔13906〕

◇荻生徂徠の君子観—『論語』との比較において　暢素梅著　富士ゼロックス小林節太郎記念基金編　富士ゼロックス小林節太郎記念基金　1998.9　23p　26cm　非売品 Ⓝ121.56　〔13907〕

◇近世社会経済学説大系　第11　荻生徂徠集　三浦梅園集　黒正巌解題　堀江保蔵解題　誠文堂新光社　1937　90,297p　19cm Ⓝ330　〔13908〕

◇御一新とジェンダー—荻生徂徠から教育勅語まで　関口すみ子著　東京大学出版会　2005.3　374,13p　22cm　6200円　①4-13-036223-2 Ⓝ367.21　〔13909〕

◇「事件」としての徂徠学　子安宣邦著　青土社　1990.4　301p　20cm　2200円　①4-7917-5076-4 Ⓝ121.56　〔13910〕

◇「事件」としての徂徠学　子安宣邦著　筑摩書房　2000.8　280p　15cm　(ちくま学芸文庫)1100円　①4-480-08575-0 Ⓝ121.56　〔13911〕

◇史論集　山路愛山著　みすず書房　1958　489p　20cm Ⓝ210.04　〔13912〕

◇仁斎・徂徠・宣長　吉川幸次郎著　岩波書店　1975　321,46p　22cm　2000円 Ⓝ121.6　〔13913〕

◇徂徠学と反徂徠　小島康敬著　ぺりかん社　1987.1　235p　20cm　2400円 Ⓝ121.56　〔13914〕

◇徂徠学と反徂徠　小島康敬著　増補版　ぺりかん社　1994.7　389p　20cm　3296円　①4-8315-0645-1 Ⓝ121.56　〔13915〕

◇徂徠学の基礎的研究　今中寛司著　吉川弘文館　1966　551p　22cm　Ⓝ121.67　〔13916〕

◇徂徠学の教育思想史的研究—日本近世教育思想史における「ヴェーバー的問題」　河原国男著　広島　渓水社　2004.2　565p　22cm　8000円　①4-87440-808-7 Ⓝ121.56　〔13917〕

◇徂徠学の史的研究　今中寛司著　京都　思文閣出版　1992.10　397,9p　22cm　12360円　①4-7842-0737-6 Ⓝ121.56　〔13918〕

◇徂徠学の世界　田原嗣郎著　東京大学出版会　1991.10　272p　22cm　4635円　①4-13-020098-4 Ⓝ121.56　〔13919〕

◇徂徠学派—儒学から文学へ　日野竜夫著　筑摩書房　1975　223,7p　22cm　3000円 Ⓝ121.67　〔13920〕

◇徂徠研究　岩橋遵成著　名著刊行会　1969　534p 図版表　22cm　5000円 Ⓝ121.67　〔13921〕

◇徂徠とその門人の研究　若水俊著　三一書房　1993.3　188p　22cm　3600円　①4-380-93205-2 Ⓝ121.56　〔13922〕

◇大日本思想全集　第7巻　荻生徂徠集　太宰春台集—附・中井竹山・雨森芳洲　大日本思想全集刊行会　1931　453p　23cm　Ⓝ121　〔13923〕

◇徳川時代思想における荻生徂徠　オロフ G.リディン述　京都　国際日本文化研究センター　1994.5　19p　21cm　(日文研フォーラム 第57回)Ⓝ121.56　〔13924〕

◆◆太宰春台

◇近世社会経済学説大系　第6　太宰春台集　中村孝也解題　誠文堂新光社　1935　114,405p　19cm　Ⓝ331
〔13925〕

◇経済録　巻1 分冊1　太宰純著　観音寺　上坂氏顕彰会史料出版部　2003.2　1冊　30cm　（上坂氏顕彰会所蔵手写本 48）41800円　Ⓝ210.55
〔13926〕

◇経済録　巻1 分冊2　太宰純著　観音寺　上坂氏顕彰会史料出版部　2003.2　1冊　30cm　（上坂氏顕彰会所蔵手写本 48）52800円　Ⓝ210.55
〔13927〕

◇経済録　巻1 分冊3　太宰純著　観音寺　上坂氏顕彰会史料出版部　2003.2　1冊（1冊ページ付なし）　30cm　（上坂氏顕彰会所蔵手写本 48）52800円　Ⓝ210.55
〔13928〕

◇経済録　巻1 分冊4　太宰純著　観音寺　上坂氏顕彰会史料出版部　2003.2　1冊　30cm　（上坂氏顕彰会所蔵手写本 48）54800円　Ⓝ210.55
〔13929〕

◇産語―人間の生き方　太宰春台原著　神谷正男著　新版　明徳出版社　1997.10　278p　22cm　2800円　Ⓘ4-89619-137-4　Ⓝ121.56
〔13930〕

◇産語の研究　第1冊　校注篇　神谷正男著　限定版　書籍文物流通会　1962　32,180,20p　25cm　Ⓝ121.68
〔13931〕

◇叢書・日本の思想家　17　太宰春台・服部南郭　田尻祐一郎,正田啓佑者　明徳出版社　1995.12　288p　20cm　2900円　Ⓘ4-89619-617-1　Ⓝ121
〔13932〕

◇大日本思想全集　第7巻　荻生徂徠集　太宰春台集―附・中井竹山・雨森芳洲　大日本思想全集刊行会　1931　453p　23cm　Ⓝ121
〔13933〕

◇太宰春台　前沢淵月著　崇山房　1920　420,100,3p　22cm　Ⓝ121
〔13934〕

◇太宰春台　前沢政雄著　長野　信濃郷土文化普及会　1929　65p　19cm　（信濃郷土叢書　第6編）Ⓝ121
〔13935〕

◇太宰春台　前沢淵月著　クレス出版　1995.11　1冊　22cm　（近世文芸研究叢書 21―第一期文学篇 作家7）Ⓘ4-87733-002-X　Ⓝ121.56
〔13936〕

◇太宰春台　武部善人著　吉川弘文館　1997.2　233p　19cm　（人物叢書 新装版）1750円　Ⓘ4-642-05204-6　Ⓝ121.56
〔13937〕

◇太宰春台転換期の経済思想　武部善人著　御茶の水書房　1991.3　382p　22cm　6180円　Ⓘ4-275-01416-2　Ⓝ331.21
〔13938〕

◇太宰春台のあしあと　西沢信滋著　西沢信滋　1991.4　198p　19cm　1600円　Ⓝ121.56　〔13939〕

◆◆相馬九方

◇相馬九方　木南卓一著　大阪　アートビジネスセンター　1978.11　78,〔127〕p　22cm　2000円　Ⓝ121.67
〔13940〕

◇相馬九方　木南卓一著　大阪　アートビジネスセンター　1978.11　1冊　22cm　Ⓝ121.56　〔13941〕

◆◆山県周南

◇長州藩思想史覚書―山県周南前後　河村一郎著　萩　〔河村一郎〕　1986.1　180p　22cm　Ⓝ121.5　〔13942〕

◇山井崑崙・山県周南　藤井明著, 久富木成大著　明徳出版社　1988.10　221p　20cm　（叢書・日本の思想家18）2000円　Ⓝ121.56
〔13943〕

◆◆亀井南冥

◇亀井南冥・亀井昭陽　荒木見悟著　明徳出版社　1988.10　206p　20cm　（叢書・日本の思想家 27）1900円　Ⓝ121.56
〔13944〕

◇亀井南冥と一族の小伝―亀陽文庫のしおり　庄野寿人著　甘木　庄野寿人　1974　64p　18cm　Ⓝ121.67
〔13945〕

◆◆安井息軒

◇江戸の漢学者たち　町田三郎著　研文出版　1998.6　242p　22cm　4500円　Ⓘ4-87636-155-X　Ⓝ121.53
〔13946〕

◇瓦全―息軒小伝　和田雅実著　宮崎　鉱脈社　2006.1　179p　19cm　（みやざき文庫 37）1200円　Ⓘ4-86061-160-8　Ⓝ121.56
〔13947〕

◇注解北潜日抄　長田泰彦著　浦和　さきたま出版会　1988.1　331p　22cm　5000円　Ⓝ121.56　〔13948〕

◇安井息軒　黒江一郎著　宮崎　日向文庫刊行会　1953　200p（年表共）　19cm　（日向文庫 8）Ⓝ121.69
〔13949〕

◆◆中山城山

◇城山拾玉　中山城山著　桑田明訳　高松　城山会　1991.9　8,255p　26cm　Ⓝ121.56　〔13950〕

◇中山城山現存全集　第1巻　桑田明編訳　香南町（香川県）　中山城山顕彰会　1994.4　607p　26cm　非売品　Ⓝ121.56
〔13951〕

◇中山城山現存全集　第2巻　桑田明編訳　香南町（香川県）　中山城山顕彰会　1994.4　622p　26cm　非売品　Ⓝ121.56
〔13952〕

◇中山城山現存全集　第3巻　桑田明編訳　香南町（香川県）　中山城山顕彰会　1994.4　581p　26cm　非売品　Ⓝ121.56
〔13953〕

◇中山城山現存全集　第4巻　桑田明編訳　香南町（香川県）　中山城山顕彰会　1994.4　592p　26cm　非売品　Ⓝ121.56
〔13954〕

◇中山城山現存全集　第5集　桑田明編訳　香南町（香川県）　中山城山顕彰会　1994.4　616p　26cm　非売品　Ⓝ121.56
〔13955〕

◇中山城山現存全集　第6巻　桑田明編訳　香南町（香川県）　中山城山顕彰会　1994.4　623p　26cm　非売品　Ⓝ121.56
〔13956〕

◇中山城山の生涯―その人間像に迫る野心作　馬場栄一著　高松　美巧社　1993.2　316p　21cm　1800円　Ⓝ121.56
〔13957〕

◆◆折衷学派

◇伊藤冠峰―竹園の漢詩人　村瀬一郎編著　笠松町（岐阜県）　冠峰先生顕彰研究会　1993.11　446p　22cm　5000円　Ⓘ4-89597-077-9　Ⓝ121.57
〔13958〕

◇伊藤冠峰先生に関する文献目録　宮崎惇編著　笠松町（岐阜県）　冠峰先生顕彰研究会　1999.2　4p　26cm　非売品　Ⓘ4-9900230-2-1　Ⓝ121.57
〔13959〕

◇嚶鳴館遺草―細井平洲の教え　篠田竹邨著　文芸社　1999.11　275p　20cm　1700円　Ⓘ4-88737-689-8　Ⓝ121.57
〔13960〕

◇価値学説史　第3巻　折衷学派の価値学説　波多野鼎著　巌松堂書店　1930　355p　23cm　Ⓝ331　〔13961〕

◇価値学説史　第3巻　折衷学派の価値学説　波多野鼎著　改訂8版　巌松堂　1946　355p　21cm　Ⓝ331
〔13962〕

◇国友古照軒「論世堂」—肥後の私塾　国友古照軒原著　小田大道編著　熊本　河野龍巳　1995.9　233p　21cm　2000円　Ⓝ121.57　〔13963〕
◇国友古照軒「論世堂」—肥後の私塾　国友古照軒原著　小田大道著　改訂版　熊本　小田大道　2000.11　275p　21cm　2300円　Ⓝ121.57　〔13964〕
◇柴秋邨精説　田中双鶴著　徳島　鳥跡社　1992.1　508p　31cm　15000円　Ⓝ121.57　〔13965〕
◇儒学者谷口藍田　浦川晟著　山内町(佐賀県)　浦川晟　1993.10　192p　26cm　Ⓝ121.57　〔13966〕
◇二宮学派・折衷学派　小柳司気太校　春陽堂書店　1937　521p　20cm　(大日本文庫 儒教篇)Ⓝ121　〔13967〕
◇広瀬旭荘全集　9 日記篇 9　広瀬旭荘全集編集委員会編　京都　思文閣出版　1994.6　413p　27cm　14420円　①4-7842-0823-2　Ⓝ121.57　〔13968〕
◇村瀬栲亭　妹尾和夫著　潮流社　1987.8　309p　22cm　3500円　①4-88665-057-0　Ⓝ121.57　〔13969〕

◆◆細井平洲
◇今に生きる細井平洲の教え　杉田勲生著　名古屋　杉田勲生　1997.4　352p　20cm　1429円　①4-89597-154-6　Ⓝ121.57　〔13970〕
◇上杉鷹山と細井平洲—人心をつかむリーダーの条件　童門冬二著　PHP研究所　1997.9　250p　15cm　(PHP文庫)476円　①4-569-57072-0　Ⓝ121.57　〔13971〕
◇上杉鷹山の師細井平洲の人間学—人心をつかむリーダーの条件　童門冬二著　PHP研究所　1993.8　235p　20cm　1400円　①4-569-54068-6　Ⓝ121.57　〔13972〕
◇平洲先生事蹟講演集　半田町(愛知県)　愛知県知多郡教育会付属平洲会　1911.11　40p　23cm　Ⓝ289.1　〔13973〕
◇細井平洲　高瀬代次郎著　隆文館図書〔ほか〕　1919　1162,16,6p　22cm　Ⓝ121　〔13974〕
◇細井平洲　高瀬代次郎著　文教書院　1942　228p　19cm　(日本教育先哲叢書 9)Ⓝ121　〔13975〕
◇細井平洲—上杉鷹山の師 その政治理念と教育の思想　大井魁著　米沢　九里学園教育研究所　1991.6　338,6p　19cm　2500円　Ⓝ121.57　〔13976〕
◇細井平洲絵巻　橋本豊治画　小林井香書　東海　愛知県東海市・細井平洲没後200年記念事業実行委員会　2000.5　60p　25×26cm　Ⓝ121.57　〔13977〕
◇細井平洲 将の人間学—『嚶鳴館遺草』に学ぶ「長」の心得　渡邉五郎三郎編訳　致知出版社　2007.9　292p　19cm　2000円　①978-4-88474-785-5　〔13978〕
◇細井平洲先生遺墨集　第2集　平洲より鷹山公並門人宛書簡　長谷部善作著　米沢　置賜史談会　1991.7　83p　26cm　1500円　Ⓝ121.57　〔13979〕
◇細井平洲先生とその師友点描　東海市立平洲記念館編　東海市立平洲記念館　1975　256p　21cm　Ⓝ121.7　〔13980〕
◇細井平洲と上杉鷹山　鈴村進著　三笠書房　1999.8　261p　16cm　(知的生きかた文庫)533円　①4-8379-7052-4　Ⓝ121.57　〔13981〕
◇細井平洲の嚶鳴館遺草—明解口語訳　細井平洲著　皆川英哉著　知多　ケイアンドケイ　1991.10　367p　22cm　Ⓝ121.57　〔13982〕
◇細井平洲の言葉　平洲顕彰会編著　名古屋　三州閣　1942　119p　19cm　Ⓝ121　〔13983〕
◇細井平洲の生涯　高瀬代次郎著　巌松堂書店　1936　123p　19cm　Ⓝ121　〔13984〕
◇細井平洲の生涯　浅井啓吉著　知多　浅井啓吉　1985.2　401p　20cm　2800円　Ⓝ121.57　〔13985〕
◇勇気—細井平洲/上杉鷹山　上　鈴村進著　黙出版　1997.8　239p　20cm　(Moku books)1500円　①4-900682-23-3　Ⓝ121.57　〔13986〕
◇勇気—細井平洲/上杉鷹山　下　鈴村進著　黙出版　1997.8　226p　20cm　(Moku books)1500円　①4-900682-24-1　Ⓝ121.57　〔13987〕

◆◆皆川淇園
◇皆川淇園　中村春作ほか著　明徳出版社　1986.10　295p　20cm　(叢書・日本の思想家 26)2000円　Ⓝ121.57　〔13988〕

◆◆亀田鵬斎
◇亀田鵬斎　杉村英治輯編　柏〔杉村英治〕　1970　7,196,22p　25cm　Ⓝ121.7　〔13989〕
◇亀田鵬斎　杉村英治著　近世風俗研究会　1978.9　329p　22cm　7000円　Ⓝ121.7　〔13990〕
◇亀田鵬斎　杉村英治著　三樹書房　1985.6　331p　22cm　7000円　Ⓝ121.57　〔13991〕
◇亀田鵬斎と江戸化政期の文人達　渥美国泰著　芸術新聞社　1995.1　405p　22cm　5800円　①4-87586-212-1　Ⓝ121.57　〔13992〕
◇亀田鵬斎の世界　杉村英治著　三樹書房　1985.6　226p　22cm　5800円　Ⓝ121.57　〔13993〕

◆◆広瀬淡窓
◇江戸詩人選集　第9巻　広瀬淡窓・広瀬旭荘　日野龍夫,徳田武,揖斐高編纂　広瀬淡窓,広瀬旭荘著　岡村繁注　岩波書店　1991.12　344p　20cm　①4-00-091599-1　Ⓝ919.5　〔13994〕
◇教聖広瀬淡窓　古川克己著　日田　淡窓会　1955　118p　19cm　Ⓝ121.7　〔13995〕
◇教聖広瀬淡窓と広瀬八賢　広瀬八賢顕彰会編　日田　1965　132p　19cm　Ⓝ121.7　〔13996〕
◇教聖・広瀬淡窓の研究　中島市三郎著　第一出版協会　1935　384p　22cm　Ⓝ121　〔13997〕
◇教聖広瀬淡窓の研究　中島市三郎著　増訂版　第一出版協会　1937　435p　23cm　Ⓝ121　〔13998〕
◇淡窓遺墨撰集　広瀬淡窓著,緒方無元編　限定版　甘木　広瀬淡窓遺墨刊行会　1966　142p　26cm　Ⓝ121.7　〔13999〕
◇淡窓詩話—現代語訳　広瀬淡窓著　向野康江訳註　福岡　葦書房　2001.3　159p　21cm　2000円　①4-7512-0802-0　Ⓝ919.5　〔14000〕
◇淡窓全集　広瀬淡窓著,日田郡教育会編　増補　京都　思文閣　1971　3冊　22cm　22000円　Ⓝ121.7　〔14001〕
◇梅園から淡窓へ　長寿吉著　生活社　1946　31p　19cm　(日本叢書 第64)2円　Ⓝ121.89　〔14002〕
◇広瀬旭荘　大野修作著　研文出版　1999.3　232p　20cm　(日本漢詩人選集 16)3300円　①4-87636-167-3　Ⓝ919.5　〔14003〕
◇広瀬旭荘全集 月報—第5,8,〔11〕巻　京都　思文閣出版　1983.12-1988.1　1冊　20cm　Ⓝ121.57　〔14004〕
◇広瀬淡窓　小西重直著　文教書院　1943　247p　19cm　(日本教育先哲叢書 10)Ⓝ121　〔14005〕
◇広瀬淡窓　古川哲史著　京都　思文閣　1972　324p　22cm　1300円　Ⓝ121.7　〔14006〕
◇広瀬淡窓　米田貞一著　別府　米田貞一　1973　68p

22cm （郷土の先覚者 5）Ⓝ121.7
〔14007〕
◇広瀬淡窓　井上義巳著　吉川弘文館　1987.4　282p　19cm　（人物叢書 新装版）1700円　①4-642-05080-9　Ⓝ121.57
〔14008〕
◇広瀬淡窓　深町浩一郎著　福岡　西日本新聞社　2002.1　289p　19cm　（西日本人物誌 15）1500円　①4-8167-0543-0　Ⓝ121.57
〔14009〕
◇広瀬淡窓旭荘書翰集　長寿吉,小野精一共編　弘文堂　1943　741p　22cm　Ⓝ121
〔14010〕
◇広瀬淡窓咸宜園と日本文化　中島市三郎著　第一出版協会　1942　355p　19cm　Ⓝ121
〔14011〕
◇広瀬淡窓小伝　広瀬正雄著　日田　広瀬先賢顕彰会　1972　76p　19cm　非売　Ⓝ121.7
〔14012〕
◇広瀬淡窓先生咸宜園写真帖　草野富吉編　大分県日田町　大分県日田淡窓図書館　1936　図版47枚　16×23cm　Ⓝ121
〔14013〕
◇広瀬淡窓手ほどき　広瀬正雄著　日田　広瀬先賢顕彰会　1973　42p　19cm　非売品　Ⓝ121.7
〔14014〕
◇広瀬淡窓日記　1　広瀬淡窓著　井上源吾訳注　葦書房　1998.12　352p　21cm　2800円　①4-7512-0728-8　Ⓝ121.57
〔14015〕
◇広瀬淡窓日記　2　広瀬淡窓著　井上源吾訳注　福岡　弦書房（製作）　2005.9　243p　21cm　2200円　①4-902116-36-7　Ⓝ121.57
〔14016〕
◇広瀬淡窓日記　3　広瀬淡窓著　井上源吾訳注　福岡　弦書房（製作）　2005.9　405p　21cm　3000円　①4-902116-37-5　Ⓝ121.57
〔14017〕
◇広瀬淡窓日記　4　広瀬淡窓著　井上源吾訳注　福岡　弦書房（製作）　2005.9　275p　21cm　2400円　①4-902116-38-3　Ⓝ121.57
〔14018〕
◇広瀬淡窓の研究　田中加代著　ぺりかん社　1993.2　434,10p　22cm　5800円　①4-8315-0588-9　Ⓝ121.57
〔14019〕
◇広瀬淡窓の思想と教育　角光嘯堂著　刀江書院　1942　417p　22cm　Ⓝ121
〔14020〕
◇広瀬淡窓の世界　狭間久著　大分　大分合同新聞社　1999.7　207p　19cm　1800円　Ⓝ121.57
〔14021〕
◇広瀬淡窓の人間性研究　大久保勇市著　東大阪　フタバ書店　1969　394p　22cm　2000円　Ⓝ121.7
〔14022〕
◇広瀬淡窓評伝　井上源吾著　福岡　葦書房　1993.11　596p　22cm　6500円　①4-7512-0538-2　Ⓝ121.57
〔14023〕
◇広瀬淡窓・万善簿の原点　大久保勇市著　京都　啓文社　1971　184p　22cm　1300円　Ⓝ121.7
〔14024〕
◇広瀬淡窓夜話　大久保正尾著　日田　広瀬先賢顕彰会　1979.4　440p　22cm　3000円　Ⓝ121.7
〔14025〕
◇若き日の広瀬淡窓　井上源吾著　福岡　葦書房　1998.1　181p　21cm　1600円　①4-7512-0700-8　Ⓝ121.57
〔14026〕

◆◆大田錦城
◇大田錦城伝考　上　井上善雄著　加賀　加賀市文化財専門委員会,江沼地方史研究会　1959　236p　22cm　Ⓝ121.7
〔14027〕
◇大田錦城伝考　下　井上善雄著　加賀　加賀市文化財専門委員会,江沼地方史研究会　1973　606p　22cm　Ⓝ121.7
〔14028〕

◆◆東条一堂
◇儒者 東条一堂小伝　鴇田恵吉著　2版　東条会館　1959　115p　19cm　Ⓝ121.7
〔14029〕
◇東条一堂伝　鴇田恵吉著　東条卯作　1953　384p　表　22cm　Ⓝ121.7
〔14030〕
◇東条一堂伝　鴇田恵吉著　東条卯作　1953　370p　22cm　Ⓝ121.7
〔14031〕

◆◆斎藤拙堂
◇斎藤拙堂書簡　津　津市教育委員会　1994.3　50p　21cm　（平松楽斎文書 17）Ⓝ121.57
〔14032〕
◇斎藤拙堂伝　斎藤正和著　津　三重県良書出版会　1993.7　427p　21cm　Ⓝ121.57
〔14033〕
◇津藩斎藤拙堂和歌集　楽山鈴木敏雄著　安東村（三重県）　楽山文庫　1925　14丁　25cm　Ⓝ911.15
〔14034〕

◆国学
◇青柳種信関係資料目録　福岡市立歴史資料館編　福岡　福岡市立歴史資料館　1986.3　158p　26cm　Ⓝ121.52
〔14035〕
◇葭　第1号　山崎勝昭編　吹田　山崎勝昭　1996　178p　21cm　Ⓝ121.52
〔14036〕
◇足代弘訓未公刊史料集　伴五十嗣郎編　伊勢　皇学館大学神道研究所　1993.3　128p　21cm　（神道資料叢刊 4）Ⓝ121.52
〔14037〕
◇飯塚久敏と良寛　高木明編著　高崎　高木明　1995.3　88p　22cm　2000円　Ⓝ121.52
〔14038〕
◇維新前後に於ける国学の諸問題―創立百周年記念論文集　国学院大学日本文化研究所創立百周年記念論文集編集委員会編　国学院大学日本文化研究所　1983.3　718p　22cm　Ⓝ121.52
〔14039〕
◇維新の烈士国学の泰斗飯田武郷翁伝　坂本辰之助著　明文社　1944　212p　19cm　Ⓝ289.1
〔14040〕
◇伊勢貞丈　石村貞吉著　春陽堂　1944　179p　19cm　（新国学叢書　第13巻2）Ⓝ121
〔14041〕
◇一辞書の運命―国学者後藤奈牙遠の業績　後藤教子,愛原豊編　神戸　後藤教子　2000.8　250p　22cm　非売品　①4-87787-047-4　Ⓝ121.52
〔14042〕
◇伊那尊王思想史　市村咸人著　国書刊行会　1973　1冊　22cm　5000円　Ⓝ121.2
〔14043〕
◇色川三中の研究　学問と思想篇　中井信彦著　塙書房　1993.2　359,19p　21cm　6695円　①4-8273-1100-5
〔14044〕
◇色川三中の研究　伝記篇　中井信彦著　塙書房　1988.9　461p　22cm　9000円　Ⓝ121.52
〔14045〕
◇岩政信比古　柳井市立柳井図書館編　柳井　柳井市立柳井図書館　1995.11　94p　21cm　（柳井図書館叢書 第12集）Ⓝ121.52
〔14046〕
◇上田及淵伝　安原秀魁著　倉敷　〔安原秀魁〕　1991.10　264p　26cm　Ⓝ121.52
〔14047〕
◇植松有信　植松茂able　名古屋　愛知県郷土資料刊行会　1979.4　427p　22cm　5800円　Ⓝ121.27
〔14048〕
◇歌は国学の基本にして余業にあらざるの弁　井関美清著　吉川半七　1898.10　10p　23cm　Ⓝ911.1
〔14049〕
◇江戸歌文派の成立と展開　芳賀登著　教育出版センター　1994.12　324p　22cm　（史学叢書 11）3000円　Ⓝ121.52
〔14050〕
◇江戸時代の国学　大久保正著　至文堂　1963　278p　19cm　（日本歴史新書）Ⓝ121.2
〔14051〕
◇江戸社会と国学―原郷への回帰　ピーター・ノスコ著　M.W.スティール,小島康敬監訳　ぺりかん社　1999.10　264,10,5p　22cm　4200円　①4-8315-0889-6

Ⓝ121.52　　　　　　　　　　　〔14052〕
◇江戸の和学者　安藤菊二著　武蔵村山　青裳堂書店　1984.9　312p　22cm　(日本書誌学大系 39)7500円　Ⓝ020.21　　　　　　　　　　〔14053〕
◇江戸派国学論考　内野吾郎著　創林社　1979.1　243,7p　22cm　3000円　Ⓝ121.2　　　〔14054〕
◇江戸派国学論考―学派の形成とその社会圏　内野吾郎著　アーツアンドクラフツ　2002.4　239,7p　21cm　2200円　ⓘ4-901592-04-1　Ⓝ121.52　〔14055〕
◇江戸和学論考　鈴木淳著　ひつじ書房　1997.2　754p　22cm　(ひつじ研究叢書 文学編第1巻)15000円　ⓘ4-938669-80-3　Ⓝ121.52　〔14056〕
◇桜祠の花守　福田景門著　加茂町(岡山県)　枸杞之友社　1967　132p　20cm　Ⓝ121.52　〔14057〕
◇岡熊臣転換期を生きた郷村知識人―一幕末国学者の兵制論と「淫祀」観　張憲生著　三元社　2002.5　343p　22cm　4800円　ⓘ4-88303-097-0　Ⓝ121.52　〔14058〕
◇鬼沢大海―石岡の国学者・その思想と業績　大越直子著　土浦　筑波書林　1987.9　90p　18cm　(ふるさと文庫)600円　Ⓝ121.52　〔14059〕
◇小山田与清年譜稿　安西勝編　町田　町田ジャーナル社　1987.7　18p　21cm　500円　Ⓝ121.52　〔14060〕
◇甲斐の国学者萩原元克　萩原頼平編　甲府　甲斐志料編纂会　1926　110p　23cm　Ⓝ121　〔14061〕
◇海録―江戸考証百科　山崎美成著　ゆまに書房　1999.1　574,18p　22cm　18000円　ⓘ4-89714-629-1　Ⓝ031　〔14062〕
◇臥雲雪居関係資料　神保冷平編　群馬町(群馬県)　山草園　1970　82p　18cm　Ⓝ121.27　〔14063〕
◇堅室著書一覧―岡部春平著述目録　小池言征,広川真弘編,高倉一紀編　伊勢　皇學館大学神道研究所　1987.3　88p　21cm　(神道書目叢刊 4)非売品　Ⓝ121.52　〔14064〕
◇楫取魚彦資料集　岩沢和夫編著　流山　たけしま出版　2001.5　326p　22cm　6800円　ⓘ4-925111-12-4　Ⓝ121.52　〔14065〕
◇楫取魚彦編『万葉集千歌』の研究―浜松市立賀茂真淵記念館蔵本と本居宣長記念館蔵本について　片山武編著　東京文芸館　2006.3　529p　21cm　3000円　Ⓝ121.52　〔14066〕
◇神とたましひ―国学思想の深化　藤井貞文著　錦正社　1990.2　257p　19cm　(国学研究叢書 第14編)2880円　ⓘ4-7646-0220-2　Ⓝ172　〔14067〕
◇鹿持雅澄先生百年祭記念誌　鹿持雅澄先生百年祭記念誌刊行会著　高知　1959　60p　22cm　Ⓝ121.27　〔14068〕
◇狩谷棭斎　梅谷文夫著　吉川弘文館　1994.1　291p　19cm　(人物叢書 新装版)2000円　ⓘ4-642-05198-8　Ⓝ121.52　〔14069〕
◇河村秀根　阿部秋生原著　増訂復刻 神作研一増訂復刻版編集責任　『河村秀根』増訂復刻版刊行会　2002.6　366p　19cm　2800円　Ⓝ121.52　〔14070〕
◇菊岡如幻翁小伝　沖森直三郎,山本茂貴編　上野　伊賀郷土史研究会　1967　32p　22cm　Ⓝ121.27　〔14071〕
◇近世学芸論考―羽倉敬尚論文集　羽倉敬尚著　鈴木淳編　明治書院　1992.6　422p　22cm　14000円　ⓘ4-625-41101-7　Ⓝ121.52　〔14072〕
◇近世国学者の研究―谷川士清とその周辺　北岡四良著,故北岡四良教授遺稿集刊行会編　伊勢　故北岡四良教授遺稿集刊行会　1977.12　563p　22cm　非売品　Ⓝ121.2　〔14073〕

◇近世国学者の研究―谷川士清とその周辺　復刻　北岡四良著　伊勢　皇学館大学出版部　1996.12　565,41p　22cm　5000円　ⓘ4-87644-094-8　Ⓝ121.52　〔14074〕
◇近世国学者論文抄　篠田隆治編　春陽堂　1934　185p　21cm　Ⓝ121　　　　　　　　　〔14075〕
◇近世国学新資料集解　佐野正巳著　京都　三和書房　1972　222,3p　19cm　960円　Ⓝ121.52　〔14076〕
◇近世国学とその周辺　南啓治著　三弥井書店　1992.5　187p　22cm　4000円　ⓘ4-8382-3033-8　Ⓝ121.52　〔14077〕
◇近世国学論攷　浅野三平著　翰林書房　1999.11　483p　22cm　15000円　ⓘ4-87737-093-5　Ⓝ121.52　〔14078〕
◇近世史の研究　第2冊　国学と洋学　伊東多三郎著　吉川弘文館　1982.7　382p　22cm　5800円　Ⓝ210.5　〔14079〕
◇近世史の発展と国学者の運動　竹岡勝也著　至文堂　1927　364p　23cm　(国史研究叢書 第3編)Ⓝ121　〔14080〕
◇近世の国学と教育　山中芳和著　多賀出版　1998.1　280,9p　22cm　3000円　ⓘ4-8115-4801-9　Ⓝ121.52　〔14081〕
◇近世の和歌と国学　伊藤正雄著　伊勢　皇学館大学出版部　1979.5　325,11p　19cm　3500円　Ⓝ911.15　〔14082〕
◇近世文芸復興の精神―日本の自覚と国学の源流　山川弘至著　大日本百科全書刊行会　1943　271p　19cm　Ⓝ910　〔14083〕
◇近代国学の研究　藤田大誠著　弘文堂　2007.12　500,13p　21cm　(久伊豆神社小教院叢書)6800円　ⓘ978-4-335-95036-0　〔14084〕
◇群馬の国学者新居守村考　神道登著　群馬出版センター　1991.5　270p　22cm　3860円　ⓘ4-906366-07-4　Ⓝ121.52　〔14085〕
◇景仰―鹿持雅澄先生生誕二百年記念誌　高知　鹿持雅澄先生生誕二百年記念事業実行委員会　1991.9　228p　26cm　Ⓝ121.52　〔14086〕
◇敬神尊皇の国学者土岐信風　鈴木秀夫著　鶴岡　荘内史料研究会　1942　55p　19cm　Ⓝ289.1　〔14087〕
◇慶長以来国学家略伝　小沢政胤編　国光社　1900.11　782p　23cm　Ⓝ281　　　　　　〔14088〕
◇慶長以来国学家略伝　小沢政胤編　東出版　1997.9　21,29,782p　22cm　(辞典叢書 30)18000円　ⓘ4-87036-053-5　Ⓝ121.52　〔14089〕
◇広益俗説弁　井沢蟠竜著,白石良夫校訂　平凡社　1989.6　378p　18cm　(東洋文庫 503)3090円　ⓘ4-582-80503-5　Ⓝ121.52　〔14090〕
◇皇学の旨趣　佐藤通次著　伊勢　皇學館大学出版部　1980.3　47p　18cm　(皇學館大学講演叢書 第43輯)260円　Ⓝ121.52　〔14091〕
◇国史上の人々　丸山季夫遺稿集刊行会編　丸山隆　1979.7　885p　22cm　Ⓝ910.25　〔14092〕
◇国学思想　重松信弘著　理想社　1943　308p　19cm　(日本思想大系 3)Ⓝ121　〔14093〕
◇国学思想史　野村八良著　明世堂　1943　226p　19cm　Ⓝ121　　　　　　　　　　〔14094〕
◇国学思想の史的研究　鈴木暎一著　吉川弘文館　2002.2　237,7p　22cm　7000円　ⓘ4-642-03374-2　Ⓝ121.52　〔14095〕
◇国学史と国文学―久松潜一先生講義プリント　1　久松潜一著　帝大プリント聯盟　1938　153p　22cm

◇Ⓝ910.2 〔14096〕
◇国学史の研究　河野省三著　畝傍書房　1943　358p　22cm　Ⓝ121 〔14097〕
◇国学者小国重年の研究　塩沢重義著　静岡　羽衣出版（発売）　2001.9　318p　22cm　4762円　①4-938138-37-9　Ⓝ121.52 〔14098〕
◇国学者研究　伝記学会編　北海出版社　1943　472p　22cm　Ⓝ121 〔14099〕
◇国学者雑攷　丸山季夫著　多摩　丸山泰　1982.9　2冊（別冊とも）　22cm　全10000円　Ⓝ910.25 〔14100〕
◇国学者史伝―慶長以来　逸見仲三郎編　青山堂書房　1926　256,30p　22cm　Ⓝ121 〔14101〕
◇国学者　鈴木梁満　山田久次著　日本図書刊行会,近代文芸社〔発売〕1997.11　275p　21cm　3800円　①4-89039-744-2 〔14102〕
◇国学者多田義俊南嶺の研究　古相正美著　勉誠出版　2000.2　399,21p　22cm　14000円　①4-585-10071-7　Ⓝ121.52 〔14103〕
◇国学者谷川士清の研究　加藤竹男著　湯川弘文社　1934　261,3p　23cm　Ⓝ121 〔14104〕
◇国学者著述一覧　関書院編　関書院　1932　317p　20cm　Ⓝ121 〔14105〕
◇国学者著述綜覧　関隆治編　森北書店　1943　293p　表　19cm　Ⓝ121 〔14106〕
◇国学者伝記集成　大川茂雄,南茂樹著　大日本図書　1904.8　1700,30p　23cm　Ⓝ281 〔14107〕
◇国学者伝記集成　第1,2巻,続篇　大川茂雄,南茂樹編　国本出版社　1934-1935　3冊　24cm　Ⓝ121 〔14108〕
◇国学者伝記集成　上　上田萬年,芳賀矢一校閲　大川茂雄,南茂樹編　復刻　東出版　1997.9　852p　22cm　(辞典叢書　27)　①4-87036-048-9,4-87036-047-0　Ⓝ121.52 〔14109〕
◇国学者伝記集成　中　上田萬年,芳賀矢一校閲　大川茂雄,南茂樹編　復刻　東出版　1997.9　p853-1700,13,30p　22cm　(辞典叢書　28)　①4-87036-049-7,4-87036-047-0　Ⓝ121.52 〔14110〕
◇国学者伝記集成　下　上田萬年,芳賀矢一校閲　大川茂雄,南茂樹編　日本文学資料研究会編纂　復刻　東出版　1997.9　629,47p　22cm　(辞典叢書　29)　①4-87036-050-0,4-87036-047-0　Ⓝ121.52 〔14111〕
◇国学者の道　伊東多三郎著　新太陽社　1944　385p　19cm　Ⓝ289.1 〔14112〕
◇国学者論集　藤田徳太郎訳編　小学館　1942　367p　19cm　(現代訳日本古典)　Ⓝ121 〔14113〕
◇国学人物志　高階惟昌編　浜松　玉鉾会　1934　1冊　24cm　Ⓝ911.15 〔14114〕
◇国学前期の神道観　神社本庁教学研究室編　神社本庁　1975　67p　21cm　(神道教学叢書　第5輯)　非売品　Ⓝ121.2 〔14115〕
◇国学全史　上,下巻　野村八良著　関書院　1928-1929　2冊　23cm　Ⓝ121 〔14116〕
◇国学全史　上,下巻　野村八良著　再版　有恒堂　1940　2冊　23cm　Ⓝ121 〔14117〕
◇国学叢書　第1輯　本居宣長先生の内外本末の説に就いて　神道史上に於ける宣長翁　三上参次著　河野省三著　皇典講究所　1931　24,18p　23cm　Ⓝ170 〔14118〕
◇国学大系　第3,12,14,20-21巻　地平社　1943-1944　5冊　22cm　Ⓝ121 〔14119〕
◇国学と玉だすき　久松潜一著　内閣印刷局　1940　84p　15cm　(日本精神叢書　43)　Ⓝ121 〔14120〕
◇国学と蘭学　佐野正巳著　雄山閣　1973　236p　22cm　(雄山閣歴史選書)1500円　Ⓝ121.2 〔14121〕
◇国学入門　簗瀬一雄著　加藤中道館　1942　222p　19cm　Ⓝ121 〔14122〕
◇国学の学的体系　三宅清著　文学社　1943　459p　22cm　Ⓝ121 〔14123〕
◇国学の研究　河野省三著　大岡山書店　1932　453p　23cm　Ⓝ121 〔14124〕
◇国学の研究―草創期の人と業績　上田賢治著　大明堂　1981.9　237p　22cm　2600円　①4-470-20017-4　Ⓝ121.52 〔14125〕
◇国学の研究―草創期の人と業績　上田賢治著　アーツアンドクラフツ　2005.4　237p　21cm　2200円　①4-901592-27-0　Ⓝ121.52 〔14126〕
◇国学の史的考察　伊東多三郎著　大岡山書店　1932　425p　19cm　Ⓝ121 〔14127〕
◇国学のしるべ　池田勉校註　春陽堂　1944　188p　18cm　(新文庫　22)　Ⓝ121 〔14128〕
◇国学の他者像―誠実と虚偽　清水正之著　ぺりかん社　2005.4　274p　21cm　3600円　①4-8315-1108-0 〔14129〕
◇国学の批判―封建イデオローグの世界　西郷信綱著　青山書院　1948　216p　19cm　Ⓝ121 〔14130〕
◇国学の本義　山田孝雄著　国学研究会出版部　1939　216p　23cm　Ⓝ121 〔14131〕
◇国学の本義　山田孝雄著　訂　畝傍書房　1942　225p　22cm　Ⓝ121 〔14132〕
◇国学発達史　清原貞雄著　大鐙閣　1927　422p　23cm　Ⓝ121 〔14133〕
◇国学発達史　清原貞雄著　畝傍書房　1940　410,12p　23cm　Ⓝ121 〔14134〕
◇国学発達史　清原貞雄著　国書刊行会　1981.8　410,12p　22cm　6500円　Ⓝ121.52 〔14135〕
◇国学文献集解　近藤佶著　中央公論社　1944　391p　22cm　Ⓝ121 〔14136〕
◇国学論　山本正秀,渡辺秀著　三笠書房　1939　208p　17cm　(日本歴史全書　第19)　Ⓝ121 〔14137〕
◇国学論　井上豊著　八雲書林　1942　243p　19cm　Ⓝ121 〔14138〕
◇国学和歌改良不可論　武津八千穂(稲室主人)著　大阪弘道会　1888.2　48p　19cm　Ⓝ911.1 〔14139〕
◇国学和歌改良論　池辺義象(旧姓:小中村),萩野由之著　吉川半七　1887.7　60p　19cm　Ⓝ911.1 〔14140〕
◇国儒論争の研究―直毘霊を起点として　小笠原春夫著　ぺりかん社　1988.1　293p　22cm　3800円　Ⓝ121.5 〔14141〕
◇相良亨著作集　4　死生観・国学　佐藤正英ほか編　ぺりかん社　1994.4　475,21p　22cm　12000円　①4-8315-0631-1　Ⓝ121 〔14142〕
◇佐々木弘綱年譜―幕末・維新期歌学派国学者の日記　上　佐々木弘綱著　高倉一紀編　伊勢　皇学館大学神道研究所　1998.3　14,127p　21cm　(神道資料叢刊　7)　Ⓝ121.52 〔14143〕
◇史通通釈　浦起竜著　上海　商務印書館　1935　104p　19cm　(国学基本叢書)　Ⓝ222 〔14144〕
◇草奔の国学　伊東多三郎著　羽田書店　1945　244p　22cm　4.30円　Ⓝ121.2 〔14145〕
◇草奔の国学　伊東多三郎著　真砂書房　1966　242p

思想史　　　　　　　　　　　　　　近世史

22cm　Ⓝ121.2　　　　　　　　〔14146〕
◇草莽の国学　伊東多三郎著　名著出版　1982.3　330p
　19cm　（名著選書 2）3200円　Ⓝ121.52
　　　　　　　　　　　　　　　　　〔14147〕
◇橘守部と伊勢の国学者たち　朝日町教育文化施設朝日町
　歴史博物館編　朝日町（三重県）　朝日町教育文化施設
　朝日町歴史博物館　2001.2　26p　30cm　Ⓝ121.52
　　　　　　　　　　　　　　　　　〔14148〕
◇田中大秀翁伝記　大野政雄校訂　高山市教育委員会編
　高山　高山市　1996.9　198p　21cm　Ⓝ121.52
　　　　　　　　　　　　　　　　　〔14149〕
◇田中大秀　松室会編　高山　斐太中央印刷株式会社
　1954　333p　21cm　Ⓝ121.27　　〔14150〕
◇谷川士清小伝　津市教育委員会文化課編　改訂　津　津
　市教育委員会　1999.7　49p　30cm　Ⓝ121.52
　　　　　　　　　　　　　　　　　〔14151〕
◇鶴峯戊申の基礎的研究　藤原暹著　桜楓社　1973
　489,9p　22cm　Ⓝ121.27　　　　〔14152〕
◇道家大門評伝　福田景門著　錦正社　1996.5　181p
　19cm　（国学研究叢書 第19編）3708円
　①4-7646-0243-1　Ⓝ121.52　　　〔14153〕
◇徳川時代後期出雲歌壇と国学　中沢伸弘著　錦正社
　2007.10　322p　19cm　（国学研究叢書）3200円
　①978-4-7646-0278-6　Ⓝ911.15　〔14154〕
◇中村幸彦著述集　第12巻　国学者紀譚　中央公論社
　1983.2　424p　22cm　6500円　Ⓝ910.25　〔14155〕
◇業合文庫・塩尻文庫目録―岡山大学所蔵　岡山大学附属
　図書館編　岡山　岡山大学附属図書館　1987.2　124p
　26cm　Ⓝ121.52　　　　　　　　〔14156〕
◇野山のなげき―伴林光平と明治維新　西村公晴著　奈良
　炫火草舎　1977.7　361p　22cm　3000円　Ⓝ121.27
　　　　　　　　　　　　　　　　　〔14157〕
◇泊洒舎年譜　丸山季夫著　1964　361p　22cm　Ⓝ121.
　27　　　　　　　　　　　　　　〔14158〕
◇幕藩制社会における国学　岸野俊彦著　校倉書房
　1998.5　362p　22cm　（歴史科学叢書）9000円
　①4-7517-2820-2　Ⓝ121.52　　　〔14159〕
◇幕末国学者 八木美穂伝　小山正著　浜松　八木美穂顕
　彰会　1960　737p　22cm　Ⓝ121.27　〔14160〕
◇幕末国学の運動と草莽　芳賀登著　雄山閣　2003.5
　373p　22cm　（芳賀登著作選集 第6巻）8800円
　①4-639-01820-7　Ⓝ121.52　　　〔14161〕
◇幕末国学の研究　芳賀登著　教育出版センター　1980.3
　517p　22cm　（史学選書 1）14000円　Ⓝ121.52
　　　　　　　　　　　　　　　　　〔14162〕
◇幕末国学の諸相―コスモロジー/政治運動/家意識　桑原
　恵著　吹田　大阪大学出版会　2004.2　318p　22cm
　6400円　①4-87259-175-5　Ⓝ121.52　〔14163〕
◇幕末国学の展開　芳賀登著　塙書房　1963　311p
　19cm　（塙選書）Ⓝ121.2　　　　〔14164〕
◇幕末民衆思想の研究―幕末国学と民衆宗教　桂島宣弘著
　増補改訂版　京都　文理閣　2005.6　340,13p　21cm
　4000円　①4-89259-485-7　　　　〔14165〕
◇間半兵衛秀矩とその業績―中津川の平田門人　水垣清著
　中津川　〔水垣清〕　1987.2　31p　22cm　非売品
　Ⓝ121.52　　　　　　　　　　　　〔14166〕
◇藤井高尚と松屋派　工藤進思郎著　風間書房　1986.5
　284p　22cm　6800円　①4-7599-0654-1　Ⓝ121.52
　　　　　　　　　　　　　　　　　〔14167〕
◇富士谷御杖の生涯―異色の国学者　多田淳典著　増訂
　京都　思文閣出版　1995.6　332p　20cm　4300円

①4-7842-0880-1　Ⓝ121.52　　　　〔14168〕
◇富士谷御杖の門人たち　菅宗次著　京都　臨川書店
　2001.9　233p　19cm　2600円　①4-653-03799-X
　Ⓝ121.52　　　　　　　　　　　　〔14169〕
◇藤原貞幹―追悼号　札幌　藤原貞幹友の会　1996.8
　102p　22cm　非売品　Ⓝ121.52　〔14170〕
◇松坂町人と本居宣長―近世松坂町人の知的好奇心　平成7
　年度特別展　本居宣長記念館編　松阪　本居宣長記念館
　1995.10　20p　26cm　Ⓝ121.52　〔14171〕
◇万葉批評史研究　近世/篇　平野仁啓著　未來社　1965
　420p　22cm　Ⓝ121.2　　　　　　〔14172〕
◇明治維新と国学者　阪本是丸著　大明堂　1993.3　316p
　22cm　4120円　①4-470-20037-9　Ⓝ121.52　〔14173〕
◇もうひとつの『夜明け前』―近代化と贄川の国学者たち
　上条宏之著　楢川村（長野県）　楢川村教育委員会
　1991.3　101p　21cm　（楢川ブックレット 3）Ⓝ121.52
　　　　　　　　　　　　　　　　　〔14174〕
◇文字の抑圧―国学イデオロギーの成立　村井紀著　青弓
　社　1989.5　191p　20cm　2060円　Ⓝ121.52　〔14175〕
◇物集高世評伝　奥田恵瑞,奥田秀雄編　続群書類従完成
　会　2000.6　389p　22cm　9000円　①4-7971-0687-5
　Ⓝ121.52　　　　　　　　　　　　〔14176〕
◇本居大平「教子名簿」覚書　和歌山　〔結城進〕　1998.
　11　153p　21cm　Ⓝ121.52　　　〔14177〕
◇本居大平の生涯　玉村禎祥著　大阪　近畿文化誌刊行会
　1987.5　117p　21cm　（近畿文化誌叢書 第2集）Ⓝ121.
　52　　　　　　　　　　　　　　〔14178〕
◇やさしく読む国学　中沢伸弘著　戎光祥出版　2006.11
　227p　21cm　1800円　①4-900901-70-9　Ⓝ121.52
　　　　　　　　　　　　　　　　　〔14179〕
◇屋代弘賢略年譜―私家版　大塚祐子編　大塚祐子
　2002.8　192p　21cm　Ⓝ121.52　〔14180〕
◇矢野玄道の本教学―その生涯と思想　越智通敏著　錦正
　社　1971　233p　19cm　（国学研究叢書 第4編）680円
　Ⓝ121.27　　　　　　　　　　　　〔14181〕
◇『和学講談所御用留』の研究　斎藤政雄著　国書刊行会
　1998.1　1588,30p　22cm　①4-336-04053-2　Ⓝ121.52
　　　　　　　　　　　　　　　　　〔14182〕
◇和学者総覧　国学院大学日本文化研究所編　汲古書院
　1990.3　809,282p　22cm　20000円　Ⓝ121.52
　　　　　　　　　　　　　　　　　〔14183〕
◇渡辺重名と本居家との交渉　松本義一著　大分　大分大
　学学芸部国語国文学講座松本研究室　1956　63p　25cm
　（別刷 二豊文学叢書 第1）Ⓝ121.27　〔14184〕

◆◆契沖

◇大阪の和学　大阪国文談話会編　大阪　和泉書院
　1986.7　149p　19cm　（上方文庫 3）1800円
　①4-87088-199-3　Ⓝ121.52　　　〔14185〕
◇契沖　久松潜一著　吉川弘文館　1963　192p　18cm
　（人物叢書 日本歴史学会編）Ⓝ121.27　〔14186〕
◇契沖　久松潜一著　吉川弘文館　1989.8　192p　19cm
　（人物叢書 新装版）1450円　①4-642-05167-8　Ⓝ121.52
　　　　　　　　　　　　　　　　　〔14187〕
◇契沖阿闍梨　香川景樹　大町桂月,塩井雨江著　クレ
　ス出版　1995.11　1冊　22cm　（近世文芸研究叢書 19
　―第一期文学篇 作家5）①4-87733-002-X　Ⓝ121.52
　　　　　　　　　　　　　　　　　〔14188〕
◇契沖学の形成　井野口孝著　大阪　和泉書院　1996.7
　227p　22cm　（研究叢書 192）5150円

◇ⓘ4-87088-814-9 Ⓝ121.52　〔14189〕
◇契沖研究　築島裕ほか著　岩波書店　1984.1　467p
22cm　6800円　Ⓝ121.52　〔14190〕
◇契沖全集　第1至4巻　万葉代匠記―初稿精撰　第1至4
佐佐木信綱編　大阪　朝日新聞社　1926　4冊　23cm
Ⓝ121　〔14191〕
◇契沖全集　月報―1-11,13-16　岩波書店　1973.1-1976.5
1冊　21cm　Ⓝ121.52　〔14192〕
◇契沖伝　久松潜一著　至文堂　1976　556p　22cm
Ⓝ121.27　〔14193〕
◇契沖と熊本　弥富破摩雄著　熊本　快旭阿闍梨墓碑保存
会　1929　128p　19cm　Ⓝ121　〔14194〕
◇契沖の生涯　久松潜一著　大阪　創元社　1942　160p
19cm　（日本文化名著選　第2輯　第10）Ⓝ121　〔14195〕
◇国文学研究史―契沖・春満抄　三宅清著　浦和　三宅清
1987.9　231枚　22cm　15000円　Ⓝ121.52　〔14196〕
◇久松潜一著作集　第12　契沖伝　至文堂　1969　556p
22cm　3500円　Ⓝ910.8　〔14197〕

◆◆荷田春満
◇荷田春満翁二百年祭記念宝永四年日次記並書翰集　荷田
春満著　佐伯有義編　荷田春満大人二百年記念会
1937　113p　23cm　Ⓝ121　〔14198〕
◇荷田春満の国学と神道史　松本久史著　弘文堂　2005.
10　427,3p　22cm　（久伊豆神社小教院叢書　2）6000円
ⓘ4-335-16043-7　Ⓝ121.52　〔14199〕
◇荷田春満の古典学　第1巻　三宅清著　浦和　三宅清
1980.11　319枚　22cm　10000円　Ⓝ121.52　〔14200〕
◇荷田春満の古典学　第2巻　三宅清著　浦和　三宅清
1984.3　316枚　22cm　15000円　Ⓝ121.52　〔14201〕
◇国文学研究史―契沖・春満抄　三宅清著　浦和　三宅清
1987.9　231枚　22cm　15000円　Ⓝ121.52　〔14202〕

◆◆賀茂真淵
◇賀茂真淵　三枝康高著　古川弘文館　1962　322p
18cm　（人物叢書　第93　日本歴史学会編）Ⓝ121.24
〔14203〕
◇賀茂真淵　三枝康高著　吉川弘文館　1987.7　323p
19cm　（人物叢書　新装版）1900円　ⓘ4-642-05086-8
Ⓝ121.52　〔14204〕
◇賀茂真淵―伝と歌　奥村晃作著　短歌新聞社　1996.2
335p　20cm　3500円　ⓘ4-8039-0807-9　Ⓝ121.5　〔14205〕
◇賀茂真淵　賀茂真淵と本居宣長　武島又次郎, 佐佐木
信綱著　クレス出版　1995.11　1冊　22cm　（近世文芸
研究叢書　18―第一期文学篇　作家4）ⓘ4-87733-002-X
Ⓝ121.52　〔14206〕
◇賀茂真淵全集　第11巻　続群書類従完成会　1991.1
431p　23cm　9270円　Ⓝ121.52　〔14207〕
◇賀茂真淵全集　第23巻　続群書類従完成会　1992.1
304p　23cm　8800円　Ⓝ121.52　〔14208〕
◇賀茂真淵と本居宣長―館蔵名品選　浜松市立賀茂真淵記
念館編　浜松　浜松市教育委員会　1994.11　64p
26cm　Ⓝ121.52　〔14209〕
◇賀茂真淵の画像と遺墨―館蔵名品抄　浜松市立賀茂真淵
記念館編　浜松　浜松市教育委員会　1990.3　46p
26cm　Ⓝ121.52　〔14210〕
◇賀茂真淵の業績と門流　井上豊著　風間書房　1966
498p　22cm　Ⓝ121.24　〔14211〕
◇賀茂真淵の話―賀茂真淵翁生誕三百年記念　寺田泰政著
浜松　賀茂真淵翁遺徳顕彰会　1997.4　104p　21cm
（県居文庫双書　1）1000円　Ⓝ121.52　〔14212〕
◇賀茂真渕論　山本嘉将著　限定版　京都　初音書房
1963　325p　22cm　Ⓝ121.24　〔14213〕
◇賀茂真淵　大石新著　大阪　柳原書店　1942　332p
19cm　Ⓝ121　〔14214〕
◇賀茂真淵―生涯と業績　寺田泰政著　浜松　浜松史跡調
査顕彰会　1979.1　282p　22cm　Ⓝ121.24　〔14215〕
◇賀茂真淵翁伝新資料―真淵伝への新資料による補正論
荷田信真著　京都　井上文鴻堂　1935　130p　20cm
Ⓝ121　〔14216〕
◇賀茂真淵集　与謝野寛等編纂校訂　日本古典全集刊行会
1927　7,250p　16cm　（日本古典全集　第2回）Ⓝ121
〔14217〕
◇賀茂真淵集　正宗敦夫編　日本古典全集刊行会　1929
250p　15cm　Ⓝ121　〔14218〕
◇賀茂真淵集　正宗敦夫編・校　日本古典全集刊行会
1937　250,17,44p　18cm　（日本古典全集　基本版　第
18）Ⓝ121　〔14219〕
◇賀茂真淵全集　月報―1-21　続群書類従完成会　1977.
4-1992.2　1冊　21cm　Ⓝ121.52　〔14220〕
◇賀茂真淵伝　小山正著　春秋社　1938　1008p　23cm
Ⓝ121　〔14221〕
◇賀茂真淵伝　小山正著　世界聖典刊行協会（発売）
1980.3　1008p　22cm　20000円　Ⓝ121.52　〔14222〕
◇賀茂真淵と菅江真澄―三河植田家をめぐって　近藤恒次
著　豊橋　橋良文庫　1975　424p　22cm　非売品
Ⓝ121.24　〔14223〕
◇賀茂真淵とその門流　真淵生誕三百年記念論文集刊行会
編　続群書類従完成会　1999.2　373p　22cm　12000円
ⓘ4-7971-0679-4　Ⓝ121.52　〔14224〕
◇賀茂真淵と本居宣長　佐佐木信綱著　広文堂書店　1917
226p　19cm　Ⓝ121　〔14225〕
◇賀茂真淵の学問　井上豊著　八木書店　1943　566p
22cm　Ⓝ121　〔14226〕
◇賀茂真淵の精神　辻森秀英著　道統社　1941　233p
19cm　Ⓝ121　〔14227〕
◇校本賀茂真淵全集　思想篇　上, 下　山本饒編　弘文堂
1942　2冊　22cm　Ⓝ121　〔14228〕
◇大日本思想全集　第9巻　賀茂真淵集　本居宣長集―
附・橘守部・上田秋成　大日本思想全集刊行会　1931
469p　23cm　Ⓝ121　〔14229〕
◇大日本思想全集　第9巻　賀茂真淵集　本居宣長集
大日本思想全集刊行会　1933　469p　20cm　Ⓝ121
〔14230〕
◇歴代歌人研究　第9巻　賀茂真淵・香川景樹　久松潜一
著　厚生閣　1938　273p　19cm　Ⓝ911.1　〔14231〕

◆◆本居宣長
◇偉人叢書　第3　本居宣長　石村貞吉著　三教書院
1940　161p　19cm　Ⓝ281　〔14232〕
◇一本の下水溝をはさんで―三井高利と本居宣長　田畑美
穂語り手　松阪　伊勢の国・松坂十楽　2004.1　27p
21cm　（十楽選よむゼミ　no.9）Ⓝ289.1　〔14233〕
◇内なる宣長　百川敬仁著　東京大学出版会　1987.6
285p　19cm　2200円　ⓘ4-13-083018-X　Ⓝ121.52
〔14234〕
◇賀茂真淵　賀茂真淵と本居宣長　武島又次郎, 佐佐木
信綱著　クレス出版　1995.11　1冊　22cm　（近世文芸
研究叢書　18―第一期文学篇　作家4）ⓘ4-87733-002-X

思想史　　　　　　　　近世史

　Ⓝ121.52　　　　　　　　　　　〔14235〕
◇賀茂真淵と本居宣長―館蔵名品選　浜松市立賀茂真淵記念館編　浜松　浜松市教育委員会　1994.11　64p　26cm　Ⓝ121.52　〔14236〕
◇賀茂真淵と本居宣長　佐佐木信綱著　広文堂書店　1917　226p　19cm　Ⓝ121　〔14237〕
◇郷土の本居宣長翁　桜井祐吉編述　松阪　比左古文庫出版部　1941　161p　18cm　Ⓝ121　〔14238〕
◇近世国学の大成者・本居宣長　芳賀登著　清水書院　1984.9　223p　18cm　（清水新書）480円　①4-389-44025-X　Ⓝ121.52　〔14239〕
◇近世社会経済学説大系　第10　本居宣長集　長谷川如是閑解題　誠文堂新光社　1936　84,323p　19cm　Ⓝ330　〔14240〕
◇金鈴遺響　佐佐木信綱著　西東書房　1912.4　17p　19×27cm　Ⓝ289.1　〔14241〕
◇国学叢書　第1輯　本居宣長先生の内外本末の説に就いて　神道史上に於ける宣長翁　三上参次著　河野省三著　皇典講究所　1931　24,18p　23cm　Ⓝ170　〔14242〕
◇『古事記伝』拾い読み―未知探求の百科事典　吉田悦之語り手　松阪　伊勢の国・松阪十楽　2002.10　54p　21cm　（十楽選よむゼミ no.5）400円　Ⓝ121.52　〔14243〕
◇重要文化財本居宣長稿本類目録　文化財保護委員会編　松阪　松阪市　1968.5　35p　26cm　Ⓝ121.52　〔14244〕
◇初版本玉がつま三の巻　本居宣長著　杉戸清彬編　大阪　和泉書院　2003.1　83p　21cm　（和泉書院影印叢刊 93）1200円　①4-7576-0196-4　Ⓝ121.52　〔14245〕
◇仁斎・徂徠・宣長　吉川幸次郎著　岩波書店　1975　321,46p　22cm　2000円　Ⓝ121.6　〔14246〕
◇鈴屋祭記念　広島　広島史神祭典会　1907　93p　22cm　Ⓝ289.1　〔14247〕
◇鈴屋文集　三村清三郎編　津　三村清三郎　1911.11　70p　24cm　Ⓝ289.1　〔14248〕
◇生誕地松阪に於ける本居宣長翁―本居宣長生誕二百年記念放送講演　桜井青瓢著　松阪町（三重県）　比左古文庫出版部　1930　5丁　24cm　Ⓝ121　〔14249〕
◇増補 本居宣長　2　村岡典嗣著　前田勉校訂　増補版　平凡社　2006.3　332p　19cm　（東洋文庫）2800円　①4-582-80748-8　〔14250〕
◇増補 本居宣長　1　村岡典嗣著　前田勉校訂　増補版　平凡社　2006.1　318p　18cm　（東洋文庫）2800円　①4-582-80746-1　〔14251〕
◇大日本思想全集　第9巻　賀茂真淵集　本居宣長集―附・橘守部・上田秋成　大日本思想全集刊行会　1931　469p　23cm　Ⓝ121　〔14252〕
◇大日本思想全集　第9巻　賀茂真淵集　本居宣長集　大日本思想全集刊行会　1933　469p　20cm　Ⓝ121　〔14253〕
◇玉勝間　上　本居宣長著　村岡典嗣校訂　岩波書店　1995.3　396p　15cm　（岩波文庫）720円　①4-00-302192-4　Ⓝ121.52　〔14254〕
◇玉勝間　下　本居宣長著　村岡典嗣校訂　岩波書店　1995.3　330p　15cm　（岩波文庫）620円　①4-00-302193-2　Ⓝ121.52　〔14255〕
◇玉くしげ―美しい国のための提言　本居宣長著　山口志義夫訳　多摩　多摩通信社　2007.9　212p　18cm　（本居宣長選集 現代語訳 1）1200円　①978-4-9903617-0-9　Ⓝ121.52　〔14256〕

◇道義論叢　第3輯　本居宣長研究　国学院大学道義学会編　青年教育普及会　1936　258,9p　23cm　Ⓝ121.1　〔14257〕
◇『直毘霊』を読む―二十一世紀に贈る本居宣長の神道論　阪本是丸監修　中村幸弘, 西岡和彦編著　右文書院　2001.11　209p　27cm　2400円　①4-8421-0008-7　Ⓝ121.52　〔14258〕
◇直毘霊　玉鉾百首・同解　本居宣長著　村岡典嗣校訂　本居宣長著　村岡典嗣校訂　岩波書店　1936.7　129p　16cm　（岩波文庫）Ⓝ121.52　〔14259〕
◇21世紀の本居宣長　川崎市市民ミュージアムほか編　大阪　朝日新聞社　2004.9　243p　30cm　Ⓝ121.52　〔14260〕
◇2001年宣長探し　松阪　三重県松阪地方県民局　2001.3　86p　30cm　Ⓝ121.52　〔14261〕
◇日本思想史研究　第3巻　宣長と篤胤　村岡典嗣著, 村岡典嗣著作集刊行会編　創文社　1956-1957　22cm　Ⓝ121.02　〔14262〕
◇宣長大平旅日記　玉村禎祥著　大阪　近畿文化誌刊行会　1985.3　224p　21cm　（近畿文化誌叢書 第1集）2000円　Ⓝ121.52　〔14263〕
◇宣長学講義　子安宣邦著　岩波書店　2006.11　221p　20cm　2700円　①4-00-001818-3　Ⓝ121.52　〔14264〕
◇宣長学論攷―本居宣長とその周辺　岩田隆著　桜楓社　1988.1　476p　22cm　24000円　Ⓝ121.52　〔14265〕
◇宣長さん―伊勢人の仕事　中根道幸著　大阪　和泉書院　2002.4　573p　22cm　3500円　①4-7576-0142-5　Ⓝ121.52　〔14266〕
◇宣長神学の構造―仮構された「神代」　東より子著　ぺりかん社　1999.7　284p　20cm　2800円　①4-8315-0885-3　Ⓝ121.52　〔14267〕
◇宣長と会う―人の一生、物や人との出会いと別れの連続　吉田悦之語り手　松阪　伊勢の国・松坂十楽　1999.6　56p　21cm　（十楽選よむゼミ no.2）Ⓝ121.52　〔14268〕
◇宣長と秋成―近世中期文学の研究　日野竜夫著　筑摩書房　1984.10　303p　22cm　3600円　Ⓝ910.25　〔14269〕
◇宣長と篤胤の世界　子安宣邦著　中央公論社　1977.6　229p　20cm　（中公叢書）980円　Ⓝ121.25　〔14270〕
◇宣長と小林秀雄―日本人の「知」と「信」　野崎守英著　名著刊行会　1982.11　273p　20cm　（さみっと双書）2000円　〔14271〕
◇宣長と『三大考』―近世日本の神話的世界像　金沢英之著　笠間書院　2005.3　270,4p　21cm　4500円　①4-305-70292-4　〔14272〕
◇宣長と『三大考』―近世日本の神話的世界像　金沢英之著　笠間書院　2005.3　270,4p　22cm　4500円　①4-305-70292-4　Ⓝ121.52　〔14273〕
◇宣長の青春―京都遊学時代　出丸恒雄著　松阪　鈴屋遺蹟保有会　1959　219p　19cm　Ⓝ121.25　〔14274〕
◇宣長の青春―京都遊学時代　出丸恒雄著　2版　松阪　光書房　1977.12　262p　19cm　（光書房郷土シリーズ 第1集）1300円　Ⓝ121.25　〔14275〕
◇宣長の没後―その鎮魂歌　出丸恒雄編　松阪　光書房　1980.11　449p　19cm　（光書房郷土シリーズ 第3集）3300円　Ⓝ121.52　〔14276〕
◇宣長・春庭・大平―『古事記伝』の完成　本居宣長記念館編　松阪　本居宣長記念館　1994.10　20p　26cm　Ⓝ121.52　〔14277〕
◇「宣長問題」とは何か　子安宣邦著　青土社　1995.12

249p　20cm　2400円　①4-7917-5410-7　Ⓝ121.52
〔14278〕

◇「宣長問題」とは何か　子安宣邦著　筑摩書房　2000.12　234p　15cm　(ちくま学芸文庫)1000円
①4-480-08614-5　Ⓝ121.52
〔14279〕

◇花に向かへば―伊勢国鈴屋群像　津坂治男著　鈴鹿　稽古舎　1995.6　186p　19cm　2000円　Ⓝ121.52
〔14280〕

◇松阪に生きた宣長　松阪　伊勢の国・松坂十楽　2003.3　65p　21cm　(まちじゅうがパビリオン松阪　本居宣長翁篇)900円　Ⓝ121.52
〔14281〕

◇本居宣長　村岡典嗣著　岩波書店　1928　612p　22cm
Ⓝ121
〔14282〕

◇本居宣長　藤村作著　楽浪書院　1936　258p　18cm
(日本全書)Ⓝ121
〔14283〕

◇本居宣長　スメラ民文庫編輯部編　世界創造社　1941　62p　15cm　(スメラ民文庫)Ⓝ121
〔14284〕

◇本居宣長　井上豊著　春陽堂　1944　276p　19cm
(新国学叢書　第10巻2)Ⓝ121
〔14285〕

◇本居宣長　芳賀登著　牧書店　1965　217p　18cm
(世界思想家全書)Ⓝ121.25
〔14286〕

◇本居宣長　田原嗣郎著　講談社　1968　197p　18cm
(講談社現代新書)Ⓝ121.25
〔14287〕

◇本居宣長―近世国学の成立　芳賀登著　清水書院　1972　223p　19cm　(センチュリーブックス)Ⓝ121.25
〔14288〕

◇本居宣長　吉川幸次郎著　筑摩書房　1977.6　316p　20cm　1600円　Ⓝ121.25
〔14289〕

◇本居宣長　小林秀雄著　新潮社　1977.10　607p　23cm　4000円　Ⓝ121.25
〔14290〕

◇本居宣長　相良亨著　東京大学出版会　1978.9　274p　20cm　1800円　Ⓝ121.25
〔14291〕

◇本居宣長　本山幸彦著　清水書院　1978.11　238p　20cm　(Century books)400円　Ⓝ121.25
〔14292〕

◇本居宣長　小林秀雄著　新潮社　1979.4　607p　27cm　50000円　Ⓝ121.25
〔14293〕

◇本居宣長　城福勇著　吉川弘文館　1980.3　301p　18cm　(人物叢書 179)1200円　Ⓝ121.52
〔14294〕

◇本居宣長―済世の医心　高橋正夫著　講談社　1986.2　239p　15cm　(講談社学術文庫)640円
①4-06-158722-6　Ⓝ121.52
〔14295〕

◇本居宣長　城福勇著　吉川弘文館　1988.3　301p　19cm　(人物叢書 新装版)1800円　①4-642-05110-4
Ⓝ121.52
〔14296〕

◇本居宣長　高野敏夫著　河出書房新社　1988.8　216p　20cm　2000円　①4-309-00522-5　Ⓝ121.52〔14297〕

◇本居宣長―言葉と雅び　菅野覚明著　ぺりかん社　1991.3　361p　20cm　3200円　①4-8315-0509-9
Ⓝ121.52
〔14298〕

◇本居宣長　子安宣邦著　岩波書店　1992.5　215p　18cm　(岩波新書)550円　①4-00-430227-7　Ⓝ121.52
〔14299〕

◇本居宣長―イラスト版オリジナル　中島誠文　重伸之絵　現代書館　1996.3　174p　21cm　(For beginnersシリーズ 75)1236円　①4-7684-0075-2
Ⓝ121.52
〔14300〕

◇本居宣長　子安宣邦著　岩波書店　2001.7　225p　15cm　(岩波現代文庫　学術)900円　①4-00-600058-8
Ⓝ121.52
〔14301〕

◇本居宣長―言葉と雅び　菅野覚明著　改訂版　ぺりかん社　2004.3　361p　20cm　3200円　①4-8315-1084-X
Ⓝ121.52
〔14302〕

◇本居宣長　上巻　小林秀雄著　新潮社　1992.5　380p　15cm　(新潮文庫)560円　①4-10-100706-3　Ⓝ121.52
〔14303〕

◇本居宣長 1　村岡典嗣著　前田勉校訂　増補　平凡社　2006.1　318p　18cm　(東洋文庫 746)2800円
①4-582-80746-1　Ⓝ121.52
〔14304〕

◇本居宣長―理解のために　第2集　久野九右衛門著　松阪　光書房　1980.9　266p　21cm　2300円　Ⓝ121.52
〔14305〕

◇本居宣長 2　村岡典嗣著　前田勉校訂　増補　平凡社　2006.3　332p　18cm　(東洋文庫 748)2800円
①4-582-80748-8　Ⓝ121.52
〔14306〕

◇本居宣長　下巻　小林秀雄著　新潮社　1992.5　394p　15cm　(新潮文庫)560円　①4-10-100707-1　Ⓝ121.52
〔14307〕

◇本居宣長　補記　小林秀雄著　新潮社　1982.4　113p　23cm　1500円　Ⓝ121.52
〔14308〕

◇本居宣長「うひ山ぶみ」全読解―虚学のすすめ　白石良夫著　右文書院　2003.11　278p　19cm　2286円
①4-8421-0035-4　Ⓝ121.52
〔14309〕

◇本居宣長翁書簡集　奥山宇七編　啓文社書店　1933　661,12,8p 図版20枚　23cm　Ⓝ121〔14310〕

◇本居宣長翁書簡集　奥山宇七編　啓文社　1935　661,12,8p 図版20枚　23cm　Ⓝ121〔14311〕

◇本居宣長翁全伝　山田勘蔵著　四海書房　1938　452p　23cm　Ⓝ121
〔14312〕

◇本居宣長翁伝　山室山新吉野会編　松阪町(三重県)
山室山新吉野会　1921　29p　19cm　Ⓝ121〔14313〕

◇本居宣長翁伝　山室山新吉野会編　松阪町(三重県)
山室山新吉野会　1922　29,21,2p　19cm　Ⓝ121
〔14314〕

◇本居宣長記念館収蔵品目録　第1輯　文書篇　松阪　本居宣長記念館　1986.3　87p　26cm　Ⓝ121.52
〔14315〕

◇本居宣長記念館収蔵品目録　第2輯　器物篇　松阪　本居宣長記念館　1986.3　60p 図版8p　26cm　Ⓝ121.52
〔14316〕

◇本居宣長記念館収蔵品目録　第3輯　短冊篇　其1　松阪　本居宣長記念館　1987.3　128p　26cm　Ⓝ121.52
〔14317〕

◇本居宣長記念館所蔵重要文化財目録―書誌・略解題　本居宣長記念館研究室編　松阪　本居宣長記念館　1980.5　1冊　26cm　Ⓝ121.52
〔14318〕

◇本居宣長記念館蔵書目録 3　松阪　松阪市教育委員会　1977.3　118p　26cm　Ⓝ121.52
〔14319〕

◇本居宣長記念館蔵書目録 4　松阪　松阪市教育委員会　1978.3　176p　26cm　Ⓝ121.25
〔14320〕

◇本居宣長記念館蔵書目録 5　松阪　松阪市教育委員会　1979.3　194p　26cm　Ⓝ121.52
〔14321〕

◇本居宣長記念館名品図録　本居宣長記念館編　松阪　本居宣長記念館　1991.3　146p　30cm　Ⓝ121.52
〔14322〕

◇本居宣長言行録　丸島敬著　内外出版協会　1908.6　197p　19cm　(偉人研究　第41編)Ⓝ289.1〔14323〕

◇本居宣長言行録　丸島敬編著　第3版　大京堂出版部　1934　197p　19cm　(偉人研究　第41編)Ⓝ121
〔14324〕

◇本居宣長稿本全集　第1,2輯　本居清造編　博文館

1922-1923　2冊　19cm　Ⓝ121
　　　　　　　　　　　　　　　　　〔14325〕
◇本居宣長国学要集　臼田甚五郎著　大阪　湯川弘文社
　1943　183p　19cm　Ⓝ121
　　　　　　　　　　　　　　　　　〔14326〕
◇本居宣長事典　本居宣長記念館編　東京堂出版　2001.
　12　286p　22cm　3800円　Ⓘ4-490-10571-1　Ⓝ121.52
　　　　　　　　　　　　　　　　　〔14327〕
◇本居宣長書簡集―鈴屋文書　三村清三郎編　文祥堂書店
　1933　54,11p　22cm　Ⓝ121
　　　　　　　　　　　　　　　　　〔14328〕
◇本居宣長全集　第2　本居豊穎校訂　本居清造再訂
　増補　吉川弘文館　1937　p513〜560,p577〜1070
　21cm　Ⓝ121
　　　　　　　　　　　　　　　　　〔14329〕
◇本居宣長全集　第1-3　古事記伝　第1-34巻　本居豊穎
　校　本居清造再校　増補　吉川弘文館　1926　3冊
　22cm　Ⓝ121
　　　　　　　　　　　　　　　　　〔14330〕
◇本居宣長全集　第1　3　古事記伝　3　風巻景次郎校
　訂　改造社　1941　267p　15cm　（改造文庫　第2部　第
　345）Ⓝ121
　　　　　　　　　　　　　　　　　〔14331〕
◇本居宣長全集　第1-3,13,25-26冊　村岡典嗣編　岩波書
　店　1942-1944　6冊　19cm　Ⓝ121
　　　　　　　　　　　　　　　　　〔14332〕
◇本居宣長全集　第5-6　本居豊穎校　本居清造再校　増
　補　吉川弘文館　1926　2冊　22cm　Ⓝ121
　　　　　　　　　　　　　　　　　〔14333〕
◇本居宣長全集　第1巻　1-　2　古事記伝　第1至2
　風巻景次郎校　改造社　1939-1940　2冊　16cm　（改造
　文庫　第2部　第343-344篇）Ⓝ121
　　　　　　　　　　　　　　　　　〔14334〕
◇本居宣長全集　別巻1　大野晋,大久保正編集校訂　筑
　摩書房　1991.1　646p　23cm　6590円
　Ⓘ4-480-74021-X　Ⓝ121.52
　　　　　　　　　　　　　　　　　〔14335〕
◇本居宣長全集　別巻2　大野晋,大久保正編集校訂　筑
　摩書房　1991.2　50,603p　23cm　6590円
　Ⓘ4-480-74022-8　Ⓝ121.52
　　　　　　　　　　　　　　　　　〔14336〕
◇本居宣長全集　別巻3　大野晋,大久保正編集校訂　筑
　摩書房　1993.9　60,921p　23cm　1300円
　Ⓘ4-480-74023-6　Ⓝ121.52
　　　　　　　　　　　　　　　　　〔14337〕
◇本居宣長先生　小倉喜市著　松阪　中村書店　1937
　114p　20cm　Ⓝ121
　　　　　　　　　　　　　　　　　〔14338〕
◇本居宣長先生誕生二百年記念展覧会写真帖　名古屋　本
　居宣長先生誕生二百年記念展覧会　1930　1冊　19×
　27cm　Ⓝ121
　　　　　　　　　　　　　　　　　〔14339〕
◇本居宣長先生伝　桜井祐吉著　松阪町（三重県）　鶴城
　通信社　1923　29p　19cm　Ⓝ121
　　　　　　　　　　　　　　　　　〔14340〕
◇本居宣長先生伝　桜井祐吉著　増訂版　松阪町（三重
　県）　鶴城通信社　1926　62p　19cm　Ⓝ121　〔14341〕
◇本居宣長玉鉾百首論釈　蒲生俊文著　大日本雄弁会講談
　社　1942　231p　19cm　Ⓝ911.15
　　　　　　　　　　　　　　　　　〔14342〕
◇本居宣長と「自然」　山下久夫著　沖積舎　1988.10
　354p　20cm　3500円　Ⓘ4-8060-4527-6　Ⓝ121.52
　　　　　　　　　　　　　　　　　〔14343〕
◇本居宣長と鈴屋社中―『授業門人姓名録』の総合的研究
　鈴木淳ほか編　錦正社　1984.12　578p　22cm
　10000円　Ⓝ121.52
　　　　　　　　　　　　　　　　　〔14344〕
◇本居宣長とその門流　簗瀬一雄著　大阪　和泉書院
　1982.9　229p　19cm　（和泉選書）2300円
　Ⓘ4-900137-63-4　Ⓝ121.52
　　　　　　　　　　　　　　　　　〔14345〕
◇本居宣長とその門流　第2　簗瀬一雄著　大阪　和泉書
　院　1990.4　230p　20cm　（和泉選書　51）3000円
　Ⓘ4-87088-401-2　Ⓝ121.52
　　　　　　　　　　　　　　　　　〔14346〕
◇本居宣長と日本主義　松永材著　日本主義研究所　1936
　93p　22cm　Ⓝ121
　　　　　　　　　　　　　　　　　〔14347〕
◇本居宣長とは誰か　子安宣邦著　平凡社　2005.11
　207p　18cm　（平凡社新書）720円　Ⓘ4-582-85297-1
　　　　　　　　　　　　　　　　　〔14348〕
◇本居宣長と平田篤胤　藤田徳太郎著　丸岡出版社　1943
　236p　22cm　Ⓝ121
　　　　　　　　　　　　　　　　　〔14349〕
◇本居宣長と仏教　高木宗監著　桜楓社　1984.5　280p
　22cm　18000円　Ⓝ121.52
　　　　　　　　　　　　　　　　　〔14350〕
◇本居宣長と和歌山の人々―和歌山国学人物誌　'02夏季特
　別展　和歌山市立博物館編　和歌山　和歌山市教育委員
　会　2002.7　72p　30cm　Ⓝ121.52
　　　　　　　　　　　　　　　　　〔14351〕
◇本居宣長とは誰か　子安宣邦著　平凡社　2005.11
　207p　18cm　（平凡社新書）720円　Ⓘ4-582-85297-1
　Ⓝ121.52
　　　　　　　　　　　　　　　　　〔14352〕
◇本居宣長の歌学　高橋俊和著　大阪　和泉書院　1996.1
　308p　22cm　（研究叢書 176）10300円
　Ⓘ4-87088-743-6　Ⓝ121.52
　　　　　　　　　　　　　　　　　〔14353〕
◇本居宣長の学問と思想　芳賀登著　雄山閣出版　2001.9
　366p　22cm　（芳賀登著作選集　第4巻）8800円
　Ⓘ4-639-01743-X,4-639-01638-7　Ⓝ121.52　〔14354〕
◇本居宣長の研究　笹月清美著　岩波書店　1944　442p
　22cm　Ⓝ121
　　　　　　　　　　　　　　　　　〔14355〕
◇本居宣長の研究　岡田千昭著　吉川弘文館　2006.1
　689p　21cm　22000円　Ⓘ4-642-03408-0　〔14356〕
◇本居宣長の研究　岡田千昭著　吉川弘文館　2006.1
　691,12p　22cm　22000円　Ⓘ4-642-03408-0　Ⓝ121.52
　　　　　　　　　　　　　　　　　〔14357〕
◇本居宣長の国語教育―「もののあはれをしる」心を育て
　る　浜本純逸著　広島　渓水社　2004.4　188p　22cm
　3800円　Ⓘ4-87440-787-0　Ⓝ121.52
　　　　　　　　　　　　　　　　　〔14358〕
◇本居宣長の古道論―図書館で読み解く『直毘霊』　佐藤
　雉鳴著　名古屋　星雲社（発売）　2007.1　225p　19cm
　2000円　Ⓘ978-4-434-10176-2　Ⓝ121.52　〔14359〕
◇本居宣長の思考法　田中康二著　ぺりかん社　2005.12
　294,6p　22cm　4800円　Ⓘ4-8315-1127-7　Ⓝ121.52
　　　　　　　　　　　　　　　　　〔14360〕
◇本居宣長の思想と心理―アイデンティティー探求の軌跡
　松本滋著　東京大学出版会　1981.9　207p　20cm
　1600円　Ⓝ121.52
　　　　　　　　　　　　　　　　　〔14361〕
◇本居宣長の生涯―その学の軌跡　岩田隆著　以文社
　1999.2　250p　20cm　1900円　Ⓘ4-7531-0200-9
　Ⓝ121.52
　　　　　　　　　　　　　　　　　〔14362〕
◇本居宣長の神道観―「直毘霊」をめぐりて　神社本庁教
　学研究室編　神社本庁　1973　83p　21cm　非売品
　Ⓝ121.25
　　　　　　　　　　　　　　　　　〔14363〕
◇本居宣長の世界　野崎守英著　塙書房　1972　207p
　18cm　（塙新書）250円　Ⓝ121.25　〔14364〕
◇本居宣長の世界　野崎守英著　塙書房　2003.2（4刷）
　207p　19cm　（Ondemand collection§塙新書）1700円
　Ⓘ4-8273-4541-4　Ⓝ121.52
　　　　　　　　　　　　　　　　　〔14365〕
◇本居宣長の世界―和歌・注釈・思想　長島弘明編　森話
　社　2005.11　283p　20cm　3400円　Ⓘ4-916087-58-5
　Ⓝ121.52
　　　　　　　　　　　　　　　　　〔14366〕
◇本居宣長の哲学　田中義能著　日本学術研究会　1912.4
　616p　22cm　Ⓝ121
　　　　　　　　　　　　　　　　　〔14367〕
◇本居宣長の人及思想　小倉喜市著　大同館　1934
　200p（以下欠頁）　20cm　Ⓝ121
　　　　　　　　　　　　　　　　　〔14368〕
◇本居宣長の万葉学　大久保正著　京都　大八洲出版
　1947　288p　22cm　Ⓝ911.12
　　　　　　　　　　　　　　　　　〔14369〕
◇本居宣長 補記　小林秀雄著　新潮社　1982.4　113p
　23cm　1500円　Ⓝ121.25
　　　　　　　　　　　　　　　　　〔14370〕
◇本居派国学の展開　中村一基著　雄山閣　1993.11
　330p　22cm　5800円　Ⓘ4-639-01197-0　Ⓝ121.52

◇山桜の夢―宣長残照　藤井滋生著　大阪　新風書房　2002.3　197p　19cm　952円　①4-88269-495-6　Ⓝ121.52　〔14372〕

◇やまとごころのひと　小池真二著　中央公論事業出版（製作）　1989.2　202p　19cm　2000円　Ⓝ121.52　〔14373〕

◇渡辺重名と本居家との交渉　松本義一著　大分　大分大学学芸部国語国文学講座松本研究室　1956　63p　25cm　（別刷　二豊文学叢書　第1）Ⓝ121.27　〔14374〕

◆◆伴信友

◇郷土叢書　第4輯　伴信友先生家訓　福井県小浜町　谷口俊一　1935　1冊　25cm　Ⓝ214.4　〔14375〕

◇稿本伴信友書翰集　第1輯　伴信友著　大鹿久義編　温故学会　1996.8　356p　21cm　Ⓝ121.52　〔14376〕

◇稿本伴信友序跋識語集　第1輯　伴信友著　大鹿久義編　温故学会　1999.8　240p　21cm　Ⓝ121.52　〔14377〕

◇稿本伴信友著作集　第1輯　伴信友著　大鹿久義編　温故学会　1998.8　225p　21cm　Ⓝ121.52　〔14378〕

◇稿本伴信友著作集　第2輯　伴信友著　大鹿久義編　温故学会　2000.8　298p　21cm　Ⓝ121.52　〔14379〕

◇稿本伴信友著作集　第3輯　伴信友著　大鹿久義編　温故学会　2001.4　340p　21cm　Ⓝ121.52　〔14380〕

◇稿本伴信友著作集　第4輯　伴信友著　大鹿久義編　温故学会　2001.8　306p　21cm　Ⓝ121.52　〔14381〕

◇稿本伴信友著作集　第5輯　伴信友著　大鹿久義編　温故学会　2002.8　310p　21cm　Ⓝ121.52　〔14382〕

◇稿本伴信友著撰目　大鹿久義編　温故学会　2003.8　380p　21cm　Ⓝ121.52　〔14383〕

◇大日本思想全集　第10巻　平田篤胤集　富永仲基集―附・伴信友・伊勢貞丈　大日本思想全集刊行会　1932　480p　21cm　Ⓝ121　〔14384〕

◇伴信友　石田熊三郎著　春陽堂　1944　212p　19cm　（新国学叢書　第12巻2）Ⓝ121　〔14385〕

◇伴信友　河野省三著　小浜　若狭史学会　1972　130,6p　21cm　（若狭人物叢書　第3輯）Ⓝ121.27　〔14386〕

◇伴信友―わが国近世考証学の泰斗　福井県立若狭歴史民俗資料館企画展　小浜　福井県立若狭歴史民俗資料館　1991　15p　26cm　〔14387〕

◇伴信友家集　弥富破摩雄，横山重校　大岡山書店　1932　437,3p　20cm　Ⓝ911.15　〔14388〕

◇伴信友家集―稿本　伴信友著　大鹿久義編　温故学会　1997.8　422p　21cm　Ⓝ911.158　〔14389〕

◇伴信友参考文献要覧　大鹿久義編　温故学会　1997.8　20p　21cm　Ⓝ121.52　〔14390〕

◇伴信友展覧会目録集　大鹿久義編　修訂版　小浜　若狭史学会　1978.8　26p　21cm　Ⓝ121.52　〔14391〕

◇伴信友の思想―本居宣長の学問継承者の思想　森田康之助著　ぺりかん社　1979.2　231,8p　20cm　1600円　Ⓝ121.27　〔14392〕

◇伴信友来翰集　大鹿久義編著　小浜　小浜市教育委員会　1989.3　382p　19cm　6000円　Ⓝ121.52　〔14393〕

◇伴信友来翰集　大鹿久義編著　錦正社　1989.9　382p　19cm　（国学研究叢書　第13編）6180円　Ⓝ121.52　〔14394〕

◇伴信友略年譜　大鹿久義編　温故学会　1972.10　46p　26cm　Ⓝ121.27　〔14395〕

◇伴信友略年譜稿　大鹿久義編　小浜　小浜市立図書館　1983.8　21p　26cm　Ⓝ121.52　〔14396〕

◆◆平田篤胤

◇篤胤学と霊魂の往くへ　森田康之助著　横浜　平田篤胤翁顕彰会　2003.11　46p　21cm　非売品　Ⓝ121.52　〔14397〕

◇織瀬夫人伝―日本婦道の亀鑑　伊藤裕著　秋田　弥高神社平田篤胤佐藤信淵研究所　1986.12　42p　19cm　（弥高叢書　第1輯）Ⓝ121.52　〔14398〕

◇県立秋田図書館蔵平田篤胤先生著書・佐藤信淵先生著書・根本通明先生著書目録　県立秋田図書館編　秋田　県立秋田図書館　1930　1冊　19cm　Ⓝ121　〔14399〕

◇新修平田篤胤全集　第1巻　古史1　平田篤胤著　平田篤胤全集刊行会編　名著出版　2001.2（第2刷）　3,490p　22cm　8500円　①4-626-01603-0　Ⓝ121.52　〔14400〕

◇新修平田篤胤全集　第2巻　古史2　平田篤胤著　平田篤胤全集刊行会編　名著出版　2001.2（第2刷）　460p　22cm　8500円　①4-626-01604-9　Ⓝ121.52　〔14401〕

◇新修平田篤胤全集　第3巻　古史3　平田篤胤著　平田篤胤全集刊行会編　名著出版　2001.2（第2刷）　517p　22cm　8000円　①4-626-01605-7　Ⓝ121.52　〔14402〕

◇新修平田篤胤全集　第4巻　古史4　平田篤胤著　平田篤胤全集刊行会編　名著出版　2001.2（第2刷）　545p　22cm　9000円　①4-626-01606-5　Ⓝ121.52　〔14403〕

◇新修平田篤胤全集　第5巻　古史5　平田篤胤著　平田篤胤全集刊行会編　名著出版　2001.2（第2刷）　2,453p　22cm　8000円　①4-626-01607-3　Ⓝ121.52　〔14404〕

◇新修平田篤胤全集　第6巻　神道1　平田篤胤著　平田篤胤全集刊行会編　名著出版　2001.2（第2刷）　1冊　22cm　12000円　①4-626-01608-1　Ⓝ121.52　〔14405〕

◇新修平田篤胤全集　第7巻　神道2　平田篤胤著　平田篤胤全集刊行会編　名著出版　2001.2（第2刷）　679p　22cm　11500円　①4-626-01609-X　Ⓝ121.52　〔14406〕

◇新修平田篤胤全集　第8巻　神道3　道教1　平田篤胤著　平田篤胤全集刊行会編　名著出版　2001.2（第2刷）　6,847p　22cm　13000円　①4-626-01610-3　Ⓝ121.52　〔14407〕

◇新修平田篤胤全集　第9巻　道教2　附神仙1　平田篤胤著　平田篤胤全集刊行会編　名著出版　2001.2（第2刷）　4,748p　22cm　12000円　①4-626-01611-1　Ⓝ121.52　〔14408〕

◇新修平田篤胤全集　第10巻　儒教　仏道1　平田篤胤著　平田篤胤全集刊行会編　名著出版　2001.2（第2刷）　5,600p　22cm　10000円　①4-626-01612-X　Ⓝ121.52　〔14409〕

◇新修平田篤胤全集　第11巻　仏道2　平田篤胤著　平田篤胤全集刊行会編　名著出版　2001.2（第2刷）　3,761p　22cm　12000円　①4-626-01613-8　Ⓝ121.52　〔14410〕

◇新修平田篤胤全集　第12巻　天文附歳時　暦術1　平田篤胤著　平田篤胤全集刊行会編　名著出版　2001.2（第2刷）　7,618p　22cm　11000円　①4-626-01614-6　Ⓝ121.52　〔14411〕

◇新修平田篤胤全集　第13巻　暦術2　度制　平田篤胤著　平田篤胤全集刊行会編　名著出版　2001.2（第2刷）　503p　22cm　8500円　①4-626-01615-4　Ⓝ121.52　〔14412〕

◇新修平田篤胤全集　第14巻　易・医道　平田篤胤著　平田篤胤全集刊行会編　名著出版　2001.2（第2刷）

686p 22cm 11500円 ①4-626-01616-2 Ⓝ121.52
〔14413〕
◇新修平田篤胤全集 第15巻 歌道・古道入門 平田篤胤著 平田篤胤全集刊行会編 名著出版 2001.2（第2刷） 532p 図版15枚 22cm 9000円 ①4-626-01617-0 Ⓝ121.52
〔14414〕
◇西籍概論―講本 上 平田篤胤講談 大坂 但馬屋久兵衛 1870 58丁 24cm Ⓝ121.52
〔14415〕
◇西籍概論―講本 中 平田篤胤講談 大坂 但馬屋久兵衛 1870 51丁 24cm Ⓝ121.52
〔14416〕
◇西籍概論―講本 下 平田篤胤講説 大坂 但馬屋久兵衛 1870 51丁 24cm Ⓝ121.52
〔14417〕
◇大壑平田篤胤伝 伊藤裕著 錦正社 1973 324p（共）19cm （国学研究叢書 第8編）980円 Ⓝ121.26
〔14418〕
◇大日本思想全集 第10巻 平田篤胤集 富永仲基集―附・伴信友・伊勢貞丈 大日本思想全集刊行会 1932 480p 21cm Ⓝ121
〔14419〕
◇霊の真柱 平田篤胤著 子安宣邦校注 岩波書店 1998.11 226p 15cm （岩波文庫）500円 ①4-00-330462-4 Ⓝ121.52
〔14420〕
◇日本思想史研究 第3巻 宣長と篤胤 村岡典嗣著, 村岡典嗣著作集刊行会編 創文社 1956-1957 22cm Ⓝ121.02
〔14421〕
◇宣長と篤胤の世界 子安宣邦著 中央公論社 1977.6 229p 20cm （中公叢書）980円 Ⓝ121.25
〔14422〕
◇平田篤胤 長田偶得著 裳華書房 1896.7 134p 23cm （偉人史叢 第4巻）Ⓝ289.1
〔14423〕
◇平田篤胤 伊藤永之介著 偕成社 1942 253p 19cm （伝記文庫）Ⓝ121
〔14424〕
◇平田篤胤 室田泰一著 弘文堂 1942 141p 18cm Ⓝ121
〔14425〕
◇平田篤胤 山田孝雄著 畝傍書房 1942 130p 19cm Ⓝ121
〔14426〕
◇平田篤胤 河野省三著 新潮社 1943 308p 19cm （新伝記叢書）Ⓝ121
〔14427〕
◇平田篤胤 村岡典嗣著 生活社 1946 31p 18cm （日本叢書 59）1.5円 Ⓝ289
〔14428〕
◇平田篤胤 村岡典嗣著 生活社 1946 31p 18cm （日本叢書 59）Ⓝ121
〔14429〕
◇平田篤胤 田原嗣郎著 吉川弘文館 1963 324p 18cm （人物叢書 日本歴史学会編）Ⓝ121.26
〔14430〕
◇平田篤胤 田原嗣郎著 吉川弘文館 1986.10 328p 19cm （人物叢書 新装版）1800円 ①4-642-05055-8 Ⓝ121.52
〔14431〕
◇平田篤胤大人展図録―秋田の先人 秋田市立赤れんが郷土館編 秋田 秋田市立赤れんが郷土館 1989.12 59p 26cm Ⓝ121.52
〔14432〕
◇平田篤胤翁講演集号外 平田学会編 平田学会 1915 61p 22cm Ⓝ121
〔14433〕
◇平田篤胤翁伝 村井良八著 秋田 秋田社 1892.8 292p 23cm Ⓝ289.1
〔14434〕
◇平田篤胤翁百年祭記念論文集 弥高神社奉讃会編 富山房 1943 160p 22cm Ⓝ121
〔14435〕
◇平田篤胤研究 渡辺金造著 六甲書房 1942 1193p 22cm Ⓝ121
〔14436〕
◇平田篤胤言行録 丸島敬人 内外出版協会 1908.10 190p 19cm （偉人研究 第51編）Ⓝ289.1
〔14437〕
◇平田篤胤五十年祭献詠和歌集 遠藤経教編 中川村（新潟県） 遠藤経教 1892.12 14丁 20cm Ⓝ911.1
〔14438〕
◇平田篤胤全集 第1巻 平田盛胤校 訂再版 平田篤胤全集刊行会 1930 513p 21cm Ⓝ121
〔14439〕
◇平田篤胤全集 第1巻 古史 1 上田万年等編 内外書籍 1932 490p 22cm Ⓝ121
〔14440〕
◇平田篤胤全集 第2巻 古史 2 上田万年等編 内外書籍 1933 460p 22cm Ⓝ121
〔14441〕
◇平田篤胤全集 第3巻 古史 3 上田万年等編 内外書籍 1933 517p 22cm Ⓝ121
〔14442〕
◇平田篤胤全集 第4巻 古史 4 上田万年等編 内外書籍 1933 545p 22cm Ⓝ121
〔14443〕
◇平田篤胤全集 第5巻 古史 5 上田万年等編 内外書籍 1939 453p 22cm Ⓝ121
〔14444〕
◇平田篤胤全集 第7巻 神道・道教 1 上田万年等編 内外書籍 1931 847p 22cm Ⓝ121
〔14445〕
◇平田篤胤全集 第8巻 道教―附・神仙 2 上田万年等編 内外書籍 1933 748p 22cm Ⓝ121
〔14446〕
◇平田篤胤全集 第9巻 儒道仏道 1 上田万年等編 内外書籍 1933 600p 22cm Ⓝ121
〔14447〕
◇平田篤胤全集 第10巻 仏道 2 上田万年等編 内外書籍 1932 761p 22cm Ⓝ121
〔14448〕
◇平田篤胤全集 第12巻 天文附歳時 暦術 1 上田万年等編 内外書籍 1934 618p 22cm Ⓝ121
〔14449〕
◇平田篤胤全集 第1-12,14,15 室松岩雄編 法文館書店 1911-1918 14冊 22cm Ⓝ121
〔14450〕
◇平田篤胤先生―郷土の偉人と日本精神 第1輯 及川健助著 秋田 及川健助 1935 106p 23cm Ⓝ121
〔14451〕
◇平田篤胤先生の学道 山田孝雄述 京都 大日本神祇会京都府支部 1944 38p 19cm Ⓝ121
〔14452〕
◇平田篤胤大人 小島好治著 人文閣 1941 143p 19cm Ⓝ121
〔14453〕
◇平田篤胤大人図集 弥高神社平田篤胤佐藤信淵研究所編 秋田 弥高神社平田篤胤佐藤信淵研究所 1993.11 80p 26cm Ⓝ121.52
〔14454〕
◇平田篤胤と秋田 矢吹重政著 秋田 三光堂 1943 116p 19cm Ⓝ121
〔14455〕
◇平田篤胤と秋田の門人 桐原善雄編著 秋田 〔桐原善雄〕 1976.10 56p 26cm 300円 Ⓝ121.26
〔14456〕
◇平田篤胤と秋田乃門人 桐原善雄著 文芸社 2001.11 91p 20cm 900円 ①4-8355-2527-2 Ⓝ121.52
〔14457〕
◇平田篤胤とその時代 沖野岩三郎著 厚生閣 1943 366p 19cm Ⓝ121
〔14458〕
◇平田篤胤の学問と思想 芳賀登著 雄山閣 2002.12 364p 22cm （芳賀登著作選集 第5巻）8800円 ①4-639-01782-0,4,639-01638-7 Ⓝ121.52
〔14459〕
◇平田篤胤の研究 三木正太郎著 京都 神道史学会 1969 516p 22cm （神道史研究叢書 5）3000円 Ⓝ121.26
〔14460〕
◇平田篤胤の研究 三木正太郎著 京都 臨川書店 1990.2 516p 22cm （神道史研究叢書）11330円 ①4-653-01931-2 Ⓝ121.52
〔14461〕
◇平田篤胤の国学 藤田徳太郎著 道統社 1942 226,41p 19cm Ⓝ121
〔14462〕
◇平田篤胤の古典精神 竹下数馬著 文松堂 1943 248p 19cm Ⓝ121
〔14463〕

◇平田篤胤の神界フィールドワーク　鎌田東二著　作品社
　2002.6　278p　20cm　2200円　Ⓘ4-87893-478-6
　Ⓝ121.52
〔14464〕
◇平田篤胤の神道観　神社本庁教学研究室編　神社本庁
　1974　32p　21cm　（神道教学叢書　第4輯）非売品
　Ⓝ121.26
〔14465〕
◇平田篤胤の世界　子安宣邦著　ぺりかん社　2001.10
　318p　20cm　3000円　Ⓘ4-8315-0984-1　Ⓝ121.52
〔14466〕
◇平田篤胤の著述目録―研究と覆刻　谷省吾著　伊勢　皇
　学院大学出版部　1976.8　108p　22cm　Ⓝ121.52
〔14467〕
◇平田篤胤之哲学　田中義能著　田中義能　1909.10
　582p　22cm　Ⓝ121
〔14468〕
◇平田篤胤之哲学　田中義能著　明治書院　1944　592p
　22cm　Ⓝ121
〔14469〕
◇平田篤胤の仏教観　松永材著　風間書房　1944　211p
　19cm　Ⓝ121
〔14470〕
◇平田篤胤の復古神道とキリスト教―本教外篇の研究　坂
　本春吉著　茨木　坂本イナ　1986.7　186p　22cm
　Ⓝ121.52
〔14471〕
◇平田神道の研究　小林健三著　大阪　古神道仙法教本庁
　1975.10　427p　22cm　3500円　Ⓝ121.26
〔14472〕
◇明治維新と平田国学―特別企画　人間文化研究機構国立
　歴史民俗博物館編　佐倉　人間文化研究機構国立歴史民
　俗博物館　2004.9　79p　30cm　Ⓝ121.52
〔14473〕
◇本居宣長と平田篤胤　藤田徳太郎著　丸岡出版社　1943
　236p　22cm　Ⓝ121
〔14474〕
◇よみがえるカリスマ平田篤胤　荒俣宏, 米田勝安著　論
　創社　2000.12　201p　20cm　1500円
　Ⓘ4-8460-0181-4　Ⓝ121.52
〔14475〕

◆◆田中大秀
◇田中大秀　第2巻　田中大秀著　中田武司編　勉誠出
　版　2003.5　538p　22cm　19000円　Ⓘ4-585-03094-8
　Ⓝ121.52
〔14476〕
◇田中大秀　第3巻　寺社考・記録　田中大秀著　中田
　武司編　勉誠出版　2001.3　627p　22cm　21000円
　Ⓘ4-585-03074-3　Ⓝ121.52
〔14477〕
◇田中大秀　第4巻　田中大秀著　中田武司編　勉誠出
　版　2004.10　492p　22cm　16000円　Ⓘ4-585-03124-3
　Ⓝ121.52
〔14478〕
◇田中大秀　第5巻　随筆・冊子　1　田中大秀著　中田
　武司編　勉誠出版　2000.1　722p　22cm　22000円
　Ⓘ4-585-10059-8　Ⓝ121.52
〔14479〕
◇田中大秀　第5巻　随筆・冊子　2　田中大秀著　中田
　武司編　勉誠出版　2005.2　513p　22cm　18000円
　Ⓘ4-585-03126-X　Ⓝ121.52
〔14480〕
◇田中大秀　第6巻　歌謡・和歌　中田武司編　勉誠出版
　2004.7　583p　21cm　20000円　Ⓘ4-585-03112-X
〔14481〕
◇田中大秀　第7巻　田中大秀著　中田武司編　勉誠出
　版　2005.4　601p　22cm　21000円　Ⓘ4-585-03127-8
　Ⓝ121.52
◇田中大秀　第1巻1　物語　1　田中大秀著　中田武司
　編　勉誠出版　2001.11　602p　22cm　20000円
　Ⓘ4-585-03081-6　Ⓝ121.52
〔14483〕
◇田中大秀　第1巻2　物語　2　田中大秀著　中田武司
　編　勉誠出版　2001.11　526p　22cm　18000円
　Ⓘ4-585-03082-4　Ⓝ121.52
〔14484〕
◇田中大秀　第1巻3　物語　3　田中大秀著　中田武司
　編　勉誠出版　2002.7　491p　22cm　18000円
　Ⓘ4-585-03091-3　Ⓝ121.52
〔14485〕
◇田中大秀翁例祭献供歌集　第6輯　成田幸一編　大名田
　町（岐阜県）　成田幸一　1932　13p　18cm　Ⓝ911.16
〔14486〕
◇田中大秀翁例祭献供歌集　第8輯　成田幸一編　大名田
　町（岐阜県）　成田幸一　1935　15丁　18cm　Ⓝ911.16
〔14487〕
◇田中大秀翁例祭献供歌集　第9輯　成田幸一編　大名田
　町（岐阜県）　成田幸一　1936　18丁　18cm　Ⓝ911.16
〔14488〕

◆◆大国隆正
◇大国隆正　岡田実著　地人書館　1944　300p　19cm
　（維新勤皇遺文選書）Ⓝ289.1
〔14489〕
◇大国隆正の研究　松浦光修著　大明堂　2001.9　255p
　22cm　3000円　Ⓘ4-470-20049-2　Ⓝ121.52
〔14490〕
◇贈従四位大国隆正　恒松隆慶編　長久村（島根県）　恒
　松隆慶　1916　44p　23cm　Ⓝ289.1
〔14491〕
◇増補大国隆正全集　第1巻　大国隆正著　野村伝四郎
　編　国書刊行会　2001.9　421p　22cm
　Ⓘ4-336-04328-0　Ⓝ121.52
〔14492〕
◇増補大国隆正全集　第2巻　大国隆正著　野村伝四郎
　編　国書刊行会　2001.9　390p　22cm
　Ⓘ4-336-04328-0　Ⓝ121.52
〔14493〕
◇増補大国隆正全集　第3巻　大国隆正著　野村伝四郎
　編　国書刊行会　2001.9　444p　22cm
　Ⓘ4-336-04328-0　Ⓝ121.52
〔14494〕
◇増補大国隆正全集　第4巻　大国隆正著　野村伝四郎
　編　国書刊行会　2001.9　426p　22cm
　Ⓘ4-336-04328-0　Ⓝ121.52
〔14495〕
◇増補大国隆正全集　第5巻　大国隆正著　野村伝四郎
　編　国書刊行会　2001.9　400p　22cm
　Ⓘ4-336-04328-0　Ⓝ121.52
〔14496〕
◇増補大国隆正全集　第6巻　大国隆正著　野村伝四郎
　編　国書刊行会　2001.9　395p　22cm
　Ⓘ4-336-04328-0　Ⓝ121.52
〔14497〕
◇増補大国隆正全集　第7巻　大国隆正著　野村伝四郎
　編　国書刊行会　2001.9　540p　図版16枚　22cm
　Ⓘ4-336-04328-0　Ⓝ121.52
〔14498〕
◇増補大国隆正全集　第8巻　補遺　大国隆正著　松
　浦光修編　国書刊行会　2001.9　372p　22cm
　Ⓘ4-336-04328-0　Ⓝ121.52
〔14499〕
◇天皇信仰と大国隆正　大月隆仗著　道徳運動社　1937
　105p　19cm　（道徳運動叢書　第1篇）Ⓝ121
〔14500〕
◇日本精神叢書　第61　やまとごころ―大国隆正の思想
　教学局編　河野省三著　教学局　1942　85p　22cm
　Ⓝ121.1
〔14501〕

◆◆塙保己一
◇塙保己一　太田善麿著　吉川弘文館　1966　226p
　18cm　（人物叢書 日本歴史学会編）Ⓝ289.1
〔14502〕
◇塙保己一　太田善麿著　吉川弘文館　1988.5　226p
　19cm　（人物叢書 新装版）1600円　Ⓘ4-642-05116-3
　Ⓝ121.52
〔14503〕
◇塙保己一論纂　下巻　温故学会編　錦正社　1986.10
　388p　22cm　6000円　Ⓘ4-7646-0202-4　Ⓝ121.52
〔14504〕

◆◆菅江真澄

◇賀茂真淵と菅江真澄―三河植田家をめぐって　近藤恒次著　豊橋　橘良文庫　1975　424p　22cm　非売品　Ⓝ121.24　〔14505〕

◇菅江真澄　宮本常一著　未來社　1980.10　303p　20cm　(旅人たちの歴史 2)1500円　Ⓝ291.09　〔14506〕

◇菅江真澄　宮本常一著　未來社　1996.4　303p　20cm　(旅人たちの歴史 2)2472円　①4-624-11160-5　Ⓝ291.09　〔14507〕

◇菅江真澄のふるさと　内田武志,浅井敏,伊奈繁弍編　秋田　内田武志〔等〕　1970　132p　19cm　Ⓝ121.27　〔14508〕

◇菅江真澄のふるさと　続　仲彰一,伊奈繁弍編　岡崎　仲彰一　1977.12　180p　21cm　Ⓝ121.27　〔14509〕

◇菅江真澄没後百六十年資料展　秋田　秋田市立赤れんが郷土館　1988　48p　26cm　Ⓝ911.15　〔14510〕

◆◆橘守部

◇橘守部　鈴木暎一著　吉川弘文館　1972　298p　18cm　(人物叢書　日本歴史学会編)Ⓝ121.27　〔14511〕

◇橘守部　鈴木暎一著　吉川弘文館　1988.10　298p　19cm　(人物叢書　新装版)1800円　①4-642-05134-1　Ⓝ121.52　〔14512〕

◇橘守部と日本文学―新資料とその美論　徳田進著　芦書房　1975　420,12p　22cm　8000円　Ⓝ121.27　〔14513〕

◆◆内山真龍

◇内山真龍―したたかな地方文人　岩崎鉄志著　天竜　天竜市　1982.3　242p　22cm　Ⓝ121.52　〔14514〕

◇内山真龍の研究　小山正著　世界聖典刊行協会(発売)　1979.11　734p　22cm　13500円　Ⓝ121.52　〔14515〕

◆◆鈴木朖

◇鈴木朖―百州年忌記念　岡田稔,市橋鐸著　名古屋　鈴木朖顕彰会　1967　426p　22cm　Ⓝ121.27　〔14516〕

◇鈴木朖―人と学問　杉浦豊治著　名古屋　鈴木朖学会　1979.6　376p　22cm　非売品　Ⓝ121.27　〔14517〕

◆◆石塚龍麿

◇石塚龍麿の研究　小山正著　名古屋　小山正後援会　1956　552p　22cm　Ⓝ121.27　〔14518〕

◇石塚龍麿の研究　小山正著,寺田泰政増補　日本仏書センター　1981.2　552,12p　22cm　9000円　Ⓝ121.52　〔14519〕

◆◆植松茂岳

◇植松茂岳　第1部　植松茂著　名古屋　愛知県郷土資料刊行会　1982.8　557p　22cm　①4-87161-001-2　Ⓝ121.52　〔14520〕

◇植松茂岳　第2部　植松茂著　名古屋　愛知県郷土資料刊行会　1985.7　721p　22cm　①4-87161-033-0　Ⓝ121.52　〔14521〕

◇植松茂岳　第3部　植松茂著　春日井　植松茂　1988.12　2冊(別冊とも)　22cm　Ⓝ121.52　〔14522〕

◆◆富士谷御杖

◇新編富士谷御杖全集　第1巻　三宅清編纂　京都　思文閣出版　1993.8　947p　23cm　18540円　①4-7842-0798-8　Ⓝ121.52　〔14523〕

◇富士谷御杖　三宅清著　三省堂　1942　295,14p　19cm　Ⓝ911.1　〔14524〕

◆◆生田万

◇生田の旗風　関甲子次郎原著,柏崎市立図書館編　柏崎郷土資料刊行会　1976　88p　21cm　Ⓝ121.27　〔14525〕

◇義人生田万の生涯と詩歌　相馬御風著　春秋社　1929　373p　20cm　Ⓝ289.1　〔14526〕

◇国学者の道　伊東多三郎著　新潟　野島出版　1971　261,4p　22cm　1900円　Ⓝ121.27　〔14527〕

◇私感「生田万」　高橋寛治著　柏崎　〔高橋寛治〕　1997.2　488p　19cm　2000円　Ⓝ121.52　〔14528〕

◆◆鈴木重胤

◇櫨の実―鈴木重胤の研究　谷省吾著　大阪　1953　97p　21cm　Ⓝ121.27　〔14529〕

◇桂家に宛てたる鈴木重胤の書信―附桂能志豆久と宇豆志神語　鈴木重胤著,田村順三郎編　新津　〔田村順三郎〕　1974　235,39p　22cm　非売品　Ⓝ121.27　〔14530〕

◇鈴木重胤―いのちを尊び国学にうちこんだその心　浜岡きみ子著　北淡町(兵庫県)　北淡町　1993.8　261p　21cm　Ⓝ121.52　〔14531〕

◇鈴木重胤と桂家　田村順三郎編　新津　新津市立記念図書館　1970　35p　22cm　(新津・中蒲原郡郷土資料　第8集)Ⓝ121.52　〔14532〕

◇鈴木重胤の研究　谷省吾著　京都　神道史学会　1968　470p　22cm　(神道史研究叢書 4)Ⓝ121.27　〔14533〕

◆水戸学

◇会沢正志斎文稿　会沢正志斎著　名越時正編　国書刊行会　2002.9　328p　22cm　10000円　①4-336-04457-0　Ⓝ121.58　〔14534〕

◇維新水戸学派の活躍　北条猛次郎著　修文館　1942　582,30p　22cm　Ⓝ121　〔14535〕

◇維新水戸学派の活躍　北条猛次郎著　復刻版　国書刊行会　1997.12　582,26,4p　図版11枚　22cm　(水戸学集成 3)①4-336-04046-X　Ⓝ121.58　〔14536〕

◇加藤桜老―笠間の碩学　田中嘉彦著　土浦　筑波書林　1988.3　93p　18cm　(ふるさと文庫)600円　Ⓝ121.58　〔14537〕

◇機関説と水戸学　大野慎著　東京パンフレット社　1936　59p　19cm　Ⓝ121　〔14538〕

◇義公及び水戸学　南楓渓編　水戸　先賢遺徳顕彰会　1943　127p　19cm　Ⓝ289.1　〔14539〕

◇近代日本の陽明学　小島毅著　講談社　2006.8　231p　19cm　(講談社選書メチエ 369)1500円　①4-06-258369-0　Ⓝ121.55　〔14540〕

◇近代水戸学研究史　芳賀登著　教育出版センター　1996.7　418p　22cm　(史学叢書 12)10000円　①4-7632-3213-4　Ⓝ121.58　〔14541〕

◇現代水戸学論批判　梶山孝夫著　水戸　水戸史学会,錦正社〔発売〕　2007.5　283p　19cm　(水戸史学選書)2700円　①978-4-7646-0273-1　〔14542〕

◇五・一五事件ニヨル水戸学之再吟味　中村酉四郎著　前橋　中村酉四郎　1933　76p　20cm　Ⓝ121　〔14543〕

◇後期水戸学研究序説―明治維新史の再検討　吉田俊純著　本邦書籍　1986.1　254p　図版19枚　22cm　4500円　Ⓝ121.58　〔14544〕

◇皇道精神と水戸学　大野慎著　ヤシマ書房　1936　355p

◇皇道精神の水戸学　江幡弘道著　大連　満洲教科用図書配給所出版部　1940　296p　19cm　Ⓝ121　〔14546〕

◇皇道精神の水戸学　江幡弘道著　文淵閣　1941　311p　19cm　Ⓝ121　〔14547〕

◇弘道の説―水戸学の根本観念　松岡梁太郎講述　茨城県新治郡教育会　1936　62p　23cm　Ⓝ121　〔14548〕

◇皇道水戸学の精神　大野慎著　野崎書房　1936　273p　19cm　Ⓝ121　〔14549〕

◇御前講演と水戸学本義　水戸の学風普及会編　水戸　水戸の学風普及会　1936　86p　19cm　Ⓝ121　〔14550〕

◇讃岐の儒学者と水戸学の周辺　井下香泉著　高松　讃岐先賢顕彰会　2007.4　211p　19cm　1500円　Ⓝ121.53　〔14551〕

◇新論　正志会沢著　山城屋佐兵衛　出版年不明　2冊　18cm　Ⓝ121.58　〔14552〕

◇正気歌と回天詩　菊池謙二郎述　増補　小川書房　1942.11　294p　19cm　Ⓝ121.58　〔14553〕

◇聖書より観たる水戸学の本質　富山昌徳著　名古屋　一粒社　1936　487p　19cm　Ⓝ121　〔14554〕

◇尊王民本主義―水戸学の神髄　雨谷毅著　水戸　二鶴堂小倉出版部　1921　96p　19cm　Ⓝ121　〔14555〕

◇徳川光圀と水戸学　大久保竜著　大同館書店　1935　324p　20cm　Ⓝ121　〔14556〕

◇日本精神研究　第5輯　水戸学精神　日本文化研究会編　東洋書院　1935　331p　23cm　Ⓝ121.1　〔14557〕

◇日本の原影を求めて　杉崎仁著　水戸　杉崎仁　2000.7　369p　19cm　3200円　①4-336-04270-5　Ⓝ121.58　〔14558〕

◇幕末・維新期における水戸学の位置―尊皇思想を中心に　黒野吉金著　〔黒野吉金〕　1994.1　76p　26cm　Ⓝ121.58　〔14559〕

◇日向路秘話　碓井哲也著　高岡町(宮崎県)　本多企画　1998.10　141p　19cm　1715円　①4-89445-042-9　Ⓝ121.58　〔14560〕

◇藤田東湖先生と水戸学の精神　橋本成文著　下関　尊攘堂　1937　80p　19cm　(尊攘堂講演速記　第3号)Ⓝ121　〔14561〕

◇藤田幽谷関係史料　菊池謙二郎編　東京大学出版会　1977.9-11　2冊　22cm　(続日本史籍協会叢書)各5000円　Ⓝ121.58　〔14562〕

◇本館所蔵水戸学之部和漢図書分類目録　茨城県立図書館編　水戸　茨城県立図書館　1928　76p　23cm　Ⓝ121　〔14563〕

◇水戸イデオロギー―徳川後期の言説・改革・叛乱　J.ヴィクター・コシュマン著　田尻祐一郎、梅森直之訳　ぺりかん社　1998.7　286p　22cm　4700円　①4-8315-0846-2　Ⓝ121.58　〔14564〕

◇水戸学　箒庵高橋義雄著　箒文社　1916　147p　23cm　Ⓝ121　〔14565〕

◇水戸学　高瀬武次郎著　京都　皇教会　1944　105,4p　19cm　Ⓝ121　〔14566〕

◇水戸学会沢新論の研究　大野慎著　文昭社　1941　240p　19cm　Ⓝ121　〔14567〕

◇水戸学研究　立林宮太郎著　再版　国史研究会　1917　270,6p　19cm　Ⓝ121　〔14568〕

◇水戸学研究　立林宮太郎著　補　水戸　水戸学研究会　1933　244,63,36p　図版11枚　20cm　Ⓝ121　〔14569〕

◇水戸学研究　立林宮太郎著　新興亜社　1943　297p　19cm　Ⓝ121　〔14570〕

◇水戸学講義案　大内地山著　水戸　水戸学研究会　1941　83,80,65p　19cm　Ⓝ121　〔14571〕

◇水戸学講話　大野慎著　一路書苑　1939　273p　19cm　Ⓝ121　〔14572〕

◇水戸学講話　高須芳次郎著　今日の問題社　1943　354p　19cm　Ⓝ121　〔14573〕

◇水戸学再認識　西村文則著　象文閣　1936　240p　19cm　Ⓝ121　〔14574〕

◇水戸学再認識　西村文則著　大都書房　1938　236p　23cm　Ⓝ121　〔14575〕

◇水戸学書誌―水戸学・光圀・斉昭・慶喜・天狗党文献他　水代勲編　栃木　書誌研究の会　1998　202,28p　26cm　(書誌研究の会叢刊)3800円　Ⓝ121.58　〔14576〕

◇水戸学随筆　西村文則著　昭和刊行会　1944　292p　19cm　Ⓝ121　〔14577〕

◇水戸学精神　伊藤千真三編　進教社　1936　326p　23cm　Ⓝ121　〔14578〕

◇水戸学精神　高須芳次郎著　新潮社　1943　326p　15cm　(新潮文庫)Ⓝ121　〔14579〕

◇水戸学精神の講話―弘道館記の一解釈　松岡梁太郎著　河出書房　1940　85p　20cm　Ⓝ121　〔14580〕

◇水戸学精髄　関山延編　誠文堂新光社　1941　716p　22cm　Ⓝ121　〔14581〕

◇水戸学精髄　関山延編　復刻版　国書刊行会　1997.12　716p　22cm　(水戸学集成　2)①4-336-04046-X　Ⓝ121.58　〔14582〕

◇水戸学全集　第1編　藤田東湖集　高須芳次郎編　日東書院　1933　451p　23cm　Ⓝ121　〔14583〕

◇水戸学全集　第2編　会沢正志集　高須芳次郎編　会沢正志斎著　日東書院　1933　482p　23cm　Ⓝ121　〔14584〕

◇水戸学全集　第3編　安積澹泊集　高須芳次郎編　日東書院　1933　426p　23cm　Ⓝ121　〔14585〕

◇水戸学全集　第4編　水戸義公・烈公集　高須芳次郎編　日東書院　1933　365p　23cm　Ⓝ121　〔14586〕

◇水戸学全集　第5編　栗山潜鋒・三宅観瀾集　高須芳次郎編　日東書院　1933　358p　23cm　Ⓝ121　〔14587〕

◇水戸学全集　第6編　青山延光・青山延于集　高須芳次郎編　日東書院　1934　424p　23cm　Ⓝ121　〔14588〕

◇水戸学大系　第1-8巻　高須芳次郎編　水戸学大系刊行会　1940-1941　8冊　22cm　Ⓝ121　〔14589〕

◇水戸学と維新の風雲　北条重直著　東京修文館　1932　582,26,4p　22cm　Ⓝ121　〔14590〕

◇水戸学読本　大内地山著　第一出版社　1939　172p　19cm　Ⓝ121　〔14591〕

◇水戸学と新日本論　大野慎著　日東書院　1934　306p　19cm　Ⓝ121　〔14592〕

◇水戸学と青年　高須芳次郎著　潮文閣　1942　297p　19cm　(青年文化全集)Ⓝ121　〔14593〕

◇水戸学と其の朗誦・水戸黄門公と大日本史　雨谷毅著　水戸　正気会　1933　36p　20cm　Ⓝ121　〔14594〕

◇水戸学と日本の憲政　小久保喜七述　日本協会出版部　1939　32p　19cm　Ⓝ121　〔14595〕

◇水戸学と葉隠　松波治郎著　創造社　1944　322p　19cm　Ⓝ121　〔14596〕

◇水戸学と仏教　布目唯信著　京都　興教書院　1943　124p　19cm　Ⓝ121　〔14597〕

◇水戸学と水戸魂　小滝淳著　大阪　堀書店　1943　173p　19cm　Ⓝ121
〔14598〕

◇水戸学と明治維新　肥後和男著　水戸　常磐神社明治100年記念事業奉賛会　1968　147p　19cm　Ⓝ121.8
〔14599〕

◇水戸学と明治維新　肥後和男著　増補版　水戸　常磐神社社務所　1973　148p　19cm　非売品　Ⓝ121.8
〔14600〕

◇水戸学と明治維新　吉田俊純著　吉川弘文館　2003.3　226p　19cm　(歴史文化ライブラリー 150)1700円　Ⓘ4-642-05550-9　Ⓝ121.58
〔14601〕

◇水戸学徒列伝―水戸学入門　高須芳次郎著　誠文堂新光社　1941　368p　19cm　Ⓝ121
〔14602〕

◇水戸学に就て　深作安文著　日立評論社　1934　26p　20cm　(日立パンフレット 第2輯)Ⓝ121
〔14603〕

◇水戸学入門　西村文則著　訂　大都書房　1939　236p　23cm　Ⓝ121
〔14604〕

◇水戸学入門　西村文則著　長谷川書房　1941　327p　19cm　Ⓝ121
〔14605〕

◇水戸学の淵源―梅里先生碑陰文講義　本多文雄著　水戸　弘文社　1936　281p　20cm　Ⓝ121
〔14606〕

◇水戸学の研究　名越時正著　京都　神道史学会　1975　507p　22cm　(神道史研究叢書 9)6000円　Ⓝ121.8
〔14607〕

◇水戸学の研究　名越時正著　復刻版　国書刊行会　1997.12　507p　22cm　(水戸学集成 6)Ⓘ4-336-04046-X　Ⓝ121.58
〔14608〕

◇水戸学の源流　松本純郎著　朝倉書店　1945　314p　22cm　7.00円　Ⓝ121.8
〔14609〕

◇水戸学の源流　松本純郎著　朝倉書店　1945　314p　22cm　Ⓝ121
〔14610〕

◇水戸学の源流　松本純郎著　復刻版　国書刊行会　1997.12　314p　22cm　(水戸学集成 4)Ⓘ4-336-04046-X　Ⓝ121.58
〔14611〕

◇水戸学の史的考察　瀬谷義彦著　中文館書店　1940　283p　23cm　Ⓝ121
〔14612〕

◇水戸学の指導原理　松岡梁太郎著　啓文社書店　1934　212p　23cm　Ⓝ121
〔14613〕

◇水戸学の新研究　雨谷毅著　水戸　水戸学研究会　1928　1冊　19cm　Ⓝ121
〔14614〕

◇水戸学の新研究　高須芳次郎著　明治書院　1935　315p　21cm　Ⓝ121
〔14615〕

◇水戸学の心髄を語る　高須芳次郎著　井田書店　1941　239p　22cm　Ⓝ121
〔14616〕

◇水戸学の精神―天皇機関説を覆へす　大野慎著　東京パンフレット社　1935　63p　19cm　Ⓝ121
〔14617〕

◇水戸学の精神と立場　藤井信男著　大倉精神文化研究所編　横浜　躬行会　1944　60p　21cm　(大倉精神文化研究所紀要 第6冊)Ⓝ121
〔14618〕

◇水戸学の達成と展開　名越時正著　水戸　水戸史学会　1992.7　285p　19cm　(水戸史学選書)3200円　Ⓘ4-7646-0233-4　Ⓝ121.58
〔14619〕

◇水戸学の道統　名越時正著　水戸　鶴屋書店　1971　206p　19cm　580円　Ⓝ121.8
〔14620〕

◇水戸学の人々　高須芳次郎著　大東出版社　1942　319p　19cm　Ⓝ121
〔14621〕

◇水戸学派―其他　中村孝也校　大日本文庫刊行会　1939　22,2,439p　20cm　(大日本文庫 勤王篇)Ⓝ121
〔14622〕

◇水戸学派の尊皇及び経綸　高須芳次郎著　雄山閣　1936　756p　22cm　Ⓝ121
〔14623〕

◇水戸学早わかり　大内地山著　水戸　茨城時事新報社　1938　84p　19cm　Ⓝ121
〔14624〕

◇水戸学本義　栗田勤著　皇道義会　1927　60,5p　19cm　Ⓝ121
〔14625〕

◇水戸学本義　栗田勤述　水戸　いはらき印刷部　1928　60,8p　19cm　Ⓝ121
〔14626〕

◇水戸学要義　大内地山著　水戸　協文社　1935　152p　19cm　Ⓝ121
〔14627〕

◇水戸学要義　深作安文著　目黒書店　1940　150p　22cm　Ⓝ121
〔14628〕

◇水戸学略講　馬場粂夫著　日立評論社　1934　124p　19cm　(日立パンフレット 第4輯)Ⓝ121
〔14629〕

◇水戸学論藪　菊池謙二郎著　誠文堂新光社　1943　590p　22cm　Ⓝ121
〔14630〕

◇水戸学論藪　菊池謙二郎著　復刻版　国書刊行会　1997.12　590p　22cm　(水戸学集成 1)Ⓘ4-336-04046-X　Ⓝ121.58
〔14631〕

◇水戸史学先賢伝　水戸　水戸史学会　1984.7　280p　19cm　(水戸史学選書)2900円　Ⓝ210.01
〔14632〕

◇水戸史学の各論的研究　但野正弘著　慧文社　2006.8　338,17p　22cm　9000円　Ⓘ4-905849-50-0　Ⓝ121.58
〔14633〕

◇水戸史学の現代的意義　荒川久寿男著　水戸　水戸史学会　1987.2　290p　19cm　(水戸史学選書)2900円　Ⓘ4-7646-0205-9　Ⓝ121.58
〔14634〕

◇水戸史学の伝統　小林健三,照沼好文共著　水戸　水戸史学会　1983.6　207p　19cm　(水戸史学選書)2000円　Ⓝ210.01
〔14635〕

◇水戸思想と維新の快挙　長谷川善治著　長谷川信治編　再版　長谷川書房　1941　147p　19cm　Ⓝ121
〔14636〕

◇水戸の学風―特に栗田寛博士を中心として　照沼好文著　水戸　水戸史学会　1998.7　285p　19cm　(水戸史学選書)3200円　Ⓘ4-7646-0246-6　Ⓝ210.01
〔14637〕

◇水戸の彰考館―その学問と成果　福田耕二郎著　水戸　水戸史学会　1991.8　168p　19cm　(水戸史学選書)2060円　Ⓘ4-7646-0223-7　Ⓝ210.01
〔14638〕

◇水戸の日本学―義公に学ぶ　続　名越時正著　水戸　水戸史学会　2001.3　139p　19cm　Ⓝ121.58
〔14639〕

◇水戸派国学の研究　梶山孝夫著　京都　神道史学会　1999.1　713,22p　22cm　(神道史研究叢書 18)14000円　Ⓘ4-653-03618-7　Ⓝ121.58
〔14640〕

◇水戸光圀とその余光　名越時正著　水戸　水戸史学会　1985.5　320p　19cm　(水戸史学選書)3300円　Ⓝ121.58
〔14641〕

◆◆佐々宗淳

◇佐々介三郎宗淳　但野正弘著　新版　水戸　水戸史学会　1988.7　261p　19cm　(水戸史学選書)2900円　Ⓝ121.58
〔14642〕

◇佐々宗淳―禅僧と史臣の生涯　但野正弘著　水戸　水戸史学会　1978.7　224p　19cm　(水戸史学選書)1500円　Ⓝ121.8
〔14643〕

◇佐々宗淳と熊本―西国史料採訪の旅　吉原亀久雄著　熊本　佐々宗淳研究刊行会　1991.2　101p　21cm　1500円　Ⓝ121.58
〔14644〕

◆◆吉田活堂

◇幕末の水戸歌壇 其5 梶山孝夫著 江戸崎町(茨城県) 梶山孝夫 1994.9 88,3p 21cm Ⓝ911.15 〔14645〕

◇水戸の国学―吉田活堂を中心として 梶山孝夫著 水戸 水戸史学会 1997.4 300p 19cm (水戸史学選書)3400円+税 ①4-7646-0232-6 Ⓝ121.52 〔14646〕

◇吉田活堂史料 梶山孝夫編著 江戸崎町(茨城県) 江風舎 1996.5 97p 21cm Ⓝ121.58 〔14647〕

◇吉田活堂の思想―江戸後期水戸の国学者 梶山孝夫著 土浦 筑波書林 1984.1 98p 18cm (ふるさと文庫)600円 Ⓝ121.52 〔14648〕

◆◆藤田東湖

◇回天詩史 乾 藤田彪著 観音寺 上坂氏顕彰会史料出版部 2000.9 2冊 30cm (理想日本リプリント 第22巻)各41800円 Ⓝ121.58 〔14649〕

◇回天詩史 坤 藤田彪著 観音寺 上坂氏顕彰会史料出版部 2000.9 2冊 30cm (理想日本リプリント 第22巻)各41800円 Ⓝ121.58 〔14650〕

◇国家という難題―東湖と鴎外の大塩事件 武藤功著 田畑書店 1997.12 330p 20cm 2500円 ①4-8038-0289-0 Ⓝ121.58 〔14651〕

◇受難の嵐に歌ふ―文天祥と藤田東湖の正気歌 田尻隼人著 田尻隼人 1930 158p 19cm Ⓝ121 〔14652〕

◇新定東湖全集 藤田東湖著 菊池謙二郎編 復刻版 国書刊行会 1998.5 33,1422p 22cm ①4-336-04077-X Ⓝ121.58 〔14653〕

◇正気歌―藤田東湖先生遺墨 藤田彪著並書 皇道顕揚会 1937 1軸 50cm Ⓝ121 〔14654〕

◇正気の歌―藤田東湖・吉田松陰・広瀬中佐 西村紅山著 大阪 大日本正気会出版部 1942 102p 19cm Ⓝ121 〔14655〕

◇鷹藻集 川崎胤春編 水戸 常陽社 1889.12 31丁 21cm Ⓝ289.1 〔14656〕

◇大日本思想全集 第18巻 徳川光圀集 藤田東湖集 橋本左内集―付・松平定信・藤田幽谷 大日本思想全集刊行会 1933 455p 20cm Ⓝ121 〔14657〕

◇東湖先生之半面――一名・東湖書簡集 水戸市教育会編 水戸 皆川朝吉 1909.10 228p 22cm Ⓝ289.1 〔14658〕

◇東湖先生之半面 水戸市教育会編纂 復刻版 国書刊行会 1998.5 228p 22cm ①4-336-04077-X Ⓝ121.58 〔14659〕

◇藤田東湖 雨谷幹一著 民友社 1896.11 186p 20cm Ⓝ289.1 〔14660〕

◇藤田東湖 工藤重義(景文)著 国光社出版部 1902.10 98p 23cm Ⓝ289.1 〔14661〕

◇藤田東湖―近世立志伝 富本長洲(桃李園主人)著 大阪 積善館 1908.3 55p 22cm Ⓝ289.1 〔14662〕

◇藤田東湖 西村文則著 昭和書房 1934 503p 23cm Ⓝ121 〔14663〕

◇藤田東湖 西村文則著 修光堂 1940 509p 23cm Ⓝ121 〔14664〕

◇藤田東湖 中村孝也著 地人書館 1942 302p 19cm (維新勤皇遺文選書)Ⓝ121 〔14665〕

◇藤田東湖 西村文則著 光書房 1942 503p 22cm Ⓝ121 〔14666〕

◇藤田東湖 鈴木暎一著 吉川弘文館 1998.1 272p 19cm (人物叢書 新装版)1900円 ①4-642-05209-7 Ⓝ121.58 〔14667〕

◇藤田東湖―人間東湖とその周辺 佐野仁著 佐野仁 1998.6 286p 20cm Ⓝ121.58 〔14668〕

◇藤田東湖言行録 杉原三省著 内外出版協会 1909.7 114p 19cm (偉人研究 第59編)Ⓝ289.1 〔14669〕

◇藤田東湖集 雑賀博愛監修 興文社 1942 242p 22cm (勤皇志士叢書)Ⓝ121 〔14670〕

◇藤田東湖正気の歌 大野慎著 大新社 1941.9 314p 19cm Ⓝ121 〔14671〕

◇藤田東湖正気の歌 大野慎著 大新社 1942 287p 19cm Ⓝ121 〔14672〕

◇藤田東湖正気歌評釈 亘理章三郎著 金港堂書籍 1914 187,10p 18cm Ⓝ121 〔14673〕

◇藤田東湖選集 高須芳次郎編 読書新報社出版部 1943 385p 19cm Ⓝ121 〔14674〕

◇藤田東湖全集 第1巻 回天詩史・常陸帯 高須芳次郎編 章華社 1935 478p 20cm Ⓝ121 〔14675〕

◇藤田東湖全集 第2巻 弘道館記述義 高須芳次郎編 章華社 1935 346p 20cm Ⓝ121 〔14676〕

◇藤田東湖全集 第3巻 新釈東湖詩歌集 高須芳次郎編 章華社 1935 331p 20cm Ⓝ121 〔14677〕

◇藤田東湖全集 第4巻 随筆小品集 高須芳次郎編 章華社 1935 334p 20cm Ⓝ121 〔14678〕

◇藤田東湖全集―新釈 第2-5巻 高須芳次郎編 研文書院 1943-1944 4冊 19cm Ⓝ121 〔14679〕

◇藤田東湖全集 第5-6 高須芳次郎編 章華社 1936-12 2冊 20cm Ⓝ121 〔14680〕

◇藤田東湖先生と水戸学の精神 橋本成文著 下関 尊攘堂 1937 80p 19cm (尊攘堂講演速記 第3号)Ⓝ121 〔14681〕

◇藤田東湖伝 高須芳次郎著 誠文堂新光社 1941 578p 19cm Ⓝ121 〔14682〕

◇藤田東湖伝家刀―硃評 麹亭主人著 学海居士評 万巻堂 1903 24cm 19cm Ⓝ289.1 〔14683〕

◇藤田東湖の生涯 但野正弘著 水戸 水戸史学会 1997.10 173p 19cm (水戸の人物シリーズ 6)1300円 ①4-7646-0351-9 Ⓝ121.58 〔14684〕

◇藤田東湖の生涯と思想 大野慎著 一路書苑 1940 210p 20cm Ⓝ121 〔14685〕

◇藤田東湖の生涯と思想 大野慎著 一路書苑 1942 210p 19cm Ⓝ121 〔14686〕

◇藤田東湖の精神 吉田義次著 道統社 1942 242p 19cm Ⓝ121 〔14687〕

◇藤田東湖の母 吉川綾子著 帝国図書 1944 174p 22cm Ⓝ289.1 〔14688〕

◇藤田東湖百話 大庭三郎著 求光閣書店 1917 206p 19cm (教訓叢書)Ⓝ121 〔14689〕

◇藤田東湖文天祥正気歌評釈 萩野谷常陽著 玄誠堂出版部 1938 156p 19cm Ⓝ121 〔14690〕

◇藤田東湖錬成の書 和田健爾著 京文社 1942 317p 19cm Ⓝ121 〔14691〕

◇藤田東湖論 大野慎著 東京パンフレット社 1935 57p 19cm Ⓝ121 〔14692〕

◇文天祥、藤田東湖、吉田松陰正気の歌 丸尾自楽述 大日本忠孝会 1921 63p 17cm Ⓝ121 〔14693〕

◇水戸学全集 第1編 藤田東湖集 高須芳次郎編 日東書院 1933 451p 23cm Ⓝ121 〔14694〕

◇水戸藤田家旧蔵書類 1 日本史籍協会編 東京大学出版会 1974 436p 22cm (日本史籍協会叢書)3000円 Ⓝ210.58 〔14695〕

◇水戸藤田家旧蔵書類 2 日本史籍協会編 東京大学出版会 1974 494p 22cm （日本史籍協会叢書）3000円 ⓘ4 Ⓝ210.58
〔14696〕
◇水戸烈公と藤田東湖『弘道館記』の碑文 但野正弘著 水戸 水戸史学会 2002.8 117p 19cm （水戸の碑文シリーズ 2）1000円 ⓘ4-7646-0261-X Ⓝ121.58
〔14697〕

◆倫理・道徳

◇「江戸」の精神史―美と志の心身関係 河原宏著 ぺりかん社 1992.5 270p 20cm 2800円 ⓘ4-8315-0562-5 Ⓝ121.5
〔14698〕
◇近世日本 庶民社会の倫理思想 今井淳著 理想社 1966 196p 22cm Ⓝ150.21
〔14699〕
◇近世日本の民衆倫理思想―摂・河・泉農民の意識と行動 布川清司著 弘文堂 1973 358,13p 22cm 2800円 Ⓝ150.21
〔14700〕
◇近世民衆の倫理的エネルギー―濃飛・尾三民衆の思想と行動 布川清司著 名古屋 風媒社 1976 380p 22cm 3500円 Ⓝ150.21
〔14701〕
◇孝子伝 松本藩編輯 北深志町（長野県） 吟天社 1868 32丁 15cm Ⓝ152.6
〔14702〕
◇商家の家訓 吉田豊編訳 徳間書店 1973 366p 20cm 1500円 Ⓝ159.3
〔14703〕
◇石門心学史の研究 石川謙著 岩波書店 1975 1376,135,32p 図 地 22cm 28000円 Ⓝ158.2
〔14704〕
◇日本近世道徳思想史 渡部正一著 創文社 1961 345p 22cm Ⓝ150.21
〔14705〕

◆◆武士道

◇会津武士道―「ならぬことはならぬ」の教え 星亮一著 青春出版社 2006.8 204p 18cm （青春新書インテリジェンス）750円 ⓘ4-413-04153-4 Ⓝ289.1
〔14706〕
◇会津武士道―侍たちは何のために生きたのか 中村彰彦著 PHP研究所 2007.1 246p 20cm 1500円 ⓘ4-569-65709-5 Ⓝ156
〔14707〕
◇あたらしい武士道―軍学者の町人改造論 兵頭二十八著 新紀元社 2004.12 286p 19cm 1600円 ⓘ4-7753-0347-3
〔14708〕
◇今川了俊・その武士道と文学 児山敬一著 三省堂 1944 389p 19cm Ⓝ911.14
〔14709〕
◇いま、なぜ「武士道」か―美しき日本人の精神 岬龍一郎著 新装普及版 致知出版社 2004.12 291p 18cm （Chichi select）1000円 ⓘ4-88474-701-1 Ⓝ156
〔14710〕
◇江戸城・三大刃傷―近世士史談 和田正道著 郁朋社 1990.1 220p 19cm 1500円 ⓘ4-900417-34-3 Ⓝ156
〔14711〕
◇男の嫉妬―武士道の論理と心理 山本博文著 筑摩書房 2005.10 219p 18cm （ちくま新書）700円 ⓘ4-480-06265-3 Ⓝ210.5
〔14712〕
◇面白いほどよくわかる武士道―時代とともに受け継がれた日本人の精神の源流 森良之祐監修 日本文芸社 2007.1 244p 19cm （学校で教えない教科書）1300円 ⓘ978-4-537-25462-4 Ⓝ156
〔14713〕
◇近世武家教育思想 第2巻 新装版 日本図書センター 2001.11 706p 22cm （日本近世教育思想シリーズ）ⓘ4-8205-5980-X,4-8205-5978-8 Ⓝ156
〔14714〕
◇近世武家教育思想 第3巻 新装版 日本図書センター 2001.11 758p 22cm （日本近世教育思想シリーズ）ⓘ4-8205-5981-8,4-8205-5978-8 Ⓝ156
〔14715〕
◇近世武家思想 石井紫郎校注 岩波書店 1995.11 542p 22cm （日本思想大系新装版―芸の思想・道の思想 3）4800円 ⓘ4-00-009073-9 Ⓝ156
〔14716〕
◇近世武士道論 鈴木文孝著 以文社 1991.6 270p 22cm 3000円 Ⓝ156
〔14717〕
◇相良亨著作集 3 武士の倫理・近世から近代へ 佐藤正英ほか編 ぺりかん社 1993.6 548,18p 22cm 12000円 ⓘ4-8315-0596-X Ⓝ121
〔14718〕
◇サムライの掟 山本博文著 読売新聞社 1995.7 259p 20cm 1600円 ⓘ4-643-95059-5 Ⓝ210.5
〔14719〕
◇サムライの掟 山本博文著 中央公論新社 2001.5 253p 16cm （中公文庫）590円 ⓘ4-12-203826-X Ⓝ210.5
〔14720〕
◇サムライの書斎―江戸武家文人列伝 井上泰至著 ぺりかん社 2007.12 226p 19cm 2500円 ⓘ978-4-8315-1181-2
〔14721〕
◇サムライ・マインド―歴史をつくる精神の力とは 森本哲郎著 PHP研究所 1991.12 276p 20cm 1400円 ⓘ4-569-53480-5 Ⓝ156
〔14722〕
◇産業武士道 菊池麟平著 ダイヤモンド社 1942 245p 19cm Ⓝ153
〔14723〕
◇子弟叢書 第4 子弟と武士道 子弟教育普及会編 大盛堂書店［ほか］ 1918 209p 19cm Ⓝ379.9
〔14724〕
◇史伝西郷隆盛と山岡鉄舟―日本人の武士道 原園光憲著 日本出版放送企画 1990.2 317p 20cm （武士道叢書）1844円 ⓘ4-7601-0553-0 Ⓝ289
〔14725〕
◇社会学上より観たる武士道の本質 古賀斌著 文芸日本社 1940 46p 19cm Ⓝ156
〔14726〕
◇新武士道 山方香峰著 実業之日本社 1908.4 398p 23cm Ⓝ156
〔14727〕
◇新武士道の国際的運動に就て 高島平三郎著 少年団日本聯盟 1925 52p 19cm （少年団日本聯盟パンフレット 第7輯）Ⓝ379
〔14728〕
◇新・武士道論 俵木浩太郎著 筑摩書房 2006.7 302p 15cm （ちくま文庫）680円 ⓘ4-480-42239-0 Ⓝ156
〔14729〕
◇図解雑学武士道 加来耕三監修 岸祐二著 ナツメ社 2006.3 206p 19cm 1400円 ⓘ4-8163-3993-0 Ⓝ156
〔14730〕
◇図解武士道がよくわかる本 新渡戸稲造著 PHP研究所編訳 PHP研究所 2007.3 95p 26cm 900円 ⓘ978-4-569-65966-4 Ⓝ156
〔14731〕
◇スパルタの武士道 中西副松著 金港堂 1902.7 49p 20cm Ⓝ156
〔14732〕
◇相撲と武士道 北川博愛著 浅草国技館 1911.12 204p 20cm Ⓝ780
〔14733〕
◇切腹―日本人の責任の取り方 山本博文著 光文社 2003.5 241p 18cm （光文社新書）700円 ⓘ4-334-03199-4
〔14734〕
◇切腹の歴史 大隈三好著 雄山閣出版 1973 279p 22cm （雄山閣歴史選書 13）Ⓝ156
〔14735〕
◇切腹の歴史 大隈三好著 雄山閣出版 1995.9 279p 22cm （雄山閣books 29）2884円 ⓘ4-639-01299-3 Ⓝ156
〔14736〕
◇対訳武士道―ビジュアル版 新渡戸稲造著 奈良本辰也訳 新渡戸稲造博士と武士道に学ぶ会編 三笠書房 2004.7 109p 26cm 1200円 ⓘ4-8379-2108-6 Ⓝ156
〔14737〕

◇武田耕雲斎と日本之武士道　斎藤平治郎著　前橋　上毛郷土史研究会　1930　120,4p　23cm　Ⓝ210.5
〔14738〕

◇通勤大学 図解・速習 新訳 武士道　新渡戸稲造著　ハイブロー武蔵訳・解説　総合法令出版　2006.2　238p　18cm　（通勤大学文庫）800円　Ⓘ4-89346-940-1
〔14739〕

◇新渡戸「武士道」が本当によくわかる本─具体的な事例を挙げて解説　歴史思想研究会編著　黒鉄ヒロシ監修　東邦出版　2004.9　198p　19cm　1400円　Ⓘ4-8094-0396-3
〔14740〕

◇日本人なら知っておきたい武士道─誤解だらけの武士道の、本当の姿が見えてくる　武光誠著　河出書房新社　2004.6　183p　18cm　（KAWADE夢新書）720円　Ⓘ4-309-50289-X
〔14741〕

◇日本人の心武士道入門　山本博文著　中経出版　2006.9　255p　15cm　（中経の文庫）552円　Ⓘ4-8061-2498-2　Ⓝ156
〔14742〕

◇日本人の魂─明治維新が証明したもの　淵上貫之著　駒草出版　2006.9　262p　19cm　1400円　Ⓘ4-903186-18-0　Ⓝ210.61
〔14743〕

◇日本精神研究　第4輯　武士道精神　日本文化研究会編　東洋書院　1935　312p　23cm　Ⓝ121.1
〔14744〕

◇日本精神叢書　第42　太平記と武士道　高木武著　教学局　1938　69p　21cm　Ⓝ156
〔14745〕

◇日本精神と武士道　仁木笑波著　浩文社　1934　531p　19cm　Ⓝ156
〔14746〕

◇日本の武士道　藤直幹著　大阪　創元社　1956　174p　18cm　（創元歴史選書）Ⓝ156
〔14747〕

◇日本の理想的人間像─その歴史的考察　太田巌著　新人物往来社　1993.5　244p　22cm　7000円　Ⓝ150.21
〔14748〕

◇日本武士道　三神礼次（開雲）著　内藤耻叟閲　三神開雲堂　1899.4　243,51p　27cm　Ⓝ156
〔14749〕

◇日本武士道　重野安繹, 日下寛共著　鈴木平吉　1909.5　425p　22cm　Ⓝ156
〔14750〕

◇日本武士道　重野安繹, 日下寛編　大修堂　1909.5　425p　23cm　Ⓝ156
〔14751〕

◇日本武士道史　蜷川竜夫著　博文館　1907.6　352p　23cm　Ⓝ156
〔14752〕

◇日本武士道史　永吉二郎著　中文館書店　1932　295p　23cm　Ⓝ156
〔14753〕

◇日本武士道史研究　橋本実著　雄山閣　1938　414p　23cm　Ⓝ156
〔14754〕

◇日本武士道史の体系的研究　石田文四郎著　教文社　1944　632p　22cm　Ⓝ156
〔14755〕

◇日本武士道詳論　磯野清著　目黒書店　1934　459p　22cm　Ⓝ156
〔14756〕

◇日本武士道の神髄　大日本武士道研究会編　文昌堂　1904.7　160p　19cm　Ⓝ156
〔14757〕

◇日本武士道の典型三浦義明と其一党　高橋恭一著　横須賀　三浦党研究会　1940　240p　20cm　Ⓝ156
〔14758〕

◇日本武士道論　河口秋次著　丸亀　弘聖寺　1904.4　186p　15cm　Ⓝ156
〔14759〕

◇日本武士道論　馬淵徳治著　安城町（愛知県）　馬淵徳治　1909.8　94p　23cm　Ⓝ156
〔14760〕

◇日本列島「士風」探訪　津本陽著　PHP研究所　2005.1　362p　20cm　1600円　Ⓘ4-569-63917-8　Ⓝ210.5
〔14761〕

◇幕末武士道、若きサムライ達　山川健一著　ダイヤモンド社　2004.8　280p　19cm　1400円　Ⓘ4-478-92040-0　Ⓝ210.58
〔14762〕

◇幕末民衆思想の研究─幕末国学と民衆宗教　桂島宣弘著　増補改訂版　京都　文理閣　2005.6　340,13p　21cm　4000円　Ⓘ4-89259-485-7
〔14763〕

◇武士道──一名・秘密袋　黒岩涙香訳　扶桑堂　1897,312冊（前285, 後232p）　23cm　Ⓝ156
〔14764〕

◇武士道　井上哲次郎述　荒浪市記　兵事雑誌社　1901.7　65p　19cm　Ⓝ156
〔14765〕

◇武士道　山岡鉄舟（鉄太郎）述　安部正人編　光融館　1902.1　252p　20cm　Ⓝ156
〔14766〕

◇武士道─精神講話　佐藤巌英著　小林又七　1902.12　2冊（上97, 下105p）　19cm　Ⓝ156
〔14767〕

◇武士道　新渡戸稲造著　桜井彦一郎訳　丁未出版社　1908.3　253p　23cm　Ⓝ156
〔14768〕

◇武士道　山岡鉄舟口述　勝海舟評論　安部正人編著　改訂　大東出版社　1938　226p　19cm　Ⓝ156
〔14769〕

◇武士道　山岡鉄舟述　勝海舟評論　安部正人編纂　改訂　大東出版社　1939　226p　20cm　Ⓝ156
〔14770〕

◇武士道　山岡鉄舟述　勝海舟評論　大東出版社　1940　226p　20cm　Ⓝ156
〔14771〕

◇武士道　新渡戸稲造著　矢内原忠雄訳　6版　岩波書店　1945　149p　16cm　（岩波文庫 1795）Ⓝ156
〔14772〕

◇武士道　新渡戸稲造著, 名和一男訳　日本ソノサービスセンター　1969　206p　19cm　（歴史文庫）480円　Ⓝ156
〔14773〕

◇武士道─戦闘者の精神　葦津珍彦著　徳間書店　1969　237p　20cm　690円　Ⓝ121.02
〔14774〕

◇武士道─侍の意地と魂　新人物往来社　1995.12　289p　21cm　（別冊歴史読本）1600円　Ⓝ156
〔14775〕

◇武士道─入門 Enter the way of the samurai　新渡戸稲造著　高橋俊抄訳　仙台　本の森　2004.9　149p　19cm　1500円　Ⓘ4-938965-64-X　Ⓝ156
〔14776〕

◇武士道─いま、拠って立つべき"日本の精神"　新渡戸稲造著　岬龍一郎訳　PHP研究所　2005.8　219p　15cm　（PHP文庫）495円　Ⓘ4-569-66427-X　〔14777〕

◇武士道─サムライたちへ　次呂久英樹, 高野耕一文　藤森武写真　ピエ・ブックス　2007.10　331p　16×13cm　2000円　Ⓘ978-4-89444-637-3
〔14778〕

◇武士道逸話　小滝淳著　宮越太陽堂書房　1940　320p　19cm　Ⓝ156
〔14779〕

◇「武士道」を原文で読む　新渡戸稲造原著　別冊宝島編集部編　宝島社　2006.3　191p　18cm　（宝島社新書）700円　Ⓘ4-7966-5187-X　Ⓝ156
〔14780〕

◇『武士道』を読む─新渡戸稲造と「敗者」の精神史　太田愛人著　平凡社　2006.12　246p　18cm　（平凡社新書 353）780円　Ⓘ4-582-85353-6　Ⓝ156
〔14781〕

◇武士道概説　田中義能著　日本学術研究会　1932　134p　23cm　Ⓝ156
〔14782〕

◇「武士道」解題─ノーブレス・オブリージュとは　李登輝著　小学館　2006.5　345p　15cm　（小学館文庫）600円　Ⓘ4-09-405792-7　Ⓝ156
〔14783〕

◇武士道かゞみ　高橋静虎編　軍事教育会　1910.5　2冊（153,155p）　23cm　Ⓝ156
〔14784〕

◇武士道家訓集　有馬祐政, 秋山梧庵編　博文館　1906.7　327p　23cm　Ⓝ156
〔14785〕

思想史　　　　　　　　　　　　　近世史

◇武士道教本　宇和島　宇和支庁学務課　1935　170p　22cm　Ⓝ156　〔14786〕

◇武士道教本　丸岡英夫編　言海書房　1935　286p　19cm　Ⓝ156　〔14787〕

◇武士道訓　友田宜剛著　大野書店　1908.7　120p　16cm　Ⓝ156　〔14788〕

◇武士道訓話―精神修養　吉丸一昌著　大阪　武田交盛館　1911.4　213p　22cm　Ⓝ156　〔14789〕

◇武士道訓話―勤王の先覚者高橋泥舟遺稿　高橋泥舟著　アサヒ書房　1939　213p　22cm　Ⓝ156　〔14790〕

◇「武士道」幻想―新渡戸稲造論　西義之著　下田出版　2004.9　173p　21cm　Ⓝ156　〔14791〕

◇武士道剣舞―青年振気　宮本武編　魚住書店　1911.5　193p　15cm　Ⓝ768.9　〔14792〕

◇武士道考―喧嘩・敵討・無礼討ち　谷口真子著　角川グループパブリッシング（発売）　2007.3　279p　20cm　（角川叢書 35）2800円　①978-4-04-702135-8　Ⓝ210.5　〔14793〕

◇武士道講話　橋本実著　有光社　1942　312p　19cm　Ⓝ156　〔14794〕

◇武士道サムライ精神の言葉　笠谷和比古監修　青春出版社　2004.4　184p　18cm　（プレイブックスインテリジェンス）700円　①4-413-04090-2　Ⓝ156　〔14795〕

◇武士道史十講　清原貞雄著　目黒書店　1927　274,11p　19cm　Ⓝ156　〔14796〕

◇武士道史要　橋本実著　大日本教化図書　1943　333p　22cm　Ⓝ156　〔14797〕

◇武士道精神　伊藤千真三編　進教社　1937　312p　22cm　Ⓝ156　〔14798〕

◇武士道全書　第1-12巻,別巻　佐伯有義,植木直一郎,井野辺茂雄編　時代社　1942-1944　13冊（別巻共）　22cm　Ⓝ156　〔14799〕

◇武士道その名誉の掟　笠谷和比古著　教育出版　2001.8　205p　19cm　（江戸東京ライブラリー 18）1500円　①4-316-35870-7　Ⓝ156　〔14800〕

◇武士道的交渉術　石橋秀喜著　自由国民社　2007.12　226p　19cm　1500円　①978-4-426-10447-4　〔14801〕

◇武士道とエロス　氏家幹人著　講談社　1995.2　237p　18cm　（講談社現代新書）650円　①4-06-149239-X　Ⓝ156　〔14802〕

◇武士道読本　武士道学会編　第一出版協会　1939　257p　19cm　Ⓝ156　〔14803〕

◇武士道読本　武士道学会編　5版　第一出版協会　1939　257p　20cm　Ⓝ156　〔14804〕

◇武士道と現代―江戸に学ぶ日本再生のヒント　笠谷和比古著　産経新聞ニュースサービス　2002.6　263p　20cm　1429円　①4-594-03607-4　Ⓝ156　〔14805〕

◇武士道と現代―江戸に学ぶ日本再生のヒント　笠谷和比古著　産経新聞ニュースサービス,扶桑社〔発売〕　2004.4　277p　15cm　（扶桑社文庫）667円　①4-594-04643-6　〔14806〕

◇武士道と師道　羽田隆雄著　培風館　1940　245p　19cm　Ⓝ371　〔14807〕

◇武士道と日本型能力主義　笠谷和比古著　新潮社　2005.7　250p　20cm　（新潮選書）1300円　①4-10-603552-9　Ⓝ210.5　〔14808〕

◇武士道と日本民族　花見朔己著　南光書院　1943　202,13p　19cm　Ⓝ156　〔14809〕

◇武士道と武士訓　小滝淳著　日本公論社　1943　351p　19cm　Ⓝ156　〔14810〕

◇武士道と仏教　中谷渡月著　京都　顕道書院　1913　245p　19cm　Ⓝ156　〔14811〕

◇武士道というは死ぬことと見つけたり　ジョージ秋山著　幻冬舎　2005.3　306p　16cm　（幻冬舎文庫）648円　①4-344-40624-9　Ⓝ726.1　〔14812〕

◇武士道に泣く―日本再建を祈願する一外人より　C.K.オン著　佐藤亮一訳　新体社　1949　277p　19cm　Ⓝ210.75　〔14813〕

◇武士道に学ぶ　菅野覚明著　ベースボール・マガジン社（発売）　2006.8　341p　20cm　2400円　①4-583-03909-3　Ⓝ156　〔14814〕

◇武士道入門　武士道学会編　ふたら書房　1941　293p　21cm　Ⓝ156　〔14815〕

◇武士道入門―総特集 なぜいま武士道なのか　河出書房新社　2004.6　222p　21cm　（Kawade夢ムック―文芸別冊）1143円　①4-309-97681-6　〔14816〕

◇武士道の歌―純正日本主義　下村無端著　熊本　純正日本主義同人社　1913　16p　17cm　（文書伝道 第1編）Ⓝ156　〔14817〕

◇武士道の歌―純正日本主義　富田月影著　熊本　肥後少年文壇社　1914　16p　18cm　（文書伝道 第1編）Ⓝ911.6　〔14818〕

◇武士道の逆襲　菅野覚明著　講談社　2004.10　295p　18cm　（講談社現代新書）760円　①4-06-149741-3　〔14819〕

◇武士道の教科書―現代語新訳日新館童子訓　松平容頌著　中村彰彦訳・解説　PHP研究所　2006.12　245p　19cm　1400円　①4-569-65802-4　Ⓝ372.105　〔14820〕

◇武士道の系譜　奈良本辰也著　改版　中央公論新社　2004.11　202p　16cm　（中公文庫）1286円　①4-12-204441-3　Ⓝ156　〔14821〕

◇武士道の原点―山鹿素行の道　井下香泉著　高松　讃岐先賢顕彰会　2006.11　217p　19cm　1500円　Ⓝ121.56　〔14822〕

◇武士道の考察　中本征利著　京都　人文書院　2006.4　302p　20cm　2500円　①4-409-54073-4　Ⓝ156　〔14823〕

◇武士道の権化赤穂義士　岩崎元一著　成武堂　1926　Ⓝ210.5　〔14824〕

◇武士道の権化快傑内蔵助　安場末喜著　中興館書店〔ほか〕　1917　306p　19cm　Ⓝ289.1　〔14825〕

◇武士道の史的研究　橋本実著　雄山閣　1934　253p　23cm　Ⓝ156　〔14826〕

◇武士道之女性　川崎安民編　岡崎屋書店　1901.10　200p　16cm　Ⓝ156　〔14827〕

◇武士道の真実　時野佐一郎著　光人社　2008.1　237p　19cm　1700円　①978-4-7698-1376-7　〔14828〕

◇武士道の真髄　副島八十六著　〔副島八十六〕　1931　12p　23cm　Ⓝ156　〔14829〕

◇武士道の神髄　武士道学会編　帝国書籍協会　1941　293p　22cm　Ⓝ156　〔14830〕

◇武士道の真髄　エルヴィン・ベルツ著　道本清一郎訳　丹波市町（奈良県）　天理時報社　1942　181p　19cm　Ⓝ156　〔14831〕

◇武士道のすすめ　桑原誠著　田家阿希雄絵　名古屋　中日出版社　2004.7　31p　22cm　1143円　①4-88519-238-2　Ⓝ156　〔14832〕

◇武士道の精華―精神修養　渡辺操（存軒）編　水野書店　1911.3　226p　15cm　Ⓝ156　〔14833〕

◇武士道の精華偉人風丰録　上,中,下巻　石井曲江編　青

年成瑳会　1916　3冊　15cm　Ⓝ281　　〔14834〕
◇武士之精華白虎隊　杉原夷山著　千代田書房　1912　205p　18cm　Ⓝ210.6　〔14835〕
◇武士の精神　橋本実著　明世堂書店　1943　370p　19cm　Ⓝ156　〔14836〕
◇武士の大義　軍事史学会編　地人書館　1943　253p　22cm　Ⓝ156　〔14837〕
◇武士道の復活　平泉澄著　至文堂　1933　387p　23cm　Ⓝ156　〔14838〕
◇武士道の復活　平泉澄著　国民思想研究所　1933　6p　22cm　Ⓝ156　〔14839〕
◇武士道の本義　堀内文次郎著　モナス　1939　272p　19cm　Ⓝ156　〔14840〕
◇武士道の本質　井上哲次郎著　八光社　1942　296,18p　19cm　Ⓝ156　〔14841〕
◇武士道の倫理―山鹿素行の場合　多田顕著　永安幸正編集・解説　柏　広池学園事業部(発売)　2006.12　336p　22cm　4600円　①4-89205-512-3　Ⓝ121.56　〔14842〕
◇武士道の歴史　1巻　高橋富雄著　新人物往来社　1986.3　294p　20cm　2500円　①4-404-01310-8　Ⓝ156　〔14843〕
◇武士道の歴史　2巻　高橋富雄著　新人物往来社　1986.4　280p　20cm　2500円　①4-404-01311-6　Ⓝ156　〔14844〕
◇武士道の歴史　3巻　高橋富雄著　新人物往来社　1986.5　285p　20cm　2500円　①4-404-01312-4　Ⓝ156　〔14845〕
◇武士道発達史　足立栗園著　大阪　積善館　1901.6　231p　23cm　Ⓝ156　〔14846〕
◇武士道美譚　池辺義象(藤園)編　金港堂　1909.5　286p　22cm　Ⓝ156　〔14847〕
◇武士道百話　河村扶桑著　大学館　1905.7　196p　15cm　Ⓝ156　〔14848〕
◇武士道百話　原慶吉著　東京滑稽社　1911.9　174p　22cm　Ⓝ156　〔14849〕
◇武士道逢原　三浦実生著　新農林新聞社出版部　1942　349p　19cm　Ⓝ156　〔14850〕
◇武士道宝典　佐伯有義編　実業之日本社　1939　307p　20cm　Ⓝ156　〔14851〕
◇武士道満腹物語　いしいひさいち著　双葉社　2005.2　159p　15cm　(双葉文庫―ひさいち文庫)571円　①4-575-71291-4　Ⓝ726.1　〔14852〕
◇武士道銘々伝　三芳屋編集部編　三芳屋　1911.8　190p　19cm　Ⓝ779.1　〔14853〕
◇武士道物語　樋渡海門著　啓成社　1913　376p　19cm　Ⓝ156　〔14854〕
◇武士道要意　剣聖会編　柳生村(奈良県)　剣聖会　1933　344,17p　19cm　Ⓝ156　〔14855〕
◇武士道より見たる神代事蹟と武士道要義―附・神代総括図解　折井太一郎著　岡山　折井太一郎　1928　50p　20cm　Ⓝ156　〔14856〕
◇武士道論―附・顕示録　乾尊軒山辺春正著　中村政五郎　1915　59,246,2p　22cm　Ⓝ156　〔14857〕
◇武士道論語　南不二ров編述　教材社　1941　156p　18cm　Ⓝ156　〔14858〕
◇武士道論攷　古賀斌著　小学館　1943　325p　22cm　Ⓝ156　〔14859〕
◇武士と世間―なぜ死に急ぐのか　山本博文著　中央公論新社　2003.6　213p　18cm　(中公新書)740円　①4-12-101703-X　〔14860〕
◇武士の思想　相良亨著　新装版　ぺりかん社　2004.5　215p　20cm　2200円　①4-8315-1085-8　Ⓝ156　〔14861〕
◇武士の道　奈良本辰也著　アートデイズ　2002.2　424p　19cm　1900円　①4-900708-89-5　〔14862〕
◇歴史としての武士道　小沢富夫著　ぺりかん社　2005.8　262p　20cm　2400円　①4-8315-1115-3　Ⓝ156　〔14863〕
◇Nitobe武士道を英語で読む　新渡戸稲造著　宝島社　2004.4　144p　26cm　(別冊宝島　994号)933円　①4-7966-3985-3　〔14864〕

◆◆◆葉隠
◇葉隠　奈良本辰也訳編　三笠書房　2004.4　222p　19cm　1400円　①4-8379-2098-5　Ⓝ156　〔14865〕
◇葉隠―対訳　山本常朝著　ウィリアム・スコット・ウィルソン英訳　松本道弘,大宮司朗現代訳　講談社インターナショナル　2005.4　301p　22cm　1800円　①4-7700-2791-5　Ⓝ156　〔14866〕
◇葉隠―現代語全文完訳　山本常朝,田代陣基著　水野聡訳　川崎　能文社　2006.7　526p　22cm　4480円　Ⓝ156　〔14867〕
◇葉隠　1　山本常朝述　田代陣基筆録　奈良本辰也,駒敏郎訳　中央公論新社　2006.6　15,323p　18cm　(中公クラシックス　J29)1400円　①4-12-160090-8　〔14868〕
◇葉隠　2　山本常朝述　田代陣基筆録　奈良本辰也,駒敏郎訳　中央公論新社　2006.7　365p　18cm　(中公クラシックス　J30)1500円　①4-12-160091-6　Ⓝ156　〔14869〕
◇「葉隠」の叡智―誤一度もなき者は危く候　小池喜明著　講談社　1993.10　235p　18cm　(講談社現代新書　1167)600円　①4-06-149167-9　〔14870〕
◇葉隠武士道　松波治郎著　小山書房　1938　202p　19cm　Ⓝ156　〔14871〕
◇葉隠武士道　松波治郎著　一路書苑　1942　238p　19cm　Ⓝ156　〔14872〕
◇葉隠武士道　知野潔郎著　天泉社　1943　233p　19cm　Ⓝ156　〔14873〕
◇葉隠武士道精義　中村常一郎著　拓南社　1942　311p　19cm　Ⓝ156　〔14874〕
◇葉隠武士道精神　松波治郎著　一路書苑　1940　238p　19cm　Ⓝ156　〔14875〕

◆◆敵討
◇荒木又右衛門　三田村鳶魚著,中沢巠夫編　鱒書房　1955　206p　18cm　(歴史新書)Ⓝ210.5　〔14876〕
◇敵討　平出鏗二郎著　中央公論社　1990.5　219p　16cm　(中公文庫)340円　①4-12-201707-6　Ⓝ210.5　〔14877〕
◇かたき討ち―復讐の作法　氏家幹人著　中央公論新社　2007.2　276p　18cm　(中公新書)820円　①978-4-12-101883-0　Ⓝ210.5　〔14878〕
◇敵討の話幕府のスパイ政治　三田村鳶魚著　朝倉治彦編　中央公論社　1997.4　381p　16cm　(中公文庫―鳶魚江戸文庫　8)629円　①4-12-202843-4　Ⓝ210.5　〔14879〕
◇敵討の歴史　大隈三好著　雄山閣　1972　242p　22cm　(雄山閣歴史選書　10)Ⓝ156　〔14880〕

思想史　　　　　　　　　　　　　近世史

◇新版日本仇討　千葉亀雄著　天人社　1931　569p　19cm　Ⓝ210.5　〔14881〕
◇長崎喧嘩騒動(深堀義士伝)―評伝 赤穂浪士事件との比較　坂本勉著　大阪　新風書房　1999.12　141p　19cm　1500円　Ⓘ4-88269-428-X　Ⓝ210.52　〔14882〕
◇復讎の倫理―歴史の教え　堀川豊弘著　明玄書房　1974　200p　22cm　950円　Ⓝ156　〔14883〕

◆◆民衆思想

◇江戸時代の民衆思想―近世百姓が求めた平等・自由・生存　布川清司著　三一書房　1995.1　208p　18cm　(三一新書)800円　Ⓘ4-380-95000-X　Ⓝ150.21　〔14884〕
◇近世町人思想　中村幸彦校注　岩波書店　1996.1　445p　22cm　(日本思想大系新装版―芸の思想・道の思想 5)4300円　Ⓘ4-00-009075-5　Ⓝ150.21　〔14885〕
◇幕末民衆思想の研究―幕末国学と民衆宗教　桂島宣弘著　京都　文理閣　1992.4　272,13p　22cm　3000円　Ⓘ4-89259-185-8　Ⓝ121.52　〔14886〕
◇幕末民衆思想の研究―幕末国学と民衆宗教　桂島宣弘著　増補改訂版　京都　文理閣　2005.6　340,13p　22cm　4000円　Ⓘ4-89259-485-7　Ⓝ121.52　〔14887〕

◆◆石田梅岩

◇石田梅岩―デフレ時代を生き抜く知恵 日本経営の原点　山本育著　東洋経済新報社　1995.10　225p　20cm　1600円　Ⓘ4-492-06076-6　Ⓝ157.9　〔14888〕
◇石田梅岩と『都鄙問答』　石川謙著　岩波書店　1993.7　4,214p　20cm　(岩波新書の江戸時代)Ⓘ4-00-009134-4　Ⓝ157.9　〔14889〕
◇新撰妙好人伝　第7編　石田梅岩　富士川遊著　正信協会編　厚徳書院　1937　50p　23cm　Ⓝ281　〔14890〕

◆◆二宮尊徳

◇江戸の家計簿―家庭人・二宮尊徳　新井恵美子著　横浜　神奈川新聞社　2001.9　255p　20cm　1905円　Ⓘ4-87645-306-3　Ⓝ157.2　〔14891〕
◇郷土史の中の報徳考―二宮尊徳の思想と報徳を醸成した村　岡田博著　鳩ヶ谷　まるはとだより発行所　1997.2　182p　21cm　(まるはと叢書 第6集)1300円　Ⓝ157.2　〔14892〕
◇大日本思想全集　第14巻　二宮尊徳集　大原幽学集　大日本思想全集刊行会　1931　488p　23cm　Ⓝ121　〔14893〕
◇二宮翁夜話　福住正兄著　野口書店　1947　352p　B6　60円　〔14894〕
◇二宮金次郎　奥平洋一著　青樹社　1946　160p　B6　6円　〔14895〕
◇二宮金次郎遺跡巡り―文と写真で綴る尊徳翁への想い　藤森自空著　草輝出版　2000.7　221p　19cm　1300円　Ⓘ4-88273-056-1　〔14896〕
◇二宮金次郎秘話　下田隆著　草輝出版　1999.3　315p　19cm　1400円　Ⓘ4-88273-045-6　〔14897〕
◇二宮金次郎秘話―今甦る。永年に亘る渉猟資料から、尊徳翁の隠れた生き様を顕現　下田隆著　改訂新版　草輝出版　2000.3　317p　19cm　1400円　Ⓘ4-88273-055-3　〔14898〕
◇二宮尊徳　獲麟野史著　弘文館　1898.10　187p　23cm　Ⓝ156　〔14899〕
◇二宮尊徳　池田宣政著　改訂　ポプラ社　1976.10　226p　23cm　(世界伝記全集 20)　〔14900〕

◇二宮尊徳　奈良本辰也著　岩波書店　1993.7　184p　20cm　(岩波新書の江戸時代)1500円　Ⓘ4-00-009123-9　Ⓝ157.2　〔14901〕
◇二宮尊徳　守田志郎著　農山漁村文化協会　2003.3　302p　19cm　(人間選書)1762円　Ⓘ4-540-02218-0　〔14902〕
◇二宮尊徳翁と磐城中村藩　新妻三男著　福島県中村町中村第二尋常高等小学校　1936　338p　20cm　Ⓝ212.6　〔14903〕
◇二宮尊徳翁と牧野頭取　滝川辰郎著　会通社　1938　186,16p　23cm　Ⓝ289.1　〔14904〕
◇二宮尊徳翁の非常時救国利殖法　大西静史著　大阪　大西土地拓殖　1935　78p　19cm　Ⓝ157　〔14905〕
◇二宮尊徳言行録　高橋淡水著　東亜堂書房　1918　168p　19cm　(修養史伝 第15編)Ⓝ157　〔14906〕
◇二宮尊徳・佐藤信淵　峡北隠士著　富士書店　1900.1　115p　23cm　Ⓝ289.1　〔14907〕
◇二宮尊徳と剣持広吉　留岡幸助著　警醒社　1907.10　234p　19cm　Ⓝ289.1　〔14908〕
◇二宮尊徳とその弟子たち　宇津木三郎著　小田原ライブラリー編集委員会企画・編　秦野　夢工房　2002.2　133p　19cm　(小田原ライブラリー)1200円　Ⓘ4-946513-73-6　〔14909〕
◇二宮尊徳の生涯と思想　寺島文夫著　文理書院　1947　170p　B6　50円　〔14910〕
◇二宮尊徳の政道論序説―報徳書爛祭記　岡田博著　岩田書院　2004.6　373p　21cm　5900円　Ⓘ4-87294-319-8　〔14911〕
◇二宮尊徳の道徳と実践　大貫章著　柏　モラロジー研究所,(柏)広池学園事業部〔発売〕　2006.12　238p　19cm　1500円　Ⓘ4-89639-129-2　〔14912〕
◇評伝 二宮金次郎―心の徳を掘り起こす　童門冬二著　致知出版社　1997.12　431p　19cm　(Chi Chi-Select)1600円　Ⓘ4-88457-524-8　〔14913〕
◇報徳と不二孝仲間―二宮尊徳と鳩ヶ谷三志の弟子たち　岡田博著　岩田書院　2000.8　392p　21cm　5900円　Ⓘ4-87294-175-6　〔14914〕
◇報徳に生きた人、二宮尊徳　大貫章著　ABC出版　1996.7　165p　19cm　1200円　Ⓘ4-900387-76-2　〔14915〕
◇報徳に生きた人、二宮尊徳　大貫章著　新版　調布　ABC出版　2005.6　175p　19cm　1200円　Ⓘ4-900387-76-2　〔14916〕
◇訳註 報徳外記　堀井純二編著　錦正社　2002.7　235p　19cm　3000円　Ⓘ4-7646-0260-1　〔14917〕
◇よみがえる二宮金次郎―報徳思想の再評価とその可能性　榛村純一編著　清文社　1998.1　268p　19cm　1600円　Ⓘ4-433-17227-8　〔14918〕

◆◆大原幽学

◇江戸の教育力　高橋敏著　筑摩書房　2007.12　206p　18cm　(ちくま新書)680円　Ⓘ978-4-480-06398-4　〔14919〕
◇大原幽学　千葉県内務部編　千葉町(千葉県)　多田屋書店　1911.12　297p　23cm　Ⓝ289.1　〔14920〕
◇大原幽学―世界で最初に産業組合を作った偉大な殉教者　高倉テル著　東邦書院　1939　242p　20cm　Ⓝ289.1　〔14921〕
◇大原幽学伝―農村理想社会への実践　鈴木久仁直著　アテネ社　2005.8　222p　19cm　1600円　Ⓘ4-900841-32-3　Ⓝ289.1　〔14922〕

◇大原幽学とその周辺　木村礎編　八木書店　1981.10　798,12p　22cm　(日本史研究叢書)7800円　Ⓝ289.1
〔14923〕
◇大原幽学と幕末村落社会―改心楼始末記　高橋敏著　岩波書店　2005.3　232p　20cm　2900円　Ⓘ4-00-022383-6　Ⓝ289.1
〔14924〕
◇大原幽学の事蹟　飯田伝一著　東興社　1934　240p　19cm　Ⓝ289.1
〔14925〕
◇大原幽学の事蹟　飯田伝一著　刀江書院　1941　252p　19cm　Ⓝ289.1
〔14926〕
◇木村礎著作集　9　大原幽学と門人たち　名著出版　1996.11　462p　22cm　8900円　Ⓘ4-626-01534-4　Ⓝ210
〔14927〕
◇大日本思想全集　第14巻　二宮尊徳集　大原幽学集　大日本思想全集刊行会　1931　488p　23cm　Ⓝ121
〔14928〕

◆その他の思想
◇秋山巌山論考とその資料　草薙金四郎著　琴平町(香川町)　四国先賢顕彰会　1982.11　162p　26cm　Ⓝ121.59
〔14929〕
◇枝吉南濠・神陽略伝―草稿　枝吉勇著　清瀬〔枝吉勇〕　1978　1冊　26cm　Ⓝ121.89
〔14930〕
◇讃岐史残影―安藤思謙と先賢の教え　井下香泉著　高松　讃岐先賢顕彰会　2000.11　290p　20cm　1905円　Ⓝ121.59
〔14931〕
◇津坂東陽伝　津坂治男著　桜楓社　1988.4　142p　22cm　2500円　Ⓘ4-273-02218-4　Ⓝ121.59　〔14932〕
◇富永仲基研究　梅谷文夫, 水田紀久著　大阪　和泉書院　1984.11　277p　22cm　(研究叢書)9000円　Ⓘ4-87088-133-0　Ⓝ121.59
〔14933〕
◇富永仲基と懐徳堂―思想史の前哨　宮川康子著　ぺりかん社　1998.11　242p　20cm　2600円　Ⓘ4-8315-0862-4　Ⓝ121.59
〔14934〕
◇冨永有隣伝　林芙美夫編　田布施町(山口県)　田布施町教育委員会　2001.6　69p　21cm　(郷土館叢書　第7集)800円　Ⓝ121.59
〔14935〕
◇東沢瀉　桂芳樹著　岩国　岩国徴古館　1973　106p　19cm　Ⓝ121.59
〔14936〕
◇真木和泉守全集　真木和泉守著　小川常人編　久留米　水天宮　1998.5　3冊　23cm　全26000円　Ⓘ4-653-03495-8　Ⓝ121.59
〔14937〕
◇脇蘭室　筒井清彦著　大分　大分県教育委員会　1980.2　124p　22cm　(郷土の先覚者シリーズ　第10集)Ⓝ121.59
〔14938〕

◆◆安藤昌益
◇安藤昌益　八戸市立図書館編　八戸　伊吉書院　1974　501p　19cm　2200円　Ⓝ121.89
〔14939〕
◇安藤昌益―郷土の思想家　八戸　八戸市立図書館　1974　170p　18cm　(郷土の先人を語る)Ⓝ121.89　〔14940〕
◇安藤昌益　安永寿延著　平凡社　1976　306p　20cm　(平凡社選書)980円　Ⓝ121.89
〔14941〕
◇安藤昌益―研究国際化時代の新検証　安永寿延著　農山漁村文化協会　1992.10　328p　24cm　6000円　Ⓘ4-540-92066-9　Ⓝ121.59
〔14942〕
◇安藤昌益―日本・中国共同研究　農山漁村文化協会編　農山漁村文化協会　1993.10　333,9p　22cm　6000円　Ⓘ4-540-93055-9　Ⓝ121.59
〔14943〕
◇安藤昌益　尾藤正英, 松本健一, 石渡博明編著　光芒社　2002.1　387p　19cm　(日本アンソロジー)3200円　Ⓘ4-89542-188-0　Ⓝ121.59
〔14944〕
◇安藤昌益　狩野亨吉著　書肆心水　2005.11　125p　20cm　1500円　Ⓘ4-902854-10-4　Ⓝ121.59　〔14945〕
◇安藤昌益からみえる日本近世　若尾政希著　東京大学出版会　2004.3　388,17p　21cm　6200円　Ⓘ4-13-026206-8
〔14946〕
◇安藤昌益からみえる日本近世　若尾政希著　東京大学出版会　2004.3　388,17p　22cm　6200円　Ⓘ4-13-026206-8　Ⓝ121.59
〔14947〕
◇安藤昌益国際シンポジウム記録―没後230年・生誕290年　農山漁村文化協会　1993.4　228p　21cm　(現代農業臨時増刊)Ⓝ121.59
〔14948〕
◇安藤昌益石碑再建記念誌　安藤昌益石碑再建の会編　大館　安藤昌益石碑再建の会　1983.12　40p　26cm　Ⓝ121.59
〔14949〕
◇安藤昌益全集　増補篇　第1巻　資料篇　4　農山漁村文化協会企画・編集　農山漁村文化協会　2004.12　457p　22cm　14286円　Ⓘ4-540-04128-2　Ⓝ121.59　〔14950〕
◇安藤昌益全集　増補篇　第2巻　資料篇　5　上　農山漁村文化協会企画・編集　農山漁村文化協会　2004.12　507p　22cm　14286円　Ⓘ4-540-04129-0　Ⓝ121.59　〔14951〕
◇安藤昌益全集　増補篇　第3巻　資料篇　5　下　農山漁村文化協会企画・編集　農山漁村文化協会　2004.12　2冊　(別冊附録とも)　22cm　14286円　Ⓘ4-540-04130-4　Ⓝ121.59
〔14952〕
◇安藤昌益全集　第10巻　関係資料　野田健次郎ほか編集・校註　校倉書房　1991.10　557p　図版20枚　27cm　37080円　Ⓘ4-7517-2140-2　Ⓝ121.59　〔14953〕
◇安藤昌益と『ギャートルズ』　高野澄著　舞字社　1996.10　284p　20cm　2200円　Ⓘ4-7952-7189-5　Ⓝ121.59
〔14954〕
◇安藤昌益と自然真営道　渡辺大濤著　木星社書院　1930　329p　19cm　Ⓝ121
〔14955〕
◇安藤昌益と自然真営道　渡辺大濤著　勁草書房　1970　433p　図版11枚　20cm　1000円　Ⓝ121.89　〔14956〕
◇安藤昌益と地域文化の伝統　三宅正彦著　雄山閣　1996.5　413p　22cm　5974円　Ⓘ4-639-01365-5　Ⓝ121.59
〔14957〕
◇安藤昌益と中江兆民　安永寿延著　第三文明社　1978.10　178p　18cm　(レグルス文庫)480円　Ⓝ121.89
〔14958〕
◇安藤昌益と八戸の文化史―上杉修遺稿集　上杉修著　八戸　八戸文化協会　1988.8　255p　20cm　2000円　Ⓝ121.59
〔14959〕
◇安藤昌益と八戸藩の御日記　野田健次郎著　岩田書院　1998.4　148p　21cm　1800円　Ⓘ4-87294-104-7　Ⓝ121.59
〔14960〕
◇安藤昌益と三浦梅園　和田耕作著　甲陽書房　1992.10　305p　20cm　3863円　Ⓘ4-87531-523-6　Ⓝ121.59
〔14961〕
◇安藤昌益入門―花岡事件から昌益の発掘・教材化まで　秋田県歴史教育者協議会編, 佐藤貞夫, 佐藤守著　民衆社　1977.8　140p　19cm　680円　Ⓝ121.89　〔14962〕
◇安藤昌益の学問と信仰　萱沼紀子著　勉誠社　1996.5　414p　22cm　6695円　Ⓘ4-585-05021-3　Ⓝ121.59
〔14963〕
◇安藤昌益の「自然正世」論　東条栄喜著　農山漁村文化協会　1996.2　249p　22cm　4800円　Ⓘ4-540-95080-0　Ⓝ121.59
〔14964〕
◇安藤昌益の自然哲学と医学―続・論考安藤昌益(上)　寺

◇安藤昌益の世界—18世紀の唯物論者　ラードゥリ=ザトゥロフスキー著,村上恭一訳　雄山閣出版　1982.10　224p　22cm　2500円　Ⓘ4-639-00188-6　Ⓝ121.59
〔14969〕

◇安藤昌益の世界—独創的思想はいかに生れたか　石渡博明著　草思社　2007.7　271p　20cm　2000円　Ⓘ978-4-7942-1613-7　Ⓝ121.59
〔14970〕

◇安藤昌益の闘い　寺尾五郎著　農山漁村文化協会　1978.6　254p　19cm　（人間選書 15）900円　Ⓝ121.89
〔14971〕

◇猪・鉄砲・安藤昌益—「百姓極楽」江戸時代再考　いいだもも著　農山漁村文化協会　1996.3　270p　19cm　（人間選書 192）1900円　Ⓘ4-540-95105-X　Ⓝ210.5
〔14972〕

◇今にして安藤昌益—安藤昌益を読む人のために　稲葉守著　風濤社　2004.2　189p　20cm　2000円　Ⓘ4-89219-247-3　Ⓝ121.59
〔14973〕

◇街道をゆく　夜話　司馬遼太郎著　朝日新聞社　2007.10　381p　15cm　（朝日文庫）700円　Ⓘ978-4-02-264419-0
〔14974〕

◇近世日本の哲学—安藤昌益・平賀源内・三浦梅園　高崎哲学堂設立の会編　高崎　あさを社　1984.6　134p　19cm　800円　Ⓝ121.56
〔14975〕

◇写真集人間安藤昌益　安永寿延編著, 山田福男写真　農山漁村文化協会　1986.10　126p　22cm　1500円　Ⓘ4-540-86064-X　Ⓝ121.59
〔14976〕

◇昌益研究かけある記　石渡博明著　社会評論社　2003.10　366p　20cm　2800円　Ⓘ4-7845-1431-7　Ⓝ121.59
〔14977〕

◇食の思想—安藤昌益　小林博行著　以文社　1999.11　201p　20cm　（以文叢書 3）2600円　Ⓘ4-7531-0209-2　Ⓝ121.59
〔14978〕

◇先駆安藤昌益　寺尾五郎著　徳間書店　1976　413p　20cm　2800円　Ⓝ121.89
〔14979〕

◇大日本思想全集　第11巻　本田利明集　青木昆陽集　安藤昌益集　大日本思想全集刊行会　1932　461p　22cm　Ⓝ121
〔14980〕

◇追跡安藤昌益　川原衛門著　図書出版社　1979.5　222p　20cm　980円　Ⓝ121.89
〔14981〕

◇追跡昌益の秘密結社　川原衛門著　農山漁村文化協会　1983.7　246p　20cm　1200円　Ⓝ121.59
〔14982〕

◇人間安藤昌益—写真集　安永寿延編著, 山田福男写真　農山漁村文化協会　1986.10　126p　22cm　1500円　Ⓘ4-540-86064-X　Ⓝ121.59
〔14983〕

◇人間安藤昌益—写真集　安永寿延編著　山田福男写真　増補　農山漁村文化協会　1992.10　143p　22cm　2000円　Ⓘ4-540-92067-7　Ⓝ121.59
〔14984〕

◇八戸における安藤昌益　安藤昌益基金編　八戸　安藤昌益基金　1995.10　79p　19cm　Ⓝ121.59
〔14985〕

◇八戸の安藤昌益　稲葉克夫著　八戸　八戸市　2002.3　193p　19cm　（八戸の歴史双書）800円　Ⓝ121.59
〔14986〕

◇よくわかる安藤昌益—その生涯と思想　佐藤貞夫著　秋田　秋田文化出版社　1986.1　216p　19cm　1000円　Ⓝ121.59
〔14987〕

◇甦る！安藤昌益　寺尾五郎ほか編著　社会評論社　1988.3　296p　20cm　2300円　Ⓝ121.59
〔14988〕

◇論考安藤昌益　寺尾五郎著　農山漁村文化協会　1992.9　572p　22cm　12000円　Ⓘ4-540-92062-6　Ⓝ121.59
〔14989〕

◇忘れられた思想家—安藤昌益のこと　下巻　E.ハーバート・ノーマン著　大窪愿二訳　岩波書店　1950.1（第20刷：2001.8）　1冊　18cm　（岩波新書）780円　Ⓘ4-00-413142-1　Ⓝ121.59
〔14990〕

◇渡辺大濤昌益論集　1　安藤昌益と自然真営道　渡辺大濤著　農山漁村文化協会　1995.9　454p　20cm　3500円　Ⓘ4-540-95038-X　Ⓝ121.59
〔14991〕

◇渡辺大濤昌益論集　2　農村の救世主安藤昌益　渡辺大濤著　農山漁村文化協会　1995.9　364p　20cm　3000円　Ⓘ4-540-95039-8　Ⓝ121.59
〔14992〕

◆◆佐藤信淵

◇近世社会経済学説大系　第3　佐藤信淵集　大川周明解題　誠文堂新光社　1935　94,376p　19cm　Ⓝ330
〔14993〕

◇県立秋田図書館蔵平田篤胤先生著書・佐藤信淵先生著書・根本通明先生著書目録　県立秋田図書館編　秋田　県立秋田図書館　1930　1冊　19cm　Ⓝ121
〔14994〕

◇考証佐藤信淵　3　津山藩江戸屋敷—殺気燃える猛士三十八人の決起　川越重昌著　秋田　弥高神社平田篤胤佐藤信淵研究所　1995.5　119p　19cm　（弥高叢書　第6輯）289.1
〔14995〕

◇佐藤信淵　小野武夫著　三省堂　1934　246p　20cm　（社会科学の建設者人と学説叢書　第7）Ⓝ289.1
〔14996〕

◇佐藤信淵　鴇田恵吉著　大観堂　1941　414p　22cm　Ⓝ289.1
〔14997〕

◇佐藤信淵　坂本稲太郎著　日本問題研究所　1941　92p　19cm　（戦争文化叢書　第35輯）Ⓝ289.1
〔14998〕

◇佐藤信淵—疑問の人物　森銑三著　今日の問題社　1942　299p　19cm　Ⓝ289.1
〔14999〕

◇佐藤信淵　下村湖人著　大日本雄弁会講談社　1942.2　325,5p　19cm　（偉人伝文庫 12）Ⓝ289.1
〔15000〕

◇佐藤信淵　小野武夫著　潮文閣　1943　312p　19cm　Ⓝ289.1
〔15001〕

◇佐藤信淵思想録　古志太郎著　教材社　1942　286p　15cm　Ⓝ289.1
〔15002〕

◇佐藤信淵先生誕生之地　佐藤啓行編　精華堂　1911.10　89p　22cm　Ⓝ289.1
〔15003〕

◇佐藤信淵先生の事蹟と其の大経綸　鴇田恵吉著　信淵神社造営奉賛会　1941　59p　19cm　Ⓝ289.1
〔15004〕

◇佐藤信淵大人年譜—昭和八年十一月廿六日東京市杉並区松応寺展墓記念　羽倉信一郎編　羽倉信一郎　1933　26,5p　19cm　Ⓝ289.1
〔15005〕

◇佐藤信淵と綾部　村島渚稿　何鹿郡蚕業同志会編　綾部町（京都府）　何鹿郡蚕業同志会　1934　43p　19cm　Ⓝ289.1
〔15006〕

◇佐藤信淵に関する基礎的研究　羽仁五郎著　岩波書店　1929　209p　23cm　Ⓝ289.1
〔15007〕

◇佐藤信淵の研究　第1編　大陸政策論　花岡淳二著　未

来の日本社　1938　80p　19cm　Ⓝ289.1　　〔15008〕
◇佐藤信淵の思想　中島九郎著　北海出版社　1941　188p
　19cm　Ⓝ289.1　　〔15009〕
◇佐藤信淵武学集　上, 中　日本武学研究所編　岩波書店
　1942-1943　2冊　22cm　（日本武学大系 22-23）Ⓝ399
　〔15010〕
◇神国日本と佐藤信淵先生　上領三郎述　歴史叢書刊行会
　1933　23p　19cm　Ⓝ289.1　　〔15011〕
◇神国日本と佐藤信淵先生　上領三郎著　4版　歴史叢書
　刊行会　1934　32p　20cm　Ⓝ289.1　　〔15012〕
◇先覚佐藤信淵　松原晃著　多摩書房　1941　275p
　19cm　（日本先覚者叢書 1）Ⓝ289.1　　〔15013〕
◇大日本思想全集　第8巻　佐藤信淵集　三浦梅園集─
　附・海保青陵　大日本思想全集刊行会　1931　486p
　22cm　Ⓝ121　　〔15014〕
◇二宮尊徳・佐藤信淵　峡北隠士著　富士書店　1900.1
　115p　23cm　Ⓝ289.1　　〔15015〕
◇日本精神研究　第2　佐藤信淵の理想国家　大川周明著
　社会教育研究所　1924　Ⓝ121.1　　〔15016〕
◇兵学者佐藤信淵─佐藤信淵の神髄　川越重昌著　鶴書房
　1943　529p　22cm　Ⓝ289.1　　〔15017〕

◆◆三浦梅園
◇安藤昌益と三浦梅園　和田耕作著　甲陽書房　1992.10
　305p　20cm　3863円　①4-87531-523-6　Ⓝ121.59
　〔15018〕
◇杵城遺事　三浦梅園著　三浦晋編　安岐町（大分県）
　〔中尾弥三郎〕　1995.1　1冊　26cm　Ⓝ121.59
　〔15019〕
◇近世社会経済学説大系　第11　荻生徂徠集　三浦梅園
　集　黒正巌解題　堀江保蔵解題　誠文堂新光社　1937
　90,297p　19cm　Ⓝ330　　〔15020〕
◇近世日本の哲学─安藤昌益・平賀源内・三浦梅園　高崎
　哲学堂設立の会編　高崎　あさを社　1984.6　134p
　19cm　800円　Ⓝ121.56　　〔15021〕
◇黒い言葉の空間─三浦梅園の自然哲学　山田慶児著　中
　央公論社　1988.4　394p　20cm　3300円
　①4-12-001672-2　Ⓝ121.59　　〔15022〕
◇現代に生きる三浦梅園の思想　浜松昭二朗著　光陽出版
　社　1999.6　207p　21cm　1905円　①4-87662-244-2
　Ⓝ121.59　　〔15023〕
◇史跡三浦梅園旧宅保存修理工事報告書　文化財建造物保
　存技術協会編著　国東　国東市　2007.3　171p　30cm
　Ⓝ521.86　　〔15024〕
◇史跡三浦梅園旧宅保存修理工事報告書　資料編　文化財
　建造物保存技術協会編著　国東　国東市　2007.3　32p
　30cm　Ⓝ521.86　　〔15025〕
◇条理余譚　矢野毅卿著　別府　佐藤義詮　1986.11　33p
　26cm　Ⓝ121.59　　〔15026〕
◇叢書・日本の思想家　23　三浦梅園　高橋正和著　明徳
　出版社　1991.9　234p　20cm　2800円　Ⓝ121
　〔15027〕
◇大日本思想全集　第8巻　佐藤信淵集　三浦梅園集─
　附・海保青陵　大日本思想全集刊行会　1931　486p
　22cm　Ⓝ121　　〔15028〕
◇梅園から淡窓へ　長寿吉著　生活社　1946　31p　19cm
　（日本叢書　第64）2円　Ⓝ121.89　　〔15029〕
◇三浦晋梅園の世界　狭間久著　大分　大分合同新聞社
　1991.11　263p　19cm　3500円　Ⓝ121.59　〔15030〕
◇三浦梅園　田口正治著　吉川弘文館　1967　353p

　18cm　（人物叢書 日本歴史学会編）Ⓝ121.89　〔15031〕
◇三浦梅園　田口正治著　吉川弘文館　1989.6　354p
　19cm　（人物叢書 新装版）1960円　①4-642-05161-9
　Ⓝ121.59　　〔15032〕
◇三浦梅園外伝─逝去二百年記念集　中尾弥三郎ほか編著
　改訂2版　安岐町（大分県）　三浦梅園研究会　1988.11
　844p　22cm　Ⓝ121.59　　〔15033〕
◇三浦梅園自然哲学論集　三浦梅園　尾形純男, 島田
　虔次編注訳　岩波書店　1998.5　336,13p　15cm　（岩
　波文庫）760円　①4-00-330151-X　Ⓝ121.59　〔15034〕
◇三浦梅園自筆稿本並旧蔵書解題　阿部隆一著編　安岐町
　（大分県）　三浦梅園文化財保存会　1979.5　271p
　21cm　非売品　Ⓝ121.89　　〔15035〕
◇三浦梅園書簡集　小野精一編　第一書房　1943　359p
　22cm　Ⓝ121　　〔15036〕
◇三浦梅園と中国哲学思想　浜松昭二朗著　大分　大分梅
　園研究会　1997.5　269p　21cm　Ⓝ121.59　〔15037〕
◇三浦梅園の教育思想研究　橋尾四郎著　吉川弘文館
　1983.2　329,2p　22cm　5700円　Ⓝ121.59　〔15038〕
◇三浦梅園の研究　田口正治著　創文社　1978.5　474p
　22cm　8500円　Ⓝ121.89　　〔15039〕
◇三浦梅園の思想　高橋正和著　ぺりかん社　1981.5
　324p　20cm　2400円　Ⓝ121.59　　〔15040〕
◇三浦梅園の思想体系─自然と道徳　壹井秀生著　全道舎
　1993.11　301p　22cm　①4-89309-082-8　Ⓝ121.59
　〔15041〕
◇三浦梅園の世界─空間論と自然哲学　小川晴久著　花伝
　社　1989.11　164p　19cm　1800円　①4-7634-0217-X
　Ⓝ121.59　　〔15042〕
◇三浦梅園の哲学　三枝博音著　第一書房　1941　820p
　22cm　Ⓝ121　　〔15043〕
◇養生訓─糸長本　三浦晋安貞著　中尾弥三郎編　安岐
　町（大分県）　三浦梅園研究会　1994.11　1冊　26cm
　Ⓝ121.59　　〔15044〕

◆◆毛利空桑
◇毛利空桑　鹿毛基生著　大分　大分県教育委員会
　1979.2　134p　22cm　（郷土の先覚者シリーズ　第9
　集）Ⓝ121.89　　〔15045〕
◇毛利空桑─その思想と生涯　鹿毛基生著　大分　双林社
　出版部　1982.1　71p　21cm　1000円　Ⓝ121.59
　〔15046〕

◆◆吉田松陰
◇偉人史談　第1編　吉田松陰　島田増平編　平凡社
　1918　128p　19cm　Ⓝ281　　〔15047〕
◇偉人叢書　第10　吉田松陰　石川謙, 武田勘治著　三教
　書院　1940　211p　19cm　Ⓝ281　　〔15048〕
◇偉人伝記文庫　第2号　吉田松陰　中川重著　日本社
　1935　60p　19cm　Ⓝ289.1　　〔15049〕
◇江戸の旅人吉田松陰─遊歴の道を辿る　海原徹著　京都
　ミネルヴァ書房　2003.2　378p　22cm　4800円
　①4-623-03704-5　Ⓝ121.59　　〔15050〕
◇エピソードでつづる吉田松陰　海原徹, 海原幸子著　京
　都　ミネルヴァ書房　2006.3　266p　20cm　2500円
　①4-623-04563-3　Ⓝ121.59　　〔15051〕
◇大谷家所蔵古文書読解　〔大谷毅〕　1988　48p　30cm
　Ⓝ210.58　　〔15052〕
◇回顧録─附・長崎紀行　吉田松陰（寅次郎）著　吉田庫
　三校　京都　文求堂　1886.2　2冊（上25, 下25丁）

思想史　　　　　　　　　近世史

　　23cm　Ⓝ289.1　　　　　　　　　〔15053〕
◇外史吉田松陰　木俣秋水著　京都　白川書院　1970
　355p　19cm　800円　Ⓝ289.1　　〔15054〕
◇外蕃通略　吉田松陰（矩方）著　吉田庫三　1894.4　21p
　24cm　Ⓝ210.5　　　　　　　　　〔15055〕
◇嘉永五年東北―吉田松陰『東北遊日記』抄　織田久著
　秋田　無明舎出版　2001.3　232p　20cm　1800円
　①4-89544-263-2　Ⓝ121.59　　　　〔15056〕
◇嘉永癸丑吉田松陰遊歴目録　吉田松陰著　品川弥二郎
　校　吉田庫三　1883.7　50p　19cm　Ⓝ289.1　〔15057〕
◇風になった男、吉田松陰　渡部かつみ著　山上書房
　1996.7　206p　19cm　1262円　①4-89493-021-8
　Ⓝ121.59　　　　　　　　　　　　〔15058〕
◇風になった男、吉田松陰　渡部かつみ著　山上書房
　1996.7　206p　19cm　1300円　①4-89521-296-3
　Ⓝ121.59　　　　　　　　　　　　〔15059〕
◇教談嗚呼松陰　野口復堂著　春陽堂　1910.7　271p
　22cm　Ⓝ289.1　　　　　　　　　〔15060〕
◇近代国家を構想した思想家たち　鹿野政直著　岩波書店
　2005.6　181p　18cm　（岩波ジュニア新書）740円
　①4-00-500508-X　　　　　　　　　〔15061〕
◇近代中国における吉田松陰認識―革命派と民国期の松陰
　論をめぐって　鄧蓮友著　富士ゼロックス小林節太郎
　記念基金編　富士ゼロックス小林節太郎記念基金
　1998.12　21p　26cm　非売品　Ⓝ121.59　〔15062〕
◇勤皇の神吉田松陰　広瀬豊著　日本青年教育会出版部
　1943　176p　19cm　Ⓝ289.1　　　〔15063〕
◇月性―人間到る処青山有り　海原徹著　京都　ミネル
　ヴァ書房　2005.9　336,10p　19cm　（ミネルヴァ日本
　評伝選）2800円　①4-623-04425-4　〔15064〕
◇講孟余話―ほか　吉田松陰著　松本三之介、田中彰、松
　永昌三訳　中央公論新社　2002.2　475p　18cm　（中公
　クラシックス）1450円　①4-12-160025-8　Ⓝ121.59
　　　　　　　　　　　　　　　　　〔15065〕
◇下田に於ける吉田松陰　村松春水著　下田町（静岡県）
　黒船社　1929　91p　20cm　Ⓝ210.5　〔15066〕
◇下田に於ける吉田松陰　村松春水著　平凡社　1930
　140p　20cm　Ⓝ210.5　　　　　　〔15067〕
◇下田に於ける吉田松陰史料　内藤世永著　下田町（静岡
　県）　下田開国記念館　1944　47p　22cm　Ⓝ289.1
　　　　　　　　　　　　　　　　　〔15068〕
◇松陰翁小伝　斎藤保郎編　斎藤保郎　1907.12　38p
　19cm　Ⓝ289.1　　　　　　　　　〔15069〕
◇松陰及其後　矢次最輔編　第3版　萩　矢次最輔　1935
　70p　19cm　Ⓝ210.5　　　　　　　〔15070〕
◇松陰語録―いま吉田松陰から学ぶこと　童門冬二著　致
　知出版社　2002.3　283p　20cm　1500円
　①4-88474-619-8　Ⓝ121.59　　　　〔15071〕
◇松陰先生遺著及事蹟　山口町（山口県）　山口県立山口
　図書館　1898.11　4p　19cm　（山口県立山口図書館和
　漢図書分類目録追加　第21号）Ⓝ289.1　〔15072〕
◇松陰先生の教育力　広瀬豊著　徳山　マツノ書店
　2000.3　414,12p　22cm　10000円　Ⓝ121.59　〔15073〕
◇松陰と女囚と明治維新　田中彰著　日本放送出版協会
　1992.2　209p　19cm　（NHKブックス　619）830円
　①4-14-001619-1　Ⓝ289.1　　　　〔15074〕
◇松陰と晋作の志―捨て身の変革者　一坂太郎著　ベスト
　セラーズ　2005.1　254p　18cm　（ベスト新書）780円
　①4-584-12076-5　　　　　　　　　〔15075〕
◇松陰水戸遊考　原園光憲著　原園光憲編　柏　尚友社
　1993.1　316p　19cm　2500円　Ⓝ210.049　〔15076〕

◇松陰余話　福本椿水著　復刻版　周南　マツノ書店
　2004.11　162,3p　21cm　Ⓝ121.59　〔15077〕
◇松下村塾と吉田松陰―維新史を走った若者たち　古川薫
　著　新日本教育図書　1996.3　206p　21cm　1000円
　①4-88024-183-0　Ⓝ121.59　　　　〔15078〕
◇象山・松陰慨世余聞　斎藤丁治編　丸善商社　1889.3
　122p　22cm　Ⓝ289.1　　　　　　〔15079〕
◇象山松陰慨世余聞―解説版　斎藤丁治編著、笛木悌治編
　藤沢　富士見書房　東京　講談社出版サービスセンター
　（製作）　1975　122,170p（図・共）　22cm　非売品
　Ⓝ121.55　　　　　　　　　　　　〔15080〕
◇象山と松陰―開国と攘夷の論理　信夫清三郎著　河出書
　房新社　1975　314,8p　20cm　1200円　Ⓝ210.59
　　　　　　　　　　　　　　　　　〔15081〕
◇神国魂吉田松陰　村崎毅著　学習社　1942　248p
　21cm　Ⓝ289.1　　　　　　　　　〔15082〕
◇人物再検討叢書　第6　吉田松陰　関根悦郎著　白揚社
　1937　348p　18cm　Ⓝ281　　　　〔15083〕
◇新篇吉田松陰　奈良本辰也著　たちばな出版　2004.6
　341p　19cm　1600円　①4-8133-1820-7　Ⓝ121.59
　　　　　　　　　　　　　　　　　〔15084〕
◇正気の歌―藤田東湖・吉田松陰・広瀬中佐　西村紅山著
　大阪　大日本正気会出版部　1942　102p　19cm　Ⓝ121
　　　　　　　　　　　　　　　　　〔15085〕
◇青年教師吉田松陰　上田庄三郎著　啓文社　1938　378p
　20cm　Ⓝ289.1　　　　　　　　　〔15086〕
◇草莽・吉田松陰　寺尾五郎著　徳間書店　1991.1　473p
　16cm　（徳間文庫）620円　①4-19-599251-6　Ⓝ289.1
　　　　　　　　　　　　　　　　　〔15087〕
◇俗簡雑輯　吉田松陰著　久坂義助編　品川弥二郎校
　京都　尊攘堂　1895.10　55丁　23cm　Ⓝ121　〔15088〕
◇大日本思想全集　第17巻　吉田松陰集　佐久間象山集
　―附・会沢正志・浅見絅斎　大日本思想全集刊行会
　1931　493p　23cm　Ⓝ121　　　　〔15089〕
◇大日本思想全集　第17巻　吉田松陰集　佐久間象山集
　大日本思想全集刊行会　1932　493p　20cm　Ⓝ121
　　　　　　　　　　　　　　　　　〔15090〕
◇翔べ、わが志士たち―吉田松陰　古川薫著　創隆社
　1983.5　260p　20cm　（歴史ロマンブックス）1200円
　　　　　　　　　　　　　　　　　〔15091〕
◇日本を教育した人々　斎藤孝著　筑摩書房　2007.11
　205p　18cm　（ちくま新書）680円
　①978-4-480-06390-8　　　　　　　〔15092〕
◇日本精神叢書　第1　吉田松陰の留魂録　文部省思想局
　編　紀平正美著　日本文化協会　1936　109p　22cm
　Ⓝ121　　　　　　　　　　　　　〔15093〕
◇人間吉田松陰　上田庄三郎著　啓文社　1942　457p
　19cm　Ⓝ289.1　　　　　　　　　〔15094〕
◇人間練成吉田松陰　品川義介著　東水社　1941　342p
　18cm　Ⓝ289.1　　　　　　　　　〔15095〕
◇萩市立図書館吉田松陰関係蔵書目録　萩市立図書館編
　萩　萩市立図書館　1993.3　44p　26cm　Ⓝ121.59
　　　　　　　　　　　　　　　　　〔15096〕
◇幕末・維新の群像　第11巻　吉田松陰　古川薫著　PHP
　研究所　1990.5　204p　20cm　（歴史人物シリー
　ズ）1300円　①4-569-52769-8　Ⓝ281　〔15097〕
◇はじめに志ありき―明治に先駆けた男吉田松陰　阿部博
　人著　致知出版社　1998.11　295p　20cm　1600円
　①4-88474-553-1　Ⓝ121.59　　　　〔15098〕
◇ひとすじの蛍火―吉田松陰人とことば　関厚夫著　文藝
　春秋　2007.8　470p　18cm　（文春新書）1200円

◇①978-4-16-660585-9 Ⓝ121.59　〔15099〕
◇人はなぜ勉強するのか―千秋の人吉田松陰　岩橋文吉著　柏　モラロジー研究所　2005.6　166p　19cm　1000円　①4-89639-105-5　Ⓝ121.59　〔15100〕
◇批評日本史―政治的人間の系譜　6　吉田松陰　奈良本辰也, 杉浦明平, 橋川文三著　思索社　1971　283p　20cm　980円　Ⓝ281.08　〔15101〕
◇武人教育史研究　第1編　吉田松陰の研究　広瀬豊著　武蔵野書院　1930　Ⓝ289.1　〔15102〕
◇不滅の人吉田松陰　武田勘治著　道統社　1941　264p　19cm　Ⓝ289.1　〔15103〕
◇文天祥、藤田東湖、吉田松陰正気の歌　丸尾自楽述　大日本忠孝会　1921　63p　17cm　Ⓝ121　〔15104〕
◇武蔵野留魂記―吉田松陰を紀行する　永冨明郎著　宇部　宇部時報社　2001.7　282p　22cm　1905円　Ⓝ121.59　〔15105〕
◇黙霖名著集　第1輯　黙霖吉田松陰往復書翰　宇都宮真名介著　玖村敏雄, 吉野ます三編　広島県賀茂郡広村　黙霖先生顕彰会　1938　84p　24cm　Ⓝ289.1　〔15106〕
◇山県太華・吉田松陰考　河村一郎著　萩　〔河村一郎〕　2004.1　237p　21cm　Ⓝ121.54　〔15107〕
◇幽室随筆　己未東行前日記―松陰先生遺珠　吉田松陰著　吉田］松陰［著　大阪　河内屋吉兵衛　1870　23丁　18cm　Ⓝ121.59　〔15108〕
◇吉田松陰　徳富猪一郎（蘇峰）著　民友社　1888.12　340p　20cm　Ⓝ289.1　〔15109〕
◇吉田松陰　徳富猪一郎（蘇峰）著　民友社　1908.10　494p　20cm　Ⓝ289.1　〔15110〕
◇吉田松陰　斎藤謙著　隆文館　1909.5　294p　22cm　Ⓝ289.1　〔15111〕
◇吉田松陰　森露華著　二岡書房　1909.7　238p　20cm　Ⓝ289.1　〔15112〕
◇吉田松陰　帝国教育会編　弘道館　1909.12　189p　22cm　Ⓝ289.1　〔15113〕
◇吉田松陰―偉人言行録　杉原夷山著　三芳屋〔ほか〕　1910.2　252p　16cm　Ⓝ289.1　〔15114〕
◇吉田松陰　痴遊伊藤仁太郎著　東亜堂書房　1914　210p　19cm　Ⓝ289.1　〔15115〕
◇吉田松陰　中里介山著　白揚社　1925　289,15p　19cm　Ⓝ289.1　〔15116〕
◇吉田松陰　島田正蔵, 松本浩記共編　再版　中文館書店　1929.6　57p　19cm　（学習室文庫　第5期）Ⓝ121.59　〔15117〕
◇吉田松陰　徳富猪一郎著　改版　民友社　1934　324p　20cm　Ⓝ289.1　〔15118〕
◇吉田松陰　香川政一著　萩　含英書院　1935　89p　19cm　Ⓝ289.1　〔15119〕
◇吉田松陰―附ペスタロッチー　大久保竜著　言海書房　1936　229p　19cm　Ⓝ289.1　〔15120〕
◇吉田松陰　玖村敏雄著　岩波書店　1936　397p　20cm　Ⓝ289.1　〔15121〕
◇吉田松陰　中里介山著　大菩薩峠刊行会　1939　304p　Ⓝ289.1　〔15122〕
◇吉田松陰　田中惣五郎著　千倉書房　1939　355p　20cm　Ⓝ289.1　〔15123〕
◇吉田松陰　知識人研究会編　深尾重光　1941　50p　15cm　（スメラ文庫）Ⓝ289.1　〔15124〕
◇吉田松陰　香川政一著　訂6版　萩　含英書院　1941　89p　19cm　Ⓝ289.1　〔15125〕
◇吉田松陰　武藤貞一著　統正社　1943　575,10p　19cm　Ⓝ289.1　〔15126〕
◇吉田松陰　中里介山著　春秋社松柏館　1943　269p　19cm　Ⓝ289.1　〔15127〕
◇吉田松陰―道義的志士世界の内面的探究　岡不可止著　講談社　1943　442p　19cm　Ⓝ289.1　〔15128〕
◇吉田松陰　吉田松陰先生遺跡保存会編　下田町（静岡県）　伊豆春秋社　1969.10　1冊　19×26cm　非売品　Ⓝ289.1　〔15129〕
◇吉田松陰―物語と史蹟をたずねて　徳永真一郎著　成美堂出版　1976　221p　19cm　700円　Ⓝ289.1　〔15130〕
◇吉田松陰　奈良本辰也著　岩波書店　1993.7　189p　20cm　（岩波新書の江戸時代）1500円　①4-00-009124-7　Ⓝ289.1　〔15131〕
◇吉田松陰―物語と史蹟をたずねて　徳永真一郎著　成美堂出版　1994.6　309p　16cm　（成美文庫）560円　①4-415-06403-5　Ⓝ289.1　〔15132〕
◇吉田松陰　渡辺美好編　日外アソシエーツ　1996.11　338p　22cm　（人物書誌大系　34）15450円　①4-8169-1398-X,4-8169-0128-0　Ⓝ121.59　〔15133〕
◇吉田松陰　高橋文博著　清水書院　1998.4　252p　19cm　（Century books―人と思想　144）700円　①4-389-41144-6　Ⓝ289.1　〔15134〕
◇吉田松陰―生存からの離脱　二神俊二著　文芸社　1999.11　151p　19cm　1300円　①4-88737-662-6　Ⓝ121.59　〔15135〕
◇吉田松陰―世界哲学家叢書　山口宗之著　久留米　〔山口宗之〕　2001.3　85p　21cm　Ⓝ121.59　〔15136〕
◇吉田松陰　徳富蘇峰著　岩波書店　2001.11　282p　19cm　（ワイド版岩波文庫）1000円　①4-00-007201-3　Ⓝ121.59　〔15137〕
◇吉田松陰―変転する人物像　田中彰著　中央公論新社　2001.12　195p　18cm　（中公新書）700円　①4-12-101621-1　Ⓝ121.59　〔15138〕
◇吉田松陰―吟遊詩人のグラフィティ　古川薫著　岡田嘉夫画　小峰書店　2002.3　189p　22cm　（時代を動かした人々　維新篇5）1600円　①4-338-17105-7　〔15139〕
◇吉田松陰―身はたとひ武蔵の野辺に　海原徹著　京都　ミネルヴァ書房　2003.9　266,8p　20cm　（ミネルヴァ日本評伝選）2200円　①4-623-03903-X　Ⓝ121.59　〔15140〕
◇吉田松陰　玖村敏雄編述　特装普及版　周南　マツノ書店　2006.5　397,23p　22cm　7000円　Ⓝ121.59　〔15141〕
◇吉田松陰―国を愛し人を愛した至誠と情熱の生涯　後藤久子文　えんどうえみこ絵　新教育者連盟　2007.2　149p　21cm　（子供のための伝記シリーズ　3）953円　①4-902757-09-5　Ⓝ121.59　〔15142〕
◇吉田松陰　前, 後編　碧瑠璃園著　5版　大阪　霞亭会　1915　2冊　21cm　Ⓝ289.1　〔15143〕
◇吉田松陰遺訓　遺訓叢書刊行会編　あをぞら会出版部　1937　45p　19cm　（遺訓叢書）Ⓝ289.1　〔15144〕
◇吉田松陰一日一言―魂を鼓舞する感奮語録　吉田松陰著　川口雅昭編　致知出版社　2006.12　251p　18cm　1143円　①4-88474-765-8　Ⓝ121.59　〔15145〕
◇吉田松陰遺墨帖　吉田松陰書　玖村敏雄編　天晨堂　1941　2冊（別冊共）　44cm　Ⓝ289.1　〔15146〕
◇吉田松陰関係資料目録―山口県文書館蔵　山口県文書館編　山口　山口県　2006.3　137p　30cm　Ⓝ121.59　〔15147〕
◇吉田松陰言行録　五十嵐越郎編　内外出版協会　1908.2

241p 19cm （偉人研究 第15編）Ⓝ289.1 〔15148〕

◇吉田松陰言行録 武田鴬塘著 東亜堂書房 1915 152p 19cm （修養史伝 第5編）Ⓝ289.1 〔15149〕

◇吉田松陰言行録 五十嵐越郎編著 第3版 大京堂出版部 1934 241p 19cm （偉人研究 第15編）Ⓝ289.1 〔15150〕

◇吉田松陰言行録 広瀬豊著 三省堂 1938 138p 15cm Ⓝ289.1 〔15151〕

◇吉田松陰号 徳山 マツノ書店 2000.10 194,3p 26cm 5000円 Ⓝ121.59 〔15152〕

◇吉田松陰至誠の書 和田健爾著 京文社 1941 340p 19cm Ⓝ289.1 〔15153〕

◇吉田松陰手翰―石版 大蔵省印刷局 1884.9 10丁 30cm Ⓝ289.1 〔15154〕

◇吉田松陰殉国の精神 和田健爾著 京文社 1942 378p 19cm Ⓝ289.1 〔15155〕

◇〔吉田松陰書簡集〕 吉田松陰書 大阪 杉道助 1941 1軸 21cm Ⓝ289.1 〔15156〕

◇吉田松陰正史 斎藤鹿三郎著 斎藤直幹編 第一公論社 1943 524,230p 22cm Ⓝ289.1 〔15157〕

◇吉田松陰精神修養談 杉原三省著 大学館 1909.12 147p 19cm Ⓝ150 〔15158〕

◇吉田松陰選集 吉田松陰著 武田勘治編 読書新聞社出版部 1942 426p 19cm Ⓝ289.1 〔15159〕

◇吉田松陰撰集―人間松陰の生と死 脚注解説 松風会編纂 山口 松風会 1996.2 766p 22cm Ⓝ121.59 〔15160〕

◇吉田松陰全集 第1巻 述作1 吉田松陰著 山口県教育会編纂 徳山 マツノ書店 2001.1 395,9p 22cm Ⓝ121.59 〔15161〕

◇吉田松陰全集 第2巻 述作2 吉田松陰著 山口県教育会編纂 徳山 マツノ書店 2001.1 448,5p 22cm Ⓝ121.59 〔15162〕

◇吉田松陰全集 第3巻 述作3 吉田松陰著 山口県教育会編纂 徳山 マツノ書店 2001.1 613,5p 22cm Ⓝ121.59 〔15163〕

◇吉田松陰全集 第4巻 述作4 吉田松陰著 山口県教育会編纂 徳山 マツノ書店 2001.1 464,4p 22cm Ⓝ121.59 〔15164〕

◇吉田松陰全集 第5巻 述作5 吉田松陰著 山口県教育会編纂 徳山 マツノ書店 2001.1 466,3p 22cm Ⓝ121.59 〔15165〕

◇吉田松陰全集 第6巻 述作6 吉田松陰著 山口県教育会編纂 徳山 マツノ書店 2001.1 433,5p 22cm Ⓝ121.59 〔15166〕

◇吉田松陰全集 第7巻 述作7 吉田松陰著 山口県教育会編纂 徳山 マツノ書店 2001.1 423,9p 22cm Ⓝ121.59 〔15167〕

◇吉田松陰全集 第8巻 書簡1 吉田松陰著 山口県教育会編纂 徳山 マツノ書店 2001.1 599,2p 22cm Ⓝ121.59 〔15168〕

◇吉田松陰全集 第9巻 書簡2 吉田松陰著 山口県教育会編纂 徳山 マツノ書店 2001.1 497p 22cm Ⓝ121.59 〔15169〕

◇吉田松陰全集 第10巻 日記1 吉田松陰著 山口県教育会編纂 徳山 マツノ書店 2001.1 471,7p 22cm Ⓝ121.59 〔15170〕

◇吉田松陰全集 第11巻 日記2 関係文書 吉田松陰著 山口県教育会編纂 徳山 マツノ書店 2001.1 443,9p 22cm Ⓝ121.59 〔15171〕

◇吉田松陰全集 第12巻 抄録・雑纂 吉田松陰著 山口県教育会編纂 徳山 マツノ書店 2001.1 535,5p 22cm Ⓝ121.59 〔15172〕

◇吉田松陰全集 別巻 吉田松陰著 山口県教育会編纂 徳山 マツノ書店 2001.1 989p 22cm Ⓝ121.59 〔15173〕

◇吉田松陰全集第二巻中編輯の賞月雅草・獄中俳諧・寃魂慰草俳句の研窮 重本多喜津編 山口 山口県教育会 1935 50p 22cm Ⓝ911.3 〔15174〕

◇吉田松陰先生遺蹤之記 吉田村（茨城県） 綿引梅春 1940 125p 19cm Ⓝ289.1 〔15175〕

◇吉田松陰先生逸話と遺訓 田中金一著 神戸 松村清六 1938 153p 20cm Ⓝ289.1 〔15176〕

◇吉田松陰先生遺文 稲垣常三郎 1891.10 42丁 23cm （長周叢書〔12〕）Ⓝ121 〔15177〕

◇吉田松陰先生語録 兵藤三平編 岡崎 兵藤三平 1941 65p 22cm Ⓝ289.1 〔15178〕

◇吉田松陰先生書翰 安元彦助編 安元彦助 1918 1冊 19cm Ⓝ289.1 〔15179〕

◇吉田松陰先生書牘 鳴門村（山口県） 秋元三郎輔 1908.10 5枚 24cm Ⓝ289.1 〔15180〕

◇吉田松陰先生伝 大久保竜著 日比書院 1929 518p 20cm Ⓝ289.1 〔15181〕

◇吉田松陰先生と日本精神 玖村敏雄述 長府町（山口県） 尊攘堂事務所 1935 78p 19cm （尊攘堂講演速記 第1号）Ⓝ121.1 〔15182〕

◇吉田松陰先生と母堂 金子久一著 山口 白銀日新堂本店 1940 144p 19cm Ⓝ289.1 〔15183〕

◇吉田松陰先生の仏教観々察 稗田雪崖著 再版 山口県豊浦郡豊田下村 稗田雪崖 1936 233p 20cm Ⓝ289.1 〔15184〕

◇吉田松陰先生名辞―素読用 吉田松陰 川口雅昭編 大阪 登龍館 2005.8 53p 26cm 619円 ①4-89619-454-3 Ⓝ121.59 〔15185〕

◇吉田松陰先生幽囚録―訓註 吉田松陰著 安藤紀一訓註 山口 山口県教育会 1933 122p 22cm Ⓝ289.1 〔15186〕

◇吉田松陰全日録 狩野鐘太郎著 新興亜社 1943 434p 19cm Ⓝ289.1 〔15187〕

◇吉田松陰津軽の旅 柳沢良知著 小泊村（青森県）〔柳沢良知〕 2000 67p 26cm Ⓝ121.59 〔15188〕

◇吉田松陰・津軽の旅 柳沢良知著 小泊村（青森県） 柳沢祥子 2000.6 160p 30cm 500円 Ⓝ121.59 〔15189〕

◇吉田松陰伝 野口勝一等編 富岡政信 1891.8 3冊 23cm Ⓝ289.1 〔15190〕

◇吉田松陰東北遊歴と其亡命考察 諸根樟一著 共立出版 1944 426p 22cm Ⓝ289.1 〔15191〕

◇吉田松陰東北遊歴と其亡命考察 諸根樟一著 周南 マツノ書店 2007.1 1冊 22cm 15000円 Ⓝ121.59 〔15192〕

◇吉田松陰と月性と黙霖 布目唯信著 京都 興教書院 1942 284p 19cm Ⓝ281 〔15193〕

◇吉田松陰と現代 加藤周一著 京都 かもがわ出版 2005.9 62p 21cm （かもがわブックレット 154）600円 ①4-87699-890-6 Ⓝ121.59 〔15194〕

◇吉田松陰と山鹿素行 竹内尉著 健文社 1941 223p 19cm （学生文化新書 301）Ⓝ289.1 〔15195〕

◇吉田松陰日録 松風会編纂 山口 松風会 2007.9 344,16p 22cm Ⓝ121.59 〔15196〕

◇吉田松陰の研究　広瀬豊著　東京武蔵野書院　1943　725p　22cm　Ⓝ289.1　〔15197〕
◇吉田松陰の研究　続　広瀬豊著　武蔵野書院　1932　357p　19cm　Ⓝ289.1　〔15198〕
◇吉田松陰の思想　丸山義二著　教材社　1943　334p　15cm　Ⓝ289.1　〔15199〕
◇吉田松陰の思想形成と孟子受容―その人間観における「性善説」の受容をめぐって　郭連友著　富士ゼロックス小林節太郎記念基金編　富士ゼロックス小林節太郎記念基金　1998.12　22p　26cm　非売品　Ⓝ121.59　〔15200〕
◇吉田松陰の思想と教育　玖村敏雄著　岩波書店　1942　411p　22cm　Ⓝ289.1　〔15201〕
◇吉田松陰の思想と生涯―玖村敏雄先生講演録　玖村敏雄述　改訂版　下関　山口銀行経営管理部　2006.10　256p　19cm　非売品　Ⓝ121.59　〔15202〕
◇吉田松陰の実学―世界を見据えた大和魂　木村幸比古著　PHP研究所　2005.6　284p　18cm　（PHP新書）760円　Ⓘ4-569-63991-7　Ⓝ121.59　〔15203〕
◇吉田松陰の詩と文　河野通毅著　三光社　1942　294p　19cm　Ⓝ289.1　〔15204〕
◇吉田松陰の周辺―受業生の書簡　山下秀範著　新人物往来社　1981.9　187p　20cm　980円　Ⓝ210.58　〔15205〕
◇吉田松陰の精神　吉田松陰著　陶山務編著　第一書房　1941　346p　19cm　Ⓝ121　〔15206〕
◇吉田松陰の人間観　森田惣七著　文芸社　2001.8　115p　19cm　800円　Ⓘ4-8355-2174-9　Ⓝ121.59　〔15207〕
◇吉田松陰の遊歴　妻木忠太著　泰山房　1941　478p　22cm　Ⓝ289.1　〔15208〕
◇吉田松陰の「留魂録」解説　野崎圭介著　大陸書院　1938　31p　19cm　Ⓝ289.1　〔15209〕
◇吉田松陰百話　大庭三郎著　求光閣書店　1914　198p　19cm　（教訓叢書）Ⓝ289.1　〔15210〕
◇吉田松陰兵家訓　丹潔訳編　雄生閣　1943　319p　19cm　Ⓝ399　〔15211〕
◇吉田松陰　誇りを持って生きる！―信念と志をまっとうした男の行動力　森友幸照著　すばる舎　1997.10　252p　19cm　1500円　Ⓘ4-916157-27-3　〔15212〕
◇吉田松陰・宮部鼎蔵津軽の旅　柳沢良知著　中泊町（青森県）　柳沢祥子　2005.6　174p　30cm　500円　Ⓝ121.59　〔15213〕
◇吉田松陰・宮部鼎蔵津軽の旅　柳沢良知著　中泊町（青森県）　柳沢祥子　2005.6　176p　30cm　500円　Ⓝ121.59　〔15214〕
◇吉田松陰名語録―人間を磨く百三十の名言　川口雅昭著　致知出版社　2005.12　291p　20cm　1600円　Ⓘ4-88474-734-8　Ⓝ121.59　〔15215〕
◇吉田松陰論　大野慎著　東京パンフレット社　1937　53p　19cm　Ⓝ289.1　〔15216〕
◇吉田松陰論語　大嶺豊彦著　教材社　1936　95p　19cm　Ⓝ289.1　〔15217〕
◇吉田松陰　徳富蘇峰著　岩波書店　2006.5　282p　15cm　（岩波文庫）700円　Ⓘ4-00-331541-3　〔15218〕
◇「頼山陽」と「吉田松陰」の真髄―生存なら太平洋戦争開戦などは阻止していたか！　岩国玉太郎編著　竹原　竹原温和会　2007.1　107p　21cm　Ⓝ289.1　〔15219〕
◇留魂録　吉田松陰著　古川薫全訳注　講談社　2002.9　217p　15cm　（講談社学術文庫）820円　Ⓘ4-06-159565-2　Ⓝ121.59　〔15220〕
◇留魂録―英完訳書　吉田松陰著　紺野大介訳　錦正社　2003.10　233p　27cm　4000円　Ⓘ4-7646-0264-4　Ⓝ121.59　〔15221〕
◇烈々たる日本人―イギリスの文豪スティーヴンスンがなぜ 日本より先に書かれた謎の吉田松陰伝　よしだみどり著　祥伝社　2000.10　218p　18cm　（ノン・ブック）838円　Ⓘ4-396-10414-6　Ⓝ121.59　〔15222〕
◇若者たちに維新を託して―吉田松陰、安政の大獄に散る　小西聖一著　小泉澄夫絵　理論社　2007.11　141p　21cm　（新・ものがたり日本 歴史の事件簿 2）1200円　Ⓘ978-4-652-01642-8　〔15223〕

◆陰陽道・占い
◇江戸陰陽師占い―安倍晴明密伝　九燿木秋佳著　二見書房　2005.8　167p　19cm　1800円　Ⓘ4-576-05076-1　〔15224〕
◇江戸呪術教本―邪兇咒禁法則　羽田守快解説・解題　柏書房　2006.7　345p　22cm　8000円　Ⓘ4-7601-2846-8　Ⓝ147.1　〔15225〕
◇江戸の占い　大野出著　河出書房新社　2004.8　262p　20cm　1600円　Ⓘ4-309-24322-3　Ⓝ148.021　〔15226〕
◇陰陽道叢書　3　近世　村山修一ほか編　名著出版　1992.8　415p　22cm　6800円　Ⓘ4-626-01444-5　Ⓝ148.4　〔15227〕
◇近世陰陽道史の研究　遠藤克己著　日野　未来工房　1985.11　892,29p　22cm　7500円　Ⓝ148.4　〔15228〕
◇近世陰陽道史の研究　遠藤克己著　新訂増補版　新人物往来社　1994.11　1冊　22cm　15000円　Ⓘ4-404-02156-9　Ⓝ148.4　〔15229〕
◇近世陰陽道の研究　林淳著　吉川弘文館　2005.12　400,8p　22cm　12000円　Ⓘ4-642-03407-2　Ⓝ148.4　〔15230〕
◇食は命―食の慎しみ方によって運命がわかれる 江戸時代の観相の達人水野南北・相法脩身録現代語訳　水谷寿男著　成星出版　1997.6　206p　19cm　1300円　Ⓘ4-916008-33-2　Ⓝ148.12　〔15231〕

宗教史

◇維新政治宗教史研究　徳重浅吉著　目黒書店　1935　746p　22cm　Ⓝ210.6　〔15232〕
◇ヴェーバーの日本近代論と宗教―宗教と政治の視座から　池田昭著　岩田書院　1999.3　203p　22cm　4400円　Ⓘ4-87294-141-1　Ⓝ162.1　〔15233〕
◇江戸の思想　第1号　救済と信仰　「江戸の思想」編集委員会編　ぺりかん社　1995.6　184p　21cm　2060円　Ⓘ4-8315-0682-6　Ⓝ121.5　〔15234〕
◇近世畿内の社会と宗教　塩野芳夫著　大阪　和泉書院　1995.11　399p　22cm　（日本史研究叢刊 6）8240円　Ⓘ4-87088-763-0　Ⓝ210.5　〔15235〕
◇近世宗教社会論　沢博勝著　吉川弘文館　2008.1　353,13p　21cm　9500円　Ⓘ978-4-642-03425-8　〔15236〕
◇近世日本の国家権力と宗教　高埜利彦著　東京大学出版会　1989.5　317,5p　22cm　4944円　Ⓘ4-13-020093-3　Ⓝ210.5　〔15237〕
◇近世日本の宗教社会史　有元正雄著　吉川弘文館　2002.10　393,5p　22cm　9000円　Ⓘ4-642-03377-7　Ⓝ162.1　〔15238〕
◇近世の宗教組織と地域社会―教団信仰と民間信仰　沢博勝著　吉川弘文館　1999.11　342,10p　22cm　7500円

宗教史　　　　　　　　　　　　　近世史

◇近世略縁起論考　石橋義秀, 菊池政和編　大阪　和泉書院　2007.9　232p　22cm　(研究叢書 366) 8000円　Ⓘ978-4-7576-0428-5　Ⓝ185.91　〔15240〕

◇権現信仰　平岡定海編　雄山閣出版　1991.8　331p　22cm　(民衆宗教史叢書 第23巻) 5000円　Ⓘ4-639-01045-1　Ⓝ162.1　〔15241〕

◇知ってビックリ！日本三大宗教のご利益—神道&仏教&儒教　一条真也著　大和書房　2007.3　313p　16cm　(だいわ文庫) 762円　Ⓘ978-4-479-30083-0　Ⓝ170　〔15242〕

◇常識として知っておきたい日本の三大宗教—神道・儒教・日本仏教 ルーツから教えまで、その違いがよくわかる本　歴史の謎を探る会編　河出書房新社　2005.12　220p　15cm　(Kawade夢文庫) 514円　Ⓘ4-309-49597-4　Ⓝ170　〔15243〕

◇徳川時代の宗教　R.N.ベラー著　池田昭訳　岩波書店　1996.8　412p　15cm　(岩波文庫) 720円　Ⓘ4-00-334721-8　Ⓝ162.1　〔15244〕

◇幕末維新期における宗教と地域社会　田中秀和著　大阪　清文堂出版　1997.9　434p　22cm　9800円　Ⓘ4-7924-0432-0　Ⓝ162.1　〔15245〕

◇民間に生きる宗教者　高埜利彦編　吉川弘文館　2000.6　272p　20cm　(シリーズ近世の身分的周縁 1) 2800円　Ⓘ4-642-06551-2　Ⓝ162.1　〔15246〕

◆宗教統制

◇江戸幕府初期における宗教政策　岡本照男著　細江町(静岡県)　岡本照男　2000.6　278p　19cm　1900円　Ⓘ4-7838-9460-4　Ⓝ162.1　〔15247〕

◇江戸幕府の宗教統制　圭室文雄著　評論社　1971　272p　19cm　(日本人の行動と思想 16) 790円　Ⓝ180.21　〔15248〕

◇江戸幕府の仏教教団統制　宇高良哲著　東洋文化出版　1987.7　380,23p　22cm　7000円　Ⓘ4-88676-079-1　Ⓝ182.1　〔15249〕

◇寺社組織の統制と展開　藤田定興著　名著出版　1992.10　417p　22cm　8900円　Ⓘ4-626-01446-1　Ⓝ162.126　〔15250〕

◆神道史

◇伊勢信仰 2 近世　西垣晴次編　雄山閣出版　1984.9　356p　22cm　(民衆宗教史叢書 第13巻) 4800円　Ⓘ4-639-00390-0　Ⓝ171.2　〔15251〕

◇「おかげまいり」と「ええじゃないか」　藤谷俊雄著　岩波書店　1993.7　209p　20cm　(岩波新書の江戸時代) 1500円　Ⓘ4-00-009126-3　Ⓝ175.8　〔15252〕

◇近世魚吹八幡神社関係史料　姫路　大津古文書を読む会　1995.9　155p　21cm　非売品　Ⓝ175.964　〔15253〕

◇近世・近代神道論考　阪本是丸著　弘文堂　2007.8　510,6p　22cm　6600円　Ⓘ978-4-335-16049-3　Ⓝ172　〔15254〕

◇近世神道教育史—江戸期における神道の社会教化的意義　岸本芳雄著　明治図書出版　1962　331p　22cm　Ⓝ170.2　〔15255〕

◇近世神道教化の研究　河野省三著　宗教研究室　1955　172p　21cm　Ⓝ170.2　〔15256〕

◇近世神道と国学　前田勉著　ぺりかん社　2002.2　497,12p　22cm　6800円　Ⓘ4-8315-1005-X　Ⓝ172　〔15257〕

◇近世村落の社寺と神仏習合—丹波山国郷　竹田聴洲著　京都　法藏館　1972　400p　図 地　22cm　(仏教史学研究叢書) 4800円　Ⓝ180.21　〔15258〕

◇猿投神社近世史料　太田正弘編纂　豊田　豊田市教育委員会　1987　380p　22cm　(豊田市文化財叢書 14)　Ⓝ175.955　〔15259〕

◇猿投神社近世史料 続　太田正弘編纂　豊田　豊田市教育委員会　1989　p381～1026　図版10枚　22cm　(豊田市文化財叢書 16)　Ⓝ175.955　〔15260〕

◇太陽の神人　黒住宗忠—その超逆転発想は、激動の時代を生き抜く処方箋。　山田雅晴著　たま出版　1996.7　278p　19cm　1400円　Ⓘ4-88481-483-5　〔15261〕

◇津軽藩斎藤家文書—吉川神道関係史料　伴五十嗣郎, 岡田芳幸, 伊藤雅紀編　伊勢　皇学館大学神道研究所　1997.3　156p　21cm　(神道資料叢刊 6) 非売品　Ⓝ171.5　〔15262〕

◇天保七年藤並宮御旅所御神幸記録　吉村淑甫編　高知　高知市民図書館　1988.3　162p　21cm　(新土佐史料 1) 3000円　Ⓝ176　〔15263〕

◇日本神道史研究 第6巻　近世編 上　西田長男著　講談社　1979.3　579p　20cm　5800円　Ⓝ170.2　〔15264〕

◇日本神道史研究 第7巻　近世編 下　西田長男著　講談社　1978.12　545p　20cm　5800円　Ⓝ170.2　〔15265〕

◇幕末三河国神主記録　羽田野敬雄　羽田野敬雄研究会編　大阪　清文堂出版　1994.2　521p　22cm　(清文堂史料叢書 第69刊) 12500円　Ⓘ4-7924-0400-2　Ⓝ175.955　〔15266〕

◇真清田神社江戸時代の神宝と流出　森徳一郎著　一宮　一宮史談会　1964　46p　19cm　(一宮史談会叢書 8)　Ⓝ175.955　〔15267〕

◇吉原史談　竹川亮三編　豊栄町(広島県)　竹川亮三　1970　20p　19cm　Ⓝ175.976　〔15268〕

◇歴朝要紀 12　神道古典研究会会員有志校注　神道大系編纂会　2004.11　433p　23cm　(続神道大系 朝儀祭祀編) 18000円　Ⓝ210.088　〔15269〕

◇若林強斎の研究　近藤啓吾著　京都　神道史学会　1979.3　399p　22cm　(神道史研究叢書 10) 6200円　Ⓝ121.45　〔15270〕

◆◆神社

◇江戸古社70　小山和著　NTT出版　1998.5　210p　19cm　(気球の本 Around the world library) 1500円　Ⓘ4-87188-653-0　Ⓝ175.936　〔15271〕

◇江戸時代の伊勢参宮　吉原道正著　楽友舎　2002.6　77p　22cm　1500円　Ⓘ4-906472-56-7　Ⓝ175.8　〔15272〕

◇江戸東京ご利益散歩　金子桂三著　新潮社　1999.12　111p　22cm　(とんぼの本) 1600円　Ⓘ4-10-602081-5　Ⓝ175.936　〔15273〕

◇近世出雲大社の基礎的研究　西岡和彦著　大明堂　2002.9　382p　22cm　4000円　Ⓘ4-470-20050-6　Ⓝ175.973　〔15274〕

◇近世出雲大社の基礎的研究　西岡和彦著　原書房　2004.2　382p　21cm　4000円　Ⓘ4-562-09008-1　〔15275〕

◇近世近代の地域寺社の展開過程—常陸国高田神社を事例に　吉田俊純著　名著出版　2007.10　190p　22cm　4000円　Ⓘ978-4-626-01714-7　Ⓝ175.931　〔15276〕

◇近世の神社と朝廷権威　井上智勝著　吉川弘文館　2007.6　315,8p　21cm　9000円　Ⓘ978-4-642-03422-7　〔15277〕

◇社家文事の地域史　棚町知弥,橋本政宣編　京都　思文閣出版　2005.11　364p　22cm　(神社史料研究会叢書第4輯)7500円　①4-7842-1257-4　Ⓝ911.15　〔15278〕

◆仏教史
◇回向院小史　無縁寺回向院　1983　21p　18×19cm　Ⓝ188.65　〔15279〕
◇江戸浅草を語る　浅草寺日並記研究会編　東京美術　1990.12　272p　19cm　1553円　①4-8087-0562-1　Ⓝ188.45　〔15280〕
◇江戸期貞享天保諍論史料　大橋俊雄編　宇都宮　一向寺　1996.11　65p　22cm　Ⓝ188.692　〔15281〕
◇江戸時代洞門政要　横関了胤著　仏教社　1938　928p　23cm　Ⓝ188.8　〔15282〕
◇江戸の開帳　比留間尚著　吉川弘文館　1980.10　204p　19cm　(江戸選書 3)1200円　Ⓝ186　〔15283〕
◇江戸の漂泊聖たち　西海賢二著　吉川弘文館　2007.6　185p　20cm　2500円　①978-4-642-07976-1　Ⓝ182.88　〔15284〕
◇近世庶民仏教の研究　柏原祐泉著　京都　法藏館　1971　310p　22cm　(仏教史学研究双書)3200円　Ⓝ180.21　〔15285〕
◇近世村落の社寺と神仏習合─丹波山国郷　竹田聴洲著　京都　法藏館　1972　400p　図　地　22cm　(仏教史学研究双書)4800円　Ⓝ180.21　〔15286〕
◇近世日光山史の研究　秋本典夫著　名著出版　1982.7　312,8p　22cm　4500円　Ⓝ162.1　〔15287〕
◇近世日本における批判的精神の一考察　中村元著　三省堂　1949　431p　19cm　(仏教の新考察 2)Ⓝ121.89　〔15288〕
◇近世念仏者集団の行動と思想─浄土宗の場合　長谷川匡俊著　評論社　1980.8　216p　19cm　(日本人の行動と思想 45)1500円　Ⓝ188.62　〔15289〕
◇近世の地方寺院と庶民信仰　長谷川匡俊著　岩田書院　2007.5　374p　22cm　(近世史研究叢書 19)8200円　①978-4-87294-460-0　Ⓝ182.1　〔15290〕
◇近世の遊行聖と木食観正　西海賢二著　吉川弘文館　2007.9　469,13p　22cm　17500円　①978-4-642-03423-4　Ⓝ387　〔15291〕
◇近世仏教集説　三田村鳶魚編集・解説　ゆまに書房　1993.11　516p　22cm　15450円　①4-89668-742-6　Ⓝ180.4　〔15292〕
◇近世仏教と勧化─募縁活動と地域社会の研究　鈴木良明著　岩田書院　1996.9　356,8p　22cm　(近世史研究叢書 1)8137円　①4-900697-58-3　Ⓝ182.1　〔15293〕
◇近世仏教の思想　柏原祐泉,藤井学校注　岩波書店　1995.9　586p　22cm　(日本思想大系新装版─続・日本仏教の思想 5)4800円　①4-00-009065-8　Ⓝ182.1　〔15294〕
◇近世仏教の諸問題　圭室文雄,大桑斉編　雄山閣出版　1979.12　397p　22cm　4800円　Ⓝ180.21　〔15295〕
◇近世遊行聖の研究─木食観正を中心として　西海賢二著　三一書房　1984.7　361p　23cm　6500円　Ⓝ182.1　〔15296〕
◇訓読「近世・江戸期の『鎮勧用心』注釈書」　西山浄土宗教学研究所編　長岡京　西山浄土宗教学研究所　2006.10　308p　21cm　非売品　Ⓝ188.61　〔15297〕
◇月照　友松円諦著　吉川弘文館　1961　186p　18cm　(人物叢書日本歴史学会編)Ⓝ188.24　〔15298〕
◇三縁山増上寺─開山聖聡上人と中興存応上人　玉山成元著　山喜房佛書林　1988.5　197p　20cm　1800円　Ⓝ188.62　〔15299〕
◇諸宗末寺帳　上　東京大学史料編纂所編纂　覆刻　東京大学出版会　1998.10　296p　22cm　(大日本近世史料)①4-13-092899-6　Ⓝ185.91　〔15300〕
◇図説日本仏教の歴史　江戸時代　圭室文雄編　佼成出版社　1996.11　149p　21cm　2000円　①4-333-01753-X　Ⓝ182.1　〔15301〕
◇浅草寺史談抄　網野宥俊著　金竜山浅草寺　1962　760p　図版共　22cm　Ⓝ188.45　〔15302〕
◇『浅草寺史談抄』拾遺　網野宥俊著,網野義紘編　金蔵院　1985.11　326p　22cm　非売品　Ⓝ188.45　〔15303〕
◇徳川家康と関東仏教教団　宇高良哲著　東洋文化出版　1987.7　368,22p　22cm　7000円　①4-88676-078-3　Ⓝ182.1　〔15304〕
◇日本近世近代仏教史の研究　柏原祐泉著　京都　平楽寺書店　1969　448,24p　22cm　3800円　Ⓝ180.21　〔15305〕
◇日本近世の思想と仏教　大桑斉著　京都　法藏館　1989.3　444p　22cm　9270円　①4-8318-7330-6　Ⓝ182.1　〔15306〕
◇日本寺院史の研究　中世・近世編　平岡定海著　吉川弘文館　1988.11　827,10p　22cm　12000円　①4-642-01063-7　Ⓝ185.91　〔15307〕
◇日本仏教　上世篇,中世篇之第1-5,近世篇之第1-4　辻善之助著　岩波書店　1944-1955　10冊　22cm　Ⓝ180.21　〔15308〕
◇日本仏教史　第3　近世・近代篇　圭室諦成監修　京都　法藏館　1967　490,25p　22cm　Ⓝ180.21　〔15309〕
◇日本仏教史　近世　圭室文雄著　吉川弘文館　1987.1　362p　20cm　2700円　①4-642-06753-1　Ⓝ182.1　〔15310〕
◇日本仏教史　第7巻　近世篇之1　辻善之助著　岩波書店　1960-1961　22cm　Ⓝ180.21　〔15311〕
◇日本仏教史　第7巻　近世篇之1　辻善之助著　岩波書店　1970　426p　22cm　1800円　Ⓝ180.21　〔15312〕
◇日本仏教史　第7巻　近世篇之一　辻善之助著　岩波書店　1991.12　426p　22cm　6200円　①4-00-008697-9　Ⓝ182.1　〔15313〕
◇日本仏教史　第8巻　近世篇之2　辻善之助著　岩波書店　1960-1961　22cm　Ⓝ180.21　〔15314〕
◇日本仏教史　第8巻　近世篇之2　辻善之助著　岩波書店　1970　492p　22cm　1800円　Ⓝ180.21　〔15315〕
◇日本仏教史　第8巻　近世篇之二　辻善之助著　岩波書店　1992.1　492p　22cm　6400円　①4-00-008698-7　Ⓝ182.1　〔15316〕
◇日本仏教史　第9巻　近世篇之3　辻善之助著　岩波書店　1961　644p　22cm　Ⓝ180.21　〔15317〕
◇日本仏教史　第9巻　近世篇之3　辻善之助著　岩波書店　1970　644p　22cm　2000円　Ⓝ180.21　〔15318〕
◇日本仏教史　第9巻　近世篇之三　辻善之助著　岩波書店　1992.2　644p　22cm　8000円　①4-00-008699-5　Ⓝ182.1　〔15319〕
◇日本仏教史　第10巻　近世編之4　辻善之助著　岩波書店　1961　497,28p　22cm　Ⓝ180.21　〔15320〕
◇日本仏教史　第10巻　近世篇之4　辻善之助著　岩波書店　1970　497,28p　22cm　2000円　Ⓝ180.21　〔15321〕
◇日本仏教史　第10巻　近世篇之四　辻善之助著　岩波書店　1992.3　497,28p　22cm　7000円　①4-00-008700-2　Ⓝ182.1　〔15322〕

宗教史　　　　　　　　　　近世史

◇日本仏教思想史の諸問題―鎌倉・江戸時代　古田紹欽著　春秋社　1964　288p　22cm　Ⓝ180.21
〔15323〕

◇日本仏教の近世　大桑斉著　京都　法蔵館　2003.3　232p　20cm　1800円　①4-8318-7480-9　Ⓝ182.1
〔15324〕

◇仏教を歩く　no.22　天海と「江戸仏教」　朝日新聞社　2004.3　32p　30cm　（週刊朝日百科）533円　Ⓝ182.1
〔15325〕

◇仏教土着―論集　大桑斉編　京都　法蔵館　2003.3　408p　22cm　7400円　①4-8318-7534-1　Ⓝ182.1
〔15326〕

◇大和巡り及吉野大峯行者参記―嘉永三年戌年三月廿三日発足　同四月三日帰路　森祐清著　近江八幡　近江八幡市立郷土資料館　1987.3　32p　26cm　（近江八幡歴史シリーズ）Ⓝ186.9
〔15327〕

◇論集日本仏教史　7　江戸時代　圭室文雄編　雄山閣出版　1986.10　386p　22cm　5800円　①4-639-00610-1　Ⓝ182.1
〔15328〕

◆◆寺院

◇江戸期地誌に現れる伊賀地域の寺院―『伊水温故』を中心として　上野　上野市総務部市史編さん室　1996.11　72p　30cm　Ⓝ185.9156
〔15329〕

◇江戸時代の南山城三十三所を訪ねて　山城町・古文書サークル如月会編　山城町（京都府）　山城町・古文書サークル如月会　1996.3　88p　21cm　Ⓝ185.9162
〔15330〕

◇江戸・東京の三十三所　石川靖夫著　富士見　石川靖夫　2003.2　104p　19cm　Ⓝ185.9136
〔15331〕

◇江戸幕府寺院本末帳集成　上　寺院本末帳研究会編　第2版　雄山閣出版　1999.11　1372p　27cm　①4-639-00105-3　Ⓝ185.91
〔15332〕

◇江戸幕府寺院本末帳集成　中　寺院本末帳研究会編　第2版　雄山閣出版　1999.11　p1373-2769　27cm　①4-639-00105-3　Ⓝ185.91
〔15333〕

◇江戸幕府寺院本末帳集成　下　寺院本末帳研究会編　第2版　雄山閣出版　1999.11　97,573p　27cm　①4-639-00105-3　Ⓝ185.91
〔15334〕

◇江戸名刹巡礼　柴田博,相川浩子著　シバ　1995.9　189p　19cm　（シバ巡礼シリーズ 4）1400円　①4-915543-04-8　Ⓝ185.9136
〔15335〕

◇大江戸めぐり御府内八十八ヶ所―御府内八十八ヶ所　和田信子著　集英社　2002.9　237p　22cm　1700円　①4-08-781227-8　Ⓝ185.91361
〔15336〕

◇近世浅草寺の経済構造　長島憲子著　岩田書院（発売）　1998.1　207p　22cm　1900円　Ⓝ188.45
〔15337〕

◇慶応義塾図書館所蔵江戸時代の寺社境内絵図―一枚刷　下　東海・関東・東北・その他　慶應義塾大学三田情報センター　1991.1　13p　図版23枚　26×37cm　（文献シリーズ no.20）Ⓝ291.038
〔15338〕

◇慶応義塾図書館所蔵江戸時代の寺社境内絵図―1枚刷補遺編　慶應義塾大学三田メディアセンター慶応義塾図書館貴重書室　1997.3　14p　図版18枚　26×37cm　（文献シリーズ no.25）Ⓝ291.038
〔15339〕

◇千代田の寺社とくらし―江戸時代の信仰と娯楽　『目でみる千代田の歴史』刊行記念特別展　東京都千代田区教育委員会,東京都千代田区立四番町歴史民俗資料館編　千代田区教育委員会　1993　8p　26cm　Ⓝ185.9136
〔15340〕

◇天保年中御巡見使神宮寺八幡宮御参詣之日記―旧出羽国神宮寺村　神宮邦彦,神宮滋編著　神岡町（秋田県）〔神宮邦彦〕　1997.4　74p　30cm　Ⓝ185.9124
〔15341〕

◇幕藩権力と寺院・門跡　杣田善雄著　京都　思文閣出版　2003.12　298,15p　21cm　（思文閣史学叢書）7200円　①4-7842-1166-7
〔15342〕

◇幕藩権力と寺檀制度　朴沢直秀著　吉川弘文館　2004.10　358,10p　22cm　10000円　①4-642-03392-0　Ⓝ182.1
〔15343〕

◇盛岡の寺院―近世城下町の寺院文化の変遷　吉田義昭著　盛岡　盛岡市教育委員会　1996.3　83p　19cm　（盛岡市文化財シリーズ 第27集）Ⓝ185.9122
〔15344〕

◆◆往生伝

◇近世往生伝集成　1　笠原一男編　山川出版社　1978.3　509,10p　22cm　6200円　Ⓝ180.28
〔15345〕

◇近世往生伝集成　2　笠原一男編　山川出版社　1979.2　642,10p　22cm　8200円　Ⓝ180.28
〔15346〕

◇近世往生伝集成　3　笠原一男編　山川出版社　1980.2　743,6p　22cm　8700円　Ⓝ180.28
〔15347〕

◇近世往生伝の世界―政治権力と宗教と民衆　笠原一男編著　東村山　教育社　1978.9　258p　18cm　（教育社歴史新書）600円　Ⓝ180.21
〔15348〕

◇未公開近世往生人伝―江戸期庶民の信仰と死　牧達雄著　四季社　2004.10　280p　21cm　3800円　①4-88405-293-5　Ⓝ188.62
〔15349〕

◆◆円空

◇円空―千光寺　小竹隆夫撮影　造形社　1973　133p（おもに図）　27cm　3000円　Ⓝ712.1
〔15350〕

◇円空　高崎　群馬県立歴史博物館　1980　8p　21cm　（群馬県立歴史博物館企画展 第6回）
〔15351〕

◇円空を旅する　冨野治彦著　産経新聞ニュースサービス　2005.4　123,6p　19cm　1300円　①4-902970-03-1
〔15352〕

◇円空研究　1　写真特集　荒子観音　円空学会編　新装普及版　人間の科学新社　2004.6　121p　26cm　3500円　①4-8226-0241-9
〔15353〕

◇円空研究　2　関東・東北・北海道　円空学会編　新装普及版　人間の科学新社　2004.7　127p　26cm　3500円　①4-8226-0242-7
〔15354〕

◇円空研究　別巻1　特集 千面菩薩・他　円空学会編　人間の科学新社　2004.11　130p　26cm　3500円　①4-8226-0246-X
〔15355〕

◇円空と木喰　NHK「美の壺」制作班編　日本放送出版協会　2007.9　70p　21cm　（NHK美の壺）950円　①978-4-14-081206-8
〔15356〕

◇円空の和歌―歌から探る人間像　岐阜県歴史資料館編　岐阜　岐阜県　2002.3　123p　21cm　Ⓝ911.152
〔15357〕

◇円空の和歌―歌から探る人間像　岐阜県歴史資料館編　岐阜　岐阜新聞社　2002.4　123p　21cm　1429円　①4-87797-031-2　Ⓝ911.152
〔15358〕

◇円空の旅―信仰のふるさと　文：飯沢匡,五来重,写真：二村次郎　毎日新聞社　1974　170p　22cm　（日本のふるさとシリーズ）1600円　Ⓝ712.1
〔15359〕

◇円空の彫刻　土屋常義著　造形社　1960　110p　22cm　Ⓝ712.1
〔15360〕

◇円空の彫刻　田枝幹宏写真,丸山尚一評論　限定版　紀伊國屋書店　1961　図版162p（解説共）　31cm　Ⓝ712.1
〔15361〕

◇円空の和歌―基礎資料 一六〇〇余首の全て　円空著　岐阜県教育文化財団歴史資料館編　岐阜　岐阜県　2006.2　366,36p　30cm　Ⓝ911.152
〔15362〕

◇円空仏礼讃　金沢大士著　近代文芸社　2005.7　374p　19cm　2800円　Ⓘ4-7733-7253-2　〔15363〕
◇円空風土記　丸山尚一著　読売新聞社　1974　375,8p　21cm　3000円　Ⓝ712.1　〔15364〕
◇歓喜する円空　梅原猛著　新潮社　2006.10　382p　19cm　2200円　Ⓘ4-10-303021-6　〔15365〕
◇週刊日本の美をめぐる　no.22　江戸5　円空白隠―仏のおしえ　円空ほか著　小学館　2002.10　42p　30cm　（小学館ウイークリーブック）533円　Ⓝ702.1　〔15366〕
◇白隠・仙［ガイ］・円空・木喰展―近世異端の芸術　日本経済新聞社編　日本経済新聞社　1961　1冊　26cm　〔15367〕
◇芭蕉の旅、円空の旅　立松和平著　日本放送出版協会　2006.11　285p　15cm　（NHKライブラリー）920円　Ⓘ4-14-084213-X　〔15368〕
◇仏教を歩く　no.27　運慶・円空　朝日新聞社　2004.4　32p　30cm　（週刊朝日百科）533円　Ⓝ182.1　〔15369〕

◆密教
◇生駒山宝山寺と湛海律師―文化と歴史　生駒　生駒山宝山寺　2001.10　73p　21cm　Ⓝ188.52　〔15370〕
◇石山寺資料叢書―近世文書集成　石山寺文化財総合調査団編　京都　法藏館　2001.11　397p　22cm　15000円　Ⓘ4-8318-7506-6　Ⓝ188.55　〔15371〕
◇川崎大師興隆史話―江戸時代　古江亮仁著　川崎　川崎大師遍照叢書刊行会　1996.5　345p　20cm　（川崎大師遍照叢書　4）Ⓝ188.55　〔15372〕
◇近世修験道の地域的展開　藤田定興著　岩田書院　1996.9　481,8p　22cm　（日本宗教民俗学叢書　3）11330円　Ⓘ4-900697-61-3　Ⓝ188.59　〔15373〕
◇近世修験道文書―越後修験伝法十二巻　宮家準解題　羽田守快解説　柏書房　2006.5　778p　22cm　13000円　Ⓘ4-7601-2807-7　Ⓝ188.593　〔15374〕
◇近世高尾山史の研究　村上直編　名著出版　1998.10　325p　22cm　6800円　Ⓘ4-626-01566-2　Ⓝ188.55　〔15375〕
◇高野山三派史料―高野山の学侶・行人・聖　松田文夫編　和歌山　〔松田文夫〕　1999.3　14,171p　23cm　2700円　Ⓝ188.52　〔15376〕
◇日本密教　立川武蔵, 頼富本宏編　春秋社　2005.8　354p　21cm　（シリーズ密教　4）3500円　Ⓘ4-393-11254-7　〔15377〕
◇密教美術　佐和隆研著　京都　大八洲出版　1947　188p　19cm　（古文化叢刊　32）702　〔15378〕

◆浄土宗
◇安楽寺文書　下　千葉乗隆編　京都　同朋舎出版　1995.10　390p　21cm　18000円　Ⓘ4-8104-2254-2　〔15379〕
◇近世浄土宗の信仰と教化　長谷川匡俊著　溪水社　1988.2　448,13p　22cm　15000円　Ⓘ4-89287-182-6　Ⓝ188.62　〔15380〕
◇近世の念仏聖無能と民衆　長谷川匡俊著　吉川弘文館　2003.9　241,7p　22cm　7000円　Ⓘ4-642-03386-6　Ⓝ188.62　〔15381〕

◆浄土真宗
◇大津浄土真宗寺院史　直林不退著　京都　永田文昌堂　2004.2　250,9p　22cm　5000円　Ⓘ4-8162-4037-3　Ⓝ188.75　〔15382〕
◇近世真宗教団と都市寺院　上場顕雄著　京都　法藏館　1999.2　360p　22cm　7600円　Ⓘ4-8318-7487-6　Ⓝ188.72　〔15383〕
◇近世真宗と地域社会　児玉識著　京都　法藏館　2005.6　354,8p　22cm　7500円　Ⓘ4-8318-7466-3　Ⓝ188.72　〔15384〕
◇近世真宗の展開過程―西日本を中心として　児玉識著　吉川弘文館　1976　301,8p　22cm　（日本宗教史研究叢書　笠原一男監修）3800円　Ⓝ188.72　〔15385〕
◇近世仏書版本の研究　日下幸男編　京都　龍谷大学文学部日下研究室　2005.2　303p　21cm　（龍谷大学仏教文化研究所共同研究報告書　2004年度）非売品　Ⓝ188.73　〔15386〕
◇元和日記　高島幸次編　京都　同朋舎出版　1986.1　445p　23cm　（本願寺史料集成）10000円　Ⓘ4-8104-0488-9　Ⓝ188.72　〔15387〕
◇宗教教誨と浄土真宗―その歴史と現代への視座　徳岡秀雄著　京都　本願寺出版社　2006.3　244p　19cm　2000円　Ⓘ4-89416-529-5　Ⓝ326.53　〔15388〕
◇浄土真宗沖縄開教前史―仲尾次政隆と其背景　伊波普猷著　明治聖徳記念学会　1926　64p　22cm　Ⓝ188.7　〔15389〕
◇浄土真宗と共生　北島義信編　京都　文理閣　2007.10　138p　21cm　1400円　Ⓘ978-4-89259-552-3　〔15390〕
◇真宗史仏教史の研究　2　近世篇　柏原祐泉著　京都　平楽寺書店　1996.4　423,19p　22cm　10300円　Ⓘ4-8313-1020-4　Ⓝ188.72　〔15391〕
◇幕末民衆文化異聞―真宗門徒の四季　奈倉哲三著　吉川弘文館　1999.11　246p　19cm　（歴史文化ライブラリー　79）1700円　Ⓘ4-642-05479-0　Ⓝ188.72　〔15392〕

◆◆かくれ念仏
◇かくれ念仏遺跡と史跡　桃園恵真著　鹿児島　南国交通観光　1985.6　104p　19cm　Ⓝ188.72　〔15393〕
◇近世の地下信仰―かくれキリシタン・かくれ題目・かくれ念仏　片岡弥吉, 圭室文雄, 小栗純子著　評論社　1974　328p　19cm　（日本人の行動と思想　30）1600円　Ⓝ160.21　〔15394〕
◇薩藩真宗禁制史の研究　桃園恵真著　吉川弘文館　1983.10　419p　22cm　6800円　Ⓝ188.72　〔15395〕
◇さつまの「かくれ念仏」　桃園恵真著　鹿児島　著作社　1980.10　187p　19cm　1000円　Ⓝ188.72　〔15396〕
◇さつまのかくれ念仏　桃園恵真著　新訂　国書刊行会　1986.8　210p　19cm　1500円　Ⓝ188.72　〔15397〕
◇薩摩のかくれ門徒　星野元貞著　鹿児島　著作社　1988.6　319p　19cm　（鹿児島の歴史シリーズ　7）1800円　Ⓘ4-88671-009-3　Ⓝ188.72　〔15398〕
◇殉教と民衆―隠れ念仏考　米村竜治著　京都　同朋舎　1979.7　316p　19cm　2800円　Ⓝ188.72　〔15399〕
◇血は輝く―隠れ念仏殉教秘話　佐々木教正著　鹿児島　著作社　1982.4　259p　19cm　（鹿児島の歴史シリーズ　2）1000円　Ⓘ4-88671-002-6　Ⓝ188.72　〔15400〕
◇柱ほとけの光―薩摩のかくれ念仏　稲葉道意編,『柱ほとけの光』復刊委員会編纂校訂　鹿児島　著作社　1984.4　227p　19cm　（鹿児島の歴史シリーズ　4）1300円　Ⓘ4-88671-004-2　Ⓝ188.72　〔15401〕
◇妙好人とかくれ念仏―民衆信仰の正統と異端　小栗純子著　講談社　1975　186p　17cm　（講談社現代新書）350円　Ⓝ188.72　〔15402〕
◇無縁と土着―隠れ念仏考　米村竜治著　京都　同朋舎出版　1988.2　261p　20cm　2500円　Ⓘ4-8104-0621-0　Ⓝ188.72　〔15403〕

宗教史　　　　　　　　　　近世史

◇むらのかくれ念仏　郡山政雄編　2版　郡山町(鹿児島県)　郡山政雄　1989.5　19p　21cm　Ⓝ188.72
〔15404〕

◆寺院史料
◇江戸浄土宗寺院寺誌史料集成　宇高良哲編　大東出版社　1979.11　806,25p　22cm　Ⓝ188.65
〔15405〕
◇江戸幕府寺院本末帳集成　寺院本末帳研究会編　雄山閣出版　1981.11　3冊　27cm　全98000円　Ⓘ4-639-00105-3　Ⓝ185.9
〔15406〕
◇甲斐善光寺文書―浄土宗　宇高良哲,吉原浩人編著　東洋文化出版　1986.12　305p　22cm　(近世寺院史料叢書 5)5800円　Ⓘ4-88676-055-4　Ⓝ188.65
〔15407〕
◇岐阜本誓寺文書―浄土宗　宇高良哲,中野正明編著　東洋文化出版　1983.8　227p　22cm　(近世寺院史料叢書 2)5600円　Ⓘ4-88676-052-X　Ⓝ188.65
〔15408〕
◇慶恩寺史料―有栖川宮御祈願所大仏殿五分ノ一試の堂　大和宇陀　薄木昇編著　菟田野町(奈良県)　薄木昇　1982.7　136p　22cm　Ⓝ188.65
〔15409〕
◇浅草寺日記　第6巻　自天明8年～至寛政4年　金龍山浅草寺　1982.10　839p　22cm　9000円　Ⓝ188.45
〔15410〕
◇浅草寺日記　第7巻　自寛政5年～至寛政8年　金龍山浅草寺　1983.10　760p　22cm　9000円　Ⓝ188.45
〔15411〕
◇仙台仙岳院文書―天台宗　宇高良哲,佐々木邦世編著　東洋文化出版　1984.5　228p　22cm　(近世寺院史料叢書 3)5600円　Ⓘ4-88676-053-8　Ⓝ188.45
〔15412〕
◇増上寺史料集　第1巻　増上寺史料編纂所編　増上寺　1983.12　612p　22cm　Ⓝ188.65
〔15413〕
◇増上寺史料集　第2巻　増上寺史料編纂所編　増上寺　1982.3　526p　22cm　Ⓝ188.65
〔15414〕
◇増上寺史料集　第3巻　増上寺史料編纂所編　増上寺　1982.4　362p　22cm　Ⓝ188.65
〔15415〕
◇増上寺史料集　第4巻　増上寺史料編纂所編　増上寺　1984.3　410p　22cm　Ⓝ188.65
〔15416〕
◇増上寺史料集　第5巻　増上寺史料編纂所編　増上寺　1979.9　505p　22cm　Ⓝ188.65
〔15417〕
◇増上寺史料集　第6巻　増上寺史料編纂所編　増上寺　1980.2　1126p　22cm　Ⓝ188.65
〔15418〕
◇増上寺史料集　第7巻　増上寺史料編纂所編　増上寺　1980.3　p1127～1542　22cm　Ⓝ188.65
〔15419〕
◇増上寺史料集　第8巻　増上寺史料編纂所編　増上寺　1984.2　407p　22cm　Ⓝ188.65
〔15420〕
◇増上寺史料集　第9巻　増上寺史料編纂所編　増上寺　1984.3　617p　22cm　Ⓝ188.65
〔15421〕
◇増上寺史料集　浄土宗寺院由緒書索引　増上寺史料編纂所編　増上寺　1980.4　318p　22cm　Ⓝ188.65
〔15422〕
◇増上寺史料集　別巻　増上寺史料編纂所編　増上寺　1981.12　1冊　31cm　Ⓝ188.65
〔15423〕
◇増上寺史料集　附巻　増上寺史料編纂所編　増上寺　1983.6　540p　22cm　Ⓝ188.65
〔15424〕
◇続史料大成　第28巻　大乗院寺社雑事記 3 寛政2年7月～寛政6年10月　竹内理三編　尋尊著　増補　京都　臨川書店　1978.4　524p　22cm　5500円　Ⓝ210.08
〔15425〕
◇田辺藩寺社史料集　その1　棟札類篇　井上金次郎編　舞鶴　長谷山房　1977.11　130p　26cm　(舞鶴地方史料集 第1輯)非売品　Ⓝ185.162
〔15426〕

◇田辺藩寺社史料集　その2　建築文献篇　井上金次郎編　舞鶴　長谷山房　1977.9　95p　26cm　(舞鶴地方史料集 第2輯)非売品　Ⓝ185.162
〔15427〕
◇田辺藩寺社史料集　その3　市内外鐘銘篇　井上金次郎編　舞鶴　長谷山房　1979.12　206p　26cm　(舞鶴地方史料集 第3輯)Ⓝ185.9162
〔15428〕
◇日光山輪王寺史　日光山史編纂室編　校訂増補版　日光　日光山輪王寺門跡教化部　1967.1　92,633p　図版12枚　22cm　非売品　Ⓝ188.45
〔15429〕
◇宝山湛海伝記史料集成　小林剛編　生駒町(奈良県)　開祖湛海和尚第二百五十回遠忌事務局　1964　2冊　付図共　22cm　Ⓝ188.52
〔15430〕
◇武蔵越生山本坊文書―本山派修験　宇高良哲編著　東洋文化出版　1985.8　252p　22cm　(近世寺院史料叢書 4)5600円　Ⓘ4-88676-054-6　Ⓝ188.59
〔15431〕
◇武蔵吉見息障院文書―新義真言宗　宇高良哲,徳永隆宣編著　東洋文化出版　1983.7　212p　22cm　(近世寺院史料叢書 1)5400円　Ⓘ4-88676-051-1　Ⓝ188.55
〔15432〕

◆◆諸宗末寺帳
◇大日本近世史料―諸宗末寺帳　上　東京大学史料編纂所編　東京大学出版会　1983.12　296p　22cm　4000円　Ⓘ4-13-092909-7　Ⓝ210.5
〔15433〕
◇大日本近世史料―諸宗末寺帳　下　東京大学史料編纂所編　東京大学出版会　1983.12　296p　22cm　4000円　Ⓘ4-13-092910-0　Ⓝ210.5
〔15434〕
◇大日本近世史料　9　諸宗末寺帳　東京大学史料編纂所編　東京大学出版会　1968-1969　2冊　22cm　Ⓝ210.5
〔15435〕

◆禅宗
◇池袋祥雲寺の史料 酒德院と首斬り浅右衛門　北村正治編　眺風会　1959　12丁　26cm　Ⓝ188.85　〔15436〕
◇伊予の黄檗宗の研究―栄枯盛衰の寺院と時の流れ　中山光直編著　川崎　川崎ミニコミプロデュースセンター　1994.5　167p　21cm　Ⓝ188.82
〔15437〕
◇隠元　平久保章著　吉川弘文館　1962　289p　18cm　(人物叢書 日本歴史学会編)Ⓝ188.82
〔15438〕
◇江戸時代洞門政要　横関了胤著　第2版　東洋書院　1977.1　928p　22cm　14000円　Ⓝ188.82　〔15439〕
◇縁切寺東慶寺史料　高木侃編　平凡社　1997.2　877p　22cm　20000円　Ⓘ4-582-41911-9　Ⓝ188.85　〔15440〕
◇近世秋田の洞上禅僧　笹尾哲雄著　秋田　大悲禅寺　1972　43p　21cm　Ⓝ188.82
〔15441〕
◇近世秋田の臨済禅　笹尾哲雄著　秋田　大悲禅寺　1970　64p　22cm　Ⓝ188.82
〔15442〕
◇近世黄檗宗末寺帳集成　竹貫元勝編著　雄山閣出版　1990.6　343p　22cm　12000円　Ⓘ4-639-00967-4　Ⓝ188.75
〔15443〕
◇近世説話と禅僧　堤邦彦著　大阪　和泉書院　1999.2　309p　22cm　(研究叢書 235)9500円　Ⓘ4-87088-961-7　Ⓝ188.82
〔15444〕
◇近世禅僧伝　川辺真蔵著　平野吾心校訂　大阪　青山社　1995.4　274,5p　22cm　5800円　Ⓘ4-916012-35-6　Ⓝ188.82
〔15445〕
◇近世禅林僧宝伝　荻野独園,小畠文鼎著　京都　思文閣　1973　3冊　23cm　5000-6000円　Ⓝ188.82　〔15446〕
◇近世に於ける妙心寺教団と大悲寺　笹尾哲雄著　文芸社　2002.3　270p　19cm　1200円　Ⓘ4-8355-3401-8　Ⓝ188.85
〔15447〕

◇近世日本の批判的精神　中村元著　春秋社　1981.3（第4刷）　314p　20cm　（中村元選集 第7巻）Ⓝ188.82
〔15448〕

◇訓読近世禅林僧宝伝　上巻　荻野独園, 小畠文鼎原著　能仁晃道訓注　京都　禅文化研究所　2002.12　740p　27cm　Ⓘ4-88182-161-X,4-88182-160-1　Ⓝ188.82
〔15449〕

◇訓読近世禅林僧宝伝　下巻　小畠文鼎原著　能仁晃道訓注　京都　禅文化研究所　2002.12　578,66p　27cm　Ⓘ4-88182-162-8,4-88182-160-1　Ⓝ188.82
〔15450〕

◇古文書・絵図にみる近世の常光寺　八尾市立歴史民俗資料館編　八尾　八尾市教育委員会　1997.3　8p　26cm　Ⓝ188.85
〔15451〕

◇清骨の人 古月禅材―その年譜から近世禅宗史を読む　能仁晃道著　京都　禅文化研究所　2007.6　331,10p　21cm　3300円　Ⓘ978-4-88182-222-7
〔15452〕

◇禅と武士道―柳生宗矩から山岡鉄舟まで　渡辺誠著　ベストセラーズ　2004.10　243p　18cm　（ベスト新書）780円　Ⓘ4-584-12070-6　Ⓝ156
〔15453〕

◇道元思想のあゆみ　3　江戸時代　曹洞宗宗学研究所編　吉川弘文館　1993.7　578p　22cm　Ⓘ4-642-01319-9　Ⓝ188.82
〔15454〕

◇独庵玄光と江戸思潮　鏡島元隆編　ぺりかん社　1995.11　317p　22cm　4800円　Ⓘ4-8315-0693-1　Ⓝ188.82
〔15455〕

◇豊川・妙厳寺御年頭之御礼の江戸参府・御朱印状改考　松山雅要著　豊川　〔松山雅要〕　1998.10　1冊　26cm　Ⓝ188.85
〔15456〕

◇豊川・妙厳寺御年頭之御礼の江戸参府・御朱印状改考　松山雅要著　改定版　豊川　松山雅要　1999.5　1冊　26cm　Ⓝ188.85
〔15457〕

◇長崎県文化財調査報告書 第61集　長崎唐寺所蔵品目録―黄檗関係歴史資料調査報告書　長崎県教育庁文化課編　長崎　長崎県教育委員会　1982.3　148p 図版20枚　26cm　Ⓝ709.193
〔15458〕

◆◆良寛

◇こころのふるさと良寛　南雲道雄著　平凡社　2005.5　277p　20cm　2000円　Ⓘ4-582-83264-4　Ⓝ911.152
〔15459〕

◇乞食僧良寛―差別に抗した自由人　青木基次著　象山社　2004.5　157p　19cm　1600円　Ⓘ4-87978-016-2
〔15460〕

◇座右の良寛―生きづらくなったら開いてください　松本市寿著　アートデイズ　2005.12　205p　19cm　1600円　Ⓘ4-86119-044-4
〔15461〕

◇地球時代の良寛　延原時行著　新潟　考古堂書店　2001.5　110,68p　19cm　2000円　Ⓝ188.82
〔15462〕

◇豊臣秀吉の子孫良寛と桂家　桂尚樹著　新人物往来社　1997.11　169p　20cm　Ⓝ288.2
〔15463〕

◇漂泊の人良寛　北川省一著　朝日新聞社　2003.6　270p　19cm　（朝日選書 233）2530円　Ⓘ4-925219-70-7　Ⓝ911.152
〔15464〕

◇ヘタな人生論より良寛の生きざま　松本市寿著　河出書房新社　2004.4　222p　19cm　1500円　Ⓘ4-309-01623-5
〔15465〕

◇良寛　鈴木史楼著　紅糸文庫　1998.3　145p　20cm　（本朝書人論 1）Ⓝ728.215
〔15466〕

◇良寛―その全貌と原像　石田吉貞著　墳書房　2003.2（2刷）　512p　19cm　（Ondemand collection）3800円　Ⓘ4-8273-0094-1　Ⓝ911.152
〔15467〕

◇良寛―その任運の生涯　大橋毅著　新読書社　2004.8　369p　19cm　2200円　Ⓘ4-7880-7054-5
〔15468〕

◇良寛への道―心の出会いを求めて　加藤淳二著　文永堂出版　2005.4　221p　20cm　2400円　Ⓘ4-8300-0900-4　Ⓝ911.152
〔15469〕

◇良寛を語る　相馬御風著　博文館　1941　295,83p　22cm　Ⓝ911.15
〔15470〕

◇良寛さんを辿る―巨人にして隣人のごとく　杉安嘉正著　新潟　考古堂書店　2004.7　321p　26cm　2800円　Ⓘ4-87499-614-0
〔15471〕

◇良寛禅師　村上博男著　日本図書刊行会　1993.12　200p　20cm　1800円　Ⓘ4-7733-2442-2　Ⓝ188.82
〔15472〕

◇良寛禅師の生涯と信仰　羽賀順蔵著　長岡　寿楽荘　1942　294p　19cm　Ⓝ911.15
〔15473〕

◇良寛と維馨尼―その純愛の行方　吉井和子著　文芸社　2005.4　269p　19cm　1800円　Ⓘ4-8355-8909-2
〔15474〕

◇良寛と蕩児―その他　相馬御風著　実業之日本社　1931　360p　20cm　Ⓝ911.15
〔15475〕

◇良寛に生きて死す　中野孝次著　新潟　考古堂書店　2005.1　222p　20cm　1800円　Ⓘ4-87499-629-9　Ⓝ911.152
〔15476〕

◇良寛入門　加藤僖一著　新潟　新潟日報事業社　2004.1　190p　19cm　（とき選書）1400円　Ⓘ4-86132-020-8
〔15477〕

◇良寛の師大忍国仙禅師遺芳　柴口成浩編　矢掛町（岡山県）　大通寺韜光文庫　1999.6　61p　21cm　非売品　Ⓝ188.82
〔15478〕

◇良寛の実像―歴史家からのメッセージ　田中圭一著　ZΩION社　1994.5　239p　20cm　2472円　Ⓘ4-88708-158-8　Ⓝ188.82
〔15479〕

◇良寛百考　相馬御風著　厚生閣書店　1935　597p　22cm　Ⓝ911.15
〔15480〕

◇良寛百科　加藤僖一著　新潟　新潟日報事業社　2004.5　410p　19cm　（とき選書）2000円　Ⓘ4-86132-034-8　Ⓝ911.152
〔15481〕

◇良寛への旅　羽賀康夫写真　学習研究社　2004.7　175p　21cm　2500円　Ⓘ4-05-402392-4
〔15482〕

◇良寛坊と蓮月尼草―其の生活と仕事と和歌と　三上和志著　尾間明　1933　262p　19cm　Ⓝ911.15
〔15483〕

◆◆貞心尼

◇歌人貞心尼―越後の雪椿　荻場善次著　防府　〔荻場善次〕　2006.9　141p　26cm　Ⓝ911.152
〔15484〕

◇貞信尼物語　大須賀秀道編　京都　法蔵館　1916　296p　19cm　Ⓝ911.15
〔15485〕

◇貞心尼物語　田村甚三郎著　木耳社　1976　298p　19cm　980円　Ⓝ911.152
〔15486〕

◇貞心尼焼野の一草及和歌　貞心尼著　中村葉月編　柏崎町（新潟県）　柏陽叢書刊行会　1915　39p　16cm　（柏陽叢書 第2編）Ⓝ911.15
〔15487〕

◆日蓮宗

◇近世開帳の研究　北村行遠著　名著出版　1989.4　297,5p　22cm　5980円　Ⓘ4-626-01340-6　Ⓝ186
〔15488〕

◇近世日什門流概説―信行論と殉教史を中心に　中村孝也著　京都　平楽寺書店　1998.6　247p　21cm　3200円

①4-8313-1040-9　Ⓝ188.92　　〔15489〕
◇近世日蓮宗出版史研究　冠賢一著　京都　平楽寺書店
　1983.9　352,16p　22cm　5800円　Ⓝ188.97　〔15490〕
◇近世日蓮宗の祖師信仰と守護神信仰　望月真澄著　京都
　平楽寺書店　2002.6　524,19p　22cm　10000円
　①4-8313-1069-7　Ⓝ188.92　　〔15491〕
◇近世法華仏教の展開　宮崎英修編　京都　平楽寺書店
　1978.3　635,10p　23cm　(法華経研究 7)9800円
　Ⓝ188.92　　〔15492〕
◇忘れられた殉教者―日蓮宗不受不施派の挑戦　奈良本辰
　也,高野澄著　小学館　1993.6　266p　16cm　(小学館
　ライブラリー 46)880円　①4-09-460046-9　Ⓝ188.92
　　〔15493〕

◆◆不受不施派
◇日蓮宗不受不施派読史年表　長光徳和,妻鹿淳子編著
　開明書院　1978.7　296p　22cm　5000円　Ⓝ188.92
　　〔15494〕
◇不受不施史料　第1巻　日蓮宗不受不施派研究所編　京
　都　平楽寺書店　1983.11　404p　22cm　13000円
　Ⓝ188.92　　〔15495〕
◇不受不施史料　第5巻　日蓮宗不受不施派研究所編　京
　都　平楽寺書店　1981.3　538p　22cm　12000円
　Ⓝ188.92　　〔15496〕
◇不受不施的思想の史的展開　相葉伸著　講談社　1961
　665p　22cm　Ⓝ180.21　　〔15497〕
◇不受不施派殉教の歴史　相葉伸著　大蔵出版　1976
　237p　20cm　1600円　Ⓝ188.9　　〔15498〕
◇不受不施派史料目録 1　記録典籍篇　岡山　岡山県教
　育委員会　1978.3　65p　26cm　Ⓝ188.92　〔15499〕
◇不受不施派史料目録 2　文書篇　岡山　岡山県教育委
　員会　1976.3　138p　26cm　Ⓝ188.92　〔15500〕
◇不受不施派農民の抵抗　安藤精一著　大阪　清文堂
　1976.2　166p　19cm　1300円　Ⓝ188.92　〔15501〕
◇房総禁制宗門史―日蓮宗不受不施派・内証題目講　加川
　治良著　酒々井町(千葉県)　1965　117p　18cm
　Ⓝ188.92　　〔15502〕

◆キリスト教
◇天草学林―論考と資料集　第2輯　鶴田文史編　本渡
　天草文化出版社　1995.11　234p　21cm　3000円
　Ⓝ198.221　　〔15503〕
◇天草かくれキリシタン宗門心得違い始末―平田正範遺稿
　平田正範著　浜崎献作ほか編　有明町(熊本県)　サ
　ンタ・マリア館　2001.3　291p　22cm　Ⓝ198.22194
　　〔15504〕
◇天草キリシタン史―幻のパライゾへ　北野典夫著　福岡
　葦書房　1987.4　425p　20cm　2500円　Ⓝ198.221
　　〔15505〕
◇生月島のかくれキリシタン　生月町(長崎県)　生月町
　博物館・島の館　2000.4　87p　30cm　Ⓝ198.22193
　　〔15506〕
◇壱岐島キリシタン史料　林徳衛ほか撰録　石田町(長崎
　県)　島の科学研究所　1988.10　82p　26cm　Ⓝ198.
　221　　〔15507〕
◇池田藩主と因伯のキリシタン　松田重雄著　鳥取　鳥取
　キリシタン研究会　1972　210p　22cm　1500円
　Ⓝ198.21　　〔15508〕
◇伊予のかくれキリシタン　小沼大八著　松山　愛媛県文
　化振興財団　1998.10　213p　18cm　(えひめブック
　ス)952円　Ⓝ198.22183　　〔15509〕

◇海を渡った草莽の記録―細川藩士・馬場小三郎伝　馬場
　幸一著　福岡　葦書房　1988.10　204p　20cm　1500円
　Ⓝ198.32　　〔15510〕
◇江戸切支丹屋敷の史蹟　山本秀煌著　イデア書院　1924
　163p　20cm　Ⓝ198　　〔15511〕
◇江戸時代における岩手県南の切支丹　司東真雄稿　出版
　地不明　[司東真雄]　1962　15p　26cm　〔15512〕
◇奥羽古キリシタン探訪―後藤寿庵の軌跡　司東真雄著
　八重岳書房　1981.7　157p　20cm　1400円　Ⓝ198.221
　　〔15513〕
◇尾張扶桑切支丹資料　千田金作著　名古屋　愛知県郷土
　資料刊行会　1987.9　175p　22cm　1500円
　①4-87161-049-7　Ⓝ198.221　　〔15514〕
◇開国期基督教の研究　藤井貞文著　国書刊行会　1986.2
　379p　22cm　8800円　Ⓝ198.221　　〔15515〕
◇かくれキリシタン―歴史と民俗　片岡弥吉著　日本放送
　出版協会　1967　292p　図版共　18cm　(NHKブックス
　56)Ⓝ385.1　　〔15516〕
◇かくれ切支丹　遠藤周作文,アイリーン美緒子スミス写
　真　角川書店　1980.8　142p　27cm　3400円　Ⓝ198.
　221　　〔15517〕
◇隠れキリシタン―沼田領の調査と考察　小泉初男編著
　沼田　沼田郷土研究会　1989　102p　27cm　Ⓝ198.221
　　〔15518〕
◇隠れキリシタン　アンジェラ・ヴォルペ著　南窓社
　1994.12　130p　22cm　2800円　①4-8165-0148-7
　Ⓝ198.221　　〔15519〕
◇かくれキリシタンの聖画　中城忠写真　谷川健一編
　小学館　1999.11　202p　31cm　7000円
　①4-09-626204-8　Ⓝ198.22193　　〔15520〕
◇隠れたる江戸の吉利支丹遺跡　原胤昭,原鶴麿著　原胤
　昭　1929　52p　16cm　Ⓝ198　　〔15521〕
◇上堺村の転切支丹きく類族について―対切支丹政策につ
　いて　北山学著　五色町(兵庫県)　[北山学]　2000.1
　70p　21cm　Ⓝ198.22162　　〔15522〕
◇関西のキリシタン殉教地をゆく　高木一雄著　長崎　聖
　母の騎士社　2005.12　483p　15cm　(聖母文庫)1000
　円　①4-88216-262-8　Ⓝ192.1　　〔15523〕
◇関東平野の隠れキリシタン　川島恂二著　浦和　さきた
　ま出版会　1998.1　1742p　22cm　12000円
　①4-87891-341-X　Ⓝ198.221　　〔15524〕
◇奇跡の村―隠れキリシタンの里・今村　佐藤早苗著　河
　出書房新社　2002.2　229p　20cm　1800円
　①4-309-22377-X　Ⓝ198.22191　　〔15525〕
◇京都の大殉教――六一九年十月六日　結城了悟著　長崎
　日本二十六聖人記念館　1987　48p　19cm　200円
　Ⓝ198.221　　〔15526〕
◇キリシタン　H.チースリク監修　太田淑子編　東京堂
　出版　1999.9　403,10p　20cm　(日本史小百科)2900円
　①4-490-20379-9　Ⓝ198.221　　〔15527〕
◇キリシタン禁教と鎖国　塩田嵩著　京都　大化書房
　1947　160p　19cm　(大化歴史文庫)29円　Ⓝ198.2
　　〔15528〕
◇キリシタン禁制史　清水紘一著　東村山　教育社
　1981.9　243p　18cm　(教育社歴史新書)800円　Ⓝ198.
　221　　〔15529〕
◇キリシタン禁制と民衆の宗教　村井早苗著　山川出版社
　2002.7　101p　21cm　(日本史リブレット 37)800円
　①4-634-54370-2　Ⓝ198.221　　〔15530〕
◇キリシタン禁制の地域的展開　村井早苗著　岩田書院
　2007.2　305,11p　21cm　(近世史研究叢書)6900円

◇978-4-87294-440-2 〔15531〕
◇キリシタン語学文学研究文献目録'86（稿） 大橋敦夫編 大橋敦夫 1987.7 79p 26cm Ⓝ198.221 〔15532〕
◇きりしたん史再考―信仰受容の宗教学 東馬場郁生著 天理 天理大学附属おやさと研究所 2006.3 214p 17cm （グローカル新書 6）800円 ①4-903058-07-7 Ⓝ192.1 〔15533〕
◇キリシタン司祭後藤ミゲルのラテン語の詩とその印刷者 税所ミゲルをめぐって 原田裕司著 近代文芸社 1998.5 96,4p 20cm 1500円 ①4-7733-6262-6 Ⓝ198.221 〔15534〕
◇切支丹時代―殉教と棄教の歴史 遠藤周作著 小学館 1992.2 260p 16cm （小学館ライブラリー）740円 ①4-09-460020-5 Ⓝ198.221 〔15535〕
◇キリシタン時代の研究 高瀬弘一郎著 岩波書店 1977.9 678,20p 22cm 5000円 Ⓝ198.21 〔15536〕
◇キリシタン時代の女子修道会―みやこの比丘尼たち 片岡瑠美子著 キリシタン文化研究会 1976.9 229p 21cm （キリシタン文化研究シリーズ 14）Ⓝ198.221 〔15537〕
◇キリシタン時代の日本人司祭 H.チースリク著 高祖敏明監修 教文館 2004.12 483,19p 22cm （キリシタン研究 第41輯）8000円 ①4-7642-2452-6 Ⓝ198.221 〔15538〕
◇キリシタン時代の邦人司祭 H.チースリク著 キリシタン文化研究会 1981.10 461p 21cm （キリシタン文化研究シリーズ 22）Ⓝ198.221 〔15539〕
◇切支丹史の研究 海老沢有道著 増訂 新人物往来社 1971 365,9p 22cm （日本宗教史名著叢書）2500円 Ⓝ198.21 〔15540〕
◇切支丹宗門戦の研究 尾池義雄著 良書刊行会〔ほか〕 1926 216p 19cm Ⓝ210.5 〔15541〕
◇キリシタン信徒組織の誕生と変容―「コンフラリヤ」から「こんふらりや」へ 川村信三著 教文館 2003.9 477,11p 22cm （キリシタン研究 第40輯）7500円 ①4-7642-2451-8 Ⓝ198.221 〔15542〕
◇切支丹たちの劇 武田友寿著 講談社 1986.6 264p 19cm （もんじゅ選書 24）1100円 ①4-06-192268-8 Ⓝ198.221 〔15543〕
◇切支丹灯籠の信仰 松田重雄著 恒文社 1988.10 269p 22cm 3800円 ①4-7704-0688-6 Ⓝ198.221 〔15544〕
◇キリシタンと鎖国 助野健太郎,村田安穂著 桜楓社 1971 220p 19cm （現代の教養 28）480円 Ⓝ198.21 〔15545〕
◇キリシタンと鎖国 助野健太郎,村田安穂著 桜楓社 1974 220p 19cm 680円 Ⓝ198.21 〔15546〕
◇キリシタン農民の生活 木場田直著 福岡 葦書房 1985.12 273p 19cm 1800円 Ⓝ198.22193 〔15547〕
◇キリシタンの心 フーベルト・チースリク著 長崎 聖母の騎士社 1996.8 487p 15cm （聖母文庫）①4-88216-142-7 Ⓝ198.221 〔15548〕
◇キリシタンの時代―その文化と貿易 岡本良知著,高瀬弘一郎編 八木書店 1987.5 651,38p 22cm 16000円 ①4-8406-2011-3 Ⓝ198.221 〔15549〕
◇キリシタン迫害の跡をたずねて 田中澄江著 中央出版社 1993.8 239p 19cm 1700円 ①4-8056-2065-X Ⓝ198.221 〔15550〕
◇キリスト教伝来四百年記念 キリシタン文化研究会編 白鯨社 1949.5-6 7冊（合本1冊） 18cm Ⓝ198.221 〔15551〕

◇近世基督教会史概観 魚木忠一著 京都 基督教研究会 1934 138p 22cm Ⓝ195 〔15552〕
◇近世初期天草キリシタン考 今村義孝著 本渡 天草文化社出版 1997.5 251p 21cm 2381円 Ⓝ198.22194 〔15553〕
◇近世初期日本関係 南蛮史料の研究 松田毅一著 風間書房 1967 1286,73p 22cm Ⓝ198.21 〔15554〕
◇近世日本建築の意匠―庭園・建築・都市計画、茶道にみる西欧文化 宮元健次著 雄山閣 2005.11 431p 22cm 7000円 ①4-639-01901-7 Ⓝ521.5 〔15555〕
◇近世の地下信仰―かくれキリシタン・かくれ題目・かくれ念仏 片岡弥吉,圭室文雄,小栗純子著 評論社 1974 328p 19cm （日本人の行動と思想 30）1600円 Ⓝ160.21 〔15556〕
◇考証・切支丹が来た島―女殉教者ジュリアをめぐって 津田三郎著 現代書館 1981.10 213p 20cm 1300円 Ⓝ198.221 〔15557〕
◇古河藩領とその周辺の隠切支丹 川島恂二著 日本図書刊行会 1986.12 265p 19cm 1500円 ①4-89607-932-9 Ⓝ198.221 〔15558〕
◇最後の迫害 結城了悟ほか共著 神戸 六甲出版 1999.2 369p 20cm 2286円 ①4-89812-003-2 Ⓝ198.221 〔15559〕
◇讃岐キリシタン史 溝渕利博著 高松 日新堂 1996.10 225p 21cm Ⓝ198.221 〔15560〕
◇讃岐吉利支丹諸考 近藤睛平著 丸亀 〔近藤睛平〕 1996.7 391p 21cm Ⓝ198.221 〔15561〕
◇讃岐吉利支丹諸考 近藤春平著 補訂版 丸亀 〔近藤春平〕 2002.6 418p 22cm 3500円 Ⓝ198.221 〔15562〕
◇讃岐丸亀吉利支丹考 近藤睛平著 丸亀 〔近藤睛平〕 1991.4 156p 26cm Ⓝ198.221 〔15563〕
◇讃岐丸亀吉利支丹考 追補 塩飽伴天連往来 近藤睛平著 丸亀 〔近藤睛平〕 1992.9 34p 21cm Ⓝ198.221 〔15564〕
◇懺悔録 コリャード著,大塚光信校注 岩波書店 1986.7 173p 15cm （岩波文庫）300円 Ⓝ198.221 〔15565〕
◇サントスの御作業 翻字・研究篇 福島邦道著 勉誠社 1979.2 446p 22cm （キリシタン資料集成）10000円 Ⓝ198.21 〔15566〕
◇私考・宮城県南の奥州隠れキリシタン 久保田玄立著 仙台 宝文堂出版販売 1987.11 225p 21cm 1500円 ①4-8323-0004-0 Ⓝ198.221 〔15567〕
◇シドチ神父と新井白石―切支丹屋敷の出会い 稿本 内山善一著 内山善一 1978.4 234,20p 21cm 900円 Ⓝ198.21 〔15568〕
◇寿庵とその周辺―後藤寿庵顕彰誌 寿庵顕彰ふるさとルネッサンス委員会編 水沢 寿庵顕彰ふるさとルネッサンス委員会 1999.3 58p 26cm Ⓝ198.221 〔15569〕
◇十字架の旗の下に―天草キリシタン史 北野典夫著 本渡 みくに社 1984.6 305p 18cm 1800円 Ⓝ198.221 〔15570〕
◇十六～十七世紀の日本におけるフランシスコ会士たち トマス・オイテンブルク著,石井健吾訳 中央出版社 1980.11 381,12p 19cm 2500円 ①4-8056-3802-8 Ⓝ198.221 〔15571〕
◇新世界と日本人―幕末・明治の日米交流秘話 八木一文著 社会思想社 1996.12 236p 15cm （現代教養文庫 1563）600円 ①4-390-11563-4 Ⓝ198.221 〔15572〕
◇鈴田の囚人―カルロス・スピノラの書簡 カルロス・スピノラ著,ディエゴ・パチェコ編著,佐久間正訳 長崎

宗教史　　　　　　　　　　　　　　　　近世史

長崎文献社　1967　205p　18cm　350円　Ⓝ198.21
〔15573〕
◇仙台領切支丹史　1　西田耕三解説・編集　気仙沼　仙台領切支丹研究会　1994.8　70p　21cm　(仙台領切支丹文書集成 巻之1)1000円　Ⓝ198.221
〔15574〕
◇仙台領切支丹史　2　西田耕三解説・編集　気仙沼　仙台領切支丹研究会　1995.4　82p　21cm　(仙台領切支丹文書集成 巻之2)1236円　Ⓝ198.221
〔15575〕
◇仙台領キリシタン秘話—迫害と流血の記　紫桃正隆著　仙台　宝文堂　1968.10　2冊　20cm　Ⓝ198.221
〔15576〕
◇潜伏キリシタンの研究—芝塚越のマリア観音を中心に　矢島浩著　久喜町(埼玉県)　矢島浩　1965.10　45p　25cm　非売品　Ⓝ198.22134
〔15577〕
◇続日本殉教録　ペドゥロ・モレホン著,野間一正,佐久間正共訳　キリシタン文化研究会　1973　275,10p　21cm　(キリシタン文化研究シリーズ 11)1700円　Ⓝ198.21
〔15578〕
◇高木仙右衛門覚書の研究　高木慶子著　中央出版社　1993.12　185p　22cm　2000円　①4-8056-5624-7　Ⓝ198.22193
〔15579〕
◇誰も語らなかった津軽キリシタン—なぜ歴史はこの事実を見落したのか　坂元正哉著　青春出版社　1980.7　237p　18cm　(プレイブックス)690円　Ⓝ198.221
〔15580〕
◇地方切丹の発掘　海老沢有道著　柏書房　1976　253,9p　22cm　4800円　Ⓝ198.21
〔15581〕
◇津和野への旅—長崎キリシタンの受難　池田敏雄著　中央出版社　1992.5　315p　19cm　1600円　①4-8056-6000-7　Ⓝ198.221
〔15582〕
◇填然夢幻—長崎で知った伊達藩士のこと　仙台　笹気出版印刷・企画室　1983.4　29p　9.2cm　Ⓝ198.221
〔15583〕
◇東北隠れ切支丹弾圧の研究　重松一義著　藤沢町(岩手県)　藤沢町文化振興協会　1996.1　181p　21cm　1500円　Ⓝ198.221
〔15584〕
◇東北のキリシタン殉教地をゆく　高木一雄著　長崎　聖母の騎士社　2001.3　424p　15cm　(聖母文庫)1000円　①4-88216-214-8　Ⓝ198.221
〔15585〕
◇徳川初期キリシタン史研究　五野井隆史著　吉川弘文館　1983.2　451,30p　22cm　8800円　Ⓝ198.221
〔15586〕
◇徳川初期キリシタン史研究　五野井隆史著　補訂版　吉川弘文館　1992.2　470,30p　22cm　9800円　①4-642-03307-6　Ⓝ198.221
〔15587〕
◇どちりいなきりしたん—バチカン本　小島幸枝,亀井孝解説　勉誠社　1979.1　163p　21cm　(勉誠社文庫 55)1500円　Ⓝ198.2
〔15588〕
◇ドチリイナ・キリシタン—キリシタンの教え 一五九一年版 現代語訳　宮脇白夜訳　長崎　聖母の騎士社　2007.4　173p　15cm　(聖母文庫)500円　①978-4-88216-278-0　Ⓝ198.221
〔15589〕
◇どちりなきりしたん—カサナテンセ本　小島幸枝,亀井孝解説　勉誠社　1979.1　128p　21cm　(勉誠社文庫 56)1200円　Ⓝ198.2
〔15590〕
◇長崎と日本二十六聖殉教者　片岡千鶴子,片岡瑠美子編・著　長崎　長崎純心大学博物館　1998.3　150p　21cm　(長崎純心大学博物館研究 第6輯)　Ⓝ198.221
〔15591〕
◇長崎のキリシタン　片岡弥吉著　長崎　聖母の騎士社　1989.5　204p　15cm　(聖母文庫)500円　①4-88216-044-7　Ⓝ198.221
〔15592〕
◇日本関係イエズス会原文書—京都外国語大学付属図書館所蔵　松田毅一責任編集　京都　同朋舎出版　1987.6

200p　27cm　12000円　①4-8104-0587-7　Ⓝ198.221
〔15593〕
◇日本キリシタン受難史　佃光雄著　勁草書房　1996.5　263p　20cm　Ⓝ198.221
〔15594〕
◇日本切支丹の歴史的役割　榊原悠二著　伊藤書店　1948　170p　21cm　(日本学術論叢)Ⓝa210
〔15595〕
◇日本切支丹の歴史的役割　榊原悠二著　2版　伊藤書店　1949　170p　21cm　(日本学術論叢)Ⓝ198.21
〔15596〕
◇日本吉利支丹文化史　新村出著　地人書館　1941　268p　19cm　(大観日本文化史叢書)Ⓝ210.5
〔15597〕
◇日本キリスト教復活史　フランシスク・マルナス著,久野桂一郎訳　みすず書房　1985.5　595,7p　22cm　8000円　①4-622-01258-8　Ⓝ198.221
〔15598〕
◇日本近世基督教人物史　比屋根安定著　基督教思想叢書刊行会　1935　558,30p　19cm　Ⓝ198
〔15599〕
◇日本近世基督教人物史　比屋根安定著　大空社　1992.12　1冊　22cm　(伝記叢書 106)16000円　①4-87236-405-8　Ⓝ198.321
〔15600〕
◇日本の思想　16　切支丹・蘭学集　杉浦民平著　筑摩書房　1987.6　368p　20cm　1600円　Ⓝ121
〔15601〕
◇日本論—日本キリシタンとオランダ　ファン・ハーレン著,井田清子訳　筑摩書房　1982.2　199p　20cm　1900円　Ⓝ198.221
〔15602〕
◇幕藩制成立とキリシタン禁制　村井早苗著　文献出版　1987.7　219,18p　22cm　4800円　Ⓝ198.221
〔15603〕
◇幕末明治耶蘇教史研究　小沢三郎著　亜細亜書房　1944　484p　22cm　Ⓝ190
〔15604〕
◇幕末明治耶蘇教史研究　小沢三郎著　日本基督教団出版局　1973　386p　22cm　4000円　Ⓝ190.21
〔15605〕
◇肥後藩切支丹宗門改影踏帳　1　城後尚年編　熊本　細川藩政史研究会　2004.6　289p　26cm　非売品　Ⓝ219.4
〔15606〕
◇肥後藩切支丹宗門改影踏帳　2　城後尚年編　熊本　細川藩政史研究会　2005.10　248p　26cm　非売品　Ⓝ219.4
〔15607〕
◇肥後藩切支丹宗門改影踏帳　3　城後尚年編　熊本　細川藩政史研究会　2007.1　172p　26cm　非売品　Ⓝ219.4
〔15608〕
◇秘史の証言—大洲平地の隠れキリシタンの遺跡　堀井順次著　八幡浜　豊予社　1992.7　222p　20cm　1200円　Ⓝ198.221
〔15609〕
◇福者フランシスコ・モラーレスO.P.書簡・報告　ホセ・デルガード・ガルシーアO.P.編注,佐久間正訳　キリシタン文化研究会　1972　288p　21cm　(キリシタン文化研究シリーズ 7)Ⓝ198.21
〔15610〕
◇武士道的基督教　黒崎幸吉著　日英堂書店　1943　93p　16cm　Ⓝ190
〔15611〕
◇プチジャン司教書簡集　純心女子短期大学長崎地方文化史研究所編　長崎　純心女子短期大学　1986.3　308p　21cm　Ⓝ198.221
〔15612〕
◇踏絵—禁教の歴史　片岡弥吉著　日本放送出版協会　1969　227p　18cm　(NHKブックス)340円　Ⓝ198.21
〔15613〕
◇踏み絵—外国人による踏み絵の記録　島田孝右,島田ゆり子著　雄松堂出版　1994.4　174p　22cm　(東西交流叢書 7)3090円　①4-8419-0137-X　Ⓝ210.5
〔15614〕
◇踏み絵—外国人による踏み絵の記録　島田孝右,島田ゆり子著　雄松堂出版　2007.6　174p　22cm　(東西交流叢書 7)6000円　①978-4-8419-3129-7　Ⓝ210.5
〔15615〕
◇ペトロ岐部—追放・潜入・殉教の道　松永伍一著　中央

公論社　1984.11　193p　18cm　（中公新書）480円
Ⓣ4-12-100747-6　Ⓝ198.221　〔15616〕

◇宝積坊マリア観音・雑記　小関堅太郎著　南陽〔小関堅太郎〕1991.12　34p　22cm　Ⓝ198.221〔15617〕

◇水戸の十字架　小林文華著　小林房枝監修　坂田章夫編　水戸　茨城新聞社　1996.9　479p　22cm
Ⓝ198.221〔15618〕

◇盛岡の切支丹—近世盛岡城下に関する切支丹資料　吉田義昭著　盛岡　盛岡市教育委員会文化課　1997.3　69p　20cm　（盛岡市文化財シリーズ　第30集）Ⓝ198.221
〔15619〕

◇山里の殉教者たち—武州渡瀬村隠れキリシタン　北沢文武著　浦和　さきたま出版会　1994.7　163p　19cm　1500円　Ⓣ4-87891-054-2　Ⓝ198.221〔15620〕

◇米沢藩内切支丹の実相　奥村幸雄著　白鷹町（山形県）奥村幸雄　1975　47p　22cm　Ⓝ198.21〔15621〕

◇蘇るマリヤ観音—隠れ切支丹物語　藤田公道著　国書刊行会　1977.12　278p　20cm　1600円　Ⓝ198.21〔15622〕

◇歴代史紀　上巻　ロバート・モリソン訳　ゆまに書房　1999.1　1冊　22cm　（幕末邦訳聖書集成 7—旧遺詔書7）Ⓣ4-89714-618-6　Ⓝ193.26〔15623〕

◇歴代史紀　下巻　ロバート・モリソン訳　ゆまに書房　1999.1　1冊　22cm　（幕末邦訳聖書集成 8—旧遺詔書8）Ⓣ4-89714-619-4　Ⓝ193.26〔15624〕

◆◆島原の乱
◇天草島原切支丹一揆史談　仁尾環著　長崎　仁尾環　1935　291p　20cm　Ⓝ210.5〔15625〕

◇天草・島原の乱—細川藩史料による　戸田敏夫著　新人物往来社　1988.1　317p　20cm　2300円
Ⓣ4-404-01482-1　Ⓝ210.52〔15626〕

◇天草・島原の乱—徳川幕府を震撼させた百二十日　平成十四年度秋季特別展覧会　八代市立博物館未来の森ミュージアム編　八代　八代市立博物館未来の森ミュージアム　2002.10　234p　30cm　（八代の歴史と文化シリーズ12）Ⓝ210.52〔15627〕

◇天草島原の乱とその前後　鶴田倉造著　上天草市史編纂委員会編　上天草　熊本県上天草市　2005.3　347p　21cm　（上天草市史　大矢野町編 3（近世））1200円
Ⓣ4-87755-205-7　Ⓝ210.52〔15628〕

◇天草四郎・島原決起の謎—島原の乱は豊臣家再興の決戦だった！　続・豊臣家存続の謎　前川和彦著　日本文芸社　1984.11　266p　19cm　（読物日本史シリーズ）980円
Ⓣ4-537-00793-1　Ⓝ210.52〔15629〕

◇天草四郎時貞、真実の預言者　今倉真理著　碧天舎　2003.10　313p　19cm　1000円　Ⓣ4-88346-380-X
〔15630〕

◇天草戦没者名鑑　天草戦没者名鑑編集委員会編　本渡　天草遺族連合会　1998.8　2冊（別冊とも）　22cm
〔15631〕

◇小城鍋島藩と島原の乱—小城鍋島文庫に見る　佐賀　佐賀大学文系基礎学研究プロジェクト　2004.8　119p　30cm　Ⓝ210.52〔15632〕

◇黒島三藩島原の陣　田代政門著　甘木　秋月郷土館　1968　214p　19cm　600円　Ⓝ210.53〔15633〕

◇激録日本大戦争　第18巻　島原の乱　アイヌの乱　原康史著　東京スポーツ新聞社　1984.12　314p　19cm　1300円　Ⓣ4-8084-0069-3　Ⓝ210.1〔15634〕

◇原史料で綴る天草島原の乱　鶴田倉造編　本渡　本渡市　1994.3　1202p　22cm　Ⓝ210.52〔15635〕

◇西海の乱—民衆史は精神的文化遺産なり　上巻　天草民衆運動史研究　鶴田文史著　天草　西海文化史研究所　2005.12　451p　26cm　（西海・天草地域史鉱脈 1）Ⓝ210.52〔15636〕

◇西海の乱—民衆史は精神的文化遺産なり　下巻　天草民衆運動史図録　鶴田文史著　天草　西海文化史研究所　2006.2　415p　26cm　（西海・天草地域史鉱脈 2）Ⓝ210.52〔15637〕

◇西海の乱と天草四郎　鶴田文史著　福岡　葦書房　1990.7　374p　19cm　1942円　Ⓝ210.52〔15638〕

◇再現日本史—週刊time travel　江戸14　講談社　2001.11　42p　30cm　533円　Ⓝ210.1〔15639〕

◇島原・天草の乱—ドキュメント　志岐隆重著　福岡　葦書房　1991.3　217p　19cm　1200円　Ⓝ210.52
〔15640〕

◇島原天草の乱　アウグスチノ岩崎太郎著　山口　アウグスチノ岩崎太郎　2003.3　55p　30cm　非売品　Ⓝ210.52
〔15641〕

◇島原合戦記　志村有弘訳　東村山　教育社　1989.5　230p　18cm　（教育社新書）1000円　Ⓣ4-315-50967-1　Ⓝ210.52〔15642〕

◇島原陣米藩戦功録　島原陣三百年記念祭祭典事務所編　久留米　島原陣三百年記念祭祭典事務所　1937　127p　19cm　Ⓝ219.3〔15643〕

◇島原の乱　助野健太郎著　東出版　1967　467p　図版 地　19cm　Ⓝ210.53〔15644〕

◇島原の乱　助野健太郎著　桜楓社　1974　467p　図 地　19cm　980円　Ⓝ210.53〔15645〕

◇島原の乱　煎本増夫著　東村山　教育社　1980.4　258p　18cm　（教育社歴史新書）600円　Ⓝ210.52〔15646〕

◇島原の乱—キリシタン信仰と武装蜂起　神田千里著　中央公論新社　2005.10　252p　18cm　（中公新書）780円
Ⓣ4-12-101817-6　Ⓝ210.52〔15647〕

◇週刊ビジュアル日本の歴史　no.23　幕藩体制の確立　3　デアゴスティーニ・ジャパン　2000.7　p86-125　30cm　533円　Ⓝ210.1〔15648〕

◇切腹　黒瀬昇次郎著　致知出版社　1996.6　397p　19cm　（ChiChi Select）2000円　Ⓣ4-88474-390-3
〔15649〕

◇それぞれの「島原の乱」—有馬原城兵乱之記　轟竜造編著　高来町（長崎県）　轟竜造　1996.10　292p　22cm　非売品　Ⓝ210.52〔15650〕

◇椿説四郎時貞　上野四郎著　熊本　日本談義社　1980.1　373p　19cm　2000円　Ⓝ210.52〔15651〕

◇寺沢藩士による天草一揆記上　寺沢光世, 鶴田倉造校注　苓北町（熊本県）　苓北町　2000.3　327p　22cm
Ⓝ210.52〔15652〕

◇原城発掘—西海の王土から殉教の舞台へ　南有馬町監修　石井進, 服部英雄編　新人物往来社　2000.3　228p　20cm　2200円　Ⓣ4-404-02852-0　Ⓝ210.52〔15653〕

◇原城耶蘇битки記　金井俊行著　島原村（長崎県）　金井俊行　1892.4　53丁　22cm　Ⓝ210.5〔15654〕

◇物語日本の歴史—その時代を見た人が語る　第22巻　キリシタン一揆と信仰の悲劇　笠原一男編　木耳社　1992.9　216p　20cm　1500円　Ⓣ4-8393-7574-7
Ⓝ210.1〔15655〕

◆◆キリシタン類族帳
◇会津キリシタン類族帳の研究　矢島浩著　むさしの書房　1977.6　147p　26cm　4300円　Ⓝ198.2126〔15656〕
◇大分キリシタン類族帳の研究　矢島浩著　むさしの書房

宗教史　　　　　　　　　　　　　　　近世史

1980.2　414p　26cm　(キリシタン類族帳研究叢書 第17集)Ⓝ198.22195　〔15657〕

◇大坂キリシタン類族帳の研究　矢島浩著　むさしの書房　1979.6　227p　26cm　(キリシタン類族帳研究叢書 第15集)Ⓝ198.21　〔15658〕

◇岡山キリシタン類族帳の研究　前編　矢島浩著　日本教育モニター　1974　90p　26cm　Ⓝ198.2175　〔15659〕

◇岡山キリシタン類族帳の研究　後篇　矢島浩著　むさしの書房　1979.10　115p　26cm　(キリシタン類族帳研究叢書 第16集)Ⓝ198.22175　〔15660〕

◇熊本キリシタン類族帳の研究　矢島浩著　日本教育モニター　1976.10　168p　26cm　Ⓝ198.2194　〔15661〕

◇上野国キリシタン類族帳の研究　矢島浩著　日本教育モニター　1975　211p　26cm　3600円　Ⓝ198.2133　〔15662〕

◇東北キリシタン類族帳　矢島浩編著　日本教育モニター　1972　106p　26cm　Ⓝ190.21　〔15663〕

◇坂東キリシタン類族帳の研究　矢島浩著　むさしの書房　1978.10　117p　26cm　(キリシタン類族帳研究叢書 第12集)Ⓝ198.21　〔15664〕

◇豊後国葛木村キリシタン類族帳の研究　矢島浩著　日本教育モニター　1976　191p　26cm　Ⓝ198.2195　〔15665〕

◇豊後国キリシタン類族帳の研究　矢島浩著　むさしの書房　1976.12　214p　26cm　Ⓝ198.2195　〔15666〕

◇陸奥国キリシタン類族帳の研究　矢島浩著　むさしの書房　1977.10　114p　26cm　(むさしの書房 no.5)Ⓝ198.212　〔15667〕

◇山形キリシタン類族帳の研究　矢島浩著　むさしの書房　1977.11　302p　26cm　Ⓝ198.21　〔15668〕

◆民間信仰

◇江戸時代信仰の風俗誌　小野武雄著　展望社　1976　397p　20cm　2600円　Ⓝ385.1　〔15669〕

◇江戸時代の家相説　村田あが著　雄山閣出版　1999.2　440p　22cm　13810円　①4-639-01587-9　Ⓝ148.5　〔15670〕

◇江戸時代の泉州安産信仰—石をも穿つ その分布と系譜　辻川季三郎著　泉大津　〔辻川季三郎〕　1995.10　282p　21cm　2500円　Ⓝ387　〔15671〕

◇江戸時代の民間信仰　芳賀登ほか編　雄山閣出版　1980.11　147,6p　23cm　(歴史公論ブックス 1)1200円　Ⓝ387　〔15672〕

◇江戸庶民の信仰と行楽　池上真由美著　同成社　2002.4　212p　20cm　(同成社江戸時代史叢書 13)2300円　①4-88621-242-5　Ⓝ384.37　〔15673〕

◇江戸東京の庶民信仰　長沢利明著　三弥井書店　1996.11　347p　20cm　2800円　①4-8382-9032-2　Ⓝ387　〔15674〕

◇江戸東京はやり信仰事典　新倉善之編　北辰堂　1998.5　346p　20cm　3200円　①4-89287-221-0　Ⓝ387　〔15675〕

◇江戸の祈り—信仰と願望　江戸遺跡研究会編　吉川弘文館　2004.11　304p　22cm　6600円　①4-642-03394-7　Ⓝ387　〔15676〕

◇江戸の悪霊祓い師　高田衛著　筑摩書房　1991.1　326p　21cm　3400円　①4-480-82286-0　Ⓝ188.62　〔15677〕

◇江戸のおいなりさん　塚田芳雄著　下町タイムス社　1999.5　219p　19cm　1429円　Ⓝ387.3　〔15678〕

◇江戸の女たちの縁をもやう赤い糸—絵図と川柳にみる神仏信仰と迷信　渡辺信一郎著　大阪　斉藤編集事務所　1996.4　397p　19cm　2000円　①4-916067-38-X　Ⓝ387　〔15679〕

◇江戸の旅と流行仏—お竹大日と出羽三山　牛島史彦編　〔東京都〕板橋区立郷土資料館　1992.10　57p　30cm　Ⓝ387　〔15680〕

◇江戸の小さな神々　宮田登著　青土社　1989.3　283p　20cm　1800円　Ⓝ387　〔15681〕

◇江戸の小さな神々　宮田登著　新装版　青土社　1997.8　284p　20cm　2200円　①4-7917-5565-0　Ⓝ387　〔15682〕

◇江戸のはやり神　宮田登著　筑摩書房　1993.7　299p　15cm　(ちくま学芸文庫)980円　①4-480-08068-6　Ⓝ387　〔15683〕

◇江戸文学俗信辞典　石川一郎編　東京堂出版　1989.7　409p　22cm　3786円　①4-490-10255-0　Ⓝ387.033　〔15684〕

◇江戸末期における疱瘡神と疱瘡絵の諸問題　ハルトムート O.ローターモンド述　京都　国際日本文化研究センター　1993.6　34p　21cm　(日文研フォーラム 第15回)Ⓝ387.021　〔15685〕

◇神奈川の石仏—近世庶民の精神風土　松村雄介著　横浜　有隣堂　1987.2　272p　18cm　(有隣新書)880円　①4-89660-075-4　Ⓝ387　〔15686〕

◇神々たちの宴—江戸時代の信仰と美術　第85回展観　西宮　黒川古文化研究所　2001　14p　26cm　Ⓝ387　〔15687〕

◇狐火幻影—王子稲荷と芸能 平成16年春期企画展図録　北区飛鳥山博物館編　東京都北区教育委員会　2004.3　48p　30cm　Ⓝ387.3　〔15688〕

◇近世立山信仰の展開—加賀藩芦峅寺衆徒の檀那場形成と配札　福江充著　岩田書院　2002.5　532p　22cm　(近世史研究叢書 7)11800円　①4-87294-249-3　Ⓝ387　〔15689〕

◇近世のアウトローと周縁社会　西海賢二著　京都　臨川書店　2006.2　198p　19cm　(臨川選書 26)1900円　①4-653-03961-5　Ⓝ387.021　〔15690〕

◇近世の地方寺院と庶民信仰　長谷川匡俊著　岩田書院　2007.5　374p　22cm　(近世史研究叢書 19)8200円　①978-4-87294-460-0　Ⓝ182.1　〔15691〕

◇近世の流行神　宮田登著　評論社　1971　250p　20cm　(日本人の行動と思想 17)690円　Ⓝ385.1　〔15692〕

◇護府—企画展 江戸期の庄屋、三井伝左衛門家にみる江戸・明治時代の御札、御守　武豊町歴史民俗資料館編　武豊町(愛知県)　武豊町歴史民俗資料館　1997.7　57p　26cm　Ⓝ387　〔15693〕

◇庶民信仰の幻想　圭室文雄,宮田登著　毎日新聞社　1977.4　254p　20cm　(江戸シリーズ 6)980円　Ⓝ160.21　〔15694〕

◇新編江戸の悪霊祓い師　高田衛著　筑摩書房　1994.11　352p　15cm　(ちくま学芸文庫)1100円　①4-480-08164-X　Ⓝ188.62　〔15695〕

◇仙境異聞　勝五郎再生記聞　平田篤胤著　子安宣邦校注　平田篤胤著　子安宣邦校注　岩波書店　2000.1　432p　15cm　(岩波文庫)800円　①4-00-330463-2　Ⓝ387　〔15696〕

◇竹田聴洲著作集　第4巻　近世村落の社寺と神仏習合—丹波山国郷　竹田聴洲著　国書刊行会　1997.3　433p　22cm　14000円　①4-336-03434-6　Ⓝ387　〔15697〕

◇鯰絵見聞録—大江戸幕末鯰絵事情　土浦市立博物館編　土浦　土浦市立博物館　1996.10　56p　23cm　(土浦市立博物館特別展図録 第17回)Ⓝ387.91　〔15698〕

◇日本宗教史 2 近世以後 笠原一男編 山川出版社 1977.12 409,40p 20cm (世界宗教史叢書 12)1900円 Ⓝ160.21 〔15699〕
◇幕末淫祀論叢 沖本常吉編 徳山 マツノ書店 1978.11 126p 21cm 1600円 Ⓝ160.21 〔15700〕
◇幕末民衆思想の研究―幕末国学と民衆宗教 桂島宣弘著 増補改訂版 京都 文理閣 2005.6 340,13p 22cm 4000円 Ⓘ4-89259-485-7 Ⓝ121.52 〔15701〕
◇富士講の歴史―江戸庶民の山岳信仰 岩科小一郎著 名著出版 1983.9 564p 22cm 6500円 Ⓝ387 〔15702〕
◇疱瘡神―江戸時代の病いをめぐる民間信仰の研究 ハルトムート・オ・ローテルムンド著 岩波書店 1995.3 236,9p 22cm 6500円 Ⓘ4-00-002091-9 Ⓝ387 〔15703〕
◇ほこら―広島県三次市における近世小社祠調査報告 第1集 広島県立三次高等学校史学部著 三次 三次高等学校史学部 1973 331p 25cm 800円 Ⓝ385.1 〔15704〕
◇歴史探索の手法―岩船地蔵を追って 福田アジオ著 筑摩書房 2006.5 204p 18cm (ちくま新書)680円 Ⓘ4-480-06297-1 Ⓝ387.4 〔15705〕

◆◆妖怪・怪談
◇稲生物怪録絵巻―江戸妖怪図録 谷川健一編 小学館 1994.7 110p 22×26cm 3800円 Ⓘ4-09-626107-6 Ⓝ910.25 〔15706〕
◇浮世絵魑魅魍魎の世界―江戸の劇画―魔界霊界の主人公たち 中右瑛著 里文出版 1987.8 130p 22cm 2500円 Ⓝ721.8 〔15707〕
◇浮世絵魑魅魍魎の世界―江戸の劇画―魔界・霊界の主人公たち 中右瑛著 改訂版 里文出版 1994.5 130p 21cm 2500円 Ⓘ4-947546-70-0 Ⓝ721.8 〔15708〕
◇浮世絵 魑魅魍魎の世界―江戸の劇画 魔界霊界の主人公たち 中右瑛著 里文出版 1997.7 130p 22×19cm 2800円 Ⓘ4-89806-060-9 〔15709〕
◇江戸イラスト 1 人物・妖怪 江戸イラスト刊行会編 柏書房 1976.7 382p(おもに図) はり込図6枚 27cm 8500円 Ⓝ721.8 〔15710〕
◇江戸怪奇異聞録 広坂朋信著 希林館 1999.11 249p 19cm 1700円 Ⓘ4-7952-6087-7 Ⓝ147 〔15711〕
◇江戸諸国百物語―諸国怪談奇談集成 東日本編 人文社 2005.11 152p 26cm (ものしりシリーズ)1900円 Ⓘ4-7959-1955-0 Ⓝ388.1 〔15712〕
◇江戸の怪―八百八町謎の事件簿 中江克己著 祥伝社 2000.10 258p 16cm (祥伝社黄金文庫)552円 Ⓘ4-396-31236-9 Ⓝ147 〔15713〕
◇江戸の怪異譚―地下水脈の系譜 堤邦彦著 ぺりかん社 2004.11 412,10p 22cm 5800円 Ⓘ4-8315-1059-9 Ⓝ913.5 〔15714〕
◇江戸の怪奇譚―人はこんなにも恐ろしい 氏家幹人著 講談社 2005.12 246p 21cm (The new fifties)1700円 Ⓘ4-06-269260-0 Ⓝ388.1 〔15715〕
◇江戸の劇画・妖怪浮世絵―魑魅魍魎の世界 中右瑛著 里文出版 2005.7 130p 21cm 1900円 Ⓘ4-89806-232-6 Ⓝ721.8 〔15716〕
◇江戸の人魚たち 花咲一男著 太平書屋 1978.12 188p 22cm Ⓝ913.5 〔15717〕
◇江戸の闇・魔界めぐり―怨霊スターと怪異伝説 岡崎柾男著 東京美術 1998.8 141p 21cm 1600円 Ⓘ4-8087-0652-0 Ⓝ388.136 〔15718〕
◇江戸の妖怪絵巻 湯本豪一著 光文社 2003.7 204p 18cm (光文社新書)740円 Ⓘ4-334-03204-4 Ⓝ387.91 〔15719〕
◇江戸の妖怪革命 香川雅信著 河出書房新社 2005.8 328p 20cm 2400円 Ⓘ4-309-22433-4 Ⓝ387.91 〔15720〕
◇江戸の妖怪事件簿 田中聡著 集英社 2007.6 206p 18cm (集英社新書)680円 Ⓘ978-4-08-720398-1 Ⓝ388.1 〔15721〕
◇江戸百鬼夜行 野口武彦著 ぺりかん社 1985.3 236p 20cm 1600円 Ⓝ910.25 〔15722〕
◇江戸百鬼夜行 野口武彦著 ぺりかん社 1990.10 236p 20cm 2060円 Ⓘ4-8315-0357-6 Ⓝ910.25 〔15723〕
◇江戸武蔵野妖怪図鑑 山口敏太郎著 立川 けやき出版 2002.7 183p 19cm 1300円 Ⓘ4-87751-168-7 Ⓝ387.9136 〔15724〕
◇大江戸百鬼夜行―江戸時代編 藤田晋一著 山内ススムイラスト 金の星社 2004.7 143p 19cm (日本史恐怖の館 5)700円 Ⓘ4-323-06535-3 〔15725〕
◇近世怪異小説研究 太刀川清著 笠間書院 1979.11 346p 22cm (笠間叢書 137)7500円 Ⓝ913.5 〔15726〕
◇初期江戸読本怪談集 大高洋司,近藤瑞木編 国書刊行会 2000.10 698p 22cm (江戸怪異綺想文芸大系 第1巻)12000円 Ⓘ4-336-04271-3 Ⓝ913.56 〔15727〕
◇図説江戸東京怪異百物語 湯本豪一著 河出書房新社 2007.7 111p 22cm (ふくろうの本)1700円 Ⓘ978-4-309-76096-4 Ⓝ388.1 〔15728〕
◇女人蛇体―偏愛の江戸怪談史 堤邦彦著 角川書店(発売) 2006.6 251p 20cm (角川叢書 33)2700円 Ⓘ4-04-702133-4 Ⓝ388.1 〔15729〕
◇眠れぬ江戸の怖い話 支倉槇人著 こう書房 2007.8 207p 19cm 1200円 Ⓘ978-4-7696-0948-3 〔15730〕
◇播磨の妖怪たち―「西播怪談実記」の世界 小栗栖健治,埴岡真弓編著 神戸 神戸新聞総合出版センター 2001.8 268p 21cm 1600円 Ⓘ4-343-00114-8 Ⓝ913.56 〔15731〕
◇百物語―江戸時代の怪談 堤亮二著 碧天舎 2002.9 283p 19cm 1000円 Ⓘ4-88346-120-3 Ⓝ913.51 〔15732〕
◇百物語怪談集成 続 太刀川清校訂 国書刊行会 1993.9 380p 20cm (叢書江戸文庫 27)4500円 Ⓘ4-336-03527-X Ⓝ913.51 〔15733〕
◇百鬼繚乱―江戸怪談・妖怪絵本集成 近藤瑞木編 国書刊行会 2002.9 296p 27cm 6800円 Ⓘ4-336-04447-3 Ⓝ913.5 〔15734〕
◇魔の棲む江戸の物語 下山弘著 山手書房新社 1993.5 230p 19cm 1400円 Ⓘ4-8413-0100-3 Ⓝ388.1 〔15735〕
◇耳嚢で訪ねるもち歩き裏江戸東京散歩―古地図ライブラリー別冊 人文社 2006.3 150p 24×16cm 1700円 Ⓘ4-7959-1297-1 〔15736〕
◇もち歩き裏江戸東京散歩―根岸鎮衛『耳嚢』で訪ねる 江戸東京の怪・奇・妖 人文社編集部企画・編集 人文社 2006.3 152p 24cm (古地図ライブラリー 別冊)1700円 Ⓘ4-7959-1297-1 Ⓝ388.1361 〔15737〕
◇妖怪いま甦る―「稲生武太夫妖怪絵巻」の研究 稲生武太夫著 三次市教育委員会編 三次 三次市教育委員会 1996.1 94p 30cm (三次市歴史民俗資料館調査報告 第10集) Ⓝ910.25 〔15738〕

◇妖怪の肖像―稲生武太夫冒険絵巻　倉本四郎著　平凡社　2000.1　439p　21cm　3800円　Ⓘ4-582-28443-4　Ⓝ910.25　〔15739〕

◇妖怪曼陀羅―幕末明治の妖怪絵師たち　悳俊彦編　国書刊行会　2007.7　106p　27cm　4000円　Ⓘ978-4-336-04945-2　Ⓝ721.025　〔15740〕

◇世にも不思議な江戸怪奇事件帳　新人物往来社　1998.5　223p　21cm　（別冊歴史読本　68号）1600円　Ⓘ4-404-02614-5　Ⓝ147　〔15741〕

◇和製類書集　神谷勝広編　国書刊行会　2001.12　757,16p　22cm　（江戸怪異綺想文芸大系　第3巻）13000円　Ⓘ4-336-04273-X　Ⓝ031.2　〔15742〕

学術・教育史

◇江戸時代から現代への教育　鴨方町（岡山県）　鴨方町教育委員会　1968.12　1冊　27cm　〔15743〕

◇江戸知識人の見た世界―神原文庫地図資料展　香川大学附属図書館編　高松　香川大学附属図書館　2006.10　30p　30cm　〔15744〕

◇近世史の研究　第3冊　文化論.生活論.学問論.史学論　伊東多三郎著　吉川弘文館　1983.6　494p　22cm　7800円　Ⓝ210.5　〔15745〕

◇知識と学問をになう人びと　横田冬彦編　吉川弘文館　2007.4　239p　20cm　（身分的周縁と近世社会 5）3000円　Ⓘ978-4-642-06561-0　Ⓝ210.5　〔15746〕

◇知の職人たち―南葵文庫に見る江戸のモノづくり　展示資料目録　東京大学附属図書館所蔵資料展示委員会編　東京大学附属図書館　2006.11　44p　30cm　〔15747〕

◇日本の歴史　近世から近代へ 3　江戸の学問―よみ・かき・そろばんまで　新訂増補　朝日新聞社　2004.1　p66-95　30cm　（週刊朝日百科 83）476円　Ⓝ210.1　〔15748〕

◇兵学と朱子学・蘭学・国学―近世日本思想史の構図　前田勉著　平凡社　2006.3　283p　20cm　（平凡社選書 225）2800円　Ⓘ4-582-84225-9　Ⓝ121.5　〔15749〕

◆蘭学・洋学

◇青地林宗の世界―伊予の蘭学者　池田遥著　松山　愛媛県文化振興財団　1998.3　316p　18cm　（えひめブックス）952円　Ⓝ402.105　〔15750〕

◇阿波の洋学事始　佐光昭二著　徳島　徳島市立図書館　1983.1　345p　19cm　（徳島市民双書　第17集）1500円　Ⓝ210.58　〔15751〕

◇阿波の蘭学者―西洋文化を伝えた人たち　福島義一著　徳島　徳島県出版文化協会　1982.7　175p　22cm　1500円　Ⓝ490.21　〔15752〕

◇阿波洋学史の研究―限定版　佐光昭二著　徳島　徳島県教育印刷　2007.4　792,20p　22cm　10000円　Ⓘ978-4-903805-00-9　Ⓝ210.58　〔15753〕

◇伊予の蘭学　影山昇著　松山　青葉図書　1975.5　98p　19cm　Ⓝ402.105　〔15754〕

◇伊予の蘭学―近代科学の夜明け　愛媛県歴史文化博物館編　宇和町（愛媛県）　愛媛県歴史文化博物館　1997.7　136p　30cm　Ⓝ402.105　〔15755〕

◇因伯洋学史話　森納著　鳥取　富士書店　1993.12　325,16p　22cm　3000円　Ⓝ402.105　〔15756〕

◇江戸時代諸藩諸家旧蔵蘭書の調査―1976-1992　日蘭学会編　日蘭学会　1993.12　19p　30cm　非売品　Ⓝ402.105　〔15757〕

◇江戸時代西洋百科事典―『厚生新編』の研究　杉本つとむ編著　雄山閣出版　1998.8　609,87p　22cm　18000円　Ⓘ4-639-01440-6　Ⓝ031　〔15758〕

◇江戸時代の西洋学―天理ギャラリー第131回展　天理図書館編　天理ギャラリー　2007.5　31p　26cm　〔15759〕

◇江戸時代の洋学者たち　緒方富雄編　新人物往来社　1972　299p　20cm　950円　Ⓝ402.105　〔15760〕

◇江戸時代の蘭画と蘭書―近世日蘭比較美術史　上巻　磯崎康彦著　ゆまに書房　2004.4　694p　22cm　18000円　Ⓘ4-8433-1162-6　Ⓝ721.83　〔15761〕

◇江戸時代の蘭画と蘭書―近世日蘭比較美術史　下巻　磯崎康彦著　ゆまに書房　2005.3　584p　22cm　18000円　Ⓘ4-8433-1163-4　Ⓝ721.83　〔15762〕

◇江戸長崎紅毛遊学　杉本つとむ編　ひつじ書房　1997.3　322,11p　19cm　（ひつじ選書　第2巻）2330円　Ⓘ4-938669-79-X　Ⓝ402.105　〔15763〕

◇江戸のナポレオン伝説―西洋英雄伝はどう読まれたか　岩下哲典著　中央公論新社　1999.9　200p　18cm　（中公新書）700円　Ⓘ4-12-101495-2　Ⓝ210.55　〔15764〕

◇江戸洋学事情　杉本つとむ著　八坂書房　1990.12　399p　20cm　2816円　Ⓘ4-89694-601-4　Ⓝ402.105　〔15765〕

◇大阪女子大学蔵洋学資料総目録　南出康世ほか共編　堺　大阪女子大学　2000.7　110p　26cm　Ⓝ402.105　〔15766〕

◇大坂蘭学史話　中野操著　京都　思文閣出版　1979.3　356p　図版11枚　22cm　3800円　Ⓝ402.105　〔15767〕

◇緒方洪庵と大坂の除痘館　古西義麿著　大阪　東方出版　2002.12　222p　22cm　2500円　Ⓘ4-88591-820-0　Ⓝ493.82　〔15768〕

◇おらんだ正月―新編　森銑三著　小出昌洋編　岩波書店　2003.1　404p　15cm　（岩波文庫）660円　Ⓘ4-00-311534-1　Ⓝ402.8　〔15769〕

◇尾張蘭学者考　堀川柳人編　名古屋　安藤次郎　1933　132p　図版11枚　20cm　Ⓝ402　〔15770〕

◇海外交流と小城の洋学―小城鍋島文庫にみる　佐賀大学・小城市交流事業特別佐賀大学地域学歴史文化研究センター開館1周年記念展　青木歳幸編　佐賀　佐賀大学地域学歴史文化研究センター　2007.10　139p　30cm　Ⓝ219.2　〔15771〕

◇解体新書―蘭学をおこした人々　小川鼎三著　中央公論社　1968　195p　18cm　（中公新書）Ⓝ402.105　〔15772〕

◇解体新書に寄せて　福島久幸　清水　〔福島久幸〕　1997.5　10p　20cm　非売品　Ⓝ490.21　〔15773〕

◇解体新書の時代―江戸の翻訳文化をさぐる　杉本つとむ著　早稲田大学出版部　1987.2　328p　19cm　2000円　Ⓘ4-657-87101-3　Ⓝ402.105　〔15774〕

◇解体新書の時代―江戸の翻訳文化をさぐる　杉本つとむ著　新装版　早稲田大学出版部　1997.4　328p　19cm　2500円　Ⓘ4-657-97413-0　Ⓝ402.105　〔15775〕

◇崋山・長英論集　渡辺崋山,高野長英著,佐藤昌介校注　岩波書店　1978.8　398p　15cm　（岩波文庫）400円　Ⓝ402.105　〔15776〕

◇桂川今泉文庫目録―洋学文庫目録（稿）追補　早稲田大学図書館蔵　早稲田大学図書館編　早稲田大学図書館　1992.4　29p　26cm　Ⓝ402.105　〔15777〕

◇桂川の人々―蘭学の家　最終篇　今泉源吉著　篠崎書林　1969　706p　図版14枚　22cm　4800円　Ⓝ402.105　〔15778〕

◇木村蒹葭堂の蘭学志向 1 語学・本草学を中心に 滝川義一著 科学院 1985.3 205p 22cm 4000円 Ⓝ402.105
〔15779〕
◇近世史の研究 第2冊 国学と洋学 伊東多三郎著 吉川弘文館 1982.7 382p 22cm 5800円 Ⓝ210.5
〔15780〕
◇近世日本の儒学と洋学 大月明著 京都 思文閣出版 1988.9 349,16p 22cm 8500円 Ⓘ4-7842-0523-3 Ⓝ121.53
〔15781〕
◇近世日本の哲学―安藤昌益・平賀源内・三浦梅園 高崎哲学堂設立の会編 高崎 あさを社 1984.6 134p 19cm 800円 Ⓝ121.56
〔15782〕
◇近世の洋学研究資料―新潟県文化財緊急悉皆調査報告書 新潟 新潟県教育委員会 1985.3 109p 26cm (新潟県文化財調査年報 第23)Ⓝ402.105
〔15783〕
◇近世の洋学と海外交渉 岩生成一編 巖南堂書店 1979.8 384p 22cm 5500円 Ⓝ210.5
〔15784〕
◇「近代を開いた江戸のモノづくり―幕末の地域ネットワークと近代化の諸相」報告書―第2回リレーシンポジウム 萩博物館編 萩 萩博物館 2006.3 79p 30cm 非売品 Ⓝ402.105
〔15785〕
◇近代西洋文明との出会い―黎明期の西南雄藩 杉本勲編 京都 思文閣出版 1989.10 289,14p 21cm 4738円 Ⓘ4-7842-0566-7 Ⓝ402.105
〔15786〕
◇近代日本の光源―鳴滝塾の悲劇と展開 久米康生著 木耳社 1974 244p 19cm 1200円 Ⓝ402.105
〔15787〕
◇近代日本の先駆者たち―幕末の洋学 藤森成吉著 新日本出版社 1972 216p 18cm (新日本新書)300円 Ⓝ402.105
〔15788〕
◇好奇心のおもちゃ箱―江戸の科学と美術 特別展図録 仙台市博物館編 仙台 仙台市博物館 1992.4 139p 21cm Ⓝ402.105
〔15789〕
◇稿本加賀洋学資料―蘭学から英学へ 1 日本英学史学会北陸支部編 金沢 日本英学史学会北陸支部 1985.5 1冊 27cm Ⓝ210.5
〔15790〕
◇稿本加賀洋学資料―蘭学から英学へ 2 日本英学史学会北陸支部編 金沢 日本英学史学会北陸支部 1986.5 1冊 27cm Ⓝ210.5
〔15791〕
◇国学と蘭学 佐野正巳著 雄山閣 1973 236p 22cm (雄山閣歴史選書)1500円 Ⓝ121.2
〔15792〕
◇在村の蘭学 田崎哲郎著 名著出版 1985.2 300p 19cm 3200円 Ⓘ4-626-01157-8 Ⓝ210.5
〔15793〕
◇在村の蘭学 田崎哲郎著 名著出版 2002.3(第3刷) 300p 19cm 3200円 Ⓘ4-626-01663-4 Ⓝ210.5
〔15794〕
◇在村蘭学の研究 青木歳幸著 京都 思文閣出版 1998.2 436,18p 22cm 8600円 Ⓘ4-7842-0963-8 Ⓝ490.2152
〔15795〕
◇在村蘭学の展開 田崎哲郎編 京都 思文閣出版 1992.4 325p 22cm 5974円 Ⓘ4-7842-0701-5 Ⓝ402.105
〔15796〕
◇佐賀藩武雄領の西洋科学 中島平一著 武雄 中島平一 1982.7 26p 22cm Ⓝ402.105
〔15797〕
◇佐倉藩の洋学 第1輯 蘭学者木村軍太郎伝 村上一郎著 千葉県佐倉町 村上一郎 1937 98p 22cm Ⓝ289.1
〔15798〕
◇柴田収蔵日記 2 村の洋学者 柴田収蔵著 田中圭一編注 平凡社 1996.12 364p 18cm (東洋文庫)2781円 Ⓘ4-582-80608-2
〔15799〕
◇シーボルトと鳴滝塾―悲劇の展開 久米康生著 木耳社 1989.3 244p 19cm (オリエントブックス)1236円 Ⓘ4-8393-7480-5 Ⓝ402.105
〔15800〕
◇10年のあゆみ 津山 津山洋学資料館友の会 1991.11 61p 26cm Ⓝ210.58
〔15801〕
◇常総の西洋学者 富村登著 水海道 常総文化史研究会 1962 398p 19cm Ⓝ402.105
〔15802〕
◇新撰洋学年表 大槻如電修 2版 柏林社書店 1963 158p 27cm Ⓝ402.105
〔15803〕
◇人物・近世洋学文化史 田村栄太郎著 雄山閣出版 1984.11 404p 22cm 4800円 Ⓘ4-639-00415-X Ⓝ402.105
〔15804〕
◇水滴は岩をも穿つ 川嶌真人著 福岡 梓書院 2006.5 362p 22cm 2857円 Ⓘ4-87035-273-7 Ⓝ490.2195
〔15805〕
◇図説日本の洋学 惣郷正明著 築地書館 丸善(発売) 1970 343p 16×23cm 2300円 Ⓝ402.105 〔15806〕
◇素晴らしき津山洋学の足跡 津山洋学資料館編 津山 津山洋学資料館 2004.9 37p 21×30cm Ⓝ402.105
〔15807〕
◇西欧文化受容の諸相 杉本つとむ著 八坂書房 1999.8 616p 23cm (杉本つとむ著作選集 9)15000円 Ⓘ4-89694-779-7 Ⓝ210.58
〔15808〕
◇西洋学の東漸と日本 松野良寅編 米沢 松野良寅 1998.6 475,21p 22cm 非売品 Ⓝ210.5 〔15809〕
◇西洋文化事始め十講 杉本つとむ著 スリーエーネットワーク 1996.2 318p 20cm 2000円 Ⓘ4-88319-055-2 Ⓝ801.7
〔15810〕
◇高橋磧一著作集 第1巻 洋学論 あゆみ出版 1984.7 313p 20cm 2600円 Ⓝ210.08
〔15811〕
◇武雄の蘭学 有馬成甫著 武雄 武雄市教育委員会 1962 65p 21cm Ⓝ402.105
〔15812〕
◇筑前藩蘭学の泰斗・安部竜平 大熊浅次郎著 福岡 大熊浅次郎 1942 11p 26cm Ⓝ289.1
〔15813〕
◇知の冒険者たち―『蘭学事始』を読む 杉田玄白原著 杉本つとむ訳・著 八坂書房 1994.9 326p 20cm 2575円 Ⓘ4-89694-649-9 Ⓝ402.105
〔15814〕
◇地方知識人の形成 田崎哲郎著 名著出版 2001.9 372p 19cm 3200円 Ⓘ4-626-01656-1 Ⓝ121.52
〔15815〕
◇津山洋学資料 第1集 増補宇田川家勤書 津山 津山洋学資料館 1978 45p 26cm Ⓝ210.58 〔15816〕
◇津山洋学資料 第2集 箕作家勤書 津山 市立津山郷土館 1976.3 28p 26cm Ⓝ210.58
〔15817〕
◇津山洋学資料 第4集 目で見る津山の洋学 津山洋学資料館編 津山 津山洋学資料館 1978.3 43p 26cm Ⓝ210.58
〔15818〕
◇津山洋学資料 第5集 洋学者書簡集 1 津山 津山洋学資料館 1980.3 33p 26cm Ⓝ210.58 〔15819〕
◇津山洋学資料 第6集 津山洋学―水田昌二郎遺稿集 津山 津山洋学資料館 1986.2 125p 26cm Ⓝ210.58
〔15820〕
◇津山洋学資料 第7集 津山洋学資料館編 津山 津山洋学資料館 1983.3 55p 26cm Ⓝ210.58
〔15821〕
◇津山洋学資料 第8集 黒船の渡来と津山の洋学者 津山 津山洋学資料館 1984.3 63p 26cm Ⓝ210.58
〔15822〕
◇津山洋学資料 第9集 津山洋学者の墓誌・顕彰碑文 津山 津山洋学資料館 1985.3 62p 26cm Ⓝ210.58
〔15823〕
◇津山洋学資料 第10集 宇田川榕菴の楽律資料を巡って

津山　津山洋学資料館　1988　82p　26cm　Ⓝ210.58
　　　　　　　　　　　　　　　　　　　　　〔15824〕
◇津山洋学資料館資料目録　津山　津山洋学資料館
　1982.2　39p　26cm　Ⓝ210.58　　　　〔15825〕
◇東北の長崎─米沢洋学の系譜　松野良寅編著　米沢　松
　野良寅　1988.11　416,14p　22cm　3500円　Ⓝ210.5
　　　　　　　　　　　　　　　　　　　　　〔15826〕
◇長崎游学の標　長崎文献社編　長崎　長崎文献社
　1990.8　157,8p　19cm　1456円　①4-88851-056-7
　Ⓝ402.105　　　　　　　　　　　　　　〔15827〕
◇長崎洋学史　古賀十二郎著, 長崎学会編集　第3版　長崎
　長崎文献社　1983.5-11　3冊　22cm　各7500円　Ⓝ402.
　105　　　　　　　　　　　　　　　　　〔15828〕
◇長崎洋学史　上巻　古賀十二郎著, 長崎学会編　長崎
　長崎文献社　1966　744p　22cm　Ⓝ402.105　〔15829〕
◇長崎洋学史　続編　古賀十二郎著, 長崎学会編　長崎
　長崎文献社　1968　288p 図版10枚　22cm　Ⓝ402.105
　　　　　　　　　　　　　　　　　　　　　〔15830〕
◇長崎洋学史　下巻　古賀十二郎著, 長崎学会編　長崎
　長崎文献社　1967　556p 図版16枚　22cm　Ⓝ402.105
　　　　　　　　　　　　　　　　　　　　　〔15831〕
◇長崎蘭学の巨人─志筑忠雄とその時代　松尾龍之介著
　福岡　弦書房　2007.12　258p　19cm　1900円
　①978-4-902116-95-3　　　　　　　　　　〔15832〕
◇二宮敬作と関係人物　門多正志著　宇和町(愛媛県)
　宇和町教育委員会　2001.8　259p　21cm　Ⓝ402.105
　　　　　　　　　　　　　　　　　　　　　〔15833〕
◇日本学士院所蔵川本幸民関係資料目録　日本学士院
　1999.10　29p　26cm　Ⓝ402.105　　　　〔15834〕
◇日本自然誌の成立─蘭学と本草学　木村陽二郎著　中央
　公論社　1974　386p　19cm　(自然選書)1800円
　Ⓝ402.105　　　　　　　　　　　　　　〔15835〕
◇日本史探訪　16　国学と洋学　角川書店編　角川書店
　1985.2　417p　15cm　(角川文庫 5366)540円
　①4-04-153316-3　Ⓝ210.1　　　　　　　〔15836〕
◇日本人の西洋発見　ドナルド・キーン著, 藤田豊, 大沼雅
　彦共訳　錦正社　1957　407p　19cm　Ⓝ210.55
　　　　　　　　　　　　　　　　　　　　　〔15837〕
◇日本人の西洋発見　ドナルド・キーン著, 芳賀徹訳　中
　央公論社　1982.5　342p　15cm　(中公文庫)440円
　Ⓝ210.55　　　　　　　　　　　　　　　〔15838〕
◇日本の思想　16　切支丹・蘭学集　杉浦民平等　筑摩書
　房　1987.6　368p　20cm　1600円　Ⓝ121　〔15839〕
◇日本洋学史─葡・羅・蘭・英・独・仏・露語の受容　宮
　永孝著　三修社　2004.6　453p　21cm　4800円
　①4-384-04011-3　　　　　　　　　　　　〔15840〕
◇日本洋学史の研究　有坂隆道編　大阪　創元社　1968
　330p　22cm　(創元学術叢書)Ⓝ402.105　〔15841〕
◇日本洋学史の研究　2　有坂隆道編　大阪　創元社
　1972　306p　22cm　(創元学術叢書)1800円　Ⓝ402.
　105　　　　　　　　　　　　　　　　　〔15842〕
◇日本洋学史の研究　3　有坂隆道編　大阪　創元社
　1974　310p　22cm　(創元学術叢書)3200円　Ⓝ402.
　105　　　　　　　　　　　　　　　　　〔15843〕
◇日本洋学史の研究　4　有坂隆道編　大阪　創元社
　1977.7　246,27p　22cm　(創元学術叢書)3000円
　Ⓝ402.105　　　　　　　　　　　　　　〔15844〕
◇日本洋学史の研究　5　有坂隆道編　大阪　創元社
　1979.9　302p　22cm　(創元学術叢書)3000円　Ⓝ402.
　105　　　　　　　　　　　　　　　　　〔15845〕
◇日本洋学史の研究　6　有坂隆道編　大阪　創元社
　1982.4　289p　22cm　(創元学術叢書)①4-422-01006-9
　Ⓝ402.105　　　　　　　　　　　　　　〔15846〕
◇日本洋学史の研究　7　有坂隆道編　大阪　創元社
　1985.3　271p　22cm　(創元学術叢書)3000円
　①4-422-01027-1　Ⓝ402.105　　　　　　〔15847〕
◇日本洋学史の研究　8　有坂隆道編　大阪　創元社
　1987.4　274p　22cm　(創元学術叢書)3000円
　①4-422-01028-X　Ⓝ402.105　　　　　　〔15848〕
◇日本洋学史の研究　9　有坂隆道編　大阪　創元社
　1989.4　268,41p　22cm　(創元学術叢書)3100円
　①4-422-01029-8　Ⓝ402.105　　　　　　〔15849〕
◇日本洋学史の研究　10　有坂隆道編　大阪　創元社
　1991.1　334,23p　22cm　(創元学術叢書)3500円
　①4-422-01030-1　Ⓝ402.105　　　　　　〔15850〕
◇日本洋学人名事典　武内博編著　柏書房　1994.7
　533,13,14p　27cm　①4-7601-1104-2　Ⓝ402.105
　　　　　　　　　　　　　　　　　　　　　〔15851〕
◇日本洋学編年史　大槻如電原著, 佐藤栄七増訂　錦正社
　1965　1046p　22cm　Ⓝ402.105　　　　〔15852〕
◇萩藩明倫館の洋学　ハギ永秀夫著　出版地不明　[ハギ]
　永秀夫　2007.2　68,10p　21cm　Ⓝ402.105　〔15853〕
◇幕末期日本におけるオランダ語号令の受容とその日本語
　化問題─土佐藩「徳弘家資料」所収のオランダ語号令関
　係資料の解読と分析　坂本保富著　松本　信州大学坂本
　保富研究室　2003.9　38p　30cm　(研究報告書 通巻第
　3号(平成15年度))Ⓝ559.1　　　　　　　〔15854〕
◇幕末におけるヨーロッパ学術受容の一断面─内田五観と
　高野長英・佐久間象山　川尻信夫著　東海大学出版会
　1982.3　339p　22cm　4000円　Ⓝ402.105　〔15855〕
◇幕末の洋学　中山茂著　京都　ミネルヴァ書房　1984.1
　312,7p　22cm　4000円　Ⓝ402.105　　　　〔15856〕
◇幕末明治洋学史　中谷一正著　大阪　中谷一正　1978.5
　270,4p　22cm　1800円　Ⓝ210.5　　　　　〔15857〕
◇幕末洋学教育史研究─土佐藩「徳弘家資料」による実態
　分析　坂本保富著　高知　高知市民図書館　2004.2
　558,44p　22cm　3810円　Ⓝ402.105　　　〔15858〕
◇幕末洋学史　沼田次郎著　刀江書院　1950　276p
　19cm　Ⓝ402.1059　　　　　　　　　　　〔15859〕
◇幕末洋学史の研究　原平三著　新人物往来社　1992.4
　374p　22cm　①4-404-01900-9　Ⓝ402.105　〔15860〕
◇幕末洋学者欧文集　山岸光宣編　弘文荘　1940　2冊
　(解説とも)　27cm　Ⓝ402　　　　　　　〔15861〕
◇「函館文庫」創設とその後─講演会・特別展示幕末時代
　から今に残る洋書「函館文庫」記念論集　函館　函館文
　庫を語る会　2006.12　52p　30cm　Ⓝ830.7　〔15862〕
◇磐水存響　大槻茂雄編　京都　思文閣出版　1991.3　2
　冊　23cm　全19570円　①4-7842-0624-8　Ⓝ402.105
　　　　　　　　　　　　　　　　　　　　　〔15863〕
◇ふらんす語事始─仏学始祖村上英俊の人と思想　高橋邦
　太郎, 富田仁, 西堀昭編　校倉書房　1975　178p　22cm
　2000円　Ⓝ289.1　　　　　　　　　　　〔15864〕
◇本草学と洋学─小野蘭山学統の研究　遠藤正治著　京都
　思文閣出版　2003.4　409,33p　22cm　7200円
　①4-7842-1150-0　Ⓝ499.9　　　　　　　〔15865〕
◇前野蘭化　1　解体新書以前　岩崎克己著　平凡社
　1996.5　323p　18cm　(東洋文庫 600)2781円
　①4-582-80600-7　Ⓝ402.105　　　　　　〔15866〕
◇前野蘭化　2　解体新書の研究　岩崎克己著　平凡社
　1996.9　324p　18cm　(東洋文庫 604)2781円
　①4-582-80604-X　Ⓝ402.105　　　　　　〔15867〕
◇前野蘭化　3　著訳篇　岩崎克己著　平凡社　1997.2

269p　18cm　（東洋文庫　612）2575円
①4-582-80612-0　Ⓝ402.105　〔15868〕

◇未刊蘭学資料の書誌的研究　片桐一男著　ゆまに書房　1997.7　304p　26cm　（書誌書目シリーズ 43）15000円　①4-89714-160-5　〔15869〕

◇水戸の洋学　沼尻源一郎編著　柏書房　1977.5　316p　22cm　3800円　〔15870〕

◇美濃の蘭学　岐阜県博物館編　岐阜　岐阜県博物館　1984.10　32p　26cm　Ⓝ402.105　〔15871〕

◇目で見る津山の洋学　津山洋学資料館編　津山　津山洋学資料館　1978.3　43p　26cm　（津山洋学資料　第4集）Ⓝ210.58　〔15872〕

◇桃裕行著作集　第6巻　松江藩と洋学の研究　京都　思文閣出版　1989.11　339p　22cm　6077円　①4-7842-0569-1　Ⓝ081.6　〔15873〕

◇森本家が守り伝えた津山洋学の至宝展―津山洋学資料館平成18年度特別展図録　津山　津山洋学資料館　2006.10　31p　30cm　Ⓝ402.105　〔15874〕

◇山片蟠桃と大阪の洋学　有坂隆道著　大阪　創元社　2005.4　238p　19cm　1800円　①4-422-20146-8　〔15875〕

◇山村才助と蘭学の時代―江戸時代世界地理研究の先駆者　第2回特別展　土浦市立博物館編　土浦　土浦市立博物館　1989.10　50p　26cm　Ⓝ402.105　〔15876〕

◇洋学　沼田次郎著　吉川弘文館　1989.10　267,15p　20cm　（日本歴史叢書 40）2700円　①4-642-06540-7　Ⓝ402.105　〔15877〕

◇洋学　沼田次郎著　新装版　吉川弘文館　1996.10　267,15p　20cm　（日本歴史叢書　新装版）2781円　①4-642-06647-0　Ⓝ402.105　〔15878〕

◇洋学　1　洋学史学会著　八坂書房　1993.5　233,6p　21cm　4800円　①4-89694-350-3　〔15879〕

◇洋学　2　洋学史学会編　八坂書房　1994.4　196,6p　23×16cm　4300円　①4-89694-351-1　〔15880〕

◇洋学―洋学史学会研究年報　3　洋学史学会編　八坂書房　1995.10　183,7p　21cm　4500円　①4-89694-352-X　〔15881〕

◇洋学　4　洋学史学会研究年報　洋学史学会編　八坂書房　1996.10　185,5p　21cm　4500円　①4-89694-353-8　〔15882〕

◇洋学　5　洋学史学会研究年報　洋学史学会編　八坂書房　1997.6　245,10p　21cm　4800円　①4-89694-354-6　〔15883〕

◇洋学関係研究文献要覧―1868～1982　日蘭学会編　日蘭学会　1984.3　416p　27cm　（日蘭学会学術叢書 第5）Ⓝ402.105　〔15884〕

◇洋学関係研究文献要覧―1868～1982　日蘭学会編　日外アソシエーツ　1984.4　416p　27cm　（20世紀文献要覧大系 17）23000円　①4-8169-0325-9　Ⓝ402.105　〔15885〕

◇洋学事始―幕末・維新期西洋文明の導入　幕末・明治初期における西洋文明の導入に関する研究会編　文化書房博文社　1993.4　281p　22cm　2900円　①4-8301-0664-6　Ⓝ210.58　〔15886〕

◇洋学ことはじめ展―蘭学の諸系列と江戸幕府旧蔵本　蘭学資料研究会編　1954　72p　21cm　Ⓝ402.1059　〔15887〕

◇洋学ことはじめ展―蘭学の諸系列と江戸幕府旧蔵本　訂正第2版　蘭学資料研究会　1954.12　72p　21cm　Ⓝ402.105　〔15888〕

◇洋学史研究序説―洋学と封建権力　佐藤昌介著　岩波書店　1964　403p　22cm　Ⓝ402.105　〔15889〕

◇洋学史事典　日蘭学会編　雄松堂出版　1984.9　787,82,35p　27cm　（日蘭学会学術叢書 第6）19500円　①4-8419-0002-0　Ⓝ402.105　〔15890〕

◇洋学思想史論　高橋磌一著　新日本出版社　1972　348p　20cm　1200円　Ⓝ402.105　〔15891〕

◇洋学思想史論　高橋磌一著　新装版　新日本出版社　2002.8　348p　20cm　2600円　①4-406-02940-0　Ⓝ402.105　〔15892〕

◇洋学史の研究　佐藤昌介　中央公論社　1980.11　506,12p　22cm　4500円　Ⓝ402.105　〔15893〕

◇洋学者宇田川家のひとびと　水田楽男著　岡山　日本文教出版　1995.2　173p　15cm　（岡山文庫 174）750円　①4-8212-5174-4　Ⓝ402.105　〔15894〕

◇洋学者稿本集　天理図書館善本叢書和書之部編集委員会編　天理　天理大学出版部　1986.9　478,27p　27cm　（天理図書館善本叢書；和書之部 80）16000円　Ⓝ402.105　〔15895〕

◇洋学資料研究文献目録'88（稿）―語学研究篇　大橋敦夫編　長野　〔大橋敦夫〕　1990.9　96p　26cm　Ⓝ402.105　〔15896〕

◇洋学資料図録―早稲田大学図書館蔵　早稲田大学図書館　1968　1冊　26cm　Ⓝ402.105　〔15897〕

◇洋学資料による日本文化史の研究　1　岡山　吉備洋学資料研究会　1988.5　82p　21cm　Ⓝ210.58　〔15898〕

◇洋学資料による日本文化史の研究　2　岡山　吉備洋学資料研究会　1989.3　115p　21cm　Ⓝ210.58　〔15899〕

◇洋学資料による日本文化史の研究　3　岡山　吉備洋学資料研究会　1990.3　82p　21cm　Ⓝ210.58　〔15900〕

◇洋学資料による日本文化史の研究　4　岡山　吉備洋学資料研究会　1991.3　173p　21cm　Ⓝ210.58　〔15901〕

◇洋学資料による日本文化史の研究　5　岡山　吉備洋学資料研究会　1992.3　43p　21cm　Ⓝ210.58　〔15902〕

◇洋学資料による日本文化史の研究　6　岡山　吉備洋学資料研究会　1993.3　169p　21cm　Ⓝ210.58　〔15903〕

◇洋学資料による日本文化史の研究　7　岡山　吉備洋学資料研究会　1994.3　88p　21cm　Ⓝ210.58　〔15904〕

◇洋学資料による日本文化史の研究　8　岡山　吉備洋学資料研究会　1995.3　183p　21cm　Ⓝ210.58　〔15905〕

◇洋学資料による日本文化史の研究　9　岡山　吉備洋学資料研究会　1996.8　96p　21cm　Ⓝ210.58　〔15906〕

◇洋学資料による日本文化史の研究　10　岡山　吉備洋学資料研究会　1997.11　65p　21cm　Ⓝ210.58　〔15907〕

◇洋学史論考　佐藤昌介著　京都　思文閣出版　1993.5　393,15p　22cm　（思文閣史学叢書）8034円　①4-7842-0782-1　Ⓝ402.105　〔15908〕

◇洋学伝来の歴史　沼田次郎著　至文堂　1960　216p　19cm　（日本歴史新書）Ⓝ402.1059　〔15909〕

◇洋学二百年記念展―解体新書出版二百年記念　世界のなかの日本の学術のあゆみのあとをたどって　洋学二百年記念会編　平凡社（製作）　1974.8　1冊　26cm　Ⓝ402.105　〔15910〕

◇洋学の系譜―江戸から明治へ　惣郷正明著　研究社出版　1984.4　325p　22cm　2500円　①4-327-37625-6　Ⓝ801.7　〔15911〕

◇洋学の書誌的研究　松田清著　京都　臨川書店　1998.9　1冊　23cm　13500円　①4-653-03486-9　Ⓝ402.105　〔15912〕

◇洋学のまち佐倉　佐倉市立中央公民館編　佐倉　佐倉市立中央公民館　1995.3　21p　19cm　Ⓝ402.105

◇洋学文庫目録〔稿〕 早稲田大学図書館編 早稲田大学図書館 1971.6 120p 26cm Ⓝ402.105 〔15914〕

◇洋学論 高橋碩一著 三笠書房 1939 224p 17cm (日本歴史全書 第20)Ⓝ121 〔15915〕

◇蘭学者・石井修三の生涯─西洋を学び明治を先覚した偉才 相原修著 静岡 羽衣出版 2005.12 213p 22cm 2381円 Ⓘ4-938138-58-1 Ⓝ289.1 〔15916〕

◇蘭学者川本幸民─幕末の進取の息吹と共に 司亮一著 神戸 神戸新聞総合出版センター 2004.7 277p 20cm 1800円 Ⓘ4-343-00275-6 Ⓝ289.1 〔15917〕

◇蘭学者肖像・遺墨・書簡集 杉本つとむ編 早稲田大学出版部 1995.1 200,43,6p 27cm (早稲田大学蔵資料影印叢書─洋学篇 第1巻)28000円 Ⓘ4-657-94707-9 Ⓝ402.105 〔15918〕

◇蘭学者伝記資料 北沢正誠ほか編著 青史社 1980.2 1冊 22cm (蘭学資料叢書 4)8000円 Ⓝ402.105 〔15919〕

◇蘭学全盛時代と蘭疇の生涯 鈴木要吾著 東京医時新誌局 1933 288p 25cm Ⓝ289.1 〔15920〕

◇蘭学全盛時代と蘭疇の生涯─伝記・松本順 鈴木要吾著 大空社 1994.2 288,7p 22cm (伝記叢書 137)13000円 Ⓘ4-87236-436-8 Ⓝ289.1 〔15921〕

◇蘭学、その江戸と北陸─大槻玄沢と長崎浩斎 片桐一男著 京都 思文閣出版 1993.5 331p 20cm 9064円 Ⓘ4-7842-0769-4 Ⓝ402.105 〔15922〕

◇蘭学大家三瀬諸淵先生 長井石峰著 大洲町(愛媛県) 不偏閣 1928 208p 19cm Ⓝ289.1 〔15923〕

◇蘭学大道編 佐藤信淵著 西馬音内町(秋田県) 報効義会 1920 1冊 24cm Ⓝ402 〔15924〕

◇蘭学と日本文化 緒方富雄編 東京大学出版会 1971.3 405p 23cm Ⓝ210.5 〔15925〕

◇蘭学に命をかけ申し候 杉本つとむ著 皓星社 1999.12 318,14p 20cm 2900円 Ⓘ4-7744-0273-7 Ⓝ402.105 〔15926〕

◇蘭学の家 桂川の人々 今泉源吉著 篠崎書林 1965 529p 22cm Ⓝ402.105 〔15927〕

◇蘭学の家 桂川の人々 続編 今泉源吉著 篠崎書林 1968 566,24p 22cm Ⓝ402.105 〔15928〕

◇蘭学のころ 緒方富雄著 大阪 弘文社 1948 492p 18cm Ⓝ402.1 〔15929〕

◇蘭学のころ 緒方富雄著 大阪 弘文社 1950 492p 図版7枚 19cm Ⓝ402.1059 〔15930〕

◇蘭学の時代 赤木昭夫著 中央公論社 1980.12 231p 18cm (中公新書)460円 Ⓝ402.105 〔15931〕

◇蘭学の祖今村英生 今村明恒著 朝日新聞社 1942 342p 19cm (朝日新選書 4)Ⓝ289.1 〔15932〕

◇蘭学のフロンティア─志筑忠雄の世界 志筑忠雄没後200年記念国際シンポジウム実行委員会編 長崎 長崎文献社 2007.11 151p 26cm 1800円 Ⓘ978-4-88851-079-0 〔15933〕

◇蘭学万華鏡─江戸時代信濃の科学技術 1999年度秋季企画展 長野県立歴史館編 更埴 長野県立歴史館 1999.10 80p 30cm Ⓝ402.105 〔15934〕

◇論集日本の洋学 1 有坂隆道,浅井允晶編 大阪 清文堂出版 1993.12 298p 22cm 4841円 Ⓘ4-7924-0389-8 Ⓝ210.5 〔15935〕

◇論集日本の洋学 2 有坂隆道,浅井允晶編 大阪 清文堂出版 1994.11 318p 22cm 4944円 Ⓘ4-7924-0390-1 Ⓝ210.5 〔15936〕

◇論集日本の洋学 3 有坂隆道,浅井允晶編 大阪 清文堂出版 1995.12 317p 22cm 5356円 Ⓘ4-7924-0391-X Ⓝ210.5 〔15937〕

◇論集日本の洋学 4 有坂隆道,浅井允晶編 大阪 清文堂出版 1997.2 318p 22cm 5200円+税 Ⓘ4-7924-0392-8 Ⓝ210.5 〔15938〕

◇論集日本の洋学 5 有坂隆道,浅井允晶編 大阪 清文堂出版 2000.5 318p 22cm 5200円 Ⓘ4-7924-0393-6 Ⓝ210.5 〔15939〕

◆◆平賀源内

◇超発想の人・平賀源内─"日本のレオナルド・ダ・ヴィンチ"の光と陰 河野亮著 廣済堂出版 1995.2 229p 18cm (廣済堂ブックス)800円 Ⓘ4-331-00671-9 〔15940〕

◇花のお江戸のエレキテル─平賀源内とその時代 サントリー美術館 1989 85p 28cm Ⓝ721.8 〔15941〕

◇平賀源内─物語と史蹟をたずねて 船戸安之著 成美堂出版 1978.3 224p 19cm 800円 Ⓝ289.1 〔15942〕

◇平賀源内を歩く─江戸の科学を訪ねて 奥村正二著 岩波書店 2003.3 223p 20cm 2500円 Ⓘ4-00-001932-5 Ⓝ402.105 〔15943〕

◇平賀源内伝─江戸のダ・ビンチ 志村裕次作 池辺勝美画 名古屋 KTC中央出版 1993.5 238p 21cm (漫画日本先駆者列伝)980円 Ⓘ4-924814-29-6 Ⓝ726.1 〔15944〕

◇平賀源内展─2003-2004 東京都江戸東京博物館ほか編 東京新聞 c2003 270p 30cm Ⓝ702.15 〔15945〕

◇平賀源内と相良凧─凧あげの歴史 川原崎次郎著 静岡 羽衣出版 1996.11 293p 図版12枚 22cm 3204円 Ⓘ4-938138-17-4 Ⓝ759.9 〔15946〕

◇平賀源内の文芸史的位置─戯作者としての評価・評判 石上敏著 北溟社 2000.7 264p 20cm 2500円 Ⓘ4-89448-122-7 Ⓝ913.5 〔15947〕

◆◆杉田玄白

◇杉田玄白 片桐一男著 吉川弘文館 1971 412p 18cm (人物叢書 日本歴史学会編集)Ⓝ289.1 〔15948〕

◇杉田玄白─蘭学のとびらを開いた一冊の書物 酒寄雅志監修 小西聖一著 理論社 2004.7 109p 25×19cm (NHKにんげん日本史)1800円 Ⓘ4-652-01472-4 〔15949〕

◇杉田玄白探訪 高橋伸明著 福岡 梓書院 2006.12 111p 21cm 1238円 Ⓘ978-4-87035-286-5 〔15950〕

◇杉田玄白と小塚原の仕置場─平成18年度荒川ふるさと文化館企画展 荒川区教育委員会,荒川区立荒川ふるさと文化館編 荒川区教育委員会 2007.2 79p 30cm Ⓝ213.61 〔15951〕

◇杉田玄白の「蘭学事始」─附・日本民族の海外発展史 板沢武雄著 日本放送出版協会 1940 198p 19cm (ラヂオ新書 第5)Ⓝ402 〔15952〕

◆◆◆蘭学事始

◇おおいた蘭学事始─文明開化への道 平成17年度特別展 大分県立歴史博物館編 宇佐 大分県立歴史博物館 2005.10 79p 30cm Ⓝ210.5 〔15953〕

◇和蘭事始─「蘭学事始」古写本の校訂と研究 内山孝一著 中央公論社 1974 194p 19cm (自然選書)980円 Ⓝ402.105 〔15954〕

◇現代語訳 蘭学事始 改訂増補版 2版 杉田玄白著,緒方富雄訳 好学社 1964 219p 19cm Ⓝ402.105

◇現代文蘭学事始　杉田玄白原著, 緒方富雄訳・解説　岩波書店　1984.6　244p　20cm　2000円　Ⓝ402.105　〔15956〕

◇校定蘭学事始　杉田玄白著, 和田信二郎校定　東西医学社　1950.2　143,12p　21cm　Ⓝ402.105　〔15957〕

◇新釈「蘭学事始」―現代語ですらすら読める　杉田玄白著　長尾剛訳　PHP研究所　2004.8　195p　19cm　1200円　Ⓘ4-569-63746-9　〔15958〕

◇すらすら読める　蘭学事始　酒井シヅ著　講談社　2004.11　222p　19cm　1600円　Ⓘ4-06-212385-1　〔15959〕

◇図録蘭学事始　杉本つとむ編　早稲田大学出版部　1985.5　245,9p　27cm　4800円　Ⓘ4-657-85511-5　Ⓝ402.105　〔15960〕

◇話し言葉で読める「蘭学事始」　長尾剛著　PHP研究所　2006.12　204p　15cm　(PHP文庫)476円　Ⓘ4-569-66735-X　〔15961〕

◇蘭学事始　杉田玄白著　野上豊一郎校　岩波書店　1930　102p　16cm　(岩波文庫 665)Ⓝ402　〔15962〕

◇蘭学事始　杉田玄白著, 野上豊一郎校註　岩波書店　1948　103p　19cm　Ⓝ402.1　〔15963〕

◇蘭学事始　杉田玄白著　野上豊一郎校註　岩波書店　1948　103p　19cm　Ⓝ402　〔15964〕

◇蘭学事始　杉田玄白著, 緒方富雄校註　岩波書店　1959　130p　15cm　(岩波文庫)Ⓝ402.1059　〔15965〕

◇蘭学事始―鎖国の中の青春群像　杉田玄白著, 杉本つとむ訳・解説　社会思想社　1974　245p　15cm　(現代教養文庫)280円　Ⓝ402.105　〔15966〕

◇蘭学事始　杉田玄白原著, 浜久雄訳　東村山　教育社　1980.5　261p　18cm　(教育社新書)700円　Ⓝ402.105　〔15967〕

◇蘭学事始　杉田玄白著, 緒方富雄校註　改版　岩波書店　1982.3　196p　15cm　(岩波文庫)250円　Ⓝ402.105　〔15968〕

◇蘭学事始　杉田玄白著, 緒方富雄校註　岩波書店　1983.4　196p　20cm　(岩波クラシックス 28)1100円　Ⓝ402.105　〔15969〕

◇蘭学事始　杉田玄白著　片桐一男全訳注　講談社　2000.1　250p　15cm　(講談社学術文庫)820円　Ⓘ4-06-159413-3　Ⓝ402.105　〔15970〕

◇蘭学事始150年記念展　蘭学事始百五十年記念会編　1965　36p　26cm　Ⓝ402.105　〔15971〕

◇蘭学事始 ほか　杉田玄白著　芳賀徹, 緒方富雄, 楢林忠男訳　中央公論新社　2004.7　348p　18cm　(中公クラシックス)1450円　Ⓘ4-12-160068-1　〔15972〕

◇蘭説弁惑―校訂　蘭学事始・野叟独語―校訂　長崎夜話草―校訂　大槻磐水著　杉田玄白著　西川正休編　植村宗平校　雄山閣　1939　189p　15cm　(雄山閣文庫 第1部 第41)Ⓝ402　〔15973〕

◆◆大槻玄沢

◇大槻玄沢集　4　杉本つとむ編　早稲田大学出版部　1996.1　466,7p　26cm　(早稲田大学蔵資料影印叢書　洋学篇 第7巻)30000円　Ⓘ4-657-96101-2　〔15974〕

◇はるかなるヨーロッパ―蘭学者大槻玄沢の世界認識　一関市博物館編　一関　一関市博物館　2000.9　63p　30cm　Ⓝ210.55　〔15975〕

◆◆高野長英

◇亜行日記鴻目魁耳　亜行記録　解題　尾道と高野長英　三原洋学所小誌　長尾幸作記　長尾浩策記　佐志伝著　村田弘之著　村田弘之著　出版地不明　出版者不明　1961　61p　21cm　Ⓝ210.5953　〔15976〕

◇科学の道―高野長英のこと　向坂逸郎著　生活社　1946　31p　19cm　(日本叢書 66)Ⓝ289.1　〔15977〕

◇近世二十傑　第3巻　高野長英・渡辺崋山　伊藤痴遊著　平凡社　1936　464p　20cm　Ⓝ281　〔15978〕

◇再現日本史―週刊time travel　江戸39　講談社　2002.10　42p　30cm　533円　Ⓝ289.1　〔15979〕

◇贈正四位蘭学の泰斗高野長英先生碑文を読む　大熊浅次郎著　福岡　大熊浅次郎　1942　3p　26cm　Ⓝ289.1　〔15980〕

◇大日本思想全集　第13巻　渡辺崋山集　高野長英集　林子平集―附・蒲生君平　大日本思想全集刊行会　1932　470p　23cm　Ⓝ121　〔15981〕

◇高野長英―幕末俊傑　真山青果著　春江堂　1909.10　218p　20cm　Ⓝ289.1　〔15982〕

◇高野長英　佐藤昌介著　岩波書店　1997.6　228p　17cm　(岩波新書)630円　Ⓘ4-00-430512-8　〔15983〕

◇高野長英　鶴見俊輔著　朝日新聞社　2003.6　357p　19cm　(朝日選書 276)2970円　Ⓘ4-925219-43-X　Ⓝ289.1　〔15984〕

◇高野長英―鎖国のなか近代日本の扉を叩いた男の生涯　高野長英生誕二〇〇年記念特別企画展　水沢市教育委員会社会教育課, 高野長英記念館編　水沢　高野長英生誕二〇〇年記念事業実行委員会　2004.9　98p　30cm　Ⓝ289.1　〔15985〕

◇高野長英言行録　杉原三省編　内外出版協会　1908.7　123p　19cm　(偉人研究 第43編)Ⓝ289.1　〔15986〕

◇高野長英先生伝　長田偶得著　水沢町(岩手県)　高野長運　1899　286p　23cm　Ⓝ289.1　〔15987〕

◇高野長英伝　高野長運著　史誌出版社　1928　633p　22cm　Ⓝ289.1　〔15988〕

◇高野長英伝　高野長運著　増訂(訂再版)　岩手県水沢町　高野長英全集刊行会　1939　696p　23cm　Ⓝ289.1　〔15989〕

◇高野長英伝　高野長運著　訂補3版　高野長運　1943　666p　26cm　Ⓝ289.1　〔15990〕

◇高野長英と渡辺崋山　斎藤斐章著　建設社　1936　145p　22cm　(少年大日本史 第38巻)Ⓝ289.1　〔15991〕

◇高野長英フォーラム/高野長英の実像を探る―長英と長崎・伊予　高野長英生誕200年記念企画　水沢　[高野長英生誕200年記念事業実行委員会]　2004　100p　30cm　Ⓝ289.1　〔15992〕

◇高野長英門下吾妻の蘭学者たち　金井幸佐久著　前橋　上毛新聞社出版局(製作発売)　2001.3　319p　22cm　2500円　Ⓘ4-88058-801-6　Ⓝ402.105　〔15993〕

◆◆蛮社の獄

◇蛮社の獄―洋学の弾圧と夜明け前の犠牲者　芳賀登著　秀英社　1970　262,12p 図版 表　19cm　(歴史図書館)560円　Ⓝ210.57　〔15994〕

◆史学史

◇江戸の歴史家―歴史という名の毒　野口武彦著　筑摩書房　1979.12　331p　20cm　1900円　Ⓝ210.01　〔15995〕

◇近世史学思想史研究　小沢栄一著　吉川弘文館　1974　514,15p　22cm　6500円　Ⓝ210.01　〔15996〕

◇近世史学史論考　久保田収著　伊勢　皇学館大学出版部　1968　304p　22cm　1800円　Ⓝ210.01　〔15997〕

学術・教育史　　　　　　　　　近世史

◇近代日本史学史の研究——九世紀日本啓蒙史学の研究　幕末編　小沢栄一著　吉川弘文館　1966　545p　22cm　Ⓝ210.01　〔15998〕
◇大日本史の研究　日本学協会編纂　復刻　国書刊行会　1997.12　488,7p　22cm　（水戸学集成5）①4-336-04046-X　Ⓝ210.01　〔15999〕
◇本朝通鑑の研究—林家史学の展開とその影響　安川実著　富山　安川実先生遺著刊行会　1980.8　301p　22cm　3800円　Ⓝ210.01　〔16000〕

◆◆頼山陽

◇偉人叢書　第2　頼山陽　高島忠雄著　三教書院　1940　183p　19cm　Ⓝ281　〔16001〕
◇家庭の頼山陽　木崎愛吉（好尚）著　金港堂　1905.6　560,29p　21cm　Ⓝ289.1　〔16002〕
◇近世偉人伝記叢書　第1輯 第1編　頼山陽先生　木崎好尚, 頼楳崖編　山陽会　1935　82p　19cm　Ⓝ281　〔16003〕
◇劇画鞭声粛々—頼山陽の生涯　布田浩隆作画　安芸津町（広島県）　安芸窯業　1995.6　231p　21cm　1500円　①4-9900362-1-2　Ⓝ289.1　〔16004〕
◇三名家略年譜—野呂介石先生・田能村竹田先生・頼山陽先生　玉置万齢者著　増補版　京都　熊谷鳩居堂　1910.5　45丁　20cm　Ⓝ289.1　〔16005〕
◇山陽外史　中川克一著　至誠堂　1911.2　299p（上・下合本）　20cm　Ⓝ289.1　〔16006〕
◇山陽外伝　吉村春雄編　吉村春雄　1877.10　34丁　20cm　Ⓝ289.1　〔16007〕
◇山陽行状往復書　都築温（鶴州）編　大阪　柳原喜兵衛　1882.4　34丁　19cm　Ⓝ289.1　〔16008〕
◇山陽言行録・象山言行録　松village操編　兎屋誠〔ほか〕　1882.6　51,54p（合本版）　19cm　Ⓝ289.1　〔16009〕
◇山陽論　河村禎（鹿之祐）著　中須村（山口県）　河村益三　1898.10　6丁　22cm　Ⓝ289.1　〔16010〕
◇随筆頼山陽　市島春城著　早稲田大学出版部　1925　638p　17cm　Ⓝ289.1　〔16011〕
◇随筆頼山陽　市島春城著　訂正　早稲田大学出版部　1926　691,14p　17cm　Ⓝ289.1　〔16012〕
◇随筆頼山陽　市島春城著　訂　翰墨同好会　1936　613p　19cm　Ⓝ289.1　〔16013〕
◇随筆頼山陽　市島春城著　クレス出版　1995.11　1冊　22cm　（近世文芸研究叢書 22—第一期文学篇 作家8）①4-87733-002-X　Ⓝ289.1　〔16014〕
◇青年頼山陽　木崎好尚著　章華社　1936　266p　19cm　Ⓝ289.1　〔16015〕
◇大日本思想全集　第15巻　頼山陽集—附・山県大弐・武内式部　大日本思想全集刊行会　1931　533p　23cm　Ⓝ121　〔16016〕
◇手紙の頼山陽　木崎好尚編　有楽社　1912.3　258p　19cm　Ⓝ289.1　〔16017〕
◇楠公と頼山陽—附・日本外史楠氏新釈　塩谷温, 多田正知著　蒼竜閣　1937　269p　19cm　Ⓝ210.01　〔16018〕
◇日本精神叢書　第9　頼山陽と日本精神　文部省思想局編　塩谷温著　日本文化協会　1936　68p　22cm　Ⓝ121　〔16019〕
◇日本の旅人　11　頼山陽—歴史への帰還者　野口武彦著　京都　淡交社　1974　220p　22cm　450円　Ⓝ281.08　〔16020〕
◇頼山陽—家庭逸話　薄井竜之述　森田市三編　赤門堂　1908.2　81,77p　15cm　Ⓝ289.1　〔16021〕
◇頼山陽　東尚胤著　荻野由之閲　精華堂　1910.3　210p　20cm　Ⓝ289.1　〔16022〕
◇頼山陽—教訓道話　大庭青楓著　国文館　1911.10　212p　19cm　Ⓝ150　〔16023〕
◇頼山陽　坂本箕山著　敬文館　1913　1326p　22cm　Ⓝ289.1　〔16024〕
◇頼山陽　徳富猪一郎著　民友社　1926　415,134p　図版11枚　22cm　Ⓝ289.1　〔16025〕
◇頼山陽　箕山坂本辰之助著　訂　頼山陽伝刊行会〔ほか〕　1929　1432,122p　23cm　Ⓝ289.1　〔16026〕
◇頼山陽—皇室中心主義の急先鋒　海保徳著　生命の光社　1937　44p　19cm　Ⓝ289.1　〔16027〕
◇頼山陽　木崎好尚著　新潮社　1941　337p　19cm　（新伝記叢書）Ⓝ289.1　〔16028〕
◇頼山陽　上田庄三郎著　啓文社　1941　299p　19cm　（青年教師文庫）Ⓝ289.1　〔16029〕
◇頼山陽—随筆　市島謙吉著　中央公論社　1942　498p　19cm　Ⓝ289.1　〔16030〕
◇頼山陽—史伝　安藤英男著　大陸書房　1973　270p　19cm　800円　Ⓝ289.1　〔16031〕
◇頼山陽　鈴木史楼著　紅糸文庫　2003.7　145p　20cm　（本朝書人論 17）1400円　Ⓝ728.215　〔16032〕
◇頼山陽愛国詩史日本楽府評釈　谷口廻瀾著　モナス　1937　250,12p　23cm　Ⓝ919　〔16033〕
◇頼山陽詠史の評釈　坂井末雄著　京都　人文書院　1936　178p　15cm　Ⓝ919　〔16034〕
◇頼山陽及其時代　森田思軒（文蔵）著　民友社　1898.5　589p　19cm　（十二文豪 第11巻）Ⓝ289.1　〔16035〕
◇頼山陽外史小伝　伴源平編　大阪　赤志忠雅堂　1878.9　22丁　20cm　Ⓝ289.1　〔16036〕
◇頼山陽研究叢書　第1編　頼山陽先生の真骨頭　頼山陽先生遺蹟顕彰会編　北村沢吉著　広島　頼山陽先生遺蹟顕彰会　1933　21p　23cm　Ⓝ289.1　〔16037〕
◇頼山陽言行録　高橋淡水編著　内外出版協会　1909.8　130p　19cm　（偉人研究 第60編）Ⓝ289.1　〔16038〕
◇頼山陽書翰集　上, 下巻, 続編　蘇峰徳富猪一郎等共編　民友社　1927-1929　3冊　23cm　Ⓝ289.1　〔16039〕
◇頼山陽・白川楽翁公　峡北隠士著　富士書店　1900.1　63,37p　23cm　Ⓝ289.1　〔16040〕
◇頼山陽先生—百年記念　木崎好尚著　広島　頼山陽先生遺蹟顕彰会　1931　278p　23cm　Ⓝ289.1　〔16041〕
◇頼山陽先生—百年記念　木崎好尚著　補再版　広島　頼山陽先生遺蹟顕彰会　1933　278,24p　23cm　Ⓝ289.1　〔16042〕
◇頼山陽先生　頼山陽先生遺蹟顕彰会編　広島　頼山陽先生遺蹟顕彰会　1940　58,24p　22cm　Ⓝ289.1　〔16043〕
◇頼山陽先生　頼山陽先生遺蹟顕彰会編　修補4版　広島　頼山陽先生遺蹟顕彰会　1941　58,25p　22cm　Ⓝ289.1　〔16044〕
◇頼山陽先生　松浦魁造編著　第2版　竹原町（広島県）　竹原町　1941　16p　18cm　Ⓝ289.1　〔16045〕
◇頼山陽先生遺芳帖　頼山陽先生遺蹟顕彰会編　広島　頼山陽先生遺蹟顕彰会　1937　図版37枚　38cm　Ⓝ289.1　〔16046〕
◇頼山陽先生小伝　松浦魁造著　竹原町（広島県）　竹原史談会　1933　47,8p　19cm　Ⓝ289.1　〔16047〕
◇頼山陽先生小伝　松浦魁造著　改訂増補4版　竹原町（広島県）　竹原史談会　1939　51,12p　19cm　Ⓝ289.1　〔16048〕

◇頼山陽先生小伝　松浦魁造著　改訂5版　竹原町(広島県)　竹原興文書院　1939　51,12p　19cm　(竹原興文書院叢書　第1編)　Ⓝ289.1
〔16049〕
◇頼山陽先生真蹟百選　乾,坤　木崎愛吉編　改訂増補　審美書院　1941　2冊　39cm　Ⓝ289.1
〔16050〕
◇頼山陽先生伝　京都府教育会編　京都　京都府教育会　1931　80p　19cm　Ⓝ289.1
〔16051〕
◇頼山陽大観　坂本箕山著　山陽遺蹟研究会　1916　1178p　22cm　Ⓝ289.1
〔16052〕
◇頼山陽通議　頼山陽著　尾崎亘訳著　昭森社　1943　438p　22cm　Ⓝ289.1
〔16053〕
◇頼山陽通議　安藤英男編　近藤出版社　1982.5　495p　22cm　(頼山陽選集　5)4000円　Ⓝ210.1
〔16054〕
◇頼山陽天皇論　安藤英男訳　新人物往来社　1974　234p　20cm　980円　Ⓝ210.12
〔16055〕
◇頼山陽と京阪　真鍋由郎著　兵庫県武庫郡甲東村　真鍋由郎　1939　87p　22cm　Ⓝ289.1
〔16056〕
◇頼山陽と明治維新―「通議」による新考察　徳田進著　芦書房　1972　104,6,4p　22cm　1400円　Ⓝ210.61
〔16057〕
◇頼山陽とゆかりの文人たち―頼山陽史跡資料館開館十周年記念特別展　広島　頼山陽記念文化財団　2005.10　97p　30cm　(頼山陽史跡資料館展示図録　第11冊)　Ⓝ728.215
〔16058〕
◇「頼山陽」と「吉田松陰」の真髄―生存なら太平洋戦争開戦などは阻止していたか！　岩国玉太編著　竹原　竹原温和会　2007.1　107p　21cm　Ⓝ289.1
〔16059〕
◇頼山陽日本外史　安藤英男編　近藤出版社　1982.1　293p　22cm　(頼山陽選集　6)3000円　Ⓝ210.1
〔16060〕
◇頼山陽日本政記　安藤英男編　近藤出版社　1982.7　408p　22cm　(頼山陽選集　4)3600円　Ⓝ210.1
〔16061〕
◇頼山陽の家庭　小谷保太郎著　吉川弘文館　1903.6　86,77p　15cm　(袖珍日本叢書　第3編)Ⓝ289.1
〔16062〕
◇頼山陽の日本史詩　福山天蕊著　宝雲舎　1945　274p　19cm　Ⓝ919
〔16063〕
◇頼山陽の母　吉川綾子著　若い人社　1943　388p　19cm　Ⓝ289.1
〔16064〕
◇頼山陽の人と思想　木崎好尚著　今日の問題社　1943　624p　19cm　Ⓝ289.1
〔16065〕

◆地理学史
◇江戸地誌解説稿―江戸地誌解説稿附図　長沢規矩也編　長沢規矩也　1932　2冊(附録共)　23-27cm　Ⓝ291.36
〔16066〕
◇江戸知識人の見た世界―神原文庫地図資料展　香川大学附属図書館編　高松　香川大学附属図書館　2006.10　30p　30cm
〔16067〕
◇江戸地名字集覧　三村清三郎著　岡書院　1929　245,4p　16cm　Ⓝ291.36
〔16068〕
◇江戸幕府撰国絵図の研究　川村博忠著　古今書院　1984.2　534p　22cm　12000円　Ⓘ4-7722-1001-6　Ⓝ291.038
〔16069〕
◇近世日本の世界像　川村博忠著　ぺりかん社　2003.12　286p　22cm　3200円　Ⓘ4-8315-1064-5　Ⓝ290.12
〔16070〕
◇近世歴史地理学　山崎謹哉編著　大明堂　1985.3　184p　22cm　2000円　Ⓘ4-470-45029-4　Ⓝ291.018
〔16071〕

◇鎖国時代 日本人の海外知識―世界地理・西洋史に関する文献解題　開国百年記念文化事業会編　乾元社　1953　498p　22cm　Ⓝ290.31
〔16072〕
◇鎖国時代日本人の海外知識―世界地理・西洋史に関する文献解題　開国百年記念文化事業会編　原書房　1978.3　498p　22cm　4500円　Ⓝ290.31
〔16073〕
◇鎖国時代の世界地理学　鮎沢信太郎著　原書房　1980.2　363,3p　22cm　3200円　Ⓝ290.12
〔16074〕
◇鎖国日本にきた「康煕図」の地理学史的研究　船越昭生著　法政大学出版局　1986.4　320,54p　図版80枚　22cm　(叢書・歴史学研究)10000円　Ⓝ290.38
〔16075〕
◇重修　淡路常磐草　仲野安雄著　京都　臨川書店　1998.8　389p　21cm　7500円　Ⓘ4-653-03559-8
〔16076〕
◇日本近世社会の形成と変容の諸相　青木美智男編　ゆまに書房　2007.3　318p　21cm　3200円　Ⓘ978-4-8433-2354-0　Ⓝ210.5
〔16077〕
◇日本近世地誌編纂史研究　白井哲哉著　京都　思文閣出版　2004.2　354,20p　22cm　(思文閣史学叢書)9200円　Ⓘ4-7842-1180-2　Ⓝ290.12
〔16078〕
◇日本近世の地理学　辻田右左男著　京都　柳原書店　1971　325,12p　22cm　非売　Ⓝ291.01
〔16079〕
◇日本歴史地理総説　第4巻　近世編　藤岡謙二郎編　吉川弘文館　1977.5　351p　23cm　4000円　Ⓝ210.022
〔16080〕
◇幕末維新古地図大図鑑―ペリー来航から西南戦争まで激動期の古地図60選　岩田豊樹編　百年社　1977.9　64p(おもに図)　30cm　(歴史カタログ　第2集)850円　Ⓝ291.038
〔16081〕

◆◆探検史
◇近藤重蔵―北方探検の英傑　高島町(滋賀県)　近藤重蔵翁顕彰会　1992.7　108p　18cm　(高島町歴史民俗叢書　第7集)Ⓝ289.1
〔16082〕
◇近藤重蔵蝦夷地関係史料 付図　東京大学史料編纂所編　東京大学出版会　1993.3　1冊　30cm　(大日本近世史料)12360円　Ⓘ4-13-092894-5
〔16083〕
◇サハリン 松浦武四郎の道を歩く　梅木孝昭著　札幌　北海道新聞社　1997.3　216p　19cm　(道新選書)1500円　Ⓘ4-89363-950-1
〔16084〕
◇大日本近世史料　12 4　近藤重蔵蝦夷地関係史料―付図　東京大学史料編纂所編纂　東京大学史料編纂所　1993.3　38枚　30×42〜59×84cm　12000円　Ⓝ210.5
〔16085〕

◆◆地図・測量
◇伊能図―東京国立博物館蔵伊能中図原寸複製　日本国際地図学会,伊能忠敬研究会監修　武揚堂　2002.4　240p　42cm　13143円　Ⓘ4-8297-0801-8
〔16086〕
◇伊能図に学ぶ　東京地学協会編　朝倉書店　1998.7　265p　26cm　5000円　Ⓘ4-254-16337-1　Ⓝ448.9
〔16087〕
◇江戸科学古典叢書　37　測量集成　福田理軒著　恒和出版　1982.4　312,12p　22cm　6000円　Ⓝ402.105
〔16088〕
◇江戸時代古版地図集　広島高等師範学校地歴学会編　広島　広島高等師範学校地歴学会　1928　6p　図版11枚　27cm　Ⓝ291
〔16089〕
◇江戸時代小説はやわかり―江戸の暮らしがよく分かる　人文社編集部企画・編　人文社　2006.1　153p　26cm　(時代小説シリーズ別冊)1900円　Ⓘ4-7959-1935-6
〔16090〕

◇江戸時代の測量術　松崎利雄著　総合科学出版　1979.9　324,6p　19cm　2500円　Ⓝ512　〔16091〕

◇江戸時代の測量術―企画展 伊能忠敬と地方の測量家たち　安城市歴史博物館編　安城　安城市歴史博物館　2000.10　71p　30cm　〔16092〕

◇江戸諸国の名所旧跡案内―天保郡全図でみる 古地図で楽しむ江戸の旅　西日本編　上方・四国・中国・西国・琉球　人文社　2006.1　157p　26cm　（ものしりシリーズ）1900円　Ⓘ4-7959-1958-5　Ⓝ291.09　〔16093〕

◇江戸諸国の名所旧跡案内―天保郡全図でみる 古地図で楽しむ江戸の旅　東日本編　奥羽・坂東・東国・北国・上方・蝦夷地　人文社　2006.1　151p　26cm　（ものしりシリーズ）1900円　Ⓘ4-7959-1957-7　Ⓝ291.09　〔16094〕

◇江戸東京古地図―どんな町？どう変わった？　正井泰夫監修　インターナショナル・ワークス編著　幻冬舎　2004.1　95p　26cm　1000円　Ⓘ4-344-00453-1　〔16095〕

◇江戸・東京の老舗地図　正井泰夫監修　青春出版社　2005.3　204p　18cm　（プレイブックス・インテリジェンス）750円　Ⓘ4-413-04115-1　〔16096〕

◇江戸の地図屋さん―販売競争の舞台裏　俵元昭著　吉川弘文館　2003.12　215p　19cm　（歴史文化ライブラリー 168）1700円　Ⓘ4-642-05568-1　Ⓝ291.361　〔16097〕

◇江戸の町並み景観復元図―御府内中心部　立川博章原図著　竹内誠,吉原健一郎監修　内外地図　2003.12　60p　31cm　3800円　Ⓘ4-9901862-0-6　Ⓝ213.61　〔16098〕

◇江戸の町並み景観復元図―御府内上野・浅草周辺　立川博章原図著　竹内誠,吉原健一郎監修　内外地図　2004.7　74p　31cm　3800円　Ⓘ4-9901862-1-4　Ⓝ213.61　〔16099〕

◇御江戸絵図案内　時事電報通信社編　時事電報通信社　1936　1枚　54×80cm　Ⓝ291.36　〔16100〕

◇近世絵図と測量術　川村博忠著　古今書院　1992.4　306p　20cm　3200円　Ⓘ4-7722-1623-5　Ⓝ448.9　〔16101〕

◇近世日本の地図と測量―村と「廻り検地」　鳴海邦匡著　福岡　九州大学出版会　2007.2　193p　27cm　4800円　Ⓘ978-4-87378-932-3　Ⓝ512　〔16102〕

◇国絵図　川村博忠著　新装版　吉川弘文館　1996.10　251,7p　20cm　（日本歴史叢書 新装版）2678円　Ⓘ4-642-06646-2　Ⓝ290.18　〔16103〕

◇古地図を抱えて　永井豊子著　鳥影社　2003.12　221p　19cm　1800円　Ⓘ4-88629-804-4　〔16104〕

◇古地図・古文書で愉しむ江戸時代諸国海陸旅案内―海 改正日本船路細見記・陸 諸国道中たび鏡 全　小泉吉永解読文・現代訳文　人文社　2004.10　287p　30cm　（古地図ライブラリー 10）2100円　Ⓘ4-7959-1908-9　〔16105〕

◇古地図抄―日本の地図の歩み　室賀信夫著　東海大学出版会　1983.10　212p　21cm　3000円　Ⓝ448.9　〔16106〕

◇古地図で散策する池波正太郎真田太平記　鶴松房治解説　人文社　2005.9　119p　26cm　（時代小説シリーズ）1600円　Ⓘ4-7959-1934-8　Ⓝ913.6　〔16107〕

◇測量の歴史よろずばなし　遠藤博編　姫路　カイヤマグチ　1994.8　236p　26cm　Ⓝ512　〔16108〕

◇大名の日本地図　中嶋繁雄著　文藝春秋　2003.11　414p　18cm　（文春新書）940円　Ⓘ4-16-660352-3　Ⓝ210.5　〔16109〕

◇地図で読む江戸時代　山下和正著　チャールズ・ドゥウルフ訳　柏書房　1998.10　270p　31cm　15000円　Ⓘ4-7601-1670-2　Ⓝ291.018　〔16110〕

◇地図の道―長久保赤水の日本図　榊原和夫著　誠文堂新光社　1986.6　98p　22cm　1700円　Ⓘ4-416-88611-X　Ⓝ448.9　〔16111〕

◇長禄江戸之図　江戸大絵図発行所編　大野村（神奈川県）　江戸大絵図発行所　1934　1枚　72.90×103.00cm　Ⓝ291.36　〔16112〕

◇天保国郡全図でみる江戸諸国の名所旧跡案内 東日本編　人文社編集部編　人文社　2006.1　151p　26cm　（ものしりシリーズ）1900円　Ⓘ4-7959-1957-7　〔16113〕

◇天保国郡全図でみるものしり江戸諸国 西日本編　人文社編集部企画・編　人文社　2004.11　240p　26cm　（ものしりシリーズ）1900円　Ⓘ4-7959-1951-8　〔16114〕

◇天保国郡全図でみるものしり江戸諸国 東日本編　人文社編集部企画・編　人文社　2004.11　224p　26cm　（ものしりシリーズ）1900円　Ⓘ4-7959-1950-X　〔16115〕

◇『天保図録』挿画展―風間完が描く江戸のひとびと 特別企画展 図録　北九州市立松本清張記念館編　北九州　北九州市立松本清張記念館　2006.8　24p　30cm　〔16116〕

◇東京を江戸の古地図で歩く本―"華のお江戸"がよみがえる歴史めぐり　ロム・インターナショナル編　河出書房新社　2004.7　221p　15cm　（KAWADE夢文庫）514円　Ⓘ4-309-49538-9　〔16117〕

◇東京時代map　大江戸編　新創社編　京都　光村推古書院　2005.10　109p　26cm　（Time trip map）1700円　Ⓘ4-8381-0357-3　Ⓝ213.6　〔16118〕

◇内閣文庫所蔵江戸時代の地誌と地図展示目録　国立公文書館　1975.5　39p　21cm　〔16119〕

◇宝暦年間江戸方角総図　伴天連書房　1927　1枚　34×48cm　Ⓝ291.36　〔16120〕

◇民族日本歴史　近世編　白柳秀湖著　千倉書房　1946　570p　B6　95円　〔16121〕

◇ものしり江戸諸国―天保国郡全図でみる 地図で読み解く江戸日本史　西日本編　上方、四国、中国、西国、琉球　人文社編集部企画・編集　人文社　2004.11　240p　26cm　（ものしりシリーズ）1900円　Ⓘ4-7959-1951-8　Ⓝ210.58　〔16122〕

◇ものしり江戸諸国―天保国郡全図でみる 地図で読み解く江戸日本史　東日本編　奥羽、坂東、東国、北国、上方、蝦夷地　人文社編集部企画・編集　人文社　2005.1（第2刷）　224p　26cm　（ものしりシリーズ）1900円　Ⓘ4-7959-1950-X　Ⓝ210.58　〔16123〕

◆◆◆伊能忠敬

◇アメリカ伊能大図里帰りフロア展in釧路特別記念誌　釧路　伊能大図フロア展in釧路実行委員会　2005.3　133p　30cm　Ⓝ448.9　〔16124〕

◇偉人伊能忠敬　加瀬宗太郎著　千葉町（千葉県）　多田屋書店　1911　142p　22cm　Ⓝ289.1　〔16125〕

◇偉人伊能忠敬翁とその子孫　平柳翠著　佐原　千葉新報社　1957　2版 191p　19cm　Ⓝ288.2　〔16126〕

◇伊能勘解由測量絵図　朝野雅文著　船橋　北総史学研究所　1993.5　195p　21cm　Ⓝ512　〔16127〕

◇伊能測量隊伊豆をゆく　佐藤陸郎著　仙台　創栄出版　2001.9　113p　22cm　1500円　Ⓘ4-7559-0013-1　Ⓝ512.02154　〔16128〕

◇伊能測量隊まかり通る―幕府天文方御用　渡辺一郎著　NTT出版　1997.9　318p　22cm　3800円　Ⓘ4-87188-499-6　Ⓝ512　〔16129〕

◇伊能忠敬　伊能登著　忠敬会　1911.9　285p　19cm　Ⓝ289.1 〔16130〕

◇伊能忠敬　大谷亮吉編著　岩波書店　1917　15,766p　図版10枚　27cm　Ⓝ289.1 〔16131〕

◇伊能忠敬　伊達牛助著　古今書院　1937　172p　20cm　Ⓝ289.1 〔16132〕

◇伊能忠敬　伊藤弥太郎著　新潮社　1943　288p　地19cm　（新伝記叢書）Ⓝ289.1 〔16133〕

◇伊能忠敬―その業績と周辺の人たち　特別展　佐原　千葉県立大利根博物館　1985.6　32p　26cm　Ⓝ512 〔16134〕

◇伊能忠敬―「生涯青春」の生き方哲学　童門冬二著　三笠書房　1999.4　230p　19cm　1333円　Ⓘ4-8379-1782-8 〔16135〕

◇伊能忠敬　近畿日本ツーリスト　1999.5　191p　22cm　（歴史の舞台を旅する　4）1714円　Ⓘ4-87638-674-9　Ⓝ291.09 〔16136〕

◇伊能忠敬―帝国学士院蔵版　長岡半太郎監修　大谷亮吉編著　岩波書店　2001.3　766p　26cm　32000円　Ⓘ4-00-009887-X 〔16137〕

◇伊能忠敬　今野武雄著　社会思想社　2002.4　232p　15cm　（現代教養文庫）600円　Ⓘ4-390-11650-9 〔16138〕

◇伊能忠敬―足で日本を測る　酒寄雅志監修　小西聖一著　理論社　2003.11　102p　25cm　（NHKにんげん日本史）1800円　Ⓘ4-652-01465-1 〔16139〕

◇伊能忠敬を歩く―江戸から蝦夷へ四百里の旅ガイド　「伊能忠敬の道」発掘調査隊編著　廣済堂出版　1999.2　143p　21cm　（ウォーキングbook 3）1600円　Ⓘ4-331-50674-6　Ⓝ291.2 〔16140〕

◇伊能忠敬を歩く―宇和島・吉田領　伊能測量とそれを支えた庄屋たち　池本覚著　三間町（愛媛県）　池本覚　2001.10　267p　22cm　Ⓝ512 〔16141〕

◇伊能忠敬翁―文化の開拓者　宮内秀雄,宮内敏共著　出版地不明　川口印刷工房　2005.8　405p　22cm　非売品　Ⓝ512 〔16142〕

◇伊能忠敬が描いた日本　徳島県立博物館編　徳島　徳島県立博物館　1999.9　31p　30cm　（徳島県立博物館企画展図録）Ⓝ512.021 〔16143〕

◇伊能忠敬関係文書目録―世田谷伊能家伝存　安藤由紀子,伊能陽子編　出版地不明　安藤由紀子　2006.6　183p　26cm　非売品　Ⓝ289.1 〔16144〕

◇伊能忠敬言行録　西脇玉峰編　内外出版協会　1913　200p　19cm　（偉人研究　第77編）Ⓝ289.1 〔16145〕

◇伊能忠敬・鈴木雅之　伊能至郎著　伊藤書店　1941　296p　19cm　Ⓝ289.1 〔16146〕

◇伊能忠敬先生贈位始末　大須賀庸之助編　佐原町（千葉県）　伊能源六　1888.10　23p　23cm　Ⓝ289.1 〔16147〕

◇伊能忠敬測量隊　渡辺一郎編著　小学館　2003.8　303p　21cm　3300円　Ⓘ4-09-626205-6 〔16148〕

◇伊能忠敬測量隊の記録―文化二年東紀州地域における　三重県編　津　三重県　2005.3　119p　21cm　（三重県史資料叢書　2）Ⓝ215.6 〔16149〕

◇伊能忠敬測量日記―文化五年阿・土・予・讃州分の解読　久保高一編　明浜町（愛媛県）　明浜史談会　1983.11　186,10p　26cm　Ⓝ512 〔16150〕

◇伊能忠敬測量日記―文化五年四国全域の原文・解読　久保高一編　明浜町（愛媛県）　明浜町教育委員会　1984.9　260,10p　26cm　Ⓝ512 〔16151〕

◇伊能忠敬測量日記　第1巻　伊能忠敬著　佐久間達夫校訂　大空社　1998.6　1冊　27cm　Ⓘ4-7568-0089-0　Ⓝ512 〔16152〕

◇伊能忠敬測量日記　第2巻　伊能忠敬著　佐久間達夫校訂　大空社　1998.6　175,138p　27cm　Ⓘ4-7568-0089-0　Ⓝ512 〔16153〕

◇伊能忠敬測量日記　第3巻　伊能忠敬著　佐久間達夫校訂　大空社　1998.6　256p　27cm　Ⓘ4-7568-0089-0　Ⓝ512 〔16154〕

◇伊能忠敬測量日記　第4巻　伊能忠敬著　佐久間達夫校訂　大空社　1998.6　289p　27cm　Ⓘ4-7568-0089-0　Ⓝ512 〔16155〕

◇伊能忠敬測量日記　第5巻　伊能忠敬著　佐久間達夫校訂　大空社　1998.6　674p　27cm　Ⓘ4-7568-0089-0　Ⓝ512 〔16156〕

◇伊能忠敬測量日記　第6巻　伊能忠敬著　佐久間達夫校訂　大空社　1998.6　159,26p　27cm　Ⓘ4-7568-0089-0　Ⓝ512 〔16157〕

◇伊能忠敬測量日記　別巻　新説・伊能忠敬　佐久間達夫編著　大空社　1998.6　397p　27cm　Ⓘ4-7568-0089-0　Ⓝ512 〔16158〕

◇伊能忠敬測量日記　伊豆篇　伊能忠敬著　佐藤陸郎校注　伊東　佐藤陸郎　2003.5　79p　26cm　1200円　Ⓝ512 〔16159〕

◇伊能忠敬と日本図―江戸開府400年記念特別展　東京国立博物館編　東京国立博物館　2003.10　128,7p　37cm　Ⓝ291.038 〔16160〕

◇伊能忠敬日記抄―文化五年伊予国測量日記解読　久保高一編　明浜町（愛媛県）　明浜史談会　1982.5　1冊　26cm　Ⓝ512 〔16161〕

◇伊能忠敬の糸魚川事件　小野智司編著　青海町（新潟県）　小野文庫　1996.8　133p　21cm　1700円　Ⓝ512.021 〔16162〕

◇伊能忠敬の科学的業績―日本地図作製の近代化への道　保柳睦美編　古今書院　1974　510p　図　地　27cm　8800円　Ⓝ448.9 〔16163〕

◇伊能忠敬の科学的業績―日本地図作製の近代化への道　東京地学協会伊能忠敬記念出版編集委員会編　復刻新装版　古今書院　1997.10　510p　27cm　25000円　Ⓘ4-7722-1013-X　Ⓝ448.9 〔16164〕

◇伊能忠敬の蒲郡測量とその周辺　市川光雄著　蒲郡〔市川光雄〕　1983.12　181p　21cm　Ⓝ289.1 〔16165〕

◇伊能忠敬の測量日記　藤田元春著　日本放送出版協会　1941　133p　19cm　（ラジオ新書　59）Ⓝ289.1 〔16166〕

◇伊能忠敬尾三測量日記　大須賀初夫編　名古屋　愛知県郷土資料刊行会　1981.6　103p　19cm　1500円　Ⓝ512 〔16167〕

◇伊能忠敬豆辞典―伊能忠敬へのぎもんに答えます　やまおかみつはる著　山形　藤庄印刷　2004.2　41p　15cm　（豆辞典シリーズ　1）239円　Ⓘ4-944077-77-7　Ⓝ289.1 〔16168〕

◇伊能忠敬未公開書簡集　伊能忠敬著　伊能忠敬研究会編　伊能忠敬研究会　2004.11　74p　26cm　（別冊「伊能忠敬研究」第2号）Ⓝ289.1 〔16169〕

◇郷土叢書　第2編　我等が偉人伊能忠敬　稲葉隣作著　千葉　千葉県教育会　1937　168p　19cm　Ⓝ289.1 〔16170〕

◇再現日本史―週刊time travel　江戸33　講談社　2002.8　42p　30cm　533円　Ⓝ210.1 〔16171〕

◇図説伊能忠敬の地図をよむ　渡辺一郎著　河出書房新社　2000.2　111p　22cm　（ふくろうの本）1800円　Ⓘ4-309-72624-0　Ⓝ512.021 〔16172〕

学術・教育史　　　　　　　　　　近世史

◇忠敬と伊能図　伊能忠敬研究会編　アワ・プランニング　1998.3　175p　30cm　Ⓝ512
〔16173〕

◇忠敬と伊能図　伊能忠敬研究会編　アワ・プランニング，現代書館〔発売〕　1998.9　175p　30cm　2400円　①4-7684-8897-8
〔16174〕

◇日本地図に賭けた人生―伊能忠敬・50代からの挑戦　川村優著　東京書店　1997.8　213p　18cm　1000円　①4-88574-808-9
〔16175〕

◇四千万歩の男　忠敬の生き方　井上ひさし著　講談社　2003.12　278p　15cm　（講談社文庫）533円　①4-06-273905-4
〔16176〕

◇四千万歩の男忠敬の生き方　井上ひさし著　講談社　2000.12　277p　19cm　1600円　①4-06-209536-X
〔16177〕

◆◆編脩地誌備用典籍解題

◇大日本近世史料　11 1　編脩地誌備用典籍解題 1　東京大学史料編纂所編纂　東京大学出版会　1972　380p　22cm　3800円　Ⓝ210.5
〔16178〕

◇大日本近世史料　11 2　編脩地誌備用典籍解題 2　東京大学史料編纂所編纂　東京大学出版会　1973　478p　22cm　4400円　Ⓝ210.5
〔16179〕

◇大日本近世史料　11 3　編脩地誌備用典籍解題 3　東京大学史料編纂所編纂　東京大学出版会　1974　506p　22cm　5700円　Ⓝ210.5
〔16180〕

◇大日本近世史料　11 4　編脩地誌備用典籍解題 4　東京大学史料編纂所編纂　東京大学出版会　1975　346p　22cm　4800円　Ⓝ210.5
〔16181〕

◇大日本近世史料　11 5　編脩地誌備用典籍解題 5　東京大学史料編纂所編纂　東京大学出版会　1977.3　381p　22cm　6000円　Ⓝ210.5
〔16182〕

◇大日本近世史料　11 6　編脩地誌備用典籍解題　東京大学史料編纂所編　東京大学出版会　1979.3　338p　22cm　6800円　Ⓝ210.5
〔16183〕

◆科学史

◇石黒信由遺品等高樹文庫資料の総合的研究―江戸時代末期の郷紳の学問と技術の文化的社会的意義　高樹文庫研究会編　富山　高樹文庫研究会　1983.1　127p　26cm　（トヨタ財団助成研究報告書）Ⓝ448.9
〔16184〕

◇石黒信由遺品等高樹文庫資料の総合的研究―江戸時代末期の郷紳の学問と技術の文化的社会的意義　第2輯　高樹文庫研究会編　富山　高樹文庫研究会　1984.11　182p　26cm　（トヨタ財団助成研究報告書）Ⓝ448.9
〔16185〕

◇江戸科学史話　中村邦光著　創風社　2007.9　156p　19cm　1200円　①978-4-88352-133-3
〔16186〕

◇江戸時代における「科学的自然観」の研究　藤原遐著　富士短期大学出版部　1966　128p　19cm　Ⓝ402.105
〔16187〕

◇江戸時代の科学　東京科学博物館編　博文館　1934　345,45p　23cm　Ⓝ402
〔16188〕

◇江戸時代の科学　東京科学博物館編　名著刊行会　1969　345,45p　図版17枚　22cm　5000円　Ⓝ402.105
〔16189〕

◇江戸時代の科学技術―国友一貫斎から広がる世界　市立長浜城歴史博物館企画・編集　長浜　市立長浜城歴史博物館　2003.10　187p　22cm　1800円　①4-88325-241-8　Ⓝ402.105
〔16190〕

◇江戸時代の科学政策　中村光著　日本放送出版協会　1942　157p　18cm　（ラジオ新書78）Ⓝ402
〔16191〕

◇江戸人物科学史―「もう一つの文明開化」を訪ねて　金子務著　中央公論新社　2005.12　340p　18cm　（中公新書）880円　①4-12-101826-5　Ⓝ402.8
〔16192〕

◇エレキテルの魅力―理科教育と科学史　東徹著　裳華房　2007.3　173p　19cm　（ポピュラー・サイエンス）1600円　①978-4-7853-8780-8
〔16193〕

◇エレキテルびっくり記―電気の発見　大竹三郎著　大日本図書　1982.8　119p　22cm　（日本の科学・技術史ものがたり）1200円
〔16194〕

◇おらんだ正月―江戸時代の科学者達　森銑三著　富山房　1978.10　312,6p　18cm　（富山房百科文庫）750円　Ⓝ402.8
〔16195〕

◇科学技術黎明期資料―赤木コレクション―江戸東京のモノづくり　東京都江戸東京博物館都市歴史研究室編　東京都　2007.3　178p　30cm　（東京都江戸東京博物館調査報告書 第19集）①4-924965-59-6　Ⓝ402.105
〔16196〕

◇科学事始―江戸時代の新知識　筑波常治著　筑摩書房　1963　237p　18cm　（グリーンベルト・シリーズ）Ⓝ402.105
〔16197〕

◇近世科学者列伝　尾崎久弥著　大空社　1994.10　266p　22cm　（列伝叢書 11）6000円　①4-87236-553-4　Ⓝ402.8
〔16198〕

◇近世科学の宝船―子供達へのプレゼント　高田徳佐著　慶文堂書店　1925　410p　19cm　Ⓝ375.4
〔16199〕

◇近世実学史の研究―江戸時代中期における科学・技術学の生成　杉本勲著　吉川弘文館　1962　505,20p　22cm　Ⓝ402.105
〔16200〕

◇近世日本科学史と麻田剛立　渡辺敏夫著　雄山閣出版　1983.5　300p　22cm　5800円　①4-639-00246-7　Ⓝ402.1
〔16201〕

◇近世日本の科学思想　中山茂著　講談社　1993.9　270p　15cm　（講談社学術文庫）800円　①4-06-159093-6　Ⓝ402.1
〔16202〕

◇近世日本の科学者達―おらんだ正月　森銑三著　新訂版　青雲書院　1948　324p　18cm　Ⓝ402
〔16203〕

◇小判・生糸・和鉄―続江戸時代技術史　奥村正二著　岩波書店　1973　217p　18cm　（岩波新書）180円　Ⓝ502.1
〔16204〕

◇真田家の科学技術　長野　長野市松代文化施設等管理事務所　2005.9　135p　30cm　Ⓝ402.105
〔16205〕

◇サムライ、ITに遭う―幕末通信事始　中野明著　NTT出版　2004.9　266p　20cm　1800円　①4-7571-0134-1　Ⓝ547.454
〔16206〕

◇ジパング江戸科学史散歩　金子務著　河出書房新社　2002.2　310p　20cm　2000円　①4-309-25155-2　Ⓝ402.8
〔16207〕

◇森羅万象に遊ぶ―江戸の科学と好奇心　大分市歴史資料館編　大分　大分市歴史資料館　1997.10　89p　30cm　Ⓝ210.5
〔16208〕

◇杉田玄白　平賀源内―科学のはじまり　ほるぷ出版　1991.11　144p　21cm　（漫画 人物科学の歴史 日本編14）1300円　①4-593-53144-6
〔16209〕

◇図譜江戸時代の技術　菊池俊彦編　恒和出版　1988.11　2冊　27cm　15000円　①4-87536-060-6　Ⓝ502.1
〔16210〕

◇知的散索のたのしみ―江戸期の科学者と鍛冶技術　吉羽和夫著　共立出版　1986.6　201p　19cm　（共立科学ブックス 74）1600円　①4-320-00849-9　Ⓝ502.1
〔16211〕

◇出島の科学―日本の近代科学に果たしたオランダの貢献　長崎　日蘭交流400周年記念展覧会「出島の科学」実行委

員会　2000.12　87p　30cm　Ⓝ402.105
〔16212〕
◇出島の科学―長崎を舞台とした近代科学の歴史ドラマ　長崎大学「出島の科学」刊行会編著　福岡　九州大学出版会　2002.4　87p　30cm　1700円　Ⓘ4-87378-733-5　Ⓝ402.105
〔16213〕
◇内閣文庫所蔵江戸時代の科学技術書展示目録　国立公文書館　1976　42p　21cm
〔16214〕
◇日本科学史散歩―江戸期の科学者たち　大矢真一著　中央公論社　1974　254p　19cm　（自然選書）1250円　Ⓝ402.105
〔16215〕
◇日本の技術者―江戸・明治時代　中山秀太郎著　技術史教育学会編　雇用問題研究会　2004.8　206p　21cm　1500円　Ⓘ4-87563-224-X
〔16216〕
◇幕末に八幡宿の百姓が製産した硝石　佐藤敬子著　浅科村（長野県）　浅科村教育委員会　2003.12　71p　30cm　（浅科村の歴史 7）Ⓝ575.9
〔16217〕
◇火縄銃から黒船まで――江戸時代技術史―　奥村正二著　岩波書店　1970　206p　18cm　（岩波新書）150円　Ⓝ502.1
〔16218〕
◇「見る科学」の歴史―懐徳堂・中井履軒の目　大阪大学総合学術博物館編　吹田　大阪大学出版会　2006.10　56p　26cm　1000円　Ⓘ4-87259-207-7　Ⓝ402.105〔16219〕
◇明治前日本科学史総説・年表　明治前日本科学史刊行会編　日本学術振興会　丸善（発売）　1968　980p　22cm　Ⓝ402.106
〔16220〕

◆◆◆博物誌

◇阿淡産志の研究―阿波藩撰博物誌　福島義一著　徳島　徳島県出版文化協会（製作）　1990.3　394p　22cm　Ⓝ402.9181
〔16221〕
◇描かれた動物・植物―江戸時代の博物誌 国立国会図書館特別展示　磯野直秀監修　国立国会図書館編　国立国会図書館　2005.10　105p　30cm　1905円　Ⓘ4-87582-622-2　Ⓝ460.21
〔16222〕
◇蝦夷地の外人ナチュラリストたち　村元直人著　函館　幻洋社　1994.1　186,5p　20cm　1800円　Ⓘ4-906320-23-6　Ⓝ460.211
〔16223〕
◇江戸期のナチュラリスト　木村陽二郎著　朝日新聞社　1988.10　249,3p　19cm　（朝日選書 363）940円　Ⓘ4-02-259463-2　Ⓝ460.21
〔16224〕
◇江戸期のナチュラリスト　木村陽二郎著　朝日新聞社　2005.6　249,3p　19cm　（朝日選書 363）2700円　Ⓘ4-86143-055-0　Ⓝ460.21
〔16225〕
◇江戸後期諸国産物帳集成　第1巻　蝦夷 1　安田健編　科学書院　1996.1　1051,31p　27cm　（諸国産物帳集成 第2期）51500円　Ⓘ4-7603-0169-0　Ⓝ402.91〔16226〕
◇江戸後期諸国産物帳集成　第2巻　蝦夷 2　安田健編　科学書院　1997.6　970,23p　27cm　（諸国産物帳集成 第2期）50000円　Ⓘ4-7603-0168-2　Ⓝ402.91〔16227〕
◇江戸後期諸国産物帳集成　第3巻　陸奥・羽前・羽後・陸中・陸前・磐城・会津・下野・常陸　安田健編　科学書院　1998.4　1127,37p　27cm　（諸国産物帳集成 第2期）50000円　Ⓘ4-7603-0170-4　Ⓝ402.91〔16228〕
◇江戸後期諸国産物帳集成　第4巻　羽前・羽後・武蔵・上総・下総・伊豆諸島　安田健編　科学書院　1999.1　718,26,189p　27cm　（諸国産物帳集成 第2期）50000円　Ⓘ4-7603-0171-2　Ⓝ402.91
〔16229〕
◇江戸後期諸国産物帳集成　第5巻　佐渡・越後　安田健編　科学書院　1999.3　1173,89p　27cm　（諸国産物帳集成 第2期）50000円　Ⓘ4-7603-0172-0　Ⓝ402.91〔16230〕
◇江戸後期諸国産物帳集成　第6巻　越中・能登・加賀・越前・若狭・信濃　安田健編　科学書院　1999.5

1045,175p　27cm　（諸国産物帳集成 第2期）50000円　Ⓘ4-7603-0173-9　Ⓝ402.91
〔16231〕
◇江戸後期諸国産物帳集成　第7巻　甲斐・伊豆・駿河・近江　安田健編　科学書院　1999.11　918,70p　27cm　（諸国産物帳集成 第2期）50000円　Ⓘ4-7603-0174-7　Ⓝ402.91
〔16232〕
◇江戸後期諸国産物帳集成　第8巻　飛騨・山城・紀伊　安田健編　科学書院　2000.5　896,189p　27cm　（諸国産物帳集成 第2期）50000円　Ⓘ4-7603-0175-5　Ⓝ402.91
〔16233〕
◇江戸後期諸国産物帳集成　第9巻　大和・紀伊　安田健編　科学書院　2000.10　844,62p　27cm　（諸国産物帳集成 第2期）50000円　Ⓘ4-7603-0176-3　Ⓝ402.91〔16234〕
◇江戸後期諸国産物帳集成　第10巻　大和・紀伊　安田健編　科学書院　2001.1　751,97p　27cm　（諸国産物帳集成 第2期）50000円　Ⓘ4-7603-0177-1　Ⓝ402.91
〔16235〕
◇江戸後期諸国産物帳集成　第11巻　因幡・石見・備前・備後・安芸　安田健編　科学書院　2001.6　701,127p　27cm　（諸国産物帳集成 第2期）50000円　Ⓘ4-7603-0178-X　Ⓝ402.91
〔16236〕
◇江戸後期諸国産物帳集成　第12巻　安芸・備後・周防　安田健編　科学書院　2002.4　828,102p　27cm　（諸国産物帳集成 第2期）50000円　Ⓘ4-7603-0179-8　Ⓝ402.91
〔16237〕
◇江戸後期諸国産物帳集成　第13巻　周防　安田健編　科学書院　2002.6　750,160p　27cm　（諸国産物帳集成 第2期）50000円　Ⓘ4-7603-0180-1　Ⓝ402.91〔16238〕
◇江戸後期諸国産物帳集成　第14巻　長門　安田健編　科学書院　2002.10　831,69p　27cm　（諸国産物帳集成 第2期）50000円　Ⓘ4-7603-0181-X　Ⓝ402.91〔16239〕
◇江戸後期諸国産物帳集成　第15巻　阿波・淡路　安田健編　科学書院　2003.1　1087,71p　27cm　（諸国産物帳集成 第2期）50000円　Ⓘ4-7603-0182-8　Ⓝ402.91
〔16240〕
◇江戸後期諸国産物帳集成　第16巻　阿波・讃岐・土佐・津島　安田健編　科学書院　2004.2　727,208p　27cm　（諸国産物帳集成 第2期）50000円　Ⓘ4-7603-0183-6　Ⓝ402.91
〔16241〕
◇江戸後期諸国産物帳集成　第17巻　肥前・日向・大隈・薩摩　安田健編　科学書院　2004.7　878,147p　27cm　（諸国産物帳集成 第2期）50000円　Ⓘ4-7603-0184-4　Ⓝ402.91
〔16242〕
◇江戸後期諸国産物帳集成　第18巻　薩摩・琉球　安田健編　科学書院　2004.10　1127,25p　27cm　（諸国産物帳集成 第2期）50000円　Ⓘ4-7603-0185-2　Ⓝ402.91
〔16243〕
◇江戸後期諸国産物帳集成　第21巻　類別索引・総合索引　安田健編　科学書院　2005.7　859p　27cm　（諸国産物帳集成 第2期）50000円　Ⓘ4-7603-0311-1　Ⓝ402.91
〔16244〕
◇江戸時代の動植物図鑑―紀州の本草学を中心に '94特別展　和歌山市立博物館編　和歌山　和歌山市教育委員会　1994.10　78p　26cm　Ⓝ499.9
〔16245〕
◇江戸の旅日記―「徳川啓蒙期」の博物学者たち　ヘルベルト・プルチョウ著　集英社　2005.8　238p　18cm　（集英社新書）700円　Ⓘ4-08-720304-2
〔16246〕
◇江戸の博物学者たち　杉本つとむ著　講談社　2006.5　380p　15cm　（講談社学術文庫）1200円　Ⓘ4-06-159764-7
〔16247〕
◇江戸の本草―薬物学と博物学　矢部一郎著　サイエンス社　1984.8　249p　19cm　（ライブラリ科学史 6）2500

円　④4-7819-0369-X　Ⓝ499.9
〔16248〕

◇大江戸花鳥風月名所めぐり　松田道生著　平凡社
2003.2　244p　18cm　（平凡社新書）780円
④4-582-85171-1　Ⓝ402.9136
〔16249〕

◇大阪自然史フェスティバル―自然派市民の文化祭　大阪
〔大阪市立自然史博物館〕　2003　1冊　30cm　Ⓝ402.
9163
〔16250〕

◇享保元文　諸国産物帳集成　第109巻―補遺編　3　類別
索引・総合索引　盛永俊太郎,安田健編　科学書院,霞ケ
関出版〔発売〕　1995.2　1073p　26cm　51500円
〔16251〕

◇享保・元文諸国産物帳集成　第10巻　長門　続　盛永俊
太郎,安田健編　科学書院　1991.5　964,146p　27cm
39140円　Ⓝ402.91
〔16252〕

◇近世産物語彙解読辞典　5―野生植物篇2　植物・動物・
鉱物名彙　近世歴史資料研究会編　科学書院,霞ケ関出
版〔発売〕　2004.8　1冊　26cm　38000円
④4-7603-0289-1
〔16253〕

◇近世産物語彙解読辞典―植物・動物・鉱物名彙　1　近
世歴史資料研究会編　科学書院　2002.6　748p　27cm
38000円　④4-7603-0281-6　Ⓝ460.33
〔16254〕

◇近世産物語彙解読辞典―植物・動物・鉱物名彙　2　近
世歴史資料研究会編　科学書院　2002.6　p751-1401
27cm　38000円　④4-7603-0282-4　Ⓝ460.33
〔16255〕

◇近世産物語彙解読辞典―植物・動物・鉱物名彙　3　近
世歴史資料研究会編　科学書院　2004.3　848p　27cm
38000円　④4-7603-0283-2　Ⓝ460.33
〔16256〕

◇近世産物語彙解読辞典―植物・動物・鉱物名彙　4　近
世歴史資料研究会編　科学書院　2004.8　889p　27cm
38000円　④4-7603-0288-3　Ⓝ460.33
〔16257〕

◇近世産物語彙解読辞典―植物・動物・鉱物名彙　5　近
世歴史資料研究会編　科学書院　2004.8　p891-1740
27cm　38000円　④4-7603-0289-1　Ⓝ460.33
〔16258〕

◇近世植物・動物・鉱物図譜集成　第1巻　安田健編　科
学書院　2005.2　982p　27cm　（諸国産物帳集成　第3
期）50000円　④4-7603-0312-X　Ⓝ460
〔16259〕

◇近世植物・動物・鉱物図譜集成〈第2巻〉　第2巻　本草通
串2・本草通串証図　近世歴史資料研究会編　科学書院,
霞ケ関出版〔発売〕　2006.2　1冊　26cm　（諸国産物帳
集成第3期）50000円　④4-7603-0313-8
〔16260〕

◇近世植物・動物・鉱物図譜集成　第3巻　安田健編
近世歴史資料研究会編　科学書院　2005.9　808p
27cm　（諸国産物帳集成　第3期）50000円
④4-7603-0314-6　Ⓝ460
〔16261〕

◇近世植物・動物・鉱物図譜集成　第4巻　草木図彙1　近
世歴史資料研究会編　科学書院,霞ケ関出版〔発売〕
2006.2　1冊　26cm　（諸国産物帳集成第3期）50000円
④4-7603-0315-4
〔16262〕

◇近世植物・動物・鉱物図譜集成　第5巻　近世歴史資料
研究会編　科学書院　2005.11　1022p　27cm　（諸国産
物帳集成　第3期）50000円　④4-7603-0316-2　Ⓝ460
〔16263〕

◇近世植物・動物・鉱物図譜集成　第7巻　近世歴史資料
研究会編　霞ケ関出版〔発売〕　2006.10　981,63p　図版
4p　27cm　（諸国産物帳集成　第3期）50000円
④4-7603-0318-9　Ⓝ460
〔16264〕

◇近世植物・動物・鉱物図譜集成　第8巻　近世歴史資料
研究会編　霞ケ関出版（発売）　2006.10
p983-1854,63,98p　図版4p　27cm　（諸国産物帳集成　第
3期）50000円　④4-7603-0319-7　Ⓝ460
〔16265〕

◇近世植物・動物・鉱物図譜集成　第9巻　新訂　草木図説
草部　飯沼慾斎著　田中芳男,小野職愨増訂　久保

弘道,横川政利校正　近世歴史資料研究会訳編　科学
書院,霞ケ関出版〔発売〕　2006.11　3冊（セット）
26cm　（諸国産物帳集成　第3期）50000円
①978-4-7603-0320-5
〔16266〕

◇近世植物・動物・鉱物図譜集成　第10巻　近世歴史資料
研究会訳編　霞ケ関出版（発売）　2006.9　1082,63p
27cm　（諸国産物帳集成　第3期）50000円
④4-7603-0321-9　Ⓝ460
〔16267〕

◇古書に見る植物・動物たちの江戸時代　国立公文書館編
国立公文書館　1986　24p　21cm
〔16268〕

◇彩色江戸博物学集成　平凡社　1994.8　501p　27cm
18000円　④4-582-51504-5　Ⓝ462.1
〔16269〕

◇薩摩博物学史　上野益三著　島津出版会　1982.6
317,11,13p　22cm　3500円　Ⓝ460.2197
〔16270〕

◇庶物類纂　第1巻　草属・花属　稲若水,丹羽正伯編　科
学書院　1987.7　1694p　27cm　（近世歴史資料集成　第
1期）50000円　Ⓝ499.9
〔16271〕

◇庶物類纂　第2巻　鱗属・介属・羽属・毛属　稲若水,丹
羽正伯編　科学書院　1987.10　656p　27cm　（近世歴
史資料集成　第1期）50000円　Ⓝ499.9
〔16272〕

◇庶物類纂　第3巻　水属・火属・土属　稲若水,丹羽正伯
編　科学書院　1988.1　840p　27cm　（近世歴史資料集
成　第1期）50000円　Ⓝ499.9
〔16273〕

◇庶物類纂　第4巻　石属・金属・玉属　稲若水,丹羽正伯
編　科学書院　1988.3　1430p　27cm　（近世歴史資料
集成　第1期）50000円　Ⓝ499.9
〔16274〕

◇庶物類纂　第5巻　竹属・穀属　稲若水,丹羽正伯編　科
学書院　1988.5　822p　27cm　（近世歴史資料集成　第1
期）50000円　Ⓝ499.9
〔16275〕

◇庶物類纂　第6巻　萩属・蔬属1　稲若水,丹羽正伯編
科学書院　1988.6　857p　27cm　（近世歴史資料集成
第1期）50000円　Ⓝ499.9
〔16276〕

◇庶物類纂　第7巻　蔬属　2　稲若水,丹羽正伯編　科学
書院　1988.8　618p　27cm　（近世歴史資料集成　第1
期）50000円　Ⓝ499.9
〔16277〕

◇庶物類纂　第8巻　海菜属・水菜属・菌属・瓜属・造醸
属・虫属1　稲若水,丹羽正伯編　科学書院　1988.9
1264p　27cm　（近世歴史資料集成　第1期）50000円
Ⓝ499.9
〔16278〕

◇庶物類纂　第9巻　虫属2・木属・蛇属・果属・味属　稲
若水,丹羽正伯編　科学書院　1988.10　1344p　27cm
（近世歴史資料集成　第1期）50000円　Ⓝ499.9　〔16279〕

◇庶物類纂　第10巻　増補版　稲若水,丹羽正伯編　科学
書院　1988.11　590p　27cm　（近世歴史資料集成　第1
期）50000円　Ⓝ499.9
〔16280〕

◇庶物類纂　第1巻～第11巻　稲若水編,丹羽正伯編　科学
書院　1987.7　11冊　27cm　（近世歴史資料集成　第1
期）550000円　Ⓝ499.9
〔16281〕

◇鳥の殿さま佐野藩主堀田正敦―第33回企画展　佐野　佐
野市郷土博物館　1999.10　32p　30cm　Ⓝ402.105
〔16282〕

◇日本自然誌の成立―蘭学と本草学　木村陽二郎著　中央
公論社　1974　386p　19cm　（自然選書）1800円
Ⓝ402.105
〔16283〕

◇防長本草学及生物学・農学年表　日野巌著　徳山　マツ
ノ書店　1977.10　157p　21cm　1500円　Ⓝ499.9
〔16284〕

◇防長本草学及生物学史　日野巌著　下関　日野巌先生還
歴記念　1958　247p　22cm　Ⓝ499.9
〔16285〕

◇明治前　日本生物学史　第1巻　日本学士院日本科学史刊
行会編　日本学術振興会　1960　674p　22cm　Ⓝ460.

◇明治前 日本生物学史 第2巻 日本学士院日本科学史刊行会編 日本学術振興会 1963 619p 22cm Ⓝ460.21 〔16287〕
◇落語の博物誌―江戸の文化を読む 岩崎均史著 吉川弘文館 2004.2 184p 19cm （歴史文化ライブラリー 171）1700円 Ⓘ4-642-05571-1 Ⓝ702.15 〔16288〕

◆◆数学
◇会津藩農民の数学 歌川初之輔編著 会津若松 歴史春秋出版 2003.12 338p 27cm 10000円 Ⓘ4-89757-488-9 Ⓝ419.1 〔16289〕
◇江戸時代における数学者の思想 佐藤健一著 府中（東京都）〔佐藤健一〕 1992.3 64p 26cm Ⓝ410.28 〔16290〕
◇江戸時代の数学 田崎中著 総合科学出版 1983.3 265p 19cm 2300円 Ⓝ410.21 〔16291〕
◇江戸初期和算選書 第2巻 下平和夫,佐藤健一編 研成社 1991.11 4冊 21cm 全12000円 Ⓘ4-87639-023-1 Ⓝ419.1 〔16292〕
◇江戸初期和算選書 第3巻 下平和夫,佐藤健一編 研成社 1993.5 3冊 21cm 全11330円 Ⓘ4-87639-025-8 Ⓝ419.1 〔16293〕
◇江戸初期和算選書 第4巻 下平和夫,佐藤健一編 研成社 1994.10 3冊 21cm 全12000円 Ⓘ4-87639-106-8 Ⓝ419.1 〔16294〕
◇江戸初期和算選書 第5巻 下平和夫監修 佐藤健一監修・編 野口泰助編・校注 西田知己編 秀川和久,柳本浩校注 研成社 1998.3 3冊（セット） 19cm 12000円 Ⓘ4-87639-113-0 〔16295〕
◇江戸初期和算選書 第6巻 下平和夫監修 佐藤健一編・校注 野口泰助,西田知己編 安富有恒校注 研成社 2001.11 3冊（セット） 21cm 10000円 Ⓘ4-87639-621-3 〔16296〕
◇江戸初期和算選書 第8巻 下平和夫監修 佐藤健一,野口泰助,西田知己編 研成社 2007.4 3冊（セット） 21cm 12000円 Ⓘ978-4-87639-145-5 〔16297〕
◇江戸庶民の数学―日本人と数 佐藤健一著 東洋書店 1994.8 235p 20cm 1800円 Ⓘ4-88595-149-6 Ⓝ419.1 〔16298〕
◇江戸の算術指南―ゆっくりたのしんで考える 西田知己著 研成社 1999.8 219p 19cm 1500円 Ⓘ4-87639-618-3 Ⓝ419.1 〔16299〕
◇江戸の数学文化 川本亨二著 岩波書店 1999.10 106p 19cm （岩波科学ライブラリー 70）1000円 Ⓘ4-00-006570-X Ⓝ419.1 〔16300〕
◇江戸の寺子屋入門―算術を中心として 佐藤健一編 研成社 1996.7 154p 19cm 1545円 Ⓘ4-87639-707-4 Ⓝ419.1 〔16301〕
◇江戸のミリオンセラー『塵劫記』の魅力―吉田光由の発想 佐藤健一著 研成社 2000.2 200p 19cm 1500円 Ⓘ4-87639-120-3 Ⓝ419.1 〔16302〕
◇絵の中のそろばん図―錦絵と引札 珠算史研究学会 1998.4 2冊（解説版とも） 27cm Ⓝ721.8 〔16303〕
◇改算記 山田正重著 野口泰助校注 研成社 1998.3 266p 21cm （江戸初期和算選書 第5巻 2）Ⓝ419.1 〔16304〕
◇格致算書 柴村盛之著 西田知己校注 研成社 2005.4 175p 21cm （江戸初期和算選書 第7巻 1）Ⓘ4-87639-406-7 Ⓝ419.1 〔16305〕
◇亀井算法是不老―亀井算と父「長沼吉三郎」 長沼迪典,小竹田鶴著 新潟 〔小竹田鶴〕 2002.7 171p 19cm Ⓝ419.1 〔16306〕
◇九数算法 嶋田貞継著 佐藤健一校注 研成社 2001.11 114p 22cm （江戸初期和算選書 第6巻 3）Ⓘ4-87639-621-3 Ⓝ419.1 〔16307〕
◇九数算法附録 嶋田貞継著 藤井康生校注 研成社 2005.4 48p 21cm （江戸初期和算選書 第7巻 3）Ⓘ4-87639-406-7 Ⓝ419.1 〔16308〕
◇近世算術―普通教育 上野清編 6版 吉川半七 1890.3 2冊（上195,下187p） 19cm Ⓝ411 〔16309〕
◇近世算術―普通教育 上野清編 増補12版 吉川半七 1894.9 2冊（上197,下207p） 19cm Ⓝ411 〔16310〕
◇近世算術―普通教育 上野清編 増補13版 吉川半七 1895.3 2冊（上197,下207p） 19cm Ⓝ411 〔16311〕
◇近世算術解式―普通教育 森喜太郎著 上野清閲 訂4版 吉川半七 1892 2冊（上114,下149p） 19cm Ⓝ411 〔16312〕
◇近世算術解式―初等教育 井田継衛編 佐久間文太郎閣 訂2版 吉川半七 1893.11 235p 19cm Ⓝ411 〔16313〕
◇近世算術教科書 上巻 柿原久保編 訂2版 宝文館 1903.2 190p 19cm Ⓝ411 〔16314〕
◇近世算術講義録―普通教育 上野清述 訂5版 吉川半七 1897.2 232p 20cm Ⓝ411 〔16315〕
◇近世庶民の算教育と洋算への移行過程の研究 川本亨二著 風間書房 2000.12 308p 22cm 9200円 Ⓘ4-7599-1236-3 Ⓝ410.7 〔16316〕
◇近世数学史談 高木貞治著 河出書房 1942 216p 19cm （科学新書）Ⓝ410 〔16317〕
◇近世数学史談及雑談 高木貞治著 共立出版 1946 264p 19cm Ⓝ410 〔16318〕
◇近世日本数学史―関孝和の実像を求めて 佐藤賢一著 東京大学出版会 2005.3 423,6p 22cm （コレクション数学史 5）6500円 Ⓘ4-13-061355-3 Ⓝ419.1 〔16319〕
◇股勾弦鈔 星野実宣著 小川束校注 研成社 2007.4 83p 21cm （江戸初期和算選書 第8巻 3）Ⓘ978-4-87639-145-5 Ⓝ419.1 〔16320〕
◇再発見江戸の数学―日本人は数学好きだった 桐山光弘,歳森宏著 日刊工業新聞社 2006.12 210p 19cm （B&Tブックス）1600円 Ⓘ4-526-05783-5 Ⓝ419.1 〔16321〕
◇算学級聚抄 藤田吉勝著 柳本浩校注 研成社 1998.3 61p 21cm （江戸初期和算選書 第5巻 3）Ⓝ419.1 〔16322〕
◇「算勘」と「工夫」―江戸時代の数学的発想 西田知己著 研成社 1994.8 248p 22cm 8240円 Ⓝ419.1 〔16323〕
◇算梯 1,2 観音寺 上坂氏顕彰会史料出版部 2001.12 1冊 30cm （上坂氏顕彰会所蔵手写本 40）54800円 Ⓝ419.1 〔16324〕
◇算梯 3,4 観音寺 上坂氏顕彰会史料出版部 2001.12 1冊 30cm （上坂氏顕彰会所蔵手写本 40）52800円 Ⓝ419.1 〔16325〕
◇算梯 5,6 観音寺 上坂氏顕彰会史料出版部 2001.12 1冊 30cm （上坂氏顕彰会所蔵手写本 40）46800円 Ⓝ419.1 〔16326〕
◇算梯 9,10 観音寺 上坂氏顕彰会史料出版部 2001.12 1冊 30cm （上坂氏顕彰会所蔵手写本 40）46800円 Ⓝ419.1 〔16327〕
◇算法至源記 前田憲舒著 佐藤健一校注 研成社 2001.11 108p 22cm （江戸初期和算選書 第6巻

学術・教育史　　　　　　　　　　近世史

◇算法直解　樋口兼次,片岡豊忠共編　米光丁校注　研成社　2007.4　193p　21cm　（江戸初期和算選書　第8巻2）①978-4-87639-145-5　Ⓝ419.1
〔16329〕

◇参両録　榎並和澄著　秀川和久校注　研成社　1998.3　121p　21cm　（江戸初期和算選書　第5巻1）Ⓝ419.1
〔16330〕

◇下伊那の和算　北沢武著　飯田　南信州新聞社出版局　1998.11　101p　22cm　Ⓝ419.1
〔16331〕

◇初等近世算術　上野清編　訂7版　吉川半七　1896.5　186p　15cm　Ⓝ411
〔16332〕

◇初等近世算術―問答詳解　高山善畎（海人）著　奥宮衛閣　横須賀　軍港堂　1903.4　145p　19cm　Ⓝ411
〔16333〕

◇塵劫記　吉田光由著　大矢真一校注　岩波書店　2004.6　271p　15cm　（岩波文庫）700円　①4-00-330241-9
〔16334〕

◇『塵劫記』初版本―影印、現代文字、そして現代語訳　佐藤健一訳・校注　研成社　2006.4　252p　21cm　2300円　①4-87639-409-1
〔16335〕

◇『塵劫記』にまなぶ　西田知己著　研成社　2005.7　182p　19cm　1500円　①4-87639-138-6
〔16336〕

◇新・和算入門　佐藤健一著　研成社　2000.8　175p　19cm　1600円　①4-87639-619-1
〔16337〕

◇数学乗除往来　池田昌意著　安富有恒校注　研成社　2001.11　84p　22cm　（江戸初期和算選書　第6巻1）①4-87639-621-3　Ⓝ419.1
〔16338〕

◇雪月花の数学―日本の美と心に潜む正方形とルート2の秘密　桜井進著　祥伝社　2006.8　199p　19cm　1300円　①4-396-61272-9
〔16339〕

◇泉州における和算家　安藤洋美著　和泉　桃山学院大学総合研究所　1999.9　133p　21cm　（研究叢書11）①4-944181-03-5　Ⓝ419.1
〔16340〕

◇続・和算を教え歩いた男―日本人と数　佐藤健一著　東洋書店　2003.6　169p　19cm　1600円　①4-88595-451-7
〔16341〕

◇だから楽しい江戸の算額―和算絵馬「算額」の魅力がいっぱい　小寺裕著　研成社　2007.9　124p　19cm　1300円　①978-4-87639-149-3
〔16342〕

◇建部賢弘の『算暦雑考』―日本初の三角関数表　佐藤健一著　研成社　1995.4　122p　21cm　5150円　①4-87639-605-1
〔16343〕

◇童介抄　野沢定長著　佐藤健一,北邑一恵校注　研成社　2005.4　141p　21cm　（江戸初期和算選書　第7巻2）①4-87639-406-7　Ⓝ419.1
〔16344〕

◇東海道五十三次で数学しよう―"和算"を訪ねて日本を巡る　仲田紀夫著　新装版　名古屋　黎明書房　2006.12　190p　21cm　2000円　①4-654-00934-5
〔16345〕

◇日本科学技術古典籍資料　数学篇1　浅見恵,安田健訳編　科学書院　2002.3　840p　27cm　（近世歴史資料集成　第4期　第1巻）50000円　①4-7603-0230-1　Ⓝ402.105
〔16346〕

◇日本科学技術古典籍資料　数学篇2　浅見恵,安田健訳編　科学書院　2001.6　1044p　27cm　（近世歴史資料集成　第4期　第2巻）50000円　①4-7603-0231-X　Ⓝ402.105
〔16347〕

◇日本科学技術古典籍資料　数学篇3　浅見恵,安田健訳編　科学書院　2001.8　1017p　27cm　（近世歴史資料集成　第4期　第3巻）50000円　①4-7603-0232-8　Ⓝ402.105
〔16348〕

◇日本科学技術古典籍資料　数学篇4　浅見恵,安田健訳編　科学書院　2001.10　1007p　27cm　（近世歴史資料集成　第4期　第4巻）50000円　①4-7603-0233-6　Ⓝ402.105
〔16349〕

◇日本科学技術古典籍資料　数学篇5　浅見恵,安田健訳編　科学書院　2002.11　972p　27cm　（近世歴史資料集成　第4期　第5巻）50000円　①4-7603-0234-4　Ⓝ402.105
〔16350〕

◇日本科学技術古典籍資料　数学篇6　浅見恵,安田健訳編　科学書院　2003.4　923p　27cm　（近世歴史資料集成　第4期　第6巻）50000円　①4-7603-0235-2　Ⓝ402.105
〔16351〕

◇日本科学技術古典籍資料　数学篇7　浅見恵,安田健訳編　科学書院　2004.10　912p　27cm　（近世歴史資料集成　第4期　第7巻）50000円　①4-7603-0236-0　Ⓝ402.105
〔16352〕

◇日本科学技術古典籍資料 数学篇 8 増補筭法闕疑抄　浅見恵,安田健訳編　科学書院,霞ケ関出版〔発売〕2007.11　1082p　28×21cm　（近世歴史資料集成　第4期　第8巻）50000円　①978-4-7603-0237-6
〔16353〕

◇輓近高等数学講座　第2巻　近世数学史談　高木貞治著　共立社　1933　158p　20cm　Ⓝ413
〔16354〕

◇平山諦先生長寿記念文集―和算史研究の泰斗　平山諦博士長寿記念文集刊行会編　菊川町（静岡県）　平山諦博士長寿記念文集刊行会　1996.8　191p　27cm　Ⓝ419.1
〔16355〕

◇文化史上より見たる日本の数学　三上義夫著　佐々木力編　岩波書店　1999.4　341,6p　15cm　（岩波文庫）700円　①4-00-381004-X　Ⓝ419.1
〔16356〕

◇豊後杵築藩の和算家古原敏行・之剛文書の数学史的研究　永松祥一郎著　安岐町（大分県）〔永松祥一郎〕1979　74p　26cm　Ⓝ419.1
〔16357〕

◇明治前日本数学史　日本学士院日本科学史刊行会編　新訂版　野間科学医学研究資料館　1979.10　5冊　22cm　全45000円　Ⓝ410.21
〔16358〕

◇明治前 日本数学史　第4巻　藤原松三郎著,日本学士院日本科学史刊行会編　岩波書店　1959　605p　22cm　Ⓝ419.1
〔16359〕

◇明治前 日本数学史　第5巻　藤原松三郎著,日本学士院日本科学史刊行会編　岩波書店　1960　643p　22cm　Ⓝ419.1
〔16360〕

◇明治前 日本数学史　第1-3巻　藤原松三郎著,日本学士院日本科学史刊行会編　岩波書店　1954-1957　3冊　22cm　Ⓝ419.1
〔16361〕

◇最上徳内数学上之貢献　大木善太郎著　山形県楢岡町　最上徳内顕彰会　1940　174p　23cm　Ⓝ289.1
〔16362〕

◇わかりやすい江戸時代の数学―基本的な和算問題100題集　熊耳敏編　原町〔熊耳敏〕2000.7　77p　26cm　Ⓝ419.1
〔16363〕

◇和算を教え歩いた男　佐藤健一著　東洋書店　2000.5　196p　19cm　（日本人と数）1700円　①4-88595-268-9
〔16364〕

◇和算史年表　佐藤健一ほか編著　東洋書店　2002.6　166p　21cm　1600円　①4-88595-378-2　Ⓝ419.1
〔16365〕

◇和算資料目録―日本学士院所蔵　日本学士院編　岩波書店　2002.10　837,70p　27cm　①4-00-025753-6　Ⓝ419.1
〔16366〕

◇和算で遊ぼう！―江戸時代の庶民の娯楽　佐藤健一著　かんき出版　2005.3　143p　21cm　1200円　①4-7612-6240-0
〔16367〕

◇和算の成立―その光と陰　鈴木武雄著　恒星社厚生閣

2004.7　255p　21cm　4500円　Ⓘ4-7699-0999-3
〔16368〕
◇和算の成立　上　鈴木武雄著　菊川町（静岡県）　鈴木武雄　1997.10　114p　27cm　Ⓝ419.1
〔16369〕
◇和算の成立　下　鈴木武雄著　菊川町（静岡県）　鈴木武雄　1998.9　90p　27cm　Ⓝ419.1
〔16370〕

◆◆◆関孝和
◇関孝和―江戸の世界的数学者の足跡と偉業　下平和夫著　研成社　2006.2　233p　20cm　2300円
Ⓘ4-87639-142-4　Ⓝ289.1
〔16371〕

◆◆植物学
◇宇田川榕庵と私　福島久幸著　清水　〔福島久幸〕　1997.10　42p　20cm　非売品　Ⓝ470.2
〔16372〕
◇江戸時代の自然―外国人が見た日本の植物と風景　青木宏一郎著　都市文化社　1999.4　229p　19cm　1800円　Ⓘ4-88714-198-X　Ⓝ291
〔16373〕
◇江戸の自然誌―『武江産物志』を読む　野村圭佑著　どうぶつ社　2002.12　385p　20cm　3000円　Ⓘ4-88622-319-2　Ⓝ462.136
〔16374〕
◇江戸の植物学　大場秀章著　東京大学出版会　1997.10　217,5p　20cm　2600円　Ⓘ4-13-063315-5　Ⓝ470.2
〔16375〕
◇江戸の花―温故知新　尚古堂主人編　博文館　1890　274p　19cm
〔16376〕
◇木の手帖―江戸博物画と用例による樹木歳時記　尚学図書・言語研究所編　小学館　1991.8　214p　22cm　2200円　Ⓘ4-09-504055-6　Ⓝ470.38
〔16377〕
◇近世植物学教科書　大渡忠太郎編　松村任三閲　大阪　三木佐助　1899.2　158p,12p　24cm　（中等教育理科叢書）
〔16378〕
◇近世植物学教科書　大渡忠太郎編　松村任三,宮部金吾閲　修正18版　大阪　開成館　1901.1　192,12p　23cm　（中等教育理科叢書）Ⓝ470
〔16379〕
◇近世植物学教科書　斎田功太郎,佐藤礼介著　訂6版　東京宝文館　1916　136,22p　23cm　Ⓝ375.4　〔16380〕
◇近世植物・動物・鉱物図譜集成　第1巻　安田健編　科学書院　2005.2　982p　27cm　（諸国産物帳集成　第3期）50000円　Ⓘ4-7603-0312-X　Ⓝ460
〔16381〕
◇近世植物・動物・鉱物図譜集成　第2巻　近世歴史資料研究会編　科学書院　2006.2　p983-1742,74p図版4p　27cm　（諸国産物帳集成　第3期）50000円　Ⓘ4-7603-0313-8　Ⓝ460
〔16382〕
◇近世植物・動物・鉱物図譜集成　第3巻　安田健編　近世歴史資料研究会編　科学書院　2005.9　808p　27cm　（諸国産物帳集成　第3期）50000円　Ⓘ4-7603-0314-6　Ⓝ460
〔16383〕
◇近世植物・動物・鉱物図譜集成　第4巻　近世歴史資料研究会編　科学書院　2006.2　p809-1428,196p　27cm　（諸国産物帳集成　第3期）50000円　Ⓘ4-7603-0315-4　Ⓝ460
〔16384〕
◇黒船が持ち帰った植物たち　小山鉄夫編著　鎌倉　アボック社出版局　1996.11　98p　27cm　1456円　Ⓘ4-900358-41-X　Ⓝ470.38
〔16385〕
◇シーボルトと日本の植物―東西文化交流の源泉　木村陽二郎著　恒和出版　1981.2　235p　19cm　（恒和選書5）1400円　Ⓝ470.2
〔16386〕
◇植学啓原=宇田川榕菴―復刻と訳・注　矢部一郎ほか著　講談社　1980.5　329p　図版12枚　27cm　24000円　Ⓝ470.2
〔16387〕

◇知られざるシーボルト―日本植物標本をめぐって　大森実著　光風社出版　1997.11　256p　19cm　（光風社選書）1600円　Ⓘ4-415-08711-6　Ⓝ470.2
〔16388〕
◇染井吉野の江戸・染井発生説　岩崎文雄著　文協社（発売）　1999.3　127p　26cm　3000円　Ⓝ479.75
〔16389〕
◇椿と日本人―江戸時代を中心としたその美意識　四柳英子著　金沢　能登印刷出版部　2000.5　128p　18cm　1400円　Ⓘ4-89010-332-5　Ⓝ479.85
〔16390〕
◇日本植物研究の歴史―小石川植物園300年の歩み　大場秀章編　東京大学総合研究博物館　1996.11　187p　25cm　（東京大学コレクション　4）3090円　Ⓘ4-13-020204-9　Ⓝ470.76
〔16391〕

◆◆動物学
◇犬鷹大切物語　吉田豊編　柏書房　1999.9　140p　26cm　（チャレンジ江戸の古文書）2000円　Ⓘ4-7601-1798-9　Ⓝ210.5
〔16392〕
◇江戸時代人と動物　塚本学著　日本エディタースクール出版部　1995.10　328p　20cm　3090円　Ⓘ4-88888-240-1　Ⓝ210.5
〔16393〕
◇江戸鳥類大図鑑―よみがえる江戸鳥学の精華『観文禽譜』　堀田正敦著　鈴木道男編著　平凡社　2006.3　762,51p　27cm　35000円　Ⓘ4-582-51506-1　Ⓝ488
〔16394〕
◇江戸とアフリカの対話　伊谷純一郎ほか著　日本エディタースクール出版部　1996.6　166p　20cm　1854円　Ⓘ4-88888-253-3　Ⓝ489.9
〔16395〕
◇江戸動物民話物語　窪田明治著　雄山閣出版　1971　252p　19cm　（物語歴史文庫　20）880円　Ⓝ388.136
〔16396〕
◇江戸の動物画―近世美術と文化の考古学　今橋理子著　東京大学出版会　2004.12　344,27p　22cm　6000円　Ⓘ4-13-080204-6　Ⓝ721.025
〔16397〕
◇江戸のバードウォッチング　松田道生著　あすなろ書房　1995.11　87p　22cm　（あすなろライブラリー）1600円　Ⓘ4-7515-1851-8　Ⓝ488.2136
〔16398〕
◇大江戸飼い鳥草紙―江戸のペットブーム　細川博昭著　吉川弘文館　2006.2　229p　19cm　（歴史文化ライブラリー　208）1700円　Ⓘ4-642-05608-4　Ⓝ210.5　〔16399〕
◇大江戸動物図館―子・丑・寅…十二支から人魚・河童まで　特別展図録　仙台市博物館編　仙台　仙台市博物館　2006.9　143p　21cm　Ⓝ721.025
〔16400〕
◇シーボルトの水族館―特別企画展　長崎歴史文化博物館編　長崎　長崎歴史文化博物館　2007.7　155p　26cm　Ⓝ487.5
〔16401〕
◇生類憐みの世界　根崎光男著　同成社　2006.4　241p　20cm　（同成社江戸時代叢書　23）2500円　Ⓘ4-88621-352-9　Ⓝ210.52
〔16402〕
◇東海道どうぶつ物語―語りつがれる「人間の仲間たち」　依田賢太郎作・絵　東海教育研究所　2005.10　63p　24cm　1200円　Ⓘ4-486-03201-2　Ⓝ913.6　〔16403〕
◇動物絵画の100年―1751-1850　府中市美術館編　府中（東京都）　府中市美術館　2007.3　153,19p　26cm　Ⓝ721.025
〔16404〕
◇動物の旅―ゾウとラクダ　豊橋市二川宿本陣資料館編　豊橋　豊橋市二川宿本陣資料館　1999.10　63p　30cm　Ⓝ210.5
〔16405〕
◇日本の馬の絵―中・近世　特別展　根岸競馬記念公苑学芸部編　横浜　根岸競馬記念公苑　1984.10　1冊　26cm　Ⓝ721
〔16406〕
◇日本の歴史　近世1-5　動物たちの日本史　新訂増補

学術・教育史　　　　　　　　近世史

朝日新聞社　2003.8　p130-160　30cm　（週刊朝日百科65）476円　Ⓝ210.1
〔16407〕

◆◆地学
◇江戸期八戸の気象誌　七崎修著　八戸　〔七崎修〕1995.12　138p　26cm　Ⓝ451.9121
〔16408〕
◇江戸晴雨攷　根本順吉著　中央公論社　1993.6　350p　16cm　（中公文庫）700円　①4-12-202008-5　Ⓝ451
〔16409〕
◇千葉県古気候資料調査報告書—玄蕃日記・1791-1872　千葉県史料研究財団編　千葉　千葉県　1997.3　237p　30cm　(1341-4372)Ⓝ451.9135
〔16410〕

◆◆化学
◇江戸の化学　奥野久輝著　町田　玉川大学出版部　1980.5　224p　18cm　（玉川選書）950円　Ⓝ430.21
〔16411〕
◇明治前 日本応用化学史　日本学士院日本科学史刊行会編　日本学術振興会　1963　341p　22cm　Ⓝ570.21
〔16412〕
◇明治前 日本物理化学史　日本学士院日本科学史刊行会編　日本学術振興会　1964　645,24p　22cm　Ⓝ402.1
〔16413〕

◆◆天文学
◇江戸晴雨攷　根本順吉著　アドファイブ 出版局　1980.9　267,10p　22cm　2300円　①4-900084-04-2　Ⓝ451.91
〔16414〕
◇加賀藩・富山藩の天文暦学—特別展解説書　富山市科学文化センター編　富山　富山市科学文化センター　1987.10　35p　26cm　Ⓝ449.81
〔16415〕
◇近世日本天文学史　上 通史　渡辺敏夫著　恒星社厚生閣　1986.6　450p　22cm　8500円　①4-7699-0569-6
〔16416〕
◇近世日本天文学史　下 観測技術史　渡辺敏夫著　恒星社厚生閣　1987.1　1036p　22cm　12000円　①4-7699-0570-X　Ⓝ440.21
〔16417〕
◇近世日本天文史料　大崎正次編　原書房　1994.2　620p　22cm　18540円　①4-562-02505-0　Ⓝ440.21
〔16418〕
◇近世日本天文史料—暫定版　続　渡辺美和編纂・著　松戸　〔渡辺美和〕2007.10　182p　30cm　非売品　Ⓝ440.21
〔16419〕
◇渾天儀—享保年間南部藩最古の天文学書　北川宗俊著, 木村東市解読　野辺地町（青森県）〔木村東市〕1989.11　126p　19cm　Ⓝ440.21
〔16420〕
◇佐藤信淵の「天火の小球」説—その説と西洋化学史への投影　川越重昌著　秋田　弥高神社平田篤胤佐藤信淵研究所　1991.5　74p　19cm　（弥高叢書 第4輯）Ⓝ430.2
〔16421〕
◇遠くを望む—江戸時代の望遠鏡　府中市郷土の森博物館編　府中（東京都）　府中市郷土の森博物館　1991.7　20p　26cm　Ⓝ442.3
〔16422〕
◇日本科学技術古典籍資料　天文学篇1　浅見恵, 安田健訳編　科学書院　2000.12　916p　27cm　（近世歴史資料集成 第3期 第8巻）50000円　①4-7603-0205-0　Ⓝ402.105
〔16423〕
◇日本科学技術古典籍資料　天文学篇2　浅見恵, 安田健訳編　科学書院　2000.12　1175p　27cm　（近世歴史資料集成 第3期 第9巻）50000円　①4-7603-0206-9　Ⓝ402.105
〔16424〕
◇日本科学技術古典籍資料　天文学篇3　浅見恵, 安田健訳編　科学書院　2001.1　1052p　27cm　（近世歴史資料集成 第3期 第10巻）50000円　①4-7603-0207-7　Ⓝ402.105
〔16425〕
◇日本科学技術古典籍資料　天文学篇4　浅見恵, 安田健訳編　科学書院　2001.4　1004p　27cm　（近世歴史資料集成 第3期 第11巻）50000円　①4-7603-0208-5　Ⓝ402.105
〔16426〕
◇日本科学技術古典籍資料　天文学篇5　浅見恵, 安田健訳編　科学書院　2005.10　858,298p　27cm　（近世歴史資料集成 第4期 第9巻）50000円　①4-7603-0238-7　Ⓝ402.105
〔16427〕

◆◆時法・暦学
◇〔江戸小本暦〕明治2年　大学暦局編　鱗形屋小兵衛等　1868　1冊　18cm　（古今暦集覧）Ⓝ449
〔16428〕
◇〔江戸小本暦〕明治4年　大学星学局編　中村小兵衛　1870　1冊　18cm　（古今暦集覧）Ⓝ449
〔16429〕
◇〔江戸暦〕明治2年　大阪屋長四郎　1868　1冊　22cm　（古今暦集覧）Ⓝ449
〔16430〕
◇〔江戸暦〕明治3,4,6年　福室長四郎　1869-1872　3冊　22cm　（古今暦集覧）Ⓝ449
〔16431〕
◇〔江戸暦〕明治4年　大学暦局編　中村小兵衛　1870　1帖　23×8cm　（古今暦集覧）Ⓝ449
〔16432〕
◇江戸最初の時の鐘物語　坂内誠一著　竜ケ崎　流通経済大学出版会　1999.2　187p　19cm　2500円　①4-947553-12-X　Ⓝ449.1
〔16433〕
◇江戸の絵暦　岡田芳朗編著　大修館書店　2006.6　158p　31cm　4400円　①4-469-22180-5　Ⓝ449.81
〔16434〕
◇江戸の時刻と時の鐘　浦井祥子著　岩田書院　2002.2　239p　22cm　（近世史研究叢書 6）5200円　①4-87294-243-4　Ⓝ449.1
〔16435〕
◇江戸幕末・和洋暦換算事典　釣洋一著　新人物往来社　2004.6　416p　19cm　4800円　①4-404-03208-0
〔16436〕
◇加賀藩・富山藩の天文暦学—特別展解説書　富山市科学文化センター編　富山　富山市科学文化センター　1987.10　35p　26cm　Ⓝ449.81
〔16437〕
◇大小暦を読み解く—江戸の機知とユーモア　矢野憲一著　大修館書店　2000.11　196p　19cm　（あじあブックス 25）1700円　①4-469-23166-5　Ⓝ449.81
〔16438〕
◇南部絵暦　岡田芳朗著　法政大学出版局　1980.12　270p　20cm　（ものと人間の文化史 42）1600円　Ⓝ449.81
〔16439〕

◆医学史
◇浅田宗伯書簡集　五十嵐金三郎編著　汲古書院　1986.8　334p　22cm　12000円　Ⓝ289.1
〔16440〕
◇阿波の医学史　福島義一著　徳島　徳島県教育会出版部　1970　155p　19cm　（徳島郷土双書 22）350円　Ⓝ490.2181
〔16441〕
◇医学書誌論考　大鳥蘭三郎著　京都　思文閣出版　1987.4　212p　21cm　4800円　①4-7842-0474-1　Ⓝ490.21
〔16442〕
◇医学史話—杉田玄白から福沢諭吉　藤野恒三郎著　菜根出版　1984.1　456,20p　22cm　3800円　Ⓝ490.21
〔16443〕
◇医学・洋学・本草学者の研究—吉川芳秋著作集　吉川芳秋著　木村陽二郎, 遠藤正治編　八坂書房　1993.10　462p　23cm　13000円　①4-89694-636-7　Ⓝ490.21
〔16444〕
◇岩国藩の疱瘡遠慮定—伝染病（痘瘡）予防に関する史料

◇岩国　岩国徴古館　1970.8　50p　21cm　〔16445〕
◇因伯医史雑話　森納著　国府町（鳥取県）〔森納〕1985.8　275,9p　21cm　2000円　Ⓝ490.2172　〔16446〕
◇宇和島藩医学史　宇和島市医師会医学史編集委員会編　宇和島　宇和島市医師会　1998.7　246p　21cm　Ⓝ490.2183　〔16447〕
◇越藩福井医史及医人伝　釣雪漁史笹岡芳名著　笹岡芳名　1921　248p　23cm　Ⓝ490.2　〔16448〕
◇絵で読む江戸の病と養生　酒井シヅ著　講談社　2003.6　174p　22cm　2000円　Ⓘ4-06-211792-4　Ⓝ498.021361　〔16449〕
◇江戸時代医学史の研究　服部敏良著　吉川弘文館　1978.12　896,30p　22cm　16000円　Ⓝ490.21　〔16450〕
◇江戸時代医学史の研究　服部敏良著　吉川弘文館　1988.5　896,30p　22cm　16000円　Ⓘ4-642-01289-3　Ⓝ490.21　〔16451〕
◇江戸時代における機械論的身体観の受容　クレインス・フレデリック著　京都　臨川書店　2006.2　442,16p　23cm　12000円　Ⓘ4-653-03958-5　Ⓝ490.21　〔16452〕
◇江戸時代のお医者さん―眼科医酒井家を中心に　秋季特別展　三好町立歴史民俗資料館編　三好町（愛知県）　三好町立歴史民俗資料館　2006.10　86p　30cm　Ⓝ490.2155　〔16453〕
◇江戸の医療風俗事典　鈴木昶著　東京堂出版　2000.12　328p　20cm　2600円　Ⓘ4-490-10561-4　Ⓝ490.21　〔16454〕
◇江戸の小浜藩邸跡と杉田玄白生誕地碑　中島辰男著　小浜　〔中島辰男〕　2005.7　22p　21cm　〔16455〕
◇江戸の阿蘭陀流医師　杉本つとむ著　新装版　早稲田大学出版部　2004.12　381,18p　21cm　5800円　Ⓘ4-657-04924-0　Ⓝ490.21　〔16456〕
◇江戸の身体を開く　タイモン・スクリーチ著　高山宏訳　作品社　1997.3　347p　22cm　（叢書メラヴィリア3）3811円　Ⓘ4-87893-753-X　Ⓝ490.21　〔16457〕
◇江戸の疱瘡医―池田京水とその一族　ルーツを訪ねて　中尾英雄著　逗子　中尾英雄　1995.1　169p　19cm　Ⓝ288.3　〔16458〕
◇江戸の養生所　安藤優一郎著　PHP研究所　2005.1　228p　18cm　（PHP新書）720円　Ⓘ4-569-64159-8　Ⓝ498.021361　〔16459〕
◇江戸八百八町に骨が舞う―人骨から解く病気と社会　谷畑美帆著　吉川弘文館　2006.6　203p　19cm　（歴史文化ライブラリー 213)1700円　Ⓘ4-642-05613-0　Ⓝ213.61　〔16460〕
◇江戸風流医学ばなし　堀和久著　講談社　1993.7　273p　20cm　1500円　Ⓘ4-06-206495-2　Ⓝ490.21　〔16461〕
◇江戸風流医学ばなし　堀和久著　講談社　1996.7　272p　15cm　（講談社文庫）560円　Ⓘ4-06-263299-3　Ⓝ490.21　〔16462〕
◇江戸病草紙　立川昭二著　筑摩書房　1998.6　422p　15cm　（ちくま学芸文庫）1300円　Ⓘ4-480-08424-X　Ⓝ490.21　〔16463〕
◇大村藩の医学　深川晨堂著　大村藩之医学出版会　1930　1冊　26cm　Ⓝ490.2　〔16464〕
◇岡藩医学梗概並古今医人小史　大分県竹田町　黒川健士　1940　218p　23cm　Ⓝ490.2　〔16465〕
◇岡藩医学梗概并古今医人小史　黒川健士編　竹田　水耀会　1984.11　218p　図版14枚　23cm　Ⓝ490.2195　〔16466〕
◇和蘭内景医範提綱　3巻　宇田川榛斎述，諏訪俊筆記　日本医学文化保存会（製作）金原書店（発売）　1973　4冊（付共）　26cm　38000円　Ⓝ490.9　〔16467〕
◇オランダにおける蘭学医書の形成　石田純郎著　京都　思文閣出版　2007.2　327p　22cm　6800円　Ⓘ978-4-7842-1338-2　Ⓝ490.2359　〔16468〕
◇解剖事始め―山脇東洋の人と思想　岡本喬著　同成社　1988.6　220p　20cm　1800円　Ⓘ4-88621-051-1　Ⓝ491.1　〔16469〕
◇各藩医学教育の展望　山崎佐著　国土社　1955　69p　21cm　Ⓝ490.21　〔16470〕
◇近世医化学　中,下巻　額田豊著　金原商店　1925　2冊　23cm　Ⓝ491　〔16471〕
◇近世医学史　Paul Diepgen著　尾花午郎編著　南江堂　1956.4　107p　19cm　〔16472〕
◇近世医療の社会史―知識・技術・情報　海原亮著　吉川弘文館　2007.10　373,9p　22cm　10000円　Ⓘ978-4-642-03424-1　Ⓝ498.021　〔16473〕
◇近世漢方医学書集成　第15巻　蕉窓雑話　大塚敬節,矢数道明責任編集　和田東郭著　名著出版　2001.2（第4刷）　29,599,23p　21cm　8800円　Ⓘ4-626-01644-8　Ⓝ490.9　〔16474〕
◇近世漢方医学書集成　第16巻　蕉窓方意解　導水瑣言　東郭医談　和田泰庵方函　大塚敬節,矢数道明責任編集　和田東郭著　和田東郭著　和田東郭著　名著出版　2002.2（第2刷）　492p　21cm　8100円　Ⓘ4-626-01661-8　Ⓝ490.9　〔16475〕
◇近世漢方医学書集成　第24巻　古訓医伝 1　大塚敬節,矢数道明責任編集　宇津木昆台著　名著出版　2004.4（第3刷）　16,590p　21cm　8000円　Ⓘ4-626-01677-4　Ⓝ490.9　〔16476〕
◇近世漢方医学書集成　第25巻　古訓医伝 2　大塚敬節,矢数道明責任編集　宇津木昆台著　名著出版　2004.4（第3刷）　688p　21cm　8500円　Ⓘ4-626-01678-2　Ⓝ490.9　〔16477〕
◇近世漢方医学書集成　第26巻　古訓医伝 3　大塚敬節,矢数道明責任編集　宇津木昆台著　名著出版　2004.4（第3刷）　654p　21cm　8500円　Ⓘ4-626-01679-0　Ⓝ490.9　〔16478〕
◇近世漢方医学書集成　第27巻　古訓医伝 4　大塚敬節,矢数道明責任編集　宇津木昆台著　名著出版　2004.4（第3刷）　562p　21cm　8000円　Ⓘ4-626-01680-4　Ⓝ490.9　〔16479〕
◇近世漢方医学書集成　第28巻　古訓医伝 5　大塚敬節,矢数道明責任編集　宇津木昆台著　名著出版　2004.4（第3刷）　622p　21cm　8000円　Ⓘ4-626-01681-2　Ⓝ490.9　〔16480〕
◇近世漢方医学書集成　第41巻　傷寒論輯義 1　大塚敬節,矢数道明責任編集　多紀元簡著　名著出版　2003.6（第2刷）　39,464p　21cm　Ⓘ4-626-01676-6　Ⓝ490.9　〔16481〕
◇近世漢方医学書集成　第42巻　傷寒論輯義 1　大塚敬節,矢数道明責任編集　多紀元簡著　名著出版　2003.6（第2刷）　649p　21cm　Ⓘ4-626-01676-6　Ⓝ490.9　〔16482〕
◇近世漢方医学書集成　第43巻　金匱要略輯義 1　大塚敬節,矢数道明責任編集　多紀元簡著　名著出版　2002.2（第2刷）　560p　21cm　Ⓘ4-626-01662-6　Ⓝ490.9　〔16483〕
◇近世漢方医学書集成　第44巻　金匱要略輯義 2　大塚敬節,矢数道明責任編集　多紀元簡著　名著出版　2002.2（第2刷）　399p　21cm　Ⓘ4-626-01662-6　Ⓝ490.9　〔16484〕

◇近世漢方医学書集成　第56巻　古方薬品考　大塚敬節，矢数道明責任編集　内藤尚賢著　名著出版　2001.4（第2刷）　55,475p　21cm　8000円　Ⓘ4-626-01651-0　Ⓝ490.9
〔16485〕

◇近世漢方医学書集成　第58巻　方伎雑誌　橘黄医談　大塚敬節，矢数道明責任編集　尾台榕堂著　尾台榕堂著　名著出版　2001.4（第2刷）　520p　21cm　8200円　Ⓘ4-626-01649-9　Ⓝ490.9
〔16486〕

◇近世漢方医学書集成　第61巻　牛山方考　牛山活套　大塚敬節，矢数道明責任編集　香月牛山著　香月牛山著　名著出版　2003.4（2刷）　90,615p　21cm　8800円　Ⓘ4-626-01672-3　Ⓝ490.9
〔16487〕

◇近世漢方医学書集成　第70巻　医経解惑論　傷寒雑病論類編1　大塚敬節，矢数道明責任編集　内藤希哲著　内藤希哲著　名著出版　2003.6（2刷）　64,834p　21cm　11000円　Ⓘ4-626-01673-1　Ⓝ490.9
〔16488〕

◇近世漢方医学書集成　第71巻　傷寒雑病論類編2　大塚敬節，矢数道明責任編集　内藤希哲著　名著出版　2003.6（2刷）　773p　21cm　10000円　Ⓘ4-626-01674-X　Ⓝ490.9
〔16489〕

◇近世・近代沼津医療事情―図録　沼津市明治史料館編　沼津　沼津市明治史料館　2006.7　51p　26cm　Ⓝ498.02154
〔16490〕

◇近世日本医学と華岡青洲―'92秋季特別展　和歌山市立博物館編　和歌山　和歌山市教育委員会　1992.10　80,2p　26cm　Ⓝ490.21
〔16491〕

◇近世病草紙―江戸時代の病気と医療　立川昭二著　平凡社　1979.2　349p　20cm　（平凡社選書63）1500円　Ⓝ490.21
〔16492〕

◇再現日本史―週刊time travel　江戸34　講談社　2002.9　42p　30cm　533円　Ⓝ210.1
〔16493〕

◇薩摩医学史　上巻　永徳緑峯著，鹿児島県郷土史研究会編　新時代社　1965.9　672p　22cm　非売品　Ⓝ490.2197
〔16494〕

◇薩摩医人群像　森重孝著　鹿児島　春苑堂書店　1976.12　253p　20cm　1300円　Ⓝ490.2197
〔16495〕

◇正骨範―江戸時代の整骨接骨術　二宮彦可原著　山本徳子現代語訳　横須賀　医道の日本社　1998.2　112p　27cm　6800円　Ⓘ4-7529-6037-0　Ⓝ490.9
〔16496〕

◇川柳くすり草紙　鈴木昶著　薬事日報社　2005.8　132p　18cm　（薬事日報新書）900円　Ⓘ4-8408-0850-3　Ⓝ911.45
〔16497〕

◇多紀氏の事蹟　森潤三郎著，日本医史学会校訂　第2版　京都　思文閣出版　1985.5　296,22p　22cm　6500円　Ⓝ490.21
〔16498〕

◇多紀氏の事蹟　森潤三郎著　大空社　1998.12　376,5p　22cm　（伝記叢書308）12000円　Ⓘ4-7568-0873-5　Ⓝ490.21
〔16499〕

◇重宝記資料集成　第23巻　医方・薬方1　長友千代治編　京都　臨川書店　2006.11　468p　22cm　9200円　Ⓘ4-653-03902-X,4-653-03860-0　Ⓝ210.088
〔16500〕

◇重宝記資料集成　第24巻　医方・薬方2　長友千代治編　京都　臨川書店　2006.11　356p　22cm　8400円　Ⓘ4-653-03903-8,4-653-03860-0　Ⓝ210.088
〔16501〕

◇直舎伝記抄　松木明知編　弘前　第八十六回日本医史学会総会事務局　1985.5　541p　23cm　Ⓝ490.21
〔16502〕

◇特別展幕末期日本における種痘法の展開―文献資料を中心にみた天然痘予防の歴史　佐倉　〔佐倉順天堂記念館〕　1990　12p　26cm
〔16503〕

◇土佐医学史考　平尾道雄著　高知　高知市民図書館　1977.3　207,9p　21cm　2200円　Ⓝ490.2184　〔16504〕

◇泥坊の話・お医者様の話　三田村鳶魚著　朝倉治彦編　中央公論社　1998.6　339p　16cm　（中公文庫―鳶魚江戸文庫22）629円　Ⓘ4-12-203175-3　〔16505〕

◇長崎医学の跡　中西啓著　長崎　第29回日本化学療法学会総会　1981.5　98p　18cm　非売品　Ⓝ490.2193
〔16506〕

◇長崎外科史　中西啓著　長崎　第17回日本消化器外科学会　1981.2　98p　18cm　非売品　Ⓝ490.2193
〔16507〕

◇中津市歴史民俗資料館分館医家史料館叢書6　ヴォルフガング・ミヒェル編　中津　中津市歴史民俗資料館分館医家史料館　2007.3　96p　26cm　Ⓝ490.21　〔16508〕

◇日本における西洋医学の先駆者たち　ジョン・Z.パワース著　金久卓也,鹿島友義訳　慶應義塾大学出版会　1998.11　390p　22cm　3800円　Ⓘ4-7664-0723-7　Ⓝ490.21
〔16509〕

◇日本の解剖ことはじめ―古河藩医河口信任とその系譜　古河歴史博物館編　古河　古河歴史博物館　1998.10　56p　30cm　Ⓝ490.21
〔16510〕

◇日本の西洋医学の生い立ち―南蛮人渡米から明治維新まで　吉良枝郎著　築地書館　2000.3　221p　20cm　2000円　Ⓘ4-8067-1197-7　Ⓝ490.21
〔16511〕

◇幕末維新尾張藩医史　大田益三著　名古屋　名古屋市医師会　1941　141p　24cm　Ⓝ490.2
〔16512〕

◇幕末から廃藩置県までの西洋医学　吉良枝郎著　築地書館　2005.5　239p　20cm　2000円　Ⓘ4-8067-1306-6　Ⓝ490.21
〔16513〕

◇幕末・明治の外国人医師たち　小玉順三著　大空社　1997.12　201,43p　22cm　4000円　Ⓘ4-7568-0447-0　Ⓝ490.28
〔16514〕

◇幕末明治東三河・医家の動静　竹内孝一著　豊橋　竹内孝一　1987.2　224p　22cm　Ⓝ490.21　〔16515〕

◇華岡青洲先生及其外科―伝記・華岡青洲　呉秀三著　大空社　1994.2　1冊　22cm　（伝記叢書135）17000円　Ⓘ4-87236-434-1　Ⓝ289.1
〔16516〕

◇はやり病の錦絵　伊藤恭子編著　川島町（岐阜県）　内藤記念くすり博物館　2001.4　163p　30cm　（くすり博物館収蔵資料集4）Ⓝ490.21
〔16517〕

◇半田地域にみる幕末の村方医師―亀崎村医師願達留を中心として　茶谷悟郎編　半田　〔茶谷悟郎〕　1976　49p　20cm　非売品　Ⓝ490.2155
〔16518〕

◇飯能の村医者―幕末・明治の医療　特別展　飯能　飯能市郷土館　1995　20p　26cm　Ⓝ498.02134　〔16519〕

◇肥後医育史　山崎正董纂著　大和学芸図書　1976.12　48,746p　22cm　10000円　Ⓝ490.7　〔16520〕

◇婦人寿草―江戸前期の代表的産科養生書　香月牛山原著　小野正弘校訂　たにぐち書店　2004.8　460p　22cm　8000円　Ⓝ495.5
〔16521〕

◇防長医学史　田中助一著　萩　防長医学史刊行後援会　1951-1953　2冊　22cm　Ⓝ490.2177　〔16522〕

◇防長医学史　田中助一著　聚海書林　1984.9　1冊　22cm　15800円　Ⓘ4-915521-23-0　Ⓝ490.21　〔16523〕

◇まぼろしの医学校―山形済生館医学寮のあゆみ　小形利吉著　山形　高陽堂書店　1981.11　300p　22cm　3500円　Ⓝ490.7
〔16524〕

◇水戸藩医学史　石島弘著　ぺりかん社　1996.12　959p　22cm　18540円　Ⓘ4-8315-0765-2　Ⓝ490.2131
〔16525〕

◇水戸藩の医学　大貫勢津子著　土浦　筑波書林　1990.5　81p　18cm　（ふるさと文庫）600円　Ⓝ490.21
〔16526〕

◇村上玄水資料　1　ヴォルフガング・ミヒェル編　中津　中津市歴史民俗資料館分館村上医家史料館　2003.3　111p　26cm　（中津市歴史民俗資料館分館村上医家史料館資料叢書）Ⓝ490.21　〔16527〕

◇村上玄水資料　2　ヴォルフガング・ミヒェル編　中津　中津市歴史民俗資料館分館村上医家史料館　2004.2　104p　26cm　（中津市歴史民俗資料館分館村上医家史料館資料叢書）Ⓝ490.21　〔16528〕

◇村上玄水資料　3　ヴォルフガング・ミヒェル編　中津　中津市歴史民俗資料館分館村上医家史料館　2005.3　82p　26cm　（中津市歴史民俗資料館分館村上医家史料館資料叢書）Ⓝ490.21　〔16529〕

◇明治前日本医学史　日本学士院日本科学史刊行会編　増訂版　日本古医学資料センター　1978.6　5冊　22cm　全58000円　Ⓝ490.21　〔16530〕

◇病の世相史―江戸の医療事情　田中圭一著　筑摩書房　2003.11　196p　18cm　（ちくま新書）680円　①4-480-06142-8　〔16531〕

◇有林福田方　北野有隣著, 正宗敦夫編纂校訂　現代思潮社　1979.1　3冊　16cm　（覆刻日本古典全集）Ⓝ490.9　〔16532〕

◇米沢藩医史私撰　北条元一著　米沢　米沢市医師会　1992.5　660p　22cm　8000円　Ⓝ490.2125　〔16533〕

◇臨床鍼灸古典全書　第27巻　解説5・鎌倉1・室町1・江戸初期4・江戸前期6　大阪　オリエント出版社　1991.12　34,616p　27cm　Ⓝ492.7　〔16534〕

◇臨床鍼灸古典全書　第28巻　江戸中期11　大阪　オリエント出版社　1991.12　480p　27cm　Ⓝ492.7　〔16535〕

◇臨床鍼灸古典全書　第29巻　江戸中期12　大阪　オリエント出版社　1991.12　631p　27cm　Ⓝ492.7　〔16536〕

◇臨床鍼灸古典全書　第30巻　江戸後期9　大阪　オリエント出版社　1991.12　587p　27cm　Ⓝ492.7　〔16537〕

◇臨床鍼灸古典全書　第31巻　江戸後期10　大阪　オリエント出版社　1991.12　560p　27cm　Ⓝ492.7　〔16538〕

◇臨床鍼灸古典全書　第34巻　解説6・江戸前期7　大阪　オリエント出版社　1992.6　799p　27cm　Ⓝ492.7　〔16539〕

◇臨床鍼灸古典全書　第35巻　江戸中期13　大阪　オリエント出版社　1992.6　554p　27cm　Ⓝ492.7　〔16540〕

◇臨床鍼灸古典全書　第36巻　江戸後期11　大阪　オリエント出版社　1992.6　557p　27cm　Ⓝ492.7　〔16541〕

◇臨床鍼灸古典全書　第40巻　解説7・江戸初期5・江戸前期8・江戸中期14　大阪　オリエント出版社　1993.4　496p　27cm　Ⓝ492.7　〔16542〕

◇臨床鍼灸古典全書　第41巻　江戸後期12　大阪　オリエント出版社　1993.4　580p　27cm　Ⓝ492.7　〔16543〕

◇臨床鍼灸古典全書　第46巻　解説8・江戸前期9　大阪　オリエント出版社　1993.11　396p　27cm　Ⓝ492.7　〔16544〕

◇臨床鍼灸古典全書　第47巻　江戸後期13　大阪　オリエント出版社　1993.11　731p　27cm　Ⓝ492.7　〔16545〕

◇臨床鍼灸古典全書　第53巻　江戸中期15　大阪　オリエント出版社　1994.4　474p　27cm　Ⓝ492.7　〔16546〕

◇臨床鍼灸古典全書　第54巻　江戸後期14・成書年未詳資料8　大阪　オリエント出版社　1994.4　426p　27cm　Ⓝ492.7　〔16547〕

◇臨床鍼灸古典全書　第58巻　解説10・室町3・安土桃山3・江戸前期10・江戸中期16　大阪　オリエント出版社　1994.12　419p　27cm　Ⓝ492.7　〔16548〕

◇臨床鍼灸古典全書　第64巻　室町4・安土桃山5・江戸初期6　大阪　オリエント出版社　1995.12　870p　27cm　Ⓝ492.7　〔16549〕

◇臨床鍼灸古典全書　第65巻　江戸前期11　大阪　オリエント出版社　1995.12　794p　27cm　Ⓝ492.7　〔16550〕

◇臨床鍼灸古典全書　第66巻　江戸前期12　大阪　オリエント出版社　1995.12　550p　27cm　Ⓝ492.7　〔16551〕

◇臨床鍼灸古典全書　第67巻　江戸前期13　大阪　オリエント出版社　1995.12　585p　27cm　Ⓝ492.7　〔16552〕

◇臨床鍼灸古典全書　第68巻　江戸中期17・江戸後期15　大阪　オリエント出版社　1995.12　408p　27cm　Ⓝ492.7　〔16553〕

◆◆オランダ医学

◇安藤文沢―種痘の創始者　郷土が生んだ蘭方医　毛呂山町文化財保護審議委員会編　毛呂山町（埼玉県）　毛呂山町教育委員会　1992.3　96p　26cm　（毛呂山町史料集　第2集）289.1　〔16554〕

◇医は不仁の術務めて仁をなさんと欲す―続・豊前中津医学史散歩　川嶌眞人著　中津　西日本臨床医学研究所　1996.3　199p　19cm　2200円　Ⓝ490.2195　〔16555〕

◇江戸のオランダ医　石田純郎著　三省堂　1988.4　232,6p　19cm　（三省堂選書146）1500円　①4-385-43146-9　Ⓝ490.21　〔16556〕

◇江戸の阿蘭陀流医師　杉本つとむ著　早稲田大学出版部　2002.5　381,18p　22cm　8500円　①4-657-02515-5　Ⓝ490.21　〔16557〕

◇江戸の阿蘭陀流医師　杉本つとむ著　新装版　早稲田大学出版部　2004.12　381,18p　21cm　5800円　①4-657-04924-0　Ⓝ490.21　〔16558〕

◇江戸の蘭方医学事始―阿蘭陀通詞・吉雄幸左衛門耕牛　片桐一男著　丸善　2000.1　244p　18cm　（丸善ライブラリー）780円　①4-621-05311-6　Ⓝ490.9　〔16559〕

◇江戸・蘭方医からのメッセージ　杉本つとむ著　ぺりかん社　1992.12　322p　20cm　3200円　①4-8315-0580-3　Ⓝ490.21　〔16560〕

◇緒方洪庵の蘭学　石田純郎編著　京都　思文閣出版　1992.12　341,14p　22cm　4944円　①4-7842-0751-1　Ⓝ490.21　〔16561〕

◇和蘭医学事始―杉田玄白・覚え書　杉靖三郎著　春秋社　1982.12　282p　20cm　（杉靖三郎著作選5）2500円　Ⓝ490.21　〔16562〕

◇和蘭医書の研究と書誌　宮下三郎著　井上書店　1997.9　149p　27cm　Ⓝ490.21　〔16563〕

◇オランダにおける蘭学医書の形成　石田純郎著　京都　思文閣出版　2007.2　327p　22cm　6800円　①978-4-7842-1338-2　Ⓝ490.2359　〔16564〕

◇オランダ流御典医桂川家の世界―江戸芸苑の気運　戸沢行夫著　築地書館　1994.4　320p　20cm　2472円　①4-8067-6706-9　Ⓝ289.1　〔16565〕

◇シーボルト前後―長崎医学史ノート　中西啓著　長崎　長崎文献社　1989.8　108,8p　26cm　1000円　①4-88851-052-0　Ⓝ490.21　〔16566〕

◇清庵と蘭学者たち―資料集　一関　世嬉の一・酒の民俗文化博物館　1987.10　57p　18cm　500円　Ⓝ490.21
〔16567〕

◇西洋医学教育発祥百年記念ポンペ先生を中心とする 医学史料展示会出品目録　西洋医学教育発祥百年記念会編　長崎　1957　118p　22cm　Ⓝ490.21
〔16568〕

◇西洋医学事始―治療と養生の世界 企画展　安城市歴史博物館編　安城　安城市歴史博物館　1995.10　55p　30cm　Ⓝ490.21
〔16569〕

◇西洋医学のはじまり―九州ではじめての人体解剖　大分の文化と自然探険隊・Bahan事業部編　大分　極東印刷紙工　1991.10　47p　30cm　(Bahan no.3)550円　Ⓝ490.21
〔16570〕

◇土井藩歴代蘭医河口家と河口信任　川島恂二著　近代文芸社　1989.5　604p　22cm　5000円　①4-89607-036-4　Ⓝ288.3
〔16571〕

◇長崎のオランダ医たち　中西啓著　岩波書店　1975　228,6p　18cm　(岩波新書)230円　Ⓝ490.21
〔16572〕

◇長崎のオランダ医たち　中西啓著　岩波書店　1993.7　228,6p　20cm　(岩波新書の江戸時代)1500円　①4-00-009132-8　Ⓝ490.21
〔16573〕

◇日本医学の夜明け　国公立所蔵史料刊行会編　日本世論調査研究所　1978.6　32冊　20〜33cm　全330000円　Ⓝ490.21
〔16574〕

◇日本で初めて翻訳した解剖書　原三信編　福岡　六代原三信蘭方医三百年記念奨学会　1995.6　99p　31cm　9000円　①4-7842-0884-4　Ⓝ490.9
〔16575〕

◇蘭医学郷土史雑考　吉川芳秋著　名古屋　1967　491p　19cm　Ⓝ490.9
〔16576〕

◇蘭医学郷土文化史考　吉川芳秋著　高松　1960　263p 図版共　19cm　Ⓝ490.9
〔16577〕

◇蘭医家坪井の系譜と芳治　斎藤祥男著　東京布井出版　1988.9　306p　22cm　3000円　①4-8109-1067-9　Ⓝ490.21
〔16578〕

◇蘭医ポムペと登籍人名小記に就いて　荒瀬進著　和歌山〔荒瀬進〕　1949　6p　22cm　Ⓝ490.21
〔16579〕

◇蘭学の泉ここに湧く―豊前・中津医学史散歩　川嵩真人著　中津　西日本臨床医学研究所　1992.4　240p　20cm　3000円　Ⓝ490.2195
〔16580〕

◇蘭方医三百年―日本最初の西洋解剖書の翻訳と十七世紀の蘭方外科　原三信編　福岡　原三信蘭方外科免許三百周年記念会　1985.10　77p　31cm　非売品　Ⓝ490.9
〔16581〕

◇蘭方医村上随憲　篠木弘明著　境町(群馬県)　境町地方史研究会　1988.10　241p　26cm　2500円　Ⓝ288.1
〔16582〕

◇蘭方女医者事始―シーボルト・イネ　片野純恵著　創栄出版, 星雲社〔発売〕　1996.11　303p　19cm　1800円　①4-7952-0783-6
〔16583〕

◆◆民間療法

◇江戸時代におけるくすり・医・くらし―徳川理財会要の抜粋　田辺普編　川島町(岐阜県)　内藤記念くすり博物館　1989.3　320p　26cm　非売品　Ⓝ498.021
〔16584〕

◇江戸の骨つぎ　名倉弓雄著　毎日新聞社　1974　222p　19cm　850円　Ⓝ288.3
〔16585〕

◇史伝健康長寿の知恵　3　近世を支えた合理と不屈の精神　宮本義己編纂,吉田豊編纂　第一法規出版　1988.11　349p・21cm　2200円　①4-474-17043-1　Ⓝ498.3
〔16586〕

◇史伝健康長寿の知恵　4　維新に生きた人びとの情熱　宮本義己編纂,吉田豊編纂　第一法規出版　1989.1　373p　21cm　2200円　①4-474-17044-X　Ⓝ498.3
〔16587〕

◇武石村の江戸―明治―大正―昭和の病歴と今後の健康の在り方について　中多巽著　武石村(長野県)〔中多巽〕　1981.5　290p　27cm　Ⓝ498.02152
〔16588〕

◇疫病と狐憑き―近世庶民の医療事情　昼田源四郎著　みすず書房　1985.10　169,4p　20cm　1500円　①4-622-02351-2　Ⓝ498.021
〔16589〕

◇民間治療　1　普救類方　浅見恵,安田健訳編　科学書院　1991.5　975,57p　27cm　(近世歴史資料集成 第2期 第8巻)51500円　Ⓝ490.9
〔16590〕

◇民間治療　3　浅見恵,安田健訳編　科学書院　1996.4　1040,81p　27cm　(近世歴史資料集成 第2期 第10巻)51500円　Ⓝ490.9
〔16591〕

◇民間治療　4　救急方・万方重宝秘伝集・懐中備急諸国古伝秘方・薬屋虚言噺・寒郷良剤・此君堂薬方　浅見恵,安田健訳編　科学書院　1995.12　1105,101p　27cm　(近世歴史資料集成 第2期 第11巻)51500円　Ⓝ490.9
〔16592〕

◇民間治療　14　浅見恵,安田健訳編　科学書院　2004.3　762,123p　27cm　(近世歴史資料集成 第5期 第2巻)50000円　①4-7603-0273-5　Ⓝ490.9
〔16593〕

◇民間治療　15　浅見恵,安田健訳編　科学書院　2004.4　803,155p　27cm　(近世歴史資料集成 第5期 第3巻)50000円　①4-7603-0274-3　Ⓝ490.9
〔16594〕

◆◆歯科学

◇浮世絵にみる歯科風俗史　中原泉ほか著　医歯薬出版　1978.5　168p　28cm　25000円　Ⓝ497.02
〔16595〕

◆◆薬学

◇海を巡った薬種―江戸時代のくすりと海運 平成19年度夏季企画展　大阪市立海洋博物館なにわの海の時空館編　大阪　大阪市立海洋博物館なにわの海の時空館　2007.7　83p　30cm　Ⓝ499.095
〔16596〕

◇江戸時代朝鮮薬材調査の研究　田代和生著　慶應義塾大学出版会　1999.12　492,33p 図版48p　22cm　8000円　①4-7664-0775-X　Ⓝ499.9
〔16597〕

◇江戸時代における薬の携帯と包装―近世医薬品包装の史的考察　服部昭著　川西　服部昭　1993.7　111p　26cm　非売品　Ⓝ499.1
〔16598〕

◇江戸の生薬屋　吉岡信著　青蛙房　1994.12　251p　20cm　2575円　①4-7905-0415-8　Ⓝ499.7
〔16599〕

◇江戸の妙薬　鈴木昶著　岩崎美術社　1991.11　224p　23cm　3605円　Ⓝ499.7
〔16600〕

◇お殿さまの博物図鑑―富山藩主前田利保と本草学 特別展　富山市郷土博物館編　富山　富山市教育委員会　1998.10　49p　30cm　Ⓝ499.9
〔16601〕

◇加賀藩の秘薬―秘薬の探究とその解明　三浦孝次著　金沢　"加賀藩の秘薬"刊行会　1969　396p　22cm　Ⓝ499.021
〔16602〕

◇賀来飛霞関係史料調査報告書　2　安心院町教育委員会編　安心院町(大分県)　安心院町教育委員会　1996.3　90p　30cm　Ⓝ499.9
〔16603〕

◇近世・大坂薬種の取引構造と社会集団　渡辺祥子著　大阪　清文堂出版　2006.5　412p　22cm　8900円　①4-7924-0605-6　Ⓝ499.09
〔16604〕

◇近世日本の医薬文化―ミイラ・アヘン・コーヒー　山脇悌二郎著　平凡社　1995.5　293,14p　20cm　(平凡社選書 155)2575円　①4-582-84155-4　Ⓝ499.021

◇近世日本薬業史研究　吉岡信著　薬事日報社　1989.6　505,59p　27cm　18000円　Ⓘ4-8408-0163-0　Ⓝ499.095
〔16606〕
◇くすりの民俗学―江戸時代・川柳にみる　三浦三郎著　健友館　1980.10　278p　20cm　1600円　Ⓝ499.7
〔16607〕
◇権力者と江戸のくすり―人参・葡萄酒・御側の御薬　岩下哲典著　北樹出版　1998.4　197p　20cm　2200円　Ⓘ4-89384-650-7　Ⓝ499.021
〔16608〕
◇洪庵のくすり箱　米田該典著　吹田　大阪大学出版会　2001.1　140p　20cm　1500円　Ⓘ4-87259-072-4　Ⓝ499.021
〔16609〕
◇採薬志　1　浅見恵,安田健訳編　科学書院　1994.10　1257,63p　27cm　(近世歴史資料集成　第2期　第6巻)　51500円　Ⓘ4-7603-0039-2　Ⓝ291.09
〔16610〕
◇採薬志　2　浅見恵,安田健訳編　科学書院　1996.4　786,76p　27cm　(近世歴史資料集成　第2期　第7巻)　51500円　Ⓘ4-7603-0038-4　Ⓝ291.09
〔16611〕
◇諸州採薬記抄録　5巻　植村政勝著　国立国会図書館山書を読む会　1982.3　76p　26cm　(江戸期山書翻刻叢書　5)　Ⓝ291.09
〔16612〕
◇庶物類纂　第11巻　関連文書・総索引　稲若水,丹羽正伯編　科学書院　1991.3　816,293p　27cm　(近世歴史資料集成　第1期)　51500円　Ⓝ499.9
〔16613〕
◇川柳くすり草紙　鈴木昶著　薬事日報社　2005.8　132p　18cm　(薬事日報新書)　900円　Ⓘ4-8408-0850-3　Ⓝ911.45
〔16614〕
◇道修町文書目録　近世編　道修町文書保存会編　大阪　道修町文書保存会　1993.3　227p　26cm　Ⓝ499.095
〔16615〕
◇長崎貿易と大阪―輸入から創薬へ　宮下三郎著　大阪　清文堂出版　1997.9　324p　22cm　8800円　Ⓘ4-7924-0431-2　Ⓝ499.021
〔16616〕
◇長崎薬史　長崎県薬剤師会薬史研究会編　長崎　長崎県薬剤師会　1978.3　502p　27cm　Ⓝ499.02
〔16617〕
◇日本の伝承薬―江戸売薬から家庭薬まで　鈴木昶著　薬事日報社　2005.3　431p　20cm　3200円　Ⓘ4-8408-0821-X　Ⓝ499.7
〔16618〕
◇幕末本草家交信録―畔田翠山・山本沈三郎文書　畔田翠山,山本沈三郎著　上田穰編　大阪　清文堂出版　1996.2　294p　22cm　(清文堂史料叢書　第76刊)　8858円　Ⓘ4-7924-0413-4　Ⓝ499.9
〔16619〕
◇丸める・煎じる―むかしの製薬道具　稲垣裕美編著　川島町(岐阜県)　内藤記念くすり博物館　1997.5　21p　26cm　Ⓝ499.5
〔16620〕
◇明治前日本薬物学史　日本学士院日本科学史刊行会編　増訂版　日本古医学資料センター　1978.9　2冊　22cm　全18000円　Ⓝ499.02
〔16621〕
◇明治前日本薬物学史　第1巻　明治前日本薬物史　古代の薬物〔ほか〕　日本学士院日本科学史刊行会編　赤松金芳　日本学術振興会　1957-1958　22cm　Ⓝ499.8
〔16622〕
◇明治前日本薬物学史　第2巻　中国本草の渡米と其影響〔ほか〕　日本学士院日本科学史刊行会編　岡西為人　日本学術振興会　1957-1958　22cm　Ⓝ499.8
〔16623〕
◇よみがえる尾張医学薬品会―再現江戸時代の博覧会　企画展　名古屋市博物館編　名古屋　名古屋市博物館　1993.8　52p　26cm　Ⓝ499.5
〔16624〕

◆教育史

◇会津藩教育考　小川渉著　東京大学出版会　1978.5　680p　22cm　(続日本史籍協会叢書)　7000円　Ⓝ372.126
〔16625〕
◇愛知県教育史　第2巻　近世　2　名古屋　愛知県教育委員会　1972　576,18p　図4枚(袋入)　22cm　Ⓝ372.155
〔16626〕
◇愛知県教育史　資料編　近世1　愛知県教育委員会編　第一法規出版　1984.3　719p　22cm　5500円　Ⓝ372.155
〔16627〕
◇愛知県教育史　資料編　近世2　愛知県教育委員会編　第一法規出版　1984.5　805p　22cm　5500円　Ⓝ372.155
〔16628〕
◇足利学校記録　倉沢昭寿編著　足利　倉沢昭寿　2003.11　2冊　26cm　全15000円　Ⓝ372.105
〔16629〕
◇いま、心の時代―相馬藩の忠臣門馬八郎兵衛の生涯から　熊耳敏著　原町　〔熊耳敏〕　1995.3　46p　26cm　Ⓝ370.4
〔16630〕
◇江戸雑録　三田村鳶魚著　桃源社　1973　278,13p　20cm　1600円　Ⓝ382.1
〔16631〕
◇江戸時代の学習―武士の世の中と人々のくらし　小学6年生　間森誉司著　大阪　フォーラム・A　1995.4　62p　21cm　(教育実践ブックレット　no.62―いきいきのってくる社会)　780円　Ⓘ4-938701-97-9　Ⓝ375.3
〔16632〕
◇江戸時代の教育　R.P.ドーア著,松居弘道訳　岩波書店　1970　321p　19cm　750円　Ⓝ372.1
〔16633〕
◇江戸時代の子供教育思想の研究　村山貞雄著　高千穂書房　1977.7　318p　22cm　3000円　Ⓝ372.1
〔16634〕
◇江戸時代の人づくり―胎教から寺子屋・藩校まで　久保田信之著　日本教文社　1988.3　279p　20cm　(教文選書)　1600円　Ⓘ4-531-01507-X　Ⓝ372.105
〔16635〕
◇江戸の教育力―近代日本の知的基盤　大石学著　東京学芸大学出版会編集委員会編　小金井　東京学芸大学出版会　2007.3　159p　19cm　1200円　Ⓘ978-4-901665-08-7　Ⓝ372.105
〔16636〕
◇江戸の教科書―往来物と子どもたち―福生市郷土資料室平成15年度特別展　福生市郷土資料室編　福生　福生市郷土資料室　2004.2　45p　30cm
〔16637〕
◇「江戸の子育て」読本―世界が驚いた!「読み・書き・そろばん」と「しつけ」　小泉吉永著　小学館　2007.12　191p　21cm　1800円　Ⓘ978-4-09-626609-0
〔16638〕
◇江戸幕府試験制度史の研究　橋本昭彦著　風間書房　1993.2　318p　22cm　9888円　Ⓘ4-7599-0838-2　Ⓝ372.105
〔16639〕
◇「援助」教育の系譜―近世から現代まで：その思想と実践　渡辺弘編　松丸修三,米山光儀,森田希一共著　川島書店　1997.5　274p　21cm　2900円　Ⓘ4-7610-0605-6
〔16640〕
◇漢学塾を中心とする江戸時代の教育　佐々木清之丞著　佐々木清之丞　1943　237p　21cm　Ⓝ372
〔16641〕
◇岐阜県教育史　史料編　近世　岐阜県教育委員会編　岐阜　岐阜県教育委員会　1998.3　50,720p　31cm　Ⓝ372.153
〔16642〕
◇教育と子どもの社会史　小針誠著　松戸　梓出版社　2007.5　234p　22cm　2300円　Ⓘ978-4-87262-626-1　Ⓝ372.105
〔16643〕
◇近世赤穂の教育―藩校・私塾・寺子屋　平成5年度特別展　赤穂市立歴史博物館編　赤穂　赤穂市立歴史博物館　1993.11　107p　26cm　(赤穂市立歴史博物館特別展図録　no.8)　Ⓝ372.105
〔16644〕
◇近世育児書集成　第2巻　小泉吉永編・解題　クレス出版　2006.12　300p　22cm　Ⓘ4-87733-349-5　Ⓝ379.9
〔16645〕
◇近世育児書集成　第4巻　小泉吉永編・解題　クレス出

◇版 2006.12 551p 22cm ①4-87733-349-5 Ⓝ379.9 〔16646〕

◇近世育児書集成 第5巻 小泉吉永編・解題 クレス出版 2006.12 536p 22cm ①4-87733-349-5 Ⓝ379.9 〔16647〕

◇近世育児書集成 第6巻 小泉吉永編・解題 クレス出版 2006.12 444p 22cm ①4-87733-349-5 Ⓝ379.9 〔16648〕

◇近世育児書集成 第7巻 小泉吉永編・解題 クレス出版 2006.12 532p 22cm ①4-87733-349-5 Ⓝ379.9 〔16649〕

◇近世育児書集成 第8巻 小泉吉永編・解題 クレス出版 2006.12 434p 22cm ①4-87733-349-5 Ⓝ379.9 〔16650〕

◇近世育児書集成 第9巻 小泉吉永編・解題 クレス出版 2006.12 480p 22cm ①4-87733-349-5 Ⓝ379.9 〔16651〕

◇近世育児書集成 第10巻 小泉吉永編・解題 クレス出版 2006.12 454p 22cm ①4-87733-349-5 Ⓝ379.9 〔16652〕

◇近世教育学 稲垣末松著 元元堂 1907.9 226p 23cm Ⓝ370 〔16653〕

◇近世教育学史 熊谷五郎述 哲学館 1898 176p 21cm (哲学館第10学年度高等教育学科講義録)Ⓝ370 〔16654〕

◇近世教育学史 熊谷五郎述 哲学館 1901 176p 21cm (哲学館第13学年度高等学科講義録)Ⓝ370 〔16655〕

◇近世教育史 小泉又一編 大日本図書 1907.12 255p 23cm Ⓝ372 〔16656〕

◇近世教育史 小平高明著 岩田僊太郎 1910 152p 19cm Ⓝ372 〔16657〕

◇近世教育史 小川正行等著 宝文館 1910.11 274p 22cm Ⓝ372 〔16658〕

◇近世教育史 下田次郎著 同文館 1911.2 250p 23cm Ⓝ372 〔16659〕

◇近世教育史—教育科教科書 竹内喜之助, 山本盛太郎著 啓成社 1911.3 277,10p 23cm Ⓝ372 〔16660〕

◇近世教育史—修正 小泉又一編 訂5版 大日本図書 1913 246p 22cm Ⓝ372 〔16661〕

◇近世教育史 島田民治等著 松邑三松堂 1914 272,8p 22cm (統合教育教科書)Ⓝ372 〔16662〕

◇近世教育史—師範学校第二部用 大瀬甚太郎著 広文堂書店 1927 294p 23cm Ⓝ372 〔16663〕

◇近世教育史教科書 中島半次郎著 金港堂 1907.11 304p 22cm (教育学全書)Ⓝ372 〔16664〕

◇近世教育史教授用参考書—日本教育新教科書 乙竹岩造著 培風館 1938 266p 20cm Ⓝ372 〔16665〕

◇近世教育史綱 野田義夫著 同文館 1908.3 326p 23cm Ⓝ372 〔16666〕

◇近世教育思想に於ける内在観の研究 由良哲次著 目黒書店 1928 292p 23cm Ⓝ371 〔16667〕

◇近世教育思潮講座—放送講演 日本放送協会編 日本放送協会 1936 72p 23cm Ⓝ371 〔16668〕

◇近世教育史の諸問題 石川謙著 大空社 1997.10 426,8p 22cm (日本教育史基本文献・史料叢書43)12900円 ①4-87236-643-3 Ⓝ372 〔16669〕

◇近世教育史料の研究 多田建次著 町田 玉川大学出版部 1990.5 278p 22cm 4635円 ①4-472-07991-7 Ⓝ372.1 〔16670〕

◇近世教育史論 笹川潔著 普及社 1900.4 162p 22cm Ⓝ372 〔16671〕

◇近世教育における近代化的傾向—会津藩教育を例として 石川謙著 講談社 1966.8 375,14p 27cm Ⓝ372.105 〔16672〕

◇近世国家の教育思想 本山幸彦著 京都 思文閣出版 2001.2 283,10p 22cm 7000円 ①4-7842-1069-5 〔16673〕

◇近世初期教育考 石島庸男著 山形 栄文堂書店 1999.12 148p 26cm Ⓝ372.105 〔16674〕

◇近世女子教育思想 第1巻 新装版 日本図書センター 2001.11 702p 22cm (日本近世教育思想シリーズ)①4-8205-5984-2,4-8205-5983-4 Ⓝ371.21 〔16675〕

◇近世女子教育思想 第2巻 新装版 日本図書センター 2001.11 854p 22cm (日本近世教育思想シリーズ)①4-8205-5985-0,4-8205-5983-4 Ⓝ371.21 〔16676〕

◇近世女子教育思想 第3巻 新装版 日本図書センター 2001.11 846p 22cm (日本近世教育思想シリーズ)①4-8205-5986-9,4-8205-5983-4 Ⓝ371.21 〔16677〕

◇近世庶民教育思想 第1巻 新装版 日本図書センター 2001.11 736p 22cm (日本近世教育思想シリーズ)①4-8205-5974-5,4-8205-5973-7 Ⓝ371.21 〔16678〕

◇近世庶民教育思想 第2巻 新装版 日本図書センター 2001.11 776p 22cm (日本近世教育思想シリーズ)①4-8205-5975-3,4-8205-5973-7 Ⓝ371.21 〔16679〕

◇近世庶民教育思想 第3巻 新装版 日本図書センター 2001.11 768p 22cm (日本近世教育思想シリーズ)①4-8205-5976-1,4-8205-5973-7 Ⓝ371.21 〔16680〕

◇近世庶民教育思想 第4巻 新装版 日本図書センター 2001.11 770p 22cm (日本近世教育思想シリーズ)①4-8205-5977-X,4-8205-5973-7 Ⓝ371.21 〔16681〕

◇近世地域教育史の研究 木村政伸著 京都 思文閣出版 2006.1 269,8p 22cm 5700円 ①4-7842-1274-4 Ⓝ372.105 〔16682〕

◇近世日本学習方法の研究 武田勘治著 講談社 1969 525p 23cm 5600円 Ⓝ372.1 〔16683〕

◇近世日本教育文化史—現実の分析に立った 内山克巳, 熊谷忠泰, 増田史郎亮共著 学芸図書 1961 360p 22cm Ⓝ372.1 〔16684〕

◇近世日本社会教育史の研究 石川謙著 改訂 千葉 青史社 東京 合同出版(発売) 1976 774,18p 22cm 13000円 Ⓝ372.1 〔16685〕

◇近世日本社会教育史論 大槻宏樹著 校倉書房 1993.9 378p 22cm (歴史科学叢書)9270円 ①4-7517-2300-6 Ⓝ379.021 〔16686〕

◇近世日本先哲の児童教育論 武田勘治著 第一出版協会 1939 185p 18cm Ⓝ371 〔16687〕

◇近世日本大教育家の人及び思想 武田勘治著 第一出版協会 1936 193p 19cm Ⓝ372 〔16688〕

◇近世日本の文化と教育 三浦藤作著 文化書房 1924 481p 20cm Ⓝ372 〔16689〕

◇近世の学びと遊び 竹下喜久男著 京都 仏教大学通信教育部 2004.3 407p 20cm (仏教大学鷹陵文化叢書10)2500円 ①4-7842-1184-5 Ⓝ372.105 〔16690〕

◇近世民衆の暮らしと学習 布川清司著 神戸 神戸新聞出版センター 1988.4 266p 19cm (のじぎく文庫)1200円 ①4-87521-454-5 Ⓝ372.105 〔16691〕

◇高知藩教育沿革取調 高知県編纂 高知 土佐史談会 1986.12 288p,p294〜307 22cm 2000円 Ⓝ372.105 〔16692〕

◇子宝と子返し―近世農村の家族生活と子育て　太田素子著　藤原書店　2007.2　445p　20cm　3800円　①978-4-89434-561-4　⑧385.2　〔16693〕

◇薩藩家庭教育の研究　鹿児島県女子師範学校,鹿児島県立第二高等女学校編　鹿児島　鹿児島県女子師範学校〔ほか〕　1937　250p　22cm　⑧379.9　〔16694〕

◇薩藩家庭教育の実際　山口平吉編　鹿児島　山口平吉　1938　53p　23cm　⑧379.9　〔16695〕

◇佐幕派の子弟たち―少年子規の決断　松山市立子規記念博物館編　松山　松山市立子規記念博物館　1996.4　78p　26cm　⑧372.105　〔16696〕

◇社会教育叢書　第31輯　江戸時代に於ける教化資料　文部省社会教育局編　文部省社会教育局　1934　98p　22cm　⑧379　〔16697〕

◇資料にみる近世教育の発展と展開　木村政伸著　東京法令出版　1995.3　55p　26cm　1000円　①4-8090-6095-0　⑧372.105　〔16698〕

◇新撰近世教育史　小川正行等著　宝文館　1912　255,8p　22cm　⑧372　〔16699〕

◇新撰近世教育史　小川正行等著　訂4版　東京宝文館　1916　258,8p　22cm　⑧372　〔16700〕

◇新撰近世教育史　小川正行等著　訂6版　東京宝文館　1919　292,10p　22cm　⑧372　〔16701〕

◇図説江戸の学び　市川寛明,石山秀和著　河出書房新社　2006.2　127p　22cm　（ふくろうの本）1800円　①4-309-76074-0　⑧372.105　〔16702〕

◇魂の教育者の連峰―近世日本教育史研究　下程勇吉著　刀江書院　1959　266p　19cm　⑧372.1　〔16703〕

◇統合近世教育史　小西重直,高橋俊乗共著　訂正2版　京都　永沢金港堂　1938　286,6p　23cm　⑧372　〔16704〕

◇中沼了三を通してみた維新前後の教育と政治　藤田新著　〔海城高等学校〕　1979　p47〜69　26cm　（海城高等学校研究集録　第5集）⑧372.1　〔16705〕

◇日本教育史―近代以前　唐沢富太郎著　増補　誠文堂新光社　1978.3　297,18p　19cm　（新・教職教養シリーズ）1300円　⑧372.1　〔16706〕

◇日本教育史基本文献・史料叢書　9　日本近世教育概覧　文部省総務局編　大空社　1992.2　301,6p　22cm　8000円　⑧372.1　〔16707〕

◇日本教育史基本文献・史料叢書　32　近世豪農の学問と思想　柴田一著　大空社　1994.6　498,12p　22cm　14000円　①4-87236-632-8　⑧372.1　〔16708〕

◇日本近世教育概覧　文部省　1887.12　301p　23cm　⑧372　〔16709〕

◇日本近世教育機関の研究　中泉哲俊著　目黒書店　1937　268p　19cm　⑧372　〔16710〕

◇日本近世教育史　横山達三著　京都　臨川書店　1973　912,13p　22cm　7700円　⑧372.1　〔16711〕

◇日本近世教育思想の研究　中泉哲俊著　吉川弘文館　1966　377p　22cm　⑧371.21　〔16712〕

◇日本近世教育史の諸問題　尾形利雄著　校倉書房　1988.12　288p　22cm　5000円　①4-7517-1900-9　⑧372.105　〔16713〕

◇日本近代教育の歩み―幕末維新期の教育の展開　影山昇著　学陽書房　1980.8　189p　20cm　1900円　①4-313-61104-5　⑧372.1　〔16714〕

◇日本人をつくった教育―寺子屋・私塾・藩校　沖田行司著　大巧社　2000.4　187p　18cm　（日本を知る）1200円　①4-924899-41-0　⑧372.105　〔16715〕

◇日本に中国式書院あり　平坂謙二著　岡山　平坂謙二　1997.11　44p　21cm　非売品　⑧372.105　〔16716〕

◇根本貞路・阿保友一郎・相沢英次郎―近代郷土の教育先賢　佐々木仁三郎著　河芸町（三重県）　三重県良書出版会　1992.11　250p　20cm　⑧372.8　〔16717〕

◇幕末維新期における教育の近代化に関する研究―近代学校教育の生成過程　熊沢恵里子著　風間書房　2007.6　563p　21cm　15000円　①978-4-7599-1636-2　⑧372.105　〔16718〕

◇幕末教育史の研究　3　諸藩の教育政策　倉沢剛著　吉川弘文館　1986.4　822p　22cm　15000円　①4-642-03253-3　⑧372.105　〔16719〕

◇幕末に学んだ若き志士達　松邨賀太著　文芸社　2003.2　190p　19cm　（日本留学生列伝　2）952円　①4-8355-5230-X　⑧377.6　〔16720〕

◇百年前の大学　平泉澄述　内外情勢調査会　1969　39p　19cm　（講演シリーズ　270）⑧372.105　〔16721〕

◇「勉強」時代の幕あけ―子どもと教師の近世史　江森一郎著　平凡社　1990.1　287p　20cm　（平凡社選書　131）2266円　①4-582-84131-7　⑧372.105　〔16722〕

◆◆学校教育

◇岩手県教育史資料　第1集　藩学・寺子屋編　岩手県教育調査研究所編　盛岡　岩手県学校用品株式会社　1956-1957　22cm　〔16723〕

◇岩手県教育史資料　第1巻　3冊を合本　第1集〔ほか〕　岩手県教育調査研究所編　盛岡　岩手県学校用品　1957-1958　21cm　⑧372.122　〔16724〕

◇岩手県教育史資料　第1-8集　岩手県立教育研究所編　盛岡　岩手県学校用品　1956-1959　8冊　21cm　⑧372.122　〔16725〕

◇江戸時代の教育と閑谷学校―平成12年岡山県立博物館特別展特別史跡閑谷学校創学330年記念図録　岡山県立博物館編　岡山　岡山県立博物館　2000.10　87p　26cm　⑧372.175　〔16726〕

◇江戸時代までの学校に関する史的研究法の発達　石川謙著　野間教育研究所　1960　90p　21cm　（野間教育研究所紀要　第16輯）⑧372.1　〔16727〕

◇追手門学院の源流　名村精一著　大阪　追手門学院小学校　1997.12　474p　22cm　非売品　⑧372.105　〔16728〕

◇川崎市域における寺子屋・私塾資料ならびに教育史資料目録　川崎　川崎市教育研究所　1969.6　67p　26cm　〔16729〕

◇漢学塾を中心とする江戸時代の教育　佐々木清之丞述　大空社　1998.12　237,9p　22cm　（日本教育史基本文献・史料叢書　60）8000円　①4-87236-660-3　⑧372.105　〔16730〕

◇近世学校教育の源流　高橋俊乗著　京都　永沢金港堂　1943　626p　21cm　⑧372　〔16731〕

◇近世学校教育の源流　高橋俊乗著　京都　臨川書店　1971　626,10p　22cm　4800円　⑧372.1　〔16732〕

◇近世後期における足利学校について　柏瀬順一著　足利　〔柏瀬順一〕　2000　165p　30cm　⑧372.105　〔16733〕

◇近世の学校　石川謙著　高陵社書店　1957　283p　22cm　⑧372.1　〔16734〕

◇近世の学校と教育　海原徹著　京都　思文閣出版　1988.2　355,11p　22cm　6800円　①4-7842-0505-5　⑧372.105　〔16735〕

◇近世の学び舎―寺子屋〜私塾〜藩校へ　菅茶山記念館第13回特別展　かんなべ文化振興会菅茶山記念館編　神辺町（広島県）　かんなべ文化振興会菅茶山記念館　2005.

11　39p　30cm　Ⓝ372.105　　　〔16736〕
◇近代教育の源流/藩校　官公庁図書出版協会　2004.6　223p　31cm　35000円　Ⓝ372.105　〔16737〕
◇在村文化と近代学校教育―多摩地域等の事例から　多田仁一著　文芸社　2001.11　297p　20cm　1500円　①4-8355-2545-0　Ⓝ372.105　〔16738〕
◇社会教育叢書　第37輯　江戸時代後期に於ける学校教育と社会教育との相関的発達　文部省編　石川謙著　文部省　1938　54p　21cm　⑲379　〔16739〕
◇書院と呼ばれた日本の学校　平坂謙二著　岡山〔平坂謙二〕　1996.3　34p　21cm　非売品　Ⓝ372.1　〔16740〕
◇草創期の湯島聖堂―よみがえる江戸の『学習』空間　孔子祭復活百周年記念事業　筑波大学, 斯文会制作・著作　清流出版社　2007.10　147p　30cm　Ⓝ121.53　〔16741〕
◇二宮の学校教育の始まり―思文園文書を中心として　二宮町教育委員会編　二宮町(神奈川県)　二宮町教育委員会　1985.3　92p　26cm　(文化財調査報告書　昭和59年度)Ⓝ372.137　〔16742〕
◇日本教育史基本文献・史料叢書　14　近世学校教育の源流　髙橋俊乗著　大空社　1992.2　626,10p　22cm　15000円　①4-87236-614-X　Ⓝ372.1　〔16743〕
◇日本近世学校論の研究　中泉哲俊著　風間書房　1976　573p　22cm　11100円　Ⓝ372.1　〔16744〕
◇幕末維新期における「学校」の組織化　幕末維新学校研究会編　多賀出版　1996.2　647p　22cm　11845円　①4-8115-4011-5　Ⓝ372.105　〔16745〕
◇幕末維新期における教育の近代化に関する研究―近代学校教育の生成過程　熊沢恵里子著　風間書房　2007.6　563p　21cm　15000円　①978-4-7599-1636-2　〔16746〕
◇幕末教育史の研究　1　直轄学校政策　倉沢剛著　吉川弘文館　1983.2　760p　22cm　13000円　Ⓝ372.105　〔16747〕
◇藩学寺子屋教育と現代教育　外山福男著　帝国地方行政学会　1933　168p　19cm　⑲371　〔16748〕
◇藩校・私塾・寺子屋―近世房総教育史　千葉県立総南博物館編　千葉　千葉県社会教育施設管理財団　1997.10　42p　26cm　(特別展示解説書)Ⓝ372.105　〔16749〕
◇藩校・塾・寺子屋―近代教育の原点　平成5年度版　津田勇編　浦和　埼玉新聞社　1993.3　223p　31cm　23000円　Ⓝ372.105　〔16750〕
◇東葛飾の寺子屋・私塾・藩校―あなたも近くの寺小屋の跡筆子碑をさがしてみませんか　地域の散策ガイド　藤原次孫ほか編　柏　東葛地方教育研究所　1995.5　70p　21cm　1000円　Ⓝ372.105　〔16751〕
◇兵庫県教育史―藩学・郷学・私塾・寺子屋篇　兵庫県教育会編　第一書房　1981.2　452,9p　22cm　(日本教育史文献集成　第1部　地方教育史の部 1)5500円　Ⓝ372.105　〔16752〕
◇「学び」の復権―模倣と習熟　辻本雅史著　角川書店　1999.3　250p　20cm　1700円　①4-04-883565-3　Ⓝ372.105　〔16753〕
◇学び舎の誕生―近世日本の学習諸相　多田建次著　町田　玉川大学出版部　1992.8　207p　19cm　2575円　①4-472-09331-6　Ⓝ372.105　〔16754〕

◆◆◆昌平坂学問所
◇昌平校談叢　坂口筑母著　高根町(山梨県)　坂口筑母(製作)　1999　593p　21cm　Ⓝ121.54　〔16755〕
◇「昌平黌」物語―幕末の書生寮とその寮生　鈴木三八男著　斯文会　1973.10　50p　19cm　Ⓝ372.105　〔16756〕
◇昌平坂学問所記録解題　第1巻　戸田氏徳ほか編　ゆまに書房　2001.6　264p　22cm　(書誌書目シリーズ 57)①4-8433-0370-4　Ⓝ029.8　〔16757〕
◇昌平坂学問所記録解題　第2巻　戸田氏徳ほか編　ゆまに書房　2001.6　360p　22cm　(書誌書目シリーズ 57)①4-8433-0371-2　Ⓝ029.8　〔16758〕
◇昌平坂学問所記録解題　第3巻　戸田氏徳ほか編　ゆまに書房　2001.6　324p　22cm　(書誌書目シリーズ 57)①4-8433-0372-0　Ⓝ029.8　〔16759〕
◇昌平坂学問所記録解題　第4巻　戸田氏徳ほか編　ゆまに書房　2001.6　532p　22cm　(書誌書目シリーズ 57)①4-8433-0373-9　Ⓝ029.8　〔16760〕
◇昌平坂学問所記録解題　第5巻　戸田氏徳ほか編　ゆまに書房　2001.6　374p　22cm　(書誌書目シリーズ 57)①4-8433-0374-7　Ⓝ029.8　〔16761〕
◇昌平坂学問所記録解題　第6巻　戸田氏徳ほか編　ゆまに書房　2001.6　334p　22cm　(書誌書目シリーズ 57)①4-8433-0375-5　Ⓝ029.8　〔16762〕
◇昌平坂学問所記録解題　第7巻　戸田氏徳ほか編　ゆまに書房　2001.6　340p　22cm　(書誌書目シリーズ 57)①4-8433-0376-3　Ⓝ029.8　〔16763〕
◇昌平坂学問所記録解題　第8巻　戸田氏徳ほか編　ゆまに書房　2001.6　426p　22cm　(書誌書目シリーズ 57)①4-8433-0377-1　Ⓝ029.8　〔16764〕
◇昌平坂学問所記録解題　第9巻　戸田氏徳ほか編　ゆまに書房　2001.6　352p　22cm　(書誌書目シリーズ 57)①4-8433-0378-X　Ⓝ029.8　〔16765〕
◇昌平坂学問所記録解題　第10巻　戸田氏徳ほか編　ゆまに書房　2001.6　316p　22cm　(書誌書目シリーズ 57)①4-8433-0379-8　Ⓝ029.8　〔16766〕
◇昌平坂学問所記録解題　第11巻　戸田氏徳ほか編　ゆまに書房　2001.6　302p　22cm　(書誌書目シリーズ 57)①4-8433-0380-1　Ⓝ029.8　〔16767〕
◇昌平坂学問所記録解題　第12巻　戸田氏徳ほか編　ゆまに書房　2001.6　358p　22cm　(書誌書目シリーズ 57)①4-8433-0381-X　Ⓝ029.8　〔16768〕
◇昌平坂学問所日記　1　斯文会編　斯文会　1998.12　514p　27cm　8000円　①4-88594-278-0　Ⓝ372.105　〔16769〕
◇昌平坂学問所日記　2　斯文会編　斯文会　2002.3　429p　27cm　8000円　①4-88594-318-3　Ⓝ372.105　〔16770〕
◇昌平坂学問所日記　3　斯文会編　東洋書院(発売)　2006.1　500p　27cm　8000円　①4-88594-382-5　Ⓝ372.105　〔16771〕
◇聖堂物語―湯島聖堂略志　斯文会編　斯文会　1969.4　63,4p　21cm　Ⓝ121.3　〔16772〕
◇徳川後期の学問と政治―昌平坂学問所儒者と幕末外交変容　真壁仁著　名古屋　名古屋大学出版会　2007.2　649,11p　22cm　6600円　①978-4-8158-0559-3　Ⓝ121.54　〔16773〕

◆◆◆藩校
◇会津日新館志　1　吉村寛泰編　会津若松　歴史春秋社　1983.7　534p　23cm　(会津史料大系)8500円　Ⓝ372.105　〔16774〕
◇会津日新館志　2　吉村寛泰編　会津若松　歴史春秋社　1983.12　548p　23cm　(会津史料大系)8500円　Ⓝ372.105　〔16775〕
◇会津日新館志　3　吉村寛泰編　吉川弘文館　1984.2　472p　23cm　(会津史料大系)8500円　Ⓝ372.105

〔16776〕
◇会津日新館志 4 吉村寛泰編 会津若松 歴史春秋社 1984.9 558p 23cm （会津史料大系）8500円 Ⓝ372.105
〔16777〕
◇会津日新館志 5 吉村寛泰編 吉川弘文館 1985.6 492p 23cm （会津史料大系）8500円 ①4-642-01160-9 Ⓝ372.105
〔16778〕
◇会津藩学校の初め稽古堂とその変遷 前田恒治著 〔前田恒治〕 1934 14p 23cm Ⓝ372
〔16779〕
◇会津藩教育一斑 神戸誠（かくれも生）編 若松町（福島県） 大和田健蔵 1894.8 22丁 24cm Ⓝ372
〔16780〕
◇会津藩教育考 小川渉著 会津藩教育考発行会 1931 673p 表 22cm Ⓝ372
〔16781〕
◇会津藩教育考 小川渉著 井田書店 1942 673p 22cm Ⓝ372
〔16782〕
◇会津藩教育考 小川渉著 周南 マツノ書店 2007.1 673,36p 図版11枚 23cm 15000円 Ⓝ372.105
〔16783〕
◇会津藩教学の根本精神 宮地直一著 若松 〔若松市教育部会〕 1942 49丁 27cm Ⓝ372
〔16784〕
◇会津藩校日新館と白虎隊 早乙女貢著 新人物往来社 1988.11 117p 22cm 980円 ①4-404-01570-4 Ⓝ372.1
〔16785〕
◇愛宕の里 別巻 12 岡藩と庶民教育 小倉文雄著 竹田 〔小倉文雄〕 1988 190p 26cm Ⓝ291.95
〔16786〕
◇尼崎藩学史 岡本静心著 尼崎 尼崎市教育委員会 1954.6 247p 19cm 非売品 Ⓝ372.164
〔16787〕
◇或る学田の考察 平坂謙二著 岡山 〔平坂謙二〕 1992.4 33p 21cm 非売品 Ⓝ372.175
〔16788〕
◇上田藩校 滝沢良忠著 上田 〔滝沢良忠〕 1999.3 186p 21cm Ⓝ372.105
〔16789〕
◇臼杵藩教育史 木原七郎著 臼杵 木原七郎 1985.10 111p 26cm 非売品 Ⓝ372.195
〔16790〕
◇岡山藩校書籍目録—附・閑谷学校蔵書 岡山県立図書館編 岡山 〔岡山県立図書館〕 1928 12丁 24cm Ⓝ029
〔16791〕
◇忍藩校進修館沿革略記 古市直之進編 大沢竜次郎商店 1926 32p 19cm Ⓝ372
〔16792〕
◇小野藩の教育と文化 小野市立好古館編 小野 小野市立好古館 2000.10 50p 30cm （小野市立好古館特別展図録 21）Ⓝ372.105
〔16793〕
◇勝山藩校成器堂 増田公輔執筆・編集 勝山 勝山神明神社 1996.8 43p 21cm Ⓝ372.105
〔16794〕
◇紀州の藩学 松下忠著 鳳出版 1974 338p 22cm 3500円 Ⓝ372.166
〔16795〕
◇旧岡山藩学校図 出版地不明 桃木書院図書館 1887 1枚 78×55cm
〔16796〕
◇旧佐嘉藩弘道館記念誌 第1輯 佐賀 旧佐嘉藩弘道館記念会 1923 60p 19cm Ⓝ372
〔16797〕
◇旧膳所藩学制 杉浦重文稿 杉浦重剛補 杉浦重剛 1901.11 25,15丁 23cm Ⓝ372
〔16798〕
◇旧膳所藩学校遵義堂之図 杉浦重文著 杉浦重剛 1900.11 1冊 21cm Ⓝ372
〔16799〕
◇旧津藩国校有造館史 梅原三千著 津 八木清八〔ほか〕 1934 146p 21cm Ⓝ372
〔16800〕
◇旧藩の学校 正,拾遺 武藤元信著 金沢 加越能史談会 1917-1918 2冊 19cm （三州史料 第1,2冊）Ⓝ372

〔16801〕
◇近世の学び舎—寺子屋～私塾～藩校へ 菅茶山記念館第13回特別展 かんなべ文化振興会菅茶山記念館編 神辺町（広島県） かんなべ文化振興会菅茶山記念館 2005.11 39p 30cm Ⓝ372.105
〔16802〕
◇近世藩校に於ける学統学派の研究 上 笠井助治著 吉川弘文館 1969 779p 22cm 5000円 Ⓝ372.1
〔16803〕
◇近世藩校に於ける学統学派の研究 下 笠井助治著 吉川弘文館 1970 2104,36p 22cm 7500円 Ⓝ372.1
〔16804〕
◇近世藩校の綜合的研究 笠井助治著 吉川弘文館 1960 291p 図版29枚 22cm Ⓝ372.1
〔16805〕
◇近世藩制・藩校大事典 大石学編 吉川弘文館 2006.3 1048,97p 23×16cm 10000円 ①4-642-01431-4
〔16806〕
◇近代教育の源流/藩校 官公庁図書出版協会 2004.6 223p 31cm 35000円 Ⓝ372.105
〔16807〕
◇芸藩学問所記事一片 小鷹狩元凱著 弘洲雨屋 1924 63,5p 23cm Ⓝ372
〔16808〕
◇高知藩教育沿革取調 高知県編 高知 青楓会 1932 288p 23cm Ⓝ372
〔16809〕
◇弘道館史料 1 茨城県立歴史館史料部編 水戸 茨城県立歴史館 2000.3 348p 22cm （茨城県立歴史館史料叢書 3）Ⓝ372.105
〔16810〕
◇弘道館史料 2 茨城県立歴史館史料部編 水戸 茨城県立歴史館 2003.3 377p 22cm （茨城県立歴史館史料叢書 6）Ⓝ372.105
〔16811〕
◇小倉藩文武学制沿革誌 宇都宮泰長編著 鵬和出版 1999.5 351p 22cm 12000円 ①4-89282-057-1 Ⓝ372.105
〔16812〕
◇佐倉藩学史 篠丸頼彦著 佐倉 小宮山書店（発売） 1961.5 310p 26cm Ⓝ372.135
〔16813〕
◇薩藩学事 2・3 鹿児島 鹿児島県立図書館 2002.3 109p 26cm （鹿児島県史料集 41）Ⓝ372.197
〔16814〕
◇薩藩学事 1 鹿児島県師範学校史料 鹿児島 鹿児島県立図書館 2001.3 112p 26cm （鹿児島県史料集 40）Ⓝ372.197
〔16815〕
◇薩藩の教育と財政並軍備 林吉彦著 第一書房 1982.11 408,117,11p 22cm （日本教育史文献集成 第1部 地方教育史の部 14）8000円 Ⓝ372.105
〔16816〕
◇時習館—笠間の藩校 田中嘉彦著 土浦 筑波書林 1987.6 102p 18cm （ふるさと文庫）600円 Ⓝ372.105
〔16817〕
◇閑谷学校ゆかりの人々 特別史跡旧閑谷学校顕彰保存会編 岡山 山陽新聞社 2003.10 329,2,3p 21cm 1429円 ①4-88197-711-3 Ⓝ372.105
〔16818〕
◇史跡旧萩藩校明倫館（南門）保存修理工事報告書 文化財建造物保存技術協会編 萩 萩市 2006.3 139p 30cm Ⓝ521.8
〔16819〕
◇史跡庄内藩校致道館 鶴岡 荘内文化財保存会 1971.6 129p 図版68枚 31cm Ⓝ372.105
〔16820〕
◇史談藩学と士風—二十六大藩 斎藤惠太郎著 第2版 東洋書院 1976 811p 22cm 9800円 Ⓝ372.1
〔16821〕
◇庄内藩校致道館—国指定史跡 荘内文化財保存会編 鶴岡 荘内文化財保存会 1981.6 19p 19cm Ⓝ372.105
〔16822〕
◇昌平校と藩学 和島芳男著 至文堂 1962 195p 19cm （日本歴史新書）Ⓝ372.1
〔16823〕

学術・教育史　　　　　　　　　　　近世史

◇諸藩学制書上　名倉英三郎校注　武蔵野　名倉英三郎　1985.9　130p　21cm　Ⓝ372.105　〔16824〕
◇信州の藩学―近世の藩学全研究　千原勝美著　松本　郷土出版社　1986.7　288p　19cm　1800円　Ⓝ372.105　〔16825〕
◇須佐育英館―幕末志士の学び舎　西村武正編　須佐町（山口県）　須佐町教育委員会　1994.3　129p　21cm　Ⓝ372.105　〔16826〕
◇仙台藩の学問・思想の系譜展　仙台市博物館編　仙台　仙台市博物館　1979.9　52p　26cm　Ⓝ372.105　〔16827〕
◇捜魂記―藩学の志を訪ねて　中村彰彦著　文藝春秋　2004.7　287p　19cm　1800円　①4-16-366050-X　Ⓝ372.105　〔16828〕
◇高遠城と藩学　北村勝雄著　名著出版　1978.2　299p　22cm　3900円　Ⓝ215.2　〔16829〕
◇高遠藩校進徳のともしび　岡部善治郎著　高遠町（長野県）　「進徳のともしび」刊行会　2004.5　197p　19cm　Ⓝ372.152　〔16830〕
◇高鍋藩校明倫堂の教育　野中日文著　宮崎　鉱脈社　2006.2　251p　19cm　1400円　①4-86061-162-4　Ⓝ372.105　〔16831〕
◇土浦の近世教育―土浦藩校の足跡　青木光行著　土浦　崙書房　1979.2　76p　18cm　（ふるさと文庫）480円　Ⓝ372.105　〔16832〕
◇土浦藩の先生たち―文館を中心に　石塚真著　土浦　筑波書林　1987.11　344p　19cm　Ⓝ372.105　〔16833〕
◇土浦藩の先生たち―文館を中心に　上　石塚真著　土浦　筑波書林　1987.9　123p　18cm　（ふるさと文庫）600円　Ⓝ372.105　〔16834〕
◇土浦藩の先生たち―文館を中心に　中　石塚真著　土浦　筑波書林　1987.11　p125〜235　18cm　（ふるさと文庫）600円　Ⓝ372.105　〔16835〕
◇土浦藩の先生たち　武館を中心に　石塚真著　土浦　筑波書林　1988.9　2冊　18cm　（ふるさと文庫）各600円　Ⓝ372.105　〔16836〕
◇土浦藩の先生たち　武館を中心に　3　石塚真著　土浦　筑波書林　1988.11　p223〜318　18cm　（ふるさと文庫）600円　Ⓝ372.105　〔16837〕
◇土浦藩の先生たち　武館を中心に　4　石塚真著　土浦　筑波書林　1989.1　p319〜411　18cm　（ふるさと文庫）600円　Ⓝ372.105　〔16838〕
◇徳川（静岡）藩における近代学校の史的考察―静岡学問所と沼津兵学校および同附属小学校を中心として　影山昇著　沼津　1965　52p　21cm　（静岡県学校史研究）Ⓝ372.154　〔16839〕
◇特別教育の系譜　小川克正著　近代文芸社　1993.2　199p　19cm　1500円　①4-7733-1815-5　Ⓝ372.105　〔16840〕
◇名古屋藩学校と愛知英語学校―附・坪内逍遙博士のことども　堀川柳人編　名古屋　安藤次郎　1935　32p　19cm　Ⓝ372　〔16841〕
◇南予明倫館―僻遠の宇和島は在京教育環境をいかに構築したか　木下博民著　南予奨学会　2003.10　670,18p　22cm　5000円　①4-86037-027-9　Ⓝ372.183　〔16842〕
◇日新館童子訓―現代語訳　松平容頌著,土田直鎮訳　三信図書　1984.8　315p　20cm　2800円　①4-87921-038-2　Ⓝ372.105　〔16843〕
◇『日本教育史資料』の研究　2　藩校編　日本教育史資料研究会編　町田　玉川大学出版部　1993.11　527p　22cm　12360円　①4-472-10321-4　Ⓝ372.1　〔16844〕

◇日本近代教育史料大系―編集復刻　附巻2　公文録総目録―公文記録1　日本近代教育史料研究会編　龍溪書舎　2003.12　13,531p　31cm　25000円　①4-8447-5478-5,4-8447-0333-1　Ⓝ372.105　〔16845〕
◇日本の藩校　奈良本辰也編　京都　淡交社　1970　319p　21cm　900円　Ⓝ372.1　〔16846〕
◇藩校を歩く―温故知新の旅ガイド　河合敦著　アーク出版　2004.5　259p　22cm　1800円　①4-86059-025-2　Ⓝ372.105　〔16847〕
◇藩校早春賦　上　宮本昌孝著　新座　埼玉福祉会　2007.5　415p　21cm　（大活字本シリーズ）3300円　①978-4-88419-446-8　Ⓝ913.6　〔16848〕
◇藩校早春賦　下　宮本昌孝著　新座　埼玉福祉会　2007.5　394p　21cm　（大活字本シリーズ）3200円　①978-4-88419-447-5　Ⓝ913.6　〔16849〕
◇藩校と寺子屋　石川松太郎著　東村山　教育社　1978　246p　18cm　（教育社歴史新書）600円　Ⓝ372.1　〔16850〕
◇藩風と藩学　朝日新聞社学芸部編　丹波　養徳社　1944.9　271p　15cm　Ⓝ372.105　〔16851〕
◇藩風と藩学　朝日新聞学芸部編　養徳社　1945　250p　小　2.00円　〔16852〕
◇福山藩の教育と沿革史―藩校から小学校まで　清水久人著　神辺町（広島県）　鷹の羽会本部阿部正弘公顕彰会　1999.8　168p　22cm　Ⓝ372.105　〔16853〕
◇福山藩の教育と文化―江戸時代後期を中心に　歴史部門展　広島県立歴史博物館編　福山　広島県立歴史博物館　1994.3　44p　30cm　Ⓝ372.105　〔16854〕
◇文教政策に力を入れた岩村藩と藩校・知新館　樹神弘著　岩村町（岐阜県）　岩村町教育委員会　1989　4p　27cm　（岩村町歴史シリーズ　その5）　〔16855〕
◇松江藩学芸史の研究　漢学篇　佐野正巳著　明治書院　1981.2　590p　22cm　14000円　Ⓝ372.105　〔16856〕
◇水戸弘道館小史　鈴木暎一著　文真堂　2003.6　147p　19cm　（五浦歴史叢書 3）1800円　①4-8309-4454-4　Ⓝ372.105　〔16857〕
◇水戸藩学問・教育史の研究　鈴木暎一著　吉川弘文館　1987.3　526,13p　22cm　8000円　①4-642-03280-0　Ⓝ372.105　〔16858〕
◇明倫堂記録　石川正雄編　高鍋町（宮崎県）　高鍋町　1983.3　1147,23p　22cm　非売品　Ⓝ372.105　〔16859〕
◇明和乙酉熊本時習館学寮史　和田要治編輯　八代　和田要治　1995　47p　21cm　（教育今昔艸々 11）Ⓝ372.194　〔16860〕
◇明和甲申熊本時習館学寮史―維新・教育元年の歩み　和田要治編　八代　〔和田要治〕　1995.5　42p　21cm　（教育今昔艸々 10）Ⓝ372.105　〔16861〕
◇盛岡の藩校―作人館と日新堂　長岡高人著　盛岡　盛岡市教育委員会　1988.7　44p　18cm　（盛岡市文化財シリーズ　第20集）Ⓝ372.105　〔16862〕
◇盛岡藩日新堂物語　長岡高人著　盛岡　熊谷印刷出版部　1982.8　227p　19cm　1300円　Ⓝ372.105　〔16863〕
◇盛岡藩洋学校「日新堂」　盛岡　岩手県医師会　1985.6　28p　26cm　非売品　Ⓝ372.122　〔16864〕
◇二十六大藩の藩学と士風　斎藤惠太郎著　大阪　全国書房　1944　758p　22cm　Ⓝ372　〔16865〕

◆◆◆私塾

◇偉大な教育者　西郷隆盛―沖永良部島の南洲塾　本部広哲著　大阪　海風社　1996.9　279p　19cm　1800円

◇Ⓘ4-87616-254-9　　　　　　　　〔16866〕
◇鶯海量容先生と私塾涵養舎　豊後高田　鶯海量容先生と
　涵養舎記録保存会　2004　52p　26cm　Ⓝ372.195
　　　　　　　　　　　　　　　　　　　　〔16867〕
◇近世私塾の研究　海原徹著　京都　思文閣出版　1983.6
　610,26p　22cm　12000円　Ⓝ372.105　〔16868〕
◇近世私塾の研究　海原徹著　京都　思文閣出版　1993.2
　610,26p　22cm　14420円　Ⓘ4-7842-0747-3　Ⓝ372.105
　　　　　　　　　　　　　　　　　　　　〔16869〕
◇合志義塾略誌　合志義塾同窓会編　熊本　日本談義社
　1976　153p　18cm　600円　Ⓝ372.1　〔16870〕
◇私塾—近代日本を拓いたプライベート・アカデミー　リ
　チャード・ルビンジャー著,石附実,海原徹訳　サイマル
　出版　1982.2　251p　19cm　1800円　Ⓝ372.105
　　　　　　　　　　　　　　　　　　　　〔16871〕
◇私塾が人をつくる—人材を磨く手づくり教育のすすめ
　大西啓義著　ダイヤモンド社　1996.7　215p　20cm
　1600円　Ⓘ4-478-33053-0　Ⓝ372.105　〔16872〕
◇私塾の研究—日本を変革した原点　童門冬二著　PHP研
　究所　1993.2　317p　15cm　（PHP文庫）540円
　Ⓘ4-569-56529-8　Ⓝ372.105　　　　　〔16873〕
◇塾の水脈　小久保明浩著　武蔵野　武蔵野美術大学出版
　局　2004.4　225p　20cm　（MAUライブラリー
　2）1800円　Ⓘ4-901631-62-4　Ⓝ372.105　〔16874〕
◇長善館学塾史料　新潟　新潟県教育委員会　1974　2冊
　26cm　（新潟県文化財調査報告書 第14）Ⓝ372.141
　　　　　　　　　　　　　　　　　　　　〔16875〕
◇長善館余話　長善館史蹟保存会編　吉田町（新潟県）
　長善館史蹟保存会　1987.11　211p　27cm　Ⓝ372.141
　　　　　　　　　　　　　　　　　　　　〔16876〕
◇町人社会の学芸と懐徳堂　宮本又次著　文献出版
　1982.2　274p　22cm　3500円　Ⓝ372.105　〔16877〕
◇日本の私塾　奈良本辰也編　角川書店　1974　243p
　15cm　（角川文庫）260円　Ⓝ372.1　〔16878〕
◇幕末維新期漢学塾の研究　幕末維新期漢学塾研究会,生
　馬寛信編　広島　渓水社　2003.2　794p　22cm
　Ⓘ4-87440-739-0　Ⓝ372.105　　　　　〔16879〕
◇幕末の私塾・蔵春園—教育の源流をたずねて　恒遠俊輔
　著　福岡　葦書房　1992.7　166p　19cm　1550円
　Ⓘ4-7512-0436-X　Ⓝ372.105　　　　　〔16880〕
◇明治維新と教育—長州藩倒幕派の形成過程　海原徹著
　京都　ミネルヴァ書房　1972　257p　22cm　1400円
　Ⓝ372.177　　　　　　　　　　　　　〔16881〕

◆◆◆懐徳堂
◇大坂学問史の周辺　梅渓昇著　京都　思文閣出版
　1991.3　216p　20cm　2369円　Ⓘ4-7842-0640-X
　Ⓝ372.1　　　　　　　　　　　　　　〔16882〕
◇大坂・近畿の城と町　懐徳堂記念会編　大阪　和泉書院
　2007.5　165p　20cm　（懐徳堂ライブラリー 7）2500円
　Ⓘ978-4-7576-0415-5　Ⓝ216　　　　　〔16883〕
◇懐徳堂—近世大阪の学校　大阪　大阪市立博物館　1986
　76p　26cm　（展覧会目録 第100号）Ⓝ372.105
　　　　　　　　　　　　　　　　　　　　〔16884〕
◇懐徳堂—18世紀日本の「徳」の諸相　テツオ・ナジタ著
　子安宣邦訳　岩波書店　1992.6　538p　20cm
　（New history）3700円　Ⓘ4-00-003623-8　Ⓝ372.105
　　　　　　　　　　　　　　　　　　　　〔16885〕
◇懐徳堂—浪華の学問所　懐徳堂友の会,懐徳堂記念会編
　豊中　懐徳堂友の会　1994.1　85p　30cm　2060円
　Ⓘ4-906482-00-7　Ⓝ372.105　　　　　〔16886〕

◇懐徳堂旧記　幸田成友編　幸田成友　1911.10　26p
　22cm　Ⓝ121　　　　　　　　　　　　〔16887〕
◇懐徳堂事典　湯浅邦弘編著　吹田　大阪大学出版会
　2001.12　271p　21cm　2800円　Ⓘ4-87259-080-5
　Ⓝ372.105　　　　　　　　　　　　　〔16888〕
◇懐徳堂朱子学の研究　陶徳民著　吹田　大阪大学出版会
　1994.3　422p　22cm　6695円　Ⓘ4-87259-002-3
　Ⓝ121.54　　　　　　　　　　　　　　〔16889〕
◇懐徳堂知識人の学問と生—生きることと知ること　懐徳
　堂記念会編　大阪　和泉書院　2004.9　172p　19cm
　（懐徳堂ライブラリー）2500円　Ⓘ4-7576-0263-4
　　　　　　　　　　　　　　　　　　　　〔16890〕
◇懐徳堂と経済思想　藤井定義著　堺　大阪府立大学経済
　学部　1976　142p　21cm　（大阪府立大学経済研究叢
　書 第43冊）Ⓝ331.21　　　　　　　　〔16891〕
◇懐徳堂とその人びと　脇田修,岸田知子著　吹田　大阪
　大学出版会　1997.10　154p　20cm　1500円
　Ⓘ4-87259-028-7　Ⓝ372.105　　　　　〔16892〕
◇懐徳堂の印章　豊中　大阪大学大学院文学研究科
　2007.3　65p　21cm　Ⓝ210.02　　　　〔16893〕
◇懐徳堂の過去と現在　大阪　大阪大学　1979.3　62p
　18cm　Ⓝ372.1　　　　　　　　　　　〔16894〕
◇懐徳堂の歴史を読む—懐徳堂アーカイブ　湯浅邦弘,竹
　田健二編著　吹田　大阪大学出版会　2005.3　60p
　26cm　1000円　Ⓘ4-87259-190-9　Ⓝ372.105　〔16895〕
◇懐徳堂文科学術講演集　第1輯　懐徳堂記念会編　弘道
　館　1925　306,20p　22cm　Ⓝ041　　〔16896〕
◇近世大坂と知識人社会　小堀一正著　大阪　清文堂出版
　1996.8　257p　22cm　3914円　Ⓘ4-7924-0425-8
　Ⓝ121.54　　　　　　　　　　　　　　〔16897〕
◇龍野と懐徳堂—学問交流と藩政 特別展図録　龍野市立
　歴史文化資料館編　龍野　龍野市立歴史文化資料館
　2000.3　90p　30cm　（龍野市立歴史文化資料館図録
　24）Ⓝ372.105　　　　　　　　　　　〔16898〕
◇「見る科学」の歴史—懐徳堂・中井履軒の目　大阪大学総
　合学術博物館編　吹田　大阪大学出版会　2006.10　56p
　26cm　1000円　Ⓘ4-87259-207-7　Ⓝ402.105　〔16899〕

◆◆◆適塾
◇緒方洪庵 適々斎塾姓名録　緒方富雄編著　学校教育研
　究所　1967　158,10p　27cm　Ⓝ402.105　〔16900〕
◇緒方洪庵と適塾—適塾修復・史跡公園化記念　適塾記念
　会編　大阪　適塾記念会　1980.5　72p　26cm
　　　　　　　　　　　　　　　　　　　　〔16901〕
◇緒方洪庵と適塾　梅渓昇著　吹田　大阪大学出版会
　1996.10　160p　20cm　1300円　Ⓘ4-87259-027-9
　Ⓝ372.105　　　　　　　　　　　　　〔16902〕
◇洪庵・適塾の研究　梅渓昇著　京都　思文閣出版
　1993.3　521,12p　22cm　12360円　Ⓘ4-7842-0766-X
　Ⓝ372.1　　　　　　　　　　　　　　〔16903〕
◇適塾アーカイブ—写真集 貴重資料52選　適塾記念会編
　吹田　大阪大学出版会　2002.11　42p　21cm　700円
　Ⓘ4-87259-088-0　Ⓝ372.105　　　　　〔16904〕
◇適塾をめぐる人々—蘭学の流れ　伴忠康著　大阪　創元
　社　1978.2　216p　22cm　1800円　Ⓝ490.21　〔16905〕
◇適塾（緒方洪庵）と松下村塾（吉田松陰）—凡才を英才に
　変えた二大私塾の教育法　奈良本辰也,高野澄著　祥伝
　社　1977.7　232p　18cm　（ノン・ブック）630円
　Ⓝ372.1　　　　　　　　　　　　　　〔16906〕
◇適塾と長与専斎—衛生学と松香私志　伴忠康著　大阪
　創元社　1987.5　254p　22cm　2000円

学術・教育史　　　　　　　　　　　　近世史

　①4-422-21009-2　Ⓝ490.21
　　　　　　　　　　　　　　　〔16907〕
◇「適塾」の研究―なぜ逸材が輩出したのか　百瀬明治著
　PHP研究所　1986.1　225p　20cm　1200円
　①4-569-21678-1　Ⓝ372.105　〔16908〕
◇「適塾」の研究―なぜ逸材が輩出したのか　百瀬明治著
　PHP研究所　1989.11　235p　15cm　（PHP文庫）440
　円　①4-569-56232-9　Ⓝ372.105　〔16909〕
◇適塾の謎　芝哲夫著　吹田　大阪大学出版会　2005.6
　156p　19cm　1500円　①4-87259-192-5　〔16910〕
◇適塾の人々　浦上五六著　大阪　新日本図書　1944
　361p　19cm　Ⓝ289.1　〔16911〕
◇よみがえる適塾―適塾記念会50年のあゆみ　梅渓昇、芝
　哲夫著　吹田　大阪大学出版会　2002.11　208p　21cm
　2200円　①4-87259-086-4　Ⓝ372.105　〔16912〕

◆◆◆松下村塾
◇松下村塾―近代日本を創った教育　池田諭著　廣済堂出
　版　1968　278p　19cm　490円　Ⓝ372.177〔16913〕
◇松下村塾―教育の原点をさぐる　池田諭著　社会思想社
　1984.7　281p　15cm　（現代教養文庫 1110）480円
　Ⓝ372.177　〔16914〕
◇松下村塾　古川薫著　新潮社　1995.8　205p　19cm
　（新潮選書）950円　①4-10-600481-X　Ⓝ372.105
　　　　　　　　　　　　　　　〔16915〕
◇松下村塾をめぐりて　福本義亮著　復刻版　徳山　マツ
　ノ書店　1998.6　216p　21cm　4000円　Ⓝ372.105
　　　　　　　　　　　　　　　〔16916〕
◇松下村塾の人びと―近世私塾の人間形成　海原徹著　京
　都　ミネルヴァ書房　1993.10　448p　22cm　6500円
　①4-623-02312-5　Ⓝ372.105　〔16917〕
◇松下村塾の明治維新―近代日本を支えた人びと　海原徹
　著　京都　ミネルヴァ書房　1999.2　520p　22cm
　7000円　①4-623-02962-X　Ⓝ372.105　〔16918〕
◇松下村塾零話・附・大村公逸話、旧長藩十二士伝　天野
　御民著　山口町（山口県）　山陽堂　1908.4　76p
　15cm　Ⓝ281.77　〔16919〕
◇日本先哲叢書　第4　士規七則・武教全書講録・松下村
　塾記・照顔録・留魂録　吉田松陰著　渡辺世祐校註
　広文堂書店　1937　183p　18cm　Ⓝ121　〔16920〕
◇吉田松陰と松下村塾　海原徹著　京都　ミネルヴァ書房
　1990.12　278p　22cm　3884円　①4-623-02046-0
　Ⓝ372.105　〔16921〕
◇吉田松陰の予言―なぜ、山口県ばかりから総理大臣が生
　まれるのか？　浜嵜惟、本誌編集部著　星雲社（発売）
　2007.5　275p　19cm　1600円　①978-4-434-10451-0
　Ⓝ312.8　〔16922〕
◇吉田松陰門下生の遺文―襖の下から幕末志士の手紙が出
　た　一坂太郎著　世論時報社　1994.3　178p　20cm
　2000円　①4-915340-24-4　Ⓝ210.58　〔16923〕

◆◆◆郷校
◇小川稽医館―医道を広めた水戸藩郷校　井坂教著　土浦
　筑波書林　1980.3　115p　18cm　（ふるさと文庫）580
　円　Ⓝ490.7　〔16924〕
◇近世民衆教育運動の展開―含翠堂にみる郷学思想の本質
　津田秀夫著　御茶の水書房　1978.3　303p　22cm
　3200円　Ⓝ372.1　〔16925〕
◇郷校取調巡郷日記十五・第十九中学区巡回日記　桃節山
　著、磯辺武雄編著　巌南堂書店　1989.10　127p　27cm
　3200円　Ⓝ372.173　〔16926〕
◇薩摩の郷中教育　北川鉄三著、鹿児島県立図書館編　大

和学芸図書　1981.12　270p　22cm　3500円　Ⓝ372.
105　〔16927〕
◇閑谷学校　城戸久著　中央公論美術出版　1967　40p
　19cm　（美術文化シリーズ）Ⓝ521.5　〔16928〕
◇閑谷学校　巌津政右衛門著　岡山　日本文教出版　1970
　191p（おもに図）　15cm　（岡山文庫 37）400円　Ⓝ372.
　175　〔16929〕
◇閑谷学校　末安祥二写真、今村新三文、山陽新聞社出版局
　編　岡山　山陽新聞社　1990.7　95p　26cm　（山陽新
　聞サンブックス）1400円　Ⓝ372.175　〔16930〕
◇閑谷学校史　特別史跡閑谷学校顕彰保存会企画　増訂
　岡山　福武書店　1987.6　526,12pp　22cm　3900円
　①4-8288-2607-6　Ⓝ372.105　〔16931〕
◇特別史跡閑谷学校　写真：山崎治雄、文：谷口澄夫、神
　野力　岡山　福武書店　1975　201p（おもに図）　37cm
　45000円　Ⓝ702.15　〔16932〕
◇水戸藩郷校の史的研究　瀬谷義彦著　山川出版社　1976
　302p　22cm　3000円　Ⓝ372.131　〔16933〕

◆◆◆庶民教育・寺子屋
◇ある寺子屋の掟がき　福井周道編著　愛川町（神奈川県）
　福井周道　1979.11　78p　21cm　Ⓝ372.105　〔16934〕
◇岩手県域寺子屋物語　長岡高人著　盛岡　熊谷印刷出版
　部　1984.9　288p　19cm　1300円　Ⓝ372.105
　　　　　　　　　　　　　　　〔16935〕
◇印西の寺子屋　高橋良助著　印西町（千葉県）〔高橋良
　助〕　1982.3　112p　21cm　Ⓝ372.105　〔16936〕
◇江戸時代庶民教化政策の研究　山下武著　校倉書房
　1969　454p　図版40枚　表　22cm　6100円　Ⓝ372.1
　　　　　　　　　　　　　　　〔16937〕
◇江戸の子育て十カ条―善悪は四歳から教えなさい　小泉
　吉永著　柏書房　2007.10　159p　21cm　1500円
　①978-4-7601-3194-5　Ⓝ379.9　〔16938〕
◇「江戸の子育て」読本―世界が驚いた！「読み・書き・そ
　ろばん」と「しつけ」　小泉吉永著　小学館　2007.12
　191p　21cm　1800円　①978-4-09-626609-0　〔16939〕
◇江戸の子どもの本―赤本と寺子屋の世界　叢の会編　笠
　間書院　2006.4　107p　22cm　900円
　①4-305-70322-X　Ⓝ913.57　〔16940〕
◇江戸の躾と子育て　中江克己著　祥伝社　2007.5　226p
　18cm　（祥伝社新書）740円　①978-4-396-11068-0
　Ⓝ379.9　〔16941〕
◇江戸の寺子屋と子供たち　渡辺信一郎著　三樹書房
　1995.6　290p　20cm　2800円　①4-89522-191-1
　Ⓝ911.45　〔16942〕
◇江戸の寺子屋と子供たち―古川柳にみる庶民の教育事情
　渡辺信一郎著　新訂版　三樹書房　2006.10　290p
　20cm　2400円　①4-89522-484-8　Ⓝ384.5　〔16943〕
◇往来物に依つて見たる徳川時代の庶民教育　岡村金太郎
　著　岡村金太郎　1921　42p　19cm　Ⓝ372　〔16944〕
◇尾道の寺子屋と私塾―主として享保から文化の間　第1
　集　瀬戸一登著　尾道〔瀬戸一登〕　2000.11　140p
　26cm　非売品　Ⓝ372.105　〔16945〕
◇神奈川の寺子屋地図　高田稔著　横浜　神奈川新聞社
　1993.3　349p　19cm　1500円　①4-87645-153-2
　Ⓝ372.105　〔16946〕
◇紀州の藩学と庶民教育―'90夏季企画展　和歌山市立博
　物館編　和歌山　和歌山市教育委員会　1990.7　16p
　26cm　〔16947〕
◇教育改革と新自由主義　斎藤貴男著　子どもの未来社
　2004.6　206p　18cm　（寺子屋新書）800円

①4-901330-41-1 〔16948〕
◇近世育児書集成 第1巻 小泉吉永編・解題 クレス出版 2006.12 412p 22cm ①4-87733-349-5 Ⓝ379.9 〔16949〕
◇近世庶民教育史 石川謙著 東亜出版社 1947 529p*表 22cm Ⓝ372.1 〔16950〕
◇近世庶民教育史 石川謙著 東亜出版社 1947 529p 表 22cm Ⓝ372 〔16951〕
◇近世庶民教育と出版文化—「往来物」制作の背景 丹和浩著 岩田書院 2005.2 299,8p 22cm （近世史研究叢書 13）6900円 ①4-87294-371-6 Ⓝ372.105 〔16952〕
◇近世の学び舎—寺子屋—私塾—藩校へ 菅茶山記念館第13回特別展 かんなべ文化振興会菅茶山記念館編 神辺町（広島県） かんなべ文化振興会菅茶山記念館 2005.11 39p 30cm Ⓝ372.105 〔16953〕
◇古文書手習い—寺子屋式 続 吉田豊著 柏書房 2005.6 208p 21cm 2000円 ①4-7601-2716-X Ⓝ210.029 〔16954〕
◇財団法人啓明会講演集 第9回 徳川時代庶民教育の教科書たる往来物に就きて 岡村金太郎著 啓明会事務所 1923 37,9p 22cm Ⓝ041 〔16955〕
◇下伊那の寺子屋 下伊那の教育史研究会著 飯田 南信州新聞社出版局 2003.9 270p 26cm 2500円 ①4-943981-56-9 Ⓝ372.105 〔16956〕
◇新寺子屋教育 柴田敏明著 新生出版,ディーディーエヌ〔発売〕 2006.11 101p 19cm 1000円 ①4-86128-173-3 〔16957〕
◇図説江戸の学び 市川寛明,石山秀和著 河出書房新社 2006.2 127p 22cm （ふくろうの本）1800円 ①4-309-76074-0 Ⓝ372.105 〔16958〕
◇世界に50万の寺子屋を—テロ撲滅に王手 柴田実著 東京図書出版会,星雲社〔発売〕 2005.3 215p 19cm 1400円 ①4-434-05360-4 〔16959〕
◇石造物に見る大宮の寺小屋—近世農村の生活・文化像のラフスケッチ 大宮市立博物館編 大宮 大宮市教育委員会 1987.3 93p 26cm （大宮の教育史調査報告書1）Ⓝ372.105 〔16960〕
◇寺子屋からの風—藩政時代の庶民教育から近代教育の黎明 佐藤博編著 利府町（宮城県）〔佐藤博〕 2006.9 20,34p 26cm （利府の歴史シリーズ 1）Ⓝ372.105 〔16961〕
◇寺子屋古文書女筆入門 吉田豊著 柏書房 2004.1 215p 21cm （〈シリーズ〉日本人の手習い）2300円 ①4-7601-2477-2 Ⓝ210.029 〔16962〕
◇寺子屋と庶民教育の実証的研究 利根啓三郎著 雄山閣出版 1981.2 399,6p 22cm 8000円 ①4-639-00016-2 Ⓝ372.1 〔16963〕
◇寺子屋に関する教育文化学的研究—その教育理念の淵源とその歴史的展開 大岡成美著 講談社出版サービスセンター 2003.3 453p 22cm ①4-87601-650-X Ⓝ372.105 〔16964〕
◇寺小屋の教育内容・教育方法に関する実証的研究 関山邦宏編 市川 関山邦宏 2002.3 128p 30cm Ⓝ372.105 〔16965〕
◇寺子屋の教科書—福岡県前原市瑞梅寺に残された 上 石川佳子編 福岡 石川佳子 2006.4 221p 26cm Ⓝ372.105 〔16966〕
◇寺子屋の教科書—福岡県前原市瑞梅寺に残された 下 石川佳子編 福岡 石川佳子 2006.4 233p 26cm Ⓝ372.105 〔16967〕
◇寺子屋の「なるほど!!」—"手習いの世界"の、入学年齢・在学期間から学校行事、名物師匠、そして卒業後まで 江戸教育事情研究会著 ヤマハミュージックメディア 2004.10 206p 19cm 1400円 ①4-636-20350-X Ⓝ372.105 〔16968〕
◇天保期、少年少女の教養形成過程の研究 高井浩著 河出書房新社 1991.8 405p 22cm 4900円 ①4-309-22206-4 Ⓝ372.105 〔16969〕
◇特別展近世庶民教育資料「教育双六と教科書」目録—東京学芸大学創基120周年記念 小金井 東京学芸大学附属図書館 1993 16p 30cm Ⓝ372.105 〔16970〕
◇日本近世民衆教育史研究 梅村佳代著 松戸 梓出版社 1991.10 372,7p 22cm ①4-900071-18-8 Ⓝ372.105 〔16971〕
◇日本庶民教育史 乙竹岩造著 目黒書店 1929 3冊 23cm Ⓝ372 〔16972〕
◇日本庶民教育史 石川謙著 刀江書院 1929 458,23p 23cm Ⓝ372 〔16973〕
◇日本庶民教育史 石川謙著 石川松太郎著 新装版 町田 玉川大学出版部 1998.6 429p 22cm 7000円 ①4-472-11291-4 Ⓝ372.105 〔16974〕
◇日本の歴史 近世から近代へ 3 江戸の学問—よみ・かき・そろばんまで 新訂増補 朝日新聞社 2004.1 p66-95 30cm （週刊朝日百科 83）476円 Ⓝ210.1 〔16975〕
◇藩校と寺子屋 石川松太郎著 東村山 教育社 1978 246p 18cm （教育社歴史新書）600円 Ⓝ372.1 〔16976〕
◇筆子塚研究 川崎喜久男著 多賀出版 1992.5 812p 22cm 33990円 ①4-8115-2861-1 Ⓝ372.105 〔16977〕
◇筆子塚資料集成 千葉県・群馬県・神奈川県 国立歴史民俗博物館編 佐倉 国立歴史民俗博物館 2001.3 395p 30cm （「非文献資料の基礎的研究（筆子塚）」報告書）Ⓝ372.105 〔16978〕
◇みなみあしがら乃寺子屋 南足柄市郷土資料館編 南足柄 南足柄市郷土資料館 1997.10 24p 26cm （郷土資料館調査報告書 第7集）Ⓝ372.105 〔16979〕
◇目で見る寺子屋教育 富士見村（群馬県） 富士見村教育委員会 1984.3 57p 21cm （村の歴史シリーズ 第5集）Ⓝ372.105 〔16980〕

◆◆往来物
◇往来物大系 第13巻 語彙科往来 大空社 1993.3 1冊 22cm ①4-87236-260-8 Ⓝ375.9 〔16981〕
◇往来物大系 第14巻 語彙科往来 大空社 1993.3 1冊 22cm ①4-87236-260-8 Ⓝ375.9 〔16982〕
◇往来物大系 第15巻 語彙科往来 大空社 1993.3 1冊 22cm ①4-87236-260-8 Ⓝ375.9 〔16983〕
◇往来物大系 第16巻 語彙科往来 大空社 1993.3 1冊 22cm ①4-87236-260-8 Ⓝ375.9 〔16984〕
◇往来物大系 第17巻 語彙科往来 大空社 1993.3 1冊 22cm ①4-87236-260-8 Ⓝ375.9 〔16985〕
◇往来物大系 第18巻 語彙科往来 大空社 1993.3 1冊 22cm ①4-87236-260-8 Ⓝ375.9 〔16986〕
◇往来物大系 第19巻 語彙科往来 大空社 1993.3 1冊 22cm ①4-87236-260-8 Ⓝ375.9 〔16987〕
◇往来物大系 第27巻 消息科往来 大空社 1993.3 1冊 22cm ①4-87236-261-6 Ⓝ375.9 〔16988〕
◇往来物大系 第28巻 消息科往来 大空社 1993.3 1冊 22cm ①4-87236-261-6 Ⓝ375.9 〔16989〕
◇往来物大系 第29巻 消息科往来 大空社 1993.3 1冊 22cm ①4-87236-261-6 Ⓝ375.9 〔16990〕

学術・教育史 近世史

◇往来物大系 第30巻 消息科往来 大空社 1993.3 1冊 22cm ⓘ4-87236-261-6 Ⓝ375.9 〔16991〕
◇往来物大系 第31巻 教訓科往来 大空社 1993.3 1冊 22cm ⓘ4-87236-262-4 Ⓝ375.9 〔16992〕
◇往来物大系 第32巻 教訓科往来 大空社 1993.3 1冊 22cm ⓘ4-87236-262-4 Ⓝ375.9 〔16993〕
◇往来物大系 第34巻 教訓科往来 大空社 1993.3 1冊 22cm ⓘ4-87236-262-4 Ⓝ375.9 〔16994〕
◇往来物大系 第35巻 教訓科往来 大空社 1993.3 1冊 22cm ⓘ4-87236-262-4 Ⓝ375.9 〔16995〕
◇往来物大系 第36巻 教訓科往来 大空社 1993.3 1冊 22cm ⓘ4-87236-262-4 Ⓝ375.9 〔16996〕
◇往来物大系 第37巻 教訓科往来 大空社 1993.3 1冊 22cm ⓘ4-87236-262-4 Ⓝ375.9 〔16997〕
◇往来物大系 第38巻 教訓科往来 大空社 1993.3 1冊 22cm ⓘ4-87236-262-4 Ⓝ375.9 〔16998〕
◇往来物大系 第39巻 教訓科往来 大空社 1993.3 1冊 22cm ⓘ4-87236-262-4 Ⓝ375.9 〔16999〕
◇往来物大系 第40巻 教訓科往来 大空社 1993.3 1冊 22cm ⓘ4-87236-262-4 Ⓝ375.9 〔17000〕
◇往来物大系 第41巻 教訓科往来 大空社 1993.3 1冊 22cm ⓘ4-87236-262-4 Ⓝ375.9 〔17001〕
◇往来物大系 第42巻 教訓科往来 大空社 1993.3 1冊 22cm ⓘ4-87236-262-4 Ⓝ375.9 〔17002〕
◇往来物大系 第43巻 歴史科往来 大空社 1993.9 1冊 22cm ⓘ4-87236-846-0 Ⓝ375.9 〔17003〕
◇往来物大系 第44巻 歴史科往来 大空社 1993.9 1冊 22cm ⓘ4-87236-846-0 Ⓝ375.9 〔17004〕
◇往来物大系 第45巻 歴史科往来 大空社 1993.9 1冊 22cm ⓘ4-87236-846-0 Ⓝ375.9 〔17005〕
◇往来物大系 第46巻 歴史科往来 大空社 1993.9 1冊 22cm ⓘ4-87236-846-0 Ⓝ375.9 〔17006〕
◇往来物大系 第47巻 歴史科往来 大空社 1993.9 1冊 22cm ⓘ4-87236-846-0 Ⓝ375.9 〔17007〕
◇往来物大系 第48巻 歴史科往来 大空社 1993.9 1冊 22cm ⓘ4-87236-846-0 Ⓝ375.9 〔17008〕
◇往来物大系 第49巻 歴史科往来 大空社 1993.9 1冊 22cm ⓘ4-87236-846-0 Ⓝ375.9 〔17009〕
◇往来物大系 第50巻 歴史科往来 大空社 1993.9 1冊 22cm ⓘ4-87236-846-0 Ⓝ375.9 〔17010〕
◇往来物大系 第51巻 地理科往来 大空社 1993.9 1冊 22cm ⓘ4-87236-847-9 Ⓝ375.9 〔17011〕
◇往来物大系 第52巻 地理科往来 大空社 1993.9 1冊 22cm ⓘ4-87236-847-9 Ⓝ375.9 〔17012〕
◇往来物大系 第53巻 地理科往来 大空社 1993.9 1冊 22cm ⓘ4-87236-847-9 Ⓝ375.9 〔17013〕
◇往来物大系 第54巻 地理科往来 大空社 1993.9 1冊 22cm ⓘ4-87236-847-9 Ⓝ375.9 〔17014〕
◇往来物大系 第55巻 地理科往来 大空社 1993.9 1冊 22cm ⓘ4-87236-847-9 Ⓝ375.9 〔17015〕
◇往来物大系 第56巻 地理科往来 大空社 1993.9 1冊 22cm ⓘ4-87236-847-9 Ⓝ375.9 〔17016〕
◇往来物大系 第57巻 地理科往来 大空社 1993.9 1冊 22cm ⓘ4-87236-847-9 Ⓝ375.9 〔17017〕
◇往来物大系 第58巻 地理科往来 大空社 1993.9 1冊 22cm ⓘ4-87236-847-9 Ⓝ375.9 〔17018〕
◇往来物大系 第60巻 地理科往来 大空社 1993.9 1冊 22cm ⓘ4-87236-847-9 Ⓝ375.9 〔17019〕
◇往来物大系 第61巻 地理科往来 大空社 1993.9 1冊 22cm ⓘ4-87236-847-9 Ⓝ375.9 〔17020〕
◇往来物大系 第62巻 地理科往来 大空社 1993.9 1冊 22cm ⓘ4-87236-847-9 Ⓝ375.9 〔17021〕
◇往来物大系 第63巻 産業科往来 大空社 1993.9 1冊 22cm ⓘ4-87236-848-7 Ⓝ375.9 〔17022〕
◇往来物大系 第64巻 産業科往来 大空社 1993.9 1冊 22cm ⓘ4-87236-848-7 Ⓝ375.9 〔17023〕
◇往来物大系 第65巻 産業科往来 大空社 1993.9 1冊 22cm ⓘ4-87236-848-7 Ⓝ375.9 〔17024〕
◇往来物大系 第66巻 産業科往来 大空社 1993.9 1冊 22cm ⓘ4-87236-848-7 Ⓝ375.9 〔17025〕
◇往来物大系 第67巻 産業科往来 大空社 1993.9 1冊 22cm ⓘ4-87236-848-7 Ⓝ375.9 〔17026〕
◇往来物大系 第68巻 産業科往来 大空社 1993.9 1冊 22cm ⓘ4-87236-848-7 Ⓝ375.9 〔17027〕
◇往来物大系 第69巻 産業科往来 大空社 1993.9 1冊 22cm ⓘ4-87236-848-7 Ⓝ375.9 〔17028〕
◇往来物大系 第70巻 産業科往来 大空社 1993.9 1冊 22cm ⓘ4-87236-848-7 Ⓝ375.9 〔17029〕
◇往来物大系 第71巻 産業科往来 大空社 1993.9 1冊 22cm ⓘ4-87236-848-7 Ⓝ375.9 〔17030〕
◇稀覯往来物集成 第1巻 小泉吉永編 大空社 1996.7 452,6p 22cm ⓘ4-7568-0227-3 Ⓝ375.9 〔17031〕
◇稀覯往来物集成 第2巻 小泉吉永編 大空社 1996.7 506,6p 22cm ⓘ4-7568-0227-3 Ⓝ375.9 〔17032〕
◇稀覯往来物集成 第3巻 小泉吉永編 大空社 1996.7 477,6p 22cm ⓘ4-7568-0227-3 Ⓝ375.9 〔17033〕
◇稀覯往来物集成 第5巻 小泉吉永編 大空社 1996.7 448,6p 22cm ⓘ4-7568-0227-3 Ⓝ375.9 〔17034〕
◇稀覯往来物集成 第6巻 小泉吉永編 大空社 1996.7 456,6p 22cm ⓘ4-7568-0227-3 Ⓝ375.9 〔17035〕
◇稀覯往来物集成 第7巻 小泉吉永編 大空社 1996.7 463,6p 22cm ⓘ4-7568-0227-3 Ⓝ375.9 〔17036〕
◇稀覯往来物集成 第8巻 小泉吉永編 大空社 1996.7 474,6p 22cm ⓘ4-7568-0227-3 Ⓝ375.9 〔17037〕
◇稀覯往来物集成 第11巻 小泉吉永編 石川松太郎監修 大空社 1997.2 474,6p 22cm ⓘ4-7568-0228-1 Ⓝ375.9 〔17038〕
◇稀覯往来物集成 第12巻 小泉吉永編 石川松太郎監修 大空社 1997.2 466,6p 22cm ⓘ4-7568-0228-1 Ⓝ375.9 〔17039〕
◇稀覯往来物集成 第23巻 石川松太郎監修 小泉吉永編 大空社 1997.7 485,6p 22cm ⓘ4-7568-0229-X Ⓝ375.9 〔17040〕
◇稀覯往来物集成 第24巻 石川松太郎監修 小泉吉永編 大空社 1997.7 464,6p 22cm ⓘ4-7568-0229-X Ⓝ375.9 〔17041〕
◇近世民衆の手習いと往来物 梅村佳代著 松戸 梓出版社 2002.10 295,7p 22cm 3500円 ⓘ4-87262-617-6 Ⓝ372.105 〔17042〕
◇語彙集型往来について 石川謙著 野間教育研究所 1953.8 154,10p 21cm （野間教育研究所紀要 第9輯）Ⓝ372.104 〔17043〕

◆兵法史

◇校刻兵要録 1分冊1 長沼澹斎著 観音寺 上坂氏顕彰会史料出版部 2003.1 1冊 21×30cm （理想日本リプリント 第90巻）52800円 Ⓝ399.1 〔17044〕

406 日本近世史図書総覧 明治～平成 〔16991～17044〕

◇校刻兵要録　1分冊2　長沼澹斎著　観音寺　上坂氏顕彰会史料出版部　2003.1　1冊　21×30cm　(理想日本リプリント　第90巻)46800円　Ⓝ399.1
〔17045〕
◇校刻兵要録　1分冊3　長沼澹斎著　観音寺　上坂氏顕彰会史料出版部　2003.1　1冊　21×30cm　(理想日本リプリント　第90巻)41800円　Ⓝ399.1
〔17046〕
◇校刻兵要録　2分冊1　長沼澹斎著　観音寺　上坂氏顕彰会史料出版部　2003.1　1冊　21×30cm　(理想日本リプリント　第90巻)52800円　Ⓝ399.1
〔17047〕
◇校刻兵要録　2分冊2　長沼澹斎著　観音寺　上坂氏顕彰会史料出版部　2003.1　1冊　21×30cm　(理想日本リプリント　第90巻)46800円　Ⓝ399.1
〔17048〕
◇校刻兵要録　2分冊3　長沼澹斎著　観音寺　上坂氏顕彰会史料出版部　2003.1　1冊　21×30cm　(理想日本リプリント　第90巻)52800円　Ⓝ399.1
〔17049〕
◇校刻兵要録　3分冊1　長沼澹斎著　観音寺　上坂氏顕彰会史料出版部　2003.1　1冊　21×30cm　(理想日本リプリント　第90巻)41800円　Ⓝ399.1
〔17050〕
◇校刻兵要録　3分冊2　長沼澹斎著　観音寺　上坂氏顕彰会史料出版部　2003.1　1冊　21×30cm　(理想日本リプリント　第90巻)41800円　Ⓝ399.1
〔17051〕
◇校刻兵要録　3分冊3　長沼澹斎著　観音寺　上坂氏顕彰会史料出版部　2003.1　1冊　21×30cm　(理想日本リプリント　第90巻)41800円　Ⓝ399.1
〔17052〕
◇校刻兵要録　4分冊1　長沼澹斎著　観音寺　上坂氏顕彰会史料出版部　2003.1　1冊　21×30cm　(理想日本リプリント　第90巻)41800円　Ⓝ399.1
〔17053〕
◇校刻兵要録　4分冊2　長沼澹斎著　観音寺　上坂氏顕彰会史料出版部　2003.1　1冊　21×30cm　(理想日本リプリント　第90巻)46800円　Ⓝ399.1
〔17054〕
◇校刻兵要録　4分冊3　長沼澹斎著　観音寺　上坂氏顕彰会史料出版部　2003.1　1冊　21×30cm　(理想日本リプリント　第90巻)52800円　Ⓝ399.1
〔17055〕
◇残照　腰原哲朗現代語新訳・解説　ニュートンプレス　2003.5　333p　図版8p　20cm　(甲陽軍鑑　原本現代語新訳　3)1800円　Ⓘ4-315-51688-0　Ⓝ399.1
〔17056〕
◇士鑑用法直旨鈔　1、2分冊1　松宮観山著　観音寺　上坂氏顕彰会史料出版部　2002.8　1冊　30cm　(上坂氏顕彰会所蔵手写本　43)52800円　Ⓝ399.1
〔17057〕
◇士鑑用法直旨鈔　1、2分冊2　松宮観山著　観音寺　上坂氏顕彰会史料出版部　2002.8　1冊　30cm　(上坂氏顕彰会所蔵手写本　43)52800円　Ⓝ399.1
〔17058〕
◇士鑑用法直旨鈔　3、4分冊1　松宮観山著　観音寺　上坂氏顕彰会史料出版部　2002.8　1冊　30cm　(上坂氏顕彰会所蔵手写本　43)46800円　Ⓝ399.1
〔17059〕
◇士鑑用法直旨鈔　3、4分冊2　松宮観山著　観音寺　上坂氏顕彰会史料出版部　2002.8　1冊　30cm　(上坂氏顕彰会所蔵手写本　43)46800円　Ⓝ399.1
〔17060〕
◇士鑑用法直旨鈔　3、4分冊3　松宮観山著　観音寺　上坂氏顕彰会史料出版部　2002.8　1冊　30cm　(上坂氏顕彰会所蔵手写本　43)46800円　Ⓝ399.1
〔17061〕
◇士鑑用法直旨鈔　5、6分冊1　松宮観山著　観音寺　上坂氏顕彰会史料出版部　2002.8　1冊　30cm　(上坂氏顕彰会所蔵手写本　43)52800円　Ⓝ399.1
〔17062〕
◇士鑑用法直旨鈔　5、6分冊2　松宮観山著　観音寺　上坂氏顕彰会史料出版部　2002.8　1冊　30cm　(上坂氏顕彰会所蔵手写本　43)46800円　Ⓝ399.1
〔17063〕
◇士鑑用法直旨鈔　5、6分冊3　松宮観山著　観音寺　上坂氏顕彰会史料出版部　2002.8　1冊　30cm　(上坂氏顕彰会所蔵手写本　43)46800円　Ⓝ399.1
〔17064〕
◇士鑑用法直旨鈔　7、8分冊1　松宮観山著　観音寺　上坂氏顕彰会史料出版部　2002.8　1冊　30cm　(上坂氏顕彰会所蔵手写本　43)52800円　Ⓝ399.1
〔17065〕
◇士鑑用法直旨鈔　7、8分冊2　松宮観山著　観音寺　上坂氏顕彰会史料出版部　2002.8　1冊　30cm　(上坂氏顕彰会所蔵手写本　43)46800円　Ⓝ399.1
〔17066〕
◇士鑑用法直旨鈔　7、8分冊3　松宮観山著　観音寺　上坂氏顕彰会史料出版部　2002.8　1冊　30cm　(上坂氏顕彰会所蔵手写本　43)46800円　Ⓝ399.1
〔17067〕
◇士鑑用法直旨鈔　9、10分冊1　松宮観山著　観音寺　上坂氏顕彰会史料出版部　2002.8　1冊　30cm　(上坂氏顕彰会所蔵手写本　43)52800円　Ⓝ399.1
〔17068〕
◇士鑑用法直旨鈔　9、10分冊2　松宮観山著　観音寺　上坂氏顕彰会史料出版部　2002.8　1冊　30cm　(上坂氏顕彰会所蔵手写本　43)46800円　Ⓝ399.1
〔17069〕
◇士鑑用法直旨鈔　9、10分冊3　松宮観山著　観音寺　上坂氏顕彰会史料出版部　2002.8　1冊　30cm　(上坂氏顕彰会所蔵手写本　43)46800円　Ⓝ399.1
〔17070〕
◇士鑑用法直旨鈔　11、12分冊1　松宮観山著　観音寺　上坂氏顕彰会史料出版部　2002.8　1冊　30cm　(上坂氏顕彰会所蔵手写本　43)52800円　Ⓝ399.1
〔17071〕
◇士鑑用法直旨鈔　11、12分冊2　松宮観山著　観音寺　上坂氏顕彰会史料出版部　2002.8　1冊　30cm　(上坂氏顕彰会所蔵手写本　43)46800円　Ⓝ399.1
〔17072〕
◇士鑑用法直旨鈔　11、12分冊3　松宮観山著　観音寺　上坂氏顕彰会史料出版部　2002.8　1冊　30cm　(上坂氏顕彰会所蔵手写本　43)46800円　Ⓝ399.1
〔17073〕
◇士鑑用法直旨鈔　13、14分冊1　松宮観山著　観音寺　上坂氏顕彰会史料出版部　2002.8　1冊　30cm　(上坂氏顕彰会所蔵手写本　43)52800円　Ⓝ399.1
〔17074〕
◇士鑑用法直旨鈔　13、14分冊2　松宮観山著　観音寺　上坂氏顕彰会史料出版部　2002.8　1冊　30cm　(上坂氏顕彰会所蔵手写本　43)46800円　Ⓝ399.1
〔17075〕
◇士鑑用法直旨鈔　13、14分冊3　松宮観山著　観音寺　上坂氏顕彰会史料出版部　2002.8　1冊　30cm　(上坂氏顕彰会所蔵手写本　43)46800円　Ⓝ399.1
〔17076〕
◇士鑑用法直旨鈔　15、16分冊1　松宮観山著　観音寺　上坂氏顕彰会史料出版部　2002.8　1冊　30cm　(上坂氏顕彰会所蔵手写本　43)52800円　Ⓝ399.1
〔17077〕
◇士鑑用法直旨鈔　15、16分冊2　松宮観山著　観音寺　上坂氏顕彰会史料出版部　2002.8　1冊　30cm　(上坂氏顕彰会所蔵手写本　43)52800円　Ⓝ399.1
〔17078〕
◇士鑑用法直旨鈔　15、16分冊3　松宮観山著　観音寺　上坂氏顕彰会史料出版部　2002.8　1冊　30cm　(上坂氏顕彰会所蔵手写本　43)46800円　Ⓝ399.1
〔17079〕
◇士鑑用法直旨鈔　17、18分冊1　松宮観山著　観音寺　上坂氏顕彰会史料出版部　2002.8　1冊　30cm　(上坂氏顕彰会所蔵手写本　43)52800円　Ⓝ399.1
〔17080〕
◇士鑑用法直旨鈔　17、18分冊2　松宮観山著　観音寺　上坂氏顕彰会史料出版部　2002.8　1冊　30cm　(上坂氏顕彰会所蔵手写本　43)46800円　Ⓝ399.1
〔17081〕
◇士鑑用法直旨鈔　17、18分冊3　松宮観山著　観音寺　上坂氏顕彰会史料出版部　2002.8　1冊　30cm　(上坂氏顕彰会所蔵手写本　43)46800円　Ⓝ399.1
〔17082〕
◇士鑑用法直旨鈔　19、20分冊1　松宮観山著　観音寺　上坂氏顕彰会史料出版部　2002.8　1冊　30cm　(上坂氏顕彰会所蔵手写本　43)46800円　Ⓝ399.1
〔17083〕
◇士鑑用法直旨鈔　19、20分冊2　松宮観山著　観音寺　上坂氏顕彰会史料出版部　2002.8　1冊　30cm　(上坂氏顕彰会所蔵手写本　43)46800円　Ⓝ399.1
〔17084〕
◇士鑑用法直旨鈔　19、20分冊3　松宮観山著　観音寺　上坂氏顕彰会史料出版部　2002.8　1冊　30cm　(上坂

氏顕彰会所蔵手写本 43）46800円 Ⓝ399.1
〔17085〕
◇幕末兵制改革史　大糸年夫著　白揚社　1939　274p
18cm　（日本歴史文庫）Ⓝ210.5
〔17086〕

文化史

◇板坂元の江戸再発見　板坂元著　読売新聞社　1987.7
272p　19cm　1200円　Ⓘ4-643-87060-5　Ⓝ210.5
〔17087〕
◇内なる江戸―近世再考　中野三敏著　弓立社　1994.4
230p　21cm　（叢書日本再考）2600円　Ⓘ4-89667-463-4
Ⓝ210.5
〔17088〕
◇江戸老いの文化　立川昭二著　筑摩書房　1996.6　281p
20cm　1800円　Ⓘ4-480-81801-4　Ⓝ210.5
〔17089〕
◇江戸芸術論　永井荷風著　岩波書店　2000.1　196p
15cm　（岩波文庫）500円　Ⓘ4-00-310427-7　Ⓝ914.6
〔17090〕
◇江戸後期の比較文化研究　源了円編　ぺりかん社
1990.1　534p　22cm　6880円　Ⓝ210.55
〔17091〕
◇江戸事情―ヴィジュアル百科　第4巻　文化編　NHK
データ情報部編　雄山閣出版　1992.10　263p　27cm
3800円　Ⓘ4-639-01114-8　Ⓝ210.5
〔17092〕
◇江戸時代文化史叢書　第1　江戸時代之音楽　田辺尚雄
著　近世日本文化史研究会　1928　306p　19cm
Ⓝ210.5
〔17093〕
◇江戸情報文化史研究　芳賀登著　皓星社　1996.5　320p
22cm　2575円　Ⓘ4-905980-73-9　Ⓝ210.5　〔17094〕
◇江戸諸国百物語―諸国怪談奇談集成　西日本編　人文社
2005.11　160p　26cm　（ものしりシリーズ）1900円
Ⓘ4-7959-1956-9　Ⓝ388.1
〔17095〕
◇江戸人とユートピア　日野龍夫著　岩波書店　2004.5
253p　15cm　（岩波現代文庫　学術）1000円
Ⓘ4-00-600121-5　Ⓝ210.5
〔17096〕
◇江戸東京伝説散歩　岡崎柾男著　青蛙房　2005.5　166p
19cm　1800円　Ⓘ4-7905-0445-X　Ⓝ291.361　〔17097〕
◇江戸に学ぶ「おとな」の粋　神崎宣武著　講談社　2003.
2　238p　20cm　（The new fifties）1600円
Ⓘ4-06-268307-5　Ⓝ210.5
〔17098〕
◇江戸の声―黒木文庫でみる音楽と演劇の世界　黒木文庫
特別展実行委員会著　ロバート・キャンベル編　東京
大学大学院総合文化研究科, 東京大学出版会〔発売〕
2006.6　294p　23×14cm　3800円　Ⓘ4-13-080206-2
〔17099〕
◇江戸の楽しさ、徳川の知慧　芳賀徹述　富山県民生涯
学習カレッジ編　富山　富山県教育委員会　1999.3
81p　19cm　（県民カレッジ叢書 76）Ⓝ210.5　〔17100〕
◇江戸の文化と民衆―展覧会解説目録　国立図書館, 朝日
新聞社共編　1948　80p　19cm　Ⓝ210.5　〔17101〕
◇江戸のユーモア　伊原勇一著　近代文芸社　1996.9
273p　22cm　2800円　Ⓘ4-7733-5780-0　Ⓝ210.5
〔17102〕
◇江戸文化をよむ　倉地克直著　吉川弘文館　2006.6
10,310,14p　19cm　2800円　Ⓘ4-642-07958-0
〔17103〕
◇江戸文化誌　西山松之助著　岩波書店　2006.10　268p
15cm　（岩波現代文庫　学術）1200円　Ⓘ4-00-600165-7
Ⓝ213.6
〔17104〕
◇江戸文化とサブカルチャー　渡辺憲司著　至文堂
2005.1　292p　21cm　（「国文学解釈と鑑賞」別冊）2476
円　Ⓝ210.5
〔17105〕

◇江戸文化のはじまり―解説目録 平成11年度東北大学附
属図書館所蔵貴重資料展　東北大学附属図書館編　仙台
東北大学附属図書館　1999.10　14p　30cm　Ⓝ210.52
〔17106〕
◇江戸文化の変容―十八世紀日本の経験　百川敬仁ほか著
平凡社　1994.6　285p　20cm　2900円
Ⓘ4-582-46807-1　Ⓝ210.55
〔17107〕
◇江戸文化の明暗　明治大学人文科学研究所編　明治大学
人文科学研究所　2001.3　227p　18cm　（明治大学公開
文化講座 20）762円　Ⓘ4-7599-1269-X　Ⓝ210.5
〔17108〕
◇江戸文化評判記―雅俗融和の世界　中野三敏著　中央公
論社　1992.10　201p　18cm　（中公新書）600円
Ⓘ4-12-101099-X　Ⓝ210.5
〔17109〕
◇江戸文化歴史クイズ―検定にもバッチリ　黒瀬巌, 山野
井亮監修　主婦の友社　2007.4　96p　26cm　950円
Ⓘ978-4-07-255154-7　Ⓝ210.5
〔17110〕
◇江戸文化歴史検定公式テキスト 上級編 江戸博覧強記
江戸文化歴史検定協会編　小学館　2007.6　406p
21cm　2400円　Ⓘ978-4-09-626602-1
〔17111〕
◇黄檗文化　林雪光編　宇治　万福寺　1972.3　150p
30cm　Ⓝ702.17
〔17112〕
◇大江戸観光　杉浦日向子著　筑摩書房　1994.12　262p
15cm　（ちくま文庫）520円　Ⓘ4-480-02929-X　Ⓝ702.
15
〔17113〕
◇大江戸の文化　西山松之助著　日本放送出版協会
1981.5　241p　19cm　（新NHK市民大学叢書 9）900円
Ⓝ210.5
〔17114〕
◇大江戸番付事情　石川英輔著　講談社　2004.10　387p
15cm　（講談社文庫）648円　Ⓘ4-06-274898-3　Ⓝ210.5
〔17115〕
◇寛政期の前後における江戸文化の研究　服部幸雄編　千
葉　千葉大学大学院社会文化科学研究科　2000.3　112p
30cm　（千葉大学大学院社会文化科学研究科研究プロ
ジェクト報告書）Ⓝ210.55
〔17116〕
◇近世畸人伝　伴蒿蹊著　中野三敏校注　中央公論新社
2005.5　344p　18cm　（中公クラシックス）1450円
Ⓘ4-12-160078-9
〔17117〕
◇近世史の研究　第3冊　文化論.生活論.学問論.史学論
伊東多三郎著　吉川弘文館　1983.6　494p　22cm
7800円　Ⓝ210.5
〔17118〕
◇近世伝統文化論　林屋辰三郎著　大阪　創元社　1974
304,18p　22cm　2800円　Ⓝ210.5
〔17119〕
◇近世日本の文化と社会　大石慎三郎編　雄山閣出版
1995.9　334p　22cm　10300円　Ⓘ4-639-01315-9
Ⓝ210.5
〔17120〕
◇近世の庶民文化　上田市誌編さん委員会編　上田　上田
市　2004.3　194p　26cm　（上田市誌 歴史編
10）Ⓝ291.52
〔17121〕
◇近世の庶民文化―付「京都・堺・博多」　高尾一彦著
岩波書店　2006.12　396,7p　15cm　（岩波現代文庫 学
術）1300円　Ⓘ4-00-600167-3　Ⓝ210.5　〔17122〕
◇近世の地域支配と文化　藤井一二編　岩田書院　2005.
10　169p　21cm　2600円　Ⓘ4-87294-401-1　Ⓝ210.5
〔17123〕
◇近世の地域と在村文化―技術と商品と風雅の交流　杉仁
著　吉川弘文館　2001.2　372,10p　22cm　8800円
Ⓘ4-642-03364-5　Ⓝ210.5
〔17124〕
◇近世の地方文化　愛知大学綜合郷土研究所編　名著出版
1991.2　182p　21cm　2000円　Ⓘ4-626-01398-8
Ⓝ210.5
〔17125〕

◇近世文化の形成と伝統　芳賀幸四郎著　河出書房　1948　285p　22cm　Ⓝa210　〔17126〕

◇元禄文化―遊芸・悪所・芝居　守屋毅著　弘文堂　1987.6　202p　18cm　（シリーズ・にっぽん草子）1200円　Ⓘ4-335-25042-8　Ⓝ210.55　〔17127〕

◇ジャパンクールと江戸文化　奥野卓司著　岩波書店　2007.6　229p　20cm　2200円　Ⓘ978-4-00-023438-2　Ⓝ210.5　〔17128〕

◇十八世紀江戸の文化―解説目録　東北大学附属図書館編　仙台　東北大学附属図書館　2000.11　20p　30cm　Ⓝ210.55　〔17129〕

◇上洛―政治と文化　森谷尅久著　角川書店　1979.5　221p　21cm　（季刊論叢日本文化 11）1900円　Ⓝ210.5　〔17130〕

◇諸大名の学術と文芸の研究　福井久蔵著　原書房　1976　2冊　22cm　（明治百年史叢書）各4300円　Ⓝ210.5　〔17131〕

◇新・梅干と日本刀 江戸・東京編―強靱で、しなやかな日本文化のルーツ　樋口清之,奈良守康著　祥伝社　2000.4　232p　18cm　（ノン・ブック）838円　Ⓘ4-396-10411-1　〔17132〕

◇図説 日本文化史大系　第9　江戸時代 上　図説日本文化史大系編集事務局編　麻生磯次等著、岡田章雄編　改訂新版　小学館　1967　431p（おもに図版）　27cm　Ⓝ210.1　〔17133〕

◇図説 日本文化史大系　第10　江戸時代 下　図説日本文化史大系編集事務局編　麻生磯次等著,伊東多三郎,新家君子編　改訂新版　小学館　1967　435p（おもに図版）　27cm　Ⓝ210.1　〔17134〕

◇図説 日本文化史大系　第9-10巻　江戸時代 上下　図説日本文化史大系編集事務局編　伊藤多三郎等　小学館　1956-1958　27cm　Ⓝ210.1　〔17135〕

◇図説日本文化の歴史　10　林英夫編　小学館　1980.12　251p　28cm　3500円　Ⓝ210.1　〔17136〕

◇図説 日本歴史　第5巻　封建文化の形成〔ほか〕　桑田忠親　中央公論社　1960　199p　27cm　Ⓝ210.1　〔17137〕

◇西洋文化受容の史的研究　佐藤直助著　東京堂出版　1968　318p　22cm　Ⓝ210.5　〔17138〕

◇大名と町衆の文化―江戸時代　中村修也監修　京都　淡交社　2007.4　111p　21cm　（よくわかる伝統文化の歴史 4）1600円　Ⓘ978-4-473-03346-8　Ⓝ210.5　〔17139〕

◇天下太平に生きる―江戸のはみだし者　杉浦明平著　筑摩書房　1984.11　234p　20cm　1400円　Ⓝ210.5　〔17140〕

◇都会と田舎―日本文化外史　塚本学著　平凡社　1991.4　285p　20cm　（平凡社選書 137）2369円　Ⓘ4-582-84137-6　Ⓝ210.5　〔17141〕

◇徳川時代の芸術と社会　阿部次郎著　改造社　1948　407p　22cm　Ⓝ702.15　〔17142〕

◇徳川時代の芸術と社会　阿部次郎著　角川書店　1971　415p　19cm　（角川選書）Ⓝ702.15　〔17143〕

◇西山松之助著作集　第3巻　江戸の生活文化　吉川弘文館　1983.4　494,10p　22cm　7200円　Ⓝ702.15　〔17144〕

◇西山松之助著作集　第4巻　近世文化の研究　吉川弘文館　1983.10　496,9p　22cm　7200円　Ⓝ702.15　〔17145〕

◇西山松之助著作集　第5巻　近世風俗と社会　吉川弘文館　1985.3　564,11p　22cm　7800円　Ⓘ4-642-03245-2　Ⓝ702.15　〔17146〕

◇西山松之助著作集　第6巻　芸道と伝統　吉川弘文館　1984.6　519,9p　22cm　7600円　Ⓘ4-642-03246-0　Ⓝ702.15　〔17147〕

◇西山松之助著作集　第8巻　花と日本文化　吉川弘文館　1985.6　564,10p　22cm　7800円　Ⓘ4-642-03248-7　Ⓝ702.15　〔17148〕

◇日本近世国家の権威と儀礼　大友一雄著　吉川弘文館　1999.12　360,9p　22cm　6600円　Ⓘ4-642-03355-6　Ⓝ210.5　〔17149〕

◇日本近世の思想と文化　奈良本辰也著　岩波書店　1978.1　6,444p　19cm　2200円　Ⓝ210.5　〔17150〕

◇日本史論聚　5　伝統の形成　林屋辰三郎著　岩波書店　1988.5　380p　22cm　4800円　Ⓘ4-00-003485-5　Ⓝ210.1　〔17151〕

◇日本の近世―地域と文化　紙屋敦之ほか著　松戸　梓出版社　1995.4　277p　19cm　2678円　Ⓘ4-87262-101-8　Ⓝ210.5　〔17152〕

◇日本の近世　第14巻　文化の大衆化　辻達也,朝尾直弘編　竹内誠編　中央公論社　1993.9　366p 図版32p　21cm　2800円　Ⓘ4-12-403034-7　Ⓝ210.5　〔17153〕

◇日本の歴史　7　近世 1　元禄文化―芭蕉・西鶴・光琳・白石　新訂増補　朝日新聞社　2005.1　320p　30cm　（朝日百科）Ⓘ4-02-380017-1　Ⓝ210.5　〔17154〕

◇日本文化史　第5巻　江戸時代 上　辻善之助　春秋社　1950-1952　22cm　Ⓝ210.1　〔17155〕

◇日本文化史　第5巻　江戸時代　辻善之助著　新装保存版　春秋社　1960　387,70p　22cm　Ⓝ210.1　〔17156〕

◇日本文化史　第5巻　江戸時代　上　辻善之助著　春秋社　1970　378,70p　22cm　1000円　Ⓝ210.1　〔17157〕

◇日本文化史　第6巻　江戸時代 下　辻善之助著　春秋社　1950-1952　22cm　Ⓝ210.1　〔17158〕

◇日本文化史　第6巻　江戸時代　辻善之助著　新装保存版　春秋社　1960　339,90p　22cm　Ⓝ210.1　〔17159〕

◇日本文化史　第6　江戸時代 上　原田伴彦編　筑摩書房　1965　268p（おもに図版）　はりこ　36cm　Ⓝ708　〔17160〕

◇日本文化史　第6巻　江戸時代 下　辻善之助著　春秋社　1970　339,90p　22cm　1000円　Ⓝ210.1　〔17161〕

◇日本文化史　第7　江戸時代 下　奈良本辰也編　筑摩書房　1965　258p（おもに図版）はり込み　36cm　Ⓝ708　〔17162〕

◇日本文化史　第10巻　江戸時代前期　白沢清人著　大鐙閣　1922　300p　19cm　Ⓝ210.1　〔17163〕

◇日本文化史　第11巻　江戸時代後期　清原貞雄著　大鐙閣　1922　308p　19cm　Ⓝ210.1　〔17164〕

◇日本文化史　別録 第3巻　辻善之助著　春秋社　1970　323p　22cm　1000円　Ⓝ210.1　〔17165〕

◇日本文化史　別録 第4巻　辻善之助著　春秋社　1970　322p　22cm　1000円　Ⓝ210.1　〔17166〕

◇日本文化史講座　第5　近世文化の形成―〈17-19世紀を中心に〉　肥後和男,大森志郎編　明治書院　1959　309p　19cm　Ⓝ210.1　〔17167〕

◇日本ルネッサンス史論　福本和夫著　横浜　東西書房　1967　828p　22cm　Ⓝ210.5　〔17168〕

◇日本ルネッサンス史論―1661年より1850年に至る日本ルネッサンスの比較・綜合研究 総論編　福本和夫著　法政大学出版局　1985.7　828p　22cm　15000円　Ⓝ210.5　〔17169〕

◇日本ルネッサンス史論の補足・総括編　福本和夫著　岸和田　和田一雄　1976.12　262p　22cm　3000円

文化史　　　　　　　　　　　　　　近世史

　Ⓝ210.5　　　　　　　　　　　　　〔17170〕
◇ノマド（新遊牧騎馬民族）の時代―情報化社会のライフ
　スタイル　黒川紀章著　徳間書店　1989.6　253p
　20cm　1400円　①4-19-143962-6　Ⓝ210.5
　　　　　　　　　　　　　　　　　　〔17171〕
◇爆笑！大江戸ジョーク集　笛吹明生著　中央公論新社
　2007.11　272p　18×11cm　（中公新書ラクレ）760円
　①978-4-12-150261-2　　　　　　　　〔17172〕
◇幕末維新期の文化と情報　宮地正人著　名著刊行会
　1994.3　262p　20cm　（歴史学叢書）2700円
　①4-8390-0286-X　Ⓝ210.58　　　　　〔17173〕
◇花と日本人―近世美術工芸にみる花の意匠　第115回特別
　展　大阪　大阪市立博物館　1990　79p　26cm　Ⓝ702.
　15　　　　　　　　　　　　　　　　〔17174〕
◇花の大江戸と異国の影―解説目録　東北大学附属図書館
　編　仙台　東北大学附属図書館　2001.11　12p　30cm
　Ⓝ210.58　　　　　　　　　　　　　〔17175〕
◇美と礼節の絆―日本における交際文化の政治的起源　池
　上英子著　NTT出版　2005.6　538p　22cm　4200円
　①4-7571-4116-5　Ⓝ210.5　　　　　　〔17176〕
◇文化文政期の民衆と文化　青木美智男著　文化書房博文
　社　1985.3　276p　19cm　1800円　Ⓝ210.55　〔17177〕
◇三田村鳶魚全集　第20巻　中央公論社　1977.3　432p
　20cm　1800円　Ⓝ210.5　　　　　　　〔17178〕
◇民衆文化とつくられたヒーローたち―アウトローの幕末
　維新史　国立歴史民俗博物館開館20周年記念展示　国立
　歴史民俗博物館編　佐倉　国立歴史民俗博物館　2004.3
　183p　30cm　Ⓝ368.51　　　　　　　〔17179〕
◇横笛と大首絵―近世の文化・芸能をめぐって　高尾一彦
　著　法政大学出版局　1989.7　327p　22cm　2884円
　①4-588-31201-4　Ⓝ702.15　　　　　　〔17180〕
◇落語の博物誌―江戸の文化を読む　岩崎均史著　吉川弘
　文館　2004.2　184p　19cm　（歴史文化ライブラ
　リー）1700円　①4-642-05571-1　　　　〔17181〕
◇黎明の鐘―大阪府立岸和田高等学校所蔵歴史・美術資料
　展　春季特別展　大阪府立岸和田高等学校，岸和田市立郷
　土資料館編　岸和田　大阪府立岸和田高等学校　2005.2
　38p　30cm　Ⓝ210.5　　　　　　　　〔17182〕
◇歴史は語らず事実をして語らしむ―考証・江戸の文化と
　人間模様　稲垣史生著　京都　PHP研究所　1979.3
　253p　19cm　880円　Ⓝ210.5　　　　　〔17183〕

◆文化史（近世前期）
◇江戸の「闇」を読む　浅野宏著　NTT出版　1999.3
　190p　19cm　1700円　①4-7571-4001-0　Ⓝ210.5
　　　　　　　　　　　　　　　　　　〔17184〕
◇大江戸の栄華　田村栄太郎著　雄山閣　2003.12　260p
　19cm　（江戸時代選書 11）2000円　①4-639-01810-X
　　　　　　　　　　　　　　　　　　〔17185〕
◇大坂町人学者たちからの伝言　柳田昭著　大阪　澪標
　2000.8　250p　19cm　1600円　①4-944164-49-1
　　　　　　　　　　　　　　　　　　〔17186〕
◇近世の庶民文化　高尾一彦著　岩波書店　1997.5
　345,7p　16cm　（同時代ライブラリー）1200円
　①4-00-260303-2　Ⓝ210.5　　　　　　〔17187〕
◇講座日本文化史　第4巻　応仁-元禄　日本史研究会編
　林屋辰三郎等著　三一書房　1962　308p　20cm
　Ⓝ210.1　　　　　　　　　　　　　　〔17188〕
◇講座日本文化史　第4巻　応仁-元禄　日本史研究会編
　三一書房　1971　308p　20cm　850円　Ⓝ210.1
　　　　　　　　　　　　　　　　　　〔17189〕
◇週刊ビジュアル日本の歴史　no.37　江戸の行革　7　デ

アゴスティーニ・ジャパン　2000.10　p254-293　30cm
　533円　Ⓝ210.1　　　　　　　　　　　〔17190〕
◇調べ学習日本の歴史―江戸時代の町人のくらしと文化
　14　町人の研究　大石学監修　ポプラ社　2001.4　47p
　30cm　3000円　①4-591-06741-6　　　　〔17191〕
◇町人の研究―江戸時代の町人のくらしと文化　大石学監
　修　ポプラ社　2001.4　47p　29cm　（調べ学習日本の
　歴史 14）3000円　①4-591-06741-6,4-591-99371-X
　　　　　　　　　　　　　　　　　　〔17192〕

◆文化史（近世中期）
◇浮世絵、書物、草双紙版元「藤岡屋」のはなし　水野皖
　司編著　清瀬　〔水野皖司〕　1996.8　72p　22cm　非
　売品　Ⓝ023.1　　　　　　　　　　　〔17193〕
◇江戸時代名家自筆本展―国立公文書館内閣文庫所蔵資料
　展　国立公文書館　1995　38p　21cm　Ⓝ026.2
　　　　　　　　　　　　　　　　　　〔17194〕
◇江戸の風刺画　南和男著　吉川弘文館　1997.8　200p
　19cm　（歴史文化ライブラリー 22）1700円
　①4-642-05422-7　Ⓝ210.5　　　　　　〔17195〕
◇講座日本文化史　第5巻　元禄-天明　日本史研究会編
　奈良本辰也等　三一書房　1963　308p　20cm　Ⓝ210.1
　　　　　　　　　　　　　　　　　　〔17196〕
◇講座日本文化史　第5巻　元禄-天明　日本史研究会編
　三一書房　1971　308p　20cm　850円　Ⓝ210.1
　　　　　　　　　　　　　　　　　　〔17197〕
◇週刊ビジュアル日本の歴史　no.41　徳川幕府の衰退　1
　デアゴスティーニ・ジャパン　2000.11　41p　30cm
　533円　Ⓝ210.1　　　　　　　　　　　〔17198〕
◇和漢名著解題選　第7巻　選択古書解題　水谷弓彦著
　ゆまに書房　1996.6　578,8p　22cm　（書誌書目シリー
　ズ 41）13000円　①4-89714-044-7　Ⓝ028　〔17199〕

◆文化史（近世後期）
◇江戸イラスト事典　渋川育由編著　河出書房新社
　1992.8　199p　21cm　1500円　①4-309-26173-6
　Ⓝ727　　　　　　　　　　　　　　　〔17200〕
◇江戸伝統文様事典　林二朗著　河出書房新社　1998.5
　127p　21cm　1600円　①4-309-26341-0　Ⓝ727
　　　　　　　　　　　　　　　　　　〔17201〕
◇江戸のデザイン展―初公開印籠・根付コレクション　静
　嘉堂文庫美術館編　静嘉堂文庫美術館　2000.9　130p
　26cm　Ⓝ755.4　　　　　　　　　　　〔17202〕
◇江戸文字三千字　佐山英雄著　柏美術出版　1994.9
　263p　26cm　3500円　①4-906443-59-1　Ⓝ727.8
　　　　　　　　　　　　　　　　　　〔17203〕
◇江戸文字三千字　佐山英雄著　柏書房　1996.4　263p
　26cm　3500円　①4-7601-1279-0　Ⓝ727.8　〔17204〕
◇化政・天保の文人　杉浦明平著　日本放送出版協会
　1977.4　194p　19cm　（NHKブックス）600円　Ⓝ210.
　57　　　　　　　　　　　　　　　　〔17205〕
◇化政文化の研究―京都大学人文科学研究所報告　林屋辰
　三郎編　岩波書店　1976　495,54p　22cm　3000円
　Ⓝ210.57　　　　　　　　　　　　　　〔17206〕
◇講座日本文化史　第6巻　寛政-明治初期　日本史研究会
　編　前田一良等　三一書房　1963　281p　20cm
　Ⓝ210.1　　　　　　　　　　　　　　〔17207〕
◇講座日本文化史　第6巻　寛政-明治初期　日本史研究会
　編　三一書房　1971　281p　20cm　850円　Ⓝ210.1
　　　　　　　　　　　　　　　　　　〔17208〕
◇幕末文化の研究―京都大学人文科学研究所報告　林屋辰

三郎編　岩波書店　1978.2　511,46p　22cm　3500円
Ⓝ210.58
〔17209〕
◇両洋の眼—幕末明治の文化接触　吉田光邦著　朝日新聞社　1978.9　216p　19cm　（朝日選書 117）640円
Ⓝ210.59
〔17210〕

◆町人文化
◇江戸っ子と江戸文化　西山松之助著　小学館　1982.7　228p　19cm　（小学館創造選書 46）880円　Ⓝ210.5
〔17211〕
◇江戸の好奇心—美術と科学の出会い　内山淳一著　講談社　1996.7　245p　22cm　3200円　④4-06-207600-4　Ⓝ702.15
〔17212〕
◇江戸の町人学者　田中政治著　名古屋　ブイツーソリューション，星雲社〔発売〕　2008.1　207p　19cm　1500円　①978-4-434-11425-0
〔17213〕
◇江戸の町人文学　重友毅著　日本放送出版協会　1940　236p　18cm　（ラヂオ新書 第28）Ⓝ910.25
〔17214〕
◇江戸ばなし　第6巻　吉原に就ての話，町人と娯楽　三田村鳶魚著　限定版　青蛙房　1966　329,269p　20cm　Ⓝ210.5
〔17215〕
◇思えば江戸は—考証・江戸情緒と庶民文化　稲垣史生著　大和書房　1988.8　232p　20cm　1700円　①4-479-70022-6　Ⓝ210.5
〔17216〕
◇周五郎の江戸　町人の江戸　竹添敦子著　角川春樹事務所　2007.9　219p　15cm　（時代小説文庫）640円　①978-4-7584-3309-9
〔17217〕
◇城下町金沢の人々—前田利家没後400年　よみがえる江戸時代のくらし　石川県立歴史博物館編　金沢　石川県立歴史博物館　1999.10　192p　30cm　Ⓝ702.15
〔17218〕
◇庶民の文化—江戸文化と歴史への道標　田中伸著　富士書院　1967　243p　18cm　（富士新書）Ⓝ910.25
〔17219〕
◇図説 日本歴史　第6巻　町人文化の生成　渡辺一郎編　中央公論社　1961　215p　27cm　Ⓝ210.1　〔17220〕
◇大名と町衆の文化—江戸時代　中村修也監修　京都　淡交社　2007.4　111p　21cm　（よくわかる伝統文化の歴史 4）1600円　①978-4-473-03346-8　Ⓝ210.5　〔17221〕
◇町人文化—元禄・文化・文政時代の文化について　石田一良著　至文堂　1961　227p　19cm　（日本歴史新書）Ⓝ210.5
〔17222〕
◇町人文化の開花　板坂元著　講談社　1975　234p　18cm　（講談社現代新書）390円　Ⓝ910.25
〔17223〕
◇町人文化百科論集　第1巻　江戸のあそび　芳賀登編　柏書房　1981.4　270p　22cm　2800円　Ⓝ210.5
〔17224〕
◇町人文化百科論集　第2巻　江戸のくらし　芳賀登編　柏書房　1981.4　287p　22cm　2800円　Ⓝ210.5
〔17225〕
◇町人文化百科論集　第3巻　江戸のうつりかわり　芳賀登編　柏書房　1981.4　270p　22cm　2800円　Ⓝ210.5
〔17226〕
◇町人文化百科論集　第4巻　浪花のなりわい　原田伴彦編　柏書房　1981.7　12,235p　22cm　2800円　Ⓝ210.5
〔17227〕
◇町人文化百科論集　第6巻　京のくらし　原田伴彦編　柏書房　1981.9　12,230p　22cm　2800円　Ⓝ210.5
〔17228〕
◇町人文化百科論集　第7巻　京のみやび　原田伴彦編　柏書房　1981.9　11,222p　22cm　2800円　Ⓝ210.5

◇民衆文化とつくられたヒーローたち—アウトローの幕末維新史　国立歴史民俗博物館開館20周年記念展示　国立歴史民俗博物館編　佐倉　国立歴史民俗博物館　2004.3　183p　30cm　Ⓝ368.51
〔17230〕

◆出版史
◇江戸絵から書物まで　朝野蝸牛編　朝野文三郎　1934　66p　19cm　Ⓝ023
〔17231〕
◇江戸時代紀州出版者・出版物図版集覧　高市績編　和歌山　若山青霞堂　1998.1　2冊　28cm　Ⓝ025.9
〔17232〕
◇江戸時代紀州出版者・出版物図版集覧　補遺　高市績編　和歌山　若山青霞堂　2002.1　p211-242　28cm　Ⓝ025.9
〔17233〕
◇江戸時代の印刷文化—家康は活字人間だった!!—印刷博物館開館特別企画展図録　印刷博物館学芸企画室，凸版印刷株式会社エデュトリアル研究室編　印刷博物館　2000.10　206,64p　26cm　Ⓝ022.7
〔17234〕
◇江戸時代の図書流通　長友千代治著　京都　仏教大学通信教育部　2002.10　310,5p　20cm　（仏教大学鷹陵文化叢書 7）2200円　④4-7842-1119-5　Ⓝ024.1　〔17235〕
◇江戸書籍商史　上里春生著　名著刊行会　1976.4　224p　22cm　Ⓝ024.1
〔17236〕
◇江戸の出版　中野三敏監修　ぺりかん社　2005.11　382p　21cm　3800円　④4-8315-1120-X
〔17237〕
◇江戸の出版事情　内田啓一著　花林舎編　京都　青幻舎　2007.3　119p　24cm　（大江戸カルチャーブックス）1800円　①978-4-86152-101-0　Ⓝ023.1　〔17238〕
◇江戸文学と出版メディア—近世前期小説を中心に　冨士昭雄ほか著　笠間書院　2001.10　399,19p　22cm　8500円　④4-305-70237-1　Ⓝ913.5
〔17239〕
◇延寿寺の歴史と美術—彦根の寺社　彦根城博物館編　彦根　彦根市教育委員会　1994.6　24p　26cm　Ⓝ702.17
〔17240〕
◇黄檗—禅と芸術　特別展　岐阜市歴史博物館　岐阜　岐阜市歴史博物館　1992　135p　30cm　Ⓝ702.17
〔17241〕
◇尾張出版文化覚書　太田正弘著　瀬戸〔太田正弘〕　1981　1冊　21cm　Ⓝ023.155
〔17242〕
◇尾張出版文化史　太田正弘著　神戸　六甲出版　1995.3　200p　21cm　3980円　①4-947600-59-4　Ⓝ023.155
〔17243〕
◇寛永版目録　太田正弘編　岩田書院　2003.5　149p　21cm　3400円
〔17244〕
◇企画展江戸の出版文化—冴えわたる印刷の技と美　たばこと塩の博物館　1990　11p　26cm
〔17245〕
◇紀州若山江戸時代出版者出版物集覧　高市績編　和歌山　帯伊書店　1993.5　96,25p　26cm　Ⓝ025.9　〔17246〕
◇京都書肆変遷史—出版文化の源流　江戸時代（1600年）～昭和20（1945年）　京都書肆変遷史編纂委員会編　京都　京都府書店商業組合　1994.11　797p　27cm　25000円　④4-906523-01-3　Ⓝ024.162　〔17247〕
◇享保以後江戸出版書目　朝倉治彦，大和博幸編　新訂版　京都　臨川書店　1993.12　612p　22cm　16000円　④4-653-02594-0　Ⓝ025.1
〔17248〕
◇近世印刷文化史考　島屋政一編　大阪　大阪出版社　1938　308p　26cm　Ⓝ749
〔17249〕
◇近世上方作家・書肆研究　長友千代治著　東京堂出版　1994.8　383,11p　22cm　7500円　①4-490-20237-7　Ⓝ023.1
〔17250〕

文化史　　　　　　　　　　　近世史

◇近世紀州出版者出版物目録　1　綛田屋平右衛門（青藜堂）編　高市績編　和歌山　若山青霞堂 1998.11 62p 27cm　Ⓝ025.166　〔17251〕
◇近世紀州出版者出版物目録　2　帯屋伊兵衛（青霞堂）編　高市績編　和歌山　若山青霞堂 1998.12 77p 27cm　Ⓝ025.166　〔17252〕
◇近世紀州出版者出版物目録　3　坂本屋喜一郎（世々堂）編　高市績編　和歌山　若山青霞堂 1998.11 82p 27cm　Ⓝ025.166　〔17253〕
◇近世紀州出版者出版物目録　4　坂本屋大二郎（眉寿堂）編　高市績編　和歌山　若山青霞堂 1998.12 54p 27cm　Ⓝ025.166　〔17254〕
◇近世紀州出版者出版物目録　5　坂本屋源兵衛（万寿堂）編　高市績編　和歌山　若山青霞堂 1998.11 15p 27cm　Ⓝ025.166　〔17255〕
◇近世京都出版文化の研究　宗政五十緒著　京都　同朋舎出版 1982.12 454p 22cm 9000円　Ⓘ4-8104-0312-2　Ⓝ023.1　〔17256〕
◇近世出版文化史における〈雑書〉の研究　2004-2005年度　高木元編　千葉　千葉大学大学院社会文化科学研究科 2006.3 108p 30cm　（社会文化科学研究科研究プロジェクト報告書 第133集）Ⓝ023.1　〔17257〕
◇近世出版法の研究　中村喜代三著　日本学術振興会　丸善（発売） 1972 172p 22cm 1300円　Ⓝ023.8　〔17258〕
◇近世書林板元総覧　井上隆明著　武蔵村山　青裳堂書店 1981.1 780p 図版16枚 22cm　（日本書誌学大系 14）22000円　Ⓝ023.1　〔17259〕
◇近世地方出版の研究　朝倉治彦,大和博幸編　東京堂出版 1993.5 293p 22cm 5800円　Ⓘ4-490-20206-7　Ⓝ023.1　〔17260〕
◇近世の文化と活字本―きりしたん版・伏見版・嵯峨本…天理ギャラリー第122回展　天理大学附属天理図書館編　天理ギャラリー 2004.5 32p 26cm　〔17261〕
◇近世常陸の出版　秋山高志著　武蔵村山　青裳堂書店 1999.4 255p 22cm　（日本書誌学大系 83）15000円　Ⓝ023.131　〔17262〕
◇出版事始―江戸の本　諏訪春雄著　毎日新聞社 1978.1 222p 20cm　（江戸シリーズ 11）980円　Ⓝ023.1　〔17263〕
◇書肆・須原屋茂兵衛―江戸期最大の出版業者の盛衰　登芳久著　さいたま　雄文社出版企画室 2004.9 75p 21cm 1500円　Ⓘ4-89693-101-7　Ⓝ023.1　〔17264〕
◇青霞堂板木目録―江戸時代紀州若山　高市績編　和歌山　帯伊書店 1993.7 1冊 26cm　Ⓝ023.166　〔17265〕
◇草稿とテキスト―テキスト・出版・流通　近世から近代へ　報告集3　大妻女子大学草稿・テキスト研究所 2006.9 70p 21cm 非売品　Ⓝ023.1　〔17266〕
◇徳川幕府時代書籍考―附 関係事項及出版史　牧野善兵衛著,弥吉光長解説　ゆまに書房 1976.12 237p 22cm　（書誌書目シリーズ 3）5200円　Ⓝ023.1　〔17267〕
◇名古屋の出版―江戸時代の本屋さん　名古屋市博物館編　名古屋　名古屋市博物館 1981.5 52p 26cm　Ⓝ023.155　〔17268〕
◇なにわ出版事情　大阪　大阪市立博物館 1989 80p 26cm　（展覧会目録 第110号）Ⓝ023.163　〔17269〕
◇日本の歴史　近世から近代へ 1 東海道中膝栗毛と四谷怪談　新訂増補　朝日新聞社 2003.12 32p 30cm　（週刊朝日百科 81）476円　Ⓝ210.1　〔17270〕
◇板木屋組合文書　北小路健校訂　日本エディタースクール出版部 1993.11 414p 22cm 19570円　Ⓘ4-88888-210-X　Ⓝ023.1　〔17271〕
◇版元の世界―江戸の出版仕掛人　pt.2　たばこと塩の博物館 1997 15p 26cm　Ⓝ023.1　〔17272〕
◇武鑑出版と近世社会　藤実久美子著　東洋書林 1999.9 325p 22cm 12000円　Ⓘ4-88721-348-4　Ⓝ023.1　〔17273〕
◇福岡県内黄檗寺院歴史資料調査報告書　1　平成4年度　福岡県立美術館編　福岡　福岡県立美術館 1993.3 32p 26cm　Ⓝ702.098　〔17274〕
◇未刊史料による日本出版文化　第1巻　出版の起源と京都の本屋　弥吉光長著　ゆまに書房 1988.4 527p 22cm　（書誌書目シリーズ 26）18000円　Ⓝ023.1　〔17275〕
◇未刊史料による日本出版文化　第2巻　大坂の本屋と唐本の輸入　弥吉光長著　ゆまに書房 1988.8 445,6p 22cm　（書誌書目シリーズ 26）16000円　Ⓘ4-89668-005-7　Ⓝ023.1　〔17276〕
◇未刊史料による日本出版文化　第3巻　江戸町奉行と本屋仲間　弥吉光長著　ゆまに書房 1988.12 554,4p 22cm　（書誌書目シリーズ 26）18000円　Ⓘ4-89668-006-5　Ⓝ023.1　〔17277〕
◇未刊史料による日本出版文化　第4巻　江戸出版史―文芸社会学的結論　弥吉光長著　ゆまに書房 1989.7 548,6p 22cm　（書誌書目シリーズ 26）18540円　Ⓘ4-89668-007-3　Ⓝ023.1　〔17278〕
◇未刊史料による日本出版文化　第7巻　京都出版史料補遺　弥吉光長著　ゆまに書房 1992.7 526p 22cm　（書誌書目シリーズ 26）18540円　Ⓘ4-89668-010-3　Ⓝ023.1　〔17279〕
◇未刊史料による日本出版文化　第8巻　幕末明治出版史料　弥吉光長著　ゆまに書房 1993.12 485,4p 22cm　（書誌書目シリーズ 26）18540円　Ⓘ4-89668-750-7　Ⓝ023.1　〔17280〕
◇弥吉光長著作集　第3巻　江戸時代の出版と人　日外アソシエーツ 1980.9 383p 22cm 4650円　Ⓘ4-8169-0026-8　Ⓝ010.8　〔17281〕
◇割印帳―東博本 影印版　第1巻　朝倉治彦監修　ゆまに書房 2007.8 624p 22cm　（書誌書目シリーズ 83）Ⓘ978-4-8433-2679-4　Ⓝ023.1　〔17282〕
◇割印帳―東博本 影印版　第2巻　朝倉治彦監修　ゆまに書房 2007.8 686p 22cm　（書誌書目シリーズ 83）Ⓘ978-4-8433-2679-4　Ⓝ023.1　〔17283〕
◇割印帳―東博本 影印版　第3巻　朝倉治彦監修　ゆまに書房 2007.8 610p 22cm　（書誌書目シリーズ 83）Ⓘ978-4-8433-2679-4　Ⓝ023.1　〔17284〕
◇割印帳―東博本 影印版　第4巻　朝倉治彦監修　ゆまに書房 2007.8 494p 22cm　（書誌書目シリーズ 83）Ⓘ978-4-8433-2679-4　Ⓝ023.1　〔17285〕
◇割印帳―東博本 影印版　第5巻　朝倉治彦監修　ゆまに書房 2007.8 276p 22cm　（書誌書目シリーズ 83）Ⓘ978-4-8433-2679-4　Ⓝ023.1　〔17286〕

◆◆読書・図書

◇江戸期子ども絵本の世界―朝日町町制50周年記念特別展　朝日町教育文化施設朝日町歴史博物館編　朝日町（三重県）　朝日町教育文化施設朝日町歴史博物館 2004.10 54p 30cm　Ⓝ026.7　〔17287〕
◇江戸時代の古版本　奥野彦六著　東洋堂 1944 310p 22cm　Ⓝ022　〔17288〕
◇江戸時代の書籍―大島家所蔵書籍目録　大宮市立博物館編　大宮　大宮市教育委員会 1989.3 39p 26cm　（大宮の教育史調査概報 1）Ⓝ029.9　〔17289〕

◇江戸時代の書物と読書　長友千代治著　東京堂出版
　2001.3　396p　22cm　4000円　Ⓘ4-490-20421-3
　Ⓝ023.1　　　　　　　　　　　　　　　〔17290〕
◇江戸児童図書へのいざない　アン・ヘリング著　くもん
　出版　1988.8　271p　19cm　(くもん選書)1500円
　Ⓘ4-87576-433-2　Ⓝ020.21　　　　　　〔17291〕
◇江戸書籍商史　上里春生著　出版タイムス社　1930
　224p　23cm　Ⓝ023　　　　　　　　　〔17292〕
◇江戸の禁書　今田洋三著　吉川弘文館　1981.12　204p
　19cm　(江戸選書 6)1200円　Ⓝ023.1　〔17293〕
◇江戸の禁書　今田洋三著　吉川弘文館　2007.8　213p
　20cm　(歴史文化セレクション)1700円
　Ⓘ978-4-642-06338-8　Ⓝ023.8　　　　〔17294〕
◇江戸の思想　第5号　読書の社会史　「江戸の思想」編集
　委員会編　ぺりかん社　1996.12　193p　21cm　2070円
　Ⓘ4-8315-0752-0　Ⓝ121.5　　　　　　〔17295〕
◇江戸の蔵書家たち　岡村敬二著　講談社　1996.3　254p
　19cm　(講談社選書メチエ 71)1500円
　Ⓘ4-06-258071-3　Ⓝ024.9　　　　　　〔17296〕
◇江戸の読書熱—自学する読者と書籍流通　鈴木俊幸著
　平凡社　2007.2　249p　20cm　(平凡社選書 227)2600
　円　Ⓘ978-4-582-84227-2　Ⓝ023.1　　〔17297〕
◇江戸の板本—書誌学談義　中野三敏著　岩波書店
　1995.12　299,51p　20cm　3000円　Ⓘ4-00-002955-X
　Ⓝ022.31　　　　　　　　　　　　　　〔17298〕
◇江戸の版本—その出版文化と技術 企画展　西尾市岩瀬
　文庫編　西尾　西尾市岩瀬文庫　2006.6　14p　30cm
　　　　　　　　　　　　　　　　　　　〔17299〕
◇江戸のメルヘン絵本とおもちゃ絵展—目録　江戸子ども
　文化研究会編　大阪　くもん子ども研究所　1988.8
　20p　26cm　　　　　　　　　　　　　〔17300〕
◇近世書籍研究文献目録　鈴木俊幸編　ぺりかん社
　1997.11　349p　22cm　6602円　Ⓘ4-8315-0824-1
　Ⓝ020.21　　　　　　　　　　　　　　〔17301〕
◇近世書籍研究文献目録　鈴木俊幸編　増補改訂　ぺりか
　ん社　2007.3　798p　22cm　9000円
　Ⓘ978-4-8315-1169-0　Ⓝ020.21　　　　〔17302〕
◇近世書籍文化論—史料論的アプローチ　藤実久美子著
　吉川弘文館　2006.1　326,9p　22cm　9500円
　Ⓘ4-642-03409-9　Ⓝ020.21　　　　　　〔17303〕
◇近世人の読書—大惣本をめぐって　京都　京都大学附属
　図書館　1988　5p　26cm　　　　　　 〔17304〕
◇近世浪華学芸史談　水田紀久著　大阪　中尾松泉堂書店
　1986.3　652p　19cm　Ⓝ020.21　　　　〔17305〕
◇近世の読書　長友千代治著　武蔵村山　青裳堂書店
　1987.9　581p　22cm　(日本書誌学大系 52)22000円
　Ⓝ016.9　　　　　　　　　　　　　　　〔17306〕
◇慶長以来諸家著述目録　小説家・和学家之部　中根粛治
　著　クレス出版　1994.11　1冊　22cm　(近世文芸研究
　叢書 2—第一期文学篇 通史2)Ⓘ4-87733-000-3　Ⓝ025.
　1　　　　　　　　　　　　　　　　　　〔17307〕
◇慶長以来諸家著述目録　漢学家之部　中根粛治著　クレ
　ス出版　1994.11　1冊　22cm　(近世文芸研究叢書 3—
　第一期文学篇 通史3)Ⓘ4-87733-000-3　　〔17308〕
◇こんな本があった！江戸珍奇本の世界—古典籍の宝庫岩
　瀬文庫より　塩村耕著　家の光協会　2007.4　127p
　21cm　1800円　Ⓘ978-4-259-54704-2　〔17309〕
◇こんな本があった！江戸珍奇本の世界—古典籍の宝庫岩
　瀬文庫より　塩村耕著　家の光協会　2007.4　127p
　21cm　1800円　Ⓘ978-4-259-54704-2　Ⓝ022　〔17310〕

◇書籍文化史　第5集　鈴木俊幸編輯　八王子　鈴木俊幸
　2004.1　18,44p　21cm　Ⓝ020.2　　　〔17311〕
◇書籍文化史　第6集　鈴木俊幸編輯　八王子　鈴木俊幸
　2005.1　36,32p　21cm　Ⓝ020.2　　　〔17312〕
◇書籍文化史　第7集　鈴木俊幸編輯　八王子　鈴木俊幸
　2006.1　37,32p　21cm　Ⓝ020.2　　　〔17313〕
◇書物散策—近世版本考　木村三四吾著　八木書店
　1998.10　460p　22cm　(木村三四吾著作集 3)9800円
　Ⓘ4-8406-9612-8　Ⓝ022.31　　　　　　〔17314〕
◇書物と江戸文化　森銑三著　大東出版社　1941　320p
　19cm　(大東名著選 第17)Ⓝ020　　　　〔17315〕
◇続和本入門—江戸の本屋と本づくり　橋口侯之介著　平
　凡社　2007.10　269p　19cm　2200円
　Ⓘ978-4-582-83376-8　　　　　　　　　〔17316〕
◇大東急記念文庫善本叢刊　近世編 9　近世名家書翰集
　翻字篇 訂正版　大東急記念文庫　1995.2　166p　22cm
　Ⓘ4-7629-3065-2　Ⓝ081　　　　　　　〔17317〕
◇探訪・蔦屋重三郎—天明文化をリードした出版人　倉本
　初夫著　れんが書房新社　1997.6　190p　19cm　1600
　円　Ⓘ4-8462-0186-4　　　　　　　　　〔17318〕
◇典籍図録集成　1　嵯峨本考　和田維四郎著　名著普及
　会　1992.1　113p　27cm　Ⓘ4-89551-486-2　Ⓝ081.7
　　　　　　　　　　　　　　　　　　　〔17319〕
◇典籍図録集成　2　江戸物語　和田維四郎著　名著普及
　会　1992.1　227p　27cm　Ⓘ4-89551-487-0　Ⓝ081.7
　　　　　　　　　　　　　　　　　　　〔17320〕
◇典籍図録集成　3　江戸時代初期絵入本百種　禿氏祐祥
　編　名著普及会　1992.1　228p　27cm
　Ⓘ4-89551-488-9　Ⓝ081.7　　　　　　　〔17321〕
◇典籍図録集成　4　仮名草子　水谷弓彦著　名著普及会
　1992.1　235p　27cm　Ⓘ4-89551-489-7　Ⓝ081.7
　　　　　　　　　　　　　　　　　　　〔17322〕
◇日本近世後期絵本研究—特に円山四条派河村文鳳を中心
　に　人間文化研究機構国文学研究資料館平成17年度研究成
　果報告　招請外国人共同研究　文学資源研究系「日本近世
　後期絵本研究—特に円山四条派河村文鳳を中心に—」共
　同研究編　人間文化研究機構国文学研究資料館　2006.3
　33p　30cm　Ⓘ4-87592-114-4　Ⓝ721.6　〔17323〕
◇日本随筆大成　第1期 第3巻　日本随筆大成編輯部編
　吉川弘文館　1993.7　432p　20cm　2900円
　Ⓘ4-642-09003-7　Ⓝ081　　　　　　　〔17324〕
◇日本随筆大成　第1期 第7巻　日本随筆大成編輯部編
　吉川弘文館　1993.9　296p　20cm　2900円
　Ⓘ4-642-09007-X　Ⓝ081　　　　　　　〔17325〕
◇日本随筆大成　第2期 第6巻　日本随筆大成編輯部編
　吉川弘文館　1994.8　377p　20cm　2884円
　Ⓘ4-642-09029-0　Ⓝ081　　　　　　　〔17326〕
◇日本随筆大成　第2期 第10巻　日本随筆大成編輯部編
　吉川弘文館　1994.10　422p　20cm　2884円
　Ⓘ4-642-09033-9　Ⓝ081　　　　　　　〔17327〕
◇日本随筆大成　第3期 第4巻　日本随筆大成編輯部編
　吉川弘文館　1995.7　417p　20cm　2884円
　Ⓘ4-642-09051-7　Ⓝ081　　　　　　　〔17328〕
◇日本の子どもの本歴史展—図録 17世紀から19世紀の絵
　入り本を中心に　1986年子どもの本世界大会周辺プログ
　ラム委員会企画・編集　日本国際児童図書評議会
　1986.8　86p　30cm　Ⓝ026.7　　　　　〔17329〕
◇日本の書目—江戸時代を中心に　鶴見大学図書館編　横
　浜　鶴見大学図書館　1995.2　36p　21cm　(特定テー
　マ別蔵書目録集成 6)Ⓘ4-924874-09-4　Ⓝ025.1
　　　　　　　　　　　　　　　　　　　〔17330〕

◇本の字から江戸がみえる　西田知己著　研成社　1998.11　267p　20cm　1800円　Ⓘ4-87639-614-0　Ⓝ210.5
〔17331〕

◇水戸の書物　秋山高志著　水戸　常陸書房　1994.8　173p　22cm　3000円　Ⓝ020.21
〔17332〕

◆◆図書館・文庫

◇近世国学者による図書館設立運動—図書館関係論文集（歴史・分類・書誌）　落合重信著　神戸　神戸学術出版　東京　小宮山書店（販売）　1975　123p　21cm　（神戸学術叢書　別編）900円　Ⓝ010.21
〔17333〕

◇近世日本文庫史　竹林熊彦著　日本図書館協会　1978.7　436,9p　19cm　（復刻図書館学古典資料集）4000円　Ⓝ010.21
〔17334〕

◇図書館をめぐる日本の近世　山県二雄著　金光町（岡山県）　山県二雄　1981.2　281p　19cm　Ⓝ010.21
〔17335〕

◇紅葉山文庫—江戸幕府の参考図書館　福井保著　郷学舎　1980.8　147p　18cm　（東京郷土文庫）700円　Ⓝ010.21
〔17336〕

◇紅葉山文庫と書物奉行　森潤三郎著　京都　臨川書店　1988.2　800p　22cm　8400円　Ⓘ4-653-01686-0　Ⓝ010.21
〔17337〕

◆◆本屋

◇江戸書籍商史　上里春生著　名著刊行会　1965　224p　23cm　Ⓝ023.9
〔17338〕

◇江戸の本屋　上　鈴木敏夫著　中央公論社　1980.2　196p　18cm　（中公新書）400円　Ⓝ023.1
〔17339〕

◇江戸の本屋　下　鈴木敏夫著　中央公論社　1980.3　205p　18cm　（中公新書）420円　Ⓝ023.1
〔17340〕

◇江戸の本屋さん—近世文化史の側面　今田洋三著　日本放送出版協会　1977.10　206p　19cm　（NHKブックス）600円　Ⓝ023.1
〔17341〕

◇大坂本屋仲間記録　第16巻　開板御願書扣　1　大阪府立中之島図書館編　大阪　大阪府立中之島図書館　1991.3　534,12p　27cm　非売品　Ⓝ023.163
〔17342〕

◇大坂本屋仲間記録　第17巻　開板御願書扣　2　大阪府立中之島図書館編　大阪　大阪府立中之島図書館　1992.3　577,19p　27cm　非売品　Ⓝ023.163
〔17343〕

◇大坂本屋仲間記録　第18巻　開板御願書扣　3　大阪府立中之島図書館編　大阪　大阪府立中之島図書館　1993.3　584,17p　27cm　非売品　Ⓝ023.163
〔17344〕

◇近世貸本屋の研究　長友千代治著　東京堂出版　1982.5　248p　22cm　4800円　Ⓝ016.9
〔17345〕

◆◆京都書林仲間記録

◇京都書林仲間記録　1　京都書林仲間小草紙証文帳　宗政五十緒,朝倉治彦編　ゆまに書房　1977.6　352p　22cm　（書誌書目シリーズ 5）5800円　Ⓝ023.1
〔17346〕

◇京都書林仲間記録　2　京都書林行事上組重板類板出入済帳　宗政五十緒,朝倉治彦編　ゆまに書房　1977.7　725p　22cm　（書誌書目シリーズ 5）9500円　Ⓝ023.1
〔17347〕

◇京都書林仲間記録　3　京都書林仲間諸証文　宗政五十緒,朝倉治彦編　ゆまに書房　1977.9　354p　22cm　（書誌書目シリーズ 5）5800円　Ⓝ023.1
〔17348〕

◇京都書林仲間記録　4　京都書林行事上組諸証文標目　宗政五十緒,朝倉治彦編　ゆまに書房　1977.10　378p　22cm　（書誌書目シリーズ 5）6500円　Ⓝ023.1
〔17349〕

◇京都書林仲間記録　5　京都書林行事上組済帳標目　宗政五十緒,朝倉治彦編　ゆまに書房　1977.12　631p　22cm　（書誌書目シリーズ 5）8500円　Ⓝ023.1
〔17350〕

◇京都書林仲間資料　岸雅裕編　岩倉　岸雅裕　1981.9　101p　20cm　非売品　Ⓝ023.1
〔17351〕

◆◆大坂本屋仲間記録

◇大坂本屋仲間記録　第1巻　出勤帳　1　大阪府立中之島図書館編　大阪　大阪府立中之島図書館　1975　448p　22cm　Ⓝ023.163
〔17352〕

◇大坂本屋仲間記録　第2巻　出勤帳　2　大阪府立中之島図書館編　大阪　大阪府立中之島図書館　1976　584p　22cm　非売品　Ⓝ023.163
〔17353〕

◇大阪本屋仲間記録　第3巻　出勤帳　3　大阪府立中之島図書館編　大阪　大阪府立中之島図書館　1977.3　586p　22cm　非売品　Ⓝ023.163
〔17354〕

◇大坂本屋仲間記録　第4巻　出勤帳　4　大阪府立中之島図書館編　大阪　大阪府立中之島図書館　1978.11　624p　22cm　非売品　Ⓝ023.163
〔17355〕

◇大坂本屋仲間記録　第5巻　出勤帳　5　大阪府立中之島図書館編　大阪　大阪府立中之島図書館　1980.2　460p　22cm　非売品　Ⓝ023.163
〔17356〕

◇大坂本屋仲間記録　第7巻　出勤帳　7　大阪府立中之島図書館編　大阪　大阪府立中之島図書館　1985.3　458,1p　22cm　非売品　Ⓝ023.163
〔17357〕

◇大坂本屋仲間記録　第8巻　差定帳・鑑定録　大阪府立中之島図書館編　大阪　大阪府立中之島図書館　1981.3　502p　22cm　非売品　Ⓝ023.163
〔17358〕

◇大坂本屋仲間記録　第9巻　裁配帳　大阪府立中之島図書館編　大阪　大阪府立中之島図書館　1982.3　486p　22cm　非売品　Ⓝ023.163
〔17359〕

◇大坂本屋仲間記録　第10巻　諸記録集　大阪府立中之島図書館編　大阪　大阪府立中之島図書館　1983.3　494,3p　22cm　非売品　Ⓝ023.163
〔17360〕

◇大坂本屋仲間記録　第11巻　諸記録集　続　大阪府立中之島図書館編　大阪　大阪府立中之島図書館　1986.3　398p　22cm　非売品　Ⓝ023.163
〔17361〕

◇大坂本屋仲間記録　第12巻　板木総目録株帳　1　大阪府立中之島図書館編　大阪　大阪府立中之島図書館　1988.3　355,62p　27cm　非売品　Ⓝ023.163
〔17362〕

◇大坂本屋仲間記録　第13巻　板木総目録株帳　2　大阪府立中之島図書館編　大阪　大阪府立中之島図書館　1987.3　604,20p　22cm　非売品　Ⓝ023.163
〔17363〕

◇大坂本屋仲間記録　第14巻　新板願出印形帳　1　大阪府立中之島図書館編　大阪　大阪府立中之島図書館　1989.3　539,16p　27cm　非売品　Ⓝ023.163
〔17364〕

◇大坂本屋仲間記録　第15巻　新板願出印形帳　2　大阪府立中之島図書館編　大阪　大阪府立中之島図書館　1990.3　608,10p　27cm　非売品　Ⓝ023.163
〔17365〕

◆かわら版

◇江戸のマスコミ「かわら版」—「寺子屋式」で原文から読んでみる　吉田豊著　光文社　2003.6　334p　18cm　（光文社新書）840円　Ⓘ4-334-03203-6　Ⓝ210.029
〔17366〕

◇江戸明治かわらばん選集　中山栄之輔編　柏書房　1974　1冊　37cm　23000円　Ⓝ070.21
〔17367〕

◇艶色江戸の瓦版　林美一著　河出書房新社　1988.11　277p　15cm　（河出文庫）480円　Ⓘ4-309-47144-7

◇Ⓝ070.21　〔17368〕

◇かわら版物語―江戸時代マス・コミの歴史　小野秀雄著　雄山閣出版　1970　365p 図版12枚　22cm　1500円　Ⓝ070.21　〔17369〕

◇かわら版物語―江戸時代マスコミの歴史　小野秀雄著　雄山閣出版　1988.5　365,9p 図版12枚　22cm　（雄山閣books 23）4800円　Ⓘ4-639-00720-5　Ⓝ070.21　〔17370〕

◇かわら版物語 江戸時代マス・コミの歴史　小野秀雄著　雄山閣出版　1960　361p　22cm　（風俗文化双書 第1）Ⓝ070.21　〔17371〕

◇かわら版物語 江戸時代マス・コミの歴史　第3版　小野秀雄著　雄山閣出版　1967　365p 図版12枚　22cm　Ⓝ070.21　〔17372〕

◇ニュースの誕生―かわら版と新聞錦絵の情報世界　木下直之,吉見俊哉編　東京大学総合研究博物館　1999.10　311p　30cm　（東京大学コレクション 9）Ⓝ070.21　〔17373〕

◇ニュースの誕生―かわら版と新聞錦絵の情報世界　木下直之,吉見俊哉編　東京大学総合研究博物館　1999.11　311p　30cm　（東京大学コレクション 9）3800円　Ⓘ4-13-020209-X　Ⓝ070.21　〔17374〕

◆◆初期新聞

◇日本初期新聞全集―編年複製版　1　安政4年1月(1857年1月)-文久1年12月(1862年1月)　北根豊編　ぺりかん社　1986.6　370p　38cm　20000円　Ⓝ070.21　〔17375〕

◇日本初期新聞全集―編年複製版　2　文久2年1月(1862年1月)-文久3年8月(1863年10月)　北根豊編　ぺりかん社　1986.9　387p　38cm　20000円　Ⓝ070.21　〔17376〕

◇日本初期新聞全集―編年複製版　3　文久3年9月(1863年10月)-元治1年3月(1864年5月)　北根豊編　ぺりかん社　1986.12　355p　38cm　20000円　Ⓝ070.21　〔17377〕

◇日本初期新聞全集―編年複製版　4　元治1年4月(1864年5月)-元治1年11月(1864年12月)　北根豊編　ぺりかん社　1987.2　324p　38cm　20000円　Ⓝ070.21　〔17378〕

◇日本初期新聞全集―編年複製版　5　元治1年12月(1864年2月)-慶応1年7月(1865年9月)　北根豊編　ぺりかん社　1987.4　354p　38cm　20000円　Ⓝ070.21　〔17379〕

◇日本初期新聞全集―編年複製版　6　慶応1年8月(1865年9月)-慶応1年10月(1865年12月)　北根豊編　ぺりかん社　1987.6　411p　38cm　20000円　Ⓝ070.21　〔17380〕

◇日本初期新聞全集―編年複製版　7　慶応1年11月(1865年12月)-慶応2年1月(1866年3月)　北根豊編　ぺりかん社　1987.8　337p　38cm　20000円　Ⓝ070.21　〔17381〕

◇日本初期新聞全集―編年複製版　8　慶応2年2月(1866年3月)-慶応2年7月(1866年9月)　北根豊編　ぺりかん社　1987.10　332p　38cm　20000円　Ⓝ070.21　〔17382〕

◇日本初期新聞全集―編年複製版　9　慶応2年8月(1866年9月)-慶応2年11月(1867年1月)　北根豊編　ぺりかん社　1987.12　360p　38cm　20000円　Ⓝ070.21　〔17383〕

◇日本初期新聞全集―編年複製版　10　慶応2年12月(1867年1月)-慶応3年2月(1867年4月)　北根豊編　ぺりかん社　1988.2　356p　38cm　20000円　Ⓝ070.21　〔17384〕

◇日本初期新聞全集―編年複製版　11　慶応3年3月(1867年4月)-慶応3年5月(1867年7月)　北根豊編　ぺりかん社　1988.4　344p　38cm　20000円　Ⓝ070.21

◇日本初期新聞全集―編年複製版　12　慶応3年6月(1867年7月)-慶応3年11月(1867年12月)　北根豊編　ぺりかん社　1988.6　316p　38cm　20000円　Ⓝ070.21　〔17385〕

◇日本初期新聞全集―編年複製版　13　慶応3年12月(1868年1月)-慶応4年4月(1868年5月)　北根豊編　ぺりかん社　1988.8　267p　37cm　20000円　Ⓝ070.21　〔17386〕

◇日本初期新聞全集―編年複製版　14　慶応4年閏4月(1868年5月)-慶応4年閏4月(1868年6月)　北根豊編　ぺりかん社　1988.10　283p　38cm　20000円　Ⓝ070.21　〔17387〕

◇日本初期新聞全集―編年複製版　15　慶応4年5月(1868年6月)-慶応4年5月(1868年7月)　北根豊編　ぺりかん社　1988.12　457p　37cm　20000円　Ⓝ070.21　〔17388〕

◇日本初期新聞全集―編年複製版　16　慶応4年6月(1868年7月)-慶応4年7月(1868年9月)　北根豊編　ぺりかん社　1989.2　328p　37cm　20000円　Ⓝ070.21　〔17389〕

◇日本初期新聞全集―編年複製版　17　慶応4年8月(1868年9月)-慶応4年8月(1868年10月)　北根豊編　ぺりかん社　1989.4　325p　37cm　20600円　Ⓝ070.21　〔17390〕

◇日本初期新聞全集―編年複製版　18　慶応4年9月(1868年10月)-明治1年9月(1868年11月)　北根豊編　ぺりかん社　1989.6　356p　37cm　20600円　Ⓝ070.21　〔17391〕

◇幕末期に現れた日本新聞紙の先駆に就いて―早稲田大学教授喜多壮一郎氏講演　喜多壮一郎述　東京中央講演会　1933.10　53p　19cm　（中央講演 no.32）非売品　Ⓝ070.21　〔17392〕

◇幕末・明治のメディア展―新聞・錦絵・引札　早稲田大学図書館編　早稲田大学出版部　1987.10　113p　30cm　2000円　Ⓝ070.21　〔17393〕

◆◆◆広告史

◇江戸コマーシャル文芸史　井上隆明著　高文堂出版社　1986.10　86p　22cm　1700円　Ⓘ4-7707-0172-1　Ⓝ674.21　〔17394〕

◇江戸のコピーライター　谷峯蔵著　岩崎美術社　1986.12　246p　23cm　2800円　Ⓝ674.21　〔17395〕

◆デザイン

◇江戸凧絵史　斎藤忠夫編著　グラフィック社　1980.10　214p　31cm　18000円　Ⓘ4-7661-0215-0　Ⓝ759　〔17397〕

◇江戸之彩飾　高島秀造編著　東屋　1973　3冊（解説共）　32cm　50000円　Ⓝ753.8　〔17398〕

◇江戸のデザイン　草森紳一著　京都　駸々堂出版　1972　439p　31cm　12000円　Ⓝ757.2　〔17399〕

◇江戸文様事典　片野孝志著　河出書房新社　1987.6　127p　21cm　980円　Ⓘ4-309-26085-3　Ⓝ727　〔17400〕

◇近世の刺繍―能装束・小袖・帯・袱紗　サントリー美術館編　サントリー美術館　1979　1冊　26cm　〔17401〕

◇デザイナー誕生―近世日本の意匠家たち　水尾比呂志著　美術出版社　1962　232p 図版24枚　21cm　（美術選書）Ⓝ721　〔17402〕

◇日本のポスター史―Posters/Japan 1800's-1980's　名古

屋　名古屋銀行　1989.9　317p　31cm　Ⓝ727.6
〔17403〕

◇和の意匠―新たなモティーフ・大胆なデザイン　大阪市立美術館編　大阪　大阪市立美術館　1998.10　239p　30cm　Ⓝ727
〔17404〕

美術史

◇あやかり富士―随筆「江戸のデザイン」　草森紳一著　翔泳社　2000.5　419p　22cm　4743円　Ⓘ4-88135-893-6　Ⓝ702.15
〔17405〕

◇井伊家伝来の名宝―近世大名の美と心　彦根城博物館編　増補改訂版　彦根　彦根市教育委員会　1993.7　255,12p　27cm　Ⓝ708.7
〔17406〕

◇井伊家伝来の名宝―近世大名の文と武　サントリー美術館編　サントリー美術館　1999.11　124p　28cm　Ⓝ702.1
〔17407〕

◇家康と頼宣　和歌山県立博物館編　和歌山　和歌山県立博物館　1998.4　16p　30cm　（東照宮の文化財1）Ⓝ702.17
〔17408〕

◇異国絵の冒険―近世日本美術に見る情報と幻想　特別展　神戸市立博物館編　神戸　神戸市立博物館　2001.9　161p　30cm　Ⓝ702.15
〔17409〕

◇異国の風―江戸時代京都を彩ったヨーロッパ　京都文化博物館，京都新聞社編　たばこと塩の博物館　2000.3　219p　21cm　Ⓝ702.15
〔17410〕

◇犬山焼名品展―江戸時代の呉州赤絵と雲錦手　可児市教育委員会編　可児　可児郷土歴史館　1997.3　25p　30cm　Ⓝ751.1
〔17411〕

◇伊予八藩の大名―大名文化の世界　平成八年度企画展　愛媛県歴史文化博物館編　宇和町（愛媛県）　愛媛県歴史文化博物館　1996.7　79p　30cm　Ⓝ702.15
〔17412〕

◇いわて未来への遺産―盛岡藩の歴史と至宝　岩手日報社出版部編　盛岡　岩手日報社　1998.6　193p　31cm　3000円　Ⓘ4-87201-250-X　Ⓝ709.122
〔17413〕

◇岩波日本美術の流れ　5　17・18世紀の美術―浮世の慰め　辻惟雄著　岩波書店　1991.5　106p　26cm　1900円　Ⓘ4-00-008455-0　Ⓝ702.1
〔17414〕

◇岩波日本美術の流れ　6　19・20世紀の美術―東と西の出会い　高階秀爾著　岩波書店　1993.7　144p　26cm　1900円　Ⓘ4-00-008456-9　Ⓝ702.1
〔17415〕

◇江戸時代の美術―絵画・彫刻・工芸・建築・書　辻惟雄ほか著　有斐閣　1984.4　305p　19cm　2500円　Ⓘ4-641-07478-X　Ⓝ702.15
〔17416〕

◇江戸の思考空間　タイモン・スクリーチ著　村山和裕訳　青土社　1999.1　317p　22cm　3200円　Ⓘ4-7917-5690-8　Ⓝ210.5
〔17417〕

◇江戸美術図録　東京国立博物館　1968.3　180p　35cm　Ⓝ702.15
〔17418〕

◇江戸美術展目録　東京国立博物館編　東京国立博物館　1966.10　172p　23cm
〔17419〕

◇江戸・明治期の神仏画　下田　上原仏教美術館　2007.12　32p　30cm
〔17420〕

◇エルミタージュ美術館所蔵日本美術品目録　国際日本文化研究センター海外日本美術調査プロジェクト編　京都　国際日本文化研究センター　1993.3　251p　31cm　（日文研叢書2―海外日本美術調査プロジェクト報告2）Ⓝ702.125
〔17421〕

◇大江戸視覚革命―十八世紀日本の西洋科学と民衆文化　タイモン・スクリーチ著　田中優子,高山宏訳　作品社　1998.2　597p　20cm　4800円　Ⓘ4-87893-293-7　Ⓝ702.15
〔17422〕

◇大御所時代―柳営春秋姫君佳麗　霞会館資料展示委員会編　霞会館　2002.10　177p　28cm　（霞会館資料　第25輯）Ⓝ702.15
〔17423〕

◇荻野美術館名品選　荻野美術館編　倉敷　荻野美術館　1991.11　141p　28cm　Ⓝ702.15
〔17424〕

◇阿蘭陀趣味―鎖国下のエキゾチシズム　特別展　たばこと塩の博物館編　たばこと塩の博物館　1996.10　175p　30cm　Ⓘ4-924989-04-5　Ⓝ702.15
〔17425〕

◇海商の風雅とその遺産―北前船主酒谷家旧蔵コレクション展　加賀市教育委員会編　加賀　加賀市地域振興事業団　2002.7　81p　30cm　Ⓝ702.1
〔17426〕

◇懐石の器と調度―室町三井家　三井文庫別館蔵品図録　三井文庫編　三井文庫　1996.9　127p　27cm　Ⓝ702.15
〔17427〕

◇旧桂宮家伝来の美術―雅と華麗　宮内庁三の丸尚蔵館編　宮内庁　1996.9　83,4p　29cm　（三の丸尚蔵館展覧会図録 no.13）Ⓝ702.148
〔17428〕

◇金鯱叢書―史学美術史論集　第14輯　大石慎三郎編集,徳川義宣編集　徳川黎明会　1987.8　410,31pp　22cm　7500円　Ⓘ4-88604-009-8　Ⓝ210.5
〔17429〕

◇金鯱叢書―史学美術史論集　第15輯　大石慎三郎編集,徳川義宣編集　京都　徳川黎明会　1988.8　425,28p　22cm　7500円　Ⓘ4-7842-0526-8　Ⓝ210.5
〔17430〕

◇金鯱叢書―史学美術史論集　第16輯　大石慎三郎編集,徳川義宣編集　京都　徳川黎明会　1989.10　530,85p　22cm　8500円　Ⓘ4-7842-0570-5　Ⓝ210.5
〔17431〕

◇金鯱叢書―史学美術史論集　第17輯　大石慎三郎編集,徳川義宣編集　京都　徳川黎明会　1990.6　441 図版13枚　22cm　7725円　Ⓘ4-7842-0601-9　Ⓝ210.5
〔17432〕

◇金鯱叢書―史学美術史論集　第18輯　徳川黎明会　1991.9　403p 図版25枚　22cm　7210円　Ⓘ4-7842-0685-X　Ⓝ210.5
〔17433〕

◇金鯱叢書―史学美術史論集　第19輯　徳川黎明会　1992.9　392,36p 図版21枚　22cm　7725円　Ⓘ4-7842-0742-2　Ⓝ210.5
〔17434〕

◇金鯱叢書―史学美術史論集　第20輯　徳川黎明会　1993.9　468,37p 図版38枚　22cm　8240円　Ⓘ4-7842-0803-8　Ⓝ210.5
〔17435〕

◇金鯱叢書―史学美術史論集　第21輯　徳川黎明会　1994.6　242,33p 図版21枚　22cm　7210円　Ⓘ4-7842-0848-8　Ⓝ210.5
〔17436〕

◇金鯱叢書―史学美術史論集　第22輯　徳川黎明会　1995.10　1冊　22cm　9785円　Ⓘ4-7842-0887-9　Ⓝ210.5
〔17437〕

◇金鯱叢書―史学美術史論集　第23輯　徳川黎明会　1996.9　253,27p 図版14枚　27cm　9270円　Ⓘ4-7842-0914-X　Ⓝ210.5
〔17438〕

◇近世異端の芸術展―蕭白と蘆雪を中心に　日本経済新聞社文化事業部編　日本経済新聞社文化事業部　1971　1冊　26cm
〔17439〕

◇近世宗教美術の世界―変容する神仏たち　特別展　東京都渋谷区立松濤美術館編　渋谷区立松濤美術館　1995　108p　26cm　Ⓝ702.15
〔17440〕

◇近世大名阿部家の遺宝―武家の文化　企画展　白河市歴史民俗資料館,白河集古苑編　白河　白河市歴史民俗資料館　1996.11　108p　30cm　Ⓝ702.15
〔17441〕

◇近世大名家の名品展―奥州板倉家を中心として　野馬追の里原町市立博物館編　原町　野馬追の里原町市立博物

館　1999.7　42p　30cm　（野馬追の里原町市立博物館企画展図録　第12集）Ⓝ702.15
〔17442〕
◇近世大名の美と心—彦根・井伊家　難波田徹編　芸艸堂　1992.3　155p　26cm　3914円　Ⓘ4-7538-0151-9　Ⓝ702.1
〔17443〕
◇近世土佐の美術　高知県立美術館編　高知　高知県立美術館　c2001　199p　30cm　Ⓝ702.1984
〔17444〕
◇近世日本の美—東西交流の精華　特別展　神戸市立博物館名品展　MOA美術館編　熱海　MOA美術館　1998.5　115p　24×25cm　Ⓝ702.15
〔17445〕
◇近世日本の美術貿易　サントリー美術館編　サントリー美術館　1970　1冊　26cm
〔17446〕
◇近世日本美術の名宝—宝町・桃山・江戸、日本美のルネサンス　特別展　東京富士美術館学芸課編　八王子　東京富士美術館　1987.4　1冊　24×25cm　Ⓝ702.15
〔17447〕
◇近世の粋・都市のいぶき—サントリー美術館所蔵品展　和歌山市立博物館編　和歌山　和歌山市立博物館　1997.7　64p　30cm　Ⓝ702.15
〔17448〕
◇近世の庶民文化　高尾一彦著　岩波書店　1968　328p　19cm　（日本歴史叢書）Ⓝ210.5
〔17449〕
◇近世美の架橋　瀬木慎一著　美術公論社　1983.6　253p　20cm　1500円　Ⓘ4-89330-029-6　Ⓝ702.15　〔17450〕
◇久万美術館作品散歩　町立久万美術館編　久万町（愛媛県）　町立久万美術館　1993.3　1冊　30cm　Ⓝ702.15
〔17451〕
◇古九谷と屏風絵—草花文様にみる近世名品展　特別展　高岡市立博物館、読売新聞北陸支社編集・制作　高岡　読売新聞北陸支社　1996　66p　30cm　Ⓝ702.15　〔17452〕
◇御長寿美術展—日本美術に見る長寿と老い　植松有希編集執筆　板橋区立美術館　2004.12　111p　30cm　Ⓝ702.15
〔17453〕
◇斎宮歴史博物館蔵名品展　斎宮歴史博物館編　明和町（三重県）　斎宮歴史博物館　1999.1　40p　30cm　Ⓝ702.15
〔17454〕
◇西国大名の文事　雅俗の会編　福岡　葦書房　1995.3　284p　20cm　3090円　Ⓘ4-7512-0579-X　Ⓝ702.15
〔17455〕
◇財団法人諸戸会所蔵品展—狩野派の絵画と茶道具　特別企画展　桑名市博物館編　桑名　桑名市博物館　2004.10　54p　30cm　Ⓝ721.4
〔17456〕
◇酒井宗雅展—風雅を愛した姫路城主　姫路文学館編　姫路　姫路文学館　1991.10　95p　24×25cm　Ⓝ702.1
〔17457〕
◇集古十種—あるく・うつす・あつめる松平定信の古文化財調査　福島県立博物館編　会津若松　福島県立博物館　2000.3　120p　30cm　（福島県立博物館企画展図録　平成12年度　第1回）Ⓝ702.1
〔17458〕
◇十八世紀の日本美術—葛藤する美意識　特別展覧会　京都国立博物館編　京都　京都国立博物館　1990.2　259p　26cm　Ⓝ702.15
〔17459〕
◇新編雅三俗四　石井研堂著　武蔵村山　青裳堂書店　1997.12　83p　21cm　（書誌学月報　別冊　4）3000円　Ⓝ702.15
〔17460〕
◇角屋名品図録—京・揚屋文化の粋　狩野博幸編著　京都　角屋文芸社　1992.3　31p　29cm　880円　Ⓘ4-915863-03-4　Ⓝ708.7
〔17461〕
◇大名の精華—仙台伊達家の至宝—特別展図録　仙台市博物館編　仙台　仙台市博物館　1993.12　126,5p　26cm　Ⓝ702.1
〔17462〕
◇伊達政宗と仙台の名宝—特別展　名古屋市博物館編　名古屋　名古屋市博物館　1990.3　88p　26cm　Ⓝ702.15
〔17463〕
◇津軽藩の名宝　弘前市立博物館編　弘前　弘前市立博物館　1995.10　24p　26cm　Ⓝ702.15
〔17464〕
◇定本上杉名宝集　郷土出版社　1996.7　254p　31cm　14000円　Ⓘ4-87663-335-5　Ⓝ702.1
〔17465〕
◇東京都江戸東京博物館収蔵品写真集　東京都生活文化局コミュニティ文化部江戸東京博物館建設準備室　1989.3　40p　30cm　Ⓝ702.15
〔17466〕
◇徳川美術館名品展「姫君の華麗なる日々」図録　徳川美術館, 朝日新聞社事業本部名古屋企画事業チーム編　名古屋　朝日新聞社　2004　132,9p　30cm　Ⓝ702.15
〔17467〕
◇長崎大万華鏡—近世日蘭交流の華長崎　開館記念特別展　長崎歴史文化博物館・ライデン国立民族学博物館共同企画　長崎歴史文化博物館編　長崎　長崎歴史文化博物館　2005　224p　28cm　Ⓝ702.15
〔17468〕
◇長崎の美術史論考　越中哲也著　長崎　純心女子短期大学付属歴史資料博物館　1993.9　296p　21cm　（長崎純心博物館研究　第2輯）Ⓝ702.15
〔17469〕
◇日本近世の馬の意匠—春季特別展　馬事文化財団馬の博物館編　横浜　馬事文化財団　1994.4　67p　30cm　Ⓝ702.15
〔17470〕
◇日本の近世　第12巻　文学と美術の成熟　辻達也, 朝尾直弘編　中野三敏編　中央公論社　1993.5　506p　図版32p　21cm　3200円　Ⓘ4-12-403032-0　Ⓝ210.5
〔17471〕
◇日本美術史論究　6　桃山・元禄　源豊宗著　京都　思文閣出版　1990.9　469p　23cm　（源豊宗著作集）9000円　Ⓘ4-7842-0615-9　Ⓝ702.1
〔17472〕
◇日本美術全史　第4　安土桃山・江戸時代　第1　今泉篤男等編　美術出版社　1969　227p　21cm　950円　Ⓝ702.1
〔17473〕
◇日本美術全史　第5　江戸時代　第2　今泉篤男等編　美術出版社　1969　255p　21cm　950円　Ⓝ702.1
〔17474〕
◇日本文学色彩用語集成　近世　伊原昭著　笠間書院　2006.2　1372p　22cm　28000円　Ⓘ4-305-40057-X　Ⓝ910.23
〔17475〕
◇人間の美術　10—江戸時代2　浮世と情念　梅原猛監修・著　新装版　学習研究社　2004.3　183p　31×23cm　3400円　Ⓘ4-05-102353-2
〔17476〕
◇人間の美術　9　伝統と再生—江戸時代1　小林忠著　学習研究社　1990.5　175p　31cm　3500円　Ⓘ4-05-102352-4　Ⓝ708.7
〔17477〕
◇幕末から明治へのめまぐるしい美術—渡辺崋山を中心に　金原宏行著　新装版　沖積舎　2006.10　215p　19cm　（ちゅうせき叢書）3000円　Ⓘ4-8060-7528-0　〔17478〕
◇八代将軍吉宗と紀州徳川家—特別展　和歌山県立博物館編　和歌山　和歌山県立博物館　1995.4　219p　30cm　Ⓝ702.15
〔17479〕
◇美術史料による江戸前期湯島聖堂の研究研究報告集　つくば　筑波大学日本美術史研究室（製作）　2005.3　286p　30cm　（日本美術研究別冊）Ⓝ721.025　〔17480〕
◇美術という見世物—油絵茶屋の時代　木下直之著　平凡社　1993.6　288p　21cm　（イメージ・リーディング叢書）2700円　Ⓘ4-582-28471-X　Ⓝ702.15　〔17481〕
◇美術という見世物　木下直之著　筑摩書房　1999.6　401p　15cm　（ちくま学芸文庫）1300円　Ⓘ4-480-08495-9　Ⓝ702.15
〔17482〕
◇美術論攷　村上泰昭著　京田辺　泰房庵　2001.7　225p

美術史　　　　　　　　　　近世史

26cm　Ⓝ702.15　　　　　　　　　　〔17483〕
◇秘蔵カピタンの江戸コレクション―オランダ人の日本趣味　日蘭交流400周年記念　長崎市立博物館編　長崎　長崎市立博物館　2000.4　257p　30cm　Ⓝ702.15
〔17484〕
◇一橋徳川家名品図録―茨城県立歴史館所蔵　水戸　茨城県立歴史館　1987.10　190p　27cm　Ⓝ708.7　〔17485〕
◇フェレンツ・ホップ東洋美術館所蔵日本美術品図録　国際日本文化研究センター海外日本美術調査プロジェクト編　京都　国際日本文化研究センター　1995.3　280p　31cm　（日文研叢書 6―海外日本美術調査プロジェクト報告 5）Ⓝ702.15
〔17486〕
◇プラハ国立美術館所蔵日本美術品図録　国際日本文化研究センター海外日本美術調査プロジェクト編　京都　国際日本文化研究センター　1994.3　277p　31cm　（日文研叢書 5―海外日本美術調査プロジェクト報告 4）Ⓝ702.15
〔17487〕
◇ボストン美術館日本美術調査図録　第2次調査　図版編　アン・ニシムラ・モース, 辻惟雄他編著　講談社　2003.6　310p　31cm　①4-06-211730-4,4-06-933893-4　Ⓝ702.1　〔17488〕
◇松井文庫の精華―その歴史と美術　開館記念特別展覧会　八代市立博物館未来の森ミュージアム編　八代　八代市立博物館未来の森ミュージアム　1991.10　93p　26cm　Ⓝ702.15
〔17489〕
◇水戸徳川家名宝図録―彰考館文庫・徳川博物館蔵　1　水府明徳会著　水戸　水府名徳会　1991.10　52p　26cm　Ⓝ702.1
〔17490〕
◇桃山・江戸時代の美術　平成3年度　東京国立博物館編　東京国立博物館　1992.3　63p　26cm　Ⓝ702.15
〔17491〕

◆◆仏教美術
◇近江と黄檗宗の美術―企画展　栗東歴史民俗博物館編　栗東町(滋賀県)　栗東歴史民俗博物館　1992　96p　26cm　Ⓝ702.17
〔17492〕
◇近世の絵仏師展　福岡市美術館編　福岡　福岡市美術館　2004.1　72p　30cm　Ⓝ721.1　〔17493〕
◇石造文化財　2　仏教石造文化財研究所編　雄山閣（発売）　2006.8　194p　26cm　3000円　①4-639-01933-5　Ⓝ714
〔17494〕
◇東京都江戸初期の庚申塔―元和より万治まで　鈴木俊夫編著　東久留米　〔鈴木俊夫〕　1999　1冊　26cm
〔17495〕
◇中田町の文化財　第3集　石仏編　郡山市中田町郷土史研究会編　郡山　郡山市中田町郷土史研究会　2001.1　114p　26cm　Ⓝ709.126
〔17496〕
◇備前四十八ケ寺―近世備前の霊場と報恩大師信仰　平成14年度特別展　岡山県立博物館編　岡山　岡山県立博物館　2003.1　79p　30cm　Ⓝ702.1975　〔17497〕
◇密教美術　佐和隆研著　京都　大八洲出版　1947　188p　19cm　（古文化叢刊 32）Ⓝ702　〔17498〕
◇遊戯する神仏たち―近世の宗教美術とアニミズム　辻惟雄著　角川書店　2000.8　206p　20cm　2300円　①4-04-883615-3　Ⓝ702.15
〔17499〕

◆芸術家
◇江戸芸術論　永井荷風著　春陽堂　1920　224p　18cm　Ⓝ721.8
〔17500〕
◇近世名匠伝　水尾比呂志著　芸艸堂　1977.11　342p　23cm　3800円　Ⓝ702.148
〔17501〕

◇日本史探訪　14　江戸期の芸術家と豪商　角川書店編　角川書店　1984.12　311p　15cm　（角川文庫 5364）420円　①4-04-153314-7　Ⓝ210.1　〔17502〕

◆◆本阿弥光悦
◇画聖光悦　平木清光著　東京光悦刊行会　1966　255p　図版20枚　22cm　Ⓝ702.148
〔17503〕
◇光悦書状　1　本阿弥光悦筆, 小松茂美著　二玄社　1980.10　293p　30cm　6800円　Ⓝ702.148　〔17504〕
◇光悦と寛永文化　源豊宗, 有馬頼底編集解説　京都　大本山相国寺承天閣美術館　1986.11　1冊　26cm　Ⓝ702.148
〔17505〕
◇光悦と宗達　本阿弥光悦作　俵屋宗達画　サントリー美術館編　サントリー美術館　1999.5　163p　28cm　（サントリー創業一〇〇周年記念展 2）Ⓝ702.148
〔17506〕
◇光悦の芸術村　佐藤良著　東京創元社　1956　103p　図版44枚　19cm　（創元選書）Ⓝ721.5　〔17507〕
◇光悦の手紙　増田孝著　河出書房新社　1980.4　214,10p　図版34枚　23cm　6800円　Ⓝ702.148
〔17508〕
◇光悦村再現―琳派の萌芽　INAXギャラリー企画委員会企画　INAX出版　1995.12　84p　21×21cm　（INAX booklet）1854円　①4-87275-552-9　Ⓝ702.148
〔17509〕
◇小堀遠州・本阿弥光悦　横井時冬著　裳華書房　1896.11　173p　23cm　（偉人史叢　第7巻）Ⓝ289.1　〔17510〕
◇週刊日本の美をめぐる　no.2　江戸 2　宗達と光悦―奇跡の出会い　俵屋宗達, 本阿弥光悦著　小学館　2002.5　41p　30cm　（小学館ウイークリーブック）533円　Ⓝ702.1
〔17511〕
◇水墨美術大系　第10巻　光悦・宗達・光琳　山根有三著　講談社　1975　205p　43cm　17000円　Ⓝ721.3
〔17512〕
◇図説光悦謡本　編輯・解説：江島伊兵衛, 表章　京都　有秀堂　1970　2冊（解説共）　37-45cm　Ⓝ721.5
〔17513〕
◇本阿弥行状記と光悦　正木篤三著　京都　芸艸堂出版社　1948　368p　21cm　Ⓝa702　〔17514〕
◇本阿弥行状記と光悦　正木篤三著　中央公論美術出版　1981.4　294p　21cm　3500円　Ⓝ702.148　〔17515〕
◇本阿弥行状記と光悦　正木篤三編著　中央公論美術出版　1993.4　294p　21cm　3900円　①4-8055-0046-8　Ⓝ702.148
〔17516〕
◇本阿弥光悦　鈴木史楼著　紅糸文庫　1999.11　161p　20cm　（本朝書人論 3）Ⓝ728.2148　〔17517〕
◇本阿弥光悦　下　鈴木史楼著　紅糸文庫　1999.3　145p　20cm　（本朝書人論 4）Ⓝ728.2148　〔17518〕

◆彫刻
◇江戸時代の職人尽彫物絵の研究―長崎市松ノ森神社所蔵　小山田了三編著　角和博, 本村猛能著　大塚清吾撮影　東京電機大学出版局　1996.2　166p　22×30cm　18000円　①4-501-61430-7　Ⓝ713　〔17519〕
◇大坂・浪花木彫史―近世大工彫刻の系譜　岸和田　だん吉友の会　1992.7　499p　19cm　5000円　Ⓝ712.1
〔17520〕
◇社寺の彫物を訪ねて―近世社寺装飾彫刻画題考　関忠次編著　大平町(栃木県)　〔関忠次〕　1991.6　79p　21cm　Ⓝ713
〔17521〕

◆◆仏像
◇会津の仏像—仏都会津のみ仏たち　会津若松市史研究会編　会津若松　会津若松市　2005.3　80p　30cm　（会津若松市史 17（文化編 4 仏像））1000円　Ⓝ718.3
〔17522〕
◇江戸・下町の石仏　江戸川石仏の会編　言叢社　1991.10　120p　22cm　1500円　Ⓘ4-905913-42-X　Ⓝ718.4
〔17523〕
◇江戸仏像図典　久野健編　東京堂出版　1994.7　306p　22cm　6800円　Ⓘ4-490-10366-2　Ⓝ718
〔17524〕
◇ナゾの仏師目定の彫刻—作品からの追求　解説・写真：森川不覚　函館　森川不覚　1974　302p　22cm　Ⓝ712.1
〔17525〕
◇仏像の歴史—飛鳥時代から江戸時代まで　久野健著　山川出版社　1987.9　220,29p　19cm　1300円　Ⓘ4-634-60200-8　Ⓝ718
〔17526〕
◇北摂における木喰上人　粟野頼之祐著　大阪　北摂郷土史学会　1967.3　124p 図版21枚　22cm　（北摂郷土史学叢書 1）Ⓝ718.3
〔17527〕
◇仏を刻む—近世の祈りと造形　堺市博物館編　堺　堺市博物館　1997.4　126p　30cm　Ⓝ718
〔17528〕
◇木喰仏　棚橋一晃編, 栗原哲男撮影　鹿島研究所出版会　1973　213p　22cm　Ⓝ712.1
〔17529〕

◆◆左甚五郎
◇日光東照宮と左甚五郎　松村善平著　濃飛出版　1973　86,67p　19cm　520円　Ⓝ712.1
〔17530〕
◇日光東照宮と左甚五郎　松村善平著　改訂版　文化書房博文社　1975　78,96p　19cm　1300円　Ⓝ712.1
〔17531〕
◇左甚五郎の事蹟とその後—考証左甚考　第2　左光挙著　高松　高松美術倶楽部　1964　247p　20cm　Ⓝ712.1
〔17532〕
◇名工左甚五郎—伝説と真実 その一門　見学稔著　貝塚　見学稔　1996.4　361p　19cm　5000円　Ⓝ712.1
〔17533〕
◇名工左甚五郎の一生　左光挙著　新人物往来社　1971　525p　19cm　1500円　Ⓝ712.1
〔17534〕
◇名工左甚五郎の一生　左光挙著　高松　左甚五郎顕彰会　高松美術倶楽部出版部（発売）　1971　525p　22cm　2300円　Ⓝ712.1
〔17535〕
◇名匠左小刀—実説左甚五郎伝　左光挙著　世社　1953　553p 図版12枚　22cm　Ⓝ712.1
〔17536〕

◆絵画
◇相沢五流　多摩市史編集委員会編　多摩　多摩市　1998.3　249p　26cm　（多摩市史叢書 13）Ⓝ721.025
〔17537〕
◇相見香雨集　3　中野三敏, 菊竹淳一共編　武蔵村山　青裳堂書店　1992.4　377p　22cm　（日本書誌学大系 45-3）16480円　Ⓝ721.04
〔17538〕
◇相見香雨集　4　中野三敏, 菊竹淳一共編　武蔵村山　青裳堂書店　1996.6　439p　22cm　（日本書誌学大系 45-4）22660円　Ⓝ721.04
〔17539〕
◇あの世の情景　板橋区立美術館　2001.12　96p　30cm　Ⓝ721.025
〔17540〕
◇妖と艶～幕末の情念展図録　板橋区立美術館　2003.11　93p　30cm　（江戸文化シリーズ 19）Ⓝ721.025
〔17541〕
◇異色の江戸絵画—アメリカ・プライスコレクション　サントリー美術館　1984　96p　26cm　Ⓝ721.087
〔17542〕
◇岩佐派のゆくえ　福井　福井県立美術館　1998　171p　30cm　Ⓝ721.025
〔17543〕
◇雲谷等益—寛永期の雪舟流　雲谷等益画　山口県立美術館編　山口　山口県立美術館　2001.12　175p　30cm　Ⓝ721.025
〔17544〕
◇永徳・山楽以後—近世の日本画家　竹内梅松著　邦画荘　1942　219p 図版8枚　19cm　Ⓝ721
〔17545〕
◇描かれた日本の風景—近世画家たちのまなざし　静岡県立美術館編　静岡　静岡県立美術館　1995.2　196p　28cm　Ⓝ721.025
〔17546〕
◇描かれた農耕の世界—平成11年度秋季特別展図録　相模原市立博物館編　相模原　相模原市立博物館　1999.10　78p　30cm　Ⓝ721.025
〔17547〕
◇絵金画譜　近森敏夫編著　岩崎美術社　1988.6　87p　26cm　（双書美術の泉 73）1800円　Ⓝ721.4
〔17548〕
◇絵草紙に見る近世大坂の画家—平成13年度大阪府立中之島図書館特別展示　大阪　大阪府立中之島図書館　2001.10　13p　30cm
〔17549〕
◇江戸絵画—木村定三コレクション　名古屋　愛知県美術館　c2006　136,7p　26cm　Ⓝ721.025
〔17550〕
◇江戸絵画への熱いまなざし—インディアナポリス美術館名品展　インディアナポリス美術館, 愛媛県美術館, 滋賀県立近代美術館, 栃木県立美術館, 読売新聞大阪本社編　大阪　読売新聞大阪本社　2000　225p　30cm　4309円　Ⓘ0-936260-81-5　Ⓝ721.025
〔17551〕
◇江戸絵画史論　小林忠著　瑠璃書房　1983.4　430p 図版36枚　22cm　6800円　Ⓝ721.025
〔17552〕
◇江戸絵画と文学—〈描写〉と〈ことば〉の江戸文化史　今橋理子著　東京大学出版会　1999.10　339,21p　22cm　6000円　Ⓘ4-13-080201-1　Ⓝ721.025
〔17553〕
◇江戸絵画の巨匠—特別展　浜松　浜松市美術館　1979　48p　26cm　Ⓝ721.02
〔17554〕
◇江戸絵画万華鏡・戯画の系譜　榊原悟著　花林舎編　京都　青幻舎　2007.11　113p　26cm　（大江戸カルチャーブックス）1800円　Ⓘ978-4-86152-125-6　Ⓝ721.025
〔17555〕
◇江戸後期からの日本画—花鳥風月の世界 収蔵品展　一宮市博物館編　一宮　一宮市博物館　1996.7　24p　26cm　Ⓝ721.025
〔17556〕
◇江戸時代人物画伝　水野磯次郎　1913　1帖　29cm　Ⓝ721
〔17557〕
◇江戸時代の絵画　兵庫県立歴史博物館編　姫路　兵庫県立歴史博物館　1993.1　48p　26cm　（企画展資料集 no.18）Ⓝ721.025
〔17558〕
◇江戸時代の絵画展—特別展　桑名　桑名市博物館　1993　1冊　26cm　Ⓝ721.025
〔17559〕
◇江戸時代の東海道—描かれた街道の姿と賑わい—特別展　神奈川県立歴史博物館編　横浜　神奈川県立歴史博物館　2001.9　111p　30cm　Ⓝ721.025
〔17560〕
◇江戸初期の三十六歌仙—光琳・乾山・永納 蔵中スミ著　翰林書房　1996.11　189p　22cm　9709円　Ⓘ4-87737-002-1　Ⓝ721.025
〔17561〕
◇江戸の異国趣味—南蘋風大流行　千葉市美術館編　千葉　千葉市美術館　2001.10　239p　30cm　Ⓝ721.025
〔17562〕
◇江戸のいろどり—城陽の近世絵画 平成14年度春季企画展　城陽市歴史民俗資料館編　城陽　城陽市歴史民俗資料館　2003.2　28p　30cm　（城陽市歴史民俗資料館展示図録 24）Ⓝ721.025
〔17563〕

美術史　　　　　　　　　近世史

◇江戸の絵を愉しむ—視覚のトリック　榊原悟著　岩波書店　2003.6　213p　18cm　(岩波新書)780円　Ⓘ4-00-430843-7　Ⓝ721.025　〔17564〕

◇江戸の絵を読む　小林忠著　ぺりかん社　1989.7　271p　20cm　2400円　Ⓝ721.025　〔17565〕

◇江戸の絵を読む　小林忠著　新装版　ぺりかん社　1998.6　271p　20cm　2800円　Ⓘ4-8315-0849-7　Ⓝ721.025　〔17566〕

◇江戸の絵師雪旦・雪堤—その知られざる世界　東京都江戸東京博物館編　東京都江戸東京博物館　1997.3　202p　30cm　Ⓘ4-924965-06-5　Ⓝ721.025　〔17567〕

◇江戸の絵画　山種美術館　1989　92p　26cm　Ⓝ721.025　〔17568〕

◇江戸の画家たち　小林忠著　ぺりかん社　1987.1　254p　20cm　2200円　Ⓝ721.025　〔17569〕

◇江戸の画家たち　小林忠著　ぺりかん社　1990.4　254p　20cm　2400円　Ⓝ721.025　〔17570〕

◇江戸の閨秀画家展図録　〔東京都〕板橋区立美術館　1991.8　109p　30cm　(江戸文化シリーズ　第11回)Ⓝ721.025　〔17571〕

◇江戸の判じ絵—これを判じてごろうじろ　岩崎均史著　小学館　2004.1　143p　30cm　2400円　Ⓘ4-09-626131-9　Ⓝ721.8　〔17572〕

◇江戸の美意識—絵画意匠の伝統と展開　宮内庁三の丸尚蔵館編　宮内庁　2002.3　83,4p　29cm　(三の丸尚蔵館展覧会図録 no.28)Ⓝ721.025　〔17573〕

◇江戸のもの尽くし—近世博物学事始　東京都板橋区立美術館編　板橋区立美術館　1987.4　1冊　26cm　Ⓝ721.025　〔17574〕

◇江戸の世に遊ぶ—一周忌記念 生田耕作所蔵書画展　坂井輝久編・著　京都　生田かをる　1995.10　100p　26cm　3000円　Ⓝ721.025　〔17575〕

◇江戸美術の再発見　瀬木慎一著　毎日新聞社　1977.7　320p　20cm　1300円　Ⓝ721.02　〔17576〕

◇江戸百夢—近世図像学の楽しみ　田中優子著　朝日新聞社　2000.6　167p　22cm　3800円　Ⓘ4-02-258668-0　Ⓝ721.025　〔17577〕

◇扇の美展—宮脇売扇庵コレクション　静岡　紺文　1995.5　1冊　26cm　Ⓝ721　〔17578〕

◇応挙と芦雪—天才と奇才の師弟 特別展 円山応挙,長沢芦雪画　宮島新一監修　奈良県立美術館編　奈良　奈良県立美術館　2006　173p　30cm　Ⓝ721.6　〔17579〕

◇大江戸日本橋絵巻—『熙代勝覧』の世界　浅野秀剛,吉田伸之編　講談社　2003.10　103p　26cm　3000円　Ⓘ4-06-211372-4　〔17580〕

◇大場家所蔵絵画資料　東京都世田谷区立郷土資料館編　世田谷区立郷土資料館　1997.3　83p　26cm　Ⓝ721.025　〔17581〕

◇おはなしの絵—物語りと絵解き 平成17年度企画展　大分県立歴史博物館編　宇佐　大分県立歴史博物館　2005.7　46p　21×30cm　Ⓝ721.025　〔17582〕

◇絵画の深意—日本近世画の図像学　林進著　茨木　林敬子　1999.11　345p　27cm　非売品　Ⓝ721.0246　〔17583〕

◇怪奇鳥獣図巻—大陸からやって来た異形の鬼神たち　伊藤清司監修・解説　工作舎　2001.1　150p　22cm　3200円　Ⓘ4-87502-345-6　Ⓝ721.2　〔17584〕

◇帰ってきた幕末・明治の絵画—ドイツ・リンデン博物館所蔵 ベルツ・コレクション　ドイツ—日本研究所編　朝日新聞社　1993　143p　28cm　Ⓝ721.025　〔17585〕

◇「顔を描く」図録　〔東京都〕板橋区立美術館　1998.11　103p　30cm　(江戸文化シリーズ 15)Ⓝ721.025　〔17586〕

◇画家とふるさと　小林忠著　東信堂　2002.8　123p　21cm　(世界美術双書 9(別巻))2300円　Ⓘ4-88713-447-9　Ⓝ721.025　〔17587〕

◇賀来飛霞展—幕末の本草学者 賀来飛霞画　安心院町(大分県)　〔第13回国民文化祭安心院町実行委員会〕　1999　28p　15×21cm　Ⓝ721.025　〔17588〕

◇花鳥山水の美—桃山江戸美術の系譜　土居次義著　京都　京都新聞社　1992.11　462p　20cm　2000円　Ⓘ4-7638-0304-2　Ⓝ721.025　〔17589〕

◇寛永文化の肖像画　門脇むつみ著　勉誠出版　2002.2　312,3p　23cm　11000円　Ⓘ4-585-10085-7　Ⓝ721.025　〔17590〕

◇関西大学所蔵大坂画壇目録　吹田　関西大学図書館　1997.3　177p　30cm　(関西大学図書館シリーズ no.28)Ⓝ721.025　〔17591〕

◇館蔵近世の絵画　東京都世田谷区立郷土資料館編　世田谷区立郷土資料館　1995.2　63p　26cm　Ⓝ721.025　〔17592〕

◇企画展江戸の色と意匠—庶民の色彩とデザイン感覚　たばこと塩の博物館　1989　15p　24cm　Ⓝ721.025　〔17593〕

◇「奇想天外江戸絵画」展図録　安村敏信編　〔東京都〕板橋区立美術館　1997.6　72p　24×26cm　(江戸文化シリーズ 14)Ⓝ721.025　〔17594〕

◇奇想の系譜—又兵衛—国芳　辻惟雄著　美術出版社　1970　149p　図版30枚　22cm　1000円　Ⓝ721.02　〔17595〕

◇奇想の系譜—又兵衛—国芳　辻惟雄著　ぺりかん社　1988.6　157p　図版30枚　22cm　3600円　Ⓝ721.025　〔17596〕

◇奇想の系譜　辻惟雄著　筑摩書房　2004.9　275p　15cm　(ちくま学芸文庫)1300円　Ⓘ4-480-08877-6　Ⓝ721.025　〔17597〕

◇奇想の図譜　辻惟雄著　筑摩書房　2005.4　306p　15cm　(ちくま学芸文庫)1400円　Ⓘ4-480-08909-8　Ⓝ721.8　〔17598〕

◇京都画壇岸派の展開—特別展　敦賀市立博物館編　敦賀　敦賀市立博物館　2005.2　108p　30cm　Ⓝ721.025　〔17599〕

◇京都画壇の一九世紀　第2巻 文化・文政期　佐々木丞平責任編集　京都　思文閣出版　1994.10　240p　31cm　2500円　Ⓘ4-7842-0838-0　Ⓝ721.025　〔17600〕

◇京都画壇原派の展開—平成13年特別展図録　敦賀市立博物館編　敦賀　敦賀市立博物館　2001.10　89p　30cm　Ⓝ721.025　〔17601〕

◇京都近世の肖像画—市内肖像画調査報告書　京都市文化市民局文化部文化財保護課編　京都　京都市文化市民局文化部文化財保護課　1996.2　72p　30cm　(京都市文化財ブックス 第11集)1300円　Ⓝ721.087　〔17602〕

◇郷土の画人展—小島老鉄・神原鳳章斎・冨田古観　小島老鉄,神原鳳章斎,冨田古観画　知多市歴史民俗博物館編　知多　知多市歴史民俗博物館　2000.7　22p　30cm　Ⓝ721.025　〔17603〕

◇京の絵師は百花繚乱—『平安人物志』にみる江戸時代の京都画壇　京都文化博物館学芸第一課編　京都　京都文化博物館　1998.10　351p　30cm　Ⓝ721.025　〔17604〕

◇近世漆絵展　毎日新聞社編　毎日新聞社　1962　1冊　21cm　(日本美術シリーズ 第33回)　〔17605〕

◇近世大坂画壇の調査研究　大阪　大阪市立博物館

1998.3 39p 30cm （大阪学調査研究報告書 1）Ⓝ721. 025 〔17606〕

◇近世大坂画壇の調査研究 2 大阪 大阪市立博物館 2000.3 52p 30cm （大阪学調査研究報告書 3）Ⓝ721. 025 〔17607〕

◇近世絵画史 藤岡作太郎著 金港堂 1903.6 400p 22cm Ⓝ720 〔17608〕

◇近世絵画史 藤岡作太郎著 訂10版 金港堂書籍 1914 400p 21cm Ⓝ721 〔17609〕

◇近世絵画史 藤岡作太郎著 大阪 創元社 1941 356p 19cm （日本文化名著選 第2輯 第13）Ⓝ721 〔17610〕

◇近世絵画史 藤岡作太郎著 4版 創元社 1946 356,19p* 19cm （日本文化名著選）Ⓝ721.02 〔17611〕

◇近世絵画史 藤岡作太郎著 ぺりかん社 1983.7 303,24p 図版15枚 20cm （日本芸術名著選 1）2400円 Ⓝ721.025 〔17612〕

◇近世絵画聚考 土居次義著 京都 芸艸堂出版部 1948 192p* 21cm Ⓝ721 〔17613〕

◇近世絵画聚考 土居次義著 京都 芸艸堂出版部 1948 192p 21cm Ⓝ721 〔17614〕

◇近世雅人伝 湯川玄洋著 芸艸堂 1977.10 802p 24cm 10000円 Ⓝ721.02 〔17615〕

◇近世・近代磐田の画人 磐田市教育委員会編 磐田 磐田市教育委員会 1999.1 49p 30cm （磐田市資料叢書 第3集）Ⓝ721.025 〔17616〕

◇近世・近代ぬまづの画人たち 沼津市明治史料館編 沼津 沼津市明治史料館 1998.7 56p 26cm Ⓝ721. 025 〔17617〕

◇近世名古屋享元絵巻の世界 林董一編 大阪 清文堂出版 2007.7 428p 21cm 9400円 Ⓘ978-4-7924-0631-8 〔17618〕

◇近世日本絵画集成―米国・心遠館コレクション ジョー・D・プライス著,ロバート・シンガー訳,江上綾訳 京都 京都書院 1984.10 275,33p 36cm 48000円 Ⓘ4-7636-0036-2 Ⓝ721.08 〔17619〕

◇近世日本絵画と画譜・絵手本展―名画を生んだ版画 1 町田市立国際版画美術館編 町田 町田市立国際版画美術館 1990 161p 28cm Ⓝ721.087 〔17620〕

◇近世日本絵画と画譜・絵手本展―名画を生んだ版画 2 町田市立国際版画美術館編 町田 町田市立国際版画美術館 1990 187p 28cm Ⓝ721.087 〔17621〕

◇近世日本絵画の研究 土居次義著 美術出版社 1970 774p 25cm 8000円 Ⓝ721.02 〔17622〕

◇近世日本画名作展―江戸から大正まで 三越美術部編 三越美術部 1973 1冊 28cm 〔17623〕

◇近世日本の絵画―京都画派の活躍 京都国立博物館編 京都 京都国立博物館 1984.10 143p 26cm 〔17624〕

◇近世日本の絵画 京都国立博物館編 京都 同朋舎出版 1986.6 225p 38cm 30000円 Ⓘ4-8104-0506-0 Ⓝ721.025 〔17625〕

◇近世日本の絵画―人物・花鳥・山水 第71回展観 西宮 黒川古文化研究所 1992 14p 26cm Ⓝ721.025 〔17626〕

◇近世の大阪画人―山水・風景・名所 堺市博物館秋季特別展 堺市博物館編 堺 堺市博物館 1992.10 119p 30cm Ⓝ721.025 〔17627〕

◇近世の画家 森銑三著 大東出版社 1942 244p 19cm （大東名著選 32）Ⓝ721 〔17628〕

◇近世の画家―その師友と作品 赤井達郎著 角川書店 1976 179p 21cm （季刊論叢日本文化 3）1400円 Ⓝ721.02 〔17629〕

◇近世の京都画壇―画家と作品 京都市文化観光局文化部文化財保護課編 京都 京都市 1992.3 88p 30cm （京都市文化財ブックス 第7集）1000円 Ⓝ721.025 〔17630〕

◇近世の源氏絵 綿抜豊昭編 富山 桂書房 2002.3 53p 26cm Ⓝ721.025 〔17631〕

◇近世の女性画家たち―美術とジェンダー パトリシア・フィスター著 京都 思文閣出版 1994.11 244,13p 22cm 3800円 Ⓘ4-7842-0860-7 Ⓝ721.025 〔17632〕

◇近世武家肖像画の研究 守谷正彦著 勉誠出版 2002.2 445p 23cm 19000円 Ⓘ4-585-10083-0 Ⓝ721.025 〔17633〕

◇近世用器画法 秋保安治,飯田吉三郎著 六盟館 1905-1906 3冊（合本） 22cm Ⓝ501.8 〔17634〕

◇近世吉田の絵画―広島吉田支藩絵師・小島雪［ソウ］を探る 吉田町歴史民俗資料館編 吉田町（広島県） 吉田町歴史民俗資料館 1994.10 1冊 26cm （吉田町歴史民俗資料館特別展図録 8）Ⓝ721.025 〔17635〕

◇国女歌舞妓絵詞 京都大学附属図書館編 京都 京都大学附属図書館 1993.6 2冊（別冊とも） 19×26cm Ⓝ721.2 〔17636〕

◇小泉斐と高田敬輔―江戸絵画にみる画人たちのネットワーク 栃木県立美術館,滋賀県立近代美術館編 宇都宮 栃木県立美術館 2005 217p 30cm Ⓝ721.4 〔17637〕

◇神戸・淡路・鳴門近世の画家たち 神戸市立博物館編 神戸 神戸市立博物館 1998.7 90p 24×25cm Ⓝ721.025 〔17638〕

◇国宝 日本の名画 第3 近世 野間清六,河北倫明,中村渓男編 集英社 1966 58cm Ⓝ721.08 〔17639〕

◇国宝 日本の名画 第4 近世 野間清六,河北倫明,中村渓男編 集英社 1966 58cm Ⓝ721.08 〔17640〕

◇ことば・詩・江戸の絵画―日本文化の一面を探る 兼築清恵,高柳誠,矢部誠一郎著 町田 玉川大学出版部 2004.9 181p 19cm 2200円 Ⓘ4-472-30281-0 Ⓝ810.2 〔17641〕

◇金刀比羅宮書院の美―応挙・若冲・岸岱 東京芸術大学大学美術館,金刀比羅宮,朝日新聞社編 朝日新聞社 2007.7 238p 30cm Ⓝ721.025 〔17642〕

◇斎藤秋圃と筑前の絵師たち―筑前四大画家の時代 特別展 斎藤秋圃ほか画 福岡県立美術館企画・編集 福岡 福岡県立美術館 2002.1 87p 30cm Ⓝ721.025 〔17643〕

◇酒井抱一と江戸琳派 サントリー美術館編 サントリー美術館 1981 80p 26cm 〔17644〕

◇ザ・プライスコレクション 辻惟雄監修 小学館 2006.9 2冊（作品解説とも） 37cm 全70000円 Ⓘ4-09-681881-X Ⓝ721.025 〔17645〕

◇参勤交代行列絵図 霞会館公家と武家文化調査委員会編纂 霞会館 2000.10 1冊 30×42cm 非売品 Ⓝ721.025 〔17646〕

◇色と空の日本美術―近世美術史異説 瀬木慎一著 里文出版 1992.8 325p 20cm 2300円 Ⓘ4-947546-53-0 Ⓝ721.025 〔17647〕

◇四季の花 上巻 酒井抱一,鈴木其一,中野其明原作 塚本洋太郎図版解説 京都 青幻舎 2006.7 271p 26cm 3800円 Ⓘ4-86152-079-7 Ⓝ721.5 〔17648〕

◇四季の花 下巻 酒井抱一,鈴木其一,中野其明原作 塚本洋太郎図版解説 京都 青幻舎 2006.7 271p

美術史　　　　　　　　　　　近世史

◇26cm　3800円　Ⓘ4-86152-080-0　Ⓝ721.5　〔17649〕
◇シーボルト・コレクション日本植物図譜展―日本のボタニカル・アートの原点　タマラ・チェルナーヤ監修・本文　アート・ライフ　c2002　200p　30cm　Ⓝ721.025　〔17650〕
◇若冲と江戸絵画―プライスコレクション　東京国立博物館,日本経済新聞社編　日本経済新聞社　2006.7　282p　30cm　Ⓝ721.025　〔17651〕
◇若冲になったアメリカ人―ジョー・D・プライス物語　ジョー・D.プライス著　山下裕二インタビュアー　小学館　2007.6　270p　20cm　1800円　Ⓘ978-4-09-387713-8　Ⓝ707.9　〔17652〕
◇重要文化財　第11巻　絵画 5 近世画―近代画・明清画　編集:毎日新聞社「重要文化財」委員会事務局　毎日新聞社　1975　140,6p　36cm　4300円　Ⓝ709.2　〔17653〕
◇祝福された四季―近世日本絵画の諸相　千葉市美術館編　千葉　千葉市美術館　1996　2冊(別冊とも)　27cm　Ⓘ4-925022-07-5　Ⓝ721.025　〔17654〕
◇資料と図録による日本絵画史―室町・桃山・江戸篇　山口桂三郎編　大学教育社　1981.9　207p　22cm　3500円　Ⓝ721.02　〔17655〕
◇資料と図録による日本絵画史―室町・桃山・江戸篇　山口桂三郎編　ブレーン出版　1989.5　206p　22cm　3914円　Ⓘ4-89242-495-1　Ⓝ721.02　〔17656〕
◇新顔揃いの近世絵画―'91・'92板橋区立美術館新収蔵作品展　〔東京都〕板橋区立美術館　1992　1冊　30cm　Ⓝ721.025　〔17657〕
◇すぐわかる画家別近世日本絵画の見かた　安村敏信著　東京美術　2005.9　143p　21cm　2000円　Ⓘ4-8087-0791-8　Ⓝ721.025　〔17658〕
◇大名行列図―描かれた大名行列　豊橋市二川宿本陣資料館編　豊橋　豊橋市二川宿本陣資料館　1997.10　71p　30cm　Ⓝ721.025　〔17659〕
◇玉名にのこる近世絵画―企画展　玉名市立歴史博物館こころピア編　玉名　玉名市立歴史博物館こころピア　1999.7　24p　30cm　Ⓝ721.025　〔17660〕
◇団十郎と死絵―江戸の気分其2　陶智子著　富山　桂書房　1996.10　139p　19cm　1236円　Ⓝ721.025　〔17661〕
◇筑前御抱え絵師　研究篇　小林法子著　中央公論美術出版　2004.3　256p　図版24枚　26cm　Ⓘ4-8055-0451-X　Ⓝ721.025　〔17662〕
◇伝統と再生　小林忠著　新装版　学習研究社　2004.3　175p　31cm　(人間の美術 9(江戸時代1))　3400円　Ⓘ4-05-102352-4　Ⓝ702.15　〔17663〕
◇動物絵画の100年―1751-1850　府中市美術館編　府中(東京都)　府中市美術館　2007.3　153,19p　26cm　Ⓝ721.025　〔17664〕
◇謎の近世画家　瀬木慎一著　ジャパン・パブリッシャーズ　1977.8　240p　20cm　2800円　Ⓝ721.028　〔17665〕
◇なにわづに咲くやこの花・大阪画壇の近世/近代―ガイドブック　大阪市立美術館編　大阪　大阪市立美術館　1998.8　52p　27cm　Ⓝ721.025　〔17666〕
◇日本絵画近世史　脇田秀太郎著　大阪　敵文館　1943　269,11p　22cm　Ⓝ721　〔17667〕
◇日本絵画近世史　脇田秀太郎著　増進堂　1947　382p　B6　100円　〔17668〕
◇日本近世絵画　美術研究所談話会編　大阪　白鳳書院　1947　106p*図版16枚　26cm　(美術研究叢書 2)150円　Ⓝ721　〔17669〕

◇日本近世絵画　美術研究所談話会編　大阪　白鳳書院　1947　106p　図版16枚　26cm　(美術研究叢書 2)Ⓝ721　〔17670〕
◇日本近世絵画攷　土居次義著　京都　桑名文星堂　1944　294p　図版23枚　22cm　Ⓝ721　〔17671〕
◇日本近世絵画の図像学―趣向と深意　林進著　八木書店　2000.12　382p　27cm　16000円　Ⓘ4-8406-7014-5　Ⓝ721.0246　〔17672〕
◇日本近世・近代美術コレクション―高知県立美術館蔵　高知県立美術館編　高知　高知県立美術館　c2006　111p　25cm　(高知県立美術館館蔵品目録 9)Ⓝ721.026　〔17673〕
◇日本近世名画大観　上,下　恩賜京都博物館編　京都　中島泰成閣出版部　1941　2冊　43cm　Ⓝ721　〔17674〕
◇日本の幽霊名画集　安村敏信監修　人類文化社　2000.3　167p　38cm　25000円　Ⓘ4-7567-1193-6　Ⓝ721.025　〔17675〕
◇幕末・明治の画家たち―文明開化のはざまに　辻惟雄編著　ぺりかん社　1992.12　296p　22cm　3600円　Ⓘ4-8315-0581-1　Ⓝ721.025　〔17676〕
◇馬頭町所蔵・青木コレクション展図録―広重と浮世絵川村清雄と明治美術　栃木県立美術館,馬頭町美術館準備室編　宇都宮　下野新聞社　c1998　205p　30cm　Ⓝ721.025　〔17677〕
◇百花の絵―館蔵の江戸時代絵画と関連の優品　府中市美術館編　府中(東京都)　府中市美術館　2005.3　94p　26cm　Ⓝ721.025　〔17678〕
◇プーシキン美術館所蔵日本美術品図録　国際日本文化研究センター海外日本美術調査プロジェクト編　京都　国際日本文化研究センター　1993.1　292p　31cm　(日文研叢書 1―海外日本美術調査プロジェクト報告 1)Ⓝ721.025　〔17679〕
◇文化財講座日本の美術　3　絵画(桃山・江戸)　岡田譲等編集　吉沢忠執筆　第一法規出版　1977.11　275p　22cm　1900円　Ⓝ702.1　〔17680〕
◇平成新修『粟生光明寺縁縁起』　長岡京　西山浄土宗宗務所　1998.10　171p　22×31cm　Ⓝ721.2　〔17681〕
◇本朝画人伝―新輯　巻2　村松梢風著　中央公論社　1972　330p　23cm　3500円　Ⓝ721.028　〔17682〕
◇本朝画人伝―新輯　巻3　村松梢風著　中央公論社　1972　365p　図10枚　23cm　3500円　Ⓝ721.028　〔17683〕
◇松平家歴史資料目録　3　絵画 2　香川県歴史博物館編　高松　香川県歴史博物館　2004.3　79p　30cm　Ⓝ702.15　〔17684〕
◇幻の日本画名品展―首藤コレクション　ロシア国立東洋美術館所蔵　細野正信,佐藤光信監修　「幻の日本画名品展」事務局　c1999　160p　28cm　Ⓝ721.025　〔17685〕
◇武者たちが通る―行列絵図の世界　展示解説図録　福島県立博物館編　会津若松　福島県立博物館　2001.9　68p　30cm　Ⓝ721.025　〔17686〕
◇室町水墨画・近世絵画―県内所蔵品を中心に　特別展　水戸　茨城県立歴史館　1983.10　1冊　26cm　Ⓝ721.3　〔17687〕
◇桃山の色江戸の彩―福井ゆかりの近世絵画 展覧会図録　福井　福井県立美術館　2002.4　135p　21×30cm　Ⓝ721.025　〔17688〕
◇幽霊学入門―幽霊の足はいつ消えた?　安城市歴史博物館編　安城　安城市歴史博物館　1999.7　60p　30cm　Ⓝ721.025　〔17689〕
◇寄合書画帖 文人諸家　小林忠,河野元昭監修　武田光

一編　駸々堂出版　1997.8　192,7p　31×24cm　（江戸名作画帖全集 10）19417円　①4-397-50410-5　〔17690〕

◆◆地方の絵画

◇阿波の近世絵画—画壇をささえた御用絵師たち　徳島県立博物館編　徳島　徳島県立博物館　1997.4　84p　30cm　（徳島県立博物館企画展図録）Ⓝ721.025
〔17691〕

◇阿波蜂須賀侯御用絵師展図録—特別展　徳島県博物館編　徳島　徳島県立博物館　1983.3　63p　26cm　Ⓝ721.087
〔17692〕

◇描かれし美の世界—讃岐に関る画人・作品を中心に　開館二周年企画展図録　高松市歴史資料館編　高松　高松市歴史資料館　1994.10　59p　26cm　Ⓝ721.025
〔17693〕

◇江戸時代上方絵画の底ぢから—特別陳列　京都府立総合資料館・敦賀市立博物館・大和文華館所蔵作品と館蔵品・寄託品による　奈良県立美術館編　奈良　奈良県立美術館　2007.4　45p　30cm　Ⓝ721.025　〔17694〕

◇江戸時代広島の風景画—頼山陽史跡資料館開館七周年記念企画展　広島　頼山陽記念文化財団　2002.10　40p　30cm　（頼山陽史跡資料館展示図録　第8冊）Ⓝ721.025
〔17695〕

◇愛媛の近世画人列伝—伊予近世絵画の流れ　松山　愛媛県　1995.3　275p　19cm　Ⓝ721.025　〔17696〕

◇岡山ゆかりの画人たち—桃山から幕末まで　特別展　岡山県立博物館編　岡山　岡山県立博物館　1983.10　71p　26cm　Ⓝ721.087
〔17697〕

◇北九州ゆかりの絵師たち—江戸時代の文化　北九州市立歴史博物館編　北九州　北九州市立歴史博物館　1994.10　40p　26cm　Ⓝ721.025　〔17698〕

◇京都画壇岸派の展開—特別展　敦賀市立博物館編　敦賀　敦賀市立博物館　2005.2　108p　30cm　Ⓝ721.025
〔17699〕

◇郷土日本画の流れ展—山形美術館蒐集作品三百五十点公開　第1部　江戸〜明治　山形　山形美術館　1990　4枚　26cm
〔17700〕

◇郷土の絵師小木曽文洲展—月洞・月耕　市之瀬広太記念美術館特別展　小木曽文洲ほか画　瑞浪市教育委員会文化課編　瑞浪　瑞浪市市之瀬広太記念美術館　2006.3　49p　30cm　Ⓝ721.025
〔17701〕

◇近世大坂画壇　大阪市立美術館編　京都　同朋舎出版　1983.10　340p　36cm　35000円　①4-8104-0352-1　Ⓝ721.025
〔17702〕

◇近世広島の絵画展—特別展　広島県立美術館編　広島　広島県立美術館　1990.2　96p　26cm　Ⓝ721.025
〔17703〕

◇佐藤明著作集　福島美術館編纂　田無　佐藤千春　1987.8　223p　22cm　Ⓝ721.025　〔17704〕

◇瑞巌寺と仙台藩画員佐久間家歴代展　松島町（宮城県）瑞巌寺博物館　1989.4　23p　26cm
〔17705〕

◇仙台藩の絵画　仙台市博物館編　仙台　仙台市博物館　1993.1　91p　21cm　（仙台市博物館収蔵資料図録 5）Ⓝ721.025　〔17706〕

◇仙台四大画家　東東洋ほか画　仙台市博物館編　仙台　仙台市博物館　1997.3　91p　21cm　（仙台市博物館収蔵資料図録 7）Ⓝ721.025　〔17707〕

◇高久隆古—その画業を探る　白河市歴史民俗資料館編　白河　白河市歴史民俗資料館　1994.3　34p　26cm　Ⓝ721.2
〔17708〕

◇竜野の美—郷土に残された日本絵画　竜野市教育委員会編　竜野　竜野市立歴史文化資料館　1996.10　95p　26cm　（竜野市立歴史文化資料館図録 17）Ⓝ721.025
〔17709〕

◇多摩近世絵画調査報告—多摩の絵師とその作品　東京都教育庁社会教育部文化課編　東京都教育委員会　1987.3　27p　図版25枚　26cm　Ⓝ721.025
〔17710〕

◇津和野藩の日本画家展　松江　島根県教育文化財団　1978.4　25p　26cm　Ⓝ721.08　〔17711〕

◇東三画人伝—近世以降東三河日本画家列伝　佐藤又八著, 竹内孝一編　増補改訂　近藤夜史生〔改訂〕　豊橋　竹内孝一　1989.1　153p　19cm　1600円　Ⓝ721.025
〔17712〕

◇土佐画人伝　甲藤勇著　高知　高知市民図書館　1993.1　350p　22cm　4500円　Ⓝ721.025　〔17713〕

◇長崎画史彙伝　古賀十二郎著　長崎　大正堂書店　1983.11　638,22p　22cm　12000円　Ⓝ721.028　〔17714〕

◇長崎の肖像—長崎派の美術家列伝　阿野露団著　立川　形文社　1995.12　509p　20cm　5200円　Ⓝ720.28

◇幕末明治京洛の画人たち　原田平作著　京都　京都新聞社　1985.2　210p　20cm　1500円　Ⓝ721.025
〔17716〕

◇藩政時代岩手画人録　細野金三著　盛岡　岩手美術史の会　1982.5　33p　26cm　2000円　Ⓝ721.025　〔17717〕

◇兵庫を歩いた近世の画家—特別展　兵庫県立歴史博物館編　姫路　兵庫県立歴史博物館　1983.10　85p　25cm　Ⓝ721.087
〔17718〕

◇広島の名勝再発見展　広島　広島城　1998　1冊　21×30cm　Ⓝ721.025
〔17719〕

◇福島画人伝　磯崎康彦著　会津若松　歴史春秋出版　1991.4　220p　22cm　6000円　Ⓝ721.025　〔17720〕

◇ふくしま近世の画人たち　川延安直著　会津若松　歴史春秋出版　2001.10　233p　19cm　（歴春ふくしま文庫 76）1200円　①4-89757-630-X　Ⓝ721.025　〔17721〕

◇細川藩御用絵師・矢野派—雪舟流画風の再興と継承　熊本　熊本県立美術館　1996.10　163p　28cm　（熊本の美術展 第19回）Ⓝ721.025　〔17722〕

◇松前藩の画人と近世画史—蠣崎波響と熊坂適山・蘭斎兄弟　磯崎康彦著　雄山閣出版　1986.3　247p　22cm　4500円　①4-639-00555-5　Ⓝ721.025　〔17723〕

◇三重の近世絵画展　三重県立美術館編　津　三重県立美術館　1989.7　1冊　25cm　Ⓝ721.025　〔17724〕

◇水沢画人伝—近世末期から昭和初期まで　水沢市立図書館編　水沢　水沢市立図書館　1981.6　154p　27cm　（水沢風土記　第1巻）Ⓝ721.028　〔17725〕

◇みちのくの大画—近世の障壁画と屏風絵　仙台市博物館編　仙台　仙台市博物館　1986.9　60p　26cm　Ⓝ721.025
〔17726〕

◇宮内墨斎展図録—宮内墨斎没後125年記念　宮内墨斎展図録編集委員会編　更埴　宮内墨斎展実行委員会　1993.11　68p　30cm　Ⓝ721.3　〔17727〕

◇宮城画史資料　大林昭雄著　仙台　ギャラリー大林（発売）　1996　114p　27cm　（日本美術論攷大林昭雄著作集　第17巻）4000円　Ⓝ721.025　〔17728〕

◇笑いの奇才耳鳥斎！—近世大坂の戯画　耳鳥斎画　中谷伸生監修　伊丹市立美術館編　伊丹　伊丹市立美術館　2005　115p　26cm　Ⓝ721.025　〔17729〕

◆◆◆蠣崎波響

◇蠣崎波響展—松前の明星　北海道立近代美術館編　札幌

美術史　　　　　　　　　近世史

◇北海道立近代美術館　c1979　107p　25cm　Ⓝ721.7
〔17730〕
◇「蠣崎波響とその時代」展図録　北海道立函館美術館編　函館　北海道立函館美術館　1991　275p　26cm　Ⓝ721.6
〔17731〕
◇蠣崎波響の生涯　中村真一郎著　新潮社　1989.10　687p　22cm　5000円　①4-10-315513-2　Ⓝ721.6
〔17732〕
◇波響論集　波響論集刊行会編　仙台　波響論集刊行会　1991.8　169p　30cm　Ⓝ721.6
〔17733〕
◇松前絵師蠣崎波響伝　永田富智著　札幌　北海道新聞社　1988.8　195p　19cm　(道新選書 9)1100円　①4-89363-928-5　Ⓝ721.6
〔17734〕
◇松前藩の画人と近世絵画史―蠣崎波響と熊坂適山・蘭斎兄弟　磯崎康彦著　雄山閣出版　1986.3　247p　22cm　4500円　①4-639-00555-5　Ⓝ721.025
〔17735〕

◆◆◆東東洋
◇東東洋　三浦三吾編著　若柳町(宮城県)　三浦良子　1991.5　112p　26cm　(近世美術の鑑賞 1)Ⓝ721.6
〔17736〕
◇東東洋全伝　大林昭雄著　仙台　ギャラリー大林出版　1988.9　361p　27cm　(日本美術論攷大林昭雄著作集 第6巻)9800円　Ⓝ721.6
〔17737〕
◇東東洋展―没後150年　瑞巌寺博物館編　松島町(宮城県)　瑞巌寺博物館　1988.7　8p 図版4枚　27cm　Ⓝ721.7
〔17738〕

◆◆大和絵
◇伊勢物語色紙歌留多帖　吉田光邦編・解説　京都　芸艸堂　1991.7　1冊　44cm　①4-7538-1010-0　Ⓝ721.087
〔17739〕
◇をくり―伝岩佐又兵衛の小栗判官絵巻　宮内庁三の丸尚蔵館編　宮内庁　1995.7　73,3p　29cm　(三の丸尚蔵館展覧会図録 no.8)Ⓝ721.2
〔17740〕
◇神田明神祭礼絵巻　住吉内記広定画　神田神社社務所　1974　1冊　22×30cm　Ⓝ721.2
〔17741〕
◇近世絵巻の興起―〈物語り〉絵の諸相　宮内庁三の丸尚蔵館編　宮内庁　1997.7　41,6p　29cm　(三の丸尚蔵館展覧会図録 no.16)Ⓝ721.2
〔17742〕
◇近世大和絵展　毎日新聞社編　毎日新聞社　1964　1冊　21cm　(日本美術シリーズ 最終回)
〔17743〕
◇鴻池コレクション扇絵図録　第3集　土佐・狩野派編　太田記念美術館学芸部編　浮世絵太田記念美術館　1983.8　68p　26cm　Ⓝ721.087
〔17744〕
◇長恨歌絵巻　川口久雄編集・解説　大修館書店　1982.11　79p　27cm　2200円　Ⓝ721.4
〔17745〕
◇土佐派の画家　飯田英男著　尾張旭　〔飯田英男〕　1992　1冊　26cm　Ⓝ721.2
〔17746〕
◇日本の美術　261　冷泉為恭と復古大和絵　中村渓男編　至文堂　1988.2　98p　23cm　1300円　Ⓝ702.1
〔17747〕
◇福岡の近世やまと絵展　福岡市美術館編　福岡　福岡市美術館　2002.1　71p　30cm　Ⓝ721.2
〔17748〕
◇復古大和絵―冷泉為恭を中心として　特別展　敦賀市立博物館編　敦賀　敦賀市立博物館　2000.9　120p　30cm　Ⓝ721.2
〔17749〕
◇復古大和絵―冷泉為恭を中心として　特別展　敦賀市立博物館編　改訂版　敦賀　敦賀市立博物館　2001.1　120p　30cm　Ⓝ721.2
〔17750〕

◆◆◆土佐光則
◇江戸名作画帖全集　5　光則・光起・具慶―土佐・住吉派　榊原悟責任編集　駸々堂出版　1993.2　192,7p　31cm　20000円　①4-397-50405-9　Ⓝ721.025
〔17751〕
◇土佐光則絵手鑑　土佐光則筆,小林忠解説,日本の文様研究会編　京都　フジアート出版　1972　1帖(はり込み図33枚共)　26×28cm　Ⓝ721.2
〔17752〕

◆◆◆土佐光起
◇江戸名作画帖全集　5　光則・光起・具慶―土佐・住吉派　榊原悟責任編集　駸々堂出版　1993.2　192,7p　31cm　20000円　①4-397-50405-9　Ⓝ721.025
〔17753〕
◇近世における大和絵の展開―土佐光起・狩野探幽を中心として　特別展　敦賀市立博物館編　敦賀　敦賀市立博物館　1994.8　119p　26cm　Ⓝ721.2
〔17754〕

◆◆◆住吉如慶
◇江戸のやまと絵―住吉如慶・具慶　サントリー美術館　1985　88p　26cm　Ⓝ721.2
〔17755〕

◆◆◆住吉具慶
◇江戸のやまと絵―住吉如慶・具慶　サントリー美術館　1985　88p　26cm　Ⓝ721.2
〔17756〕
◇江戸名作画帖全集　5　光則・光起・具慶―土佐・住吉派　榊原悟責任編集　駸々堂出版　1993.2　192,7p　31cm　20000円　①4-397-50405-9　Ⓝ721.025
〔17757〕

◆◆◆冷泉為恭
◇日本の美術　261　冷泉為恭と復古大和絵　中村渓男編　至文堂　1988.2　98p　23cm　1300円　Ⓝ702.1
〔17758〕

◆◆水墨画・禅画
◇隠元禅師と黄檗宗の絵画展―特別展　神戸市立博物館編　神戸　神戸市スポーツ教育公社　1991.2　122p　24×25cm　Ⓝ721.1
〔17759〕
◇黄檗禅の美術　福岡県立美術館編　福岡　福岡県立美術館　1993　144p　30cm　(福岡・佐賀・長崎三県合同企画展 第3回)Ⓝ702.098
〔17760〕
◇黄檗の美術―江戸時代の文化を変えたもの　特別展覧会　京都国立博物館編　京都　京都国立博物館　1993.10　221p　26cm　Ⓝ702.098
〔17761〕
◇黄檗美術の諸問題―絵画を中心に　研究発表と座談会　藤沢令夫ほか編　京都　仏教美術研究上野記念財団助成研究会　1994.3　12,19,6p　30cm　(仏教美術研究上野記念財団助成研究会報告書 第24冊)Ⓝ721.1
〔17762〕
◇近世の禅画―開館十周年記念展　富岡美術館編　富岡美術館　1989.9　1冊　26cm　Ⓝ721.7
〔17763〕
◇黒田泊庵遺墨集　黒田泊庵作　黒田敏夫編著　増補　洲本　淡墨会　2000.9　32p　27cm　非売品　Ⓝ721.3
〔17764〕
◇Zenga―帰ってきた禅画―アメリカ ギッター・イエレン夫妻コレクションから　山下裕二監修　浅野研究所　2000　214p　30cm　Ⓝ721.7
〔17765〕
◇日光山輪王寺の仏画　栃木県立博物館編　宇都宮　栃木県立博物館　1996.3　108p　30cm　(栃木県立博物館調査研究報告書)Ⓝ721.1
〔17766〕
◇林十江―奇想のメッセージ　林十江画　日本放送出版協会　1993.5　61p　28cm　(NHK日曜美術館―幻の画家 回想の画家 5)2000円　①4-14-009177-0　Ⓝ721.3
〔17767〕

近世史　　　　　　　　　　　　　　　　　　　　　　美術史

◇風外慧薫―野に生きた禅僧画家　第44回企画展　群馬県立歴史博物館編　高崎　群馬県立歴史博物館　1993.4　107p　26cm　Ⓝ721.3　〔17768〕

◆◆◆海北派
◇絵馬を描いた海北派の画家　飯田英男編　尾張旭　飯田英男　1988　1冊　26cm　Ⓝ721.3　〔17769〕

◆◆◆仙厓
◇死にとうない―仙厓和尚伝　堀和久著　新潮社　1996.4　288p　15cm　（新潮文庫）440円　①4-10-145421-3　〔17770〕
◇水墨画の巨匠　第7巻　白隠・仙厓　白隠慧鶴,仙厓義梵画　水上勉,泉武夫著　講談社　1995.3　109p　31cm　3400円　①4-06-253927-6　Ⓝ721.3　〔17771〕
◇仙厓　仙厓画,出光美術館編　出光美術館　1988.8　421p　34cm　（出光美術館蔵品図録）30000円　①4-582-21825-3　Ⓝ721.7　〔17772〕
◇仙厓―その生涯と芸術　福岡市美術館編　福岡　福岡市美術館協会　1992.1　475,11p　22cm　（福岡市美術館叢書　2）8000円　Ⓝ721.7　〔17773〕
◇仙厓和尚書画選集―石村善右遺愛　義梵筆・画　文献出版　1981.5　1冊　38cm　25000円　Ⓝ721.3　〔17774〕
◇仙厓展―ユーモアにつつまれた禅のこころ　福岡市美術館編　福岡　福岡市美術館　1986.10　200p　27cm　Ⓝ721.7　〔17775〕
◇仙厓の禅画―悟りの美　日貿出版社編纂　日貿出版社　1984.7　134p　31cm　7500円　①4-8170-3047-X　Ⓝ721.7　〔17776〕
◇仙厓の○△□―無法の禅画を楽しむ法　中山喜一朗著　福岡　弦書房　2003.8　234p　19cm　2000円　①4-902116-01-4　Ⓝ721.7　〔17777〕
◇仙厓墨蹟　淡川康一著　増補改訂版　京都　アート社出版　1976　1冊（丁付なし）　30cm　9800円　Ⓝ721.3　〔17778〕

◆◆◆白隠
◇水墨画の巨匠　第7巻　白隠・仙厓　白隠慧鶴,仙厓義梵画　水上勉,泉武夫著　講談社　1995.3　109p　31cm　3400円　①4-06-253927-6　Ⓝ721.3　〔17779〕
◇泥と蓮　白隠禅師を読む―坐禅和讃・毒語心経・隻手音声　沖本克己著　大法輪閣　2007.5　350p　19cm　2400円　①978-4-8046-1250-8　〔17780〕
◇白隠　白隠画,竹内尚次編著　筑摩書房　1964　図版128枚　解説62p　31cm　Ⓝ721.3　〔17781〕
◇白隠―伊那谷にも訪れた禅の傑僧　特別展　展覧会図録　飯田市美術博物館編　飯田　飯田市美術博物館　1994　95p　28cm　Ⓝ721.7　〔17782〕
◇白隠―禅画の世界　芳沢勝弘著　中央公論新社　2005.5　269p　18cm　（中公新書）820円　①4-12-101799-4　〔17783〕
◇白隠と禅画　クルト・ブラッシュ著,千足高保訳　限定版　日独協会　1957　44,44p　図版28p　30cm　Ⓝ721.3　〔17784〕
◇白隠とその時代　沼津市歴史民俗資料館編　沼津　沼津市歴史民俗資料館　1983.5　146p　26cm　Ⓝ721.7　〔17785〕
◇白隠の描く観音図―'87秋季展（前期）　富岡美術館編　富岡美術館　1987.9　1冊　26cm　Ⓝ721.7　〔17786〕
◇白隠の芸術　棚橋一晃著　芸立出版　1980.5　85p　図版154p　20cm　2600円　Ⓝ721.7　〔17787〕

◇白隠の禅画―大衆禅の美　慧鶴画,日貿出版社編纂　日貿出版社　1985.7　134p　31cm　8500円　①4-8170-3503-X　Ⓝ721.3　〔17788〕
◇仏教を歩く　no.25　隠元・白隠　朝日新聞社　2004.4　32p　30cm　（週刊朝日百科）533円　Ⓝ182.1　〔17789〕

◆◆◆曽我蕭白
◇「江戸の鬼才曽我蕭白展」図録　曽我蕭白画　千葉市美術館,三重県立美術館編　朝日新聞社文化企画局文化企画部　c1998　190p　30cm　Ⓝ721.3　〔17790〕
◇近世異端の芸術―若冲・蕭白・芦雪　鈴木進編著　マリア書房　1973　202p（おもに図）　35cm　18000円　Ⓝ721　〔17791〕
◇週刊日本の美をめぐる　no.25　江戸9　蕭白と蘆雪―奇想の画家　曾我蕭白,長沢蘆雪画　小学館　2002.10　42p　30cm　（小学館ウイークリーブック）533円　Ⓝ702.1　〔17792〕
◇水墨画の巨匠　第8巻　蕭白　曽我蕭白画　横尾忠則,狩野博幸著　講談社　1995.1　109p　31cm　3400円　①4-06-253928-4　Ⓝ721.3　〔17793〕
◇水墨美術大系　第14巻　若冲・蕭白・蘆雪　小林忠,辻惟雄,山川武著　講談社　1973　215p　43cm　14000円　Ⓝ721.3　〔17794〕
◇曾我蕭白　曾我蕭白画　日本アート・センター編　新潮社　1997.12　93p　20cm　（新潮日本美術文庫12）1068円　①4-10-601532-3　Ⓝ721.3　〔17795〕
◇曽我蕭白展―究極のエキセントリック絵画　三重県立美術館,東京都練馬区立美術館編　練馬区立美術館　1987.10　1冊　30cm　Ⓝ721.3　〔17796〕
◇日本美術絵画全集　第23巻　若冲・蕭白　辻惟雄,マニー・ヒックマン,河野元昭著　集英社　1977.10　147p　40cm　4600円　Ⓝ721.08　〔17797〕
◇日本美術絵画全集　第23巻　〔伊藤〕若冲〔曾我〕蕭白　伊藤若冲著,曾我蕭白著,辻惟雄ほか著　集英社　1981.8　147p　28cm　1800円　Ⓝ721.08　〔17798〕
◇播磨の曾我蕭白展―加古川市制50周年記念特別展　曾我蕭白画　加古川総合文化センター編　加古川　加古川総合文化センター　2000　63p　30cm　（加古川総合文化センター美術展図録　no.34）Ⓝ721.3　〔17799〕

◆◆◆南蛮美術
◇近世長崎のあけぼの展―帝王図公開に伴う　南蛮船の来航から鎖国まで　長崎　長崎県立美術博物館　1987.10　124p　26cm　Ⓝ702.148　〔17800〕
◇神戸市立南蛮美術館図録　vol.4　神戸　神戸市立南蛮美術館　1971.3　96p　36cm　Ⓝ721.7　〔17801〕
◇神戸市立南蛮美術館図録　vol.5　神戸　神戸市立南蛮美術館　1972.3　99p　36cm　Ⓝ721.7　〔17802〕
◇南蛮美術　西村貞著　講談社　1958　232p　図版41枚　原色　35cm　Ⓝ702.15　〔17803〕
◇南蛮美術総目録　神戸　市立神戸美術館　1955.5　375p　21cm　Ⓝ721.025　〔17804〕

◆◆狩野派
◇池上本門寺奥絵師狩野家墓所の調査―狩野養朴常信墓所・狩野如川周信墓所・狩野晴川院養信墓所　坂詰秀一編　池上本門寺日蓮聖人立教開宗750年慶讚事業実行委員会　2004.3　229p　図版48枚　31cm　Ⓝ281.02　〔17805〕
◇今村道之進日記―狩野「鶴沢」派絵師　今村正夫編著　伊予三島　〔今村正夫〕　1995.12　210p　19cm

◇絵師喜兆斎の風景―続今村道之進日記　今村正夫著　伊予三島　〔今村正夫〕2002.1　160p　19cm　Ⓝ721.4　〔17807〕

◇江戸狩野派の変貌―館蔵品を中心に　企画展　〔東京都〕板橋区立美術館　1990.4　79p　30cm　Ⓝ721.4　〔17808〕

◇江戸狩野派の変貌―館蔵品による　part2　〔東京都〕板橋区立美術館　1995.4　35p　30cm　Ⓝ721.4　〔17809〕

◇江戸期の京画壇―鶴沢派を中心として―平成8年春季企画展図録　佐々木丞平編著　京都　京都大学文学部博物館　1996.4　40p　30cm　Ⓝ721.4　〔17810〕

◇奥の細道行脚之図　森川許六画　八木書店（発売）1995.2　1軸　36cm　52000円　Ⓝ721.4　〔17811〕

◇鬼貫と春卜　上島鬼貫筆　大岡春卜画　柿衞文庫，伊丹市立美術館編　伊丹　柿衞文庫　1996.4　67p　27cm　Ⓝ721.4　〔17812〕

◇花下遊楽図　狩野長信著，野間清六，山口蓬春解説　美術出版社　1955　図版14枚　解説12p　37cm　（日本の古典・絵画篇）Ⓝ721.4　〔17813〕

◇狩野永納―その多彩なる画業　狩野永納画　兵庫県立歴史博物館編　姫路　兵庫県立歴史博物館　1999.7　136p　30cm　（兵庫県立歴史博物館特別展図録 no.41）Ⓝ721.4　〔17814〕

◇狩野晴川院養信の全貌―生誕200年記念・幕末江戸狩野派の巨匠　東京都板橋区立美術館編　板橋区立美術館　1995.9　107p　30cm　（江戸文化シリーズ no.13）Ⓝ721.4　〔17815〕

◇狩野派絵画史　武田恒夫著　吉川弘文館　1995.12　468,7p　20cm　4820円　Ⓘ4-642-07475-9　Ⓝ721.4　〔17816〕

◇狩野派研究資料目録　東京都江戸東京博物館編　東京都江戸東京博物館　1999.1　158p　21×30cm　Ⓝ721.4　〔17817〕

◇狩野派障屛画の研究―和様化をめぐって　武田恒夫著　吉川弘文館　2002.2　339p　図版20枚　31cm　35000円　Ⓘ4-642-07902-5　Ⓝ721.4　〔17818〕

◇狩野派と福岡展　福岡市美術館編　福岡　福岡市美術館　1998.2　72p　27cm　Ⓝ721.4　〔17819〕

◇狩野派の絵画―特別展　東京国立博物館　1979.10　246p　26cm　Ⓝ721.4　〔17820〕

◇狩野派の絵画―特別展図録　東京国立博物館編　東京国立博物館　1981.3　360,16p　37cm　Ⓝ721.4　〔17821〕

◇狩野派の画人たち―部門展尾張の絵画史　名古屋市博物館編　名古屋　名古屋市博物館　1987.6　76p　26cm　Ⓝ721.4　〔17822〕

◇狩野派の三百年　東京都江戸東京博物館編　東京都歴史文化財団　1998.7　205p　30cm　Ⓝ721.4　〔17823〕

◇狩野派の十九世紀―江戸城を彩る　東京都歴史文化財団東京都江戸東京博物館　東京都江戸東京博物館　2004.3　179p　30cm　（東京都江戸東京博物館調査報告書　第17集―映像音響資料制作に伴う調査報告書 8）Ⓘ4-924965-49-9　Ⓝ721.4　〔17824〕

◇狩野派の世界―静岡県立美術館蔵品図録　静岡県立美術館編　静岡　静岡県立美術館　1999.7　71p　28cm　Ⓝ721.4　〔17825〕

◇狩野光信の時代　黒田泰三著　中央公論美術出版　2007.9　256p　図版16枚　26cm　22000円　Ⓘ978-4-8055-0551-9　Ⓝ721.4　〔17826〕

◇川名楽山―19世紀の狩野派画家　館山市立博物館編　館山　館山市立博物館　1993.2　63p　26cm　（安房の人物シリーズ 1）Ⓝ721.4　〔17827〕

◇近世京都の狩野派展　京都文化博物館学芸課編　京都　京都文化博物館　2004.9　247p　30cm　Ⓝ721.4　〔17828〕

◇朽木綱貞絵画　福知山　福知山市郷土資料館　1991.10　28p　26cm　Ⓝ721.4　〔17829〕

◇鴻池コレクション扇絵図録　第3集　土佐・狩野派編　太田記念美術館学芸部編　浮世絵太田記念美術館　1983.8　68p　26cm　Ⓝ721.087　〔17830〕

◇五百羅漢図　狩野一信筆，東京都港区教育委員会編　東京都港区教育委員会　1983.1　197p　26cm　（港区文化財調査報告書）Ⓝ721.4　〔17831〕

◇御用絵師狩野家の血と力　松木寛著　講談社　1994.10　233p　19cm　（講談社選書メチエ 30）1500円　Ⓘ4-06-258030-6　Ⓝ721.4　〔17832〕

◇財団法人諸戸会所蔵品展―狩野派の絵画と茶道具　特別企画展　桑名市博物館編　桑名　桑名市博物館　2004.10　54p　30cm　Ⓝ721.4　〔17833〕

◇時代屛風聚英　狩野博幸ほか著　京都　紫紅社　2003.1　2冊　43cm　全64762円　Ⓝ721.4　〔17834〕

◇週刊日本の美をめぐる　no.38　室町 5　狩野派の流れ元信永徳探幽　狩野元信ほか画　小学館　2003.1　42p　30cm　（小学館ウイークリーブック）533円　Ⓝ702.1　〔17835〕

◇泉景文庫目録　金沢市立図書館編　金沢　金沢市立図書館　1993.3　92p　26cm　Ⓝ721.4　〔17836〕

◇仙台藩の御用絵師菊田伊洲―没後150年記念　特別展図録　菊田伊洲画　内山淳一執筆　仙台市博物館編　仙台　仙台市博物館　2002.10　128p　30cm　Ⓝ721.4　〔17837〕

◇土浦藩絵師岡部洞水―知られざる狩野派の画人　土浦市立博物館第26回特別展　岡部洞水画　土浦市立博物館編　土浦　土浦市立博物館　2002.3　63p　30cm　Ⓝ721.4　〔17838〕

◇津山藩狩野派絵師―狩野洞学―平成18年度特別展　津山　津山郷土博物館　2006.10　59p　30cm　（津山郷土博物館特別展図録　第20冊）Ⓝ721.4　〔17839〕

◇伝統と革新―京都画壇の華狩野永岳　狩野永岳画　彦根城博物館編　彦根　彦根城博物館　2002.10　154p　21×22cm　Ⓝ721.4　〔17840〕

◇日本水墨名品図譜　第4巻　狩野派と琳派　海老根聰郎ほか編　河野元昭編　毎日新聞社　1993.3　205p　36cm　28000円　Ⓘ4-620-80304-9　Ⓝ721.3　〔17841〕

◇日本の美術　52　江戸狩野と芳崖　細野正信著　小学館　1978.6　209p　20cm　（ブック・オブ・ブックス）930円　Ⓝ708　〔17842〕

◇日本の美術　262　江戸の狩野派　細野正信編　至文堂　1988.3　102p　23cm　1300円　Ⓝ702.1　〔17843〕

◇日本美術全集　第17巻　狩野派と風俗画―江戸の絵画1　大河直躬ほか編　小林忠, 狩野博幸編著　講談社　1992.6　233p　37cm　7500円　Ⓘ4-06-196417-8　Ⓝ702.1　〔17844〕

◇美作の近世絵画―津山狩野派の絵師たち　津山　津山郷土博物館　1989.10　1冊　26cm　（津山郷土博物館特別展図録　第2冊）Ⓝ721.4　〔17845〕

◇もっと知りたい狩野派―探幽と江戸狩野派　安村敏信著　東京美術　2006.12　103p　26cm　（アート・ビギナーズ・コレクション）1800円　Ⓘ4-8087-0815-9　Ⓝ721.4　〔17846〕

◇山県岐鳳―没後百五十年　湖北・長浜の画人　山県岐鳳画　市立長浜城歴史博物館編　長浜　市立長浜城歴史博物館　1997.1　83p　20×22cm　Ⓝ721.4　〔17847〕

◆◆◆狩野山雪

◇金碧の花—重要文化財妙心寺天球院襖絵展 サントリー美術館開館30周年記念展1 サントリー美術館編 サントリー美術館 1991 80p 29cm Ⓝ721.4 〔17848〕

◇日本美術絵画全集 第12巻 狩野山楽・山雪 土居次義著 集英社 1976 147p 40cm 4600円 Ⓝ721.08 〔17849〕

◇日本美術絵画全集 第12巻 狩野山楽 〔狩野〕山雪 狩野山楽著,狩野山雪著,土居次義著 集英社 1981.1 147p 28cm 1800円 Ⓝ721.08 〔17850〕

◆◆◆狩野芳崖

◇狩野芳崖 古川北華著 元々社 1955 119p 図版12枚 18cm (民族教養新書) Ⓝ721.4 〔17851〕

◇幕末の絵師—若き日の狩野芳崖 桂英澄著 新人物往来社 1972 252p 20cm 850円 Ⓝ721.4 〔17852〕

◆◆◆狩野探幽

◇江戸名作画帖全集 4 探幽・守景・一蝶—狩野派 安村敏信責任編集 駸々堂出版 1994.4 192,7p 31cm 20000円 Ⓘ4-397-50404-0 Ⓝ721.025 〔17853〕

◇大倉集古館蔵探幽縮図 大倉文化財団 1981.10 2冊 (別冊とも) 26cm Ⓝ721.4 〔17854〕

◇狩野探幽 狩野探幽画 日本アート・センター編 新潮社 1998.4 93p 20cm (新潮日本美術文庫 7) 1068円 Ⓘ4-10-601527-7 Ⓝ721.4 〔17855〕

◇狩野探幽縮図展目録—特別展 千沢楨治,大倉基佑編 大倉集古館 1981 1冊 26cm Ⓝ721.4 〔17856〕

◇近世における大和絵の展開—土佐光起・狩野探幽を中心として 特別展 敦賀市立博物館編 敦賀 敦賀市立博物館 1994.8 119p 26cm Ⓝ721.2 〔17857〕

◇御用絵師—狩野探幽と近世のアカデミズム 特別展 福岡県立美術館編 福岡 福岡県立美術館 1987.3 139p 30cm Ⓝ721.4 〔17858〕

◇水墨画の巨匠 第5巻 探幽・守景 狩野探幽,久隅守景画 松永伍一,武田恒夫著 講談社 1994.8 109p 31cm 3400円 Ⓘ4-06-253925-X Ⓝ721.3 〔17859〕

◇探幽縮図 狩野探幽画,文人画研究所編 尼崎 藪本荘五郎 1986.7 524p 37cm Ⓝ721.4 〔17860〕

◇探幽縮図 上 狩野探幽筆,京都国立博物館編 京都 同朋舎出版 1980.5 339p 37cm 19000円 Ⓝ721.4 〔17861〕

◇探幽縮図 下 狩野探幽筆,京都国立博物館編 京都 同朋舎出版 1981.5 315p 37cm 19000円 Ⓘ4-8104-0209-6 Ⓝ721.4 〔17862〕

◇日本美術絵画全集 第15巻 狩野探幽 武田恒夫著 集英社 1978.4 147p 40cm 4600円 Ⓝ721.08 〔17863〕

◇幽微の探究—狩野探幽論 図版篇 鬼原俊枝著 吹田 大阪大学出版会 1998.2 179p 27cm Ⓘ4-87259-034-1 Ⓝ721.4 〔17864〕

◆◆◆久隅守景

◇江戸名作画帖全集 4 探幽・守景・一蝶—狩野派 安村敏信責任編集 駸々堂出版 1994.4 192,7p 31cm 20000円 Ⓘ4-397-50404-0 Ⓝ721.025 〔17865〕

◇水墨画の巨匠 第5巻 探幽・守景 狩野探幽,久隅守景画 松永伍一,武田恒夫著 講談社 1994.8 109p 31cm 3400円 Ⓘ4-06-253925-X Ⓝ721.3 〔17866〕

◇日本美術絵画全集 第16巻 守景・一蝶 小林忠,榊原悟著 集英社 1978.10 147p 40cm 4600円 Ⓝ721.08 〔17867〕

◇日本美術絵画全集 第16巻 〔久隅〕守景〔英〕一蝶 久隅守景画,英一蝶画,小林忠著,榊原悟著 集英社 1982.2 147p 28cm 1800円 Ⓝ721.08 〔17868〕

◆◆◆英一蝶

◇江戸名作画帖全集 4 探幽・守景・一蝶—狩野派 安村敏信責任編集 駸々堂出版 1994.4 192,7p 31cm 20000円 Ⓘ4-397-50404-0 Ⓝ721.025 〔17869〕

◇元禄の浮世絵—師宣と一蝶を中心として 五島美術館 1975 64p(おもに図) 26cm (五島美術館展覧会図録 no.93) Ⓝ721.8 〔17870〕

◇週刊日本の美をめぐる no.49 江戸 又兵衛と一蝶—異端の絵師 岩佐又兵衛,英一蝶画 小学館 2003.4 40p 30cm (小学館ウイークリーブック) 533円 Ⓝ702.1 〔17871〕

◇日本の美術 260 英一蝶 小林忠編 至文堂 1988.1 94p 23cm 1300円 Ⓝ702.1 〔17872〕

◇日本美術絵画全集 第16巻 守景・一蝶 小林忠,榊原悟著 集英社 1978.10 147p 40cm 4600円 Ⓝ721.08 〔17873〕

◇日本美術絵画全集 第16巻 〔久隅〕守景〔英〕一蝶 久隅守景画,英一蝶画,小林忠著,榊原悟著 集英社 1982.2 147p 28cm 1800円 Ⓝ721.08 〔17874〕

◆◆屏風絵

◇江戸図屏風 平凡社 1971 134p 図18枚 37cm 8000円 Ⓝ721 〔17875〕

◇江戸図屏風を読む 水藤真,加藤貴編 東京堂出版 2000.4 190p 21cm 2200円 Ⓘ4-490-20394-2 Ⓝ210.5 〔17876〕

◇江戸図屏風の動物たち 塚本学著 佐倉 歴史民俗博物館振興会 1998.5 86p 21cm (歴博ブックレット 5) 667円 Ⓘ4-916202-07-4 Ⓝ721.025 〔17877〕

◇近世庶民の絵すがた—信仰と遊楽の場で 大野町(広島県) 王舎城美術宝物館 1993 93p 30cm Ⓝ721.087 〔17878〕

◇近世の屏風絵—企画展 兵庫県立歴史博物館編 姫路 兵庫県立歴史博物館 1988.9 39p 19×26cm (企画展資料集 no.8) Ⓝ721.087 〔17879〕

◇近世の屏風絵—企画展 2 兵庫県立歴史博物館編 姫路 兵庫県立歴史博物館 1991.12 40p 19×26cm (企画展資料集 no.14) Ⓝ721.087 〔17880〕

◇近世屏風絵秀粋 白畑よし,中村渓男著 京都 京都書院 1983.10 324,3p 43cm 150000円 Ⓘ4-7636-0033-8 Ⓝ721.087 〔17881〕

◇近世屏風絵名作集 日本経済新聞社文化事業部編 日本経済新聞社文化事業部 1972 1冊 19×26cm 〔17882〕

◇職人絵—姿絵にみる匠の世界 開館記念特別展 川越 川越市立博物館 1990.3 49p 26cm Ⓝ721.4 〔17883〕

◇新発見・洛中洛外図屏風 狩野博幸著 金井杜道撮影 花林舎編 京都 青幻舎 2007.3 111p 26cm (大江戸カルチャーブックス) 1800円 Ⓘ978-4-86152-102-7 Ⓝ721.2 〔17884〕

◇戦国合戦絵屏風集成 第5巻 島原の乱図・戦国合戦図 桑田忠親ほか編集 桑田忠親ほか執筆 中央公論社 1981.2 115p 36cm 15000円 Ⓝ721.087 〔17885〕

◇戦国合戦絵屏風集成 第5巻 島原の乱図・戦国合戦図 桑田忠親ほか編 桑田忠親ほか執筆 中央公論社

美術史　　　　　　　　　　　近世史

1988.7　115p　35cm　3500円　Ⓝ721.087
〔17886〕

◇ちょっと小粋な江戸屏風part2展図録　板橋区立美術館
2002.11　86p　26×27cm　（江戸文化シリーズ
18）Ⓝ721.025
〔17887〕

◇彦根屏風─無言劇の演出　奥平俊六著　平凡社　1996.3
115p　25cm　（絵は語る 10）3500円　①4-582-29520-7
Ⓝ721.025
〔17888〕

◇彦根屏風考─恋のすみか　中原定人著　横浜　絋窓工房
2002.11　141p　21cm　2500円　Ⓝ721.025
〔17889〕

◇屏風絵の中の近世日本と世界─教室で使う歴博展示　小
出宗治著　佐倉　歴史民俗博物館振興会　2002.2　91p
21cm　（歴博ブックレット 20）762円　④4-916202-56-2
Ⓝ375.32
〔17890〕

◇武家屋敷の春と秋─万徳寺所蔵「武家邸内図屏風」　泉
万里著　吹田　大阪大学出版会　2007.3　82p　30cm
（大阪大学総合学術博物館叢書 2）2000円
①978-4-87259-212-2 Ⓝ721.4
〔17891〕

◇ボストン美術館秘蔵近世日本屏風絵名作展　日本経済新
聞社編　日本経済新聞社　c1981　101p　30cm
〔17892〕

◇桃山・江戸の屏風絵─平成九年度特別展　富山県文化振
興財団富山県民会館美術館編　富山　富山県文化振興財
団富山県民会館美術館　1997.10　1冊　24×30cm
Ⓝ721.087
〔17893〕

◆◆琳派・装飾画・障壁画

◇江戸城障壁画の下絵─大広間・松の廊下から大奥まで　特
別展観　東京国立博物館編　東京国立博物館　1988.2
145,4p　26cm　Ⓝ721.4
〔17894〕

◇江戸城本丸等障壁画絵様─調査研究報告書　東京国立博
物館編　東京国立博物館　1988.11　2冊　37cm　Ⓝ721.
4
〔17895〕

◇上総国木更津鎮座八剣八幡神社格天井装飾画復元記念画
集　第1輯　木更津　八剣八幡神社　1983.4　74p　21×
23cm　Ⓝ721.4
〔17896〕

◇上総国木更津鎮座八剣八幡神社格天井装飾画復元記念画
集　第2輯　木更津　八剣八幡神社　1986.5　112p　21
×23cm　Ⓝ721.4
〔17897〕

◇京都の江戸時代障壁画　京都府文化財保護基金編　京都
京都府文化財保護基金　1978.6　221p　22cm　Ⓝ721.
02
〔17898〕

◇近世の障壁画─但馬編　木村重圭,菅村亨編　豊岡　但
馬文化協会　1982　144p　38cm　15000円　Ⓝ721.025
〔17899〕

◇近世の美術　名古屋市博物館編　名古屋　名古屋市博物
館　1984.7　31p　26cm　Ⓝ721.087
〔17900〕

◇鴻池コレクション扇絵図録　第2集　江戸琳派編　太田
記念美術館学芸部編　浮世絵太田記念美術館　1982.8
79p　26cm　Ⓝ721.087
〔17901〕

◇光琳派扇面画集　京都書院.編輯部編　京都　1953　原
色図版50p　31×45cm　和　Ⓝ721.5
〔17902〕

◇光琳派扇面画集　第1輯　京都書院編輯部編　限定版
京都　京都書院　1952　原色図版10枚　49cm　Ⓝ721.5
〔17903〕

◇在外秘宝─欧米収蔵日本絵画集成　第1　障屏画,琳
派,文人画　島田修二郎編　学習研究社　1969　2冊
40cm　36000円　Ⓝ721.08
〔17904〕

◇酒井抱一と江戸琳派　サントリー美術館編　サントリー
美術館　1981　80p　26cm
〔17905〕

◇将軍の御殿─江戸城障壁画の下絵　名古屋　徳川美術館

1988.10　151,4p　26cm　Ⓝ721.4
〔17906〕

◇障壁画全集　第4巻　名古屋城　武田恒夫　美術出
版社　1967　121p（おもに図版）　37cm　Ⓝ721.08
〔17907〕

◇障壁画全集　第6巻　西本願寺　土居次義,宮崎園
遵,近藤豊　美術出版社　1968　133p（おもに図版）
37cm　Ⓝ721.08
〔17908〕

◇すぐわかる琳派の美術　仲町啓子監修　東京美術　2004.
8　135p　21cm　2000円　①4-8087-0767-5 Ⓝ721.5
〔17909〕

◇生活の中の花・緑─近世障屏画に見る　特別展　大阪城天
守閣編　大阪　大阪城天守閣特別事業委員会　1990.4
44p　26cm　Ⓝ721.025
〔17910〕

◇宗達光琳派画集　第1-4　水尾比呂志編輯解説　京都　光
琳社出版　1965-1966　4冊　44cm　Ⓝ721.5
〔17911〕

◇宗達光琳派図録　国立博物館編　京都　便利堂　1952
図版123p　解説45p　38cm　Ⓝ721.5
〔17912〕

◇宗達光琳派扇面画集　水尾比呂志　京都　光琳社出版
1964-1965　10冊　45cm　Ⓝ721.5
〔17913〕

◇宗達光琳派扇面画集　水尾比呂志編輯・解説　京都　光
琳社出版　1965　4冊（解説2冊共）　31×45cm　Ⓝ721.
5
〔17914〕

◇名古屋城障壁画集成　磯博著　京都　京都書院　1979.2
255p　43cm　78000円　Ⓝ721.4
〔17915〕

◇名古屋城本丸御殿障壁画集─重要文化財　名古屋　名古
屋市　1990.3　307p　36cm　Ⓝ721.087
〔17916〕

◇日本水墨名品図譜　第4巻　狩野派と琳派　海老根聡郎
ほか編　河野元昭編　毎日新聞社　1993.3　205p
36cm　28000円　①4-620-80304-9 Ⓝ721.3
〔17917〕

◇日本その心とかたち─NHK特別シリーズ　5　琳派海を
渡る　加藤周一,NHK取材班著　平凡社　1987.12　126p
27cm　2000円　①4-582-20655-7 Ⓝ702.1
〔17918〕

◇日本の障壁画　江戸編　真保亨編　毎日新聞社　1979.
10　267p　36cm　28000円　Ⓝ721.08
〔17919〕

◇日本の美「琳派」─宗達・光琳・抱一から現代まで　福
岡市美術館編　福岡　福岡市美術館　1989.10　187p
27cm　Ⓝ721.5
〔17920〕

◇日本の美「琳派」展図録　小林忠監修　カタログ編集
委員会編　NHKプロモーション　c1996　153p　30cm
Ⓝ721.5
〔17921〕

◇日本の美「琳派」展図録　カタログ編集委員会編　NHK
プロモーション　c1996　153p　30cm　Ⓝ721.5
〔17922〕

◇日本美を語る　第9巻　絢爛の装飾美─琳派絵画と障壁
画　辻邦生,河野元昭編　ぎょうせい　1989.4　159p
31cm　4635円　①4-324-01563-5 Ⓝ708.7
〔17923〕

◇森川許六の襖絵─彦根竜潭寺方丈　彦根城博物館編　彦
根　彦根城博物館　1989.1　47p　26cm　Ⓝ721.4
〔17924〕

◇琳派─創立百年記念特別展　東京国立博物館　1972
266p（おもに図）　26cm　600円　Ⓝ721.5
〔17925〕

◇琳派─創立百年記念特別展図録　東京国立博物館　1973
322p（おもに図）　35cm　16000円　Ⓝ721.5
〔17926〕

◇琳派　水尾比呂志著　芸艸堂　1976　358p　23cm
3800円　Ⓝ721.5
〔17927〕

◇琳派　静嘉堂文庫　1984.9　1冊　19×27cm　Ⓝ721.5
〔17928〕

◇琳派─版と型の展開　町田市立国際版画美術館編　町田
町田市立国際版画美術館　1992　157p　28cm　Ⓝ721.5
〔17929〕

◇琳派─美の継承─宗達・光琳・抱一・其一　特別展　名古

屋市博物館編　名古屋　名古屋市博物館　1994.4
218,37p　29cm　Ⓝ721.5　　　　　　　〔17930〕
◇琳派　畠山記念館編　畠山記念館　1994.10　67p
21cm　Ⓝ702.15　　　　　　　　　　〔17931〕
◇琳派　東京国立近代美術館　2004　237p　30cm
Ⓝ721.5　　　　　　　　　　　　　　〔17932〕
◇琳派―国際シムポジウム報告書　東京国立近代美術館編
国立　星雲社（発売）　2006.4　212p　図版8p　22cm
2000円　Ⓘ4-434-07751-1　Ⓝ721.5　　〔17933〕
◇琳派―Rinpa painting　第1巻　花鳥 1　村重寧編　京
都　紫紅社　1989.12　337p　30×30cm　25750円
Ⓘ4-87940-508-6　Ⓝ721.5　　　　　　〔17934〕
◇琳派―Rinpa painting　第2巻　花鳥 2　小林忠編　京
都　紫紅社　1990.8　364p　30×30cm　25750円
Ⓘ4-87940-509-4　Ⓝ721.5　　　　　　〔17935〕
◇琳派―Rinpa painting　第3巻　風月・鳥獣　小林忠編
京都　紫紅社　1991.4　360p　30×30cm　25750円
Ⓘ4-87940-510-8　Ⓝ721.5　　　　　　〔17936〕
◇琳派―Rinpa painting　第4巻　人物　村重寧編　京都
紫紅社　1991.11　384p　30×30cm　25750円
Ⓘ4-87940-511-6　Ⓝ721.5　　　　　　〔17937〕
◇琳派―Rimpa painting　第5巻　綜合　村重寧,小林忠編
京都　紫紅社　1992.10　2冊（別冊とも）　30×30cm
全25750円　Ⓘ4-87940-512-4　Ⓝ721.5　〔17938〕
◇琳派を愉しむ―細見コレクションの名品を通して　細見
美術館監修　京都　淡交社　2001.10　159p　30cm
2500円　Ⓘ4-473-01853-9　Ⓝ721.5　　〔17939〕
◇琳派をめぐる三つの旅―宗達・光琳・抱一　神林恒道監
修　博雅出版　2006.7　1冊　34×27cm　（おはなし
名画シリーズ）3200円　Ⓘ4-938595-33-8　〔17940〕
◇琳派絵画全集―宗達派 1　山根有三編　日本経済新聞
社　1977.4　図278p（はり込図63枚共）　114,8p　41cm
50000円　Ⓝ721.5　　　　　　　　　　〔17941〕
◇琳派絵画全集　抱一派　山根有三編　日本経済新聞社
1978.12　104,12p　図版290p　39cm　60000円　Ⓝ721.5
　　　　　　　　　　　　　　　　　　〔17942〕
◇琳派絵画全集　光琳派 1　山根有三編　日本経済新聞社
1979.9　101,14p　図版153枚　41cm　60000円　Ⓝ721.5
　　　　　　　　　　　　　　　　　　〔17943〕
◇琳派絵画全集　宗達派 2　山根有三編　日本経済新聞社
1978.1　79,11p　図版308p　41cm　55000円　Ⓝ721.5
　　　　　　　　　　　　　　　　　　〔17944〕
◇琳派絵画全集　光琳派 2　山根有三編　日本経済新聞社
1980.7　85,15p　図版331p　41cm　65000円　Ⓝ721.5
　　　　　　　　　　　　　　　　　　〔17945〕
◇琳派鑑賞法―光琳「紅白梅図」屏風を中心に　泉谷淑夫
著　日本文教出版　2005.3　32p　26cm　（日文美術教
育資料）非売品　Ⓝ721.5　　　　　　　〔17946〕
◇琳派秀作集　日本経済新聞社編　1959　図版12枚　解説
8p　32cm　Ⓝ721.5　　　　　　　　　〔17947〕
◇琳派と伊勢絵　根津美術館学芸部編　根津美術館　1999
47p　22cm　（鑑賞シリーズ 2）Ⓘ4-930817-22-6
Ⓝ721.5　　　　　　　　　　　　　　〔17948〕
◇琳派と広重 東海道五拾三次の展開―ガラスによる日本
美の表現　黒木国昭著　求龍堂　2006.11　145p　30×
23cm　2381円　Ⓘ4-7630-0664-9　　　〔17949〕
◇琳派に夢馳る　仲町啓子執筆　新潮社　1999.2　207p
20cm　（美術館へ行こう）1800円　Ⓘ4-10-601870-5
Ⓝ721.5　　　　　　　　　　　　　　〔17950〕
◇琳派の画家達　飯田英男著　尾張旭　〔飯田英男〕
1990.3　33p　26cm　800円　Ⓝ721.5　　〔17951〕

◇琳派美術館 1　宗達と琳派の源流　集英社　1993.5
139p　31cm　4500円　Ⓘ4-08-581001-4　Ⓝ721.5
　　　　　　　　　　　　　　　　　　〔17952〕
◇琳派美術館 2　光琳と上方琳派　集英社　1993.7
139p　31cm　4500円　Ⓘ4-08-581002-2　Ⓝ721.5
　　　　　　　　　　　　　　　　　　〔17953〕
◇琳派美術館 3　抱一と江戸琳派　集英社　1993.9
139p　31cm　4500円　Ⓘ4-08-581003-0　Ⓝ721.5
　　　　　　　　　　　　　　　　　　〔17954〕
◇琳派美術館 4　工芸と琳派感覚の展開　集英社　1993.
11　139p　31cm　4500円　Ⓘ4-08-581004-9　Ⓝ721.5
　　　　　　　　　　　　　　　　　　〔17955〕
◇琳派百華譜　竹下金烏編集作画　京都　ふたば書房
1979.12　図版100枚　42cm　38000円　Ⓝ721.5
　　　　　　　　　　　　　　　　　　〔17956〕
◇琳派名品百選　山根有三著　日本経済新聞社　1996.12
2冊（別冊とも）　36cm　36050円　Ⓘ4-532-12289-9
Ⓝ721.5　　　　　　　　　　　　　　〔17957〕
◇渡辺始興障壁画　渡辺始興画,土居次義著　京都　光村
推古書院　1972　164p（おもに図）はり込み図53枚　30
×31cm　25000円　Ⓝ721.5　　　　　　〔17958〕

◆◆◆俵屋宗達

◇岩佐又兵衛と俵屋宗達―出光美術館コレクション　平成
19年春季特別展　福井市立郷土歴史博物館編　福井　福
井市立郷土歴史博物館　2007.3　79p　30cm　Ⓝ721.
025　　　　　　　　　　　　　　　　〔17959〕
◇江戸名作画帖全集　6　宗達・光彬・抱一―琳派　村重
寧責任編集　駸々堂出版　1993.6　192,7p　31cm
20000円　Ⓘ4-397-50406-7　Ⓝ721.025　〔17960〕
◇光悦と宗達　本阿弥光悦作　俵屋宗達画　サント
リー美術館編　サントリー美術館　1999.5　163p
28cm　（サントリー創業一〇〇周年記念展 2）Ⓝ702.148
　　　　　　　　　　　　　　　　　　〔17961〕
◇週刊日本の美をめぐる　no.2　江戸 2　宗達と光悦―
奇跡の出会い　俵屋宗達,本阿弥光悦著　小学館　2002.
5　41p　30cm　（小学館ウイークリーブック）533円
Ⓝ702.1　　　　　　　　　　　　　　〔17962〕
◇水墨画の巨匠　第6巻　宗達・光琳　俵屋宗達,尾形光琳
画　加山又造ほか著　講談社　1994.9　109p　31cm
3400円　Ⓘ4-06-253926-8　Ⓝ721.3　　〔17963〕
◇水墨美術大系　第10巻　光悦・宗達・光琳　山根有三著
講談社　1975　205p　43cm　17000円　Ⓝ721.3
　　　　　　　　　　　　　　　　　　〔17964〕
◇宗達　俵屋宗達著,田中一松編集並解説　大日本雄弁会
講談社　1955　図版34枚（解説共）　18cm　（講談社版
アート・ブックス）Ⓝ721.5　　　　　　〔17965〕
◇宗達　宗達画,山根有三編解説　日本経済新聞社　1962
257,31p（図版解説共）　32cm　Ⓝ721.5　〔17966〕
◇宗達　村重寧著　三彩社　1970　73p　図版17枚　22cm
（東洋美術選書）580円　Ⓝ721.5　　　　〔17967〕
◇俵屋宗達　俵屋宗達画　日本アート・センター編　新
潮社　1997.6　93p　20cm　（新潮日本美術文庫
5）1068円　Ⓘ4-10-601525-0　Ⓝ721.5　〔17968〕
◇俵屋宗達筆松島図屏風―座敷からつづく海　太田昌子著
平凡社　1995.12　123p　25cm　（絵は語る 9）3500円
Ⓘ4-582-29519-3　Ⓝ721.5　　　　　　　〔17969〕
◇日本美術絵画全集　第14巻　俵屋宗達　源豊宗,橋本綾
子著　集英社　1976　147p　40cm　4600円　Ⓝ721.08
◇風神雷神図 舞楽図　俵屋宗達著,谷信一,山口蓬春解説

美術出版社　1956　図版(はり込)14枚　解説18　37cm
（日本の古典・絵画篇）Ⓝ721.5
〔17971〕
◇山根有三著作集　1　宗達研究　1　中央公論美術出版
1994.6　373p　22cm　8240円　Ⓘ4-8055-1447-7
Ⓝ702.1
〔17972〕
◇山根有三著作集　2　宗達研究　2　中央公論美術出版
1996.2　348p　22cm　9785円　Ⓘ4-8055-1448-5
Ⓝ702.1
〔17973〕

◆◆◆尾形光琳

◇江戸名作画帖全集　6　宗達・光琳・抱一―琳派　村重寧責任編集　駸々堂出版　1993.6　192,7p　31cm
20000円　Ⓘ4-397-50406-7　Ⓝ721.025
〔17974〕
◇尾形光琳　尾形光琳著,千沢楨治編集並に解訳　大日本雄弁会談社　1957　図版34枚(解説共)　17cm　（講談社アート・ブックス）Ⓝ721.5
〔17975〕
◇尾形光琳―稀世の天才　白崎秀雄著　講談社　1978.12
234p　20cm　1200円　Ⓝ721.5
〔17976〕
◇尾形光琳　尾形光琳画　日本アート・センター編　新潮社　1996.9　93p　20cm　（新潮日本美術文庫8）1100円　Ⓘ4-10-601528-5　Ⓝ721.5
〔17977〕
◇尾形光琳筆　国宝紅白梅図屏風　MOA美術館・東京文化財研究所編　中央公論美術出版　2005.5　202p　35×27cm　25000円　Ⓘ4-8055-0500-1
〔17978〕
◇紅白梅図燕子花図　尾形光琳筆,白畑よし,山口蓬春,柳亮解説　美術出版社　1955　図版(はり込)12枚　解説16　37cm　（日本の古典・絵画篇）Ⓝ721.5
〔17979〕
◇光琳　尾形光琳画,田中一松編　日本経済新聞社　1959
図版64枚　解説48p　33cm　Ⓝ721.5
〔17980〕
◇光琳　尾形光琳画,田中一松編　増補版　日本経済新聞社　1965　図版64,11枚(はり込み原色　33cm　Ⓝ721.5
〔17981〕
◇光琳画の秘密　大谷満著　芙蓉書房出版　1999.10
199p　22cm　2200円　Ⓘ4-8295-0239-8　Ⓝ721.5
〔17982〕
◇光琳画譜―木版彩色摺　尾形光琳画,なには芳中筆　京都　芸艸堂　1986.4　2冊　26cm　20000円　Ⓝ721.5
〔17983〕
◇光琳・乾山関係文書集成　上巻　住友慎一編　芙蓉書房出版　1996.12　292p　31cm　16480円
Ⓘ4-8295-0174-X　Ⓝ721.5
〔17984〕
◇光琳・乾山関係文書集成　下巻　住友慎一編　芙蓉書房出版　1996.12　272p　31cm　16480円
Ⓘ4-8295-0175-8　Ⓝ721.5
〔17985〕
◇光琳乾山兄弟秘話　住友慎一著　里文出版　2002.10
158p　19cm　（Ribun books）1300円　Ⓘ4-89806-182-6
Ⓝ721.5
〔17986〕
◇光琳乾山襍稿　墨友荘主人著　大磯町（神奈川県）　墨明館　1949　46p　22cm　Ⓝ721.5
〔17987〕
◇光琳・乾山の真髄をよむ　住友慎一著　里文出版
1992.9　209p　20cm　2000円　Ⓘ4-947546-55-7
Ⓝ721.5
〔17988〕
◇光琳工芸図案帖　尾形光琳著,真保亨編著　岩崎美術社
1983.1　20p　図版32枚　26cm　（双書美術の泉55）1800円　Ⓝ721.5
〔17989〕
◇光琳鳥類写生帖　尾形光琳著,真保亨編著　岩崎美術社
1983.1　15p　図版35枚　26cm　（双書美術の泉56）1800円　Ⓝ721.5
〔17990〕
◇光琳デザイン　MOA美術館企画・監修　京都　淡交社
2005.2　221p　23cm　2476円　Ⓘ4-473-03198-5
Ⓝ721.5
〔17991〕

◇光琳百図　中村渓男解説　岩崎美術社　1981.12　4冊
26cm　18000円　Ⓝ721.5
〔17992〕
◇光琳百図　尾形光琳画　酒井抱一編　岩崎美術社
1995.3　176p　27cm　3605円　Ⓘ4-7534-1351-9
Ⓝ721.5
〔17993〕
◇光琳名画譜　尾形光琳画,真保亨編　毎日新聞社　1978.
10　313p　36cm　50000円　Ⓝ721.5
〔17994〕
◇小西家旧蔵　光琳関係資料とその研究―資料　山根有三編著　中央公論社　1962　326p　33cm　Ⓝ721.5
〔17995〕
◇週刊日本の美をめぐる　no.9　江戸3　光琳と琳派―洗練の極致　尾形光琳ほか画　小学館　2002.6　42p
30cm　（小学館ウイークリーブック）533円　Ⓝ702.1
〔17996〕
◇水墨画の巨匠　第6巻　宗達・光琳　俵屋宗達,尾形光琳画　加山又造ほか著　講談社　1994.9　109p　31cm
3400円　Ⓘ4-06-253926-8　Ⓝ721.3
〔17997〕
◇水墨美術大系　第10巻　光悦・宗達・光琳　山根有三著　講談社　1975　205p　43cm　17000円　Ⓝ721.3
〔17998〕
◇日本美術絵画全集　第17巻　尾形光琳　河野元昭著　集英社　1976　147p　40cm　4600円　Ⓝ721.08
〔17999〕
◇山根有三著作集　3　光琳研究　1　中央公論美術出版
1995.5　378p　22cm　8240円　Ⓘ4-8055-1449-3
Ⓝ702.1
〔18000〕
◇山根有三著作集　4　光琳研究　2　中央公論美術出版
1997.2　396p　22cm　9785円　Ⓘ4-8055-1450-7
Ⓝ702.1
〔18001〕

◆◆◆酒井抱一

◇江戸名作画帖全集　6　宗達・光琳・抱一―琳派　村重寧責任編集　駸々堂出版　1993.6　192,7p　31cm
20000円　Ⓘ4-397-50406-7　Ⓝ721.025
〔18002〕
◇酒井抱一　酒井抱一画　日本アート・センター編　新潮社　1997.1　93p　20cm　（新潮日本美術文庫18）1100円　Ⓘ4-10-601538-2　Ⓝ721.5
〔18003〕
◇酒井抱一画集　酒井抱一画,組田昌平,中村渓男,白崎秀雄編纂委員　国書刊行会　1976.12　5冊（別冊共）
44cm　全198000円　Ⓝ721.5
〔18004〕
◇酒井抱一と江戸琳派　サントリー美術館編　サントリー美術館　1981　80p　26cm
〔18005〕
◇酒井抱一筆夏秋草図屏風―追憶の銀色　玉虫敏子著　平凡社　1994.1　103p　25cm　（絵は語る 13）3200円
Ⓘ4-582-29523-1　Ⓝ721.5
〔18006〕

◆◆◆鈴木其一

◇江戸琳派画人鈴木其一書状　竹谷長二郎, 北野克共編　武蔵村山　青裳堂書店　1984.8　244p　22cm　（日本書誌学大系 38）7800円　Ⓝ721.5
〔18007〕
◇鈴木其一展―江戸琳派の鬼才　〔東京都〕板橋区立美術館　1993.4　72p　24×25cm　（江戸文化シリーズ12）Ⓝ721.5
〔18008〕

◆◆写生画・円山派・四条派

◇絵画円山派概説―大乗寺案内記　倉橋但斉著　第2版
香住町（兵庫県）　〔倉橋但斉〕　1972.12　248p　21cm
非売品　Ⓝ721.6
〔18009〕
◇画僧"月僊"　伊勢市立郷土資料館編　伊勢　伊勢市立郷土資料館　1993.2　12p　26cm　（特別展図録　第7冊）Ⓝ721.6
〔18010〕

◇京都画壇二五〇年の系譜展―円山・四条派から現代まで―京都の日本画　京都新聞社編　京都　京都新聞社　c1994　207p　29cm　Ⓝ721.6
〔18011〕
◇京の絵手本―円山四条派の画法　上　花鳥篇　松尾芳樹著　日貿出版社　1995.7　95p　30cm　2884円　①4-8170-3954-X　Ⓝ721.6
〔18012〕
◇京の絵手本―円山四条派の画法　下　野菜・動物・魚介/習画帖篇　松尾芳樹著　日貿出版社　1995.10　91p　30cm　2884円　①4-8170-3002-X　Ⓝ721.6
〔18013〕
◇鴻池コレクション扇絵図録　第4集　円山・四条派編　太田記念美術館学芸部編　浮世絵太田記念美術館　1984.8　100p　26cm　Ⓝ721.087
〔18014〕
◇山水・草木　高井琮玄編　京都　光村推古書院　1997.10　120p　30cm　(円山派下絵集 3) 3600円　①4-8381-0202-X　Ⓝ721.6
〔18015〕
◇四国山本雲渓展図録―1999　藤山歴史資料館編　山本雲渓画　大西町(愛媛県)　門田迪郎　1999.2　16p　30cm　Ⓝ721.6
〔18016〕
◇柴田是真展―幕末・明治の精華―絵画と漆工の世界　東京都板橋区立美術館編　板橋区立美術館　1980　1冊　26cm　Ⓝ721.6
〔18017〕
◇人物・鳥獣　高井琮玄編　京都　光村推古書院　1997.11　119p　30cm　(円山派下絵集 4) 3600円　①4-8381-0203-8　Ⓝ721.6
〔18018〕
◇中村西渓展―図録　敦賀　敦賀市立博物館　1996.8　42p　30cm　Ⓝ721.6
〔18019〕
◇日本画家上田耕夫・耕冲・耕甫―'94特別展　池田市立歴史民俗資料館編　池田　池田市立歴史民俗資料館　1994.10　38p　30cm　Ⓝ721.6
〔18020〕
◇日本近世後期絵本研究―特に円山四条派河村文鳳を中心に　人間文化研究機構国文学研究資料館平成17年度研究成果報告　招請外国人共同研究　文学資源研究系「日本近世後期絵本研究―特に円山四条派河村文鳳を中心に―」共同研究編　人間文化研究機構国文学研究資料館　2006.3　33p　30cm　4-87592-114-4　Ⓝ721.6
〔18021〕
◇浜島月濤東海の雅帖　浜島吉昭著　大府　北尾玉亭　1980.7　194,28p　22cm　Ⓝ721.6
〔18022〕
◇屏風・襖絵　高井琮玄編　京都　光村推古書院　1997.11　120p　30cm　(円山派下絵集 5) 3600円　①4-8381-0204-6　Ⓝ721.6
〔18023〕
◇仏画　1　高井琮玄編　京都　光村推古書院　1997.5　121p　30cm　(円山派下絵集 1) 3600円+税　①4-8381-0200-3　Ⓝ721.6
〔18024〕
◇仏画　2　高井琮玄編　京都　光村推古書院　1997.5　121p　30cm　(円山派下絵集 2) 3600円+税　c4-8381-0201-1　Ⓝ721.6
〔18025〕
◇堀江友声遺作集　安来　堀江友声遺作集刊行会　1981.1　127p　36cm　25000円　Ⓝ721.6
〔18026〕
◇円山・四条派―逸翁美術館蔵品目録　佐々木丞平編著,逸翁美術館編　京都　京都書院　1984.2　127p　30cm　2500円　①4-7636-0035-4　Ⓝ721.6
〔18027〕
◇円山四条派絵画展―応挙と芦雪　文化庁　1979.11　61,5p　26cm　Ⓝ721.6
〔18028〕
◇円山派と森寛斎―応挙から寛斎へ　山口県立美術館編　山口　山口県立美術館　1982.1　175p　30cm　Ⓝ721.6
〔18029〕
◇頼山陽と平田玉蘊―江戸後期自由人の肖像　池田明子著　亜紀書房　1996.4　251p　20cm　1900円　①4-7505-9605-1　Ⓝ721.6
〔18030〕

◆◆◆岸駒
◇岸駒―没後一五〇年記念特別展　富山美術館編　富山　富山美術館　1987.4　148p　26cm　Ⓝ721.6〔18031〕
◇岸駒　道正弘著　富山　〔道正弘〕　1978　15p　26cm　Ⓝ721.6
〔18032〕
◇岸派とその系譜―岸駒から岸竹堂へ　企画展　栗東歴史民俗博物館編　栗東町(滋賀県)　栗東歴史民俗博物館　1996　88p　30cm　Ⓝ721.6
〔18033〕
◇岸派とその粉本―山中東江絵画資料を中心に　春の展覧会　栗東歴史民俗博物館編　栗東町(滋賀県)　栗東歴史民俗博物館　1994.4　24p　30cm　Ⓝ721.6
〔18034〕
◇岸派の画家達　飯田英男編著　尾張旭　飯田英男　1994　1冊　26cm　Ⓝ721.6
〔18035〕

◆◆◆円山応挙
◇江戸名作画帖全集　7　応挙・蘆雪・若冲―円山・四条派　星野鈴責任編集　駸々堂出版　1996.8　192,7p　31cm　20000円　①4-397-50407-5　Ⓝ721.025
〔18036〕
◇応挙・呉春・芦雪障壁画　円山応挙ほか画　神戸　兵庫県文化協会　1983.5　170p　37cm　16000円　Ⓝ721.6
〔18037〕
◇応挙写生画集　円山応挙画,佐々木丞平編　講談社　1981.6　183p　38cm　29000円　Ⓝ721.6
〔18038〕
◇応挙写生帖　円山応挙著,日本の文様研究会編　京都　フジアート出版　1970　4冊(解説共)　34cm　Ⓝ721.6
〔18039〕
◇応挙眼鏡絵古版復刻　円山応挙画,栗原直編　栗原直　1977.12　図版10枚　42cm　非売品　Ⓝ721.6　〔18040〕
◇大鼻公絵巻　第1　有光書房　1965　はり込み原色図版10枚　26×37cm　和　Ⓝ721.6
〔18041〕
◇大鼻公絵巻　第2　有光書房　1965　はり込み原色図版10枚　26×37cm　和　Ⓝ721.6
〔18042〕
◇串本応挙館芦雪館収蔵品目録　串本応挙芦雪館編　串本町(和歌山県)　串本応挙芦雪館　1986.2　140p　26cm　Ⓝ721.6
〔18043〕
◇至宝大乗寺―円山応挙とその一門　佐々木丞平,佐々木正子編著　国書刊行会　2003.9　179p　31cm　2800円　①4-336-04582-8　Ⓝ702.17
〔18044〕
◇写実の美―特別展　応挙とその周辺　円山応挙ほか画　岡山　〔林原美術館〕　1992　73p　26cm　Ⓝ721.6
〔18045〕
◇週刊日本の美をめぐる　no.37　江戸8　リアルに描く円山応挙　円山応挙ほか画　小学館　2003.1　42p　30cm　(小学館ウイークリーブック) 533円　Ⓝ702.1
〔18046〕
◇水墨画の巨匠　第10巻　応挙　円山応挙画　安岡章太郎,佐々木丞平著　講談社　1995.4　109p　31cm　3400円　①4-06-253930-6　Ⓝ721.3
〔18047〕
◇日本美術絵画全集　第22巻　応挙/呉春　山川武著　集英社　1977.4　147p　40cm　4600円　Ⓝ721.08
〔18048〕
◇日本美術全集　第19巻　大雅と応挙―江戸の絵画3・建築2　大河直躬ほか編　小林忠ほか編著　講談社　1993.4　245p　37cm　7500円　①4-06-196419-4　Ⓝ702.1
〔18049〕
◇円山応挙―第四回特別展　亀岡市文化資料館編　亀岡　亀岡市文化資料館　1988.11　20p　26cm　Ⓝ721.6
〔18050〕
◇円山応挙―抒情と革新　没後二〇〇年記念　特別展覧会　円山応挙画　京都国立博物館編　京都　京都新聞社　1995.7　238p　30cm　Ⓝ721.6
〔18051〕

美術史　　　　　　近世史

◇円山応挙　円山応挙画　日本アート・センター編　新潮社　1996.11　93p　20cm　(新潮日本美術文庫13)1100円　①4-10-601533-1　Ⓝ721.6
〔18052〕

◇円山応挙画集　円山応挙画　源豊宗監修　狩野博幸ほか編集　京都　京都新聞社　1999.7　2冊　43cm　全95000円　①4-7638-0461-8　Ⓝ721.6
〔18053〕

◇円山応挙研究　佐々木丞平,佐々木正子著　中央公論美術出版　1996.12　2冊　31cm　全61800円　①4-8055-0318-1　Ⓝ721.6
〔18054〕

◇円山応挙展―没後200年記念　兵庫県立歴史博物館編　姫路　「円山応挙展」全国実行委員会　1994.1　197p　28cm　Ⓝ721.6
〔18055〕

◇円山応挙と三井家　三井文庫編　三井文庫　2000.1　55p　30cm　Ⓝ721.6
〔18056〕

◇円山応挙の写生と風景―特別展　三井文庫編　三井文庫　1988.11　46p　30cm　Ⓝ721.6
〔18057〕

◇円山応挙の生涯と芸術　佐々木丞平述　亀岡市,亀岡市教育委員会編　亀岡　亀岡市　1993.10　56,4p　19cm　(亀岡生涯学習市民大学　平成4年度―丹波学叢書1)Ⓝ721.6
〔18058〕

◆◆◆松村景文

◇景文の写生帳―京都・四条派の確立者　松村景文画　京都　京都書院　1978.10　522p　37cm　18000円　Ⓝ721.6
〔18059〕

◆◆◆川口月嶺

◇郷土の画人川口月嶺―川口月嶺絵画調査報告書　川口月嶺画　鹿角　鹿角市教育委員会　1976　60p　26cm　Ⓝ721.6
〔18060〕

◇月嶺・雪蕉　岩手県立博物館編　盛岡　岩手県文化振興事業団　1986.10　1冊　26cm　Ⓝ721.6
〔18061〕

◆◆◆宋紫石

◇宋紫石画集　楠本雪渓画,山川武,中島亮一編著　宋紫石顕彰会　1986.9　169p　30cm　Ⓝ721.6
〔18062〕

◇宋紫石とその時代―中国渡来の写生術画法　東京都板橋区立美術館編　板橋区立美術館　1986.4　119p　26cm　(江戸文化シリーズ 7)Ⓝ721.6
〔18063〕

◆◆◆呉月渓(呉春)

◇応挙・呉春・芦雪障壁画　円山応挙ほか画　神戸　兵庫県文化協会　1983.5　170p　37cm　16000円　Ⓝ721.6
〔18064〕

◇呉春　松村月渓著　池田　逸翁美術館　1982.10　118p　26cm　Ⓝ721.6
〔18065〕

◇日本美術絵画全集　第22巻　応挙/呉春　山川武著　集英社　1977.4　147p　40cm　4600円　Ⓝ721.08
〔18066〕

◆◆◆長沢蘆雪

◇江戸名作画帖全集　7　応挙・蘆雪・若冲―円山・四条派　星野鈴責任編集　駸々堂出版　1996.8　192,7p　31cm　20000円　①4-397-50407-5　Ⓝ721.025
〔18067〕

◇応挙・呉春・芦雪障壁画　円山応挙ほか画　神戸　兵庫県文化協会　1983.5　170p　37cm　16000円　Ⓝ721.6
〔18068〕

◇近世異端の芸術―若冲・蕭白・芦雪　鈴木進編著　マリア書房　1973　202p(おもに図)　35cm　18000円　Ⓝ721
〔18069〕

◇串本応挙芦雪館収蔵品図録　串本応挙芦雪館編　串本町(和歌山県)　串本応挙芦雪館　1986.2　140p　26cm　Ⓝ721.6
〔18070〕

◇週刊日本の美をめぐる　no.25　江戸9　蕭白と蘆雪―奇想の画家　曾我蕭白,長沢蘆雪画　小学館　2002.10　42p　30cm　(小学館ウイークリーブック)533円　Ⓝ702.1
〔18071〕

◇探訪長沢蘆雪　白木博久著　大阪　白木博久　1991.4　58p　22×22cm　Ⓝ721.6
〔18072〕

◇長沢蘆雪―没後200年記念　長沢蘆雪画　辻惟雄,狩野博幸監修　千葉市美術館,和歌山県立博物館,日本経済新聞社編　日本経済新聞社　2000　202p　26×29cm　Ⓝ721.6
〔18073〕

◆◆花鳥画

◇異彩の江戸美術・仮想の楽園―若冲をめぐる18世紀花鳥画の世界　静岡県立美術館編　静岡　「仮想の楽園」展実行委員会　1997.9　114p　28cm　Ⓝ721.025
〔18074〕

◇江戸の花鳥画―博物学をめぐる文化とその表象　今橋理子著　第2版　スカイドア　1996.4　484p　22cm　6800円　①4-915879-24-0　Ⓝ721.025
〔18075〕

◇おとなのぬり絵ノート　江戸の鮮やかな花鳥画編―頭脳イキイキ脳を楽しく鍛えるトレーニング！　雄鶏社編　雄鶏社　2006.11　1冊　30cm　960円　①4-277-75341-8
〔18076〕

◇花鳥画の世界　6　京派の意匠―江戸中期の花鳥 1　佐々木丞平編　学習研究社　1981.11　182p　37cm　14800円　Ⓝ721.08
〔18077〕

◇花鳥画の世界　7　文雅の花・綺想の鳥―江戸中期の花鳥 2　辻惟雄編　学習研究社　1983.1　160p　37cm　14800円　①4-05-904324-6　Ⓝ721.08
〔18078〕

◇花鳥画の世界　8　幕末の百花譜―江戸末期の花鳥　河野元昭編　学習研究社　1982.7　193p　37cm　14800円　Ⓝ721.08
〔18079〕

◇華鳥譜　服部雪斎筆,森立之撰　京都　美乃美　1977.3　1冊(はり込図65枚)　39cm　45000円　Ⓝ721.4
〔18080〕

◇草木花写生―東京国立博物館蔵　狩野探幽画,中村渓男,北村四郎著　京都　紫紅社　1977.6　247,9p　26×37cm　35000円　Ⓝ721.4
〔18081〕

◇長崎派の花鳥画―沈南蘋とその周辺　京都　フジアート出版　1981.2　2冊　43cm　全98000円　①4-8289-0228-7　Ⓝ721.3
〔18082〕

◇日本近世人物・花鳥画展観目録　黒川古文化研究所編　西宮　黒川古文化研究所　1979.11　21p　19cm　Ⓝ721.025
〔18083〕

◇花と鳥たちのパラダイス―江戸時代長崎派の花鳥画　特別展　神戸市立博物館編　神戸　神戸市スポーツ教育公社　1993.5　119p　24×25cm　Ⓝ721.3
〔18084〕

◇花と鳥のイリュージョン―江戸の学問と芸術　岐阜県博物館編　関　岐阜県博物館　1997.4　71p　30cm　Ⓝ721.6
〔18085〕

◆◆◆抱一派

◇抱一派花鳥画譜　第1巻　中村渓男解説　京都　紫紅社　1978.9　130,6p　38cm　15000円　Ⓝ721.5
〔18086〕

◇抱一派花鳥画譜　第2巻　中村渓男解説　京都　紫紅社　1978.11　139p　38cm　15000円　Ⓝ721.5
〔18087〕

◇抱一派花鳥画譜　第3巻　中村渓男著　京都　紫紅社　1979.1　132,5p　37cm　15000円　Ⓝ721.5
〔18088〕

◇抱一派花鳥画譜　第4巻　中村渓男解説　京都　紫紅社　1979.6　162,4p　38cm　15000円　Ⓝ721.5
〔18089〕

◇抱一派花鳥画譜　第5巻　中村渓男著　京都　紫紅社　1979.12　148,4p　38cm　15000円　Ⓝ721.5　〔18090〕

◇抱一派花鳥画譜　別巻　中村渓男解説　京都　紫紅社　1980.9　153,5p　38cm　15000円　Ⓝ721.5　〔18091〕

◆◆◆伊藤若冲

◇伊藤若冲―動植綵絵　伊藤若冲画　Lampoon house c1996　47p　31cm　(Art random classics)2500円　①4-7713-1103-X　Ⓝ721.4　〔18092〕

◇伊藤若冲　伊藤若冲画　日本アート・センター編　新潮社　1996.9　93p　20cm　(新潮日本美術文庫10)1100円　①4-10-601530-7　Ⓝ721.4　〔18093〕

◇伊藤若冲大全　伊藤若冲画　狩野博幸監修・執筆　京都国立博物館,小学館編　小学館　2002.11　2冊(別冊とも)　31cm　全38000円　①4-09-699264-X　Ⓝ721.4　〔18094〕

◇伊藤若冲動植綵絵―Plants and animal scrolls Ito Jakuchu　伊藤若冲画　藍風舎　1996.1　47p　31cm　(Art random classics)2500円・①4-900852-49-X　Ⓝ721.4　〔18095〕

◇伊藤若冲の花丸図　伊藤若冲画　京都　京都書院　1978.3　p138～162 図版136枚　39cm　38000円　Ⓝ721.4　〔18096〕

◇江戸名作画帖全集　7　応挙・蘆雪・若冲―円山・四条派　星野鈴責任編集　駸々堂出版　1996.8　192,7p　31cm　20000円　①4-397-50407-5　Ⓝ721.025　〔18097〕

◇近世異端の芸術―若冲・蕭白・芦雪　鈴木進編著　マリア書房　1973　202p(おもに図)　35cm　18000円　Ⓝ721　〔18098〕

◇若冲　伊藤若冲画,辻惟雄解説　美術出版社　1974　251,7p(はり込図57枚,図22枚共)　37cm　34000円　Ⓝ721.4　〔18099〕

◇若冲　伊藤若冲画　狩野博幸監修・執筆　京都　紫紅社　1993.10　362p　37cm　58000円　①4-87940-524-8　Ⓝ721.4　〔18100〕

◇若冲―没後200年 特別展覧会　伊藤若冲画　京都国立博物館編　京都　京都国立博物館　2000.10　401p　30cm　〔18101〕

◇若冲画譜　伊藤若冲画　京都　美乃美　1976.9　図100枚　44cm　40000円　Ⓝ721.7　〔18102〕

◇若冲天井絵　伊藤若冲画　京都　マリア書房　1970　図115枚　34cm　9500円　Ⓝ721.4　〔18103〕

◇若冲の拓版画　若冲,山内長三ほか編　瑠璃書房　1981.12　69p　図版148枚　27cm　5800円　Ⓝ721.4　〔18104〕

◇週刊日本の美をめぐる　no.13　江戸 7　伊藤若冲―驚異のまなざし　伊藤若冲画　小学館　2002.7　42p　30cm　(小学館ウイークリーブック)533円　Ⓝ702.1　〔18105〕

◇水墨画の巨匠　第9巻　若冲　伊藤若冲画　梅原猛,辻惟雄著　講談社　1994.11　109p　31cm　3400円　①4-06-253929-2　Ⓝ721.3　〔18106〕

◇水墨美術大系　第14巻　若冲・蕭白・蘆雪　小林忠,辻惟雄,山川武著　講談社　1973　215p　43cm　14000円　Ⓝ721.3　〔18107〕

◇日本の美術　256　伊藤若冲　佐藤康宏編　至文堂　1987.9　98p　23cm　1300円　Ⓝ702.1　〔18108〕

◇日本美術絵画全集　第23巻　若冲・蕭白　辻惟雄,マニー・ヒックマン,河野元昭著　集英社　1977.10　147p　40cm　4600円　Ⓝ721.08　〔18109〕

◇日本美術絵画全集　第23巻　〔伊藤〕若冲〔曾我〕蕭白　伊藤若冲著,曾我蕭白著,辻惟雄ほか著　集英社　1981.8　147p　28cm　1800円　Ⓝ721.08　〔18110〕

◇目をみはる伊藤若冲の『動植綵絵』　伊藤若冲画　狩野博幸著　小学館　2000.8　127p　25cm　(アートセレクション)1900円　①4-09-607007-6　Ⓝ721.4　〔18111〕

◆◆文人画・南画・俳画

◇池霞樵・謝春星十便十宜画冊　筑摩書房　1970　2丁(折本)別冊1冊　28cm　〔18112〕

◇「伊豆沿海真景」考　大島隆著　松崎町(静岡県)〔大島隆〕　1988.9　71p　27×31cm　非売品　Ⓝ721.7　〔18113〕

◇伊豆原麻谷名品展―郷土の画人 '93特別展　三好町立歴史民俗資料館編　三好町(愛知県)　三好町立歴史民俗資料館　1993.10　85p　30cm　Ⓝ721.7　〔18114〕

◇浦上安　池上淳之著　岡山〔池上淳之〕1995.8　234p　22cm　Ⓝ721.7　〔18115〕

◇蝦夷奇勝図巻―松浦武四郎自筆考証文付　谷元旦画　朝日出版　1973　図27枚 90p　31×44cm(蝦夷紀行：18×26cm)　35000円　Ⓝ721.7　〔18116〕

◇江戸時代の風景スケッチ―真景図　サントリー美術館　1978　1冊　26cm　Ⓝ721.7　〔18117〕

◇江戸南画の潮流　1　谷文晁と鈴木芙蓉　飯田市美術博物館編　飯田　飯田市美術博物館　1999　125p　30cm　Ⓝ721.7　〔18118〕

◇江戸の博物図譜―世田谷の本草画家斎田雲岱の世界　特別展図録　斎田雲岱画　斎田記念館,東京都世田谷区立郷土資料館編　世田谷区立郷土資料館　1996.11　104p　26cm　Ⓝ721.7　〔18119〕

◇江戸名作画帖全集　10　文人諸家―寄合書画帖　小林忠,河野元昭監修　武田光一責任編集　駸々堂出版　1997.8　192,7p　31cm　19417円　Ⓝ721.025　〔18120〕

◇青梅宿の文芸活動―小林天渕を中心に　青梅　青梅市郷土博物館　2001.3　58p　30cm　Ⓝ721.7　〔18121〕

◇大倉笠山・その妻袖蘭の絵と書―南山城笠置出身の文人　村上泰昭著　京田辺　泰房庵　1998.7　63p　26cm　Ⓝ721.7　〔18122〕

◇大坂の書と画と本―関西大学図書館所蔵　関西大学図書館編　吹田　関西大学図書館　1997.5　63p　30cm　Ⓝ721.7　〔18123〕

◇大塚荷渓と藤枝宿の文人たち―第16回特別展　藤枝市郷土博物館編　藤枝　藤枝市郷土博物館　2001.11　56p　30cm　Ⓝ721.7　〔18124〕

◇岡și米山人と半江―近世なにわの文人画　昭和51年4月29日―5月31日　大阪　大阪市立博物館　1976.4　37p　26cm　〔18125〕

◇奥原晴湖展―特別展示　大宮　埼玉県立博物館　1978.10　102p　26cm　Ⓝ721.7　〔18126〕

◇尾張南画家伊豆原麻谷―麻谷とその周辺　秋季特別展　三好町立歴史民俗資料館編　三好町(愛知県)　三好町立歴史民俗資料館　2005.10　68p　30cm　Ⓝ721.7　〔18127〕

◇尾張の絵画史　南画　名古屋市博物館編　名古屋　名古屋市博物館　1981.10　114p　26cm　Ⓝ721.7　〔18128〕

◇開館記念展　田辺市立美術館編　田辺　田辺市立美術館　1996　75p　28cm　Ⓝ721.7　〔18129〕

◇画家の旅、詩人の夢　高橋博巳著　ぺりかん社　2005.12　244p　20cm　2800円　①4-8315-1125-0　Ⓝ721.7　〔18130〕

◇春日井密蔵院所蔵「横井金谷」「大岡春卜」の屏風絵について　飯田英男著　尾張旭　飯田英男　1987　41p

美術史　　　　　　　　　　　　　近世史

26cm　Ⓝ721.7　　　　　　　　　〔18131〕
◇合浦山水観　平尾魯仙画　弘前　弘前市立弘前図書館
　1987.3　1冊　26cm　非売品　Ⓝ721.7
　〔18132〕
◇金沢城と山本梅逸の足跡　和泉寛一著　岩波ブックサー
　ビスセンター（製作）　1998.3　256p　20cm　1800円
　Ⓝ721.7　　　　　　　　　　　　〔18133〕
◇菅茶山が交わった画人たち―菅茶山記念館第一回特別展
　図録　菅茶山記念館編　神辺町（広島県）　菅茶山記念
　館　1993.10　41p　19×26cm　Ⓝ721.7　〔18134〕
◇韓天寿　村上泰昭著　田辺町（京都府）　村上泰昭
　1991.11　107p　31cm　Ⓝ721.7　　〔18135〕
◇韓天寿の絵と書―江戸時代の文人　泰房菴コレクション
　没後200年特別展　富山美術館編　富山　富山美術館
　1995.7　62p　26cm　Ⓝ721.7　　〔18136〕
◇関東南画大集合―のぞいてみよう心の風景　板橋区立美
　術館　2005.9　92p　30cm　（江戸文化シリーズ　21回展
　図録）Ⓝ721.7　　　　　　　　　〔18137〕
◇上林清泉―企画展　宇治市歴史資料館編　宇治　宇治市
　歴史資料館　1989.6　1冊　26cm　Ⓝ721.7　〔18138〕
◇郷土物故文人・画家図録―寛政より昭和まで　秩父美術
　館編　秩父　近世美術工芸文化財研究保存会　1988.7
　53p　26cm　Ⓝ721.7　　　　　　〔18139〕
◇近代の南画―こころと表現　山種美術館　1971
　72p（おもに図）　26cm　（異色の画家シリーズ）721.7
　〔18140〕
◇桑山玉洲　松下英麿著　限定版　中央公論美術出版
　1959　118p　図16枚　20cm　Ⓝ721.7　〔18141〕
◇桑山玉洲展　桑山玉洲画　　田辺市立美術館編　田辺
　田辺市立美術館　2001　63p　28cm　Ⓝ721.7　〔18142〕
◇慶応四年の田崎草雲―その知られざる姿　菊地卓著　宇
　都宮　下野新聞社　2002.7　319p　20cm　2200円
　①4-88286-174-7　Ⓝ721.7　　　　〔18143〕
◇小池曲江全伝　大林昭雄著　仙台　ギャラリー大林出版
　1989.9　334p　27cm　（日本美術論攷大林昭雄著作集
　第8巻）9800円　Ⓝ721.7　　　　〔18144〕
◇小池曲江の絵画　小池曲江画　塩竈　小池曲江没後一五
　〇年記念の会実行委員会　1997.3　123p　31cm
　Ⓝ721.7　　　　　　　　　　　　〔18145〕
◇高秋田その人と画　久門正雄著　西条　西条史談会
　1947　64p*　22cm　（東予史談復興　第42号*特
　輯）Ⓝ721.7　　　　　　　　　　〔18146〕
◇五岳上人遺墨撰集　平野五岳著,緒方無元編　甘木　五
　岳上人顕彰会　1983.11　215,215p　27cm　13000円
　Ⓝ721.7　　　　　　　　　　　　〔18147〕
◇五岳上人遺墨展　五岳会編　日田　五岳会　1982　82p
　30cm　Ⓝ721.7　　　　　　　　〔18148〕
◇在外秘宝―欧米収蔵日本絵画集成　第1　障屏画,琳
　派,文人画　島田修二郎著　学習研究社　1969　2冊
　40cm　36000円　Ⓝ721.08　　　〔18149〕
◇相模の禅僧風外慧薫作品展―平塚博物館所蔵・高瀬コレ
　クション　平塚市美術館編　平塚　平塚市美術館
　1992.3　1冊　26cm　Ⓝ721.7　　〔18150〕
◇佐久間洞巌野子苞画軸粉本論　今村鎧介著　塩釜　みち
　のく郷土研究会　1979.1　18p　21cm　Ⓝ721.7
　〔18151〕
◇佐竹永海―会津に生まれた文晁の高弟　佐竹永海ほか画
　　福島県立博物館編　会津若松　福島県立博物館
　1998.10　19cm　Ⓝ721.7　　　　〔18152〕
◇佐竹義敦と桂寿院―秋田蘭画の光と陰　伊藤武美著　秋
　田　秋田文化出版　1991.12　213p　19cm　1500円
　Ⓝ721.7　　　　　　　　　　　　〔18153〕

◇定信と画僧白雲―集古十種の旅と風景　特別企画展　松
　平定信,白雲筆　　白河市歴史民俗資料館編　白河　白
　河市歴史民俗資料館　1998.11　122p　30cm　Ⓝ721.7
　〔18154〕
◇讃岐の文人画展―平成五年度企画展　高松市歴史資料館
　編　高松　高松市歴史資料館　1993　33p　26cm
　Ⓝ721.7　　　　　　　　　　　　〔18155〕
◇山水画と花鳥画―志太・榛原の画人たち　第7回特別展
　藤枝市郷土博物館編　藤枝　藤枝市郷土博物館　1993.9
　34p　26cm　Ⓝ721.7　　　　　　〔18156〕
◇山水奇観　淵上旭江著　岡山　斎光社　1978.10　8冊
　22cm　全12000円　Ⓝ721.7　　　〔18157〕
◇シーボルトの絵師―埋れていた三人の画業　金子厚男著
　熊本　青潮社　1982.3　314p　21cm　2000円　Ⓝ721.7
　〔18158〕
◇下野の画人とその代表作　野中退蔵著　宇都宮　野中退
　蔵　1965　185p　24cm　900円　Ⓝ721.7　〔18159〕
◇書・画―斐川を訪れた文人・墨客たち　三加茂勝巳,片
　山量三著　　古川誠写真　斐川町（島根県）　斐川町教
　育委員会　1997.3　56p　30cm　（ふるさと「斐川」探訪
　シリーズ　5）Ⓝ721.7　　　　　〔18160〕
◇初期南画の研究　田中喜作著　中央公論美術出版社
　1972　179p　21cm　2500円　Ⓝ721.7　〔18161〕
◇知られざる南画家百川―特別展　名古屋市博物館編　名
　古屋　名古屋市博物館　1984.3　114p　26cm　Ⓝ721.7
　〔18162〕
◇信州の俳画　矢羽勝幸編　松本　郷土出版社　1987.3
　167p　29cm　20000円　Ⓝ721.7　〔18163〕
◇菅井梅関資料　大林昭雄著　仙台　ギャラリー大林（発
　売）　1991　177p　26cm　（日本美術論攷大林昭雄著作
　集　第7巻）7000円　Ⓝ721.7　　〔18164〕
◇菅井梅関全伝　大林昭雄著　仙台　ギャラリー大林
　1986.8　429p　27cm　15000円　Ⓝ721.7　〔18165〕
◇須賀川市立博物館図録―亜欧堂田善関係資料　太田貞喜
　コレクションを中心として　須賀川市立博物館編　須賀
　川　須賀川市立博物館　1993.3　64p　26cm　（須賀川
　市立博物館調査研究報告書　第8集）Ⓝ721.7　〔18166〕
◇菅原竹侶―平成5年度まちづくり企画展　菅原竹侶画
　　水沢市埋蔵文化財調査センター編　水沢　水沢市教育
　委員会　1994.3　56p　26cm　Ⓝ721.7　〔18167〕
◇鈴木芙蓉伝　村沢武夫著　松本　郷土出版社　1983.12
　190p　19cm　1600円　Ⓝ721.7　　〔18168〕
◇鈴木芙蓉展　長野県信濃美術館,長野県伊那文化会館編
　長野　長野県信濃美術館　1991　52p　26cm　Ⓝ721.7
　〔18169〕
◇巣立―柳史俳画　赤松柳史著　大阪　青門山房　1941
　74p　図版30枚　19cm　Ⓝ721.7　〔18170〕
◇千住の酒合戦と江戸の文人展―特集　東京都足立区立郷
　土博物館編　足立区立郷土博物館　1987.10　47p
　26cm　（足立区立郷土博物館紀要　第3号）Ⓝ721.087
　〔18171〕
◇仙台藩絵師佐久間洞巌　三浦三吾著　若柳町（宮城県）
　三浦良子　1995.7　126p　27cm　（近世美術の鑑賞
　2）Ⓝ721.7　　　　　　　　　　〔18172〕
◇専念寺所蔵五岳上人遺墨遺品集　平野五岳著　　五岳顕
　彰会編　日田　五岳百年祭実行委員会　1992.3　108p
　30cm　非売品　Ⓝ721.7　　　　　〔18173〕
◇双墨　現代俳画協会編　大阪　1967　40p　16×19cm
　（現代俳画協会作品集　第3集）Ⓝ721.7　〔18174〕
◇高久靄厓展　宇都宮　栃木県立美術館　1975　1冊
　26cm　Ⓝ721.7　　　　　　　　〔18175〕

434　日本近世史図書総覧　明治～平成　　　　　　　　　　　　　　　　　　　　　　〔18131～18175〕

◇高橋草坪展―幻の南画家　大分県立芸術会館編　大分　大分県立芸術会館　1996.10　86p　30cm　Ⓝ721.7
〔18176〕

◇定本・遠州の南画　静岡　静岡郷土出版社　1989.11　175p　31×31cm　26000円　Ⓘ4-87665-022-5
〔18177〕

◇天龍道人画譜　天龍道人を偲ぶ会編　甲陽書房　1980.8　50p　図版119枚　28cm　非売品　Ⓝ721.7
〔18178〕

◇東西美術交流300年展―日本における写実絵画の流れ　福岡ユネスコ協会,朝日新聞社主催　福岡　福岡ユネスコ協会,朝日新聞社　1967　78p　26cm　Ⓝ721.7
〔18179〕

◇冬青小林勇画集　中央公論美術出版　1969　図版59枚　解説23p　33cm　15000円　Ⓝ721.7
〔18180〕

◇富山の文人稲垣碧峰とその師友―富山市篁牛人記念美術館特別展　稲垣碧峰画　富山市篁牛人記念美術館編　富山　富山市篁牛人記念美術館　2002.10　63p　30cm　Ⓝ721.7
〔18181〕

◇鳥は雲に―近世俳人書画逍遥　雲英末雄著　大阪　和泉書院　1995.6　265p　20cm　（和泉選書 94）3090円　Ⓘ4-87088-733-9　Ⓝ911.302
〔18182〕

◇長島雪操南画の画手本―花鳥画冊　山内長三編, 益田春光解説　グラフィック社　1980.5　114p　27cm　2500円　Ⓝ721.7
〔18183〕

◇中林竹渓―水と風の画家　名古屋市博物館企画展　中林竹渓画　名古屋市博物館編　名古屋　名古屋市博物館　1999.9　63p　30cm　Ⓝ721.7
〔18184〕

◇中山高陽　清水孝之著　高知　高知市文化振興事業団　1987.3　335p　21cm　3800円　Ⓝ721.7
〔18185〕

◇謎の画人月雪香　伊東豪健著　長崎　長崎出島文庫　2000.10　157p　19cm　1429円　Ⓘ4-931472-18-4　Ⓝ721.7
〔18186〕

◇南画院十五周年記念展覧会併せて小雲翠雲先生十七回忌遺作展　図録　清水澄編　美術倶楽部出版部　1962　116p　21cm　Ⓝ721.7
〔18187〕

◇南画絵便り集　京都　京都書院　1983.11　83p　26cm　3000円　Ⓘ4-7636-1034-1　Ⓝ721.7
〔18188〕

◇南画家山本梅逸―華麗なる花鳥・山水の風雅　特別展　山本梅逸画　名古屋市博物館編　名古屋　名古屋市博物館　1998.4　72p　30cm　Ⓝ721.7
〔18189〕

◇南画史要　梅沢和軒著　国史講会　1922　144p　18cm　（文化叢書 第7編）Ⓝ721
〔18190〕

◇南画の基礎知識　苫野敬太郎, 安生富士共著　雄山閣出版　1978.3　114p　図版75枚　27cm　4000円　Ⓝ721.7
〔18191〕

◇新潟・文人去来―江戸時代の絵画をたのしむ　開館3周年記念企画展　新潟市歴史博物館編　新潟　新潟市歴史博物館　2007.2　144p　30cm　Ⓝ721.7
〔18192〕

◇日本南画史　梅沢和軒著　補再版　東方書院　1929　1014,4p　23cm　Ⓝ721
〔18193〕

◇日本南画史　梅沢和軒著　増補（3版）　京都　洛東書院　1933　1014p　23cm　Ⓝ721
〔18194〕

◇日本南画史　山内長三著　瑠璃書房　1981.1　494p　22cm　6900円　Ⓝ721.7
〔18195〕

◇日本南画集　国立博物館編纂　京都　便利堂　1951.3　119枚　26cm　1200円　Ⓝ721.7
〔18196〕

◇日本南画論攷　吉沢忠著　講談社　1977.8　651,17p　22cm　4800円　Ⓝ721.7
〔18197〕

◇日本の近代美術と幕末　匠秀夫著　沖積舎　1994.9　343p　20cm　3000円　Ⓘ4-8060-4596-9　Ⓝ721.7
〔18198〕

◇日本の南画　武田光一著　東信堂　2000.7　154p　21cm　（世界美術双書 8）2300円　Ⓘ4-88713-347-2　Ⓝ721.7
〔18199〕

◇日本の文人画　京都　便利堂　1975　188p（図, はり込図10枚共）　36cm　23000円　Ⓝ721.7
〔18200〕

◇日本の文人画展 1　静嘉堂文庫美術館編　静嘉堂文庫美術館　1995.4　118p　26cm　Ⓝ721.7
〔18201〕

◇日本の文人画展 2　静嘉堂文庫美術館編　静嘉堂文庫美術館　1996.4　113p　26cm　Ⓝ721.7
〔18202〕

◇日本文化の真景―上代仏教美術と近世文人画　今城甚造著　雄山閣出版　1989.5　424p　22cm　13000円　Ⓘ4-639-00790-6　Ⓝ702.098
〔18203〕

◇濃飛の文人―特別展　関　岐阜県博物館　1979.10　31p　26cm　Ⓝ721.7
〔18204〕

◇野呂介石―特別展　和歌山　和歌山県立博物館　1978　1冊　26cm　Ⓝ721.7
〔18205〕

◇俳画　宮中千秋著　熊本　宮中千秋　1979.3　39p　20×21cm　2500円　Ⓝ721.7
〔18206〕

◇Haiga―Takebe Socho and the haiga painting tradition　建部巣兆画　増田昌三郎編　増田昌三郎　2003.1　141p　30cm　Ⓝ721.7
〔18207〕

◇俳画粋伝―江戸の風韻　瀬木慎一著　美術公論社　1988.10　245p　20cm　1800円　Ⓘ4-89330-083-0　Ⓝ721.7
〔18208〕

◇俳画手帖　第1-2輯　赤松柳史著　大阪　創元社　1955　230p　18cm　（創元手帖文庫）Ⓝ721.7
〔18209〕

◇俳画の世界　岡田利兵衛著　淡交新社　1966　131p　22cm　Ⓝ721.7
〔18210〕

◇俳画の美―蕪村・月渓　岡田利兵衛著　京都　豊書房　1973　340p　27cm　4800円　Ⓝ721.7
〔18211〕

◇俳画の美―一茶の時代―柿衛文庫特別展　柿衛文庫編　伊丹　柿衛文庫　1997.8　83p　27cm　（調査図録 第11号―俳画のながれ 3）Ⓝ721.7
〔18212〕

◇俳画の歴史と美　山寺芭蕉記念館編　山形　山寺芭蕉記念館　1995.9　81p　26cm　Ⓝ721.7
〔18213〕

◇白隠と仙厓―細川護立コレクションの原点　熊本県立美術館編　熊本　熊本県立美術館　1999.4　104p　30cm　（永青文庫展 第17回）Ⓝ721.7
〔18214〕

◇長谷川嵐渓　長谷川貫一著　図譜新社　1967　112p　図版24枚　27cm　Ⓝ721.7
〔18215〕

◇八王子の絵師―関文川と高麗宗山特別展図録　八王子市郷土資料館編　八王子　八王子市教育委員会　1991.10　47p　26cm　Ⓝ721.7
〔18216〕

◇服部五老・二柳の世界―南画展　服部五老, 服部二柳画　鶴岡　致道博物館　1995　31p　26cm　Ⓝ721.7
〔18217〕

◇林十江　林十江画, 茨城郷土文化顕彰会編　水戸　新いばらきタイムス社　1978.11　89p　31cm　2800円　Ⓝ721.7
〔18218〕

◇彦根藩御用絵師佐竹永海　佐竹永海画　彦根城博物館編　彦根　彦根市教育委員会　2000.6　25p　21cm　Ⓝ721.7
〔18219〕

◇日根対山―前半期の作品　郷土が生んだ画人　その2　日根対山画　歴史館いずみさの編　泉佐野　歴史館いずみさの　2001.4　37p　30cm　Ⓝ721.7
〔18220〕

◇日根対山作品集　日根対山画　泉佐野市史編さん委員会編　泉佐野　泉佐野市教育委員会　2001.3　102p　26cm　（泉佐野市史資料 第2集）Ⓝ721.7
〔18221〕

◇平井顕斎―第26回企画展　藤枝市郷土博物館編　藤枝　藤枝市郷土博物館　1994.7　34p　26cm　Ⓝ721.7
〔18222〕

◇広瀬台山　栗原直著　三樹書房　1991.8　398p　22cm　12360円　①4-89522-154-7　Ⓝ721.7　〔18223〕

◇広瀬台山―年記のある作品から　津山　津山郷土博物館　1992.2　1冊　27cm　(津山郷土博物館特別展図録 第4冊)Ⓝ721.7　〔18224〕

◇古川松根―人と作品　佐賀県立博物館編　佐賀　鍋島報効会　1988.3　159p　26cm　Ⓝ721.7　〔18225〕

◇文人画―出光コレクション　熊本　熊本県立美術館　1976　1冊(おもに図)　26cm　Ⓝ721.7　〔18226〕

◇文人画家の譜―王維から鉄斎まで　大槻幹郎著　ぺりかん社　2001.1　347p　22cm　3800円　①4-8315-0898-5　Ⓝ721.7　〔18227〕

◇文人画粋編　第4巻　沈周・文徴明　中央公論社　1978.6　170p　54cm　53000円　Ⓝ721.7　〔18228〕

◇文人画粋編　第5巻　徐渭・董其昌　中央公論社　1978.10　174p　54cm　53000円　Ⓝ721.7　〔18229〕

◇文人画粋編　第7巻　惲寿平・王翬　中央公論社　1979.3　169p　54cm　Ⓝ721.7　〔18230〕

◇文人画粋編　第8巻　石濤　中央公論社　1976　169p(図・はり込み図2枚共)　53cm　53000円　Ⓝ721.7　〔18231〕

◇文人画粋編　第9巻　金農　中央公論社　1976　183p(図・はり込み図2枚共)　53cm　53000円　Ⓝ721.7　〔18232〕

◇文人画粋編　第10巻　呉昌碩・斉白石　中央公論社　1977.2　166p(図・はり込み図2枚共)　54cm　53000円　Ⓝ721.7　〔18233〕

◇文人画粋編　第15巻　岡田米山人　中央公論社　1978.3　160p　54cm　53000円　Ⓝ721.7　〔18234〕

◇文人画粋編　第18巻　頼山陽　中央公論社　1976　169p(図・はり込み図2枚共)　54cm　53000円　Ⓝ721.7　〔18235〕

◇文人画粋編　第20巻　富岡鉄斎　中央公論社　1974　178p(図・はり込み図2枚共)　53cm　53000円　Ⓝ721.7　〔18236〕

◇文人画展　泉屋博古館編　京都　泉屋博古館　1999.8　15p　26cm　Ⓝ721.7　〔18237〕

◇文人画の技法・清水公照　清水公照著　大阪　創元社　1980.4　143p　27cm　3800円　Ⓝ721.7　〔18238〕

◇文人画のすすめ―詩書画一体の世界　新しい絵画の時代を拓く　豊島宗七著　秀作社出版　2004.12　301p 図版16p　22cm　2500円　①4-88265-356-7　Ⓝ721.7　〔18239〕

◇文人画風―歌集　日夏耿之介著　京都　関書院　1947　154p　18cm　Ⓝ911.16　〔18240〕

◇文人画論―浦上春琴「論画詩」評釈　竹谷長二郎著　明治書院　1988.8　239p　22cm　5800円　①4-625-48054-X　Ⓝ721.7　〔18241〕

◇文人画論集　中田勇次郎著　中央公論社　1982.8　436p　22cm　6800円　Ⓝ721.7　〔18242〕

◇文人書画展　竹田　竹田商工会議所青年部会　1985　24p　26cm　非売品　Ⓝ721.7　〔18243〕

◇文人書画展　竹田商工会議所青年部撰集　竹田　竹田商工会議所青年部　1993.10　148p　30cm　Ⓝ721.7　〔18244〕

◇文人書画展　第20回　竹田商工会議所青年部撰集　竹田　竹田商工会議所青年部　1994.10　87p　30cm　非売品　Ⓝ721.7　〔18245〕

◇文人書画展　第21回　竹田商工会議所青年部撰集　竹田　竹田商工会議所青年部　1995.10　98p　30cm　Ⓝ721.7　〔18246〕

◇文人書画展―南画のふる里竹田　第22回　竹田商工会議所青年部撰集　竹田　竹田商工会議所青年部　1996.11　118p　30cm　非売品　Ⓝ721.7　〔18247〕

◇文人書画展―南画のふる里竹田　第23回　竹田商工会議所青年部編　竹田　竹田商工会議所青年部　1997.11　58p　30cm　非売品　Ⓝ721.7　〔18248〕

◇文人書画展　第24回　竹田商工会議所青年部撰集　竹田　竹田商工会議所青年部　1998.10　68p　30cm　Ⓝ721.7　〔18249〕

◇文人書画展　第25回　竹田商工会議所青年部撰集　竹田　竹田商工会議所青年部　1999.10　64p　30cm　Ⓝ721.7　〔18250〕

◇文人書画展　第26回　竹田商工会議所青年部撰集　竹田　竹田商工会議所青年部　2000.11　91p　30cm　非売品　Ⓝ721.7　〔18251〕

◇文人書画展―南画のふる里竹田　第27回　竹田商工会議所青年部撰集　竹田　竹田商工会議所青年部　2001.9　131p　30cm　Ⓝ721.7　〔18252〕

◇文人書画展　第28回　竹田商工会議所青年部撰集　竹田　竹田商工会議所青年部　2002.10　67p　30cm　非売品　Ⓝ721.7　〔18253〕

◇美濃の南画―企画展　岐阜市歴史博物館編　岐阜　岐阜市歴史博物館　1988.3　72p　26cm　Ⓝ721.7　〔18254〕

◇宮本武蔵展　三島　佐野美術館　1979　80p　26cm　Ⓝ721.7　〔18255〕

◇無名の南画家　加藤一雄著　日本美術出版　1947　95p　18cm　Ⓝ721.7　〔18256〕

◇村瀬秋水墨跡集―村瀬秋水生誕二百年記念図録　美濃　梅村信芳　1994.5　81p　30cm　3800円　Ⓝ721.7　〔18257〕

◇村瀬太乙の世界―企画展　一宮市博物館編　一宮　一宮市博物館　1992.1　25p　19×26cm　Ⓝ721.7　〔18258〕

◇洋学の広がりと美術―良沢、玄白、源内、江漢らの生きた時代　大分県立芸術会館編　大分　大分県立芸術会館　1991.1　62p　26cm　Ⓝ721.7　〔18259〕

◇夭折の南画家　佐野美術館編　三島　佐野美術館　1991　87p　26cm　Ⓝ721.7　〔18260〕

◇柳史俳画集　赤松柳史著　砂丘会編　日貿出版社　2006.9　95p　27cm　3000円　①4-8170-3541-2　Ⓝ721.7　〔18261〕

◇柳史俳画銘菓手控帳　赤松柳史著　大阪　創元社　1980.12　126p　27cm　3800円　Ⓝ721.7　〔18262〕

◆◆◆池大雅

◇池大雅　松下英麿著　限定版　春秋社　1967　336p 図版15枚　23cm　Ⓝ721.7　〔18263〕

◇池大雅―人と芸術　菅沼貞三著　二玄社　1977.6　165p　22cm　2500円　Ⓝ721.7　〔18264〕

◇池大雅　池大雅画　日本アートセンター編　新潮社　1997.2　93p　20cm　(新潮日本美術文庫 11)1100円　①4-10-601531-5　Ⓝ721.3　〔18265〕

◇池大雅　鈴木史楼著　紅糸文庫　1998.7　145p　20cm　(本朝書人論 2)Ⓝ728.215　〔18266〕

◇池大雅家譜―富岡家本　佐々木米行著　京都　池大雅美術館　1982.5　1冊　26cm　Ⓝ721.7　〔18267〕

◇池大雅画譜　第1輯　第1帙　十一歳書和歌　池大雅著, 小杉放庵等編, 鈴木進等解説　別綴　中央公論美術出版　1957-1959　図版492枚　48cm　Ⓝ721.7　〔18268〕

◇池大雅画譜　第2輯　第2帙　池大雅著, 小杉放庵等編, 鈴木進等解説　中央公論美術出版　1957-1959　図版492枚　48cm　Ⓝ721.7　〔18269〕

◇池大雅画譜　第3輯　第3峡　清香倚石円　池大雅著，小杉放庵等編，鈴木進等解説　中央公論美術出版　1957-1959　図版492枚　48cm　Ⓝ721.7　〔18270〕

◇池大雅画譜　第4輯　第4峡　池大雅著，小杉放庵等編，鈴木進等解説　中央公論美術出版　1957-1959　図版492枚　48cm　Ⓝ721.7　〔18271〕

◇池大雅画譜　第5輯　第5峡　懐索緑天円　池大雅著，小杉放庵等編，鈴木進等解説　中央公論美術出版　1957-1959　図版492枚　48cm　Ⓝ721.7　〔18272〕

◇池大雅作品集　池大雅画，小杉放庵，田中一松，山中蘭径編　中央公論美術出版　1960　2冊　30cm　Ⓝ721.7　〔18273〕

◇池大雅展—文人画の巨匠（財）京都文化財団設立10周年記念特別展　池大雅作　京都府京都文化博物館学芸第一課編　京都　京都府京都文化博物館　1996.10　157p　30cm　Ⓝ721.3　〔18274〕

◇池大雅墓碑銘　京都　池大雅美術館　1976　1冊　26cm　Ⓝ721.7　〔18275〕

◇江戸名作画帖全集　1　大雅・蕪村・木米—文人画1　小林忠責任編集　駸々堂出版　1992.11　196,7p　31cm　20000円　①4-397-50401-6　Ⓝ721.025　〔18276〕

◇水墨画の巨匠　第11巻　大雅　池大雅画　大岡信，小林忠著　講談社　1994.6　109p　31cm　3400円　①4-06-253931-4　Ⓝ721.7　〔18277〕

◇水墨美術大系　第12巻　大雅・蕪村　飯島勇，鈴木進著　講談社　1973　195p　43cm　14000円　Ⓝ721.3　〔18278〕

◇大雅堂—自性寺の障屏画　大雅画，三彩社編　三彩社　1960　81p（図版解説共）　30cm　Ⓝ721.7　〔18279〕

◇大雅堂記　佐々木亨行著　京都　池大雅美術館　1984.9　1冊　26cm　Ⓝ721.7　〔18280〕

◇東山清音　池大雅　中央公論美術出版　1970　折本1帖　33×58cm　47000円　Ⓝ721.7　〔18281〕

◇日本水墨名品図譜　第5巻　蕪村・大雅の時代　海老根聡郎ほか編　河野元昭編　毎日新聞社　1993.7　215p　36cm　28000円　①4-620-80305-7　Ⓝ721.3　〔18282〕

◇日本美術絵画全集　第18巻　池大雅　鈴木進，佐々木丞平著　集英社　1979.2　147p　40cm　4600円　Ⓝ721.08　〔18283〕

◇日本美術全集　第19巻　大雅と応挙—江戸の絵画3・建築2　大河直躬ほか編　小林忠ほか編著　講談社　1993.4　245p　37cm　7500円　①4-06-196419-4　Ⓝ702.1　〔18284〕

◇文人池大雅研究—中国文人詩書画「三絶」の日本的受容　鄭麗芸著　白帝社　1997.2　509p　22cm　12000円　①4-89174-302-6　Ⓝ721.7　〔18285〕

◇文人画粋編　第12巻　池大雅　中央公論社　1974　161p（図・はり込み図2枚共）　53cm　53000円　Ⓝ721.7　〔18286〕

◇松図　池大雅筆　静嘉堂　1970　図1枚　26×50cm　Ⓝ721.7　〔18287〕

◆◆◆与謝蕪村

◇今に生きる徒然草—兼好法師と与謝蕪村　田島伸夫著　一光社　2007.8　221p　21cm　1800円　①978-4-7528-1938-7　〔18288〕

◇江戸名作画帖全集　1　大雅・蕪村・木米—文人画1　小林忠責任編集　駸々堂出版　1992.11　196,7p　31cm　20000円　①4-397-50401-6　Ⓝ721.025　〔18289〕

◇奥の細道画巻　文：松尾芭蕉，筆：与謝蕪村，解説：岡田利兵衛　京都　豊書房　1973　67p（おもに図）　30cm　2500円　Ⓝ721.7　〔18290〕

◇奥の細道画巻　与謝蕪村筆　京都　大原出版企画　1978.7　67p　31cm　2500円　Ⓝ721.7　〔18291〕

◇カラー版　芭蕉、蕪村、一茶の世界　雲英末雄監修　美術出版社　2007.5　176p　21cm　2500円　①978-4-568-40069-4　〔18292〕

◇郷愁の詩人与謝蕪村　萩原朔太郎著　3版　小学館　1946　217p　19cm　Ⓝ911.3　〔18293〕

◇週刊日本の美をめぐる　no.29　江戸6　与謝蕪村・池大雅と文人画　小学館　2002.11　42p　30cm　（小学館ウイークリーブック）533円　Ⓝ702.1　〔18294〕

◇水墨画の巨匠　第12巻　蕪村　与謝蕪村画　芳賀徹，早川聞多著　講談社　1994.10　109p　31cm　3400円　①4-06-253932-2　Ⓝ721.3　〔18295〕

◇水墨美術大系　第12巻　大雅・蕪村　飯島勇，鈴木進著　講談社　1973　195p　43cm　14000円　Ⓝ721.3　〔18296〕

◇玉藻集—俳譜　夜半亭蕪村輯　蕪村研究会編　蕪村研究会　1925　43丁,11p　17cm　Ⓝ911.3　〔18297〕

◇日本水墨名品図譜　第5巻　蕪村・大雅の時代　海老根聡郎ほか編　河野元昭編　毎日新聞社　1993.7　215p　36cm　28000円　①4-620-80305-7　Ⓝ721.3　〔18298〕

◇日本美術絵画全集　第19巻　与謝蕪村　吉沢忠著　集英社　1980.4　147p　40cm　4600円　Ⓝ721.087　〔18299〕

◇日本美術絵画全集　第19巻　与謝蕪村　吉沢忠著　集英社　1981.3　147p　28cm　1800円　Ⓝ721.08　〔18300〕

◇萩原朔太郎と与謝蕪村展—萩原朔太郎生誕120年記念　萩原朔太郎記念・水と緑と詩のまち前橋文学館編　前橋　萩原朔太郎記念・水と緑と詩のまち前橋文学館　2006.10　83p　26cm　Ⓝ911.34　〔18301〕

◇芭蕉の孤高　蕪村の自在—ひとすじの思念と多彩な表象　雲英末雄著　草思社　2005.7　286p　19cm　2400円　①4-7942-1420-0　〔18302〕

◇芭蕉の謎と蕪村の不思議　中名生正昭著　南雲堂　2004.7　286p　19cm　1800円　①4-523-26442-2　〔18303〕

◇蕪村　谷口蕪村著，鈴木進編集並解説　日本経済新聞社　1958　図版112p（原色はり込図版1　33cm　Ⓝ721.7　〔18304〕

◇蕪村—その二つの旅　谷口蕪村画　佐々木丞平，佐々木正子監修　朝日新聞社編　朝日新聞社　c2001　182p　24×25cm　Ⓝ721.7　〔18305〕

◇蕪村—没後220年　逸翁美術館，柿衛文庫編　京都　思文閣出版　2003.9　196p　30cm　2200円　①4-7842-1162-4　Ⓝ721.3　〔18306〕

◇蕪村画譜　与謝蕪村画，山本健吉，早川聞多著，中川邦昭写真　毎日新聞社　1984.12　269,6p　38cm　38000円　Ⓝ721.7　〔18307〕

◇蕪村全集　第6巻　絵画・遺墨　谷口蕪村著　尾形仂，佐々木丞平，岡田彰子編著　講談社　1998.3　614p　22cm　9800円　①4-06-252206-3　Ⓝ911.34　〔18308〕

◇蕪村筆維駒本　奥の細道画巻　谷口蕪村著，岡田利兵衛翻刻・解説　池田　逸翁美術館　1967　61p（はり込み図版共）　30cm　Ⓝ721.7　〔18309〕

◇文人画粋編　第13巻　与謝蕪村　中央公論社　1974　158p（図・はり込み図2枚共）　53cm　53000円　Ⓝ721.7　〔18310〕

◇与謝蕪村　大野洒竹著　春陽堂　1897.9　210p　23cm　Ⓝ911.3　〔18311〕

◇与謝蕪村　与謝蕪村画　日本アート・センター編　新

美術史　　　　　　　　　　　　　　　近世史

潮社　1996.10　93p　20cm　(新潮日本美術文庫9)1100円　Ⓘ4-10-601529-3　Ⓝ721.3
〔18312〕
◇与謝蕪村　高村忠範文・絵　汐文社　2007.3　79p　22cm　(俳人芭蕉・蕪村・一茶を知ろう)1400円　Ⓘ978-4-8113-8180-0　Ⓝ911.34
〔18313〕
◇与謝蕪村　上　鈴木史楼著　紅糸文庫　2002.11　145p　20cm　(本朝書人論 15)1400円　Ⓝ728.215
〔18314〕
◇与謝蕪村　下　鈴木史楼著　紅糸文庫　2003.3　145p　20cm　(本朝書人論 16)1400円　Ⓝ728.215
〔18315〕
◇与謝蕪村集　正宗敦夫編纂校訂　日本古典全集刊行会　1928　238p　16cm　(日本古典全集 第2回)Ⓝ911.3
〔18316〕
◇与謝蕪村と丹後―秋季特別展　京都府立丹後郷土資料館編　宮津　京都府立丹後郷土資料館　1994.10　60p　30cm　(特別展図録 25)Ⓝ721.7
〔18317〕
◇与謝蕪村の日中比較文学的研究―その詩画における漢詩文の受容をめぐって　王岩著　大阪　和泉書院　2006.2　312p　22cm　(研究叢書 347)10000円　Ⓘ4-7576-0353-3　Ⓝ911.34
〔18318〕
◇与謝蕪村の俳景―太祇を軸として　谷地快一著　新典社　2005.2　525p　22cm　(新典社研究叢書 166)13500円　Ⓘ4-7879-4166-6　Ⓝ911.34
〔18319〕
◇与謝蕪村筆夜色楼台図―己が人生の表象　早川聞多著　平凡社　1994.4　102p　25cm　(絵は語る 12)3200円　Ⓘ4-582-29522-3　Ⓝ721.7
〔18320〕

◆◆◆浦上玉堂

◇浦上玉堂　今関天彭著　東大和　稀覯書刊行会　1972.10　53p　25cm　非売品　Ⓝ721.7
〔18321〕
◇浦上玉堂―人と芸術 附・浦上秋琴　竜川清著　国書刊行会　1976　476p　22cm　6500円　Ⓝ721.7
〔18322〕
◇浦上玉堂―生誕二五〇年記念特別展　浦上玉堂画　岡山　林原美術館　c1995　115p　30cm　Ⓝ721.7
〔18323〕
◇浦上玉堂　浦上玉堂画　日本アート・センター編　新潮社　1997.7　93p　20cm　(新潮日本美術文庫 14)1068円　Ⓘ4-10-601534-X　Ⓝ721.7
〔18324〕
◇浦上玉堂画集　浦上玉堂著,鈴木進編　日本経済新聞社　1956　図版42枚(原色図版2枚共)　32cm　Ⓝ721.7
〔18325〕
◇浦上玉堂画譜　第1輯　中央公論美術出版　1977.12　図版100枚　46cm　71000円　Ⓝ721.7
〔18326〕
◇浦上玉堂画譜　第2輯　中央公論美術出版　1978.9　図版100枚　46cm　71000円　Ⓝ721.7
〔18327〕
◇浦上玉堂画譜　第3輯　中央公論美術出版　1979.12　図版75枚　46cm　65000円　Ⓝ721.7
〔18328〕
◇浦上玉堂真蹟集　第1-3　浦上玉堂画,三宅久之助編　浦上玉堂真蹟集刊行会,美術出版社　1955-1958　3冊　36cm　Ⓝ721.7
〔18329〕
◇浦上玉堂伝　久保三千雄著　新潮社　1996.5　318p　20cm　2200円　Ⓘ4-10-411901-6　Ⓝ721.7
〔18330〕
◇江戸名作画帖全集　2　玉堂・竹田・米山人―文人画2　河野元昭責任編集　駸々堂出版　1993.4　196,7p　31cm　20000円　Ⓘ4-397-50402-4　Ⓝ721.025
〔18331〕
◇玉堂と春琴・秋琴―浦上玉堂父子の芸術　浦上玉堂ほか著　福島県立博物館編　会津若松　福島県立博物館　1994.3　148p　30cm　(福島県立博物館企画展図録 平成6年度第1回)Ⓝ721.7
〔18332〕
◇水墨画の巨匠　第13巻　玉堂　浦上玉堂画　杉本秀太郎,星野鈴著　講談社　1994.12　109p　31cm　3400円　Ⓘ4-06-253933-0　Ⓝ721.3
〔18333〕
◇水墨美術大系　第13巻　玉堂・木米　吉沢忠著　講談社　1975　196p　43cm　17000円　Ⓝ721.3
〔18334〕
◇日本美術絵画全集　第20巻　浦上玉堂　脇田秀太郎著　集英社　1978.6　147p　40cm　4600円　Ⓝ721.08
〔18335〕
◇日本美術絵画全集　第20巻　浦上玉堂　浦上玉堂著,脇田秀太郎著　集英社　1980.11　147p　28cm　1800円　Ⓝ721.08
〔18336〕
◇文人画粋編　第14巻　浦上玉堂　中央公論社　1974　165p(図・はり込み図2枚共)　53cm　53000円　Ⓝ721.7
〔18337〕

◆◆◆渡辺崋山

◇異才の改革者　渡辺崋山―自らの信念をいかに貫くか　童門冬二著　PHP研究所　2005.12　308p　15cm　(PHP文庫)533円　Ⓘ4-569-66547-0
〔18338〕
◇一掃百態　渡辺崋山筆　田原町(愛知県)　田原町崋山会　1964　31丁　27cm　和　Ⓝ721.7
〔18339〕
◇一掃百態―庶民風俗　渡辺崋山画,蔵原惟人解題　岩崎美術社　1969　図版30枚 解題12p　26cm　(双書美術の泉 3)900円　Ⓝ721.7
〔18340〕
◇江戸名作画帖全集　3　文晁・崋山・椿山―文人画3　上野憲示責任編集　駸々堂出版　1993.12　192,7p　31cm　20000円　Ⓘ4-397-50403-2　Ⓝ721.025
〔18341〕
◇崋山　渡辺崋山著,渡辺登画,飯島勇編集並解説　大日本雄弁会講談社　1955　図版35枚(解説共)　18cm　(講談社アート・ブックス)Ⓝ721.7
〔18342〕
◇崋山　渡辺崋山画,菅沼貞三編並解説　東京中日新聞出版局　1962　図版48枚 はり込み原色図版8枚　31cm　Ⓝ721.7
〔18343〕
◇崋山　渡辺崋山画,常葉美術館編　静岡　常葉学園　1985.4　247p　37cm　36000円　Ⓘ4-89273-032-7　Ⓝ721.7
〔18344〕
◇崋山研究　土井礼著　藤井乙男閲　弘文書院〔ほか〕　1909.7　280p　23cm　(興風叢書 第3巻)Ⓝ289.1
〔18345〕
◇崋山書簡集　渡辺崋山著,小沢耕一編著　国書刊行会　1982.6　567p　22cm　8500円　Ⓝ721.7
〔18346〕
◇崋山先生随筆・客坐録(天保1)・客坐録(天保2)・客坐掌記・獄廷素描・退役願書稿・椿山宛遺書・長男宛遺書　渡辺崋山著　平凡社教育産業センター　1976　8冊(解説共)1軸　21-25cm　(覆刻渡辺崋山真景・写生帖集成 第3輯)180000円　Ⓝ721.7
〔18347〕
◇崋山先生の経済観　山田太一郎編　名古屋　愛知県農会　1908.4　20p　22cm　Ⓝ289.1
〔18348〕
◇崋山探索　杉浦明平著　河出書房新社　1972　254p　20cm　800円　Ⓝ721.7
〔18349〕
◇崋山と長英　杉浦明平著　第三文明社　1977.5　173p　18cm　(レグルス文庫)480円　Ⓝ721.7
〔18350〕
◇崋山の研究　菅沼貞三著　座右宝刊行会　1947　324p*図版28枚　22cm　Ⓝ721.7
〔18351〕
◇崋山の研究　菅沼貞三著　木耳社　1969　353p 図版18枚　22cm　2500円　Ⓝ721.7
〔18352〕
◇崋山の弟子―半香・顕斎・茜山　常葉美術館編　菊川町(静岡県)　常葉学園　1980.10　179p　26cm　2500円　Ⓝ721.7
〔18353〕
◇近世から近代へ―崋山系の花鳥・風俗画―渡辺崋山生誕二百年記念・田原町博物館秋の企画展　田原町博物館編　田原町(愛知県)　田原町博物館　1993.9　23p　26cm　Ⓝ721.7
〔18354〕
◇近世二十傑　第3巻　高野長英・渡辺崋山　伊藤痴遊著　平凡社　1936　464p　20cm　Ⓝ281
〔18355〕

◇近世日本画大観　第10巻　渡辺崋山篇　高見沢木版社編　高見沢木版出版所　1932　1册　32cm　Ⓝ721　〔18356〕

◇士魂の人 渡辺崋山探訪　芳賀登著　つくばね舎,地歴社〔発売〕　2004.4　219p　19cm　（つくばね叢書）2500円　Ⓘ4-924836-64-8　〔18357〕

◇四州真景　渡辺崋山画　平凡社教育産業センター　1974　4軸　25cm　（覆刻渡辺崋山真景・写生帖集成　第1輯）180000円　Ⓝ721.7　〔18358〕

◇辛巳画稿・客坐縮写・客坐録・客坐掌記・両国橋図稿　渡辺崋山画　平凡社教育産業センター　1975　5冊 1軸　20-26cm　（覆刻渡辺崋山真景・写生帖集成　第2輯）180000円　Ⓝ721.7　〔18359〕

◇先覚者渡辺崋山　鈴木清節著　豊橋　崋山叢書出版会　1941　55p　19cm　Ⓝ289.1　〔18360〕

◇大日本思想全集　第13巻　渡辺崋山集　高野長英集　林子平集―附・蒲生君平　大日本思想全集刊行会　1932　470p　23cm　Ⓝ121　〔18361〕

◇高野長英と渡辺崋山　斎藤斐章著　建設社　1936　145p　22cm　（少年大日本史　第38巻）Ⓝ289.1　〔18362〕

◇定本・渡辺崋山―没後一五〇年記念画集　常葉美術館編　松本　郷土出版社　1991.3　3冊　37cm　全65000円　Ⓝ721.7　〔18363〕

◇定本渡辺崋山―没後150年記念画集　第1巻　本画・画稿編　渡辺崋山画　菅沼貞三監修　常葉美術館編　菅沼貞三ほか執筆　松本　郷土出版社　1991.3　177p　37cm　Ⓘ4-87663-162-X　Ⓝ721.7　〔18364〕

◇時の旅人渡辺崋山展図録―桐生市市制施行八十周年記念事業渡辺崋山・初来桐百七十周年記念　桐生市崋山会編　桐生　桐生市民文化事業団　2001.9　52p　30cm　Ⓝ721.025　〔18365〕

◇日本の枕絵　編集・解説：東大路鐸　増補21版　画文堂　1975　193p（おもに図）　20cm　1700円　Ⓝ721.8　〔18366〕

◇日本の枕絵　東大路鐸編集・解説　画文堂　1979.3　193p　20cm　1700円　Ⓝ721.8　〔18367〕

◇日本美術絵画全集　第24巻　渡辺崋山　鈴木進,尾崎正明著　集英社　1977.6　147p　40cm　4600円　Ⓝ721.08　〔18368〕

◇日本美術絵画全集　第24巻　渡辺崋山　渡辺崋山著,鈴木進著,尾崎正明著　集英社　1980.10　147p　28cm　1800円　Ⓝ721.08　〔18369〕

◇幕末から明治へのめまぐるしい美術―渡辺崋山を中心に　金原宏行著　沖積舎　2002.11　215p　20cm　3000円　Ⓘ4-8060-4680-9　Ⓝ721.025　〔18370〕

◇文人画粋編　第19巻　渡辺崋山　中央公論社　1975　150p（図,はり込み図2枚共）　53cm　53000円　Ⓝ721.7　〔18371〕

◇枕絵のおんな―Edo classic art・第3集　佐野文哉訳　二見書房　1989.3　252p　15cm　（二見文庫）750円　Ⓘ4-576-89018-2　Ⓝ721.8　〔18372〕

◇渡辺崋山　白井菊也,加須屋寿加蔵著　東京図書出版　1897.4　196p　20cm　Ⓝ289.1　〔18373〕

◇渡辺崋山―近世立志伝　富本長洲（桃李園主人）著　川上恒茂画　大阪　積善館　1908.3　57p　22cm　Ⓝ289.1　〔18374〕

◇渡辺崋山　笹川臨風著　芸艸堂　1921　327p　19cm　Ⓝ289.1　〔18375〕

◇渡辺崋山　上伊那郡教育会編　長野県　上伊那郡教育会　1934　117p　23cm　Ⓝ289.1　〔18376〕

◇渡辺崋山　森銑三著　創元社　1941　320p　19cm　Ⓝ289.1　〔18377〕

◇渡辺崋山　吉沢忠著　東京大学出版会　1956　233p　19cm　（日本美術史叢書）Ⓝ721.7　〔18378〕

◇渡辺崋山―思想と芸術　蔵原惟人著　新日本出版社　1973　218p 図・12枚　20cm　2000円　Ⓝ721.7　〔18379〕

◇渡辺崋山　森銑三著　中央公論社　1978.10　232p　15cm　（中公文庫）300円　Ⓝ721.7　〔18380〕

◇渡辺崋山―人と芸術　菅沼貞三著　二玄社　1982.10　301p 図版37枚　22cm　3200円　Ⓝ721.7　〔18381〕

◇渡辺崋山―優しい旅びと　芳賀徹著　朝日新聞社　1986.1　270p　19cm　（朝日選書 296）1100円　Ⓘ4-02-259396-2　Ⓝ721.7　〔18382〕

◇渡辺崋山　佐藤昌介著　吉川弘文館　1986.2　345p　19cm　（人物叢書 新装版）1600円　Ⓘ4-642-05039-6　Ⓝ721.7　〔18383〕

◇渡辺崋山―秘められた海防思想　日比野秀男著　ぺりかん社　1994.12　321p　22cm　4120円　Ⓘ4-8315-0659-1　Ⓝ721.7　〔18384〕

◇渡辺崋山　加藤文三著　大月書店　1996.4　204p　19cm　2000円　Ⓘ4-272-54044-0　Ⓝ721.7　〔18385〕

◇渡辺崋山　渡辺崋山画　日本アート・センター編　新潮社　1997.5　93p　20cm　（新潮日本美術文庫 20）1068円＋税　Ⓘ4-10-601540-4　Ⓝ721.7　〔18386〕

◇渡辺崋山　ドナルド・キーン著　角地幸男訳　新潮社　2007.3　356p　19cm　2600円　Ⓘ978-4-10-331707-4　〔18387〕

◇渡辺崋山 一掃百態　渡辺崋山画　岩崎美術社　1986.7　12p　26cm　（双書美術の泉 3）1800円　Ⓝ721.8　〔18388〕

◇渡辺崋山遺墨集　森町（静岡県）　小川浩助　1969　1冊　26cm　非売　Ⓝ721.7　〔18389〕

◇渡辺崋山研究―三河田原藩の周辺と画論を中心に　小沢耕一著　日本図書センター　1998.5　314p　22cm　5400円　Ⓘ4-8205-2375-9　Ⓝ721.7　〔18390〕

◇渡辺崋山言行録　渡辺修二郎編　内外出版協会　1908.2　193p　19cm　（偉人研究　第16編）Ⓝ289.1　〔18391〕

◇渡辺崋山言行録　堀江秀雄著　東亜堂書房　1917　174p　19cm　（修養史伝　第12編）Ⓝ289.1　〔18392〕

◇渡辺崋山集　第1巻　渡辺崋山著　小沢耕一,芳賀登監修　日本図書センター　1999.1　349p　22cm　10000円　Ⓘ4-8205-6305-X,4-8205-6304-1　Ⓝ721.7　〔18393〕

◇渡辺崋山集　第2巻　渡辺崋山著　小沢耕一,芳賀登監修　日本図書センター　1999.1　345p　22cm　10000円　Ⓘ4-8205-6306-8,4-8205-6304-1　Ⓝ721.7　〔18394〕

◇渡辺崋山集　第3巻　渡辺崋山著　小沢耕一,芳賀登監修　日本図書センター　1999.1　284p　22cm　10000円　Ⓘ4-8205-6307-6,4-8205-6304-1　Ⓝ721.7　〔18395〕

◇渡辺崋山集　第4巻　渡辺崋山著　小沢耕一,芳賀登監修　日本図書センター　1999.1　332p　22cm　10000円　Ⓘ4-8205-6308-4,4-8205-6304-1　Ⓝ721.7　〔18396〕

◇渡辺崋山集　第5巻　渡辺崋山著　小沢耕一,芳賀登監修　日本図書センター　1999.1　438p　22cm　10000円　Ⓘ4-8205-6309-2,4-8205-6304-1　Ⓝ721.7　〔18397〕

◇渡辺崋山集　第6巻　渡辺崋山著　小沢耕一,芳賀登監修　日本図書センター　1999.1　380p　22cm　10000円　Ⓘ4-8205-6310-6,4-8205-6304-1　Ⓝ721.7　〔18398〕

◇渡辺崋山集　第7巻　渡辺崋山著　小沢耕一,芳賀登監修　日本図書センター　1999.1　249p　22cm　10000円　Ⓘ4-8205-6311-4,4-8205-6304-1　Ⓝ721.7　〔18399〕

◇渡辺崋山 スケッチとデッサン　渡辺崋山画　岩崎美術社　1983.5　43,14p　26cm　（双書美術の泉 16）1800円

◇渡辺崋山先生遺跡案内　田原町（愛知県）　教育奨励会　1925　24p　18cm　Ⓝ289.1　〔18401〕

◇渡辺崋山先生錦心図譜　鈴木栄之亮編纂代表　国書刊行会　1977.4　3冊（別冊共）　41cm　全85000円　Ⓝ721.7　〔18402〕

◇渡辺崋山忠孝血涙譚　渡辺知三郎著　東陽堂　1892.12　44丁　25cm　Ⓝ289.1　〔18403〕

◇渡辺崋山伝　井口木犀著　豊川堂　1943　262p　19cm　Ⓝ289.1　〔18404〕

◇渡辺崋山展―武士と文人との間で　栃木県立美術館編　宇都宮　栃木県立美術館　1984　1冊　30cm　Ⓝ721.7　〔18405〕

◇渡辺崋山とその師友展―生誕二〇〇年・田原町博物館開館記念特別展　田原町博物館編　田原町（愛知県）　田原町博物館　1993　77p　26cm　Ⓝ721.7　〔18406〕

◇渡辺崋山の逆贋作考　月山照基著　河出書房新社　1996.1　333p　20cm　2500円　①4-309-26271-6　Ⓝ721.7　〔18407〕

◇渡辺崋山の写生帖―翎毛虫魚冊　上野憲示,堀越保二解説　グラフィック社　1980.5　119p　27cm　2500円　Ⓝ721.7　〔18408〕

◇渡辺崋山の人と芸術　藤森成吉著　春秋社　1962　235p　図版28枚（原色　23cm　Ⓝ721.7　〔18409〕

◇渡辺崋山の人と思想　田村栄太郎著　今日の問題社　1943　356p　19cm　Ⓝ289.1　〔18410〕

◆◆◆谷文晁

◇江戸名作画帖全集　3　文晁・崋山・椿山―文人画3　上野憲示責任編集　駸々堂出版　1993.12　192,7p　31cm　20000円　①4-397-50403-2　Ⓝ721.025　〔18411〕

◇解題日本名山図会　佐藤武雄著　京都　佐藤武雄　1990.5　197p　14×19cm　（山と渓谷社my books）1800円　①4-635-88529-1　Ⓝ721.7　〔18412〕

◇公余探勝図　谷文晁筆　名著出版　1975　原色はり込図　79枚　33×42cm　40000円　Ⓝ721.7　〔18413〕

◇定信と文晁―松平定信と周辺の画人たち　平成4年度第3回企画展図録　福島県立博物館編　会津若松　福島県立博物館　1992.10　118p　30cm　Ⓝ721.025　〔18414〕

◇写山楼谷文晁　栃木県立美術館編　宇都宮　栃木県立美術館　1979　1冊　30cm　Ⓝ721.7　〔18415〕

◇写山楼谷文晁のすべて―今晩期乱筆の文晁が面白い　渥美国泰著　里文出版　2002.5　137p　27cm　2300円　①4-89806-172-9　Ⓝ721.7　〔18416〕

◇谷文晁とその一門　板橋区立美術館　2007.9　127p　30cm　（江戸文化シリーズ no.23）Ⓝ721.7　〔18417〕

◇谷文晁名品展―江戸画壇の巨匠　サンケイ新聞社編　サンケイ新聞社　1978　1冊　26cm　〔18418〕

◇日本名山図会　谷文晁著　国書刊行会　1970　200p　27cm　3500円　Ⓝ721.7　〔18419〕

◇日本名山図会―新編　谷文晁著,小林玻璃三編　青渓社　1977.5　261p　22cm　2300円　Ⓝ721.7　〔18420〕

◇日本名山図会　谷文晁著　京都　芸艸堂　1979.7　3冊　26cm　Ⓝ721.7　〔18421〕

◇日本名山図会　谷文晁著　国書刊行会　1992.7　200p　27cm　4800円　①4-336-03413-3　Ⓝ721.7　〔18422〕

◇文晁遺墨展覧会図録並ニ評伝―建碑記念　鈴木栄之亮編　京都　思文閣出版　1977.11　2冊　39cm　35000円　Ⓝ721.7　〔18423〕

◇文晁とその門人による模写絵―大場家所蔵絵画資料を中心に　特別展　世田谷区立郷土資料館編　世田谷区立郷土資料館　1993.10　119p　26cm　Ⓝ721.7　〔18424〕

◇文晁の東海道勝景―画集　谷文晁画　小林忠監修　静岡　羽衣出版　1998.11　102p　43cm　22000円　①4-938138-24-7　Ⓝ721.7　〔18425〕

◇鳳来寺山―谷文晁版画模写　北畠康次編　福島　メグミ出版　1999.12　3p　32cm　（日本百名山 50）9500円　Ⓝ721.7　〔18426〕

◇松島絵日記―みちのく路程紀行　谷文晁画・文　国書刊行会　1992.7　82p　27cm　9800円　①4-336-03412-5　Ⓝ721.7　〔18427〕

◆◆◆椿椿山

◇江戸名作画帖全集　3　文晁・崋山・椿山―文人画3　上野憲示責任編集　駸々堂出版　1993.12　192,7p　31cm　20000円　①4-397-50403-2　Ⓝ721.025　〔18428〕

◆◆◆増山雪斎

◇江戸の風流才子・増山雪斎展図録　三重県立美術館編　津　三重県立美術館　1993.6　108p　25cm　Ⓝ721.3　〔18429〕

◆◆◆合葉文山

◇合葉文山　多田睦雄著　高松　多田睦雄　1987　77枚　21cm　Ⓝ721.7　〔18430〕

◇絵師合葉文山　多田睦雄著　琴平町（香川県）　合葉文山顕彰会　1982.7　132p　19cm　非売品　Ⓝ721.7　〔18431〕

◆◆◆小田野直武

◇解体新書と小田野直武　鷲尾厚著　翠楊社　1980.5　454p　20cm　（郷土の研究 1）4800円　Ⓝ721.7　〔18432〕

◇曙山・直武　成瀬不二雄著　三彩社　1969　73p　図版18枚　22cm　（東洋美術選書）580円　Ⓝ721.7　〔18433〕

◇曙山・直武　成瀬不二雄著　三彩社　1977.7　73p　図7枚　22cm　（東洋美術選書）980円　Ⓝ721.7　〔18434〕

◆◆◆田崎草雲

◇画聖田崎草雲　荒川敏雄著　アポロン社　1972　図58p　228p　19cm　800円　Ⓝ721.7　〔18435〕

◇田崎草雲―幕末明治を生きた侠気の画家　田崎草雲画,栃木県立美術館編　宇都宮　栃木県立美術館　1979　1冊　30cm　Ⓝ721.7　〔18436〕

◆◆◆佐竹曙山

◇江戸名作画帖全集　8　佐竹曙山・増山雪斎―博物画譜　玉虫敏子責任編集　駸々堂出版　1995.8　192,7p　31cm　20000円　①4-397-50408-3　Ⓝ721.025　〔18437〕

◇曙山・直武　成瀬不二雄著　三彩社　1969　73p　図版18枚　22cm　（東洋美術選書）580円　Ⓝ721.7　〔18438〕

◇曙山・直武　成瀬不二雄著　三彩社　1977.7　73p　図7枚　22cm　（東洋美術選書）980円　Ⓝ721.7　〔18439〕

◇蘭画大名―佐竹曙山　土居輝雄著　東洋書院　1999.4　406p　20cm　2000円　①4-88594-281-0　Ⓝ721.7　〔18440〕

◆◆◆吉田蔵沢

◇画集蔵沢　吉田蔵沢画　求竜堂　1976　1冊　35cm　33000円　Ⓝ721.7　〔18441〕

◇〔墨竹の図〕 吉田蔵沢著 写（自筆） 1軸 69cm
　Ⓝ721.7　　　　　　　　　　　　　　〔18442〕

◆◆◆福田半香

◇華山の弟子―半香・顕斎・茜山　常葉美術館編　菊川町
　（静岡県）　常葉学園　1980.10　179p　26cm　2500円
　Ⓝ721.7　　　　　　　　　　　　　　〔18443〕
◇福田半香展―小企画展　静岡県立美術館編　静岡　静岡
　県立美術館　1987.2　53p　28cm　Ⓝ721.7　〔18444〕

◆◆◆黒田泊庵

◇泊庵翁遺墨後集　黒田泊庵著，黒田敏夫編　洲本　淡墨
　会　1975　1冊　27cm　非売品　Ⓝ721.7　〔18445〕
◇泊庵翁遺墨集　黒田泊庵著　洲本　淡墨会　1969　1冊
　27cm　非売　Ⓝ721.7　　　　　　　　　〔18446〕

◆◆◆柳沢淇園

◇文人への照射―丈山・淇園・竹田　楢林忠男著　京都
　淡交社　1975　262p　22cm　（淡交選書）1500円
　Ⓝ721.7　　　　　　　　　　　　　　〔18447〕
◇文人画粋編　第11巻　祇園南海・柳沢淇園　中央公論社
　1975　155p（図・はり込み図2枚共）　54cm　53000円
　Ⓝ721.7　　　　　　　　　　　　　　〔18448〕
◇柳里恭展　柳沢淇園著　奈良　奈良国立博物館　1957
　図版30p（解説共）　20cm　Ⓝ721.7　　　〔18449〕

◆◆◆田能村竹田

◇江戸名作画帖全集　2　玉堂・竹田・米山人―文人画2
　河野元昭責任編集　駸々堂出版　1993.4　196,7p　31cm
　20000円　Ⓘ4-397-50402-4　Ⓝ721.025　〔18450〕
◇三名家略年譜―野呂介石先生・田能村竹田先生・頼山陽
　先生　玉置万齢著　増補版　京都　熊谷鳩居堂　1910.5
　45丁　20cm　Ⓝ289.1　　　　　　　　〔18451〕
◇水墨画の巨匠　第14巻　竹田　田能村竹田画　中村真
　一郎，河野元昭著　講談社　1995.2　109p　31cm　3400
　円　Ⓘ4-06-253934-9　Ⓝ721.3　　　　　〔18452〕
◇竹田　田能村竹田画，鈴木進編，佐々木剛三解説　日本経
　済新聞社　1963　131p（図版解説共）はり込　33cm
　Ⓝ721.7　　　　　　　　　　　　　　〔18453〕
◇竹田裸記　住友寛一著　大磯町（神奈川県）　墨友荘
　1951　106p　19cm　Ⓝ721.7　　　　　　〔18454〕
◇田能村竹田　仲町謙吉著　大分　大分県教育委員会
　1974　139p　22cm　（郷土の先覚者シリーズ　第4
　集）Ⓝ721.7　　　　　　　　　　　　　〔18455〕
◇田能村竹田　佐藤達著　大分　佐藤達　1984.11　50p
　図版17枚　21cm　Ⓝ721.7　　　　　　　〔18456〕
◇田能村竹田　出光美術館編　出光美術館　1992.1　218p
　34cm　（出光美術館蔵品図録）25000円
　Ⓘ4-582-21829-6　Ⓝ721.7　　　　　　　〔18457〕
◇田能村竹田　宗像健一著　大分県教育庁文化課編　大
　分　大分県教育委員会　1993.3　338,9p　19cm　（大分
　県先哲叢書）Ⓝ721.7　　　　　　　　　〔18458〕
◇田能村竹田―日本南画の最高峰　佐々木均太郎文　広
　瀬通秀絵　大分県教育庁文化課編　大分　大分県教育
　委員会　1994.3　191p　19cm　（大分県先哲叢書）非売
　品　Ⓝ721.7　　　　　　　　　　　　　〔18459〕
◇田能村竹田　田能村竹田画　日本アート・センター編
　新潮社　1997.11　93p　20cm　（新潮日本美術文庫
　19）1068円　Ⓘ4-10-601539-0　Ⓝ721.3　〔18460〕
◇田能村竹田　資料集　絵画篇　大分県教育庁管理部文化
　課編　大分　大分県教育委員会　1992.3　645p　22cm
　（大分県先哲叢書）非売品　Ⓝ721.7　　　〔18461〕
◇田能村竹田　資料集　詩文篇　大分県教育庁管理部文化
　課編　大分　大分県教育委員会　1992.3　701p　22cm
　（大分県先哲叢書）非売品　Ⓝ721.7　　　〔18462〕
◇田能村竹田　資料集　書簡篇　大分県教育庁管理部文化
　課編　大分　大分県教育委員会　1992.3　309p　22cm
　（大分県先哲叢書）非売品　Ⓝ721.7　　　〔18463〕
◇田能村竹田　資料集　著述　大分県教育庁管理部文化
　課編　大分　大分県教育委員会　1992.3　495p　22cm
　（大分県先哲叢書）非売品　Ⓝ721.7　　　〔18464〕
◇竹田　佐々木剛三著　三彩社　1970　74p　図版17枚
　22cm　（東洋美術選書）580円　Ⓝ721.7　〔18465〕
◇竹田画論―山中人饒舌訳解　田能村竹田著，竹谷長二郎
　著　笠間書院　1975　244p　18cm　（笠間選書
　24）1000円　Ⓝ721.7　　　　　　　　　〔18466〕
◇竹田荘師友画録訳解　竹谷長二郎著　笠間書院　1977.5
　240p　19cm　（笠間選書　69）1300円　Ⓝ721.7
　　　　　　　　　　　　　　　　　　　〔18467〕
◇竹田名蹟大図誌　田能村竹田画，外狩素心庵纂編　国書
　刊行会　1976　2冊　46cm　98800円　Ⓝ721.7
　　　　　　　　　　　　　　　　　　　〔18468〕
◇日本美術絵画全集　第21巻　木米/竹田　佐々木剛三著
　集英社　1977.8　147p　40cm　4600円　Ⓝ721.08
　　　　　　　　　　　　　　　　　　　〔18469〕
◇日本美術絵画全集　第21巻　木米竹田　青木木米著,田
　能村竹田著,佐々木剛三著　集英社　1980.12　147p
　28cm　1800円　Ⓝ721.08　　　　　　　〔18470〕
◇文人への照射―丈山・淇園・竹田　楢林忠男著　京都
　淡交社　1975　262p　22cm　（淡交選書）1500円
　Ⓝ721.7　　　　　　　　　　　　　　〔18471〕
◇文人画家田能村竹田―「自画題語」訳解を中心に　竹谷
　長二郎著　明治書院　1981.1　593p　22cm　12000円
　Ⓝ721.7　　　　　　　　　　　　　　〔18472〕
◇文人画粋編　第17巻　田能村竹田　中央公論社　1975
　171p（図・はり込み図2枚共）　54cm　53000円　Ⓝ721.7
　　　　　　　　　　　　　　　　　　　〔18473〕

◆◆◆青木木米

◇江戸名作画帖全集　1　大雅・蕪村・木米―文人画1　小
　林忠責任編集　駸々堂出版　1992.11　196,7p　31cm
　20000円　Ⓘ4-397-50401-6　Ⓝ721.025　〔18474〕
◇水墨美術大系　第13巻　玉堂・木米　吉沢忠著　講談社
　1975　196p　43cm　17000円　Ⓝ721.3　〔18475〕
◇日本美術絵画全集　第21巻　木米/竹田　佐々木剛三著
　集英社　1977.8　147p　40cm　4600円　Ⓝ721.08
　　　　　　　　　　　　　　　　　　　〔18476〕
◇日本美術絵画全集　第21巻　木米竹田　青木木米著,田
　能村竹田著,佐々木剛三著　集英社　1980.12　147p
　28cm　1800円　Ⓝ721.08　　　　　　　〔18477〕
◇文人画粋編　第16巻　青木木米　中央公論社　1979.11
　155p　54cm　Ⓝ721.7　　　　　　　　〔18478〕

◆◆◆岡田米山人

◇江戸名作画帖全集　2　玉堂・竹田・米山人―文人画2
　河野元昭責任編集　駸々堂出版　1993.4　196,7p　31cm
　20000円　Ⓘ4-397-50402-4　Ⓝ721.025　〔18479〕
◇岡田米山人と半江―近世なにわの文人画　昭和51年4月29
　日―5月31日　大阪　大阪市立博物館　1976.4　37p
　26cm　　　　　　　　　　　　　　　　〔18480〕

◆◆浮世絵

◇遊べや遊べ！子ども浮世絵展—歌麿や広重も描いた江戸の子宝　くもん子ども研究所,NHKプロモーション編　NHKプロモーション　2003.4　170p　30cm
〔18481〕

◇アメリカの3女性が集めた文化・文政の珠玉の摺物　太田記念美術館　2000.5　170p　30cm　Ⓝ721.8　〔18482〕

◇生人形と江戸の欲望　熊本　熊本市現代美術館　2006.6　199p　26cm　（反近代の逆襲 2）Ⓝ759.021　〔18483〕

◇色くらべ浮世絵秘画—江戸町人文化の粋　吉崎淳二著　ワンツーマガジン社　2005.11　222p　18cm　1200円　Ⓘ4-903012-13-1　Ⓝ721.8　〔18484〕

◇〔浮世絵〕　浮世絵保存刊行会著　浮世絵保存刊行会　1920　2冊　47cm　Ⓝ721.8　〔18485〕

◇浮世絵　藤懸静也著　増版　雄山閣　1946　308p*図版24枚　21cm　75円　Ⓝ721.8　〔18486〕

◇浮世絵　中井宗太郎著　岩波書店　1953　183p　18cm　（岩波新書）Ⓝ721.8　〔18487〕

◇浮世絵　座右宝刊行会編　河出書房　1955　図版80p（附共）　18cm　（河出新書 写真編）Ⓝ721.8　〔18488〕

◇浮世絵—庶氏の芸術　菊地貞夫著　社会思想研究会出版部　1959　140p　15cm　（現代教養文庫）Ⓝ721.8　〔18489〕

◇浮世絵　菊地貞夫著　保育社　1963　153p　15cm　（カラーブックス 21）Ⓝ721.8　〔18490〕

◇浮世絵—江戸美学の再検討　瀬木慎一著　潮出版社　1972　277p　18cm　（潮新書）330円　Ⓝ721.8　〔18491〕

◇浮世絵　藤懸静也著　増訂　雄山閣出版　1973　284,24p　図24枚　22cm　2800円　Ⓝ721.8　〔18492〕

◇浮世絵　菊地貞夫著　大阪　保育社　1973　189p（図とも）　19cm　（カラーブックス デラックス版 18）500円　Ⓝ721.8　〔18493〕

◇浮世絵—ベベール・コレクション　ジャック・ヒリア,鈴木重三,安達豊久編　日本経済新聞社　1976　3冊（解説共）　41cm　全100000円　Ⓝ721.8　〔18494〕

◇浮世絵—近世民衆版画の絵師たち　小野忠重著　東海大学出版会　1980.1　240p　19cm　（東海大学文化選書）1600円　Ⓝ721.8　〔18495〕

◇浮世絵—愛の絵姿　福田和彦著　実業之日本社　1982.7　235p　18cm　950円　Ⓝ721.8　〔18496〕

◇浮世絵　たばこと塩の博物館編　専売弘済会　1984.3　310p　31cm　Ⓝ721.8　〔18497〕

◇浮世絵　大宮　埼玉県立博物館　1984.4　1冊　24cm　Ⓝ721.8　〔18498〕

◇浮世絵—旧松方コレクションを中心として　東京国立博物館　1984.10　344,39p　26cm　Ⓝ721.8　〔18499〕

◇浮世絵　菊地貞夫著　大阪　保育社　1985.7　189p　19cm　(Hoikusha: Quality Books)1000円　Ⓘ4-586-52105-8　Ⓝ721.8　〔18500〕

◇浮世絵—特別展図録　東京国立博物館編　東京国立博物館　1986.3　436p　38cm　Ⓝ721.8　〔18501〕

◇浮世絵—特別展図録　東京国立博物館編　京都　便利堂　1986.3　436p　38cm　25000円　Ⓝ721.8　〔18502〕

◇浮世絵—民衆に生きる美 特別展　大津　滋賀県立琵琶湖文化館　1990　55p　26cm　Ⓝ721.8　〔18503〕

◇浮世絵　山口桂三郎,永田生慈著　ブレーン出版　1990.4　103p　26cm　3800円　Ⓘ4-89242-497-8　Ⓝ721.8　〔18504〕

◇浮世絵—その秘められた一面　高橋鉄著　河出書房新社　1991.12　229p　図版16p　15cm　（河出文庫）640円　Ⓘ4-309-40326-3　Ⓝ721.8　〔18505〕

◇浮世絵 一竿百趣—水辺の風俗誌　金森直治著　つり人社　2006.12　205p　26cm　3200円　Ⓘ4-88536-550-3　〔18506〕

◇浮世絵うた草紙　鶴屋富士夫著　寿満書店　1968　269p　19cm　680円　Ⓝ721.8　〔18507〕

◇浮世絵・江戸行楽のさまざま展　太田記念美術館編　太田記念美術館　c1982　1冊　26cm　〔18508〕

◇浮世絵江戸版画—大判・豪華摺木版画　高見沢木版社　1937　1冊　23cm　Ⓝ721.8　〔18509〕

◇浮世絵江戸美人展—元禄から幕末まで　日本浮世絵協会編　日本浮世絵協会　1971.1　100p　26cm　〔18510〕

◇浮世絵江戸名所七変化—丹波コレクションの魅力 特別展　神奈川県立歴史博物館編　横浜　神奈川県立歴史博物館　2004.3　119p　30cm　Ⓝ721.8　〔18511〕

◇浮世絵概説　田中喜作著　岩波書店　1971　168p 図11枚　19cm　500円　Ⓝ721.8　〔18512〕

◇浮世絵概論　山口桂三郎著　言論社　1978.5　142p　21cm　2000円　Ⓝ721.8　〔18513〕

◇浮世絵概論　山口桂三郎著　改訂版　言論社　1978.10　143p　21cm　2000円　Ⓝ721.8　〔18514〕

◇浮世絵価格事典　渓水社編　渓水社　1978.10　223p　22cm　2800円　Ⓝ721.8　〔18515〕

◇浮世絵川中島大合戦　小林計一郎,酒井雁高執筆　長野　白文社　1986.4　200p　38cm　36000円　Ⓘ4-938521-10-5　Ⓝ721.8　〔18516〕

◇浮世絵鑑賞事典　高橋克彦著　日本出版センター　1977.7　238p　21cm　2000円　Ⓝ721.8　〔18517〕

◇浮世絵鑑賞事典　高橋克彦著　講談社　1987.5　282p　15cm　（講談社文庫）540円　Ⓘ4-06-184008-8　Ⓝ721.8　〔18518〕

◇浮世絵戯画　福田和彦編著　河出書房新社　1992.2　181p　30cm　4000円　Ⓘ4-309-26163-9　Ⓝ721.8　〔18519〕

◇浮世絵擬百人一首　豊国,国芳,広重画　吉田幸一著　古典文庫　2002.7　404p　27cm　（古典聚英 9）14000円　Ⓘ4-305-70241-X　Ⓝ721.8　〔18520〕

◇浮世絵再発見—大名たちが愛でた逸品・絶品　内藤正人著　小学館　2005.9　212p　19cm　1800円　Ⓘ4-09-387589-8　〔18521〕

◇浮世絵300年傑作展—酒井コレクション　大塚巧芸社（製作）　1968　1冊　26cm　Ⓝ721.8　〔18522〕

◇浮世絵事典—定本　吉田暎二　画文堂　1974　3冊　27cm　各25000円　Ⓝ721.8　〔18523〕

◇浮世絵事典　上巻　吉田暎二著　緑園書房　1965　405p　27cm　Ⓝ721.8　〔18524〕

◇浮世絵事典—定本　上巻　あ・さ　吉田暎二著　第2版　画文堂　1990.10　405p　27cm　24270円　Ⓘ4-87364-004-0　Ⓝ721.8　〔18525〕

◇浮世絵事典—定本　中巻　し・はこ　吉田暎二著　第2版　画文堂　1990.10　403p　27cm　24270円　Ⓘ4-87364-005-9　Ⓝ721.8　〔18526〕

◇浮世絵事典　下巻　吉田暎二著　画文堂　1971　476p　27cm　8500円　Ⓝ721.8　〔18527〕

◇浮世絵事典—定本　下巻　はさ・わ　吉田暎二著　第2版　画文堂　1990.10　476p　27cm　24270円　Ⓘ4-87364-006-7　Ⓝ721.8　〔18528〕

◇浮世絵聚花　1　ボストン美術館　1　マニー・L・ヒックマン著,飛田茂雄訳　小学館　1983.12　230p　43cm

◇浮世絵聚花　2　ボストン美術館　2　マニー・L・ヒックマン著, 飛田茂雄訳, 金子重隆訳　小学館　1985.3　224p　43cm　28500円　①4-09-952002-0　Ⓝ721.8　〔18530〕
◇浮世絵聚花　14　小林忠ほか著　小学館　1981.12　253p　43cm　28500円　Ⓝ721.8　〔18531〕
◇浮世絵春情花　美麗堂　2000.1　1冊　38cm　28571円　Ⓝ721.8　〔18532〕
◇浮世絵史話　楢崎宗重著　巧芸社　1948　296p*　19cm　Ⓝ721.8　〔18533〕
◇浮世絵史話　楢崎宗重著　巧芸社　1948　296p　19cm　Ⓝ721.8　〔18534〕
◇浮世絵史話　楢崎宗重著　再版　巧芸社　1950　296p　図版17枚　19cm　Ⓝa721　〔18535〕
◇浮世絵人名価格事典　北辰堂編集部編　新版　北辰堂（発売）　1994.10　231p　22cm　3200円　①4-89287-174-5　Ⓝ721.8　〔18536〕
◇浮世絵人名辞典―現代版画家名鑑　清水澄著　美術倶楽部出版部　1954　図版56p 160p（附共）　22cm　Ⓝ721.8　〔18537〕
◇浮世絵人名辞典　清水澄編　2版　美術倶楽部鑑定部　1978.7　235p 図版92p　22cm　8000円　Ⓝ721.8　〔18538〕
◇浮世絵随想　高橋誠一郎著　限定版　中央公論美術出版　1966　267p 図版21枚　21cm　Ⓝ721.8　〔18539〕
◇浮世絵全集　第1　初期版画〔ほか〕　鳥居清倍他筆, 渋井清編　河出書房新社　1957　35cm　Ⓝ721.8　〔18540〕
◇浮世絵全集　附録　藤懸静也　河出書房新社　1957　7冊　35cm　Ⓝ721.8　〔18541〕
◇浮世絵全盛時代　高橋誠一郎著　生活社　1946　31p　19cm　（日本叢書　第35）80円　Ⓝ721.8　〔18542〕
◇浮世絵全盛時代　高橋誠一郎著　生活社　1946　31p　19cm　（日本叢書　第35）　Ⓝ721.8　〔18543〕
◇浮世絵そろばん図展　名古屋　〔藤本文庫〕　1991　23p　19×26cm　Ⓝ721.8　〔18544〕
◇浮世絵対比五十三次今昔写真集　菊原馥写真・文　改訂版　八千代　八千代市文芸協会　2007.4　89p　26cm　①978-4-906609-01-7　Ⓝ291.5　〔18545〕
◇浮世絵談義　吉田暎二著　東西五月社　1959　221p 図版11枚　19cm　Ⓝ721.8　〔18546〕
◇浮世絵探検　高橋克彦著　岩波書店　1997.10　229p　20cm　1500円　①4-00-000178-7　Ⓝ721.8　〔18547〕
◇浮世絵探検　高橋克彦著　角川書店　2001.11　239p　15cm　（角川文庫―高橋克彦迷宮コレクション）619円　①4-04-170416-2　Ⓝ721.8　〔18548〕
◇浮世絵忠臣蔵の世界　中右瑛著　里文出版　1998.12　137p　22cm　2500円　①4-89806-087-0　Ⓝ721.8　〔18549〕
◇浮世絵というものは―その表と裏　吉田暎二著　教育書林　1956　223p　19cm　Ⓝ721.8　〔18550〕
◇浮世絵と喫煙具　専売事業協会編　限定版　1967　353p（おもに図版）　36cm　Ⓝ721.8　〔18551〕
◇浮世絵と喫煙具―展示改装記念特別展　たばこと塩の博物館　1985　8p　26cm　Ⓝ721.8　〔18552〕
◇浮世絵と喫煙具選　専売弘済会文化事業部編集　専売弘済会　1978.11　104p　35cm　5800円　Ⓝ721.8　〔18553〕
◇浮世絵とタピスリー―ベルギー王立美術歴史博物館所蔵特別展観　東京国立博物館編　東京国立博物館　1995.2　151p　30cm　Ⓝ721.8　〔18554〕
◇浮世絵と版画　楢崎宗重著　日本国際教育協会　1972　70p　21cm　（留学生のための日本研究叢書　第8巻）Ⓝ721.8　〔18555〕
◇浮世絵と板画の研究―浮世絵板画の画工彫工摺工　樋口二葉著　武蔵村山　青裳堂書店　1983.10　177p　22cm　（日本書誌学大系　35）6000円　Ⓝ721.8　〔18556〕
◇浮世絵に遊ぶ　安村敏信執筆　新潮社　1997.2　207p　20cm　（美術館へ行こう）1854円　①4-10-601871-3　Ⓝ721.8　〔18557〕
◇浮世絵に描かれた犬と猫　浮世絵太田記念美術館　1997.11　22,18p　30cm　Ⓝ721.8　〔18558〕
◇浮世絵に描かれた中国展　太田記念美術館　c1982　1冊　26cm　Ⓝ721.8　〔18559〕
◇浮世絵日記　坂野忍著　松本　日本浮世絵博物館　1984.8　100p　21cm　Ⓝ721.8　〔18560〕
◇浮世絵二百五十年展―高橋コレクション　中央公論美術出版編　中央公論美術出版　1964　図版22枚 解説14p　23cm　Ⓝ721.8　〔18561〕
◇浮世絵に見る江戸の生活　日本風俗史学会二十周年記念展実行委員会企画編集　日本風俗史学会　1980.10　1冊　26cm　2500円　Ⓝ721.8　〔18562〕
◇浮世絵にみる自然とくらし―房総地方を中心にして　第9回千葉県立美術館・博物館合同企画展　千葉県立上総博物館, 千葉県立総南博物館, 千葉県立中央博物館編　木更津　千葉県立上総博物館　2001.3　24p　30cm　Ⓝ721.8　〔18563〕
◇浮世絵に見る曽我物語展―特別展　小田原市郷土文化館編　小田原　小田原市郷土文化館　1993.5　40p　25×25cm　Ⓝ721.8　〔18564〕
◇浮世絵入門　吉田暎二著　緑園書房　1962　437p（原色図版4枚共）　19cm　Ⓝ721.8　〔18565〕
◇浮世絵入門　吉田暎二著　新装版　画文堂　1968　439p 図版16枚　22cm　Ⓝ721.8　〔18566〕
◇浮世絵の顔　吉川観方編　京都　京都文化資料研究会　1958.2　2冊　23cm　Ⓝ721.8　〔18567〕
◇浮世絵の華麗なる世界―播磨文化の会コレクション展　平成8年度企画展　赤穂市立歴史博物館編　赤穂　赤穂市立歴史博物館　1996.4　63p　30cm　（赤穂市立歴史博物館企画展資料集　no.3）Ⓝ721.8　〔18568〕
◇浮世絵の鑑賞基礎知識　小林忠, 大久保純一著　至文堂　1994.5　263p　26cm　3800円　①4-7843-0150-X　Ⓝ721.8　〔18569〕
◇浮世絵の基礎知識　吉田漱著　雄山閣　1974　204p 図版52枚　27cm　3800円　Ⓝ721.8　〔18570〕
◇浮世絵の基礎知識　吉田漱著　新訂　雄山閣出版　1977.2　28,204p　27cm　4000円　Ⓝ721.8　〔18571〕
◇浮世絵の基礎知識　吉田漱著　雄山閣出版　1987.7　206p 図版52枚　26cm　5800円　①4-639-00659-4　Ⓝ721.8　〔18572〕
◇浮世絵の現在　山口桂三郎編　勉誠出版　1999.3　473,13p　22cm　9600円　①4-585-03063-8　Ⓝ721.8　〔18573〕
◇浮世絵のことば案内　田辺昌子著　小学館　2005.11　143p　21×14cm　1800円　①4-09-681542-X　〔18574〕
◇浮世絵の姿態　吉田暎二著　北光書房　1948　133p　26cm　Ⓝ721.8　〔18575〕
◇浮世絵の世界展―東洋と西洋の出会い　海外に流失した名作の里帰り　川崎　〔浮世絵の世界展実行委員会〕　1994　23p　21×30cm　Ⓝ721.8　〔18576〕
◇浮世絵の知識　吉田暎二著　緑園書房　1963　321p

◇浮世絵の手帖　吉田暎二著　緑園書房　1963　100p　21cm　（原色版浮世絵文庫 1）Ⓝ721.8　〔18578〕

◇浮世絵の謎　田崎暘之介著　毎日新聞社　1977.10　222p　20cm　（江戸シリーズ 8）980円　Ⓝ721.8　〔18579〕

◇浮世絵の美　吉田暎二著　創元社　1953　216p（図版132p共）　19cm　（創元選書）Ⓝ721.8　〔18580〕

◇浮世絵の美　中部伝統染織工芸研究会編　京都　芸艸堂　1987.11　2冊　37cm　全50000円　①4-7538-1147-6　Ⓝ721.8　〔18581〕

◇浮世絵の美—錦絵の系譜・春信から清親まで　山陽放送株式会社編　岡山　山陽放送　1988.7　227p　30cm　Ⓝ721.8　〔18582〕

◇浮世絵の美学　楢崎宗重著　講談社　1971　206p　22cm　1600円　Ⓝ721.8　〔18583〕

◇浮世絵の美200年—江戸庶民のこころ　高橋誠一郎コレクションから　北海道立近代美術館編　札幌　札幌テレビ放送　1988　251p　24cm　（図録 111）Ⓝ721.8　〔18584〕

◇浮世絵の美百選　鈴木重三,安達豊久編　日本経済新聞社　1981.10　1冊　40cm　（美の美）33000円　Ⓝ721.8　〔18585〕

◇浮世絵の窓　吉田暎二著　緑園書房　1964　396p　22cm　（吉田暎二著作集）Ⓝ721.8　〔18586〕

◇浮世絵の見方　吉田漱著　渓水社　1977.3　235p　22cm　3000円　Ⓝ721.8　〔18587〕

◇浮世絵の魅力—江戸の庶民文化　小林忠著　ビジネス教育出版社　1984.5　234,6p　19cm　1700円　Ⓝ721.8　〔18588〕

◇浮世絵の魅惑　福田和彦編著　河出書房新社　1986.10　184p　30cm　3900円　①4-309-26073-X　Ⓝ721.8　〔18589〕

◇浮世絵の幽霊　粕三平編著　芳賀書店　1973　194p（おもに図）　21cm　（芳賀芸術叢書）2000円　Ⓝ721.8　〔18590〕

◇浮世絵の歴史—カラー版　小林忠監修　美術出版社　1998.5　211p　21cm　2500円　①4-568-40044-9　Ⓝ721.8　〔18591〕

◇浮世絵博覧会　高橋克彦著　角川書店　2001.5　278p　15cm　（角川文庫—高橋克彦迷宮コレクション）600円　①4-04-170413-8　Ⓝ721.8　〔18592〕

◇浮世絵花々の美　1　福田和彦著　ベストセラーズ　1999.11　94p　30cm　2500円　①4-584-17078-9　Ⓝ721.8　〔18593〕

◇浮世絵版画 あぶな絵　第1巻　浮世絵研究会編　日本美術社　1956　はり込原色図版15枚　解説8枚　44cm　Ⓝ721.8　〔18594〕

◇浮世絵版画史画集　笹川臨風編　総芸書院　1929　図版111枚　31cm　Ⓝ721.8　〔18595〕

◇浮世絵版画撰集　近藤市太郎編　アダチ版画研究所　1955　原色図版（はり込）24枚　54cm　Ⓝ721.8　〔18596〕

◇浮世絵版画撰集　第2　近藤市太郎編　アダチ版画研究所　1961　はり込原色図版25枚　54cm　Ⓝ721.8　〔18597〕

◇浮世絵版画展　群馬県立近代美術館編　高崎　群馬県立近代美術館　1983　1冊　26cm　Ⓝ721.8　〔18598〕

◇浮世絵板画の画工たち　岸田劉生著　光風社書店　1970　241p　図版22枚　23cm　2000円　Ⓝ721.8　〔18599〕

◇浮世絵板画の画工たち　岸田劉生著　東出版　1976　241p　図22枚　23cm　2800円　Ⓝ721.8　〔18600〕

◇浮世絵版画のできるまで　浮世絵太田記念美術館　1981.3　1冊　26cm　Ⓝ721.8　〔18601〕

◇浮世絵版画の鳥　内田清之助著　芸艸堂　1974　147p　19cm　980円　Ⓝ721.8　〔18602〕

◇浮世絵版画の様式　中野忠明著　京都　史迹美術同攷会　1968　156p　21cm　700円　Ⓝ721.8　〔18603〕

◇浮世絵秘画　吉田暎二著　緑園書房　1961　154p（原色図版,図版共）　22×31cm　Ⓝ721.8　〔18604〕

◇浮世絵秘画　吉田暎二著　画文堂　1967　154p（おもに図版）　22×31cm　Ⓝ721.8　〔18605〕

◇浮世絵秘画の研究　吉田暎二著　緑園書房　1964　321p　22cm　（吉田暎二著作集）Ⓝ721.8　〔18606〕

◇浮世絵秘画の研究　吉田暎二著　画文堂　1971　321p　22cm　1900円　Ⓝ721.8　〔18607〕

◇浮世絵秘画名品帖—絵本つひの雛形　吉田暎二編　緑園書房　1963　123p　27×35cm　Ⓝ721.8　〔18608〕

◇浮世絵美の極致図録—初公開スイス・バウアーコレクション　小林忠監修　サンオフィス　2001　175p　30cm　Ⓝ721.8　〔18609〕

◇浮世絵百年の名作展—春信・歌麿・写楽から北斎・広重まで　平塚市美術館編　毎日新聞社　1993.4　95p　30cm　Ⓝ721.8　〔18610〕

◇浮世絵備要—自家版　中村暢時編著　大阪　中村暢時　2000.1　383p　22×31cm　Ⓝ721.8　〔18611〕

◇浮世絵文献目録　針ヶ谷鐘吉,鈴木重三共編　味灯書屋　1962　104p　25cm　Ⓝ721.8　〔18612〕

◇浮世絵文献目録　針ヶ谷鐘吉等共編　味灯書屋　1972　2冊（別冊附録共）　31cm　24000円　Ⓝ721.8　〔18613〕

◇浮世絵編年史　関場忠武著　東陽堂　1891.12　26,36丁（上・下合本）　24cm　Ⓝ720　〔18614〕

◇浮世絵ミステリー巷談　中右瑛著　里文出版　1994.12　217p　21cm　2000円　①4-947546-75-1　Ⓝ721.8　〔18615〕

◇浮世絵ミステリーゾーン　高橋克彦著　講談社　1985.9　220p　19cm　1300円　①4-06-202125-0　Ⓝ721.8　〔18616〕

◇浮世絵ミステリーゾーン　高橋克彦著　講談社　1991.11　285p　15cm　（講談社文庫）480円　①4-06-185011-3　Ⓝ721.8　〔18617〕

◇浮世絵名作選集　第18　上方名所　日本浮世絵協会編　赤井達郎　山田書院　1968　図版17枚　31cm　Ⓝ721.8　〔18618〕

◇浮世絵名作選集　19　江戸名所　日本浮世絵協会編　山口桂三郎著　山田書院　1968.11　1冊　32cm　Ⓝ721.8　〔18619〕

◇浮世絵名作展—ベルギー王立美術歴史博物館蔵　毎日新聞社編　毎日新聞社　1975　1冊　26cm　〔18620〕

◇浮世絵名品500選—春信・清長・歌麿・北斎・広重　特別展　神奈川県立博物館編　横浜　神奈川県立博物館　1991.10　263p　30cm　Ⓝ721.8　〔18621〕

◇うきよ絵名品展—東京国立博物館所蔵/松方コレクション　京都国立博物館編　京都　京都新聞社　1991.4　285p　30cm　Ⓝ721.8　〔18622〕

◇浮世絵名品展—神奈川県立博物館所蔵　河口湖町立河口湖美術館編　河口湖町（山梨県）　河口湖町立河口湖美術館　c1992　1冊　30cm　Ⓝ721.8　〔18623〕

◇浮世絵名品展　平木浮世絵財団編　平木浮世絵財団　1993　243p　29cm　Ⓝ721.8　〔18624〕

◇浮世絵名品展—春信・歌麿・豊国・北斎・広重 平成10年

度秋季特別展図録　相模原市立博物館編　相模原　相模原市立博物館　1998.9　96p　29cm　Ⓝ721.8　〔18625〕

◇浮世絵名品展図録―江戸の粋　毎日新聞社　1993　142p　29cm　Ⓝ721.8　〔18626〕

◇浮世絵ものがたり　鶴屋富士夫著　寿満書店　1968　230p　19cm　680円　Ⓝ721.8　〔18627〕

◇浮世絵ヨーロッパ・コレクション　福田和彦編著　ベストセラーズ　1989.10　198p　30cm　3900円　①4-584-17034-7　Ⓝ721.8　〔18628〕

◇浮世絵六大家名作展―春信・清長・歌麿・写楽・北斎・広重　日本浮世絵協会　1969　1冊　26cm　Ⓝ721.8　〔18629〕

◇浮世絵六大家名品撰　高見沢忠雄浮世絵研究所製作,高橋誠一郎解説　中央公論美術出版　1960　はり込原色図版24枚　50cm　Ⓝ721.8　〔18630〕

◇浮世絵は愉しい―沢井コレクション百選　沢井鈴一著　名古屋　あるむ　1999.12　199p　22cm　2000円　①4-901095-03-X　Ⓝ721.8　〔18631〕

◇歌川派浮世絵展―日本を愛したゴッホを偲ぶ　ホッホの南無仏への旅立ち　ウィッピー国際芸術院編　松本　創栄出版　1994.4　119p　30cm　2500円　①4-915437-33-7　Ⓝ721.8　〔18632〕

◇歌川派展―特別展　浮世絵太田記念美術館　1986.10　178p　30cm　Ⓝ721.8　〔18633〕

◇海を渡った浮世絵展―アムステルダム国立博物館館蔵品を中心に　堺　シーボルト・カウンシル　1994　169p　26cm　Ⓝ721.8　〔18634〕

◇江戸挿絵文庫　第1巻　猫物語　粕三平,長谷川龍生編　粕三平著　すばる書房　1977　78p　18cm　（すばるの絵文庫）880円　Ⓝ721.8　〔18635〕

◇江戸挿絵文庫　第2巻　妖術百態　粕三平,長谷川龍生編　田畑慶吉著　すばる書房　1977　78p　18cm　（すばるの絵文庫）880円　Ⓝ721.8　〔18636〕

◇江戸挿絵文庫　第3巻　百面相　粕三平,長谷川龍生編　長谷川龍生著　すばる書房　1977.5　78p　18cm　（すばるの絵文庫）880円　Ⓝ721.8　〔18637〕

◇江戸挿絵文庫　第4巻　泥棒伝奇　粕三平,長谷川龍生編　粕三平著　すばる書房　1977.5　78p　18cm　（すばるの絵文庫）880円　Ⓝ721.8　〔18638〕

◇江戸挿絵文庫　第5巻　かくれ鬼　粕三平,長谷川龍生編　すばる書房　1977.6　78p　18cm　（すばるの絵文庫）880円　Ⓝ721.8　〔18639〕

◇江戸挿絵文庫　第6巻　旅はみちづれ　粕三平,長谷川龍生編　すばる書房　1977.6　78p　18cm　（すばるの絵文庫）880円　Ⓝ721.8　〔18640〕

◇江戸浮世絵を読む　小林忠著　筑摩書房　2002.4　204p　18cm　（ちくま新書）680円　①4-480-05943-1　Ⓝ721.8　〔18641〕

◇江戸浮世絵師たち　福田和彦著　読売新聞社　1979.3　194p　18cm　（Yomi book）500円　Ⓝ721.8　〔18642〕

◇江戸浮世絵展―日本人が再発見した浮世絵　川原広美監修　長野　長野浮世絵研究会　1998.1　41p　30cm　1905円　①4-947697-07-5　Ⓝ721.8　〔18643〕

◇江戸仕掛本考　林美一著　限定版　有光書房　1967　3冊（別冊,別刷20枚共）　32cm　Ⓝ721.8　〔18644〕

◇江戸仕掛本考　林美一著　有光書房　1972　98p　図33枚　22cm　Ⓝ721.8　〔18645〕

◇江戸の遊び絵　稲垣進一編著　東京書籍　1988.7　158p　31cm　4800円　①4-487-75117-9　Ⓝ721.8　〔18646〕

◇江戸のアンダーワールド―枕絵・もののけ・アウトロー　太陽編集部編　平凡社　2000.12　118p　22cm　（コロナ・ブックス　90）1524円　①4-582-63387-0　Ⓝ210.5　〔18647〕

◇江戸の遠近法―浮絵の視覚　岸文和著　勁草書房　1994.11　287,4p　22cm　3605円　①4-326-80031-3　Ⓝ721.8　〔18648〕

◇江戸の老舗と浮世絵展　浮世絵太田記念美術館　1981.10　1冊　26cm　Ⓝ721.8　〔18649〕

◇江戸の春・異邦人満開―エトランジェ・エロティック　リチャード・レイン著　林美一監修　大家京子訳　河出書房新社　1998.2　151p　30cm　（定本・浮世絵春画名品集成　別巻）4900円　①4-309-91035-1　Ⓝ721.8　〔18650〕

◇江戸の風俗―絵筆が語る町人文化　大宮　埼玉県立博物館　1985.2　1冊　25cm　Ⓝ721.8　〔18651〕

◇江戸のプリントアート展―浮世を摺る/粋を染める　北海道立帯広美術館編　帯広　北海道立帯広美術館　c1991　201p　30cm　Ⓝ721.8　〔18652〕

◇「江戸の誘惑」図録―ボストン美術館所蔵肉筆浮世絵展　辻惟雄,小林忠,浅野秀剛,内藤正人,アン・モース監修　朝日新聞社事業本部大阪企画事業部編　朝日新聞社　2006　197p　30cm　Ⓝ721.8　〔18653〕

◇江戸美術考現学―浮世絵の光と影　仁科又亮著　画文堂　1988.10　332p　22cm　3200円　①4-87364-025-3　Ⓝ721.8　〔18654〕

◇江戸枕絵の謎　林美一著　河出書房新社　1988.2　306p　15cm　（河出文庫）580円　①4-309-47127-1　Ⓝ721.8　〔18655〕

◇江戸枕絵名品選　1　花鳥余情吾妻源氏　林美一編　大鼻山人作,婦喜用又平画　三樹書房　1982.8　178p　27cm　9500円　Ⓝ721.8　〔18656〕

◇江戸末期の浮世絵　小島烏水著　梓書房　1931　259p　27cm　Ⓝ721.8　〔18657〕

◇江戸末期の浮世絵展　名古屋市博物館編　名古屋　名古屋市博物館　1978.4　63p　26cm　Ⓝ721.8　〔18658〕

◇江戸明治「おもちゃ絵」　上野晴朗,前川久太郎著　アドファイブ東京文庫　1976.12　167p（おもに図）折り込図2枚　31cm　Ⓝ721.8　〔18659〕

◇江戸木版本集成　1　京都　芸艸堂　1987.6　3冊　25cm　全45000円　①4-7538-1139-5　Ⓝ721.8　〔18660〕

◇江戸木版本集成　2　京都　芸艸堂　1988.4　3冊　25cm　全45000円　Ⓝ721.8　〔18661〕

◇江戸木版本集成　3　京都　芸艸堂　1988.5　3冊　24cm　全45000円　①4-7538-1152-2　Ⓝ721.8　〔18662〕

◇江戸木版本集成　5　京都　芸艸堂　1989.9　3冊　24cm　全46350円　①4-7538-0135-7　Ⓝ721.8　〔18663〕

◇絵本浅香山　西川祐信画　京都　臨川書店　1979.4　12丁　27cm　（近世日本風俗絵本集成）4700円　Ⓝ721.8　〔18664〕

◇絵本浮世絵撰　福田和彦編著　河出書房新社　1990.2　181p　30cm　4000円　①4-309-26125-6　Ⓝ721.8　〔18665〕

◇絵本と浮世絵―江戸出版文化の考察　鈴木重三著　美術出版社　1979.3　587p　図版29枚　22cm　5800円　Ⓝ721.8　〔18666〕

◇絵本常磐草　西川祐信画　京都　臨川書店　1979.9　3冊　28cm　（近世日本風俗絵本集成）全15000円　Ⓝ721.8　〔18667〕

◇画本早引　前北斎戴斗筆　太平書屋　1980.7　112p

◇絵本百物語─桃山人夜話　竹原春泉画　多田克己編　京極夏彦ほか文　国書刊行会　1997.6　185p　24cm　3800円　①4-336-03948-8　Ⓝ721.8
〔18669〕

◇絵本十寸鏡　西川祐信画　京都　臨川書店　1979.12　3冊　23cm　（近世日本風俗絵本集成）全12000円　Ⓝ721.8
〔18670〕

◇絵本大和童　西川祐信画　京都　臨川書店　1980.3　3冊　27cm　（近世日本風俗絵本集成）全12000円　Ⓝ721.8
〔18671〕

◇絵本世都之時　北尾重政画　京都　臨川書店　1980.7　3冊　24cm　（近世日本風俗絵本集成）全14000円　Ⓝ721.8
〔18672〕

◇MOA美術館浮世絵の名品─「MOA美術館開館十五周年記念特別展MOA美術館浮世絵名品展」図録　五島美術館　1997.10　125,7p　25×26cm　（五島美術館展覧会図録 no.119）Ⓝ721.8
〔18673〕

◇MOA美術館所蔵浮世絵版画名品展─風俗版画の三百年　豊橋市美術博物館編　豊橋　豊橋市美術博物館　1997　103p　30cm　Ⓝ721.8
〔18674〕

◇遠近法で見る浮世絵─政信・応挙から江漢・広重まで　横地清著　三省堂　1995.8　1冊　22cm　3500円　①4-385-35653-X　Ⓝ721.8
〔18675〕

◇近江の浮世絵版画　中神良太著　大津　近江歴史民俗博物館建設後援会出版部　1980.11　89p　図版10枚　26cm　Ⓝ721.8
〔18676〕

◇大江戸浮世絵暮らし　高橋克彦著　角川書店　2002.10　206p　15cm　（角川文庫―高橋克彦迷宮コレクション）762円　①4-04-170421-9　Ⓝ721.8
〔18677〕

◇太田記念美術館論集　2　太田記念美術館　2004.12　278p　27cm　Ⓝ721.8
〔18678〕

◇おもちゃ絵─江戸庶民のエスプリとデザイン　飯沢匡，広瀬辰五郎著　徳間書店　1974　72p　27cm　1900円　Ⓝ721.8
〔18679〕

◇おもちゃ絵の世界─天理ギャラリー第111回展　天理大学附属天理参考館編　天理ギャラリー　1999.3　24p　26cm　Ⓝ721.8
〔18680〕

◇阿蘭陀趣味─あいら〜ぶ浮世絵　中右瑛著　里文出版　1984.3　173p　22cm　3800円　Ⓝ721.8
〔18681〕

◇開館記念展─名作にみる浮世絵の流れ　太田記念美術館　c1980　1冊　26cm　Ⓝ721.8
〔18682〕

◇懐月堂　高橋誠一郎編集解説　大日本雄弁会講談社　1956　32p　図版17枚（原色版共）　17cm　（講談社版アート・ブックス）Ⓝ721.8
〔18683〕

◇魁題百撰相　月岡芳年画　町田市立国際版画美術館編　町田　町田市立国際版画美術館　1991　146p　22cm　Ⓝ721.8
〔18684〕

◇画図百鬼夜行　鳥山石燕画　稲田篤信，田中直日編　国書刊行会　1992.12　348p　27cm　7800円　①4-336-03386-2　Ⓝ721.8
〔18685〕

◇画聖・九〇年アートウォーク　佐々木韶著　小布施町（長野県）　パブリシティ研究所　1999.3　214p　30cm　2858円　Ⓝ721.8
〔18686〕

◇葛飾派・歌川派を中心とした下絵展　太田記念美術館　1987.6　39p　26cm　Ⓝ721.8
〔18687〕

◇合羽摺の世界　池田　阪急学園池田文庫　2002.3　40p　30cm　Ⓝ721.8
〔18688〕

◇上方絵一覧　黒田源次著　東洋書院　1978.12　523p　図版156枚　22cm　13500円　Ⓝ721.8
〔18689〕

◇カラー版　浮世絵ものがたり　鶴屋富士夫著　東和書房　1967　230p　19cm　Ⓝ721.8
〔18690〕

◇紀州浮世絵づくし　和歌山市立博物館編　和歌山　和歌山市教育委員会　2001.7　88p　30cm　Ⓝ721.8
〔18691〕

◇奇想の図譜─からくり・若冲・かざり　辻惟雄著　平凡社　1989.6　268p　21cm　3800円　①4-582-28603-8　Ⓝ721.8
〔18692〕

◇木曽義仲─浮世絵　松本　ライブラリー信州　1994.8　35p　21×21cm　Ⓝ721.8
〔18693〕

◇木曽義仲─江戸浮世絵武者絵に見る義仲像　桐越陽子監修　松本　ライブラリー信州　1997.8　83p　24×25cm　1600円　Ⓝ721.8
〔18694〕

◇キヨッソーネ東洋美術館所蔵浮世絵展　ドナテッラ・ファイッラ総監修　別役恭子監修　神戸　神戸新聞社　c2001　250p　30cm　Ⓝ721.8
〔18695〕

◇金太郎─鮮やかに彩られた浮世絵の世界　南足柄市郷土資料館企画・編集　南足柄　南足柄市　2002.4　64p　30cm　Ⓝ721.8
〔18696〕

◇組上灯籠考　高根宏浩著　高根宏浩　1971　56p　21cm　非売　Ⓝ721.8
〔18697〕

◇蕙斎略画全集　鍬形蕙斎画　改訂　芸艸堂　1972　5冊　25cm　Ⓝ721.8
〔18698〕

◇源氏物語挿絵　山本二郎兵衛春正絵,清水覚次郎編著　大成印刷（印刷）　1969　273p　21cm　（日本の古書1）700円　Ⓝ721.8
〔18699〕

◇原色浮世絵刺青版画　福田和彦編　芳賀書店　1977.1　211p　31cm　16000円　Ⓝ721.8
〔18700〕

◇原色浮世絵大百科事典　第1巻　歴史　日本浮世絵協会原色浮世絵大百科事典編集委員会編　楢崎宗重執筆　大修館書店　1981.2　147p　38cm　8500円　Ⓝ721.8
〔18701〕

◇原色浮世絵大百科事典　第2巻　浮世絵師　日本浮世絵協会原色浮世絵大百科事典編集委員会編　大修館書店　1982.8　147p　38cm　9500円　Ⓝ721.8
〔18702〕

◇原色浮世絵大百科事典　第3巻　様式・彫摺・版元　日本浮世絵協会原色浮世絵大百科事典編集委員会編　菊地貞夫ほか執筆　大修館書店　1982.4　148p　38cm　9500円　Ⓝ721.8
〔18703〕

◇原色浮世絵大百科事典　第4巻　画題─説話・伝説・戯曲　日本浮世絵協会原色浮世絵大百科事典編集委員会編　鈴木重三執筆　大修館書店　1981.11　144p　38cm　8500円　Ⓝ721.8
〔18704〕

◇原色浮世絵大百科事典　第11巻　歌舞伎・遊里・索引　日本浮世絵協会原色浮世絵大百科事典編集委員会編　菊池明,花咲一也執筆　大修館書店　1982.11　91,55p　38cm　9500円　Ⓝ721.8
〔18705〕

◇原色日本の美術　第18巻　浮世絵　辻惟雄,大久保純一著　小学館　1994.4　250p　36cm　7000円　①4-09-663318-6　Ⓝ702.1
〔18706〕

◇源平浮世絵のロマン　中右瑛編著　創樹社美術出版　1985.3　100p　19cm　800円　Ⓝ721.8
〔18707〕

◇豪華版浮世絵ものがたり　鶴屋富士夫著　東和書房　1968　238p　22cm　Ⓝ721.8
〔18708〕

◇豪華版浮世絵ものがたり　鶴屋富士夫著　寿満書店　1968　238p　22cm　980円　Ⓝ721.8
〔18709〕

◇後期浮世絵熟爛の世界─人気を博した十人の絵師にみる　楢崎宗重ほか編　里文出版　1986.12　227p　21cm　2000円　Ⓝ721.8
〔18710〕

◇後期上方絵　松平進監修・解説　早稲田大学坪内博士記念演劇博物館　1997.3　317p　30cm　（早稲田大学坪内博士記念演劇博物館所蔵芝居絵図録 6）10000円　①4-948758-03-5　Ⓝ721.8
〔18711〕

◇鴻池コレクション扇絵図録　第1集　浮世絵編　太田記念美術館学芸部編　浮世絵太田記念美術館　1981.8　80p　26cm　Ⓝ721.087　〔18712〕

◇神戸ゆかりの源平浮世絵　中右瑛著　創樹社美術出版　1985.12　132p　19cm　800円　Ⓝ721.8　〔18713〕

◇これを判じてごろうじろ―江戸の判じ絵　たばこと塩の博物館編　たばこと塩の博物館　1999.4　143p　30cm　①4-924989-12-6　Ⓝ721.8　〔18714〕

◇こんなに楽しい江戸の浮世絵―江戸の人はどう使ったか　辻惟雄監修　東京美術　1999.11　143p　21cm　1800円　①4-8087-0669-5　Ⓝ721.8　〔18715〕

◇在外秘宝―欧米収蔵日本絵画集成　第3　肉筆浮世絵　楢崎宗重編　学習研究社　1969　2冊（解説共）　40cm　36000円　Ⓝ721.08　〔18716〕

◇視覚革命浮世絵　諏訪春雄著　勉誠出版　2003.6　132p　19cm　（智慧の海叢書）780円　①4-585-07101-6　Ⓝ721.8　〔18717〕

◇シカゴ美術館浮世絵名品展　日本経済新聞社編　大塚巧芸社（製作）　1973　179p（おもに図）　29cm　Ⓝ721.8　〔18718〕

◇品川歴史館所蔵浮世絵図録　東京都品川区立品川歴史館編　品川区立品川歴史館　1993.3　79p　28cm　Ⓝ721.8　〔18719〕

◇熟爛の世界―後期浮世絵　人気を博した十人の絵師にみる　浮世絵ハンドブック　楢崎宗重ほか編　里文出版　1986.12　227p　21cm　2000円　Ⓝ721.8　〔18720〕

◇初期浮世絵　樋口弘編著　味灯書屋　1977.11　図123枚・はり込図24枚　42cm　85000円　Ⓝ721.8　〔18721〕

◇初期浮世絵と歌舞伎―役者絵に注目して　武藤純子著　笠間書院　2005.2　726p　図版8p　22cm　19000円　①4-305-70287-8　Ⓝ721.8　〔18722〕

◇新修　浮世絵二百五十年　高橋誠一郎著　限定版　中央公論美術出版　1961　22,382,23p　図版74　26cm　Ⓝ721.8　〔18723〕

◇新春浮世絵展―2002新春浮世絵展図録　小島国次監修　桐生市市民文化事業団編　桐生　桐生市市民文化事業団　2002.1　36p　30cm　Ⓝ721.8　〔18724〕

◇新庄コレクション浮世絵図録　増補　松江　島根県立博物館　1991.3　264p　31cm　Ⓝ721.8　〔18725〕

◇「粋人たちの贈り物―江戸の摺物」展図録　千葉市美術館編　千葉　千葉市美術館　1997.10　215p　30cm　Ⓝ721.8　〔18726〕

◇随筆　うきよ絵　高橋誠一郎著　勁草書房　1951　153p　図版7枚　19cm　（随筆選集）Ⓝ721.8　〔18727〕

◇杉村　杉村正高画，渋井清，菊地貞義解説　集英社　1964　はり込原色図版24枚　解説19　49cm　（浮世絵版画7）Ⓝ721.8　〔18728〕

◇鈴木宇宙コレクション浮世絵名品集　浮世絵太田記念美術館　1982　1冊　26cm　Ⓝ721.8　〔18729〕

◇図説浮世絵に見る色と模様　近世文化研究会編　河出書房新社　1995.7　127p　22cm　1800円　①4-309-72497-3　Ⓝ721.8　〔18730〕

◇図説浮世絵入門　稲垣進一編　河出書房新社　1990.9　151p　22cm　1900円　①4-309-72476-0　Ⓝ721.8　〔18731〕

◇スプリングフィールド美術館秘蔵浮世絵名品展　国際アート　1994.6　160p　30cm　Ⓝ721.8　〔18732〕

◇西人の浮世絵観　平田禿木編　七丈書院　1942　104p　19cm　Ⓝ721.8　〔18733〕

◇前期上方絵　上　早稲田大学坪内博士記念演劇博物館編　早稲田大学坪内博士記念演劇博物館　1995.4　134p　30cm　（早稲田大学坪内博士記念演劇博物館所蔵芝居絵図録　4）5000円　①4-948758-00-0　Ⓝ721.8　〔18734〕

◇前期上方絵　下　早稲田大学坪内博士記念演劇博物館編　早稲田大学坪内博士記念演劇博物館　1995.6　165p　30cm　（早稲田大学坪内博士記念演劇博物館所蔵芝居絵図録　5）5000円　①4-948758-01-9　Ⓝ721.8　〔18735〕

◇千社札―江戸コレクション　関岡扇令著　講談社　1983.12　163p　27cm　3900円　①4-06-200451-8　Ⓝ721.8　〔18736〕

◇総校日本浮世絵類考　由良哲次編　画文堂　1979.8　395p　22cm　4800円　Ⓝ721.8　〔18737〕

◇続　耽美　うき世絵ばなし　神保朋世著　芳賀書店　1968　225p　18cm　Ⓝ721.8　〔18738〕

◇「大英博物館肉筆浮世絵名品展」図録　千葉市美術館ほか編　朝日新聞社　1996　231p　30cm　Ⓝ721.8　〔18739〕

◇高木繁浮世絵コレクション　名古屋市博物館編　名古屋　名古屋市博物館　2001.4　91p　30cm　（名古屋市博物館資料図版目録　2）Ⓝ721.8　〔18740〕

◇高橋克彦の浮世絵ワンダーランド　高橋克彦著　平凡社　2000.10　109p　22cm　（コロナ・ブックス　88）1524円　①4-582-63377-3　Ⓝ721.8　〔18741〕

◇高橋誠一郎コレクション浮世絵　第6巻　芳年・芳幾・国周　中央公論社　1977.4　178,9p（はり込図56枚共）　44cm　88000円　Ⓝ721.8　〔18742〕

◇高橋誠一郎コレクション浮世絵名作展　慶応義塾　c1983　1冊　26cm　Ⓝ721.8　〔18743〕

◇丹波コレクション版画図録　1　神奈川県内東海道宿駅編　神奈川県立博物館編　横浜　神奈川県立博物館　1986.3　54p　26cm　（神奈川県立博物館人文部門資料目録　8）Ⓝ721.8　〔18744〕

◇耽美　うき世絵ばなし　神保朋世著　芳賀書店　1967　228p　19cm　Ⓝ721.8　〔18745〕

◇チコチンの浮世絵―新収蔵品展　山口県立萩美術館・浦上記念館編　萩　山口県立萩美術館・浦上記念館　1997.9　233p　30cm　Ⓝ721.8　〔18746〕

◇千葉市美術館所蔵浮世絵作品選　千葉市美術館編　千葉　千葉市美術館　2001.9　183p　30cm　Ⓝ721.8　〔18747〕

◇忠臣蔵浮世絵―浮世絵でみる歴史読本　中右瑛著　里文出版　1988.12　196p　19cm　1200円　Ⓝ721.8　〔18748〕

◇忠臣蔵浮世絵―浮世絵でみる歴史読本　中右瑛著　里文出版　1988.12　196p　19cm　1200円　Ⓝ721.8　〔18749〕

◇忠臣蔵の浮世絵―赤穂市立歴史博物館収蔵　赤穂市立歴史博物館編　赤穂　赤穂市立歴史博物館　2004.4　187p　30cm　（赤穂市立歴史博物館特別展図録　no.19）Ⓝ721.8　〔18750〕

◇露殿物語　近世文学書誌研究会編　勉誠社　1974　図84枚　8p　38×54cm　（近世文学資料類従　別巻）40000円　Ⓝ721.8　〔18751〕

◇定本絵入大東閨語　斎田作楽編著　太平書屋　1984.8　183p　16×22cm　15000円　Ⓝ721.8　〔18752〕

◇手ぬぐいと浮世絵　横浜　平木浮世絵財団平木浮世絵美術館　c1999　24p　28cm　Ⓝ721.8　〔18753〕

◇東京国立博物館図版目録　浮世絵版画篇　東京美術　1971　3冊　27cm　各3000円　Ⓝ721.8　〔18754〕

◇徳川色模様元禄百花繚乱―浮世絵　福田和彦著　人類文化社　1999.8　176p　30cm　4800円　①4-7567-1180-4

美術史　　　　　　　　　　　　　　近世史

◇徳川時代各派名作浮世絵画集　報知新聞社編　巧芸社　1928　64p　30cm　Ⓝ721.8　〔18755〕

◇特別展「英山」図録　菊川英山画　日本浮世絵学会編　松本〔日本浮世絵博物館〕1996.4　323p　26cm　Ⓝ721.8　〔18756〕

◇特別展図録浮世絵　東京国立博物館編　京都　便利堂　1986.3　436p　38cm　25000円　Ⓝ721.8　〔18757〕

◇とけい・こよみ錦絵目録　堀田両平著　堀田両平　1969　246p　18×25cm　非売　Ⓝ721.8　〔18758〕

◇鳥羽絵人物略画　宮尾しげを解題　岩崎美術社　1969　図版35枚　解題9p　26cm　900円　Ⓝ721.8　〔18759〕

◇中神コレクション　草津市立街道文化情報センター企画　草津　草津市　1995.3　135p　26cm　Ⓝ721.8　〔18760〕

◇長崎浮世絵　樋口弘編著　味灯書屋　1971　図19,335p（うちはり込み図17枚）解説112p　38cm　38000円　Ⓝ721.7　〔18761〕

◇名古屋名所団扇絵集　森玉僊画　名古屋　中日出版社　1977.4　22枚　48cm　28000円　Ⓝ721.8　〔18762〕

◇日本浮世絵博物館案内　松本　日本浮世絵博物館　c1982　96p　21cm　Ⓝ721.8　〔18763〕

◇日本絵画芸術論　野口米次郎著　クレス出版　1998.5　483p　19cm　（野口米次郎選集　2）3400円　④4-87733-046-1　Ⓝ721.025　〔18764〕

◇日本人と遠近法　諏訪春雄著　筑摩書房　1998.8　187p　18cm　（ちくま新書）660円　④4-480-05768-4　Ⓝ721.8　〔18765〕

◇日本その心とかたち―NHK特別シリーズ　7　浮世絵の女たち　加藤周一,NHK取材班著　平凡社　1988.3　138p　27cm　2000円　④4-582-20657-3　Ⓝ702.1　〔18766〕

◇日本の浮世絵美術館　巻1　北海道・東北・関東1　永田生慈編　角川書店　1996.3　163p　31cm　5400円　④4-04-651101-X　Ⓝ721.8　〔18767〕

◇日本の浮世絵美術館　巻2　関東2・東京1　永田生慈編　角川書店　1996.5　163p　31cm　5400円　④4-04-651102-8　Ⓝ721.8　〔18768〕

◇日本の浮世絵美術館　巻3　東京2　永田生慈編　角川書店　1996.6　163p　31cm　5400円　④4-04-651103-6　Ⓝ721.8　〔18769〕

◇日本の浮世絵美術館　巻4　東京3・中部1　永田生慈編　角川書店　1996.7　163p　31cm　5400円　④4-04-651104-4　Ⓝ721.8　〔18770〕

◇日本の浮世絵美術館　巻5　中部2・近畿1　永田生慈編　角川書店　1996.8　163p　31cm　5400円　④4-04-651105-2　Ⓝ721.8　〔18771〕

◇日本の浮世絵美術館　巻6　近畿2・中国・四国・九州・沖縄　永田生慈編　角川書店　1996.9　163p　31cm　5400円　④4-04-651106-0　Ⓝ721.8　〔18772〕

◇日本の美―浮世絵の世界　東京電力お客さま相談室　1983.11　130p　15cm　Ⓝ721.8　〔18773〕

◇日本の木版画―歌麿から棟方志功まで　ジュリア・ハット著　高野瑤子訳　千毬館　1992.7　1冊　38cm　3800円　④4-915790-14-2　Ⓝ721.8　〔18774〕

◇日本美を語る　第11巻　江戸市井の美―浮世絵・風俗画と江戸諸派　野口武彦,小林忠編　ぎょうせい　1989.7　159p　31cm　4635円　④4-324-01565-1　Ⓝ708.7　〔18775〕

◇日本美術作品レファレンス事典　絵画篇　浮世絵　日外アソシエーツ株式会社編　日外アソシエーツ　1993.4　947p　27cm　98000円　④4-8169-1163-4　Ⓝ702.1　〔18776〕

◇日本美術全集　第20巻　浮世絵―江戸の絵画4・工芸2　大河直躬ほか編　小林忠ほか編著　講談社　1991.12　249p　37cm　7500円　④4-06-196420-8　Ⓝ702.1　〔18777〕

◇日本風俗図絵―江戸木版画集　11　絵本吾妻の花・当世かもじ雛形・役者夏の富士・絵本紅葉橋・四時交加　黒川真道編　北尾政ほか図絵　柏書房　1983.7　217p　27cm　2200円　Ⓝ721.8　〔18778〕

◇ニューヨーク・ニュージャージー浮世絵コレクション展―ブルックリン美術館・メトロポリタン美術館・ニューヨーク公立図書館/ニューアーク美術館　永田生慈監修　産経新聞大阪本社編　大阪　産経新聞大阪本社　1997　243p　30cm　Ⓝ721.8　〔18779〕

◇ニューヨーク・ニュージャージー浮世絵コレクション展―ブルックリン美術館・メトロポリタン美術館・ニューヨーク公立図書館・ニューアーク美術館　永田生慈監修　産経新聞大阪本社編　大阪　産経新聞大阪本社　c1997　243p　30cm　Ⓝ721.8　〔18780〕

◇人形遣い―初期摺浮世絵　奥村政信筆（漆絵）　京都　アート社出版　1976　1軸　30cm　80000円　Ⓝ721.8　〔18781〕

◇猫・ねずみ―絵ぞうし展　飯能　飯能市郷土館　1996.4　48p　26cm　（特別展図録　平成8年）Ⓝ721.8　〔18782〕

◇納札題名集―平成庚辰西暦弐千年　納札千社睦会編纂〔納札千社睦会〕2000.2　22丁　25cm　非売品　Ⓝ721.8　〔18783〕

◇俳諧一枚摺の世界　雲英末雄監修　早稲田大学文学部俳諧摺物データベース制作チーム編著　早稲田大学文学部　2001.12　111p　19×26cm　2800円　④4-88752-158-8　Ⓝ721.8　〔18784〕

◇梅花松模様衣美人図　懐月堂安度筆　毎日新聞社　1979　図版1枚　55cm　55000円　Ⓝ721.8　〔18785〕

◇白潮山荘浮世絵鑑賞　楢崎宗重編著　内山晋　1958.12　1冊（おもに図）　27cm　非売品　Ⓝ721.8　〔18786〕

◇幕末江戸の文化―浮世絵と風刺画　南和男著　塙書房　1998.10　323p　20cm　3400円　④4-8273-1155-2　Ⓝ210.58　〔18787〕

◇幕末明治の浮世絵集成　樋口弘著　味灯書屋　1955　図版134枚　解説94p　31cm　Ⓝ721.8　〔18788〕

◇幕末明治の浮世絵集成　樋口弘編著　改訂増補版　味灯書屋　1962　94p　図版135枚　31cm　Ⓝ721.8　〔18789〕

◇箱根の物語絵―金太郎・箱王丸・勝五郎と初花　浮世絵特別公開　箱根町（神奈川県）　箱根町立郷土資料館　1994.10　48p　25×25cm　Ⓝ721.8　〔18790〕

◇秘巻浮世絵歌麿・清長・栄之・湖竜斎・春潮　編述：福田和彦　芳賀書店　1976　1冊　18×27cm　（日本名品聚芳）13800円　Ⓝ721.8　〔18791〕

◇秘巻浮世絵大錦　編述：福田和彦　芳賀書店　1973　1冊　27×18cm　（日本名品聚芳）10800円　Ⓝ721.8　〔18792〕

◇美醜を分ける　小林祐作著　新興出版社　1971　279p　20cm　1000円　Ⓝ721.8　〔18793〕

◇美醜を分ける―京伝前後から写楽まで　小林祐作著　新興出版社　1986.1　279p　20cm　1800円　Ⓝ721.8　〔18794〕

◇秘蔵浮世絵―オランダ国立ライデン民族学博物館シーボルト・コレクション　楢崎宗重ほか編集　講談社　1978.5　3冊　48cm　全144000円　Ⓝ721.8　〔18795〕

◇秘蔵浮世絵大観 1 大英博物館 1 楢崎宗重編著・監修 講談社 1987.6 271p 38cm 32000円 ⓘ4-06-191281-X Ⓝ721.8 〔18797〕

◇秘蔵浮世絵大観 2 大英博物館 2 楢崎宗重編著・監修 講談社 1987.12 305p 38cm 32000円 ⓘ4-06-191282-8 Ⓝ721.8 〔18798〕

◇秘蔵浮世絵大観 3 大英博物館 3 楢崎宗重編著・監修 講談社 1988.6 312p 38cm 32000円 ⓘ4-06-191283-6 Ⓝ721.8 〔18799〕

◇秘蔵浮世絵大観 4 ヴィクトリア・アルバート博物館 1 楢崎宗重編著・監修 講談社 1988.9 272p 38cm 32000円 ⓘ4-06-191284-4 Ⓝ721.8 〔18800〕

◇秘蔵浮世絵大観 5 ヴィクトリア・アルバート博物館 2 楢崎宗重編著・監修 講談社 1989.6 289p 38cm 32960円 ⓘ4-06-191285-2 Ⓝ721.8 〔18801〕

◇秘蔵浮世絵大観 6 ギメ美術館 1 楢崎宗重編著・監修 講談社 1989.9 285p 38cm 32960円 ⓘ4-06-191286-0 Ⓝ721.8 〔18802〕

◇秘蔵浮世絵大観 7 ギメ美術館 2 楢崎宗重編著・監修 講談社 1990.3 283p 38cm 32960円 ⓘ4-06-191287-9 Ⓝ721.8 〔18803〕

◇秘蔵浮世絵大観 8 パリ国立図書館 楢崎宗重編著 講談社 1989.12 339p 39cm 32000円 ⓘ4-06-191288-7 Ⓝ721.8 〔18804〕

◇秘蔵浮世絵大観 9 ベルギー王立美術館 楢崎宗重編著・監修 講談社 1989.3 285p 38cm 32000円 ⓘ4-06-191289-5 Ⓝ721.8 〔18805〕

◇秘蔵浮世絵大観 10 ジェノヴァ東洋美術館 1 楢崎宗重編著・監修 講談社 1987.9 275p 38cm 32000円 ⓘ4-06-191290-9 Ⓝ721.8 〔18806〕

◇秘蔵浮世絵大観 11 ジェノヴァ東洋美術館 2 楢崎宗重編著 講談社 1988.12 270p 39cm 32000円 ⓘ4-06-191291-7 Ⓝ721.8 〔18807〕

◇秘蔵浮世絵大観 12 ベルリン東洋美術館 楢崎宗重編著・監修 講談社 1988.3 269p 38cm 32000円 ⓘ4-06-191292-5 Ⓝ721.8 〔18808〕

◇秘蔵浮世絵大観 別巻・別冊 収録作品総索引 楢崎宗重編著 講談社総合編集局編集,「秘蔵浮世絵大観」編集部編集 講談社 1990.6 61p 39cm Ⓝ721.8 〔18809〕

◇秘蔵浮世絵大観 別巻 チェスター・ビーティ/ケルン/アムステルダム ヨーロッパ浮世絵蒐集ガイド 楢崎宗重編著・監修 講談社 1990.6 343p 38cm 32960円 ⓘ4-06-191293-3 Ⓝ721.8 〔18810〕

◇秘蔵浮世絵大観 プルヴェラー・コレクション 楢崎宗重編著・監修 講談社 1990.9 283p 38cm 35000円 ⓘ4-06-191391-3 Ⓝ721.8 〔18811〕

◇秘蔵浮世絵大観 ペレス・コレクション 楢崎宗重編著・監修 講談社 1991.3 288p 38cm 35000円 ⓘ4-06-191393-X Ⓝ721.8 〔18812〕

◇秘蔵浮世絵大観 ムラー・コレクション 楢崎宗重編著 講談社 1990.12 282p 39cm 33981円 ⓘ4-06-191392-1 Ⓝ721.8 〔18813〕

◇秘蔵版浮世絵 第3 女護ガ島絵巻 金子孚水編 細田栄之筆 限定版 緑園書房 1965 71p(おもに図版) 27cm Ⓝ721.8 〔18814〕

◇秘蔵版浮世絵 火の巻 金子孚水編 限定版 緑園書房 1963 83p 27cm Ⓝ721.8 〔18815〕

◇美の饗宴—六大浮世絵師論 野口米次郎著 早川書房 1948 229p* 22cm Ⓝ721.8 〔18816〕

◇秘板 梅ごよみ 林美一著 緑園書房 1965 155p 19×26cm Ⓝ721.8 〔18817〕

◇秘板 源氏絵 林美一著 緑園書房 1965 184p 19×26cm Ⓝ721.8 〔18818〕

◇秘版草紙本の浮世絵 1 福田和彦編著 芳賀書店 1982.7 222p 27cm 8800円 ⓘ4-8261-2012-5 Ⓝ721.8 〔18819〕

◇秘版草紙本の浮世絵 2 福田和彦著 芳賀書店 1982.12 223p 27cm 8800円 ⓘ4-8261-2014-1 Ⓝ721.8 〔18820〕

◇秘板 八犬伝 林美一著 緑園書房 1965 162p 19×26cm Ⓝ721.8 〔18821〕

◇秘宝浮世絵—ジェノヴァ市立東洋美術館所蔵エドアルド・キヨソーネ・コレクション 福田和彦編著 ベストセラーズ 1988.3 198p 30cm 3800円 ⓘ4-584-17030-4 Ⓝ721.8 〔18822〕

◇復元浮世絵大観 7 栄之・栄昌・長喜 座右宝刊行会編集 集英社 1979.11 図版24枚 48cm 28500円 Ⓝ721.8 〔18823〕

◇藤沢衛彦コレクション図録—摺物を中心として 太田記念美術館,鴨川市教育委員会編 太田記念美術館 1998 89p 30cm Ⓝ721.8 〔18824〕

◇複刻版画双六 解説:唐沢富太郎 装飾美術社 1975 図23枚 解説2冊 32cm 57000円 Ⓝ721.8 〔18825〕

◇プラハ国立美術館所蔵浮世絵展 浮世絵太田記念美術館編 プラハ国立美術館所蔵浮世絵展日本組織委員会 1995.11 134p 30cm Ⓝ721.8 〔18826〕

◇プラハ国立美術館所蔵浮世絵展—開館200年記念 浮世絵太田記念美術館編 帯広 北海道立帯広美術館 1996.7 134p 30cm Ⓝ721.8 〔18827〕

◇ブルックリン美術館所蔵浮世絵名品展 永似生慈監修 産経新聞大阪本社編 大阪 産経新聞大阪本社 1999 114p 30cm Ⓝ721.8 〔18828〕

◇文明開化期のちりめん本と浮世絵—学校法人京都外国語大学創立60周年記念稀覯書展示会 展示目録 京都外国語大学付属図書館,京都外国語短期大学付属図書館編 京都 京都外国語大学付属図書館 2007.5 165p 30cm 非売品 Ⓝ026 〔18829〕

◇母子絵百景—よみがえる江戸の子育て 小林忠監修 河出書房新社 2007.2 95p 30cm (公文浮世絵コレクション)2800円 ⓘ978-4-309-26938-2 Ⓝ721.8 〔18830〕

◇ポーランドクラクフ国立博物館浮世絵名品展 杉本隆一編 クラクフ国立博物館浮世絵展実行委員会 1998.11 213p 30cm Ⓝ721.8 〔18831〕

◇ポーランドクラクフ国立博物館浮世絵名品展—開館120周年記念 杉本隆一編 クラクフ国立博物館浮世絵展実行委員会 1999.4 213p 30cm Ⓝ721.8 〔18832〕

◇堀江物語絵巻—残欠本 長国寺蔵 岩佐又兵衛筆 春萠社 1998.6 51p 24×24cm 3500円 ⓘ4-916121-03-1 Ⓝ721.8 〔18833〕

◇末期浮世絵師—その異常作品群 鈴木仁一著 東京美術 1971 195p 図24枚 22cm 2300円 Ⓝ721.8 〔18834〕

◇マーン・コレクション浮世絵名品展—初公開 浮世絵太田記念美術館 1994.10 103p 30cm Ⓝ721.8 〔18835〕

◇港区資料室所蔵非図書目録 増補 東京都港区立みなと図書館 1992.2 124p 30cm Ⓝ721.8 〔18836〕

◇宮川長春とその系譜—宮川・勝川・葛飾派の流れ 浮世絵太田記念美術館 1995.9 67p 30cm Ⓝ721.8 〔18837〕

◇武者絵—江戸の英雄大図鑑 渋谷区立松濤美術館編 渋谷区松濤美術館 2003 143p 30cm Ⓝ721.8 〔18838〕

美術史　　　　　　　　　　　　　　　近世史

◇夢楽洞万司の世界―福井の生んだ奇才・浮世絵師　江戸後期の民衆文化　福井県立博物館編　福井　福井県立博物館　1996.4　176p　30cm　Ⓝ721.8
〔18839〕
◇名作浮世絵二百年展―故郷にもどったチコチン・コレクション　朝日新聞東京本社企画部編　朝日新聞東京本社企画部　1978　1冊　24×25cm　Ⓝ721.8
〔18840〕
◇めがね絵新考―浮世絵師たちがのぞいた西洋　岡泰正著　筑摩書房　1992.4　268,5p　22cm　3500円　Ⓘ4-480-87195-0　Ⓝ721.8
〔18841〕
◇メトロポリタン美術館浮世絵名品展―特別展　名古屋市博物館学芸課編　名古屋　名古屋市博物館　1995.4　233p　28cm　Ⓝ721.8
〔18842〕
◇もうひとりの写楽―海を渡ってきた李朝絵師　李寧熙著　河出書房新社　1998.6　257p　20cm　1800円　Ⓘ4-309-90277-4　Ⓝ721.8
〔18843〕
◇木版師勝原伸也の世界―浮世絵は蘇る　ばれんの会編　平凡社　1993.11　284p　20cm　2800円　Ⓘ4-582-29002-7　Ⓝ721.8
〔18844〕
◇役者夏の富士―けしょうをおとしたやくしゃのすがお　横浜　平木浮世絵財団平木浮世絵美術館　2000　39p　28cm　Ⓝ721.8
〔18845〕
◇横浜浮世絵　丹波恒夫著　限定版　朝日新聞社　1962　図版93枚　解説29p　31cm　Ⓝ721.8
〔18846〕
◇横浜浮世絵―集大成　神奈川県立博物館編　横浜　有隣堂　1979.12　532,〔22〕p　43cm　48000円　Ⓝ721.8
〔18847〕
◇横浜浮世絵　横田洋一編　横浜　有隣堂　1989.5　71p　31cm　(Yokohama grafica)2990円　Ⓘ4-89660-089-4　Ⓝ721.8
〔18848〕
◇横浜浮世絵と空とぶ絵師五雲亭貞秀　五雲亭貞秀画　神奈川県立歴史博物館編　横浜　神奈川県立歴史博物館　1997.11　153p　30cm　Ⓝ721.8
〔18849〕
◇横浜浮世絵と長崎版画―特別展　神奈川県立博物館編　横浜　神奈川県立博物館　1976　55p(おもに図)　26cm　Ⓝ721.8
〔18850〕
◇よし藤―子ども浮世絵　中村光夫編著　富士出版　1990.6　144p　31cm　11650円　Ⓘ4-938607-30-1　Ⓝ721.8
〔18851〕
◇リッカー美術館所蔵浮世絵名品集　平木浮世絵財団編　リッカー美術館　鹿島研究所出版会(制作)　1974　1冊(おもに図)　26cm　Ⓝ721.8
〔18852〕
◇和漢百物語　月岡芳年画　町田市立国際版画美術館編　町田　町田市立国際版画美術館　1991　135p　22cm　Ⓝ721.8
〔18853〕
◇私の浮世絵ノート―浮世絵に魅せられて　小島国次著　日本図書刊行会　1998.2　180p　20cm　2000円　Ⓘ4-89039-816-3　Ⓝ721.8
〔18854〕
◇Ayakashi江戸の怪し―浮世絵の妖怪・幽霊・妖術使いたち　太田記念美術館　2007.8　51p　26cm　Ⓝ721.8
〔18855〕

◆◆◆浮世絵の目録
◇浮世絵―美術全集作品ガイド　日外アソシエーツ株式会社編　日外アソシエーツ　1993.9　471p　22cm　6800円　Ⓘ4-8169-1197-9　Ⓝ721.8
〔18856〕
◇海外浮世絵所在索引　国際日本文化研究センター海外日本美術調査プロジェクト編　京都　国際日本文化研究センター　1996.3　350p　26cm　(日文研叢書 11―海外日本美術調査プロジェクト報告 6)Ⓝ721.8
〔18857〕
◇収蔵品目録浮世絵　東京都足立区立郷土博物館編　足立区立郷土博物館　1991.3　103p　28cm　Ⓝ721.8

〔18858〕
◇高橋誠一郎浮世絵コレクション目録―慶応義塾所蔵　白石克執筆　慶應義塾大学三田メディアセンター慶応義塾図書館貴重書室　1994.3　54p　22×30cm　(文献シリーズ no.16)Ⓝ721.8
〔18859〕
◇丹波コレクション目録　第1編　横浜　神奈川県立博物館　1969　80p　26cm　Ⓝ721.8
〔18860〕
◇丹波コレクション目録　第2編　横浜　神奈川県立博物館　1969　92p　26cm　Ⓝ721.8
〔18861〕

◆◆◆美人画
◇浮世絵　第1　美人画 第1　高橋誠一郎編　毎日新聞社　1964-1966　52cm　Ⓝ721.8
〔18862〕
◇浮世絵―平木コレクション　1　美人画　1 初期版画編　毎日新聞社「重要文化財」委員会編　毎日新聞社　1970　はり込み原色図版12枚 解説9p　43cm　2000円　Ⓝ721.8
〔18863〕
◇浮世絵　第2　美人画 第2　高橋誠一郎編　毎日新聞社　1964-1966　52cm　Ⓝ721.8
〔18864〕
◇浮世絵―平木コレクション　6　美人画　6 文調・春章・重政・政演・俊満・春潮・豊春編　毎日新聞社「重要文化財」委員会編　毎日新聞社　1970　はり込み原色図版13枚　43cm　2000円　Ⓝ721.8
〔18865〕
◇浮世絵―平木コレクション　9　美人画　9 子興・清峯・栄昌・栄深・栄水・永理(栄里)編　毎日新聞社「重要文化財」委員会編　毎日新聞社　1970　はり込み原色図版12枚　43cm　2000円　Ⓝ721.8
〔18866〕
◇浮世絵―平木コレクション　10　美人画　10 舟調・五郷・豊国・豊広・重信・英山編　毎日新聞社「重要文化財」委員会編　毎日新聞社　1971　はり込み原色図版12枚　43cm　2000円　Ⓝ721.8
〔18867〕
◇浮世絵・江戸女性の様ざま　太田記念美術館学芸部企画編集　浮世絵太田記念美術館　1986.6　124p　26cm　Ⓝ721.8
〔18868〕
◇浮世絵江戸美人展―元禄から幕末まで　日本浮世絵協会編　日本浮世絵協会　1971.1　100p　26cm
〔18869〕
◇浮世絵全集　第2　美人画 第Ⅰ　鈴木春信他筆, 高橋誠一郎編　河出書房新社　1957　35cm　Ⓝ721.8　〔18870〕
◇浮世絵全集　第3　美人画 第Ⅱ　喜多川歌麿他筆, 近藤市太郎編　河出書房新社　1957　35cm　Ⓝ721.8
〔18871〕
◇浮世絵全集　第4　美人画 第Ⅲ　歌川豊国他筆, 近藤市太郎, 楢崎宗重編　河出書房新社　1957　35cm　Ⓝ721.8
〔18872〕
◇浮世絵にみる美人の変遷―特別展　浮世絵太田記念美術館　1991.9　85p　30cm　Ⓝ721.8
〔18873〕
◇浮世絵の中の美人たち―太田記念美術館所蔵　北海道立帯広美術館編　帯広　北海道立帯広美術館　1997　100p　29cm　Ⓝ721.8
〔18874〕
◇浮世絵の歴史―美人画・役者絵の世界　山口桂三郎著　三一書房　1995.1　270,5p　20cm　3000円　Ⓘ4-380-95206-1　Ⓝ721.8
〔18875〕
◇浮世絵美人画名品展―初公開松方三郎コレクション　浮世絵太田記念美術館　1987.5　87p　26cm　Ⓝ721.8
〔18876〕
◇浮世絵 美人画・役者絵　第1　初期浮世絵　楢崎宗重　講談社　1965　143p(おもに図版)　20cm　Ⓝ721.8
〔18877〕
◇浮世絵 美人画・役者絵　第7　後期浮世絵　岡畏三郎, 鈴木重三　講談社　1965　143p(おもに図版)　20cm　Ⓝ721.8
〔18878〕

◇浮世絵美人くらべ　ポーラ文化研究所編著　ポーラ文化研究所　1998.12　109p　26cm　(ポーラ文化研究所コレクション 5)2500円　Ⓝ4-938547-40-6　721.8
〔18879〕

◇浮世のおんな―Edo classic art第7集　佐野文哉訳　二見書房　1989.10　254p　15cm　(二見文庫)780円　Ⓝ721.8
〔18880〕

◇歌麿,英山,深水の浮世絵美人画展―優美,繊麗な女性美の粋　喜多川歌麿,菊川英山,伊東深水画　佐藤光信監修　平木浮世絵財団平木浮世絵美術館編　小学館　1998　108p　29cm　Ⓝ4-09-672001-1　Ⓝ721.8
〔18881〕

◇歌麿の謎 美人画と春画　リチャード・レイン,林美一ほか著　新潮社　2005.11　127p　21cm　1300円　Ⓝ4-10-602137-4
〔18882〕

◇江戸の美人画―寛永・寛文期の肉筆画　小林忠編集・執筆　学習研究社　1982.3　198p　37cm　45000円　Ⓝ721.025
〔18883〕

◇上方美人画展(続)図録―平成14年度特別展　敦賀市立博物館編　敦賀　敦賀市立博物館　2003.2　93p　30cm　Ⓝ721.025
〔18884〕

◇喜多川歌麿・菊川英山・伊東深水―美人画の系譜　佐藤光信監修　平木浮世絵美術館編　小学館　c1998　105p　29cm　Ⓝ4-09-672001-1　Ⓝ721.8
〔18885〕

◇近世後期『美人風俗図』の絵画的特徴―日韓比較　李美林述　京都　国際日本文化研究センター　2005.2　68p　21cm　(日文研フォーラム 第153回)Ⓝ722.1
〔18886〕

◇金箔菊模様衣美人図　懐月堂安度筆　毎日新聞社　1979　図版1枚　55cm　55000円　Ⓝ721.8
〔18887〕

◇図絵江戸おんな百姿　花咲一男編　三樹書房　1976.12　204p　20×27cm　12000円　Ⓝ721.8
〔18888〕

◇美人画　岩波書店編集部編　1953　図版63p　19cm　(岩波写真文庫)Ⓝ721.8
〔18889〕

◇美人画―the James A.Michener collection　国際アート　1994　183p　30cm　Ⓝ721.8
〔18890〕

◇美人画―描き方と鑑賞　今野由恵著　新装版　日貿出版社　2007.6　119p　30×23cm　4200円　Ⓝ978-4-8170-3613-1
〔18891〕

◇美人画展「江戸名所百人美女」―美人画2　リッカー美術館編　リッカー美術館　1974.4　1冊　26cm
〔18892〕

◇美人画・役者絵 1 初期浮世絵　楢崎宗重著　講談社　1971　143p(おもに図)　20cm　800円　Ⓝ721.8
〔18893〕

◇美人画・役者絵 7 後期浮世絵　岡畏三郎,鈴木重三著　講談社　1972　143p(おもに図)　20cm　800円　Ⓝ721.8
〔18894〕

◇四都美人装い競べ―京・大坂・江戸・名古屋 特別展　神奈川県立歴史博物館編　横浜　神奈川県立歴史博物館　2003.1　111p　30cm　Ⓝ721.8
〔18895〕

◆◆◆役者絵

◇浮絵仮名手本忠臣蔵―北尾政美(鍬形蕙斎)　平木浮世絵財団リッカー美術館編　平木浮世絵財団リッカー美術館　1979　33p　25cm　Ⓝ721.8
〔18896〕

◇浮世絵 第3 役者絵　高橋誠一郎編　毎日新聞社　1964-1966　52cm　Ⓝ721.8
〔18897〕

◇浮世絵―平木コレクション 11 役者絵 1 清信・清倍・政信・利信編　毎日新聞社「重要文化財」委員会編　毎日新聞社　1971　はり込み原色図版13枚　43cm　2000円　Ⓝ721.8
〔18898〕

◇浮世絵―平木コレクション 12 役者絵 2 重長・清重・清忠・豊信・清満・清広・春信・文調・重政・政演・清長編　毎日新聞社「重要文化財」委員会編　毎日新聞社　1971　はり込み原色図版13枚　43cm　2000円　Ⓝ721.8
〔18899〕

◇浮世絵―平木コレクション 14 役者絵 4 春章・春好・春英・艶鏡・豊春・豊国・国政編　毎日新聞社「重要文化財」委員会編　毎日新聞社　1971　はり込み原色図版13枚　43cm　2000円　Ⓝ721.8
〔18900〕

◇浮世絵全集 第5 役者絵〔ほか〕　一筆斎文調他筆,吉田暎二編　河出書房新社　1957　35cm　Ⓝ721.8
〔18901〕

◇浮世絵の歴史―美人絵・役者絵の世界　山口桂三郎著　三一書房　1995.1　270,5p　20cm　3000円　Ⓝ4-380-95206-1　Ⓝ721.8
〔18902〕

◇浮世絵 美人画・役者絵 第1 初期浮世絵　楢崎宗重　講談社　1965　143p(おもに図版)　20cm　Ⓝ721.8
〔18903〕

◇浮世絵 美人画・役者絵 第7 後期浮世絵　岡畏三郎,鈴木重三　講談社　1965　143p(おもに図版)　20cm　Ⓝ721.8
〔18904〕

◇歌川派の浮世絵と江戸出版界―役者絵を中心に　藤沢茜著　改訂版　勉誠出版　2001.10　543p　27cm　31000円　Ⓝ4-585-10081-4　Ⓝ721.8
〔18905〕

◇江戸の芝居絵を読む　服部幸雄著　講談社　1993.11　281p　22cm　3000円　Ⓝ4-06-206690-4　Ⓝ721.8
〔18906〕

◇江戸の華歌舞伎絵展―近世初期風俗画から幕末浮世絵まで　諏訪春雄監修　東武美術館編　東武美術館　1999　190p　30cm　Ⓝ721.8
〔18907〕

◇大坂歌舞伎展―日英交流 上方役者絵と都市文化 1780-1830　大阪歴史博物館,早稲田大学坪内博士記念演劇博物館編　大阪　大阪歴史博物館　2005.10　302p　28cm　Ⓝ721.8
〔18908〕

◇歌舞伎絵の研究　吉田暎二著　限定版　緑園書房　1963　319p　22cm　(吉田暎二著作集)Ⓝ721.8
〔18909〕

◇歌舞伎絵の世界　中山幹雄編著　東京書籍　1995.8　145p　31cm　7000円　Ⓝ4-487-79071-9　Ⓝ721.8
〔18910〕

◇上方浮世絵の再発見　松平進著　講談社　1999.4　245p　22cm　3200円　Ⓝ4-06-209515-7　Ⓝ721.8
〔18911〕

◇上方浮世絵の世界　松平進著　大阪　和泉書院　2000.9　240p　20cm　(上方文庫 22)2200円　Ⓝ4-7576-0069-0　Ⓝ721.8
〔18912〕

◇上方役者絵集成―財団法人阪急学園池田文庫所蔵 第1巻　阪急学園池田文庫編　池田　阪急学園池田文庫　1997.10　223p　30cm　Ⓝ721.8
〔18913〕

◇上方役者絵集成―財団法人阪急学園池田文庫所蔵 第2巻　阪急学園池田文庫編　池田　阪急学園池田文庫　1998.12　207p　30cm　Ⓝ721.8
〔18914〕

◇上方役者絵集成―財団法人阪急学園池田文庫所蔵 第3巻　阪急学園池田文庫編　池田　阪急学園池田文庫　2001.3　221p　30cm　Ⓝ721.8
〔18915〕

◇上方役者絵集成 第4巻　阪急学園池田文庫編　池田　阪急学園池田文庫　2003.3　261p　30cm　Ⓝ721.8
〔18916〕

◇七代目団十郎と国貞、国芳―芝居・錦絵・中山道　岐阜県博物館編　関　岐阜博物館　2001.9　64p　30cm　Ⓝ721.8
〔18917〕

◇芝居錦絵集成　新聚歌舞伎役者絵画集　山村豊成,町田博三,吉田暎二編　クレス出版　1996.12　1冊　22cm　(近世文芸研究叢書 第2期芸能篇10(歌舞伎10))Ⓝ4-87733-026-7　Ⓝ721.8
〔18918〕

美術史　　　　　　　　　　　近世史

◇芝居版画等図録—国立劇場所蔵 八世坂東三津五郎氏寄贈　国立劇場調査養成部資料課編　国立劇場　1979.3　137p　26cm　Ⓝ721.8
〔18919〕
◇芝居版画等図録—国立劇場所蔵 2　国立劇場調査養成部資料課編　国立劇場　1980.3　158p　30cm　Ⓝ721.8
〔18920〕
◇芝居版画等図録—国立劇場所蔵 3　国立劇場調査養成部資料課編　国立劇場　1984.3　164p　30cm　Ⓝ721.8
〔18921〕
◇芝居版画等図録—国立劇場所蔵 4　国立劇場調査養成部資料課編　国立劇場　1990.3　161p　30cm　Ⓝ721.8
〔18922〕
◇芝居版画等図録—国立劇場所蔵 5　国立劇場調査養成部資料課編　日本芸術文化振興会　1991.3　145p　30cm　Ⓝ721.8
〔18923〕
◇芝居版画等図録—国立劇場所蔵 6　国立劇場調査養成部資料課編　日本芸術文化振興会　1993.3　147p　30cm　Ⓝ721.8
〔18924〕
◇芝居版画等図録—国立劇場所蔵 7　国立劇場調査養成部資料課編　日本芸術文化振興会　1994.3　147p　30cm　Ⓝ721.8
〔18925〕
◇芝居版画等図録—国立劇場所蔵 8　国立劇場調査養成部資料課編　日本芸術文化振興会　1995.3　151p　30cm　Ⓝ721.8
〔18926〕
◇芝居版画等図録—国立劇場所蔵 9　国立劇場調査養成部資料課編　日本芸術文化振興会　1996.3　149p　30cm　Ⓝ721.8
〔18927〕
◇芝居版画等図録—国立劇場所蔵 10　国立劇場調査養成部資料課編　日本芸術文化振興会　1997.3　153p　30cm　Ⓝ721.8
〔18928〕
◇芝居版画等図録—国立劇場所蔵　総索引 1-10　国立劇場調査養成部資料課編　日本芸術文化振興会　2000.3　155p　30cm　Ⓝ721.8
〔18929〕
◇初期浮世絵と歌舞伎—役者絵に注目して　武藤純子著　笠間書院　2005.2　726p　図版8p　22cm　19000円　Ⓘ4-305-70287-8　Ⓝ721.8
〔18930〕
◇初代歌川豊国役者絵展—浮世絵版画 特別企画展　歌川豊国画　桑名市博物館編　桑名　桑名市博物館　2002.10　136p　30cm　Ⓝ721.8
〔18931〕
◇新収上方役者絵ヒソルフ・コレクション展　池田　阪急学園池田文庫　1999　15p　30cm　Ⓝ721.8
〔18932〕
◇図録「浮世絵の中の団十郎」　成田　成田山霊光館　1992.4　16p　26cm　Ⓝ721.8
〔18933〕
◇増補古今俳優似顔大全　歌川豊国筆　演劇博物館役者絵研究会編　早稲田大学坪内博士記念演劇博物館　1998.3　234p　30cm　(役者絵研究資料 1) 3000円　Ⓘ4-948758-04-3　Ⓝ721.8
〔18934〕
◇鳥居派の役者絵　平木浮世絵財団・リッカー美術館編　平木浮世絵財団・リッカー　1977.4　87p (おもに図)　29cm　Ⓝ721.8
〔18935〕
◇美人画・役者絵 1　初期浮世絵　楢崎宗重著　講談社　1971　143p (おもに図)　20cm　800円　Ⓝ721.8
〔18936〕
◇美人画・役者絵 7　後期浮世絵　岡畏三郎, 鈴木重三著　講談社　1972　143p (おもに図)　20cm　800円　Ⓝ721.8
〔18937〕
◇名優でつづる木曾街道—三代豊国の役者見立六十九次　三代歌川豊国画　平木浮世絵財団　横浜　平木浮世絵財団　c1997　51p　26cm　Ⓝ721.8
〔18938〕
◇早稲田大学演劇博物館所蔵芝居絵図録 1　一筆斉文調　早稲田大学演劇博物館編　早稲田大学出版部　1991.3　142p　27cm　5000円　Ⓘ4-657-91521-5　Ⓝ721.8
〔18939〕
◇早稲田大学演劇博物館所蔵芝居絵図録 2　忠臣蔵 上　早稲田大学演劇博物館編　早稲田大学出版部　1992.11　168p　27cm　5000円　Ⓘ4-657-92041-3　Ⓝ721.8
〔18940〕
◇早稲田大学演劇博物館所蔵芝居絵図録 3　忠臣蔵 下　早稲田大学演劇博物館編　早稲田大学出版部　1993.3　206p　27cm　Ⓝ721.8
〔18941〕
◇早稲田大学演劇博物館所蔵芝居絵図録 3　忠臣蔵 下　早稲田大学坪内博士記念演劇博物館　早稲田大学出版部　1994.11　206p　27cm　6000円　Ⓘ4-657-94039-2　Ⓝ721.8
〔18942〕

◆◆◆風景画

◇浮世絵　第4　花鳥風景 第1　高橋誠一郎編　毎日新聞社　1964-1966　52cm　Ⓝ721.8　〔18943〕
◇浮世絵　第5　花鳥風景 第2　高橋誠一郎編　毎日新聞社　1964-1966　52cm　Ⓝ721.8　〔18944〕
◇浮世絵—平木コレクション 15　花鳥風景 1 重長・湖竜斎・豊春・北斎・北寿編　毎日新聞社「重要文化財」委員会編　毎日新聞社　1971　はり込み原色図版12枚　43cm　2000円　Ⓝ721.8　〔18945〕
◇浮世絵—平木コレクション 20　花鳥風景 6 英泉・国貞・国芳・芳虎・貞信・清親編　毎日新聞社「重要文化財」委員会編　毎日新聞社　1971　はり込み原色図版12枚　43cm　2000円　Ⓝ721.8　〔18946〕
◇〈浮世絵〉江戸の賑わい・神奈川の風景—平木浮世絵美術館コレクションによる　平木浮世絵美術館編　横浜　神奈川芸術文化財団　2002　79p　22cm　Ⓝ721.8
〔18947〕
◇浮世絵師初代長谷川貞信が描いた幕末・明治の大阪—「水の都」の原風景 特別展　長谷川貞信画　大阪城天守閣編　大阪　大阪城天守閣特別事業委員会　2003.3　162p　21×30cm　Ⓝ721.8　〔18948〕
◇浮世絵全集　第6　風景画〔ほか〕　歌川豊春他筆, 楢崎宗重　河出書房新社　1957　35cm　Ⓝ721.8
〔18949〕
◇浮世絵大東海道　上　大野和彦　京都　京都書院　1998.9　255p　15cm　(京都書院アーツコレクション 192 Print 6) 1200円　Ⓘ4-7636-1692-7　Ⓝ721.8
〔18950〕
◇浮世絵大東海道　下　大野和彦著　京都　京都書院　1998.9　255p　15cm　(京都書院アーツコレクション 193 Print 7) 1200円　Ⓘ4-7636-1693-5　Ⓝ721.8
〔18951〕
◇浮世絵に描かれた三遠の東海道　豊橋市二川宿本陣資料館編　豊橋　豊橋市二川宿本陣資料館　1995.4　72p　30cm　Ⓝ721.8
〔18952〕
◇浮世絵に見る岡崎　三河武士のやかた家康館編　岡崎　三河武士のやかた家康館　1991.10　1冊　30cm　Ⓝ721.8
〔18953〕
◇浮世絵にみる池鯉鮒宿2001　知立市歴史民俗資料館編　知立　知立市歴史民俗資料館　2001.10　35p　30cm　Ⓝ721.8
〔18954〕
◇浮世絵に見る東海道の変遷300年展　浮世絵太田記念美術館　c1982　1冊　26cm　Ⓝ721.8　〔18955〕
◇浮世絵風景画名品展—ホノルル美術館所蔵　小林忠監修　国際アート　2003.4　263p　30cm　Ⓝ721.8　〔18956〕
◇描かれた箱根—絵画資料で見る箱根の原風景 '97夏季企画展図録　箱根町 (神奈川県)　箱根町立郷土資料館　1997.7　40p　26cm　Ⓝ721.8　〔18957〕

◇江戸風俗浮世絵大鑑　第1,2輯　久保田米斎編　風俗絵巻図画刊行会〔ほか〕 1916-1917　2冊　45cm　Ⓝ721.8
〔18958〕
◇義川筆「湯殿山道中一覧」版画(抄)　宇野義川画　山形　山形郷土史研究協議会 1991.11　28p　18×26cm　Ⓝ721.8
〔18959〕
◇近世武相名所めぐり—浮世絵・絵図・名所記にみる江戸庶民の楽しみ 特別展　神奈川県立博物館編　横浜　神奈川県立博物館 1991.2　133p　27cm　Ⓝ721.8
〔18960〕
◇旅—馬と人—浮世絵にみる東海道と木曽街道の旅　馬事文化財団馬の博物館編　横浜　馬事文化財団 2000.4　111p　21×30cm　Ⓝ721.8
〔18961〕
◇旅のあこがれ浮世絵東海道—名古屋テレビ浮世絵コレクションより　安城市歴史博物館編　安城　安城市歴史博物館 2001.4　71p　30cm　Ⓝ721.8
〔18962〕
◇定本・信州の浮世絵　松本　郷土出版社 1992.7　301p　37cm　40000円　①4-87663-195-6　Ⓝ721.8　〔18963〕
◇東海道五十三駅勝景—伊豆・駿河・遠江の部 復刻　歌川貞秀画　静岡　羽衣出版 1992.4　図版31枚　24×30cm　12000円　①4-938138-02-6　Ⓝ721.8　〔18964〕
◇東海道五拾三次—保永堂版　歌川広重画　吉田漱文　集英社 1994.5　123p　31cm　3800円　①4-08-532046-7　Ⓝ721.8　〔18965〕
◇東海道五十三次将軍家茂公御上洛図　福田和彦著　河出書房新社 2001.1　139p　27cm　3500円　①4-309-25513-2　Ⓝ721.8　〔18966〕
◇東海道五十三次藤寿里日記—駅三風景　磨丸画　〔富士出版〕 1996　1冊　21cm　14563円　Ⓝ721.8　〔18967〕
◇東海名所改正道中記　郵政省郵政研究所附属資料館編　郵政省郵政研究所附属資料館 1989.3　20p　26cm　Ⓝ721.8
〔18968〕
◇東京・横浜開化絵—浮世絵で見る幕末明治　マスプロ電工美術館コレクション　マスプロ電工美術館, 町田市立博物館編　町田　町田市立博物館 c1994　136p　30cm　(町田市立博物館図録 第89集) Ⓝ721.8　〔18969〕
◇「長崎・横浜・東京風物誌」展図録—九州北部三県文化交流展 異国文化の導入　長崎県立美術館編　長崎　長崎県立美術館 1996.10　115p　28cm　Ⓝ721.8
〔18970〕
◇中山道六十九次の旅—広重・英泉珠玉の名品による　第19回特別展図録　大宮市立博物館編　大宮　大宮市立博物館 1995.10　63p　28cm　Ⓝ721.8　〔18971〕
◇浪花百景　大阪　大阪市立博物館 1991.3　28p　26cm　(大阪市立博物館蔵資料集 18) Ⓝ721.8　〔18972〕
◇浪花百景—いま・むかし 特別展　大阪城天守閣編　大阪　大阪城天守閣特別事業委員会 1995.10　122p　21×30cm　Ⓝ721.8　〔18973〕
◇広重と浮世絵風景画　大久保純一著　東京大学出版会 2007.4　317,15p　21cm　5400円　①978-4-13-080208-6　〔18974〕
◇風景を描く—近世絵画にみる霞ヶ浦と筑波山　土浦市立博物館第22回企画展　土浦　土浦市立博物館 1998.9　4枚　30cm　〔18975〕
◇風景画の変遷—師宣から柳村まで　浮世絵太田記念美術館 1993.9　67p　30cm　Ⓝ721.8　〔18976〕
◇都百景—彩色木版画集　中川邦昭写真・文　京都　京都新聞社 1994.1　177p　31cm　5800円　①4-7638-0341-7　Ⓝ721.8　〔18977〕
◇弥次喜多東海道展—浮世絵による弥次喜多の滑稽東海道中　豊橋　豊橋市二川宿本陣資料館 2001　26p　30cm　Ⓝ721.8
〔18978〕

◇横浜浮世絵の世界　岡崎　愛知学泉大学生活文化研究所 1991.11　52p　26cm　Ⓝ721.8
〔18979〕

◆◆◆江戸風景
◇浮世絵江戸の一年　太田記念美術館学芸部企画編集　太田記念美術館 1988.9　120p　26cm　Ⓝ721.8
〔18980〕
◇浮世絵江戸の四季　福田和彦編著　河出書房新社 1987.10　181p　30cm　3900円　①4-309-26088-8　Ⓝ721.8　〔18981〕
◇浮世絵に見る江戸吉原　たばこと塩の博物館 2002　13p　30cm
〔18982〕
◇浮世絵名作選集　第11　名所江戸百景 第1　日本浮世絵協会編　宮尾しげを　山田書院 1968　図版19枚　31cm　Ⓝ721.8
〔18983〕
◇浮世絵名作選集　第12　名所江戸百景 第2　日本浮世絵協会編　宮尾しげを　山田書院 1967　図版20枚　31cm　Ⓝ721.8
〔18984〕
◇浮世絵「名所江戸百景」復刻物語　小林忠監修　東京伝統木版画工芸協会編　芸艸堂 2005.3　101p　28cm　2000円　①4-7538-0207-8　Ⓝ721.8　〔18985〕
◇絵図と景観の近世　水本邦彦著　校倉書房 2002.5　360p　22cm　7000円　①4-7517-3300-1　Ⓝ210.5
〔18986〕
◇江戸図屏風　諏訪春雄, 内藤昌編著　毎日新聞社 1972　2冊(別巻共) はり込み図6枚　41cm　80000円　Ⓝ721.8　〔18987〕
◇江戸風景　上, 下　菊池貴一郎画　誠文館 1915　2冊　19cm　Ⓝ733
〔18988〕
◇江戸名所図屏風の世界　小木新造, 竹内誠編　岩波書店 1992.12　92p　26cm　(ビジュアルブック江戸東京 1) 2000円　①4-00-008481-X　Ⓝ721.8　〔18989〕
◇大江戸浮世絵の春　福田和彦編著　ベストセラーズ 1989.3　198p　30cm　3900円　①4-584-17033-9　Ⓝ721.8　〔18990〕
◇図説 浮世絵に見る江戸の歳時記　佐藤要人監修　藤原千恵子編　河出書房新社 1997.11　127p　22×17cm　1800円　①4-309-72571-6　〔18991〕
◇図説江戸っ子と行く浮世絵散歩道　藤原千恵子編　河出書房新社 2003.4　127p　22cm　(ふくろうの本) 1800円　①4-309-76029-5　Ⓝ291.361　〔18992〕
◇広重江戸風景版画集　歌川広重画　松木喜八郎編　松木喜八郎 1939　48p　図版142枚　32cm　Ⓝ721.8
〔18993〕
◇名所江戸百景—新・今昔対照　太田記念美術館学芸部企画編集　太田記念美術館 1992.2　89p　30cm　Ⓝ721.8
〔18994〕
◇名所江戸百景　一立斎広重画　宮尾しげを文　集英社 1992.4　187p　31cm　4500円　①4-08-532032-7　Ⓝ721.8　〔18995〕

◆◆◆風俗画
◇ある風俗絵巻—絵と文　遠藤健郎著　五月書房 1974　96p(おもに図) 30cm　12000円　Ⓝ721.8　〔18996〕
◇浮世絵に見る囲碁展　平木浮世絵財団編　横浜　平木浮世絵財団 c1997　20p　30cm　Ⓝ721.8　〔18997〕
◇浮世絵・風俗画名作展　日本浮世絵協会, 日本経済新聞社主催 1964　1冊(おもに図版) 26cm　Ⓝ721.8　〔18998〕
◇浮世風俗江戸乃錦絵　大日本木版芸術保存会 1926　図版50枚　51cm　Ⓝ721.8　〔18999〕

美術史　　　　　　　　　　　　　　近世史

◇蝦夷風俗画展　平木浮世絵財団, リッカー美術館編　リッカー美術館　1980　1冊　26cm　Ⓝ721.8　〔19000〕
◇江戸時代風俗さしえ集―複写・転載自由自在　国書刊行会編　国書刊行会　1992.3　224p　30cm　〔19001〕
◇江戸庶民風俗図絵　三谷一馬著　中央公論新社　2007.3　487p　16cm　（中公文庫）1238円　①978-4-12-204834-8　Ⓝ384.2　〔19002〕
◇江戸東京職業図典―風俗画報　槌田満文編　東京堂出版　2003.8　227p　27cm　3800円　①4-490-10639-4　Ⓝ384.3　〔19003〕
◇江戸風俗浮世絵大鑑　第1,2輯　久保田米斎編　風俗絵巻図画刊行会〔ほか〕　1916-1917　2冊　45cm　Ⓝ721.8　〔19004〕
◇江戸風俗絵巻―描かれたあそびとくらし 収蔵資料展　横浜市歴史博物館編　横浜　横浜市歴史博物館　2004.7　159p　30cm　Ⓝ721.8　〔19005〕
◇江戸町火消纏錦―江戸の花子供遊び　歌川芳虎画　日本鳶伝統文化振興財団　1995.1　図版64枚　27cm　非売品　Ⓝ721.8　〔19006〕
◇京都風俗画展―寛永から幕末まで　太田記念美術館　1993.3　75p　30cm　Ⓝ721.8　〔19007〕
◇近世後期『美人風俗図』の絵画的特徴―日韓比較　李美林述　京都　国際日本文化研究センター　2005.2　68p　21cm　（日文研フォーラム 第153回）Ⓝ722.1　〔19008〕
◇近世祭礼・月次風俗絵巻　狩野博幸,山路興造,藤井健三執筆　花林舎編　大阪　東方出版　2005.12　273p　30×30cm　30000円　①4-88591-957-6　Ⓝ721.8　〔19009〕
◇近世初期風俗画　東京国立博物館編　便利堂　1957　図版95p　解説9p　35cm　Ⓝ721.8　〔19010〕
◇近世日本画大観　第4巻　初期風俗画　高見沢木版社編　高見沢木版社出版所　1932　1冊　31cm　Ⓝ721　〔19011〕
◇近世風俗画―開館15周年記念　サントリー美術館編　サントリー美術館　1976　1冊　26cm　〔19012〕
◇近世風俗画　1　遊び　狩野博幸編著　京都　淡交社　1991.5　144p　27cm　5000円　①4-473-01194-1　Ⓝ721.8　〔19013〕
◇近世風俗画　2　月なみのみやこ　狩野博幸編著　京都　淡交社　1991.6　144p　27cm　5000円　①4-473-01195-X　Ⓝ721.8　〔19014〕
◇近世風俗画　3　日々のいとなみ　狩野博幸編著　京都　淡交社　1991.7　144p　27cm　5000円　①4-473-01196-8　Ⓝ721.8　〔19015〕
◇近世風俗画　4　祭りとしばい　狩野博幸編著　京都　淡交社　1991.8　144p　27cm　5000円　①4-473-01197-6　Ⓝ721.8　〔19016〕
◇近世風俗画　5　名どころ　狩野博幸編著　京都　淡交社　1991.9　144p　27cm　5000円　①4-473-01198-4　Ⓝ721.8　〔19017〕
◇近世風俗画史　大村西崖著　大村文夫編　宝雲舎　1943　530p　22cm　Ⓝ721.8　〔19018〕
◇近世風俗画屏風　たばこと塩の博物館編　たばこと塩の博物館　1980.10　1冊　26cm　〔19019〕
◇近世風俗図巻　第1巻　江戸風俗　編集委員：菊地貞夫等　解説：楢崎宗重等　毎日新聞社　1973　2冊（解説・はりこみ図11枚共）　40cm　60000円　Ⓝ721.8　〔19020〕
◇近世風俗図巻　第2巻　諸国風俗　編集委員：菊地貞夫等　解説：楢崎宗重等　毎日新聞社　1974　2冊（解説・はりこみ図7枚共）　40cm　60000円　Ⓝ721.8　〔19021〕
◇近世風俗図巻　第3巻　芸能・諸職　編集委員：菊地貞夫等　解説：楢崎宗重等　毎日新聞社　1974　2冊（解説・はりこみ図7枚共）　41cm　60000円　Ⓝ721.8　〔19022〕
◇近世風俗図譜　10　歌舞伎　守屋毅責任編集, 小林忠責任編集　小学館　1983.6　153p　35cm　18000円　①4-09-550010-7　Ⓝ721.8　〔19023〕
◇原色浮世絵大百科事典　第5巻　風俗　日本浮世絵協会原色浮世絵大百科事典編集委員会編　遠藤武執筆　大修館書店　1980.11　137,9p　38cm　8500円　Ⓝ721.8　〔19024〕
◇原色浮世絵大百科事典　第10巻　風俗絵師と現代版画家　日本浮世絵協会原色浮世絵大百科事典編集委員会編　岡畏三郎ほか執筆　大修館書店　1981.7　141p　38cm　8500円　Ⓝ721.8　〔19025〕
◇彩画職人部類　橘岷江画　京都　臨川書店　1980.3　2冊　27cm　（近世日本風俗絵本集成）全40000円　Ⓝ721.8　〔19026〕
◇四季交加　北尾重政画, 山東京伝讃　京都　臨川書店　1979.6　2冊　22cm　（近世日本風俗絵本集成）全9500円　Ⓝ721.8　〔19027〕
◇人物草画―絵本享保職人尽　古潤筆　太平書屋　1983.5　106p　20cm　（太平文庫 12）2500円　Ⓝ721.8　〔19028〕
◇翠釜亭戯画譜　翠釜亭画　京都　臨川書店　1981.1　19,2丁　26cm　（近世日本風俗絵本集成）25000円　Ⓝ721.8　〔19029〕
◇世界の浮世絵　福田和彦編著　ベストセラーズ　1987.7　182p　30cm　3500円　Ⓝ720.2　〔19030〕
◇肉筆風俗絵巻　福田和彦編著　河出書房新社　1988.12　182p　30cm　3900円　①4-309-26103-5　Ⓝ721.8　〔19031〕
◇日本絵双六集成　高橋順二編著　新訂版　柏美術出版　1994.1　180p　37cm　7800円　①4-906443-42-7　Ⓝ721.8　〔19032〕
◇はたらく風俗―春の特別展　サントリー美術館　1973　1冊　26cm　Ⓝ721.8　〔19033〕
◇火消し風俗伊達姿―浮世絵版画　鈴木仁一ほか編　芳賀書店　1985.1　図版88枚　45cm　98000円　①4-8261-2015-X　Ⓝ721.8　〔19034〕
◇火消し風俗伊達姿―浮世絵版画　鈴木仁一ほか編集　芳賀書店　1985.1　159p　43cm　28000円　①4-8261-2016-8　Ⓝ721.8　〔19035〕
◇風俗絵本浮世絵　福田和彦編著　河出書房新社　1991.4　191p　30cm　4000円　①4-309-26147-7　Ⓝ721.8　〔19036〕
◇風俗画大成　5　目でみる徳川時代　初期　菊池契月編　国書刊行会　1986.1　117p　27×37cm　9800円　Ⓝ721.8　〔19037〕
◇風俗画大成　6　目でみる徳川時代　中期　鏑木清方編　国書刊行会　1986.1　119p　27×37cm　9800円　Ⓝ721.8　〔19038〕
◇風俗画大成　7　目でみる徳川時代　後期　平福百穂編　国書刊行会　1986.1　119p　27×37cm　9800円　Ⓝ721.8　〔19039〕
◇風俗画の近世―日本の美術　宮島新一著　至文堂　2004.1　144p　23cm　2476円　①4-7843-3901-9　Ⓝ721.8　〔19040〕
◇目でみる江戸時代―江戸風俗画集成　国書刊行会編　国書刊行会　1985.10　2冊　27×39cm　各8800円　Ⓝ721.8　〔19041〕
◇洛中洛外のプリマドンナ―遊楽と風俗画・17世紀　特別展　兵庫県立歴史博物館編　神戸　兵庫県立歴史博物館　1993.3　104p　19×26cm　（兵庫県立歴史博物館特別展

図録 no.30) Ⓝ721.8 〔19042〕

◆◆◆春画

◇あづま男に京おんな―会本手事之発名　春川五七画　林美一編・著　河出書房新社　2000.1　50p　30cm　（定本・浮世絵春画名品集成 別巻2）2600円　Ⓘ4-309-91036-X　Ⓝ721.8 〔19043〕

◇東にしき―大判錦絵秘画帖　葛飾北斎画　リチャード・レイン編・著　河出書房新社　1996.6　44p　30cm　（定本・浮世絵春画名品集成 7）1600円　Ⓘ4-309-91017-3　Ⓝ721.8 〔19044〕

◇天野浮橋　柳川重信画　早川聞多翻刻　学習研究社　1996.4　93p　26cm　（江戸名作艶本 6）2500円　Ⓘ4-05-400671-X　Ⓝ721.8 〔19045〕

◇医者見立て英泉『枕文庫』　田野辺富蔵者　河出書房新社　1996.7　87p　22cm　1600円　Ⓘ4-309-90163-8　Ⓝ721.8 〔19046〕

◇医者見立て江戸の性典　田野辺富蔵著　河出書房新社　1996.8　112p　22cm　1600円　Ⓘ4-309-90166-2　Ⓝ721.8 〔19047〕

◇医者見立て江戸の枕絵師　田野辺富蔵著　河出出版研究所企画・編集　河出書房新社　1995.6　126p　22cm　1600円　Ⓘ4-309-90142-5　Ⓝ721.8 〔19048〕

◇医者見立て江戸吉原細見　田野辺富蔵著　河出書房新社　1998.7　95p　22cm　1800円　Ⓘ4-309-90276-6　Ⓝ721.8 〔19049〕

◇医者見立て好色絵巻　田野辺富蔵著　河出書房新社　1995.6　127p　22cm　1800円　Ⓘ4-309-90143-3　Ⓝ721.8 〔19050〕

◇医者見立て幕末の枕絵師　田野辺富蔵著　河出書房新社　1997.7　118p　22cm　1800円　Ⓘ4-309-90174-3　Ⓝ721.8 〔19051〕

◇色競―未公開肉筆画帖　内藤正人著　河出書房新社　2000.8　86p　22cm　1800円　Ⓘ4-309-26422-0　Ⓝ721.8 〔19052〕

◇色くらべ浮世絵秘画―江戸町人文化の粋　吉崎淳二著　ワンツーマガジン社　2005.11　222p　18cm　1200円　Ⓘ4-903012-13-1　Ⓝ721.8 〔19053〕

◇色自慢江戸紫―色道伝授　福田和彦著　ベストセラーズ　1993.9　147p　19cm　（浮世絵グラフィック 8）1500円　Ⓘ4-584-16219-0　Ⓝ721.8 〔19054〕

◇浮世絵艶画　吉田暎二著　緑園書房　1963　154p　23×31cm　Ⓝ721.8 〔19055〕

◇浮世絵艶画集　浮世絵風俗保存会編　清風書房　1968　図版112p（解説共）　27cm　Ⓝ721.8 〔19056〕

◇浮世絵艶本集成〈全五巻〉解読　佐藤黄雀解読　美術出版社　1998.11　51p　26cm　800円　Ⓘ4-568-10411-4　Ⓝ721.8 〔19057〕

◇浮世絵消された春画　リチャード・レインほか著　新潮社　2002.12　109p　21cm　（とんぼの本）1300円　Ⓘ4-10-602098-X　Ⓝ721.8 〔19058〕

◇浮世絵春画一千年史　福田和彦編著　人類文化社　1999.4　247p　33cm　5800円　Ⓘ4-7567-0866-8　Ⓝ721.8 〔19059〕

◇浮世絵春画を読む 上　白倉敬彦ほか著　中央公論新社　2000.11　313p　20cm　（中公叢書）1800円　Ⓘ4-12-003079-2　Ⓝ721.8 〔19060〕

◇浮世絵春画を読む 下　田中優子ほか著　中央公論新社　2000.11　299p　20cm　（中公叢書）1800円　Ⓘ4-12-003080-6　Ⓝ721.8 〔19061〕

◇浮世絵春画女殺油地獄　近松門左衛門文　葛飾北斎絵　三心堂出版社編集部編著　三心堂出版社　1996.9　94p　21cm　1300円　Ⓘ4-88342-072-8　Ⓝ721.8 〔19062〕

◇浮世絵春画と男色　早川聞多著　河出書房新社　1998.10　95p　22cm　2400円　Ⓘ4-309-90285-5　Ⓝ721.8 〔19063〕

◇浮世絵の極み春画　林美一著　新潮社　1988.7　115p　22cm　（とんぼの本）1300円　Ⓘ4-10-601960-4　Ⓝ721.8 〔19064〕

◇〔浮世絵秘画未発表名作集〕　〔富士出版〕　1996　1冊　24×37cm　48543円　Ⓝ721.8 〔19065〕

◇江戸艶笑画集　福田和彦編集・解説　イースト・プレス　2002.1　207p　21cm　（幻の性資料 第20巻）2500円　Ⓘ4-87257-281-5　Ⓝ721.8 〔19066〕

◇江戸艶本の粋―医者見立て　田野辺富蔵著　河出書房新社　2001.10　76p　22cm　2000円　Ⓘ4-309-26506-5　Ⓝ721.8 〔19067〕

◇江戸春画性愛枕絵研究　吉崎淳二著　コスミック出版　2004.3　216p　18cm　（コスミック新書）1200円　Ⓘ4-7747-0663-9　Ⓝ721.8 〔19068〕

◇江戸春画性愛枕絵研究 2　国芳・笑山・英泉の世界　吉崎淳二著　コスミック出版　2004.8　222p　18cm　（コスミック新書）1200円　Ⓘ4-7747-0667-1　Ⓝ721.8 〔19069〕

◇江戸春画性愛枕絵研究 3　十人の絵師たち　吉崎淳二著　コスミック出版　2005.5　222p　18cm　（コスミック新書）1200円　Ⓘ4-7747-0670-1　Ⓝ721.8 〔19070〕

◇江戸春画性愛枕絵研究 4　爛熟の歌川七人衆　吉崎淳二著　コスミックインターナショナル（発売）　2005.11　222p　18cm　（コスミック新書）1200円　Ⓘ4-7747-0672-8　Ⓝ721.8 〔19071〕

◇江戸春画性愛万華秘本―愛蔵版 1之巻　吉崎淳二編　コスミック出版　2003.9　175p　20cm　2190円　Ⓘ4-7747-0646-9　Ⓝ721.8 〔19072〕

◇江戸春画の性愛学　福田和彦　ベストセラーズ　2003.1　181p　18cm　（ベスト新書）1200円　Ⓘ4-584-12051-X　Ⓝ721.8 〔19073〕

◇江戸春画の性愛学 2　福田和彦　ベストセラーズ　2003.4　207p　18cm　（ベスト新書）1200円　Ⓘ4-584-12055-2　Ⓝ721.8 〔19074〕

◇江戸春画の性愛学 3　福田和彦著　ベストセラーズ　2003.8　207p　18cm　（ベスト新書）1300円　Ⓘ4-584-12061-7　Ⓝ721.8 〔19075〕

◇江戸春画秘本枕絵―歌川国芳の世界　吉崎淳二編　コスミック出版　2003.12　167p　22cm　2190円　Ⓘ4-7747-0658-2　Ⓝ721.8 〔19076〕

◇江戸錦吾妻文庫　歌川国芳画　辻惟雄解説　加藤定彦翻刻　学習研究社　1995.10　69p　26cm　（江戸名作艶本）2500円　Ⓘ4-05-500148-7　Ⓝ721.8 〔19077〕

◇江戸の艶本とバレ句を愉しむ　蕣露庵主人著　新装版　三樹書房　2003.10　234p　19cm　1800円　Ⓘ4-89522-345-0 〔19078〕

◇江戸の春画―それはポルノだったのか　白倉敬彦著　洋泉社　2002.8　282p　18cm　（新書y）780円　Ⓘ4-89691-654-9　Ⓝ721.8 〔19079〕

◇江戸の枕絵師　林美一著　三樹書房　1981.6　291p　27cm　12500円　Ⓝ721.8 〔19080〕

◇江戸の枕絵師　林美一著　河出書房新社　1987.7　313p　15cm　（河出文庫）580円　Ⓘ4-309-47112-9　Ⓝ721.8 〔19081〕

◇江戸まくら絵名作選―秘画秘本館　吉崎淳二編　コス

美術史　　近世史

◇ミックインターナショナル　1993.1　159p　18cm　1300円　ⓘ4-88532-285-5　Ⓝ721.8　〔19082〕

◇絵本開談夜之殿―色摺半紙本三冊　歌川国貞画　林美一編・著　河出書房新社　1996.9　68p　30cm　（定本・浮世絵春画名品集成 10）2400円　ⓘ4-309-91020-3　Ⓝ721.8　〔19083〕

◇絵本小町引―大判錦絵秘画帖　喜多川歌麿画　リチャード・レイン編・著　河出書房新社　1996.1　44p　30cm　（定本・浮世絵春画名品集成 2）1600円　ⓘ4-309-91012-2　Ⓝ721.8　〔19084〕

◇絵本小町引―枕絵　喜多川歌麿画　三心堂出版社　1996.8　39p　12cm　500円　ⓘ4-88342-071-X　Ⓝ721.8　〔19085〕

◇艶本花の奥―間判錦絵秘画帖　渓斎英泉画　林美一編・著　河出書房新社　1997.5　40p　30cm（定本・浮世絵春画名品集成 14）1800円＋税　ⓘ4-309-91024-6　Ⓝ721.8　〔19086〕

◇艶本葉男婦舞喜　喜多川歌麿画　早川聞多解説・翻刻　学習研究社　1995.10　73p　26cm　（江戸名作艶本）2500円　ⓘ4-05-500147-9　Ⓝ721.8　〔19087〕

◇艶本葉男婦舞喜―色摺半紙本三冊　喜多川歌麿画　林美一編・著　河出書房新社　1997.9　73p　30cm　（定本・浮世絵春画名品集成 18）2400円　ⓘ4-309-91028-9　Ⓝ721.8　〔19088〕

◇艶紫娯拾余帖　歌川国貞画　浅野秀剛解説・翻刻　学習研究社　1996.2　77p　26cm　（江戸名作艶本 3）2500円　ⓘ4-05-500182-7　Ⓝ721.8　〔19089〕

◇艶紫娯拾余帖　歌川国貞画　美術出版社　1998.10　1冊　27cm　（浮世絵艶本集成 第4巻）2800円　ⓘ4-568-10403-3　Ⓝ721.8　〔19090〕

◇艶色浮世絵全集　第1巻　肉筆絵巻撰 1　福田和彦編著　河出書房新社　1995.5　181p　23×31cm　12800円　ⓘ4-309-71281-9　Ⓝ721.8　〔19091〕

◇艶色浮世絵全集　第2巻　肉筆絵巻撰 2　福田和彦編著　河出書房新社　1995.8　182p　23×31cm　12800円　ⓘ4-309-71282-7　Ⓝ721.8　〔19092〕

◇艶色浮世絵全集　第3巻　大錦版画名品撰 1　福田和彦編著　河出書房新社　1993.11　210p　23×31cm　12800円　ⓘ4-309-71283-5　Ⓝ721.8　〔19093〕

◇艶色浮世絵全集　第4巻　大錦版画名品撰 2　福田和彦編著　河出書房新社　1994.3　211p　23×31cm　12800円　ⓘ4-309-71284-3　Ⓝ721.8　〔19094〕

◇艶色浮世絵全集　第5巻　歌麿　福田和彦編著　河出書房新社　1995.11　195p　31cm　12800円　ⓘ4-309-71285-1　Ⓝ721.8　〔19095〕

◇艶色浮世絵全集　第6巻　北斎　福田和彦編著　河出書房新社　1994.8　218p　31cm　12800円　ⓘ4-309-71286-X　Ⓝ721.8　〔19096〕

◇艶色浮世絵全集　第7巻　豊国　福田和彦編著　河出書房新社　1996.3　214p　31cm　12800円　ⓘ4-309-71287-8　Ⓝ721.8　〔19097〕

◇艶色浮世絵全集　第8巻　英泉 1　福田和彦編著　河出書房新社　1996.7　202p　31cm　12800円　ⓘ4-309-71288-6　Ⓝ721.8　〔19098〕

◇艶色浮世絵全集　第9巻　英泉 2　福田和彦編著　河出書房新社　1996.12　198p　31cm　12800円　ⓘ4-309-71289-4　Ⓝ721.8　〔19099〕

◇艶色浮世絵全集　第10巻　国芳　福田和彦編著　歌川国芳画　河出書房新社　1997.4　207p　31cm　12500円　ⓘ4-309-71290-8　Ⓝ721.8　〔19100〕

◇艶色浮世絵全集　第11巻　国貞 1　福田和彦編著　河出書房新社　1995.1　194p　31cm　12800円　ⓘ4-309-71291-6　Ⓝ721.8　〔19101〕

◇艶色浮世絵全集　第12巻　国貞 2　福田和彦編著　歌川豊国画　河出書房新社　1997.8　218p　31cm　12500円　ⓘ4-309-71292-4　Ⓝ721.8　〔19102〕

◇艶色浮世絵の女　福田和彦編著　ベストセラーズ　1990.3　198p　30cm　3900円　ⓘ4-584-17035-5　Ⓝ721.8　〔19103〕

◇艶色浮世絵幕末篇 1　福田和彦編著　河出書房新社　1998.2　176p　30cm　3800円　ⓘ4-309-25508-6　Ⓝ721.8　〔19104〕

◇艶色浮世絵幕末篇 2　福田和彦編著　河出書房新社　1998.5　166p　30cm　3800円　ⓘ4-309-25509-4　Ⓝ721.8　〔19105〕

◇艶色源氏絵　福田和彦編著　ベストセラーズ　1991.3　198p　30cm　4300円　ⓘ4-584-17036-3　Ⓝ721.8　〔19106〕

◇艶色説話絵巻　福田和彦著　ベストセラーズ　1992.5　143p　19cm　（浮世絵グラフィック 6）ⓘ4-584-16216-6　Ⓝ721.8　〔19107〕

◇艶本研究―重政　林美一著　有光書房　1966　293p　23cm 和　Ⓝ721.8　〔19108〕

◇艶本・魅惑の浮世絵　福田和彦編著　ベストセラーズ　1988.10　198p　30cm　3800円　ⓘ4-584-17032-0　Ⓝ721.8　〔19109〕

◇縁結出雲杉―中判錦絵秘画帖　葛飾北斎画　リチャード・レイン編著　河出書房新社　1995.11　44p　30cm　（定本・浮世絵春画名品集成 1）1600円　ⓘ4-309-91011-4　Ⓝ721.8　〔19110〕

◇葛飾北斎・春画の世界　浅野秀剛編著　洋泉社　2005.3　159p　18cm　（Color新書y―カラー版・江戸の春画 2）1400円　ⓘ4-89691-903-3　Ⓝ721.8　〔19111〕

◇カラー浮世絵の秘戯画　福田和彦編著　芳賀書店　1978.12　213p　21cm　（芳賀芸術叢書）3900円　Ⓝ721.8　〔19112〕

◇カラー浮世絵の秘戯画 2　福田和彦編著　芳賀書店　1979.11　204p　15×21cm　（芳賀芸術叢書）3900円　Ⓝ721.8　〔19113〕

◇仮枕浮名の仇波―艶色絵草子本鑑賞　福田和彦著　ベストセラーズ　1992.9　135p　19cm　（浮世絵グラフィック 7）1500円　ⓘ4-584-16217-4　Ⓝ721.8　〔19114〕

◇原色浮世絵の秘戯画 3　福田和彦編著　芳賀書店　1980.11　160p　21cm　（芳賀芸術叢書）4300円　Ⓝ721.8　〔19115〕

◇原色浮世絵の秘戯画 4　肉筆篇　福田和彦編著　芳賀書店　1981.12　195p　21cm　（芳賀芸術叢書）4300円　ⓘ4-8261-1517-2　Ⓝ721.8　〔19116〕

◇原色浮世絵の秘戯画―肉筆篇 5　福田和彦編　芳賀書店　1983.12　185p　21cm　（芳賀芸術叢書）4300円　ⓘ4-8261-1519-9　Ⓝ721.8　〔19117〕

◇元禄のエロス 5　半兵衛・七郎兵衛上方名品艶本集―浮世絵のルーツを探る　リチャード・レイン編集・解説　画文堂　1979.6　9冊（解説とも）　28cm　23000円　Ⓝ721.8　〔19118〕

◇恋の極み―大判手彩色秘画帖　菱川師宣画　リチャード・レイン編・著　河出書房新社　1998.4　50p　31cm　（定本・浮世絵春画名品集成 20）2200円　ⓘ4-309-91030-0　Ⓝ721.8　〔19119〕

◇恋のやつふぢ―色摺大本三冊　歌川国貞画　林美一編・著　河出書房新社　1996.5　60p　30cm　（定本・浮世絵春画名品集成 6）2000円　ⓘ4-309-91016-5　Ⓝ721.8　〔19120〕

◇紅閏秘伝抄―ねやのひみつをおしえます　福田和彦著

◇ベストセラーズ　1996.6　148p　15cm　（ワニ文庫―エロチカ文庫 4）780円　Ⓘ4-584-35004-3　Ⓝ721.8
〔19121〕
◇好色江戸の枕絵　v.5　黒崎和也監修　雄出版　1998.11　1冊　27cm　（ユウムック）3000円　Ⓘ4-946530-66-5　Ⓝ721.8
〔19122〕
◇好色花盛り―他 大判・中判手彩色秘画帖　杉村次兵衛画　リチャード・レイン編著　河出書房新社　1998.8　51p　30cm　（定本・浮世絵春画名品集成 22）2500円　Ⓘ4-309-91032-7　Ⓝ721.8
〔19123〕
◇小柴垣草子―秘画絵巻　リチャード・レイン編著　河出書房新社　1997.8　58p　30cm　（定本・浮世絵春画名品集成 17）2200円　Ⓘ4-309-91027-0　Ⓝ721.8
〔19124〕
◇婚礼秘事袋　岐阜　教育出版文化協会　1995.10　174p　22×31cm　20000円　Ⓘ4-905703-08-5　Ⓝ721.8
〔19125〕
◇色道禁秘抄　前編　福田和彦著　ベストセラーズ　1990.11　143p　19cm　（浮世絵グラフィック 2）1408円　Ⓘ4-584-16205-0　Ⓝ721.8
〔19126〕
◇色道取組十二番―大判錦絵秘画帖　磯田湖竜斎画　リチャード・レイン編・著　河出書房新社　1996.2　40p　30cm　（定本・浮世絵春画名品集成 3）1600円　Ⓘ4-309-91013-0　Ⓝ721.8
〔19127〕
◇祝言色女男思　歌川国虎画　学習研究社　1996.2　93p　26cm　（江戸名作艶本 4）2500円　Ⓘ4-05-500183-5　Ⓝ721.8
〔19128〕
◇春詠松竹梅―浮世絵 春画　国貞画　三心堂出版社編集部編　三心堂出版社　1996.9　39p　12cm　500円　Ⓘ4-88342-077-9　Ⓝ721.8
〔19129〕
◇春画―片手で読む江戸の絵　タイモン・スクリーチ著　高山宏訳　講談社　1998.4　285p　19cm　（講談社選書メチエ 128）1700円　Ⓘ4-06-258128-0　Ⓝ721.8
〔19130〕
◇春画―秘めたる笑いの世界 ヘルシンキ市立美術館/浮世絵春春画展　白倉敬彦, 早川聞多編著　洋泉社　2003.10　253p　30cm　8800円　Ⓘ4-89691-758-8　Ⓝ721.8
〔19131〕
◇春画―江戸の絵師四十八人　平凡社　2006.11　191p　29cm　（別冊太陽）2600円　Ⓘ4-582-94502-3　Ⓝ721.8
〔19132〕
◇春画浮世絵の魅惑　5―愛欲に痴めく女心 艶本名作撰1　福田和彦著　ベストセラーズ　2005.10　191p　18cm　（ベスト新書）1300円　Ⓘ4-584-12100-1
〔19133〕
◇春画 浮世絵の魅惑　3　官能の悦楽美　福田和彦著　ベストセラーズ　2004.12　1冊　18cm　（ベスト新書）1300円　Ⓘ4-584-12079-X
〔19134〕
◇春画 浮世絵の魅惑　4　誘惑する女性美　福田和彦著　ベストセラーズ　2005.5　191p　18cm　（ベスト新書）1300円　Ⓘ4-584-12087-0
〔19135〕
◇春画・江戸ごよみ　春の巻　岡田芳朗ほか著　作品社　2002.1　94p　22×31cm　4800円　Ⓘ4-87893-624-X　Ⓝ721.8
〔19136〕
◇春画・江戸ごよみ　夏の巻　林英夫ほか著　作品社　2001.6　94p　22×31cm　4800円　Ⓘ4-87893-621-5　Ⓝ721.8
〔19137〕
◇春画・江戸ごよみ　秋の巻　岡田芳朗ほか著　作品社　2001.8　92p　22×31cm　4800円　Ⓘ4-87893-622-3　Ⓝ721.8
〔19138〕
◇春画・江戸ごよみ　冬の巻　岡田芳朗ほか著　作品社　2001.11　94p　22×31cm　4800円　Ⓘ4-87893-623-1　Ⓝ721.8
〔19139〕

◇春画江戸の悦楽　1　絢爛豪華な源氏絵の世界　福田和彦著　ベストセラーズ　2006.11　190p　18cm　（ベスト新書 123）1400円　Ⓘ4-584-12123-0　Ⓝ721.8
〔19140〕
◇春画で読む江戸の色恋―愛のむつごと「四十八手」の世界　白倉敬彦著　洋泉社　2003.6　334p　20cm　2300円　Ⓘ4-89691-738-3　Ⓝ721.8
〔19141〕
◇春画で読む江戸の性愛―老人・子どもの視線から　白倉敬彦著　洋泉社　2006.2　191p　20cm　2000円　Ⓘ4-89691-992-0　Ⓝ384.7
〔19142〕
◇春画と江戸風俗　白倉敬彦著　ソフトバンククリエイティブ　2007.9　255p　19cm　1900円　Ⓘ978-4-7973-4247-5
〔19143〕
◇春画の世界―喜多川歌麿・歌川国芳・渓斎英泉　喜多川歌麿, 歌川国芳, 渓斎英泉画　松田次郎編　コスミックインターナショナル　1998.2　1冊　30cm　（浮世絵鑑賞 1）5000円　Ⓘ4-88532-723-7　Ⓝ721.8
〔19144〕
◇春画のなかの子供たち―江戸庶民の性意識　早川聞多著　河出書房新社　2000.4　103p　23cm　2600円　Ⓘ4-309-22363-X　Ⓝ721.8
〔19145〕
◇春画の謎を解く　白倉敬彦著　洋泉社　2004.6　278p　18cm　（新書y）820円　Ⓘ4-89691-827-4
〔19146〕
◇春画般若心経―色は即ち是れ空なり空は即ち是れ色なり　三心堂出版社編集部編　三心堂出版社　1996.6　94p　21cm　1300円　Ⓘ4-88342-060-4　Ⓝ721.8
〔19147〕
◇春画秘帖―寛永・元禄から近代明治まで　画文堂　1980.9　142p　28cm　3800円　Ⓝ721.8
〔19148〕
◇〔春画名作特選16点〕〔富士出版〕1997　1冊　19×27cm　13009円　Ⓝ721.8
〔19149〕
◇春情妓談水揚帳　歌川国貞画　浅野秀剛解説・翻刻　学習研究社　1996.6　85p　26cm　（江戸名作艶本 7）2500円　Ⓘ4-05-400711-2　Ⓝ721.8
〔19150〕
◇春情四季画巻―秘蔵浮世絵集成　鳥文斎栄之画　学習研究社　1993.8　1軸　33cm　76000円　Ⓘ4-05-500039-1　Ⓝ721.8
〔19151〕
◇春情指人形　渓斎英泉画　河野元昭解説　外村展子翻刻　学習研究社　1996.6　83p　26cm　（江戸名作艶本 8）2500円　Ⓘ4-05-400712-0　Ⓝ721.8
〔19152〕
◇春情指人形―他2編　福田和彦著　ベストセラーズ　1997.2　201p　15cm　（ワニ文庫―エロチカ文庫 6）980円　Ⓘ4-584-35006-X　Ⓝ721.8
〔19153〕
◇春色初音之六女―色摺大本三冊　歌川国貞画　林美一編・著　河出書房新社　1996.7　60p　30cm　（定本・浮世絵春画名品集成 8）2000円　Ⓘ4-309-91018-1　Ⓝ721.8
〔19154〕
◇正写相生源氏―極彩色摺大本三冊　歌川国貞画　林美一編・著　河出書房新社　1997.11　78p　30cm　（定本・浮世絵春画名品集成 19）2800円　Ⓘ4-309-91029-7　Ⓝ721.8
〔19155〕
◇性愛浮世絵―江戸春画の世界　吉崎淳二編著　コスミック出版, コスミックインターナショナル〔発売〕2005.11　1冊　15cm　（コスミック文庫）933円　Ⓘ4-7747-2057-7
〔19156〕
◇性愛浮世絵―江戸春画の世界　2　吉崎淳二著　コスミック出版　2006.9　222p　15cm　（コスミック文庫）933円　Ⓘ4-7747-2085-2　Ⓝ721.8
〔19157〕
◇泉湯新話　歌川国貞画　スミエ・ジョーンズ解説　外村展子翻刻　学習研究社　1996.8　83p　26cm　（江戸名作艶本 12）2500円　Ⓘ4-05-400740-6　Ⓝ721.8
〔19158〕
◇袖の巻―他 錦絵柱絵横判秘画巻　鳥居清長画　リチャード・レイン編・著　河出書房新社　1999.2　56p

◇30cm （定本・浮世絵春画名品集成 24）2600円 ⓘ4-309-91034-3 Ⓝ721.8
〔19159〕

◇夫は深艸是は浅草百夜町仮宅通　歌川国貞画　田中優子解説・翻刻　学習研究社　1996.8　81p　27cm　（江戸名作艶本 9）2500円　ⓘ4-05-400737-6　Ⓝ721.8
〔19160〕

◇多満佳津良　葛飾北斎画　小林忠解説　早川聞多翻刻　学習研究社　1996.10　81p　26cm　（江戸名作艶本 11）2500円　ⓘ4-05-400739-2　Ⓝ721.8
〔19161〕

◇男女色くらべ　福田和彦著　ベストセラーズ　1997.9　175p　15×21cm　（艶色浮世絵千夜一話 1）2800円　ⓘ4-584-17073-8　Ⓝ721.8
〔19162〕

◇口吸心久茎後編―色摺半紙本二冊　歌川国芳画作　林美一編著　河出書房新社　1997.7　46p　30cm　（定本・浮世絵春画名品集成 16）1800円　ⓘ4-309-91026-2　Ⓝ721.8
〔19163〕

◇つひの雛形―大判錦絵秘画帖　葛飾北斎画　リチャード・レイン編・著　河出書房新社　1997.4　54p　30cm　（定本・浮世絵春画名品集成 13）1800円+税　ⓘ4-309-91023-8　Ⓝ721.8
〔19164〕

◇定本絵入・大東閨語・完　斎田作楽編著　再版　太平書屋　1997.7　188p　16×22cm　16000円　Ⓝ721.8
〔19165〕

◇名もなき春画絵師たち　隅田潔編著　北欧書房　1997.12　1冊　31cm　2800円　ⓘ4-88321-434-6　Ⓝ721.8
〔19166〕

◇日文研所蔵近世艶本資料集成　1 菱川師宣 1　男女相性和娯縁　早川聞多編　栗山茂久,P.フィスター訳　菱川師宣画　京都　国際日本文化研究センター　2002.3　56p　26cm　（日文研叢書 24）ⓘ4-901558-00-5　Ⓝ721.8
〔19167〕

◇日文研所蔵近世艶本資料集成　1 菱川師宣 2　床の置物　早川聞多編　栗山茂久,P.フィスター訳　菱川師宣画　京都　国際日本文化研究センター　2002.3　32p　26cm　（日文研叢書 24）ⓘ4-901558-01-3　Ⓝ721.8
〔19168〕

◇日文研所蔵近世艶本資料集成　1 菱川師宣 3　花の小がくれ　早川聞多編　栗山茂久,P.フィスター訳　菱川師宣画　京都　国際日本文化研究センター　2002.3　85p　26cm　（日文研叢書 24）ⓘ4-901558-02-1　Ⓝ721.8
〔19169〕

◇日文研所蔵近世艶本資料集成　2 菱川師宣 4　好色いとヤ柳　早川聞多編著　栗山茂久,P.フィスター訳　菱川師宣画　京都　国際日本文化研究センター　2003.3　90p　26cm　（日文研叢書 28）ⓘ4-901558-11-0　Ⓝ721.8
〔19170〕

◇日文研所蔵近世艶本資料集成　2 鈴木春信 1　今様妻鑑　早川聞多編著　栗山茂久,P.フィスター訳　鈴木春信画　京都　国際日本文化研究センター　2003.3　118p　26cm　（日文研叢書 28）ⓘ4-901558-12-9　Ⓝ721.8
〔19171〕

◇ねがひの糸ぐち―大判錦絵秘画帖　喜多川歌麿画　リチャード・レイン編・著　河出書房新社　1997.6　62p　30cm　（定本・浮世絵春画名品集成 15）2000円　ⓘ4-309-91025-4　Ⓝ721.8
〔19172〕

◇閨の雛形―大判漆絵秘画集　奥村政信画　リチャード・レイン編・著　河出書房新社　1996.10　44p　30cm　（定本・浄世絵春画名品集成 11）1800円　ⓘ4-309-91021-1　Ⓝ721.8
〔19173〕

◇花以嘉多　歌川国芳画　早川聞多解説・翻刻　学習研究社　1996.8　71p　26cm　（江戸名作艶本 10）2500円　ⓘ4-05-400738-4　Ⓝ721.8
〔19174〕

◇華古与見―色摺半紙本三冊　歌川国芳画　林美一著　河出書房新社　1996.11　60p　30cm　（定本・浮世絵春画名品集成 12）2000円　ⓘ4-309-91022-X　Ⓝ721.8
〔19175〕

◇張形―江戸をんなの性　田中優子著　河出書房新社　1999.11　84p　22cm　2000円　ⓘ4-309-22356-7　Ⓝ721.8
〔19176〕

◇春の薄雪―間判錦絵秘画帖　渓斎英泉画　リチャード・レイン編・著　河出書房新社　1996.4　44p　30cm　（定本・浮世絵春画名品集成 5）1600円　ⓘ4-309-91015-7　Ⓝ721.8
〔19177〕

◇〔秘蔵浮世絵春画名作集〕〔富士出版〕　1996　1冊　24×37cm　29127円　Ⓝ721.8
〔19178〕

◇秘蔵春画三十六景　富士出版　1998.3　1冊　16×22cm　ⓘ4-938607-87-5　Ⓝ721.8
〔19179〕

◇風流枕拍子　歌川国麿画　美術出版社　1998.9　1冊　27cm　（浮世絵艶本集成　第5巻）2800円　ⓘ4-568-10404-1　Ⓝ721.8
〔19180〕

◇婦美の清書―大判錦絵秘画帖　鳥橋斎栄里画　リチャード・レイン編著　河出書房新社　1996.8　48p　30cm　（定本・浮世絵春画名品集成 9）1600円　ⓘ4-309-91019-X　Ⓝ721.8
〔19181〕

◇枕絵―新篇初期版画　リチャード・レイン責任編集　学習研究社　1995.11　177p　27×34cm　18000円　ⓘ4-05-500146-0　Ⓝ721.8
〔19182〕

◇枕絵―浮世絵揃物　上　小林忠責任編集　学習研究社　1995.2　137p　27×34cm　14800円　ⓘ4-05-400422-9　Ⓝ721.8
〔19183〕

◇枕絵―浮世絵揃物　下　浅野秀剛責任編集　学習研究社　1995.4　142p　27×34cm　14800円　ⓘ4-05-400423-7　Ⓝ721.8
〔19184〕

◇枕絵美人と遊ぶ―タイムスリップロマン江戸の秘め技　小田中潜編著　川崎　プロデュース21世紀　1996.3　122p　19cm　1600円　ⓘ4-938546-57-4　Ⓝ721.8
〔19185〕

◇枕旅木曽街道六十九次　前編　福田和彦著　ベストセラーズ　1991.10　143p　19cm　（浮世絵グラフィック 4）1500円　ⓘ4-584-16211-5　Ⓝ721.8
〔19186〕

◇枕旅木曽街道六十九次　後編　福田和彦著　ベストセラーズ　1991.11　143p　19cm　（浮世絵グラフィック 5）1500円　ⓘ4-584-16212-3　Ⓝ721.8
〔19187〕

◇道行恋濃婦登佐男　喜多川歌麿画　美術出版社　1998.5　1冊　27cm　（浮世絵艶本集成　第1巻）2800円　ⓘ4-568-10400-9　Ⓝ721.8
〔19188〕

◇柳の嵐―大判錦絵秘画帖　柳川重信画　林美一編・著　河出書房新社　1996.3　36p　30cm　（定本・浮世絵春画名品集成 4）1600円　ⓘ4-309-91014-9　Ⓝ721.8
〔19189〕

◇湯女図―視線のドラマ　佐藤康宏著　平凡社　1993.11　115p　25cm　（絵は語る 11）2900円　ⓘ4-582-29521-5　Ⓝ721.8
〔19190〕

◇夢の手枕―他2編　福田和彦著　ベストセラーズ　1996.11　175p　15cm　（ワニ文庫―エロチカ文庫 5）800円　ⓘ4-584-35005-1　Ⓝ721.8
〔19191〕

◆◆◆大津絵

◇大津絵　大津絵保存振興会美術部編　大津　大津絵保存振興会　1953　49p　図版　表　21cm　Ⓝ721.8　〔19192〕

◇大津絵　旭正秀著　美術出版社　1957　189p　図版20p　22cm　Ⓝ721.8
〔19193〕

◇大津絵　小野忠重著　造形社　1974　図64p　45p　22cm　（民画叢刊）1600円　Ⓝ721.8
〔19194〕

◇大津絵―街道の民画　開館5周年記念企画展　大津市歴史

博物館編　大津　大津市歴史博物館　1995.4　111p　21×30cm　Ⓝ721.8
〔19195〕
◇大津絵―町田市立博物館蔵品図録　町田市立博物館編　町田　町田市立博物館　1996.1　63p　31cm　Ⓝ721.8
〔19196〕
◇大津絵講話　片桐修三編著　大津　〔片桐修三〕　1984.3　244,53p　図版20枚　23cm　Ⓝ721.8
〔19197〕
◇大津絵こう話　片桐修三編著　2版　彦根　サンライズ印刷出版部　1997.4　244,53p　図版20枚　21cm　3000円　Ⓘ4-88325-034-2　Ⓝ721.82
〔19198〕
◇大津絵図譜　大津　近江郷芸美術館,円満院門跡　1971　172,22p(おもに図)　37cm　18500円　Ⓝ721.8
〔19199〕
◇大津絵図録　田中豊太郎編　三彩社　1960　183,14p(図版44p)　31cm　Ⓝ721.8
〔19200〕
◇大津絵図録　田中豊太郎編　三彩社　1971　187p　31cm　5500円　Ⓝ721.8
〔19201〕
◇大津絵について　片桐修三編著　大津　片桐修三　1958　74p　19cm　Ⓝ721.8
〔19202〕
◇大津絵について　片桐修三編著　大津　1967　2冊(別冊共)　19cm　Ⓝ721.8
〔19203〕
◇大津絵の美―街道の民画　鈴木仁一著　芳賀書店　1975　226p　21cm　(芳賀芸術叢書)2800円　Ⓝ721.8
〔19204〕
◇大津絵の由来　杉本善郎(江陽釣史)著　大津町(滋賀県)　紫水園　1894.8　4丁　図版11枚　18cm　Ⓝ720
〔19205〕
◇街道のみやげ絵大津絵展　町田　町田市立博物館　1984.2　58p　26cm　(町田市立博物館　第41集)Ⓝ721.8
〔19206〕
◇街道のみやげ「大津絵」を楽しむ　静岡アートギャラリー編　静岡　静岡アートギャラリー　c1998　56p　26cm　Ⓝ721.82
〔19207〕
◇日本の美大津絵入門　石原芦堂著　エム・ピー・シー　1997.9　124p　26cm　2000円　Ⓘ4-87197-277-1　Ⓝ721.82
〔19208〕
◇類別大津絵節集成　下巻　大阪板編　玩究隠士編著　太平書屋　2003.9　318p　21cm　(俗謡叢書　第8冊)8000円　Ⓝ911.65
〔19209〕

◆◆◆錦絵
◇浮世風俗江戸乃錦絵　大日本木版芸術保存会　1926　図版50枚　51cm　Ⓝ721.8
〔19210〕
◇浮世風俗やまと錦絵　橋口五葉編　日本風俗図絵刊行会　1917-1918　12冊　36-38cm　Ⓝ721.8
〔19211〕
◇江戸錦大絵図　吉見文五郎編　吉見文五郎　1929　図1枚　104×115cm　Ⓝ291.36
〔19212〕
◇絵はがき・錦絵にみる郷土の風景展―明治・大正・昭和の豊川　豊川市,豊川市文化のまちづくり委員会編　豊川　豊川市　2006.7　86p　30cm　Ⓝ215.5
〔19213〕
◇カラー版　錦絵の中の朝鮮と中国―幕末・明治の日本人のまなざし　姜徳相編著　岩波書店　2007.10　93p　26cm　2200円　Ⓘ978-4-00-024253-0
〔19214〕
◇近世侠義伝　魁斎芳年画　小川煙村編　風俗絵巻図画刊行会錦絵部〔ほか〕　1917　36,36p　25cm　(歴史地理風俗錦絵文庫　第3回)Ⓝ721.8
〔19215〕
◇近世錦絵世相史　第1-3巻　浅井勇助編　平凡社　1935　3冊　31cm　Ⓝ721.8
〔19216〕
◇近世錦絵世相史　第4巻至8巻　浅井勇助著　平凡社　1936　5冊　31cm　Ⓝ721.8
〔19217〕
◇国貞作品目録　錦絵篇　長田幸徳編著　長田幸徳

1999.12　210p　30cm　3800円　Ⓝ721.8
〔19218〕
◇新聞錦絵の世界―高橋克彦コレクションより　高橋克彦著　PHP研究所　1986.10　111p　25cm　(PHPグラフィックス　4)1200円　Ⓘ4-569-21853-9　Ⓝ721.8
〔19219〕
◇新聞錦絵の世界　高橋克彦著　角川書店　1992.7　181p　15cm　(角川文庫)640円　Ⓘ4-04-170402-2　Ⓝ721.8
〔19220〕
◇相撲錦絵蒐集譚　ジョージ石黒著　西田書店　1994.6　189p　22cm　2300円　Ⓘ4-88866-214-2　Ⓝ721.8
〔19221〕
◇相撲錦絵発見記　ジョージ石黒著　名古屋　中日新聞本社　1996.7　215p　22cm　2500円　Ⓘ4-8062-0319-X　Ⓝ721.8
〔19222〕
◇「そろばん図展」出品目録―絵の中の一錦絵を中心とした　藤本文庫編　名古屋　藤本文庫　1996.11　21p　30cm　Ⓝ721.8
〔19223〕
◇錦絵黄金時代―美人画編　太田記念美術館編　太田記念美術館　c1982　1冊　26cm　(浮世絵の流れ展　3)
〔19224〕
◇錦絵黄金時代―天明寛政の秀作　太田記念美術館編　太田記念美術館　c1983　1冊　26cm　(浮世絵の流れ展　4)
〔19225〕
◇錦絵を読む　浅野秀剛著　山川出版社　2002.9　103p　21cm　(日本史リブレット　51)800円　Ⓘ4-634-54510-1　Ⓝ721.8
〔19226〕
◇錦絵が語る美濃と飛騨―飛騨美濃合併130周年記念特別展　岐阜県博物館学芸部人文担当編　関　岐阜県博物館　2006.9　79p　30cm　Ⓝ721.8
〔19227〕
◇錦絵と中国版画展―錦絵はこうして生まれた　太田記念美術館,王舎城美術宝物館編　太田記念美術館　2000.11　86p　30cm　Ⓝ721.8
〔19228〕
◇錦絵日本の歴史　3　元禄と黒船の時代　尾崎秀樹ほか著　日本放送出版協会　1982.1　168p　30cm　3200円　Ⓘ4-14-008261-5　Ⓝ721.8
〔19229〕
◇錦絵日本の歴史　4　西郷隆盛と明治時代　尾崎秀樹ほか著　日本放送出版協会　1982.4　168p　30cm　3200円　Ⓘ4-14-008272-0　Ⓝ721.8
〔19230〕
◇錦絵に見る北区　東京都北区立郷土資料館編　東京都北区教育委員会　1993.3　28p　26cm　(北区立郷土資料館シリーズ　14)Ⓝ721.8
〔19231〕
◇錦絵にみる「忠臣蔵」の世界―平成10年度特別展　赤穂市立歴史博物館編　赤穂　赤穂市立歴史博物館　1998.11　122p　30cm　(赤穂市立歴史博物館特別展図録　no.13)Ⓝ721.8
〔19232〕
◇錦絵にみる『東海道四谷怪談』の世界―平成十七年度特別展図録　赤穂市立歴史博物館編　赤穂　赤穂市立歴史博物館　2005.11　88p　30cm　(赤穂市立歴史博物館特別展図録　no.20)Ⓝ721.8
〔19233〕
◇錦絵の改印の考証――名錦絵の発行年代推定法　石井研堂著　増補改版　芸艸堂　1994.10　48丁,37p　26cm　12000円　Ⓘ4-7538-0162-4　Ⓝ721.8
〔19234〕
◇錦絵の誕生―江戸庶民文化の開花　企画展　図録　東京都江戸東京博物館,日本経済新聞社編　東京都江戸東京博物館　1996　189p　30cm　Ⓝ721.8
〔19235〕
◇錦絵箱館絵巻　函館青年会議所編　函館　函館青年会議所　1979.11　1冊　27×37cm　(函館青年会議所出版叢書　第1号)Ⓝ721.8
〔19236〕

◆◆◆肉筆浮世絵
◇浮世絵肉筆画集　第1巻　金子孚水編　限定版　緑園書房　1964　148p(原色図版　図版　解説　37cm　Ⓝ721.8

美術史　　　　　　　　　　　　近世史

◇浮世絵肉筆画集　第2巻　金子孚水編　限定版　緑園書房　1964　138p（原色図版 図版 解説　37cm　Ⓝ721.8　〔19237〕

◇浮世絵肉筆画集　第2巻　金子孚水編　限定版　緑園書房　1964　138p（原色図版 図版 解説　37cm　Ⓝ721.8　〔19238〕

◇浮世絵肉筆画集　第3巻　金子孚水編　緑園書房　1964　156p（図版解説共）　37cm　Ⓝ721.8　〔19239〕

◇浮世絵肉筆名作集　那須ロイヤル美術館編　那須町（栃木県）　那須ロイヤル美術館　1988　118p　26cm　Ⓝ721.8　〔19240〕

◇浮世絵肉筆名品画集　金子孚水解説　画文堂　1969　図版139p（解説共）　29cm　2500円　Ⓝ721.8　〔19241〕

◇懐春秘画絵巻―元禄〈肉筆〉　編集・解説：東大路鐸　画文堂　1976　原色はり込図24枚　22×31cm　13000円　Ⓝ721.8　〔19242〕

◇初期肉筆浮世絵　岸田劉生著　岩波書店　2002.2　150p　図版66枚　23cm　（岩波美術書初版本復刻シリーズ）15000円　Ⓘ4-00-008028-8　Ⓝ721.8　〔19243〕

◇初期肉筆浮世絵屏風　日本浮世絵協会　1969　図版74p　解説19p　26cm　Ⓝ721.8　〔19244〕

◇肉筆浮世絵　楢崎宗重解説　講談社　1970　2冊（解説共）　40cm　38000円　Ⓝ721.8　〔19245〕

◇肉筆浮世絵　菊地貞夫著　出光美術館　平凡社（発売）　1976　65,5p 図58枚　31cm　（出光美術館選書 9）9500円　Ⓝ721.8　〔19246〕

◇肉筆浮世絵―出光美術館蔵品図録　出光美術館編集　出光美術館　1988.11　291p　34cm　28000円　Ⓘ4-582-21826-1　Ⓝ721.8　〔19247〕

◇肉筆浮世絵―東京国立博物館所蔵 特別展観　東京国立博物館編　東京国立博物館　1993.4　137p　30cm　Ⓝ721.8　〔19248〕

◇肉筆浮世絵　上巻　初期浮世絵　楢崎宗重,菊地貞夫解説　講談社　1962　40cm　Ⓝ721.8　〔19249〕

◇肉筆浮世絵　1　東京国立博物館　マール社編集部編　マール社　1994.12　159p　15cm　（マールカラー文庫）300円　Ⓘ4-8373-2009-0　Ⓝ721.8　〔19250〕

◇肉筆浮世絵　2　上方の美人画―京都府立総合資料館（京都文化博物館管理）　マール社編集部編　マール社　1995.3　158p　15cm　（マールカラー文庫）300円　Ⓘ4-8373-2010-4　Ⓝ721.8　〔19251〕

◇肉筆浮世絵　下巻　肉筆浮世絵　吉田暎二,赤井達郎解説　講談社　1963　40cm　Ⓝ721.8　〔19252〕

◇肉筆浮世絵　第3巻　〔宮川〕長春　宮川長春原著　集英社　1982.4　147p　38cm　6300円　Ⓝ721.8　〔19253〕

◇肉筆浮世絵　3　奈良県立美術館蔵　マール社編集部編　マール社　1995.5　159p　15cm　（マールカラー文庫）300円　Ⓘ4-8373-2011-2　Ⓝ721.8　〔19254〕

◇肉筆浮世絵集成　青木進三朗編集　毎日新聞社　1977.2　2冊　44cm　85000円　Ⓝ721.8　〔19255〕

◇肉筆浮世絵撰集　日本浮世絵博物館編　学習研究社　1985.6　3冊　42cm　200000円　Ⓘ4-05-101800-8　Ⓝ721.8　〔19256〕

◇肉筆浮世絵大観　1　東京国立博物館　1　小林忠編著　講談社　1994.10　251p　38cm　38000円　Ⓘ4-06-253251-4　Ⓝ721.8　〔19257〕

◇肉筆浮世絵大観　2　東京国立博物館　2　小林忠編著　講談社　1995.2　257p　38cm　38000円　Ⓘ4-06-253252-2　Ⓝ721.8　〔19258〕

◇肉筆浮世絵大観　3　出光美術館　小林忠編著　講談社　1996.7　251p　38cm　38000円　Ⓘ4-06-253253-0　Ⓝ721.8　〔19259〕

◇肉筆浮世絵大観　4　MOA美術館　小林忠編著　講談社　1997.1　251p　38cm　38000円　Ⓘ4-06-253254-9　Ⓝ721.8　〔19260〕

◇肉筆浮世絵大観　5　太田記念美術館・北斎館・板橋区立美術館　小林忠編著　講談社　1996.4　253p　38cm　38000円　Ⓘ4-06-253255-7　Ⓝ721.8　〔19261〕

◇肉筆浮世絵大観　6　麻布美術工芸館　小林忠編著　講談社　1995.4　255p　38cm　38000円　Ⓘ4-06-253256-5　Ⓝ721.8　〔19262〕

◇肉筆浮世絵大観　7　万野美術館　小林忠編著　講談社　1996.1　251p　38cm　36893円　Ⓘ4-06-253257-3　Ⓝ721.8　〔19263〕

◇肉筆浮世絵大観　8　ニューオータニ美術館　小林忠編著　講談社　1995.7　247p　38cm　38000円　Ⓘ4-06-253258-1　Ⓝ721.8　〔19264〕

◇肉筆浮世絵大観　9　奈良県立美術館・京都府立総合資料館　小林忠編著　講談社　1996.10　251p　38cm　38000円　Ⓘ4-06-253259-X　Ⓝ721.8　〔19265〕

◇肉筆浮世絵大観　10　千葉市美術館　小林忠編著　講談社　1995.10　251p　38cm　38000円　Ⓘ4-06-253260-3　Ⓝ721.8　〔19266〕

◇肉筆浮世絵展―庶民芸術の華　千葉　千葉県立美術館　1981　1冊　24×26cm　Ⓝ721.8　〔19267〕

◇肉筆浮世絵名品展―太田記念美術館所蔵 師宣から清親まで　浮世絵太田記念美術館　1985.4　131p　30cm　Ⓝ721.8　〔19268〕

◇日本の美術　248　肉筆浮世絵　1　寛文〜宝暦　楢崎宗重編　至文堂　1987.1　97p　23cm　1300円　Ⓝ702.1　〔19269〕

◇日本の美術　249　肉筆浮世絵　2　明和〜寛政　楢崎宗重編　至文堂　1987.2　98p　23cm　1300円　Ⓝ702.1　〔19270〕

◇日本の美術　250　肉筆浮世絵　3　化政〜明治　楢崎宗重編　至文堂　1987.3　98p　23cm　1300円　Ⓝ702.1　〔19271〕

◇秘巻肉筆浮世絵　編述：福田和彦　芳賀書店　1973　1冊　27×18cm　（日本名品聚芳）9800円　Ⓝ721.8　〔19272〕

◇ボストン美術館肉筆浮世絵　第1巻　辻惟雄監修　講談社　2000.6　201p　39cm　33000円　Ⓘ4-06-270551-6　Ⓝ721.8　〔19273〕

◇ボストン美術館肉筆浮世絵　第2巻　辻惟雄監修　講談社　2000.9　199p　39cm　33000円　Ⓘ4-06-270552-4　Ⓝ721.8　〔19274〕

◇ボストン美術館肉筆浮世絵　第3巻　辻惟雄監修　講談社　2000.12　217p　39cm　33000円　Ⓘ4-06-270553-2　Ⓝ721.8　〔19275〕

◇ボストン美術館肉筆浮世絵　別巻　辻惟雄監修　講談社　2001.6　155p　27×39cm　30000円　Ⓘ4-06-270554-0　Ⓝ721.8　〔19276〕

◇名宝肉筆浮世絵撰　第1巻　福田和彦編著　朝日出版社　1993.12　3冊　37〜26×37cm　全200000円　Ⓘ4-255-93033-3　Ⓝ721.8　〔19277〕

◇名宝肉筆浮世絵撰　第2巻　福田和彦編著　朝日出版社　1993.12　3冊　37〜26×37cm　全200000円　Ⓘ4-255-93034-1　Ⓝ721.8　〔19278〕

◇吉川観方コレクション肉筆浮世絵名品展―奈良県立美術館所蔵　浮世絵太田記念美術館　1996.10　70p　30cm　Ⓝ721.8　〔19279〕

◆◆絵師

◇浮世絵師　大戸吉古著　三省堂　1978.4　197p　19cm

（三省堂選書 40）850円　Ⓝ721.8
〔19280〕
◇浮世絵師歌川列伝　飯島虚心著　玉林晴朗校訂　中央公論社　1993.6　225p　16cm（中公文庫）420円　①4-12-202007-7　Ⓝ721.8
〔19281〕
◇浮世絵師たちの神仏―錦絵と大絵馬に見る江戸の庶民信仰　特別展　渋谷区立松濤美術館編　渋谷区立松濤美術館　1999　127p　26cm　Ⓝ721.8
〔19282〕
◇浮世絵師と作品　第1　吉田暎二著　限定版　緑園書房　1963　306p　22cm（吉田暎二著作集）Ⓝ721.8
〔19283〕
◇浮世絵師と作品　第2　吉田暎二著　緑園書房　1963　330p　22cm（吉田暎二著作集）Ⓝ721.8
〔19284〕
◇浮世絵師と作品　第3　吉田暎二著　緑園書房　1964　308p　22cm（吉田暎二著作集）Ⓝ721.8
〔19285〕
◇浮世絵の画人伝　小野武雄編著，千葉山人編著　展望社　1981.6　348p　20cm（資料風俗双書 3）2800円　Ⓝ721.8
〔19286〕
◇海の鎖　酒井忠康著　新版　京都　青幻舎　2004.7　313p　19cm　2800円　①4-86152-008-8
〔19287〕
◇江戸の浮世絵師歌麿・写楽・北斎・広重展　リッカー美術館編　リッカー美術館　1975　1冊　27cm〔19288〕
◇江戸の画家たち　小林忠著　新装新版　ぺりかん社　2002.7　254p　20cm　2800円　①4-8315-1017-3　Ⓝ721.025
〔19289〕
◇絵馬より見た今治藩絵師山本雲渓　近藤福太郎編　大西町（愛媛県）　大西町史談会　1998　51p　21cm　Ⓝ721.6
〔19290〕
◇岡本秋暉展図録―花ゆらす風、禽鳥のたわむれ　小田原藩の絵師　岡本秋暉画　平塚市美術館編　平塚　平塚市美術館　2004.2　213p　30cm　Ⓝ721.83
〔19291〕
◇沖一峨―鳥取藩御用絵師　鳥取県立博物館編　鳥取　鳥取県立博物館資料刊行会　2006.10　220p　30cm　Ⓝ721.4
〔19292〕
◇郷土の絵師小木曽文洲展―月洞・月耕　市之瀬広太記念美術館特別展　小木曽文洲ほか画　瑞浪市教育委員会文化課編　瑞浪　瑞浪市市之瀬広太記念美術館　2006.3　49p　30cm　Ⓝ721.025
〔19293〕
◇近世名匠伝　第1　隠れたる浮世絵師水盧朝　島田筑波著　〔島田筑波〕　1931　1冊　22cm　Ⓝ281〔19294〕
◇書画人・浮世絵師呼称辞典　国書刊行会編　国書刊行会　1992.8　242p　27cm　6800円　Ⓝ721.033
〔19295〕
◇杉谷雪樵―熊本藩最後のお抱え絵師　杉谷雪樵画　熊本県立美術館編　熊本　熊本県立美術館　2000.9　126p　30cm（熊本の美術展　第22回）Ⓝ721.9〔19296〕
◇高井鴻山夢物語　山崎実著　小布施町　高井鴻山記念館　2004.7　202p　19cm　1429円　①4-88411-030-7
〔19297〕
◇筑前御抱え絵師　小林法子著　中央公論美術出版　2004.3　2冊（セット）　26cm（九州芸術学会叢書）55000円　①4-8055-0451-X
〔19298〕
◇筑前御抱え絵師　研究篇　小林法子著　中央公論美術出版　2004.3　256p　図版24枚　26cm　①4-8055-0451-X　Ⓝ721.025
〔19299〕
◇筑前御抱え絵師　史料篇　小林法子著　中央公論美術出版　2004.3　639p　26cm　①4-8055-0451-X　Ⓝ721.025
〔19300〕
◇月岡芳年画集　瀬木慎一編　講談社　1978.3　142p　31cm　8500円　Ⓝ721.8
〔19301〕
◇蔦屋重三郎と天明・寛政の浮世絵師たち　太田記念美術館学芸部編　浮世絵太田記念美術館　1985.2　108p　26cm　Ⓝ721.8
〔19302〕

◇津山藩狩野派絵師―狩野洞学―平成18年度特別展　津山郷土博物館編　津山　津山郷土博物館　2006.10　59p　30cm（津山郷土博物館特別展図録　第20冊）Ⓝ721.4
〔19303〕
◇松代藩の絵師―三村晴山　真田宝物館企画展　松代藩文化施設管理事務所，真田宝物館編　長野　松代藩文化施設管理事務所　2006.9　124p　30cm　Ⓝ721.025
〔19304〕
◇盛岡藩の絵師たち―その流れと広がり　花巻市博物館第4回企画展　花巻市博物館編　花巻　花巻市博物館　2005.10　57p　30cm　Ⓝ721.025
〔19305〕
◇妖怪曼陀羅―幕末明治の妖怪絵師たち　悳俊彦編　国書刊行会　2007.7　106p　27cm　4000円　①978-4-336-04945-2　Ⓝ721.025
〔19306〕
◇落款を割る絵師　篠鷹之著　碧天舎　2004.7　117p　19cm　1400円　①4-88346-718-X
〔19307〕
◇六大浮世絵師　野口米次郎著　岩波書店　2001.11　292p　20cm（岩波美術書初版本復刻シリーズ）9000円　①4-00-008039-3　Ⓝ721.8
〔19308〕
◇六大浮世絵師名品展―鈴木春信・鳥居清長・喜多川歌麿・東洲斎写楽・葛飾北斎・歌川広重　鈴木春信ほか画　平木浮世絵財団平木浮世絵美術館監修　北茨城　茨城県天心記念五浦美術館　1999　155p　30cm　Ⓝ721.8
〔19309〕
◇六大浮世絵師名品展―鈴木春信・鳥居清長・喜多川歌麿・東洲斎写楽・葛飾北斎・歌川広重　鈴木春信ほか画　平木浮世絵財団平木浮世絵美術館編　富山　富山県水墨美術館　c2000　155p　30cm　Ⓝ721.8　〔19310〕

◆◆◆菱川師宣

◇浮世絵師菱川師宣　菱川師宣画　菱川師宣記念館編　鋸南町（千葉県）　菱川師宣記念館　2002.3　60p　30cm　Ⓝ721.8
〔19311〕
◇浮世絵大系　1　師宣　編集制作：座右宝刊行会　担当：楢崎宗重　集英社　1974　143p（おもに図）　43cm　4800円　Ⓝ721.8
〔19312〕
◇浮世絵大系　1　師宣―治兵衛・清信・清倍・懐月堂派・政信・重長・豊信・清満・長春・祐信ほか　編集制作：座右宝刊行会　担当：楢崎宗重　集英社　1976　143p（おもに図）　28cm　1300円　Ⓝ721.8　〔19313〕
◇浮世絵誕生・菱川師宣展―三〇〇年記念　サントリー美術館編　サントリー美術館　1994.2　87p　28cm　Ⓝ721.8
〔19314〕
◇浮世絵菱川師宣記念館図録　昭和61年版総集編　菱川師宣画　画文堂　1986.10　157p　30cm（浮世絵美術名品館シリーズ 4）2000円　①4-87364-022-9　Ⓝ721.8
〔19315〕
◇艶本研究―師宣　林美一著　有光書房　1968　2冊（別冊共）　23cm　Ⓝ721.8
〔19316〕
◇原色浮世絵大百科事典　第6巻　作品　1　師宣・春信　日本浮世絵協会原色浮世絵大百科事典編集委員会編　山口桂三郎，浅野秀剛執筆　大修館書店　1982.1　142p　38cm　9500円　Ⓝ721.8
〔19317〕
◇元禄女絵づくし―和国百女　菱川師宣画，大森忠行解説　岩崎美術社　1979.10　68,40p　26cm（双書美術の泉 43）1800円　Ⓝ721.8
〔19318〕
◇元禄の浮世絵―師宣と一蝶を中心として　五島美術館　1975　64p（おもに図）　26cm（五島美術館展覧会図録 no.93）Ⓝ721.8
〔19319〕
◇元禄のエロス　1　師宣艶本集　青春篇　編集・解説：リチャード・レイン　画文堂　1973　7冊（解説共）　28cm　Ⓝ721.8
〔19320〕
◇元禄のエロス　3　師宣・寛文―大判秘画全集　編集・

美術史　　　　　　　　　　近世史

◇解説：リチャード・レイン　画文堂　1976　8冊（解説共）　28cm　22000円　Ⓝ721.8
〔19321〕

◇元禄のエロス　4　師宣・寛文—名品艶本集—浮世絵黎明期の魁　リチャード・レイン編・解説　画文堂　1978.1　9冊（解説共）　28cm　23000円　Ⓝ721.8
〔19322〕

◇十方庵遊歴雑記 3編　上・中・下　江戸雀—前編 初巻—6巻目　釈敬順著　菱川師宣画　江戸叢書刊行会　1916　400,128p　23cm　（江戸叢書 巻の5）Ⓝ291
〔19323〕

◇十方庵遊歴雑記 4編　上・中・下　江戸雀—後編 7-12巻目　釈敬順著　菱川師宣画　江戸叢書刊行会　1916　436,142p　23cm　（江戸叢書 巻の6）Ⓝ291
〔19324〕

◇十方庵遊歴雑記 初編　上・中・下　江戸惣鹿子名所大全—増補 巻の1-3　釈敬順著　藤田理兵衛作　菱川師宣画　江戸叢書刊行会　1916　1冊　23cm　（江戸叢書 巻の3）Ⓝ291
〔19325〕

◇十方庵遊歴雑記 2編　上・中・下　江戸惣鹿子名所大全—増補 巻の4-6　釈敬順著　藤田理兵衛作　菱川師宣画　江戸叢書刊行会　1916　439,131p　23cm　（江戸叢書 巻の4）Ⓝ291
〔19326〕

◇十方庵遊歴雑記 5編　上・中・下　水鳥記　高陽闘飲—後水鳥記　釈敬順著　地黄坊樽次著　太田南畝著　江戸叢書刊行会　1916　1冊　23cm　（江戸叢書 巻の7）Ⓝ291
〔19327〕

◇週刊日本の美をめぐる　no.26　江戸 10　師宣と春信—浮世絵美人　菱川師宣, 鈴木春信画　小学館　2002.10　42p　30cm　（小学館ウイークリーブック）533円　Ⓝ702.1
〔19328〕

◇肉筆浮世絵　第2巻　〔菱川〕師宣　菱川師宣著　集英社　1982.10　147p　38cm　6300円　Ⓝ721.8
〔19329〕

◇日本風俗図絵—江戸木版画集　1　和国百女・岩木絵尽・美人終兄　黒川真道編　菱川師宣図絵　柏書房　1983.6　244p　27cm　2200円　Ⓝ721.8
〔19330〕

◇日本風俗図絵—江戸木版画集　2　和国諸職絵尽・姿絵百人一首　黒川真道編　菱川師宣図絵　柏書房　1983.7　235p　27cm　2200円　Ⓝ721.8
〔19331〕

◇菱川派とその周辺　太田記念美術館　1992.4　49p　26cm　Ⓝ721.8
〔19332〕

◇菱川師宣作品集—菱川師宣三百年顕彰祭・菱川師宣記念館開館十周年記念　菱川師宣記念館編　鋸南町（千葉県）　菱川師宣記念館　1995.3　150p　30cm　Ⓝ721.8
〔19333〕

◇「菱川師宣」展図録　菱川師宣画　千葉市美術館編　千葉　千葉市美術館　2000.10　235p　30cm　Ⓝ721.8
〔19334〕

◇復元浮世絵大観　1　師宣・清倍・政信　座右宝刊行会編　集英社　1980.5　図版24枚　48cm　28500円　Ⓝ721.8
〔19335〕

◇見返り美人の絵師—錦絵につかれた菱川師宣一代記　府馬清著　講談社　1979.1　269p　20cm　980円　Ⓝ721.8
〔19336〕

◇師宣祐信絵本書誌　松平進著　武蔵村山　青裳堂書店　1988.6　294p　22cm　（日本書誌学大系 57）12000円　Ⓝ721.8
〔19337〕

◇吉原恋の道引　菱川師宣画　京都　臨川書店　1979.12　1冊　27cm　（近世日本風俗絵本集成）7500円　Ⓝ721.8
〔19338〕

◆◆◆葛飾北斎

◇東にしき—大判錦絵秘画帖　葛飾北斎画　リチャード・レイン編・著　河出書房新社　1996.6　44p　30cm　（定本・浮世絵春画名品集成 7）1600円　①4-309-91017-3　Ⓝ721.8
〔19339〕

◇足立と北斎展　東京都足立区立郷土博物館編　足立区立郷土博物館　1986.11　1冊　26cm　Ⓝ721.8
〔19340〕

◇いま、北斎が甦る—浮世絵版画が摺りあがるまで　TBS文化情報部編, 定村忠士著　河出映像センター　1987.5　87p　29cm　3600円　①4-309-90032-1　Ⓝ721.8
〔19341〕

◇浮世絵ギャラリー　1　北斎の花　河野元昭著　小学館　2005.10　79p　30cm　2400円　①4-09-652101-9
〔19342〕

◇浮世絵春画女殺油地獄　近松門左衛門文　葛飾北斎絵　三心堂出版社編集部編著　三心堂出版社　1996.9　94p　21cm　1300円　①4-88342-072-8　Ⓝ721.8
〔19343〕

◇浮世絵大系　8　北斎—付：北寿・北渓・辰斎・重信ほか　編集制作：座右宝刊行会　担当：岡畏三郎　集英社　1974　143p（おもに図）　43cm　4800円　Ⓝ721.8
〔19344〕

◇浮世絵大系　8　北斎—北寿, 北渓, 辰斎, 重信ほか　編集制作：座右宝刊行会　担当：岡畏三郎　集英社　1975　143p（おもに図）　28cm　1300円　Ⓝ721.8
〔19345〕

◇浮世絵大系　13　別巻 1　富岳三十六景　編集制作：座右宝刊行会　葛飾北斎画, 担当：小林忠　集英社　1975　123p（おもに図）　43cm　4300円　Ⓝ721.8
〔19346〕

◇浮世絵大系　13　別巻1　富岳三十六景　編集制作：座右宝刊行会　葛飾北斎画, 担当：小林忠　集英社　1976　123p（おもに図）　29cm　1300円　Ⓝ721.8
〔19347〕

◇浮世絵の巨匠・北斎展　福岡　福岡市美術館　1992.1　1冊　30cm　Ⓝ721.8
〔19348〕

◇浮世絵名作選集　第1　初期浮世絵　日本浮世絵協会編　楢崎宗重　山田書院　1967　図版20枚　31cm　Ⓝ721.8
〔19349〕

◇浮世絵名作選集　第13　北斎 第1　日本浮世絵協会編　鈴木重三　山田書院　1967　図版19枚　31cm　Ⓝ721.8
〔19350〕

◇浮世絵名作選集　第14　北斎 第2　日本浮世絵協会編　岡畏三郎　山田書院　1968　図版20枚　31cm　Ⓝ721.8
〔19351〕

◇浮世絵名品選　第2　北斎　鈴木重三解説　集英社　1965　47cm　Ⓝ721.8
〔19352〕

◇歌麿と北斎—その芸術を支えた琳派・漢画系の絵師　浮世絵太田記念美術館編　浮世絵太田記念美術館　2001.11　82p　30cm　Ⓝ721.8
〔19353〕

◇江戸浮世絵　その7　波　葛飾北斎画, 高山銀之助訳文　ダイナミックセラーズ　1990.5　127p　21cm　1000円　①4-88493-176-9　Ⓝ721.8
〔19354〕

◇江戸名作画帖全集　9　北斎・歌麿・国貞—浮世絵　永田生慈責任編集　駸々堂出版　1992.11　199,7p　31cm　20000円　①4-397-50409-1　Ⓝ721.025
〔19355〕

◇江戸木版本集成　4　絵本庭訓往来　葛飾北斎筆, 新味三郎摺　京都　芸艸堂　1988.12　3冊　24cm　全45000円　①4-7538-0131-4　Ⓝ721.8
〔19356〕

◇絵本狂歌山満多山　葛飾北斎画　京都　臨川書店　1979.9　3冊　27cm　（近世日本風俗絵本集成）全33000円　Ⓝ721.8
〔19357〕

◇艶本研究—北斎　林美一著　有光書房　1968　2冊（別冊共）　23cm　和　Ⓝ721.8
〔19358〕

◇縁結出雲杉—中判錦絵秘画帖　葛飾北斎画　リチャード・レイン編者　河出書房新社　1995.11　44p　30cm　（定本・浮世絵春画名品集成 1）1600円　①4-309-91011-4　Ⓝ721.8
〔19359〕

◇女の素描　北斎画,宮尾しげを解題　岩崎美術社　1969　図版25枚　解題8p　26cm　900円　Ⓝ721.8　〔19360〕

◇画狂人北斎　瀬木慎一著　講談社　1973　222p　18cm　（講談社現代新書）250円　Ⓝ721.8　〔19361〕

◇画狂人・北斎考　矢代静一著　京都　PHP研究所　1981.10　212p　20cm　1300円　Ⓝ721.8　〔19362〕

◇画狂人北斎展—特別展　葛飾北斎画　佐野美術館編　三島　佐野美術館　c2001　127p　30cm　Ⓘ4-915857-53-0　Ⓝ721.8　〔19363〕

◇画狂北斎　安田剛蔵著　有光書房　1971　391,8p　図14枚　22cm　Ⓝ721.8　〔19364〕

◇葛飾北斎　葛飾北斎画　日本アート・センター編　新潮社　1998.2　93p　20cm　（新潮日本美術文庫17）1068円　Ⓘ4-10-601537-4　Ⓝ721.8　〔19365〕

◇葛飾北斎　永田生慈著　吉川弘文館　2000.5　224p　19cm　（歴史文化ライブラリー 91）1700円　Ⓘ4-642-05491-X　Ⓝ721.8　〔19366〕

◇葛飾北斎　小沢弘監修　西村和子構成・文　博雅堂出版　2006.11　64p　34×27cm　（おはなし名画シリーズ）3200円　Ⓘ4-938595-34-6　〔19367〕

◇葛飾北斎挿画本集　向井信夫編　近世風俗研究会　1974　7冊　18-20cm　Ⓝ721.8　〔19368〕

◇葛飾北斎・春画の世界　浅野秀剛編著　洋泉社　2005.3　159p　18cm　（Color新書yーカラー版・江戸の春画2）1400円　Ⓘ4-89691-903-3　Ⓝ721.8　〔19369〕

◇葛飾北斎　人物漫画　葛飾北斎画　岩崎美術社　1986.1　83p　26cm　（双書美術の泉 1）1800円　Ⓝ721.8　〔19370〕

◇葛飾北斎展　東京都板橋区立美術館編　板橋区立美術館　1980　111p　26cm　Ⓝ721.8　〔19371〕

◇葛飾北斎展—開館五周年記念特別展　浮世絵太田記念美術館　1985　1冊　30cm　Ⓝ721.8　〔19372〕

◇葛飾北斎展—初公開ピーター・モースコレクション　太田記念美術館　1988.4　30p　30cm　Ⓝ721.8　〔19373〕

◇葛飾北斎展—江戸のメディア　絵本・版画・肉筆画　東京都江戸東京博物館,墨田区編　東京都歴史文化財団東京都江戸東京博物館　1995.10　223p　30cm　Ⓝ721.8　〔19374〕

◇葛飾北斎伝　飯島虚心著　鈴木重三校注　岩波書店　1999.8　418p　15cm　（岩波文庫）800円　Ⓘ4-00-335621-7　Ⓝ721.8　〔19375〕

◇葛飾北斎展　葛飾北斎画　永田生慈監修　津和野葛飾北斎美術館編　いわき　いわき市立美術館　2002　106p　30cm　Ⓝ721.8　〔19376〕

◇葛飾北斎東海道五十三次　葛飾北斎画　岩崎美術社　1994.3　165p　27cm　15450円　Ⓘ4-7534-1342-X　Ⓝ721.8　〔19377〕

◇葛飾北斎とその世界展　〔日本浮世絵協会〕　1984　1冊　30cm　Ⓝ721.8　〔19378〕

◇葛飾北斎年譜　永田生慈著　三彩新社　1985.10　222p　22cm　5800円　Ⓝ721.8　〔19379〕

◇葛飾北斎年譜　永田生慈著　三彩新社　1985.10　222p　22cm　5800円　Ⓝ721.8　〔19380〕

◇葛飾北斎筆凱風快晴—"赤富士"のフォークロア　狩野博幸著　平凡社　1994.3　120p　25cm　（絵は語る14）3500円　Ⓘ4-582-29524-X　Ⓝ721.8　〔19381〕

◇葛飾北斎筆　冨嶽三十六景　葛飾北斎画　加藤版画研究所　1962　図版46枚　37×51cm　Ⓝ721.8　〔19382〕

◇葛飾北斎筆　冨嶽三十六景　葛飾北斎著　集英社　1965　図版46枚　49cm　Ⓝ721.8　〔19383〕

◇葛飾北斎富岳三十六景　MOA美術館編　熱海　エムオーエー商事　1987.7　60p　23×24cm　Ⓝ721.8　〔19384〕

◇喜能会之故真通　葛飾北斎画　内藤正人翻刻　学習研究社　1996.4　87p　26cm　（江戸名作艶本 5）2500円　Ⓘ4-05-400670-1　Ⓝ721.8　〔19385〕

◇喜能会之故真通　葛飾北斎画　美術出版社　1998.6　1冊　27cm　（浮世絵艶本集成 第2巻）2800円　Ⓘ4-568-10401-7　Ⓝ721.8　〔19386〕

◇巨星葛飾北斎　熊本高工著　大阪　日本文教出版　1999.10　95p　26cm　940円　Ⓘ4-536-40036-2　Ⓝ721.8　〔19387〕

◇原色浮世絵大百科事典　第8巻　作品 3　写楽・北斎　日本浮世絵協会原色浮世絵大百科事典編集委員会編　山口桂三郎,浅野秀剛執筆　大修館書店　1981.4　142p　38cm　8500円　Ⓝ721.8　〔19388〕

◇在外秘宝—欧米収蔵浮世絵集成　4　葛飾北斎　楢崎宗重編　学習研究社　1972　2冊（解説共）　44cm　3800円　Ⓝ721.08　〔19389〕

◇実証写楽は北斎である—西洋美術史の手法が解き明かした真実　田中英道著　祥伝社　2000.8　405p　20cm　2500円　Ⓘ4-396-61110-2　Ⓝ721.8　〔19390〕

◇週刊日本の美をめぐる　no.1　江戸 13　北斎—視覚の魔術師　葛飾北斎画　小学館　2002.4　40p　30cm　（小学館ウイークリーブック）333円　Ⓝ702.1　〔19391〕

◇新訳・北斎伝—世界に挑んだ絵師　荒井勉著　長野　信濃毎日新聞社　1998.4　213p　21cm　1600円　Ⓘ4-7840-9808-9　Ⓝ721.8　〔19392〕

◇全集浮世絵版画　5　北斎　編集制作：座右宝刊行会　監修：渋井清,菊地貞夫　集英社　1971　117,8p（原色はり込図24枚共）　43cm　18000円　Ⓝ721.8　〔19393〕

◇全集浮世絵版画　別巻 2　富岳三十六景　編集制作：座右宝刊行会　葛飾北斎筆,監修：渋井清,菊地貞夫　集英社　1973　115,13p（原色はり込図46枚共）　43cm　28000円　Ⓝ721.8　〔19394〕

◇「大北斎展」図録—江戸が生んだ世界の絵師　朝日新聞社ほか編　朝日新聞社　1993　2冊　30cm　Ⓝ721.8　〔19395〕

◇高橋誠一郎コレクション浮世絵　第4巻　北斎　中央公論社　1976　183,8p（図・はり込図58枚共）　44cm　88000円　Ⓝ721.8　〔19396〕

◇多満佳津良　葛飾北斎画　小林忠解説　早川聞多翻刻　学習研究社　1996.10　81p　26cm　（江戸名作艶本 11）2500円　Ⓘ4-05-400739-2　Ⓝ721.8　〔19397〕

◇津和野・葛飾北斎美術館名品撰　津和野町（島根県）　津和野葛飾北斎美術館　1993.12　111p　30cm　Ⓝ721.8　〔19398〕

◇徳川錦絵文庫　第1巻　葛飾北斎と柳川重信　高山銀之助訳　ダイナミックセラーズ　1990.10　127p　21cm　1165円　Ⓘ4-88493-202-1　Ⓝ721.8　〔19399〕

◇長瀬武郎コレクション葛飾北斎図録　太田記念美術館学芸部編　浮世絵太田記念美術館　1980.11　130p　26cm　Ⓝ721.8　〔19400〕

◇肉筆浮世絵　第7巻　〔葛飾〕北斎　葛飾北斎著　集英社　1982.2　147p　38cm　6300円　Ⓝ721.8　〔19401〕

◇肉筆葛飾北斎　編集：小山寛二,青木進三朗　毎日新聞社　1975　313,5p（おもに図）　43cm　50000円　Ⓝ721.8　〔19402〕

◇肉筆葛飾北斎　北斎館編　小布施町（長野県）　北斎館　1988.9　85p　30cm　Ⓝ721.8　〔19403〕

◇肉筆葛飾北斎展　五島美術館　1969　図版171p（解説共）　24×26cm　Ⓝ721.8　〔19404〕

◇人間北斎　鈴木重三著　緑園書房　1963　98p　21cm　（原色版浮世絵文庫 3）Ⓝ721.8　〔19405〕

◇初春色ごよみ　葛飾北斎画　リチャード・レイン著　河出書房新社　2000.9　103p　30cm　（定本・浮世絵春画名品集成 別巻 3）3800円　Ⓘ4-309-91038-6　Ⓝ721.8　〔19406〕

◇美の巨人歌麿と北斎　喜多川歌麿，葛飾北斎画　福田和彦編著　河出書房新社　2003.5　125p　30cm　4800円　Ⓘ4-309-26641-X　Ⓝ721.8　〔19407〕

◇富岳三十六景　北斎画，近藤市太郎解説　平凡社　1968　図版47枚　解説16p　22×30cm　1800円　Ⓝ721.8　〔19408〕

◇富岳三十六景　葛飾北斎筆，高橋誠一郎監修・解説　共同通信社開発局　1970　図版46枚　32×46cm　15000円　Ⓝ721.8　〔19409〕

◇富岳三十六景　葛飾北斎筆　毎日新聞社　1980.6　図版46枚　52cm　520000円　Ⓝ721.8　〔19410〕

◇富岳百景　葛飾北斎著　改訂版　芸艸堂　1964-1965　3冊　24cm　Ⓝ721.8　〔19411〕

◇富岳百景　葛飾北斎著，解説：鈴木重三　岩崎美術社　1972　4冊（解説とも）　23cm　9500円　Ⓝ721.8　〔19412〕

◇富岳百景　葛飾北斎画，鈴木重三解説　岩崎美術社　1986.2　252p　23cm　2800円　Ⓝ721.8　〔19413〕

◇富岳百景　初-3編　葛飾北斎画，小島烏水解説　京都　芸草堂出版部　1948　3冊　22cm　Ⓝ721.8　〔19414〕

◇復元浮世絵大観 9　北斎　座右宝刊行会編集　集英社　1978.2　図版24枚　48cm　28500円　Ⓝ721.8　〔19415〕

◇富久寿楚宇―大判錦絵秘画帖　葛飾北斉画　リチャード・レイン編・著　河出書房新社　1998.10　52p　30cm　（定本・浮世絵春画名品集成 23）2500円　Ⓘ4-309-91033-5　Ⓝ721.8　〔19416〕

◇北斎　近藤市太郎著　美和書院　1953　112p　図版68枚　27cm　Ⓝ721.8　〔19417〕

◇北斎　葛飾北斎著，近藤市太郎編集並解説　大日本雄弁会講談社　1955　図版35枚（解説共）　17cm　（講談社版アート・ブックス）Ⓝ721.8　〔19418〕

◇北斎　織田一磨著　東京創元社　1957　165p　図版32枚　19cm　（創元選書）Ⓝ721.8　〔19419〕

◇北斎　葛飾北斎画，渋井清，菊地貞夫解説　集英社　1963　はり込み原色図版24枚　解説1　49cm　（浮世絵版画 2）Ⓝ721.8　〔19420〕

◇北斎　近藤市太郎著　補訂新版　緑園書房　1964　275p（図版解説共）　はり込　27cm　Ⓝ721.8　〔19421〕

◇北斎　楢崎宗重著　講談社　1967　150p　19cm　（原色写真文庫）Ⓝ721.8　〔19422〕

◇北斎　葛飾北斎画，尾崎周道著　日本経済新聞社　1967　はり込図47枚　62,15p　図28枚　33cm　25000円　〔19423〕

◇北斎―ある画狂人の生涯　尾崎周道著　日本経済新聞社　1968　212p　18cm　（日経新書）Ⓝ721.8　〔19424〕

◇北斎―秘話北斎　葛飾北斎画，編述：福田和彦　芳賀書店　1975　219p　27cm　（草紙本浮世絵名品選）Ⓝ721.8　〔19425〕

◇北斎―諸国名所　葛飾北齋画　学習研究社　1977.3　3冊　49cm　（広重北斎諸国名所集）全33000円　Ⓝ721.8　〔19426〕

◇北斎　日本浮世絵学会編　秋田　秋田市立千秋美術館　1991.4　254p　26cm　Ⓝ721.8　〔19427〕

◇北斎―世界を魅了した絵本　永田生慈著　三彩社　1991.9　130p　22cm　2300円　Ⓘ4-7831-0053-5　Ⓝ721.8　〔19428〕

◇北斎―不屈の画人魂 特別展　葛飾北斎画　名古屋市博物館，中日新聞社編　名古屋　名古屋市博物館　1991.10　235,15p　30cm　Ⓝ721.8　〔19429〕

◇北斎　永田生慈編著　ソフィア　1993.1　85p　21cm　1900円　Ⓘ4-915836-06-1　Ⓝ721.8　〔19430〕

◇北斎―伝記画集　リチャード・レイン著　竹内泰之訳　河出書房新社　1995.3　355p　31cm　28000円　Ⓘ4-309-25501-9　Ⓝ721.8　〔19431〕

◇北斎　葛飾北斎画　佐野文哉訳　二見書房　1996.7　171p　20cm　（江戸を読む 1）1800円　Ⓘ4-576-96076-8　Ⓝ721.8　〔19432〕

◇北斎　浅野秀剛，吉田伸之編　朝日新聞社　1998.5　98p　27cm　（浮世絵を読む 4）2800円　Ⓘ4-02-257203-5　Ⓝ721.8　〔19433〕

◇北斎　ジャン・カルロ・カルツァ編　ファイドン　2005.10　515p　30×26cm　9980円　Ⓘ4-902593-33-5　〔19434〕

◇北斎 宇宙をデザインす―時を超え国を超えた画人　西沢裕子著　農山漁村文化協会　2006.3　205p　21cm　2667円　Ⓘ4-540-05315-9　〔19435〕

◇北斎絵事典　人物編　葛飾北斎画　永田生慈監修　東京美術　1999.2　302p　21cm　2300円　Ⓘ4-8087-0657-1　Ⓝ721.8　〔19436〕

◇北斎絵事典　動植物編　葛飾北斎画　永田生慈監修　東京美術　1998.12　302p　21cm　2300円　Ⓘ4-8087-0656-3　Ⓝ721.8　〔19437〕

◇北斎絵本図録　芸艸堂編集部編　京都　芸艸堂　2000.4　111p　19×26cm　1600円　Ⓘ4-7538-0185-3　Ⓝ721.8　〔19438〕

◇北斎 女の素描　葛飾北斎画　岩崎美術社　1986.7　1冊　26cm　（双書美術の泉 2）1800円　Ⓝ721.8　〔19439〕

◇北斎―華麗なるエロス　福田和彦著　実業之日本社　1984.1　223p　20cm　950円　Ⓝ721.8　〔19440〕

◇北斎狂歌絵本―ボストン美術館版　北斎辰政画　東京放送（発売）　1987.1　7冊　26cm　Ⓝ721.8　〔19441〕

◇北斎工芸図案帖―今様櫛笄雛形　葛飾北斎画，永田生慈解説　岩崎美術社　1983.7　14p　図版40枚　26cm　（双書美術の泉 58）1800円　Ⓝ721.8　〔19442〕

◇北斎人物漫画　葛飾北斎画，宮川寅雄解題　岩崎美術社　1969　83,7p　26cm　900円　Ⓝ721.8　〔19443〕

◇北斎展　葛飾北斎著　日本経済新聞社　1967　87p（おもに図版）　28cm　Ⓝ721.8　〔19444〕

◇北斎展　葛飾北斎画　福岡市美術館編　福岡　北斎展実行委員会　2000.7　106p　30cm　Ⓝ721.8　〔19445〕

◇北斎展―風景画の世界　東京都江戸東京博物館編　東京都江戸東京博物館　2007.1　51p　21cm　Ⓝ721.8　〔19446〕

◇北斎と印象派・立体派の人々　福本和夫著　限定版　昭森社　1955　344,28p　22cm　Ⓝ721.8　〔19447〕

◇北斎と葛飾派の下絵　永田生慈編著　岩崎美術社　1987.11　92p　26cm　（双書美術の泉 70）1800円　Ⓝ721.8　〔19448〕

◇北斎と近代絵画　福本和夫著　フジ出版社　1968　270p　図版72p　27cm　Ⓝ721.8　〔19449〕

◇北斎と浪千鳥秘画帖―新発見　葛飾北斎画，金子学水編・解説　画文堂　1969　283p　35cm　25000円　Ⓝ721.8　〔19450〕

◇北斎と広重　第1　富岳三十六景　楢崎宗重著　講談社

1964 144p（原色図版 解説共） 20×19cm Ⓝ721.8
〔19451〕
◇北斎と広重 第2 東海道五十三次 楢崎宗重著 講談社 1964 141p（原色図版 解説共） 20×19cm Ⓝ721.8
〔19452〕
◇北斎と広重 第3 木曾街道六十九次 楢崎宗重著 講談社 1964 141p（原色図版 解説共） 20×19cm Ⓝ721.8
〔19453〕
◇北斎と広重 第4 隅田川 楢崎宗重著 講談社 1964 141p（原色図版 解説共） 20×19cm Ⓝ721.8
〔19454〕
◇北斎と広重 第5 江戸百景 楢崎宗重著 講談社 1965 143p（原色図版 解説共） 20cm Ⓝ721.8
〔19455〕
◇北斎と広重 第6 諸国名所 楢崎宗重著 講談社 1964 142p（原色図版 解説共） 20cm Ⓝ721.8
〔19456〕
◇北斎と広重 第7 花鳥風月 楢崎宗重著 講談社 1964 139p（原色図版 解説共） 20cm Ⓝ721.8
〔19457〕
◇北斎と広重 第8 俳画漫画風俗画 楢崎宗重著 講談社 1964 143p（原色図版 解説共） 20×19cm Ⓝ721.8
〔19458〕
◇北斎と富岳三十六景展 にしむら博物館編 岩国 にしむら博物館 1988.10 47p 28cm Ⓝ721.8
〔19459〕
◇北斎七つのナゾ―波乱万丈おもしろ人生 中右瑛著 里文出版 2002.11 173p 21cm 1800円 Ⓘ4-89806-184-2 Ⓝ721.8
〔19460〕
◇北斎肉筆画大成 北斎画 永田生慈編 小学館 2000.12 311p 38cm 75000円 Ⓘ4-09-699581-9 Ⓝ721.8
〔19461〕
◇北斎の絵手本 1 葛飾北斎画 岩崎美術社 1988.2 276p 23cm 3200円 Ⓝ721.8
〔19462〕
◇北斎の絵手本 2 葛飾北斎画 岩崎美術社 1988.11 281p 23cm 3200円 Ⓝ721.8
〔19463〕
◇北斎の絵手本 5 葛飾北斎画 岩崎美術社 1987.3 284p 23cm 3200円 Ⓝ721.8
〔19464〕
◇北斎の絵本挿絵 1 葛飾北斎画 岩崎美術社 1987.6 277p 23cm 3200円 Ⓝ721.8
〔19465〕
◇北斎の絵本挿絵 2 葛飾北斎画 岩崎美術社 1987.7 283p 23cm 3200円 Ⓝ721.8
〔19466〕
◇北斎の絵本挿絵 3 葛飾北斎画 岩崎美術社 1987.8 313p 23cm 3200円 Ⓝ721.8
〔19467〕
◇北斎の隠し絵―晩年の肉筆画への執念を解く 荒井勉著 AA出版 1989.12 255p 20cm 2575円 Ⓘ4-900406-32-5 Ⓝ721.8
〔19468〕
◇北斎の狂歌絵本 葛飾北斎画 岩崎美術社 1988.11 305p 27cm 18000円 Ⓝ721.8
〔19469〕
◇北斎の謎を解く―生活・芸術・信仰 諏訪春雄著 吉川弘文館 2001.8 191p 19cm （歴史文化ライブラリー 124）1700円 Ⓘ4-642-05524-X Ⓝ721.8
〔19470〕
◇北斎の浪千鳥秘画帖 葛飾北斉画，東大路鐸編集・解説 画文堂 1981.9 103p 27×35cm 18000円 Ⓘ4-87364-016-7 Ⓝ721.8
〔19471〕
◇北斎版画名作展―秋季特別展 町田 町田市立博物館 1978.10 44p 26cm Ⓝ721.8
〔19472〕
◇北斎美術館 第1巻 花鳥画 葛飾北斎画 集英社 1990.3 163p 31cm 3800円 Ⓘ4-08-597001-1 Ⓝ721.8
〔19473〕
◇北斎美術館 第2巻 風景画 葛飾北斎画 集英社 1990.5 163p 31cm 3800円 Ⓘ4-08-597002-X Ⓝ721.8
〔19474〕
◇北斎美術館 第3巻 美人画 葛飾北斎画 集英社 1990.8 163p 31cm 3800円 Ⓘ4-08-597003-8 Ⓝ721.8
〔19475〕
◇北斎美術館 第4巻 名所絵 葛飾北斎画 集英社 1990.10 163p 31cm 3800円 Ⓘ4-08-597004-6 Ⓝ721.8
〔19476〕
◇北斎美術館 第5巻 物語絵 葛飾北斎画，永田生慈監修・執筆 集英社 1990.12 163p 31cm 3689円 Ⓘ4-08-597005-4 Ⓝ721.8
〔19477〕
◇北斎筆神奈川沖浪裏―手摺木版画順序摺解説書 高見沢研究所 1978.10 図版22枚 34×46cm 45000円 Ⓝ721.8
〔19478〕
◇北斎百人一首―うばがゑとき 葛飾北斎画 ピーター・モース著 高階絵里加訳 岩波書店 1996.12 223p 26×36cm 12360円 Ⓘ4-00-008184-5 Ⓝ721.8
〔19479〕
◇北斎・広重から棟方志功まで―町田市立国際版画美術館所蔵品を中心に 開館三周年特別展 高松市歴史資料館編 高松 高松市歴史資料館 1995.10 96p 30cm Ⓝ721.8
〔19480〕
◇北斎・広重の冨岳三十六景筆くらべ―江戸切絵図・冨士見十三州輿地全図で辿る 葛飾北斎，歌川広重画 森山悦乃，松村真佐子作品解説 人文社編集部企画・編集 人文社 2005.5 127p 30cm （古地図ライブラリー 11）2200円 Ⓘ4-7959-1909-7 Ⓝ721.8
〔19481〕
◇北斎 富岳三十六景 北斎画，チャールズ・エス・テーリ著 文元社 1959 87p（原色図版，解説共） 23cm Ⓝ721.8
〔19482〕
◇北斎富岳36景 菊地貞夫著 大阪 保育社 1974 190p 19cm （カラーブックスデラックス版 44）680円 Ⓝ721.8
〔19483〕
◇北斎―冨岳三十六景展―日本浮世絵博物館所蔵 葛飾北斎画 豊橋市二川宿本陣資料館編 豊橋 豊橋市二川宿本陣資料館 1998.10 72p 26cm Ⓝ721.8
〔19484〕
◇北斎万華鏡―ポリフォニー的主体へ 中村英樹著 美術出版社 1990.4 309p 21cm 3400円 Ⓘ4-568-20135-7 Ⓝ721.8
〔19485〕
◇北斎模様画譜 為一筆 東京放送（発売） 1987.1 25丁 19cm Ⓝ721.8
〔19486〕
◇北斎読本挿絵集成 第1巻 葛飾北斎著，鈴木重三等編 美術出版社 1971 図72枚 解説78p 26×32cm Ⓝ721.8
〔19487〕
◇北斎読本挿絵集成 第2巻 葛飾北斎著，鈴木重三等編 美術出版社 1973 図51枚 解説76p 26×32cm 15000円 Ⓝ721.8
〔19488〕
◇北斎読本挿絵集成 第3巻 葛飾北斎著，鈴木重三等編 美術出版社 1972 図61枚 解説55p 26×32cm 15000円 Ⓝ721.8
〔19489〕
◇北斎読本挿絵集成 第4巻 葛飾北斎著，鈴木重三等編 美術出版社 1972 図48枚 解説48p 26×32cm 15000円 Ⓝ721.8
〔19490〕
◇北斎読本挿絵集成 第5巻 葛飾北斎著，鈴木重三等編 美術出版社 1973 図57枚 解説58p 25×32cm 15000円 Ⓝ721.8
〔19491〕
◇名品揃物浮世絵 8 北斎 1（大錦揃物） 楢崎宗重，永田生慈責任編集 ぎょうせい 1991.4 166p 38cm 10000円 Ⓘ4-324-02493-6 Ⓝ721.8
〔19492〕
◇名品揃物浮世絵 9 北斎 2（花鳥・浮絵・洋風版画ほか） 永田生慈責任編集 ぎょうせい 1992.1 170p

◇もっと知りたい葛飾北斎—生涯と作品　永田生慈監修　東京美術　2005.8　79p　26cm　（アート・ビギナーズ・コレクション）1500円　①4-8087-0785-3　〔19494〕

◆◆◆◆北斎漫画

◇北斎漫画　葛飾北斎画　芸艸堂　1962　15冊　24cm　Ⓝ721.8　〔19495〕

◇北斎漫画—伝神開手　葛飾北斎著　実業之日本社　1973　15冊（解説2冊共）　23cm　全12000円　Ⓝ721.8　〔19496〕

◇北斎漫画　葛飾北斎著　東京美術　1976　2冊（おもに図）　25cm　16000円　Ⓝ721.8　〔19497〕

◇北斎漫画　八戸市美術館編　八戸　八戸市美術館　c1992　1冊　21×30cm　Ⓝ721.8　〔19498〕

◇北斎漫画　1　岩崎美術社　1986.11　324p　23cm　3500円　Ⓝ721.8　〔19499〕

◇北斎漫画　1　葛飾北斎画　岩崎美術社　1987.7　324p　23cm　3500円　Ⓝ721.8　〔19500〕

◇北斎漫画　第1巻　葛飾北斎画　永田生慈監修・解説　東京美術　2002.12　319p　21cm　2000円　①4-8087-0731-4　Ⓝ721.8　〔19501〕

◇北斎漫画　2　岩崎美術社　1987.1　322p　23cm　3500円　Ⓝ721.8　〔19502〕

◇北斎漫画　2　葛飾北斎画　岩崎美術社　1988.6　322p　23cm　3500円　Ⓝ721.8　〔19503〕

◇北斎漫画　第2巻　葛飾北斎画　永田生慈監修・解説　東京美術　2003.1　320p　21cm　2000円　①4-8087-0732-2　Ⓝ721.8　〔19504〕

◇北斎漫画　3　岩崎美術社　1987.2　324p　23cm　3500円　Ⓝ721.8　〔19505〕

◇北斎漫画　3　葛飾北斎画　岩崎美術社　1989.1　324p　23cm　3500円　Ⓝ721.8　〔19506〕

◇北斎漫画　第3巻　葛飾北斎画　永田生慈監修・解説　東京美術　2003.2　319p　22cm　2000円　①4-8087-0733-0　Ⓝ721.8　〔19507〕

◇北斎漫画歳時記　葛飾北斎画, 瀬木慎一著　美術公論社　1981.7　209p　20cm　1800円　Ⓝ721.8　〔19508〕

◇北斎漫画図録　葛飾北斎画　京都　芸艸堂　1998.9　111p　19×26cm　1600円　①4-7538-0179-9　Ⓝ721.8　〔19509〕

◇北斎漫画図録　続　葛飾北斎画　京都　芸艸堂　2001.5　111p　19×26cm　1600円　①4-7538-0189-6　Ⓝ721.8　〔19510〕

◇北斎漫画展　三島　佐野美術館　1988　83p　30cm　Ⓝ721.8　〔19511〕

◇北斎漫画展　葛飾北斎画　足利市立美術館編　足利　足利市立美術館　c1994　1冊　21×30cm　Ⓝ721.8　〔19512〕

◇北斎漫画展　葛飾北斎画　刈谷市美術館編　刈谷　刈谷市美術館　1996　1冊　21×30cm　Ⓝ721.8　〔19513〕

◇北斎漫画展　北斎画　伊丹　伊丹市立美術館　c2000　1冊　30cm　Ⓝ721.8　〔19514〕

◇北斎漫画と春画　葛飾北斎画, 林美一他著　新潮社　1989.11　118p　22cm　（とんぼの本）1400円　①4-10-601976-0　Ⓝ721.8　〔19515〕

◇北斎漫画の世界　いわき市立美術館編　いわき　いわき市立美術館　1988　1冊　21×30cm　Ⓝ721.8　〔19516〕

◆◆◆北尾政美（鍬形蕙斎）

◇江戸の工夫者鍬形蕙斎—北斎に消された男　渥美国泰著　芸術新聞社　1996.12　191p　27cm　4369円　①4-87586-227-X　Ⓝ721.8　〔19517〕

◆◆◆鈴木春信

◇浮世絵—平木コレクション　2　美人画　2　春信編1　毎日新聞社「重要文化財」委員会編　毎日新聞社　1970　はり込み原色図版12枚　43cm　2000円　Ⓝ721.8　〔19518〕

◇浮世絵—平木コレクション　3　美人画　3　春信2, 春重編　毎日新聞社「重要文化財」委員会編　毎日新聞社　1970　はり込み原色図版12枚　43cm　2000円　Ⓝ721.8　〔19519〕

◇浮世絵　あぶな絵　上巻　初期肉筆—春信　吉田暎二著　限定版　緑園書房　1962　124p（おもに図版）　27cm　Ⓝ721.8　〔19520〕

◇浮世絵聚花　補巻1　ボストン美術館—春信　Ⅰ　ディヴィッド・ウォーターハウス著, 飛田茂雄訳, 金子重隆訳　小学館　1982.4　247p　43cm　28500円　Ⓝ721.8　〔19521〕

◇浮世絵聚花　補巻2　ボストン美術館—春信　Ⅱ　ディヴィッド・ウォーターハウス著, 飛田茂雄訳　小学館　1982.7　238p　43cm　28500円　Ⓝ721.8　〔19522〕

◇浮世絵大系　2　春信　編集制作：座右宝刊行会　担当：小林忠　集英社　1973　143p（おもに図）　43cm　4800円　Ⓝ721.8　〔19523〕

◇浮世絵大系　2　春信　編集制作：座右宝刊行会　担当：小林忠　集英社　1975　143p（おもに図）　28cm　1300円　Ⓝ721.8　〔19524〕

◇浮世絵美人画・役者絵　第2　春信　高橋誠一郎　講談社　1965　143p（おもに図版）　20cm　Ⓝ721.8　〔19525〕

◇浮世絵名作選集　第2　春信　日本浮世絵協会編　中山千代　山田書院　1968　図版19枚　31cm　Ⓝ721.8　〔19526〕

◇浮世絵名品選　第6　春信　菊地貞夫解説　集英社　1965　47cm　Ⓝ721.8　〔19527〕

◇江戸浮世絵　その3　華　鈴木春信画, 伊佐坂元成訳　ダイナミックセラーズ　1989.12　126p　21cm　1000円　①4-88493-161-0　Ⓝ721.8　〔19528〕

◇絵本江戸土産　西村重長, 鈴木春信画, 解説：佐藤要人　有光書房　1975　254,3p　22cm　5000円　Ⓝ721.8　〔19529〕

◇絵本青楼美人合　鈴木春信画　京都　臨川書店　1981.11　5冊　27cm　（近世日本風俗絵本集成）全90000円　①4-653-00720-9　Ⓝ721.8　〔19530〕

◇艶本研究—春信　林美一著　有光書房　1964　294p　21cm　和　Ⓝ721.8　〔19531〕

◇原色浮世絵大百科事典　第6巻　作品　1　師宣・春信　日本浮世絵協会原色浮世絵大百科事典編集委員会編　山口桂三郎, 浅野秀剛執筆　大修館書店　1982.1　142p　38cm　9500円　Ⓝ721.8　〔19532〕

◇在外秘宝—欧米収蔵浮世絵集成　1　鈴木春信　楢崎宗重編　学習研究社　1972　2冊（解説共）　44cm　3800円　Ⓝ721.08　〔19533〕

◇週刊日本の美をめぐる　no.26　江戸10　師宣と春信—浮世絵美人　菱川師宣, 鈴木春信画　小学館　2002.10　42p　30cm　（小学館ウイークリーブック）533円　Ⓝ702.1　〔19534〕

◇鈴木春信—江戸のカラリスト登場—青春の浮世絵師　鈴木春信画　小林忠監修　千葉市美術館, 山口県立萩美術館・浦上記念館編　千葉　千葉市美術館　2002

◇鈴木春信絵本全集　影印編 2　鈴木春信画　藤沢紫編著　改訂新版　勉誠出版　2003.7　p519-1094　23cm　①4-585-10092-X　Ⓝ721.8
〔19536〕
◇鈴木春信名作撰―豪華全木版画　毎日新聞社　1983.8　図版12枚　49cm　245000円　Ⓝ721.8
〔19537〕
◇全集浮世絵版画　1　春信　編集制作：座右宝刊行会　監修：渋井清, 菊地貞夫　集英社　1972　115p（原色はり込図24枚共）　43cm　18000円　Ⓝ721.8
〔19538〕
◇高橋誠一郎コレクション浮世絵　第1巻　元禄浮世絵―春信　中央公論社　1976　219,9p（おもに図）はり込図56枚　44cm　88000円　Ⓝ721.8
〔19539〕
◇春信　吉田暎二著　アソカ書房　1953　195p（図版36枚共）　22cm　Ⓝ721.8
〔19540〕
◇春信　鈴木春信著, 近藤市太郎編集並解説　大日本雄弁会講談社　1955　図版35枚（解説共）　17cm（講談社版アート・ブックス）Ⓝ721.8
〔19541〕
◇春信　鈴木春信画, 渋井清, 菊地貞夫解説　集英社　1963　はりこみ原色図版24枚　解説1　49cm（浮世絵版画 3）Ⓝ721.8
〔19542〕
◇春信　小林忠著　三彩社　1970　86p 図版17枚　22cm（東洋美術選書）580円　Ⓝ721.8
〔19543〕
◇春信　小林忠著　三彩社　1977.7　86p 図版17枚　22cm（東洋美術選書）980円　Ⓝ721.8
〔19544〕
◇春信　鈴木春信筆　浅野秀剛, 吉田伸之編　朝日新聞社　1998.9　99p　27cm（浮世絵を読む 1）2800円　①4-02-257200-0　Ⓝ721.8
〔19545〕
◇春信艶色 まねゑもん秘画帖　鈴木春信著, 金子孚水, 林美一編　限定版　緑園書房　1965　117p はり込原色図版24枚　22×29cm　Ⓝ721.8
〔19546〕
◇春信艶色 まねゑもん秘画帖　鈴木春信画, 画文堂編集部編　新版　画文堂　1968　117p はり込原色図版24枚　22×29cm　Ⓝ721.8
〔19547〕
◇春信の春、江戸の春　早川聞多著　文藝春秋　2002.10　187p　18cm（文春新書）800円　①4-16-660274-8　Ⓝ721.8
〔19548〕
◇春信美人画と艶本　中村真一郎ほか著　新潮社　1992.7　119p　22cm（とんぼの本）1500円　①4-10-602007-6　Ⓝ721.8
〔19549〕
◇春信風流艶色まねゑもん秘画帖　鈴木春信著, 編集・解説：東大路鐸　改訂版　画文堂　1975　81p はり込図版24枚　22×29cm　12000円　Ⓝ721.8
〔19550〕
◇美人画・役者絵　2　春信　高橋誠一郎　講談社　1971　143p（おもに図）　20cm　800円　Ⓝ721.8
〔19551〕
◇秘本今様妻鑑　鈴木春信画, 編集・解説：東大路鐸　画文堂　1975　4冊（解説共）　22cm　全24000円　Ⓝ721.8
〔19552〕
◇風流江戸八景―他 中判錦絵秘画帖　鈴木春信画　リチャード・レイン編・著　河出書房新社　1998.6　66p　30cm（定本・浮世絵春画名品集成 21）2600円　①4-309-91031-9　Ⓝ721.8
〔19553〕
◇風流座敷八景―秘蔵浮世絵集成　鈴木春信画　学習研究社　1994.3　2冊　26×37cm,37cm　全60000円　①4-05-500041-3　Ⓝ721.8
〔19554〕
◇復元浮世絵大観　3　春信.湖竜斎　座右宝刊行会編　集英社　1978.11　図版24枚　48cm　28500円　Ⓝ721.8
〔19555〕
◇名品揃物浮世絵　1　春信―春信・湖竜斎ほか初期浮世絵　小林忠責任編集　ぎょうせい　1991.3　182p　38cm　10000円　①4-324-02486-3　Ⓝ721.8
〔19556〕

◆◆◆東洲斎写楽

◇浮世絵―平木コレクション　13　役者絵　3 写楽編　毎日新聞社「重要文化財」委員会編　毎日新聞社　1971　はり込み原色図版14枚　43cm　2000円　Ⓝ721.8
〔19557〕
◇浮世絵師写楽　瀬木慎一著　學藝書林　1970　222,55p　図版20枚　22cm　1800円　Ⓝ721.8
〔19558〕
◇浮世絵大系　7　写楽　編集制作：座右宝刊行会　担当：山口桂三郎　集英社　1973　143p（おもに図）　43cm　4800円　Ⓝ721.8
〔19559〕
◇浮世絵大系　7　写楽　編集制作：座右宝刊行会　担当：山口桂三郎　集英社　1975　143p（おもに図）　28cm　1300円　Ⓝ721.8
〔19560〕
◇浮世絵 美人画・役者絵　第6　写楽　鈴木重三　講談社　1966　143p（おもに図版）　20cm　Ⓝ721.8
〔19561〕
◇浮世絵名作選集　第4　写楽　日本浮世絵協会編　吉田暎二　山田書院　1968　図版19枚　31cm　Ⓝ721.8
〔19562〕
◇浮世絵名作展―写楽新資料初公開 酒井コレクション　大塚巧芸社（製作）　1970　1冊　26cm　Ⓝ721.8
〔19563〕
◇浮世絵名品選　第5　写楽　菊地貞夫解説　集英社　1965　47cm　Ⓝ721.8
〔19564〕
◇歌川家の伝承が明かす『写楽の実像』を六代・豊国が検証した　六代歌川豊国著　二見書房　1988.4　276p　20cm（サラ・ブックス）1300円　①4-576-88038-1　Ⓝ721.8
〔19565〕
◇隠密写楽　有田久文著　福岡　海鳥社　2003.8　160p　22cm　2000円　①4-87415-453-0　Ⓝ721.8
〔19566〕
◇原色浮世絵大百科事典　第8巻　作品　3 写楽・北斎　日本浮世絵協会原色浮世絵大百科事典編集委員会編　山口桂三郎, 浅野秀剛執筆　大修館書店　1981.4　142p　38cm　8500円　Ⓝ721.8
〔19567〕
◇これが写楽だ―池田満寿夫推理ドキュメント　池田満寿夫, 川竹文夫著　日本放送出版協会　1984.11　288,2p　図版14枚　21cm　1800円　①4-14-008397-2　Ⓝ721.8
〔19568〕
◇在外秘宝―欧米収蔵浮世絵集成　2　東洲斎写楽　楢崎宗重編　学習研究社　1972　2冊（解説共）　44cm　3800円　Ⓝ721.8
〔19569〕
◇再現日本史―週刊time travel　江戸 3 2　講談社　2002.8　42p　30cm　533円　Ⓝ210.1
〔19570〕
◇三人写楽謎錦絵―江戸学が捉えた写楽　小山観翁著　旺文社　1989.1　269p　20cm　1500円　①4-01-071064-0　Ⓝ721.8
〔19571〕
◇実証写楽は北斎である―西洋美術史の手法が解き明かした真実　田中英道著　祥伝社　2000.8　405p　20cm　2500円　①4-396-61110-2　Ⓝ721.8
〔19572〕
◇写楽　東洲斎写楽著, 岩波書店編集部編　岩波書店　1953　64p　19cm（岩波写真文庫）Ⓝ721.8
〔19573〕
◇写楽　東洲斎写楽著, 近藤市太郎編集並解説　大日本雄弁会講談社　1955　図版36枚（解説共）　18cm（講談社版アート・ブックス）Ⓝ721.8
〔19574〕
◇写楽　吉田暎二著　限定版　美術出版社　1957　142p　図版49枚（原色　32cm　Ⓝ721.8
〔19575〕
◇写楽　東洲斎写楽画, 渋井清, 菊地貞夫解説　集英社　1964　はり込み原色図版24枚 解説1　49cm（浮世絵版画 6）Ⓝ721.8
〔19576〕
◇写楽―木版画帖　東州斎写楽画, 鈴木重三解説　東京木版画工芸組合　1965　67p はり込み原色図版29枚　30cm　Ⓝ721.8
〔19577〕

◇写楽―まぼろしの天才　榎本雄斎著　新人物往来社
　1969　222p　20cm　980円　Ⓝ721.8　　〔19578〕
◇写楽　中村正義著　ノーベル書房　1970　239p（おもに
　図版）　38cm　30000円　Ⓝ721.8　　〔19579〕
◇写楽―愛蔵額装版　小学館　1993.12　図版12枚　51cm
　（浮世絵聚花名品選）52000円　Ⓘ4-09-699482-0　Ⓝ721.
　8　　〔19580〕
◇写楽　ユリウス・クルト著　定村忠士, 蒲生潤二郎訳
　アダチ版画研究所　1994.12　262p　図版20枚　22cm
　3500円　Ⓘ4-900708-02-X　Ⓝ721.8　　〔19581〕
◇写楽―その隠れた真相　田中穣著　芸術新聞社　1995.2
　238p　20cm　1800円　Ⓘ4-87586-209-1　Ⓝ721.8
　　〔19582〕
◇写楽―幻の絵師の正体　決定版　学習研究社　1995.3
　219p　21cm　（歴史群像ライブラリー 2）1200円
　Ⓝ721.8　　〔19583〕
◇写楽　東洲斎写楽画　浅野秀剛, 吉田伸之編　朝日新
　聞社　1998.1　99p　27cm　（浮世絵を読む 3）2800円
　Ⓘ4-02-257202-7　Ⓝ721.8　　〔19584〕
◇写楽　内田千鶴子著　東大阪　保育社　1999.5　189p
　15cm　（カラーブックス）1000円　Ⓘ4-586-50908-2
　Ⓝ721.8　　〔19585〕
◇写楽―江戸人としての実像　中野三敏著　中央公論新社
　2007.2　202p　18cm　（中公新書）760円
　Ⓘ978-4-12-101886-1　Ⓝ721.8　　〔19586〕
◇写楽絵考　宗谷真爾著　大和書房　1985.9　231,6p
　20cm　（日本文化叢書 2）1800円　Ⓘ4-479-83002-2
　Ⓝ721.8　　〔19587〕
◇写楽を追え―天才絵師はなぜ消えたのか　内田千鶴子著
　イースト・プレス　2007.1　284p　19cm　1800円
　Ⓘ978-4-87257-755-6　　〔19588〕
◇写楽を探せ―謎の天才絵師の正体　翔泳社　1995.2
　340p　22cm　2400円　Ⓘ4-88135-168-0　Ⓝ721.8
　　〔19589〕
◇写楽を捉えた―浮世絵新発見　福富太郎著　画文堂
　1969　276p　19cm　480円　Ⓝ721.8　　〔19590〕
◇写楽が現れた―推理ドキュメント　TBS文化情報部編,
　定村忠士著　二見書房　1989.6　252p　20cm　1500円
　Ⓘ4-576-89067-0　Ⓝ721.8　　〔19591〕
◇写楽仮名の悲劇　梅原猛著　新潮社　1987.5　413p
　20cm　1800円　Ⓘ4-10-303008-9　Ⓝ721.8　　〔19592〕
◇写楽仮名の悲劇　梅原猛著　新潮社　1991.5　469p　図
　版16枚　16cm　（新潮文庫）560円　Ⓘ4-10-124406-5
　Ⓝ721.8　　〔19593〕
◇写楽・考　内田千鶴子著　三一書房　1993.5　248p
　20cm　2200円　Ⓘ4-380-93212-5　Ⓝ721.8　　〔19594〕
◇写楽実像　瀬木慎一著　美術公論社　1985.4　241,56p
　22cm　2600円　Ⓘ4-89330-054-7　Ⓝ721.8　　〔19595〕
◇写楽失踪事件―謎の浮世絵師が十カ月で消えた理由　内
　田千鶴子著　ベストセラーズ　1995.1　206p　20cm
　1400円　Ⓘ4-584-18197-7　Ⓝ721.8　　〔19596〕
◇写楽新研究　近藤喜博, 諏訪春雄, 山口桂三郎共著　東出
　版　1972　254p　20cm　1000円　Ⓝ721.8　　〔19597〕
◇写楽新考―写楽は京伝だった　谷峯蔵著　文藝春秋
　1981.12　285p　22cm　4000円　Ⓝ721.8　　〔19598〕
◇しやらくせえあほくせえ　近藤啓太郎著　角川書店
　1979.7　213p　20cm　1300円　Ⓝ721.8　　〔19599〕
◇写楽・その謎にいどむ　上村博一, 田村善昭著　徳島
　徳島県出版文化協会　1979.11　63p　19cm　600円
　Ⓝ721.8　　〔19600〕
◇写楽で阿波徳島藩は震撼した―藩の浮沈を賭けた危機は
　封印されていた　田村善昭著　文芸社　1999.7　232p
　19cm　1300円　Ⓘ4-88737-349-X　Ⓝ721.8　　〔19601〕
◇写楽とは誰か？　長瀬修己著　徳島　〔長瀬修己〕
　2000.5　20p　21cm　150円　Ⓝ721.8　　〔19602〕
◇写楽の全貌　山口桂三郎編著　東京書籍　1994.3　207p
　31cm　8000円　Ⓘ4-487-79075-1　Ⓝ721.8　　〔19603〕
◇写楽の謎の「一解決」　松本清張著　講談社　1977.1
　94p　15cm　（講談社文庫）300円　Ⓝ721.8　　〔19604〕
◇写楽よみがえる素顔　定村忠士著　読売新聞社　1995.1
　222p　20cm　1500円　Ⓘ4-643-94103-0　Ⓝ721.8
　　〔19605〕
◇写楽は歌麿である　土淵正一郎著　新人物往来社
　1987.10　271p　20cm　1800円　Ⓘ4-404-01456-2
　Ⓝ721.8　　〔19606〕
◇写楽は歌麿である　土淵正一郎著　増補改訂版　新人物
　往来社　1995.7　296p　20cm　2300円
　Ⓘ4-404-02240-9　Ⓝ721.8　　〔19607〕
◇写楽は十八歳だった！　中右瑛著　里文出版　1985.8
　220p　20cm　1200円　Ⓝ721.8　　〔19608〕
◇写楽はやっぱり京伝だ　谷峯蔵著　毎日新聞社　1985.
　10　271p　20cm　1500円　Ⓝ721.8　　〔19609〕
◇週刊日本の美をめぐる　no.6　江戸12　写楽―謎の
　浮世絵師　東洲斎写楽画　小学館　2002.6　42p　30cm
　（小学館ウイークリーブック）533円　Ⓝ702.1　〔19610〕
◇真説・写楽は四人いた！　村中陽一著　宝島社　2000.3
　190p　18cm　（宝島社新書）690円　Ⓘ4-7966-1756-6
　Ⓝ721.8　　〔19611〕
◇真説東洲斎写楽　町田一郎著　日経事業出版社　1989.2
　238p　22cm　2000円　Ⓝ721.8　　〔19612〕
◇全集浮世絵版画　4　写楽　編集制作：座右宝刊行会
　監修：渋井清, 菊地貞夫　集英社　1972　115,8p（原色は
　り込図24枚共）　43cm　18000円　Ⓝ721.8　　〔19613〕
◇高橋誠一郎コレクション浮世絵　第2巻　清長・歌麿・
　写楽　中央公論社　1975　203,9p（おもに図）はり込
　図56枚　44cm　88000円　Ⓝ721.8　　〔19614〕
◇東洲斎写楽　渡辺保著　講談社　1987.5　351p　20cm
　1900円　Ⓘ4-06-202838-7　Ⓝ721.8　　〔19615〕
◇東洲斎写楽　渡辺保著　講談社　1990.7　333p　15cm
　（講談社文庫）520円　Ⓘ4-06-184722-8　Ⓝ721.8
　　〔19616〕
◇東洲斎写楽　東洲斎写楽画　日本アート・センター編
　新潮社　1997.10　93p　20cm　（新潮日本美術文庫
　21）1068円　Ⓘ4-10-601541-2　Ⓝ721.8　　〔19617〕
◇東洲斎写楽―原寸大全作品　東洲斎写楽画　浅野秀剛,
　諏訪春雄, 山口桂三郎著　小学館　2002.4　339p　43cm
　80000円　Ⓘ4-09-699571-1　Ⓝ721.8　　〔19618〕
◇東洲斎写楽と役者絵の世界　徳島県立博物館編　徳島
　徳島県立博物館　1995.3　63p　30cm　（徳島県立博物
　館企画展図録）　Ⓝ721.8　　〔19619〕
◇東洲斎写楽版画全集　第1巻　東洲斎写楽画, アダチ版画
　研究所編集・製作　明治書房（発売者）　1952　はり込
　み原色図版40枚　49cm　Ⓝ721.8　　〔19620〕
◇東洲斎写楽名作撰　毎日新聞社　1981.9　図版28枚
　49cm　550000円　Ⓝ721.8　　〔19621〕
◇東洲斎写楽はもういない　明石散人著, 佐々木幹雄著
　講談社　1990.10　313p　20cm　1262円
　Ⓘ4-06-205112-5　Ⓝ721.8　　〔19622〕
◇東洲斎写楽はもういない　明石散人, 佐々木幹雄著　講
　談社　1993.9　377p　15cm　（講談社文庫）560円
　Ⓘ4-06-185481-X　Ⓝ721.8　　〔19623〕
◇謎の絵師写楽展―写楽は誰だ！　読売新聞社　c1986　1

冊　26cm　Ⓝ721.8　　　　　　　　〔19624〕
◇謎の絵師写楽の世界―東洲斎写楽全作品集　高橋克彦著
　講談社　1992.4　143p　21cm　（講談社カルチャーブック
　ス　46）1500円　Ⓘ4-06-198058-0　Ⓝ721.8　〔19625〕
◇にっぽん写楽祭―シンポジュウムおもしろ覚書帳　中右
　瑛著　神戸　豆本"灯"の会　1987.9　71p　9.8cm　（灯
　叢書　第28編）Ⓝ721.8　　　　　　　　　　〔19626〕
◇能役者・写楽　内田千鶴子著　三一書房　1999.10　274p
　20cm　2900円　Ⓘ4-380-99209-8　Ⓝ721.8　　〔19627〕
◇美人画・役者絵　6　写楽　鈴木重三著　講談社　1972
　143p（おもに図）　20cm　800円　Ⓝ721.8　　〔19628〕
◇復元浮世絵大観　8　写楽　座右宝刊行会編集　集英社
　1978.8　図版24枚　48cm　28500円　Ⓝ721.8　〔19629〕
◇幻の絵師写楽展　東洲斎写楽画　浮世絵太田記念美術館
　c1982　1冊　26cm　Ⓝ721.8　　　　　　　　〔19630〕
◇名品揃物浮世絵　5　写楽―春草・春好・春英・艶鏡　山
　口桂三郎責任編集　ぎょうせい　1991.8　166p　38cm
　10000円　Ⓘ4-324-02490-1　Ⓝ721.8　　　　〔19631〕
◇我が祖・写楽　安芸育子著　高松　さぁかす出版部
　2000.3　293p　20cm　1600円　Ⓘ4-434-00034-9
　Ⓝ721.8　　　　　　　　　　　　　　　　　〔19632〕

◆◆◆鳥居清長

◇浮世絵―平木コレクション　5　美人画　5　清長編　毎
　日新聞社「重要文化財」委員会編　毎日新聞社　1970
　はり込み原色図版13枚　43cm　2000円　Ⓝ721.8
　　　　　　　　　　　　　　　　　　　　　　〔19633〕
◇浮世絵師　鳥居清長　溝口康麿著　味灯書屋　1962　図
　版48枚　解説110p　27cm　Ⓝ721.8　　　　　〔19634〕
◇浮世絵大系　4　清長―清峯・春潮・俊満ほか　編集制
　作：座右宝刊行会　担当：岡畏三郎　集英社　1975
　143p（おもに図）　43cm　4800円　Ⓝ721.8　　〔19635〕
◇浮世絵　美人画・役者絵　第3　清長　楢崎宗重　講談社
　1965　143p（おもに図版）　20cm　Ⓝ721.8　　〔19636〕
◇浮世絵名作選集　第5　清長　日本浮世絵協会編　溝口
　康麿　山田書院　1967　図版17枚　31cm　Ⓝ721.8
　　　　　　　　　　　　　　　　　　　　　　〔19637〕
◇浮世絵名品選　第3　清長　高橋誠一郎解説　集英社
　1965　47cm　Ⓝ721.8　　　　　　　　　　　〔19638〕
◇絵本物見岡　鳥居清長画　京都　臨川書店　1980.7　2
　冊　23cm　（近世日本風俗絵本集成）全9000円　Ⓝ721.8
　　　　　　　　　　　　　　　　　　　　　　〔19639〕
◇清長　吉田暎二著　美和書院　1953　151p　図版64枚
　27cm　Ⓝ721.8　　　　　　　　　　　　　　〔19640〕
◇清長　鳥居清長著, 高橋誠一郎編集並に解説　大日本雄
　弁会講談社　1955　図版37枚（解説共）　17cm　（講談
　社版アート・ブックス）721.8　　　　　　　　〔19641〕
◇清長　鳥居清長画, 渋井清, 菊地貞夫解説　集英社　1964
　はりこみ原色図版24枚　解説1　49cm　（浮世絵版画
　5）Ⓝ721.8　　　　　　　　　　　　　　　　〔19642〕
◇清長と春潮　林美一著　有光書房　1976　2冊（付録共）
　21cm　（艶本研究　14）9800円　Ⓝ721.8　　　〔19643〕
◇原色浮世絵大百科事典　第7巻　作品　2　清長―歌麿
　日本浮世絵協会原色浮世絵大百科事典編集委員会編　山
　口桂三郎, 浅野秀剛執筆　大修館書店　1980.12　142p
　38cm　8500円　Ⓝ721.8　　　　　　　　　　〔19644〕
◇在外秘宝―欧米収蔵浮世絵集成　3　鳥居清長　楢
　崎宗重編　学習研究社　1972　2冊（解説共）　44cm
　3800円　Ⓝ721.08　　　　　　　　　　　　　〔19645〕
◇全集浮世絵版画　2　清長　編集制作：座右宝刊行会
　監修：渋井清, 菊地貞夫　集英社　1972　109,8p（原色は

り込図24枚共）　43cm　18000円　Ⓝ721.8　　〔19646〕
◇高橋誠一郎コレクション浮世絵　第2巻　清長・歌麿・
　写楽　中央公論社　1975　203,9p（おもに図）　はり込み
　図56枚　44cm　88000円　Ⓝ721.8　　　　　〔19647〕
◇鳥居清長―江戸のヴィーナス誕生　鳥居清長画　千葉
　市美術館編　千葉　千葉市美術館　2007.4　295p
　29cm　Ⓝ721.8　　　　　　　　　　　　　　〔19648〕
◇肉筆浮世絵　第5巻　〔鳥居〕清長　鳥居清長著, 北尾重
　政著　集英社　1983.5　147p　38cm　6300円
　Ⓘ4-08-547005-1　Ⓝ721.8　　　　　　　　　〔19649〕
◇日本浮世絵大集　第3巻　秘版清長　浮世絵研究会編
　紫書房　1953　図版65枚　解説130p　26cm　Ⓝ721.8
　　　　　　　　　　　　　　　　　　　　　　〔19650〕
◇美人画・役者絵　3　清長　楢崎宗重著　講談社　1971
　143p（おもに図）　20cm　800円　Ⓝ721.8　　〔19651〕
◇復元浮世絵大観　5　清長・春潮　座右宝刊行会編集
　集英社　1979.2　図版24枚　48cm　28500円　Ⓝ721.8
　　　　　　　　　　　　　　　　　　　　　　〔19652〕
◇名品揃物浮世絵　2　清長―重政・政演・春潮・俊満　小
　林忠責任編集　ぎょうせい　1991.9　186p　38cm
　10000円　Ⓘ4-324-02487-1　Ⓝ721.8　　　　〔19653〕

◆◆◆安藤広重

◇青木コレクション名品展―知られざる広重の肉筆を中心
　に　千葉市美術館, 北九州市立美術館, 朝日新聞社編　朝
　日新聞社　c1999　195p　30cm　Ⓝ721.8　　〔19654〕
◇安藤広重東海道五十三次―保永堂版　MOA美術館編
　熱海　エムオーエー商事　1987.12　1冊　23×24cm
　Ⓝ721.8　　　　　　　　　　　　　　　　　〔19655〕
◇安藤広重のナゾ―東海道五十三次ミステリー　中右瑛著
　里文出版　2001.3　169p　21cm　1800円
　Ⓘ4-89806-141-9　Ⓝ721.8　　　　　　　　　〔19656〕
◇安藤広重版画名撰集　アダチ版　純手古摺　浮世絵版画
　研究所　1977　3帙　50cm　各110000円　Ⓝ721.8
　　　　　　　　　　　　　　　　　　　　　　〔19657〕
◇一立斎広重一世一代江戸百景　小川煙村編　吉川弘文館
　1918　28p　図版28枚　25cm　（歴史地理風俗錦絵文庫
　第6回）Ⓝ721.8　　　　　　　　　　　　　　〔19658〕
◇浮世絵―平木コレクション　16　花鳥風景　2　広重編　1
　毎日新聞社「重要文化財」委員会編　毎日新聞社　1971
　はり込み原色図版13枚　43cm　2000円　Ⓝ721.8
　　　　　　　　　　　　　　　　　　　　　　〔19659〕
◇浮世絵―平木コレクション　17　花鳥風景　3　広重編　2
　毎日新聞社「重要文化財」委員会編　毎日新聞社　1971
　はり込み原色図版13枚　43cm　2000円　Ⓝ721.8
　　　　　　　　　　　　　　　　　　　　　　〔19660〕
◇浮世絵―平木コレクション　18　花鳥風景　4　広重編　3
　毎日新聞社「重要文化財」委員会編　毎日新聞社　1971
　はり込み原色図版13枚　43cm　2000円　Ⓝ721.8
　　　　　　　　　　　　　　　　　　　　　　〔19661〕
◇浮世絵―平木コレクション　19　花鳥風景　5　広重編　4
　毎日新聞社「重要文化財」委員会編　毎日新聞社　1971
　はり込み原色図版13枚　43cm　2000円　Ⓝ721.8
　　　　　　　　　　　　　　　　　　　　　　〔19662〕
◇浮世絵大系　11　広重　編集制作：座右宝刊行会　担
　当：山口桂三郎　集英社　1974　143p（おもに図）
　43cm　4300円　Ⓝ721.8　　　　　　　　　　〔19663〕
◇浮世絵大系　11　広重―二代広重　編集制作：座右宝刊
　行会　担当：山口桂三郎　集英社　1975　143p（おもに
　図）　28cm　1300円　Ⓝ721.8　　　　　　　〔19664〕
◇浮世絵大系　14　別巻　2　東海道五拾三次　編集制
　作：座右宝刊行会　広重画, 担当：吉田漱　集英社　1975

美術史　　　　　　　　　　　　　　近世史

◇浮世絵大系　15　別巻3　木曽街道六拾九次　編集制作：座右宝刊行会　広重，英泉画，担当：菊地貞夫　集英社　1975　123p（おもに図）　43cm　4300円　Ⓝ721.8
〔19665〕
◇浮世絵大系　15　別巻3　木曽街道六拾九次　編集制作：座右宝刊行会　広重，英泉画，編集担当：菊地貞夫　集英社　1976　123p（おもに図）　28cm　Ⓝ721.8
〔19666〕
◇浮世絵大系　16　別巻4　名所江戸百景　1　編集制作：座右宝刊行会　広重画，担当：宮尾しげを　集英社　1975　123p（おもに図）　43cm　4800円　Ⓝ721.8
〔19667〕
◇浮世絵大系　16　別巻4　名所江戸百景　1　編集制作：座右宝刊行会　広重画，担当：宮尾しげを　集英社　1976　123p（おもに図）　29cm　1300円　Ⓝ721.8
〔19668〕
◇浮世絵大系　17　別巻5　名所江戸百景　2　編集制作：座右宝刊行会　広重画，担当：宮尾しげを　集英社　1976　123p（おもに図）　43cm　4800円　Ⓝ721.8
〔19669〕
◇浮世絵の世界―広重・英泉の描く中山道美濃16宿　安藤広重，渓斎英泉画　中山道みたけ館編　御嵩町（岐阜県）　御嵩町　1996.3　27p　26cm　Ⓝ721.8
〔19670〕
◇浮世絵名作選集　第15　広重第1　日本浮世絵協会編　宮尾しげを　山田書院　1967　31cm　Ⓝ721.8
〔19671〕
◇浮世絵名作選集　第16　広重第2　日本浮世絵協会編　岡畏三郎　山田書院　1967　31cm　Ⓝ721.8
〔19672〕
◇浮世絵名作選集　第17　広重第3　日本浮世絵協会編　榎本雄斎　山田書院　1968　図版18枚　31cm　Ⓝ721.8
〔19673〕
◇浮世絵名品選　第4　広重　高橋誠一郎解説　集英社　1965　47cm　Ⓝ721.8
〔19674〕
◇浮世絵ヤン・プールコレクション広重と稀品　太田記念美術館編　浮世絵太田記念美術館　1986　1冊　30cm　Ⓝ721.8
〔19675〕
◇浮世絵優品展―広重を中心として　初公開向山コレクション　太田記念美術館　1989　80p　30cm　Ⓝ721.8
〔19676〕
◇歌川広重　榎本紀子監修　ポプラ社　2004.4　79p　27cm　（徹底大研究日本の歴史人物シリーズ 13）2850円　①4-591-07998-8　Ⓝ721.8
〔19677〕
◇歌川広重展―浮世絵太田記念美術館所蔵　太田記念美術館編　太田記念美術館　1996.3　97p　30cm　Ⓝ721.8
〔19678〕
◇歌川広重《名所江戸百景》のすべて―芸大コレクション展　歌川広重画　東京芸術大学大学美術館編　芸大ミュージアムショップ　2007.7　164p　26cm　Ⓝ721.8
〔19679〕
◇歌川広重名品展―生誕200周年記念　浮世絵太田記念美術館所蔵　歌川広重画　太田記念美術館編　大野町（広島県）　王舎城美術宝物館　1997.12　101p　30cm　Ⓝ721.8
〔19680〕
◇江戸切絵図・富士見十三州輿地全図で辿る北斎・広重の冨岳三十六景筆くらべ　人文社　2005.2　127p　30cm　（古地図ライブラリー 11）2200円　①4-7959-1909-7
〔19681〕
◇「江戸の旅東海道五拾三次展」図録―開館二周年記念特別展　馬頭広重美術館編　馬頭町（栃木県）　馬頭町広重美術館　2002.9　151p　23×30cm　Ⓝ721.8　〔19682〕
◇絵本江戸土産　安藤広重画　桜楓社　1969　はり込原色図版243枚　27×36cm　58000円　Ⓝ721.8
〔19683〕
◇艶本研究―広重と歌麿　林美一著　有光書房　1965　2冊（別冊共）　23cm　和　Ⓝ721.8
〔19684〕
◇木曽街道六十九次　英泉，広重画，編集：楢崎宗重，岡畏三郎，鈴木重三　毎日新聞社　1975　原色はり込図74枚解説65,10p　55cm（解説：36cm）　100000円　Ⓝ721.8
〔19685〕
◇木曽海道六拾九次展―田中春雄コレクション　広重生誕二百年記念　歌川広重，池田英泉画　広重美術館編　天童　広重美術館　1997.10　119p　30cm　Ⓝ721.8
〔19686〕
◇京阪名所と近江八景　安藤広重画　西宮　中外書房　1975.5　1冊　27×41cm　Ⓝ721.8
〔19687〕
◇原色浮世絵大百科事典　第9巻　作品 4　広重・清親　日本浮世絵協会原色浮世絵大百科事典編集委員会編　山口桂三郎，浅野秀剛執筆　大修館書店　1981.8　142p　38cm　8500円　Ⓝ721.8
〔19688〕
◇在外秘宝―欧米収蔵浮世絵集成　5　歌川広重　楢崎宗重編　学習研究社　1973　2冊（解説共）　44cm　38000円　Ⓝ721.08
〔19689〕
◇週刊日本の美をめぐる　no.17　江戸 14　広重の五十三次―旅へいざなう　歌川広重画　小学館　2002.8　42p　30cm　（小学館ウイークリーブック）533円　Ⓝ702.1
〔19690〕
◇抒情絵師広重画業展―習作期から晩年まで　歌川広重画　浮世絵太田記念美術館　1983.3　165,6p　30cm　Ⓝ721.8
〔19691〕
◇全集浮世絵版画　6　広重　編集制作：座右宝刊行会　監修：渋井清，菊地貞夫　集英社　1971　111p（原色はり込図24枚共）　43cm　18000円　Ⓝ721.8　〔19692〕
◇大日本物産図会―浮世絵集成　一立斎広重画　京都　光彩社　1979.10　図版110枚　54cm　180000円　Ⓝ721.8
〔19693〕
◇高橋誠一郎コレクション浮世絵　第5巻　広重　中央公論社　1975　184,9p（おもに図）　はり込図56枚　44cm　88000円　Ⓝ721.8
〔19694〕
◇東海道五十三次駅続画―保永堂版　広重画　読売新聞社　1974　図55枚　33cm　3500円　Ⓝ721.8　〔19695〕
◇東海道五十三次　一立斎広重画　集英社　1965　原色はり込み図版55枚　47cm　Ⓝ721.8　〔19696〕
◇東海道五十三次　広重画，渋井清監修・解説　共同通信社開発局　1968　図版55枚　25×34cm　9000円　Ⓝ721.8
〔19697〕
◇東海道五拾三次　歌川広重画　日本浮世絵保存会　大塚巧芸社（製作）　1973　1冊　19×26cm　Ⓝ721.8
〔19698〕
◇東海道五拾三次　歌川広重筆　毎日新聞社　1981.3　図版55枚　53cm　620000円　Ⓝ721.8　〔19699〕
◇東海道五拾三次―保永堂版　歌川広重画　吉田漱文　集英社　1994.5　123p　31cm　3800円　①4-08-532046-7　Ⓝ721.8
〔19700〕
◇東海道五十三次と草津―浮世絵の世界　草津　草津市教育委員会　1989　1冊　30cm　Ⓝ721.8　〔19701〕
◇特別展「広重」図録　一立斎広重画　日本浮世絵学会編　松本　〔日本浮世絵博物館〕　1994.3　313p　26cm　Ⓝ721.8
〔19702〕
◇特別展「広重」図録　一立斎広重画　日本浮世絵学会編　松本　〔日本浮世絵博物館〕　1995.10　313p　26cm　Ⓝ721.8
〔19703〕
◇謎解き広重「江戸百」　原信田実著　集英社　2007.4　254p　18cm　（集英社新書ヴィジュアル版）1100円

◇①978-4-08-720389-9 Ⓝ721.8 〔19705〕
◇肉筆浮世絵 第8巻 〔安藤〕広重 安藤広重著 集英社 1981.12 147p 38cm 6300円 Ⓝ721.8 〔19706〕
◇広重 安藤広重画,高橋誠一郎編集並解説 大日本雄弁会講談社 1955 図版35枚（解説共）18cm（講談社版アート・ブックス）721.8 〔19707〕
◇広重 歌川広重画,渋井清,菊地貞夫解説 集英社 1964 はり込原色図版24枚 解説1 49cm（浮世絵版画4）721.8 〔19708〕
◇広重 山口桂三郎著 三彩社 1969 71p 図版17枚 22cm （東洋美術選書）580円 Ⓝ721.8 〔19709〕
◇広重 鈴木重三著 日本経済新聞社 1970 原色はり込み図版81枚 図80枚 211,10p 33cm 30000円 Ⓝ721.8 〔19710〕
◇広重―浮世絵界の巨匠のあゆみ 楢崎宗重著 清水書院 1971 216p 20cm （センチュリーブックス）721.8 〔19711〕
◇広重 内田実著 岩波書店 1978.1 1冊 27cm 28000円 Ⓝ721.8 〔19712〕
◇広重―東海道五十三次・名所江戸百景の世界 特別展図録 歌川広重画 東海銀行貨幣資料館,名古屋市博物館編 東海 トーエイ企画 1991 249p 30cm 721.8 〔19713〕
◇広重―James A.Michener Collection 歌川広重画 国際アート 1991.4 167p 30cm Ⓝ721.8 〔19714〕
◇広重―風景版画の巨匠 東海道五拾三次・東海道張交図会・名所江戸百景 東海銀行業務開発部企画編集 東海銀行 1991.6 249p 30cm 非売品 Ⓝ721.8 〔19715〕
◇広重―生誕二百年記念展 歌川広重画 大野町（広島県）王舎城美術宝物館 1996.10 87p 30cm Ⓝ721.8 〔19716〕
◇広重 歌川広重画 浅野秀剛,吉田伸之編 朝日新聞社 1998.7 99p 27cm （浮世絵を読む 5）2800円 ①4-02-257204-3 Ⓝ721.8 〔19717〕
◇広重―初代～五代広重のガイドブック 奥田敦子編集・執筆 太田記念美術館 2007.11 71p 26cm Ⓝ721.8 〔19718〕
◇広重 江戸名所 歌川広重画 学習研究社 1977.7 3冊 49cm （広重北斎諸国名所絵集）全33000円 Ⓝ721.8 〔19719〕
◇広重 諸国名所 歌川広重画 学習研究社 1976.11 4冊 49cm （広重北斎諸国名所絵集）全33000円 Ⓝ721.8 〔19720〕
◇広重一代 歌川広重著,丹波恒夫編 朝日新聞社 1965 216,20,76p（おもに）35cm Ⓝ721.8 〔19721〕
◇広重・英泉木曽街道六拾九次展―内山コレクション 〔東京都〕板橋区立美術館 1979 1冊 19×26cm Ⓝ721.8 〔19722〕
◇広重江戸風景版画集 歌川広重画 松木喜八郎編 松木喜八郎 1939 48p 図版142枚 32cm 〔19723〕
◇広重江戸風景版画大聚成 安藤広重画 酒井雁高編 小学館 1996.7 322p 43cm 78000円 ①4-09-699491-X Ⓝ721.8 〔19724〕
◇広重絵日記 第1 東海道下り日記〔ほか〕 歌川広重著,遠藤金太郎編著 遠藤金太郎 美術出版社 1960 138p（解説共）27cm Ⓝ721.8 〔19725〕
◇広重・花鳥画展―生誕200年記念 王舎城美術宝物館所蔵 歌川広重画 太田記念美術館 1997.5 84p 30cm Ⓝ721.8 〔19726〕

◇広重、東海道を行く 那須田稔著 静岡 静岡新聞社 1981.1 206p 20cm （静岡県歴史物語 4）1100円 Ⓝ721.8 〔19727〕
◇広重東海道五十三次 歌川広重画 中央公論美術出版 1958 はり込原色図版58枚 36×50cm Ⓝ721.8 〔19728〕
◇広重東海道五十三次 歌川広重画 平凡社 1960 原色図版55枚 22×30cm Ⓝ721.8 〔19729〕
◇広重東海道五十三次―慶応義塾高橋誠一郎浮世絵コレクション八種四百十八景 白石克編 小学館 1988.11 151p 38cm 7800円 ①4-09-680431-2 Ⓝ721.8 〔19730〕
◇広重東海道五拾三次―保永堂版・隷書東海道 歌川広重画 静岡県立美術館編 静岡 静岡県立美術館 1994.1 85p 28cm Ⓝ721.8 〔19731〕
◇広重東海道五十三次―保永堂版初摺集成 歌川広重画 岡畏三郎,網野善彦,白石つとむ執筆 小学館 1997.7 219p 43cm 56000円 ①4-09-699556-8 Ⓝ721.8 〔19732〕
◇広重「東海道五十三次」錦絵展―出世作保永堂版に続く六種 歌川広重画 慶応義塾図書館編 Maruzen 1996 114p 19×26cm Ⓝ721.8 〔19733〕
◇広重「東海道五十三次」の秘密―新発見、その元絵は司馬江漢だった 対中如雲著 祥伝社 1995.11 227p 図版28枚 18cm （ノン・ブック）1000円 ①4-396-10372-7 Ⓝ721.8 〔19734〕
◇広重東海道展―多様なその世界 熊本県立美術館編 太田記念美術館 1991.4 159p 28cm Ⓝ721.8 〔19735〕
◇広重東海道錦絵を読む 白石克執筆 慶應義塾大学三田情報センター情報サービス担当 1993.1 55p 30cm （文献シリーズ no.22）Ⓝ721.8 〔19736〕
◇広重と浮世絵風景画 大久保純一著 東京大学出版会 2007.4 317,15p 21cm 5400円 ①978-4-13-080208-6 〔19737〕
◇広重特別展―名所江戸百景 太田記念美術館編 太田記念美術館 c1980 1冊 26cm 〔19738〕
◇広重特別展―稀品を交えた代表作品展 太田記念美術館 c1980 1冊 26cm Ⓝ721.8 〔19739〕
◇「広重肉筆画名作展―青木コレクションを中心に」図録 歌川広重画 馬頭町広重美術館編 馬頭町（栃木県）馬頭町広重美術館 2000.11 193p 30cm Ⓝ721.8 〔19740〕
◇広重の暗号―東海道五十三次の謎 坂之王道著 青春出版社 2006.7 264p 19cm 1800円 ①4-413-03598-4 〔19741〕
◇広重の江戸 池田弥三郎著 講談社 1968 150p 19cm （原色写真文庫）721.8 〔19742〕
◇広重の江戸名所―歌川広重生誕二百年記念 日本浮世絵博物館所蔵 安城市歴史博物館編 安城 安城市歴史博物館 1997.2 35p 24cm Ⓝ721.8 〔19743〕
◇広重の描いた近江―ニューヨーク・ニュージャージー浮世絵コレクション展〈参考出品〉作品図録 歌川広重画 大津市歴史博物館編 大津 大津市歴史博物館 1997.10 19p 30cm Ⓝ721.8 〔19744〕
◇「広重の画業展―名所江戸百景を中心に」図録 歌川広重画 馬頭町広重美術館編 馬頭町（栃木県）馬頭町広重美術館 2001.9 263p 30cm Ⓝ721.8 〔19745〕
◇広重のカメラ眼―佐野喜板東海道の旅 嶋田正文著 豊見城村（沖縄県）沖縄図書センター 2001.4 379p 19cm 2800円 ①4-89614-890-8 Ⓝ721.8 〔19746〕

美術史　　　　　　　　　近世史

◇広重の三都めぐり―京・大坂・江戸・近江 京絵図大全・大坂細見図・御江戸大絵図で歩く　歌川広重画　菅井靖雄執筆　人文社　2006.11　127p　30cm　（古地図ライブラリー 14）2200円　ⓘ4-7959-1912-7　Ⓝ721.8
〔19747〕

◇広重の世界―狂歌入東海道　豊橋市二川宿本陣資料館編　豊橋　〔豊橋市二川宿本陣資料館〕　1999.7　22p　30cm　Ⓝ721.8
〔19748〕

◇広重の世界・巨匠のあゆみ　楢崎宗重著　清水書院　1984.9　216p 図版12枚　18cm　（清水新書）480円　ⓘ4-389-44004-7　Ⓝ721.8
〔19749〕

◇広重の風景画展―歌川広重生誕200年記念　歌川広重画　山口県立萩美術館・浦上記念館編　萩　山口県立萩美術館・浦上記念館　1997.5　28p　27cm　Ⓝ721.8
〔19750〕

◇広重版画名作展　歌川広重画　町田　町田市立博物館　1979.9　55p　26cm　（町田市立博物館 第19集）Ⓝ721.8
〔19751〕

◇広重風景版画展―東海道五拾三次と木曾街道六拾九次　平塚市美術館編　毎日新聞社　1999.1　87p　26cm　Ⓝ721.8
〔19752〕

◇広重武相名所旅絵日記　歌川広重著, 楢崎宗重編　鹿島出版会　1976　162p（おもに図）　22cm　1200円　Ⓝ721.8
〔19753〕

◇広重ベスト百景　歌川広重画　赤瀬川原平文・構成　講談社　2000.2　63p　27cm　（赤瀬川原平の名画探険）2400円　ⓘ4-06-209947-0　Ⓝ721.8
〔19754〕

◇広重保永堂版「東海道五拾三次」帰国展―カタログ　歌川広重画　中右瑛監修　毎日新聞社編　毎日新聞社　c1994　1冊　22×26cm　Ⓝ721.8
〔19755〕

◇広重名所江戸百景　歌川広重画　画報社編　画報社　1930　1冊　31cm　Ⓝ721.8
〔19756〕

◇広重名所江戸百景・江戸時代肉筆美人風俗画―春季特別展　町田市立博物館編　町田　町田市立博物館　1977.4　40p（おもに図）　26cm　Ⓝ721.8
〔19757〕

◇広重名所江戸百景―新印刷による　歌川広重画　河津一哉解説　暮しの手帖社　1991.1　図版100枚　28cm　33000円　ⓘ4-7660-0036-6　Ⓝ721.8
〔19758〕

◇広重名所江戸百景　歌川広重画　ヘンリー・スミス著　生活史研究所監訳　岩波書店　1992.3　262p　37cm　12000円　ⓘ4-00-008169-1　Ⓝ721.8
〔19759〕

◇広重―名所江戸百景―a souvenir postcard book　大野和彦著　京都　京都書院　1998.9　絵はがき1組（31枚）15×11cm　（京都書院アーツコレクション 174）1000円　ⓘ4-7636-1674-9
〔19760〕

◇広重名所江戸百景―秘蔵岩崎コレクション　歌川広重画　浅野秀剛監修　小学館　2007.8　215p　31cm　9500円　ⓘ978-4-09-682009-4　Ⓝ721.8
〔19761〕

◇広重名所江戸百景展―特集　東京都足立区立郷土博物館編　足立区立郷土博物館　1987.4　1冊　26cm　（足立区立郷土博物館紀要 第2号）Ⓝ721.8
〔19762〕

◇広重六十余州名所図会―プルヴェラー・コレクション　安藤広重画　岩波書店　1996.12　図版72枚　48cm　309000円　ⓘ4-00-008065-2　Ⓝ721.8
〔19763〕

◇復元浮世絵大観　12　広重　座右宝刊行会編集　集英社　1978.5　図版24枚　48cm　28400円　Ⓝ721.8
〔19764〕

◇フランク・ロイド・ライトと広重　アルファキュービックギャラリーほか編　京都　京都書院　1992.6　87p　31cm　3000円　ⓘ4-7636-0051-6　Ⓝ721.8
〔19765〕

◇北斎と広重　第1　富岳三十六景　楢崎宗重著　講談社　1964　144p（原色図版 解説共）　20×19cm　Ⓝ721.8
〔19766〕

◇北斎と広重　第2　東海道五十三次　楢崎宗重著　講談社　1964　141p（原色図版 解説共）　20×19cm　Ⓝ721.8
〔19767〕

◇北斎と広重　第3　木曾街道六十九次　楢崎宗重著　講談社　1964　141p（原色図版 解説共）　20×19cm　Ⓝ721.8
〔19768〕

◇北斎と広重　第4　隅田川　楢崎宗重著　講談社　1964　141p（原色図版 解説共）　20×19cm　Ⓝ721.8〔19769〕

◇北斎と広重　第5　江戸百景　楢崎宗重著　講談社　1965　143p（原色図版 解説共）　20cm　Ⓝ721.8
〔19770〕

◇北斎と広重　第6　諸国名所　楢崎宗重著　講談社　1964　142p（原色図版 解説共）　20cm　Ⓝ721.8
〔19771〕

◇北斎と広重　第7　花鳥風月　楢崎宗重著　講談社　1964　139p（原色図版 解説共）　20cm　Ⓝ721.8
〔19772〕

◇北斎と広重　第8　俳画漫画風俗画　楢崎宗重著　講談社　1964　143p（原色図版 解説共）　20×19cm　Ⓝ721.8
〔19773〕

◇北斎・広重から棟方志功まで―町田市立国際版画美術館所蔵品を中心に 開館三周年特別展　高松市歴史資料館編　高松　高松市歴史資料館　1995.10　96p　30cm　Ⓝ721.8
〔19774〕

◇北斎・広重の冨嶽三十六景筆くらべ―江戸切絵図・冨士見十三州輿地全図で辿る　葛飾北斎, 歌川広重画　森山悦乃, 松村真佐子作品解説　人文社編集部企画・編集　人文社　2005.5　127p　30cm　（古地図ライブラリー 11）2200円　ⓘ4-7959-1909-7　Ⓝ721.8　〔19775〕

◇名所江戸百景　安藤広重筆　東京木版画工芸組合　1964　はり込原色図版30枚　21cm　Ⓝ721.8
〔19776〕

◇名所江戸百景　広重画　共同通信社開発局　1971　原色図版120枚　42cm　50000円　Ⓝ721.8
〔19777〕

◇名所江戸百景　一立斎広重画, 渋井清著, 座右宝刊行会編　集英社　1974　2冊（図・解説〔篇〕共）　44cm　98000円　Ⓝ721.8
〔19778〕

◇「名所江戸百景」傑作集　初代広重画　共同通信社出版局　1988.1　図版40枚　42cm　43000円　ⓘ4-7641-0174-2　Ⓝ721.8
〔19779〕

◇『名所江戸百景』広重の描いた千代田区―わたしの散歩帳から　山本勝美著　五月書房　2003.1　87p　27cm　2800円　ⓘ4-7727-0384-5　Ⓝ291.361
〔19780〕

◇名品揃物浮世絵　10　広重 1（江戸名所物）　鈴木重三責任編集　ぎょうせい　1991.7　182p　38cm　10000円　ⓘ4-324-02495-2　Ⓝ721.8
〔19781〕

◇名品揃物浮世絵　11　広重 2（道中物）　山口桂三郎責任編集　ぎょうせい　1991.12　174p　38cm　10000円　ⓘ4-324-02496-0　Ⓝ721.8
〔19782〕

◇名品揃物浮世絵　12　広重 3（諸国名産物）　山口桂三郎責任編集　ぎょうせい　1992.4　174p　38cm　10000円　ⓘ4-324-02497-9　Ⓝ721.8
〔19783〕

◇眼鏡絵と東海道五拾三次展―西洋の影響をうけた浮世絵　神戸市立博物館編　神戸　神戸市立博物館　1984.4　124p　24×25cm　Ⓝ721.8
〔19784〕

◇琳派と広重 東海道五拾三次の展開―ガラスによる日本美の表現　黒木国昭著　求龍堂　2006.11　145p　30×23cm　2381円　ⓘ4-7630-0664-9
〔19785〕

◇六十余州名所図会　一立斎広重画　毎日新聞社　1978.12　図版69枚　55cm　100000円　Ⓝ721.8
〔19786〕

◆◆◆喜多川歌麿

◇浮世絵―平木コレクション 7 美人画 7 歌麿編 毎日新聞社「重要文化財」委員会編 毎日新聞社 1970 はり込み原色図版13枚 43cm 2000円 Ⓝ721.8
〔19787〕

◇ウキヨエ図典 第13 歌麿 渋井清編 風間書房 1964 253p（図版 解説共）Ⓝ721.8
〔19788〕

◇浮世絵大系 5 歌麿 編集制作：座右宝刊行会 担当：菊地貞夫 集英社 1973 143p（おもに図） 43cm Ⓝ721.8
〔19789〕

◇浮世絵大系 5 歌麿 編集制作：座右宝刊行会 担当：菊地貞夫 集英社 1975 143p（おもに図） 28cm 980円 Ⓝ721.8
〔19790〕

◇浮世絵大系 6 歌麿・栄之 編集制作：座右宝刊行会 担当：菊地貞夫 集英社 1973 143p（おもに図） 43cm 4300円 Ⓝ721.8
〔19791〕

◇浮世絵大系 6 歌麿・栄之 編集制作：座右宝刊行会 担当：菊地貞夫 集英社 1975 143p（おもに図） 28cm 1300円 Ⓝ721.8
〔19792〕

◇浮世絵 美人画・役者絵 第4 歌麿 第1 楢崎宗重 講談社 1965 143p（おもに図版） 20cm Ⓝ721.8
〔19793〕

◇浮世絵 美人画・役者絵 第5 歌麿 第2 菊地貞夫 講談社 1965 143p（おもに図版） 20cm Ⓝ721.8
〔19794〕

◇浮世絵名作選集 第9 歌麿 第1 日本浮世絵協会編 菊地貞夫 山田書院 1968 図版17枚 31cm Ⓝ721.8
〔19795〕

◇浮世絵名作選集 第10 歌麿 第2 日本浮世絵協会編 楢崎宗重 山田書院 1968 図版19枚 31cm Ⓝ721.8
〔19796〕

◇浮世絵名品選 第1 歌麿 岡畏三郎解説 集英社 1965 47cm Ⓝ721.8
〔19797〕

◇歌麿 渋井清著 アソカ書房 1952 144p 図版21枚 22cm Ⓝ721.8
〔19798〕

◇歌麿 喜多川歌麿著,近藤市太郎編集並解説 大日本雄弁会講談社 1955 図版35枚（解説共） 17cm（講談社版アート・ブックス）Ⓝ721.8
〔19799〕

◇歌麿 喜多川歌麿画,渋井清,菊地貞夫解説 集英社 1963 はりこみ原色図版24枚 解説2 49cm（浮世絵版画 1）Ⓝ721.8
〔19800〕

◇歌麿 菊地貞夫著 大阪 保育社 1972 153p 15cm（カラーブックス）280円 Ⓝ721.8
〔19801〕

◇歌麿 喜多川歌麿画 下村良之介ほか著 新潮社 1991.7 119p 22cm（とんぼの本）1400円 ①4-10-601996-5 Ⓝ721.8
〔19802〕

◇歌麿 喜多川歌麿画 福田和彦編著 ベストセラーズ 1992.1 187p 30cm（浮世絵名品撰）4300円 ①4-584-17041-X Ⓝ721.8
〔19803〕

◇歌麿―愛蔵額装版 小学館 1993.12 図版12枚 51cm（浮世絵聚花名品選）52000円 ①4-09-699481-2 Ⓝ721.8
〔19804〕

◇歌麿 喜多川歌麿画 安田義章編 佐野文哉訳 二見書房 1996.10 173p 20cm（江戸を読む 4）1800円 ①4-576-96133-0 Ⓝ721.8
〔19805〕

◇歌麿 喜多川歌麿画 浅野秀剛,吉田伸之編 朝日新聞社 1998.3 98p 27cm（浮世絵を読む 2）2800円 ①4-02-257201-9 Ⓝ721.8
〔19806〕

◇歌麿が愛した栃木 林美一著 画文堂 1972 32p 29cm 非売 Ⓝ721.8
〔19807〕

◇歌麿稀覯百選展―世界の酒井コレクション 喜多川歌麿著 日本浮世絵保存会 大塚巧芸社（製作） 1972 1冊 26cm Ⓝ721.8
〔19808〕

◇歌麿芸術の再発見 浮世絵太田記念美術館 1995.4 118p 30cm Ⓝ721.8
〔19809〕

◇「歌麿」図録―日本浮世絵博物館所蔵 特別展 日本浮世絵学会編 岐阜 岐阜市歴史博物館 1993.4 157p 26cm Ⓝ721.8
〔19810〕

◇歌麿とその周辺 浮世絵太田記念美術館 1992.11 87p 30cm Ⓝ721.8
〔19811〕

◇歌麿と栃木―新考証 渡辺達也著 壬生町（栃木県） 歌麿と栃木研究会 1991.10 233p 20cm 1700円 Ⓝ721.8
〔19812〕

◇歌麿と北斎―その芸術を支えた琳派・漢画系の絵師 浮世絵太田記念美術館 浮世絵太田記念美術館 2001.11 82p 30cm Ⓝ721.8
〔19813〕

◇歌麿の歌まくら秘画帖 画文堂編集部編 限定版 画文堂 1966 147p はり込み原 26×33cm Ⓝ721.8
〔19814〕

◇歌麿の歌まくら秘画帖―カラー版 喜多川歌麿画,東大路鐸編集・解説 画文堂 1980.10 119p 27×34cm 19000円 ①4-87364-015-6 Ⓝ721.8
〔19815〕

◇歌麿の歌まくら秘画帖 喜多川歌麿著,東大路鐸編 画文堂 1980.10 1冊 27×34cm 19000円 ①4-87364-015-5 Ⓝ721.8
〔19816〕

◇歌麿の女絵 喜多川歌麿画,菊地貞夫編 緑園書房 1963 90p 21cm（原色版 浮世絵文庫 2）Ⓝ721.8
〔19817〕

◇歌麿の世界 渋井清著 日本経済新聞社 1968 216p 18cm（日経新書）Ⓝ721.8
〔19818〕

◇歌麿の謎 美人画と春画 リチャード・レイン,林美一ほか著 新潮社 2005.11 127p 21cm 1300円 ①4-10-602137-4 Ⓝ721.8
〔19819〕

◇歌麿・北斎浮世絵ものがたり 藤枝秀峰著 寿満書店 1968 201p 22cm 880円 Ⓝ721.8
〔19820〕

◇歌麿名画三撰 喜多川歌麿画 毎日新聞社 1985.10 図版9枚 41cm 290000円 Ⓝ721.8
〔19821〕

◇歌麿名作撰―美人画之粋 喜多川歌麿画 毎日新聞社 1983.2 図版24枚 41cm 485000円 Ⓝ721.8
〔19822〕

◇江戸浮世絵 その2 女 喜多川歌麿画,高山銀之助訳文 ダイナミックセラーズ 1989.11 127p 21cm 1030円 ①4-88493-160-2 Ⓝ721.8
〔19823〕

◇江戸浮世絵 その8 遊―喜多川歌麿2 喜多川歌麿画,高山銀之助訳文 ダイナミックセラーズ 1990.6 124p 21cm 1000円 ①4-88493-179-3 Ⓝ721.8
〔19824〕

◇江戸枕絵名品選 2 艶本葉男婦舞喜 林美一著,花咲一男編 道楽家人作,喜多川歌麿画 三樹書房 1982.12 159p 27cm 9500円 Ⓝ721.8
〔19825〕

◇江戸名作画帖全集 9 北斎・歌麿・国貞―浮世絵 永田生慈責任編集 駸々堂出版 1992.11 199,7p 31cm 20000円 ①4-397-50409-1 Ⓝ721.025
〔19826〕

◇絵本江戸爵 喜多川歌麿画 京都 臨川書店 1979.4 3冊 22cm（近世日本風俗絵本集成）全10000円 Ⓝ721.8
〔19827〕

◇絵本小町引―大判錦絵秘画帖 喜多川歌麿画 リチャード・レイン編・著 河出書房新社 1996.1 44p 30cm（定本・浮世絵春画名品集成 2）1600円 ①4-309-91012-2 Ⓝ721.8
〔19828〕

◇絵本小町引―枕絵 喜多川歌麿画 三心堂出版社 1996.8 39p 12cm 500円 ①4-88342-071-X Ⓝ721.8
〔19829〕

◇艶本葉男婦舞喜　喜多川歌麿画　早川聞多解説・翻刻　学習研究社　1995.10　73p　26cm（江戸名作艶本）2500円　①4-05-500147-9　Ⓝ721.8　〔19830〕

◇艶本『色の千種』　喜多川歌麿画　画文堂　1985.7　103p　26cm（浮世絵美術名品館シリーズ 2）1900円　①4-87364-019-9　Ⓝ721.8　〔19831〕

◇艶本研究―歌麿　林美一著　有光書房　1962　314p　図版19枚（原色2枚共）　21cm　和　Ⓝ721.8　〔19832〕

◇艶本研究―続・歌麿　林美一著　有光書房　1963　304p　21cm　和　Ⓝ721.8　〔19833〕

◇艶本研究―広重と歌麿　林美一著　有光書房　1965　2冊（別冊共）　23cm　和　Ⓝ721.8　〔19834〕

◇艶本葉男婦舞喜―色摺半紙本三冊　喜多川歌麿画　林美一編・著　河出書房新社　1997.9　73p　30cm（定本・浮世絵春画名品集成 18）2400円　①4-309-91028-9　Ⓝ721.8　〔19835〕

◇喜多川歌麿　喜多川歌麿画　第2版　海外文化振興協会　1996.6　94p　39cm　25000円　Ⓝ721.8　〔19836〕

◇喜多川歌麿　喜多川歌麿画　日本アート・センター編　新潮社　1997.8　93p　20cm（新潮日本美術文庫 16）1068円　①4-10-601536-6　Ⓝ721.8　〔19837〕

◇喜多川歌麿―世界が賞賛した〈エロスと色彩〉の魔術師　白倉敬彦編著　洋泉社　2004.5　154p　18cm（Color新書y―カラー版・江戸の春画 1）1200円　①4-89691-819-3　Ⓝ721.8　〔19838〕

◇喜多川歌麿　前篇　野口米次郎著　京都　富書房　1946　300p*　27cm　45円　Ⓝ721.8　〔19839〕

◇喜多川歌麿　正　林美一著　河出書房新社　1990.10　339p　23cm（江戸枕絵師集成）3689円　①4-309-71252-5　Ⓝ721.8　〔19840〕

◇喜多川歌麿　上　熊倉精一著　栃木　熊倉精一　1993.12　64p　21cm（江戸時代の栃木　巻之10）1000円　Ⓝ721.8　〔19841〕

◇喜多川歌麿　続　林美一著　河出書房新社　1993.12　272p　23cm（江戸枕絵師集成）3800円　①4-309-71254-1　Ⓝ721.8　〔19842〕

◇「喜多川歌麿」展図録　浅野秀剛，ティモシー・クラーク執筆・編集　朝日新聞社　1995　2冊　30cm　Ⓝ721.8　〔19843〕

◇狂月坊　青楼絵本年中行事　浮世絵師喜多川哥麿版画目録　喜多川歌麿画　吉田幸一，倉島須美子編　十返舎一九編　喜多川歌麿画　吉田幸一，倉島須美子編　古典文庫　2001.4　255p　17cm（古典文庫）非売品　Ⓝ721.8　〔19844〕

◇原色浮世絵大百科事典　第7巻　作品　2　清長―歌麿　日本浮世絵協会原色浮世絵大百科事典編集委員会編　山口桂三郎，浅野秀剛執筆　大修館書店　1980.12　142p　38cm　8500円　Ⓝ721.8　〔19845〕

◇恋うた『美津の花』―歌麿秘画本　喜多川歌麿画　画文堂　1986.1　96p　26cm（浮世絵美術名品館シリーズ 3）1900円　①4-87364-020-2　Ⓝ721.8　〔19846〕

◇在外秘宝―欧米収蔵浮世絵集成　6　喜多川歌麿　楢崎宗重編　学習研究社　1973　2冊（解説共）　44cm　38000円　Ⓝ721.08　〔19847〕

◇週刊日本の美をめぐる　no.10　江戸 11　歌麿においたつ色香　喜多川歌麿ほか画　小学館　2002.7　42p　30cm（小学館ウイークリーブック）533円　Ⓝ702.1　〔19848〕

◇全集浮世絵版画　3　歌麿　編集制作：座右宝刊行会　監修：渋井清，菊地貞夫　集英社　1971　113p（原色はり込図版24枚共）　43cm　18000円　Ⓝ721.8　〔19849〕

◇大歌麿展　喜多川歌麿画　福岡市美術館編　福岡テレビ西日本　1998.1　223p　30cm　Ⓝ721.8　〔19850〕

◇高橋誠一郎コレクション浮世絵　第2巻　清長・歌麿・写楽　中央公論社　1975　203,9p（おもに図）はり込み図56枚　44cm　88000円　Ⓝ721.8　〔19851〕

◇手摺木版浮世絵　三枚続逸品集　第1　隅田川納涼　喜多川歌麿画　山田書院　図版3枚　34cm　Ⓝ721.8　〔19852〕

◇特別展「哥麿」図録　日本浮世絵学会編　刈谷　刈谷市美術館　1989.4　151p　26cm　Ⓝ721.8　〔19853〕

◇日本風俗図絵―江戸木版画集　12　絵本江戸爵・絵本駿河舞・青楼年中行事　黒川真道編　喜多川歌麿図絵　柏書房　1983.6　220p　27cm　2200円　Ⓝ721.8　〔19854〕

◇ねがひの糸ぐち―大判錦絵秘画帖　喜多川歌麿画　リチャード・レイン編・著　河出書房新社　1997.6　62p　30cm（定本・浮世絵春画名品集成 15）2000円　①4-309-91025-4　Ⓝ721.8　〔19855〕

◇美人画・役者絵　4　歌麿　1　楢崎宗重著　講談社　1971　143p（おもに図）　20cm　800円　Ⓝ721.8　〔19856〕

◇美人画・役者絵　5　歌麿　2　菊地貞夫著　講談社　1971　143p（おもに図）　20cm　800円　Ⓝ721.8　〔19857〕

◇秘蔵版 歌麿　喜多川歌麿著，歌麿研究会編　日本美術社　1956　114p　図版58枚　26cm　Ⓝ721.8　〔19858〕

◇美の巨人歌麿と北斎　喜多川歌麿，葛飾北斎画　福田和彦編著　河出書房新社　2003.5　125p　30cm　4800円　①4-309-26641-X　Ⓝ721.8　〔19859〕

◇復元浮世絵大観　6　歌麿　座右宝刊行会編集　集英社　1977.11　はり込図24枚　48cm　28400円　Ⓝ721.8　〔19860〕

◇平成夢幻歌麿追放　上　熊倉精一著　栃木　下野歴史研究会　1992.11　78p　21cm（江戸時代の栃木　巻之6）1000円　Ⓝ721.8　〔19861〕

◇平成夢幻歌麿追放　下　熊倉精一著　栃木　下野歴史研究会　1993.5　73p　21cm（江戸時代の栃木　巻之7）1000円　Ⓝ721.8　〔19862〕

◇名品揃物浮世絵　3　歌麿　1（初期から寛政期まで）　山口桂三郎責任編集　ぎょうせい　1991.1　174p　38cm　10000円　①4-324-02488-X　Ⓝ721.8　〔19863〕

◇名品揃物浮世絵　4　歌麿　2（享和以降の歌麿および栄之・栄昌・栄里・長喜）　小林忠責任編集　ぎょうせい　1992.5　178p　38cm　10000円　①4-324-02489-8　Ⓝ721.8　〔19864〕

◆◆◆歌川豊春

◇歌川豊春とその時代―没後180年記念　浮世絵太田記念美術館　1994.4　111p　30cm　Ⓝ721.8　〔19865〕

◆◆◆歌川国芳

◇浮世絵大系　10　国貞・国芳・英泉　編集制作：座右宝刊行会　担当：鈴木重三　集英社　1974　143p（おもに図）　43cm　4300円　Ⓝ721.8　〔19866〕

◇浮世絵大系　10　国貞・国芳・英泉―英山・貞秀ほか　編集制作：座右宝刊行会　担当：鈴木重三　集英社　1976　143p（おもに図）　28cm　1300円　Ⓝ721.8　〔19867〕

◇浮世絵名作選集　第8　国芳　日本浮世絵協会編　鈴木重三　山田書院　1968　図版17枚　31cm　Ⓝ721.8　〔19868〕

◇歌川国芳　歌川国芳画　日本アート・センター編　新潮社　1998.6　93p　20cm　(新潮日本美術文庫22)1068円　Ⓘ4-10-601542-0　Ⓝ721.8〔19869〕
◇歌川国芳一門の全貌展―国芳から暁斎、芳年、清方へ　旭川　北海道立旭川美術館　2000　80p　30cm　Ⓝ721.8〔19870〕
◇歌川国芳戯画展　浮世絵太田記念美術館　1987.8　1冊　26cm　Ⓝ721.7〔19871〕
◇歌川国芳木曽街道六十九次―江戸時代の楽しみ上手な文化人　岐阜県博物館所蔵　タルイピアセンター第34回企画展　タルイピアセンター編　垂井町(岐阜県)　タルイピアセンター　2005.4　27p　30cm〔19872〕
◇歌川国芳展―幕末の俊才・奇想の浮世絵師　スプリングフィールド美術館所蔵品を中心とした　リッカー美術館編　リッカー美術館　1978　1冊　26cm　Ⓝ721.8〔19873〕
◇歌川国芳展―生誕200年記念　名古屋市博物館ほか編　日本経済新聞社　1996.10　300p　31cm　Ⓝ721.8〔19874〕
◇江戸浮世絵　その5　風　歌川国芳画,高山銀之助訳文　ダイナミックセラーズ　1990.3　127p　21cm　1000円　Ⓘ4-88493-168-8　Ⓝ721.8〔19875〕
◇江戸春画秘本枕絵―歌川国芳の世界　吉崎淳二編　コスミック出版,コスミックインターナショナル〔発売〕2003.12　167p　21cm　(コスモブックス)2190円　Ⓘ4-7747-0658-2〔19876〕
◇江戸錦吾妻文庫　歌川国芳画　辻惟雄解説　加藤定彦翻刻　学習研究社　1995.10　69p　26cm　(江戸名作艶本)2500円　Ⓘ4-05-500148-7　Ⓝ721.8〔19877〕
◇国貞国芳　吉田暎二著　美和書院　1954　122p　図版38枚(木版共)　22cm　Ⓝ721.8〔19878〕
◇国芳―秘版国芳　歌川国芳著,編述:福田和彦　芳賀書店　1974　231p　27cm　(草紙本浮世絵名品選)13800円　Ⓝ721.8〔19879〕
◇国芳　歌川国芳画　鈴木重三編著　平凡社　1992.6　281p　37cm　45000円　Ⓘ4-582-66210-2　Ⓝ721.8〔19880〕
◇国芳　佐野文哉訳　二見書房　1996.9　166p　20cm　(江戸を読む　3)1800円　Ⓘ4-576-96104-7　Ⓝ721.8〔19881〕
◇国芳　歌川国芳画　浅野秀剛,吉田伸之編　朝日新聞社　1997.11　98p　27cm　(浮世絵を読む　6)2800円　Ⓘ4-02-257205-1　Ⓝ721.8〔19882〕
◇「国芳画」展カタログ―オランダ国立ライデン民族学博物館でまた、新しい発見!　江戸の"ポップアーティスト"　長崎　シーボルト・カウンシル　1992　95p　30cm　Ⓝ721.8〔19883〕
◇国芳芸術の全貌　歌川国芳画　浮世絵太田記念美術館編　悳俊彦監修・執筆　浮世絵太田記念美術館　1999.8　101p　30cm　Ⓝ721.8〔19884〕
◇国芳作品目録　錦絵編　長田幸徳編著　三光社　2002.4　214p　30cm　4600円　Ⓝ721.8〔19885〕
◇国芳の絵本　1　歌川国芳画,悳俊彦監修解説　岩崎美術社　1989.1　321p　23cm　3500円　Ⓝ721.8〔19886〕
◇国芳の絵本　2　歌川国芳画,悳俊彦監修解説　岩崎美術社　1989.1　314p　23cm　3500円　Ⓝ721.8〔19887〕
◇国芳の狂画　歌川国芳画　稲垣進一,悳俊彦編著　東京書籍　1991.10　205p　31cm　9000円　Ⓘ4-487-75272-8　Ⓝ721.8〔19888〕
◇国芳漫画　歌川国芳画,鈴木仁一編著　岩崎美術社　1982.9　30p　図版32枚　26cm　(双書美術の泉53)1800円　Ⓝ721.8〔19889〕
◇国芳妖怪百景　歌川国芳画　悳俊彦編・解説　須永朝彦文　国書刊行会　1999.5　112p　27cm　4000円　Ⓘ4-336-04139-3　Ⓝ721.8〔19890〕
◇週刊日本の美をめぐる　no.33　江戸15　国芳と芳年―奇々怪々の幕末　歌川国芳,月岡芳年画　小学館　2002.12　42p　30cm　(小学館ウイークリーブック)533円　Ⓝ702.1〔19891〕
◇春色入舩帳　歌川国芳画　美術出版社　1998.7　1冊　27cm　(浮世絵艶本集成　第3巻)2800円　Ⓘ4-568-10402-5　Ⓝ721.8〔19892〕
◇高橋誠一郎コレクション浮世絵　第3巻　豊国・国貞・国芳　中央公論社　1976　201,9p(おもに図)はり込図56枚　44cm　88000円　Ⓝ721.8〔19893〕
◇口吸心久茎後編―色摺半紙本二冊　歌川国芳画作　林美一編著　河出書房新社　1997.7　46p　30cm　(定本・浮世絵春画名品集成　16)1800円　Ⓘ4-309-91026-2　Ⓝ721.8〔19894〕
◇徳川錦絵文庫―完全復刻版　第3巻　歌川国芳と歌川国貞　ダイナミックセラーズ　1991.1　127p　21cm　1200円　Ⓘ4-88493-214-5　Ⓝ721.8〔19895〕
◇幕末の修羅絵師国芳　橋本治ほか著　新潮社　1995.7　118p　22cm　(とんぼの本)1600円　Ⓘ4-10-602039-4　Ⓝ721.8〔19896〕
◇花以嘉多　歌川国芳画　早川聞多解説・翻刻　学習研究社　1996.8　71p　26cm　(江戸名作艶本　10)2500円　Ⓘ4-05-400738-4　Ⓝ721.8〔19897〕
◇華古与見―色摺半紙本三冊　歌川国芳画　林美一著　河出書房新社　1996.11　60p　30cm　(定本・浮世絵春画名品集成　12)2000円　Ⓘ4-309-91022-X　Ⓝ721.8〔19898〕
◇復元浮世絵大観　10　豊国・国貞・国芳　座右宝刊行会編集　集英社　1979.8　図版24枚　48cm　28500円〔19899〕
◇名品揃物浮世絵　7　国芳・英泉―英山・国長・国虎　鈴木重三責任編集　ぎょうせい　1991.10　182p　38cm　10000円　Ⓘ4-324-02492-8　Ⓝ721.8〔19900〕
◇唐土廿四孝　歌川国芳画　町田市立国際版画美術館編　町田　町田市立国際版画美術館　1991　83p　22cm　Ⓝ721.8〔19901〕

◆◆◆岩佐又兵衛
◇岩佐又兵衛　岩佐又兵衛画　日本アート・センター編　新潮社　1997.3　93p　20cm　(新潮日本美術文庫　6)1100円　Ⓘ4-10-601526-9　Ⓝ721.8〔19902〕
◇岩佐又兵衛と俵屋宗達―出光美術館コレクション　平成19年春季特別展　福井市立郷土歴史博物館編　福井　福井市立郷土歴史博物館　2007.3　79p　30cm　Ⓝ721.025〔19903〕
◇浮世絵師又兵衛はなぜ消されたか　砂川幸雄著　草思社　1995.7　294p　20cm　1900円　Ⓘ4-7942-0637-2　Ⓝ721.8〔19904〕
◇週刊日本の美をめぐる　no.49　江戸4　又兵衛と一蝶―異端の絵師　岩佐又兵衛,英一蝶画　小学館　2003.4　40p　30cm　(小学館ウイークリーブック)533円　Ⓝ702.1〔19905〕
◇日本の美術　259　岩佐又兵衛　辻惟雄編　至文堂　1987.12　90p　23cm　1300円　Ⓝ702.1〔19906〕
◇日本美術絵画全集　第13巻　岩佐又兵衛　辻惟雄編　集英社　1980.2　147p　40cm　4600円　Ⓝ721.087〔19907〕
◇日本美術絵画全集　第13巻　岩佐又兵衛　岩佐又兵衛

著,辻惟雄著　集英社　1981.2　147p　28cm　1800円　Ⓝ721.08
〔19908〕
◇若宮三十六歌仙絵　岩佐又兵衛筆　若宮町（福岡県）若宮三十六歌仙絵保存会　1989.3　36枚　34×45cm　Ⓝ721.8
〔19909〕

◆◆◆磯田湖竜斎

◇色道取組十二番と呼子鳥秘画帖　画文堂編集部編,東大路鐸解説　1968　図版130p（解説共）　25×29cm　Ⓝ721.8
〔19910〕
◇浮世絵―平木コレクション　4　美人画　4　湖竜斎編　毎日新聞社「重要文化財」委員会編　毎日新聞社　1970　はり込み原色図版13枚　43cm　2000円　Ⓝ721.8
〔19911〕
◇色道取組十二番―大判錦絵秘画帖　磯田湖竜斎画　リチャード・レイン編・著　河出書房新社　1996.2　40p　30cm　（定本・浮世絵春画名品集成 3）1600円　Ⓘ4-309-91013-0　Ⓝ721.8
〔19912〕
◇復元浮世絵大観　3　春信.湖竜斎　座右宝刊行会編　集英社　1978.11　図版24枚　48cm　28500円　Ⓝ721.8
〔19913〕

◆◆◆勝川春章

◇浮世絵大系　3　春章―春好・春英・文調・重政・政演・政美ほか　編集制作：座右宝刊行会　担当：楢崎宗重　集英社　1974　143p（おもに図）　43cm　4300円　Ⓝ721.8
〔19914〕
◇浮世絵大系　3　春章　編集制作：座右宝刊行会　担当：楢崎宗重　集英社　1976　143p（おもに図）　29cm　1300円　Ⓝ721.8
〔19915〕
◇浮世絵名作選集　第3　春章　日本浮世絵協会編　楢崎宗重等著　山田書院　1968　図版19枚　31cm　1200円　Ⓝ721.8
〔19916〕
◇勝川春章　林美一著　河出書房新社　1991.3　349p　図版16p　23cm　（江戸枕絵師集成）3800円　Ⓘ4-309-71253-3　Ⓝ721.8
〔19917〕
◇勝川春章とその一門展　浮世絵太田記念美術館　1983.9　145p　30cm　Ⓝ721.8
〔19918〕
◇肉筆浮世絵　第4巻　〔勝川〕春章　勝川春章著　集英社　1982.8　147p　38cm　6300円　Ⓝ721.8
〔19919〕
◇復元浮世絵大観　4　春章・春好・春英　座右宝刊行会編集　集英社　1980.2　図版24枚　48cm　28500円　Ⓝ721.8
〔19920〕

◆◆◆歌川豊国

◇浮世絵大系　9　豊国―付：国政・豊広・豊春・二代目国ほか　編集制作：座右宝刊行会　担当：鈴木重三　集英社　1975　143p（おもに図）　43cm　4300円　Ⓝ721.8
〔19921〕
◇浮世絵大系　9　豊国―国政,豊広,豊春,二代目国ほか　編集制作：座右宝刊行会　担当：鈴木重三　集英社　1976　143p（おもに図）　28cm　1300円　Ⓝ721.8
〔19922〕
◇歌川豊国　林美一著　河出書房新社　1994.8　300p　23cm　（江戸枕絵師集成）4800円　Ⓘ4-309-71255-X　Ⓝ721.8
〔19923〕
◇歌川派二百年と七代目豊国―図録　鎌倉　歌川豊国興隆会　2002.3　47p　30cm　Ⓝ721.8
〔19924〕
◇絵本時世粧　歌川豊国著　京都　臨川書店　1979.3　2冊　22cm　（近世日本風俗絵本集成）30000円　Ⓝ721.8
〔19925〕
◇廓の明け暮　豊国画,尾崎久弥編　有光書房　1964　1冊（折本：はり込図50枚共）　26cm　15000円　Ⓝ721.8
〔19926〕
◇三代豊国作品目録　錦絵編　長田幸徳編著　長田幸徳　2001.6　362p　30cm　6200円　Ⓝ721.8
〔19927〕
◇三代豊国版下大揃　廓の明け暮　歌川豊国（3世）画,尾崎久弥編　有光書房　1964　2冊（別冊共）　26cm　和　Ⓝ721.8
〔19928〕
◇初代歌川豊国役者絵展―浮世絵版画　特別企画展　歌川豊国画　桑名市博物館　桑名　桑名市博物館　2002.10　136p　30cm　Ⓝ721.8
〔19929〕
◇増補古今俳優似顔大全　歌川豊国筆　演劇博物館役者絵研究会編　早稲田大学坪内博士記念演劇博物館　1998.3　234p　30cm　（役者絵研究資料 1）3000円　Ⓘ4-948758-04-3　Ⓝ721.8
〔19930〕
◇高橋誠一郎コレクション浮世絵　第3巻　豊国・貞国・国芳　中央公論社　1976　201,9p（おもに図）　はり込図56枚　44cm　88000円　Ⓝ721.8
〔19931〕
◇手摺木版浮世絵　三枚続逸品集　第2　風呂場美人　歌川豊国（1世）画　山田書院　図版3枚　34cm　Ⓝ721.8
〔19932〕
◇豊国　歌川豊国（1世）著,菊池貞夫編集並解説　大日本雄弁会講談社　1955　図版37枚（解説共）　17cm　（講談社版アート・ブックス）Ⓝ721.8
〔19933〕
◇復元浮世絵大観　10　豊国・国貞・国芳　座右宝刊行会編集　集英社　1979.8　図版24枚　48cm　28500円　Ⓝ721.8
〔19934〕
◇名品揃物浮世絵　6　豊国・国貞―豊春・豊広・二代国・国政・国安　鈴木重三責任編集　ぎょうせい　1992.3　182p　38cm　10000円　Ⓘ4-324-02491-X　Ⓝ721.8
〔19935〕

◆◆◆池田英泉

◇医者見立て英泉『枕文庫』　田野辺富蔵著　河出書房新社　1996.7　87p　22cm　1600円　Ⓘ4-309-90163-8　Ⓝ721.8
〔19936〕
◇浮世絵三昧―国貞と英泉　高橋博信著　帯広　有田書房　1980.12　319p　31cm　15000円　Ⓝ721.8
〔19937〕
◇浮世絵大系　10　国貞・国芳・英泉　編集制作：座右宝刊行会　担当：鈴木重三　集英社　1974　143p（おもに図）　43cm　4300円　Ⓝ721.8
〔19938〕
◇浮世絵大系　10　国貞・国芳・英泉―英山・貞秀ほか　編集制作：座右宝刊行会　担当：鈴木重三　集英社　1976　143p（おもに図）　28cm　1300円　Ⓝ721.8
〔19939〕
◇浮世絵大系　15　別巻 3　木曽街道六拾九次　編集制作：座右宝刊行会　広重,英泉画,担当：菊地貞夫　集英社　1975　123p（おもに図）　43cm　4300円　Ⓝ721.8
〔19940〕
◇浮世絵大系　15　別巻3　木曽街道六拾九次　編集制作：座右宝刊行会　広重,英泉画,編集担当：菊地貞夫　集英社　1976　123p（おもに図）　28cm　Ⓝ721.8
〔19941〕
◇浮世絵にみる江戸文化―化政期の英泉・国貞を中心に　千葉　千葉市立郷土博物館　1986.10　56p　26cm　Ⓝ721.8
〔19942〕
◇浮世絵の世界―広重・英泉の描く中山道美濃16宿　安藤広重,渓斎英泉画　中山道みたけ館編　御嵩町（岐阜県）御嵩町　1996.3　27p　26cm　Ⓝ721.8
〔19943〕
◇浮世絵名作選集　第7　英泉　日本浮世絵協会編　今中宏　山田書院　1967　図版17枚　31cm　Ⓝ721.8
〔19944〕
◇英泉―秘版英泉　池田英泉著,編述：福田和彦　芳賀書

店　1974　215p　27cm　（草子本浮世絵名品選）13600円　Ⓝ721.8　〔19945〕

◇英泉　渓斎英泉画　安田義章編　佐野文哉訳　二見書房　1996.11　173p　20cm　（江戸を読む 5）1800円　④4-576-96147-0　Ⓝ721.8　〔19946〕

◇英泉浮世絵展―江戸おんな百景　池田英泉著　東京新聞事業局　1972　1冊　23cm　〔19947〕

◇英泉著作目録　今中宏編　謄写版　限定版　大阪　1956　126p　図版17枚　表8枚　31cm　Ⓝ721.8　〔19948〕

◇江戸浮世絵　その1　艶―渓斎英泉　渓斎英泉画,伊佐坂元成訳文　ダイナミックセラーズ　1989.11　127p　21cm　1000円　④4-88493-159-9　Ⓝ721.8　〔19949〕

◇艶本花の奥―間判錦絵秘画帖　渓斎英泉画　林美一編・著　河出書房新社　1997.5　40p　30cm　（定本・浮世絵春画名品集成 14）1800円＋税　④4-309-91024-6　Ⓝ721.8　〔19950〕

◇艶本研究―お栄と英泉　林美一著　有光書房　1967　2冊（別冊付録共）　23cm　和　Ⓝ721.8　〔19951〕

◇艶本研究 英泉　林美一著　有光書房　1966　270p　23cm　和　Ⓝ721.8　〔19952〕

◇木曽街道六十九次　英泉,広重画,編集：楢崎宗重,岡畏三郎,鈴木重三　毎日新聞社　1975　原色はり込図74枚　解説65,10p　55cm（解説：36cm）　100000円　Ⓝ721.8　〔19953〕

◇渓斎英泉　おおさわまこと著　日野　郁芸社　1976.12　415p　図16枚　26cm　17000円　Ⓝ721.8　〔19954〕

◇渓斎英泉展―幕末美人画の巨匠　浮世絵太田記念美術館　c1983　1冊　26cm　Ⓝ721.8　〔19955〕

◇渓斎英泉展―没後150年記念　浮世絵太田記念美術館　1997.3　116p　30cm　Ⓝ721.8　〔19956〕

◇渓斎英泉展出品目録―情怨の浮世絵師　版画一枚摺篇　今中宏編　神戸　〔今中宏〕　1972　50p　18cm　Ⓝ721.8　〔19957〕

◇春情指人形　渓斎英泉画　河野元昭解説　外村展子翻刻　学習研究社　1996.6　83p　26cm　（江戸名作艶本 8）2500円　④4-05-400712-0　Ⓝ721.8　〔19958〕

◇春の薄雪―間判錦絵秘画帖　渓斎英泉画　リチャード・レイン編・著　河出書房新社　1996.4　44p　30cm　（定本・浮世絵春画名品集成 5）1600円　④4-309-91015-7　Ⓝ721.8　〔19959〕

◇広重・英泉木曽街道六拾九次展―内山コレクション　〔東京都〕板橋区立美術館　1979　1冊　19×26cm　Ⓝ721.8　〔19960〕

◇復元浮世絵大観　11　英泉・英山　座右宝刊行会編集　集英社　1980.8　図版24枚　48cm　28500円　Ⓝ721.8　〔19961〕

◇名品揃浮世絵　7　国芳・英泉―英山・国長・国虎　鈴木重三責任編集　ぎょうせい　1991.10　182p　38cm　10000円　④4-324-02492-8　Ⓝ721.8　〔19962〕

◆◆◆歌川国貞

◇浮世絵三昧―国貞と英泉　高橋博信著　帯広　有田書房　1980.12　319p　31cm　15000円　Ⓝ721.8　〔19963〕

◇浮世絵大系　10　国貞・国芳・英泉　編集制作：座右宝刊行会　担当：鈴木重三　集英社　1974　143p（おもに図）　43cm　4300円　Ⓝ721.8　〔19964〕

◇浮世絵大系　10　国貞・国芳・英泉―英山・貞秀ほか　編集制作：座右宝刊行会　担当：鈴木重三　集英社　1976　143p（おもに図）　28cm　1300円　Ⓝ721.8　〔19965〕

◇浮世絵にみる江戸文化―化政期の英泉・国貞を中心に　千葉　千葉市立郷土博物館　1986.10　56p　26cm　Ⓝ721.8　〔19966〕

◇浮世絵名作選集　第6　国貞　日本浮世絵協会編　楢崎宗重　山田書院　1968　図版17枚　31cm　Ⓝ721.8　〔19967〕

◇歌川国貞　林美一著　河出書房新社　1989.9　373p　23cm　（江戸枕絵師集成）3800円　④4-309-71251-7　Ⓝ721.8　〔19968〕

◇歌川国貞―美人画を中心に　歌川国貞画　静嘉堂文庫編　静嘉堂文庫　1996.2　165p　30cm　Ⓝ721.8　〔19969〕

◇江戸浮世絵　その4　宴　歌川国貞画,高山銀之助訳文　ダイナミックセラーズ　1990.1　127p　21cm　1000円　④4-88493-165-3　Ⓝ721.8　〔19970〕

◇江戸浮世絵　その9　月―歌川国貞2　歌川国貞画,高山銀之助訳文　ダイナミックセラーズ　1990.7　125p　21cm　1000円　④4-88493-186-6　Ⓝ721.8　〔19971〕

◇江戸名作画帖全集　9　北斎・歌麿・国貞―浮世絵　永田生慈責任編集　駸々堂出版　1992.11　199,7p　31cm　20000円　④4-397-50409-1　Ⓝ721.025　〔19972〕

◇絵本開談夜之殿―色摺半紙本三冊　歌川国貞画　林美一編・著　河出書房新社　1996.9　68p　30cm　（定本・浮世絵春画名品集成 10）2400円　④4-309-91020-3　Ⓝ721.8　〔19973〕

◇艶紫娯楽拾余帖　歌川国貞画　浅野秀剛解説・翻刻　学習研究社　1996.2　77p　26cm　（江戸名作艶本 3）2500円　④4-05-500182-7　Ⓝ721.8　〔19974〕

◇艶本研究―国貞　林美一著　有光書房　1960　265p　21cm　和　Ⓝ721.8　〔19975〕

◇国貞―秘版国貞　一雄斎国貞画,編述：福田和彦　芳賀書店　1975　229p（おもに図）　27cm　（草紙本浮世絵名品選）13800円　Ⓝ721.8　〔19976〕

◇国貞　安田義章編　佐野文哉訳　二見書房　1996.8　160p　20cm　（江戸を読む 2）1800円　④4-576-96092-X　Ⓝ721.8　〔19977〕

◇国貞国芳　吉田暎二著　美和書院　1954　122p　図版38枚（木版共）　22cm　Ⓝ721.8　〔19978〕

◇恋のやつふぢ―色摺大本三冊　歌川国貞画　林美一編・著　河出書房新社　1996.5　60p　30cm　（定本・浮世絵春画名品集成 6）2000円　④4-309-91016-5　Ⓝ721.8　〔19979〕

◇五渡亭国貞―役者絵の世界　新藤茂著　グラフィック社　1993.12　159p　30cm　3980円　④4-7661-0761-6　Ⓝ721.8　〔19980〕

◇春詠松竹梅―浮世絵 春画　国貞画　三心堂出版社編集部編　三心堂出版社　1996.9　39p　12cm　500円　④4-88342-077-9　Ⓝ721.8　〔19981〕

◇春情妓談水揚帳　歌川国貞画　浅野秀剛解説・翻刻　学習研究社　1996.6　85p　26cm　（江戸名作艶本 7）2500円　④4-05-400711-2　Ⓝ721.8　〔19982〕

◇春色初音之六女―色摺大本三冊　歌川国貞画　林美一編・著　河出書房新社　1996.7　60p　30cm　（定本・浮世絵春画名品集成 8）2000円　④4-309-91018-1　Ⓝ721.8　〔19983〕

◇正写相生源氏―極彩色摺大本三冊　歌川国貞画　林美一編・著　河出書房新社　1997.11　78p　30cm　（定本・浮世絵春画名品集成 19）2800円　④4-309-91029-7　Ⓝ721.8　〔19984〕

◇泉湯新話　歌川国貞画　スミエ・ジョーンズ解説　外村展子翻刻　学習研究社　1996.8　83p　26cm　（江戸名作艶本 12）2500円　④4-05-400740-6　Ⓝ721.8　〔19985〕

◇夫は深艸是は浅草百夜町仮宅通　歌川国貞画　田中優子解説・翻刻　学習研究社　1996.8　81p　27cm　（江戸名作艶本　9）2500円　Ⓘ4-05-400737-6　Ⓝ721.8
〔19986〕

◇高橋誠一郎コレクション浮世絵　第3巻　豊国・国貞・国芳　中央公論社　1976　201,9p（おもに図）はり込図56枚　44cm　88000円　Ⓝ721.8
〔19987〕

◇徳川錦絵文庫　第2巻　歌川国貞と歌川国盛　高山銀之助訳文　ダイナミックセラーズ　1990.11　127p　21cm　1165円　Ⓘ4-88493-206-4　Ⓝ721.8
〔19988〕

◇徳川錦絵文庫―完全復刻版　第3巻　歌川国芳と歌川国貞　ダイナミックセラーズ　1991.1　127p　21cm　1200円　Ⓘ4-88493-214-5　Ⓝ721.8
〔19989〕

◇特別展＝歌川国貞―幻のコレクション―「浄瑠璃づくし」と「百人美女」　歌川国貞画　北海道立帯広美術館編　帯広　北海道立帯広美術館　c1995　99p　26cm　Ⓝ721.8
〔19990〕

◇復元浮世絵大観　10　豊国・国貞・国芳　座右宝刊行会編集　集英社　1979.8　図版24枚　48cm　28500円　Ⓝ721.8
〔19991〕

◇名品揃物浮世絵　6　豊国・国貞―豊春・豊広・二代豊国・国政・国安　鈴木重三責任編集　ぎょうせい　1992.3　182p　38cm　10000円　Ⓘ4-324-02491-X　Ⓝ721.8
〔19992〕

◆◆◆恋川笑山

◇江戸浮世絵　その6　鳥　恋川笑山画, 高山銀之助訳文　ダイナミックセラーズ　1990.4　127p　21cm　1000円　Ⓘ4-88493-171-8　Ⓝ721.8
〔19993〕

◇江戸浮世絵　その10　紅―恋川笑山2　恋川笑山画, 伊佐坂元成訳文　ダイナミックセラーズ　1990.8　127p　21cm　1000円　Ⓘ4-88493-191-2　Ⓝ721.8
〔19994〕

◇江戸春画性愛万華秘本　1之巻　恋川笑山の世界　吉崎淳二編　コスミック出版, コスミックインターナショナル〔発売〕　2003.9　175p　19cm　2190円　Ⓘ4-7747-0646-9
〔19995〕

◇徳川錦絵文庫　第4巻　二代目柳川重信と恋川笑山　ダイナミックセラーズ　1991.2　127p　21cm　1200円　Ⓘ4-88493-218-8　Ⓝ721.8
〔19996〕

◆◆◆河鍋暁斎

◇河鍋暁斎展　浮世絵太田記念美術館　c1981　1冊　26cm　Ⓝ721.8
〔19997〕

◇暁斎画談　内篇　河鍋暁斎著, 河鍋楠美編　蕨　暁斎記念館　1982.11　図版99枚　26cm　（暁斎資料 1）Ⓝ721.8
〔19998〕

◇狂斎百図　河鍋暁斎著, 河鍋楠美編　蕨　暁斎記念館　1982.11　図版55枚　26cm　（暁斎資料 3）Ⓝ721.8
〔19999〕

◆◆◆西川祐信

◇浮世四十八躰（肉筆）と百人女郎品定（絵本）―西川祐信秘画帖　新編　西川祐信者, 東大路鐸解説　画文堂　1970　175p（おもに図版）　21×29cm　5000円　Ⓝ721.8
〔20000〕

◇肉筆浮世絵　第9巻　〔西川〕祐信　西川祐信著　集英社　1982.6　147p　38cm　6300円　Ⓝ721.8
〔20001〕

◇西川祐信集　上　西川祐信著　関西大学図書館編　吹田　関西大学出版部　1998.3　386p　23cm　（関西大学図書館影印叢書　第1期 第5巻）26000円　Ⓘ4-87354-237-5　Ⓝ721.8
〔20002〕

◇西川祐信集　下巻　西川祐信著　関西大学図書館編　吹田　関西大学出版部　1998.3　362,21p　23cm　（関西大学図書館影印叢書　第1期 第6巻）23000円　Ⓘ4-87354-238-3　Ⓝ721.8
〔20003〕

◇西川祐信秘画帳　浮世のいろ四十八手　西川祐信画, 金子孚水解説　限定版　緑園書房　1964　111p（原色はり込み図版48　19×27cm　Ⓝ721.8
〔20004〕

◇西川祐信風俗絵本六種　西川祐信画　太平主人編　太平書屋　2002　441p　21cm　（太平文庫 48）10000円　Ⓝ721.8
〔20005〕

◇百人女郎品定　西川祐信筆　京都　臨川書店　1979.3　2冊　27cm　（近世日本風俗絵本集成）9000円　Ⓝ721.8
〔20006〕

◇復元浮世絵大観　2　祐信.長春　座右宝刊行会編集　集英社　1979.5　図版24枚　48cm　28500円　Ⓝ721.8
〔20007〕

◇師宣祐信絵本書誌　松平進著　武蔵村山　青裳堂書店　1988.6　294p　22cm　（日本書誌学大系 57）12000円　Ⓝ721.8
〔20008〕

◆◆◆鳥居清信

◇立美人―櫛をさす女 初期摺浮世絵　鳥居清信筆（墨摺）京都　アート社出版　1976　1軸　45cm　75000円　Ⓝ721.8
〔20009〕

◇七夕―初期摺浮世絵　鳥居清信筆（丹絵）　京都　アート社出版　1976　1軸　45cm　85000円　Ⓝ721.8
〔20010〕

◇秘蔵版浮世絵　第2　清信の春秋絵巻　金子孚水編　限定版　緑園書房　1964　88p（解説共）　27cm　Ⓝ721.8
〔20011〕

◇風流四方屏風　鳥居清信画　京都　臨川書店　1979.6　2冊　27cm　（近世日本風俗絵本集成）全9500円　Ⓝ721.8
〔20012〕

◆◆◆勝川春潮

◇清長と春潮　林美一著　有光書房　1976　2冊（付録共）　21cm　（艶本研究 14）9800円　Ⓝ721.8
〔20013〕

◇復元浮世絵大観　5　清長・春潮　座右宝刊行会編集　集英社　1979.2　図版24枚　48cm　28500円　Ⓝ721.8
〔20014〕

◆◆◆絵金

◇絵金―幕末土佐の芝居絵　広末保, 藤村欣市朗編, 矢田金一郎撮影　未來社　1968　189p　27cm　Ⓝ721.8
〔20015〕

◇絵金―鮮血の異端絵師　講談社　1987.7　122p　30cm　2800円　Ⓘ4-06-203176-0　Ⓝ721.8
〔20016〕

◇絵金―幕末土佐の芝居絵　絵金画　広末保, 藤村欣市朗編　未來社　1995.8　189p　27cm　8755円　Ⓘ4-624-71070-3　Ⓝ721.8
〔20017〕

◇絵金と幕末土佐歴史散歩　鍵岡正謹, 吉村淑甫著　新潮社　1999.5　111p　22cm　（とんぼの本）1500円　Ⓘ4-10-602078-5　Ⓝ721.8
〔20018〕

◇絵金の白描　広末保, 藤村欣市朗編　未來社　1995.8　131p　26cm　3914円　Ⓘ4-624-71071-1　Ⓝ721.8
〔20019〕

◆◆洋画・銅版画

◇亜欧堂田善作品集―須賀川市立博物館図録　亜欧堂田善作　須賀川市立博物館編　須賀川　須賀川市立博物館　2001.3　64p　30cm　（須賀川市立博物館調査研究報告書　第12集）Ⓝ721.83
〔20020〕

◇秋田に於ける近世初期の洋画　1925　6丁　25cm
　Ⓝ723.1　〔20021〕
◇秋田蘭画―憧憬の阿蘭陀　板橋区立美術館　2000.12
　101p　30cm　（江戸文化シリーズ 16）Ⓝ721.83
　〔20022〕
◇海を見つめる画家たち―近代日本洋画の青春を追って
　大久保守著　鳥影社　2006.1　283p　22cm　1900円
　Ⓘ4-88629-952-0　Ⓝ723.1　〔20023〕
◇江戸時代洋風画史―桃山時代から幕末まで　成瀬不二雄
　著　中央公論美術出版　2002.6　375p　26cm　28000円
　Ⓘ4-8055-0419-6　Ⓝ721.83　〔20024〕
◇江戸の銅版画　菅野陽著　新潮社　1983.7　222p
　20cm　（新潮選書）830円　Ⓘ4-10-600244-2　Ⓝ735
　〔20025〕
◇江戸の銅版画　菅野陽著　新訂版　京都　臨川書店
　2003.3　246,20p　19cm　2400円　Ⓘ4-653-03914-3
　〔20026〕
◇江戸のなかの近代―秋田蘭画と『解体新書』　筑摩書房
　1996.12　293p　20cm　2987円　Ⓘ4-480-85729-X
　Ⓝ721.83　〔20027〕
◇江戸の洋画家　小野忠重著　限定版　三彩社　1968
　177,23p 図版59枚　30cm　Ⓝ721.7　〔20028〕
◇遠藤香村―会津洋画の先駆者　坂井正喜著　会津若松
　会津文化財調査研究会　1980.10　44p　21cm　800円
　Ⓝ721.7　〔20029〕
◇家蔵江戸版和蘭絵　内田六郎編　浜松　紅日書楼　1936
　128p　29cm　Ⓝ733　〔20030〕
◇近世の洋画―秋田蘭画　奈良環之助, 太田桃介, 武塙林太
　郎著　明治書房　1965　117p 図版19枚　27cm　Ⓝ721.
　7　〔20031〕
◇写実の系譜　1　洋風表現の導入―江戸中期から明治初
　期まで　東京国立近代美術館編　東京国立近代美術館
　1985　2冊（別冊とも）　26cm　Ⓝ720.87　〔20032〕
◇図録秋田蘭画　編著：太田桃介, 武塙林太郎, 成瀬不二雄
　三一書房　1974　2冊（はり込み図32枚・別冊共）
　44cm　50000円　Ⓝ721.7　〔20033〕
◇徳川時代の洋風美術―日本洋風風景画の成立　1　外山
　卯三郎著　造形美術協会出版局　1977.9　424p　21cm
　4000円　Ⓝ721.02　〔20034〕
◇徳川時代の洋風美術―日本洋風風景画の成立　2　外山
　卯三郎著　造形美術協会出版局　1977.12　436p　21cm
　4000円　Ⓝ721.02　〔20035〕
◇徳川時代の洋風美術―日本洋風風景画の成立　3　外山
　卯三郎著　造形美術協会出版局　1978.9　448p　21cm
　4000円　Ⓝ721.02　〔20036〕
◇日本初期洋画史論　第1篇　長崎系洋画　黒田源次著
　創元社　1932　140,9p　23cm　Ⓝ723.1　〔20037〕
◇日本初期洋画の研究　西村貞著　増補改訂版　全国書房
　1946　500p*図版41枚　27cm　Ⓝ723　〔20038〕
◇日本初期洋画とカリゥドーンの猪狩　久我千五男著
　大阪　草人社　1968　62p 図版34枚　31cm　8500円
　Ⓝ721.7　〔20039〕
◇日本銅版画の研究　近世　菅野陽著　美術出版社　1974
　図61枚 580p　27cm　19000円　Ⓝ735　〔20040〕
◇日本洋風画史展図録―帰空庵コレクション　板橋区立美
　術館　2004.8　222p　30cm　（江戸文化シリーズ
　20）Ⓝ721.83　〔20041〕
◇幕末幻の油絵師島霞谷―時代の先端を駆け抜けた男の熱
　き生涯　松戸市戸定歴史館編　松戸　松戸市戸定歴史館
　1996　219p　30cm　Ⓝ723.1　〔20042〕
◇横手の画人・佐々木原善と戸村後草園　伊沢慶治著　横

手　彦栄堂　1999.1　115p　22cm　Ⓝ721.83　〔20043〕

◆◆◆司馬江漢
◇画人司馬江漢の研究　河西万文著　岩森書店　1982.12
　202p　27cm　3500円　Ⓝ721.7　〔20044〕
◇江漢西遊日記　司馬江漢著　現代思潮新社　2007.5
　14,190p　16cm　（覆刻日本古典全集）2900円
　Ⓘ978-4-329-02679-8　Ⓝ291.93　〔20045〕
◇サムライ・ダ・ヴィンチ司馬江漢―江戸の昔に実在した、
　自主独立のマルチキャリア！　対中如雲著　ゴマブック
　ス　2006.2　205p　18cm　1000円　Ⓘ4-7771-0327-7
　〔20046〕
◇司馬江漢　黒田源次著　東京美術　1972　408p 図12枚
　22cm　1800円　Ⓝ721.8　〔20047〕
◇司馬江漢―江戸洋風画の悲劇的先駆者　細野正信著　読
　売新聞社　1974　262p　20cm　（読売選書）1300円
　Ⓝ721.7　〔20048〕
◇司馬江漢―江戸の西洋画士　小野忠重著　新日本出版社
　1977.9　253p　22cm　4000円　Ⓝ721.7　〔20049〕
◇司馬江漢―生涯と画業　作品篇　司馬江漢画　成瀬不
　二雄解説　八坂書房　1995.6　373p　23cm　12000円
　Ⓘ4-89694-663-4　Ⓝ723.1　〔20050〕
◇司馬江漢―生涯と画業　本文篇　成瀬不二雄著　八坂書
　房　1995.6　430p　23cm　13000円　Ⓘ4-89694-662-6
　Ⓝ723.1　〔20051〕
◇司馬江漢展―銅版画の先駆者　成瀬不二雄執筆　浮世絵
　太田記念美術館　1984　177p　26cm　Ⓝ721.8
　〔20052〕
◇司馬江漢「東海道五十三次画帖」―広重「五十三次」には
　元絵があった　対中如雲監修　ワイズ出版　1996.12
　92p　26cm　2800円　Ⓘ4-948735-59-0　Ⓝ723.1
　〔20053〕
◇司馬江漢の研究　朝倉治彦ほか編　八坂書房　1994.8
　369p　23cm　8755円　Ⓘ4-89694-648-5　Ⓝ723.1
　〔20054〕
◇司馬江漢百科事展―解説図録　神戸　神戸市立博物館
　1996.8　204p　26cm　Ⓝ721.83　〔20055〕
◇日本美術絵画全集　第25巻　司馬江漢　成瀬不二雄著
　集英社　1977.2　147p　40cm　4600円　Ⓝ721.08
　〔20056〕

◆◆◆亜欧堂田善
◇亜欧堂田善展―図録　福島県文化センター編　福島　福
　島県文化センター　1980.6　110p　24×25cm　Ⓝ721.7
　〔20057〕
◇亜欧堂田善展―須賀川市歴史民俗資料館開館記念　須賀
　川市歴史民俗資料館編　須賀川　須賀川市歴史民俗資料
　館　1980.11　103p　26cm　Ⓝ721.7　〔20058〕
◇亜欧堂田善とその系譜―企画展　福島県立博物館編　福
　島　福島県立博物館　1990.4　164p　24×25cm
　Ⓝ721.7　〔20059〕
◇亜欧堂田善の研究　磯崎康彦著　雄松堂書店　1980.11
　163p 図版21枚　23cm　3500円　Ⓝ721.7　〔20060〕
◇須賀川市博物館図録―亜欧堂田善関係資料　太田貞喜
　コレクションを中心として　須賀川市博物館編　須賀
　川　須賀川市立博物館　1987.3　60p　26cm　（須賀川
　市立博物館調査研究報告書　第7集）Ⓝ721.7　〔20061〕

◆◆◆ガラス絵
◇ガラス絵と泥絵―幕末・明治の庶民画考　小野忠重著
　河出書房新社　1990.12　188p　20cm　1553円

美術史　　　　　　　　　　　　　　近世史

　①4-309-26138-8　Ⓝ721.025　　　　〔20062〕

◆◆漫画
◇江戸のまんが　清水勲著　文藝春秋　1981.9　220p　20cm　1550円　Ⓝ726.1　〔20063〕
◇江戸のまんが─泰平の世のエスプリ　清水勲著　講談社　2003.6　213p　15cm　（講談社学術文庫）880円　①4-06-159603-9　Ⓝ726.101　〔20064〕
◇江戸漫画本の世界　湯本豪一編　日外アソシエーツ　1997.6　333p　20cm　3200円　①4-8169-1436-6　Ⓝ726.101　〔20065〕
◇近代漫画　1　幕末維新期の漫画　C＝ワーグマン著,河鍋暁斎著,芳賀徹編,清水勲編　筑摩書房　1986.1　111p　22cm　1800円　Ⓝ726.1　〔20066〕

◆◆陶芸
◇伊万里・鍋島・薩摩─陶磁器から港区の近世史を読む　港区教育委員会編　港区教育委員会　2004.11　60p　21cm　（港区考古学ブックレット 2─港区の江戸時代1）Ⓝ751.1　〔20067〕
◇色絵古窯磁器─柿右衛門 伊万里 九谷 鍋島　山根有三解説　京都　1964　10冊　42cm　Ⓝ751.3　〔20068〕
◇岩国藩の焼物に関する史料　岩国　岩国徴古館　1969.10　69p　21cm　〔20069〕
◇江戸期色絵そばちょこ展　町田　町田市立博物館　1982.4　60p　26cm　（町田市立博物館 第32集）Ⓝ751.1　〔20070〕
◇江戸期の茶陶　杉浦澄子著　京都　淡交社　1995.1　239p　19cm　1800円　①4-473-01387-1　Ⓝ751.1　〔20071〕
◇江戸時代のやきもの─生産と流通 平成18年度(財)瀬戸市文化振興財団埋蔵文化財センター企画展図録　瀬戸市文化振興財団埋蔵文化財センター編　瀬戸　瀬戸市文化振興財団埋蔵文化財センター　2006.12　116p　30cm　Ⓝ751.1　〔20072〕
◇江戸前期の色絵磁器展─伊万里・柿右衛門・鍋島・古九谷　東京都板橋区立美術館編　板橋区立美術館　1981　68p　26cm　Ⓝ751.1　〔20073〕
◇江戸・東京のやきもの─かつしかの今戸焼　葛飾区郷土と天文の博物館　2001.3　71p　21cm　（かつしかブックレット 12）Ⓝ573.021361　〔20074〕
◇江戸のやきもの─特別展図録　五島美術館学芸課編　五島美術館　c1984　p6～20 図版96枚　26cm　（五島美術館展覧会図録 no.104）Ⓝ751.1　〔20075〕
◇愛媛の焼き物─愛媛県における近世の窯業　吉田忠明著　今治　愛媛文華館　1995.7　248p　22cm　3000円　Ⓝ573.2　〔20076〕
◇御深井釉の陶器─部門展 十七世紀に花ひらく　名古屋市博物館編　名古屋　名古屋市博物館　1985.5　56p　26cm　Ⓝ751.1　〔20077〕
◇小鹿田焼─やきものの村　梅木秀徳著　三一書房　1973　146p　20cm　850円　Ⓝ751.3　〔20078〕
◇小鹿田焼の変遷　寺川泰郎著　日田　〔寺川泰郎〕　1986.7　106p 図版12枚　19cm　Ⓝ751.1　〔20079〕
◇窯別現代茶陶大観　第5巻　楽/大補/赤膚/諸窯　主婦の友社編　主婦の友社　1979.12　185p　31cm　5500円　Ⓝ751.3　〔20080〕
◇上の畑焼─雪に埋もれた染付 天保磁器窯　尾花沢　上の畑焼復興会　1982　32p　21cm　Ⓝ751.1　〔20081〕
◇カラー日本のやきもの　5　上野小石原・高取小鹿田　文：美和弥之助,写真：船木顕昇　京都　淡交社　1975　261p　22cm　2000円　Ⓝ751.3　〔20082〕
◇紀州徳川家陶磁の美─企画展　和歌山県立博物館編　和歌山　和歌山県立博物館　1995.9　64p　30cm　Ⓝ751.1　〔20083〕
◇宮廷の陶磁器─ヨーロッパを魅了した日本の芸術 1650～1750　英国東洋陶磁学会編　西田宏子,弓場紀知監訳　京都　同朋舎出版　1994.2　328p　29cm　18000円　①4-8104-1149-4　Ⓝ751.1　〔20084〕
◇近世丹波焼の研究　大手前大学史学研究所オープン・リサーチ・センター編　西宮　大手前大学史学研究所オープン・リサーチ・センター　2007.2　239p　30cm　（大手前大学史学研究所オープン・リサーチ・センター研究報告　第3号）Ⓝ751.1　〔20085〕
◇近世対馬陶窯史の研究　泉澄一著　吹田　関西大学東西学術研究所　1991.9　482,32p　22cm　（関西大学東西学術研究所研究叢刊 8）9000円　①4-87354-135-2　Ⓝ573.2　〔20086〕
◇近世陶磁の文様─色絵と染付 特別展　瀬戸　愛知県陶磁資料館　1989　64p　26cm　Ⓝ751.1　〔20087〕
◇近世の茶碗　3　黒田和哉著　黒田陶苑　1987.1　130p　26cm　Ⓝ751.1　〔20088〕
◇近世の茶碗　4　黒田和哉著　黒田陶苑　1988.1　138p　26cm　Ⓝ751.1　〔20089〕
◇近世の茶碗　5　黒田和哉著　黒田陶苑　1989.1　147p　26cm　Ⓝ751.1　〔20090〕
◇近世の茶碗　6　黒田和哉著　黒田陶苑　1990.6　144p　26cm　Ⓝ751.1　〔20091〕
◇近世の茶碗　7　黒田和哉著　黒田陶苑　1991.12　141p　26cm　Ⓝ751.1　〔20092〕
◇近世の茶碗　8　黒田和哉著　黒田陶苑　1993.4　153p　26cm　Ⓝ751.1　〔20093〕
◇近世の茶碗　9　黒田和哉著　黒田陶苑　1994.6　153p　26cm　Ⓝ751.1　〔20094〕
◇近世の茶碗　10　黒田和哉著　黒田陶苑　1995.10　151p　26cm　Ⓝ751.1　〔20095〕
◇近世の茶碗　11　黒田和哉著　黒田陶苑　1996.6　149p　26cm　Ⓝ751.1　〔20096〕
◇近世の茶碗　12　黒田和哉著　黒田陶苑　2000.2　149p　26cm　Ⓝ751.1　〔20097〕
◇近世の茶碗　13　黒田和哉著　黒田陶苑　2001.11　150p　26cm　Ⓝ751.1　〔20098〕
◇近世の茶碗　14　黒田和哉著　黒田陶苑　2006.7　152p　26cm　Ⓝ751.1　〔20099〕
◇暮しとやきもの─肥前陶磁の鑑賞　永竹威著　限定版　佐賀　金華堂書店　1956　299p 図版10枚　21cm　Ⓝ751.3　〔20100〕
◇古上野焼展─まぼろしの美　福岡県立美術館編　福岡　福岡県立美術館　1987.10　72p　30cm　Ⓝ751.1　〔20101〕
◇佐賀の窯元めぐり─有田・伊万里・唐津・武雄・嬉野・白石 やきもの観光ガイド　佐賀新聞社出版部企画・編集　佐賀　佐賀新聞社　1988.3　167p　21cm　1300円　Ⓝ751.1　〔20102〕
◇塩田のやきもの─幕末期の志田焼 第3回特別展　塩田町歴史民俗資料館編　塩田町(佐賀県)　塩田町教育委員会　1993.10　48p　26cm　Ⓝ751.1　〔20103〕
◇志野　荒川豊蔵著　限定版　朝日新聞社　1967　図版101枚 解説65p　40cm　Ⓝ751.3　〔20104〕
◇旬景秀陶─関西編 府立大阪博物場が集めた近世のやきもの 平成16年度夏季企画展　大阪府立近つ飛鳥博物館編　河南町(大阪府)　大阪府立近つ飛鳥博物館　2004.7

42p 30cm （大阪府立近つ飛鳥博物館図録 35）Ⓝ751.1
〔20105〕

◇世界陶磁全集 第4 江戸篇 上 座右宝刊行会編 田中作太郎編 河出書房新社 1958 31cm Ⓝ751.3
〔20106〕

◇世界陶磁全集 第5 江戸篇 中 座右宝刊行会編 満岡忠成編 河出書房新社 1958 31cm Ⓝ751.3
〔20107〕

◇世界陶磁全集 第6 江戸篇 下 座右宝刊行会編 田中作太郎篇 河出書房新社 1958 31cm Ⓝ751.3
〔20108〕

◇世界陶磁全集 6 江戸 1 編集：座右宝刊行会 責任編集：満岡忠成 小学館 1975 334,10p（おもに図） 31cm 7800円 Ⓝ751.3
〔20109〕

◇世界陶磁全集 7 江戸 2 座右宝刊行会編 林屋晴三責任編集 小学館 1980.8 321,13p 31cm 7800円 Ⓝ751.08
〔20110〕

◇世界陶磁全集 8 江戸 3 座右宝刊行会編 永竹威, 林屋晴三責任編集 小学館 1978.11 333,13p 31cm 7800円 Ⓝ751.3
〔20111〕

◇煎茶とやきもの―江戸・明治の中国趣味 秋季企画展 愛知県陶磁資料館学芸課編 瀬戸 愛知県陶磁資料館 2000 136p 30cm Ⓝ791.5
〔20112〕

◇高取家文書 高取静山編 雄山閣出版 1979.1 433p 22cm 非売品 Ⓝ751.3
〔20113〕

◇高取焼展―筑前国陶たかとりやき 福岡市美術館編 福岡 福岡市美術館協会 1987.2 96p 27cm Ⓝ751.1
〔20114〕

◇民吉街道―瀬戸の陶祖・加藤民吉の足跡 加藤庄三著, 加藤正高編 東峰書房 1982.11 402,18p 図版21枚 23cm 7500円 Ⓝ751.1
〔20115〕

◇茶会記に現われたる上野焼 美和弥之助著 国書刊行会 1981.7 2冊 27cm 全18000円 Ⓝ751.1
〔20116〕

◇陶器全集 第4巻 志野 平凡社編 荒川豊蔵 平凡社 1959 原色図版8枚 図版64p 解説 25cm Ⓝ751.3
〔20117〕

◇陶器全集 第20巻 信楽・伊賀・備前・丹波 平凡社編 満岡忠成 平凡社 1961 原色図版8枚 図版64p 解説 21p 25cm Ⓝ751.3
〔20118〕

◇陶器全集 第21巻 萩・上野・高取・薩摩 平凡社編 佐藤進三 平凡社 1961 原色図版8枚 図版64p 解説 25cm Ⓝ751.3
〔20119〕

◇陶器全集 第30巻 木米・仁阿弥・周平・保全 平凡社編 保田憲司 平凡社 1962 図版40枚（原色8枚共）解説2 25cm Ⓝ751.3
〔20120〕

◇陶器全集 第32巻 姫谷 平凡社編 光藤珠夫, 豊田清史 平凡社 1966 25cm Ⓝ751.3
〔20121〕

◇陶磁大系 11 志野・黄瀬戸・瀬戸黒 荒川豊蔵著 平凡社 1972 127p（おもに図） 27cm 1300円 Ⓝ751.3
〔20122〕

◇陶磁大系 15 上野高取 永竹威著 平凡社 1975 143p（おもに図） 27cm 1700円 Ⓝ751.3
〔20123〕

◇陶磁大系 37 白磁 佐藤雅彦著 平凡社 1975 127p（おもに図） 27cm 1700円 Ⓝ751.3
〔20124〕

◇陶磁大系 37 白磁 佐藤雅彦著 平凡社 1980.12 127p 27cm 1900円 Ⓝ751.08
〔20125〕

◇日本陶磁全集 15 志野 編集委員：佐藤雅彦等 編集・解説：林屋晴三 中央公論社 1975 83,4p 34cm 2400円 Ⓝ751.3
〔20126〕

◇日本陶磁全集 18 萩・上野・高取 佐藤雅彦ほか編 林屋晴三編集・解説 中央公論社 1978.5 79,4p 34cm 2400円 Ⓝ751.3
〔20127〕

◇日本陶磁全集 18 萩上野高取 林屋晴三編 中央公論社 1981.3 79p 34cm 2400円 Ⓝ751.1
〔20128〕

◇日本陶磁大系 第15巻 上野・高取・八代・小代 高鶴元著 平凡社 1990.11 164p 27cm 3204円 ①4-582-23515-8 Ⓝ751.1
〔20129〕

◇日本の陶磁 2 志野 責任編集：林屋晴三 中央公論社 1974 199p（おもに図） 36cm 9800円 Ⓝ751.3
〔20130〕

◇日本の陶磁 第3巻 志野・黄瀬戸・瀬戸黒 責任編集：林屋晴三 中央公論社 1971 302p（おもに図）はり込み図131枚 地 36cm 38000円 Ⓝ751.3
〔20131〕

◇日本のやきもの 第3 唐津 高取 原田伴彦, 中里太郎右衛門文, 片山摂三写真 京都 淡交新社 1964 236p 22cm Ⓝ751.3
〔20132〕

◇日本やきもの集成 5 京都 河原正彦著 平凡社 1981.1 139p 31cm 3800円 Ⓝ751.1
〔20133〕

◇日本やきもの旅行 1 信楽・伊賀・備前・丹波 安東次男著 平凡社 1975 193p 20cm （歴史と文学の旅）900円 Ⓝ751.3
〔20134〕

◇日本やきもの旅行 2 益子・笠間・会津・佐渡・津軽ほか 津村節子著 平凡社 1975 209p 20cm （歴史と文学の旅）900円 Ⓝ751.3
〔20135〕

◇日本やきもの旅行 4 唐津・有田・小鹿田・高取・薩摩・壷屋 秦恒平著 平凡社 1976 207p 20cm （歴史と文学の旅）900円 Ⓝ751.3
〔20136〕

◇日本やきもの旅行 5 萩・出雲・砥部・大谷・内野原ほか 藤原審爾著 平凡社 1976 213p 20cm （歴史と文学の旅）900円 Ⓝ751.3
〔20137〕

◇幕末の鬼才・三浦乾也 益井邦夫著 里文出版 1992.5 346p 20cm 2300円 ①4-947546-51-4 Ⓝ751.1
〔20138〕

◇幕末の箱館と幻の陶磁器―箱館焼の世界 市立函館博物館特別展展示図録 市立函館博物館編 函館 市立函館博物館 2001.8 28p 30cm Ⓝ751.1
〔20139〕

◇飯能焼―幕末・明治の幻陶 開館5周年特別展 飯能 飯能市郷土館 1994.3 119p 26cm （特別展図録 平成6年）Ⓝ751.1
〔20140〕

◇肥前陶磁史 中島浩気著, 永竹威編 佐賀 肥前陶磁史刊行会 1955 676p 図版55枚 27cm （有田陶磁美術館編）Ⓝ751.3
〔20141〕

◇姫路藩窯東山焼 満岡忠成著 光美術工芸 1975 162p（おもに図） 29cm 6000円 Ⓝ751.3
〔20142〕

◇姫谷焼―姫谷焼窯跡発掘調査報告 福山市教育委員会編 福山 福山市教育委員会 1980.3 96p 図版50p 26cm Ⓝ751.1
〔20143〕

◇百花繚乱―幕末の新窯 企画展近世のやきもの 滋賀県陶芸の森編 信楽町（滋賀） 滋賀県陶芸の森 1994.9 138p 25cm Ⓝ751.1
〔20144〕

◇炎は海を越えて―高取焼再興奮闘記 高取静山著 ほるぷ総連合 1980.11 276p 20cm （ほるぷ自伝選集）Ⓝ751.1
〔20145〕

◇「よみがえる江戸の華」展―くらしのなかのやきもの 佐賀県立九州陶磁文化館編 有田町（佐賀県） 佐賀県立九州陶磁文化館 1994 102p 24×25cm Ⓝ751.1
〔20146〕

◇楽山焼元祖倉崎権兵衛の子孫 内田兼四郎著 松江 内田兼四郎 1977.11 45p 22cm （松江今昔シリーズ3）Ⓝ751.1
〔20147〕

美術史　　　　　　　　近世史

◆◆尾形乾山

◇尾形乾山―全作品とその系譜　リチャード・ウィルソン, 小笠原佐江子共著　雄山閣出版　1992.12　4冊（別冊とも）　30〜31cm　全145000円　⒤4-639-01130-X　Ⓝ751.1　〔20148〕

◇乾山　佐藤雅彦著　三彩社　1970　57p 図版17枚　22cm　（東洋美術選書）580円　Ⓝ751.3　〔20149〕

◇乾山　久志卓真著　雄山閣出版　1972　366p　27cm　5500円　Ⓝ751.3　〔20150〕

◇乾山小論　徳永勲保著　京都　〔徳永勲保〕　1993.12　17丁　26cm　非売品　Ⓝ751.1　〔20151〕

◇乾山陶法の秘伝―入門・乾山自筆『陶工必用』　田賀井秀夫著　全国加除法令出版　1980.11　166p　18cm　（JED新書）680円　Ⓝ751.1　〔20152〕

◇乾山陶法の秘伝―入門・乾山自筆『陶工必用』　田賀井秀夫著　2訂版　全国加除法令出版　1983.4　166p　17cm　（JED新書J・016）680円　⒤4-421-01516-4　Ⓝ751.1　〔20153〕

◇乾山の絵画展図録　尾形乾山著　五島美術館　1982　215,12p　26cm　（五島美術館展覧会図録 no.103）Ⓝ721.5　〔20154〕

◇乾山の生涯―その実証的研究　石塚青我著　東京美術　1976　226p　22cm　3500円　Ⓝ751.3　〔20155〕

◇乾山の陶芸　図録編　尾形乾山作　五島美術館　1987　171p　26cm　（五島美術館展覧会図録 no.108）Ⓝ751.1　〔20156〕

◇乾山都わすれの記　尾形乾山著,住友慎一編著　里文出版　1983.7　249p　20cm　2000円　Ⓝ751.1　〔20157〕

◇乾山六十九歳の旅立ち　尾形乾山著,住友慎一訳　里文出版　1985.5　214p　20cm　1200円　Ⓝ751.1　〔20158〕

◇光琳・乾山関係文書集成　上巻　住友慎一編　芙蓉書房出版　1996.12　292p　31cm　16480円　⒤4-8295-0174-X　Ⓝ721.5　〔20159〕

◇光琳・乾山関係文書集成　下巻　住友慎一編　芙蓉書房出版　1996.12　272p　31cm　16480円　⒤4-8295-0175-8　Ⓝ721.5　〔20160〕

◇光琳乾山兄弟秘話　住友慎一著　里文出版　2002.10　158p　19cm　（Ribun books）1300円　⒤4-89806-182-6　Ⓝ721.5　〔20161〕

◇光琳乾山襍稿　墨友荘主人著　大磯町（神奈川県）　墨明館　1949　46p　22cm　Ⓝ721.5　〔20162〕

◇光琳・乾山の真髄をよむ　住友慎一著　里文出版　1992.12　209p　20cm　2000円　⒤4-947546-55-7　Ⓝ721.5　〔20163〕

◇光琳と乾山　平木清光著　限定版　東京光悦刊行会　1956　238p 原色図版6　22cm　Ⓝ751.3　〔20164〕

◇佐野乾山の実像　住友慎一編　里文出版　1988.10　269p　22cm　2800円　Ⓝ751.1　〔20165〕

◇陶器全集　第7巻　乾山　平凡社編　満岡忠成　平凡社　1958　25cm　Ⓝ751.3　〔20166〕

◇陶磁大系　24　乾山　満岡忠成著　平凡社　1973　129p（おもに図）　27cm　1300円　Ⓝ751.3　〔20167〕

◇日本陶磁全集　28　乾山・古清水　編集委員：佐藤雅彦等　編集・解説：佐藤雅彦　中央公論社　1975　76,5p　34cm　2400円　Ⓝ751.3　〔20168〕

◇日本陶磁大系　第24巻　乾山　満岡忠成著　平凡社　1989.11　128p　27cm　3300円　⒤4-582-23524-7　Ⓝ751.1　〔20169〕

◇日本の陶磁　第7巻　仁清・乾山・京焼　責任編集：林屋晴三　中央公論社　1973　308p（はり込み図92枚共）　36cm　3800円　Ⓝ751.3　〔20170〕

◇日本の陶磁　12　仁清・乾山　責任編集：林屋晴三　中央公論社　1974　154p（おもに図）　37cm　8800円　Ⓝ751.3　〔20171〕

◇日本の陶磁　12　仁清・乾山　林屋晴三責任編集　中央公論社　1989.1　123p　35cm　3800円　⒤4-12-402762-1　Ⓝ751.1　〔20172〕

◆◆酒井田柿右衛門

◇柿右衛門と伊万里　小林太市郎著　2版　京都　河原書店　1948　54p 図版34枚　26cm　Ⓝ751.3　〔20173〕

◇原色日本の名陶―古伊万里と柿右衛門　今泉元佑著　雄山閣出版　1970　395p（おもに図）　27cm　5000円　Ⓝ751.3　〔20174〕

◇将軍と鍋島・柿右衛門　大橋康二著　雄山閣　2007.9　226p　22cm　6000円　⒤978-4-639-01992-3　Ⓝ573.2　〔20175〕

◇陶器全集　第23巻　柿右衛門・鍋島　平凡社編　鷹巣豊治　平凡社　1961　原色図版8枚 図版64p 解説　25cm　Ⓝ751.3　〔20176〕

◇日本色絵古陶集　後篇　柿右衛門・九谷・鍋島篇（原色図版100枚）,附録（別綴）：日本色絵古陶集概説　京都書院.編輯部編　山根有三　京都　1952　40cm　Ⓝ751.3　〔20177〕

◇日本色絵古陶集　第3　柿右衛門編　京都書院編　京都　1963　38cm　Ⓝ751.3　〔20178〕

◇日本陶磁全集　24　柿右衛門　西田宏子編　新訂版　中央公論社　1981.3　79p　34cm　2400円　Ⓝ751.1　〔20179〕

◇日本の色絵―柿右衛門の優雅な世界 特別展　小田原市郷土文化館編　小田原　小田原市郷土文化館　1993.10　1冊　24×25cm　Ⓝ751.1　〔20180〕

◇日本の陶磁　第6巻　柿右衛門・鍋島　責任編集：林屋晴三　中央公論社　1972　312p（おもに図）はり込み図113枚　36cm　38000円　Ⓝ751.3　〔20181〕

◇肥前古陶磁名窯展―唐津・柿右衛門・色鍋島 初期から現代　岡山　天満屋　c1979　1冊　25×26cm　Ⓝ751.3　〔20182〕

◇余白の美 酒井田柿右衛門　十四代酒井田柿右衛門著　集英社　2004.11　254p　18cm　（集英社新書）760円　⒤4-08-720267-4　〔20183〕

◆◆野々村仁清

◇陶磁大系　23　仁清　中川千咲著　平凡社　1974　127p（おもに図）　27cm　1700円　Ⓝ751.3　〔20184〕

◇日本陶磁全集　27　仁清　編集委員：佐藤雅彦等　編集・解説：河原正彦　中央公論社　1976　79,4p　34cm　2400円　Ⓝ751.3　〔20185〕

◇日本陶磁大系　第18巻　光悦・道入・玉水・大樋　赤沼多佳著　平凡社　1990.8　125p　27cm　3300円　⒤4-582-23518-2　Ⓝ751.1　〔20186〕

◇日本陶磁大系　第23巻　仁清　中川千咲著　平凡社　1990.4　121p　27cm　3300円　⒤4-582-23523-9　Ⓝ751.1　〔20187〕

◇日本の陶磁　第7巻　仁清・乾山・京焼　責任編集：林屋晴三　中央公論社　1973　308p（はり込み図92枚共）　36cm　3800円　Ⓝ751.3　〔20188〕

◇日本の陶磁　12　仁清・乾山　責任編集：林屋晴三　中央公論社　1974　154p（おもに図）　37cm　8800円　Ⓝ751.3　〔20189〕

◇日本の陶磁　12　仁清・乾山　林屋晴三責任編集　中央

公論社　1989.1　123p　35cm　3800円　Ⓘ4-12-402762-1　Ⓝ751.1　〔20190〕
◇仁清—陶芸の神　第3集　青柳政二著,岸岡幸雄撮影　朝日町（富山県）　百河豚美術館　1989.1　156p　37cm　Ⓝ751.1　〔20191〕
◇仁清の茶碗　根津美術館編　根津美術館　2004.2　82p　22cm　（鑑賞シリーズ 7）Ⓘ4-930817-35-8　Ⓝ751.1　〔20192〕
◇野々村仁清展　石川県立美術館,MOA美術館編　金沢　石川県立美術館　1992　161p　26cm　Ⓝ751.1　〔20193〕

◆◆永楽善五郎
◇永楽善五郎　永楽善五郎作　久田宗也ほか文　京都　光村推古書院　1995.2　351p　37cm　80000円　Ⓘ4-8381-0145-7　Ⓝ751.1　〔20194〕

◆◆有田焼
◇有田—白磁の町　角田嘉久著　日本放送出版協会　1974　240p　19cm　850円　Ⓝ751.3　〔20195〕
◇有田皿山の制度と生活　宮田幸太郎著　有田町（佐賀県）　神近桂二　1975　365p　19cm　1500円　Ⓝ751.3　〔20196〕
◇有田の染付と色絵—伊万里・柿右衛門・鍋島　東京都渋谷区立松濤美術館編　渋谷区立松濤美術館　c1984　107p　24×25cm　Ⓝ751.1　〔20197〕
◇有田の文様　1　鍋島藩窯・古川松根篇　池田忠一ほか編　京都　美乃美　1977.9　図版108枚　44cm　30000円　Ⓝ751.3　〔20198〕
◇有田の文様　2　徳見知敬篇　池田忠一等編集委員　京都　美乃美　1976.9　はり込図3枚　図131枚　44cm　30000円　Ⓝ751.3　〔20199〕
◇有田の文様　3　川浪竹山篇　池田忠一ほか編　京都　美乃美　1977.5　図版130枚　44cm　30000円　Ⓝ751.3　〔20200〕
◇有田の文様　4　北川伊平篇　池田忠一等編集委員　京都　美乃美　1977.3　はり込図10枚　図90枚　44cm　30000円　Ⓝ751.3　〔20201〕
◇有田の文様　5　手塚商店見本帖篇　上　池田忠一等編集委員　京都　美乃美　1976.10　はり込図5枚　図148枚　44cm　30000円　Ⓝ751.3　〔20202〕
◇有田の文様　6　手塚商店見本帖篇　下　池田忠一ほか編　京都　美乃美　1977.4　図版131枚　44cm　30000円　Ⓝ751.3　〔20203〕
◇有田の文様　7　香蘭社篇　上　池田忠一等編集委員　京都　美乃美　1977.1　はり込図9枚　図98枚　44cm　30000円　Ⓝ751.3　〔20204〕
◇有田の文様　8　香蘭社篇　下　池田忠一ほか編　京都　美乃美　1977.7　図版125枚　44cm　30000円　Ⓝ751.3　〔20205〕
◇有田の文様　9　深川製磁篇　上　池田忠一等編集委員　京都　美乃美　1976.11　はり込図5枚　図94枚　44cm　30000円　Ⓝ751.3　〔20206〕
◇有田の文様　10　深川製磁篇　下　池田忠一ほか編　京都　美乃美　1977.6　図版84枚　44cm　30000円　Ⓝ751.3　〔20207〕
◇有田やきもの読本　永竹威著　改訂版　有田町（佐賀県）　有田陶磁美術館　1966　236p　18cm　Ⓝ751.3　〔20208〕
◇海を渡った古伊万里—美とロマンを求めて　深川正著　主婦の友社　1986.6　261p　20cm　1800円　Ⓘ4-07-923851-7　Ⓝ751.1　〔20209〕

◇カラー日本のやきもの　3　有田　文：永竹威,写真：山口睦男　京都　淡交社　1975　237p　22cm　2000円　Ⓝ751.3　〔20210〕
◇古伊万里と古九谷—その真実の探究　今泉元佑著　古伊万里鍋島研究所　1987.2　166p　27cm　3500円　Ⓘ4-309-90028-3　Ⓝ751.1　〔20211〕
◇古伊万里の染付—その真実の探究　今泉元佑著　古伊万里鍋島研究所　1987.5　168p　27cm　3500円　Ⓘ4-309-90029-1　Ⓝ751.1　〔20212〕
◇柴田コレクション　6　江戸の技術と装飾技法　有田町（佐賀県）　佐賀県立九州陶磁文化館　1998.7　312p　24×25cm　Ⓝ751.087　〔20213〕
◇柴田コレクション　7　17世紀、有田磁気の真髄　佐賀県立九州陶磁文化館編　佐賀　佐賀県芸術文化育成基金　2001.10　335p　24×25cm　Ⓝ751.087　〔20214〕
◇初期有田と古九谷　今泉元佑著　雄山閣出版　1974　493p　30cm　35000円　Ⓝ751.3　〔20215〕
◇世界の中の有田—私の東西交渉史　深川正著　福岡　西日本新聞社　1975　173p　27cm　8700円　Ⓝ751.3　〔20216〕
◇日本のやきもの　第2　有田　劉寒吉,永竹威文,藤川清写真　京都　淡交新社　1965　244p　22cm　Ⓝ751.3　〔20217〕
◇日本のやきもの　2　有田　永竹威文,山口睦男写真　京都　淡交社　1986.1　192,〔2〕p　21cm　1500円　Ⓘ4-473-00924-6　Ⓝ751.1　〔20218〕
◇日本のやきもの　4　有田・九谷　永竹威ほか著　講談社　1991.9　143p　21cm　（講談社カルチャーブックス 25）1500円　Ⓘ4-06-198042-4　Ⓝ751.1　〔20219〕
◇肥前皿山有田郷　深野治文,岩崎健八郎写真　泰流社　1978.11　237p　図版16枚　22cm　3000円　Ⓝ751.3　〔20220〕

◆◆伊万里焼
◇愛玩初期伊万里　新谷政彦著　神無書房　1987.4　164p　27cm　15000円　Ⓘ4-87357-138-3　Ⓝ751.1　〔20221〕
◇藍のうた—古伊万里染付図譜　松本坦著　大阪　松本坦　1978.7　図版101枚　28cm　7000円　Ⓝ751.3　〔20222〕
◇有田の染付と色絵—伊万里・柿右衛門・鍋島　東京都渋谷区立松濤美術館編　渋谷区立松濤美術館　c1984　107p　24×25cm　Ⓝ751.1　〔20223〕
◇伊万里　永竹威著　大阪　保育社　1973　152p　15cm　（カラーブックス）330円　Ⓝ751.3　〔20224〕
◇伊万里　栗田英男著　栗田美術館　1975　536p（はり込み図13枚共）　35cm　80000円　Ⓝ751.3　〔20225〕
◇伊万里—新集成 伊万里やき創成から幕末まで　小木一良書　里文出版　1993.8　369p　27cm　20000円　Ⓘ4-947546-58-1　Ⓝ751.1　〔20226〕
◇伊万里・柿右衛門・鍋島　日本陶磁協会　1959.6　78,76p　22cm　（陶瓷 9）Ⓝ751.3　〔20227〕
◇「伊万里」からアジアが見える—海の陶磁路と日本　坂井隆著　講談社　1998.5　268p　19cm　（講談社選書メチエ 130）1600円　Ⓘ4-06-258130-2　Ⓝ210.5　〔20228〕
◇伊万里・古九谷名品展　金沢　石川県立美術館　1987　177p　24×25cm　Ⓝ751.1　〔20229〕
◇伊万里志田窯の染付皿—江戸後・末期の作風をみる　小木一良ほか著　里文出版　1994.10　139p　21cm　2300円　Ⓘ4-947546-73-5　Ⓝ751.1　〔20230〕
◇伊万里・鍋島・薩摩—陶磁器から港区の近世史を読む　港区教育委員会編　港区教育委員会　2004.11　60p　21cm　（港区考古学ブックレット 2—港区の江戸時代

1）Ⓝ751.1　　　　　　　　　　　〔20231〕
◇海を渡った古伊万里—美とロマンを求めて　深川正著
　主婦の友社　1986.6　261p　20cm　1800円
　①4-07-923851-7　Ⓝ751.1　　　　　　〔20232〕
◇紅毛絵伊万里　野々上慶一著　文化出版局　1982.8
　157p　20cm　1500円　Ⓝ751.1　　　　〔20233〕
◇柿右衛門と伊万里　小林太市郎著　2版　京都　河原書
　店　1948　54p　図版34枚　26cm　Ⓝ751.3　〔20234〕
◇「唐草—江戸庶民の伊万里焼」展図録—古伊万里染付に
　みる唐草文様　戸栗美術館編　戸栗美術館　c1992　1冊
　26cm　Ⓝ751.1　　　　　　　　　　　〔20235〕
◇原色日本の名陶—古伊万里と柿右衛門　今泉元佑著　雄
　山閣出版　1970　395p（おもに図）　27cm　5000円
　Ⓝ751.3　　　　　　　　　　　　　　〔20236〕
◇古伊万里　古伊万里調査委員会編　佐賀　金華堂　1959
　614,33p　図版55枚　26cm　Ⓝ751.3　　〔20237〕
◇古伊万里—ドイツ民主共和国ドレスデン国立美術館所蔵
　座右宝刊行会編　集英社　1975　241,7p（はり込み図37
　枚）　38cm　非売品　Ⓝ751.3　　　　　〔20238〕
◇古伊万里—蔵品選集　戸栗美術館編　戸栗美術館
　c1991　218p　24×25cm　Ⓝ751.1　　　〔20239〕
◇古伊万里—見る・買う・使う 人気の和食器の魅力をさぐ
　る　白洲正子ほか著　講談社　1993.5　127p　21cm
　（講談社カルチャーブックス 78）1500円
　①4-06-198083-1　Ⓝ751.1　　　　　　〔20240〕
◇古伊万里図鑑　秦秀雄著　大門出版美術出版部　1971
　222,7p（原色はり込み図版15枚共）　31cm　7900円
　Ⓝ751.3　　　　　　　　　　　　　　〔20241〕
◇古伊万里染付図譜　瀬良陽介編　京都　平安堂書店
　1959　図版156枚　原色図版6枚　解　地図31cm　Ⓝ751.3
　　　　　　　　　　　　　　　　　　〔20242〕
◇古伊万里染付皿　山下朔郎著　雄山閣出版　1970
　220p（おもに図）　27cm　3800円　Ⓝ751.3　〔20243〕
◇古伊万里染付入門　中島誠之助著　平凡社　1992.7
　230p　20cm　1800円　①4-582-62210-0　Ⓝ751.1
　　　　　　　　　　　　　　　　　　〔20244〕
◇古伊万里探究　野田敏雄著　創樹社美術出版　1995.8
　231p　20cm　10000円　①4-7876-0040-0　Ⓝ751.1
　　　　　　　　　　　　　　　　　　〔20245〕
◇古伊万里と古九谷　山下朔郎著　雄山閣出版　1968
　316p　27cm　4800円　Ⓝ751.3　　　　〔20246〕
◇古伊万里と古九谷—その真実の探究　今泉元佑著　古伊
　万里鍋島研究所　1987.2　166p　27cm　3500円
　①4-309-90028-3　Ⓝ751.1　　　　　　〔20247〕
◇古伊万里と社会—経済学の目で見るやきものの歴史　大
　矢野栄次著　同文館出版　1994.12　223p　20cm　2500
　円　①4-495-86081-X　Ⓝ751.1　　　　〔20248〕
◇古伊万里との対話—染付・色絵・器の戯れ・江戸の粋
　中島由美著　京都　淡交社　1996.5　263p　19cm
　1700円　①4-473-01470-3　Ⓝ751.04　　〔20249〕
◇古伊万里の世界　永竹威著　ブレーン出版　1975
　215,3p　22cm　（ブレーン美術選書）2200円　Ⓝ751.3
　　　　　　　　　　　　　　　　　　〔20250〕
◇古伊万里の染付—その真実の探究　今泉元佑著　古伊万
　里鍋島研究所　1987.5　168p　27cm　3500円
　①4-309-90029-1　Ⓝ751.1　　　　　　〔20251〕
◇古伊万里の誕生—古九谷論争の再検討　伊藤和雅著　増
　訂　吉川弘文館　2006.10　401p　22cm　16000円
　①4-642-07905-X　Ⓝ751.1　　　　　　〔20252〕
◇古伊万里の美とロマン　深川正著　主婦の友社　1979.2
　200p　19cm　（Tomo選書）780円　Ⓝ751.3　〔20253〕

◇古伊万里の文様—初期肥前磁器を中心に　大橋康二著
　理工学社　1994.5　307p　22cm　3605円
　①4-8445-8560-6　Ⓝ751.1　　　　　　〔20254〕
◇初期の伊万里　山下朔郎著　徳間書店　1971　273p（お
　もに図）　27cm　6500円　Ⓝ751.3　　　〔20255〕
◇図鑑伊万里のすべて　野村泰三著　光芸出版　1975
　206p　22cm　2500円　Ⓝ751.3　　　　〔20256〕
◇盛期の伊万里　山下朔郎著　徳間書店　1974　300p（お
　もに図）　27cm　12000円　Ⓝ751.3　　〔20257〕
◇セラミックロード—海を渡った古伊万里　白谷達也写真,
　上野武文　朝日新聞社　1986.4　170p　27cm　4800円
　①4-02-258346-0　Ⓝ751.1　　　　　　〔20258〕
◇染付伊万里大皿　河原正彦著　京都　京都書院　1974
　266p（おもに図）　40cm　28000円　Ⓝ751.3　〔20259〕
◇館林源右衛門作品抄—古伊万里のこころ　学研美術出版
　部編　学習研究社　1983.8　152p　31cm　8000円
　①4-05-100487-2　Ⓝ751.1　　　　　　〔20260〕
◇陶磁大系　19　伊万里　永竹威著　平凡社　1973
　137p（おもに図）　27cm　1300円　Ⓝ751.3　〔20261〕
◇日本色絵古陶集　　第1　伊万里編　京都書院編　京
　都　1963　38cm　Ⓝ751.3　　　　　　〔20262〕
◇日本色絵古陶集　　第2　伊万里編　京都書院編　京
　都　1963　38cm　Ⓝ751.3　　　　　　〔20263〕
◇日本陶磁全集　23　古伊万里　編集委員：佐藤雅彦等
　編集・解説：西田宏子　中央公論社　1976　79,4p
　34cm　2400円　Ⓝ751.3　　　　　　　〔20264〕
◇日本陶磁大系　第19巻　伊万里　永竹威, 矢部良明著
　平凡社　1989.5　139p　27cm　3300円
　①4-582-23519-0　Ⓝ751.1　　　　　　〔20265〕
◇日本の陶磁　第5巻　古九谷・古伊万里　責任編集：林
　屋晴三　中央公論社　1972　315p（おもに図）　はり込み
　図89枚　36cm　38000円　Ⓝ751.3　　　〔20266〕
◇日本の陶磁　8　古伊万里　責任編集：林屋晴三　中央
　公論社　1975　151p（おもに図）　36cm　8800円
　Ⓝ751.3　　　　　　　　　　　　　　〔20267〕
◇日本の陶磁　8　古伊万里　林屋晴三責任編集　中央公
　論社　1989.7　113p　35cm　3910円　①4-12-402758-3
　Ⓝ751.1　　　　　　　　　　　　　　〔20268〕
◇北海道から沖縄まで国内出土の肥前陶磁—古唐津・伊万
　里の流通をさぐる　有田町（佐賀県）　佐賀県立九州陶
　磁文化館　1984　180p　24×25cm　Ⓝ751.1　〔20269〕
◇碗　皿　猪口—江戸・庶民の伊万里　出品目録　東北陶磁文
　化館編　中新田町（宮城県）　東北陶磁文化館　1993
　16p　30cm　Ⓝ751.1　　　　　　　　〔20270〕

◆◆織部焼

◇藍織部とその周辺　奥磯栄麓, 宮下耕三著　大阪　リー
　チ出版　1985.11　191p　26cm　3500円　Ⓝ751.1
　　　　　　　　　　　　　　　　　　〔20271〕
◇織部の文様　加藤卓男編著,兼本延夫撮影　京都　光村
　推古書院　1985.4　207p　38cm　35000円
　①4-8381-0071-X　Ⓝ751.3　　　　　　〔20272〕
◇陶器全集　第5巻　織部　平凡社編　加藤土師萌　平凡
　社　1959　原色図版8枚　図版64枚　解説　25cm　Ⓝ751.3
　　　　　　　　　　　　　　　　　　〔20273〕
◇陶磁大系　12　織部　藤岡了一著　平凡社　1978.1
　127p　27cm　1700円　Ⓝ751.3　　　　〔20274〕
◇日本陶磁全集　16　織部　編集委員：佐藤雅彦等　編
　集・解説：竹内順一　中央公論社　1976　79,4p　34cm
　2400円　Ⓝ751.3　　　　　　　　　　〔20275〕
◇日本陶磁大系　第12巻　織部　藤岡了一著　平凡社

1989.8　128p　27cm　3300円　Ⓘ4-582-23512-3
Ⓝ751.1　〔20276〕
◇日本の陶磁　第4巻　唐津・織部　責任編集：林屋晴三
中央公論社　1972　309p（おもに図）はり込み図121枚
地　36cm　38000円　Ⓝ751.3　〔20277〕
◇日本の陶磁　4　織部　責任編集：林屋晴三　中央公論
社　1974　128p（おもに図）　36cm　7800円　Ⓝ751.3　〔20278〕
◇日本の陶磁　4　織部　林屋晴三責任編集　中央公論社
1988.11　101p　35cm　3800円　Ⓘ4-12-402754-0
Ⓝ751.1　〔20279〕
◇日本のやきもの　5　唐津・上野・高取・萩　中里太郎右
衛門ほか著　講談社　1991.11　147p　21cm　（講談社
カルチャーブックス　32）1500円　Ⓘ4-06-198030-0
Ⓝ751.1　〔20280〕

◆◆唐津焼
◇唐津　永竹威著　大阪　保育社　1975　152p　15cm
（カラーブックス）380円　Ⓝ751.3　〔20281〕
◇カラー日本のやきもの　4　唐津　文：中里太郎右衛門，
写真：峰松忠二　京都　淡交社　1974　249p　22cm
2000円　Ⓝ751.3　〔20282〕
◇古唐津　水町和三郎著　平凡社　1973　2冊　31cm
（出光美術館選書 6-7）各7500円　Ⓝ751.3　〔20283〕
◇古唐津―美濃と唐津の交流を尋ねて　開館3周年記念特別
展　土岐市美濃陶磁歴史館編　土岐　土岐市美濃陶磁歴
史館　1983　78p　24×25cm　Ⓝ751.1　〔20284〕
◇陶器全集　第3巻　肥前の唐津焼　平凡社編　佐藤進三
平凡社　1958　原色図版8枚　図版64p　解説　25cm
Ⓝ751.3　〔20285〕
◇陶磁大系　13　唐津　中里太郎右衛門著　平凡社　1972
133p（おもに図）　27cm　1300円　Ⓝ751.3　〔20286〕
◇日本陶磁全集　17　唐津　編集委員：佐藤雅彦等　編
集・解説：佐藤雅彦　中央公論社　1976　79,4p　34cm
2400円　Ⓝ751.3　〔20287〕
◇日本陶磁大系　第13巻　唐津　中里太郎右衛門著　平凡
社　1989.5　136p　27cm　3300円　Ⓘ4-582-23513-1
Ⓝ751.1　〔20288〕
◇日本の陶磁　第4巻　唐津・織部　責任編集：林屋晴三
中央公論社　1972　309p（おもに図）はり込み図121枚
地　36cm　38000円　Ⓝ751.3　〔20289〕
◇日本の陶磁　5　唐津　責任編集：林屋晴三　中央公論
社　1974　188p（おもに図）　36cm　9800円　Ⓝ751.3　〔20290〕
◇日本の陶磁　5　唐津　林屋晴三責任編集　中央公論社
1989.4　143p　35cm　4330円　Ⓘ4-12-402755-9
Ⓝ751.1　〔20291〕
◇日本のやきもの　第3　唐津　高取　原田伴彦, 中里太郎
右衛門文, 片山摂三写真　京都　淡交新社　1964　236p
22cm　Ⓝ751.3　〔20292〕
◇日本のやきもの　3　唐津　中里太郎右衛門文, 峰松忠二
写真　京都　淡交社　1986.3　206p　21cm　1500円
Ⓘ4-473-00925-4　Ⓝ751.3　〔20293〕
◇肥前古陶磁名窯展―唐津・柿右衛門・色鍋島 初期から現
代　岡山　天満屋　c1979　1冊　25×26cm　Ⓝ751.3　〔20294〕
◇北海道から沖縄まで国内出土の肥前陶磁―古唐津・伊万
里の流通をさぐる　有田町（佐賀県）　佐賀県立九州陶
磁文化館　1984　180p　24×25cm　Ⓝ751.1　〔20295〕

◆◆京焼
◇窯別現代茶陶大観　第4巻　京焼/九谷　主婦の友社編
主婦の友社　1979.12　186p　31cm　5500円　Ⓝ751.3　〔20296〕
◇京の雅び・都のひとびと―琳派と京焼　出光美術館編
出光美術館　2005.8　99p　30cm　1800円　Ⓝ721.5　〔20297〕
◇京焼　谷口良三著　大阪　保育社　1975　152p　15cm
（カラーブックス）380円　Ⓝ751.3　〔20298〕
◇京焼の文様デザイン集成　錦光山宗兵衛編　京都　京都
書院　1986.2-3　2冊　30cm　各15000円
Ⓘ4-7636-2034-7　Ⓝ751.1　〔20299〕
◇陶磁大系　25　木米　満岡忠成著　平凡社　1975
133p（おもに図）　27cm　1700円　Ⓝ751.3　〔20300〕
◇陶磁大系　25　木米　青木木米著, 満岡忠成著　平凡社
1980.11　133p　27cm　1900円　Ⓝ751.08　〔20301〕
◇陶磁大系　26　京焼　河原正彦著　平凡社　1973
137p（おもに図）　27cm　1300円　Ⓝ751.3　〔20302〕
◇日本陶磁全集　29　頴川・木米　佐藤雅彦ほか編　河原
正彦編集・解説　中央公論社　1978.1　75,4p　34cm
2400円　Ⓝ751.3　〔20303〕
◇日本陶磁全集　30　仁阿弥　保全　佐藤雅彦等編集委員
赤沼多佳編・解説　中央公論社　1977.10　79,4p
34cm　2400円　Ⓝ751.3　〔20304〕
◇日本陶磁全集　30　仁阿弥保全　赤沼多桂編　新訂版
中央公論社　1980.10　79p　34cm　2400円　Ⓝ751.1　〔20305〕
◇日本陶磁大系　第25巻　木米　満岡忠成著　平凡社
1990.1　133p　27cm　3300円　Ⓘ4-582-23525-5
Ⓝ751.1　〔20306〕
◇日本陶磁大系　第26巻　京焼　河原正彦著　平凡社
1990.1　140p　27cm　3300円　Ⓘ4-582-23526-3
Ⓝ751.1　〔20307〕
◇日本の陶磁　第7巻　仁清・乾山・京焼　責任編集：林屋
晴三　中央公論社　1973　308p（はり込み図92枚共）
36cm　3800円　Ⓝ751.3　〔20308〕
◇日本の陶磁　13　京焼　責任編集：林屋晴三　中央公論
社　1975　171p（おもに図）　37cm　9800円　Ⓝ751.3　〔20309〕
◇日本の陶磁　13　京焼　林屋晴三責任編集　中央公論社
1989.3　137p　35cm　4200円　Ⓘ4-12-402763-X
Ⓝ751.1　〔20310〕
◇日本のやきもの　7　仁清・乾山・頴川・木米　河原正彦
ほか著　講談社　1992.5　143p　21cm　（講談社カル
チャーブックス　50）1500円　Ⓘ4-06-198044-0　Ⓝ751.1　〔20311〕
◇仁阿弥道八・永楽保全―京焼の展開　野村文華財団野村
美術館編　京都　野村文華財団　1989.3　77p　26cm
Ⓝ751.1　〔20312〕

◆◆九谷焼
◇藍九谷と藍柿右衛門　山下朔郎著　創樹社美術出版
1983.6　173p　27cm　10000円　Ⓝ751.1　〔20313〕
◇浅蔵五十吉の世界―九谷色絵磁器　浅蔵五十吉著　サン
ケイ出版　1987.5　207p　43cm　90000円
Ⓘ4-383-02607-9　Ⓝ751.1　〔20314〕
◇伊万里・古九谷名品展　金沢　石川県立美術館　1987
177p　24×25cm　Ⓝ751.1　〔20315〕
◇色絵の名陶九谷　高橋勇著　金沢　北国出版社　1976.6
166p　18cm　580円　Ⓝ751.3　〔20316〕
◇江沼九谷色絵の系譜展図録―秋季特別展　加賀市美術館

◇編　加賀　加賀市教育委員会　1986　113p　24×25cm
　Ⓝ751.1
〔20317〕

◇窯別現代茶陶大観　第4巻　京焼/九谷　主婦の友社編
　主婦の友社　1979.12　186p　31cm　5500円　Ⓝ751.3
〔20318〕

◇カラー日本のやきもの　14　九谷　文：北出不二雄、写真：山本建三　京都　淡交社　1975　256p　22cm
　2000円　Ⓝ751.3
〔20319〕

◇九谷—色絵の名陶　高橋勇著　金沢　北国出版社　1970
　166p　18cm　480円　Ⓝ751.3
〔20320〕

◇九谷　嶋崎丞著　大阪　保育社　1979.5　151p　15cm
　（カラーブックス）430円　Ⓝ751.3
〔20321〕

◇九谷の秘法—デザインから色絵まで　嵐一夫著　金沢
　北国出版社　1976　159p　22cm　2800円　Ⓝ751.3
〔20322〕

◇九谷名品図録—石川県立美術館所蔵　石川県立美術館編
　金沢　石川県立美術館　1989　127p　26cm　Ⓝ751.1
〔20323〕

◇九谷焼330年　二羽弥ほか編　寺井町（石川県）　寺井町
　九谷焼資料館　1986.8　516p　図版22枚　27cm　Ⓝ751.1
〔20324〕

◇古伊万里と古九谷—その真実の探究　今泉元佑著　古伊
　万里鍋島研究所　1987.2　166p　27cm　3500円
　①4-309-90028-3　Ⓝ751.1
〔20325〕

◇古九谷　東京美術倶楽部青年会編　1967　図版109p（解説共）　30cm　Ⓝ751.3
〔20326〕

◇〈古九谷〉研究批判—「加賀藩陶業史」編纂へのアプローチ　正和久佳著　小松　郷土史料研究所　1992.7　179p
　19cm　2000円　Ⓝ751.1
〔20327〕

◇古九谷新論　斎藤菊太郎著　三彩社　1971　94p（図：p.
　9-38）　31cm　1800円　Ⓝ751.3
〔20328〕

◇「古九谷と吉田屋窯展」図録—石川国体協賛特別展　加
　賀市美術館編集・写真　加賀　加賀市教育委員会　1991
　107p　24×26cm　Ⓝ751.1
〔20329〕

◇古九谷29点特別売立集　no.1　東洋総企　1991.11　1冊
　26cm　2000円　Ⓝ751.1
〔20330〕

◇古九谷焼と仁清　平木清光著　東京光悦刊行会　1962
　250p（おもに図版）　22cm　Ⓝ751.3
〔20331〕

◇初期有田と古九谷　今泉元佑著　雄山閣出版　1974
　493p　30cm　35000円　Ⓝ751.3
〔20332〕

◇祥瑞染付九谷色絵古陶鑑賞の背景史実　王生貞徳著　小
　松　王生貞徳　1994.11　214p　19×27cm　非売品
　Ⓝ751.1
〔20333〕

◇図説古九谷　土岡究渓著　高岡　高岡市立美術館　東京
　三彩社（発売）　1976　135p　25×26cm　4000円
　Ⓝ751.3
〔20334〕

◇清美庵随筆/古九谷　大河内正敏著，日本陶磁協会編集
　宝雲舎　1947　75p*図版15枚　26cm　Ⓝ751.3
〔20335〕

◇定本古九谷図説　土岡究渓著　高岡　高岡市美術館　東
　京　三彩社（発売）　1974　256p　25×26cm　8000円
　Ⓝ751.3
〔20336〕

◇陶器全集　第8巻　古九谷　平凡社編　中川千咲　平凡
　社　1958　25cm　Ⓝ751.3
〔20337〕

◇陶磁大系　22　九谷　西田宏子著　平凡社　1978.9
　141p　27cm　1700円　Ⓝ751.3
〔20338〕

◇陶磁大系　22　九谷　西田宏子著　平凡社　1981.7
　141p　27cm　1900円　Ⓝ751.08
〔20339〕

◇日本色絵古陶集　後篇　柿右衛門・九谷・鍋島篇（原色
　図版100枚），附録（別綴）：日本色絵古陶集概説　京都書
　院.編輯部編　山根有三　京都　1952　40cm　Ⓝ751.3

◇日本色絵古陶集　第4　九谷・鍋島編　京都書院編
　京都　1963　38cm　Ⓝ751.3
〔20341〕

◇日本陶磁全集　26　古九谷　編集委員：佐藤雅彦等　編
　集・解説：島崎丞　中央公論社　1976　79,4p　34cm
　2400円　Ⓝ751.3
〔20342〕

◇日本陶磁大系　第22巻　九谷　西田宏子著　平凡社
　1990.5　152p　27cm　3300円　①4-582-23522-0
　Ⓝ751.1
〔20343〕

◇日本の陶磁　第5巻　古九谷・古伊万里　責任編集：林
　屋晴三　中央公論社　1972　315p（おもに図）はり込み
　図89枚　36cm　38000円　Ⓝ751.3
〔20344〕

◇日本の陶磁　11　古九谷　責任編集：林屋晴三　中央公
　論社　1975　166p（おもに図）　36cm　9800円　Ⓝ751.
　3
〔20345〕

◇日本の陶磁　11　古九谷　林屋晴三責任編集　中央公論
　社　1989.8　131p　35cm　4330円　①4-12-402761-3
　Ⓝ751.1
〔20346〕

◇日本のやきもの　4　有田・九谷　永竹威ほか著　講談
　社　1991.9　143p　21cm　（講談社カルチャーブックス
　25）1500円　①4-06-198042-4　Ⓝ751.1
〔20347〕

◇日本のやきもの　第10　九谷　深田久弥，北出塔次郎文，
　鈴木恒夫写真　京都　淡交新社　1964　230p　22cm
　Ⓝ751.3
〔20348〕

◇日本のやきもの　10　九谷　北出不二雄文，山本建三写
　真　京都　淡交社　1986.8　227p　21cm　1500円
　①4-473-00932-7　Ⓝ751.3
〔20349〕

◇北陸のやきもの再興九谷—企画展　瀬戸　愛知県陶磁資
　料館　1989　30p　26cm　Ⓝ751.1
〔20350〕

◆◆薩摩焼

◇伊万里・鍋島・薩摩—陶磁器から港区の近世史を読む
　港区教育委員会編　港区教育委員会　2004.11　60p
　21cm　（港区考古学ブックレット　2—港区の江戸時代
　1）Ⓝ751.1
〔20351〕

◇カラー日本のやきもの　2　薩摩　文：沈寿官，写真：久
　光良城　京都　淡交社　1975　251p　22cm　2000円
　Ⓝ751.3
〔20352〕

◇薩摩　向田民夫著　大阪　保育社　1978.2　151p
　15cm　（カラーブックス）430円　Ⓝ751.3
〔20353〕

◇薩摩焼の研究　田沢金吾，小山富士夫共著　国書刊行会
　1987.6　309p　図版76枚　31cm　15000円　Ⓝ751.1
〔20354〕

◇陶磁大系　16　薩摩　岡田喜一著　平凡社　1972
　123p（おもに図）　27cm　1300円　Ⓝ751.3
〔20355〕

◇日本陶磁全集　19　薩摩　佐藤雅彦ほか編　佐藤雅彦編
　集・解説　中央公論社　1978.2　75,4p　34cm　2400円
　Ⓝ751.3
〔20356〕

◇日本陶磁全集　19　薩摩　佐藤雅彦編　新訂版　中央公
　論社　1980.11　75p　34cm　2400円　Ⓝ751.1
〔20357〕

◇日本陶磁大系　第16巻　薩摩　岡田喜一，矢部良明著
　平凡社　1989.11　144p　27cm　3300円
　①4-582-23516-6　Ⓝ751.1
〔20358〕

◇日本のやきもの　第1　薩摩　吉田光邦，沈寿官文，平岡
　正三郎写真　京都　淡交新社　1964　234p　22cm
　Ⓝ751.3
〔20359〕

◇日本のやきもの　1　薩摩　沈寿官文，久光良城写真　京
　都　淡交社　1986.5　211,〔3〕p　21cm　1500円
　①4-473-00923-8　Ⓝ751.1
〔20360〕

◇日本のやきもの　8　薩摩・民窯　矢部良明ほか著　講

近世史　　　　　　　　　　　　　　　　　　　　　　美術史

談社　1992.8　143p　21cm　(講談社カルチャーブックス 59)1500円　①4-06-198051-3　Ⓝ751.1　〔20361〕

◆◆信楽焼・伊賀焼

◇伊賀及信楽　川崎克著,伊賀文化産業協会編　上野　伊賀文化産業協会　1988.10　82p 図版53枚　27cm　非売品　Ⓝ751.1　〔20362〕

◇カラー日本のやきもの　10　信楽伊賀　文:八木一夫,平野敏三,写真:今駒清則　京都　淡交社　1975　244p　22cm　2000円　Ⓝ751.3　〔20363〕

◇近畿の古陶—信楽・丹波　五島美術館　1969　1冊(おもに図)　26cm　(続日本陶磁名宝展シリーズ 4)Ⓝ751.3　〔20364〕

◇近世信楽焼をめぐって—研究集会資料集　関西陶磁史研究会編　京都　関西陶磁史研究会　2001.11　182p　30cm　Ⓝ751.1　〔20365〕

◇信楽　平野敏三著　技報堂出版　1982.12　231p　19cm　(陶芸の歴史と技法)1700円　Ⓝ751.1　〔20366〕

◇信楽伊賀　平野敏三著　大阪　保育社　1977.3　152p　15cm　(カラーブックス)430円　Ⓝ751.3　〔20367〕

◇信楽大壺　土門拳写真,小山冨士夫解説　東京中日新聞出版局　1965　166p(おもに図版)　37cm　Ⓝ751.3　〔20368〕

◇時代別古信楽名品図録　桂又三郎編　光美術工芸　1974　466p(はり込図41枚共)　36cm　42000円　Ⓝ751.3　〔20369〕

◇陶磁大系　8　信楽・伊賀　満岡忠成著　平凡社　1976　119p(おもに図)　27cm　1700円　Ⓝ751.3　〔20370〕

◇陶磁大系　8　信楽伊賀　満岡忠成著　平凡社　1981.2　119p　27cm　1900円　Ⓝ751.08　〔20371〕

◇日本陶磁全集　12　信楽　佐藤雅彦等編集委員　河原正彦編集・解説　中央公論社　1977.7　79,4p　34cm　2400円　Ⓝ751.3　〔20372〕

◇日本陶磁全集　12　信楽　河原正彦編　新訂版　中央公論社　1981.4　79p　34cm　2400円　Ⓝ751.1　〔20373〕

◇日本陶磁全集　13　伊賀　佐藤雅彦等編集委員　林屋晴三編集・解説　中央公論社　1977.9　71,4p　34cm　2400円　Ⓝ751.3　〔20374〕

◇日本陶磁全集　13　伊賀　林屋晴三編　新訂版　中央公論社　1981.4　71p　34cm　2400円　Ⓝ751.1　〔20375〕

◇日本陶磁大系　第8巻　信楽・伊賀　満岡忠成著　平凡社　1989.7　121p　27cm　3300円　①4-582-23508-5　Ⓝ751.1　〔20376〕

◇日本の陶磁　第2巻　備前・丹波・伊賀・信楽　責任編集:林屋晴三　中央公論社　1972　322p(はり込み図85枚共)　36cm　38000円　Ⓝ751.3　〔20377〕

◇日本の陶磁　7　伊賀・信楽・丹波　責任編集:林屋晴三　中央公論社　1974　173p(おもに図)　36cm　9800円　Ⓝ751.3　〔20378〕

◇日本の陶磁　7　伊賀・信楽・丹波　林屋晴三責任編集　中央公論社　1988.12　141p　35cm　4200円　①4-12-402757-5　Ⓝ751.3　〔20379〕

◇日本のやきもの　第4巻　備前・丹波・信楽　読売新聞社　1979.8　158p　29cm　1800円　Ⓝ751.3　〔20380〕

◇日本のやきもの　第7　信楽　伊賀　白洲正子,八木一夫文,藤川清,写真　京都　淡交新社　1964　231p　22cm　Ⓝ751.3　〔20381〕

◇日本のやきもの　7　信楽・伊賀　平野敏三文,今駒清則写真　京都　淡交社　1986.4　214,〔2〕p　21cm　1500円　①4-473-00929-7　Ⓝ751.3　〔20382〕

◆◆瀬戸焼

◇江戸時代後期本業展　瀬戸市文化センター,瀬戸市歴史民俗資料館編　瀬戸　瀬戸市文化センター　1988　52p　26cm　Ⓝ751.1　〔20383〕

◇江戸時代の瀬戸・美濃窯—財団法人瀬戸市埋蔵文化財センター企画展図録　瀬戸市埋蔵文化財センター編　瀬戸　瀬戸市埋蔵文化財センター　2004.7　82p　30cm　Ⓝ215.5　〔20384〕

◇尾張瀬戸焼図会　桂又三郎編　陶磁文献刊行会　1971　89p　22cm　(陶磁文献叢書 4)Ⓝ751.2　〔20385〕

◇尾張の茶道具—瀬戸・常滑の名工たちをめぐって　秋季企画展　愛知県陶磁資料館学芸課編　瀬戸　愛知県陶磁資料館　2001　96p　30cm　Ⓝ791.5　〔20386〕

◇カラー日本のやきもの　11　瀬戸　文:加藤唐九郎,写真:藤川清　京都　淡交社　1974　226p　22cm　2000円　Ⓝ751.3　〔20387〕

◇黄瀬戸　加藤唐九郎著,第一出版センター編　講談社　1984.10　100p　23cm　(茶わん叢書 第2篇)2900円　①4-06-201472-6　Ⓝ751.1　〔20388〕

◇近世の瀬戸　大阪市立美術館,根津美術館,徳川美術館編　大阪　大阪市立美術館〔東京〕根津美術館〔名古屋〕徳川美術館　大塚巧芸社(製作)　1973　150p(おもに図)　21×22cm　1000円　Ⓝ751.3　〔20389〕

◇時代別・古瀬戸名品図録　宮石宗弘編著,菊地正撮影　光美術工芸　1979.12　418,11p　35cm　55000円　Ⓝ751.2　〔20390〕

◇瀬戸絵皿の魔力　三田村善衛著　里文出版　1995.12　185p　21cm　(目の眼ハンドブック)2500円　①4-947546-89-1　Ⓝ751.1　〔20391〕

◇瀬戸・多治見・常滑・およびその周辺　清水元彦編　リブロポート　1996.12　119p　24cm　(美しい和食器の旅)1800円　①4-8457-1108-7　Ⓝ751.1　〔20392〕

◇瀬戸伝統陶芸会名鑑　瀬戸伝統陶芸会編　瀬戸　瀬戸伝統陶芸会　1974.9　37p(おもに図)　13×19cm　Ⓝ751.3　〔20393〕

◇瀬戸伝統陶芸会名鑑　瀬戸伝統陶芸会編　瀬戸　瀬戸伝統陶芸会　1984.4　57p　13×18cm　Ⓝ751.1　〔20394〕

◇瀬戸の絵皿展—企画展　瀬戸市歴史民俗資料館編　瀬戸　瀬戸市歴史民俗資料館　1992.7　56p　26cm　Ⓝ751.1　〔20395〕

◇瀬戸の染付磁器　瀬戸　愛知県陶磁資料館　1984　48p　26cm　Ⓝ751.1　〔20396〕

◇瀬戸のやきもの　戸田紋平著,戸田紋平遺稿集刊行会編　名古屋　風媒社　1966　353p　表　20cm　Ⓝ751.3　〔20397〕

◇瀬戸本業焼—江戸後期の瀬戸陶器　企画展　瀬戸　愛知県陶磁資料館　1982　44p　26cm　Ⓝ751.1　〔20398〕

◇瀬戸・美濃の古染付と石皿　宮下耕三編　里文　1979.11　302p　27cm　6800円　Ⓝ751.3　〔20399〕

◇瀬戸・美濃やきもの紀行　主婦と生活社編　主婦と生活社　1997.9　127p　21cm　(孔雀ブックス)1300円　①4-391-12069-0　Ⓝ751.1　〔20400〕

◇瀬戸焼近世文書集　桂又三郎編　陶磁文献刊行会　1970　215p　22cm　(陶磁文献叢書 3)1500円　Ⓝ751.2　〔20401〕

◇瀬戸焼1300年の歩み—日本六古窯現代作家陶芸展　日本六古窯サミット記念特別展　愛知県陶磁資料館編　瀬戸　愛知県陶磁資料館　1992　170p　30cm　Ⓝ751.1　〔20402〕

◇陶磁大系　11　志野・黄瀬戸・瀬戸黒　荒川豊蔵著　平凡社　1972　127p(おもに図)　27cm　1300円　Ⓝ751.

美術史　　　　　　　　　近世史

3〔20403〕

◇日本陶磁全集　9　瀬戸・美濃　編集委員：佐藤雅彦等編集・解説：楢崎彰一　中央公論社　1976　79,4p　34cm　2400円　Ⓝ751.3〔20404〕

◇日本陶磁全集　14　黄瀬戸瀬戸黒　竹内順一編　新訂版　中央公論社　1980.12　79p　34cm　2400円　Ⓝ751.1〔20405〕

◇日本の陶磁　第3巻　志野・黄瀬戸・瀬戸黒　責任編集：林屋晴三　中央公論社　1971　302p（おもに図）はり込み図131枚　地　36cm　38000円　Ⓝ751.3〔20406〕

◇日本の陶磁　3　黄瀬戸・瀬戸黒　責任編集：林屋晴三　中央公論社　1974　109p（おもに図）36cm　7800円　Ⓝ751.3〔20407〕

◇日本の陶磁　3　黄瀬戸・瀬戸黒　林屋晴三責任編集　中央公論社　1989.5　89p　35cm　3910円　①4-12-402753-2　Ⓝ751.1〔20408〕

◇日本のやきもの　第5集　瀬戸・美濃・常滑　読売新聞社　1980.7　158p　29cm　1800円　Ⓝ751.1〔20409〕

◇日本のやきもの　6　三彩・緑釉・瀬戸・常滑　楢崎彰一ほか著　講談社　1992.1　143p　21cm　（講談社カルチャーブックス　37）1500円　①4-06-198043-2　Ⓝ751.1〔20410〕

◇日本のやきもの　8　瀬戸　加藤唐九郎文, 藤川清写真　京都　淡交社　1985.12　187p　21cm　1500円　①4-473-00930-0　Ⓝ751.1〔20411〕

◇日本のやきもの　第9　瀬戸　常滑　奈良本辰也, 加藤唐九郎文, 藤川清写真　京都　淡交新社　1964　226p　22cm　Ⓝ751.3〔20412〕

◇日本焼物考―瀬戸焼を通して, 陶磁器の起源とその変遷についての研究　原田好雄著　亀山　原田好雄　1971　82p　26cm　Ⓝ751.3〔20413〕

◇日本やきもの集成　3　瀬戸　美濃　飛騨　満岡忠成ほか編集　楢崎彰一ほか著　平凡社　1980.10　151p　31cm　3200円　Ⓝ751.1〔20414〕

◇本多コレクション展―愛知の古陶　猿投・瀬戸　愛知県陶磁資料館編　瀬戸　愛知県陶磁資料館　1993.7　45p　30cm　Ⓝ751.1〔20415〕

◆◆丹波焼

◇カラー日本のやきもの　8　丹波　文：桂又三郎, 写真：今駒清則　京都　淡交社　1974　228p　22cm　2000円　Ⓝ751.3〔20416〕

◇近畿の古陶―信楽・丹波　五島美術館　1969　1冊（おもに図）　26cm　（続日本陶磁名宝展シリーズ 4）Ⓝ751.3〔20417〕

◇近世の丹波焼―特別展　愛知県陶磁資料館学芸課編　瀬戸　愛知県陶磁資料館　1987　59p　26cm　Ⓝ751.1〔20418〕

◇丹波　桑門俊成著　大阪　保育社　1978.12　151p　15cm　（カラーブックス）430円　Ⓝ751.3〔20419〕

◇丹波古陶館　篠山町（兵庫県）　丹波古陶館　1981.5　1冊　25×26cm　Ⓝ751.1〔20420〕

◇丹波の古陶　柳宗悦著　限定版　日本民芸館　1956　108p　22cm　Ⓝ751.3〔20421〕

◇丹波の古窯　杉本捷雄著　限定版　神戸　神戸新聞社　1957　263p　図版40p　22cm　Ⓝ751.3〔20422〕

◇陶磁大系　9　丹波　河原正彦著　平凡社　1975　135p（おもに図）　27cm　1700円　Ⓝ751.3〔20423〕

◇日本陶磁全集　11　丹波　佐藤雅彦等編集委員　楢崎彰一編集・解説　中央公論社　1977.11　79,4p　34cm　2400円　Ⓝ751.3〔20424〕

◇日本陶磁全集　11　丹波　楢崎彰一編　新訂版　中央公論社　1981.1　79p　34cm　2400円　Ⓝ751.1〔20425〕

◇日本陶磁大系　第9巻　丹波　河原正彦著　平凡社　1990.5　137p　27cm　3300円　①4-582-23509-3　Ⓝ751.1〔20426〕

◇日本の陶磁　第2巻　備前・丹波・伊賀・信楽　責任編集：林屋晴三　中央公論社　1972　322p（はり込み図85枚共）　36cm　38000円　Ⓝ751.3〔20427〕

◇日本の陶磁　7　伊賀・信楽・丹波　林屋晴三責任編集　中央公論社　1988.12　141p　35cm　4200円　①4-12-402757-5　Ⓝ751.1〔20428〕

◇日本のやきもの　第4集　備前・丹波・信楽　読売新聞社　1979.8　158p　29cm　1800円　Ⓝ751.3〔20429〕

◆◆常滑焼

◇時代別古常滑名品図録　沢田由治編著　光美術工芸　1974　479,14p（おもに図　はり込み図37枚共）　36cm　48000円　Ⓝ751.3〔20430〕

◇陶磁大系　7　常滑・越前　沢田由治著　平凡社　1973　141p（おもに図）　27cm　1300円　Ⓝ751.3〔20431〕

◇日本陶磁全集　8　常滑渥美　赤羽一郎編, 小野田勝一編　新訂版　中央公論社　1981.2　79p　34cm　2400円　Ⓝ751.1〔20432〕

◇日本のやきもの　第5集　瀬戸・美濃・常滑　読売新聞社　1980.7　158p　29cm　1800円　Ⓝ751.1〔20433〕

◇日本のやきもの　6　三彩・緑釉・瀬戸・常滑　楢崎彰一ほか著　講談社　1992.1　143p　21cm　（講談社カルチャーブックス　37）1500円　①4-06-198043-2　Ⓝ751.1〔20434〕

◇日本のやきもの　第9　瀬戸　常滑　奈良本辰也, 加藤唐九郎文, 藤川清写真　京都　淡交新社　1964　226p　22cm　Ⓝ751.3〔20435〕

◆◆越前焼

◇越前　杉本寿著　大阪　保育社　1978.10　151p　15cm　（カラーブックス）430円　Ⓝ751.3〔20436〕

◇越前名陶展―開館15周年記念　宮崎村（福井県）　福井県陶芸館　1986.4　90p　26cm　Ⓝ751.1〔20437〕

◇越前焼―北陸の古陶　大阪　〔大阪市立博物館〕　1978　32p　26cm　（展覧会目録　第78号）Ⓝ751.3〔20438〕

◇小指のはたらき―越前陶芸村と私　渡部智著　福井　フェニックス出版　1986.5　356p　22cm　3200円　Ⓝ751.1〔20439〕

◆◆鍋島焼

◇伊万里・鍋島・薩摩―陶磁器から港区の近世史を読む　港区教育委員会編　港区教育委員会　2004.11　60p　21cm　（港区考古学ブックレット 2―港区の江戸時代 1）Ⓝ751.1〔20440〕

◇色鍋島　朝日新聞社編　1965　図版136枚　解説82p　はり込み原色図版68枚　35cm　Ⓝ751.3〔20441〕

◇色鍋島と松ケ谷　今泉元佑著　雄山閣出版　1969　316p（おもに図版）　27cm　4300円　Ⓝ751.3〔20442〕

◇色鍋島の美　大塚清吾写真, 小野公久文　岩波書店　1985.5　80p　22cm　（岩波グラフィックス　31）1200円　①4-00-008431-3　Ⓝ751.1〔20443〕

◇将軍と鍋島・柿右衛門　大橋康二著　雄山閣　2007.9　226p　22cm　6000円　①978-4-639-01992-3　Ⓝ573.2〔20444〕

◇初期鍋島と色鍋島―その真実の探究　今泉元佑著　古伊

万里鍋島研究所　1986.12　162p　27cm　3500円
①4-309-90025-9　Ⓝ751.1　〔20445〕

◇図録 色鍋島　佐賀県文化館編　佐賀　1968　160p（おもに図版）　22cm　（郷土シリーズ 第9集）Ⓝ751.3
〔20446〕

◇製作年代を考察出来る鍋島―盛期から終焉まで　小木一良著　創樹社美術出版　2006.4　102p　27cm　3810円
①4-7876-0057-5　Ⓝ751.1　〔20447〕

◇陶器全集　第23巻　柿右衛門・鍋島　平凡社編　鷹巣豊治　平凡社　1961　原色図版8枚　図版64p　解説　25cm
Ⓝ751.3　〔20448〕

◇陶磁大系　21　鍋島　今泉元佑著　平凡社　1972　127p（おもに図）　27cm　1300円　Ⓝ751.3　〔20449〕

◇特別展鍋島　渋谷区立松濤美術館編　〔東京都〕渋谷区立松濤美術館　c1981　1冊　26cm　Ⓝ751.1　〔20450〕

◇鍋島―蔵品選集　戸栗美術館編　戸栗美術館　c1993　95p　26cm　Ⓝ751.1　〔20451〕

◇鍋島―将軍家への献上 日本磁器の最高峰　佐賀県立九州陶磁文化館編　有田町（佐賀県）　佐賀県立九州陶磁文化館　2006.9　279p　30cm　Ⓝ751.1　〔20452〕

◇鍋島―後期の作風を観る　2　元文時代から・1736-　小木一良著　創樹社美術出版　2004.11　202p　27cm　6667円　①4-7876-0053-2　Ⓝ751.1　〔20453〕

◇鍋島・後期の作風を観る―元文時代から慶応時代まで　1736～1868　小木一良著　創樹社美術出版　2002.11　233p　27cm　8000円　①4-7876-0050-8　Ⓝ751.1
〔20454〕

◇鍋島小皿―藍鍋島小皿とその周辺　関和男著　堺　古伊万里刊行会　1995.5　91p　37cm　8500円
①4-947546-81-6　Ⓝ751.1　〔20455〕

◇鍋島藩窯の研究　鍋島藩窯調査委員会編　京都　平安堂　1954　219p　図版42枚　27cm　Ⓝ751.3　〔20456〕

◇鍋島藩窯とその周辺　伊万里市郷土研究会編　増補改訂版　伊万里　伊万里市郷土研究会　1984.6　215p　22cm　①4-905897-07-6　Ⓝ219.2　〔20457〕

◇日本色絵古陶集　後篇　柿右衛門・九谷・鍋島篇（原色図版100枚），附録（別綴）：日本色絵古陶集概説　京都書院.編輯部編　山根有三　京都　1952　40cm　Ⓝ751.3
〔20458〕

◇日本色絵古陶集　第4　九谷・鍋島編　京都書院編　京都　1963　38cm　Ⓝ751.3　〔20459〕

◇日本陶磁全集　25　鍋島　編集委員：佐藤雅彦等　編集・解説：矢部良明　中央公論社　1976　79,4p　34cm　2400円　Ⓝ751.3　〔20460〕

◇日本陶磁大系　第21巻　鍋島　今泉元佑著　平凡社　1990.4　132p　27cm　3300円　①4-582-23521-2　Ⓝ751.1　〔20461〕

◇日本の陶磁　第6巻　柿右衛門・鍋島　責任編集：林屋晴三　中央公論社　1972　312p（おもに図）はり込み図113枚　36cm　38000円　Ⓝ751.3　〔20462〕

◇日本の陶磁　10　鍋島　責任編集：林屋晴三　中央公論社　1974　182p（おもに図）　37cm　8800円　Ⓝ751.3　〔20463〕

◇日本の陶磁　10　鍋島　林屋晴三責任編集　中央公論社　1988.9　145p　35cm　4200円　①4-12-402760-5
Ⓝ751.1　〔20464〕

◇肥前古陶磁名窯展―唐津・柿右衛門・色鍋島 初期から現代　岡山　天満屋　c1979　1冊　25×26cm　Ⓝ751.3
〔20465〕

◆◆萩焼

◇カラー日本のやきもの　6　萩　文：吉賀大眉，写真：神山典之　京都　淡交社　1974　225p　22cm　2000円
Ⓝ751.3　〔20466〕

◇新説萩焼時代別名品図録　桂又三郎著　備前　古備前研究所　1981.4　283p　26cm　10000円　Ⓝ751.1
〔20467〕

◇陶磁大系　14　萩・出雲　河野良輔著　平凡社　1975　141p（おもに図）　27cm　1700円　Ⓝ751.3　〔20468〕

◇陶磁大系　14　萩出雲　河野良輔著　平凡社　1981.1　141p　27cm　1900円　Ⓝ751.08　〔20469〕

◇日本陶磁全集　18　萩・上野・高取　佐藤雅彦ほか編　林屋晴三編集・解説　中央公論社　1978.5　79,4p　34cm　2400円　Ⓝ751.3　〔20470〕

◇日本陶磁全集　18　萩上野高取　林屋晴三編　中央公論社　1981.3　79p　34cm　2400円　Ⓝ751.1　〔20471〕

◇日本陶磁大系　第14巻　萩・出雲　河野良輔著　平凡社　1989.9　144p　27cm　3300円　①4-582-23514-X
Ⓝ751.1　〔20472〕

◇日本のやきもの　第4　萩　今東光，三輪休雪文，藤ński清写真　京都　淡交新社　1965　190p　22cm　Ⓝ751.3
〔20473〕

◇日本のやきもの　4　萩　吉賀大眉文，神山典之写真　京都　淡交社　1986.2　200p　21cm　1500円
①4-473-00926-2　Ⓝ751.1　〔20474〕

◇日本のやきもの　5　唐津・上野・高取・萩　中里太郎右衛門ほか著　講談社　1991.11　147p　21cm　（講談社カルチャーブックス 32）1500円　①4-06-198030-0
Ⓝ751.1　〔20475〕

◇萩　坂田泥華著　大阪　保育社　1979.3　150p　15cm　（カラーブックス）430円　Ⓝ751.3　〔20476〕

◇萩―日本のやきもの　河野良輔著　講談社　1980.6　85p　15cm　（講談社文庫）380円　Ⓝ751.1　〔20477〕

◇萩の陶磁器　山本勉弥著　萩　白銀書店　1950　87p　19cm　（萩文化叢書 第1巻）Ⓝ751.2　〔20478〕

◇萩焼―やきものの町　橋詰隆康著　三一書房　1974　165p　20cm　850円　Ⓝ751.3　〔20479〕

◇萩焼―源流から現代まで　河野良輔ほか編集　朝日新聞社　1984.6　61p　図版73枚　34cm　98000円
①4-02-255197-6　Ⓝ751.1　〔20480〕

◇名陶萩その実際と鑑賞　藤田幸平著　福岡　西日本茶陶研究会　1980.4　144p　27cm　3800円　Ⓝ751.1
〔20481〕

◆◆備前焼

◇絵備前図譜　桂又三郎著　波多野書店　1967　70p　18cm　600円　Ⓝ751.2　〔20482〕

◇織部と古染付―美濃と景徳鎮の出会い 特別展　岡山　林原美術館　1991　1冊　26cm　Ⓝ751.1　〔20483〕

◇カラー日本のやきもの　7　備前　文：藤原啓，写真：小畑正紀　京都　淡交社　1974　231p　22cm　2000円
Ⓝ751.3　〔20484〕

◇近世の備前焼―特別展　瀬戸　愛知県陶磁資料館　1986　54p　26cm　Ⓝ751.1　〔20485〕

◇彩色備前三十六歌仙　桂又三郎編著　備前　古備前研究所　1983.6　93p　27cm　7000円　Ⓝ751.1　〔20486〕

◇瀬戸・美濃やきもの紀行　主婦と生活社編　主婦と生活社　1997.9　127p　21cm　（孔雀ブックス）1300円
①4-391-12069-0　Ⓝ751.1　〔20487〕

◇陶磁大系　10　備前　桂又三郎著　平凡社　1973

◇日本陶磁全集 10 備前 佐藤雅彦等編集委員 伊藤晃,上西節雄編集・解説 中央公論社 1977.6 79,4p 34cm 2400円 Ⓝ751.3 〔20489〕

127p（おもに図） 27cm 1300円 Ⓝ751.3 〔20488〕

◇日本陶磁全集 10 備前 伊藤晃編,上西節雄編 新訂版 中央公論社 1981.4 79p 34cm 2400円 Ⓝ751.1 〔20490〕

◇日本陶磁大系 第10巻 備前 桂又三郎著 平凡社 1989.6 129p 27cm 3300円 ①4-582-23510-7 Ⓝ751.1 〔20491〕

◇日本の陶磁 第2巻 備前・丹波・伊賀・信楽 責任編集：林屋晴三 中央公論社 1972 322p（はり込み図85枚共） 36cm 38000円 Ⓝ751.3 〔20492〕

◇日本の陶磁 6 備前 責任編集：林屋晴三 中央公論社 1974 153p（おもに図） 36cm 8800円 Ⓝ751.3 〔20493〕

◇日本の陶磁 6 備前 林屋晴三責任編集 中央公論社 1989.2 117p 35cm 3800円 ①4-12-402756-7 Ⓝ751.1 〔20494〕

◇日本のやきもの 第4集 備前・丹波・信楽 読売新聞社 1979.8 158p 29cm 1800円 Ⓝ751.3 〔20495〕

◇日本のやきもの 第5 備前 井伏鱒二,金重陶陽文,葛西宗誠写真 京都 淡交新社 1964 209p 22cm Ⓝ751.3 〔20496〕

◇日本のやきもの 5 備前 藤原啓文,藤原雄文,小畑正紀写真 京都 淡交社 1985.11 200p 21cm 1500円 ①4-473-00927-0 Ⓝ751.1 〔20497〕

◇備前 藤原啓作 研光社 1969 157p（おもに図版） 36cm 12000円 Ⓝ751.3 〔20498〕

◇備前 藤原雄,竹内淳子共著 大阪 保育社 1975 152p 15cm （カラーブックス）380円 Ⓝ751.3 〔20499〕

◇備前 藤原雄著 研光社 1975 166p（おもに図） 36cm 20000円 Ⓝ751.3 〔20500〕

◇備前閑谷焼とお庭焼 桂三郎著 横浜 大雅洞 1969 158p 22cm 2200円 Ⓝ751.2 〔20501〕

◇備前陶史 目賀道明著 備前町（岡山県） 備前町教育委員会 1961 203p 22cm Ⓝ751.3 〔20502〕

◇備前虫明焼 桂又三郎著 木耳社 1966 215p 22cm Ⓝ751.3 〔20503〕

◇備前焼 小山冨士夫編,中村昭夫写真 岡山 日本文教出版 1970 198p（おもに図） 15cm （岡山文庫 32）350円 Ⓝ751.3 〔20504〕

◇備前焼窯印 桂又三郎著 備前 古備前研究所 1979.5 334p 26cm 10000円 Ⓝ751.3 〔20505〕

◇備前焼入門 上西節雄,周藤道生著 岡山 山陽新聞社 1985.4 331p 19cm 1200円 Ⓝ751.1 〔20506〕

◇備前焼の鑑定 桂又三郎著 グラフィック社 1982.8 279p 27cm 9800円 ①4-7661-0256-8 Ⓝ751.1 〔20507〕

◇備前焼泡瓶名品図録 桂又三郎編 笠岡 豊池美術館 1982.11 182p 27cm 8500円 Ⓝ751.1 〔20508〕

◆◆益子焼

◇カラー日本のやきもの 15 益子 文：浜田庄司,塚田泰三郎,写真：藤川清 京都 淡交社 1975 238p 22cm 2000円 Ⓝ751.3 〔20509〕

◇益子 島岡達三著 大阪 保育社 1976 152p（おもに図） 15cm （カラーブックス）430円 Ⓝ751.3 〔20510〕

◇益子の陶工―土に生きる人々の語らい 無尽蔵 1980.12 108p 27cm 1600円 Ⓝ751.1 〔20511〕

◇益子の陶工たち 小寺平吉著 新版 學藝書林 1977.3 253p 20cm 1500円 Ⓝ751.3 〔20512〕

◇益子の陶工たち 小寺平吉著 學藝書林 1980.4 253p 20cm 1500円 Ⓝ751.3 〔20513〕

◇益子焼―やきものの里 清水裕子著 三一書房 1974 177p 20cm 850円 Ⓝ751.3 〔20514〕

◆◆美濃焼

◇海を越えた明治―ヨーロッパが愛した焼き物の美 記録 松田千晴著 岐阜 ［松田千晴］ 2000.10 130p 26cm 非売品 Ⓝ751.1 〔20515〕

◇江戸時代の瀬戸・美濃窯―財団法人瀬戸市埋蔵文化財センター企画展図録 瀬戸市埋蔵文化財センター編 瀬戸 瀬戸市埋蔵文化財センター 2004.7 82p 30cm Ⓝ215.5 〔20516〕

◇江戸時代の美濃窯―財団法人瀬戸市埋蔵文化財センター企画展図録 瀬戸市埋蔵文化財センター編 瀬戸 瀬戸市埋蔵文化財センター 2003.11 84p 30cm Ⓝ215.5 〔20517〕

◇カラー日本のやきもの 12 美濃 文：古川庄作,写真：藤川清 京都 淡交社 1974 236p 22cm 2000円 Ⓝ751.3 〔20518〕

◇日本陶磁全集 9 瀬戸・美濃 編集委員：佐藤雅彦等 編集・解説：楢崎彰一 中央公論社 1976 79,4p 34cm 2400円 Ⓝ751.3 〔20519〕

◇日本陶磁全集 14 黄瀬戸・瀬戸黒 佐藤雅彦等編集委員 竹内順一編集・解説 中央公論社 1977.2 79,4p 34cm 2400円 Ⓝ751.3 〔20520〕

◇日本陶磁大系 第11巻 志野・黄瀬戸・瀬戸黒 荒川豊蔵,竹内順一著 平凡社 1989.6 122p 27cm 3300円 ①4-582-23511-5 Ⓝ751.1 〔20521〕

◇日本のやきもの 第5集 瀬戸・美濃・常滑 読売新聞社 1980.7 158p 29cm 1800円 Ⓝ751.1 〔20522〕

◇日本のやきもの 第8 美濃 小山冨士夫,荒川豊蔵文,葛西宗誠写真 京都 淡交新社 1963 219p 22cm Ⓝ751.3 〔20523〕

◇日本のやきもの 9 美濃 荒川豊蔵文,熊沢輝雄文,藤川清写真 京都 淡交社 1986.7 187p 21cm 1500円 ①4-473-00931-9 Ⓝ751.1 〔20524〕

◇日本やきもの集成 3 瀬戸 美濃 飛騨 満岡忠成ほか編集 楢崎彰一ほか著 平凡社 1980.10 151p 31cm 3200円 Ⓝ751.1 〔20525〕

◇万国博覧会の華―明治の日本を支えた陶磁器&七宝焼 松田千晴著 岐阜 ［松田千晴］ 2002.12 113p 26cm Ⓝ751.1 〔20526〕

◇美濃 加藤卓男著 大阪 保育社 1975 151p 15cm （カラーブックス）380円 Ⓝ751.3 〔20527〕

◇美濃古陶 大阪市立美術館,徳川美術館,根津美術館編 大阪 大阪市立美術館 1971 159p（おもに図） 21×22cm 1000円 Ⓝ751.3 〔20528〕

◇美濃の花瓶―特別展 東濃西部歴史民俗資料館瑞浪陶磁資料館編 瑞浪 東濃西部歴史民俗資料館瑞浪陶磁資料館 1995.10 31p 26cm Ⓝ751.1 〔20529〕

◇美濃の皿―平安～江戸 東濃西部歴史民俗資料館瑞浪陶磁資料館編 瑞浪 東濃西部歴史民俗資料館瑞浪陶磁資料館 1997.10 47p 26cm Ⓝ751.1 〔20530〕

◇美濃の陶華―加藤幸兵衛作品集 加藤幸兵衛作,加藤卓男責任編集 京都 淡交社 1983.4 225p 31cm 30000円 Ⓝ751.1 〔20531〕

◇美濃の陶片―甦える志野 黄瀬戸 織部　加納陽治編著　徳間書店　1973　268,7p　22cm　3300円　Ⓝ751.3
　　　　　　　　　　　　　　　　　　　〔20532〕
◇美濃の水指―特別展　瑞浪　東濃西部歴史民俗資料館瑞浪陶磁資料館　1992.9　44p　26cm　Ⓝ751.1〔20533〕
◇美濃の向付・鉢―特別展　東濃西部歴史民俗資料館瑞浪陶磁資料館編　瑞浪　東濃西部歴史民俗資料館瑞浪陶磁資料館　1996.10　36p　26cm　Ⓝ751.1〔20534〕
◇美濃の焼きもの　松田千晴著　出版地不明　[松田千晴]　1989.10　28p　26cm　(美濃の歴史シリーズ 5)　Ⓝ751.1　〔20535〕
◇美濃のやきもの―展示解説　東濃西部歴史民俗資料館瑞浪陶磁資料館編　瑞浪　東濃西部歴史民俗資料館瑞浪陶磁資料館　1996.3　47p　26cm　Ⓝ751.1〔20536〕
◇美濃の焼き物と可児　可児　可児市教育委員会社会教育課　1997.3　33p　21cm　(可児市の文化財 第9集)　Ⓝ751.1　〔20537〕
◇美濃の輸出陶磁器―特別展　瑞浪　東濃西部歴史民俗資料館瑞浪陶磁資料館　1983　52p　26cm　Ⓝ751.1〔20538〕
◇美濃の碗―特別展　東濃西部歴史民俗資料館瑞浪陶磁資料館編　瑞浪　東濃西部歴史民俗資料館瑞浪陶磁資料館　1994.10　32p　26cm　Ⓝ751.1〔20539〕
◇美濃焼　奥磯栄麓著　京都　光琳社出版　1971　117p　図33枚　22cm　1800円　Ⓝ751.3〔20540〕
◇美濃焼　田口昭二著　ニュー・サイエンス社　1983.11　109p　21cm　(考古学ライブラリー 17)1300円　Ⓝ751.1　〔20541〕
◇美濃焼の歴史　一瀬武著　多治見　郷土文化研究会　1966　366p　22cm　Ⓝ751.3　〔20542〕
◇美濃焼みずなみ　瑞浪　瑞浪陶磁器工業協同組合　1982　80p　30cm　Ⓝ751.1　〔20543〕
◇美濃焼メーカーガイド　土岐　下石陶磁器工業協同組合　1982.3　272p　30cm　Ⓝ751.1　〔20544〕
◇わがうちなる火―美濃陶芸・人と作品　加納陽治著　名古屋　中部経済新聞社　1974　205p　27cm　3500円　Ⓝ751.3　〔20545〕

◆◆楽焼
◇古楽山茶碗と水指展―幻の権兵衛・半六　田部美術館編　松江　田部美術館　1994　93p　26cm　Ⓝ751.1〔20546〕
◇初歩からの楽焼づくり　高橋一翠著　丸ノ内出版　1973　190p　18cm　1000円　Ⓝ751.3〔20547〕
◇陶器全集　第6巻　長次郎・光悦　平凡社編　磯野信威　平凡社　1958　25cm　Ⓝ751.3〔20548〕
◇陶磁大系　17　長次郎　磯野信威著　平凡社　1972　123p(おもに図)　27cm　1300円　Ⓝ751.3〔20549〕
◇陶磁大系　18　光悦・道入　赤沼多佳著　平凡社　1977.11　114p(おもに図)　27cm　1700円　Ⓝ751.3〔20550〕
◇日本陶磁全集　20　長次郎　編集委員：佐藤雅彦等　編集・解説：林屋晴三　中央公論社　1976　80,3p　34cm　2400円　Ⓝ751.3　〔20551〕
◇日本陶磁全集　22　光悦 玉水 大樋　佐藤雅彦等編集委員　林屋晴三編集・解説　中央公論社　1977.5　75,4p　34cm　2400円　Ⓝ751.3〔20552〕
◇日本陶磁全集　22　光悦玉水大樋　林屋晴三編　新訂版　中央公論社　1980.10　75p　34cm　2400円　Ⓝ751.3〔20553〕
◇日本の陶磁　第1巻　長次郎・光悦・楽　責任編集：林屋晴三　中央公論社　1973　317p(はり込み図132枚共)　37cm　3800円　Ⓝ751.3　〔20554〕
◇日本の陶磁　1　長次郎・光悦　責任編集：林屋晴三　中央公論社　1974　135p(おもに図)　36cm　8800円　Ⓝ751.1　〔20555〕
◇日本の陶磁　1　長次郎・光悦　林屋晴三責任編集　中央公論社　1988.10　113p　35cm　3800円　①4-12-402751-6　Ⓝ751.1〔20556〕
◇日本のやきもの　3　伊賀・信楽・長次郎　満岡忠成ほか著　講談社　1991.8　143p　21cm　(講談社カルチャーブックス 22)1500円　①4-06-198029-7　Ⓝ751.1〔20557〕
◇楽焼―作り方味わい方　内島北朗著　大阪　創元社　1958　156p　22cm　Ⓝ751.3　〔20558〕
◇楽焼工程―其他　内島北朗著　2版　京都　1955　116p　19cm　Ⓝ751.3　〔20559〕
◇楽焼の技法　大樋年朗著　雄山閣出版　1977.7　182p　図12枚　21cm　1800円　Ⓝ751.3〔20560〕
◇楽焼のすべて　高橋一翠著　主婦と生活社　1973　116p　24cm　1200円　Ⓝ751.3　〔20561〕

◆◆湖東焼
◇湖東焼―その歴史と技法　谷口徹述　信楽町(滋賀県)　滋賀県立陶芸の森　1992　51p　30cm　Ⓝ751.1〔20562〕
◇湖東焼―民業湖東の華　彦根城博物館編　彦根　彦根市教育委員会　1996.8　24p　21cm　(湖東焼シリーズ 1)　Ⓝ751.1　〔20563〕
◇湖東焼私考　山本勇三編著　　加藤喜康共著　文芸社　2007.5　239p　26cm　3500円　①978-4-286-02541-4〔20564〕
◇幻の名窯湖東焼　彦根　サンライズ印刷出版部　1996.7　95p　20cm　(Sunriseライブラリー 1)1800円　①4-88325-026-1　Ⓝ751.1　〔20565〕

◆◆吉向焼
◇お庭焼初代吉向展―吉向焼須坂開窯150年記念　須坂市立博物館,田中本家博物館編　須坂　須坂市立博物館　1995.10　103p　30cm　Ⓝ751.1〔20566〕
◇須坂藩吉向焼のあゆみ　須坂市経済部すざかガイドセンター編　須坂　須坂市経済部すざかガイドセンター　1993.2　42p 図版4枚　21cm　Ⓝ751.1〔20567〕

◆◆御庭焼
◇江戸時代を彩る御庭焼と御用窯の世界―特別展　瀬戸　愛知県陶磁資料館　1991　78p　26cm　Ⓝ751.1〔20568〕

◆工芸
◇石川県の工芸―江戸時代から現代まで　石川県立美術館編　金沢　石川県立美術館　1991.10　156p　26cm　(石川県立美術館叢書 7)Ⓝ750.87〔20569〕
◇江戸からかみ―その歴史的背景と多彩な展開　久米康生著　東京松屋編　東京松屋　1992.11　297p 図版15枚　27cm　Ⓝ754.9　〔20570〕
◇江戸指物―下町職人の粋と意気　関保雄著　京都　淡交社　1996.7　254p　21cm　1900円　①4-473-01485-1　Ⓝ758　〔20571〕
◇江戸東京紙漉史考　関義城著　富山房　1944　372p　26cm　Ⓝ585　〔20572〕
◇江戸の装身具「根付」動物―a souvenir postcard book

Robert Fleischel, 吉田ゆか里監修　森仁ほか撮影　京都　京都書院　1998.11　絵はがき1組(31枚)　15×11cm　(京都書院アーツコレクション 199)1000円
①4-7636-1699-4　　〔20573〕

◇小津和紙　小津史料館　2007.9　43p　26cm　Ⓝ585.6
〔20574〕

◇加賀藩御細工所の研究　2　金沢　金沢美術工芸大学美術工芸研究所　1993.3　405p　22cm　Ⓝ750.2
〔20575〕

◇近世漆器の産業技術と構造　北野信彦著　雄山閣　2005.11　276p　22cm　5000円　①4-639-01905-X　Ⓝ752.2　　〔20576〕

◇近世出土漆器の研究　北野信彦著　吉川弘文館　2005.9　394,10p　21cm　10000円　①4-642-03404-8　〔20577〕

◇近世年号入り容器　服部和彦編著　静岡　和玄洞集古館　1998.10　327p　26cm　4700円　Ⓝ750.21　〔20578〕

◇暮らしに生かす江戸の粋　高田喜佐著　集英社　2003.11　171p　16cm　(集英社be文庫)695円
①4-08-650049-3　Ⓝ750.21361　　〔20579〕

◇東京の伝統工芸品―歴史が育む江戸の技　東京都労働経済局商工振興部工業振興課,東京都指定工芸品産地組合監修　東京産業貿易協会　1999.1　175p　18cm
Ⓝ750.2136　　〔20580〕

◇日本の文様―江戸千代紙文様　小林一夫著　日本ヴォーグ社　1997.2　136p　30cm　2900円　①4-529-02903-4
Ⓝ754.9　　〔20581〕

◇日本馬具大鑑　第4巻　近世　日本馬具大鑑編集委員会編　日本中央競馬会　1991.12　97,5p　図版183p　38cm　Ⓝ750.87　　〔20582〕

◇人形展―図録 西沢笛畝コレクション　板橋区立美術館編　板橋区立美術館　1985.2　67p　26cm　Ⓝ759.021
〔20583〕

◇根付―江戸細密工芸の華　日本根付研究会二十周年記念出版編集委員会編　藤沢　日本根付研究会　1995.9　206p　30cm　Ⓝ755.4　　〔20584〕

◇幕末・明治の工芸―世界を魅了した日本の技と美　村田理如著　京都　淡交社　2006.2　166p　26cm　3400円
①4-473-03299-X　Ⓝ750.21　　〔20585〕

◇和漢紙文献類聚　江戸時代編　関義城著　千代田印刷(印刷)　1973　449p　27cm　Ⓝ585.6　〔20586〕

◆◆ガラス工芸

◇江戸切子―その流れを支えた人と技　山口勝旦著　里文出版　1993.6　306p　22cm　3200円　①4-947546-57-3
Ⓝ751.5　　〔20587〕

◇江戸切子　中村光夫著　鎌倉　中村教材資料文庫　2004.12　35p　27cm　(中村教材資料文庫シリーズ23)非売品　Ⓝ751.5　　〔20588〕

◇ぎやまん・びいどろ―江戸期のガラス　サントリー美術館編　サントリー美術館　1980　1冊　26cm　〔20589〕

◇近世近代日本ガラス史論文選集　第1巻　棚橋淳二著　出版地不明　[棚橋淳二]　2006　1冊　21cm　Ⓝ751.5
〔20590〕

◇近世近代日本ガラス史論文選集　第2巻　棚橋淳二著　出版地不明　[棚橋淳二]　2006　1冊　21cm　Ⓝ751.5
〔20591〕

◇近世近代日本ガラス史論文選集　第3巻　棚橋淳二著　出版地不明　[棚橋淳二]　2006　1冊　21cm　Ⓝ751.5
〔20592〕

◇近世近代日本ガラス史論文選集　第4巻　棚橋淳二著　出版地不明　[棚橋淳二]　2006　1冊　21cm　Ⓝ751.5
〔20593〕

◇薩摩ガラス―殖産と美の追求にゆれた幕末の光芒　戸沢道夫著　里文出版　2000.5　230p　20cm　(里文選書2)2000円　①4-89806-023-4　Ⓝ751.5　〔20594〕

◇薩摩ガラスと江戸の文化―試論・薩摩ガラス　戸沢道夫著　協立書店　1984.4　252p　22cm　2500円
①4-900090-95-6　Ⓝ573.5　　〔20595〕

◇薩摩切子―黎明館企画特別展　鹿児島県歴史資料センター黎明館企画・編集　鹿児島　薩摩切子実行委員会　2004.10　199p　30cm　Ⓝ751.5　〔20596〕

◇謎のびいどろ―江戸期の硝子をたずねて　前田光信著　文芸社　2005.11　222p　19cm　1500円
①4-286-00507-0　Ⓝ751.5　　〔20597〕

◇びいどろ・ぎやまん図譜―江戸時代のガラス・粋と美　岡泰正著　加藤成文写真　京都　淡交社　1996.8　167p　27cm　3900円　①4-473-01484-3　Ⓝ751.5
〔20598〕

◆◆蒔絵

◇五十嵐派の蒔絵　東京国立博物館編　東京国立博物館　2004.12　34p　30cm　Ⓝ752.6　〔20599〕

◇江戸蒔絵―光悦・光琳・羊遊斎　創立130周年記念特別展　東京国立博物館編　東京国立博物館　2002.8　210,13p　30cm　Ⓝ752.6　　〔20600〕

◇江戸蒔絵図譜　深山美峰著　千葉　[深山美峰]　1993.9　93p　19×27cm　Ⓝ752.6　〔20601〕

◇近世御用蒔絵師の系譜　徳島市立徳島城博物館編　徳島　徳島市立徳島城博物館　1996.10　88p　30cm　Ⓝ752.6
〔20602〕

◇近世の蒔絵―漆器はなぜジャパンと呼ばれたか　灰野昭郎著　中央公論社　1994.7　210p　18cm　(中公新書)840円　①4-12-101196-1　Ⓝ752.6　〔20603〕

◇骨董　緑青　24　世界を驚かせた蒔絵　京都　マリア書房　2005.3　120p　30×23cm　2800円
①4-89511-554-2　　〔20604〕

◇蒔絵　3　桃山・江戸初期　荒川浩和編　中央公論新社　2003.9　123p　36cm　(日本の漆芸 新装3)①4-12-403482-2　Ⓝ752.6　〔20605〕

◇蒔絵　4　江戸・明治　荒川浩和編　中央公論新社　2003.9　125p　36cm　(日本の漆芸 新装4)①4-12-403483-0　Ⓝ752.6　〔20606〕

◇蒔絵師塗師両工伝　上,下巻　風俗絵巻図書刊行会編　吉川弘文館　1925　2冊　19cm　Ⓝ752　〔20607〕

◆◆染織工芸

◇有松しぼり　竹田耕三著　グラフィック社　2008.1　152p　26cm　(伝統の染織工芸意匠集 2)2600円
①978-4-7661-1873-5　　〔20608〕

◇江戸期の絵織　北村勝史編　絵手紙　1999.5　121,5p　26cm　2477円　①4-901057-03-0　Ⓝ753.2　〔20609〕

◇江戸小紋/藍田正雄・人と作品　藍田正雄作　高崎　群馬県立歴史博物館　2000.10　63p　21×30cm　Ⓝ753.8
〔20610〕

◇江戸小紋の紋様と幾何学的解析　北田正弘著　内田老鶴圃　2003.7　162p　26cm　1500円　①4-7536-9015-6
Ⓝ753.8　　〔20611〕

◇江戸庶民の染織　浦野理一著　毎日新聞社　1977.5　238p(おもに図)　39cm　50000円　Ⓝ753　〔20612〕

◇江戸に遊ぶ―嚢物にみる粋の世界　サントリー美術館編　サントリー美術館　1998　106p　18cm　Ⓝ753.4
〔20613〕

◇江戸モード大図鑑―小袖文様にみる美の系譜　国立歴史民俗博物館編　NHKプロモーション　c1999　301p　30cm　Ⓝ753.087
〔20614〕
◇大彦コレクション江戸時代名裳作品集　編輯解説：今永清士　京都　芸艸堂　1975　2冊（はり込図100枚）　47cm　120000円　Ⓝ753.2
〔20615〕
◇加賀染太郎田屋与右衛門　高桑砂夜子著　金沢　加賀染振興協会　1991.3　262p　22cm　2000円　①4-89379-017-X　Ⓝ753.8
〔20616〕
◇京の優雅―小袖と屏風　千總コレクション　京都文化博物館学芸課編　京都　京都文化博物館　2005.6　254,5p　30cm　Ⓝ753.021
〔20617〕
◇近世きもの万華鏡―小袖屏風展―国立歴史民俗博物館所蔵野村コレクション　国立歴史民俗博物館編　朝日新聞社　c1994　241p　30cm　Ⓝ753
〔20618〕
◇近世の染・織の美―企画展 絢爛華麗な染織の粋　高岡市立博物館編　高岡　高岡市立博物館　1997　52p　30cm　Ⓝ753.087
〔20619〕
◇小袖―日本伝統の装い、その華やかな歴史をたどる　長崎巌著　ピエ・ブックス　2006.9　239p　27cm　2800円　①4-89444-550-6　Ⓝ753.021
〔20620〕
◇日本の美術　265　染織　近世編　切畑健編　至文堂　1988.6　98p　23cm　1300円　Ⓝ702.1
〔20621〕
◇のしめ―熨斗目　江戸時代の縞・格子・絣事典　吉岡幸雄編　京都　京都書院　1996.11　254p　15cm　（京都書院アーツコレクション 1（染色 1））1030円　①4-7636-1501-7　Ⓝ753.3
〔20622〕
◇雛形元禄小袖　森晴太郎編　京都　森晴進堂　1928　1冊　27cm　Ⓝ753
〔20623〕
◇嚢物の世界―江戸小物のデザイン　百楽庵コレクション　山邉知行監修　平野英夫編著　藤森武写真　求龍堂　1998.10　325p　31cm　30000円　①4-7630-9826-8　Ⓝ753.4
〔20624〕
◇前田家伝来名物裂―京都国立博物館蔵　上巻　京都国立博物館編　京都　紫紅社　1978.3　210p　37cm　25000円　Ⓝ753.2
〔20625〕
◇前田家伝来名物裂―京都国立博物館蔵　下巻　京都国立博物館編　京都　紫紅社　1979.3　221p　37cm　25000円　Ⓝ753.2
〔20626〕

◆◆紙細工

◇江戸千代紙　京都　青幻舎　2002.5　254p　15cm　1200円　①4-916094-62-X　Ⓝ754.9
〔20627〕
◇江戸の職人―伝統の技に生きる　中江克己著　泰流社　1986.1　229p　20cm　1400円　①4-88470-522-X　Ⓝ750.2136
〔20628〕
◇加賀藩御細工所の研究　1　金沢　金沢美術工芸大学美術工芸研究所　1989.11　319p　22cm　Ⓝ750.2
〔20629〕
◇日本の文様―江戸千代紙文様　小林一夫著　改訂版　日本ヴォーグ社　2001.8　120p　30cm　3333円　①4-529-03591-3　Ⓝ754.9
〔20630〕
◇兵庫の近世大名・武具甲冑―特別展　兵庫県立歴史博物館編　姫路　兵庫県立歴史博物館　c1985　99p　26cm　（兵庫県立歴史博物館特展図録 no.7）Ⓝ756.7
〔20631〕
◇ぽちぶくろ―江戸文化の粋　貴道裕子著　里文出版　1999.11　103p　21×22cm　3200円　①4-89806-112-5　Ⓝ754.9
〔20632〕

◆◆金工

◇江戸幻想奇譚―刀剣金工図絵　深海信彦, 善財一共著　PHP研究所　1995.5　224p　21cm　2000円

①4-569-54734-6　Ⓝ756.6
〔20633〕
◇江戸東京梵鐘銘文集　真鍋孝志, 花房健次郎著　日本古鐘研究会編　ビジネス教育出版社　2001.10　334p　27cm　3619円　①4-8283-0821-0　Ⓝ756.4
〔20634〕
◇江戸の十手コレクション　里文出版　1995.11　100p　21×22cm　3000円　①4-947546-87-5　Ⓝ756
〔20635〕
◇江戸の十手コレクション　井出正信監修　改訂重版　里文出版　1998.8　100p　21×22cm　3000円　①4-89806-078-1　Ⓝ756
〔20636〕
◇江戸の粋―柄鏡―特別展　府中文化振興財団府中市郷土の森編　府中（東京都）　府中文化振興財団府中市郷土の森　1996.9　119p　29cm　Ⓝ756.5
〔20637〕
◇近世金工略伝―鏨廼花附編　室津鯨太郎編　松山堂書店　1919　37p　22cm　Ⓝ756
〔20638〕
◇仙台藩の金工展図録　仙台　仙台市博物館　1975.2　28p　26cm
〔20639〕
◇武蔵国江戸時代梵鐘拓影集成―撫石庵蔵版　真鍋孝志拓　古鐘研究会　1997.11　1冊　19×27cm　Ⓝ756.4
〔20640〕

建築史

◇石見銀山御料大森の町並み調査報告書　大田　大田市教育委員会　1991.3　1冊　26cm　Ⓝ521.5　〔20641〕
◇浦和の古建築　浦和市教育委員会編　浦和　浦和市教育委員会　1999.3　104p　31cm　Ⓝ521.5
〔20642〕
◇江戸―失われた都市空間を読む　玉井哲雄著　平凡社　1986.6　201p　22cm　（イメージ・リーディング叢書）1800円　①4-582-28453-1　Ⓝ521.5
〔20643〕
◇江戸建築叢書　大熊喜邦著　東亜出版社　1947　286p　19cm　80円　Ⓝ521.5
〔20644〕
◇江戸建築叢話　大熊喜邦著　東亜出版社　1947　286p　19cm　Ⓝ521
〔20645〕
◇江戸建築叢話　大熊喜邦著　東亜出版社　1948　286p　19cm　Ⓝ521.5
〔20646〕
◇江戸建築叢話　大熊喜邦著　中央公論社　1983.1　242p　16cm　（中公文庫）380円　Ⓝ521.5
〔20647〕
◇江戸建築と本途帳　西和夫著　鹿島研究所出版会　1974　278p　19cm　（SD選書）980円　Ⓝ521.5
〔20648〕
◇江戸事情―ヴィジュアル百科　第5巻　建築編　NHKデータ情報部編　雄山閣出版　1993.5　255p　27cm　3800円　①4-639-01156-3　Ⓝ210.5
〔20649〕
◇江戸のかたち―時空を超え今に息づく美・技・匠　日丼貞夫写真・文　小沢弘文　学習研究社　2004.4　127p　22cm　（Gakken graphic books 32）1800円　①4-05-402396-7　Ⓝ521.5
〔20650〕
◇江戸の橋　鈴木理生著　三省堂　2006.5　267p　20cm　1800円　①4-385-36261-0　Ⓝ515.02
〔20651〕
◇大坂三郷大工組記録―拾番組大工年寄古橋家文書　大阪市史編纂所編　大阪　大阪市史料調査会　2003.3　131p　21cm　（大阪市史史料 第61輯）1800円　Ⓝ525.54
〔20652〕
◇大田市大森銀山伝統的建造物群保存地区概要　大田　大田市教育委員会　1991　80p　31cm　Ⓝ521.5　〔20653〕
◇金沢の歴史的建築―その現状と保存に向けて　金沢　金沢市教育委員会　1986.3　168p　30cm　（金沢市文化財紀要 57）Ⓝ521.8
〔20654〕
◇金沢の歴史的建築と町並み　金沢　金沢市教育委員会　1992.3　229p　31cm　（金沢市文化財紀要 105）Ⓝ521.5

◇かもがた町家公園記録集―江戸へ百八十二里　鴨方町（岡山県）　鴨方町教育委員会　1998　48p　30cm　Ⓝ521.86
〔20655〕

◇木子文庫目録―東京都立中央図書館蔵　第2巻　木子清敬資料―明治宮殿　東京都立中央図書館編　東京都立中央図書館　1995.3　410,165p　27cm　Ⓝ521.5
〔20656〕

◇木子文庫目録―東京都立中央図書館蔵　第3巻　木子幸三郎資料　東京都立中央図書館編　東京都立中央図書館　1997.2　492,238p　27cm　Ⓝ521.5
〔20657〕

◇京・近江・丹後大工の仕事―近世から近代へ　建部恭宣著　京都　思文閣出版　2006.2　252,6p　22cm　5500円　Ⓘ4-7842-1282-5　Ⓝ525.54
〔20658〕

◇近世を拓いた土木技術―平成16年度特別展・大和川付替え300周年記念　大阪府立狭山池博物館編　大阪狭山　大阪府立狭山池博物館　2004.10　72p　30cm　（大阪府立狭山池博物館図録 6）Ⓝ510.921
〔20659〕

◇近世上方大工の組・仲間　川上貢著　京都　思文閣出版　1997.3　385,17p　22cm　9270円　Ⓘ4-7842-0922-0　Ⓝ521.5
〔20660〕

◇近世から近代における土木技術者の系譜　高崎哲郎著　つくば　土木研究所　2006.3　45p　30cm　Ⓝ510.921
〔20661〕

◇近世建築史論集　藤岡通夫著　中央公論美術出版　1969　430p　25cm　5000円　Ⓝ521.5
〔20662〕

◇近世建築の生産組織と技術　川上貢編　中央公論美術出版　1984.10　494p　22cm　9500円　Ⓝ521.5
〔20663〕

◇近世大工の系譜　内藤昌　ぺりかん社　1981.9　170p　20cm　1800円　Ⓝ521.6
〔20664〕

◇近世大工の美学―環境倫理としての日本古典建築学　内藤昌著　中央公論社　1997.8　307p　16cm　（中公文庫）895円　Ⓘ4-12-202917-1　Ⓝ521.5
〔20665〕

◇近世日本建築にひそむ西欧手法の謎―「キリシタン建築」論・序説　宮元健次著　彰国社　1996.1　295p　19cm　2580円　Ⓘ4-395-00436-9　Ⓝ521.5
〔20666〕

◇近世日本建築の意匠―庭園・建築・都市計画、茶道にみる西欧文化　宮元健次著　雄山閣　2005.11　431p　21cm　7000円　Ⓘ4-639-01901-7
〔20667〕

◇近世の建築　藤岡通夫著　中央公論美術出版　1971　152p　図10枚　20cm　（芸術選書）700円　Ⓝ521.5
〔20668〕

◇錦帯橋に関する史料　岩国　岩国徴古館　1972　74p　21cm　Ⓝ521.5
〔20669〕

◇愚子見記の研究　内藤昌編著　井上書院　1988.6　330,3p　28cm　Ⓝ521.5
〔20670〕

◇気仙大工―東北の大工集団　高橋恒夫著　INAX　1992.8　47p　21cm　（INAX album 6）927円　Ⓘ4-8099-1022-9　Ⓝ521.5
〔20671〕

◇気仙大工雑纂　平山憲治著　気仙沼　耕風社　1993.3　390p　21cm　3090円　Ⓝ525.54
〔20672〕

◇小頭と匠―宮沢家の歴史　宮沢助五郎著　花巻　宮沢助五郎　1997.2　115p　21cm　Ⓝ521.5
〔20673〕

◇小頭と匠―資料の解説と検証　続　宮沢助五郎編　伊藤鉄之助監修　花巻　宮沢助五郎　2000.6　309p　22cm　Ⓝ521.5
〔20674〕

◇小堀遠州の作事　森蘊著　奈良　奈良国立文化財研究所　1966　201p　図版26p　地　27cm　（奈良国立文化財研究所学報　第18冊）Ⓝ521.5
〔20675〕

◇駒形橋と江戸時代　吉田伝兵衛　1933.8　13p　18cm　Ⓝ291.36
〔20676〕

◇篠山城石垣符号の研究　朽木史郎著　篠山町（兵庫県）　篠山文庫　1960　130p　図版共　22cm　（放光シリーズ 第36）Ⓝ521.5
〔20677〕

◇滋賀県緊急民家調査報告書　昭和41年　大津　滋賀県教育委員会　1969　73p　図版25枚　26cm　Ⓝ521.5
〔20678〕

◇史跡高山陣屋図録　各務義章著　改訂版　岐阜　教育出版文化協会　1994.6　79p　26cm　1200円　Ⓝ521.8
〔20679〕

◇書院　彰国社編　1956　図版87p　解説共　19cm　（建築写真文庫　第2期　第36）Ⓝ521.5
〔20680〕

◇城下町佐賀の環境遺産　3　佐賀市歴史的建造物等保存対策調査報告　追加調査編　佐賀　佐賀市教育委員会　1995.3　60p　30cm　Ⓝ521.8
〔20681〕

◇松風閣とその庭園　北陸放送株式会社編　金沢　北陸放送　1977.10　247p　21cm　2500円　Ⓝ521.5
〔20682〕

◇大工頭中井家建築指図集―中井家所蔵本　谷直樹編　京都　思文閣出版　2003.2　385p　37cm　18000円　Ⓘ4-7842-1148-9　Ⓝ521.5
〔20683〕

◇大工頭中井家文書　高橋正彦編　慶応通信　1983.2　383p　図版18p　22cm　5500円　Ⓘ4-7664-0276-6　Ⓝ210.52
〔20684〕

◇立川流利休形寸法絵図　藤森明豊斎著　大統書房　1991.1　228p　14×19cm　Ⓝ521.5
〔20685〕

◇注釈愚子見記　今奥吉兵衛平政隆著，内藤昌校注　井上書院　1988.6　1冊　28cm　Ⓝ521.5
〔20686〕

◇天井桟敷から江戸を観る　渡辺豊和著　原書房　1991.8　251p　21cm　2500円　Ⓘ4-562-02204-3　Ⓝ213.6
〔20687〕

◇都市集住様式の歴史的研究　その4　近世町屋の実態調査―筑波の場合　東京都立大学石井研究室編　新住宅普及会住宅建築研究所　1979.7　70p　30cm　（研究 no.7613）非売品　Ⓝ521.86
〔20688〕

◇中井家大工支配の研究　谷直樹著　京都　思文閣出版　1992.4　339,15p　22cm　8034円　Ⓘ4-7842-0707-4　Ⓝ521.5
〔20689〕

◇中井家文書の研究　第1巻　内匠寮本図面篇　1　平井聖等著　中央公論美術出版　1976　図136p　90p　29cm　10000円　Ⓝ521.5
〔20690〕

◇中井家文書の研究　第2巻　内匠寮本図面篇　2　平井聖等著　中央公論美術出版　1977.3　図68p　85p　29cm　13000円　Ⓝ521.5
〔20691〕

◇中井家文書の研究　第3巻　内匠寮本図面篇　3　平井聖ほか著　中央公論美術出版　1978.2　83p　図版314p　29cm　16500円　Ⓝ521.5
〔20692〕

◇中井家文書の研究　第4巻　内匠寮本図面篇　4　平井聖ほか著　中央公論美術出版　1979.2　87p　図版334p　29cm　18500円　Ⓝ521.5
〔20693〕

◇中井家文書の研究　第5巻　内匠寮本図面篇　5　平井聖ほか著　中央公論美術出版　1980.2　81p　図版308p　29cm　22000円　Ⓝ521.5
〔20694〕

◇中井家文書の研究　第6巻　内匠寮本図面篇　6　平井聖ほか著　中央公論美術出版　1981.2　83p　図版304p　29cm　27000円　Ⓝ521.5
〔20695〕

◇中井家文書の研究　第7巻　内匠寮本図面篇　7　平井聖ほか著　中央公論美術出版　1982.2　65p　図版136p　29cm　18000円　Ⓝ521.5
〔20696〕

◇中井家文書の研究　第8巻　内匠寮本図面篇　8　平井聖ほか著　中央公論美術出版　1983.2　58p　図版156p　29cm　18000円　Ⓝ521.5
〔20697〕

◇中井家文書の研究　第9巻　内匠寮本図面篇　9　平井聖

ほか著　中央公論美術出版　1984.2　69p 図版250p　29cm　25000円　Ⓝ521.5
〔20699〕

◇中井家文書の研究　第10巻　内匠寮本図面篇　10　平井聖ほか著　中央公論美術出版　1985.2　68p 図版50p　29cm　11000円　Ⓝ521.5
〔20700〕

◇日本近世の都市と建築　野口徹著　法政大学出版局　1992.3　370p　22cm　7725円　①4-588-78604-0　Ⓝ521.86
〔20701〕

◇日本建築古典叢書　3　近世建築書｜堂宮雛形　2 建仁寺流　河田克博編著　京都　大竜堂書店　1988.12　867,8p　31cm　89000円　①4-924726-02-8　Ⓝ521.08
〔20702〕

◇日本建築古典叢書　第8巻　近世建築書―構法雛形　若山滋，麓和善編著　京都　大竜堂書店　1993.7　857,7p　31cm　89000円　①4-924726-04-4　Ⓝ521
〔20703〕

◇日本建築図録　下　藤原義一著　京都　星野書店　1948　1冊　21cm　Ⓝ521
〔20704〕

◇日本の近代建築　上　幕末・明治篇　藤森照信著　岩波書店　1993.10　267,5p　18cm　（岩波新書 308）620円　①4-00-430308-7
〔20705〕

◇橋津の藩倉―今にのこる鳥取池田藩の灘御倉　浅川滋男編　奈良　奈良国立文化財研究所　1996.2　62p　30cm　Ⓝ521.8
〔20706〕

◇藩学建築　城戸久著　丹波市町（奈良県）　養徳社　1945　167p　22cm　Ⓝ521.5
〔20707〕

◇藩校遺構―江戸時代の学校建築と教育　城戸久，高橋宏之共著　相模書房　1975　308p　22cm　3200円　Ⓝ521.5
〔20708〕

◇広島市近世近代建築物調査報告　広島市教育委員会社会教育部管理課編　広島　広島市教育委員会　1989.3　65p　26cm　（広島市の文化財　第43集）Ⓝ521.8
〔20709〕

◇文化財講座日本の建築　4　近世　1　編集：伊藤延男，太田博太郎，関野克　藤岡通夫等著　第一法規出版　1976　264p　22cm　1900円　Ⓝ521
〔20710〕

◇文化財講座日本の建築　5　近世2・近代　編集：伊藤延男，太田博太郎，関野克　関野克等著　第一法規出版　1976　261p　22cm　1900円　Ⓝ521
〔20711〕

◇矢掛の本陣と脇本陣　武泰稔ほか著　岡山　日本文教出版　1991.11　173p　15cm　（岡山文庫 153）750円　①4-8212-5153-1　Ⓝ521.86
〔20712〕

◇論考 江戸の橋―制度と技術の歴史的変遷　松村博著　鹿島出版会　2007.7　218p　21cm　3800円　①978-4-306-09387-4
〔20713〕

◇技・巧・人―阪下甚吉　阪下ゆかり編　高山　阪下ゆかり　1994.8　131p　30cm　Ⓝ521.5
〔20714〕

◆御所

◇京都御所　岸田日出刀著　相模書房　1954　図版66p 解説38p 地　26cm　Ⓝ521.5
〔20715〕

◇京都御所　藤岡通夫著　彰国社　1956　446,16p 図版112p共　28cm　Ⓝ521.5
〔20716〕

◇京都御所　藤岡通夫著　中央公論美術出版　1967　40p　19cm　（美術文化シリーズ）Ⓝ521.5
〔20717〕

◇京都御所と二条城　岩波書店編集部編　岩波書店　1952　図版64p　19cm　（岩波写真文庫 第62）Ⓝ521.5
〔20718〕

◇近世復古清涼殿の研究　島田武彦著　京都　思文閣出版　1987.9　200,33p　20cm　3800円　①4-7842-0479-2　Ⓝ521.82
〔20719〕

◆城郭建築・武家屋敷

◇明石城　島田清著　神戸　中外印刷株式会社（印刷者）　1957　120p 図版10p　22cm　Ⓝ521.5
〔20720〕

◇伊賀上野城―城代職の苦悩 4　大和郡山陣屋　藤林明芳著　藤林明芳著　大阪　日本古城友の会　2002.12　32p　22cm　（城と陣屋シリーズ 240号）215.6
〔20721〕

◇伊賀名張城名張陣屋　藤林明芳著　大阪　日本古城友の会　1998.3　22p　22cm　（城と陣屋シリーズ 222号）Ⓝ215.6
〔20722〕

◇伊勢志摩大名家の藩史と居城　藤林明芳著　大阪　日本古城友の会　2001.12　23p 図版10p　22cm　（城と陣屋シリーズ 237号）215.6
〔20723〕

◇蝦夷五稜郭松前城　尾原隆男著　大阪　日本古城友の会　1996.10　43p 図版6p　22cm　（城と陣屋シリーズ 214号）Ⓝ291.18
〔20724〕

◇江戸期の主要城館を探る　第1巻　杉本幸雄著　平塚　〔杉本幸雄〕　2000.10　120p 図版35枚　26cm　Ⓝ521.823
〔20725〕

◇江戸期の主要城館を探る　第2巻　杉本幸雄著　平塚　〔杉本幸雄〕　2002.7　197p 図版39枚　26cm　Ⓝ521.823
〔20726〕

◇江戸期の主要城館を探る　第3巻　杉本幸雄著　平塚　〔杉本幸雄〕　2005.9　184p 図版29枚　26cm　Ⓝ521.823
〔20727〕

◇江戸三百藩まるごとデータブック―大名屋敷マップ掲載　人文社　2007.4　143p　21cm　（ものしりミニシリーズ）1700円　①978-4-7959-1750-7　Ⓝ210.5
〔20728〕

◇江戸のなりたち　1　江戸城・大名屋敷　追川吉生著　新泉社　2007.8　183p　21cm　1800円　①978-4-7877-0618-8
〔20729〕

◇江戸のなりたち　2　武家屋敷・町屋　追川吉生著　新泉社　2007.11　165p　21cm　1800円　①978-4-7877-0713-0　Ⓝ210.5
〔20730〕

◇大御所徳川家康の城と町―駿府城関連史料調査報告書　静岡市教育委員会編　静岡　静岡市教育委員会　1999.3　205,65p　30cm　Ⓝ521.823
〔20731〕

◇尾張徳川家を支えた諸家の遺構　藤林明芳著　大阪　日本古城友の会　1996.12　25p　22cm　（城と陣屋シリーズ 216号）Ⓝ521.853
〔20732〕

◇尾張徳川家戸山屋敷への招待―平成4年度企画展図録　東京都新宿区新宿歴史博物館編　新宿区教育委員会　1992.4　63p　26cm　Ⓝ521.86
〔20733〕

◇近世大阪における蔵屋敷の住居史的研究　植松清志著　大阪　〔植松清志〕　2000　153p　30cm　Ⓝ521.853
〔20734〕

◇近世城郭史の研究―文献資料　鳥羽正雄著　日本城郭協会　1963　22,203,29p　22cm　Ⓝ210.5
〔20735〕

◇近世城郭史の研究―文献資料　鳥羽正雄著　雄山閣出版　1982.7　22,203,28p　22cm　①4-639-00170-3　Ⓝ521.82
〔20736〕

◇近世城郭史の研究　鳥羽正雄著　POD版　雄山閣　2003.4　1冊　21cm　12000円　①4-639-10026-4
〔20737〕

◇近世城郭の研究―写真編　加藤隆著　近世日本城郭研究所　1967　379p 図版共　22cm　Ⓝ521.4
〔20738〕

◇近世城郭の研究　解説編　加藤隆著　近世日本城郭研究所　1969　358p　22cm　2000円　Ⓝ521.4
〔20739〕

◇近世武家集団と都市・建築　藤川昌樹著　中央公論美術出版　2002.2　294p　22cm　9500円　①4-8055-0411-0

建築史　　　　　　　　　近世史

◇Ⓝ521.853　　　　　　　　　　〔20740〕
◇御造営方日並記　上巻　高畠厚定著　石川県教育委員会文化財課金沢城研究調査室編　金沢　石川県教育委員会文化財課金沢城研究調査室　2004.3　408p　22cm（金沢城史料叢書 1）Ⓝ521.823　〔20741〕
◇御造営方日並記　下巻　高畠厚定著　石川県教育委員会文化財課金沢城研究調査室編　金沢　石川県教育委員会文化財課金沢城研究調査室　2005.3　458,42p 図版8p　22cm（金沢城史料叢書 2）Ⓝ521.823　〔20742〕
◇五稜郭―北のそなえと洋式城郭　市立函館博物館特別展示図録　市立函館博物館編　函館　市立函館博物館　2000.6　36p　30cm　Ⓝ210.58　〔20743〕
◇史跡高知城跡―保存管理計画策定報告書　高知　高知県教育委員会　1982.3　41,145p　26cm　Ⓝ709.184　〔20744〕
◇史跡福山城―保存管理計画書　1997　平成8年度策定　松前町（北海道）　松前町　1997.3　67p　30cm　Ⓝ709.118　〔20745〕
◇史跡福山城保存管理計画書―昭和50年度策定　2版　松前町（北海道）　松前町教育委員会　1979.8　61p　26cm　Ⓝ709.118　〔20746〕
◇史跡松江城　松江市教育委員会編　松江　松江市教育委員会　1985.3　21p 図版3枚　26cm　Ⓝ709.173　〔20747〕
◇城郭絵図集　日本城郭協会編　1961　図版156枚　22×31cm　Ⓝ521.5　〔20748〕
◇城郭図譜主図合結記　矢守一彦編　名著出版　1974　463p（おもに図）　27cm　25000円　Ⓝ521.5　〔20749〕
◇城郭と幕末維新の藩主・領主―伊勢志摩　上　藤林明芳著　大阪　日本古城友の会　1998.11　6,15p　22cm（城と陣屋シリーズ 225号）Ⓝ215.6　〔20750〕
◇城郭と幕末維新の藩主・領主―伊勢伊賀　下　藤林明芳著　大阪　日本古城友の会　1999.1　6,16p　22cm（城と陣屋シリーズ 227号）Ⓝ215.6　〔20751〕
◇諸国江戸藩邸門城門　近藤薫著　春日井　近藤薫　1997.2　123p　26cm　非売品　①4-89597-153-8　Ⓝ521.823　〔20752〕
◇城　日本編　西ケ谷恭弘著　小学館　1982.4　295p　20cm（万有ガイド・シリーズ 16）1850円　Ⓝ520.2　〔20753〕
◇陣屋があった江戸時代　飯島町歴史民俗資料館編　飯島町（長野県）　飯島町歴史民俗資料館　1999.3　36p　21cm（飯島陣屋ブックレット）Ⓝ210.5　〔20754〕
◇図説・江戸三百藩「城と陣屋」総覧―決定版　西国編　三浦正幸監修　学習研究社　2006.7　157p　26cm（歴史群像シリーズ 特別編集）1800円　①4-05-604379-5　Ⓝ521.823　〔20755〕
◇図説・江戸三百藩「城と陣屋」総覧―決定版　東国編　三浦正幸監修　学習研究社　2006.7　157p　26cm（歴史群像シリーズ 特別編集）1800円　①4-05-604378-7　Ⓝ521.823　〔20756〕
◇図説正保城絵図　千田嘉博編・執筆　新人物往来社　2001.6　126p　26cm（別冊歴史読本 76）2200円　①4-404-02776-1　Ⓝ210.5　〔20757〕
◇駿府城石垣刻印の謎　田端實作著　四街道　城郭石垣刻印研究所　1991.2　456p　26cm　12000円　Ⓝ210.52　〔20758〕
◇摂営秘録―大阪城の記録　中村勝利校注　藤井寺　日本古城友の会城郭文庫　1978.8　78p　22cm　2800円　Ⓝ521.5　〔20759〕
◇仙台城と仙台領の城・要害　小林清司編　名著出版　1982.4　439p　22cm（日本城郭史研究叢書 2）4800円　Ⓝ521.82　〔20760〕
◇園部藩と城―維新の築城にいたるまで　平成11年度秋季特別展図録　園部文化博物館編　園部町（京都府）　園部文化博物館　1999.11　42p　30cm　Ⓝ216.2　〔20761〕
◇大名屋敷―儀式・文化・生活のすがた　新宿歴史博物館開館5周年記念特別展　東京都新宿区立新宿歴史博物館編　〔東京都〕新宿区教育委員会　1993.10　103p　30cm　Ⓝ521.86　〔20762〕
◇高田城　上越市文化財調査委員会編　上越　上越市教育委員会　1972　85p　21cm（上越文化財調査報告書 第13集 1971年度）非売　Ⓝ521.5　〔20763〕
◇龍野藩江戸屋敷の生活　龍野　龍野市立歴史文化資料館　1998.10　177p　30cm（龍野市立歴史文化資料館図録 21）Ⓝ210.5　〔20764〕
◇津山城および津山の景観　杉山宇三郎著　津山　柿木書店　1963　190p　19cm　Ⓝ521.5　〔20765〕
◇豊川城―水野佐渡守忠直の豊川陣屋　松山雅要著　豊川〔松山雅要〕1998.2　1冊　26cm　Ⓝ215.5　〔20766〕
◇泥絵で見る大名屋敷　平井聖監修・執筆　浅野伸子執筆　学習研究社　2004.2　111p　24cm（Gakken graphic books deluxe 37）1600円　①4-05-402113-1　Ⓝ721.025　〔20767〕
◇日本城郭史　大類伸,鳥羽正雄共著　雄山閣　1977.8　746,10p　22cm　8000円　Ⓝ520.2　〔20768〕
◇日本城郭史料集　諸国廃城考　深井彪　諸国城主　大類伸編　人物往来社　1968　677p　22cm　Ⓝ210.5　〔20769〕
◇日本城郭全集　第2巻　近世の城・概論　井上宗和著　鳥羽正雄,城戸久,藤岡通夫編　日本城郭協会出版部　1960　63p 図版共　35cm　Ⓝ521.08　〔20770〕
◇日本の城―大名の生活と気風　稲垣史生著　平凡社　1975　151p　18cm（平凡社カラー新書）550円　Ⓝ210.5　〔20771〕
◇日本の城　稲垣史生文　平凡社　1996.12　151p　18cm（平凡社カラー新書セレクション）968円　①4-582-83023-4　Ⓝ210.5　〔20772〕
◇日本名城一〇〇選　日本城郭資料館著　22版　秋田書店　1987.9　318p　19cm　1400円　①4-253-00302-8　Ⓝ291.018　〔20773〕
◇藩政城郭夢馳せる群雄の城　星淳也著　杉並けやき出版　1999.8　188p　26cm　①4-921051-04-6　Ⓝ210.1　〔20774〕
◇彦根城　城戸久著　中央公論美術出版　1966　40p　19cm　Ⓝ521.5　〔20775〕
◇彦部家屋敷―国指定重要文化財　彦部氏歴史研究会著　群馬出版センター　1994.5　29p　26cm　700円　①4-906366-21-X　Ⓝ521.86　〔20776〕
◇武家屋敷―空間と社会　宮崎勝美,吉田伸之編　山川出版社　1994.10　255p　22cm　5800円　①4-634-61640-8　Ⓝ521.86　〔20777〕
◇本丸御殿と江戸屋敷　中谷一正著　大阪　中谷一正　1989　1冊　26cm　〔20778〕
◇松江城　河井忠親著　新装版　松江　松江今井書店　1998.6　134p　19cm　1700円　①4-89593-027-0　〔20779〕
◇涌谷町内の古建築調査―涌谷の侍住宅と周辺の民家　涌谷町（宮城県）　涌谷町教育委員会　2002.3　100p 図版11枚　30cm（涌谷町文化財調査報告書 第5集）Ⓝ521.853　〔20780〕

◆◆江戸城

◇石垣が語る江戸城　野中和夫編　同成社　2007.3　382p　21cm　（ものが語る歴史 12）7000円　①978-4-88621-380-8　〔20781〕

◇江戸城―将軍家の生活　村井益男著　中央公論社　1964　198p 地　18cm　（中公新書）Ⓝ210.5　〔20782〕

◇江戸城―暗殺事件の謎　菊村紀彦著　大和書房　1967　230p 18cm　（ペンギン・ブックス）Ⓝ210.5　〔20783〕

◇江戸城　西和夫著　中央公論美術出版　1982.3　40p　19cm　（美術文化シリーズ 126）500円　Ⓝ521.82　〔20784〕

◇江戸城―物語・日本の名城　戸川幸夫著　成美堂出版　1982.6　208p 19cm　1000円　①4-415-08102-9　Ⓝ210.5　〔20785〕

◇江戸城―その歴史と構造　小松和博著　名著出版　1985.12　185p　19cm　1480円　①4-626-01253-1　Ⓝ521.82　〔20786〕

◇江戸城　村井益男責任編集　小学館　1986.7　215p　37cm　（日本名城集成）28000円　①4-09-576004-4　Ⓝ521.82　〔20787〕

◇江戸城―物語・日本の名城　戸川幸夫著　成美堂出版　1997.11　254p　16cm　（成美文庫）543円　①4-415-06480-9　Ⓝ210.5　〔20788〕

◇江戸城―四海をしろしめす天下の府城　学習研究社　2000.4　175p　27cm　（「歴史群像」名城シリーズ）2500円　①4-05-401200-0　Ⓝ521.823　〔20789〕

◇江戸城―寛永度天守復元 ペーパークラフト「日本の名城」　学習研究社　2003.8　34p　30cm　（Gakken mook）800円　①4-05-603196-7　〔20790〕

◇江戸城　田村栄太郎著　雄山閣　2003.11　227p 19cm　（江戸時代選書 8）2000円　①4-639-01807-X　〔20791〕

◇江戸城―特別展　東京都江戸東京博物館執筆・編集　東京都江戸東京博物館　2007.1　189p　30cm　①4-924965-57-X　Ⓝ521.823　〔20792〕

◇江戸城 1　城郭　伊東竜一編　至文堂　1992.10　313p　37cm　（城郭・侍屋敷古図集成）50000円　Ⓝ521.82　〔20793〕

◇江戸城 2　侍屋敷　波多野純編　至文堂　1996.1　312p　37cm　（城郭・侍屋敷古図集成）50000円　①4-7843-0124-0　Ⓝ521.82　〔20794〕

◇江戸城が消えていく―『江戸名所図会』の到達点　千葉正樹著　吉川弘文館　2007.9　255p　19cm　（歴史文化ライブラリー 239）1800円　①978-4-642-05639-7　Ⓝ291.36　〔20795〕

◇江戸城建築史料展覧会目録　東京市立日比谷図書館編　東京市立日比谷図書館　1928　13p　20cm　Ⓝ521　〔20796〕

◇江戸城三十六見附を歩く―大江戸散策読本　鈴木謙一著　わらび書房, 日中出版〔発売〕　2003.9　246p　21cm　1800円　①4-89825-138-2　〔20797〕

◇江戸城三十六見附絵図集成　日本城郭協会編　新人物往来社　1985.11　1冊　27×38cm　20000円　①4-404-01289-6　Ⓝ521.82　〔20798〕

◇江戸城外堀物語　北原糸子著　筑摩書房　1999.7　253p　18cm　（ちくま新書）660円　①4-480-05809-5　Ⓝ521.823　〔20799〕

◇江戸城展　東京都江戸東京博物館編　東京都江戸東京博物館　2007.1　189p　30cm　①4-924965-57-X　Ⓝ521.823　〔20800〕

◇江戸城と大奥　中西立太画・文　学習研究社　1988.12　127p　26cm　（ピクトリアル江戸 1）2400円　①4-05-103038-5　Ⓝ210.5　〔20801〕

◇江戸城とその周辺　日本城郭協会編　日本城郭協会出版部　1961　96p　22cm　Ⓝ213　〔20802〕

◇江戸城と遠山氏　遠山康景著　1956　48p　25cm　Ⓝ288.3　〔20803〕

◇江戸城の宮廷政治―熊本藩細川忠興・忠利父子の往復書状　山本博文著　講談社　2004.11　346p 15cm　（講談社学術文庫）1100円　①4-06-159681-0　Ⓝ210.52　〔20804〕

◇江戸城の今昔―史蹟写真　鳥羽正雄編　日本橋史蹟研究会　1928　1冊　27cm　Ⓝ291.36　〔20805〕

◇江戸城のトイレ、将軍のおまる―小川恭一翁柳営談　小川恭一著　講談社　2007.10　445p　18cm　1300円　①978-4-06-214193-2　Ⓝ210.5　〔20806〕

◇江戸城の堀と石垣―発掘された江戸城 平成17年度特別展　千代田区立四番町歴史民俗資料館編　千代田区立四番町歴史民俗資料館　2005.10　36p　30cm　〔20807〕

◇江戸城の迷宮 「大奥の謎」を解く　中江克己著　PHP研究所　2006.9　295p　15cm　（PHP文庫）629円　①4-569-66675-2　〔20808〕

◇江戸城風雲回顧録　水野城東編　瀬尾書店　1931　207p　19cm　Ⓝ210.5　〔20809〕

◇江戸城物かたり　東京市立日比谷図書館　1929　46p　24cm　Ⓝ210.5　〔20810〕

◇江戸城物語　朝日新聞社編　1964　230p　19cm　Ⓝ210.5　〔20811〕

◇江戸のなりたち 1　江戸城・大名屋敷　追川吉生著　新泉社　2007.8　183p　21cm　1800円　①978-4-7877-0618-8　Ⓝ210.5　〔20812〕

◇宮城（江戸城址）附法巡見略引　松本勘太郎著　宮音松　1935　50p　23cm　Ⓝ291.36　〔20813〕

◇週刊名城をゆく 9　江戸城　小学館　2004.4　35p　30cm　（小学館ウイークリーブック）533円　〔20814〕

◇重要文化財江戸城造営関係資料―甲良家伝来 文化財修理報告書　増田勝彦監修　東京都立中央図書館編　第2版　東京都立中央図書館　2006.8　4,55p　30cm　Ⓝ014.61　〔20815〕

◇図解・江戸城をよむ―大奥・中奥・表向　深井雅海著　原書房　1997.3　328p　22cm　3914円　①4-562-02849-1　Ⓝ210.5　〔20816〕

◇地図と写真で見る幕末明治の江戸城―現状比較　平井聖監修　浅野伸子解説　学習研究社　2003.6　143p　30cm　2400円　①4-05-401895-5　Ⓝ521.823　〔20817〕

◇徳川覇府江戸三十六城門細帖　清水三次郎編・画　森山章助　1896.11　1冊 図版38枚　23×31cm　Ⓝ520　〔20818〕

◇早川石丁場群関白沢支群―江戸城石垣のふるさと　横浜かながわ考古学財団　2007.3　4枚　30cm　〔20819〕

◇ピクトリアル江戸 1　江戸城と大奥　中西立太画・文　学習研究社　1988.12　126p　26cm　2400円　①4-05-103038-5　Ⓝ210.5　〔20820〕

◇名城を歩く 24　江戸城―徳川将軍家が君臨した日本一の大城郭　PHP研究所　2004.12　50p 29cm　（歴史街道スペシャル）514円　Ⓝ291.09　〔20821〕

◇よみがえる江戸城―徹底復元・天下の巨城の全貌　平井聖監修　浅野伸子, 小粥祐子執筆　学習研究社　2005.9　144p　30cm　（歴史群像シリーズ・デラックス 1）2200円　①4-05-603991-7　Ⓝ521.823　〔20822〕

◇よみがえる日本の城 2　江戸城小田原城　学習研究社　2004.6　64p　30cm　（歴史群像シリーズ）680円　①4-05-603440-0　〔20823〕

建築史　　　　　　　　　　　　　　近世史

◆◆名古屋城

◇巷説名古屋城綺伝―金鯱異聞・尾張藩重臣層屋敷小路三之丸写生絵図　服部鉦太郎編著　名古屋　名古屋城振興協会　1982.11　302p　19cm　(名古屋叢書 8)　Ⓝ521.82　　　　　　　　　　　　　　　　〔20824〕

◇特別史蹟重要文化財名古屋城雑記―天守閣・御殿造営　城戸久著　名古屋城振興協会編纂　増補第2版　名古屋　名古屋城振興協会　1994.3　268p　19cm　(名古屋叢書 5)1000円　Ⓝ215.5　　　　　　　〔20825〕

◇特別史蹟名古屋城　山田秋衞著　名古屋　名古屋城振興協会　泰文堂(発売)　1970　175p　19cm　(名古屋叢書)320円　Ⓝ215.5　　　　　　　　　　　〔20826〕

◇特別史蹟名古屋城―歴史・美術・建築　山田秋衞著　4版　名古屋　名古屋城振興協会　1985.11　226p　19cm　(名古屋城叢書 1)Ⓝ215.5　　　　　　　〔20827〕

◇特別史蹟名古屋城年表　名古屋　名古屋城振興協会　1967　191p　19cm　(名古屋叢書)220円　Ⓝ215.5　　　　　　　　　　　　　　　　〔20828〕

◇名古屋城　名古屋市編　名古屋　1953　3冊　37cm　Ⓝ521.5　　　　　　　　　　　　　　〔20829〕

◇名古屋城　城戸久著　中央公論美術出版　1966　40p　19cm　Ⓝ521.5　　　　　　　　　　〔20830〕

◇名古屋城　内藤昌責任編集　小学館　1985.10　231p　38cm　(日本名城集成)28000円　④4-09-576003-6　Ⓝ521.82　　　　　　　　　　　　〔20831〕

◇名古屋城こぼれ話　水谷盛光著　名古屋城振興協会編　名古屋　名古屋城振興協会　1995.12　112p　19cm　(続・名古屋城叢書 1)Ⓝ215.5　　　〔20832〕

◇名古屋城三之丸・御土居下考説　岡本柳英著　名古屋　掬翠社　1959　154p　図版15枚　27cm　Ⓝ215.5　　　　　　　　　　　　　　　　〔20833〕

◇名古屋城三之丸・御土居下考説　岡本柳英著　名古屋　黎明書房　1960　205p　22cm　Ⓝ215.5　　〔20834〕

◇名古屋城史　名古屋市編　名古屋　1959　535,20p　図版　地　22cm　Ⓝ521.5　　　　　　〔20835〕

◇名古屋城天守台石垣の刻紋―特別史蹟　高田祐吉著，名古屋城振興協会編　名古屋　名古屋城振興協会　1989.10　161p　31cm　Ⓝ521.82　　〔20836〕

◇名古屋城とその周辺　日本城郭協会編　日本城郭協会出版部　1961　96p　(原色張込図版，図版16枚共)　22cm　Ⓝ215.5　　　　　　　　　　〔20837〕

◇名古屋城並尾張藩国防の研究　大村有隣著　助愛社　1938　105p　21cm　Ⓝ215.5　　　　〔20838〕

◇名古屋城年誌―特別史蹟　信長・秀吉の智略と家康の歴史遺産　服部鉦太郎編著　増補改訂版　名古屋　名古屋城振興協会　1981.7　303p　19cm　(名古屋叢書 2)1300円　Ⓝ215.5　　　　　〔20839〕

◇名古屋城秘境―御土居下の人々　岡本柳英著　名古屋　黎明書房　1961　149p　22cm　Ⓝ215.5　〔20840〕

◇名古屋城物語　名古屋市編　名古屋　1959　130p　19cm　Ⓝ521.5　　　　　　　　　〔20841〕

◇名勝史蹟名古屋城の庭園―今も生きている城郭庭園の歴史と秘密　名古屋城振興協会編　2版　名古屋　名古屋城振興協会　1980.9　201p　19cm　(名古屋叢書 3)Ⓝ291.55　　　　　　　〔20842〕

◆◆二条城

◇京都御所と二条城　岩波書店編集部編　岩波書店　1952　図版64p　19cm　(岩波写真文庫 第62)Ⓝ521.5　　　　　　　　　　　　　　　　〔20843〕

◇新編名宝日本の美術　第19巻　姫路城と二条城　西和夫執筆　小学館　1991.7　143p　31cm　(小学館ギャラリー)1800円　④4-09-375119-6　Ⓝ708.7　〔20844〕

◇二条城―元離宮　編集委員：村田治郎，関野克　小学館　1974　472p　はり込み図4枚　40cm　80000円　Ⓝ702.15　　　　　　　　　　　　　〔20845〕

◇二条城―黒書院障壁画と幕末の古写真　特別展　松戸市戸定歴史館編　松戸　松戸市戸定歴史館　1994　114p　26cm　Ⓝ521.82　　　　　　　〔20846〕

◇不滅の建築　11　二条城二の丸御殿―京都・京都市　鈴木嘉吉，工藤圭章責任編集　岡本茂男撮影　毎日新聞社　1989.4　63p　31cm　1850円　④4-620-60281-7　Ⓝ521.8　　　　　　　　　　　　　　　　〔20847〕

◇名城を歩く　20　二条城―桃山の美に彩られた徳川家盛衰の舞台　PHP研究所　2004.8　50p　29cm　(歴史街道スペシャル)514円　Ⓝ291.09　　〔20848〕

◇元離宮二条城―築城四百年記念　京都新聞出版センター編　京都　京都新聞出版センター　2003.9　55,5p　26cm　762円　④4-7638-0523-1　Ⓝ521.823　〔20849〕

◆◆大坂城

◇大坂大番記録　1　大阪城天守閣編　大阪　大阪城天守閣　2000.3　160p　21cm　(徳川時代大坂城関係史料集 第3号)Ⓝ210.5　　　　　　　〔20850〕

◇大阪城―修復記録　大阪城修復委員会編　大阪　1955　89p　26cm　Ⓝ521.4　　　　　　〔20851〕

◇大阪城　日本城郭協会　1960　36p　図版共　26cm　Ⓝ521.4　　　　　　　　　　　　　　〔20852〕

◇大阪城今昔　志村清写真，日本古城友の会編　日本城郭資料館出版会　1970　105p(おもに図版)　19cm　490円　Ⓝ521.5　　　　　　　　　〔20853〕

◇大坂城誌―付「日本城郭誌」　小野清編著　名著出版　1973　1冊　23cm　6500円　Ⓝ216.3　〔20854〕

◇大坂城代記録　1　寛文2年1月―12月、大坂城代青山宗俊　大阪城天守閣編　大阪　大阪城天守閣　2006.3　105p　21cm　(徳川時代大坂城関係史料集 第9号)Ⓝ210.5　　　　　　　　　　　　　　〔20855〕

◇大坂城代記録　2　寛文3年1月―12月、大坂城代青山宗俊　大阪城天守閣編　大阪　大阪城天守閣　2007.3　111p　21cm　(徳川時代大坂城関係史料集 第10号)Ⓝ210.5　　　　　　　　　　　　　　〔20856〕

◇大坂城代用人日記　渡辺崎右衛門著　田中朋子編　大阪　大阪市史料調査会　2006.12　201p　21cm　(大阪市史史料 第68輯)1800円　Ⓝ210.58　〔20857〕

◇大阪城とその周辺　日本城郭協会編　日本城郭協会出版部　1962　96p(図版 原色貼込図版共)　22cm　Ⓝ216.3　　　　　　　　　　　　〔20858〕

◇大阪城400年　岡本良一ほか著　大阪　大阪書籍　1982.10　361p　19cm　(朝日カルチャーブックス 11)1400円　④4-7548-1011-2　Ⓝ216.3　　〔20859〕

◇幕末の大坂城―将軍家茂・慶喜の居た城　特別展　大阪城天守閣編　大阪　大阪城天守閣特別事業委員会　1998.10　115p　26cm　Ⓝ210.58　　〔20860〕

◆◆姫路城

◇国宝姫路城　朝日新聞社編　1964　273p　図版共　地　22cm　Ⓝ521.5　　　　　　　〔20861〕

◇姫路城　藤岡通夫著　中央公論美術出版　1965　40p　19cm　Ⓝ521.5　　　　　　　　〔20862〕

◇姫路城とその時代―官兵衛・秀吉・輝政　特別展　兵庫県立歴史博物館編　姫路　兵庫県立歴史博物館　1987.10　105p　26cm　(兵庫県立歴史博物館特別展図録 no.

15) Ⓝ210.48 〔20863〕

◇兵庫県文化財調査報告書 第42冊 特別史跡姫路城跡2 兵庫県立姫路東高校プール改築などに伴う発掘調査報告 兵庫県教育委員会埋蔵文化財調査事務所編 神戸 兵庫県教育委員会 1987.3 54p 図版8,24枚 26cm Ⓝ709.164 〔20864〕

◇不滅の建築 10 姫路城天守閣―兵庫・文部省 鈴木嘉吉, 工藤圭章責任編集 岡本茂男撮影 毎日新聞社 1989.3 63p 31cm 1800円 Ⓘ4-620-60280-9 Ⓝ521.8 〔20865〕

◆寺社建築

◇愛知県の近世社寺建築―近世社寺建築緊急調査報告書 愛知県教育委員会文化課編 名古屋 愛知県教育委員会 1980.3 231p 26cm Ⓝ521.81 〔20866〕

◇青森県の近世社寺―青森県近世社寺建築緊急調査報告書 青森県教育委員会編 青森 青森県教育委員会 1979.3 137p 26cm Ⓝ521.5 〔20867〕

◇青森県の近世社寺建築―青森県近世社寺建築緊急調査報告書 2 青森県教育委員会編 青森 青森県教育委員会 1991.3 169p 26cm Ⓝ521.5 〔20868〕

◇石川雲蝶/永林寺の刻蹟―駒沢晃写真集 駒沢晃著 維摩出版 1987.4 1冊 27cm 3000円 Ⓘ4-7548-6001-2 Ⓝ702.15 〔20869〕

◇江戸時代のお宮とお寺―受け継がれる信仰のかたち 飯山市近世社寺建築調査報告書 飯山 飯山市教育委員会 1992.3 96p 26cm Ⓝ521.81 〔20870〕

◇江戸時代の寺院と神社―建物の見方・しらべ方 文化庁歴史的建造物調査研究会編著 ぎょうせい 1994.7 249p 21cm 4800円 Ⓘ4-324-04083-4 Ⓝ521.81 〔20871〕

◇江戸の装飾建築―近世における建築の解放 窪寺茂著 INAX 1994.10 47p 21cm （INAX album 28）927円 Ⓘ4-8099-1053-9 Ⓝ521.81 〔20872〕

◇岡山県の近世社寺建築―近世社寺緊急調査報告書 岡山 岡山県教育委員会 1978.3 118p 図版48p 26cm Ⓝ521.5 〔20873〕

◇岡山市の近世寺社建築―岡山市歴史的建造物平成6・7年度調査報告 奈良国立文化財研究所編 岡山 岡山市教育委員会 1996.3 270p 30cm Ⓝ521.81 〔20874〕

◇沖縄県の信仰に関する建造物―近世社寺建築緊急調査報告書 沖縄県教育庁文化課, 琉球大学工学部建設工学科福島研究室編 宜野湾 ロマン書房 1992.5 153p 26cm （沖縄県文化財調査報告書 第104集）4120円 Ⓝ521.81 〔20875〕

◇鹿児島県の近世社寺建築―鹿児島県近世社寺建築緊急調査報告書 鹿児島県教育委員会文化課編 鹿児島 鹿児島県教育委員会 1988.3 128,92p 26cm Ⓝ521.81 〔20876〕

◇神奈川県近世社寺建築調査報告書―神奈川県の近世社寺建築 神奈川県教育庁生涯学習部文化財保護課編 横浜 神奈川県教育委員会 1993.3 2冊 26cm 〔20877〕

◇関東地方の近世社寺建築 1 茨城・栃木・群馬 茨城県教育委員会, 栃木県教育委員会, 群馬県教育委員会編 東洋書林 2003.6 1冊 23cm （近世社寺建築調査報告集成 第3巻）28000円 Ⓘ4-88721-542-8 Ⓝ521.81 〔20878〕

◇関東地方の近世社寺建築 2 埼玉・千葉・東京 埼玉県教育委員会, 千葉県教育委員会, 東京都教育委員会編 東洋書林 2003.6 1冊 23cm （近世社寺建築調査報告集成 第4巻）28000円 Ⓘ4-88721-543-6 Ⓝ521.81 〔20879〕

◇関東地方の近世社寺建築 3 神奈川 神奈川県教育委員会編 東洋書林 2003.7 23,650,208p 23cm （近世社寺建築調査報告集成 第5巻）38000円 Ⓘ4-88721-544-4 Ⓝ521.81 〔20880〕

◇岐阜県の近世社寺建築―近世社寺建築緊急調査報告書 岐阜県教育委員会文化課編 岐阜 岐阜県教育委員会 1981 162p 26cm Ⓝ521.81 〔20881〕

◇九州地方の近世社寺建築 1 福岡・佐賀・長崎・熊本 福岡県教育委員会ほか編 東洋書林 2003.8 1冊 23cm （近世社寺建築調査報告書集成 第19巻）38000円 Ⓘ4-88721-558-4 Ⓝ521.81 〔20882〕

◇九州地方の近世社寺建築 2 大分・宮崎・鹿児島・沖縄 大分県教育委員会ほか編 東洋書林 2003.9 1冊 23cm （近世社寺建築調査報告書集成 第20巻）38000円 Ⓘ4-88721-559-2 Ⓝ521.81 〔20883〕

◇京都府の近世社寺建築―近世社寺建築緊急調査報告書 京都府教育庁文化財保護課編 京都 京都府教育委員会 1983.3 421p 26cm Ⓝ521.81 〔20884〕

◇近畿地方の近世社寺建築 1 滋賀 滋賀県教育委員会編 東洋書林 2003.5 23,458p 23cm （近世社寺建築調査報告書集成 第9巻）28000円 Ⓘ4-88721-548-7 Ⓝ521.81 〔20885〕

◇近畿地方の近世社寺建築 2 京都 1 京都府教育委員会編 東洋書林 2002.9 23,421p 23cm （近世社寺建築調査報告書集成 第10巻）28000円 Ⓘ4-88721-549-5 Ⓝ521.81 〔20886〕

◇近畿地方の近世社寺建築 3 京都 2 京都府文化財保護基金編 東洋書林 2002.9 23,209,237p 23cm （近世社寺建築調査報告書集成 第11巻）28000円 Ⓘ4-88721-550-9 Ⓝ521.81 〔20887〕

◇近畿地方の近世社寺建築 4 京都 3 京都府文化財保護基金編 東洋書林 2002.9 23,261,225p 23cm （近世社寺建築調査報告書集成 第12巻）28000円 Ⓘ4-88721-551-7 Ⓝ521.81 〔20888〕

◇近畿地方の近世社寺建築 5 大阪・兵庫 大阪府教育委員会, 兵庫県教育委員会編 東洋書林 2003.1 1冊 23cm （近世社寺建築調査報告書集成 第13巻）38000円 Ⓘ4-88721-552-5 Ⓝ521.81 〔20889〕

◇近畿地方の近世社寺建築 6 奈良 奈良県教育委員会編 東洋書林 2003.4 23,453p 23cm （近世社寺建築調査報告書集成 第14巻）28000円 Ⓘ4-88721-553-3 Ⓝ521.81 〔20890〕

◇近畿地方の近世社寺建築 7 和歌山 和歌山県教育委員会編 東洋書林 2003.4 23,553p 23cm （近世社寺建築調査報告書集成 第15巻）28000円 Ⓘ4-88721-554-1 Ⓝ521.81 〔20891〕

◇近世観音堂の研究―武蔵三十三札所堂宇 染谷冽者 草加 松風書房 2001.3 102p 19cm 1000円 Ⓝ521.818 〔20892〕

◇近世近代の地域寺社の展開過程―常陸国高田神社を事例に 吉田俊純著 名著出版 2007.10 190p 22cm 4000円 Ⓘ978-4-626-01714-7 Ⓝ175.931 〔20893〕

◇近世寺社境内とその建築 光井渉著 中央公論美術出版 2001.11 410p 22cm 12000円 Ⓘ4-8055-0403-X Ⓝ521.81 〔20894〕

◇近世寺社参詣の研究 原淳一郎著 京都 思文閣出版 2007.9 392,11p 22cm 6300円 Ⓘ978-4-7842-1363-4 Ⓝ185.04 〔20895〕

◇近世下総における神社建築の大工・彫工について 小栗直人写真・著 小栗直人 2003.3 113p 30cm Ⓝ521.817 〔20896〕

建築史　　　　　　　　　　　　　近世史

◇近世社寺建築緊急調査報告書　栃木県教育委員会文化課編　宇都宮　栃木県教育委員会　1978.3　187p　26cm　（栃木県建造物調査報告書　第1集）Ⓝ521.5　〔20897〕

◇近世社寺建築の研究　第1号　近世社寺建築研究集会記録　第1回　奈良国立文化財研究所編　奈良　奈良国立文化財研究所　1988.7　231p　26cm　Ⓝ521.81　〔20898〕

◇近世社寺建築の研究　第2号　奈良国立文化財研究所編　奈良　奈良国立文化財研究所　1990.3　235p　26cm　Ⓝ521.81　〔20899〕

◇近世社寺建築の研究　第3号　奈良　奈良国立文化財研究所　1992.4　158p　26cm　Ⓝ521.81　〔20900〕

◇高知県文化財調査報告書　第25集　高知県の近世社寺建築　奈良国立文化財研究所編　高知　高知県教育委員会　1981.3　264p　26cm　Ⓝ709.184　〔20901〕

◇国宝本願寺唐門修理工事報告書　京都府教育庁指導部文化財保護課編　京都　京都府教育委員会　1980.3　24p　図版35枚　30cm　Ⓝ521.81　〔20902〕

◇湖東町の近世社寺建築　湖東町（滋賀県）　湖東町教育委員会　1998.3　298p　30cm　（湖東町文化財調査報告書　第5集）Ⓝ521.81　〔20903〕

◇埼玉の近世社寺建築―埼玉県近世社寺建築緊急調査報告書　埼玉県教育委員会編　浦和　埼玉県教育委員会　1984.3　168p　26cm　（埼玉県有形文化財調査報告1）Ⓝ521.81　〔20904〕

◇滋賀県の近世社寺建築―近世社寺建築緊急調査報告書　大津　滋賀県教育委員会文化部文化財保護課　1986.3　458p　26cm　Ⓝ521.81　〔20905〕

◇四国地方の近世社寺建築―徳島・香川・愛媛・高知　徳島県教育委員会ほか編　東洋書林　2004.4　1冊　23cm　（近世社寺建築調査報告書集成　第18巻）38000円　Ⓘ4-88721-557-6　Ⓝ521.81　〔20906〕

◇島根県近世社寺建築緊急調査報告書　松江　島根県教育委員会　1980.3　135p　26cm　Ⓝ521.81　〔20907〕

◇重要文化財本願寺本堂（阿弥陀堂）修理工事報告書　京都府教育庁指導部文化財保護課編　京都　京都府教育委員会　1984.9　110p　図版143枚　30cm　Ⓝ521.81　〔20908〕

◇浄土真宗寺院大広間の研究―勝興寺大広間及び殿舎構成を中心として　桜井敏雄編　高岡　高岡市教育委員会, 勝興寺文化財保存会　1975　84p　30cm　Ⓝ521.5　〔20909〕

◇信越さかえのお宮とお寺―栄村の近世社寺建築と工匠　信濃建築史研究室, 栄村近世社寺調査委員会編　栄村（長野県）　栄村教育委員会　1995.2　221p　27cm　Ⓝ521.81　〔20910〕

◇中国地方の近世社寺建築　1　鳥取・島根・岡山　鳥取県教育委員会, 島根県教育委員会, 岡山県教育委員会編　東洋書林　2004.8　1冊　23cm　（近世社寺建築調査報告書集成　第16巻）28000円　Ⓘ4-88721-555-X　Ⓝ521.81　〔20911〕

◇中国地方の近世社寺建築　2　山口　山口県教育委員会編　東洋書林　2004.10　23,338p　23cm　（近世社寺建築調査報告書集成　第17巻）28000円　Ⓘ4-88721-556-8　Ⓝ521.81　〔20912〕

◇中部地方の近世社寺建築　1　新潟・富山・石川・福井　新潟県教育委員会ほか編　東洋書林　2004.5　1冊　23cm　（近世社寺建築調査報告書集成　第6巻）28000円　Ⓘ4-88721-545-2　Ⓝ521.81　〔20913〕

◇中部地方の近世社寺建築　2　山梨・長野　山梨県教育委員会, 長野県教育委員会編　東洋書林　2004.6　1冊　23cm　（近世社寺建築調査報告書集成　第7巻）28000円　Ⓘ4-88721-546-0　Ⓝ521.81　〔20914〕

◇中部地方の近世社寺建築　3　岐阜・静岡・愛知　岐阜県教育委員会, 静岡県教育委員会, 愛知県教育委員会編　東洋書林　2004.7　1冊　23cm　（近世社寺建築調査報告書集成　第8巻）33000円　Ⓘ4-88721-547-9　Ⓝ521.81　〔20915〕

◇東京都の近世社寺建築―近世社寺建築緊急調査報告書　東京都教育庁社会教育部文化課編　東京都教育委員会　1989.3　296p　26cm　Ⓝ521.81　〔20916〕

◇鳥取県の近世社寺建築―鳥取県近世社寺建築緊急調査報告書　鳥取県教育委員会文化課編　鳥取　鳥取県教育委員会　1987.3　169p　26cm　Ⓝ521.81　〔20917〕

◇富山県の近世社寺建築―近世社寺建築緊急調査報告書　富山　富山県教育委員会　1981.3　62p　26cm　Ⓝ521.81　〔20918〕

◇長野県の近世社寺建築―長野県近世社寺建築緊急調査報告書　長野　長野県教育委員会　1982.3　50p　図版16p　26cm　Ⓝ521.81　〔20919〕

◇奈良県の近世社寺建築―近世社寺建築緊急調査報告書　奈良国立文化財研究所編　奈良　奈良県教育委員会文化財保存課　1987.5　453p　26cm　Ⓝ521.81　〔20920〕

◇新潟県の近世社寺建築―新潟県近世社寺建築緊急調査報告書　新潟　新潟県教育委員会　1985.3　197p　26cm　Ⓝ521.81　〔20921〕

◇西本願寺―その美術と歴史　宮崎円遵, 岡田譲, 堀江知彦著　京都　淡交新社　1961　274p　22cm　Ⓝ702.15　〔20922〕

◇日光社寺建築彩色文様図譜　日光社寺文化財保存会編　日光　日光社寺文化財保存会　1986.3　323p　31cm　非売品　Ⓝ521.81　〔20923〕

◇日本近世寺社建築様式と営造に関する研究　河上信行著　福岡　〔河上信行〕　1999.3　161p　30cm　Ⓝ521.81　〔20924〕

◇日本における近世民家（農家）の系統的発展　吉田靖著　奈良　奈良国立文化財研究所　1985.3　137,244p　30cm　（奈良国立文化財研究所学報　第43冊）Ⓝ521.81　〔20925〕

◇彦根の近世社寺建築―近世社寺建築緊急調査報告書　彦根　彦根市教育委員会　1983.3　120p　26cm　Ⓝ521.81　〔20926〕

◇福岡県の近世社寺建築―近世社寺建築緊急調査報告書　福岡　福岡県教育委員会　1984.3　317p　26cm　Ⓝ521.81　〔20927〕

◇福岡市の近世社寺建築　福岡　福岡市教育委員会　1990.3　195p　30cm　Ⓝ521.81　〔20928〕

◇不滅の建築　12　東照宮陽明門―栃木・東照宮　鈴木嘉吉, 工藤圭章責任編集　岡本茂男撮影　毎日新聞社　1989.5　63p　31cm　1850円　Ⓘ4-620-60282-5　Ⓝ521.8　〔20929〕

◇北海道・東北地方の近世社寺建築　1　北海道・青森・秋田　北海道教育委員会, 青森県教育委員会, 秋田県教育委員会編　東洋書林　2003.7　1冊　23cm　（近世社寺建築調査報告書集成　第1巻）28000円　Ⓘ4-88721-540-1　Ⓝ521.81　〔20930〕

◇北海道・東北地方の近世社寺建築　2　岩手・山形・宮城・福島　岩手県教育委員会ほか編　東洋書林　2003.8　1冊　23cm　（近世社寺建築調査報告書集成　第2巻）30000円　Ⓘ4-88721-541-X　Ⓝ521.81　〔20931〕

◇北海道の近世社寺建築―近世社寺建築緊急調査報告書　北海道教育委員会編　札幌　北海道教育委員会　1989.3　106p　26cm　Ⓝ521.81　〔20932〕

◇真壁町の社寺装飾彫刻―江戸時代の建造物を中心に　真壁町歴史民俗資料館編　真壁町（茨城県）　真壁町歴史

民俗資料館　1994.3　52p　26cm　Ⓝ521.81　〔20933〕
◇万福寺　佐々木剛三著　中央公論美術出版　1964　40p　19cm　Ⓝ702.15　〔20934〕
◇三重の近世社寺建築―近世社寺建築緊急調査の報告　三重県教育委員会編　津　三重県教育委員会　1985.3　643,25p　26cm　15000円　Ⓝ521.81　〔20935〕
◇宮崎県の近世社寺建築―近世社寺建築緊急調査報告書　宮崎県教育庁文化課編　宮崎　宮崎県教育委員会　1982.3　163p　26cm　Ⓝ521.81　〔20936〕
◇山形県の近世社寺建築―近世社寺建築緊急調査報告書　山形　山形県教育委員会　1984.3　135p　26cm　Ⓝ521.81　〔20937〕
◇山口県の近世社寺建築―近世社寺建築緊急調査報告書　山口　山口県教育委員会　1980.3　338p　26cm　Ⓝ521.81　〔20938〕
◇和歌山県の近世社寺建築―近世社寺建築緊急調査報告書　奈良国立文化財研究所編　和歌山　和歌山県教育庁文化財課　1991.3　553p　26cm　Ⓝ521.81　〔20939〕

◆◆日光東照宮
◇江戸・王権のコスモロジー　内藤正敏著　法政大学出版局　2007.6　344p　20cm　（内藤正敏民俗の発見3）3500円　Ⓘ978-4-588-27043-7　Ⓝ210.5　〔20940〕
◇桂離宮と日光東照宮―同根の異空間　宮元健次著　京都　学芸出版社　1997.5　255p　20cm　2200円　Ⓘ4-7615-2175-9　Ⓝ521.8　〔20941〕
◇久能山東照宮伝世の文化財　刀剣編　静岡　久能山東照宮博物館　1994.3　173p　36cm　Ⓝ702.17　〔20942〕
◇週刊日本の美をめぐる　no.40　江戸1　日光東照宮と桂離宮　小学館　2003.2　42p　30cm　（小学館ウィークリーブック）533円　Ⓝ702.1　〔20943〕
◇聖地日光の至宝―世界遺産登録記念　NHK　2000　251p　30cm　Ⓝ702.17　〔20944〕
◇東照宮　岩宮武二撮影,栗田勇,矢島清文文　美術出版社　1963　図版207p（解説共）　30cm　Ⓝ521.5　〔20945〕
◇東照宮　大河直躬著　鹿島研究所出版会　1970　212p　19cm　（SD選書）690円　Ⓝ521.5　〔20946〕
◇日光―その美術と歴史　岡田譲等著　京都　淡交新社　1961　256p　22cm　Ⓝ702.15　〔20947〕
◇日光漆塗造物の皮膜構成に関する研究　鈴鹿清之介著　日光国宝保存工事事務所　1966　97p　図版共　26cm　Ⓝ521.5　〔20948〕
◇日光東照宮　矢島清文著　社会思想研究会出版部　1961　211p　16cm　（現代教養文庫）Ⓝ702.15　〔20949〕
◇日光東照宮建造物装飾文様調査報告　1　多摩美術大学文様研究所編　多摩美術大学　1974　108p　26cm　（文様研究報告書1）非売品　Ⓝ521.5　〔20950〕
◇日光東照宮の装飾文様　人物・動物・絵画　グラフィック社　1994.4　138p　30cm　3980円　Ⓘ4-7661-0779-9　Ⓝ521.81　〔20951〕
◇日光東照宮の装飾文様　植物・鳥類　グラフィック社　1994.4　142p　30cm　3980円　Ⓘ4-7661-0778-0　Ⓝ521.81　〔20952〕
◇日光東照宮の謎　高藤晴俊著　講談社　1996.3　227p　18cm　（講談社現代新書）650円　Ⓘ4-06-149292-6　Ⓝ521.81　〔20953〕
◇日光東照宮宝物展　日光東照宮社務所編　豊田　豊田市郷土資料館　1993.10　90p　26cm　Ⓝ702.17　〔20954〕
◇日光東照宮竜図案集　吉原北宰著　日貿出版社　1987.12　106p　30cm　2800円　Ⓘ4-8170-3591-9　Ⓝ721.4　〔20955〕
◇日光廟建築　田辺泰著　彰国社　1946　151p*　22cm　（建築文化撰書1）Ⓝ521.5　〔20956〕
◇日本美術全集　第16巻　桂離宮と東照宮―江戸の建築1・彫刻　大河直躬ほか編著　講談社　1991.10　241p　37cm　7500円　Ⓘ4-06-196416-X　Ⓝ702.1　〔20957〕
◇日本名建築写真選集　第15巻　日光東照宮　伊藤ていじほか編　牧直視撮影　伊藤竜一解説　栗田勇エッセイ　新潮社　1993.2　134p　31cm　5000円　Ⓘ4-10-602634-1　Ⓝ521.087　〔20958〕
◇復元日光東照宮陽明門　宮元健次著　集文社　1995.12　23p　図版16枚　30cm　（ペーパー建築模型）3500円　Ⓘ4-7851-0253-5　Ⓝ521.81　〔20959〕

◆◆離宮
◇桂離宮と修学院　岩波書店編集部編　岩波書店　1951　図版64p　19cm　（岩波写真文庫　第50）Ⓝ521.4　〔20960〕
◇離宮の四季―桂離宮・修学院離宮　庄司成男撮影　京都　京都書院　1986.5　128p　37cm　2800円　Ⓘ4-7636-3025-3　Ⓝ521.5　〔20961〕

◆◆数寄屋造
◇尾張藩江戸下屋敷の謎―虚構の町をもつ大名庭園　小寺武久著　中央公論社　1989.12　183p　18cm　（中公新書）580円　Ⓘ4-12-100953-3　Ⓝ521.86　〔20962〕
◇近世の数寄空間―洛中の屋敷、洛外の茶屋　西和夫著　中央公論美術出版　1988.4　200p　20cm　3800円　Ⓘ4-8055-0169-3　Ⓝ521.86　〔20963〕
◇現代の数寄屋住宅　建築フォーラム企画・編集　京都　学芸出版社　1989.7　174p　30cm　（学芸和風建築叢書3）7004円　Ⓘ4-7615-4013-3　Ⓝ521.86　〔20964〕
◇数寄空間を求めて―寛永サロンの建築と庭　西和夫著　京都　学芸出版社　1983.7　248p　20cm　1700円　Ⓘ4-7615-1079-X　Ⓝ521.5　〔20965〕
◇数寄屋古典集成　2　千家流の茶室　中村昌生編著　小学館　1989.5　338p　31cm　39140円　Ⓘ4-09-697002-6　Ⓝ521.86　〔20966〕
◇数寄屋聚成　2　数寄屋建築史図聚　徳川時代前期　編修：北尾春道　増補覆刻版　叢文社　1971　1冊　26cm　4300円　Ⓝ521　〔20967〕
◇数寄屋聚成　3　数寄屋建築史図聚　徳川時代後期　編修：北尾春道　増補覆刻版　叢文社　1972　1冊　27cm　4000円　Ⓝ521　〔20968〕

◆◆桂離宮
◇画帖桂離宮　ブルーノ・タウト著,篠田英雄訳　岩波書店　1981.3　2冊（別冊とも）25cm　32000円　Ⓝ521.5　〔20969〕
◇桂―日本建築における伝統と創造　ワルター・グロピウス,丹下健三,石元泰博共著　造型社　1960　228p　図版,解説共　29×28cm　Ⓝ521.5　〔20970〕
◇桂　柳亮著,藤本四八撮影　美術出版　1961　179p　原色はり込図版163　37cm　Ⓝ521.5　〔20971〕
◇桂―日本建築における伝統と創造　丹下健三,石元泰博著　中央公論社　1971　196p（おもに図）29cm　5800円　Ⓝ521.5　〔20972〕
◇桂御所　久恒秀治著　新潮社　1962　512,24p　図版69枚　22cm　Ⓝ702.15　〔20973〕
◇桂・修学院　大原久雄撮影,村岡正解説　限定版　京都　大原写真工業社出版部　1960　196p（図版解説共）

建築史　　　　　　　　　　近世史

◇桂の離宮　40cm　Ⓝ702.15　〔20974〕
◇桂の離宮　湯川制著　郁文社　1961　146,20p　図版32枚　26cm　Ⓝ702.15　〔20975〕
◇桂別業図　宮内庁書陵部　1982.12　図版10枚　51×58cm　Ⓝ521.5　〔20976〕
◇桂離宮　藤島亥治郎著　京都　推古書院　1950　97p　図版32枚　表　22cm　Ⓝ521.4　〔20977〕
◇桂離宮　森蘊著　創元社　1951　232p　図版8枚　19cm　（創元選書　第215）Ⓝ521.5　〔20978〕
◇桂離宮　堀口捨巳著,佐藤辰三写　毎日新聞社　1952　97p　図版54枚　30cm　Ⓝ521.4　〔20979〕
◇桂離宮—製作過程の考察　和辻哲郎著　中央公論社　1955　259p　図版19枚　23cm　Ⓝ521.5　〔20980〕
◇桂離宮　和辻哲郎著　写（自筆）　1955　1冊　27cm　Ⓝ521.4　〔20981〕
◇桂離宮—様式の背後を探る　和辻哲郎著　中央公論社　1958　224p　図版11枚　18cm　Ⓝ521.5　〔20982〕
◇桂離宮　梅棹忠夫,川添登本文,佐藤辰三写真　京都　淡交新社　1961　80p　図版86枚　22cm　Ⓝ702.15　〔20983〕
◇桂離宮　和田邦平著　大阪　保育社　1962　127p　15cm　（カラーブックス）Ⓝ521.5　〔20984〕
◇桂離宮　藤岡通夫著　中央公論美術出版　1965　40p　19cm　Ⓝ702.15　〔20985〕
◇桂離宮　森蘊編著,天野凡太撮影　集英社　1967　131p　18cm　（カラーコンパクト）Ⓝ521.5　〔20986〕
◇桂離宮—写真集　毎日新聞社　1970　図版86p　38cm　1800円　Ⓝ521.5　〔20987〕
◇桂離宮　西川孟,内藤昌著　講談社　1977.9　393p　45cm　59000円　Ⓝ521.5　〔20988〕
◇桂離宮　和田邦平著　新訂　大阪　保育社　1979.3　151p　15cm　（カラーブックス）430円　Ⓝ521.5　〔20989〕
◇桂離宮　石元泰博写真,林屋辰三郎解説　岩波書店　1982.10　80p　22cm　（岩波グラフィックス 1）1000円　Ⓝ521.5　〔20990〕
◇桂離宮—空間と形　石元泰博写真,磯崎新ほか解説　岩波書店　1983.11　281p　35cm　28000円　Ⓝ521.82　〔20991〕
◇桂離宮—様式の背後を探る　和辻哲郎著　中央公論社　1991.4　264p　16cm　（中公文庫）640円　①4-12-201802-1　Ⓝ521.86　〔20992〕
◇桂離宮　和田邦平著　第2版　大阪　保育社　1992.4　151p　15cm　（カラーブックス 826）620円　①4-586-50826-4　Ⓝ521.86　〔20993〕
◇桂離宮—渡辺誠写真集　渡辺誠著　旅行読売出版社　1994.2　83p　18×19cm　（Ryoko Yomiuri photobooks）1300円　①4-89752-401-6　Ⓝ521.86　〔20994〕
◇桂離宮—ブルーノ・タウトは証言する　宮元健次著　鹿島出版会　1995.2　182p　20cm　2369円　①4-306-04329-0　Ⓝ521.86　〔20995〕
◇桂離宮　鈴木嘉吉,中村昌生編　田畑みなを写真　小学館　1995.7　356p　39cm　69000円　①4-09-699561-4　Ⓝ521.86　〔20996〕
◇桂離宮　俵万智他著　新潮社　1996.3　127p　22cm　（とんぼの本）1600円　①4-10-602043-2　Ⓝ521.86　〔20997〕
◇桂離宮　新建築社　1996.7　221p　31cm　10000円　①4-7869-0127-X　Ⓝ521.853　〔20998〕

◇桂離宮隠された三つの謎　宮元健次著　彰国社　1992.3　220p　19cm　2230円　①4-395-00341-9　Ⓝ521.86　〔20999〕
◇桂離宮・修学院離宮　京都新聞社編　鹿島研究所出版会　1974　195p　22cm　980円　Ⓝ521.5　〔21000〕
◇桂離宮茶室等整備記録　宮内庁編　宮内庁　1992.3　2冊　31cm　Ⓝ521.86　〔21001〕
◇桂離宮と日光東照宮—同根の異空間　宮元健次著　京都学芸出版社　1997.5　255p　20cm　2200円　①4-7615-2175-9　Ⓝ521.8　〔21002〕
◇桂離宮の研究　森蘊著　東都文化出版株式会社　1955　248p　図版109p　29cm　Ⓝ521.5　〔21003〕
◇桂離宮物語—人と建築の風景　西和夫著　筑摩書房　1992.11　243p　19cm　（ちくまライブラリー 82）1250円　①4-480-05182-1　Ⓝ521.86　〔21004〕
◇桂離宮は美しい　岡田清著,上羽雅夫写真　造形社　1965　124p　22cm　Ⓝ521.5　〔21005〕
◇京都の離宮—桂・修学院　著者：石川忠,撮影・企画：大原久雄　京都　豊書房　有職文化協会（発売）　1973　136p　21cm　Ⓝ521.5　〔21006〕
◇再現日本史—週刊time travel　江戸 1 3　講談社　2001.11　42p　30cm　533円　Ⓝ210.1　〔21007〕
◇新桂離宮論　内藤昌著　鹿島研究所出版会　1967　260p　図版共　19cm　（SD選書）Ⓝ521.5　〔21008〕
◇新版 桂離宮　森蘊著　東京創元社　1956　316p　図版80p共　地　19cm　（創元選書）Ⓝ521.5　〔21009〕
◇月と日本建築—桂離宮から月を観る　宮元健次著　光文社　2003.8　230p　18cm　（光文社新書）700円　①4-334-03210-9　Ⓝ521.4　〔21010〕
◇つくられた桂離宮神話　井上章一著　弘文堂　1986.4　261p　20cm　1600円　①4-335-55024-3　Ⓝ521.5　〔21011〕
◇つくられた桂離宮神話　井上章一著　講談社　1997.1　282p　15cm　（講談社学術文庫）800円　①4-06-159264-5　Ⓝ521.863　〔21012〕
◇日本美術全集　第16巻　桂離宮と東照宮—江戸の建築1・彫刻　大河直躬ほか編著　講談社　1991.10　241p　37cm　7500円　①4-06-196416-X　Ⓝ702.1　〔21013〕
◇日本名建築写真選集　第19巻　桂離宮　伊藤ていじほか編　十文字美信撮影　大和智解説　伊藤ていじエッセイ　新潮社　1993.7　130p　31cm　5000円　①4-10-602638-4　Ⓝ521.087　〔21014〕
◇わが数寄なる桂離宮—時のかなたからの証言　西和夫著　彰国社　1985.8　270p　19cm　1800円　①4-395-00196-3　Ⓝ521.5　〔21015〕

◆◆修学院

◇桂離宮と修学院　岩波書店編集部編　岩波書店　1951　図版64p　19cm　（岩波写真文庫　第50）Ⓝ521.4　〔21016〕
◇京都の離宮—桂・修学院　著者：石川忠,撮影・企画：大原久雄　京都　豊書房　有職文化協会（発売）　1973　136p　21cm　Ⓝ521.5　〔21017〕
◇修学院　重森完途著　中央公論美術出版　1964　40p　19cm　Ⓝ702.15　〔21018〕
◇修学院離宮の復元的研究　森蘊著　天理　養徳社　1954　90,20p　図版15枚　27cm　（奈良国立文化財研究所学報　第2冊）Ⓝ521.5　〔21019〕
◇修学院離宮　森蘊著　東京創元社　1955　215p　図版68p共　19cm　（創元選書）Ⓝ521.5　〔21020〕
◇修学院離宮　谷口吉郎著,佐藤辰三撮影　毎日新聞社

1956　105,56p　図版64枚　29cm　Ⓝ521.5　〔21021〕
◇修学院離宮　谷口吉郎著, 佐藤辰三撮影　京都　淡交新社　1962　95p　図版69枚　22cm　Ⓝ521.5　〔21022〕
◇修学院離宮　和田邦平著　大阪　保育社　1963　153p(図版96p共)　15cm　(カラーブックス)Ⓝ702.15　〔21023〕
◇修学院離宮―写真集　毎日新聞社　1970　図版86p　38cm　1800円　Ⓝ521.5　〔21024〕
◇修学院離宮　田中日佐夫文, 大橋治三写真　新潮社　1984.9　119p　22cm　(とんぼの本)1100円　①4-10-601915-9　Ⓝ521.5　〔21025〕
◇修学院離宮物語　宮元健次著　彰国社　1994.11　166p　19cm　2060円　①4-395-00422-9　Ⓝ521.86　〔21026〕

◆民家

◇会津田島の馬宿(旧大竹家住宅)ならびに関連民俗調査報告書　田島町教育委員会編　田島町(福島県)　田島町教育委員会　1988.3　199p　30cm　(田島町文化財調査報告書 第4集)Ⓝ521.8　〔21027〕
◇愛知の民家―愛知県民家緊急調査報告書　名古屋　愛知県教育委員会　1975　53,44,7p　図22枚　26cm　Ⓝ521.5　〔21028〕
◇伊万里市の町家武富家住宅　伊万里　伊万里市教育委員会　1979.7　24p　26cm　Ⓝ521.5　〔21029〕
◇岩手県の民家　文化財保護委員会編　106p　25cm　Ⓝ521.5　〔21030〕
◇街道の民家史研究―日光社参史料からみた住居と集落　津田良樹著　芙蓉書房出版　1995.2　208p　22cm　4200円　①4-8295-0148-0　Ⓝ521.5　〔21031〕
◇合掌造りの里―飛騨白川郷/越中五箇山民家集　前田浩利画　晃文社　1975　はり込み図15枚　33×44cm　(画集日本の民家 第1集)28000円　Ⓝ521.5　〔21032〕
◇神奈川県における近世民家の変遷　第1　藤野町牧野　神奈川県教育委員会編　横浜　1958　50p　25cm　Ⓝ521.5　〔21033〕
◇神奈川県における近世民家の変遷　第2　秦野の民家　神奈川県教育委員会編　横浜　1963　84p　図版共　25cm　Ⓝ521.5　〔21034〕
◇神奈川県の民家　1　足柄地方　神奈川県教育委員会文化財保護課編　横浜　内村印刷　1974　100p　図66p　26cm　Ⓝ521.5　〔21035〕
◇旧東海道宿駅の街区・宅地割構成と町家に関する研究―駿河6宿および間宿における事例研究　小野木重勝ほか著　第一住宅建設協会, 地域社会研究所編　第一住宅建設協会　1995.4　139p　30cm　(調査研究報告書)非売品　Ⓝ521.5　〔21036〕
◇近世京都の町・町家・町家大工　日向進著　京都　思文閣出版　1998.11　320,14p　22cm　7800円　①4-7842-0984-0　Ⓝ521.86　〔21037〕
◇近世近代町家建築史論　大場修著　中央公論美術出版　2004.12　622p　29cm　34000円　①4-8055-0481-1　Ⓝ521.86　〔21038〕
◇近世武士住宅　佐藤巧著　叢文社　1979.10　2冊(別冊とも)　31cm　全50000円　Ⓝ521.5　〔21039〕
◇近世民家の成立過程―遺構と史料による実証　草野和夫著　中央公論美術出版　1995.2　257p　22cm　4635円　①4-8055-0293-2　Ⓝ521.86　〔21040〕
◇五箇山地方の建築について　伊藤延男著　富山　富山県郷土史会　1958　33p　図版共　22cm　(富山県郷土史会叢書 第5集)Ⓝ521.5　〔21041〕
◇小林一茶寄寓の地保存整備事業報告書―流山市指定記念物(史跡)　流山　流山市教育委員会社会教育課　1996.3　216p　30cm　Ⓝ521.86　〔21042〕
◇小林一茶すまいを語る―近世文学の建築散歩　西和夫著　TOTO出版　1989.11　223p　20cm　1800円　①4-88706-004-1　Ⓝ521.86　〔21043〕
◇佐倉の武家屋敷―緑に囲まれた歴史的住環境の保全　観光資源保護財団編　観光資源保護財団　1982.3　79p　26cm　(観光資源調査報告 vol.10)Ⓝ521.5　〔21044〕
◇滋賀県近世民家にみる住まうための工夫　奈良　奈良文化財研究所文化遺産研究部建造物研究室　2002.3　75p　30cm　Ⓝ521.86　〔21045〕
◇滋賀県の近世民家―滋賀県近世民家調査報告書　奈良国立文化財研究所編　大津　滋賀県教育委員会　1998.3　318p　30cm　Ⓝ521.86　〔21046〕
◇史跡河越館跡保存管理計画策定報告書　川越　川越市教育委員会　1986.3　42p　26cm　Ⓝ709.134　〔21047〕
◇史跡草津宿本陣保存管理計画報告書　草津　草津市教育委員会　1985.3　30p　26cm　Ⓝ709.161　〔21048〕
◇史跡白老仙台藩陣屋跡保存管理計画　白老町(北海道)　白老町教育委員会　1986.3　29p　図版7枚　26cm　Ⓝ709.11　〔21049〕
◇史跡高山陣屋図録　各務義章著　岐阜　教育出版文化協会　1986.3　68p　27cm　Ⓝ521.8　〔21050〕
◇史跡高山陣屋図録　各務義章著　岐阜　教育出版文化協会　1986.7　68pp　26cm　1000円　Ⓝ521.8　〔21051〕
◇重要文化財　降井家書院　大阪府教育委員会編　京都　真陽社(印刷者)　1956　9p　図版17枚　26cm　Ⓝ521.5　〔21052〕
◇重要文化財民家移築の記録―職人たちとともに　常世田令子著　三一書房　1976　256p　20cm　1800円　Ⓝ521.5　〔21053〕
◇杉並の民家　その2　井口家の長屋門(杉並区宮前)　東京都杉並区教育委員会　1975　35p　図14枚　26cm　(文化財シリーズ 10)Ⓝ521.5　〔21054〕
◇住まいの年輪―岡山県の民家　山陽新聞社編　岡山　1964　180p　図版共　27cm　Ⓝ521.5　〔21055〕
◇すみや　藤岡通夫著　彰国社　1955　169p　図版48p共　14×19cm　Ⓝ521.5　〔21056〕
◇角屋　文：藤岡通夫, 写真：恒成一訓　毎日新聞社　1973　210p(はり込み図1枚共)　38cm　20000円　Ⓝ521.5　〔21057〕
◇泰山荘―松浦武四郎の一畳敷の世界　ヘンリー・スミス著　国際基督教大学博物館湯浅八郎記念館編　三鷹　国際基督教大学博物館湯浅八郎記念館　1993.3　260p　26cm　Ⓝ521.86　〔21058〕
◇高島町旧大溝城下町の民家　高島町(滋賀県)　高島町教育委員会　2001.3　44p　26cm　(高島町歴史民俗叢書 第9集)Ⓝ521.86　〔21059〕
◇田島町の民家―農民住居の遺構と近世の変遷　東北工業大学草野研究室執筆・編集　田島町(福島県)　田島町教育委員会　1995.8　77p　30cm　(田島町文化財調査報告書 第11集)Ⓝ521.86　〔21060〕
◇田麦俣のかぶと造り―渋谷家移築資料　鶴岡　致道博物館　1967　21p　図版33枚　21cm　Ⓝ521.5　〔21061〕
◇千葉県の民家　千葉県教育委員会編　千葉　千葉県文化財保護協会　1979.3　1冊　26cm　Ⓝ521.5　〔21062〕
◇千葉県の民家　1　安房地方の民家　大河直躬等著　千葉　千葉県教育委員会　1970　73p　図版16p　26cm　Ⓝ521.5　〔21063〕
◇千葉県の民家　2　上総地方の民家　大河直躬等著　千葉　千葉県教育委員会　1972　39p　図版44p　26cm

◇Ⓝ521.5　〔21064〕

◇千葉県の民家　3　下総地方の民家　千葉県教育委員会編　大河直躬等著　千葉　千葉県教育庁文化課　1974　図16p 46p〔図30p〕26cm　Ⓝ521.5　〔21065〕

◇日本の農民家屋　草野和夫著　彰国社　1969　180p 22cm　1800円　Ⓝ521.5　〔21066〕

◇幕末の和洋折衷三階建て住宅―中村家住宅　相模原市教育委員会生涯学習部生涯学習課文化財保護室編　相模原　相模原市教育委員会　2001.3　23p　30cm　(相模原市文化財調査報告書)Ⓝ521.86　〔21067〕

◇福島県重要文化財旧五十嵐家住宅調査報告・復原移築工事報告書　金山町(福島県)　金山町教育委員会　1978.12　27p,28～68枚　30cm　Ⓝ521.5　〔21068〕

◇武家屋敷二階堂家記録保存調査報告書　東北大学建築学科佐藤巧研究室編　亘理町(宮城県)　亘理町教育委員会　1985.3　11p 図版18枚　26cm　(亘理町文化財調査報告書　第5集)Ⓝ521.5　〔21069〕

◇町田の近世建築　町田　町田市史編纂委員会　1976　181p 38p　26cm　Ⓝ521.5　〔21070〕

◇民家　第1-2　彰国社編　1956　2冊　19cm　(建築写真文庫　第2期　第37,54)Ⓝ521.5　〔21071〕

◆庭園

◇江戸の大名庭園―饗宴のための装置　白幡洋三郎著　INAX　1994.7　47p　21cm　(INAX album 25)927円　①4-8099-1049-0　Ⓝ629.21　〔21072〕

◇江戸名園記　成島司直等著　甫喜山景雄　1881.9　21丁　23cm　(古書保存書屋我自刊我書)Ⓝ213.6　〔21073〕

◇近世の庭園　竜居松之助著　三笠書房　1942　234p 19cm　Ⓝ629　〔21074〕

◇兼六園全史　兼六園全史編纂委員会,石川県公園事務所編　金沢　兼六園観光協会　1976.12　702p　31cm　Ⓝ629.21　〔21075〕

◇定信と庭園―南湖と大名庭園　白河市歴史民俗資料館編　白河　白河市歴史民俗資料館　2001.9　135p　30cm　Ⓝ629.21　〔21076〕

◇大名たちの庭園―江戸藩邸と諸藩城下の庭園風景　鳥取　鳥取市歴史博物館　2004.10　67p　21×30cm　953円　Ⓝ629.21　〔21077〕

◇大名庭園―江戸の饗宴　白幡洋三郎著　講談社　1997.4　264p 19cm　(講談社選書メチエ)1553円　①4-06-258103-5　〔21078〕

◇大名庭園―江戸のワンダーランド　新装蓬左文庫・徳川美術館連携徳川園開園記念特別展　徳川美術館編　名古屋　徳川美術館　2004.11　68p　26cm　Ⓝ629.21　〔21079〕

◇日本庭園史大系　14　江戸初期の庭　1　重森三玲,重森完途著,大橋治三撮影　社会思想社　1973　260p 図56枚　31cm　Ⓝ629.21　〔21080〕

◇日本庭園史大系　15　江戸時代初期の庭　2　重森三玲,重森完途著,大橋治三撮影　社会思想社　1972　175p 図48枚　31cm　Ⓝ629.21　〔21081〕

◇日本庭園史大系　16　江戸初期の庭　3　重森三玲,重森完途著,大橋治三撮影　社会思想社　1974　146p 図115枚　31cm　8200円　Ⓝ629.21　〔21082〕

◇日本庭園史大系　17　江戸初期の庭　4　重森三玲,重森完途著,大橋治三撮影　社会思想社　1971　153p 図56枚　31cm　Ⓝ629.21　〔21083〕

◇日本庭園史大系　18　江戸初期の庭　5　重森三玲,重森完途著,大橋治三撮影　社会思想社　1974　175p 図52枚　31cm　8200円　Ⓝ629.21　〔21084〕

◇日本庭園史大系　19　江戸初期の庭　6　重森三玲,重森完途著,大橋治三撮影　社会思想社　1973　124p 図51枚　31cm　Ⓝ629.21　〔21085〕

◇日本庭園史大系　20　江戸初期の庭　7　重森三玲,重森完途著,大橋治三撮影　社会思想社　1972　150p 図52枚　31cm　Ⓝ629.21　〔21086〕

◇日本庭園史大系　21　江戸初期の庭　8　重森三玲,重森完途著,大橋治三撮影　社会思想社　1973　197p 図55枚　31cm　6800円　Ⓝ629.21　〔21087〕

◇日本庭園史大系　22　江戸初期の庭　9　重森三玲,重森完途著,大橋治三撮影　社会思想社　1973　223p 図52枚　31cm　6800円　Ⓝ629.21　〔21088〕

◇日本庭園史大系　23　江戸初期の庭　10　重森三玲,重森完途著,大橋治三撮影　社会思想社　1972　147p 図51枚　31cm　Ⓝ629.21　〔21089〕

◇日本庭園史大系　24　江戸末期の庭　1　重森三玲,重森完途著,大橋治三撮影　社会思想社　1973　196p 図48枚　31cm　Ⓝ629.21　〔21090〕

◇日本庭園史大系　25　江戸中末期の庭　2　重森三玲,重森完途著,大橋治三撮影　社会思想社　1972　171p 図55枚　31cm　Ⓝ629.21　〔21091〕

◇日本庭園史大系　26　江戸中末期の庭　3　重森三玲,重森完途著,大橋治三撮影　社会思想社　1974　154p 図52枚　31cm　8200円　Ⓝ629.21　〔21092〕

◇日本庭園史大系　32　補　2 江戸中末期の庭 4　重森三玲,重森完途著,大橋治三撮影　社会思想社　1975　159p 図52枚　31cm　8200円　Ⓝ629.21　〔21093〕

◇日本名建築写真選集　第13巻　三溪園　伊藤ていじほか編　田畑みなお撮影　平井聖解説　大岡信エッセイ　新潮社　1993.1　130p　31cm　5000円　①4-10-602632-5　Ⓝ521.087　〔21094〕

◇臨春閣と江戸狩野―特別展　三溪園保勝会編　横浜　三溪園保勝会　1992　78p　28cm　Ⓝ521.86　〔21095〕

芸能史

◇海を渡った幕末の曲芸団―高野広八の米欧漫遊記　宮永孝著　中央公論新社　1999.2　221p　18cm　(中公新書)700円　①4-12-101463-4　Ⓝ779.5　〔21096〕

◇江戸近世舞踊史　九重左近著　4版　万里閣書房　1930　580,11p　23cm　Ⓝ766　〔21097〕

◇江戸芸能散歩　尾河直太郎著　京都　文理閣　1984.6　271p　20cm　1600円　①4-89259-075-4　Ⓝ772.1　〔21098〕

◇江戸芸能散歩　東京都高等学校国語教育研究会編著　水声社　1996.11　198p　21cm　1545円　①4-89176-343-4　Ⓝ772.1　〔21099〕

◇江戸時代の芸能　池田弥三郎編　至文堂　1960　220p　19cm　(日本歴史新書)Ⓝ772.1　〔21100〕

◇江戸東京芸能地図大鑑　エーピーピーカンパニー,丸善〔発売〕　2002.12　79,33p　26cm　15800円　①4-901441-33-7　〔21101〕

◇江戸の芸能と文化　西山松之助先生古稀記念会編　吉川弘文館　1985.3　523p　22cm　8500円　①4-642-03141-3　Ⓝ210.5　〔21102〕

◇近世芸道論　西山松之助ほか校注　岩波書店　1996.2　696p　22cm　(日本思想大系新装版―芸の思想・道の思想 6)5600円　①4-00-009076-3　Ⓝ772.1　〔21103〕

◇近世芸能興行史の研究　守屋毅著　弘文堂　1985.9　515,17p　22cm　6800円　①4-335-25014-2　Ⓝ772.1　〔21104〕

◇近世芸能史論　諏訪春雄著　笠間書院　1985.10　768p　22cm　(笠間叢書 189)19000円　Ⓝ772.1　〔21105〕
◇近世芸能文化史の研究　守屋毅著　弘文堂　1992.11　376,12p　22cm　8800円　Ⓘ4-335-25049-5　Ⓝ772.1　〔21106〕
◇近世地方芸能興行の研究　竹下喜久男著　大阪　清文堂出版　1997.1　322p　22cm　7725円　Ⓘ4-7924-0429-0　Ⓝ772.1　〔21107〕
◇近世日本芸能記　黒木勘蔵著　青磁社　1943　445p　19cm　Ⓝ768　〔21108〕
◇近世日本舞踊史　石井国之著　帝都演芸通信社　1937　352p　23cm　Ⓝ774　〔21109〕
◇近世の民衆と芸能　京都部落史研究所編　京都　阿吽社　1989.4　267p　20cm　2163円　Ⓝ210.5　〔21110〕
◇芸能双書　no.14　金沢　石川県立能楽堂　1988.3　37p　21cm　Ⓝ772.1　〔21111〕
◇芸能双書　no.18　金沢　石川県立能楽堂　1992.3　55p　21cm　Ⓝ772.1　〔21112〕
◇芸能・文化の世界　横田冬彦編　吉川弘文館　2000.7　312p　20cm　(シリーズ近世の身分的周縁 2)2900円　Ⓘ4-642-06552-0　Ⓝ384.38　〔21113〕
◇日本芸能史　第4巻　中世-近世　芸能史研究会編　法政大学出版局　1985.3　344p　20cm　2200円　Ⓝ772.1　〔21114〕
◇日本芸能史　第5巻　近世　芸能史研究会編　法政大学出版局　1986.5　367p　20cm　2200円　Ⓝ772.1　〔21115〕
◇日本芸能史　第6巻　近世|近代　芸能史研究会編　法政大学出版局　1988.12　385p　20cm　2400円　Ⓘ4-588-23006-9　Ⓝ772.1　〔21116〕
◇日本芸能行方不明—近世芸能の落日　永井啓夫著　新しい芸能研究室　1987.10　247pp　19cm　1800円　Ⓘ4-900076-14-7　Ⓝ772.1　〔21117〕
◇日本の近世　第11巻　伝統芸能の展開　辻達也, 朝尾直弘, 熊倉功夫編　中央公論社　1993.3　390p　図版32p　21cm　2800円　Ⓘ4-12-403031-2　Ⓝ210.5　〔21118〕
◇日本の古典芸能　5　茶・花・香—寄合の芸能　芸能史研究会編　平凡社　1970　339p　22cm　1200円　Ⓝ772.1　〔21119〕

◆演劇史
◇梅若実日記　第1巻　梅若実著　梅若六郎, 鳥越文蔵監修　梅若実日記刊行会編　八木書店　2002.1　515p　22cm　12000円　Ⓘ4-8406-9641-1　Ⓝ773.28　〔21120〕
◇江戸近世舞踊史　九重左近著　4版　万里閣書房　1930　580,11p　23cm　Ⓝ766　〔21121〕
◇江戸後期上方劇壇の研究　須山章信著　おうふう　2005.11　650p　22cm　15000円　Ⓘ4-273-03398-4　Ⓝ772.16　〔21122〕
◇江戸時代芸道の風俗誌　足立直郎著　展望社　1976　333p　20cm　2500円　Ⓝ772.1　〔21123〕
◇江戸の声—黒木文庫でみる音楽と演劇の世界　黒木文庫特別展実行委員会著　ロバート・キャンベル編　東京大学大学院総合文化研究科教養学部美術博物館　2006.3　294p　23cm　Ⓝ772.1　〔21124〕
◇江戸の人物　史実と芝居と　三田村鳶魚著　青蛙房　1956　328p　19cm　Ⓝ210.5　〔21125〕
◇江戸の舞と踊の風俗誌　小野武雄編著　展望社　1974　416p　20cm　2600円　Ⓝ385.7　〔21126〕
◇江戸ばなし　第4巻　史実と芝居と, 実説芝居ばなし　三田村鳶魚著　限定版　青蛙房　1966　328,328p　20cm　Ⓝ210.5　〔21127〕
◇演劇史　演劇通史　谷口政徳, 花房義実著　クレス出版　1996.12　1冊　22cm　(近世文芸研究叢書 第2期芸能篇1(歌舞伎1))Ⓘ4-87733-026-7　Ⓝ772.1　〔21128〕
◇隠された国家—近世演劇にみる心の歴史　川田耕著　京都　世界思想社　2006.9　266p　22cm　3500円　Ⓘ4-7907-1207-9　Ⓝ772.1　〔21129〕
◇近世演劇を学ぶ人のために　阪口弘之編　京都　世界思想社　1997.5　342p　19cm　2550円　Ⓘ4-7907-0640-0　Ⓝ772.1　〔21130〕
◇近世演劇研究文献目録　近松の会編　八木書店　1984.11　271,26p　22cm　2800円　Ⓝ770.31　〔21131〕
◇近世能楽史の研究—東海地域を中心に　飯塚恵理人著　雄山閣出版　1999.2　468p　22cm　16000円　Ⓘ4-639-01579-8　Ⓝ773.2　〔21132〕
◇近世の芸能興行と地域社会　神田由築著　東京大学出版会　1999.6　384,8p　22cm　8500円　Ⓘ4-13-026600-4　Ⓝ772.1　〔21133〕
◇黒川能と興行　桜井昭男著　同成社　2003.9　227p　19cm　(同成社江戸時代史叢書)2600円　Ⓘ4-88621-279-4　〔21134〕
◇元禄演劇研究　松崎仁著　東京大学出版会　1979.7　283,9p　22cm　3400円　Ⓝ772.1　〔21135〕
◇講座日本の演劇　4　近世の演劇　諏訪春雄, 菅井幸雄編　勉誠社　1995.8　416p　22cm　4800円　Ⓘ4-585-02035-7　Ⓝ772.1　〔21136〕
◇実説芝居ばなし　三田村鳶魚著　青蛙房　1956　328p　19cm　(江戸ばなし 第4冊)Ⓝ210.5　〔21137〕
◇芝居の裏おもて　三田村鳶魚著　朝倉治彦編　中央公論社　1998.3　344p　16cm　(中公文庫—鳶魚江戸文庫 19)629円　Ⓘ4-12-203101-X　Ⓝ772.1　〔21138〕
◇芝居ばなし　三田村鳶魚著　朝倉治彦編　中央公論新社　1999.7　373p　16cm　(中公文庫—鳶魚江戸文庫 35)838円　Ⓘ4-12-203468-X　Ⓝ772.1　〔21139〕
◇芝居風俗　三田村鳶魚著　朝倉治彦編　中央公論社　1999.1　336p　16cm　(中公文庫—鳶魚江戸文庫 29)762円　Ⓘ4-12-203339-X　Ⓝ772.1　〔21140〕
◇東都芝居風土記—江戸を歩く　矢野誠一著　大阪　向陽書房　2002.11　173p　22cm　2500円　Ⓘ4-906108-48-2　Ⓝ772.1　〔21141〕
◇日本演劇の研究　高野辰之著　クレス出版　1997.4　401p　22cm　(近世文芸研究叢書 第2期芸能篇18(歌舞伎18))Ⓘ4-87733-027-5　Ⓝ772.1　〔21142〕
◇日本演劇の研究　第2集　高野辰之著　クレス出版　1997.4　541p　22cm　(近世文芸研究叢書 第2期芸能篇19(歌舞伎19))Ⓘ4-87733-027-5　Ⓝ772.1　〔21143〕
◇日本劇場史　簡易なる日本国劇史　後藤慶二, 浜村米蔵著　クレス出版　1996.12　318,208p　図版22枚　22cm　(近世文芸研究叢書 第2期芸能篇5(歌舞伎5))Ⓘ4-87733-026-7　Ⓝ772.1　〔21144〕
◇日本古典演劇・近世文献目録　1994年版　園田学園女子大学近松研究所編　大阪　和泉書院　1995.8　605p　23cm　(近松研究所紀要別冊)3090円　Ⓘ4-87088-753-3　Ⓝ772.1　〔21145〕
◇日本古典演劇・近世文献目録　1995年版　園田学園女子大学近松研究所編　大阪　和泉書院　1996.7　675p　23cm　(近松研究所紀要別冊)3605円　Ⓘ4-87088-813-0　Ⓝ772.1　〔21146〕
◇日本古典演劇・近世文献目録　1996年版　園田学園女子大学近松研究所編　大阪　和泉書院　1997.12　718p　22cm　(近松研究所紀要別冊)3700円　Ⓘ4-87088-912-9　Ⓝ772.1　〔21147〕

◇日本古典演劇・近世文献目録　1997年版　園田学園女子大学近松研究所編　大阪　和泉書院　1998.12　626p　23cm　(近松研究所紀要別冊)3500円　①4-87088-975-7　Ⓝ772.1
〔21148〕

◇日本古典演劇・近世文献目録　1998年版　園田学園女子大学近松研究所編　大阪　和泉書院　1999.12　703p　23cm　(近松研究所紀要別冊)3700円　①4-7576-0052-6　Ⓝ772.1
〔21149〕

◇日本古典演劇・近世文献目録　1999年版　園田学園女子大学近松研究所編　大阪　和泉書院　2001.3　552p　23cm　(近松研究所紀要別冊)3000円　①4-7576-0120-4　Ⓝ772.1
〔21150〕

◇舞台の光と影―近世演劇新攷　松崎仁著　森話社　2004.5　315p　22cm　6500円　①4-916087-43-7　Ⓝ772.1
〔21151〕

◇ぶらり東海道五十三次芸能ばなし　児玉信著　森田拾史郎写真　アートダイジェスト　2001.3　255p　19cm　(a.d.楽学読本 4)1800円　①4-900455-57-1　Ⓝ772.1
〔21152〕

◇三田村鳶魚全集　第18巻　中央公論社　1976　416p　20cm　Ⓝ210.5
〔21153〕

◇三田村鳶魚全集　第19巻　中央公論社　1976　449p　20cm　1800円　Ⓝ210.5
〔21154〕

◇村芝居―近世文化史の裾野から　守屋毅著　平凡社　1988.7　299p　21cm　(叢書演劇と見世物の文化史)2600円　①4-582-26016-0　Ⓝ772.1
〔21155〕

◆浄瑠璃

◇愛と死の伝承―近世恋愛譚　諏訪春雄著　角川書店　1968　283p　19cm　(角川選書)Ⓝ912.4
〔21156〕

◇赤木文庫古浄瑠璃稀本集―影印と解題　信多純一編　八木書店　1995.5　233p　22cm　19800円　①4-8406-9098-7　Ⓝ912.4
〔21157〕

◇赤木文庫(古浄瑠璃)目録　大阪大学附属図書館編　大阪　大阪大学附属図書館　1985.3　107p　27cm　Ⓝ912.4
〔21158〕

◇淡路人形浄瑠璃本　兵庫県立歴史博物館編　姫路　兵庫県立歴史博物館　1987.3　51p　26cm　(収蔵資料目録 2)Ⓝ912.4
〔21159〕

◇江戸時代の心中と浄瑠璃・歌舞伎　佐藤修一著　藤沢　佐藤修一　1987.11　229p　20cm　Ⓝ912.4
〔21160〕

◇江戸豊後浄瑠璃史　岩沙慎一著　くろしお出版　1968　660p　22cm　Ⓝ768.4
〔21161〕

◇穎原退蔵著作集　第18巻　近世小説2・浄瑠璃　中央公論社　1980.10　457p　20cm　2900円　Ⓝ910.25
〔21162〕

◇演劇博物館所蔵浄瑠璃本目録　早稲田大学演劇博物館　1968　188p　26cm　Ⓝ912.4
〔21163〕

◇艶筆小春と治兵衛心中天網島　井原哲著　文伝評論社　1956　221p　18cm　(艶筆文庫)Ⓝ912.4
〔21164〕

◇艶筆 博多小女郎浪枕　永瀬英一著　文芸評論社　1956　232p　18cm　(艶筆文庫)Ⓝ912.4
〔21165〕

◇黄金時代の浄瑠璃とその後　岩波書店　1998.3　294p　22cm　(岩波講座歌舞伎・文楽 第9巻)4500円　①4-00-010789-5　Ⓝ777.1
〔21166〕

◇沖森文庫目録―広島文教女子大学蔵浄瑠璃本コレクション　広島文教女子大学国文学科編　広島　広島文教女子大学　1999.3　92p　26cm　(別冊「文教国文学」)非売品
〔21167〕

◇奥浄瑠璃集―翻刻と解題　阪口弘之編　大阪　和泉書院　1994.2　645p　22cm　(研究叢書 144)17510円　①4-87088-640-5　Ⓝ912.4
〔21168〕

◇お夏清十郎比翼塚　初井新三郎著　増補版　姫路　姫路郷土文献刊行会　1965　38p　22cm　200円　Ⓝ912.4
〔21169〕

◇お夏清十郎比翼塚　初井新三郎著　第5版　姫路　姫路郷土文献刊行会　1983.4　46p　22cm　1400円　Ⓝ912.4
〔21170〕

◇小野お通　真田淑子著　長野　風景社　1990.5　182,6p　図版16枚　22cm　2500円　Ⓝ912.4
〔21171〕

◇音曲蓬莱宮　音曲難波梅　倉田隆延編　倉田隆延編　古典文庫　2002.7　357p　17cm　(古典文庫)非売品　Ⓝ912.4
〔21172〕

◇嘉栗研究―浄瑠璃作者記上太郎,狂歌作者由甲斎仙果亭嘉栗としての三井高業の作品に就て　三井高陽編　1955　103p(付共)　27cm　Ⓝ912.4
〔21173〕

◇語り物の宇宙　川村二郎著　講談社　1981.7　228p　20cm　1300円　Ⓝ912.4
〔21174〕

◇歌舞伎浄瑠璃稀本集成　上巻　演劇研究会編　八木書店　2002.5　596p　22cm　①4-8406-9635-7　Ⓝ912.4
〔21175〕

◇近世演劇―研究と資料　横山正著　桜楓社　1981.10　296p　22cm　Ⓝ777.1
〔21176〕

◇近世演劇攷　横山正著　大阪　和泉書院　1987.6　242p　22cm　7500円　Ⓝ777.1
〔21177〕

◇近世演劇攷　横山正著　大阪　和泉書院　1987.6　242p　22cm　(研究叢書 47)7500円　①4-87088-251-5　Ⓝ777.1
〔21178〕

◇近世演劇の思想と伝統―時代浄瑠璃の研究　森山重雄編　東京都立大学伝統文化の会　1966　157p　21cm　Ⓝ912.4
〔21179〕

◇近世演劇論叢　横山正著　大阪　清文堂出版　1976.7　581p　22cm　Ⓝ777.1
〔21180〕

◇近世上方浄瑠璃本出版の研究　長友千代治著　東京堂出版　1999.3　512p　22cm　13000円　①4-490-20373-X　Ⓝ912.4
〔21181〕

◇近世戯曲史序説　諏訪春雄著　白水社　1986.2　465,14p　22cm　7900円　①4-560-03234-3　Ⓝ912.4
〔21182〕

◇近世芸能の研究―土佐浄瑠璃の世界　鳥居フミ子著　武蔵野書院　1989.4　490p　22cm　18540円　①4-8386-0101-8　Ⓝ912.4
〔21183〕

◇近世芸能の発掘　鳥居フミ子著　勉誠社　1995.2　897,273p　22cm　25750円　①4-585-03031-X　Ⓝ912.4
〔21184〕

◇近世初期国劇の研究　若月保治著　クレス出版　1998.7　612,3p　22cm　(若月保治浄瑠璃著作集 3)13000円　①4-87733-056-9,4-87733-058-5　Ⓝ912.4
〔21185〕

◇近世前期浄瑠璃の基礎的研究―正本の出版と演劇界の動向　林久美子著　大阪　和泉書院　1995.2　278,13p　22cm　(研究叢書 165)7210円　①4-87088-717-7　Ⓝ912.4
〔21186〕

◇近世の語りと劇―その御霊的な世界　森山重雄著　三一書房　1987.10　282p　23cm　4500円　Ⓝ912.4
〔21187〕

◇元禄浄瑠璃の展開　鳥居フミ子著　勉誠出版　2003.2　618p　22cm　①4-585-10089-X　Ⓝ912.4
〔21188〕

◇国立文楽劇場周辺見てある記―近世近代文学マップ　たつみ都志編著　大阪　国立文楽劇場管理課　1986.1　48p　21cm　Ⓝ777.1
〔21189〕

◇古浄瑠璃―太夫の受領とその時代　安田富貴子著　八木書店　1998.2　453,13p　22cm　9800円

◇①4-8406-9609-8 Ⓝ768.52　　　〔21190〕
◇古浄瑠璃集―藤戸合戦物三種　鈴木光保編著　御津町
　（愛知県）　三穂文庫　1993.6　192p　19cm　非売品
　Ⓝ912.4　　　〔21191〕
◇古浄瑠璃正本集　加賀掾編　第1　古浄瑠璃正本集刊行会
　編　京都　大学堂書店　1989.2　432p　22cm　Ⓝ912.4
　　　〔21192〕
◇古浄瑠璃正本集　角太夫編　第1　古浄瑠璃正本集刊行会
　編　京都　大学堂書店　1990.7　532p　22cm　Ⓝ912.4
　　　〔21193〕
◇古浄瑠璃正本集　加賀掾編　第3　古浄瑠璃正本集刊行会
　編　京都　大学堂書店　1991.2　402p　22cm　15450円
　Ⓝ912.4　　　〔21194〕
◇古浄瑠璃正本集　角太夫編　第3　古浄瑠璃正本集刊行会
　編　京都　大学堂書店　1994.7　593p　22cm　Ⓝ912.4
　　　〔21195〕
◇古浄瑠璃正本集　加賀掾編　第4　古浄瑠璃正本集刊行会
　編　京都　大学堂書店　1992.2　520p　22cm　15450円
　Ⓝ912.4　　　〔21196〕
◇古浄瑠璃正本集　加賀掾編　第5　古浄瑠璃正本集刊行会
　編　京都　大学堂書店　1993.2　532p　22cm　15450円
　Ⓝ912.4　　　〔21197〕
◇古浄瑠璃の研究　第1巻　慶長・寛文篇　若月保治著
　クレス出版　1998.11　1390p　22cm　（若月保治浄瑠璃
　著作集　4）①4-87733-057-7,4-87733-058-5　Ⓝ912.4
　　　〔21198〕
◇古浄瑠璃の研究　第2巻　延宝・享保篇　上　若月保治
　著　クレス出版　1998.11　982p　22cm　（若月保治浄
　瑠璃著作集　4）①4-87733-057-7,4-87733-058-5　Ⓝ912.4
　　　〔21199〕
◇古浄瑠璃の研究　第3巻　延宝・享保篇　下　若月保治
　著　クレス出版　1998.11　1027p　22cm　（若月保治浄
　瑠璃著作集　4）①4-87733-057-7,4-87733-058-5　Ⓝ912.4
　　　〔21200〕
◇古浄瑠璃の研究　第4巻　土佐節・仙台節篇　若月保治
　著　クレス出版　1998.11　1冊　22cm　（若月保治浄瑠
　璃著作集　4）①4-87733-057-7,4-87733-058-5　Ⓝ912.4
　　　〔21201〕
◇近藤忠義日本文学論　2　歌舞伎と浄瑠璃　新日本出版
　社　1977.6　353p　22cm　3500円　Ⓝ910.8　〔21202〕
◇さんせう太夫考　続　説経浄瑠璃の世界　岩崎武夫著
　平凡社　1978.4　256p　20cm　（平凡社選書　56）1000
　円　Ⓝ912.4　　　〔21203〕
◇守随憲治著作集　第4巻　笠間書院　1979.2　516p
　22cm　7500円　Ⓝ912　　　〔21204〕
◇じやうるり―十六段本　横山重,信多純一編著　京都
　大学堂書店　1982.1　139,219p　31cm　38000円
　Ⓝ912.4　　　〔21205〕
◇浄瑠璃　日本文学研究資料刊行会編　有精堂出版
　1984.11　324p　22cm　（日本文学研究資料叢書）3200
　円　①4-640-30036-0　Ⓝ912.4
◇浄瑠璃操芝居の研究―浄瑠璃における近世的性格を中心
　として　横山正著　風間書房　1963　781p　22cm
　Ⓝ777.1　　　〔21207〕
◇浄瑠璃作品要説　1　菅専助篇　国立劇場芸能調査室
　1981.3　322p　21cm　Ⓝ912.4　　　〔21208〕
◇浄瑠璃作品要説　2　紀海音篇　国立劇場芸能調査室
　1982.3　357p　21cm　Ⓝ912.4　　　〔21209〕
◇浄瑠璃作品要説　3　近松半二篇　国立劇場芸能調査室
　編　国立劇場　1984.3　738p　21cm　Ⓝ912.4
　　　〔21210〕

◇浄瑠璃作品要説　5　西沢一風・並木宗輔篇　国立劇場
　芸能調査室編　国立劇場　1988.3　569p　21cm
　Ⓝ912.4　　　〔21211〕
◇浄瑠璃作品要説　6　為永太郎兵衛・浅田一鳥篇　国立
　劇場芸能調査室編　国立劇場　1990.3　681p　21cm
　Ⓝ912.4　　　〔21212〕
◇浄瑠璃作品要説　7　江戸作者篇　国立劇場調査養成部
　芸能調査室編　日本芸術文化振興会　1993.3　620p
　21cm　Ⓝ912.4　　　〔21213〕
◇浄瑠璃作品要説　8　錦文流ほか篇　国立劇場調査養成
　部芸能調査室編　日本芸術文化振興会　1999.3　515p
　21cm　Ⓝ912.4　　　〔21214〕
◇浄瑠璃史考説　井野辺潔著　風間書房　1991.2
　369,14p　22cm　9888円　①4-7599-0782-3　Ⓝ768.52
　　　〔21215〕
◇浄瑠璃史の十八世紀　内山美樹子著　勉誠社　1989.10
　646p　22cm　17510円　Ⓝ912.4　　　〔21216〕
◇浄瑠璃史の十八世紀　内山美樹子著　再版　勉誠出版
　1999.11　646p　22cm　20000円　①4-585-03064-6
　Ⓝ912.4　　　〔21217〕
◇浄瑠璃史　文楽今昔譚　寺山星川,木谷蓬吟著　クレ
　ス出版　1997.8　187,154,53p　22cm　（近世文芸研究
　叢書　第2期芸能篇　21　浄瑠璃　1）①4-87733-028-3
　Ⓝ768.52　　　〔21218〕
◇浄瑠璃集　横山正校注・訳　小学館　1971.11（第15版：
　1992.10）　630p　図版12p　23cm　（日本古典文学全集
　45）①4-09-657045-1　Ⓝ912.4　　　〔21219〕
◇浄瑠璃史論考　祐田善雄著　中央公論社　1975　651p
　22cm　6800円　Ⓝ777.1　　　〔21220〕
◇浄瑠璃の世界　阪口弘之著　京都　世界思想社　1992.6
　318p　20cm　（Sekaishiso seminar）2600円
　①4-7907-0423-8　Ⓝ912.4　　　〔21221〕
◇浄瑠璃本所在目録―関西の部　演劇研究会編　大阪
　1958　56p　26cm　（演劇資料　第2冊）Ⓝ912.4
　　　〔21222〕
◇浄瑠璃本蔵書目録　1　松茂町歴史民俗資料館・人形浄
　瑠璃芝居資料館編　松茂町（徳島県）　松茂町歴史民俗
　資料館・人形浄瑠璃芝居資料館　1995.3　51p　30cm
　Ⓝ912.4　　　〔21223〕
◇浄瑠璃本目録　天理図書館編　丹波市町（奈良県）
　1954　31p　25cm　Ⓝ912.4　　　〔21224〕
◇新日本古典文学大系　94　近松半二江戸作者浄瑠璃集
　佐竹昭広ほか編　内山美樹子,延広真治校注　岩波書店
　1996.9　584p　22cm　4200円　①4-00-240094-8
　Ⓝ918　　　〔21225〕
◇菅専助全集　第2巻　菅専助著　土田衛ほか編　勉誠
　社　1991.4　429p　22cm　Ⓝ912.4　　　〔21226〕
◇菅専助全集　第3巻　菅専助著　土田衛ほか編　勉誠
　社　1992.3　455p　22cm　Ⓝ912.4　　　〔21227〕
◇菅専助全集　第4巻　土田衛ほか編　勉誠社　1993.1
　431p　22cm　12500円　①4-585-00204-9　Ⓝ912.4
　　　〔21228〕
◇菅専助全集　第5巻　土田衛ほか編　勉誠社　1993.10
　413p　22cm　12500円　①4-585-00205-7　Ⓝ912.4
　　　〔21229〕
◇菅専助全集　第6巻　土田衛ほか編　勉誠社　1995.11
　495,32p　22cm　12500円　①4-585-00206-5　Ⓝ912.4
　　　〔21230〕
◇説経と舞曲―文学的研究　肥留川嘉子著　大阪　和泉書
　院　2002.12　303p　22cm　（研究叢書　287）8500円
　①4-7576-0183-2　Ⓝ912.4　　　〔21231〕
◇説経の文学的研究　肥留川嘉子著　大阪　和泉書院

1986.2 284p 22cm （研究叢書 24）8000円 ①4-87088-177-2 Ⓝ912.4 〔21232〕

◇操浄瑠璃の研究―その戯曲構成について 近石泰秋著 風間書房 1961 574p 22cm Ⓝ912.4 〔21233〕

◇操浄瑠璃の研究 続編 近石泰秋著 風間書房 1965 557p 22cm Ⓝ912.4 〔21234〕

◇竹本義太夫浄瑠璃正本集 古浄瑠璃正本集刊行会編 京都 大学堂書店 1995.2 2冊 22cm 全36050円 Ⓝ912.4 〔21235〕

◇竹本座浄瑠璃集 2 宮本瑞夫ほか校訂 国書刊行会 1995.12 452p 20cm （叢書江戸文庫 38）5400円 ①4-336-03538-5 Ⓝ912.4 〔21236〕

◇竹本座浄瑠璃集 3 原道生ほか校訂 国書刊行会 1996.6 475p 20cm （叢書江戸文庫 40）5500円 ①4-336-03540-7 Ⓝ912.4 〔21237〕

◇近松以後の人形浄瑠璃 黒石陽子著 岩田書院 2007.2 346,15p 22cm （近世史研究叢書 18）6900円 ①978-4-87294-457-0 Ⓝ912.4 〔21238〕

◇近松半二浄瑠璃集 2 阪口弘之ほか校訂 国書刊行会 1996.4 494p 20cm （叢書江戸文庫 39）①4-336-03539-3 Ⓝ912.4 〔21239〕

◇辻町文庫江戸古浄瑠璃集 国立文楽劇場調査養成課編 日本芸術文化振興会 1991.3 465p 22cm （文楽資料叢書 1）Ⓝ777.1 〔21240〕

◇伝承と芸能―古浄瑠璃世界の展開 鳥居フミ子著 武蔵野書院 1993.11 268p 22cm 5500円 ①4-8386-0141-7 Ⓝ912.4 〔21241〕

◇富本節の基礎的研究 安田文吉編 名古屋 安田文吉 1996.3 58p 30cm Ⓝ912.4 〔21242〕

◇豊竹座浄瑠璃集 1 原道生ほか校訂 国書刊行会 1991.8 429p 20cm （叢書江戸文庫 10）4500円 Ⓝ912.4 〔21243〕

◇豊竹座浄瑠璃集 3 山田和人ほか校訂 国書刊行会 1995.6 523p 20cm （叢書江戸文庫 37）5800円 ①4-336-03537-7 Ⓝ912.4 〔21244〕

◇鳥居文庫浄瑠璃稀本集 第1 鳥居フミ子編 勉誠社 1996.3 491p 22cm ①4-585-03039-5 Ⓝ912.4 〔21245〕

◇鳥居文庫浄瑠璃稀本集 第2 鳥居フミ子編 勉誠社 1996.3 483p 22cm ①4-585-03039-5 Ⓝ912.4 〔21246〕

◇日本浄瑠璃史 絵入浄瑠璃史 此君帖 小山龍之輔,水谷弓彦著 橘米吉編 クレス出版 1997.8 1冊 22cm （近世文芸研究叢書 第2期芸能篇 22 浄瑠璃 2）①4-87733-028-3 Ⓝ768.52 〔21247〕

◇日本の古典芸能 7 浄瑠璃―語りと操り 芸能史研究会編 平凡社 1970 355p 22cm 1200円 Ⓝ772.1 〔21248〕

◇能・浄瑠璃・歌舞伎 山本二郎,徳江元正編 増補改訂版 桜楓社 1976 225p 22cm 1200円 Ⓝ912.07 〔21249〕

◇能勢の浄瑠璃史―無形民俗文化財地域伝承活動事業報告書 能勢町（大阪府） 能勢町教育委員会 1996.11 204p 30cm Ⓝ768.52 〔21250〕

◇幕末明治常磐津史 安田文吉著 名古屋 名古屋市教育委員会 1980.3 88,5p 21cm （文化財叢書 第80号）Ⓝ768.53 〔21251〕

◇艶容女舞衣―三勝半七 竹本三郎兵衛等作 頼桃三郎校訂 岩波書店 1996.10 94p 15cm （岩波文庫）360円 ①4-00-302011-1 Ⓝ912.4 〔21252〕

◇文楽 大西重孝,吉永季雄共編集解説 大阪 大楽座出版部 1956 図版50p（解説共） 18cm （文楽フォト・シリーズ）Ⓝ777.1 〔21253〕

◇文楽素浄瑠璃の会床本集―国立劇場邦楽公演 第80回 国立劇場事業部宣伝課編 日本芸術文化振興会 1993.10 22p 19cm Ⓝ912.4 〔21254〕

◇文楽素浄瑠璃の会床本集―国立劇場邦楽公演 第85回 楠昔噺・ひらかな盛衰記・生写朝顔話 国立劇場事業部宣伝課編 日本芸術文化振興会 1994.10 19p 19cm Ⓝ912.4 〔21255〕

◇文楽素浄瑠璃の会床本集―国立劇場邦楽公演 第90回 増補忠臣蔵・新版歌祭文・奥州安達原 国立劇場事業部宣伝課編 日本芸術文化振興会 1995.10 27p 19cm Ⓝ912.4 〔21256〕

◇文楽素浄瑠璃の会床本集―国立劇場邦楽公演 第105回 国立劇場事業部宣伝課編 日本芸術文化振興会 1998.10 31p 19cm Ⓝ912.4 〔21257〕

◇文楽の音楽 第3部 一谷嫩軍記熊谷陣屋之段 竹本津大夫(4世)浄瑠璃,竹沢団七三味線 白水社 1986.7 録音カセット1巻 15cm （日本芸能セミナー）3800円 ①4-560-33270-3 Ⓝ777.1 〔21258〕

◇文楽床本集 第123回文楽公演 国立劇場事業部宣伝課編 日本芸術文化振興会 1998.5 66p 19cm Ⓝ912.4 〔21259〕

◇文楽床本集 第124回文楽公演 国立劇場事業部宣伝課編 日本芸術文化振興会 1998.9 48p 19cm Ⓝ912.4 〔21260〕

◇文楽床本集 第125回文楽公演 国立劇場事業部宣伝課編 日本芸術文化振興会 1998.12 21p 19cm Ⓝ912.4 〔21261〕

◇文楽床本集 第126回文楽公演 国立劇場事業部宣伝課編 日本芸術文化振興会 1999.2 44p 19cm Ⓝ912.4 〔21262〕

◇文楽床本集 第127回文楽公演 国立劇場事業部宣伝課編 日本芸術文化振興会 1999.5 60p 19cm Ⓝ912.4 〔21263〕

◇文楽床本集 第128回文楽公演 国立劇場事業部宣伝課編 日本芸術文化振興会 1999.9 57p 19cm Ⓝ912.4 〔21264〕

◇文楽床本集 第129回文楽公演 国立劇場事業部宣伝課編 日本芸術文化振興会 1999.12 18p 19cm Ⓝ912.4 〔21265〕

◇文楽床本集 第130回文楽公演 国立劇場事業部宣伝課編 日本芸術文化振興会 2000.2 48p 19cm Ⓝ912.4 〔21266〕

◇文楽床本集 第131回文楽公演 国立劇場事業部宣伝課編 日本芸術文化振興会 2000.5 62p 19cm Ⓝ912.4 〔21267〕

◇文楽床本集 第132回文楽公演 国立劇場事業部宣伝課編 日本芸術文化振興会 2000.9 68p 19cm Ⓝ912.4 〔21268〕

◇文楽床本集 第133回文楽公演 国立劇場事業部宣伝課編 日本芸術文化振興会 2000.12 37p 19cm Ⓝ912.4 〔21269〕

◇文楽床本集 第134回文楽公演 国立劇場事業部宣伝課編 日本芸術文化振興会 2001.2 45p 19cm Ⓝ912.4 〔21270〕

◇未刊浄瑠璃芸論集 演劇研究会編 大阪 1958 50p 52cm Ⓝ912.4 〔21271〕

◇三田村鳶魚全集 第21巻 中央公論社 1977.1 424p 20cm 1800円 Ⓝ210.5 〔21272〕

◇山城少掾文庫目録 大阪 文楽協会 1970 52p 26cm Ⓝ912.4 〔21273〕

◇洛東遺芳館所蔵古浄瑠璃の研究と資料　山田和人著　大阪　和泉書院　2000.2　368p　22cm　(研究叢書247)12000円　①4-7576-0032-1　Ⓝ912.4　〔21274〕

◆◆義太夫節
◇江戸東京 娘義太夫の歴史　水野悠子著　法政大学出版局　2003.3　358,21p　21cm　7500円　①4-588-32506-X　〔21275〕
◇義太夫大鑑　秋山木芳著　クレス出版　1997.8　722,293p　22cm　(近世文芸研究叢書 第2期芸能篇 23 浄瑠璃 3)①4-87733-028-3　Ⓝ768.52　〔21276〕
◇義太夫年表　近世篇 第1巻 延宝～天明　祐田善雄稿,義太夫年表近世篇刊行会編纂　八木書店　1979.11　649p　27cm　16000円　Ⓝ768.42　〔21277〕
◇義太夫年表　近世篇 第2巻　寛政～文政　祐田善雄稿,義太夫年表近世篇刊行会編纂　八木書店　1980.10　829p　27cm　16000円　Ⓝ768.5　〔21278〕
◇義太夫年表　近世篇 第4巻　影印〈元禄～文化〉　祐田善雄稿,義太夫年表近世篇刊行会編　八木書店　1980.3　517p　27cm　16000円　Ⓝ768.5　〔21279〕
◇義太夫年表　近世篇 第5巻　影印〈文政～慶応〉　祐田善雄稿,義太夫年表近世篇刊行会編　八木書店　1982.3　724p　27cm　16000円　Ⓝ768.5　〔21280〕
◇義太夫年表　近世篇 第3巻 上　天保～弘化　祐田善雄稿,義太夫年表近世篇刊行会編纂　八木書店　1981.9　633p　27cm　16000円　Ⓝ768.5　〔21281〕
◇義太夫年表　近世篇 第3巻 下　嘉永～慶応　祐田善雄稿,義太夫年表近世篇刊行会編　八木書店　1982.6　573p　27cm　16000円　Ⓝ768.5　〔21282〕
◇義太夫秘訣　浄瑠璃素人講釈　岡鬼太郎,杉山其日庵著　クレス出版　1997.8　189,417,46p　22cm　(近世文芸研究叢書 第2期芸能篇 25 浄瑠璃 5)①4-87733-028-3　Ⓝ768.5　〔21283〕

◆◆近松門左衛門
◇愛と死の芸術―近松劇文学の解明　河竹繁俊著　日本教文社　1951　255p　19cm　Ⓝ912.4　〔21284〕
◇女殺油地獄　近松門左衛門原著　田中澄江訳　学習研究社　2002.4　221p　15cm　(学研M文庫)500円　①4-05-902064-8　Ⓝ912.4　〔21285〕
◇女殺油地獄・出世景清　近松門左衛門作　藤村作校訂　岩波書店　1992.9　112p　15cm　(岩波文庫)310円　①4-00-302113-4　Ⓝ912.4　〔21286〕
◇海音と近松―その表現と趣向　冨田康之著　札幌　北海道大学図書刊行会　2004.3　280,4p　21cm　(北海道大学大学院文学研究科研究叢書)6000円　①4-8329-6421-6　〔21287〕
◇上方の文化―近松門左衛門をめぐって　大阪女子大学国文学研究室編　大阪　和泉書院　1988.6　192p　20cm　(上方文庫 7)1800円　①4-87088-300-7　Ⓝ912.4　〔21288〕
◇関八州繋馬―ほか　近松門左衛門原著　工藤慶三郎著　青森　北の街社　2001.11　498p　22cm　(近松時代物現代語訳 2)4286円　①4-87373-114-3　Ⓝ912.4　〔21289〕
◇郷土物語　第9輯　近松門左衛門　吉村藤舟著　下関郷土史研究会　1930　98p　19cm　Ⓝ217.7　〔21290〕
◇近代日本文学大系　第6巻　近松門左衛門集 上　国民図書　1927　1027,33p　20cm　Ⓝ918　〔21291〕
◇近代日本文学大系　第7巻　近松門左衛門集 下　国民図書　1928　863,42p　20cm　Ⓝ918　〔21292〕

◇口伝解禁 近松門左衛門の真実　近松洋男著　中央公論新社　2003.11　238p　19cm　2200円　①4-12-003467-4　〔21293〕
◇傾城反魂香　近松門左衛門作　国立劇場　1998.7　35p　25cm　(国立劇場歌舞伎鑑賞教室上演台本)Ⓝ912.5　〔21294〕
◇現代に生きる近松―戦後60年の軌跡　深沢昌夫著　雄山閣　2007.11　287p　21cm　6600円　①978-4-639-02003-5　〔21295〕
◇元禄歌舞伎と近松研究　若月保治著　防府　新月社　1954　243p　22cm　Ⓝ912.4　〔21296〕
◇恋の手本―『曽根崎心中』論　高野敏夫著　河出書房新社　1994.3　251p　20cm　2800円　①4-309-00892-5　Ⓝ912.4　〔21297〕
◇恋飛脚大和往来―封印切　近松門左衛門作　辰岡万作増補　国立劇場　2000.6　50p　26cm　(国立劇場歌舞伎鑑賞教室上演台本)Ⓝ912.5　〔21298〕
◇国語国文学研究史大成　第10　近松　全国大学国語国文学会研究史大成編纂委員会編　守随憲治,近藤忠義,乙葉弘編著　三省堂　1964　580p　22cm　Ⓝ910.8　〔21299〕
◇殺しの美学―女殺油地獄・解釈と鑑賞　藤野義雄著　大阪　向陽書房　1985.9　166p　21cm　4800円　①4-906108-10-5　Ⓝ912.4　〔21300〕
◇示唆に探った 近松の諸浄瑠璃　細川景正著　巣林子古曲会　1954　103p　19cm　(浄瑠璃古典研究報告)Ⓝ912.4　〔21301〕
◇俊寛―平家女護島　近松門左衛門作　国立劇場　2002.6　37p　26cm　(国立劇場歌舞伎鑑賞教室上演台本)Ⓝ912.5　〔21302〕
◇正本近松全集　別巻 2　近松門左衛門著　近松書誌研究会編　勉誠社　1996.8　425,3p　22cm　Ⓝ912.4　〔21303〕
◇心中―その詩と真実　諏訪春雄著　毎日新聞社　1977.3　238p　20cm　(江戸シリーズ 5)980円　Ⓝ912.4　〔21304〕
◇心中天の網島―解釈と研究　藤野義雄著　桜楓社　1971　444p　22cm　2800円　Ⓝ912.4　〔21305〕
◇心中天の網島　広末保著　岩波書店　1983.3　256p　20cm　(古典を読む 3)1700円　Ⓝ912.4　〔21306〕
◇心中天の網島　広末保著　岩波書店　1997.5　256p　16cm　(同時代ライブラリー―古典を読む)1100円　①4-00-260304-0　Ⓝ912.4　〔21307〕
◇心中天の網島詳解　伊藤正雄著　富山房　1991.6　435,12,2p　19cm　2800円　①4-572-00771-3　Ⓝ912.4　〔21308〕
◇シンポジウム日本文学　7　近松　司会：松崎仁　学生社　1976　277p　22cm　1900円　Ⓝ910.8　〔21309〕
◇図説日本の古典　16　近松門左衛門　諏訪春雄ほか編　集英社　1989.1　218p　28cm　2800円　①4-08-167116-8　Ⓝ910.8　〔21310〕
◇全講心中天の網島　祐田善雄著　至文堂　1975　444p　23cm　10000円　Ⓝ912.4　〔21311〕
◇大経師昔暦・心中天の網島　近松門左衛門作　荒木繁校註　武蔵野書院　1950.5(33刷：1993.9)　108p　19cm　(校註近松文学選)①4-8386-0596-X　Ⓝ912.4　〔21312〕
◇丹波与作・冥途の飛脚　近松門左衛門作　頼桃三郎校註　武蔵野書院　1950.9(22版：1989.3)　97p　19cm　(校註近松文学選)①4-8386-0594-3　Ⓝ912.4　〔21313〕
◇近松　守随憲治著　弘文堂　1955　60p　15cm　(アテ

◇近松　大西重孝,吉永季雄共編集解説　大阪　文楽座出版部　1956　図版52p（解説共）　18×19cm　（文楽フォト・シリーズ）Ⓝ777.1 〔21315〕

◇近松　日本文学研究資料刊行会編　有精堂出版　1976　304p　22cm　（日本文学研究資料叢書）2600円　Ⓝ912.4 〔21316〕

◇近松への招待　鳥越文蔵ほか著　岩波書店　1989.11　355p　19cm　（岩波セミナーブックス 31）2500円　①4-00-004201-7　Ⓝ912.4 〔21317〕

◇近松戯曲の世界　滝口洋著　笠間書院　1981.9　238p　22cm　3800円　Ⓝ912.4 〔21318〕

◇近松芸術と元禄歌舞伎　若月保治著　山口　1957　272p　22cm　Ⓝ912.4 〔21319〕

◇近松劇への招待—舞台づくりと歌舞伎考　中村扇雀ほか著　學藝書林　1989.3　185p　20cm　2200円　①4-905640-26-1　Ⓝ912.4 〔21320〕

◇近松傑作選新解　大藪虎亮著　明治書院　1951　226p　19cm　Ⓝ912.4 〔21321〕

◇近松研究の今日—近松研究所五周年記念講演録　園田学園女子大学近松研究所編　大阪　和泉書院　1995.3　351p　22cm　（近松研究所叢書 1）4120円　①4-87088-726-6　Ⓝ912.4 〔21322〕

◇近松考　樋口慶千代著　冨山房　1955　226p　19cm　Ⓝ912.4 〔21323〕

◇近松時代物現代語訳　3　日本振袖始ほか　工藤慶三郎著　青森　北の街社　2003.9　405p　21cm　4286円　①4-87373-127-5 〔21324〕

◇近松集　原道生著　尚学図書　1982.4　508p　20cm　（鑑賞日本の古典 16）1800円　Ⓝ912.4 〔21325〕

◇近松浄瑠璃私考　富岡多恵子著　筑摩書房　1979.1　194p　20cm　1200円　Ⓝ912.4 〔21326〕

◇近松浄瑠璃私考　富岡多恵子著　筑摩書房　1988.10　203p　15cm　（ちくま文庫）380円　①4-480-02266-X　Ⓝ912.4 〔21327〕

◇近松浄瑠璃の研究　白方勝著　風間書房　1993.9　710p　22cm　19570円　①4-7599-0859-5　Ⓝ912.4 〔21328〕

◇近松浄瑠璃の研究　小山一成著　双文社出版　2000.10　166p　22cm　3800円　①4-88164-533-1　Ⓝ912.4 〔21329〕

◇近松浄瑠璃の本質と綜合美的研究　若月保治著　防府　新月社　1951　156p　26cm　Ⓝ912.4 〔21330〕

◇近松浄瑠璃本奥書集成　大阪府立図書館編　大阪　1960　125p　21cm　Ⓝ912.4 〔21331〕

◇近松浄瑠璃本奥書集成　大阪府立図書館編　大阪　清文堂出版　1973　125p　26cm　（大阪府立図書館特別集書目録）Ⓝ912.4 〔21332〕

◇近松浄瑠璃本書目　第1　近松学会編　大阪　大阪府文芸懇話会　1955　52p　22cm　Ⓝ912.4 〔21333〕

◇近松序説—近世悲劇の研究　広末保著　増補版　未來社　1963　438p　20cm　Ⓝ912.4 〔21334〕

◇近松序説　近世悲劇の研究　広末保著　未來社　1957　324p　19cm　Ⓝ912.4 〔21335〕

◇近松世話浄瑠璃の研究　諏訪春雄著　笠間書院　1974　579p　22cm　8500円　Ⓝ912.4 〔21336〕

◇近松世話浄瑠璃論　井口洋著　大阪　和泉書院　1986.3　331p　22cm　（研究叢書 25）8500円　①4-87088-169-1　Ⓝ912.4 〔21337〕

◇近松世話悲劇　白倉一由著　おうふう　1996.4　507p　22cm　4500円　①4-273-02915-4　Ⓝ912.4 〔21338〕

◇近松全集　第13巻　近松門左衛門著　近松全集刊行会編纂　岩波書店　1991.3　536p　23cm　8500円　①4-00-091033-7　Ⓝ912.4 〔21339〕

◇近松全集　第14巻　近松門左衛門著　近松全集刊行会編纂　岩波書店　1991.10　537p　23cm　8200円　①4-00-091034-5　Ⓝ912.4 〔21340〕

◇近松全集　第17巻　近松門左衛門著　近松全集刊行会編纂　岩波書店　1994.4　2冊（解説編とも）　23cm　全15000円　①4-00-091037-X　Ⓝ912.4 〔21341〕

◇近松全集　補遺　近松門左衛門著　近松全集刊行会編纂　岩波書店　1996.6　61p　23cm　1000円　①4-00-091038-8　Ⓝ912.4 〔21342〕

◇『近松全集』曲節別語句索引—フシの部　山根為雄著　尼崎　園田学園女子大学近松研究所　1996.2　419p　21cm　（近松研究所資料集 1）Ⓝ912.4 〔21343〕

◇『近松全集』文字譜索引　山根為雄編　大阪　和泉書院　1995.7　191p　22cm　（索引叢書 37）6180円　①4-87088-745-2　Ⓝ912.4 〔21344〕

◇近松著作一斑　塚越芳太郎著　クレス出版　1997.8　510p　22cm　（近世文芸研究叢書　第2期芸能篇 28 浄瑠璃 8）①4-87733-028-3　Ⓝ912.4 〔21345〕

◇近松と現代人形劇—シンポジウム　近松と現代人形劇を考える会編　川崎　現代人形劇センター　1978.6　128p　21cm　1200円　Ⓝ912.4 〔21346〕

◇近松と最盛期の浄瑠璃　藤野義雄著　桜楓社　1980.4　333p　22cm　8800円　Ⓝ912.4 〔21347〕

◇近松と浄瑠璃　森修著　塙書房　1990.2　478p　22cm　9785円　Ⓝ912.4 〔21348〕

◇近松とその伝統芸能　高野正巳著　講談社　1965　434p　22cm　Ⓝ912.4 〔21349〕

◇近松に親しむ—その時代と人・作品　松平進著　大阪　和泉書院　2001.12　172p　19cm　（Izumi books 6）1200円　①4-7576-0132-8　Ⓝ912.4 〔21350〕

◇近松人形浄瑠璃の研究　若月保治著　クレス出版　1998.7　909,3p　22cm　（若月保治浄瑠璃著作集 1）22000円　①4-87733-054-2,4-87733-058-5　Ⓝ912.4 〔21351〕

◇近松の芸術と人生　近松研究の序篇　飯野哲二,前島春三著　クレス出版　1997.8　231,305p　22cm　（近世文芸研究叢書　第2期芸能篇 30 浄瑠璃 10）①4-87733-028-3　Ⓝ912.4 〔21352〕

◇近松の研究　重友毅著　文理書院　1972　477p　22cm　3000円　Ⓝ912.4 〔21353〕

◇近松の研究と資料　第1　演劇研究会編　大阪　1959　82p　22cm　（演劇研究会論文集 第1）Ⓝ912.4 〔21354〕

◇近松の研究と資料　第2　演劇研究会編　神戸　1963　176p　22cm　（演劇研究会論文集 第2）Ⓝ912.4 〔21355〕

◇近松の三百年—近松研究所十周年記念論文集　近松研究所十周年記念論文集編集委員会編　大阪　和泉書院　1999.6　503p　22cm　（近松研究所叢書 3）9000円　①4-87088-989-7　Ⓝ912.4 〔21356〕

◇近松の時代　岩波書店　1998.5　264p　22cm　（岩波講座歌舞伎・文楽 第8巻）4700円　①4-00-010788-7　Ⓝ777.1 〔21357〕

◇近松の浄瑠璃　白倉一由著　近代文芸社　1985.8　438p　22cm　4200円　①4-89607-489-0　Ⓝ912.4 〔21358〕

◇近松の女性群像　高野正巳著　赤坂書院　1984.10　169p　22cm　2800円　①4-7952-3504-X　Ⓝ912.4 〔21359〕

◇近松の女性たち　鳥居フミ子著　武蔵野書院　1999.7　229p　20cm　2500円　①4-8386-0394-0　Ⓝ912.4

◇近松の心中物・女の流行　三田村鳶魚著　朝倉治彦編　中央公論新社　1999.3　405p　16cm　(中公文庫―鳶魚江戸文庫 31)762円　Ⓘ4-12-203384-5　Ⓝ912.4　〔21360〕

◇近松の世界　信多純一著　平凡社　1991.7　565p　22cm　8800円　Ⓝ912.4　〔21361〕

◇近松の世話悲劇　藤野義雄著　名古屋　碩学書房　1961　1202p　22cm　Ⓝ912.4　〔21362〕

◇近松の天皇劇　木谷蓬吟著　大阪　淡清堂出版　1947　284p　18cm　Ⓝ912.5　〔21363〕

◇近松の天皇劇　森山重雄著　三一書房　1981.1　302p　23cm　4500円　Ⓝ912.4　〔21364〕

◇近松の人間愛　重友毅著　生活社　1946　31p　19cm　(日本叢書 第79)2円　Ⓝ912.4　〔21365〕

◇近松の人々　近松戯曲新研究　高須梅渓, 加藤順三著　クレス出版　1997.8　260,190,90p　22cm　(近世文芸研究叢書 第2期芸能篇 29 浄瑠璃 9)Ⓘ4-87733-028-3　Ⓝ912.4　〔21366〕

◇近松の方法　向井芳樹著　桜楓社　1976　243p　22cm　3800円　Ⓝ912.4　〔21367〕

◇近松のまち・あまがさき　尼崎市市民局文化室編　尼崎　尼崎市市民局文化室　1990.3　24p　26cm　Ⓝ912.4　〔21368〕

◇近松の六情展―幸若・又兵衛・写楽の系譜　図録　福井　福井県立美術館　1991.11　1軸　30cm　Ⓝ912.4　〔21369〕

◇近松母と子、女と男のコミュニケーション　小林千草著　平凡社　2001.9　254p　20cm　(平凡社選書 216)2300円　Ⓘ4-582-84216-X　〔21370〕

◇近松文学と芸術　高野正巳著　赤坂書院　1983.3　295,11p　22cm　5800円　Ⓘ4-7952-3502-3　Ⓝ912.4　〔21371〕

◇近松文芸の研究　佐々木久春著　大阪　和泉書院　1999.2　396p　22cm　(研究叢書 234)11000円　Ⓘ4-87088-957-9　Ⓝ912.4　〔21372〕

◇近松名作事典　藤野義雄著　桜楓社　1988.5　590p　22cm　8800円　Ⓘ4-273-02233-8　Ⓝ912.4　〔21373〕

◇近松名作物語　高野正巳著　社会思想社　1969　269p　15cm　(現代教養文庫)Ⓝ912.4　〔21374〕

◇近松物語　岡本綺堂著　青蛙房　1956　360p　19cm　Ⓝ912.4　〔21375〕

◇近松物語　中山幹雄著　學藝書林　1990.6　59p　31cm　(浮世絵かぶきシリーズ 5)2060円　Ⓘ4-905640-69-5　Ⓝ774.23　〔21376〕

◇近松物語―埋もれた時代物を読む　渡辺保著　新潮社　2004.11　383p　20cm　2000円　Ⓘ4-10-394105-7　Ⓝ912.4　〔21377〕

◇近松物語の女たち　水上勉著　中央公論社　1977.5　351p　20cm　980円　Ⓝ912.4　〔21378〕

◇近松物語の女たち　水上勉著　中央公論社　1980.12　357p　16cm　(中公文庫)420円　Ⓝ912.4　〔21379〕

◇近松門左衛門　栗山理一著　市ケ谷出版社　1952　186p　19cm　(文伝読本)Ⓝ912.4　〔21380〕

◇近松門左衛門―研究入門　近松研究会編　東京大学出版会　1956　307p　19cm　Ⓝ912.4　〔21381〕

◇近松門左衛門　河竹繁俊著　吉川弘文館　1958　235p　18cm　(人物叢書)Ⓝ912.4　〔21382〕

◇近松門左衛門　森修著　三一書房　1959　234p　19cm　(古典とその時代 第6)Ⓝ912.4　〔21383〕

◇近松門左衛門　森修著　三一書房　1971　234p　20cm　(古典とその時代 6)850円　Ⓝ912.4　〔21384〕

◇近松門左衛門　近世文学総索引編纂委員会編　東村山　教育社　1986.11　7冊　22cm　(近世文学総索引)全154000円　Ⓘ4-315-50388-6　Ⓝ912.4　〔21385〕

◇近松門左衛門　河竹繁俊著　吉川弘文館　1988.6　235p　19cm　(人物叢書 新装版)1600円　Ⓘ4-642-05121-X　Ⓝ912.4　〔21386〕

◇近松門左衛門―虚実の慰み　鳥越文蔵著　新典社　1989.3　262p　19cm　(日本の作家 28)1500円　Ⓘ4-7879-7028-3　Ⓝ912.4　〔21387〕

◇近松門左衛門　武井協三編　ぺりかん社　1991.10　191p　21cm　(江戸人物読本 4)2400円　Ⓘ4-8315-0531-5　Ⓝ912.4　〔21388〕

◇近松門左衛門　原道生, 橋本治著　新潮社　1991.11　111p　20cm　(新潮古典文学アルバム 19)1300円　Ⓘ4-10-620719-2　Ⓝ912.4　〔21389〕

◇近松門左衛門―日本の芝居の幕が開く　酒寄雅志監修　小西聖一著　理論社　2004.10　109p　25cm　(NHKにんげん日本史)1800円　Ⓘ4-652-01476-7　Ⓝ912.4　〔21390〕

◇近松門左衛門集 1　近松門左衛門著　森修, 鳥越文蔵, 長友千代治校注・訳　小学館　1972.3(第19版: 1992.10)　601p　図版12p　23cm　(日本古典文学全集 43)Ⓘ4-09-657043-5　Ⓝ912.4　〔21391〕

◇近松門左衛門全集　第1-8,10巻　高野辰之, 黒木勘蔵編　春陽堂　1922-1924　9冊　17cm　Ⓝ912　〔21392〕

◇近松門左衛門　近松門左衛門　塚越芳太郎, 藤井乙男著　クレス出版　1997.8　1冊　22cm　(近世文芸研究叢書 第2期芸能篇 27 浄瑠璃 7)Ⓘ4-87733-028-3　Ⓝ912.4　〔21393〕

◇近松門左衛門という人　田中澄江著　日本放送出版協会　1984.10　214p　19cm　1200円　Ⓘ4-14-008387-5　Ⓝ912.4　〔21394〕

◇近松門左衛門の研究　鯖江　鯖江市教育委員会　1989.3　68p　26cm　Ⓝ912.4　〔21395〕

◇近松門左衛門の世界　中村幸彦等講述　大東急記念文庫　勉誠社(製作・発売)　1976　149p　22cm　Ⓝ912.4　〔21396〕

◇近松門左衛門の謎―長州生誕説を追って　宮原英一著　大阪　関西書院　1994.5　245p　20cm　2000円　Ⓘ4-7613-0168-6　Ⓝ912.4　〔21397〕

◇近松は世界に翔く―「近松国際フォーラムin Yamaguchi」の報告　山口　山口県立大学　2002.3　55p　30cm　Ⓝ912.4　〔21398〕

◇塚原弘幹文庫目録　園田学園女子大学近松研究所編　尼崎　園田学園女子大学近松研究所　1998.3　441p　26cm　(近松研究所文庫目録 2)Ⓝ772.1　〔21399〕

◇広末保著作集　第2巻　近世序説―近世悲劇の研究　広末保著　影書房　1998.9　428p　20cm　3800円　Ⓘ4-87714-260-6　Ⓝ910.25　〔21400〕

◇広末保著作集　第9巻　心中天の網島　広末保著　影書房　2000.7　315p　20cm　3800円　Ⓘ4-87714-271-1　Ⓝ910.25　〔21401〕

◇三田村鳶魚全集　第12巻　中央公論　1976　385p　20cm　1800円　Ⓝ210.5　〔21402〕

◇冥途の飛脚―解釈と鑑賞　藤野義雄著　桜楓社　1985.10　269p　22cm　6800円　Ⓘ4-273-02041-6　Ⓝ912.4　〔21403〕

◇用明天皇職人鑑―ほか　近松時代物現代語訳　近松門左衛門原著　工藤慶三郎著　青森　北の街社　1999.11　346p　22cm　4286円　Ⓘ4-87373-101-1　Ⓝ912.4　〔21404〕

◇若き日の近松門左衛門　宮原英一著　叢文社　1998.8　239p　20cm　1800円　Ⓘ4-7947-0295-7　Ⓝ912.4
〔21406〕

◆◆◆曾根崎心中
◇新注絵入曾根崎心中　松平進編　大阪　和泉書院　1998.4　100p　21cm　（古典名作選 現代語訳付 1）1100円　Ⓘ4-87088-894-7　Ⓝ912.4
〔21407〕
◇曾根崎心中―近松と心中もの　ダイジェスト・シリーズ刊行会編　ジープ社　1950　170p　19cm　（ダイジェスト・シリーズ）Ⓝ912.4
〔21408〕
◇曽根崎心中―解釈と研究　藤野義雄著　桜楓社　1968　278p　22cm　2400円　Ⓝ912.4
〔21409〕
◇曽根崎心中―竹人形文楽　若州竹人形座著　大飯町（福井県）　若州一滴文庫くるま椅子劇場設立委員会　1987.6　1冊　30cm　3800円　Ⓝ777.1
〔21410〕
◇曽根崎心中―竹人形文楽　若州竹人形座著, 大塚清吾写真　大飯町（福井県）　若州一滴文庫くるま椅子劇場設立委員会　1987.6　1冊　29cm　3800円　Ⓘ4-651-98995-7　Ⓝ777.1
〔21411〕
◇曽根崎心中索引稿　末永ачу子ほか編　和歌山　〔和歌山大学教育学部国語科教室内柏原研究室〕　1981.3　1冊　26cm　非売品　Ⓝ912.4
〔21412〕

◆◆竹田出雲
◇蘆屋道満大内鑑　竹田出雲作　戸部銀作補綴・演出　国立劇場　1998.6　24p　25cm　（国立劇場歌舞伎鑑賞教室上演台本）Ⓝ912.5
〔21413〕
◇浄瑠璃作品要説　4　竹田出雲篇　国立劇場芸能調査室編　国立劇場　1986.2　363p　21cm　Ⓝ912.4
〔21414〕
◇菅原伝授手習鑑　竹田出雲作　守随憲治校訂　岩波書店　1995.3　125p　15cm　（岩波文庫）360円　Ⓘ4-00-302412-5　Ⓝ912.4
〔21415〕
◇日本の古典　18　東海道四谷怪談ほか　世界文化社　1976　167p（おもに図）　28cm　Ⓝ910.2
〔21416〕
◇評註　近松名作新講　黒羽英男著　武蔵野書院　1957　600p　地　19cm　Ⓝ912.4
〔21417〕
◇双蝶々曲輪日記―通し狂言　竹田出雲, 三好松洛, 並木千柳作　国立劇場文芸室補綴　国立劇場　2003.1　122p　26cm　（国立劇場歌舞伎公演上演台本）Ⓝ912.5
〔21418〕
◇双蝶々曲輪日記　本朝廿四孝　二世竹田出雲, 三好松洛, 並木千柳作　権藤芳一編著　近松半二ほか作　権藤芳一編著　白水社　2003.7　432p　19cm　（歌舞伎オン・ステージ 19）4700円　Ⓘ4-560-03289-0　Ⓝ912.5
〔21419〕
◇双蝶々曲輪日記―引窓　竹田出雲, 三好松洛, 並木千柳作　国立劇場　2001.6　44p　26cm　（国立劇場歌舞伎鑑賞教室上演台本）Ⓝ912.5
〔21420〕

◆◆◆義経千本桜
◇校注義経千本桜　竹田出雲ほか原著, 景山正隆著　笠間書院　1980.5　157p　21cm　800円　Ⓝ912.4　〔21421〕
◇千本桜―花のない神話　渡辺保著　東京書籍　1990.10　301p　20cm　1942円　Ⓘ4-487-75236-1　Ⓝ912.4
〔21422〕
◇通し狂言義経千本桜　竹田出雲, 三好松洛, 並木千柳作　山田庄一補綴　国立劇場　2001.11　196p　26cm　（国立劇場歌舞伎公演上演台本）Ⓝ912.5　〔21423〕

◇日本の古典―現代語訳　18　義経千本桜　村上元三著　学習研究社　1980.9　176p　30cm　2400円　Ⓝ910.8
〔21424〕
◇義経千本桜　杵島隆著　日本放送出版協会　1985.3　4冊　26×27cm　90000円　Ⓝ777.1
〔21425〕
◇義経千本桜　原道生編著　白水社　1991.7　304p　19cm　（歌舞伎オン・ステージ 21）2800円　Ⓘ4-560-03291-2　Ⓝ912.5
〔21426〕
◇義経千本桜　巻1　浮世絵　杵島隆著　日本放送出版協会　1985.3　203p　26×27cm　Ⓝ777.1
〔21427〕
◇義経千本桜　巻3　歌舞伎 下　杵島隆著　日本放送出版協会　1985.3　203p　26×27cm　Ⓝ777.1
〔21428〕
◇義経千本桜　手習子　芝浜革財布　竹田出雲, 三好松洛, 並木千柳作　榎本滋民脚本・演出　国立劇場　1999.12　103p　26cm　（国立劇場歌舞伎公演上演台本）Ⓝ912.5
〔21429〕

◆◆◆仮名手本忠臣蔵
◇仮名手本新いろは歌―燃える自撰四十七首　中村菜花群著　新風舎　2004.6　99p　19cm　1300円　Ⓘ4-7974-4318-9　Ⓝ911.168
〔21430〕
◇仮名手本忠臣蔵　竹田出雲ほか作　服部幸雄編著　白水社　1994.3　537p　19cm　（歌舞伎オン・ステージ 8）4800円　Ⓘ4-560-03278-5　Ⓝ912.5
〔21431〕
◇仮名手本忠臣蔵　竹田出雲作　守随憲治校訂　岩波書店　1995.3　202p　15cm　（岩波文庫）460円　Ⓘ4-00-302411-7　Ⓝ912.4
〔21432〕
◇仮名手本忠臣蔵　竹田出雲, 三好松洛, 並木千柳作　国立劇場　2002.7　51p　26cm　（国立劇場歌舞伎鑑賞教室上演台本）Ⓝ912.5
〔21433〕
◇仮名手本忠臣蔵―通し狂言　竹田出雲, 三好松洛, 並木千柳作　山田庄一監修　国立劇場　2002.11　193p　26cm　（国立劇場歌舞伎公演上演台本）Ⓝ912.5
〔21434〕
◇仮名手本忠臣蔵　上村以和於著　慶應義塾大学出版会　2005.10　167p　19cm　2000円　Ⓘ4-7664-1216-8
〔21435〕
◇仮名手本忠臣蔵―通し狂言 芸談抄　日本芸術文化振興会　2006.9　210p　21cm　（国立劇場上演資料集 493）Ⓝ777.1
〔21436〕
◇仮名手本忠臣蔵―江戸を熱狂させた仇討ちと悲恋　戸板康二著　世界文化社　2006.12　175p　24cm　（日本の古典に親しむ ビジュアル版 11）2400円　Ⓘ4-418-06241-6　Ⓝ912.4
〔21437〕
◇仮名手本忠臣蔵―解釈と研究　上　藤野義雄著　桜楓社　1974　311p　22cm　3800円　Ⓝ912.4　〔21438〕
◇仮名手本忠臣蔵―解釈と研究　中　藤野義雄著　桜楓社　1975　312-590p　22cm　3800円　Ⓝ912.4　〔21439〕
◇忠臣蔵―もう一つの歴史感覚　渡辺保著　白水社　1981.11　286p　19cm　（白水叢書 59）1500円　Ⓝ774.2
〔21440〕
◇忠臣蔵―もう一つの歴史感覚　渡辺保著　中央公論社　1985.12　298p　16cm　（中公文庫）420円　Ⓘ4-12-201285-6　Ⓝ774.2
〔21441〕
◇忠臣蔵の世界―その絶えざる作品の系譜　国立文楽劇場編　日本芸術文化振興会　1994.10　51p　21cm　Ⓝ912.4
〔21442〕
◇忠臣蔵物語　中山幹雄著　學藝書林　1988.12　56p　31cm　（浮世絵かぶきシリーズ 3）2000円　Ⓘ4-905640-37-7　Ⓝ774.2
〔21443〕
◇評解 仮名手本忠臣蔵　竹田出雲等著, 藤野義雄評註　碩

学書房　1951　232p　19cm　（近世戯曲叢書）Ⓝ912.4
〔21444〕

◆能楽
◇浮世絵にみる能―主題に因む受容と変貌　国立能楽堂2002年特別展示　国立能楽堂調査養成課編　日本芸術文化振興会　2002.10　52p　26cm　Ⓝ721.8
〔21445〕
◇岡家本江戸初期能型付　藤岡道子編　大阪　和泉書院　2007.2　418p　22cm　（研究叢書 362）12000円　①978-4-7576-0403-2　Ⓝ773.39
〔21446〕
◇岡山藩主池田綱政と「能」―元禄期の大名の生活と「能」　西脇藍著　岡山　吉備人出版　2005.8　289p　22cm　3000円　①4-86069-111-3　Ⓝ773.2
〔21447〕
◇上方能楽史の研究　宮本圭造著　大阪　和泉書院　2005.2　776p　21cm　（研究叢書）15000円　①4-7576-0305-3
〔21448〕
◇黒川能と興行　桜井昭男著　同成社　2003.9　227p　20cm　（同成社江戸時代史叢書 17）2600円　①4-88621-279-4　Ⓝ773.2925
〔21449〕
◇仙台藩能楽史　三原良吉著　仙台　仙台能楽協会　出版年不明　p551〜712　21cm　Ⓝ773.2
〔21450〕
◇南部藩能楽史　千葉常樹著　盛岡　盛岡宝生会　1956　125p　21cm　Ⓝ773
〔21451〕
◇能―ふくいの歩み　国京茂助著　坂井町（福井県）〔国京茂助〕　1983.11　344p　22cm　Ⓝ773.2
〔21452〕
◇能絵鑑百五十番―宇和島伊達家伝来　武田恒夫、中村保雄著　京都　淡交社　1981.12　204p　31cm　15000円　①4-473-00777-4　Ⓝ773.2
〔21453〕
◇能楽盛衰記　上巻　江戸の能　池内信嘉著　能楽会　1925　2冊（別冊共）　22cm　Ⓝ773
〔21454〕
◇水戸藩能楽の歴史と金春流　会沢蛙風繁治著　日立　〔会沢繁治〕　1986.3　188p　22cm　Ⓝ773.2931
〔21455〕

◆歌舞伎
◇出雲のおくに―その時代と芸能　小笠原恭子著　中央公論社　1984.7　212p　18cm　（中公新書）520円　①4-12-100734-4　Ⓝ774.22
〔21456〕
◇出雲の阿国―出雲から見た阿国　大谷従二著　松江　松江今井書店　1996.2　94p　21cm　1600円　①4-89593-014-9　Ⓝ774.22
〔21457〕
◇妹背山婦女庭訓・伊賀越道中双六　近松半二ほか作　景山正隆編著　白水社　1995.8　382p　19cm　（歌舞伎オン・ステージ 2）4200円　①4-560-03272-6　Ⓝ912.5
〔21458〕
◇浮世絵に見る歌舞伎―幕末・明治の名優たち　たばこと塩の博物館編　たばこと塩の博物館　1996.9　34p　30cm　Ⓝ774.28
〔21459〕
◇江戸歌舞伎　服部幸雄著　岩波書店　1993.6　365p　16cm　（同時代ライブラリー 149）1100円　①4-00-260149-8　Ⓝ774
〔21460〕
◇江戸歌舞伎―歴史と魅力　東京都江戸東京博物館編　江戸東京歴史財団　1995.4　175p　30cm　Ⓝ774.2
〔21461〕
◇江戸歌舞伎尾上菊五郎人と作品―三代目尾上菊五郎没後一五〇年記念展　掛川市二の丸美術館企画・編集　掛川　掛川市二の丸美術館　1998.7　31p　26cm　Ⓝ774.2
〔21462〕
◇江戸歌舞伎図鑑―芝居で見る江戸時代　高橋幹夫著　芙蓉書房出版　1995.9　237p　27cm　5800円　①4-8295-0154-5　Ⓝ774.2
〔21463〕

◇江戸歌舞伎と女たち　武井協三著　角川書店　2003.10　219p　19cm　（角川選書）1500円　①4-04-703358-8
〔21464〕
◇江戸歌舞伎と広告　松宮三郎著　東峰書房　1973　303p　23cm　非売品　Ⓝ774.2
〔21465〕
◇江戸歌舞伎の周辺　津田類著　ぺりかん社　1990.9　225p　19cm　2300円　①4-8315-0494-7　Ⓝ774.2
〔21466〕
◇江戸歌舞伎の美意識　服部幸雄著　平凡社　1996.3　333p　20cm　2800円　①4-582-26023-3　Ⓝ774.2
〔21467〕
◇江戸歌舞伎文化論　服部幸雄著　平凡社　2003.6　343p　22cm　4600円　①4-582-26024-1　Ⓝ774.2
〔21468〕
◇江戸歌舞伎法令集成　続　吉田節子編　おうふう　1997.4　659p　27cm　88000円　①4-273-02932-4　Ⓝ322.15
〔21469〕
◇江戸歌舞伎法令集成年表　吉田節子編　おうふう　1997.7　174p　27cm　28000円　①4-273-02951-0　Ⓝ322.15
〔21470〕
◇江戸歌舞伎論　服部幸雄著　法政大学出版局　1980.12　416,13p　20cm　（叢書・日本文学史研究）3800円　Ⓝ774.2
〔21471〕
◇江戸時代の歌舞伎役者　田口章子著　雄山閣出版　1998.9　269p　22cm　3200円　①4-639-01556-9　Ⓝ774.2
〔21472〕
◇江戸時代の歌舞伎役者　田口章子著　中央公論新社　2002.12　349p　16cm　（中公文庫）952円　①4-12-204137-6　Ⓝ774.2
〔21473〕
◇江戸芝居絵本番付集―朱筆書入れ　1　鳥越文蔵ほか編　早稲田大学出版部　1992.3　399p　27cm　（早稲田大学蔵資料影印叢書―国書篇　第46巻）18000円　①4-657-92317-X　Ⓝ774.4
〔21474〕
◇江戸芝居絵本番付集―朱筆書入れ　2　鳥越文蔵ほか編　早稲田大学出版部　1992.6　462p　27cm　（早稲田大学蔵資料影印叢書―国書篇　第47巻）18000円　①4-657-92618-7　Ⓝ774.4
〔21475〕
◇江戸芝居絵本番付集―朱筆書入れ　3　鳥越文蔵ほか編　早稲田大学出版部　1992.9　384,30p　27cm　（早稲田大学蔵資料影印叢書―国書篇　第48巻）18000円　①4-657-92919-4　Ⓝ774.4
〔21476〕
◇江戸人と歌舞伎―なぜ人々は夢中になったのか　田口章子監修　青春出版社　2002.12　189p　18cm　（プレイブックスインテリジェンス）667円　①4-413-04044-9　Ⓝ774.2
〔21477〕
◇江戸東京の怪談文化の成立と変遷―一九世紀を中心に　横山泰子著　風間書房　1997.3　590p　22cm　25750円　①4-7599-1031-X　Ⓝ774.04
〔21478〕
◇江戸の演劇書　歌舞伎篇　赤間亮編著　早稲田大学坪内博士記念演劇博物館　1991.11　159p　26cm　Ⓝ026
〔21479〕
◇江戸の歌舞伎スキャンダル　赤坂治績著　朝日新聞社　2007.9　289p　18cm　（朝日新書）760円　①978-4-02-273167-8　Ⓝ774.2
〔21480〕
◇江戸のキャリアウーマン―歌舞伎淑女録　水落潔著　鎌倉書房　1989.11　230p　19cm　1100円　①4-308-00470-5　Ⓝ912.5
〔21481〕
◇江戸の残照　小池章太郎著　思索社　1982.12　233p　19cm　1400円　①4-7835-1075-X　Ⓝ774.2　〔21482〕
◇江戸の実話―《実事譚》の世界　1　荒川秀俊著　桃源社　1976.5　227p　18cm　（桃源社新書）Ⓝ210.5　〔21483〕
◇江戸の実話―《実事譚》の世界　2　荒川秀俊著　桃源社

芸能史　　　　　　　　近世史

　1976.5　240p　18cm　（桃源社新書）Ⓝ210.5　〔21484〕
◇江戸のシティーボーイ―歌舞伎紳士録　水落潔著　鎌倉書房　1989.11　230p　19cm　1100円　Ⓘ4-308-00471-3　Ⓝ912.5　〔21485〕
◇江戸の役者たち　津田類著　ぺりかん社　1987.11　262p　20cm　2200円　Ⓝ774.28　〔21486〕
◇江戸の役者たち　津田類著　新装版　ぺりかん社　1998.6　262p　20cm　2800円　Ⓘ4-8315-0848-9　Ⓝ774.28　〔21487〕
◇江戸板狂言本　3　岩井真実ほか編　古典文庫　1991.3　393p　17cm　（古典文庫　第532冊）非売品　Ⓝ912.5　〔21488〕
◇江戸板狂言本　4　佐藤恵里ほか編　古典文庫　1994.9　278p　図版75p　17cm　（古典文庫　第574冊）非売品　Ⓝ912.5　〔21489〕
◇江戸文学叢書―評釈　第3　上　歌舞伎名作集　上　河竹繁俊著　大日本雄弁会講談社　1935　877p　23cm　Ⓝ918　〔21490〕
◇江戸文学叢書―評釈　第3　下　歌舞伎名作集　下　河竹繁俊著　大日本雄弁会講談社　1936　982p　23cm　Ⓝ918　〔21491〕
◇絵本夢の江戸歌舞伎　服部幸雄文　一ノ関圭絵　岩波書店　2001.4　56p　33cm　2600円　Ⓘ4-00-110648-5　Ⓝ774.2　〔21492〕
◇近江のお兼―長唄囃子連中　人情噺文七元結　竹柴金作脚色　国立劇場　2001.7　71p　26cm　（国立劇場歌舞伎鑑賞教室上演台本）Ⓝ912.5　〔21493〕
◇大いなる小屋―江戸歌舞伎の祝祭空間　服部幸雄著　平凡社　1994.3　427p　16cm　（平凡社ライブラリー）1400円　Ⓘ4-582-76042-2　Ⓝ772.1　〔21494〕
◇大江戸歌舞伎はこんなもの　橋本治著　筑摩書房　2001.10　259p　19cm　1800円　Ⓘ4-480-87329-5　Ⓝ774.2　〔21495〕
◇大江戸歌舞伎はこんなもの　橋本治著　筑摩書房　2006.1　265p　15cm　（ちくま文庫）700円　Ⓘ4-480-42179-3　Ⓝ774.2　〔21496〕
◇大坂歌舞伎展―日英交流　上方役者絵と都市文化　1780-1830　大阪歴史博物館，早稲田大学坪内博士記念演劇博物館編　大阪　大阪歴史博物館　2005.10　302p　28cm　Ⓝ721.8　〔21497〕
◇お佳女銀杏縁起――谷嫩軍記後日譚　私家版　青柳芳子著　秋田　青柳芳子　2001.7　149p　22cm　Ⓝ912.5　〔21498〕
◇阿国歌舞伎からの出発―日本文化の伝統と創生を考えるシンポジウムとワークショップ　京都　京都生涯教育研究所　2004.3　142p　30cm　Ⓝ774　〔21499〕
◇御浜御殿綱豊卿　巷談宵宮雨　真山青果作　真山美保，小池章太郎編　宇野信夫作　真山美保，小池章太郎編著　白水社　2002.4　253p　19cm　（歌舞伎オン・ステージ　23）3600円　Ⓘ4-560-03293-9　Ⓝ912.5　〔21500〕
◇加賀橋本とその旧蔵者―歌舞伎台本目録解説　庵逧巌著　池田　阪急学園池田文庫　1970　25p　21cm　Ⓝ912.5　〔21501〕
◇鏡山旧錦絵―通し狂言　容楊黛作　中村芝翫監修　国立劇場　1999.3　74p　25cm　（国立劇場花形若手歌舞伎公演上演台本）Ⓝ912.5　〔21502〕
◇鏡山旧錦絵　加賀見山再岩藤　容楊黛，二世河竹新七作　松井俊諭編著　白水社　1996.7　413p　19cm　（歌舞伎オン・ステージ　6）4500円　Ⓘ4-560-03276-9　Ⓝ912.5　〔21503〕

◇梶原平三誉石切　文耕堂,長谷川千四作　国立劇場　1999.7　40p　26cm　（国立劇場歌舞伎鑑賞教室上演台本）Ⓝ912.5　〔21504〕
◇仮名手本忠臣蔵上演年表―近世の部　日本芸術文化振興会　2002.11　147p　21cm　（国立劇場上演資料集　別冊）Ⓝ774.2　〔21505〕
◇歌舞伎―ミステリイの系譜　西村清著　芳文館　1988.6　302p　19cm　1200円　Ⓝ912.5　〔21506〕
◇歌舞伎案内書集　クレス出版　1996.12　1冊　22cm　（近世文芸研究叢書　第2期芸能篇6（歌舞伎6））Ⓘ4-87733-026-7　Ⓝ774　〔21507〕
◇歌舞伎開花　諏訪春雄著　角川書店　1970　146,5p　図57枚　37cm　32000円　Ⓝ774.2　〔21508〕
◇歌舞伎概論　飯塚友一郎著　クレス出版　1997.4　669,39p　22cm　（近世文芸研究叢書　第2期芸能篇20（歌舞伎20））Ⓘ4-87733-027-5　Ⓝ774.2　〔21509〕
◇歌舞伎劇戯曲構造の研究　守随憲治著　北隆館　1947　290p　21cm　120円　Ⓝ912.5　〔21510〕
◇歌舞伎作者の研究　河竹繁俊著　2版　東京堂　1948　571p　22cm　Ⓝ912.5　〔21511〕
◇歌舞伎史の研究―近世歌舞伎の性格を中心として　河竹繁俊著　東京堂　1943　691p　22cm　Ⓝ774　〔21512〕
◇歌舞伎史の研究―近世歌舞伎の性格を中心として　河竹繁俊著　2版　東京堂　1948　680p　22cm　Ⓝ774.2　〔21513〕
◇歌舞伎成立の研究　服部幸雄著　風間書房　1968　596p　図版28枚　22cm　Ⓝ774.2　〔21514〕
◇歌舞伎成立の研究　服部幸雄著　第2版　風間書房　1980.9　613,14,3p　図版28枚　22cm　8000円　Ⓝ774.2　〔21515〕
◇歌舞伎成立の研究　服部幸雄著　風間書房　1989.1　613,14,3p　22cm　10000円　Ⓘ4-7599-0716-5　Ⓝ774.2　〔21516〕
◇歌舞伎台本目録―阪急学園池田文庫所蔵　池田　阪急学園池田文庫　1970　59p　26cm　Ⓝ912.5　〔21517〕
◇歌舞伎談義　岡本綺堂著　青蛙房　1957　329p　19cm　Ⓝ912.5　〔21518〕
◇歌舞伎と江戸文化　津田類著　ぺりかん社　2002.11　286p　20cm　2800円　Ⓘ4-8315-1030-0　Ⓝ774.2　〔21519〕
◇歌舞伎年表　第2巻　伊原敏郎著　河竹繁俊,吉田暎二編集校訂　岩波書店　1957.4（第3刷：1993.11）　542p　22cm　Ⓘ4-00-008572-7　Ⓝ774.2　〔21520〕
◇歌舞伎年表　第3巻　伊原敏郎著　河竹繁俊,吉田暎二編集校訂　岩波書店　1958.3（第3刷：1993.11）　596p　22cm　Ⓘ4-00-008573-5　Ⓝ774.2　〔21521〕
◇歌舞伎年表　第4巻　伊原敏郎著　河竹繁俊,吉田暎二編集校訂　岩波書店　1969.3（第3刷：1993.11）　544p　22cm　Ⓘ4-00-008574-3　Ⓝ774.2　〔21522〕
◇歌舞伎年表　第5巻　伊原敏郎著　河竹繁俊,吉田暎二編集校訂　岩波書店　1960.6（第3刷：1993.11）　578p　22cm　Ⓘ4-00-008575-1　Ⓝ774.2　〔21523〕
◇歌舞伎年表　第6巻　伊原敏郎著　河竹繁俊,吉田暎二編集校訂　岩波書店　1961.4（第3刷：1993.11）　588p　22cm　Ⓘ4-00-008576-X　Ⓝ774.2　〔21524〕
◇歌舞伎年表　第7巻　伊原敏郎著　河竹繁俊,吉田暎二編集校訂　岩波書店　1962.3（第3刷：1993.11）　584p　22cm　Ⓘ4-00-008577-8　Ⓝ774.2　〔21525〕
◇歌舞伎の根元　今尾哲也著　勉誠出版　2001.4　365p　22cm　8000円　Ⓘ4-585-03077-8　Ⓝ774.23　〔21526〕
◇「かぶき」の時代―近世初期風俗画の世界　守屋毅著

◇角川書店　1976　234p　21cm　(季刊論叢日本文化 5)1800円　Ⓝ774.2　〔21527〕
◇歌舞伎の世界―美と悪の劇空間　小笠原恭子編　有精堂出版　1988.3　263p　22cm　(日本文学研究資料新集 9)3500円　①4-640-30958-9　Ⓝ774.23　〔21528〕
◇歌舞伎のダンディズム　杉本苑子著　講談社　1998.1　279p　15cm　(講談社文庫)590円　①4-06-263690-3　Ⓝ774.2　〔21529〕
◇歌舞伎評判記集成　第2期 別巻　補遺・索引　役者評判記研究会編　岩波書店　1995.3　208,332p　23cm　22000円　①4-00-008771-1　Ⓝ774.2　〔21530〕
◇歌舞伎名作選　第1巻　戸板康二編纂解説　山本二郎,郡司正勝本文校訂　改訂3版　東京創元社　1957.2　301p　19cm　Ⓝ912.5　〔21531〕
◇上方歌舞伎　水落潔著　東京書籍　1990.9　262p　20cm　1800円　①4-487-75294-9　Ⓝ774.2　〔21532〕
◇鬼一法眼三略巻―一条大蔵譚　傾城道成寺　色暦玄冶店―散切お富と坊主与三　文耕堂,長谷川千四作　河竹黙阿弥作　川尻清潭改修　山田庄一補綴　国立劇場　1999.1　129p　25cm　(国立劇場歌舞伎公演上演台本)Ⓝ912.5　〔21533〕
◇吉良の首―忠臣蔵とイマジネーション　今尾哲也著　平凡社　1987.11　234p　21cm　(叢書演劇と見世物の文化史)2200円　①4-582-26018-7　Ⓝ912.5　〔21534〕
◇桐一葉・鳥辺山心中・修禅寺物語　藤波隆之編著　白水社　1992.7　331p　19cm　(歌舞伎オン・ステージ 24)2900円　①4-560-03294-7　Ⓝ912.5　〔21535〕
◇近世演劇考説　黒木勘蔵著　クレス出版　1997.8　534p　22cm　(近世文芸研究叢書 第2期芸能篇26 浄瑠璃 6)①4-87733-028-3　Ⓝ774.2　〔21536〕
◇近世演劇の研究　田井庄之助著　桜楓社　1972　622p　22cm　9800円　Ⓝ912.5　〔21537〕
◇近世歌舞伎舞踊作品―日本舞踊「踊の心」元気な若者たち　目代清著　邦楽と舞踊出版社・舞踊文化研究所　2003.2　391p　図版18枚　22cm　6000円　①4-938401-02-9　Ⓝ774.9　〔21538〕
◇近世歌舞伎舞踊作品―日本舞踊「踊の心」恋多き娘たち　目代清著　邦楽と舞踊出版社・舞踏文化研究所　2003.9　422p　図版18枚　22cm　6000円　①4-938401-03-7　Ⓝ774.9　〔21539〕
◇近世芸能史の研究―歌舞伎と邦楽　竹内道敬著　南窓社　1982.3　336p　22cm　10000円　Ⓝ774.2　〔21540〕
◇近世劇文学　守随憲治著　河出書房　1952　186p　19cm　(日本文学大系 第22巻)Ⓝ774.2　〔21541〕
◇近代つくりかえ忠臣蔵　日高昭二編　岩波書店　2002.12　264p　20cm　2800円　①4-00-023815-9　Ⓝ912.5　〔21542〕
◇天衣紛上野初花　河竹黙阿弥著　今岡謙太郎,古井戸秀夫編著　白水社　1997.8　346p　19cm　(歌舞伎オン・ステージ 11)4100円　①4-560-03281-5　Ⓝ912.5　〔21543〕
◇郡司正勝刪定集　第5巻　戯世の文　白水社　1991.9　380p　20cm　4500円　①4-560-03265-3　Ⓝ770.8　〔21544〕
◇芸苑講談・歌舞伎劇と其俳優　関根黙庵著　クレス出版　1996.12　1冊　22cm　(近世文芸研究叢書 第2期芸能篇 9(歌舞伎9))①4-87733-026-7　Ⓝ772.1　〔21545〕
◇芸の秘密　渡辺保著　角川書店　1998.10　352p　19cm　(角川選書 299)1600円　①4-04-703299-9　Ⓝ774.28　〔21546〕
◇元禄歌舞伎傑作集　上巻 江戸之部,下巻 上方之部　高野辰之,黒木勘蔵校　早稲田大学出版部　1925　2冊　22cm　Ⓝ774　〔21547〕
◇元禄歌舞伎攷　鳥越文蔵著　八木書店　1991.10　466,12p　22cm　8800円　①4-8406-9081-2　Ⓝ774.23　〔21548〕
◇元禄歌舞伎小唄番附尽　稀書複製会編　米山堂　1922　1帖　24cm　Ⓝ774　〔21549〕
◇元禄歌舞伎展―絵入狂言本にみる　早稲田大学演劇博物館編　早稲田大学演劇博物館　1992.6　38p　26cm　Ⓝ912.5　〔21550〕
◇元禄歌舞伎の研究　諏訪春雄著　笠間書院　1967　408p　19cm　Ⓝ774.2　〔21551〕
◇元禄歌舞伎の展開―甦る名優たち　近藤瑞男著　雄山閣　2005.11　255p　22cm　3800円　①4-639-01908-4　Ⓝ774.23　〔21552〕
◇元禄忠臣蔵　日本芸術文化振興会　2006.10　300p　21cm　(国立劇場上演資料集 494)Ⓝ774　〔21553〕
◇元禄俳優伝　土屋恵一郎著　岩波書店　1991.12　199p　20cm　(シリーズ〈物語の誕生〉)1800円　①4-00-004154-1　Ⓝ774.28　〔21554〕
◇元禄俳優伝　土屋恵一郎著　岩波書店　2004.4　221p　15cm　(岩波現代文庫 文芸)900円　①4-00-602083-X　Ⓝ774.28　〔21555〕
◇恋女房染分手綱―重の井子別れ　雨の五郎　吉田冠子,三好松洛作　国立劇場　2000.7　37p　26cm　(国立劇場歌舞伎鑑賞教室上演台本)Ⓝ912.5　〔21556〕
◇考証江戸歌舞伎　小池章太郎著　三樹書房　1979.10　412p　23cm　12000円　Ⓝ774.2　〔21557〕
◇考証江戸歌舞伎　小池章太郎著　増補新訂　三樹書房　1997.6　421p　22cm　7000円　①4-89522-213-6　Ⓝ774.2　〔21558〕
◇考証元禄歌舞伎―様式と展開　土田衛著　八木書店　1996.6　393,21p　22cm　9800円　①4-8406-9601-2　Ⓝ774.23　〔21559〕
◇好色伝授―本文・総索引・研究　小嶋彦十郎著　坂梨隆三ほか編　笠間書院　2000.2　787p　22cm　(笠間索引叢刊 120)20000円　①4-305-20120-8　Ⓝ912.5　〔21560〕
◇幸四郎と観る歌舞伎　小野幸恵著　音楽之友社　2005.6　239p　18cm　(ON BOOKS 21)880円　①4-276-35208-8　〔21561〕
◇近藤忠義日本文学論　2　歌舞伎と浄瑠璃　新日本出版社　1977.6　353p　22cm　3500円　Ⓝ910.8　〔21562〕
◇さかさまの幽霊―〈視〉の江戸文化論　服部幸雄著　平凡社　1989.10　288p　21cm　(イメージ・リーディング叢書)2300円　①4-582-28464-7　Ⓝ774.2　〔21563〕
◇さかさまの幽霊　服部幸雄著　筑摩書房　2005.1　478p　15cm　(ちくま学芸文庫)1500円　①4-480-08895-4　Ⓝ774.2　〔21564〕
◇作者の家―黙阿弥以後の人びと　第1部　河竹登志夫著　岩波書店　2001.12　294p　15cm　(岩波現代文庫 文芸)1000円　①4-00-602046-5　Ⓝ912.5　〔21565〕
◇作者の家―黙阿弥以後の人びと　第2部　河竹登志夫著　岩波書店　2001.12　417p　15cm　(岩波現代文庫 文芸)1100円　①4-00-602047-3　Ⓝ912.5　〔21566〕
◇佐倉義民伝―東山桜荘子　通し狂言　三世瀬川如皐作　戸部銀作補綴　中村又五郎監修　国立劇場　1998.10　111p　25cm　(国立劇場歌舞伎公演上演台本)Ⓝ912.5　〔21567〕
◇実朝　斑雪白骨城　岡野竹時作　岩豪友樹子作　国立劇場　2003.3　111p　26cm　(国立劇場歌舞伎公演上演台本―国立劇場新作歌舞伎脚本入選作品集)Ⓝ912.5

芸能史　　　　　　　　　　　　　　　近世史

〔21568〕

◇史実と芝居と　三田村鳶魚著　3版　青蛙房　1958
　328p　19cm　（江戸ばなし第1冊）Ⓝ774　　〔21569〕
◇芝居おもちゃ絵の華麗な世界―近世庶民と歌舞伎文化
　たばこと塩の博物館, 大阪市立博物館編　たばこと塩の
　博物館　1995　54p　30cm　Ⓝ774.2　　〔21570〕
◇戯場訓蒙図彙―享和三年初版本　式亭三馬著　勝川春
　英, 歌川豊国画　国立劇場調査養成部芸能調査室編
　改訂新版　日本芸術文化振興会　2001.3　190,149p
　21cm　（歌舞伎の文献 3）Ⓝ774.25　　〔21571〕
◇芝居で見る江戸時代―江戸歌舞伎図鑑　高橋幹夫著　芙
　蓉書房出版　1998.8　237p　27cm　（シリーズ「江戸」
　博物館 4）3500円　①4-8295-0216-9　Ⓝ774.2　〔21572〕
◇守随憲治著作集　第1巻　歌舞伎劇戯曲構造の研究, 近世
　戯曲研究　笠間書院　1976　495p　22cm　7500円
　Ⓝ912　　〔21573〕
◇守随憲治著作集　第2巻　近世戯曲史論, 歌舞伎通鑑, 歌
　舞伎, 歌舞伎脚本集解説　笠間書院　1977.4　529p
　22cm　7500円　Ⓝ912　　〔21574〕
◇守随憲治著作集　第3巻　笠間書院　1978.3　492p
　22cm　7500円　Ⓝ912　　〔21575〕
◇守随憲治著作集　第5巻　笠間書院　1979.4　552p
　22cm　7500円　Ⓝ912　　〔21576〕
◇初期浮世絵と歌舞伎―役者絵に注目して　武藤純子著
　笠間書院　2005.2　726p　図版8p　22cm　19000円
　①4-305-70287-8　Ⓝ721.8　　〔21577〕
◇舞妓の花宴　奥州安達原　近松半二ほか作　戸部銀
　作補綴・監修　国立劇場　2001.1　79p　26cm　（国立
　劇場歌舞伎公演上演台本）Ⓝ912.5　　〔21578〕
◇新日本古典文学大系 96　江戸歌舞伎集　佐竹昭広ほか
　編　古井戸秀夫, 鳥越文蔵, 和田修校注　岩波書店
　1997.11　520p　22cm　3700円　①4-00-240096-4
　Ⓝ918　　〔21579〕
◇新版歌祭文　摂州合邦辻　ひらかな盛衰記　近松半
　二著　織田紘二編著　菅専助, 若竹笛躬著　織田
　紘二編著　文耕堂ほか著　織田紘二編著　白水社
　2001.5　259p　19cm　（歌舞伎オン・ステージ
　15）3600円　①4-560-03285-8　Ⓝ912.5　　〔21580〕
◇助六の江戸―歌舞伎と庶民生活とのかかわりを検証する
　佐藤仁著　近代文芸社　1995.3　155p　20cm　1500円
　①4-7733-3982-9　Ⓝ774.2　　〔21581〕
◇助六由縁江戸桜―歌舞伎十八番之内　堀越福三郎　1930
　63丁　25cm　Ⓝ774　　〔21582〕
◇助六由縁江戸桜の型　遠藤為春, 木村錦花著　劇文社
　1925　140p　20cm　Ⓝ912　　〔21583〕
◇図説江戸の演劇書―歌舞伎篇　早稲田大学坪内博士記念
　演劇博物館編　赤間亮著　八木書店　2003.2　230p
　27cm　5800円　①4-8406-9637-3　Ⓝ026　〔21584〕
◇図説日本の古典 20　歌舞伎十八番　郡司正勝ほか編集
　集英社　1988.12　222p　28cm　2800円
　①4-08-167120-6　Ⓝ910.8　　〔21585〕
◇世話狂言の研究　古劇研究会著　クレス出版　1997.4
　383p　22cm　（近世文芸研究叢書 第2期芸能篇 16（歌舞
　伎16））①4-87733-027-5　Ⓝ912.5　　〔21586〕
◇大願成就殿下茶屋聚―天下茶屋の敵討　奈河亀輔作
　戸部銀作補綴　中村富十郎監修　国立劇場　2001.10
　121p　26cm　（国立劇場歌舞伎公演上演台本）Ⓝ912.5
　　〔21587〕
◇団洲百話　桜痴居士と市川団十郎　第九代目市川団十
　郎略伝　松居真玄, 榎本虎彦, 福地源一郎著　クレス出版
　1997.4　1冊　22cm　（近世文芸研究叢書 第2期芸能篇
　13（歌舞伎13））①4-87733-027-5　Ⓝ774.26　〔21588〕
◇団十郎と江戸歌舞伎展―十二代目市川団十郎襲名記念
　読売新聞社編　読売新聞社　1985　1冊　30cm
　　〔21589〕
◇忠臣蔵物語　中山幹雄著　學藝書林　1988.12　56p
　31cm　（浮世絵かぶきシリーズ 3）2000円
　①4-905640-37-7　Ⓝ774.2　　〔21590〕
◇蔦紅葉宇都谷峠・青砥稿花紅彩画　二世河竹新七作
　河竹登志夫編著　白水社　1993.9　387p　19cm　（歌舞
　伎オン・ステージ 1）3900円　①4-560-03271-8　Ⓝ912.5
　　〔21591〕
◇通し狂言小栗判官譚―姫競双葉絵草紙　近松徳三, 奈河
　篤助作　山田庄一補綴・演出　国立劇場　2000.10
　139p　26cm　（国立劇場歌舞伎公演上演台本）Ⓝ912.5
　　〔21592〕
◇通し狂言富岡恋山開―二人新兵衛　新歌舞伎十八番の
　内素襖落　並木五瓶作　山田庄一補綴　福地桜痴作
　国立劇場　2000.12　122p　26cm　（国立劇場歌舞伎公
　演上演台本）Ⓝ912.5　　〔21593〕
◇夏祭浪花鑑　英執着獅子　並木千柳, 三好松洛, 竹田小
　出雲作　山田庄一監修　国立劇場　2000.4　103p
　26cm　（国立劇場花形若手歌舞伎公演上演台本）Ⓝ912.5
　　〔21594〕
◇鳴神―歌舞伎十八番の内　忍夜恋曲者―将門　嫗山
　姥―八重桐廓話　宝田寿助作　近松門左衛門作　国立
　劇場　2000.1　83p　26cm　（国立劇場歌舞伎公演上演
　台本）Ⓝ912.5　　〔21595〕
◇西山松之助著作集　第7巻　江戸歌舞伎研究　吉川弘文
　館　1987.10　667,17p　22cm　7800円
　①4-642-03247-9　Ⓝ702.15　　〔21596〕
◇日本演劇史　伊原敏郎著　クレス出版　1996.12　762p
　22cm　（近世文芸研究叢書 第2期芸能篇 2（歌舞伎
　2））①4-87733-026-7　Ⓝ774.2　　〔21597〕
◇日本を創った人びと　20　市川団十郎―江戸歌舞伎十一
　代の系譜　日本文化の会編集　服部幸雄著　平凡社
　1978.11　82p　29cm　1600円　Ⓝ281.08　〔21598〕
◇日本の古典芸能 8　歌舞伎―芝居の世界　芸能史研究
　会編　平凡社　1971　358p　図10枚　22cm　1200円
　Ⓝ772.1　　〔21599〕
◇日本の歴史　中世から近世へ 10　かぶきの時代　新訂
　増補　朝日新聞社　2002.12　p290-320　30cm　（週刊
　朝日百科 30）476円　Ⓝ210.1　　〔21600〕
◇日本舞踊「踊の心」近世歌舞伎舞踊作品―恋多き娘たち
　目代清著　邦楽と舞踊出版社・舞踊文化研究所編　邦
　楽と舞踊出版社・舞踊文化研究所　2003.9　422p
　21cm　6000円　①4-938401-03-7　　〔21601〕
◇濡れ刃写せば白刃の月影―新作歌舞伎戯曲集　宇賀神隆
　文著　文芸社　2003.9　286p　20cm　1200円
　①4-8355-6230-5　Ⓝ912.5　　〔21602〕
◇能・浄瑠璃・歌舞伎　山本二郎, 徳江元正編　増補改訂
　版　桜楓社　1976　225p　22cm　1200円　Ⓝ912.07
　　〔21603〕
◇番町皿屋敷　岡本綺堂作　国立劇場　1999.6　40p
　26cm　（国立劇場歌舞伎鑑賞教室上演台本）Ⓝ912.5
　　〔21604〕
◇彦山権現誓助剣―通し狂言　梅野下風, 近松保蔵作
　山田庄一脚本　国立劇場　2002.12　100p　26cm　（国
　立劇場歌舞伎公演上演台本）Ⓝ912.5　　〔21605〕
◇評解近世戯曲名作選書　第1　仮名手本忠臣蔵評解　河
　竹繁俊, 藤野義雄共著　名古屋　碩学書房　1953　19cm
　Ⓝ912.5　　〔21606〕
◇評解近世戯曲名作選書　第2　梅川忠兵衛 冥途の飛脚評

近世史　　　　　　　　　　　　　　　　　　　　　　　　　　　　　芸能史

◇解　河竹繁俊,藤野義雄共著　名古屋　碩学書房　1953　19cm　Ⓝ912.5　〔21607〕
◇評解近世戯曲名作選書　第3　菅原伝授手習鑑評解　河竹繁俊,藤野義雄共著　名古屋　碩学書房　1953　19cm　Ⓝ912.5　〔21608〕
◇福森久助脚本集　福森久助著　古井戸秀夫ほか校訂　国書刊行会　2001.8　477p　20cm　(叢書江戸文庫49)　6400円　Ⓘ4-336-03549-0　Ⓝ912.5　〔21609〕
◇冬桜―「鉢の木」より　秋の河童　岡野竹時作　国立劇場文芸室演出　矢田弥八作　織田紘二補綴・演出　国立劇場　2002.3　124p　26cm　(国立劇場花形若手歌舞伎公演上演台本―国立劇場新作歌舞伎脚本入選作品集)　Ⓝ912.5　〔21610〕
◇杏手鳥孤城落月　雪暮夜入谷畦道―直侍と三千歳　俄獅子―大喜利・所作事　坪内逍遙作　戸部銀作監修　河竹黙阿弥作　国立劇場　1998.12　113p　25cm　(国立劇場歌舞伎公演上演台本)　Ⓝ912.5　〔21611〕
◇本朝廿四孝―筍掘りと十種香　近松半二ほか作　山田庄一監修　国立劇場　1999.11　86p　26cm　(国立劇場歌舞伎公演上演台本)　Ⓝ912.5　〔21612〕
◇娘道成寺　渡辺保著　駸々堂出版　1986.3　485p　20cm　3500円　Ⓘ4-397-50204-8　Ⓝ774.2　〔21613〕
◇伽羅先代萩　国立劇場　1998.11　88p　25cm　(国立劇場歌舞伎公演上演台本)　Ⓝ912.5　〔21614〕
◇名優当り芸芝居の型　勧進帳考　助六由縁江戸桜の型　林翠浪編　伊坂梅雪,遠藤為春,木村錦花著　クレス出版　1997.4　1冊　22cm　(近世文芸研究叢書　第2期芸能篇15(歌舞伎15))　Ⓘ4-87733-027-5　Ⓝ774.26　〔21615〕
◇ゆるりと江戸へ―遠眼鏡戯場観察　大原雄著　現代企画室　1999.2　242p　20cm　2500円　Ⓘ4-7738-9901-8　Ⓝ774　〔21616〕
◇よろめき歌舞伎　稲垣史生著　桃源社　1963　265p　20cm　Ⓝ912.5　〔21617〕
◇四代市川小団次　永井啓夫著　青蛙房　2000.12　307p　20cm　3000円　Ⓘ4-7905-0368-2　Ⓝ774.28　〔21618〕
◇若衆歌舞伎・野郎歌舞伎の研究　武井協三著　八木書店　2000.2　469,56p　22cm　12000円　Ⓘ4-8406-9617-9　Ⓝ774.22　〔21619〕
◇笑いの歌舞伎史　荻田清著　朝日新聞社　2004.9　240,8p　19cm　(朝日選書)　1200円　Ⓘ4-02-259859-X　〔21620〕

◆◆歌舞伎史料
◇江戸歌舞伎団扇絵―元禄=延享篇　木村捨三,宮尾しげを解説　井上書房　1962　134p　19×26cm　Ⓝ774.2　〔21621〕
◇江戸歌舞伎年表　梶浦圭三著　鳥影社　1990.5　180p　20cm　1800円　Ⓘ4-7952-5148-7　Ⓝ774.2　〔21622〕
◇歌舞伎台帳集成　第21巻　歌舞伎台帳研究会編　勉誠社　1991.8　541p　23cm　14420円　Ⓝ912.5　〔21623〕
◇歌舞伎台帳集成　第23巻　歌舞伎台帳研究会編　勉誠社　1991.1　455p　23cm　12360円　Ⓝ912.5　〔21624〕
◇歌舞伎台帳集成　第24巻　歌舞伎台帳研究会編　勉誠社　1991.10　547p　23cm　13390円　Ⓝ912.5　〔21625〕
◇歌舞伎台帳集成　第25巻　歌舞伎台帳研究会編　勉誠社　1991.5　433p　23cm　12360円　Ⓘ4-585-01022-X　〔21626〕
◇歌舞伎台帳集成　第26巻　歌舞伎台帳研究会編　勉誠社　1991.10　596p　23cm　15000円　Ⓘ4-585-01022-X　Ⓝ912.5　〔21627〕
◇歌舞伎台帳集成　第27巻　歌舞伎台帳研究会編　勉誠社　1992.1　474p　23cm　13500円　Ⓘ4-585-01024-6　Ⓝ912.5　〔21628〕
◇歌舞伎台帳集成　第28巻　歌舞伎台帳研究会編　勉誠社　1993.10　434p　23cm　13500円　Ⓘ4-585-01025-4　Ⓝ912.5　〔21629〕
◇歌舞伎台帳集成　第29巻　歌舞伎台帳研究会編　勉誠社　1993.2　369p　23cm　12360円　Ⓘ4-585-01026-2　Ⓝ912.5　〔21630〕
◇歌舞伎台帳集成　第30巻　歌舞伎台帳研究会編　勉誠社　1993.11　564p　23cm　17510円　Ⓝ912.5　〔21631〕
◇歌舞伎台帳集成　第31巻　歌舞伎台帳研究会編　勉誠出版　2001.12　524p　23cm　17000円　Ⓘ4-585-01031-9　Ⓝ912.5　〔21632〕
◇歌舞伎台帳集成　第32巻　歌舞伎台帳研究会編　勉誠社　1994.11　638p　23cm　18540円　Ⓘ4-585-01032-7　Ⓝ912.5　〔21633〕
◇歌舞伎台帳集成　第33巻　歌舞伎台帳研究会編　勉誠出版　2000.8　529p　23cm　17000円　Ⓘ4-585-01033-5　Ⓝ912.5　〔21634〕
◇歌舞伎台帳集成　第34巻　歌舞伎台帳研究会編　勉誠社　1997.5　577p　23cm　17000円　Ⓘ4-585-01034-3　Ⓝ912.5　〔21635〕
◇歌舞伎台帳集成　第35巻　歌舞伎台帳研究会編　勉誠社　1998.2　548p　23cm　17000円　Ⓘ4-585-01035-1　Ⓝ912.5　〔21636〕
◇歌舞伎台帳集成　第36巻　歌舞伎台帳研究会編　勉誠社　1997.9　660p　23cm　17000円　Ⓘ4-585-01036-X　Ⓝ912.5　〔21637〕
◇歌舞伎台帳集成　第37巻　歌舞伎台帳研究会編　勉誠出版　1999.6　461p　23cm　15000円　Ⓘ4-585-01037-8　Ⓝ912.5　〔21638〕
◇歌舞伎台帳集成　第38巻　歌舞伎台帳研究会編　勉誠出版　2000.4　532p　23cm　17000円　Ⓘ4-585-01043-2　Ⓝ912.5　〔21639〕
◇歌舞伎台帳集成　第39巻　歌舞伎台帳研究会編　勉誠出版　2000.8　469p　23cm　15000円　Ⓘ4-585-01044-0　Ⓝ912.5　〔21640〕
◇歌舞伎台帳集成　第40巻　歌舞伎台帳研究会編　勉誠出版　2002.9　582p　23cm　17000円　Ⓘ4-585-01045-9　Ⓝ912.5　〔21641〕
◇歌舞伎台帳集成　第41巻　歌舞伎台帳研究会編　勉誠出版　2003.6　492p　23cm　17000円　Ⓘ4-585-01046-7　Ⓝ912.5　〔21642〕
◇歌舞伎台帳集成　第42巻　歌舞伎台帳研究会編　勉誠出版　2002.7　454p　23cm　15000円　Ⓘ4-585-01047-5　Ⓝ912.5　〔21643〕
◇歌舞伎台帳集成　第43巻　歌舞伎台帳研究会編　勉誠出版　2003.6　430p　23cm　15000円　Ⓘ4-585-01048-3　Ⓝ912.5　〔21644〕
◇歌舞伎台帳集成　第44巻　歌舞伎台帳研究会編　勉誠出版　2002.8　308p　23cm　13000円　Ⓘ4-585-01049-1　Ⓝ912.5　〔21645〕
◇歌舞伎台帳集成　第45巻　歌舞伎台帳研究会編　勉誠出版　2003.6　291p　23cm　13000円　Ⓘ4-585-01050-5　Ⓝ912.5　〔21646〕
◇歌舞伎年表　第1巻　永禄2年-享保5年　伊原敏郎著,編集校訂:河竹繁俊,吉田暎二　岩波書店　1973　562p　22cm　2300円　Ⓝ774.032　〔21647〕
◇歌舞伎年表　第2巻　享保6年-延享4年　伊原敏郎著,編集校訂:河竹繁俊,吉田暎二　岩波書店　1973　542p　22cm　2300円　Ⓝ774.032　〔21648〕

◇歌舞伎年表　第3巻　寛延元年-明和2年　伊原敏郎著，編集校訂：河竹繁俊，吉田暎二　岩波書店　1973　596p　22cm　2300円　Ⓝ774.032　〔21649〕

◇歌舞伎年表　第4巻　明和3年-天明4年　伊原敏郎著，編集校訂：河竹繁俊，吉田暎二　岩波書店　1973　544p　22cm　2300円　Ⓝ774.032　〔21650〕

◇歌舞伎年表　第5巻　天明5年-文化12年　伊原敏郎著，編集校訂：河竹繁俊，吉田暎二　岩波書店　1973　578p　22cm　2300円　Ⓝ774.032　〔21651〕

◇歌舞伎年表　第6巻　文化13年-嘉永6年　伊原敏郎著，編集校訂：河竹繁俊，吉田暎二　岩波書店　1973　588p　22cm　2300円　Ⓝ774.032　〔21652〕

◇歌舞伎年表　第7巻　安政元年-明治31年　伊原敏郎著，編集校訂：河竹繁俊，吉田暎二　岩波書店　1973　584p　22cm　2300円　Ⓝ774.032　〔21653〕

◇歌舞伎評判記集成　第1巻　歌舞伎評判記研究会編　岩波書店　1972　605p　23cm　4500円　Ⓝ774.2　〔21654〕

◇歌舞伎評判記集成　第2巻　歌舞伎評判記研究会編　岩波書店　1973　608p　23cm　4500円　Ⓝ774.2　〔21655〕

◇歌舞伎評判記集成　第3巻　歌舞伎評判記研究会編　岩波書店　1973　595p　23cm　4500円　Ⓝ774.2　〔21656〕

◇歌舞伎評判記集成　第4巻　歌舞伎評判記研究会編　岩波書店　1973　632p　23cm　4500円　Ⓝ774.2　〔21657〕

◇歌舞伎評判記集成　第5巻　歌舞伎評判記研究会編　岩波書店　1974　656p　23cm　5000円　Ⓝ774.2　〔21658〕

◇歌舞伎評判記集成　第6巻　歌舞伎評判記研究会編　岩波書店　1974　606p　23cm　5500円　Ⓝ774.2　〔21659〕

◇歌舞伎評判記集成　第7巻　歌舞伎評判記研究会編　岩波書店　1975　680p　23cm　6500円　Ⓝ774.2　〔21660〕

◇歌舞伎評判記集成　第8巻　歌舞伎評判記研究会編　岩波書店　1975　616p　23cm　7000円　Ⓝ774.2　〔21661〕

◇歌舞伎評判記集成　第9巻　歌舞伎評判記研究会編　岩波書店　1976　634p　23cm　7000円　Ⓝ774.2　〔21662〕

◇歌舞伎評判記集成　第10巻　歌舞伎評判記研究会編　岩波書店　1976　736p　23cm　7500円　Ⓝ774.2　〔21663〕

◇歌舞伎評判記集成　第2期　第1巻　元文2年～元文6年　役者評判記研究会編　岩波書店　1987.11　573p　23cm　11000円　Ⓘ4-00-008761-4　Ⓝ774.2　〔21664〕

◇歌舞伎評判記集成　第2期　第2巻　寛保元年～延享2年　役者評判記研究会編　岩波書店　1988.3　606p　23cm　11000円　Ⓘ4-00-008762-2　Ⓝ774.2　〔21665〕

◇歌舞伎評判記集成　第2期　第3巻　延享3年～寛延2年　役者評判記研究会編　岩波書店　1988.7　617p　23cm　15000円　Ⓘ4-00-008763-0　Ⓝ774.2　〔21666〕

◇歌舞伎評判記集成　第2期第4巻　役者評判記研究会編　岩波書店　1988.11　520p　23cm　15000円　Ⓘ4-00-008764-9　Ⓝ774.2　〔21667〕

◇歌舞伎評判記集成　第2期 第5巻　宝暦4年～宝暦6年　役者評判記研究会編　岩波書店　1989.3　514p　23cm　15000円　Ⓘ4-00-008765-7　Ⓝ774.2　〔21668〕

◇歌舞伎評判記集成　第2期 第6巻　宝暦7年～宝暦9年　役者評判記研究会編　岩波書店　1989.7　552p　23cm　15450円　Ⓘ4-00-008766-5　Ⓝ774.2　〔21669〕

◇歌舞伎評判記集成　第2期 第7巻　宝暦10年～宝暦13年　役者評判記研究会編　岩波書店　1989.11　570p　23cm　15450円　Ⓘ4-00-008767-3　Ⓝ774.2　〔21670〕

◇歌舞伎評判記集成　第2期 第8巻　宝暦13年～明和4年　役者評判記研究会編　岩波書店　1990.3　630p　23cm　16480円　Ⓘ4-00-008768-1　Ⓝ774.2　〔21671〕

◇歌舞伎評判記集成　第2期第9巻　役者評判記研究会編　岩波書店　1990.12　622p　23cm　16000円　Ⓘ4-00-008769-X　Ⓝ774.2　〔21672〕

◇歌舞伎評判記集成　別巻　補遺，索引　歌舞伎評判記研究会編　岩波書店　1977.12　284,377p　23cm　8500円　Ⓝ774.2　〔21673〕

◇上方役者一代記集　土田衛他編　神戸　上方芸文叢刊刊行会　1979.12　395p　19cm　（上方芸文叢刊 4）5000円　Ⓝ774.2　〔21674〕

◇戯場訓蒙図彙―享和三年初版本　式亭三馬著, 勝川春英, 歌川豊国画, 国立劇場芸能調査室編　国立劇場調査養成部・芸能調査室　1969　190,142p　21cm　（歌舞伎の文献 3）Ⓝ774.2　〔21675〕

◇役者評判記（元文～寛延期）の書誌的調査報告書　鳥越文蔵ほか編　〔鳥越文蔵〕　1978　173p　25cm　Ⓝ774.2　〔21676〕

◆◆鶴屋南北

◇江戸歌舞伎法令集成　吉田節子編　重版　おうふう　1997.4　627p　27cm　88000円　Ⓘ4-273-02296-6　Ⓝ322.15　〔21677〕

◇再現日本史―週刊time travel　江戸 3 6　講談社　2002.9　42p　30cm　533円　Ⓝ210.1　〔21678〕

◇鶴屋南北―かぶきが生んだ無教養の表現主義　郡司正勝著　中央公論社　1994.12　223p　18cm　（中公新書）700円　Ⓘ4-12-101221-6　Ⓝ912.5　〔21679〕

◇鶴屋南北研究文献目録　中山幹雄著　武蔵野　日本の語り研究会　1979.11　116p　21cm　1000円　Ⓝ912.5　〔21680〕

◇鶴屋南北研究文献目録　中山幹雄編著　増補　国書刊行会　1990.11　214p　20cm　3689円　Ⓘ4-336-03186-X　Ⓝ912.5　〔21681〕

◇鶴屋南北序説　中山幹雄著　増補　高文堂出版社　1995.11　401p　19cm　6000円　Ⓘ4-7707-0502-6　Ⓝ912.5　〔21682〕

◇鶴屋南北絢交ぜの世界　森山重雄著　三一書房　1993.8　376p　22cm　7800円　Ⓘ4-380-93253-2　Ⓝ912.5　〔21683〕

◇鶴屋南北の研究　井草利夫著　おうふう　1994.8　601p　22cm　39000円　Ⓘ4-273-02564-7　Ⓝ912.5　〔21684〕

◇鶴屋南北の世界　小池章太郎著　三樹書房　1981.3　204p　23cm　3200円　Ⓝ912.5　〔21685〕

◇通し狂言新世紀累化粧鏡―「阿国御前化粧鏡」より　四世鶴屋南北作　今井豊茂脚本　国立劇場　2001.3　107p　26cm　（国立劇場花形若手歌舞伎公演上演台本）Ⓝ912.5　〔21686〕

◇通し狂言音菊天竺徳兵衛　四世鶴屋南北作　戸部銀作補綴　国立劇場　1999.10　106p　26cm　（国立劇場歌舞伎公演上演台本）Ⓝ912.5　〔21687〕

◇通し狂言桜姫東文章　四世鶴屋南北作　郡司正勝補綴・演出　中村雀右衛門監修　国立劇場　2000.11　131p　26cm　（国立劇場歌舞伎公演上演台本）Ⓝ912.5　〔21688〕

◇南北劇への招待―シンポジウム　鶴屋南北研究会編　勉

誠社　1993.11　218p　20cm　2575円
Ⓘ4-585-05002-7　　　　　　　　　〔21689〕
◇南北序説―鶴屋南北研究入門　中山幹雄著　高文堂出版社　1984.4　292p　19cm　2700円　Ⓘ4-7707-0079-2　Ⓝ912.5　　　　　　　　　　〔21690〕
◇南北名作事典　藤野義雄著　桜楓社　1993.6　899p　22cm　24000円　Ⓘ4-273-02578-7　Ⓝ912.5　〔21691〕
◇南北物語　中山幹雄著　學藝書林　1988.11　59p　31cm　(浮世絵かぶきシリーズ 2)2000円　Ⓘ4-905640-36-9　Ⓝ912.5　　　　　〔21692〕
◇独道中五十三駅―彰輔版　鶴屋南北原作　奈河彰輔著　中川芳三編　奈良　中川芳三　1993.5　382p　19cm　2500円　Ⓝ912.5　　　　　〔21693〕
◇百鬼夜行の楽園―鶴屋南北の世界　落合清彦著　芸術生活社　1975　293p　20cm　2000円　Ⓝ912.5　〔21694〕
◇百鬼夜行の楽園―鶴屋南北の世界　落合清彦著　東京創元社　1997.10　329p　15cm　(創元ライブラリ)1100円　Ⓘ4-488-07017-5　Ⓝ912.5　　　〔21695〕
◇複眼の奇才鶴屋南北　中山幹雄著　新典社　2001.3　254p　19cm　(日本の作家 53)2000円　Ⓘ4-7879-7053-4　Ⓝ912.5　　　　　〔21696〕
◇霊験亀山鉾―亀山の仇討　通し狂言　四世鶴屋南北作　奈河彰輔監修　国立劇場文芸室補綴　国立劇場　2002.10　176p　26cm　(国立劇場歌舞伎公演上演台本)Ⓝ912.5　　　　　　　　　〔21697〕

◆◆◆四谷怪談
◇お岩と伊右衛門―「四谷怪談」の深層　高田衛著　洋泉社　2002.9　270p　20cm　2800円　Ⓘ4-89691-655-7　Ⓝ912.5　　　　　　　　　〔21698〕
◇東海道四谷怪談　四世鶴屋南北原作　諏訪春雄編著　白水社　1999.11　323p　19cm　(歌舞伎オン・ステージ 18)4200円　Ⓘ4-560-03288-2　Ⓝ912.5　〔21699〕
◇広末保著作集　第8巻　四谷怪談　広末保　影書房　2000.1　406p　20cm　3800円　Ⓘ4-87714-269-X　Ⓝ910.25　　　　　　　　　〔21700〕
◇幽霊お岩―忠臣蔵と四谷怪談　藤原成一著　青弓社　1996.8　229p　20cm　2200円　Ⓘ4-7872-7063-X　Ⓝ912.5　　　　　　　　　〔21701〕
◇四谷怪談―悪意と笑い　広末保著　岩波書店　1984.5　198p　18cm　(岩波新書)430円　Ⓝ912.5　〔21702〕
◇四谷怪談―悪意と笑い　広末保著　岩波書店　1993.5　198p　20cm　(岩波新書の江戸時代)1500円　Ⓘ4-00-009138-7　Ⓝ912.5　　　〔21703〕
◇四谷怪談―崇りの正体　小池壮彦著　学習研究社　2002.5　265p　20cm　1800円　Ⓘ4-05-401644-8　Ⓝ912.5　　　　　　　　　〔21704〕
◇四谷怪談研究文献目録　相合谷鍵一編　相合谷由美　1969.4　58p　22cm　非売品　Ⓝ912.5　〔21705〕
◇四谷怪談の女たち―子殺しの系譜　片岡徳雄著　小学館　1993.2　299p　16cm　(小学館ライブラリー)840円　Ⓘ4-09-460041-8　Ⓝ912.5　　〔21706〕
◇四谷怪談は面白い　横山泰子著　平凡社　1997.4　283p　20cm　2200円　Ⓘ4-582-82904-X　Ⓝ912.5　〔21707〕

◆◆河竹黙阿弥
◇赤垣源蔵　仲光　黙阿弥作　河竹繁俊校訂　黙阿弥作　河竹繁俊校訂　岩波書店　1928.5(第4刷：2002.2)　108p　15cm　(岩波文庫)460円　Ⓘ4-00-302636-5　Ⓝ912.5　　　〔21708〕
◇江戸歌舞伎の残照　吉田弥生著　文芸社　2004.9　342p　22cm　2800円　Ⓘ4-8355-7947-X　Ⓝ912.5　〔21709〕
◇河竹黙阿弥　河竹繁俊著　吉川弘文館　1961　271p　18cm　(人物叢書 日本歴史学会編)Ⓝ912.5　〔21710〕
◇河竹黙阿弥　河竹繁俊著　吉川弘文館　1987.1　271p　19cm　(人物叢書 新装版)1600円　Ⓘ4-642-05065-5　Ⓝ912.5　　　　　　　　　〔21711〕
◇河竹黙阿弥―人と作品 没後百年　早稲田大学坪内博士記念演劇博物館編　早稲田大学坪内博士記念演劇博物館　1993　324p　26cm　Ⓝ912.5　〔21712〕
◇河竹黙阿弥　河竹繁俊著　クレス出版　1997.4　585p　22cm　(近世文芸研究叢書 第2期芸能篇 17(歌舞伎 17))Ⓘ4-87733-027-5　Ⓝ912.5　〔21713〕
◇河竹黙阿弥　河竹黙阿弥著　坪内祐三、山内昌之編　筑摩書房　2002.2　423,3p　20cm　(明治の文学 第2巻)2600円　Ⓘ4-480-10142-X　Ⓝ912.5　〔21714〕
◇河竹黙阿弥集　河竹黙阿弥著　原道生、神山彰、渡辺喜之校注　岩波書店　2001.11　546p　22cm　(新日本古典文学大系 明治編 8)5300円　Ⓘ4-00-240208-8　Ⓝ912.5　　　　　　　　　　　〔21715〕
◇作者の家―黙阿弥以後の人びと　河竹登志夫著　講談社　1980.8　432p　22cm　3500円　Ⓝ912.5　〔21716〕
◇作者の家―黙阿弥以後の人びと　河竹登志夫著　悠思社　1991.10　411p　22cm　4800円　Ⓘ4-946424-06-7　Ⓝ912.5　　　　　　　　　〔21717〕
◇実録先代萩　黙阿弥作　河竹繁俊校訂　岩波書店　1994.10　314p　15cm　(岩波文庫)620円　Ⓘ4-00-302634-9　Ⓝ912.5　　　　〔21718〕
◇通し狂言小袖曾我薊色縫―十六夜清心　河竹黙阿弥作　河竹登志夫監修　国立劇場　1999.4　119p　26cm　(国立劇場花形若手歌舞伎公演上演台本)Ⓝ912.5　　　　　　　　　　　〔21719〕
◇通し狂言小春穏沖津白浪―小狐礼三　河竹黙阿弥作　木村錦花改修　国立劇場文芸室脚本　国立劇場　2002.1　127p　26cm　(国立劇場歌舞伎公演上演台本)Ⓝ912.5　　　　　　　　　　〔21720〕
◇通し狂言三人吉三廓初買　河竹黙阿弥作　河竹登志夫監修　国立劇場　2001.12　161p　26cm　(国立劇場歌舞伎公演上演台本)Ⓝ912.5　　　　〔21721〕
◇黙阿弥　河竹繁俊著　弘文堂　1955　79p　15cm　(アテネ文庫)Ⓝ912.5　　　　　　　　〔21722〕
◇黙阿弥　河竹登志夫著　文藝春秋　1993.2　269p　20cm　1400円　Ⓘ4-16-347210-X　Ⓝ912.5　〔21723〕
◇黙阿弥　河竹登志夫著　文藝春秋　1996.5　310p　16cm　(文春文庫)480円　Ⓘ4-16-744502-6　Ⓝ912.5　〔21724〕
◇黙阿弥研究の現在　吉田弥生著　雄山閣　2006.3　309p　21cm　4200円　Ⓘ4-639-01922-X　〔21725〕
◇黙阿弥と南北　河竹繁俊著　大河内書店　1948　327p　19cm　Ⓝ912.5　　　　　　　　〔21726〕
◇黙阿弥の手紙日記報条など　河竹繁俊編著　演劇出版社　1966　329p(図版80p共)　22cm　Ⓝ912.5　〔21727〕
◇黙阿弥の明治維新　渡辺保著　新潮社　1997.10　349p　20cm　2000円　Ⓘ4-10-394103-0　Ⓝ912.5　〔21728〕

◆音楽史
◇江戸音曲事典　小野武雄編著　展望社　1979.10　389p　20cm　(江戸風俗図誌 第7巻)3500円　Ⓝ768　〔21729〕
◇江戸小唄　木村菊太郎著　改訂増補第3版　演劇出版社　1994.3　714p　22cm　8000円　Ⓝ768.59　〔21730〕
◇江戸時代音楽通解　古曲保存会編　古曲保存会　1920

288,8p　23cm　Ⓝ768　　　　　　　〔21731〕
◇江戸時代の琴士物語　岸邉成雄著　有隣堂（発売）
　2000.9　454,12p　21cm　800円　Ⓝ768.12　〔21732〕
◇江戸でピアノを─バロックの家康からロマン派の慶喜まで　岳本恭治著　未知谷　2002.12　140p　22cm　2800円　Ⓘ4-89642-065-9　Ⓝ762.05　　　〔21733〕
◇江戸の音　田中優子著　河出書房新社　1997.9　205p　15cm　（河出文庫）580円　Ⓘ4-309-47338-5　Ⓝ768.11
　　　　　　　　　　　　　　　　　　　　　　〔21734〕
◇お江戸日本橋─日本古揺　田中利光編曲　全音楽譜出版社　c2003　楽譜4枚　31cm　（和楽器アンサンブルピース 10）800円　Ⓘ4-11-953010-8　Ⓝ768.1　〔21735〕
◇近世邦楽研究ノート　竹内道敬著　名著刊行会　1989.12　406p　22cm　18540円　Ⓘ4-8390-0246-0　Ⓝ768
　　　　　　　　　　　　　　　　　　　　　　〔21736〕
◇近世邦楽考　竹内道敬著　南窓社　1998.1　445p　22cm　25000円　Ⓘ4-8165-0220-3　Ⓝ768　〔21737〕
◇近世邦楽年表　東京音楽学校編　鳳出版　1974　3冊　27cm　10000-15000円　Ⓝ768.032　〔21738〕
◇黒船来航と音楽　笠原潔著　吉川弘文館　2001.6　179p　19cm　（歴史文化ライブラリー 119）1700円　Ⓘ4-642-05519-3　Ⓝ762.1　　　　　　　　　〔21739〕
◇糸竹初心集の研究─近世邦楽史研究序説　馬淵卯三郎著　音楽之友社　1992.2　239p　26cm　3500円　Ⓘ4-276-13321-1　Ⓝ768.6　　　　　　　　〔21740〕
◇竹内道敬寄託文庫目録　その3　江戸長唄の部　竹内道敬,吉野雪子編　立川　国立音楽大学附属図書館　1992.3　274p　27cm　（Bibliography and index series 15）Ⓝ768.031　　　　　　　　　　　　　　〔21741〕
◇津軽三味線の誕生─民俗芸能の生成と隆盛　大条和雄著　新曜社　1995.1　232p　20cm　（ノマド叢書）2266円　Ⓘ4-7885-0502-9　Ⓝ768.11　　　　〔21742〕
◇日本の古典芸能　6　舞踊─近世の歌と踊り　芸能史研究会編　平凡社　1970　346p　図版12枚　22cm　1200円　Ⓝ772.1　　　　　　　　　　　　〔21743〕
◇日本わらべ歌全集　27　近世童謡童遊集　尾原昭夫著　京都　柳原書店　1991.6　398p　22cm　3800円　Ⓘ4-8409-0027-2　Ⓝ767.7　　　　〔21744〕
◇防長吹奏楽史─ペリー艦隊来航から第十八回国民体育大会まで　梶田清七著　山口　梶田清七　1989.1　301p　22cm　Ⓝ764.2　　　　　　　　　〔21745〕

◆◆◆大道芸・曲芸
◇江戸の乞食芸人─絵本　花咲一男著　太平書屋　2005.11　222p　22cm　7000円　Ⓝ779.7　　　〔21746〕
◇江戸の大道芸　髙柳金芳著　柏書房　1982.9　219p　20cm　1600円　Ⓝ779　　　　　　　　　〔21747〕
◇江戸の大道芸人─大衆芸能の源流　中尾健次著　三一書房　1998.1　213p　18cm　（三一新書）800円　Ⓘ4-380-98001-4　Ⓝ779.7　　　　　　　〔21748〕
◇乞胸　江戸の辻芸人　塩見鮮一郎著　河出書房新社　2006.7　220p　19cm　1900円　Ⓘ4-309-22454-7
　　　　　　　　　　　　　　　　　　　　　　〔21749〕
◇乞胸と江戸の大道芸　髙柳金芳著　柏書房　1981.12　118p　22cm　1800円　Ⓝ779　　　　　〔21750〕
◇広八日記─幕末の曲芸団海外巡業記録　高野広八著,飯野町史談会編　飯野町（福島県）　飯野町史談会　1977.4　86p　22cm　Ⓝ779.5　　　　　　〔21751〕
◇町かどの芸能─江戸時代従是一丁　長田純著　京都　ふたば書房　1980.10　233p　22cm　2000円　Ⓝ384.37
　　　　　　　　　　　　　　　　　　　　　　〔21752〕

◇見世物風俗図誌　小野武雄編著　展望社　1977.5　398p　20cm　（江戸時代風俗図誌 第2巻）3300円　Ⓝ779.4
　　　　　　　　　　　　　　　　　　　　　　〔21753〕

◆寄席・見世物
◇浮世絵に見る落語─笑いの中のたばこ文化　特別展　たばこと塩の博物館編　たばこと塩の博物館　2001.11　31p　30cm　Ⓘ4-924989-17-7　Ⓝ779.13
　　　　　　　　　　　　　　　　　　　　　　〔21754〕
◇江戸売り声百景　宮田章司著　岩波書店　2003.5　144p　18cm　（岩波アクティブ新書）940円　Ⓘ4-00-700074-3　Ⓝ779.14　　　　　　　　　　〔21755〕
◇江戸の見世物　川添裕著　岩波書店　2000.7　246p　18cm　（岩波新書）700円　Ⓘ4-00-430681-7　Ⓝ779.4
　　　　　　　　　　　　　　　　　　　　　　〔21756〕
◇大江戸奇術考─手妻・からくり・見立ての世界　泡坂妻夫著　平凡社　2001.4　218p　18cm　（平凡社新書）680円　Ⓘ4-582-85083-9　Ⓝ779.3　〔21757〕
◇花緑の落語江戸ものがたり─師匠小さんの想い出とたどる　柳家花緑,小林幸恵著　大野伸彦写真　近代映画社　2003.5　184p　22cm　1900円　Ⓘ4-7648-1987-2　Ⓝ779.13　　　　　　　　　　　　　〔21758〕
◇図説庶民芸能─江戸の見世物　古河三樹著　雄山閣出版　1993.4　318p　22cm　（雄山閣books 8）2880円　Ⓘ4-639-00131-2　Ⓝ779.4　　　　　〔21759〕
◇川柳見世物考　母袋未知庵著　有光書房　1959　283p　19cm　（古川柳研究叢書 第2）Ⓝ911.45　〔21760〕
◇寄席芸人おもしろ史話　小島貞二著　毎日新聞社　1994.2　238p　18cm　（ミューブックス）880円　Ⓘ4-620-72081-X　Ⓝ779.1　　　　　　〔21761〕
◇落語江戸風俗志　柳沢睦郎著　江古田文学会　1998.3　235p　20cm　2000円　Ⓘ4-7952-6181-4　Ⓝ779.13
　　　　　　　　　　　　　　　　　　　　　　〔21762〕
◇落語で江戸を聴く─粋と人情とご教訓　槇野修著　PHP研究所　2003.6　318p　20cm　1500円　Ⓘ4-569-62964-4　Ⓝ779.13　　　　　　　　〔21763〕
◇落語で読み解く「お江戸」の事情　中込重明監修　青春出版社　2003.5　204p　18cm　（プレイブックスインテリジェンス）700円　Ⓘ4-413-04058-9　Ⓝ779.13　〔21764〕
◇落語と江戸風俗─競作かわら版　つだかつみ,中沢正人著　教育出版　2003.6　175p　26cm　（江戸東京ライブラリー 別巻）1700円　Ⓘ4-316-80024-8　Ⓝ779.13
　　　　　　　　　　　　　　　　　　　　　　〔21765〕
◇落語にみる江戸の「悪」文化　旅の文化研究所編　河出書房新社　2001.7　213p　20cm　1800円　Ⓘ4-309-24248-0　Ⓝ382.1　　　　　　　〔21766〕
◇落語にみる江戸の酒文化　旅の文化研究所編　河出書房新社　1998.4　214p　20cm　2200円　Ⓘ4-309-24208-1　Ⓝ779.13　　　　　　　　　　〔21767〕
◇落語の博物誌─江戸の文化を読む　岩崎均史著　吉川弘文館　2004.2　184p　19cm　（歴史文化ライブラリー 171）1700円　Ⓘ4-642-05571-1　Ⓝ702.15　〔21768〕

◆釣り
◇江戸魚釣り百姿　花咲一男著　三樹書房　1996.3　277p　22cm　3090円　Ⓘ4-89522-200-4　Ⓝ787.1　〔21769〕
◇江戸魚釣り百姿　花咲一男著　新装版　三樹書房　2003.8　277p　22cm　2400円　Ⓘ4-89522-333-7　Ⓝ787.1　　　　　　　　　　　　　　〔21770〕
◇江戸釣魚大全　長辻象平著　平凡社　1996.3　374p　20cm　2600円　Ⓘ4-582-46808-X　Ⓝ787.1　〔21771〕
◇江戸の釣り─水辺に開いた趣味文化　長辻象平著　平凡

社　2003.4　254p　18cm　（平凡社新書）780円
Ⓘ4-582-85179-7　Ⓝ787.1　〔21772〕

◆体育史
◇加賀藩社会福祉史　山森青硯著　金沢　〔山森青硯〕
1981.12　40p　26cm　（青硯文庫叢書 8）Ⓝ369.02143
〔21773〕
◇競う！―江戸時代のスポーツ　特別展図録　仙台市博物館編　仙台　仙台市博物館　2001.9　124p　30cm
Ⓝ780.21　〔21774〕
◇近世日本体育概史　今村嘉雄著　草美社　1949　150p
19cm　Ⓝa371　〔21775〕
◇近世日本体育概史　今村嘉雄著　日本体育社　1953
186p　19cm　Ⓝ780.21　〔21776〕
◇長州藩における体育・スポーツ史―年表とその解説　新川美水著　阿武町（山口県）〔新川美水〕1994　72p
30cm　Ⓝ780.2　〔21777〕
◇日本泳法流派史話―小堀流・神傳流その他　瀬尾謙一著　京都　翔雲社　1974　284p　19cm　Ⓝ785.2　〔21778〕
◇日本ヨット史―文久元年～昭和20年　白崎謙太郎著　舵社　1988.5　231p　22cm　2800円　Ⓘ4-8072-9301-2
Ⓝ785.7　〔21779〕
◇日本ヨット史　文久元年～昭和20年　白崎謙太郎著　舵社　1988.5　231p　22cm　2800円　Ⓘ4-8072-4301-2
Ⓝ785.7　〔21780〕

◆◆武道
◇近世日本武芸思想の研究　前林清和著　京都　人文書院
2006.12　412p　21cm　3800円　Ⓘ4-409-04081-2
〔21781〕
◇史談無刀流―山岡鉄舟と弟子元治郎　浅野サタ子著　宝文館出版　1970　174p　20cm　550円　Ⓝ789.3
〔21782〕
◇仙台藩日置流雪荷派射芸史略　樋口良助編　仙台　樋口良助　1920　51p　23cm　Ⓝ789　〔21783〕
◇謎の仙道剣　諸田政治著　叢文社　2001.6　389p
21cm　2800円　Ⓘ4-7947-0369-4　〔21784〕
◇八戸藩の武芸　太田尚充著　八戸　八戸市　2003.12
212p　19cm　（八戸の歴史双書）1300円　Ⓝ789.02121
〔21785〕
◇武芸風俗姿　戸伏太兵著　学風書院　1957　292p
19cm　（江戸風俗史 第3）Ⓝ789　〔21786〕
◇武術伝書の研究―近世武道史へのアプローチ　大森宣昌著　地人館　1991.1　413,14p　24cm　8800円
Ⓘ4-7952-3915-0　Ⓝ789.3　〔21787〕
◇武道伝書集成　第6集　新陰流関係史料　下巻　つくば　筑波大学武道文化研究会　1990.7　253p　27cm　Ⓝ789
〔21788〕
◇武道の誕生　井上俊著　吉川弘文館　2004.8　195p
19cm　（歴史文化ライブラリー 179）1700円
Ⓘ4-642-05579-7　Ⓝ789　〔21789〕
◇兵法家伝書―付・新陰流兵法目録事　柳生宗矩著　渡辺一郎校注　岩波書店　2003.4　186p　15cm　（岩波文庫）560円　Ⓘ4-00-330261-3　〔21790〕
◇琉球王家秘伝武術・本部御殿手の科学的研究―合戦演武から上原清吉宗家の身体的機能と秘技を探る　池田守利著　鳩ヶ谷　壮神社　2000.11　119p　27cm
Ⓘ4-915906-47-7　Ⓝ789　〔21791〕

◆◆◆剣客
◇NHK歴史への招待　第16巻　剣客の時代　日本放送協会編　日本放送出版協会　1990.7　230p　18cm　700円
Ⓘ4-14-018085-4　Ⓝ210.1　〔21792〕
◇大月関平伝―剣聖 塚原卜伝の系譜　芝村哲三著　東京経済　2000.5　399p　21cm　2600円　Ⓘ4-8064-0658-9
〔21793〕
◇『巌流島の決闘』その虚実―武蔵は公儀隠密であった
沢忠宏著　近代文芸社　1991.8　222p　19cm　1800円
Ⓘ4-7733-1165-7　〔21794〕
◇近世剣客伝　続　本山荻舟編　6版　報知新聞社　1923
370p　14cm　Ⓝ281　〔21795〕
◇近世剣客伝　宮本謙吾著　神戸　熊谷書房　1943
277p　19cm　Ⓝ281　〔21796〕
◇剣豪全史　牧秀彦著　光文社　2003.11　289p　18cm
（光文社新書）780円　Ⓘ4-334-03225-7　Ⓝ789.3　〔21797〕
◇剣豪はなぜ人を斬るか―心と技に命をかけるとは　峰隆一郎著　青春出版社　1997.3　207p　19cm　1298円
Ⓘ4-413-03063-X　〔21798〕
◇剣士の名言―逆境をしたたかに生き抜く54訓　戸部新十郎著　廣済堂出版　1998.4　338p　15cm　（廣済堂文庫―ヒューマンセレクト）552円　Ⓘ4-331-65261-0
〔21799〕
◇剣は語る―己を乱す迷いに克つ、25の剣跡。戸部新十郎著　青春出版社　1998.2　218p　19cm　1400円
Ⓘ4-413-03092-3　〔21800〕
◇自説岩流佐々木小次郎　上村道子著　日本図書刊行会
1994.8　77p　19cm　1000円　Ⓘ4-7733-3224-7　Ⓝ789.3
〔21801〕
◇図解幕末剣豪伝―動乱の時代を駆け抜けた天才剣士たちの素顔に迫る　山村竜也監修　綜合図書　2007.11　96p
26cm　（ローレンスムック―歴史雑学book）1000円
Ⓘ978-4-915450-93-8　〔21802〕
◇素顔の剣豪たち　小島英煕著　日本経済新聞社　1998.
11　243p　19cm　（歴史紀行）1600円　Ⓘ4-532-16285-8
〔21803〕
◇戦国剣豪列伝　新人物往来社　2002.12　243p　21cm
（別冊歴史読本 29号）1800円　Ⓘ4-404-03029-0　Ⓝ789.
3　〔21804〕
◇二十五人の剣豪―宮本武蔵から近藤勇まで　戸部新十郎著　PHP研究所　2002.10　245p　15cm　（PHP文庫）571円　Ⓘ4-569-57822-5　〔21805〕
◇幕末剣客秘録―江戸町道場の剣と人　渡辺誠著　新人物往来社　2003.12　333p　19cm　2500円
Ⓘ4-404-03170-X　〔21806〕
◇幕末剣心伝―青き志と赤き血潮の肖像　学習研究社
1998.10　186p　26cm　（歴史群像シリーズ 56号）1300
円　Ⓘ4-05-601976-2　Ⓝ281.04　〔21807〕
◇幕末！最後の剣豪たち　別冊宝島編集部編　宝島社
2003.12　253p　16cm　（宝島社文庫）600円
Ⓘ4-7966-3727-3　Ⓝ210.58　〔21808〕
◇人斬りの秘伝書―「かたち」ではない、「怖さ」を知らねば解らない　峰隆一郎著　青春出版社　1998.3　195p
18cm　（プレイブックス）810円　Ⓘ4-413-01707-2
〔21809〕
◇宮本武蔵・剣士大全　コーエー出版部編　横浜　光栄
2000.2　127p　21cm　1400円　Ⓘ4-87719-771-0
〔21810〕

◆◆◆宮本武蔵

◇生きる―宮本武蔵からのメッセージ　斎藤邦泰著　花伝社, 共栄書房〔発売〕　2003.12　296p　19cm　1700円　①4-7634-0414-8　〔21811〕

◇一冊で読む剣豪宮本武蔵―Q&Aで知る不敗伝説101の謎　菅井靖雄著　成美堂出版　2002.12　247p　15cm　(成美文庫)524円　①4-415-07006-X　〔21812〕

◇裏ムサシ―疑惑のヒーロー、宮本武蔵100の謎　宮本武蔵真相究明学会著　ワニマガジン社　2002.11　223p　19cm　950円　①4-89829-862-1　〔21813〕

◇NHK歴史への招待　第14巻　実像・宮本武蔵　日本放送協会編　日本放送出版協会　1989.10　230p　18cm　700円　①4-14-018062-5　Ⓝ210.1　〔21814〕

◇お伽衆宮本武蔵　井上智重, 大倉隆二著　草思社　2003.8　270p　19cm　2000円　①4-7942-1191-0　〔21815〕

◇画人宮本武蔵　添田達嶺著　雄山閣　1936　210p　19cm　Ⓝ289.1　〔21816〕

◇勧進・宮本武蔵玄信―宮本武蔵大百科　史料考証　谷口覚著　長岡京　鈴木印刷ショップ　1995.11　759p　31cm　Ⓝ289.1　〔21817〕

◇クイズ宮本武蔵　娯楽番組協議会編　講談社　2002.5　222p　19cm　840円　①4-06-211270-1　〔21818〕

◇芸術家宮本武蔵　宮元健次著　京都　人文書院　2003.3　183p　19cm　1900円　①4-409-52049-0　Ⓝ721.3　〔21819〕

◇決定版 宮本武蔵全書　松延市次, 松井健二監修　弓立社　2003.6　432p　21cm　4600円　①4-89667-301-8　〔21820〕

◇決闘者武蔵　北影雄幸著　光人社　2002.11　244p　19cm　1500円　①4-7698-1070-9　〔21821〕

◇剣聖宮本武蔵　長田偶得著　白水社　1918　Ⓝ289.1　〔21822〕

◇剣聖武蔵伝　菊池寛著　菊池寛顕彰会編　未知谷　2003.10　190p　19cm　2000円　①4-89642-087-X　〔21823〕

◇剣道達人武蔵実記　藤野富之助著　誠之堂　1886.11　79p　18cm　Ⓝ289.1　〔21824〕

◇雑学 宮本武蔵の人間学―なぜ日本人は不敗の武芸者にひかれるか　雑学倶楽部編　講談社　2002.10　263p　15cm　(講談社プラスアルファ文庫)780円　①4-06-256666-4　〔21825〕

◇The life and times of Miyamoto Musashi―宮本武蔵考　碓井静照著　広島　ガリバープロダクツ　2003.5　208p　21cm　(Gariver Books)1429円　①4-86107-005-8　〔21826〕

◇史実宮本武蔵　富永堅吾著　百泉書房　1969　270p　20cm　(現代人の古典叢書 3)600円　Ⓝ289.1　〔21827〕

◇史実宮本武蔵―付五輪書・兵法三十五箇　富永堅吾著　増補重版　百泉書房　1972　342p　20cm　800円　Ⓝ289.1　〔21828〕

◇実像・宮本武蔵　戸部新十郎編　廣済堂出版　2002.11　221p　19cm　1300円　①4-331-50935-4　〔21829〕

◇生国播磨の剣聖 宮本武蔵を行く　中元孝迪編著　神戸　神戸新聞総合出版センター　2003.5　143p　19cm　1300円　①4-343-00234-9　〔21830〕

◇資料集成宮本武蔵―年譜通史　第1回　和田要治著　熊本　〔和田要治〕　2003　26p　26cm　〔21831〕

◇資料集成宮本武蔵―年譜通史　第3回　熊本　〔和田要治〕　2004　21p　26cm　〔21832〕

◇資料集成宮本武蔵―年譜通史　特輯　和田要治著　熊本　和田要治　2004　16p　26cm　〔21833〕

◇資料集成宮本武蔵年譜通史　第2回　和田要治著　熊本　〔和田要治〕　2004　30p　26cm　Ⓝ289.1　〔21834〕

◇新考 宮本武蔵　新宮正春著　新人物往来社　2002.12　252p　19cm　2400円　①4-404-03000-2　〔21835〕

◇新考・宮本武蔵　遊佐京平著　秋田　無明舎出版　2003.9　269,14p　19cm　2000円　①4-89544-339-6　〔21836〕

◇新編 実録・宮本武蔵　早乙女貢著　PHP研究所　2002.8　285p　15cm　(PHP文庫)629円　①4-569-57791-1　〔21837〕

◇水南老人講話「宮本武蔵」―楠正位と大日本武徳会　楠正位原著　堂本昭彦, 石神卓馬編著　体育とスポーツ出版社　2004.6　274p　22cm　2800円　①4-88458-020-6　Ⓝ289.1　〔21838〕

◇図解雑学 宮本武蔵　加来耕三監修　岸祐二著　ナツメ社　2002.7　223p　19cm　(図解雑学シリーズ)1300円　①4-8163-3282-0　〔21839〕

◇図説 宮本武蔵　戸部新十郎著　河出書房新社　2001.11　110p　22×17cm　(ふくろうの本)1800円　①4-309-76003-1　〔21840〕

◇大日本思想全集　第3巻　山鹿素行集　大道寺友山集―附・宮本武蔵　大日本思想全集刊行会　1932　461p　23cm　Ⓝ121　〔21841〕

◇敵に勝つ技術 宮本武蔵 五輪書入門―相手を呑み、意表を衝く　桑田忠親著　日本文芸社　2006.12　215p　18cm　(パンドラ新書)838円　①4-537-25454-8　〔21842〕

◇謎解き宮本武蔵　久保三千雄著　新潮社　2003.1　286p　15cm　(新潮文庫)438円　①4-10-100921-X　〔21843〕

◇謎の剣聖・宮本武蔵―"吉川版"では語られなかったその実像　加来耕三著　祥伝社　1995.10　259p　15cm　(ノン・ポシェット)500円　①4-396-31068-4　〔21844〕

◇日本史の人物像　第9　剣客列伝　原田伴彦編　筑摩書房　1967　292p　20cm　Ⓝ281.08　〔21845〕

◇日本精神研究　第5　剣の人宮本武蔵　大川周明著　社会教育研究所　1924　197-223p　22cm　Ⓝ121.1　〔21846〕

◇日本武道と宮本武蔵　安岡正篤著　金鶏学院　1931　32p　22cm　(人物研究叢刊 第13)Ⓝ289.1　〔21847〕

◇発掘！武蔵&小次郎―歴史小事典　小和田哲男監修　日本放送出版協会　2002.12　223p　18cm　1000円　①4-14-080738-5　Ⓝ789.3　〔21848〕

◇武州伝来記　福田正秀著　名古屋　ブイツーソリューション　2005.12　387p　22cm　(宮本武蔵研究 第2集)4000円　①4-434-07295-1　Ⓝ289.1　〔21849〕

◇宮本玄信伝史料集成　宇都宮泰長著　鵬和出版　2005.10　260p　21cm　3000円　①4-89282-066-0　Ⓝ289.1　〔21850〕

◇宮本武蔵―物語と史蹟をたずねて　川村晃著　成美堂出版　1984.1　222p　19cm　900円　①4-415-06550-3　Ⓝ289.1　〔21851〕

◇宮本武蔵―物語と史蹟をたずねて　川村晃著　成美堂出版　1998.3　300p　16cm　(成美文庫)543円　①4-415-06490-6　Ⓝ289.1　〔21852〕

◇宮本武蔵　童門冬二著　三笠書房　2002.10　235p　19cm　1400円　①4-8379-1977-4　〔21853〕

◇宮本武蔵―日本人の道　魚住孝至著　ぺりかん社　2002.10　431p　21cm　4500円　①4-8315-1011-4　〔21854〕

◇宮本武蔵―真剣勝負師の生きた道　渡辺誠著　体育とスポーツ出版社　2003.9　266p　19cm　1800円

◇①4-88458-016-8　　　　　　　　　　　〔21855〕
◇宮本武蔵を歩く　森本繁著　学習研究社　2002.11
　349p　15cm　(学研M文庫)660円　①4-05-901151-7
　　　　　　　　　　　　　　　　　　　〔21856〕
◇宮本武蔵を歩く―武蔵ゆかりの史跡・名所を旅する　朝倉一善著　平和出版　2003.1　151p　23cm　1200円
　①4-86056-979-2　Ⓝ291.02　　　　　　〔21857〕
◇宮本武蔵を歩く　蔵田敏明著　山と渓谷社　2003.2
　159p　21cm　(歩く旅シリーズ歴史・文学)1500円
　①4-635-60062-9　　　　　　　　　　　〔21858〕
◇宮本武蔵を哲学する―柳生の剣、武蔵の剣　赤羽根龍夫著　南窓社　2003.10　366p　19cm　2800円
　①4-8165-0315-3　　　　　　　　　　　〔21859〕
◇宮本武蔵かく闘えり―宿敵たちとの決闘シーンが今よみがえる　桑沢慧著　PHPエディターズ・グループ,PHP研究所〔発売〕2002.12　165p　19cm　1250円
　①4-569-62587-8　　　　　　　　　　　〔21860〕
◇宮本武蔵研究　第2集　武州伝来記　福田正秀著　名古屋　ブイツーソリューション,星雲社〔発売〕2005.12
　387p　21cm　4000円　①4-434-07295-1　〔21861〕
◇宮本武蔵研究論文集　福田正秀著　歴研　2004.2　247p
　22cm　4000円　①4-947769-22-X　Ⓝ289.1　〔21862〕
◇宮本武蔵言行録　森銑三著　三省堂　1940　109p
　15cm　Ⓝ289.1　　　　　　　　　　　　〔21863〕
◇宮本武蔵剣聖・剣豪事典　加来耕三著　東京堂出版
　2001.2　352,4p　19cm　2400円　①4-490-10563-0
　　　　　　　　　　　　　　　　　　　〔21864〕
◇宮本武蔵・剣と心―絶対必勝の心理学　加藤寛,植原吉朗著　日本放送出版協会　2003.1　254p　19cm　1400円　①4-14-080750-4　　　　　　　　　　〔21865〕
◇宮本武蔵　剣と人―遺書『独行道』に秘められたその実像　渡辺誠著　新人物往来社　2002.12　238p　19cm　2400円　①4-404-03100-9　　　　　　　　　〔21866〕
◇宮本武蔵考　碓井静照著　広島　ガリバープロダクツ
　2003.1　215p　19cm　(ガリバープロダクツベストヒットシリーズ)1429円　①4-906512-99-2　〔21867〕
◇宮本武蔵　最強伝説の真実　井upuru元彦著　小学館　2007.1
　185p　15cm　(小学館文庫)438円　①4-09-408137-2
　　　　　　　　　　　　　　　　　　　〔21868〕
◇宮本武蔵　実戦・二天一流兵法―「二天一流兵法書」に学ぶ　宮田和宏著　文芸社　2002.10　538p　19cm　1500円　①4-8355-4584-2　　　　　　　　　　〔21869〕
◇宮本武蔵十二番勝負　柘植久慶著　PHP研究所　2002.9
　327p　15cm　(PHP文庫)629円　①4-569-57802-0
　　　　　　　　　　　　　　　　　　　〔21870〕
◇宮本武蔵随想録―語り継ぐ剣聖武蔵の実像と秘話　日本随想録編集委員会編　歴研　2003.11　159p　21cm
　3000円　①4-947769-19-X　　　　　　〔21871〕
◇宮本武蔵先生略伝　千原浅之助作　讃甘村(岡山県)
　讃甘武蔵会　1936　6p　20cm　Ⓝ289.1　〔21872〕
◇宮本武蔵大事典　加来耕三編　新人物往来社　2003.6
　224p　21cm　7800円　①4-404-03114-9　〔21873〕
◇宮本武蔵展　三島　佐野美術館　1979　80p　26cm
　Ⓝ721.7　　　　　　　　　　　　　　　〔21874〕
◇宮本武蔵伝説　別冊宝島編集部編　宝島社　2001.12
　254p　15cm　(宝島社文庫)600円　①4-7966-2495-3
　　　　　　　　　　　　　　　　　　　〔21875〕
◇宮本武蔵とは何者だったのか　久保三千雄著　新潮社
　1998.5　292p　19cm　(新潮選書)1100円
　①4-10-600538-7　　　　　　　　　　　〔21876〕
◇宮本武蔵の剣と美―自筆の書画が語る人間・武蔵の真実

寺山旦中監修　青春出版社　2002.9　188p　18cm　(プレイブックス・インテリジェンス)667円
　①4-413-04033-3　　　　　　　　　　　〔21877〕
◇宮本武蔵の生涯　中西清三著　新版　新人物往来社
　2002.11　274p　19cm　2400円　①4-404-02999-3
　　　　　　　　　　　　　　　　　　　〔21878〕
◇宮本武蔵の真実　小島英煕著　筑摩書房　2002.11
　238p　18cm　(ちくま新書)720円　①4-480-05972-5
　　　　　　　　　　　　　　　　　　　〔21879〕
◇宮本武蔵の水墨画―剣禅一如　金沢弘監修　全国水墨画美術協会編　秀作社出版　2002.9　109p　27cm
　2800円　①4-88265-318-4　Ⓝ721.3　　　〔21880〕
◇宮本武蔵の次の一手―決して後悔しない人生論　米長邦雄著　説話社　2002.12　220p　19cm　1400円
　①4-916217-26-8　　　　　　　　　　　〔21881〕
◇宮本武蔵　卑怯のすすめ　新選社編　新選社,サンクチュアリ・パブリッシング〔発売〕2003.2　206p　19cm
　1600円　①4-921132-85-2　　　　　　　〔21882〕
◇宮本武蔵101の謎―出生の秘密から名勝負の真相まで
　川口素生著　PHP研究所　2002.11　338p　15cm
　(PHP文庫)590円　①4-569-57840-3　　〔21883〕
◇宮本武蔵・百問百答　宇都宮泰長著　都留　鵬和出版
　2007.9　220p　19cm　2000円　①978-4-89282-067-0
　　　　　　　　　　　　　　　　　　　〔21884〕
◇宮本武蔵筆の技―平成9年度特別展図録　宮本武蔵著
　和泉市久保惣記念美術館編　和泉　和泉市久保惣記念美術館　1997.10　119p　26cm　Ⓝ721.3　〔21885〕
◇宮本武蔵名品集成　丸岡宗男編　講談社　1977.12
　182p　37cm　18000円　Ⓝ721.3　　　　〔21886〕
◇宮本武蔵名品集成　丸岡宗男編　講談社　1984.4　182p
　30cm　3800円　①4-06-201258-8　Ⓝ721.3　〔21887〕
◇武蔵を斬る―「五輪書」の真相　峰隆一郎著　青春出版社　1998.2　216p　18cm　(プレイブックス)810円
　①4-413-01703-X　　　　　　　　　　　〔21888〕
◇武蔵見参―宮本武蔵伝説の事実と虚構　大森富士男著
　MBC21,東京経済〔発売〕2002.11　219p　19cm
　1400円　①4-8064-0709-7　　　　　　　〔21889〕
◇武蔵伝説の真実―コミック・小説・テレビ　坂本優二著　祥伝社　2001.11　219p　19cm　1333円
　①4-396-41017-4　　　　　　　　　　　〔21890〕
◇武蔵の学習力―人生とビジネスに成功する　皆木和義著
　日経BP社,日経BP出版センター〔発売〕2003.10
　244p　19cm　(日経ビジネス)1400円　①4-8222-0151-1
　　　　　　　　　　　　　　　　　　　〔21891〕
◇武蔵の謎　徹底検証　加来耕三著　講談社　2002.10
　426p　15cm　(講談社文庫)733円　①4-06-273557-1
　　　　　　　　　　　　　　　　　　　〔21892〕
◇わしが在所の宮本武蔵―美作国宮本村　本位田秀夫編
　舞鶴　[本位田秀夫]　2006　33p　22cm　Ⓝ289.1
　　　　　　　　　　　　　　　　　　　〔21893〕

◆◆◆◆五輪書

◇決定版　五輪書　現代語訳　宮本武蔵著　大倉隆二訳・校訂　草思社　2004.5　229p　19cm　1200円
　①4-7942-1306-9　　　　　　　　　　　〔21894〕
◇五輪書―強く生きる極意　宮本武蔵著　水野聡訳
　PHPエディターズ・グループ,PHP研究所〔発売〕2004.9　95p　19cm　950円　①4-569-63881-3　〔21895〕
◇実践・五輪書―武道を通して学んだ宮本武蔵　藤岡弘著
　ビジネス社　2002.11　210p　19cm　1400円
　①4-8284-1014-7　　　　　　　　　　　〔21896〕

◇新訳『五輪書』―宮本武蔵を読む　志村有弘訳・解説　大法輪閣　2003.9　194p　19cm　1800円　①4-8046-1199-1　〔21897〕
◇図解 五輪書―宮本武蔵・必勝の兵法　武田鏡村著　東洋経済新報社　2002.11　162p　21cm　1500円　①4-492-09199-8　〔21898〕
◇図解雑学 五輪書　加来耕三監修　岸祐二著　ナツメ社　2003.1　206p　19cm　(図解雑学シリーズ)1300円　①4-8163-3372-X　〔21899〕
◇図説 宮本武蔵五輪の書　息吹友也著　PHP研究所　2002.12　158p　21cm　1200円　①4-569-62558-4　〔21900〕
◇ズバリ図解 五輪書　志村有弘監修　ぶんか社　2007.12　191p　15cm　(ぶんか社文庫)571円　①978-4-8211-5129-5　〔21901〕
◇精解 五輪書―宮本武蔵の戦闘マニュアル　兵頭二十八解説　新紀元社　2005.6　321p　21cm　1800円　①4-7753-0393-7　〔21902〕
◇敵に勝つ技術 宮本武蔵 五輪書入門―相手を呑み、意表を衝く　桑田忠親著　日本文芸社　2001.6　215p　18cm　(日文新書)686円　①4-537-25054-2　〔21903〕
◇特集・武蔵 武蔵を訪ねる旅 MUSASHI2003―岡山・山口・北九州・熊本　防府　東洋図書出版　2003.2　83p　26×21cm　648円　①4-88598-013-5　〔21904〕
◇宮本武蔵『五輪書』を読み解く―88の言葉で明かす武蔵流生き方指南　寺林峻著　清流出版　2002.8　220p　19cm　1500円　①4-86029-016-X　〔21905〕
◇宮本武蔵五輪書詳解　石田外茂一著　大阪屋号書店　1943　242p　22cm　Ⓝ399　〔21906〕
◇宮本武蔵 五輪書入門　奈良本辰也著　学習研究社　2002.11　261p　15cm　(学研M文庫)590円　①4-05-901152-5　〔21907〕
◇宮本武蔵「五輪書」のすべてがわかる本　白井孝昌著　廣済堂出版　2003.4　231p　19cm　1300円　①4-331-50962-1　〔21908〕
◇宮本武蔵『五輪書』の哲学　前田英樹著　岩波書店　2003.3　179p　19cm　2300円　①4-00-002203-2　〔21909〕
◇宮本武蔵の『五輪書』が面白いほどわかる本　細谷正充著　集英社　2005.8　199p　15cm　(集英社文庫)476円　①4-08-747856-4　〔21910〕
◇武蔵と五輪書　津本陽著　講談社　2002.11　246p　19cm　1600円　①4-06-211358-9　〔21911〕

◆◆◆柳生新陰流
◇江戸柳生と尾張柳生　童門冬二著　中央公論社　1996.10　308p　16cm　(中公文庫)600円　①4-12-202716-0　Ⓝ210.04　〔21912〕
◇史料 柳生新陰流　上巻　今村嘉雄編　人物往来社　1967　403p　22cm　Ⓝ789.3　〔21913〕
◇史料柳生新陰流　上巻　今村嘉雄編　改訂　新人物往来社　1995.4　421p　22cm　9800円　①4-404-02195-X　Ⓝ789.3　〔21914〕
◇史料柳生新陰流　下巻　今村嘉雄編　改訂　新人物往来社　1995.4　412p　22cm　9800円　①4-404-02196-8　Ⓝ789.3　〔21915〕
◇定本大和柳生一族―新陰流の系譜　今村嘉雄著　新人物往来社　1994.3　364p　20cm　2800円　①4-404-02091-0　Ⓝ288.3　〔21916〕
◇徳川将軍と柳生新陰流　赤羽根龍夫著　南窓社　1998.11　365p　20cm　2800円　①4-8165-0236-X　Ⓝ789.3　〔21917〕

◇武道伝書集成　第4集　新陰流関係史料　上巻　つくば　筑波大学武道文化研究会　1990.3　213p　27cm　Ⓝ789　〔21918〕
◇武道伝書集成　第5集　新陰流関係史料　中巻　つくば　筑波大学武道文化研究会　1990.6　211p　27cm　Ⓝ789　〔21919〕
◇柳生一族―その周辺　歴史図書社編　歴史図書社　1971　289p　19cm　850円　Ⓝ288.3　〔21920〕
◇柳生新陰流を学ぶ―江戸武士の身体操作　赤羽根龍夫著　スキージャーナル　2007.5　247p　22cm　2500円　①978-4-7899-2107-7　Ⓝ789.3　〔21921〕
◇柳生宗矩―物語と史蹟をたずねて　徳永真一郎著　成美堂出版　1978.10　206p　19cm　800円　Ⓝ289.1　〔21922〕
◇柳生宗矩―物語と史蹟をたずねて　徳永真一郎著　成美堂出版　1996.6　270p　16cm　(成美文庫)560円　①4-415-06444-2　Ⓝ289.1　〔21923〕

◆◆弓道
◇弓道資料集　第8巻　近世弓術関係刊行物資料　その1　入江康平編　いなほ書房　1994.12　293p　26cm　Ⓝ789.5　〔21924〕
◇弓道資料集　第9巻　近世弓術関係刊行物資料　その2　入江康平編　いなほ書房　1995.11　277p　26cm　Ⓝ789.5　〔21925〕
◇近世日本弓術の発展　石岡久夫著　町田　玉川大学出版部　1993.3　373p　22cm　17510円　①4-472-10201-3　Ⓝ789.5　〔21926〕
◇備前岡山藩の弓術―吉田家御奉公之品書上より　守田勝彦編・著　岡山　吉備人出版　1998.10　270p　22cm　3500円　①4-906577-19-9　Ⓝ789.5　〔21927〕

◆◆相撲
◇雷走る―大相撲をつくった男たち　もりたなるお著　水曜社　2005.6　219p　19cm　1600円　①4-88065-140-0　〔21928〕
◇大江戸相撲列伝　石ノ森章太郎著　スピーチ・バルーン　1992.4　204p　22cm　1300円　①4-88481-273-5　Ⓝ788.1　〔21929〕
◇江戸時代大相撲　古河三樹著　雄山閣出版　1968　402p　22cm　2500円　Ⓝ788.1　〔21930〕
◇江戸時代の大相撲　古河三樹著　復刻版　本の友社　2001.3　470p　23cm　(大相撲鑑識大系 3)①4-89439-351-4　Ⓝ788.1　〔21931〕
◇大相撲鑑識大系　第3巻　江戸時代の大相撲　古河三樹著　国民体力協会　1942　470p　22cm　Ⓝ788　〔21932〕
◇大相撲グラフティ―江戸・明治・大正　景山忠弘編著　カタログハウス　1994.1　158p　21cm　1600円　①4-905943-13-2　〔21933〕
◇女相撲史論―江戸時代女相撲史 その従来流布説の批判と再構成の試案　雄松比良彦著　京都　京都謫仙居　1975　219p　22cm　Ⓝ779.4　〔21934〕
◇国技大相撲の100傑―宝暦から現代まで　ア企企画編集　講談社　1980.5　306p　30cm　2000円　Ⓝ788.1　〔21935〕
◇信濃力士伝 江戸時代篇　中村倭夫著　甲陽書房　1973　325p　19cm　1000円　Ⓝ788.1　〔21936〕
◇史料集成江戸時代相撲名鑑　上　飯田昭一編　日外アソシエーツ　2001.9　469,460p　27cm　①4-8169-1647-4　Ⓝ788.1　〔21937〕

◇史料集成江戸時代相撲名鑑　下　飯田昭一編　日外アソシエーツ　2001.9　p461-1460　27cm　Ⓘ4-8169-1647-4　Ⓝ788.1
〔21938〕

◇相撲絵展―江戸を熱くした強者どもの力動美。　山口県立萩美術館・浦上記念館編　萩　山口県立萩美術館・浦上記念館　1998.11　32p　27cm　Ⓝ721.8
〔21939〕

◇日本相撲史　上巻　神代から江戸時代　酒井忠正著　大日本相撲協会　1956　397p　原色図版（はり込）　27×38cm　Ⓝ788.1
〔21940〕

◇三田村鳶魚全集　第15巻　中央公論社　1976.11　399p　20cm　1800円　Ⓝ210.5
〔21941〕

◇横綱草紙　小島貞二著　三鷹　丘書房　1984.12　226p　26cm　30000円　Ⓝ788.1
〔21942〕

◆茶道

◇井伊大老茶道談　井伊直弼述,中村勝麻呂編纂　東京大学出版会　1978.11　324p　22cm　（続日本史籍協会叢書）6000円　Ⓝ791
〔21943〕

◇井伊大老茶道談　上,下巻　中村勝麻呂編　箒文社　1914　2冊　23cm　Ⓝ791
〔21944〕

◇井伊直弼修養としての茶の湯　谷村玲子著　創文社　2001.11　248,33p　22cm　4800円　Ⓘ4-423-10100-9　Ⓝ791.2
〔21945〕

◇井伊直弼の茶の湯　熊倉功夫編　国書刊行会　2007.6　261p　20cm　3000円　Ⓘ978-4-336-04941-4　Ⓝ791.2
〔21946〕

◇伊勢崎藩茶道石州流奥義書―茶頭岡田家伝来　住谷百合子,竹田洋三郎,長沢久美子,福島たか子編著　群馬町（群馬県）〔住谷百合子〕　2004.9　809p　22cm　Ⓝ791.2
〔21947〕

◇江戸のお茶―俳諧茶の歳時記　山田新市著　八坂書房　2007.8　310p　19cm　2400円　Ⓘ978-4-89694-897-4
〔21948〕

◇大分と茶道―宗麟・利休の流れ　開館15周年記念展（第21回秋季特別展）　大分市歴史資料館編　大分　大分市歴史資料館　2002.10　84p　30cm　Ⓝ791.2
〔21949〕

◇大庭屋平井家茶会々記集―貯月菴宗従茶事会記録　平井勝彦,市村祐子編　大阪　大阪市史料調査会　1997.2　110,3p　21cm　（大阪市史史料　第48輯）1800円　Ⓝ791.
〔21950〕

◇大名物茶碗類集―茶道必携　大鵬軒破雲内海毅編　有文堂　1916　84丁　24cm　Ⓝ791
〔21951〕

◇尾張の茶道具―瀬戸・常滑の名工たちをめぐって　秋季企画展　愛知県陶磁資料館学芸課編　瀬戸　愛知県陶磁資料館　2001　96p　30cm　Ⓝ791.5
〔21952〕

◇加賀藩の茶道と美術工芸　木村弘道著　金沢　金沢市立中村記念美術館　1986.3　19p　19cm　（美術館叢書1）Ⓝ791.2
〔21953〕

◇川上不白―茶中茶外　寺本界雄編著　「川上不白茶中茶外」刊行委員会　主婦の友出版サービスセンター（制作）　1975　277p　21cm　3000円　Ⓝ793.2
〔21954〕

◇川上不白の茶　講談社編　講談社　1991.7　194p　31cm　8400円　Ⓘ4-06-202562-0　Ⓝ791.2
〔21955〕

◇京の茶家　井口海仙,久田宗也,中村昌生編　墨水書房　1969　582p　図版29枚　22cm　2800円　Ⓝ791.2
〔21956〕

◇近世茶道史　谷端昭夫著　京都　淡交社　1988.12　409,5p　22cm　4000円　Ⓘ4-473-01057-0　Ⓝ791.2
〔21957〕

◇近世道具移動史　高橋義雄著　有明書房　1990.1　474p　図版21枚　22cm　18000円　Ⓘ4-87044-097-0　Ⓝ791.5
〔21958〕

◇近世名茶会物語　高原富保著　毎日新聞社　1985.7　350p　22cm　3000円　Ⓝ791.7
〔21959〕

◇公家茶道の研究　谷端昭夫著　京都　思文閣出版　2005.9　377,16p　22cm　6500円　Ⓘ4-7842-1265-5　Ⓝ791.2
〔21960〕

◇木幡家文書資料集　第6巻　木幡ふじ著　大和町（宮城県）〔木幡恒雄〕　2005　1冊　30cm　Ⓝ212.3
〔21961〕

◇実像松枝不入　川瀬忠男編　岐阜　川瀬忠男　1999.10　92p　26cm　Ⓝ791.2
〔21962〕

◇史料井伊直弼の茶の湯　上　熊倉功夫編　彦根　彦根市教育委員会　2002.3　397p　27cm　（彦根城博物館叢書2）6000円　Ⓘ4-88325-217-5　Ⓝ791.2
〔21963〕

◇数寄と呼ぶ日本の文化革命―利休、織部の死の裏にひそむ意外な史実　児島孝著　宇治　宇治市文化観光課　1995.11　133p　26cm　Ⓝ791.2
〔21964〕

◇石州流―伊勢崎藩の茶道　渡辺敦著　伊勢崎　伊勢崎郷土文化協会　1993.11　28p　21cm　（郷土シリーズ　別巻）Ⓝ791.2
〔21965〕

◇宗湛日記―神谷宗湛の茶生活　桑田忠親著　高桐書院　1947　199p*　21cm　（国民生活記録叢書）95円　Ⓝ791
〔21966〕

◇大名と茶師―三入宛の書状を中心に　宇治市歴史資料館編　宇治　宇治市歴史資料館　1993.10　95p　26cm　Ⓝ791.2
〔21967〕

◇茶一件裁判の記録　宮本勉翻字・解説　鈴木裕二編　静岡　羽衣出版　2004.6　127p　26cm　1714円　Ⓘ4-938138-53-0　Ⓝ619.8
〔21968〕

◇茶人の系譜―利休から天心まで　村井康彦著　大阪　大阪書籍　1983.8　239p　19cm　（朝日カルチャーブックス　25）1200円　Ⓘ4-7548-1025-2　Ⓝ791.2
〔21969〕

◇茶席の支度　川上宗雪著　茶の湯研究所　2005.5　87p　21cm　（江戸千家教本　2）2300円　Ⓝ791.7
〔21970〕

◇茶道聚錦　4　織部・遠州・宗旦　中村昌生ほか編集　熊倉功夫責任編集　小学館　1983.11　343p　31cm　12000円　Ⓘ4-09-384004-0　Ⓝ791.5
〔21971〕

◇茶の芸術大名茶の名宝―細川家代々・永青文庫コレクション　ふくやま美術館編　福山　ふくやま美術館　2005.4　143p　26cm　1800円　Ⓝ791.2
〔21972〕

◇茶湯一会―井伊直弼を慕って　井伊文子著　春秋社　1998.9　185p　21cm　1800円　Ⓘ4-393-43613-X
〔21973〕

◇茶の湯の文化史―近世の茶人たち　谷端昭夫著　吉川弘文館　1999.12　201p　19cm　（歴史文化ライブラリー　82）1700円　Ⓘ4-642-05482-0　Ⓝ791.2
〔21974〕

◇茶の湯名碗―新たなる江戸の美意識　徳川美術館,五島美術館編　名古屋　徳川美術館　2005.5　198,8p　26cm　Ⓝ791.5
〔21975〕

◇茶味俳味―茶の湯を詠んだ江戸俳句拾遺　黒田宗光著　京都　淡交社　2003.8　175p　21cm　1600円　Ⓘ4-473-01997-7　Ⓝ911.304
〔21976〕

◇土屋家の風雅―大名と茶の湯　開館十周年記念特別展　土浦市立博物館編　土浦　土浦市立博物館　1998.3　92p　30cm　Ⓝ791.5
〔21977〕

◇長崎唐人貿易と煎茶道―中国風煎茶の導入とその派生　東京都板橋区立郷土資料館編　板橋区立郷土資料館　1996.11　138p　30cm　Ⓝ791.2
〔21978〕

◇南方録　立花実山原編　西山松之助校注　岩波書店　1995.1　378p　19cm　（ワイド版岩波文庫）1200円　Ⓘ4-00-007158-0　Ⓝ791.2
〔21979〕

◇「南方録」の謎―近世博多の茶の湯 下山多美子著 京都 かもがわ出版 1997.2 140p 20cm 1400円 Ⓘ4-87699-289-4 Ⓝ791.2 〔21980〕

◇日本茶の湯文化史の新研究 矢部誠一郎著 雄山閣 2005.11 439p 22cm 8200円 Ⓘ4-639-01907-6 Ⓝ791.2 〔21981〕

◇日本の古典芸能 5 茶・花・香―寄合の芸能 芸能史研究会編 平凡社 1970 339p 22cm 1200円 Ⓝ772.1 〔21982〕

◇花ひらく紀州の文化―紀州藩と茶道 '89秋季特別展 和歌山市立博物館編 和歌山 和歌山市教育委員会 1989.10 83p 26cm Ⓝ791.2 〔21983〕

◇速水宗達の研究 神原邦男著 岡山 吉備人出版 1998.3 418p 22cm 3500円 Ⓘ4-906577-11-3 Ⓝ791.2 〔21984〕

◇不白の跡を探ねて 浅田晃彦著 前橋 〔浅田晃彦〕 1979.12 252p 19cm 1300円 Ⓝ791.2 〔21985〕

◇不昧公と茶の湯 安部鶴造著 改訂新版 松江 松江今井書店 1998.7 186p 19cm 1800円 Ⓘ4-89593-028-9 Ⓝ791.2 〔21986〕

◇文人と煎茶―小石元瑞とその周辺 影山純夫, 舩阪富美子編 神戸 神戸大学文人研究会 2007.6 66p 26cm Ⓝ791.2 〔21987〕

◇細川三斎―茶の湯の世界 矢部誠一郎著 京都 淡交社 2003.7 279p 21cm 3000円 Ⓘ4-473-01994-2 〔21988〕

◇松山藩と裏千家茶道―茶湯覚書 武田幸男著 松山 愛媛県文化振興財団 1994.3 322p 18cm （えひめブックス）820円 Ⓝ791.2 〔21989〕

◇山上宗二記 山上宗二著 熊倉功夫校注 岩波書店 2006.6 379p 15cm （岩波文庫）860円 Ⓘ4-00-330511-6 Ⓝ791 〔21990〕

◇山上宗二記を読む 筒井紘一著 京都 淡交社 1987.5 379,10p 22cm 3500円 Ⓘ4-473-00997-1 Ⓝ791.2 〔21991〕

◇山上宗二記入門―茶の湯秘伝書と茶人宗二 神津朝夫著 角川グループパブリッシング（発売） 2007.9 303p 20cm 2700円 Ⓘ978-4-04-621120-0 Ⓝ791 〔21992〕

◇よくわかる茶道の歴史 谷端昭夫著 京都 淡交社 2007.3 255p 26cm 2200円 Ⓘ978-4-473-03399-4 Ⓝ791.2 〔21993〕

◇わかりやすい茶の湯の文化 谷晃著 京都 淡交社 2005.4 181p 19cm 1600円 Ⓘ4-473-03218-3 Ⓝ791 〔21994〕

◇CHAの文化セミナー―堺の茶人たち茶の文化の原点を考える 平成17年度堺市「堺の魅力づくり」市民自主事業報告書 文化庁「関西元気文化圏」参加事業報告書 堺なんや衆報告 堺 堺なんや衆 2006.3 205p 30cm Ⓝ791.2 〔21995〕

◆◆千家茶道

◇図録茶道史―風流の成立利休の道統 林屋辰三郎著, 村井康彦解説 京都 淡交社 1980.3 609p 27cm 12000円 Ⓝ791.2 〔21996〕

◇千家茶道置合之書 天然宗左口授 天真寺 1936 76p 24cm Ⓝ791 〔21997〕

◇千家茶道展 元禄期の茶の湯 茶道資料館編 京都 茶道総合資料館 1980.4 71p 24×25cm Ⓝ791.2 〔21998〕

◇千家茶道展 利休・少庵・宗旦・仙叟 茶道資料館編 京都 茶道資料館 1979.11 125p 24×25cm Ⓝ791.2 〔21999〕

◇仙叟宗室―人と茶の湯 特別展 石川県立美術館, 茶道資料館編 金沢 石川県立美術館 1996.4 186p 30cm Ⓝ791.2 〔22000〕

◇仙叟宗室居士の遺芳―仙叟宗室居士三百年忌 京都 今日庵 1996.4 191p 27cm Ⓝ791.2 〔22001〕

◇茶人随想―利久とその道統 浜本宗俊著 京都 淡交社 1987.3 342p 22cm 3500円 Ⓘ4-473-00992-0 Ⓝ791.2 〔22002〕

◇利久七哲・宗旦四天王 村井康彦著 京都 淡交社 1969 264p 21cm 800円 Ⓝ791.2 〔22003〕

◇利休とその一族 村井康彦著 平凡社 1987.2 253p 20cm 1800円 Ⓘ4-582-62303-4 Ⓝ791.2 〔22004〕

◇利休とその道統 千宗守編 大阪 創元社 1974 201,11p 22cm 1600円 Ⓝ791.2 〔22005〕

◆◆千宗旦

◇元伯宗旦―千利休居士三世 千原弘臣著 京都 淡交社 1989.4 293,7p 22cm 4000円 Ⓘ4-473-01069-4 Ⓝ791.2 〔22006〕

◇元伯宗旦文書 千宗旦著, 千宗左編 茶と美舎 1971 115p（おもに図） 31cm 5500円 Ⓝ791.2 〔22007〕

◇宗旦四天王 五島美術館 1971 68p（おもに図） 26cm Ⓝ791.2 〔22008〕

◇宗旦の手紙 曽我部陽子, 清瀬ふさ共著 京都 河原書店 1997.5 332p 22cm 4600円 Ⓘ4-7611-0082-6 Ⓝ791.2 〔22009〕

◆◆古田織部

◇Oribe―古田織部のすべて 久野治著 諏訪 鳥影社 1997.10 336p 18cm 1700円 Ⓘ4-7952-3586-4 Ⓝ791.2 〔22010〕

◇織部の精神オリベイズム―岐阜県の産業・文化再興プロジェクト 森野美徳編著 日本経済新聞社 2004.10 163p 21cm 1800円 Ⓘ4-532-35118-9 〔22011〕

◇新編名宝日本の美術 第17巻 利休・織部・遠州 熊倉功夫執筆 小学館 1991.8 155p 31cm （小学館ギャラリー）1800円 Ⓘ4-09-375117-X Ⓝ708.7 〔22012〕

◇茶匠古織公解疑―奉教と潜茶の考証 外村佑孝 河津町（静岡県） 言魚庵 1980.2 175p 図版17枚 20cm 600円 Ⓝ791.2 〔22013〕

◇古田織部―人と茶の芸術 桑田忠親著 徳間書店 1968 231p 20cm （美術・趣味シリーズ）Ⓝ791.2 〔22014〕

◇古田織部―桃山の茶碗に前衛を見た 勅使河原宏著 日本放送出版協会 1992.4 173p 24cm 2200円 Ⓘ4-14-080035-6 Ⓝ791.2 〔22015〕

◇古田織部―桃山文化を演出する 矢部良明著 角川書店 1999.7 294p 20cm （角川叢書 7）2800円 Ⓘ4-04-702108-3 Ⓝ791.2 〔22016〕

◇古田織部茶書 1 古田重然著, 市野千鶴子校訂 京都 思文閣 1976 366p 22cm （茶湯古典叢書 2）6200円 Ⓝ791.2 〔22017〕

◇古田織部とその周辺 久野治著 諏訪 鳥影社 1994.11 218p 22cm 2800円 Ⓘ4-7952-7574-2 Ⓝ791.2 〔22018〕

◇古田織部の書状 伊藤敏子著 毎日新聞社 1985.9 176p 31cm 6000円 Ⓝ791.2 〔22019〕

◇古田織部の世界 久野治著 鳥影社 1989.11 365p 20cm 1800円 Ⓘ4-7952-5143-6 Ⓝ791.2 〔22020〕

◇古田織部の世界 久野治著 改訂 鳥影社 2000.7 362p 20cm 2800円 Ⓘ4-88629-493-6 Ⓝ791.2 〔22021〕

◇古田織部の茶道　桑田忠親著　講談社　1990.7　255p　15cm　（講談社学術文庫）740円　Ⓘ4-06-158932-6　Ⓝ791.2
〔22022〕
◇利休そして織部─ゆかりの茶道具に思う　池田瓢阿著　主婦の友社　1989.2　229p　20cm　1500円　Ⓘ4-07-929718-1　Ⓝ791.2
〔22023〕
◇流祖古田織部正と其茶道　秋元瑞阿弥著　2版　市川　織部桔梗会　1960.9　211p　22cm　非売品　Ⓝ791.2
〔22024〕

◆◆小堀遠州

◇小堀遠州　文：森蘊, 写真：恒成一訓　大阪　創元社　1974　315,9p　図70枚　折込図4枚　31cm　20000円　Ⓝ791.2
〔22025〕
◇小堀遠州茶会記集成　小堀宗慶編　主婦の友社　1996.9　239p　31cm　18000円　Ⓘ4-07-217863-2　Ⓝ791.2
〔22026〕
◇小堀遠州の茶会　根津美術館編　根津美術館　1996　191p　26cm　Ⓘ4-930817-14-5　Ⓝ791.2
〔22027〕
◇小堀遠州の茶道　小堀遠州著, 小堀宗通編著　大阪　浪速社　1969　122p　19cm　500円　Ⓝ791.2
〔22028〕
◇小堀遠州物語─日本のレオナルド・ダ・ヴィンチ　田中舘哲彦文　梶鮎太絵　汐文社　1996.2　1冊　26cm　1500円　Ⓘ4-8113-0310-5
〔22029〕
◇新編名宝日本の美術　第17巻　利休・織部・遠州　熊倉功夫執筆　小学館　1991.8　155p　31cm　（小学館ギャラリー）1800円　Ⓘ4-09-375117-X　Ⓝ708.7
〔22030〕
◇続　小堀遠州の書状　小堀宗慶著　東京堂出版　2006.1　194p　31×22cm　8500円　Ⓘ4-490-20574-0　〔22031〕
◇テクノクラート　小堀遠州─近江が生んだ才能　淡海文化を育てる会企画　太田浩司著　彦根　サンライズ出版　2002.2　170p　19cm　（淡海文庫）1200円　Ⓘ4-88325-131-4
〔22032〕

◆◆酒井宗雅

◇酒井宗雅　粟田添星著　姫路　茶人酒井宗雅公顕彰会　1972　64p　22cm　Ⓝ791.2　〔22033〕
◇姫路酒井家の兄弟宗雅と抱一　根津美術館　1975　137p（おもに図）　21×22cm　Ⓝ791.2
〔22034〕

◆◆山田宗徧

◇宗徧流─歴史と系譜　野村瑞典著　京都　光村推古書院　1987.5　356p　27cm　6800円　Ⓘ4-8381-0091-4　Ⓝ791.2
〔22035〕
◇利休正伝宗徧の茶─茶匠山田宗徧の生涯　山田宗徧著　学習研究社　1985.4　245p　19cm　（茶の心シリーズ）1000円　Ⓘ4-05-004898-1　Ⓝ791.2
〔22036〕

◆◆片桐石州

◇片桐石州と茶道芸術　桑田忠親著　創元社　1950　206p　19cm　Ⓝ791.2
〔22037〕
◇片桐石州の茶　講談社編　講談社　1987.4　171p　31cm　7800円　Ⓘ4-06-202774-7　Ⓝ791.2　〔22038〕
◇石州秘伝　和泉草　藤林宗源者, 本庄宗泉註　大阪　浪速社　1965　155p　19cm　Ⓝ791.2　〔22039〕
◇石州流─歴史と系譜　野村瑞典著　京都　光村推古書院　1984.6　271p　27cm　6800円　Ⓘ4-8381-0068-X　Ⓝ791.2
〔22040〕

◆◆八橋売茶翁

◇売茶翁集成─遺品・遺墨・偈語・伝記　元昭著, 主婦の友社編　主婦の友社　1975　214p　31cm　9800円　Ⓝ791.2
〔22041〕
◇八橋売茶翁百五十年祭記　知立市文化協会編　知立　知立市文化協会　1977.3　36p　26cm　Ⓝ791.2　〔22042〕

◆◆織田有楽斎

◇茶人織田有楽斎の生涯　坂口筑母著　文献出版　1982.1　416p　19cm　1900円　Ⓝ791.2
〔22043〕
◇幽斎・三斎と有楽─茶道特別展　五島美術館　1973　40p（おもに図）　26cm　Ⓝ791.2
〔22044〕

◆華道

◇日本いけばな文化史　2　江戸文化といけばなの展開　工藤昌伸著　京都　同朋舎出版　1993.3　197p　31cm　8000円　Ⓘ4-8104-1110-9　Ⓝ793.2
〔22045〕

◆書道

◇会津の書聖星研堂一門展　佐藤一男著　塩川町（福島県）　塩川史振興会　1991.4　51p　26cm　Ⓝ728.215
〔22046〕
◇渥美国泰先生古稀記念小論集　芸林逍遙木曜会編　芸林逍遙木曜会　2002.11　115p　26cm　Ⓝ728.215
〔22047〕
◇維新朝臣遺墨集　幕末尊皇秘史展覧会編　巧芸社　1936　56p　図版62枚　30cm　Ⓝ728
〔22048〕
◇江戸・唐様書道史研究叢稿　1　岩坪充雄著　善補楽工房　2004.4　142p　26cm　Ⓝ728.215　〔22049〕
◇江戸・唐様書道史研究叢稿　2　岩坪充雄著　善補楽工房　2005.3　165p　26cm　Ⓝ728.215　〔22050〕
◇江戸・唐様法帖資料集　1・2　岩坪充雄編著　善補楽工房　2005.8　147,135p　31cm　Ⓝ728.8　〔22051〕
◇江戸期の俳書展─展示資料目録　東京大学附属図書館所蔵資料展示委員会編　東京大学附属図書館　2002.6　16p　30cm
〔22052〕
◇江戸時代の書蹟─館蔵品を中心として　開館一周年展　成田山書道美術館編　成田　成田山書道美術館　1993.10　188p　30cm　Ⓝ728.21
〔22053〕
◇江戸に旋風三井親和の書─諏訪出身・深川を愛した文武の人　小松雅雄著　長野　信濃毎日新聞社　2004.1　195,7p　20cm　1800円　Ⓘ4-7840-9963-8　Ⓝ728.215
〔22054〕
◇近世書人の表現と精神─続近世日本書道史論攷　米田弥太郎著　京都　柳原書店　1999.7　483,42p　22cm　7300円　Ⓘ4-8409-3015-5　Ⓝ728.215
〔22055〕
◇近世女流書道名家史伝　市川青岳著　市川義郎　1935　222p　図版28枚　19cm　Ⓝ728
〔22056〕
◇近世女流書道名家史伝　市川青岳著　日本図書センター　1991.2　222p　22cm　（日本人物誌叢書 17）6180円　Ⓘ4-8205-4048-3　Ⓝ728.215
〔22057〕
◇近世日本書道史論攷　米田弥太郎著　京都　柳原書店　1991.1　483,19p　22cm　6700円　Ⓘ4-8409-3004-X　Ⓝ728.215
〔22058〕
◇近世女人の書　前田訣子著　京都　淡交社　1995.2　249p　22cm　2400円　Ⓘ4-473-01346-4　Ⓝ728.215
〔22059〕
◇近世能書伝　三村清三郎著　二見書房　1944　327p　22cm　Ⓝ728
〔22060〕
◇近世の名蹟展図録─寛永の三筆を中心として　近世の名蹟展実行委員会編　福山　近世の名蹟展実行委員会　1995.8　105p　30cm　Ⓝ728.8
〔22061〕

芸能史　　　　　　　　　近世史

◇古今書画鑒定便覧　1分冊1　川喜多真一郎原本編纂　観音寺　上坂氏顕彰会史料出版部　2002.5　1冊　21×30cm　（理想日本リプリント　第78巻）52800円　Ⓝ728.21
〔22062〕

◇古今書画鑒定便覧　1分冊2　川喜多真一郎原本編纂　観音寺　上坂氏顕彰会史料出版部　2002.5　1冊　21×30cm　（理想日本リプリント　第78巻）54800円　Ⓝ728.21
〔22063〕

◇古今書画鑒定便覧　1分冊3　川喜多真一郎原本編纂　観音寺　上坂氏顕彰会史料出版部　2002.5　1冊　21×30cm　（理想日本リプリント　第78巻）52800円　Ⓝ728.21
〔22064〕

◇古今書画鑒定便覧　2分冊1　川喜多真一郎原本編纂　観音寺　上坂氏顕彰会史料出版部　2002.5　1冊　21×30cm　（理想日本リプリント　第78巻）52800円　Ⓝ728.21
〔22065〕

◇古今書画鑒定便覧　2分冊2　川喜多真一郎原本編纂　観音寺　上坂氏顕彰会史料出版部　2002.5　1冊　21×30cm　（理想日本リプリント　第78巻）52800円　Ⓝ728.21
〔22066〕

◇古今書画鑒定便覧　2分冊3　川喜多真一郎原本編纂　観音寺　上坂氏顕彰会史料出版部　2002.5　1冊　21×30cm　（理想日本リプリント　第78巻）52800円　Ⓝ728.21
〔22067〕

◇小松茂美著作集　第28巻　寛永の三筆　古筆学余滴　小松茂美著　旺文社　1999.11　555p　22cm　17143円　①4-01-071188-4　Ⓝ702.1
〔22068〕

◇鮫島白鶴の世界―近世薩摩の書家　鮫島白鶴書　鹿児島県歴史資料センター黎明館編　鹿児島　鹿児島県歴史資料センター黎明館　1997.9　174p　30cm　Ⓝ728.215
〔22069〕

◇実作する古典　第6巻　江戸漢詩　江口大象著　京都　同朋舎出版　1992.5　138,6p　26cm　2200円　①4-8104-1000-5　Ⓝ728.4
〔22070〕

◇書の日本史　第5巻　安土桃山・江戸初期　今井庄次等編　平凡社　1975　275p　30cm　3800円　Ⓝ728.1
〔22071〕

◇書の日本史　第6巻　江戸　今井庄次等編　平凡社　1975　305p　30cm　3800円　Ⓝ728.1
〔22072〕

◇書の日本史　第7巻　幕末維新　今井庄次等編　平凡社　1975　279p　30cm　3800円　Ⓝ728.1
〔22073〕

◇雪江先生貼雑　上　国立公文書館内閣文庫　1997.3　149p　19×27cm　（内閣文庫影印叢刊）Ⓝ728.215
〔22074〕

◇雪江先生貼雑　下　国立公文書館内閣文庫　1998.3　18,133p　19×27cm　（内閣文庫影印叢刊）Ⓝ728.215
〔22075〕

◇日本近世書跡成立史の研究　増田孝著　文献出版　1996.11　2冊（別冊とも）　22cm　全41200円　①4-8305-1193-1　Ⓝ728.215
〔22076〕

◇貫名海屋―近世日本の書聖　館蔵コレクション　特別展　堺市博物館編　堺　堺市博物館　1992.4　116p　30cm　Ⓝ728.215
〔22077〕

◇貫名菘翁―新春特別展貫名菘翁とその時代展図録　成田　成田山書道美術館　2000.1　53p　30cm　Ⓝ728.215
〔22078〕

◇芭蕉門古人真蹟―解題と翻刻・註解　義仲寺蔵　富山奏著　大津　義仲寺　1993.11　261p　22cm　非売品　Ⓝ728.8
〔22079〕

◆囲碁・将棋

◇囲碁古名人全集―すべては算砂・道碩から始まった　福井正明著　誠文堂新光社　2007.11　319p　26cm　8000円　①978-4-416-50709-4
〔22080〕

◇江戸時代の囲碁の本―文化遺産詳解　日本棋院編　日本棋院　1996.5　206p　19cm　1800円　①4-8182-0411-0　Ⓝ795
〔22081〕

◇碁打ち・将棋指しの江戸―「大橋家文書」が明かす新事実　増川宏一著　平凡社　1998.7　255p　19cm　（平凡社選書）2000円　①4-582-84180-5
〔22082〕

◇碁打ち・将棋指しの誕生　増川宏一著　平凡社　1995.10　249p　16cm　（平凡社ライブラリー　119）980円　①4-582-76119-4　Ⓝ795
〔22083〕

◇碁界黄金の十九世紀―江戸後期から明治・日本の碁を頂点に導いた名手たち。　福井正明監修　日本棋院　2007.7　255p　26cm　2500円　①978-4-8182-0581-9
〔22084〕

◇将棋図式集　上　江戸時代初期　森雞二著　筑摩書房　1998.11　505p　15cm　（ちくま学芸文庫）1400円　①4-480-08461-4
〔22085〕

◇将軍家「将棋指南役」―将棋宗家十二代の「大橋家文書」を読む　増川宏一著　洋泉社　2005.2　203p　18cm　（新書y）760円　①4-89691-891-6　Ⓝ796.021
〔22086〕

◇日本囲碁大系　第1巻　算砂・道碩　林裕総編集　岩本薫解説　山本有光執筆　筑摩書房　1991.5　261p　23cm　3200円　①4-480-69101-4　Ⓝ795
〔22087〕

◇日本囲碁大系　第2巻　算悦・算知・道悦　林裕総編集　趙治勲解説　秋本悦士執筆　筑摩書房　1991.7　292p　23cm　3200円　①4-480-69102-2　Ⓝ795
〔22088〕

◇日本囲碁大系　第3巻　道策　林裕総編集　呉清源解説　三堀将執筆　筑摩書房　1991.2　259p　23cm　3200円　①4-480-69103-0　Ⓝ795
〔22089〕

◇日本囲碁大系　第4巻　道的・名人因碩　林裕総編集　大平修三解説　広瀬保博執筆　筑摩書房　1991.8　271p　23cm　3200円　①4-480-69104-9　Ⓝ795
〔22090〕

◇日本囲碁大系　第5巻　道知　林裕総編集　坂田栄男解説　藤三男執筆　筑摩書房　1991.9　264p　23cm　3200円　Ⓝ795
〔22091〕

◇日本囲碁大系　第6巻　察元・烈元・因淑　林裕総編集　加藤正夫解説　水口藤雄執筆　筑摩書房　1992.2　268p　23cm　3200円　①4-480-69106-5　Ⓝ795
〔22092〕

◇日本囲碁大系　第7巻　親仙徳・大仙知　林裕総編集　大竹英雄解説　酒巻忠雄執筆　筑摩書房　1992.1　272p　23cm　3200円　①4-480-69107-3　Ⓝ795
〔22093〕

◇日本囲碁大系　第8巻　元丈　林裕総編集　武宮正樹解説　竹田雅一執筆　筑摩書房　1991.10　265p　23cm　3200円　Ⓝ795
〔22094〕

◇日本囲碁大系　第9巻　知得　林裕総編集　島村俊広解説　本田順英執筆　筑摩書房　1991.11　267p　23cm　3200円　①4-480-69109-X　Ⓝ795
〔22095〕

◇日本囲碁大系　第10巻　丈和　林裕総編集　藤沢秀行解説　相場一宏執筆　筑摩書房　1991.4　270p　23cm　3200円　①4-480-69110-3　Ⓝ795
〔22096〕

◇日本囲碁大系　第11巻　幻庵因碩　林裕総編集　橋本宇太郎解説　志智嘉九郎執筆　筑摩書房　1991.12　270p　23cm　3200円　Ⓝ795
〔22097〕

◇日本囲碁大系　第12巻　元美・俊哲・仙得　林裕総編集　梶原武雄解説　伊藤敬一執筆　筑摩書房　1992.3　275p　23cm　3200円　①4-480-69112-X　Ⓝ795
〔22098〕

◇日本囲碁大系　第13巻　松和・雄蔵　林裕総編集　橋本昌二解説　橋本篤慶執筆　筑摩書房　1992.4　271p　23cm　3200円　Ⓝ795
〔22099〕

◇日本囲碁大系 第14巻 秀和 林裕総編集 杉内雅男解説 小堀啓爾執筆 筑摩書房 1992.5 262p 23cm 3200円 Ⓝ795 〔22100〕

言語史

◇朝日文左衛門の元禄ことば事典 田中煇編著 名古屋 中日出版社 1985.12 333p 19cm 1800円 Ⓘ4-88519-023-1 Ⓝ289.1 〔22101〕
◇S.R.ブラウン会話日本語―幕末の日本語研究 複製と翻訳・研究 S.R.ブラウン著 加藤知己, 倉島節尚編著 三省堂 1998.3 502p 22cm 12000円 Ⓘ4-385-35827-3 Ⓝ810.2 〔22102〕
◇絵で楽しむ江戸のことわざ 時田昌瑞著 東京書籍 2005.12 263p 図版4p 22cm 2200円 Ⓘ4-487-80025-0 Ⓝ388.81 〔22103〕
◇江戸期女性語辞典―『女中詞』『大和言葉』『増補大和言葉』影印と索引 木村晟編著 鎌倉 港の人 2006.5 319p 22cm 11000円 Ⓘ4-89629-161-1 Ⓝ813 〔22104〕
◇江戸語東京語の研究 松村明著 増補 東京堂出版 1998.9 580p 22cm 12000円 Ⓘ4-490-20360-8 Ⓝ810.25 〔22105〕
◇江戸時代語の研究 潁原退蔵著 再版 京都 臼井書房 1947 302p 22cm 40円 Ⓝ810.25 〔22106〕
◇江戸時代語の研究 潁原退蔵著 京都 臼井書房 1947 302p 22cm Ⓝ810.2 〔22107〕
◇江戸時代語の研究 佐藤亨著 桜楓社 1990.10 464p 22cm 28000円 Ⓘ4-273-02391-1 Ⓝ810.25 〔22108〕
◇江戸時代流通字引大集成―国立国会図書館蔵 亀田次郎蒐集 雄松堂書店 1988 マイクロフィルムリール94巻 35mm Ⓝ813 〔22109〕
◇江戸の言語学者たち 杉本つとむ著 雄山閣出版 1987.11 493,12p 22cm 12000円 Ⓘ4-639-00691-8 Ⓝ810.12 〔22110〕
◇江戸の声―話されていた言葉を聴く 鈴木丹士郎著 教育出版 2005.8 190p 19cm (江戸東京ライブラリー25) 1500円 Ⓘ4-316-35940-1 Ⓝ810.25 〔22111〕
◇江戸の文苑と文章学 杉本つとむ著 早稲田大学出版部 1996.12 506,13p 22cm 8800円 Ⓘ4-657-96926-9 Ⓝ816 〔22112〕
◇江戸秘語事典 中野栄三著 慶友社 1993.6 583p 20cm 5800円 Ⓘ4-87449-085-9 Ⓝ813.9 〔22113〕
◇潁原退蔵著作集 第16巻 近世語研究 中央公論社 1980.1 533p 20cm 2600円 Ⓝ910.25 〔22114〕
◇書いておぼえる江戸のくずし字いろは入門 菅野俊輔編著 柏書房 2006.11 126p 21cm 1200円 Ⓘ4-7601-3025-X 〔22115〕
◇書いておぼえる「江戸名所図会」くずし字入門 菅野俊輔編著 柏書房 2007.3 134p 21cm 1200円 Ⓘ978-4-7601-3039-9 Ⓝ728.07 〔22116〕
◇魁本大字類苑―江戸時代を読むあて字大辞典 谷口松軒編著 杉本つとむ解説 雄山閣出版 1994.9 1冊 27cm 20000円 Ⓘ4-639-01240-3 Ⓝ811.2 〔22117〕
◇廓語考 松川弘太郎編 江戸文芸同好会 1928 33丁 19cm (江戸往来特輯 第2集 5号) Ⓝ814 〔22118〕
◇過去の声―一八世紀日本の言説における言語の地位 酒井直樹著・監訳 川田潤ほか訳 以文社 2002.6 570p 22cm 6800円 Ⓘ4-7531-0221-1 Ⓝ810.25 〔22119〕
◇近世仮名遣い論の研究―五十音図と古代日本語音声の発見 釘貫亨著 名古屋 名古屋大学出版会 2007.10 280,8p 22cm 5700円 Ⓘ978-4-8158-0570-8 Ⓝ811.56 〔22120〕
◇近世漢字文化と日本語 村上雅孝著 おうふう 2005.5 307p 21cm 13000円 Ⓘ4-273-03387-9 〔22121〕
◇近世語彙の研究 佐藤亨著 桜楓社 1983.6 467p 22cm 24000円 Ⓝ814 〔22122〕
◇近世語彙の歴史的研究 佐藤亨著 桜楓社 1980.10 468p 22cm 18000円 Ⓝ814 〔22123〕
◇近世語と近世文学 吉田澄夫著 東洋館出版社 1952 457p 22cm Ⓝ810.25 〔22124〕
◇近世語法研究 坂梨隆三著 武蔵野書院 2006.11 443p 22cm 13000円 Ⓘ4-8386-0220-0 Ⓝ815 〔22125〕
◇近世辞書展目録 仙台 [東北大学附属図書館] 1963 18p 18cm 〔22126〕
◇近世辞書攷―早引・往来・会玉篇 関場武著 慶應義塾大学言語文化研究所 1994.3 362p 22cm Ⓝ813 〔22127〕
◇近世初期漢字文化の世界 村上雅孝著 明治書院 1998.3 581p 22cm 18000円 Ⓘ4-625-42104-7 Ⓝ811.2 〔22128〕
◇近世前期のてにをは書研究 根上剛士著 風間書房 2004.3 594,10p 21cm 18000円 Ⓘ4-7599-1429-3 〔22129〕
◇近世における読みとその本質―仁斎・徂徠・宣長をめぐって 横原英昭, 中島寛, 小川泰弘著 出版地不明 横原英昭, 中島寛, 小川泰弘 1976 259p 19cm (国語教育研究) 1200円 Ⓝ810.12 〔22130〕
◇近世日本語の進化 N.A.スィロミャートニコフ著 植村進訳 京都 松香堂 2006.12 350p 21cm 3500円 Ⓘ4-87974-603-7 Ⓝ815 〔22131〕
◇近世日本文法研究史論 建部一男著 双文社出版 1986.3 259p 22cm 6800円 Ⓘ4-88164-321-5 Ⓝ815.02 〔22132〕
◇近世の語彙表記 坂梨隆三著 武蔵野書院 2004.2 519p 22cm 15000円 Ⓘ4-8386-0211-1 Ⓝ814 〔22133〕
◇近世武家言葉の研究 諸星美智直著 大阪 清文堂出版 2004.5 518p 22cm 13000円 Ⓘ4-7924-1383-4 Ⓝ814.9 〔22134〕
◇近世文語の研究 鈴木丹士郎著 東京堂出版 2003.9 283p 22cm 8000円 Ⓘ4-490-20503-1 Ⓝ815 〔22135〕
◇近代語研究 第1集 近代語学会編 武蔵野書院 1965 530p 22cm Ⓝ810.25 〔22136〕
◇近代語研究 第2集 近代語学会編 武蔵野書院 1968 596p 22cm Ⓝ810.25 〔22137〕
◇近代語研究 第3集 近代語学会編 武蔵野書院 1972 図602p 解説248p 22cm 7000円 Ⓝ810.25 〔22138〕
◇近代語研究 第4集 近代語学会編 武蔵野書院 1974 630p 22cm 6500円 Ⓝ810.25 〔22139〕
◇近代語研究 第5集 近代語学会編 武蔵野書院 1977.3 699p 22cm 12000円 Ⓝ810.25 〔22140〕
◇近代語研究 第6集 近代語学会「近代語研究」編集委員会編 武蔵野書院 1980.5 713p 22cm 15000円 Ⓝ810.25 〔22141〕
◇近代語研究 第7集 吉田澄夫博士頌寿記念論文集 近代語学会編 吉田澄夫著 武蔵野書院 1987.2 19,756p 22cm 18000円 Ⓘ4-8386-0001-1 Ⓝ810.25 〔22142〕
◇近代語研究 第8集 近代語学会編 武蔵野書院 1990.

9　503p　22cm　15450円　Ⓘ4-8386-0113-1　Ⓝ810.25
〔22143〕

◇近代語研究　第9集　近代語学会編　武蔵野書院　1993.2　616p　22cm　16500円　Ⓘ4-8386-0135-2　Ⓝ810.25
〔22144〕

◇近代語研究　第10集　近代語学会編　武蔵野書院　1999.10　534p　22cm　15000円　Ⓘ4-8386-0186-7　Ⓝ810.25
〔22145〕

◇近代語研究　第11集　近代語学会編　武蔵野書院　2002.12　644p　22cm　18000円　Ⓘ4-8386-0205-7　Ⓝ810.25
〔22146〕

◇近代語の流れ　亀井孝,大藤時彦,山田俊雄編　平凡社　2007.7　454p　16cm　(平凡社ライブラリー　616―日本語の歴史　5)1300円　Ⓘ978-4-582-76616-5　Ⓝ810.25
〔22147〕

◇近代日本語論考　松村明著　東京堂出版　1999.9　378p　22cm　10000円　Ⓘ4-490-20385-3　Ⓝ810.25　〔22148〕

◇現代に生きる幕末・明治初期漢語辞典　佐藤亨著　明治書院　2007.6　938p　27cm　28000円　Ⓘ978-4-625-40400-9　Ⓝ813
〔22149〕

◇後期江戸ことばの敬語体系　小島俊夫著　笠間書院　1974　305,4p　22cm　(笠間叢書　46)5500円　Ⓝ815.8
〔22150〕

◇国語学史の基礎的研究―近世の活語研究を中心として　尾崎知光著　笠間書院　1983.11　709p　22cm　(笠間叢書　179)18000円　Ⓝ810.12
〔22151〕

◇国語史から見た近代語　池上秋彦著　東宛社　1996.7　640p　22cm　20000円　Ⓘ4-924694-30-4　Ⓝ810.25
〔22152〕

◇国語待遇表現体系の研究―近世　山崎久之著　武蔵野書院　1963　822p　22cm　Ⓝ810.2　〔22153〕

◇国語待遇表現体系の研究　近世　山崎久之著　増補訂版　武蔵野書院　2004.3　833p　22cm　17000円　Ⓘ4-8386-0212-X　Ⓝ810.25　〔22154〕

◇国語論究　第12集　江戸語研究―式亭三馬と十返舎一九　飛田良文編　飛田良文編　明治書院　2006.3　568p　22cm　18000円　Ⓘ4-625-43334-7　Ⓝ810.4　〔22155〕

◇古辞書研究資料叢刊　第7巻　法花文句難字書―解題・影印本文・翻字本文・索引　法華経文字声韻音訓篇集―慶長十三年刊　影印本文　木村晟編　快倫撰　大空社　1995.11　382p　22cm　10000円　Ⓘ4-7568-0104-8　Ⓝ813
〔22156〕

◇古辞書研究資料叢刊　第8巻　新撰類聚往来―慶安元年刊本　影印本文・翻字本文　延命字学集―元禄十二年刊本　翻字本文・索引・影印本文　木村晟編　大空社　1995.11　427p　22cm　11000円　Ⓘ4-7568-0105-6　Ⓝ813
〔22157〕

◇古辞書研究資料叢刊　第10巻　雅言俗語俳諧翌桧―安永八年刊本　翻字本文・索引・対照表　木村晟編　越谷吾山纂輯　大空社　1995.11　299p　22cm　8000円　Ⓘ4-7568-0107-2　Ⓝ813　〔22158〕

◇ことば・詩・江戸の絵画―日本の文化の一面を探る　兼築清恵,高柳誠,矢部誠一郎著　町田　玉川大学出版部　2004.9　181p　19cm　2200円　Ⓘ4-472-30281-0
〔22159〕

◇ことわざ資料叢書　第3輯　第2巻　北村孝一,伊藤高雄監修　ことわざ研究会編　クレス出版　2005.7　343,10p　22cm　Ⓘ4-87733-281-2　Ⓝ388.81　〔22160〕

◇サムライの日本語　久保博司著　幻冬舎　2006.1　247p　19cm　1300円　Ⓘ4-344-01098-1　Ⓝ156　〔22161〕

◇新抄物資料集成　第1巻　大塚光信編　大阪　清文堂出版　2000.10　445p　31cm　22000円　Ⓘ4-7924-1364-8　Ⓝ810.2
〔22162〕

◇新抄物資料集成　第2巻　大塚光信編　大阪　清文堂出版　2000.5　806p　31cm　28000円　Ⓘ4-7924-1365-6　Ⓝ810.2
〔22163〕

◇新抄物資料集成　第3巻　大塚光信編　大阪　清文堂出版　2000.7　791p　31cm　28000円　Ⓘ4-7924-1366-4　Ⓝ810.2
〔22164〕

◇新抄物資料集成　第4巻　大塚光信編　大阪　清文堂出版　2000.8　809p　31cm　28000円　Ⓘ4-7924-1367-2　Ⓝ810.2　〔22165〕

◇図説江戸文字入門　橘右橘著　河出書房新社　2007.2　111p　22cm　(ふくろうの本)1800円　Ⓘ978-4-309-76091-9　Ⓝ727.8
〔22166〕

◇接続助詞「ば」の歴史的研究―室町時代より江戸時代における口語資料を中心に　金三順著　ソウル　[J&C]　2004.11　179p　23cm　(語学研究叢書 no.33)Ⓘ89-5668-130-9　Ⓝ815.7
〔22167〕

◇節用集大系　第57巻　大空社　1994.10　366p　27cm　Ⓘ4-87236-853-3　Ⓝ813
〔22168〕

◇節用集大系　第58巻　大空社　1994.10　p367～911　27cm　Ⓘ4-87236-853-3　Ⓝ813
〔22169〕

◇W.H.メドハースト英和・和英語彙―幕末の日本語研究　複製と研究・索引　W.H.メドハースト著　加藤知己,倉島節尚編著　三省堂　2000.3　482p　22cm　12000円　Ⓘ4-385-35962-8　Ⓝ814
〔22170〕

◇常昭の語学研究―近世日本文法研究史・続　渡辺英二著　大阪　和泉書院　1997.2　716p　22cm　(研究叢書　197)18540円　Ⓘ4-87088-841-6　Ⓝ815.5　〔22171〕

◇東条義門―近世国語学を樹立した一人の学僧　三木幸信著　桜楓社　1975　250p　19cm　1800円　Ⓝ810.12
〔22172〕

◇洞門抄物による近世語の研究　樋渡登著　おうふう　2007.10　398p　22cm　16000円　Ⓘ978-4-273-03441-2　Ⓝ810.25
〔22173〕

◇日本近世史の可能性　藪田貫著　校倉書房　2005.7　430p　20cm　4800円　Ⓘ4-7517-3640-X　Ⓝ210.5
〔22174〕

◇日本語研究の歴史　杉本つとむ著　八坂書房　1998.3　600p　23cm　(杉本つとむ著作選集　3)15000円　Ⓘ4-89694-773-8　Ⓝ810.12
〔22175〕

◇日本語助数詞の歴史的研究―近世書札礼を中心に　三保忠夫著　風間書房　2000.1　578p　22cm　20000円　Ⓘ4-7599-1184-7　Ⓝ815.2
〔22176〕

◇日本語法史　江戸時代編　岩井良雄著　笠間書院　1974　361p　22cm　(笠間叢書　45)5500円　Ⓝ815　〔22177〕

◇日本語歴史文典試論　第2編　近代日本語―南北朝動乱-明治期　杉本つとむ著　早稲田大学出版部　1970　197-370p　26cm　1500円　Ⓝ815
〔22178〕

◇幕末・明治初期語彙の研究　佐藤亨著　桜楓社　1986.2　526p　22cm　28000円　Ⓘ4-273-02069-6　Ⓝ814
〔22179〕

◇咄本よりみたる近世初期言語の研究　佐藤亨著　桜楓社　1988.9　469p　22cm　26000円　Ⓘ4-273-02259-1　Ⓝ810.25
〔22180〕

◇春庭の語学研究―近世日本文法研究史　渡辺英二著　大阪　和泉書院　1995.2　577,6p　22cm　(研究叢書　161)15450円　Ⓘ4-87088-707-X　Ⓝ815.5　〔22181〕

◇洋学資料と近代日本語の研究　松村明著　東京堂出版　1970　548p　22cm　5500円　Ⓝ810.25　〔22182〕

◆江戸語

◇生かしておきたい江戸ことば450語　沢田一矢著　三省堂　2001.12　206p　19cm　1600円　Ⓘ4-385-36070-7　Ⓝ814　〔22183〕

◇生かしておきたい江戸ことば450語　沢田一矢著　幻冬舎　2007.7　214p　15cm　(幻冬舎文庫)457円　Ⓘ978-4-344-40981-1　〔22184〕

◇一茶の信濃方言と江戸語　川村喬一,川村良江編　小川雄康監修　信濃町(長野県)　川村喬一　2004.9　59p　21cm　(信濃町・富が原集落の方言　第4集)Ⓝ818.52　〔22185〕

◇絵解き・江戸っ子語大辞典　笹間良彦著　遊子館　2003.12　365p　26cm　16000円　Ⓘ4-946525-55-6　〔22186〕

◇江戸語辞典　大久保忠国,木下和子編　東京堂出版　1991.9　1238p　22cm　18000円　Ⓘ4-490-10297-6　Ⓝ818.36　〔22187〕

◇江戸語事典　三好一光編　新装版　青蛙房　2004.7　931p　20cm　6500円　Ⓘ4-7905-0512-X　Ⓝ818.36　〔22188〕

◇江戸語大辞典　前田勇編　新装版　講談社　2003.4　1078p　22cm　7500円　Ⓘ4-06-265333-8　Ⓝ813.6　〔22189〕

◇江戸語東京語の研究　松村明著　東京堂　1957　360p　22cm　Ⓝ810.25　〔22190〕

◇江戸語・東京語・標準語　水原明人著　講談社　1994.8　230p　18cm　(講談社現代新書)650円　Ⓘ4-06-149216-0　Ⓝ818.36　〔22191〕

◇江戸ことば・東京ことば辞典　松村明著　講談社　1993.7　474p　15cm　(講談社学術文庫)1100円　Ⓘ4-06-159084-7　Ⓝ818.36　〔22192〕

◇江戸言葉の研究―浮世風呂、浮世床の語法　山田正紀著　普通教育研究会　1936　225p　19cm　Ⓝ810　〔22193〕

◇江戸ことば百話　西山松之助編　東京美術　1989.5　211p　19cm　(東京美術選書　58)1236円　Ⓘ4-8087-0532-X　Ⓝ210.5　〔22194〕

◇江戸語に学ぶ　新井益太郎著　三樹書房　2005.3　216p　20cm　1400円　Ⓘ4-89522-449-X　Ⓝ911.45　〔22195〕

◇江戸語の成立　芳賀登著　開拓社　1982.9　221p　18cm　(開拓社言語文化叢書)780円　Ⓝ810.25　〔22196〕

◇江戸時代の国語―江戸語―その形成と階層　小松寿雄著　東京堂出版　1985.9　262p　20cm　(国語学叢書　7)2200円　Ⓝ810.25　〔22197〕

◇江戸っ子語のイキ・イナセ―絵で見て楽しむ！　笹間良彦画　瓜坊進編　遊子館　2006.8　239,17p　19cm　(遊子館歴史選書　4)1800円　Ⓘ4-946525-79-3　Ⓝ818.36　〔22198〕

◇江戸の女ことば―あそばせとアリンスと　杉本つとむ著　創拓社　1985.10　286p　19cm　1600円　Ⓝ814.9　〔22199〕

◇江戸のことば―綺堂随筆　岡本綺堂著　河出書房新社　2003.6　324p　15cm　(河出文庫)820円　Ⓘ4-309-40698-X　Ⓝ914.6　〔22200〕

◇江戸風俗語事典　三好一光編　新装版　青蛙房　2002.12　449p　20cm　4500円　Ⓘ4-7905-0510-3　Ⓝ814.9　〔22201〕

◇江戸文字のしをり　南部清吉著　白子町(三重県)　南部菊松　1915　1冊　26cm　Ⓝ728　〔22202〕

◇江戸遊女語論集　近藤豊勝著　新典社　1993.10　182p　22cm　(新典社研究叢書　67)6000円　Ⓘ4-7879-4067-8　Ⓝ814.9　〔22203〕

◇江戸遊女語論集　近藤豊勝著　改訂　新典社　1996.5　182p　22cm　(新典社研究叢書　67)6000円　Ⓘ4-7879-4067-8　Ⓝ814.9　〔22204〕

◇お江戸決まり文句　杉山亮文　藤枝リュウジ絵　河合楽器製作所・出版事業部　2000.4　1冊　22cm　1400円　Ⓘ4-7609-4582-2　〔22205〕

◇お江戸決まり文句　杉山亮文　藤枝リュウジ絵　河合楽器製作所・出版事業部　2002.3　1冊　16cm　(お江戸ミニブックセット)Ⓘ4-7609-4595-4　〔22206〕

◇お江戸はやくちことば　杉山亮文　藤枝リュウジ絵　河合楽器製作所・出版事業部　1998.1　1冊　22cm　1400円　Ⓘ4-7609-4560-1　〔22207〕

◇お江戸はやくちことば　杉山亮文　藤枝リュウジ絵　河合楽器製作所・出版事業部　2002.3　1冊　16cm　(お江戸ミニブックセット)Ⓘ4-7609-4595-4　〔22208〕

◇後期江戸ことばの敬語体系　小島俊夫著　新装版　笠間書院　1998.9　306,4p　22cm　8000円　Ⓘ4-305-70183-9　Ⓝ815.8　〔22209〕

◇後期江戸語の待遇表現　杉崎夏夫著　おうふう　2003.9　260p　22cm　12000円　Ⓘ4-273-03274-0　Ⓝ815.3　〔22210〕

◇国語待遇表現体系の研究　近世編　山崎久之著　増補補訂版　武蔵野書院　2004.3　833p　22cm　17000円　Ⓘ4-8386-0212-X　Ⓝ810.25　〔22211〕

◇国語論究　第12集　江戸語研究―式亭三馬と十返舎一九　飛田良文編　飛田良文編　明治書院　2006.3　568p　22cm　18000円　Ⓘ4-625-43334-7　Ⓝ810.4　〔22212〕

◇知って合点江戸ことば　大野敏明著　文藝春秋　2000.12　222p　18cm　(文春新書)690円　Ⓘ4-16-660145-8　Ⓝ818.36　〔22213〕

◇ちょっと使ってみたくなる「江戸ことば」100選　中江克己著　青春出版社　2006.2　205p　18cm　(青春新書インテリジェンス)730円　Ⓘ4-413-04139-9　〔22214〕

◇べらんめぇ・お江戸ことばとその風土　横田貢著　芦書房　1996.4　247p　20cm　2500円　Ⓘ4-7556-1116-4　Ⓝ382.136　〔22215〕

◇べらんめぇ言葉を探る―江戸言葉・東京下町言葉言語学　横田貢著　芦書房　1992.1　242p　20cm　2700円　Ⓘ4-7556-1084-2　Ⓝ810.25　〔22216〕

◆上方語

◇隠語辞典集成　22　近世上方語考　松井栄一,渡辺友左監修　前田勇著　大空社　1997.12　260p　19cm　10000円　Ⓘ4-7568-0357-1,4-7568-0335-0　Ⓝ813.9　〔22217〕

◇江戸時代の国語　上方語　坂梨隆三著　東京堂出版　1987.9　248p　20cm　(国語学叢書　6)2500円　Ⓘ4-490-20125-7　Ⓝ810.25　〔22218〕

◇近世上方アクセント資料索引　坂本清恵編　アクセント史資料研究会　1994.3　176p　21cm　(アクセント史資料索引　12)Ⓝ811.14　〔22219〕

◇徳川時代言語の研究　上方篇　湯沢幸吉郎著　風間書房　1982.8　650p　22cm　8500円　Ⓘ4-7599-0129-9　Ⓝ810.25　〔22220〕

◆◆◆キリシタン語

◇吉利支丹語学の研究　土井忠生著　新版　三省堂　1971　355p　22cm　3000円　Ⓝ810.25　〔22221〕

◇キリシタン資料と国語研究　福島邦道著　笠間書院　1973　343,5p　22cm　(笠間叢書　38)5500円　Ⓝ810.25　〔22222〕

◇キリシタン資料と国語研究　続　福島邦道著　笠間書院

1983.7　333p　22cm　（笠間叢書 177）8000円　Ⓝ810.25
〔22223〕

◇キリシタン版『スピリツアル修行』の研究―「ロザイロの観念」対訳の国語学的研究　小島幸枝著　笠間書院　1987.2　479p　22cm　（笠間叢書 204）14500円　Ⓝ810.25
〔22224〕

◇キリシタン版『スピリツアル修行』の研究―「ロザイロの観念」対訳の国語学的研究　資料篇　小島幸枝編著　笠間書院　1989.6　2冊　22cm　（笠間叢書 214）全19570円　Ⓝ810.25
〔22225〕

◆方言

◇尾張近辺を主とする近世期方言の研究　彦坂佳宣著　大阪　和泉書院　1997.3　409p　22cm　（研究叢書 201）15000円＋税　Ⓘ4-87088-850-5　Ⓝ818.55
〔22226〕

◇近世仙台方言書　続翻刻編　菊池武人編著　明治書院　1995.4　506p　22cm　12000円　Ⓘ4-625-42094-6　Ⓝ818.23
〔22227〕

◇近世仙台方言書　研究編　菊池武人編著　明治書院　1995.4　480p　22cm　12000円　Ⓘ4-625-42092-X　Ⓝ818.23
〔22228〕

◇近世仙台方言書　翻刻編　菊池武人編著　明治書院　1995.4　673p　22cm　16000円　Ⓘ4-625-42093-8　Ⓝ818.23
〔22229〕

◇近世方言辞書　第1輯　佐藤武義ほか編輯　鎌倉　港の人　1999.11　512p　22cm　14000円　Ⓘ4-89629-034-8　Ⓝ818.033
〔22230〕

◇近世方言辞書　第2輯　佐藤武義ほか編輯　鎌倉　港の人　2000.6　582p　22cm　16000円　Ⓘ4-89629-035-6　Ⓝ818.033
〔22231〕

◇近世方言辞書　第3輯　佐藤武義ほか編　鎌倉　港の人　2000.6　428p　22cm　12000円　Ⓘ4-89629-036-4　Ⓝ818.033
〔22232〕

◇近世方言辞書　第4輯　佐藤武義ほか編輯　鎌倉　港の人　1999.11　313p　22cm　9500円　Ⓘ4-89629-037-2　Ⓝ818.033
〔22233〕

◇近世方言辞書　第5輯　佐藤武義ほか編輯　鎌倉　港の人　2000.11　251p　22cm　9000円　Ⓘ4-89629-038-0　Ⓝ818.033
〔22234〕

◇近世方言辞書　第6輯　佐藤武義ほか編輯　鎌倉　港の人　2000.11　48,225p　22cm　9500円　Ⓘ4-89629-039-9　Ⓝ818.033
〔22235〕

◇近世方言辞書集成　第2巻　佐藤武義ほか編輯　大空社　1998.12　474p　22cm　Ⓘ4-7568-0534-5　Ⓝ818.033
〔22236〕

◇近世方言辞書集成　第7巻　佐藤武義ほか編輯　大空社　1998.12　474p　22cm　Ⓘ4-7568-0534-5　Ⓝ818.033
〔22237〕

◇長崎方言の歴史的研究―江戸時代の長崎語　篠崎久躬著　長崎　長崎文献社　1997.5　257p　22cm　5000円　Ⓘ4-88851-004-0　Ⓝ818.93
〔22238〕

◆外国語研究

◇江戸異言語接触―蘭語・唐話と近代日本語　岡田袈裟男著　笠間書院　2006.3　668p　22cm　14000円　Ⓘ4-305-70308-4　Ⓝ801.7
〔22239〕

◇江戸時代と明治時代の日本における朝鮮語の研究　柳尚熙著　成甲書房　1980.1　314p　22cm　2800円　Ⓝ829.1
〔22240〕

◇江戸時代の唐話に関する基礎研究　奥村佳代子著　吹田　関西大学東西学術研究所　2007.3　369p　22cm　（関西大学東西学術研究所研究叢刊 28）5000円　Ⓘ978-4-87354-437-3　Ⓝ820.2
〔22241〕

◇江戸時代翻訳日本語辞典　杉本つとむ編　早稲田大学出版部　1981.4　1081p　27cm　25000円　Ⓝ814
〔22242〕

◇国語学と蘭語学　杉本つとむ著　武蔵野書院　1991.2　652p　22cm　16500円　Ⓘ4-8386-0116-6　Ⓝ810.12
〔22243〕

◇日本英学史の研究　豊田実著　新訂版　千城書房　1963　630,128p　22cm　Ⓝ830.1
〔22244〕

◇日本英学のあけぼの―幕末・明治の英語学　惣郷正明著　創拓社　1990.2　291p　18cm　1165円　Ⓘ4-87138-089-0　Ⓝ830.1
〔22245〕

◇日本近世英学史　重久篤太郎著　京都　教育図書　1941　416p　22cm　Ⓝ830
〔22246〕

◇日本語に及ぼしたオランダ語の影響　斎藤静著　2版　篠崎書林　1994.5　293p　22cm　16000円　Ⓘ4-7841-0508-5　Ⓝ814
〔22247〕

◇幕末明治英語物語　高梨健吉著　研究社出版　1979.8　232p　19cm　1300円　Ⓝ210.58
〔22248〕

◆◆通訳・翻訳

◇異文化間ビジネスコミュニケーションにおける通訳者の役割―日本語・英語の場合　椎名佳代, 平高史也著　藤沢　慶應義塾大学大学院政策・メディア研究科　2006.2　38p　30cm　（総合政策学ワーキングペーパーシリーズ no.86）
〔22249〕

◇江戸異言語接触―蘭語・唐話と近代日本語　岡田袈裟男著　笠間書院　2006.3　668p　22cm　14000円　Ⓘ4-305-70308-4　Ⓝ801.7
〔22250〕

◇江戸期における翻訳の世界―洋学資料展　京都　京都大学附属図書館　1992　28p　26cm　Ⓝ801.7
〔22251〕

◇江戸の翻訳家たち　杉本つとむ著　早稲田大学出版部　1995.12　274p　20cm　3800円　Ⓘ4-657-95943-3　Ⓝ402.105
〔22252〕

◇江戸の翻訳空間―蘭語・唐話語彙の表出機構　岡田袈裟男著　笠間書院　1991.3　253,83p　22cm　（笠間叢書 244）7210円　Ⓝ814
〔22253〕

◇江戸の翻訳空間―蘭語・唐話語彙の表出機構　岡田袈裟男著　新訂版　笠間書院　2006.3　255,83p　22cm　9000円　Ⓘ4-305-70318-1　Ⓝ814
〔22254〕

◇阿蘭陀通詞 今村源右衛門英生―外つ国の言葉をわがものとして　片桐一男著　丸善　1995.1　276p　18cm　（丸善ライブラリー 145）700円　Ⓘ4-621-05145-8　〔22255〕

◇阿欄陀通詞の研究　片桐一男著　吉川弘文館　1985.2　626,25p　22cm　7500円　Ⓘ4-642-03115-4　Ⓝ801.7
〔22256〕

◇サムライと英語　明石康,NHK「英語でしゃべらナイト」取材班著　角川書店　2004.5　250p　18cm　（角川oneテーマ21）724円　Ⓘ4-04-704165-3　Ⓝ210.59　〔22257〕

◇大日本近世史料―唐事曾所日録　1　東京大学史料編纂所編　東京大学出版会　1984.4　424p　22cm　6000円　Ⓘ4-13-092924-0　Ⓝ210.5
〔22258〕

◇大日本近世史料―唐通事会所日録　2　東京大学史料編纂所編　東京大学出版会　1984.5　392p　22cm　6000円　Ⓘ4-13-092925-9　Ⓝ210.5
〔22259〕

◇大日本近世史料　　第3　唐通事会所日録　東京大学史料編纂所編　東京大学出版会　1953-1956　22cm
〔22260〕

◇大日本近世史料　　3　唐通事会所日録　東京大学史料編纂所編　東京大学出版会　1955-1968　7冊　22cm

Ⓝ210.5 〔22261〕

◇大日本近世史料 唐通事会所目録 3 東京大学史料編纂所編 東京大学出版会 1984.6 397p 22cm 6000円 Ⓘ4-13-092926-7 Ⓝ210.5 〔22262〕

◇大日本近世史料 唐通事会所目録 4 東京大学史料編纂所編 東京大学出版会 1984.7 390p 22cm 6000円 Ⓘ4-13-092927-5 Ⓝ210.5 〔22263〕

◇大日本近世史料 唐通事会所目録 5 東京大学史料編纂所編 東京大学出版会 1984.8 324p 22cm 5000円 Ⓘ4-13-092928-3 Ⓝ210.5 〔22264〕

◇大日本近世史料 唐通事会所目録 6 東京大学史料編纂所編 東京大学出版会 1984.9 250p 22cm 5000円 Ⓘ4-13-092929-1 Ⓝ210.5 〔22265〕

◇大日本近世史料 唐通事会所目録 7 東京大学史料編纂所編 東京大学出版会 1984.10 257p 22cm 5000円 Ⓘ4-13-092930-5 Ⓝ210.5 〔22266〕

◇大日本近世史料 3 1 唐通事会所目録 1 東京大学史料編纂所編纂 東京大学出版会 1984.4 424p 22cm 6000円 Ⓘ4-13-092924-0 Ⓝ210.5 〔22267〕

◇大日本近世史料 3 2 唐通事会所目録 2 東京大学史料編纂所編纂 東京大学出版会 1984.5 392p 22cm 6000円 Ⓘ4-13-092925-9 Ⓝ210.5 〔22268〕

◇大日本近世史料 第3第3 唐通事会所目録 東京大学史料編纂所編 東京大学出版会 1960 397p 22cm 〔22269〕

◇大日本近世史料 3 3 唐通事会所目録 3 東京大学史料編纂所編纂 東京大学出版会 1984.6 397p 22cm 6000円 Ⓘ4-13-092926-7 Ⓝ210.5 〔22270〕

◇大日本近世史料 第3 4 唐通事会所元録 東京大学史料編纂所編 東京大学出版会 1962 390p 22cm 〔22271〕

◇大日本近世史料 3 4 唐通事会所目録 4 東京大学史料編纂所編纂 東京大学出版会 1984.7 390p 22cm 6000円 Ⓘ4-13-092927-5 Ⓝ210.5 〔22272〕

◇大日本近世史料 第3 5 唐通事会所目録 東京大学史料編纂所編 東京大学出版会 1963 324p 22cm 〔22273〕

◇大日本近世史料 3 5 東京大学史料編纂 東京大学出版会 1984.8 324p 22cm Ⓘ4-13-092928-3 Ⓝ210.5 〔22274〕

◇大日本近世史料 第3 6 唐通事会所目録 東京大学史料編纂所編 東京大学出版会 1965 250p 22cm 〔22275〕

◇大日本近世史料 3 6 唐通事会所目録 6 東京大学史料編纂所編纂 東京大学出版会 1984.9 250p 22cm 5000円 Ⓘ4-13-092929-1 Ⓝ210.5 〔22276〕

◇大日本近世史料 第3 7 唐通事会所目録 東京大学史料編纂所編 東京大学出版会 1968 257p 22cm 〔22277〕

◇大日本近世史料 3 7 唐通事会所目録 7 東京大学史料編纂所編纂 東京大学出版会 1984.10 257,3p 22cm 5000円 Ⓘ4-13-092930-5 Ⓝ210.5 〔22278〕

◇長崎通詞―ことばと文化の翻訳者 杉本つとむ著 開拓社 1981.6 228p 18cm (開拓社言語文化叢書)680円 Ⓝ801.7 〔22279〕

◇幕末期日本におけるオランダ語号令の受容とその日本語化問題―土佐藩「徳弘家資料」所収のオランダ語号令関係資料の解読と分析 坂本保富著 松本 信州大学坂本保富研究室 2003.9 38p 30cm (研究報告書 通巻第3号(平成15年度)) Ⓝ559.1 〔22280〕

◇武州金沢藩「亜墨利加船極密之書」にみる幕末日本人と英語の出逢い 大崎出著 横浜 横浜考古・歴史の会 2005.7 31p 26cm Ⓝ830.1 〔22281〕

◇文久三年御蔵島英語単語帳 小林亥一編著 小学館 1998.11 291p 20cm 2200円 Ⓘ4-09-626118-1 Ⓝ210.59 〔22282〕

◇翻訳事始 吉武好孝著 早川書房 1995.9 228p 19cm (ハヤカワ・ライブラリ)1200円 Ⓘ4-15-207937-1 Ⓝ801.7 〔22283〕

文学史

◇「悪」と江戸文学 野口武彦著 朝日新聞社 1980.11 213p 19cm (朝日選書 170)780円 Ⓝ910.25 〔22284〕

◇「悪」と江戸文学 野口武彦著 朝日新聞社 2005.6 213p 19cm (朝日選書 170)2400円 Ⓘ4-86143-043-7 Ⓝ910.25 〔22285〕

◇赤穂事件に関する文芸と思想 「赤穂事件に表出された国民精神の研究」プロジェクトチーム著, 学習院大学東洋文化研究所編 学習院大学東洋文化研究所 1984.3 136,2p 26cm (調査研究報告 no.18) Ⓝ910.25 〔22286〕

◇石部町の文学―近世以降の文化と文学 石部町 石部町(滋賀県) 石部町 1991.3 91p 26cm Ⓝ910.25 〔22287〕

◇維新前夜の文学 杉浦明平著 岩波書店 1967 212p 18cm (岩波新書) Ⓝ910.25 〔22288〕

◇維新前夜の文学 杉浦明平著 岩波書店 1993.7 212p 20cm (岩波新書の江戸時代)1500円 Ⓘ4-00-009135-2 Ⓝ910.25 〔22289〕

◇異端のアルチザンたち―応賀・円遊・金鶯・小せん・藍泉 興津要著 読売新聞社 1972 257p 20cm (読売選書)600円 〔22290〕

◇今村楽歌文集 今村楽原著 竹本義明編著 高知 土佐史談会 1997.6 768p 22cm (土佐史談選書)3000円 Ⓝ918.5 〔22291〕

◇岩波講座 日本文学史 第7巻 近世〔ほか〕 岩波書店編 板坂元 1958 21cm Ⓝ910.2 〔22292〕

◇岩波講座日本文学史 第7巻 変革期の文学 2 久保田淳ほか編 岩波書店 1996.1 336p 22cm 3000円 Ⓘ4-00-010677-5 Ⓝ910.2 〔22293〕

◇岩波講座 日本文学史 第8巻 近世〔第2〕蕪村以後〔ほか〕 中村俊定 岩波書店 1958-1959 21cm Ⓝ910.2 〔22294〕

◇岩波講座日本文学史 第8巻 17・18世紀の文学 久保田淳ほか編 岩波書店 1996.8 346p 22cm 3000円 Ⓘ4-00-010678-3 Ⓝ910.2 〔22295〕

◇岩波講座 日本文学史 第9巻 近世〔第3〕読本〔ほか〕 重友毅 岩波書店 1958-1959 21cm Ⓝ910.2 〔22296〕

◇岩波講座日本文学史 第9巻 18世紀の文学 久保田淳ほか編 岩波書店 1996.12 363p 22cm 3090円 Ⓘ4-00-010679-1 Ⓝ910.2 〔22297〕

◇岩波講座 日本文学史 第10巻 近世〔第4〕〔ほか〕 暉峻康隆 岩波書店 1958-1959 21cm Ⓝ910.2 〔22298〕

◇岩波講座日本文学史 第10巻 19世紀の文学 久保田淳ほか編 岩波書店 1996.4 348p 22cm 3000円 Ⓘ4-00-010680-5 Ⓝ910.2 〔22299〕

◇江戸―その芸能と文学 諏訪春雄著 毎日新聞社 1976 238p 20cm Ⓝ910.25 〔22300〕

文学史　　　　　　　　　　　　　近世史

◇江戸　第6巻　日記・紀行編　大久保利謙編輯　教文舎　1981.10　650p　図版16枚　22cm　9800円　Ⓝ210.5　〔22301〕

◇江戸　第7巻　詩歌・随筆編　大久保利謙編輯　立体社　1982.5　640p　22cm　9800円　Ⓝ210.5　〔22302〕

◇江戸あらかると　花咲一男著　三樹書房　1986.12　136p　22cm　2900円　Ⓝ910.25　〔22303〕

◇江戸異端文学ノート　松田修著　青土社　1993.5　397p　20cm　2800円　Ⓘ4-7917-5249-X　Ⓝ910.25　〔22304〕

◇江戸幻想文学誌　高田衛著　平凡社　1987.4　258p　20cm　（平凡社選書 106）2000円　Ⓘ4-582-84106-6　Ⓝ910.25　〔22305〕

◇江戸後期紀行文学全集　第1巻　津本信博著　新典社　2007.6　687p　22cm　（新典社研究叢書 186）19000円　Ⓘ978-4-7879-4186-2　Ⓝ915.5　〔22306〕

◇江戸国文学者年表一管見　大洲道映編　広島　大洲道映　1931　87p　23cm　Ⓝ910.25　〔22307〕

◇江戸時代学芸史論考　白石良夫著　三弥井書店　2000.12　338,14p　22cm　8500円　Ⓘ4-8382-3082-6　Ⓝ910.25　〔22308〕

◇江戸時代上方の地域と文学　宗政五十緒編　京都　同朋舎出版　1992.6　325p　22cm　（竜谷大学仏教文化研究叢書 2）9000円　Ⓘ4-8104-1074-9　Ⓝ910.25　〔22309〕

◇江戸時代小説脚本浄瑠璃随筆翻刻索引　尾崎久弥著　春陽堂　1927　270p　23cm　Ⓝ910.25　〔22310〕

◇江戸時代小説史　鈴木暢幸著　教育研究会　1932　978,42p　22cm　Ⓝ910.25　〔22311〕

◇江戸時代笑話選　和田万吉編　日本書院　1919　260p　17cm　Ⓝ917　〔22312〕

◇江戸時代文学誌　第1号　柳門舎編　福岡　柳門舎　1980.12　206p　21cm　Ⓝ910.25　〔22313〕

◇江戸時代文学誌　第2号　柳門舎編　福岡　柳門舎　1981.12　180p　21cm　Ⓝ910.25　〔22314〕

◇江戸時代文学誌　第3号　柳門舎編　福岡　柳門舎　1983.6　177p　21cm　Ⓝ910.25　〔22315〕

◇江戸時代文学誌　第4号　柳門舎編　福岡　柳門舎　1985.11　247p　21cm　Ⓝ910.25　〔22316〕

◇江戸市民文学の開花　暉峻康隆, 郡司正勝著　至文堂　1967　458p　20cm　（日本の文学 5）Ⓝ910.25　〔22317〕

◇江戸小説研究　尾崎久弥著　弘道閣　1935　563p　22cm　Ⓝ910.25　〔22318〕

◇江戸情調と悪の讃美・日本近世文学十二講　高須梅渓著　クレス出版　1995.5　1冊　22cm　（近世文芸研究叢書 10―第一期文学篇　一般3）Ⓘ4-87733-001-1　Ⓝ910.25　〔22319〕

◇江戸諸国百物語　人文社編集部企画　人文社　2005.11　160p　26cm　（ものしりシリーズ―諸国怪談奇談集成）1900円　Ⓘ4-7959-1956-9　〔22320〕

◇江戸庶民の風俗と人情　興津要著　桜楓社　1979.10　142p　19cm　980円　Ⓝ910.25　〔22321〕

◇江戸庶民の風俗と人情　続　興津要著　桜楓社　1980.1　147p　19cm　980円　Ⓝ910.25　〔22322〕

◇江戸庶民の風俗と人情　続々　興津要著　桜楓社　1980.4　149p　19cm　980円　Ⓝ910.25　〔22323〕

◇江戸庶民の風俗と人情　大尾　興津要著　桜楓社　1980.10　147p　19cm　980円　Ⓝ910.25　〔22324〕

◇江戸庶民文学　鶴見誠著　さえら書房　1982.6　303p　23cm　（日本の古典文学 19）1500円　Ⓘ4-378-01619-2　ⓃK910　〔22325〕

◇江戸人とユートピア　日野龍夫著　岩波書店　2004.5　253p　15cm　（岩波現代文庫）1000円　Ⓘ4-00-600121-5　〔22326〕

◇江戸前期輪講　三田村鳶魚編, 柴田宵曲校訂　青蛙房　1960　325p　20cm　（輪講双書　第2冊）Ⓝ910.25　〔22327〕

◇江戸と上方　上方文学と江戸文学・徳川文学と武士生活　笹川臨風, 藤村作著　クレス出版　1995.5　382,102p　22cm　（近世文芸研究叢書 13―第一期文学篇　一般6）Ⓘ4-87733-001-1　Ⓝ910.25　〔22328〕

◇江戸軟派研究　尾崎久弥著　柏書房　1981.3　3冊　23cm　38000円　Ⓝ910.25　〔22329〕

◇江戸の女、いまの女　板坂耀子著　福岡　葦書房　1994.5　245p　20cm　2400円　Ⓘ4-7512-0554-4　Ⓝ910.25　〔22330〕

◇江戸のこころ―浮世と人と文学と　谷脇理史著　新典社　1998.6　254p　19cm　1800円　Ⓘ4-7879-7801-2　Ⓝ910.25　〔22331〕

◇江戸のことわざ―「犬も歩けば棒に当たる」裏と表とその意味は　丹野顕著　青春出版社　2004.1　215,4p　18cm　（プレイブックスインテリジェンス）700円　Ⓘ4-413-04083-X　Ⓝ388.81　〔22332〕

◇江戸の詩歌と小説を知る本　鈴木健一編　笠間書院　2006.3　148p　26cm　1700円　Ⓘ4-305-70314-9　Ⓝ910.25　〔22333〕

◇江戸の想像力―18世紀のメディアと表徴　田中優子著　筑摩書房　1986.9　283p　20cm　2600円　Ⓘ4-480-82211-9　Ⓝ910.25　〔22334〕

◇江戸の想像力　田中優子著　筑摩書房　1992.6　316p　15cm　（ちくま学芸文庫）880円　Ⓘ4-480-08007-4　Ⓝ910.25　〔22335〕

◇江戸のノンフィクション　白石良夫ほか著　東京書籍　1993.10　270p　19cm　（東書選書 135）1500円　Ⓘ4-487-72235-7　Ⓝ910.25　〔22336〕

◇江戸のパロディ―第17回企画展図録　さいたま市立博物館編　さいたま　さいたま市立博物館　2005.3　48p　30cm　Ⓝ910.25　〔22337〕

◇江戸の風流人　加藤郁乎著　小沢書店　1980.8　219p　20cm　1800円　Ⓝ910.25　〔22338〕

◇江戸の風流人　続　加藤郁乎著　小沢書店　1983.12　219p　20cm　2000円　Ⓝ910.25　〔22339〕

◇江戸の文学論　鵜飼伴子ほか著　〔鵜飼伴子〕　2000.3　127p　21cm　Ⓝ910.25　〔22340〕

◇江戸の文事　延広真治編　ぺりかん社　2000.4　590p　22cm　10000円　Ⓘ4-8315-0937-X　Ⓝ910.25　〔22341〕

◇江戸の笑い　ハワード・S.ヒベット, 長谷川強編　明治書院　1989.3　338p　19cm　（国文学研究資料館共同研究報告）2884円　Ⓘ4-625-41092-4　Ⓝ910.25　〔22342〕

◇江戸の笑い　加太こうじ著　廣済堂出版　1992.11　254p　20cm　1600円　Ⓘ4-331-50377-1　Ⓝ910.25　〔22343〕

◇江戸諷詠散歩―文人たちの小さな旅　秋山忠弥著　文藝春秋　1999.8　236p　18cm　（文春新書）720円　Ⓘ4-16-660058-3　Ⓝ910.25　〔22344〕

◇江戸文学　35―発生から終焉まで　特集 草双紙　高木元, 津田真弓監修　ぺりかん社　2006.11　168p　21cm　2000円　Ⓘ4-8315-1152-8,ISSN0916-4103　〔22345〕

◇江戸文学　37―その生成と文彩　特集 江戸の文体　堀切実, 小池清治監修　ぺりかん社　2007.10　152p　21cm　2000円　Ⓘ978-4-8315-1185-0,ISSN0916-4103　〔22346〕

◇江戸文学　23　特集 元禄の小説　谷脇理史監修　ぺり

かん社　2001.6　128p　21cm　1800円
　①4-8315-0979-5,ISSN0916-4103
　　　　　　　　　　　　　　　　　〔22347〕
◇江戸文学　28　特集 近世紀行文　板坂耀子監修　ぺり
　かん社　2003.6　172p　21cm　2000円
　①4-8315-1047-5,ISSN0916-4103
　　　　　　　　　　　　　　　　　〔22348〕
◇江戸文学　31　特集 さむらいの文学　白石良夫監修
　ぺりかん社　2004.11　196p　21cm　2000円
　①4-8315-1092-0,ISSN0916-4103
　　　　　　　　　　　　　　　　　〔22349〕
◇江戸文学　32　特集 江戸文学と異国情報　揖斐高監修
　ぺりかん社　2005.6　196p　21cm　2400円
　①4-8315-1110-2,ISSN0916-4103
　　　　　　　　　　　　　　　　　〔22350〕
◇江戸文学ウォーキング—読んで楽しく歩いてみよう東京
　漫歩記　興津要著　ごま書房　1999.3　174p　21cm
　1200円　①4-341-13050-1　Ⓝ910.25　〔22351〕
◇江戸文学への誘惑　井上隆明著　高文堂出版社　1991.8
　95p　21cm　（誘惑双書）1500円　①4-7707-0363-5
　Ⓝ910.25　　　　　　　　　　　　　〔22352〕
◇江戸文学研究　藤井乙男著　京都　内外出版　1921
　814p　18cm　Ⓝ910.25　　　　　　　〔22353〕
◇江戸文学研究　山口剛著　東京堂　1933　759p　22cm
　Ⓝ910.25　　　　　　　　　　　　　〔22354〕
◇江戸文学研究　尾崎久弥著　柏書房　1981.3　1765〜
　2508p　23cm　Ⓝ910.25　　　　　　〔22355〕
◇江戸文学研究　神保五弥編　新典社　1993.1　694p
　22cm　（新典社研究叢書 60）18000円　①4-7879-4060-0
　Ⓝ910.25　　　　　　　　　　　　　〔22356〕
◇江戸文学研究　藤井乙男著　クレス出版　1995.5　814p
　22cm　（近世文芸研究叢書 12—第一期文学篇 一般
　5）①4-87733-001-1　Ⓝ910.25　　　〔22357〕
◇江戸文学史　永井一孝著　敬文堂書店　1935　390,29p
　22cm　Ⓝ910.25　　　　　　　　　　〔22358〕
◇江戸文学史　上巻　高野辰之著　東京堂　1935
　564,24p　22cm　（日本文学全史 巻7）Ⓝ910.25
　　　　　　　　　　　　　　　　　〔22359〕
◇江戸文学史　中,下巻　高野辰之著　東京堂　1935-1938
　2冊　23cm　（日本文学全史 巻8-9）Ⓝ910.25〔22360〕
◇江戸文学辞典　暉峻康隆著　富山房　1940　577p
　18cm　Ⓝ910.25　　　　　　　　　　〔22361〕
◇江戸文学掌記　石川淳著　新潮社　1980.6　270p
　20cm　1800円　Ⓝ910.25　　　　　　〔22362〕
◇江戸文学資料展観目録—開館六周年記念　天理図書館編
　奈良県丹波市町　天理図書館　1936　38p　16cm
　Ⓝ910.25　　　　　　　　　　　　　〔22363〕
◇江戸文学新選　藤井乙男校註　大倉広文堂　1933　271p
　21cm　Ⓝ375.8　　　　　　　　　　　〔22364〕
◇江戸文学図録—藤井博士還暦紀念　京都帝国大学国文学
　会編　神戸　ぐろりあそさえて　1930　2冊（解説篇と
　も）　25cm　Ⓝ910.25　　　　　　　〔22365〕
◇江戸文学精粋　天の巻　松崎秀雄編　中央出版社　1926
　396p　20cm　Ⓝ913.5　　　　　　　　〔22366〕
◇江戸文学選　関根正直編　明治書院　1922　203p
　20cm　Ⓝ375.8　　　　　　　　　　　〔22367〕
◇江戸文学選　関根正直編　改訂　明治書院　1923
　203p　19cm　Ⓝ375.8　　　　　　　　〔22368〕
◇江戸文学選　藤村作著　山海堂出版部　1933　132p
　19cm　Ⓝ375.8　　　　　　　　　　　〔22369〕
◇江戸文学選集　鈴木敏也編　中文館書店　1924　440p
　19cm　Ⓝ918　　　　　　　　　　　〔22370〕
◇江戸文学全集　土屋春泉編　長光堂出版部　1927
　1280p　19cm　Ⓝ918　　　　　　　　〔22371〕

◇江戸文学叢書—評釈　第6　滑稽本名作集　三田村鳶魚
　著　大日本雄弁会講談社　1936　903p　23cm　Ⓝ918
　　　　　　　　　　　　　　　　　〔22372〕
◇江戸文学叢書—評釈　第7　洒落本草双紙集　笹川種郎
　著　大日本雄弁会講談社　1936　842p　23cm　Ⓝ918
　　　　　　　　　　　　　　　　　〔22373〕
◇江戸文学叢書—評釈　第8　浮世草子名作集　藤井乙男
　著　大日本雄弁会講談社　1937　830p　23cm　Ⓝ918
　　　　　　　　　　　　　　　　　〔22374〕
◇江戸文学叢書—評釈　第3　上　歌舞伎名作集　上
　河竹繁俊著　大日本雄弁会講談社　1935　877p　23cm
　Ⓝ918　　　　　　　　　　　　　　〔22375〕
◇江戸文学叢書—評釈　第3　下　歌舞伎名作集　下
　河竹繁俊著　大日本雄弁会講談社　1936　982p　23cm
　Ⓝ918　　　　　　　　　　　　　　〔22376〕
◇江戸文学叢書—評釈　索引　大日本雄弁会講談社　1938
　356p　23cm　Ⓝ918　　　　　　　　〔22377〕
◇江戸文学叢説　藤井乙男著　岩波書店　1931　556p
　19cm　Ⓝ910.25　　　　　　　　　　〔22378〕
◇江戸文学地名辞典　浜田義一郎監修　新装普及版　東京
　堂出版　1997.9　530p　21cm　3200円
　①4-490-10476-6　Ⓝ910.25　　　　〔22379〕
◇江戸文学と支那文学—近世文学の支那的原拠と読本の研
　究　麻生磯次著　三省堂出版　1946　730p　22cm　75
　円　Ⓝ910.25　　　　　　　　　　　〔22380〕
◇江戸文学と支那文学—近世文学の支那的原拠と読本の研
　究　麻生磯次著　三省堂出版　1946　730p　22cm
　Ⓝ913.5　　　　　　　　　　　　　〔22381〕
◇江戸文学と中国　諏訪春雄,日野竜夫編　毎日新聞社
　1977.2　246p　20cm　（江戸シリーズ 4）980円　Ⓝ910.
　25　　　　　　　　　　　　　　　〔22382〕
◇江戸文学と中国文学　麻生磯次著　2版　三省堂出版株
　式会社　1955　718p　22cm　Ⓝ910.25〔22383〕
◇江戸文学と中国文学　麻生磯次著　三省堂　1972
　718,12p　22cm　3800円　Ⓝ910.25　〔22384〕
◇江戸文学と都市生活　山口剛著　春秋社　1924　118p
　19cm　（早稲田文学パンフレット 第7編）Ⓝ910.25
　　　　　　　　　　　　　　　　　〔22385〕
◇江戸文学問わず語り　円地文子著　講談社　1978.9
　245p　20cm　1200円　Ⓝ910.25　　　〔22386〕
◇江戸文学問わず語り　円地文子著　筑摩書房　1992.8
　242p　15cm　（ちくま文庫）580円　①4-480-02644-4
　Ⓝ910.25　　　　　　　　　　　　　〔22387〕
◇江戸文学年誌　'89　江戸文学年誌の会編　ぺりかん社
　1989.5　213p　21cm　2000円　Ⓝ910.25　〔22388〕
◇江戸文学の詩と真実　野口武彦著　中央公論社　1971
　257p　20cm　580円　Ⓝ910.25　　　〔22389〕
◇江戸文学の冒険　大輪靖宏編　翰林書房　2007.3　221p
　20cm　2800円　①978-4-87737-247-7　Ⓝ910.25
　　　　　　　　　　　　　　　　　〔22390〕
◇江戸文学の方法　諏訪春雄著　勉誠社　1997.4　230p
　20cm　1900円　①4-585-05028-0　Ⓝ910.25　〔22391〕
◇江戸文学輪講　三田村鳶魚編　青蛙房　1959　353p
　20cm　（輪講双書 第1冊）Ⓝ910.25　〔22392〕
◇江戸文芸　穎原退蔵著　京都　晃文社　1942　269p
　19cm　Ⓝ910.25　　　　　　　　　　〔22393〕
◇江戸文芸研究　穎原退蔵著　角川書店　1958　585p
　22cm　Ⓝ910.25　　　　　　　　　　〔22394〕
◇江戸文芸攷—狂歌・川柳・戯作　浜田義一郎著　岩波書
　店　1988.5　448p　20cm　4400円　①4-00-000204-X
　Ⓝ910.25　　　　　　　　　　　　　〔22395〕

◇江戸文芸資料　第1巻　三人懺悔冊子（一名三人法師）・芝居秘伝集　三升屋二三治著　珍書刊行会　1916　57,55,7p　15cm　Ⓝ918　〔22396〕

◇江戸文芸資料　第2巻　江島生島　竹内謙六編　珍書刊行会　1916　56,41p　15cm　Ⓝ918　〔22397〕

◇江戸文芸とともに　水野稔著　小池奈都子,内村和至編　明治大学文学部910研究室　2002.8　864p　22cm　Ⓘ4-8315-1020-3　Ⓝ910.25　〔22398〕

◇江戸文芸論考　頴原退蔵著　三省堂　1937　318p　23cm　Ⓝ910.25　〔22399〕

◇江戸文人おもしろ史話　杉田幸三著　毎日新聞社　1993.7　254p　18cm　（ミューブックス）780円　Ⓘ4-620-72075-5　Ⓝ910.25　〔22400〕

◇江戸文林切絵図　野口武彦著　冬樹社　1979.6　271p　20cm　2300円　Ⓝ910.25　〔22401〕

◇江戸和文選釈　学習院大学文学部近世文学研究室　2006.3　46p　30cm　Ⓝ910.25　〔22402〕

◇頴原退蔵著作集　第1巻　近世文学　中央公論社　1980.5　522p　20cm　2800円　Ⓝ910.25　〔22403〕

◇頴原退蔵著作集　第16巻　近世語研究　中央公論社　1980.1　533p　20cm　2600円　Ⓝ910.25　〔22404〕

◇頴原退蔵著作集　別巻　索引・年譜　中央公論社　1984.3　356p　20cm　3800円　Ⓘ4-12-401201-2　Ⓝ910.25　〔22405〕

◇大江戸長屋ばなし―庶民たちの粋と情の日常生活　興津要著　京都　PHP研究所　1987.11　256pp　20cm　1500円　Ⓘ4-569-22123-8　Ⓝ910.25　〔22406〕

◇おおさか文芸書画展―近世から近代へ　関西大学図書館編　吹田　関西大学図書館　1994.9　153p　30cm　Ⓝ910.25　〔22407〕

◇尾崎久弥コレクション目録　第1集　名古屋市蓬左文庫編　名古屋　名古屋市教育委員会　1977.2　110,18p　27cm　Ⓝ910.25　〔22408〕

◇尾崎久弥コレクション目録　第2集　名古屋市蓬左文庫編　名古屋　名古屋市教育委員会　1979.3　105,39p　27cm　Ⓝ910.25　〔22409〕

◇小田切秀雄著作集　第5巻　日本近世文学の展望　法政大学出版局　1974　334p　22cm　2800円　Ⓝ910.8　〔22410〕

◇上方の町人文学　片岡良一著　日本放送出版協会　1950　237p　19cm　（ラジオ新書 第6）Ⓝ910.25　〔22411〕

◇上方の文化―元禄の文学と芸能　大阪女子大学国文学研究室編　大阪　和泉書院　1987.6　190p　20cm　（上方文庫 6）1800円　Ⓘ4-87088-247-7　Ⓝ910.25　〔22412〕

◇上方文学関係図書目録―未定稿　大阪市立中央図書館所蔵　大阪　大阪市立中央図書館　1976　30p　26cm　Ⓝ910.25　〔22413〕

◇寛政文学選書―藤島家に伝承する江戸時代文人の片々　藤島益雄編　京都　豊書房　1974　193p　19cm　1500円　Ⓝ910.25　〔22414〕

◇戯曲・小説近世作家大観　鈴木行三編著　名著普及会　1984.5　666p　24cm　12000円　Ⓝ910.25　〔22415〕

◇京大阪の文人―幕末・明治　管宗次著　大阪　和泉書院　1991.7　202,13p　20cm　（上方文庫 11）2575円　Ⓘ4-87088-469-0　Ⓝ910.25　〔22416〕

◇京大坂の文人―幕末・明治　続　管宗次著　大阪　和泉書院　2000.5　227p　20cm　（上方文庫 21）2800円　Ⓘ4-7576-0048-8　Ⓝ910.25　〔22417〕

◇教科書が載せられない名文―江戸時代の再発見　棚橋正博著　小学館　2003.6　238p　19cm　1400円　Ⓘ4-09-362065-2　Ⓝ910.25　〔22418〕

◇教化と江戸文学　三田村鳶魚著　大東出版社　1942　252p　19cm　（大東名著選 36）Ⓝ910.25　〔22419〕

◇京都芸苑のネットワーク　高橋博巳著　ぺりかん社　1988.5　276,5p　20cm　2400円　Ⓝ910.25　〔22420〕

◇郷友集―近世浪華学芸談　水田紀久著　近代文芸社　1996.3　206p　20cm　2000円　Ⓘ4-7733-4695-7　Ⓝ910.25　〔22421〕

◇近世越後の学芸研究　第1巻　帆刈喜久男著　高志書院　2002.6　309,14p　22cm　6800円　Ⓘ4-906641-55-5　Ⓝ910.29　〔22422〕

◇近世大阪芸文叢談　大谷篤蔵編　大阪　大阪芸文会　大阪　中尾松泉堂,京都　赤尾照文堂（発売）　1973　709p　22cm　6000円　Ⓝ910.29　〔22423〕

◇近世・近代文学の形成と展開　山根巴,横山邦治編　大阪　和泉書院　1997.11　234p　22cm　（研究叢書 209―継承と展開 7）8000円　Ⓘ4-87088-879-3　Ⓝ910.25　〔22424〕

◇近世芸苑譜　野間光辰著　八木書店　1985.11　481p　22cm　9800円　Ⓝ910.25　〔22425〕

◇近世芸文志　福田武之著　甲佐町（熊本県）〔福田武之〕　1979.7　281p　20cm　1300円　Ⓝ910.25　〔22426〕

◇近世後期の河内文芸サロン―新収柏原家文書・中西文庫展　平成8年度秋の展示　大阪　大阪府立中之島図書館　1996.11　13p　30cm　Ⓝ910.25　〔22427〕

◇近世甲州学芸史の研究―史料と構想　松本武秀著　甲府　松本安子　1997.5　265p　22cm　Ⓝ910.29　〔22428〕

◇近世国学の文学研究　重松信弘著　風間書房　1974　332p　22cm　3500円　Ⓝ910.25　〔22429〕

◇近世国語研究資料　米沢　山形県立米沢女子短期大学　1995.3　189p　21cm　（山形県立米沢女子短期大学共同研究報告書 平成6年度―国語史と方言 1次）Ⓝ910.25　〔22430〕

◇近世国文学―研究と資料　守随憲治編　三省堂　1960　564p　22cm　Ⓝ910.25　〔22431〕

◇近世国文学　第1輯　守随憲治編　千歳書房　1942　361p　22cm　Ⓝ910.25　〔22432〕

◇近世国文学史　佐々政一著　クレス出版　1994.11　330p　22cm　（近世文芸研究叢書 5―第一期文学篇 通史 5）Ⓘ4-87733-000-3　Ⓝ910.25　〔22433〕

◇近世語と近世文学　吉田澄夫著　東洋館出版社　1952　457p　22cm　Ⓝ810.25　〔22434〕

◇近世作家研究　中村幸彦著　三一書房　1961　356p　22cm　Ⓝ910.25　〔22435〕

◇近世作家研究　中村幸彦著　三一書房　1971　356,9p　23cm　2100円　Ⓝ910.25　〔22436〕

◇近世作家伝攷　野間光辰著　中央公論社　1985.11　408p　22cm　8500円　Ⓘ4-12-001439-8　Ⓝ910.25　〔22437〕

◇近世詩文　楢崎隆存編　大阪　赤志忠七〔ほか〕　1877-1878　5冊（第1-9集合本）　19cm　Ⓝ919　〔22438〕

◇近世詩文―諸家小伝　西田森三編　山中孝之助等　1877.11　3冊（上28,中30,下22丁）　19cm　Ⓝ919　〔22439〕

◇近世詩文選　第1-3集　稲津済編　会友社　1878　3冊（15,16,16丁）　19cm　Ⓝ919　〔22440〕

◇近世初期文学と出版文化　市古夏生著　若草書房　1998.6　458,18p　22cm　（近世文学研究叢書 8）13000円　Ⓘ4-948755-29-X　Ⓝ910.25　〔22441〕

◇近世初期文壇の研究　小高敏郎著　明治書院　1964　672p　22cm　Ⓝ910.25　〔22442〕

◇近世庶民文学論考　尾崎久弥著, 中村幸彦編　中央公論社　1973　374p　22cm　3000円　Ⓝ910.25　〔22443〕

◇近世女流文人伝　会田範治, 原田春乃共編　明治書院　1960　280,90p　22cm　Ⓝ910.25　〔22444〕

◇近世女流文人伝　会田範治, 原田春乃共編　改訂増補版　明治書院　1961　306,90p　22cm　Ⓝ910.25　〔22445〕

◇近世生活と国文学　麻生磯次著　クレス出版　1995.5　454p　22cm　(近世文芸研究叢書 14―第一期文学篇 一般7) ①4-87733-001-1　Ⓝ910.25　〔22446〕

◇近世前期の文学―上方町人の文学　片岡良一著　創芸社　1953　228p　16cm　(近代文庫) Ⓝ910.25　〔22447〕

◇近世前期文学研究―伝記・書誌・出版　塩村耕著　若草書房　2004.3　397p　22cm　(近世文学研究叢書 16) 12000円　①4-948755-80-X　Ⓝ910.25　〔22448〕

◇近世前期文学の研究　青山忠一著　東出版　1966　220p　19cm　(東選書) Ⓝ910.25　〔22449〕

◇近世前期文学の研究　青山忠一著　桜楓社　1974　254p　19cm　1800円　Ⓝ910.25　〔22450〕

◇近世前期文学の研究　青山忠一著　改訂版　桜楓社　1981.6　342p　19cm　2800円　Ⓝ910.25　〔22451〕

◇近世大名文芸圏研究　渡辺憲司著　八木書店　1997.2　437,16p　22cm　9000円　①4-8406-9602-0　Ⓝ910.25　〔22452〕

◇近世中期文学の研究　近世文学史研究の会編　笠間書院　1971　272,12p　22cm　3000円　Ⓝ910.25　〔22453〕

◇近世中期文学の諸問題　近世文学史研究の会編　明善堂書店　1966　299,45p　22cm　Ⓝ910.25　〔22454〕

◇近世中期文学の諸問題　第2　近世文学史研究の会編　文化書房博文社　1969　293p　22cm　2000円　Ⓝ910.25　〔22455〕

◇近世における文芸的領域の成立と位相　常吉幸子著　おうふう　1994.5　263p　22cm　12000円　①4-273-02782-8　Ⓝ910.25　〔22456〕

◇近世日本に於ける支那俗語文学史　石崎又造著　清水弘文堂書房　1967　443p　22cm　Ⓝ910.25　〔22457〕

◇近世日本文学　堤精二, 清登典子編著　放送大学教育振興会　1992.3　263p　21cm　(放送大学教材 1992) 2580円　①4-595-85143-X　Ⓝ910.25　〔22458〕

◇近世日本文学管見　伊藤正雄著　尼崎　伊藤正雄先生論文出版会　1963　432p　22cm　Ⓝ910.25　〔22459〕

◇近世日本文学史　神保五弥編　有斐閣　1978.2　248,4p　19cm　(有斐閣双書) 1200円　Ⓝ910.25　〔22460〕

◇近世の学芸―史伝と考証　三古会編　八木書店　1976　432p　22cm　4200円　Ⓝ910.25　〔22461〕

◇近世の雅文学と文人―日本近世文苑の研究続編　宗政五十緒著　京都　同朋舎出版　1995.3　312p　22cm　13000円　①4-8104-2175-9　Ⓝ910.25　〔22462〕

◇近世の日本文学　長島弘明, 清登典子編著　放送大学教育振興会　1998.3　267p　21cm　(放送大学教材 1998) 2800円　①4-595-87389-1　Ⓝ910.25　〔22463〕

◇近世の日本文学　長島弘明, 清登典子編著　改訂版　放送大学教育振興会　2003.3　263p　21cm　(放送大学教材 2003) 2800円　①4-595-23658-1　Ⓝ910.25　〔22464〕

◇近世の文学―芭蕉・西鶴・秋成　松尾靖秋著　文化書房　1963　261p　22cm　Ⓝ910.25　〔22465〕

◇近世の文学　松浦一六著　古川書房　1972　269p　19cm　800円　Ⓝ910.25　〔22466〕

◇近世の文学　上　尾形仂等編　有斐閣　1976　288,8p　19cm　(有斐閣選書) 1100円　Ⓝ910.25　〔22467〕

◇近世の文学　上　黄色瑞華編　高文堂出版社　1997.4　135p　19cm　1048円+税　①4-7707-0542-5　Ⓝ910.25　〔22468〕

◇近世の文学　下　尾形仂等編　有斐閣　1977.3　287,7p　19cm　(有斐閣選書) 1100円　Ⓝ910.25　〔22469〕

◇近世の文学　下　黄色瑞華編　高文堂出版社　1998.9　183p　19cm　1650円　①4-7707-0598-0　Ⓝ910.25　〔22470〕

◇近世の文学と信仰　諏訪春雄著　毎日新聞社　1981.5　222p　19cm　(毎日選書 1) 1100円　Ⓝ910.25　〔22471〕

◇近世の文人たち―文人精神の諸相　牛山之雄著　翰林書房　1995.10　289p　22cm　6800円　①4-906424-83-X　Ⓝ910.25　〔22472〕

◇近世文学　暉峻康隆ほか編著　東出版　1965.11　144p　21cm　(日本文学教養双書 近世 6)　〔22473〕

◇近世文学―作家と作品　中央公論社　1973　626p　22cm　3800円　Ⓝ910.25　〔22474〕

◇近世文学研究事典　岡本勝, 雲英末雄編　桜楓社　1986.4　414p 図版16p　19cm　2800円　①4-273-02095-5　Ⓝ910.25　〔22475〕

◇近世文学研究事典　岡本勝, 雲英末雄編　新版　おうふう　2006.2　498p 図版10枚　20cm　3800円　①4-273-03384-4　Ⓝ910.25　〔22476〕

◇近世文学研究の新展開―俳諧と小説　堀切実編　ぺりかん社　2004.2　757p　21cm　13000円　①4-8315-1063-7　〔22477〕

◇近世文学考　長谷川強著　汲古書院　2007.6　282p　22cm　6000円　①978-4-7629-3562-6　Ⓝ910.25　〔22478〕

◇近世文学雑考　前田金五郎著　勉誠出版　2005.11　674p　22cm　22000円　①4-585-03110-3　Ⓝ910.25　〔22479〕

◇近世文学史　佐藤毅ほか著　双文社出版　1993.3　209p　21cm　1800円　①4-88164-059-3　Ⓝ910.25　〔22480〕

◇近世文学史　日野龍夫著　ぺりかん社　2005.11　662p　22cm　(日野龍夫著作集 第3巻) 8500円　①4-8315-1104-8　Ⓝ910.25　〔22481〕

◇近世文学思想の源流―ルネサンス乃至ロマンチシズム　坪内雄蔵講述　早稲田大学出版部　1868　136p　22cm　〔22482〕

◇近世文学史の諸問題　重友毅著　明治書院　1963　457p　22cm　Ⓝ910.25　〔22483〕

◇近世文学史論　内藤虎次郎(湖南)著　政教社　1897.1　146,32p　23cm　Ⓝ910　〔22484〕

◇近世文学史論　内藤湖南著　大阪　創元社　1939　232p　17cm　(日本文化名著選 第8) Ⓝ910.25　〔22485〕

◇近世文学新選　新屋敷幸繁編　鹿児島　日本文学研究社　1932　85p　19cm　Ⓝ910.25　〔22486〕

◇近世文学選　新町徳之編　内外出版印刷　1928　682p　19cm　Ⓝ910.25　〔22487〕

◇近世文学選　島津久基著　中興館　1929　165p　19cm　Ⓝ375.8　〔22488〕

◇近世文学選　井浦芳信編　有精堂出版　1967.5　127p　22cm　(新集日本文学叢刊)　〔22489〕

◇近世文学選　小山一成, 森顕治編著　文化書房博文社　1996.12　210p　21cm　2575円　①4-8301-0773-1　Ⓝ910.25　〔22490〕

◇近世文学選　芸能篇　荻田清ほか編　大阪　和泉書院　1994.4　249p　21cm　1545円　①4-87088-658-8

◇近世文学選集　潁原退蔵編　明治書院　1934　139p　21cm　Ⓝ375.8　〔22492〕

◇近世文学選集　潁原退蔵編　改訂5版　明治書院　1939　139p　20cm　Ⓝ375.8　〔22493〕

◇近世文学続攷　浅野三平著　おうふう　2005.2　401p　21cm　15000円　①4-273-03370-4　〔22494〕

◇近世文学と漢文学　和漢比較文学会編　汲古書院　1988.6　349p　22cm　(和漢比較文学叢書　第7巻)5500円　Ⓝ910.25　〔22495〕

◇近世文学と和製類書　神谷勝広著　若草書房　1999.11　317,12p　22cm　(近世文学研究叢書 11)9000円　①4-948755-58-3　Ⓝ910.25　〔22496〕

◇近世文学入試問題要解―どう解く？こう解く！　三谷栄一著　有精堂出版　1956　144p　19cm　Ⓝ810.78　〔22497〕

◇近世文学の位相―古典による自覚と反省　重友毅著　日本評論社　1944　344p　21cm　Ⓝ910.25　〔22498〕

◇近世文学の研究　藤村博士功績記念会編　至文堂　1936　701p　21cm　Ⓝ910.25　〔22499〕

◇近世文学の研究　鶴見誠著　勉誠出版　1998.9　391p　22cm　12000円　①4-585-03057-3　Ⓝ910.25　〔22500〕

◇近世文学の研究と資料―虚構の空間　桧谷昭彦教授還暦記念論文集　近世篇　内田保広,小西淑子編　三弥井書店　1988.12　188p　22cm　3300円　①4-8382-3025-7　Ⓝ910.25　〔22501〕

◇近世文学の交流―演劇と小説　河合真澄著　大阪　清文堂出版　2000.7　492p　22cm　13000円　①4-7924-1348-6　Ⓝ910.25　〔22502〕

◇近世文学の女性像　西島孜哉著　京都　世界思想社　1985.10　262p　19cm　(Sekaishiso seminar)1900円　①4-7907-0289-8　Ⓝ910.25　〔22503〕

◇近世文学の溯源　森山重雄著　桜楓社　1976　226p　22cm　3200円　Ⓝ910.25　〔22504〕

◇近世文学の展開　森田雅也編　西宮　関西学院大学出版会(発売)　2000.4　177p　21cm　1800円　①4-907654-10-3　Ⓝ910.25　〔22505〕

◇近世文学の展望　暉峻康隆著　明治書院　1953　371p　19cm　Ⓝ910.25　〔22506〕

◇近世文学の背景　野田寿雄著　塙書房　1964　251p　19cm　(塙選書)Ⓝ910.25　〔22507〕

◇近世文学評論　暉峻康隆著　育英書院　1942　286p　22cm　Ⓝ910.25　〔22508〕

◇近世文学俯瞰　長谷川強編　汲古書院　1997.5　806,2p　22cm　24000円　①4-7629-3403-8　Ⓝ910.25　〔22509〕

◇近世文学未刊本叢書　仮名草子篇,談林俳諧篇　天理図書館司書研究部編　丹波市町(奈良県)　養徳社　1947-1948　2冊　22cm　Ⓝ918　〔22510〕

◇近世文学論　近藤忠義著　日本評論社　1948　266p　21cm　Ⓝ910.25　〔22511〕

◇近世文学論　近藤忠義著　日本評論社　1948　266p　21cm　Ⓝ910.25　〔22512〕

◇近世文学論攷―研究と資料　松尾靖秋編　桜楓社　1985.8　589p　22cm　18000円　①4-273-02029-7　Ⓝ910.25　〔22513〕

◇近世文学論集　重友毅著　文理書院　1972　536p　22cm　(重友毅著作集　第5巻)3500円　Ⓝ910.25　〔22514〕

◇近世文学論輯　森川昭編　大阪　和泉書院　1993.6　574p　22cm　(研究叢書 133)15450円　①4-87088-600-6　Ⓝ910.25　〔22515〕

◇近世文学論叢―中村俊定先生古稀記念　早稲田大学俳諧研究会編　桜楓社　1970　693p　22cm　5800円　Ⓝ910.25　〔22516〕

◇近世文学論叢　水野稔編　明治書院　1992.3　566p　22cm　9800円　①4-625-41100-9　Ⓝ910.25　〔22517〕

◇近世文芸家資料綜覧　森銑三等編　東京堂出版　1973　200p　22cm　Ⓝ910.35　〔22518〕

◇近世文芸志　笹川種郎著　明治書院　1931　450p　図版17枚　20cm　Ⓝ910.25　〔22519〕

◇近世文芸史研究　森銑三著　弘文荘　1934　687p　23cm　Ⓝ910.25　〔22520〕

◇近世文芸思潮　長谷川誠也述　早稲田大学出版部　1909　232p　22cm　(早稲田大学四十二年度文学科第一学年講義録)Ⓝ902　〔22521〕

◇近世文芸思潮攷　中村幸彦著　岩波書店　1975　402p　19cm　2100円　Ⓝ910.25　〔22522〕

◇近世文芸の研究　資料篇　守随憲治編　笠間書院　1974　272p　22cm　4500円　Ⓝ910.25　〔22523〕

◇近世文芸の仏教的研究　村田昇著　京都　百華苑　1963　515p　22cm　Ⓝ910.25　〔22524〕

◇近世文芸復興の精神―日本の自覚と国学の源流　山川弘至著　大日本百科全書刊行会　1943　271p　19cm　Ⓝ910　〔22525〕

◇近世文芸名著標本集　上,下　米山堂編　米山堂　1933-10　2冊　28cm　Ⓝ910.25　〔22526〕

◇近世文芸論―ロマネスクと変容　水田潤編　翰林書房　1995.3　293p　20cm　2800円　①4-906424-59-7　Ⓝ910.25　〔22527〕

◇近世文芸論叢　暉峻康隆編　中央公論社　1978.6　551p　22cm　6500円　Ⓝ910.25　〔22528〕

◇近世文語の研究　鈴木丹士郎著　東京堂出版　2003.9　283p　21cm　8000円　①4-490-20503-1　〔22529〕

◇近世文新鈔参考　光風館編輯部編　光風館　1924　196p　19cm　Ⓝ375.8　〔22530〕

◇近世物之本江戸作者部類　滝沢馬琴著,木村三四吾編　八木書店　1988.5　226,232p　23cm　8000円　Ⓝ910.25　〔22531〕

◇近世和文の世界―蒿蹊・綾足・秋成　風間誠史著　森話社　1998.6　365p　22cm　7200円　①4-7952-9069-5　Ⓝ910.25　〔22532〕

◇劇・近世文学論考　石田元季著　至文堂　1973　487p　22cm　5000円　Ⓝ910.25　〔22533〕

◇研究資料日本古典文学　第4巻　近世小説　大曽根章介ほか編集　明治書院　1983.10　376p　22cm　3900円　Ⓝ910.2　〔22534〕

◇研究資料日本古典文学　第7巻　連歌・俳諧・狂歌　大曽根章介ほか編集　明治書院　1984.9　378p　22cm　3900円　Ⓝ910.2　〔22535〕

◇原典で楽しむ江戸の世界―江戸の文学から浮世絵・錦絵まで　浅野晃,加восточно光男著　里文出版　2004.6　149p　26cm　2300円　①4-89806-210-5　Ⓝ910.25　〔22536〕

◇元禄期の文学と俗　広末保著　未來社　1979.7　241p　20cm　1500円　Ⓝ910.25　〔22537〕

◇元禄の演出者たち　暉峻康隆著　朝日新聞社　1976　254p　19cm　(朝日選書 66)700円　Ⓝ910.25　〔22538〕

◇元禄の演出者たち　暉峻康隆著　朝日新聞社　2005.6　254p　19cm　(朝日選書 66)2800円　①4-86143-025-9　Ⓝ910.25　〔22539〕

◇元禄文学を学ぶ人のために　井上敏幸,上野洋三,西田耕三編　京都　世界思想社　2001.4　282p　19cm　2200円　①4-7907-0866-7　Ⓝ910.25　〔22540〕

◇元禄文学研究　広末保著　東京大学出版会　1955　328p　22cm　Ⓝ910.25　〔22541〕

◇元禄文芸復興　暉峻康隆,郡司正勝著　至文堂　1966　377p　20cm　(日本の文学　第4)Ⓝ910.25　〔22542〕

◇恋舞台―江戸文学の女たち　中山あい子著　鎌倉書房　1978.5　237p　19cm　980円　Ⓝ910.25　〔22543〕

◇講座元禄の文学　第1巻　元禄文学の流れ　浅野晃ほか編　勉誠社　1992.11　318p　20cm　3200円　①4-585-02007-1　Ⓝ910.25　〔22544〕

◇講座元禄の文学　第2巻　元禄文学の開花　1(西鶴と元禄の小説)　浅見晃ほか編　勉誠社　1992.6　380p　20cm　3500円　①4-585-02008-X　Ⓝ910.25　〔22545〕

◇講座元禄の文学　第3巻　元禄文学の開花　2(芭蕉と元禄の俳諧)　浅野晃ほか編　勉誠社　1992.10　410p　20cm　3500円　①4-585-02009-8　Ⓝ910.25　〔22546〕

◇講座元禄の文学　第4巻　元禄文学の開花　3(近松と元禄の演劇)　浅野晃ほか編　勉誠社　1993.3　440p　20cm　3500円　①4-585-02010-1　Ⓝ910.25　〔22547〕

◇講座元禄の文学　第5巻　元禄文学の状況　浅野晃ほか編　勉誠社　1993.10　397p　20cm　3200円　①4-585-02011-X　Ⓝ910.25　〔22548〕

◇講座日本文学　第8　近世編　第2　三省堂　1969　214p　22cm　580円　Ⓝ910.2　〔22549〕

◇国語論究　第12集　江戸語研究―式亭三馬と十返舎一九　飛田良文編　飛田良文編　明治書院　2006.3　568p　22cm　18000円　①4-625-43334-7　Ⓝ810.4　〔22550〕

◇国文学研究資料館講演集　13　江戸から東京へ―継承と創造　国文学研究資料館整理閲覧部参考室編　国文学研究資料館　1992.3　132p　21cm　①4-87592-037-7　Ⓝ910.8　〔22551〕

◇国文学大講座　第18　江戸文学概説　藤井乙男著　日本文学社　1935　282p　23cm　910　〔22552〕

◇国文学年次別論文集近世　昭和55　1980年　1　学術文献普及会編集　東久留米　朋文出版　1982.4　858p　18×25cm　9800円　Ⓝ910.25　〔22553〕

◇国文学年次別論文集近世　昭和55　1980年　2　学術文献普及会編集　東久留米　朋文出版　1982.5　886p　18×25cm　9800円　Ⓝ910.25　〔22554〕

◇国文学年次別論文集近世　昭和56　1981年　1　学術文献刊行会編集　東久留米　朋文出版　1983.2　924p　18×25cm　9800円　Ⓝ910.25　〔22555〕

◇国文学年次別論文集近世　昭和56　1981年　2　学術文献刊行会編集　東久留米　朋文出版　1983.3　882p　18×25cm　9800円　Ⓝ910.25　〔22556〕

◇国文学年次別論文集近世　昭和57　1982年　1　学術文献刊行会編集　東久留米　朋文出版　1984.2　728p　18×25cm　9800円　Ⓝ910.25　〔22557〕

◇国文学年次別論文集近世　昭和57　1982年　2　学術文献刊行会編集　東久留米　朋文出版　1984.3　806p　18×25cm　9800円　Ⓝ910.25　〔22558〕

◇国文学年次別論文集近世　昭和58　1983年　1　学術文献刊行会編　東久留米　朋文出版　1985.2　801p　18×25cm　9800円　Ⓝ910.25　〔22559〕

◇国文学年次別論文集近世　昭和58　1983年　2　学術文献刊行会編　東久留米　朋文出版　1985.3　730p　18×25cm　9800円　Ⓝ910.25　〔22560〕

◇国文学年次別論文集近世　昭和59　1984年　1　学術文献刊行会編　東久留米　朋文出版　1986.2　753p　18×25cm　9800円　Ⓝ910.25　〔22561〕

◇国文学年次別論文集近世　昭和59　1984年　2　学術文献刊行会編　東久留米　朋文出版　1986.3　735p　18×25cm　9800円　Ⓝ910.25　〔22562〕

◇国文学年次別論文集近世　昭和60　1985年　1　学術文献刊行会編　東久留米　朋文出版　1987.2　722p　18×25cm　9800円　Ⓝ910.25　〔22563〕

◇国文学年次別論文集近世　昭和60　1985年　2　学術文献刊行会編　東久留米　朋文出版　1987.3　776p　18×25cm　9800円　Ⓝ910.25　〔22564〕

◇国文学年次別論文集近世　昭和61　1986年　1　学術文献刊行会編　東久留米　朋文出版　1988.2　815p　18×25cm　9800円　Ⓝ910.25　〔22565〕

◇国文学年次別論文集近世　昭和61　1986年　2　学術文献刊行会編　東久留米　朋文出版　1988.3　797p　18×25cm　9800円　Ⓝ910.25　〔22566〕

◇国文学年次別論文集近世　昭和62　1987年　1　学術文献刊行会編　東久留米　朋文出版　1989.2　791p　18×25cm　9800円　Ⓝ910.25　〔22567〕

◇国文学年次別論文集近世　昭和62　1987年　2　学術文献刊行会編　東久留米　朋文出版　1989.3　799p　18×25cm　9800円　Ⓝ910.25　〔22568〕

◇『古典講座』要録集―平成十七年度大阪府立中之島図書館百周年記念　大阪府立中之島図書館百周年記念基金運営委員会編　大阪　大阪府立中之島図書館百周年記念基金運営委員会　2006.8　42p　30cm　Ⓝ910.25　〔22569〕

◇古典文学選　8　銀河　説話・物語　横山青娥著　塔影書房　1972　164p　22cm　2700円　Ⓝ910.2　〔22570〕

◇西鶴・芭蕉・近松―近世文学の生成空間　森修著　大阪　和泉書院　1992.7　294p　20cm　(和泉選書 67)3914円　①4-87088-544-1　Ⓝ910.25　〔22571〕

◇嵯峨本考・江戸物語　錦絵の改印の考証・地本錦絵問屋譜　和田維四郎,石井研堂著　クレス出版　1995.5　1冊　22cm　(近世文芸研究叢書 9―第一期文学篇　一般2)①4-87733-001-1　Ⓝ910.25　〔22572〕

◇三人称の発見まで　野口武彦著　筑摩書房　1994.6　269p　20cm　2700円　①4-480-82311-5　Ⓝ910.25　〔22573〕

◇時代別日本文学史事典　近世編　時代別日本文学史事典編集委員会編　東京堂出版　1997.6　476p　22cm　6000円+税　①4-490-10459-6　Ⓝ910.2　〔22574〕

◇写真・文学碑めぐり　第3　江戸文学・東京篇　本山桂川著　芳賀書店　1963　322p　19cm　Ⓝ910.2　〔22575〕

◇写真・文学碑めぐり　第4　江戸文学・諸国篇　本山桂川著　芳賀書店　1965　334p　19cm　Ⓝ910.2　〔22576〕

◇周作人と江戸庶民文芸　呉紅華著　創土社　2005.11　265p　22cm　2600円　①4-7893-0047-1　Ⓝ920.278　〔22577〕

◇十八世紀の江戸文芸―雅と俗の成熟　中野三敏著　岩波書店　1999.1　328,19p　20cm　3000円　①4-00-023337-8　Ⓝ910.25　〔22578〕

◇資料日本文学史　近世篇　青山忠一,萩原恭男,田中伸編　桜楓社　1976　215p　22cm　1000円　Ⓝ910.25　〔22579〕

◇資料日本文学史　中世・近世篇　半田公平等著　桜楓社　1976　300p　22cm　1200円　Ⓝ910.2　〔22580〕

◇史話俗談　関根正直著　クレス出版　1995.5　479p　22cm　(近世文芸研究叢書 11―第一期文学篇　一般4)①4-87733-001-1　Ⓝ910.25　〔22581〕

◇新訂　江戸文学史　上中下巻　高野辰之著　東京堂　1952　3冊　22cm　(日本文学全史 巻7-9)Ⓝ910.25

◇新日本古典文学大系　62　田植草紙・山家鳥虫歌・鄙廼一曲・琉歌百控　岩波書店　1997.12　682p　22cm　Ⓘ4-00-240062-X　Ⓝ918　〔22582〕
◇新日本古典文学大系　97　当代江戸百物語・在津紀事・仮名世説　佐竹昭広ほか編　岩波書店　2000.5　437,22p　22cm　4200円　Ⓘ4-00-240097-2　Ⓝ918　〔22583〕
◇新編江戸幻想文学誌　高田衛著　筑摩書房　2000.6　309p　15cm　（ちくま学芸文庫）1100円　Ⓘ4-480-08552-1　Ⓝ910.25　〔22584〕
◇新編日本古典文学全集　79　黄表紙・川柳・狂歌　棚橋正博, 鈴木勝忠, 宇田敏彦注解　小学館　1999.8　622p　23cm　4657円　Ⓘ4-09-658079-1　Ⓝ918　〔22585〕
◇新編日本古典文学全集　83　近世説美少年録　1　滝沢馬琴著　徳田武校注・訳　小学館　1999.7　525p　23cm　4267円　Ⓘ4-09-658083-X　Ⓝ918　〔22586〕
◇新編日本古典文学全集　84　近世説美少年録　2　滝沢馬琴著　徳田武校注・訳　小学館　2000.7　622p　23cm　4657円　Ⓘ4-09-658084-8　Ⓝ918　〔22587〕
◇新編日本古典文学全集　85　近世説美少年録　3　滝沢馬琴著　徳田武校注・訳　小学館　2001.10　670p　23cm　4657円　Ⓘ4-09-658085-6　Ⓝ918　〔22588〕
◇シンポジウム日本文学　11　幕末の文学　前田愛司会　学生社　1977.3　226p　22cm　1900円　Ⓝ910.8　〔22589〕
◇すい・つう・いき―江戸の美意識攷　中尾達郎著　三弥井書店　1984.4　225p　20cm　1600円　Ⓘ4-8382-9007-1　Ⓝ910.25　〔22590〕
◇鈴木牧之資料集　鈴木牧之著, 宮栄二編　新潟　新潟県教育委員会　1961　305p図版　地　26cm　（新潟県文化財調査報告書　第7記録篇）Ⓝ910.25　〔22591〕
◇雀躍　饗庭篁邨著　クレス出版　1995.5　554p　22cm　（近世文芸研究叢書　8―第一期文学篇　一般　1）Ⓘ4-87733-001-1　Ⓝ910.25　〔22592〕
◇図説資料近世文学史　諏訪春雄著　勉誠社　1986.3　112p　22cm　1200円　Ⓝ910.25　〔22593〕
◇聖と俗のドラマツルギー―御霊・供犠・異界　諏訪春雄著　學藝書林　1988.5　329p　20cm　2300円　Ⓘ4-905640-29-6　Ⓝ910.25　〔22594〕
◇説話論集　第10集　説話の近世的変容　説話と説話文学の会編　大阪　清文堂出版　2001.7　397p　22cm　9300円　Ⓘ4-7924-1352-4　Ⓝ913.37　〔22595〕
◇前近代の可能性―近世文学試論　広末保著　未來社　1960　236p　19cm　Ⓝ910.4　〔22596〕
◇先駆者　メレジコウスキイ著　谷崎精二訳　早稲田大学出版部　1916　700p　23cm　（近世文学　第6編）Ⓝ983　〔22597〕
◇草稿とテキスト―稿本と・写本と版本・テキスト　日本近世文学における諸問題報告集2　大妻女子大学草稿・テキスト研究所　2002.3　75p　21cm　非売品　Ⓝ910.25　〔22598〕
◇叢書江戸文庫　月報―27-45,47　　　2　国書刊行会　1993.9-2001.2　1冊　22cm　Ⓝ910.25　〔22599〕
◇ソウル大学校所蔵近世芸文集　第2巻　鳥居フミ子著　勉誠社　1998.2　946p　22cm　Ⓘ4-585-10028-8　Ⓝ918.5　〔22600〕
◇ソウル大学校所蔵近世芸文集　第3巻　鳥居フミ子著　勉誠出版　1999.2　1238p　22cm　Ⓘ4-585-10049-0　Ⓝ918.5　〔22601〕
◇ソウル大学校所蔵近世芸文集　第4巻　鳥居フミ子著　勉誠出版　1999.2　p1240-2514　22cm　Ⓘ4-585-10049-0　Ⓝ918.5　〔22602〕
◇ソウル大学校所蔵近世芸文集　第5巻　鳥居フミ子著　勉誠出版　2000.2　1044p　22cm　Ⓘ4-585-10056-3　Ⓝ918.5　〔22603〕
◇ソウル大学校所蔵近世芸文集　第6巻　鳥居フミ子著　勉誠出版　2000.2　1046-2092,25p　22cm　Ⓘ4-585-10056-3　Ⓝ918.5　〔22604〕
◇知死期時―近松と馬琴と南北と　伊藤比呂美著　朝日出版社　1985.6　159p　18cm　（週刊本　34）680円　Ⓘ4-255-85037-2　Ⓝ910.25　〔22605〕
◇中世の残照　西田正好著　桜楓社　1971　291p　19cm　950円　Ⓝ910.25　〔22606〕
◇天明文学―資料と研究　浜田義一郎編　東京堂出版　1979.5　547p　22cm　9800円　Ⓝ910.25　〔22607〕
◇東京女子大学所蔵近世芸文集―影印と目録　鳥居フミ子, 酒井わか奈編　ぺりかん社　1996.3　630p　22cm　13390円　Ⓘ4-8315-0719-9　Ⓝ910.25　〔22608〕
◇東京大学総合図書館再建70周年記念近世文学資料展―展示資料目録　東京大学附属図書館所蔵資料展示委員会編　東京大学附属図書館　1998.11　17p　30cm　〔22609〕
◇東北の文学・秋田の文学―道奥古典ノート　井上隆明著　秋田　秋田文化出版　2001.3　215p　19cm　2000円　Ⓘ4-87022-424-0　Ⓝ910.25　〔22610〕
◇中村幸彦著述集　第1巻　近世文芸思潮論　中央公論社　1982.11　410p　22cm　6800円　Ⓝ910.25　〔22611〕
◇中村幸彦著述集　第2巻　近世の表現　中央公論社　1982.6　419p　22cm　6500円　Ⓝ910.25　〔22612〕
◇中村幸彦著述集　第3巻　近世文芸〔ヨウ〕稿　中央公論社　1983.5　494p　22cm　7000円　Ⓝ910.25　〔22613〕
◇中村幸彦著述集　第6巻　近世作家作品論　中央公論社　1982.9　434p　22cm　6800円　Ⓝ910.25　〔22614〕
◇中村幸彦著述集　第7巻　近世比較文学攷　中央公論社　1984.3　401p　22cm　6500円　Ⓘ4-12-402147-X　Ⓝ910.25　〔22615〕
◇中村幸彦著述集　第13巻　近世世語　中央公論社　1984.7　358p　22cm　6500円　Ⓘ4-12-402153-4　Ⓝ910.25　〔22616〕
◇中村幸彦著述集　第15巻　菜色子雑筆　中央公論社　1989.7　651p　22cm　8600円　Ⓘ4-12-402155-0　Ⓝ910.25　〔22617〕
◇軟本羮　尾崎久弥著　廣済堂出版　1968　367p　図版16枚　20cm　Ⓝ910.25　〔22618〕
◇日本をみつけた。―江戸時代の文華―展図録―日本近世文学会創立50周年記念　日本近世文学会編　日本近世文学会　2002.6　143p　26cm　Ⓝ210.5　〔22619〕
◇日本近世文苑の研究　宗政五十緒著　未來社　1977.11　445,4p　22cm　6800円　Ⓝ910.25　〔22620〕
◇日本近世文学―展望と考察　重友毅著　みすず書房　1954　334p　19cm　Ⓝ910.25　〔22621〕
◇日本近世文学研究の新領域　宗政五十緒編　京都　思文閣出版　1998.5　302,2p　22cm　6800円　Ⓘ4-7842-0972-7　Ⓝ910.25　〔22622〕
◇日本近世文学史　重友毅著　岩波書店　1952　313p　18cm　（岩波全書）Ⓝ910.25　〔22623〕
◇日本近世文学史稿　村田穆著　京都　関書院　1955　65p　19cm　Ⓝ910.25　〔22624〕
◇日本近世文学の成立―異端の系譜　松田修著　法政大学出版局　1963　326p　22cm　（叢書日本文学史研究）Ⓝ910.25　〔22625〕
◇日本近世文学の成立―異端の系譜　松田修著　新版　法

◇政大学出版局 1972 345p 20cm （叢書日本文学史研究）1500円 Ⓝ910.25 〔22627〕
◇日本近世文学の展望 小田切秀雄著 御茶の水書房 1957 308p 20cm Ⓝ910.25 〔22628〕
◇日本近世文学論 森田喜郎著 大阪 和泉書院 1987.3 149p 19cm （和泉選書 29）2000円 Ⓘ4-87088-230-2 Ⓝ910.25 〔22629〕
◇日本の近世 第12巻 文学と美術の成熟 辻達也, 朝尾直弘編 中野三敏編 中央公論社 1993.5 506p 図版32p 21cm 3200円 Ⓘ4-12-403032-0 Ⓝ210.5 〔22630〕
◇日本の近世文学 荒木繁ほか編 新日本出版社 1983.10 301,23p 19cm 1500円 Ⓝ910.25 〔22631〕
◇日本の古典 江戸文学編 揖斐高, 鈴木健一編著 放送大学教育振興会 2006.3 267p 21cm （放送大学教材 2006）2800円 Ⓘ4-595-30649-0 Ⓝ910.2 〔22632〕
◇日本文学講座 第4巻 近世の文学〔ほか〕近藤忠義 河出書房 1950-1951 22cm Ⓝ910.8 〔22633〕
◇日本文学講座 第4巻 近世の文学〔ほか〕近藤忠義 河出書房 1955-1956 17cm Ⓝ910.8 〔22634〕
◇日本文学史 第4巻 近世 久松潜一等編 至文堂 1955-1957 22cm Ⓝ910.2 〔22635〕
◇日本文学史 第4 近世 久松潜一等編 改訂新版 至文堂 1964 23cm Ⓝ910.2 〔22636〕
◇日本文学史 近世篇 上 ドナルド・キーン著, 徳岡孝夫訳 中央公論社 1976.12 379p 20cm 1500円 Ⓝ910.25 〔22637〕
◇日本文学史 近世篇 下 ドナルド・キーン著, 徳岡孝夫訳 中央公論社 1977.7 556p 20cm 1850円 Ⓝ910.25 〔22638〕
◇日本文学史を読む 4 近世 有精堂編集部編 有精堂出版 1992.1 170p 21cm 2500円 Ⓘ4-640-30716-0 Ⓝ910.2 〔22639〕
◇日本文学新史 近世 松田修編 至文堂 1990.10 383p 22cm 4660円 Ⓘ4-7843-0061-9 Ⓝ910.25 〔22640〕
◇日本文学全史 4 近世 市古貞次責任編集 堤精二編集 學燈社 1979.5 663p 23cm 7000円 Ⓝ910.2 〔22641〕
◇日本文学全史 4 近世 市古貞次責任編集 堤精二編集 増訂版 學燈社 1990.3 678p 23cm 8000円 Ⓝ910.2 〔22642〕
◇日本文学の歴史 7 近世篇 1 ドナルド・キーン著 徳岡孝夫訳 中央公論社 1995.5 305p 21cm 2200円 Ⓘ4-12-403226-9 Ⓝ910.2 〔22643〕
◇日本文学の歴史 8 近世篇 2 ドナルド・キーン著 徳岡孝夫訳 中央公論社 1995.7 372p 21cm 2200円 Ⓘ4-12-403227-7 Ⓝ910.2 〔22644〕
◇日本文学の歴史 9 近世篇 3 ドナルド・キーン著 徳岡孝夫訳 中央公論社 1995.9 343p 21cm 2200円 Ⓘ4-12-403228-5 Ⓝ910.2 〔22645〕
◇日本文学評論史 第2巻 近世近代篇 久松潜一著 至文堂 1949-1952 21cm Ⓝ910.1 〔22646〕
◇日本文芸史—表現の流れ 第4巻 近世 原道生編, 林達也編 河出書房新社 1988.4 410,13p 22cm 4800円 Ⓘ4-309-60924-4 Ⓝ910.2 〔22647〕
◇年表資料近世文学史 松崎仁, 白石悌三, 谷脇理史編 笠間書院 1977.4 281p 21cm 800円 Ⓝ910.25 〔22648〕
◇幕末・維新期の文学 前田愛著 法政大学出版局 1972 364,14p 20cm （叢書・日本文学史研究）1500円

Ⓝ910.26 〔22649〕
◇播磨近世芸文集 金井寅之助編著 神戸 松蔭女子学院大学国文学研究室 1977.11 292p 22cm （松蔭国文資料叢刊 3）Ⓝ910.25 〔22650〕
◇評釈江戸繁昌記 寺門静軒著 聚栄堂 1921 159p 19cm （日本名著文庫）Ⓝ210.5 〔22651〕
◇表覧日本文芸史 第2 近世・近代篇 高木市之助著 武蔵野書院 1950 531p 21cm Ⓝ910.2 〔22652〕
◇広末保著作集 第1巻 元禄文学研究 藤田省三ほか編 影書房 1996.11 374p 20cm 3914円 Ⓘ4-87714-228-2 Ⓝ910.25 〔22653〕
◇広末保著作集 第3巻 前近代の可能性 広末保著 影書房 1997.8 329p 20cm 3800円 Ⓘ4-87714-241-X Ⓝ910.25 〔22654〕
◇広末保著作集 第5巻 もう一つの日本美—前近代の悪と死 広末保著 影書房 1997.12 358p 20cm 3800円 Ⓘ4-87714-245-2 Ⓝ910.25 〔22655〕
◇広末保著作集 第6巻 悪場所の発想 藤田省三ほか編 影書房 1997.3 397p 20cm 3914円 Ⓘ4-87714-235-5 Ⓝ910.25 〔22656〕
◇広末保著作集 第10巻 漂泊の物語 広末保著 影書房 2000.11 259p 20cm 3800円 Ⓘ4-87714-274-6 Ⓝ910.25 〔22657〕
◇広末保著作集 第11巻 近世文学にとっての俗 広末保著 影書房 2001.3 444p 20cm 3800円 Ⓘ4-87714-278-9 Ⓝ910.25 〔22658〕
◇広末保著作集 第12巻 遊行の思想と現代—対談集 広末保著 影書房 1998.4 413p 20cm 3800円 Ⓘ4-87714-256-8 Ⓝ910.25 〔22659〕
◇広末保著作集 月報—no.1-10,no.12 影書房 1996.11-2001.3 1冊 18cm Ⓝ910.25 〔22660〕
◇藤井乙男著作集 第1巻 江戸文学研究 藤井乙男著 竹野静雄編・解説 藤井乙男著 クレス出版 2007.2 814,3p 22cm 16500円 Ⓘ978-4-87733-351-5,978-4-87733-360-7 Ⓝ910.8 〔22661〕
◇藤井乙男著作集 第2巻 江戸文学叢説 藤井乙男著 竹野静雄編・解説 藤井乙男著 クレス出版 2007.2 556,4p 22cm 11500円 Ⓘ978-4-87733-352-2,978-4-87733-360-7 Ⓝ910.8 〔22662〕
◇藤井乙男著作集 第5巻 俳諧研究 藤井乙男著 竹野静雄編・解説 藤井乙男著 クレス出版 2007.2 457,6p 22cm 9000円 Ⓘ978-4-87733-355-3,978-4-87733-360-7 Ⓝ910.8 〔22663〕
◇文人の死因—カルテ拝見 杉浦守邦著 京都 東山書房 2002.5 320p 19cm 2000円 Ⓘ4-8278-1237-3 Ⓝ910.25 〔22664〕
◇文人墨客がつどう——九世紀北信濃の文芸ネットワーク 長野県立歴史館編 更埴 長野県立歴史館 2001 84p 30cm Ⓝ910.29 〔22665〕
◇封建庶民文学の研究 森山重雄著 三一書房 1960 381p 22cm Ⓝ910.25 〔22666〕
◇封建庶民文学の研究 森山重雄著 三一書房 1971 381,8p 22cm 2100円 Ⓝ910.25 〔22667〕
◇封建制下の文学 永積安明著 丹波書林 1946 86p 18cm （学芸新書 3）6円 Ⓝ910.24 〔22668〕
◇放送江戸文学講話 尾崎久弥著 三笠書房 1935 492p 19cm Ⓝ910.25 〔22669〕
◇牧之 鈴木牧之顕彰会編 塩沢町（新潟県） 1961

◇牡丹灯記の系譜　太刀川清著　勉誠社　1998.3　136p　22cm　2500円　Ⓘ4-585-03056-5　Ⓝ910.25　〔22671〕

◇松田修著作集　第1巻　松田修著　右文書院　2002.9　688p　22cm　8900円　Ⓘ4-8421-0018-4　Ⓝ910.8　〔22672〕

◇松田修著作集　第7巻　松田修著　右文書院　2003.2　664p　22cm　8400円　Ⓘ4-8421-0024-9　Ⓝ910.8　〔22673〕

◇見えない世界の文学誌─江戸文学考究　高田衛編　ぺりかん社　1994.3　374p　22cm　7200円　Ⓘ4-8315-0627-3　Ⓝ910.25　〔22674〕

◇水谷不倒著作集　第1巻　中央公論社　1974　377p　22cm　4500円　Ⓝ910.25　〔22675〕

◇水谷不倒著作集　第3巻　中央公論社　1974　388p　22cm　4500円　Ⓝ910.25　〔22676〕

◇水谷不倒著作集　第4巻　中央公論社　1974　406p　22cm　4500円　Ⓝ910.25　〔22677〕

◇水谷不倒著作集　第6巻　中央公論社　1975　392p　22cm　4500円　Ⓝ910.25　〔22678〕

◇水谷不倒著作集　第7巻　中央公論社　1974　369p　22cm　4500円　Ⓝ910.25　〔22679〕

◇水谷不倒著作集　第8巻　中央公論社　1977.5　445p　22cm　4500円　Ⓝ910.25　〔22680〕

◇三田村鳶魚全集　第23巻　中央公論社　1977.2　394p　20cm　1800円　Ⓝ210.5　〔22681〕

◇三田村鳶魚全集　第24巻　中央公論社　1976.12　381p　20cm　1800円　Ⓝ210.5　〔22682〕

◇水戸の和文　梶山孝夫編　江戸崎町（茨城県）　江風舎　1995.10　91p　21cm　Ⓝ910.25　〔22683〕

◇水戸の和文　続　梶山孝夫編　江戸崎町（茨城県）　江風舎　1996.3　90p　21cm　Ⓝ910.25　〔22684〕

◇無常観の伝承─日本仏教文芸思想史　近世・近代編　西田正好著　桜楓社　1976　694p　22cm　12000円　Ⓝ910.25　〔22685〕

◇むらさき控─新編江戸歳事記　加藤郁乎著　小沢書店　1985.6　228p　20cm　1800円　Ⓝ910.25　〔22686〕

◇物語近世文学　第1巻　南総里見八犬伝　上巻　雄山閣編　雄山閣　1940　284p　23cm　Ⓝ913.5　〔22687〕

◇物語近世文学　第2巻　南総里見八犬伝　下　雄山閣編　雄山閣　1941　278p　22cm　Ⓝ913.5　〔22688〕

◇物語近世文学　第3巻　真書太閤記　上　雄山閣編　雄山閣　1939　325p　23cm　Ⓝ913.5　〔22689〕

◇物語近世文学　第4巻　真書大閤記　下　雄山閣編　雄山閣　1941　298p　22cm　Ⓝ913.5　〔22690〕

◇物語近世文学　第5巻　大岡政談　雄山閣編　雄山閣　1939　300p　23cm　Ⓝ913.5　〔22691〕

◇物語近世文学　第6巻　仇討小説集　雄山閣編　雄山閣　1940　272p　23cm　Ⓝ913.5　〔22692〕

◇物語近世文学　第7巻　椿説弓張月　雄山閣編　雄山閣　1940　268p　23cm　Ⓝ913.5　〔22693〕

◇物語近世文学　第8巻　浄瑠璃名作集　雄山閣編　雄山閣　1940　268p　22cm　Ⓝ912　〔22694〕

◇物語近世文学　第9巻　御家騒動実記　雄山閣編　雄山閣　1941　258p　22cm　Ⓝ913.5　〔22695〕

◇物語近世文学　第10巻　怪談奇譚名作集　雄山閣編　雄山閣　1940　263p　22cm　Ⓝ913.5　〔22696〕

◇物語近世文学　第11巻　笑話名作集　雄山閣編　雄山閣　1940　250p　23cm　Ⓝ913.5　〔22697〕

◇物語近世文学　第12巻　水滸伝　雄山閣編　雄山閣　1941　266p　22cm　Ⓝ913.5　〔22698〕

◇物語近世文学　第13巻　西遊記　雄山閣編　雄山閣　1940　283p　22cm　Ⓝ913.5　〔22699〕

◇物語近世文学　第14巻　水滸伝　続　雄山閣編　雄山閣　1941　251p　22cm　Ⓝ913.5　〔22700〕

◇森銑三著作集　続編 第7巻　中村幸彦ほか編　中央公論社　1993.10　595p　22cm　6800円　Ⓘ4-12-403080-0　Ⓝ081.6　〔22701〕

◇森銑三著作集　続編 第9巻　中村幸彦ほか編　中央公論社　1994.2　602p　22cm　6800円　Ⓘ4-12-403082-7　Ⓝ081.6　〔22702〕

◇山口剛著作集　第1　江戸文学篇 1　中央公論社　1972　488p　22cm　3800円　Ⓝ910.25　〔22703〕

◇山口剛著作集　第2　江戸文学篇 2　中央公論社　1972　508p　22cm　3800円　Ⓝ910.25　〔22704〕

◇山口剛著作集　第3　江戸文学篇 3　中央公論社　1972　520p　22cm　3800円　Ⓝ910.25　〔22705〕

◇山口剛著作集　第4　江戸文学篇 4　中央公論社　1972　531p　22cm　3800円　Ⓝ910.25　〔22706〕

◇山口剛著作集　第5　翻訳篇　中央公論社　1972　508p　22cm　3800円　Ⓝ910.25　〔22707〕

◇山口剛著作集　第6　雑纂　中央公論社　1972　527p　22cm　3800円　Ⓝ910.25　〔22708〕

◇爛熟期・頽廃期の江戸文学　高須芳次郎著　明治書院　1931　675p　20cm　Ⓝ910.25　〔22709〕

◇論集近世文学　1　近松とその周辺　小池正胤ほか編　勉誠社　1991.5　312p　21cm　3800円　Ⓘ4-585-04011-0　Ⓝ910.25　〔22710〕

◇論集近世文学　2　歌舞伎　小池正胤ほか編　勉誠社　1991.5　362p　21cm　3800円　Ⓘ4-585-04012-9　Ⓝ910.25　〔22711〕

◇論集近世文学　3　西鶴とその周辺　桧谷昭彦ほか編　勉誠社　1991.11　775p　22cm　12500円　Ⓝ910.25　〔22712〕

◇論集近世文学　4　俳諧史の新しき地平　森川昭ほか編　勉誠社　1992.9　453p　22cm　9800円　Ⓘ4-585-04014-5　Ⓝ910.25　〔22713〕

◇論集近世文学　5　共同研究秋成とその時代　高田衛責任編集　勉誠社　1994.11　651p　22cm　15450円　Ⓘ4-585-04015-3　Ⓝ910.25　〔22714〕

◇論叢元禄の文学　浅野晃著　勉誠社　1993.9　277,8p　22cm　8000円　Ⓘ4-585-03020-4　Ⓝ910.25　〔22715〕

◆◆女流文学

◇江戸時代女流文学全集　第1巻　古谷知新編　増補新装版　日本図書センター　2001.6　580p　22cm　14000円　Ⓘ4-8205-8478-2,4-8205-8477-4　Ⓝ918.5　〔22716〕

◇江戸時代女流文学全集　第2巻　古谷知新編　増補新装版　日本図書センター　2001.6　610p　22cm　14000円　Ⓘ4-8205-8479-0,4-8205-8477-4　Ⓝ918.5　〔22717〕

◇江戸時代女流文学全集　第3巻　古谷知新編　増補新装版　日本図書センター　2001.6　672p　22cm　14000円　Ⓘ4-8205-8480-4,4-8205-8477-4　Ⓝ918.5　〔22718〕

◇江戸時代女流文学全集　第4巻　古谷知新編　増補新装版　日本図書センター　2001.6　570,10p　22cm　14000円　Ⓘ4-8205-8481-2,4-8205-8477-4　Ⓝ918.5　〔22719〕

◇江戸時代女流文芸史─地方を中心に　俳諧・和歌・漢詩編　前田淑著　笠間書院　1999.2　406p　22cm　（笠間

◇叢書 321）9800円　Ⓘ4-305-10321-4　Ⓝ910.25
〔22720〕

◇江戸時代女流文芸史—地方を中心に　旅日記編　前田淑著　笠間書院　1998.5　442p　22cm　（笠間叢書 311）12500円　Ⓘ4-305-10311-7　Ⓝ910.25
〔22721〕

◇江戸女流文学の発見—光ある身こそくるしき思ひなれ　門玲子著　藤原書店　1998.3　376p　20cm　3800円　Ⓘ4-89434-097-6　Ⓝ910.25
〔22722〕

◇江戸女流文学の発見—光ある身こそくるしき思ひなれ　門玲子著　新版　藤原書店　2006.3　376p　20cm　3800円　Ⓘ4-89434-508-0　Ⓝ910.25
〔22723〕

◇書く女たち—江戸から明治のメディア・文学・ジェンダーを読む　北田幸恵著　學藝書林　2007.6　398,5p　19cm　3000円　Ⓘ978-4-87517-078-5
〔22724〕

◇近世地方女流文芸拾遺　前田淑編　福岡　弦書房　2005.3　508p　22cm　4300円　Ⓘ4-902116-30-8　Ⓝ918.5
〔22725〕

◇貞心と千代と蓮月　相馬御風著　春秋社　1930　329p　20cm　Ⓝ911.15
〔22726〕

◇貞心と千代と蓮月　相馬御風著　春秋社　1932　256p　18cm　（春秋文庫　第2部第2）Ⓝ911.15
〔22727〕

◇貞心と千代と蓮月　相馬御風著　春秋社　1939　256p　18cm　Ⓝ911.15
〔22728〕

◆小説

◇怪世談　荒木田麗女著　石村雍子解説　明科町（長野県）しののめ書房　1992.1　242p　21cm　（朝霧叢書 第22編）Ⓝ913.5
〔22729〕

◇あんばいよしのお伝　林美一著　有光書房　1973　2冊　（付録・はり込み図4枚）19cm　5500円　Ⓝ913.5
〔22730〕

◇江戸あやし物語　原武男著　河出書房新社　2003.8　299p　15cm　（河出文庫）750円　Ⓘ4-309-40700-5　Ⓝ913.5
〔22731〕

◇江戸戯作　神保五弥,杉浦日向子著　新潮社　1991.10　112p　20cm　（新潮古典文学アルバム 24）1300円　Ⓘ4-10-620724-9　Ⓝ913.5
〔22732〕

◇江戸時代仮名絵入文学書概論—「江戸文学総瞰」解説並に収録目目　川瀬一馬著　雄松堂書店　1972　66,57p　図56p　23cm　1200円　Ⓝ913.5
〔22733〕

◇江戸時代仮名絵入文学書概論—「江戸文学総瞰」解説並に収録目目　川瀬一馬著　増補版　大東急記念文庫　1977.11　66,68p　図版56p　23cm　非売品　Ⓝ913.5
〔22734〕

◇江戸時代戯曲小説通志　双木園主人著　大阪　弘文社　1927　500p　23cm　Ⓝ910.25
〔22735〕

◇江戸時代戯曲小説通志　双木園主人著　クレス出版　1994.11　500p　22cm　（近世文芸研究叢書 4—第一期文学篇 通史4）Ⓘ4-87733-000-3　Ⓝ913.5
〔22736〕

◇江戸時代小説史　鈴木暢幸著　教育研究会　1932　978,42p　22cm　Ⓝ910.25
〔22737〕

◇江戸時代諸国奇談　原武男著　河出書房新社　1973　294p　20cm　880円　Ⓝ913.5
〔22738〕

◇江戸時代諸国奇談　原武男著　河出書房新社　1987.10　251p　15cm　（河出文庫）420円　Ⓘ4-309-47120-X　Ⓝ913.5
〔22739〕

◇江戸小説概論　麻生磯次著　山田書院　1956　425p　22cm　Ⓝ913.5
〔22740〕

◇江戸小説と漢文学　和漢比較文学会編　汲古書院　1993.5　295p　22cm　（和漢比較文学叢書 第17巻）6500円　Ⓘ4-7629-3241-8　Ⓝ913.5
〔22741〕

◇江戸小説論叢　水野稔著　中央公論社　1974　416p　22cm　4800円　Ⓝ913.5
〔22742〕

◇江戸文学の虚構と形象　高田衛著　森話社　2001.6　395p　22cm　5400円　Ⓘ4-916087-20-8　Ⓝ913.5
〔22743〕

◇江戸名作　暉峻康隆著　學燈社　1952　314p　16cm　（学灯文庫）Ⓝ913.5
〔22744〕

◇頴原退蔵著作集　第17巻　近世小説 1　中央公論社　1980.8　476p　20cm　2900円　Ⓝ910.25
〔22745〕

◇頴原退蔵著作集　第18巻　近世小説2・浄瑠璃　中央公論社　1980.10　457p　20cm　2900円　Ⓝ910.25
〔22746〕

◇大坂怪談集　高田衛編著　大阪　和泉書院　1999.9　205p　20cm　（上方文庫 19）2000円　Ⓘ4-7576-0001-1　Ⓝ913.5
〔22747〕

◇女と蛇—表徴の江戸文学誌　高田衛著　筑摩書房　1999.1　337p　22cm　4800円　Ⓘ4-480-82335-2　Ⓝ913.5
〔22748〕

◇かげろう絵図　前編　松本清張著　角川書店　1962　506p　15cm　（角川文庫）Ⓝ913.5
〔22749〕

◇かわらけお伝考　林美一著　有光書房　1961　235p　9×19cm　Ⓝ913.5
〔22750〕

◇近世奇談集成 1　高田衛ほか校訂　国書刊行会　1992.12　422p　20cm　（叢書江戸文庫 26）4800円　Ⓘ4-336-03012-X　Ⓝ913.5
〔22751〕

◇近世狂言綺語列伝—江戸の戯作空間　川村湊著　福武書店　1991.10　237p　20cm　2000円　Ⓘ4-8288-2401-4　Ⓝ913.5
〔22752〕

◇近世近代小説と中国白話文学　徳田武著　汲古書院　2004.10　398p　22cm　12000円　Ⓘ4-7629-3520-4　Ⓝ913.5
〔22753〕

◇近世小説　麻生磯次著　至文堂　1951　266p　19cm　（日本文学教養講座 第9巻）Ⓝ913.5
〔22754〕

◇近世小説—研究と資料　慶應義塾大学国文学研究会編　至文堂　1963　261p　22cm　（国文学論叢 第6輯）Ⓝ913.5
〔22755〕

◇近世小説・営為と様式に関する私見　浜田啓介著　京都　京都大学学術出版会　1993.12　455p　23cm　5500円　Ⓘ4-87698-008-X　Ⓝ913.5
〔22756〕

◇近世小説研究　藤井乙男著　大阪　秋田屋　1947　315p*　19cm　（藤井乙男著作集 第1巻）Ⓝ913.5
〔22757〕

◇近世小説稿本集　天理図書館善本叢書和書之部編集委員会編　天理　天理大学出版部　1983.11　642,53p　27cm　（天理図書館善本叢書）13000円　Ⓝ913.5
〔22758〕

◇近世小説史　第1　上方編　相磯貞三著　世界書院　1954　301p　19cm　Ⓝ913.5
〔22759〕

◇近世小説史　第2　江戸篇　相磯貞三著　2版　朝日出版社　1959　363p　19cm　Ⓝ913.5
〔22760〕

◇近世小説史の研究　中村幸彦著　桜楓社出版　1961　368p　22cm　Ⓝ913.5
〔22761〕

◇近世小説史の研究　中村幸彦著　桜楓社　1973　368p　22cm　1800円　Ⓝ913.5
〔22762〕

◇近世小説選　大高洋司ほか校注　桜井武次郎編　双文社出版　1994.3　265p　21cm　1900円　Ⓘ4-88164-062-3　Ⓝ913.5
〔22763〕

◇近世小説論攷　田中伸著　桜楓社　1985.6　283p　22cm　4800円　Ⓘ4-273-02017-3　Ⓝ913.5
〔22764〕

◇近世唱導集　成田守, 森本浩雅編　おうふう　2001.4　225p　21cm　2500円　Ⓘ4-273-03180-9　Ⓝ913.5

◇近世初期小説論　野田寿雄著　笠間書院　1978.4　243p　19cm　（笠間選書 91）1300円　Ⓝ913.5　〔22766〕

◇近世前期小説の研究　江本裕著　若草書房　2000.6　325,13p　22cm　（近世文学研究叢書 12）9500円　Ⓘ4-948755-63-X　Ⓝ913.5　〔22767〕

◇近世中期小説の研究　浅野三平著　桜楓社　1975　331p　22cm　9800円　Ⓝ913.5　〔22768〕

◇近世日本小説史　前篇　鈴木敏也著　クレス出版　1994.11　556,11p　22cm　（近世文芸研究叢書 6―第一期文学篇　通史6）Ⓘ4-87733-000-3　Ⓝ913.5　〔22769〕

◇近世日本小説史　後篇　鈴木敏也著　クレス出版　1994.11　427,12p　22cm　（近世文芸研究叢書 7―第一期文学篇　通史7）Ⓘ4-87733-000-3　Ⓝ913.5　〔22770〕

◇近世仏教説話の研究―唱導と文芸　堤邦彦著　翰林書房　1996.7　446p　22cm　12000円　Ⓘ4-906424-95-3　Ⓝ913.5　〔22771〕

◇近世仏教文学の研究　青山忠一著　おうふう　1999.2　1103p　22cm　45000円　Ⓘ4-273-03065-9　Ⓝ913.5　〔22772〕

◇近世文芸名著標本集　稀書複製会編　青裳堂書店　1979.4　409,〔2〕p　27cm　（日本書誌学大系 6）15000円　Ⓝ910.31　〔22773〕

◇近世民間異聞怪談集成　堤邦彦,杉本好伸編　国書刊行会　2003.3　1089p　22cm　（江戸怪異綺想文芸大系　第5巻）18000円　Ⓘ4-336-04275-6　Ⓝ913.5　〔22774〕

◇芸文余韻―江戸の書物　木村三四吾著　八木書店　2000.12　110,363,10p　22cm　（木村三四吾著作集 4（資料篇））12000円　Ⓘ4-8406-9620-9　Ⓝ913.5　〔22775〕

◇戯作研究　中野三敏著　中央公論社　1981.2　418p　22cm　6800円　Ⓝ913.5　〔22776〕

◇戯作者考補遺　木村黙老著　ゆまに書房　1976　470p　22cm　10000円　Ⓝ913.5　〔22777〕

◇戯作者撰集　広瀬朝光編著　笠間書院　1978.9　380p　22cm　（笠間叢書 96）7500円　Ⓝ913.5　〔22778〕

◇戯作論　中村幸彦著　角川書店　1966　321p　20cm　Ⓝ913.5　〔22779〕

◇孝子説話集の研究―二十四孝を中心に　第2　近世篇　徳田進著　井上書房　1963-1964　22cm　Ⓝ913　〔22780〕

◇国文学研究資料館講演集　3　近世の小説　国文学研究資料館参考室編　国文学研究資料館　1982.3　67p　21cm　Ⓝ910.8　〔22781〕

◇近藤忠義日本文学論　3　近世小説と俳諧　新日本出版社　1977.8　402p　22cm　3500円　Ⓝ910.8　〔22782〕

◇最後の江戸戯作者たち　興津要著　実業之日本社　1976　219p　20cm　（有楽選書 5）1100円　Ⓝ913.5　〔22783〕

◇薩摩のドン・キホーテ―現代語訳者・大石兵六夢物語　毛利正直原著　五代夏夫著　鹿児島　春苑堂出版　1997.11　228p　19cm　（かごしま文庫 42）1500円　Ⓘ4-915093-49-2　Ⓝ913.5　〔22784〕

◇屍の記録　鷲尾三郎著　章書房　1960　244p　19cm　Ⓝ913.5　〔22785〕

◇しげる言の葉―遊びごころの近世説話　小林幸夫著　三弥井書店　2001.11　333p　20cm　（三弥井選書 29）2900円　Ⓘ4-8382-8031-9　Ⓝ913.5　〔22786〕

◇地蔵堂通夜物語の研究　大野政治著　成田　1964　144p　18cm　Ⓝ913.5　〔22787〕

◇主人公の誕生―中世禅から近世小説へ　西田耕三著　ぺりかん社　2007.7　273p　20cm　3200円　Ⓘ978-4-8315-1173-7　Ⓝ913.5　〔22788〕

◇小説史稿　関根正直著　クレス出版　1994.11　12,126,91p　22cm　（近世文芸研究叢書 1―第一期文学篇　通史1）Ⓘ4-87733-000-3　Ⓝ913.5　〔22789〕

◇諸家前太平記　上　吉田幸一編　古典文庫　1999.7　332p　17cm　（古典文庫）非売品　Ⓝ913.5　〔22790〕

◇諸家前太平記　下　吉田幸一編　古典文庫　1999.8　300p　17cm　（古典文庫）非売品　Ⓝ913.5　〔22791〕

◇新編稀書複製会叢書　第36巻　絵本・雛形本　中村幸彦,日野竜夫編　京都　臨川書店　1991.2　426p　23cm　Ⓘ4-653-01980-0,4-653-01942-8　Ⓝ918.5　〔22792〕

◇新編稀書複製会叢書　第45巻　自筆草稿本　中村幸彦,日野竜夫編　京都　臨川書店　1991.6　362p　23cm　Ⓘ4-653-01989-4,4-653-01944-4　Ⓝ918.5　〔22793〕

◇新編稀書複製会叢書　別冊　中村幸彦,日野竜夫編　京都　臨川書店　1991.6　263p　23cm　Ⓘ4-653-01991-6,4-653-01944-4　Ⓝ918.5　〔22794〕

◇人面疔伝奇　花咲一男著　太平書屋　1988.3　110p　19cm　4000円　Ⓝ913.5　〔22795〕

◇昔昔春秋　含糖紀事　中井履軒著　高橋昌彦解説　熊阪台州著　高橋昌彦解説　太平書屋　1998.6　188p　21cm　（太平文庫）5000円　Ⓝ913.5　〔22796〕

◇セッション―綾辻行人対談集　綾辻行人著　集英社　1996.11　253p　20cm　1553円　Ⓘ4-08-774231-8　Ⓝ913.5　〔22797〕

◇説話論集　第4集　近世の説話　説話と説話文学の会編　大阪　清文堂出版　1995.1　448p　22cm　8755円　Ⓘ4-7924-1317-6　Ⓝ913.37　〔22798〕

◇全釈江戸三大奇書　岡田甫著　有光書房　1970　501p　22cm　Ⓝ913.5　〔22799〕

◇『太閤記』とその周辺　阿部一彦著　大阪　和泉書院　1997.3　506p　22cm　（研究叢書 199）11330円　Ⓘ4-87088-843-2　Ⓝ913.5　〔22800〕

◇大名かたぎ―青年藩主松平定信のユーモア・風刺小説　松平定信著　橋本登行訳・解説　白河　橋本登行　1996.6　126p　19cm　Ⓝ913.5　〔22801〕

◇高畠気稚物かたり　春日大社編　奈良　春日大社　1998.11　110p　21cm　Ⓝ913.5　〔22802〕

◇手枕の研究―源氏物語　宣長補作　田原南軒著　佐世保　田原南軒　1968　339p　22cm　1000円　Ⓝ913.5　〔22803〕

◇田村栄太郎著作集　第4　実録小説考　田村栄太郎著　雄山閣　1960　337p　19cm　Ⓝ210.5　〔22804〕

◇珍冊春冊　太平書屋編　太平書屋　2000.11　422p　22cm　Ⓝ913.5　〔22805〕

◇東海道駅路の鈴　富士　富士市立中央図書館　2001.7　205p　26cm　Ⓝ913.5　〔22806〕

◇中村幸彦著述集　第4巻　近世小説史　中央公論社　1987.11　553p　22cm　7000円　Ⓘ4-12-402144-5　Ⓝ910.25　〔22807〕

◇中村幸彦著述集　第5巻　近世小説様式史考　中央公論社　1982.8　486p　22cm　7000円　Ⓝ910.25　〔22808〕

◇中村幸彦著述集　第14巻　書誌聚談　中央公論社　1983.3　515p　22cm　7000円　Ⓝ910.25　〔22809〕

◇日本近世小説史　浮世草子篇　上　野田寿雄著　勉誠出版　2000.7　395,7p　22cm　12000円　Ⓘ4-585-03070-0　Ⓝ913.5　〔22810〕

◇日本近世小説史　談義本編　野田寿雄著　勉誠社　1995.12　352,12p　22cm　8755円　Ⓘ4-585-03036-0　Ⓝ913.5　〔22811〕

◇日本近世小説と中国小説　徳田武著　武蔵村山　青裳堂書店　1987.5　895p　22cm　（日本書誌学大系 51）38000円　Ⓝ913.5　〔22812〕

◇伴蒿蹊集　風間誠史校訂　国書刊行会　1993.2　362p　20cm　（叢書江戸文庫 7）4100円　Ⓘ4-336-03010-3　Ⓝ918.5　〔22813〕

◇「膝栗毛」文芸と尾張藩社会　岸野俊彦編　大阪　清文堂出版　1999.10　376p　22cm　7700円　Ⓘ4-7924-1345-1　Ⓝ913.5　〔22814〕

◇万象亭森島中良の文事　石上敏著　翰林書房　1995.4　845p　22cm　32000円　Ⓘ4-906424-68-6　Ⓝ913.5　〔22815〕

◇森島中良集　石上敏校訂　国書刊行会　1994.7　413p　20cm　（叢書江戸文庫 32）5200円　Ⓘ4-336-03532-6　Ⓝ913.5　〔22816〕

◆◆石田軍記

◇石田軍記　巻之2　観音寺　上坂氏顕彰会史料出版部　2003.4　1冊　30cm　（上坂氏顕彰会所蔵手写本 51）52800円　Ⓝ913.5　〔22817〕

◇石田軍記　巻之3　観音寺　上坂氏顕彰会史料出版部　2003.4　1冊　30cm　（上坂氏顕彰会所蔵手写本 51）52800円　Ⓝ913.5　〔22818〕

◇石田軍記　巻之4　観音寺　上坂氏顕彰会史料出版部　2003.4　1冊　30cm　（上坂氏顕彰会所蔵手写本 51）52800円　Ⓝ913.5　〔22819〕

◇石田軍記　巻之5　観音寺　上坂氏顕彰会史料出版部　2003.4　1冊　30cm　（上坂氏顕彰会所蔵手写本 51）52800円　Ⓝ913.5　〔22820〕

◇石田軍記　序、総目録、巻之1 分冊1　観音寺　上坂氏顕彰会史料出版部　2003.4　1冊　30cm　（上坂氏顕彰会所蔵手写本 51）46800円　Ⓝ913.5　〔22821〕

◇石田軍記　序、総目録、巻之1 分冊2　観音寺　上坂氏顕彰会史料出版部　2003.4　1冊　30cm　（上坂氏顕彰会所蔵手写本 51）41800円　Ⓝ913.5　〔22822〕

◇石田軍記　巻之12-13　観音寺　上坂氏顕彰会史料出版部　2003.4　1冊　30cm　（上坂氏顕彰会所蔵手写本 51）46800円　Ⓝ913.5　〔22823〕

◇石田軍記　巻之14-15　観音寺　上坂氏顕彰会史料出版部　2003.4　1冊　30cm　（上坂氏顕彰会所蔵手写本 51）52800円　Ⓝ913.5　〔22824〕

◇石田軍記　巻之6-7 分冊1　観音寺　上坂氏顕彰会史料出版部　2003.4　1冊　30cm　（上坂氏顕彰会所蔵手写本 51）46800円　Ⓝ913.5　〔22825〕

◇石田軍記　巻之6-7 分冊2　観音寺　上坂氏顕彰会史料出版部　2003.4　1冊　30cm　（上坂氏顕彰会所蔵手写本 51）46800円　Ⓝ913.5　〔22826〕

◇石田軍記　巻之8-9 分冊1　観音寺　上坂氏顕彰会史料出版部　2003.4　1冊　30cm　（上坂氏顕彰会所蔵手写本 51）41800円　Ⓝ913.5　〔22827〕

◇石田軍記　巻之8-9 分冊2　観音寺　上坂氏顕彰会史料出版部　2003.4　1冊　30cm　（上坂氏顕彰会所蔵手写本 51）46800円　Ⓝ913.5　〔22828〕

◇石田軍記　巻之10-11 分冊1　観音寺　上坂氏顕彰会史料出版部　2003.4　1冊　30cm　（上坂氏顕彰会所蔵手写本 51）52800円　Ⓝ913.5　〔22829〕

◇石田軍記　巻之10-11 分冊2　観音寺　上坂氏顕彰会史料出版部　2003.4　1冊　30cm　（上坂氏顕彰会所蔵手写本 51）46800円　Ⓝ913.5　〔22830〕

◇石田軍記・仙道軍記　黒川真道編　国史研究会　1914　448p　20cm　（国史叢書）Ⓝ210.4　〔22831〕

◆◆艶本

◇医者見立て浮世絵春本　田野辺富蔵著　河出書房新社　1992.5　277p　15cm　（河出文庫）650円　Ⓘ4-309-47234-6　Ⓝ913.5　〔22832〕

◇江戸艶本へようこそ　林美一著　河出書房新社　1992.8　114p　22cm　1600円　Ⓘ4-309-22224-2　Ⓝ913.5　〔22833〕

◇江戸艶本へようこそ　続　江戸艶本を探せ　林美一著　河出書房新社　1993.1　150p　22cm　1800円　Ⓘ4-309-22236-6　Ⓝ913.5　〔22834〕

◇江戸艶本を読む　林美一著　新潮社　1987.2　260p　20cm　1400円　Ⓘ4-10-365001-X　Ⓝ913.5　〔22835〕

◇江戸艶本を読む　林美一著　新潮社　1994.4　359p　15cm　（新潮文庫）480円　Ⓘ4-10-130911-6　Ⓝ913.5　〔22836〕

◇江戸艶本スキャンダル　林美一著　新潮社　1997.6　261p　20cm　1300円　Ⓘ4-10-365003-6　Ⓝ913.5　〔22837〕

◇江戸艶本ベストセラー　林美一著　新潮社　1991.9　219p　20cm　1200円　Ⓘ4-10-365002-8　Ⓝ913.5　〔22838〕

◇江戸艶本ベストセラー　林美一著　新潮社　1995.5　293p　15cm　（新潮文庫）440円　Ⓘ4-10-130912-4　Ⓝ913.5　〔22839〕

◇江戸艶笑小咄集成　宮尾与男編注　彩流社　2006.12　481,5p　20cm　4700円　Ⓘ4-7791-1199-4　Ⓝ913.59　〔22840〕

◇江戸好色文学史　斎藤昌三著　星光書院　1949　219p　19cm　Ⓝa910　〔22841〕

◇江戸時代好色文芸本事典　中野栄三著　雄山閣出版　1988.2　243p 図版16枚　22cm　2800円　Ⓘ4-639-00708-6　Ⓝ910.25　〔22842〕

◇江戸の艶本と艶句を愉しむ―性愛文化を繙く　蕣露庵主人著　三樹書房　1994.5　234p　20cm　2000円　Ⓘ4-89522-178-4　Ⓝ910.25　〔22843〕

◇江戸の艶本とバレ句を愉しむ　蕣露庵主人著　新装版　三樹書房　2003.10　234p　20cm　1800円　Ⓘ4-89522-345-0　Ⓝ910.25　〔22844〕

◇江戸の艶道を愉しむ―性愛文化の探究　蕣露庵主人著　三樹書房　1995.1　241p　20cm　2000円　Ⓘ4-89522-187-3　Ⓝ910.25　〔22845〕

◇艶本江戸文学史　林美一著　河出書房新社　1991.8　307p 図版16枚　15cm　（河出文庫）780円　Ⓘ4-309-47227-3　Ⓝ913.5　〔22846〕

◇艶笑本の世界　駒田信二著　日本書籍　1979.9　233p　19cm　980円　Ⓝ913.5　〔22847〕

◇艶本江戸文学史　林美一著　有光書房　1964　366p　19cm　Ⓝ913.5　〔22848〕

◇かみがた恋修行―艶色歌舞伎考のうち二番目　林美一著　有光書房　1974　2冊（はり込み図3枚・別冊共）　19cm　6300円　Ⓝ913.5　〔22849〕

◇近世艶本資料集成　4 月岡雪鼎 1　女令川おへし文　A.ガーストル著　早川聞多編　月岡雪鼎画　京都　国際日本文化研究センター　2007.6　128p　26cm　（日文研叢書 40）Ⓘ978-4-901558-34-1　Ⓝ721.8　〔22850〕

◇好色　暉峻康隆著　有紀書房　1958　238p　19cm　Ⓝ910.25　〔22851〕

◇春画浮世絵の魅惑　5―愛欲に痴めく女心　艶本名作撰1　福田和彦著　ベストセラーズ　2005.10　191p　18cm　（ベスト新書）1300円　Ⓘ4-584-12100-1　〔22852〕

◇性文学入門　中野栄三著　雄山閣出版　1969　243p 図

文学史　　　　　　　　　　　　　　近世史

版16枚　22cm　1500円　Ⓝ910.25
〔22853〕

◇日文研所蔵近世艶本資料集成　3 川嶋信清 1　好色三の里　早川聞多編著　栗山茂久,P.フィスター訳　川嶋信清画　京都　国際日本文化研究センター　2004.9　105p　26cm　（日文研叢書 33）Ⓘ4-901558-21-8　Ⓝ721.8
〔22854〕

◇春色恋の手枕理　風俗資料研究会編　富士出版　1997　235p　19cm　（秘められたる古典名作全集 第1巻）Ⓘ4-938607-80-8　Ⓝ913.5
〔22855〕

◆仮名草子

◇異国物語　吉田幸一編　古典文庫　1995.11　128,301p　17cm　（古典文庫 第588冊）非売品　Ⓝ913.51
〔22856〕

◇魚太平記—校本と研究　大谷大学文学史研究会編　勉誠社　1995.2　231p　22cm　Ⓘ4-585-03027-1　Ⓝ913.51
〔22857〕

◇薄雪物語と御伽草子・仮名草子　松原秀江著　大阪　和泉書院　1997.7　331p　22cm　（研究叢書 202）12000円　Ⓘ4-87088-852-1　Ⓝ913.51
〔22858〕

◇恨の介・薄雪物語　菊池真一編　大阪　和泉書院　1994.4　166p　21cm　1545円　Ⓘ4-87088-652-9　Ⓝ913.51
〔22859〕

◇怪談百物語　吉田幸一編　古典文庫　1999.2　437p　図版48p　17cm　（古典文庫）非売品　Ⓝ913.51
〔22860〕

◇可笑記大成—影印・校異・研究　如儡子著,田中伸,深沢秋男,小川武彦編著　笠間書院　1974　764p　22cm　11000円　Ⓝ913.51
〔22861〕

◇仮名草子—混沌の視角　前芝憲一著　大阪　和泉書院　1995.2　253,12p　20cm　（和泉選書 89）3914円　Ⓘ4-87088-688-X　Ⓝ913.51
〔22862〕

◇仮名草子研究—説話とその周辺　花田富二夫著　新典社　2003.9　508p　22cm　（新典社研究叢書 151）14500円　Ⓘ4-7879-4151-8　Ⓝ913.51
〔22863〕

◇仮名草子研究叢書　第1巻　　雑誌論文集成 1　深沢秋男,菊池真一編・解説　クレス出版　2006.2　426p　22cm　Ⓘ4-87733-315-0　Ⓝ913.51
〔22864〕

◇仮名草子研究叢書　第2巻　　雑誌論文集成 2　深沢秋男,菊池真一編・解説　クレス出版　2006.2　449,4p　22cm　Ⓘ4-87733-315-0　Ⓝ913.51
〔22865〕

◇仮名草子研究叢書　第3巻　　単行本記述集成 1　深沢秋男,菊池真一編・解説　クレス出版　2006.2　603p　22cm　Ⓘ4-87733-315-0　Ⓝ913.51
〔22866〕

◇仮名草子研究叢書　第4巻　　単行本記述集成 2　深沢秋男,菊池真一編・解説　クレス出版　2006.2　624p　22cm　Ⓘ4-87733-315-0　Ⓝ913.51
〔22867〕

◇仮名草子研究叢書　第5巻　　単行本記述集成 3　深沢秋男,菊池真一編・解説　クレス出版　2006.2　614p　22cm　Ⓘ4-87733-315-0　Ⓝ913.51
〔22868〕

◇仮名草子研究叢書　第6巻　　単行本記述集成 4　深沢秋男,菊池真一編・解説　クレス出版　2006.2　522p　22cm　Ⓘ4-87733-315-0　Ⓝ913.51
〔22869〕

◇仮名草子研究叢書　第7巻　　単行本記述集成 5　深沢秋男,菊池真一編・解説　クレス出版　2006.2　495p　22cm　Ⓘ4-87733-315-0　Ⓝ913.51
〔22870〕

◇仮名草子研究叢書　第8巻　　単行本記述集成 6　深沢秋男,菊池真一編・解説　クレス出版　2006.2　509,7p　22cm　Ⓘ4-87733-315-0　Ⓝ913.51
〔22871〕

◇仮名草子集　谷脇理史編　早稲田大学蔵資料影印叢書刊行委員会　1994.9　616,36p　22cm　（早稲田大学蔵資料影印叢書—国書篇 第39巻）18000円　Ⓘ4-657-94903-9　Ⓝ913.51
〔22872〕

◇仮名草子集成　第12巻　朝倉治彦,深沢秋男編　東京堂出版　1991.9　371p　22cm　Ⓘ4-490-30168-5　Ⓝ913.51
〔22873〕

◇仮名草子集成　第13巻　か　朝倉治彦,深沢秋男編　東京堂出版　1992.8　298p　22cm　Ⓘ4-490-30169-3　Ⓝ913.51
〔22874〕

◇仮名草子集成　第14巻　か　続　朝倉治彦,深沢秋男編　東京堂出版　1993.11　476p　22cm　18000円　Ⓘ4-490-30170-7　Ⓝ913.51
〔22875〕

◇仮名草子集成　第15巻　か　続　朝倉治彦,深沢秋男編　東京堂出版　1994.12　359p　22cm　18000円　Ⓘ4-490-30171-5　Ⓝ913.51
〔22876〕

◇仮名草子集成　第16巻　か　朝倉治彦,深沢秋男編　東京堂出版　1995.9　312p　22cm　18000円　Ⓘ4-490-30514-1　Ⓝ913.51
〔22877〕

◇仮名草子集成　第17巻　か　朝倉治彦,深沢秋男編　東京堂出版　1996.3　281p　22cm　18000円　Ⓘ4-490-30515-X　Ⓝ913.51
〔22878〕

◇仮名草子集成　第18巻　か　朝倉治彦,深沢秋男編　東京堂出版　1996.9　349p　22cm　18000円　Ⓘ4-490-30516-8　Ⓝ913.51
〔22879〕

◇仮名草子集成　第19巻　か　朝倉治彦,深沢秋男編　東京堂出版　1997.3　280p　22cm　18000円　Ⓘ4-490-30517-6　Ⓝ913.51
〔22880〕

◇仮名草子集成　第20巻　朝倉治彦,深沢秋男編　東京堂出版　1997.8　315p　22cm　17500円　Ⓘ4-490-30518-4　Ⓝ913.51
〔22881〕

◇仮名草子集成　第21巻　朝倉治彦,深沢秋男編　東京堂出版　1998.3　317p　22cm　17500円　Ⓘ4-490-30519-2　Ⓝ913.51
〔22882〕

◇仮名草子集成　第22巻　朝倉治彦,深沢秋男,柳沢昌紀編　東京堂出版　1998.6　376p　22cm　17500円　Ⓘ4-490-30520-6　Ⓝ913.51
〔22883〕

◇仮名草子集成　第23巻　朝倉治彦編　東京堂出版　1998.9　278p　22cm　Ⓘ4-490-30521-4　Ⓝ913.51
〔22884〕

◇仮名草子集成　第24巻　朝倉治彦,伊藤慎吾編　東京堂出版　1999.2　291p　22cm　17500円　Ⓘ4-490-30522-2　Ⓝ913.51
〔22885〕

◇仮名草子集成　第25巻　朝倉治彦,柏川修一編　東京堂出版　1999.9　277p　22cm　17500円　Ⓘ4-490-30523-0　Ⓝ913.51
〔22886〕

◇仮名草子集成　第26巻　朝倉治彦,柏川修一編　東京堂出版　2000.4　272p　22cm　17500円　Ⓘ4-490-30524-9　Ⓝ913.51
〔22887〕

◇仮名草子集成　第27巻　朝倉治彦,大久保順子編　東京堂出版　2000.7　327p　22cm　17500円　Ⓘ4-490-30525-7　Ⓝ913.51
〔22888〕

◇仮名草子集成　第28巻　朝倉治彦,大久保順子編　東京堂出版　2000.9　325p　22cm　17500円　Ⓘ4-490-30526-5　Ⓝ913.51
〔22889〕

◇仮名草子集成　第29巻　朝倉治彦編　東京堂出版　2001.2　297p　22cm　17500円　Ⓘ4-490-30527-3　Ⓝ913.51
〔22890〕

◇仮名草子集成　第30巻　朝倉治彦編　東京堂出版　2001.7　303p　22cm　17500円　Ⓘ4-490-30528-1　Ⓝ913.51
〔22891〕

◇仮名草子集成　第31巻　朝倉治彦編　東京堂出版　2002.3　284p　22cm　17500円　Ⓘ4-490-30529-X　Ⓝ913.51
〔22892〕

◇仮名草子集成　第32巻　朝倉治彦編　東京堂出版　2002.8　289p　22cm　17500円　Ⓘ4-490-30530-3

◇仮名草子集成　第33巻　朝倉治彦編　東京堂出版　2003.3　287p　22cm　17500円　①4-490-30531-1　Ⓝ913.51　〔22894〕

◇仮名草子集成　第34巻　朝倉治彦編　東京堂出版　2003.9　279p　22cm　17500円　①4-490-30532-X　Ⓝ913.51　〔22895〕

◇仮名草子新攷　坂巻甲太著　笠間書院　1978.3　242p　22cm　（笠間叢書 94）5000円　Ⓝ913.51　〔22896〕

◇仮名草子と西鶴　岸得蔵著　成文堂　1974　510p　22cm　8000円　Ⓝ913.51　〔22897〕

◇仮名草子についての研究　三浦邦夫著　おうふう　1996.10　651p　22cm　38000円　①4-273-02931-6　Ⓝ913.51　〔22898〕

◇仮名草子の基底　渡辺守邦著　勉誠社　1986.2　518p　22cm　12000円　Ⓝ913.51　〔22899〕

◇仮名草子の研究　田中伸著　桜楓社　1974　393p　22cm　6800円　Ⓝ913.51　〔22900〕

◇仮名草子の世界―未分化の系譜　水田潤著　桜楓社　1981.6　213p　22cm　3800円　Ⓝ913.51　〔22901〕

◇仮名草子『身の鏡』総索引　宮田裕行著　新典社　1986.5　286p　22cm　（新典社索引叢書 3）10000円　①4-7879-6003-2　Ⓝ913.51　〔22902〕

◇仮名草子話型分類索引　西田耕三ほか編　若草書房　2000.2　459p　22cm　15000円　①4-948755-59-1　Ⓝ913.51　〔22903〕

◇近世初期　遊女評判記集　第1　本文篇　小野晋著　古典文庫　1965　19cm　（近世文芸資料 9）Ⓝ913.51　〔22904〕

◇近世初期　遊女評判記集　第2　研究篇　小野晋著　古典文庫　1965　19cm　（近世文芸資料 9）Ⓝ913.51　〔22905〕

◇校本仁勢物語　富山高至編　大阪　和泉書院　1992.5　182p　22cm　（和泉古典文庫 6）2575円　①4-87088-508-5　Ⓝ913.51　〔22906〕

◇色道諸分難波鉦―遊女評判記　酉水庵無底居士作　中野三敏校注　岩波書店　1991.10　273p　15cm　（岩波文庫）570円　①4-00-302621-7　Ⓝ913.51　〔22907〕

◇大師河原酒合戦　古江亮仁著　川崎　多摩川新聞社　1998.10　174p　21cm　1800円　①4-924882-31-3　Ⓝ913.51　〔22908〕

◇にせ物語絵―絵と文・文と絵　信多純一著　平凡社　1995.4　283p　22cm　4300円　①4-582-26022-5　Ⓝ913.51　〔22909〕

◇日本近世小説史　仮名草子編　野田寿雄著　勉誠社　1986.2　652,12p　22cm　12800円　Ⓝ913.5　〔22910〕

◇念仏草紙　鈴木正三著　豊田　〔豊田市鈴木正三顕彰会〕　2001　2冊（別冊とも）　26cm　Ⓝ913.51　〔22911〕

◇パロディの精神　富士正晴著　平凡社　1974　286p　20cm　920円　Ⓝ913.51　〔22912〕

◇秘本を求めて　林美一著　有光書房　1972　2冊（別共）　22cm　Ⓝ913.52　〔22913〕

◇二人比丘尼―昌三　鈴木正三著　豊田　豊田市鈴木正三顕彰会　1992　13,14丁　19cm　Ⓝ913.51　〔22914〕

◇封建制下の小説と事実　佐藤喜一著　旭川　北日本青春文化シリーズ出版部　1946　67p　21cm　（北日本青春文化叢書 第1）Ⓝ913.52　〔22915〕

◇円居草子―校注　仮名草子研究会編　新典社　1995.5　188p　19cm　（新典社校注叢書 8）1854円　①4-7879-0808-1　Ⓝ913.51　〔22916〕

◇未刊 仮名草子集と研究　第1　朝倉治彦編著　豊橋　未刊国文資料刊行会　1960　198p　19cm　Ⓝ913.51　〔22917〕

◇未刊 仮名草子集と研究　第2　朝倉治彦編著　豊橋　未刊国文資料刊行会　1966　262p　19cm　Ⓝ913.51　〔22918〕

◇要注恨の介　野田寿雄編　武蔵野書院　1982.2　90p　21cm　①4-8386-0595-1　Ⓝ913.51　〔22919〕

◆◆浅井了意

◇浅井了意　北条秀雄編著　改訂増補　笠間書院　1972　277p 図54p　22cm　（笠間叢書 26）4000円　Ⓝ913.51　〔22920〕

◇浅井了意怪異小説の研究　坂巻甲太著　新典社　1990.6　358p　22cm　（新典社研究叢書 35）11330円　①4-7879-4035-X　Ⓝ913.51　〔22921〕

◇浅井了意集　坂巻甲太校訂　国書刊行会　1993.12　343p　20cm　（叢書江戸文庫 29）4400円　①4-336-03529-6　Ⓝ913.51　〔22922〕

◇異本武蔵鐙と研究　赤嶺学, 松浦公平編著　豊橋　未刊国文資料刊行会　1977.5　156p　19cm　（未刊国文資料 第4期 第7冊）Ⓝ913.51　〔22923〕

◇伽婢子―江戸怪談集　狗張子―江戸怪談集　浅井了意作　藤堂憶斗訳　浅井了意作　藤堂憶斗訳　鈴木出版　2001.7　246p　19cm　1800円　①4-7902-1101-0　Ⓝ913.51　〔22924〕

◇新修浅井了意　北条秀雄著　笠間書院　1974　250p　18cm　（笠間選書 11）1000円　Ⓝ913.51　〔22925〕

◇東海道名所記　東海道分間絵図　浅井了意著　冨士昭雄校訂　遠近道印著　菱川師宣画　佐伯孝弘校訂　国書刊行会　2002.5　418p　20cm　（叢書江戸文庫 50）6000円　①4-336-03550-4　Ⓝ913.51　〔22926〕

◇『むさしあぶみ』校注と研究　坂巻甲太, 黒木喬編　桜楓社　1988.4　263p　22cm　12000円　①4-273-02227-3　Ⓝ913.51　〔22927〕

◆浮世草子

◇石川流宣画作集　上巻　浮世草子篇　吉田幸一編　古典文庫　1995.9　445p　19cm　（近世文芸資料 24）Ⓝ913.52　〔22928〕

◇石川流宣画作集　中巻　遊女評判記篇　吉田幸一編　古典文庫　1995.9　490p　19cm　（近世文芸資料 24）Ⓝ913.52　〔22929〕

◇石川流宣画作集　下巻　絵図縁起篇　吉田幸一編　古典文庫　1995.9　522p　19cm　（近世文芸資料 24）Ⓝ913.52　〔22930〕

◇浮世草子怪談集　木越治校訂　国書刊行会　1994.10　350p　20cm　（叢書江戸文庫 34）4600円　①4-336-03534-2　Ⓝ913.52　〔22931〕

◇浮世草子時事小説集　倉員正江校訂　国書刊行会　1994.4　363p　20cm　（叢書江戸文庫 31）4500円　①4-336-03531-8　Ⓝ913.52　〔22932〕

◇浮世草子集　関西大学図書館編　吹田　関西大学出版部　1997.4　478,29p　23cm　（関西大学図書館影印叢書 第1期 第5巻）28000円　①4-87354-227-8　Ⓝ913.52　〔22933〕

◇浮世草子集　2　神保五弥編　早稲田大学蔵資料影印叢書刊行委員会　1991.6　722,27p　22cm　（早稲田大学蔵資料影印叢書―国書篇 第22巻）15450円　①4-657-91602-5　Ⓝ913.52　〔22934〕

◇浮世草子集　3　神保五弥編　早稲田大学蔵資料影印叢書刊行委員会　1993.3　668,24p　22cm　（早稲田大学蔵資料影印叢書―国書篇 第40巻）18000円

◇ⓘ4-657-93301-9 Ⓝ913.52 〔22935〕
◇浮世草子新考　長谷川強著　汲古書院　1991.12　437p
図版44p　22cm　12000円　Ⓝ913.52 〔22936〕
◇江戸文学叢書―評釈　第8　浮世草子名作集　藤井乙男著　大日本雄弁会講談社　1937　830p　23cm　Ⓝ918 〔22937〕
◇玉箒子　傾城仕送大臣　林義端著　吉田栄司編　吉田栄司編　古典文庫　2002.5　481p　17cm　（古典文庫　第666冊）非売品　Ⓝ913.52 〔22938〕
◇近士武道三国志　藤原英城編　古典文庫　2000.4　445p　17cm　（古典文庫）非売品　Ⓝ913.52 〔22939〕
◇けいせい盃軍談　夢物語　八文字屋自笑著　吉田幸一編　高橋喜一編　古典文庫　2000.12　273p　17cm　（古典文庫）非売品　Ⓝ913.52 〔22940〕
◇けいせい新色三味線　吉田幸一, 倉島須美子編　古典文庫　2001.8　346p　17cm　（古典文庫）非売品　Ⓝ913.52 〔22941〕
◇傾城辻談義　吉田幸一編　古典文庫　1999.9　508p　17cm　（古典文庫―元禄好色草子集 4）非売品　Ⓝ913.52 〔22942〕
◇傾城武道桜　吉田幸一編　古典文庫　2000.8　261p　17cm　（古典文庫）非売品　Ⓝ913.52 〔22943〕
◇好色酒呑童子・他　吉田幸一編　古典文庫　1997.10　400p　17cm　（古典文庫―元禄好色草子集 2）非売品　Ⓝ913.52 〔22944〕
◇好色二人女　好色浮世男　傾城刻淡婆姑　吉田幸一編　吉田幸一編　吉田幸一編　古典文庫　2000.7　428p　17cm　（古典文庫）ⓘ4-931097-09-X　Ⓝ913.52 〔22945〕
◇好色文伝受　好色錦木　由之軒政房著　吉田幸一編　吉田幸一編　古典文庫　1997.3　463p　17cm　（古典文庫―元禄好色草子集 1）非売品　Ⓝ913.52 〔22946〕
◇古書は語る―館蔵の江戸文学資料を中心に　図録ガイド　名古屋大学附属図書館企画展示　名古屋大学附属図書館編　名古屋　名古屋大学附属図書館　2002.10　34p　30cm　Ⓝ913.52 〔22947〕
◇西鶴以後の浮世草子　市川通雄著　笠間書院　1983.11　260p　22cm　6500円　Ⓝ913.52 〔22948〕
◇西鶴浮世草子の展開　森田雅也著　大阪　和泉書院　2006.3　455p　21cm　（研究叢書）13000円　ⓘ4-7576-0366-5 〔22949〕
◇西鶴と浮世草子研究　Vol.2―闇の叫びを追究する　特集怪異　高田衛, 有働裕, 佐伯孝弘編　笠間書院　2007.11　302p　21cm　2500円　ⓘ978-4-305-60202-2 〔22950〕
◇三柳居文庫誌浮世草子目録　杉浦丘園編　出版地不明〔杉浦丘園〕　1947　19丁　25cm　Ⓝ913.52 〔22951〕
◇色道後日男　江島其磧作　吉田幸一編　古典文庫　2000.11　273p　17cm　（古典文庫）非売品　Ⓝ913.52 〔22952〕
◇初期浮世草子　1　中島隆編　古典文庫　1992.8　425p　17cm　（古典文庫　第549冊）Ⓝ913.52 〔22953〕
◇初期浮世草子　2　中島隆編　古典文庫　1994.3　481p　17cm　（古典文庫　第568冊）Ⓝ913.52 〔22954〕
◇初期浮世草子年表・近世遊女評判記年表　野間光辰著　武蔵村山　青裳堂書店　1984.10　131p　14×19cm　（日本書誌学大系 40）4000円　Ⓝ913.52 〔22955〕
◇初期浮世草子の展開　中嶋隆著　若草書房　1996.5　468p　22cm　（近世文学研究叢書 3）9800円　ⓘ4-948755-05-2　Ⓝ913.52 〔22956〕

◇諸家高名記　上　吉田幸一編　古典文庫　1997.1　321p　17cm　（古典文庫）非売品　Ⓝ913.52 〔22957〕
◇諸家高名記　下　吉田幸一編　古典文庫　1997.2　325p　17cm　（古典文庫）非売品　Ⓝ913.52 〔22958〕
◇白闇色挑灯　野郎文反古　吉田幸一, 倉島須美子編　吉田幸一, 倉島須美子編　古典文庫　2001.10　288p　17cm　（古典文庫）非売品　Ⓝ913.52 〔22959〕
◇新版絵入うき世隠さと物語　索引篇　松島典雄編　福井〔松島典雄〕　1999.12　327p　22cm　Ⓝ913.52 〔22960〕
◇新版絵入うき世隠さと物語　本文篇　　影印・翻刻　松島典雄編　福井　宮本印刷（印刷）　1999.12　354p　22cm　Ⓝ913.52 〔22961〕
◇多田南嶺集　多田南嶺著　風間誠史校訂　国書刊行会　1997.5　423p　20cm　（叢書江戸文庫 42）5300円　ⓘ4-336-03542-3　Ⓝ913.52 〔22962〕
◇伊達髪五人男　唄千里新語　西沢一風著　吉田幸一, 倉島須美子編　松木主膳著　月岡丹下画　吉田幸一, 倉島須美子編　古典文庫　2002.2　379p　17cm　（古典文庫）非売品　Ⓝ913.52 〔22963〕
◇錦文流全集　浄瑠璃篇　上巻　長友千代治編　古典文庫　1991.10　338p　19cm　（近世文芸資料 21）非売品　Ⓝ913.52 〔22964〕
◇錦文流全集　浄瑠璃篇　下巻　長友千代治編　古典文庫　1991.10　399p　19cm　（近世文芸資料 21）非売品　Ⓝ913.52 〔22965〕
◇錦文流全集　浄瑠璃影印篇　長友千代治編　古典文庫　1991.10　238p　19cm　（近世文芸資料 21）非売品　Ⓝ913.52 〔22966〕
◇錦文流全集　俳諧他・年譜篇　長友千代治編　古典文庫　1991.10　401p　19cm　（近世文芸資料 22）非売品　Ⓝ913.52 〔22967〕
◇西沢一風集　西風一風著　神谷勝広, 川元ひとみ, 若木太一校訂　国書刊行会　2000.4　461p　20cm　（叢書江戸文庫 46）5600円　ⓘ4-336-03546-6　Ⓝ913.52 〔22968〕
◇西沢一風全集　第1巻　西沢一風著　西沢一風全集刊行会編　汲古書院　2002.8　444p　22cm　15000円　ⓘ4-7629-3450-X　Ⓝ913.52 〔22969〕
◇西沢一風全集　第2巻　西沢一風著　西沢一風全集刊行会編　汲古書院　2003.3　590p　22cm　15000円　ⓘ4-7629-3451-8　Ⓝ913.52 〔22970〕
◇西沢一風全集　第3巻　西沢一風著　西沢一風全集刊行会編　汲古書院　2003.11　602p　22cm　15000円　ⓘ4-7629-3452-6　Ⓝ913.52 〔22971〕
◇西村本の浮世草子　湯沢賢之助著　新典社　2000.10　318p　22cm　（新典社研究叢書 130）8000円　ⓘ4-7879-4130-5　Ⓝ913.52 〔22972〕
◇文武ざゞれ石　月尋堂　藤原英城編　古典文庫　2000.1　222p　17cm　（古典文庫）非売品　Ⓝ913.52 〔22973〕
◇要註世間子息気質　江島其磧著　野田寿雄, 篠原進編　武蔵野書院　1979.4　129p　21cm　ⓘ4-8386-0597-8　Ⓝ913.52 〔22974〕

◆◆井原西鶴

◇石車―俳諧　井原西鶴著　滝田貞治編著　台湾台北　台湾三省堂　1943　110,7p　24cm　（西鶴俳諧叢書　第2巻）Ⓝ911.3 〔22975〕
◇井原西鶴　人物叢書（日本歴史学会／編）　森銑三著　吉川弘文館　1958　304p　Ⓝ913.52 〔22976〕

◇井原西鶴　桝井寿郎著　大阪　保育社　1979.11　150p　15cm　（カラーブックス）430円　Ⓝ913.52　〔22977〕
◇井原西鶴　森銑三著　吉川弘文館　1985.11　304p　19cm　（人物叢書 新装版）1600円　Ⓘ4-642-05019-1　Ⓝ913.52　〔22978〕
◇井原西鶴―浮世の認識者　谷脇理史著　新典社　1987.1　278p　19cm　（日本の作家 25）1500円　Ⓘ4-7879-7025-9　Ⓝ913.52　〔22979〕
◇井原西鶴　市古夏生, 藤江峰夫編　ぺりかん社　1989.11　226p　21cm　（江戸人物読本 1）1880円　Ⓝ913.52　〔22980〕
◇井原西鶴　谷脇理史, 吉行淳之介著　新潮社　1991.5　111p　20cm　（新潮古典文学アルバム 17）1300円　Ⓘ4-10-620717-6　Ⓝ913.52　〔22981〕
◇井原西鶴　大谷晃一著　河出書房新社　1992.7　279p　20cm　1900円　Ⓘ4-309-00772-4　Ⓝ913.52　〔22982〕
◇井原西鶴　第1巻　好色一代男　あ〜と　近世文学総索引編纂委員会編　東村山　教育社　1988.11　1237p　22cm　（近世文学総索引）22000円　Ⓘ4-315-50791-1　Ⓝ910.52　〔22983〕
◇井原西鶴　第2巻　好色一代男　な〜ん・その他　近世文学総索引編纂委員会編　東村山　教育社　1988.11　1109p　22cm　（近世文学総索引）22000円　Ⓘ4-315-50792-X　Ⓝ910.52　〔22984〕
◇井原西鶴　第3巻　西鶴諸国はなし　近世文学総索引編纂委員会編　東村山　教育社　1988.11　1007p　22cm　（近世文学総索引）22000円　Ⓘ4-315-50793-8　Ⓝ910.52　〔22985〕
◇井原西鶴　第4巻　好色五人女　近世文学総索引編纂委員会編　東村山　教育社　1988.11　1213p　22cm　（近世文学総索引）22000円　Ⓘ4-315-50794-6　Ⓝ910.52　〔22986〕
◇井原西鶴　第5巻　好色一代女　あ〜と　近世文学総索引編纂委員会編　東村山　教育社　1990.3　871p　22cm　（近世文学総索引）22136円　Ⓘ4-315-51045-9　Ⓝ913.52　〔22987〕
◇井原西鶴　第6巻　好色一代女　な〜ん・その他　近世文学総索引編纂委員会編　東村山　教育社　1990.3　831p　22cm　（近世文学総索引）22136円　Ⓘ4-315-51046-7　Ⓝ913.52　〔22988〕
◇井原西鶴　第7巻　本朝二十不孝　近世文学総索引編纂委員会編　東村山　教育社　1990.3　1081p　22cm　（近世文学総索引）22136円　Ⓘ4-315-51047-5　Ⓝ913.52　〔22989〕
◇井原西鶴　第8巻　男色大鑑　あ〜せ　近世文学総索引編纂委員会編　東村山　教育社　1990.3　1199p　22cm　（近世文学総索引）22136円　Ⓘ4-315-51048-3　〔22990〕
◇井原西鶴　第9巻　男色大鑑　そ〜の　近世文学総索引編纂委員会編　東村山　教育社　1990.3　1189p　22cm　（近世文学総索引）22136円　Ⓘ4-315-51049-1　Ⓝ913.52　〔22991〕
◇井原西鶴　第10巻　男色大鑑　は〜ん・その他　近世文学総索引編纂委員会編　東村山　教育社　1990.3　1015p　22cm　（近世文学総索引）22136円　Ⓘ4-315-51050-5　Ⓝ913.52　〔22992〕
◇井原西鶴　別巻　作品一覧全語出現度数表ほか　近世文学総索引編纂委員会編　東村山　教育社　1988.11　801p　22cm　（近世文学総索引）22000円　Ⓘ4-315-50795-4　Ⓝ910.52　〔22993〕
◇井原西鶴　別巻　近世文学総索引編纂委員会編　東村山　教育社　1990.3　1271p　22cm　（近世文学総索引）22136円　Ⓘ4-315-51051-3　Ⓝ913.52　〔22994〕

◇井原西鶴研究　桧谷昭彦著　三弥井書店　1979.11　445p　21cm　7000円　Ⓝ913.52　〔22995〕
◇井原西鶴研究　市川光彦著　右文書院　1992.12　471p　22cm　7200円　Ⓘ4-8421-9208-9　Ⓝ913.52　〔22996〕
◇井原西鶴集　1　井原西鶴著　暉峻康隆, 東明雅校注・訳　小学館　1971.3（第19版：1992.3）　583p 図版10p　23cm　（日本古典文学全集 38）Ⓘ4-09-657038-9　Ⓝ913.52　〔22997〕
◇井原西鶴集　2　井原西鶴著　宗政五十緒, 松田修, 暉峻康隆校注・訳　小学館　1973.1（第18版：1992.10）　619p 図版12p　23cm　（日本古典文学全集 39）Ⓘ4-09-657039-7　Ⓝ913.52　〔22998〕
◇井原西鶴集　3　井原西鶴著　谷脇理史, 神保五弥, 暉峻康隆校注・訳　小学館　1972.4（第18版：1992.3）　627p 図版10p　23cm　（日本古典文学全集 40）Ⓘ4-09-657040-0　Ⓝ913.52　〔22999〕
◇井原西鶴と中世文学　人間文化研究機構国文学研究資料館招聘外国人共同研究「井原西鶴と中世文学」編　人間文化研究機構国文学研究資料館　2007.3　101p　30cm　（研究成果報告 平成18年度）Ⓘ978-4-87592-120-2　Ⓝ913.52　〔23000〕
◇井原西鶴の世界　市川通雄著　笠間書院　1976　269p　19cm　Ⓝ913.52　〔23001〕
◇色里三所世帯　井原西鶴著　吉田幸一編　古典文庫　1998.3　470p　17cm　（古典文庫―元禄好色草子集 3）非売品　Ⓝ913.52　〔23002〕
◇仮名草子と西鶴　岸得蔵著　成文堂　1974　510p　22cm　8000円　Ⓝ913.51　〔23003〕
◇近世と西鶴　吉江久弥著　第2版　京都　仏教大学通信教育部　1995.3　326p　21cm　非売品　Ⓝ913.52　〔23004〕
◇近世文芸への視座―西鶴を軸として　谷脇理史著　新典社　1999.11　382p　22cm　（新典社研究叢書 122）8000円　Ⓘ4-7879-4122-4　Ⓝ913.52　〔23005〕
◇近代文学と西鶴　竹野静雄著　新典社　1980.5　446p　22cm　（新典社研究叢書 2）8300円　Ⓝ913.52　〔23006〕
◇現代語西鶴全集　第6巻　近世諸国咄・懐硯・名残の友　久保田万太郎著　春秋社　1931　442p　20cm　Ⓝ913.5　〔23007〕
◇好色一代男　好色五人女　好色一代女　井原西鶴著　板坂元, 堤精二, 麻生磯次校注　岩波書店　1991.12　458p　22cm　4200円　Ⓘ4-00-004482-6　Ⓝ913.52　〔23008〕
◇好色一代女―絵入　井原西鶴著　西鶴学会編　古典文庫　1948.6　248p　17cm　（古典文庫）非売品　Ⓝ913.52　〔23009〕
◇好色一代女全注釈　井原西鶴著　前田金五郎著　勉誠社　1996.10　876p　22cm　18540円　Ⓘ4-585-03044-1　Ⓝ913.52　〔23010〕
◇『好色一代女』の面白さ・可笑しさ　谷脇理史著　大阪　清文堂出版　2003.10　289p　20cm　（西鶴を楽しむ 1）2800円　Ⓘ4-7924-1378-8　Ⓝ913.52　〔23011〕
◇好色盛衰記―絵入　井原西鶴作　大阪府文芸懇話会校訂　大阪　大阪文芸懇話会　1953.6　229p　22cm　Ⓝ913.52　〔23012〕
◇好色二代男　井原西鶴作　横山重校訂　岩波書店　1958.11（第3刷：1999.2）　327p　15cm　（岩波文庫）660円　Ⓘ4-00-302042-1　Ⓝ913.52　〔23013〕
◇好色の芸術家―井原西鶴　中谷博著　富士出版　1948　275p　19cm　Ⓝ910.25　〔23014〕
◇好色物の世界―西鶴入門　上　暉峻康隆著　日本放送出

文学史　　　　　　　　　　　　近世史

版協会　1979.4　211p　19cm　（NHKブックス 341）600円　Ⓝ913.52　〔23015〕
◇好色物の世界―西鶴入門　下　暉峻康隆著　日本放送出版協会　1979.5　231p　19cm　（NHKブックス 342）600円　Ⓝ913.52　〔23016〕
◇国語国文学研究史大成　第11　西鶴　全国大学国語国文学会研究史大成編纂委員会編　暉峻康隆,野間光辰編著　三省堂　1964　466p　22cm　Ⓝ910.8　〔23017〕
◇西鶴　文芸読本　II.16　栗山理一著　成城国文学会編）成城国文学会　1949　168p　19cm　Ⓝ913.52　〔23018〕
◇西鶴　暉峻康隆著　創元社　1953　255p　19cm　（日本古典鑑賞読本）Ⓝ913.52　〔23019〕
◇西鶴　野田寿雄著　京都　三一書房　1958　219p　19cm　（古典とその時代）Ⓝ913.52　〔23020〕
◇西鶴　天理図書館編　天理　1965　2冊（解説共）31cm　Ⓝ913.52　〔23021〕
◇西鶴　日本文学研究資料刊行会編　有精堂出版　1969　299p　22cm　（日本文学研究資料叢書）1300円　Ⓝ913.52　〔23022〕
◇西鶴　野田寿雄著　三一書房　1971　221p　20cm　（古典とその時代 8）850円　Ⓝ913.52　〔23023〕
◇西鶴　松田修,堤精二編　至文堂　1978.1　2冊　23cm　（講座日本文学）各880円　Ⓝ913.52　〔23024〕
◇西鶴　浅野三平著　明玄書房　1978.1　134p　21cm　750円　Ⓝ913.52　〔23025〕
◇西鶴―大東急記念文庫公開講座講演録　暉峻康隆ほか講述　大東急記念文庫　1980.3　130p　22cm　Ⓝ913.52　〔23026〕
◇西鶴―人ごころの文学　吉江久弥著　大阪　和泉書院　1988.5　402p　22cm　（研究叢書 62）11000円　Ⓘ4-87088-292-2　Ⓝ913.52　〔23027〕
◇西鶴　桧谷昭彦編　国書刊行会　1989.5　398p　22cm　（日本文学研究大成）3900円　Ⓝ913.52　〔23028〕
◇西鶴―人間喜劇の文学　荒川有史著　こうち書房　1994.5　437p　21cm　2500円　Ⓘ4-87647-248-3　Ⓝ913.52　〔23029〕
◇西鶴―研究と批評　谷脇理史著　若草書房　1995.5　501p　22cm　（近世文学研究叢書 1）8800円　Ⓘ4-948755-00-1　Ⓝ913.52　〔23030〕
◇西鶴―環境と営為に関する試論　西島孜哉著　勉誠社　1998.2　625p　22cm　20000円　Ⓘ4-585-03055-7　Ⓝ913.52　〔23031〕
◇西鶴―評論と研究　上　暉峻康隆著　中央公論社　1948　411p　22cm　Ⓝ913.52　〔23032〕
◇西鶴―評論と研究　上　暉峻康隆著　改訂版　中央公論社　1953.2　411p　22cm　Ⓝ913.52　〔23033〕
◇西鶴―評論と研究　下　暉峻康隆著　中央公論社　1950　591p　22cm　Ⓝ913.52　〔23034〕
◇西鶴―評論と研究　下　暉峻康隆著　改訂版第2版　中央公論社　1955.6　399p　22cm　Ⓝ913.52　〔23035〕
◇西鶴―研究と資料　論文編　万の文反古の諸問題〔ほか〕　慶應義塾大学国文学研究会編　中村幸彦　至文堂　1957　201p　22cm　（国文学論叢 第1輯）Ⓝ913.52　〔23036〕
◇西鶴一家言　森銑三著　河出書房新社　1975　319p　20cm　1800円　Ⓝ913.52　〔23037〕
◇西鶴浮世草子の展開　森田雅也著　大阪　和泉書院　2006.3　455p　21cm　（研究叢書）13000円　Ⓘ4-7576-0366-5　〔23038〕
◇西鶴への招待　暉峻康隆ほか著　岩波書店　1995.3　340p　20cm　（岩波セミナーブックス 49）2200円

Ⓘ4-00-004219-X　Ⓝ913.52　〔23039〕
◇西鶴置土産―現代語訳・西鶴　暉峻康隆訳・注　小学館　1997.8　264p　16cm　（小学館ライブラリー）800円　Ⓘ4-09-460103-1　Ⓝ913.52　〔23040〕
◇西鶴置土産を読む―於保薫平遺稿　於保薫平著　佐世保　於保允子　1992.3　161p　22cm　非売品　Ⓝ913.52　〔23041〕
◇西鶴置土産新解　金子武雄著　白帝社　1970　237p　22cm　700円　Ⓝ913.52　〔23042〕
◇西鶴を学ぶ人のために　谷脇理史,西島孜哉編　京都　世界思想社　1993.6　346p　19cm　1950円　Ⓘ4-7907-0459-9　Ⓝ913.52　〔23043〕
◇西鶴をよむ　長谷川強著　笠間書院　2003.12　238p　19cm　（古典ルネッサンス）2200円　Ⓘ4-305-00271-X　〔23044〕
◇西鶴が語る江戸のミステリー―西鶴怪談奇談集　井原西鶴原著　西鶴研究会編　ぺりかん社　2004.4　251p　21cm　1900円　Ⓘ4-8315-1075-0　Ⓝ913.52　〔23045〕
◇西鶴が語る江戸のラブストーリー―恋愛奇談集　井原西鶴原著　西鶴研究会編　ぺりかん社　2006.9　244p　21cm　1900円　Ⓘ4-8315-1139-0　Ⓝ913.52　〔23046〕
◇西鶴研究―年刊　第1-4集　西鶴学会編　古典文庫　1948-1951　4冊　26cm　Ⓝ910.25　〔23047〕
◇西鶴研究　第1冊―第4冊　西鶴学会編　クレス出版　2002.4　1冊　27cm　25000円　Ⓘ4-87733-132-8,4-87733-131-X　Ⓝ913.52　〔23048〕
◇西鶴研究　第1集―第5集　西鶴学会編　クレス出版　2002.4　1冊　27cm　25000円　Ⓘ4-87733-133-6,4-87733-131-X　Ⓝ913.52　〔23049〕
◇西鶴研究―年刊　第5-8集　西鶴学会編　古典文庫　1952-1955　4冊　26cm　Ⓝ910.25　〔23050〕
◇西鶴研究　第6集―第8集　西鶴学会編　クレス出版　2002.4　1冊　27cm　25000円　Ⓘ4-87733-134-4,4-87733-131-X　Ⓝ913.52　〔23051〕
◇西鶴研究―年刊　第9-10集　西鶴学会編　古典文庫　1956-1957　2冊　26cm　Ⓝ910.25　〔23052〕
◇西鶴研究　第9集―第10集　西鶴学会編　クレス出版　2002.4　249,345,4p　27cm　20000円　Ⓘ4-87733-135-2,4-87733-131-X　Ⓝ913.52　〔23053〕
◇西鶴研究序説　谷脇理史著　新典社　1981.6　559p　22cm　（新典社研究叢書 4）10000円　Ⓘ4-7879-4004-X　Ⓝ913.52　〔23054〕
◇西鶴研究資料集成　第1巻　クレス出版　1993.12　530p　22cm　Ⓘ4-906330-87-8　Ⓝ913.52　〔23055〕
◇西鶴研究資料集成　第2巻　クレス出版　1993.12　581p　22cm　Ⓘ4-906330-87-8　Ⓝ913.52　〔23056〕
◇西鶴研究資料集成　第3巻　クレス出版　1993.12　618p　22cm　Ⓘ4-906330-87-8　Ⓝ913.52　〔23057〕
◇西鶴研究資料集成　第4巻　クレス出版　1993.12　741p　22cm　Ⓘ4-906330-87-8　Ⓝ913.52　〔23058〕
◇西鶴研究資料集成　第5巻　クレス出版　1994.2　470p　22cm　Ⓘ4-906330-88-6　Ⓝ913.52　〔23059〕
◇西鶴研究資料集成　第6巻　クレス出版　1994.2　644p　22cm　Ⓘ4-906330-88-6　Ⓝ913.52　〔23060〕
◇西鶴研究資料集成　第7巻　クレス出版　1994.2　632p　22cm　Ⓘ4-906330-88-6　Ⓝ913.52　〔23061〕
◇西鶴研究資料集成　第8巻　クレス出版　1994.2　674p　22cm　Ⓘ4-906330-88-6　Ⓝ913.52　〔23062〕
◇西鶴研究論攷　谷脇理史著　新典社　1981.10　438p　22cm　（新典社研究叢書 5）10000円　Ⓘ4-7879-4005-8

◇西鶴語彙管見　杉本つとむ著　ひたく書房　1982.2　373p　22cm　7800円　Ⓘ4-89328-009-0　Ⓝ913.52　〔23064〕

◇西鶴語彙考証　第1　真山青果著　中央公論社　1948　224p　18cm　Ⓝ913.52　〔23065〕

◇西鶴語彙新考　前田金五郎著　勉誠社　1993.1　689p　22cm　20000円　Ⓘ4-585-03014-X　Ⓝ913.52　〔23066〕

◇西鶴考―作品・書誌　金井寅之助著　八木書店　1989.3　435p　22cm　7800円　Ⓘ4-8406-9077-4　Ⓝ913.52　〔23067〕

◇西鶴作品集　吉江久弥編　第2版　京都　仏教大学通信教育部　1995.3　256p　21cm　非売品　Ⓝ913.52　〔23068〕

◇西鶴襍藁　滝田貞治著　白帝社　1965　465p　22cm　Ⓝ913.52　〔23069〕

◇西鶴襍俎　滝田貞治著　白帝社　1965　278p　22cm　Ⓝ913.52　〔23070〕

◇西鶴雑筆　高橋俊夫著　笠間書院　1978.7　271p　19cm　（笠間選書 101）1400円　Ⓝ913.52　〔23071〕

◇西鶴三十年　森銑三著　勉誠社　1977.4　288p　20cm　2000円　Ⓝ913.52　〔23072〕

◇西鶴事典　江本裕, 谷脇理史編　おうふう　1996.12　1060p　27cm　22000円　Ⓘ4-273-02918-9　Ⓝ913.52　〔23073〕

◇西鶴集　宗政五十緒, 長谷川強著　尚学図書　1980.3　454p　20cm　（鑑賞日本の古典 6）1800円　Ⓝ913.52　〔23074〕

◇西鶴小説論―対照的構造と「東アジア」への視界　染谷智幸著　翰林書房　2005.3　586p　21cm　9800円　Ⓘ4-87737-207-5　〔23075〕

◇西鶴商法―根と才覚で生き抜いた元禄商人　神保五弥著　日本実業出版社　1969　222p　19cm　450円　Ⓝ913.52　〔23076〕

◇西鶴掌論　小畑伸夫著　小畑伸夫　1977　18p　26cm　（東京都立小松川高等学校定時制紀要 第12号）Ⓝ913.52　〔23077〕

◇西鶴試論　井口洋著　大阪　和泉書院　1991.5　284p　22cm　（研究叢書 100）9064円　Ⓘ4-87088-470-4　Ⓝ913.52　〔23078〕

◇西鶴新攷　野間光辰著　筑摩書房　1948　428p　22cm　Ⓝ913.52　〔23079〕

◇西鶴新新攷　野間光辰著　岩波書店　1981.8　631p　22cm　5800円　Ⓝ913.52　〔23080〕

◇西鶴新展望　勉誠社　1993.8　366p　22cm　10000円　Ⓘ4-585-03018-2　Ⓝ913.52　〔23081〕

◇西鶴人名索引　本田義寿編　京都　1965　320,71p　21cm　Ⓝ913.52　〔23082〕

◇西鶴新論　織田作之助著　2版　大阪　天地書房　1948　211p　19cm　Ⓝ913.52　〔23083〕

◇西鶴新論　暉峻康隆著　中央公論社　1981.10　438p　22cm　6500円　Ⓝ913.52　〔23084〕

◇西鶴粋談―暉峻康隆対談集　暉峻康隆ほか著　小学館　1980.5　238p　19cm　（小学館創造選書 31）880円　Ⓝ913.52　〔23085〕

◇西鶴世代との対話―歴史と文学をつなぐ　荒川有史著　こうち書房　1996.7　269p　21cm　2500円　Ⓘ4-87647-333-1　Ⓝ913.52　〔23086〕

◇西鶴全作品エッセンス集成　井原西鶴著　浮橋康彦編　大阪　和泉書院　2002.8　307p　21cm　2000円　Ⓘ4-7576-0155-7　Ⓝ913.52　〔23087〕

◇西鶴地名辞典　田中宏明著　国書刊行会　1986.1　257p　22cm　5800円　Ⓝ913.52　〔23088〕

◇西鶴展―三百年祭記念　朝日新聞社文化企画局大阪企画部編　大阪　朝日新聞社　1993　175p　30cm　Ⓝ913.52　〔23089〕

◇西鶴展望　浅野晃著　勉誠出版　2000.3　435,6p　22cm　9000円　Ⓘ4-585-03065-4　Ⓝ913.52　〔23090〕

◇西鶴と浮世草子　西島孜哉著　桜楓社　1989.11　557p　22cm　26780円　Ⓝ913.52　〔23091〕

◇西鶴と浮世草子研究　Vol.2―闇の叫びを追究する　特集怪異　高田衛, 有働裕, 佐伯孝弘編　笠間書院　2007.11　302p　21cm　2500円　Ⓘ978-4-305-60202-2　〔23092〕

◇西鶴と外国文学　笠井清著　明治書院　1963　167p　18cm　Ⓝ913.52　〔23093〕

◇西鶴と上方文化　日本経済新聞大阪本社事業部編　大阪　日本経済新聞社　1977　図〔64〕p 43p　26cm　Ⓝ913.52　〔23094〕

◇西鶴と元禄文芸　中嶋隆著　若草書房　2003.4　308p　22cm　（近世文学研究叢書 14）10000円　Ⓘ4-948755-76-1　〔23095〕

◇西鶴と元禄メディア―その戦略と展開　中嶋隆著　日本放送出版協会　1994.10　222p　19cm　（NHKブックス 718）830円　Ⓘ4-14-001718-X　Ⓝ913.52　〔23096〕

◇西鶴と西鶴本　森銑三著　元々社　1955　210p　18cm　（民族教養新書）Ⓝ913.52　〔23097〕

◇西鶴と酒田　藤井康夫著　酒田　みちのく豆本の会　1977.8　84p　11cm　（みちのく豆本 第74冊）Ⓝ913.52　〔23098〕

◇西鶴と近松―おなつ清十郎・おさん茂兵衛　松崎仁, 白石悌三編　大阪　和泉書院　1982.3　198p　21cm　1300円　Ⓘ4-900137-52-9　Ⓝ913.52　〔23099〕

◇西鶴に学ぶ人生の極意―大阪学特別講義　大谷晃一著　東洋経済新報社　2000.10　190p　20cm　1400円　Ⓘ4-492-06120-7　Ⓝ913.52　〔23100〕

◇西鶴年譜考証　野間光辰著　中央公論社　1952　445p　22cm　Ⓝ913.52　〔23101〕

◇西鶴年譜考証　野間光辰著　刪補　中央公論社　1983.11　641p　22cm　12000円　Ⓘ4-12-001246-8　Ⓝ913.52　〔23102〕

◇西鶴のおもしろさ―名篇を読む　江本裕, 谷脇理史著　勉誠出版　2001.3　264p　18cm　（勉誠新書）950円　Ⓘ4-585-00267-7　Ⓝ913.52　〔23103〕

◇西鶴の感情　富岡多恵子著　講談社　2004.10　221p　21cm　2000円　Ⓘ4-06-212617-6　〔23104〕

◇西鶴の研究　宗政五十緒著　未來社　1969　346p　22cm　1800円　Ⓝ913.52　〔23105〕

◇西鶴の研究　重友毅著　文理書院　1974　468p　22cm　（重友毅著作集 第1巻）3500円　Ⓝ913.52　〔23106〕

◇西鶴の研究　森山重雄著　新読書社　1981.1　261p　22cm　3200円　Ⓝ913.52　〔23107〕

◇西鶴の作品における生活原理　佐瀬恒著　桜楓社　1974　530p　22cm　Ⓝ913.52　〔23108〕

◇西鶴の出発―長尾三知生遺稿集　長尾三知生著　志度町（香川県）　長尾三知生遺稿集刊行会　1988.1　171p　19cm　2000円　Ⓝ913.52　〔23109〕

◇西鶴の小説―時空意識の転換をめぐって　広末保著　平凡社　1982.11　265p　20cm　（平凡社選書 77）1400円　Ⓝ913.52　〔23110〕

◇西鶴の書誌学的研究　滝田貞治著　白帝社　1965　488p　22cm　Ⓝ913.52　〔23111〕

◇西鶴の世界　森山重雄著　講談社　1969　233p　18cm（講談社現代新書）240円　Ⓝ913.52　〔23112〕

◇西鶴の世界―影印版頭注付　1　井原西鶴著　雲英末雄ほか編　新典社　2001.4　127p　21cm　1300円　Ⓘ4-7879-0622-4　Ⓝ913.52　〔23113〕

◇西鶴の世界―影印版頭注付　2　井原西鶴著　雲英末雄ほか編　新典社　2001.4　127p　21cm　1300円　Ⓘ4-7879-0623-2　Ⓝ913.52　〔23114〕

◇西鶴の文芸　白倉一由著　甲府　山梨英和短期大学国文学研究室　1974　434p　22cm　3000円　Ⓝ913.52　〔23115〕

◇西鶴の文芸　白倉一由編著　増補改訂版　新典社　1984.1　474p　22cm（新典社叢書 12）3800円　Ⓘ4-7879-3012-5　Ⓝ913.52　〔23116〕

◇西鶴俳諧研究　山田孝雄等著　改造社　1935　352p　20cm　Ⓝ911.3　〔23117〕

◇西鶴はなしの想像力―『諸艶大鑑』と『西鶴諸国ばなし』　有働裕著　翰林書房　1998.10　227p　20cm　2800円　Ⓘ4-87737-049-8　Ⓝ913.52　〔23118〕

◇西鶴必携　谷脇理史編　學燈社　1993.5　212p　21cm　1750円　Ⓘ4-312-00536-2　Ⓝ913.52　〔23119〕

◇西鶴文学研究　吉江久弥著　笠間書院　1974　623p　22cm（笠間叢書 41）9500円　Ⓝ913.52　〔23120〕

◇西鶴文学研究史　戦後 その2　荒川有史著　立川　〔荒川有史〕　1983.3　12p　26cm　Ⓝ913.52　〔23121〕

◇西鶴文学考　高橋俊夫著　大空社　1996.7　166p　22cm　Ⓘ4-7568-0235-4　Ⓝ913.52　〔23122〕

◇西鶴文学地図　大谷晃一著　大阪　編集工房ノア　1993.12　275p　20cm　2000円　Ⓝ913.52　〔23123〕

◇西鶴文学とその周辺　吉江久弥著　新典社　1990.3　309p　22cm（新典社研究叢書 33）9785円　Ⓘ4-7879-4033-3　Ⓝ913.52　〔23124〕

◇西鶴文学の地名に関する研究　第1巻　アーオ　堀章男著　ひたく書房　1985.2　543p　22cm　16000円　Ⓘ4-89328-021-X　Ⓝ913.52　〔23125〕

◇西鶴文学の地名に関する研究　第2巻　カーキソ　堀章男著　大阪　和泉書院　1988.2　443p　22cm（研究叢書 58）15000円　Ⓘ4-87088-284-1　Ⓝ913.52　〔23126〕

◇西鶴文学の地名に関する研究　第3巻　キターク　堀章男著　大阪　和泉書院　1992.2　578p　22cm（研究叢書 111）18540円　Ⓘ4-87088-525-5　Ⓝ913.52　〔23127〕

◇西鶴文学の地名に関する研究　第4巻　ケーサッ　堀章男著　大阪　和泉書院　1996.2　702p　22cm（研究叢書 177）20600円　Ⓘ4-87088-771-1　Ⓝ913.52　〔23128〕

◇西鶴文学の地名に関する研究　第5巻　堀章男著　大阪　和泉書院　2002.6　731p　22cm（研究叢書 282）20000円　Ⓘ4-7576-0153-0　Ⓝ913.52　〔23129〕

◇西鶴文学の魅力　西鶴三百年祭顕彰会編　勉誠社　1994.9　311p　20cm　2575円　Ⓘ4-585-05006-X　Ⓝ913.52　〔23130〕

◇西鶴文芸の研究　植田一夫著　笠間書院　1979.2　244p　22cm（笠間叢書 117）5500円　Ⓝ913.52　〔23131〕

◇西鶴文芸の研究　白倉一由著　明治書院　1994.2　898p　22cm　18000円　Ⓘ4-625-41108-4　Ⓝ913.52　〔23132〕

◇西鶴抱一句集　竹の家主人編　文芸之日本社〔ほか〕　1908.12　145p　15cm　Ⓝ911.3　〔23133〕

◇西鶴本叢考　森銑三著　東京美術　1971　348p　22cm　1600円　Ⓝ913.52　〔23134〕

◇西鶴本の基礎的研究　島田勇雄著　明治書院　1990.7　639p　22cm　12000円　Ⓘ4-625-42070-9　Ⓝ913.52　〔23135〕

◇西鶴名作評解　守随憲治, 大久保忠国共著　有精堂　1949　214p　19cm　Ⓝ913.52　〔23136〕

◇西鶴名作物語―若い人への古典案内　井原西鶴原著, 松崎仁編訳著　社会思想社　1971　289p　15cm（現代教養文庫）Ⓝ913.52　〔23137〕

◇西鶴物語―自由奔放な西鶴文学の全貌　浅野晃, 谷脇理史編　有斐閣　1978.12　288,7p　22cm（有斐閣ブックス）1800円　Ⓝ913.52　〔23138〕

◇西鶴流の経済と処世術　寺坂邦雄著　高文堂出版社　2005.9　155p　19cm　1857円　Ⓘ4-7707-0740-1　〔23139〕

◇西鶴輪講　第1巻　好色五人女　三田村鳶魚編　青蛙房　1960　435p　20cm（輪講双書 第3冊）Ⓝ913.52　〔23140〕

◇西鶴輪講　第2巻　好色一代女　三田村鳶魚編　青蛙房　1960　321p　20cm（輪講双書 第4冊）Ⓝ913.52　〔23141〕

◇西鶴輪講　第3巻　日本永代蔵　三田村鳶魚編　青蛙房　1961　354p　20cm（輪講双書 第5冊）Ⓝ913.52　〔23142〕

◇西鶴輪講　第4巻　好色一代男　三田村鳶魚編　青蛙房　1961　591p　20cm（輪講双書 第6冊）Ⓝ913.52　〔23143〕

◇西鶴輪講　第5巻　男色大鑑　三田村鳶魚編　青蛙房　1962　459p　20cm（輪講双書 第7冊）Ⓝ913.52　〔23144〕

◇西鶴連句注釈　前田金五郎著　勉誠出版　2003.12　1035p　22cm　28500円　Ⓘ4-585-03095-6　Ⓝ911.31　〔23145〕

◇西鶴論　矢野公和著　若草書房　2003.9　431p　22cm（近世文学研究叢書 15）13000円　Ⓘ4-948755-77-X　Ⓝ913.52　〔23146〕

◇西鶴論考　高橋俊夫著　笠間書院　1971　320p　22cm（笠間叢書 19）3500円　Ⓝ913.52　〔23147〕

◇西鶴論攷　浅野晃著　勉誠社　1990.5　584,8p　22cm　13107円　Ⓘ4-585-01005-X　Ⓝ913.52　〔23148〕

◇西鶴論序説　水田潤著　桜楓社　1973　248p　22cm　2800円　Ⓝ913.52　〔23149〕

◇西鶴論叢　野間光辰編　中央公論社　1975　562p　22cm　6500円　Ⓝ913.52　〔23150〕

◇西鶴論の周辺　檜谷昭彦著　三弥井書店　1988.7　240p　22cm　3800円　Ⓘ4-8382-3022-2　Ⓝ913.52　〔23151〕

◇桜千句―大坂衆　滝田貞治編者　台北　台湾三省堂　1943　77p　24cm（西鶴俳諧叢書 第1巻）Ⓝ911.3　〔23152〕

◇松寿軒西鶴独吟百韵　白名民憲編　大阪　三越大阪支店　1931　1冊　23×33cm　Ⓝ911.3　〔23153〕

◇新資料による　西鶴の研究　小池藤五郎著　風間書房　1966　1034p　22cm　Ⓝ913.52　〔23154〕

◇新編西鶴全集　第1巻 本文篇　井原西鶴著　新編西鶴全集編集委員会編　勉誠出版　2000.2　620p　27cm　Ⓘ4-585-10063-6　Ⓝ913.52　〔23155〕

◇新編西鶴全集　第2巻 本文篇　井原西鶴著　新編西鶴全集編集委員会編　勉誠出版　2002.2　700p　27cm　Ⓘ4-585-10086-5　Ⓝ913.52　〔23156〕

◇新編西鶴全集　第3巻 本文篇　井原西鶴著　新編西鶴全集編集委員会編　勉誠出版　2003.2　716p　27cm　Ⓘ4-585-10087-3　Ⓝ913.52　〔23157〕

◇新編西鶴全集　第1巻 自立語索引篇 上　新編西鶴全集編集委員会編　勉誠出版　2000.2　1069p　22cm　Ⓘ4-585-10063-6　Ⓝ913.52　〔23158〕

◇新編西鶴全集　第1巻 自立語索引篇 下　新編西鶴全集編集委員会編　勉誠出版　2000.2　1043p　22cm　①4-585-10063-6　Ⓝ913.52
〔23159〕
◇新編西鶴全集　第2巻 自立語索引篇 上　新編西鶴全集編集委員会編　勉誠出版　2002.2　1141p　22cm　①4-585-10086-5　Ⓝ913.52
〔23160〕
◇新編西鶴全集　第2巻 自立語索引篇 下　新編西鶴全集編集委員会編　勉誠出版　2002.2　1099p　22cm　①4-585-10086-5　Ⓝ913.52
〔23161〕
◇新編西鶴全集　第3巻 自立語索引篇 上　新編西鶴全集編集委員会編　勉誠出版　2003.2　1060p　22cm　①4-585-10087-3　Ⓝ913.52
〔23162〕
◇新編西鶴全集　第3巻 自立語索引篇 下　新編西鶴全集編集委員会編　勉誠出版　2003.2　1038p　22cm　①4-585-10087-3　Ⓝ913.52
〔23163〕
◇新編日本古典文学全集　68 井原西鶴集 3　谷脇理史ほか校注・訳　小学館　1996.12　638p　23cm　4800円　①4-09-658068-6　Ⓝ918
〔23164〕
◇シンポジウム日本文学　9 西鶴　司会：松田修　学生社　1976　202p　22cm　1900円　Ⓝ913.52
〔23165〕
◇図説日本の古典　15 井原西鶴　長谷川強ほか編　集英社　1989.7　222p　28cm　2880円　①4-08-167115-X　Ⓝ910.2
〔23166〕
◇成功の才覚―西鶴の知恵袋　森田芳雄著　大空社　1996.3　257p　19cm　2000円　①4-7568-0116-1　Ⓝ913.52
〔23167〕
◇対訳西鶴全集―決定版　2 諸艶大鑑　井原西鶴著　麻生磯次,富士昭雄訳注　明治書院　1992.5　346,33p　22cm　3800円　①4-625-51140-2　Ⓝ913.52
〔23168〕
◇対訳西鶴全集―決定版　4 椀久一世の物語・好色盛衰記・嵐は無常物語　井原西鶴著　麻生磯次,富士昭雄訳注　明治書院　1992.7　315,19p　22cm　3600円　①4-625-51142-9　Ⓝ913.52
〔23169〕
◇対訳西鶴全集―決定版　6 男色大鑑　井原西鶴著　麻生磯次,富士昭雄訳注　明治書院　1992.9　360,33p　22cm　3800円　①4-625-51144-5　Ⓝ913.52
〔23170〕
◇対訳西鶴全集―決定版　9 新可笑記　井原西鶴著　麻生磯次,富士昭雄訳注　明治書院　1992.12　191,15p　22cm　3400円　①4-625-51147-X　Ⓝ913.52
〔23171〕
◇対訳西鶴全集―決定版　10 本朝二十不孝　井原西鶴著　麻生磯次,富士昭雄訳注　明治書院　1993.1　159,11p　22cm　3400円　①4-625-51148-8　Ⓝ913.52
〔23172〕
◇対訳西鶴全集―決定版　11 本朝桜陰比事　井原西鶴著　麻生磯次,富士昭雄訳注　明治書院　1993.2　201,12p　22cm　3400円　①4-625-51149-6　Ⓝ913.52
〔23173〕
◇日本近世小説史　井原西鶴篇　野田寿雄著　勉誠社　1990.2　870,18p　22cm　18540円　①4-585-01002-5　Ⓝ913.52
〔23174〕
◇芭蕉と西鶴　岡崎義恵著　仙台　支倉書林　1946　88p　18cm　Ⓝ910.25
〔23175〕
◇芭蕉と西鶴　広末保著　未來社　1963　194p　20cm　Ⓝ911.32
〔23176〕
◇芭蕉と西鶴の文学―前近代の詩と俗　乾裕幸著　創樹社　1983.2　249p　20cm　2000円　Ⓝ911.32
〔23177〕
◇一目玉鉾　井原西鶴著　珍籍刊行会　1917　184p　20cm　(江戸趣味文庫 第4編)　Ⓝ913.5
〔23178〕
◇評釈嵐無常物語　愛媛近世文学研究会編　松山　青葉図書　1974　274p　22cm　3600円　Ⓝ913.52
〔23179〕
◇広末保著作集　第7巻 西鶴の小説・ぬけ穴の首　広末保著　影書房　1999.2　420p　20cm　3800円　①4-87714-263-0　Ⓝ910.25
〔23180〕
◇懐硯　影印　井原西鶴著　箕輪吉次編　おうふう　1995.11　236p　26cm　(西鶴選集)3200円　①4-273-02705-4　Ⓝ913.52
〔23181〕
◇懐硯　翻刻　井原西鶴著　箕輪吉次編　おうふう　1995.11　206p　26cm　(西鶴選集)2800円　①4-273-02676-7　Ⓝ913.52
〔23182〕
◇文芸読本 西鶴　井原西鶴著,吉田精一編　河出書房新社　1962　342p　13cm　(Kawade paperbacks)　Ⓝ913.52
〔23183〕
◇平成・西鶴ばなし―元禄マルチタレントのなぞ　読売新聞大阪本社文化部編著　大阪　フォーラム・A　1994.8　93p　21cm　980円　①4-938701-80-4　Ⓝ913.52
〔23184〕
◇本朝桜陰比事　影印　井原西鶴著　川元ひとみ編　おうふう　1996.9　255p　26cm　(西鶴選集)3500円　①4-273-02706-2　Ⓝ913.52
〔23185〕
◇本朝桜陰比事　翻刻　井原西鶴著　徳田武編　おうふう　1996.6　198p　26cm　(西鶴選集)2800円　①4-273-02677-5　Ⓝ913.52
〔23186〕
◇本朝二十不孝　井原西鶴作　横山重,小野晋校訂　岩波書店　1995.2　267p　15cm　(岩波文庫)570円　①4-00-302046-4　Ⓝ913.52
〔23187〕
◇三田村鳶魚主宰 西鶴輪講『懐硯』　竹野静雄校訂・解説　クレス出版　2005.11　256p　21cm　1800円　①4-87733-313-4
〔23188〕
◇要註西鶴名作選　井原西鶴著　麻生磯次編　武蔵野書院　1955.4(23刷：1996.3)　141p　21cm　728円　①4-8386-0591-9　Ⓝ913.52
〔23189〕
◇読みかえられる西鶴　堀切実著　ぺりかん社　2001.3　292p　20cm　3000円　①4-8315-0966-3　Ⓝ913.52
〔23190〕
◇椀久一世の物語―評釈と論考　笠井清著　明治書院　1963　236p　22cm　Ⓝ913.52
〔23191〕

◆◆◆好色一代男

◇一代男研究　第1冊　森銑三著　藤沢　森銑三　1979.2　70p　19cm　500円　Ⓝ913.52
〔23192〕
◇一代男研究　第2冊　森銑三著　藤沢　森銑三　1979.6　75p　19cm　500円　Ⓝ913.52
〔23193〕
◇一代男研究　第3冊　森銑三著　藤沢　森銑三　1979.11　70p　19cm　500円　Ⓝ913.52
〔23194〕
◇一代男研究　第4冊　森銑三著　藤沢　森銑三　1980.5　78p　19cm　500円　Ⓝ913.52
〔23195〕
◇一代男研究　第5冊　森銑三著　藤沢　森銑三　1980.12　77p　19cm　500円　Ⓝ913.52
〔23196〕
◇一代男新考　森銑三著　富山房　1978.1　294p　20cm　1800円　Ⓝ913.52
〔23197〕
◇好色一代男　井原西鶴著　暉峻康隆訳注　小学館　1992.10　394p　16cm　(小学館ライブラリー―現代語訳・西鶴)960円　①4-09-460035-3　Ⓝ913.52
〔23198〕
◇好色一代男　井原西鶴著　国文学研究資料館編　汲古書院　1994.12　357p　27cm　(国文学研究資料館影印叢書 1)6500円　①4-7629-3365-1　Ⓝ913.52
〔23199〕
◇好色一代男　影印　井原西鶴著　浅野晃編　おうふう　1996.1　383p　26cm　(西鶴選集)4000円　①4-273-02707-0　Ⓝ913.52
〔23200〕
◇好色一代男　翻刻　井原西鶴著　浅野晃編　おうふう　1996.1　300p　26cm　(西鶴選集)3800円　①4-273-02678-3　Ⓝ913.52
〔23201〕

◇好色一代男考　細川実著　高松　細川和子　1998.2
315p　22cm　Ⓝ913.52
〔23202〕

◇好色一代男全注釈　上巻　前田金五郎著　角川書店
1980.2　454p　22cm　（日本古典評釈・全注釈叢
書）4500円　Ⓝ913.52
〔23203〕

◇好色一代男全注釈　下巻　前田金五郎著　角川書店
1981.1　544p　22cm　（日本古典評釈・全注釈叢
書）4900円　Ⓝ913.52
〔23204〕

◇対訳西鶴全集―決定版　1　好色一代男　井原西鶴著
麻生磯次，富士昭雄訳注　明治書院　1992.4　319,29p
22cm　3800円　Ⓘ4-625-51139-9　Ⓝ913.52　〔23205〕

◆◆◆好色五人女

◇浮世絵春画好色五人女　井原西鶴文　歌川国貞絵
三心堂出版社編集部編著　三心出版社　1996.10　93p
21cm　1300円+税　Ⓘ4-88342-078-7　Ⓝ913.52
〔23206〕

◇好色五人女　井原西鶴著　暉峻康隆訳・注　小学館
1992.12　220p　16cm　（小学館ライブラリー―現代語
訳西鶴）820円　Ⓘ4-09-460038-8　Ⓝ913.52　〔23207〕

◇好色五人女　井原西鶴著　近代文学史研究の会編　文
化書房博文社　1993.3　210p　26cm　1800円
Ⓘ4-8301-0289-6　Ⓝ913.52
〔23208〕

◇好色五人女　影印　井原西鶴著　石川了編　おうふう
1995.5　223p　26cm　（西鶴選集）2800円
Ⓘ4-273-02701-1　Ⓝ913.52
〔23209〕

◇好色五人女　翻刻　井原西鶴著　水田潤編　おうふう
1995.5　215p　26cm　（西鶴選集）2800円
Ⓘ4-273-02672-4　Ⓝ913.52
〔23210〕

◇好色五人女詳解　尾形美宜著　大同館書店　1948　253p
22cm　Ⓝ913.52
〔23211〕

◇好色五人女全釈　井原西鶴著，大野茂男著　笠間書院
1979.2　365p　22cm　（笠間注釈叢刊　7）7500円
Ⓝ913.52
〔23212〕

◇好色五人女全注釈　前田金五郎著　勉誠社　1992.5
550p　22cm　12000円　Ⓘ4-585-03009-3　Ⓝ913.52
〔23213〕

◇好色五人女評釈　井原西鶴著，暉峻康隆評釈　明治書院
1953　270p　19cm　Ⓝ913.52
〔23214〕

◇西鶴全釈　好色五人女　金子武雄著　有信堂　1954
292p　18cm　（有信堂文庫）Ⓝ913.52　〔23215〕

◇対訳西鶴全集―決定版　3　好色五人女.好色一代女　井
原西鶴著　麻生磯次,富士昭雄訳注　明治書院　1992.
6　368,31p　22cm　3800円　Ⓘ4-625-51141-0　Ⓝ913.
52
〔23216〕

◆◆◆日本永代蔵

◇虚構としての『日本永代蔵』　矢野公和著　笠間書院
2002.10　290,1p　22cm　6800円　Ⓘ4-305-70243-6
Ⓝ913.52
〔23217〕

◇経済小説の原点『日本永代蔵』―西鶴を楽しむ　2　谷脇
理史著　大阪　清文堂出版　2004.3　307p　19cm
2800円　Ⓘ4-7924-1382-6
〔23218〕

◇校注日本永代蔵　井原西鶴著　原道生編　武蔵野書院
1993.3（再版）　183p　21cm　1262円　Ⓘ4-8386-0589-7
Ⓝ913.52
〔23219〕

◇西鶴塾金もうけ講座―『日本永代蔵』新講釈　宗政五十
緒著　京都　淡交社　1984.12　237p　19cm　1300円
Ⓘ4-473-00889-4　Ⓝ913.52
〔23220〕

◇対訳西鶴全集―決定版　12　日本永代蔵　井原西鶴著
麻生磯次,富士昭雄訳注　明治書院　1993.3　221,13p
22cm　3400円　Ⓘ4-625-51150-X　Ⓝ913.52　〔23221〕

◇日本永代蔵　井原西鶴著　暉峻康隆訳注　小学館
1992.4　280p　16cm　（小学館ライブラリー―現代語
訳・西鶴）860円　Ⓘ4-09-460023-X　Ⓝ913.52　〔23222〕

◇日本永代蔵　影印　井原西鶴著　浮橋康彦編　おうふ
う　1995.4　277p　26cm　（西鶴選集）3600円
Ⓘ4-273-02700-3　Ⓝ913.52
〔23223〕

◇日本永代蔵　翻刻　井原西鶴著　浮橋康彦編　おうふ
う　1995.4　258p　26cm　（西鶴選集）2800円
Ⓘ4-273-02671-6　Ⓝ913.52
〔23224〕

◇日本永代蔵詳解　岡田稔著　大同館書店　1948　314p
22cm　Ⓝ913.52
〔23225〕

◇日本永代蔵新講　大藪虎亮著　白帝出版株式会社　1953
719p　22cm　Ⓝ913.52
〔23226〕

◇『日本永代蔵』成立論談義―回想・批判・展望　谷脇理
史著　大阪　清文堂出版　2006.4　292p　20cm　（西鶴
を楽しむ　別巻　1）3200円　Ⓘ4-7924-1395-8　Ⓝ913.52
〔23227〕

◇日本永代蔵・世間胸算用・西鶴織留　井原西鶴著　野
間光辰校注　岩波書店　1991.12　536p　22cm　4400円
Ⓘ4-00-004483-4　Ⓝ913.52
〔23228〕

◇日本永代蔵・世間胸算用評解　守随憲治,大久保忠国共著
再版　有精堂　1952　214p　18cm　Ⓝ913.52　〔23229〕

◇要註日本永代蔵世間胸算用　井原西鶴著　大藪虎亮編
武蔵野書院　1952.4（22版：1989.3）　126p　19cm
Ⓘ4-8386-0590-0　Ⓝ913.52
〔23230〕

◆◆◆世間胸算用

◇セケン・ムナサンヨー　井原西鶴原著　Masanori
Takatsuka,David C.Stubbs著　いとうせいこう直訳
角川書店　1992.12　214p　20cm　1300円
Ⓘ4-04-872732-X　Ⓝ913.52
〔23231〕

◇世間胸算用　織田作之助著　現代社　1956　242p
18cm　（現代新書）Ⓝ913.52
〔23232〕

◇世間胸算用―大阪府立中之島図書館蔵本　井原西鶴著
神保五弥,谷脇理史注・解説　武蔵野書院　1977.3
264p　21cm　Ⓘ4-8386-0519-6　Ⓝ913.52　〔23233〕

◇世間胸算用―現代語訳・西鶴　井原西鶴著　暉峻康隆
訳・注　小学館　1992.6　224p　16cm　（小学館ライブ
ラリー）820円　Ⓘ4-09-460027-2　Ⓝ913.52　〔23234〕

◇世間胸算用　井原西鶴著　西島孜哉編　大阪　和泉書
院　1998.10　238p　21cm　（西鶴影印叢刊）1700円
Ⓘ4-87088-951-X　Ⓝ913.52
〔23235〕

◇世間胸算用　影印　井原西鶴著　桧谷昭彦編　おうふ
う　1993.10　236p　26cm　（西鶴選集）3200円
Ⓘ4-273-02697-X　Ⓝ913.52
〔23236〕

◇世間胸算用　翻刻　井原西鶴著　桧谷昭彦編　おうふ
う　1993.10　177p　26cm　（西鶴選集）2400円
Ⓘ4-273-02668-6　Ⓝ913.52
〔23237〕

◇対訳西鶴全集―決定版　13　世間胸算用　井原西鶴著
麻生磯次,富士昭雄訳注　明治書院　1993.4　166,10p
22cm　3400円　Ⓘ4-625-51151-8　Ⓝ913.52　〔23238〕

◇要註世間胸算用　井原西鶴著　野田寿雄校註　武蔵野
書院　1967.3（20版：1994.3）　111p　21cm　602円
Ⓘ4-8386-0588-9　Ⓝ913.52
〔23239〕

◇要註日本永代蔵世間胸算用　井原西鶴著　大藪虎亮編
武蔵野書院　1952.4（22版：1989.3）　126p　19cm
Ⓘ4-8386-0590-0　Ⓝ913.52
〔23240〕

◆◆◆西鶴織留

◇西鶴織留―影印　井原西鶴著　加藤裕一編　おうふう
1996.3　263p　26cm　（西鶴選集）3800円

①4-273-02708-9　Ⓝ913.52　　　〔23241〕
◇西鶴織留　翻刻　井原西鶴著　加藤裕一編　おうふう　1996.3　219p　26cm　(西鶴選集)3107円
①4-273-02679-1　Ⓝ913.52　　　〔23242〕
◇西鶴織留新解　金子武雄著　白帝社　1969　362p　22cm　1200円　Ⓝ913.52　　　〔23243〕
◇対訳西鶴全集—決定版　14　西鶴織留　井原西鶴著　麻生磯次,富士昭雄訳注　明治書院　1993.5　221,22p　22cm　3400円　①4-625-51152-6　Ⓝ913.52　〔23244〕

◆◆◆武道伝来記
◇新武道伝来記—宝永三年刊　翻刻　杉本好伸編　広島　安田女子大学言語文化研究所　1996.3　209p　22cm　(安田女子大学言語文化研究叢書 1)非売品　Ⓝ913.52
〔23245〕
◇対訳西鶴全集—決定版　7　武道伝来記　井原西鶴著　麻生磯次,富士昭雄訳注　明治書院　1992.10　318,18p　22cm　3600円　①4-625-51145-3　Ⓝ913.52
〔23246〕
◇武道伝来記　海音寺潮五郎著　教育社　1941　402p　19cm　(歴史文学選書)Ⓝ913.6　〔23247〕
◇武道伝来記　影印　井原西鶴著　西島孜哉編　おうふう　1995.1　394p　26cm　(西鶴選集)3800円
①4-273-02704-6　Ⓝ913.52　　　〔23248〕
◇武道伝来記　翻刻　井原西鶴著　西島孜哉編　おうふう　1995.1　307p　26cm　(西鶴選集)3600円
①4-273-02675-9　Ⓝ913.52　　　〔23249〕

◆◆◆武家義理物語
◇対訳西鶴全集—決定版　8　武家義理物語　井原西鶴著　麻生磯次,富士昭雄訳注　明治書院　1992.11　173,14p　22cm　3400円　①4-625-51146-1　Ⓝ913.52
〔23250〕
◇武家義理物語　影印　井原西鶴著　太刀川清編　おうふう　1994.4　257p　26cm　(西鶴選集)3200円
①4-273-02702-X　Ⓝ913.52　　　〔23251〕
◇武家義理物語　翻刻　井原西鶴著　太刀川清編　おうふう　1994.4　174p　26cm　(西鶴選集)2400円
①4-273-02673-2　Ⓝ913.52　　　〔23252〕

◆◆◆西鶴諸国はなし
◇西鶴諸国ばなし　井原西鶴著　暉峻康隆訳・注　小学館　1992.8　210p　16cm　(小学館ライブラリー—現代語訳・西鶴)820円　①4-09-460031-0　Ⓝ913.52
〔23253〕
◇西鶴諸国はなし　井原西鶴著　森田雅也編　大阪　和泉書院　1996.4　217p　21cm　(西鶴影印叢刊)1854円
①4-87088-793-2　Ⓝ913.52　　　〔23254〕
◇西鶴諸国はなし　影印　江本裕編　おうふう　1993.11　214p　26cm　(西鶴選集)2800円　①4-273-02698-8　Ⓝ913.52　　　〔23255〕
◇西鶴諸国はなし　翻刻　江本裕編　おうふう　1993.11　176p　26cm　(西鶴選集)2400円　①4-273-02669-4　Ⓝ913.52　　　〔23256〕
◇対訳西鶴全集—決定版　5　西鶴諸国ばなし・懐硯　井原西鶴著　麻生磯次,富士昭雄訳注　明治書院　1992.8　324,22p　22cm　3600円　①4-625-51143-7　Ⓝ913.52　　　〔23257〕

◆◆◆西鶴俗つれづれ
◇西鶴俗つれづれ　影印　井原西鶴著　花田富二夫編　おうふう　1995.9　176p　26cm　(西鶴選集)2800円
①4-273-02703-8　Ⓝ913.52　　　〔23258〕
◇西鶴俗つれづれ　翻刻　井原西鶴著　花田富二夫編　おうふう　1995.9　167p　26cm　(西鶴選集)2800円
①4-273-02674-0　Ⓝ913.52　　　〔23259〕
◇対訳西鶴全集—決定版　16　西鶴俗つれづれ・西鶴名残の友　井原西鶴著　麻生磯次,富士昭雄訳注　明治書院　1993.7　256,15p　22cm　3400円　①4-625-51154-2　Ⓝ913.52　　　〔23260〕

◆◆◆万の文反古
◇西鶴文反古　井原西鶴作　片岡良一校訂　岩波書店　1995.3　94p　15cm　(岩波文庫)310円
①4-00-302049-9　Ⓝ913.52　　　〔23261〕
◇創作した手紙『万の文反古』　谷脇理史著　大阪　清文堂出版　2004.7　324p　20cm　(西鶴を楽しむ 3)2800円　①4-7924-1385-0　Ⓝ913.52　　〔23262〕
◇対訳西鶴全集—決定版　15　西鶴置土産・万の文反古　井原西鶴著　麻生磯次,富士昭雄訳注　明治書院　1993.6　293,15p　22cm　3600円　①4-625-51153-4　Ⓝ913.52　　　〔23263〕
◇万の文反古—京都府立総合資料館蔵　井原西鶴著　谷脇理史注・解説　武蔵野書院　1988.2(再版)　239p　21cm　①4-8386-0520-X　Ⓝ913.52　〔23264〕
◇万の文反古　井原西鶴著　西島孜哉編　大阪　和泉書院　1994.5　207p　21cm　(西鶴影印叢刊)1545円
①4-87088-661-8　Ⓝ913.52　　　〔23265〕
◇万の文反古　影印　井原西鶴著　岡本勝編　おうふう　1994.2　220p　26cm　(西鶴選集)2800円
①4-273-02699-6　Ⓝ913.52　　　〔23266〕
◇万の文反古　翻刻　井原西鶴著　岡本勝編　おうふう　1994.2　146p　26cm　(西鶴選集)2400円
①4-273-02670-8　Ⓝ913.52　　　〔23267〕

◆◆八文字屋本
◇浮世草子考証年表—宝永以降　長谷川強著　武蔵村山　青裳堂書店　1984.12　235p　22cm　(日本書誌学大系 42)9600円　Ⓝ913.52　　　〔23268〕
◇浮世草子の研究—八文字屋本を中心とする　長谷川強著　桜楓社　1969　634p　22cm　4800円　Ⓝ913.52
〔23269〕
◇八文字屋集　篠原進校訂　国書刊行会　1988.4　410p　20cm　(叢書江戸文庫 8)4300円　Ⓝ913.52　〔23270〕
◇八文字屋本集と研究　中村幸彦著　豊橋　未刊国文資料刊行会　1957　280p　19cm　(未刊国文資料 第1期 第6冊)Ⓝ913.52　　　　　　　　　〔23271〕
◇八文字屋本全集　第1巻　けいせい色三味線　大尽三ツ盃　風流曲三味線　遊女懐中洗濯　八文字屋本研究会編　江島其磧著　汲古書院　1992.10　611p　22cm　15000円　①4-7629-3300-7　Ⓝ913.52　〔23272〕
◇八文字屋本全集　第2巻　野白内証鑑　けいせい伝受紙子　傾城禁短気　寛潤役者片気　野傾旅葛籠　八文字屋本研究会編　江島其磧著　汲古書院　1993.3　574p　22cm　15000円　①4-7629-3301-5　Ⓝ913.52
〔23273〕
◇八文字屋本全集　第3巻　魂胆色遊懐男　頼朝三代鎌倉記　忠臣略太平記　商人軍配団　渡世商軍談　鎌倉武家鑑　八文字屋本研究会編　江島其磧著　汲古書院　1993.7　523p　22cm　15000円
①4-7629-3302-3　Ⓝ913.52　　　〔23274〕
◇八文字屋本全集　第4巻　今川一睡記　当世御伽曽我　風流東鑑　百性盛衰記　当世信玄記　西海太

平記　手代袖算盤　八文字屋本研究会編　江島其磧著　汲古書院　1993.11　527p　22cm　15000円　Ⓘ4-7629-3303-1　Ⓝ913.52
〔23275〕

◇八文字屋本全集　第5巻　通俗諸分床軍談　女男伊勢風流　愛敬昔色好　京略ひながた　女男色遊　丹波太郎物語　風流〔ヤサ〕平家　義経風流鑑　八文字屋本研究会編　江島其磧,未練著　汲古書院　1994.3　562p　22cm　15000円　Ⓘ4-7629-3304-X　Ⓝ913.52
〔23276〕

◇八文字屋本全集　第6巻　世間子息気質　名物焼蛤　当流曽我高名松　分里艶行脚　風俗傾性野群談　国姓爺朝日太平記　世間娘気質　八文字屋本研究会編　江島其磧,八文字屋自笑著　汲古書院　1994.7　583p　22cm　15000円　Ⓘ4-7629-3305-8　Ⓝ913.52
〔23277〕

◇八文字屋本全集　第7巻　和漢遊女容気　野傾咲分色〔フタゴ〕　けいせい竈照君　武道近江八景　義経倭軍談　花実義経記　浮世親仁形気　楠三代壮士　八文字屋本研究会編　江島其磧著　汲古書院　1994.11　607p　22cm　Ⓘ4-7629-3306-6　Ⓝ913.52
〔23278〕

◇八文字屋本全集　第8巻　風流宇治頼政　役者色仕組　女曽我兄弟鑑　日本契情始　商人家職訓　舞台三津扇　風流七小町　八文字屋本研究会編　江島其磧著　汲古書院　1995.3　551p　22cm　15000円　Ⓘ4-7629-3307-4　Ⓝ913.52
〔23279〕

◇八文字屋本全集　第9巻　桜曽我女時宗・芝居万人葛・安倍清明白狐玉・出世握虎昔物語・女将門七人化粧・頼朝鎌倉実記・大内裏大友真鳥　八文字屋本研究会編　江島其磧著　汲古書院　1995.7　558p　22cm　15000円　Ⓘ4-7629-3308-2　Ⓝ913.52
〔23280〕

◇八文字屋本全集　第10巻　開分二女桜・記録曽我女黒船・本朝会稽山・御伽平家・風流扇子軍・富士浅間裾野桜　契情お国驛妓　八文字屋本研究会編　江島其磧,八文字屋自笑著　汲古書院　1995.12　546p　22cm　15000円　Ⓘ4-7629-3309-0　Ⓝ913.52
〔23281〕

◇八文字屋本全集　第11巻　善悪身持扇・世間手代気質・風流東大全・奥州軍記・曦太平記・楠家法鎧桜・けいせい哥三味線・風流友三味線　八文字屋本研究会編　江島其磧著　汲古書院　1996.3　632p　22cm　15000円　Ⓘ4-7629-3310-4　Ⓝ913.52
〔23282〕

◇八文字屋本全集　第12巻　那智御山手管滝・高砂大嶋台・鬼一法眼虎の巻・三浦大助節分寿・都鳥妻恋笛・真盛曲輪錦　八文字屋本研究会編　江島其磧著　汲古書院　1996.7　528p　22cm　15000円　Ⓘ4-7629-3311-2　Ⓝ913.52
〔23283〕

◇八文字屋本全集　第13巻　愛護稚冠女筆始・略平家都遷・咲分五人〔ムスメ〕・渡世身持談義・風流西海硯・風流連理〔タマツバキ〕・風流軍配団　八文字屋本研究会編　汲古書院　1997.1　535p　22cm　15000円　Ⓘ4-7629-3312-0　Ⓝ913.52
〔23284〕

◇八文字屋本全集　第14巻　八文字屋本研究会編　汲古書院　1997.5　519p　22cm　14563円　Ⓘ4-7629-3313-9　Ⓝ913.52
〔23285〕

◇八文字屋本全集　第15巻　八文字屋本研究会編　汲古書院　1997.9　530p　22cm　Ⓘ4-7629-3314-7　Ⓝ913.52
〔23286〕

◇八文字屋本全集　第16巻　八文字屋本研究会編　汲古書院　1998.1　546p　22cm　Ⓘ4-7629-3315-5　Ⓝ913.52
〔23287〕

◇八文字屋本全集　第17巻　八文字屋本研究会編　汲古書院　1998.5　536p　22cm　14563円　Ⓘ4-7629-3316-3　Ⓝ913.52
〔23288〕

◇八文字屋本全集　第18巻　八文字屋本研究会編　汲古書院　1998.9　574p　22cm　14563円　Ⓘ4-7629-3317-1　Ⓝ913.52
〔23289〕

◇八文字屋本全集　第19巻　八文字屋本研究会編　汲古書院　1999.3　512p　22cm　14563円　Ⓘ4-7629-3318-X　Ⓝ913.52
〔23290〕

◇八文字屋本全集　第20巻　八文字屋本研究会編　汲古書院　1999.9　543p　22cm　14563円　Ⓘ4-7629-3319-8　Ⓝ913.52
〔23291〕

◇八文字屋本全集　第21巻　八文字屋本研究会編　汲古書院　2000.1　533p　22cm　14563円　Ⓘ4-7629-3320-1　Ⓝ913.52
〔23292〕

◇八文字屋本全集　第22巻　八文字屋本研究会編　汲古書院　2000.6　458p　22cm　14563円　Ⓘ4-7629-3321-X　Ⓝ913.52
〔23293〕

◇八文字屋本全集　第23巻　八文字屋本研究会編　汲古書院　2000.10　470p　22cm　14563円　Ⓘ4-7629-3322-8　Ⓝ913.52
〔23294〕

◆洒落本

◇優曇華物語　大高洋司編　大阪　和泉書院　2001.8　350p　22cm　（読本善本叢刊）10000円　Ⓘ4-7576-0123-9　Ⓝ913.53
〔23295〕

◇江戸時代、洒落本・滑稽本の研究　高崎正治著　杉山書店　1986.3　172p　21cm　3200円　Ⓝ913.53
〔23296〕

◇江戸文学叢書―評釈　第7　洒落本草双紙集　笹川種郎著　大日本雄弁会講談社　1936　842p　23cm　Ⓝ918
〔23297〕

◇枯樹花大悲利益注釈　清水正男,広沢知晴共著　三樹書房　1997.10　218p　22cm　3800円　Ⓘ4-89522-220-9　Ⓝ913.53
〔23298〕

◇黄表紙・洒落本の世界　水野稔著　岩波書店　1976.12　216p　18cm　（岩波新書）280円　Ⓝ913.53
〔23299〕

◇洒落本集　第3　江戸軟派全集刊行会　1927　193p　16cm　（江戸軟派全集）Ⓝ913.5
〔23300〕

◇洒落本集成伏字手引草　尾崎久弥編　京都　未刊江戸文学刊行会　1954　36p　19cm　Ⓝ913.53
〔23301〕

◇洒落本集成伏字手引草　尾崎久弥編　京都　未刊江戸文学刊行会　1954.12　40,36p　19cm　非売品　Ⓝ913.53
〔23302〕

◇蜀山人未刊資料集　太田南畝編・著　ゆまに書房　1984.5　3冊　22cm　（国文学研究資料文庫　28～30）全27000円　Ⓝ913.53
〔23303〕

◇忠臣水滸伝　大高洋司編　大阪　和泉書院　1998.10　460p　22cm　（読本善本叢刊）13000円　Ⓘ4-87088-928-5　Ⓝ913.53
〔23304〕

◇反骨者大田南畝と山東京伝　小池正胤著　教育出版　1998.10　202p　19cm　（江戸東京ライブラリー　2）1500円　Ⓘ4-316-35710-7　Ⓝ913.53
〔23305〕

◆◆山東京伝

◇遊びのデザイン―山東京伝『小紋雅話』　山東京伝著,谷峯蔵解説　岩崎美術社　1984.1　239p　23cm　2800円　Ⓝ913.55
〔23306〕

◇江戸生艶気樺焼　上,中,下　山東京伝著　稀書複製会編　米山堂　1938-14　3冊　19cm　Ⓝ913.5　〔23307〕

◇寛政の出版界と山東京伝―200年前が面白い！特別展　たばこと塩の博物館編　たばこと塩の博物館　1995.3　196p　30cm　Ⓘ4-924989-02-9　Ⓝ913.53　〔23308〕

◇京伝考証学と読本の研究　井上啓治著　新典社　1997.2　510p　22cm　（新典社研究叢書　104）15862円　Ⓘ4-7879-4104-6　Ⓝ913.53
〔23309〕

◇山東京伝　小池藤五郎著　吉川弘文館　1961　311p　18cm　(人物叢書日本歴史学会編)⑬913.53　〔23310〕
◇山東京伝　小池藤五郎著　吉川弘文館　1989.9　311p　19cm　(人物叢書 新装版)1860円　①4-642-05171-6　⑬913.53　〔23311〕
◇山東京伝研究文献集成　中山幹雄著　高文堂出版社　2000.5　144p　22cm　2667円　①4-7707-0635-9　⑬913.53　〔23312〕
◇山東京伝全集　第1巻　黄表紙　1　山東京伝全集編集委員会編　ぺりかん社　1992.10　546p　22cm　13000円　①4-8315-0571-4　⑬913.53　〔23313〕
◇山東京伝全集　第2巻　黄表紙　2　山東京伝全集編集委員会編　ぺりかん社　1993.5　529p　22cm　13000円　①4-8315-0592-7　⑬913.53　〔23314〕
◇山東京伝全集　第3巻　黄表紙　3　山東京伝著　山東京伝全集編集委員会編　ぺりかん社　2001.3　601p　22cm　14000円　①4-8315-0955-8　⑬913.53　〔23315〕
◇山東京伝全集　第6巻　合巻　1　山東京伝全集編集委員会編　ぺりかん社　1995.10　476p　22cm　13000円　①4-8315-0689-3　⑬913.53　〔23316〕
◇山東京伝全集　第7巻　合巻　2　山東京伝著　山東京伝全集編集委員会編　ぺりかん社　1999.12　483p　22cm　13000円　①4-8315-0924-8　⑬913.53　〔23317〕
◇山東京伝全集　第8巻　合巻　3　山東京伝著　山東京伝全集編集委員会編　ぺりかん社　2002.6　494p　22cm　13000円　①4-8315-1012-2　⑬913.53　〔23318〕
◇山東京伝全集　第15巻　読本　1　山東京伝全集編集委員会編　ぺりかん社　1994.1　590p　22cm　13000円　①4-8315-0623-0　⑬913.53　〔23319〕
◇山東京伝全集　第16巻　読本　2　山東京伝全集編集委員会編　ぺりかん社　1997.4　715p　22cm　14000円+税　①4-8315-0734-2　⑬913.53　〔23320〕
◇山東京伝全集　第17巻　読本　3　山東京伝著　山東京伝全集編集委員会編　ぺりかん社　2003.4　710p　22cm　14000円　①4-8315-1035-1　⑬913.53　〔23321〕
◇山東京伝全集　月報―第1-5,7巻まで　ぺりかん社　1992.10-1999.12　1冊　⑬913.53　〔23322〕
◇山東京伝年譜稿　水野稔著　ぺりかん社　1991.3　116,16p　22cm　2800円　①4-8315-0508-0　⑬913.53　〔23323〕
◇山東京伝の黄表紙　水野稔著　有光書房　1976　195p　22cm　(江戸文芸新考 1 林美一編集)3500円　⑬913.53　〔23324〕
◇洒落のデザイン―山東京伝画『手拭合』　山東京伝画,谷峯蔵著,花咲一男著　岩崎美術社　1986.6　261p　23cm　3300円　⑬721.8　〔23325〕
◇図説日本の古典　18　京伝・一九・春水　神保五弥ほか編集　集英社　1989.2　222p　28cm　2800円　①4-08-167118-4　⑬910.8　〔23326〕
◇復讐奇談安積沼　桜姫全伝曙草紙　山東京伝作　北尾重政画　山東京伝作　歌川豊国画　国書刊行会　2002.6　428p　20cm　(現代語訳・江戸の伝奇小説 1)3500円　①4-336-04401-5　⑬913.53　〔23327〕

◆人情本
◇吾妻の春雨　素糸草紙　金竜山人著　山杢誠編　為永春水著　山杢誠編　古典文庫　2000.3　356p　17cm　(古典文庫)非売品　⑬913.54　〔23328〕
◇一刻千金梅の春　人情本略史　為永春水著　村上静人著　再版　人情本刊行会　1926　227p　19cm　(人情本刊行会 第1輯)⑬913.5　〔23329〕
◇恐可志　鼻山人作　武藤元昭解説校訂　太平書屋　1993.6　191p　19cm　(人情本選集 2)5000円　⑬913.54　〔23330〕
◇春水人情本の研究　丸山茂著　桜楓社　1978.1　252p　22cm　4800円　⑬913.54　〔23331〕
◇図説日本の古典　18　京伝・一九・春水　神保五弥ほか編集　集英社　1989.2　222p　28cm　2800円　①4-08-167118-4　⑬910.8　〔23332〕
◇多満宇佐喜―翻刻　為永春水著　高橋和彦編　双文社出版　1991.10　112p　27cm　5850円　①4-88164-340-1　⑬913.54　〔23333〕
◇為永春水の研究　神保五弥著　白日社　1964　330p　22cm　⑬913.54　〔23334〕
◇田家奇遇春雨日記　為永春水著　山杢誠編　古典文庫　1999.1　350p　17cm　(古典文庫)非売品　⑬913.54　〔23335〕
◇人情廓の鶯・仇競今様櫛―人情本集　江戸軟派全集刊行会　1927　211p　16cm　(江戸軟派全集)⑬913.5　〔23336〕
◇人情本集　武藤元昭校訂　国書刊行会　1995.3　363p　20cm　(叢書江戸文庫 36)4700円　①4-336-03536-9　⑬913.54　〔23337〕
◇花筐―人情本集　松亭金水著　江戸軟派全集刊行会　1927　216p　16cm　(江戸軟派全集)⑬913.5　〔23338〕

◆滑稽本
◇江戸時代、洒落本・滑稽本の研究　高崎正治著　杉山書店　1986.3　172p　21cm　3200円　⑬913.53　〔23339〕
◇江戸の明け暮れ　森田誠吾著　新潮社　1992.11　231p　20cm　1600円　①4-10-338703-3　⑬913.55　〔23340〕
◇江戸の町医者　小野真孝著　新潮社　1997.7　288p　20cm　(新潮選書)1100円　①4-10-600519-0　⑬911.45　〔23341〕
◇江戸文学叢書―評釈　第6　滑稽本名作集　三田村鳶魚著　大日本雄弁会講談社　1936　903p　23cm　⑬918　〔23342〕
◇江戸見立本の研究　小林ふみ子,鹿倉秀典,延広真治,広部俊也,松田高行,山本陽史,和田博通編著　汲古書院　2006.2　352,17p　22cm　7500円　①4-7629-3546-8　⑬910.25　〔23343〕
◇魂胆夢輔譚―教訓滑稽 全五編　一筆菴主人著　小竹とし翻刻　横山芳郎翻刻脚注　新潟　横山芳郎　1996.8　452p　21cm　5150円　①4-87499-957-3　⑬913.55　〔23344〕
◇三三時雨歌の陸奥　燕石斎薄墨著　仙台　今野印刷　1991.12　3冊(別冊とも)　20cm　⑬913.55　〔23345〕
◇深読み浮世風呂　青木美智男著　小学館　2003.11　242p　21cm　1900円　①4-09-362067-9　⑬913.55　〔23346〕
◇三田村鳶魚全集　第22巻　中央公論社　1976　386p　20cm　1800円　⑬210.5　〔23347〕

◆◆式亭三馬
◇浮世風呂・浮世床―世間話の文学　本田康雄著　平凡社　1994.4　197p　19cm　(セミナー「原典を読む」1)2000円　①4-582-36421-7　⑬913.55　〔23348〕
◇小野譃憼字尽　式亭三馬作　太平書屋　1993.7　205p　21cm　(太平文庫 23)5000円　⑬913.55　〔23349〕
◇客者評判記―花江戸三芝居　式亭三馬著　大阪　西野駒太郎　1883.5　3冊(上28,中23,下29丁)　13×19cm　⑬770　〔23350〕
◇式亭三馬―江戸の戯作者　棚橋正博著　ぺりかん社

1994.11　307,15p　20cm　3296円　Ⓘ4-8315-0657-5
　Ⓝ913.55　　　　　　　　　　　　　　〔23351〕
◇式亭三馬―江戸の戯作者　棚橋正博著　新装版　ぺりか
　ん社　2007.5　307,15p　20cm　3200円
　Ⓘ978-4-8315-1176-8　Ⓝ913.55　　　　〔23352〕
◇式亭三馬集　棚橋正博校訂　国書刊行会　1992.3　431p
　20cm　(叢書江戸文庫 20)4600円　Ⓘ4-336-03009-X
　Ⓝ913.55　　　　　　　　　　　　　　〔23353〕
◇式亭三馬の文芸　本田康雄著　笠間書院　1973　414p
　22cm　5500円　Ⓝ913.55　　　　　　　〔23354〕
◇深読み浮世風呂　青木美智男著　小学館　2003.11
　242p　21cm　1900円　Ⓘ4-09-362067-9　Ⓝ913.55
　　　　　　　　　　　　　　　　　　　〔23355〕
◇柳髪新話浮世床総索引　稲垣正幸,山口豊編　武蔵野書
　院　1983.2　297p　22cm　8000円　Ⓝ913.55　〔23356〕

◆◆十返舎一九
◇一九が町にやってきた―江戸時代松本の町人文化　鈴木
　俊幸著　松本　高美書店　2001.1　264p　19cm　(ふる
　さとライブラリー 2)1900円　Ⓝ910.29　　〔23357〕
◇浮世絵春画好色東海道中膝栗毛　十返舎一九文　歌川
　国芳絵　三心堂出版社編集部編著　三心堂出版社
　1996.11　93p　21cm　1300円　Ⓘ4-88342-086-8
　Ⓝ913.55　　　　　　　　　　　　　　〔23358〕
◇奥州道中之記・奇談双葉草・浪速烏梅侠夫湊花　十返舎
　一九著　中山尚夫編　古典文庫　1994.4　426p
　17cm　(古典文庫 第569冊)非売品　Ⓝ913.55
　　　　　　　　　　　　　　　　　　　〔23359〕
◇復讐奇語天橋立　十返舎一九著　中山尚夫編　古典文
　庫　1998.12　434p　17cm　(古典文庫―十返舎一九集
　8)非売品　Ⓝ913.55　　　　　　　　　　〔23360〕
◇金のわらじ―13編　十返舎一九作　歌川国丸画　下諏
　訪(長野)　下諏訪町教育委員会　1994.2　1冊　26cm
　Ⓝ913.55　　　　　　　　　　　　　　〔23361〕
◇滑利論言大師めくり　画本江戸名所　続膝栗毛二編
　追加　絵本曽我物語　十返舎一九著　勝川春好画
　中山尚夫編　十返舎一九編画　中山尚夫編　十
　返舎一九作画　中山尚夫編　北尾政美画　中山尚
　夫編　古典文庫　2002.9　347p　17cm　(古典文庫 第
　670冊―十返舎一九集 11)非売品　Ⓝ913.55　〔23362〕
◇十返舎一九―笑いの戯作者　棚橋正博著　新典社
　1999.10　270p　19cm　(日本の作家 35)2200円
　Ⓘ4-7879-7035-6　Ⓝ913.55　　　　　　〔23363〕
◇十返舎一九越後紀行集　下西善三郎編　松本　郷土出版
　社　1996.3　3冊　26cm　全11000円　Ⓘ4-87663-321-5
　Ⓝ913.55　　　　　　　　　　　　　　〔23364〕
◇十返舎一九研究　中山尚夫著　おうふう　2002.2　429p
　22cm　15000円　Ⓘ4-273-03235-X　Ⓝ913.55　〔23365〕
◇十返舎一九集　高田衛,原道生編　棚橋正博校訂　国
　書刊行会　1997.9　437p　19cm　(叢書江戸文庫)5400
　円　Ⓘ4-336-03543-1　　　　　　　　　〔23366〕
◇十返舎一九全集　第1巻　十返舎一九著　新装版　日本
　図書センター　2001.7　710p　22cm
　Ⓘ4-8205-8483-9,4-8205-8482-0　Ⓝ913.55　〔23367〕
◇十返舎一九全集　第2巻　十返舎一九著　新装版　日本
　図書センター　2001.7　1002p　22cm
　Ⓘ4-8205-8484-7,4-8205-8482-0　Ⓝ913.55　〔23368〕
◇十返舎一九全集　第3巻　十返舎一九著　新装版　日本
　図書センター　2001.7　972p　22cm
　Ⓘ4-8205-8485-5,4-8205-8482-0　Ⓝ913.55　〔23369〕
◇十返舎一九全集　第4巻　十返舎一九著　新装版　日本
　図書センター　2001.7　624,170p　22cm

Ⓘ4-8205-8486-3,4-8205-8482-0　Ⓝ913.55　〔23370〕
◇図説日本の古典　18　京伝・一九・春水　神保五弥ほか
　編集　集英社　1989.2　222p　28cm　2800円
　Ⓘ4-08-167118-4　Ⓝ910.8　　　　　　　〔23371〕
◇続膝栗毛―古文調現代訳　第2部　木曽街道　1(追分～
　大湫)　十返舎一九作　平野日出雄訳　静岡　十返舎
　一九の会　1994.6　280p　21cm　1500円
　Ⓘ4-88316-006-8　Ⓝ913.55　　　　　　〔23372〕
◇続膝栗毛―古文調現代訳　第3部　木曽街道2(大湫～贄
　川)・善光寺道中　十返舎一九作　平野日出雄訳　静
　岡　十返舎一九の会　1995.8　292p　21cm　1800円
　Ⓘ4-88316-007-6　Ⓝ913.55　　　　　　〔23373〕
◇日本道中金の草鞋―江戸見物　十返舎一九原著　本十
　軒竹翠補綴　萩原新陽館　1898.12　198p　22cm
　Ⓝ913.5　　　　　　　　　　　　　　　〔23374〕
◇日本の歴史　近世から近代へ 1　東海道中膝栗毛と四谷
　怪談　新訂増補　朝日新聞社　2003.12　32p　30cm
　(週刊朝日百科 81)476円　Ⓝ210.1　　　〔23375〕
◇播州めぐり膝栗毛―続二編追加　上・下　十返舎一九著
　林久良校注　姫路　〔林久良〕　1994.8　44p　21cm
　Ⓝ913.55　　　　　　　　　　　　　　〔23376〕
◇風声夜話翁丸物語　連理隻袖　名勇発功談　十返舎
　一九著　中山尚夫編　十返舎一九著　中山尚夫編
　十返舎一九著　中山尚夫編　古典文庫　1999.12
　467p　17cm　(古典文庫―十返舎一九集 9)非売品
　Ⓝ913.55　　　　　　　　　　　　　　〔23377〕
◇復讐播州舞子浜　深窓奇談　十返舎一九著　歌川豊
　広画　中山尚夫編　十返舎一九著　中山尚夫編
　古典文庫　2001.11　267p　17cm　(古典文庫―十返舎
　一九集 10)非売品　Ⓝ913.55　　　　　　〔23378〕
◇方言修行金草鞋　第1巻　初～4編　十返舎一九原著
　今井金吾監修　大空社　1999.10　1冊　22cm
　Ⓘ4-7568-0421-7　Ⓝ913.55　　　　　　〔23379〕
◇方言修行金草鞋　第2巻　5～8編　十返舎一九原著
　今井金吾監修　大空社　1999.10　1冊　22cm
　Ⓘ4-7568-0421-7　Ⓝ913.55　　　　　　〔23380〕
◇方言修行金草鞋　第3巻　9～12編　十返舎一九原著
　今井金吾監修　大空社　1999.10　1冊　22cm
　Ⓘ4-7568-0421-7　Ⓝ913.55　　　　　　〔23381〕
◇方言修行金草鞋　第4巻　13～16編　十返舎一九原著
　今井金吾監修　大空社　1999.10　1冊　22cm
　Ⓘ4-7568-0421-7　Ⓝ913.55　　　　　　〔23382〕
◇方言修行金草鞋　第5巻　17～20編　十返舎一九原著
　今井金吾監修　大空社　1999.10　1冊　22cm
　Ⓘ4-7568-0421-7　Ⓝ913.55　　　　　　〔23383〕
◇方言修行金草鞋　第6巻　21～26編　十返舎一九原著
　今井金吾監修　大空社　1999.10　1冊　22cm
　Ⓘ4-7568-0421-7　Ⓝ913.55　　　　　　〔23384〕
◇方言修行金草鞋　別巻　十返舎一九原著　今井金吾監
　修　大空社　1999.10　1冊　22cm　Ⓘ4-7568-0421-7
　　　　　　　　　　　　　　　　　　　〔23385〕
◇方言修行金草鞋木曽路巻　十返舎一九著　岐阜　岐阜新
　聞社　2002.6　2冊(別冊とも)　19cm　全1143円
　Ⓘ4-87797-039-8　Ⓝ913.55　　　　　　〔23386〕
◇遊里不調法記　馬士の歌ぶくろ　伊勢名物通神風
　礎音成撰　十返舎一九著　式亭三馬作　歌川国直
　画　名古屋　江戸軟派研究発行所　1924　10,28,11p
　20cm　(江戸軟派叢書 初編)913.5　　　　〔23387〕

◆◆◆東海道中膝栗毛
◇絵図に見る東海道中膝栗毛　旅の文化研究所編　河出書
　房新社　2006.1　158p　21cm　2200円

◇続々膝栗毛　乾　初編上・下　2編上　初代十返舎一九作　二代十返舎一九補　尾崎久弥校　名古屋　江戸軟派研究所発行所　1926　50p　20cm（江戸軟派研究叢書 第5編）Ⓝ913.5
〔23389〕
◇東海道中膝栗毛　十返舎一九著　中村幸彦校注　小学館　1974.12（第16版：1992.10）541p　図版12p　23cm（日本古典文学全集 49）④4-09-657049-4
〔23390〕
◇東海道中膝栗毛—お江戸を沸かせたベストセラー　安岡章太郎著　世界文化社　2006.6　199p　24cm（日本の古典に親しむ ビジュアル版 8）2400円　④4-418-06205-X　Ⓝ913.55
〔23391〕
◇東海道中膝栗毛—古文調現代訳　第1部　品川〜新居　十返舎一九作　平野日出雄訳　静岡　十返舎一九の会　1994.12　257p　21cm　1500円　④4-88316-003-3　Ⓝ913.55
〔23392〕
◇東海道中膝栗毛　上　十返舎一九作　麻生磯次校注　岩波書店　2002.8　336p　19cm（ワイド版岩波文庫）1300円　④4-00-007213-7　Ⓝ913.55
〔23393〕
◇東海道中膝栗毛—古文調現代訳　第2部　新居〜山田　十返舎一九作　平野日出雄訳　静岡　十返舎一九の会　1995.1　265p　21cm　1500円　④4-88316-004-1　Ⓝ913.55
〔23394〕
◇東海道中膝栗毛—古文調現代訳　第3部　京都〜大坂見物　十返舎一九作　平野日出雄訳　静岡　十返舎一九の会　1995.2　291p　21cm　1800円　④4-88316-005-X　Ⓝ913.55
〔23395〕
◇東海道中膝栗毛　下　十返舎一九作　麻生磯次校注　岩波書店　2002.8　390p　19cm（ワイド版岩波文庫）1400円　④4-00-007214-5　Ⓝ913.55
〔23396〕
◇東海道中膝栗毛初編自立語索引　飛田良文等編　〔共立女子大学日本文学研究室〕　1975　207p　25cm　Ⓝ913.55
〔23397〕
◇東海道中膝栗毛二編下自立語索引　飛田良文, 田原圭子編　〔飛田良文〕　1979.7　113p　26cm　Ⓝ913.55　〔23398〕
◇東海道中膝栗毛発端自立語索引　飛田良文ほか編　〔飛田良文〕　1983.11　110p　26cm　Ⓝ913.55　〔23399〕
◇東海道中膝栗毛四編下自立語索引　飛田良文, 田原圭子編　〔飛田良文〕　1987.12　92p　25cm　Ⓝ913.55　〔23400〕
◇東海道中膝栗毛輪講　三田村鳶魚編　春陽堂　1926.12-1930.7　3冊　19cm　Ⓝ913.55
〔23401〕
◇中西進と読む「東海道中膝栗毛」　中西進著　ウェッジ　2007.10　253p　19cm　1600円　④978-4-86310-006-0
〔23402〕
◇「膝栗毛」はなぜ愛されたか—糞味噌な江戸人たち　綿抜豊昭著　講談社　2004.3　206p　19cm（講談社選書メチエ 294）1500円　④4-06-258294-5　Ⓝ913.55
〔23403〕
◇山銀百科シリーズ　第5　十返舎一九と道中膝栗毛　山口銀行編　山口　21cm　Ⓝ210.08　〔23404〕

◆読本
◇石川雅望集　稲田篤信校訂　国書刊行会　1993.10　442p　20cm（叢書江戸文庫 28）5300円　④4-336-03528-8　Ⓝ913.56
〔23405〕
◇江戸繁昌記　寺門静軒（良）著　稲田政吉　1877.11　5冊（9巻）22cm　Ⓝ213.6　〔23406〕
◇江戸繁昌記　寺門静軒著　佐藤進一訳　春陽堂　1929　476p　19cm　Ⓝ210.5　〔23407〕
◇江戸繁昌記—校訂　上　寺門静軒著　北沢二郎校　雄山閣　1939　81p　15cm（雄山閣文庫 第1部 第45）Ⓝ210.5
〔23408〕
◇江戸繁昌詩　大沼枕山, 植村蘆洲著　沖冠嶺編　白楽書圃　1884.10　2冊（上・下各22丁）13cm　Ⓝ919
〔23409〕
◇江戸読本の研究—十九世紀小説様式攷　高木元著　ぺりかん社　1995.10　557p　22cm　9785円　④4-8315-0677-X　Ⓝ913.56
〔23410〕
◇絵本三国志　葛飾戴斗絵　高橋康雄編　徳間書店　1991.4　509p　16cm（徳間文庫）780円　④4-19-599300-8　Ⓝ913.56
〔23411〕
◇近江県物語　石川雅望作　稲田篤信編　大阪　和泉書院　1994.11　325p　22cm（読本善本叢刊）10300円　④4-87088-681-2　Ⓝ913.56
〔23412〕
◇報仇奇談自来也説話　近世怪談霜夜星　感和亭鬼武作　蹄斎北馬画　柳亭種彦作　葛飾北斎画　国書刊行会　2003.3　484p　20cm（現代語訳・江戸の伝奇小説 5）4200円　④4-336-04405-8　Ⓝ913.56　〔23413〕
◇川上澄生未刊行大正詩集　川上澄生著　小林利延, 橋本野乃子編著　鹿沼　鹿沼市立川上澄生美術館　1996.9　574p　21cm　Ⓝ913.56
〔23414〕
◇近世怪奇談　倉島節尚編　古典文庫　1992.10　473p　17cm（古典文庫 第551冊）非売品　Ⓝ913.56
〔23415〕
◇近世説美少年録　下　内田保広校訂　国書刊行会　1993.5　301p　20cm（叢書江戸文庫 22）5100円　④4-336-03008-1　Ⓝ913.56　〔23416〕
◇近世説美少年録　上　内田保広校訂　国書刊行会　1993.4　282p　20cm（叢書江戸文庫 21）5000円　④4-336-03007-3　Ⓝ913.56　〔23417〕
◇癇癖談　石川淳訳　筑摩書房　1995.9　206p　15cm（ちくま文庫）600円　④4-480-03080-8　Ⓝ913.56
〔23418〕
◇小枝繁集　小枝繁著　横山邦治ほか校訂　国書刊行会　1997.4　519p　20cm（叢書江戸文庫 41）5500円　④4-336-03541-5　Ⓝ913.56
〔23419〕
◇古今奇譚蚤捨草—北斎の挿絵本　葛飾北斎画　山家人広住著　北斎研究所編　山ノ内町（長野県）北斎研究所　1996.10　64p　26cm　2000円　Ⓝ913.56　〔23420〕
◇佐々成政物語—絵本太閤記より　広瀬誠, 綿抜豊昭編　富山　桂書房　1996.5　124p　21cm　1236円　Ⓝ913.56
〔23421〕
◇実録研究—筋を通す文学　高橋圭一著　大阪　清文堂出版　2002.11　478p　22cm　11000円　④4-7924-1374-5　Ⓝ913.56
〔23422〕
◇新局玉石童子訓　上　曲亭主人口授編次　内田保広, 藤沢毅校訂　国書刊行会　2001.2　467p　20cm（叢書江戸文庫 47）5600円　④4-336-03547-4　Ⓝ913.56
〔23423〕
◇新局玉石童子訓　下　曲亭主人口授編次　内田保広, 藤沢毅校訂　国書刊行会　2001.6　446p　20cm（叢書江戸文庫 47）5800円　④4-336-03548-2　Ⓝ913.56
〔23424〕
◇泉州信田白狐伝　誓誉著　大阪　神門政繁　1995.6　137p　26cm　Ⓝ913.56　〔23425〕
◇ソウル大学校所蔵近世芸文集　第1巻　鳥居フミ子著　勉誠社　1998.2　730p　22cm　④4-585-10028-8　Ⓝ918.5
〔23426〕
◇橘崑崙のなぞを探る—「北越奇談」の著者とその周辺　今泉省三著　三条　野島出版　1979.3　117p　18cm　750円　Ⓝ913.56　〔23427〕

◇田宮物語―金毘羅信仰関係史料　1・2 分冊1　観音寺　上坂氏顕彰会史料出版部　2002.3　1冊　30cm　(上坂氏顕彰会所蔵手写本　41)36800円　Ⓝ913.56
〔23428〕

◇田宮物語―金毘羅信仰関係史料　1・2 分冊2　観音寺　上坂氏顕彰会史料出版部　2002.3　1冊　30cm　(上坂氏顕彰会所蔵手写本　41)46800円　Ⓝ913.56
〔23429〕

◇談義本集　1　柏川修一編　古典文庫　1994.11　490p　17cm　(古典文庫　第576冊)非売品　Ⓝ913.56
〔23430〕

◇談義本集　2　柏川修一編　古典文庫　1997.5　408,3p　17cm　(古典文庫　第606冊)非売品　Ⓝ913.56
〔23431〕

◇談義本集　3　柏川修一編　古典文庫　1999.5　377p　17cm　(古典文庫)非売品　Ⓝ913.56
〔23432〕

◇忠勇景清全伝　分冊一2　鈍亭魯文著　観音寺　上坂氏顕彰会史料出版部　2001.5　1冊　30cm　(理想日本リプリント　第53巻)52800円　Ⓝ913.56
〔23433〕

◇都賀庭鐘・伊丹椿園集　都賀庭鐘,伊丹椿園著　稲田篤信,木越治,福田安典編　国書刊行会　2001.5　778p　22cm　(江戸怪異綺想文芸大系　第2巻)13000円　①4-336-04272-1　Ⓝ913.56
〔23434〕

◇当世鳥の跡―安永十年刊　杉本好伸編　広島　安田女子大学言語文化研究所　2002.3　269p　22cm　(安田女子大学言語文化研究叢書　7)非売品　Ⓝ913.56
〔23435〕

◇豊橋三河のサルカニ合戦―蟹猿奇談　沢井耐三著　名古屋　あるむ　2003.3　84p　21cm　(愛知大学綜合郷土研究所ブックレット　6)800円　①4-901095-36-6　Ⓝ913.56
〔23436〕

◇飛驒匠物語　絵本玉藻譚　六樹園作　葛飾北斎画　岡田玉山作・画　国書刊行会　2002.10　549p　20cm　(現代語訳江戸の伝奇小説　3)4200円　①4-336-04403-1　Ⓝ913.56
〔23437〕

◇北越奇談―現代語訳　橘崑崙著　荒木常能監修　磯部定治訳　三条　野島出版　1999.12　237p　22cm　3200円　①4-8221-0176-2　Ⓝ913.56
〔23438〕

◇水谷不倒著作集　第2巻　中央公論社　1973　413p　22cm　4500円　Ⓝ910.25
〔23439〕

◇水谷不倒著作集　第5巻　中央公論社　1973　409p　22cm　4500円　Ⓝ910.25
〔23440〕

◇読本研究新集　第1集　読本研究の会編　翰林書房　1998.11　253p　22cm　6800円　①4-87737-050-1　Ⓝ913.56
〔23441〕

◇読本研究新集　第2集　読本研究の会編　翰林書房　2000.6　243p　22cm　6800円　①4-87737-106-0　Ⓝ913.56
〔23442〕

◇読本研究新集　第3集　読本研究の会編　翰林書房　2001.10　217p　22cm　6800円　①4-87737-138-9　Ⓝ913.56
〔23443〕

◇読本研究新集　第4集　読本研究の会編　翰林書房　2003.6　271p　22cm　6800円　①4-87737-173-7　Ⓝ913.56
〔23444〕

◇読本研究文献目録　広島　渓水社　1993.10　325p　22cm　7210円　Ⓝ913.56
〔23445〕

◇読本の研究―江戸と上方　横山邦治著　風間書房　1974　876p　22cm　9800円　Ⓝ913.56
〔23446〕

◇読本の世界―江戸と上方　横山邦治編　京都　世界思想社　1985.7　234p　19cm　(Sekaishiso seminar)1900円　①4-7907-0286-3　Ⓝ913.56
〔23447〕

◇和霊神社縁起物語集　愛媛大学国語国文学研究室編　松山　愛媛大学国語国文学研究室　1992.3　211p　19cm　(愛媛大学文学資料集　3)Ⓝ913.56
〔23448〕

◆◆上田秋成

◇秋成　日本文学研究資料刊行会編　有精堂出版　1972　326p　22cm　(日本文学研究資料叢書)1500円　Ⓝ913.56
〔23449〕

◇秋成―語りと幻夢　稲田篤信編　有精堂出版　1987.6　257p　22cm　(日本文学研究資料新集　8)3500円　①4-640-30957-0　Ⓝ913.56
〔23450〕

◇秋成幻戯　野口武彦著　青土社　1989.2　322p　20cm　2200円　Ⓝ913.56
〔23451〕

◇秋成研究　長島弘明著　東京大学出版会　2000.9　370,14p　22cm　6500円　①4-13-080062-0　Ⓝ913.56
〔23452〕

◇秋成研究資料集成　第1巻　近衛典子監修・解説　クレス出版　2003.1　238,3p　22cm　①4-87733-170-0　Ⓝ913.56
〔23453〕

◇秋成研究資料集成　第2巻　近衛典子監修・解説　クレス出版　2003.1　380,3p　22cm　①4-87733-170-0　Ⓝ913.56
〔23454〕

◇秋成研究資料集成　第8巻　近衛典子監修・解説　クレス出版　2003.1　267,3p　22cm　①4-87733-170-0　Ⓝ913.56
〔23455〕

◇秋成研究資料集成　第10巻　近衛典子監修・解説　クレス出版　2003.1　277,2p　22cm　①4-87733-170-0　Ⓝ913.56
〔23456〕

◇秋成研究資料集成　第11巻　近衛典子監修・解説　クレス出版　2003.1　600,3p　22cm　①4-87733-170-0　Ⓝ913.56
〔23457〕

◇秋成研究資料集成　第12巻　近衛典子監修・解説　クレス出版　2003.1　706,4p　22cm　①4-87733-170-0　Ⓝ913.56
〔23458〕

◇秋成考　飯倉洋一著　翰林書房　2005.2　394p　22cm　8000円　①4-87737-205-9　Ⓝ913.56
〔23459〕

◇秋成言葉の辺境と異界　森山重雄著　三一書房　1989.5　282p　23cm　5000円　①4-380-89227-1　Ⓝ913.56
〔23460〕

◇秋成集　高田衛著　尚学図書　1981.5　447p　20cm　(鑑賞日本の古典　18)1800円　Ⓝ913.56
〔23461〕

◇秋成全歌集とその研究　浅野三平著　桜楓社　1969　583p　22cm　6800円　Ⓝ911.152
〔23462〕

◇秋成と宣長―近世文学思考論序説　小椋嶺一著　翰林書房　2002.6　540p　22cm　14000円　①4-87737-152-4　Ⓝ913.56
〔23463〕

◇秋成と馬琴　鈴木敏也著　京都　丁子屋書店　1948　132p　19cm　Ⓝ913.56
〔23464〕

◇秋成と幻の筆アダン―春雨梅花歌文巻　鷲山樹心著　大阪　和泉書院　1992.11　173p　27cm　7210円　①4-87088-504-2　Ⓝ911.152
〔23465〕

◇秋成の研究　重友毅著　文理書院　1971　545p　22cm　(重友毅著作集　第4巻)3500円　Ⓝ913.56
〔23466〕

◇秋成の「古代」　山下久夫著　森話社　2004.10　393p　22cm　7500円　①4-916087-48-8　Ⓝ913.56
〔23467〕

◇秋成の癲癇症とデーモン―病跡の分析と芸術の秘密　大場俊助著　芦書房　1969　328p　20cm　1000円　Ⓝ913.56
〔23468〕

◇秋成の歴史小説とその周辺　美山靖著　大阪　清文堂出版　1994.3　369p　22cm　7930円　①4-7924-1328-1　Ⓝ913.56
〔23469〕

◇秋成文学の思想　鷲山樹心著　京都　法蔵館　1979.1　460,3p　22cm　7000円　Ⓝ913.56
〔23470〕

◇秋成文学の世界　萱沼紀子著　笠間書院　1979.3　248p

◇秋成論　木越治著　ぺりかん社　1995.5　477p　22cm　6200円　Ⓘ4-8315-0672-9　Ⓝ913.56　〔23472〕

◇綾足と秋成と―十八世紀国学への批判　佐藤深雪著　名古屋　名古屋大学出版会　1993.4　285,9p　20cm　3296円　Ⓘ4-8158-0200-9　Ⓝ913.56　〔23473〕

◇上田秋成　堺光一著　京都　三一書房　1959　286p　18cm　（三一新書）Ⓝ910.25　〔23474〕

◇上田秋成　佐藤春夫著　桃源社　1964　277p　20cm　Ⓝ910.25　〔23475〕

◇上田秋成　森田喜郎著　紀伊國屋書店　1970　226p　18cm　（紀伊國屋新書）300円　Ⓝ913.56　〔23476〕

◇上田秋成　岩橋小弥太著　有精堂出版　1975　204p　19cm　（有精堂選書）2000円　Ⓝ913.56　〔23477〕

◇上田秋成―その生き方と文学　大輪靖宏著　春秋社　1982.7　368p　20cm　3400円　Ⓝ913.56　〔23478〕

◇上田秋成　長島弘明,池沢夏樹著　新潮社　1991.7　111p　20cm　（新潮古典文学アルバム　20）1300円　Ⓘ4-10-620720-6　Ⓝ913.56　〔23479〕

◇上田秋成　森田喜郎著　紀伊國屋書店　1994.1　226p　20cm　（精選復刻紀伊國屋新書）1800円　Ⓘ4-314-00639-0　Ⓝ913.56　〔23480〕

◇上田秋成関係資料目録―天理図書館蔵　天理図書館編　天理ギャラリー　1973　1冊　19cm　Ⓝ910.25　〔23481〕

◇上田秋成研究―そのテンカン症とデーモン　大場俊助著　島津書房　1993.6　328p　22cm　7800円　Ⓘ4-88218-047-2　Ⓝ913.56　〔23482〕

◇上田秋成研究序説　高田衛著　寧楽書房　1968　488p　22cm　3800円　Ⓝ913.56　〔23483〕

◇上田秋成史的情念の世界　森山重雄著　三一書房　1986.3　226p　23cm　4200円　Ⓝ913.56　〔23484〕

◇上田秋成小説の研究　森田喜郎著　大阪　和泉書院　1991.12　200p　20cm　（和泉選書　62）2266円　Ⓘ4-87088-502-6　Ⓝ913.56　〔23485〕

◇上田秋成初期浮世草子評釈　森山重雄著　国書刊行会　1977.4　352p　22cm　5000円　Ⓝ913.56　〔23486〕

◇上田秋成資料集　京都大学文学部国語学国文学研究室編　京都　臨川書店　1980.9　216p　22cm　（京都大学国語国文資料叢書　別念 1）5500円　Ⓝ913.56　〔23487〕

◇上田秋成と鎌倉地蔵縁起―「真如堂地蔵物語」　小林月史著　京都　真如堂史研究会　1976　159p　19cm　1500円　Ⓝ913.56　〔23488〕

◇上田秋成年譜考説　高田衛著　明善堂　1964　427p　22cm　Ⓝ910.25　〔23489〕

◇上田秋成の研究　森田喜郎著　笠間書院　1979.1　449p　22cm　（笠間叢書 116）9500円　Ⓝ913.56　〔23490〕

◇上田秋成の研究　浅野三平著　桜楓社　1985.2　758p　22cm　28000円　Ⓝ913.56　〔23491〕

◇上田秋成の研究　中村博保著　ぺりかん社　1999.4　513p　22cm　8800円　Ⓘ4-8315-0874-8　Ⓝ913.56　〔23492〕

◇上田秋成の古典学と文芸に関する研究　勝倉寿一著　風間書房　1994.12　832p　22cm　25750円　Ⓘ4-7599-0904-4　Ⓝ913.56　〔23493〕

◇上田秋成の古典感覚　森山重雄著　三一書房　1996.2　267p　22cm　5500円　Ⓘ4-380-96216-4　Ⓝ913.56　〔23494〕

◇上田秋成の晩年　牛山之雄著　審美社　1985.3　193p　20cm　2500円　Ⓝ913.56　〔23495〕

◇上田秋成の文芸的境界　鷲山樹心著　大阪　和泉書院　1983.10　373p　22cm　9000円　Ⓘ4-900137-81-2　Ⓝ913.56　〔23496〕

◇上田秋成「春雨物語」の研究　東喜望著　法政大学出版局　1998.5　205p　20cm　1900円　Ⓘ4-588-46006-4　Ⓝ913.56　〔23497〕

◇上田秋成文学の研究　大輪靖宏著　笠間書院　1976　466p　22cm　（笠間叢書 59）9500円　Ⓝ913.56　〔23498〕

◇上田秋成文芸の研究　森田喜郎著　大阪　和泉書院　2003.8　698p　22cm　（研究叢書 303）15000円　Ⓘ4-7576-0227-8　Ⓝ913.56　〔23499〕

◇上田秋成文芸の世界　田中俊一著　桜楓社　1979.5　179p　22cm　2800円　Ⓝ913.56　〔23500〕

◇江戸小説の世界―秋成と雅望　稲田篤信著　ぺりかん社　1991.9　248p　22cm　3200円　Ⓘ4-8315-0527-7　Ⓝ913.56　〔23501〕

◇江戸の鬼才 上田秋成　原雅子著　楽書館,中経出版〔発売〕　2007.8　191p　19cm　1500円　Ⓘ978-4-8061-2765-9　〔23502〕

◇歌人上田秋成　吉江久弥著　桜楓社　1983.5　455p　22cm　24000円　Ⓝ911.152　〔23503〕

◇歌人上田秋成―おのが世はありみなし蟹　五所美子著　雁書館　1987.10　258p　20cm　2500円　Ⓝ911.152　〔23504〕

◇近世文学続攷　浅野三平著　おうふう　2005.2　401p　21cm　15000円　Ⓘ4-273-03370-4　〔23505〕

◇幻妖の文学上田秋成　森山重雄著　三一書房　1982.2　338p　23cm　4800円　Ⓝ913.56　〔23506〕

◇蛇性の姪―秋成の人と作品　ダイジェスト・シリーズ刊行会編　ジープ社　1950　160p　19cm　（ダイジェスト・シリーズ）Ⓝ913.56　〔23507〕

◇シンポジウム日本文学　10　秋成　高田衛司会　学生社　1977.1　315p　22cm　1900円　Ⓝ910.8　〔23508〕

◇図説日本の古典　17　上田秋成　松田修ほか著　集英社　1981.2　222p　28cm　2400円　Ⓝ910.8　〔23509〕

◇図説日本の古典　17　上田秋成　松田修ほか著　集英社　1989.8　222p　28cm　2880円　Ⓘ4-08-167117-6　Ⓝ910.2　〔23510〕

◇増訂 秋成全歌集とその研究　浅野三平著　おうふう　2007.10　775p　21cm　28000円　Ⓘ978-4-273-03475-7　〔23511〕

◇大日本思想全集　第9巻　賀茂真淵集　本居宣長集―附・橘守部・上田秋成　大日本思想全集刊行会　1931　469p　23cm　Ⓝ121　〔23512〕

◇浪速の町医師・上田秋成　浜光治著　京都　思文閣出版　1989.11　165p　19cm　1900円　Ⓘ4-7842-0574-8　Ⓝ913.56　〔23513〕

◇宣長と秋成―近世中期文学の研究　日野竜夫著　筑摩書房　1984.10　303p　22cm　3600円　Ⓝ910.25　〔23514〕

◇名分と命禄―上田秋成と同時代の人々　稲田篤信著　ぺりかん社　2006.2　288,12p　22cm　5800円　Ⓘ4-8315-1126-9　Ⓝ913.56　〔23515〕

◆◆◆雨月物語

◇秋成研究資料集成　第3巻　近衛典子監修・解説　クレス出版　2003.1　212,2p　22cm　Ⓘ4-87733-170-0　Ⓝ913.56　〔23516〕

◇秋成研究資料集成　第4巻　近衛典子監修・解説　クレス出版　2003.1　241,17,3p　22cm　Ⓘ4-87733-170-0

◇秋成研究資料集成　第5巻　近衛典子監修・解説　クレス出版　2003.1　229,38,2p　22cm　①4-87733-170-0　Ⓝ913.56　〔23518〕

◇秋成研究資料集成　第6巻　近衛典子監修・解説　クレス出版　2003.1　442,2p　22cm　①4-87733-170-0　Ⓝ913.56　〔23519〕

◇秋成研究資料集成　第7巻　近衛典子監修・解説　クレス出版　2003.1　439,2p　22cm　①4-87733-170-0　Ⓝ913.56　〔23520〕

◇秋成研究資料集成　第9巻　近衛典子監修・解説　クレス出版　2003.1　337,2p　22cm　①4-87733-170-0　Ⓝ913.56　〔23521〕

◇イラストで読む雨月物語　木原敏江画　紀和鏡文　学習研究社　1992.11　142p　26cm　1500円　①4-05-105713-5　Ⓝ913.5　〔23522〕

◇上田秋成『雨月物語』論　坂東健雄著　大阪　和泉書院　1999.6　517p　22cm（研究叢書223）10000円　①4-87088-916-1　Ⓝ913.56　〔23523〕

◇雨月物語　重友毅著　弘文堂　1956　65p　15cm（アテネ文庫）Ⓝ913.56　〔23524〕

◇雨月物語—校註/解説　上田秋成原著　森田喜郎著　笠間書院　1974.5（7版：1999.3）157p　21cm　800円　①4-305-00132-2　Ⓝ913.56　〔23525〕

◇雨月物語—国立国会図書館蔵　上田秋成著　5版　勉誠社　1997.4　197p　21cm　1800円　①4-585-00005-4　Ⓝ913.56　〔23526〕

◇雨月物語　上田秋成著　高田衛,稲田篤信校注　筑摩書房　1997.10　508p　15cm（ちくま学芸文庫）1400円　①4-480-08377-4　Ⓝ913.56　〔23527〕

◇雨月物語　上田秋成著　水野稔校注　新装版　明治書院　2001.3　227p　19cm（校注古典叢書）2000円　①4-625-71310-2　Ⓝ913.56　〔23528〕

◇雨月物語　上田秋成原著　後藤明生訳　学習研究社　2002.7　208p　15cm（学研M文庫）520円　①4-05-902060-5　Ⓝ913.56　〔23529〕

◇雨月物語紀行　後藤明生著　平凡社　1975　228p　20cm（歴史と文学の旅）900円　Ⓝ913.56　〔23530〕

◇雨月物語構想論　勝倉寿一著　教育出版センター　1977.9　388p　22cm（研究選書17）4800円　Ⓝ913.56　〔23531〕

◇雨月物語の研究　重友毅著　京都　大八洲出版　1946　439p　22cm　50円　Ⓝ913.56　〔23532〕

◇雨月物語の研究　植田一夫著　桜楓社　1988.3　253p　22cm　3800円　Ⓝ913.56　〔23533〕

◇雨月物語の研究　植田一夫著　桜楓社　1988.3　253p　22cm　3800円　①4-273-02229-X　Ⓝ913.56　〔23534〕

◇雨月物語の世界　長島弘明著　筑摩書房　1998.4　364p　15cm（ちくま学芸文庫）1100円　①4-480-08418-5　Ⓝ913.56　〔23535〕

◇雨月物語の探求　元田与市著　翰林書房　1993.4　247p　22cm　3200円　①4-906424-07-4　Ⓝ913.56　〔23536〕

◇雨月物語の表現　田中厚一著　大阪　和泉書院　2002.12　239p　22cm（研究叢書285）7000円　①4-7576-0181-6　Ⓝ913.56　〔23537〕

◇『雨月物語』の方法と言葉　榎俊博著　新風舎　2003.11　140p　19cm（Shinpu books）1000円　①4-7974-3329-9　Ⓝ910.4　〔23538〕

◇雨月物語・春雨物語—秋成の文学　森山重雄著　大阪　創元社　1956　191p　18cm（日本文学新書）Ⓝ913.56　〔23539〕

◇雨月物語評解　高田衛著　有精堂出版　1980.9　338p　19cm　3500円　Ⓝ913.56　〔23540〕

◇雨月物語評釈　重友毅著　明治書院　1954　386p　19cm　Ⓝ913.56　〔23541〕

◇雨月物語評釈　鵜月洋著　角川書店　1969　776p　22cm（日本古典評釈全注釈叢書）Ⓝ913.56　〔23542〕

◇雨月物語評釈　増訂版　重友毅著　明治書院　1957　459p　19cm　Ⓝ913.56　〔23543〕

◇雨月物語本文及び総索引　鈴木丹士郎編　武蔵野書院　1990.5　332p　22cm　15000円　①4-8386-0110-7　Ⓝ913.56　〔23544〕

◇雨月物語論—源泉と主題　井上泰至著　笠間書院　1999.4　422p　22cm　9500円　①4-305-70197-9　Ⓝ913.56　〔23545〕

◇怪奇幻想　雨月物語　中村晃著　勉誠出版　2005.11　219p　19cm　1800円　①4-585-05338-7　〔23546〕

◇新纂　雨月物語評釈　岩田九郎著　7版　清水書院　1954　212p　18cm（古典評釈叢書）Ⓝ913.56　〔23547〕

◇新釈雨月物語　石川淳著　大日本雄弁会講談社　1956　212p　18cm（ミリオン・ブックス）Ⓝ913.56　〔23548〕

◇新註雨月物語　上田秋成著,高田衛編著,稲田篤信編著　勉誠社　1985.4　186p　22cm（大学古典叢書1）1200円　Ⓝ913.56　〔23549〕

◇要注雨月物語　上田秋成著　野田寿雄編　武蔵野書院　1981.2（10版：1996.3）142p　21cm　718円　①4-8386-0598-6　Ⓝ913.56　〔23550〕

◆◆滝沢馬琴

◇秋成と馬琴　鈴木敏也著　京都　丁子屋書店　1948　132p　19cm　Ⓝ913.56　〔23551〕

◇江戸と悪—『八犬伝』と馬琴の世界　野口武彦著　角川書店　1992.2　226p　20cm　2000円　①4-04-883303-0　Ⓝ913.56　〔23552〕

◇曲亭書簡集　曲亭馬琴著　堀内鶴雄編　松阪殿町（三重県）　堀内鶴雄　1920.5　225p　23cm　Ⓝ913.56　〔23553〕

◇曲亭馬琴　天理図書館編　天理　1967　1冊　26cm　Ⓝ913.56　〔23554〕

◇曲亭馬琴書簡集—早稲田大学図書館所蔵　柴田光彦校注,早稲田大学図書館編　早稲田大学図書館　1968　260p　22cm　1200円　Ⓝ913.56　〔23555〕

◇曲亭馬琴読本漢文体自序集　曲亭馬琴著,清田啓子解説　東久留米　朋文出版　1988.6　232p　22cm（江戸期漢文体庶民文学類叢3）3800円　Ⓝ913.56　〔23556〕

◇曲亭馬琴の文学域　服部仁著　若草書房　1997.11　414,10p　22cm（近世文学研究叢書6）12000円　①4-948755-19-2　Ⓝ913.56　〔23557〕

◇近世説美少年録　滝沢馬琴著　訂正増補　銀花堂　1887.8　923p　19cm　Ⓝ913.5　〔23558〕

◇近世説美少年録　滝沢馬琴著　訂正増補　早矢仕民治　1887.8　969（上・下合本版）p　19cm　Ⓝ913.5　〔23559〕

◇近世説美少年録　2編　曲亭馬琴著　集文館　1913　334p　13cm（袖珍文庫　第74編）Ⓝ913.5　〔23560〕

◇近世説美少年録　1-3編　滝沢馬琴著　耕文社　1883-1884　6冊　19cm　Ⓝ913.5　〔23561〕

◇随筆滝沢馬琴　真山青果著　岩波書店　2000.6　256p　15cm（岩波文庫）600円　①4-00-311014-5　Ⓝ913.56　〔23562〕

◇図説日本の古典　19　曲亭馬琴　水野稔ほか著　集英社

◇1980.10 218p 28cm 2400円 Ⓝ910.8　〔23563〕
◇図説日本の古典 19 曲亭馬琴 水野稔ほか著 集英社 1989.5 218p 28cm 2880円 Ⓘ4-08-167119-2 Ⓝ910.2　〔23564〕
◇世阿弥・芭蕉・馬琴 古川久著 福村出版 1967 233p 20cm Ⓝ910.4　〔23565〕
◇滝沢馬琴 人物叢書 麻生磯次著 日本歴史学会編 吉川弘文館 1959 197p 18cm Ⓝ913.56　〔23566〕
◇滝沢馬琴 麻生磯次著 吉川弘文館 1987.10 197p 19cm （人物叢書 新装版）1500円 Ⓘ4-642-05095-7 Ⓝ913.56　〔23567〕
◇滝沢馬琴 徳田武, 森田誠吾著 新潮社 1991.4 111p 20cm （新潮古典文学アルバム 23）1300円 Ⓘ4-10-620723-0 Ⓝ913.56　〔23568〕
◇滝沢馬琴─人と書翰 木村三四吾著 八木書店 1998.6 479,6p 22cm （木村三四吾著作集 2）9800円 Ⓘ4-8406-9611-X Ⓝ913.56　〔23569〕
◇滝沢馬琴─百年以後の知音を俟つ 高田衛著 京都 ミネルヴァ書房 2006.10 323,10p 19cm （ミネルヴァ日本評伝選）3000円 Ⓘ4-623-04739-3　〔23570〕
◇椿説弓張月 前編 曲亭馬琴著 葛飾北斎挿画 板坂則子編 笠間書院 1996.1 152p 19×26cm 1800円 Ⓘ4-305-00202-7 Ⓝ913.56　〔23571〕
◇日本の古典─現代語訳 20 椿説弓張月 平岩弓枝著 学習研究社 1981.4 188p 30cm 2400円 Ⓝ910.8　〔23572〕
◇馬琴─その生涯と芸術 麻生磯次著 弘文堂 1955 76p 15cm （アテネ文庫）Ⓝ913.56　〔23573〕
◇馬琴 日本文学研究資料刊行会編 有精堂出版 1982.4 308p 22cm （日本文学研究資料叢書）2800円 Ⓝ913.56　〔23574〕
◇馬琴 板坂則子編 若草書房 2000.3 272p 22cm （日本文学研究論文集成 22）3800円 Ⓘ4-948755-55-9 Ⓝ913.56　〔23575〕
◇馬琴一家の江戸暮らし 高牧実著 中央公論新社 2003.5 268p 18cm （中公新書）780円 Ⓘ4-12-101699-8 Ⓝ913.56　〔23576〕
◇馬琴研究資料集成 第2巻 服部仁編・解説 クレス出版 2007.6 1冊 22cm Ⓘ978-4-87733-375-1 Ⓝ913.56　〔23577〕
◇馬琴書翰集成 第1巻 寛政頃─天保元年 滝沢馬琴著 柴田光彦, 神田正行編 八木書店 2002.9 298p 22cm 9800円 Ⓘ4-8406-9651-9 Ⓝ915.5　〔23578〕
◇馬琴書翰集成 第2巻 天保2年─天保3年 滝沢馬琴著 柴田光彦, 神田正行編 八木書店 2002.12 297p 22cm 9800円 Ⓘ4-8406-9652-7 Ⓝ915.5　〔23579〕
◇馬琴書翰集成 第3巻 天保4年─天保5年 滝沢馬琴著 柴田光彦, 神田正行編 八木書店 2003.3 260p 22cm 9800円 Ⓘ4-8406-9653-5 Ⓝ915.5　〔23580〕
◇馬琴書翰集成 第4巻 天保6年─天保8年 滝沢馬琴著 柴田光彦, 神田正行編 八木書店 2003.6 378p 22cm 9800円 Ⓘ4-8406-9654-3 Ⓝ915.5　〔23581〕
◇馬琴書翰集成 第5巻 天保9年─天保12年 滝沢馬琴著 柴田光彦, 神田正行編 八木書店 2003.9 334p 22cm 9800円 Ⓘ4-8406-9655-1 Ⓝ915.5　〔23582〕
◇馬琴書翰集成 第6巻 天保13年─嘉永元年 滝沢馬琴著 柴田光彦, 神田正行編 八木書店 2003.12 349p 22cm 9800円 Ⓘ4-8406-9656-X Ⓝ915.5　〔23583〕
◇馬琴、滝沢瑣吉とその言語生活 杉本つとむ著 至文堂 2005.12 364p 22cm 6000円 Ⓘ4-7843-0259-X Ⓝ913.56　〔23584〕
◇馬琴中編読本集成 第1巻 月氷奇縁・石言遺響 曲亭馬琴著 鈴木重三, 徳田武編 汲古書院 1995.4 491p 22cm 15450円 Ⓘ4-7629-3346-5 Ⓝ913.56　〔23585〕
◇馬琴中編読本集成 第2巻 稚枝鳩・三国一夜物語 曲亭馬琴著 鈴木重三, 徳田武編 汲古書院 1995.9 512p 22cm 15450円 Ⓘ4-7629-3347-3 Ⓝ913.56　〔23586〕
◇馬琴中編読本集成 第3巻 四天王剿盗異録 曲亭馬琴著 鈴木重三, 徳田武編 汲古書院 1996.1 442p 22cm 15450円 Ⓘ4-7629-3348-1 Ⓝ913.56　〔23587〕
◇馬琴中編読本集成 第4巻 勧善常世物語・敵討裏見葛葉 曲亭馬琴著 鈴木重三, 徳田武編 汲古書院 1996.6 520p 22cm 15450円 Ⓘ4-7629-3349-X Ⓝ913.56　〔23588〕
◇馬琴中編読本集成 第7巻 曲亭馬琴著 鈴木重三, 徳田武編 汲古書院 1997.8 706p 22cm 15000円 Ⓘ4-7629-3352-X Ⓝ913.56　〔23589〕
◇馬琴中編読本集成 第9巻 頼豪阿闍梨恠鼠伝 曲亭馬琴著 鈴木重三, 徳田武編 汲古書院 1999.2 505p 22cm 15000円 Ⓘ4-7629-3354-6 Ⓝ913.56　〔23590〕
◇馬琴中編読本集成 第10巻 松浦佐用媛石魂録 曲亭馬琴著 鈴木重三, 徳田武編 汲古書院 1999.10 584p 22cm 15000円 Ⓘ4-7629-3355-4 Ⓝ913.56　〔23591〕
◇馬琴中編読本集成 第11巻 松染情史秋七草　常夏草紙 曲亭馬琴著 鈴木重三, 徳田武編 汲古書院 2000.9 655p 22cm 15000円 Ⓘ4-7629-3356-2 Ⓝ913.56　〔23592〕
◇馬琴中編読本集成 第12巻 昔語質屋庫　夢想兵衛胡蝶物語 曲亭馬琴著 鈴木重三, 徳田武編 汲古書院 2002.5 808p 22cm 15000円 Ⓘ4-7629-3357-0 Ⓝ913.56　〔23593〕
◇馬琴読本と中国古代小説 崔香蘭著 広島 溪水社 2005.1 320p 22cm 5000円 Ⓘ4-87440-851-6 Ⓝ913.56　〔23594〕
◇馬琴の戯子名所図会をよむ 台帳をよむ会編 大阪 和泉書院 2001.3 173p 20cm （園田学園女子大学近松研究所叢書 4）3300円 Ⓘ4-7576-0103-4 Ⓝ774.28　〔23595〕
◇馬琴評答集 1 柴田光彦編 早稲田大学出版部 1988.9 613p 22cm （早稲田大学蔵資料影印叢書）15450円 Ⓝ913.56　〔23596〕
◇馬琴評答集 2 柴田光彦編 早稲田大学出版部 1989.6 658p 22cm （早稲田大学蔵資料影印叢書）15450円 Ⓝ913.56　〔23597〕
◇馬琴評答集 3 柴田光彦編 早稲田大学出版部 1990.3 690p 22cm （早稲田大学蔵資料影印叢書）15450円 Ⓘ4-657-90301-2 Ⓝ913.56　〔23598〕
◇馬琴評答集 5 柴田光彦編 早稲田大学出版部 1991.9 562,84,42p 22cm （早稲田大学蔵資料影印叢書─国書篇第31巻）15450円 Ⓘ4-657-91903-2 Ⓝ913.56　〔23599〕
◇文壇の三偉人　滝沢馬琴　曲亭馬琴 栗嶋山之助, 塚越芳太郎, 雨谷一雫庵著 クレス出版 1995.11 1冊 22cm （近世文芸研究叢書 15─第一期文学篇 作家1）Ⓘ4-87733-002-X Ⓝ913.56　〔23600〕
◇夢想兵衛胡蝶物語 曲亭馬琴作 歌川豊広画 服部仁編 大阪 和泉書院 1997.3 548p 22cm （読本善本叢刊）15450円 Ⓘ4-87088-853-X Ⓝ913.56　〔23601〕

◆◆◆南総里見八犬伝

◇完本 八犬伝の世界 高田衛著 改訂増補決定版 筑摩書房 2005.11 572p 15cm （ちくま学芸文庫）1500円 ⓘ4-480-08940-3 〔23602〕

◇現代語訳 南総里見八犬伝 下 曲亭馬琴作 白井喬二訳 河出書房新社 2004.2 609p 15cm （河出文庫）1200円 ⓘ4-309-40710-2 〔23603〕

◇里見八犬伝 川村二郎著 岩波書店 1984.10 234p 20cm （古典を読む 16）1600円 ⓘ4-00-004466-4 Ⓝ913.56 〔23604〕

◇里見八犬伝 川村二郎著 岩波書店 1997.12 234p 16cm （同時代ライブラリー——古典を読む）1100円 ⓘ4-00-260328-8 Ⓝ913.56 〔23605〕

◇里見八犬伝 植松三十里著 大森美香原案 小学館 2006.1 285p 15cm （小学館文庫）533円 ⓘ4-09-408064-3 〔23606〕

◇新編八犬伝綺想 小谷野敦著 筑摩書房 2000.2 332p 15cm （ちくま学芸文庫）1100円 ⓘ4-480-08540-8 Ⓝ913.56 〔23607〕

◇南総里見八犬伝 藤江峰夫編著 有精堂出版 1994.1 198p 19cm （長編ダイジェスト 5）1300円 ⓘ4-640-30644-X Ⓝ913.56 〔23608〕

◇南総里見八犬伝 杉浦明平著 世界文化社 2007.3 176p 24×19cm （ビジュアル版 日本の古典に親しむ 13）2400円 ⓘ978-4-418-07201-9 〔23609〕

◇南総里見八犬伝 1 曲亭馬琴著 浜田啓介校訂 新潮社 2003.5 509p 20cm （新潮日本古典集成 別巻）2800円 ⓘ4-10-620383-9 Ⓝ913.56 〔23610〕

◇南総里見八犬伝——全訳 上巻 滝沢馬琴作 丸屋おけ八訳 言海書房 2003.10 598p 21cm ⓘ4-901891-10-3,4-901891-01-4 Ⓝ913.56 〔23611〕

◇南総里見八犬伝 上巻 鈴木邑訳 西沢正史監修 勉誠出版 2004.6 369p 19cm （現代語で読む歴史文学）3000円 ⓘ4-585-07063-X 〔23612〕

◇南総里見八犬伝 2 曲亭馬琴著 浜田啓介校訂 新潮社 2003.6 491p 20cm （新潮日本古典集成 別巻）2800円 ⓘ4-10-620384-7 Ⓝ913.56 〔23613〕

◇南総里見八犬伝 3 曲亭馬琴著 浜田啓介校訂 新潮社 2003.7 557p 20cm （新潮日本古典集成 別巻）2900円 ⓘ4-10-620385-5 Ⓝ913.56 〔23614〕

◇南総里見八犬伝——全訳 下巻 滝沢馬琴作 丸屋おけ八訳 言海書房 2003.10 558p 21cm ⓘ4-901891-11-1,4-901891-01-4 Ⓝ913.56 〔23615〕

◇南総里見八犬伝 下巻 鈴木邑訳 西沢正史監修 勉誠出版 2004.6 384p 19cm （現代語で読む歴史文学）3000円 ⓘ4-585-07064-8 〔23616〕

◇南総里見八犬伝 4 曲亭馬琴著 浜田啓介校訂 新潮社 2003.8 461p 20cm （新潮日本古典集成 別巻）2700円 ⓘ4-10-620386-3 Ⓝ913.56 〔23617〕

◇南総里見八犬伝——完訳・現代語版 第5巻 滝沢馬琴作 羽深律訳 JICC出版局 1991.9 495p 19cm 2800円 ⓘ4-7966-0182-1 Ⓝ913.56 〔23618〕

◇南総里見八犬伝 5 曲亭馬琴著 浜田啓介校訂 新潮社 2003.9 549p 20cm （新潮日本古典集成 別巻）2900円 ⓘ4-10-620387-1 Ⓝ913.56 〔23619〕

◇南総里見八犬伝——完訳・現代語版 第6巻 滝沢馬琴作 羽深律訳 JICC出版局 1992.6 370p 19cm 2800円 ⓘ4-7966-0322-0 Ⓝ913.56 〔23620〕

◇南総里見八犬伝 6 曲亭馬琴著 浜田啓介校訂 新潮社 2003.10 397p 20cm （新潮日本古典集成 別巻）2600円 ⓘ4-10-620388-X Ⓝ913.56 〔23621〕

◇南総里見八犬伝 7 曲亭馬琴著 浜田啓介校訂 新潮社 2003.11 461p 20cm （新潮日本古典集成 別巻）2700円 ⓘ4-10-620389-8 Ⓝ913.56 〔23622〕

◇南総里見八犬伝 8 曲亭馬琴著 浜田啓介校訂 新潮社 2003.12 525p 20cm （新潮日本古典集成 別巻）2800円 ⓘ4-10-620390-1 Ⓝ913.56 〔23623〕

◇南総里見八犬伝考——馬琴小論 荒川法勝編 昭和図書出版 1980.4 313p 20cm 2500円 Ⓝ913.56 〔23624〕

◇南総里見八犬伝稿本 1 柴田光彦編 早稲田大学出版部 1993.9 672p 22cm （早稲田大学蔵資料影印叢書——国書篇 第42巻）18000円 ⓘ4-657-93903-3 Ⓝ913.56 〔23625〕

◇南総里見八犬伝稿本 2 曲亭馬琴著 柴田光彦編 早稲田大学出版部 1994.6 626p 22cm （早稲田大学蔵資料影印叢書——国書篇 第43巻）18000円 ⓘ4-657-94602-1 Ⓝ913.56 〔23626〕

◇南総里見八犬伝稿本 3 曲亭馬琴著 柴田光彦編 早稲田大学出版部 1995.3 670p 22cm （早稲田大学蔵資料影印叢書——国書篇 第44巻）18000円 ⓘ4-657-95301-X Ⓝ913.56 〔23627〕

◇南総里見八犬伝稿本 4 曲亭馬琴著 柴田光彦編 早稲田大学出版部 1995.12 424p 22cm （早稲田大学蔵資料影印叢書——国書篇 第45巻）18000円 ⓘ4-657-95004-5 Ⓝ913.56 〔23628〕

◇南総里見八犬伝の世界——名場面を読む 日本研究センター刊行物編集委員会編 東金 城西国際大学日本研究センター 2006.2 82p 26cm （公開講座『文学史と房総』4）Ⓝ913.56 〔23629〕

◇南総里見八犬伝名場面集 湯浅佳子著 三弥井書店 2007.9 256p 19cm （三弥井古典文庫）2100円 ⓘ978-4-8382-7058-3 〔23630〕

◇爆笑八犬伝 シブサワ・コウ,光栄出版部企画編集 横浜 光栄 1996.12 167p 19cm （歴史人物笑史）1000円 ⓘ4-87719-431-2 Ⓝ913.56 〔23631〕

◇八犬伝綺想——英米文学と『南総里見八犬伝』 小谷野敦著 福武書院 1990.6 277p 19cm （Fukutake books 21）1200円 ⓘ4-8288-3320-X Ⓝ913.56 〔23632〕

◇八犬伝の世界——伝奇ロマンの復権 高田衛著 中央公論社 1980.11 234p 18cm （中公新書）460円 Ⓝ913.56 〔23633〕

◇八犬伝物語——特別企画展 館山 館山市立博物館 1989.10 46p 26cm （展示図録 no.6）Ⓝ913.56 〔23634〕

◇物語近世文学 第1巻 南総里見八犬伝 上巻 雄山閣編 雄山閣 1940 284p 23cm Ⓝ913.5 〔23635〕

◇物語近世文学 第2巻 南総里見八犬伝 下 雄山閣編 雄山閣 1941 278p 22cm Ⓝ913.5 〔23636〕

◇乱華八犬伝——超伝奇時代小説 天の巻 鳴海丈著 徳間書店 2004.11 213p 18cm （Tokuma novels 新伝奇）819円 ⓘ4-19-850652-3 Ⓝ913.6 〔23637〕

◇乱華八犬伝——超伝奇時代小説 地の巻 鳴海丈著 徳間書店 2004.12 217p 18cm （Tokuma novels 新伝奇）819円 ⓘ4-19-850655-8 Ⓝ913.6 〔23638〕

◆◆景清外傳

◇景清外傳 松の操後編 巻之1 絳山翁戯編 歌川国直画 観音寺 上坂氏顕彰会史料出版部 2003.1 1冊 30cm （理想日本リプリント 第92巻）46800円 Ⓝ913.56 〔23639〕

◇景清外傳 松の操後編 巻之2 絳山翁戯編 歌川国直画 観音寺 上坂氏顕彰会史料出版部 2003.1 1冊 30cm （理想日本リプリント 第92巻）46800円 Ⓝ913.56 〔23640〕

◇景清外傳 松の操後編 巻之3 絳山翁戯編 歌川国直

画　観音寺　上坂氏顕彰会史料出版部　2003.1　1冊　30cm　（理想日本リプリント　第92巻）46800円　Ⓝ913.56
〔23641〕
◇景清外伝　松の操後編 巻之4　絳山翁戯編　歌川国直画　観音寺　上坂氏顕彰会史料出版部　2003.1　1冊　30cm　（理想日本リプリント　第92巻）52800円　Ⓝ913.56
〔23642〕
◇景清外伝　松の操後編 巻之5　絳山翁戯編　歌川国直画　観音寺　上坂氏顕彰会史料出版部　2003.1　1冊　30cm　（理想日本リプリント　第92巻）46800円　Ⓝ913.56
〔23643〕

◆◆咲分仙臺萩
◇咲分仙台萩　1之巻 分冊1　観音寺　上坂氏顕彰会史料出版部　2003.2　1冊　30cm　（上坂氏顕彰会所蔵手写本　47）52800円　Ⓝ913.56
〔23644〕
◇咲分仙台萩　1之巻 分冊2　観音寺　上坂氏顕彰会史料出版部　2003.2　1冊　30cm　（上坂氏顕彰会所蔵手写本　47）52800円　Ⓝ913.56
〔23645〕
◇咲分仙台萩　4之巻 分冊1　観音寺　上坂氏顕彰会史料出版部　2003.2　1冊　30cm　（上坂氏顕彰会所蔵手写本　47）52800円　Ⓝ913.56
〔23646〕
◇咲分仙台萩　4之巻 分冊2　観音寺　上坂氏顕彰会史料出版部　2003.2　1冊　30cm　（上坂氏顕彰会所蔵手写本　47）52800円　Ⓝ913.56
〔23647〕

◆◆太閤真顕記
◇太閤真顕記　6篇 第9・第10 分冊1　観音寺　上坂氏顕彰会史料出版部　2000.10　1冊　30cm　（上坂氏顕彰会所蔵手写本　27）46800円　Ⓝ913.56
〔23648〕
◇太閤真顕記　6篇 第9・第10 分冊2　観音寺　上坂氏顕彰会史料出版部　2000.10　1冊　30cm　（上坂氏顕彰会所蔵手写本　27）52800円　Ⓝ913.56
〔23649〕
◇太閤真顕記　6篇 第13・第14 分冊1　観音寺　上坂氏顕彰会史料出版部　2000.10　1冊　30cm　（上坂氏顕彰会所蔵手写本　28）52800円　Ⓝ913.56
〔23650〕
◇太閤真顕記　6篇 第13・第14 分冊2　観音寺　上坂氏顕彰会史料出版部　2000.10　1冊　30cm　（上坂氏顕彰会所蔵手写本　28）52800円　Ⓝ913.56
〔23651〕
◇太閤真顕記　6篇 第15・第16 分冊1　観音寺　上坂氏顕彰会史料出版部　2000.11　1冊　30cm　（上坂氏顕彰会所蔵手写本　34）52800円　Ⓝ913.56
〔23652〕
◇太閤真顕記　6篇 第15・第16 分冊2　観音寺　上坂氏顕彰会史料出版部　2000.11　1冊　30cm　（上坂氏顕彰会所蔵手写本　34）52800円　Ⓝ913.56
〔23653〕
◇太閤真顕記　6篇 第17・第18 分冊1　観音寺　上坂氏顕彰会史料出版部　2000.10　1冊　30cm　（上坂氏顕彰会所蔵手写本　29）52800円　Ⓝ913.56
〔23654〕
◇太閤真顕記　6篇 第17・第18 分冊2　観音寺　上坂氏顕彰会史料出版部　2000.10　1冊　30cm　（上坂氏顕彰会所蔵手写本　29）52800円　Ⓝ913.56
〔23655〕
◇太閤真顕記　6篇 第19・第20 分冊1　観音寺　上坂氏顕彰会史料出版部　2000.10　1冊　30cm　（上坂氏顕彰会所蔵手写本　30）52800円　Ⓝ913.56
〔23656〕
◇太閤真顕記　6篇 第19・第20 分冊2　観音寺　上坂氏顕彰会史料出版部　2000.10　1冊　30cm　（上坂氏顕彰会所蔵手写本　30）52800円　Ⓝ913.56
〔23657〕
◇太閤真顕記　6篇 第23・第24 分冊1　観音寺　上坂氏顕彰会史料出版部　2000.10　1冊　30cm　（上坂氏顕彰会所蔵手写本　31）46800円　Ⓝ913.56
〔23658〕
◇太閤真顕記　6篇 第23・第24 分冊2　観音寺　上坂氏顕彰会史料出版部　2000.10　1冊　30cm　（上坂氏顕彰会所蔵手写本　31）52800円　Ⓝ913.56
〔23659〕
◇太閤真顕記　6篇 第25・第26 分冊1　観音寺　上坂氏顕彰会史料出版部　2000.10　1冊　30cm　（上坂氏顕彰会所蔵手写本　32）46800円　Ⓝ913.56
〔23660〕
◇太閤真顕記　6篇 第25・第26 分冊2　観音寺　上坂氏顕彰会史料出版部　2000.10　1冊　30cm　（上坂氏顕彰会所蔵手写本　32）52800円　Ⓝ913.56
〔23661〕
◇太閤真顕記　6篇 第27・第28 分冊1　観音寺　上坂氏顕彰会史料出版部　2000.10　1冊　30cm　（上坂氏顕彰会所蔵手写本　33）52800円　Ⓝ913.56
〔23662〕
◇太閤真顕記　6篇 第27・第28 分冊2　観音寺　上坂氏顕彰会史料出版部　2000.10　1冊　30cm　（上坂氏顕彰会所蔵手写本　33）52800円　Ⓝ913.56
〔23663〕

◆草双紙
◇青本黒本集　関西大学図書館編　吹田　関西大学出版部　1997.12　296,21p　23cm　（関西大学図書館影印叢書　第1期 第7巻）24000円　Ⓘ4-87354-236-7　Ⓝ913.57
〔23664〕
◇赤本黒本青本版心索引―予備版　木村八重子編　武蔵村山　青裳堂書店　1997.6　46p　21cm　（書誌学月報 別冊 1）2000円　Ⓝ913.57
〔23665〕
◇傀儡太平記 分冊1　仮名垣魯文著　観音寺　上坂氏顕彰会史料出版部　2002.8　1冊　30cm　（理想日本リプリント　第82巻）41800円　Ⓝ913.57
〔23666〕
◇傀儡太平記 分冊2　仮名垣魯文著　観音寺　上坂氏顕彰会史料出版部　2002.8　1冊　30cm　（理想日本リプリント　第82巻）41800円　Ⓝ913.57
〔23667〕
◇傀儡太平記 分冊3　仮名垣魯文著　観音寺　上坂氏顕彰会史料出版部　2002.8　1冊　30cm　（理想日本リプリント　第82巻）41800円　Ⓝ913.57
〔23668〕
◇絵草紙目録―名古屋市鶴舞中央図書館所蔵　名古屋　鶴舞中央図書館　1971　54p　21cm　Ⓝ913.57　〔23669〕
◇江戸期童話研究叢書　上笙一郎　久山社　1992.4-6　6冊（別巻とも）　18～26cm　Ⓝ913.57　〔23670〕
◇江戸期の童話研究―翻刻『雛迺宇計木』『桃太郎乃話』『童話長編』　上笙一郎編　久山社　1994.1　253p　21cm　6180円
〔23671〕
◇江戸期昔話絵本の研究と資料　内ヶ崎有里子著　三弥井書店　1999.2　552p　22cm　8900円　Ⓘ4-8382-3061-3　Ⓝ913.57
〔23672〕
◇「江戸時代の児童絵本の調査分析と現代の教育的意義の関連の研究」報告書　小金井　東京学芸大学国語教育学科古典文学第6研究室　1988.3　386p　26cm　Ⓝ913.57
〔23673〕
◇「江戸時代の児童読物の中心となった赤本・黒本・青本の調査内容分析と翻刻研究」報告書　小金井　東京学芸大学国語教育学科古典文学第6研究室　1987.3　369p　26cm　Ⓝ913.57
〔23674〕
◇江戸の絵入小説―合巻の世界　佐藤至子著　ぺりかん社　2001.11　309,12p　22cm　4200円　Ⓘ4-8315-0991-4　Ⓝ913.57
〔23675〕
◇江戸の子どもの本―赤本と寺子屋の世界　叢の会編　笠間書院　2006.4　107p　22cm　900円　Ⓘ4-305-70322-X　Ⓝ913.57
〔23676〕
◇江戸化物草紙　アダム・カバット校注・編　小学館　1999.2　239p　23cm　2400円　Ⓘ4-09-362111-X　Ⓝ913.57
〔23677〕
◇江戸囃男祭―昭和草双紙　鈴木氏亨著　春秋社　1935　565p　20cm　Ⓝ913.6
〔23678〕
◇江戸文学叢書―評釈　第7　洒落本草双紙集　笹川種郎

文学史　　　　　　　　　近世史

　　著　大日本雄弁会講談社　1936　842p　23cm　Ⓝ918
　　　　　　　　　　　　　　　　　　　　　　　　〔23679〕
◇大江戸怪奇画帖―完本・怪奇草双紙画譜　尾崎久弥編著
　国書刊行会　2001.5　265p　27cm　3800円
　①4-336-04341-8　Ⓝ913.57　　　　　　　　〔23680〕
◇大江戸化物図譜　アダム・カバット著　小学館　2000.9
　285p　15cm　（小学館文庫）590円　①4-09-404691-7
　Ⓝ913.57　　　　　　　　　　　　　　　　〔23681〕
◇大晦日曙草紙　2　3編・4編　山東京山作　歌川国
　貞画　太平主人編　太平書屋　1993.12　147p　21cm
　（太平文庫　25）4000円　Ⓝ913.57　　　　　〔23682〕
◇大晦日曙草紙　3　5編〜8編　山東京山作　歌川国
　貞画　太平主人編　太平書屋　1995.1　279p　21cm
　（太平文庫　29）7000円　Ⓝ913.57　　　　　〔23683〕
◇敵討孫太郎虫研究　小室信編著　仙台　〔小室信〕
　2002.7　310p　26cm　Ⓝ913.57　　　　　　〔23684〕
◇敵討身代利名号　曲亭馬琴著　葛飾北斎画　江戸軟派
　全集刊行会　1928　31,19,11,1丁　16cm　（草双紙集　第
　1―江戸軟派全集　第2期）913.5　　　　　　〔23685〕
◇近世子どもの絵本集　鈴木重三, 木村八重子編　岩波書
　店　1993.2　2冊（セット）　22×31cm　35000円
　①4-00-009816-0　　　　　　　　　　　　　〔23686〕
◇草双紙研究資料叢書　第2巻　草双紙研究　2　中村正明
　編・解説　中村正明編・解説　クレス出版　2006.6
　215p,p192-394,2p 図版27枚　①4-87733-325-8
　Ⓝ913.57　　　　　　　　　　　　　　　　〔23687〕
◇草双紙研究資料叢書　第3巻　文学史抄　中村正明編・
　解説　中村正明編・解説　クレス出版　2006.6　377,4p
　22cm　①4-87733-325-8　Ⓝ913.57　　　　　〔23688〕
◇草双紙研究資料叢書　第4巻　解説・解題類　中村正明
　編・解説　中村正明編・解説　クレス出版　2006.6
　672,5p　22cm　①4-87733-325-8　Ⓝ913.57　〔23689〕
◇草双紙研究資料叢書　第5巻　雑誌論文集　中村正明編・
　解説　中村正明編・解説　クレス出版　2006.6　788,6p
　22cm　①4-87733-325-8　Ⓝ913.57　　　　　〔23690〕
◇草双紙研究資料叢書　第6巻　翻刻・注釈集　中村正明
　編・解説　中村正明編・解説　クレス出版　2006.6
　596,4p　22cm　①4-87733-325-8　Ⓝ913.57　〔23691〕
◇草双紙研究資料叢書　第8巻　草双紙・草双紙評判記
　中村正明編・解説　中村正明編・解説　クレス出版
　2006.6　710,9p　22cm　①4-87733-325-8　Ⓝ913.57
　　　　　　　　　　　　　　　　　　　　　〔23692〕
◇草双紙と演劇―役者似顔絵創始期を中心に　高橋則子著
　汲古書院　2004.2　462,52p　21cm　13000円
　①4-7629-3449-6　　　　　　　　　　　　　〔23693〕
◇黒本・青本の研究と用語索引　小池正胤, 叢の会編　国
　書刊行会　1992.2　264,108p　27cm　28000円
　①4-336-03340-4　Ⓝ913.57　　　　　　　　〔23694〕
◇山東京山伝奇小説集　山東京山著　高木元編　国書刊
　行会　2003.1　1046p　22cm　（江戸怪異綺想文芸大系
　第4巻）18000円　①4-336-04274-8　Ⓝ913.57　〔23695〕
◇初期上方子供絵本集　岡本勝編著　角川書店　1982.2
　354p　16×22cm　（貴重古典籍叢刊　13）18000円
　Ⓝ913.57　　　　　　　　　　　　　　　　〔23696〕
◇初期草双紙集　近世文学研究「叢」の会編　大阪　和泉
　書院　1993.5　145p　21cm　1545円　①4-87088-524-7
　Ⓝ913.57　　　　　　　　　　　　　　　　〔23697〕
◇東京大学所蔵草双紙目録　2編　近世文学読書会編　武
　蔵村山　青裳堂書店　1995.2　476p　図版31p　22cm
　（日本書誌学大系　67-2）29870円　Ⓝ913.57　〔23698〕
◇東京大学所蔵草双紙目録　3編　近世文学読書会編　武
　蔵村山　青裳堂書店　2000.4　820p　図版36p　22cm

　（日本書誌学大系　67-3）40000円　Ⓝ913.57　〔23699〕
◇東京大学所蔵草双紙目録　4編　近世文学読書会編　武
　蔵村山　青裳堂書店　2001.2　542p　図版4p　22cm
　（日本書誌学大系　67-4）30000円　Ⓝ913.57　〔23700〕
◇東京大学所蔵草双紙目録　5編　近世文学読書会編　武
　蔵村山　青裳堂書店　2001.11　669p　図版14p　22cm
　（日本書誌学大系　67-5）35000円　Ⓝ913.57　〔23701〕
◇東京大学所蔵草双紙目録　初編　近世文学読書会編　武
　蔵村山　青裳堂書店　1993.2　336p　図版36p　22cm
　（日本書誌学大系　67-1）22660円　Ⓝ913.57　〔23702〕
◇東京大学所蔵草双紙目録　補編　近世文学読書会編　立
　川　青裳堂書店　2006.12　628p　22cm　（日本書誌学
　大系　67-6）38000円　Ⓝ913.57　　　　　　〔23703〕
◇馬琴草紙集　滝沢馬琴著　板坂則子校訂　国書刊行
　会　1994.9　480p　20cm　（叢書江戸文庫　33）5800円
　①4-336-03533-4　Ⓝ913.57　　　　　　　　〔23704〕
◇花東頼朝公御入　山東京伝作　鈴木俊幸解説・注釈
　横浜　平木浮世絵財団　1999.10　10,10丁　18cm
　Ⓝ913.57　　　　　　　　　　　　　　　　〔23705〕
◇宝暦期上方子供絵本十種　浅川征一郎編　太平書屋
　1993.12　196p　20cm　（太平文庫　24）5000円　Ⓝ913.
　57　　　　　　　　　　　　　　　　　　　〔23706〕
◇水谷不倒著作集　第2巻　中央公論社　1973　413p
　22cm　4500円　Ⓝ910.25　　　　　　　　　〔23707〕

◆◆黄表紙
◇江戸おどろきなるほど未来学　萩原裕雄著　天山出版
　1988.10　219p　18cm　（天山ブックス）720円
　①4-8033-1714-3　Ⓝ913.57　　　　　　　　〔23708〕
◇江戸戯作草紙　棚橋正博校注・編　小学館　2000.5
　239p　23cm　2400円　①4-09-362112-8　Ⓝ913.57
　　　　　　　　　　　　　　　　　　　　　〔23709〕
◇江戸戯作の研究―黄表紙を主として　井上隆明著　新典
　社　1986.1　597p　22cm　（新典社研究叢書　14）18000
　円　①4-7879-4014-7　Ⓝ913.57　　　　　　〔23710〕
◇江戸滑稽化物尽くし　アダム・カバット著　講談社
　2003.3　246p　19cm　（講談社選書メチエ）1600円
　①4-06-258265-1　Ⓝ913.57　　　　　　　　〔23711〕
◇大江戸化物細見　アダム・カバット校注・編　小学館
　2000.2　239p　23cm　2400円　①4-09-362113-6
　Ⓝ913.57　　　　　　　　　　　　　　　　〔23712〕
◇喜三二戯作本の研究　井上隆明著　三樹書房　1983.11
　233,9p　23cm　9800円　Ⓝ913.57　　　　　〔23713〕
◇黄表紙絵題簽集―板元別年代順　浜田義一郎編纂　ゆま
　に書房　1979.4　491,42p　22cm　（書誌書目シリーズ
　8）12000円　Ⓝ913.57　　　　　　　　　　〔23714〕
◇黄表紙解題　森銑三著　中央公論社　1972　418p
　20cm　1600円　Ⓝ913.57　　　　　　　　　〔23715〕
◇黄表紙解題　続　森銑三著　中央公論社　1974　419p
　20cm　2800円　Ⓝ913.57　　　　　　　　　〔23716〕
◇黄表紙・洒落本の世界　水野稔著　岩波書店　1976.12
　216p　18cm　（岩波新書）280円　Ⓝ913.53　〔23717〕
◇黄表紙総覧　前編　棚橋正博著　武蔵村山　青裳堂書店
　1986.8　781p　22cm　（日本書誌学大系　48-1）35000円
　Ⓝ913.57　　　　　　　　　　　　　　　　〔23718〕
◇黄表紙総覧　中編　棚橋正博著　武蔵村山　青裳堂書店
　1989.9　778p　22cm　（日本書誌学大系　48-2）37080円
　Ⓝ913.57　　　　　　　　　　　　　　　　〔23719〕
◇黄表紙総覧　後編　棚橋正博著　武蔵村山　青裳堂書店
　1989.11　536p　22cm　（日本書誌学大系　48-3）26780
　円　Ⓝ913.57　　　　　　　　　　　　　　〔23720〕

◇黄表紙総覧　索引編　棚橋正博著　武蔵村山　青裳堂書店　1994.5　641p　22cm　(日本書誌学大系48-4)39140円　Ⓝ913.57　〔23721〕

◇黄表紙の研究　棚橋正博著　若草書房　1997.6　414p　22cm　(近世文学研究叢書 5)14000円　①4-948755-11-7　Ⓝ913.57　〔23722〕

◇近代日本文学大系　第12巻　黄表紙集　国民図書　1927　928p　19cm　Ⓝ918　〔23723〕

◇戯作の華黄表紙の世界　佐藤光信監修　鈴木俊幸執筆　横浜　平木浮世絵財団　1999.10　55p　18cm　Ⓝ913.57　〔23724〕

◇戯作文芸論―研究と資料　広瀬朝光著　笠間書院　1982.6　515p　22cm　(笠間叢書 171)13000円　Ⓝ913.57　〔23725〕

◇山東京伝の黄表紙　水野稔著　有光書房　1976　195p　22cm　(江戸文芸新考 1 林美一編集)3500円　Ⓝ913.53　〔23726〕

◇増補 黄表紙外題索引　朝倉無声編著,三村竹清増補,鈴木重三補訂　大屋書房　1964　68丁　24cm　Ⓝ913.57　〔23727〕

◇深川黄表紙掛取り帖　山本一力著　講談社　2005.11　393p　15cm　(講談社文庫)629円　①4-06-275254-9　〔23728〕

◇牡丹酒　山本一力著　講談社　2006.9　355p　20cm　(深川黄表紙掛取り帖 2)1600円　①4-06-213591-4　Ⓝ913.6　〔23729〕

◇未刊黄表紙選　第1-2集　京都　未刊江戸文学刊行会　1956.12-1959.2　2冊(合本1冊)　22cm　「未刊江戸文学」別冊)Ⓝ913.57　〔23730〕

◇密戯のおんな―Edo classic art第5集　佐野文哉訳　二見書房　1991.6　250p　15cm　(二見文庫―クラシック・アート・コレクション)780円　①4-576-91063-9　Ⓝ913.57　〔23731〕

◇湯浴のおんな―Edo classic art第4集　佐野文哉訳　二見書房　1991.2　251p　15cm　(二見文庫―クラシック・アート・コレクション)780円　①4-576-91001-9　Ⓝ913.57　〔23732〕

◇柳水亭種清と南千住　磯ケ谷紫江著　千葉　紫香会　1952.6　10p　18cm　Ⓝ913.57　〔23733〕

◆◆合巻

◇春情妓談水揚帳全釈　柳亭種彦著　佐藤要人校註訳　太平書屋　1994.11　262p　22cm　15000円　Ⓝ913.57　〔23734〕

◇伝宗尊親王筆歌合巻の研究　久曽神昇著　尚古会　1937　131p　26cm　Ⓝ911.14　〔23735〕

◇柳亭種彦　伊狩章著　吉川弘文館　1965　358p　18cm　(人物叢書 127)Ⓝ913.58　〔23736〕

◇柳亭種彦　伊狩章著　吉川弘文館　1989.10　358p　19cm　(人物叢書 新装版)1960円　①4-642-05174-0　Ⓝ913.57　〔23737〕

◇柳亭種彦合巻集　佐藤悟ほか校訂　国書刊行会　1995.1　629p　20cm　(叢書江戸文庫 35)6900円　①4-336-03535-0　Ⓝ913.57　〔23738〕

◇〔柳亭種彦自筆書簡〕　写　Ⓝ913.57　〔23739〕

◆咄本

◇安永期艶笑噺本六種　武藤禎夫編著・校訂　太平書屋　2000.2　214p　22cm　7000円　Ⓝ913.59　〔23740〕

◇安楽庵策伝―咄の系譜　関山和夫著　青蛙房　1961　281p　20cm　Ⓝ913.59　〔23741〕

◇安楽庵策伝―咄の系譜　関山和夫著　青蛙房　1967　293p　20cm　Ⓝ913.59　〔23742〕

◇安楽庵策伝ノート　鈴木棠三著　東京堂出版　1973　513,11p　22cm　5500円　Ⓝ913.59　〔23743〕

◇いぢかり股の青男　夏井芳徳著　会津若松　歴史春秋出版　2007.4　64p　21cm　(江戸の笑いを読む 8)500円　①978-4-89757-684-8　Ⓝ913.59　〔23744〕

◇一休ばなし―とんち小僧の来歴　岡雅彦著　平凡社　1995.9　193p　19cm　(セミナー「原典を読む」7)2000円　①4-582-36427-6　Ⓝ913.59　〔23745〕

◇一休ばなし集成　三瓶達司,禅文化研究所編　京都　禅文化研究所　1993.4　429p　19cm　2500円　①4-88182-097-4　Ⓝ913.59　〔23746〕

◇いろはにお江戸小咄づくし　宮尾しげを編著　文元社　1984.12　204p　19cm　1300円　Ⓝ913.7　〔23747〕

◇江戸艶笑小咄と川柳　西原涼翁著　大平書屋　1999.11　388p　22cm　8000円　Ⓝ913.59　〔23748〕

◇江戸おとし咄―となりの花　宇野信夫著　集英社　1984.3　263p　16cm　(集英社文庫)300円　①4-08-750733-5　Ⓝ913.7　〔23749〕

◇江戸おとし咄―夜の客　宇野信夫著　集英社　1984.2　277p　16cm　(集英社文庫)300円　①4-08-750724-6　Ⓝ913.7　〔23750〕

◇江戸小咄　駒田信二著　岩波書店　1985.2　275p　20cm　(古典を読む 19)1800円　①4-00-004469-9　Ⓝ913.59　〔23751〕

◇江戸小話艶笑集　柳田森英著　大泉書店　1981.4　232p　18cm　700円　Ⓝ913.59　〔23752〕

◇江戸小咄女百態　興津要著　作品社　1983.1　254p　19cm　980円　①4-87893-090-X　Ⓝ913.59　〔23753〕

◇江戸小咄女百態　興津要著　旺文社　1986.5　269p　16cm　(旺文社文庫)400円　①4-01-064375-7　Ⓝ913.59　〔23754〕

◇江戸小話傑作集　村石利夫著　大泉書店　1980.11　232p　18cm　700円　Ⓝ913.59　〔23755〕

◇江戸こばなし考―落語のふるさとをたずねて　加太こうじ著　佑啓社　1968　254p　19cm　Ⓝ913.59　〔23756〕

◇江戸小咄散歩　興津要著　旺文社　1985.11　294p　16cm　(旺文社文庫)420円　①4-01-064310-2　Ⓝ913.59　〔23757〕

◇江戸小咄辞典　武藤禎夫編　東京堂出版　1965　528p　19cm　Ⓝ913.59　〔23758〕

◇江戸小咄十二カ月　興津要編　光風社書店　1976　270p　18cm　750円　Ⓝ913.59　〔23759〕

◇江戸小咄春夏秋冬　興津要著　旺文社　1987.5　370p　16cm　(旺文社文庫)550円　①4-01-064378-1　Ⓝ913.59　〔23760〕

◇江戸小咄商売往来　興津要著　旺文社　1986.11　281p　16cm　(旺文社文庫)420円　①4-01-064376-5　Ⓝ913.59　〔23761〕

◇江戸小咄の比較研究　武藤禎夫著　東京堂出版　1970　297,13p　22cm　3200円　Ⓝ913.59　〔23762〕

◇江戸小咄漫歩　興津要著　作品社　1981.6　301p　19cm　980円　Ⓝ913.59　〔23763〕

◇江戸小咄類話事典　武藤禎夫編　東京堂出版　1996.3　357p　20cm　2987円　①4-490-10417-0　Ⓝ913.59　〔23764〕

◇江戸の小ばなし　宇野信夫著　文藝春秋　1980.6　302p　16cm　(文春文庫)340円　Ⓝ913.59　〔23765〕

◇江戸のこばなし　山住昭文著　筑摩書房　1995.12

203p 19cm （ちくまプリマーブックス 95）1100円 Ⓘ4-480-04195-8 Ⓝ913.59　〔23766〕

◇江戸の洒落絵入りことば遊びを読む　渡辺信一郎著　東京堂出版　2000.4　214p　21cm　2500円　Ⓘ4-490-20400-0　Ⓝ911.08　〔23767〕

◇江戸の笑話　徳田進著　教育出版センター　1983.4　227p　20cm　（古典選書 6）1800円　Ⓝ913.7　〔23768〕

◇江戸の夢―人情噺集　宇野信夫著作集　宇野信夫著　青蛙房　1968　193p　20cm　Ⓝ913.7　〔23769〕

◇江戸の笑い小ばなし歳時記　加太こうじ著　立風書房　1987.8　237pp　19cm　980円　Ⓘ4-651-84015-9　Ⓝ913.7　〔23770〕

◇江戸の笑い話　徳田進著　教育出版センター　1983.10　227p　19cm　（サンシャインカルチャー）1000円　Ⓝ913.59　〔23771〕

◇江戸の笑い話　高野澄編訳　京都　人文書院　1995.1　236p　20cm　2060円　Ⓘ4-409-16071-0　Ⓝ913.59　〔23772〕

◇江戸風俗絵入り小咄を読む　武藤禎夫著　東京堂出版　1994.5　213p　21cm　2800円　Ⓘ4-490-20234-2　Ⓝ913.59　〔23773〕

◇江戸明治百面相絵本八種　武藤禎夫編　太平書屋　1997.7　206p　26cm　14000円　Ⓝ913.59　〔23774〕

◇画咄本集　武藤禎夫編　古典文庫　1996.1　66,412p　17cm　（古典文庫 第590冊）非売品　Ⓝ913.59　〔23775〕

◇笑本春の曙　北尾重政画　早川聞多著　河出書房新社　1999.5　84p　22cm　2600円　Ⓘ4-309-90294-4　Ⓝ913.59　〔23776〕

◇お好み江戸小ばなし　宮尾しげを著　美和書院　1956　192p　18cm　Ⓝ913.59　〔23777〕

◇お笑い江戸小ばなし　大沼きんじ著　全国加除法令出版　1984.7　162p　19cm　880円　Ⓘ4-421-01531-8　Ⓝ913.7　〔23778〕

◇上方舌耕文芸史の研究　宮尾与男著　勉誠出版　1999.2　828p　22cm　Ⓘ4-585-10048-2　Ⓝ913.59　〔23779〕

◇上方咄の会本集成　影印篇　宮尾与男編　大阪　和泉書院　2002.2　688p　22cm　17000円　Ⓘ4-7576-0149-2　Ⓝ913.59　〔23780〕

◇上方落語の歴史　前田勇著　大阪　杉本書店　1958　292p　19cm　Ⓝ779.1　〔23781〕

◇上方落語の歴史　前田勇著　改訂増補版　大阪　杉本書店　1966　332p　19cm　Ⓝ779.1　〔23782〕

◇軽口絵本集十種　武藤禎夫編著　太平書屋　1995.4　248p　（太平文庫 30）6000円　Ⓝ913.59　〔23783〕

◇きのふはけふの物語研究及び総索引―大東急記念文庫蔵　北原保雄著　笠間書院　1973　246p　22cm　（笠間索引叢刊）4000円　Ⓝ913.59　〔23784〕

◇原典落語集　二村文人校訂　国書刊行会　1999.11　316p　20cm　（叢書江戸文庫 45）4500円　Ⓘ4-336-03545-8　Ⓝ913.59　〔23785〕

◇元禄期笑話本集　宮尾与男校訂　話芸研究会　1995.4　155p　21cm　2500円　Ⓝ913.59　〔23786〕

◇元禄舌耕文芸の研究　宮尾与男著　笠間書院　1992.2　814,22p　22cm　20600円　Ⓝ913.59　〔23787〕

◇古典の小咄　白井喬二著　東京美術　1975　262p　19cm　（東京美術選書 14）980円　Ⓝ913.59　〔23788〕

◇諺謄の宿替　一荷堂半水作　歌川芳梅画　武藤禎夫校訂解説　太平書屋　1992.3　226p　26cm　Ⓝ913.59　〔23789〕

◇小咄江戸の一年　興津要著　角川書店　1981.12　252p　19cm　（角川選書 130）880円　Ⓝ913.59　〔23790〕

◇小ばなし歳時記―江戸の笑い　加太こうじ著　立風書房　1970　237p　19cm　420円　Ⓝ913.59　〔23791〕

◇小ばなし歳時記―江戸の笑い　加太こうじ著　立風書房　1979.5　2冊　15cm　（立風落語文庫）各390円　Ⓝ913.59　〔23792〕

◇実録・大江戸艶彩草子―豊かな俗の揺蕩い　花房孝典編著　三五館　1998.11　253p　20cm　1600円　Ⓘ4-88320-161-9　Ⓝ913.59　〔23793〕

◇笑と笑と笑と―江戸小ばなし傑作選　山住昭文著　集英社　1985.3　218p　16cm　（集英社文庫）300円　Ⓘ4-08-610738-4　Ⓝ913.7　〔23794〕

◇志ん生江戸ばなし　古今亭志ん生著　立風書房　1971　397p　19cm　840円　Ⓝ913.7　〔23795〕

◇新訳江戸小咄大観　田辺貞之助著　青蛙房　1960　345p　20cm　Ⓝ913.7　〔23796〕

◇新訳江戸小咄大観　田辺貞之助著　青蛙房　1965　345p　20cm　Ⓝ913.7　〔23797〕

◇生活の中の笑い―現代に生きる江戸小咄　宇井無愁著　京都　PHP研究所　1972　276p　19cm　500円　Ⓝ913.59　〔23798〕

◇醒睡笑　安楽庵策伝著　関山和夫編　おうふう　1995.4　179p　22cm　2400円　Ⓘ4-273-00949-8　Ⓝ913.59　〔23799〕

◇醒睡笑　索引編　安楽庵策伝著　岩淵匡, 桑山俊彦, 細川英雄編　笠間書院　1998.5　601p　22cm　（笠間索引叢刊 116）15534円　Ⓘ4-305-20116-X　Ⓝ913.59　〔23800〕

◇醒睡笑―静嘉堂文庫蔵　本文編　安楽庵策伝著　岩淵匡編　改訂版　笠間書院　2000.11　330p　22cm　（笠間索引叢刊 117）9000円　Ⓘ4-305-20117-8　Ⓝ913.59　〔23801〕

◇醒睡笑研究ノート　鈴木棠三著　笠間書院　1986.12　439p　22cm　（笠間叢書 201）12000円　Ⓝ913.59　〔23802〕

◇続 風流江戸小咄　宮尾しげを著　日本出版協同株式会社　1954　204p　19cm　Ⓝ913.59　〔23803〕

◇珍作鸚鵡石　武藤禎夫著　古典文庫　1991.2　326p　17cm　（古典文庫 第531冊）非売品　Ⓝ913.59　〔23804〕

◇どこか柳なり　夏井芳徳著　会津若松　歴史春秋出版　2006.4　62p　21cm　（江戸の笑いを読む 7）500円　Ⓘ4-89757-557-5　Ⓝ913.59　〔23805〕

◇中村幸彦著述集　第10巻　舌耕文学談　中央公論社　1983.8　447p　22cm　6500円　Ⓝ910.25　〔23806〕

◇仁王の力紙　夏井芳徳著　会津若松　歴史春秋出版　2006.1　62p　21cm　（江戸の笑いを読む 6）500円　Ⓘ4-89757-548-6　Ⓝ913.59　〔23807〕

◇にっぽん小咄大全　浜田義一郎編訳　筑摩書房　1992.7　458p　15cm　（ちくま文庫）930円　Ⓘ4-480-02637-1　Ⓝ913.59　〔23808〕

◇日本の古典芸能 9　寄席―話芸の集成　芸能史研究会編　平凡社　1971　342p　22cm　1200円　Ⓝ772.1　〔23809〕

◇日本の小咄三百題　稲田浩二, 前田東雄編著　三省堂　1974　374p　19cm　（三省堂ブックス）1200円　Ⓝ913.59　〔23810〕

◇日本のユーモア 3　江戸小咄篇　織田正吉著　筑摩書房　1988.2　370p　20cm　2200円　Ⓘ4-480-35603-7

◇910.2　　　　　　　　　　　　　〔23811〕
◇日本浪曲史　正岡容著　南北社　1968　432p　22cm
　Ⓝ779.1　　　　　　　　　　　　　〔23812〕
◇発見！お江戸にひそむらし！―小咄で江戸散歩　見目順一朗著　日本橋書房　2001.7　334p　19cm　1700円
　Ⓘ4-947646-21-7　Ⓝ913.59　　　　〔23813〕
◇初夢の紙屑　夏井芳徳著　会津若松　歴史春秋出版　2005.3　62p　21cm　（江戸の笑いを読む　4）500円
　Ⓘ4-89757-527-3　Ⓝ913.59　　　　〔23814〕
◇肘まくら軽口噺　武藤禎夫編　古典文庫　1991.10　349p　17cm　（古典文庫　第538冊）非売品　Ⓝ913.59
　　　　　　　　　　　　　　　　　〔23815〕
◇雛祭りの裏側　夏井芳徳著　会津若松　歴史春秋出版　2004.4　62p　21cm　（江戸の笑いを読む　2）500円
　Ⓘ4-89757-497-8　Ⓝ913.59　　　　〔23816〕
◇貧乏神撃退―江戸の笑いを読む　夏井芳徳著　会津若松　歴史春秋出版　2004.1　62p　21cm　500円
　Ⓘ4-89757-489-7　Ⓝ913.59　　　　〔23817〕
◇風流江戸小咄　宮尾しげを著　日本出版協同株式会社　1953　208p　18cm　Ⓝ913.59　〔23818〕
◇風流江戸の小ばなし　山住昭文著　朝日新聞社　2002.5　233p　15cm　（朝日文庫）540円　Ⓘ4-02-261375-0
　Ⓝ913.59　　　　　　　　　　　　〔23819〕
◇風流小ばなし銘々録　宮尾しげを著　美和書院　1956　192p　18cm　Ⓝ913.59　〔23820〕
◇下手の考え　夏井芳徳著　会津若松　歴史春秋出版　2005.7　62p　21cm　（江戸の笑いを読む　5）500円
　Ⓘ4-89757-538-9　Ⓝ913.59　　　　〔23821〕
◇べろべろの神　夏井芳徳著　会津若松　歴史春秋出版　2004.8　62p　21cm　（江戸の笑いを読む　3）500円
　Ⓘ4-89757-509-5　Ⓝ913.59　　　　〔23822〕
◇星取棹―我が国の笑話　森銑三著　大阪　積善館　1946　330p　19cm　23円　913.59　〔23823〕
◇星取棹―我が国の笑話　森銑三著　筑摩書房　1989.8　247p　19cm　（筑摩叢書　336）1540円
　Ⓘ4-480-01336-9　Ⓝ913.59　　　　〔23824〕
◇武者物語武者物語之抄・新武者物語―本文と索引　菊池真一, 西丸佳子編　大阪　和泉書院　1994.3　293p
　22cm　（索引叢書　32）8755円　Ⓘ4-87088-651-0
　Ⓝ913.59　　　　　　　　　　　　〔23825〕
◇落語―江戸から近代へ　興津要著　桜楓社　1979.7　239p　19cm　1200円　Ⓝ779.1　〔23826〕
◇落語家の生活　内山惣十郎著　雄山閣出版　1971　254p　22cm　（生活史叢書）1200円　Ⓝ779.1　〔23827〕
◇落語家の生活　柳亭燕路著　雄山閣出版　1988.6　283p　22cm　（生活史叢書　22）2500円　Ⓘ4-639-00727-2
　Ⓝ779.13　　　　　　　　　　　　〔23828〕
◇落語家の歴史　柳亭燕路著　雄山閣　1972　283p　22cm　（雄山閣歴史選書　11）Ⓝ779.1　〔23829〕
◇落語三百年―江戸の巻　小島貞二編　毎日新聞社　1966　209p　19cm　Ⓝ913.7　〔23830〕
◇落語三百年　小島貞二編　改訂新版　毎日新聞社　1979.1　3冊　19cm　各820円　Ⓝ913.7　〔23831〕
◇落語の研究　仁井岡弘司著　呉　仁井岡武司　1964　138p　22cm　Ⓝ913.59　〔23832〕
◇落語百題―江戸庶民の暮しと笑い　細窪孝著　教育史料出版会　1982.6　242p　20cm　（芸術教育叢書）1600円
　Ⓝ913.7　　　　　　　　　　　　〔23833〕
◇落語文化史―笑いの世界に遊ぶ　朝日新聞社編　朝日新聞社　1986.12　153p　26cm　（シリーズ文化）2500円
　Ⓘ4-02-258369-X　Ⓝ779.13　　　　〔23834〕

◇落語はいかにして形成されたか　延広真治著　平凡社　1986.12　219p　20cm　（叢書演劇と見世物の文化史）1900円　Ⓘ4-582-26014-4　Ⓝ779.13　〔23835〕
◇浪曲家の生活　内山物十郎著　雄山閣出版　1974　252p　22cm　（生活史叢書　29）1800円　Ⓝ779.1　〔23836〕

◆随筆・評論
◇鶉衣　横井也有著　石田元季校訂　岩波書店　1930.12（10刷：1997.11）　249p　15cm　（岩波文庫）600円
　Ⓘ4-00-302151-7　Ⓝ914.5　　　　〔23837〕
◇頴原退蔵著作集　第20巻　随筆・雑纂　中央公論社　1981.1　564p　20cm　3800円　Ⓝ910.25　〔23838〕
◇大江戸実々奇談　阿部重之進重保述　阿部照雄編著　佐久　櫟　2000.12　325p　22cm　1800円
　Ⓘ4-900408-80-8　Ⓝ914.5　　　　〔23839〕
◇尾張文人津田正生―著作と解説　津田正生著　岸野俊彦編　師勝町（愛知県）　名古屋自由学院短期大学文科国文専攻　1996.4　153p　26cm　Ⓝ914.5　〔23840〕
◇完本うづら衣新講　岩田九郎著　2版　大修館書店　1992.10　958p　22cm　15450円　Ⓘ4-469-22085-X
　Ⓝ914.5　　　　　　　　　　　　〔23841〕
◇元禄世間咄風聞集　長谷川強校注　岩波書店　1994.11　330,10p　15cm　（岩波文庫）670円　Ⓘ4-00-302701-9
　Ⓝ914.5　　　　　　　　　　　　〔23842〕
◇校注近世俳文新選　中村俊定編　武蔵野書院　1961.4（6版：1984.3）　99p　21cm　Ⓘ4-8386-0587-0　Ⓝ914.5
　　　　　　　　　　　　　　　　　〔23843〕
◇稿本系うづら衣―本文と研究　野田千平編著　笠間書店　1980.1　541p　22cm　（笠間叢書　143）12000円
　Ⓝ914.5　　　　　　　　　　　　〔23844〕
◇心の双紙―松平定信の風刺した人心の裏表　松平定信著　橋本登行訳・解説　白河　橋本登行　1996.10　95p
　21cm　Ⓝ914.5　　　　　　　　　〔23845〕
◇醜草―隈川春蔭戯文集　隈川春蔭著　太平主人編　太平書屋　1994.3　134p　20cm　（太平文庫　26）3000円
　Ⓝ914.5　　　　　　　　　　　　〔23846〕
◇新編日本古典文学全集　82　近世随想集　鈴木淳, 小高道子校注・訳　小学館　2000.6　510p　23cm　4267円
　Ⓘ4-09-658082-1　Ⓝ918　　　　　〔23847〕
◇人名覚・をりにふれ事につきてかけること葉　中山三屋著　徳山市立中央図書館編　徳山　徳山市立中央図書館　1997.3　145p　21cm　（徳山市立中央図書館叢書　第30集）Ⓝ914.5　〔23848〕
◇随筆雑文集　酔郷散人ほか著　江戸軟派全集刊行会　1928　174p　16cm　（江戸軟派全集）Ⓝ914　〔23849〕
◇還魂紙料―瀧沢文庫本　私家版　柳亭種彦著　木村三四吾編校　奈良　木村三四吾　1982　178p　22cm
　4500円　Ⓘ4-8406-9623-3　Ⓝ914.5　〔23850〕
◇鈴木牧之の生涯　磯部定治著　三条　野島出版　1997.12　167p　22cm　2400円　Ⓘ4-8221-0160-6　Ⓝ914.5
　　　　　　　　　　　　　　　　　〔23851〕
◇図説牧之　鈴木牧之ほか著　塩沢町文化・スポーツ事業振興公社編　塩沢町（新潟県）　塩沢町文化・スポーツ事業振興公社　1994.3　92p　30cm　Ⓝ914.5　〔23852〕
◇続七車と研究　続七車, 新行事板, 続七車の研究　大磯義雄編著　笠橋　未刊国文資料刊行会　1958　219p
　19cm　（来刊国文資料　第1期）Ⓝ914.5　〔23853〕
◇只野真葛集　鈴木よね子校訂　国書刊行会　1994.2　578p　20cm　（叢書江戸文庫　30）6800円
　Ⓘ4-336-03530-X　Ⓝ914.5　　　　〔23854〕
◇耽奇漫録　上　吉川弘文館　1993.12　732p　23cm

25000円　①4-642-09082-7　Ⓝ914.5　〔23855〕
◇耽奇漫録　下　吉川弘文館　1994.2　687p　23cm
　25000円　①4-642-09083-5　Ⓝ914.5　〔23856〕
◇ちょっと怖くて不思議な猫の話―化けて踊って恩返し
　北嶋広敏著　太陽企画出版　2001.8　238p　19cm
　1500円　①4-88466-355-1　Ⓝ914.5　〔23857〕
◇藤渠漫筆総目次　江馬庄次郎,遠藤正治編　川島町(岐阜県)　江馬文書研究会　1983.1　148p　26cm　Ⓝ914.5　〔23858〕
◇日本古典随筆の研究と資料　糸井通浩編　京都　龍谷大学仏教文化研究所　2007.3　475,3p　22cm　(龍谷大学仏教文化研究叢書 19)非売品　Ⓝ914.04　〔23859〕
◇日本古典随筆の研究と資料　糸井通浩編　京都　思文閣出版　2007.3　475,3p　22cm　(龍谷大学仏教文化研究叢書 19)7200円　①978-4-7842-1349-8　Ⓝ914.04　〔23860〕
◇芭蕉文集　芭蕉著　頴原退蔵編註　岩波書店　1940.11(第4刷：1999.2)　204p　15cm　(岩波文庫)500円　①4-00-302068-5　Ⓝ914.5　〔23861〕
◇羽鳥一紅の人と文学―続新考文月浅間記　徳田進著　芦書房　1989.11　95p　26cm　3605円　①4-7556-1066-4　Ⓝ914.5　〔23862〕
◇『咄随筆』本文とその研究　鈴木雅子著　風間書房　1995.3　306p　22cm　13905円　①4-7599-0934-6　Ⓝ914.5　〔23863〕
◇牧之とその周辺―鈴木牧之記念館開館十周年記念特別展　鈴木牧之記念館開館十周年記念事務局編　塩沢町(新潟県)　鈴木牧之顕彰会　1999.5　38p　30cm　Ⓝ914.5　〔23864〕
◇み、と川　上　本間游清著　愛媛大学国語国文学研究室編　松山　愛媛大学国語国文学研究室　1992.3　200p　19cm　(愛媛大学文学資料集 5)Ⓝ914.5　〔23865〕
◇耳嚢　上　根岸鎮衛著　長谷川強校注　岩波書店　1991.1　434p　15cm　(岩波文庫)770円　①4-00-302611-X　Ⓝ914.5　〔23866〕
◇耳袋　1　根岸鎮衛著　鈴木棠三編注　平凡社　2000.5　526p　17cm　(平凡社ライブラリー 208)1500円　①4-582-76340-5　Ⓝ914.5　〔23867〕
◇耳嚢　中　根岸鎮衛著　長谷川強校注　岩波書店　1991.3　497p　15cm　(岩波文庫)770円　①4-00-302612-8　Ⓝ914.5　〔23868〕
◇耳袋　2　根岸鎮衛著　鈴木棠三編注　平凡社　2000.6　492p　17cm　(平凡社ライブラリー)1500円　①4-582-76346-4　Ⓝ914.5　〔23869〕
◇耳嚢　下　根岸鎮衛著　長谷川強校注　岩波書店　1991.6　491p　15cm　(岩波文庫)770円　①4-00-302613-6　Ⓝ914.5　〔23870〕
◇耳袋の怪　根岸鎮衛著　志村有弘訳　角川書店　2002.7　227p　15cm　(角川文庫―角川ソフィア文庫)619円　①4-04-349003-8　Ⓝ914.5　〔23871〕
◇幽霊ものがたり　道家大門著　福田景門編　津山　道家大門記念会　2000.12　14p　22cm　非売品　Ⓝ914.5　〔23872〕
◇可正雑記　河内屋可正著　大谷女子大学資料館編　富田林　大谷女子大学資料館　1999.3　87p　26cm　(大谷女子大学資料館報告書 第41冊)Ⓝ914.5　〔23873〕
◇楽隠居のすすめ―「鶉衣」のこころ　横井也有原作　岡田芳郎訳著　廣済堂出版　2001.7　231p　20cm　1900円　①4-331-50783-1　Ⓝ914.5　〔23874〕
◇竜沢公御随筆　前田利保著　綿抜豊昭編　富山　桂書房　1994.2　95p　21cm　2060円　Ⓝ914.5　〔23875〕

◆◆常山紀談
◇常山紀談　湯浅元禎著　湯浅明善校　内外兵事新聞局　1879.1　8冊　23cm　Ⓝ281　〔23876〕
◇常山紀談　湯浅常山(元禎)著　池田町(長野県)　信濃出版社　1883.2　5冊(1-20合本)　19cm　Ⓝ281　〔23877〕
◇常山紀談　湯浅常山著　杉山藤次郎評注・増補　鶴声社　1887.1　280,269,233p(天・地・人合本)　20cm　Ⓝ281　〔23878〕
◇常山紀談―通俗挿画　湯浅常山著　藤江卓蔵訂　川崎村(大阪府)　和陽館　1887.4　509p　19cm　Ⓝ281　〔23879〕
◇常山紀談　湯浅常山(元禎)著　百華書房　1908,42　2冊(前177,後178p)　19cm　(十銭文庫 1,13)Ⓝ281　〔23880〕
◇常山紀談　湯浅常山著　大町桂月校　新訂　至誠堂　1911-1912　3冊(878p)　16cm　(学生文庫 第10,16,29編)Ⓝ281　〔23881〕
◇常山紀談　巻之1-8　湯浅常山(元禎)著　三教書院　1911.3　357p　13cm　(袖珍文庫 第30編)Ⓝ281　〔23882〕
◇常山紀談　巻之11-20　湯浅常山(元禎)著　大阪　宋栄堂　1877.11　10冊　19cm　Ⓝ281　〔23883〕
◇常山紀談　索引資料　湯浅元禎著　菊池真一編　大阪　和泉書院　1993.3　299p　22cm　(索引叢書 30)10300円　①4-87088-595-6　Ⓝ914.5　〔23884〕
◇常山紀談　本文篇　湯浅元禎編　菊池真一編　大阪　和泉書院　1992.3　348p　22cm　(索引叢書 29)10300円　①4-87088-531-X　Ⓝ914.5　〔23885〕
◇常山紀談抄・藩翰譜抄　鈴木敏也編　斯文書院　1924　24p　23cm　Ⓝ914　〔23886〕
◇常山紀談・武林名誉録　湯浅常山著　国民文庫刊行会　1912.7　780p　23cm　Ⓝ281　〔23887〕
◇訳常山紀談　10　湯浅常山著　岡松甕谷訳　観音寺　上坂氏顕彰会史料出版部　2002.2　1冊　30cm　(理想日本リプリント 第67巻)54800円　Ⓝ914.5　〔23888〕
◇訳常山紀談　1分冊1　湯浅常山著　岡松甕谷訳　観音寺　上坂氏顕彰会史料出版部　2002.1　1冊　30cm　(理想日本リプリント 第67巻)52800円　Ⓝ914.5　〔23889〕
◇訳常山紀談　1分冊2　湯浅常山著　岡松甕谷訳　観音寺　上坂氏顕彰会史料出版部　2002.1　1冊　30cm　(理想日本リプリント 第67巻)54800円　Ⓝ914.5　〔23890〕
◇訳常山紀談　2分冊1　湯浅常山著　岡松甕谷訳　観音寺　上坂氏顕彰会史料出版部　2002.1　1冊　30cm　(理想日本リプリント 第67巻)52800円　Ⓝ914.5　〔23891〕
◇訳常山紀談　2分冊2　湯浅常山著　岡松甕谷訳　観音寺　上坂氏顕彰会史料出版部　2002.1　1冊　30cm　(理想日本リプリント 第67巻)52800円　Ⓝ914.5　〔23892〕
◇訳常山紀談　3分冊1　湯浅常山著　岡松甕谷訳　観音寺　上坂氏顕彰会史料出版部　2002.1　1冊　30cm　(理想日本リプリント 第67巻)52800円　Ⓝ914.5　〔23893〕
◇訳常山紀談　3分冊2　湯浅常山著　岡松甕谷訳　観音寺　上坂氏顕彰会史料出版部　2002.1　1冊　30cm　(理想日本リプリント 第67巻)52800円　Ⓝ914.5　〔23894〕
◇訳常山紀談　4分冊1　湯浅常山著　岡松甕谷訳　観音寺　上坂氏顕彰会史料出版部　2002.1　1冊　30cm

◇訳常山紀談　4 分冊2　湯浅常山著　岡松甕谷訳　観音寺　上坂氏顕彰会史料出版部　2002.1　1冊　30cm　（理想日本リプリント　第67巻）46800円　Ⓝ914.5
〔23896〕

◇訳常山紀談　5 分冊1　湯浅常山著　岡松甕谷訳　観音寺　上坂氏顕彰会史料出版部　2002.1　1冊　30cm　（理想日本リプリント　第67巻）52800円　Ⓝ914.5
〔23897〕

◇訳常山紀談　5 分冊2　湯浅常山著　岡松甕谷訳　観音寺　上坂氏顕彰会史料出版部　2002.1　1冊　30cm　（理想日本リプリント　第67巻）46800円　Ⓝ914.5
〔23898〕

◇訳常山紀談　6 分冊1　湯浅常山著　岡松甕谷訳　観音寺　上坂氏顕彰会史料出版部　2002.1　1冊　30cm　（理想日本リプリント　第67巻）52800円　Ⓝ914.5
〔23899〕

◇訳常山紀談　6 分冊2　湯浅常山著　岡松甕谷訳　観音寺　上坂氏顕彰会史料出版部　2002.1　1冊　30cm　（理想日本リプリント　第67巻）46800円　Ⓝ914.5
〔23900〕

◇訳常山紀談　7 分冊1　湯浅常山著　岡松甕谷訳　観音寺　上坂氏顕彰会史料出版部　2002.1　1冊　30cm　（理想日本リプリント　第67巻）52800円　Ⓝ914.5
〔23901〕

◇訳常山紀談　7 分冊2　湯浅常山著　岡松甕谷訳　観音寺　上坂氏顕彰会史料出版部　2002.1　1冊　30cm　（理想日本リプリント　第67巻）46800円　Ⓝ914.5
〔23902〕

◇訳常山紀談　8 分冊1　湯浅常山著　岡松甕谷訳　観音寺　上坂氏顕彰会史料出版部　2002.1　1冊　30cm　（理想日本リプリント　第67巻）52800円　Ⓝ914.5
〔23903〕

◇訳常山紀談　8 分冊2　湯浅常山著　岡松甕谷訳　観音寺　上坂氏顕彰会史料出版部　2002.2　1冊　30cm　（理想日本リプリント　第67巻）46800円　Ⓝ914.5
〔23904〕

◇訳常山紀談　9 分冊1　湯浅常山著　岡松甕谷訳　観音寺　上坂氏顕彰会史料出版部　2002.2　1冊　30cm　（理想日本リプリント　第67巻）46800円　Ⓝ914.5
〔23905〕

◇訳常山紀談　9 分冊2　湯浅常山著　岡松甕谷訳　観音寺　上坂氏顕彰会史料出版部　2002.2　1冊　30cm　（理想日本リプリント　第67巻）41800円　Ⓝ914.5
〔23906〕

◇訳常山紀談　附録 分冊1　湯浅常山著　岡松甕谷訳　観音寺　上坂氏顕彰会史料出版部　2002.2　1冊　30cm　（理想日本リプリント　第67巻）52800円　Ⓝ914.5
〔23907〕

◇訳常山紀談　附録 分冊2　湯浅常山著　岡松甕谷訳　観音寺　上坂氏顕彰会史料出版部　2002.2　1冊　30cm　（理想日本リプリント　第67巻）52800円　Ⓝ914.5
〔23908〕

◇訳常山紀談　附録 分冊3　湯浅常山著　岡松甕谷訳　観音寺　上坂氏顕彰会史料出版部　2002.2　1冊　30cm　（理想日本リプリント　第67巻）52800円　Ⓝ914.5
〔23909〕

◇訳常山紀談　附録 分冊4　湯浅常山著　岡松甕谷訳　観音寺　上坂氏顕彰会史料出版部　2002.2　1冊　30cm　（理想日本リプリント　第67巻）52800円　Ⓝ914.5
〔23910〕

◇訳常山紀談　附録 分冊5　湯浅常山著　岡松甕谷訳　観音寺　上坂氏顕彰会史料出版部　2002.2　1冊　30cm　（理想日本リプリント　第67巻）52800円　Ⓝ914.5
〔23911〕

◇訳常山紀談　附録 分冊6　湯浅常山著　岡松甕谷訳　観音寺　上坂氏顕彰会史料出版部　2002.2　1冊　30cm　（理想日本リプリント　第67巻）52800円　Ⓝ914.5
〔23912〕

◇訳常山紀談　附録 分冊7　湯浅常山著　岡松甕谷訳　観音寺　上坂氏顕彰会史料出版部　2002.2　1冊　30cm　（理想日本リプリント　第67巻）52800円　Ⓝ914.5
〔23913〕

◇訳常山紀談　附録 分冊8　湯浅常山著　岡松甕谷訳　観音寺　上坂氏顕彰会史料出版部　2002.2　1冊　30cm　（理想日本リプリント　第67巻）52800円　Ⓝ914.5
〔23914〕

◇訳常山紀談　附録 分冊9　湯浅常山著　岡松甕谷訳　観音寺　上坂氏顕彰会史料出版部　2002.2　1冊　30cm　（理想日本リプリント　第67巻）41800円　Ⓝ914.5
〔23915〕

◆◆北越雪譜

◇越後国雪物語―鈴木牧之と「北越雪譜」　山岡敬著　恒文社　1996.9　118p　18cm　800円　Ⓘ4-7704-0891-9
〔23916〕

◇江戸のベストセラー北越雪譜　鈴木牧之記念館編　南魚沼　塩沢町文化、スポーツ事業振興公社　2006.3　127p　21cm　Ⓝ914.5
〔23917〕

◇座右の鈴木牧之　高橋実著　三条　野島出版　2003.4　243p　22×16cm　2400円　Ⓘ4-8221-0194-0　〔23918〕

◇鈴木牧之―北越雪譜に生涯かけた人　田村賢一著　新潟　新潟日報事業社出版部　1985.8　192p　19cm　1000円　Ⓘ4-88862-261-2　Ⓝ914.5
〔23919〕

◇雪譜物語　松岡譲著　長岡　穂雪科学館　1953　74p　19cm　（積雪シリーズ）Ⓝ914.5
〔23920〕

◇北越雪譜　鈴木牧之編撰　京山人百樹删定　岡田武松校訂　岩波書店　1991.12　348p　19cm　（ワイド版岩波文庫）1000円　Ⓘ4-00-007082-7　Ⓝ914.5　〔23921〕

◇北越雪譜　鈴木牧之著　井上慶隆,高橋実校注　改訂版　三条　野島出版　1993.10　357,30p　18cm　1200円　Ⓘ4-8221-0084-7　Ⓝ914.5
〔23922〕

◇北越雪譜―現代語訳　鈴木牧之著　荒木常能訳　三条　野島出版　1996.11　369p　22cm　6180円　Ⓘ4-8221-0153-3　Ⓝ914.5
〔23923〕

◇北越雪譜　鈴木牧之著　池内紀現代語訳・解説　小学館　1997.6　249p　20cm　（地球人ライブラリー　35）1500円　Ⓘ4-09-251035-7　Ⓝ914.5
〔23924〕

◇北越雪譜の思想　高橋実著　新潟　越書房　1981.12　266p　22cm　3000円　Ⓝ914.5
〔23925〕

◇北越雪譜物語　鈴木牧之著,田村賢一訳・著　新潟　新潟日報事業社　1979.6　224p　19cm　960円　Ⓝ914.5
〔23926〕

◇牧之さま追慕―北越雪譜の著者　林明男著　塩沢町（新潟県）〔林明男〕　1993.11　100p　27cm　Ⓝ914.5
〔23927〕

◇雪を読む―『北越雪譜』に沿いながら　高田宏著　大朽社　1997.6　179p　18cm　（日本を知る）1200円　Ⓘ4-924899-17-8　Ⓝ914.5
〔23928〕

◆◆俳文

◇郷土俳人手紙資料集　1　本城靖編　四日市　本城靖　1973　34p　21cm　Ⓝ916.5
〔23929〕

◇近世俳文―注釈　西谷元夫著　有朋堂　1986.10　374p

◇近世俳文評釈　松尾靖秋著　文雅堂書店　1954　250p　19cm　Ⓝ914.5　〔23931〕
◇近世俳文評釈　松尾勝郎編　桜楓社　1983.8　344p　22cm　2900円　Ⓝ914.5　〔23932〕
◇天明期諸国俳人書簡集　富田杜音宛　大内初夫ほか校訂　京都　落柿舎保存会　1977.12　125p　19cm　（落柿舎叢書　第6輯）900円　Ⓝ916.5　〔23933〕
◇俳文史研究序説　堀切実著　早稲田大学出版部　1990.10　271p　22cm　4000円　①4-657-90038-2　Ⓝ914.5　〔23934〕

◆和歌

◇江戸詩歌史の構想　鈴木健一著　岩波書店　2004.3　282,9p　22cm　6600円　①4-00-022268-6　Ⓝ911.15　〔23935〕
◇江戸時代の和歌と歌人　宗政五十緒著　京都　同朋舎出版　1991.1　263p　20cm　2800円　①4-8104-0920-1　Ⓝ911.15　〔23936〕
◇上方歌壇人物誌―幕末・明治　管宗次著　京都　臨川書店　1993.9　267,13p　20cm　2400円　①4-653-02580-0　Ⓝ911.152　〔23937〕
◇鑑賞江戸時代秀歌　松坂弘著　六法出版社　1992.7　196p　20cm　（ほるす歌書）2200円　①4-89770-896-5　Ⓝ911.15　〔23938〕
◇義公の和歌を尋ねて　大森林造編著　土浦　筑波書林　1988.7　107p　18cm　（ふるさと文庫）600円　Ⓝ911.152　〔23939〕
◇木下幸文伝の研究　兼清正徳著　風間書房　1974　552p　22cm　Ⓝ911.152　〔23940〕
◇近世歌学集成　上　近世和歌研究会編　明治書院　1997.10　967p　22cm　28000円　①4-625-51183-6　Ⓝ911.15　〔23941〕
◇近世歌学集成　中　近世和歌研究会編　明治書院　1997.11　993p　22cm　28000円　①4-625-51184-4　Ⓝ911.15　〔23942〕
◇近世歌論の研究―漢学との交渉　宇佐美喜三八著　大阪　和泉書院　1987.11　437p　22cm　（研究叢書38）11500円　①4-87088-204-3　Ⓝ911.15　〔23943〕
◇近世吉備和歌史　野田実著　岡山　近藤勇　1931　78p　19cm　Ⓝ911.15　〔23944〕
◇近世後期歌壇の歌人たち　辻森秀英著　桜楓社　1977.4　218p　22cm　1000円　Ⓝ911.152　〔23945〕
◇近世後期に於ける和歌と俳諧―熊山地域を中心にして　正務弘著　和気町（岡山県）　正務弘　1993.7　219p　27cm　非売品　Ⓝ911.15　〔23946〕
◇近世十大歌人短歌選　森敬三編　春陽堂　1932　134p　20cm　Ⓝ911.15　〔23947〕
◇近世初期聖護院門跡の文事　日下幸男編　大阪　日下幸男　1992.11　148p　26cm　非売品　Ⓝ911.15　〔23948〕
◇近世堂上歌壇の研究　鈴木健一著　汲古書院　1996.11　475,31p　22cm　9000円　①4-7629-3402-X　Ⓝ911.15　〔23949〕
◇近世堂上和歌論集　近世堂上和歌論集刊行会編　明治書院　1989.4　509p　22cm　9000円　①4-625-41091-6　Ⓝ911.15　〔23950〕
◇近世の岩国の和歌展図録　岩国徴古館編　岩国　岩国徴古館　1993.2　28p　図版8枚　26cm　Ⓝ911.15　〔23951〕
◇近世の和歌と国学　伊藤正雄著　伊勢　皇学館大学出版部　1979.5　325,11p　19cm　3500円　Ⓝ911.15　〔23952〕
◇近世和歌研究　簗瀬一雄著　加藤中道館　1978.9　843p　23cm　（簗瀬一雄著作集 5）16000円　Ⓝ911.15　〔23953〕
◇近世和歌研究書要集　第1巻　中沢伸弘, 宮崎和広, 鈴木亮編・解題　クレス出版　2005.11　524,34,5p　22cm　①4-87733-301-0　Ⓝ911.15　〔23954〕
◇近世和歌研究書要集　第2巻　中沢伸弘, 宮崎和広, 鈴木亮編・解題　クレス出版　2005.11　727,4p　22cm　①4-87733-301-0　Ⓝ911.15　〔23955〕
◇近世和歌研究書要集　第3巻　中沢伸弘, 宮崎和広, 鈴木亮編・解題　クレス出版　2005.11　326,404,2p　22cm　①4-87733-301-0　Ⓝ911.15　〔23956〕
◇近世和歌研究書要集　第4巻　中沢伸弘, 宮崎和広, 鈴木亮編・解題　クレス出版　2005.11　337,324,5p　22cm　①4-87733-301-0　Ⓝ911.15　〔23957〕
◇近世和歌研究書要集　第5巻　中沢伸弘, 宮崎和広, 鈴木亮編・解題　クレス出版　2005.11　1冊　22cm　①4-87733-301-0　Ⓝ911.15　〔23958〕
◇近世和歌研究書要集　第6巻　中沢伸弘, 宮崎和広, 鈴木亮編・解題　クレス出版　2005.11　1冊　22cm　①4-87733-301-0　Ⓝ911.15　〔23959〕
◇近世和歌研究書要集　第7巻　中沢伸弘, 宮崎和広, 鈴木亮編・解題　クレス出版　2005.11　249,281,5p　22cm　①4-87733-301-0　Ⓝ911.15　〔23960〕
◇近世和歌研究書要集　第8巻　中沢伸弘, 宮崎和広, 鈴木亮編・解題　クレス出版　2005.11　179,159,4p　22cm　①4-87733-301-0　Ⓝ911.15　〔23961〕
◇近世和歌史　佐佐木信綱著　博文館　1923　428,2p　23cm　Ⓝ911.15　〔23962〕
◇近世和歌史　福井久蔵著　成美堂書店　1930　558p　21cm　Ⓝ911.15　〔23963〕
◇近世和歌史　佐佐木信綱著　博文館　1942　283p　17cm　（文化選書）Ⓝ911.15　〔23964〕
◇近世和歌思想研究　渡部治著　時潮社　1991.8　268p　21cm　3090円　①4-7888-8100-4　Ⓝ911.15　〔23965〕
◇近世和歌書誌刪補　熊谷武至著　豊川　熊谷武至　1976.10　179p　26cm　（東海学園国文叢書　第7篇）Ⓝ911.15　〔23966〕
◇近世和歌史論　山本嘉将著　神戸　文教図書出版　1958　618p　22cm　Ⓝ911.15　〔23967〕
◇近世和歌史論　山本嘉将著　パルトス社　1992.10　618p　22cm　22000円　Ⓝ911.15　〔23968〕
◇近世和歌の新研究　森敬三著　大阪　日本出版社　1943　337p　19cm　Ⓝ911.15　〔23969〕
◇佐佐木信綱歌学著作覆刻選　第4巻　近世和歌史　林大ほか編　本の友社　1994.9　428,2,5p　23cm　4-938429-85-3　Ⓝ911.1　〔23970〕
◇蜀山残雨―大田南畝と江戸文明　野口武彦著　新潮社　2003.12　333p　20cm　2000円　①4-10-316403-4　Ⓝ911.19　〔23971〕
◇幕末の水戸歌壇　梶山孝夫著　江戸崎町（茨城県）　梶山孝夫　1993.6　136p　21cm　Ⓝ911.15　〔23972〕
◇類字名所和歌集索引　千艘秋男, 谷地快一編　笠間書院　1988.12　339p　22cm　（笠間索引叢刊 59）11000円　Ⓝ911.102　〔23973〕
◇類題法文和歌集注解　5　畑中多忠撰　塚田晃信編　古典文庫　1993.5　297p　17cm　（古典文庫　第558冊）非売品　Ⓝ911.157　〔23974〕
◇類題和歌集私記　熊谷武至著　豊川　熊谷武至　1972

◇ 159p　26cm　(東海学園国語国文叢書　第4篇)Ⓝ911.15
〔23975〕
◇和歌史　第4巻　近世和歌史　久松潜一著　東京堂
1968　214p　22cm　Ⓝ911.102
〔23976〕
◇和歌史の「近世」—道理と余情　大谷俊太著　ぺりかん
社　2007.10　298p　19cm　4000円
①978-4-8315-1174-4
〔23977〕
◇和歌文学講座　第7巻　中世・近世の歌人　和歌文学会
編　桜楓社　1970　349p　22cm　1200円　Ⓝ911.108
〔23978〕
◇和歌文学講座　第8巻　近世の和歌　有吉保ほか編　島
津忠夫責任編集　勉誠社　1994.1　357p　20cm　4800
円　Ⓝ911.108
〔23979〕

◆短歌
◇飛鳥井雅章集　上　島原泰雄編　古典文庫　1992.11
440p　17cm　(古典文庫　552)2300円　Ⓝ911.158
〔23980〕
◇飛鳥井雅章集　下　島原泰雄編　古典文庫　1994.7
520p　17cm　(古典文庫　572)非売品　Ⓝ911.158
〔23981〕
◇ある女人像—近代女流歌人伝　吉屋信子著　朝日新聞社
1979.6　366p　15cm　420円　Ⓝ911.152
〔23982〕
◇安政丁巳浪華尚歯会記と山口睦斎　管宗次、郡俊明編著
大阪　和泉書院　1986.3　143p　19cm　(上方文庫
1)2800円　①4-87088-185-3　Ⓝ911.152
〔23983〕
◇石川依平—国学者・歌人　郷土の偉人　岡本春一著　掛川
〔岡本春一〕　1996.5　98p　27cm　Ⓝ911.152
〔23984〕
◇出石藩主仙石久利の詠歌　仙石久利著　砂治寿一・龍
恵編　神戸　砂治寿一　1999.1　42p　26cm　Ⓝ911.15
〔23985〕
◇磯丸全集　糟谷磯丸著　渥美郡教育会編　豊橋　渥美
郡教育会　1924　685p　19cm　Ⓝ911.15
〔23986〕
◇磯丸の生涯と和歌　糟屋磯丸著　中村精著　浜松　爾
灯寮　1938　38p　19cm　Ⓝ911.15
〔23987〕
◇以文会筆記抄　三宅米吉編　雄山閣　1929　212,16p
20cm　Ⓝ210.5
〔23988〕
◇鶯歌集　柳川市史編集委員会編　柳川　柳川市　1998.3
7,436,13p　30cm　(柳川文化資料集成　第1集)Ⓝ911.
157
〔23989〕
◇詠草　中山三屋著　徳山市立中央図書館編　徳山　徳
山市立中央図書館　1992.3　101p　21cm　(徳山市立中
央図書館叢書　第29集)Ⓝ911.158
〔23990〕
◇詠草　1　中山三屋著　徳山市立中央図書館編
徳山　徳山市立中央図書館　1991.3　131p　22cm　(徳
山市立中央図書館叢書　第28集)Ⓝ911.158
〔23991〕
◇栄葉集　上巻　烏丸光栄著　菊地明範,中川豊編　古
典文庫　2001.3　12,428p　17cm　(古典文庫)非売品
Ⓝ911.158
〔23992〕
◇栄葉集　下　烏丸光栄著　菊地明範,中川豊編　古典
文庫　2001.6　439p　17cm　(古典文庫)非売品
Ⓝ911.158
〔23993〕
◇江戸詩歌の空間　鈴木健一著　森話社　1998.7　317p
20cm　3400円　①4-7952-9070-9　Ⓝ911.15　〔23994〕
◇江戸時代名歌選釈　窪田空穂著　理想社出版部　1929
293p　Ⓝ911.15
〔23995〕
◇江戸職人歌合—翻刻　東京家政学院大学附属図書館所蔵
大江文庫本　石原正明著　東京家政学院光塩会大江文
庫を翻刻する会編　東京家政学院光塩会大江文庫を翻刻
する会　2001.1　44p　30cm　Ⓝ911.15　〔23996〕
◇江戸の替え歌百人一首　江口孝夫著　勉誠出版　2007.11

254p　19cm　1700円　①978-4-585-05385-9　〔23997〕
◇江戸名所和歌集　蜂屋光世編　太平書屋　2002.4　202p
21cm　(太平文庫　47)4000円　Ⓝ911.157　〔23998〕
◇愛媛の先人　勤王歌人　巣内式部　桜井久次郎著　愛媛県
文化財保護協会,愛媛県図書館協会　1966　154p　21cm
Ⓝ911.152
〔23999〕
◇大熊弁玉　「大熊弁玉」編集委員会編　横浜　横浜市教
育委員会　1983.10　156p　21cm　(横浜の文化　no.
11)Ⓝ911.152
〔24000〕
◇大淀三千風研究　岡本勝著　桜楓社　1971　297p
22cm　3400円　Ⓝ911.152
〔24001〕
◇廻文師仙代庵　細屋勘左衛門原著　東海林恒英編著
仙台　今野印刷　1995.3　134p　22cm　1800円
Ⓝ911.152
〔24002〕
◇歌人飯島為仙伝　兼清正徳著　飯島町(長野県)　歌人
飯島為仙伝刊行委員会　1979.12　158p　22cm　2000円
Ⓝ911.152
〔24003〕
◇歌人群像　松山秀美著　高知　高知市立市民図書館
1956　390p　19cm　(市民叢書)Ⓝ911.152　〔24004〕
◇『歌仙百色紅葉集』—モミジとカエデ　復刻・翻刻・現代
語訳　楓葉軒樹久著　中嶋久夫編著　大磯町(神奈川
県)　中嶋久夫　2002.1　229p　26cm　非売品　Ⓝ911.
157
〔24005〕
◇仮名題句題和歌抄　吉田栄司編　古典文庫　1996.5
292p　17cm　(古典文庫　第594冊)非売品　Ⓝ911.1
〔24006〕
◇蜊守さん—歌文集に見るその生涯　志津田兼三著　佐賀
佐賀新聞社　2001.7　278p　22cm　2000円
①4-88298-109-2　Ⓝ911.152
〔24007〕
◇加納諸平の研究　山本嘉将著　京都　初音書房　1961
305p　22cm　Ⓝ911.152
〔24008〕
◇鹿持雅澄研究　小関清明著　高知　高知市民図書館
1992.3　417p　22cm　4500円　Ⓝ911.152　〔24009〕
◇烏丸資慶家集　上　高梨素子編　古典文庫　1991.7
373p　17cm　(古典文庫　第536冊)非売品　Ⓝ911.158
〔24010〕
◇烏丸資慶家集　下　高梨素子編　古典文庫　1991.12
480p　17cm　(古典文庫　第541冊)非売品　Ⓝ911.158
〔24011〕
◇烏丸資慶資料集　高梨素子編　古典文庫　1996.6　316p
17cm　(古典文庫　第595冊)非売品　Ⓝ911.15
〔24012〕
◇烏丸光栄関係資料集　中川豊編　古典文庫　2002.3
305,38p　17cm　(古典文庫)非売品　Ⓝ911.15
〔24013〕
◇烏丸光広集　上巻　橘りつ編　古典文庫　1994.8　340p
17cm　(古典文庫　第573冊)非売品　Ⓝ911.158
〔24014〕
◇烏丸光広集　下巻　橘りつ編　古典文庫　1996.7　502p
17cm　(古典文庫　第596冊)非売品　Ⓝ911.158
〔24015〕
◇菊池高洲全歌集(翻刻及び語注)　菊池高洲著　井川
昌文編　寒川町(香川県)　〔井川昌文〕　1999　113p
21cm　Ⓝ911.158
〔24016〕
◇漁夫歌人糟谷磯丸　夏目隆文著　時代社　1943　552p
19cm　Ⓝ911.15
〔24017〕
◇漁夫歌人糟谷磯丸　夏目隆文著　名古屋　愛知県郷土資
料刊行会　1997.5　552p　22cm　5800円
①4-87161-058-6　Ⓝ911.152
〔24018〕
◇近世越中和歌・連歌作者とその周辺　綿抜豊昭著　富山
桂書房　1998.7　357p　22cm　8000円　Ⓝ911.15

◇近世歌学集成 下 索引篇 近世和歌研究会編 明治書院 1998.4 185p 22cm 8800円 Ⓘ4-625-51185-2 Ⓝ911.15 〔24020〕

◇近世宮廷の和歌訓練―『万治御点』を読む 上野洋三著 京都 臨川書店 1999.6 218p 19cm （原典講読セミナー 1）2400円 Ⓘ4-653-03587-3 Ⓝ911.15 〔24021〕

◇近世後期歌壇の研究 辻森秀英著 桜楓社 1978.11 462p 22cm 8000円 Ⓝ911.15 〔24022〕

◇近世古今伝授史の研究 地下篇 日下幸男著 新典社 1998.10 813p 22cm （新典社研究叢書 116）18000円 Ⓘ4-7879-4116-X Ⓝ911.15 〔24023〕

◇近世国歌集 藤村作著 山海堂出版部 1933 117p 19cm Ⓝ911.15 〔24024〕

◇近世十大歌人短歌選 森敬三編 春陽堂 1932 134p 20cm Ⓝ911.15 〔24025〕

◇近世初期刊行 連歌寄合書三種集成―索引篇/翻刻・解説篇 深沢真二編著 大阪 清文堂出版 2005.12 2冊（セット） 21cm 20000円 Ⓘ4-7924-1394-X 〔24026〕

◇近世初期刊行連歌寄合書三種集成 索引篇 深沢真二編著 大阪 清文堂出版 2005.12 410p 22cm Ⓘ4-7924-1393-1,4-7924-1394-X Ⓝ911.2 〔24027〕

◇近世初期刊行連歌寄合書三種集成 翻刻・解説篇 深沢真二編著 大阪 清文堂出版 2005.12 512p 22cm Ⓘ4-7924-1392-3,4-7924-1394-X Ⓝ911.2 〔24028〕

◇近世初期諸家集 上 岡本聡編 古典文庫 1995.10 499p 17cm （古典文庫 第587冊）非売品 Ⓝ911.158 〔24029〕

◇近世初期諸家集 下 岡本聡編 古典文庫 1996.2 437p 17cm （古典文庫 第591冊）非売品 Ⓝ911.158 〔24030〕

◇近世前期猪苗代家の研究 綿抜豊昭著 新典社 1998.4 526p 22cm （新典社研究叢書 114）15000円 Ⓘ4-7879-4114-3 Ⓝ911.2 〔24031〕

◇近世短歌 黒岩一郎著 有信堂 1954 289p 18cm （有信堂文庫）Ⓝ911.15 〔24032〕

◇近世堂上千首和歌集 上 島原泰雄,鈴木健一,湯浅佳子編 古典文庫 1997.9 444p 17cm （古典文庫）非売品 Ⓝ911.157 〔24033〕

◇近世堂上千首和歌集 下 島原泰雄,鈴木健一,湯浅佳子編 古典文庫 1998.5 331p 17cm （古典文庫）非売品 Ⓝ911.157 〔24034〕

◇近世万葉調短歌集成 第1,2巻 植松寿樹編 紅玉堂書店 1925-1926 2冊 19cm Ⓝ911.15 〔24035〕

◇近世万葉調短歌集成 第3巻 註解真淵・宗武歌集 植松寿樹編 賀茂真淵,田安宗武著 紅玉堂書店 1928 1冊 19cm Ⓝ911.15 〔24036〕

◇近世万葉調短歌集成 第4巻 註解愚庵・元義歌集 植松寿樹編 天田愚庵,平賀元義著 紅玉堂書店 1928 1冊 19cm Ⓝ911.15 〔24037〕

◇近世冷泉派歌壇の研究 久保田啓一著 翰林書房 2003.2 396p 22cm 8800円 Ⓘ4-87737-166-4 Ⓝ911.15 〔24038〕

◇近世和歌の世界 柳瀬万里,村上明子編 桜楓社 1989.1 283p 22cm 2400円 Ⓘ4-273-02272-9 Ⓝ911.15 〔24039〕

◇近代短歌資料展解説―赤彦と八ヶ岳山麓の短歌文化活動をふくめて 伊東文庫所蔵による 特別展 茅野市八ヶ岳総合博物館編 茅野 茅野市八ヶ岳総合博物館 1996.4 29p 26cm Ⓝ911.16 〔24040〕

◇近代名歌の鑑賞 窪田空穂著 修学書房 1949 293p 19cm Ⓝ911.15 〔24041〕

◇勤王歌人和田厳足 弥富破摩雄著 文松堂 1944 244p 19cm Ⓝ911.15 〔24042〕

◇勤皇烈士詩歌物語 高須芳次郎,小島徳弥共著 創造社 1943 346p 19cm Ⓝ911.15 〔24043〕

◇源氏百人一首 黒沢翁満著 管宗次解説 大阪 和泉書院 1999.6 170p 21cm （和泉書院影印叢刊 91）1800円 Ⓘ4-87088-987-0 Ⓝ911.158 〔24044〕

◇元禄和歌史の基礎構築 上野洋三著 岩波書店 2003.10 368,56p 22cm 13000円 Ⓘ4-00-022736-X Ⓝ911.15 〔24045〕

◇小泉蒼軒とその歌―附・考婦金子いち褒賞状 小泉蒼軒著 田村順三郎編 新津 新津市立記念図書館 1970 26p 22cm （新津・中蒲原郡郷土資料 第7集）Ⓝ911.158 〔24046〕

◇国文学大講座 第17 近世和歌史 能勢朝次著 日本文学社 1935 230,130p 22cm Ⓝ910 〔24047〕

◇後藤逸女藻塩草―史料と背景 後藤逸女著 高橋伝一郎編著 桂文庫 1998.10 409p 26cm （近世女性双書 第1巻）3619円 Ⓝ911.15 〔24048〕

◇「賢木壷長歌集」注 武藤平道詠 竹本義明注釈 高知 〔竹本義明〕 1989 28,114,12p 25cm Ⓝ911.158 〔24049〕

◇さぬきの西行固浄伝 日下利春編著 高松 固浄顕彰会 1981.9 376p 19cm 2000円 Ⓝ911.152 〔24050〕

◇山斎集を読む―その長歌鑑賞 浜田清次著 高知 鹿持雅澄先生景仰会 1997.9 671p 20cm 3333円 Ⓝ911.152 〔24051〕

◇重家朝臣家歌合全釈 武田元治著 風間書房 2003.4 208p 22cm （歌合・定数歌全釈叢書 2）6000円 Ⓘ4-7599-1377-7 Ⓝ911.18 〔24052〕

◇志士詩歌集 藤田徳太郎編 小学館 1942 286p 19cm Ⓝ911.15 〔24053〕

◇樹木地図―沢口芙美歌集 沢口芙美著 短歌新聞社 2002.8 270p 20cm 2381円 Ⓘ4-8039-1097-9 Ⓝ911.156 〔24054〕

◇女流歌人松原三穂子―生誕弐百年 池上淳之編 岡山 〔池上淳之〕 1993.4 85p 22cm Ⓝ911.152 〔24055〕

◇新訓山斎集―鹿持雅澄家集 上巻 鹿持雅澄著 浜田清次,堀見矩浩編 高知 鹿持雅澄先生景仰会 1991.6 279p 20cm 2000円 Ⓝ911.158 〔24056〕

◇新訓山斎集―鹿持雅澄家集 下巻 鹿持雅澄著 浜田清次,堀見矩浩編 高知 鹿持雅澄先生景仰会 1992.4 600p 20cm 3000円 Ⓝ911.158 〔24057〕

◇新選現代短歌抄 高羽貞夫編 大阪 裕文館書店 1942 158p 19cm Ⓝ911.16 〔24058〕

◇新日本古典文学大系 67 近世歌文集 上 佐竹昭広ほか編 松野陽一,上野洋三校注 岩波書店 1996.4 561,44p 22cm 4200円 Ⓘ4-00-240067-0 Ⓝ918 〔24059〕

◇新日本古典文学大系 68 近世歌文集 下 鈴木淳,中村博保校注 岩波書店 1997.8 601,39p 22cm 4500円 Ⓘ4-00-240068-9 Ⓝ918 〔24060〕

◇新編磯丸全集 糟谷磯丸著 愛知県教育会編 育生社 1939 619p 23cm Ⓝ911.15 〔24061〕

◇新編日本古典文学全集 73 近世和歌集 久保田啓一校注・訳 小学館 2002.7 414p 23cm 4076円 Ⓘ4-09-658073-2 Ⓝ918 〔24062〕

◇水月詠藻―織田信朝歌集 織田信朝原著 中川豊著

◇柏原町（兵庫県） 柏原町歴史民俗資料館 2002.10 94p 21cm （館蔵資料集 1）Ⓝ911.158 〔24063〕
◇捨小舟 仙厓原著 広渡正利著 文献出版 1998.8 151p 22cm 4500円 ①4-8305-1208-3 Ⓝ911.158 〔24064〕
◇住吉大社奉納和歌集 神道宗紀,鶴崎裕雄編 大阪 東方出版 1999.3 576p 22cm 15000円 ①4-88591-601-1 Ⓝ911.157 〔24065〕
◇草庵生活と放浪の詩人―良寛・一茶・木喰・井月 大星光史著 木耳社 1997.4 311p 19cm 1800円 ①4-8393-9674-4 Ⓝ911.02 〔24066〕
◇袖の浦藻葛集・愚詠草 梅風軒久郷著 斎藤久則編 鶴岡 〔斎藤久則〕 1991.3 116p 26cm Ⓝ911.158 〔24067〕
◇尊皇歌人撰集 勤皇烈士篇,学者篇 浅野晃,竹下数馬共編 文松堂書店 1943 2冊 22cm Ⓝ911.15 〔24068〕
◇高畠式部の研究 簗瀬一雄著 大府町（愛知県） 1961 124p 21cm （碧冲洞叢書 第7輯）Ⓝ911.152 〔24069〕
◇高林方朗詠草解読集 渥美登良男,松島秀夫監修 浜松 浜松市「北部公民館古文書同好会」 1999.5 114p 26cm Ⓝ911.152 〔24070〕
◇田安宗武 第1-4輯 土岐善麿著 日本評論社 1942-1946 4冊 22cm Ⓝ911.15 〔24071〕
◇田安宗武の「天降言」 土岐善麿著 日本放送出版協会 1940 153p 18cm （ラヂオ新書 第20）Ⓝ911.15 〔24072〕
◇澄月上人伝並歌集 花田一重著 玉島町（岡山県） 澄月上人景仰会 1943 46p 22cm Ⓝ911.15 〔24073〕
◇澄月伝の研究 兼清正徳著 風間書房 1983.2 622p 22cm 19000円 ①4-7599-0582-0 Ⓝ911.152 〔24074〕
◇長嘯子後集 木下長嘯子著 岡本聡編 古典文庫 2001.2 460p 17cm （古典文庫）非売品 Ⓝ911.158 〔24075〕
◇長嘯子新集 吉田幸一編 古典文庫 1993.9 3冊 19cm （近世文芸資料 23）Ⓝ911.158 〔24076〕
◇枕雲上人の和歌 田坂英俊編著 府中（広島県） 田坂英俊 1999.10 148p 22cm Ⓝ911.152 〔24077〕
◇道歌心の姿見 大倉精神文化研究所編 芙蓉書房出版 1998.3 135p 21cm 1500円 ①4-8295-0205-3 Ⓝ911.15 〔24078〕
◇戸田茂睡という人 横田真精著 横田真精 1989.7 267p 19cm 2500円 Ⓝ911.152 〔24079〕
◇十七瀬の水泡 後藤捷一編著 大阪 大阪史談会 1977.9 191p 22cm （郷土史談 第16編）3000円 Ⓝ911.152 〔24080〕
◇中院通村詠草 中院通村著 高梨素子編 古典文庫 2002.4 267p 17cm （古典文庫 第665冊）非売品 Ⓝ911.157 〔24081〕
◇中院通村家集 上 中院通村著 高梨素子編 古典文庫 2000.5 437p 17cm （古典文庫）非売品 Ⓝ911.157 〔24082〕
◇中院通村家集 下 中院通村著 高梨素子編 古典文庫 2000.6 405p 17cm （古典文庫）非売品 Ⓝ911.157 〔24083〕
◇流れ藻の影―斎藤昌麿についての記録 斎藤昌麿著,斎藤青海編 木更津 斎藤貞次 1970 52p 25cm 非売 Ⓝ911.152 〔24084〕
◇楢舎―楢舎文庫落成記念集 友安盛敬編 香南町（香川県） 冠山文化協会 1992.11 105p 21cm Ⓝ911.158 〔24085〕
◇なるかの海底石 江沢講脩述 鶴岡節雄編 大原町（千葉県） 〔鶴岡節雄〕 1995 1冊 26cm Ⓝ911.158 〔24086〕
◇新津桂家の詩歌―稲荷神社献額和歌 桂とき子歌集 桂とき子ほか著 新津市図書館編 新津 新津市図書館 1980.11 26p 22cm （新津・中蒲原郡郷土資料 第13集）Ⓝ911.157 〔24087〕
◇日本歌人講座 第5 近世の歌人〔ほか〕 久松潜一,実方清共編 弘文堂 1960 313p 22cm Ⓝ911.108 〔24088〕
◇日本秀歌 第6巻 江戸秀歌 植松寿樹 春秋社 1956-1959 19cm Ⓝ911.109 〔24089〕
◇日本精神叢書 46 幕末勤皇歌人集 志田延義編 教学局 1939 113p 21cm Ⓝ911.15 〔24090〕
◇忍向・信海兄弟和歌集―清水寺成就院第24・25世住職 忍向,信海著 音羽山清水寺編 京都 音羽山清水寺 1997.1 115p 21cm Ⓝ911.15 〔24091〕
◇能勢朝次著作集 第3巻 近世和歌研究 能勢朝次著作集編集委員会編 京都 思文閣出版 1983.10 492p 22cm 6400円 Ⓝ910.8 〔24092〕
◇野村望東尼人と歌 三松荘一著 福岡 金文堂書店 1927 60p 17cm （郷土人物叢書）Ⓝ911.15 〔24093〕
◇爆笑！江戸の百人一首 江口孝夫著 勉誠出版 2005.7 252p 19cm 2600円 ①4-585-05326-3 〔24094〕
◇幕末歌人伝 湯本喜作著 河出書房 1943 326p 19cm Ⓝ911.15 〔24095〕
◇幕末歌壇の研究 森敬三著 楽浪書院 1935 404p 20cm Ⓝ911.15 〔24096〕
◇幕末女流歌人の研究―松原三穂子と周辺の人々 吉崎志保子著 岡山 日本文教出版 1983.7 237p 22cm Ⓝ911.152 〔24097〕
◇幕末の歌人 福井久蔵著 研究社 1945 362p 19cm Ⓝ911.152 〔24098〕
◇幕末の歌人 福井久蔵著 研究社 1945 362p 19cm Ⓝ911.15 〔24099〕
◇幕末の水戸歌壇 其2 烈公斉昭の和歌 梶山孝夫編 江戸崎町（茨城県） 梶山孝夫 1993.11 110,7p 21cm Ⓝ911.15 〔24100〕
◇幕末の水戸歌壇 其3 景山詠草 梶山孝夫編 江戸崎町（茨城県） 梶山孝夫 1994.3 111,10p 21cm Ⓝ911.15 〔24101〕
◇幕末の水戸歌壇 其4 梶山孝夫編 江戸崎町（茨城県） 梶山孝夫 1994.6 109,8p 21cm Ⓝ911.15 〔24102〕
◇幕末の水戸歌壇 其6 梶山孝夫編 江戸崎町（茨城県） 梶山孝夫 1995.6 127,8p 21cm Ⓝ911.15 〔24103〕
◇幕末の水戸歌壇 其7 梶山孝夫編 江戸崎町（茨城県） 梶山孝夫 1996.9 116p 21cm Ⓝ911.15 〔24104〕
◇幕末百人一首 菊地明著 学習研究社 2007.11 229p 18cm （学研新書）740円 ①978-4-05-403467-9 Ⓝ911.15 〔24105〕
◇漂泊の学僧釈固浄 日下利春編著 高松 南海不動産研究所出版部 1999.7 115p 26cm 2000円 Ⓝ911.152 〔24106〕
◇防州日記 野村望東尼遺書 福岡皇華会編 福岡 博文社 1927 30p 19cm Ⓝ911.15 〔24107〕
◇宝暦年間京島原遊女歌集 京都 赤山乙市（製作） 1937 31丁 17×24cm Ⓝ911.15 〔24108〕
◇武尊嶺に漂う青春―女啄木「江口きち」の伝記 草原三

◇本間游清歌文集　本間游清著　吉田郷土史料研究会企画・編集　吉田町(愛媛県)　伊予吉田旧記刊行会　1998.1　121p　21cm　(宇和島・吉田旧記 第6輯) Ⓝ911.158
〔24110〕

◇万治御点―校本と索引　上野洋三編　大阪　和泉書院　2000.2　249p　22cm　(索引叢書 44) 9500円　①4-7576-0006-2　Ⓝ911.152
〔24111〕

◇三河歌壇考証　熊谷武至著　豊川　熊谷武至　1971　257p　26cm　非売　Ⓝ911.15
〔24112〕

◇宮部万女の人と文学　徳田進著　高文堂出版　1974　438,4p　22cm　6000円　Ⓝ911.152
〔24113〕

◇村田春海の研究　田中康二著　汲古書院　2000.12　483,18p　22cm　①4-7629-3432-1　Ⓝ911.152
〔24114〕

◇茂睡考　山東京山著　民友社　1915　26丁　24cm　(成簣堂叢書 第8編) Ⓝ911.15
〔24115〕

◇茂睡考解説　佐佐木信綱著　民友社　1915　8,11丁　24cm　(成簣堂叢書 第8編 別冊) Ⓝ911.15
〔24116〕

◇本居壱岐女の歌―覚え書　出丸恒雄編　松阪　光書房　1978.11　120p　19cm　(光書房郷土シリーズ 第2集) 1000円　Ⓝ911.152
〔24117〕

◇桃沢夢宅伝の研究　兼清正徳著　風間書房　1979.1　443,2p　22cm　11400円　Ⓝ911.152
〔24118〕

◇山家花―歌集　後藤逸女著　高橋伝一郎翻字・注解・編　十文字町(秋田県)　イズミヤ出版　1999.3　333p　26cm　2000円　Ⓝ911.152
〔24119〕

◇要註国定本総聚　15　近世短歌選　弥富破摩雄校註　広文堂　1929　22,234p　21cm　Ⓝ918
〔24120〕

◇類題曙覧短歌全集　橘曙覧著　島崎圭一編　蘆原村(福井県)　松琴舎　1930　171,14,5p　24cm　Ⓝ911.15
〔24121〕

◇冷泉為村と摂津富田本照寺　原雅子著　京都　自照社出版　2001.3　117p　21cm　1500円　①4-921029-31-8　Ⓝ911.152
〔24122〕

◇簾女詠草釈考　松田二郎著　鶴岡　「簾女詠」刊行会　1992.4　256p　22cm　4800円　Ⓝ911.152
〔24123〕

◇弄璞集―本文と索引　上野洋三,中西健治編　大阪　和泉書院　1993.1　314p　22cm　(索引叢書 31) 12360円　①4-87088-554-9　Ⓝ911.158
〔24124〕

◇六所宮社家家集　府中市社会教育部郷土の森編　府中(東京都)　府中市教育委員会　1992.3　210p　21cm　(府中市郷土資料集 14) Ⓝ911.157
〔24125〕

◆◆安藤野雁

◇安藤野雁作歌索引　前田克巳編　中津川　前田克巳　1986.5　46p　22cm　Ⓝ911.152
〔24126〕

◇安藤野雁探究　前田克巳執筆　中津川　前田克巳　1986.11　62p　24cm　(不炸菴雑稿 第9集) Ⓝ911.152
〔24127〕

◇埋もれていた野雁歌集―続安藤野雁探究　前田克巳執筆　中津川　前田克巳　1987.4　28,〔31〕p　26cm　(不炸菴雑稿 第10集) Ⓝ911.152
〔24128〕

◆◆大隈言道

◇大隈言道　大隈言道著　佐佐木信綱,梅野満雄編　佐佐木信綱　1918　1冊　23cm　Ⓝ911.15
〔24129〕

◇大隈言道　桑原廉靖著　福岡　西日本新聞社　1998.11　209p　19cm　(西日本人物誌 10) 1500円　①4-8167-0473-6　Ⓝ911.152
〔24130〕

◇大隈言道歌集―新釈　半田良平著　紅玉堂書店　1924　122p　19cm　(新釈和歌叢書 第1編) Ⓝ911.15
〔24131〕

◇大隈言道全集　巻上　与謝野寛ほか編纂・校訂　日本古典全集刊行会　1927　266p　16cm　(日本古典全集 第1回) Ⓝ911.15
〔24132〕

◇大隈言道全集　下　正宗敦夫編纂校訂　日本古典全集刊行会　1928　274p　15cm　(日本古典全集 第1回) Ⓝ911.15
〔24133〕

◇大隈言道とその歌　佐佐木信綱,梅野満雄編　古今書院　1926　1冊　23cm　Ⓝ911.15
〔24134〕

◇大隈言道と博多　桑原廉靖著　福岡　海鳥社　1990.6　213p　20cm　2000円　①4-906234-66-6　Ⓝ911.152
〔24135〕

◇大隈言道の桜　桑原廉靖著　福岡　海鳥社　1992.5　265p　20cm　2575円　①4-87415-019-5　Ⓝ911.152
〔24136〕

◇草径集―大隈言道歌集　大隈言道著　正宗敦夫校　岩波書店　1938　233p　16cm　(岩波文庫 1647-1648) Ⓝ911.16
〔24137〕

◆◆大田垣蓮月

◇永遠の女性蓮月尼　蓮沼文範著　大東出版社　1936　262p　20cm　Ⓝ911.15
〔24138〕

◇大田垣蓮月　成瀬慶子著　同文館　1943　287p　19cm　Ⓝ911.15
〔24139〕

◇大田垣蓮月　杉本秀太郎著　京都　淡交社　1975　248p　22cm　(淡交選書) 1300円　Ⓝ911.152
〔24140〕

◇大田垣蓮月　大田垣蓮月作,徳田光円ほか著　講談社　1982.5　292p　35cm　38000円　①4-06-141992-7　Ⓝ911.152
〔24141〕

◇大田垣蓮月　杉本秀太郎著　小沢書店　1982.8　252,8p　20cm　2500円　Ⓝ911.152
〔24142〕

◇大田垣蓮月　杉本秀太郎著　中央公論社　1988.5　276p　16cm　(中公文庫) 440円　①4-12-201514-6　Ⓝ911.152
〔24143〕

◇大田垣蓮月　杉本秀太郎著　中央公論社　1988.5　276p　16cm　(中公文庫) 440円　①4-12-901514-6　Ⓝ911.152
〔24144〕

◇大田垣蓮月―伝記・大田垣蓮月　成瀬慶子著　大空社　1994.5　287,5p　22cm　(伝記叢書 146) 9000円　①4-87236-445-7　Ⓝ911.152
〔24145〕

◇大田垣蓮月　杉本秀太郎著　京都　桐葉書房　2004.10　289p　20cm　2800円　①4-86152-020-7　Ⓝ911.152
〔24146〕

◇寂光の人蓮月　成瀬慶子著　春秋社　1935　251p　18cm　(春秋文庫 第2部23) Ⓝ911.15
〔24147〕

◇万葉と鹿持雅澄の生涯　松沢卓郎著　泰山房　1943.8　256p　18cm　Ⓝ911.152
〔24148〕

◇蓮月歌集　牧野一平編　3版　金沢　観文堂書店　1918　53p　19cm　Ⓝ911.152
〔24149〕

◇蓮月尼　成瀬慶子著　同成社　1971　203p　19cm　680円　Ⓝ911.152
〔24150〕

◇蓮月尼歌集　京都　細川開益堂　1918　2冊　23cm　Ⓝ911.15
〔24151〕

◇蓮月尼全集　蓮月尼著　村上素道編著　復刻版　菊池　国際禅道場鳳儀山聖護寺護持会　2004.2　1冊　22cm　(村上素道老師集 第4巻) 非売品　Ⓝ911.152
〔24152〕

◇蓮月尼全集　上,中　村上素道編　京都　蓮月尼全集頒布会　1926　2冊　24cm　Ⓝ911.15
〔24153〕

◇蓮月尼乃新研究　徳田光円著　2版　京都　三密堂書店
　1959　379p　19cm　Ⓝ911.152　　　　〔24154〕
◇蓮月尼の人と歌　伴時彦著　紅玉堂書店　1926　119,2p
　19cm　Ⓝ911.15　　　　　　　　　　　〔24155〕
◇蓮月・元義・愚庵　湯本喜作著　白帝書房　1932　238p
　20cm　（水甕叢書　第49篇）Ⓝ911.15　〔24156〕

◆◆小沢蘆庵
◇小沢蘆庵　中野稽雪著　京都　芦庵文庫　1951　222p
　22cm　（里のとほそ）Ⓝ911.152　　　　〔24157〕
◇小沢蘆庵年譜　高浜二郎著　鍍金研究所　1956　78p
　19cm　Ⓝ911.152　　　　　　　　　　　〔24158〕

◆◆香川景樹
◇朱実叢書　第2篇　橘曙覧の人と芸術　島崎圭一著　福
　井　曙覧研究会　1927　242p　20cm　Ⓝ911.15
　　　　　　　　　　　　　　　　　　　〔24159〕
◇香川景樹　実方清著　三省堂　1942　302p　19cm
　Ⓝ911.15　　　　　　　　　　　　　　〔24160〕
◇香川景樹　兼清正徳著　吉川弘文館　1973　274p
　18cm　（人物叢書　日本歴史学会編集）650円　Ⓝ911.152
　　　　　　　　　　　　　　　　　　　〔24161〕
◇香川景樹　兼清正徳著　吉川弘文館　1988.9　274p
　19cm　（人物叢書　新装版）1700円　①4-642-05131-7
　Ⓝ911.152　　　　　　　　　　　　　　〔24162〕
◇香川景樹研究―新出資料とその考察　田中仁著　大阪
　和泉書院　1997.3　262p　22cm　（研究叢書
　204）10000円+税　①4-87088-856-4　Ⓝ911.152
　　　　　　　　　　　　　　　　　　　〔24163〕
◇香川景樹の研究　黒岩一郎著　神戸　文教書院　1957
　827p　図版　表　22cm　Ⓝ911.152　　〔24164〕
◇香川景樹論　山本嘉将著　育英書院　1942　465p
　22cm　Ⓝ911.15　　　　　　　　　　　〔24165〕
◇桂園一枝―香川景樹歌集　香川景樹著　正宗敦夫校訂
　岩波書店　1939　213p　16cm　（岩波文庫
　1974-1975）Ⓝ911.15　　　　　　　　　〔24166〕
◇桂園一枝和歌の研究―その考察資料　竹本宏夫著　おう
　ふう　2004.11　457p　22cm　28000円
　①4-273-03357-7　Ⓝ911.158　　　　　　〔24167〕
◇歴代歌人研究　第9巻　賀茂真淵・香川景樹　久松潜一
　著　厚生閣　1938　273p　19cm　Ⓝ911.1　〔24168〕

◆◆熊谷直好
◇熊谷直好資料集　熊谷直好著，簗瀬一雄，熊谷武至，兼清
　正徳共編　大府町（愛知県）　簗瀬一雄　1962　133p
　21cm　（碧冲洞叢書　第28輯）Ⓝ911.152　〔24169〕
◇熊谷直好資料集　第2冊　熊谷直好著，簗瀬一雄，兼清正
　徳共編　大府町（愛知県）　簗瀬一雄　1963　70p
　22cm　（碧冲洞叢書　第40輯）Ⓝ911.152　〔24170〕
◇熊谷直好資料集　第3冊　熊谷直好著，簗瀬一雄，兼清正
　徳共編　大府町（愛知県）　簗瀬一雄　1967　86p
　22cm　（碧冲洞叢書　第74輯）Ⓝ911.152　〔24171〕
◇熊谷直好伝―封建末期の一歌人の生涯　兼清正徳著　山
　口　熊谷直好伝刊行会　1965　444p　22cm　Ⓝ911.152
　　　　　　　　　　　　　　　　　　　〔24172〕

◆◆桂園派
◇桂園派歌壇の結成　兼清正徳著　桜楓社　1985.4　612p
　22cm　24000円　Ⓝ911.152　　　　　　〔24173〕
◇信州桂園派の変遷　西尾光次著　南木曽町（長野県）
　〔西尾光次〕　1980　39p　21cm　Ⓝ911.152　〔24174〕

◆◆橘曙覧
◇歌謡俳書選集　第5　橘曙覧歌集　藤井乙男編　京都
　文献書院　1927　371p　19cm　Ⓝ911　〔24175〕
◇完本橘曙覧歌集評釈　辻森秀英著　明治書院　1995.6
　279p　19cm　3200円　①4-625-41113-0　Ⓝ911.152
　　　　　　　　　　　　　　　　　　　〔24176〕
◇新編校註橘曙覧歌集　白崎秀雄編註　古今書院　1942
　413p　19cm　Ⓝ911.15　　　　　　　　〔24177〕
◇橘曙覧　浅野晃著　講談社　1944　376p　19cm
　Ⓝ911.15　　　　　　　　　　　　　　〔24178〕
◇橘曙覧　藤田徳太郎著　不二歌道会　1960　118p
　19cm　Ⓝ911.152　　　　　　　　　　　〔24179〕
◇橘曙覧　久米田裕著　福井　柊発行所　1979.1　342p
　22cm　2500円　Ⓝ911.152　　　　　　　〔24180〕
◇橘曙覧歌考　柳瀬留治著　短歌草原社　1978.8　213p
　19cm　2000円　Ⓝ911.152　　　　　　　〔24181〕
◇橘曙覧歌集評釈　辻森秀英著　明治書院　1984.2　265p
　19cm　（国文学研究叢書）2800円　Ⓝ911.152　〔24182〕
◇橘曙覧歌抄　山崎斌編　月明会出版部　1942　69p
　19cm　（月明文庫）Ⓝ911.15　　　　　　〔24183〕
◇橘曙覧全歌集　橘曙覧著　水島直文, 橋本政宣注
　岩波書店　1999.7　450p　15cm　（岩波文庫）900円
　①4-00-302741-8　Ⓝ911.158　　　　　　〔24184〕
◇橘曙覧全集　井手今滋編　富山房　1903.9　396p
　23cm　Ⓝ911.1　　　　　　　　　　　　〔24185〕
◇橘曙覧全集　井手今滋編　岩波書店　1927　407p
　23cm　Ⓝ911.15　　　　　　　　　　　〔24186〕
◇橘曙覧先生贈位事情　生駒正三編　福井　吉田錦文堂
　（印刷）　1941　16p　23cm　Ⓝ911.15　〔24187〕
◇橘曙覧「たのしみ」の思想―幕末の歌人　神一行著　主
　婦と生活社　1996.2　222p　20cm　1400円
　①4-391-11847-5　Ⓝ911.152　　　　　　〔24188〕
◇橘曙覧伝并短歌集　山田秋甫著　クレス出版　1995.11
　1冊　22cm　（近世文芸研究叢書　20―第一期文学篇　作
　家6）①4-87733-002-X　Ⓝ911.152　　　〔24189〕
◇橘曙覧入門　福井市橘曙覧記念文学館編　福井　福井市
　橘曙覧記念文学館　2002.2　23p　30cm　Ⓝ911.152
　　　　　　　　　　　　　　　　　　　〔24190〕
◇橘曙覧の研究　久米田裕著　福井　柊発行所　1972
　248p　19cm　1000円　Ⓝ911.152　　　　〔24191〕
◇「橘曙覧の世界」に生きる　鈴木善勝著　日本文学館
　2004.1　231p　20cm　1500円　①4-7765-0201-1
　Ⓝ911.152　　　　　　　　　　　　　　〔24192〕
◇橘曙覧評伝　折口信夫執筆　内閣印刷局　1941　177p
　15cm　（日本精神叢書　53）Ⓝ911.15　〔24193〕
◇「たのしみ」な生き方―歌人・橘曙覧の生活法　神一行
　著　角川書店　2001.7　248p　15cm　（角川文庫）571
　円　①4-04-353304-7　Ⓝ911.152　　　　〔24194〕
◇たのしみは日常のなかにあり―『独楽吟』にまなぶ心の
　技法　橘曙覧歌　武田鏡村解説　東洋経済新報社
　2001.3　178p　21cm　1400円　①4-492-06125-8
　Ⓝ911.152　　　　　　　　　　　　　　〔24195〕
◇独楽吟の橘曙覧　久米田裕著　近代文芸社　1995.4
　135p　20cm　2000円　①4-7733-3944-6　Ⓝ911.152
　　　　　　　　　　　　　　　　　　　〔24196〕
◇独楽吟―全訳註　橘曙覧著　足立尚計訳註　福井市
　市民生活部生活文化課編　福井　福井市　1995.9　58p
　26cm　Ⓝ911.152　　　　　　　　　　　〔24197〕

文学史 / 近世史

◇歴代歌人研究 第10巻 良寛和尚 橘曙覧 相馬御風著 辻森秀英著 厚生閣 1938 175,176p 19cm Ⓝ911.1 〔24198〕

◆◆戸田茂睡

◇戸田茂睡歌碑再建の栞 万年山東陽寺 1991.5 26p 22cm Ⓝ911.152 〔24199〕
◇戸田茂睡年譜 佐佐木信綱著 佐佐木信綱 1913 26p 19cm Ⓝ911.15 〔24200〕
◇戸田茂睡論 佐佐木信綱著 竹柏会 1913 124p 19cm Ⓝ911.15 〔24201〕
◇戸田茂睡論・茂睡考解説 大隈言道とその歌 佐佐木信綱、梅野満雄編 クレス出版 1995.11 1冊 22cm (近世文芸研究叢書 17—第一期文学篇 作家3) Ⓘ4-87733-002-X Ⓝ911.152 〔24202〕

◆◆平賀元義

◇註解平賀元義歌集 羽生永明編 古今書院 1925 618p 19cm Ⓝ911.15 〔24203〕
◇平賀元義歌と書 平賀元義著,平賀元義歌と書刊行会編 集英社 1980.10 282p 31cm 26000円 Ⓝ911.152 〔24204〕
◇平賀元義を歩く 渡部秀人,竹内佑宜編著 岡山 日本文教出版 2004.11 156p 15cm (岡山文庫 231)800円 Ⓘ4-8212-5231-7 Ⓝ911.152 〔24205〕
◇平賀元義歌集―標註 尾山篤二郎著 春陽堂 1923 422p 19cm Ⓝ911.15 〔24206〕
◇平賀元義歌集 斎藤茂吉,杉鮫太郎編註 岩波書店 1938 247p 16cm (岩波文庫 1704-1705)Ⓝ911.15 〔24207〕
◇平賀元義歌集 植松寿樹等編 改造社 1938 320p 16cm (改造文庫 第2部第340篇)Ⓝ911.15 〔24208〕
◇平賀元義歌集 斎藤茂吉,杉鮫太郎編註 岩波書店 1996.10 272p 15cm (岩波文庫)620円 Ⓘ4-00-302021-9 Ⓝ911.15 〔24209〕
◇平賀元義研究 湯本喜作著 角川書店 1966 312p 19cm Ⓝ911.152 〔24210〕
◇平賀元義集 有元稔編 彩雲閣 1908.9 78p 23cm Ⓝ911.1 〔24211〕
◇平賀元義短歌傑作選 森敬三編 京都 平野書店 1934 164p 20cm Ⓝ911.15 〔24212〕
◇平賀元義の歌 杉鮫太郎著 岡山 合同新聞社出版部 1944 164p 19cm Ⓝ911.15 〔24213〕
◇平賀元義名歌評釈 森敬三著 文正社書店 1933 175p 19cm Ⓝ911.15 〔24214〕
◇平賀元義論攷 正務弘著 和気町(岡山県) 正務弘 1988.7 188p 27cm 非売品 Ⓝ911.152 〔24215〕

◆◆良寛

◇一茶と良寛と芭蕉 相馬御風著 南北書園 1947 305p 19cm Ⓝ910.25 〔24216〕
◇一茶と良寛と芭蕉 相馬御風著 創元社 1951 230p 15cm (創元文庫)Ⓝ911.152 〔24217〕
◇一茶と良寛と芭蕉 相馬御風著 角川書店 1955 232p 15cm (角川文庫)Ⓝ911.152 〔24218〕
◇いまに生きる良寛 毎日新聞新潟支局編 新潟 新潟県文化財保護連盟 1972 231p 27cm 960円 Ⓝ911.152 〔24219〕
◇絵草紙良寛 西山竜平著 叢文社 1997.7 168p 25cm 3800円 Ⓘ4-7947-0267-1 Ⓝ911.152 〔24220〕

◇越州沙門良寛 北川省一著 恒文社 1984.10 317p 20cm 2000円 Ⓘ4-7704-0571-5 Ⓝ911.152 〔24221〕
◇大矢家の良寛 加藤僖一編著 新潟 良寛研究所 1991.11 161p 26cm (良寛研究 第13集)2500円 Ⓝ911.152 〔24222〕
◇風の良寛 中野孝次著 集英社 2000.12 230p 20cm 1300円 Ⓘ4-08-781214-6 Ⓝ911.152 〔24223〕
◇口ずさむ良寛の詩歌 良寛著 新潟 全国良寛会 2005.1 110p 16cm 1000円 Ⓘ4-87499-624-8 Ⓝ911.158 〔24224〕
◇校注良寛全歌集 谷川敏朗著 春秋社 1996.2 460,18p 20cm 5974円 Ⓘ4-393-43408-0 Ⓝ911.158 〔24225〕
◇校注 良寛全歌集 谷川敏朗著 新装版 春秋社 2007.5 460,18p 19cm 5000円 Ⓘ978-4-393-43435-2 〔24226〕
◇校本 良寛歌集 横山英著 新潟 考古堂書店 2007.6 617p 21cm 5000円 Ⓘ978-4-87499-680-5 〔24227〕
◇詩人良寛 井本農一著 美和書房 1946 306p 19cm 20円 Ⓝ911.152 〔24228〕
◇詩人良寛 井本農一著 美和書房 1946 306p 19cm Ⓝ911.15 〔24229〕
◇沙門良寛 高木一夫著 短歌新聞社 1973 244p 19cm (短歌新聞選書)980円 Ⓝ911.152 〔24230〕
◇沙門良寛師歌集 良寛尊者詩集 良寛著 牧江靖斎編・筆 牧江春夫企画・釈文 良寛著 牧江靖斎編・筆 牧江春夫企画・釈文 新潟 考古堂書店 2002.8 2冊(別冊とも) 26cm 6800円 Ⓘ4-87499-980-8 Ⓝ911.158 〔24231〕
◇沙門良寛和歌集 大宮季貞編 警醒社 1908.4 192p 19cm Ⓝ911.1 〔24232〕
◇聖僧良寛—伝記と逸話 森脇正之著 倉敷 倉敷文庫刊行会 1983.12 97p 19cm (倉敷文庫 1)700円 Ⓝ911.152 〔24233〕
◇聖良寛と玉島 森脇正之著 倉敷 倉敷市文化連盟 1979.2 281p 19cm (倉敷叢書 4)1000円 Ⓝ911.152 〔24234〕
◇僧良寛歌集 良寛著 馬場津兵衛編 三条 僧良寛歌集刊行会 1941 18丁 27cm Ⓝ911.15 〔24235〕
◇外は、良寛。—書くほどに淡雪の人 寸前の時、手前の書 松岡正剛著 芸術新聞社 1993.12 341p 23cm 3000円 Ⓘ4-87586-200-8 Ⓝ911.152 〔24236〕
◇大愚良寛 相馬御風著,渡辺秀英校註 新潟 考古堂書店 1974 400p 27cm 5800円 Ⓝ911.152 〔24237〕
◇大愚良寛—校註 相馬御風著,渡辺秀英校註 新潟 考古堂書店 1985.5 400p 26cm 3800円 Ⓝ911.152 〔24238〕
◇大愚良寛—校註 相馬御風著 渡辺秀英校註 新版 新潟 考古堂書店 2001.9 398p 27cm 4800円 Ⓘ4-87499-596-9 Ⓝ911.152 〔24239〕
◇大愚良寛の風光 飯田利行著 国書刊行会 1986.5 448,6p 22cm 5500円 Ⓝ911.152 〔24240〕
◇長歌を通じて良寛を語る 中村唯一著 文正社 1933 138p 19cm Ⓝ911.15 〔24241〕
◇定本良寛全集 第2巻 歌集 良寛著 内山知也,谷川敏朗,松本市寿編 中央公論新社 2006.11 566p 20cm 12000円 Ⓘ4-12-403475-X Ⓝ918.5 〔24242〕
◇手毬つく良寛 高橋庄次著 春秋社 1997.4 308p 20cm 2800円 Ⓘ4-393-44128-1 Ⓝ911.152 〔24243〕
◇手まりのえにし—良寛と貞心尼『はちすの露』新釈 伊

藤宏見著　文化書房博文社　1993.4　301p　19cm
2800円　Ⓘ4-8301-0665-4　Ⓝ911.152　〔24244〕

◇人間良寛の全貌　羽賀順蔵著　新潟　考古堂書店
1977.4　182p　19cm　1000円　Ⓝ911.152　〔24245〕

◇野に良寛　三上和利著　コスモヒルズ　1994.5　213p
22cm　2200円　Ⓘ4-87703-102-2　Ⓝ911.152　〔24246〕

◇野の良寛—『良寛禅師奇話』を読む　松本市寿著　未來社
1988.7　342p　20cm　2800円　Ⓝ911.152　〔24247〕

◇芭蕉と良寛　滝沢精一郎著　大学教育社　1986.11
287p　20cm　4500円　Ⓘ4-924376-06-X　911.32
〔24248〕

◇はちすの露　良寛詠　貞心尼編　貞心尼著　三条
野島出版　1992.5　102p　27cm　2000円
Ⓘ4-8221-0136-3　Ⓝ911.158　〔24249〕

◇蓮の露　良寛詠　貞心尼編　貞心尼筆　新潟　考古
堂書店　1992.5　1冊（丁付なし）　26cm　8800円
Ⓘ4-87499-182-3　Ⓝ911.158　〔24250〕

◇蓮の露—良寛の生涯と芸術　ヤコブ・フィッシャー著
近藤敬四郎,若林節子訳　教育書籍　1992.5　253p
20cm　2800円　Ⓘ4-317-60064-1　Ⓝ911.152　〔24251〕

◇『はちすの露』を読む　喜多上著　春秋社　1997.4
261p　20cm　2800円+税　Ⓘ4-393-43410-2　Ⓝ911.158
〔24252〕

◇母の海—良寛の歌私稿　岡崎康行著　短歌新聞社
2005.12　316p　20cm　（コスモス叢書　第794篇）2381
円　Ⓘ4-8039-1232-7　Ⓝ911.152　〔24253〕

◇漂泊の人良寛　北川省一著　朝日新聞社　1983.7　270p
19cm　（朝日選書　233）960円　Ⓝ911.152　〔24254〕

◇漂泊の人良寛　北川省一著　朝日新聞社　2003.6　270p
19cm　（朝日選書　233）2530円　Ⓘ4-925219-70-7
Ⓝ911.152　〔24255〕

◇ふるさと—良寛禅師自選歌集　良寛著　吉野秀雄釈文
十一組出版部　1946.5　28p　19cm　Ⓝ911.158
〔24256〕

◇ふるさと—良寛禅師自選歌集　良寛原著　吉野秀雄釈
文　3版　十一組出版部　1948.1　28p　19cm　Ⓝ911.
158　〔24257〕

◇風呂で読む良寛　大星光史著　京都　世界思想社
1995.2　104p　19cm　980円　Ⓘ4-7907-0534-X
Ⓝ911.152　〔24258〕

◇北越偉人沙門良寛全伝　西郡久吾編述　京都　思文閣
1970　697,2p　22cm　6500円　Ⓝ911.152　〔24259〕

◇北越偉人沙門良寛全伝　西郡久吾編述　象山社　1980.6
697,2p　22cm　12000円　Ⓝ911.152　〔24260〕

◇良寛　関克己著　弘文堂　1956　79p　15cm　（アテネ
文庫）Ⓝ911.152　〔24261〕

◇良寛　東郷豊治著　東京創元社　1957　306p　図版12枚
19cm　（創元選書）Ⓝ911.152　〔24262〕

◇良寛　宮栄二著　三彩社　1969　82p　図版17枚　22cm
（東洋美術選書）580円　Ⓝ911.152　〔24263〕

◇良寛—新修　東郷豊治著　東京創元社　1970　355p　図
版16枚　22cm　1500円　Ⓝ911.152　〔24264〕

◇良寛　唐木順三著　筑摩書房　1971　271p　19cm
（日本詩人選　20）Ⓝ911.152　〔24265〕

◇良寛　唐木順三著　筑摩書房　1974　273p　20cm
（唐木順三文庫　15）850円　Ⓝ911.152　〔24266〕

◇良寛—寂寥の人　伊丹末雄著　国書刊行会　1974　329p
19cm　950円　Ⓝ911.152　〔24267〕

◇良寛—歌と生涯　吉野秀雄著　筑摩書房　1975　346p
19cm　（筑摩叢書）1200円　Ⓝ911.152　〔24268〕

◇良寛—その全貌と原像　石田吉貞著　塙書房　1975
512p　19cm　2900円　Ⓝ911.152　〔24269〕

◇良寛　井本農一著　講談社　1978.1　2冊　15cm　（講
談社学術文庫）260,280円　Ⓝ911.152　〔24270〕

◇良寛—日本人のこころ　加藤僖一著　町田　玉川大学出
版部　1978.9　222p　19cm　（玉川選書）880円　Ⓝ911.
152　〔24271〕

◇良寛—逸話でつづる生涯　安藤英男著　りくえつ
1978.11　342p　22cm　3200円　Ⓝ911.152　〔24272〕

◇良寛—その大愚の生涯　北川省一著　東京白川書院
1980.12　470p　図版16枚　22cm　4800円　Ⓝ911.152
〔24273〕

◇良寛—その生涯と書　宮栄二著　名著刊行会　1982.5
88p　図版17枚　22cm　1200円　Ⓝ911.152　〔24274〕

◇良寛—逸話でつづる生涯　安藤英男著　鈴木出版
1986.8　390p　20cm　1800円　Ⓘ4-7902-1010-3
Ⓝ911.152　〔24275〕

◇良寛—物語と史蹟をたずねて　八尋舜右著　成美堂出版
1986.11　223p　19cm　900円　Ⓘ4-415-06561-9
Ⓝ911.152　〔24276〕

◇良寛　紀野一義編　京都　法藏館　1988.4　188p
21cm　（思想読本）1500円　Ⓘ4-8318-2008-3　Ⓝ911.
152　〔24277〕

◇良寛　唐木順三著　筑摩書房　1989.10　281p　15cm
（ちくま文庫）640円　Ⓘ4-480-02355-0　Ⓝ911.152
〔24278〕

◇良寛—清貧の生涯と歌　鹿児島徳治著　新潟　考古堂書
店　1993.9　208p　19cm　1500円　Ⓘ4-87499-194-7
Ⓝ911.152　〔24279〕

◇良寛　吉野秀雄著　筑摩書房　1993.12　409p　15cm
（ちくま学芸文庫）1400円　Ⓘ4-480-08106-2　Ⓝ911.152
〔24280〕

◇良寛—寂寥の人　伊丹末雄著　改訂新版　恒文社
1994.9　328p　20cm　2500円　Ⓘ4-7704-0810-2
Ⓝ911.152　〔24281〕

◇良寛—物語と史蹟をたずねて　八尋舜右著　成美堂出版
1997.2　327p　16cm　（成美文庫）560円
Ⓘ4-415-06463-9　Ⓝ911.152　〔24282〕

◇良寛　山崎昇著　清水書院　1997.8　262p　20cm
（Century books—人と思想　149）700円
Ⓘ4-389-41149-7　Ⓝ911.152　〔24283〕

◇良寛—時空を越えて心に響く歌　島原泰雄著　伊勢　皇
学館大学出版部　2000.12　77p　19cm　（皇学館大学講
演叢書　第100輯）286円　Ⓝ911.152　〔24284〕

◇良寛　吉野秀雄著　アートデイズ　2001.7　364p
20cm　1900円　Ⓘ4-900708-81-X　Ⓝ911.152　〔24285〕

◇良寛異論　小林安治ほか述,『修羅』同人編　長岡　『修
羅』出版部　1980.6　103p　21cm　700円　Ⓝ911.152
〔24286〕

◇良寛うたの風光　谷川敏朗文　小島直絵　鈴木出版
1995.4　78p　21cm　1700円　Ⓘ4-7902-1055-3　Ⓝ911.
152　〔24287〕

◇良寛へのアプローチ　三輪健司著　三条　野島出版
1975　342p　22cm　3900円　Ⓝ911.152　〔24288〕

◇良寛への道—石田吉貞先生追悼号　良寛会編　文化書房
博文社　1991.1　229p　19cm　1800円
Ⓘ4-8301-0569-0　Ⓝ911.152　〔24289〕

◇良寛を歩く　水上勉著　日本放送出版協会　1986.3
237p　20cm　1600円　Ⓘ4-14-008479-0　Ⓝ911.152
〔24290〕

◇良寛を語る　相馬御風著　有峰書店　1974　308,83p　22cm　3200円　Ⓝ911.152　〔24291〕

◇良寛を考える―良寛示寂一五〇回記念　良寛会編著　文化書房博文社　1979.7　267p　19cm　1600円　Ⓝ911.152　〔24292〕

◇良寛和尚歌集―新釈　相馬御風著　紅玉堂書店　1925　118p　19cm　(新釈和歌叢書　第5編)Ⓝ911.15　〔24293〕

◇良寛和尚詩歌集　相馬御風編　春陽堂　1918　138,6p　19cm　Ⓝ911.15　〔24294〕

◇良寛和尚の人と歌　吉野秀雄著　彌生書房　1957　284p　20cm　Ⓝ911.152　〔24295〕

◇良寛和尚の人と歌　吉野秀雄著　彌生書房　1972　284p　19cm　(弥生選書)680円　Ⓝ911.152　〔24296〕

◇良寛和尚の人と歌　吉野秀雄著　彌生書房　1983.1　284p　20cm　1300円　Ⓝ911.152　〔24297〕

◇良寛和尚万葉短歌抄　相馬御風編　春陽堂　1926　241p　19cm　Ⓝ911.12　〔24298〕

◇良寛をめぐりて―式場麻青遺稿　式場麻青著　式場寿平編　五泉　式場寿平　1992.2　290p　21cm　Ⓝ911.152　〔24299〕

◇良寛をめぐる医師たち―良寛医談　藤井正宣著　新潟　考古堂書店　1982.7　243p　22cm　2500円　Ⓝ911.152　〔24300〕

◇良寛をめぐる医師たち―良寛医談　藤井正宣著　新装版　新潟　考古堂書店　1998.10　243p　21cm　2500円　①4-87499-554-3　Ⓝ911.152　〔24301〕

◇良寛をめぐる女人たち　北川省一著　新潟　考古堂書店　1989.10　181p　19cm　1200円　①4-87499-160-2　Ⓝ911.152　〔24302〕

◇良寛をもとめて　松岡新也著　朝日ソノラマ　1975　156p　18cm　(紀行シリーズ)550円　Ⓝ911.152　〔24303〕

◇良寛学入門　野崎守英ほか著　名著刊行会　1980.5　350p　20cm　(さみっと双書)2500円　Ⓝ911.152　〔24304〕

◇良寛歌集―校註　大島花束校註　岩波書店　1933　413p　20cm　Ⓝ911.15　〔24305〕

◇良寛歌集　月明会編　月明会出版部　1942　85p　19cm　(月明文庫)Ⓝ911.15　〔24306〕

◇良寛歌集　吉野秀雄校註　平凡社　1992.10　333p　18cm　(東洋文庫　556)2884円　①4-582-80556-6　Ⓝ911.158　〔24307〕

◇良寛歌集―校本　良寛原著　横山英著　西野武朗,河合雅子,反町タカ子,会田捷夫編　静岡　静岡県良寛会　2007.6　617p　22cm　5000円　①978-4-87499-680-5　Ⓝ911.158　〔24308〕

◇良寛記念館　加藤僖一著　新潟　考古堂書店　1975　218p　31cm　5800円　Ⓝ911.152　〔24309〕

◇良寛記念館　加藤僖一編　上越　良寛の書研究会　1975　100p(おもに図)　26cm　(良寛の書　第6集)Ⓝ911.152　〔24310〕

◇良寛記念館　加藤僖一著　三条　野島出版　1977.3　131p(おもに図)　15cm　(ノジマ・ブックス 5)680円　Ⓝ911.152　〔24311〕

◇良寛研究録(抄)　燕佐久太著　柏崎　燕佐久太「良寛研究録」刊行会　2001.10　224p　26cm　2000円　①4-87499-990-5　Ⓝ911.152　〔24312〕

◇良寛研究論集　宮栄二編　象山社　1985.5　623p　22cm　8500円　①4-87978-002-2　Ⓝ911.152　〔24313〕

◇良寛考　林光則著　能勢町(大阪府)　詩画工房　1997.8　108p　22cm　1905円　①4-916041-27-5　Ⓝ911.152　〔24314〕

◇良寛心のうた　中野孝次著　講談社　2002.6　220p　18cm　(講談社+α新書)840円　①4-06-272137-6　Ⓝ911.152　〔24315〕

◇良寛・漂泊の詩　森山隆平著　京都　雄渾社　1975　467p　19cm　1800円　Ⓝ911.152　〔24316〕

◇良寛雑話集　原田勘平,吉江梅寿編　新潟　新月社　1973　2冊　19cm　各1800円　Ⓝ911.152　〔24317〕

◇良寛さばなしなら面白い　北川省一著　春秋社　1990.6　255p　20cm　1600円　①4-393-13711-6　Ⓝ911.152　〔24318〕

◇良寛さま　小松正衛著　大阪　保育社　1985.9　151p　15cm　(カラーブックス 691)500円　①4-586-50691-1　Ⓝ911.152　〔24319〕

◇良寛さま―私家版　高橋治著　草津　高橋治　1999.4　344p　22cm　Ⓝ911.152　〔24320〕

◇良寛さま童謡集　相馬御風著　新潟　考古堂書店(発売)　2007.4　121p　21cm　1429円　①978-4-87499-677-5　Ⓝ911.56　〔24321〕

◇良寛さまとお茶を―谷川敏朗の良寛茶話　谷川敏朗著　新潟　考古堂書店　1995.8　186p　21cm　1500円　①4-87499-525-X　Ⓝ911.152　〔24322〕

◇良寛さん　植野明磧画と文　柏樹社　1983.3　174p　23cm　1800円　Ⓝ911.152　〔24323〕

◇良寛さん　栗田勇他著　新潮社　1989.9　128p　22cm　(とんぼの本)1300円　①4-10-601974-4　Ⓝ911.152　〔24324〕

◇良寛さん　須藤諦堂作　TD出版社　1999.12　72p　19×26cm　(諦堂作品集 63)非売品　Ⓝ911.152　〔24325〕

◇良寛さん　植野明磧著　社会思想社　2001.6　248p　15cm　(現代教養文庫)680円　①4-390-11642-8　Ⓝ911.152　〔24326〕

◇良寛讃歌　瓜生卓造著　東京書籍　1982.6　289p　19cm　(東書選書 75)1200円　Ⓝ911.152　〔24327〕

◇良寛さん入門　飯田利行著　吹上町(埼玉県)　邑心文庫　1998.8　268p　20cm　2200円　①4-946486-09-7　Ⓝ911.152　〔24328〕

◇良寛さんのうた　田中和雄編　童話屋　1995.11　157p　16cm　1288円　①4-924684-84-8　Ⓝ911.158　〔24329〕

◇良寛詩歌集　北川省一編著　新潟　北川先生を囲む会　1993.2　139p　16cm　1000円　①4-87499-953-0　Ⓝ911.158　〔24330〕

◇良寛私考　横山英著　短歌新聞社　1981.6　212p　19cm　(短歌新聞選書)1600円　Ⓝ911.152　〔24331〕

◇良寛事典　加藤僖一著　新潟　新潟日報事業社出版部　1993.9　396p　19cm　3600円　①4-88862-492-5　Ⓝ911.152　〔24332〕

◇良寛詩との対話　飯田利行著　吹上町(埼玉県)　邑心文庫　1997.1　253p　22cm　3689円　①4-946486-03-8　Ⓝ911.152　〔24333〕

◇良寛修行と玉島　玉島良寛研究会編　新潟　考古堂書店　1975　404p 図 地　22cm　4000円　Ⓝ911.152　〔24334〕

◇良寛出家考　渡辺秀英著　新潟　考古堂書店　1974　293p　22cm　3800円　Ⓝ911.152　〔24335〕

◇良寛抄―大愚のことば大愚のこころ　倉賀野恵徳編著　山喜房佛書林　1981.10　260p　19cm　2500円　Ⓝ911.

◇良寛書簡集　谷川敏朗編　三条　野島出版　1973　276p　18cm　750円　Ⓝ911.152　〔24337〕
◇良寛心眼　小山丁一著　倉敷　作陽学園出版部　1999.4　61p　21cm　（作陽ブックレット　4）500円　Ⓘ4-8462-0216-X　Ⓝ911.152　〔24338〕
◇良寛井月八一―俳句と人生　大星光史著,村山陽画　新潟　新潟日報事業社出版部　1988.4　153p　19cm　1200円　Ⓘ4-88862-338-4　Ⓝ911.304　〔24339〕
◇良寛絶句　森山隆平著　大陸書房　1979.10　322p　19cm　2300円　Ⓝ911.152　〔24340〕
◇良寛禅師奇話　解良栄重著　三条　野島出版　1970　2冊（解説共）　21cm　1400円　Ⓝ911.152　〔24341〕
◇良寛禅師集　高木一夫編　鼎書房　1947　137p　19cm　（短歌文庫）Ⓝ911.15　〔24342〕
◇良寛禅師文献本目録　川口霽亭　名古屋　川口霽亭　1971　64p　26cm　非売　Ⓝ911.152　〔24343〕
◇良寛全集　良寛著　大島花束編著　岩波書店　1929.2（第3刷：2001.11）　635,37p　23cm　13000円　Ⓘ4-00-025555-X　Ⓝ911.152　〔24344〕
◇良寛全集　大島花束編著　恒文社　1989.6　806p　22cm　12000円　Ⓘ4-7704-0699-1　Ⓝ911.152　〔24345〕
◇良寛全集　玉木礼吉編著　牧野出版　1994.8　16,329p　22cm　12000円　Ⓘ4-89500-034-6　Ⓝ911.158　〔24346〕
◇良寛争香　岡元勝美著　恒文社　1984.7　470p　22cm　5000円　Ⓘ4-7704-0569-3　Ⓝ911.152　〔24347〕
◇良寛・その心性―茫々かつ独りゆく　西野妙子著　国文社　1982.3　264p　20cm　2500円　Ⓝ911.152　〔24348〕
◇良寛伝記考説　高橋庄次著　春秋社　1998.9　696p　22cm　13000円　Ⓘ4-393-44130-3　Ⓝ911.152　〔24349〕
◇良寛と貞心―復刻　相馬御風著　柏崎　中村昭三　1991.11　389p　20cm　3800円　Ⓘ4-87499-173-4　Ⓝ911.152　〔24350〕
◇良寛と貞心―その愛とこころ　中村昭三編　新潟　考古堂書店　1993.10　226p　20cm　1800円　Ⓘ4-87499-192-0　Ⓝ911.152　〔24351〕
◇良寛と貞心尼の遺稿　堀桃坡著　日本文芸社　1962　309p　19cm　Ⓝ911.152　〔24352〕
◇良寛とともに　良寛会編　文化書房博文社　1987.8　245p　19cm　1800円　Ⓘ4-8301-0471-6　Ⓝ911.152　〔24353〕
◇良寛にまなぶ「無い」のゆたかさ　中野孝次著　小学館　2000.12　238p　16cm　（小学館文庫）476円　Ⓘ4-09-405051-5　Ⓝ911.152　〔24354〕
◇良寛に魅せられた文人・画人　皆川喜代弘編著　新潟　考古堂書店　2000.6　1冊　31cm　5000円　Ⓘ4-87499-573-X　Ⓝ911.152　〔24355〕
◇良寛入門―もっと愚かに、もっと伸びやかに生きる道　栗田勇著　祥伝社　1985.9　247p　18cm　（ノン・ブック）690円　Ⓘ4-396-10254-2　Ⓝ911.152　〔24356〕
◇良寛の足あと　藤島暢著　新潟　考古堂書店　1985.8　147p　21cm　1000円　Ⓝ911.152　〔24357〕
◇良寛のあゆみ　良寛会編　文化書房博文社　1983.5　306p　19cm　1800円　Ⓝ911.152　〔24358〕
◇良寛のあゆみ　良寛会編　文化書房博文社　1983.12　306p　18cm　1800円　Ⓝ911.152　〔24359〕

◇良寛の逸話　谷川敏朗著　恒文社　1998.5　238p　19cm　1800円　Ⓘ4-7704-0964-8　Ⓝ911.152　〔24360〕
◇良寛の歌　大坪草二郎著　大阪府布施町　あしかひ草舎　1936　194p　20cm　Ⓝ911.15　〔24361〕
◇良寛の歌　須佐晋長著　第一書房　1942　326p　19cm　Ⓝ911.15　〔24362〕
◇良寛の歌ごころ　上田三四二著　新潟　考古堂書店　2006.6　222p　20cm　1800円　Ⓘ4-87499-653-1　Ⓝ911.152　〔24363〕
◇良寛の歌と貞心尼―『はちすの露』新釈　伊藤宏見著　新人物往来社　1990.6　240p　20cm　2200円　Ⓘ4-404-01734-0　Ⓝ911.152　〔24364〕
◇良寛の弟・山本由之　渡辺秀英著　新潟　考古堂書店　2002.5　329p　22cm　3800円　Ⓘ4-87499-972-7　Ⓝ911.152　〔24365〕
◇良寛のこころ　良寛会編　文化書房博文社　1981.7　276p　19cm　1800円　Ⓝ911.152　〔24366〕
◇良寛のこころ　中本環著　名古屋　KTC中央出版　1996.9　257p　20cm　2000円　Ⓘ4-924814-81-4　Ⓝ911.152　〔24367〕
◇良寛の詩歌百選　谷川敏朗著　新潟　新潟日報事業社出版部　1987.5　248p　19cm　1500円　Ⓘ4-88862-304-X　Ⓝ911.152　〔24368〕
◇良寛の思想と精神風土　長谷川洋三著　早稲田大学出版部　1974　270p　20cm　1800円　Ⓝ911.152　〔24369〕
◇良寛の出家と木下俊昌　桂尚樹著　リーベル出版　2001.12　200p　20cm　1800円　Ⓘ4-89798-619-2　Ⓝ911.152　〔24370〕
◇良寛の生涯―カラー図説　谷川敏朗著　恒文社　1986.6　238p　19cm　1600円　Ⓘ4-7704-0645-2　Ⓝ911.152　〔24371〕
◇良寛の生涯と逸話　谷川敏朗著　三条　野島出版　1975　476p　22cm　3900円　Ⓝ911.152　〔24372〕
◇良寛の生涯と逸話　谷川敏朗著　恒文社　1984.8　508p　22cm　5000円　Ⓘ4-7704-0570-7　Ⓝ911.152　〔24373〕
◇良寛の生涯とその歌　大坪草二郎著　葦真文社　1978.11　319p　20cm　1800円　Ⓝ911.152　〔24374〕
◇良寛の書簡　良寛著,BSN新潟美術館編　新訂増補版　新潟　BSN新潟放送　1972　399p（おもに図　はり込み図5枚）　37cm　16000円　Ⓝ911.152　〔24375〕
◇良寛の書簡集　谷川敏朗著　恒文社　1988.4　414p　22cm　5800円　Ⓘ4-7704-0676-2　Ⓝ911.152　〔24376〕
◇良寛の世界　宮柊二他著　大修館書店　1987.6　248p　22cm　1800円　Ⓝ911.152　〔24377〕
◇良寛の世界―故石田吉貞先生追悼編その2　良寛会編　文化書房博文社　1992.8　212p　19cm　2000円　Ⓘ4-8301-0633-6　Ⓝ911.35　〔24378〕
◇良寛の旅　加藤僖一著　三条　野島出版　1976　130p　15cm　（ノジマ・ブックス　1）680円　Ⓝ911.152　〔24379〕
◇良寛の旅　谷川敏朗著　恒文社　1985.5　246p　19cm　1500円　Ⓘ4-7704-0606-1　Ⓝ911.152　〔24380〕
◇良寛の手毬と鉢の子　鹿児島徳治著　文化書房博文社　1981.7　147p　19cm　1300円　Ⓝ911.152　〔24381〕
◇良寛ノート　大場南北著　仏教書林・中山書房　1974　276p　19cm　（水甕叢書　第271篇）1500円　Ⓝ911.152　〔24382〕
◇良寛の人間像　市川忠夫著　前橋　煥乎堂　1977.10　353p　22cm　2000円　Ⓝ911.152　〔24383〕
◇良寛の母おのぶ　磯部欣三著　恒文社　1986.9　332p

◇良寛の風景―写真構成　小林新一写真と文,加藤僖一書の解説　新潟　考古堂書店　1987.5　164p　27cm　2800円　Ⓘ4-87499-105-X　Ⓝ911.152　〔24385〕

◇良寛のふるさと　小林新一,宮栄二著　中日新聞東京本社,東京新聞出版局　1968　206p　27cm　Ⓝ911.152　〔24386〕

◇良寛のふるさと　小島正芳著,木原尚撮影　新潟　新潟日報事業社出版部　1988.3　119p　21cm　1500円　Ⓘ4-88862-335-X　Ⓝ911.152　〔24387〕

◇良寛の名歌百選　良寛著　谷川敏朗選・解説　小林新一写真　新潟　考古堂書店　1998.4　186p　19cm　1500円　Ⓘ4-87499-548-9　Ⓝ911.152　〔24388〕

◇良寛の優游と近代の歌人・文人たち　良寛会,伊藤宏見編著　文化書房博文社　2007.6　222p　19cm　(良寛会シリーズ　第9冊)2300円　Ⓘ978-4-8301-1105-1　Ⓝ911.152　〔24389〕

◇良寛の呼ぶ声　中野孝次著　春秋社　1995.6　238p　20cm　1751円　Ⓘ4-393-44125-7　Ⓝ911.152　〔24390〕

◇良寛碑をたずねて　吉田行雄著　新潟　旭光社　万松堂(発売)　1974　301,16p　21cm　1500円　Ⓝ911.152　〔24391〕

◇良寛百考　相馬御風著　厚生閣書店　1935　597p　22cm　Ⓝ911.15　〔24392〕

◇良寛百歌撰　谷川敏朗著　新潟　考古堂書店　1979.12　321p　22cm　2800円　Ⓝ911.152　〔24393〕

◇良寛百考　相馬御風著　有峰書店　1974　597p　22cm　4800円　Ⓝ911.152　〔24394〕

◇良寛坊と蓮月尼草―其の生活と仕事と和歌と　三上和志著　尾間明　1933　262p　19cm　Ⓝ911.15　〔24395〕

◇良寛曼陀羅―春夏秋冬　吉井和子著　短歌研究社　1996.3　238p　20cm　(サキクサ叢書　第57篇)3000円　Ⓘ4-88551-224-7　Ⓝ911.152　〔24396〕

◇良寛游戯　北川省一著　アディン書房　1977.10　308p　22cm　2800円　Ⓝ911.152　〔24397〕

◇良寛用語索引―歌語・詩語・俳語　塩浦林也編　笠間書院　1996.2　351p　22cm　(笠間索引叢刊 107)6500円　Ⓘ4-305-20107-0　Ⓝ911.152　〔24398〕

◇歴代歌人研究　第10巻　良寛和尚　橘曙覧　相馬御風著　辻森秀英著　厚生閣　1938　175,176p　19cm　Ⓝ911.1　〔24399〕

◇わがこころの良寛　早坂暁ほか著　春秋社　1994.2　172p　20cm　1648円　Ⓘ4-393-13619-5　Ⓝ911.152　〔24400〕

◆◆明倫歌集

◇明倫歌集　佐佐木信綱校注　東京堂　1892.12　206p　23cm　Ⓝ911.1　〔24401〕

◇明倫歌集　女子高等師範学校　1896.8　206p　22cm　Ⓝ911.1　〔24402〕

◇明倫歌集―評釈　桜文会編　池辺義象監修　吉川弘文館　1910.9　337p　22cm　(家庭読本桜文庫　第1編)Ⓝ911.1　〔24403〕

◇明倫歌集　水戸景山公選　伊藤鏽治校　興辰商会　1912.3　210p　15cm　Ⓝ911.1　〔24404〕

◇明倫歌集―新註　徳川斉昭編　佐藤仁之助註　浅倉屋　1925　221,22p　19cm　Ⓝ911.16　〔24405〕

◇明倫歌集　1　徳川斎昭,鶴峯戊申編纂　観音寺　上坂氏顕彰会史料出版部　2001.7　1冊　30cm　(理想日本リプリント　第58巻)46800円　Ⓝ911.157　〔24406〕

◇明倫歌集　2　徳川斎昭,鶴峯戊申編纂　観音寺　上坂氏顕彰会史料出版部　2001.7　1冊　30cm　(理想日本リプリント　第58巻)46800円　Ⓝ911.157　〔24407〕

◇明倫歌集　3　徳川斎昭,鶴峯戊申編纂　観音寺　上坂氏顕彰会史料出版部　2001.7　1冊　30cm　(理想日本リプリント　第58巻)46800円　Ⓝ911.157　〔24408〕

◇明倫歌集　1・2　徳川斎昭,鶴峯戊申編纂　観音寺　上坂氏顕彰会史料出版部　2001.7　1冊　30cm　(理想日本リプリント　第58巻)46800円　Ⓝ911.157　〔24409〕

◇明倫歌集抄本　上田万年編　大日本図書　1912　118p　22cm　Ⓝ911.1　〔24410〕

◇明倫歌集略解　水戸烈公撰集　室松岩雄編　皇学書院　1921　166p　22cm　Ⓝ911.1　〔24411〕

◇明倫歌集略解　水戸烈公撰　室松岩雄抄註　改版　大阪　桜園書院　1926　202p　20cm　Ⓝ911.1　〔24412〕

◆狂歌

◇石川雅望研究　粕谷宏紀著　角川書店　1985.4　360p　22cm　14000円　Ⓘ4-04-865038-6　Ⓝ911.19　〔24413〕

◇江戸狂歌　なだいなだ著　岩波書店　1986.3　194p　20cm　(古典を読む 24)1500円　Ⓘ4-00-004474-5　Ⓝ911.19　〔24414〕

◇江戸狂歌　なだいなだ著　岩波書店　1997.3　194p　16cm　(同時代ライブラリー　299―古典を読む)927円　Ⓘ4-00-260299-0　Ⓝ911.19　〔24415〕

◇江戸狂歌本選集　第1巻　江戸狂歌本選集刊行会編　東京堂出版　1998.5　305p　23cm　15000円　Ⓘ4-490-30450-1　Ⓝ911.19　〔24416〕

◇江戸狂歌本選集　第2巻　江戸狂歌本選集刊行会編　東京堂出版　1998.8　316p　23cm　15000円　Ⓘ4-490-30451-X　Ⓝ911.19　〔24417〕

◇江戸狂歌本選集　第3巻　江戸狂歌本選集刊行会編　東京堂出版　1999.2　325p　23cm　15000円　Ⓘ4-490-30452-8　Ⓝ911.19　〔24418〕

◇江戸狂歌本選集　第4巻　江戸狂歌本選集刊行会編　東京堂出版　1999.6　315p　23cm　15000円　Ⓘ4-490-30453-6　Ⓝ911.19　〔24419〕

◇江戸狂歌本選集　第5巻　江戸狂歌本選集刊行会編　東京堂出版　1999.8　253p　23cm　15000円　Ⓘ4-490-30454-4　Ⓝ911.19　〔24420〕

◇江戸狂歌本選集　第6巻　江戸狂歌本選集刊行会編　東京堂出版　1999.10　330p　23cm　15000円　Ⓘ4-490-30455-2　Ⓝ911.19　〔24421〕

◇江戸狂歌本選集　第7巻　江戸狂歌本選集刊行会編　東京堂出版　2000.6　350p　23cm　15000円　Ⓘ4-490-30456-0　Ⓝ911.19　〔24422〕

◇江戸狂歌本選集　第8巻　江戸狂歌本選集刊行会編　東京堂出版　2000.8　335p　23cm　15000円　Ⓘ4-490-30457-9　Ⓝ911.19　〔24423〕

◇江戸狂歌本選集　第9巻　江戸狂歌本選集刊行会編　東京堂出版　2000.9　321p　23cm　15000円　Ⓘ4-490-30458-7　Ⓝ911.19　〔24424〕

◇江戸狂歌本選集　第10巻　江戸狂歌本選集刊行会編　東京堂出版　2001.3　300p　23cm　15000円　Ⓘ4-490-30459-5　Ⓝ911.19　〔24425〕

◇江戸狂歌本選集　第11巻　江戸狂歌本選集刊行会編　東京堂出版　2001.9　273p　23cm　15000円　Ⓘ4-490-30578-8　Ⓝ911.19　〔24426〕

◇江戸狂歌本選集　第12巻　江戸狂歌本選集刊行会編　東京堂出版　2002.9　286p　23cm　15000円　Ⓘ4-490-30579-6　Ⓝ911.19　〔24427〕

◇江戸狂歌本選集　第13巻　江戸狂歌本選集刊行会編　東京堂出版　2004.5　266p　23cm　15000円　①4-490-30580-X　Ⓝ911.19　〔24428〕

◇江戸狂歌本選集　第14巻　人名索引　人名索引刊行会編　東京堂出版　2006.8　226p　23×16cm　15000円　①4-490-30581-8　〔24429〕

◇江戸狂歌本選集　第15巻　江戸狂歌本選集刊行会編　東京堂出版　2007.12　474p　23×16cm　15000円　①978-4-490-30627-9　〔24430〕

◇江戸狂歌125選—古今東西奇人変人軽妙洒脱　時空を超えて小粋な　長生馬齢編　愛育社（発売）　2007.5　130p　19cm　1300円　①978-4-7500-0308-5　Ⓝ911.19　〔24431〕

◇江戸の花五世団十郎—狂歌狂句の味わい　小合洋介著　坂戸　水羊文庫　1998.1　125p　19cm　1000円　Ⓝ911.19　〔24432〕

◇江戸のパロディーもじり百人一首を読む　武藤禎夫著　東京堂出版　1998.12　229p　21cm　2900円　①4-490-20366-7　Ⓝ911.19　〔24433〕

◇小野路岬—小島政則の狂歌と足跡　飯田俊郎著　町田　小島資料館　1997.5　338p　22cm　（博愛堂叢書2）4762円　①4-906062-05-9　Ⓝ911.19　〔24434〕

◇狂歌江戸砂子集—芭蕉記念館所蔵本　江東区芭蕉記念館　1995.3　30p　30cm　Ⓝ911.19　〔24435〕

◇狂歌江戸名物誌　上巻　松川弘太郎編　江戸探訪会　1931　46p　23cm　（江戸資料叢書 第1篇）Ⓝ911.19　〔24436〕

◇狂歌鑑賞辞典　鈴木棠三著　角川書店　1984.8　576p　19cm　（角川小辞典 36）2000円　Ⓝ911.19　〔24437〕

◇狂歌書目集成　菅竹浦撰　京都　臨川書店　1977.6　231p　図12枚　22cm　4800円　Ⓝ911.19　〔24438〕

◇狂歌人名辞書　狩野快庵編　京都　臨川書店　1977.6　273p　22cm　5000円　Ⓝ911.19　〔24439〕

◇狂歌大観　第1巻　本篇　狂歌大観刊行会編　明治書院　1988.4　815p　27cm　28000円　①4-625-51114-3　Ⓝ911.19　〔24440〕

◇狂歌大観　第3巻　索引篇　狂歌大観刊行会編　明治書院　1985.3　733p　26cm　28000円　Ⓝ911.19　〔24441〕

◇狂歌題林集　百尺楼桂雄撰　吉田幸一編　古典文庫　1993.12　503p　17cm　（古典文庫 第565冊）非売品　Ⓝ911.19　〔24442〕

◇興（狂）歌の味わい方作り方—わらい三味　小池藤五郎著　学芸図書　1967　290p　19cm　（学芸新書8）Ⓝ911.19　〔24443〕

◇近世上方狂歌叢書　15　狂歌廿月日・狂歌君か側・夷曲哥ねふつ・興歌野中の水・狂歌紅葉集　西島孜哉,光井文華編　西宮　近世上方狂歌研究会　1991.3　108p　21cm　1854円　①4-87088-468-2　Ⓝ911.19　〔24444〕

◇近世上方狂歌叢書　16　狂歌手毎の花　初編～3編　西島孜哉,光井文華編　西宮　近世上方狂歌研究会　1991.11　119p　21cm　1854円　①4-87088-513-1　Ⓝ911.19　〔24445〕

◇近世上方狂歌叢書　17　狂歌千種園　春～夏　狂歌手毎の花　4編～5編　西島孜哉,光井文華編　西宮　近世上方狂歌研究会　1992.3　102p　21cm　1854円　①4-87088-561-1　Ⓝ911.19　〔24446〕

◇近世上方狂歌叢書　18　狂歌俤百人一首　狂歌千種園　秋・冬　西島孜哉,光井文華編　西宮　近世上方狂歌研究会　1993.1　112p　21cm　1854円　①4-87088-594-8　Ⓝ911.19　〔24447〕

◇近世上方狂歌叢書　19　興歌百人一首嵯峨辺・狂歌角力草・狂歌千種園 恋・狂歌千種園 雑　西島孜哉ほか編　西宮　近世上方狂歌研究会　1993.3　108p　21cm　1800円　①4-87088-601-4　Ⓝ911.19　〔24448〕

◇近世上方狂歌叢書　20　狂歌帆かけ船・狂歌浪花丸・狂歌三津浦・狂歌雪月花・狂歌大和拾遺　西島孜哉ほか編　西宮　近世上方狂歌研究会　1994.3　101p　21cm　1854円　①4-87088-648-0　Ⓝ911.19　〔24449〕

◇近世上方狂歌叢書　21　古新狂歌酒・狂調いそちとり・浪花のながめ・浪花のむめ・狂歌古万沙良辺・狂歌名越岡　西島孜哉ほか編　西宮　近世上方狂歌研究会　1995.1　105p　21cm　1854円　①4-87088-716-9　Ⓝ911.19　〔24450〕

◇近世上方狂歌叢書　22　五色集　西島孜哉ほか編　西宮　近世上方狂歌研究会　1996.1　116p　21cm　1854円　①4-87088-769-X　Ⓝ911.19　〔24451〕

◇近世上方狂歌叢書　23　興歌牧の笛・狂歌春の光・酔中雅興集・興歌老の胡馬・狂歌ことはの道・狂歌無心抄　西島孜哉ほか編　西宮　近世上方狂歌研究会　1996.3　96p　21cm　1854円　①4-87088-798-3　Ⓝ911.19　〔24452〕

◇近世上方狂歌叢書　24　狂歌気のくすり・狂歌落穂集・狂歌阿伏兎土産・狂歌水の鏡・狂歌まことの道　西島孜哉ほか編　西宮　近世上方狂歌研究会　1997.1　94p　21cm　1854円　①4-87088-846-7　Ⓝ911.19　〔24453〕

◇近世上方狂歌叢書　25　狂歌西都紀行　西島孜哉,羽生紀子編　西宮　近世上方狂歌研究会　1998.3　115p　21cm　1800円　①4-87088-906-4　Ⓝ911.19　〔24454〕

◇近世上方狂歌叢書　26　孄葉夷曲集　西島孜哉,羽生紀子編　西宮　近世上方狂歌研究会　1999.3　104p　21cm　1800円　①4-87088-983-8　Ⓝ911.19　〔24455〕

◇近世上方狂歌叢書　27　狂歌泰平楽　西島孜哉,羽生紀子編　西宮　近世上方狂歌研究会　2000.3　118p　21cm　1800円　①4-7576-0049-6　Ⓝ911.19　〔24456〕

◇近世上方狂歌叢書　28　狂歌よつの友　西島孜哉,羽生紀子編　西宮　近世上方狂歌研究会　2001.3　97p　21cm　1800円　①4-7576-0106-9　Ⓝ911.19　〔24457〕

◇近世上方狂歌叢書　29　狂歌浦の見わたし　西島孜哉,羽生紀子編　西宮　近世上方狂歌研究会　2002.3　92p　21cm　1800円　①4-7576-0158-1　Ⓝ911.19　〔24458〕

◇近世上方狂歌の研究　西島孜哉著　大阪　和泉書院　1990.8　592p　22cm　（研究叢書 90）18000円　①4-87088-433-X　Ⓝ911.19　〔24459〕

◇近世狂歌史　菅竹浦著　中西書房　1936　575p　図版10枚　23cm　Ⓝ911.19　〔24460〕

◇近世狂歌史　菅竹浦著　4版　日新書院　1940　575p　19cm　Ⓝ911.19　〔24461〕

◇戯らくせえ！狂歌珍聞　中右瑛著　神戸　豆本"灯"の会　1989.4　95p　10.3cm　（灯叢書 第32編）Ⓝ911.19　〔24462〕

◇新撰開化狂歌集　石井虎吉,舟田彦兵衛編　石井虎吉〔ほか〕　1882.5　20丁　18cm　Ⓝ911.1　〔24463〕

◇新撰柳樽—附・狂歌集　非免故魯史編　花柳粋史閣　大阪　藤谷虎三　1889.6　41p　19cm　Ⓝ911.1　〔24464〕

◇竜の落し子　深味春輝著　秋田〔深味春輝〕　1988.4　188p　19cm　Ⓝ911.19　〔24465〕

◇貞徳狂歌集—絵入　上,中,下　松永貞徳著　菱河吉兵衛画　稀書複製会編　米山堂　1925-1926　3冊　29cm　Ⓝ911.19　〔24466〕

◇天明五大狂歌集総句索引　宇田敏彦編　若草書房

文学史　　　　　　　　近世史

◇日光の狂歌―二荒風体を詠む　竹末広美著　宇都宮　随想舎　2004.7　318p　19cm　2500円　①4-88748-102-0
1996.4　756,186p　22cm　30000円　①4-948755-04-4　Ⓝ911.19　〔24467〕
〔24468〕

◇爆笑！江戸の百人一首　江口孝夫編　勉誠出版　2005.7　252p　20cm　2600円　①4-585-05326-3　Ⓝ911.19　〔24469〕

◇平秩東作の戯作的歳月―江戸天明文壇形成の側面　井上隆明著　角川書店　1993.3　288p　22cm　①4-04-865045-9　Ⓝ911.19　〔24470〕

◇元木網と天明狂歌の展開　谷口学著　鳩山町(埼玉県)　楓橋書房　2006.4　72p　21cm　Ⓝ911.19　〔24471〕

◇雄長老集　上巻　影印・論考篇　雄長老著　吉田幸一編　古典文庫　1997.1　598p　19cm　(近世文芸資料 25)Ⓝ911.19　〔24472〕

◇雄長老集　下巻　翻刻と補遺　雄長老著　吉田幸一編　古典文庫　1997.1　506p　19cm　(近世文芸資料 25)Ⓝ911.19　〔24473〕

◇落首がえぐる江戸の世相　秋道博一著　文芸社　2002.4　152p　20cm　1200円　①4-8355-3653-3　Ⓝ911.19　〔24474〕

◆◆大田蜀山人

◇大田南畝　浜田義一郎著　吉川弘文館　1963　270p　18cm　(人物叢書日本歴史学会編)Ⓝ910.25　〔24475〕

◇大田南畝　浜田義一郎著　吉川弘文館　1986.9　275p　19cm　(人物叢書 新装版)1600円　①4-642-05052-3　Ⓝ911.19　〔24476〕

◇大田南畝―詩は詩仏書は米庵に狂歌おれ　杏掛良彦著　京都　ミネルヴァ書房　2007.3　296,7p　19cm　(ミネルヴァ日本評伝選)2800円　①978-4-623-04865-6　〔24477〕

◇大田南畝書簡　写(自筆)　3軸(付共)　22cm　Ⓝ911.19　〔24478〕

◇大田南畝・蜀山人のすべて―江戸の利巧者昼と夜、六つの顔を持った男　渥美国泰著　里文出版　2004.4　113p　27cm　2300円　①4-89806-207-5　Ⓝ911.19　〔24479〕

◇蜀山狂歌撰集―蜀山人遺詠集　蜀山人著　あをぞら会出版部　1937　44p　19cm　(遺訓叢書)Ⓝ911.19　〔24480〕

◇蜀山人　鶴見吐香著　裳華書房　1898.10　149p　23cm　(偉人史叢 第2輯第2巻)Ⓝ910.28　〔24481〕

◇蜀山人　浜田義一郎著　青梧堂　1942　315p　19cm　(日本文学者評伝全書)Ⓝ911.19　〔24482〕

◇蜀山人狂歌ばなし―江戸のギャグパロディーの発信源　春風亭栄枝著　三一書房　1997.5　210p　20cm　1800円+税　①4-380-97235-6　Ⓝ911.19　〔24483〕

◇蜀山人の研究　玉林晴朗著　畝傍書房　1944　864p　22cm　Ⓝ911.19　〔24484〕

◇蜀山人の研究　玉林晴朗著　東京堂出版　1996.4　864p　22cm　15450円　①4-490-20292-X　Ⓝ911.19　〔24485〕

◇頓智頓才蜀山人　ねぼけ庵主人編　山口屋　1914　246p　15cm　Ⓝ911.19　〔24486〕

◆俳諧

◇一茶と芭蕉―一茶の文学史的位置決定の為に　宮城謙一著　芳文堂　1943　279p　19cm　Ⓝ911.3　〔24487〕

◇一茶と良寛と芭蕉　相馬御風著　8版　春秋社　1932　288p　18cm　(春秋文庫 第2部 第1)Ⓝ911　〔24488〕

◇一茶と良寛と芭蕉　相馬御風著　南北書園　1947　305p　19cm　Ⓝ910.25　〔24489〕

◇一茶と良寛と芭蕉　相馬御風著　南北書園　1947　305p　19cm　Ⓝ911　〔24490〕

◇一茶と良寛と芭蕉　相馬御風著　創元社　1951　230p　15cm　(創元文庫)Ⓝ911.152　〔24491〕

◇一茶と良寛と芭蕉　相馬御風著　角川書店　1955　232p　15cm　(角川文庫)Ⓝ911.152　〔24492〕

◇鶯の昔に―近世俳人短冊逍遙　雲英末雄著　本阿弥書店　2004.5　299p　20cm　2500円　①4-7768-0050-0　Ⓝ911.302　〔24493〕

◇「言葉」を手にした市井の女たち―俳諧にみる女性史　別所真紀子著　オリジン出版センター　1993.3　251p　20cm　2060円　①4-7564-0169-4　Ⓝ911.302　〔24494〕

◇江戸庵句集　籾山庭後著　籾山書店　1916　66,20p　19cm　Ⓝ911.36　〔24495〕

◇江戸三大俳人芭蕉・蕪村・一茶　新人物往来社　1996.3　260p　21cm　1600円　Ⓝ911.32　〔24496〕

◇江戸の俳諧説話　伊藤龍平著　翰林書房　2007.6　391p　22cm　8800円　①978-4-87737-246-0　Ⓝ913.5　〔24497〕

◇江戸俳諧歳時記　加藤郁乎著　平凡社　1983.6　603p　22cm　4700円　Ⓝ911.302　〔24498〕

◇江戸俳諧歳時記　上　加藤郁乎著　平凡社　2007.8　408p　15cm　(平凡社ライブラリー)1600円　①978-4-582-76617-2　〔24499〕

◇江戸俳諧歳時記　下　加藤郁乎著　平凡社　2007.9　460p　15cm　(平凡社ライブラリー)1600円　①978-4-582-76622-6　〔24500〕

◇江戸俳諧史論考　白石悌三著　福岡　九州大学出版会　2001.10　312,36p　20cm　3800円　①4-87378-698-3　Ⓝ911.33　〔24501〕

◇江戸俳諧にしひがし　飯島耕一,加藤郁乎著　みすず書房　2002.7　283p　20cm　(大人の本棚)2400円　①4-622-04830-2　Ⓝ911.302　〔24502〕

◇江戸俳句夜話　復本一郎著　日本放送出版協会　1998.10　245p　16cm　(NHKライブラリー)870円　①4-14-084089-7　Ⓝ911.304　〔24503〕

◇江戸文人の嗜み―あそびの詩心・歌心　秋山忠弥著　勉誠出版　2007.4　419p　20cm　3500円　①978-4-585-05369-9　Ⓝ911.02　〔24504〕

◇頴原退蔵著作集　第3巻　俳諧史 1　中央公論社　1979.7　444p　20cm　2300円　Ⓝ910.25　〔24505〕

◇頴原退蔵著作集　第4巻　俳諧史 2　中央公論社　1980.3　433p　20cm　2500円　Ⓝ910.25　〔24506〕

◇頴原退蔵著作集　第5巻　俳諧史 3　中央公論社　1980.7　464p　20cm　2800円　Ⓝ910.25　〔24507〕

◇頴原退蔵著作集　第6巻　俳諧評釈 1　中央公論社　1979.9　366p　20cm　2000円　Ⓝ910.25　〔24508〕

◇頴原退蔵著作集　第19巻　俳諧書誌　中央公論社　1980.12　523p　20cm　4800円　Ⓝ910.25　〔24509〕

◇遠州の俳諧―地域を支えた雑俳と俳諧　寺田良毅著　磐田　寺田良毅　2005.3　437p　21cm　2762円　①4-7838-9624-0　Ⓝ911.302　〔24510〕

◇荻野清著作集　第1　俳文学叢説　京都　赤尾照文堂　1971　519p　22cm　5500円　Ⓝ911.3　〔24511〕

◇カラー版 芭蕉、蕪村、一茶の世界　雲英末雄監修　美術出版社　2007.5　176p　21cm　2500円　①978-4-568-40069-4　〔24512〕

◇季節のことば　茂里正治著　近代文芸社　2005.9　185p

◇18cm （近代文芸社新書）1000円 Ⓘ4-7733-7286-9 Ⓝ911.304 〔24513〕

◇近世滑稽俳句大全 加藤郁乎編著 読売新聞社 1993.4 696p 22cm 6000円 Ⓘ4-643-93012-8 Ⓝ911.308 〔24514〕

◇近世私記 第1号 俳諧師 山口素義編 近世私記の会 1982.1 111p 19cm 1000円 Ⓝ910.25 〔24515〕

◇近世四季の秀句 井本農一,尾形仂編 角川書店 1998.1 339p 19cm 2600円 Ⓘ4-04-884108-4 Ⓝ911.304 〔24516〕

◇近世秀句 皆吉爽雨著 春秋社 2001.6 246p 20cm （日本秀句 新版 4）2000円 Ⓘ4-393-43424-2 Ⓝ911.304 〔24517〕

◇近世の詩歌 黄色瑞華編 高文堂出版社 1995.9 154p 21cm 1820円 Ⓘ4-7707-0493-3 Ⓝ911.302 〔24518〕

◇近世俳諧名家遺墨展―杉村彩雨コレクション 〔俳文学会〕 1972 24p 26cm 〔24519〕

◇近世 俳句大索引 安藤英方編 明治書院 1959 1200p 22cm Ⓝ911.3039 〔24520〕

◇近世俳句俳文集 栗山理一ほか校注・訳 小学館 1972.2（第17版：1991.7） 635p 図版10p 23cm （日本古典文学全集 42）Ⓘ4-09-657042-7 Ⓝ911.308 〔24521〕

◇近世俳書集 関西大学図書館編 吹田 関西大学出版部 1994.7 274,23p 23cm （関西大学図書館影印叢書 第4巻）13000円 Ⓘ4-87354-171-9 Ⓝ911.308 〔24522〕

◇近世俳人 松尾靖秋著 南雲堂桜楓社 1962 287p 19cm （俳句シリーズ）Ⓝ911.304 〔24523〕

◇近世俳人 松尾靖秋著 桜楓社 1973 287p 19cm （俳句シリーズ人と作品 16）800円 Ⓝ911.302 〔24524〕

◇近世俳人 松尾靖秋著 桜楓社 1980.4 287p 20cm （新訂俳句シリーズ・人と作品 18）1500円 Ⓝ911.302 〔24525〕

◇近世俳人ノオト 星野麦丘人著 学文社 1984.3 377p 20cm 2600円 Ⓘ4-7620-0144-9 Ⓝ911.302 〔24526〕

◇近世俳人ノオト 続 星野麦丘人著 学文社 1988.5 317p 20cm 3000円 Ⓘ4-7620-0298-4 Ⓝ911.302 〔24527〕

◇近世俳壇史新攷 岡本勝著 桜楓社 1988.6 379p 22cm 12000円 Ⓘ4-273-02257-5 Ⓝ911.302 〔24528〕

◇現代俳句大事典 稲畑汀子,大岡信,鷹羽狩行監修 山下一海,今井千鶴子,宇多喜代子,大串章,片山由美子,栗田やすし,仁平勝,長谷川櫂,三村純也編 三省堂 2005.11 665,91p 22cm 6800円 Ⓘ4-385-15421-X Ⓝ911.36 〔24529〕

◇献納俳句の由来と反響 石倉翠葉著 俳諧誠道社 1934.6 32p 23cm Ⓝ911.3 〔24530〕

◇講座日本文学 7 近世編 1 全国大学国語国文学会監修 三省堂 1969.2 249p 22cm Ⓝ910.2 〔24531〕

◇古句新響―俳句で味わう江戸のこころ 山下一海著 川崎 みやび出版, 東京堂出版〔発売〕 2008.1 222p 19cm 2300円 Ⓘ978-4-490-20623-4 〔24532〕

◇古典俳句 斎藤義光著 評論社 1976 206p 18cm （若い世代のための古典鑑賞文庫 11）790円 Ⓝ911.302 〔24533〕

◇ことわざ資料叢書 第3輯 第2巻 北村孝一,伊藤高雄監修 ことわざ研究会編 クレス出版 2005.2 343,10p 22cm Ⓘ4-87733-281-2 Ⓝ388.81 〔24534〕

◇古俳書―稀本零葉集 雲英末雄編 武蔵村山 青裳堂書店 1995.10 2冊 37cm 全360000円 Ⓝ911.302 〔24535〕

◇近藤忠義日本文学論 3 近世小説と俳諧 新日本出版社 1977.8 402p 22cm 3500円 Ⓝ910.8 〔24536〕

◇座の文学―連衆心と俳諧の成立 尾形仂著 講談社 1997.11 380p 15cm （講談社学術文庫）980円 Ⓘ4-06-159305-6 Ⓝ911.302 〔24537〕

◇三都の俳諧―江戸・京都・大阪 大阪 大阪市立博物館 1982 80p 26cm （展覧会目録 第90号）Ⓝ911.302 〔24538〕

◇柴田宵曲文集 第2巻 古句を観る・俳諧博物誌―他 木村毅ほか編 小沢書店 1991.5 617p 22cm 8755円 Ⓝ911.36 〔24539〕

◇島田筑波集 島田一郎編,加藤定彦編 武蔵村山 青裳堂書店 1986.5-7 2冊 22cm （日本書誌学大系 49）15000円,12000円 Ⓝ210.5 〔24540〕

◇周縁の歌学史―古代和歌より近世俳諧へ 乾裕幸著,桜楓社関西支社編 桜楓社 1989.6 403p 22cm 12000円 Ⓝ911.302 〔24541〕

◇松宇文庫俳書目録 松宇文庫俳書目録刊行会編 武蔵村山 青裳堂書店 1994.3 579p 図版32p 22cm （日本書誌学大系 69）36050円 Ⓝ911.3 〔24542〕

◇生蓮寺の俳人松ぎん・吐丈・弥天 高野六雄著 戸倉町（長野県）〔高野六雄〕 1995.6 209p 22cm 3000円 Ⓝ911.3 〔24543〕

◇新撰俳諧年表―附・俳家人名録 平林鳳二,大西一外編 大阪 書画珍本雑誌社 1923 596p 19cm Ⓝ911.3 〔24544〕

◇新撰妙好人伝 第1編 俳諧寺一茶 富士川遊著 正信協会編 厚徳書院 1936 38p 23cm Ⓝ281 〔24545〕

◇新日本古典文学大系 72 江戸座点取俳諧集 佐竹昭広ほか編 鈴木勝忠ほか校注 岩波書店 1993.2 516,39p 22cm 3800円 Ⓘ4-00-240072-7 Ⓝ918 〔24546〕

◇新編日本古典文学全集 72 近世俳句俳文集 雲英末雄ほか校注・訳 小学館 2001.3 638p 23cm 4657円 Ⓘ4-09-658072-4 Ⓝ918 〔24547〕

◇清貧の論理 藤寿々夢著 弘前 一心社 1997.2 90p 26cm （俳諧を彩る人たち 2）1300円 Ⓝ911.302 〔24548〕

◇長寿の秘訣 藤寿々夢著 弘前 一心社 1993.9 77p 26cm （俳諧を彩る人たち 1）Ⓝ911.302 〔24549〕

◇天理図書館開館70周年記念展―宗祇・芭蕉・西鶴とその周辺 天理ギャラリー第115回展 天理大学附属天理図書館編 天理ギャラリー 2001.5 63p 26cm Ⓝ911.3 〔24550〕

◇天理図書館綿屋文庫俳書集成 第1巻 三浦為春集 天理図書館綿屋文庫俳書集成編集委員会編 天理 天理大学出版部 1994.4 570,14p 22cm 15000円 Ⓘ4-8406-9501-6 Ⓝ911.3 〔24551〕

◇天理図書館綿屋文庫俳書集成 第2巻 さゞれ石 天理図書館綿屋文庫俳書集成編集委員会編 高瀬梅盛編 天理 天理大学出版部 1994.6 524,7p 22cm 15000円 Ⓘ4-8406-9502-4 Ⓝ911.3 〔24552〕

◇天理図書館綿屋文庫俳書集成 第4巻 俳諧独吟集 1 天理図書館綿屋文庫俳書集成編集委員会編 天理 天理大学出版部 1994.10 560,12p 16×22cm 15000円 Ⓘ4-8406-9504-0 Ⓝ911.3 〔24553〕

◇天理図書館綿屋文庫俳書集成 第5巻 俳諧独吟集 2 天理図書館綿屋文庫俳書集成編集委員会編 天理 天理

大学出版部　1994.12　380,6p　16×22cm　15000円
①4-8406-9505-9　Ⓝ911.3　〔24554〕

◇天理図書館綿屋文庫俳書集成　第7巻　俳諧歳旦集　1
天理図書館綿屋文庫俳書集成編集委員会編　天理　天理
大学出版部　1995.4　488,11p　16×22cm　15000円
①4-8406-9507-5　Ⓝ911.3　〔24555〕

◇天理図書館綿屋文庫俳書集成　第8巻　伊勢俳書集　天
理図書館綿屋文庫俳書集成編集委員会編　天理　天理大
学出版部　1995.6　2冊　16×22〜22cm　全15000円
①4-8406-9508-3　Ⓝ911.3　〔24556〕

◇天理図書館綿屋文庫俳書集成　第12巻　浪化句日記　天
理図書館綿屋文庫俳書集成編集委員会編　浪化著　天理
天理大学出版部　1996.2　574,18p　22cm　15000円
①4-8406-9512-1　Ⓝ911.3　〔24557〕

◇天理図書館綿屋文庫俳書集成　第13巻　野々口立圃集
天理図書館綿屋文庫俳書集成編集委員会編　天理　天理
大学出版部　1996.4　161,16p　22×31cm　15000円
①4-8406-9513-X　Ⓝ911.3　〔24558〕

◇天理図書館綿屋文庫俳書集成　第14巻　松江重頼集　天
理図書館綿屋文庫俳書集成編集委員会編　天理　天理大
学出版部　1996.6　434,16p　16×22cm　15000円
①4-8406-9514-8　Ⓝ911.3　〔24559〕

◇天理図書館綿屋文庫俳書集成　第17巻　俳諧歳旦集　2
天理図書館綿屋文庫俳書集成編集委員会編　天理　天理
大学出版部　1996.12　518,13p　16×22cm　15000円
①4-8406-9517-2　Ⓝ911.3　〔24560〕

◇天理図書館綿屋文庫俳書集成　第18巻　俳諧論戦集　天
理教図書館綿屋文庫俳書集成編集委員会編　天理　天理
大学出版部　1997.2　646,17p　22cm　15000円
①4-8406-9518-0　Ⓝ911.3　〔24561〕

◇中村幸彦著述集　第9巻　俳諧瑣説　中央公論社　1982.
12　463p　22cm　7000円　Ⓝ910.25　〔24562〕

◇二条家俳諧―資料と研究　富田志津子著　大阪　和泉書
院　1999.9　229p　22cm　（研究叢書 243）8000円
①4-7576-0002-X　Ⓝ911.302　〔24563〕

◇日本の秀句―江戸時代俳句集　広瀬泣麻呂選句　　高田
三九三英訳　虎ノ門句会　1991.5　279p　19cm　2000
円　Ⓝ911.308　〔24564〕

◇日本俳書大系　第10巻　中興俳諧名家集　勝峰晋風編
日本図書センター　1995.8　612,18p　22cm
①4-8205-9381-1,4-8205-9371-4　Ⓝ911.308　〔24565〕

◇日本俳書大系　第11巻　中興俳話文集　勝峰晋風編　日
本図書センター　1995.8　696,16p　22cm
①4-8205-9382-X,4-8205-9371-4　Ⓝ911.308　〔24566〕

◇日本俳書大系　第13巻　　一茶時代第2　近世俳諧名家
集　勝峰晋風編　日本俳書大系刊行会　1927　702,17p
23cm　Ⓝ911.3　〔24567〕

◇日本俳書大系　第14巻　近世俳諧名家集　勝峰晋風編
日本図書センター　1995.8　702,17p　22cm
①4-8205-9385-4,4-8205-9371-4　Ⓝ911.308　〔24568〕

◇日本俳書大系　第15巻　近世俳話句集　勝峰晋風編　日
本図書センター　1995.8　652,15p　22cm
①4-8205-9386-2,4-8205-9371-4　Ⓝ911.308　〔24569〕

◇日本俳書大系　第16巻　俳諧系譜逸話集　勝峰晋風編
日本図書センター　1995.8　306,272,11p　22cm
①4-8205-9387-0,4-8205-9371-4　Ⓝ911.308　〔24570〕

◇日本俳書大系　第17巻　人名・地名索引/芭蕉・蕪村・
一茶全句索引/解説　勝峰晋風編　日本図書センター
1995.8　313,289,3p　22cm
①4-8205-9388-9,4-8205-9371-4　Ⓝ911.308　〔24571〕

◇農村漁村を詠んだ芭蕉・蕪村・一茶の句碑と古今の名句
小沼勇編著　創造書房　2002.3　295p　18cm　953円

Ⓝ911.304　〔24572〕

◇能勢朝次著作集　第8巻　連歌・俳諧研究　態勢朝次著
作集編集委員会編　京都　思文閣出版　1982.5　478p
22cm　5400円　Ⓝ910.8　〔24573〕

◇能勢朝次著作集　第9巻　俳諧研究 1　能勢朝次著作集
編集委員会編　京都　思文閣出版　1985.3　459p
22cm　6900円　Ⓝ910.8　〔24574〕

◇能勢朝次著作集　第10巻　俳諧研究 2　能勢朝次著作
集編集委員会編　京都　思文閣出版　1981.10　533p
22cm　4200円　Ⓝ910.8　〔24575〕

◇俳諧江戸調　熊谷無漏編　　小泉迂外補　中島辰文館
〔ほか〕　1911.8　241p　15cm　Ⓝ911.3　〔24576〕

◇俳諧開化集　西谷富水編　　大久保漣々校　芙蓉庵
1882.6　2冊（上48,下23丁）　19cm　Ⓝ911.3　〔24577〕

◇俳諧から俳句へ　桜井武次郎著　角川学芸出版, 角川書
店〔発売〕　2004.10　205p　19cm　2476円
①4-04-651919-3　〔24578〕

◇俳諧近世発句集　菊牲庵峰月撰　名古屋　三友堂
1897-1898　4冊（初,2編各上・下）　16cm　Ⓝ911.3
〔24579〕

◇俳諧攷　島居清編　京都　俳諧攷刊行会　樋口栄一（発
売）　1976　416p　22cm　6800円　Ⓝ911.302
〔24580〕

◇俳諧三昧―俳句がはこぶ江戸文化 企画展図録　館山
館山市立博物館　2004.2　58p　26cm　（展示図録 no.
15）Ⓝ911.302　〔24581〕

◇俳諧史上の人々　高木蒼梧著　俳書堂　1932　414p
20cm　Ⓝ911.3　〔24582〕

◇俳諧史談　山崎庚午太郎著　博文館　1893.3　223p
16cm　（寸珍百種 第22編）Ⓝ911.3　〔24583〕

◇俳諧十風　榎田玄山編　十風会　1914　382,6p　16cm
Ⓝ911.36　〔24584〕

◇俳諧師手鑑―附・作者列伝　伊藤松宇編　厚生閣書店
1930　166,65p　30cm　Ⓝ911.3　〔24585〕

◇俳諧史伝　小此木信一郎, 布川孫市著　女学雑誌社
1894.4　302p　18cm　Ⓝ911.3　〔24586〕

◇俳諧辞典　武田桜桃編　公文書院　1909.2　290p
20cm　Ⓝ911.3　〔24587〕

◇俳諧史年表　高木蒼梧著　高木蒼梧　1936　30p　22cm
Ⓝ911.3　〔24588〕

◇俳諧史の曙　母利司朗著　大阪　清文堂出版　2007.9
440p　22cm　10000円　①978-4-7924-1402-3　Ⓝ911.31
〔24589〕

◇俳諧史の研究　頴原退蔵著　京都　星野書店　1933
594,18p　19cm　Ⓝ911.3　〔24590〕

◇俳諧史の研究　頴原退蔵著　改訂版　京都　星野書店
1948　451p　19cm　Ⓝ911.3　〔24591〕

◇俳諧史の分岐点　桜井武次郎著　大阪　和泉書院
2004.6　302p　22cm　（研究叢書 315）12000円
①4-7576-0268-5　Ⓝ911.302　〔24592〕

◇俳諧趣味　高浜虚子ほか述　大阪毎日新聞社編　大阪
大阪毎日新聞社　1928　51p　19cm　（毎日叢書 第4
輯）Ⓝ911.36　〔24593〕

◇俳諧史要　上　馬場蕗台著　文川堂書房　1932　311p
20cm　Ⓝ911.3　〔24594〕

◇俳諧松韻集　五老井窠雄著　五老井　1922　132丁
20cm　Ⓝ911.36　〔24595〕

◇俳諧饒舌録　元木阿弥著　巣枝堂　2冊（上・下）　23cm
Ⓝ911.3　〔24596〕

◇俳諧書簡集　手紙雑誌社編　山本屋　1914　318p　20cm　Ⓝ911.3　〔24597〕
◇俳諧初心手引草　山本素問著　津　河島九右衛門　1890.12　11丁　22cm　Ⓝ911.3　〔24598〕
◇俳諧白菊集　飯島兼吉編　旭町(千葉県)　飯島兼吉　1893.12　21丁　24cm　Ⓝ911.3　〔24599〕
◇俳諧史論考　頴原退蔵著　京都　星野書店　1936　577p　18cm　Ⓝ911.3　〔24600〕
◇俳諧新研究　樋口銅牛著　隆文館　1909.12　420p　19cm　Ⓝ911.3　〔24601〕
◇俳諧新研究　安藤和風著　中央出版協会　1917　340p　15cm　Ⓝ911.3　〔24602〕
◇俳諧新五百題　武田春秋園(正吉)編　佳峰園等裁校　文永堂　1891.10　2冊(乾56,坤46丁)　15cm　Ⓝ911.3　〔24603〕
◇俳諧新辞典　高木蒼梧,伊東月草編　太陽堂　1939　1204p　20cm　Ⓝ911.3　〔24604〕
◇俳諧新題林　金沢　蔦廼家俳壇　1913　104p　10×19cm　Ⓝ911.3　〔24605〕
◇俳諧新潮　尾崎紅葉編　富山房　1903.9　184p　19cm　Ⓝ911.3　〔24606〕
◇俳諧新梯四季部類　北川椘春著　京都　馬場利助　1890.1　112丁　9×19cm　Ⓝ911.3　〔24607〕
◇俳諧新派と旧派―附・俳諧史　武田桜桃著　公文書院　1909.12　304,21p　15cm　Ⓝ911.3　〔24608〕
◇俳諧水滸伝　遅月庵空阿著　藤岡作太郎校　富山房　1903.9　240p　15cm　(袖珍名著文庫 第11巻)Ⓝ911.3　〔24609〕
◇俳諧炭俵集注解　俳僊堂磔々(棚橋)著　御寿村(岐阜県)　棚橋五郎　1897.10　2冊(乾・坤)　23cm　Ⓝ911.3　〔24610〕
◇俳諧千五百題　小簑庵碓嶺選　潮宮佳一編　柳の屋風斎校　万笈閣〔ほか〕　1881.2　4冊(前・続編,各乾・坤)　16cm　Ⓝ911.3　〔24611〕
◇俳諧撰抜秀吟集　山口恒七編　大阪　山口恒七　1896.11　159p　15cm　Ⓝ911.3　〔24612〕
◇俳諧草紙　その1　芋塚と西行堂との話　市橋鐸著　小牧町(愛知県)　俳諧史研究社　1934　23cm　Ⓝ911.3　〔24613〕
◇俳諧草紙　その3　俳諧人物篇　市橋鐸著　小牧町(愛知県)　俳諧史研究社　1935　49-80p　23cm　Ⓝ911.3　〔24614〕
◇俳諧草紙　その5,6,8　市橋鐸訳　愛知県小牧町　俳諧史研究社　1936-12　3冊　23cm　Ⓝ911.3　〔24615〕
◇俳諧続三佳書　俳書堂編　俳書堂　1917　6,270p　15cm　Ⓝ911.3　〔24616〕
◇俳諧大要　正岡子規著　9版　友善堂　1927　114,210p　16cm　Ⓝ911.3　〔24617〕
◇俳諧大要　正岡子規著　岩波書店　1955　215p　15cm　(岩波文庫)Ⓝ911.304　〔24618〕
◇俳諧大要　正岡子規著　改版　岩波書店　1983.9　268p　15cm　(岩波文庫)350円　Ⓝ911.304　〔24619〕
◇俳諧大要・俳人蕪村・俳句問答・俳句の四年間　正岡子規著　高浜清編　籾山書店　1913　1冊　15cm　Ⓝ911.3　〔24620〕
◇俳諧竹乃杖――千里俳旅行　土岐岐南堂著　岐南吟社　1911.9　Ⓝ911.3　〔24621〕
◇俳諧玉籤　雪,花　加藤正七編　大阪　吉岡平助〔ほか〕　1886.3　2冊(75,81丁)　12cm　Ⓝ911.3　〔24622〕
◇俳諧千々の友　無界坊淡水編　大阪　山田仁三郎　1903.7　2冊(乾133,坤140丁)　19cm　Ⓝ911.3　〔24623〕
◇俳諧註釈集　上巻　佐々醒雪,巌谷小波校　博文館　1912　696,50p　23cm　(俳諧叢書 第1冊)Ⓝ911.3　〔24624〕
◇俳諧註釈集　下巻　佐々醒雪,巌谷小波校　博文館　1913　756p　23cm　(俳諧叢書 第2冊)Ⓝ911.3　〔24625〕
◇俳諧と漢文学　和漢比較文学会編　汲古書院　1994.5　277p　22cm　(和漢比較文学叢書 第16巻)6500円　①4-7629-3240-X　Ⓝ911.302　〔24626〕
◇俳諧の近世史　加藤定彦著　若草書房　1998.4　486p　22cm　(近世文学研究叢書 7)13000円　①4-948755-26-5　Ⓝ911.302　〔24627〕
◇俳諧評釈　柳田国男著　再版　民友社　1949.4(2刷)　311p　21cm　Ⓝ911.3　〔24628〕
◇俳諧文庫　第1-20編　博文館　1897-1900　20冊　23cm　Ⓝ911.3　〔24629〕
◇誹諧武玉川初篇―輪講　芝川町(静岡県)　川柳雑俳研究会　1999.6　240p　21cm　(江戸川柳・解釈と鑑賞・シリーズ 17)非売品　①4-89522-379-5　Ⓝ911.49　〔24630〕
◇俳諧類船集索引　付合語篇　大阪　般庵野間光辰先生華甲記念会　1973　516,4p　22cm　(近世文芸叢刊 別巻1)6500円　Ⓝ911.307　〔24631〕
◇俳諧類船集索引　事項篇　大阪　般庵野間光辰先生華甲記念会　1975　498p　22cm　(近世文芸叢刊 別巻2)8500円　Ⓝ911.307　〔24632〕
◇俳句・彼方への現在―林桂評論集　林桂著　詩学社　2005.1　411p　20cm　2500円　①4-88312-238-7　Ⓝ911.36　〔24633〕
◇俳句辞典　近世　松尾靖秋編　桜楓社　1977.5　531p　20cm　1600円　Ⓝ911.303　〔24634〕
◇俳句辞典　近世　松尾靖秋編　増補版　桜楓社　1982.5　559p　20cm　2800円　Ⓝ911.303　〔24635〕
◇俳句抒情辞典　近世編　俳句抒情辞典編集委員会編　飯塚書店　2001.1　264p　20cm　3400円　①4-7522-2041-5　Ⓝ911.307　〔24636〕
◇俳句の射程　仁平勝著　富士見書房　2006.10　226p　20cm　2600円　①4-8291-7625-3　Ⓝ911.304　〔24637〕
◇俳句和歌論　野口米次郎著　クレス出版　1998.4　451p　19cm　(野口米次郎選集 1)3200円　①4-87733-045-3　Ⓝ911.3　〔24638〕
◇俳書の世界　雲英末雄著　武蔵村山　青裳堂書店　1999.6　574p　22cm　(日本書誌学大系 84)20000円　Ⓝ911.302　〔24639〕
◇俳文学の森で　岡本勝著　北溟社　2002.3　204p　19cm　2000円　①4-89448-258-4　Ⓝ911.304　〔24640〕
◇俳文学論集　宮本三郎原編,宮本三郎先生追悼論文集刊行会編　笠間書院　1981.10　383p　22cm　(笠間叢書 164)8500円　Ⓝ911.304　〔24641〕
◇俳文芸と背景　笠井清著　明治書院　1981.6　296p　22cm　3800円　Ⓝ911.302　〔24642〕
◇麦水俳論集　堀麦水著,校訂解説:日置謙　金沢　石川県図書館協会　1972　256p　21cm　Ⓝ911.304　〔24643〕
◇芭蕉と一茶　荻原井泉水著　春秋社　1925　Ⓝ911.32　〔24644〕
◇芭蕉と一茶　荻原井泉水著　春秋社　1933　280p　18cm　(春秋文庫 第2部 第12)Ⓝ911.3　〔24645〕
◇芭蕉と一茶　荻原井泉水著　社会思想研究会出版部

1953　234p　16cm　（現代教養文庫）Ⓝ911.32
　　　　　　　　　　　　　　　　　　〔24646〕

◇芭蕉と蕪村　山下一海著　角川書店　1991.3　237p
　19cm　（角川選書 208）1200円　Ⓘ4-04-703208-5
　Ⓝ911.32　　　　　　　　　　　　〔24647〕

◇芭蕉と蕪村の世界　山下一海著　武蔵野書院　1994.7
　227p　20cm　1800円　Ⓘ4-8386-0380-0　Ⓝ911.32
　　　　　　　　　　　　　　　　　　〔24648〕

◇芭蕉の孤高 蕪村の自在―ひとすじの思念と多彩な表象
　雲英末雄著　草思社　2005.7　286p　19cm　2400円
　Ⓘ4-7942-1420-0　　　　　　　　　〔24649〕

◇芭蕉の謎と蕪村の不思議　中名生正昭著　南雲堂　2004.
　7　286p　19cm　1800円　Ⓘ4-523-26442-2　〔24650〕

◇芭蕉・蕪村　尾形仂著　花神社　1978.12　259p　20cm
　1800円　Ⓝ911.32　　　　　　　　〔24651〕

◇芭蕉・蕪村　尾形仂著　岩波書店　2000.4　295p
　15cm　（岩波現代文庫 学術）1100円　Ⓘ4-00-600015-4
　Ⓝ911.32　　　　　　　　　　　　〔24652〕

◇芭蕉・蕪村 続　尾形仂著　花神社　1985.9　231p
　20cm　2000円　Ⓝ911.32　　　　　〔24653〕

◇芭蕉・蕪村・一茶　栗山理一編　雄山閣出版　1978.11
　411p　22cm　5800円　Ⓝ911.302　〔24654〕

◇芭蕉・蕪村・一茶―近世俳諧文学史要　上　黄色瑞華著
　成文堂　1982.5　165p　22cm　2500円　Ⓝ911.302
　　　　　　　　　　　　　　　　　　〔24655〕

◇芭蕉、蕪村、一茶の世界―近世俳諧、俳画の美 カラー版
　雲英末雄監修　美術出版社　2007.5　176p　21cm
　2500円　Ⓘ978-4-568-40069-4　Ⓝ911.302　〔24656〕

◇芭蕉・蕪村・一茶の俳句の鑑賞　勝峰晋風著　瑞穂出版
　1947　63p*　21cm　（俳諧基礎講座 第1講）Ⓝ911.309
　　　　　　　　　　　　　　　　　　〔24657〕

◇芭蕉・蕪村・一茶の俳句の鑑賞　勝峰晋風著　瑞穂出版
　1947　63p　21cm　（俳諧基礎講座 第1講）Ⓝ911.32
　　　　　　　　　　　　　　　　　　〔24658〕

◇芭蕉・蕪村・子規　荻原井泉水著　千倉書房　1934
　395p　20cm　Ⓝ911.3　　　　　　〔24659〕

◇芭蕉・蕪村・子規　荻原井泉水著　元々社　1955　168p
　18cm　（民族教養新書）Ⓝ911.3　〔24660〕

◇芭蕉・蕪村・子規　松山市立子規記念博物館編　松山
　松山市立子規記念博物館　1986.10　76p　26cm
　Ⓝ911.302　　　　　　　　　　　　〔24661〕

◇芭蕉蕪村子規三聖俳句選集　木村三樹編　中央出版社
　1925　362p　20cm　Ⓝ911.3　　〔24662〕

◇芭蕉蕪村子規の俳言　塚原紫舟編　黎明社　1928　24p
　23cm　Ⓝ911.3　　　　　　　　　〔24663〕

◇芭蕉・蕪村と中国詩人　井出大著　長野　銀河書房
　1988.12　612p　19cm　3000円　Ⓝ911.32　〔24664〕

◇芭蕉・蕪村の比較研究　都川一止著　限定版　草茎社
　1964　821p　20cm　Ⓝ911.32　　〔24665〕

◇芭蕉・蕪村発句総索引　道本武彦,谷地快一編集　角川
　書店　1983.1　2冊　20cm　全8800円　Ⓝ911.32
　　　　　　　　　　　　　　　　　　〔24666〕

◇芭蕉・嵐雪・蕪村論考　福本良二著　大阪　和泉書院
　1992　151p　20cm　（和泉選書 63）2884円
　Ⓘ4-87088-507-7　Ⓝ911.32　　　〔24667〕

◇表現としての俳諧―芭蕉・蕪村・一茶　堀切実著　ぺり
　かん社　1988.10　349p　20cm　2800円　Ⓝ911.32
　　　　　　　　　　　　　　　　　　〔24668〕

◇評釈俳諧史の鑑賞　勝峰晋風著　瑞穂出版社
　1949　139p　22cm　Ⓝa911　　　〔24669〕

◇梟の声―近世俳人短冊逍遙　雲英末雄著　北溟社
　2001.2　248p　19cm　2000円　Ⓘ4-89448-170-7
　Ⓝ911.302　　　　　　　　　　　　〔24670〕

◇ふさの国俳句風土記　大木雪浪著　千葉　大木雪浪
　2007.9　199p　21cm　1260円　Ⓝ911.302　〔24671〕

◇藤井乙男著作集　第5巻 俳諧研究　藤井乙男著　竹
　野静雄編・解説　藤井乙男著　クレス出版　2007.2
　457,6p　22cm　9000円
　Ⓘ978-4-87733-355-3,978-4-87733-360-7　Ⓝ910.8
　　　　　　　　　　　　　　　　　　〔24672〕

◇蕪村・一茶　日本文学研究資料刊行会編　有精堂出版
　1975　316p　22cm　（日本文学研究資料叢書）2600円
　Ⓝ911.34　　　　　　　　　　　　〔24673〕

◇蕪村一茶集　揖斐高著　貴重本刊行会　2000.4　331p
　19cm　（古典名作リーディング 1）3000円
　Ⓘ4-88915-111-7　Ⓝ911.34　　　〔24674〕

◇蕪村・一茶その周辺　大礒義雄著　八木書店　1998.9
　407,64p　22cm　12000円　Ⓘ4-8406-9613-6　Ⓝ911.34
　　　　　　　　　　　　　　　　　　〔24675〕

◇本質論としての近世俳論の研究　復本一郎著　風間書房
　1987.4　637p　22cm　12000円　Ⓘ4-7599-0677-0
　Ⓝ911.302　　　　　　　　　　　　〔24676〕

◇三谷の女流俳人とよとその周辺　松本文雄著　庄川町
　（富山県）〔松本文雄〕　2000.10　17p　22cm　Ⓝ911.
　302　　　　　　　　　　　　　　　〔24677〕

◇名家俳句集　佐々醒雪,巌谷小波校　博文館　1913
　814p　22cm　（俳諧叢書 第3冊）Ⓝ911.3　〔24678〕

◇矢部文庫江戸期俳諧書目録　須賀川市図書館編　須賀川
　須賀川市図書館　1993.3　74p　26cm　Ⓝ911.3
　　　　　　　　　　　　　　　　　　〔24679〕

◇連俳史と共同制作　四方章夫著　伊丹　A企画　1996.11
　214p　21cm　Ⓘ4-900955-01-9　Ⓝ911.3　〔24680〕

◆◆地方俳諧

◇地方俳壇における芭蕉と一茶―奥州須賀川と下総流山の
　場合　小林茂多著　流山　流山豆本の会　1982.6　1冊
　10cm　（流山豆本）非売品　Ⓝ911.302　〔24681〕

◆◆◆北海道・東北地方

◇『おくのほそ道』前後―仙台俳諧史の形成　金沢規雄著
　おうふう　1995.1　343p　22cm　24000円
　Ⓘ4-273-02809-3　Ⓝ911.31　　　〔24682〕

◇新津軽俳諧年表　田沢正編　弘前　新つがる企画
　1999.3　252p　21cm　3048円　Ⓝ911.304　〔24683〕

◇仙台藩俳壇瞥見　杉村彩雨著　仙台　〔杉村彩雨〕
　1980　14p　21cm　Ⓝ911.34　　〔24684〕

◇東北・北海道俳諧史の研究　井上隆明著　新典社
　2003.6　557p　22cm　（新典社研究叢書 150）14000円
　Ⓘ4-7879-4150-X　Ⓝ911.302　　〔24685〕

◇東北信地方の俳額史　高野六雄著　長野　信毎書籍出版
　センター　1999.2　291p　22cm　4300円　Ⓝ911.302
　　　　　　　　　　　　　　　　　　〔24686〕

◇湊深浦俳諧のあゆみ　深浦町（青森県）　深浦町教育委
　員会　1993.7　290p　19cm　Ⓝ911.302　〔24687〕

◇やまがた俳諧独り案内　落合晃著　山形　一粒社
　2005.5　528p　23cm　5715円　Ⓝ911.302　〔24688〕

◆◆◆関東地方

◇夷隅の俳諧　夷隅町史編さん委員会編　夷隅町（千葉
　県）　夷隅町　1997.3　460p 図版16枚　22cm　（夷隅町
　史資料集別巻）Ⓝ911.3　　　　　〔24689〕

◇茨城の芭蕉―講録 梶山孝夫著 増補版 江戸崎町（茨城県）［梶山孝夫］ 2004 90p 21cm Ⓝ911.32
〔24690〕

◇鎌倉の俳人―江戸～明治 鎌倉 鎌倉市教育委員会 1991.12 56p 21cm （鎌倉近代史資料 第6集）Ⓝ911.302
〔24691〕

◇関東俳諧叢書 第1巻 江戸座編 1 加藤定彦, 外村展子編 取手 関東俳諧叢書刊行会 1994.1 284p 19cm 4000円 Ⓝ911.308
〔24692〕

◇関東俳諧叢書 第3巻 五色墨編 1 加藤定彦, 外村展子編 取手 関東俳諧叢書刊行会 1993.9 280p 19cm 4000円 Ⓝ911.308
〔24693〕

◇関東俳諧叢書 第4巻 五色墨編 2 加藤定彦, 外村展子編 取手 関東俳諧叢書刊行会 1994.4 288p 19cm 4000円 Ⓝ911.308
〔24694〕

◇関東俳諧叢書 第5巻 四時観編 1 加藤定彦, 外村展子編 取手 関東俳諧叢書刊行会 1994.7 294p 19cm 4000円 Ⓝ911.308
〔24695〕

◇関東俳諧叢書 第6巻 四時観編 2 加藤定彦, 外村展子編 取手 関東俳諧叢書刊行会 1996.9 287p 19cm 4000円 Ⓝ911.308
〔24696〕

◇関東俳諧叢書 第7巻 東武獅子門編 1 加藤定彦, 外村展子編 取手 関東俳諧叢書刊行会 1995.1 272p 19cm 4000円 Ⓝ911.308
〔24697〕

◇関東俳諧叢書 第8巻 東武獅子門編 2 加藤定彦, 外村展子編 取手 関東俳諧叢書刊行会 1997.2 288p 19cm 5000円 Ⓝ911.308
〔24698〕

◇関東俳諧叢書 第9巻 江戸編 1 加藤定彦, 外村展子編 取手 関東俳諧叢書刊行会 1995.5 272p 19cm 4000円 Ⓝ911.308
〔24699〕

◇関東俳諧叢書 第10巻 江戸編 2 加藤定彦, 外村展子編 取手 関東俳諧叢書刊行会 1997.5 288p 19cm 5000円 Ⓝ911.308
〔24700〕

◇関東俳諧叢書 第11巻 武蔵・相模編 1 加藤定彦, 外村展子編 取手 関東俳諧叢書刊行会 1995.8 271p 19cm 4000円 Ⓝ911.308
〔24701〕

◇関東俳諧叢書 第12巻 武蔵・相模編 2 加藤定彦, 外村展子編 取手 関東俳諧叢書刊行会 1997.9 280p 19cm 5000円 Ⓝ911.308
〔24702〕

◇関東俳諧叢書 第13巻 常総編 1 加藤定彦, 外村展子編 取手 関東俳諧叢書刊行会 1996.2 272p 19cm 4000円 Ⓝ911.308
〔24703〕

◇関東俳諧叢書 第15巻 両毛・甲斐編 1 加藤定彦, 外村展子編 取手 関東俳諧叢書刊行会 1996.5 272p 19cm 4000円 Ⓝ911.308
〔24704〕

◇関東俳諧叢書 第16巻 両毛・甲斐編 2 加藤定彦, 外村展子編 取手 関東俳諧叢書刊行会 1998.5 288p 19cm 5000円 Ⓝ911.308
〔24705〕

◇関東俳諧叢書 第17巻 絵俳書編 1 加藤定彦, 外村展子編 取手 関東俳諧叢書刊行会 1998.9 376p 19cm 6500円 Ⓝ911.308
〔24706〕

◇関東俳諧叢書 第18巻 絵俳書編 2 加藤定彦, 外村展子編 取手 関東俳諧叢書刊行会 1999.2 372p 19cm 6500円 Ⓝ911.308
〔24707〕

◇関東俳諧叢書 第19巻 絵俳書編 3 加藤定彦, 外村展子編 取手 関東俳諧叢書刊行会 1999.6 348p 19cm 6500円 Ⓝ911.308
〔24708〕

◇関東俳諧叢書 第20巻 研究・索引編 1 加藤定彦, 外村展子編 取手 関東俳諧叢書刊行会 2000.7 180,188p 19cm 6500円 Ⓝ911.308
〔24709〕

◇関東俳諧叢書 第21巻 江戸座編 3 加藤定彦, 外村展子編 取手 関東俳諧叢書刊行会 2001.3 376p 19cm 6500円 Ⓝ911.308
〔24710〕

◇関東俳諧叢書 第22巻 五色墨編 3 加藤定彦, 外村展子編 取手 関東俳諧叢書刊行会 2001.11 375p 19cm 6500円 Ⓝ911.308
〔24711〕

◇関東俳諧叢書 第23巻 四時観編 3 加藤定彦, 外村展子編 取手 関東俳諧叢書刊行会 2002.6 383p 19cm 6500円 Ⓝ911.308
〔24712〕

◇関東俳諧叢書 第24巻 東武獅子門編 3 加藤定彦, 外村展子編 取手 関東俳諧叢書刊行会 2002.11 383p 19cm 6500円 Ⓝ911.308
〔24713〕

◇関東俳諧叢書 第25巻 江戸編 3 加藤定彦, 外村展子編 取手 関東俳諧叢書刊行会 2003.7 367p 19cm 6500円 Ⓝ911.308
〔24714〕

◇関東俳諧叢書 第30巻 絵俳書編 4 加藤定彦, 外村展子編 立川 青裳堂書店（発売） 2006.6 368p 19cm 6500円 Ⓝ911.308
〔24715〕

◇関東俳諧叢書 第31巻 絵俳書編 5 加藤定彦, 外村展子編 立川 青裳堂書店（発売） 2006.11 384p 19cm 6500円 Ⓝ911.308
〔24716〕

◇埼玉俳諧史の人びと 小林甲子男著 浦和 さきたま出版会 1991.2 275p 22cm 2800円 ①4-87891-186-7 Ⓝ911.302
〔24717〕

◇上毛俳諧史 2編 しの木弘明著 境町（群馬県） 俳山亭 1999.9 463p 21cm 2500円 Ⓝ911.302
〔24718〕

◇俳句で歩く江戸東京―吟行八十八ケ所巡り 山下一海, 檜田良枝著 中央公論新社 2003.10 207p 19cm 1400円 ①4-12-003448-8 Ⓝ911.304
〔24719〕

◇横浜の俳人たち―横浜俳壇史 1 江戸期 石井光太郎著 横浜 横浜市教育委員会 1972 85,37p 18cm （横浜の文化 2）Ⓝ911.302
〔24720〕

◆◆◆中部地方

◇いわしみずの里―宝暦より昭和初期まで 笹岡俳諧資料 笹神村（新潟県） 笹神村教育委員会 1981.2 199p 26cm （郷土研究 第11集）Ⓝ911.302
〔24721〕

◇越前俳諧叢書 第1 芭蕉以前 石川銀栄子著 福井 福井現代俳句会幹発行所 1956-1959 18cm Ⓝ911.308
〔24722〕

◇越前俳諧叢書 第2 芭蕉時代 石川銀栄子著 福井 福井現代俳句会幹発行所 1956-1959 18cm Ⓝ911.308
〔24723〕

◇越前俳諧叢書 第3 芭蕉没後 石川銀栄子著 福井 福井現代俳句会幹発行所 1956-1959 18cm Ⓝ911.308
〔24724〕

◇越前俳諧叢書 第4集 天明前後別冊 大和紀行 石川銀栄子著 高橋利一,稿, 石川銀栄子校註 福井 福井現代俳句会 幹発行所 1960 25p 22cm Ⓝ911.308
〔24725〕

◇越中俳諧史―芭蕉・浪化とその遺風 和田徳一著 桜楓社 1981.9 380p 22cm 18000円 Ⓝ911.302
〔24726〕

◇越中俳諧年譜史 蔵巨水編 富山 桂書房 1992.4 312,9p 22cm 4120円 Ⓝ911.302
〔24727〕

◇太田巴静と美濃竹ヶ鼻の俳諧―美濃竹ヶ鼻俳諧三百五十年記念 野田千平著 羽島 羽島水音吟社 2005.11 157p 21cm 1905円 ①4-88519-262-5 Ⓝ911.302
〔24728〕

◇尾張の俳諧 寺島初美著 名古屋 愛知県郷土資料刊行会 1987.9 238p 21cm 1800円 ①4-87161-048-9

文学史　　　　　　　　　　　　　　　近世史

Ⓝ911.302　　　　　　　　　　　〔24729〕
◇尾張の俳諧　名古屋市博物館編　名古屋　名古屋市博物館　2002.10　95p　30cm　（名古屋市博物館資料図版目録 3）Ⓝ911.302　　　　　　　　　　　〔24730〕
◇尾張俳壇攷―近世前期俳諧史の一側面　服部直子著　大阪　清文堂出版　2006.5　337,16p　22cm　8500円　Ⓘ4-7924-1391-5　Ⓝ911.302　　　　　　〔24731〕
◇甲斐俳壇と芭蕉の研究　池原錬昌著　日本図書刊行会　1987.6　406p　20cm　2500円　Ⓘ4-89607-990-6　Ⓝ911.302　　　　　　　　　　　〔24732〕
◇加賀俳壇と蕉風の研究　李炫瑛著　富山　桂書房　2002.8　271p　22cm　4000円　Ⓘ4-905564-46-8　Ⓝ911.302　　　　　　　　　　　〔24733〕
◇郷土俳人遺著遺編展覧会品目録―芭蕉二百五十年忌記念　岐阜県立岐阜図書館,大垣市立図書館主催　岐阜　岐阜県立岐阜図書館　1942　37p　19cm　Ⓝ911.3　〔24734〕
◇近世越佐の俳書　第1巻　越佐古俳書研究会編　高志書院　1998.12　249,17p　22cm　7500円　Ⓘ4-906641-23-7　Ⓝ911.3　　　　　　　〔24735〕
◇近世・近代ぬまづの俳人たち　沼津市明治史料館編　沼津　沼津市明治史料館　1996.7　56p　26cm　Ⓝ911.302　　　　　　　　　　　　　　　　〔24736〕
◇近世東海俳壇新攷　野田千平著　若草書房　2002.11　333,6p　22cm　（近世文学研究叢書 13）11000円　Ⓘ4-948755-73-7　Ⓝ911.302　　　　　　〔24737〕
◇近世豊田の俳人　谷沢義男著　豊田　豊田市教育委員会　1988.3　305p　22cm　（豊田市文化財叢書 第15）Ⓝ911.302　　　　　　　　　　　　　　　〔24738〕
◇近世三重の俳人たち　岡本勝著　おうふう　2000.10　210p　19cm　1900円　Ⓘ4-273-03110-8　Ⓝ911.302　　　　　　　　　　　〔24739〕
◇駿河俳諧資料集 12　六花庵往来集　下　六花庵乙児著　田中あきら解説　静岡　さつき叢書刊行会　1991.10　78p　21cm　（さつき叢書 第39編）Ⓝ911.302　〔24740〕
◇駿河俳諧資料集 13　旦暮帖　菜路周竹著　田中あきら解説　静岡　さつき叢書刊行会　1993.10　1冊　21cm　（さつき叢書 第40編）Ⓝ911.302　〔24741〕
◇駿河俳諧資料集 14　時雨の窓　法月吐志楼著　静岡　さつき叢書刊行会　1994.5　1冊　25cm　（さつき叢書 第41編）Ⓝ911.302　　　　　　〔24742〕
◇中山道大井宿俳諧研究レポート　ひしや古文書研究会編　恵那　恵那市教育委員会　2002.3　47p　30cm　Ⓝ911.302　　　　　　　　　　　〔24743〕
◇福井県古俳書大観　斎藤耕子編　鯖江　福井県俳句史研究会　1992.12　473p　22cm　Ⓝ911.308　〔24744〕
◇福井県古俳書大観　続編　斎藤耕子編　鯖江　福井県俳句史研究会　1994.10　317p　22cm　Ⓝ911.308　　　　　　　　　　　　　　　〔24745〕
◇福井県古俳書大観　第3編　斎藤耕子編　鯖江　福井県俳句史研究会　1997.6　459p　22cm　5000円　Ⓝ911.308　　　　　　　　　　〔24746〕
◇福井の俳句―江戸時代から大正時代まで　斎藤耕子著　鯖江　福井県俳句史研究会　2000.2　251p　22cm　3000円　Ⓝ911.302　　　　　　〔24747〕

◆◆◆近畿地方
◇近世畿内の社会と宗教　塩野芳夫著　大阪　和泉書院　1995.11　399p　22cm　（日本史研究叢刊 6）8240円　Ⓘ4-87088-763-0　Ⓝ210.5　〔24748〕
◇近世中期の上方俳壇　深沢了子著　大阪　和泉書院

2001.12　365p　22cm　（研究叢書 275）11000円　Ⓘ4-7576-0135-2　Ⓝ911.302　　　　　　〔24749〕
◇堺と泉州の俳諧―泉州俳諧史の研究　永野仁著　新泉社　1996.2　361p　22cm　（大阪経済大学研究叢書 第30冊）7000円　Ⓘ4-7877-9603-8　Ⓝ911.3　〔24750〕
◇芭蕉と近江の門人たち―芭蕉没後300年記念企画展　大津市歴史博物館編　大津　大津市歴史博物館　1994.10　127p　26cm　Ⓝ911.32　　　　　　　〔24751〕
◇芭蕉と大津　竹内将人編　大津　竹内将人　1991.10　96p　21cm　Ⓝ911.32　　　　　　　〔24752〕
◇芭蕉と岐阜・大垣　大野国士著　岐阜　まつお出版　1993.7　133p　21cm　1600円　Ⓘ4-9900168-2-3　Ⓝ911.32　　　　　　　　　　　〔24753〕
◇芭蕉と京都俳壇―蕉風胎動の延宝・天和期を考える　佐藤勝明著　八木書店　2006.1　331,21p　22cm　9800円　Ⓘ4-8406-9638-1　Ⓝ911.32　　〔24754〕

◆◆◆中国地方
◇近世芸備地方の俳諧　第4集　下垣内和人著　呉　1966　103p　21cm　Ⓝ911.308　　　　　　〔24755〕
◇近世芸備地方の俳諧　第5集　下垣内和人著　呉　1967　51p　21cm　Ⓝ911.308　　　　　　〔24756〕
◇近世芸備地方の俳諧　第6集　下垣内和人著　呉　下垣内和人　1968　45p　21cm　Ⓝ911.308　〔24757〕
◇近世芸備地方の俳諧　第7集　下垣内和人著　呉　下垣内和人　1969　62p　21cm　Ⓝ911.308　〔24758〕
◇近世芸備地方の俳諧　第8集　下垣内和人著　呉　下垣内和人　1970　50p　21cm　Ⓝ911.308　〔24759〕
◇近世芸備地方の俳諧　第9集　下垣内和人著　呉　下垣内和人　1970　83p　21cm　Ⓝ911.308　〔24760〕
◇近世芸備地方の俳諧　第10集　下垣内和人著　呉　下垣内和人　1972　82p　22cm　Ⓝ911.308　〔24761〕
◇近世芸備地方の俳諧　第11集　下垣内和人著　呉　下垣内和人　1976　94p　22cm　Ⓝ911.308　〔24762〕
◇近世芸備地方の俳諧　第12集　下垣内和人編　呉　下垣内和人　1980.5　76p　21cm　Ⓝ911.308　〔24763〕
◇近世芸備地方の俳諧　第1-3集　下垣内和人著　呉　1964-1966　3冊　21cm　Ⓝ911.308　〔24764〕
◇近世中国俳壇史―研究と資料　下垣内和人著　大阪　和泉書院　1992.6　676p　22cm　（研究叢書 119）18540円　Ⓘ4-87088-542-5　Ⓝ911.302　〔24765〕
◇芸州近世俳諧史抄　渡辺晋山著　広島　西日本文化出版　2005.11　71p　19cm　Ⓝ911.302　〔24766〕
◇美作の俳諧資料　久世町教育委員会生涯学習課編　久世町（岡山県）　久世町教育委員会　2001.3　231p　30cm　（久世町の文化財 第4集）Ⓝ911.302　〔24767〕

◆◆◆四国地方
◇近世阿波俳諧史　佐藤義勝著　徳島　航標俳句会　2000.3　512,11p　19cm　5000円　Ⓝ911.302　〔24768〕
◇讃岐の俳諧史考―十七文字の景色　二宮嘉幸著　観音寺　江甫草史談会　2002.2　343p　30cm　Ⓝ911.302　　　　　　　　　　　　　　　〔24769〕
◇幕末を生きた伊予の俳人と末裔の群像―俳諧集『伊予寿多連』に寄せて　日野林清美著　松山　日野林清美　2005.8　2冊（別冊とも）　22cm　Ⓝ911.302　〔24770〕

◆◆◆九州地方
◇近世九州俳壇史の研究　大内初夫著　福岡　九州大学出版会　1983.12　722p　22cm　8800円　Ⓝ911.302

◇佐賀県近世史料　第9編　第1巻　俳諧/草子・実録/一編舎十九集　佐賀県立図書館編　佐賀　佐賀県立図書館　2004.3　52,1000p　22cm　Ⓝ219.2
〔24772〕

◆◆初期俳諧

◇「大坂独吟集」出典考　乾裕幸著　高野町（和歌山県）　高野山国文学研究会　1962　88p　19cm　Ⓝ911.31
〔24773〕

◇寛永十四年熱田万句　乙　熱田神宮宮庁編纂　名古屋　熱田神宮宮庁　1994.1　232p　21cm　（熱田神宮文化叢書　第9）Ⓝ911.31
〔24774〕

◇寛永二十年以後熱田万句（資料）　野中千平監修・翻刻　熱田神宮宮庁編纂　名古屋　熱田神宮宮庁　1995.10　297p　21cm　（熱田神宮文化叢書　第10）Ⓝ911.31
〔24775〕

◇近世初期俳諧論考　江藤保定著　笠間書院　1977.9　311p　22cm　（笠間叢書　80）6500円　Ⓝ911.31
〔24776〕

◇近世俳句評釈　松浦一六著　古川書房　1973　183p　19cm　（古川叢書）650円　Ⓝ911.31
〔24777〕

◇小杉一笑　金沢　小杉一笑記念誌発刊実行委員会　1987.12　151p　22cm　Ⓝ911.31
〔24778〕

◇斎藤徳元研究　上　安藤武彦著　大阪　和泉書院　2002.7　578p　22cm　Ⓘ4-7576-0157-3　Ⓝ911.31
〔24779〕

◇斎藤徳元研究　下　安藤武彦著　大阪　和泉書院　2002.7　p581-1063　22cm　Ⓘ4-7576-0157-3　Ⓝ911.31
〔24780〕

◇初期俳諧季題総覧　小林祥次郎著　勉誠出版　2005.2　729p　22cm　22500円　Ⓘ4-585-10098-9　Ⓝ911.3
〔24781〕

◇初期俳諧の研究　田中善信著　新典社　1989.4　350p　22cm　（新典社研究叢書　26）11330円　Ⓘ4-7879-4026-0　Ⓝ911.31
〔24782〕

◇初期俳諧の展開　乾裕幸著　桜楓社　1968　341p　22cm　2400円　Ⓝ911.31
〔24783〕

◇初期俳諧の展開　乾裕幸著　第2版　桜楓社　1982.11　341p　22cm　9800円　Ⓝ911.31
〔24784〕

◇新続犬筑波集　赤羽学編　岡山　ベネッセコーポレーション　1995.12　281p　22cm　（岡山大学国文学資料叢書　4）5000円　Ⓘ4-8288-2611-4　Ⓝ911.31〔24785〕

◇新続犬筑波集　索引篇　赤羽学編著　広島　安田女子大学　1997.3　268p　30cm　Ⓝ911.31〔24786〕

◇俳諧江戸広小路—影印・翻刻と研究　山本唯一著　京都　文栄堂書店　1984.12　258p　20cm　（国文学叢書）3200円　Ⓝ911.31
〔24787〕

◇俳諧史の曙　母利司朗著　大阪　清文堂出版　2007.9　440p　22cm　10000円　Ⓘ978-4-7924-1402-3　Ⓝ911.31
〔24788〕

◇俳諧洗濯物　洗濯磑　椋梨一雪撰　阿部倬也編　古典文庫　1995.4　491p　17cm　（古典文庫　第581冊）非売品　Ⓝ911.31
〔24789〕

◇誹諧旅枕　令敬撰, 島津忠夫校　福岡　西日本国語国文学会翻刻双書刊行会　1961　172p　19cm　（西日本国語国文学会翻刻双書）Ⓝ911.31
〔24790〕

◇誹諧晴小袖と研究　阿部倬也編著　豊橋　未刊国文資料刊行会　1991.3　172p　19cm　（未刊国文資料　第4期　第14冊）Ⓝ911.31
〔24791〕

◇俳書の変遷—西鶴と芭蕉　木村三四吾著　八木書店　1998.1　423,78,5p　22cm　（木村三四吾著作集 1）9800円　Ⓘ4-8406-9610-1　Ⓝ911.304
〔24792〕

◇芭蕉と芭蕉以前　乾裕幸著　新典社　1992.6　206p　22cm　（新典社研究叢書　51）6500円　Ⓘ4-7879-4051-1　Ⓝ911.31
〔24793〕

◇便船集索引　金沢近世語研究会編　金沢　金沢近世語研究会　1977.5　230p　25cm　非売品　Ⓝ911.31
〔24794〕

◇三田浄久　平林治徳著　大阪　大阪女子大学国文学研究室　1954　177p　19cm　Ⓝ911.31
〔24795〕

◇八代名所集—貞門時代の八代の俳諧集　八代　八代古文書の会　1992.11　83p　21cm　（八代古文書の会叢書　第4巻）Ⓝ911.31
〔24796〕

◆◆◆荒木田守武

◇伊勢俳諧年表　上巻　守武前期—安永　岩出甫石遺稿　名古屋　東海文学資料探訪の会　1973　190枚　26×36cm　Ⓝ911.302
〔24797〕

◆◆◆貞門派

◇江戸貞門俳諧の研究　森川昭著　武蔵野　成蹊高等学校　1963　171p　21cm　（成蹊論叢別　第1号）Ⓝ911.31
〔24798〕

◇古典文学翻刻集成　第1巻　俳文学篇—貞門・談林　加藤定彦監修　ゆまに書房　1998.10　342p　22cm　13000円　Ⓘ4-89714-569-4　Ⓝ918
〔24799〕

◇貞門時代俳人大観　今栄蔵, 榎坂浩尚編　日野〔今栄蔵〕　1979　350p　22cm　Ⓝ911.31
〔24800〕

◇貞門談林諸家句集　雲英末雄編　笠間書院　1971　173p　22cm　（早大俳諧研究会年報　第3集）2000円　Ⓝ911.31
〔24801〕

◇貞門談林俳諧集　雲英末雄編　早稲田大学出版部　1989.3　576,76p　16×22cm　（早稲田大学蔵資料影印叢書）15000円　Ⓝ911.31
〔24802〕

◇貞門談林俳人大観　今栄蔵編　八王子　中央大学出版部　1989.2　747p　23cm　（中央大学学術図書 19）15000円　Ⓘ4-8057-5123-1　Ⓝ911.31
〔24803〕

◇貞門俳諧自註百韻—翻刻と研究　近世初期文芸研究会　1968　176p　25cm　非売
〔24804〕

◇日本俳書大系　第7巻　貞門俳諧集　勝峰晋風編　日本図書センター　1995.8　686,14p　22cm　Ⓘ4-8205-9378-1,4-8205-9371-4　Ⓝ911.308〔24805〕

◇松永貞徳—俳諧師への道　島本昌一著　法政大学出版局　1989.3　215p　20cm　（教養学校叢書 4）1339円　Ⓘ4-588-05304-3　Ⓝ911.31
〔24806〕

◇松永貞徳の研究—〔正〕続篇　小高敏郎著　至文堂　1956　2冊　22cm　Ⓝ911.31
〔24807〕

◇松永貞徳の研究　小高敏郎著　新訂　京都　臨川書店　1988.10　415p　22cm　7900円　Ⓘ4-653-01765-4　Ⓝ911.31
〔24808〕

◇松永貞徳の研究　続篇　小高敏郎著　新訂　京都　臨川書店　1988.10　560p　22cm　8600円　Ⓘ4-653-01766-2　Ⓝ911.31
〔24809〕

◆◆◆談林派

◇古典文学翻刻集成　第1巻　俳文学篇—貞門・談林　加藤定彦監修　ゆまに書房　1998.10　342p　22cm　13000円　Ⓘ4-89714-569-4　Ⓝ918
〔24810〕

◇談林叢談　野間光辰著　岩波書店　1987.8　363p　20cm　2500円　Ⓘ4-00-001268-1　Ⓝ911.31　〔24811〕

◇談林俳論集　第1　近来俳諧風躰抄　尾形仂編　岡西惟中撰　古典文庫　1963　234p　17cm　(古典文庫第193冊)　Ⓝ911.31　〔24812〕

◇談林俳論集　付録　一夜菴建立縁起〔ほか〕　尾形仂編　岡西惟中撰　古典文庫　1963　234p　17cm　(古典文庫　第193冊)　〔24813〕

◇貞門談林諸家句集　雲英末雄編　笠間書院　1971　173p　22cm　(早大俳諧研究会年報　第3集)2000円　Ⓝ911.31　〔24814〕

◇貞門談林俳諧集　雲英末雄編　早稲田大学出版部　1989.3　576,76p　16×22cm　(早稲田大学蔵資料影印叢書)15000円　Ⓝ911.31　〔24815〕

◇貞門談林俳人大観　今栄蔵編　八王子　中央大学出版部　1989.2　747p　23cm　(中央大学学術図書 19)15000円　Ⓘ4-8057-5123-1　Ⓝ911.31　〔24816〕

◇貞門俳諧自註百韻―翻刻と研究　近世初期文芸研究会　1968　176p　25cm　非売　Ⓝ911.31　〔24817〕

◇天理図書館綿屋文庫俳書集成　第6巻　談林俳書集　1　天理図書館綿屋文庫俳書集成編集委員会編　天理　天理大学出版部　1995.2　500,15p　16×22cm　15000円　Ⓘ4-8406-9506-7　Ⓝ911.3　〔24818〕

◇天理図書館綿屋文庫俳書集成　第16巻　談林俳書集　2　天理図書館綿屋文庫俳書集成編集委員会編　天理　天理大学出版部　1996.10　372,9p　22×31cm　15000円　Ⓘ4-8406-9516-4　Ⓝ911.3　〔24819〕

◇天理図書館綿屋文庫俳書集成　第19巻　談林俳書集　3　天理図書館綿屋文庫俳書集成編集委員会編　天理　天理大学出版部　1997.4　424,22p　22cm　14600円　Ⓘ4-8406-9519-9　Ⓝ911.3　〔24820〕

◇日本俳書大系　第8巻　談林俳諧集　勝峰晋風編　日本図書センター　1995.8　624,15p　22cm　Ⓘ4-8205-9379-X,4-8205-9371-4　Ⓝ911.308　〔24821〕

◇俳諧百韻評釈―宗因独吟　中村幸彦著　富士見書房　1989.9　185p　20cm　2000円　Ⓘ4-8291-7079-4　Ⓝ911.31　〔24822〕

◇誹家大系図―古風談林正風　生川春明著　雲英末雄編　武蔵村山　青裳堂書店　1997.10　219p　21cm　(書誌学月報　別冊 3)4000円　Ⓝ911.302　〔24823〕

◆◆◆北村季吟

◇季吟俳論集　北村季吟著,尾形仂編校および解説　古典文庫　1960　224p　17cm　(古典文庫　第151冊)Ⓝ911.31　〔24824〕

◇北村季吟　祇王小学校(滋賀県野州郡祇王村)編　祇王村(滋賀県野州郡)　1955　152p　19cm　Ⓝ911.31　〔24825〕

◇北村季吟―俳諧・和歌・古典の師　町制四十周年記念特別展図録　銅鐸博物館　野洲町(滋賀県)　銅鐸博物館　1995.10　70p　26cm　Ⓝ911.31　〔24826〕

◇北村季吟―この世のちの世思ふことなき　島内景二著　京都　ミネルヴァ書房　2004.9　297,9p　19cm　(ミネルヴァ日本評伝選)2400円　Ⓘ4-623-04055-0　〔24827〕

◇北村季吟―没後三〇〇年記念展　野洲市誕生記念企画展図録　野洲市歴史民俗博物館(銅鐸博物館)編　野洲　野洲市歴史民俗博物館　2005.4　46p 図版8枚　30cm　Ⓝ911.31　〔24828〕

◇北村季吟　続　野洲町(滋賀県)　北村季吟顕彰会　1976　141p　19cm　非売品　Ⓝ911.31　〔24829〕

◇北村季吟伝　石倉重継著　クレス出版　1995.11　30,264p　22cm　(近世文芸研究叢書 16―第一期文学篇　作家2)Ⓘ4-87733-002-X　Ⓝ911.31　〔24830〕

◇北村季吟の人と仕事　野村貴次著　新典社　1977.11　616p　22cm　(新典社研究叢書 1)13000円　Ⓝ911.31　〔24831〕

◇北村季吟論考　榎坂浩尚著　新典社　1996.6　434p　22cm　(新典社研究叢書 98)13500円　Ⓘ4-7879-4098-8　Ⓝ911.31　〔24832〕

◇天理図書館綿屋文庫俳書集成　第3巻　北村季吟集　天理図書館綿屋文庫俳書集成編集委員会編　天理　天理大学出版部　1994.8　445,15p　22cm　15000円　Ⓘ4-8406-9503-2　Ⓝ911.3　〔24833〕

◆◆◆井原西鶴

◇石車―俳諧　井原西鶴著　滝田貞治編著　台湾台北　台湾三省堂　1943　110,7p　24cm　(西鶴俳諧叢書 第2巻)Ⓝ911.3　〔24834〕

◇井原西鶴―全句集　井原西鶴著　乾裕幸編著　蝸牛社　1996.12　172p　19cm　(蝸牛俳句文庫 23)1400円　Ⓘ4-87661-291-9　Ⓝ911.31　〔24835〕

◇西鶴大矢数注釈　第1巻　前田金五郎著　勉誠社　1986.12　617p　22cm　13000円　Ⓝ911.31　〔24836〕

◇西鶴大矢数注釈　第2巻　前田金五郎著　勉誠社　1987.3　585p　22cm　13000円　Ⓝ911.31　〔24837〕

◇西鶴大矢数注釈　第3巻　前田金五郎著　勉誠社　1987.6　581p　22cm　13000円　Ⓝ911.31　〔24838〕

◇西鶴大矢数注釈　第4巻　前田金五郎著　勉誠社　1987.9　619p　22cm　13000円　Ⓝ911.31　〔24839〕

◇西鶴大矢数注釈　索引　小川武彦編　勉誠社　1992.3　301p　22cm　6000円　Ⓘ4-585-03010-7　Ⓝ911.31　〔24840〕

◇西鶴五百韻　井原西鶴等著　西鶴学会　西鶴学会　1950.10　56p　17cm　(古典文庫―西鶴俳書複製)非売品　Ⓝ911.31　〔24841〕

◇西鶴・近松・伊丹　岡田利兵衛著　柿衛文庫編　八木書店　1997.11　157p　19cm　(岡田利兵衛著作集 3)2000円　Ⓘ4-8406-9606-3　Ⓝ911.302　〔24842〕

◇西鶴俳諧集　乾裕幸編　桜楓社　1987.4　215p　22cm　2400円　Ⓘ4-273-02164-1　Ⓝ911.31　〔24843〕

◇西鶴発句注釈　井原西鶴原著　前田金五郎著　勉誠出版　2001.1　225p　22cm　6500円　Ⓘ4-585-03072-7　Ⓝ911.31　〔24844〕

◇西鶴矢数俳諧の世界　大野鵠士著　大阪　和泉書院　2003.4　205p　20cm　(和泉選書 136)2500円　Ⓘ4-7576-0190-5　Ⓝ911.31　〔24845〕

◇西鶴連句注釈　前田金五郎著　勉誠出版　2003.12　1035p　22cm　28500円　Ⓘ4-585-03095-6　Ⓝ911.31　〔24846〕

◇桜千句―大坂衆　滝田貞治編者　台北　台湾三省堂　1943　77p　24cm　(西鶴俳諧叢書 第1巻)Ⓝ911.3　〔24847〕

◇松寿軒西鶴独吟百韻　白名民憲編　大阪　三越大阪支店　1931　1冊　23×33cm　Ⓝ911.3　〔24848〕

◇俳諧師西鶴―考証と論　乾裕幸著　前田書店　1979.6　302p　19cm　(前田国文選書 1)2500円　Ⓝ911.31　〔24849〕

◇芭蕉と西鶴　岡崎義恵著　仙台　支倉書林　1946　88p　18cm　Ⓝ910.25　〔24850〕

◇芭蕉と西鶴　広末保著　未來社　1963　194p　20cm　Ⓝ911.32　〔24851〕

◇芭蕉と西鶴の文学―前近代の詩と俗　乾裕幸著　創樹社　1983.2　249p　20cm　2000円　Ⓝ911.32　〔24852〕

◆◆松尾芭蕉

◇悪党芭蕉　嵐山光三郎著　新潮社　2006.4　263p　20cm　1500円　Ⓘ4-10-360104-3　Ⓝ911.32　〔24853〕
◇あしたに夕へに―芭蕉随想　荻原井泉水著　偕成社　1943　324p　19cm　Ⓝ911.3　〔24854〕
◇暗部―松尾芭蕉ノオト　ひの・まさし著　同友館　2004.3　125p　22cm　2000円　Ⓘ4-496-03636-3　Ⓝ911.32　〔24855〕
◇一条寺村金福寺芭蕉菴由来記　佐座宗侃著　修学院村（京都府）　佐座宗侃　1913　24p　22cm　Ⓝ911.32　〔24856〕
◇浮瀬俳跡蕉蕪園　平松弘之編著　改訂版　大阪　大阪星光学院　1987.11　36p　13×19cm　非売品　Ⓝ911.32　〔24857〕
◇歌枕俳跡講座―芭蕉の旅と文学への誘い　上野市教育委員会編　上野　上野市　2000.10　260p　19cm　Ⓝ911.32　〔24858〕
◇潁原退蔵著作集　第7巻　俳諧評釈　2　中央公論社　1979.6　472p　20cm　2400円　Ⓝ910.25　〔24859〕
◇潁原退蔵著作集　第8巻　俳諧評釈　3　中央公論社　1980.4　519p　20cm　2800円　Ⓝ910.25　〔24860〕
◇潁原退蔵著作集　第9巻　芭蕉　1　中央公論社　1979.4　373p　20cm　1900円　Ⓝ910.25　〔24861〕
◇潁原退蔵著作集　第10巻　芭蕉　2　中央公論社　1980.2　385p　20cm　2200円　Ⓝ910.25　〔24862〕
◇潁原退蔵著作集　第11巻　芭蕉　3　中央公論社　1980.6　365p　20cm　2500円　Ⓝ910.25　〔24863〕
◇大津と芭蕉　『大津と芭蕉』編集委員会企画・編集　大津　大津市　1991.3　271p　22cm　Ⓝ911.32　〔24864〕
◇岡崎義恵著作集　第6　芭蕉の芸術　岡崎義恵著　宝文館　1959　426p　20cm　Ⓝ910.8　〔24865〕
◇海内付回俳諧百韻―芭蕉生誕三百六拾年記念興行　三重県連句協会連衆他著　四日市　〔三重県連句協会連衆〕　2004.10　18p　18×26cm　Ⓝ911.38　〔24866〕
◇過去種―芭蕉翁句解　川合釛四郎編　名古屋　小出広松　1894.5　289p　19cm　Ⓝ911.3　〔24867〕
◇可能性としての芭蕉―完結拒否の発想　広末保著　御茶の水書房　1988.1　335p　21cm　（あごら叢書）2600円　Ⓘ4-275-00772-7　Ⓝ911.32　〔24868〕
◇上方の文化　芭蕉観のいろいろ　大阪女子大学国文学研究室編　大阪　和泉書院　1990.11　185p　20cm　（上方文庫　10）2000円　Ⓘ4-87088-435-6　Ⓝ911.32　〔24869〕
◇かわすあわせ―芭蕉記念館所蔵本　仙化編　江東区芭蕉記念館編　江東区芭蕉記念館　1991.3　24p　26cm　Ⓝ911.32　〔24870〕
◇季題類別芭蕉名句選集　工藤静波編　大阪　積文館書店　1926　177p　16cm　（俳諧文庫　第1編）Ⓝ911.32　〔24871〕
◇金星堂俳人叢書　第1　芭蕉俳句集　大橋裸木編　金星堂　1927　152p　16cm　Ⓝ911.3　〔24872〕
◇幻住庵の記を歩く　丸山弘著　大津　幻住庵保勝会　1994.9　62p　19cm　Ⓝ911.32　〔24873〕
◇検証芭蕉と紀三井寺宗祇坂―宗祇の「古事」を尋ねて紀三井寺旧で「笈の小文」紀伊路紀行　小籔繁喜著　増補版　和歌山　〔小籔繁喜〕　1997.2　45p　26cm　非売品　Ⓝ911.32　〔24874〕
◇恋の座　今井文男著　名古屋　新泉書房　1948　82p　19cm　Ⓝ911.32　〔24875〕
◇校本芭蕉全集　別巻　補遺篇　松尾芭蕉著　井本農一、大谷篤蔵編　富士見書房　1991.11　434p　20cm　4100円　Ⓘ4-8291-7135-9　Ⓝ911.32　〔24876〕
◇講話芭蕉の作品について　水原秋桜子著，水原しづ編　東京美術　1986.5　219p　19cm　2500円　Ⓘ4-8087-0334-3　Ⓝ911.32　〔24877〕
◇国語国文学研究史大成　第12　芭蕉　全国大学国語国文学会研究史大成編纂委員会編　井本農一、栗山理一、中村俊定編著　三省堂　1959　527p　22cm　Ⓝ910.8　〔24878〕
◇心に刻んでおきたい芭蕉名句選　角川書店編　角川書店　1999.12　127p　12cm　（角川mini文庫）200円　Ⓘ4-04-700292-5　Ⓝ911.32　〔24879〕
◇個者へのこころ　島木英著　吉田和子　1980.2　222p　18cm　1000円　Ⓝ911.32　〔24880〕
◇古典俳句を学ぶ　上　芭蕉を中心として　井本農一、堀信夫編　有斐閣　1977.10　275p　19cm　（有斐閣選書）1100円　Ⓝ911.3　〔24881〕
◇ことばの内なる芭蕉―あるいは芭蕉の言語と俳諧性　乾裕幸著　未來社　1981.4　372p　20cm　2800円　Ⓝ911.32　〔24882〕
◇ことばの光彩―古典名句への招待　伊藤敬子著　牧羊社　1994.9　117p　22cm　2000円　Ⓘ4-8333-1727-3　Ⓝ911.32　〔24883〕
◇さび・わび・しおり　河野喜雄著　ぺりかん社　1982.11　221p　20cm　1600円　Ⓝ911.32　〔24884〕
◇自句に表はれた芭蕉人間学　加藤紫舟著　大日本出版社　峯文荘　1940　248p　19cm　Ⓝ911.32　〔24885〕
◇詩人芭蕉　萩原蘿月著　紅玉堂書店　1926　788,15,13p　18cm　Ⓝ911.32　〔24886〕
◇詩人芭蕉　小島政二郎著　彌生書房　1980.11　256p　20cm　1600円　Ⓝ911.32　〔24887〕
◇私説・松尾芭蕉―俳諧の改革から見る　川端実著　所沢　蛮詩社　2004.7　232p　19cm　1500円　Ⓝ911.32　〔24888〕
◇詩に痩せた芭蕉　上野松峯著　春秋社　1933　289p　18cm　（春秋文庫　第2部　第10）Ⓝ911.32　〔24889〕
◇詩に痩せたる芭蕉　上野松峯著　小西書店　1924　470p　20cm　Ⓝ911.32　〔24890〕
◇蕉翁遺芳―芭蕉翁生誕三百年記念展観図集　「蕉翁遺芳」編集委員会編　京都　同朋舎　1979.8　2冊（別冊とも）　35cm　全30000円　Ⓝ911.32　〔24891〕
◇詳解芭蕉俳句集　三兼大石著　芳文堂　1932　138p　19cm　Ⓝ911.32　〔24892〕
◇貞享期芭蕉論考　井上敏幸著　京都　臨川書店　1992.4　369p　22cm　7500円　Ⓘ4-653-02376-X　Ⓝ911.32　〔24893〕
◇初期俳諧から芭蕉時代へ　今栄蔵著　笠間書院　2002.10　444p　22cm　（笠間叢書　345）12500円　Ⓘ4-305-10345-1　Ⓝ911.31　〔24894〕
◇書誌的に見た芭蕉翁生誕地考　桃井隆康編　上野　芭蕉翁記念館　1969　22p　450円　Ⓝ911.32　〔24895〕
◇諸注評釈　芭蕉俳句大成　岩田九郎著　明治書院　1967　1446p　22cm　Ⓝ911.32　〔24896〕
◇新校芭蕉俳句全集　松尾芭蕉著　潁原退蔵編著　京都　全国書房　1947　404p　19cm　Ⓝ911.32　〔24897〕
◇新修芭蕉伝記考説　行実篇　阿部正美著　明治書院　1982.5　756p　22cm　12000円　Ⓝ911.32　〔24898〕
◇新修芭蕉伝記考説　作品篇　阿部正美著　明治書院　1984.11　753p　22cm　12000円　Ⓝ911.32　〔24899〕

文学史　　　　　　　　　近世史

◇新選芭蕉蕪村子規句集　松尾芭蕉ほか著　木村三樹編　大洋社出版部　1938　342p　18cm　Ⓝ911.3　〔24900〕
◇新撰妙好人伝　第2編　松尾芭蕉　富士川遊著　正信協会編　厚徳書院　1936　44p　23cm　Ⓝ281　〔24901〕
◇新芭蕉講座　第1巻　発句篇　上　潁原退蔵ほか著　三省堂　1995.8　524p　23cm　①4-385-30148-4　Ⓝ911.32　〔24902〕
◇新芭蕉講座　第2巻　発句篇　中　潁原退蔵ほか著　三省堂　1995.8　554p　23cm　①4-385-30148-4　Ⓝ911.32　〔24903〕
◇新芭蕉講座　第3巻　発句篇　下　潁原退蔵ほか著　三省堂　1995.8　548p　23cm　①4-385-30148-4　Ⓝ911.32　〔24904〕
◇新芭蕉講座　第6巻　俳論篇　小宮豊隆,能勢朝次著　三省堂　1995.8　356p　23cm　①4-385-30148-4　Ⓝ911.32　〔24905〕
◇新芭蕉講座　第7巻　書簡篇　今栄蔵著　三省堂　1995.8　475p　23cm　①4-385-30148-4　Ⓝ911.32　〔24906〕
◇新芭蕉講座　第9巻　俳文篇　石田元季ほか著　三省堂　1995.8　641p　23cm　①4-385-30148-4　Ⓝ911.32　〔24907〕
◇新編芭蕉一代集　連句篇　上　勝峯晋風編　春秋社　1931　394p　20cm　Ⓝ911.32　〔24908〕
◇新編芭蕉一代集　俳句篇・不審抄・索引　勝峯晋風編　春秋社　1931　137,26p　20cm　Ⓝ911.32　〔24909〕
◇新編芭蕉一代集　文章篇・書翰篇　勝峯晋風編　春秋社　1931　587-796p　20cm　Ⓝ911.32　〔24910〕
◇新編芭蕉大成　尾形仂ほか編　三省堂　1999.2　884p　27cm　25000円　①4-385-35745-5　Ⓝ911.32　〔24911〕
◇シンポジウム日本文学　8　芭蕉　司会：尾形仂　学生社　1976　254p　22cm　1900円　Ⓝ910.8　〔24912〕
◇親鸞と芭蕉　山本四方著　鶴来町(石川県)　親鸞と芭蕉編纂委員会　1963　217p　19cm　Ⓝ911.32　〔24913〕
◇随筆芭蕉　第3巻　芭蕉を尋ねて　荻原井泉水著　春秋社　1955-1956　18cm　Ⓝ911.32　〔24914〕
◇随筆芭蕉　第4巻　芭蕉巡礼　荻原井泉水著　春秋社　1955-1956　18cm　Ⓝ911.32　〔24915〕
◇随筆芭蕉　第5巻　芭蕉風景　荻原井泉水著　春秋社　1955-1956　18cm　Ⓝ911.32　〔24916〕
◇随筆芭蕉　第6巻　芭蕉春秋　荻原井泉水著　春秋社　1955-1956　18cm　Ⓝ911.32　〔24917〕
◇図説江戸の芭蕉を歩く　工藤寛正編　河出書房新社　2004.2　118p　22cm　(ふくろうの本)1800円　①4-309-76042-2　Ⓝ911.32　〔24918〕
◇図説日本の古典　14　芭蕉・蕪村　白石悌三ほか編集　集英社　1988.11　218p　28cm　2800円　①4-08-167114-1　Ⓝ910.8　〔24919〕
◇図説芭蕉　岡田利兵衛編　角川書店　1972　図108枚　解説173p　27cm　Ⓝ911.32　〔24920〕
◇世阿弥・芭蕉・馬琴　古川久著　福村出版　1967　233p　20cm　Ⓝ910.4　〔24921〕
◇精選季題別芭蕉秀句　芭蕉　復本一郎編著　邑書林　1998.4　108p　15cm　(邑書林句集文庫)900円　①4-89709-271-X　Ⓝ911.32　〔24922〕
◇西望荘雑記　桃井隆康著　上野　〔桃井隆康〕　1979.12　470p　図版10枚　19cm　非売品　Ⓝ911.32　〔24923〕
◇雪月花の秀句鑑賞―芭蕉と蕪村中心に　古山俊彦著　横浜　古山俊彦　2007.3　100p　20cm　Ⓝ911.36　〔24924〕
◇潺々―芭蕉・五老井の流れ　石川柊著　星雲社(発売)　2006.8　414p　19cm　2800円　①4-434-08369-4　Ⓝ911.302　〔24925〕
◇宗因から芭蕉へ―西山宗因生誕四百年記念　柿衛文庫,八代市立博物館未来の森ミュージアム,日本書道美術館編　八木書店　2005.10　79p　30cm　2000円　①4-8406-9667-5　Ⓝ911.31　〔24926〕
◇総合芭蕉事典　尾形仂ほか編集　雄山閣　1982.6　670p　20cm　6800円　①4-639-00164-9　Ⓝ911.32　〔24927〕
◇総合芭蕉事典　栗山理一監修　尾形仂,山下一海,復本一郎編　雄山閣　2003.5　670p　19cm　(Ondemand collection)5000円　①4-639-10042-6　Ⓝ911.32　〔24928〕
◇続・芭蕉と現代俳句　富山奏著　大阪　和泉書院　1987.12　218p　19cm　(和泉選書 33)3500円　①4-87088-264-7　Ⓝ911.32　〔24929〕
◇第50回芭蕉祭記念集　芭蕉翁記念館編　上野　上野市　1996.10　151p　26cm　Ⓝ911.32　〔24930〕
◇大芭蕉全集　第9-12巻　松尾芭蕉著　大観堂　1936　4冊　20cm　Ⓝ911.32　〔24931〕
◇竹西寛子の松尾芭蕉集・与謝蕪村集　竹西寛子著　集英社　1996.2　291p　16cm　(集英社文庫―わたしの古典)700円　①4-08-748434-3　Ⓝ911.32　〔24932〕
◇脱出の文学―芭蕉をめぐる近代作家たち　久保田晴次著　桜楓社　1968　373p　19cm　Ⓝ911.32　〔24933〕
◇脱出の文学―芭蕉をめぐる近代作家たち　久保田晴次著　増訂版　桜楓社　1971　407p　19cm　1100円　Ⓝ911.32　〔24934〕
◇食べる芭蕉―ものひとつ瓢はかろき　北嶋広敏著　太陽企画出版　1996.5　270p　20cm　1800円　①4-88466-265-2　Ⓝ911.32　〔24935〕
◇直観と芭蕉の俳句―俳論を中心に　李栄九述　京都　国際日本文化研究センター　1993.8　25p　21cm　(日文研フォーラム　第46回)　Ⓝ911.32　〔24936〕
◇通解対照　枕冊子新釈　小西甚一著　金子書房　1953　246p　19cm　Ⓝ911.32　〔24937〕
◇定本茨城の芭蕉　梶山孝夫著　出版地不明　〔梶山孝夫〕　2006　100p　21cm　Ⓝ911.32　〔24938〕
◇定本芭蕉　安東次男著　筑摩書房　1977.3　402p　19cm　(筑摩叢書)1400円　Ⓝ911.32　〔24939〕
◇定本 芭蕉大成　松尾芭蕉著,尾形仂等編著　三省堂　1962　744p　22cm　Ⓝ911.32　〔24940〕
◇天理図書館綿屋文庫俳書集成　第22巻　芭蕉追善集　天理図書館綿屋文庫俳書集成編集委員会編　天理　天理大学出版部　1997.10　412,13p　22cm　14600円　①4-8406-9522-9　Ⓝ911.3　〔24941〕
◇天竜寺と芭蕉　青園謙三郎著　松岡町(福井県)　清涼山天竜寺　1980.4　184p　19cm　Ⓝ911.32　〔24942〕
◇桃青の詩的生涯―試論詩：芭蕉伝　じっこくおさむ著　勁草書房　1987.4　214p　22cm　3000円　①4-326-93091-8　Ⓝ911.32　〔24943〕
◇桃青俳諧談義　高藤武馬著　筑摩書房　1976　323p　20cm　2500円　Ⓝ911.32　〔24944〕
◇杜甫と芭蕉　曹元春著　白帝社　2000.2　409p　22cm　6800円　①4-89174-356-5　Ⓝ911.32　〔24945〕
◇日本縦断芭蕉・蕪村・一茶の旅　関野準一郎版画,文藝春秋編　文藝春秋　1986.7　254p　16cm　(文春文庫 V 110-2)480円　①4-16-811002-8　Ⓝ911.32　〔24946〕
◇日本精神叢書　第32　芭蕉と俳諧の精神　志田義秀著　教学局　1937　83p　21cm　Ⓝ911.32　〔24947〕

◇日本俳書大系　第1巻　芭蕉一代集　勝峰晋風編　日本俳書大系刊行会　1926　728,6p　22cm　Ⓝ911.3　〔24948〕

◇日本俳書大系　第1巻　芭蕉一代集・芭蕉書翰集　勝峰晋風編　松尾芭蕉著　日本図書センター　1995.8　728,6p　22cm　Ⓘ4-8205-9372-2,4-8205-9371-4　Ⓝ911.308　〔24949〕

◇入門芭蕉の読み方　復本一郎著　日本実業出版社　1996.10　229p　19cm　1300円　Ⓘ4-534-02529-7　Ⓝ911.32　〔24950〕

◇人間芭蕉記——一つの東洋的な世界　永田龍太郎著　永田書房　2000.10　312p　20cm　1857円　Ⓘ4-8161-0678-2　Ⓝ911.32　〔24951〕

◇ノート芭蕉の中の『荘子』　石橋筑紫男著　神戸　石橋筑紫男　1988.11　446p　19cm　非売品　Ⓝ911.32　〔24952〕

◇俳諧海内人名録—芭蕉記念館所蔵本　1　鼎左、舎用編　江東区芭蕉記念館編　江東区芭蕉記念館　2005.11　30p　30cm　700円　Ⓝ911.302　〔24953〕

◇俳諧海内人名録—芭蕉記念館所蔵本　2　鼎左、舎用編　江東区芭蕉記念館編　江東区芭蕉記念館　2006.9　31p　30cm　700円　Ⓝ911.302　〔24954〕

◇俳諧画像集—芭蕉記念館所蔵本　3　上巻1　岬中庵希水編　永拍画　江東区芭蕉記念館編　江東区芭蕉記念館　2004.1　33p　30cm　700円　Ⓝ911.35　〔24955〕

◇俳諧画像集—芭蕉記念館所蔵本　4　上巻2　岬中庵希水編　永拍画　江東区芭蕉記念館編　江東区芭蕉記念館　2004.6　33p　30cm　700円　Ⓝ911.35　〔24956〕

◇俳諧から俳句へ　桜井武次郎著　角川学芸出版,角川書店〔発売〕　2004.10　205p　19cm　2476円　Ⓘ4-04-651919-3　〔24957〕

◇俳諧師芭蕉　清水基吉　学文社　1978.3　240p　20cm　2000円　Ⓝ911.32　〔24958〕

◇俳諧師芭蕉　清水基吉　青蛙房　1999.7　194p　20cm　2300円　Ⓘ4-7905-0329-1　Ⓝ911.32　〔24959〕

◇俳諧の乞食人—芭蕉随想　四方山径著　文潮社　1947　219p　19cm　Ⓝ911.32　〔24960〕

◇俳諧の国—芭蕉論稿　山崎喜好著　七丈書院　1944　345p　19cm　Ⓝ911.32　〔24961〕

◇俳諧の乞食人—芭蕉随想　四方山径著　文潮社　1947　219p　19cm　Ⓝ911.32　〔24962〕

◇俳諧芭蕉談　文暁編　俳書堂　1917　74p　19cm　（俳諧名著文庫　第9編）Ⓝ911.32　〔24963〕

◇俳句鑑賞—芭蕉七部集　川島つゆ著　南北書園　1947　458p　19cm　Ⓝ911.32　〔24964〕

◇俳句に見る芭蕉の芸境　富山奏著　前田書店　1991.5　657p　19cm　（前国国文選書　6）7350円　Ⓘ4-943808-13-1　Ⓝ911.32　〔24965〕

◇俳句評釈選集　第1巻　芭蕉名句評釈　島田青峰著　非凡閣　1934　291p　20cm　Ⓝ911.3　〔24966〕

◇俳人のためのやまとことばの散歩道—芭蕉は仮名俳号をなぜ"はせを"と書いたのか　林義雄著　二見書房〔発売〕　2006.12　253p　20cm　1700円　Ⓘ4-576-06178-X　Ⓝ911.304　〔24967〕

◇俳人芭蕉　山崎藤吉著　俳書堂　1916　314p　15cm　Ⓝ911.32　〔24968〕

◇俳人芭蕉　野口米次郎著　金星堂　1933　201p　23cm　Ⓝ911.32　〔24969〕

◇俳人芭蕉伝　加藤紫舟著　天来書房　1934　563p　23cm　Ⓝ911.32　〔24970〕

◇俳人芭蕉の研究　鈴木重雅著　大阪　柳原書店　1943　454p　19cm　Ⓝ911.32　〔24971〕

◇俳聖句選と芭蕉一代集　松尾芭蕉著　小林李庵編　城北堂　1928　434p　19cm　Ⓝ911.32　〔24972〕

◇俳聖芭蕉　岡本黙骨著　日月社　1914　108p　15cm　（現代百科文庫宗教書　第27編）Ⓝ911.32　〔24973〕

◇俳聖芭蕉　浅野信著　潮文閣　1944　306p　19cm　Ⓝ911.32　〔24974〕

◇俳聖芭蕉　野田別天楼著　理想社　1944　455p　22cm　Ⓝ911.32　〔24975〕

◇俳聖芭蕉を仰いだ人々—百句繚乱　近世播磨の俳諧　姫路文学館編　姫路　姫路文学館　2005.4　80p　30cm　Ⓝ911.302　〔24976〕

◇俳聖芭蕉翁　錦花園玄生編　いろは書房　1916　356p　19cm　Ⓝ911.32　〔24977〕

◇俳聖芭蕉全集　松尾芭蕉著　吉木燦浪校　聚英閣　1920　290,51p　19cm　Ⓝ911.32　〔24978〕

◇俳聖松尾芭蕉伝　小嶋健岳編　研吟会　1923　64p（以下欠）　16cm　Ⓝ911.32　〔24979〕

◇俳道—芭蕉から芭蕉へ　堀切実著　富士見書房　1990.11　244p　20cm　2427円　Ⓘ4-8291-7179-0　Ⓝ911.32　〔24980〕

◇俳林逍遙—芭蕉・去来・諸九尼　大内初夫著　勉誠社　1984.10　279p　20cm　3000円　Ⓝ911.32　〔24981〕

◇萩と月　落合冬至著　日本図書刊行会　1999.7　77p　20cm　1500円　Ⓘ4-8231-0419-6　Ⓝ911.32　〔24982〕

◇泊船集　風国編　三木慰子編　大阪　和泉書院　1995.4　314p　21cm　（和泉書院影印叢刊　第5期　86）3090円　Ⓘ4-87088-729-0　Ⓝ911.32　〔24983〕

◇芭蕉　斎藤清衛著　楽浪書院　1937　260p　18cm　（日本全書）Ⓝ911.32　〔24984〕

◇芭蕉　頴原退蔵著　日本評論社　1939　313p　18cm　（日本古典読本　第10）Ⓝ911.32　〔24985〕

◇芭蕉　保田与重郎著　新潮社　1943　312p　19cm　（日本思想家選集）Ⓝ911.32　〔24986〕

◇芭蕉　萩原蘿月著　青梧堂　1943　316p　19cm　（日本文学者評伝全書）Ⓝ911.32　〔24987〕

◇芭蕉　斎藤清衛著　改訂版　楽浪書院　1943　218p　19cm　Ⓝ911.32　〔24988〕

◇芭蕉　山崎喜好著　大阪　弘文社　1947　124p　18cm　（青少年文庫）Ⓝ911.32　〔24989〕

◇芭蕉　山崎喜好著　大阪　弘文社　1947　124p　18cm　（青少年文庫）Ⓝ911.32　〔24990〕

◇芭蕉　斎藤清衛著　古明地書店　1948　198p　19cm　Ⓝ911.32　〔24991〕

◇芭蕉　高浜虚子著　中央公論社　1951　254p　19cm　Ⓝ911.32　〔24992〕

◇芭蕉　広末保著　福村書店　1952　124p　19cm　（国語と文学の教室古典　第6）Ⓝ911.32　〔24993〕

◇芭蕉　高浜虚子等著　朝日新聞社　1953　165p　19cm　（朝日古典講座　第3集）Ⓝ911.32　〔24994〕

◇芭蕉—その鑑賞と批評　山本健吉著　新潮社　1957　505p　20cm　Ⓝ911.32　〔24995〕

◇芭蕉　浅田善二郎,弥吉菅一著　三一書房　1962　206p　19cm　（古典とその時代　7）Ⓝ911.32　〔24996〕

◇芭蕉—その詞と心の文学　安東次男著　筑摩書房　1965　238p　18cm　（グリーンベルト・シリーズ）Ⓝ911.32　〔24997〕

◇芭蕉　下村健二著　木耳社　1968　102p（おもに図版）

◇芭蕉　日本文学研究資料刊行会編　有精堂出版　1969　312p　22cm　(日本文学研究資料叢書)1300円　Ⓝ911.32　〔24999〕

◇芭蕉―その詩的実存　佐古純一郎著　教文館　1970　287p　19cm　650円　Ⓝ911.32　〔25000〕

◇芭蕉　小島政二郎著　ロングランプレス　1970　224p　18cm　(砂金シリーズ古典1)Ⓝ911.32　〔25001〕

◇芭蕉―その詞と心の文学　安東次男著　新版　筑摩書房　1971　244p　20cm　850円　Ⓝ911.32　〔25002〕

◇芭蕉　松田力治著　日本書院　1971　262p　22cm　1200円　Ⓝ911.32　〔25003〕

◇芭蕉―その詩における伝統と創造　広田二郎著　有精堂出版　1976　536p　22cm　5800円　Ⓝ911.32　〔25004〕

◇芭蕉　安東次男著　中央公論社　1979.7　338p　15cm　(中公文庫)380円　Ⓝ911.32　〔25005〕

◇芭蕉　栗山理一著　右文書院　1980.7　227p　18cm　(右文新書)500円　Ⓝ911.32　〔25006〕

◇芭蕉―詩の成立　窪野桂琇著　双文社出版　1982.4　135p　20cm　1800円　Ⓝ911.32　〔25007〕

◇芭蕉―詩の成熟と展開　窪野桂琇著　双文社出版　1985.11　159p　19cm　2000円　①4-88164-037-2　Ⓝ911.32　〔25008〕

◇芭蕉　白石悌三著　花神社　1988.6　281p　20cm　2800円　Ⓝ911.32　〔25009〕

◇芭蕉　保田与重郎著　講談社　1989.1　262p　15cm　(講談社学術文庫)680円　①4-06-158861-3　Ⓝ911.32　〔25010〕

◇芭蕉―月の遊行　夏見知章著　京都　世界思想社　1989.2　226p　19cm　(Sekaishiso seminar)1900円　①4-7907-0344-4　Ⓝ911.32　〔25011〕

◇芭蕉―その生涯と芸術　今栄蔵著　日本放送出版協会　1989.9　236p　18cm　(新コンパクト・シリーズ060)680円　①4-14-018060-9　Ⓝ911.32　〔25012〕

◇芭蕉―俳諧の精神と方法　広末保著　平凡社　1993.11　324p　16cm　(平凡社ライブラリー)1200円　①4-582-76030-9　Ⓝ911.32　〔25013〕

◇芭蕉―行く春近江　芭蕉没後三百年記念誌編集委員会編　大津　滋賀県教育委員会　1994.10　116p　21cm　Ⓝ911.32　〔25014〕

◇芭蕉―風雅の跡を慕いて　伊藤六生著　伊藤鑑　1995.6　351,28p　22cm　1500円　Ⓝ911.32　〔25015〕

◇芭蕉―転生の軌跡　田中善信著　若草書房　1996.7　338p　22cm　(近世文学研究叢書4)8500円　①4-948755-07-9　Ⓝ911.32　〔25016〕

◇芭蕉―侘びと連れの生　三上和利著　のべる出版企画　1999.9　217p　22cm　2200円　①4-87703-107-3　Ⓝ911.32　〔25017〕

◇芭蕉　饗庭孝男著　集英社　2001.5　262p　18cm　(集英社新書)720円　①4-08-720089-2　Ⓝ911.32　〔25018〕

◇芭蕉　保田与重郎著　京都　新学社　2001.10　236p　15cm　(保田与重郎文庫)990円　①4-7868-0032-5　Ⓝ911.32　〔25019〕

◇芭蕉―その人と作品　江東区芭蕉記念館編　江東区芭蕉記念館　2001.10　128p　19cm　Ⓝ911.32　〔25020〕

◇芭蕉　岡本勝著　名古屋　中日新聞社　2004.8　230p　20cm　1700円　①4-8062-0485-4　Ⓝ911.32　〔25021〕

◇芭蕉　雲英末雄, 金子俊之編　国書刊行会　2004.11　353p　22cm　(日本文学研究大成)3900円　①4-336-03648-9　Ⓝ911.32　〔25022〕

◇芭蕉―その鑑賞と批評　山本健吉著　新装版　飯塚書店　2006.3　407p　22cm　3000円　①4-7522-2048-2　Ⓝ911.32　〔25023〕

◇芭蕉―その鑑賞と批評　上巻　山本健吉著　新潮社　1959　297p　16cm　(新潮文庫)Ⓝ911.32　〔25024〕

◇芭蕉 2　日本文学研究資料刊行会編　有精堂出版　1977.8　314p　22cm　(日本文学研究資料叢書)2800円　Ⓝ911.32　〔25025〕

◇芭蕉―その鑑賞と批評　第1-3　山本健吉著　新潮社　1955-1956　3冊　19cm　(一時間文庫)Ⓝ911.32　〔25026〕

◇『芭蕉庵小文庫』の研究―写本『風見艸』小考　小野英太郎著　岡山　小野兵商店　2004.8　153,3p　図版37p　27cm　15000円　①4-89620-122-1　Ⓝ911.33　〔25027〕

◇芭蕉庵春秋　天地庵素蓮編　萩原蘿月校　紅玉堂書店　1927　126p　20cm　(新俳諧叢書 第3篇)Ⓝ911.32　〔25028〕

◇芭蕉庵桃青　山崎藤吉著　山崎藤吉　1903.3　205p　22cm　Ⓝ911.3　〔25029〕

◇芭蕉庵桃青　中山義秀著　中央公論社　1970　322p　23cm　980円　Ⓝ911.32　〔25030〕

◇芭蕉庵桃青伝　内田魯庵, 柳田泉編　京都　立命館出版部　1942　253p　22cm　Ⓝ911.32　〔25031〕

◇芭蕉庵桃青伝　内田魯庵, 柳田泉編　京都　京都印書館　1945　252p　18cm　Ⓝ911.32　〔25032〕

◇芭蕉庵桃青伝　内田魯庵著　柳田泉編　京都　京都印書館　1945　252p　18cm　Ⓝ911.32　〔25033〕

◇芭蕉庵桃青と神田上水　酒井憲一, 大松騏一共著　近代文芸社　1994.12　135p　20cm　1200円　①4-7733-3708-7　Ⓝ911.32　〔25034〕

◇芭蕉庵桃青の生涯　高橋庄次著　春秋社　1993.6　322p　20cm　2800円　①4-393-44115-X　Ⓝ911.32　〔25035〕

◇芭蕉三日月日記―荘内に於ける芭蕉ふろく　玄々堂芦汀著　増補　鶴岡　喜峰社　1935　1冊　25cm　Ⓝ911.32　〔25036〕

◇芭蕉庵三日月日記　松尾芭蕉等詠　謄写版　俳文学会　1961　78p　18cm　(未刊連歌俳諧資料 第4輯 第1)Ⓝ911.32　〔25037〕

◇芭蕉遺語集　萩原井泉水校　改造社　1932　259p　16cm　(改造文庫 第2部 第77篇)Ⓝ911.32　〔25038〕

◇芭蕉一日一句　萱嶋完彦著　近代文芸社　1991.3　222p　19cm　1500円　①4-7733-1049-9　Ⓝ911.32　〔25039〕

◇芭蕉へ―芭蕉をどう読むか　阿部完市等著　西宮　ぬ書房　1977.3　272p　19cm　1800円　Ⓝ911.32　〔25040〕

◇芭蕉への旅　山田雄造著　長野　ほおずき書籍　2004.3　131p　19cm　Ⓝ911.32　〔25041〕

◇芭蕉えものがたり　内野三悳著　冨山房　1951　228p　19cm　Ⓝ911.32　〔25042〕

◇芭蕉遠近　高橋英夫著　小沢書店　1994.7　200p　20cm　2060円　Ⓝ911.32　〔25043〕

◇芭蕉翁　雨谷一菜庵著　鳴皐書院　1901.10　148p　16cm　Ⓝ911.3　〔25044〕

◇芭蕉翁一代鏡　錦花園玄生編　弘文館　1898.2　356p　19cm　Ⓝ911.3　〔25045〕

◇芭蕉翁一代集―纂註　花の本秀三, 月の本素水校　今古堂　1891.7　384p　19cm　Ⓝ911.3　〔25046〕

◇芭蕉翁一代集　桃李庵編　文光堂書店　1926　121p　19cm　Ⓝ911.32　〔25047〕

◇芭蕉翁一代風土記　飯野哲二編　京都　豊書房　1966

◇芭蕉翁遺芳　勝峰晋風編　春陽堂　1930　図版77枚　40cm　Ⓝ911.32　〔25049〕

◇芭蕉翁絵詞伝　蝶夢著　至信画　幸田露伴校　富山房　1938　112p　18cm　(富山房百科文庫　第36)Ⓝ911.32　〔25050〕

◇芭蕉翁絵詞伝　蝶夢著, 狩野正栄画　京都　落柿舎保存会　1978　3軸　46cm　Ⓝ911.32　〔25051〕

◇芭蕉翁絵詞伝　五升庵蝶夢編, 吉田偃武挿絵　京都　芸艸堂　1989.4　4冊 (別冊とも)　28cm　①4-7538-0134-9　Ⓝ911.32　〔25052〕

◇芭蕉翁絵詞伝　芭蕉翁俳句俳文集　蝶夢著　幸田露伴校　松尾芭蕉著　幸田露伴校　富山房　1926　104,120p　17cm　(新型袖珍名著文庫　第6)Ⓝ911.32　〔25053〕

◇芭蕉翁句解大全　何丸撰　松室八千三編　大阪　米田ヒナ　1893.3　415,20p　19cm　Ⓝ911.3　〔25054〕

◇芭蕉翁句集評釈　小林一郎著　大同書店　1924　458p　19cm　Ⓝ911.32　〔25055〕

◇芭蕉翁句中対問　田中千梅著, 田中謙二編　京都　〔田中謙二〕　1988.5　47p　19cm　非売品　Ⓝ911.32　〔25056〕

◇芭蕉翁雑考　大河寥々著　資文堂書店　1927　518,11p　20cm　Ⓝ911.32　〔25057〕

◇芭蕉翁終焉記　榎本其角著　石川千代　1886.9　19丁　23cm　Ⓝ911.3　〔25058〕

◇芭蕉翁肖像画展図録―生誕三五〇年没後三〇〇年記念　敦賀　敦賀市立博物館　1994.11　91p　26cm　Ⓝ911.32　〔25059〕

◇芭蕉翁生誕三百年祭全国俳句大会記念句集　上野　上野市教育会　1943　95p　22cm　Ⓝ911.32　〔25060〕

◇芭蕉翁全集　佐々醒雪, 巌谷小波校　博文館　1916　626p　22cm　(俳諧叢書　第7冊)　Ⓝ911.32　〔25061〕

◇芭蕉翁全伝　川口竹人著　樋口功校註　大阪　天青堂　1924　32,20p　19cm　(古俳書文庫　第3篇)Ⓝ911.32　〔25062〕

◇芭蕉翁追善之日記　各務支考著, 責任編集: 赤羽学　岡山　福武書店　1974　123p　22cm　(岡山大学国文学資料叢書　8)2500円　Ⓝ911.32　〔25063〕

◇芭蕉翁伝　黒田源次著　聚英閣　1922　234p　19cm　Ⓝ911.32　〔25064〕

◇芭蕉翁桃青伝　其日庵錦江著, 久富哲雄校訂　久華山房　1973　40p　25cm　Ⓝ911.32　〔25065〕

◇芭蕉翁の一生　小林一郎著　大同館書店　1921　612p　18cm　Ⓝ911.32　〔25066〕

◇芭蕉翁の面影―新らしい研究　木津碩堂著　大阪　石塚松雲堂　1922　193p　19cm　Ⓝ911.32　〔25067〕

◇芭蕉翁の肖像百影―夢望庵文庫蔵　乾憲雄編著　京都　光琳社出版　1984.3　161p　27cm　3600円　①4-7713-0085-2　Ⓝ911.32　〔25068〕

◇芭蕉翁文集詳解　佐藤進一著　大学館　1910.9　165p　19cm　Ⓝ911.3　〔25069〕

◇芭蕉翁編年誌　目黒野鳥編　青蛙房　1958　693p　20cm　Ⓝ911.32　〔25070〕

◇芭蕉翁発句集　白日庵守朴 (長瀬市太郎) 編　西村寅二郎等　1893.6　208p　15cm　Ⓝ911.3　〔25071〕

◇芭蕉翁略伝と芭蕉連句評釈　幻窓湖中著　勝峰晋風校　紅玉堂書店　1925　281p　17cm　Ⓝ911.32　〔25072〕

◇芭蕉を越ゆるもの―林原耒井俳論俳談集　林原耒井著　桜楓社　1972　316p　19cm　1800円　Ⓝ911.304　〔25073〕

◇芭蕉を尋ねて　荻原井泉水著　創元社　1934　567p　16cm　Ⓝ911.32　〔25074〕

◇芭蕉を尋ねて　荻原井泉水著　新潮社　1937　371p　18cm　(新潮文庫　第236編)Ⓝ911.32　〔25075〕

◇芭蕉を学ぶ人のために　浜千代清編　京都　世界思想社　1994.1　250p　19cm　1950円　①4-7907-0489-0　Ⓝ911.32　〔25076〕

◇芭蕉を読む―対談　遠藤嘉基編　創拓社　1989.11　221p　18cm　951円　①4-87138-075-0　Ⓝ911.32　〔25077〕

◇芭蕉を〈読む〉―没後三百年　山形新聞社編集局編　三一書房　1994.1　260p　18cm　(三一新書)800円　①4-380-94001-2　Ⓝ911.32　〔25078〕

◇芭蕉解体新書―芭蕉の永久革命 現代に発信し続ける芭蕉俳句のダイナミズム　川本皓嗣, 夏石番矢, 復本一郎編　雄山閣出版　1997.4　228p　22cm　(Series俳句世界　別冊 1)2200円　①4-639-01430-9　Ⓝ911.32　〔25079〕

◇芭蕉から蕪村へ　松林尚志著　角川グループパブリッシング (発売)　2007.7　251p　20cm　2667円　①978-4-04-621578-9　Ⓝ911.32　〔25080〕

◇芭蕉鑑賞　荻原井泉水著　潮文社　1966　257p　18cm　Ⓝ911.32　〔25081〕

◇芭蕉鑑賞―人生を芸術として　荻原井泉水著　新装版　潮文社　1998.4　257p　19cm　1500円　①4-8063-1314-9　Ⓝ911.32　〔25082〕

◇芭蕉閑談　岡村健三著　京都　大学堂書店　1972　286p　19cm　2400円　Ⓝ911.32　〔25083〕

◇芭蕉聞書・七日草と土田竹童　菅原謙二著　鶴岡　東北出版企画　1976　112p　18cm　(とうほくぶっくす 4)600円　Ⓝ911.33　〔25084〕

◇芭蕉記念館所蔵本『俳諧百一集』　江東区芭蕉記念館編　江東区芭蕉記念館　1999.3　30p　30cm　Ⓝ911.3　〔25085〕

◇芭蕉句々　清水杏芽著　洋々社　1988.7　208p　19cm　1600円　①4-89674-803-4　Ⓝ911.32　〔25086〕

◇芭蕉句集―選評　樋口功著　京都　文献書院　1925　293,9p　19cm　Ⓝ911.32　〔25087〕

◇芭蕉句集講義　角田竹冷著　博文館　1908-1911　3冊 (301,264,260p)　20cm　Ⓝ911.3　〔25088〕

◇芭蕉句集講義　冬之部　角田竹冷編　博文館　1915　212,33p　20cm　Ⓝ911.32　〔25089〕

◇芭蕉句集新講　上, 下巻　服部畊石著　四条書房　1932　2冊　19cm　Ⓝ911.32　〔25090〕

◇芭蕉句集の研究　萩原恭男著　笠間書院　1971　271p　22cm　(早大俳諧研究会年報　第2集)2500円　Ⓝ911.32　〔25091〕

◇芭蕉句選　山田順良編　大阪　日本国粋興振会本部　1893.4　28p　21cm　Ⓝ911.3　〔25092〕

◇芭蕉句選講話　春の巻　沼波瓊音著　東亜堂書房　1913　238p　19cm　Ⓝ911.32　〔25093〕

◇芭蕉句選年考　石河積翠著　博文館　1929　518p　19cm　(博文館叢書　第7巻)Ⓝ911.32　〔25094〕

◇芭蕉研究　樋口功著　文献書院　1923　436p　21cm　Ⓝ911.32　〔25095〕

◇芭蕉研究　杉浦正一郎著　岩波書店　1958　487p　22cm　Ⓝ911.32　〔25096〕

◇芭蕉研究　菊山当年男著　角川書店　1962　268p　20cm　Ⓝ911.32　〔25097〕

◇芭蕉研究　第3輯　芭蕉研究会編　京都　靖文社　1947

128p 26cm Ⓝ911.32 〔25098〕
◇芭蕉研究 第1-2輯 芭蕉研究会編 大阪 靖文社 1942-1943 2冊 26cm Ⓝ911.32 〔25099〕
◇芭蕉研究書誌 自昭和34年至昭和39年 久富哲雄編 謄写版 久華山房 1965 24p 25cm Ⓝ911.32 〔25100〕
◇芭蕉研究書誌 自昭和40年至昭和43年 久富哲雄編 久華山房 1969 25p 25cm Ⓝ911.32 〔25101〕
◇芭蕉研究書目 佐藤貢著 謄写版 津 1962 44p 26cm Ⓝ911.32 〔25102〕
◇芭蕉研究資料集成 明治篇 作品研究1 蕉風俳諧変化表 芭蕉俳句評釈 ○、庵雪也編 内藤鳴雪著 クレス出版 1992.6 601p 22cm Ⓘ4-906330-66-5 Ⓝ911.32 〔25103〕
◇芭蕉研究資料集成 明治篇 作品研究2 芭蕉句集講義 春・夏之巻 角田竹冷編 クレス出版 1992.6 592p 22cm Ⓘ4-906330-66-5 Ⓝ911.32 〔25104〕
◇芭蕉研究資料集成 明治篇 作品研究3 芭蕉句集講義 秋・冬之巻 角田竹冷著 クレス出版 1992.6 525p 22cm Ⓘ4-906330-66-5 Ⓝ911.32 〔25105〕
◇芭蕉研究資料集成 明治篇 作品研究4 俳諧猿蓑附合注解 俳諧炭俵集注解 七部集俳句評釈 桃支庵指直, 俳仙堂碌々翁,内藤鳴雪著 クレス出版 1992.6 631p 22cm Ⓘ4-906330-66-5 Ⓝ911.32 〔25106〕
◇芭蕉研究資料集成 明治篇 作品研究5 俳諧七部集講義 楠藤波鴎著 クレス出版 1992.6 683p 22cm Ⓘ4-906330-66-5 Ⓝ911.32 〔25107〕
◇芭蕉研究資料集成 明治篇 作品研究6 新釈おくの細路 註釈奥の細道 芭蕉翁文集詳解 木村架空,三宅木仙,佐藤進一著 クレス出版 1992.6 384p 22cm Ⓘ4-906330-66-5 Ⓝ911.32 〔25108〕
◇芭蕉研究資料集成 大正篇 作品研究1 クレス出版 1993.6 1冊 22cm Ⓘ4-906330-67-3 Ⓝ911.32 〔25109〕
◇芭蕉研究資料集成 昭和前期篇 伝記・総記1 クレス出版 1995.6 30,563,13p 22cm Ⓘ4-87733-009-7 Ⓝ911.32 〔25110〕
◇芭蕉研究資料集成 昭和前期篇 作品研究1 クレス出版 1996.1 1冊 22cm Ⓘ4-87733-010-0 Ⓝ911.32 〔25111〕
◇芭蕉研究資料集成 大正篇 作品研究2 クレス出版 1993.6 488,26p 22cm Ⓘ4-906330-67-3 Ⓝ911.32 〔25112〕
◇芭蕉研究資料集成 大正篇 作品研究3 クレス出版 1993.6 458p 22cm Ⓘ4-906330-67-3 Ⓝ911.32 〔25113〕
◇芭蕉研究資料集成 大正篇 作品研究4 クレス出版 1993.6 1冊 22cm Ⓘ4-906330-67-3 Ⓝ911.32 〔25114〕
◇芭蕉研究資料集成 大正篇 作品研究5 クレス出版 1993.6 878p 22cm Ⓘ4-906330-67-3 Ⓝ911.32 〔25115〕
◇芭蕉研究資料集成 大正篇 作品研究6 クレス出版 1993.6 575p 22cm Ⓘ4-906330-67-3 Ⓝ911.32 〔25116〕
◇芭蕉研究資料集成 大正篇 作品研究7 クレス出版 1993.6 1冊 22cm Ⓘ4-906330-67-3 Ⓝ911.32 〔25117〕
◇芭蕉研究の諸問題 今栄蔵著 笠間書院 2004.10 408p 22cm (笠間叢書 356)Ⓘ4-305-10356-7 Ⓝ911.32 〔25118〕
◇芭蕉研究論稿集成 第1巻 芭蕉特輯雑誌集 久富哲雄

監修 クレス出版 1999.12 934p 22cm Ⓘ4-87733-077-1 Ⓝ911.32 〔25119〕
◇芭蕉研究論稿集成 第2巻 芭蕉特輯雑誌集 久富哲雄監修 クレス出版 1999.12 888p 22cm Ⓘ4-87733-077-1 Ⓝ911.32 〔25120〕
◇芭蕉研究論稿集成 第3巻 芭蕉特輯雑誌集 久富哲雄監修 クレス出版 1999.12 782p 22cm Ⓘ4-87733-077-1 Ⓝ911.32 〔25121〕
◇芭蕉研究論稿集成 第4巻 主題別論稿集1 久富哲雄監修 クレス出版 1999.12 584p 22cm Ⓘ4-87733-077-1 Ⓝ911.32 〔25122〕
◇芭蕉研究論稿集成 第5巻 主題別論稿集2 久富哲雄監修 クレス出版 1999.12 727p 22cm Ⓘ4-87733-077-1 Ⓝ911.32 〔25123〕
◇芭蕉五庵図録 小谷虔斎編 上野 芭蕉翁顕彰会 1983.10 53p 21cm Ⓝ911.32 〔25124〕
◇芭蕉語彙 宇田零雨著 青土社 1984.2 1449p 23cm 28000円 Ⓝ911.32 〔25125〕
◇芭蕉語彙 宇田零雨著 東浦佳子編著 改訂版 宇田零雨顕彰会 2007.6 1598p 23cm 非売品 Ⓝ911.32 〔25126〕
◇芭蕉語彙考 東浦佳子著 東京教学社 1999.8 404p 22cm 5000円 Ⓘ4-8082-8035-3 Ⓝ911.32 〔25127〕
◇芭蕉講座 第一巻 潁原退蔵,加藤楸邨共著 三省堂 1947 236p A5 80円 Ⓝ911.32 〔25128〕
◇芭蕉講座 第1巻 解釈鑑賞篇 発句篇〔ほか〕 小宮豊隆,麻生磯次,能勢朝次監修 麻生磯次 創元社 1953-1956 19cm Ⓝ911.32 〔25129〕
◇芭蕉講座 第2巻 本質篇〔ほか〕 小宮豊隆,麻生磯次,能勢朝次監修 岡崎義恵 創元社 1953-1956 19cm Ⓝ911.32 〔25130〕
◇芭蕉講座 第3巻 潁原退蔵,加藤楸邨著 三省堂 1947-1950 1冊** 22cm Ⓝ911.32 〔25131〕
◇芭蕉講座 第3巻 伝記篇〔ほか〕 小宮豊隆,麻生磯次,能勢朝次監修 小宮豊隆 創元社 1953-1956 19cm Ⓝ911.32 〔25132〕
◇芭蕉講座 第4巻 研究篇〔ほか〕 小宮豊隆,麻生磯次,能勢朝次監修 阿部喜三男 創元社 1953-1956 19cm Ⓝ911.32 〔25133〕
◇芭蕉講座 第6巻 俳論篇 総説〔ほか〕 小宮豊隆 4版 三省堂出版株式会社 1951 22cm Ⓝ911.32 〔25134〕
◇芭蕉講座 第6巻 俳論篇 小宮豊隆,能勢朝次 改訂版 4版 三省堂出版株式会社 1956 22cm Ⓝ911.32 〔25135〕
◇芭蕉講座 第7巻 潁原退蔵,加藤楸邨著 三省堂 1947-1950 1冊** 22cm Ⓝ911.32 〔25136〕
◇芭蕉講座 第9巻 俳文篇 総説〔ほか〕 石田元季 三省堂出版株式会社 1951 22cm Ⓝ911.32 〔25137〕
◇芭蕉講座 第9巻 俳文篇 石田元季,市橋鐸,杉浦正一郎 改訂版 4版 三省堂出版 1956 330p 22cm Ⓝ911.32 〔25138〕
◇芭蕉講座 第1-2,6巻 潁原退蔵,加藤楸邨著 三省堂 1943 3冊 22cm Ⓝ911.32 〔25139〕
◇芭蕉講座 第1-3巻 発句篇 潁原退蔵,加藤楸邨 改訂版 4版 三省堂出版株式会社 1956 22cm Ⓝ911.32 〔25140〕
◇芭蕉講話 潁原退蔵著 大阪 出来島書店 1944 262,10p 19cm Ⓝ911.32 〔25141〕
◇芭蕉講話 潁原退蔵著 補訂版 大阪 新日本図書 1946 318p* 18cm Ⓝ911.32 〔25142〕
◇芭蕉講話 潁原退蔵著 補訂版 大阪 新日本図書

1946 318p 18cm Ⓝ911.32 〔25143〕

◇芭蕉歳時記 乾裕幸著 富士見書房 1991.7 273p 20cm 2000円 ①4-8291-7190-1 Ⓝ911.32 〔25144〕

◇芭蕉歳時記―堅題季語はかく味わうべし 復本一郎著 講談社 1997.11 293p 19cm (講談社選書メチエ 117)1553円 ①4-06-258117-5 Ⓝ911.32 〔25145〕

◇芭蕉歳事記 乾裕幸著 翰林書房 2000.3 272p 20cm 2000円 ①4-87737-096-X Ⓝ911.32 〔25146〕

◇芭蕉再発見―人間芭蕉の人生 日比野士朗著 新典社 1978.10 317p 22cm 6000円 Ⓝ911.32 〔25147〕

◇芭蕉再発見―水と樹の旅に 辻田啓志著 日本放送出版協会 1990.5 230p 19cm (NHKブックス 595)757円 ①4-14-001595-0 Ⓝ911.32 〔25148〕

◇芭蕉襍記 室生犀星著 三笠書房 1942 313p 19cm (現代叢書 第8)Ⓝ911.32 〔25149〕

◇芭蕉雑纂 菊山当年男著 京都 甲文社 1946 397p* 21cm Ⓝ911.32 〔25150〕

◇芭蕉雑纂 菊山当年男著 京都 甲文社 1946 397p 21cm Ⓝ911.32 〔25151〕

◇芭蕉さま 荻原井泉水著 実業之日本社 1933 228p 20cm Ⓝ911.32 〔25152〕

◇芭蕉さんと私 伊賀 「生誕360年芭蕉さんがゆく秘蔵のくに伊賀の蔵びらき」事業推進委員会 2004.12 99p 22cm Ⓝ911.32 〔25153〕

◇芭蕉さんの顔いろいろ 乾憲雄著 彦根 サンライズ印刷出版部 1996.3 230p 21cm (夢望庵文庫)2912円 Ⓝ911.32 〔25154〕

◇芭蕉さんの俳諧 中尾青宵著 大阪 編集工房ノア 1996.9 257p 20cm 2000円 Ⓝ911.32 〔25155〕

◇芭蕉三百句 山本健吉著 河出書房新社 1988.2 293p 15cm (河出文庫)520円 ①4-309-40211-9 Ⓝ911.32 〔25156〕

◇芭蕉四季分類 原田蕉葉著 進化閣 1892.9 14,10,11丁 16cm Ⓝ911.3 〔25157〕

◇芭蕉辞典 飯野哲二編 東京堂 1959 734p 19cm Ⓝ911.32 〔25158〕

◇芭蕉事典 桜木俊晃著 青蛙房 1963 480p 図版 地 20cm Ⓝ911.32 〔25159〕

◇芭蕉事典 松尾靖秋ほか編 春秋社 1978.6 558p 23cm 6500円 Ⓝ911.32 〔25160〕

◇芭蕉辞典 飯野哲二編 東京堂出版 1989.2 734p 19cm 6800円 ①4-490-10236-4 Ⓝ911.32 〔25161〕

◇芭蕉集 松尾芭蕉著 岩田九郎訳 小学館 1943 420p 19cm (現代訳日本古典)Ⓝ911.32 〔25162〕

◇芭蕉集 雲英末雄著 貴重本刊行会 2000.5 339p 19cm (古典名作リーディング 3)3000円 ①4-88915-113-3 〔25163〕

◇芭蕉秀句 山口誓子著 春秋社 2000.11 238p 20cm (日本秀句 新版 1)2000円 ①4-393-43421-8 Ⓝ911.32 〔25164〕

◇芭蕉寿貞尼新考 岡村健三著 京都 大学堂書店 1978.10 173p 22cm 3300円 Ⓝ911.32 〔25165〕

◇芭蕉受容の研究―近代作家たちの芭蕉論を中心に 久保田晴次著 桜楓社 1974 874p 22cm 24000円 Ⓝ911.32 〔25166〕

◇芭蕉抄 松尾芭蕉著 潁原退蔵編,註 京都 星林社 1946 143p 18cm (京大教養講座本 第1輯)Ⓝ911.32 〔25167〕

◇芭蕉諸文 山口誓子著 富士書店 1947 240p 18cm 48円 Ⓝ911.32 〔25168〕

◇芭蕉諸文 山口誓子著 富士書店 1947 240p 18cm Ⓝ911.32 〔25169〕

◇芭蕉神社保存会十万句集―古池旧跡 第4回 古池吟社編 古池吟社 1902.9 82p 19cm Ⓝ911.3 〔25170〕

◇芭蕉新論 今井文男著 限定版 犬山 龍二山房 1964 50p 21cm Ⓝ911.32 〔25171〕

◇芭蕉随想 荻原井泉水著 卍書林 1946 141p 18cm Ⓝ911.32 〔25172〕

◇芭蕉随想 荻原井泉水著 卍書林 1946 141p 18cm Ⓝ911.32 〔25173〕

◇芭蕉図録 藤井乙男等編 大阪 靖文社 1943 2冊 (解説共) 26cm Ⓝ911.32 〔25174〕

◇芭蕉星座 津名道代著 綾部 野草社 1994.11 387p 22cm 3200円 ①4-7877-9483-3 Ⓝ911.32 〔25175〕

◇芭蕉精神の現代観 山本四方著 謄写版 限定版 鶴来町(石川県) 1962 237p 18cm Ⓝ911.304 〔25176〕

◇芭蕉、世界へ―「青松葉」句絶句説を中心に 福田真久著 宮津 あまのはしだて出版 1994.11 297p 21cm 2700円 ①4-900783-16-1 Ⓝ911.32 〔25177〕

◇芭蕉全句―袖珍版 芭蕉著 堀信夫監修 小学館 2004.11 302p 19cm 1200円 ①4-09-362161-6 Ⓝ911.32 〔25178〕

◇芭蕉全句 上 加藤楸邨著 筑摩書房 1998.7 539p 15cm (ちくま学芸文庫)1500円 ①4-480-08431-2 Ⓝ911.32 〔25179〕

◇芭蕉全句 中 加藤楸邨著 筑摩書房 1998.8 512p 15cm (ちくま学芸文庫)1500円 ①4-480-08432-0 Ⓝ911.32 〔25180〕

◇芭蕉全句 下 加藤楸邨著 筑摩書房 1998.9 596p 15cm (ちくま学芸文庫)1600円 ①4-480-08433-9 Ⓝ911.32 〔25181〕

◇芭蕉全句集 松尾芭蕉著 乾裕幸ほか編 おうふう 1995.9 302p 22cm 2800円 ①4-273-02300-8 Ⓝ911.32 〔25182〕

◇芭蕉前後 志田義秀著 日本評論社 1947 241p* 21cm Ⓝ911.304 〔25183〕

◇芭蕉前後 志田義秀著 日本評論社 1947 241p 21cm Ⓝ911.32 〔25184〕

◇芭蕉選集 松尾芭蕉著 荻原井泉水編抄 現代通報社 1919 190p 15cm (俳書新選 第1)Ⓝ911.32 〔25185〕

◇芭蕉全集 沼波瓊音編 岩波書店 1921 1104,31p 23cm Ⓝ911.32 〔25186〕

◇芭蕉選集―附・芭蕉翁終焉記 松尾芭蕉著 荻原井泉水編 春秋社 1924 410p 16cm Ⓝ911.32 〔25187〕

◇芭蕉全集 石原健生編 越山堂 1925 312p 18cm Ⓝ911.32 〔25188〕

◇芭蕉全集 松尾芭蕉著 沼波瓊音編 改訂増補 贄川他石校訂 岩波書店 1928 590,30p 22cm Ⓝ911.32 〔25189〕

◇芭蕉選集 松尾芭蕉著 荻原井泉水編 改訂 春秋社 1933 315p 18cm (春秋文庫 第2部 第7)Ⓝ911.32 〔25190〕

◇芭蕉選集―校註 松尾芭蕉著 鈴木周作編 白帝社 1934 92p 20cm Ⓝ911.32 〔25191〕

◇芭蕉選集―標註 松尾芭蕉著 荻原井泉水編 寺本書房 1946 202p 19cm Ⓝ911.32 〔25192〕

◇芭蕉全集 前篇 松尾芭蕉著 正宗敦夫編纂・校訂 日本古典全集刊行会 1928 254p 15cm (日本古典全集 第1回)Ⓝ911.32 〔25193〕

文学史　　　　　　　　　　　　　近世史

◇芭蕉全集　上巻　松尾芭蕉著　勝峯晋風校訂　地平社
　1948　394p　19cm　Ⓝ911.32
〔25194〕

◇芭蕉全集　前編　松尾芭蕉著　現代思潮新社　2007.5
　34,254p　16cm　（覆刻日本古典全集）3900円
　Ⓘ978-4-329-02675-0　Ⓝ911.32
〔25195〕

◇芭蕉全集　後編　松尾芭蕉著　現代思潮新社　2007.5
　6,312p　16cm　（覆刻日本古典全集）4100円
　Ⓘ978-4-329-02676-7　Ⓝ911.32
〔25196〕

◇芭蕉全図譜　芭蕉全図譜刊行会編　岩波書店　1993.11
　2冊　37cm　全100000円　Ⓘ4-00-008060-1　Ⓝ911.32
〔25197〕

◇芭蕉全伝　山崎藤吉著　叢文閣　1935　659p　21cm
　Ⓝ911.32
〔25198〕

◇芭蕉全伝　山崎藤吉著　建設社出版部　1941　659p
　20cm　Ⓝ911.32
〔25199〕

◇芭蕉、その後　楠元六男著　竹林舎　2006.10　518p
　21cm　14000円　Ⓘ4-902084-11-2
〔25200〕

◇芭蕉＝その人生と芸術　井本農一著　講談社　1968
　240p　18cm　（講談社現代新書）Ⓝ911.32
〔25201〕

◇芭蕉―その生活と美学―花と月と風を愛したゆかしい心
　多田裕計著　毎日新聞社　1968　222p　19cm　（Core
　books）Ⓝ911.32
〔25202〕

◇芭蕉その生活と美学　多田裕計著　改訂新版　毎日新聞
　社　1972　222p　20cm　460円　Ⓝ911.32
〔25203〕

◇芭蕉大概　五十嵐義明著　日本図書刊行会　2000.4
　607p　20cm　1500円　Ⓘ4-8231-0543-5　Ⓝ911.32
〔25204〕

◇芭蕉旅ごころ　井本農一著　読売新聞社　1976　305p
　20cm　（読売選書）1300円　Ⓝ911.304
〔25205〕

◇芭蕉付句総索引　浜森太郎編　津　近世文化研究会
　1986.4　162p　21cm　Ⓝ911.32
〔25206〕

◇芭蕉展―漂泊の詩人　遺墨でたどるその詩と人生　俳文
　学会編　日本経済新聞社　c1981　60p　図版40枚　26cm
　Ⓝ911.32
〔25207〕

◇芭蕉展　松尾芭蕉筆　上野　芭蕉翁記念館　1994　28p
　21cm　Ⓝ911.32
〔25208〕

◇芭蕉展―月日は百代の過客にして　山梨県立文学館編
　甲府　山梨県立文学館　2002.4　72p　30cm　Ⓝ911.32
〔25209〕

◇芭蕉伝記考　岡村健三著　1963　390p　19cm　Ⓝ911.
　32
〔25210〕

◇芭蕉伝記考説　阿部正美著　明治書院　1961　1146p
　22cm　Ⓝ911.32
〔25211〕

◇芭蕉伝記新考　高橋庄次著　春秋社　2002.5　486p
　22cm　7000円　Ⓘ4-393-44157-5　Ⓝ911.32
〔25212〕

◇芭蕉伝記の諸問題　今栄蔵著　新典社　1992.9　640p
　22cm　（新典社研究叢書 52）20000円
　Ⓘ4-7879-4052-X　Ⓝ911.32
〔25213〕

◇芭蕉伝記の新研究　野村一三著　大阪　黎明社　1950
　301p　19cm　Ⓝ911.32
〔25214〕

◇芭蕉伝記集　1　村松友次ほか編　古典文庫　1983.7
　309p　17cm　（古典文庫 第442冊）非売品　Ⓝ911.304
〔25215〕

◇芭蕉点描　松尾勝郎著　有精堂出版　1991.5　240p
　19cm　2400円　Ⓘ4-640-31024-2　Ⓝ911.32
〔25216〕

◇芭蕉という精神　野崎守英著　八王子　中央大学出版部
　2006.3　388p　19cm　3000円　Ⓘ4-8057-5162-2
〔25217〕

◇芭蕉道を語る　宇田零雨著　富士書店　1941　289p
　18cm　Ⓝ911.32
〔25218〕

◇芭蕉と江戸の町　横浜文孝著　同成社　2000.5　190p
　20cm　（同成社江戸時代史叢書 5）2200円
　Ⓘ4-88621-199-2　Ⓝ911.32
〔25219〕

◇芭蕉と『おくのほそ道』展　2　山形　山寺芭蕉記念館
　1994.5　55p　26cm　Ⓝ911.32
〔25220〕

◇芭蕉と『おくのほそ道』展図録―旅の文学と山形　山形
　山形市文化振興事業団山寺芭蕉記念館　1992.4　93p
　26cm　Ⓝ911.32
〔25221〕

◇芭蕉と紙子―侘と風狂の系譜　夏見知章著　大阪　清風
　出版社　1972　263p（はり込み図7枚共）　22cm　2800
　円　Ⓝ911.32
〔25222〕

◇芭蕉読本　荻原井泉水著　日本評論社　1938　324p
　23cm　Ⓝ911.32
〔25223〕

◇芭蕉読本　高倉輝編著　建設社　1938.1　251p　20cm
　（人類読本 第1巻）Ⓝ911.32
〔25224〕

◇芭蕉読本　頴原退蔵著　角川書店　1955　328p　15cm
　（角川文庫）Ⓝ911.32
〔25225〕

◇芭蕉と元政　国文学研究資料館編　京都　臨川書店
　2001.3　198p　19cm　（古典講演シリーズ 7）2000円
　Ⓘ4-653-03730-2　Ⓝ911.32
〔25226〕

◇芭蕉と現代俳句　富山奏著　大阪　和泉書院　1984.10
　245p　19cm　（和泉選書 12）3800円　Ⓘ4-87088-127-6
　Ⓝ911.32
〔25227〕

◇芭蕉と古典―元禄時代　広田二郎著　明治書院　1987.3
　940p　22cm　18000円　Ⓝ911.32
〔25228〕

◇芭蕉と詩精神　滝崎安之助著　創樹社　1984.2　199p
　図版10枚　20cm　1800円　Ⓝ911.32
〔25229〕

◇芭蕉と寿貞尼　岡村健三著　大阪　芭蕉俳句会　1956
　154p　19cm　Ⓝ911.32
〔25230〕

◇芭蕉と清風―尾花沢の誹諧　星川茂彦著　尾花沢　尾花
　沢市史編纂委員会　1976.12　216p　21cm　（尾花沢市
　史資料 第2輯）
〔25231〕

◇芭蕉と禅　佐藤円著　桜楓社　1973　183p　22cm
　4800円　Ⓝ911.32
〔25232〕

◇芭蕉と其周囲　沼波瓊音著　資文堂書店　1928　548p
　20cm　Ⓝ911.32
〔25233〕

◇芭蕉とその方法　井本農一著　角川書店　1993.11
　242p　19cm　（角川選書 243）1300円
　Ⓘ4-04-703243-3　Ⓝ911.32
〔25234〕

◇芭蕉と東西文化交流　川崎秀二著　津　夕刊新伊勢新聞
　社　1978.2　195p　19cm　1200円　Ⓝ911.32　〔25235〕

◇芭蕉と杜甫　太田青丘著　法政大学出版局　1969　293p
　20cm　900円　Ⓝ911.32
〔25236〕

◇芭蕉と杜甫　太田青丘著　法政大学出版局　1971　293p
　19cm　（教養選書）680円　Ⓝ911.32
〔25237〕

◇芭蕉と杜甫　太田青丘著　法政大学出版局　1986.3
　293p　19cm　（教養選書 6）1500円　Ⓝ911.32
〔25238〕

◇芭蕉と杜甫―影響の展開と体系　広田二郎著　有精堂出
　版　1990.11　415p　22cm　14563円　Ⓘ4-640-31014-5
　Ⓝ911.32
〔25239〕

◇芭蕉とネットの時代　高橋信之著　松山　青葉図書（発
　売）　2005.8　134p　21cm　（水煙俳句叢書 別巻
　1）1143円　Ⓘ4-900024-82-1　Ⓝ911.304　〔25240〕

◇芭蕉と俳諧史の研究　井本農一著　角川書店　1984.1
　331p　22cm　3800円　Ⓝ911.32
〔25241〕

◇芭蕉と俳諧史の展開　堀切実著　ぺりかん社　2004.2
　566,19p　22cm　8500円　Ⓘ4-8315-1062-9　Ⓝ911.302
〔25242〕

◇芭蕉と仏教　佐藤円著　桜楓社　1970　417p　22cm

◇芭蕉と茂吉の山河　皆川盤水著　東京新聞出版局　2000.8　276p　20cm　1600円　①4-8083-0712-X　Ⓝ911.02　〔25244〕

◇芭蕉と山中温泉―山中温泉俳諧探訪　西島明正著　山中町（石川県）　山中温泉「奥の細道」三百年祭実行委員会　1989.6　129p　19cm　1000円　①4-8330-0666-9　Ⓝ911.32　〔25245〕

◇芭蕉という精神　野崎守英著　八王子　中央大学出版部　2006.3　388p　20cm（中央大学学術図書 62）3000円　①4-8057-5162-2　Ⓝ911.32　〔25246〕

◇芭蕉という人・その文学―初心の時代を探る　佐久間寿著　実教出版　1991.9　100p　19cm　1200円　Ⓝ911.32　〔25247〕

◇芭蕉とユーモア―俳諧性の哲学　成川武夫著　町田　玉川大学出版部　1999.9　376p　19cm　2800円　①4-472-30171-7　Ⓝ911.32　〔25248〕

◇芭蕉と謡曲―芭蕉俳諧の謡曲的なもの百句　佐藤賢一著　わんや書店　1987.12　107p　19cm　1000円　Ⓝ911.32　〔25249〕

◇芭蕉と良寛　滝沢精一郎著　大学教育社　1986.11　287p　20cm　4500円　①4-924376-06-X　Ⓝ911.32　〔25250〕

◇芭蕉に影響した漢詩文　仁枝忠著　教育出版センター　1972　450p　22cm　4800円　Ⓝ911.32　〔25251〕

◇芭蕉にひらかれた俳諧の女性史―六十六人の小町たち　別所真紀子著　オリジン出版センター　1989.11　255p　20cm　1880円　Ⓝ911.32　〔25252〕

◇芭蕉入門　荻原井泉水著　春陽堂　1931　362p　19cm　Ⓝ911.32　〔25253〕

◇芭蕉入門　飯田哲二著　国文社　1956　234p　18cm（ピポー新書）Ⓝ911.32　〔25254〕

◇芭蕉入門　井本農一著　講談社　1977.2　218p　15cm（講談社学術文庫）280円　Ⓝ911.32　〔25255〕

◇芭蕉入門　今栄蔵ほか著　有斐閣　1979.3　386p　18cm（有斐閣新書）880円　Ⓝ911.32　〔25256〕

◇芭蕉年譜大成　今栄蔵著　角川書店　1994.6　516p　20cm　4800円　①4-04-865047-5　Ⓝ911.32　〔25257〕

◇芭蕉年譜大成　今栄蔵著　新装版　角川学芸出版, 角川書店〔発売〕　2005.10　517p　19cm　3800円　①4-04-621016-8　〔25258〕

◇芭蕉の歩み　石井桐陰著　石井庄司　1993.10　550p　19cm　非売品　Ⓝ911.32　〔25259〕

◇芭蕉の歩み　続　石井桐陰著　石井庄司　1995.12　466p　19cm　非売品　Ⓝ911.32　〔25260〕

◇芭蕉の牛　今井文男著　犬山　龍二山房　1979.11　171p　22cm　2000円　Ⓝ911.32　〔25261〕

◇芭蕉の宇宙―芭蕉象徴詩百句選の賦　野島芳明著　ASG出版会　1991.2　198p　22cm　1800円　①4-88656-065-2　Ⓝ911.32　〔25262〕

◇芭蕉の俤　平泉澄著　日本書院　1952　338p　図版7枚　22cm　Ⓝ910.4　〔25263〕

◇芭蕉の俤　平泉澄著　錦正社　1987.2　338p　22cm　2000円　①4-7646-0204-0　Ⓝ910.2　〔25264〕

◇芭蕉の花鳥風月―逆引き全発句　田平正晴編著　近代文芸社　2004.7　314p　22cm　2500円　①4-7733-7158-7　Ⓝ911.32　〔25265〕

◇芭蕉の軌跡　稲垣安伸著　増訂　角川書店　1993.6　392p　22cm　3800円　①4-04-884086-X　Ⓝ911.32　〔25266〕

◇芭蕉の狂　玉城徹著　角川書店　1989.3　215p　19cm（角川選書 186）960円　①4-04-703186-0　Ⓝ911.32　〔25267〕

◇芭蕉の句作心境を解く　永田義直著　交蘭社　1935　225p　20cm　Ⓝ911.32　〔25268〕

◇芭蕉の芸境―異端の俳諧師　富山奏著　大阪　和泉書院　1991.2　407p　22cm（研究叢書 97）11845円　①4-87088-434-8　Ⓝ911.32　〔25269〕

◇芭蕉の芸術―その展開と背景　広田二郎著　有精堂出版　1968　496p　22cm　Ⓝ911.32　〔25270〕

◇芭蕉の芸術　小林祐作著　桜楓社　1973　302p　19cm　1800円　Ⓝ911.32　〔25271〕

◇芭蕉の芸術観　横山青娥著　山雅房　1942　268p　19cm　Ⓝ911.32　〔25272〕

◇芭蕉の芸術観　栗山理一著　永田書房　1981.6　342p　20cm　2800円　Ⓝ911.32　〔25273〕

◇芭蕉の芸術に現れたる虚無的一面に就いて　中村武三郎著　岡本信二郎, 藤島昌平編　山形　岡本信二郎　1937　167p　19cm　Ⓝ911.32　〔25274〕

◇芭蕉の研究　小宮豊隆著　岩波書店　1933　505p　23cm　Ⓝ911.32　〔25275〕

◇芭蕉の研究　小宮豊隆著　岩波書店　1946　505p　22cm　Ⓝ911.32　〔25276〕

◇芭蕉の研究　小宮豊隆著　岩波書店　1946　505p　22cm　Ⓝ911.32　〔25277〕

◇芭蕉の研究　重友毅著　文理書院　1970　445p　22cm　1800円　Ⓝ911.32　〔25278〕

◇芭蕉の恋句　東明雅著　岩波書店　1979.7　214p　18cm（岩波新書）320円　Ⓝ911.32　〔25279〕

◇芭蕉の孤高　蕪村の自在―ひとすじの思念と多彩な表象　雲英末雄著　草思社　2005.7　286p　19cm　2400円　①4-7942-1420-0　〔25280〕

◇芭蕉の心　荻原井泉水著　目黒書店　1941　252p　18cm　Ⓝ911.32　〔25281〕

◇芭蕉のこころ　福田真久著　芦書房　1977.9　276p　19cm　1900円　Ⓝ911.32　〔25282〕

◇芭蕉の心　荻原井泉水著　金沢文庫　1994.10　264p　19cm　2000円　①4-87339-061-3　Ⓝ911.32　〔25283〕

◇芭蕉のこころ　宗左近著　ほるぷ出版　1998.3　248p　20cm（「こころ」シリーズ）1600円　①4-593-57053-0　Ⓝ911.32　〔25284〕

◇芭蕉の心を訪ねて―「奥の細道」の旅とともに　下堀真彦著　出版地不明　堀真彦　2006.12　126p　21cm　〔25285〕

◇芭蕉のこころ三百年　福田真久著　新版　芦書房　1990.9　291p　20cm　2560円　①4-7556-1070-2　Ⓝ911.32　〔25286〕

◇芭蕉の言葉　荻原井泉水編　聚英閣　1921　214p　19cm　Ⓝ911.32　〔25287〕

◇芭蕉のことばに学ぶ俳句のつくり方　石寒太著　二見書房（発売）　2007.11　267p　20cm　1800円　①978-4-576-07170-1　Ⓝ911.32　〔25288〕

◇芭蕉の音風景―俳諧表現史へ向けて　堀切実著　ぺりかん社　1998.6　305p　20cm　2800円　①4-8315-0835-7　Ⓝ911.32　〔25289〕

◇芭蕉の作品と伝記の研究―新資料による　村松友次著　笠間書院　1977.5　897p　図14枚　22cm　17500円　Ⓝ911.32　〔25290〕

◇芭蕉の作品について―講話　水原秋桜子著, 水原しづ編　東京美術　1986.5　219p　19cm　2500円

◇④4-8087-0334-3　Ⓝ911.32　〔25291〕
◇芭蕉の三原点　今井文男著　右文書院　1969　114p　22cm　500円　Ⓝ911.32　〔25292〕
◇芭蕉の自我と救い　福田真久著　東京文献センター　1968　143p　19cm　480円　Ⓝ911.32　〔25293〕
◇芭蕉の自我と救い　福田真久著　東京出版センター　1976　163p　19cm　（古典選書）980円　Ⓝ911.32　〔25294〕
◇芭蕉の自然　須藤松雄著　明治書院　1982.10　312p　19cm　（国文学研究叢書）2800円　Ⓝ911.32　〔25295〕
◇芭蕉の自然観　荻原井泉水著　春秋社　1924　115p　19cm　（早稲田文学パンフレット　第11編）Ⓝ911.32　〔25296〕
◇芭蕉の自然観　荻原井泉水著　春秋社　1933　251p　17cm　（春秋文庫　第2部　第5）Ⓝ911.32　〔25297〕
◇芭蕉の詩想　山本唯一著　大阪　和泉書院　1986.3　249,3p　19cm　（和泉選書　26）3200円　④4-87088-180-2　Ⓝ911.32　〔25298〕
◇芭蕉の時代　尾形仂,大岡信著　朝日新聞社　1981.2　267p　20cm　1300円　Ⓝ911.32　〔25299〕
◇芭蕉の生涯　山田愛剣著　忠誠堂　1926　519p　19cm　Ⓝ911.32　〔25300〕
◇芭蕉の生涯展―漂泊の詩人とその門人たち　松尾芭蕉ほか著　山寺芭蕉記念館編　山形　山寺芭蕉記念館　1996.10　79p　26cm　Ⓝ911.32　〔25301〕
◇芭蕉の書と画　岡田利兵衛著　八木書店　1997.5　158p　19cm　（岡田利兵衛著作集 1）2000円　④4-8406-9604-7　Ⓝ911.32　〔25302〕
◇芭蕉の真贋　田中善信著　ぺりかん社　2002.3　246p　20cm　2400円　④4-8315-1009-2　Ⓝ911.32　〔25303〕
◇芭蕉の精神　萩原蘿月著　弘学社　1942.12　340p　19cm　Ⓝ911.32　〔25304〕
◇芭蕉の世界　井本農一編　小峯書店　1968　469p　22cm　（文学の世界シリーズ）Ⓝ911.32　〔25305〕
◇芭蕉の世界　井本農一編　校訂増補版　小峰書店　1969　479p　21cm　（文学の世界シリーズ）800円　Ⓝ911.32　〔25306〕
◇芭蕉の世界　山下一海著　角川書店　1985.7　217p　19cm　（角川選書 161）980円　④4-04-703161-5　Ⓝ911.32　〔25307〕
◇芭蕉の世界　尾形仂著　講談社　1988.3　350p　15cm　（講談社学術文庫）840円　④4-06-158822-2　Ⓝ911.32　〔25308〕
◇芭蕉の世界　上　尾形仂著　日本放送出版協会　1978.5　243p　19cm　（放送ライブラリー 19）950円　Ⓝ911.32　〔25309〕
◇芭蕉の世界　下　尾形仂著　日本放送出版協会　1978.6　219p　19cm　（放送ライブラリー 20）900円　Ⓝ911.32　〔25310〕
◇芭蕉の全貌　萩原蘿月著　三省堂　1935　844p　図版12枚　23cm　Ⓝ911.32　〔25311〕
◇芭蕉の全貌　萩原蘿月著　改訂版　三省堂　1942　859p　図版13枚　22cm　Ⓝ911.32　〔25312〕
◇芭蕉ノート　十国修著　くろしお出版　1979.8　181p　21cm　1200円　Ⓝ911.32　〔25313〕
◇芭蕉ノート　薄多久雄著　岐阜　日輪発行所　1993.12　202p　19cm　3000円　Ⓝ911.32　〔25314〕
◇芭蕉の俳諧―成立と展望　暉峻康隆著　中央公論社　1981.8　2冊　18cm　（中公新書）各380円　Ⓝ911.32　〔25315〕

◇芭蕉の俳諧美論　栗山理一著　塙書房　1971　372p　19cm　（塙選書）950円　Ⓝ911.32　〔25316〕
◇芭蕉の俳句　小宮豊隆著　要書房　1950　187p　19cm　（要選書）Ⓝ911.32　〔25317〕
◇芭蕉の俳句　窪田空穂著　春秋社　1964　214p　20cm　Ⓝ911.32　〔25318〕
◇芭蕉の俳句　小宮豊隆著　弘文堂書房　1971　202p　19cm　（アテネ新書）550円　Ⓝ911.32　〔25319〕
◇芭蕉の俳句鑑賞　飯野哲二著　京都　豊書房　1969　449p　19cm　（芭蕉双書）1800円　Ⓝ911.32　〔25320〕
◇芭蕉の俳句索引　佐藤貢著　謄写版　津　44p　26cm　Ⓝ911.32　〔25321〕
◇芭蕉の俳句と其一生　中西悟堂著　交蘭社　1928　445p　19cm　Ⓝ911.32　〔25322〕
◇芭蕉の俳句・連句の鑑賞　浪本蕉一著　再版　荻原星文館　1942　175p　18cm　Ⓝ911.32　〔25323〕
◇芭蕉の俳論　能勢朝次著　京都　大八洲出版　1948　269p　19cm　（俳文学叢刊 8）Ⓝ911.32　〔25324〕
◇芭蕉の俳論　井上文二著　千代田町（佐賀県）〔井上文二〕　1985.4　94p　27cm　Ⓝ911.32　〔25325〕
◇芭蕉の葉蔭　下村宏著　聚英閣　1921　184p　18cm　Ⓝ911.16　〔25326〕
◇芭蕉の美意識　復本一郎著　古川書房　1979.4　251p　19cm　（古川叢書）1400円　Ⓝ911.32　〔25327〕
◇芭蕉の美学　村田昇著　下関　西日本東洋文化研究所　1969　129p　19cm　400円　Ⓝ911.32　〔25328〕
◇芭蕉の筆蹟　岡田利兵衛著　春秋社　1968　2冊（別冊図録共）　27cm　Ⓝ911.32　〔25329〕
◇芭蕉の表現　永田友市著　右文書院　1988.6　207p　20cm　1600円　④4-8421-8804-9　Ⓝ911.32　〔25330〕
◇芭蕉の表現　上野洋三著　岩波書店　2005.11　359p　15cm　（岩波現代文庫　学術）1200円　④4-00-600151-7　Ⓝ911.32　〔25331〕
◇芭蕉の風雅　田中佳宏著　大阪　葉文館出版　1998.8　265p　20cm　2400円　④4-89716-022-7　Ⓝ911.32　〔25332〕
◇芭蕉の風景　村上春次著　松山　青葉図書　1993.10　566p　22cm　4800円　Ⓝ911.32　〔25333〕
◇芭蕉の風景文化の記憶　ハルオ・シラネ著　衣笠正晃訳　角川書店　2001.5　214p　20cm　（角川叢書 16）2500円　④4-04-702115-6　Ⓝ911.32　〔25334〕
◇芭蕉の風土　岡田利兵衛著　京都　白川書院　1966　292p　16cm　（国文叢書 3）Ⓝ911.32　〔25335〕
◇芭蕉の文学　岩田九郎著　研究社出版株式会社　1952　215p　18cm　（研究社学生文庫）Ⓝ911.32　〔25336〕
◇芭蕉の文学　宮西一積著　桜楓社　1973　272p　19cm　1200円　Ⓝ911.32　〔25337〕
◇芭蕉の文学―書で綴る鑑賞と解釈　書人研究会編　広論社　1989.7　337p　26cm　3800円　Ⓝ911.32　〔25338〕
◇芭蕉の文学 1　奥の細道　解釈学会編集　教育出版センター　1973　119p　21cm　（シリーズ文学 9）480円　Ⓝ911.32　〔25339〕
◇芭蕉の文学 2　その問題点　解釈学会編　教育出版センター　1973　106p　21cm　（シリーズ文学 10）480円　Ⓝ911.32　〔25340〕
◇芭蕉の文学の研究　井本農一著　角川書店　1978.1　325p　22cm　3200円　Ⓝ911.32　〔25341〕
◇芭蕉の文墨―その真偽　山本唯一著　京都　思文閣出版　1997.10　197p　20cm　2000円　④4-7842-0947-6　Ⓝ911.32　〔25342〕

◇芭蕉の方法　森田蘭著　教育出版センター　1970　319p　19cm　980円　Ⓝ911.32　〔25343〕
◇芭蕉の観たる建武中興と大楠公　山本愿太郎編　神戸　山本愿太郎　1936　20p　19cm　Ⓝ911.32　〔25344〕
◇芭蕉の眼　今井文男著　右文院　1972　223p　22cm　800円　Ⓝ911.32　〔25345〕
◇芭蕉の名句　潁原退蔵著　大阪　創元社　1952　134p　19cm　Ⓝ911.32　〔25346〕
◇芭蕉の名句集　松尾芭蕉著　平野茶山編　大阪　宏元社書店　1935　154p　18cm　Ⓝ911.32　〔25347〕
◇芭蕉の恋句　東明雅著　岩波書店　1993.7　214p　20cm　(岩波新書の江戸時代)1500円　Ⓘ4-00-009137-9　Ⓝ911.32　〔25348〕
◇芭蕉の論　山下一海著　桜楓社　1976　204p　19cm　1200円　Ⓝ911.32　〔25349〕
◇芭蕉俳諧　上甲保一郎著　富山房　1945　240p　18cm　Ⓝ911.32　〔25350〕
◇芭蕉俳諧　上甲平谷著　谷沢書房　1983.12　351p　20cm　2900円　Ⓝ911.32　〔25351〕
◇芭蕉俳諧研究　小宮豊隆等著　岩波書店　1929　488p　20cm　Ⓝ911.32　〔25352〕
◇芭蕉俳諧研究　続　山田孝雄等著　岩波書店　1930　446p　20cm　Ⓝ911.32　〔25353〕
◇芭蕉俳諧研究　新続　小宮豊隆等著　岩波書店　1933　525p　20cm　Ⓝ911.32　〔25354〕
◇芭蕉俳諧研究　続続　小宮豊隆等著　岩波書店　1931　413p　20cm　Ⓝ911.32　〔25355〕
◇芭蕉俳諧史　勝峰晋風,吉木燦次郎編　浩文社　1931　289,51p　18cm　Ⓝ911.32　〔25356〕
◇芭蕉俳諧と近代芸術　潁原退蔵著　京都　大八洲出版　1947　85p　19cm　25円　Ⓝ911.32　〔25357〕
◇芭蕉俳諧と近代芸術　潁原退蔵著　京都　大八洲出版　1947　85p　19cm　Ⓝ911.32　〔25358〕
◇芭蕉俳諧と前書の機能の研究　金田房子著　おうふう　2007.10　364p　22cm　12000円　Ⓘ978-4-273-03472-6　Ⓝ911.32　〔25359〕
◇芭蕉俳諧における詩的表現形態の研究　四戸宗城著　桜楓社　1980.7　213p　19cm　2400円　Ⓝ911.32　〔25360〕
◇芭蕉俳諧の季節観　兪玉姫著　信山社出版　2005.7　308p　22cm　6000円　Ⓘ4-7972-2292-1　Ⓝ911.32　〔25361〕
◇芭蕉俳諧の根本問題　太田水穂著　岩波書店　1926　402p　22cm　Ⓝ911.32　〔25362〕
◇芭蕉俳諧の根本問題　太田水穂著　限定版　複刻版　名著刊行会　1966　286p　21cm　Ⓝ911.32　〔25363〕
◇芭蕉俳諧の精神　赤羽学著　清水弘文堂書房　1970　1088p　22cm　8500円　Ⓝ911.32　〔25364〕
◇芭蕉俳諧の精神　続　赤羽学著　清水弘文堂　1984.2　1000p　22cm　13600円　Ⓝ911.32　〔25365〕
◇芭蕉俳諧の精神　総集編　赤羽学著　清水弘文堂書房　1994.11　1423p　22cm　Ⓘ4-87950-180-8　Ⓝ911.32　〔25366〕
◇芭蕉俳諧の展望　阿部正美著　明治書院　1990.7　605p　22cm　25000円　Ⓘ4-625-51063-5　Ⓝ911.32　〔25367〕
◇芭蕉俳諧評釈―談林時代の部　吉田義雄著　明治書院　1953　332p　19cm　Ⓝ911.32　〔25368〕
◇芭蕉俳諧論集　小宮豊隆,横沢三郎編　岩波書店　1939　308p　16cm　(岩波文庫 2131-2133)Ⓝ911.32

〔25369〕
◇芭蕉俳句鑑賞　赤羽学著　清水弘文堂　1987.9　263p　20cm　(教養シリーズ)1500円　Ⓝ911.32　〔25370〕
◇芭蕉俳句研究　幸田露伴等著　岩波書店　1922　464p　19cm　Ⓝ911.32　〔25371〕
◇芭蕉俳句研究　続　安倍能成等著　岩波書店　1924　652p　19cm　Ⓝ911.32　〔25372〕
◇芭蕉俳句研究　続々　太田水穂等著　岩波書店　1926　514p　19cm　Ⓝ911.32　〔25373〕
◇芭蕉俳句集　小沢武二編　春陽堂　1926　147p　15cm　(俳人叢書 第1編)Ⓝ911.32　〔25374〕
◇芭蕉俳句集―校註　松尾芭蕉著　潁原退蔵校註　岩波書店　1932　296p　16cm　(岩波文庫 811-812)Ⓝ911.32　〔25375〕
◇芭蕉俳句16のキーワード　復本一郎著　日本放送出版協会　1992.11　222p　19cm　(NHKブックス 659)830円　Ⓘ4-14-001659-0　Ⓝ911.32　〔25376〕
◇芭蕉俳句新講　上下巻　潁原退蔵著　岩波書店　1951　2冊　19cm　Ⓝ911.32　〔25377〕
◇芭蕉俳句新釈　半田良平著　紅玉堂　1923　564p　Ⓝ911.32　〔25378〕
◇芭蕉俳句新釈　半田良平著　紅玉堂書店　1925　488p　18cm　Ⓝ911.32　〔25379〕
◇芭蕉俳句新釈　半田良平著　素人社書屋　1935　420p　20cm　Ⓝ911.32　〔25380〕
◇芭蕉俳句全集　大塚甲山編　内外出版協会　1903.5　202p　15cm　Ⓝ911.3　〔25381〕
◇芭蕉俳句全集―季題別・年代附　松尾芭蕉著　半田良平編　紅玉堂　1925　64p　19cm　Ⓝ911.32　〔25382〕
◇芭蕉俳句全集―季題別年代順　松尾芭蕉著　長谷川零余子編　新詩壇社　1925　215p　19cm　Ⓝ911.32　〔25383〕
◇芭蕉俳句選評　野口米次郎著　第一書房　1926　104p　19cm　(野口米次郎ブックレット 第11編)Ⓝ911.32　〔25384〕
◇芭蕉俳句選評　野口米次郎著　春秋社　1929　169p　18cm　(春秋文庫 第1部 第27)Ⓝ911.32　〔25385〕
◇芭蕉俳句全録　荻原井泉水校　聚英閣　1922　164p　19cm　Ⓝ911.32　〔25386〕
◇芭蕉俳句の解釈と鑑賞　志田義秀著　至文堂　1940　338p　19cm　Ⓝ911.32　〔25387〕
◇芭蕉俳句の解釈と鑑賞　志田義秀著,志田延義編　至文堂　1956　301p　22cm　Ⓝ911.32　〔25388〕
◇芭蕉俳句の解釈と鑑賞　前篇　志田義秀著　至文堂　1946　400p　19cm　20円　Ⓝ911.32　〔25389〕
◇芭蕉俳句の解釈と鑑賞　後篇　志田義秀著　至文堂　1948　1冊　19cm　Ⓝ911.32　〔25390〕
◇芭蕉俳句の解釈と鑑賞　前後篇　志田義秀著　至文堂　1946-1948　2冊　19cm　Ⓝ911.32　〔25391〕
◇芭蕉俳句の試み―響き合いの文学　大輪靖宏著　南窓社　1995.3　284p　20cm　2884円　Ⓘ4-8165-0151-7　Ⓝ911.32　〔25392〕
◇芭蕉俳句ノート　山本唯一著　京都　洛風社　1966　247p　19cm　Ⓝ911.32　〔25393〕
◇芭蕉俳句評釈　内藤鳴雪著　大学館　1904　2冊　15cm　(俳句入門叢書 第4,5編)Ⓝ911.3　〔25394〕
◇芭蕉俳句評釈　続　寒川鼠骨著　大学館　1913　239p　15cm　(初学俳句叢書 第21篇)Ⓝ911.32　〔25395〕
◇芭蕉俳文集　上　松尾芭蕉著　堀切実編注　岩波書店

◇芭蕉俳文集 下 松尾芭蕉著 堀切実編注 岩波書店 2006.5 365p 15cm （岩波文庫）760円 ①4-00-302060-X Ⓝ911.32 〔25397〕

◇芭蕉俳文評釈 岩田九郎著 交蘭社 1941 171p 19cm Ⓝ911.32 〔25398〕

◇芭蕉俳論の諸相—付・芭蕉と切支丹 上月乙彦著 明石 柿本人麿奉讃会 1973 444p 22cm Ⓝ911.32 〔25399〕

◇芭蕉泊船集 風国編 すみや書店 1909.8 240p 13cm （寸珍叢書 第3巻）Ⓝ911.3 〔25400〕

◇芭蕉博物誌 上田都史著 永田書房 1983.2 398p 20cm 2500円 Ⓝ911.32 〔25401〕

◇芭蕉花屋日記 文暁著 牧野望東, 星野麦人校 晩鐘会 1902.5 64p 15cm Ⓝ911.3 〔25402〕

◇芭蕉ハンドブック 尾形仂編 三省堂 2002.2 286p 21cm 1600円 ①4-385-41040-2 Ⓝ911.32 〔25403〕

◇芭蕉晩年の苦悩—門弟酒堂と大坂入りの芭蕉 金子晋著 神戸 田工房 2001.8 270p 22cm 2500円 Ⓝ911.32 〔25404〕

◇芭蕉必携 尾形仂編 學燈社 1981.3 226p 22cm 1500円 ①4-312-00509-5 Ⓝ911.32 〔25405〕

◇芭蕉百句解 阿川燕城著 春陽堂書店 1943 203p 18cm （新文庫 18）Ⓝ911.32 〔25406〕

◇芭蕉百五十句—俳言の読み方 安東次男著 文藝春秋 1989.5 356p 16cm （文春文庫）480円 ①4-16-750501-0 Ⓝ911.32 〔25407〕

◇芭蕉百名言 山下一海著 富士見書房 1996.6 221p 20cm 2200円 ①4-8291-7317-3 Ⓝ911.32 〔25408〕

◇芭蕉風景 荻原井泉水著 春秋社 1930 Ⓝ911.32 〔25409〕

◇芭蕉風景 荻原井泉水著 新潮社 1938 307p 17cm （新潮文庫 第291編）Ⓝ911.32 〔25410〕

◇芭蕉=二つの顔—俗人と俳聖と 田中善信著 講談社 1998.7 254p 19cm （講談社選書メチエ 134）1500円 ①4-06-258134-5 Ⓝ911.32 〔25411〕

◇芭蕉古伝説 復本一郎著 大修館書店 1988.4 259p 19cm 1600円 ①4-469-22058-2 Ⓝ911.32 〔25412〕

◇芭蕉文庫—校訂標註 第2,4篇 芭蕉句選略解 春夏の部, 秋冬の部 荻原井泉水編著 春陽堂 1922 2冊 15cm Ⓝ911.32 〔25413〕

◇芭蕉文庫—校訂標註 第8篇 初懐紙評註—附・続芭蕉連句選釈 荻原井泉水編著 春陽堂 1924 98p 15cm Ⓝ911.32 〔25414〕

◇芭蕉文庫目録 上野 芭蕉翁記念館 1972 119p 22cm 1000円 Ⓝ911.32 〔25415〕

◇芭蕉文庫目録—芭蕉翁記念館 書冊篇 芭蕉翁顕彰会編 八木書店 2005.1 342,52p 22cm 12000円 ①4-8406-0042-2 Ⓝ911.3 〔25416〕

◇芭蕉亡命の一考察 菊山当年男講述 1931 29p 20cm Ⓝ911.32 〔25417〕

◇芭蕉妙文集 小林紫軒編・校 文学同志会 1905.1 236p 19cm Ⓝ911.3 〔25418〕

◇芭蕉名句 荻原井泉水著 社会思想研究会出版部 1957 171p 16cm （現代教養文庫）Ⓝ911.32 〔25419〕

◇芭蕉名句 荻原井泉水著 文元社 2004.2 171p 19cm （教養ワイドコレクション）2200円 ①4-86145-001-2 Ⓝ911.32 〔25420〕

◇芭蕉名句鑑賞 大藪虎亮著 明治書院 1953 132p 19cm Ⓝ911.32 〔25421〕

◇芭蕉名句集 松尾芭蕉著 俳句研究会編 大阪 文進堂書店 1934 241p 19cm Ⓝ911.32 〔25422〕

◇芭蕉物語 麻生磯次著 新潮社 1975 3冊 20cm 各1200円 Ⓝ911.32 〔25423〕

◇芭蕉物語—蕉風の〈人と詩〉の全体像をさぐる 白石悌三, 乾裕幸編 有斐閣 1977.6 275p 22cm （有斐閣ブックス）1300円 Ⓝ911.32 〔25424〕

◇芭蕉物語 正 四方山径著 江戸書院 1946 1冊 19cm 16p Ⓝ911.32 〔25425〕

◇芭蕉物語 続 四方山径著 江戸書院 1949 1冊 19cm Ⓝ911.32 〔25426〕

◇芭蕉大和路 大安隆著 大阪 和泉書院 1994.10 321p 22cm 3500円 ①4-87088-673-1 Ⓝ911.3 〔25427〕

◇芭蕉夜話 黎明居紫舟著 三鈴社 1933 156p 20cm Ⓝ911.32 〔25428〕

◇芭蕉礼讃 野口米次郎著 京都 富書店 1947 149p 19cm （ブックレット 第9号）Ⓝ911.32 〔25429〕

◇芭蕉・嵐雪・蕪村論考 福本良二著 大阪 和泉書院 1992.2 151p 20cm （和泉選書 63）2884円 ①4-87088-507-7 Ⓝ911.32 〔25430〕

◇芭蕉連作詩篇の研究—日本連作詩歌史序説 高橋庄次著 笠間書院 1979.2 1217p 22cm 25000円 Ⓝ911.32 〔25431〕

◇芭蕉論 野口米次郎著 第一書房 1925 102p 19cm （野口米次郎ブックレット 第1編）Ⓝ911.32 〔25432〕

◇芭蕉論 野口米次郎著 春秋社 1929 174p 18cm （春秋文庫 第1部 第24）Ⓝ911.32 〔25433〕

◇芭蕉論 浦野芳雄著 大同館書店 1934 417p 19cm Ⓝ911.32 〔25434〕

◇芭蕉論 霧林道義著 神無書房 1967 257p 19cm Ⓝ911.32 〔25435〕

◇芭蕉論 上野洋三著 筑摩書房 1986.10 362p 20cm 2800円 ①4-480-82219-4 Ⓝ911.32 〔25436〕

◇芭蕉論 上野洋三著 筑摩書房 1995.4 362p 20cm 3200円 ①4-480-82320-4 Ⓝ911.32 〔25437〕

◇芭蕉論考 荻原清著 丹波市町（奈良県） 養徳社 1949 303p 22cm Ⓝ911.32 〔25438〕

◇芭蕉論攷 松尾靖秋著 桜楓社 1970 268p 22cm 2800円 Ⓝ911.32 〔25439〕

◇芭蕉論集 田尻竜正著 桜楓社 1987.10 259p 22cm 8000円 ①4-273-02196-X Ⓝ911.32 〔25440〕

◇芭蕉論叢—数珠と暦 山本唯一著 京都 文栄堂書店 1995.7 198p 20cm 2575円 Ⓝ911.32 〔25441〕

◇芭蕉は生てる 川崎克著 上野 伊賀文化産業協会 1942 200p 19cm Ⓝ911.32 〔25442〕

◇はせを 菊山当年男著 6版 宝雲舎 1948 387,12p 22cm Ⓝ911.32 〔25443〕

◇花屋日記—芭蕉臨終記 文暁著 小宮豊隆校 岩波書店 1935 109p 16cm （岩波文庫 1227）Ⓝ911.32 〔25444〕

◇春は曙—芭蕉随筆 荻原井泉水著 京都 臼井書房 1948 163p 19cm Ⓝ911.32 〔25445〕

◇晩年の芭蕉 上甲平谷著 大阪 湯川書房 1979.10 265p 19cm 1600円 Ⓝ911.32 〔25446〕

◇尾三翁墳記 服部徳次郎著 名古屋 愛知学院国語研究会 1959 76p 22cm Ⓝ911.32 〔25447〕

◇表現としての俳諧—芭蕉・蕪村・一茶 堀切実著 ぺり

◇かん社　1988.10　349p　20cm　2800円　Ⓝ911.32
〔25448〕
◇表現としての俳諧―芭蕉・蕪村　堀切実著　岩波書店　2002.2　321p　15cm　（岩波現代文庫 学術）1100円　Ⓘ4-00-600079-0　Ⓝ911.32
〔25449〕
◇評釈/曠野　上　幸田露伴著　岩波書店　1946　172p　21cm　25円　Ⓝ911.32
〔25450〕
◇評釈/曠野　下　幸田露伴著　岩波書店　1948　1冊　21cm　Ⓝ911.32
〔25451〕
◇評釈/春の日　幸田露伴著　岩波書店　1946　110p　21cm　4.8円　Ⓝ911.32
〔25452〕
◇評釈/ひさご　幸田露伴著　岩波書店　1947　106p　21cm　35円　Ⓝ911.32
〔25453〕
◇評釈/冬の日　幸田露伴著　岩波書店　1948　234p　21cm　Ⓝ911.32
〔25454〕
◇標註/芭蕉選書　松尾芭蕉著, 荻原井泉水編　寺本書店　1946　202p　19cm　Ⓝ911.32
〔25455〕
◇標注 芭蕉読本　松尾芭蕉著, 荻原井泉水編　春秋社　1957　209p　19cm　Ⓝ911.32
〔25456〕
◇評伝芭蕉　天生目杜南著　博文館　1909.4　228p　19cm　Ⓝ911.3
〔25457〕
◇広末保著作集　第4巻　芭蕉　広末保著　影書房　1999.8　405p　20cm　3800円　Ⓘ4-87714-267-3　Ⓝ910.25
〔25458〕
◇風雅と笑い―芭蕉叢考　深沢真二著　大阪　清文堂出版　2004.9　407p　22cm　8000円　Ⓘ4-7924-1387-7　Ⓝ911.32
〔25459〕
◇封鎖幕府に対決して生きた芭蕉の芸術　小林祐作著　新興出版社　1967　347p　19cm　Ⓝ911.32〔25460〕
◇風徳編『芭蕉文集』の研究　三木慰computer著　大阪　和泉書院　1992.12　261p　20cm　（和泉選書 74）3914円　Ⓘ4-87088-573-5　Ⓝ911.32
〔25461〕
◇冬の日・笈の小文　松尾芭蕉著　中村俊定校注　武蔵野書院　1959.2（16版：1993.3）　174p　21cm　1165円　Ⓘ4-8386-0516-1　Ⓝ911.32
〔25462〕
◇古池に蛙は飛びこんだか　長谷川櫂著　花神社　2005.6　184p　19cm　2000円　Ⓘ4-7602-1807-6　Ⓝ911.32
〔25463〕
◇風呂で読む芭蕉　佐々木清著　京都　世界思想社　1993.5　110p　19cm　980円　Ⓘ4-7907-0454-8　Ⓝ911.32
〔25464〕
◇文学史の一ページを飾る芭蕉と静岡俳諧の流れ展―企画展　静岡　駿府博物館　1990　1冊　26cm　〔25465〕
◇放送芭蕉を語る　荻原井泉水著　実業之日本社　1934　362p　19cm　Ⓝ911.32
〔25466〕
◇発句で読む芭蕉の生と死　赤羽学著　翰林書房　1997.5　214p　20cm　2600円　Ⓘ4-87737-014-5　Ⓝ911.32
〔25467〕
◇煩悩人芭蕉　西谷勢之介著　万里閣書房　1931　337p　19cm　Ⓝ911.32
〔25468〕
◇松尾芭蕉　白井雲匡著　伊賀上野町（三重県）　日新堂　1922　41p　19cm　Ⓝ911.32
〔25469〕
◇松尾芭蕉―伝統と悲劇　那須辰造著　道統社　1942　326p　19cm　Ⓝ911.32
〔25470〕
◇松尾芭蕉　浅野信著　弘学社　1948　305p　19cm　Ⓝ911.32
〔25471〕
◇松尾芭蕉　浅野信著　弘学社　1948　305p　19cm　Ⓝ911.32
〔25472〕
◇松尾芭蕉　阿部喜三男著　吉川弘文館　1961　244p　18cm　（人物叢書）Ⓝ911.32
〔25473〕
◇松尾芭蕉　宮本三郎, 今栄蔵著　桜楓社　1967　355p　19cm　（俳句シリーズ・人と作品）Ⓝ911.32〔25474〕
◇松尾芭蕉　尾形仂著　筑摩書房　1971　249,4p　19cm　（日本詩人選 17）Ⓝ911.32
〔25475〕
◇松尾芭蕉　宮本三郎, 今栄蔵著　桜楓社　1979.9　366p　20cm　（新訂俳句シリーズ・人と作品 1）1500円　Ⓝ911.32
〔25476〕
◇松尾芭蕉　阿部喜三男著　吉川弘文館　1986.3　244p　19cm　（人物叢書 新装版）1400円　Ⓘ4-642-05031-0　Ⓝ911.32
〔25477〕
◇松尾芭蕉　嶋岡晨著　成美堂出版　1988.5　207p　19cm　（物語と史蹟をたずねて）900円　Ⓘ4-415-06566-X　Ⓝ911.32
〔25478〕
◇松尾芭蕉　芭蕉翁記念館編　上野　上野市　1989.3　188p　22cm　非売品　Ⓝ911.32
〔25479〕
◇松尾芭蕉　尾形仂著　筑摩書房　1989.8　266p　15cm　（ちくま文庫）520円　Ⓘ4-480-02336-4　Ⓝ911.32
〔25480〕
◇松尾芭蕉　楠元六男編　ぺりかん社　1990.6　204p　21cm　（江戸人物読本 2）1880円　Ⓝ911.32〔25481〕
◇松尾芭蕉　雲英末雄編集・執筆, 高橋治エッセイ　新潮社　1990.11　111p　20cm　（新潮古典文学アルバム 18）1262円　Ⓘ4-10-620718-4　Ⓝ911.32〔25482〕
◇松尾芭蕉―永遠の旅人　白石悌三, 田中善信著　新典社　1991.4　291p　19cm　（日本の作家 26）2369円　Ⓘ4-7879-7026-7　Ⓝ911.32
〔25483〕
◇松尾芭蕉　赤羽学編著　蝸牛社　1993.4　176p　19cm　（蝸牛俳句文庫 9）1400円　Ⓘ4-87661-219-6　Ⓝ911.32
〔25484〕
◇松尾芭蕉―物語と史蹟をたずねて　嶋岡晨著　成美堂出版　1994.10　284p　16cm　（成美文庫）560円　Ⓘ4-415-06411-6　Ⓝ911.32
〔25485〕
◇松尾芭蕉―人と文学　稲垣安伸著　勉誠出版　2004.1　222p　20cm　（日本の作家100人）1800円　Ⓘ4-585-05170-8　Ⓝ911.32
〔25486〕
◇松尾芭蕉　高村忠範文・絵　汐文社　2007.1　79p　22cm　（俳人芭蕉・蕪村・一茶を知ろう）1400円　Ⓘ978-4-8113-8179-4　Ⓝ911.32
〔25487〕
◇松尾芭蕉研究　市川通雄著　笠間書院　1989.3　276p　22cm　7000円　Ⓝ911.32
〔25488〕
◇松尾芭蕉集　松尾芭蕉著　井本農一, 堀信夫, 村松友次校注・訳　小学館　1972.6（第21版：1992.10）　609p　図版12p　23cm　（日本古典文学全集 41）Ⓘ4-09-657041-9　Ⓝ911.32
〔25489〕
◇松尾芭蕉と元禄文化　近藤ふみ文　フレーベル館　2004.3　48p　27cm　（あるいて知ろう！歴史にんげん物語 7）2900円　Ⓘ4-577-02791-7　Ⓝ911.32〔25490〕
◇松尾芭蕉と新庄　大友義助著　新庄　新庄市教育委員会　1996.6　58p　21cm　700円　Ⓝ911.32　〔25491〕
◇松尾芭蕉の像を探す旅―妻と二人で　中村滋男著　野田　中村愛子　2000.10　111p　22cm　非売品　Ⓝ911.32
〔25492〕
◇松尾芭蕉の像を探す旅―妻と二人で　続　中村滋男著　出版地不明　朝日新聞社書籍編集部（製作）　2006.8　74p　22cm　2000円　Ⓝ911.32
〔25493〕
◇松尾芭蕉の謎―世界的大詩人は何者だったのか!?　河野亮, アポカリプス21研究会著　廣済堂出版　1993.12　216p　18cm　（Kosaido books）800円　Ⓘ4-331-00627-1　Ⓝ911.32
〔25494〕

文学史　　近世史

◇松尾芭蕉論―晩年の世界　福田真久著　教育出版センター　1971　289p　22cm　2000円　Ⓝ911.32
〔25495〕

◇松尾芭蕉は忍者か　森崎益夫著　MBC21　1999.4　375p　20cm　2200円　Ⓘ4-8064-0632-5　Ⓝ911.32
〔25496〕

◇松尾芭蕉―俳人芭蕉・蕪村・一茶を知ろう　高村忠範文・絵　汐文社　2007.1　79p　21cm　1400円　Ⓘ978-4-8113-8179-4
〔25497〕

◇万葉と芭蕉　久松潜一著　京都　大八洲出版　1948　196p　19cm　Ⓝ911.12
〔25498〕

◇ミクロコスモス―松尾芭蕉に向って　高橋英夫著　講談社　1989.5　317p　20cm　2500円　Ⓘ4-06-203984-2　Ⓝ911.32
〔25499〕

◇ミクロコスモス―松尾芭蕉に向って　高橋英夫著　講談社　1992.5　360p　15cm　（講談社学術文庫）980円　Ⓘ4-06-159025-1　Ⓝ911.32
〔25500〕

◇道草的俳句論―藤井晴子評論集　藤井晴子著　邑書林　1998.1　244p　19cm　2200円　Ⓘ4-89709-262-0　Ⓝ911.32
〔25501〕

◇見付けぬ花―知られざる芭蕉の佳句　山下一海著　小沢書店　1997.7　243p　20cm　2200円　Ⓘ4-7551-0348-7　Ⓝ911.32
〔25502〕

◇名句即訳芭蕉―俳句の意味がすぐわかる！　石田郷子著　ぴあ　2004.8　256p　15cm　1714円　Ⓘ4-8356-0944-1　Ⓝ911.32
〔25503〕

◇問題の点を主としたる芭蕉の伝記の研究　志田義秀著　河出書房　1938　289p　23cm　Ⓝ911.32
〔25504〕

◇谷端川と松尾芭蕉―こいしかわ　加瀬順一編著　［加瀬順一］　2005.8　60p　21cm　Ⓝ213.61
〔25505〕

◇山寺芭蕉記念館―奥の細道・山形　山形　山寺芭蕉記念館　2000　16p　26cm　Ⓝ911.32
〔25506〕

◇夢―わが芭蕉論　阿部正路著　創樹社　1999.11　222p　20cm　2200円　Ⓘ4-7943-0550-8　Ⓝ911.32
〔25507〕

◇夢は枯野を―芭蕉の旅と人生　中里富美雄著　国分寺　武蔵野書房　1997.10　245p　20cm　2000円　Ⓝ911.32
〔25508〕

◇夢は枯野を―芭蕉・蕪村からうけついだもの　永田龍太郎著　永田書房　2002.10　285p　20cm　2000円　Ⓘ4-8161-0690-1　Ⓝ911.32
〔25509〕

◇夢は枯野を―新訂・芭蕉俳諧の謡曲的展開百句　佐藤賢一著　新訂　能楽出版社　2003.5　167p　19cm　1600円　Ⓝ911.32
〔25510〕

◇要説芭蕉新巻　竹谷蒼郎著　金沢　金沢工業大学旦月会　北国書林（発売）　1971　308p　19cm　750円　Ⓝ911.32
〔25511〕

◇利休と芭蕉―「わび」と「さび」の源流　西田正好著　桜楓社　1975　143p　19cm　1000円　Ⓝ791.2
〔25512〕

◇若き芭蕉　麻生磯次著　新潮社　1976　263p　20cm　1000円　Ⓝ911.32
〔25513〕

◇わが夢は聖人君子の夢にあらず―芭蕉遊行　秋山巳之流著　北溟社　2002.5　245p　21cm　2600円　Ⓘ4-89448-266-5　Ⓝ911.32
〔25514〕

◇私の芭蕉　高桑義生著　川戸孤舟監修　町田　季書房　1994.12　302p　15cm　Ⓝ911.32
〔25515〕

◇私の芭蕉　高桑義生著　川戸孤舟監修　内村才五編纂　町田　季書房　1994.12　407p　15cm　Ⓝ911.32
〔25516〕

◆◆◆蕉風俳句

◇蕉風の終着駅―軽み　杉崎重遠著　桜楓社　1967　312p　19cm　（国語国文学研究叢書 14）Ⓝ911.32
〔25517〕

◇蕉風の終着駅―軽み　杉崎重遠著　増訂版　桜楓社　1976　326p　19cm　（国語国文学研究叢書 14）2800円　Ⓝ911.32
〔25518〕

◇蕉風俳諧における〈季語・季題〉の研究　東聖子著　明治書院　2003.2　424p　22cm　10000円　Ⓘ4-625-44300-8　Ⓝ911.32
〔25519〕

◇蕉風俳諧における座の意識　八亀師勝著　桜楓社　1974　202p　19cm　1800円　Ⓝ911.32
〔25520〕

◇蕉風俳諧論考　宮本三郎著　笠間書院　1974　447p　22cm　（笠間叢書 43）7000円　Ⓝ911.32
〔25521〕

◇蕉風俳論の付合文芸史的研究　永田英理著　ぺりかん社　2007.2　331p　22cm　6000円　Ⓘ978-4-8315-1159-1　Ⓝ911.32
〔25522〕

◇蕉風付合論　梅原章太郎著　青簡舎　2007.10　394p　22cm　12000円　Ⓘ978-4-903996-01-1　Ⓝ911.32
〔25523〕

◇蕉風論考　石川真弘著　大阪　和泉書院　1990.3　187p　20cm　（和泉選書 50）1800円　Ⓘ4-87088-395-3　Ⓝ911.32
〔25524〕

◇芭蕉十哲名句集　俳句研究会編　大阪　文進堂書店　1934　304p　19cm　Ⓝ911.3
〔25525〕

◇芭蕉における「さび」の構造　復本一郎著　塙書房　1973　311p　19cm　（塙選書）1200円　Ⓝ911.32
〔25526〕

◇芭蕉風雅考―佗びの問題を中心に　浪本沢一著　春秋社　1970　266p　20cm　850円　Ⓝ911.32
〔25527〕

◇芭蕉門古人真蹟　蝶夢著　栗田二三編　樋口功校訂　大阪　天青堂　1925　19p　24cm　Ⓝ911.3
〔25528〕

◇風雅と笑い―芭蕉叢考　深沢真二著　大阪　清文堂出版　2004.9　407p　22cm　8000円　Ⓘ4-7924-1387-7　Ⓝ911.32
〔25529〕

◆◆◆連句

◇歌仙の世界―芭蕉連句の鑑賞と考察　尾形仂著　講談社　1989.12　295p　15cm　（講談社学術文庫）700円　Ⓘ4-06-158905-9　Ⓝ911.32
〔25530〕

◇完本 風狂始末―芭蕉連句評釈　安東次男著　筑摩書房　2005.3　701p　15cm　（ちくま学芸文庫）1700円　Ⓘ4-480-08901-2
〔25531〕

◇国語国文学講座　第7　俳諧史　連句講義　志田義秀著　能勢朝次著　雄山閣　1934　305,218p　23cm　Ⓝ910
〔25532〕

◇荘内に於ける芭蕉三日月日記―附・芭蕉句碑　玄々堂芦汀著　増補第2版　鶴岡　喜峰社　1935　26,10p　20cm　Ⓝ911.32
〔25533〕

◇蕉風俳論の付合文芸史的研究　永田英理著　ぺりかん社　2007.2　331p　22cm　6000円　Ⓘ978-4-8315-1159-1　Ⓝ911.32
〔25534〕

◇蕉風付合論　梅原章太郎著　青簡舎　2007.10　394p　22cm　12000円　Ⓘ978-4-903996-01-1　Ⓝ911.32
〔25535〕

◇蕉風連句の髄　清水瓢左著　都心連句会　1987.12　455p　19cm　4800円　Ⓝ911.32
〔25536〕

◇新芭蕉講座　第4巻　連句篇　上　穎原退蔵,山崎喜好著　三省堂　1995.8　368p　23cm　Ⓘ4-385-30148-4　Ⓝ911.32
〔25537〕

◇新芭蕉講座　第5巻　連句篇　下　樋口功,杉浦正一郎著　三省堂　1995.8　436p　23cm　Ⓘ4-385-30148-4　Ⓝ911.32
〔25538〕

◇新編芭蕉一代集　連句篇 下・句評篇・紀行日記篇　勝峯

晋風編　春秋社　1931　395-584p　20cm　Ⓝ911.32
〔25539〕

◇続風狂始末―芭蕉連句新釈　安東次男著　筑摩書房
1989.7　314p　20cm　2470円　Ⓘ4-480-13002-0
Ⓝ911.32
〔25540〕

◇対話の文芸―芭蕉連句鑑賞　村松友次著　大修館書店
2004.6　333p　22cm　2600円　Ⓘ4-469-22166-X
Ⓝ911.32
〔25541〕

◇芭蕉翁略伝と芭蕉連句評釈　幻窓湖中著　勝峰晋風校
紅玉堂書店　1925　281p　17cm　Ⓝ911.32
〔25542〕

◇芭蕉講座　第4巻　連句篇上　頴原退蔵,山崎喜好　改
訂版 4版　三省堂出版株式会社　1956　22cm　Ⓝ911.32
〔25543〕

◇芭蕉講座　第5巻　連句篇下　樋口功,杉浦正一郎　改
訂版 4版　三省堂出版株式会社　1956　22cm　Ⓝ911.32
〔25544〕

◇芭蕉と艮太郎―連句でつながる　谷本光典著　MBC21
1999.5　365p　20cm　2000円　Ⓘ4-8064-0627-9
Ⓝ911.32
〔25545〕

◇芭蕉の方法―連句というコミュニケーション　宮脇真彦
著　角川書店　2002.4　238p　19cm　(角川選書
338)1500円　Ⓘ4-04-703338-3　Ⓝ911.32
〔25546〕

◇芭蕉の連句　樋口功著　成象堂　1927　343p　22cm
Ⓝ911.32
〔25547〕

◇芭蕉の連句を読む　中村俊定著　岩波書店　1985.8
271p　19cm　(岩波セミナーブックス 16)1800円
Ⓘ4-00-004886-4　Ⓝ911.32
〔25548〕

◇芭蕉文庫―校訂標註　第6篇　芭蕉連句選釈　荻原井泉
水編著　春陽堂　1924　108p　15cm　Ⓝ911.32
〔25549〕

◇芭蕉連句鑑賞　高藤武馬著　筑摩書房　1971　477p
20cm　1800円　Ⓝ911.32
〔25550〕

◇芭蕉連句歳時記　猿山文彦著　自費出版図書館編集室
(製作)　1994.12　199p　19cm　Ⓝ911.32
〔25551〕

◇芭蕉連句私解　大谷篤蔵著　角川書店　1994.5　258p
20cm　2900円　Ⓘ4-04-865048-3　Ⓝ911.32
〔25552〕

◇芭蕉連句集　松尾芭蕉著　小宮豊隆編　岩波書店
1930　293p　16cm　(岩波文庫 703-705)Ⓝ911.32
〔25553〕

◇芭蕉連句抄　阿部正美著　明治書院　1965　422p
22cm　Ⓝ911.32
〔25554〕

◇芭蕉連句抄　第2篇　阿部正美著　明治書院　1969
540p　22cm　3800円　Ⓝ911.32
〔25555〕

◇芭蕉連句抄　第3篇　天和調の時代　阿部正美著　明治
書院　1974　494p　22cm　4800円　Ⓝ911.32
〔25556〕

◇芭蕉連句抄　第4篇　「冬の日」前後　阿部正美著　明治
書院　1976　514p　22cm　7800円　Ⓝ911.32
〔25557〕

◇芭蕉連句抄　第5篇　貞享の四季　阿部正美著　明治書
院　1978.5　480p　22cm　8800円　Ⓝ911.32　〔25558〕

◇芭蕉連句抄　第6篇　吉野・更科の旅　阿部正美著　明
治書院　1979.11　458p　22cm　8800円　Ⓝ911.32
〔25559〕

◇芭蕉連句抄　第7篇　奥の風雅　阿部正美著　明治書院
1981.4　574p　22cm　8800円　Ⓝ911.32　〔25560〕

◇芭蕉連句抄　第8篇　「ひさご」と「猿蓑」　阿部正美著
明治書院　1983.11　584p　22cm　9800円　Ⓝ911.32
〔25561〕

◇芭蕉連句抄　第9篇　「深川」まで　阿部正美著　明治書
院　1986.9　505p　22cm　12000円　Ⓝ911.32
〔25562〕

◇芭蕉連句抄　第10篇　軽みの時代　上　阿部正美著　明
治書院　1987.9　465p　22cm　12000円
Ⓘ4-625-51060-0　Ⓝ911.32
〔25563〕

◇芭蕉連句抄　第11篇　軽みの時代　中　阿部正美著　明
治書院　1988.9　468p　22cm　12000円
Ⓘ4-625-51061-9　Ⓝ911.32
〔25564〕

◇芭蕉連句抄　第12篇　軽みの時代　下　阿部正美著　明
治書院　1989.10　441p　22cm　13000円
Ⓘ4-625-51062-7　Ⓝ911.32
〔25565〕

◇芭蕉連句全集草稿　松尾芭蕉著,芭蕉連句全集草稿編集
会編　謄写版　奈良　芭蕉連句全集草稿編集会　1958
315p　26cm　Ⓝ911.32
〔25566〕

◇芭蕉連句全註解　第1冊　島居清著　桜楓社　1979.6
300p　20cm　1800円　Ⓝ911.32
〔25567〕

◇芭蕉連句全註解　第2冊　島居清著　桜楓社　1979.10
297p　20cm　1800円　Ⓝ911.32
〔25568〕

◇芭蕉連句全註解　第3冊　島居清著　桜楓社　1980.6
361p　20cm　2400円　Ⓝ911.32
〔25569〕

◇芭蕉連句全註解　第4冊　島居清著　桜楓社　1980.10
409p　20cm　2800円　Ⓝ911.32
〔25570〕

◇芭蕉連句全註解　第5冊　島居清著　桜楓社　1981.5
348p　20cm　2800円　Ⓝ911.32
〔25571〕

◇芭蕉連句全註解　第6冊　島居清著　桜楓社　1981.10
359p　20cm　3200円　Ⓝ911.32
〔25572〕

◇芭蕉連句全註解　第7冊　島居清著　桜楓社　1982.6
384p　20cm　3400円　Ⓝ911.32
〔25573〕

◇芭蕉連句全註解　第8冊　島居清著　桜楓社　1982.10
346p　20cm　3800円　Ⓝ911.32
〔25574〕

◇芭蕉連句全註解　第9冊　島居清著　桜楓社　1983.5
325p　20cm　4800円　Ⓝ911.32
〔25575〕

◇芭蕉連句全註解　第10冊　島居清著　桜楓社　1983.8
347p　20cm　4800円　Ⓝ911.32
〔25576〕

◇芭蕉連句全註解　別冊　島居清著　桜楓社　1983.10
244p　20cm　4800円　Ⓝ911.32
〔25577〕

◇芭蕉連句叢考　島居清著　桜楓社　1988.3　270p
20cm　6800円　Ⓘ4-273-02210-9　Ⓝ911.32　〔25578〕

◇芭蕉連句の根本解説　太田水穂著　岩波書店　1930
643p　23cm　Ⓝ911.32
〔25579〕

◇芭蕉連句の根本解説　太田水穂著　限定版　名著刊行会
1966　383p　21cm　Ⓝ911.32
〔25580〕

◇芭蕉連句評釈―杜哉連句抄　復本一郎編　雄山閣出版
1974　223p　20cm　1200円　Ⓝ911.32
〔25581〕

◇芭蕉連句評釈　星加宗一著　笠間書院　1975　322p
18cm　(笠間選書 38)1000円　Ⓝ911.32
〔25582〕

◇芭蕉連句評釈　上　安東次男著　講談社　1993.12
409p　15cm　(講談社学術文庫)1100円
Ⓘ4-06-159106-1　Ⓝ911.32
〔25583〕

◇芭蕉連句評釈　下　安東次男著　講談社　1994.1　351p
15cm　(講談社学術文庫)1100円　Ⓘ4-06-159107-X
Ⓝ911.32
〔25584〕

◇芭蕉連句冬の日新講　浪本沢一著　春秋社　1978.4
238p　22cm　2500円　Ⓝ911.32
〔25585〕

◇芭蕉連句は狂句である―歌仙評釈　足立駿二著　柏原
〔足立駿二〕　1983.9　597p　19cm　1000円　Ⓝ911.32
〔25586〕

◇芭蕉・浪化　栂の木―連句集　志田延義編著　志田
延義編著　至文堂　1999.7　79p　16×22cm　3000円
Ⓝ911.32
〔25587〕

◇風狂始末―芭蕉連句新釈　安東次男著　筑摩書房
　1986.6　2冊（別冊とも）　20cm　2400円
　①4-480-13001-2　Ⓝ911.32　　　　〔25588〕
◇風狂余韻―芭蕉連句新釈　安東次男著　筑摩書房
　1990.12　216p　20cm　2796円　①4-480-13003-9
　Ⓝ911.32　　　　〔25589〕
◇美濃の散歩道―俳蹟探訪のために　第14回国民文化祭・ぎふ99文芸祭・連句大会集　岐阜　第14回国民文化祭岐阜市実行委員会　1999.10　41p　21cm　Ⓝ911.32
　　　　〔25590〕
◇連句とはどんなものか　織田小三郎著　岡村書店　1920
　364p　15cm　Ⓝ911.3　　　　〔25591〕
◇連句入門―蕉風俳諧の構造　安東次男著　筑摩書房
　1981.10　306p　20cm　1800円　Ⓝ911.32　〔25592〕
◇連句入門―蕉風俳諧の構造　安東次男著　講談社
　1992.12　301p　15cm　（講談社学術文庫）840円
　①4-06-159054-5　Ⓝ911.32　　　　〔25593〕
◇連句の読み方―戦後詩論選　安東次男著　思潮社
　2000.7　333p　20cm　3800円　①4-7837-1595-5
　Ⓝ911.32　　　　〔25594〕

◆◆◆俳諧七部集

◇歌謡俳書選集　第7　芭蕉七部集　藤井乙男編　松尾芭蕉著　京都　文献書院　1927　412p　19cm　Ⓝ911
　　　　〔25595〕
◇古板俳諧七部集　第5　猿蓑定本　藤井乙男, 宇田久編
　大岡山書店　1934　307p　20cm　Ⓝ911.32　〔25596〕
◇古板俳諧七部集　第7　続猿蓑定本　幸田露伴, 宇田久編
　大岡山書店　1935　313p　20cm　Ⓝ911.32　〔25597〕
◇七部集連句　猿蓑註釈　浅野信著　桜楓社　1967　688p
　22cm　Ⓝ911.33　　　　〔25598〕
◇七部集連句評釈―芭蕉　小林一郎著　大同館書店　1922
　878p　19cm　Ⓝ911.32　　　　〔25599〕
◇炭俵註釈―七部集連句　浅野信著　桜楓社　1982.11
　581p　22cm　18000円　Ⓝ911.33　〔25600〕
◇俳諧七部集　永沢三朗(錦花庵), 近藤金羅(夜雪庵)閲
　東生書店　1892.2　375p　13cm　Ⓝ911.3　〔25601〕
◇俳諧七部集―校正　錦花庵三郎校　夜雪庵金羅宗匠閲
　東生堂書店　1892.2　375p　12cm　Ⓝ911.3　〔25602〕
◇俳諧七部集―校訂　永沢三朗, 近藤金羅閲　大阪　中村芳松　1892.6　190p　13×19cm　Ⓝ911.3　〔25603〕
◇俳諧七部集―校正　筒井民治郎編　今古堂　1892.10
　150p　19cm　Ⓝ911.3　　　　〔25604〕
◇俳諧七部集　松尾芭蕉著　萩原蘿月校　改造社　1929
　336p　16cm　（改造文庫　第2部　第13篇）Ⓝ911.32
　　　　〔25605〕
◇俳諧七部集―作者別　宇田久編　大岡山書店　1932
　583p　20cm　Ⓝ911.3　　　　〔25606〕
◇俳諧七部集―校註　頴原退蔵編　明治書院　1941　378p
　19cm　Ⓝ911.3　　　　〔25607〕
◇俳諧七部集―全釈　第1巻　冬の日　萩原蘿月著　改造社　1938　156p　16cm　（改造文庫　第2部　第360篇）Ⓝ911.3　　　　〔25608〕
◇俳諧七部集―全釈　第2巻　猿蓑集　前　萩原蘿月著
　改造社　1941　327p　15cm　（改造文庫　第2部　第361篇）Ⓝ911.32　　　　〔25609〕
◇俳諧七部集大鏡　月院社何丸撰　今古堂　1893.1　2冊
　（上・下481p）19cm　（俳諧叢書）Ⓝ911.3　〔25610〕
◇俳諧七部集講義―附・初懐紙　楠藤波鴎著　大阪　米田ヒナ　1893.10　345p　19cm　Ⓝ911.3　〔25611〕

◇俳諧七部集講義　下編　楠藤波鴎著　大阪　圭文堂
　1893.12　307p　18cm　Ⓝ911.3　〔25612〕
◇俳諧七部集新釈　岩本梓石著　大倉書店　1926
　450,12p　19cm　Ⓝ911.3　　　　〔25613〕
◇俳諧七部集芭蕉連句全解　伊藤正雄著　河出書房新社
　1976　422p　22cm　3800円　Ⓝ911.33　〔25614〕
◇俳諧続七部集　宇田久校註　改造社　1934　335p
　16cm　（改造文庫　第2部　第235篇）Ⓝ911.3　〔25615〕
◇芭蕉七部集　松尾芭蕉著　伊藤松宇校　岩波書店
　1927　322p　16cm　（岩波文庫　56-58）Ⓝ911.32
　　　　〔25616〕
◇芭蕉七部集　佐久間柳居撰　中村俊定校注　岩波書店
　1991.12　446p　19cm　（ワイド版岩波文庫）1200円
　①4-00-007080-0　Ⓝ911.32　　　　〔25617〕
◇芭蕉七部集―校訂　上, 下　松尾芭蕉著　松本義一校
　雄山閣　1937-13　2冊　15-16cm　（雄山閣文庫　第1部　第16）Ⓝ911.32　　　　〔25618〕
◇芭蕉七部集総索引　山本唯一編　京都　法蔵館　1957
　110,487p　22cm　Ⓝ911.32　〔25619〕
◇芭蕉七部集定本　勝峰晋風編　岩波書店　1925
　391,47p　19cm　Ⓝ911.32　〔25620〕
◇芭蕉七部集俳句鑑賞　川島つゆ著　春秋社　1940　700p
　19cm　Ⓝ911.32　　　　〔25621〕
◇芭蕉七部集/俳句鑑賞　川島つゆ著　南北書園　1947
　458p　18cm　Ⓝ911.32　〔25622〕
◇芭蕉七部集評釈　安東次男著　集英社　1973　516p
　23cm　2800円　Ⓝ911.33　〔25623〕
◇芭蕉七部集評釈　続　安東次男著　集英社　1978.4
　459p　23cm　2800円　Ⓝ911.33　〔25624〕
◇芭蕉七部集連句鑑賞　浪本沢一著　春秋社　1964　440p
　22cm　Ⓝ911.33　　　　〔25625〕
◇評釈芭蕉七部集　幸田露伴著　岩波書店　1983.2　7冊
　20cm　全11800円　Ⓝ911.33　〔25626〕
◇評釈　芭蕉七部集　第1　評釈冬の日　幸田露伴著
　岩波書店　1948-1950　21cm　Ⓝ911.33　〔25627〕
◇評釈　芭蕉七部集　第2　評釈春の日　幸田露伴著
　岩波書店　1948-1950　21cm　Ⓝ911.33　〔25628〕
◇評釈　芭蕉七部集　第5　評釈猿蓑　幸田露伴著　岩波書店　1949　264p　21cm　Ⓝ911.33　〔25629〕
◇評釈　芭蕉七部集　第6　評釈炭俵　幸田露伴著　岩波書店　1949　246p　21cm　Ⓝ911.33　〔25630〕
◇評釈　芭蕉七部集　第7　評釈続猿蓑　幸田露伴著
　岩波書店　1951　258p　21cm　Ⓝ911.33　〔25631〕
◇類題芭蕉七部集　伊藤松宇著　町田書店　1921　340p
　15cm　Ⓝ911.32　　　　〔25632〕
◇露伴評釈　芭蕉七部集　幸田露伴著　中央公論社　1956
　528p　20cm　Ⓝ911.33　〔25633〕
◇露伴評釈　芭蕉七部集　幸田露伴著　3版　中央公論社
　1968　528p　20cm　Ⓝ911.33　〔25634〕

◆◆◆句碑

◇愛知芭蕉句碑　小田実希次著　蒲郡　蒲郡市文化協会
　1972　352p　19cm　2200円　Ⓝ911.32　〔25635〕
◇明石と芭蕉　上月乙彦, 黒田義隆, 黒部亭著　限定版　明石　木村書店　1967　164p　19cm　Ⓝ911.32　〔25636〕
◇伊賀と芭蕉　岡村健三著　伊賀町(三重県)　伊賀町教育委員会　1974　116p　19cm　600円　Ⓝ911.32
　　　　〔25637〕
◇伊賀の翁塚　芭蕉翁記念館編　上野　芭蕉翁顕彰会

◇1989.3　44p　21cm　Ⓝ911.32　〔25638〕
◇石に刻まれた芭蕉―全国の芭蕉句碑・塚碑・文学碑・大全集　弘中孝著　北九州　全国芭蕉句碑・塚碑・文学碑等調査会　2004.2　498p　30cm　4800円　①4-434-04079-0　Ⓝ911.32　〔25639〕
◇茨城の芭蕉句碑　後藤ふで著　土浦　筑波書林　1981.4　104p　18cm　（ふるさと文庫）580円　Ⓝ911.32　〔25640〕
◇越佐芭蕉句碑を歩く―新潟県の97基　にいがた芭蕉の会著　新潟　にいがた芭蕉の会　1993.12　142p　19cm　1300円　Ⓝ911.32　〔25641〕
◇越佐芭蕉句碑を訪ねて　村山砂田男著　新潟　新潟日報事業社　2001.5　231p　21cm　1800円　①4-88862-853-X　Ⓝ911.32　〔25642〕
◇扇塚―芭蕉句碑建立二百年記念誌　西淡町（兵庫県）　西淡町　1989.10　41p　26cm　Ⓝ911.32　〔25643〕
◇淡海の芭蕉句碑　上　乾憲雄著　淡海文化を育てる会編　彦根　サンライズ印刷出版部　1994.4　190p　19cm　（淡海文庫 1）1000円　①4-88325-101-2　Ⓝ911.32　〔25644〕
◇淡海の芭蕉句碑　上　乾憲雄著　新装版　彦根　サンライズ出版　2004.9　190p　19cm　（淡海文庫 1）1200円　①4-88325-144-6　Ⓝ911.32　〔25645〕
◇淡海の芭蕉句碑　下　乾憲雄著　彦根　サンライズ印刷出版部　1994.9　168p　19cm　（淡海文庫 3）1000円　①4-88325-103-9　Ⓝ911.32　〔25646〕
◇淡海の芭蕉句碑　下　乾憲雄著　新装版　彦根　サンライズ出版　2004.9　170p　19cm　（淡海文庫 3）1200円　①4-88325-145-4　Ⓝ911.32　〔25647〕
◇大阪の芭蕉俳蹟　三善貞司著　京都　松籟社　1991.2　238p　20cm　2200円　①4-87984-114-5　Ⓝ911.32　〔25648〕
◇岡山の芭蕉句碑　塩尻青筎編　真備町（岡山県）　天山発行所　1977.12　133p　21cm　Ⓝ911.32　〔25649〕
◇加賀と芭蕉　新湊　新湊高等学校文芸クラブ　1967　44p　26cm　Ⓝ911.32　〔25650〕
◇加賀における芭蕉　山根公編　松任　〔山根公〕　1988.10　48p　26cm　Ⓝ911.32　〔25651〕
◇金沢と芭蕉さん　山本清嗣著　金沢　金沢市芭蕉遺跡保存会　1978.4　62p　19cm　1000円　Ⓝ911.32　〔25652〕
◇かみがたの芭蕉　桃井隆康著　京都　豊書房　1963　図版49p(解説共)　19cm　（フォト・ガイドブック 3）Ⓝ911.32　〔25653〕
◇関東の芭蕉　阿部喜三男,高岡松雄著　京都　豊書房　1966　114p　19cm　（芭蕉写真シリーズ No.1）Ⓝ911.32　〔25654〕
◇義仲寺と芭蕉　北川静峰編　京都　豊書房　1971　87p　19cm　350円　Ⓝ911.32　〔25655〕
◇岐阜県芭蕉句碑　小瀬渉美著　岐阜　井ノ口書房　1970　139p　19cm　440円　Ⓝ911.32　〔25656〕
◇九州の芭蕉塚　川上茂治編著　佐賀　佐賀新聞社　1974　253p　18×26cm　1200円　Ⓝ911.32　〔25657〕
◇句碑を訪ねて　深川純著　奈良　暮らしの新聞社万葉発行所　1996.6　54p　21cm　Ⓝ911.32　〔25658〕
◇句碑を訪ねて歩くおくのほそ道　小野圭一朗編　朝日新聞社　2003.1　222p　15cm　（朝日文庫）560円　①4-02-261398-X　Ⓝ915.5　〔25659〕
◇幻住庵と芭蕉　北川静峰編　大津　幻住庵保勝会　1964　45p　19cm　Ⓝ911.32　〔25660〕
◇神戸市明石市　芭蕉翁の足跡　増田広州編　2版　神戸　1965　53p　22cm　Ⓝ911.32　〔25661〕
◇湖北周辺芭蕉の句碑―拓本行脚　宮田良英編著　改訂　長浜　〔宮田良英〕　1991.3　111p　25cm　Ⓝ911.32　〔25662〕
◇静岡県にある芭蕉の句碑　塚本方円著　謄写版　静岡　文化洞(印刷者)　1953　76p　図版38枚　表 地　21cm　Ⓝ911.32　〔25663〕
◇信濃芭蕉句碑めぐり―拓本集　南信・中信編　小川康路編著　飯田　南信州新聞社出版局　2003.10　196p　27cm　3000円　①4-943981-54-2　Ⓝ911.32　〔25664〕
◇信濃芭蕉句碑めぐり―拓本集　北信・東信編　小川康路編著　長野　ほおずき書籍　2004.9　167p　27cm　3000円　①4-434-05017-6　Ⓝ911.32　〔25665〕
◇写真・文学碑めぐり　第1　芭蕉・奥の細道　本山桂川著　芳賀書店　1964　222p　19cm　Ⓝ910.2　〔25666〕
◇写真・文学碑めぐり　第2　芭蕉・東海道,関西,信濃路,甲州路　本山桂川著　芳賀書店　1964　286p 地　19cm　Ⓝ910.2　〔25667〕
◇庄内の芭蕉　畠山弘著　鶴岡　阿部久書店　1982.9　81p　22cm　2000円　Ⓝ911.32　〔25668〕
◇上毛芭蕉塚　本多夏彦著　前橋　みやま文庫　1968　171p　19cm　（みやま文庫 3）Ⓝ911.32　〔25669〕
◇図説出羽路の芭蕉　山寺豊著　山形　宝珠山立石寺　1977.7　119p　21cm　Ⓝ911.32　〔25670〕
◇東海の芭蕉　さるみの会編　名古屋　泰文堂　1973　553p　22cm　2800円　Ⓝ911.32　〔25671〕
◇鳥取県内の芭蕉の句碑　綾女正雄著　倉吉　綾女正雄　1985.2　67p　22cm　Ⓝ911.32　〔25672〕
◇芭蕉―その旅と史蹟　長谷章久著　人物往来社　1964　269p　19cm　Ⓝ915.5　〔25673〕
◇芭蕉翁郷土句集―付録・伊賀句碑をたずねて　桃井隆康著　京都　豊書房　1969　106p　21cm　350円　Ⓝ911.32　〔25674〕
◇芭蕉翁句碑　芭蕉翁記念館編著　上野　上野市　1990.3　196p　31cm　非売品　Ⓝ911.32　〔25675〕
◇芭蕉 京・近江を往く　京都新聞社編著　京都　京都新聞社　1978.4　230p　19cm　780円　Ⓝ911.32　〔25676〕
◇芭蕉句碑を歩く―埼玉の104基　小林甲子男著　浦和　さきたま出版会　1983.4　166p　19cm　（さきたま双書）1200円　①4-87891-020-8　Ⓝ911.32　〔25677〕
◇芭蕉句碑を歩く―茨城の五十八基　1　堀込喜八郎著　土浦　筑波書林　1989.6　106p　18cm　（ふるさと文庫）600円　Ⓝ911.32　〔25678〕
◇芭蕉句碑を歩く―茨城の五十八基　2　堀込喜八郎著　土浦　筑波書林　1989.6　p107～217　18cm　（ふるさと文庫）600円　Ⓝ911.32　〔25679〕
◇芭蕉句碑を歩く―茨城の五十八基　3　堀込喜八郎著　土浦　筑波書林　1989.9　p219～316　18cm　（ふるさと文庫）618円　Ⓝ911.32　〔25680〕
◇芭蕉句碑を歩く―茨城の五十八基　4　堀込喜八郎著　土浦　筑波書林　1989.9　p331～429　18cm　（ふるさと文庫）618円　Ⓝ911.32　〔25681〕
◇芭蕉句碑散策　福井栄一著　文芸社　1999.12　211p　20cm　1400円　①4-88737-769-X　Ⓝ911.32　〔25682〕
◇芭蕉句碑スケッチめぐり　奥の細道編　安斎俊二著　浦和　さきたま出版会　1989.5　309p　26cm　3600円　①4-87891-324-X　Ⓝ911.32　〔25683〕
◇芭蕉句碑スケッチめぐり　近畿編　安斎俊二著　浦和　さきたま出版会　1994.3　478p　26cm　4500円

①4-87891-327-4　Ⓝ911.32　　　〔25684〕
◇芭蕉句碑スケッチめぐり　東京編　安斎俊二著　浦和　さきたま出版会　1987.8　126p　26cm　2000円　Ⓝ911.32　　　〔25685〕
◇芭蕉塚蒐　1　田中昭三編著　近代文芸社　1991.12　192p　19cm　1600円　①4-7733-1616-0　Ⓝ911.32　　　〔25686〕
◇芭蕉塚蒐　2　田中昭三編著　近代文芸社　1992.4　236p　19cm　1600円　①4-7733-1645-4　Ⓝ911.32　　　〔25687〕
◇芭蕉塚蒐　3　田中昭三編著　近代文芸社　1992.7　165p　19cm　1600円　①4-7733-1655-1　Ⓝ911.32　　　〔25688〕
◇芭蕉塚蒐　4　田中昭三編著　近代文芸社　1993.1　209p　19cm　1600円　①4-7733-1750-7　Ⓝ911.32　　　〔25689〕
◇芭蕉塚蒐　5　田中昭三編著　近代文芸社　1993.5　187p　19cm　1600円　①4-7733-1896-1　Ⓝ911.32　　　〔25690〕
◇芭蕉塚蒐　6　田中昭三編著　近代文芸社　1993.7　188p　19cm　1600円　①4-7733-1946-1　Ⓝ911.32　　　〔25691〕
◇芭蕉塚めぐり―名古屋文学アルバム　市橋鐸，服部聖多朗共著　名古屋　秦文堂　1961　167p　22cm　Ⓝ911.32　　　〔25692〕
◇芭蕉塚物語―福井県俳諧史　斎藤耕子著　鯖江　福井県俳句史研究会　1995.8　345p　19cm　3000円　Ⓝ911.32　　　〔25693〕
◇芭蕉探訪　東海・甲信・北陸編　清水杏芽著　沖積舎　1990.11　298p　19cm　1748円　①4-8060-4023-1　Ⓝ911.32　　　〔25694〕
◇芭蕉探訪　近畿編　清水杏芽著　洋々社　1990.4　224p　19cm　1748円　①4-89674-804-2　Ⓝ911.32　　　〔25695〕
◇芭蕉と伊勢　富山奏著　桜楓社　1988.5　264p　22cm　13000円　①4-273-02209-5　Ⓝ911.32　　　〔25696〕
◇芭蕉と一茶―伊予路の文学碑散歩　鶴村松一著　松山　松山郷土史文学研究会　1980.12　92p　19cm　600円　Ⓝ911.32　　　〔25697〕
◇芭蕉と松島―句碑にみる芭蕉思慕の俳人たち　瑞巌寺博物館編　松島町（宮城県）　瑞巌寺博物館　1989.7　27p　27cm　Ⓝ911.32　　　〔25698〕
◇芭蕉の句碑―栃木　早乙女常太郎著　〔早乙女常太郎〕　1988.8　119p　19cm　1000円　Ⓝ911.32　　　〔25699〕
◇芭蕉の句碑―湖北―敦賀―大垣　拓本行脚　宮田良英編著　長浜　〔宮田良英〕　1993.8　130p　26cm　Ⓝ911.32　　　〔25700〕
◇芭蕉の句碑をたずねて―近畿　谷村能男著　大阪　タイムス　1978.9　138p　18cm　720円　Ⓝ911.32　　　〔25701〕
◇芭蕉美濃路を行く　尾藤静風著　岐阜　〔尾藤静風〕　1983.7　188p　21cm　1500円　Ⓝ911.32　　　〔25702〕
◇芭蕉名碑　本山桂川著　彌生書房　1961　288p　地　19cm　Ⓝ911.32　　　〔25703〕
◇芭蕉名碑　本山桂川著　彌生書房　1973　286p　図　地　19cm　（弥生選書）1200円　Ⓝ911.32　　　〔25704〕
◇ふくしまの芭蕉―文学碑を歩く　永塚功著　新訂　笠間書院　1993.5　155p　19cm　1200円　①4-305-00006-7　Ⓝ911.32　　　〔25705〕
◇ふくしま芭蕉紀行―ゆかりの地を歩く　永塚功著　おうふう　1994.7　174p　19cm　1900円　①4-273-02784-4　Ⓝ911.32　　　〔25706〕

◇ふるさとの芭蕉　桃井隆康著，大原久雄編　京都　豊書房　図版48p（解説共）　19cm　Ⓝ911.32　　　〔25707〕
◇細道句碑とその周辺―曾良『随行日記』をたよりに　中村吉雄著　文芸社　2002.5　341p　20cm　1200円　①4-8355-3760-2　Ⓝ911.32　　　〔25708〕
◇山形県下の芭蕉の句碑を訪ねて　山形　山形婦人新聞社　1970　235p　22cm　2500円　Ⓝ911.32　　　〔25709〕
◇山形県内芭蕉句碑一覧　三春伊佐夫著　山形　三春伊佐夫　1977　10p　21cm　Ⓝ911.32　　　〔25710〕
◇山口県の芭蕉句碑―郷土の俳諧文化　山本武著　周東町（山口県）　〔山本武〕　1983.9　164p　19cm　Ⓝ911.32　　　〔25711〕
◇大和の芭蕉句碑　谷村能男著　大阪　タイムス　1995.12　120p　18cm　（タイムス碑のうたシリーズ）1100円　①4-88465-137-5　Ⓝ911.32　　　〔25712〕

◆◆◆猿蓑

◇荻野清著作集　第2　猿蓑俳句研究　京都　赤尾照文堂　1970　369p　22cm　3200円　Ⓝ911.3　　　〔25713〕
◇元禄版猿蓑―影印本　去来，凡兆編　雲英末雄，佐藤勝明編　新典社　1993.4　190p　21cm　（影印本シリーズ）1900円　①4-7879-0426-4　Ⓝ911.32　　　〔25714〕
◇猿蓑―評釈　幸田露伴著　岩波書店　1947　264p　21cm　Ⓝ911.32　　　〔25715〕
◇猿みのさがし　欅柯坊空然著，村松友次，谷地快一編　笠間書院　1976　299p　19cm　（笠間選書 60）1500円　Ⓝ911.33　　　〔25716〕
◇猿蓑註釈―七部集連句　浅野信著　桜楓社　1982.11　688p　22cm　18000円　Ⓝ911.33　　　〔25717〕
◇猿蓑俳句鑑賞　伊東月草著　古今書院　1940　285p　23cm　Ⓝ911.32　　　〔25718〕
◇猿蓑発句鑑賞　森田蘭著　永田書房　1979.9　496,6p　20cm　4000円　Ⓝ911.33　　　〔25719〕
◇猿蓑連句評釈　志田義秀，天野雨山共著　古川書房　1977.11　231p　19cm　（古川叢書）1200円　Ⓝ911.33　　　〔25720〕
◇七部集猿蓑評釈　新田寛著　大同館　1932　Ⓝ911.3　　　〔25721〕
◇七部集連句　猿蓑註釈　浅野信著　桜楓社　1967　688p　22cm　Ⓝ911.33　　　〔25722〕
◇炭俵・続猿蓑抄　幸田露伴著　岩波書店　1930　282p　23cm　Ⓝ911.32　　　〔25723〕
◇俳諧猿蓑註解　桃支庵指直（矢部槇蔵）編　穂積永機校　矢部槇蔵　1887.8　39丁　16cm　Ⓝ911.3　　　〔25724〕
◇ひさご・猿蓑―校註　宮本三郎著　笠間書院　1975　142p　21cm　800円　Ⓝ911.33　　　〔25725〕
◇ひさご猿蓑抄　露伴学人著　岩波書店　1929　243p　23cm　Ⓝ911.32　　　〔25726〕
◇評釈猿蓑　幸田露伴著　岩波書店　1937　278p　16cm　（岩波文庫 1433-1434）Ⓝ911.32　　　〔25727〕
◇評釈/猿蓑　幸田露伴著　岩波書店　1947　264p　21cm　160円　Ⓝ911.32　　　〔25728〕

◆◆◆発句

◇芭蕉翁発句集　湖中編　角田竹涼，星野麦人校訂　竹冷文庫　1925　161p　19cm　（竹冷文庫 編外 第1）Ⓝ911.32　　　〔25729〕
◇芭蕉発句新注―俳言の読み方　安東次男著　筑摩書房　1986.10　256p　20cm　1500円　①4-480-82220-8

◇芭蕉発句全講 1 阿部正美著 明治書院 1994.10 458p 22cm 10000円 ①4-625-51064-3 Ⓝ911.32 〔25731〕

◇芭蕉発句全講 2 阿部正美著 明治書院 1995.11 389p 22cm 10000円 ①4-625-51065-1 Ⓝ911.32 〔25732〕

◇芭蕉発句全講 3 阿部正美著 明治書院 1996.9 469p 22cm 20600円 ①4-625-51066-X Ⓝ911.32 〔25733〕

◇芭蕉発句全講 4 阿部正美著 明治書院 1997.10 366p 22cm 25000円 ①4-625-51067-8 Ⓝ911.32 〔25734〕

◇芭蕉発句全講 5 阿部正美著 明治書院 1998.10 431p 22cm 29000円 ①4-625-51126-7 Ⓝ911.32 〔25735〕

◇芭蕉発句総索引 愛媛大学国語国文学研究会編 大阪 和泉書院 1983.3 99p 21cm 1500円 Ⓝ911.32 〔25736〕

◇松尾芭蕉全発句集―季題別・作成年代順 永田龍太郎編著 永田書房 2003.5 447p 22cm 4286円 ①4-8161-0692-8 Ⓝ911.32 〔25737〕

◆◆◆書簡

◇書簡より観たる芭蕉 原加津夫著 中央大学出版部 1973 137p 19cm 800円 Ⓝ911.32 〔25738〕

◇全釈芭蕉書簡集 芭蕉著 田中善信注釈 新典社 2005.11 846p 22cm （新典社注釈叢書 11）22000円 ①4-7879-1511-8 Ⓝ911.32 〔25739〕

◇芭蕉―紀行・随筆・書簡 松尾芭蕉著 黒沢隆信編 金星堂 1927 236p 18cm （俳文学叢書）Ⓝ911.32 〔25740〕

◇芭蕉講座 第7巻 書簡篇 総説〔ほか〕 志田義秀 改訂版 4版 三省堂出版株式会社 1956 22cm Ⓝ911.32 〔25741〕

◇芭蕉書簡集 俳書堂編 俳書堂 1916 70p 19cm （俳諧名著文庫 第6編）Ⓝ911.32 〔25742〕

◇芭蕉書簡集 俳書堂編 4版 友善堂 1926 74p 19cm （俳諧古典集 第3輯）Ⓝ911.32 〔25743〕

◇芭蕉書簡集 松尾芭蕉著 萩原蘿月校 改造社 1931 271p 16cm （改造文庫 第2部 第167篇）Ⓝ911.32 〔25744〕

◇芭蕉書翰集 松尾芭蕉著 勝峯晋風編 岩波書店 1934 253p 16cm （岩波文庫 991-992）Ⓝ911.32 〔25745〕

◇芭蕉書簡集 松尾芭蕉著,萩原恭男校注 岩波書店 1976 456p 15cm （岩波文庫）500円 Ⓝ911.32 〔25746〕

◇芭蕉書簡集 松尾芭蕉著,萩原泰男校注 岩波書店 1990.3 456p 15cm （岩波文庫 30 - 206 - 7）650円 ①4-00-302067-7 Ⓝ911.32 〔25747〕

◇芭蕉書簡大成 松尾芭蕉原著 今栄蔵著 角川学芸出版 2005.10 598p 20cm 3800円 ①4-04-651978-9 Ⓝ911.32 〔25748〕

◆◆元禄・享保期俳諧

◇青木鷺水集 別巻 研究篇 小川武彦編著 ゆまに書房 1991.3 536p 22cm （国文学研究資料文庫 36）16480円 Ⓝ911.33 〔25749〕

◇白水郎子記行 其日くさ 岡西惟中著 竹阿,愛媛大学国語文学研究室編 松山 愛媛大学国語国文学研究室 1992.3 145p 19cm （愛媛大学文学資料集 4）Ⓝ911.33 〔25750〕

◇庵日記 横山日記 服部土芳著,沖森直三郎編 上野 沖森書店 1959 2冊（解説共） 22cm Ⓝ911.33 〔25751〕

◇稲莚作者別俳句索引―附 国別作者一覧 久富哲雄編 久華山房 1962 63p 18cm Ⓝ911.33 〔25752〕

◇太田白雪集 太田白雪著,鈴木太吉編 新城 新城市教育委員会,新城市郷土研究会 1960 294p 22cm Ⓝ911.33 〔25753〕

◇海陸前後集・我か庵 京都大学文学部国語学国文学研究室編 京都 臨川書店 1978.12 281p 20cm （京都大学国語国文資料叢書 10）4300円 Ⓝ911.33 〔25754〕

◇加賀の俳人河合見風 蔵角利幸著 富山 桂書房 1998.6 639p 22cm 8000円 Ⓝ911.33 〔25755〕

◇影法師―絵俳書 晩鈴編 クラウディア・ワルタマン,雲英末雄編 古典文庫 1996.11 508p 17cm （古典文庫）非売品 Ⓝ911.33 〔25756〕

◇鑑賞歳時記 安東次男著 角川書店 1964 205p 20cm Ⓝ911.33 〔25757〕

◇菊の翁―俳諧「糸魚川」評釈 磯野繁雄著 糸魚川「菊の翁」刊行委員会 1989.5 393p 21cm 1600円 Ⓝ911.33 〔25758〕

◇郷土の俳人河合見風 中田風来執筆編集 津幡町（石川県）津幡町 1994.5 405p 22cm 非売品 Ⓝ911.33 〔25759〕

◇郷土の俳人和田東潮 奥村幸雄編 謄写版 白鷹町（山形県） 1963 16,22p 25cm Ⓝ911.33 〔25760〕

◇郷土誹人野口在色と談林十百韵 寺田良毅著 磐田 野口在色草崎顕彰会 2002.9 454p 22cm Ⓝ911.33 〔25761〕

◇京都盛岡往ったり来たり―落柿舎重厚とその時代 後藤直著 盛岡 岩手自分史発行センター 2001.8 124p 21cm 非売品 ①4-938681-70-6 Ⓝ911.33 〔25762〕

◇享保期江戸俳諧攷 楠元六男著 新典社 1993.5 444p 22cm （新典社研究叢書 62）14000円 ①4-7879-4062-7 Ⓝ911.33 〔25763〕

◇享保宝暦俳諧集 雲英末雄編 早稲田大学蔵資料影印叢書刊行委員会 1995.9 702,39p 22cm （早稲田大学蔵資料影印叢書―国書篇 第41巻）18000円 ①4-657-95903-4 Ⓝ911.33 〔25764〕

◇近世東海俳壇の研究 野田千平著 新典社 1991.1 614p 22cm （新典社研究叢書 37）18540円 ①4-7879-4037-6 Ⓝ911.33 〔25765〕

◇近世の俳諧と俳壇と 大内初夫著 大阪 和泉書院 1994.10 251p 22cm （研究叢書 154）8755円 ①4-87088-680-4 Ⓝ911.33 〔25766〕

◇『句兄弟・上』注解 夏見知章ほか編 西宮 武庫川女子大学国文学科夏見研究室 1985.2 227p 26cm 非売品 Ⓝ911.33 〔25767〕

◇元禄京都俳壇研究 雲英末雄著 勉誠社 1985.4 576p 22cm 13000円 Ⓝ911.33 〔25768〕

◇元禄十家俳句集 大塚甲山（寿助）編 内外出版協会 1903.6 220p 15cm Ⓝ911.3 〔25769〕

◇元禄前期江戸俳書集と研究 今泉準一編著 限定版 豊橋 未刊国文資料刊行会 1967 256p 19cm （未刊国文資料 第3期 第10冊）Ⓝ911.33 〔25770〕

◇元禄、天明、明治時代俳句選 冬及新年の部 柳下孤村編 木太刀社 1915 172,58,13p 10×15cm Ⓝ911.3 〔25771〕

◇元禄二十家俳句講義 内藤鳴雪述 俳書堂 1906.7

188p　15cm　Ⓝ911.3　　　　　〔25772〕
◇元禄の大坂俳壇　桜井武次郎著　前田書店　1979.9
304p　19cm　（前田国文選書 2）2800円　Ⓝ911.33
〔25773〕
◇元禄俳諧の位相　山本唯一著　京都　法藏館　1971
302p　22cm　2800円　Ⓝ911.33　　　　〔25774〕
◇元禄六家俳句集　大塚甲山編　内外出版協会　1903.1
156p　15cm　Ⓝ911.3　　　　　　　　〔25775〕
◇古句を観る　柴田宵曲著　岩波書店　1984.10　359p
15cm　（岩波文庫）500円　Ⓝ911.33　　〔25776〕
◇古句を観る　柴田宵曲著　岩波書店　1991.1　359p
19cm　（ワイド版岩波文庫）1100円　④4-00-007024-X
Ⓝ911.33　　　　　　　　　　　　　　〔25777〕
◇姑射文庫　雲英末雄，寺島徹編　古典文庫　1998.10
397p　17cm　（古典文庫）非売品　Ⓝ911.33　〔25778〕
◇西鶴と元禄文芸　中嶋隆著　若草書房　2003.4　308p
22cm　（近世文学研究叢書 14）10000円
④4-948755-76-1　Ⓝ913.52　　　　　　〔25779〕
◇坂尻屋珈凉　山森青硯著　金沢　飯島六之輔　1974
384p　19cm　非売品　Ⓝ911.33　　　　〔25780〕
◇相楽等躬　矢部榾郎編　須賀川　髙久田金三郎　1958
32p　21cm　Ⓝ911.33　　　　　　　　〔25781〕
◇相楽等躬撰著集成　久富哲雄編　〔久華山房〕　1994.6
1冊　22cm　Ⓝ911.33　　　　　　　　〔25782〕
◇さくらかがみ―私家版　新宮原細見―私家版　吉田魚
川編　木村三四吾編校　木村三四吾編校　奈良　木
村三四吾　1979　96p　22cm　2000円
④4-8406-9634-9　Ⓝ911.33　　　　　　〔25783〕
◇霜の音―芭蕉流口伝　大磯義雄監修　鈴木太吉，小林
邦行翻刻　筒井真智子編　新城　太田白雪集刊行会
2003.1　59p　21cm　Ⓝ911.33　　　　〔25784〕
◇諸九尼抄―俳人伝随筆　松藤まつ子著　福岡　葦書房
1991.2　242p　20cm　2200円　Ⓝ911.33　〔25785〕
◇新修太田白雪集　太田白雪著　鈴木太吉編　新城　太
田白雪集刊行会　2002.1　343p　22cm　Ⓝ911.33
〔25786〕
◇新日本古典文学大系　71　元禄俳諧集　佐竹昭広ほか編
大内初夫ほか校注　岩波書店　1994.10　598,50p
22cm　4200円　④4-00-240071-9　Ⓝ918　〔25787〕
◇『炭俵』連句古註集　竹内千代子編　大阪　和泉書院
1995.4　239p　20cm　（和泉選書 90）3914円
④4-87088-705-3　Ⓝ911.33　　　　　　〔25788〕
◇総釈許六の俳論　南信一著　風間書房　1979.8　1056p
22cm　17000円　Ⓝ911.33　　　　　　〔25789〕
◇佃房原元の生涯と俳諧―郷土の俳人　古市駿一著　近江
八幡　近江八幡市立郷土資料館　1979　65p　26cm
（近江八幡歴史シリーズ）Ⓝ911.33　　　〔25790〕
◇天理図書館綿屋文庫俳書集成　第11巻　元禄俳書集　京
都篇　天理図書館綿屋文庫俳書集成編集委員会編　天理
天理大学出版部　1995.12　534,14p　22cm　15000円
④4-8406-9511-3　Ⓝ911.3　　　　　　〔25791〕
◇天理図書館綿屋文庫俳書集成　第20巻　元禄俳書集　大
坂篇　天理図書館綿屋文庫俳書集成編集委員会編　天理
天理大学出版部　1997.6　454,18p　22cm　14600円
④4-8406-9520-2　Ⓝ911.3　　　　　　〔25792〕
◇天理図書館綿屋文庫俳書集成　第21巻　元禄俳書集　四
国篇　天理図書館綿屋文庫俳書集成編集委員会編　天理
天理大学出版部　1997.8　464,18p　22cm　14600円
④4-8406-9521-0　Ⓝ911.3　　　　　　〔25793〕
◇天理図書館綿屋文庫俳書集成　第31巻　元禄俳書集　地

方篇　天理図書館綿屋文庫俳書集成編集委員会編　天理
天理大学出版部　1999.4　424,16p　22cm　15000円
④4-8406-9531-8　Ⓝ911.3　　　　　　〔25794〕
◇富山の古俳句―蕉風秀句鑑賞　藤縄慶昭著　富山　桂書
房　1991.3　160p　18cm　（桂新書 5）824円　Ⓝ911.33
〔25795〕
◇なぜ荘子の胡蝶は俳諧の世界に飛ぶのか―詩的イメージ
としての典故　丘培培述　国際日本文化研究センター
編　京都　国際日本文化研究センター　2000.5　65p
21cm　（日文研フォーラム 第109回）Ⓝ911.33　〔25796〕
◇日本俳書大系　第5巻　元禄名家句選　勝峰晋風編　日
本俳書大系刊行会　1926　626,18p　23cm　Ⓝ911.3
〔25797〕
◇日本俳書大系　第6巻　元禄名家句選　勝峰晋風編　日
本図書センター　1995.8　626,18p　22cm
④4-8205-9377-3,4-8205-9371-4　Ⓝ911.308　〔25798〕
◇はいかいうしろひも―俳諧後紐　百済宗蔵　大西一音著
松村義臣編　三木　三木市教育委員会　1975.4　30p
26cm　（三木市文化研究資料 第9）Ⓝ911.33　〔25799〕
◇俳諧紀行『桃の首途』『藤の首途』―美濃派・短歌行の世
界　仙石廬元坊撰　富山県連句協会編　富山　桂書房
1999.10　104p　21cm　2000円　Ⓝ911.33　〔25800〕
◇俳諧時津風　尾雨亭果然寛,木村捨三註解　近世風俗研
究会　1960　3冊　17cm　Ⓝ911.33　　〔25801〕
◇俳諧のこころ―支考「虚実」論を読む　岩倉さやか著
ぺりかん社　2003.8　238p　20cm　2800円
④4-8315-1051-3　Ⓝ911.33　　　　　　〔25802〕
◇俳句忠臣蔵　復本一郎著　新潮社　1991.11　233p
20cm　（新潮選書）950円　④4-10-600409-7　Ⓝ911.33
〔25803〕
◇服部嵐雪　服部嵐雪著　桜井武次郎編著　蝸牛社
1996.1　172p　19cm　（蝸牛俳句文庫 19）1400円
④4-87661-264-1　Ⓝ911.33　　　　　　〔25804〕
◇波留濃日―俊定本　私家版　山本荷兮編　木村三四吾
編校　奈良　木村三四吾　1975　69p　22cm　1500円
④4-8406-9622-5　Ⓝ911.33　　　　　　〔25805〕
◇ひとり言　鬼貫著　真下喜太郎編著　菁柿堂　1949.6
65p　19cm　（俳諧文庫会叢書 第3篇）Ⓝ911.33
〔25806〕
◇風羅念仏にさすらう―口語俳句の祖惟然坊評伝　沢木美
子著　関市編　翰林書房　1999.3　427p　20cm
3200円　④4-87737-060-9　Ⓝ911.33　　〔25807〕
◇蕪村の師巴人の全句を読む―『夜半亭発句帖』輪読　丸
山一彦監修　蕪村研究会編　宇都宮　下野新聞社
1999.4　390p　22cm　2800円　④4-88286-103-8
Ⓝ911.33　　　　　　　　　　　　　　〔25808〕
◇冬の日―頴原文庫本　私家版　山本荷兮編　木村三四
吾編校　奈良　木村三四吾　1974　62p　22cm　1500円
④4-8406-9621-7　Ⓝ911.33　　　　　　〔25809〕
◇放送木因・百錬・凉　大野国彦著　大垣　百錬墨跡刊行
会　1956.2　8p　22cm　（美濃郷土叢書 第4輯）非売品
Ⓝ911.33　　　　　　　　　　　　　　〔25810〕
◇翻刻松の響集・波掛集　翻刻：大内初夫　大津　義仲寺
史蹟保存会　1972　116p　18cm　（義仲寺叢書）600円
Ⓝ911.33　　　　　　　　　　　　　　〔25811〕
◇松尾芭蕉と元禄文化　近藤ふみ文　フレーベル館
2004.3　48p　27cm　（あるいて知ろう！歴史にんげん
物語 7）2900円　④4-577-02791-7　Ⓝ911.32　〔25812〕
◇未刊 俳諧追善集と研究　大磯義雄編著　限定版　豊橋
未刊国文資料刊行会　1962　217p　19cm　（未刊国文
資料 第2期 第13冊）Ⓝ911.33　　　　　〔25813〕
◇みなし栗―翻刻と研究　赤羽学著　岡山　1961　168p

21cm　Ⓝ911.33　　　　　　　　〔25814〕
◇『虚栗』の時代─芭蕉と其角と西鶴と　飯島耕一著　みすず書房　1998.6　190p　20cm　2400円
Ⓘ4-622-04654-7　Ⓝ911.33　　　〔25815〕
◇森川千代女─薄命の俳人　辻村石魚子著　榛原町教育委員会編　増補第2版　榛原町（奈良県）　榛原町教育委員会　1994.10　32p 図版4枚　21cm　（榛原町郷土ブックス 1）Ⓝ911.33　　　　　　　〔25816〕
◇夜半亭宋阿（早野巴人）の俳諧　中田亮監修　江連晴生著　栃木　石田書房　1997.2　230p　21cm　1800円　Ⓝ911.33　　　　　　　　　　〔25817〕
◇横井也有の研究　郷土文化会編　名古屋　1952　103p　21cm　Ⓝ911.33　　　　　　　　〔25818〕
◇浪化研究文献鈔─井波郷土資料　野村藤作編　井波町（富山県）〔野村藤作〕1954　7p　27cm　Ⓝ911.33　〔25819〕

◆◆◆蕉門俳諧

◇伊賀蕉門の研究と資料　富山奏著　風間書房　1970　598p　22cm　4600円　Ⓝ911.33　〔25820〕
◇越中蕉門浪化句論釈　上杉重章著　富山　桂書房　2002.8　294p　21cm　4000円　Ⓘ4-905564-45-X　Ⓝ911.33　　　　　　　〔25821〕
◇頴原退蔵著作集　第12巻　芭蕉と門人　中央公論社　1979.10　313p　20cm　1800円　Ⓘ910.25　〔25822〕
◇近江蕉門俳句の鑑賞　関森勝夫著　東京堂出版　1993.9　268p　19cm　2900円　Ⓘ4-490-20221-0　Ⓝ911.33　〔25823〕
◇加賀蕉門の秀句　藤縄慶昭著　滑川　いろは堂印刷所　1998.12　258p　21cm　2500円　Ⓝ911.33　〔25824〕
◇京近江の蕉門たち　山本唯一著　大阪　和泉書院　1990.12　205p　20cm　（和泉選書 56）2500円　Ⓘ4-87088-446-1　Ⓝ911.33　〔25825〕
◇郷土蕉門の元禄俳人の足跡─兼松嘯風集　西田兼三著　美濃加茂　郷土元禄俳人顕彰会　1994.6　411p　22cm　非売品　Ⓝ911.33　〔25826〕
◇近世俳諧史の基層─蕉風周辺と雑俳　鈴木勝忠著　名古屋　名古屋大学出版会　1992.12　590,20p　22cm　12360円　Ⓘ4-8158-0193-2　Ⓝ911.302　〔25827〕
◇こなたばこ─如風おぼえ帳　岡村利蔵著　冨沢孝吉編　上山　冨沢孝吉　2001.5　193p　19cm　非売品　Ⓝ210.049　〔25828〕
◇湖畔の芭蕉─師と門人の心　増井金典著　大津　〔増井金典〕1997.9　196p　21cm　Ⓝ911.32　〔25829〕
◇蕉風の群像─芭蕉以後を中心に　山川安人著　佐久　邑書林　2007.9　344p　20cm　3500円　Ⓘ978-4-89709-581-3　Ⓝ911.33　〔25830〕
◇蕉門─芭蕉とその弟子たち　大東急記念文庫公開講座講演録　尾形仂ほか講述　大東急記念文庫　1981.8　183p　22cm　Ⓝ911.32　〔25831〕
◇蕉門奥秘二十五ケ条─芭蕉記念館所蔵本　江東区芭蕉記念館編　江東区芭蕉記念館　1994.3　29p　26cm　Ⓝ911.33　〔25832〕
◇蕉門研究資料集成　第1巻　芭蕉の門人 上　芭蕉の門人 下　佐藤勝明・解説　市橋鐸著　山崎喜好ほか著　クレス出版　2004.9　343,301,7p　22cm　Ⓘ4-87733-239-1　Ⓝ911.33　〔25833〕
◇蕉門研究資料集成　第2巻　芭蕉と門人　芭蕉をめぐる人々　佐藤勝明編・解説　山崎喜好著　井本農一編著　クレス出版　2004.9　373,188,3p　22cm　Ⓘ4-87733-239-1　Ⓝ911.33　〔25834〕

◇蕉門研究資料集成　第4巻　俳人惟然の研究　佐藤勝明編・解説　鈴木重雅著　クレス出版　2004.9　12,471,3p　22cm　Ⓘ4-87733-239-1　Ⓝ911.33　〔25835〕
◇蕉門研究資料集成　第6巻　史邦と魯九　「俳文学研究」抄　「大阪と蕉門」抄　佐藤勝明編・解説　市橋鐸著　各務虎雄著　西山隆二著　クレス出版　2004.9　1冊　22cm　Ⓘ4-87733-239-1　Ⓝ911.33　〔25836〕
◇蕉門珍書百種　安井小酒校訂・編　京都　思文閣　1971　7冊　19cm　35000円　Ⓝ911.33　〔25837〕
◇蕉門と『荘子』　広田二郎著　有精堂出版　1979.2　299p　22cm　4800円　Ⓝ911.33　〔25838〕
◇蕉門の人々　頴原退蔵著　京都　大八洲出版　1946　280p*　19cm　18円　Ⓝ911.33　〔25839〕
◇蕉門の人々─俳諧随筆　柴田宵曲著　岩波書店　1986.1　317p　15cm　（岩波文庫）500円　Ⓝ911.33　〔25840〕
◇蕉門の人々─俳諧随筆　柴田宵曲著　岩波書店　1994.10　317p　15cm　（岩波文庫）620円　Ⓘ4-00-311062-5　Ⓝ911.33　〔25841〕
◇蕉門の66人　山川安人著　風神社　1999.5　421p 図版33枚　22cm　7000円　Ⓝ911.33　〔25842〕
◇蕉門俳諧論考　山下登喜子著　笠間書院　1989.9　282p　22cm　（笠間叢書 226）8755円　Ⓝ911.33　〔25843〕
◇蕉門俳書の総合的基礎研究　岐阜　岐阜大学教育学部　1982.3　87p　26cm　Ⓝ911.33　〔25844〕
◇蕉門俳人書簡集　飯田正一編　桜楓社　1972　672p　22cm　8800円　Ⓝ911.302　〔25845〕
◇蕉門俳人年譜集　石川真弘編　前田書店　1982.1　318p　19cm　（前田国文選書 3）2800円　Ⓝ911.33　〔25846〕
◇蕉門俳人年譜集成　第1　服部嵐雪,斎部路通,杉山杉風　石川真弘著　高野町（和歌山県）　高野山国文研究会　1961　46p　22cm　Ⓝ911.33　〔25847〕
◇蕉門録　藤井晋流述　須賀川　鈴木安信　1977.6　37p　26cm　非売品　Ⓝ911.33　〔25848〕
◇定本蕉門の66人　山川安人著　2版　風神社　2000.9　439p 図版33枚　22cm　8000円　Ⓝ911.33　〔25849〕
◇天理図書館綿屋文庫俳書集成　第23巻　蕉門俳書集 1　天理図書館綿屋文庫俳書集成編集委員会編　天理　天理大学出版部　1997.12　450,12p　21cm　14600円　Ⓘ4-8406-9523-7　Ⓝ911.3　〔25850〕
◇天理図書館綿屋文庫俳書集成　第32巻　蕉門俳書集 3　天理図書館綿屋文庫俳書集成編集委員会編　天理　天理大学出版部　1999.6　444,14p　22cm　15000円　Ⓘ4-8406-9532-6　Ⓝ911.3　〔25851〕
◇天理図書館綿屋文庫俳書集成　第33巻　蕉門俳書集 4　天理図書館綿屋文庫俳書集成編集委員会編　天理　天理大学出版部　1999.8　482,11p　22cm　15000円　Ⓘ4-8406-9533-4　Ⓝ911.3　〔25852〕
◇直江木導句碑再建─蕉門の彦根藩士　伊吹望編　浅井町（滋賀県）　姉川合戦史跡保存会　1998.4　79p　26cm　Ⓝ911.33　〔25853〕
◇日本俳書大系　第2巻　芭蕉時代第2　蕉門俳諧前集　勝峰晋風編　春秋社　1934　650p　23cm　Ⓝ911.3　〔25854〕
◇日本俳書大系　第2巻　蕉門俳諧前集　勝峰晋風編　日本図書センター　1995.8　630,6p　22cm　Ⓘ4-8205-9373-0,4-8205-9371-4　Ⓝ911.308　〔25855〕
◇日本俳書大系　第3巻　蕉門俳諧後集　勝峰晋風編　日本俳書大系刊行会　1926　682,6p　23cm　Ⓝ911.3　〔25856〕
◇日本俳書大系　第3巻　蕉門俳諧後集　勝峰晋風編　日本図書センター　1995.8　682,6p　22cm

文学史　　　　　　　　　　　　近世史

◇①4-8205-9374-9,4-8205-9371-4　Ⓝ911.308　〔25857〕
◇日本俳書大系　第4巻　蕉門俳諧続集　勝峰晋風編　日本図書センター　1995.8　472,188,12p　22cm　①4-8205-9375-7,4-8205-9371-4　Ⓝ911.308　〔25858〕
◇日本俳書大系　第5巻　蕉門俳話文集　勝峰晋風編　日本図書センター　1995.8　620,8p　22cm　①4-8205-9376-5,4-8205-9371-4　Ⓝ911.308　〔25859〕
◇日本俳書大系　篇外　蕉門俳諧続集　勝峰晋風編　日本俳書大系刊行会　1927　472,188,12p　23cm　Ⓝ911.3　〔25860〕
◇俳諧師園女の生涯—芭蕉の女弟子　ジャンボール・絹子著　永田書房　2000.2　261p　20cm　2200円　①4-8161-0673-1　Ⓝ911.33　〔25861〕
◇俳句入門芭蕉に聴く—『去来抄』に学ぶ作句法　小室善弘著　本阿弥書店　2000.10　215p　19cm　2000円　①4-89373-624-8　Ⓝ911.33　〔25862〕
◇俳聖芭蕉を仰いだ人々—百句繚乱　近世播磨の俳諧　姫路文学館編　姫路　姫路文学館　2005.4　80p　30cm　Ⓝ911.302　〔25863〕
◇俳聖芭蕉全集　松尾芭蕉著　吉木燦浪校　聚英閣　1920　290,51p　19cm　Ⓝ911.32　〔25864〕
◇芭蕉をめぐる人々　井本農一編　紫乃故郷舎　1953　188p　19cm　Ⓝ911.33　〔25865〕
◇芭蕉及び蕉門の人々　飯野哲二著　京都　豊書房　1969　437p　19cm　(芭蕉双書)1800円　Ⓝ911.32　〔25866〕
◇芭蕉最後の弟子の一集　石岡慎太郎著　〔石岡慎太郎〕　2001　46p　21cm　Ⓝ911.33　〔25867〕
◇芭蕉七部集　上野洋三著　岩波書店　1992.7　204p　19cm　(岩波セミナーブックス　102—古典講読シリーズ)1500円　①4-00-004251-3　Ⓝ911.33　〔25868〕
◇芭蕉十哲俳句全集—四季分類　寒川鼠骨編　大学館　1906.5　290p　11×15cm　(初学俳句叢書　第4編)Ⓝ911.3　〔25869〕
◇芭蕉十哲俳句評釈　寒川鼠骨著　内藤鳴雪閲　大学館　1908　2冊　15cm　(初学俳句叢書　第14編)Ⓝ911.3　〔25870〕
◇芭蕉曽良等躬—資料と考察　久富哲雄著　笠間書院　2004.4　252p　22cm　5800円　①4-305-70269-X　Ⓝ911.32　〔25871〕
◇芭蕉と近江の人びと—近江蕉門随想　梅原与惣次著　京都　サンブライト出版　1988.3　282p　19cm　(近江文化叢書　29)1500円　①4-7832-0106-4　Ⓝ911.33　〔25872〕
◇芭蕉と支考—その旅のこころ　岐阜市歴史博物館編　岐阜　岐阜市歴史博物館　2001　95p　30cm　Ⓝ911.33　〔25873〕
◇芭蕉と蕉門展　芭蕉翁記念館編　上野　上野市　1996　43p　26cm　Ⓝ911.32　〔25874〕
◇芭蕉と蕉門の研究—芭蕉・酒堂・野坡考証と新見　大内初夫著　桜楓社　1968　325p　22cm　2400円　Ⓝ911.32　〔25875〕
◇芭蕉と蕉門俳人　大礒義雄著　八木書店　1997.5　577,16p　22cm　12000円　①4-8406-9608-X　Ⓝ911.32　〔25876〕
◇芭蕉と門人　山崎喜好著　大阪　弘文社　1947　373p*　22cm　Ⓝ911.32　〔25877〕
◇芭蕉と門人　山崎喜好著　大阪　弘文社　1947　373p　22cm　Ⓝ911.32　〔25878〕
◇芭蕉と門人たち　楠元六男著　日本放送出版協会　1997.8　381p　16cm　(NHKライブラリー)1070円　①4-14-084058-7　Ⓝ911.32　〔25879〕

◇芭蕉と門人達の風景　山川安人著　佐久　邑書林　2003.8　260p　20cm　3500円　①4-89709-396-1　Ⓝ911.33　〔25880〕
◇芭蕉と路通　藤木三郎著　〔藤木三郎〕　1994.12　187p　23cm　Ⓝ911.33　〔25881〕
◇芭蕉の言葉—去来抄新々講　復本一郎著　佐久　邑書林　1999.4　219p　18cm　1800円　①4-89709-314-7　Ⓝ911.33　〔25882〕
◇芭蕉の裾野を歩く—門人四十人の句を読む　中里富美雄著　府中(東京都)　渓声出版　2001.6　224p　19cm　1300円　①4-905847-25-7　Ⓝ911.33　〔25883〕
◇芭蕉の弟子たち—蕉門十哲の俳風と生活　復本一郎編　雄山閣出版　1982.9　277p　20cm　2000円　①4-639-00181-9　Ⓝ911.33　〔25884〕
◇芭蕉の門人　市橋鐸等著　京都　大八州出版　1947-1948　2冊　19cm　(俳文学叢刊　第9,11)Ⓝ911.33　〔25885〕
◇芭蕉の門人　堀切実著　岩波書店　1991.10　264p　18cm　(岩波新書)580円　①4-00-430190-4　Ⓝ911.33　〔25886〕
◇芭蕉の門人　上　市橋鐸著　京都　大八洲出版　1947　343p　19cm　(俳文学叢刊　9)85円　Ⓝ911.33　〔25887〕
◇東美濃蕉門俳句の鑑賞　西田兼三著　美濃加茂　郷土元禄俳人顕彰会　1995.1　87,109,53p　21cm　1000円　Ⓝ911.33　〔25888〕
◇和田東潮考—芭蕉の孫弟子　奥村幸雄著　白鷹町(山形県)　奥村幸雄　1999.12　120p　19cm　Ⓝ911.33　〔25889〕

◆◆◆河合曽良

◇蕉門曽良　今井黙天著　長野県上諏訪町　信濃民友社　1937　260p　20cm　Ⓝ911.3　〔25890〕
◇蕉門曽良の足跡　今井邦治著　諏訪　信濃民友社　1953.12　394p　19cm　Ⓝ911.33　〔25891〕
◇曽良句集　岩本木外編　下諏訪町(長野県)　岩本木外　1908.5　112p　19cm　Ⓝ911.3　〔25892〕
◇曽良長島異聞—第二の故郷における謎　岡本耕治著　長島町(三重県)　〔岡本耕治〕　1995.2　144p　19cm　Ⓝ911.33　〔25893〕
◇曽良長島日記—第二の故郷における足跡　岡本耕治著　長島町(三重県)　〔岡本耕治〕　1992.5　132p　19cm　Ⓝ911.33　〔25894〕
◇旅人・曽良と芭蕉　岡田喜秋著　河出書房新社　1991.12　302p　20cm　3400円　①4-309-00725-2　Ⓝ911.33　〔25895〕
◇旅びと曽良の生涯　原博一著　諏訪　長野日報社　2003.5　272p　19cm　(長野日報文芸叢書　8)1905円　①4-931435-99-8　Ⓝ911.33　〔25896〕
◇謎の旅人曽良　村松友次著　大修館書店　2002.6　190p　20cm　1800円　①4-469-22156-2　Ⓝ911.33　〔25897〕
◇ゆきゆきて—河合曽良句碑建立記念誌　岡田喜秋ほか著　長島町(三重県)　大智院芭蕉曽良の会　1994.9　36p　21cm　Ⓝ911.33　〔25898〕

◆◆◆宝井其角

◇榎本其角　榎本其角著　乾裕幸編著　蝸牛社　1992.6　170p　19cm　(蝸牛俳句文庫　1)1400円　①4-87661-211-0　Ⓝ911.33　〔25899〕
◇其角研究　寒川鼠骨,林若樹編　アルス　1922　704p　18cm　Ⓝ911.3　〔25900〕

◇其角研究　上　寒川鼠骨, 林若樹編　アルス　1927　704p　19cm　Ⓝ911.3　〔25901〕

◇其角七部集　宝井其角著　宇田久校註　改造社　1934　325p　16cm　（改造文庫　第2部　第236篇）Ⓝ911.3　〔25902〕

◇其角『雑談集』俳話評釈　夏見知章ほか編著　西宮　武庫川女子大学国文学科夏見研究室　1986.3　326p　26cm　非売品　Ⓝ911.33　〔25903〕

◇其角と芭蕉と　今泉準一著　春秋社　1996.12　275p　20cm　2884円　Ⓘ4-393-44137-0　Ⓝ911.33　〔25904〕

◇其角俳句集　小沢武二編　春陽堂　1926　131p　16cm　（俳人叢書　第2編）Ⓝ911.3　〔25905〕

◇其角俳句集―頭註　榎下其角著　萩原蘿月編　改造社　1940　265p　16cm　（改造文庫　第2部　第428篇）Ⓝ911.3　〔25906〕

◇其角俳句新釈　高木譲著　紅玉堂書店　1925　126p　19cm　（新釈俳諧叢書　第2編）Ⓝ911.3　〔25907〕

◇其角俳句全集　岩本梓石（米太郎）編　すみや書店　1907.6　264,24p　15cm　Ⓝ911.3　〔25908〕

◇其角俳句全集―季題別　高木蒼梧編　紅玉堂書店　1926　73p　19cm　Ⓝ911.3　〔25909〕

◇其角俳句と江戸の春　半藤一利著　平凡社　2006.12　191p　18cm　1200円　Ⓘ978-4-582-83345-4　Ⓝ911.33　〔25910〕

◇其角俳句評釈　河東碧梧桐著　大学館　1904.3　267p　15cm　（俳句入門叢書　第3編）Ⓝ911.3　〔25911〕

◇其角名句集　宝井其角著　俳句研究会編　大阪　文進堂書店　1934　252p　19cm　Ⓝ911.3　〔25912〕

◇其角連句全注釈　野村一三著　笠間書院　1976　679p　22cm　（笠間注釈叢刊 3）14000円　Ⓝ911.33　〔25913〕

◇季題類別其角名句選集　工藤静波編　大阪　積文館書店　1926　215p　16cm　（俳諧文庫　第5編）Ⓝ911.3　〔25914〕

◇元禄の奇才宝井其角　田中善信著　新典社　2000.11　238p　19cm　（日本の作家 52）1860円　Ⓘ4-7879-7052-6　Ⓝ911.33　〔25915〕

◇元禄俳人宝井其角　今泉準一著　桜楓社　1969　404p　22cm　2800円　Ⓝ911.33　〔25916〕

◇最新俳句評釈叢書　第2編　其角の名句―評釈　岡倉谷人著　資文堂　1928　189p　16cm　Ⓝ911.3　〔25917〕

◇雑談集　其角著　勉誠社　1977.6　160p　22cm　（勉誠社文庫 19）1500円　Ⓝ911.33　〔25918〕

◇蕉門研究資料集成　第3巻　其角、俳人許六の研究　佐藤勝明編・解説　クレス出版　2004.9　1冊　22cm　Ⓘ4-87733-239-1　Ⓝ911.33　〔25919〕

◇蕉門研究資料集成　第7巻　其角研究　上　佐藤勝明・解説　寒川鼠骨, 林若樹編　クレス出版　2004.9　704,2p　22cm　Ⓘ4-87733-239-1　Ⓝ911.33　〔25920〕

◇蕉門研究資料集成　第8巻　五元集全解　佐藤勝明編・解説　岩本米太郎著　クレス出版　2004.9　444,3p　22cm　Ⓘ4-87733-239-1　Ⓝ911.33　〔25921〕

◇晋其角　岡野知十（敬胤）著　裳華房　1900.5　218p　16cm　（文芸叢書　第1編）Ⓝ911.3　〔25922〕

◇随想・其角メモ　土佐句私観―私家限定版　尾藤三柳著　朱雀洞　1997.4　174p　15cm　（朱雀洞文庫 3）Ⓝ911.33　〔25923〕

◇荘丹関係小集　第8巻　上　荘丹注釈　高柳菜英校訂　高柳乙晴編著　茅ケ崎　高柳乙晴　2003.12　215p　21cm　非売品　Ⓝ911.35　〔25924〕

◇荘丹関係小集　第8巻　下　荘丹注釈　高柳菜英校訂　高柳乙晴編著　茅ケ崎　高柳乙晴　2003.12　p217-411　21cm　非売品　Ⓝ911.35　〔25925〕

◇注解芭蕉翁終焉記―「芭蕉翁終焉記」を読む　今泉準一著　うぶすな書院　2002.7　278p　20cm　2800円　Ⓘ4-900470-17-1　Ⓝ911.32　〔25926〕

◇天理図書館綿屋文庫俳書集成　第10巻　元禄俳書集　其角篇　天理図書館綿屋文庫俳書集成編集委員会編　宝井其角編　天理　天理大学出版部　1995.10　502,16p　22cm　15000円　Ⓘ4-8406-9510-5　Ⓝ911.3　〔25927〕

◇俳人其角全集　第1巻　榎本其角著　勝峯晋風編　彰考館　1935　352p　23cm　Ⓝ911.3　〔25928〕

◇俳人其角全集　第2巻　榎本其角著　勝峯晋風編　彰考館　1935　385p　23cm　Ⓝ911.3　〔25929〕

◇芭蕉・其角論　今泉準一著　桜楓社　1983.4　508p　22cm　28000円　Ⓝ911.32　〔25930〕

◇芭蕉と其角　香西照雄著　明治書院　1989.6　186p　19cm　2900円　Ⓘ4-625-46041-7　Ⓝ911.32　〔25931〕

◆◆◆向井去来

◇去来抄　向井去来著　俳書堂　1916　112p　19cm　（俳諧名著文庫　第2編）Ⓝ911.3　〔25932〕

◇去来抄　向井去来著　高崎勝文編　福岡　天の川発行所　1936　30丁　25cm　Ⓝ911.3　〔25933〕

◇去来抄―評註　木島俊太郎著　大観堂出版　1943　287p　22cm　Ⓝ911.3　〔25934〕

◇去来抄　向井去来著, 中村俊定, 山下登喜子校註　改訂増補版　笠間書院　1976　188p　21cm　800円　Ⓝ911.33　〔25935〕

◇去来抄―新註　向井去来著, 尾形仂ほか編著　勉誠社　1986.4　246p　22cm　（大学古典叢書 5）1400円　Ⓝ911.33　〔25936〕

◇去来抄　三冊子　旅寝論　向井去来著　服部土芳, 穎原退蔵校訂　岩波書店　1993.8　265p　19cm　（ワイド版岩波文庫）1000円　Ⓘ4-00-007107-6　Ⓝ911.33　〔25937〕

◇去来抄新講　上　宇田久著　俳書堂　1935　419,35,41p　23cm　Ⓝ911.32　〔25938〕

◇「去来抄」とともに―俳句と連句を知る　品川鈴子著　ウエップ　2004.6　283p　19cm　3000円　Ⓘ4-89522-416-3　Ⓝ911.33　〔25939〕

◇去来抄評解　岩田九郎著　有精堂出版株式会社　1951　230p　19cm　Ⓝ911.33　〔25940〕

◇去来抄評釈　岡本明著　三省堂　1949　337p　19cm　Ⓝ911.33　〔25941〕

◇去来抄評釈　岡本明著　三省堂　1949　337p　19cm　Ⓝ911.3　〔25942〕

◇去来抄評釈　岡本明著　名著刊行会　1970　337p　22cm　5000円　Ⓝ911.33　〔25943〕

◇去来と芭蕉俳論「軽み」の解明―「不玉宛論書」考説　中西啓著　長崎　長崎学会　1960　54p　21cm　（長崎学会叢書　第6輯）Ⓝ911.33　〔25944〕

◇去来・凡兆　向井去来著　凡兆著　大内初夫編著　蝸牛新社　2002.2　184p　19cm　（大活字俳句文庫 2）1800円　Ⓘ4-87800-162-3　Ⓝ911.33　〔25945〕

◇総釈去来の俳論　上　去来書簡, 旅寝論　南信一著　風間書房　1974　434p　22cm　9000円　Ⓝ911.33　〔25946〕

◇総釈去来の俳論　下　去来抄　南信一著　風間書房　1975　469p　22cm　9000円　Ⓝ911.33　〔25947〕

◇芭蕉・去来　穎原退蔵著　創元社　1941　281p　19cm

◇芭蕉文庫―校訂標註　第11篇　去来抄　荻原井泉水編著　向井去来著　春陽堂　1925　89p　15cm　Ⓝ911.32
〔25949〕

◇向井去来　荻原井泉水著　生活社　1946　31p　19cm　（日本叢書　第94）2円　Ⓝ911.33
〔25950〕

◇向井去来　荻原井泉水著　生活社　1946　31p　19cm　（日本叢書　第94）Ⓝ911.3
〔25951〕

◇向井去来　去来顕彰会編　長崎　1954　730p　図版10枚　22cm　Ⓝ911.33
〔25952〕

◇向井去来―俳諧の奉行　大内初夫, 若木太一著　新典社　1986.7　295p　19cm　（日本の作家　27）1500円　Ⓘ4-7879-7027-5　Ⓝ911.33
〔25953〕

◇向井去来　野沢凡兆　向井去来著　大内初夫編著　野沢凡兆著　大内初夫編著　蝸牛社　1997.11　183p　19cm　（蝸牛俳句文庫　31）1500円　Ⓘ4-87661-320-6　Ⓝ911.33
〔25954〕

◇落柿舎のしるべ　保田与重郎著　増補改訂版　京都　落柿舎　1978.9　77p　19cm　（落柿舎叢書　第3集）450円　Ⓝ911.33
〔25955〕

◆◆◆各務支考

◇支考自筆『稿本東西夜話』の研究　富山奏著　大阪　和泉書院　1986.6　389p　22cm　（研究叢書　26）8800円　Ⓘ4-87088-191-8　Ⓝ911.33
〔25956〕

◇支考『続五論』釈注　夏見知章ほか編著　西宮　武庫川女子大学国文学科夏見研究室　1982.1　280p　26cm　非売品　Ⓝ911.33
〔25957〕

◇支考年譜考証　堀切実著　笠間書院　1969　88p　22cm　（早大俳諧研究会年報　第1集）800円　Ⓝ911.33
〔25958〕

◇支考『俳諧十論』釈注　上　夏見知章ほか編・著　西宮　武庫川女子大学国文学科夏見研究室　1987.3　2冊（別冊とも）　26cm　非売品　Ⓝ911.33
〔25959〕

◇支考『俳諧十論』釈注　下　夏見知章ほか編・著　西宮　武庫川女子大学国文学科夏見研究室　1988.3　2冊（別冊とも）　26cm　非売品　Ⓝ911.33
〔25960〕

◇蕉風俳論の研究―支考を中心に　堀切実著　明治書院　1982.4　392p　22cm　4800円　Ⓝ911.33
〔25961〕

◇総釈支考の俳論　南信一著　風間書房　1983.7　1291p　22cm　26000円　Ⓘ4-7599-0590-1　Ⓝ911.33
〔25962〕

◇俳聖芭蕉と俳魔支考　堀切実著　角川学芸出版, 角川書店〔発売〕　2006.4　317p　19cm　（角川選書）1800円　Ⓘ4-04-703392-8
〔25963〕

◆◆◆野沢凡兆

◇去来・凡兆　向井去来著　凡兆著　大内初夫編著　蝸牛新社　2002.2　184p　19cm　（大活字俳句文庫　2）1800円　Ⓘ4-87800-162-3　Ⓝ911.33
〔25964〕

◇葛の松原集注　野盤子支考述, 潜淵菴不玉稿, 夏見知章ほか解説　西宮　武庫川女子大学国文学科夏見研究室　1980.1　3冊（別冊とも）　26cm　非売品　Ⓝ911.33
〔25965〕

◇野沢凡兆の生涯―芭蕉七部集を中心として　登芳久著　さいたま　さきたま出版会　2005.11　222p　19cm　2000円　Ⓘ4-87891-374-6　Ⓝ911.33
〔25966〕

◇俳人凡兆の研究　小室善弘著　有精堂出版　1993.12　312p　22cm　9800円　Ⓘ4-640-31045-5　Ⓝ911.33
〔25967〕

◇凡兆句集―附・羽紅女句集　柴田勉治郎編　大阪　天青堂　1925　54p　19cm　（天青堂俳句叢書　第1篇）Ⓝ911.3
〔25968〕

◇凡兆句集　凡兆著　硲真次郎編　十一組出版部　1946.11　30p　19cm　Ⓝ911.33
〔25969〕

◇向井去来　野沢凡兆　向井去来著　大内初夫編著　野沢凡兆著　大内初夫編著　蝸牛社　1997.11　183p　19cm　（蝸牛俳句文庫　31）1500円　Ⓘ4-87661-320-6　Ⓝ911.33
〔25970〕

◆◆◆上島鬼貫

◇上嶋鬼貫―伊丹の俳人　桜井武次郎著　新典社　1983.10　261p　19cm　（日本の作家　29）1500円　Ⓘ4-7879-7029-1　Ⓝ911.33
〔25971〕

◇上島鬼貫　坪内稔典著　神戸　神戸新聞総合出版センター　2001.5　201p　20cm　1800円　Ⓘ4-343-00118-0　Ⓝ911.33
〔25972〕

◇鬼貫のすすき　永田耕衣著　神戸　コーベブックス　1976.9　146p　22cm　3200円　Ⓝ911.33
〔25973〕

◇鬼貫の世界　岡田利兵衞著　柿衞文庫編　八木書店　1998.3　133p　19cm　（岡田利兵衞著作集　4）2000円　Ⓘ4-8406-9607-1　Ⓝ911.33
〔25974〕

◇鬼貫の『独ごと』　上島鬼貫著, 復本一郎全訳注　講談社　1981.8　239p　15cm　（講談社学術文庫）680円　Ⓝ911.33
〔25975〕

◆◆◆服部土芳

◇三冊子を読む　森田峠著　本阿弥書店　1992.6　332p　20cm　（かつらぎ双書）2600円　Ⓘ4-89373-054-1　Ⓝ911.32
〔25976〕

◇三冊子総釈　南信一著　風間書房　1964　508p　22cm　Ⓝ911.32
〔25977〕

◇三冊子総釈　南信一著　改訂版　風間書房　1980.2　508p　22cm　10000円　Ⓝ911.32
〔25978〕

◇三冊子総釈　南信一著　改訂版第2刷　風間書房　1995.11　508p　22cm　10300円　Ⓘ4-7599-0222-8　Ⓝ911.32
〔25979〕

◇三冊子評釈　能勢朝次著　三省堂出版株式会社　1954　447p　22cm　Ⓝ911.32
〔25980〕

◇三冊子評釈　能勢朝次著　名著刊行会　1970　448p　22cm　5000円　Ⓝ911.32
〔25981〕

◇世相と三冊子評釈　河合由二著　銀河発行所　1998.4　375p　19cm　Ⓝ911.32
〔25982〕

◇芭蕉体験三冊子をよむ　今瀬剛一著　角川書店　2005.9　243p　20cm　2800円　Ⓘ4-04-876252-4　Ⓝ911.32
〔25983〕

◆◆◆内藤丈草

◇丈艸伝記考説　市橋鐸著　名古屋　愛知県立女子大学国文学会　1964　207p　22cm　Ⓝ911.33
〔25984〕

◇内藤丈草　内藤丈草著　松尾勝郎編著　蝸牛社　1995.1　172p　19cm　（蝸牛俳句文庫　17）1400円　Ⓘ4-87661-246-3　Ⓝ911.33
〔25985〕

◇俳諧草紙　その2　丈艸遺蹟めぐり　郷土の巻　市橋鐸著　小牧町（愛知県）　俳諧史研究社　1934　27-48p　23cm　Ⓝ911.3
〔25986〕

◆◆◆加賀千代尼

◇加賀千代尼の生涯　山本四方著　松任町（石川県）　大谷栄吉　1959　170p　19cm　Ⓝ911.33
〔25987〕

◇加賀の千代―その風交と炉話　中野塔雨著　金沢　北国出版社　1974　245p　19cm　980円　Ⓝ911.33

◇加賀の千代参考文献集　第1集　松任市中央図書館編　松任　松任市中央図書館　1985.3　78p　26cm　Ⓝ911.33　〔25989〕
◇加賀の千代参考文献集　第2集　松任市中央図書館編　松任　松任市中央図書館　1992.3　64p　26cm　Ⓝ911.33　〔25990〕
◇加賀の千代女　川島つゆ著　小学館　1942.10　219p　19cm　Ⓝ911.33　〔25991〕
◇加賀の千代女　中本恕堂著　金沢　北国出版社　1970　134p　18cm　360円　Ⓝ911.33　〔25992〕
◇加賀の千代女―不思議の名人　松居高生著　金沢　能登印刷出版部　2005.1　166p　21cm　1600円　Ⓝ911.33　〔25993〕
◇加賀の千代女五百句　山根公著　富山　桂書房　2006.10　273,21p　19cm　1600円　①4-903351-19-X　Ⓝ911.33　〔25994〕
◇加賀の千代女の生涯　吉松祐一著　大同館書店　1929　246p　20cm　Ⓝ911.3　〔25995〕
◇加賀の千代　千代女俳藻　中原辰哉著　中原辰哉編　文学同志会　1902.5　110p　23cm　Ⓝ911.3　〔25996〕
◇菊月集―千代尼百五十年祭記念集冊　千代尼百五十年祭記念協讃会編　松任町（石川県）　千代尼百五十年祭記念協讃会　1932　1冊　24cm　Ⓝ911.36　〔25997〕
◇女流俳人千代女と菊舎尼　山中六彦著　京都　人文書院　1942　190p　19cm　Ⓝ911.3　〔25998〕
◇千代女季の句　山根公著　石橋佳枝,パトリシア・ドネガン訳　第2版　松任　松任市　2002.7　590,22p　21cm　Ⓝ911.33　〔25999〕
◇「千代女の生涯」「千代女の芸術・心」―千代女生誕三百年祭記念特別展　千代女作　松任市立博物館編　松任　松任市立博物館　2003.9　77p　30cm　Ⓝ911.33　〔26000〕
◇千代尼　城丸章（花仙）編　松任町（石川県）　聖興寺事務所　1911.8　151p　22cm　Ⓝ911.3　〔26001〕
◇千代尼　城丸花仙著　3版　松任町（石川県）　聖興寺事務所　1920　103p　23cm　Ⓝ911.3　〔26002〕
◇千代尼句集　広幡大典　富山県泊町　高田文化堂　1936　47p　13×18cm　Ⓝ911.3　〔26003〕
◇千代尼聚考　桂井未翁,中本恕堂著　金沢　桂井健之助　1931　164,29p　20cm　Ⓝ911.3　〔26004〕
◇千代尼伝　大河寥々著　金沢　石川県図書館協会　1956　148p　19cm　（郷土シリーズ）Ⓝ911.3　〔26005〕
◇千代尼伝　大河寥々著　金沢　石川県図書館協会　1993.3　150p　19cm　（郷土シリーズ）Ⓝ911.3　〔26006〕
◇千代尼の一生　中本恕堂著　松任町（石川県）　千代尼百五十年祭記念協賛会　1932　71p　21cm　Ⓝ911.3　〔26007〕
◇千代尼のおもかげ　信道会館編　信道会館　1934　222p　図版10枚　19cm　Ⓝ911.3　〔26008〕
◇松任の千代女と私　山根公著　北陸俳文学研究室編　金沢　北陸俳文学研究室　1997.3　185p　19cm　Ⓝ911.33　〔26009〕
◇松任の俳人千代女　山根公著　第2版　松任　松任市　1993.8　113p　19cm　500円　Ⓝ911.33　〔26010〕

◆◆◆小西来山
◇小西来山―その人と句　小谷省三著　箕面　杉本梁江堂　1981.4　167p　22cm　1500円　Ⓝ911.33　〔26011〕
◇小西来山俳句解　飯田正一著　前田書店　1989.10　396p　19cm　（前田国文選書 5）4500円　Ⓝ911.33　〔26012〕

◆◆◆鈴木清風
◇尾花沢の俳人鈴木清風　星川茂平治編著　尾花沢　尾花沢市地域文化振興会　1986.5　256p　22cm　Ⓝ911.33　〔26013〕
◇清風とその遺著　鈴木清風著,星川茂彦編　尾花沢　尾花沢市史編纂委員会　1962　330p　19cm　Ⓝ911.33　〔26014〕

◆◆◆蝶夢
◇義仲寺と蝶夢　高木蒼梧著　大津　義仲寺史蹟保存会　1972　341p　20cm　（義仲寺叢書）1200円　Ⓝ911.33　〔26015〕
◇蝶夢と落柿舎　高木蒼梧著　京都　落柿舎保存会　1964.12　158p　19cm　（落柿舎叢書 2）Ⓝ911.33　〔26016〕
◇蝶夢と落柿舎　高木蒼梧編著　2版　京都　落柿舎保存会　1973.4　160p　18cm　（落柿舎叢書 第2輯）Ⓝ911.33　〔26017〕
◇俳僧蝶夢　北田紫水著　大蔵出版　1948　432p　19cm　Ⓝ911.33　〔26018〕

◆◆◆坪井杜国
◇俳人　杜国　粕谷魯一著　渥美町（愛知県）　潮音寺　1964　129p　19cm　Ⓝ911.33　〔26019〕
◇芭蕉と杜国　松野鶴太郎著　南知多町（愛知県）　松野鶴太郎　1982.12　186p　19cm　1000円　①4-930698-19-7　Ⓝ911.33　〔26020〕

◆◆◆立花北枝
◇俳人北枝―その人と句　殿田良作著　金沢　石川県図書館協会　1957　151p　19cm　（郷土シリーズ）Ⓝ911.33　〔26021〕
◇俳人北枝―その人と句　殿田良作著　金沢　石川県図書館協会　1993.3　154p　19cm　（郷土シリーズ 第2期 第4編）Ⓝ911.33　〔26022〕
◇北枝『山中問答』釈注　夏見知章ほか編・著　西宮　武庫川女子大学国文学科夏見研究室　1989.2　114p　26cm　非売品　Ⓝ911.33　〔26023〕
◇北陸古俳書探訪―北枝と珈涼の周辺　牧孝治著　金沢　北国出版社　1979.4　140p　19cm　1900円　Ⓝ911.33　〔26024〕

◆◆安永・天明期俳諧
◇榎本星布尼句集　榎本星布尼著　矢羽勝幸ほか共編　古典文庫　1998.8　431p　17cm　（古典文庫）非売品　Ⓝ911.34　〔26025〕
◇大江丸―游俳の人　小谷省三著　大阪　土地経済研究所　馬酔木燕会　1992　168p 図版13枚　19cm　（燕巣叢書 第9号）1500円　Ⓝ911.34　〔26026〕
◇大江丸旧国―遺稿と生涯　大伴大江丸ほか著　上田高嶺編　大阪　〔上田高嶺〕　1994.10　78,67p　21cm　Ⓝ911.34　〔26027〕
◇大島蓼太文庫目録　大島蓼太資料保存会編　大島村（長野県下伊那郡）　大島村公民館　1954　22p　21cm　Ⓝ911.34　〔26028〕
◇鴉―高橋未衣詩集　高橋未衣著　書肆青樹社　2002.12　109p　21cm　2300円　①4-88374-094-3　Ⓝ911.34　〔26029〕
◇心――山村月巣追福句集　山村月巣著　寒河江市文化

文学史　　　　　　　　　　　近世史

◇財保護委員会編　寒河江　寒河江市教育委員会　1994.12　3冊　21cm　Ⓝ911.34　〔26030〕
◇木の葉の秋—新宮川嶋家俳諧資料　竹下喜久男編　新宮町（兵庫県）　新宮町教育委員会　1994.3　94p　21cm　（新宮町文化財調査報告 20）Ⓝ911.34　〔26031〕
◇此ほとり一夜四哥仙全評釈　松本節子校閲　栗本幸子著　福井　〔栗本幸子〕　2001.6　255p　23cm　Ⓝ911.34　〔26032〕
◇五味可都里集　五味可都里著　山梨日日新聞社出版部編　若草町（山梨県）　若草町文化協会　2003.3　179p　20cm　（可都里と霧外）Ⓝ911.34　〔26033〕
◇佐竹北家三代の俳諧—佐竹義躬の時代前後　鈴木実著　秋田　秋田文化出版　2003.1　274p　22cm　2500円　①4-87022-451-8　Ⓝ911.34　〔26034〕
◇時雨会集成　義仲寺編　大津　義仲寺　1993.11　736p　22cm　非売品　Ⓝ911.34　〔26035〕
◇拾遺・仙台藩俳壇瞥見　杉村彩雨著　仙台　〔杉村彩雨〕　1980　6p　21cm　Ⓝ911.34　〔26036〕
◇春秋庵長翠—俳人　矢าวัด勝幸著　東部町（長野県）　矢羽義次　1968　63p　26cm　300円　Ⓝ911.34　〔26037〕
◇白雄・葛三・星布・虎杖（〔ホウ〕水あて）—近世俳人の手紙　加舎白雄ほか著　石井光太郎編著　横浜　高橋桂三（印刷）　1998.11　33p　30cm　非売品　Ⓝ911.34　〔26038〕
◇白雄の秀句　矢島渚男著　講談社　1991.1　264p　15cm　（講談社学術文庫）760円　①4-06-158955-5　Ⓝ911.34　〔26039〕
◇杉野翠兄—竜ケ崎の俳諧師　長南俊雄著　土浦　崙書房　1979.11　90p　18cm　（ふるさと文庫）480円　Ⓝ911.34　〔26040〕
◇高木百茶坊　真正町文化財審議委員会編　真正町（岐阜県）　真正町教育委員会　1988.6　85p　22cm　Ⓝ911.34　〔26041〕
◇田上菊舎全集　上　田上菊舎著　上野さち子編著　大阪　和泉書院　2000.10　602p　22cm　①4-7576-0063-1　Ⓝ911.34　〔26042〕
◇田上菊舎全集　下　田上菊舎著　上野さち子編著　大阪　和泉書院　2000.10　p603-1099　22cm　①4-7576-0063-1　Ⓝ911.34　〔26043〕
◇建部綾足—彩の人　玉城司著　新典社　1998.6　286p　19cm　（日本の作家 51）2300円　①4-7879-7051-8　Ⓝ911.34　〔26044〕
◇建部綾足研究序説　松尾勝郎著　桜楓社　1986.6　290p　22cm　15000円　①4-273-02098-X　Ⓝ911.34　〔26045〕
◇遅日庵杜哉考—蕉風復帰を希がった郷土の俳人　奥村幸雄著　白鷹町（山形県）　奥村幸雄　2003.5　230p　19cm　Ⓝ911.34　〔26046〕
◇中興期俳諧の研究—暮雨巷暁台　山下一海著　限定版　桜楓社　1965　307p　22cm　Ⓝ911.34　〔26047〕
◇追跡・三浦樗良　清水孝之著　伊勢　皇学館大学出版部　1991.9　373p　22cm　6180円　①4-87644-083-2　Ⓝ911.34　〔26048〕
◇出合雪—新宮川嶋家俳諧資料　竹下喜久男編　新宮町（兵庫県）　新宮町教育委員会　1993.3　146p　15×21cm　（新宮町文化財調査報告 19）Ⓝ911.34　〔26049〕
◇定本・俳人加舎白雄伝　矢羽勝幸著　松本　郷土出版社　2001.3　1248p　22cm　8500円　①4-87663-475-0　Ⓝ911.34　〔26050〕
◇天明俳書集　第1巻　蕪村七部集　天明俳書集刊行会編　京都　臨川書店　1991.10　509p　22cm　①4-653-02240-2,4-653-02239-9　Ⓝ911.34　〔26051〕

◇天明俳書集　第2巻　几董集　天明俳書集刊行会編　京都　臨川書店　1991.10　470p　22cm　①4-653-02241-0,4-653-02239-9　Ⓝ911.34　〔26052〕
◇天明俳書集　第3巻　京都篇　天明俳書集刊行会編　京都　臨川書店　1991.10　466p　22cm　①4-653-02242-9,4-653-02239-9　Ⓝ911.34　〔26053〕
◇天明俳書集　第4巻　摂津・播磨篇　天明俳書集刊行会編　京都　臨川書店　1991.10　451p　22cm　①4-653-02243-7,4-653-02239-9　Ⓝ911.34　〔26054〕
◇天明俳書集　第5巻　尾張・加賀篇　天明俳書集刊行会編　京都　臨川書店　1991.10　526p　22cm　①4-653-02244-5,4-653-02239-9　Ⓝ911.34　〔26055〕
◇天明俳書集　第6巻　江戸篇　天明俳書集刊行会編　京都　臨川書店　1991.10　453p　22cm　①4-653-02245-3,4-653-02239-9　Ⓝ911.34　〔26056〕
◇天明俳書集　第7巻　諸国篇　天明俳書集刊行会編　京都　臨川書店　1991.10　420p　22cm　①4-653-02246-1,4-653-02239-9　Ⓝ911.34　〔26057〕
◇天明俳書集　第8巻　不夜庵歳旦　天明俳書集刊行会編　京都　臨川書店　1991.10　255p　16×22cm　①4-653-02247-X,4-653-02239-9　Ⓝ911.34　〔26058〕
◇日本俳書大系　第12巻　天明名家句選　勝峰晋風編　日本図書センター　1995.8　618,21p　22cm　①4-8205-9383-8,4-8205-9371-4　Ⓝ911.308　〔26059〕
◇俳諧臑・一枝筌詳釈—江戸座高点句集　綿谷雪著　有光書房　1976　245p　19cm　3500円　Ⓝ911.34　〔26060〕
◇俳諧集　白石悌三ほか編　熊本　出水神社　1994.5　910,58p　22cm　（出水叢書 12）15000円　①4-7629-9334-4　Ⓝ911.34　〔26061〕
◇俳諧百一集—要説　付・近代百人一句　竹谷蒼郎著　増訂4版　金沢　石川県図書館協会　北国書林（発売）　1969　222p　19cm　450円　Ⓝ911.34　〔26062〕
◇俳傑白雄　西沢茂二郎著　長野　信濃教育会出版部　1960　342p　19cm　Ⓝ911.34　〔26063〕
◇俳人大島蓼太と飯島　桃沢匡行著　飯島町（長野県）　飯島町郷土研究会　1996.3　70p　21cm　800円　Ⓝ911.34　〔26064〕
◇俳人加舎白雄二百九回忌記念誌　東部町（長野県）　加舎白雄顕彰保存会　1999.11　87p　26cm　非売品　Ⓝ911.34　〔26065〕
◇俳人長野馬貞　梅木幸吉著　別府　広雅堂書店　1981.9　91,89p　22cm　4500円　Ⓝ911.34　〔26066〕
◇俳人宮本虎杖　高野六雄著　戸倉町（長野県）〔高野六雄〕　1987.2　462p　22cm　5000円　Ⓝ911.34　〔26067〕
◇俳人　吉分大魯　杉山虹泉著　徳島　1964　158p　19cm　Ⓝ911.34　〔26068〕
◇半場里丸俳諧資料集　加藤定彦編　取手　関東俳諧叢書刊行会　1995.11　360,21p　図版16枚　22cm　（関東俳諧叢書編外 1）10000円　Ⓝ911.34　〔26069〕
◇評伝高橋東皐　小林文夫著　盛岡　熊谷印刷出版部　1971　224p　19cm　800円　Ⓝ911.34　〔26070〕
◇漂泊の俳人一草　柴田善三郎著　北上　柴田萩江子　1980.10　310p　22cm　非売品　Ⓝ911.34　〔26071〕
◇筆の塵—愛東町指定文化財　中西馬瓢作　愛東町（滋賀県）　歴史研究会「愛史会」　2001.8　1冊　26cm　Ⓝ911.34　〔26072〕
◇柳沢信鴻日記覚え書　花咲一男著　三樹書房　1991.1　786,8p　19cm　13390円　Ⓝ911.34　〔26073〕
◇要説　俳諧百一集　竹谷蒼郎著　金沢　石川県図書館協

◇会 1966 197p 18cm Ⓝ911.34 〔26074〕
◇要説 俳諧百一集—付 近代百人一句 竹谷蒼郎著 増訂版 金沢 石川県図書館協会 1967 209p 19cm Ⓝ911.34 〔26075〕
◇栗庵句集 栗庵似鳩著 萩原意校写 橋田友治解説 監物聖善校訂 伊勢崎 伊勢崎郷土文化協会 1996.12 217p 21cm Ⓝ911.34 〔26076〕

◆◆◆与謝蕪村
◇安永三年蕪村春興帖 雲英末雄編 太平書屋 1996.12 122p 19cm (太平文庫 38) 3000円 Ⓝ911.34 〔26077〕
◇浮瀬俳跡蕉蕪園 平松弘之編著 改訂版 大阪 大阪星光学院 1987.11 36p 13×19cm 非売品 Ⓝ911.302 〔26078〕
◇頴原退蔵著作集 第13巻 蕪村と門人 中央公論社 1979.5 484p 20cm 2300円 Ⓝ910.25 〔26079〕
◇カラー版 芭蕉、蕪村、一茶の世界 雲英末雄監修 美術出版社 2007.5 176p 21cm 2500円 ①978-4-568-40069-4 〔26080〕
◇漢詩と俳句—芭蕉・蕪村・一茶・子規 吉川発輝著 教育出版センター 1985.4 173p 22cm 3800円 ①4-7632-1516-7 Ⓝ911.304 〔26081〕
◇郷愁の詩人/与謝蕪村 萩原朔太郎著 3版 小学館 1946 217p 18cm Ⓝ911.34 〔26082〕
◇郷愁の詩人与謝蕪村 萩原朔太郎著 3版 小学館 1946 217p 18cm Ⓝ911.3 〔26083〕
◇郷愁の詩人与謝蕪村 萩原朔太郎著 新潮社 1951 100p 16cm (新潮文庫) Ⓝ911.34 〔26084〕
◇郷愁の詩人与謝蕪村 萩原朔太郎著 岩波書店 1988.11 151p 15cm (岩波文庫) 250円 ①4-00-310622-9 Ⓝ911.34 〔26085〕
◇古典俳句を学ぶ 下 蕪村・一茶を中心として 井本農一, 堀信夫編 有斐閣 1977.12 271p 19cm (有斐閣選書) 1100円 Ⓝ911.3 〔26086〕
◇此ほとり一夜四歌仙評釈 中村幸彦著 角川書店 1980.8 275p 20cm 1900円 Ⓝ911.34 〔26087〕
◇詩人与謝蕪村の世界 森本哲郎著 至文堂 1969 424p 23cm 3200円 Ⓝ911.34 〔26088〕
◇詩人与謝蕪村の世界 森本哲郎著 3版 至文堂 1986.12 424p 22cm 8900円 ①4-7843-0070-8 Ⓝ911.34 〔26089〕
◇詩人与謝蕪村の世界 森本哲郎著 講談社 1996.6 424p 15cm (講談社学術文庫) 1000円 ①4-06-159236-X Ⓝ911.34 〔26090〕
◇常総の蕪村—西村雄一随筆集 西村雄一著 開城町 (茨城県) 〔西村雄一〕 1982.10 167p 22cm Ⓝ911.304 〔26091〕
◇蕉風復興運動と蕪村 田中道雄著 岩波書店 2000.7 375,15p 22cm 9600円 ①4-00-023346-7 Ⓝ911.34 〔26092〕
◇新註新花摘 谷口蕪村著 大礒義雄, 清水孝之共編 武蔵野書院 1953.2 (12版: 1985.3) 143p 21cm ①4-8386-0521-8 Ⓝ911.34 〔26093〕
◇図説日本の古典 14 芭蕉・蕪村 白石悌三ほか編集 集英社 1988.11 218p 28cm 2800円 ①4-08-167114-1 Ⓝ910.8 〔26094〕
◇精選季題別蕪村秀句 与謝蕪村著 矢島渚男編著 佐久 邑書林 2001.3 113p 15cm (邑書林句集文庫) 900円 ①4-89709-349-X Ⓝ911.34 〔26095〕
◇竹西寛子の松尾芭蕉集・与謝蕪村集 竹西寛子著 集英社 1996.2 291p 16cm (集英社文庫—わたしの古典) 700円 ①4-08-748443-3 Ⓝ911.32 〔26096〕
◇月に泣く蕪村 高橋庄次著 春秋社 1994.9 272p 20cm 2884円 ①4-393-44132-X Ⓝ911.34 〔26097〕
◇月に泣く蕪村 高橋庄次著 新装版 春秋社 1999.8 272p 20cm 2400円 ①4-393-44144-3 Ⓝ911.34 〔26098〕
◇月は東に—蕪村の夢漱石の幻 森本哲郎著 新潮社 1992.6 270p 20cm 1400円 ①4-10-337205-2 Ⓝ911.34 〔26099〕
◇月は東に—蕪村の夢漱石の幻 森本哲郎著 新潮社 1997.7 309p 16cm (新潮文庫) 476円 ①4-10-107316-3 Ⓝ911.34 〔26100〕
◇日本俳書大系 第9巻 蕪村一代集 勝峰晋風編 与謝蕪村著 日本図書センター 1995.8 1冊 22cm ①4-8205-9380-3, 4-8205-9371-4 Ⓝ911.308 〔26101〕
◇俳諧師蕪村・差別の中の青春 小西愛之助著 明石書店 1987.1 230p 20cm 2000円 Ⓝ911.34 〔26102〕
◇俳人蕪村 正岡子規著 講談社 1999.10 193p 16cm (講談社文芸文庫) 940円 ①4-06-197684-2 Ⓝ911.34 〔26103〕
◇俳聖蕪村の結城時代 富高武雄著 結城 結城郷土史談会 1961 140p 22cm (結城郷土史談会 研究 第1集) Ⓝ911.34 〔26104〕
◇萩原朔太郎と与謝蕪村展—萩原朔太郎生誕120年記念 萩原朔太郎記念・水と緑と詩のまち前橋文学館編 前橋 萩原朔太郎記念・水と緑と詩のまち前橋文学館 2006.10 83p 26cm Ⓝ911.34 〔26105〕
◇蕪村 栗山理一著 市ケ谷出版社 1951 162p 19cm (文芸読本) Ⓝ911.34 〔26106〕
◇蕪村—生涯と芸術 暉峻康隆著 明治書院 1954 242p 19cm Ⓝ911.34 〔26107〕
◇蕪村 栗山理一著 弘文堂 1955 79p 15cm (アテネ文庫) Ⓝ911.34 〔26108〕
◇蕪村 丸山一彦著 花神社 1987.3 203p 20cm 2500円 Ⓝ911.34 〔26109〕
◇蕪村—画俳二道 瀬木慎一著 美術公論社 1990.8 311p 20cm 2600円 ①4-89330-101-2 Ⓝ911.34 〔26110〕
◇蕪村—古今名吟の流れ 永田竜太郎著 永田書房 1996.8 305p 20cm 1900円 ①4-8161-0645-6 Ⓝ911.34 〔26111〕
◇蕪村—俳諧遊心 藤田真一著 若草書房 1999.7 353,15p 22cm (近世文学研究叢書 10) 8800円 ①4-948755-47-8 Ⓝ911.34 〔26112〕
◇蕪村 藤田真一著 岩波書店 2000.12 207p 18cm (岩波新書) 660円 ①4-00-430705-8 Ⓝ911.34 〔26113〕
◇蕪村一代物語 志田義秀著 至文堂 1953 215p 19cm (物語日本文学) Ⓝ911.34 〔26114〕
◇蕪村in京都—蕪村とともに京都を散歩 田端秀雄著 宇治 田端秀雄 2002.5 150p 19cm Ⓝ911.34 〔26115〕
◇蕪村への道 谷口謙著 人間の科学社 1995.2 430p 20cm 2575円 ①4-8226-0129-3 Ⓝ911.34 〔26116〕
◇蕪村回想 林土暁朗著 〔林土暁朗〕 1989.10 131p 20cm 1500円 Ⓝ911.34 〔26117〕
◇蕪村回想 書き残しの記 林土暁朗著 〔林土暁朗〕 1990.6 38p 19cm 1800円 ①4-9900126-1-5 Ⓝ911.34 〔26118〕
◇蕪村句集影印・翻刻・索引 谷口蕪村著, 山本唯一編

京都　法蔵館　1971　264p　22cm　2500円　Ⓝ911.34
〔26119〕

◇蕪村研究資料集成　作品研究1　クレス出版　1993.9　7,482p　22cm　Ⓘ4-906330-82-7　Ⓝ911.34　〔26120〕

◇蕪村研究資料集成　作品研究3　クレス出版　1993.9　1冊　22cm　Ⓘ4-906330-82-7　Ⓝ911.34　〔26121〕

◇蕪村研究資料集成　作品研究4　クレス出版　1993.9　4,232,224p　22cm　Ⓘ4-906330-82-7　Ⓝ911.34　〔26122〕

◇蕪村研究資料集成　作品研究5　クレス出版　1994.1　1冊　22cm　Ⓘ4-906330-83-5　Ⓝ911.34　〔26123〕

◇蕪村研究資料集成　作品研究6　クレス出版　1994.1　7,320,125p　22cm　Ⓘ4-906330-83-5　Ⓝ911.34　〔26124〕

◇蕪村研究資料集成　作品研究7　クレス出版　1994.1　8,295,169p　22cm　Ⓘ4-906330-83-5　Ⓝ911.34　〔26125〕

◇蕪村研究資料集成　作品研究8　クレス出版　1994.1　1冊　22cm　Ⓘ4-906330-83-5　Ⓝ911.34　〔26126〕

◇蕪村研究資料集成　作品研究9　クレス出版　1994.1　2,436p　22cm　Ⓘ4-906330-83-5　Ⓝ911.34　〔26127〕

◇蕪村研究資料集成　作品研究10　クレス出版　1994.1　2,482p　22cm　Ⓘ4-906330-83-5　Ⓝ911.34　〔26128〕

◇蕪村研究資料集成　作品研究11　クレス出版　1994.1　2,368p　22cm　Ⓘ4-906330-83-5　Ⓝ911.34　〔26129〕

◇蕪村研究資料集成　作品研究12　クレス出版　1994.1　2,349p　22cm　Ⓘ4-906330-83-5　Ⓝ911.34　〔26130〕

◇蕪村研究資料集成　作品研究13　クレス出版　1994.1　12,637p　22cm　Ⓘ4-906330-83-5　Ⓝ911.34　〔26131〕

◇蕪村雑稿　谷口謙稿　人間の科学社　1987.2　237p　20cm　1600円　Ⓝ911.34　〔26132〕

◇蕪村事典　松尾靖秋ほか編　桜楓社　1990.8　634p　27cm　19000円　Ⓘ4-273-02318-0　Ⓝ911.34　〔26133〕

◇蕪村集　中村草田男著　大修館書店　1980.11　382p　20cm　2000円　Ⓝ911.34　〔26134〕

◇蕪村集　村松友次著　尚学図書　1981.7　459p　20cm　（鑑賞日本の古典 17）1800円　Ⓝ911.34　〔26135〕

◇蕪村集　中村草田男著　講談社　2000.7　386p　16cm　（講談社文芸文庫）1400円　Ⓘ4-06-198220-6　Ⓝ911.34　〔26136〕

◇蕪村秀句—評釈　永田竜太郎著　永田書房　1991.6　253p　20cm　1700円　Ⓘ4-8161-0588-3　Ⓝ911.34　〔26137〕

◇蕪村秀句　水原秋桜子著　春秋社　2001.2　238p　20cm　（日本秀句 新版 2）2000円　Ⓘ4-393-43422-6　Ⓝ911.34　〔26138〕

◇蕪村秀句—評釈　続　永田竜太郎著　永田書房　1992.10　258p　20cm　1700円　Ⓘ4-8161-0613-8　Ⓝ911.34　〔26139〕

◇蕪村秀句—評釈　完　永田竜太郎著　永田書房　1993.7　291p　20cm　1800円　Ⓘ4-8161-0620-0　Ⓝ911.34　〔26140〕

◇蕪村春秋　高橋治著　朝日新聞社　1998.9　300p　20cm　2300円　Ⓘ4-02-257258-2　Ⓝ911.34　〔26141〕

◇蕪村春秋　高橋治著　朝日新聞社　2001.6　269p　15cm　（朝日文庫）560円　Ⓘ4-02-264252-1　Ⓝ911.34　〔26142〕

◇蕪村全句集　谷口蕪村著　藤田真一, 清登典子編　おうふう　2000.6　601p　22cm　3800円　Ⓘ4-273-02917-0　Ⓝ911.34　〔26143〕

◇蕪村全集　第1巻　発句　谷口蕪村著　尾形仂, 森田蘭校注　講談社　1992.5　681p　22cm　9800円　Ⓘ4-06-252201-2　Ⓝ911.34　〔26144〕

◇蕪村全集　第2巻　連句　谷口蕪村著　丸山一彦ほか校注　講談社　2001.9　614p　22cm　9800円　Ⓘ4-06-252202-0　Ⓝ911.34　〔26145〕

◇蕪村全集　第3巻　句集・句稿・句会稿　谷口蕪村著　尾形仂, 丸山一彦校注　講談社　1992.12　683p　22cm　9800円　Ⓘ4-06-252203-9　Ⓝ911.34　〔26146〕

◇蕪村全集　第4巻　俳詩・俳文　谷口蕪村著　尾形仂, 山下一海校注　講談社　1994.8　477p　22cm　9400円　Ⓘ4-06-252204-7　Ⓝ911.34　〔26147〕

◇蕪村全集　第7巻　編著・追善　谷口蕪村著　丸山一彦, 山下一海校注　講談社　1995.4　637p　22cm　9800円　Ⓘ4-06-252207-1　Ⓝ911.34　〔26148〕

◇蕪村全集　第8巻　関係俳書　谷口蕪村著　桜井武次郎ほか校注　講談社　1993.3　585p　22cm　9600円　Ⓘ4-06-252208-X　Ⓝ911.34　〔26149〕

◇蕪村全集　月報—1-6　講談社　1992.5-1998.3　1冊　21cm　Ⓝ911.34　〔26150〕

◇蕪村伝記考説　高橋庄次著　春秋社　2000.4　569p　22cm　8500円　Ⓘ4-393-44146-X　Ⓝ911.34　〔26151〕

◇蕪村と一茶の俳句英訳考　西村秋羅著　松前町（愛媛県）　西村秋羅　1977.10　138p　19cm　1000円　Ⓝ911.34　〔26152〕

◇蕪村と漢詩　成島行雄著　花神社　2001.3　346p　20cm　3000円　Ⓘ4-7602-1628-6　Ⓝ911.34　〔26153〕

◇蕪村と漢詩　成島行雄著　新装版　花神社　2003.4　346p　19cm　2500円　Ⓘ4-7602-1736-3　Ⓝ911.34　〔26154〕

◇蕪村と近代詩　佐藤泰正著　下関　梅光女学院　1962　142p　21cm　Ⓝ911.34　〔26155〕

◇蕪村と俳画　岡田利兵衛著　柿衛文庫編　八木書店　1997.9　141p　19cm　（岡田利兵衛著作集 2）2000円　Ⓘ4-8406-9605-5　Ⓝ911.34　〔26156〕

◇蕪村と結城・下館　渡辺謙馨著　土浦　筑波書林　1980.3　90p　18cm　（ふるさと文庫）580円　Ⓝ911.34　〔26157〕

◇蕪村の跫音を聞く　谷口蕪村作　川井健太郎著　文芸社　2001.6　101p　19cm　1000円　Ⓘ4-8355-1875-6　Ⓝ911.34　〔26158〕

◇蕪村の『宇都宮歳旦帖』を読む—『寛保四年宇都宮歳旦帖』輪読　丸山一彦監修　蕪村研究会編　宇都宮　下野新聞社　2000.5　166p　19cm　1500円　Ⓘ4-88286-119-4　Ⓝ911.34　〔26159〕

◇蕪村のエロスと露伴・藤村—近世俳諧と近代文学　遠藤誠治著　羽村　遠藤誠治　1995.3　110p　22cm　Ⓝ910.26　〔26160〕

◇蕪村の遠近法　清水孝之著　国書刊行会　1991.4　285p　22cm　4800円　Ⓘ4-336-03176-2　Ⓝ911.34　〔26161〕

◇蕪村の解釈と鑑賞　清水孝之著　明治書院　1956　301p　19cm　Ⓝ911.34　〔26162〕

◇蕪村の近代的詩脈　千賀浩一著　新短歌社　1959　44p　19cm　Ⓝ911.34　〔26163〕

◇蕪村の芸術　清水孝之著　至文堂　1947　206p*　19cm　120円　Ⓝ911.34　〔26164〕

◇蕪村の研究—連作詩篇考　高橋庄次著　桜楓社　1973　517p　22cm　8800円　Ⓝ911.34　〔26165〕

◇蕪村の周辺　矢島渚男著　角川書店　1988.1　271p　20cm　2300円　Ⓘ4-04-884071-1　Ⓝ911.34　〔26166〕

◇蕪村の世界　山下一海著　有斐閣　1982.11　260p

◇蕪村の世界　尾形仂著　岩波書店　1993.3　309p　20cm　(古典を読む 27)2500円　Ⓘ4-00-004477-X　Ⓝ911.34　〔26168〕

◇蕪村の世界　尾形仂著　岩波書店　1997.2　309p　16cm　(同時代ライブラリー 295―古典を読む)1236円　Ⓘ4-00-260295-8　Ⓝ911.34　〔26169〕

◇蕪村の丹後時代　谷口謙著　人間の科学社　1982.4　339p　20cm　1600円　Ⓝ911.34　〔26170〕

◇蕪村の手紙　村松友次著　大修館書店　1990.12　246p　20cm　1903円　Ⓘ4-469-22078-7　Ⓝ915.5　〔26171〕

◇蕪村ノート　薄多久雄著　岐阜　日輪発行所　2002.10　240p　19cm　3000円　Ⓝ911.34　〔26172〕

◇蕪村の風景　石川真弘著　富士見書房　2002.7　235p　20cm　2500円　Ⓘ4-8291-7500-1　Ⓝ911.34　〔26173〕

◇蕪村俳諧の研究―江戸俳壇からの出発の意味　清登典子著　大阪　和泉書院　2004.11　294p　22cm　(研究叢書 321)9500円　Ⓘ4-7576-0281-2　Ⓝ911.34　〔26174〕

◇蕪村俳句集―付春風馬堤曲他二篇　谷口蕪村著　尾形仂校注　岩波書店　1991.1　319p　19cm　(ワイド版岩波文庫)1000円　Ⓘ4-00-007017-7　Ⓝ911.34　〔26175〕

◇蕪村筆蹟の研究　岡田彰子著　大阪　和泉書院　1995.1　175p　31cm　8240円　Ⓘ4-87088-699-5　Ⓝ911.34　〔26176〕

◇蕪村評伝　清水孝之著　京都　大八洲出版　1947　318p　19cm　(俳文学叢刊 14)80円　Ⓝ911.34　〔26177〕

◇蕪村余響　藤田真一著　大阪　紫薇の会　2002.7　32p　21cm　非売品　Ⓝ911.34　〔26178〕

◇蕪村連句研究　昭和女子大学連句研究会編　武蔵野書院　1962　486p　22cm　Ⓝ911.34　〔26179〕

◇蕪村連句全注釈　野村一三著　笠間書院　1975　338p　22cm　(笠間叢書 51)5500円　Ⓝ911.34　〔26180〕

◇蕪村論　暉峻康隆著　白鳳出版社　1947　255p　19cm　(白鳳選書 3)Ⓝ911.34　〔26181〕

◇風呂で読む蕪村　藤田真一著　京都　世界思想社　1997.12　104p　19cm　951円　Ⓘ4-7907-0685-0　Ⓝ911.34　〔26182〕

◇夜明けの自由詩人与謝蕪村　桐原光明著　石岡　崙書房　1988.6　344p　19cm　2500円　Ⓝ911.34　〔26183〕

◇与謝蕪村　大野洒竹著　春陽堂　1897.9　210p　23cm　Ⓝ911.3　〔26184〕

◇与謝蕪村　大礒義雄著　桜楓社　1966　290p　19cm　(俳句シリーズ)Ⓝ911.34　〔26185〕

◇与謝蕪村―郷愁の詩人　萩原朔太郎著　宝文館出版　1969　214p　20cm　(宝文選書)540円　Ⓝ911.34　〔26186〕

◇与謝蕪村　安東次男著　筑摩書房　1970　251,4p　19cm　(日本詩人選 18)700円　Ⓝ911.34　〔26187〕

◇与謝蕪村　安東次男著　講談社　1979.5　321,7p　15cm　(講談社文庫)360円　Ⓝ911.34　〔26188〕

◇与謝蕪村　大礒義雄著　桜楓社　1979.10　294p　20cm　(新訂俳句シリーズ・人と作品 2)1500円　Ⓝ911.34　〔26189〕

◇与謝蕪村―戯遊の俳人　山下一海著　新典社　1986.2　270p　19cm　(日本の作家 30)1500円　Ⓘ4-7879-7030-5　Ⓝ911.34　〔26190〕

◇与謝蕪村　山本健吉著　講談社　1987.5　280p　20cm　2000円　Ⓘ4-06-203357-7　Ⓝ911.34　〔26191〕

◇与謝蕪村―郷愁の詩人　萩原朔太郎著　岩波書店　1988.11　151p　15cm　(岩波文庫 31 - 062 - 2)250円　Ⓘ4-00-310622-9　Ⓝ911.34　〔26192〕

◇与謝蕪村　谷地快一編　ぺりかん社　1990.10　209p　21cm　(江戸人物読本 3)2136円　Ⓘ4-8315-0497-1　Ⓝ911.34　〔26193〕

◇与謝蕪村　安東次男著　講談社　1991.4　374p　15cm　(講談社学術文庫)960円　Ⓘ4-06-158965-2　Ⓝ911.34　〔26194〕

◇与謝蕪村　田中善信著　吉川弘文館　1996.11　267p　19cm　(人物叢書 新装版)1906円　Ⓘ4-642-05203-8　Ⓝ911.34　〔26195〕

◇与謝蕪村　高村忠範文・絵　汐文社　2007.3　79p　22cm　(俳人芭蕉・蕪村・一茶を知ろう)1400円　Ⓘ978-4-8113-8180-0　Ⓝ911.34　〔26196〕

◇与謝蕪村　上　鈴木史楼著　紅糸文庫　2002.11　145p　20cm　(本朝書人論 15)1400円　Ⓝ728.215　〔26197〕

◇与謝蕪村　下　鈴木史楼著　紅糸文庫　2003.3　145p　20cm　(本朝書人論 16)1400円　Ⓝ728.215　〔26198〕

◇与謝蕪村覚書　谷口謙著　人間の科学社　1984.11　385p　20cm　1600円　Ⓝ911.34　〔26199〕

◇与謝蕪村句集　永田竜太郎編注　永田書房　1991.12　451p　22cm　4500円　Ⓘ4-8161-0594-8　Ⓝ911.34　〔26200〕

◇与謝蕪村・小林一茶　藤田真一,古井由吉著　新潮社　1991.3　111p　20cm　(新潮古典文学アルバム 21)1300円　Ⓘ4-10-620721-4　Ⓝ911.34　〔26201〕

◇与謝蕪村散策　矢島渚男著　角川書店　1995.5　289p　20cm　2800円　Ⓘ4-04-883403-7　Ⓝ911.34　〔26202〕

◇与謝蕪村集　正宗敦夫編纂校訂　日本古典全集刊行会　1928　238p　16cm　(日本古典全集 第2回)Ⓝ911.3　〔26203〕

◇与謝蕪村展―俳人としての蕪村　与謝蕪村画　山寺芭蕉記念館編　山形　山寺芭蕉記念館　1994.9　43p　26cm　Ⓝ911.34　〔26204〕

◇与謝蕪村の鑑賞と批評　清水孝之著　明治書院　1983.6　590p　22cm　5800円　Ⓝ911.34　〔26205〕

◇与謝蕪村の小さな世界　芳賀徹著　中央公論社　1986.4　325p　20cm　2000円　Ⓘ4-12-001473-8　Ⓝ911.34　〔26206〕

◇与謝蕪村の小さな世界　芳賀徹著　中央公論社　1988.9　338p　16cm　(中公文庫)500円　Ⓘ4-12-201548-0　Ⓝ911.34　〔26207〕

◇与謝蕪村ノート　谷口謙著　〔人間の科学社〕　1990.8　319p　20cm　1648円　Ⓝ911.34　〔26208〕

◇与謝蕪村の日中比較文学的研究―その詩画における漢詩文の受容をめぐって　王岩著　大阪　和泉書院　2006.2　312p　22cm　(研究叢書 347)10000円　Ⓘ4-7576-0353-3　Ⓝ911.34　〔26209〕

◇与謝蕪村の俳景―太祇を軸として　谷地快一著　新典社　2005.2　525p　22cm　(新典社研究叢書 166)13500円　Ⓘ4-7879-4166-6　Ⓝ911.34　〔26210〕

◇離俗の思想―蕪村評釈余情　永田竜太郎著　永田書房　1995.2　275p　20cm　1800円　Ⓘ4-8161-0636-7　Ⓝ911.34　〔26211〕

◆◆◆高井几董

◇几董発句全集　高井几董著　浅見美智子編校　八木書店　1997.6　441,196p　22cm　25000円　Ⓘ4-8406-9603-9　Ⓝ911.34　〔26212〕

◇夜半亭初懐紙―私家版　高井几董編　木村三四吾編校　奈良　木村三四吾　1988.12　449p　21cm　8500円　Ⓘ4-8406-9626-8　Ⓝ911.34　〔26213〕

◆◆◆加藤暁台

◇加藤暁台―研究・鑑賞・資料　清水孝之著　大阪　和泉書院　1996.1　284,20p　22cm　（研究叢書 172）11330円　ⓘ4-87088-750-9　Ⓝ911.34
〔26214〕

◇暁台関係句集対照表　久村暁台著,服部徳次郎編　謄写版　さるみの会　1962　132p　26cm　Ⓝ911.34
〔26215〕

◇暁台の研究　伊藤東吉著,清水孝之,野田千平共編　名古屋　藤園堂書店　1976　302p　22cm　非売品　Ⓝ911.34
〔26216〕

◇暮雨巷暁台の門人　服部徳次郎著　名古屋　愛知学院国語研究会　1972　325p　22cm　Ⓝ911.34　〔26217〕

◆◆化政・天保期俳諧

◇稲沢の俳人工藤稲州　出羽文化ネットワーク稲州研究編集委員会編　天童　出羽文化ネットワーク　1999.7　277p　27cm　Ⓝ911.35　〔26218〕

◇岩波其残　山田国広著　甲陽書房　1982.8　61p　19cm　（甲陽選書）800円　Ⓝ911.35　〔26219〕

◇化政期俳人句録――一茶自筆　前田利治編集解説　勉誠社　1976.9　249p　27cm　Ⓝ911.35　〔26220〕

◇風にさまよえる行脚俳人―星嵐斎月孤逍遙記　佐藤貢著　長野　星嵐斎月孤を偲ぶ会　1989.2　32p　22cm　1300円　Ⓝ911.35　〔26221〕

◇河村公成―芭蕉堂六世　金谷ヒロ子著　山口　河村公成翁顕彰会　1967　64p　19cm　Ⓝ911.35　〔26222〕

◇川村碩布―俳画・俳諧資料　埼玉県立博物館所蔵　埼玉県入間郡毛呂山町文化財保護審議委員会編　毛呂山町（埼玉県）　毛呂山町教育委員会　1991.1　46p　26cm　（毛呂山町史料集 第1集）Ⓝ911.35　〔26223〕

◇木地師俳人筒井寸風句集―小椋家由緒と寸風伝記　小椋幸治句蒐集　田中康昌文責・編集　岩美町（鳥取県）　小椋昌雄　1993.6　97p　21cm　非売品　Ⓝ911.35
〔26224〕

◇橿寮碩布と春秋庵をめぐる人々―武蔵山の辺の俳諧史　内野勝裕著　東松山　まつやま書房　1986.7　236p　19cm　1200円　Ⓝ911.35　〔26225〕

◇月院社何丸翁の俤　栗原九市編　長野　何丸翁顕彰保存会　1992.11　368p　26cm　Ⓝ911.35　〔26226〕

◇月院社何丸翁の俤　第3巻　栗原九市編　長野　何丸翁顕彰保存会　1993.11　287p　26cm　Ⓝ911.35
〔26227〕

◇幻窓湖中―文化文政期における異色の俳人　有馬徳著　土浦　筑波書林　1983.6　99p　18cm　（ふるさと文庫）580円　Ⓝ911.35　〔26228〕

◇庚申庵へのいざない―復元なった松山の俳人・栗田樗堂の草庵　GCM庚申庵倶楽部編　松山　アトラス出版　2003.5　157p　19cm　952円　ⓘ4-901108-30-1　Ⓝ911.35　〔26229〕

◇古帳庵鈴木金兵衛をめぐって――ほととぎす銚子は国のとっぱずれ　越生町教育委員会編　越生町（埼玉県）　越生町教育委員会　1994.3　172p　21cm　（越生叢書 3）Ⓝ911.35　〔26230〕

◇菜窓菜英草―俳句集　高柳新十郎信之著　守谷樹壱原文解読　高柳乙晴編　茅ケ崎　高柳乙晴　1995.9　120p　21cm　Ⓝ911.35　〔26231〕

◇菜窓菜英草―句集　高柳新十郎信之著　高柳乙晴編　守谷樹壱,高柳乙晴翻刻　茅ヶ崎　高柳乙晴　1997.9　218p　21cm　非売品　Ⓝ911.35　〔26232〕

◇『三愚集』解説　矢羽勝幸著　松本　郷土出版社　1998.5　63p　15×22cm　非売品　Ⓝ911.35　〔26233〕

◇杉長伝　1　資料篇　井上俊作著　千葉　〔井上俊作〕　1983.3　200p　22cm　Ⓝ911.35　〔26234〕

◇四季混題集―霞月・横須賀利重句作　横須賀利重著　横須賀司久編　五月書房　1996.1　190p　20cm　2000円　ⓘ4-7727-0244-X　Ⓝ911.35　〔26235〕

◇春坡の資料と研究　下村をさむ著　笠間書院　1978.8　420p　22cm　（笠間叢書 91）9000円　Ⓝ911.35
〔26236〕

◇庄司唫風―文人―庄司家の系譜　庄司卓郎著　小平　庄司園子　1975　101p　21cm　非売品　Ⓝ911.35
〔26237〕

◇松窓乙二伝―北の芭蕉　大嶋寛著　札幌　北海道新聞社　1993.10　273p　19cm　（道新選書 27）1500円　ⓘ4-89363-946-3　Ⓝ911.35　〔26238〕

◇新倉文書暫定集　1　高柳乙晴編　茅ヶ崎　高柳乙晴　1999.3　129枚　21cm　非売品　Ⓝ911.35　〔26239〕

◇新倉文書暫定集　2　高柳乙晴編　茅ヶ崎　高柳乙晴　1999.3　115枚　21cm　非売品　Ⓝ911.35　〔26240〕

◇青々卓池と三河俳壇　大磯義雄著,愛知大学綜合郷土研究所編　名著出版　1989.4　318,19p　22cm　（愛知大学綜合郷土研究所研究叢書 5）3900円　ⓘ4-626-01339-2　Ⓝ911.35　〔26241〕

◇蒼梧園一鳳―俳人一鳳と資料集　宮尾敬三,下垣内和人共編　広島　渓水社　1985.1　161p　22cm　非売品
〔26242〕

◇滝の本連水とその師匠―富士を廻る俳人　三島市郷土館編　三島　三島市郷土館　1990.2　50p　26cm　Ⓝ911.35　〔26243〕

◇卓池雑考　鈴木煙浪著　蒲郡　三河発行所　1976　212p　21cm　（「三河」叢書 第17号）2300円　Ⓝ911.35
〔26244〕

◇註解さくらあさ集―竹原の俳諧　岩国玉太編著　竹原　竹原温知会　2001.7　47p　26cm　Ⓝ911.35　〔26245〕

◇鶴田卓池関係資料目録　岡崎市立図書館郷土図書室編　岡崎　岡崎市立図書館　1987.3　20p　図版4枚　26cm　Ⓝ911.35　〔26246〕

◇洞海舎涼谷―近世常東の俳人　中根誠著　土浦　筑波書林　1983.1　106p　18cm　（ふるさと文庫）580円　Ⓝ911.35　〔26247〕

◇常磐集―翻刻　松岡茶山編　源川徹郎校訂　山谷ヤスコ翻刻・編集　見附　見附地方史研究会　1998.11　579,50p　22cm　12000円　Ⓝ911.35　〔26248〕

◇何処やらに　春日愚良子著　長野　ほおずき書籍　1993.8　222p　19cm　1800円　ⓘ4-89341-179-9　Ⓝ911.35　〔26249〕

◇戸坂家の文学―富来の大豪農俳人戸坂花渓と哲学者戸坂潤　粟津啓有著　金沢　北國新聞社　1994.8　162p　22cm　3000円　ⓘ4-8330-0857-2　Ⓝ911.35　〔26250〕

◇中根楳堂―三河の俳人　中根楳堂著　碧南　碧南市史編纂会　1990.3　166p　21cm　（碧南市史料 第57集）非売品　Ⓝ911.35　〔26251〕

◇何丸―文化・文政の俳学者　長野　何丸翁顕彰保存会　2001.5　151p　21cm　1300円　Ⓝ911.35　〔26252〕

◇西三河の俳人中島秋挙　谷沢靖,永田友市著　刈谷　西村書房　1982.7　16,226p　22cm　（刈谷叢書 第3輯）Ⓝ911.35　〔26253〕

◇俳諧画像集―芭蕉記念館所蔵本　1　艸中庵希水編　永拍画　江東区芭蕉記念館編　江東区芭蕉記念館　2002.1　32p　30cm　Ⓝ911.35　〔26254〕

◇俳諧画像集―芭蕉記念館所蔵本　2　艸中庵希水編　永拍画　江東区芭蕉記念館編　江東区芭蕉記念館

◇俳諧・狂俳関係文書―安城市歴史博物館所蔵榎前斎藤五郎兵衛文書の内　安城古文書研究会編著　安城　安城古文書研究会　1995.12　192p　21cm　非売品　Ⓝ911.35　〔26256〕

◇俳諧新書百題名録―芭蕉記念館所蔵本　江東区芭蕉記念館編　江東区芭蕉記念館　1997.3　20p　30cm　Ⓝ911.35　〔26257〕

◇俳人久米逸淵　しの木弘明著　群馬出版センター　1998.4　364p　21cm　2857円　Ⓘ4-906366-31-7　Ⓝ911.35　〔26258〕

◇俳人藤森素檗全集　藤森素檗著　矢羽勝幸,二村博編著　長野　信濃毎日新聞社　1998.4　500p　22cm　14000円　Ⓘ4-7840-9805-4　Ⓝ911.35　〔26259〕

◇俳禅定詩歌句集　高柳新十郎信之著　高柳乙晴編　茅ヶ崎　高柳乙晴　1997.5　2冊　21cm　非売品　Ⓝ911.35　〔26260〕

◇白池庵木居　俳諧資料編　小谷雄右衛門為善著,下垣内和人編　広島　溪水社　1985.10　237p　22cm　Ⓝ911.35　〔26261〕

◇芭蕉記念館所蔵本『一茶翁徒然草』　江東区芭蕉記念館編　江東区芭蕉記念館　1998.3　30p　30cm　Ⓝ911.35　〔26262〕

◇標注曽丹集　曽根好忠著　棗本躬弦標注　〔笠間書院〕　1980　112p　26cm　Ⓘ4-305-00048-2　Ⓝ911.35　〔26263〕

◇評伝田上菊舎　北条秀一著　菊川町(山口県)　北条秀一　1992.8　182p　21cm　Ⓝ911.35　〔26264〕

◇福泉舎空甫一句集　福泉舎空甫著　北原進,多田仁一編　福生　田村半十郎　1994.10　193p　20cm　非売品　Ⓝ911.35　〔26265〕

◇福田明神永代奉額発句合―「一日庵評」の俳額が奉納されるまで　渡辺信三著　山形　南山形郷土史研究会　1997.2　163p　19cm　(南山形郷土史資料叢書 2)1000円　Ⓝ911.35　〔26266〕

◇武陵来簡集　大谷篤蔵編　丹南町(兵庫県)　西尾精一　1976.12　503p　19cm　非売品　Ⓝ911.35　〔26267〕

◇暮雨巷三世 村瀬帯梅の研究　寺島初巳著　限定版　長久手村(愛知県愛知郡)　1967　65p　22cm　Ⓝ911.35　〔26268〕

◇奉納俳諧古句写シ―西三河中南部を主とした　長坂喜四郎編　安城　長坂喜四郎　1991.8　201p　15×21cm　Ⓝ911.35　〔26269〕

◇未刊 江戸座俳論集と研究　鈴木勝忠編著　限定版　豊橋　未刊国文資料刊行会　1959　133p　19cm　(未刊国文資料 第2期 第1冊)Ⓝ911.35　〔26270〕

◇〔ミサゴ〕鮓集の人々　上巻　高柳乙晴著　茅ヶ崎　高柳乙晴　1999.9　233p　21cm　非売品　Ⓝ911.35　〔26271〕

◇〔ミサゴ〕鮓集の人々　下巻　高柳乙晴著　茅ヶ崎　高柳乙晴　1999.9　p234-498　21cm　非売品　Ⓝ911.35　〔26272〕

◇『無塵集』について―翻刻と注釈　仁枝忠編著　津山　仁枝忠　1985.12　33p　26cm　Ⓝ911.35　〔26273〕

◇百舌ばっつけの青春―乞食首領一茶と私　酒井真右著　筑摩書房　1973　208p　20cm　950円　Ⓝ911.35　〔26274〕

◇野尻烏山の文学碑抄―美陽句碑　1　皆川晃編　高根沢町(栃木県)　皆川晃　1984.1　82p　27cm　Ⓝ911.35　〔26275〕

◇露仙の俳諧と日記　金子露仙著,金子容士編　砺波　太田村史編纂委員会　1986.7　141p　23cm　2000円　Ⓝ911.35　〔26276〕

◆◆◆小林一茶

◇一茶―随想　荻原井泉水著　卍書林　1947　127p　18cm　28円　Ⓝ911.35　〔26277〕

◇一茶　丸山一彦著　花神社　1982.9　249p　20cm　2000円　Ⓝ911.35　〔26278〕

◇一茶―秀句五〇〇　福地桂之助編者　〔福地桂之助〕　1994.11　85p　13×19cm　Ⓝ911.35　〔26279〕

◇一茶―その生涯と文学　小林計一郎著　長野　信濃毎日新聞社　2002.10　398p　21cm　3000円　Ⓘ4-7840-9919-0　Ⓝ911.35　〔26280〕

◇一茶生きもの句帖―写真句行　小林一茶句　高橋順子編　岡本良治写真　小学館　2002.12　221p　15cm　(小学館文庫)838円　Ⓘ4-09-411522-6　Ⓝ911.35　〔26281〕

◇一茶一代物語　志田義秀著　至文堂　1953　235p　19cm　(物語日本文学)Ⓝ911.35　〔26282〕

◇一茶を訪ねて――一茶と善光寺　千曲山人著　文芸書房　2001.8　358p　20cm　(道標叢書)1714円　Ⓘ4-89477-091-1　Ⓝ911.35　〔26283〕

◇一茶句集　金子兜太著　岩波書店　1996.1　292p　16cm　(同時代ライブラリー 252―古典を読む)1100円　Ⓘ4-00-260252-4　Ⓝ911.35　〔26284〕

◇一茶句碑めぐり　信濃町観光協会編　信濃町(長野県)　信濃町観光協会　1987.7　38p　15cm　500円　Ⓝ911.35　〔26285〕

◇一茶歳時記　黄色瑞華著　高文堂出版社　1999.1　180p　19cm　2000円　Ⓘ4-7707-0609-X　Ⓝ911.35　〔26286〕

◇一茶事典　松尾靖秋ほか編　おうふう　1995.5　744p　27cm　19000円　Ⓘ4-273-02842-5　Ⓝ911.35　〔26287〕

◇一茶雀吟史　阿達義雄著　草茎社　1963　98p　19cm　Ⓝ911.35　〔26288〕

◇一茶秀句　加藤楸邨著　春秋社　2001.7　382p　20cm　(日本秀句 新版 3)2700円　Ⓘ4-393-43423-4　Ⓝ911.35　〔26289〕

◇一茶秀句五〇〇　福地桂之助編　近代文芸社　1995.11　139p　19cm　2500円　Ⓘ4-7733-4532-2　Ⓝ911.35　〔26290〕

◇一茶小論　黄色瑞華著　高文堂出版社　1970　160p　19cm　(高文堂学術選書)950円　Ⓝ911.35　〔26291〕

◇一茶新攷　矢羽勝幸著　若草書房　1995.11　466p　22cm　(近世文学研究叢書 2)6800円　Ⓘ4-948755-01-X　Ⓝ911.35　〔26292〕

◇一茶新資料集―信州向源寺　矢羽勝幸編　長野　信濃毎日新聞社　1986.11　560p　22cm　9800円　Ⓝ911.35　〔26293〕

◇一茶随想　荻原井泉水著　講談社　2000.3　269p　16cm　(講談社文芸文庫)1200円　Ⓘ4-06-198204-4　Ⓝ911.35　〔26294〕

◇一茶随筆　栗生純夫著　桜楓社　1971　203p 図 地　22cm　1500円　Ⓝ911.35　〔26295〕

◇一茶双紙―小林一茶と秋元双樹　伊藤晃著　流山　崙書房　2001.8　183p　18cm　(ふるさと文庫 176)1200円　Ⓘ4-8455-0176-7　Ⓝ911.35　〔26296〕

◇一茶大事典　矢羽勝幸著　大修館書店　1993.7　670p　23cm　6180円　Ⓘ4-469-01237-8　Ⓝ911.35　〔26297〕

◇一茶・小さな〈生命〉へのまなざし―俳句と教育　渡辺弘著　川島書店　1994.4　216p　20cm　2000円　Ⓘ4-7610-0529-7　Ⓝ911.35　〔26298〕

文学史　　　　　　　　　　　近世史

◇一茶と女性たち—小林一茶を理解する231句　小林雅文著　三和書籍　2004.6　304p　20cm　2500円　Ⓘ4-916037-64-2　Ⓝ911.35　〔26299〕

◇一茶と句碑　『一茶と句碑』刊行会編　里文出版　2003.4　264,13p　21cm　2800円　Ⓘ4-89806-038-2　Ⓝ911.35　〔26300〕

◇一茶とその周辺　丸山一彦著　花神社　2000.10　275p　20cm　2800円　Ⓘ4-7602-1565-4　Ⓝ911.35　〔26301〕

◇一茶と守谷　岡野博著　土浦　筑波書林　1980.3　144p　18cm　（ふるさと文庫）580円　Ⓝ911.35　〔26302〕

◇一茶と良寛と芭蕉　相馬御風著　南北書園　1947　305p　19cm　Ⓝ910.25　〔26303〕

◇一茶と良寛と芭蕉　相馬御風著　創元社　1951　230p　15cm　（創元文庫）Ⓝ911.152　〔26304〕

◇一茶と良寛と芭蕉　相馬御風著　角川書店　1955　232p　15cm　（角川文庫）Ⓝ911.152　〔26305〕

◇一茶「流山ニ入」の記　伊藤晃著　三一書房　1994.10　237p　19cm　1800円　Ⓘ4-380-94273-2　Ⓝ911.35　〔26306〕

◇一茶謎の俳諧歌　小林晃著　長野　信毎書籍出版センター　2006.8　219p　19cm　1429円　Ⓘ4-88411-050-1　Ⓝ911.35　〔26307〕

◇一茶に惹かれて—足で描いた信濃の一茶　千曲山人著　文芸書房　1999.1　299p　20cm　（道標叢書）1800円　Ⓘ4-89477-025-3　Ⓝ911.35　〔26308〕

◇一茶に惹かれて—足で描いた信濃の一茶　千曲山人著　文芸書房　2004.1　296p　18cm　952円　Ⓘ4-89477-165-9　Ⓝ911.35　〔26309〕

◇一茶の句碑　越統太郎写真,清水哲文　信濃町（長野県）俳諧寺一茶保存会　1982.11　107p　26cm　1800円　Ⓝ911.35　〔26310〕

◇一茶の句碑　越統太郎写真,清水哲文　増補　信濃町（長野県）俳諧寺一茶保存会　1990.5　192p　21cm　2500円　Ⓝ911.35　〔26311〕

◇一茶の研究—そのウィタ・セクスアリス　大場俊助著　島津書房　1993.6　375,428p　22cm　18000円　Ⓘ4-88218-046-4　Ⓝ911.35　〔26312〕

◇一茶の作家肖像　前編　一茶の愛と死　大場俊助著　芦書房　1964　375p　20cm　（一茶研究叢書　第1編）Ⓝ911.35　〔26313〕

◇一茶の作家肖像　後編　一茶のウィタ・セクスアリス　大場俊助著　芦書房　1965　428p　20cm　（一茶研究叢書　第2編）Ⓝ911.35　〔26314〕

◇一茶の時代　青木美智男著　校倉書房　1988.4　247p　20cm　2800円　Ⓘ4-7517-1850-9　Ⓝ911.35　〔26315〕

◇一茶の信濃路　越統太郎写真・文　叢文社　1977.11　1冊（おもに図）　31cm　2000円　Ⓝ911.35　〔26316〕

◇一茶の信濃方言と江戸語　川村喬一,川村良江編　小川雄康監修　信濃町（長野県）　川村喬一　2004.9　59p　21cm　（信濃町・富が原集落の方言　第4集）Ⓝ818.52　〔26317〕

◇一茶の生涯　栗生純夫著　長野　信濃郷土誌出版社　1946　132p　18cm　8円　Ⓝ911.35　〔26318〕

◇一茶の生涯及び芸術　黒沢隆信著　忠誠堂　1925.4　368p　19cm　Ⓝ911.35　〔26319〕

◇一茶の新研究—人と文学　矢羽勝幸著　東洋書院　2004.4　307p　20cm　2667円　Ⓘ4-88594-358-2　Ⓝ911.35　〔26320〕

◇一茶の世界—親鸞教徒の文学　黄色瑞華著　高文堂出版社　1997.1　135p　19cm　1320円　Ⓘ4-7707-0536-0　Ⓝ911.35　〔26321〕

◇一茶の総合研究　矢羽勝幸編　長野　信濃毎日新聞社　1987.11　522p　22cm　5000円　Ⓝ911.35　〔26322〕

◇一茶の旅　黄色瑞華著　高文堂出版社　1999.5　151p　19cm　1900円　Ⓘ4-7707-0619-7　Ⓝ911.35　〔26323〕

◇一茶の手紙　村松友次著　大修館書店　1996.2　258p　20cm　2163円　Ⓘ4-469-22121-X　Ⓝ911.35　〔26324〕

◇一茶の日記　北小路健著　立風書房　1988.1　225p　22cm　1300円　Ⓘ4-651-70036-5　Ⓝ911.35　〔26325〕

◇一茶の俳ение　前田利治著,加藤定彦編　富山房　1990.9　270p　20cm　3500円　Ⓘ4-572-00770-5　Ⓝ911.35　〔26326〕

◇一茶のふるさと—写真信濃風土記　写真：越統太郎,文：清水哲　長野　信濃路　東京　農山漁村文化協会（発売）　1972　97p（おもに図）　18cm　550円　Ⓝ911.35　〔26327〕

◇一茶のふるさと—写真信濃風土記　越統太郎写真,清水哲文　長野　信濃路出版　1981.7　90p　19cm　1200円　Ⓘ4-87947-000-7　Ⓝ911.35　〔26328〕

◇一茶の文学　矢羽勝幸編　おうふう　1995.4　186p　21cm　2800円　Ⓘ4-273-02827-1　Ⓝ911.35　〔26329〕

◇一茶俳句集　小林一茶著　丸山一彦校注　新訂　岩波書店　1991.12　414p　19cm　（ワイド版岩波文庫）1200円　Ⓘ4-00-007081-9　Ⓝ911.35　〔26330〕

◇一茶俳句と遊ぶ　半藤一利著　PHP研究所　1999.6　216p　18cm　（PHP新書）657円　Ⓘ4-569-60607-5　Ⓝ911.35　〔26331〕

◇一茶八番日記—梅塵本　小林一茶著　帝塚山学院大学日本文学研究室編　大阪　和泉書院　1991.3　236p　21cm　（和泉書院影印叢刊　78）2884円　Ⓘ4-87088-422-4　Ⓝ911.35　〔26332〕

◇一茶漂泊—房総の山河　井上脩之介著　流山　崙書房　1982.4　204p　18cm　（ふるさと文庫）780円　Ⓝ911.35　〔26333〕

◇一茶無頼　吉田美和子著　長野　信濃毎日新聞社　1996.1　309p　20cm　1800円　Ⓘ4-7840-9601-9　Ⓝ911.35　〔26334〕

◇一茶文選　黄色瑞華編　高文堂出版社　1993.4　179p　21cm　2100円　Ⓘ4-7707-0422-4　Ⓝ911.35　〔26335〕

◇一茶発句総索引　滝沢貞夫,二沢久昭,梅原恭則,矢羽勝幸,戸谷精三編　長野　信濃毎日新聞社　1994.11　604p　22cm　Ⓘ4-7840-9418-0　Ⓝ911.35　〔26336〕

◇一茶まつり　俳諧寺一茶保存会編　2版　柏原村（長野県上水内郡）　1953　154p　22cm　Ⓝ911.35　〔26337〕

◇一茶名句　荻原井泉水著　社会思想研究会出版部　1959　169p　16cm　（現代教養文庫）Ⓝ911.35　〔26338〕

◇一茶名句　荻原井泉水著　文元社　2004.2　169p　19cm　（教養ワイドコレクション）2200円　Ⓘ4-86145-002-0　Ⓝ911.35　〔26339〕

◇一茶ゆかりの里—歴史公園信州高山　高山村（長野県）〔一茶ゆかりの里〕　1997　64p　30cm　Ⓝ911.35　〔26340〕

◇江戸三大俳人芭蕉・蕪村・一茶　新人物往来社　1996.3　260p　21cm　1600円　Ⓝ911.32　〔26341〕

◇おらが春詳考　黄色瑞華著　高文堂出版社　1993.6　255p　22cm　6800円　Ⓘ4-7707-0420-8　Ⓝ911.35　〔26342〕

◇おらが春新解　川島つゆ著　明治書院　1955　238p　19cm　Ⓝ911.35　〔26343〕

◇一茶の生涯と文学—解説　一茶記念館展示案内　信濃町（長野県）　一茶記念館　2004.8　102p　26cm　Ⓝ911.35　〔26344〕

◇カミを詠んだ一茶の俳句―希望としてのアニミズム　山尾三省著　地湧社　2000.9　302p　20cm　2800円　Ⓘ4-88503-155-9　Ⓝ911.35　〔26345〕

◇カラー版 芭蕉、蕪村、一茶の世界　雲英末雄監修　美術出版社　2007.5　176p　21cm　2500円　Ⓘ978-4-568-40069-4　〔26346〕

◇漢詩と俳句―芭蕉・蕪村・一茶・子規　吉川発輝著　教育出版センター　1985.4　173p　22cm　3800円　Ⓘ4-7632-1516-7　Ⓝ911.304　〔26347〕

◇北信濃遊行―小林一茶「九番日記」を読む　宮川洋一著　長野　オフィスエム　2005.11　189p　18cm　667円　Ⓘ4-900918-77-6　Ⓝ911.35　〔26348〕

◇きりえ一茶48句―英文対訳　柳沢京子作　坂井孝彦英訳　フランシス・フォード英文監修　風塵社　1996.11　115p　21cm　1553円　Ⓘ4-938733-28-5　Ⓝ911.35　〔26349〕

◇稿本一茶研究序説　渡辺源一著　倉敷　無心庵　1982.4　289p　22cm　非売品　Ⓝ911.35　〔26350〕

◇孤高の巨人が遺したもの―会津八一、信州の足跡　青柳直良著　長野　龍鳳書房　2004.1　287p　21cm　2800円　Ⓘ4-947697-23-7　〔26351〕

◇古典俳句を学ぶ 下 蕪村・一茶を中心として　井本農一、堀信夫編　有斐閣　1977.12　271p　19cm　（有斐閣選書）1100円　Ⓝ911.3　〔26352〕

◇小林一茶　中村白民著　柏原村（長野県）　中村貫一　1941　41p　19cm　Ⓝ911.3　〔26353〕

◇小林一茶　小林計一郎著　吉川弘文館　1961　269p　18cm　（人物叢書）Ⓝ911.35　〔26354〕

◇小林一茶　丸山一彦著　南雲堂桜楓社　1964　269p　19cm　（俳句シリーズ 人と作品 3）Ⓝ911.35　〔26355〕

◇小林一茶　栗山理一著　筑摩書房　1970　239p　19cm　（日本詩人選 19）Ⓝ911.35　〔26356〕

◇小林一茶　瓜生卓造著　角川書店　1979.12　302p　20cm　1900円　Ⓝ911.35　〔26357〕

◇小林一茶―〈漂鳥〉の俳人　金子兜太著　講談社　1980.9　207p　18cm　（講談社現代新書）390円　Ⓝ911.35　〔26358〕

◇小林一茶―人生の悲哀　黄色瑞華著　新典社　1984.2　270p　19cm　（日本の作家 34）1500円　Ⓘ4-7879-7034-8　Ⓝ911.35　〔26359〕

◇小林一茶　小林計一郎著　吉川弘文館　1986.2　269p　19cm　（人物叢書 新装版）1500円　Ⓘ4-642-05028-0　Ⓝ911.35　〔26360〕

◇小林一茶―物語と史蹟をたずねて　嶋岡晨著　成美堂出版　1986.8　216p　19cm　900円　Ⓘ4-415-06560-0　Ⓝ911.35　〔26361〕

◇小林一茶―句による評伝　金子兜太著　小沢書店　1987.9　221p　20cm　（小沢コレクション 21）1800円　Ⓝ911.35　〔26362〕

◇小林一茶―「教育」の視点から　渡辺弘著　東洋館出版社　1992.10　391p　22cm　5000円　Ⓘ4-491-01009-9　Ⓝ911.35　〔26363〕

◇小林一茶　小林一茶著　宮坂静生編著　蝸牛社　1997.3　178p　19cm　（蝸牛俳句文庫 29）1359円　Ⓘ4-87661-297-8　Ⓝ911.35　〔26364〕

◇小林一茶　宗左近著　集英社　2000.3　270p　18cm　（集英社新書）740円　Ⓘ4-08-720022-1　Ⓝ911.35　〔26365〕

◇小林一茶―物語と史蹟をたずねて　嶋岡晨著　成美堂出版　2001.6　286p　16cm　（成美文庫）543円　Ⓘ4-415-06951-7　Ⓝ911.35　〔26366〕

◇こばやし・いっさ　小林清之介文　福田岩緒絵　チャイルド本社　2003.1（第4刷）　30p　25cm　（こども伝記ものがたり2 絵本版 10）571円　Ⓘ4-8054-2421-4　Ⓝ911.35　〔26367〕

◇小林一茶―人と文学　矢羽勝幸著　勉誠出版　2004.10　248p　19cm　（日本の作家100人）2000円　Ⓘ4-585-05173-2　〔26368〕

◇小林一茶―俳人芭蕉・蕪村・一茶を知ろう　高村忠範文・絵　汐文社　2007.2　79p　21cm　1400円　Ⓘ978-4-8113-8181-7　〔26369〕

◇小林一茶と越後の俳人　村山定男著　新潟　考古堂書店　1985.2　258p　22cm　2500円　Ⓝ911.35　〔26370〕

◇小林一茶と寛政紀行―来松二〇〇年　小林一茶著　松山市立子規記念博物館編　松山　松山市立子規記念博物館　1996.10　78p　26cm　Ⓝ911.35　〔26371〕

◇小林一茶と北信濃の俳人たち　中村鉄治著　長野　ほおずき書籍　1997.7　191p　19cm　1300円　Ⓘ4-89341-319-8　Ⓝ911.35　〔26372〕

◇小林一茶とその周辺　尾沢喜雄著　盛岡　岩手大学尾沢喜雄教授退官記念事業協賛会　1972　293p　22cm　非売　Ⓝ911.35　〔26373〕

◇小林一茶と房総の俳人たち　杉谷徳蔵著　暁印書館　1981.9　302,16p　20cm　1800円　Ⓝ911.35　〔26374〕

◇小林一茶百七十九回忌全国俳句大会作品集　信濃町（長野県）　信濃町教育委員会　2005.11　83p　26cm　Ⓝ911.367　〔26375〕

◇小林一茶百七十七回忌全国俳句大会作品集　信濃町（長野県）　信濃町教育委員会　2003.11　103p　26cm　Ⓝ911.367　〔26376〕

◇小林一茶百七十八回忌全国俳句大会作品集　信濃町（長野県）　信濃町教育委員会　2004.11　81p　26cm　Ⓝ911.367　〔26377〕

◇小林一茶百八十回忌全国俳句大会作品集　信濃町（長野県）　信濃町教育委員会　2006.11　87p　26cm　Ⓝ911.367　〔26378〕

◇小林一茶百八十一回忌全国俳句大会作品集　信濃町（長野県）　信濃町教育委員会　2007.11　81p　26cm　Ⓝ911.367　〔26379〕

◇三愚集　小林一茶句　夏目漱石書　小川芋銭画　秋元梧楼編　単独舎　1992.8　1冊　22×29cm　220000円　Ⓝ911.35　〔26380〕

◇七番日記 上　一茶著　丸山一彦校注　岩波書店　2003.11　439p　15cm　（岩波文庫）900円　Ⓘ4-00-302235-1　Ⓝ911.35　〔26381〕

◇信濃の一茶―化政期の地方文化　矢羽勝幸著　中央公論社　1994.9　228p　18cm　（中公新書）740円　Ⓘ4-12-101205-4　Ⓝ911.35　〔26382〕

◇下総と一茶　佐藤雀仙人著　流山　崙書房出版　1996.3　454p　22cm　8800円　Ⓝ911.35　〔26383〕

◇写真柏原の一茶　黄色瑞華、越統太郎、清水哲編　高文堂出版社　1975　119p（おもに図）　27cm　3200円　Ⓝ911.35　〔26384〕

◇写真柏原の一茶　黄色瑞華ほか編　高文堂出版社　1981.1　119p　26cm　1800円　Ⓝ911.35　〔26385〕

◇週刊ビジュアル日本の歴史　no.43 徳川幕府の衰退 3　デアゴスティーニ・ジャパン　2000.12　p86-125　30cm　533円　Ⓝ210.1　〔26386〕

◇随筆一茶 第1巻 俳人一茶　荻原井泉水著　春秋社　1956-1957　18cm　Ⓝ911.35　〔26387〕

◇随筆一茶 第2巻 一茶を尋ねて　荻原井泉水著　春秋社　1956-1957　18cm　Ⓝ911.35　〔26388〕

◇随筆一茶　第3巻　一茶春秋　荻原井泉水著　春秋社 1956-1957　18cm　Ⓝ911.35　〔26389〕
◇随筆一茶　第4巻　一茶と共に　荻原井泉水著　春秋社 1956-1957　18cm　Ⓝ911.35　〔26390〕
◇随筆一茶　第5巻　おらが春新釈, おらが春句抄, おらが春　荻原井泉水著　春秋社　1956-1957　18cm　Ⓝ911.35　〔26391〕
◇随筆一茶　第6巻　七番日記随談, 七番日記句抄, 七番日記抜萃　荻原井泉水著　春秋社　1956-1957　18cm　Ⓝ911.35　〔26392〕
◇父の終焉日記・浅黄空・俳諧寺抄録――一茶自筆　小林一茶著, 前田利治編集・解説　勉誠社　1979.5　193p　27cm　5000円　Ⓝ911.35　〔26393〕
◇父の終焉日記・おらが春　他一篇　小林一茶著　矢羽勝幸校注　岩波書店　1992.1　323p　15cm　(岩波文庫) 620円　Ⓘ4-00-302234-3　Ⓝ911.35　〔26394〕
◇地方俳壇における芭蕉と一茶――奥州須賀川と下総流山の場合　小林茂多著　流山　流山豆本の会　1982.6　1冊　10cm　(流山豆本) 非売品　Ⓝ911.302　〔26395〕
◇長月庵若翁と小林一茶との尾道での出会いについて　樫本清人著　尾道　〔樫本清人〕　1982　19p　21cm　Ⓝ911.35　〔26396〕
◇湯薫亭一茶新資料集　矢羽勝幸, 湯本五郎治編著　長野　ほおずき書籍　2005.7　206p　22cm　1800円　Ⓘ4-434-06242-5　Ⓝ911.35　〔26397〕
◇日本俳書大系　第13巻　一茶一代集　勝峰晋風編　小林一茶著　日本図書センター　1995.8　1冊　22cm　Ⓘ4-8205-9384-6, 4-8205-9371-4　Ⓝ911.308　〔26398〕
◇念仏一茶――俳人小林一茶――そのやさしさの秘密　早島鏡正著　四季社　1995.11　131p　19cm　(チッタ叢書) 980円　Ⓘ4-915894-27-4　Ⓝ911.35　〔26399〕
◇俳諧教師　小林一茶の研究　渡辺弘著　東洋館出版社　2006.8　620p　21cm　6800円　Ⓘ4-491-02192-9　〔26400〕
◇俳諧寺一茶の芸術――親鸞教徒の美学　村田昇著　下関　原写真印刷 (印刷)　1969　150p　19cm　1000円　Ⓝ911.35　〔26401〕
◇俳諧寺一茶の芸術　高井蒼風著　行政通信社　1978.1　441p　22cm　3000円　Ⓝ911.35　〔26402〕
◇俳人一茶　小林計一郎著　角川書店　1964　258p　15cm　(角川文庫) Ⓝ911.35　〔26403〕
◇俳人一茶　宮沢義喜, 宮沢岩太郎編　正岡子規校閲　信濃毎日新聞社出版局編　長野　信濃毎日新聞社　1999.6　186,24,27p　19cm　2700円　Ⓘ4-7840-9838-0　Ⓝ911.35　〔26404〕
◇俳僧一瓢の研究　南信一著　風間書房　1976　301p　20cm　2800円　Ⓝ911.35　〔26405〕
◇表現としての俳諧――芭蕉・蕪村・一茶　堀切実著　ぺりかん社　1988.10　349p　20cm　2800円　Ⓝ911.32　〔26406〕
◇漂泊三人――茶・放哉・山頭火　金子兜太著　飯塚書店　1983.12　251p　20cm　1500円　Ⓝ911.302　〔26407〕
◇拾い読み一茶の句　黄色瑞華著　高文堂出版社　1988.1　103p　19cm　(人間活性化双書) 980円　Ⓘ4-7707-0235-3　Ⓝ911.35　〔26408〕
◇蕪村一茶集　掛斐高著　貴重本刊行会　2000.4　331p　19cm　(古典名作リーディング1) 3000円　Ⓘ4-88915-111-7　Ⓝ911.34　〔26409〕
◇風呂で読む一茶　加藤定彦著　京都　世界思想社　1996.10　104p　19cm　980円　Ⓘ4-7907-0617-6　Ⓝ911.35　〔26410〕

◇望郷と回帰――信濃の一茶　黄色瑞華著　高文堂出版社　1995.9　187p　19cm　2060円　Ⓘ4-7707-0489-5　Ⓝ911.35　〔26411〕
◇雪五尺――四季の一茶　矢羽勝幸, ジョイ・ノルトン著　長野　信濃毎日新聞社　1994.7　189,29p　19cm　1800円　Ⓘ4-7840-9410-5　Ⓝ911.35　〔26412〕

◆◆◆高柳荘丹

◇荘丹関係小集――俳諧集　第1巻　高柳荘丹著　高柳乙晴編　茅ケ崎　高柳乙晴　1998.3　235p　21cm　非売品　Ⓝ911.35　〔26413〕
◇荘丹関係小集――俳諧集　第2巻　高柳荘丹著　高柳乙晴編　茅ケ崎　高柳乙晴　1998.5　201p　21cm　非売品　Ⓝ911.35　〔26414〕
◇荘丹関係小集――俳諧集　第4巻　高柳荘丹著　高柳乙晴編　茅ケ崎　高柳乙晴　2001.6　142p　21cm　非売品　Ⓝ911.35　〔26415〕
◇荘丹関係小集　第6巻　鈴木荘丹著　高柳乙晴編　茅ケ崎　高柳乙晴　2002.6　276p　21cm　非売品　Ⓝ911.35　〔26416〕
◇荘丹関係小集――俳諧集　第3巻　上　高柳荘丹著　高柳乙晴編著　茅ケ崎　高柳乙晴　2000.11　221p　21cm　非売品　Ⓝ911.35　〔26417〕
◇荘丹関係小集――俳諧集　第3巻　下　高柳荘丹著　高柳乙晴編著　茅ケ崎　高柳乙晴　2000.11　p222-398　21cm　非売品　Ⓝ911.35　〔26418〕
◇荘丹関係小集――俳諧集　第5巻　上　鈴木荘丹著　高柳菜英校訂　高柳乙晴編　茅ケ崎　高柳乙晴　2001.12　258p　21cm　非売品　Ⓝ911.35　〔26419〕
◇荘丹関係小集――俳諧集　第5巻　下　鈴木荘丹著　高柳菜英校訂　高柳乙晴編　茅ケ崎　高柳乙晴　2001.12　p259-514　21cm　非売品　Ⓝ911.35　〔26420〕
◇荘丹関係小集　第7巻　上　鈴木荘丹著　高柳菜英校訂　高柳乙晴編　茅ケ崎　高柳乙晴　2003.5　248p　21cm　非売品　Ⓝ911.35　〔26421〕
◇荘丹関係小集　第7巻　下　鈴木荘丹著　高柳菜英校　高柳乙晴編　茅ケ崎　高柳乙晴　2003.5　p249-421　21cm　非売品　Ⓝ911.35　〔26422〕

◆◆◆井上井月

◇伊那の井月――知られざる放浪詩人　因幡の寒楼――知られざる放浪詩人　井上井月, 田中寒楼作　宮脇昌三, 牧野和春著　牧野出版　1995.1　250p　21cm　4200円　Ⓘ4-89500-037-0　Ⓝ911.35　〔26423〕
◇井上井月　春日愚良子編著　蝸牛社　1992.11　170p　19cm　(蝸牛俳句文庫6) 1400円　Ⓘ4-87661-216-1　Ⓝ911.35　〔26424〕
◇井上井月記――漂泊の俳人　中井三好著　彩流社　2007.7　174p　20cm　1500円　Ⓘ978-4-7791-1284-3　Ⓝ911.35　〔26425〕
◇井月さん――郷土読み物　上伊那教育会編　改訂復刻版　長野　星雲社 (発売)　2007.5　86p　21cm　476円　Ⓘ978-4-434-10641-5　Ⓝ911.35　〔26426〕
◇井月の俳境　宮脇昌三著　踏青社　1987.8　221p　20cm　1800円　Ⓝ911.35　〔26427〕
◇漂鳥のうた――井上井月の生涯　瓜生卓造著　牧羊社　1982.7　260p　20cm　1750円　Ⓝ911.35　〔26428〕
◇漂泊の俳人井月――回想の句書文集　井月会編　新潟　新潟日報事業社出版部　1988.7　161p　24×25cm　2800円　Ⓘ4-88862-350-3　Ⓝ911.35　〔26429〕
◇風呂で読む井月　大星光史著　京都　世界思想社

◇1996.9　104p　19cm　980円　Ⓘ4-7907-0616-8　Ⓝ911.35
　〔26430〕
◇良寛井月八一──俳句と人生　大星光史著,村山陽画　新潟　新潟日報事業社出版部　1988.4　153p　19cm　1200円　Ⓘ4-88862-338-4　Ⓝ911.304　〔26431〕
◇流浪の詩人　井月の人と作品　前田若水著　伊那　井月会　1965　60p　19cm　Ⓝ911.35　〔26432〕

◆◆◆良寛
◇良寛のウイット──俳句のある風景　小林新一写真と文,村山砂田男俳句解説　新潟　考古堂書店　1989.7　150p　19cm　1200円　Ⓘ4-87499-157-2　Ⓝ911.35　〔26433〕
◇良寛の俳句　川口靄亭著　大阪　湯川書房　1977.6　110p　19cm　1200円　Ⓝ911.35　〔26434〕

◆川柳
◇あまえとおどけ──馬鹿するゆとり　江口孝夫著　勉誠出版　2002.5　215p　20cm　(江戸川柳の美学　4)2500円　Ⓘ4-585-05056-6　Ⓝ911.45　〔26435〕
◇アラジン先生の川柳読み解き咄──江戸川柳と動物　柴田荒神著　近代文芸社　1995.2　213p　20cm　1500円　Ⓘ4-7733-3536-X　Ⓝ911.45　〔26436〕
◇いきいき古川柳──現代川柳元祖の素顔　江口孝夫著　リヨン社,二見書房〔発売〕　2004.11　286p　19cm　1800円　Ⓘ4-576-04230-0　〔26437〕
◇生きている江戸ことば　林えり子著　集英社　2000.7　238p　18cm　(集英社新書)680円　Ⓘ4-08-720045-0　Ⓝ911.45　〔26438〕
◇いなか曲紅はたけ──山形の古川柳　片桐昭一著　上山　みちのく書房　1999.1　350,7p　19cm　1300円　Ⓘ4-944077-40-8　Ⓝ911.45　〔26439〕
◇雨譚註万句合研究　1　清博美編　芝川町(静岡県)　川柳雑俳研究会　1999.10　200p　21cm　(古川柳研究会記録　9)非売品　Ⓝ911.45　〔26440〕
◇雨譚註万句合研究　2　清博美編　芝川町(静岡県)　川柳雑俳研究会　2000.4　185p　21cm　(古川柳研究会記録　10)非売品　Ⓝ911.45　〔26441〕
◇詠史川柳二百選　西原功編著　福岡　海鳥社　1999.9　225p　19cm　1800円　Ⓘ4-87415-286-4　Ⓝ911.45　〔26442〕
◇江戸艶句『柳の葉末』を愉しむ──幻の古川柳・全解釈　蘿露庵主人著　三樹書房　1995.9　299p　20cm　2500円　Ⓘ4-89522-195-4　Ⓝ911.45　〔26443〕
◇江戸艶句『柳の葉末』を愉しむ　蘿露庵主人著　新装版　三樹書房　2005.12　299p　20cm　2600円　Ⓘ4-89522-465-1　Ⓝ911.45　〔26444〕
◇江戸古川柳　種瓜平著　東都新報社　1979.9　114p　19cm　2500円　Ⓝ911.45　〔26445〕
◇江戸古川柳の世界──知的詩情を味わう　下山弘著　講談社　1994.1　182p　18cm　(講談社現代新書)600円　Ⓘ4-06-149185-7　Ⓝ911.45　〔26446〕
◇江戸語に遊ぶ　新井益太郎著　三樹書房　2002.11　222p　20cm　1400円　Ⓘ4-89522-300-0　Ⓝ911.45　〔26447〕
◇江戸語に学ぶ　新井益太郎著　三樹書房　2005.3　216p　20cm　1400円　Ⓘ4-89522-449-X　Ⓝ911.45　〔26448〕
◇江戸サラリーマン川柳　三谷茉沙夫編著　三一書房　1995.12　235p　20cm　1800円　Ⓘ4-380-95305-X　Ⓝ911.45　〔26449〕
◇江戸時代の川柳と吉原　佐藤紫弦著　岡村書店　1925　203p　16cm　Ⓝ911.4　〔26450〕

◇江戸時代の川柳名句選──いろは引　花岡百樹著　香蘭社　1935　195p　18cm　Ⓝ911.4　〔26451〕
◇江戸川柳──庶民の四季　藤田良実著　泰流社　1995.6　185p　19cm　1500円　Ⓘ4-8121-0120-4　Ⓝ911.45　〔26452〕
◇江戸川柳　渡辺信一郎著　岩波書店　1998.2　222p　16cm　(同時代ライブラリー)1100円　Ⓘ4-00-260335-0　Ⓝ911.45　〔26453〕
◇江戸川柳　三省堂編修所編　三省堂　1999.7　215p　18cm　(ことばの手帳)1000円　Ⓘ4-385-13865-6　Ⓝ911.45　〔26454〕
◇江戸川柳飲食事典　渡辺信一郎著　東京堂出版　1996.9　293,10p　23cm　3914円　Ⓘ4-490-10426-X　Ⓝ911.45　〔26455〕
◇江戸川柳演習　阿達義雄著　新潟　鳥屋野出版　1984.9　140p　19cm　600円　Ⓝ911.45　〔26456〕
◇江戸川柳艶笑集　柳田森英著　大泉書店　1980.11　232p　18cm　700円　Ⓝ911.45　〔26457〕
◇江戸川柳を楽しむ　神田忙人著　朝日新聞社　1989.5　357p　19cm　(朝日選書　377)1170円　Ⓘ4-02-259477-2　Ⓝ911.45　〔26458〕
◇「江戸川柳」男たちの泣き笑い──付き合いの知恵を伝える十七文字　下山弘著　プレジデント社　1994.9　215p　20cm　1550円　Ⓘ4-8334-1534-8　Ⓝ911.45　〔26459〕
◇江戸川柳を読む　岩田九郎著　有精堂出版　1991.8　302p　21cm　1850円　Ⓘ4-640-31025-0　Ⓝ911.45　〔26460〕
◇江戸川柳を読む──『誹風柳多留』名句選　江戸川柳研究会編　至文堂　2001.2　194p　21cm　(「国文学解釈と鑑賞」別冊)2400円　Ⓝ911.45　〔26461〕
◇江戸川柳　尾張・三河名所歩き　小野真孝著　三樹書房　2004.7　185p　19cm　1400円　Ⓘ4-89522-422-8　〔26462〕
◇江戸川柳女百景　興津要著　時事通信社　1994.10　296p　20cm　1800円　Ⓘ4-7887-9433-0　Ⓝ911.45　〔26463〕
◇江戸川柳貨幣史　阿達義雄著　新津　川柳文芸学会　1971　237p　19cm　(川柳文芸叢書)500円　Ⓝ911.45　〔26464〕
◇江戸川柳経済志　金融・世相編　阿達義雄著　新津　川柳文芸学会　1970　158p　18cm　(川柳文芸叢書)400円　Ⓝ911.45　〔26465〕
◇江戸川柳経済志　物価・遊里編　阿達義雄著　新津　川柳文芸学会　1970　156p　19cm　(川柳文芸叢書)350円　Ⓝ911.45　〔26466〕
◇江戸川柳散策　興津要著　時事通信社　1989.1　305p　20cm　1600円　Ⓘ4-7887-8847-0　Ⓝ911.45　〔26467〕
◇江戸川柳辞典　浜田義一郎編　東京堂出版　1968　635p　19cm　Ⓝ911.45　〔26468〕
◇江戸川柳辞典　浜田義一郎編　東京堂出版　1991.6　635p　19cm　4900円　Ⓘ4-490-10042-6　Ⓝ911.45　〔26469〕
◇江戸川柳「小便」　山本成之助著　牧野出版　1984.11　107p　22cm　2000円　Ⓝ911.45　〔26470〕
◇江戸川柳で現代を読む　小林弘忠著　日本放送出版協会　2005.2　217p　18cm　(生活人新書)680円　Ⓘ4-14-088136-4　Ⓝ911.45　〔26471〕
◇江戸川柳で知る故事・伝説　室山源三郎著　社会思想社　1997.9　253p　15cm　(現代教養文庫)600円　Ⓘ4-390-11617-7　Ⓝ911.45　〔26472〕

文学史　　　　　　　　　　　　近世史

◇江戸川柳で知る故事・伝説　室山源三郎著　文元社
　2004.2　253p　19cm　（教養ワイドコレクション）3000
　円　Ⓘ4-86145-077-2　Ⓝ911.45　　　　　〔26473〕
◇江戸川柳で愉しむ中国の故事　若林力著　大修館書店
　2005.10　270p　19cm　1600円　Ⓘ4-469-23235-1
　　　　　　　　　　　　　　　　　　　　〔26474〕
◇江戸川柳で愉しむ日本の歴史　松田征士著　大阪　新葉
　館出版　2003.12　291p　19cm　1714円
　Ⓘ4-86044-204-0　　　　　　　　　　　〔26475〕
◇江戸川柳と諸大名の家紋　阿達義雄著　東洋館出版社
　1972　354p　19cm　1500円　Ⓝ911.45　〔26476〕
◇江戸川柳と庶民紋章風俗　阿達義雄著　東洋館出版社
　1973　348p　19cm　2000円　Ⓝ911.45　〔26477〕
◇江戸川柳と武具　上　増田忠彦著　高槻　古川柳電子情
　報研究会　2001.2　312p　21cm　非売品　Ⓝ911.45
　　　　　　　　　　　　　　　　　　　　〔26478〕
◇江戸川柳の味わい方　宮尾しげを著　明治書院　1975
　294p　19cm　（味わい方叢書）980円　Ⓝ911.45
　　　　　　　　　　　　　　　　　　　　〔26479〕
◇江戸川柳の可能性　入江勇著　長崎　入江勇　1998.8
　293,7p　21cm　Ⓝ911.45　　　　　　　〔26480〕
◇江戸川柳のからくり　江戸川柳研究会編　至文堂
　2005.2　228p　21cm　（「国文学解釈と鑑賞」別冊）2400
　円　Ⓝ911.45　　　　　　　　　　　　　〔26481〕
◇江戸川柳の史的研究　阿達義雄著　風間書房　1967
　1035p　19cm　Ⓝ911.45　　　　　　　　〔26482〕
◇江戸川柳の抒情を楽しむ―現代語訳　東井淳著　大阪
　新葉館出版　2004.2　289p　19cm　1600円
　Ⓘ4-86044-209-1　Ⓝ911.45　　　　　　　〔26483〕
◇江戸川柳の謎解き　室山源三郎著　社会思想社　1994.3
　288p　15cm　（現代教養文庫 1541）640円
　Ⓘ4-390-11541-3　Ⓝ911.45　　　　　　　〔26484〕
◇江戸川柳　花秘めやかなれど　蘿露庵主人著　新装版
　三樹書房　2003.10　219p　19cm　1800円
　Ⓘ4-89522-344-2　　　　　　　　　　　〔26485〕
◇江戸川柳文句取辞典　清博美編著　芝川町（静岡県）
　川柳雑俳研究会　2005.7　261p　22cm　4800円
　Ⓘ4-89522-458-9　Ⓝ911.45　　　　　　　〔26486〕
◇江戸川柳夜話―躍動する人間模様　田辺貞之助著　潮文
　社　1968　196　18cm　（潮文社新書）Ⓝ911.45
　　　　　　　　　　　　　　　　　　　　〔26487〕
◇江戸っ子人情泣き笑い―「江戸川柳」に見る暮らしの歳
　時記　三谷茉沙夫著　大和出版　1994.12　233p　19cm
　1400円　Ⓘ4-8047-6038-5　Ⓝ911.45　　 〔26488〕
◇江戸の出合茶屋　花咲一男著　三樹書房　1977.5
　114p（はり込図4枚共）　12×16cm　1800円　Ⓝ911.45
　　　　　　　　　　　　　　　　　　　　〔26489〕
◇江戸の寺子屋と子供たち―古川柳にみる庶民の教育事情
　渡辺信一郎著　新訂版　三樹書房　2006.10　290p
　20cm　2400円　Ⓘ4-89522-484-8　Ⓝ384.5　〔26490〕
◇江戸の春　田中辰二著　増田忠彦, 森岡錠一編　高槻
　古川柳電子情報研究会　1999.2　329p　21cm　（江戸
　古川柳未刊資料 2）非売品　　　　　　　〔26491〕
◇江戸の迷信と川柳　丸十府著　愛育出版　1969　198p
　18cm　（愛育新書）320円　Ⓝ911.45　　 〔26492〕
◇江戸の湯う屋　花咲一男編　近世風俗研究会　1970
　97,20p　図版11枚　はり込み図版5枚　14×19cm　1900円
　Ⓝ911.45　　　　　　　　　　　　　　　〔26493〕
◇江戸バレ句恋の色直し　渡辺信一郎著　集英社　2000.9
　235p　18cm　（集英社新書）680円　Ⓘ4-08-720055-8
　Ⓝ911.45　　　　　　　　　　　　　　　〔26494〕

◇穎原退蔵著作集　第14巻　雑俳・川柳 1　中央公論社
　1979.8　333p　20cm　1800円　Ⓝ910.25　〔26495〕
◇穎原退蔵著作集　第15巻　雑俳・川柳 2　中央公論社
　1979.11　353p　20cm　2000円　Ⓝ910.25　〔26496〕
◇艶釈版植物歳時記　駒田信二著　講談社　1979.5　247p
　20cm　950円　Ⓝ911.45　　　　　　　　〔26497〕
◇艶笑植物事典　駒田信二著　文藝春秋　1987.1　237p
　16cm　（文春文庫）340円　Ⓘ4-16-726107-3　Ⓝ911.45
　　　　　　　　　　　　　　　　　　　　〔26498〕
◇艶色江戸川柳　山口椿著　河出書房新社　1996.3　205p
　15cm　（河出文庫）560円　Ⓘ4-309-40474-X　Ⓝ911.45
　　　　　　　　　　　　　　　　　　　　〔26499〕
◇円楽の艶笑江戸川柳―十七文字にこめた恋のうずき、性
　の喜び　三遊亭円楽編　土屋書店　1983.10　191p
　17cm　780円　Ⓘ4-8069-0503-8　Ⓝ911.45 〔26500〕
◇お江戸内輪話　脇屋川柳著　大阪　葉文館出版　1999.6
　209p　19cm　1600円　Ⓘ4-89716-107-X　Ⓝ911.45
　　　　　　　　　　　　　　　　　　　　〔26501〕
◇大江戸鳥暦―川柳でバードウォッチング　松田道生著
　河出書房新社　1999.12　241p　20cm　2000円
　Ⓘ4-309-01321-X　Ⓝ911.45　　　　　　　〔26502〕
◇歌舞伎と五十三次―川柳譚　富士野鞍馬著　全国教育産
　業協会　1995.8　222p　22cm　2800円　Ⓝ911.45
　　　　　　　　　　　　　　　　　　　　〔26503〕
◇柄井川柳―無作の指導者　鈴木勝忠著　新典社　1982.
　12　278p　19cm　（日本の作家 31）1500円
　Ⓘ4-7879-7031-3　Ⓝ911.45　　　　　　　〔26504〕
◇鑑賞江戸川柳　阿達義雄著　潮文社　1966　268p
　18cm　Ⓝ911.45　　　　　　　　　　　　〔26505〕
◇漢楚軍談　南得二編　高槻　古川柳電子情報研究会
　1997.9　232p　21cm　（中国史伝川柳 4）非売品
　Ⓝ911.45　　　　　　　　　　　　　　　〔26506〕
◇玄宗軍談　南得二編　高槻　古川柳電子情報研究会
　1999.6　275p　21cm　（中国史伝川柳 7）非売品
　Ⓝ911.45　　　　　　　　　　　　　　　〔26507〕
◇現代語訳江戸川柳を味わう―誹風柳多留全巻の名句鑑賞
　東井淳著　大阪　葉文館出版　2000.1　273p　19cm
　1600円　Ⓘ4-89716-128-2　Ⓝ911.45　　　〔26508〕
◇幸々評勝句―輪講　第2期　南得二ほか述　芝川町（静岡
　県）　川柳雑俳研究会　1996.6　368,11p　21cm　（江戸
　川柳・解釈と鑑賞・シリーズ 8）非売品　Ⓝ911.45
　　　　　　　　　　　　　　　　　　　　〔26509〕
◇幸々評勝句―輪講　第1期 1　石田成佳ほか述　芝川町
　（静岡県）　川柳雑俳研究会　1995.6　296,9p　21cm
　（江戸川柳・解釈と鑑賞・シリーズ 5）非売品　Ⓝ911.45
　　　　　　　　　　　　　　　　　　　　〔26510〕
◇幸々評勝句―輪講　第1期 2　石田成佳ほか述　芝川町
　（静岡県）　川柳雑俳研究会　1995.10　236,10p　21cm
　（江戸川柳・解釈と鑑賞・シリーズ 6）非売品　Ⓝ911.45
　　　　　　　　　　　　　　　　　　　　〔26511〕
◇幸々評勝句―輪講　第3期 1　芝川町（静岡県）　川柳雑
　俳研究会　2000.3　242p　21cm　（江戸川柳・解釈と鑑
　賞・シリーズ 20）非売品　Ⓝ911.45　　　〔26512〕
◇幸々評勝句―輪講　第3期 2　芝川町（静岡県）　川柳雑
　俳研究会　2000.6　211p　21cm　（江戸川柳・解釈と鑑
　賞・シリーズ 21）非売品　Ⓝ911.45　　　〔26513〕
◇好色江戸川柳　山口椿著　河出書房新社　1996.12
　211p　15cm　（河出文庫）560円　Ⓘ4-309-40489-8
　Ⓝ911.45　　　　　　　　　　　　　　　〔26514〕
◇古川柳　山路閑古著　岩波書店　1965　220p　18cm
　（岩波新書）Ⓝ911.45　　　　　　　　　〔26515〕

◇古川柳―鑑賞から研究へ　丸十府著　愛育出版　1968　236p　18cm　(愛育新書)340円　Ⓝ911.45　〔26516〕
◇古川柳　山路閑古著　岩波書店　1993.7　220p　20cm　(岩波新書の江戸時代)1500円　Ⓘ4-00-009136-0　Ⓝ911.45　〔26517〕
◇古川柳おちほひろい　田辺聖子著　講談社　1976　275p　20cm　880円　Ⓝ911.45　〔26518〕
◇古川柳くすり箱　鈴木昶著　青蛙房　1994.6　239p　20cm　2060円　Ⓘ4-7905-0426-3　Ⓝ911.45　〔26519〕
◇古川柳研究　三好信義著　国書刊行会　1977.12　282p　19cm　3000円　Ⓝ911.45　〔26520〕
◇古川柳散策―江戸のロマンを追って　南晨起郎著　碧天舎　2005.5　394p　19cm　1000円　Ⓘ4-88346-953-0　Ⓝ911.45　〔26521〕
◇古川柳　信濃めぐり――一日一話風に　石曽根民郎著　松本　しなの川柳社　1966　227p　18cm　Ⓝ911.45　〔26522〕
◇古川柳艶句選　岡田甫著　有光書房　1957　374p　19cm　Ⓝ911.45　〔26523〕
◇古川柳などに学ぶ生老病死の狂訓　能里与志著　新風舎　1999.8　267p　16cm　(新風選書)1500円　Ⓘ4-7974-0966-5　Ⓝ911.45　〔26524〕
◇古川柳難句解　鈴木倉之助著　太平書屋　1984.10　234p　19cm　5000円　Ⓝ911.45　〔26525〕
◇古川柳風俗事典　田辺貞之助著　青蛙房　1962　507p　20cm　Ⓝ911.45　〔26526〕
◇古川柳遍路　赤松正章著　赤松正章　1978.10　395p　22cm　非売品　Ⓝ911.45　〔26527〕
◇古川柳名句選　山路閑古著　筑摩書房　1968　411p　19cm　(筑摩叢書)Ⓝ911.45　〔26528〕
◇古川柳名句選　山路閑古著　筑摩書房　1998.5　415p　15cm　(ちくま文庫)950円　Ⓘ4-480-03393-9　Ⓝ911.45　〔26529〕
◇三省堂江戸川柳便覧　佐藤要人編　三省堂　1998.9　539p　16cm　1500円　Ⓘ4-385-13849-4　Ⓝ911.45　〔26530〕
◇十二朝軍談　南得二編　高槻　古川柳電子情報研究会　2000.2　240p　21cm　(中国史伝川柳 1)非売品　Ⓝ911.45　〔26531〕
◇笑楽風流こばなし―お笑い性生活の知恵　木田雅三, 鈴木貞義著　文化書房博文社　1980.6　326p　19cm　980円　Ⓝ911.45　〔26532〕
◇初期句集索引　森岡錠一, 和田健治編　高槻　古川柳電子情報研究会　1994.8　83p　21cm　非売品　Ⓝ911.45　〔26533〕
◇食辞林―日本の食べ物・語源考　興津要著　双葉社　1994.12　247p　19cm　1400円　Ⓘ4-575-28414-9　Ⓝ911.45　〔26534〕
◇初代川柳選句集　上　柄井川柳撰　千葉治校訂　岩波書店　1995.7　312p　15cm　(岩波文庫)620円　Ⓘ4-00-302715-9　Ⓝ911.45　〔26535〕
◇初代川柳選句集　下　柄井川柳撰　千葉治校訂　岩波書店　1995.7　338p　15cm　(岩波文庫)620円　Ⓘ4-00-302716-7　Ⓝ911.45　〔26536〕
◇庶民と江戸川柳　阿達義雄著　中村書店　1958　281p　18cm　Ⓝ911.45　〔26537〕
◇新撰狂歌卜川柳　さゝのやふくべ編　大阪　末光瓢二郎　1889.2　28,33p　13cm　Ⓝ911.1　〔26538〕
◇新撰狂句川柳五百題　榊原英吉編　旧त堂欣愿校　大阪　北村孝治郎〔ほか〕　1881.7　3冊(上32, 中36, 下35丁)　16cm　Ⓝ911.1　〔26539〕
◇新撰川柳狂詩集　塚本哲三編　有朋堂書店　1923　536p　17cm　Ⓝ911.4　〔26540〕
◇新撰川柳狂詩集　塚本哲三編　有朋堂書店　1927　536p　18cm　(有朋堂文庫)Ⓝ911.4　〔26541〕
◇新撰柳集　中山録朗校　高崎修助　1881.8　47丁　15cm　Ⓝ911.1　〔26542〕
◇新撰柳多留　十一世川柳編　法木書店　1911.7　84p　11×16cm　Ⓝ911.1　〔26543〕
◇〈新発見〉川柳評安永元年万句合輪講　江戸川柳研究会著　太平書屋　2001.5　324p　22cm　7000円　Ⓝ911.45　〔26544〕
◇ずいひつ縁切寺―古川柳に描かれた東慶寺　田中彦十郎著　有光書房　1963　148p　19cm　Ⓝ911.45　〔26545〕
◇図説古川柳に見る京・近江　室山源三郎著　三樹書房　1996.11　213p　20cm　1957円　Ⓘ4-89522-209-8　Ⓝ911.45　〔26546〕
◇川柳愛欲史　岡田甫著　あまとりあ社　1952　353p　19cm　Ⓝ911.45　〔26547〕
◇川柳愛欲史　岡田甫著　有光書房　1958　353p　19cm　Ⓝ911.45　〔26548〕
◇川柳・江戸下水　栗田彰著　日本下水文化研究会　1995.4　259p　21cm　(下水文化叢書 3)1400円　Ⓝ911.45　〔26549〕
◇川柳江戸四宿考　佐藤要人著　太平書屋　1983.12　228p　22cm　10000円　Ⓝ911.45　〔26550〕
◇川柳江戸砂子　今井卯木編　岐阜　西濃印刷岐阜出版部　1912.1　762p　19cm　Ⓝ911.1　〔26551〕
◇川柳江戸砂子　上　今井卯木著　増訂　春陽堂　1930　19cm　Ⓝ911.4　〔26552〕
◇川柳江戸砂子　下　今井卯木著　増訂　春陽堂　1931　1冊　19cm　Ⓝ911.4　〔26553〕
◇川柳江戸俗信類纂　松川弘太郎編　藤沢町(神奈川県)江戸探訪会　1931　60p　23cm　(江戸資料叢書 第2篇)Ⓝ911.4　〔26554〕
◇川柳江戸の鬼たち　花咲一男著　太平書屋　1987.6　217p　19cm　7000円　Ⓝ911.45　〔26555〕
◇川柳江戸の四季―祭・祝い・信仰・遊び　下山弘著　中央公論社　1997.4　218p　18cm　(中公新書)680円　Ⓘ4-12-101357-3　Ⓝ911.45　〔26556〕
◇川柳江戸八百八町　鈴木昶著　東京堂出版　1995.9　237p　20cm　1600円　Ⓘ4-490-20271-7　Ⓝ911.45　〔26557〕
◇川柳江戸風俗抄―柳多留・初篇の世界　相田忠朗著　札幌　札幌川柳社　1974　53p　21cm　500円　Ⓝ911.45　〔26558〕
◇川柳江戸名物　西原柳雨著　春陽堂　1926　292p　19cm　Ⓝ911.4　〔26559〕
◇川柳江戸名物図絵　花咲一男著　三樹書房　1994.4　303p　図版12枚　23cm　4944円　Ⓘ4-89522-179-2　Ⓝ911.45　〔26560〕
◇川柳郷土史散歩　綿谷雪編　神戸　のじぎく文庫　1965　198p　19cm　Ⓝ911.45　〔26561〕
◇川柳語彙　宮武外骨編　増補版　東出版　1995.12　82,91p　22cm　(辞典叢書 10)5150円　Ⓘ4-87036-020-9,4-87036-010-1　Ⓝ911.45　〔26562〕
◇川柳小話集　比企蝉人著　高文社　1956　186p　18cm　(ベストセラーズ双書)Ⓝ911.45　〔26563〕
◇川柳雑俳用語考　潁原退蔵著　岩波書店　1953　266p　19cm　Ⓝ911.45　〔26564〕
◇川柳四目屋攷　未知庵主人著　近世風俗研究会　1956　258p　19cm　Ⓝ911.45　〔26565〕

文学史　　　　　　　　　　近世史

◇川柳春画志　花咲一男著　改訂新版　太平書屋　2003.8
282p 図版12p 22cm 7000円　Ⓝ911.45
〔26566〕
◇川柳浄瑠璃志　大村沙華著　有光書房, 近世風俗研究会
1968 253p 17×23cm 和　Ⓝ911.45　〔26567〕
◇川柳総合大事典　第1巻―近世・近代・現代川柳家・関連
人物　人物編　尾藤三柳監修　　堺利彦, 尾藤一泉編
雄山閣　2007.8 296p 21cm 5000円
Ⓘ978-4-639-01967-1　〔26568〕
◇せんりゅう談義　岡田甫著　東西五月社　1959 238p
図版 表 19cm　Ⓝ911.45　〔26569〕
◇川柳つれづれ　柴田荒神著　近代文芸社　1983.4-5　2
冊　20cm 各1000円　Ⓘ4-89607-347-9 Ⓝ911.45
〔26570〕
◇川柳つれづれ　続々　江戸庶民のユーモア　柴田荒神著
近代文芸社　1993.11 299p 20cm 1500円
Ⓘ4-7733-2450-3　Ⓝ911.45　〔26571〕
◇川柳で読み解く「お江戸」の事情　中江克己監修　青春
出版社　2005.2 188p 18cm（プレイブックスインテ
リジェンス）700円　Ⓘ4-413-04113-5 Ⓝ382.136
〔26572〕
◇川柳流山―川柳講座「乱気流」句集　今川乱魚監修　柏
たけしま出版　2007.8 163p 19cm 1200円
Ⓘ978-4-925111-31-7　〔26573〕
◇川柳200年　川上三太郎著　読売新聞社　1966 286p
19cm Ⓝ911.4　〔26574〕
◇川柳のエロティシズム　下山弘著　新潮社　1995.6
222p 20cm（新潮選書）980円　Ⓘ4-10-600478-X
Ⓝ911.45　〔26575〕
◇川柳百人一首　比企蝉人著　太平書屋　1986.1 290p
22cm 7000円　Ⓝ911.45　〔26576〕
◇川柳風俗志　西原柳雨著　増訂版　春陽堂　1977.10
666,8p 19cm 5500円　Ⓝ911.45　〔26577〕
◇川柳四目屋攷　母袋未知庵著, 花咲一男補　太平書屋
1983.8 270p 22cm 8000円　Ⓝ911.45　〔26578〕
◇宋元明清　南得二編　高槻　古川柳電子情報研究会
1999.10 123p 21cm（中国史伝川柳 8）非売品
Ⓝ911.45　〔26579〕
◇タイムトリップ「江戸川柳」　山内久司著　PHP研究所
1997.1 237p 18cm 1300円　Ⓘ4-569-55474-1
Ⓝ911.45　〔26580〕
◇他評万句合勝句刷索引　森岡鋌一編　高槻　古川柳電子
情報研究会　1996.4 2冊 21cm 非売品　Ⓝ911.45
〔26581〕
◇探訪江戸川柳　興津要著　時事通信社　1990.9 326p
20cm 1700円　Ⓘ4-7887-9025-4 Ⓝ911.45　〔26582〕
◇中期柳句集索引　森岡鋌一, 和田健治編　高槻　古川柳
電子情報研究会　1995.12 158p 21cm 非売品
Ⓝ911.45　〔26583〕
◇通俗三国志　南得二編　高槻　古川柳電子情報研究会
1996.12 151p 21cm（中国史伝川柳 5）非売品
Ⓝ911.45　〔26584〕
◇東海道名所歩き―川柳で愉しむ伊豆・駿河・遠江の旅
清博美著　三樹書房　2005.11 214p 19cm 2400円
Ⓘ4-89522-464-3　〔26585〕
◇どこか柳なり　夏井芳徳著　会津若松　歴史春秋出版
2006.4 62p 21cm（江戸の笑いを読む 7）500円
Ⓘ4-89757-557-5　Ⓝ913.59　〔26586〕
◇とっておきの艶笑譚―江戸川柳名句集　名瀬南太文, 歌
川竜斎絵　静岡　静岡郷土出版社　1989.8 195p
19cm 1500円　Ⓘ4-87665-021-7 Ⓝ911.45　〔26587〕
◇謎解き北斎川柳　宿六心配著　河出書房新社　2001.4
225p 20cm 1800円　Ⓘ4-309-01408-9 Ⓝ911.45
〔26588〕
◇浪華―NHK大阪文化センター川柳合同句集　大阪
NHK大阪文化センター川柳教室　2004.10 175p
19cm Ⓝ911.467　〔26589〕
◇何んでもうたに―国民みな詩人　江口孝夫著　勉誠出版
2002.12 210p 20cm（江戸川柳の美学 1）2500円
Ⓘ4-585-05053-1　Ⓝ911.45　〔26590〕
◇南蛮渡来・事物・字句雑句　寺本界雄著　「長崎」発行
所　1963 298p 19cm Ⓝ911.45　〔26591〕
◇仁王の力紙　夏井芳徳編　会津若松　歴史春秋出版
2006.1 62p 21cm（江戸の笑いを読む 6）500円
Ⓘ4-89757-548-6　Ⓝ913.59　〔26592〕
◇西原柳雨川柳十二支　西原柳雨著　増田忠彦, 森岡鋌
一編　高槻　古川柳電子情報研究会　1997.4 253p
21cm（江戸川柳未刊資料 1）非売品　Ⓝ911.45
〔26593〕
◇日本人の笑い―庶民の芸術にただよう性感覚　暉峻康隆
著　光文社　1961 218p 18cm（カッパ・ブック
ス）Ⓝ911.45　〔26594〕
◇日本人の笑い　暉峻康隆著　文藝春秋　1984.3 222p
16cm（文春文庫 343 - 1）280円　Ⓘ4-16-734301-0
Ⓝ911.45　〔26595〕
◇日本人の笑い　暉峻康隆著　みすず書房　2002.1 232p
20cm（大人の本棚）2400円　Ⓘ4-622-04824-8 Ⓝ911.
45　〔26596〕
◇日本の女性美　興津要著　求竜堂　1988.6 248p
19cm 1900円　Ⓘ4-7630-8806-8 Ⓝ911.45　〔26597〕
◇のろけとちゃかし―笑いは艶に　江口孝夫著　勉誠出版
2002.6 220p 20cm（江戸川柳の美学 5）2500円
Ⓘ4-585-05057-4　Ⓝ911.45　〔26598〕
◇俳諧と川柳狂句　江口孝夫著　武蔵野書院　1999.4
188p 19cm 1800円　Ⓘ4-8386-0393-2 Ⓝ911.45
〔26599〕
◇誹諧武玉川初篇―輪講　芝川町（静岡県）　川柳雑俳研
究会　1999.6 240p 21cm（江戸川柳・解釈と鑑賞・
シリーズ 17）非売品　Ⓘ4-89522-379-5 Ⓝ911.49
〔26600〕
◇俳句・川柳新選　鈴木重雅校註　東京武蔵野書院　1941
108p 19cm Ⓝ911.3　〔26601〕
◇誹風柳樽拾九篇試解　室山源三郎著　京都　室山源三郎
1985.3 102p 21cm 1500円　Ⓝ911.45　〔26602〕
◇誹風柳多留二二篇―輪講　芝川町（静岡県）　川柳雑俳
研究会　2003.9 262p 21cm（江戸川柳・解釈と鑑
賞・シリーズ 32）4500円　Ⓘ4-89522-348-5 Ⓝ911.45
〔26603〕
◇爆笑！江戸の百人一首　江口孝夫編　勉誠出版　2005.7
252p 20cm 2600円　Ⓘ4-585-05326-3 Ⓝ911.19
〔26604〕
◇初夢の紙屑　夏井芳徳著　会津若松　歴史春秋出版
2005.3 62p 21cm（江戸の笑いを読む 4）500円
Ⓘ4-89757-527-3　Ⓝ913.59　〔26605〕
◇鳩になった川柳人―一叩人作品集　川崎五郎編　西田書
店　2006.11 398p 19cm 2300円　Ⓘ4-88866-440-4
〔26606〕
◇花と柳と―古川柳に見る女人哀歓　有吉義弥著　国際海
運新聞社　1966 400p 18cm Ⓝ911.45　〔26607〕
◇花秘めやかなれど―江戸川柳　蕣露庵主人著　三樹書房
1993.9 219p 20cm 2000円　Ⓘ4-89522-172-5
Ⓝ911.45　〔26608〕
◇秘稿最破礼　朱楽菅江著　宮田正信編　太平書屋

1992.11　344p　22cm　8000円　Ⓝ911.45
　　　　　　　　　　　　　　　　　　〔26609〕
◇風流古川柳　田中重太郎著　京都　学而堂　1956
　141p　19cm　Ⓝ911.45
　　　　　　　　　　　　　　　　　　〔26610〕
◇武王軍談　南得二編　高槻　古川柳電子情報研究会
　1998.10　209p　21cm　(中国史伝川柳 2)非売品
　Ⓝ911.45
　　　　　　　　　　　　　　　　　　〔26611〕
◇富士山をめぐる川柳歴史散歩　清博美著　静岡　静岡郷
　土出版社　1988.12　176p　19cm　1500円
　Ⓘ4-87665-013-6　Ⓝ911.45
　　　　　　　　　　　　　　　　　　〔26612〕
◇方言と川柳　鈴木武兵衛編　長野　鈴木武兵衛　2000.
　10　68p　26cm　非売品　Ⓝ911.45
　　　　　　　　　　　　　　　　　　〔26613〕
◇松浦静山と川柳　脇屋川柳著　近代文芸社　1997.9
　200p　20cm　2000円　Ⓘ4-7733-6247-2　Ⓝ911.45
　　　　　　　　　　　　　　　　　　〔26614〕
◇見立てとうがち―躍動する詩心　江口孝夫著　勉誠出版
　2002.12　210p　20cm　(江戸川柳の美学 2)2500円
　Ⓘ4-585-05054-X　Ⓝ911.45
　　　　　　　　　　　　　　　　　　〔26615〕
◇むつのはな　小野真孝著　近代文芸社　1988.1　142p
　20cm　1000円　Ⓘ4-89607-745-8　Ⓝ911.45　〔26616〕
◇村で古川柳を読む　草野比佐男著　会津若松　歴史春秋
　出版　1989.2　330p　21cm　1800円　Ⓘ4-89757-227-4
　Ⓝ911.45
　　　　　　　　　　　　　　　　　　〔26617〕
◇名句/江戸川柳　岡崎淑郎編　弘学社　1946　150p
　15cm　Ⓝ911.25
　　　　　　　　　　　　　　　　　　〔26618〕
◇名句江戸川柳―附：川柳の常識　岡崎淑郎編　弘学社
　1946　150p　15cm　Ⓝ911.4
　　　　　　　　　　　　　　　　　　〔26619〕
◇もじりとやじり―光る批判精神　江口孝夫著　勉誠出版
　2002.12　222p　20cm　(江戸川柳の美学 3)2500円
　Ⓘ4-585-05055-8　Ⓝ911.45
　　　　　　　　　　　　　　　　　　〔26620〕
◇柳籠裏三篇―輪講　佐藤要人ほか述　芝川町(静岡県)
　川柳雑俳研究会　1996.9　248,9p　21cm　(江戸川柳・
　解釈と鑑賞・シリーズ 9)非売品　Ⓝ911.45　〔26621〕
◇柳の葉末全釈　岡田甫著　有光書房　1956　203p　13
　×20cm　Ⓝ911.45
　　　　　　　　　　　　　　　　　　〔26622〕
◇優艶江戸川柳　鉄獅子胡同著　秋田　秋田文化出版
　1995.8　187p　19cm　2000円　Ⓝ911.45
　　　　　　　　　　　　　　　　　　〔26623〕
◇謡曲と江戸川柳　狸々庵直翁著　白河　〔狸々庵直翁〕
　1991.11　209p　22cm　非売品　Ⓝ911.45　〔26624〕
◇六朝時代　南得二編　高槻　古川柳電子情報研究会
　1999.2　179p　21cm　(中国史伝川柳 6)非売品
　Ⓝ911.45
　　　　　　　　　　　　　　　　　　〔26625〕
◇歴史と伝説　上　森岡錠一編　高槻　古川柳電子情報研
　究会　2000.11　341p　21cm　(類別絵入川柳 1)非売
　品　Ⓝ911.45
　　　　　　　　　　　　　　　　　　〔26626〕
◇歴史と伝説　中　森岡錠一編　高槻　古川柳電子情報研
　究会　2001.6　230p　21cm　(類別絵入川柳 2)非売品
　Ⓝ911.45
　　　　　　　　　　　　　　　　　　〔26627〕
◇私の好きな川柳　小島政二郎著　彌生書房　1982.2
　176p　20cm　1600円　Ⓝ911.45
　　　　　　　　　　　　　　　　　　〔26628〕
◇私の好きな川柳　小島政二郎著　彌生書房　1996.8
　176p　20cm　1700円　Ⓘ4-8415-0713-2　Ⓝ911.45
　　　　　　　　　　　　　　　　　　〔26629〕

◆◆柳多留
◇岩橋邦枝の誹風柳多留　岩橋邦枝著　集英社　1987.1
　278p　20cm　(わたしの古典 22)1400円
　Ⓘ4-08-163022-4　Ⓝ911.45
　　　　　　　　　　　　　　　　　　〔26630〕
◇岩橋邦枝の誹風柳多留　岩橋邦枝著　集英社　1996.3
　295p　16cm　(集英社文庫―わたしの古典)700円
　Ⓘ4-08-748436-X　Ⓝ911.45
　　　　　　　　　　　　　　　　　　〔26631〕

◇英訳江戸川柳―誹風柳多留　撫尾清明訳　アラン・ク
　ロケット監修　大阪　葉文館出版　1998.10　271p
　20cm　2381円　Ⓘ4-89716-028-6　Ⓝ911.45　〔26632〕
◇江戸破礼句・梅の宝匣―後期柳多留の艶句を愉しむ　蕀
　露庵主人著　三樹書房　1996.6　209p　20cm　1900円
　Ⓘ4-89522-204-7　Ⓝ911.45
　　　　　　　　　　　　　　　　　　〔26633〕
◇江戸破礼句・桜の宝匣―後期柳多留の艶句を愉しむ・そ
　の2　蕀露庵主人著　三樹書房　1997.2　182p　20cm
　1800円　Ⓘ4-89522-211-X　Ⓝ911.45　〔26634〕
◇絵本柳樽選集　第4巻　太平書屋　1997.8　255p　21cm
　7000円　Ⓝ911.45
　　　　　　　　　　　　　　　　　　〔26635〕
◇開化柳多留　第1編　池田保編　丸屋善七　1879　19丁
　11cm　Ⓝ911.1
　　　　　　　　　　　　　　　　　　〔26636〕
◇川傍柳初篇輪講―柳樽余稿　川端柳風ほか述　芝川町
　(静岡県)　川柳雑俳研究会　1994.10　326,18p　21cm
　(江戸川柳・解釈と鑑賞・シリーズ 3)非売品　Ⓝ911.45
　　　　　　　　　　　　　　　　　　〔26637〕
◇新調柳多留　前島和橋編　六世川柳閣　青木活版所
　1882.2　15丁　16cm　Ⓝ911.1
　　　　　　　　　　　　　　　　　　〔26638〕
◇真編柳多留　第1至25篇　五塘川柳編　〔五塘川柳〕
　1927-1935　25冊　17cm　Ⓝ911.4
　　　　　　　　　　　　　　　　　　〔26639〕
◇真編柳多留　第26至35篇　五塘川柳編　〔五塘川柳〕
　1935-14　10冊　17cm　Ⓝ911.4
　　　　　　　　　　　　　　　　　　〔26640〕
◇真編柳多留　第36-37篇　1939-1940　2冊　16cm
　Ⓝ911.4
　　　　　　　　　　　　　　　　　　〔26641〕
◇新編柳多留　別篇索引　大坂芳一編　高槻　古川柳電子
　情報研究会　1995.9　84p　21cm　非売品　Ⓝ911.45
　　　　　　　　　　　　　　　　　　〔26642〕
◇末摘花秘話　讃夜荘主人著　東欧書院　1929.11　219p
　21cm　Ⓝ911.4
　　　　　　　　　　　　　　　　　　〔26643〕
◇俗謡末摘花　藤沢衛彦著　文芸資料研究会　1929　128p
　22cm　Ⓝ911.6
　　　　　　　　　　　　　　　　　　〔26644〕
◇大正柳多留　矢野きん坊著　忠文堂書店　1918　350p
　15cm　Ⓝ911.4
　　　　　　　　　　　　　　　　　　〔26645〕
◇当世堂版新編柳多留・俳風新々柳樽　大坂芳一校訂　高
　槻　古川柳電子情報研究会　1993.10　105p　21cm
　Ⓝ911.45
　　　　　　　　　　　　　　　　　　〔26646〕
◇誹風柳多留　上巻　呉陵軒可有等編　西原柳雨校　岩
　波書店　1930　204p　16cm　(岩波文庫
　557-558)Ⓝ911.4
　　　　　　　　　　　　　　　　　　〔26647〕
◇誹風柳多留　1　呉陵軒可有等編　山沢英雄校訂　岩
　波書店　1995.7　365p　15cm　(岩波文庫)670円
　Ⓘ4-00-302711-6　Ⓝ911.45
　　　　　　　　　　　　　　　　　　〔26648〕
◇誹風柳多留　中,下巻　呉陵軒可有等編　西原柳雨校
　岩波書店　1930　2冊　16cm　(岩波文庫
　559-562)Ⓝ911.4
　　　　　　　　　　　　　　　　　　〔26649〕
◇誹風柳多留　2　呉陵軒可有等編　山沢英雄校訂　岩
　波書店　1995.7　357p　15cm　(岩波文庫)670円
　Ⓘ4-00-302712-4　Ⓝ911.45
　　　　　　　　　　　　　　　　　　〔26650〕
◇誹風柳多留　3　呉陵軒可有等編　山沢英雄校訂　岩
　波書店　1995.7　350p　15cm　(岩波文庫)670円
　Ⓘ4-00-302713-2　Ⓝ911.45
　　　　　　　　　　　　　　　　　　〔26651〕
◇誹風柳多留　第61編　柳多留刊行会編　柳多留刊行会
　1932　39丁　16cm　Ⓝ911.4
　　　　　　　　　　　　　　　　　　〔26652〕
◇誹風柳多留　全句索引　山沢英雄校訂　岩波書店
　1995.7　271p　15cm　(岩波文庫)570円
　Ⓘ4-00-302714-0　Ⓝ911.45
　　　　　　　　　　　　　　　　　　〔26653〕
◇誹風柳多留講義　初篇　西原柳雨著　岩波書店　1930
　306,18p　15cm　Ⓝ911.4
　　　　　　　　　　　　　　　　　　〔26654〕
◇誹風柳多留三〇篇輪講　増田政江,清博美編　芝川町(静
　岡県)　川柳雑俳研究会　1996.2　306,14p　21cm　(江

◇誹風柳多留・解釈と鑑賞・シリーズ 7)非売品　Ⓝ911.45
〔26655〕
◇誹風柳多留三篇―輪講　大村沙華ほか述　芝川町(静岡県)　川柳雑俳研究会　1994.6　356,18p　21cm　(江戸川柳・解釈と鑑賞・シリーズ 2)非売品　Ⓝ911.45
〔26656〕
◇誹風柳多留拾遺　上　山沢英雄校訂　岩波書店　1995.7　319p　15cm　(岩波文庫)620円　Ⓘ4-00-302717-5　Ⓝ911.45
〔26657〕
◇誹風柳多留拾遺　下　山沢英雄校訂　岩波書店　1995.7　323p　15cm　(岩波文庫)620円　Ⓘ4-00-302718-3　Ⓝ911.45
〔26658〕
◇誹風柳多留拾遺研究　1　清博美編　芝川町(静岡県)　川柳雑俳研究会　1999.5　218p　21cm　(古川柳研究会記録 7)非売品　Ⓝ911.45
〔26659〕
◇誹風柳多留拾遺研究　2　清博美編　芝川町(静岡県)　川柳雑俳研究会　1999.7　195p　21cm　(古川柳研究会記録 8)非売品　Ⓝ911.45
〔26660〕
◇誹風柳多留一一篇―輪講　芝川町(静岡県)　川柳雑俳研究会　2005.9　280p　21cm　(江戸川柳・解釈と鑑賞・シリーズ 38)4500円　Ⓘ4-89522-032-X　Ⓝ911.45
〔26661〕
◇誹風柳多留拾遺に就て―校訂　今井卯木著　岐阜　柳書刊行会　1925　15p　20cm　Ⓝ911.4
〔26662〕
◇誹風柳多留拾遺輪講　吉田精一,浜田義一郎編　岩波書店　1977.8　430p　22cm　3600円　Ⓝ911.45
〔26663〕
◇誹風柳多留一九篇―輪講　芝川町(静岡県)　川柳雑俳研究会　2007.9　240p　21cm　(江戸川柳・解釈と鑑賞・シリーズ 43)5500円　Ⓘ978-4-903973-01-2　Ⓝ911.45
〔26664〕
◇誹風柳多留全集　上,中,下巻　柳多留全集刊行会編　柳多留全集刊行社　1933　3冊　20cm　Ⓝ911.4　〔26665〕
◇誹風柳多留全集　第1巻　呉陵軒可有ほか編　岡田甫校訂　新装版　三省堂　1999.6　311p　23cm　Ⓘ4-385-35850-8　Ⓝ911.45
〔26666〕
◇誹風柳多留全集　第2巻　呉陵軒可有ほか編　岡田甫校訂　新装版　三省堂　1999.6　323p　23cm　Ⓘ4-385-35850-8　Ⓝ911.45
〔26667〕
◇誹風柳多留全集　第3巻　呉陵軒可有ほか編　岡田甫校訂　新装版　三省堂　1999.6　315p　23cm　Ⓘ4-385-35850-8　Ⓝ911.45
〔26668〕
◇誹風柳多留全集　第4巻　呉陵軒可有ほか編　岡田甫校訂　新装版　三省堂　1999.6　320p　23cm　Ⓘ4-385-35850-8　Ⓝ911.45
〔26669〕
◇誹風柳多留全集　第5巻　呉陵軒可有ほか編　岡田甫校訂　新装版　三省堂　1999.6　340p　23cm　Ⓘ4-385-35850-8　Ⓝ911.45
〔26670〕
◇誹風柳多留全集　第6巻　呉陵軒可有ほか編　岡田甫校訂　新装版　三省堂　1999.6　320p　23cm　Ⓘ4-385-35850-8　Ⓝ911.45
〔26671〕
◇誹風柳多留全集　第7巻　呉陵軒可有ほか編　岡田甫校訂　新装版　三省堂　1999.6　336p　23cm　Ⓘ4-385-35850-8　Ⓝ911.45
〔26672〕
◇誹風柳多留全集　第8巻　呉陵軒可有ほか編　岡田甫校訂　新装版　三省堂　1999.6　323p　23cm　Ⓘ4-385-35850-8　Ⓝ911.45
〔26673〕
◇誹風柳多留全集　第9巻　呉陵軒可有ほか編　岡田甫校訂　新装版　三省堂　1999.6　330p　23cm　Ⓘ4-385-35850-8　Ⓝ911.45
〔26674〕
◇誹風柳多留全集　第10巻　呉陵軒可有ほか編　岡田甫校訂　新装版　三省堂　1999.6　326p　23cm　Ⓘ4-385-35850-8　Ⓝ911.45
〔26675〕
◇誹風柳多留全集　第11巻　呉陵軒可有ほか編　岡田甫校訂　新装版　三省堂　1999.6　331p　23cm　Ⓘ4-385-35850-8　Ⓝ911.45
〔26676〕
◇誹風柳多留全集　第12巻　呉陵軒可有ほか編　岡田甫校訂　新装版　三省堂　1999.6　322,9p　23cm　Ⓘ4-385-35850-8　Ⓝ911.45
〔26677〕
◇誹風柳多留全集　索引篇　岡田甫校訂　新装版　三省堂　1999.6　1019p　23cm　Ⓘ4-385-35850-8　Ⓝ911.45
〔26678〕
◇誹風柳多留二〇―輪講　芝川町(静岡県)　川柳雑俳研究会　1997.6　312p　21cm　(江戸川柳・解釈と鑑賞・シリーズ 11)非売品　Ⓝ911.45
〔26679〕
◇誹風柳多留二一―輪講　芝川町(静岡県)　川柳雑俳研究会　1998.10　327p　21cm　(江戸川柳・解釈と鑑賞・シリーズ 15)非売品　Ⓝ911.45
〔26680〕
◇誹風柳多留二九―輪講　芝川町(静岡県)　川柳雑俳研究会　2002.3　267p　21cm　(江戸川柳・解釈と鑑賞・シリーズ 27)非売品　Ⓝ911.45
〔26681〕
◇誹風柳多留二五篇―輪講　清博美ほか述　清博美編　芝川町(静岡県)　川柳雑俳研究会　1995.2　261,12p　21cm　(江戸川柳・解釈と鑑賞・シリーズ 4)非売品　Ⓝ911.45
〔26682〕
◇誹風柳多留二三篇―輪講　芝川町(静岡県)　川柳雑俳研究会　1999.4　344p　21cm　(江戸川柳・解釈と鑑賞・シリーズ 16)非売品　Ⓝ911.45
〔26683〕
◇誹風柳多留二七篇―輪講　芝川町(静岡県)　川柳雑俳研究会　1998.6　359p　21cm　(江戸川柳・解釈と鑑賞・シリーズ 14)非売品　Ⓝ911.45
〔26684〕
◇誹風柳多留二二篇―輪講　芝川町(静岡県)　川柳雑俳研究会　2003.9　262p　21cm　(江戸川柳・解釈と鑑賞・シリーズ 32)4500円　Ⓘ4-89522-348-5　Ⓝ911.45
〔26685〕
◇誹風柳多留二八篇―輪講　芝川町(静岡県)　川柳雑俳研究会　2001.12　295p　21cm　(江戸川柳・解釈と鑑賞・シリーズ 26)非売品　Ⓝ911.45
〔26686〕
◇誹風柳多留二四篇―輪講　芝川町(静岡県)　川柳雑俳研究会　2001.9　273p　21cm　(江戸川柳・解釈と鑑賞・シリーズ 25)非売品　Ⓝ911.45
〔26687〕
◇誹風柳多留二六篇―輪講　芝川町(静岡県)　川柳雑俳研究会　1998.2　283p　21cm　(江戸川柳・解釈と鑑賞・シリーズ 13)非売品　Ⓝ911.45
〔26688〕
◇誹風柳多留二篇―輪講　大村沙華ほか述　芝川町(静岡県)　川柳雑俳研究会　1994.2　362,13p　21cm　(江戸川柳・解釈と鑑賞・シリーズ 1)非売品　Ⓝ911.45
〔26689〕
◇柳多留　初,2,3編　呉陵軒可有等編　今井卯木,花岡百樹校　岐阜　柳書刊行会　1927-1928　3冊　16cm　Ⓝ911.4
〔26690〕
◇やなぎ樽研究―句索引　ゆまに書房　1988.5　435p　22cm　(雑誌叢書 2)18000円　Ⓝ911.45　〔26691〕
◇柳多留後期難句選釈　魚沢栄治郎著　有光書房　1968　273p　19cm　Ⓝ911.45
〔26692〕
◇柳多留拾遺中七・下五索引　大坂芳一編　高槻　古川柳電子情報研究会　1995.4　279p　21cm　非売品　Ⓝ911.45
〔26693〕
◇柳樽評釈　沼波瓊音著　彌生書房　1983.4　285p　20cm　1800円　Ⓝ911.45
〔26694〕
◇柳多留名句選　上　山沢英雄選　粕谷宏紀校注　岩波書店　1995.8　255p　15cm　(岩波文庫)620円　Ⓘ4-00-302721-3　Ⓝ911.45
〔26695〕
◇柳多留名句選　下　山沢英雄選　粕谷宏紀校注　岩波書店　1995.8　258p　15cm　(岩波文庫)620円

①4-00-302722-1　Ⓝ911.45　　　〔26696〕
◇柳多留輪講　初篇　編集：大村沙華,共述：富士野鞍馬等　至文堂　1972　545p　15×22cm　Ⓝ911.45　〔26697〕

◆◆末摘花
◇羽陽の末摘花―方言川柳集　後藤利雄,本間誠司校注　山形　栄文堂書店　1976　108p　13×19cm　非売品　Ⓝ911.45　〔26698〕
◇閑情末摘花　松亭金水著　江戸軟派全集刊行会　1926　221p　15cm　（江戸軟派全集）　〔26699〕
◇こばなし　末摘花抄　田辺貞之助著　高文社　1961　237p　18cm　Ⓝ911.45　〔26700〕
◇こばなし　末摘花抄　田辺貞之助著　高文社　1965　237p　18cm　Ⓝ911.45　〔26701〕
◇末摘花　室伏信助監修　上原作和編　勉誠出版　2005.11　371p　22cm　（人物で読む『源氏物語』第9巻）3800円　①4-585-01149-8　Ⓝ913.36　〔26702〕
◇末摘花並べ百員全釈　山路閑古著　有光書房　1958　266p　19cm　Ⓝ911.45　〔26703〕
◇川柳末摘鼻―古川柳臭句選　赤松正章編著　太平書屋　1987.12　261p　22cm　5000円　Ⓝ911.45　〔26704〕
◇川柳末摘花詳釈―拾遺編　岡田甫著　有光書房　1956　262p　19cm　Ⓝ911.45　〔26705〕
◇川柳末摘花詳釈　岡田甫著　有光書房　1972　2冊　19cm　Ⓝ911.45　〔26706〕
◇川柳末摘花詳釈　岡田甫著　有光書房　1977.8　688p　19cm　5500円　Ⓝ911.45　〔26707〕
◇川柳末摘花詳釈　上下巻　岡田甫著　有光書房　1955　2冊　19cm　Ⓝ911.45　〔26708〕
◇川柳末摘花註解　岡田甫著　第一出版社　1951　313p　19cm　Ⓝ911.45　〔26709〕
◇川柳末摘花輪講　2篇　西原亮ほか共著　太平書屋　1996.6　431p　22cm　8000円　Ⓝ911.45　〔26710〕
◇川柳末摘花輪講　3篇　西原亮ほか共著　太平書屋　1997.4　464p　22cm　8000円　Ⓝ911.45　〔26711〕
◇川柳末摘花輪講　4篇　西原亮ほか共著　〔太平書屋〕　1997.12　362p　22cm　8000円　Ⓝ911.45　〔26712〕
◇川柳末摘花輪講　初篇　西原亮ほか共著　太平書屋　1995.12　342p　22cm　7000円　Ⓝ911.45　〔26713〕
◇誹風末摘花四篇輪講　東京都港区医師会古川柳研究会編　太平書屋　1982.6　144p　21cm　2000円　Ⓝ911.45　〔26714〕

◆◆武玉川
◇江戸の夢―忠臣蔵と武玉川　森田誠吾著　新潮社　1997.11　189p　20cm　1400円　①4-10-338704-1　Ⓝ914.6　〔26715〕
◇『武玉川』を楽しむ　神田忙人著　朝日新聞社　1987.9　336p　19cm　（朝日選書　337）1200円　①4-02-259437-3　Ⓝ911.49　〔26716〕
◇武玉川選釈　森銑三著　彌生書房　1984.1　201p　20cm　1500円　Ⓝ911.49　〔26717〕

◆◆雑俳
◇江戸上方『艶句』の世界　鈴木勝忠著　三樹書房　1996.1　234p　20cm　2000円　①4-89522-198-9　Ⓝ911.49　〔26718〕
◇江戸雑俳　上方娘の世界　鈴木勝忠著　三樹書房　1997.9　262p　19cm　2000円　①4-89533-218-7　〔26719〕

◇江戸は川柳、京は軽口　下山山下著　山手書房新社　1992.5　230p　20cm　1600円　①4-8413-0042-2　Ⓝ911.49　〔26720〕
◇遠州の俳諧―地域を支えた雑俳と俳諧　寺田良毅著　磐田　寺田良毅　2005.3　437p　21cm　2762円　①4-7838-9624-0　Ⓝ911.302　〔26721〕
◇軽口頓作輪講　第1巻　軽口頓作研究会編　太平書屋　1991.5　326p　15×21cm　4000円　Ⓝ911.49　〔26722〕
◇軽口頓作輪講　第2巻　軽口頓作研究会編　太平書屋　1992.12　436p　15×21cm　4500円　Ⓝ911.49　〔26723〕
◇軽口頓作輪講　第3巻　軽口頓作研究会編　太平書屋　1994.6　389p　15×21cm　4500円　Ⓝ911.49　〔26724〕
◇軽口頓作輪講　第4巻　軽口頓作研究会編　太平書屋　1996.7　388p　15×21cm　4500円　Ⓝ911.49　〔26725〕
◇さくらの実―輪講　玉柳―輪講　増田政江,清博美編　芝川町（静岡県）　川柳雑俳研究会　1997.2　354p　22cm　（江戸川柳・解釈と鑑賞・シリーズ 10）非売品　Ⓝ911.45　〔26726〕
◇雑俳ことば遊び抄―小倉付・折句・回文・もじり・名寄・謡　下山弘著　太平書屋　2005.6　221p　19cm　4000円　Ⓝ911.49　〔26727〕
◇雑俳誌　自11号至38号　雑俳江東連　1930-1933　6冊　18cm　Ⓝ911.4　〔26728〕
◇雑俳集成　第2期 5　不角前句付集　1　鈴木勝忠校訂　岡崎　鈴木勝忠　1991.2　334p　21cm　Ⓝ911.49　〔26729〕
◇雑俳集成　第2期 6　不角前句付集　2　鈴木勝忠校訂　岡崎　鈴木勝忠　1991.4　322p　21cm　Ⓝ911.49　〔26730〕
◇雑俳集成　第2期 7　大坂文化雑俳集　鈴木勝忠校訂　岡崎　鈴木勝忠　1991.11　310p　21cm　Ⓝ911.49　〔26731〕
◇雑俳集成　第2期 8　大坂文政雑俳集　鈴木勝忠校訂　岡崎　鈴木勝忠　1991.12　296p　21cm　Ⓝ911.49　〔26732〕
◇雑俳集成　第2期 9　大坂幕末雑俳集　鈴木勝忠校訂　岡崎　鈴木勝忠　1992.2　326p　21cm　Ⓝ911.49　〔26733〕
◇雑俳集成　第2期 10　名古屋幕末狂俳集　鈴木勝忠校訂　岡崎　鈴木勝忠　1992.5　330p　21cm　Ⓝ911.49　〔26734〕
◇雑俳集成　第2期 11　雑俳雑聚　1　鈴木勝忠校訂　岡崎　鈴木勝忠　1992.10　316p　21cm　Ⓝ911.49　〔26735〕
◇雑俳集成　第2期 12　雑俳雑聚　2　鈴木勝忠校訂　岡崎　鈴木勝忠　1993.4　304,32p　21cm　Ⓝ911.49　〔26736〕
◇雑俳集成　3期 1　享保京都会所本集　鈴木勝忠編　岡崎　鈴木勝忠　1995.3　291p　21cm　Ⓝ911.49　〔26737〕
◇雑俳集成　3期 2　江戸高点付句集　鈴木勝忠編　岡崎　鈴木勝忠　1995.5　294p　21cm　Ⓝ911.49　〔26738〕
◇雑俳集成　3期 3　江戸座高点・雑俳集　鈴木勝忠編　岡崎　鈴木勝忠　1995.11　302p　21cm　Ⓝ911.49　〔26739〕
◇雑俳集成　3期 4　江戸座高点・雑俳集　2　鈴木勝忠編　岡崎　鈴木勝忠　1996.5　297p　21cm　Ⓝ911.49　〔26740〕
◇雑俳集成　3期 5　江戸座高点・雑俳集　3　鈴木勝忠編　岡崎　鈴木勝忠　1996.10　292p　21cm　Ⓝ911.49　〔26741〕

◇雑俳集成 3期6 幕末川柳風狂句集 鈴木勝忠編 岡崎 鈴木勝忠 1997.2 302p 21cm Ⓝ911.49 〔26742〕
◇雑俳川柳研究集成 1 清博美編 芝川町(静岡県) 川柳雑俳研究会 2002.4 272p 21cm 非売品 Ⓝ911.45 〔26743〕
◇雑俳川柳研究集成 2 清博美編 芝川町(静岡県) 川柳雑俳研究会 2002.8 298p 21cm 非売品 Ⓝ911.45 〔26744〕
◇雑俳川柳研究集成 3 清博美編 芝川町(静岡県) 川柳雑俳研究会 2002.12 318p 21cm 非売品 Ⓝ911.45 〔26745〕
◇雑俳川柳研究集成 4 清博美編 芝川町(静岡県) 川柳雑俳研究会 2003.4 282p 21cm 非売品 Ⓝ911.45 〔26746〕
◇雑俳川柳研究集成 5 清博美編 芝川町(静岡県) 川柳雑俳研究会 2003.9 297p 21cm 6000円 Ⓘ4-89522-341-8 Ⓝ911.45 〔26747〕
◇雑俳川柳研究集成 6 清博美編 芝川町(静岡県) 川柳雑俳研究会 2003.12 302p 21cm 6000円 Ⓘ4-89522-363-9 Ⓝ911.45 〔26748〕
◇雑俳川柳研究集成 7 清博美編 芝川町(静岡県) 川柳雑俳研究会 2004.4 272p 21cm 6000円 Ⓘ4-89522-390-6 Ⓝ911.45 〔26749〕
◇雑俳川柳研究集成 8 川柳鯱鉾1 清博美編 芝川町 川柳雑俳研究会, 三樹書房〔発売〕 2004.8 245p 21cm 6000円 Ⓘ4-89522-426-0 〔26750〕
◇雑俳川柳研究集成 9 清博美編 芝川町(静岡県) 川柳雑俳研究会 2004.12 296p 21cm 6000円 Ⓘ4-89522-427-9 Ⓝ911.45 〔26751〕
◇雑俳川柳研究集成 10 清博美編 芝川町(静岡県) 川柳雑俳研究会 2005.4 262p 21cm 6000円 Ⓘ4-89522-428-7 Ⓝ911.45 〔26752〕
◇雑俳川柳研究集成 11 川柳鯱鉾 清博美編 芝川町 川柳雑俳研究会, 三樹書房〔発売〕 2005.8 264p 21cm 6000円 Ⓘ4-89522-030-3 〔26753〕
◇雑俳川柳研究集成 12 清博美編 芝川町(静岡県) 川柳雑俳研究会 2005.12 239p 21cm 6000円 Ⓘ4-89522-430-9 Ⓝ911.45 〔26754〕
◇雑俳川柳研究集成 13 清博美編 芝川町(静岡県) 三樹書房(発売) 2006.4 254p 21cm 6000円 Ⓘ4-89522-431-7 Ⓝ911.45 〔26755〕
◇雑俳川柳研究集成 14 清博美編 芝川町(静岡県) 三樹書房(発売) 2006.9 238p 21cm 6000円 Ⓘ4-89522-044-3 〔26756〕
◇雑俳川柳研究集成 15 清博美編 芝川町(静岡県) 三樹書房(発売) 2006.12 213p 21cm 6000円 Ⓘ4-89522-045-1 Ⓝ911.45 〔26757〕
◇雑俳川柳研究集成 16 清博美編 芝川町(静岡県) 三樹書房(発売) 2007.5 211p 21cm 6000円 Ⓘ978-4-89522-053-8 Ⓝ911.45 〔26758〕
◇雑俳川柳研究集成 17 清博美編 芝川町(静岡県) 川柳雑俳研究会 2007.8 234p 21cm 6000円 Ⓘ978-4-903973-00-5 Ⓝ911.45 〔26759〕
◇雑俳珍書集成―影印付 第1巻 象の鼻・麓道 八木敬一編 太平書屋 1993.10 147p 21cm 5000円 Ⓝ911.49 〔26760〕
◇雑俳のかゝみ 巻之1 清水花次郎 清水花次郎 1903.5 26p 19cm Ⓝ911.1 〔26761〕
◇川柳雑俳江戸庶民の世界 鈴木勝忠著 三樹書房 1996.10 281p 22cm 2884円 Ⓘ4-89522-207-1 Ⓝ911.45 〔26762〕

◇川柳・雑俳からみた江戸庶民風俗 鈴木勝忠著 雄山閣出版 1978.8 246p 21cm (風俗文化史選書14) 2000円 Ⓝ911.45 〔26763〕
◇川柳雑俳の研究 麻生磯次著 東京堂 1948 292p 19cm Ⓝ911.45 〔26764〕
◇川柳雑俳の研究 麻生磯次著 東京堂 1948 292p 19cm Ⓝ911.4 〔26765〕
◇川柳と雑俳 鈴木勝忠著 千人社 1979.11 222p 20cm (歴史選書9) 1300円 Ⓝ911.45 〔26766〕
◇「段駄羅―輪島塗りの職場文芸」の研究―卒業論文 谷内文佳著 出版地不明 〔谷内文佳〕2001.1 19枚 21×30cm Ⓝ911.49 〔26767〕
◇付け句恋々 矢崎藍著 名古屋 中日新聞社 2004.5 239p 19cm 1333円 Ⓘ4-8062-0476-5 Ⓝ911.49 〔26768〕
◇土佐句テニハの世界 国則三雄志文 牧野圭一画 高知 土佐倶楽部社 1999.6 289p 26cm Ⓝ911.49 〔26769〕
◇誹諧武玉川三篇―輪講 芝川町(静岡県) 川柳雑俳研究会 1999.12 223p 21cm (江戸川柳・解釈と鑑賞・シリーズ19) 非売品 Ⓝ911.49 〔26770〕
◇誹諧武玉川四・五篇―輪講 芝川町(静岡県) 川柳雑俳研究会 2002.9 191p 21cm (江戸川柳・解釈と鑑賞・シリーズ29) 非売品 Ⓝ911.49 〔26771〕
◇誹諧武玉川初篇―輪講 芝川町(静岡県) 川柳雑俳研究会 1999.6 240p 21cm (江戸川柳・解釈と鑑賞・シリーズ17) 非売品 Ⓘ4-89522-379-5 Ⓝ911.49 〔26772〕
◇誹諧武玉川二篇―輪講 芝川町(静岡県) 川柳雑俳研究会 1999.9 235p 21cm (江戸川柳・解釈と鑑賞・シリーズ18) 非売品 Ⓝ911.49 〔26773〕
◇やない筥四篇輪講―柳樽余稿 芝川町(静岡県) 川柳雑俳研究会 2005.3 193p 21cm (江戸川柳・解釈と鑑賞・シリーズ36) 4000円 Ⓘ4-89522-027-3 Ⓝ911.49 〔26774〕
◇やない筥初篇輪講―柳樽余稿 芝川町(静岡県) 川柳雑俳研究会 2000.9 320p 21cm (江戸川柳・解釈と鑑賞・シリーズ22) 非売品 Ⓝ911.49 〔26775〕
◇やない筥二篇輪講―柳樽余稿 芝川町(静岡県) 川柳雑俳研究会 2003.6 328p 21cm (江戸川柳・解釈と鑑賞・シリーズ31) 5500円 Ⓘ4-89522-334-5 Ⓝ911.49 〔26776〕
◇柳樽余稿川傍柳五篇―輪講 芝川町(静岡県) 三樹書房(発売) 2007.6 246p 21cm (江戸川柳・解釈と鑑賞・シリーズ42) 5500円 Ⓘ978-4-89522-056-9 Ⓝ911.49 〔26777〕
◇柳樽余稿川傍柳四篇―輪講 芝川町(静岡県) 川柳雑俳研究会 2005.6 232p 21cm (江戸川柳・解釈と鑑賞・シリーズ37) 4500円 Ⓘ4-89522-028-1 Ⓝ911.49 〔26778〕
◇柳樽余稿川傍柳三篇―輪講 芝川町(静岡県) 川柳雑俳研究会 2003.3 302p 21cm (江戸川柳・解釈と鑑賞・シリーズ30) 非売品 Ⓝ911.49 〔26779〕
◇柳樽余稿川傍柳二篇―輪講 芝川町(静岡県) 川柳雑俳研究会 2002.6 243p 21cm (江戸川柳・解釈と鑑賞・シリーズ28) 非売品 Ⓝ911.49 〔26780〕

◆歌謡・謡曲・狂言

◇潮来節大全集 玩究隠士編著 太平書屋 2001.2 299p 21cm (俗謡叢書 第6冊) 8000円 Ⓝ911.65 〔26781〕
◇薄物唄本目録―阪急学園池田文庫所蔵 阪急学園池田文

◇庫編　池田　阪急学園池田文庫　1993.11　110,20p　26cm　Ⓝ911.65
〔26782〕
◇江戸以前薩摩琵琶歌　島津正者　ぺりかん社　2000.6　254p　22cm　4200円　Ⓘ4-8315-0941-8　Ⓝ911.65
〔26783〕
◇江戸歌大集　石川和助, 野口清兵衛編　大阪　石川和助〔ほか〕　1885.5　5冊　16cm　Ⓝ768
〔26784〕
◇江戸歌大集　梅村為助編　大阪　梅村為助　1893.3　270丁　17cm　Ⓝ768
〔26785〕
◇江戸瓦版はやりうた七十種　玩究隠士校注　太平書屋　1999.6　302p　21cm　(俗謡叢書 第4冊)8000円　Ⓝ911.65
〔26786〕
◇江戸瓦版はやりうた八十種―大阪大学忍頂寺文庫蔵　玩究隠士校注　太平書屋　2000.5　306p　21cm　(俗謡叢書 第5冊)8000円　Ⓝ911.65
〔26787〕
◇江戸川柳と謡曲　室山源三郎著　三樹書房　1990.10　327p　22cm　10000円　Ⓘ4-89522-144-X　Ⓝ912.3
〔26788〕
◇大蔵虎明本狂言集総索引　4　鬼類・小名類　北原保雄, 山崎誠編　武蔵野書院　1989.10　135p　22cm　5000円　Ⓝ912.3
〔26789〕
◇大蔵虎明本狂言集総索引　1　脇狂言之類　北原保雄編, 村上昭子編　武蔵野書院　1984.6　122p　22cm　3500円　Ⓝ912.3
〔26790〕
◇大蔵虎明本狂言集の研究　本文篇 上　池田広司, 北原保雄著　表現社　1972　431p　22cm　5800円　Ⓝ912.3
〔26791〕
◇大蔵虎明本狂言集の研究　本文篇 中　池田広司, 北原保雄著　表現社　1973　440p　22cm　6500円　Ⓝ912.3
〔26792〕
◇大蔵虎明本狂言集の研究　本文篇 下　池田広司, 北原保雄著　表現社　1983.9　329p　22cm　7500円　Ⓝ912.3
〔26793〕
◇大蔵虎明本狂言集総索引　2　大名狂言類　北原保雄編, 鬼山信行編　武蔵野書院　1986.3　164p　22cm　5000円　Ⓝ912.3
〔26794〕
◇大蔵虎明本狂言集総索引　6　出家座頭類　北原保雄編, 土屋博映編　武蔵野書院　1984.7　137p　22cm　4500円　Ⓝ912.3
〔26795〕
◇大蔵虎明本狂言集総索引　7　集狂言之類　北原保雄編, 大倉浩編　武蔵野書院　1986.5　146p　22cm　4500円　Ⓝ912.3
〔26796〕
◇御船歌の研究　平賀礼子著　三弥井書店　1997.2　427p　22cm　9600円　Ⓘ4-8382-3049-4　Ⓝ911.65
〔26797〕
◇上方狂言本(曽我物)と研究　鈴木光保編著　豊橋　未刊国文資料刊行会　1986.10　268p　19cm　(未刊国文資料 第4期第11冊)　Ⓝ912.5
〔26798〕
◇歌謡集　上古篇　正宗敦夫編・校　日本古典全集刊行会　1934　67,368,11p　18cm　(日本古典全集 基本版 第8)Ⓝ911.6
〔26799〕
◇歌謡集　中　志田延義編　現代思潮新社　2007.5　35p,p371-619　16cm　(覆刻日本古典全集)3800円　Ⓘ978-4-329-02599-9　Ⓝ911.6
〔26800〕
◇歌謡集　下　志田延義編　現代思潮新社　2007.5　20p,p623-1037,35p　16cm　(覆刻日本古典全集)5700円　Ⓘ978-4-329-02600-2　Ⓝ911.6
〔26801〕
◇歌謡集 近代篇(小唄集)　花江都歌舞妓年代記 下　正宗敦夫編・校　談洲楼焉馬著　正宗敦夫編・校　日本古典全集刊行会　1934　525-712,19,171p　18cm　(日本古典全集 基本版 第8)Ⓝ911.6
〔26802〕
◇歌謡俳書選集　第4　古今集遠鏡―六巻　藤井乙男編

本居宣長著　京都　文献書院　1927　509,31p　19cm　Ⓝ911
〔26803〕
◇歌謡俳書選集　第5　橘曙覧歌集　藤井乙男編　京都　文献書院　1927　371p　19cm　Ⓝ911
〔26804〕
◇歌謡俳書選集　第7　芭蕉七部集　藤井乙男編　松尾芭蕉著　京都　文献書院　1927　412p　19cm　Ⓝ911
〔26805〕
◇歌謡俳書選集　第8　万葉集楢の杣　藤井乙男編　上田秋成著　京都　文献書院　1928　517,14p　19cm　Ⓝ911
〔26806〕
◇歌謡俳書選集　第10　蜀山家集　藤井乙男編　大田南畝著　京都　文献書院　1927　491p　19cm　Ⓝ911
〔26807〕
◇京唄江戸唄加鹿硘詠　守川吉兵衛編　富山　守川吉兵衛　1886.6　48丁　18cm　Ⓝ768.5
〔26808〕
◇京唄江戸唄数乃詠　供田太七編　金沢　供田太七　1894.8　107丁　17cm　Ⓝ768.5
〔26809〕
◇狂言集総索引―大蔵虎明本　3　鞨類・山伏類　北原保雄編, 小川栄一編　武蔵書院　1982.10　119p　22cm　3000円　Ⓝ912.3
〔26810〕
◇玉石録　岡崎正著　浦和　岡崎正　1998.11　224p　19cm　Ⓝ912.3
〔26811〕
◇近世歌謡の諸相と環境　小野恭靖著　笠間書院　1999.10　621p　22cm　(笠間叢書 326)17000円　Ⓘ4-305-10326-5　Ⓝ911.65
〔26812〕
◇近世歌謡・民謡の研究―その流動と定着　木村重利著　桜楓社　1980.7　258p　22cm　2800円　Ⓝ911.65
〔26813〕
◇近世前期歌謡集　神田俊一, 吉田幸一編　古典文庫　1998.7　519p　17cm　(古典文庫)非売品　Ⓝ911.65
〔26814〕
◇近世流行歌謡―本文と各句索引　小野恭靖編　笠間書院　2003.2　350p　22cm　(笠間索引叢刊 124)Ⓘ4-305-20124-0　Ⓝ911.65
〔26815〕
◇近代歌謡の研究　藤田徳太郎著　勉誠社　1986.2　518,4,12p　22cm　12000円　Ⓝ911.65
〔26816〕
◇組踊「未生の縁」台本　田里朝直作　豊見城市組踊保存会編　豊見城　豊見城市組踊保存実行委員会　2003.3　167p　30cm　Ⓝ911.65
〔26817〕
◇小唄江戸散歩　平山健著　立風書房　1988.12　333p　20cm　2000円　Ⓘ4-651-98994-2　Ⓝ911.65
〔26818〕
◇ことばから迫る能謡曲論―理論と鑑賞の新視点　小林千草, 千草子著　武蔵野書院　2006.11　327p　19cm　2381円　Ⓘ4-8386-0416-5
〔26819〕
◇山家鳥虫歌―近世諸国民謡集　浅野建二校注　岩波書店　2000.10　332p　15cm　(岩波文庫)660円　Ⓘ4-00-302421-4
〔26820〕
◇しっぽこ―文久元年江戸はやり歌控帳　美佐尾筆録　玩究隠士校注　太平書屋　1997.4　141p　21cm　(俗謡叢書 第1冊)4000円　Ⓝ911.65
〔26821〕
◇芝居小唄　木村菊太郎著　改訂増補版　演劇出版社　1979.11　635p　22cm　4800円　Ⓝ911.65
〔26822〕
◇芝居小唄　木村菊太郎著　改訂増補第5版　演劇出版社　1994.3　635p　22cm　8000円　Ⓝ911.65
〔26823〕
◇定本・小歌志彙集―文化・文政・天保のはやり歌　小寺玉晁筆録　玩究隠士校注　太平書屋　1998.6　243p　21cm　(俗謡叢書 第3冊)6000円　Ⓝ911.65
〔26824〕
◇長唄を読む　2　歌舞伎と人と歴史奇談 江戸前編　西園寺由利著　新風舎　2007.4　557,14p　19cm　3000円　Ⓘ978-4-7974-8076-4
〔26825〕
◇長唄を読む　3　歌舞伎と人と歴史奇談 江戸後期～現代

文学史　　　　　　　　　　　　　　近世史

編　西園寺由利著　新風舎　2007.4　492,15p　19cm　2800円　①978-4-7974-8077-1　〔26826〕

◇日本戯曲全集　歌舞伎篇 第1巻　中古江戸狂言集　伊原青々園編　春陽堂　1931　540p　19cm　Ⓝ912　〔26827〕

◇日本戯曲全集　歌舞伎篇 第18巻　化政度江戸世話狂言集　春陽堂　1929　642p　19cm　Ⓝ912　〔26828〕

◇日本戯曲全集　歌舞伎篇 第20巻　化政度江戸仇討狂言集　春陽堂　1929　766p　19cm　Ⓝ912　〔26829〕

◇日本戯曲全集　歌舞伎篇 第41巻　化政度江戸狂言集 続　春陽堂　1932　600p　19cm　Ⓝ912　〔26830〕

◇芭蕉と謡曲―芭蕉俳諧の謡曲的なもの百句　佐藤賢一著　わんや書店　1987.12　107p　19cm　1000円　Ⓝ911.32　〔26831〕

◇「はんや舞」の研究―筑後星野風流　国武久義著　福岡葦書房　1988.1　268p　19cm　2300円　Ⓝ911.65　〔26832〕

◇兵庫口説　村上省吾編　柳井　村上省吾　1983.7　112,114,11p　26cm　非売品　Ⓝ911.65　〔26833〕

◇兵庫口説　村上省吾編　弓立社　1999.12　325p　22cm　5800円　①4-89667-963-6　Ⓝ911.65　〔26834〕

◇邦楽詞章名詞索引―長唄・清元・常磐津　長崎由利子編　若草書房　1996.3　476p　22cm　15000円　①4-948755-03-6　Ⓝ911.65　〔26835〕

◇八女地方伝承俚謡誌　国武久義編著　増補版　三潴町（福岡県）　鶴久二郎　1978.5　263p　22cm　2000円　Ⓝ911.65　〔26836〕

◇謡曲狂言と近世の文芸　安藤常次郎著,安藤常次郎先生米寿記念刊行会編　わんや書店　1986.7　255p　22cm　2700円　Ⓝ912.3　〔26837〕

◇謡曲拾葉抄　犬井貞恕著　日本図書センター　1979.8　804p　22cm　（日本文学古註釈大成）12000円　Ⓝ912.3　〔26838〕

◇「隆達節歌謡」全歌集―本文と総索引　小野恭靖編　笠間書院　1998.2　151p　22cm　（笠間索引叢刊 115）4500円　①4-305-20115-1　Ⓝ911.65　〔26839〕

◇「隆達節歌謡」の基礎的研究　小野恭靖著　笠間書院　1997.2　448p　22cm　（笠間叢書 299）12000円　①4-305-10299-4　Ⓝ911.65　〔26840〕

◇類別大津絵節集成　上巻　江戸板編　玩究隠士編著　太平書屋　2003.8　322p　21cm　（俗謡叢書 第7冊）8000円　Ⓝ911.65　〔26841〕

◆◆下掛謡本

◇下掛謡本　1 分冊1　観音寺　上坂氏顕彰会史料出版部　2002.9　1冊　30cm　（理想日本リプリント 第85巻）46800円　Ⓝ912.3　〔26842〕

◇下掛謡本―文化三年版　1 分冊1　観音寺　上坂氏顕彰会史料出版部　2003.2　1冊　30cm　（理想日本リプリント 第93巻）41800円　Ⓝ912.3　〔26843〕

◇下掛謡本　1 分冊2　観音寺　上坂氏顕彰会史料出版部　2002.9　1冊　30cm　（理想日本リプリント 第85巻）52800円　Ⓝ912.3　〔26844〕

◇下掛謡本―文化三年版　1 分冊2　観音寺　上坂氏顕彰会史料出版部　2003.2　1冊　30cm　（理想日本リプリント 第93巻）41800円　Ⓝ912.3　〔26845〕

◇下掛謡本　2 分冊1　観音寺　上坂氏顕彰会史料出版部　2002.9　1冊　30cm　（理想日本リプリント 第85巻）41800円　Ⓝ912.3　〔26846〕

◇下掛謡本―文化三年版　2 分冊1　観音寺　上坂氏顕彰会史料出版部　2003.2　1冊　30cm　（理想日本リプリント 第93巻）52800円　Ⓝ912.3　〔26847〕

◇下掛謡本　2 分冊2　観音寺　上坂氏顕彰会史料出版部　2002.9　1冊　30cm　（理想日本リプリント 第85巻）46800円　Ⓝ912.3　〔26848〕

◇下掛謡本―文化三年版　2 分冊2　観音寺　上坂氏顕彰会史料出版部　2003.2　1冊　30cm　（理想日本リプリント 第93巻）46800円　Ⓝ912.3　〔26849〕

◇下掛謡本　3 分冊1　観音寺　上坂氏顕彰会史料出版部　2002.9　1冊　30cm　（理想日本リプリント 第85巻）41800円　Ⓝ912.3　〔26850〕

◇下掛謡本　3 分冊2　観音寺　上坂氏顕彰会史料出版部　2002.9　1冊　30cm　（理想日本リプリント 第85巻）41800円　Ⓝ912.3　〔26851〕

◇下掛謡本　4 分冊1　観音寺　上坂氏顕彰会史料出版部　2002.9　1冊　30cm　（理想日本リプリント 第85巻）41800円　Ⓝ912.3　〔26852〕

◇下掛謡本　4 分冊2　観音寺　上坂氏顕彰会史料出版部　2002.9　1冊　30cm　（理想日本リプリント 第85巻）46800円　Ⓝ912.3　〔26853〕

◇下掛謡本　5 分冊1　観音寺　上坂氏顕彰会史料出版部　2002.9　1冊　30cm　（理想日本リプリント 第85巻）41800円　Ⓝ912.3　〔26854〕

◇下掛謡本　5 分冊2　観音寺　上坂氏顕彰会史料出版部　2002.9　1冊　30cm　（理想日本リプリント 第85巻）46800円　Ⓝ912.3　〔26855〕

◇下掛謡本―文化三年版　6 分冊1　観音寺　上坂氏顕彰会史料出版部　2003.2　1冊　30cm　（理想日本リプリント 第93巻）46800円　Ⓝ912.3　〔26856〕

◇下掛謡本―文化三年版　6 分冊2　観音寺　上坂氏顕彰会史料出版部　2003.2　1冊　30cm　（理想日本リプリント 第93巻）46800円　Ⓝ912.3　〔26857〕

◇下掛謡本　7 分冊1　観音寺　上坂氏顕彰会史料出版部　2002.9　1冊　30cm　（理想日本リプリント 第85巻）46800円　Ⓝ912.3　〔26858〕

◇下掛謡本―文化三年版　7 分冊1　観音寺　上坂氏顕彰会史料出版部　2003.2　1冊　30cm　（理想日本リプリント 第93巻）41800円　Ⓝ912.3　〔26859〕

◇下掛謡本　7 分冊2　観音寺　上坂氏顕彰会史料出版部　2002.9　1冊　30cm　（理想日本リプリント 第85巻）52800円　Ⓝ912.3　〔26860〕

◇下掛謡本―文化三年版　7 分冊2　観音寺　上坂氏顕彰会史料出版部　2003.2　1冊　30cm　（理想日本リプリント 第93巻）41800円　Ⓝ912.3　〔26861〕

◇下掛謡本―文化三年版　7 分冊3　観音寺　上坂氏顕彰会史料出版部　2003.2　1冊　30cm　（理想日本リプリント 第93巻）46800円　Ⓝ912.3　〔26862〕

◇下掛謡本―文化三年版　7 分冊4　観音寺　上坂氏顕彰会史料出版部　2003.2　1冊　30cm　（理想日本リプリント 第93巻）41800円　Ⓝ912.3　〔26863〕

◇下掛謡本―文化三年版　8 分冊1　観音寺　上坂氏顕彰会史料出版部　2003.2　1冊　30cm　（理想日本リプリント 第93巻）46800円　Ⓝ912.3　〔26864〕

◇下掛謡本―文化三年版　8 分冊2　観音寺　上坂氏顕彰会史料出版部　2003.2　1冊　30cm　（理想日本リプリント 第93巻）46800円　Ⓝ912.3　〔26865〕

◇下掛謡本　9 分冊1　観音寺　上坂氏顕彰会史料出版部　2002.9　1冊　30cm　（理想日本リプリント 第85巻）41800円　Ⓝ912.3　〔26866〕

◇下掛謡本―文化三年版　9 分冊1　観音寺　上坂氏顕彰会史料出版部　2003.2　1冊　30cm　（理想日本リプリント 第93巻）46800円　Ⓝ912.3　〔26867〕

◇下掛謡本　9 分冊2　観音寺　上坂氏顕彰会史料出版部
　2002.9　1冊　30cm　(理想日本リプリント　第85
　巻) 52800円　Ⓝ912.3
〔26868〕
◇下掛謡本—文化三年版　9 分冊2　観音寺　上坂氏顕彰
　会史料出版部　2003.2　1冊　30cm　(理想日本リプリ
　ント　第93巻) 41800円　Ⓝ912.3
〔26869〕
◇下掛謡本　11 分冊1　観音寺　上坂氏顕彰会史料出版部
　2002.9　1冊　30cm　(理想日本リプリント　第85
　巻) 46800円　Ⓝ912.3
〔26870〕
◇下掛謡本　11 分冊2　観音寺　上坂氏顕彰会史料出版部
　2002.9　1冊　30cm　(理想日本リプリント　第85
　巻) 52800円　Ⓝ912.3
〔26871〕
◇下掛謡本　12 分冊1　観音寺　上坂氏顕彰会史料出版部
　2002.9　1冊　30cm　(理想日本リプリント　第85
　巻) 46800円　Ⓝ912.3
〔26872〕
◇下掛謡本　12 分冊2　観音寺　上坂氏顕彰会史料出版部
　2002.9　1冊　30cm　(理想日本リプリント　第85
　巻) 41800円　Ⓝ912.3
〔26873〕
◇下掛謡本　13 分冊1　観音寺　上坂氏顕彰会史料出版部
　2002.9　1冊　30cm　(理想日本リプリント　第85
　巻) 41800円　Ⓝ912.3
〔26874〕
◇下掛謡本　13 分冊2　観音寺　上坂氏顕彰会史料出版部
　2002.9　1冊　30cm　(理想日本リプリント　第85
　巻) 52800円　Ⓝ912.3
〔26875〕
◇下掛謡本　14 分冊1　観音寺　上坂氏顕彰会史料出版部
　2002.9　1冊　30cm　(理想日本リプリント　第85
　巻) 41800円　Ⓝ912.3
〔26876〕
◇下掛謡本　14 分冊2　観音寺　上坂氏顕彰会史料出版部
　2002.9　1冊　30cm　(理想日本リプリント　第85
　巻) 52800円　Ⓝ912.3
〔26877〕
◇下掛謡本　15 分冊1　観音寺　上坂氏顕彰会史料出版部
　2002.9　1冊　30cm　(理想日本リプリント　第85
　巻) 52800円　Ⓝ912.3
〔26878〕
◇下掛謡本　15 分冊2　観音寺　上坂氏顕彰会史料出版部
　2002.9　1冊　30cm　(理想日本リプリント　第85
　巻) 46800円　Ⓝ912.3
〔26879〕
◇下掛謡本　16 分冊1　観音寺　上坂氏顕彰会史料出版部
　2002.9　1冊　30cm　(理想日本リプリント　第85
　巻) 41800円　Ⓝ912.3
〔26880〕
◇下掛謡本　16 分冊2　観音寺　上坂氏顕彰会史料出版部
　2002.9　1冊　30cm　(理想日本リプリント　第85
　巻) 46800円　Ⓝ912.3
〔26881〕
◇下掛謡本　17 分冊1　観音寺　上坂氏顕彰会史料出版部
　2002.9　1冊　30cm　(理想日本リプリント　第85
　巻) 41800円　Ⓝ912.3
〔26882〕
◇下掛謡本　17 分冊2　観音寺　上坂氏顕彰会史料出版部
　2002.9　1冊　30cm　(理想日本リプリント　第85
　巻) 41800円　Ⓝ912.3
〔26883〕
◇下掛謡本　18 分冊1　観音寺　上坂氏顕彰会史料出版部
　2002.9　1冊　30cm　(理想日本リプリント　第85
　巻) 41800円　Ⓝ912.3
〔26884〕
◇下掛謡本　18 分冊2　観音寺　上坂氏顕彰会史料出版部
　2002.9　1冊　30cm　(理想日本リプリント　第85
　巻) 52800円　Ⓝ912.3
〔26885〕
◇下掛謡本　20 分冊1　観音寺　上坂氏顕彰会史料出版部
　2002.9　1冊　30cm　(理想日本リプリント　第85
　巻) 46800円　Ⓝ912.3
〔26886〕
◇下掛謡本　20 分冊2　観音寺　上坂氏顕彰会史料出版部
　2002.9　1冊　30cm　(理想日本リプリント　第85
　巻) 52800円　Ⓝ912.3
〔26887〕
◇下掛謡本　21 分冊1　観音寺　上坂氏顕彰会史料出版部
　2002.9　1冊　30cm　(理想日本リプリント　第85
　巻) 46800円　Ⓝ912.3
〔26888〕
◇下掛謡本　21 分冊2　観音寺　上坂氏顕彰会史料出版部
　2002.9　1冊　30cm　(理想日本リプリント　第85
　巻) 52800円　Ⓝ912.3
〔26889〕
◇下掛謡本　23 分冊1　観音寺　上坂氏顕彰会史料出版部
　2002.9　1冊　30cm　(理想日本リプリント　第85
　巻) 52800円　Ⓝ912.3
〔26890〕
◇下掛謡本　23 分冊2　観音寺　上坂氏顕彰会史料出版部
　2002.9　1冊　30cm　(理想日本リプリント　第85
　巻) 46800円　Ⓝ912.3
〔26891〕
◇下掛謡本　26 分冊1　観音寺　上坂氏顕彰会史料出版部
　2002.10　1冊　30cm　(理想日本リプリント　第85
　巻) 46800円　Ⓝ912.3
〔26892〕
◇下掛謡本　26 分冊2　観音寺　上坂氏顕彰会史料出版部
　2002.10　1冊　30cm　(理想日本リプリント　第85
　巻) 41800円　Ⓝ912.3
〔26893〕
◇下掛謡本　29 分冊1　観音寺　上坂氏顕彰会史料出版部
　2002.10　1冊　30cm　(理想日本リプリント　第85
　巻) 46800円　Ⓝ912.3
〔26894〕
◇下掛謡本　29 分冊2　観音寺　上坂氏顕彰会史料出版部
　2002.10　1冊　30cm　(理想日本リプリント　第85
　巻) 52800円　Ⓝ912.3
〔26895〕
◇下掛謡本　30 分冊1　観音寺　上坂氏顕彰会史料出版部
　2002.10　1冊　30cm　(理想日本リプリント　第85
　巻) 46800円　Ⓝ912.3
〔26896〕
◇下掛謡本　30 分冊2　観音寺　上坂氏顕彰会史料出版部
　2002.10　1冊　30cm　(理想日本リプリント　第85
　巻) 46800円　Ⓝ912.3
〔26897〕

◆紀行文
◇秋山記行—現代語訳　鈴木牧之著　磯部定治訳・解説
　恒文社　1998.7　117p　20cm　1800円
　①4-7704-0978-8　Ⓝ915.5
〔26898〕
◇阿波国上田美寿日記　上田美寿著　棚橋久美子編　大
　阪　清文堂出版　2001.2　240p　22cm　(清文堂史料叢
　書　第107刊) 7200円　①4-7924-0502-5　Ⓝ915.5
〔26899〕
◇伊勢金比羅参宮日記　栗原順庵著,金井好道編　新田町
　(群馬県)　金井好道　1978.6　94p　21cm　非売品
　Ⓝ291.09
〔26900〕
◇伊勢参宮道中記—天保十一年子二月　宮崎平左衛門著
　八代　クギヤ印刷所　1986.6　149p　22cm　Ⓝ291.09
〔26901〕
◇伊勢道中記史料　東京都世田谷区教育委員会編　東京都
　世田谷区教育委員会　1984.3　250p　22cm　Ⓝ291.09
〔26902〕
◇姥ざかり花の旅笠—小田宅子の「東路日記」　田辺聖子
　著　集英社　2001.6　381p　19cm　1700円
　①4-08-774530-9
〔26903〕
◇江戸を歩く—近世紀行文の世界　板坂耀子著　福岡　葦
　書房　1993.3　242p　20cm　①4-7512-0478-5　Ⓝ915.5
〔26904〕
◇江戸温泉紀行　板坂耀子編　平凡社　1987.8　322p
　18cm　(東洋文庫　472) 2300円　①4-582-80472-1
　Ⓝ291.09
〔26905〕
◇江戸後期紀行文学全集　第1巻　津本信博著　新典社
　2007.6　687p　22cm　(新典社研究叢書 186) 19000円
　①978-4-7879-4186-2　Ⓝ915.5
〔26906〕
◇江戸時代の旅日記　茂原市立図書館古文書講座編　茂原
　茂原市立図書館　1998.3　234p　30cm　(茂原の古文書
　史料集　第4集) Ⓝ682.1
〔26907〕
◇江戸「東北旅日記」案内　伊藤孝博著　秋田　無明舎出

文学史　　　　　　　　　近世史

◇版　2006.2　277p　19cm　1800円　Ⓘ4-89544-407-4　Ⓝ915.5
〔26908〕

◇江戸の旅を読む　板坂耀子著　ぺりかん社　2002.5　252p　20cm　2500円　Ⓘ4-8315-1010-6　Ⓝ915.5
〔26909〕

◇江戸の旅と文学　板坂耀子著　ぺりかん社　1993.12　317p　20cm　2800円　Ⓘ4-8315-0615-X　Ⓝ915.5
〔26910〕

◇江戸の旅日記―「徳川啓蒙期」の博物学者たち　ヘルベルト・プルチョウ著　集英社　2005.8　238p　18cm　(集英社新書)700円　Ⓘ4-08-720304-2　Ⓝ915.5
〔26911〕

◇岡崎日記と研究　広瀬茂竹著, 大礒義雄編著　豊橋　未刊国文資料刊行会　1975　257p　19cm　(未刊国文資料　第4期 第4冊)Ⓝ915.5
〔26912〕

◇おそ桜の記評釈　松田二郎著　鶴岡　「おそ桜の記」刊行会　1996.2　202p　22cm　1800円　Ⓝ915.5
〔26913〕

◇御そもじ御息災に御勤候や―井上通女の書簡集　井上通女原著　秋山吾者著　丸亀〔秋山吾者〕1993.10　179p　19cm　非売品　Ⓝ915.5
〔26914〕

◇鎌倉への道　鈴木棠三著　三一書房　1988.6　254p　19cm　2000円　Ⓝ915.5
〔26915〕

◇かりがね日記　倚松庵　2版　宇和島　宇和島市中央公民館　1991.3　46p　22cm　非売品　Ⓝ915.5
〔26916〕

◇九州廻道中日記―安政六年未ノ年　小田理兵衛記　大阪　福永堂　1897.5　40p　19cm　219
〔26917〕

◇鏡泉洞文庫蔵新出俳人書簡集―白雄・士朗・嵐外・蕉雨　加舎白雄ほか著　田中善信編　新典社(発売)　2000.5　479p　16×22cm　13000円　Ⓘ4-7879-2709-4　Ⓝ915.5
〔26918〕

◇京大本馬琴書簡集―篠斎宛　私家版　滝沢馬琴著　木村三四吾編校　奈良　木村三四吾　1983　210p　21cm　4500円　Ⓘ4-8406-9624-1　Ⓝ915.5
〔26919〕

◇"きよのさん"と歩く江戸六百里　金森敦子著　バジリコ　2006.11　343p　20cm　1800円　Ⓘ4-86238-024-7　Ⓝ291.09
〔26920〕

◇近世紀行集成　板坂耀子校訂　国書刊行会　1991.2　459p　20cm　(叢書江戸文庫 17)4800円　Ⓘ4-336-03006-5　Ⓝ915.5
〔26921〕

◇近世紀行日記文学集成　1　津本信博編著　早稲田大学出版部　1993.2　614p　22cm　18000円　Ⓘ4-657-93109-1　Ⓝ915.5
〔26922〕

◇近世紀行日記文学集成　2　津本信博編著　早稲田大学出版部　1994.9　586p　22cm　18000円　Ⓘ4-657-94729-X　Ⓝ915.5
〔26923〕

◇近世紀行文芸ノート　鈴木棠三著　東京堂出版　1974　303p　22cm　5000円　Ⓝ915.5
〔26924〕

◇近世紀行文集成　第1巻　蝦夷篇　板坂耀子編　福岡　葦書房　2002.6　526p　20cm　4800円　Ⓘ4-7512-0840-3　Ⓝ915.5
〔26925〕

◇近世紀行文集成　第2巻　九州篇　板坂耀子編　福岡　葦書房　2002.9　400p　20cm　3800円　Ⓘ4-7512-0848-9　Ⓝ915.5
〔26926〕

◇近世上毛の女性の紀行文―未紹介資料『松しま道の記』を中心として　徳田進著　ゆまに書房　1997.3　74p　21cm　1545円　Ⓘ4-89714-114-1　Ⓝ915.5
〔26927〕

◇近世諸家書簡集　釈文　北野克編　田中善信解読　武蔵村山　青裳堂書店　1992.8　279p　22cm　(日本書誌学大系 64)12360円　Ⓝ915.5
〔26928〕

◇近世諸家書簡集　図版　北野克編　武蔵村山　青裳堂書店　1991.1　388p　16×22cm　(日本書誌学体系 63)15450円　Ⓝ915.5
〔26929〕

◇近世女人の旅日記集　前田淑編　福岡　葦書房　2001.12　427p　22cm　6000円　Ⓘ4-7512-0821-7　Ⓝ915.5
〔26930〕

◇近世福岡地方女流文芸集　前田淑編　福岡　葦書房　2001.2　358p　22cm　5000円　Ⓘ4-7512-0796-2　Ⓝ915.5
〔26931〕

◇硯北日録―成島柳北日記　成島柳北著　前田愛解説　太平書屋　1997.11　777p　22cm　20000円　Ⓝ915.5
〔26932〕

◇国学者歌人賀茂季鷹『富士日記』の研究　池田敏雄著　武蔵野書院　1997.1　309p　22cm　7000円　Ⓘ4-8386-0165-4　Ⓝ915.5
〔26933〕

◇国文学研究資料館講演集　7　近世の日記・記録　国文学研究資料館整理閲覧部参考室編　国文学研究資料館　1986.3　122p　21cm　Ⓘ4-87592-017-2　Ⓝ910.8
〔26934〕

◇古今記聞　日下部維岳著　伊予史談会編　松山　伊予史談会　1991.5　300p　19cm　(伊予史談会双書 第21集)2400円　Ⓝ915.5
〔26935〕

◇西海行記　川瀬七郎衛門教徳著, 川瀬二郎編　改訂　船橋〔川瀬二郎〕1990.6　130p　21cm　非売品　Ⓝ291.09
〔26936〕

◇西国道中記　川瀬雅男編　川瀬雅男　1972.9　336p　19cm　Ⓝ291.09
〔26937〕

◇西国の旅―文久二年　池谷雄編著　小山町(静岡県)　三洋印刷　1978.11　41p　23cm　Ⓝ291.09
〔26938〕

◇西遊草　清河八郎著　小山松勝一郎校注　岩波書店　1993.12　549p　15cm　(岩波文庫)820円　Ⓘ4-00-334621-1　Ⓝ915.5
〔26939〕

◇盛の花の日記　竹村尚規著　宮本勉編　静岡　羽衣出版　1992.9　63p　26cm　1000円　Ⓝ915.5
〔26940〕

◇信濃紀行集　第1巻　木曽街道之記―方言修行金草鞋第5編　十返舎一九著　唐木伸雄解説　松本　郷土出版社　1995.5　143p　26cm　Ⓘ4-87663-283-9　Ⓝ915.5
〔26941〕

◇信濃紀行集　第2巻　善光寺草津道之記―方言修行金草鞋第13編　十返舎一九著　尾崎行也解説　松本　郷土出版社　1995.5　143p　26cm　Ⓘ4-87663-283-9　Ⓝ915.5
〔26942〕

◇信濃紀行集　第3巻　信濃紀行―滑稽旅賀羅寿第2編　十返舎一九著　唐木伸雄解説　松本　郷土出版社　1995.5　143p　26cm　Ⓘ4-87663-283-9　Ⓝ915.5
〔26943〕

◇信濃文人の旅―山田松斎宝善堂紀行・参宮紀行　山田松斎原著　山田正子編著　中野　山田家宝善堂文庫　2001.10　109p　21cm　(龍鳳ブックレット―歴史研究シリーズ)1000円　Ⓘ4-947697-17-2　Ⓝ915.5
〔26944〕

◇シーボルト江戸参府紀行　シーボルト著　呉秀三訳註　呉茂一校訂　雄松堂出版　2005.5　604p　23cm　(異国叢書 第7巻)13000円　Ⓘ4-8419-3018-3　Ⓝ291.09
〔26945〕

◇上州近世日記・紀行集　萩原進著　国書刊行会　1980.10　346p　21cm　(萩原進著作選集)3800円　Ⓝ915.5
〔26946〕

◇書翰初学抄―江戸時代の手紙を読むために　田中善信著　貴重本刊行会　2002.7　174p　21cm　1500円　Ⓘ4-88915-110-9　Ⓝ915.5
〔26947〕

◇書簡による近世後期俳諧の研究―「俳人の手紙」正続編注解　矢羽勝幸著　武蔵村山　青裳堂書店　1997.5　1071p　22cm　(日本書誌学大系 74)46000円　Ⓝ915.5
〔26948〕

◇諸国案内旅雀　吉田幸一, 倉島須美子編　古典文庫　2002.6　507p　17cm　(古典文庫)非売品　Ⓝ291

◇諸国海陸旅案内―江戸時代 古地図・古文書で愉しむ 小泉吉永解読文・現代訳文 人文社 2004.10 287p 30cm (古地図ライブラリー 10)2100円 Ⓘ4-7959-1908-9 Ⓝ291.09 〔26950〕

◇諸国奇談 南谿旅行記―東遊の巻 長谷川誠一著 縄書房 1950 394p 19cm Ⓝ915.5 〔26951〕

◇白拍子武女道の記 武女著 金沢冬三郎編纂 彩文堂 1939.12 27p 24cm Ⓝ915.5 〔26952〕

◇新出近世俳人書簡集 矢羽勝幸編著 大阪 和泉書院 1991.11 341p 16×22cm (研究叢書 105)10300円 Ⓘ4-87088-478-X Ⓝ915.5 〔26953〕

◇菅江真澄の旅と日記 内田武志著 未來社 1991.3 292p 20cm 2060円 Ⓘ4-624-11024-2 Ⓝ915.5 〔26954〕

◇菅笠日記―現代語訳 本居宣長著 三嶋健男,宮村千素著 大阪 和泉書院 1995.2 143p 21cm 1854円 Ⓘ4-87088-722-3 Ⓝ915.5 〔26955〕

◇鈴木重胤紀行文集 1 鈴木重胤著 谷省吾,加茂正典編 伊勢 皇学館大学神道研究所 2003.3 133p 21cm (神道資料叢刊 9)非売品 Ⓝ291.09 〔26956〕

◇鈴木重胤紀行文集 2 鈴木重胤著 谷省吾,加茂正典共編 伊勢 皇学館大学神道研究所 2006.3 112p 21cm (神道資料叢刊) 非売品 Ⓝ291.09 〔26957〕

◇高山四郎左衛門道中記 太田昇解説 新庄 〔太田昇〕 1995.4 110p 26cm Ⓝ291.09 〔26958〕

◇伊達千広文集―余身帰・竜神出湯日記・三の山路 紀南文化財研究会編 田辺 紀南文化財研究会 1993.12 173p 22cm (紀南郷土叢書 第12輯)Ⓝ915.5 〔26959〕

◇旅ごろもあづまの春を―井上通女の江戸藩邸日記 井上通女著 秋山吾者著 丸亀 〔秋山吾者〕 1994.12 303p 19cm 非売品 Ⓝ915.5 〔26960〕

◇旅日記にみる松阪かいわい―金の丸の勢いうなるよう 田畑美穂語り手 松阪 伊勢の国・松阪十楽 2003.3 51p 21cm (十楽選よむゼミ no.8)400円 Ⓝ215.6 〔26961〕

◇地域と文学―気仙沼・気仙・東山紀行記考1 西田耕三著作集 西田耕三著 気仙沼 耕風社 1989.9 279p 21cm 2500円 Ⓝ915.5 〔26962〕

◇地域と文学―気仙沼・気仙・東山紀行記考1 西田耕三著作集 西田耕三著 気仙沼 耕風社 1989.9 279p 22cm 3000円 Ⓝ915.5 〔26963〕

◇時慶記 第1巻 西洞院時慶著 時慶記研究会編 京都 本願寺出版社 2001.12 269,28p 22cm 9000円 Ⓘ4-653-03761-2 Ⓝ915.5 〔26964〕

◇内藤充真院道中記 宮崎県立図書館編 宮崎 宮崎県立図書館 1994.3 264p 27cm 非売品 Ⓝ291.09 〔26965〕

◇長崎行役日記 長久保赤水著 長久保片雲編著 関根七郎訳解 土浦 筑波書林 1994.11 275p 22cm 3000円 Ⓘ4-900725-10-2 Ⓝ915.5 〔26966〕

◇中空の日記 香川景樹著 三島市郷土館編 三島 三島市教育委員会 1996.2 54p 26cm Ⓝ915.5 〔26967〕

◇日本人の旅・雑考 山本脩著 エッソ・スタンダード石油広報部 1975 115p 21cm (エナジー叢書)Ⓝ915.5 〔26968〕

◇野田泉光院 宮本常一著 未來社 1980.3 287p 20cm (旅人たちの歴史 1)1500円 Ⓝ291.09 〔26969〕

◇能登遊記 金子有斐著 鶴来町立博物館編 鶴来町(石川県) 鶴来町教育委員会 1993.10 81p 26cm (つるぎ叢書 第13編)Ⓝ915.5 〔26970〕

◇俳人の手紙 後藤憲二編 武蔵村山 青裳堂書店 1993.9 589p 27cm (日本書誌学大系 68)56650円 Ⓝ915.5 〔26971〕

◇俳人の手紙―図版 続 矢羽勝幸編 武蔵村山 青裳堂書店 1995.6 490p 27cm (日本書誌学大系 71)39140円 Ⓝ915.5 〔26972〕

◇馬琴蝦夷から南へ―講釈師・歴史の旅 宝井馬琴著 一公塾 1976.8 228p 19cm 非売品 Ⓝ291.09 〔26973〕

◇馬琴書翰集―日本大学総合図書館蔵 滝沢馬琴著 大沢美夫ほか編校 八木書店 1992.11 253,8p 19cm 7000円 Ⓘ4-8406-9084-7 Ⓝ915.5 〔26974〕

◇箱館日記 三田花朝尼著 山崎栄作編 十和田 山崎栄作 1997.10 310p 22cm 4500円 Ⓝ915.5 〔26975〕

◇芭蕉の旅一茶の旅 金子兜太述 富山 富山県教育委員会 1988.2 62p 19cm (精神開発叢書 114)非売品 Ⓝ911.302 〔26976〕

◇八王子千人同心井上松五郎文久三年御上洛御供旅記録 井上松五郎著 日野の古文書を読む会研究部会編 日野 日野の古文書を読む会研究部会 1998.10 149p 21cm Ⓝ291.09 〔26977〕

◇ひたち帯―元禄常陸紀行 安藤朴翁著 猿渡玉枝訳 土浦 筑波書林 1994.10 133p 21cm (ふるさと文庫 別冊 4)1000円 Ⓘ4-900725-14-5 Ⓝ915.5 〔26978〕

◇一夜の旅寝の地岩出山 菅原雪枝文 千葉啓子版画 古文書美地の邦の旅実行委員会編 岩出山町(宮城県) 古文書美地の邦の旅実行委員会 1992.11 40p 15×21cm Ⓝ915.5 〔26979〕

◇評註嵯峨日記 釈瓢斎評註 京都 落柿舎保存会 1964.3 69p 20cm (落柿舎叢書 第1輯)Ⓝ915.5 〔26980〕

◇蕪村書簡集 谷口蕪村著 大谷篤蔵,藤田真一校注 岩波書店 1992.9 510p 15cm (岩波文庫)770円 Ⓘ4-00-302102-9 Ⓝ915.5 〔26981〕

◇古川古松軒/イザベラ・バード 宮本常一著 未來社 1984.10 257p 20cm (旅人たちの歴史 3)2000円 Ⓝ291.09 〔26982〕

◇政えんどんの旅日記―安政四年 政右衛門・道中日記扣エ 静岡古文書研究会編 静岡 静岡古文書研究会 1999.10 176,11p 26cm 1200円 Ⓝ291.09 〔26983〕

◇みつの春 袴田南素ほか著 浜北市教育委員会編 浜北 浜北市教育委員会 2001.2 610p 22cm Ⓝ915.5 〔26984〕

◇美濃国岩手竹中丹羽旅行記―時雨記・木曽記 岐阜市立図書館蔵本 解読書 岐阜県古文書研究会編 岐阜 岐阜県古文書研究会 1995.8 44p 30cm Ⓝ291.09 〔26985〕

◇身延道の記 深草元政上人著 小林啓善校註 京都 瑞光寺 1971.7 (2刷:1997.5) 200p 19cm 1800円 Ⓘ4-7963-0727-3 Ⓝ915.5 〔26986〕

◇桃沢夢宅紀行集 桃沢夢宅著 兼清正徳,桃沢匡行編 飯島町(長野県) 桃沢夢宅紀行集刊行会 2000.12 260p 22cm 4500円 Ⓝ915.5 〔26987〕

◇夢かぞへ―野村望東尼・獄中記 野村望東尼著 小河扶希子編 福岡 葦書房 1997.11 245p 21cm 1800円 Ⓘ4-7512-0695-8 Ⓝ915.5 〔26988〕

◇夢のただぢ 小沢芦庵著 田坂英俊編 府中(広島県) 〔田坂英俊〕 1993.7 46p 27cm Ⓝ915.5 〔26989〕

文学史　　　　　　　　　　近世史

◇歴史街道を歩いてみよう―「江戸五街道」旅日記　八尋章文著　文芸社　2006.3　357p　19cm　1700円　①4-286-00945-9　Ⓝ291.09　〔26990〕
◇歴史のなかの紀行―旅の記録　西日本　中田嘉種著　そしえて　1986.3　223p　19cm　2000円　①4-88169-801-X　Ⓝ291.09　〔26991〕
◇歴史のなかの紀行―旅の記録　東日本　中田嘉種著　そしえて　1986.1　263p　19cm　2000円　①4-88169-800-1　Ⓝ291.09　〔26992〕
◇歴史のなかの紀行―旅の記録　北日本・海外　中田嘉種著　そしえて　1986.7　314,12p　19cm　2300円　①4-88169-802-8　Ⓝ291.09　〔26993〕

◆◆松尾芭蕉
◇行脚俳人芭蕉　正岡子規著　文淵堂　1906　1冊　28cm　Ⓝ911.3　〔26994〕
◇詩人たちの漂泊の風姿―芭蕉・曾良から放哉・山頭火まで　戸恒東人著　本阿弥書店　2006.2　358p　19cm　（春月叢書　第16篇）2800円　①4-7768-0245-7　Ⓝ911.304　〔26995〕
◇影印『甲子吟行』付古注翻刻集　松尾芭蕉著　波静編　弥吉菅一, 三木慰行共著　再版　明治書院　1998.2　153p　21cm　2600円　①4-625-31008-3　Ⓝ915.5　〔26996〕
◇笈の小文（異本）の成立の研究　大磯義雄著　ひたく書房　1981.2　258p　22cm　7800円　Ⓝ915.5　〔26997〕
◇笈の小文・鹿島詣・更科紀行総索引　檀上正孝等編　広島　広島大学教育学部東雲国語研究室　1968　180p　26cm　非売　Ⓝ915.5　〔26998〕
◇笈の小文・更科紀行　弥吉菅一等著　明玄書房　1976　270p　22cm　（芭蕉紀行集　2）1200円　Ⓝ915.5　〔26999〕
◇写真芭蕉の旅路　猪野喜三郎著　あかね書房　1974　127p　23cm　3500円　Ⓝ915.5　〔27000〕
◇荘内に於ける芭蕉―附・芭蕉句碑　玄々堂芦汀宗匠著　鶴岡　喜峰社　1935　29p　19cm　Ⓝ911.32　〔27001〕
◇新説芭蕉講座　第8巻　紀行文篇　小宮豊隆ほか著　三省堂　1995.8　349p　23cm　①4-385-30148-4　Ⓝ911.32　〔27002〕
◇随筆芭蕉　第1巻　旅人芭蕉　荻原井泉水著　春秋社　1955-1956　18cm　Ⓝ911.32　〔27003〕
◇随筆芭蕉　第2巻　続旅人芭蕉　荻原井泉水著　春秋社　1955-1956　18cm　Ⓝ911.32　〔27004〕
◇図説出羽路の芭蕉―奥の細道　山寺豊著　改訂版　山形　宝珠山立石寺　1983.5　124p　21cm　Ⓝ911.32　〔27005〕
◇駿河芭蕉翁墳記　法月吐志楼著　静岡　竹茗堂茶店　1939　18p　20cm　Ⓝ911.32　〔27006〕
◇旅する俳人―芭蕉・玉屑・青岐の紀行　武田清市編著　神戸　神戸新聞総合出版センター　2006.2　155p　20cm　1500円　①4-343-00357-4　Ⓝ911.32　〔27007〕
◇旅寝塚―旅寝塚建立記念誌　昭和七壬申歳芭蕉忌　豊橋　豊橋趣味会　1933　18p　19cm　Ⓝ911.32　〔27008〕
◇旅の詩人芭蕉　中谷孝雄著　実業之日本社　1977.10　302p　20cm　（有楽選書 13）1200円　Ⓝ911.32　〔27009〕
◇旅人芭蕉　荻原井泉水著　春秋社　1939　289p　19cm　Ⓝ911.32　〔27010〕
◇旅人芭蕉　正, 続　荻原井泉水著　春秋社　1932-1933　2冊　18cm　（春秋文庫　第2部 第3,4）Ⓝ911.32　〔27011〕

◇旅人芭蕉　続　荻原井泉水著　春秋社　1925　359p　19cm　Ⓝ911.32　〔27012〕
◇旅人芭蕉　続　荻原井泉水著　春秋社　1939　338p　18cm　Ⓝ911.32　〔27013〕
◇旅人芭蕉抄　荻原井泉水著　光文社　1947　244p　19cm　Ⓝ911.32　〔27014〕
◇旅人芭蕉抄　荻原井泉水著　光文社　1947　244p　19cm　Ⓝ911.32　〔27015〕
◇旅ゆく芭蕉―近畿を中心として　高桑義生著　京都　豊書房　1962　245p　19cm　Ⓝ911.32　〔27016〕
◇芭蕉―その旅と俳諧　広末保著　日本放送出版協会　1967　199p　18cm　（NHKブックス）Ⓝ911.32　〔27017〕
◇芭蕉―旅の詩人　中谷孝雄著　永田書房　1989.10　297p　22cm　2060円　①4-8161-0554-9　Ⓝ911.32　〔27018〕
◇芭蕉行脚―私の心の旅路　小西寛著　芦屋　〔小西寛〕　1984.10　127p　22cm　1000円　Ⓝ911.32　〔27019〕
◇芭蕉行脚物語　武田鴬塘編　赤壁吟社　1924　345,4p　15cm　Ⓝ911.32　〔27020〕
◇芭蕉越前を歩く―一季石手帖より　川上季石著　敦賀　川上季石　1994.11　199p　22cm　Ⓝ915.5　〔27021〕
◇芭蕉を歩く―東海道・中山道　芭蕉探遊会編　JTB　2000.5　159p　21cm　（JTBキャンブックス）1700円　①4-533-03487-X　Ⓝ911.32　〔27022〕
◇芭蕉翁嵯峨日記　岡村健三著　京都　落柿舎保存会　1976　127p　19cm　（落柿舎叢書　第4輯）Ⓝ915.5　〔27023〕
◇芭蕉翁杖跡展―北国日和定なき　敦賀　敦賀市立博物館　2003.9　32p　30cm　Ⓝ911.32　〔27024〕
◇芭蕉・鹿島詣―句文集　菊田琴秋著　札幌　〔菊田琴秋〕　1992.7　30p　18cm　Ⓝ915.5　〔27025〕
◇芭蕉・金沢に於ける十日間　密田靖夫著　金沢　兼六吟舎　2000.10　121p　26cm　1905円　①4-89010-372-4　Ⓝ911.32　〔27026〕
◇芭蕉紀行　嵐山光三郎著　新潮社　2004.4　381p　15cm　（新潮文庫）552円　①4-10-141907-8　〔27027〕
◇芭蕉紀行集　志田延義, 金子義夫著　おうふう　1995.2　118p　21cm　1240円　①4-273-00945-5　Ⓝ915.5　〔27028〕
◇芭蕉紀行全集新解　大藪虎亮著　明治書院　1953　285p　19cm　Ⓝ915.5　〔27029〕
◇芭蕉紀行総索引　上　弥吉菅一, 檀上正孝編　明治書院　1970　315p　22cm　2800円　Ⓝ911.32　〔27030〕
◇芭蕉紀行総策引　下　井本農一, 檀上正孝編　明治書院　1977.8　326p　22cm　5800円　Ⓝ911.32　〔27031〕
◇芭蕉紀行文集　松尾芭蕉著　中村俊定校注　岩波書店　1991.6　179p　19cm　（ワイド版岩波文庫）700円　①4-00-007052-5　Ⓝ911.32　〔27032〕
◇芭蕉講座　第5巻　俳文・紀行文・日記の鑑賞　芭蕉講座編集部編　有精堂出版　1985.2　301p　19cm　3000円　①4-640-30295-9　Ⓝ911.32　〔27033〕
◇芭蕉講座　第8巻　潁原退蔵, 加藤楸邨著　三省堂　1947-1950　1冊**　22cm　Ⓝ911.32　〔27034〕
◇芭蕉講座　第8巻　紀行文篇　紀行文総説〔ほか〕　小宮豊隆, 横沢三郎　再版　三省堂出版株式会社　1951　22cm　Ⓝ911.32　〔27035〕
◇芭蕉講座　第8巻　紀行文篇　小宮豊隆, 横沢三郎　改訂版 4版　三省堂出版　1956　278p　22cm　Ⓝ911.32　〔27036〕

◇芭蕉嵯峨日記の旅　堀瑞穂著　朝日ソノラマ　1993.10　272p　20cm　1900円　Ⓘ4-257-03369-X　Ⓝ915.5　〔27037〕

◇芭蕉、旅へ　上野洋三著　岩波書店　1989.11　240p　18cm　（岩波新書）550円　Ⓘ4-00-430095-9　Ⓝ915.5　〔27038〕

◇芭蕉断編　小島英男著　高崎　あさを社　1989.2　135p　20cm　1800円　Ⓝ915.5　〔27039〕

◇芭蕉と紀行文　小宮豊隆著　生活社　1945　31p　19cm　（日本叢書　第7）0.60円　Ⓝ915.5　〔27040〕

◇芭蕉と旅　上　阿部喜三男, 高岡松雄, 松尾靖秋著　社会思想社　1973　267p　15cm　（現代教養文庫）360円　Ⓝ915.5　〔27041〕

◇芭蕉の歩んだ道　黒沢隆信編　大洋社　1938　236p　18cm　Ⓝ911.32　〔27042〕

◇芭蕉の遺蹟めぐり　三沢素竹著　芭蕉研究会　1922　131p　19cm　Ⓝ911.32　〔27043〕

◇芭蕉の旅、円空の旅　立松和平著　日本放送出版協会　2006.11　285p　15cm　（NHKライブラリー）920円　Ⓘ4-14-084213-X　〔27044〕

◇芭蕉の旅はるかに―旅を歩く旅　海野弘著　アーツアンドクラフツ　2005.5　220p　19cm　1700円　Ⓘ4-901592-28-9　Ⓝ911.304　〔27045〕

◇芭蕉の手紙　村松友次著　大修館書店　1985.6　262p　20cm　1700円　Ⓘ4-469-22033-7　Ⓝ915.5　〔27046〕

◇芭蕉の風狂と漂泊の風景　夏山希草著　言海書房　2004.9　247p　19cm　1300円　Ⓘ4-901891-13-8　Ⓝ911.32　〔27047〕

◇芭蕉俳句紀行全集　松尾芭蕉著　島田青峰編　緑蔭社　1927　198p（以下欠頁）　19cm　（緑蔭社俳句叢書　第1）Ⓝ911.32　〔27048〕

◇芭蕉文集の詳解と鑑賞　俳文篇・紀行篇　岩田九郎著　交蘭社　1933　340p　20cm　Ⓝ911.32　〔27049〕

◇芭蕉・北陸道を行く―「おくのほそ道」を手がかりとして　密б靖夫編　金沢　北國新聞社出版局　1998.7　412p　22cm　2857円　Ⓘ4-8330-1028-3　Ⓝ911.302　〔27050〕

◇松島芭蕉祭全国俳句大会五十年史　松島町（宮城県）宮城県俳句協会　2006.11　160p　19×27cm　1000円　Ⓝ911.367　〔27051〕

◇大和路の芭蕉遺蹟　増田晴天楼著　奈良　奈良新聞社　2003.12　375p　20cm　2000円　Ⓘ4-88856-046-3　Ⓝ911.32　〔27052〕

◇夢に漂い風に狂う―芭蕉の実像を求めて　没後三百年記念田中義政写真集　田中義政著　浦和　さきたま出版会　1994.1　72p　21×23cm　2800円　Ⓘ4-87891-326-6　Ⓝ915.5　〔27053〕

◇旅人芭蕉　荻原井泉水著　春秋社　1932　299p　18cm　Ⓝ911.32　〔27054〕

◇旅人芭蕉抄　荻原井泉水著　京都　豊書房　1972　270p　22cm　1800円　Ⓝ911.32　〔27055〕

◆◆◆奥の細道

◇あやめ草―「おくのほそ道」小観　中野拓著　日本図書刊行会　1994.10　173p　20cm　1400円　Ⓘ4-7733-3284-0　Ⓝ915.5　〔27056〕

◇池田満寿夫おくのほそ道・みちのく紀行―NHKハイビジョン出版　池田満寿夫著　日本放送出版協会　1989.8　143p　21×23cm　2500円　Ⓘ4-14-008663-7　Ⓝ915.5　〔27057〕

◇池西言水の研究　宇城由文著　大阪　和泉書院　2003.2　279p　22cm　（研究叢書　288）8000円　Ⓘ4-7576-0193-X　Ⓝ911.33　〔27058〕

◇岩波文庫 おくのほそ道総索引　原岡秀人編　佐賀　龍谷学園図書館　1958　73p　25cm　Ⓝ915.5　〔27059〕

◇影印おくのほそ道　松尾芭蕉著　桜井武次郎編　双文社出版　1991.3　113p　21cm　1400円　Ⓘ4-88164-053-4　Ⓝ915.5　〔27060〕

◇越後路の芭蕉　大星哲夫著　富山房　1978.11　335p　21cm　2400円　Ⓝ915.5　〔27061〕

◇越後路の芭蕉ズームイン―奥の細道のクライマックス　大星哲夫著　新潟　考古堂書店　1989.7　170p　21cm　（考古堂ブックス　6）1500円　Ⓘ4-87499-156-4　Ⓝ915.5　〔27062〕

◇江戸の女俳諧師「奥の細道」を行く―諸九尼の生涯　金森敦子著　晶文社　1998.8　284p　20cm　1900円　Ⓘ4-7949-6365-3　Ⓝ911.33　〔27063〕

◇大石田町「おくのほそ道」紀行三〇〇年記念事業誌　大石田町「おくのほそ道」紀行三〇〇年記念事業企画実行委員会　大石田町（山形県）　大石田町「おくのほそ道」紀行三〇〇年記念事業企画実行委員会　1992.7　60p　26cm　Ⓝ915.5　〔27064〕

◇奥のおくの細道―田一枚植えて立去る芭蕉哉　配山実著　ダブリュネット　2000.10　245p　20cm　1800円　Ⓘ4-7952-2859-0　Ⓝ915.5　〔27065〕

◇奥の細道　中西清著　昇竜堂書店　1951　165p　19cm　Ⓝ915.5　〔27066〕

◇奥の細道　井本農一著　弘文堂　1954　79p　地　10cm　（アテネ文庫　古典解説シリーズ）Ⓝ915.5　〔27067〕

◇奥の細道　大竹新助著　大阪　保育社　1965　153p　15cm　（カラーブックス）Ⓝ915.5　〔27068〕

◇奥の細道―諸説一覧　阿部正美著, 麻生磯次編　明治書院　1970　280p　19cm　800円　Ⓝ911.32　〔27069〕

◇奥の細道　井本農一, 東海林隆著　明治書院　1970　160p（おもに図版）　27cm　（古典アルバム）1800円　Ⓝ911.32　〔27070〕

◇おくのほそ道　弥吉菅一等著　明玄書房　1976　267p　22cm　（芭蕉紀行集　3）1200円　Ⓝ915.5　〔27071〕

◇おくのほそ道　安東次男著　岩波書店　1983.3　312p　20cm　（古典を読む　2）1700円　Ⓝ915.5　〔27072〕

◇奥のほそみち　松尾芭蕉著, 山本一彦編著　ブレイク・アート社　1987.10　2冊（別冊とも）　18×19cm　（古典への旅）3800円　Ⓘ4-7952-7806-7　〔27073〕

◇奥の細道　山本健吉著　講談社　1989.2　317p　20cm　2200円　Ⓘ4-06-204239-8　Ⓝ915.5　〔27074〕

◇おくのほそ道―解釈と研究　井上豊著　古川書房　1989.8　539p　23cm　15450円　Ⓘ4-89236-265-4　Ⓝ915.5　〔27075〕

◇おくのほそ道―心と足で辿る　古田紹欽著　柏書房　1990.11　232p　20cm　2428円　Ⓘ4-7601-0652-9　Ⓝ915.5　〔27076〕

◇おくのほそ道　松尾芭蕉著　萩原恭男校注　岩波書店　1991.12　290p　19cm　（ワイド版岩波文庫）1000円　Ⓘ4-00-007079-7　Ⓝ915.5　〔27077〕

◇奥の細道―旅をして名句　岩田由美著　学習研究社　1991.12　203p　18cm　（ワインブックス）1200円　Ⓘ4-05-105715-1　Ⓝ915.5　〔27078〕

◇おくのほそ道―ガイドブック　和順高雄文　新井幸人写真　偕成社　1994.5　207p　19cm　2000円　Ⓘ4-03-529300-8　Ⓝ911.32　〔27079〕

◇奥の細道―他　松尾芭蕉著　麻生磯次訳注　旺文社　1994.7　246p　19cm　（全訳古典撰集）980円

文学史　　　　　　　　　　近世史

　Ⓘ4-01-067247-1　Ⓝ915.5　〔27080〕
◇おくのほそ道　松尾芭蕉著　ドナルド・キーン訳　宮田雅之挿画　講談社インターナショナル　1996.10　187p　23cm　1942円　Ⓘ4-7700-2028-7　Ⓝ915.5　〔27081〕
◇おくのほそ道　安東次男著　岩波書店　1996.12　312p　16cm　（同時代ライブラリー　290—古典を読む）1133円　Ⓘ4-00-260290-7　Ⓝ915.5　〔27082〕
◇おくのほそ道—永遠の文学空間　堀切実著　日本放送出版協会　1997.10　379p　16cm　（NHKライブラリー）1070円　Ⓘ4-14-084062-5　Ⓝ915.5　〔27083〕
◇奥の細道—古人の心を探る幻想の旅　富士正晴現代語訳　尾形仂,嶋中道則構成・文　小林忠美術監修・解説　新装　学習研究社　1998.5　207p　26cm　（絵で読む古典シリーズ）2000円　Ⓘ4-05-400948-4　Ⓝ915.5　〔27084〕
◇奥の細道　松尾芭蕉著　角川書店編　角川書店　2000.3　255p　12cm　（角川mini文庫—ミニ・クラシックス　10）400円　Ⓘ4-04-700293-3　Ⓝ915.5　〔27085〕
◇おくのほそ道　松尾芭蕉著　角川書店編　角川書店　2001.7　254p　15cm　（角川文庫—ビギナーズ・クラシックス）533円　Ⓘ4-04-357402-9　Ⓝ915.5　〔27086〕
◇おくのほそ道—福島県探勝記　猪狩三郎著　会津若松　歴史春秋出版　2003.1　373p　20cm　2000円　Ⓘ4-89757-466-8　Ⓝ915.5　〔27087〕
◇おくのほそ道—現代語訳　松尾芭蕉著　頴原退蔵,尾形仂訳注　新版　角川書店　2003.3　381p　15cm　（角川文庫）667円　Ⓘ4-04-401004-8　Ⓝ915.5　〔27088〕
◇奥の細道—芭蕉物語　第1巻　四方山径著　文潮社　1949　216p　19cm　Ⓝ915.5　〔27089〕
◇奥の細道　頴原退蔵,能勢朝次/訳註　松尾芭蕉著　角川書店　1952　220p　15cm　（角川文庫）Ⓝ915.5　〔27090〕
◇奥の細道画巻　松尾芭蕉原著　与謝蕪村筆　京都　思文閣出版　2002.11　1軸　29cm　130000円　Ⓘ4-7842-1118-7　Ⓝ721.7　〔27091〕
◇「奥の細道」を歩く—日光・奥州路　山本偦著　柏書房　1982.6　253p　20cm　1600円　Ⓝ915.5　〔27092〕
◇奥の細道を歩く　井本農一ほか著　新潮社　1989.3　119p　22cm　（とんぼの本）1300円　Ⓘ4-10-601969-8　Ⓝ915.5　〔27093〕
◇奥の細道を歩く　沢木欣一編　東京新聞出版局　1990.8　270p　20cm　2000円　Ⓘ4-8083-0385-X　Ⓝ911.32　〔27094〕
◇おくのほそ道を歩く　田口恵子著　会津若松　歴史春秋出版　2003.10　178p　19cm　（歴春ふくしま文庫　89）1200円　Ⓘ4-89757-559-1　Ⓝ915.5　〔27095〕
◇「奥の細道」を歩く　続　出羽・越・北陸路　山本偦著　柏書房　1982.8　254p　20cm　1600円　Ⓝ915.5　〔27096〕
◇「奥の細道」を歩く事典　久富哲雄著　三省堂　1987.3　238p　20cm　（サン・レキシカ　40）1000円　Ⓘ4-385-15638-7　Ⓝ915.5　〔27097〕
◇「おくのほそ道」を語る　尾形仂著　角川書店　1997.6　234p　19cm　（角川選書　283）1300円　Ⓘ4-04-703283-2　Ⓝ915.5　〔27098〕
◇奥の細道をたどる　井本農一著　角川書店　1973　422p　19cm　（角川選書）Ⓝ915.5　〔27099〕
◇おくのほそ道をたどる　井本農一著　角川書店　1984.7　2冊　15cm　（角川文庫）各380円　Ⓘ4-04-157801-9　Ⓝ915.5　〔27100〕

◇奥の細道をたどる　上下巻　井本農一著　角川書店　1956-1957　2冊　18cm　（角川新書）Ⓝ915.5　〔27101〕
◇「おくのほそ道」を行く—深川〜大垣鑑賞ポイント55の徹底紀行　朝日新聞社編　朝日新聞社　1989.7　161p　25cm　（朝日ハンディガイド）1280円　Ⓘ4-02-258458-0　Ⓝ915.5　〔27102〕
◇奥の細道をゆく—21人の旅人がたどる芭蕉の足跡　NHK「奥の細道をゆく」取材班編　名古屋　KTC中央出版　2001.6　235p　21cm　1600円　Ⓘ4-87758-214-2　Ⓝ915.5　〔27103〕
◇奥の細道を読む　山本健吉著　河出書房新社　1989.2　245p　15cm　（河出文庫）500円　Ⓘ4-309-40231-3　Ⓝ915.5　〔27104〕
◇『おくのほそ道』をよむ　堀切実著　岩波書店　1993.2　62p　21cm　（岩波ブックレット　no.288—クラシックスと現代）350円　Ⓘ4-00-003228-3　Ⓝ915.5　〔27105〕
◇『おくのほそ道』を読む　平井照敏著　講談社　1995.5　263p　15cm　（講談社学術文庫）780円　Ⓘ4-06-159176-2　Ⓝ915.5　〔27106〕
◇奥の細道が面白いほどわかる本—紀行文の史上最高傑作が現代風によみがえった！　土屋博映著　中経出版　2003.3　399p　21cm　1400円　Ⓘ4-8061-1775-7　Ⓝ915.5　〔27107〕
◇奥の細道書抜帳　三沢房太郎編著　仙台　仙台郷土研究会　1966　70p　地　18cm　Ⓝ915.5　〔27108〕
◇奥の細道歌仙の評釈　加藤文三著　地歴社　1978.10　363,13p　22cm　3000円　Ⓝ911.32　〔27109〕
◇奥の細道歌仙評釈　高藤武馬著　筑摩書房　1966　500p　20cm　Ⓝ915.5　〔27110〕
◇「奥の細道歌仙」評釈　橋間石著　大林信爾編　沖積舎　1996.7　315p　20cm　3500円　Ⓘ4-8060-4609-4　Ⓝ915.5　〔27111〕
◇奥の細道吟行　上　加藤楸邨著　平凡社　1974　214p　20cm　（歴史と文学の旅）900円　Ⓝ915.5　〔27112〕
◇「奥の細道」空白の一日　宮誠而著　加賀　北陸美術出版　1996.12　63p　21cm　824円　Ⓘ4-7952-5978-X　Ⓝ915.5　〔27113〕
◇奥の細道・車の旅—瀧秋方スケッチ集　滝秋方著　日研出版　1964　106p　23×19cm　Ⓝ915.5　〔27114〕
◇奥の細道講読　麻生磯次著　明治書院　1961　564p　地　22cm　Ⓝ915.5　〔27115〕
◇奥の細道古註集成　1　西村真砂子,久富哲雄編　笠間書院　2001.2　354p　22cm　12000円　Ⓘ4-305-60108-7　Ⓝ915.5　〔27116〕
◇奥の細道古註集成　2　西村真砂子,久富哲雄編　笠間書院　2001.2　428p　22cm　13000円　Ⓘ4-305-60109-5　Ⓝ915.5　〔27117〕
◇おくのほそ道雑攷　久富哲雄著　塙書房　1960　109p　19cm　Ⓝ915.5　〔27118〕
◇おくのほそ道三百年—曽良の旅日記　河北新報社編集局編　仙台　河北新報社　1989.1　135p　30cm　1300円　Ⓘ4-87341-013-4　Ⓝ915.5　〔27119〕
◇奥の細道三百年を走る　菅野拓也著　丸善　2000.1　239p　18cm　（丸善ライブラリー）780円　Ⓘ4-621-05310-8　Ⓝ915.5　〔27120〕
◇奥の細道三百年芭蕉の時代と文化—特別展図録　山形県立博物館編　山形　山形県立博物館　1989.5　79p　26cm　〔27121〕
◇奥の細道詳講全　岩田九郎著　増訂版　至文堂　1948　326p　21cm　Ⓝ915.5　〔27122〕

◇おくの細道新解　井本農一著　明治書院　1951　244p
19cm　Ⓝ915.5
〔27123〕
◇奥の細道須賀川　須賀川市教育委員会編　須賀川　須賀
川市教育委員会　1989.3　134p　22cm　2000円
Ⓝ915.5
〔27124〕
◇奥細道菅菰抄　高橋梨一著　勉誠社　1984.3　150,8p
21cm　(勉誠社文庫 122)2000円　Ⓝ915.5
〔27125〕
◇奥細道菅菰抄　高橋梨一著　大阪青山短期大学国文科
編　箕面　大阪青山短期大学　1996.3　175p　21cm
(大阪青山短期大学所蔵本テキストシリーズ
4)④4-8104-2266-6　Ⓝ915.5
〔27126〕
◇おくのほそ道図譜　朝日新聞社編　朝日新聞社　1989.8
159p　31cm　3300円　④4-02-256016-9　Ⓝ915.5
〔27127〕
◇奥の細道跡考　野口柴堂著　裳華房　1948　275p
23cm　915.5
〔27128〕
◇おくのほそ道全講　松尾靖秋著　加藤中道館　1974
492p　23cm　8000円　915.5
〔27129〕
◇奥の細道総索引　井本農一,原岡秀人共著　明治書院
1962　184p　22cm　Ⓝ915.5
〔27130〕
◇「奥の細道」ちどり足　上田渓水著　北溟社　2001.9
446p　20cm　3000円　④4-89448-247-9　Ⓝ915.5
〔27131〕
◇奥の細道伝説紀行―俳人の目吟行の目旅する目　峰尾北
兎著　博友社　1990.2　301p　19cm　2300円
④4-8268-0116-5　Ⓝ915.5
〔27132〕
◇「おくのほそ道」とその周辺　金沢規雄著　法政大学出
版局　1964　242p　22cm　Ⓝ915.5
〔27133〕
◇奥の細道と外国の太い道　長田喜八郎著　日本図書刊行
会　1993.11　255p　20cm　1800円　④4-7733-2459-7
Ⓝ915.5
〔27134〕
◇奥の細道と福井　斎藤耕子著　鯖江　福井県俳句史研究
会　1990　80p　21cm　915.5
〔27135〕
◇奥の細道とみちのく文学の旅　金沢規雄ほか編　里文出
版　1989.8　477p　21cm　2500円　④4-947546-40-9
Ⓝ915.5
〔27136〕
◇「奥の細道」謎の同行者　石堂秀夫著　同文書院　1994.
4　254p　19cm　1300円　④4-8103-7208-1　Ⓝ915.5
〔27137〕
◇奥の細道なぞふしぎ旅　上巻　山本鉱太郎著　新人物往
来社　1996.10　189p　20cm　2900円
④4-404-02336-7　Ⓝ911.32
〔27138〕
◇奥の細道なぞふしぎ旅　下巻　山本鉱太郎著　新人物往
来社　1996.10　200p　20cm　2900円
④4-404-02403-7　Ⓝ911.32
〔27139〕
◇「おくのほそ道」入門　平井照敏著　永田書房　1988.3
254p　20cm　1400円　④4-8161-0519-0　Ⓝ915.5
〔27140〕
◇奥の細道の完成　柄松香著　廿日市町(広島県)〔柄松
香〕1987　99p　26cm　(Study and work
book)Ⓝ915.5
〔27141〕
◇おくのほそ道の記　吉田絃二郎著　第二書房　1950
278p　19cm　Ⓝ915.5
〔27142〕
◇おくのほそ道の基礎研究　飯野哲二著　訂正増補版　国
文社　1954　553p　図版　地　22cm　Ⓝ915.5
〔27143〕
◇「おくのほそ道」の虚構と真実―芭蕉文学の謎を解くカ
ギは何か　竹下数馬著　PHP研究所　1986.10　194p
18cm　(21世紀図書館 79)570円　④4-569-21858-X
Ⓝ915.5
〔27144〕
◇『おくのほそ道』の句に見られる譬喩表現と恋句につい

て　泉清著　近代文芸社　1992.8　56p　19cm　1100円
Ⓝ915.5
〔27145〕
◇奥の細道の研究　金子義夫著　桜楓社　1973　492p
22cm　8800円　Ⓝ915.5
〔27146〕
◇奥の細道の研究　桜井武次郎著　大阪　和泉書院
2002.5　400p　22cm　(研究叢書 283)9000円
④4-7576-0159-X　Ⓝ915.5
〔27147〕
◇奥の細道野ざらし紀行の花　松田修文　国際情報社
1983.5　143p　18×20cm　(カラー版古典の花)1600円
④4-89322-149-3　Ⓝ915.5
〔27148〕
◇奥の細道の世界　草加市企画財政部広報広聴課編　草加
草加市　1992.3　203p　15cm　(草加文庫 6)600円
Ⓝ915.5
〔27149〕
◇『おくのほそ道』の想像力―中世紀行『都のつと』との類
似　村松友次著　笠間書院　2001.1　237p　22cm
3600円　④4-305-70224-X　Ⓝ915.5
〔27150〕
◇奥の細道の旅　久富哲雄著　明治書院　1965　150p
18cm　Ⓝ915.5
〔27151〕
◇奥の細道の旅―芭蕉漂泊の跡をゆく　講談社編　講談社
1989.4　160p　26cm　1800円　④4-06-204313-0
Ⓝ915.5
〔27152〕
◇奥の細道の旅ハンドブック　久富哲雄著　三省堂
1994.6　238p　21cm　1500円　④4-385-41026-7
Ⓝ915.5
〔27153〕
◇奥の細道の旅ハンドブック　久富哲雄著　改訂版　三省
堂　2002.7　238p　21cm　1500円　④4-385-41047-X
Ⓝ915.5
〔27154〕
◇奥の細道ノート　荻原井泉水著　新潮社　1955　202p
19cm　(一時間文庫)Ⓝ915.5
〔27155〕
◇奥の細道ノート　荻原井泉水著　新潮社　1956　202p
16cm　(新潮文庫)Ⓝ915.5
〔27156〕
◇「おくのほそ道」ノート　染谷冽編著　草加　松風書房
2003.6　249p　19cm　1800円　Ⓝ915.5
〔27157〕
◇奥の細道の踏査研究　江口孝夫著　武蔵野書院　1998.2
263p　22cm　7000円　④4-8386-0176-X　Ⓝ915.5
〔27158〕
◇奥の細道の謎を読む　中名生正昭著　南雲堂　1998.12
292p　20cm　1800円　④4-523-26326-4　Ⓝ911.32
〔27159〕
◇「おくのほそ道」の謎解き―宮城県をめぐる　永野為武
述,徳陽相互銀行営業企画部編　仙台　徳陽相互銀行
1988.5　36p　19cm　Ⓝ915.5
〔27160〕
◇『おくのほそ道』の美をたどる　松隈義勇著　桜楓社
1990.10　335p　22cm　3459円　④4-273-02406-3
Ⓝ915.5
〔27161〕
◇『おくのほそ道』の本文研究―古典教育の視座から　藤
原マリ子著　新典社　2001.5　286p　22cm　(新典社研
究叢書 133)7000円　④4-7879-4133-X　Ⓝ915.5
〔27162〕
◇おくのほそ道の読みと解釈―素龍筆柿衛本　津守亮著
教育出版センター　1980.8　210p　23cm　4000円
Ⓝ915.5
〔27163〕
◇奥の細道・芭蕉翁文集　松尾芭蕉著　萩原蘿月校　改
造社　1929　259p　16cm　(改造文庫　第2部 第17
篇)Ⓝ911.32
〔27164〕
◇奥の細道・芭蕉を解く―その心匠と空間の謎　安原盛彦
著　鹿島出版会　2006.12　191p　19cm　1800円
④4-306-09383-2
〔27165〕
◇奥の細道・芭蕉紀行全通講　斎藤清衛著　力書房　1953
178p　19cm　Ⓝ915.5
〔27166〕

◇奥の細道・芭蕉講演会―講演録　草加市自治文化課編　草加　草加市　1994.1　32p　26cm　Ⓝ915.5　〔27167〕

◇奥の細道・芭蕉俳論―研究と評釈　飯野哲二著　學燈社　1950　256p　19cm　Ⓝ911.32　〔27168〕

◇奥の細道・芭蕉・蕪村　志田義秀著　東京修文館　1941　370p　23cm　Ⓝ911.32　〔27169〕

◇おくのほそ道花語り　轡田隆史著　小島君子画　小学館　2002.10　108p　20×21cm　1600円　Ⓘ4-09-386098-X　Ⓝ911.32　〔27170〕

◇おくのほそ道評釈　杉浦正一郎著　東京堂　1959　235p　19cm　（国文学評釈叢書）Ⓝ915.5　〔27171〕

◇おくのほそ道評釈　尾形仂著　角川書店　2001.5　469p　22cm　（日本古典評釈・全注釈叢書）9500円　Ⓘ4-04-761032-1　Ⓝ915.5　〔27172〕

◇奥の細道風景　荻原井泉水著　社会思想研究会出版部　1961　199p地　15cm　（現代教養文庫）Ⓝ915.5　〔27173〕

◇「奥の細道」物語　岡本勝著　東京堂出版　1998.7　195p　20cm　1800円　Ⓘ4-490-20346-2　Ⓝ915.5　〔27174〕

◇奥の細道余情―出羽路の芭蕉と句碑　結城健三著　山形　金雀枝短歌会　1989.3　187p　19cm　（えにしだ叢書143編）2700円　Ⓝ915.5　〔27175〕

◇おくのほそ道論考―構成と典拠・解釈・読み　久富哲雄著　笠間書院　2000.9　208p　22cm　（笠間選書335）6000円　Ⓘ4-305-10335-4　Ⓝ915.5　〔27176〕

◇おくれ細道　薬師川麻耶子著　薬師川麻耶子　1992.3　237p　20cm　2000円　Ⓘ4-8386-0371-1　Ⓝ911.32　〔27177〕

◇解釈と評論 奥の細道　松尾靖秋著　開文社　1956　492p 図版 地　19cm　（国文解釈評論叢書）Ⓝ915.5　〔27178〕

◇カメラ紀行 奥の細道　今東光文,葛西宗誠写真　京都　淡交新社　1963　238p(図版 136p 共)　22cm　Ⓝ915.5　〔27179〕

◇鑑賞奥の細道　内山一也著　さるびあ出版　1966　466p　22cm　Ⓝ915.5　〔27180〕

◇鑑賞奥の細道　内山一也著　笠間書院　1970　466p　22cm　800円　Ⓝ915.5　〔27181〕

◇軌範奥の細道全解　土井良著　広文館　1952　156p　19cm　Ⓝ915.5　〔27182〕

◇錦江『奥細道通解』の研究　馬場錦江原著　三木慰子著　大阪　和泉書院　1999.7　462p　22cm　（研究叢書241）15000円　Ⓘ4-87088-998-6　Ⓝ915.5　〔27183〕

◇黒羽の「おくのほそ道」―芭蕉が往く 芭蕉翁十三泊十四日の旅　蓮実彊著　宇都宮　下野新聞社　1989.9　168p　19cm　1600円　Ⓝ915.5　〔27184〕

◇校註おくのほそ道　松尾芭蕉著　宮本三郎解説校註　武蔵野書院　1966.3（26版：1996.4）169p　17cm　971円　Ⓘ4-8386-0518-8　Ⓝ911.32　〔27185〕

◇校注おくのほそ道　松尾芭蕉著　山下一海編　武蔵野書院　1986.3　85p　21cm　Ⓘ4-8386-0593-5　Ⓝ911.32　〔27186〕

◇校註奥の細道―附・卯辰紀行抄・幻住庵記　松尾芭蕉著　志田義秀,志田延義編　改訂増補版(49版)　武蔵野書院　1995.3　72p　19cm　447円　Ⓘ4-8386-0592-7　Ⓝ911.32　〔27187〕

◇今昔「奥の細道」―尋ねてみよう昔の速さで　井上富夫著　文芸社　2003.2　143p　19cm　952円　Ⓘ4-8355-4902-3　Ⓝ915.5　〔27188〕

◇再現日本史―週刊time travel　江戸19　講談社　2002.1　42p　30cm　533円　Ⓝ210.1　〔27189〕

◇作者は誰か『奥の細道』―江戸俳壇の影　藤本泉著　パンリサーチインスティテュート　1986.7　279p　20cm　（パンリサーチの本）1500円　Ⓘ4-89352-013-X　Ⓝ915.5　〔27190〕

◇讃おくのほそ道―芭蕉東北の旅三百年記念　森田純画　刻・写　水沢　文秀堂　1988.3-11　4冊　26cm　各1000円　Ⓝ915.5　〔27191〕

◇四季の細道―芭蕉の跡をたずねて 続　古田種子著　京都　霜林発行所　1989.5　246p　19cm　2500円　Ⓝ915.5　〔27192〕

◇「死と再生」の文学―芭蕉『おくのほそ道』の秘密　竹下数馬著　読売新聞社　1979.4　228p　20cm　980円　Ⓝ915.5　〔27193〕

◇下野の細道―芭蕉の足跡をたどる　鯨清著　宇都宮　随想舎　2003.10　303p　21cm　2000円　Ⓘ4-88748-084-9　Ⓝ291.32　〔27194〕

◇週刊おくのほそ道を歩く　巻の1　江戸深川　角川書店　2003.5　32p　30cm　（角川ウィークリー百科 v.5）533円　〔27195〕

◇週刊日本の古典を見る　28　奥の細道　1　松尾芭蕉著　山本健吉訳　世界文化社　2002.11　34p　30cm　533円　Ⓝ910.2　〔27196〕

◇週刊日本の古典を見る　29　奥の細道　巻2　松尾芭蕉著　山本健吉訳　世界文化社　2002.11　34p　30cm　533円　Ⓝ910.2　〔27197〕

◇巡礼記『おくのほそ道』―風流人の「別天地」を作れ　浜森太郎著　津　三重大学出版会　2002.3　290p　22cm　1800円　Ⓘ4-944068-49-2　Ⓝ915.5　〔27198〕

◇詳考 奥の細道　阿部喜三男著　山田書院　1959　702p 図版 地　22cm　Ⓝ915.5　〔27199〕

◇詳考奥の細道　阿部喜三男著,久富哲雄増補　増訂版　日栄社　1979.11　921p　22cm　15000円　Ⓝ915.5　〔27200〕

◇庄内路の芭蕉　柴田悳也著　酒田　本の会　1989.3　105p　17cm　800円　Ⓝ915.5　〔27201〕

◇新奥の細道　宮尾しげを著　未來社　1959　368p　22cm　Ⓝ915.5　〔27202〕

◇新・おくのほそ道　俵万智,立松和平著　河出書房新社　2001.10　194p　20cm　1800円　Ⓘ4-309-01433-X　Ⓝ915.5　〔27203〕

◇新講 奥の細道　西山隆二著　大阪　むさし書房　1952　194p地　19cm　Ⓝ915.5　〔27204〕

◇真説 奥の細道　冨岡正彦著　文芸書房　2006.10　191p　19cm　943円　Ⓘ4-89477-235-3　〔27205〕

◇新芭蕉伝百代の過客　坪内稔典著　本阿弥書店　1995.6　261p　20cm　2500円　Ⓘ4-89373-078-9　Ⓝ915.5　〔27206〕

◇随筆芭蕉　第7巻　奥の細道の道　荻原井泉水著　春秋社　1955-1956　18cm　Ⓝ911.32　〔27207〕

◇随筆芭蕉　第8巻　奥の細道の心　荻原井泉水著　春秋社　1955-1956　18cm　Ⓝ911.32　〔27208〕

◇図説おくのほそ道　松尾芭蕉原文,山本健吉現代語訳　河出書房新社　1989.4　127p　22cm　1500円　Ⓘ4-309-72471-X　Ⓝ915.5　〔27209〕

◇図説おくのほそ道　松尾芭蕉原文　山本健吉現代語訳　渡辺信夫図版監修　新装版　河出書房新社　2000.4　127p　22cm　（ふくろうの本）1800円　Ⓘ4-309-72635-6　Ⓝ915.5　〔27210〕

◇図説出羽路の芭蕉—奥の細道　山寺豊著　改訂版　山形　宝珠山立石寺　1983.5　124p　21cm　Ⓝ911.32
〔27211〕

◇全釈 奥の細道　山崎喜好著　塙書房　1959　340p 図版地　22cm　Ⓝ915.5
〔27212〕

◇曽良本『おくのほそ道』の研究　村松友次著　笠間書院　1988.2　99,395p　22cm　14500円　Ⓝ915.5
〔27213〕

◇曽良本おくのほそ道評釈　中川潔著　エール出版社　1982.10　238p　22cm　2300円　Ⓝ915.5
〔27214〕

◇高橋治のおくのほそ道—ほか　高橋治著　講談社　2001.11　268p　19cm　（シリーズ・古典 6）1200円　①4-06-254556-X
〔27215〕

◇旅あるき「奥の細道」を読む 1 日光路　麻生磯次著　明治書院　2003.6　134p　21cm　1200円　①4-625-68335-1　Ⓝ915.5
〔27216〕

◇旅あるき「奥の細道」を読む 2 奥州路　麻生磯次著　明治書院　2003.6　129p　21cm　1200円　①4-625-68336-X　Ⓝ915.5
〔27217〕

◇旅あるき「奥の細道」を読む 3 出羽路　麻生磯次著　明治書院　2003.6　127p　21cm　1200円　①4-625-68337-8　Ⓝ915.5
〔27218〕

◇旅あるき「奥の細道」を読む 4 北陸路　麻生磯次著　明治書院　2003.6　129p　21cm　1200円　①4-625-68338-6　Ⓝ915.5
〔27219〕

◇通解奥の細道 芭蕉の生涯とその芸術　塚本哲三著　有朋堂　1951　202p　19cm　Ⓝ915.5
〔27220〕

◇津軽三味線「奥の細道」を行く　里文出版編　里文出版　2000.5　112p　21cm　3000円　①4-89806-022-6　Ⓝ915.5
〔27221〕

◇定本 奥の細道新講　大藪虎亮著　武蔵野書院　1951　440p　19cm　Ⓝ915.5
〔27222〕

◇手にとるように「おくのほそ道」がわかる本—芭蕉と日本を巡る旅に出よう！　長尾剛著　かんき出版　2002.7　234p　21cm　1500円　①4-7612-6022-X　Ⓝ915.5
〔27223〕

◇出羽三山参詣道—仙台—山形—鶴岡—新庄 二口街道・六十里越街道・奥の細道の一部　中山高安著　川越　銀尚　2006.12　253p　19cm　（街道を歩く シニア世代の退屈しのぎと健康のために 15）1150円　Ⓝ291.25
〔27224〕

◇出羽路の芭蕉—荘内銀行創業一一〇周年記念誌　荘内銀行営業企画部編　鶴岡　荘内銀行営業企画部　1988.12　36p　26cm　Ⓝ915.5
〔27225〕

◇天気図おくのほそ道　吉成邦雄著　大阪　和泉書院　1987.8　271p　20cm　2200円　Ⓝ915.5
〔27226〕

◇東北の芭蕉—「奥の細道」のあと 上　阿部喜三男,高岡松雄著　京都　豊書房　1967　150p　19cm　（芭蕉写真シリーズ 第2）Ⓝ915.5
〔27227〕

◇日光路の芭蕉—ふるさとの奥の細道を辿って　都築彬著　宇都宮　五月書房　1976.3　182p 図10枚　22cm　Ⓝ911.32
〔27228〕

◇日本海紀行—象潟から市振へ おくのほそ道　村山砂田男著　新潟　新潟日報事業社出版部　1989.10　127p　21cm　1500円　①4-88862-391-0　Ⓝ915.5
〔27229〕

◇俳文紀行おくのほそ道論釈　志田延義著　武蔵野書院　1996.8　213p　22cm　3000円　①4-8386-0384-3　Ⓝ915.5
〔27230〕

◇百代の夢—奥の細道・芭蕉企画事業・講演録集成 奥の細道・芭蕉企画事業十周年記念誌編集委員会編　草加　草加市奥の細道まちづくり市民推進委員会　1998.9　313p　19cm　Ⓝ915.5
〔27231〕

◇芭蕉翁正筆奥の細道—曽良本こそ最終自筆本　村松友次著　笠間書院　1999.11　236p　20cm　2300円　①4-305-70187-1　Ⓝ915.5
〔27232〕

◇芭蕉「奥の細道」を歩く　山本儁著　柏書房　1987.5　253p　19cm　1400円　①4-7601-0337-6　Ⓝ915.5
〔27233〕

◇芭蕉「奥の細道」を歩く 続　山本儁著　柏書房　1988.6　254p　19cm　1400円　①4-7601-0411-9　Ⓝ915.5
〔27234〕

◇芭蕉奥の細道事典　山本儁著　講談社　1994.5　507p　15cm　（講談社＋α文庫）1200円　①4-06-256045-3　Ⓝ915.5
〔27235〕

◇芭蕉・奥の細道の五十一句　菊田孝明著　札幌　菊田孝明　1983.12　22p　19cm　Ⓝ911.32
〔27236〕

◇芭蕉「おくのほそ道」の旅　金森敦子著　角川書店　2004.1　248p　18cm　（角川oneテーマ21）838円　①4-04-704156-4
〔27237〕

◇芭蕉『おくのほそ道』の旅と『山中問答』—落花散葉の姿にあそぶ　夏見知章,山見規子著　西宮　武庫川女子大学国文学科夏見研究室　1989.2　98p　26cm　非売品　Ⓝ915.5
〔27238〕

◇芭蕉句碑スケッチめぐり 奥の細道編　安斎俊二著　浦和　さきたま出版会　1989.5　309p　26cm　3600円　①4-87891-324-X　Ⓝ911.32
〔27239〕

◇芭蕉研究 第3輯*奥の細道*特輯　芭蕉研究会編　京都　靖文社　1947　128p*　26cm　Ⓝ911.32
〔27240〕

◇芭蕉自筆奥の細道　松尾芭蕉著　上野洋三,桜井武次郎編　岩波書店　1997.1　143p　27cm　3296円　①4-00-008067-9　Ⓝ915.5
〔27241〕

◇芭蕉自筆「奥の細道」の顛末　桜井武次郎著　PHP研究所　1997.10　238p　20cm　1476円　①4-569-55708-2　Ⓝ915.5
〔27242〕

◇芭蕉自筆「奥の細道」の謎　上野洋三著　二見書房　1997.7　308p　19cm　1900円　①4-576-97097-6　Ⓝ915.5
〔27243〕

◇芭蕉自筆本奥の細道　松尾芭蕉著　大阪　中尾松泉堂書店　1996.11　2冊（別冊とも）　16×17cm　85000円　Ⓝ915.5
〔27244〕

◇芭蕉と奥の細道ところどころ　小島吉雄著　桜楓社　1976　259p　22cm　1800円　Ⓝ915.5
〔27245〕

◇芭蕉と奥の細道論　丸山茂著　新典社　1995.10　238p　22cm　（新典社研究叢書 86）7500円　①4-7879-4086-4　Ⓝ915.5
〔27246〕

◇芭蕉と清風—おくのほそ道・尾花沢　尾花沢市地域文化振興会編　改訂版　尾花沢　芭蕉・清風歴史資料館　1987.3　107p　21cm　Ⓝ915.5
〔27247〕

◇芭蕉と清風—おくのほそ道・尾花沢　芭蕉・清風歴史資料館編　3訂版　尾花沢　芭蕉・清風歴史資料館　2006.3　74p　21cm　Ⓝ915.5
〔27248〕

◇芭蕉と曽良と村上　鈴木鉀三著　村上　博進舎　1988.1　20p　18cm　Ⓝ915.5
〔27249〕

◇芭蕉と出羽路—奥の細道　早坂忠雄著　改訂7版　山形　大仁堂印刷所（印刷）　1970　307p　19cm　550円　Ⓝ911.32
〔27250〕

◇芭蕉の心を訪ねて—「奥の細道」の旅とともに 上　堀真彦著　出版地不明　堀真彦　2006.12　126p　21cm　Ⓝ911.32
〔27251〕

◇芭蕉の心を訪ねて—「奥の細道」の旅とともに 下　堀真彦著　出版地不明　堀真彦　2006.12　126p　21cm　Ⓝ911.32
〔27252〕

◇芭蕉の山河—おくのほそ道私記　加藤楸邨著　読売新聞社　1980.9　349p　22cm　3500円　Ⓝ915.5
〔27253〕

文学史　　　　　　　　　　近世史

◇芭蕉の山河―おくのほそ道私記　加藤楸邨著　講談社　1993.4　365p　15cm　（講談社学術文庫）980円　Ⓘ4-06-159070-7　Ⓝ915.5　〔27254〕

◇芭蕉マンダラの詩人―『おくのほそ道』の謎を明かす　竹下数馬著　クレスト社　1994.9　242p　19cm　（Crest）1400円　Ⓘ4-87712-021-1　Ⓝ915.5　〔27255〕

◇芭蕉はどんな旅をしたのか―「奥の細道」の経済・関所・景観　金森敦子著　晶文社　2000.10　453,6p　22cm　4600円　Ⓘ4-7949-6457-9　Ⓝ915.5　〔27256〕

◇ぶらり蕉風―曽我宏三写真集　曽我宏三著　伊賀　〔曽我宏三〕　2007.10　142p　24×25cm　Ⓝ291.09　〔27257〕

◇片雲の風に―奥の細道ものがたり　三好信義著　名古屋　東海出版　1967　229p　19cm　Ⓝ915.5　〔27258〕

◇ぼくの細道―芭蕉実踏見聞記　ロバート・リード著　窓社　1987.5　184p　22cm　2400円　Ⓘ4-943983-04-9　Ⓝ911.32　〔27259〕

◇細道随記　高木一夫著　白玉書房　1971　397p　19cm　1500円　Ⓝ915.5　〔27260〕

◇松尾芭蕉と『おくのほそ道』―講演と談話会『おくのほそ道』を語る一日より　江東区芭蕉記念館編　江東区芭蕉記念館　1988.10　92p　18cm　Ⓝ915.5　〔27261〕

◇松尾芭蕉と奥の細道展　鶴岡　致道博物館　1989　66p　25×25cm　Ⓝ911.32　〔27262〕

◇松尾芭蕉と『おくのほそ道』展　三重県立美術館編　津　三重県立美術館協力会　1997.10　150p　21cm　Ⓝ911.32　〔27263〕

◇みちの奥二題―東北郷土史物語　和泉竜一著　横手　県南民報社　1987.6　227p　19cm　1200円　Ⓝ915.5　〔27264〕

◇みちのくの歴史と文化めぐり―奥の細道の誘い街道探訪編　菅野照光編　仙台　創栄出版　2002.4　245p　21cm　（100万人の20世紀シリーズ 9）Ⓘ4-7559-0060-3　Ⓝ291.2　〔27265〕

◇むすびの地集　西濃俳句連盟編　岐阜　岐阜タイムス社　1957　26p　20cm　Ⓝ915.5　〔27266〕

◇山かつら―俳句紀行文　高柳新十郎信之著　高柳乙晴編　茅ヶ崎　高柳乙晴　1996.9　230p　21cm　非売品　Ⓝ915.5　〔27267〕

◇雪まろげ―附・奥の細道　河合曽良編　俳書堂　1916　123p　19cm　（俳諧名著文庫 第8編）Ⓝ911.3　〔27268〕

◆◆◆野ざらし紀行

◇歩いて旅した野ざらし紀行　関俊一著　大阪　和泉書院　1982.10　381p　20cm　2200円　Ⓘ4-900137-62-6　Ⓝ915.5　〔27269〕

◇奥の細道野ざらし紀行の花　松田修文　国際情報社　1983.5　143p　18×20cm　（カラー版古典の花）1600円　Ⓘ4-89322-149-3　Ⓝ915.5　〔27270〕

◇白井の文化遺産史―野ざらし紀行　2004　鈴木普二男著　白井　鈴木普二男　2004.1　417p　19cm　2000円　Ⓝ709.135　〔27271〕

◇野ざらし紀行―英訳とその研究　三木健司,三木慰子著　教育出版センター　1996.11　107p　22cm　（研究叢書 59）4660円　Ⓘ4-7632-1312-1　Ⓝ915.5　〔27272〕

◇野ざらし紀行―異界への旅　ゆきゆき亭こやん著　東京図書出版会　2000.4　158p　19cm　1800円　Ⓘ4-7952-9292-2　Ⓝ915.5　〔27273〕

◇野ざらし紀行の解釈と評論　宇和川匠助著　桜楓社　1968　287p　図版　地　22cm　1800円　Ⓝ915.5　〔27274〕

◇野ざらし紀行評釈　尾形仂著　角川書店　1998.12　270p　20cm　（角川叢書 1）2800円　Ⓘ4-04-702101-6　Ⓝ915.5　〔27275〕

◇芭蕉『野ざらし紀行』の研究　弥吉菅一著　桜楓社　1987.2　884p　22cm　30000円　Ⓘ4-273-02157-9　Ⓝ915.5　〔27276〕

◇芭蕉野ざらし紀行の四十五句　菊田孝明著　札幌　〔菊田孝明〕　1985.1　20p　18cm　Ⓝ911.32　〔27277〕

◇芭蕉文庫―校訂標註　第3篇　野晒紀行評釈―附・鹿島詣詳解　荻原井泉水編著　春陽堂　1923　122p　15cm　Ⓝ911.32　〔27278〕

◆◆◆更科紀行

◇更科紀行板画巻　森獏郎板画　矢羽勝幸解説　更埴　屋代西沢書店　1993.9　1冊　21×30cm　2500円　Ⓝ915.5　〔27279〕

◇芭蕉更科紀行の十一句一句文集　菊田琴秋著　札幌　〔菊田琴秋〕　1991.6　26p　19cm　Ⓝ915.5　〔27280〕

◇芭蕉の更科紀行をゆく―私の旅日記　尾崎朝二文・写真　長崎　出島文庫　2005.1　113p　21cm　1333円　Ⓘ4-931472-45-1　〔27281〕

◇芭蕉の更科紀行をゆく―私の旅日記　尾崎朝二文・写真　長崎　出島文庫　2005.1　113p　21cm　1333円　Ⓘ4-931472-45-1　Ⓝ291.52　〔27282〕

◇芭蕉の更科紀行の研究　赤羽学著　教育出版センター　1974　424p　22cm　（研究選書 12）8900円　Ⓝ915.5　〔27283〕

◆◆西遊記

◇西遊記　巻之2　橘南谿著　観音寺　上坂氏顕彰会史料出版部　2003.3　1冊　30cm　（上坂氏顕彰会所蔵手写本 49）52800円　Ⓝ915.5　〔27284〕

◇西遊記続編　巻之4　橘南谿著　観音寺　上坂氏顕彰会史料出版部　2003.3　1冊　30cm　（上坂氏顕彰会所蔵手写本 50）52800円　Ⓝ915.5　〔27285〕

◇西遊記　巻之1　分冊1　橘南谿著　観音寺　上坂氏顕彰会史料出版部　2003.3　1冊　30cm　（上坂氏顕彰会所蔵手写本 49）41800円　Ⓝ915.5　〔27286〕

◇西遊記　巻之1　分冊2　橘南谿著　観音寺　上坂氏顕彰会史料出版部　2003.3　1冊　30cm　（上坂氏顕彰会所蔵手写本 49）46800円　Ⓝ915.5　〔27287〕

◇西遊記　巻之3　分冊1　橘南谿著　観音寺　上坂氏顕彰会史料出版部　2003.3　1冊　30cm　（上坂氏顕彰会所蔵手写本 49）41800円　Ⓝ915.5　〔27288〕

◇西遊記　巻之3　分冊2　橘南谿著　観音寺　上坂氏顕彰会史料出版部　2003.3　1冊　30cm　（上坂氏顕彰会所蔵手写本 49）41800円　Ⓝ915.5　〔27289〕

◇西遊記　巻之4　分冊1　橘南谿著　観音寺　上坂氏顕彰会史料出版部　2003.3　1冊　30cm　（上坂氏顕彰会所蔵手写本 49）46800円　Ⓝ915.5　〔27290〕

◇西遊記　巻之4　分冊2　橘南谿著　観音寺　上坂氏顕彰会史料出版部　2003.3　1冊　30cm　（上坂氏顕彰会所蔵手写本 49）41800円　Ⓝ915.5　〔27291〕

◇西遊記　巻之5　分冊1　橘南谿著　観音寺　上坂氏顕彰会史料出版部　2003.3　1冊　30cm　（上坂氏顕彰会所蔵手写本 49）46800円　Ⓝ915.5　〔27292〕

◇西遊記　巻之5　分冊2　橘南谿著　観音寺　上坂氏顕彰会史料出版部　2003.3　1冊　30cm　（上坂氏顕彰会所蔵手写本 49）41800円　Ⓝ915.5　〔27293〕

◇西遊記続編　巻之1　橘南谿著　観音寺　上坂氏顕彰会史料出版部　2003.3　1冊　30cm　（上坂氏顕彰会所蔵

◇西遊記続編　巻之3　橘南谿著　観音寺　上坂氏顕彰会史料出版部　2003.3　1冊　30cm　(上坂氏顕彰会所蔵手写本 50)52800円　Ⓝ915.5　〔27295〕
◇西遊記続編　巻之5　橘南谿著　観音寺　上坂氏顕彰会史料出版部　2003.3　1冊　30cm　(上坂氏顕彰会所蔵手写本 50)52800円　Ⓝ915.5　〔27296〕
◇西遊記続編　巻之2 分冊1　橘南谿著　観音寺　上坂氏顕彰会史料出版部　2003.3　1冊　30cm　(上坂氏顕彰会所蔵手写本 50)41800円　Ⓝ915.5　〔27297〕
◇西遊記続編　巻之2 分冊2　橘南谿著　観音寺　上坂氏顕彰会史料出版部　2003.3　1冊　30cm　(上坂氏顕彰会所蔵手写本 50)41800円　Ⓝ915.5　〔27298〕
◇物語近世文学　第13巻　西遊記　雄山閣編　雄山閣　1940　283p　22cm　Ⓝ913.5　〔27299〕

◆◆菅江真澄
◇秋田叢書　別集 第1　菅江真澄集　第1　秋田叢書刊行会　1930　469p　22cm　Ⓝ212.4　〔27300〕
◇秋田叢書　別集 第2　菅江真澄集　第2　秋田叢書刊行会　1930　492p　22cm　Ⓝ212.4　〔27301〕
◇秋田叢書　別集 第3　菅江真澄集　第3　秋田叢書刊行会　1931　512p　22cm　Ⓝ212.4　〔27302〕
◇秋田叢書　別集 第6　菅江真澄集　第6　秋田叢書刊行会　1933　754p　22cm　Ⓝ212.4　〔27303〕
◇秋田の風景—菅江真澄図絵集　菅江真澄画　田口昌樹編　秋田　無明舎出版　2006.7　140p　21cm　2800円　Ⓘ4-89544-425-2　Ⓝ291.24　〔27304〕
◇円空仏礼讃　金沢大士著　近代文芸社　2005.7　374p　19cm　2800円　Ⓘ4-7733-7253-2　〔27305〕
◇おもひつづきたり—菅江真澄説き語り　安氷稔和著　大阪　編集工房ノア　2003.10　369p　20cm　(真澄の本)2500円　Ⓘ4-89271-115-2　Ⓝ289.1　〔27306〕
◇眼前の人—菅江真澄接近　安氷稔和著　大阪　編集工房ノア　2002.10　225p　20cm　(真澄の本)2000円　Ⓘ4-89271-104-7　Ⓝ289.1　〔27307〕
◇新編歌の行方—菅江真澄追跡　安氷稔和著　大阪　編集工房ノア　2001.10　329p　20cm　(真澄の本)2500円　Ⓝ289.1　〔27308〕
◇菅江真澄　柳田国男著　創元社　1942　252p　図版5枚　19cm　(創元選書)Ⓝ289.1　〔27309〕
◇菅江真澄　菊池勇夫著　日本歴史学会編　新装版　吉川弘文館　2007.10　317p　19cm　(人物叢書)2100円　Ⓘ978-4-642-05241-2　〔27310〕
◇菅江真澄—旅人たちの歴史 2　宮本常一著　未來社　2005.6　303p　19cm　2600円　Ⓘ4-624-11160-5　〔27311〕
◇菅江真澄翁著書生地伝記研究　服部聖多朗著　名古屋　典籍研究会　1941　32p　22cm　Ⓝ289.1　〔27312〕
◇菅江真澄と秋田　伊藤孝博著　秋田　無明舎出版　2004.11　72p　21cm　(んだんだブックレット—秋田の文化入門講座)900円　Ⓘ4-89544-380-9　Ⓝ289.1　〔27313〕
◇菅江真澄と北上地方—日記「けふのせば布」と「岩手の山」を読む　北上　北上市立博物館　2006.3　56p　21×22cm　(北上川流域の自然と文化シリーズ 27)Ⓝ289.1　〔27314〕
◇菅江真澄読本　秋田　秋田県立秋田南高等学校国語科　1986.3　61p　21cm　(秋田の古典を読もう叢書 1)Ⓝ915.5　〔27315〕
◇「菅江真澄」読本 3　田口昌樹著　秋田　無明舎出版　1999.2　215p　19cm　1800円　Ⓘ4-89544-208-X　〔27316〕
◇「菅江真澄」読本 4　田口昌樹著　秋田　無明舎出版　2000.3　246p　19cm　1800円　Ⓘ4-89544-234-9　〔27317〕
◇菅江真澄の新研究　白井永二著　おうふう　2006.12　481p　21cm　12000円　Ⓘ4-273-03434-4　〔27318〕
◇菅江真澄の旅と日記　内田武志著　未來社　1970　292p　19cm　850円　Ⓝ915.5　〔27319〕
◇菅江真澄みちのくの旅　神山真浦著　日本図書刊行会　1998.2　176p　20cm　1500円　Ⓘ4-89039-820-1　Ⓝ915.5　〔27320〕
◇菅江真澄遊覧記 1　菅江真澄著　内田武志, 宮本常一編訳　平凡社　2000.4　411p　16cm　(平凡社ライブラリー)1300円　Ⓘ4-582-76335-9　Ⓝ291.09　〔27321〕
◇菅江真澄遊覧記 2　菅江真澄著　内田武志, 宮本常一編訳　平凡社　2000.5　363p　16cm　(平凡社ライブラリー)1200円　Ⓘ4-582-76341-3　Ⓝ291.09　〔27322〕
◇菅江真澄遊覧記 3　菅江真澄著　内田武志, 宮本常一編訳　平凡社　2000.6　465p　16cm　(平凡社ライブラリー)1500円　Ⓘ4-582-76345-6　Ⓝ291.09　〔27323〕
◇菅江真澄遊覧記 4　菅江真澄著　内田武志, 宮本常一編訳　平凡社　2000.7　398p　16cm　(平凡社ライブラリー)1400円　Ⓘ4-582-76351-0　Ⓝ291.09　〔27324〕
◇菅江真澄遊覧記 5　菅江真澄著　内田武志, 宮本常一編訳　平凡社　2000.8　415p　16cm　(平凡社ライブラリー)1400円　Ⓘ4-582-76356-1　Ⓝ291.09　〔27325〕
◇夕づつのかゆきかくゆき—菅江真澄直筆日記本4冊　江戸文化面白講座　一関　さいかちの会　2006.5　508p　30cm　Ⓝ289.1　〔27326〕
◇夕づつのかゆきかくゆき—菅江真澄直筆日記本4冊　江戸文化面白講座　一関　さいかちの会　2006.5　515p　30cm　Ⓝ289.1　〔27327〕
◇陸中大原と菅江真澄　小林文夫著　盛岡　草笛社　1967　80p 図版 地　18cm　Ⓝ915.5　〔27328〕

◆漢詩文
◇藍沢南城—詩と人生　内山知也著　東洋書院　1994.10　350p　22cm　4800円　Ⓘ4-88594-223-3　Ⓝ919.5　〔27329〕
◇秋田漢詩尋歴　藤崎生雲訳・校訂　秋田　藤崎吉次　2002.7　461p　26×37cm　非売品　Ⓝ919.5　〔27330〕
◇伊藤冠峰緑竹園詩集訓解　伊藤冠峰原著　村瀬一郎著　笠松町(岐阜県)　冠峰先生顕彰研究会　2001.11　534p　22cm　3810円　Ⓝ919.5　〔27331〕
◇伊藤仁斎　浅山佳郎, 厳明著　研文出版　2000.11　215,3p　20cm　(日本漢詩人選集 4)3300円　Ⓘ4-87636-190-8　Ⓝ919.5　〔27332〕
◇影印近世漢文選　杉下元明, 鈴木健一, 堀川貴司編　大阪　和泉書院　1997.4　141p　21cm　1800円　Ⓘ4-87088-860-2　Ⓝ919.5　〔27333〕
◇瘞琴碑について—金峰山中に琴をうずめた史話　坂本守正著　鶴岡　荘内人物史研究会　1981.12　91p　19cm　(荘内人物史攷 1)500円　Ⓝ919.5　〔27334〕
◇詠史日本楽府物語　福山天蔵著　東白堂書房　1938.6　306p　19cm　Ⓝ919.5　〔27335〕
◇蝦夷詩歌順礼　広瀬龍一著　1953　135p　19cm　Ⓝ919.5　〔27336〕
◇江戸漢学の世界　徳田武著　ぺりかん社　1990.7　300p　22cm　3800円　Ⓝ919.5　〔27337〕

◇江戸漢詩　中村真一郎著　岩波書店　1985.3　282p　20cm　(古典を読む 20)1800円　Ⓘ4-00-004470-2　Ⓝ919.5　〔27338〕

◇江戸漢詩　中村真一郎著　岩波書店　1998.1　282p　16cm　(同時代ライブラリー—古典を読む)1200円　Ⓘ4-00-260332-6　Ⓝ919.5　〔27339〕

◇江戸漢詩—影響と変容の系譜　杉下元明著　ぺりかん社　2004.8　484,9p　22cm　7600円　Ⓘ4-8315-1091-2　Ⓝ919.5　〔27340〕

◇江戸漢詩選　第1巻　文人—亀田鵬斎・田能村竹田・仁科白谷・亀井南冥　徳田武注　岩波書店　1996.3　343p　20cm　3800円　Ⓘ4-00-092001-4　Ⓝ919.5　〔27341〕

◇江戸漢詩選　第2巻　儒者—荻生徂徠・新井白石・山梨稲川・古賀精里　一海知義,池沢一郎注　岩波書店　1996.5　329p　20cm　3800円　Ⓘ4-00-092002-2　Ⓝ919.5　〔27342〕

◇江戸漢詩選　第4巻　志士—藤田東湖・佐久間象山・吉田松陰・橋本左内・西郷隆盛　坂田新注　岩波書店　1995.11　357p　20cm　3800円　Ⓘ4-00-092004-9　Ⓝ919.5　〔27343〕

◇江戸漢詩選　第5巻　僧門—独菴玄光・売茶翁・大潮元皓・大典顕常　末木文美士,堀川貴司注　岩波書店　1996.1　333p　20cm　3800円　Ⓘ4-00-092005-7　Ⓝ919.5　〔27344〕

◇江戸後期月瀬観梅漢詩文の研究—文化・文政期より幕末に至る　村田栄三郎著　汲古書院　2002.11　446,6p　22cm　Ⓘ4-7629-3447-X　Ⓝ919.5　〔27345〕

◇江戸後期の詩人たち—鴫鴨庵詩話　富士川英郎著　麦書房　1966　395p　19cm　Ⓝ919.5　〔27346〕

◇江戸後期の詩人たち　富士川英郎著　筑摩書房　1973　397,11p　19cm　(筑摩叢書)1400円　Ⓝ919.5　〔27347〕

◇江戸詩歌論　揖斐高著　汲古書院　1998.2　751,35p　22cm　12000円　Ⓘ4-7629-3412-7　Ⓝ919.5　〔27348〕

◇江戸詩人選集　第2巻　梁田蛻巌・秋山玉山　日野竜夫ほか編纂　徳田武注　岩波書店　1992.4　336p　20cm　3700円　Ⓘ4-00-091592-4　Ⓝ919.5　〔27349〕

◇江戸詩人選集　第3巻　服部南郭・祇園南海　日野竜夫ほか編纂　山本和義,横山弘注　岩波書店　1991.4　376p　20cm　3500円　Ⓘ4-00-091593-2　Ⓝ919.5　〔27350〕

◇江戸詩人選集　第5巻　市河寛斎・大窪詩仏　揖斐高注　岩波書店　2001.8　387p　19cm　4200円　Ⓘ4-00-091595-9　〔27351〕

◇江戸詩人選集　第6巻　葛子琴・中島棕隠　日野竜夫ほか編纂　水田紀久注　岩波書店　1993.3　349p　20cm　3700円　Ⓘ4-00-091596-7　Ⓝ919.5　〔27352〕

◇江戸詩人選集　第7巻　野村篁園・館柳湾　徳田武注　岩波書店　2001.9　380p　19cm　4200円　Ⓘ4-00-091597-5　〔27353〕

◇江戸詩人選集　第9巻　広瀬淡窓・広瀬旭荘　岡村繁注　岩波書店　1991.12　344p　19cm　3700円　Ⓘ4-00-091599-1　〔27354〕

◇江戸詩人選集　第10巻　成島柳北・大沼枕山　成島柳北,大沼枕山著　日野龍夫注　岩波書店　2001.10　348p　19cm　4200円　Ⓘ4-00-091600-9　〔27355〕

◇江戸詩人選集　月報—1-10　岩波書店　1990.4-1993.3　1冊　18cm　Ⓝ919.5　〔27356〕

◇江戸詩人伝　徳田武著　ぺりかん社　1986.5　303p　20cm　2400円　Ⓝ919.5　〔27357〕

◇江戸時代田園漢詩選　池沢一郎著　農山漁村文化協会　2002.11　280p　19cm　(人間選書 246)2000円　Ⓘ4-540-02002-1　Ⓝ919.5　〔27358〕

◇江戸時代の詩風詩論—明・清の詩論とその摂取　松下忠著　明治書院　1969　1146p　22cm　8200円　Ⓝ919.5　〔27359〕

◇江戸の詩壇ジャーナリズム—『五山堂詩話』の世界　揖斐高著　角川書店　2001.12　262p　20cm　(角川叢書 19)3000円　Ⓘ4-04-702119-9　Ⓝ919.5　〔27360〕

◇江戸文人論—大田南畝を中心に　池沢一郎著　汲古書院　2000.5　464,15p　22cm　12000円　Ⓘ4-7629-3430-5　Ⓝ919.5　〔27361〕

◇江馬細香—化政期の女流詩人　門玲子著　卯辰山文庫　1979.11　379p　20cm　1600円　Ⓝ919.5　〔27362〕

◇江馬細香来簡集　江馬文書研究会編　京都　思文閣出版　1988.6　348,7p　22cm　8500円　Ⓘ4-7842-0508-X　Ⓝ919.5　〔27363〕

◇遠帆楼詩鈔　恒遠醒窓著　三浦尚司校註　福岡　プリント中外社　2002.5　272p　20cm　2800円　Ⓝ919.5　〔27364〕

◇応海山棲真寺　仲芳禅師著　大和町(広島県)　応海山棲真寺　1999.12　64p　26cm　Ⓝ919.5　〔27365〕

◇桜賦岳賦　講義　佐久間象山作,市川本太郎講義　長野　市川文庫　1964　58p　25cm　Ⓝ919.5　〔27366〕

◇嚶鳴館遺稿—注釈　尾張編 2　小野重伃著　東海　東海市教育委員会　2002.3　38,388,10p　22cm　Ⓝ919.5　〔27367〕

◇嚶鳴館遺稿—注釈　初編　小野重伃著　東海　東海市教育委員会　1998.11　281,10p　22cm　Ⓝ919.5　〔27368〕

◇嚶鳴館遺稿—注釈　尾張編　小野重伃著　東海　東海市教育委員会　2000.10　45,428,15p　22cm　Ⓝ919.5　〔27369〕

◇嚶鳴館遺稿—注釈　米沢編　小野重伃著　東海　東海市教育委員会　1996.9　46,409,14p　22cm　Ⓝ919.5　〔27370〕

◇往来の松　森芳郎企画編集　安東俊六,小瀬園子解読　岐阜　岐阜新聞社　2002.9　123p　30cm　Ⓝ919.5　〔27371〕

◇大窪詩仏　鈴木碧堂著　日立　榎本実　1980.11　321,3p　図版10枚　20cm　2900円　Ⓝ919.5　〔27372〕

◇大窪詩仏ノート　大森林造著　日立　梓書房　1998.10　360p　21cm　2700円　Ⓝ919.5　〔27373〕

◇賀冠峰詩碑建立—冠峰詩碑除幕式　小通孝義著　名古屋〔小通孝義〕　1997　22p　21cm　Ⓝ919.5　〔27374〕

◇賀冠峰詩碑建立(御在所山)—冠峰詩碑除幕式　小通孝義著　名古屋〔小通孝義〕　1997.12　50p　21cm　Ⓝ919.5　〔27375〕

◇蠣崎波響漢詩全釈—海瘦柳眠村舎遺稿　蠣崎波響著　高木重俊著　函館　幻洋社　2002.12　558p　20cm　8000円　Ⓘ4-906320-41-4　Ⓝ919.5　〔27376〕

◇柏木如亭　入谷仙介著　研文出版　1999.5　219p　20cm　(日本漢詩人選集 8)3300円　Ⓘ4-87636-170-3　Ⓝ919.5　〔27377〕

◇葛子琴詩抄索引　西岡市祐編　日野　西岡市祐　1991.2　269p　26cm　Ⓝ919.5　〔27378〕

◇看雲棲詩稿　宮田維禎著　岐阜　宮田孝郎　1991.11　8冊(別冊とも)　23cm　Ⓝ919.5　〔27379〕

◇玩鴎先生詠物百首注解　停雲会同人共著　太平書屋　1991.10　341p　20cm　(太平文庫 21)8000円　Ⓝ919.5　〔27380〕

◇漢詩人大沼枕山の世界—十九世紀後半の江戸詩壇　福生

◇福生市郷土資料室　1988　4p　26cm　〔27381〕
◇漢詩と俳句―芭蕉・蕪村・一茶・子規　吉川発輝著　教育出版センター　1985.4　173p　22cm　3800円　①4-7632-1516-7　〔27382〕
◇冠峰吟詠集―伊藤冠峰緑竹園詩集　伊藤冠峰著　瀬戸〔村瀬一郎〕　1992.5　56枚　21×30cm　非売品　Ⓝ919.5　〔27383〕
◇冠峰吟詠集―伊藤冠峰緑竹園詩集　伊藤冠峰著　村瀬九功編　笠松町(岐阜県)　岐陽岳風会　1992.10　112p　26cm　Ⓝ919.5　〔27384〕
◇冠峰詩碑解説―伊藤冠峰菰野の生んだ先哲　伊藤冠峰著　冠峰先生顕彰研究会,御在所ロープウエイ株式会社編　菰野町(三重県)　冠峰先生顕彰研究会　1997.11　8p　26cm　Ⓝ919.5　〔27385〕
◇菊池五山書簡集　坂出　松本文庫　1981.11　115p　21cm　(松本文庫資料集 2)　Ⓝ919.5　〔27386〕
◇義公漢詩散歩　常陸の巻 続　大森林造著　土浦　筑波書林　1987.5　104p　18cm　(ふるさと文庫)600円　Ⓝ919.5　〔27387〕
◇義公漢詩散歩　常陸の巻　大森林造著　土浦　筑波書林　1987.2　108p　18cm　(ふるさと文庫)600円　Ⓝ919.5　〔27388〕
◇紀行日本漢詩　第1巻　富士川英郎,佐野正巳編　汲古書院　1991.2　430p　27cm　9000円　Ⓝ919.5　〔27389〕
◇紀行日本漢詩　第2巻　富士川英郎,佐野正巳編　汲古書院　1991.11　21,542p　27cm　9000円　Ⓝ919.5　〔27390〕
◇紀行日本漢詩　第3巻　富士川英郎,佐野正巳編　汲古書院　1992.8　22,485p　27cm　9000円　Ⓝ919.5　〔27391〕
◇紀行日本漢詩　第4巻　富士川英郎,佐野正巳編　汲古書院　1993.2　20,449p　27cm　9000円　①4-7629-3203-5　Ⓝ919.5　〔27392〕
◇紀行・挹原詩集―郡上藩凌霜隊・岡本文造遺稿　岡本文造著　森井俊彦編　川崎　香林寺　1995.9　331p　20cm　1500円　Ⓝ919.5　〔27393〕
◇狂詩書目　斎田作楽編　武蔵村山　青裳堂書店　1999.1　203p　22cm　(日本書誌学大系 81)16000円　Ⓝ919.5　〔27394〕
◇近世漢文学史　山岸徳平著　汲古書院　1987.1　485,31p　22cm　7500円　Ⓝ919.5　〔27395〕
◇近世日本漢文学史論考　水田紀久著　汲古書院　1987.1　666p　22cm　14000円　Ⓝ919.5　〔27396〕
◇近世の漢詩　中村幸彦編　汲古書院　1986.4　220p　22cm　3500円　Ⓝ919.5　〔27397〕
◇近世の漢詩―大東急記念文庫公開講座講演録　中村幸彦ほか講述　大東急記念文庫　1986.4　220p　22cm　Ⓝ919.5　〔27398〕
◇月瀬幻影―近代日本風景批評史　大室幹雄著　中央公論新社　2002.3　446p　20cm　(中公叢書)2300円　①4-12-003250-7　Ⓝ919.5　〔27399〕
◇河堅鉄兜漢詩研究　増田喜義編著　姫路　網干史談会出版部　1995.10　570p　22cm　10000円　Ⓝ919.5　〔27400〕
◇鼓岳遺稿　下巻　西鼓岳著　多久村(佐賀県)　高取伊好　1915.1　41,7丁　23cm　非売品　Ⓝ919.5　〔27401〕
◇古詩韻範訳注　武元景文著　田中正也訳注　横浜〔田中正也〕　2000.11　327p　26cm　非売品　Ⓝ919.5　〔27402〕
◇古典拾葉　吉田澄夫著　武蔵野書院　1986.7　277p　22cm　6000円　Ⓝ919.5　〔27403〕
◇菰野の生んだ先哲伊藤冠峰先生の菰野温泉歌詩碑解説　冠峰先生顕彰研究会編　菰野町(三重県)　冠峰先生顕彰研究会　1999.2　9p　26cm　非売品　Ⓝ919.5　〔27404〕
◇蔡大鼎集―琉球古典漢詩　蔡大鼎著　輿石豊伸訳注　京都　オフィス・コシイシ　1997.11　2冊　22cm　全27000円　Ⓝ919.5　〔27405〕
◇讚岐勤王家藤川三渓の詩と丹誠　井下香泉編　高松　香泉書道院　1995.8　46p　26cm　Ⓝ919.5　〔27406〕
◇讚岐詩人列伝―詩歌に探る先人の生きざま　井下香泉著　高松　讚岐先賢顕彰会　1998.3　276p　20cm　1905円　Ⓝ919.5　〔27407〕
◇讚岐幕末群像―詩歌に託す維新の夢　井下香泉著　丸山学芸図書　1996.7　289p　20cm　1900円　①4-89542-143-0　Ⓝ919.5　〔27408〕
◇讚岐名勝詩語集―漢詩人必携　井下香泉　高松　讚岐先賢顕彰会　2001.4　180p　18cm　1000円　Ⓝ919.5　〔27409〕
◇詞筵一粲　太平詩屋　2003.3　2冊(解説とも)　23cm　(太平文庫 50)全7000円　Ⓝ919.5　〔27410〕
◇史館茗話　林鵞峯,林梅洞編　本間洋一編　新典社　1997.11　191p　21cm　1900円　①4-7879-0620-8　Ⓝ919.5　〔27411〕
◇鴎鷓庵閑話　富士川英郎著　筑摩書房　1977.7　198p　20cm　3000円　Ⓝ919.5　〔27412〕
◇詩魂大南洲　朝倉毎人著　南方書店　1956　222p　16cm　Ⓝ919.5　〔27413〕
◇芝山の宮中歳時記―日本の伝統行事の原点　井下香泉著　高松　讚岐先賢顕彰会　1999.3　234p　20cm　2100円　Ⓝ919.5　〔27414〕
◇志士たちの詩　嶋岡晨著　講談社　1979.8　210p　18cm　(講談社現代新書)390円　Ⓝ919.5　〔27415〕
◇詩人乃手紙―近世文壇史話　頼惟三郎著　文化評論出版　1974　283p　20cm　3000円　Ⓝ919.5　〔27416〕
◇詩人の庭　中村真一郎著　集英社　1976　373p　20cm　1500円　Ⓝ919.5　〔27417〕
◇儒者の随筆　富士川英郎著　小沢書店　1983.8　261p　22cm　3500円　Ⓝ919.5　〔27418〕
◇春雨楼詩鈔　分冊1　藤森大雅著　横山巻評選　観音寺　上坂氏顕彰会史料出版部　2002.3　1冊　30cm　(上坂氏顕彰会所蔵手写本 42)52800円　Ⓝ919.5　〔27419〕
◇春雨楼詩鈔　分冊2　藤森大雅著　横山巻評選　観音寺　上坂氏顕彰会史料出版部　2002.3　1冊　30cm　(上坂氏顕彰会所蔵手写本 42)46800円　Ⓝ919.5　〔27420〕
◇春雨楼詩鈔　分冊3　藤森大雅著　横山巻評選　観音寺　上坂氏顕彰会史料出版部　2002.3　1冊　30cm　(上坂氏顕彰会所蔵手写本 42)46800円　Ⓝ919.5　〔27421〕
◇春雨楼詩鈔　分冊4　藤森大雅著　横山巻評選　観音寺　上坂氏顕彰会史料出版部　2002.3　1冊　30cm　(上坂氏顕彰会所蔵手写本 42)41800円　Ⓝ919.5　〔27422〕
◇春雨楼詩鈔　分冊5　藤森大雅著　横山巻評選　観音寺　上坂氏顕彰会史料出版部　2002.3　1冊　30cm　(上坂氏顕彰会所蔵手写本 42)36800円　Ⓝ919.5　〔27423〕
◇春雨楼詩鈔　分冊6　藤森大雅著　横山巻評選　観音寺　上坂氏顕彰会史料出版部　2002.3　1冊　30cm

◇(上坂氏顕彰会所蔵手写本 42)46800円 Ⓝ919.5
〔27424〕

◇春帆楼百絶・錦洞小稿評釈 北村学著 大阪 中尾松泉堂書店 1970 230p 22cm 1500円 Ⓝ919.5
〔27425〕

◇松鶴篇詩碑解説―安永二年(一七七三年)三月十二日 伊藤冠峰作詩 冠峰先生顕彰研究会編 笠松町(岐阜県) 冠峰先生顕彰研究会 2001.11 8p 26cm 非売品 Ⓘ4-9900230-4-8 Ⓝ919.5
〔27426〕

◇上州之漢詩 須賀昌五編著 藪塚本町(群馬県) あかぎ出版 1989.7 341p 22cm 15000円 Ⓝ919.5
〔27427〕

◇湘夢遺稿 江馬細香著 大垣 大垣市文化財協会 1960 2冊 19cm 和 Ⓝ919.5
〔27428〕

◇上毛の近世漢詩人 しの木弘明著 高崎 名雲書店 1997.10 544p 21cm 4500円 Ⓝ919.5
〔27429〕

◇新観横井也有―漢学的視点から 藤川正数著 研文社 1994.8 280p 22cm 5000円 Ⓝ919.5
〔27430〕

◇水雲宮本先生遺稿―双硯堂文集 宮本水雲原著 秋永毅夫注解 潮来町(茨城県)〔秋永毅夫〕1991.9 115p 26cm Ⓝ919.5
〔27431〕

◇垂邑詩集―本文と研究 上 橋口晋作ほか編 鹿児島 鹿児島県立短期大学地域研究所 2003.3 121p 21cm (鹿児島県立短期大学地域研究所叢書)Ⓝ919.5
〔27432〕

◇勢海拾玉集―江戸後期伊勢の詩人と詩 杉野茂訳著 松阪 光書房 1982.10 247p 22cm 3000円 Ⓝ919.5
〔27433〕

◇西山樵唱全釈 北村学著 大阪 中尾松泉堂書店 1977.11 356p 22cm 6000円 Ⓝ919.5
〔27434〕

◇洗心亭詩稿 有島照長著 三潴町(福岡県) 鶴久二郎 1971 66丁 26cm Ⓝ919.5
〔27435〕

◇双硯堂詩集抄解―宮本茶村・漢詩の世界 横須賀司久著 五月書房 1994.2 158p 20cm 2060円 Ⓘ4-7727-0133-8 Ⓝ919.5
〔27436〕

◇添川廉斎 木部誠二著 木部誠二 1998.6 245p 26cm Ⓝ919.5
〔27437〕

◇添川廉斎―担石の儲無く且に一日を如かむとするなり 木部誠二著 木部誠二 1998.7 17p 21cm Ⓝ919.5
〔27438〕

◇続撰和漢朗詠集とその研究 柳沢良一編著 大阪 和泉書院 2001.2 424p 22cm (研究叢書 265)15000円 Ⓘ4-7576-0087-9 Ⓝ919.5
〔27439〕

◇太平楽府他―江戸狂詩の世界 日野龍夫,高橋圭一編 平凡社 1991.8 327p 18cm (東洋文庫 538)2884円 Ⓘ4-582-80538-8 Ⓝ919.5
〔27440〕

◇高杉晋作漢詩改作の謎 一坂太郎著 世論時報社 1995.4 190p 20cm 2000円 Ⓘ4-915340-30-9 Ⓝ919.5
〔27441〕

◇高槻が生んだ幕末の漢詩人藤井竹外―平成16年度春季特別展図録 高槻市教育委員会,高槻市立しろあと歴史館編 高槻 高槻市教育委員会 2005.3 24p 30cm
〔27442〕

◇高松城下抒情―岡長祐とその時代 井下香泉著 高松 高松大学出版会 2002.4 251p 21cm 1905円 Ⓝ919.5
〔27443〕

◇武元登々庵『行庵詩草』研究と評釈 竹谷長二郎著 笠間書院 1995.5 527p 22cm (笠間叢書 280)19000円 Ⓘ4-305-10280-3 Ⓝ919.5
〔27444〕

◇武元登々庵の生涯と詩書 米村昭二著 吉永町(岡山県) 吉永町美術館 2002.12 26,111p 30cm Ⓝ919.5
〔27445〕

◇館柳湾 鈴木瑞枝著 研文出版 1999.1 244p 20cm (日本漢詩人選集 13)3300円 Ⓘ4-87636-164-9 Ⓝ919.5
〔27446〕

◇竹外二十八字詩評釈 北村学著 大阪 全国書房 1967 306p 22cm Ⓝ919.5
〔27447〕

◇竹間斎遺稿 釈昇道著 田坂英俊校注 府中(広島県) 田坂英俊 1992.8 196p 22cm Ⓝ919.5
〔27448〕

◇竹枝詞集集成 第1巻 斎田作楽編 太平書屋 2000.2 233p 21cm (太平文庫 43)7000円 Ⓝ919.5
〔27449〕

◇枕雲上人伝考―歴史に埋もれた府中の文人 田坂英俊著 府中(広島県) 田坂英俊 1991.9 256p 22cm Ⓝ919.5
〔27450〕

◇鉄研斎詩存 斎藤拙堂撰 呉鴻春輯校 菰野町(三重県) 斎藤正和 2001.10 279,13,1p 22cm 4500円 Ⓘ4-7629-9542-8 Ⓝ919.5
〔27451〕

◇東瀛詩選―山梨稲川の部 詩注 有沙啓介著 清水 有沙啓介 2001.3 151p 19cm 1200円 Ⓘ4-7838-9480-9 Ⓝ919.5
〔27452〕

◇東京紀勝―原題・江都紀勝 竹内楊園編 太平書屋 2001.12 111p 15cm (太平文庫 46)3000円 Ⓝ919.5
〔27453〕

◇東湖詩鈔 乾 藤田彪著 観音寺 上坂氏顕彰会史料出版部 2001.3 1冊 30cm (理想日本リプリント 第46巻)52800円 Ⓝ919.5
〔27454〕

◇東湖詩鈔 坤 藤田彪著 観音寺 上坂氏顕彰会史料出版部 2001.3 1冊 30cm (理想日本リプリント 第46巻)46800円 Ⓝ919.5
〔27455〕

◇藤城遺稿 村瀬ケイ著 美濃〔西部文雄〕1999 75枚 24cm Ⓝ919.5
〔27456〕

◇藤城遺稿―補注 村瀬藤城著 西部文雄注釈・訓読 美濃〔西部文雄〕1999.9 57,39,27枚 27cm Ⓝ919.5
〔27457〕

◇長崎に遊んだ漢詩人 上野日出刀著 福岡 中国書店 1989.4 358p 22cm 3800円 Ⓘ4-924779-09-1 Ⓝ919.5
〔27458〕

◇中島棕隠 入谷仙介著 研文出版 2002.3 204p 20cm (日本漢詩人選集 14)3300円 Ⓘ4-87636-208-4 Ⓝ919.5
〔27459〕

◇中村真一郎江戸漢詩文コレクション 人間文化研究機構国文学研究資料館普及・連携活動事業部編 人間文化研究機構国文学研究資料館普及・連携活動事業部 2007.1 162p 21cm Ⓘ978-4-87592-106-6 Ⓝ919.5
〔27460〕

◇中村幸彦著述集 第11巻 漢学者記事 中央公論社 1982.10 437p 22cm 6500円 Ⓝ910.25
〔27461〕

◇浪華四時雑詞―訓注 森崎蘭外訓注 堺 鳴鳴吟社 1991.3 1冊 26cm Ⓝ919.5
〔27462〕

◇南城三余集私抄 藍沢南城著 目崎徳衛編著 小沢書店 1994.5 670p 22cm 14420円 Ⓝ919.5 〔27463〕

◇南城先生の越後奇談―『啜茗談柄』訳注 郷直人ほか共編 汲古書院 2001.12 228p 20cm 2000円 Ⓘ4-7629-9543-6 Ⓝ919.5
〔27464〕

◇日本の漢詩人と名詩 友野霞舟著,熙朝詩薈刊行会編纂 ゆまに書房 1983.4 12冊 22cm (国文学研究資料文庫 15～26)全115000円 Ⓝ919.5
〔27465〕

◇日本文人詩選 入矢義高著 中央公論社 1983.1 282p 20cm 1800円 Ⓝ919.5
〔27466〕

◇日本文人詩選 入矢義高著 中央公論社 1992.8 312p 16cm (中公文庫)600円 Ⓘ4-12-201929-X Ⓝ919.5
〔27467〕

◇白雲館墓碣銘　菅野宏編著,白雲館研究会編　福島　白雲館研究会　1989.4　207p　22cm　Ⓝ919.5　〔27468〕
◇芭蕉に影響した漢詩文　仁枝忠著　教育出版センター　1972　450p　22cm　4800円　Ⓝ911.32　〔27469〕
◇服部南郭伝攷　日野龍夫著　ぺりかん社　1999.1　550p　22cm　8800円　Ⓘ4-8315-0867-5　Ⓝ919.5　〔27470〕
◇原采蘋の生涯と詩―幕末閨秀　吉木幸子著　甘木市教育委員会編　甘木　甘木市教育委員会　1993.12　309p　20cm　Ⓝ919.5　〔27471〕
◇人見竹洞詩文集　人見捨蔵　1991.5　560p　27cm　Ⓝ919.5　〔27472〕
◇百印百詩を読む　「百印百詩を読む」編集委員会編　江差町(北海道)　江差町の歴史を紀行し友好を進める会　2000.10　117p　27cm　Ⓝ919.5　〔27473〕
◇広瀬淡窓の詩―遠思楼詩鈔評釈　4　井上源吾著　福岡　葦書房　1996.12　385p　22cm　4120円　Ⓘ4-7512-0657-5　Ⓝ919.5　〔27474〕
◇閩江のほとりで―琉球漢詩の原郷を行く　上里賢一著　那覇　沖縄タイムス社　2001.7　298p　19cm　(タイムス選書 2-12)2500円　Ⓘ4-87127-148-X　Ⓝ919.5　〔27475〕
◇米汁沕唅　売酒郎噫々編　斎田作楽解説　太平書屋　1996.5　83p　26cm　(太平文庫 36)5000円　Ⓝ919.5　〔27476〕
◇鳳鳥不至―論語雑記　新井白石逸事　吉川幸次郎著　新潮社　1971　237p　20cm　950円　Ⓝ919.5　〔27477〕
◇鳳鳴館詩集　鳥海山人著　安達正巳編注　山形　安達ツタ子　1991.8　136p　22cm　Ⓝ919.5　〔27478〕
◇宝暦の詩人藪孤山―詩とその心　今田哲夫著　白鳳社　1991.10　216p　19cm　1800円　Ⓘ4-8262-0072-2　Ⓝ919.5　〔27479〕
◇細井平洲『小語』注釈　小野重仔著　東海　東海市教育委員会　1995.9　339p　22cm　Ⓝ919.5　〔27480〕
◇牧野黙庵松村遺稿　牧野黙庵・松村著　浜久雄編　横浜　牧野暢男　1998.9　398p　22cm　7000円　Ⓘ4-7629-9720-X　Ⓝ919.5　〔27481〕
◇間崎滄浪―殉国の詩人　平尾道雄著　中村　間崎滄浪先生遺徳顕彰会　大阪　保育社(発売)　1972　194p　19cm　1000円　Ⓝ919.5　〔27482〕
◇美濃の漢詩人とその作品　山田勝弘著　研文社　1993.4　1090p　22cm　30900円　Ⓝ919.5　〔27483〕
◇訳註幽谷余韻　第1巻　佐橋法龍著　長野　長国寺　2003.4　332p　22cm　Ⓝ919.5　〔27484〕
◇梁田蛻巌全集　梁田忠山編　黒田義隆編・監修　明石　日蓮宗本立寺　1996.7　440p　27cm　非売品　Ⓝ919.5　〔27485〕
◇山梨稲川と『肖山野録』　繁原央著　麒麟社　2001.8　350,10p　20cm　2500円　Ⓝ919.5　〔27486〕
◇山村蘇門―近世地方文人の生涯　今田哲夫著　松本　郷土出版社　1988.6　242p　19cm　1500円　Ⓘ4-87663-110-7　Ⓝ919.5　〔27487〕
◇幽谷余韻入門　第1巻　佐橋法龍監修　長野　長国寺　2000.5　380p　22cm　6000円　Ⓝ919.5　〔27488〕
◇幽谷余韻入門　第2巻　佐橋法龍ほか著　長野　長国寺　2002.2　339p　22cm　6000円　Ⓝ919.5　〔27489〕
◇遊人の抒情―柏木如亭　揖斐高著　岩波書店　2000.8　336p　20cm　3000円　Ⓘ4-00-002350-0　Ⓝ919.5　〔27490〕
◇由良十八景―紀伊由良・阿戸史の一環　井原勲著　由良町(和歌山県)　〔井原勲〕　1985.11　260p　21cm　Ⓝ919.5　〔27491〕
◇由良十八景　続　井原勲著　由良町(和歌山県)　〔井原勲〕　1990.5　251p　22cm　Ⓝ919.5　〔27492〕
◇吉田松陰の詩藻―詩と短歌と俳句の年代別研究　山中鉄三著　徳山　徳山大学総合経済研究所　1983.4　340p　19cm　(徳山大学研究叢書 1)　Ⓝ919.5　〔27493〕
◇吉原詞集成　斎田作楽編　太平書屋　1993.4　299p　21cm　(太平文庫 22)8000円　Ⓝ919.5　〔27494〕
◇洛中洛外漢詩紀行　生田耕作,坂井輝久著　京都　人文書院　1994.5　260p　22cm　3605円　Ⓘ4-409-16065-6　Ⓝ919.5　〔27495〕
◇栗山文集(抄)を読む―柴野栗山と野口家の今昔　井下香泉著　高松　高松大学出版会　2002.12　198p　19cm　1429円　Ⓝ919.5　〔27496〕
◇琉球漢詩の旅　琉球新報社編　上里賢一選・訳　茅原南龍書　那覇　琉球新報社　2001.3　130p　22×27cm　2857円　Ⓘ4-89742-037-7　Ⓝ919.5　〔27497〕
◇竜門石詩巻　祇園南海著　杉下元明解説　太平書屋　1995.8　35枚　21×30cm　(太平文庫 32)5000円　Ⓝ919.5　〔27498〕
◇林岳記―鹿児島にも漱石がいた　渡辺正著　鹿児島　〔渡辺正〕　1985　p94〜102　26cm　Ⓝ919.5　〔27499〕
◇琅玕―藤井竹外漢詩飜訳短歌集　関俊一著　摂津　創森出版　1993.7　417p　22cm　4500円　Ⓘ4-915886-02-6　Ⓝ919.5　〔27500〕

◆◆良寛

◇校注良寛全詩集　谷川敏朗著　春秋社　1998.5　526p　20cm　6200円　Ⓘ4-393-43411-0　Ⓝ919.5　〔27501〕
◇ポエムby良寛―禅僧・良寛的詩歌　良寛原著　湯浅裕子著　新潟　考古堂書店　2002.6　32p　21cm　1000円　Ⓘ4-87499-977-8　Ⓝ911.35　〔27502〕
◇無絃の琴―良寛詩抄　野呂昶編著　すずき出版　1984.4　253p　20cm　1300円　Ⓘ4-7902-1001-4　Ⓝ919.5　〔27503〕
◇良寛―行乞の詩人　森山隆平著　新潟　考古堂書店　1992.1　212p　21cm　2000円　Ⓘ4-87499-176-9　Ⓝ919.5　〔27504〕
◇良寛―詩集　良寛著　入矢義高著　講談社　1994.1　327p　20cm　(禅入門 12)2900円　Ⓘ4-06-250212-7　Ⓝ919.5　〔27505〕
◇良寛―詩歌と書の世界　谷川敏朗著　小林新一写真　二玄社　1996.5　238p　21cm　2060円　Ⓘ4-544-02015-8　Ⓝ919.5　〔27506〕
◇良寛―詩偈五十首の世界　藤木英雄著　春秋社　2000.5　268p　20cm　2500円　Ⓘ4-393-44408-6　Ⓝ919.5　〔27507〕
◇良寛　良寛原著　飯田利行編訳　国書刊行会　2001.9　241p　23cm　(現代語訳洞門禅文学集)6500円　Ⓘ4-336-04356-6　Ⓝ919.5　〔27508〕
◇良寛　井上慶隆著　研文出版　2002.5　225p　20cm　(日本漢詩人選集 11)3300円　Ⓘ4-87636-210-6　Ⓝ919.5　〔27509〕
◇良寛が添削した中川立生詩歌集　上原六郎,渡辺秀英編　巻町(新潟県)　巻町教育委員会　1995.3　165p　21cm　(巻町双書 第37集)　Ⓝ919.5　〔27510〕
◇良寛さまと周辺の人々―自家版　松沢佐五重著　分水町(新潟県)　松沢佐五重　2001.2　193p　27cm　Ⓝ919.5　〔27511〕
◇良寛詩索引　小島威彰編著　高岡　曇華山房　1991.7　260p　26cm　非売品　Ⓝ919.5　〔27512〕

◇良寛詩集―近代詩訳　法眼慈応著　春秋社　1992.7　10,237p　22cm　4120円　Ⓘ4-393-15104-6　Ⓝ919.5
〔27513〕

◇良寛詩集―訳註　大島花束,原田勘平訳註　岩波書店　1993.4　333p　19cm　（ワイド版岩波文庫）1100円　Ⓘ4-00-007092-4　Ⓝ919.5
〔27514〕

◇良寛詩全評釈　藤木英雄著　春秋社　2002.7　590p　22cm　9500円　Ⓘ4-393-44158-3　Ⓝ919.5　〔27515〕

◇良寛詩草堂集貫華　内山知也著　春秋社　1994.5　291p　20cm　2884円　Ⓘ4-393-43407-2　Ⓝ919.5　〔27516〕

◇良寛詩註解　須佐晋長著　国書刊行会　1997.8　597p　22cm　7800円　Ⓘ4-336-03979-8　Ⓝ919.5　〔27517〕

◇良寛詩と中国の古典　斎藤広作著　新潟　考古堂　1995.8　203p　20cm　1500円　Ⓘ4-87499-519-5　Ⓝ919.5
〔27518〕

◇良寛詩の系譜―招隠詩　滝沢精一郎著　桜楓社　1988.4　353p　20cm　5200円　Ⓘ4-273-02241-9　Ⓝ919.5
〔27519〕

◇良寛書画集―絵と歌でみる良寛詩のこころ　渡辺秀英著　新潟　渡辺秀英先生「良寛書画集」刊行会　1993.9　102p　21×30cm　3000円　Ⓘ4-87499-190-4　Ⓝ919.5
〔27520〕

◇良寛道人遺稿　加藤僊一編著　新潟　良寛の書研究会　1982.9　149p　26cm　（良寛の書 第8集）3000円　Ⓝ919.5
〔27521〕

◇良寛道人遺稿　良寛　柳田聖山訳　中央公論新社　2002.10　200p　18cm　（中公クラシックス）1200円　Ⓘ4-12-160039-8　Ⓝ919.5
〔27522〕

◇良寛の詩を読む　佐々木隆著　国書刊行会　1997.2　366p　20cm　2884円　Ⓘ4-336-03887-2　Ⓝ919.5
〔27523〕

◇良寛の詩境　星野清蔵著　彌生書房　1966　491p　20cm　Ⓝ919.5
〔27524〕

◇良寛の俳句―良寛のウィット　良寛著　小林新一写真と文　村山砂田男俳句解説　新潟　考古堂書店　2000.7　150p　19cm　1500円　Ⓘ4-87499-964-6　Ⓝ911.35
〔27525〕

◇良寛の名詩選　良寛著　谷川敏朗選・解説　小林新一写真　新潟　考古堂書店　1999.8　167p　19cm　1500円　Ⓘ4-87499-563-2　Ⓝ919.5　〔27526〕

◆◆頼山陽

◇菅茶山と頼山陽　富士川英郎著　平凡社　1971　263p　18cm　（東洋文庫）Ⓝ919.5
〔27527〕

◇頼山陽書画題跋評釈　竹谷長二郎著　明治書院　1983.5　366p　22cm　7500円　Ⓝ919.5　〔27528〕

◇頼山陽の日本史詩　福山天蕨著　宝雲舎　1945　274p*　19cm　Ⓝ919.5
〔27529〕

◆◆石川丈山

◇石川丈山と詩仙堂　山本四郎著　京都　山本四郎　2002.5　460p　22cm　5000円　Ⓝ919.5　〔27530〕

◇石川丈山年譜　附編　小川武彦,石島勇共著　武蔵村山　青裳堂書店　1996.1　952p　22cm　（日本書誌学大系 65-2）36050円　Ⓝ919.5
〔27531〕

◇石川丈山年譜　本編　小川武彦,石島勇共著　武蔵村山　青裳堂書店　1994.9　496p　22cm　（日本書誌学大系 65-1）32960円　Ⓝ919.5
〔27532〕

◇江戸詩人選集　第1巻　石川丈山・元政　日野竜夫ほか編纂　上野洋三注　岩波書店　1991.8　376p　20cm　3600円　Ⓘ4-00-091591-6　Ⓝ919.5
〔27533〕

◇覆醤集講話　4　石川丈山研究会編　安城　石川丈山研究会　1995.7　162p　21cm　Ⓝ919.5
〔27534〕

◇文人・石川丈山の世界―特別展　安城市歴史博物館編　安城　安城市歴史博物館　1992　62p　26cm　Ⓝ919.5
〔27535〕

◆◆江馬細香

◇江戸漢詩選　第3巻　女流―江馬細香・原采蘋・梁川紅蘭　福島理子注　岩波書店　1995.9　339p　20cm　3800円　Ⓘ4-00-092003-0　Ⓝ919.5　〔27536〕

◇江馬細香―化政期の女流詩人　門玲子著　3訂　BOC出版部　1993.2　383p　19cm　2575円　Ⓘ4-89306-001-5　Ⓝ919.5
〔27537〕

◇江馬細香詩集『湘夢遺稿』　上　門玲子訳注　汲古書院　1992.12　245p　20cm　（汲古選書 5）2500円　Ⓘ4-7629-5005-X　Ⓝ919.5
〔27538〕

◇江馬細香詩集『湘夢遺稿』　下　門玲子訳注　汲古書院　1992.12　p249〜588　20cm　（汲古選書 6）3500円　Ⓘ4-7629-5006-8　Ⓝ919.5
〔27539〕

◇山陽先生批点湘夢詩草　江馬細香著　汲古書院　1997.7　372p　23cm　9000円　Ⓘ4-7629-3406-2　Ⓝ919.5
〔27540〕

◆◆菅茶山

◇江戸詩人選集　第4巻　菅茶山・六如　黒川洋一注　岩波書店　2001.7　422p　19cm　4200円　Ⓘ4-00-091594-0
〔27541〕

◇菅茶山　富士川英郎著　筑摩書房　1981.4　261p　19cm　（日本詩人選 30）1800円　Ⓝ919.5　〔27542〕

◇菅茶山　富士川英郎著　福武書店　1990.5　2冊　21cm　全8500円　Ⓘ4-8288-2332-8　Ⓝ919.5　〔27543〕

◇菅茶山四季をうたう　菅茶山書　菅茶山記念館編　神辺町(広島県)　菅茶山記念館　1997.11　39p　30cm　Ⓝ919.5
〔27544〕

◇菅茶山自然へのまなざし―菅茶山記念館第15回特別展　福山市かんなべ文化振興会菅茶山記念館編　福山　福山市かんなべ文化振興会菅茶山記念館　2007.10　39p　30cm　Ⓝ121.54
〔27545〕

◇菅茶山と頼山陽　富士川英郎著　平凡社　1971　263p　18cm　（東洋文庫）Ⓝ919.5
〔27546〕

◇菅茶山記念館開館十周年記念誌　神辺町(広島県)　菅茶山記念館　2002.11　86p　30cm　Ⓝ919.5　〔27547〕

◇菅茶山の東西紀行―菅茶山記念館第八回特別展　菅茶山記念館編　神辺町(広島県)　菅茶山記念館　2001.3　50p　30cm　Ⓝ919.5
〔27548〕

◇菅茶山略年表(草稿)―菅茶山生誕250年祭記念　神辺町教育委員会,菅茶山記念館 編　神辺町(広島県)　神辺町教育委員会　1998.10　88p　30cm　Ⓝ919.5　〔27549〕

◇黄葉夕陽村舎に憩う―平成17年度秋の企画展　広島県立歴史博物館編　福山　広島県立歴史博物館　2005.10　127p　30cm　（広島県立歴史博物館展示図録 第34冊―菅茶山とその世界 3）Ⓝ121.54　〔27550〕

◇茶山詩五百首―黄葉夕陽村舎詩抄解　島谷真三,北川勇著　福山　児島書店　1975　562p　22cm　Ⓝ919.5
〔27551〕

◇茶山詩話―北川勇講演録　第1集　北川勇述　茶山詩話編集委員会編　神辺町(広島県)　菅茶山先生遺芳顕彰会　1992.2　87p　19cm　Ⓝ919.5　〔27552〕

◇茶山詩話―北川勇講演録　第2集　北川勇述　茶山詩話編集委員会編　神辺町(広島県)　菅茶山先生遺芳顕彰会　1993.1　139p　19cm　Ⓝ919.5　〔27553〕

◇茶山詩話―北川勇講演録　第3集　北川勇述　茶山詩話編集委員会編　神辺町(広島県)　菅茶山先生遺芳顕彰会　1994.2　103p　19cm　Ⓝ919.5　〔27554〕
◇茶山詩話―北川勇講演録　第4集　北川勇述　茶山詩話編集委員会編　神辺町(広島県)　菅茶山先生遺芳顕彰会　1995.3　119p　19cm　Ⓝ919.5　〔27555〕
◇茶山詩話―北川勇講演録　第5集　北川勇述　茶山詩話編集委員会編　神辺町(広島県)　菅茶山先生遺芳顕彰会　1996.3　160p　19cm　Ⓝ919.5　〔27556〕
◇茶山詩話―北川勇講演録　第6集　北川勇述　茶山詩話編集委員会編　神辺町(広島県)　菅茶山先生遺芳顕彰会　1997.3　145p　19cm　Ⓝ919.5　〔27557〕
◇先覚詩人　梁川星巌　稲津孫会著　梁川星巌研究所　1958　345p　19cm　Ⓝ919.5　〔27558〕
◇茶山詩話―北川勇講演録　第7集　北川勇講演　茶山詩話編集委員会編　神辺町(広島県)　菅茶山先生遺芳顕彰会　1998.3　121p　19cm　Ⓝ919.5　〔27559〕

◆◆梁川星巌
◇江戸詩人選集　第8巻　頼山陽・梁川星巌　入谷仙介注　岩波書店　2001.6　359p　19cm　4200円　①4-00-091598-3　〔27560〕
◇郷土史研究講座　第4　近世郷土史研究法　古島敏雄, 和歌森太郎, 木村礎編集　朝倉書店　1970　523p　22cm　2200円　Ⓝ210.07　〔27561〕
◇房総をめぐる梁川星巌・紅蘭　鶴岡節雄著　大原町(千葉県)〔鶴岡節雄〕　1994.9　252p　26cm　非売品　Ⓝ919.5　〔27562〕
◇房総文人散歩　梁川星巌篇　鶴岡節雄著　千秋社　1977.5　267p　19cm　980円　Ⓝ919.5　〔27563〕
◇梁川星巌翁―附紅蘭女史　伊藤信著　象山社　1980.7　740,9p　図版30枚　22cm　14000円　Ⓝ919.5　〔27564〕
◇梁川星巌翁―附紅蘭女史　伊藤信著　クレス出版　1995.11　1冊　22cm　(近世文芸研究叢書 23―第一期文学篇 作家9)　①4-87733-002-X　Ⓝ919.5　〔27565〕

地方史

◇郷土史研究講座　第5　幕末郷土史研究法　古島敏雄, 和歌森太郎, 木村礎編集　朝倉書店　1970　385,4p　22cm　2000円　Ⓝ210.07　〔27566〕
◇郷土史研究法―近世史料の取扱い方　鈴木寿著　長野　中央堂書店　1954　272p　19cm　Ⓝ215.2　〔27567〕
◇近世地域史の諸相　上　横山昭男著　中央書院　1993.6　335p　22cm　3000円　①4-88514-021-8　Ⓝ210.5　〔27568〕
◇近世地方史研究入門　地方史研究協議会編　岩波書店　1955　316p(附録共)　表　18cm　(岩波全書)Ⓝ210.07　〔27569〕
◇地方大概集　加藤高文著, 小野文雄校訂　浦和　中央社　1981.7　369,13p　22cm　Ⓝ210.5　〔27570〕
◇田村栄太郎著作集　第6　郷土史入門　田村栄太郎著　雄山閣　1961　387p　19cm　Ⓝ210.5　〔27571〕
◇田村栄太郎著作集　第7　郷土史入門　田村栄太郎著　雄山閣　1961　393,24p　19cm　Ⓝ210.5　〔27572〕
◇地域史を学ぶということ　佐々木潤之介著　吉川弘文館　1996.4　274p　20cm　2884円　①4-642-07487-2　Ⓝ210.5　〔27573〕
◇地域史の視点　薮田貫, 奥村弘編　吉川弘文館　2006.12　239p　19cm　(近世地域史フォーラム 2)3600円　①4-642-03416-1　〔27574〕
◇地域社会とリーダーたち　平川新, 谷山正道編　吉川弘文館　2006.12　250p　19cm　(近世地域史フォーラム 3)3600円　①4-642-03417-X　〔27575〕
◇日本近世史の地方的展開　豊田武教授還暦記念会編　吉川弘文館　1973　578p　22cm　4800円　Ⓝ210.5　〔27576〕
◇日本地域史研究　村上直先生還暦記念出版の会編　文献出版　1986.10　667p　22cm　10000円　Ⓝ210.5　〔27577〕
◇日本地域社会の歴史と民俗　神奈川大学日本経済史研究会編　雄山閣　2003.9　269,4p　22cm　4500円　①4-639-01822-3　Ⓝ210.5　〔27578〕
◇列島史の南と北　菊池勇夫, 真栄平房昭編　吉川弘文館　2006.11　264p　20cm　(近世地域史フォーラム 1)3600円　①4-642-03415-3　Ⓝ219.9　〔27579〕

◆◆北海道
◇東案内記―松前蝦夷地　山崎栄作編　十和田　山崎栄作　1981.9　8,148p　22cm　Ⓝ291.09　〔27580〕
◇あっぱれ五郎治―蝦夷地警固と青森県　楠美鉄二著　青森　東奥日報社　1974　329p　19cm　850円　Ⓝ211　〔27581〕
◇蝦夷地鉄砲伝来と北辺防備の大砲　会田金吾編　函館　函館文化会　1979.10　240p　21cm　Ⓝ210.5　〔27582〕
◇蝦夷地と琉球　桑原真人, 我部政男編　吉川弘文館　2001.6　346p　22cm　(幕末維新論集 9)5500円　①4-642-03729-2　Ⓝ211　〔27583〕
◇蝦夷地のころ　札幌　北海道開拓記念館　1999.3　51p　30cm　(常設展示解説書 3)Ⓝ211　〔27584〕
◇エトロフ島―つくられた国境　菊池勇夫著　吉川弘文館　1999.11　222p　19cm　(歴史文化ライブラリー 78)1700円　①4-642-05478-2　Ⓝ211.9　〔27585〕
◇「咸臨丸」最後の乗船者―白石片倉小十郎家臣団　塚本謙蔵著　札幌〔塚本謙蔵〕　1993.1　138p　26cm　非売品　Ⓝ211.5　〔27586〕
◇北の守りと外国―蝦夷地に築かれた城　市立函館博物館平成18年度特別展展示図録　市立函館博物館編　函館　市立函館博物館　2006.7　56p　30cm　Ⓝ211　〔27587〕
◇近世蝦夷地成立史の研究　海保嶺夫著　三一書房　1984.7　359p　23cm　6500円　Ⓝ211　〔27588〕
◇近世蝦夷地農作物地名別集成　山本正編　札幌　北海道大学図書刊行会　1998.6　242p　21cm　3200円　①4-8329-5971-9　Ⓝ612.11　〔27589〕
◇近世渡島地方史　松本隆著　松前史談会　1958　209p　図版　地　22cm　Ⓝ211.6　〔27590〕
◇近世樺太史要　下出繁雄編　全国樺太連盟　1962　44p　地　21cm　Ⓝ229.9　〔27591〕
◇近世の北海道　海保嶺夫著　東村山　教育社　1979.12　220p　18cm　(教育社歴史新書)600円　Ⓝ211　〔27592〕
◇高倉新一郎著作集　第2巻　北海道史 2　高倉新一郎著作集編集委員会編　札幌　北海道出版企画センター　1995.12　563p　22cm　8240円　①4-8328-9508-7　Ⓝ211　〔27593〕
◇天明蝦夷探検始末記　照井壮助著　八重岳書房　1974　370p　20cm　1500円　Ⓝ211　〔27594〕
◇天明蝦夷探検始末記―田沼意次と悲運の探検家たち　照井壮助著　影書房　2001.10　381p　20cm　3800円　①4-87714-282-7　Ⓝ211　〔27595〕

地方史　　　　　　　　　　近世史

◇日本北方史の論理　海保嶺夫著　雄山閣　1974　321p
22cm　2000円　Ⓝ211
〔27596〕
◇日本北方発展史　丸山国雄著　水産社　1942　327p
19cm　Ⓝ210.5
〔27597〕
◇幕藩制国家と北海道　海保嶺夫著　三一書房　1978.4
332p　23cm　4500円　Ⓝ211
〔27598〕
◇幕藩体制と蝦夷地　菊池勇夫著　雄山閣出版　1984.10
340,12p　22cm　6800円　Ⓘ4-639-00399-4　Ⓝ210.5
〔27599〕
◇「函館文庫」創設とその後―講演会・特別展示幕末時代
から今に残る洋書「函館文庫」記念論集　函館　函館文
庫を語る会　2006.12　52p　30cm　Ⓝ830.7　〔27600〕
◇人づくり風土記―全国の伝承・江戸時代　1　ふるさと
の人と知恵・北海道　加藤秀俊ほか編纂　農山漁村文化
協会　1991.7　365p　27cm　（聞き書きによる知恵シ
リーズ）4900円　Ⓘ4-540-91008-6　Ⓝ210.5　〔27601〕
◇128年前の積丹・古平・余市―松浦武四郎の西エゾ日誌
から　本多貢著　余市町（北海道）　本多貢　1984.1
80p　18cm　300円　Ⓝ211.7
〔27602〕
◇檜山騒動・その他　奥山亮著　謄写版　札幌　北海道地
方史研究会　1963　144p　22cm　Ⓝ211　〔27603〕
◇北海道近世史の研究―幕藩体制と蝦夷地　榎森進著　札
幌　北海道出版企画センター　1982.11　429p　22cm
（北方歴史文化叢書）5800円　Ⓝ211　〔27604〕
◇北海道近世史の研究―幕藩体制と蝦夷地　榎森進著　増
補改訂　札幌　北海道出版企画センター　1997.4　521p
22cm　8000円　Ⓘ4-8328-9702-0　Ⓝ211　〔27605〕
◇北海道写真史―幕末・明治　渋谷四郎編著　平凡社
1983.11　171p　23×27cm　3800円　Ⓝ211　〔27606〕
◇北海道前近代の文化史　1　栗沢、枝幸、穂別地方編　河
野本道編著　札幌　北海道出版企画センター　1977.4
282p　22cm　（北方歴史文化叢書）3500円　Ⓝ211
〔27607〕
◇北海道前近代の文化史　2　江別、石狩、平取地方編　河
野本道編著　札幌　北海道出版企画センター　1978.3
277p　22cm　（北方歴史文化叢書）3500円　Ⓝ211
〔27608〕
◇北海道の研究　第4巻　近世篇　2　海保嶺夫編　大阪
清文堂出版　1982.12　310p　22cm　3800円　Ⓝ291.1
〔27609〕
◇北海道の古地図―江戸時代の北海道のすがたを探る　高
木崇世芝著　函館　五稜郭タワー　2000.7　1冊　26cm
（函館文化発見企画　2）Ⓝ291.1　〔27610〕
◇北方史と近世社会　浅倉有子著　大阪　清文堂出版
1999.2　325p　22cm　7500円　Ⓘ4-7924-0480-0
Ⓝ211
〔27611〕
◇北方領土探検史の新研究―その水戸藩との関はり　吉沢
義一著　水戸　水戸史学会　2003.7　249p　19cm　（水
戸史学選書）3400円　Ⓘ4-7646-0263-6　Ⓝ211　〔27612〕
◇ラクスマンの根室来航　根室市博物館開設準備室編　根
室　根室市教育委員会　2002.11　42p　図版4枚　21cm
（郷土の歴史シリーズ　2）Ⓝ211.2　〔27613〕
◇列島北方史研究ノート―近世の北海道を中心として　海
保嶺夫著　札幌　北海道出版企画センター　1986.5
350p　22cm　（北方歴史文化叢書）4500円　Ⓝ211
〔27614〕

◆◆◆自治体史
◇江差　街並み今・昔　松村隆,北海道新聞社編　札幌　北
海道新聞社　2003.7　130p　24×19cm　1905円
Ⓘ4-89453-266-2
〔27615〕

◇近世の斜里　斜里町（北海道）　斜里町立知床博物館
1992.1　35p　20×21cm　（知床博物館特別展　第13
回）Ⓝ211.1
〔27616〕
◇釧路叢書　第29巻　釧路の近世絵図集成　釧路叢書編纂
事務局編　佐藤宥紹編　釧路　釧路市　1992.3　153p
16×22cm　1700円　Ⓝ081.7　〔27617〕
◇釧路昔むかし―江戸時代の釧路　釧路市史編さん事務局
編　釧路　釧路市　1989.3　211p　18cm　（釧路新書
17）600円　Ⓝ211.2
〔27618〕
◇戦国の家老と末裔たち―上杉謙信の精強軍団　小黒義則
著　国書刊行会　1995.1　306p　図版13枚　22cm　6000
円　Ⓘ4-336-03659-4　Ⓝ211.8　〔27619〕
◇幕末の箱館―五稜郭と弁天岬台場の築造　1996特別展
市立函館博物館　函館　市立函館博物館　1996.7
48p　30cm　Ⓝ211.8
〔27620〕
◇函館の幕末・維新―フランス士官ブリュネのスケッチ
100枚　ブリュネ画,岡田新一ほか執筆　中央公論社
1988.6　110p　29cm　1600円　Ⓘ4-12-001699-4
Ⓝ211.8
〔27621〕
◇物語虻田町史　第2巻　江戸時代編　虻田町（北海道）
虻田町　1981.4　362p　21cm　Ⓝ211.7　〔27622〕

◆◆◆一般史料
◇安政年間モンヘツ御用所史料集成　1　小川昭一郎編著
紋別　道都大学小川研究室　2002.7　1冊　26cm
Ⓝ211
〔27623〕
◇蝦夷地御領分シベツ表ホニコイ御陣屋御造営日記―東蝦
夷地シベツと会津藩　出張仰付～蝦夷地戸切地着到　標
津町郷土研究会編　標津町（北海道）　標津町郷土研究
会　1985.3　75p　26cm　Ⓝ211.2　〔27624〕
◇蝦夷地御領分シベツ表ホニコイ御陣屋御造営日記―東蝦
夷地シベツと会津藩　続　藤野喜兵衛の切組御長家
一棟献上～陣屋材切組皆出来上り　標津町（北海道）
標津町郷土研究会　1986.3　244p　26cm　Ⓝ211.2
〔27625〕
◇蝦夷地御領分シベツ表ホニコイ御陣屋御造営日記―東蝦
夷地シベツと会津藩　続々　大工手配・陣屋材運搬
～陣屋建設終了　標津町（北海道）　標津町郷土研究会
1987.3　174p　26cm　Ⓝ211.2　〔27626〕
◇蝦夷・千島古文書集成―北方未公開古文書集成　寺沢一
ほか責任編集　教育出版センター　1985.3　10冊　22～
31cm　全120000円　Ⓝ211　〔27627〕
◇儀右衛門日記―池田家古文書　1　池田儀右衛門著
高嶋弘志翻刻・解説　厚岸町（北海道）　厚岸町教育委員
会　1998.3　145p　21cm　Ⓝ211.2　〔27628〕
◇高屋養庵による仙台藩クナシリ島警護記録　高柳義男編
仙台　宝文堂出版販売　1987.10　267p　21cm　4000円
Ⓘ4-8323-0000-8　Ⓝ211.9　〔27629〕
◇武四郎千島日誌―松浦武四郎「三航蝦夷日誌」より　榊
原正文編著　札幌　北海道出版企画センター　1996.2
223p　19cm　1400円　Ⓘ4-8328-9603-2　Ⓝ211.9
〔27630〕
◇幕政史料と蝦夷地　海保嶺夫編・著　札幌　みやま書房
1980.12　281p　22cm　3400円　Ⓝ211　〔27631〕
◇幕末オホーツク沿岸開墾畑作史料集　小川昭一郎翻刻・
編　紋別　道都大学小川研究室　2004.7　215p　21cm
Ⓝ611.24111
〔27632〕
◇文化五年仙台藩蝦夷地警固記録集成　村上直,高橋克弥
共編　文献出版　1990.12　713p　22cm　17510円
Ⓝ210.55
〔27633〕
◇北海道の歴史と文化―雄武を中心として　資料編　前近
代編　雄武町（北海道）　北海道雄武高等学校　1984.3

62p　26cm　Ⓝ211.1　〔27634〕
◇北方史史料集成　第1巻　秋葉実編　札幌　北海道出版企画センター　1991.5　479p　22cm　6850円　Ⓘ4-8328-9103-0　Ⓝ211　〔27635〕
◇北方史史料集成　第5巻　秋葉実編　札幌　北海道出版企画センター　1994.11　563p　22cm　7800円　Ⓘ4-8328-9407-2　Ⓝ211　〔27636〕
◇松浦武四郎紀行集　上　吉田武三編　富山房　1975　666,19p　22cm　3800円　Ⓝ291.09　〔27637〕
◇松浦武四郎紀行集　中　吉田武三編　富山房　1975　601,36p　図12枚　22cm　4000円　Ⓝ291.09　〔27638〕
◇松浦武四郎紀行集　下　吉田武三編　富山房　1977.2　649,43p　図22枚　22cm　4800円　Ⓝ291.09　〔27639〕
◇松前藩主・一族書状集—北海道開拓記念館所蔵　1　北海道開拓記念館編　札幌　北海道開拓記念館　1983.3　52p　18×19cm　（資料解説シリーズ no.5）Ⓝ211　〔27640〕
◇松前藩主・一族書状集—北海道開拓記念館所蔵　2　北海道開拓記念館編　札幌　北海道開拓記念館　1984.3　52p　18×19cm　（資料解説シリーズ no.6）Ⓝ211　〔27641〕
◇松前藩主・一族書状集—北海道開拓記念館所蔵　3　北海道開拓記念館編　札幌　北海道開拓記念館　1985.3　54p　18×19cm　（資料解説シリーズ no.8）Ⓝ211　〔27642〕
◇モンヘツ御用所史料—北海道立図書館所蔵　翻刻集　小川昭一郎編著　紋別　道都大学小川研究室　2002.3　130p　21cm　Ⓝ211　〔27643〕

◆◆◆◆近藤重蔵蝦夷地関係史料
◇大日本近世史料　近藤重蔵蝦夷地関係史料 1　東京大学史料編纂所編　東京大学出版会　1984.3　356p　22cm　6200円　Ⓘ4-13-092891-0　Ⓝ211　〔27644〕
◇大日本近世史料　近藤重蔵蝦夷地関係史料 2　東京大学史料編纂所編　東京大学出版会　1986.2　401p　22cm　7200円　Ⓘ4-13-092892-9　Ⓝ210.5　〔27645〕
◇大日本近世史料　12 1　近藤重蔵蝦夷地関係史料 1　東京大学史料編纂所　東京大学史料編纂所　1984.3　356p　22cm　6200円　Ⓝ210.5　〔27646〕
◇大日本近世史料　12 2　近藤重蔵蝦夷地関係史料 2　東京大学史料編纂所編纂　東京大学史料編纂所　1986.2　401p　22cm　7200円　Ⓝ210.5　〔27647〕
◇大日本近世史料　12 3　近藤重蔵蝦夷地関係史料 3　東京大学史料編纂所編纂　東京大学史料編纂所　1989.3　209,69p　22cm　4200円　Ⓝ210.5　〔27648〕

◆◆◆史料目録
◇奥羽諸藩蝦夷関係資料展目録　函館図書館（函館市）編　謄写版　函館　1959　24p　25cm　Ⓝ211　〔27649〕
◇北海道所蔵史料目録　第1集　簿書の部　北海道総務部文書課編　札幌　1961　122p　26cm　Ⓝ211　〔27650〕
◇北海道立文書館所蔵公文書件名目録　9　箱館奉行所文書　1　北海道立文書館編　札幌　北海道立文書館　1994.3　89p　26cm　Ⓝ211　〔27651〕
◇北海道立文書館所蔵公文書件名目録　10　箱館奉行所文書　2　北海道立文書館編　札幌　北海道立文書館　1995.3　88p　26cm　Ⓝ211　〔27652〕
◇北海道立文書館所蔵公文書件名目録　11　箱館奉行所文書　3　北海道立文書館編　札幌　北海道立文書館　1996.3　76p　26cm　Ⓝ211　〔27653〕

◆◆アイヌ史
◇アイス絵　越崎宗一著　2版　札幌　北海道出版企画センター　1976　図63枚　107p　22cm　3000円　Ⓝ721.8　〔27654〕
◇アイヌ絵誌の研究　佐々木利和著　草風館　2004.2　365p　27cm　15000円　Ⓘ4-88323-141-0　Ⓝ382.11　〔27655〕
◇アイヌ絵巻探訪—歴史ドラマの謎を解く　五十嵐聡美著　札幌　北海道新聞社　2003.4　212p　18cm　（ミュージアム新書 23）1100円　Ⓘ4-89453-260-3　Ⓝ721.8　〔27656〕
◇「描かれた近世アイヌの風俗」図録—開館十周年記念・第十回企画展　アイヌ民族博物館編　白老町（北海道）アイヌ民族博物館　1994.7　64p　30cm　Ⓝ389.11　〔27657〕
◇近世日本と北方社会　浪川健治著　三省堂　1992.6　305p　22cm　4000円　Ⓘ4-385-35434-0　Ⓝ210.5　〔27658〕
◇クナシリ・メナシの戦い　根室市博物館開設準備室編　根室　根室市教育委員会　1994.3　42p　図版6枚　21cm　（郷土の歴史シリーズ 1）Ⓝ211.2　〔27659〕
◇激録日本大戦争　第18巻　島原の乱 アイヌの乱　原康史著　東京スポーツ新聞社　1984.12　314p　19cm　1300円　Ⓘ4-8084-0069-3　Ⓝ210.1　〔27660〕
◇山丹交易と蝦夷錦—第42回特別展目録　北海道開拓記念館編　札幌　北海道開拓記念館　1996.6　64p　30cm　Ⓝ678.21022　〔27661〕
◇日本近世のアイヌ社会　岩崎奈緒子著　校倉書房　1998.2　250p　22cm　（歴史科学叢書）6000円　Ⓘ4-7517-2790-7　Ⓝ382.11　〔27662〕
◇場所請負制とアイヌ—近世蝦夷地史の構築をめざして　札幌シンポジウム「北からの日本史」　北海道・東北史研究会編　札幌　北海道出版企画センター　1998.12　429p　19cm　2800円　Ⓘ4-8328-9810-8　Ⓝ211　〔27663〕
◇北方史のなかの近世日本　菊池勇夫著　校倉書房　1991.7　390p　22cm　（歴史科学叢書）7210円　Ⓘ4-7517-2130-5　Ⓝ210.5　〔27664〕
◇明治前日本人類学・先史学史—アイヌ民族史の研究（黎明期）　児玉作左衛門著, 明治前日本科学史刊行会編　日本学術振興会　丸善（発売）　1971　794p　図25枚　22cm　3900円　Ⓝ389.11　〔27665〕

◆東北地方
◇奥羽の幕末　山田野理夫著　宝文館出版　1972　287p　20cm　750円　Ⓝ210.58　〔27666〕
◇奥富士物語の世界　荒井清明著　弘前　北方新社　2001.11　499p　21cm　2800円　Ⓘ4-89297-050-6　Ⓝ212.1　〔27667〕
◇近世北奥社会と民衆　浪川健治著　吉川弘文館　2005.1　304,6p　21cm　7600円　Ⓘ4-642-03396-3　〔27668〕
◇近世国家と東北大名　長谷川成一著　吉川弘文館　1998.7　302,8p　22cm　6400円　Ⓘ4-642-03339-4　Ⓝ210.5　〔27669〕
◇近世東北地域史の研究　渡辺信夫著　大藤修編　大阪　清文堂出版　2002.7　525p　22cm　（渡辺信夫歴史論集 1）11000円　Ⓘ4-7924-0519-X　Ⓝ212　〔27670〕
◇近世留守家文書　第4集　水沢古文書研究会編　水沢　水沢市立図書館　1992.3　211p　26cm　Ⓝ212　〔27671〕
◇近世留守家文書　第5集　水沢古文書研究会編　水沢　水沢市立図書館　1993.3　304p　30cm　Ⓝ212

地方史　　　　　　　　　　　　　　　近世史

〔27672〕
◇近世留守家文書　第6集　水沢古文書研究会編　水沢
　水沢市立図書館　1994.3　202p　26cm　Ⓝ212
〔27673〕
◇近世留守家文書　第7集　水沢古文書研究会編　水沢
　水沢市立図書館　1995.3　264p　26cm　Ⓝ212
〔27674〕
◇近世留守家文書　第8集　水沢古文書研究会編　水沢
　水沢市立図書館　1996.3　313p　26cm　Ⓝ212
〔27675〕
◇近世留守家文書　第9集　水沢古文書研究会編　水沢
　水沢市立図書館　1997.3　338p　26cm　Ⓝ212
〔27676〕
◇近世留守家文書　第10集　水沢古文書研究会編　水沢
　水沢市立図書館　1998.3　263p　26cm　Ⓝ212
〔27677〕
◇近世留守家文書　第11集　水沢古文書研究会編　水沢
　水沢市立図書館　1999.3　274p　26cm　Ⓝ212
〔27678〕
◇近世留守家文書　第12集　水沢古文書研究会編　水沢
　水沢市立図書館　2000.3　279p　26cm　Ⓝ212
〔27679〕
◇近世留守家文書　第13集　水沢古文書研究会編　水沢
　水沢市立図書館　2001.3　302p　26cm　Ⓝ212
〔27680〕
◇近世留守家文書　第14集　水沢古文書研究会編　水沢
　水沢市立図書館　2002.7　236p　26cm　Ⓝ212
〔27681〕
◇近世留守家文書　第15集　水沢古文書研究会編　水沢
　水沢市立図書館　2003.7　205p　26cm　Ⓝ212
〔27682〕
◇近世留守家文書　第16集　水沢古文書研究会編　水沢
　水沢市立図書館　2004.9　209p　26cm　Ⓝ212
〔27683〕
◇近世留守家文書　第17集　水沢古文書研究会編　水沢
　水沢市立図書館　2005.12　213p　26cm　Ⓝ212
〔27684〕
◇近世留守家文書　第18集　水沢古文書研究会編　水沢
　奥州市立水沢図書館　2006.10　224p　26cm　Ⓝ212
〔27685〕
◇東北産業経済史　第1-7巻　東北振興会編　東北振興会
　1936-12　7冊　23cm　Ⓝ602.1
〔27686〕
◇東北戦争　山田野理夫著　東村山　教育社　1978.12
　230p　18cm　（教育社歴史新書）600円　Ⓝ210.61
〔27687〕
◇幕末とうほく余話　加藤貞仁著　秋田　無明舎出版
　2006.10　236p　19cm　1800円　①4-89544-442-2
　Ⓝ212
〔27688〕

◆◆青森県

◇青森県史　第2巻　歴史図書社　1971　701p　22cm
　3400円　Ⓝ212.1
〔27689〕
◇青森県史　第3巻　青森　歴史図書社　1971　705p
　22cm　3400円　Ⓝ212.1
〔27690〕
◇青森県史　第5巻　歴史図書社　1971　709p　22cm
　3400円　Ⓝ212.1
〔27691〕
◇青森県史　資料編　近世1　青森県史編さん近世部会編
　青森　青森県　2001.3　705p　31cm　Ⓝ212.1
〔27692〕
◇青森県史　資料編　近世2　青森県史編さん近世部会編
　青森　青森県　2002.3　748,5p　31cm　Ⓝ212.1

〔27693〕
◇青森県史　資料編　近世4　青森県史編さん近世部会編
　青森　青森県　2003.3　694,19p　31cm　Ⓝ212.1
〔27694〕
◇あっぱれ五郎治―蝦夷地警固と青森県　楠美鉄二著　青
　森　東奥日報社　1974　329p　19cm　850円　Ⓝ211
〔27695〕
◇エコ殿様　津軽信政公―三百年前の世界遺産保護　白神山
　地世界遺産の新視点　町井譲著　歴研　2004.8　62p
　21cm　（歴研世界遺産ブックレット）800円
　①4-947769-27-0
〔27696〕
◇切支丹浪人と弘前藩医の物語り―彷徨える漢方医の明治
　維新　伊崎公徳著　りん書房　2004.3　199p　22cm
　Ⓝ288.3
〔27697〕
◇近世北奥社会と民衆　浪川健治著　吉川弘文館　2005.1
　304,6p　22cm　7600円　①4-642-03396-3　Ⓝ212.1
〔27698〕
◇弘藩明治一統誌　1　函館記聞・松前志摩守軍事難
　漕記　内藤官八郎著，青森県立図書館編　青森　青森県
　立図書館　1980.2　1冊　19cm　（青森県立図書館郷土
　双書　第12集）Ⓝ212.1
〔27699〕
◇弘藩明治一統誌　2　珍事録・弘城年中行事記　内
　藤官八郎著，青森県立図書館編　青森　青森県立図書館
　1980.3　1冊　19cm　（青森県立図書館郷土双書　第13
　集）Ⓝ212.1
〔27700〕
◇弘藩明治一統誌　3　天保凶耕雑報・天朝雑報録
　内藤官八郎著，青森県立図書館編　青森　青森県立図書
　館　1980.10　1冊　19cm　（青森県立図書館郷土双書
　第14集）Ⓝ212.1
〔27701〕
◇弘藩明治一統誌人名録　内藤官八郎編　弘前　津軽旧記
　刊行会　1935　92丁　24cm　Ⓝ281.21
〔27702〕
◇七戸通（七戸藩）租税解説　佐々木好雄著　三沢　佐々
　木好雄　1987.3　13p　26cm　Ⓝ212.1
〔27703〕
◇続つがるの夜明け―よみもの津軽藩史　上巻　山上貢著
　弘前　陸奥新報社　1969　510p　22cm　850円　Ⓝ212.
　1
〔27704〕
◇続つがるの夜明け―よみもの津軽藩史　下巻之壱　山上
　笙介著　弘前　陸奥新報社　1973　392p　22cm　1200
　円　Ⓝ212.1
〔27705〕
◇続つがるの夜明け―よみもの津軽藩史　下巻之弐　山上
　笙介著　弘前　陸奥新報社　1975　582p　22cm　1600
　円　Ⓝ212.1
〔27706〕
◇つがるの夜明け　陸奥新報社編　弘前　1959　294p
　22cm　Ⓝ212.1
〔27707〕
◇つがるの夜明け　続　よみもの津軽藩史中巻　山上笙
　介著　改訂2版　弘前　陸奥新報社　1975　609p　22cm
　1600円　Ⓝ212.1
〔27708〕
◇津軽発『東日流外三郡誌』騒動―東北人が解く偽書問題
　の真相　三上強二監修　原田実編　批評社　2000.12
　295p　19cm　2600円　①4-8265-0320-2　Ⓝ212.1
〔27709〕
◇津軽藩史　工藤主善著　弘前　外崎覚　1890,24　55,35
　丁（上・下合本）　23cm　Ⓝ212.1
〔27710〕
◇津軽藩史　工藤主善著　2版　青森町（青森県）　鎌田書
　林　1897.3　81p　20cm　Ⓝ212.1
〔27711〕
◇津軽藩政時代に於ける生活と宗教　小館衷三著　弘前
　津軽書房　1973　284p　22cm　1500円　Ⓝ212.1
〔27712〕
◇津軽藩政時代の生活　黒滝十二郎著　弘前　北方新社
　1993.10　177p　19cm　（青森県の文化シリーズ
　29）1350円　Ⓝ382.121
〔27713〕

◇津軽兵庫の越境顛末―四代藩主信政治世の裏面史　田沢正著　弘前　北方新社　2007.5　165p　21cm　（半穂独言集 3）1500円　①978-4-89297-107-5　Ⓝ212.1
〔27714〕
◇南部利康霊屋―重要文化財 南部氏と三戸　小井田幸哉著　南部町（青森県）　南部町教育委員会　1968　44p　26cm　Ⓝ521.5
〔27715〕
◇八戸藩―南部地方史話　正部家種康著　青森　東奥日報社　1976　325p　19cm　1300円　Ⓝ212.1
〔27716〕
◇八戸藩―大名の江戸と国元　八戸　八戸市博物館　2001.7　71p　30cm　Ⓝ212.1
〔27717〕
◇八戸藩士一覧　酒井久男編　種市町（岩手県）　種市町立図書館　1996.3　136p　19cm　Ⓝ212.1
〔27718〕
◇八戸藩の歴史　工藤祐董著　八戸　八戸市　1999.12　194p　19cm　（八戸の歴史双書）Ⓝ212.1
〔27719〕
◇人づくり風土記―全国の伝承・江戸時代　2　ふるさとの人と知恵・青森　加藤秀俊ほか編纂　農山漁村文化協会　1992.6　401p　27cm　（聞き書きによる知恵シリーズ）4900円　①4-540-92008-1　Ⓝ210.5
〔27720〕
◇弘前藩　長谷川成一著　吉川弘文館　2004.3　272,10p　20cm　（日本歴史叢書 新装版）2800円　①4-642-06662-4　Ⓝ212.1
〔27721〕
◇弘前藩小史と贈位者伝　森林助編　弘前　弘前図書館　1929　20,59p　23cm　Ⓝ212.1
〔27722〕
◇弘前藩における山林制度と木材流通構造　黒瀧秀久著　弘前　北方新社　2005.8　177p　21cm　1800円　①4-89297-078-6　Ⓝ652.1
〔27723〕
◇幻の二代藩主・津軽信建―半穂独言集　田沢正著　弘前　北方新社　2005.7　93p　21cm　1500円　①4-89297-076-X　Ⓝ212.1
〔27724〕

◆◆◆自治体史
◇木造町史　近世編 上巻　工藤睦男編　木造町（青森県）　木造町　1984.7　638p　22cm　Ⓝ212.1
〔27725〕
◇木造町史　近世編 下巻　工藤睦男編　木造町（青森県）　木造町　1987.3　433p　22cm　Ⓝ212.1
〔27726〕
◇新編弘前市史　通史編 2　近世 1　「新編弘前市史」編纂委員会編　塵尾俊哉監修　弘前　弘前市企画部企画課　2002.6　765p　22cm　Ⓝ212.1
〔27727〕
◇新編弘前市史　通史編3　「新編弘前市史」編纂委員会編　塵尾俊哉監修　弘前　弘前市企画部企画課　2003.6　767p　22cm　Ⓝ212.1
〔27728〕
◇弘前市史―藩政編　弘前市史編纂委員会編　弘前　1963　843,99p　22cm　Ⓝ212.1
〔27729〕
◇弘前市史　弘前市史編纂委員会編　名著出版　1973　2冊　22cm　Ⓝ212.1
〔27730〕
◇むつ市史　近世　むつ史市編さん委員会編　むつ　むつ市　1988.3　754p　22cm　Ⓝ212.1
〔27731〕

◆◆◆自治体史史料
◇新青森市史　資料編 3　青森市史編集委員会編　青森　青森市　2002.12　711p　22cm　Ⓝ212.1
〔27732〕
◇新青森市史　資料編 4　青森市史編集委員会編　青森　青森市　2004.12　791p　22cm　Ⓝ212.1
〔27733〕
◇新青森市史　資料編 5　青森市史編集委員会編　青森　青森市　2006.12　785p　22cm　Ⓝ212.1
〔27734〕
◇新編弘前市史　資料編 3　近世 2　「新編弘前市史」編纂委員会編　塵尾俊哉監修　弘前　弘前市企画部企画課　2000.3　1627p　22cm　Ⓝ212.1
〔27735〕
◇新編弘前市史　資料編 2 1　「新編弘前市史」編纂委員会編　弘前　弘前市市長公室企画課　1996.3　1255p　22cm　Ⓝ212.1
〔27736〕
◇名川町誌　第3巻　史料編 1（正保元年～宝暦11年）名川町誌編集委員会編纂　名川町（青森県）　名川町　1985.11　756p　22cm　Ⓝ291.21
〔27737〕
◇名川町誌　第4巻　史料編 2（宝暦12年～明治元年）名川町誌編集委員会編纂　名川町（青森県）　名川町　1987.12　1270p　22cm　Ⓝ291.21
〔27738〕
◇八戸市史　史料編　第3　近世 1　八戸　八戸市　1969　580p　22cm　Ⓝ212.1
〔27739〕
◇八戸市史　史料編　第4　近世 2　八戸市史編さん委員会編　八戸　八戸市　1970　640p　22cm　Ⓝ212.1
〔27740〕
◇八戸市史　史料編　第5　近世 3　八戸市史編さん委員会編　八戸　八戸市　1972　599p　22cm　Ⓝ212.1
〔27741〕
◇八戸市史　史料編　第6　近世 4　八戸市史編さん委員会編　八戸　八戸市　1974　523p　22cm　Ⓝ212.1
〔27742〕
◇八戸市史　史料編　第7　近世 5 享保11年-宝暦6年　八戸市史編さん委員会編　八戸　八戸市　1977.3　619p　22cm　Ⓝ212.1
〔27743〕
◇八戸市史　史料編　第8　近世 6　八戸市史編さん委員会編　八戸　八戸市　1978.3　593p　22cm　Ⓝ212.1
〔27744〕
◇八戸市史　史料編　第9　近世 7　八戸市史編さん委員会編　八戸　八戸市　1979.3　604p　22cm　Ⓝ212.1
〔27745〕
◇八戸市史　史料編　第10　近世 8　八戸市史編さん委員会編　八戸　八戸市　1980.3　593p　22cm　Ⓝ212.1
〔27746〕
◇八戸市史　史料編　第11　近世 9　八戸市史編さん委員会編　八戸　八戸市　1981.3　595p　22cm　Ⓝ212.1
〔27747〕
◇八戸市史　史料編　第12　近世 10　八戸市史編さん委員会編　八戸　八戸市　1982.3　571p　22cm　Ⓝ212.1
〔27748〕

◆◆◆一般史料
◇青森県叢書　第7編　南部・津軽藩飢饉史料〔ほか〕　青森県立図書館,青森県叢書刊行会共編　青森　青森県学校図書館協議会　1952-1954　22cm　Ⓝ081.7　〔27749〕
◇江戸期八戸の日記集　八戸市立図書館市史編纂室編　八戸　八戸市　2003.12　651p　21cm　（八戸の歴史双書）2900円　Ⓝ212.1
〔27750〕
◇寛政五年庄屋山城屋御用留　桜井冬樹解題・解読・刻字　鰺ケ沢町（青森県）〔桜井冬樹〕　1987　4,92p　26cm　Ⓝ212.1
〔27751〕
◇寛政八年庄屋山城屋御用留　桜井冬樹解題・解読・刻字　鰺ケ沢町（青森県）〔桜井冬樹〕　1987　4,92p　26cm　Ⓝ212.1
〔27752〕
◇御用格　寛政本　長谷川成一校訂　弘前　弘前市　1991.3　2冊　22cm　Ⓝ212.1
〔27753〕
◇御領内考程実記―弘前藩関係資料　観音寺　上坂氏顕彰会史料出版部　2000.3　1冊　26cm　（上坂氏顕彰会所蔵手写本 1）54800円　Ⓝ212.1
〔27754〕
◇御領内考程実記―弘前藩関係史料　第2版　観音寺　上坂氏顕彰会史料出版部　2002.11　1冊　30cm　（上坂氏顕彰会所蔵手写本 1）54800円　Ⓝ212.1
〔27755〕
◇大福万年帳―六ケ所村平沼橋久文書 天明三卯年　二本柳正一編　六ケ所村（青森県）　二本柳正一　1982

◇〔12〕丁　26cm　Ⓝ212.1　　　　　〔27756〕
◇高照公叢書　第1-8巻　青森　青森通俗図書館　1937-14　8冊　24-25×34cm　Ⓝ212.1　〔27757〕
◇田名部御用留―笹沢魯羊文庫史料　葛西善一ほか編・解読　青森　青森県文化財保護協会　1994.3　563p　22cm　（みちのく双書　第37集）非売品　Ⓝ212.1
　　　　　　　　　　　　　　　　　〔27758〕
◇だれでも読める弘前藩御日記　寛文編　上巻　田沢正編　弘前　新つがる企画　1994.3　545p　22cm　5000円　Ⓝ212.1　〔27759〕
◇津軽近世史料　3　弘前藩記事　1　津軽近世史料刊行会編　坂本寿夫編　弘前　北方新社　1987.11　607p　22cm　9000円　Ⓝ212.1　〔27760〕
◇津軽近世史料　4　弘前藩記事　2　津軽近世史料刊行会編　坂本寿夫編　弘前　北方新社　1989.5　477p　22cm　8000円　Ⓝ212.1　〔27761〕
◇津軽近世史料　5　弘前藩記事　3　津軽近世史料刊行会編集　坂本寿夫編　弘前　北方新社　1990.11　470p　22cm　8000円　Ⓝ212.1　〔27762〕
◇津軽近世史料　6　弘前藩記事　4　津軽近世史料刊行会編　坂本寿夫編　弘前　北方新社　1992.5　590p　22cm　11000円　Ⓝ212.1　〔27763〕
◇津軽近世史料　7　弘前藩記事5　弘前藩記録拾遺　津軽近世史料刊行会編　坂本寿夫編　弘前　北方新社　1994.5　401p　22cm　7000円　Ⓝ212.1　〔27764〕
◇東日流叢書　第1-2巻　一戸岳逸編　青森　青森通俗図書館　1938-14　2冊　24cm　Ⓝ212.1　〔27765〕
◇津軽藩旧記伝類　青森県文化財保護協会編　青森　1958　494p　22cm　（みちのく双書）Ⓝ212.1　〔27766〕
◇津軽藩初期文書集成―弘前の文化財　長谷川成一編著　弘前　弘前市教育委員会　1988.3　110p　26cm　（弘前の文化財シリーズ　第14集）Ⓝ212.1　〔27767〕
◇津軽藩祖略記　兼松成言著　兼松艮校　下沢保躬　1876.12　15丁　22cm　Ⓝ289.1　〔27768〕
◇津軽藩祖略記　兼松成言著　下沢保躬　1876.12　15丁　23cm　Ⓝ289.1　〔27769〕
◇南部八戸藩御三代（通信公）勤功帳　森越良編　八戸　八戸古文書勉強会　1997.4　12,209,12p　26cm　非売品　Ⓝ212.1　〔27770〕
◇南部八戸藩御四代（広信公）勤功帳　森越良編　八戸　八戸古文書勉強会　1996.8　12,224,3p　26cm　非売品　Ⓝ212.1　〔27771〕
◇南部八戸藩御初・二代（直房・直政公）勤功帳　森越良編　八戸　八戸古文書勉強会　1997.4　14,190,12p　26cm　非売品　Ⓝ212.1　〔27772〕
◇野辺地官所雑記―享保8年　永峰文男編　野辺地町（青森県）　永峰文男　1981.2　45p　21cm　Ⓝ212.1
　　　　　　　　　　　　　　　　　〔27773〕
◇橋端文書―寛政9年～嘉永6年　橋本治郎右衛門ほか著，二本柳正一編　六ケ所村（青森県）　二本柳正一　1982　〔15〕丁　26cm　Ⓝ212.1　〔27774〕
◇八戸藩士系譜書上　八戸　八戸市　2001.2　711p　21cm　（八戸の歴史双書）2500円　Ⓝ212.1　〔27775〕
◇八戸藩史料　前田利見編　八戸町（青森県）　郷友会　1929　795p　23cm　Ⓝ212.1　〔27776〕
◇八戸藩史料　前田利見編纂　八戸　伊吉書院　1973.9　795p　22cm　Ⓝ212.1　〔27777〕
◇八戸藩遠山家日記　上　青森　青森県文化財保護協会　1991.3　577p　22cm　非売品　Ⓝ212.1　〔27778〕
◇八戸藩遠山家日記　第1巻　八戸市立図書館市史編纂室編　八戸　八戸市　2004.12　589p　21cm　（八戸の歴史双書）2500円　Ⓝ212.1　〔27779〕
◇八戸藩遠山家日記　続　下　青森　青森県文化財保護協会　1992.3　413p　22cm　（みちのく双書　特輯）非売品　Ⓝ212.1　〔27780〕
◇八戸藩遠山家日記　第2巻　八戸市立図書館市史編纂室編　八戸　八戸市　2006.1　483p　21cm　（八戸の歴史双書）2500円　Ⓝ212.1　〔27781〕
◇本藩旧記　奥瀬清簡編　歴史図書社　1980.11-12　2冊　20cm　各4800円　Ⓝ212.1　〔27782〕
◇本藩明実録・本藩事実集　上　山形宇兵衛著　青森　青森県文化財保護協会　2002.3　338p　22cm　（みちのく双書　第45集）非売品　Ⓝ212.1　〔27783〕
◇本藩明実録・本藩事実集　中　山形宇兵衛著　青森　青森県文化財保護協会　2003.3　369p　22cm　（みちのく双書　第46集）非売品　Ⓝ212.1　〔27784〕
◇本藩明実録・本藩事実集　下　山形宇兵衛著　青森　青森県文化財保護協会　2004.3　364p　22cm　（みちのく双書　第47集）非売品　Ⓝ212.1　〔27785〕
◇本藩明実録・本藩事実集　4　青森県立図書館編　青森　青森県立図書館　2003.1　82p　21cm　（解題書目　第31集）Ⓝ212.1　〔27786〕
◇本藩明実録・本藩明実集　1　山形宇兵衛著　青森　青森県立図書館　1999.10　55p　21cm　（解題書目　第28集）Ⓝ212.1　〔27787〕
◇本藩明実録・本藩明実集　2　山形宇兵衛著　青森　青森県立図書館　2000.9　76p　21cm　（解題書目　第29集）Ⓝ212.1　〔27788〕
◇本藩明実録・本藩明実集　3　山形宇兵衛著　青森　青森県立図書館　2001.9　164p　21cm　（解題書目　第30集）Ⓝ212.1　〔27789〕
◇明暦の検地帳―黒石市指定文化財　黒石　黒石市教育委員会　1987.3　330p　21cm　Ⓝ212.1　〔27790〕

◆◆◆◆南部・八戸藩藩日記

◇南部・八戸藩藩日記―目付所　天和・貞享　森越良編　八戸　八戸古文書勉強会　1997.1　211p　26cm　非売品　Ⓝ212.1　〔27791〕
◇南部・八戸藩藩日記　宝永・正徳　勘定所　森越良編　八戸　八戸古文書勉強会　1997.3　195p　26cm　非売品　Ⓝ212.1　〔27792〕
◇南部・八戸藩藩日記　享保1用人所　森越良編　八戸　八戸古文書勉強会　1998.3　250p　26cm　非売品　Ⓝ212.1　〔27793〕
◇南部・八戸藩藩日記　正徳　目付所　森越良編　八戸　八戸古文書勉強会　1997.3　2冊　26cm　非売品　Ⓝ212.1
　　　　　　　　　　　　　　　　　〔27794〕
◇南部・八戸藩藩日記　享保1目付所　森越良編　八戸　八戸古文書勉強会　1997.7　314p　26cm　非売品　Ⓝ212.1　〔27795〕
◇南部・八戸藩藩日記　元文1目付所　森越良編　八戸　八戸古文書勉強会　1998.3　321p　26cm　非売品　Ⓝ212.1　〔27796〕
◇南部・八戸藩藩日記　寛保1目付所　森越良編　八戸　八戸古文書勉強会　1998.8　278p　26cm　非売品　Ⓝ212.1　〔27797〕
◇南部・八戸藩藩日記　延享1目付所　森越良編　八戸　八戸古文書勉強会　1999.1　205p　26cm　非売品　Ⓝ212.1　〔27798〕
◇南部・八戸藩藩日記　寛延1目付所　森越良編　八戸　八戸古文書勉強会　2000.7　345p　26cm　非売品

Ⓝ212.1　　　　　　　　　　〔27799〕

◇南部・八戸藩藩日記　宝暦1 目付所　森越良編　八戸八戸古文書勉強会　2002.5　278p　26cm　非売品
Ⓝ212.1　　　　　　　　　　〔27800〕

◇南部・八戸藩藩日記　享保2 目付所　森越良編　八戸八戸古文書勉強会　1997.7　255p　26cm　非売品
Ⓝ212.1　　　　　　　　　　〔27801〕

◇南部・八戸藩藩日記　元文2 目付所　森越良編　八戸八戸古文書勉強会　1998.3　292p　26cm　非売品
Ⓝ212.1　　　　　　　　　　〔27802〕

◇南部・八戸藩藩日記　寛保2 目付所　森越良編　八戸八戸古文書勉強会　1998.8　222p　26cm　非売品
Ⓝ212.1　　　　　　　　　　〔27803〕

◇南部・八戸藩藩日記　延享2 目付所　森越良編　八戸八戸古文書勉強会　1999.2　279p　26cm　非売品
Ⓝ212.1　　　　　　　　　　〔27804〕

◇南部・八戸藩藩日記　寛延2 目付所　森越良編　八戸八戸古文書勉強会　2000.10　401p　26cm　非売品
Ⓝ212.1　　　　　　　　　　〔27805〕

◇南部・八戸藩藩日記　宝暦2 目付所　森越良編　八戸八戸古文書勉強会　2001.5　207p　26cm　非売品
Ⓝ212.1　　　　　　　　　　〔27806〕

◇南部・八戸藩藩日記　明和2 目付所　森越良編　八戸八戸古文書勉強会　2002.12　306p　26cm　非売品
Ⓝ212.1　　　　　　　　　　〔27807〕

◇南部・八戸藩藩日記　安永2 目付所　森越良編　八戸八戸古文書勉強会　2004.6　276p　26cm　非売品
Ⓝ212.1　　　　　　　　　　〔27808〕

◇南部・八戸藩藩日記　享保3 目付所　森越良編　八戸八戸古文書勉強会　1997.7　286p　26cm　非売品
Ⓝ212.1　　　　　　　　　　〔27809〕

◇南部・八戸藩藩日記　延享3 目付所　森越良編　八戸八戸古文書勉強会　1999.9　264p　26cm　非売品
Ⓝ212.1　　　　　　　　　　〔27810〕

◇南部・八戸藩藩日記　寛延3 目付所　森越良編　八戸八戸古文書勉強会　2001.5　313p　26cm　非売品
Ⓝ212.1　　　　　　　　　　〔27811〕

◇南部・八戸藩藩日記　宝暦3 目付所　森越良編　八戸八戸古文書勉強会　2001.11　249p　26cm　非売品
Ⓝ212.1　　　　　　　　　　〔27812〕

◇南部・八戸藩藩日記　明和3 目付所　森越良編　八戸八戸古文書勉強会　2003.4　314p　26cm　非売品
Ⓝ212.1　　　　　　　　　　〔27813〕

◇南部・八戸藩藩日記　安永3 目付所　森越良編　八戸八戸古文書勉強会　2004.8　228p　26cm　非売品
Ⓝ212.1　　　　　　　　　　〔27814〕

◇南部・八戸藩藩日記　享保4 目付所　森越良編　八戸八戸古文書勉強会　1997.8　341p　26cm　非売品
Ⓝ212.1　　　　　　　　　　〔27815〕

◇南部・八戸藩藩日記　延享4 目付所　森越良編　八戸八戸古文書勉強会　2000.2　236p　26cm　非売品
Ⓝ212.1　　　　　　　　　　〔27816〕

◇南部・八戸藩藩日記　宝暦4 目付所　森越良編　八戸八戸古文書勉強会　2001.11　268p　26cm　非売品
Ⓝ212.1　　　　　　　　　　〔27817〕

◇南部・八戸藩藩日記　明和4 目付所　森越良編　八戸八戸古文書勉強会　2003.5　254p　26cm　非売品
Ⓝ212.1　　　　　　　　　　〔27818〕

◇南部・八戸藩藩日記　安永4 目付所　森越良編　八戸八戸古文書勉強会　2004.11　263p　26cm　非売品
Ⓝ212.1　　　　　　　　　　〔27819〕

◇南部・八戸藩藩日記　享保5 目付所　森越良編　八戸八戸古文書勉強会　1997.8　373p　26cm　非売品
Ⓝ212.1　　　　　　　　　　〔27820〕

◇南部・八戸藩藩日記　宝暦5 目付所　森越良編　八戸八戸古文書勉強会　2002.2　266p　26cm　非売品
Ⓝ212.1　　　　　　　　　　〔27821〕

◇南部・八戸藩藩日記　明和5 目付所　森越良編　八戸八戸古文書勉強会　2003.7　216p　26cm　非売品
Ⓝ212.1　　　　　　　　　　〔27822〕

◇南部・八戸藩藩日記　安永5 目付所　森越良編　八戸八戸古文書勉強会　2004.12　244p　26cm　非売品
Ⓝ212.1　　　　　　　　　　〔27823〕

◇南部・八戸藩藩日記　享保6 目付所　森越良編　八戸八戸古文書勉強会　1997.8　342p　26cm　非売品
Ⓝ212.1　　　　　　　　　　〔27824〕

◇南部・八戸藩藩日記　宝暦6 目付所　森越良編　八戸八戸古文書勉強会　2002.3　264p　26cm　非売品
Ⓝ212.1　　　　　　　　　　〔27825〕

◇南部・八戸藩藩日記　明和6 目付所　森越良編　八戸八戸古文書勉強会　2003.10　241p　26cm　非売品
Ⓝ212.1　　　　　　　　　　〔27826〕

◇南部・八戸藩藩日記　安永6 目付所　森越良編　八戸八戸古文書勉強会　2006.1　258p　26cm　非売品
Ⓝ212.1　　　　　　　　　　〔27827〕

◇南部・八戸藩藩日記　享保7 目付所　森越良編　八戸八戸古文書勉強会　1997.11　223p　26cm　非売品
Ⓝ212.1　　　　　　　　　　〔27828〕

◇南部・八戸藩藩日記　宝暦7 目付所　森越良編　八戸八戸古文書勉強会　2002.4　260p　26cm　非売品
Ⓝ212.1　　　　　　　　　　〔27829〕

◇南部・八戸藩藩日記　明和7 目付所　森越良編　八戸八戸古文書勉強会　2003.11　225p　26cm　非売品
Ⓝ212.1　　　　　　　　　　〔27830〕

◇南部・八戸藩藩日記　安永7 目付所　森越良編　八戸八戸古文書勉強会　2006.1　278p　26cm　非売品
Ⓝ212.1　　　　　　　　　　〔27831〕

◇南部・八戸藩藩日記　宝暦8 目付所　森越良編　八戸八戸古文書勉強会　2002.7　276p　26cm　非売品
Ⓝ212.1　　　　　　　　　　〔27832〕

◇南部・八戸藩藩日記　明和8 目付所　森越良編　八戸八戸古文書勉強会　2003.12　202p　26cm　非売品
Ⓝ212.1　　　　　　　　　　〔27833〕

◇南部・八戸藩藩日記　安永8 目付所　森越良編　八戸八戸古文書勉強会　2006.1　237p　26cm　非売品
Ⓝ212.1　　　　　　　　　　〔27834〕

◇南部・八戸藩藩日記　宝暦9 目付所　森越良編　八戸八戸古文書勉強会　2002.10　320p　26cm　非売品
Ⓝ212.1　　　　　　　　　　〔27835〕

◇南部・八戸藩藩日記　安永9 目付所　森越良編　八戸八戸古文書勉強会　2006.1　160p　26cm　非売品
Ⓝ212.1　　　　　　　　　　〔27836〕

◇南部・八戸藩藩日記　安永 元 目付所　森越良編　八戸八戸古文書勉強会　2004.6　248p　26cm　非売品
Ⓝ212.1　　　　　　　　　　〔27837〕

◇南部・八戸藩藩日記　延宝　森越良編　八戸　八戸古文書勉強会　1995.10　294p　25cm　非売品　Ⓝ212.1
〔27838〕

◇南部・八戸藩藩日記　寛文　八戸　八戸古文書勉強会　1993.7　286p　25cm　非売品　Ⓝ212.1　〔27839〕

◇南部・八戸藩藩日記—目付所　元禄　森越良編　八戸八戸古文書勉強会　1997.2　2冊　26cm　非売品

地方史　　　　　　　　　　　　近世史

◇南部・八戸藩藩日記　貞享・元禄　勘定所　森越良編　八戸　八戸古文書勉強会　1997.3　326p　26cm　非売品　Ⓝ212.1　〔27840〕

◇南部・八戸藩藩日記―目付所　宝永　森越良編　八戸　八戸古文書勉強会　1997.2　3冊　26cm　非売品　Ⓝ212.1　〔27841〕

〔27842〕

◆◆岩手県

◇一関藩展―田村氏治政下の歴史と文化　盛岡　岩手県立博物館　1984.10　78p　26cm　Ⓝ212.2　〔27843〕

◇一揆の奔涛―三閉伊一揆の民間伝承　佐々木京一著　岩泉町（岩手県）　宇霊羅山房　2000.6　374p　20cm　2500円　Ⓝ212.2　〔27844〕

◇岩手県南　近世時事物語　斎藤太郎著　水沢町（岩手県）　1954　316p　図版15枚　21cm　Ⓝ212.2　〔27845〕

◇岩手県南近世時事物語　斉藤太郎編　国書刊行会　1986.8　316p　図版15枚　22cm　3500円　Ⓝ212.2　〔27846〕

◇岩手県における近世考古学の新視点資料集―2007年岩手考古学会第37回研究大会（花巻大会）　岩手考古学会編　盛岡　岩手考古学会　2007.2　62p　30cm　Ⓝ212.2　〔27847〕

◇岩手の歴史論集　3　近世文化　司東真雄著　北上　司東真雄岩手の歴史論集刊行会　1981.8　506p　22cm　Ⓝ212.2　〔27848〕

◇江戸時代における岩手県南の切支丹　司東真雄稿　出版地不明　［司東真雄］　1962　15p　26cm　〔27849〕

◇奥州泉藩黒船異聞　衣笠右馬之助著　水沢松次編　いわき　水沢松次　1993.6　71p　22cm　Ⓝ212.2　〔27850〕

◇隠れたる幕末志士盛岡城下の一富豪村井京助の俤―通称鍵屋茂兵衛　新渡戸仙岳著　盛岡　盛岡市史蹟研究会　1938　13p　24cm　Ⓝ289.1　〔27851〕

◇角屋敷久助覚牒―検断久助文化・文政・天保の記録　渡辺兼雄著　大船渡　共和印刷企画センター　1994.10　492p　27cm　5000円　Ⓝ212.2　〔27852〕

◇近世遠野城下町桝形調査報告　板橋源,及川勝穂著　遠野　遠野市教育委員会　26p　図版　地　26cm　Ⓝ212.　〔27853〕

◇不来方の賦―南部藩主物語　大正十三造著　盛岡　岩手日報社　1988.4　280p　19cm　1300円　①4-87201-015-9　Ⓝ212.2　〔27854〕

◇史蹟盛岡城　吉田義昭著　盛岡　盛岡市公民館　1961　96p　19cm　Ⓝ291.22　〔27855〕

◇全国の伝承江戸時代人づくり風土記―聞き書きによる知恵シリーズ　3　ふるさとの人と知恵岩手　加藤秀俊ほか編纂　農山漁村文化協会　1988.6　380p　27cm　4300円　①4-540-88001-2　Ⓝ210.5　〔27856〕

◇代官所御物書役の日記―南部藩三戸物語　豊田国夫著　雄山閣出版　1990.4　277p　20cm　1980円　①4-639-00949-6　Ⓝ212.2　〔27857〕

◇「鉄都」釜石の物語　小野崎敏著　新樹社　2007.11　287p　19cm　1700円　①978-4-7875-8575-2　〔27858〕

◇遠野史叢　第3篇　遠野に於ける維新以前の教育及び学芸　伊能嘉矩著　遠野町（岩手県）　伊能嘉矩　1923　106p　22cm　Ⓝ212.2　〔27859〕

◇南部藩落日の譜　太田俊穂著　新人物往来社　1987.9　213p　20cm　1800円　①4-404-01446-5　Ⓝ212.2　〔27860〕

◇南部盛岡藩史署―武士の生活とその背景　大正十三造著　盛岡　杜陵印刷　1983.5　459p　22cm　3000円　Ⓝ212.2　〔27861〕

◇南部盛岡藩史署　続　幕末維新の群像　大正十三造著　盛岡　杜陵印刷　1984.6　440p　22cm　3000円　Ⓝ212.2　〔27862〕

◇南部盛岡藩の権力闘争―三閉伊一揆の底流　佐々木京一著　国書刊行会　1995.1　287p　20cm　2800円　①4-336-03687-X　Ⓝ212.2　〔27863〕

◇幕末期における諸家事蹟　田中庄一編　福岡町（岩手県）　1966　106p　26cm　Ⓝ212.2　〔27864〕

◇盛岡藩―海・山の広大な領土に度重なる凶作や飢饉。「朝敵」の汚名を雪ぐべく多分野の人材が輩出した。　佐藤竜一著　現代書館　2006.11　206p　21cm　（シリーズ藩物語）1600円　①4-7684-7107-2　Ⓝ212.2　〔27865〕

◇盛岡藩覚書―文政十三年　岩手県立博物館編　盛岡　岩手県文化振興事業団　1993.3　196p　26cm　Ⓝ212.2　〔27866〕

◇盛岡藩家老栃内与兵衛と其の統家系譜伝　前沢隆重著　アポロン社　1971　205p　19cm　1000円　Ⓝ288.21　〔27867〕

◇盛岡藩の絵師たち―その流れと広がり　花巻市博物館第4回企画展　花巻市博物館編　花巻　花巻市博物館　2005.10　57p　30cm　Ⓝ721.025　〔27868〕

◇用語南部盛岡藩辞典　一ノ倉則文編,吉田義昭校訂　東洋書院　1984.4　386p　20cm　3400円　Ⓝ212.2　〔27869〕

◆◆◆自治体史

◇胆沢町史　4　近世編　1　胆沢町史刊行会編　胆沢町（岩手県）　胆沢町　1997.12　655p　22cm　Ⓝ212.2　〔27870〕

◇胆沢町史　5　近世編　2　胆沢町史刊行会編　胆沢町（岩手県）　胆沢町　2000.2　868p　22cm　Ⓝ212.2　〔27871〕

◇岩手県史　第4巻　近世篇第1　岩手県編　盛岡　杜陵印刷　1963　1629p　22cm　Ⓝ212.2　〔27872〕

◇岩手県史　第5巻　近世篇第2　岩手県編　盛岡　杜陵印刷　1963　1590p　22cm　Ⓝ212.2　〔27873〕

◇岩手県史　第10巻　近世篇第5　岩手県編　盛岡　杜陵印刷　1965　1116p　図版17枚　22cm　Ⓝ212.2　〔27874〕

◇江刺市史　第2巻　通史篇　近世　江刺市史編纂委員会編　江刺　江刺市　1985.11　639p　22cm　Ⓝ212.2　〔27875〕

◇北上市史　第3巻　近世1　北上　北上市史刊行会　1976　972p　22cm　Ⓝ212.2　〔27876〕

◇北上市史　第4巻　近世2　北上　北上市史刊行会　1973　930p　22cm　Ⓝ212.2　〔27877〕

◇北上市史　第5巻　近世3　北上市編　北上　北上市史刊行会　1979.3　903p　22cm　Ⓝ212.2　〔27878〕

◇北上市史　第6巻　近世4　北上市編　北上　北上市史刊行会　1980.12　763p　22cm　Ⓝ212.2　〔27879〕

◇北上市史　第7巻　近世5　北上市編集　北上　北上市史刊行会　1981.7　773p　22cm　Ⓝ212.2　〔27880〕

◇北上市史　第8巻　近世6　北上市編　北上　北上市史刊行会　1983.2　759p　22cm　Ⓝ212.2　〔27881〕

◇北上市史　第9巻　近世7　北上市編　北上　北上市史刊行会　1983.12　681p　22cm　Ⓝ212.2　〔27882〕

◇北上市史　第10巻　近世8　北上市編　北上　北上市史刊行会　1984.8　849p　22cm　Ⓝ212.2　〔27883〕

◇図説盛岡四百年　上巻　江戸時代編―城下町―武士と庶

◇図説盛岡四百年　上巻　江戸時代編—城下町—武士と庶民　吉田義昭, 及川和哉編著　盛岡　郷土文化研究会　1983.5　16,410p　26cm　3200円　Ⓝ212.2　〔27884〕

◇図説盛岡四百年　上巻　江戸時代編—城下町—武士と庶民　吉田義昭, 及川和哉編著　補訂　盛岡　郷土文化研究会　1991.9　410p 図版24p　26cm　4500円　Ⓝ212.2　〔27885〕

◇千厩町史　第2巻　近世 1　千厩町史編纂委員会編　千厩町（岩手県）　千厩町　1986.10　678p　22cm　Ⓝ212.2　〔27886〕

◇千厩町史　第3巻　近世 2　千厩町史編纂委員会編　千厩町（岩手県）　千厩町　1993.3　970p　22cm　Ⓝ212.2　〔27887〕

◇田老町史　近世 5　田老町教育委員会編　田老町（岩手県）　田老町教育委員会　1995.3　681p　22cm　Ⓝ212.2　〔27888〕

◇花巻市史　近世篇 1　熊谷章一著　花巻　花巻市教育委員会　1972　249p　22cm　非売品　Ⓝ212.2　〔27889〕

◇花巻市史　近世篇 2　熊谷章一著　花巻　花巻市教育委員会　1974　180p　22cm　非売品　Ⓝ212.2　〔27890〕

◇水沢市史　3　近世　上　水沢市史編纂委員会編　水沢　水沢市史刊行会　1981.8　1066p 図版16p　22cm　Ⓝ212.2　〔27891〕

◇水沢市史　3　近世　下　水沢市史編纂委員会編　水沢　水沢市史刊行会　1982.3　1050p　22cm　Ⓝ212.2　〔27892〕

◇盛岡市史　第2巻　近世期　上・上2　盛岡市著　盛岡　トリョー・コム（発売）　1979.1　860p　22cm　7500円　Ⓝ212.2　〔27893〕

◇盛岡市史　第3分冊　近世期 上 社会経済前期　盛岡市史編纂委員会編　森嘉兵衛　盛岡　盛岡市役所　1950-1957　21cm　Ⓝ212.2　〔27894〕

◇盛岡市史　第3巻　近世期　上三・中・文教人名書名索引・下　盛岡市著　盛岡　トリョー・コム（発売）　1979.5　1冊　22cm　7500円　Ⓝ212.2　〔27895〕

◇盛岡市史　第4分冊　近世期 中 文教篇, 索引　盛岡市史編纂委員会編　太田孝太郎　盛岡　盛岡市役所　1950-1957　21cm　Ⓝ212.2　〔27896〕

◇盛岡市史　第5分冊　近世期 下 生活篇・別篇 人物志　盛岡市史編纂委員会編　太田孝太郎　盛岡　盛岡市役所　1950-1957　21cm　Ⓝ212.2　〔27897〕

◇盛岡市史　第3分冊 第2　近世期　上　第2 社会経済 後期　盛岡市史編纂委員会編　森嘉兵衛　盛岡　盛岡市庁　1968　472p 図版 表　21cm　Ⓝ212.2　〔27898〕

◆◆◆自治体史史料

◇江刺市史　第5巻　2　資料篇　〔2〕近世 1　江刺市史編纂委員会編　江刺　江刺市　1974　655p 地　22cm　Ⓝ212.2　〔27899〕

◇江刺市史　第5巻　3　資料篇　〔3〕近世 2　江刺市史編纂委員会編　江刺　江刺市　1975　610p　22cm　Ⓝ212.2　〔27900〕

◇江刺市史　第5巻　4　資料編　〔4〕近世 3　江刺市史編纂委員会編　江刺　江刺市　1976　12,642p　22cm　Ⓝ212.2　〔27901〕

◇江刺市史　第5巻　5　資料篇—近世 4　江刺市史編纂委員会編　江刺　江刺市　1977.2　693p　22cm　Ⓝ212.2　〔27902〕

◇江刺の古文書 1　増補改訂版　江刺　江刺市立岩谷堂公民館　1998.9　190p　26cm　Ⓝ212.2　〔27903〕

◇江刺の古文書 2　元禄元・弐・三年定式留帳.角懸村の菊池氏　佐島直三郎編著　江刺　江刺市立中央公民館　1989.2　53p　26cm　Ⓝ212.2　〔27904〕

◇江刺の古文書 2　玉里編　佐島直三郎編集責任　増補改訂版　江刺　江刺市立岩谷堂公民館　2002.3　163p　26cm　Ⓝ212.2　〔27905〕

◇江刺の古文書 5　歌書村御検地牒・吉祥寺野山掟・歌書村甚右衛門娘親孝行・寛政九年多門寺集会（百姓一揆）・明治八年（共立病院）御用留　佐島直三郎編　江刺　江刺市立中央公民館　1991.8　58p　26cm　Ⓝ212.2　〔27906〕

◇江刺の古文書 6　岩手県管轄地誌伊手村誌・佐藤氏系図・高館落城清悦物語・伊勢参宮道中記・御達留・藤田但馬関係資料　佐島直三郎編　江刺　江刺市立岩谷堂公民館　1992.8　51p　26cm　Ⓝ212.2　〔27907〕

◇江刺の古文書 7　土谷村風土記、検地帳・石山村高人数御改帳・原体村御百姓家火災一件—外　佐島直三郎編　江刺　江刺市立岩谷堂公民館　1993.8　90p　26cm　Ⓝ212.2　〔27908〕

◇江刺の古文書 8　中尊寺建立供養願文・陸奥話記・奥州後三年記　佐島直三郎編　江刺　江刺市立岩谷堂公民館　1994.5　87p　26cm　Ⓝ212.2　〔27909〕

◇江刺の古文書 9　黒石村屋敷名の変遷・正法寺書出・黒石寺書出—外　佐島直三郎編　江刺　江刺市立岩谷堂公民館　1995.6　189p　26cm　Ⓝ212.2　〔27910〕

◇江刺の古文書 10　羽田村資料・江刺鋳工年表・転切支丹　佐島直三郎編　江刺　江刺市立岩谷堂公民館　1996.8　183p　26cm　Ⓝ212.2　〔27911〕

◇江刺の古文書 11　佐島直三郎編　江刺　江刺市立岩谷堂公民館　1997.9　189p　26cm　Ⓝ212.2　〔27912〕

◇江刺の古文書 12　稲瀬編　佐島直三郎編　江刺　江刺市立岩谷堂公民館　1999.8　227p　26cm　Ⓝ212.2　〔27913〕

◇江刺の古文書 13　愛宕編　佐島直三郎編　江刺　江刺市立岩谷堂公民館　2000.12　158p　26cm　Ⓝ212.2　〔27914〕

◇江刺の古文書 14　岩谷堂編　佐島直三郎編集責任　江刺　江刺市立岩谷堂公民館　2002.12　191p　26cm　Ⓝ212.2　〔27915〕

◇大原史跡をたずねて—郷土史研究　菊池喜一編　大東町（岩手県）　大原史談会　1992.3　87p　21cm　Ⓝ212.2　〔27916〕

◇金ケ崎の古文書　4　金ケ崎町中央生涯教育センター編　金ケ崎町（岩手県）　金ケ崎町教育委員会　1996.3　48p　30cm　（岩手県金ケ崎町文化財調査報告書　第35集）Ⓝ212.2　〔27917〕

◇釜石市誌　　第1史料編 第1　釜石市誌編纂委員会編　釜石　釜石市　1960　618p　22cm　Ⓝ212.2　〔27918〕

◇釜石市誌　　第1史料編 第2　釜石市誌編纂委員会編　釜石　釜石市　1961　841p　22cm　Ⓝ212.2　〔27919〕

◇釜石市誌　　第1史料編 第3　釜石市誌編纂委員会編　釜石　釜石市　1962　828p　22cm　Ⓝ212.2　〔27920〕

◇沢内村史資料　第2集　江戸期以前　産業経済・文化　沢内村史編纂委員会編　沢内村（岩手県）　沢内村教育委員会　1987.4　554p 図版12枚　21cm　Ⓝ212.2　〔27921〕

◇種市町史　第2巻 史料編 2　種市町史編さん委員会編著　種市町（岩手県）　種市町　1996.3　676p　22cm　Ⓝ212.2　〔27922〕

◇種市町史　第3巻 史料編 3　種市町史編さん委員会編著　種市町（岩手県）　種市町　1997.3　591p　22cm　Ⓝ212.2　〔27923〕

◇田老町史資料集　近世 1　田老町教育委員会編　田老町（岩手県）　田老町教育委員会　1990.2　618p　22cm

地方史　　　　　　　　　　　近世史

　Ⓝ212.2　　　　　　　　　　　　　　　〔27924〕
◇田老町史資料集　近世2　田老町教育委員会編　田老町（岩手県）　田老町教育委員会　1991.3　749p　22cm　Ⓝ212.2　　　　　　　　　　　　　　　〔27925〕
◇田老町史資料集　近世3　田老町教育委員会編　田老町（岩手県）　田老町教育委員会　1992.3　809p　22cm　Ⓝ212.2　　　　　　　　　　　　　　　〔27926〕
◇田老町史資料集　近世4　田老町教育委員会編　田老町（岩手県）　田老町教育委員会　1993.3　699p　22cm　Ⓝ212.2　　　　　　　　　　　　　　　〔27927〕
◇花巻市史　資料編　2　花巻城代日誌　第7巻～第10巻　花巻　花巻市教育委員会　1984.3　344p　21cm　Ⓝ212.2　　　　　　　　　　　　　　　〔27928〕
◇花巻市史　資料編　3　花巻城代日誌　3　第11巻～第14巻　花巻　花巻市教育委員会　1985.3　332p　21cm　Ⓝ212.2　　　　　　　　　　　　　　　〔27929〕
◇宮古市史　資料集 近世1　宮古市教育委員会編　宮古　宮古市　1984.1　799p　22cm　Ⓝ212.2　〔27930〕
◇宮古市史　資料集 近世2　宮古市教育委員会編　宮古　宮古市　1985.10　860p　22cm　Ⓝ212.2　〔27931〕
◇宮古市史　資料集 近世3　宮古市教育委員会編　宮古　宮古市　1986.10　904p　22cm　Ⓝ212.2　〔27932〕
◇宮古市史　資料集 近世4　宮古市教育委員会編　宮古　宮古市　1988.3　902p　22cm　Ⓝ212.2　〔27933〕
◇宮古市史　資料集 近世5　宮古市教育委員会編　宮古　宮古市　1989.3　811p　22cm　Ⓝ212.2　〔27934〕
◇宮古市史　資料集 近世6　宮古市教育委員会編　宮古　宮古市　1990.1　889p　22cm　Ⓝ212.2　〔27935〕
◇宮古市史　資料集 近世7-1　宮古市教育委員会編　宮古　宮古市　1992.3　850p　22cm　Ⓝ212.2　〔27936〕
◇宮古市史　資料集 近世7-2　宮古市教育委員会編　宮古　宮古市　1993.3　988p　22cm　Ⓝ212.2　〔27937〕

◆◆◆一般史料
◇胆沢町の古文書　若柳惣之町 阿部家文書 解読編1　胆沢町文化財調査委員会編　胆沢町（岩手県）　胆沢町教育委員会　1995.3　80p　26cm　（胆沢町文化財調査報告書 第16集―胆沢町古文書資料集 第4集）Ⓝ212.2
　　　　　　　　　　　　　　　　　〔27938〕
◇胆沢町の古文書　若柳油地,千田家文書　胆沢町古文書研究会編　胆沢町（岩手県）　胆沢町教育委員会　1992.3　56p　26cm　（胆沢町文化財調査報告書 第13集―胆沢町古文書資料集 第2集）Ⓝ212.2　〔27939〕
◇胆沢町の古文書　若柳惣之町 阿部家文書解読編2　胆沢町文化財調査委員会編　胆沢町（岩手県）　胆沢町教育委員会　1996.3　238p　26cm　（胆沢町文化財調査報告書 第17集―胆沢町古文書資料集 第5集）Ⓝ212.2　〔27940〕
◇胆沢町の古文書　若柳惣之町 阿部家文書解読編3　胆沢町文化財調査委員会編　胆沢町（岩手県）　胆沢町教育委員会　1997.3　247p　26cm　（胆沢町文化財調査報告書 第18集―胆沢町古文書資料集 第6集）Ⓝ212.2　〔27941〕
◇胆沢町の古文書　五嶋家文書　胆沢町古文書研究会編　胆沢町（岩手県）　胆沢町教育委員会　1991.3　32p　26cm　（胆沢町文化財調査報告書 第12集―胆沢町古文書資料集 第1集）Ⓝ212.2　〔27942〕
◇胆沢町の古文書　若柳惣之町 阿部家文書目録　胆沢町文化財調査委員会編　胆沢町（岩手県）　胆沢町教育委員会　1994.3　134p　26cm　（胆沢町文化財調査報告書 第15集―胆沢町古文書資料集 第3集）Ⓝ212.2　〔27943〕
◇伺ヶ条・産物方廻状書留　永峰文男編　野辺地町（青森県）〔永峰文男〕　2003.1　58p　21cm　Ⓝ212.2

　　　　　　　　　　　　　　　　　〔27944〕
◇奥羽南部 近世田中舘文書集　第1巻　田中庄一編　福岡町（岩手県）　二戸文化史研究会　1965　286p　27cm　Ⓝ212.2　　　　　　　　　　　　　　　〔27945〕
◇奥州南部二戸郡 近世古文書集　田中庄一編　二戸　二戸文化史研究会　1963　130p　25cm　Ⓝ212.2　〔27946〕
◇家老席日誌『覚書』―盛岡南部家文書　慶応元　岩手県立博物館監修　岩手県立博物館覚書研究会翻刻　岩手県立博物館覚書編修委員会編修　東洋書院　2000.10　919p　27cm　（新南部叢書 別巻）17000円
　①4-88594-291-8　Ⓝ212.2　　　〔27947〕
◇北上川流域の近世農民―彼岸田・千葉文書にみる胆沢の人びと　千葉克郎著　盛岡　セーコー印刷（印刷）　1999.6　286p　21cm　2700円　Ⓝ212.2　〔27948〕
◇北上の古文書　古文書解読編1　北上　北上市教育委員会　1992.3　36p　26cm　（北上市文化財調査報告書 第3集）Ⓝ210.02　　　　　　　　〔27949〕
◇近世留守家文書　第1集　水沢　水沢市立図書館　1988.11　157p　26cm　Ⓝ212　　　　〔27950〕
◇近世留守家文書　第2集　水沢　水沢市立図書館　1989.11　135p　26cm　Ⓝ212　　　　〔27951〕
◇久慈通御代官御用申継帳―慶応二丙寅年　種市町（岩手県）　種市町教育委員会　1998.3　222p　26cm　Ⓝ212.2　　　　　　　　　　　　　　　〔27952〕
◇気仙郡大肝入吉田家文書―嘉永六年南部一揆関係 気仙史料　上　西田耕三解読・編　気仙沼　耕風社　1995.1　319p　21cm　3800円　Ⓝ212.2　〔27953〕
◇気仙郡大肝入吉田家文書　弘化2年　陸前高田　陸前高田市郷土史研究会　1988.2　119p　18×26cm　Ⓝ212.2
　　　　　　　　　　　　　　　　　〔27954〕
◇気仙郡大肝入吉田家文書　弘化3年　陸前高田　陸前高田市郷土史研究会　1989.2　96p　19×26cm　Ⓝ212.2
　　　　　　　　　　　　　　　　　〔27955〕
◇気仙郡大肝入吉田家文書―嘉永六年南部一揆関係 気仙史料　下　西田耕三解読・編　気仙沼　耕風社　1995.2　301p　21cm　3800円　Ⓝ212.2　〔27956〕
◇袖裡日要鑑―八戸藩徒目付天保八丁酉暦　種市町（岩手県）　種市町教育委員会　1998.12　129p　21cm　Ⓝ212.2　　　　　　　　　　　　　　　〔27957〕
◇田村家文書を読む　一関市博物館編　一関　一関市博物館　1999.8　72p　30cm　Ⓝ212.2　〔27958〕
◇道中記覚―文化七年（一八一〇）十二月十五日出立　山王海下ノ屋敷源之助著　村谷喜一郎解説　第2版　紫波町（岩手県）　水分公民館　1999.2　103p　30cm　Ⓝ212.2　　　　　　　　　　　　　　　〔27959〕
◇南部藩御野馬別当御用留　宝暦5年―7年編　青森　青森県文化財保護協会　1999.3　258,79p　22cm　（みちのく双書 第42集）非売品　Ⓝ212.2
　　　　　　　　　　　　　　　　　〔27960〕
◇南部藩御野馬別当御用留　宝暦8年―9年編　青森　青森県文化財保護協会　1998.3　475p　22cm　（みちのく双書 第41集）非売品　Ⓝ212.2　〔27961〕
◇南部藩御野馬別当御用留　宝暦10年―13年編　鈴木政四郎ほか編・解読　青森　青森県文化財保護協会　1997.3　376p　22cm　（みちのく双書 第40集）非売品　Ⓝ212.2
　　　　　　　　　　　　　　　　　〔27962〕
◇南部藩御野馬別当御用留　明和年代編　葛西善一ほか編・解読　青森　青森県文化財保護協会　1996.3　493p　22cm　（みちのく双書 第39集）非売品　Ⓝ212.2
　　　　　　　　　　　　　　　　　〔27963〕
◇南部藩家老席日誌　盛岡市中央公民館編　雄松堂フィルム出版　1981.12　マイクロリール158巻　35mm

◇南部藩検地検見作法書　国税庁税務大学校租税資料室編　国税庁税務大学校租税資料室　1985.1　191p　21cm（租税資料叢書）Ⓝ212.2　〔27965〕

◇南部藩参勤交代図巻　太田孝太郎著　盛岡　盛岡市公民館　1966　34p（おもに図版）はり込み　25cm（郷土資料写真集 第9集）Ⓝ210.5　〔27966〕

◇南部藩参考諸家系図　第1巻　星川正甫原編, 前沢隆重他編　国書刊行会　1984.12　586p　22cm　9800円　Ⓝ288.2　〔27967〕

◇南部藩参考諸家系図　第2巻　星川正甫原編, 前沢隆重他編　国書刊行会　1985.2　592p　22cm　9800円　Ⓝ288.2　〔27968〕

◇南部藩参考家系図　第3巻　星川正甫原編, 前沢隆重他編　国書刊行会　1985.4　578p　22cm　9800円　Ⓝ288.2　〔27969〕

◇南部藩参考諸家系図　第4巻　星川正甫原編, 前沢隆重他編　国書刊行会　1985.7　576p　22cm　9800円　Ⓝ288.2　〔27970〕

◇南部藩参考諸家系図　第5巻　星川正甫原編, 前沢隆重他編　国書刊行会　1985.9　467p　22cm　9800円　Ⓝ288.2　〔27971〕

◇南部藩宮古御水主文書　1　宮古市史編さん委員会編　宮古　宮古市教育委員会　1980.3　221p　21cm　Ⓝ212.2　〔27972〕

◇南部藩宮古御水主文書　2　宮古市史編さん委員会編　宮古　宮古市教育委員会　1981.3　246p　21cm　Ⓝ212.2　〔27973〕

◇南部藩宮古御水主文書　3　宮古市史編さん委員会編　宮古　宮古市教育委員会　1982.3　312p　21cm　Ⓝ212.2　〔27974〕

◇南部藩宮古御水主文書　4　宮古市史編さん委員会編　宮古　宮古市教育委員会　1983.12　461p　21cm　Ⓝ212.2　〔27975〕

◇日記抜書　14・15　慶応四年　上山守古著　上山守古日記抜書刊行会　1983.5　432p　22cm　4500円　Ⓝ212.2　〔27976〕

◇八戸廻御代官御用留─文久二年　遠山荘七, 摂待忠兵衛著　堀米繁男, 酒井久男編　種市町（岩手県）　種市町教育委員会　1997.3　223p　26cm　Ⓝ212.2　〔27977〕

◇ハツヤマフミ　永峰文男編　野辺地町（青森県）　永峰文男　2001.6　21p　21cm　Ⓝ212.2　〔27978〕

◇ハツヤマフミ　永峰文男編　改訂版　野辺地町（青森県）　永峰文男　2002.6　41p　21cm　Ⓝ212.2　〔27979〕

◇原田文書──一関　中井陽子編　一関　川嶋印刷　1986.12　409p　22cm　4000円　Ⓝ212.2　〔27980〕

◇もう一つの水沢近世文書　佐藤伊作編　水沢　佐藤伊作　2005.3　406p　26cm　Ⓝ212.2　〔27981〕

◇もう一つの水沢近世文書　続刊　佐藤伊作編　出版地不明　佐藤伊作　2006.7　200p　26cm　Ⓝ212.2　〔27982〕

◇用秘録　永峰文男編　野辺地町（青森県）　永峰文男　1999.8　60p　21cm　Ⓝ212.2　〔27983〕

◇用秘録　永峰文男編　改訂　野辺地町（青森県）　永峰文男　2000.6　60p　21cm　Ⓝ212.2　〔27984〕

◇陸前高田市気仙町吉田大肝入文書　5　森ノブ校訂　盛岡　岩手古文書学会　1991.3　62p　26cm　Ⓝ212.2　〔27985〕

◇陸前高田市気仙町吉田大肝入文書　6　森ノブ校訂　盛岡　岩手古文書学会　1992.6　117p　26cm　Ⓝ212.2　〔27986〕

◇陸前高田市気仙町吉田大肝入文書　7　森ノブ校訂　盛岡　岩手古文書学会　1993.3　42p　26cm　Ⓝ212.2　〔27987〕

◇陸前高田市気仙町吉田大肝入文書　9　森ノブ校訂　盛岡　岩手古文書学会　1995.3　55p　26cm　Ⓝ212.2　〔27988〕

◇陸前高田市気仙町吉田大肝入文書　10　森ノブ校訂　盛岡　岩手古文書学会　1996.3　61p　26cm　Ⓝ212.2　〔27989〕

◇和賀町の古文書　和賀町（岩手県）　和賀町教育委員会　1991.3　31p　26cm（和賀町文化財調査報告書 第27集─古文書解読編 2）Ⓝ212.2　〔27990〕

◆◆◆◆盛岡藩雑書

◇雑書─盛岡藩家老席日記　第16巻　盛岡市教育委員会, 盛岡市中央公民館編　東洋書院　2004.1　507p　27cm　14000円　Ⓘ4-88594-356-6　Ⓝ212.2　〔27991〕

◇雑書─盛岡藩家老席日記　第18巻　盛岡市教育委員会, 盛岡市中央公民館編　東洋書院　2005.3　504p　27cm　14000円　Ⓘ4-88594-372-8　Ⓝ212.2　〔27992〕

◇雑書─盛岡藩家老席日記　第19巻　盛岡市教育委員会, 盛岡市中央公民館編　東洋書院　2006.3　480p　27cm　14000円　Ⓘ4-88594-386-8　Ⓝ212.2　〔27993〕

◇盛岡藩雑書　第1巻　正保元年～承応三年　盛岡市教育委員会, 盛岡市中央公民館編　盛岡　熊谷印刷出版部　1986.2　888p　27cm　28000円　Ⓝ212.2　〔27994〕

◇盛岡藩雑書　第2巻　明暦二年～寛文十年　盛岡市教育委員会, 盛岡市中央公民館編　盛岡　熊谷印刷出版部　1987.7　973p　27cm　28000円　Ⓝ212.2　〔27995〕

◇盛岡藩雑書　第3巻　寛文十一年～延宝四年　盛岡市教育委員会, 盛岡市中央公民館編　盛岡　熊谷印刷出版部　1989.6　843p　27cm　28000円　Ⓝ212.2　〔27996〕

◇盛岡藩雑書　第5巻　天和三年～元禄四年　盛岡市教育委員会, 盛岡市中央公民館編　盛岡　熊谷印刷出版部　1991.12　1019p　27cm　28000円　Ⓝ212.2　〔27997〕

◇盛岡藩雑書　第6巻　元禄五年～元禄十年　盛岡市教育委員会, 盛岡市中央公民館編　盛岡　熊谷印刷出版部　1992.12　1005p　27cm　28000円　Ⓝ212.2　〔27998〕

◇盛岡藩雑書　第7巻　元禄十一年～元禄十五年　盛岡市教育委員会, 盛岡市中央公民館編　盛岡　熊谷印刷出版部　1993.12　1083p　27cm　28000円　Ⓝ212.2　〔27999〕

◇盛岡藩雑書　第8巻　元禄十六年～宝永三年　盛岡市教育委員会, 盛岡市中央公民館編　盛岡　熊谷印刷出版部　1994.12　1055p　27cm　28000円　Ⓝ212.2　〔28000〕

◇盛岡藩雑書　第9巻　盛岡市教育委員会, 盛岡市中央公民館編　盛岡　熊谷印刷出版部　1995.12　981p　27cm　27185円　Ⓝ212.2　〔28001〕

◇盛岡藩雑書　第10巻　盛岡市教育委員会, 盛岡市中央公民館編　盛岡　熊谷印刷出版部　1996.12　1073p　27cm　28000円　Ⓝ212.2　〔28002〕

◇盛岡藩雑書　第11巻　盛岡市教育委員会, 盛岡市中央公民館編　盛岡　熊谷印刷出版部　1997.12　1080p　27cm　28000円　Ⓝ212.2　〔28003〕

◇盛岡藩雑書　第12巻　盛岡市教育委員会, 盛岡市中央公民館編　盛岡　熊谷印刷出版部　1998.12　1048p　27cm　28000円　Ⓘ4-87720-243-9　Ⓝ212.2　〔28004〕

◇盛岡藩雑書　第13巻　盛岡市教育委員会, 盛岡市中央公民館編　盛岡　熊谷印刷出版部　1999.12　859p　27cm　28000円　Ⓘ4-87720-249-8　Ⓝ212.2　〔28005〕

地方史　　　　　　　　　　　　近世史

◇盛岡藩雑書　第14巻　盛岡市教育委員会,盛岡市中央公民館編　盛岡　熊谷印刷出版部　2000.12　985p　27cm　28000円　①4-87720-261-7　Ⓝ212.2　〔28006〕
◇盛岡藩雑書　第15巻　盛岡市教育委員会,盛岡市中央公民館編　盛岡　熊谷印刷出版部　2001.12　1127p　27cm　28000円　①4-87720-269-2　Ⓝ212.2　〔28007〕
◇盛岡藩雑書より　蛇沼耕水編　二戸　〔蛇沼耕水〕　1998　54p　26cm　Ⓝ212.2　〔28008〕
◇盛岡藩歴史史料ガイド　2　工藤利悦著　盛岡　盛岡市教育委員会文化課　2003.3　100p　20cm　（盛岡市文化財シリーズ　第40集）Ⓝ212.2　〔28009〕

◆◆◆史料目録
◇盛岡南部家　信直・利直関係文書其他目録　第1集　岩手県編　盛岡　1958　92p　22cm　Ⓝ212.2　〔28010〕
◇盛岡藩歴史史料ガイド　1　工藤利悦著　盛岡　盛岡市教育委員会文化課　2002.3　100p　20cm　（盛岡市文化財シリーズ　第38集）Ⓝ212.2　〔28011〕

◆◆宮城県
◇石巻地域の伊達家家臣―企画展　石巻文化センター編　石巻　石巻文化センター　1995.4　23p　28cm　Ⓝ212.3　〔28012〕
◇絵図に見る藩政時代の気仙　金野静一著　盛岡　熊谷印刷出版部　1981.10　97p　31cm　6000円　Ⓝ212.3　〔28013〕
◇角田石川氏四百年　石川公記念誌編集委員会編　角田　角田市　1998.10　240p　21cm　Ⓝ212.3　〔28014〕
◇京都と仙台藩　大林昭雄著　仙台　ギャラリー大林（発売）　1995.6　179p　27cm　（日本美術論攷大林昭雄著作集　第16巻）7000円　Ⓝ212.3　〔28015〕
◇国史跡仙台城跡―政宗が築いた仙台城　改訂版　仙台　仙台市教育委員会文化財課　2004.6　1枚　30cm　（仙台市文化財パンフレット　第51集）　〔28016〕
◇気仙沼かわら版―近世庶民誌　西田耕三著　気仙沼　三陸地域史研究会　1983.3　183p　17cm　2000円　Ⓝ212.3　〔28017〕
◇元文の黒船―仙台藩異国船騒動記　安部宗男著　仙台　宝文堂出版販売　1989.5　165p　19cm　1500円　①4-8323-0017-2　Ⓝ210.55　〔28018〕
◇元禄補遺仙台藩家臣録　相原陽三編　仙台　今野印刷　1995.10　210p　22cm　4950円　Ⓝ212.3　〔28019〕
◇史談会速記録　第362輯　史談会　1926　1冊　22cm　Ⓝ210.1　〔28020〕
◇仙台城とその時代―城とまちのくらし　仙台　仙台市教育委員会文化財課　2001.11　5p　30cm　（仙台市文化財パンフレット　第47集）　〔28021〕
◇仙台年表―慶長五年から昭和三十年迄　矢島玄亮編著　宮城町（宮城県）〔矢島玄亮〕　1985.12　82,234p　21cm　Ⓝ212.3　〔28022〕
◇仙台藩租税要略　仙台　宮城県収税部　1888.12　5冊　19cm　Ⓝ322　〔28023〕
◇仙台藩伊達家の女たち　安部宗男著　仙台　宝文堂出版販売　1987.10　261p　19cm　1350円　①4-8323-0001-6　Ⓝ288.3　〔28024〕
◇仙台藩の家臣団展示解説　多賀城　東北歴史資料館　1979.3　1冊　26cm　〔28025〕
◇「仙台藩」の「成立」―伊達政宗・忠宗の時代　企画展　石巻文化センター編　石巻　石巻文化センター　1997.2　40p　28cm　Ⓝ212.3　〔28026〕
◇仙台藩の歴史　第1　伊達政宗・戊辰戦争　平重道著　仙台　宝文堂　1969　353p　19cm　980円　Ⓝ212.3　〔28027〕
◇仙台藩の歴史　2　伊達騒動　平重道著　5版　仙台　宝文堂　1994.8　264p　19cm　1380円　①4-8323-0190-X　Ⓝ212.3　〔28028〕
◇仙台藩の歴史　4　林子平―その人と思想　平重道著　仙台　宝文堂出版販売　1977.8　307p　19cm　1500円　Ⓝ212.3　〔28029〕
◇仙台藩戊辰史　下飯坂秀治編　仙台　下飯坂秀治　1902.6　89,119丁（5冊合本）23cm　Ⓝ212.3　〔28030〕
◇仙台藩ものがたり　河北新報社編集局編　仙台　河北新報社　2002.6　239p　21cm　1800円　①4-87341-163-7　Ⓝ212.3　〔28031〕
◇仙台藩歴史事典　仙台郷土研究会企画・編集　仙台　仙台郷土研究会　2002.6　327p　27cm　3800円　Ⓝ212.3　〔28032〕
◇仙台領四十八館の歴史　石巻　石巻文化センター　1997.7　40p　28cm　Ⓝ212.3　〔28033〕
◇蔵書目録にみる仙台藩の出版文化　第3巻　朝倉治彦監修　小井川百合子編集・解説　ゆまに書房　2006.8　528p　22cm　（書誌書目シリーズ　80）①4-8433-2183-4　Ⓝ029.8　〔28034〕
◇伊達軍団の弓取りたち　飯田勝彦著　仙台　あづま書房　1985.2　314p　19cm　1300円　Ⓝ212.3　〔28035〕
◇伊達諸城の研究　沼館愛三編著　八戸　伊吉書院　1981.1　331p　22cm　4500円　Ⓝ212.3　〔28036〕
◇伊達八百年歴史絵巻―時を超へ輝く人の物語　伊達宗弘著　新人物往来社　2007.12　210p　19cm　2000円　①978-4-404-03512-7　〔28037〕
◇伊達藩家臣の四百年（嶺崎家）　嶺崎憲房著　仙台　嶺崎憲房　1985.8　208p　22cm　非売品　Ⓝ288.3　〔28038〕
◇伊達政宗　小林清治著　吉川弘文館　1960　再版　235p　図版　地　18cm　（人物叢書　日本歴史学会編）Ⓝ289.1　〔28039〕
◇伊達政宗卿伝記史料　藩祖伊達政宗公顕彰会編纂　文献出版　1978.9　1462p　22cm　25000円　Ⓝ289.1　〔28040〕
◇伊達政宗の都―その歴史と未来　飯田勝彦著　新人物往来社　1993.2　253p　20cm　2000円　①4-404-01982-3　Ⓝ212.3　〔28041〕
◇中央之旧仙台藩人譚　古山省吾編　宮城県顕揚会　1917　165,180p　19cm　Ⓝ281.23　〔28042〕
◇東藩史稿　首巻,1-10　作並清亮編　渡辺弘　1915　11冊　23cm　Ⓝ212.3　〔28043〕
◇幕末・明治雑記帳―近代気仙沼庶民誌　西田耕三著　気仙沼　三陸地域史研究会　1981.5　195p　17cm　2300円　Ⓝ212.3　〔28044〕
◇芭蕉の辻―写真で見る仙台むかし語り　仙台　仙台なつかしクラブ　2001.7　117p　21cm　1000円　Ⓝ212.3　〔28045〕
◇人づくり風土記―江戸時代　4　ふるさとの人と知恵・宮城　石川松太郎ほか編纂　農山漁村文化協会　1994.5　411p　27cm　4500円　①4-540-94007-4　Ⓝ210.5　〔28046〕
◇復刻仙台領国絵図　渡辺信夫監修　仙台　ユーメディア　2000.7　168p　38cm　Ⓝ212.3　〔28047〕
◇ふるさと小斎の歴史　上　戦国時代末期より佐藤家五代易信まで　窪田文夫著　角田　窪田文夫　1988.9　410p　27cm　3000円　Ⓝ212.3　〔28048〕
◇ふるさと小斎の歴史　下　佐藤家六代因信より戊辰戦争

◇まで 窪田文夫著 角田 窪田文夫 1990.8 513p 27cm 4000円 Ⓝ212.3 〔28049〕
◇政宗に睨まれた二人の老将 紫桃正隆著 仙台 宝文堂出版販売 宝文堂（発売） 1975 335p 15cm 490円 Ⓝ212.3 〔28050〕
◇町場替え—200年前の町づくり 丸森町文化財保護委員会編 丸森町（宮城県） 丸森町教育委員会 2001.3 33p 30cm （丸森町の文化財 第23集）Ⓝ212.3 〔28051〕
◇万城目氏（伊達藩士）の系譜とその動向について 和記博著 所沢 〔和記博〕 1976.2 120p 22cm 非売品 Ⓝ288.2 〔28052〕
◇宮城県史 第2 近世 宮城県史編纂委員会編 仙台 宮城県史刊行会 1966 718p 図版 地 22cm Ⓝ212.3 〔28053〕
◇宮城の研究 第4巻 近世篇 2 渡辺信夫編 大阪 清文堂出版 1983.7 441p 22cm 4500円 Ⓝ291.23 〔28054〕
◇宮城の研究 第5巻 近世篇 3 渡辺信夫編 大阪 清文堂出版 1983.10 424p 22cm 4500円 Ⓝ291.23 〔28055〕
◇名城を歩く 21 仙台城—独眼竜が蟠踞した青葉山の天険と城塞群 PHP研究所 2004.9 50p 29cm （歴史街道スペシャル）514円 Ⓝ291.09 〔28056〕

◆◆◆自治体史
◇赤岩村高人数御改帳人頭六拾三軒之節也肝入村控写置 気仙沼 〔松岩郷土誌編纂資料収集委員会〕 1994 1冊 26cm （松岩郷土誌資料 3〜6）Ⓝ212.3 〔28057〕
◇気仙沼市史 3 近世編 気仙沼市史編さん委員会編さん 気仙沼 気仙沼市 1990.3 571p 22cm Ⓝ212.3 〔28058〕
◇気仙沼の近世庶民記録—気仙沼本郷旧事記考 小山正平著 気仙沼 耕風社 1991.2 170p 21cm 2060円 Ⓝ212.3 〔28059〕
◇仙台市史 通史編 3 近世 1 仙台市史編さん委員会編 仙台 仙台市 2001.9 495p 22cm Ⓝ212.3 〔28060〕
◇仙台市史 通史編 4 仙台市史編さん委員会編 仙台 仙台市 2003.2 603p 22cm Ⓝ212.3 〔28061〕
◇仙台市史 第9巻 仙台市史編纂委員会編 仙台 仙台市役所 1950-1956 22cm Ⓝ212.3 〔28062〕
◇多賀城市史 第2巻 近世・近現代 多賀城市史編纂委員会編 多賀城 多賀城市 1993.3 447p 27cm Ⓝ212.3 〔28063〕

◆◆◆自治体史史料
◇石巻の歴史 第9巻 資料編 3 近世編 石巻市史編さん委員会編 石巻 石巻市 1990.3 891,27p 27cm Ⓝ212.3 〔28064〕
◇大郷町史 史料編 1 日新録・付天保癸巳日記抜 大郷町（宮城県） 大郷町 1983.3 460,5p 図版12枚 22cm Ⓝ212.3 〔28065〕
◇大郷町史 史料編 2 仙台藩御山守残間家文書 大郷町（宮城県） 大郷町 1984.12 867p 22cm Ⓝ212.3 〔28066〕
◇白石市史資料 第1輯 白石市史編纂調査会編 白石 1955-1956 21cm Ⓝ212.3 〔28067〕
◇仙台市史 資料編 2 近世 1 藩政 仙台市史編さん委員会編 仙台 仙台市 1996.3 535p 22cm Ⓝ212.3 〔28068〕
◇仙台市史 資料編 3 近世 2 城下町 仙台市史編さん委員会編 仙台 仙台市 1997.3 2冊（別冊とも） 22cm Ⓝ212.3 〔28069〕
◇仙台市史 資料編 4 近世 3（村落） 仙台市史編さん委員会編 仙台 仙台市 2000.3 587p 22cm Ⓝ212.3 〔28070〕
◇仙台市史 資料編 10 伊達政宗文書 1 仙台市史編さん委員会編 仙台 仙台市 1994.3 2冊（別冊とも） 22cm Ⓝ212.3 〔28071〕
◇古川市史 第8巻 資料 3 古川市史編さん委員会編 古川 古川市 2004.3 837p 22cm 5000円 Ⓝ212.3 〔28072〕

◆◆◆一般史料
◇阿子島家長留帳 白石 白石市教育委員会 1988.3 115p 26cm Ⓝ212.3 〔28073〕
◇泉谷大内家文書 11 瀬峰町（宮城県） 瀬峰町教育委員会 2004.3 89p 26cm （瀬峰町文化財調査報告書 第24集）Ⓝ212.3 〔28074〕
◇岩出山沿革史 岩出山藩制 桜井順蔵著 桜井順蔵著 岩出山町（宮城県） 岩出山町 1999.3 12,75p 21cm （岩出山町史文書資料 第2集）Ⓝ212.3 〔28075〕
◇木村家の古文書—上戸沢宿検断屋敷木村家文書調査報告書 白石 白石市教育委員会 2003.3 240p 30cm （白石市文化財調査報告書 第26集）Ⓝ212.3 〔28076〕
◇元和元年ヨリ歳之吉凶留帳—早稲田屋敷・阿部家に伝わる 阿部彰晤編 迫町（宮城県） 阿部晃 1987.8 104p 31cm 非売品 Ⓝ212.3 〔28077〕
◇高祖父輝宗曽祖父政宗祖父忠宗記録抜書 古文書を読む会編 仙台 古文書を読む会 1979.11 178p 21cm （宮城県図書館資料 3）Ⓝ212.3 〔28078〕
◇仙台叢書 第12巻 仙台叢書刊行会編 仙台 仙台叢書刊行会 1926 541,2,9p 22cm Ⓝ212.3 〔28079〕
◇仙台藩重臣石母田家文書 大塚徳郎編 刀水書房 1981.2 2冊 23cm 全30000円 Ⓝ212.3 〔28080〕
◇仙台藩重臣石母田家文書 続 大塚徳郎編 刀水書房 1989.2 492p 23cm 13000円 Ⓝ212.3 〔28081〕
◇仙台藩の正保・元禄・天保郷帳 古文書を読む会編 仙台 古文書を読む会 1987.6 136p 21cm （宮城県図書館資料 7）Ⓝ212.3 〔28082〕
◇高屋養庵による仙台藩クナシリ島警護記録 高柳義男編 仙台 高柳義男 1987.5 267p 22cm Ⓝ212.3 〔28083〕
◇伊達家御給主高梨家文書 加藤信明編著 鳩ケ谷 小谷三志顕彰会 1993.9 131p 26cm （まるはと叢書 青版 第1集）1300円 Ⓝ212.3 〔28084〕
◇伊達世臣家譜続編 田辺希績編著, 平重道, 斎藤鋭雄編 仙台 宝文堂出版販売 1978.7 4冊 23cm （仙台藩史料大成 2）各7500円 Ⓝ212.3 〔28085〕
◇伊達藩宿老富塚と一族のすべて—資料集 山内和雄編 仙台 山内和雄 1985.9 175p 26×36cm Ⓝ288.2 〔28086〕
◇伊達政宗探訪—逸見英夫仙台郷土史著作集2 逸見英夫著 仙台 宮城地域史学協議会 1993.12 270p 21cm （宮城地域史学文庫 第5集）2700円 Ⓝ212.3 〔28087〕
◇東藩史稿 作並清亮編纂 仙台 宝文堂出版販売 1976.10 3冊 23cm 各7500円 Ⓝ212.3 〔28088〕
◇花井日誌—自天保四年至弘化四年 花井安列著 涌谷こもんの会編 涌谷町（宮城県） 涌谷こもんの会 1995.11 257p 22cm Ⓝ212.3 〔28089〕
◇源貞氏耳袋—東北大学図書館蔵 6巻 吉田正志監修

地方史　　　　　　　　　　　　　近世史

「源貞氏耳袋」刊行会編　仙台　［「源貞氏耳袋」刊行会］　2007.9　201p　21cm　Ⓝ212.3　〔28090〕
◇源貞氏耳袋―東北大学図書館蔵　7巻　吉田正志監修　「源貞氏耳袋」刊行会編　仙台　［「源貞氏耳袋」刊行会］　2007.10　166p　21cm　Ⓝ212.3　〔28091〕
◇源貞氏耳袋―東北大学附属図書館蔵　8巻　吉田正志監修　「源貞氏耳袋」刊行会編　仙台　［「源貞氏耳袋」刊行会］　2007.11　175p　21cm　Ⓝ212.3　〔28092〕

◆◆◆◆伊達治家記録
◇伊達治家記録　1　責任編集：平重道　仙台　宝文堂出版販売　1972　626p　23cm　（仙台藩史料大成）5000円　Ⓝ212.3　〔28093〕
◇伊達治家記録　2　責任編集：平重道　仙台　宝文堂出版販売　1973　610p　23cm　（仙台藩史料大成）5000円　Ⓝ212.3　〔28094〕
◇伊達治家記録　3　平重道責任編集　仙台　宝文堂出版販売　1973.11　706p　23cm　（仙台藩史料大成）Ⓝ212.3　〔28095〕
◇伊達治家記録　4　平重道責任編集　仙台　宝文堂出版販売　1974.6　500p　23cm　（仙台藩史料大成）Ⓝ212.3　〔28096〕
◇伊達治家記録　5　平重道責任編集　仙台　宝文堂出版販売　1974.12　679p　23cm　（仙台藩史料大成）Ⓝ212.3　〔28097〕
◇伊達治家記録　6　責任編集：平重道　仙台　宝文堂出版販売　1975　644p　23cm　（仙台藩史料大成）5000円　Ⓝ212.3　〔28098〕
◇伊達治家記録　7　責任編集：平重道　仙台　宝文堂出版販売　1976　549p　23cm　（仙台藩史料大成）5000円　Ⓝ212.3　〔28099〕
◇伊達治家記録　8　責任編集：平重道　仙台　宝文堂出版販売　1976　6,462p　23cm　（仙台藩史料大成）7500円　Ⓝ212.3　〔28100〕
◇伊達治家記録　9　平重道責任編集　仙台　宝文堂出版販売　1977.4　505p　23cm　（仙台藩史料大成）7500円　Ⓝ212.3　〔28101〕
◇伊達治家記録　10　平重道責任編集　仙台　宝文堂出版販売　1977.11　608p　23cm　（仙台藩史料大成）7500円　Ⓝ212.3　〔28102〕
◇伊達治家記録　11　平重道責任編集　仙台　宝文堂出版販売　1978.1　524p　23cm　（仙台藩史料大成）7500円　Ⓝ212.3　〔28103〕
◇伊達治家記録　12　平重道責任編集　仙台　宝文堂出版販売　1978.5　455p　23cm　（仙台藩史料大成）7500円　Ⓝ212.3　〔28104〕
◇伊達治家記録　13　平重道責任編集　仙台　宝文堂出版販売　1978.8　504p　23cm　（仙台藩史料大成）7500円　Ⓝ212.3　〔28105〕
◇伊達治家記録　14　平重道責任編集　仙台　宝文堂出版販売　1978.10　514p　23cm　（仙台藩史料大成）7500円　Ⓝ212.3　〔28106〕
◇伊達治家記録　15　平重道責任編集　仙台　宝文堂出版販売　1979.5　543p　23cm　（仙台藩史料大成）7500円　Ⓝ212.3　〔28107〕
◇伊達治家記録　16　平重道責任編集　仙台　宝文堂出版販売　1979.8　557p　23cm　（仙台藩史料大成）7500円　Ⓝ212.3　〔28108〕
◇伊達治家記録　17　平重道責任編集　仙台　宝文堂出版販売　1979.10　544p　23cm　（仙台藩史料大成）7500円　Ⓝ212.3　〔28109〕
◇伊達治家記録　18　平重道責任編集　仙台　宝文堂出版販売　1980.5　535p　23cm　（仙台藩史料大成）7500円　Ⓝ212.3　〔28110〕
◇伊達治家記録　19　平重道責任編集　仙台　宝文堂出版販売　1980.7　576p　23cm　（仙台藩史料大成）7500円　Ⓝ212.3　〔28111〕
◇伊達治家記録　20　平重道責任編集　仙台　宝文堂出版販売　1981.4　541p　23cm　（仙台藩史料大成）7500円　Ⓝ212.3　〔28112〕
◇伊達治家記録　21　平重道責任編集　仙台　宝文堂出版販売　1981.6　535p　23cm　（仙台藩史料大成）Ⓝ212.3　〔28113〕
◇伊達治家記録　22　平重道責任編集　仙台　宝文堂出版販売　1981.9　433p　23cm　（仙台藩史料大成）7500円　Ⓝ212.3　〔28114〕
◇伊達治家記録　23　平重道責任編集　仙台　宝文堂出版販売　1982.5　469p　23cm　（仙台藩史料大成）7500円　Ⓝ212.3　〔28115〕
◇伊達治家記録　24　平重道責任編集　仙台　宝文堂出版販売　1982.7　469p　23cm　（仙台藩史料大成）Ⓝ212.3　〔28116〕

◆◆秋田県
◇秋田に於ける近世初期の洋画　1925　6丁　25cm　Ⓝ723.1　〔28117〕
◇秋田の古文書研究　3　江戸時代の誇り―佐竹藩主の地方巡回　長岐喜代次編著　鷹巣町（秋田県）　小猿部古文書解読研究会　1993.11　94p　30cm　2000円　Ⓝ212.4　〔28118〕
◇秋田の古文書研究　4　江戸時代の惨状―天明・天保飢饉　長岐喜代次編著　鷹巣町（秋田県）　小猿部古文書解読研究会　1994.2　94p　30cm　2000円　Ⓝ212.4　〔28119〕
◇秋田の古文書研究　5　江戸時代の特殊産業―養蚕と織物　長岐喜代次編著　鷹巣町（秋田県）　小猿部古文書解読研究会　1994.6　110p　30cm　2000円　Ⓝ212.4　〔28120〕
◇秋田藩と戊辰の役―祖母から聴いた話　神宮寺淳著　横浜　細谷純一　1983.11　243p　20cm　1200円　Ⓝ212.4　〔28121〕
◇秋田藩の検地と黒印御定書考　永田芳蔵著　秋田　無明舎出版　1996.8　247p　22cm　2500円　①4-89544-147-4　Ⓝ212.4　〔28122〕
◇秋田藩の自然と文化　渡部景一著　秋田　無明舎出版　1994.3　263p　20cm　2800円　Ⓝ212.4　〔28123〕
◇秋田藩の斫伐経費「木本米」に関する新研究　岩崎直人著　青森　岩崎直人　1929　24p　22cm　Ⓝ651　〔28124〕
◇秋田藩の政治と社会　金森正也著　秋田　無明舎出版　1992.12　259p　22cm　4800円　Ⓝ212.4　〔28125〕
◇秋田領民漂流物語―鎖国下に異国を見た男たち　神宮滋著　秋田　無明舎出版　2006.6　206p　19cm　1700円　①4-89544-428-7　Ⓝ210.5　〔28126〕
◇生駒藩史―讃岐・出羽　姉崎岩蔵著　矢島町（秋田県）　矢島町公民館　1976.12　830p　22cm　非売品　Ⓝ212.4　〔28127〕
◇「梅津政景日記」読本―秋田藩家老の日記を読む　渡部景一著　秋田　無明舎出版　1992.5　339p　19cm　2500円　Ⓝ212.4　〔28128〕
◇絵図をよむ―描かれた近世秋田の地理　図録　秋田県立博物館編　秋田　秋田県立博物館　1996.4　1冊　30cm　Ⓝ212.4　〔28129〕
◇義民仁左衛門ノート―出羽矢島・延宝の農民一揆　高橋

誠一著　三一書房　2003.1　254p　20cm　1900円
ⓘ4-380-02214-5　Ⓝ212.4　〔28130〕
◇近世秋田の学問と文化　刑罰式附録　渡部綱次郎著　秋田　秋田文化出版（発売）　2003.10　342p　22cm
5000円　Ⓝ121.5　〔28131〕
◇近世秋田の町人社会　金森正也著　秋田　無明舎出版
1998.6　388p　19cm　3000円　ⓘ4-89544-187-3
Ⓝ212.4　〔28132〕
◇近世秋田名誉伝　第1　井上豊英著　湯沢町（秋田県）
井上豊英　1892.4　18p　22cm　Ⓝ281.24　〔28133〕
◇近世前期羽州幕領支配の研究　本間勝喜著　文献出版
1997.7　633p　22cm　16000円　ⓘ4-8305-1199-0
Ⓝ212.4　〔28134〕
◇近世田祖法の研究―秋田藩渋江田法の実態　菊地仁著
岩田書院　1999.4　349p　22cm　9900円
ⓘ4-87294-137-3　Ⓝ212.4　〔28135〕
◇近世の秋田　国安寛ほか編著　秋田　秋田魁新報社
1991.11　387p　18cm　（さきがけ新書）1300円
ⓘ4-87020-088-0　Ⓝ212.4　〔28136〕
◇佐竹氏秋田藩の台所　渡部景一著　秋田　無明舎出版
1988.10　285p　20cm　2500円　Ⓝ212.4　〔28137〕
◇佐竹氏と久保田城―秋田の城の歴史と物語　渡部景一著
秋田　無明舎出版　1980.6　139p　17cm　（んだんだ文庫 8）680円　Ⓝ212.4　〔28138〕
◇佐竹氏物語　渡部景一著　秋田　無明舎出版　1980.9
287p　20cm　2000円　Ⓝ212.4　〔28139〕
◇図説・角館城下町の歴史　林正崇著　秋田　無明舎出版
1982.12　206p　27cm　2800円　Ⓝ212.4　〔28140〕
◇図説・久保田城下町の歴史　渡部景一著　秋田　無明舎出版　1983.2　152p　27cm　2800円　Ⓝ212.4
〔28141〕
◇続 秋田むかしむかし―秋田藩と秋田県・各郡市の歴史
秋田魁新報社.文化部編　秋田　秋田魁新報社　1967
351p　19cm　Ⓝ212.4　〔28142〕
◇田口勝一郎著作集　3　近世秋田農書の研究　田口勝一郎著　秋田　秋田文化出版　2001.7　435p　22cm
3500円　ⓘ4-87022-426-7　Ⓝ212.4　〔28143〕
◇出羽幕領支配の研究―由利・庄内幕領の支配代官を中心に　本間勝喜著　文献出版　1996.3　611p　22cm
16480円　ⓘ4-8305-1186-9　Ⓝ212.4　〔28144〕
◇藩境を守った拠人の日記　伊藤信著　大曲　北方風土社
1985.4　272p　19cm　1300円　Ⓝ212.4　〔28145〕
◇人づくり風土記―全国の伝承・江戸時代　5　ふるさとの人と知恵・秋田　加藤秀俊ほか編纂　農山漁村文化協会　1989.7　381p　27cm　（聞き書きによる知恵シリーズ）4500円　ⓘ4-540-89008-5　Ⓝ210.5　〔28146〕
◇吉川父子秋田藩勤王始末　若木武之助著　秋田　金声堂
1894.5　92p　23cm　Ⓝ289.1　〔28147〕

◆◆◆自治体史

◇秋田市史　第10巻　秋田市編　秋田　秋田市　1999.6
706p　27cm　Ⓝ212.4　〔28148〕
◇能代市史稿　第2輯　近世 上　能代市史編纂委員会編
能代　能代市役所　1956-1958　22cm　Ⓝ212.4
〔28149〕
◇能代市史稿　第3輯　近世 中　能代市史編纂委員会編
能代　能代市役所　1956-1958　22cm　Ⓝ212.4
〔28150〕
◇能代市史稿　第4輯　近世 下　能代市史編纂委員会編
能代　能代市役所　1959　316p　22cm　Ⓝ212.4
〔28151〕
◇能代市史稿　第5輯　近世 下 続並木山編　能代市史編纂委員会編　能代　能代市役所　1961　366p　22cm
Ⓝ212.4　〔28152〕
◇六郷の歴史　特輯号　六郷の近世史の内　六郷町町史編纂委員会編　六郷町（秋田県）　六郷町教育委員会
1984　161p　26cm　Ⓝ212.4　〔28153〕

◆◆◆自治体史史料

◇相川村万日記　雄和町立図書館,雄和町古文書研究会編
雄和町（秋田県）　雄和町教育委員会　1991.9　42p
21cm　（雄和町史料集 1）Ⓝ212.4　〔28154〕
◇秋田県史―資料編　　第2巻　近世編 上　秋田県編
秋田　1961-1963　22cm　Ⓝ212.4　〔28155〕
◇秋田県史―資料編　　第3巻　近世編 下　秋田県編
秋田　1961-1963　22cm　Ⓝ212.4　〔28156〕
◇秋田市史　第9巻　近世―史料 上　秋田市編　秋田
秋田市　1997.3　671p　27cm　Ⓝ212.4　〔28157〕
◇鹿角市史資料編　第1集　鹿角市史編さん委員会編　鹿角　鹿角市　1979.9　116p　26cm　Ⓝ212.4　〔28158〕
◇鹿角市史資料編　第2集　鹿角市史編さん委員会編　鹿角　鹿角市　1980.3　126p　26cm　Ⓝ212.4　〔28159〕
◇鹿角市史資料編　第3集　鹿角市史編さん委員会編　鹿角　鹿角市　1980.9　123p　26cm　Ⓝ212.4　〔28160〕
◇鹿角市史資料編　第4集　鹿角市史編さん委員会編　鹿角　鹿角市　1981.2　139p　26cm　Ⓝ212.4　〔28161〕
◇鹿角市史資料編　第5集　鹿角市史編さん委員会編　鹿角　鹿角市　1981.10　160p　26cm　Ⓝ212.4　〔28162〕
◇鹿角市史資料編　第6集　鹿角市史編さん委員会編　鹿角　鹿角市　1982.2　185p　26cm　Ⓝ212.4　〔28163〕
◇鹿角市史資料編　第7集　鹿角市史編さん事務局編　鹿角　鹿角市　1982.10　158p　26cm　Ⓝ212.4　〔28164〕
◇鹿角市史資料編　第8集　鹿角市史編さん事務局編　鹿角　鹿角市　1983.3　158p　26cm　Ⓝ212.4　〔28165〕
◇鹿角市史資料編　第9集　鹿角市史編さん事務局編　鹿角　鹿角市　1983.10　199p　26cm　Ⓝ212.4　〔28166〕
◇鹿角市史資料編　第10集　鹿角市史編さん事務局編　鹿角　鹿角市　1984.2　147p　26cm　Ⓝ212.4　〔28167〕
◇鹿角市史資料編　第11集　鹿角市史編さん事務局編　鹿角　鹿角市　1984.10　190p　26cm　Ⓝ212.4　〔28168〕
◇鹿角市史資料編　第12集　鹿角市史編さん事務局編　鹿角　鹿角市　1985.2　119p　26cm　Ⓝ212.4　〔28169〕
◇鹿角市史資料編　第13集　鹿角市総務部市史編さん室編
鹿角　鹿角市　1985.9　193p　26cm　Ⓝ212.4
〔28170〕
◇鹿角市史資料編　第14集　鹿角市総務部市史編さん室編
鹿角　鹿角市　1986.2　156p　26cm　Ⓝ212.4
〔28171〕
◇鹿角市史資料編　第15集　鹿角市総務部市史編さん室編
鹿角　鹿角市　1986.10　139p　26cm　Ⓝ212.4
〔28172〕
◇鹿角市史資料編　第16集　鹿角市総務部市史編さん室編
鹿角　鹿角市　1987.2　133p　26cm　Ⓝ212.4
〔28173〕
◇鹿角市史資料編　第17集　鹿角市総務部市史編さん室編
鹿角　鹿角市　1987.9　160p　26cm　Ⓝ212.4
〔28174〕
◇鹿角市史資料編　第18集　鹿角市総務部市史編さん室編
鹿角　鹿角市　1988.3　153p　26cm　Ⓝ212.4
〔28175〕
◇鹿角市史資料編　第19集　鹿角市総務部市史編さん室編

地方史　　　　　　　　　　　　近世史

鹿角　鹿角市　1988.9　186p　26cm　Ⓝ212.4
〔28176〕

◇鹿角市史資料編　第20集　鹿角市総務部市史編さん室編　鹿角　鹿角市　1989.3　122p　26cm　Ⓝ212.4
〔28177〕

◇鹿角市史資料編　第21集　鹿角市総務部市史編さん室編　鹿角　鹿角市　1989.10　125p　26cm　Ⓝ212.4
〔28178〕

◇鹿角市史資料編　第22集　鹿角市総務部市史編さん室編　鹿角　鹿角市　1990.3　106p　26cm　Ⓝ212.4
〔28179〕

◇鹿角市史資料編　第23集　鹿角市総務部市史編さん室編　鹿角　鹿角市　1991.3　122p　26cm　Ⓝ212.4
〔28180〕

◇鹿角市史資料編　第24集　鹿角市総務部市史編さん室編　鹿角　鹿角市　1992.3　105p　26cm　Ⓝ212.4
〔28181〕

◇鹿角市史資料編　第25集　鹿角市総務部市史編さん室編　鹿角　鹿角市　1993.3　128p　26cm　Ⓝ212.4
〔28182〕

◇鹿角市史資料編　第26集　鹿角市総務部市史編さん室編　鹿角　鹿角市　1994.3　126p　26cm　Ⓝ212.4
〔28183〕

◇鹿角市史資料編　第34集　鹿角　鹿角市教育委員会　2005.3　58p　26cm　Ⓝ212.4　〔28184〕

◇検地帳・切支丹改帳・その他史料集―付・雄和町古文書研究会十二年誌　雄和町図書館, 雄和町古文書研究会編　雄和町（秋田県）　雄和町教育委員会　2000.10　144p　21cm　（雄和町史料集 10）Ⓝ212.4　〔28185〕

◇芝野新田村鈴木長八家文書　雄和町立図書館, 雄和古文書研究会編　雄和町（秋田県）　雄和町教育委員会　1994.8　124p　21cm　（雄和町史料集 4）Ⓝ212.4　〔28186〕

◇田代町史資料　第10輯　佐藤文治日記　1 嘉永7年（安政元年）分　田代町編　田代町（秋田県）　田代町　1986.4　144p　21cm　Ⓝ212.4　〔28187〕

◇田代町史資料　第11輯　佐藤文治日記　2 安政2年分　田代町編　田代町（秋田県）　田代町　1986.9　134p　21cm　Ⓝ212.4　〔28188〕

◇田代町史資料　第12輯　佐藤文治日記　3 安政3年分　田代町編　田代町（秋田県）　田代町　1986.12　133p　21cm　Ⓝ212.4　〔28189〕

◇田代町史資料　第13輯　佐藤文治日記　4 安政5年分　田代町編　田代町（秋田県）　田代町　1987.5　115p　21cm　Ⓝ212.4　〔28190〕

◇田代町史資料　第14輯　佐藤文治日記　5 安政6年分　田代町編　田代町（秋田県）　田代町　1987.9　123p　21cm　Ⓝ212.4　〔28191〕

◇田代町史資料　第15輯　佐藤文治日記　6 万延2年（文久元年）分　田代町編　田代町（秋田県）　田代町　1988.1　117p　21cm　Ⓝ212.4　〔28192〕

◇田代町史資料　第17輯　佐藤文治日記　8 文久4年（元治元年）分　田代町編　田代町（秋田県）　田代町　1989.1　159p　21cm　Ⓝ212.4　〔28193〕

◇田代町史資料　第18輯　佐藤文治日記　9 元治2年（慶応元年）分　田代町編　田代町（秋田県）　田代町　1989.2　130p　21cm　Ⓝ212.4　〔28194〕

◇田代町史資料　第19輯　佐藤文治日記　10 慶応2年分　田代町編　田代町（秋田県）　田代町　1989.3　114p　21cm　Ⓝ212.4　〔28195〕

◇種沢村古文書集　雄和町図書館, 雄和町古文書研究会編　雄和町（秋田県）　雄和町教育委員会　1997.8　76p　21cm　（雄和町史料集 7）Ⓝ212.4　〔28196〕

◇能代市史　資料編 近世 1　能代市史編さん委員会編　能代　能代市　1999.7　1196p　22cm　Ⓝ212.4　〔28197〕

◇能代市史資料　第30号　栗田定之丞文書 1　能代市史編集委員会編　栗田定之丞ほか著　能代　能代市史編さん室　2002.3　11,74p　21cm　Ⓝ212.4　〔28198〕

◇能代市史資料　第31号　栗田定之丞文書 2　能代市史編集委員会編　栗田定之丞ほか著　能代　能代市史編さん室　2003.3　162p　21cm　Ⓝ212.4　〔28199〕

◇女米木村安藤権三郎家文書　雄和町立図書館, 雄和町古文書研究会編　雄和町（秋田県）　雄和町教育委員会　1996.8　72p　21cm　（雄和町史料集 6）Ⓝ212.4　〔28200〕

◇女米木村藤原家文書　雄和町立図書館, 雄和古文書研究会編　雄和町（秋田県）　雄和町教育委員会　1993.8　97p　21cm　（雄和町史料集 3）Ⓝ212.4　〔28201〕

◆◆◆―般史料

◇「秋田藩家蔵文書」対照索引―秋田県立秋田図書館所蔵　秋田　秋田県立秋田図書館　1978.8　266p　26cm　Ⓝ212.4　〔28202〕

◇「秋田藩家蔵文書」対照索引―秋田県立秋田図書館所蔵　秋田県立秋田図書館編〔補訂版〕　秋田　秋田県立秋田図書館　1986.3　170p　26cm　Ⓝ212.4　〔28203〕

◇秋田武鑑　則道著, 三浦賢童編　秋田　無明舎出版　1983.6　243p　27cm　5800円　Ⓝ281.035　〔28204〕

◇麻木家日記　秋田市史編さん委員会近世部会編　秋田　秋田市　2004.3　141p　26cm　（秋田市史叢書 8）Ⓝ212.4　〔28205〕

◇宇都宮孟綱日記　第1巻　自天保12年6月至弘化2年5月　宇都宮孟綱著　秋田県公文書館編　秋田　秋田県　2006.2　21,763p　22cm　Ⓝ212.4　〔28206〕

◇宇都宮孟綱日記　第2巻　自弘化2年5月至嘉永元年12月　宇都宮孟綱著　秋田県公文書館編　秋田　秋田県　2007.3　746p　22cm　Ⓝ212.4　〔28207〕

◇御上御用差上控　本荘市史編さん室編　本荘　本荘市　1981.7　148p　22cm　（本荘市史編纂資料 第13集）Ⓝ212.4　〔28208〕

◇金子家日記　初岡敬治日記 2　秋田市史編さん委員会近世部会編　初岡敬治著　秋田市史編さん委員会近世部会編　秋田　秋田市　2004.3　171p　26cm　（秋田市史叢書 7）Ⓝ212.4　〔28209〕

◇近世秋田の学問と文化　先人・史跡編　渡部綱次郎著　秋田　〔渡部綱次郎〕　2001.8　261p 図版42枚　22cm　5000円　Ⓝ121.5　〔28210〕

◇近世秋田の学問と文化　刑罰式附録　渡部綱次郎著　秋田　秋田文化出版（発売）　2003.10　342p　22cm　5000円　Ⓝ121.5　〔28211〕

◇近世秋田の学問と文化　儒学編　渡部綱次郎著　秋田　〔渡部綱次郎〕　1998.9　548p　22cm　3000円　Ⓝ121.5　〔28212〕

◇近世秋田の学問と文化　洋兵学編　渡部綱次郎著　秋田　〔渡部綱次郎〕　2000.5　499p　22cm　5000円　Ⓝ121.5　〔28213〕

◇近世秋田の学問と文化　和学編　渡部綱次郎著　秋田　〔渡部綱次郎〕　1999.9　585p　22cm　5000円　Ⓝ121.5　〔28214〕

◇久保田町人史料　秋田市史編さん委員会近世部会編　秋田　秋田市　2005.3　150p　26cm　（秋田市史叢書 9）Ⓝ212.4　〔28215〕

◇黒沢家日記　文政元年―3年　秋田市立佐竹史料館編　秋田　秋田市立佐竹史料館　2001.3　183p　26cm　（黒沢家日記解読資料集 2）Ⓝ212.4　〔28216〕

◇黒沢家日記　文政4年—7年　秋田市立佐竹史料館編　秋田　秋田市立佐竹史料館　2002.3　173p　26cm　(黒沢家日記解読資料集 3)Ⓝ212.4　〔28217〕
◇黒沢家日記　文政8年—10年　秋田市立佐竹史料館編　秋田　秋田市立佐竹史料館　2003.3　145p　26cm　(黒沢家日記解読資料集 4)Ⓝ212.4　〔28218〕
◇黒沢家日記　文化11年—14年　秋田市立佐竹史料館編　秋田　秋田市立佐竹史料館　2000.3　149p　26cm　(黒沢家日記解読資料集 1)Ⓝ212.4　〔28219〕
◇御亀鑑　第1巻　江府 1　安永4年正月～寛政3年12月　秋田県立秋田図書館編　秋田　秋田県教育委員会　1988.11　11,785p　22cm　Ⓝ212.4　〔28220〕
◇御亀鑑　第2巻　江府 2　寛政4年正月～寛政9年4月　秋田県立秋田図書館編　秋田　秋田県教育委員会　1989.12　810p　22cm　Ⓝ212.4　〔28221〕
◇御亀鑑　第3巻　江府 3　寛政9年4月～享和3年12月　秋田県立秋田図書館編　秋田　秋田県教育委員会　1991.1　9,791p　22cm　Ⓝ212.4　〔28222〕
◇御亀鑑　第4巻　江府 4　文化元年正月～文化6年12月　秋田県立秋田図書館編　秋田　秋田県教育委員会　1992.1　9,762p　22cm　Ⓝ212.4　〔28223〕
◇御亀鑑　第5巻　文化7年1月～文化12年12月　秋田県立秋田図書館編　秋田　秋田県教育委員会　1993.1　9,773p　22cm　Ⓝ212.4　〔28224〕
◇御亀鑑　第6巻　秋府 1　天明5年6月～寛政12年12月　秋田県公文書館編　秋田　秋田県　1994.2　866p　22cm　Ⓝ212.4　〔28225〕
◇御亀鑑　第7巻　秋府 2　享和元年正月～文化12年7月　秋田県公文書館編　秋田　秋田県　1995.2　895p　22cm　Ⓝ212.4　〔28226〕
◇佐々木弥左衛門家文書　秋田市史編さん委員会近世部会編　秋田　秋田市　2005.3　141p　26cm　(秋田市史叢書 10)Ⓝ212.4　〔28227〕
◇佐竹南家御日記　第1巻　湯沢市教育委員会編　湯沢　湯沢市　1995.1　888p　22cm　7000円　Ⓝ212.4　〔28228〕
◇佐竹南家御日記　第3巻　湯沢市教育委員会編　湯沢　湯沢市　1999.2　861p　22cm　8000円　Ⓝ212.4　〔28229〕
◇佐竹南家御日記　第4巻　湯沢市教育委員会編　湯沢　湯沢市　2002.3　881p　22cm　7619円　Ⓝ212.4　〔28230〕
◇渋江和光日記　第1巻　秋田県公文書館編　秋田　秋田県　1996.2　19,863p　22cm　Ⓝ212.4　〔28231〕
◇渋江和光日記　第2巻　秋田県公文書館編　秋田　秋田県　1997.2　8,881p　22cm　Ⓝ212.4　〔28232〕
◇渋江和光日記　第5巻　渋江和光著　秋田県公文書館編　秋田　秋田県　1999.3　830p　22cm　Ⓝ212.4　〔28233〕
◇渋江和光日記　第6巻　渋江和光著　秋田県公文書館編　秋田　秋田県　1999.3　854p　22cm　Ⓝ212.4　〔28234〕
◇渋江和光日記　第7巻　渋江和光著　秋田県公文書館編　秋田　秋田県　2000.2　7,765p　22cm　Ⓝ212.4　〔28235〕
◇渋江和光日記　第8巻　渋江和光著　秋田県公文書館編　秋田　秋田県　2001.2　7,852p　22cm　Ⓝ212.4　〔28236〕
◇渋江和光日記　第9巻　渋江和光著　秋田県公文書館編　秋田　秋田県　2002.2　871p　22cm　Ⓝ212.4　〔28237〕
◇渋江和光日記　第10巻　渋江和光著　秋田県立図書館編　秋田　秋田県教育委員会　2003.2　826p　22cm　Ⓝ212.4　〔28238〕
◇渋江和光日記　第11巻　渋江和光著　秋田県立図書館編　秋田　秋田県教育委員会　2004.2　793p　22cm　Ⓝ212.4　〔28239〕
◇渋江和光日記　第12巻　渋江和光著　秋田県立図書館編　秋田　秋田県教育委員会　2005.2　698p　22cm　Ⓝ212.4　〔28240〕
◇秋藩温古談　狩野徳蔵著　秋田　鈴木鉄治　1893.2　38丁　24cm　Ⓝ212.4　〔28241〕
◇平沢通有日記　1　平沢通有著　市史編さん室編　秋田　秋田市　2007.3　178p　26cm　(秋田市歴史叢書 1)Ⓝ212.4　〔28242〕
◇与次右衛門肝煎日記　高野欽一著　秋田　秋田文化出版社　1981.3　185p　21cm　1300円　Ⓝ212.4　〔28243〕

◆◆◆史料目録
◇秋田藩家蔵文書目録　秋田県公文書館編　秋田　秋田県公文書館　1997.3　133p　30cm　(秋田県公文書館所蔵古文書目録 第2集)Ⓝ212.4　〔28244〕
◇加賀谷家文書目録　秋田県公文書館編　秋田　秋田県公文書館　1995.3　85p　30cm　(秋田県公文書館所蔵古文書目録 第1集)Ⓝ212.4　〔28245〕
◇長瀬家文書目録—秋田市立中央図書館明徳館所蔵　秋田市立中央図書館明徳館編　秋田　秋田市立中央図書館明徳館　1992.3　53,6p　26cm　Ⓝ212.4　〔28246〕
◇間杉家文書目録・中村家文書目録・土崎御役屋文書目録・麻木家文書目録—秋田市立土崎図書館所蔵　秋田市立中央図書館明徳館編　秋田　秋田市立土崎図書館　1992.3　77,2p　26cm　Ⓝ212.4　〔28247〕

◆◆山形県
◇足軽目付犯科帳—近世酒田湊の事件簿　高橋義夫著　中央公論新社　2005.6　217p　18cm　(中公新書)720円　①4-12-101803-6　Ⓝ322.1925　〔28248〕
◇余目・酒井家と余目領五千石　本間勝喜著　鶴岡　庄内近世史研究会　2001.9　256p　19cm　1800円　Ⓝ212.5　〔28249〕
◇羽州新庄城および同城下町の研究—新庄城跡隅櫓等復元整備事業基礎調査報告書　大友義助執筆　新庄　新庄市教育委員会　1987.3　196p　26cm　Ⓝ212.5　〔28250〕
◇羽州山形歴史風土記—近世の道と町と人　横山昭男著　静岡　東北出版企画　1996.3　361p　19cm　2800円　〔28251〕
◇黒川能と興行　桜井昭男著　同成社　2003.9　227p　20cm　(同成社江戸時代史叢書 17)2600円　①4-88621-279-4　Ⓝ773.2925　〔28252〕
◇元禄繚乱の山形学　山形県生涯学習人材育成機構編　山形　山形県生涯学習人材育成機構　2000.3　47p　21cm　(報告「山形学」シンポジウム 1999)Ⓝ212.5　〔28253〕
◇稿本新庄藩戊辰戦史　常葉金太郎編　新庄町(山形県)　葛麗社　1923　420p　19cm　Ⓝ210.6　〔28254〕
◇故山の夢—庄内藩の一家老(松宮家)の長男・長富の幼少時代(明治維新頃)の思い出の記録 長富お祖父さんから子孫や後世へ伝えたい事　松宮長富著　岡村健次郎編　安芸　〔岡村健次郎〕　2004.8　10,271p　21cm　Ⓝ382.125　〔28255〕
◇蔵王温泉史の研究　第3　名主長右衛門-天保時代略史　斎藤久雄著　山形　1966　315p　18cm　Ⓝ212.5　〔28256〕

地方史　　　　　　　　　　近世史

◇酒井備中守忠解と大山藩―庄内藩支藩ものがたり　本間勝喜著　鶴岡　庄内近世史研究会　1999.9　266p　19cm　2000円　Ⓝ212.5　〔28257〕
◇庄内転封一揆の解剖―平易文訳　『庄内転封一揆乃解剖』その出版の背景―「天保義民」の史実が語る真相　黒田伝四郎編　高島真訳著　佐藤幸夫著　鶴岡　鶴岡書店　2004.12　137,57p　21cm　1619円　①4-947722-15-0　Ⓝ212.5　〔28258〕
◇荘内天保義民の面影　清野鉄臣著　西郷村（山形県）　竜華会　1942　32p　19cm　Ⓝ212.5　〔28259〕
◇荘内天保之義民　清野鉄臣編纂　温海村（山形県）　清野鉄臣　1939　78p　23cm　Ⓝ212.5　〔28260〕
◇庄内藩　斎藤正一著　吉川弘文館　1990.10　277,7p　20cm　（日本歴史叢書 43）2621円　①4-642-06544-X　Ⓝ212.5　〔28261〕
◇庄内藩　斎藤正一著　吉川弘文館　1995.2　277,7p　20cm　（日本歴史叢書 新装版）2781円　①4-642-06606-3　Ⓝ212.5　〔28262〕
◇庄内藩新整組　小山松勝一郎, 山崎利盛著　十方苑　1986.4　417p　19cm　2000円．Ⓝ210.58　〔28263〕
◇荘内百姓天保義挙鳥海颪　日ộ輝忠著　青年塾　1940　112p　19cm　Ⓝ212.5　〔28264〕
◇新庄藩―羽州山間の厳しい風土に耐えて二四七年。動植物と共生した、自然への畏敬がいまこそ活きる。　大友義助著　現代書館　2006.8　206p　21cm　（シリーズ藩物語）1600円　①4-7684-7105-6　Ⓝ212.5　〔28265〕
◇新庄藩末期の藩政改革について―最上郡金山町近岡家文書を中心として　滝田勉著　新庄　滝田勉　1982　46p　26cm　Ⓝ212.5　〔28266〕
◇新撰荘内史　第1巻　天野義郎編著　鶴岡　アサヒ印刷所出版部　1932　16p　20cm　Ⓝ212.5　〔28267〕
◇天童織田藩政史余話　阿部安佐著　山形　豊文社　1987.6　332p　22cm　Ⓝ212.5　〔28268〕
◇東北の長崎―米沢洋学の系譜　松野良寅編著　米沢　松野良寅　1988.11　416,14p　21cm　3500円　Ⓝ210.5　〔28269〕
◇飛島―うつりかわる人と自然　本間又右衛門著　酒田　本の会　1985.6　205p　19cm　1000円　Ⓝ212.5　〔28270〕
◇幕末之名士金子与三郎　寺尾英量編著, 上山市史編さん委員会編　上山　上山市　1977.9　14,187p　22cm　（上山市史編集資料 第21集）Ⓝ289.1　〔28271〕
◇人づくり風土記―全国の伝承・江戸時代　6　ふるさとの人と知恵・山形　加藤秀俊ほか編纂　農山漁村文化協会　1991.2　389p　27cm　（聞き書きによる知恵シリーズ）4500円　①4-540-90014-5　Ⓝ210.5　〔28272〕
◇百年前の面影と現在の姿　結城善太郎著　山形　山形市出羽地区公民館　1957　155p　Ⓝ212.5　〔28273〕
◇方寸　第8号　酒田古文書同好会編　酒田　本の会　1988.11　319p　22cm　2800円　Ⓝ212.5　〔28274〕
◇最上川と舟運―さがえ周辺の歩み　青苧・紅花商人　横山昭男ほか著　星亮一監修　再編復刻版　郡山　ヨークベニマル　1997.11　294p　20cm　非売品　Ⓝ212.5　〔28275〕
◇山形県史　山形県内務部編　名著出版　1973　4冊　22cm　30000円　Ⓝ212.5　〔28276〕
◇山形県史　第2巻　近世編　上　山形　山形県　1985.3　1015,14p　22cm　Ⓝ212.5　〔28277〕
◇山形県史　第3巻　近世編　下　山形　山形県　1987.3　1066,13p　22cm　Ⓝ212.5　〔28278〕

◇やまがた俳諧独り案内　落合晃著　山形　一粒社　2005.5　528p　23cm　5715円　Ⓝ911.302　〔28279〕
◇やまがた幕末史話　黒田伝四郎著　鶴岡　東北出版企画　1977.12　584p　19cm　2200円　Ⓝ212.5　〔28280〕
◇山形藩―羽州の雄、最上義光。のち幾度も大名家交替。商都は栄え、地場産業の伝統は今に伝わる。　横山昭男著　現代書館　2007.9　206p　21cm　（シリーズ藩物語）1600円　①978-4-7684-7110-4　Ⓝ212.5　〔28281〕
◇鷹山公御隠殿饗霞宴と三の丸　大乗寺良一著　米沢　上杉講社　1941　86p　19cm　Ⓝ212.5　〔28282〕
◇米沢藩士叢譚―教育一助　佐伯俊次編　米沢　米沢活版凹洲舎　1892.7　26丁　20cm　Ⓝ281.25　〔28283〕
◇米沢藩衰弊録――名・森平右衛門誅戮記　伊佐早謙編　米沢　米沢活版凹洲舎　1890.11　40丁　18cm　Ⓝ212.5　〔28284〕
◇米沢藩の政治と農村社会　渡部史夫著　米沢　不忘出版　1980.12　196p　21cm　2600円　Ⓝ212.5　〔28285〕
◇米沢藩原方衆　曾根伸良著　米沢　よねざわ豆本の会　2004.7　88p　9.0×9.0cm　（よねざわ豆本　第73輯）Ⓝ212.5　〔28286〕
◇米沢飯米騒動史　三瓶耕童編　米沢　川柳面白誌社　1935　10p　23cm　Ⓝ212.5　〔28287〕

◆◆◆自治体史

◇織田藩と天童　天童市立旧東村山郡役所資料館編　天童　天童市立旧東村山郡役所資料館　1993.3　72p　26cm　（特別展記録誌　第5号）Ⓝ212.5　〔28288〕
◇上山市史　中巻　近世・近代編　上山市市史編さん委員会編　上山　上山市　1984.3　1001p　22cm　Ⓝ212.5　〔28289〕
◇寒河江市史　中巻　近世編　寒河江市史編さん委員会編　寒河江　寒河江市　1999.12　1206,19,5p　22cm　Ⓝ212.5　〔28290〕
◇新庄市史　第2巻　近世　上　新庄　新庄市　1992.3　946,12p　23cm　Ⓝ212.5　〔28291〕
◇新庄市史　第3巻　近世　下　新庄市編さん　新庄　新庄市　1994.3　917,11p　23cm　Ⓝ212.5　〔28292〕
◇天童市史　中巻　近世編　天童市史編さん委員会編さん　天童　天童市　1987.3　673p　22cm　Ⓝ212.5　〔28293〕
◇長井市史　第2巻　近世編　長井　長井市　1982.11　1157p　22cm　Ⓝ212.5　〔28294〕
◇中山町史　中巻　中山町編纂　中山町（山形県）　中山町　2003.2　986p　22cm　Ⓝ212.5　〔28295〕
◇南陽市史　中巻　近世　南陽市史編さん委員会編　南陽　南陽市　1991.3　838p　22cm　Ⓝ212.5　〔28296〕
◇村山市史　近世編　村山市史編さん委員会編さん　村山　村山市　1994.3　725,6p　22cm　Ⓝ212.5　〔28297〕
◇山形市史　中巻　近世編　山形市市史編さん委員会, 山形市史編集委員会編　山形　山形市　1971　1155p　図10枚　22cm　Ⓝ212.5　〔28298〕
◇山形市史　通史編　中巻　近世編　山形市市史編さん委員会編纂, 山形市史編集委員会編纂　京都　臨川書店　1987.1　14,1155p　22cm　15000円　①4-653-01509-0　Ⓝ212.5　〔28299〕
◇米沢市史　第2巻　近世編　1　米沢市市史編さん委員会編　米沢　米沢市　1991.3　724,10p　22cm　3600円　Ⓝ212.5　〔28300〕
◇米沢市史　第3巻　近世編　2　米沢市市史編さん委員会編　米沢　米沢市　1993.3　856,12p　22cm　4000円　Ⓝ212.5　〔28301〕

近世史　　　　　　　　　　　　　　　　　　　　地方史

◆◆◆自治体史史料

◇金山町史―資料篇　第3集　金山宿場と街道　金山町町史編集委員会編　改訂版　金山町(山形県)　金山町教育委員会　1982　26p　22cm　Ⓝ212.5〔28302〕

◇河北町史資料　第4号　河北町誌編纂委員会編纂　河北町(山形県)　河北町　2001.10　287p　21cm　Ⓝ212.5〔28303〕

◇河北町史資料　第5号　河北町誌編纂委員会編纂　河北町(山形県)　河北町　2002.9　343p　21cm　Ⓝ212.5〔28304〕

◇上山藩大坂加番資料　上山市史編さん委員会編　上山　上山市　1980.11　252p　22cm　(上山市史編集資料　第31集)Ⓝ212.5〔28305〕

◇寛政時代上山藩内訌事件資料　上山市史編さん委員会編　上山　上山市　1978.7　208p　22cm　(上山市史編集資料　25)Ⓝ212.5〔28306〕

◇郷土資料叢書　第26輯　維新史料　4　大友義助編・解説　新庄　新庄市立図書館　2004.3　46p　26cm　Ⓝ212.5〔28307〕

◇弘化三年南町御図帳　米沢市市史編さん委員会編　米沢　米沢市教育委員会　1982.3　1冊　32cm　1000円　Ⓝ212.5〔28308〕

◇寒河江市史編纂叢書　第38集　幕末・明治初期楯北村御用留帳―斎藤理久郎家資料　寒河江市史編纂委員会編　寒河江　寒河江市教育委員会　1989.3　223p　21cm　Ⓝ212.5〔28309〕

◇酒田市史―史料篇　第1集　三十六人御用帳　上　酒田市史編纂委員会編　酒田　1963　923,43p　22cm　Ⓝ212.5〔28310〕

◇酒田市史―史料篇　第2集　三十六人御用帳　下　酒田市史編纂委員会編　酒田　1964　1041,59p　図版　地　22cm　Ⓝ212.5〔28311〕

◇新庄市史編集資料集　第1号　戸沢家文書　大友義助編集・解説　新庄　新庄市教育委員会　1982.3　144p　21cm　Ⓝ212.5〔28312〕

◇新庄市史編集資料集　第5号　江戸時代後期新庄藩の百姓生活記録.明治前期各種資料　沼沢明,安田正毅編集解説　新庄　新庄市教育委員会　1986.3　414p　21cm　Ⓝ212.5〔28313〕

◇新庄市史編集資料集　別冊　1996　羽州新庄藩の家臣団　大友義助著　新庄　新庄市教育委員会　1996.10　231p　21cm　Ⓝ212.5〔28314〕

◇新庄市史編集資料集　別冊　新庄における松尾芭蕉　大友義助編集解説　新庄　新庄市教育委員会　1988.11　40p　21cm　Ⓝ212.5〔28315〕

◇立川町史資料　第5号　伊勢参宮道中記　立川町史編さん委員会編　立川町(山形県)　立川町　1993.3　183p　21cm　Ⓝ212.5〔28316〕

◇立川町史資料　第6号　庄内櫛引郡御検地之帳―立谷沢村　稲苅元覚帳　立川町史編さん委員会編　立川町(山形県)　立川町　1995.3　120p　21cm　Ⓝ212.5〔28317〕

◇天童市史編集資料　第6号　幕末明治初期商品作物関係資料　天童市史編さん委員会編　天童　天童市　1977.2　200p　21cm　Ⓝ212.5〔28318〕

◇天童市史編集資料　第11号　幕末維新資料　天童市史編さん委員会編　天童　天童市　1979.2　176p　21cm　Ⓝ212.5〔28319〕

◇天童市史編集資料　第14号　織田藩代官佐藤次右衛門勤仕録　天童市史編さん委員会編　天童　天童市　1979.3　196p　21cm　Ⓝ212.5〔28320〕

◇天童市史編集資料　第27号　天童織田藩政資料　天童市史編さん委員会編　天童　天童市　1982.1　180p　21cm　Ⓝ212.5〔28321〕

◇南陽市史編集資料　第8号　南陽市史編さん委員会編　南陽　南陽市教育委員会　1982.9　223p　21cm　Ⓝ212.5〔28322〕

◇南陽市史編集資料　第12号　南陽市史編さん委員会編　南陽　南陽市教育委員会　1984.9　215p　21cm　Ⓝ212.5〔28323〕

◇西川町史資料　第19号　西川町(山形県)　西川町教育委員会　2001.3　407p　21cm　Ⓝ212.5〔28324〕

◇西川町史資料　第20号　西川町(山形県)　西川町教育委員会　2002.7　492p　21cm　Ⓝ212.5〔28325〕

◇幕末・明治維新資料　上山市史編さん委員会編　上山　上山市　1977.11　235p　22cm　(上山市史編集資料　第22集)Ⓝ212.5〔28326〕

◇村差出明細帳―附―年貢割付状・皆済目録　尾花沢市史編纂委員会編　尾花沢　尾花沢市史編纂委員会　1978.3　157p　21cm　(尾花沢市史資料　第5輯)〔28327〕

◇村山市史　別巻3　近世資料編　村山市史編さん委員会編さん　村山　村山市　1987.3　495,29p　22cm　Ⓝ212.5〔28328〕

◇最上町史編集資料　第6号　小国馬産資料　1　藩政時代の馬産　最上町史編集委員会編　最上町(山形県)　最上町教育委員会　1981.3　239p　21cm　Ⓝ212.5〔28329〕

◇八鍬村宗門人別帳―森谷与兵衛家資料　1　寒河江市史編纂委員会編　寒河江　寒河江市教育委員会　1997.2　313p　21cm　(寒河江市史編纂叢書　第53集)Ⓝ212.5〔28330〕

◇山辺町史資料集　第1集　山辺町史編纂委員会編　山辺町(山形県)　山辺町教育委員会　1999.3　223p　21cm　Ⓝ212.5〔28331〕

◇山辺町史資料集　第2集　山辺町史編纂委員会編　山辺町(山形県)　山辺町教育委員会　2000.3　197p　21cm　Ⓝ212.5〔28332〕

◇山辺町史資料集　別冊1　山辺町史編纂委員会編　山辺町(山形県)　山辺町教育委員会　2002.3　98p　26cm　Ⓝ212.5〔28333〕

◇米沢市史　資料篇2　近世史料　1　米沢　米沢市　1983.3　714p　22cm　Ⓝ212.5〔28334〕

◇米沢市史　資料篇3　近世史料　2　米沢　米沢市　1984.3　718p　22cm　Ⓝ212.5〔28335〕

◆◆◆一般史料

◇上杉文書　市立米沢図書館編　雄松堂フィルム出版　1969　236リール　35mm　Ⓝ212.5〔28336〕

◇川勝家文書　大塚武松編　日本史籍協会　1930　460,15p　23cm　Ⓝ210.5〔28337〕

◇郷土資料叢書　第2輯　新庄図書館(新庄市)編　新庄　1966　80p　25cm　Ⓝ212.5〔28338〕

◇郷土資料叢書　第15輯　新庄藩系図書　1　大友義助編・解説　新庄　山形県新庄図書館　1983.3　199p　26cm　Ⓝ212.5〔28339〕

◇郷土資料叢書　第16輯　新庄藩系図書　2　新庄　山形県新庄図書館　1984.3　260p　26cm　Ⓝ212.5〔28340〕

◇郷土資料叢書　第17輯　新庄藩財政関係資料　1　大友義助編・解説　新庄　山形県新庄図書館　1987.3　172p　26cm　Ⓝ212.5〔28341〕

◇弘化三年大町・川井小路民数帳　米沢市市史編さん委員会編　米沢　米沢市教育委員会　1980.11　2冊(別冊とも)　32cm　(米沢市史編さん資料)1500円　Ⓝ291.25

地方史　　　　　　　　　　　近世史

◇小嶋家文書俊親日記　1　　天正4年～7年　白鷹町（山形県）　白鷹町教育委員会　1991.3　309p　22cm　Ⓝ212.5
〔28343〕

◇小嶋家文書俊親日記　2　　天保8年～11年　白鷹町（山形県）　白鷹町教育委員会　1993.2　272p　21cm　Ⓝ212.5
〔28344〕

◇小嶋家文書俊親日記　3　　天保12年～15年　白鷹町（山形県）　白鷹町教育委員会　1994.1　255p　21cm　Ⓝ212.5
〔28345〕

◇孫太郎日記―万延二年　神町武田半十郎家抄史　武田孫太郎原著　斎藤吉弘,武田陽共著　東根　武田陽　1999.8　158p　19cm　Ⓝ212.5
〔28346〕

◇孫太郎日記―安政七年　神町武田半十郎家抄史　武田孫太郎原著　斎藤吉弘,武田陽共著　東根　武田陽　2002.1　304p　19cm　Ⓝ212.5
〔28347〕

◇松山藩要職略解―阿部正巳資料　阿部正巳著,松山町史編纂委員会編　松山町（山形県）　松山町　1981.2　116p　21cm　Ⓝ212.5
〔28348〕

◇免許町民図帳―弘化3歳閏5月　米沢市史編さん委員会編　米沢　米沢市教育委員会　1981.3　〔8〕丁　31cm　（米沢市史編さん資料）1200円　Ⓝ291.25
〔28349〕

◇山形県史　資料篇 第16　近世史料　1　山形　山形県　1976　1061p　22cm　Ⓝ212.5
〔28350〕

◇山形県史　資料篇 17　近世史料　2　山形県編　山形　山形県　1980.2　1098p　22cm　Ⓝ212.5
〔28351〕

◇山形県史　資料篇 18　近世史料　3　山形県編　山形　山形県　1983.2　1072p　22cm　Ⓝ212.5
〔28352〕

◇米沢藩戊辰文書　藤井甚太郎等編　日本史籍協会　1935　504p　23cm　Ⓝ212.5
〔28353〕

◆◆◆◆上杉家御年譜

◇上杉家御年譜　2　景勝公　1　米沢　米沢温故会　1977.1　509p　22cm　Ⓝ288.3
〔28354〕

◇上杉家御年譜　第2巻　景勝公　1　米沢温故会編纂　米沢　米沢温故会　1988.12　509p　22cm　13000円　①4-562-01981-6　Ⓝ288.3
〔28355〕

◇上杉家御年譜　3　景勝公　2　米沢　米沢温故会　1977.1　424p　22cm　Ⓝ288.3
〔28356〕

◇上杉家御年譜　第3巻　景勝公　2　米沢温故会編纂　米沢　米沢温故会　1988.12　424p　22cm　13000円　①4-562-01982-4　Ⓝ288.3
〔28357〕

◇上杉家御年譜　4　定勝公　米沢　米沢温故会　1977.1　711p　22cm　Ⓝ288.3
〔28358〕

◇上杉家御年譜　第4巻　定勝公　米沢温故会編纂　米沢　米沢温故会　1988.12　711 図版10枚　22cm　13000円　①4-562-01983-2　Ⓝ288.3
〔28359〕

◇上杉家御年譜　5　綱勝公　米沢　米沢温故会　1977.3　745p　22cm　Ⓝ288.3
〔28360〕

◇上杉家御年譜　第5巻　綱勝公　米沢温故会編纂　米沢　米沢温故会　1988.12　745p　22cm　13000円　①4-562-01984-0　Ⓝ288.3
〔28361〕

◇上杉家御年譜　6　綱憲公　米沢　米沢温故会　1978.1　661p　22cm　Ⓝ288.3
〔28362〕

◇上杉家御年譜　第6巻　綱憲公　米沢温故会編纂　米沢　米沢温故会　1988.12　661p　22cm　13000円　①4-562-01985-9　Ⓝ288.3
〔28363〕

◇上杉家御年譜　7　吉憲公　米沢　米沢温故会　1978.4　532p　22cm　Ⓝ288.3
〔28364〕

◇上杉家御年譜　第7巻　吉憲公　米沢温故会編纂　米沢　米沢温故会　1988.12　532p　22cm　13000円　①4-562-01986-7　Ⓝ288.3
〔28365〕

◇上杉家御年譜　8　宗房公　米沢　米沢温故会　1978.10　705p　22cm　Ⓝ288.3
〔28366〕

◇上杉家御年譜　第8巻　宗房公　米沢温故会編纂　米沢　米沢温故会　1988.12　705p　22cm　13000円　①4-562-01987-5　Ⓝ288.3
〔28367〕

◇上杉家御年譜　9　治憲公　1　米沢　米沢温故会　1979.3　622p 図版11枚　22cm　Ⓝ288.3
〔28368〕

◇上杉家御年譜　第9巻　治憲公　1　米沢温故会編纂　米沢　米沢温故会　1988.12　622 図版11枚　22cm　13000円　①4-562-01988-3　Ⓝ288.3
〔28369〕

◇上杉家御年譜　10　治憲公　2　米沢　米沢温故会　1979.9　642p 図版11枚　22cm　Ⓝ288.3
〔28370〕

◇上杉家御年譜　第10巻　治憲公　2　米沢温故会編纂　米沢　米沢温故会　1988.12　642 図版11枚　22cm　13000円　①4-562-01989-1　Ⓝ288.3
〔28371〕

◇上杉家御年譜　11　治広公　1　米沢　米沢温故会　1980.1　586p 図版11枚　22cm　Ⓝ288.3
〔28372〕

◇上杉家御年譜　第11巻　治広公　1　米沢温故会編纂　米沢　米沢温故会　1988.12　586 図版11枚　22cm　13000円　①4-562-01990-5　Ⓝ288.3
〔28373〕

◇上杉家御年譜　12　治広公　2　米沢　米沢温故会　1980.6　603p　22cm　Ⓝ288.3
〔28374〕

◇上杉家御年譜　第12巻　治広公　2　米沢温故会編纂　米沢　米沢温故会　1988.12　603p　22cm　13000円　①4-562-01991-3　Ⓝ288.3
〔28375〕

◇上杉家御年譜　13　斉定公　1　米沢　米沢温故会　1980.12　689p　22cm　Ⓝ288.3
〔28376〕

◇上杉家御年譜　第13巻　斉定公　1　米沢温故会編纂　米沢　米沢温故会　1988.12　689p　22cm　13000円　①4-562-01992-1　Ⓝ288.3
〔28377〕

◇上杉家御年譜　14　斉定公　2　米沢　米沢温故会　1981.7　708p　22cm　Ⓝ288.3
〔28378〕

◇上杉家御年譜　第14巻　斉定公　2　米沢温故会編纂　米沢　米沢温故会　1988.12　708p　22cm　13000円　①4-562-01993-X　Ⓝ288.3
〔28379〕

◇上杉家御年譜　15　斉憲公　1　米沢　米沢温故会　1982.2　668p　22cm　10000円　Ⓝ288.3
〔28380〕

◇上杉家御年譜　第15巻　斉憲公　1　米沢温故会編纂　米沢　米沢温故会　1988.12　668p　22cm　13000円　①4-562-01994-8　Ⓝ288.3
〔28381〕

◇上杉家御年譜　16　斉憲公　2　米沢　米沢温故会　1982.8　666p　22cm　Ⓝ288.3
〔28382〕

◇上杉家御年譜　第16巻　斉憲公　2　米沢温故会編纂　米沢　米沢温故会　1988.12　666p　22cm　13000円　①4-562-01995-6　Ⓝ288.3
〔28383〕

◇上杉家御年譜　17　斉憲公　3　米沢　米沢温故会　1983.3　685p　22cm　10000円　Ⓝ288.3
〔28384〕

◇上杉家御年譜　第17巻　斉憲公　3　米沢温故会編纂　米沢　米沢温故会　1988.12　685p　22cm　13000円　①4-562-01996-4　Ⓝ288.3
〔28385〕

◇上杉家御年譜　18　斉憲公　4　米沢　米沢温故会　1983.10　767p　22cm　10000円　Ⓝ288.3
〔28386〕

◇上杉家御年譜　第18巻　斉憲公　4　米沢温故会編纂　米沢　米沢温故会　1988.12　767p　22cm　13000円　①4-562-01997-2　Ⓝ288.3
〔28387〕

◇上杉家御年譜　19　茂憲公　1　米沢　米沢温故会　1984.2　610p　22cm　10000円　Ⓝ288.3
〔28388〕

◇上杉家御年譜　第19巻　茂憲公　1　米沢温故会編纂

◇米沢　米沢温故会　1988.12　610p　22cm　13000円　①4-562-01998-0　Ⓝ288.3　〔28389〕
◇上杉家御年譜　20　茂憲公　2　米沢　米沢温故会　1984.8　719p　22cm　10000円　Ⓝ288.3　〔28390〕
◇上杉家御年譜　第20巻　茂憲公　2　米沢温故会編纂　米沢　米沢温故会　1988.12　719p　22cm　13000円　①4-562-01999-9　Ⓝ288.3　〔28391〕
◇上杉家御年譜　21　茂憲公　3　米沢　米沢温故会　1985.2　721p　22cm　10000円　Ⓝ288.3　〔28392〕
◇上杉家御年譜　第21巻　茂憲公　3　米沢温故会編纂　米沢　米沢温故会　1988.12　721p　22cm　13000円　①4-562-02000-8　Ⓝ288.3　〔28393〕
◇上杉家御年譜　22　茂憲公　4　米沢　米沢温故会　1985.6　657p　22cm　10000円　Ⓝ288.3　〔28394〕
◇上杉家御年譜　第22巻　茂憲公　4　米沢温故会編纂　米沢　米沢温故会　1988.12　657p　22cm　13000円　①4-562-02001-6　Ⓝ288.3　〔28395〕
◇上杉家御年譜　23　上杉氏系図　米沢　米沢温故会　1986.1　493p　22cm　10000円　Ⓝ288.3　〔28396〕
◇上杉家御年譜　第23巻　上杉氏系図　米沢温故会編纂　米沢　米沢温故会　1988.12　493p　22cm　13000円　①4-562-02002-4　Ⓝ288.3　〔28397〕
◇上杉家御年譜　24　御家中諸士略系譜　2　米沢　米沢温故会　1986.8　488p　22cm　10000円　Ⓝ288.3　〔28398〕
◇上杉家御年譜　第24巻　御家中諸士略系譜　2　米沢温故会編纂　米沢　米沢温故会　1988.12　488p　22cm　13000円　①4-562-02003-2　Ⓝ288.3　〔28399〕
◇上杉家御年譜　別巻　米沢温故会編纂　米沢　米沢温故会　1989.3　129,54p　22cm　8000円　①4-562-02004-0　Ⓝ288.3　〔28400〕

◆◆◆史料目録
◇上杉文書目録　山形　米沢図書館　1969　87p　21cm　非売　Ⓝ212.5　〔28401〕
◇古文書近世史料目録　第9号　山形　山形大学附属郷土博物館　1977.3　40p　21cm　〔28402〕
◇古文書近世史料目録　第12号　山形市長谷堂須貝長吉家文書・西川町吉川笹島長左衛門家文書　山形　山形大学附属博物館　1990.3　49p　21cm　Ⓝ212.5　〔28403〕
◇古文書近世史料目録　第13号　山形市三浦文庫文書　4　山形大学附属博物館編　山形　山形大学附属博物館　1991.3　76p　21cm　Ⓝ212.5　〔28404〕
◇古文書近世史料目録　第14号　長井政太郎収集文書・住吉英作収集文書　山形大学附属博物館編　山形　山形大学附属博物館　1992.3　50p　21cm　Ⓝ212.5　〔28405〕
◇古文書近世史料目録　第15号　大泉次郎右衛門家文書・栗田富蔵家文書・垂石権吉家文書　山形大学附属博物館編　山形　山形大学附属博物館　1993.3　33p　21cm　Ⓝ212.5　〔28406〕
◇古文書近世史料目録　第16号　東根市松沢阿部宇右衛門家文書　2　県内各地域文書　山形大学附属博物館編　山形　山形大学附属博物館　1994.3　73p　21cm　Ⓝ212.5　〔28407〕
◇古文書近世史料目録　第17号　斎藤武一郎家文書—山形市陣場　稲村七郎左衛門家文書—山辺町大蕨　2　戸田新兵衛家文書—南陽市鍋田　新田村文書—米沢市上・下新田　山形大学附属博物館編　山形　山形大学附属博物館　1995.3　43p　21cm　Ⓝ212.5　〔28408〕
◇古文書近世史料目録　第18号　安田家文書—米沢市　山形大学附属博物館編　山形　山形大学附属博物館　1996.3　26p　21cm　Ⓝ212.5　〔28409〕
◇古文書史料目録　第19号　小嶋源兵衛家文書—山形市三日町　1　山形大学附属博物館編　山形　山形大学附属博物館　1997.3　35p　21cm　Ⓝ212.5　〔28410〕
◇古文書史料目録　第20号　山形大学附属博物館編　山形　山形大学附属博物館　1998.3　45p　21cm　Ⓝ212.5　〔28411〕
◇古文書史料目録　第21号　山形大学附属博物館編　山形　山形大学附属博物館　1999.3　31p　21cm　Ⓝ212.5　〔28412〕
◇古文書史料目録　第22号　山形大学附属博物館編　山形　山形大学附属博物館　2000.3　43p　21cm　Ⓝ212.5　〔28413〕
◇古文書史料目録　第23号　山形大学附属博物館編　山形　山形大学附属博物館　2001.3　28p　21cm　Ⓝ212.5　〔28414〕
◇古文書史料目録　第24号　山形大学附属博物館編　山形　山形大学附属博物館　2002.3　23p　21cm　Ⓝ212.5　〔28415〕
◇古文書史料目録　第25号　山形大学附属博物館編　山形　山形大学附属博物館　2003.3　33p　21cm　Ⓝ212.5　〔28416〕
◇古文書史料目録　第26号　山形大学附属博物館編　山形　山形大学附属博物館　2004.3　31p　21cm　Ⓝ212.5　〔28417〕
◇出羽国村山郡山家村山口家文書目録　その2　人間文化研究機構国文学研究資料館調査収集事業部編　人間文化研究機構国文学研究資料館調査収集事業部　2006.3　213p　26cm　（史料目録　第82集）①4-87592-115-2　Ⓝ212.5　〔28418〕

◆◆福島県
◇会津残照—遠き日々の日本人の情　田村幸志郎著　山口　田村幸志郎　2005.1　494p　19cm　1425円　Ⓝ212.6　〔28419〕
◇会津史談会講演集　第1-10集　会津史談会編　友田康雄述　若松　1949-1951　1冊　27cm　Ⓝ212.6　〔28420〕
◇会津武士の世の裏磐梯—米沢街道桧原口—葦名と伊達の攻防譜。　北塩原村（福島県）　福島県北塩原村（製作）　2007.3　99p　30cm　Ⓝ212.6　〔28421〕
◇会津盛衰記—13巻　穴沢茂敦著　写　3冊　24cm　Ⓝ212.6　〔28422〕
◇会津鶴ケ城　梁取三義著　新人物往来社　1974　256p　20cm　980円　Ⓝ212.6　〔28423〕
◇会津の殿さま—非運の系譜　横田新著　郡山　FCTサービス出版部　1974　186p　18cm　（ふくしま文庫　2　企画・編集：福島中央テレビ）680円　Ⓝ212.6　〔28424〕
◇会津藩—九代二二五年にわたり徳川幕府を一途に支えた、会津藩。その精神性ゆえ悲劇に突き進む。　野口信一著　現代書館　2005.6　206p　21cm　（シリーズ藩物語）1600円　①4-7684-7102-1　Ⓝ212.6　〔28425〕
◇会津藩への挽歌　永岡慶之助著　エルム　1975　222p　20cm　1200円　Ⓝ212.6　〔28426〕
◇会津藩学校の初め稽古堂とその変遷　前田恒治著　〔前田恒治〕　1934　14p　23cm　Ⓝ372　〔28427〕
◇会津藩教育一斑　神戸誠（かくれも生）編　若松町（福島県）　大和田健蔵　1894.8　22丁　24cm　Ⓝ372　〔28428〕
◇会津藩教育考　小川渉著　会津藩教育考発行会　1931　673p　表　22cm　Ⓝ372　〔28429〕
◇会津藩教育考　小川渉著　井田書店　1942　673p

地方史　　　　　　　　　　　　近世史

　　22cm　Ⓝ372　　　　　　　　〔28430〕
◇会津藩教育考　小川渉著　周南　マツノ書店　2007.1
　673,36p 図版11枚　23cm　15000円　Ⓝ372.105
　　　　　　　　　　　　　　　　　〔28431〕
◇会津藩教学の根本精神　宮地直一著　若松　〔若松市教
　育部会〕　1942　49丁　27cm　Ⓝ372　　〔28432〕
◇会津藩士人名辞典—役名禄高住所明細　安政5年調　古
　今堂書店古典部編　福島　古今堂書店　1933　98p
　24cm　Ⓝ281.26　　　　　　　　　　　〔28433〕
◇会津藩什の掟—日新館が教えた七ヵ条　武士階級の子供の
　しつけ方　中元寺智信著　東邦出版　2007.9　116p
　20cm　1400円　①978-4-8094-0638-6　Ⓝ379.91
　　　　　　　　　　　　　　　　　〔28434〕
◇会津藩政の改革—五代から八代まで　会津若松　会津若
　松市　2002.3　80p　30cm　（会津若松市史 6（歴史編 6
　近世 3））1000円　Ⓝ212.6　　　　　〔28435〕
◇会津藩政の始まり—保科正之から四代　会津若松　会津
　若松市　2001.3　80p　30cm　（会津若松市史 5（歴史
　編 5 近世 2））1000円　Ⓝ212.6　　　　〔28436〕
◇会津藩第八代藩主松平容敬「忠恭様御年譜」—付松平容
　敬手控「房総御備場御用一件」　会津若松市企画政策部
　秘書広聴課編　会津若松　会津若松市　2001.3　503p
　22cm　（会津若松市史 史料編 3)3000円　Ⓝ212.6
　　　　　　　　　　　　　　　　　〔28437〕
◇会津藩庁記録　文久3年　第2,3, 元治元年　第1-3　日本史
　籍協会編　日本史籍協会　1918-1919　5冊　23cm
　Ⓝ212.6　　　　　　　　　　　　　〔28438〕
◇会津藩に於ける山崎闇斎　前田恒治著　西沢書店　1935
　271p　Ⓝ121　　　　　　　　　　　　〔28439〕
◇会津藩に仕えた内藤一族　菅野恒雄編　菅野恒雄
　1992.10　264p　22cm　非売品　Ⓝ212.6　〔28440〕
◇会津藩の人口政策　松枝茂著　山一書店　1943　241p
　19cm　Ⓝ334　　　　　　　　　　　　〔28441〕
◇あしかび—会津ごころ　会津藩教学研究会編　若松　会
　津藩教学研究会　1943　69p　15cm　Ⓝ212.6　〔28442〕
◇安政二年以呂波分相馬藩士人名辞典—附・録高住所明細
　記入　古今堂書店古典部編　福島　古今堂書店　1933
　116p　24cm　Ⓝ281.26　　　　　　　〔28443〕
◇泉族主本多忠籌の民政に就て—江戸時代後期に於ける東
　北諸藩の民政研究 其の1　黒田源六著　来島捨六　1936
　70p　24cm　Ⓝ212　　　　　　　　　〔28444〕
◇磐城平藩政史　鈴木光四郎著　いわき　磐城平藩政史刊
　行会　1970　439p　19cm　Ⓝ212.6　　〔28445〕
◇磐城平藩政史　鈴木光四郎著　2版　東洋書院　1991.7
　439p　20cm　4800円　①4-88594-190-3　Ⓝ212.6
　　　　　　　　　　　　　　　　　〔28446〕
◇磐城平藩と安藤家展—磐城平藩主安藤家入部二五〇年記
　念　いわき　磐城平藩主安藤家入部二五〇年記念事業実
　行委員会　2006.8　48p　30cm　Ⓝ212.6　〔28447〕
◇絵図からみた原町の周辺—江戸時代の地域観　野馬追の
　里原町市立博物館編　原町　野馬追の里原町市立博物館
　1998.10　60p　30cm　（野馬追の里原町市立博物館企画
　展図録 第10集）Ⓝ291.26　　　　　　〔28448〕
◇「江戸時代のいわき」図録　いわき市立美術館編　いわ
　き　いわき市立美術館　1997.5　56p　26cm　Ⓝ212.6
　　　　　　　　　　　　　　　　　〔28449〕
◇江戸時代の東北農村—二本松藩仁井田村　成松佐恵子著
　同文館出版　1992.4　254p　22cm　4100円
　①4-495-42711-3　Ⓝ212.6　　　　　　〔28450〕
◇奥州巡礼・佐土原飛脚　水沢松次, 青山幹雄編　いわき
　〔水沢松次〕　1994.10　168p　26cm　Ⓝ212.6　〔28451〕

◇奥州二本松藩年表　菅野与編　会津若松　歴史春秋出版
　2004.3　479p　20cm　2500円　①4-89757-493-5
　Ⓝ212.6　　　　　　　　　　　　　〔28452〕
◇京都守護職と会津藩財政　庄司吉之助著　会津若松　歴
　史春秋社　1981.11　168p　19cm　1300円　Ⓝ212.6
　　　　　　　　　　　　　　　　　〔28453〕
◇近世会津史の研究　山口孝平編　会津若松　歴史春秋社
　1978.1-7　2冊　22cm　各3800円　Ⓝ212.6　〔28454〕
◇近世郡山地方研究論集　草野喜久著　郡山　〔草野喜
　久〕　1995.8　335p　19cm　非売品　Ⓝ212.6　〔28455〕
◇近世こおりやまの美術　大和郡山市教育委員会編　大和
　郡山　大和郡山市教育委員会　2005.8　38p　30cm
　Ⓝ702.1965　　　　　　　　　　　　〔28456〕
◇近世初期武家文書展—関ヶ原以後の福島　1998年度歴史
　資料展　福島　福島県歴史資料館　1998.10　14p
　30cm　　　　　　　　　　　　　　〔28457〕
◇近世庶民の意識と生活—陸奥の国農民の場合　布川清司
　著　農山漁村文化協会　1984.3　309p　22cm　2500円
　①4-540-83065-1　Ⓝ212.6　　　　　　〔28458〕
◇近世東北農村の人びと—奥州安積郡下守屋村　成松佐恵
　子著　京都　ミネルヴァ書房　1985.3　291,7p　20cm
　2300円　①4-623-01576-9　Ⓝ212.6　　〔28459〕
◇近世ふくしまの学術—藩校・寺小屋と学問　平成9年度歴
　史資料展　福島　〔福島県歴史資料館〕　1997　5枚
　30cm　　　　　　　　　　　　　　〔28460〕
◇近世ふくしまの大名展—福島藩板倉氏資料を中心として
　福島県文化センター開館30周年記念事業　福島県文化セ
　ンター, 福島県歴史資料館編　福島　福島県文化センタ
　ー　2000.10　38p　30cm　Ⓝ212.6　　〔28461〕
◇五代藩主松平容頌の藩政改革　若松城天守閣再建30周年
　記念特別展実行委員会編　会津若松　若松城天守閣再建
　30周年記念特別展実行委員会　1995.9　116p　26cm
　Ⓝ212.6　　　　　　　　　　　　　〔28462〕
◇西郷頼母—幕末の会津藩家老　堀田節夫著　会津若松
　歴史春秋出版　2004.7（第2刷）　248p　19cm　1524円
　①4-89757-510-9　Ⓝ289.1　　　　　　〔28463〕
◇志ぐれ草紙　小川渉著　復刻版　会津若松　歴史春秋出
　版　2003.12　440p　22cm　2857円　①4-89757-490-0
　Ⓝ212.6　　　　　　　　　　　　　〔28464〕
◇私説・相馬史話　田原口保貞著　相馬　相馬郷土研究会
　1993.3　127p　21cm　1200円　Ⓝ212.6　〔28465〕
◇七年史　北原雅長輯述　周南　マツノ書店　2006.9　2
　冊　23cm　Ⓝ210.61　　　　　　　　〔28466〕
◇下手渡藩史　吉村五郎編　若松（福島県）　吉村五郎
　1938　221p　23cm　Ⓝ212.6　　　　　〔28467〕
◇春陽の士—奥州三春秋田家御家中　平成一七年度春季特
　別展　三春町歴史民俗資料館編　三春町（福島県）　三
　春町歴史民俗資料館　2005.3　73p　30cm　Ⓝ212.6
　　　　　　　　　　　　　　　　　〔28468〕
◇城下町の誕生—会津近世の開幕　蒲生氏郷の町づくり　会
　津若松　会津若松市　1999.12　80p　30cm　（会津若松
　市史 4（歴史編 4 近世—1））1000円　Ⓝ212.6　〔28469〕
◇庄司吉之助著作集 3　会津藩政史の研究　会津若松
　歴史春秋出版　1985.5　639p　22cm　12000円
　①4-642-01163-3　Ⓝ081.6　　　　　　〔28470〕
◇白河藩山城屋・荒井家覚書—三百年の軌跡　荒井忠秋著
　白河　楽山荘　2000.1　90p　21cm　Ⓝ212.6　〔28471〕
◇史料郡山の戊辰戦争—守山藩・下行合村・芳賀家文書
　1　佐藤和司翻刻　郡山　佐藤和司　2007.4　225p
　30cm　Ⓝ212.6　　　　　　　　　　〔28472〕
◇相馬中村藩の御仕法　野馬追の里歴史民俗資料館編　原

町　野馬追の里歴史民俗資料館　1997.10　88p　30cm（野馬追の里歴史民俗資料館企画展図録　第7集）Ⓝ212.6
〔28473〕

◇相馬藩世紀　第1　岩崎敏夫,佐藤高俊校訂　岡田清一校注　続群書類従完成会　1999.6　280p　22cm　11000円　Ⓘ4-7971-0681-6　Ⓝ212.6
〔28474〕

◇相馬藩世紀　第2　岩崎敏夫,佐藤高俊校訂　岡田清一校注　続群書類従完成会　2002.10　310p　22cm　11000円　Ⓘ4-7971-0682-4　Ⓝ212.6
〔28475〕

◇相馬藩政史　今野美寿著　相馬郷友会　1940-1941　2冊　23cm　非売品　Ⓝ212.6
〔28476〕

◇大名火消に関する一資料―御防御出馬御行列帳　佐藤高俊編　相馬　相馬郷土研究会　1976　46p　26cm（相馬郷土研究会資料叢書　第15輯）Ⓝ212.6
〔28477〕

◇但馬史　5　宿南保著　神戸　神戸新聞出版センター　1979.12　356p　19cm　2300円　Ⓝ216.4
〔28478〕

◇田代浜小市郎難舟一条之問合之扣―弘化三年より四年　阿部勇雄著　塩釜　〔阿部勇雄〕　1996.10　280p　30cm（田代島シリーズ　第3集）Ⓝ212.6
〔28479〕

◇伊達政宗―福島ふるさと再見　永岡慶之助作・監修　会津若松　歴史春秋出版　1986.9　159p　26cm　1600円　Ⓝ210.48
〔28480〕

◇鶴ヶ城―会津六百年の星霜を辿る心の旅路　会津若松　歴史春秋社　1984.8　124p　26cm　1000円　Ⓝ212.6
〔28481〕

◇徳川将軍家と会津松平家―福島県立博物館若松城天守閣共同企画展展示解説図録　福島県立博物館　会津若松　福島県立博物館　2006.9　139,12p　30cm　Ⓝ210.5
〔28482〕

◇中村藩制史　泉田胤信遺稿　泉田健男編著　中村町（福島県）　泉田健男　1931　189p　22cm　Ⓝ212.6
〔28483〕

◇名倉信充日記―自慶安五年至延宝元年　名倉英三郎編　武蔵野　名倉英三郎　1991.3　165p　22cm　Ⓝ212.6
〔28484〕

◇名主文書にみる江戸時代の農村の暮らし　成松佐恵子著　雄山閣　2004.12　241p　22cm　3200円　Ⓘ4-639-01861-4　Ⓝ212.6
〔28485〕

◇南山義民小栗山喜四郎　渡部庄平,杉原幸次郎著　田島町（福島県）　会南社　1898.7　123p　24cm　Ⓝ289.1
〔28486〕

◇二本松藩史　二本松藩史刊行会編　二本松藩史刊行会　1927　1015p　図版17枚　22cm　Ⓝ212.6　〔28487〕

◇二本松藩史　二本松藩史刊行会編　京都　臨川書店　1992.7　1015,5p　図版17枚　23cm　20000円　Ⓘ4-653-02403-0　Ⓝ212.6
〔28488〕

◇藩政時代美作庄官録　磯田紀一編　再版　津山　磯田紀一　1938　46丁　14×20cm　Ⓝ217.5
〔28489〕

◇藩政時代美作役名録　磯田紀一編纂　津山町（岡山県）　磯田紀一　1928　47丁　12×16cm　Ⓝ217.5
〔28490〕

◇人づくり風土記―全国の伝承・江戸時代　7　ふるさとの人と知恵・福島　加藤秀俊ほか編纂　農山漁村文化協会　1990.9　389p　27cm（聞き書きによる知恵シリーズ）4500円　Ⓘ4-540-90012-9　Ⓝ210.5
〔28491〕

◇福島県文化研究　第1刊　福島県図書目録　福島県文化研究会編　平町田町（福島県）　福島県文化研究会　1929　54p　19cm　Ⓝ212.6
〔28492〕

◇福島人物の歴史　第4巻　佐藤友信　吉田勇著　会津若松　歴史春秋社　1979.5　270p　20cm　2200円　Ⓝ281.26
〔28493〕

◇松平周防守時代の　棚倉藩政回顧録　松尾豊材編述,山内一郎編注　山内山一郎　1964　72p　表地　25cm　Ⓝ212.6
〔28494〕

◇南奥州の幕藩支配と領民―二本松藩・白河藩を中心に　糠沢章雄著　会津若松　歴史春秋出版　2001.12　479p　22cm　5000円　Ⓘ4-89757-438-2　Ⓝ212.6
〔28495〕

◇三春藩士人名辞典―附・禄高明細記入　明治4・6年　古今堂書店古典部編　福島　古今堂書店　1933　76p　24cm　Ⓝ212.6
〔28496〕

◇陸奥国磐城名勝略記　鍋田三善撰　いわき史料集成刊行会編　いわき　いわき史料集成刊行会　1994.2　1枚　58×86cm　非売品　Ⓝ291.26
〔28497〕

◇私の会津史　9　大塚実著　会津若松　大塚実　2004.1　263p　20cm　Ⓝ212.6
〔28498〕

◇私の会津史　10　大塚実著　会津若松　大塚永子　2005.5　345p　20cm　Ⓝ212.6
〔28499〕

◇私の会津史　1　大塚実著　会津若松　大塚実　1995.12　290p　20cm　Ⓝ212.6
〔28500〕

◇私の会津史　2　大塚実著　会津若松　大塚実　1996.12　305p　20cm　Ⓝ212.6
〔28501〕

◆◆◆自治体史

◇会津若松史　第3巻　会津藩の確立　会津若松史出版委員会編　会津若松　1967　23cm　Ⓝ212.6　〔28502〕

◇会津若松史　第4巻　会津藩政の展開　会津若松史出版委員会編　会津若松　1967　23cm　Ⓝ212.6　〔28503〕

◇会津若松史　第5巻　激動する会津　会津若松史出版委員会編　会津若松　1967　23cm　Ⓝ212.6　〔28504〕

◇いわき市史　第2巻　近世　いわき市史編さん委員会編　庄司吉之助監修　いわき　いわき市　1975　872p　24cm　3000円　Ⓝ212.6
〔28505〕

◇喜多方市史　第2巻　通史編2　近世　喜多方市史編纂委員会編　喜多方　喜多方市　1997.6　810p　22cm　4500円　Ⓝ212.6
〔28506〕

◇郡山市史　第2巻　近世　上　郡山　郡山市　郡山書店連盟（発売）　1972　446,18p　24cm　1800円　Ⓝ212.6
〔28507〕

◇郡山市史　第2巻　近世　上　郡山市編集　国書刊行会　1981.12　446,18p　23cm　Ⓝ212.6
〔28508〕

◇郡山市史　第3巻　近世　下　郡山　郡山市　郡山書店連盟（発売）　1971　524,12p　図29枚　24cm　1800円　Ⓝ212.6
〔28509〕

◇郡山市史　第3巻　近世　下　郡山市編集　国書刊行会　1981.12　524,12p　図版29枚　23cm　Ⓝ212.6　〔28510〕

◇白河市史　第2巻　通史編2　近世　福島県白河市編　白河　福島県白河市　2006.2　771p　図版11枚　22cm　5000円　Ⓝ212.6
〔28511〕

◇須賀川市史　第3巻　近世―江戸時代　須賀川市教育委員会編　須賀川　須賀川市教育委員会　1980.3　498p　27cm　4000円　Ⓝ212.6
〔28512〕

◇田島町史　第2巻　通史　2　近世　田島町史編纂委員会編　田島町（福島県）　田島町　1988.12　718p　23cm　Ⓝ212.6
〔28513〕

◇月舘町史　第3巻　月舘町史編纂委員会編　月舘町（福島県）　月舘町　2002.3　795p　22cm　Ⓝ212.6　〔28514〕

◇原町市史　第8巻　特別編1　自然　原町市教育委員会文化財課市史編纂室編　原町　原町市　2005.3　887p　27cm　Ⓝ212.6
〔28515〕

◇原町市史　第10巻　特別編3　野馬追　原町市教育委員会文化財課編　原町　原町市　2004.2　596p　27cm　Ⓝ212.6
〔28516〕

地方史　　　　　　　　　　　近世史

◇原町市史　第10巻　特別編3 野馬追 甲冑・旗帳等　原町市教育委員会文化財課編　原町　原町市　2004.2　371p 27cm　Ⓝ212.6
〔28517〕

◇福島県史　第2巻　通史編　2 近世1　福島　福島県　1971　図272p 838p　22cm　3400円　Ⓝ212.6
〔28518〕

◇福島県史　第3巻　通史編　第3 近世2　福島　福島県　1970　1259p 図版52枚　22cm　2800円　Ⓝ212.6
〔28519〕

◇福島市史　第2巻　近世　1（通史編2）　福島市史編纂委員会編　福島　福島市教育委員会　1972　633p 22cm　Ⓝ212.6
〔28520〕

◇福島市史　第3巻　近世　2（通史編3）　福島市史編纂委員会編　福島　福島市教育委員会　1973　756p 22cm　1600円　Ⓝ212.6
〔28521〕

◇三春町史　第2巻　通史編　2 近世　三春町（福島県）　三春町　1984.10　884p 23cm　Ⓝ212.6　〔28522〕

◇本宮町史　第2巻　通史編2　近世　本宮町史編纂委員会,本宮町史専門委員会編　本宮町（福島県）　本宮町　2000.3　959p 22cm　5000円　Ⓝ212.6　〔28523〕

◇梁川町史　第2巻　通史編　2（近世）　梁川町史編纂委員会編　梁川町（福島県）　梁川町　1999.3　848p　22cm　4500円　Ⓝ212.6
〔28524〕

◆◆◆自治体史史料

◇会津高田町史　第3巻　近世　資料編 2　会津高田町史編纂委員会編　会津高田町（福島県）　会津高田町　1995.3　864p 23cm　Ⓝ212.6　〔28525〕

◇伊南村史　第3巻　資料編 2　伊南村史編さん委員会編　伊南村（福島県）　伊南村　2003.3　1183p 図版24枚　23cm　Ⓝ212.6　〔28526〕

◇いわき市史　第9巻　近世資料　いわき市史編さん委員会編　いわき　いわき市　1972　1026p 図12枚　24cm　2000円　Ⓝ212.6　〔28527〕

◇大熊町史　第3巻　史料　近世　大熊町史編纂委員会編　大熊町（福島県）　大熊町　1982.3　692p 27cm　Ⓝ212.6　〔28528〕

◇鹿島町史　第4巻 資料編 3　鹿島町史編纂委員会編　鹿島町（福島県）　鹿島町　1993.3　725p 22cm　Ⓝ212.6　〔28529〕

◇喜多方市史　第5巻 上　資料編 2　近世　喜多方市史編纂委員会編　喜多方　喜多方市　1993.6　752p 22cm　5100円　Ⓝ212.6　〔28530〕

◇喜多方市史　第5巻 下　資料編 3　近世　喜多方市史編纂委員会編　喜多方　喜多方市　1994.3　823p 22cm　5500円　Ⓝ212.6　〔28531〕

◇喜多方市史資料叢書　第6集　諸家文書2 近世・近代　喜多方市教育委員会生涯学習課文化振興班編　喜多方　喜多方市教育委員会　2007.3　27,15p 30cm　Ⓝ212.6
〔28532〕

◇喜多方市史資料叢書　別集1　諸家文書 近世・近代　喜多方市教育委員会生涯学習課文化振興班編　喜多方　喜多方市教育委員会　2007.3　47p 30cm　Ⓝ212.6
〔28533〕

◇国見町史資料叢書　第1集　国見町（福島県）　国見町　1975　86p 23cm　Ⓝ212.6　〔28534〕

◇桑折町史　第6巻　資料編　3 近世史料　桑折町史編纂委員会編　桑折町（福島県）　桑折町史出版委員会　1992.12　988p 22cm　5500円　Ⓝ212.6　〔28535〕

◇下郷町史資料集　第18集　下郷町（福島県）　下郷町史編さん委員会　1998.3　306p 26cm　Ⓝ212.6　〔28536〕

◇下郷町史資料集　第19集　下郷町（福島県）　下郷町史編さん委員会　1999.3　278p 26cm　Ⓝ212.6　〔28537〕

◇下郷町史資料集　第23集　下郷町（福島県）　下郷町史編さん委員会　2005.3　290p 26cm　Ⓝ212.6　〔28538〕

◇下郷町史資料目録　第4集　下郷町史編さん委員会編　下郷町（福島県）　下郷町史編さん委員会　2001.3　106p 26cm　Ⓝ212.6　〔28539〕

◇白河市史　第6巻　資料編　3 近世1　白河　白河市　1989.1　832p 22cm　6000円　Ⓝ212.6　〔28540〕

◇白河市史　第7巻　資料編　4 近世2　白河　白河市　1993.3　862p 22cm　6000円　Ⓝ212.6　〔28541〕

◇白河市史料集　第1集　白河市史編さん委員会編　白河　白河市史編さん委員会　1963-1967　21-25cm　Ⓝ212.6
〔28542〕

◇白河市史料集　第2集　白河市史編さん委員会編　白河　白河市史編さん委員会　1963-1967　21-25cm　Ⓝ212.6
〔28543〕

◇白河市史料集　第4集　白河市史編さん委員会編　白河　白河市史編さん委員会　1963-1967　21-25cm　Ⓝ212.6
〔28544〕

◇白河市史料集　第5集　白河市史編さん委員会編　白河　白河市史編さん委員会　1963-1967　21-25cm　Ⓝ212.6
〔28545〕

◇白河市史料集　第6集　白河市史編さん委員会編　白河　白河市史編さん委員会　1963-1967　21-25cm　Ⓝ212.6
〔28546〕

◇白河市史料集　第8集　白河市史編さん委員会編　大竹貞固代　白河　白河市史編さん委員会　1967　62p 22cm　Ⓝ212.6
〔28547〕

◇田島町史　第6巻 上　近世史料　1　田島町史編纂委員会編　田島町（福島県）　田島町　1986.3　734p 23cm　Ⓝ212.6　〔28548〕

◇田島町史　第6巻 下　近世史料　2　田島町史編纂委員会編　田島町（福島県）　田島町　1987.2　776p 23cm　Ⓝ212.6　〔28549〕

◇田島町史資料集　no.13-14　田島町郷土史研究会編　田島町（福島県）　田島町郷土史研究会　1963-1964　2冊（合本1冊）　24cm　非売品　Ⓝ212.6　〔28550〕

◇伊達町史資料叢書　第2集　検地帳　伊達町史編纂室編　伊達町（福島県）　伊達町史編纂委員会　1991.8　202p 21cm　Ⓝ212.6　〔28551〕

◇伊達町史資料叢書　第4集　佐藤与惣左衛門日誌―天明3年～文化2年　伊達町史編纂室編　伊達町（福島県）　伊達町史編纂委員会　1994.3　148p 21cm　Ⓝ212.6
〔28552〕

◇伊達町史資料叢書　第8集　近世における年貢諸負担と村入用　伊達町史編纂室編　伊達町（福島県）　伊達町史編纂委員会　1998.3　209p 21cm　Ⓝ212.6　〔28553〕

◇棚倉町史　第3巻　近世史料―町政編　棚倉町町史編さん室編集　棚倉町（福島県）　棚倉町　1977.3　454p 23cm　Ⓝ212.6　〔28554〕

◇棚倉町史　第4巻　棚倉町教育委員会編　棚倉町（福島県）　棚倉町　1980.11　1068p 23cm　Ⓝ212.6
〔28555〕

◇西会津町史　第4巻 上　近世資料　西会津町史編さん委員会編さん　西会津町（福島県）　西会津町史刊行委員会　1994.3　1012p 22cm　Ⓝ212.6　〔28556〕

◇西会津町史　第4巻 中　近世資料　西会津町史編さん委員会編さん　西会津町（福島県）　西会津町史刊行委員会　1995.3　682p 22cm　Ⓝ212.6　〔28557〕

◇西会津町史　第4巻 下　近世資料　西会津町史編さん委

◇員会編さん 西会津町(福島県) 西会津町史刊行委員会 1992.3 393p 22cm Ⓝ212.6 〔28558〕

◇二本松市史 第4巻 資料編 2 近世1 二本松市編 二本松 二本松市 1980.3 806p 22cm 5000円 Ⓝ212.6 〔28559〕

◇二本松市史 第5巻 資料編 3 近世2 二本松市編 二本松 二本松市 1979.2 1054p 22cm 5000円 Ⓝ212.6 〔28560〕

◇二本松市史 第6巻 資料編 4 近世3 二本松市編 二本松 二本松市 1982.3 947p 22cm 5700円 Ⓝ212.6 〔28561〕

◇原町市近世文書 1 原町市文化財専門委員会編 原町 野馬追の里歴史民俗資料館 1997.9(2刷) 122p 26cm Ⓝ212.6 〔28562〕

◇原町市近世文書 2 原町市文化財専門委員会編 原町 原町市教育委員会 1992.1 134p 26cm Ⓝ212.6 〔28563〕

◇原町市近世文書 第3集 原町市文化財専門委員会編 原町 原町市教育委員会 1993.3 181p 26cm Ⓝ212.6 〔28564〕

◇原町市近世文書 第4集 原町市文化財専門委員会編 原町 原町市教育委員会 1993.3 35p 26cm Ⓝ212.6 〔28565〕

◇原町市近世文書 第5集 原町市文化財専門委員会編 原町 原町市教育委員会 1994.3 108p 26cm Ⓝ212.6 〔28566〕

◇原町市近世文書 第6集 原町市文化財専門委員会編 原町 原町市教育委員会 1995.3 57p 26cm Ⓝ212.6 〔28567〕

◇原町市近世文書 第7集 原町市古文書研究会編 原町 原町市教育委員会 1996.2 92p 26cm Ⓝ212.6 〔28568〕

◇原町市近世文書 第8集 原町市古文書研究会編 原町 野馬追の里歴史民俗資料館 1997.2 83p 30cm Ⓝ212.6 〔28569〕

◇原町市近世文書 第9集 原町市古文書研究会編 原町 野馬追の里歴史民俗資料館 1998.3 111p 30cm Ⓝ212.6 〔28570〕

◇原町市近世文書 第10集 原町市古文書研究会編 原町 野馬追の里原町市立博物館 1999.3 47p 30cm Ⓝ212.6 〔28571〕

◇原町市近世文書 第11集 原町市古文書研究会編 原町 野馬追の里原町市立博物館 2000.3 55p 30cm Ⓝ212.6 〔28572〕

◇原町市近世文書 第12集 原町市古文書研究会編 原町 野馬追の里原町市立博物館 2001.3 63p 30cm Ⓝ212.6 〔28573〕

◇原町市近世文書 第13集 原町市古文書研究会編 原町 野馬追の里原町市立博物館 2002.3 70p 30cm Ⓝ212.6 〔28574〕

◇原町市近世文書 第14集 原町市古文書研究会編 原町 野馬追の里原町市立博物館 2003.3 58p 30cm Ⓝ212.6 〔28575〕

◇磐梯町史資料編 1 近世の磐梯町 磐梯町史編纂委員会編 磐梯町(福島県) 磐梯町 1991.3 3冊 21cm Ⓝ212.6 〔28576〕

◇磐梯町史資料編 2 近世の磐梯町 磐梯町史編纂委員会編 磐梯町(福島県) 磐梯町 1992.3 178p 21cm Ⓝ212.6 〔28577〕

◇磐梯町史資料編 3 近世の磐梯町 磐梯町史編纂委員会編 磐梯町(福島県) 磐梯町 1992.3 334p 21cm Ⓝ212.6 〔28578〕

◇磐梯町史資料編 4 近世の磐梯町 磐梯町史編纂委員会編 磐梯町(福島県) 磐梯町 1993.3 386p 21cm Ⓝ212.6 〔28579〕

◇福島県山都町史資料集 第3集 近世文書 1 山都町史編さん委員会編 山都町(福島県) 山都町教育委員会 1988.3 414p 26cm Ⓝ212.6 〔28580〕

◇福島県山都町史資料集 第4集 近世文書 2 山都町史編さん委員会編 山都町(福島県) 山都町教育委員会 1988.10 514p 26cm Ⓝ212.6 〔28581〕

◇福島県山都町史資料集 第5集 近世文書 3 山都町史編さん委員会編 山都町(福島県) 山都町教育委員会 1988.11 405p 26cm Ⓝ212.6 〔28582〕

◇福島県山都町史資料集 第6集 近世文書 4 山都町史編さん委員会編 山都町(福島県) 山都町教育委員会 1989.10 331p 26cm Ⓝ212.6 〔28583〕

◇福島市史 第7巻 近世資料 1(資料編2) 福島市史編纂委員会編 福島 福島市教育委員会 1970 741p 22cm 1600円 Ⓝ212.6 〔28584〕

◇福島市史 第8巻 近世資料 第2(資料編 第3) 福島市史編纂委員会編 福島 1968 666p 22cm Ⓝ212.6 〔28585〕

◇福島市史 第9巻 近世資料 3(資料編4) 福島市史編纂委員会編 福島 福島市教育委員会 1971 652p 22cm 1600円 Ⓝ212.6 〔28586〕

◇福島市史資料叢書 第5輯 万治二年信夫之内御蔵給人領帳 福島市史編纂準備委員会編 福島 福島市史編纂準備委員会 1961 91p 21cm Ⓝ212.6 〔28587〕

◇福島市史資料叢書 第6輯 万治元・二年信夫郡之内給人帳 第2 福島市史編纂準備委員会編 福島 福島市史編纂準備委員会 1961 132p 図版 表 21cm Ⓝ212.6 〔28588〕

◇福島市史資料叢書 第7輯 福島藩御用達頭取・泉孝家「宝」帳-天保九年より明治十七年までの勘定帳 福島市史編纂準備委員会編 福島 福島市史編纂準備委員会 1962 166p 図版 表 21cm Ⓝ212.6 〔28589〕

◇福島市史資料叢書 第8輯 福島藩御用達頭取・泉孝家 御拝領物並御用金上納万扣〔ほか〕 福島市史編纂準備委員会編 福島 福島市史編纂準備委員会 1962 21cm Ⓝ212.6 〔28590〕

◇福島市史資料叢書 第10輯 福島藩三河分領・重原藩 福島市史編纂準備委員会編 福島 福島市史編纂準備委員会 1962 120p 21cm Ⓝ212.6 〔28591〕

◇福島市史資料叢書 第11輯 人別宗門並五人組持高改帳〔ほか〕 福島市史編纂準備委員会編 福島 福島市史編纂準備委員会 1963 113p 図版 表 21cm Ⓝ212.6 〔28592〕

◇福島市史資料叢書 第12輯 足守藩領瀬上陣屋午番 渡辺重右衛門日記 福島市史編纂準備委員会編 福島 福島市史編纂準備委員会 1963 144p 21cm Ⓝ212.6 〔28593〕

◇福島市史資料叢書 第13輯 米沢図書館蔵 上杉文書 福島市史編纂準備委員会編 福島 福島市史編纂準備委員会 1964 108p 21cm Ⓝ212.6 〔28594〕

◇福島市史資料叢書 第29輯 板倉家御歴代略記 第1 福島市史編纂委員会編 福島 福島市教育委員会 1976 159p 21cm 1000円 Ⓝ212.6 〔28595〕

◇福島市史資料叢書 第62輯 板倉藩士略譜 福島市史編纂委員会編 福島 福島市教育委員会 1993.3 212p 21cm 3300円 Ⓝ212.6 〔28596〕

◇福島市史資料叢書 第66輯 勢多文書―『代官方手控』ほか 福島市史編纂委員会編 福島 福島市教育委員会 1995.3 242p 21cm 3900円 Ⓝ212.6 〔28597〕

地方史　　　　　　　　　　近世史

◇福島市史資料叢書　第76輯　信夫郡土湯村近世文書・会津・土湯間交通研究　福島市史編纂委員会編　福島　福島市教育委員会　2000.12　200p　21cm　Ⓝ212.6
〔28598〕

◇福島市史資料叢書　第84輯　米沢御登米御用留帳　寛政6年12月より同7年6月迄福嶋日記　寛政9年3月閏8月迄福嶋日記　福島市史編纂委員会編　福島　福島市教育委員会　2007.3　141p　21cm　Ⓝ212.6
〔28599〕

◇保原町史資料集　第4集　延宝二年下保原村検地帳　保原町史編纂委員会編纂　保原町（福島県）　保原町史編纂委員会　1989.3　158p　21cm　Ⓝ212.6
〔28600〕

◇南相馬市近世文書　第17集　南相馬市原町古文書研究会編　南相馬　南相馬市博物館　2006.3　76p　30cm　Ⓝ212.6
〔28601〕

◇南相馬市近世文書　第18集　南相馬市原町古文書研究会編　南相馬　南相馬市博物館　2007.3　67p　30cm　Ⓝ212.6
〔28602〕

◇三春町史　第8巻　近世資料　1 資料編 2　三春町編　三春町（福島県）　三春町　1978.12　812p　23cm　Ⓝ212.6
〔28603〕

◇三春町史　第9巻　資料編　3 近世資料 2　三春町編　三春町（福島県）　三春町　1981.3　795p　23cm　Ⓝ212.6
〔28604〕

◇本宮町史　第5巻　資料編　2 近世 1　本宮町史編纂委員会, 本宮町史専門委員会編　本宮町（福島県）　本宮町　1992.3　1004p　図版12枚　22cm　Ⓝ212.6
〔28605〕

◇本宮町史　第6巻　資料編 3　近世 2　本宮町史編纂委員会, 本宮町史専門委員会編　本宮町（福島県）　本宮町　1997.3　1060p　22cm　Ⓝ212.6
〔28606〕

◇本宮町史資料双書　第1集　南北本陣大名休泊など留書・諸達し　本宮町史編纂委員会編　本宮町（福島県）　本宮町　1997.2　202p　21cm　1400円　Ⓝ212.6
〔28607〕

◇梁川町史　6　資料編　3 近世1　梁川町史編纂委員会編　梁川町（福島県）　梁川町　1986.2　793p　22cm　4200円　Ⓝ212.6
〔28608〕

◇梁川町史　7　資料編　4 近世2　梁川町史編纂委員会編　梁川町（福島県）　梁川町　1988.10　842p　22cm　4200円　Ⓝ212.6
〔28609〕

◇矢吹町史　第3巻　資料編　2　矢吹町編　矢吹町（福島県）　矢吹町　1978.9　972p　23cm　Ⓝ212.6　〔28610〕

◆◆◆一般史料

◇会津鑑　1　高嶺慶忠編　会津若松　歴史春秋社　1981.6　643p　23cm　（会津史料大系）9000円　Ⓝ212.6
〔28611〕

◇会津鑑　2　高嶺慶忠編　会津若松　歴史春秋社　1981.9　657p　23cm　（会津史料大系）9000円　Ⓝ212.6
〔28612〕

◇会津鑑　3　高嶺慶忠編　会津若松　歴史春秋社　1981.12　618p　23cm　（会津史料大系）9000円　Ⓝ212.6
〔28613〕

◇会津鑑　4　高嶺慶忠編　会津若松　歴史春秋社　1982.3　793p　23cm　（会津史料大系）9000円　Ⓝ212.6
〔28614〕

◇会津鑑　5　高嶺慶忠編　会津若松　歴史春秋社　1982.7　504p　23cm　（会津史料大系）9000円　Ⓝ212.6
〔28615〕

◇会津資料叢書　第6　蘆名家由緒考証—三巻　会藩編年略　菊池研介編　関場忠武著　安部井澹園著　若松　会津資料保存会　1919　99丁　23cm　Ⓝ212.6
〔28616〕

◇会津藩家世実紀—人名索引　上巻　田代重雄編著　会津若松　歴史春秋出版　1995.3　506p　22cm　9800円　Ⓝ212.6
〔28617〕

◇会津藩家世実紀—人名索引　下巻　田代重雄編著　会津若松　歴史春秋出版　1996.6　500p　22cm　9800円　Ⓝ212.6
〔28618〕

◇会津藩家世実紀　第14巻　巻之244〜259　家世実紀刊本編纂委員会編　吉川弘文館　1988.2　610p　22cm　9800円　Ⓘ4-642-03134-0　Ⓝ212.6
〔28619〕

◇会津藩家世実紀　第15巻　巻之260〜277　家世実紀刊本編纂委員会編　吉川弘文館　1989.2　639p　22cm　9800円　Ⓘ4-642-03135-9　Ⓝ212.6
〔28620〕

◇会津藩家世実紀　第13巻　巻之228〜243　家世実紀刊本編纂委員会編　吉川弘文館　1987.2　619p　22cm　9800円　Ⓘ4-642-03133-2　Ⓝ212.6
〔28621〕

◇岩城史—岩城九代史　高萩精玄校註　再版　平　海外協会図書館　1951　81p　19cm　Ⓝ212.6
〔28622〕

◇『帰る雁が袮』私注—会津家老・西郷頼母の晩年の日誌　堀田節夫著　東京書籍　2007.3　277p　20cm　2500円　Ⓘ978-4-487-80139-8　Ⓝ289.1
〔28623〕

◇川瀬文書　第1集　御用留—文政5年〜弘化2年　川瀬作右エ門著　白河　白河市立図書館　1983.3　69p　26cm　Ⓝ212.6
〔28624〕

◇川俣町史資料　第1-5集　川俣町（福島県）　川俣町教育委員会　1964-1967　5冊（合本1冊）　25cm　Ⓝ212.6
〔28625〕

◇旧相馬藩家老熊川家文書　2　熊川兵庫日記　佐藤高俊編　相馬　相馬市教育文化センター　1987.3　92p　26cm　（相馬市博物館資料叢書　第4輯）Ⓝ212.6
〔28626〕

◇旧相馬藩家老熊川家文書　3　熊川兵庫日記　佐藤高俊編　相馬　相馬教育文化センター博物館　1993.3　68p　26cm　（相馬市博物館資料叢書　第5輯）Ⓝ212.6
〔28627〕

◇元禄十四年陸奥国棚倉領植田村外一ケ村　惣百姓分限帳　金沢春友編　福島　岩磐郷土史研究会　1954　65p　18cm　Ⓝ212.6
〔28628〕

◇新編会津風土記　第一巻　巻之一〜巻之二十四　会津若松　歴史春秋社　1999.1　353p　26cm　9333円　Ⓘ4-89757-093-X
〔28629〕

◇新編会津風土記　第2巻　巻之二十五〜巻之五十　丸井佳寿子監修　会津若松　歴史春秋出版　2000.3　381p　26cm　9333円　Ⓘ4-89757-094-8
〔28630〕

◇新編会津風土記　第3巻　巻之五十一〜巻之七十二　会津若松　歴史春秋出版　2001.2　361p　26cm　9333円　Ⓘ4-89757-095-6
〔28631〕

◇陣屋日記を読む—奥州守山藩　成松佐恵子編著　石井久子, 大津早苗, 清沢信子, 近藤百合子, 四方昌子, 高橋和代, 鶴尾淳子, 渡辺嘉雄著　雄山閣　2006.4　246p　22cm　3800円　Ⓘ4-639-01926-2　Ⓝ212.6　〔28632〕

◇天明救荒録—中村藩　紺野嘉左衛門編　福島県相馬郡中村町　館岡虎三　1934　39丁　23cm　Ⓝ212.6
〔28633〕

◇内藤侯平藩史料　いわき　いわき地方史研究会　1975　6冊　22cm　（郷土史料双書　第1集）全6000円　Ⓝ212.6
〔28634〕

◇二本松藩延享三年四月御巡見録　宗形直蔵編　二本松町（福島県）　本田書店　1932　40p　23cm　Ⓝ212.6
〔28635〕

◇福島県史　第8巻　資料編第3　近世資料 第1　福島県編　福島　1965　1218p　22cm　Ⓝ212.6　〔28636〕

◇福島県史　第8巻　資料編 3　近世資料 1　福島県編　京都　臨川書店　1985.5　1218p　22cm

678　日本近世史図書総覧　明治〜平成　　　　　　　〔28598〜28636〕

①4-653-01182-6　Ⓝ212.6　　　〔28637〕
◇福島県史　第9巻　資料編　第4 近世資料　第2　福島県編　福島　1965　1331p　22cm　Ⓝ212.6　〔28638〕
◇福島県史　第9巻　資料編　4 近世資料 2　福島県編　京都　臨川書店　1985.5　1331p　22cm　①4-653-01183-4　Ⓝ212.6　〔28639〕
◇福島県史　第10巻 上　資料編 第5 上 近世資料　第3　福島県編　福島　1967　1320p　22cm　Ⓝ212.6　〔28640〕
◇福島県史　第10巻 上　資料編　5 上 近世資料 3　福島県編　京都　臨川書店　1986.2　1320p　22cm　①4-653-01335-7　Ⓝ212.6　〔28641〕
◇福島県史　第10巻 下　資料編 第5 下 近世資料 第4　福島県編　福島　1968　1615p 図版12枚　22cm　Ⓝ212.6　〔28642〕
◇福島県史　第10巻 下　資料編　5 下 近世資料 4　福島県編　京都　臨川書店　1986.2　1615p 図版12枚　22cm　①4-653-01336-5　Ⓝ212.6　〔28643〕
◇福島県史料集成　第1輯　新編会津風土記 上　福島県史料集成編纂委員会編　志田正徳　福島　福島県史料集成刊行会　1952-1953　22cm　Ⓝ212.6　〔28644〕
◇福島県史料集成　第2輯　新編会津風土記 中　福島県史料集成編纂委員会編　成田頼直　福島　福島県史料集成刊行会　1952-1953　22cm　Ⓝ212.6　〔28645〕
◇福島県史料集成　第3輯　新編会津風土記 下　福島県史料集成編纂委員会編　福島　福島県史料集成刊行会　1952-1953　22cm　Ⓝ212.6　〔28646〕
◇福島県史料集成　第4輯　福島県史料集成編纂委員会編　向井吉重　福島　福島県史料集成刊行会　1952-1953　22cm　Ⓝ212.6　〔28647〕
◇守山御日記―近世武家史料 陸奥国守山藩　仙台　東北大学大学院文学研究科東北文化研究室　2006.3　8,298p　26cm　（東北文化資料叢書　第1集）Ⓝ212.6　〔28648〕
◇吉田屋源兵衛覚日記　第1冊　館岡源右衛門著, 持館泰校訂　相馬　相馬郷土研究会　1984.11　111p　21cm　Ⓝ212.6　〔28649〕
◇吉田屋源兵衛覚日記　第2冊　館岡源右衛門著, 持館泰校訂　相馬　相馬郷土研究会　1985.10　2冊　21cm　Ⓝ212.6　〔28650〕
◇吉田屋源兵衛覚日記　第3冊の1　館岡源右衛門著, 持館泰校訂　相馬　相馬郷土研究会　1986.9　228p　21cm　Ⓝ212.6　〔28651〕
◇吉田屋源兵衛覚日記　第3冊の2　館岡源兵衛著, 持館泰校訂　相馬　相馬郷土研究会　1986.12　216p　21cm　Ⓝ212.6　〔28652〕
◇吉田屋源兵衛覚日記　第4冊の2　館岡源兵衛著, 持館泰校訂　相馬　相馬郷土研究会　1988.12　108p　21cm　Ⓝ212.6　〔28653〕
◇吉田屋源兵衛覚日記　第5冊の1　館岡源兵衛著, 持館泰校訂　相馬　相馬郷土研究会　1989.12　171p　21cm　Ⓝ212.6　〔28654〕
◇吉田屋源兵衛覚日記　第5冊の2　館岡源兵衛著, 持館泰校訂　相馬　相馬郷土研究会　1989.12　139p　21cm　Ⓝ212.6　〔28655〕

◆◆◆史料目録
◇会津藩著述目録　菊池研介著　居水書屋　1925　23丁　22cm　Ⓝ027　〔28656〕
◇岩代町資料所在目録　中世・近世　岩代町教育委員会編　岩代町（福島県）　岩代町教育委員会　1986.3　143p　21cm　Ⓝ212.6　〔28657〕
◇郡山市歴史資料館収蔵資料目録　第2集　近世編 2　郡山市教育委員会編　郡山　郡山市教育委員会　1988.3　102p　26cm　Ⓝ212.6　〔28658〕
◇郡山市歴史資料館収蔵資料目録　第3集　近世編 3　郡山　郡山市教育委員会　1988　122p　26cm　Ⓝ212.6　〔28659〕
◇郡山市歴史資料館収蔵資料目録　第5集　近世編 5　郡山市歴史資料館編　郡山　郡山市教育委員会　1991.3　93p　26cm　Ⓝ212.6　〔28660〕
◇郡山市歴史資料館収蔵資料目録　第6集　近世編 6　郡山市歴史資料館編　郡山　郡山市教育委員会　1992.3　88p　26cm　Ⓝ212.6　〔28661〕
◇下郷町史資料目録　第2集　佐藤仁夫家近世文書目録―慶長6年～慶応4年（1601～1868）　下郷町史編さん委員会編　下郷町（福島県）　下郷町史編さん委員会　1994.3　118p　26cm　Ⓝ212.6　〔28662〕
◇福島県会津高田町近世・近代文書所在目録　1　福島県会津高田町誌さん委員会編　会津高田町（福島県）　会津高田町教育委員会　1990.3　185p　26cm　Ⓝ212.6　〔28663〕
◇福島県会津高田町近世・近代文書所在目録　2　福島県会津高田町誌さん委員会編　会津高田町（福島県）　会津高田町教育委員会　1991.3　120p　26cm　Ⓝ212.6　〔28664〕
◇福島県会津高田町近世・近代文書所在目録　3　会津高田町教育委員会編　会津高田町（福島県）　会津高田町教育委員会　2004.3　67p　26cm　Ⓝ212.6　〔28665〕
◇福島県史資料所在目録　第2集　石城・東白川地方の近世文書 第1　福島県編　福島　1966　252p　21cm　Ⓝ212.6　〔28666〕
◇福島県史資料所在目録　第3集　相馬地方および信夫・伊達地方の近世文書 第1　福島県編　福島　1967　255p　21cm　Ⓝ212.6　〔28667〕
◇福島県史資料所在目録　第4集　中通り地方の近世文書　福島県編　福島　1968　205p　21cm　Ⓝ212.6　〔28668〕
◇福島県史資料所在目録　第5集　福島　福島県　1969　249p　21cm　Ⓝ212.6　〔28669〕
◇福島県史資料所在目録　第7集　福島　福島県　1971　246p　21cm　Ⓝ212.6　〔28670〕
◇福島県史資料所在目録　第8集　福島　福島県　1972　244p　21cm　Ⓝ212.6　〔28671〕
◇福島県歴史資料館収蔵資料目録　第35集　福島県文化振興事業団福島県歴史資料館編　福島　福島県文化振興事業団福島県歴史資料館　2004.3　109p　26cm　Ⓝ212.6　〔28672〕
◇福島県歴史資料館収蔵資料目録　第36集　福島県文化振興事業団福島県歴史資料館編　福島　福島県文化振興事業団福島県歴史資料館　2005.3　114p　26cm　Ⓝ212.6　〔28673〕
◇福島県歴史資料館収蔵資料目録　第37集　福島県文化振興事業団福島県歴史資料館編　福島　福島県文化振興事業団福島県歴史資料館　2006.3　117p　26cm　Ⓝ212.6　〔28674〕
◇美濃加茂市史料目録―近世　美濃加茂　美濃加茂市史編さん室　1976.3　23p　26cm　〔28675〕

◆関東地方
◇河川水運の文化史―江戸文化と利根川文化圏　川名登著　雄山閣出版　1993.6　434p　22cm　12000円　①4-639-01170-9　Ⓝ213　〔28676〕
◇近世関東地域社会の構造　大舘右喜著　校倉書房

地方史　　　　　　　　　　近世史

2001.11　294p　22cm　8000円　Ⓘ4-7517-3250-1
Ⓝ213
〔28677〕
◇近世関東の地域社会　白川部達夫編　岩田書院　2004.8
397p　22cm　11000円　Ⓘ4-87294-333-3　Ⓝ213
〔28678〕
◇近世関東の歴史地理　山崎謹哉編　明玄書房　1963
155p　22cm　Ⓝ213
〔28679〕
◇近世の北関東と商品流通　井上定幸著　岩田書院
2004.10　410p　22cm　（近世史研究叢書 12）5900円
Ⓘ4-87294-341-4　Ⓝ672.133
〔28680〕
◇近世の地域編成と国家―関東と畿内の比較から　関東近
世史研究会編　岩田書院　1997.10　417p　22cm　7900
円　Ⓘ4-900697-96-6　Ⓝ213
〔28681〕
◇1707富士山宝永噴火報告書　中央防災会議災害教訓の継
承に関する専門調査会　2006.3　190p　図版8p　30cm
Ⓝ369.31
〔28682〕
◇幕藩制社会の展開と関東　村上直編　吉川弘文館
1986.12　564p　22cm　8500円　Ⓘ4-642-03275-4
Ⓝ210.5
〔28683〕
◇幕藩制社会の展開と関東　村上直編　吉川弘文館
1986.12　564p　22cm　8500円　Ⓘ4-642-03275-4
〔28684〕
◇秀吉襲来―近世関東の幕開け　横浜市歴史博物館, 横浜
市ふるさと歴史財団編　横浜　横浜市歴史博物館
1999.10　133p　30cm　Ⓝ213
〔28685〕
◇論集関東近世史の研究　村上直編　名著出版　1984.12
437p　22cm　5800円　Ⓘ4-626-01154-3　Ⓝ213
〔28686〕

◆◆◆一般史料
◇南関東近世初期文書集　第1　神崎彰利編　文雅堂銀行
研究社　1965　268p　21cm　Ⓝ213
〔28687〕

◆◆◆史料目録
◇関東近世史研究文献目録　関東近世史研究会編　名著出
版　1982.11　222p　22cm　3000円　Ⓝ213〔28688〕
◇関東近世史研究文献目録　1　1945～72　関東近世史研
究会編　名著出版　1988.10　183,15p　22cm　3200円
Ⓘ4-626-01323-6　Ⓝ213
〔28689〕
◇関東近世史研究文献目録　2　1973～81　関東近世史研
究会編　名著出版　1988.10　221p　22cm　3200円
Ⓘ4-626-01324-4　Ⓝ213
〔28690〕
◇関東近世史研究文献目録　3　1982｜1986　関東近世史
研究会編　名著出版　1988.10　144p　22cm　3200円
Ⓘ4-626-01325-2　Ⓝ210.5
〔28691〕
◇関東近世史研究論文目録　関東近世史研究会編　柏書房
1974　183,13p　22cm　1800円　Ⓝ213.031〔28692〕

◆◆茨城県
◇維新期豪農層と民衆―幕末水戸藩民衆史研究　木戸田四
郎著　ぺりかん社　1989.11　316p　22cm　6510円
Ⓝ612.131
〔28693〕
◇茨城県史　近世編　水戸　茨城県　1985.3　925p
22cm　3500円　Ⓝ213.1
〔28694〕
◇茨城県史料　幕末史3　茨城県立歴史館編　水戸　茨城
県　1993.3　539p　27cm　5500円　Ⓝ213.1〔28695〕
◇茨城県幕末史年表　茨城県史編さん幕末維新史部会編
水戸　茨城県　1973　232p　22cm　1000円　Ⓝ210.58
〔28696〕
◇岩井の歴史　近世編・近現代　今井隆助著　土浦　筑波
書林　1988.4　608p　22cm　4500円　Ⓝ213.1

◇江戸時代の真壁　真壁町歴史民俗資料館編　真壁町（茨
城県）　真壁町歴史民俗資料館　2002.3　65p　21cm
（ふるさと真壁文庫 no.4）Ⓝ213.1
〔28698〕
◇小栗城―小栗判官と照天姫　上　中野忠之著　土浦　筑
波書林　1991.9　113p　18cm　（ふるさと文庫）618円
Ⓝ213.1
〔28699〕
◇小栗城―小栗判官と照天姫　下　中野忠之著　土浦　筑
波書林　1991.12　222p　18cm　（ふるさと文庫）618円
Ⓝ213.1
〔28700〕
◇関東郡代伊奈氏　海老原恵著　土浦　筑波書林　1980.
10　140p　18cm　（ふるさと文庫）580円　Ⓝ288.3
〔28701〕
◇近世後期における無住寺院と村―下総国相馬郡川崎村の
事例　平成五年度調査報告書　立正大学古文書研究会編
立正大学古文書研究会　1994.3　26p　26cm　Ⓝ213.1
〔28702〕
◇近世村落における農村荒廃と復興―常陸国信太郡右籾村
の事例　立正大学古文書研究会編　立正大学古文書研究
会　1983.11　50p　26cm　Ⓝ213.1
〔28703〕
◇近世地誌　1　茨城県立歴史館史料部編　水戸　茨城県
立歴史館　2002.3　370p　22cm　（茨城県立歴史館史料
叢書 5）Ⓝ213.1
〔28704〕
◇近世中後期村落における流作場開発―下総国相馬郡川崎
村の事例　立正大学古文書研究会編　立正大学古文書研
究会　1994.11　45p　26cm　Ⓝ213.1
〔28705〕
◇古河藩士墓碑銘調査報告　正定寺 1　近世文書研究会編
近世文書研究会　1993.3　1冊　21cm　（近世文書研究
会会報　第4号）Ⓝ281.31
〔28706〕
◇古河藩幕末史―佐幕派の蹉跌　中川保雄編　古河　〔中
川保雄〕　1989.5　220p　22cm　非売品　Ⓝ213.1
〔28707〕
◇西丸帯刀と幕末水戸藩の伏流　長久保片雲著　新人物往
来社　1984.7　503p　22cm　4000円　Ⓝ213.1
〔28708〕
◇境河岸―利根・江戸川河岸の要衝　椎名仁著　土浦　筑
波書林　1982.2　118p　18cm　（ふるさと文庫）580円
Ⓝ213.1
〔28709〕
◇佐竹秋田に遷さる　山本秋広著　増補3版　水戸　山本
秋広　1969　672p　18cm　（紀山文集　第7巻）780円
Ⓝ213.1
〔28710〕
◇下妻藩歴代藩主の治世―第二十三回企画展関連資料集
下妻　下妻市ふるさと博物館　2005.2　66p　30cm
Ⓝ213.1
〔28711〕
◇常総名家伝　第1巻　木戸偉太郎編　会始書館　1890.3
160p　19cm　Ⓝ281.31
〔28712〕
◇水藩修史事略　栗田勤著　大岡山書店　1928　323p
20cm　Ⓝ213.1
〔28713〕
◇水藩本間家の人びと　編集：本間昭雄　青梅　本間昭雄
1969　130p　19cm　Ⓝ288.3
〔28714〕
◇水藩烈士紀事本末　宮田仲透編　金沢　活版社
1884.9　94丁　18cm　Ⓝ281.31
〔28715〕
◇水府綺談　網代茂著　水戸　新いばらきタイムス社
1992.7　448p　22cm　3700円　Ⓝ213.1〔28716〕
◇図説永田茂衛門親子と三大江堰　常陸大宮市歴史民俗資
料館編　常陸大宮　常陸大宮市教育委員会　2006.3
97p　図版8p　30cm　Ⓝ614.3131
〔28717〕
◇全国の伝承江戸時代人づくり風土記―聞き書きによる知
恵シリーズ　8　ふるさとの人と知恵茨城　加藤秀俊ほ
か編纂　農山漁村文化協会　1989.3　397p　27cm
4300円　Ⓘ4-540-88005-5　Ⓝ210.5
〔28718〕

◇他藩士の見た水戸　久野勝弥編　水戸　水戸史学会　1991.7　222p　19cm　（水戸史学選書）2781円　④4-7646-0216-4　Ⓝ213.1　〔28719〕

◇土浦城とその城主たち　永山正著　土浦　筑波書林　1995.6　129p　19cm　1200円　④4-900725-22-6　Ⓝ213.1　〔28720〕

◇土浦藩医辻元順―からだとこころをいやす　土浦市立博物館第29回特別展　土浦市立博物館編　土浦　土浦市立博物館　2004.3　98p　30cm　Ⓝ289.1　〔28721〕

◇土浦藩の先生たち―文館を中心に　石塚真著　土浦　筑波書林　1987.11　344p　19cm　Ⓝ372.105　〔28722〕

◇土浦秘帖―幕末異聞　市村壮雄一著　土浦町（茨城県）寺田書店　1929　Ⓝ213.1　〔28723〕

◇定本茨城の芭蕉　梶山孝夫著　出版地不明　[梶山孝夫]　2006　100p　21cm　Ⓝ911.32　〔28724〕

◇天保明治水戸見聞実記　坂井四郎兵衛編　茨城町（茨城県）　常野文献社　1995.4　216p　22cm　6000円　①4-916026-01-2　Ⓝ213.1　〔28725〕

◇徳川斉昭と反射炉　小林健二著　創栄出版　1998.3　231p　20cm　1500円　①4-88250-744-7　Ⓝ213.1　〔28726〕

◇那珂町の近世村絵図　那珂町史編さん委員会編　那珂町（茨城県）　那珂町教育委員会　2002.3　163p　30cm　Ⓝ291.31　〔28727〕

◇幕末の日立―助川海防城の全貌　鈴木彰著　日立　郷土ひたち文化研究会　1974　253p　21cm　Ⓝ213.1　〔28728〕

◇常陸国信太郡大和田村御用留―牛久市久野町　2　牛久古文書研究会編　牛久　牛久市　1999.3　281,30p　26cm　（牛久古文書叢書）Ⓝ213.1　〔28729〕

◇常陸国信太郡大和田村御用留―牛久市久野町　3　牛久古文書研究会編　牛久　牛久市　2002.3　328,27p　26cm　（牛久古文書叢書）Ⓝ213.1　〔28730〕

◇文化文政期における村方騒動と村入用―下総国相馬郡川崎村の事例　立正大学古文書研究会編　立正大学古文書研究会　1996.3　61p　26cm　（調査報告書　平成7年度）Ⓝ213.1　〔28731〕

◇北方領土探検史の新研究―その水戸藩との関はり　吉沢義一著　水戸　水戸史学会　2003.7　249p　19cm　（水戸史学選書）3400円　①4-7646-0263-6　Ⓝ211　〔28732〕

◇水戸下市御用留―茨城大学附属図書館蔵　8　茨城大学附属図書館編　水戸　茨城大学附属図書館　1999.3　234p　26cm　（茨城大学附属図書館郷土史料双書1-8）Ⓝ213.1　〔28733〕

◇水戸下市御用留―茨城大学附属図書館蔵　9　件名目録　茨城大学附属図書館編　水戸　茨城大学附属図書館　2001.3　203p　26cm　（茨城大学附属図書館郷土史料双書1-9）Ⓝ213.1　〔28734〕

◇水戸鈴木家の歴史　鈴木重一編　水戸　鈴木重一　1983.9　399p　図版14枚　23cm　非売品　Ⓝ288.3　〔28735〕

◇水戸の明暗―随想幕末・維新　瀬谷義彦著　水戸　ふじ工房　1998.5　94p　21cm　（月刊みとブックレット）1000円　Ⓝ213.1　〔28736〕

◇水戸藩勤王志士殉難余光　千賀覚次編　茨城県古河町　千賀覚次　1937　63p　23cm　Ⓝ213.1　〔28737〕

◇水戸藩郷士の研究　瀬谷義彦著　土浦　筑波書林　2006.10　336p　22cm　3333円　①4-86004-064-3　Ⓝ213.1　〔28738〕

◇水戸藩皇道史　岡村利平著　明治書院　1944　725p　22cm　Ⓝ213.1　〔28739〕

◇水戸藩尊皇志士略伝　水戸学塾編纂　水戸　水戸学精神作興会　1936　232p　19cm　Ⓝ281.31　〔28740〕

◇水戸藩天保改革と豪農　乾宏巳著　大阪　清文堂出版　2006.12　201p　22cm　4800円　①4-7924-0618-8　Ⓝ213.1　〔28741〕

◇水戸藩と那珂湊　大内義比講述　湊町（茨城県）　湊町青年団　1933　49p　19cm　Ⓝ213.1　〔28742〕

◇水戸藩に於ける水道の維持管理に就て　高橋六郎著　常磐書房　1941　79p　22cm　Ⓝ519　〔28743〕

◇水戸藩に於ける水府流の沿革　荷見守文著　水戸　荷見守文　1936　72p　22cm　Ⓝ785　〔28744〕

◇水戸藩のあゆみ　鈴木暎一著　土浦　筑波書林　1988.1　85p　18cm　（ふるさと文庫）600円　Ⓝ213.1　〔28745〕

◇水戸藩農村の研究　野上平著　風濤社　1997.4　344p　22cm　4000円　Ⓝ213.1　〔28746〕

◇水戸藩の海防と山野辺義観　鈴木彰著　茨城県助川町　助川史談会　1938　86p　26cm　Ⓝ213.1　〔28747〕

◇水戸藩の郷士―常陸太田地方　瀬谷義彦著　土浦　筑波書林　1993.2　117p　18cm　（ふるさと文庫）618円　Ⓝ213.1　〔28748〕

◇水戸藩の社会教育―附・米国の市民教育概況　雨谷毅著　水戸　水戸学研究会　1928　168p　20cm　Ⓝ379　〔28749〕

◇水戸藩の話・紀州領の話　山本秋広著　水戸　1959　473p　19cm　（紀山文集　第5巻）Ⓝ213.1　〔28750〕

◇水戸藩の文化と庶民の生活　小松徳年著　日立　郷土ひたち文化研究会　2001.9　270p　22cm　Ⓝ213.1　〔28751〕

◇水戸野史　郡司篤信著　茨城町（茨城県）　常野文献社　1995.4　160p　22cm　5000円　①4-916026-00-4　Ⓝ213.1　〔28752〕

◇昔語水戸の芸苑　伊藤修著　『昔語水戸の芸苑』刊行会編　水戸　『昔語水戸の芸苑』刊行会　2000.11　201p　20cm　2000円　Ⓝ213.1　〔28753〕

◇山川菊栄集　別巻　覚書幕末の水戸藩　田中寿美子,山川振作編集　岩波書店　1982.9　434p　20cm　2700円　Ⓝ367.2　〔28754〕

◇量助の一件―古文書にみる徳川期の農民　徳原聡行著　土浦　筑波書林　1990.3　107p　18cm　（ふるさと文庫）618円　Ⓝ213.1　〔28755〕

◆◆◆自治体史

◇牛久市史　近世　牛久市史編さん委員会編　牛久　牛久市　2002.12　806p　22cm　Ⓝ213.1　〔28756〕

◇勝田市史　中世編・近世編　勝田市史編さん委員会編　勝田　勝田市　1978.3　1118p　22cm　4500円　Ⓝ213.1　〔28757〕

◇下妻市史　中　下妻市史編さん委員会編　下妻　下妻市　1994.11　599p　23cm　Ⓝ213.1　〔28758〕

◇那珂町史　中世・近世編　那珂町史編さん委員会編　那珂町（茨城県）　那珂町　1990.8　791p　22cm　Ⓝ213.1　〔28759〕

◇結城市史　第5巻　近世通史編　結城市史編さん委員会編　結城　結城市　1983.3　1025p　22cm　Ⓝ213.1　〔28760〕

◇竜ケ崎市史　近世調査報告書1　竜ケ崎市史編さん委員会編　竜ケ崎　竜ケ崎市教育委員会　1994.3　368p　26cm　Ⓝ213.1　〔28761〕

◇竜ケ崎市史　近世調査報告書2　竜ケ崎市史編さん委員会編　竜ケ崎　竜ケ崎市教育委員会　1996.10　574p　26cm　Ⓝ213.1　〔28762〕

地方史　　　　　　　　　　　　　近世史

◆◆◆自治体史史料

◇明野町史資料　第13集　明野の水と生活—近世史料1　明野町町史編さん委員会編　明野町（茨城県）　明野町　1987.3　315p　26cm　Ⓝ213.1　〔28763〕

◇明野町史資料　第14集　明野の村明細帳と戸口—近世史料2　明野町町史編さん委員会編　明野町（茨城県）　明野町　1989.3　318p　26cm　Ⓝ213.1　〔28764〕

◇明野町史資料　第16集　明野の土地と谷原開発—近世史料3　明野町史編さん委員会編　明野町（茨城県）　明野町　1990.3　290p　26cm　Ⓝ213.1　〔28765〕

◇明野町史資料　第19集　明野の御用留　1 近世史料 4　明野町史編さん委員会編　明野町（茨城県）　明野町　1992.3　333p　26cm　Ⓝ213.1　〔28766〕

◇明野町史資料　第20集　明野の御用留　2 近世史料 5　明野町史編さん委員会編　明野町（茨城県）　明野町　1993.3　233p　26cm　Ⓝ213.1　〔28767〕

◇明野町史資料　第21集　明野の訴訟出入　1 近世史料 6　明野町史編さん委員会編　明野町（茨城県）　明野町　1994.3　218p　26cm　Ⓝ213.1　〔28768〕

◇明野町史資料　第22集　明野の神社と寺院—近世から現代の史料　明野町史編さん委員会編　明野町（茨城県）　明野町　1995.3　367p　26cm　Ⓝ213.1　〔28769〕

◇明野町史資料　第23集　明野の聞き語り　明野町史編さん委員会編　明野町（茨城県）　明野町　1995.3　135p　26cm　Ⓝ213.1　〔28770〕

◇明野町史資料　第24集　明野の訴訟出入　2 近世史料 7　明野町史編さん委員会編　明野町（茨城県）　明野町　1996.3　215p　26cm　Ⓝ213.1　〔28771〕

◇潮来町史料　近世　潮来町史編さん委員会編　潮来町（茨城県）　潮来町教育委員会　1994.7　188p　27cm　Ⓝ213.1　〔28772〕

◇伊奈町史　史料編 2　伊奈町史編纂委員会編　伊奈町（茨城県）　伊奈町　2004.3　804p　22cm　①4-901162-12-8　Ⓝ213.1　〔28773〕

◇岩井市史　資料 近世 1　岩井市史編さん委員会編　岩井　岩井市　1994.3　631p　27cm　Ⓝ213.1　〔28774〕

◇岩井市史　資料 近世 2　岩井市史編さん委員会編　岩井　岩井市　1995.3　626p　27cm　Ⓝ213.1　〔28775〕

◇牛久市史料　近世 1　牛久助郷一揆　牛久市史編さん委員会編　牛久　牛久市　1994.11　412p　22cm　Ⓝ213.1　〔28776〕

◇牛久市史料　近世 2　村と生活　牛久市史編さん委員会編　牛久　牛久市　1997.10　505p　22cm　Ⓝ213.1　〔28777〕

◇笠間城下町『御用留日記』　笠間市史編さん委員会編　笠間　笠間市　1991.3　241p　26cm　（笠間市史資料 第4集）Ⓝ213.1　〔28778〕

◇古河市史　資料近世編　藩政　古河市史編さん委員会編　古河　古河市　1979.3　939p　22cm　Ⓝ213.1　〔28779〕

◇古河市史—資料 近世編　町方・地方　古河市史編さん委員会編　古河　古河市　1982.3　1185p　22cm　Ⓝ213.1　〔28780〕

◇古河市史　資料 別巻　古河　古河市　1973　591p　22cm　Ⓝ213.1　〔28781〕

◇三和町史　資料編 近世　三和町史編さん委員会編　三和町（茨城県）　三和町　1992.3　1424p　22cm　Ⓝ213.1　〔28782〕

◇下妻市史料　井上下妻藩関係 1　下妻　下妻市　1985.3　253p　26cm　Ⓝ213.1　〔28783〕

◇下妻市史料　井上下妻藩関係 2　下妻市史編纂専門委員会編　下妻　下妻市　1986.3　253p　26cm　Ⓝ213.1　〔28784〕

◇下妻市史料　井上下妻藩関係 3　下妻市史編纂専門委員会編　下妻　下妻市　1987.3　251p　26cm　Ⓝ213.1　〔28785〕

◇下妻市史料　井上下妻藩関係 4　下妻市史編纂専門委員会編　下妻　下妻市　1988.3　193p　26cm　Ⓝ213.1　〔28786〕

◇下妻市史料　井上下妻藩関係 5　下妻市史編纂専門委員会編　下妻　下妻市　1989.3　269p　26cm　Ⓝ213.1　〔28787〕

◇下妻市史料　井上下妻藩関係 6　下妻市史編纂専門委員会編　下妻　下妻市　1990.3　199p　26cm　Ⓝ213.1　〔28788〕

◇下妻市史料　井上下妻藩関係 13　下妻市史の会編　下妻　下妻市　1998.11　264p　26cm　Ⓝ213.1　〔28789〕

◇下妻市史料　井上下妻藩関係 14　下妻市史の会編　下妻　下妻市　1998.3　304p　26cm　Ⓝ213.1　〔28790〕

◇史料に見る「ほこた」—古文書への誘い　鉾田町史編さん室編　鉾田町（茨城県）　鉾田町　1997.2　266p　26cm　Ⓝ213.1　〔28791〕

◇関城町史　別冊 史料編　3 近世村のできごと　関城町史編さん委員会編　関城町（茨城県）　関城町　1986.2　313p　22cm　Ⓝ213.1　〔28792〕

◇そうわの古文書　1　山中文書　総和町教育委員会社会教育課編　総和町（茨城県）　総和町教育委員会　1992.3　253p　26cm　Ⓝ213.1　〔28793〕

◇そうわの古文書　2　黒川文書 1　総和町教育委員会・町史編さん室編　総和町（茨城県）　総和町教育委員会　1993.3　127p　26cm　Ⓝ213.1　〔28794〕

◇取手市史　近世史料編 1　取手市史編さん委員会編　取手　取手市庶務課　1982.3　938p　22cm　Ⓝ213.1　〔28795〕

◇取手市史　近世史料編 2　取手市史編さん委員会編　取手　取手市教育委員会社会教育課市史編さん室　1987.3　942p　22cm　Ⓝ213.1　〔28796〕

◇取手市史　近世史料編 3　取手市史編さん委員会編　取手　取手市教育委員会社会教育課市史編さん室　1989.3　910p　22cm　Ⓝ213.1　〔28797〕

◇那珂湊市史料　第12集　反射炉編　那珂湊市史編さん委員会編　那珂湊　那珂湊市　1991.1　326,50p　22cm　Ⓝ213.1　〔28798〕

◇那珂湊市史料　第14集　近世破船編　那珂湊市史編さん委員会編　那珂湊　那珂湊市　1993.3　366p　22cm　Ⓝ213.1　〔28799〕

◇新治村史史料集　第3篇　江戸時代の村—村絵図・村明細　新治村史編さん事務局編　新治村（茨城県）　新治村史編さん委員会　1984.3　133p　26cm　Ⓝ213.1　〔28800〕

◇新治村史史料集　第4篇　近世文書　新治村史編さん事務局編　新治村（茨城県）　新治村史編さん委員会　1985.3　186p　26cm　Ⓝ213.1　〔28801〕

◇常陸太田市史　近世史料編　常陸太田市史編さん委員会編　常陸太田　常陸太田市　1981.3　655p　22cm　Ⓝ213.1　〔28802〕

◇常陸太田市史編さん史料　第12号　天狗党関係殉難死節履歴　常陸太田市史編さん委員会編　常陸太田　常陸太田市　1979.3　134p　22cm　Ⓝ213.1　〔28803〕

◇藤代町史　近世史料集 1　災害を超えて—古文書に見る　藤代町史編さん委員会編　藤代町（茨城県）　藤代町教育委員会　1990.3　236p　21cm　Ⓝ213.1　〔28804〕

◇鉾田町史　近世史料編 1　幕末期御用留　鉾田町史編さ

◇ん委員会編　鉾田町（茨城県）　鉾田町　1995.3　654p　21cm　Ⓝ213.1　〔28805〕

◇鉾田町史　近世史料編 2　維新期御用留　鉾田町史編さん委員会編　鉾田町（茨城県）　鉾田町　1996.3　579p　21cm　Ⓝ213.1　〔28806〕

◇真壁町史料　近世編 1　村明細帳　真壁町史編さん委員会編　真壁町（茨城県）　真壁町　1985.3　285p　27cm　Ⓝ213.1　〔28807〕

◇真壁町史料　近世編 2　繰綿と木棉　真壁町史編さん委員会編　真壁町（茨城県）　真壁町　1987.3　347p　27cm　Ⓝ213.1　〔28808〕

◇美和村史料　近世村絵図　美和村史編さん委員会編　美和村（茨城県）　美和村　1996.1　142p　30cm　Ⓝ213.1　〔28809〕

◇八千代町史　資料編 2　文献　八千代町史編さん委員会編　八千代町（茨城県）　八千代町　1988.11　737p　22cm　Ⓝ213.1　〔28810〕

◇結城市史　第2巻　近世史料編　結城市史編さん委員会編　結城　結城市　1979.1　754p　22cm　Ⓝ213.1　〔28811〕

◇竜ケ崎市史　近世史料編 2　竜ケ崎市史編さん委員会編　竜ケ崎　竜ケ崎市教育委員会　1994.3　542p　27cm　Ⓝ213.1　〔28812〕

◆◆◆一般史料

◇茨城県猿島郡・岩井市の近世史料集成　長命豊編著　小宮山書店（発売）　1974　511p　22cm　6500円　Ⓝ213.1　〔28813〕

◇茨城県史料　幕末編 2　茨城県立歴史館　水戸　茨城県　1989.3　514p　27cm　5000円　Ⓝ213.1　〔28814〕

◇茨城県史料　近世思想編　大日本史編纂記録　茨城県立歴史館編　水戸　茨城県　1989.3　482p　27cm　5000円　Ⓝ213.1　〔28815〕

◇茨城県史料　近世政治編 1　茨城県史編さん近世史第1部会編　水戸　茨城県　1970　657p　27cm　Ⓝ213.1　〔28816〕

◇茨城県史料　近世社会経済編 1　茨城県史編さん近世史第2部会編　水戸　茨城県　1971　500p　地　27cm　Ⓝ213.1　〔28817〕

◇茨城県史料　近世地誌編　茨城県史編さん近世史第1部会編　水戸　茨城県　1968　554p　27cm　Ⓝ213.1　〔28818〕

◇茨城県史料　近世社会経済編 2　茨城県史編さん近世史第2部会編　水戸　茨城県　1976　636p　27cm　Ⓝ213.1　〔28819〕

◇茨城県史料　近世政治編 2　茨城県立歴史館編　水戸　茨城県　1992.3　555p　27cm　5500円　Ⓝ213.1　〔28820〕

◇茨城県史料　近世政治編 3　茨城県立歴史館編　水戸　茨城県　1995.3　553p　27cm　6000円　Ⓝ213.1　〔28821〕

◇茨城県史料　近世社会経済編 4　茨城県立歴史館編　水戸　茨城県　1993.3　566p　27cm　5500円　Ⓝ213.1　〔28822〕

◇旧藩官吏錯誤収奪の家禄復旧請願陳述書　松岡村（茨城県）　樫村喜六等　1894.12　26p　19cm　Ⓝ213.1　〔28823〕

◇近世史料　1　国用秘録　上（巻之1-2）　茨城県史編さん委員会編　水戸　茨城県　1971　358p　22cm　Ⓝ213.1　〔28824〕

◇近世史料　2　国用秘録　下（巻之3-4）　茨城県史編さん委員会編　水戸　茨城県　1971　416p　22cm　Ⓝ213.1　〔28825〕

◇近世史料　3　飯沼新発記　巻之1-4　茨城県史編さん委員会編　水戸　茨城県　1973　379p　22cm　1500円　Ⓝ213.1　〔28826〕

◇近世史料　4　加藤寛斎随筆　茨城県史編さん近世史第1部会編　水戸　茨城県　1975　264,9p　22cm　1200円　Ⓝ213.1　〔28827〕

◇下総国相馬郡川崎村御用留史料集―宝暦・明和期　立正大学古文書研究会編　立正大学古文書研究会　1997.3　166p　26cm　（調査報告　平成8年度）Ⓝ213.1　〔28828〕

◇南梁年録　小宮山南梁著　茨城県立歴史館史料部編　水戸　茨城県立歴史館　2001.3　334p　22cm　（茨城県立歴史館史料叢書　4）Ⓝ213.1　〔28829〕

◇常陸国信太郡大和田村御用留―牛久市久野町　1　牛久古文書研究会編　牛久　牛久市　1996.3　229,8p　26cm　（牛久古文書叢書）Ⓝ213.1　〔28830〕

◇常陸府中松平家家譜　松平頼博編　立川　〔松平頼博〕　1983.12　2冊（別冊とも）　27cm　Ⓝ288.2　〔28831〕

◇水戸下市御用留―茨城大学附属図書館蔵　1　茨城大学附属図書館編　水戸　茨城大学附属図書館　1991.3　156p　26cm　（茨城大学附属図書館郷土史料双書 1-1）Ⓝ213.1　〔28832〕

◇水戸下市御用留―茨城大学附属図書館蔵　2　茨城大学附属図書館編　水戸　茨城大学附属図書館　1992.3　143p　26cm　（茨城大学附属図書館郷土史料双書 1-2）Ⓝ213.1　〔28833〕

◇水戸下市御用留―茨城大学附属図書館蔵　3　茨城大学附属図書館編　水戸　茨城大学附属図書館　1993.3　141p　26cm　（茨城大学附属図書館郷土史料双書 1-3）Ⓝ213.1　〔28834〕

◇水戸下市御用留―茨城大学附属図書館蔵　4　茨城大学附属図書館編　水戸　茨城大学附属図書館　1994.3　174p　26cm　（茨城大学附属図書館郷土史料双書 1-4）Ⓝ213.1　〔28835〕

◇水戸下市御用留―茨城大学附属図書館蔵　5　茨城大学附属図書館編　水戸　茨城大学附属図書館　1995.3　158p　26cm　（茨城大学附属図書館郷土史料双書 1-5）Ⓝ213.1　〔28836〕

◇水戸下市御用留―茨城大学附属図書館蔵　6　茨城大学附属図書館編　水戸　茨城大学附属図書館　1996.3　147p　26cm　（茨城大学附属図書館郷土史料双書 1-6）Ⓝ213.1　〔28837〕

◇水戸下市御用留―茨城大学附属図書館蔵　7　茨城大学附属図書館編　水戸　茨城大学附属図書館　1997.3　120p　26cm　（茨城大学附属図書館郷土史料双書 1-7）Ⓝ213.1　〔28838〕

◇水戸下市御用留―茨城大学附属図書館蔵　9　件名目録　茨城大学附属図書館編　水戸　茨城大学附属図書館　2001.3　203p　26cm　（茨城大学附属図書館郷土史料双書 1-9）Ⓝ213.1　〔28839〕

◇水戸の大神楽―水戸藩御用　水戸市重要無形文化財　大高弘靖・宣靖著　水戸　鶴屋（発売）　1984.7　194p　21cm　Ⓝ386.8131　〔28840〕

◇水戸藩史料　5冊　26cm　Ⓝ213.1　〔28841〕

◇水戸藩史料　上　乾,坤,下,別記　上,下　吉川弘文館　1915　5冊　26cm　Ⓝ213.1　〔28842〕

◇水戸藩利水史料集―永田茂衛門父子の業績と三大江堰　大宮町歴史民俗資料館編　大宮町（茨城県）　大宮町教育委員会　2002.3　492p　31cm　Ⓝ614.3131　〔28843〕

◇水戸浪士西上録―旭桜雑志,葉役日録合巻　日置謙校　金沢　石川県図書館協会　1934　224p　23cm　Ⓝ210.5　〔28844〕

地方史　　　　　　　　　　　近世史

◆◆◆史料目録

◇聿修史料目録　彰考館編　水戸　維新史料編纂会　1954　131丁　27cm　Ⓝ213.1
〔28845〕

◇伊奈町史文書目録　第1集　伊奈町教育委員会町史編纂室編　伊奈町（茨城県）　伊奈町教育委員会　1992.3　9,295p　26cm　Ⓝ213.1
〔28846〕

◇伊奈町史文書目録　第2集　伊奈町教育委員会町史編纂室編　伊奈町（茨城県）　伊奈町教育委員会　1992.3　137p　21cm　Ⓝ213.1
〔28847〕

◇伊奈町史文書目録　第3集　伊奈町教育委員会町史編纂室編　伊奈町（茨城県）　伊奈町教育委員会　1993.12　175p　26cm　Ⓝ213.1
〔28848〕

◇茨城県筑波町近世史料目録―石井家文書・飯田家文書　立正大学古文書研究会編　1964　54p　25cm　（立正大学古文書研究会叢書1）Ⓝ213.1
〔28849〕

◇岩井市史資料目録　第1集　弓馬田・飯島地区の古文書　岩井市史編さん専門委員会近世・近現代部会編　岩井　岩井市　1991.3　257,10p　26cm　Ⓝ213.1
〔28850〕

◇岩井市史資料目録　第2集　七郷・中川地区の古文書　岩井市史編さん専門委員会近世・近現代部会編　岩井　岩井市　1991.3　223,10p　26cm　Ⓝ213.1
〔28851〕

◇岩井市史資料目録　第3集　矢作富山家の古文書　岩井市史編さん専門委員会近世・近現代部会編　岩井　岩井市　1993.1　164p　26cm　Ⓝ213.1
〔28852〕

◇岩井市史資料目録　第4集　長須・七重地区の古文書　岩井市史編さん専門委員会近世・近現代部会編　岩井　岩井市　1993.2　224p　26cm　Ⓝ213.1
〔28853〕

◇岩井市史資料目録　第5集　岩井・神大実地区の古文書　岩井市史編さん専門委員会近世・近現代部会編　岩井　岩井市　1994.3　266p　26cm　Ⓝ213.1
〔28854〕

◇近世史料目録　1　吉田誠義家文書,野口三郎家文書　茨城県歴史館史料部史料室編　水戸　茨城県歴史館　1974　76p　21cm　Ⓝ213.1
〔28855〕

◇古河藩松川藩松岡藩谷田部藩志筑藩関係文書目録　茨城県立歴史館編　水戸　茨城県立歴史館　1988.3　139p　21cm　（史料目録　22）Ⓝ213.1
〔28856〕

◇土浦市史資料目録　第5集　土浦の古文書　その4　土浦市古文書研究会編　土浦　土浦市教育委員会　1991.6　114p　26cm　Ⓝ213.1
〔28857〕

◇土浦市史資料目録　第6集　土浦の古文書　その5　土浦市古文書研究会編　土浦　土浦市教育委員会　1993.3　58p　26cm　Ⓝ213.1
〔28858〕

◇土浦市史資料目録　第7集　土浦の古文書　その6　土浦市古文書研究会編　土浦　土浦市教育委員会　1994.3　229p　26cm　Ⓝ213.1
〔28859〕

◇土浦市史資料目録　第8集　土浦の古文書　その7　土浦市古文書研究会編　土浦　土浦市教育委員会　1995.3　125p　26cm　Ⓝ213.1
〔28860〕

◇土浦市史資料目録　第9集　土浦の古文書　その8　土浦市古文書研究会編　土浦　土浦市教育委員会　1996.7　129p　26cm　Ⓝ213.1
〔28861〕

◇常陸笠間牧野家牧野家中武藏家文書目録　水戸　茨城県歴史館史料部史料室　1976　105p　21cm　（史料目録3）Ⓝ213.1
〔28862〕

◇常陸国下館藩家老牧家文書目録　学習院大学史料館　1988.3　100p　25cm　Ⓝ213.1
〔28863〕

◆◆栃木県

◇井伊直弼と彦根藩佐野領―第10回企画展　佐野　佐野市郷土博物館　1988.4　43p　26cm　Ⓝ213.2　〔28864〕

◇大関増裕―動乱の幕末となぞの死　幕末の陸海軍を率いた黒羽藩主　栃木県立博物館編　宇都宮　栃木県立博物館　2004.10　102p　30cm　①4-88758-028-2　Ⓝ213.2
〔28865〕

◇お殿様ご苦労記―下野国烏山藩主大久保家の歴史物語　大久保忠良著　三鷹　烏山大久保藩歴史継承会　2005.3　206p　図版18枚　19cm　Ⓝ213.2
〔28866〕

◇北関東下野における封建権力と民衆　秋本典夫著　山川出版社　1981.6　424,11p　22cm　4800円　Ⓝ210.5
〔28867〕

◇近世黒羽藩主大関氏による史料保存―文化財保護に光をあてた大名たち　黒羽町芭蕉の館第十四回特別企画展図録　黒羽町芭蕉の館第十四回特別企画展運営委員会編　黒羽町（栃木県）　黒羽町教育委員会　2004.9　85p　30cm　Ⓝ213.2
〔28868〕

◇近世栃木の城と陣屋　杉浦昭博著　宇都宮　随想舎　1997.9　167p　21cm　1500円　①4-88748-000-8　Ⓝ213.2
〔28869〕

◇晃山紀勝・松島紀行　大村斐夫著　津山　横山治平　1883.9　13,9丁　20cm　Ⓝ213.2
〔28870〕

◇下野じまん―番付にみる近世文化事情　竹末広美著　宇都宮　随想舎　1999.11　134p　18cm　（ずいそうしゃ新書）1000円　①4-88748-031-8　Ⓝ213.2　〔28871〕

◇修験僧坊「中の坊」上　熊倉精一編　栃木　千代田印刷　1992.9　65p　22cm　（江戸時代の栃木　巻の4）1000円　Ⓝ213.2
〔28872〕

◇浄瑠璃坂の敵討―宇都宮藩騒動記　忠臣蔵の手本　原田種純著　新人物往来社　1989.1　231p　20cm　1800円　①4-404-01575-5　Ⓝ213.2
〔28873〕

◇史料解説　宇都宮領近世史　德田浩淳著　宇都宮　文化新報社　1964　151p　19cm　Ⓝ213.2　〔28874〕

◇水車流転―沼和田村ものがたり第二部　熊倉精一編　栃木　千代田印刷　1992.8　60p　22cm　（江戸時代の栃木　巻の3）Ⓝ213.2
〔28875〕

◇天保不景気覚書き　熊倉精一編　栃木　千代田印刷　1992.10　63p　22cm　（江戸時代の栃木　巻の5）1000円　Ⓝ213.2
〔28876〕

◇徳川家将軍御судебcnt下毛州山田邑記録　野原正透編　大平町（栃木県）　関忠次　1993.1　1冊　19cm　Ⓝ213.2
〔28877〕

◇栃木町念仏橋　熊倉精一編　栃木　千代田印刷　1992.7　63p　22cm　（江戸時代の栃木　巻の2）Ⓝ213.2
〔28878〕

◇沼和田村ものがたり　熊倉精一編　栃木　千代田印刷　1992.5　63p　22cm　（江戸時代の栃木　巻の1）Ⓝ213.2
〔28879〕

◇幕府時代の宇都宮町政　松井恒太郎著　宇都宮　文化新報社　1957　132p　18cm　Ⓝ213.2　〔28880〕

◇人づくり風土記―全国の伝承・江戸時代　9　ふるさとの人と知恵・栃木　加藤秀俊ほか編纂　農山漁村文化協会　1989.11　372p　27cm　（聞き書きによる知恵シリーズ）4500円　①4-540-89010-7　Ⓝ210.5　〔28881〕

◇堀田氏と佐野藩領―第14回企画展　佐野　佐野市郷土博物館　1990.5　35p　26cm　Ⓝ213.2　〔28882〕

◇水戸光圀関東開市　熊倉精一著　栃木　下野歴史研究会　1994.5　78p　21cm　（江戸時代の栃木　巻之11）1000円　Ⓝ213.2
〔28883〕

◇村谷嘉右衛門家治家史料集―南部近江高島商人　郡山井筒屋彦兵エ島好生家　並ニ南部分家の展開について　音羽会編　紫波町（岩手県）　音羽会　2004.6　409p　30cm　非売品　①4-938681-98-6　Ⓝ212.2　〔28884〕

◇明治維新と日光―戊辰戦争そして日光県の誕生　柴田宜

久著　宇都宮　随想舎　2005.8　295p　21cm　2800円　①4-88748-121-7　Ⓝ213.2
〔28885〕

◆◆◆自治体史
◇いまいち市史　通史編・別編1　今市市史編さん委員会編　今市　今市市　1980.3　416p　24cm　Ⓝ213.2
〔28886〕
◇宇都宮市史　第6巻　近世通史編　宇都宮市史編さん委員会編　宇都宮　宇都宮市　1982.2　751p　22cm　Ⓝ213.2
〔28887〕
◇小山市史　通史編2　近世　小山市史編さん委員会編　小山　小山市　1986.1　724,33p　22cm　Ⓝ213.2
〔28888〕
◇鹿沼市史―近世編　鹿沼市史編さん会編　鹿沼　1962　392p　25cm　Ⓝ213.2
〔28889〕
◇佐野ゆかりの人々―京の豪商佐野紹由・紹益の生きた時代　開館20周年記念・第40回企画展　佐野　佐野市郷土博物館　2003.5　26p　30cm　Ⓝ213.2
〔28890〕
◇栃木県史　通史編4　近世1　栃木県史編さん委員会編　宇都宮　栃木県　1981.3　1018,12p　22cm　Ⓝ213.2
〔28891〕
◇栃木県史　通史編5　近世2　栃木県史編さん委員会編　宇都宮　栃木県　1984.3　1406,11p　22cm　Ⓝ213.2
〔28892〕
◇壬生町近世よもやまばなし　楡木恒著　壬生町（栃木県）〔楡木恒〕　1995.3　207p　19cm　Ⓝ213.2
〔28893〕
◇真岡市史　第7巻　近世通史編　真岡市史編さん委員会編　真岡　真岡市　1988.3　843p　22cm　Ⓝ213.2
〔28894〕

◆◆◆自治体史史料
◇市貝町史　第2巻　近世資料　市貝町史編さん委員会編　市貝町（栃木県）　市貝町　1991.3　858p　22cm　Ⓝ213.2
〔28895〕
◇いまいち市史　史料編・近世1　南小倉村宗門帳　今市市史編さん専門委員会編　今市　今市市　1973　373p　24cm　Ⓝ213.2
〔28896〕
◇いまいち市史　史料編・近世2　今市市史編さん専門委員会編　今市　今市市　1975　363p　24cm　Ⓝ213.2
〔28897〕
◇いまいち市史　史料編・近世3　今市市史編さん専門委員会編　今市　今市市役所　1976.3　355p　24cm　Ⓝ213.2
〔28898〕
◇いまいち市史　史料編・近世4　今市市史編さん委員会編　今市　今市市　1978.3　431p　24cm　Ⓝ213.2
〔28899〕
◇いまいち市史　史料編・近世5　今市市史編さん委員会編　今市　今市市　1985.3　760p　24cm　Ⓝ213.2
〔28900〕
◇いまいち市史　史料編・近世6　今市市史編さん委員会編　今市　今市市　1986.10　489p　24cm　Ⓝ213.2
〔28901〕
◇いまいち市史　史料編　近世7　今市市史編さん委員会編　今市　今市市　2000.3　675p　24cm　Ⓝ213.2
〔28902〕
◇宇都宮市史　第4巻　近世史料編1　宇都宮市史編さん委員会編　宇都宮　宇都宮市　1980.3　853p　22cm　Ⓝ213.2
〔28903〕
◇宇都宮市史　第5巻　近世史料編2　宇都宮市史編さん委員会編　宇都宮　宇都宮市　1981.3　899p　22cm　Ⓝ213.2
〔28904〕
◇小山市史　史料編　近世1　小山市史編さん委員会編　小山　小山市　1982.3　2冊（付録とも）　22cm　Ⓝ213.2
〔28905〕
◇小山市史　史料編　近世2　小山市史編さん委員会編　小山　小山市　1983.10　2冊（付録とも）　22cm　Ⓝ213.2
〔28906〕
◇鹿沼市史　資料編　近世1　鹿沼市史編さん委員会編　鹿沼　鹿沼市　2000.3　838p　27cm　Ⓝ213.2
〔28907〕
◇鹿沼市史　資料編　近世2　鹿沼市史編さん委員会編　鹿沼　鹿沼市　2002.3　939p　27cm　Ⓝ213.2
〔28908〕
◇鹿沼市史　資料編　近世1別冊　検地帳　鹿沼市史編さん委員会編　鹿沼　鹿沼市　2000.3　213p　26cm　Ⓝ213.2
〔28909〕
◇鹿沼市史　資料編　近世2別冊　宗門人別帳　鹿沼市史編さん委員会編　鹿沼　鹿沼市　2002.3　194p　26cm　Ⓝ213.2
〔28910〕
◇上三川町史　史料編　2　近世　上三川町史編さん委員会編　上三川町（栃木県）　上三川町　1979.8　535p　22cm　Ⓝ213.2
〔28911〕
◇佐野市史　資料編2　近世　佐野市史編さん委員会編　佐野　佐野市　1975　1043p　22cm　Ⓝ213.2〔28912〕
◇高根沢町史　史料編2　高根沢町史編さん委員会編　高根沢町（栃木県）　高根沢町　1996.7　49,836p　22cm　Ⓝ213.2
〔28913〕
◇田沼町史　第4巻　資料編　3　近世　田沼町　田沼町（栃木県）　1983.3　2冊（別冊とも）　22cm　Ⓝ213.2
〔28914〕
◇栃木県史　史料編　近世1　編集：栃木県史編さん委員会　宇都宮　栃木県　1974　36,75,864p　22cm　Ⓝ213.2
〔28915〕
◇栃木県史　史料編　近世2　栃木県史編さん委員会編　宇都宮　栃木県　1976　754p　22cm　Ⓝ213.2　〔28916〕
◇栃木県史　史料編　近世3　編集：栃木県史編さん委員会　宇都宮　栃木県　1975　889p　22cm　Ⓝ213.2
〔28917〕
◇栃木県史　史料編　近世4　編集：栃木県史編さん委員会　宇都宮　栃木県　1975　884p　22cm　Ⓝ213.2
〔28918〕
◇栃木県史　史料編　近世5　栃木県史編さん委員会編　宇都宮　栃木県　1979.3　768p　22cm　Ⓝ213.2
〔28919〕
◇栃木県史　史料編　近世8　栃木県史編さん委員会編　宇都宮　栃木県　1977.2　794,8p　22cm　Ⓝ213.2
〔28920〕
◇栃木市史　史料編　近世　栃木市史編さん委員会編　栃木　栃木市　1986.3　1018p　22cm　Ⓝ213.2　〔28921〕
◇芳賀町史　史料編　近世　芳賀町史編さん委員会編　芳賀町（栃木県）　芳賀町　2000.3　1138p　22cm　Ⓝ213.2
〔28922〕
◇芳賀町史　通史編　近世　芳賀町史編さん委員会編　芳賀町（栃木県）　芳賀町　2003.3　987p　22cm　Ⓝ213.2
〔28923〕
◇藤岡町史　資料編　近世　藤岡町史編さん委員会編　藤岡町（栃木県）　藤岡町　2000.3　482p　27cm　Ⓝ213.2
〔28924〕
◇益子町史　第3巻　近世資料編　益子町史編さん委員会編　益子町（栃木県）　益子町　1987.3　2冊（付録とも）　22cm　Ⓝ213.2
〔28925〕
◇南河内町史　史料編3　近世　南河内町史編さん委員会編　南河内町（栃木県）　南河内町　1992.3　1319p　22cm　Ⓝ213.2
〔28926〕

地方史　　　　　　　　　近世史

◇壬生町史　資料編　近世　壬生町史編さん委員会編　壬生町(栃木県)　壬生町　1986.3　2冊(別冊とも)　22cm　Ⓝ213.2　　　　　　　　　　　　　〔28927〕
◇真岡市史　第3巻　近世史料編　真岡市史編さん委員会編　真岡　真岡市　1985.3　949p　22cm　Ⓝ213.2　　　　　　　　　　　　　　　　　　〔28928〕
◇茂木町史　第3巻　史料編　2(近世)　茂木町史編さん委員会編　茂木町(栃木県)　茂木町　1998.3　955p　22cm　Ⓝ213.2　　　　　　　　　　　〔28929〕

◆◆◆一般史料

◇宇都宮城主　戸田御家記　上巻　松井恒太郎編著　宇都宮　宇都宮史料保存会　1961　19丁　19cm　和　(資料第11号)Ⓝ213.2　　　　　　　　〔28930〕
◇宇都宮藩史　史料　徳田浩淳編　柏書房　1971　485p　22cm　4000円　Ⓝ213.2　　　　　　　　〔28931〕
◇嘉永七寅年十月七日　宇都宮領主戸田因幡守御勝手向御改革　徳田浩淳編　宇都宮　宇都宮史料保存会　1962　19p　12×18cm　和　(史料第15集)Ⓝ213.2　〔28932〕
◇寛延二己巳年八月　宇都宮町方取扱諸事覚帳　徳田浩淳編　宇都宮　宇都宮史料保存会　1962　28p　13×18cm　和　(資料第14号)Ⓝ213.2　　〔28933〕
◇近世下野宿町村支配者要覧　徳田浩淳編著　宇都宮　下野史料保存会　1971　223,21p　22cm　(史料刊行第33号)1500円　Ⓝ213.2　〔28934〕
◇近世日光災害史料　柴田豊久編　日光　〔柴田豊久〕　1978　p169〜251　22cm　Ⓝ213.2　　〔28935〕
◇黒羽藩戊辰戦史資料　小林華平編　小林華平　1918　260p　23cm　Ⓝ213.2　　　　　　　　〔28936〕
◇下野地震史料―日光御番所日記を中心として　越川善明編　鎌倉　〔越川善明〕　1984.10　399p　23cm　8000円　Ⓝ213.2　　　　　　　〔28937〕
◇下野国近世初期文書集成　第3巻　安蘇・足利・簗田　白川部達夫,竹中真幸編　文献出版　1993.6　264p　22cm　6000円　①4-8305-6121-1　Ⓝ213.2　〔28938〕
◇下野国半右衛門文書　群馬部落研東毛地区近世史学習会編　太田　群馬部落研東毛地区近世史学習会　1996.4　467p　22cm　Ⓝ213.2　〔28939〕
◇日光大桑村並杉御印石置再建之留―享保十九年　日光　日光東照宮社務所　1961　26p　はり込　30cm　(日光杉並木街道史料)Ⓝ213.2　　〔28940〕
◇本陣火事―稲葉重左衛門日録抄　稲葉重佐衛門著　熊倉精一編著　栃木　下野歴史研究会　1993.10　72p　21cm　(江戸時代の栃木　巻之9)1000円　Ⓝ213.2　〔28941〕

◆◆群馬県

◇赤藩小史　本多夏彦校訂　高崎　上毛文化会　1940　51p　23cm　(上毛文化叢書)Ⓝ213.3　　〔28942〕
◇秋元家の歴史と文化―館林藩最後の城主　館林市立資料館特別展　館林　館林市教育委員会文化振興課　1994.11　47p　26cm　Ⓝ213.3　〔28943〕
◇伊勢崎藩老衆と事蹟の一考察　黒沢哲著　伊勢崎　伊勢崎郷土文化協会　1997.2　112p　21cm　(郷土シリーズ別巻)Ⓝ213.3　〔28944〕
◇浮世絵版画に見る上州　青木裕著　前橋　上毛新聞社　1988.9　202p　19cm　(上毛文庫14)1250円　Ⓝ721.8　〔28945〕
◇絵で見る近世の上州　上巻　青木裕著　前橋　みやま文庫　1995.3　193p　19cm　(みやま文庫137)Ⓝ213.3　〔28946〕

◇絵で見る近世の上州　下巻　青木裕著　前橋　みやま文庫　1995.9　201p　19cm　(みやま文庫139)Ⓝ213.3　〔28947〕
◇江戸時代上州の図絵　あかぎ出版編纂　藪塚本町(群馬県)　あかぎ出版　1997.1　247p　37cm　40000円　Ⓝ213.3　〔28948〕
◇江戸時代の秋元文庫　館林市教育委員会,館林市立図書館編　館林　館林市教育委員会　1994.3　247p　19cm　(館林双書　第22巻)非売品　Ⓝ213.3　〔28949〕
◇江戸と桐生華やかなりし文人交流展―群馬県立女子大学との協同企画　群馬県立近代美術館編　高崎　群馬県立近代美術館　2005　23p　30cm　〔28950〕
◇岡谷瑳磨介ものがたり―館林藩史話　工藤三寿男,館林歴・文研究同好会著　館林　工藤三寿男　2000.4　210p　21cm　Ⓝ213.3　〔28951〕
◇小栗上野介をめぐる秘話　河野正男著　群馬出版センター　2003.12　215p　21cm　2000円　①4-906366-39-2　Ⓝ213.3　〔28952〕
◇旧高崎藩概誌　深井寛八著　前橋　上毛郷土史研究会　1940　98p　23cm　Ⓝ213.3　〔28953〕
◇侠客紋次郎聞書　入内島一崇著　前橋　群馬歴史散歩の会　1973　101p　22cm　Ⓝ213.3　〔28954〕
◇近世桐生夜話　木本政雄著　桐生　桐生文化史談会　1970　246p　19cm　600円　Ⓝ213.3　〔28955〕
◇近世後期館林城―越智松平家の再築とその歴史　館林市立資料館特別展　館林　館林市教育委員会文化振興課　1996.10　48p　26cm　Ⓝ213.3　〔28956〕
◇近世上野神話の世界―在地縁起と伝承者　佐藤喜久一郎著　岩田書院　2007.10　389p　21cm　9500円　①978-4-87294-485-3　〔28957〕
◇近世館林藩の大名―城下町その歴史　館林　館林市教育委員会文化振興課　1988.10　30p　26cm　Ⓝ213.3　〔28958〕
◇国定忠治とその外伝百三十話―伝説と史跡を訪ねて　大塚政義著　前橋　上毛新聞社出版局　1998.1　353p　19cm　1714円　①4-88058-678-1　〔28959〕
◇国定忠治の時代―読み書きと剣術　高橋敏著　平凡社　1991.1　278p　20cm　(平凡社選書136)2266円　①4-582-84136-8　Ⓝ213.3　〔28960〕
◇群馬県史　通史編5　近世　2　産業・交通　群馬県史編さん委員会編　前橋　群馬県　1991.10　928p　22cm　Ⓝ213.3　〔28961〕
◇群馬県史　通史編6　近世　3　生活・文化　群馬県史編さん委員会編　前橋　群馬県　1992.1　923p　22cm　Ⓝ213.3　〔28962〕
◇石高制確立と在地構造　丑木幸男著　文献出版　1995.9　410,15p　22cm　13390円　①4-8305-1177-X　Ⓝ213.3　〔28963〕
◇下仁田戦争記―復刻本　深井景員著　高崎　あさを社　1976　134p　22cm　3500円　Ⓝ210.58　〔28964〕
◇上州近世の諸問題　山田武麿著　山川出版社　1980.7　429p　22cm　4800円　Ⓝ213.3　〔28965〕
◇上州の諸藩　上　山田武麿編　前橋　上毛新聞社　1981.9　242p　19cm　1200円　Ⓝ213.3　〔28966〕
◇上州の諸藩　下　山田武麿編　前橋　上毛新聞社　1982.12　273p　19cm　1300円　Ⓝ213.3　〔28967〕
◇上州の藩士と生活　田畑勉著　前橋　上毛新聞社　2001.6　240p　19cm　(上毛文庫47)1400円　①4-88058-812-1　Ⓝ213.3　〔28968〕
◇上州の藩主と生活　田畑勉著　前橋　煥乎堂　2000.7　195p　19cm　1600円　①4-87352-118-1　Ⓝ213.3

◇上毛近世百傑伝　上　山中啓一著　高崎　山中啓一　1891.12　383p　19cm　Ⓝ281.33　〔28970〕

◇上毛文芸叢話　しの木弘明著　高崎　名雲書店　1999.10　326p　21cm　2500円　Ⓝ910.29　〔28971〕

◇高崎五万石騒動　細野格城著　高崎　あさを社　1975　184p　22cm　4500円　Ⓝ213.3　〔28972〕

◇高崎五万石騒動—たかさきの夜明け前　利根川靖幸著　高崎　あさを社　1987.11　226p　19cm　1500円　Ⓝ213.3　〔28973〕

◇高野長英門下吾妻の蘭学者たち　金井幸佐久著　前橋　上毛新聞社出版局（製作発売）　2001.3　319p　22cm　2500円　①4-88058-801-6　Ⓝ402.105　〔28974〕

◇駄賃旅籠割合—伊勢崎藩　享保八卯年十二月引越より弘化五申年正月まで　伊勢崎　伊勢崎郷土文化協会　1994.3　32p　21cm　（郷土シリーズ　別巻）Ⓝ213.3　〔28975〕

◇館林藩国事軼掌録　田山実弥登編　田山実弥登　1898.7　87p　Ⓝ213.3　〔28976〕

◇館林藩史話—館林叢談　岡谷繁実著　歴史図書社　1976　336p　22cm　5500円　Ⓝ213.3　〔28977〕

◇天明三年浅間大噴火—日本のポンペイ鎌原村発掘　大石慎三郎著　角川書店　1986.11　197p　19cm　（角川選書　174）880円　①4-04-703174-7　Ⓝ213.3　〔28978〕

◇天明三年浅間山大噴火と社会的影響　萩原進著　前橋　上毛郷土史研究会　1939　64,10p　23cm　Ⓝ213.3　〔28979〕

◇動乱の高崎藩—幕末維新期　清水吉二著　前橋　上毛新聞社出版局　2005.7　214p　21cm　1524円　①4-88058-929-2　Ⓝ213.3　〔28980〕

◇日光例幣使街道　群馬県教育委員会文化財保護課編　前橋　群馬県教育委員会　1979.3　44p　30cm　（群馬県歴史の道調査報告書　第2集）Ⓝ291.33　〔28981〕

◇幕末の上州—水戸天狗党と下仁田戦争　第73回企画展　群馬県立歴史博物館編　高崎　群馬県立歴史博物館　2002.10　72p　30cm　Ⓝ210.58　〔28982〕

◇礫茂左衛門—沼田藩騒動　後閑祐次著　人物往来社　1966　414p　Ⓝ213.3　〔28983〕

◇人づくり風土記—江戸時代　10　ふるさとの人と知恵・群馬　会田雄次, 大石慎三郎監修　石川松太郎ほか編纂　農山漁村文化協会　1997.6　356p　27cm　4500円　①4-540-97007-0　Ⓝ210.5　〔28984〕

◇文久慶応年間高崎御伝馬事件　増補　高崎　新町共有財産　2002.9　46p　21cm　Ⓝ213.3　〔28985〕

◆◆◆自治体史

◇伊勢崎市史　通史編2　近世　伊勢崎市編　伊勢崎　伊勢崎市　1993.3　750p　22cm　Ⓝ213.3　〔28986〕

◇太田市史　通史編　近世　太田市編　太田　太田市　1992.3　1025p　23cm　Ⓝ213.3　〔28987〕

◇桐生新町幕末の治安　桐生市立図書館編　桐生　桐生市立図書館　1995.3　5,256p　26cm　1000円　Ⓝ213.3　〔28988〕

◇群馬県史　通史編4　近世　1 政治　群馬県史編さん委員会編　前橋　群馬県　1990.8　859p　22cm　Ⓝ213.3　〔28989〕

◇館林双書　第23巻　館林藩尊攘派志士岡谷繁実の生涯　館林市教育委員会, 館林市立図書館編　館林　館林市教育委員会　1995.3　244p　19cm　非売品　Ⓝ213.3　〔28990〕

◇富岡市史　近世 通史編・宗教編　富岡市市史編さん委員会編　富岡　富岡市　1991.11　864p　22cm　Ⓝ213.3　〔28991〕

◇沼田市史　通史編2　沼田市史編さん委員会編　沼田　沼田市　2001.3　741p　22cm　Ⓝ213.3　〔28992〕

◇沼田の歴史と文化財—土岐氏の時代　続　岸大洞著　前橋　上毛新聞社出版局（製作・発売）　2005.10　201p　20cm　2000円　①4-88058-936-5　Ⓝ213.3　〔28993〕

◆◆◆自治体史史料

◇安中市史　第5巻　近世資料編　安中市市史刊行委員会編　安中　安中市　2002.3　1080p　27cm　Ⓝ213.3　〔28994〕

◇安中市史　第5巻　近世資料編　別冊付録　安中市市史刊行委員会編　安中　安中市　2002.3　214p　26cm　Ⓝ213.3　〔28995〕

◇伊勢崎市史　資料編1　近世　1 伊勢崎藩と旗本　伊勢崎市編　伊勢崎　伊勢崎市　1988.10　859,16p　22cm　Ⓝ213.3　〔28996〕

◇伊勢崎市史　資料編3　近世3 文芸　伊勢崎市編　伊勢崎　伊勢崎市　1986.3　2冊（付録とも）　22cm　Ⓝ213.3　〔28997〕

◇板倉町史　別巻6　資料編 板倉町史近世史料集　板倉町史編さん室編　板倉町（群馬県）　板倉町史編さん委員会　1982.2　571p　図版10枚　27cm　（板倉町史基礎資料　第87号）Ⓝ213.3　〔28998〕

◇太田市史　史料編　近世1　太田市編　太田　太田市　1978.3　933p　23cm　Ⓝ213.3　〔28999〕

◇太田市史　史料編　近世2　太田市編　太田　太田市　1979.3　1064p　23cm　Ⓝ213.3　〔29000〕

◇太田市史　史料編　近世3　太田宿本陣史料集　太田市編　太田　太田市　1983.3　1019p　23cm　Ⓝ213.3　〔29001〕

◇大間々町誌　別巻2 近世資料編　大間々町の近世資料　大間々町誌編さん室編　大間々町（群馬県）　大間々町誌刊行委員会　1995.3　887p　22cm　Ⓝ291.33　〔29002〕

◇新編高崎市史　資料編5　高崎市市史編さん委員会編　高崎　高崎市　2002.3　1028p　22cm　Ⓝ213.3　〔29003〕

◇新編高崎市史　資料編6　近世　2　高崎市市史編さん委員会編　高崎　高崎市　1997.3　921p　図版16枚　22cm　Ⓝ213.3　〔29004〕

◇新編高崎市史　資料編7　近世　3　高崎市市史編さん委員会編　高崎　高崎市　1999.3　899p　22cm　Ⓝ213.3　〔29005〕

◇新編高崎市史　資料編8　近世　4　高崎市市史編さん委員会編　高崎　高崎市　2002.3　1029p　22cm　Ⓝ213.3　〔29006〕

◇新編高崎市史　資料編13　近世石造物　信仰編　高崎市市史編さん委員会編　高崎　高崎市　2003.10　2冊（付録とも）　27cm　Ⓝ213.3　〔29007〕

◇新編高崎市史　資料編13　2　近世石造物　墓石編　高崎市市史編さん委員会編　高崎　高崎市　2003.10　496p　27cm　Ⓝ213.3　〔29008〕

◇高崎史料集　藩記録　大河内1　高崎市歴史民俗資料調査員会編　高崎　高崎市教育委員会　1988.3　493p　22cm　Ⓝ213.3　〔29009〕

◇高崎史料集　藩記録　大河内2　高崎市歴史民俗資料調査員会編　高崎　高崎市教育委員会　1989.3　420p　22cm　Ⓝ213.3　〔29010〕

◇徳川満徳寺史　尾島町誌編集委員会編　尾島町（群馬県）　尾島町　1984.3　338p　21cm　（尾島町誌資料集

第3篇）Ⓝ213.3　　　　　　　　　　　〔29011〕
◇富岡市史　近世資料編　富岡市市史編さん委員会編　富岡　富岡市　1987.2　1174p　22cm　Ⓝ213.3　〔29012〕
◇沼田市史　資料編2　沼田市史編さん委員会編　沼田　沼田市　1997.3　40,1018p　22cm　Ⓝ213.3　〔29013〕
◇藤岡市史　資料編近世　藤岡市史編さん委員会編　藤岡　藤岡市　1990.3　1252p　22cm　Ⓝ213.3　〔29014〕
◇松井田町資料集　第1巻　河田知行所文書—中山家文書　松井田町（群馬県）　松井田町文化会　1976　310p　22cm　Ⓝ213.3　〔29015〕

◆◆◆一般史料
◇浅間山天明噴火史料集成　1　日記編　萩原進編　前橋　群馬県文化事業振興会　1985.12　372p　22cm　3500円　Ⓝ213.3　〔29016〕
◇浅間山天明噴火史料集成　2　記録編　1　萩原進編　前橋　群馬県文化事業振興会　1986.12　348p　22cm　3500円　Ⓝ213.3　〔29017〕
◇浅間山天明噴火史料集成　3　記録編　2　萩原進編　前橋　群馬県文化事業振興会　1989.3　381p　22cm　3500円　Ⓝ213.3　〔29018〕
◇阿左見日記—幕末・明治の激動期を綴った農民の記録　阿左見九兵衛著，桑原健次郎編　沼田　沼田郷土研究会　1981.8-1982.3　2冊　27cm　各1000円　Ⓝ213.3　〔29019〕
◇嘉永六癸丑年御触書日記扣帳　文政九戌年日賀得　須賀庄兵衛著　前橋　群馬県立文書館友の会〔シミ〕の会　1999.2　104p　26cm　（〔シミ〕の会学習記録　第1集（平成9・10年度））Ⓝ213.3　〔29020〕
◇寛延二年松平藩日記—姫路から前橋へ　前橋　群馬県立文書館友の会〔シミ〕の会　2000.7　178p　26cm　（〔シミ〕の会学習記録）Ⓝ213.3　〔29021〕
◇近世村落の研究—伊香保・木暮金太夫八左エ門文書集　森毅編著　芦書房　1963　268p　図版　地　22cm　Ⓝ213.3　〔29022〕
◇群馬県史　資料編9　近世　1（西毛地域1）　群馬県史編さん委員会編　前橋　群馬県　1977.6　1093p　22cm　Ⓝ213.3　〔29023〕
◇群馬県史　資料編10　近世　2　西毛地域2　群馬県史編さん委員会編　前橋　群馬県　1978.7　1118p　22cm　Ⓝ213.3　〔29024〕
◇群馬県史　資料編11　近世3　北毛地域1　群馬県史編さん委員会編　前橋　群馬県　1980.3　1110p　22cm　Ⓝ213.3　〔29025〕
◇群馬県史　資料編12　近世　4　北毛地域2　群馬県史編さん委員会編　前橋　群馬県　1982.3　1047p　22cm　Ⓝ213.3　〔29026〕
◇群馬県史　資料編13　近世　5　中毛地域1　群馬県史編さん委員会編　前橋　群馬県　1985.2　1182p　22cm　Ⓝ213.3　〔29027〕
◇群馬県史　資料編14　近世　6　中毛地域2　群馬県史編さん委員会編　前橋　群馬県　1986.10　1043p　22cm　Ⓝ213.3　〔29028〕
◇群馬県史　資料編15　近世　7　東毛地域1　群馬県史編さん委員会編　前橋　群馬県　1988.2　1051p　22cm　Ⓝ213.3　〔29029〕
◇群馬県史　資料編16　近世　8　東毛地域2　群馬県史編さん委員会編　前橋　群馬県　1988.12　1065p　22cm　Ⓝ213.3　〔29030〕
◇御用方日誌—慶応四戊辰年一月より明治元戊辰年十二月に至る　桐生新町史話会編　桐生　桐生新町史話会　1989.8　160p　21cm　Ⓝ213.3　〔29031〕

◇高山彦九郎先生天明七年六月墓前日記　前橋　上毛郷土史研究会　1932　52,15p　23cm　Ⓝ289.1　〔29032〕
◇津久田文書　赤城村（群馬県）　赤城村教育委員会　2004.3　132p　30cm　（文化財関係資料集　第6集）Ⓝ213.3　〔29033〕
◇天明三年浅間山噴火史料集　児玉幸多ほか編　東京大学出版会　1989.4　2冊　22cm　全26780円　①4-13-020092-5　Ⓝ213.3　〔29034〕
◇天明三年浅間山噴火史料集　上　児玉幸多ほか編　東京大学出版会　1989.4　656,61p　22cm　Ⓝ213.3　〔29035〕

◆◆◆◆前橋藩松平家記録
◇前橋藩松平家記録　第1巻　前橋市立図書館編　前橋　煥乎堂　1994.3　444p　22cm　①4-87352-047-9　〔29036〕
◇前橋藩松平家記録　第2巻　前橋市立図書館編　前橋　煥乎堂　1994.8　357p　22cm　①4-87352-049-5　Ⓝ213.3　〔29037〕
◇前橋藩松平家記録　第3巻　前橋市立図書館編　前橋　煥乎堂　1994.12　365p　22cm　①4-87352-054-1　Ⓝ213.3　〔29038〕
◇前橋藩松平家記録　第4巻　前橋市立図書館編　前橋　煥乎堂　1995.3　359p　22cm　①4-87352-057-6　Ⓝ213.3　〔29039〕
◇前橋藩松平家記録　第5巻　前橋市立図書館編　前橋　煥乎堂　1995.8　349p　22cm　①4-87352-063-0　Ⓝ213.3　〔29040〕
◇前橋藩松平家記録　第6巻　前橋市立図書館編　前橋　煥乎堂　1995.11　362p　22cm　①4-87352-069-X　Ⓝ213.3　〔29041〕
◇前橋藩松平家記録　第7巻　前橋市立図書館編　前橋　煥乎堂　1996.3　359p　22cm　①4-87352-073-8　Ⓝ213.3　〔29042〕
◇前橋藩松平家記録　第8巻　前橋市立図書館編　前橋　煥乎堂　1996.7　348p　22cm　①4-87352-078-9　Ⓝ213.3　〔29043〕
◇前橋藩松平家記録　第9巻　前橋市立図書館編　前橋　煥乎堂　1996.11　339p　22cm　①4-87352-086-X　Ⓝ213.3　〔29044〕
◇前橋藩松平家記録　第10巻　前橋市立図書館編　前橋　煥乎堂　1997.3　353p　22cm　5000円　①4-87352-095-9　Ⓝ213.3　〔29045〕
◇前橋藩松平家記録　第11巻　前橋市立図書館編　前橋　煥乎堂　1997.9　352p　22cm　4762円　①4-87352-098-3　Ⓝ213.3　〔29046〕
◇前橋藩松平家記録　第12巻　前橋市立図書館編　前橋　煥乎堂　1998.3　279p　22cm　4762円　①4-87352-102-5　Ⓝ213.3　〔29047〕
◇前橋藩松平家記録　第13巻　前橋市立図書館編　前橋　煥乎堂　1998.3　286p　22cm　4762円　①4-87352-103-3　Ⓝ213.3　〔29048〕
◇前橋藩松平家記録　第14巻　前橋市立図書館編　前橋　煥乎堂　1998.8　279p　22cm　4854円　①4-87352-104-1　Ⓝ213.3　〔29049〕
◇前橋藩松平家記録　第15巻　前橋市立図書館編　前橋　煥乎堂　1998.12　277p　22cm　4854円　①4-87352-105-X　Ⓝ213.3　〔29050〕
◇前橋藩松平家記録　第16巻　前橋市立図書館編　前橋　煥乎堂　1999.3　270p　22cm　4854円　①4-87352-106-8　Ⓝ213.3　〔29051〕

◇前橋藩松平家記録　第17巻　前橋市立図書館編　前橋　煥乎堂　1999.7　288p　22cm　5600円
①4-87352-109-2　Ⓝ213.3　〔29052〕
◇前橋藩松平家記録　第18巻　前橋市立図書館編　前橋　煥乎堂　1999.3　260p　22cm　5600円
①4-87352-110-6　Ⓝ213.3　〔29053〕
◇前橋藩松平家記録　第19巻　前橋市立図書館編　前橋　煥乎堂　2000.3　252p　22cm　5600円
①4-87352-112-2　Ⓝ213.3　〔29054〕
◇前橋藩松平家記録　第20巻　前橋市立図書館編　前橋　煥乎堂　2000.7　268p　22cm　5600円
①4-87352-116-5　Ⓝ213.3　〔29055〕
◇前橋藩松平家記録　第21巻　前橋市立図書館編　前橋　煥乎堂　2000.10　286p　22cm　5600円
①4-87352-119-X　Ⓝ213.3　〔29056〕
◇前橋藩松平家記録　第22巻　前橋市立図書館編　前橋　煥乎堂　2001.3　265p　22cm　5600円
①4-87352-120-3　Ⓝ213.3　〔29057〕
◇前橋藩松平家記録　第23巻　前橋市立図書館編　前橋　煥乎堂　2001.7　254p　22cm　5600円
①4-87352-124-6　Ⓝ213.3　〔29058〕
◇前橋藩松平家記録　第24巻　前橋市立図書館編　前橋　煥乎堂　2001.11　281p　22cm　5600円
①4-87352-128-9　Ⓝ213.3　〔29059〕
◇前橋藩松平家記録　第25巻　前橋市立図書館編　前橋　煥乎堂　2002.3　269p　22cm　5600円
①4-87352-130-0　Ⓝ213.3　〔29060〕
◇前橋藩松平家記録　第26巻　前橋市立図書館編　前橋　煥乎堂　2002.7　293p　22cm　5600円
①4-87352-132-7　Ⓝ213.3　〔29061〕
◇前橋藩松平家記録　第27巻　前橋市立図書館編　前橋　煥乎堂　2002.12　276p　22cm　5600円
①4-87352-133-5　Ⓝ213.3　〔29062〕
◇前橋藩松平家記録　第28巻　前橋市立図書館編　前橋　煥乎堂　2003.3　277p　22cm　5600円
①4-87352-135-1　Ⓝ213.3　〔29063〕
◇前橋藩松平家記録　第29巻　前橋市立図書館編　前橋　煥乎堂　2003.8　287p　22cm　5600円
①4-87352-138-6　Ⓝ213.3　〔29064〕
◇前橋藩松平家記録　第30巻　前橋市立図書館編　前橋　煥乎堂　2003.12　284p　22cm　5600円
①4-87352-139-4　Ⓝ213.3　〔29065〕

◆◆◆史料目録
◇群馬県近世資料所在目録　1　上野村・中里村・万場町　群馬県総務部県史編さん室編　前橋　群馬県総務部県史編さん室　1977.2　305p　26cm　Ⓝ213.3　〔29066〕
◇群馬県近世資料所在目録　2　鬼石町　群馬県総務部県史編さん室編　前橋　群馬県総務部県史編さん室　1977.7　390p　26cm　Ⓝ213.3　〔29067〕
◇群馬県近世資料所在目録　3　南牧村・下仁田町・妙義町　群馬県総務部県史編さん室編　前橋　群馬県総務部県史編さん室　1977.10　317p　26cm　Ⓝ213.3　〔29068〕
◇群馬県近世資料所在目録　4　藤岡市・多野郡新町　群馬県総務部県史編さん室編　前橋　群馬県県史編さん室　1978.1　366p　26cm　Ⓝ213.3　〔29069〕
◇群馬県近世資料所在目録　5　富岡市・甘楽町・吉井町　群馬県総務部県史編さん室編　前橋　群馬県県史編さん室　1978.2　361p　26cm　Ⓝ213.3　〔29070〕
◇群馬県近世資料所在目録　6　高崎市　群馬県教育委員会事務局部長室県史編さん室編　前橋　群馬県教育委員会　1979.2　404p　26cm　Ⓝ213.3　〔29071〕
◇群馬県近世資料所在目録　7　安中市　群馬県教育委員会事務局部長室県史編さん室編　前橋　群馬県教育委員会　1979.5　401p　26cm　Ⓝ213.3　〔29072〕
◇群馬県近世資料所在目録　8　松井田町　群馬県教育委員会事務局部長室県史編さん室編　前橋　群馬県教育委員会　1979.7　329p　26cm　Ⓝ213.3　〔29073〕
◇群馬県近世資料所在目録　9　榛名町・倉淵村　群馬県教育委員会事務局部長室県史編さん室編　前橋　群馬県教育委員会　1979.4　253p　26cm　Ⓝ213.3　〔29074〕
◇群馬県近世資料所在目録　10　箕郷町・群馬町　群馬県教育委員会事務局部長室県史編さん室編　前橋　群馬県教育委員会　1979.12　392p　26cm　Ⓝ213.3　〔29075〕
◇群馬県近世資料所在目録　11　嬬恋村・草津町　群馬県教育委員会事務局部長室県史編さん室編　前橋　群馬県教育委員会　1980.3　375p　26cm　Ⓝ213.3　〔29076〕
◇群馬県近世資料所在目録　12　長野原町・六合村・吾妻町（旧岩島地区）　群馬県教育委員会事務局部長室県史編さん室編　前橋　群馬県教育委員会　1980.4　326p　26cm　Ⓝ213.3　〔29077〕
◇群馬県近世資料所在目録　13　吾妻町（旧太田・原町・坂上地区）　群馬県教育委員会事務局部長室県史編さん室編　前橋　群馬県教育委員会　1980.6　379p　26cm　Ⓝ213.3　〔29078〕
◇群馬県近世資料所在目録　14　中之条町　群馬県教育委員会事務局部長室県史編さん室編　前橋　群馬県教育委員会　1980.11　489p　26cm　Ⓝ213.3　〔29079〕
◇群馬県近世資料所在目録　15　吾妻郡東村・高山村　群馬県教育委員会事務局部長室県史編さん室編　前橋　群馬県教育委員会　1981.2　258p　26cm　Ⓝ213.3　〔29080〕
◇群馬県近世資料所在目録　16　片品村・水上町　群馬県教育委員会事務局部長室県史編さん室編　前橋　群馬県教育委員会　1981.7　452p　26cm　Ⓝ213.3　〔29081〕
◇群馬県近世資料所在目録　17　利根村　群馬県教育委員会事務局部長室県史編さん室編　前橋　群馬県教育委員会　1981.10　394p　26cm　Ⓝ213.3　〔29082〕
◇群馬県近世資料所在目録　18　白沢村・川場村・昭和村　群馬県教育委員会事務局部長室県史編さん室編　前橋　群馬県教育委員会　1982.1　455p　26cm　Ⓝ213.3　〔29083〕
◇群馬県近世資料所在目録　19　新治村　群馬県教育委員会事務局部長室県史編さん室編　前橋　群馬県教育委員会　1982.5　394p　26cm　Ⓝ213.3　〔29084〕
◇群馬県近世資料所在目録　20　月夜野町　群馬県教育委員会事務局部長室県史編さん室編　前橋　群馬県教育委員会　1982.7　496p　26cm　Ⓝ213.3　〔29085〕
◇群馬県近世資料所在目録　21　沼田市　群馬県教育委員会事務局部長室県史編さん室編　前橋　群馬県教育委員会　1982.11　502p　26cm　Ⓝ213.3　〔29086〕
◇群馬県近世資料所在目録　22　子持村・小野上村　群馬県教育委員会事務局部長室県史編さん室編　前橋　群馬県教育委員会　1983.3　442p　26cm　Ⓝ213.3　〔29087〕
◇群馬県近世資料所在目録　23　渋川市・伊香保町　群馬県教育委員会事務局部長室県史編さん室編　前橋　群馬県教育委員会　1983.7　424p　26cm　Ⓝ213.3　〔29088〕
◇群馬県近世資料所在目録　24　榛東村・吉岡村　群馬

地方史　　　　　　　　　　近世史

◇県教育委員会事務局部長室県史編さん室編　前橋　群馬県教育委員会　1983.12　528p　26cm　Ⓝ213.3
〔29089〕

◇群馬県近世史資料所在目録　25　赤城村　群馬県教育委員会事務局部長室県史編さん室編　前橋　群馬県教育委員会　1984.2　331p　26cm　Ⓝ213.3
〔29090〕

◇群馬県近世史資料所在目録　26　北橘村・富士見村・大胡町　群馬県教育委員会事務局部長室県史編さん室編　前橋　群馬県教育委員会　1984.6　429p　26cm　Ⓝ213.3
〔29091〕

◇群馬県近世史資料所在目録　27　宮城村・粕川村・新里村　群馬県教育委員会事務局部長室県史編さん室編　前橋　群馬県教育委員会　1985.1　397p　26cm　Ⓝ213.3
〔29092〕

◇群馬県近世史資料所在目録　28　佐波郡赤堀村・東村　群馬県教育委員会事務局部長室県史編さん室編　前橋　群馬県教育委員会　1985.9　304p　26cm　Ⓝ213.3
〔29093〕

◇群馬県近世史資料所在目録　29　佐波郡境町　群馬県教育委員会事務局部長室県史編さん室編　前橋　群馬県教育委員会　1987.2　619p　26cm　Ⓝ213.3
〔29094〕

◇群馬県近世史資料所在目録　30　佐波郡玉村町　群馬県教育委員会事務局部長室県史編さん室編　前橋　群馬県教育委員会　1987.6　619p　26cm　Ⓝ213.3
〔29095〕

◇群馬県近世史資料所在目録　31　前橋市　1　群馬県教育委員会事務局部長室県史編さん室編　前橋　群馬県教育委員会　1989.3　494p　26cm　Ⓝ213.3
〔29096〕

◇群馬県近世史資料所在目録　32　前橋市　2　群馬県教育委員会事務局部長室県史編さん室編　前橋　群馬県教育委員会　1989.3　488p　26cm　Ⓝ213.3
〔29097〕

◇群馬県近世史資料所在目録　33　桐生市　群馬県教育委員会事務局部長室県史編さん室編　前橋　群馬県教育委員会　1990.3　570p　26cm　Ⓝ213.3
〔29098〕

◇群馬県近世史資料所在目録　34　大間々町　群馬県教育委員会事務局部長室県史編さん室編　前橋　群馬県教育委員会　1990.3　528p　26cm　Ⓝ213.3
〔29099〕

◇群馬県近世史資料所在目録　35　勢多郡東村・館林市　群馬県教育委員会事務局部長室県史編さん室編　前橋　群馬県教育委員会　1991.3　325p　26cm　Ⓝ213.3
〔29100〕

◇群馬県近世史資料所在目録　36　太田市　群馬県教育委員会事務局部長室県史編さん室編　前橋　群馬県教育委員会　1991.3　531p　26cm　Ⓝ213.3
〔29101〕

◇群馬県史収集複製資料目録　第2集　近世史部会収集資料　その2　群馬県立文書館編　前橋　群馬県立文書館　1995.3　597p　30cm　Ⓝ213.3
〔29102〕

◇群馬県史収集複製資料目録　第3集　近世史部会収集資料　その3　群馬県立文書館編　前橋　群馬県立文書館　1996.3　562p　30cm　Ⓝ213.3
〔29103〕

◇藤岡市近世・近代現代史資料所在目録　1　藤岡市史編さん室編　藤岡　藤岡市　1987.4　338p　26cm　Ⓝ213.3
〔29104〕

◇藤岡市近世・近代現代史資料所在目録　2　藤岡市史編さん室編　藤岡　藤岡市　1987.4　248p　26cm　Ⓝ213.3
〔29105〕

◇藤岡市近世・近代現代史資料所在目録　3　藤岡市史編さん室編　藤岡　藤岡市　1988.8　360p　26cm　Ⓝ213.3
〔29106〕

◇藤岡市近世・近代現代史資料所在目録　4　藤岡市史編さん室編　藤岡　藤岡市　1988.8　p361〜714　26cm　Ⓝ213.3
〔29107〕

◇藤岡市近世・近代現代史資料所在目録　5　藤岡市史編さん室編　藤岡　藤岡市　1989.4　232p　26cm　Ⓝ213.3
〔29108〕

◇藤岡市近世・近代現代史資料所在目録　6　藤岡市史編さん室編　藤岡　藤岡市　1989.4　212p　26cm　Ⓝ213.3
〔29109〕

◇藤岡市近世・近代現代史資料所在目録　7　藤岡市史編さん室編　藤岡　藤岡市　1994.10　1冊　26cm　Ⓝ213.3
〔29110〕

◆◆埼玉県

◇ある農家の江戸と明治史　新井富士重著　美里村（埼玉県児玉郡）　新井富士重　1971　110p　19cm　Ⓝ288.3
〔29111〕

◇大江戸・小江戸川越時の鐘ものがたり　小泉功, 青木一好共著　子どもと教育社　2001.8　110,10p　21cm　1500円　Ⓘ4-901313-04-5　Ⓝ213.4
〔29112〕

◇忍城物語―目でみる行田史　大沢俊吉著　行田　行田市　1973　104p　26cm　400円　Ⓝ213.4
〔29113〕

◇近世における荒川中流域の水害と治水―吉見領・川島領を中心に　大塚一男著　滑川町（埼玉県）　大塚一男　1985.3　104p　21cm　Ⓝ213.4
〔29114〕

◇近世武州名栗村の構造　山中清孝著　名栗村（埼玉県）　名栗村教育委員会　1981.12　322p　21cm　Ⓝ213.4
〔29115〕

◇黒船来航と川越藩―第13回企画展図録　川越市立博物館編　川越　川越市立博物館　1998.10　67p　30cm　Ⓝ213.4
〔29116〕

◇高札―中山道熊谷宿　熊谷　熊谷市立図書館　1992.3　114p　26cm　Ⓝ213.4
〔29117〕

◇埼玉県史　第5巻　埼玉県編　浦和　埼玉県　1936　538p　22cm　Ⓝ213.4
〔29118〕

◇埼玉の浪士たち―「浪士組」始末記　小高旭之著　さいたま　埼玉新聞社　2004.5　375p　20cm　1800円　Ⓘ4-87889-256-0　Ⓝ210.58
〔29119〕

◇新篇武蔵風土記稿　第1　巻1-31　間宮士信等編　歴史図書社　1969　890p　22cm　3200円　Ⓝ291.34
〔29120〕

◇新篇武蔵風土記稿　第2　間宮士信等編　歴史図書社　1969　890p　22cm　3200円　Ⓝ291.34
〔29121〕

◇新篇武蔵風土記稿　第3　間宮士信等編　歴史図書社　1969　954p　22cm　3200円　Ⓝ291.34
〔29122〕

◇新篇武蔵風土記稿　第4　巻99-123　間宮士信等編　歴史図書社　1969　1000p　22cm　3200円　Ⓝ291.34
〔29123〕

◇新篇武蔵風土記稿　第5　間宮士信等編　歴史図書社　1969　1002p　22cm　3200円　Ⓝ291.34
〔29124〕

◇新篇武蔵風土記稿　第6　巻154-189　間宮士信等編　歴史図書社　1969　996p　22cm　3200円　Ⓝ291.34
〔29125〕

◇新篇武蔵風土記稿　第7　巻190-225　間宮士信等編　歴史図書社　1969　952p　22cm　3200円　Ⓝ291.34
〔29126〕

◇新篇武蔵風土記稿　第8　間宮士信等編　歴史図書社　1969　766,107,29p　22cm　3200円　Ⓝ291.34
〔29127〕

◇続ある農家の江戸と明治史　新井富士重著　本庄　梓出版　1973　112p　19cm　500円　Ⓝ288.3
〔29128〕

◇秩父山地農民の生活―幕藩制下の小森村　志野昭著　有峰書店新社　1983.3　459p　19cm　2000円　Ⓝ213.4
〔29129〕

◇秩父地方史研究必携　2　近世　埼玉新聞社編　浦和

埼玉新聞社　1979.9　281p　19cm　1600円　Ⓝ213.4
〔29130〕
◇天保一四年日光山御参詣一件―稲生正光家文書　坂戸市教育委員会編　坂戸　坂戸市　1994.3　151p　26cm　（坂戸市郷土歴史資料　第2集）Ⓝ213.4
〔29131〕
◇中山道浦和宿―特別展　浦和市立郷土博物館編　浦和　浦和市立郷土博物館　1999.3　32p　30cm　Ⓝ213.4
〔29132〕
◇中山道浦和宿と本陣・脇本陣　星野英一著　さいたま　雄文社出版企画室　2002.9　34p　21cm　非売品　①4-89693-082-7　Ⓝ213.4
〔29133〕
◇根岸友山・武香の軌跡―幕末維新から明治へ　根岸友憲監修　根岸友山・武香顕彰会編　さいたま　さきたま出版会　2006.5　221p　19cm　2000円　①4-87891-376-2　Ⓝ289.1
〔29134〕
◇幕末武州の青年群像　岩上進著　浦和　さきたま出版会　1991.3　375,4p　22cm　3200円　①4-87891-188-3　Ⓝ210.58
〔29135〕
◇旗本領の村落の形成と支配―武蔵国比企郡毛塚村を事例として　落合延孝著　東松山　東松山市　1984.3　65p　26cm　（東松山市史編さん調査報告　第25集）Ⓝ213.4
〔29136〕
◇人づくり風土記―江戸時代　11　ふるさとの人と知恵・埼玉　石川松太郎ほか編纂　農山漁村文化協会　1995.9　380p　27cm　4500円　①4-540-95035-5　Ⓝ210.5
〔29137〕
◇前橋藩松山陣屋　東松山　松山陣屋研究会　1979.12　139p　22cm　1800円　Ⓝ213.4
〔29138〕
◇松平家四百年の歩み―長篠城より忍城へ　大沢俊吉著　講談社・音羽サービス・センター（製作）　1970　274p　20cm　1200円　Ⓝ288.3
〔29139〕
◇武蔵国藩史総覧　須田茂著　聚海書林　1989.8　374p　20cm　4120円　①4-915521-44-3　Ⓝ213.4
〔29140〕
◇文書・絵馬・石造物に見る近世大宮の生活・文化・教育　大宮市立博物館編　大宮　大宮市教育委員会　1989.3　124p　26cm　（大宮の教育史調査報告書 4）Ⓝ213.4
〔29141〕
◇吉宗の時代と埼玉　秋葉一男著　浦和　さきたま出版会　1995.2　190p　19cm　2000円　①4-87891-060-7　Ⓝ213.4
〔29142〕
◇歴代岩槻城主とその家紋　関根幸之亟編　岩槻　岩槻市教育委員会　1973.1　43p　20cm　非売品　Ⓝ213.4
〔29143〕

◆◆◆自治体史
◇大宮市史　第3巻 上　近世　大宮市編　大宮　大宮市　1977.3　759p　22cm　4600円　Ⓝ213.4　〔29144〕
◇大宮市史　第3巻 中　近世　大宮　大宮市　1978.3　520,237p　22cm　4900円　Ⓝ213.4　〔29145〕
◇大宮市史　第3巻 下　近世地誌編　大宮　大宮市　1973　602p　22cm　Ⓝ213.4　〔29146〕
◇越生の歴史　2　近世　越生町教育委員会編　越生町（埼玉県）　越生町　1999.3　596p　27cm　Ⓝ213.4
〔29147〕
◇川越市史　第3巻　近世編　川越市総務部庶務課市史編纂室編　川越　川越市　1983.12　587p　22cm　4300円　Ⓝ213.4
〔29148〕
◇川越市史研究　川越市庶務課市史編纂室編　川越　川越市　1984.3　164p　図版10枚　21cm　1000円　Ⓝ213.4
〔29149〕
◇川越藩政と文教　岸伝平著　川越　川越叢書刊行会　1958　120p　19cm　（川越叢書　第10巻）Ⓝ213.4
〔29150〕
◇川越歴史随筆　岡村一郎著　川越　川越史料刊行会　1962.8　160p　18cm　（川越歴史新書 3）Ⓝ213.4
〔29151〕
◇近世羽生郷土史　補遺　平井辰雄編　羽生　羽生市古文書に親しむ会　1996.1　198p　22cm　非売品　Ⓝ213.4
〔29152〕
◇鴻巣市史　通史編 2　鴻巣市市史編さん調査会編　鴻巣　鴻巣市　2004.2　756p　22cm　Ⓝ213.4　〔29153〕
◇小江戸川越歴史散歩―城下町・川越の蔵と古刹と時の鐘　広瀬瑛著　鷹書房弓プレス　1991.9　246p　19cm　1300円　①4-8034-0375-9　Ⓝ291.34
〔29154〕
◇児玉町町史料調査報告　第8集　解説　近世吉田林村の構造と動向　根岸篤太郎著　児玉町（埼玉県）　児玉町教育委員会　1985.1　47p　26cm　Ⓝ213.4　〔29155〕
◇新編埼玉県史　通史編 3　近世 1　浦和　埼玉県　1988.3　900p　22cm　Ⓝ213.4
〔29156〕
◇新編埼玉県史　通史編 4　近世 2　浦和　埼玉県　1989.3　1148p　22cm　Ⓝ213.4
〔29157〕
◇徳川三代の時代と川越―開館10周年特別展　川越市立博物館編　川越　川越市立博物館　2000.10　83p　30cm　Ⓝ213.4
〔29158〕
◇歴史年表事典―大江戸・小江戸（川越）対比　小泉功、青木一好共著　ルック　1999.7　174p　19×26cm　2381円　①4-947676-64-7　Ⓝ213.4
〔29159〕
◇わが町川越歴史散歩―小江戸の残照　小泉功著　ルック　1995.2　222p　21cm　2000円　①4-947676-12-4　Ⓝ291.34
〔29160〕
◇渡辺崋山と（訪〔チョウ〕録）三ヶ尻　熊谷市立図書館編　熊谷　熊谷市立図書館　1997.3　8,221p　30cm　（市内の文化財をめぐる 13）Ⓝ213.4
〔29161〕

◆◆◆自治体史史料
◇上尾市史　第3巻　資料編 3 近世 2　上尾市教育委員会編　上尾　上尾市　1995.3　815p　22cm　Ⓝ213.4
〔29162〕
◇入間市史　近世史料編　入間市史編さん室編　入間　入間市　1986.12　713p　27cm　Ⓝ213.4　〔29163〕
◇入間市史調査報告書　第1集　近世史料目録 1　入間　入間市史編さん室　1980.3　213p　26cm　Ⓝ213.4
〔29164〕
◇岩槻市史　金石史料編 2　近世・近代・現代史料　岩槻　岩槻市市史編さん室　1984.3　932p　22cm　Ⓝ213.4
〔29165〕
◇岩槻市史　近世史料編 1　児玉南柯日記　岩槻　岩槻市　1980.3　734,35p　22cm　Ⓝ213.4
〔29166〕
◇岩槻市史　近世史料編 3　藩政史料　上　岩槻　岩槻市　1981.3　688p　22cm　Ⓝ213.4
〔29167〕
◇岩槻市史　近世史料編 4　地方史料　上　岩槻　岩槻市　1982.3　835p　22cm　Ⓝ213.4
〔29168〕
◇岩槻市史　近世史料編 2　1　浄国寺日鑑　上　岩槻　岩槻市　1981.3　892p　22cm　Ⓝ213.4
〔29169〕
◇岩槻市史　近世史料編 2　2　浄国寺日鑑　中　岩槻　岩槻市　1981.9　6,1090p　22cm　Ⓝ213.4　〔29170〕
◇岩槻市史　近世史料編 2　3　浄国寺日鑑　下　岩槻　岩槻市市史編さん室　1981.10　874p　22cm　Ⓝ213.4
〔29171〕
◇岩槻市史　近世史料編 4　2　地方史料　下　岩槻　岩槻市市史編さん室　1982.12　1105p　22cm　Ⓝ213.4
〔29172〕

地方史　　　　　　　　　　近世史

◇岩槻市史料—近世・近代・現代編　第3巻　岩槻　岩槻
市史編さん室　1975.1　78p　25cm　〔29173〕
◇浦和市史　第3巻　1　近世史料編 1　浦和市総務部
市史編さん室編　浦和　浦和市　1981.3　781p　22cm
Ⓝ213.4　〔29174〕
◇浦和市史　第3巻　2　近世史料編 2　浦和市総務部
市史編さん室編　浦和　浦和市　1986.3　917p　22cm
Ⓝ213.4　〔29175〕
◇浦和市史　第3巻　3　近世史料編 3　浦和市総務部
市史編さん室編　浦和　浦和市　1984.1　799p　22cm
Ⓝ213.4　〔29176〕
◇浦和市史　第3巻　4　近世史料編 4　浦和市総務部
市史編さん室編　浦和　浦和市　1985.3　867p　22cm
Ⓝ213.4　〔29177〕
◇浦和市史料叢書　1 検地帳編 1　浦和市総務部行政資料
室編　浦和　浦和市　1995.3　206p　22cm　Ⓝ213.4
〔29178〕
◇浦和市史料叢書　2 検地帳編 2　浦和市総務部行政管理
課編　浦和　浦和市　1996.3　295p　22cm　Ⓝ213.4
〔29179〕
◇浦和市史料叢書　3 検地帳編 3　浦和市総務部行政管理
課編　浦和　浦和市　1997.3　181p　22cm　Ⓝ213.4
〔29180〕
◇大井町史　資料編 2　近世　大井町史編さん委員会編
大井町（埼玉県）　大井町　1988.3　684,27p　22cm
Ⓝ213.4　〔29181〕
◇小川町の歴史　資料編 4　近世 1　小川町編　小川町
（埼玉県）　小川町　2000.3　670p　27cm　Ⓝ213.4
〔29182〕
◇小川町の歴史　資料編 5　近世 2　小川町編　小川町
（埼玉県）　小川町　2001.3　764p　27cm　Ⓝ213.4
〔29183〕
◇桶川市史　第4巻　近世資料編　桶川　桶川市　1982.3
623p　22cm　Ⓝ213.4　〔29184〕
◇越生の歴史　近世史料　古文書・記録　越生町史研究
会編　越生町（埼玉県）　越生町　1992.9　815p　27cm
Ⓝ213.4　〔29185〕
◇春日部市史　第3巻　1　近世史料編 1　春日部市教
育委員会市史編さん室編　春日部　春日部市　1978.3
831p　22cm　Ⓝ213.4　〔29186〕
◇春日部市史　第3巻　2　近世史料編 2　春日部市教
育委員会市史編さん室編　春日部　春日部市　1980.3
885p　22cm　Ⓝ213.4　〔29187〕
◇春日部市史　第3巻　3　近世史料編 3ノ1　春日部
市教育委員会市史編さん室編　春日部　春日部市
1982.3　582p　22cm　Ⓝ213.4　〔29188〕
◇春日部市史　第3巻　4　近世史料編 3ノ2　春日部
市教育委員会市史編さん室編　春日部　春日部市
1982.12　p583〜1050,42p　22cm　Ⓝ213.4　〔29189〕
◇春日部市史　第3巻　5　近世史料編 4　春日部市
教育委員会市史編さん室編　春日部　春日部市　1987.3
824p　22cm　Ⓝ213.4　〔29190〕
◇春日部市史　第3巻　6　近世史料編 5　春日部市教
育委員会社会教育課編　春日部　春日部市　1990.3
829p　22cm　Ⓝ213.4　〔29191〕
◇川口市史　近世資料編 1　川口　川口市　1985.3
1018p　22cm　Ⓝ213.4　〔29192〕
◇川口市史　近世資料編 2　川口　川口市　1986.3
1032p　22cm　Ⓝ213.4　〔29193〕
◇川口市史　近世資料編 3　川口　川口市　1983.3　2冊
（別冊とも）　22cm　Ⓝ213.4　〔29194〕

◇川越市史　史料編 近世 1　川越市総務部市史編纂室編
川越　川越市　1978.10　871p　22cm　5100円　Ⓝ213.
4　〔29195〕
◇川越市史　史料編 近世 2　川越市総務部市史編纂室編纂
川越　川越市　1977.3　925p 図 地　22cm　5000円
Ⓝ213.4　〔29196〕
◇川越市史　史料編 近世 3　編纂：川越市総務部市史編纂
室　川越　川越市　1972　686p 図 地　22cm　2000円
Ⓝ213.4　〔29197〕
◇川越藩における農兵取り立て一件資料　大井町史編さん
委員会編　大井町（埼玉県）　大井町教育委員会　1980.3
120p　21cm　（大井町史料 第6集）Ⓝ213.4　〔29198〕
◇川里村史　資料編 2　近世　川里村教育委員会編　川里
村（埼玉県）　川里村　1996.3　599p　22cm　Ⓝ213.4
〔29199〕
◇川島町史　資料編 近世 2　幕末編　川島町編　川島町
（埼玉県）　川島町　1999.3　711p　27cm　Ⓝ213.4
〔29200〕
◇川島町史　資料編 近世 3　川島町編　川島町（埼玉県）
川島町　2003.3　716p　27cm　Ⓝ213.4　〔29201〕
◇寒松日暦の読み方—川口市史近世資料編3　沼口信一編
川口　〔沼口信一〕　1986　50p　26cm　Ⓝ213.4
〔29202〕
◇騎西町史　近世資料編　騎西町史編さん室編　騎西町
（埼玉県）　騎西町教育委員会　1989.1　764p　22cm
Ⓝ213.4　〔29203〕
◇北本市史　第4巻　近世資料編　北本市教育委員会社会
教育課編　北本　北本市教育委員会　1987.3　720p
22cm　Ⓝ213.4　〔29204〕
◇久喜市史　資料編 2　近世 1　久喜市史編さん室編　久
喜　久喜市　1986.3　754p　22cm　Ⓝ213.4　〔29205〕
◇久喜市史　資料編 3　近世 2　久喜市史編さん室編　久
喜　久喜市　1990.3　665p　22cm　Ⓝ213.4　〔29206〕
◇鴻巣市史　資料編 3　鴻巣市市史編さん調査会編　鴻巣
鴻巣市　1993.9　906p　22cm　Ⓝ213.4　〔29207〕
◇鴻巣市史　資料編 4　鴻巣市市史編さん調査会編　鴻巣
鴻巣市　1996.8　875p　22cm　Ⓝ213.4　〔29208〕
◇越谷市史　第3巻　史料 1　越谷　越谷市　1973
1009p　22cm　Ⓝ213.4　〔29209〕
◇児玉町史　近世資料編　児玉町教育委員会,児玉町史編
さん委員会編　児玉町（埼玉県）　児玉町　1990.3
608p　27cm　Ⓝ213.4　〔29210〕
◇坂戸市史　近世史料 1　坂戸市教育委員会編　坂戸
坂戸市　1987.9　752p　23cm　Ⓝ213.4　〔29211〕
◇坂戸市史　近世史料 2　坂戸市教育委員会編　坂戸
坂戸市　1991.3　903p　23cm　Ⓝ213.4　〔29212〕
◇幸手市史　近世資料編 1　幸手市教育委員会生涯学習課
市史編さん室編　幸手　幸手市教育委員会　1996.3
839p　22cm　Ⓝ213.4　〔29213〕
◇幸手市史　近世資料編 2　幸手市教育委員会生涯学習課
市史編さん室編　幸手　幸手市教育委員会　1998.3
863p　22cm　Ⓝ213.4　〔29214〕
◇狭山市史　近世資料編 1　狭山　狭山市　1985.3　811p
22cm　Ⓝ213.4　〔29215〕
◇狭山市史　近世資料編 2　狭山　狭山市　1987.3　712p
22cm　Ⓝ213.4　〔29216〕
◇志木市史　近世資料編 1　志木　志木市　1987.3　715p
23cm　Ⓝ213.4　〔29217〕
◇志木市史　近世資料編 2　志木　志木市　1988.3　779p
23cm　Ⓝ213.4　〔29218〕

近世史　　　　　　　　　　　　　　　　　　　　　　　　　　　　　　地方史

◇志木市史　近世資料編 3　志木　志木市　1987.3　692p　23cm　Ⓝ213.4
〔29219〕

◇新修蕨市史　資料編 2　近世　蕨市編　蕨　蕨市　1994.1　2冊（別冊とも）　22cm　Ⓝ213.4
〔29220〕

◇鶴ケ島町史　近世資料編 1　鶴ケ島町（埼玉県）　鶴ケ島町　1982.3　507p　27cm　Ⓝ213.4
〔29221〕

◇鶴ケ島町史　近世資料編 2　鶴ケ島町（埼玉県）　鶴ケ島町　1983.3　547p　27cm　Ⓝ213.4
〔29222〕

◇鶴ケ島町史　近世資料編 3　鶴ケ島町（埼玉県）　鶴ケ島町　1984.8　527p　27cm　Ⓝ213.4
〔29223〕

◇鶴ケ島町史　近世資料編 4　鶴ケ島町（埼玉県）　鶴ケ島町　1985.10　671p　27cm　Ⓝ213.4
〔29224〕

◇都幾川村史資料　4-1　近世編―平地区1　都幾川村史編さん委員会編　都幾川村（埼玉県）　都幾川村　1993.3　307p　26cm　Ⓝ213.4
〔29225〕

◇都幾川村史資料　4-2　近世編―平地区2　都幾川村史編さん委員会編　都幾川村（埼玉県）　都幾川村　1993.3　222p　26cm　Ⓝ213.4
〔29226〕

◇都幾川村史資料　4-3　近世編―大椚地区1　都幾川村史編さん委員会編　都幾川村（埼玉県）　都幾川村　1996.3　394p　26cm　Ⓝ213.4
〔29227〕

◇都幾川村史資料　4-4　近世編―大椚地区2　都幾川村史編さん委員会編　都幾川村（埼玉県）　都幾川村　1996.3　356p　26cm　Ⓝ213.4
〔29228〕

◇都幾川村史資料　4-5　近世編―明覚地区1　都幾川村史編さん委員会編　都幾川村（埼玉県）　都幾川村　1998.3　431p　26cm　Ⓝ213.4
〔29229〕

◇都幾川村史資料　4-6　近世編―明覚地区2　都幾川村史編さん委員会編　都幾川村（埼玉県）　都幾川村　1998.3　310p　26cm　Ⓝ213.4
〔29230〕

◇所沢市史　近世史料 1　所沢市史編さん委員会編　所沢　所沢市　1979.8　805p　27cm　Ⓝ213.4
〔29231〕

◇所沢市史　近世史料 2　所沢　所沢市　1983.3　815p　27cm　Ⓝ213.4
〔29232〕

◇所沢市史調査資料　34　近世史料目録編　16　石山家文書目録　所沢市教育委員会文化財保護課編　所沢　所沢市教育委員会文化財保護課　1995.3　143p　26cm　Ⓝ213.4
〔29233〕

◇所沢市史調査資料　36　近世史料目録編　17　所沢市教育委員会文化財保護課編　所沢　所沢市教育委員会文化財保護課　1997.3　64p　26cm　Ⓝ213.4
〔29234〕

◇戸田市史　資料編 2　近世 1　戸田　戸田市　1983.3　13,818p　22cm　Ⓝ213.4
〔29235〕

◇戸田市史　資料編 3　近世 2　戸田　戸田市　1985.3　16,887p　22cm　Ⓝ213.4
〔29236〕

◇新座市史　第2巻　近世資料編　新座市教育委員会市史編さん室編　新座　新座市　1985.3　883p　22cm　Ⓝ213.4
〔29237〕

◇蓮田市史　近世資料編 1　蓮田市教育委員会社会教育課編　蓮田　蓮田市教育委員会　2000.3　740p　27cm　Ⓝ213.4
〔29238〕

◇蓮田市史　近世資料編 2　蓮田市教育委員会社会教育課編　蓮田　蓮田市教育委員会　1997.3　2冊（付録とも）　27cm　Ⓝ213.4
〔29239〕

◇飯能市史　資料編 8　近世文書　飯能市史編集委員会編　飯能　飯能市　1984.1　278p　26cm　Ⓝ213.4
〔29240〕

◇東松山市史　資料編　第3巻　近世編　東松山市教育委員会事務局市史編さん課編　東松山　東松山市　1983.3　620p　27cm　Ⓝ213.4
〔29241〕

◇日高市史　近世資料編　日高市史編集委員会, 日高市教育委員会編　日高　日高市　1996.9　96,1045p　22cm　Ⓝ213.4
〔29242〕

◇富士見市史　資料編 4　近世　富士見市教育委員会編　富士見　富士見市　1990.3　619p　22cm　Ⓝ213.4
〔29243〕

◇本庄市史料　第9巻 上　本庄宿　田村本陣文書　本庄市史編集室編　本庄　本庄市教育委員会　1974　126p　25cm　Ⓝ213.4
〔29244〕

◇本庄市史料　第9巻 中　本庄宿　田村本陣文書　本庄市史編集室編　本庄　本庄市教育委員会　1975　120p　25cm　Ⓝ213.4
〔29245〕

◇三郷市史　第3巻　近世史料 2　三郷市史編さん委員会編　三郷　三郷市　1992.3　697p　22cm　Ⓝ213.4
〔29246〕

◇八潮市史　史料編　近世 1　八潮　八潮市　1984.7　35,852,53p　22cm　Ⓝ213.4
〔29247〕

◇八潮市史　史料編　近世 2　八潮　八潮市　1987.1　905,50p　22cm　Ⓝ213.4
〔29248〕

◇与野市史　中・近世史料編　与野市企画部市史編さん室編　与野　与野市　1982.4　972p　22cm　Ⓝ213.4
〔29249〕

◇寄居町史　近世資料編　寄居町教育委員会町史編さん室編　寄居町（埼玉県）　寄居町教育委員会　1983.3　550p　22cm　Ⓝ213.4
〔29250〕

◇両神村史　史料編 2　近世出浦家文書　両神村村史編さん委員会編　両神村（埼玉県）　両神村　1987.3　720p　22cm　Ⓝ213.4
〔29251〕

◇両神村史　史料編 3　近世・近代出浦家文書　両神村村史編さん委員会編　両神村（埼玉県）　両神村　1988.3　824p　22cm　Ⓝ213.4
〔29252〕

◇両神村史　史料編 4　近世・近代出浦家文書　両神村史編さん委員会編　両神村（埼玉県）　両神村　1989.12　825p　22cm　Ⓝ213.4
〔29253〕

◇両神村史　史料編 5　近世・近代加藤家文書　両神村教育委員会編　両神村（埼玉県）　両神村　1997.3　800p　22cm　Ⓝ213.4
〔29254〕

◇両神村史　史料編 6　近世加藤家文書　両神村教育委員会編　両神村（埼玉県）　両神村　1998.2　871p　22cm　Ⓝ213.4
〔29255〕

◇両神村史　史料編 7　近世・近代加藤家文書　両神村教育委員会編　両神村（埼玉県）　両神村　1998.3　892p　22cm　Ⓝ213.4
〔29256〕

◇和光市史　史料編 2　近世　和光　和光市　1982.5　770p　22cm　Ⓝ213.4
〔29257〕

◇鷲宮町史　史料 1 近世　鷲宮町（埼玉県）　鷲宮町　1980.3　745p　22cm　Ⓝ213.4
〔29258〕

◇鷲宮町史　史料 2 近世　鷲宮町（埼玉県）　鷲宮町　1981.2　805p　22cm　Ⓝ213.4
〔29259〕

◇蕨市の歴史―史料篇　第1　蕨市編　蕨　1959　540p　21cm　Ⓝ213.4
〔29260〕

◆◆◆―般史料

◇和宮様御下向御用日記留　岡田加兵衛著, 蕨市編　蕨　蕨市　1987.1　110p　26cm　（蕨市史調査報告書　第3集）Ⓝ213.4
〔29261〕

◇久保村須田家日記―安政四年　上尾　上尾市教育委員会　1993.3　123p　26cm　（上尾市史編さん調査報告書　第6集）Ⓝ213.4
〔29262〕

◇小室宿村御用留―文政八年～安政五年　伊奈町教育委員会編　伊奈町（埼玉県）　伊奈町教育委員会　2007.3

地方史　　　　　　　　　近世史

526p　21cm　(伊奈叢書 4)Ⓝ213.4　〔29263〕
◇御用諸向要用留　続　狭山古文書勉強会編　所沢　狭山古文書勉強会　1995.10　130p　26cm　(狭山古文書叢書 第12集)Ⓝ213.4　〔29264〕
◇埼玉叢書　第5　稲村坦元編　新訂増補　国書刊行会　1971　556p　22cm　6000円　Ⓝ213.4　〔29265〕
◇新編埼玉県史　資料編10　近世 1 地誌　埼玉県編　浦和　埼玉県　1979.12　1010,87p　22cm　Ⓝ213.4　〔29266〕
◇新編埼玉県史　資料編11　近世 2 騒擾　埼玉県編　浦和　埼玉県　1981.1　983p　図版4枚　22cm　Ⓝ213.4　〔29267〕
◇新編埼玉県史　資料編12　近世 3 文化　埼玉県編　浦和　埼玉県　1982.3　1015p　図版23枚　22cm　Ⓝ213.4　〔29268〕
◇新編埼玉県史　資料編13　近世 4 治水　埼玉県編　浦和　埼玉県　1983.3　1078p　22cm　Ⓝ213.4　〔29269〕
◇新編埼玉県史　資料編14　近世 5 村落・都市　浦和　埼玉県　1991.2　2冊(別冊とも)　22cm　Ⓝ213.4　〔29270〕
◇新編埼玉県史　資料編15　近世 6 交通　埼玉県編　浦和　埼玉県　1984.3　1083p　22cm　Ⓝ213.4　〔29271〕
◇新編埼玉県史　資料編16　近世 7 産業　埼玉県編　浦和　埼玉県　1990.3　984p　22cm　Ⓝ213.4　〔29272〕
◇新編埼玉県史　資料編17　近世 8 領主　埼玉県編　浦和　埼玉県　1985.3　1066p　22cm　Ⓝ213.4　〔29273〕
◇廿楽忠英家近世文書　桶川市歴史民俗資料館編　桶川　桶川市歴史民俗資料館　2001.3　42p　30cm　(桶川市歴史民俗資料館古文書調査報告書 第1集)Ⓝ213.4　〔29274〕
◇日光御参詣之砌人馬へ施差出し候次第一天保十四卯年四月　関東不二道　鳩ヶ谷市文化財保護委員会編　鳩ヶ谷　鳩ヶ谷市教育委員会　1998.3　143p　21cm　(鳩ヶ谷の古文書 第22集)Ⓝ213.4　〔29275〕
◇忍藩秩父領割役　高野家御用日記類抄　高野家編,秩父市誌編纂委員会,秩父市立図書館,秩父郷土研究校定　秩父　秩父市誌編纂委員会　1960　111p　21cm　Ⓝ213.4　〔29276〕
◇忍藩秩父領割役　松本家御用日記類抄　第1分冊　松本家編,秩父市誌編纂委員会,秩父市立図書館,秩父郷土研究会校定　秩父　秩父市誌編纂委員会　1960-1961　21cm　Ⓝ213.4　〔29277〕
◇忍藩秩父領割役　松本家御用日記類抄　第2分冊　松本家編,秩父市誌編纂委員会,秩父市立図書館,秩父郷土研究会校定　秩父　秩父市誌編纂委員会　1960-1961　21cm　Ⓝ213.4　〔29278〕
◇忍藩秩父領割役　松本家御用日記類抄　第3分冊　松本家編,秩父市誌編纂委員会,秩父市立図書館,秩父郷土研究会校定　秩父　秩父市誌編纂委員会　1960-1961　21cm　Ⓝ213.4　〔29279〕
◇忍藩秩父領割役　松本家御用日記類抄　第4分冊　松本家編,秩父市誌編纂委員会,秩父市立図書館,秩父郷土研究会校定　秩父　秩父市誌編纂委員会　1960-1961　21cm　Ⓝ213.4　〔29280〕
◇忍藩秩父領割役　松本家御用日記類抄　第5分冊　松本家編,秩父市誌編纂委員会,秩父市立図書館,秩父郷土研究会校定　秩父　秩父市誌編纂委員会　1960-1961　21cm　Ⓝ213.4　〔29281〕
◇忍藩秩父領村別史料集　松本家,高野家編,秩父市誌編纂委員会,秩父市立図書館,秩父郷土研究会校定　秩父　秩父市誌編纂委員会　1961　166p　21cm　Ⓝ213.4　〔29282〕

◇膝折宿御用留　1　朝霞市教育委員会編　朝霞　朝霞市教育委員会　2001.3　393p　21cm　(朝霞市史史料集)Ⓝ213.4　〔29283〕
◇膝折宿御用留　2　朝霞市教育委員会編　朝霞　朝霞市教育委員会　2002.3　427p　26cm　(朝霞市史史料集)Ⓝ213.4　〔29284〕
◇武州岩槻藩大岡家史料　編集校訂：大村進,原初男　岩槻　岩槻市教育委員会　1975　272p　21cm　Ⓝ213.4　〔29285〕
◇武州男衾郡千代村御縄打水帳　熊谷　熊谷古文書研究会　1981.6　68p　26cm　(史料集 第4号)非売品　Ⓝ213.4　〔29286〕
◇武州高麗郡中山村記録　中藤栄祥編　飯能　智説寺　1966　429p　図版 地　23cm　Ⓝ213.4　〔29287〕
◇武州埼玉郡忍行田史料拾遺　1　長谷川宏編　行田　長谷川宏　1971　78p　25cm　Ⓝ213.4　〔29288〕
◇武州埼玉郡忍行田史料拾遺　2　長谷川宏編　行田　長谷川宏　1971　85p　25cm　Ⓝ213.4　〔29289〕
◇武州埼玉郡忍行田史料拾遺　3　長谷川宏編　行田　長谷川宏　1972　90p　25cm　Ⓝ213.4　〔29290〕
◇武州秩父郡古文書　第1集　若木近世史研究会編　1958　77p　25cm　Ⓝ213.4　〔29291〕
◇武州秩父郡古文書　第2集　若木近世史研究会編　1959　71p　25cm　Ⓝ213.4　〔29292〕
◇武州文書　武相史料刊行会編　〔武相史料刊行会〕　1958-1960　6冊　22cm　非売品　Ⓝ213.4　〔29293〕

◆◆◆史料目録

◇会田家・相沢家文書目録　浦和　浦和図書館　1971　404p　26cm　(近世資料所在調査報告 6)Ⓝ025.9134　〔29294〕
◇厚沢家文書目録—浦和市指定有形文化財　出版地不明　浦和市教育委員会　1971.6　31p　25cm　(浦和市近世文書目録 1)　〔29295〕
◇宇野家・大熊家文書目録　埼玉県立文書館編　浦和　埼玉県立文書館　1976.10　290p　26cm　(近世資料所在調査報告 13)Ⓝ213.4　〔29296〕
◇浦和市指定有形文化財武笠家文書目録—武蔵国足立郡木崎領三室村　浦和　浦和市教育委員会　1973.9　67p　25cm　(浦和市近世文書目録 2)　〔29297〕
◇加藤家・藤井家・稲生家文書目録　浦和　埼玉県立図書館　1970　286p　26cm　(近世史料所在調査報告 5)Ⓝ213.4　〔29298〕
◇川越市史近世史料目録　川越市史編纂室編　川越　川越市　1980.3　137p　26cm　Ⓝ213.4　〔29299〕
◇光西寺松井家文書目録　川越　川越市立博物館　1991.3　50p　26cm　Ⓝ213.4　〔29300〕
◇越谷市近世古文書目録—昭和45年度調査報告書　越谷市史編さん室編　越谷　越谷市史編さん室　1971　198p　26cm　Ⓝ213.4　〔29301〕
◇沢田茂一郎家文書目録　1　上福岡　上福岡市教育委員会　1996.3　148p　26cm　(市史調査報告書 第10集)Ⓝ213.4　〔29302〕
◇沢田茂一郎家文書目録　2　上福岡　上福岡市教育委員会　1997.3　132p　26cm　(市史調査報告書 第12集)Ⓝ213.4　〔29303〕
◇篠崎家・久保家文書目録　埼玉県立文書館編　浦和　埼玉県立文書館　1977.10　371p　26cm　(近世資料所在調査報告 14)Ⓝ213.4　〔29304〕
◇諸家文書目録　2　埼玉県立文書館編　浦和　埼玉県立文書館　1980.2　366p　26cm　(近世史料所在調査報告

◇白石家・浅見家文書目録　浦和　埼玉県立浦和図書館　1973　306p　26cm　(近世史料所在調査報告 19)Ⓝ213.4　〔29306〕

◇所沢市史調査資料　1　近世史料目録編　1　所沢市史編集委員編　所沢　所沢市史編さん室　1975.3　61p　26cm　Ⓝ213.4　〔29307〕

◇所沢市史調査資料　3　近世史料目録編　2　所沢市史編集委員編　所沢　所沢市史編さん室　1975.9　192p　26cm　Ⓝ213.4　〔29308〕

◇所沢市史調査資料　4　近世史料目録編　3　所沢市史編集委員編　所沢　所沢市史編さん室　1976.1　194p　26cm　Ⓝ213.4　〔29309〕

◇所沢市史調査資料　5　近世史料目録編　4　所沢市史編集委員編　所沢　所沢市史編さん室　1976.3　136p　26cm　Ⓝ213.4　〔29310〕

◇所沢市史調査資料　8　近世資料目録編　5　所沢市史編集委員編　所沢　所沢市史編さん室　1977.3　195p　26cm　Ⓝ213.4　〔29311〕

◇所沢市史調査資料　9　近世資料目録編　6　所沢市史編集委員編　所沢　所沢市史編さん室　1977.3　131p　26cm　Ⓝ213.4　〔29312〕

◇所沢市史調査資料　11　近世史料目録編　7　所沢市史編集委員編　所沢　所沢市史編さん室　1978.1　182p　26cm　Ⓝ213.4　〔29313〕

◇所沢市史調査資料　12　近世史料目録編　8　所沢市史編集委員編　所沢　所沢市史編さん室　1978.3　159p　26cm　Ⓝ213.4　〔29314〕

◇所沢市史調査資料　18　近世史料目録編　9　所沢市史編集委員編　所沢　所沢市史編さん室　1980.3　63p　26cm　Ⓝ213.4　〔29315〕

◇所沢市史調査資料　19　近世史料目録編　10　所沢市史編集委員編　所沢　所沢市史編さん室　1981.3　220p　26cm　Ⓝ213.4　〔29316〕

◇所沢市史調査資料　21　近世史料目録編　11　所沢市史編集委員編　所沢　所沢市史編さん室　1982.3　240p　26cm　Ⓝ213.4　〔29317〕

◇所沢市史調査資料　22　近世史料目録編　12　所沢市史編集委員編　所沢　所沢市史編さん室　1983.3　117p　26cm　Ⓝ213.4　〔29318〕

◇所沢市史調査資料　23　近世史料目録編　13　所沢市史編集委員編　所沢　所沢市史編さん室　1983.3　121p　26cm　Ⓝ213.4　〔29319〕

◇所沢市史調査資料　24　近世史料目録編　14　所沢市史編集委員編　所沢　所沢市史編さん室　1983.3　131p　26cm　Ⓝ213.4　〔29320〕

◇所沢市史調査資料　30　近世史料目録編　15　所沢市史編集委員編　所沢　所沢市史編さん室　1989.3　130p　26cm　Ⓝ213.4　〔29321〕

◇野中家・新井家文書目録　浦和　埼玉県立浦和図書館　1972　476p　26cm　(近世史料所在調査報告 7)Ⓝ213.4　〔29322〕

◇鳩ケ谷市の古文書　第1集　本陣船戸家文書目録　鳩ケ谷市文化財保護委員会編集　鳩ケ谷　鳩ケ谷市教育委員会　1975.11　48p　21cm　非売品　Ⓝ213.4　〔29323〕

◇土生津家文書目録―下総国葛飾郡上金崎村　浦和図書館文書館編　浦和　埼玉県立浦和図書館　1975　280p　26cm　(近世史料所在調査報告 10)Ⓝ213.4　〔29324〕

◇坂東家・田中家・猪鼻家文書目録　埼玉県立文書館編　浦和　埼玉県立文書館　1983.2　277p　26cm　(近世史料所在調査報告 19)Ⓝ213.4　〔29325〕

◇日高町史調査報告　第2集　近世資料目録　1　日高町史編さん委員会編　日高町(埼玉県)　日高町教育委員会　1984.3　59p　26cm　Ⓝ213.4　〔29326〕

◇平川家・中島家・小林家文書目録　浦和　埼玉県立文書館　1975　222p　26cm　(近世史料所在調査報告 第12集)Ⓝ213.4　〔29327〕

◇平山家・鬼久保家・吉田家文書目録　埼玉県立文書館編　浦和　埼玉県立文書館　1978.12　437p　26cm　(近世史料所在調査報告 15)Ⓝ213.4　〔29328〕

◇平山家文書目録―武蔵国入間郡平山村　浦和　埼玉県立図書館　1968　410p　25cm　(近世史料所在調査報告 3)Ⓝ213.4　〔29329〕

◇武州入間郡三ケ島村・石井家・加藤家・三ケ島家・中家・文書目録　第1　国学院大学史学会.近世史料研究会編　1957　60p　25cm　(近世村落史料目録 第1輯)Ⓝ213.4　〔29330〕

◇南村須田康子家文書目録　1　近世編　上尾　上尾市教育委員会　2002.3　11,448p　26cm　(上尾市史編さん調査報告書 第13集)Ⓝ213.4　〔29331〕

◇武蔵国足立郡芝村　須賀家文書目録　川口市教育局社会教育課編　川口　1960　47p 地　22cm　Ⓝ213.4　〔29332〕

◇武蔵国大里郡甲山村 根岸家文書目録　埼玉県立図書館編　浦和　1967　430p　25cm　(近世史料所在調査報告 2)Ⓝ213.4　〔29333〕

◇武蔵国横見郡和名村鈴木家文書目録　埼玉県立浦和図書館文書館編　浦和　埼玉県立浦和図書館　1975.2　108p　26cm　(近世史料所在調査報告 11)Ⓝ213.4　〔29334〕

◇森田家・野口家文書目録　埼玉県立文書館編　浦和　埼玉県立文書館　1982.2　425p　26cm　(近世史料所在調査報告 18)Ⓝ213.4　〔29335〕

◇諸井家文書目録―武蔵国児玉郡本庄宿　浦和　埼玉県立図書館　1969　110p　25cm　(近世史料所在調査報告 4)Ⓝ213.4　〔29336〕

◇横田正志家文書目録　近世編　富士見市広報広聴課市史編さん係編　富士見　富士見市　1980.7　168p　26cm　(市史調査報告書 第2集)Ⓝ213.4　〔29337〕

◆◆千葉県

◇我孫子宿と牛久宿―助郷と農民の生活　武井順一著　船橋　〔武井順一〕　1982.12　89p　19cm　1000円　Ⓝ213.5　〔29338〕

◇江戸時代の清水村―名主渡辺家の文書から　野田地方史懇話会古文書研究会編　野田　野田地方史懇話会古文書研究会　1998.7　111p　26cm　Ⓝ213.5　〔29339〕

◇江戸時代の旅日記　成東町社会教育課編　成東町(千葉県)　成東町社会教育課　2005.3　211p　30cm　(成東町史料集 特別編 3)Ⓝ213.5　〔29340〕

◇江戸時代の野田をいく―古絵図にみる「むら」の景観　平成10年度特別展図録　野田市郷土博物館編　野田　野田市郷土博物館　1998.10　86p　30cm　Ⓝ291.35　〔29341〕

◇江戸時代の船橋周辺―藤原新田御用留による村の暮らし　船橋　船橋市郷土資料館　1994.1　56p　25cm　(郷土史講座講義録 第40・41回)Ⓝ213.5　〔29342〕

◇江戸前―年輪と光景　高橋在久著　第一法規出版　1994.3　237p　19cm　1500円　①4-474-00200-8　Ⓝ213.5　〔29343〕

◇大神保の歴史―旗本領村落における家の成立と村の発展　鈴木友万朗著　船橋　〔鈴木友万朗〕　1991　110p　22cm　Ⓝ213.5　〔29344〕

◇上総義軍―幕末郷土史　上巻　宮本栄一郎著　木更津　新千葉新聞社　1955.12　233p　19cm　Ⓝ213.5

◇加茂郷土文化研究会研究集録　第2巻　鶴舞藩　倉垣氏日記　小幡重康編　市原　加茂郷土文化研究会　1968　50p　25cm　Ⓝ213.5
〔29345〕

◇旧足川代官岩井家（市右衛門・重兵衛）の歴史　岩井弘行編著　旭　岩井弘行　1970　97p　21cm　非売　Ⓝ288.3
〔29346〕

◇近世房総地域史研究　吉田伸之, 渡辺尚志編　東京大学出版会　1993.12　314p　22cm　7004円　①4-13-026056-1　Ⓝ213.5
〔29347〕

◇近世房総の社会と文化　千葉歴史学会編　高科書店　1994.7　396p　22cm　（千葉史学叢書 3）8000円　Ⓝ213.5
〔29348〕

◇稿本野田市年表　第2巻　徳川時代から明治時代まで　野田市史編さん委員会編輯　野田　野田市　1971　319p　21cm　Ⓝ213.5
〔29349〕

◇佐倉義民事件―戯曲集　伊藤恋者　内外社　1932　412p　19cm　Ⓝ210.5
〔29350〕

◇佐倉藩学史　篠丸頼彦著　佐倉　小宮山書店（発売）　1961.5　310p　26cm　Ⓝ372.135
〔29351〕

◇佐倉藩の洋学　第1輯　蘭学者木村軍太郎伝　村上一郎著　千葉県佐倉町　村上一郎　1937　98p　22cm　Ⓝ289.1
〔29352〕

◇佐倉堀田騒動闇世之灯　第1集 1　栗原清著　公津村（千葉県）　佐倉予戒庵　1897.9　44p　18cm　Ⓝ289.1
〔29353〕

◇図録「浮世絵に見る房総の人々」　成田　成田山霊光館　2001.1　16p　26cm　Ⓝ721.8
〔29354〕

◇全国の伝承江戸時代人づくり風土記―聞き書きによる知恵シリーズ 12　ふるさとの人と知恵千葉　加藤秀俊ほか編纂　農山漁村文化協会　1990.11　396p　27cm　4757円　①4-540-90013-7　Ⓝ210.5
〔29355〕

◇惣百姓と近世村落―房総地域史研究　渡辺尚志著　岩田書院　2007.6　315p　22cm　（近世史研究叢書 20）6900円　①978-4-87294-469-3　Ⓝ213.5
〔29356〕

◇館山城趾　千葉燿胤著　日本城郭協会　1963　96,21p　22cm　Ⓝ213.5
〔29357〕

◇館山城趾後記　千葉燿胤著　日本城郭協会　1964　54p　図版 地　22cm　Ⓝ213.5
〔29358〕

◇鶴舞の生いたち―鶴舞藩年表.鶴舞藩概観　小幡重康著　南総町（千葉県）　鶴舞公民館建設委員会.南総郷土文化研究会　1966　28p　21cm　Ⓝ213.5
〔29359〕

◇天保水滸伝の世界―展示図録　特別展　千葉県立大利根博物館編　佐原　千葉県立大利根博物館　1993.5　64p　26cm　Ⓝ213.5
〔29360〕

◇遠くて近い江戸の村―上総国本小轡村の江戸時代　渡辺尚志著　流山　崙書房出版　2004.9　203p　18cm　（ふるさと文庫）1200円　①4-8455-0181-3　Ⓝ612.135
〔29361〕

◇『成田参詣記』を歩く　川田寿著　流山　崙書房出版　2001.1　179p　21cm　1800円　①4-8455-1075-8　Ⓝ291.35
〔29362〕

◇年貢割付状より見た下総国葛飾郡清水村と代官　滝田重一著　野田　〔滝田重一〕　1997　72枚　26cm　Ⓝ213.5
〔29363〕

◇野田と下総牧―江戸から明治へ　野田　野田市立郷土博物館　1988.3　22p　21cm　（野田シリーズ 17）Ⓝ213.5
〔29364〕

◇野田文化　第16集　関東郡代・関東代官伊奈氏伝記資料　野田　野田地方文化研究会　1968　60p　21cm　Ⓝ213.5
〔29365〕

◇幕末維新期の久留里藩―平成10年度企画展　君津市立久留里城址資料館編　君津　君津市立久留里城址資料館　1998.10　13p　26cm　Ⓝ213.5
〔29366〕

◇幕末の眼科医高野敬仲―利根川中流域の医療と文化　千葉県立関宿城博物館編　野田　千葉県立関宿城博物館　2004.7　109p　30cm　Ⓝ498.02135
〔29367〕

◇旗本瀧川氏と谷津村　滝田重一著　野田　〔滝田重一〕　2000　65p　26cm　Ⓝ213.5
〔29368〕

◇旗本領郷村の研究　川村優著　岩田書院　2004.8　468p　22cm　（近世史研究叢書 11）11800円　①4-87294-328-7　Ⓝ210.5
〔29369〕

◇譜代藩政の展開と明治維新―下総佐倉藩　木村礎, 杉本敏夫編　文雅堂銀行研究社　1963　426p　22cm　Ⓝ213.5
〔29370〕

◇房総災害記―元禄の大地震と津波を中心に　千葉県郷土史研究連絡協議会編　千秋社　1984.6　311p　22cm　（郷土研叢書 4）3800円　①4-88477-077-3　Ⓝ213.5
〔29371〕

◇房総諸藩録　須田茂著　流山　崙書房　1985.3　258p　20cm　2300円　Ⓝ213.5
〔29372〕

◇房総諸藩録　須田茂著　流山　崙書房出版　1998.7　258p　19cm　2500円　①4-8455-1053-7　Ⓝ213.5
〔29373〕

◇房総の幕末海防始末　山形紘著　流山　崙書房出版　2003.12　236p　18cm　（ふるさと文庫）1300円　①4-8455-0180-5　Ⓝ213.5
〔29374〕

◇保受録―徒以下末々迄　佐倉市総務部行政管理課佐倉市史編さん担当編　佐倉　佐倉市　2003.3　350p　21cm　（佐倉市史料叢書）Ⓝ213.5
〔29375〕

◇堀田正睦と佐倉藩の洋学―図録　成田　成田山霊光館　1990.9　16p　26cm
〔29376〕

◇松戸旧村 支配者と名主　上野顕義著　松戸　1965　60p　27cm　Ⓝ213.5
〔29377〕

◇八千代地方の鷹場―江戸時代鬼怒川通りの御捉飼場と野廻り役 2006第19回企画展　八千代町（茨城県）　八千代町教育委員会　2006　13p　30cm
〔29378〕

◇読み下し高橋家御用留―文久四年　小野靖俊編著　茂原　茂原市立図書館　1995.3　237p　26cm　Ⓝ213.5
〔29379〕

◆◆◆自治体史

◇我孫子市史　近世篇　我孫子市史編集委員会近世部会編　我孫子　我孫子市教育委員会　2005.3　832p　27cm　Ⓝ213.5
〔29380〕

◇安房白浜　近世前期編　奥富敬之著　白浜町（千葉県）　白浜町　1981.10　152p　19cm　1500円　Ⓝ213.5
〔29381〕

◇柏市史　近世編　柏市史編さん委員会編　柏　柏市教育委員会　1995.7　995,33p　22cm　Ⓝ213.5
〔29382〕

◇近世印西の新田　山本忠良著　流山　崙書房出版　1993.12　172p　18cm　1300円　①4-8455-1004-9　Ⓝ213.5
〔29383〕

◇下総町史　通史 近世編　下総町史編さん委員会編　下総町（千葉県）　下総町　1994.3　550p　24cm　Ⓝ213.5
〔29384〕

◇大栄町史　通史編 中巻　大栄町史編さん委員会編　大栄町（千葉県）　大栄町　2002.3　720p　22cm　Ⓝ213.5
〔29385〕

◇幕末の市川―平成14年度企画展図録　市立市川歴史博物館編　市川　市立市川歴史博物館　2003.3　72p　26cm　Ⓝ213.5
〔29386〕

◇松尾町の歴史　特別篇　松尾町史編さん委員会編　松尾

町（千葉県）　松尾町　1983.3　328p　22cm　Ⓝ213.5
〔29388〕

◇松戸市史　中巻　近世編　松戸市誌編さん委員会編　松戸　松戸市　1978.3　1冊　22cm　Ⓝ213.5　〔29389〕

◆◆◆自治体史史料

◇旭市史　第2巻　近世北部史料編　旭市史編さん委員会編　旭　旭市　1973　897,8p 図13枚　22cm　Ⓝ213.5
〔29390〕

◇我孫子市史資料　近世篇1　我孫子市史編さん委員会編　我孫子　我孫子市教育委員会　1988.3　635,100p　27cm　Ⓝ213.5
〔29391〕

◇我孫子市史資料　近世篇2　我孫子市史編さん委員会編　我孫子　我孫子市教育委員会　1993.3　783p　27cm　Ⓝ213.5
〔29392〕

◇我孫子市史資料　近世篇3　我孫子市史編さん委員会編　我孫子　我孫子市教育委員会　1994.3　698p　27cm　Ⓝ213.5
〔29393〕

◇安房白浜町近世史料集　1　杖珠院文書　奥富敬之、久保貴子編著　新人物往来社　1985.3　194p　19cm　1500円　Ⓝ213.5
〔29394〕

◇安房白浜町近世史料集　2　仙台屋文書　奥富敬之、久保貴子編著　新人物往来社　1986.2　174p　19cm　1500円　Ⓝ213.5
〔29395〕

◇安房白浜町近世史料集　4　下立松原神社文書　1　奥富敬之、久保貴子編著　白浜町（千葉県）　白浜町　1988.7　230p　19cm　1500円　Ⓝ213.5　〔29396〕

◇安房白浜町近世史料集　5　下立松原神社文書　2　奥富敬之、久保貴子編著　白浜町（千葉県）　白浜町　1989.6　217p　19cm　1500円　Ⓝ213.5　〔29397〕

◇市川市近世史料集—万延2年〜文久元年曽谷・柏井・鬼越三か村御用留　市川近世史研究会編　市川　市立市川歴史博物館　1991.3　200p　21cm　Ⓝ213.5　〔29398〕

◇市川市史　第6巻　市川市史編纂委員会編　吉川弘文館　1972　3冊　22cm　3300-3500円　Ⓝ213.5　〔29399〕

◇市原市史　資料集 近世編1　市原市教育委員会編　市原　市原市　1992.3　779p　27cm　Ⓝ213.5　〔29400〕

◇市原市史　資料集 近世編2　市原市教育委員会編　市原　市原市　1998.3　784p　27cm　Ⓝ213.5　〔29401〕

◇印西町史　史料集 近世編1　印西町史編さん委員会編　印西町（千葉県）　印西町　1986.3　637p　23cm　Ⓝ213.5
〔29402〕

◇印西町史　史料集 近世編2　印西町史編さん委員会編　印西町（千葉県）　印西町　1987.3　389p　23cm　Ⓝ213.5
〔29403〕

◇印西町史 史料集 近世編3　印西町史編さん委員会編　印西町（千葉県）　印西町　1992.3　639p　23cm　Ⓝ213.5
〔29404〕

◇印旛村　近世編史料集1　印旛村史編さん委員会編　印旛村（千葉県）　印旛村　1982.3　907p　22cm　Ⓝ213.5
〔29405〕

◇印旛村史　近世編史料集2　印旛村史編さん委員会編　印旛村（千葉県）　印旛村　1978.10　817p　22cm
〔29406〕

◇印旛村史　近世編史料集3　印旛村史編さん委員会編　印旛村（千葉県）　印旛村　1980.5　835p　22cm　Ⓝ213.5
〔29407〕

◇海上町史　史料編2　近世　2　海上町史編さん委員会編　海上町（千葉県）　海上町　1988.6　1336p　23cm　Ⓝ213.5
〔29408〕

◇鎌ケ谷市史　資料編3 下　近世2　鎌ケ谷市教育委員会編　鎌ケ谷　鎌ケ谷市　1992.3　509p　22cm　Ⓝ213.5
〔29409〕

◇鴨川市史　史料編1 近世　鴨川市編さん委員会編　鴨川　鴨川市　1991.3　796p　22cm　Ⓝ213.5　〔29410〕

◇君津市史　史料編2　君津市史編さん委員会編　君津　君津市　1992.3　701p 図版10枚　27cm　Ⓝ213.5
〔29411〕

◇栄町史　史料編1　近世1　栄町史編さん委員会編　栄町（千葉県）　栄町　1999.3　840p　22cm　Ⓝ213.5
〔29412〕

◇山武町史　史料集 近世編　山武町（千葉県）　山武町　1984.3　587p　22cm　Ⓝ213.5　〔29413〕

◇酒々井町史—史料集　1　中・近世編　酒々井町史編さん委員会編　酒々井町（千葉県）　酒々井町　流山　崙書房（制作）　1976　441p　24cm　Ⓝ213.5　〔29414〕

◇芝山町史　資料集3　芝山町町史編さん委員会編　芝山町（千葉県）　芝山町　1998.8　685p　22cm　Ⓝ213.5
〔29415〕

◇下総町史　近世編 史料集1　下総町史編さん委員会編　下総町（千葉県）　下総町　1985.2　493p　23cm　Ⓝ213.5
〔29416〕

◇下総町史　近世編 史料集2　下総町史編さん委員会編　下総町（千葉県）　下総町　1987.3　454p　26cm　Ⓝ213.5
〔29417〕

◇沼南町史　近世史料1　沼南町史編さん委員会編　沼南町（千葉県）　沼南町教育委員会　2002.3　765,2p　27cm　Ⓝ213.5
〔29418〕

◇袖ケ浦市史　資料編2　袖ケ浦市史編さん委員会編　袖ケ浦　袖ケ浦市　1998.3　85,667p　27cm　Ⓝ213.5
〔29419〕

◇大栄町史　史料編4　近世3　大栄町史編さん委員会編　大栄町（千葉県）　大栄町　1999.3　539p　27cm　Ⓝ213.5
〔29420〕

◇大栄町史　史料編2 近世1　大栄町史編さん委員会編　大栄町（千葉県）　大栄町　1990.3　624p　27cm　Ⓝ213.5
〔29421〕

◇大栄町史　史料編3 近世2　大栄町史編さん委員会編　大栄町（千葉県）　大栄町　1994.3　632p　27cm　Ⓝ213.5
〔29422〕

◇千葉市史　史料編3　近世　千葉市史編纂委員会編　千葉　千葉市　1980.7　708p　27cm　Ⓝ213.5　〔29423〕

◇千葉市史　史料編4　近世　千葉市史編纂委員会編　千葉　千葉市　1983.3　702p　27cm　Ⓝ213.5　〔29424〕

◇千葉市史　史料編5　近世　千葉市史編纂委員会編　千葉　千葉市　1987.3　706p　27cm　Ⓝ213.5　〔29425〕

◇千葉市史　史料編6　近世　千葉市史編纂委員会編　千葉　千葉市　1988.3　758p　27cm　Ⓝ213.5　〔29426〕

◇千葉市史　史料編8　近世　千葉市史編纂委員会編　千葉　千葉市　1997.3　678p　27cm　Ⓝ213.5　〔29427〕

◇千葉市史　史料編9　近世　千葉市史編集委員会編　千葉　千葉市　2004.8　666p　27cm　Ⓝ213.5　〔29428〕

◇銚子市史　近世篇　安房国上　安房国上　銚子市史編纂委員会編　銚子　銚子市史編纂委員会　1956　1151p 図版23枚 表　22cm　Ⓝ213.5　〔29429〕

◇富里村史　史料集1　近世編　富里村史編さん委員会編　富里村（千葉県）　富里村　1978.3　571p　22cm　Ⓝ213.5
〔29430〕

◇流山市史　近世資料編1　流山市立博物館編　流山　流山市教育委員会　1987.3　596p　27cm　Ⓝ213.5
〔29431〕

地方史　　　　　　　　　　　近世史

◇流山市史　近世資料編 2　流山市立博物館編　流山　流山市教育委員会　1988.3　586p　27cm　Ⓝ213.5
〔29432〕

◇流山市史　近世資料編 3　流山市立博物館編　流山　流山市教育委員会　1992.12　703p　27cm　Ⓝ213.5
〔29433〕

◇流山市史　近世資料編 4　流山市立博物館編　流山　流山市教育委員会　1993.12　812p　27cm　Ⓝ213.5
〔29434〕

◇流山市史　近世資料編 5　流山市立博物館編　流山　流山市教育委員会　1994.12　954p　27cm　Ⓝ213.5
〔29435〕

◇流山市史　近世資料編 6　流山市立博物館編　流山　流山市教育委員会　1995.12　683p　27cm　Ⓝ213.5
〔29436〕

◇成田市史　近世編 史料集 1　領主　成田市史編さん委員会編　成田　成田市　1982.3　453p　24cm　Ⓝ213.5
〔29437〕

◇成田市史　近世編 史料集 2　土地・貢租　成田市史編さん委員会編　成田　成田市　1985.3　424p　24cm　Ⓝ213.5
〔29438〕

◇成田市史　近世編 史料集 3　産業・文化　成田市史編さん委員会編　成田　成田市　1984.3　462p　23cm　Ⓝ213.5
〔29439〕

◇成田市史　近世編・史料集 4 上　村政 1　成田市史編さん委員会編　成田　成田市　1973　381p　24cm　Ⓝ213.5
〔29440〕

◇成田市史　近世編・史料集 4 下　村政 2　成田市史編さん委員会編　成田　成田市　1977.3　474p　24cm　Ⓝ213.5
〔29441〕

◇成田市史　近世編・史料集 5 上　門前町 1　成田市史編さん委員会編　成田　成田市　1976　486p　24cm　Ⓝ213.5
〔29442〕

◇成田市史　近世編 史料集 5 下　門前町 2　成田市史編さん委員会編　成田　成田市　1980.3　414p　24cm　Ⓝ213.5
〔29443〕

◇野田市史料集　第8集　旧瀬戸村元名主問屋岡田（平左衛門）家文書　野田市史編さん委員会編　野田　野田市　1977.11　308p　21cm　Ⓝ213.5
〔29444〕

◇野田市史料集　第1-5集　野田市史編さん委員会編　野田　野田市　1966-1971　5冊　21cm　Ⓝ213.5
〔29445〕

◇松戸市史　史料編 1　旧下総国葛飾郡大谷口村名主大熊家文書　松戸市誌編纂委員会編　松戸　松戸市　1971　893p　22cm　Ⓝ213.5
〔29446〕

◇松戸市史　史料編 2　近世諸家文書　松戸市誌編纂委員会編　松戸　松戸市　1973　16,676p　22cm　Ⓝ213.5
〔29447〕

◇八千代市の歴史　資料編 近世 1　八千代市編さん委員会編　八千代　八千代市　1989.3　430p　22cm　Ⓝ213.5
〔29448〕

◇八千代市の歴史　資料編 近世 2　八千代市史編さん委員会編　八千代　八千代市　1994.3　420p　22cm　Ⓝ213.5
〔29449〕

◇八千代市の歴史　資料編 近世 3　八千代市史編さん委員会編　八千代　八千代市　2003.3　448p　22cm　Ⓝ213.5
〔29450〕

◆◆◆一般史料

◇上総国請西藩主一文字大名林侯家関係資料集　林勲編著　木更津　林栄一　1988.1　1158p　22cm　非売品　Ⓝ213.5
〔29451〕

◇近世中期南関東農村一名主の公私秘録　上　下総国香取郡武田村与惣右衛門「名主内見記」　川村優編　白子町（千葉県）　九十九里総合文化研究所　1984.12　79p　22cm　（九十九里総合文化研究所史料叢書 1）1000円　Ⓝ213.5
〔29452〕

◇御用留 1　銚子市公正図書館編　銚子　銚子市公正図書館　1998.3　59p　26cm　（銚子の古文書 第4集）Ⓝ213.5
〔29453〕

◇御用留 2　銚子市公正図書館編　銚子　銚子市公正図書館　1999.3　71p　26cm　（銚子の古文書 第5集）Ⓝ213.5
〔29454〕

◇御用留 3　銚子市公正図書館編　銚子　銚子市公正図書館　2000.3　54p　26cm　（銚子の古文書 第6集）Ⓝ213.5
〔29455〕

◇御用留 4　銚子市公正図書館編　銚子　銚子市公正図書館　2001.3　43p　26cm　（銚子の古文書 第7集）Ⓝ213.5
〔29456〕

◇御用留 5　銚子市公正図書館編　銚子　銚子市公正図書館　2002.3　32p　26cm　（銚子の古文書 第9集）Ⓝ213.5
〔29457〕

◇佐倉藩古例　佐倉　佐倉古文書勉強会　2006.7　9,312p　30cm　Ⓝ213.5
〔29458〕

◇佐倉藩雑史　平野重久編著　佐倉　佐倉市　1981.3　183p　26cm　（佐倉市史料 第1集）Ⓝ213.5
〔29459〕

◇神私実事集―東之庄神主家役所 自天正十二年至天保十二年　東庄郷土史研究会編　東庄町（千葉県）　東庄町教育委員会　1987.3　92p　26cm　Ⓝ213.5
〔29460〕

◇神私実事集―東之庄神主家役所　続 自天保十三年至安政二年　東庄郷土史研究会編　東庄町（千葉県）　東庄町教育委員会　1988.2　112p　26cm　Ⓝ213.5
〔29461〕

◇高橋家文書「御用留」―茂原市立木　第1集　茂原市立図書館編　茂原　茂原市教育委員会　1993.3　119p　26cm　Ⓝ213.5
〔29462〕

◇高橋家文書「御用留」―茂原市立木　第2集　茂原市立図書館編　茂原　茂原市教育委員会　1994.3　110p　26cm　Ⓝ213.5
〔29463〕

◇高橋家文書「御用留」―茂原市立木　第3集　茂原市立図書館編　茂原　茂原市教育委員会　1995.3　149p　26cm　Ⓝ213.5
〔29464〕

◇高橋家文書「御用留」―茂原市立木　第4集　茂原市立図書館編　茂原　茂原市教育委員会　1996.3　146p　26cm　Ⓝ213.5
〔29465〕

◇高橋家文書「御用留」―茂原市立木　第5集　茂原市立図書館編　茂原　茂原市教育委員会　1997.3　123p　26cm　Ⓝ213.5
〔29466〕

◇高橋家文書「御用留」―茂原市立木　第6集　茂原市立図書館編　茂原　茂原市教育委員会　1998.3　128p　26cm　Ⓝ213.5
〔29467〕

◇高橋家文書「御用留」―茂原市立木　第7集　茂原市立図書館編　茂原　茂原市教育委員会　2000.3　148p　26cm　Ⓝ213.5
〔29468〕

◇高橋家文書「御用留」―茂原市立木　第8集　茂原市立図書館編　茂原　茂原市教育委員会　2001.3　109p　26cm　Ⓝ213.5
〔29469〕

◇高橋家文書「御用留」―茂原市立木　第9集　茂原市立図書館編　茂原　茂原市教育委員会　2002.3　129p　26cm　Ⓝ213.5
〔29470〕

◇高橋家文書目録―茂原市立木　茂原市立図書館編　茂原　茂原市教育委員会　1991.3　313p　26cm　Ⓝ213.5
〔29471〕

◇千葉県史料　近世編 安房国　千葉県史編纂審議会編

千葉　千葉県　1954-1956　2冊　22cm　Ⓝ213.5
〔29472〕

◇千葉県史料　近世篇 佐倉藩紀氏雑録　千葉県企画部広報県民課編　千葉　千葉県　1984.3　597p　22cm　Ⓝ213.5
〔29473〕

◇千葉県史料　近世編 上総国　千葉県史編纂審議会編　千葉　千葉県　1960-1961　2冊　22cm　Ⓝ213.5
〔29474〕

◇千葉県史料　近世編 文化史料 1　伊能忠敬書状　千葉県史編纂審議会編　千葉　千葉県　1973　305p　22cm　Ⓝ213.5
〔29475〕

◇千葉県史料　近世編 堀田正睦外交文書　千葉県企画部県民課編　千葉　千葉県　1981.3　518,64p　22cm　Ⓝ213.5
〔29476〕

◇千葉県史料　近世編 佐倉藩年寄部屋日記 1　千葉県企画部広報県民課編　千葉　千葉県　1982.3　637p　22cm　Ⓝ213.5
〔29477〕

◇千葉県史料　近世篇 文化史料 1　伊能忠敬書状　千葉県史編纂審議会編　2版　千葉　千葉県　1982.10　305p　22cm　Ⓝ213.5
〔29478〕

◇千葉県史料　近世篇 伊能忠敬測量日記 1　千葉県企画部広報県民課編　千葉　千葉県　1988.3　565p　22cm　Ⓝ213.5
〔29479〕

◇千葉県史料　近世篇 久留里藩制一斑　千葉県企画部文化国際課編　千葉　千葉県　1990.3　542p　22cm　Ⓝ213.5
〔29480〕

◇千葉県史料　近世篇 佐倉藩紀氏雑録続集　千葉県企画部広報県民課編　千葉　千葉県　1985.3　515p　22cm　Ⓝ213.5
〔29481〕

◇千葉県史料　近世篇 下総国　千葉県史編纂審議会編　千葉　千葉県　1958　2冊　22cm　Ⓝ213.5　〔29482〕

◇千葉県の歴史　資料編 近世 2　安房　千葉県史料研究財団編　千葉　千葉県　1999.3　87,955p　22cm　（県史シリーズ 20）Ⓝ213.5
〔29483〕

◇千葉県の歴史　資料編 近世 3　上総 1　千葉県史料研究財団編　千葉　千葉県　2001.3　87,1012p　31cm　（県史シリーズ 21）Ⓝ213.5
〔29484〕

◇千葉県の歴史　資料編 近世 4　上総 2　千葉県史料研究財団編　千葉　千葉県　2002.3　1106p　22cm　（県史シリーズ 22）Ⓝ213.5
〔29485〕

◇鶴牧藩日記―丹波領分和田代官所記録　古西義麿編　大阪　清文堂出版　1972　262p　22cm　（清文堂史料叢書 第3刊）2500円　Ⓝ213.5
〔29486〕

◇南総郷土文化研究会叢書　第2巻 享保六年賀茂宮氏子留帳　小幡重康編　南総町（千葉県）　南総郷土文化研究会等　1963-1967　21cm　Ⓝ213.5　〔29487〕

◇水野藩士転籍者名簿―菊間藩寄留者明細短冊集　沼津市立駿河図書館編　沼津　沼津市立駿河図書館　1984.3　205p　21cm　（沼津資料集成 11）Ⓝ213.5　〔29488〕

◆◆◆史料目録
◇市原市近世文書目録―市原市近世文書調査報告書　1　市原市近世文書調査団編　市原　市原市教育委員会　1988.3　583p　26cm　Ⓝ213.5　〔29489〕

◇市原市近世文書目録―市原市近世文書調査報告書　2　市原市近世文書調査団編　市原　市原市教育委員会　1988.3　543p　26cm　Ⓝ213.5　〔29490〕

◇市原市近世文書目録―市原市近世文書調査報告書　3　市原市近世文書調査団編　市原　市原市教育委員会　1988.3　419p　26cm　Ⓝ213.5　〔29491〕

◇生実藩主森川家旧蔵史料目録　千葉　千葉県立中央図書館　1979.3　85p　26cm　Ⓝ213.5
〔29492〕

◆◆東京都
◇浅草案内誌　残されたる江戸　佐伯徳海, 柴田流星著　龍溪書舎編集部編　龍溪書舎　1992.11　58,201p　22cm　（近代日本地誌叢書 東京篇 38）15000円　①4-8447-3350-8　Ⓝ291.36
〔29493〕

◇浅草・上野物語―江戸・東京、原点のまちの物語　服部銈二郎著　アーバンアメニティー研究所　2003.5　183p　19cm　1800円　①4-7722-1573-5　Ⓝ291.361　〔29494〕

◇油屋文書と二百年のルーツ　山崎清司著　中野区江古田史談会　1995.12　275p　22cm　Ⓝ213.6　〔29495〕

◇歩いて愉しむ大江戸発見散歩　松本こーせい文・イラスト　アーク出版　2002.11　271p　19cm　1500円　①4-86059-011-2　Ⓝ291.361
〔29496〕

◇歩くヒント―江戸東京歴史ウォーク　都心・下町篇　江戸東京散策倶楽部篇　海象社　1999.5　177p　21cm　（海象ブックス）1500円　①4-907717-00-8　Ⓝ291.36
〔29497〕

◇安政夜話　第1話　礒部みつ女述, 礒部鎮雄筆記　江戸町名俚俗研究会　1979.7　26p　23cm　非売品　Ⓝ213.6
〔29498〕

◇安政夜話　第2話　礒部みつ女述, 礒部鎮雄編　江戸町名俚俗研究会　1979.10　52p　23cm　700円　Ⓝ213.6
〔29499〕

◇安政夜話　第3話　礒部みつ女述, 礒部鎮雄編　江戸町名俚俗研究会　1979.12　p53〜74　23cm　非売品　Ⓝ213.6　〔29500〕

◇安政夜話　第4話　礒部みつ女述, 礒部鎮雄編　江戸町名俚俗研究会　1980.2　p75〜92　23cm　非売品　Ⓝ213.6　〔29501〕

◇安政夜話　第5話　礒部みつ女述, 礒部鎮雄編　江戸町名俚俗研究会　1980.4　p93〜108　23cm　非売品　Ⓝ213.6
〔29502〕

◇家主さんの大誤算―地主・家主の役割からみた、江戸東京の住まいと暮らし。　鈴木理生著　三省堂　1992.8　206p　19cm　（三省堂選書 169）1500円　①4-385-43169-8　Ⓝ213.6
〔29503〕

◇家康はなぜ江戸を選んだか　岡野友彦著　教育出版　1999.9　185p　19cm　（江戸東京ライブラリー 9）1500円　①4-316-35750-6　Ⓝ213.61
〔29504〕

◇浮世絵散歩 江戸と東京　西山松之助著　人物往来社　1964　222p　22cm　Ⓝ213.6
〔29505〕

◇浮世絵品川めぐり　品川区立品川歴史館　品川区教育委員会　2006.3　99p　30cm　（品川歴史館所蔵浮世絵図録 2）Ⓝ721.8
〔29506〕

◇うさぎちゃんのわくわく江戸散歩　田中ひろみ著　双葉社　2001.11　207p　19cm　1300円　①4-575-29299-0　Ⓝ213.6
〔29507〕

◇牛込改代町とその周辺　伏見弘著　伏見弘　2004.2　497,13p　22cm　非売品　Ⓝ213.61
〔29508〕

◇えがかれた江戸時代の村―牛浜出水図と福生村、熊川村絵図　特別展図録　福生市教育委員会編　福生　福生市教育委員会　1990.2　60p　21×30cm　Ⓝ213.6　〔29509〕

◇絵図から見える江戸と日野―江戸図・道中図・村絵図　日野市郷土資料館特別展　日野　日野市郷土資料館　2006　8p　30cm
〔29510〕

◇江戸　野村兼太郎著　至文堂　1958　227p 図版 地　19cm　（日本歴史新書）Ⓝ213.6
〔29511〕

◇江戸―街道の起点　藤田覚, 大岡聡編　吉川弘文館　2003.2　256,23p　20cm　（街道の日本史 20）2500円

◇江戸浅草町名の研究　小森隆吉著　叢文社　1984.4　284p　22cm　2000円　①4-7947-0105-5　⑬213.6〔29513〕

◇江戸いまむかし謎とき散歩―永遠にきらめく歴史街を訪ねて　江戸を歩く会編　廣済堂出版　1998.7　295p　19cm　1600円　①4-331-50641-X　⑬291.361〔29514〕

◇江戸ウォーキング　JTB　2003.3　191p　21cm　（大人の遠足book）1400円　①4-533-04597-9　⑬291.361〔29515〕

◇江戸へ旅する本　矢崎市朗著　近代文芸社　1997.2　245p　20cm　1500円　①4-7733-5816-5　⑬213.61〔29516〕

◇江戸を咲らう―『鬼平犯科帳』と江戸東京の暮らし　松竹事業部　1995.12　132p　26cm　2000円　⑬213.61〔29517〕

◇江戸おもしろ瓦版―大江戸事件帳関八州事件帳　歴史ウォーキング　さいとう・はるき著　主婦と生活社　1998.4　143p　21cm　1200円　①4-391-12187-5　⑬213.61〔29518〕

◇江戸学事典　西山松之助ほか編　弘文堂　1984.3　850,40p　図版60枚　27cm　20000円　①4-335-25013-4　⑬213.6〔29519〕

◇江戸学事典　西山松之助ほか編　弘文堂　1994.2　593,40p　22cm　4800円　①4-335-25053-5　⑬213.6〔29520〕

◇江戸から東京へ―私家版　小島慶三著　近代化研究所　1991.10　432p　20cm　（近代化研究所叢書―エッセイらんる集 8）⑬213.61〔29521〕

◇江戸から東京へ―遷都と集中　小島慶三著　めいけい出版　1992.8　252p　18cm　980円　①4-943950-09-4　⑬213.6〔29522〕

◇江戸から東京へ―町名の移り遷り　福沢昭著　〔福沢昭〕　1999　131p　26cm　⑬291.361〔29523〕

◇江戸から東京へ　第1巻　矢田挿雲著　中央公論社　1980.10　367p　20cm　1900円　⑬291.36〔29524〕

◇江戸から東京へ　第1巻　矢田挿雲著　新版　中央公論社　1998.9　476p　16cm　（中公文庫）1143円　①4-12-203246-6　⑬291.361〔29525〕

◇江戸から東京へ　第2巻　矢田挿雲著　中央公論社　1980.11　276p　20cm　1900円　⑬291.36〔29526〕

◇江戸から東京へ　第2巻　矢田挿雲著　新版　中央公論社　1998.10　366p　16cm　（中公文庫）914円　①4-12-203269-5　⑬291.361〔29527〕

◇江戸から東京へ　第3巻　矢田挿雲著　中央公論社　1980.12　283p　20cm　1900円　⑬291.36〔29528〕

◇江戸から東京へ　第3巻　矢田挿雲著　新版　中央公論社　1998.11　366p　16cm　（中公文庫）914円　①4-12-203293-8　⑬291.361〔29529〕

◇江戸から東京へ　第4巻　矢田挿雲著　中央公論社　1981.1　317p　20cm　1900円　⑬291.36〔29530〕

◇江戸から東京へ　第4巻　矢田挿雲著　新版　中央公論社　1998.12　400p　16cm　（中公文庫）1048円　①4-12-203315-2　⑬291.361〔29531〕

◇江戸から東京へ　第5巻　矢田挿雲著　中央公論社　1981.2　333p　20cm　1900円　⑬291.36〔29532〕

◇江戸から東京へ　第5巻　矢田挿雲著　新版　中央公論社　1999.1　418p　16cm　（中公文庫）1048円　①4-12-203337-3　⑬291.361〔29533〕

◇江戸から東京へ　第6巻　矢田挿雲著　中央公論社　1981.3　342p　20cm　1900円　⑬291.36〔29534〕

◇江戸から東京へ　第6巻　矢田挿雲著　新版　中央公論新社　1999.2　426p　16cm　（中公文庫）1048円　①4-12-203359-4　⑬291.361〔29535〕

◇江戸から東京へ　第7巻　矢田挿雲著　中央公論社　1981.4　325p　20cm　1900円　⑬291.36〔29536〕

◇江戸から東京へ　第7巻　矢田挿雲著　新版　中央公論新社　1999.3　394p　16cm　（中公文庫）1048円　①4-12-203382-9　⑬291.361〔29537〕

◇江戸から東京へ　第8巻　矢田挿雲著　中央公論社　1981.5　336p　20cm　1900円　⑬291.36〔29538〕

◇江戸から東京へ　第8巻　矢田挿雲著　新版　中央公論新社　1999.4　402p　16cm　（中公文庫）1048円　①4-12-203404-3　⑬291.361〔29539〕

◇江戸から東京へ　第9巻　矢田挿雲著　中央公論社　1981.6　269p　20cm　1900円　⑬291.36〔29540〕

◇江戸から東京へ　第9巻　矢田挿雲著　新版　中央公論新社　1999.5　308p　16cm　（中公文庫）914円　①4-12-203425-6　⑬291.361〔29541〕

◇江戸から東京への展開―東京奠都の経済史的意義　東京都総務局文書課　1949.6　87p　25cm　⑬213.6〔29542〕

◇江戸神田の下水―類聚撰要巻之二十「神田大下水・小下水」を読む　柳下重雄著　日本下水文化研究会　1993.3　286p　21cm　（下水文化叢書 1）1500円　⑬213.6〔29543〕

◇江戸巨大都市考　北島正元,南和男著　朝日新聞社　1991.6　267p　15cm　（朝日文庫）480円　①4-02-260648-7　⑬213.6〔29544〕

◇江戸近郊ウォーク　村尾嘉陵著　阿部孝嗣現代語訳　小学館　1999.4　281p　20cm　（地球人ライブラリー）1600円　①4-09-251041-1　⑬291.36〔29545〕

◇江都近郊名勝一覧―全　一名絵本江戸めぐり　松亭金水撰,歌川広重画　太平書屋　1987.6　192p　11×16cm　4000円　⑬291.361〔29546〕

◇江戸近郊名所づくし―広重「名所江戸百景」へのみち　品川歴史館特別展　東京都品川区立品川歴史館編　〔東京都〕品川区教育委員会　1998.10　48p　26cm　⑬291.361〔29547〕

◇江戸見物と東京観光　山本光正著　京都　臨川書店　2005.2　220p　19cm　（臨川選書 25）2300円　①4-653-03953-4　⑬384.37〔29548〕

◇江戸古地図物語　南和男,北島正元著　毎日新聞社　1975　242p　20cm　1100円　⑬213.6〔29549〕

◇江戸在地系土器の研究　3　江戸在地系土器研究会編　江戸在地系土器研究会　1998.5　122p　26cm　⑬213.6〔29550〕

◇江戸在地系土器の研究　4　江戸在地系土器研究会編　小平　江戸在地系土器研究会　2000.5　193p　26cm　⑬213.6〔29551〕

◇江戸雑稿　岸井良衞著　毎日新聞社　1977.1　186p　20cm　920円　⑬213.6〔29552〕

◇江戸三百年　2　江戸ッ子の生態　西山松之助,竹内誠編　講談社　1975　238p　18cm　（講談社現代新書）390円　⑬213.6〔29553〕

◇江戸四宿―特別展　特別展江戸四宿実行委員会編　特別展江戸四宿実行委員会　1994.10　243p　30cm　⑬213.6〔29554〕

◇江戸史跡考証事典　繁田健太郎著　新人物往来社　1974　411p　20cm　3500円　⑬291.36〔29555〕

◇江戸史跡事典　上巻　千代田区・中央区・品川区・目黒区・大田区・世田谷区・北区　新人物往来社編　新人

物往来社　2007.3　288p　22cm　9000円　Ⓘ978-4-404-03452-6　Ⓝ291.361
〔29556〕
◇江戸時代の八王子宿　樋口豊治著　八王子　揺籃社　1990.7　245p　19cm　1456円　Ⓘ4-946430-58-X　Ⓝ213.6
〔29557〕
◇江戸城史—増補・東京城史　伴三千雄著　名著出版　1974　396,20,4p　22cm　5000円　Ⓝ213.6
〔29558〕
◇江戸城の歴史地理　中川徳治著　小峰書店　1968　206p　図版　地　20cm　Ⓝ291.36
〔29559〕
◇江戸城の歴史地理　中川徳治著　校訂増補　小峯書店　1976　207,4p　19cm　1500円　Ⓝ291.36
〔29560〕
◇江戸図の歴史　飯田竜一, 俵元昭著　築地書館　1988.3　2冊（別冊とも）　26cm　19500円　Ⓝ291.36
〔29561〕
◇江戸っ子の生活　芳賀登著　雄山閣出版　1990.9　307p　22cm　（生活史叢書 33）2800円　Ⓘ4-639-00981-X　Ⓝ213.6
〔29562〕
◇江戸東京を歩く宿場　塩見鮮一郎著　三一書房　1998.6　262p　19cm　2200円　Ⓘ4-380-98273-4　Ⓝ291.361
〔29563〕
◇江戸・東京を造った人々　1　『東京人』編集室編　筑摩書房　2003.8　435p　15cm　（ちくま学芸文庫）1400円　Ⓘ4-480-08787-7　Ⓝ213.61
〔29564〕
◇江戸・東京を造った人々　2　『東京人』編集室編　筑摩書房　2003.8　478p　15cm　（ちくま学芸文庫）1400円　Ⓘ4-480-08788-5　Ⓝ213.61
〔29565〕
◇江戸東京を読む　小木新造編　筑摩書房　1991.9　295p　21cm　2900円　Ⓘ4-480-85568-8　Ⓝ213.6
〔29566〕
◇江戸・TOKYO陰陽百景　加門七海著　講談社　2003.9　231p　19cm　1300円　Ⓘ4-06-212071-2
〔29567〕
◇江戸東京学への招待　1　文化誌篇　小木新造編著　日本放送出版協会　1995.11　290p　19cm　（NHKブックス 750）1100円　Ⓘ4-14-001750-3　Ⓝ213.6　〔29568〕
◇江戸東京学への招待　2　都市誌篇　小木新造, 陣内秀信編著　日本放送出版協会　1995.12　282p　19cm　（NHKブックス 751）1100円　Ⓘ4-14-001751-1　Ⓝ213.6
〔29569〕
◇江戸東京学への招待　3　生活誌篇　小木新造, 内田雄造編著　日本放送出版協会　1996.1　273p　19cm　（NHKブックス 752）1100円　Ⓘ4-14-001752-X　Ⓝ213.61
〔29570〕
◇江戸東京学事始め　小木新造著　筑摩書房　1991.3　243p　19cm　（ちくまライブラリー 54）1230円　Ⓘ4-480-05154-6　Ⓝ213.6
〔29571〕
◇江戸東京学事典　小木新造ほか編　新装版　三省堂　2003.3　1052,26p　図版24枚　22cm　4800円　Ⓘ4-385-15388-4　Ⓝ291.36
〔29572〕
◇江戸・東京川と暮し　宮下登喜雄文・銅版画　吾八書房　1994.5　72p　22cm　Ⓝ213.6
〔29573〕
◇江戸東京奇想徘徊記　種村季弘著　朝日新聞社　2003.12　291p　19cm　1600円　Ⓘ4-02-257889-0　〔29574〕
◇江戸東京見聞録—曾祖父政四郎の生涯　岩井是道編　岩井是道　2002.12　179p　19cm　1524円　Ⓘ4-89630-078-5　Ⓝ291.361
〔29575〕
◇江戸東京坂道事典　石川悌二著　新人物往来社　1998.2　278p　22cm　9800円　Ⓘ4-404-02497-5　Ⓝ291.36
〔29576〕
◇江戸東京坂道事典　石川悌二著　コンパクト版　新人物往来社　2003.9　278p　22cm　4800円　Ⓘ4-404-03149-1　Ⓝ291.36
〔29577〕
◇江戸・東京事件を歩く　山本純美, 井筒清次著　アーツアンドクラフツ　2001.12　190p　21cm　1600円

Ⓘ4-901592-03-3　Ⓝ213.6
〔29578〕
◇江戸東京史跡マップ　新人物往来社　1995.12　259p　21cm　1600円　Ⓝ291.361
〔29579〕
◇江戸東京自由大学　江戸東京歴史財団　1994.10　127p　27cm　Ⓝ213.6
〔29580〕
◇江戸東京自由大学　平成7年度　江戸東京歴史財団　1995.9　127p　27cm　Ⓝ213.6
〔29581〕
◇江戸東京自由大学　平成8年度　東京都歴史文化財団　1996.10　118p　27cm　Ⓝ213.6
〔29582〕
◇江戸・東京石仏ウォーキング　日本石仏協会編　ごま書房　2003.11　197p　19cm　1500円　Ⓘ4-341-08256-6　Ⓝ718.4
〔29583〕
◇「江戸・東京」地名を歩く—地名から探る江戸の素顔　古川愛哲著　経済界　2003.6　271p　18cm　（リュウ・ブックスアステ新書）762円　Ⓘ4-7667-1010-X　Ⓝ291.361
〔29584〕
◇江戸東京における首都機能の集中—江戸東京学の現状と課題　東京都江戸東京博物館都市歴史研究室編　東京都歴史文化財団東京都江戸東京博物館　1999.3　177p　18cm　（江戸東京博物館シンポジウム報告書 2）Ⓘ4-924965-13-8　Ⓝ213.61
〔29585〕
◇江戸東京年表　大浜徹也, 吉原健一郎編著　小学館　1993.3　287p　22cm　2000円　Ⓘ4-09-387066-7　Ⓝ213.6
〔29586〕
◇江戸東京年表　大浜徹也, 吉原健一郎編著　増補版　小学館　2002.12　295p　22cm　2200円　Ⓘ4-09-387421-2　Ⓝ213.6
〔29587〕
◇江戸東京の自然を歩く　唐沢孝一著　中央公論新社　1999.10　202p　20cm　1750円　Ⓘ4-12-002944-1　Ⓝ291.361
〔29588〕
◇江戸・東京の地図と景観—徒歩交通百万都市からグローバル・スーパーシティへ　正井泰夫著　古今書院　2000.3　123p　27cm　7000円　Ⓘ4-7722-1051-2　Ⓝ291.361
〔29589〕
◇江戸・東京の地名—作家が愛した風景/小説の舞台　新人物往来社　2007.1　166p　26cm　（別冊歴史読本 第32巻第3号）2000円　Ⓘ4-404-03355-9　Ⓝ291.361
〔29590〕
◇江戸・東京のなかの伊予　玉井建三著　松山　愛媛県文化振興財団　2003.3　293p　18cm　（えひめブックス 24）952円　Ⓘ4-901265-43-1　Ⓝ291.36　〔29591〕
◇江戸・東京の中のドイツ　ヨーゼフ・クライナー著　安藤勉訳　講談社　2003.12　236p　15cm　（講談社学術文庫）900円　Ⓘ4-06-159629-2　〔29592〕
◇江戸東京博準備'83—東京都江戸東京博物館建設準備概要　東京都生活文化局コミュニティ文化部江戸東京博物館建設準備室編　東京都生活文化局コミュニティ文化部江戸東京博物館建設準備室　1984.3　135p　26cm　Ⓝ213.6
〔29593〕
◇江戸東京博物館—総合案内　東京都江戸東京博物館, 日本放送出版協会編　江戸東京歴史財団　1993.3　191p　29cm　Ⓝ213.6
〔29594〕
◇江戸東京博物館—400年の時の旅　山本博文監修　小学館　2003.7　241p　15cm　（小学館文庫）695円　Ⓘ4-09-418371-X　Ⓝ213.61
〔29595〕
◇江戸・東京百景今昔—広重「名所江戸百景」を東京に見る　第7回特別企画展　中野区教育委員会, 山崎記念中野区歴史民俗資料館編　中野区教育委員会　1995.10　38p　30cm　Ⓝ291.361
〔29596〕
◇江戸東京文化論　芳賀登著　教育出版センター　1993.6　382p　22cm　（史学叢書 10）3000円　Ⓘ4-7632-3211-8　Ⓝ213.6
〔29597〕

地方史　　　　　　　　　　　　近世史

◇江戸東京魔界紀行　歴史と文学の会編　勉誠出版　2003.8　222p　19cm　1500円　Ⓘ4-585-05084-1　〔29598〕

◇江戸東京名数集誌　第1冊　一～二の数　礒部鎮雄編　江戸町名俚俗研究会　1973　36p　23cm　非売　Ⓝ291.36　〔29599〕

◇江戸東京名数集誌　第2冊　二～三の数　礒部鎮雄編　江戸町名俚俗研究会　1973　76p　23cm　非売品　Ⓝ291.36　〔29600〕

◇江戸東京名数集誌　第3冊　三の数　礒部鎮雄編　江戸町名俚俗研究会　1973　114p　23cm　非売品　Ⓝ291.36　〔29601〕

◇江戸東京名数集誌　第4冊　三の数　続　礒部鎮雄編　江戸町名俚俗研究会　1974　148p　24cm　非売品　Ⓝ291.36　〔29602〕

◇江戸東京名数集誌　第5冊　三～四の数　礒部鎮雄編　江戸町名俚俗研究会　1974　149-182p　23cm　非売品　Ⓝ291.36　〔29603〕

◇江戸東京名数集誌　第8冊　六～七の数　礒部鎮雄編　江戸町名俚俗研究会　1975　247-280p　23cm　非売品　Ⓝ291.36　〔29604〕

◇江戸東京名数集誌　第13冊　四十七～三百　礒部鎮雄編　江戸町名俚俗研究会　1977.12　389～418p　23cm　非売品　Ⓝ291.36　〔29605〕

◇江戸東京物語　上野・日光御成道界隈　新潮社編　新潮社　1997.5　219p　19cm　1100円　Ⓘ4-10-354013-3　Ⓝ213.61　〔29606〕

◇江戸東京物語　池袋・中山道界隈　新潮社編　新潮社　1997.6　219p　19cm　1100円　Ⓘ4-10-354014-1　Ⓝ213.6　〔29607〕

◇江戸東京物語　下町篇　新潮社編　新潮社　1993.12　221p　19cm　1100円　Ⓘ4-10-354007-9　Ⓝ213.6　〔29608〕

◇江戸東京物語　下町篇　新潮社編　新潮社　2002.1　371p　16cm　（新潮文庫）819円　Ⓘ4-10-120826-3　Ⓝ213.61　〔29609〕

◇江戸東京物語　山の手篇　新潮社編　新潮社　1994.1　211p　19cm　1100円　Ⓘ4-10-354008-7　Ⓝ213.6　〔29610〕

◇江戸東京物語　山の手篇　新潮社編　新潮社　2002.5　350p　16cm　（新潮文庫）781円　Ⓘ4-10-120827-1　Ⓝ213.61　〔29611〕

◇江戸東京物語　都心篇　新潮社編　新潮社　1993.11　217p　19cm　1100円　Ⓘ4-10-354006-0　Ⓝ213.6　〔29612〕

◇江戸東京物語　都心篇　新潮社編　新潮社　2001.9　347p　16cm　（新潮文庫）781円　Ⓘ4-10-120825-5　Ⓝ213.61　〔29613〕

◇江戸東京歴史散歩　1　都心・下町編　江戸東京散策倶楽部編　学習研究社　2002.10　135p　21cm　1600円　Ⓘ4-05-401800-9　Ⓝ291.361　〔29614〕

◇江戸東京歴史散歩　2　都心・山の手編　江戸東京散策倶楽部編　学習研究社　2002.11　135p　21cm　1600円　Ⓘ4-05-401801-7　Ⓝ291.361　〔29615〕

◇江戸東京歴史散歩　3　山の手・武蔵野編　江戸東京散策倶楽部編　学習研究社　2003.4　135　21cm　1600円　Ⓘ4-05-401802-5　〔29616〕

◇江戸東京歴史読本　小森隆吉著　弘文堂　1984.9　255p　20cm　1600円　Ⓘ4-335-25001-0　Ⓝ213.6　〔29617〕

◇江戸・東京歴史の散歩道　1　街と暮らし社編　街と暮らし社　1999.9　191p　21cm　（江戸・東京文庫1）1800円　Ⓘ4-7954-0139-X　Ⓝ213.6　〔29618〕

◇江戸・東京 歴史の散歩道—江戸の名残と情緒の探訪　2　千代田区・新宿区・文京区　街と暮らし社　すずさわ書店〔発売〕　2000.10　189p　21cm　（江戸・東京文庫2）1800円　Ⓘ4-7954-0153-5　〔29619〕

◇江戸・東京歴史の散歩道　3　街と暮らし社編　街と暮らし社　2001.6　191p　21cm　（江戸・東京文庫3）1800円　Ⓘ4-901317-03-2　Ⓝ213.6　〔29620〕

◇江戸・東京歴史の散歩道　4　街と暮らし社編　街と暮らし社　2002.9　191p　21cm　（江戸・東京文庫　江戸の名残と情緒の探訪 4）1800円　Ⓘ4-901317-04-0　Ⓝ213.6　〔29621〕

◇江戸・東京 歴史の散歩道—江戸の名残と情緒の探訪　5　渋谷区・世田谷区・中野区・杉並区　街と暮らし社編　街と暮らし社　2003.7　191p　21cm　（江戸・東京文庫5）1800円　Ⓘ4-901317-05-9　〔29622〕

◇江戸・東京歴史の散歩道　6　荒川区・足立区・葛飾区・江戸川区　街と暮らし社編　街と暮らし社　2003.11　191p　21cm　（江戸・東京文庫 6）1800円　Ⓘ4-901317-06-7　〔29623〕

◇江戸・東京歴史物語　長谷章久著　講談社　2003.5　367p　15cm　（講談社学術文庫）1200円　Ⓘ4-06-159597-0　Ⓝ291.361　〔29624〕

◇江戸東京湾事典　江戸東京湾研究会編　新人物往来社　1991.5　338p　22cm　9800円　Ⓘ4-404-01818-5　Ⓝ213.6　〔29625〕

◇江戸と江戸城　内藤昌著　鹿島研究所出版会　1966　244p　19cm　（SD選書 第4）Ⓝ213.6　〔29626〕

◇江戸と江戸城　鈴木理生著　新人物往来社　1975　220p　20cm　1300円　Ⓝ213.6　〔29627〕

◇江戸と城下町—天正から明暦まで　鈴木理生著　新人物往来社　1976　277p　20cm　1500円　Ⓝ213.6　〔29628〕

◇江戸と東京—歴史散歩　堤紫海著　文化綜合出版　1975　293p　20cm　Ⓝ291.36　〔29629〕

◇江戸に二つない物　塚田芳雄著　下町タイムス社　1993.3　233p　19cm　1500円　Ⓝ213.6　〔29630〕

◇江戸の陰陽師—天海のランドスケープデザイン　宮元健次著　京都　人文書院　2001.11　205p　19cm　1900円　Ⓘ4-409-52035-0　Ⓝ213.61　〔29631〕

◇江戸の快楽—下町抒情散歩　荒俣宏著　安井仁写真　文藝春秋　1999.5　195p　22cm　2000円　Ⓘ4-16-355210-3　Ⓝ291.361　〔29632〕

◇江戸の川あるき　栗田彰著　青蛙房　1999.7　196p　19cm　1900円　Ⓘ4-7905-0451-4　Ⓝ291.361　〔29633〕

◇江戸の川・東京の川　鈴木理生著　日本放送出版協会　1978.3　293p　19cm　（放送ライブラリー 16）980円　Ⓝ291.36　〔29634〕

◇江戸の川・東京の川　鈴木理生著　井上書院　1989.8　305p　19cm　1800円　Ⓘ4-7530-2304-4　Ⓝ291.36　〔29635〕

◇江戸の川と上水　金田大義著　流山　日本企業文化研究所　1998.1　243p　19cm　Ⓝ291.361　〔29636〕

◇江戸の郷土誌　千代田区教育委員会, 千代田区立四番町歴史民俗資料館編　千代田区教育委員会　2002.3　182p　30cm　（千代田区文化財調査報告書 14）Ⓝ213.61　〔29637〕

◇江戸の坂東京の坂　横関英一著　改訂増補　有峰書店　1976.3　311p　19cm　Ⓝ291.36　〔29638〕

◇江戸の史蹟　三田村鳶魚著　青蛙房　1958　300p　19cm　（江戸ばなし 第18編）Ⓝ213.6　〔29639〕

◇江戸の宿場町新宿　安宅峯子著　同成社　2004.4　198p

19cm （同成社江戸時代史叢書）2300円
①4-88621-290-5
〔29640〕

◇江戸の新興宗教―文京の富士講　文京ふるさと歴史館編　〔東京都〕文京区教育委員会　1995.10　48p　30cm　（特別展図録）Ⓝ213.6
〔29641〕

◇江戸の都市計画―建築家集団と宗教デザイン　宮元健次著　講談社　1996.1　250p　19cm　（講談社選書メチエ66）1500円　①4-06-258066-7　Ⓝ213.6
〔29642〕

◇江戸の都市計画　童門冬二著　文藝春秋　1999.4　214p　18cm　（文春新書）680円　①4-16-660038-9　Ⓝ213.61
〔29643〕

◇江戸の発達　東京都都政資料館編　東京都　1956　266p　図版　地　19cm　Ⓝ213.6
〔29644〕

◇江戸の町　岸井良衛著　中央公論社　1976　220p　18cm　（中公新書）400円　Ⓝ213.6
〔29645〕

◇江戸の町歩き　旅行読売出版社　1998.1　122p　26cm　（旅行読売mook 95）857円　①4-89752-060-6　Ⓝ291.36
〔29646〕

◇江戸の町を歩いてみる　斎藤慎一責任編集　中央公論新社　2002.9　124p　21cm　（江戸東京歴史探検　第2巻）1800円　①4-12-490223-9　Ⓝ213.61
〔29647〕

◇江戸の町かど　伊ني好一著　平凡社　1987.2　286p　21cm　2300円　①4-582-47420-9　Ⓝ213.6
〔29648〕

◇江戸の町とくらし　段木一行著　学生社　1982.1　157p　19cm　800円　Ⓝ213.6
〔29649〕

◇江戸の町は骨だらけ　鈴木理生著　桜桃書房　2002.2　256p　19cm　1600円　①4-7567-1149-9　Ⓝ213.61
〔29650〕

◇江戸の水―玉川上水と新宿―新宿歴史博物館企画展図録　東京都新宿区立新宿歴史博物館編　〔東京都〕新宿区教育委員会　1993　48p　26cm　Ⓝ213.6
〔29651〕

◇江戸のみちはアーケード　鈴木理生著　青蛙房　1997.1　227p　20cm　2472円　①4-7905-0440-9　Ⓝ213.6
〔29652〕

◇江戸の夕栄　鹿島万兵衛著　中央公論社　1977.4　197p　15cm　（中公文庫）240円　Ⓝ213.6
〔29653〕

◇江戸の流刑囚近藤富蔵　佐藤友之著　三一書房　1995.11　203p　20cm　1900円　①4-380-95304-1　Ⓝ289.1
〔29654〕

◇江戸幕府千人同心関係資料調査報告　東京都教育庁社会教育部文化課編　東京都教育委員会　1988.3　215p　26cm　Ⓝ213.6
〔29655〕

◇江戸繁昌記の世界―寺門静軒と爛熟期の江戸　特別展　寺門静軒著　水戸市立博物館編　水戸　水戸市立博物館　1996　72p　26cm　Ⓝ213.6
〔29656〕

◇江戸深川情緒の研究　深川区史編纂会編　有峰書店新社　1971.5（重版：2000.12）　295,2p　図版75枚　23cm　8700円　①4-87045-221-9　Ⓝ291.361
〔29657〕

◇江戸復原図　東京都教育庁社会教育部文化課編　東京都教育委員会　1989.3　30枚　40×60cm　Ⓝ291.36
〔29658〕

◇江戸文学地名辞典　執筆：石川一郎等　東京堂出版　1973　530p　22cm　3300円　Ⓝ291.36
〔29659〕

◇江戸文化誌　西山松之助著　岩波書店　1987.10　258p　19cm　（岩波セミナーブックス　23）1500円　①4-00-004893-7
〔29660〕

◇江戸文化と東京文化―暮らしの伝統と近代文明　芳賀登著　雄山閣出版　2001.4　356p　22cm　（芳賀登著作集　第8巻）8800円　①4-639-01729-4,4-639-01638-7　Ⓝ213.61
〔29661〕

◇江戸湾物語―巨大都市東京のルーツ　三浦昇著　PHP研究所　1988.12　233p　20cm　1300円　①4-569-22361-3　Ⓝ213.6
〔29662〕

◇江戸町鑑集成　第2巻　加藤貴編　東京堂出版　1989.7　471p　22cm　9800円　①4-490-30422-6　Ⓝ213.6
〔29663〕

◇江戸・町づくし稿　中巻　岸井良衛著　新装版　青蛙房　2003.12　379p　20cm　4700円　①4-7905-0516-2　Ⓝ291.361
〔29664〕

◇江戸・町づくし稿　下巻　岸井良衛著　新装版　青蛙房　2003.12　393p　20cm　4700円　①4-7905-0517-0　Ⓝ291.361
〔29665〕

◇江戸・町づくし稿　別巻　岸井良衛著　新装版　青蛙房　2004.3　233p　20cm　3000円　①4-7905-0518-9　Ⓝ291.361
〔29666〕

◇江戸村方騒動顚末記　高橋敏著　筑摩書房　2001.10　206p　18cm　（ちくま新書）680円　①4-480-05913-X　Ⓝ213.61
〔29667〕

◇江戸名所記―詳説　今井金吾著　社会思想社　1969　294p　22cm　（教養デラックス）2000円　Ⓝ291.36
〔29668〕

◇江戸名所図会　斎藤長秋編, 藤原県麻呂, 斎藤月岑校, 長谷川雪旦画, 鈴木棠三, 朝倉治彦校註　新版　角川書店　1975　3冊　18cm　各2800円　Ⓝ291.36
〔29669〕

◇江戸名所図会　1　斎藤幸雄著　新典社　1979.1　346p　27cm　（名所図会叢刊　6）5800円　Ⓝ291.36
〔29670〕

◇江戸名所図会　2　斎藤幸雄著　新典社　1979.2　400p　27cm　（名所図会叢刊　7）6600円　Ⓝ291.36
〔29671〕

◇江戸名所図会　3　斎藤幸雄著　新典社　1979.3　494p　27cm　（名所図会叢刊　8）8000円　Ⓝ291.36
〔29672〕

◇江戸名所図会　4　斎藤幸雄著　新典社　1984.1　402p　27cm　（名所図会叢刊　9）6600円　Ⓝ291.36
〔29673〕

◇江戸名所図会　7　斎藤幸雄著　新典社　1984.1　388p　27cm　（名所図会叢刊　11）6300円　Ⓝ291.36
〔29674〕

◇江戸名所図会　5・6　斎藤幸雄著　新典社　1984.1　410p　27cm　（名所図会叢刊　10）6700円　Ⓝ291.36
〔29675〕

◇江戸名所図会あちこち　浜田右二郎著　広論社　1984.9　128p　26cm　1480円　①4-87535-079-1　Ⓝ291.36
〔29676〕

◇江戸名所隅田川―絵解き案内　棚橋正博著　小学館　1998.5　126p　21cm　1600円　①4-09-626211-0　Ⓝ213.61
〔29677〕

◇江戸名所花暦　岡嶋著, 長谷川雪旦画　八坂書房　1973　236p　20cm　（生活の古典双書）1400円　Ⓝ291.36
〔29678〕

◇江戸名所100選　綿谷雪著　秋田書店　1973　288p　19cm　890円　Ⓝ291.36
〔29679〕

◇江戸物語　細用隆善著　ノンブル　1988.9　228,8,12p　19cm　1800円　①4-931117-08-2　Ⓝ213.6
〔29680〕

◇江戸わがふるさと　川崎房五郎著　ぎょうせい　1980.11　381p　19cm　1900円　Ⓝ213.6
〔29681〕

◇江戸はこうして造られた　鈴木理生著　筑摩書房　2000.1　349p　15cm　（ちくま学芸文庫）1100円　①4-480-08539-4　Ⓝ213.61
〔29682〕

◇青梅街道―江戸繁栄をささえた道　山本和加子著　聚海書林　1984.12　283p　20cm　1900円　①4-915521-25-7　Ⓝ213.6
〔29683〕

◇青梅宿―町の生活・文芸・祭礼　青梅　青梅市郷土博物館　1999.3　56p　30cm　Ⓝ213.65
〔29684〕

◇お江戸週末散歩　林家こぶ平著　角川書店　2003.3　245,8p　18cm　（角川oneテーマ21）705円

地方史　　　　　　　　　　　　　　近世史

①4-04-704120-3　Ⓝ291.361　〔29685〕
◇お江戸と東京の坂　千代田区の巻　竹原俊夫著　竹原俊夫　2000.2　135p　21cm　Ⓝ291.361　〔29686〕
◇お江戸の歩き方―歴史を体感する、タイムマシン時代の観光ガイド　竹内誠監修　学習研究社　2002.12　199p　19cm　(Life-long e books)1300円　①4-05-401828-9　Ⓝ213.61　〔29687〕
◇お江戸街めぐり―巷談・江戸から東京へ2　樋口清之著　河出書房新社　1989.1　291p　15cm　(河出文庫)560円　①4-309-47149-8　Ⓝ213.6　〔29688〕
◇大江戸アウトドア　なぎら健壱著　洋泉社　1997.6　229p　19cm　1429円　①4-89691-261-6　Ⓝ213.61　〔29689〕
◇大江戸意外なはなし366日事典　大石学著　講談社　1994.7　469p　16cm　(講談社+α文庫)1000円　①4-06-256053-4　Ⓝ213.6　〔29690〕
◇大江戸を歩く　旅行読売出版社　2000.12　121p　26cm　(旅行読売mook―旅行読売の情報版 歩くシリーズ)857円　①4-89752-253-6　Ⓝ291.36　〔29691〕
◇大江戸透絵図―千代田から江戸が見える　北原進監修　江戸開府400年記念事業実行委員会　2003.7　223p　26cm　2667円　①4-902272-00-8　Ⓝ213.61　〔29692〕
◇大江戸時の鐘音歩記　吉村弘著　春秋社　2002.12　209p　20cm　1900円　①4-393-93474-1　Ⓝ291.36　〔29693〕
◇大江戸八百八町を歩く江戸散歩　旅行読売出版社　1999.7　121p　26cm　(旅行読売mook―旅行読売の情報版 歩くシリーズ 2 64)857円　①4-89752-180-7　Ⓝ291.36　〔29694〕
◇大江戸八百八町展―江戸開府400年・開館10周年記念　東京都江戸東京博物館編　江戸東京博物館　2003.1　231p　30cm　①4-924965-42-1　Ⓝ213.61　〔29695〕
◇大江戸めぐり　林順信編著　JTB　2003.12　159p　21cm　(JTBキャンブックス)1600円　①4-533-05055-7　Ⓝ291.361　〔29696〕
◇小笠原諸島異国船来航記　大熊良一著　近藤出版社　1985.11　193p　22cm　4300円　Ⓝ213.6　〔29697〕
◇鬼平犯科帳を歩く―彩色江戸名所図会50点収録　西尾忠久編著　旬報社　2003.11　94p　26cm　(朝日カルチャーセンター講座シリーズ 14)1600円　①4-8451-0821-6　Ⓝ913.6　〔29698〕
◇階層別・江戸の暮らしがわかる本　竹内誠監修　成美堂出版　2003.5　250p　15cm　(成美文庫)524円　①4-415-07031-0　Ⓝ213.61　〔29699〕
◇加賀殿再訪―東京大学本郷キャンパスの遺跡　西秋良宏編　東京大学総合研究博物館　2000.6　210p　26cm　(東京大学コレクション 10)3800円　①4-13-020210-3　Ⓝ213.61　〔29700〕
◇活気にあふれた江戸の町『熈代勝覧』の日本橋―ベルリン東洋美術館蔵『熈代勝覧』絵巻　小沢弘,小林忠著　小学館　2006.2　127p　25cm　(アートセレクション)1900円　①4-09-607019-X　Ⓝ721.2　〔29701〕
◇神田川溯上　岩垣顕著　街と暮らし社　2006.3　167p　21cm　(江戸・東京文庫)1800円　①4-901317-11-3　〔29702〕
◇切絵図・現代図で歩く江戸東京散歩　安田就視写真　わたなべこういちイラスト　人文社編集部企画・編集　人文社　2002.7　128,8p　26×29cm　(古地図ライブラリー別冊)2400円　①4-7959-1290-4　〔29703〕
◇近世多摩川流域の史的研究　第2次研究報告　多摩川流域史研究会編　多摩川流域史研究会　1994.8　425p　26cm　(財団法人とうきゅう環境浄化財団助成報告書

1993)Ⓝ213.6　〔29704〕
◇近世都市周辺の村落と民衆　馬場憲一著　雄山閣出版　1995.5　245p　22cm　4944円　①4-639-01292-6　Ⓝ213.6　〔29705〕
◇近世年貢の謎―武州多摩郡中野村に見る　滝田重一著　国分寺　滝田重一　1988　77p　26cm　Ⓝ213.6　〔29706〕
◇近世八王子の研究　光石知恵子著　八王子　[光石知恵子]　2007.7　450p　26cm　Ⓝ213.65　〔29707〕
◇検地帳 1　青梅市郷土博物館編　青梅　青梅市教育委員会　1991.10　288p　21cm　(青梅市史史料集 第41号)1000円　Ⓝ213.6　〔29708〕
◇元禄の町　東京都編　東京都　1981.3　192p　18cm　(都史紀要 28)Ⓝ213.6　〔29709〕
◇高家今川氏の知行所支配―江戸周辺を事例として　大石学監修　東京学芸大学近世史研究会編　名著出版　2002.10　442p　22cm　(東京学芸大学近世史研究会調査報告 1)7800円　①4-626-01665-0　Ⓝ213.61　〔29710〕
◇講釈江戸史跡めぐり　一竜斎貞心著　稜北出版　1986.2　195p　20cm　1200円　Ⓝ291.36　〔29711〕
◇甲州街道府中宿―府中再訪展図録　府中文化振興財団,府中市郷土の森博物館編　府中(東京都)　府中文化振興財団　2001.3　72p　21cm　(府中市郷土の森博物館ブックレット 1)Ⓝ213.65　〔29712〕
◇考証江戸町めぐり　稲垣史生著　河出書房新社　2003.6　335p　15cm　(河出文庫)750円　①4-309-40696-3　Ⓝ291.361　〔29713〕
◇講武所　安藤直方著　聚海書林　1988.2　221,6,11p　図版11枚　20cm　(東京市史)4800円　①4-915521-35-4　Ⓝ213.6　〔29714〕
◇国立療養所(中野)生い立ちの真相―江古田村の百姓一揆?幻の江古田城?　研究レポート　山崎清司著　中野区江古田史談会　1982.6　134p　21cm　Ⓝ213.6　〔29715〕
◇ここが広重画・「東京百景」　歌川広重画　堀晃明著　小学館　2000.7　217p　15cm　(小学館文庫)657円　①4-09-411321-5　Ⓝ213.61　〔29716〕
◇古写真で見る江戸から東京へ―保存版　小沢健志,鈴木理生監修　世界文化社　2001.4　247p　26cm　3800円　①4-418-01210-9　Ⓝ213.61　〔29717〕
◇古地図で江戸さんぽ―歩く、訪ねる　京都　淡交社　2003.2　127p　21cm　1600円　①4-473-01973-X　Ⓝ291.361　〔29718〕
◇古董屋アルジの時代ばなし　高橋功一著　翠石堂美術店　1992.4　333p　22cm　Ⓝ213.6　〔29719〕
◇雑学大江戸ものしり百科―日本の縮図、江戸がわかる　細田隆善著　日東書院　1989.10　315p　19cm　1000円　①4-528-00869-6　Ⓝ213.6　〔29720〕
◇三多摩近代百年史年表―安政元年―昭和28年(1854-1953)　松岡喬一編　改訂版　八王子　1965　110,55p　25cm　Ⓝ213.6　〔29721〕
◇史跡江戸の下町―浅草・吉原・向島　小林高寿著　新人物往来社　1975　228p　20cm　1800円　Ⓝ291.36　〔29722〕
◇史跡でつづる東京の歴史 中　尾河直太郎著　新版　一声社　1999.6　178p　19cm　1500円　①4-87077-155-1　Ⓝ213.6　〔29723〕
◇史跡でつづる東京の歴史 下　尾河直太郎著　新版　一声社　2000.3　212p　19cm　1500円　①4-87077-158-6　Ⓝ213.6　〔29724〕

◇自然が育んだ江戸東京の都市文化　法政大学大学院エコ地域デザイン研究所歴史プロジェクト・陣内研究室編　小金井　法政大学大学院エコ地域デザイン研究所歴史プロジェクト・陣内研究室　2007.3　151p　30cm　Ⓝ213.61　〔29725〕

◇品川宿調査報告書　1　東京都品川区教育委員会　1976　106p　25cm　Ⓝ213.6　〔29726〕

◇信濃町の今昔　五十嵐喜市編　五十嵐喜市　1975　94p　26cm　非売品　Ⓝ291.36　〔29727〕

◇芝・上野と銀座　三田村鳶魚著　朝倉治彦編　中央公論新社　1999.6　318p　16cm　(中公文庫―鳶魚江戸文庫　34)686円　Ⓘ4-12-203449-3　Ⓝ213.61　〔29728〕

◇週刊日本の伝説を旅する　2　江戸・伊豆七島　世界文化社　2005.3　35p　30cm　533円　〔29729〕

◇首都江戸の誕生―大江戸はいかにして造られたのか　大石学著　角川書店　2002.10　263,7p　19cm　(角川選書　346)1500円　Ⓘ4-04-703346-4　Ⓝ213.61　〔29730〕

◇城下町東京―江戸と東京との対話　正井泰夫著　原書房　1987.8　217p　21cm　2000円　Ⓘ4-562-01862-3　Ⓝ291.36　〔29731〕

◇彰義隊とあらかわの幕末―吉村昭追悼　平成十九年度荒川ふるさと文化館企画展　荒川区教育委員会,荒川区立荒川ふるさと文化館編　荒川区教育委員会　2007.7　80p　30cm　Ⓝ213.61　〔29732〕

◇新訂江戸名所花暦　市古夏生,鈴木健一校訂　筑摩書房　2001.4　284p　15cm　(ちくま学芸文庫)900円　Ⓘ4-480-08626-9　Ⓝ291.361　〔29733〕

◇新編武蔵風土記稿埼玉編　上之巻　間宮士信ほか編　千秋社　1981.11　2冊　22cm　全21000円　Ⓘ4-88477-054-4　Ⓝ291.36　〔29734〕

◇新編武蔵風土記稿三多摩編　間宮士信ほか編　〔千秋社〕　1981　4冊　22cm　全20000円　Ⓝ291.36　〔29735〕

◇図説江戸考古学研究事典　江戸遺跡研究会編　柏書房　2001.4　459,120p　27cm　12000円　Ⓘ4-7601-2045-9　Ⓝ213.61　〔29736〕

◇隅田川随想―江戸の昔をたずねて　鶴見誠著　日本古典文学会編　貴重本刊行会　1993.1　281p　22cm　2800円　Ⓘ4-88915-073-0　Ⓝ291.36　〔29737〕

◇隅田川と江戸庶民の生活　高柳金芳著　国鉄厚生事業協会　1984.3　257p　図版10枚　19cm　(弥生叢書　19)980円　Ⓘ4-906046-19-3　Ⓝ213.6　〔29738〕

◇千人同心往還拝島宿の興亡　宮岡和紀著　立川　けやき出版　1999.1　197p　22cm　1800円　Ⓘ4-87751-066-4　Ⓝ213.65　〔29739〕

◇千人のさむらいたち―八王子千人同心ブックレット　村上直監修　八王子市郷土資料館編　八王子　八王子市教育委員会　2003.3　126p　21cm　Ⓝ213.65　〔29740〕

◇雑司が谷村風土記―江戸地誌50編　矢村勝昭訳　〔矢島勝昭〕　1997　233p　21cm　Ⓝ213.61　〔29741〕

◇大東京五百年　第1　江戸のあけぼの　木村毅著　毎日新聞社　1956-1957　19cm　Ⓝ213.6　〔29742〕

◇大東京五百年文化史話―開けゆく江戸から東京へ　木村毅著　恒文社　1979.10　651p　20cm　2900円　Ⓝ213.6　〔29743〕

◇大名小路から丸の内へ―江戸絵図が語る丸の内三〇〇年　玉野惣次郎著　菱芸出版　1995.2　333p　22×31cm　非売品　Ⓝ213.6　〔29744〕

◇田無宿風土記　3　下田富宅編　田無　下田富宅　1982.7　263p　22cm　3500円　Ⓝ213.6　〔29745〕

◇玉川村江戸・近世　豊田真佐男著　〔豊田真佐男〕　1993.5　467p　22cm　2000円　Ⓝ213.6　〔29746〕

◇多摩と江戸―鷹場・新田・街道・上水　大石学編　国立　たましん地域文化財団　2000.2　339p　21cm　2500円　Ⓘ4-87751-093-1　Ⓝ213.65　〔29747〕

◇多摩の代官　村上直,馬場憲一,米崎清実著　国立　たましん地域文化財団　1999.1　184p　21cm　1300円　Ⓘ4-87751-067-2　Ⓝ213.65　〔29748〕

◇田安領宝暦箱訴事件―多摩人の抵抗の心をさぐって　青梅市郷土博物館編　青梅　青梅市教育委員会　1978.9　215p　21cm　(青梅市史史料集　第23号)Ⓝ213.6　〔29749〕

◇地下からあらわれた江戸　古泉弘著　教育出版　2002.6　189p　19cm　(江戸東京ライブラリー　19)1500円　Ⓘ4-316-35880-4　Ⓝ213.61　〔29750〕

◇地図に見る江戸八百八町―東京大学附属図書館所蔵資料展　展示資料目録　東京大学附属図書館所蔵資料展示委員会編　東京大学附属図書館　1996.11　25p　30cm　〔29751〕

◇地名で読む江戸の町　大石学著　PHP研究所　2001.3　251p　18cm　(PHP新書)720円　Ⓘ4-569-61548-1　Ⓝ291.36　〔29752〕

◇ちょっと知的な「江戸・東京」散歩&ウォッチング　主婦と生活社編　主婦と生活社　2002.11　111p　21cm　1200円　Ⓘ4-391-12685-0　Ⓝ291.361　〔29753〕

◇定本　武江年表　上　今井金吾校訂　筑摩書房　2003.10　381p　15cm　(ちくま学芸文庫)1400円　Ⓘ4-480-08801-6　〔29754〕

◇東京・江戸あそびの旅―おとなの鉄道地図帳　学習研究社　2007.12　35,120p　26cm　(Gakken mook)838円　Ⓘ978-4-05-604974-9　〔29755〕

◇東京江戸案内―歴史細見　桜井正信編　八坂書房　1979.12　366,18p　19cm　1800円　Ⓝ291.36　〔29756〕

◇東京江戸今と昔―歴史細見　桜井正信編　八坂書房　1980.12　403p　19cm　2000円　Ⓝ291.36　〔29757〕

◇東京・江戸を歩く―そこの角を曲がれば江戸に出会える　お江戸探訪　ブルーガイド編集部編　実業之日本社　2003.4　191p　21cm　1600円　Ⓘ4-408-00785-4　Ⓝ291.361　〔29758〕

◇東京江戸紀行　原田興一郎著　実業之日本社　2002.3　215p　21cm　(ブルーガイド旅読本)1700円　Ⓘ4-408-00260-7　Ⓝ291.361　〔29759〕

◇東京江戸たんけんガイド―行ってみよう　田中ひろみ著　PHP研究所　2003.7　147p　22cm　(未知へのとびらシリーズ)1300円　Ⓘ4-569-68407-6　Ⓝ291.36　〔29760〕

◇東京・江戸　地名の由来を歩く　谷川彰英著　ベストセラーズ　2003.7　311p　18cm　(ベスト新書)850円　Ⓘ4-584-12060-9　〔29761〕

◇東京江戸謎とき散歩―首都の歴史ミステリーを訪ねて　加来耕三,志治美世子,黒田敏穂著　廣済堂出版　1998.11　375p　19cm　1600円　Ⓘ4-331-50661-4　Ⓝ291.361　〔29762〕

◇東京を江戸の古地図で歩く本―"華のお江戸"がよみがえる歴史めぐり　ロム・インターナショナル編　河出書房新社　2004.7　221p　15cm　(Kawade夢文庫)514円　Ⓘ4-309-49538-9　Ⓝ213.61　〔29763〕

◇東京見物　江戸史蹟　籔野椋十著　戸川残花述　龍渓書舎編集部編　龍渓書舎　1992.7　216,5,148p　22cm　(近代日本地誌叢書　東京篇8)15000円　Ⓘ4-8447-3350-8　Ⓝ291.36　〔29764〕

◇東京に活きる江戸　桜井正信著　光村図書出版　1984.7　204p　19cm　(朝日カルチャー叢書　12)1200円　Ⓝ213.6　〔29765〕

地方史　　　　　　　近世史

◇東京の江戸を遊ぶ　なぎら健壱著　筑摩書房　2000.10　237p　15cm　（ちくま文庫）680円　Ⓘ4-480-03595-8　Ⓝ213.61　〔29766〕

◇東京の坂道—生きている江戸の歴史　石川悌二著　新人物往来社　1971　261p　22cm　1800円　Ⓝ291.36　〔29767〕

◇東京の中の江戸　長谷章久著　角川書店　1980.7　241p　19cm　（角川選書114）840円　Ⓝ291.36　〔29768〕

◇東京の橋—生きている江戸の歴史　石川悌二著　新人物往来社　1977.6　400p　22cm　3800円　Ⓝ291.36　〔29769〕

◇東京百年史　第1巻　江戸の生誕と発展（東京前史）　編集：東京百年史編集委員会　北島正元等著　東京都　1973　1663p　図12枚　22cm　　Ⓝ213.6　〔29770〕

◇東京歴史散歩—江戸から東京へ　加藤薫著　大阪　創元社　1970　195p　17cm　320円　Ⓝ291.36　〔29771〕

◇東京歴史散歩　第1集　江戸城とその付近　豊島寛彰著　虹書房　1960　214p　22cm　Ⓝ213.6　〔29772〕

◇東京歴史マップ　下　大江戸の散歩　尾河直太郎著　新草出版　1988.12　205p　19cm　1500円　Ⓘ4-915652-09-2　Ⓝ213.6　〔29773〕

◇東京歴史物語—新・東京の中の江戸　長谷章久著　角川書店　1985.9　323p　19cm　（角川選書162）1100円　Ⓘ4-04-703162-3　Ⓝ291.36　〔29774〕

◇藤九郎屋敷と上恩方の歴史　楢本要助著　八王子　揺籃社　1984.6　136p　19cm　890円　Ⓘ4-946430-03-2　Ⓝ213.6　〔29775〕

◇『徳川御三家江戸屋敷発掘物語』—尾張家への誘い—展示図録—新宿歴史博物館平成18年度特別展　新宿区生涯学習財団新宿歴史博物館編　新宿区生涯学習財団新宿歴史博物館　2006.10　114p　30cm　Ⓝ213.61　〔29776〕

◇読書案内大江戸を知る本　小林克監修　日外アソシエーツ編　日外アソシエーツ　2000.7　350p　21cm　6800円　Ⓘ4-8169-1619-9　Ⓝ213.61　〔29777〕

◇都市図の系譜と江戸　小沢弘著　吉川弘文館　2002.2　214p　19cm　（歴史文化ライブラリー136）1700円　Ⓘ4-642-05536-3　Ⓝ213.61　〔29778〕

◇都市のプランナーたち—江戸・東京を造った人々　『東京人』編集室編　都市出版　1993.12　452p　20cm　3500円　Ⓘ4-924831-06-9　Ⓝ213.6　〔29779〕

◇利根の変遷と江戸の歴史地理—吉田東伍論文講演集　吉田東伍著　流山　崙書房　1974　210p　22cm　Ⓝ291.36　〔29780〕

◇利根の変遷と江戸の歴史地理—吉田東伍論文講演集　吉田東伍著，守屋健輔編　流山　崙書房出版　1988.12　210p　22cm　（崙書房名著影印叢書3）5800円　Ⓝ291.36　〔29781〕

◇内藤新宿の町並とその歴史　東京都新宿区立新宿歴史博物館編　東京都新宿区教育委員会　1991.3　139p　26cm　Ⓝ213.6　〔29782〕

◇長崎村物語—江戸近郊農村の伝承文化　特別展図録　東京都豊島区立郷土資料館編　〔東京都〕豊島区教育委員会　1996.9　85p　26cm　Ⓝ213.6　〔29783〕

◇名主文書にみる江戸時代の梅坪村　八王子　古文書を探る会　2006.3　286p　21cm　Ⓝ213.65　〔29784〕

◇29のテーマでめぐる江戸歴史散歩　江戸いろは会編　講談社　2003.9　191p　21cm　1500円　Ⓘ4-06-211507-7　Ⓝ291.361　〔29785〕

◇日本人江戸名所図会　マガジンハウス　1998.3　161p　21cm　（Magazine House mook—Gulliver）1000円　Ⓘ4-8387-8150-4　Ⓝ291.36　〔29786〕

◇乗る&散策　東京編—歩いて探る今"TOKYO"・昔"江戸"　京都　ユニプラン　2001.2　167p　21cm　952円　Ⓘ4-89704-150-3　〔29787〕

◇乗る&散策　東京編—歩いて探る今"TOKYO"・昔"江戸"　ユニプラン編集部編　京都　ユニプラン　2002.2　167p　21cm　952円　Ⓘ4-89704-167-8　〔29788〕

◇俳句で歩く江戸東京—吟行八十八ヶ所巡り　山下一海，檜田良枝者　中央公論新社　2003.10　206p　19cm　1400円　Ⓘ4-12-003448-8　〔29789〕

◇幕末維新江戸東京史跡事典　新人物往来社編　新人物往来社　2000.8　344p　22cm　9800円　Ⓘ4-404-02860-1　Ⓝ291.36　〔29790〕

◇幕末の小笠原—欧米の捕鯨船で栄えた緑の島　田中弘之著　中央公論社　1997.10　273p　18cm　（中公新書）840円　Ⓘ4-12-101388-3　Ⓝ213.69　〔29791〕

◇幕末明治における江戸東京文化の受容と発信—江戸東京学の現状と課題　東京都江戸東京博物館都市歴史研究室編　東京都歴史文化財団東京都江戸東京博物館　2001.5　169p　19cm　（江戸東京博物館シンポジウム報告書3）Ⓘ4-924965-35-9　Ⓝ213.61　〔29792〕

◇幕末歴史散歩　東京篇　一坂太郎著　中央公論新社　2004.6　320p　18cm　（中公新書）940円　Ⓘ4-12-101754-4　Ⓝ210.58　〔29793〕

◇博覧都市江戸東京—ひとは都市になにを見たか　開帳、盛り場、そして物産会から博覧会へ　東京都江戸東京歴史財団編　江戸東京歴史財団　1993.11　189p　30cm　Ⓝ213.6　〔29794〕

◇八王子宿周辺の名主たち　八王子市郷土資料館編　八王子　八王子市教育委員会　1997.11　64p　30cm　Ⓝ213.65　〔29795〕

◇八王子城跡御主殿—戦国大名北条氏照のくらし　平成16年度特別展　八王子市郷土資料館編　八王子　八王子市郷土資料館　2004.7　57p　21cm　Ⓝ210.0254　〔29796〕

◇八王子千人同心　吉岡孝著　同成社　2002.12　206p　20cm　（同成社江戸時代史叢書15）2300円　Ⓘ4-88621-261-1　Ⓝ213.65　〔29797〕

◇八王子千人同心史　八王子　八王子市教育委員会　1990.3-1992.3　3冊　22cm　Ⓝ213.6　〔29798〕

◇八王子千人同心の群像　八王子市郷土資料館編　八王子市教育委員会　1994.10　90p　26cm　Ⓝ213.6　〔29799〕

◇八王子千人同心の地域調査—武蔵・相模の地誌編さん　八王子市教育委員会生涯学習スポーツ部文化財課、八王子市郷土資料館編　八王子　八王子市教育委員会　2005.11　55p　30cm　Ⓝ213.65　〔29800〕

◇八百八町いきなやりくり　北原進著　教育出版　2000.8　203p　19cm　（江戸東京ライブラリー13）1500円　Ⓘ4-316-35820-0　Ⓝ213.61　〔29801〕

◇比較考証江戸東京古地図散歩　東京都市史研究所編　新人物往来社　1999.9　159p　26cm　（別冊歴史読本29号）2200円　Ⓘ4-404-02729-X　Ⓝ213.61　〔29802〕

◇東久留米の江戸時代—文化財からみた東久留米の村々　岡田芳朗監修　東久留米　東久留米市教育委員会　2005.3　147p　26cm　（「東久留米のあゆみ」シリーズ第2巻）Ⓝ611.921365　〔29803〕

◇人づくり風土記—全国の伝承・江戸時代　13・48　大江戸万華鏡—Ô-Edo kaleidoscope　東京　加藤秀俊ほか編纂　農山漁村文化協会　1991.12　769p　27cm　（聞き書きによる知恵シリーズ）12000円　Ⓘ4-540-91009-4　Ⓝ210.5　〔29804〕

◇百万都市江戸の生活　北原進著　角川書店　1991.6　294p　19cm　（角川選書215）1400円

◇広重の大江戸名所百景散歩―江戸切絵図で歩く 嘉永・安政江戸の風景119 歌川広重画 堀晃明著 人文社 1996.4 160p 30cm (古地図ライブラリー 3)2500円 ①4-7959-1902-X Ⓝ213.61 〔29806〕

◇武州小塚原町界隈の武家屋敷 上巻 三木克彦編 君津 三木克彦 1998.5 237,17p 26cm 非売品 Ⓝ213.61 〔29807〕

◇武州小塚原町界隈の武家屋敷 下巻 諸家総合略年表 三木克彦編 君津 三木克彦 1998.5 282p 26cm 非売品 Ⓝ213.61 〔29808〕

◇文の京と徳川将軍―江戸開府四百年によせて 唐沢勝敏, 榎本幸弘, 高杉美彦編著 文京区教育委員会生涯学習部社会教育課 2003.3 32p 30cm (文の京史跡散歩 1)220円 Ⓝ291.361 〔29809〕

◇文化のクリエーターたち―江戸・東京を造った人々 『東京人』編集室編 都市出版 1993.12 482p 20cm 3500円 ①4-924831-07-7 Ⓝ213.6 〔29810〕

◇掘り出された江戸時代 河越逸行著 増補改訂 雄山閣出版 1975 302p 21cm 2500円 Ⓝ213.6 〔29811〕

◇本郷界隈を歩く 街と暮らし社編 街と暮らし社 2002.12 191p 21cm (江戸・東京文庫 江戸の名残と情緒の探訪 8)1800円 ①4-901317-08-3 Ⓝ291.361 〔29812〕

◇武蔵野と水車屋―江戸近郊製粉事情 伊藤好一著 クオリ 1984.5 284p 22cm 4000円 Ⓝ213.6 〔29813〕

◇模型でみる江戸・東京の世界 東京都江戸東京博物館編 東京都江戸東京博物館 1997.3 114p 30cm Ⓝ213.6 〔29814〕

◇もち歩き江戸東京散歩―切絵図・現代図で歩く 江戸開府400年記念保存版 人文社 2003.7 160p 24cm (古地図ライブラリー 別冊)1600円 ①4-7959-1295-5 Ⓝ291.361 〔29815〕

◇落語で辿る江戸・東京三十六席。―隠居の散歩居候の昼寝 林秀年著 三樹書房 2006.9 269p 21cm 1600円 ①4-89522-482-1 Ⓝ779.13 〔29816〕

◇落語の江戸をあるく 吉田章一著 青蛙房 2004.11 166p 19cm 1800円 ①4-7905-0251-1 Ⓝ779.13 〔29817〕

◇レファレンスの杜―江戸東京歴史問答 東京都公文書館編 東京都公文書館 2003.3 222p 19cm (都史紀要 39)Ⓝ213.61 〔29818〕

◇連雀多摩の曙―明暦振袖火事 森英樹著 三鷹 〔森英樹〕 1987.10 198p 18cm Ⓝ213.6 〔29819〕

◆◆◆自治体史史料

◇板橋区史 資料編3 近世 板橋区史編さん調査会編 〔東京都〕板橋区 1996.3 985p 22cm Ⓝ213.6 〔29820〕

◇板碑と近世墓―昭島市史資料編 昭島市史編さん委員会編 昭島 昭島市 1976 119p 21cm Ⓝ186 〔29821〕

◇葛飾区古文書史料集 1 御成記―浄光寺近世文書 東京都葛飾区教育委員会社会教育課編 葛飾区教育委員会 1987.3 141p 21cm Ⓝ213.6 〔29822〕

◇寛永録―江東区資料 1 東京都江東区教育委員会社会教育課編 東京都江東区教育委員会 1986.4 135p 26cm 2000円 Ⓝ213.6 〔29823〕

◇寛永録―江東区資料 2 東京都江東区教育委員会社会教育課編 東京都江東区教育委員会 1987.4 112p 26cm 2000円 Ⓝ213.6 〔29824〕

◇寛永録―江東区資料 3 東京都江東区教育委員会社会教育課編 東京都江東区教育委員会 1987.4 134p 26cm 2000円 Ⓝ213.6 〔29825〕

◇寛永録―江東区資料 4 東京都江東区教育委員会社会教育課編 東京都江東区教育委員会 1988.4 123p 26cm 2000円 Ⓝ213.6 〔29826〕

◇寛永録―江東区資料 5 東京都江東区教育委員会社会教育部社会教育課編 東京都江東区教育委員会 1989.4 101p 26cm 2000円 Ⓝ213.6 〔29827〕

◇寛永録―江東区資料 6 東京都江東区教育委員会社会教育部社会教育課編 東京都江東区教育委員会 1989.4 134p 26cm 2000円 Ⓝ213.6 〔29828〕

◇寛永録―江東区資料 7 東京都江東区教育委員会社会教育部社会教育課編 東京都江東区教育委員会 1990.4 113p 26cm 2000円 Ⓝ213.6 〔29829〕

◇北区史 通史編 近世 北区史編纂調査会編 東京都北区 1996.3 615p 27cm Ⓝ213.61 〔29830〕

◇北区史 資料編 近世1 北区史編纂調査会編 東京都北区 1992.10 623p 27cm Ⓝ213.6 〔29831〕

◇北区史 資料編 近世2 北区史編纂調査会編 東京都北区 1995.10 826p 27cm Ⓝ213.6 〔29832〕

◇旧彦根藩世田谷領願留留 1 世田谷区立郷土資料館編 世田谷区教育委員会 2007.2 424p 21cm (世田谷叢書 第1集)Ⓝ213.61 〔29833〕

◇近世の上布田村 調布 調布市市史編集委員会 1983.3 72p 21cm (調布市史研究資料 1) 〔29834〕

◇元禄三年田無村検地帳 田無市立中央図書館編 田無 〔田無市立中央図書館〕 1980 15p 26cm (田無市史料) 〔29835〕

◇御廻状留帳 1 青梅市郷土博物館編 青梅 青梅市教育委員会 1981.11 250p 21cm (青梅市史史料集 第28号)Ⓝ213.6 〔29836〕

◇御廻状留帳 2 青梅市郷土博物館編 青梅 青梅市教育委員会 1982.11 292p 21cm (青梅市史史料集 第29号)Ⓝ213.6 〔29837〕

◇御廻状留帳 4 青梅市郷土博物館編 青梅 青梅市教育委員会 1983.7 236p 21cm (青梅市史史料集 第31号)Ⓝ213.6 〔29838〕

◇御廻状留帳 5 青梅市郷土博物館編 青梅 青梅市教育委員会 1987.9 249p 21cm (青梅市史史料集 第37号)1000円 Ⓝ213.6 〔29839〕

◇御廻状留帳 6 青梅市郷土博物館編 青梅 青梅市教育委員会 1989.3 220p 21cm (青梅市史史料集 第38号)1000円 Ⓝ213.6 〔29840〕

◇御廻状留帳 7 青梅市郷土博物館編 青梅 青梅市教育委員会 1990.3 232p 21cm (青梅市史史料集 第39号)1000円 Ⓝ213.6 〔29841〕

◇国分寺市史料集 2 武蔵野新田開発関係文書・川崎平右衛門関係文書 国分寺 国分寺市 1982.2 303p 26cm Ⓝ213.6 〔29842〕

◇小平市史料集 第1集 村明細帳・地誌・家数人別帳 小平市中央図書館編 小平 小平市教育委員会 1993.2 268p 21cm Ⓝ213.6 〔29843〕

◇小平市史料集 第2集 村掟・五人組帳前書 小平市中央図書館編 小平 小平市教育委員会 1994.1 206p 21cm Ⓝ213.6 〔29844〕

◇小平市史料集 第3集 御用留 大沼田新田1 小平市中央図書館編 小平 小平市教育委員会 1994.3 318p 21cm Ⓝ213.6 〔29845〕

◇小平市史料集 第4集 御用留 大沼田新田2 小平市中央図書館編 小平 小平市教育委員会 1995.2 244p

◇小平市史料集　第5集　御用留　大沼田新田 3　小平市中央図書館編　小平　小平市教育委員会　1995.2　303p　21cm　Ⓝ213.6　〔29847〕

◇小平市史料集　第6集　御用留　大沼田新田 4　小平市中央図書館編　小平　小平市教育委員会　1995.10　341p　21cm　Ⓝ213.6　〔29848〕

◇小平市史料集　第7集　御用留　廻り田新田 1　小平市中央図書館編　小平　小平市教育委員会　1996.3　433p　21cm　Ⓝ213.6　〔29849〕

◇小平市史料集　第10集　御用留—廻り田新田 4　小平市中央図書館編　小平　小平市教育委員会　1999.1　340p　21cm　Ⓝ213.6　〔29850〕

◇小平市史料集　第11集　御用留—廻り田新田 5　小平市中央図書館編　小平　小平市教育委員会　1999.3　272p　21cm　Ⓝ213.6　〔29851〕

◇小平に残る御門訴事件関係史料集　小平史研究会編　小平　小平郷土研究会　1980.3　98p　26cm　(小平市文化財シリーズ 1) Ⓝ213.6　〔29852〕

◇御用留　廻り田新田 2　小平市中央図書館編　小平　小平市教育委員会　1997.3　355p　21cm　(小平市史料集第8集) Ⓝ213.6　〔29853〕

◇御用留内容目録　2　廻り田新田　小平市中央図書館編　小平　小平市教育委員会　1992.3　248p　26cm　(古文書目録 付編 3) Ⓝ213.6　〔29854〕

◇市内に残る江戸時代の村絵図—企画展「江戸開府400年」関連事業　武蔵村山市教育委員会、武蔵村山市立歴史民俗資料館編　武蔵村山　武蔵村山市教育委員会　2003.10　32p　30cm　〔29855〕

◇品川区史料　8　『徳川実紀』にみる品川　東京都品川区教育委員会編　品川区教育委員会　1995.3　158p　21cm　Ⓝ213.6　〔29856〕

◇品川の歴史シリーズ　第3編　近世編第1部　近世の品川・民俗編　東京都品川区教育委員会編　1966　175p　21cm　Ⓝ213.6　〔29857〕

◇宗門人別帳　1　青梅市郷土博物館編　青梅　青梅市教育委員会　1984.11　258p　21cm　(青梅市史料集 第33号) 1000円　Ⓝ213.6　〔29858〕

◇宗門人別帳　2　青梅市郷土博物館編　青梅　青梅市教育委員会　1984.11　253p　21cm　(青梅市史料集 第34号) 1000円　Ⓝ213.6　〔29859〕

◇宗門人別帳　3　青梅市郷土博物館編　青梅　青梅市教育委員会　1985.6　196p　21cm　(青梅市史料集 第35号) 1000円　Ⓝ213.6　〔29860〕

◇史料に見る江戸時代の世田谷　下山照夫編　岩田書院　1994.12　443p　21cm　2500円　①4-900697-19-2　Ⓝ213.6　〔29861〕

◇世田谷区史料　第6集　彦根藩世田谷領代官大場家文書 2　東京都世田谷区　1975　644p　22cm　Ⓝ213.6　〔29862〕

◇世田谷区史料　第7集　彦根藩世田谷領代官大場家文書 3　東京都世田谷区　1975　665p　22cm　Ⓝ213.6　〔29863〕

◇世田谷区史料叢書　第1巻　旧上野毛村田中家文書・御用留編　1　東京都世田谷区立郷土資料館編　東京都世田谷区教育委員会　1985.3　492p　22cm　Ⓝ213.6　〔29864〕

◇世田谷区史料叢書　第4巻　旧上野毛村田中家文書・御用留編　4　東京都世田谷区立郷土資料館編　東京都世田谷区教育委員会　1989.3　444p　22cm　Ⓝ213.6　〔29865〕

◇多摩市史　資料編 2　多摩市史編集委員会編　多摩　多摩市　1995.3　640p　22cm　Ⓝ213.6　〔29866〕

◇多摩市史　資料編 2　2　多摩市史編集委員会編　多摩　多摩市　1996.3　529p　22cm　Ⓝ213.65　〔29867〕

◇中央区年表　江戸時代篇 上　東京都中央区立京橋図書館編　東京都中央区立京橋図書館　1983.12　189p　22cm　非売品　Ⓝ213.6　〔29868〕

◇中央区年表　江戸時代篇 中　東京都中央区立京橋図書館編　東京都中央区立京橋図書館　1985.12　168p　22cm　非売品　Ⓝ213.6　〔29869〕

◇中央区年表　江戸時代篇 下　東京都中央区立京橋図書館編　東京都中央区立京橋図書館　1987.1　183p　22cm　Ⓝ213.6　〔29870〕

◇中央区年表　江戸時代篇　索引　東京都中央区立京橋図書館編　東京都中央区立京橋図書館　1988.3　104p　21cm　Ⓝ213.6　〔29871〕

◇調布の近世史料　調布市市史編集委員会編　調布　調布市　1987.2　2冊　21cm　(調布市史研究資料 6,7) Ⓝ213.6　〔29872〕

◇豊島区史　資料編 2　近世編　第2　豊島区史編纂委員会編　東京都豊島区　1977.3　918,12p　22cm　Ⓝ213.6　〔29873〕

◇豊島区史　資料編 3　近世編　〔第3〕　豊島区史編纂委員会編　東京都豊島区　1979.3　696,18p　22cm　Ⓝ213.6　〔29874〕

◇新島村史　資料編 3　新島島役所日記　弘化—慶応　新島村編　新島村(東京都)　新島村　2002.3　643p　21cm　Ⓝ213.69　〔29875〕

◇新島村史　資料編 4　新島島役所日記　天保年間　新島村編　新島村(東京都)　新島村　2003.3　352p　21cm　Ⓝ213.69　〔29876〕

◇東村山市史　7　資料編　近世 1　東村山市史編さん委員会編　東村山　東村山市　1996.3　921p　22cm　Ⓝ213.65　〔29877〕

◇東村山市史　8　資料編　近世 2　東村山市史編さん委員会編　東村山　東村山市　1999.3　933p　22cm　Ⓝ213.65　〔29878〕

◇日野市史　通史編 2 中　近世編　1　日野　日野市史編さん委員会　1995.3　216p　22cm　Ⓝ213.6　〔29879〕

◇日野市史　通史編 2 下　近世編　2　日野　日野市史編さん委員会　1992.3　402p　22cm　Ⓝ213.6　〔29880〕

◇府中市史史料集　第7集　延宝六年検地帳集 第1　菊池山哉編　府中市市史編纂委員会　1965　945-1172p　図版 地　22cm　Ⓝ213.6　〔29881〕

◇府中市の近世民政資料集　東京都府中市史編さん委員会編　府中(東京都)　府中市　1969　219p　22cm　Ⓝ213.6　〔29882〕

◇福生市史資料編　近世 1　福生市史編さん委員会編　福生　福生市　1989.2　470p　21cm　Ⓝ213.6　〔29883〕

◇福生市史資料編　近世 2　福生市史編さん委員会編　福生　福生市　1990.2　444p　21cm　Ⓝ213.6　〔29884〕

◇福生市史資料編　近世 3　福生市史編さん委員会編　福生　福生市　1991.3　459p　21cm　Ⓝ213.6　〔29885〕

◇牧野家文書　4　東京都江東区教育委員会生涯学習課編　東京都江東区教育委員会　1997.3　80p　26cm　(江東区資料) 1000円　Ⓝ213.61　〔29886〕

◇武蔵村山市史　資料編 近世　武蔵村山市史編さん委員会編　武蔵村山　武蔵村山市　2000.3　708p　22cm　Ⓝ213.65　〔29887〕

◆◆◆―一般史料

◇安永三年小間附北方南方町鑑　上　北方　東京都公文書館編　東京都　1989.12　305p　19cm　Ⓝ213.6
〔29888〕

◇安永三年小間附北方南方町鑑　下　南方　東京都公文書館編　東京都　1990.6　238,37p　19cm　Ⓝ213.6
〔29889〕

◇石川日記　1・2・3　八王子市郷土資料館編　改訂　八王子　八王子市教育委員会　1991.1　177p　26cm　(郷土資料館資料シリーズ　第18・19・20号)Ⓝ213.6　〔29890〕

◇稲城市の古文書　1　江戸時代の村・稲城　稲城　稲城市教育委員会社会教育課　1982.3　176p　26cm　(稲城市文化財調査報告書　第7集)Ⓝ213.6
〔29891〕

◇江戸砂子　沽涼纂輯,小池章太郎編　東京堂出版　1976　813p　22cm　15000円　Ⓝ291.36　〔29892〕

◇江戸地誌叢書　巻5　新編江戸名所図誌　長沢規矩也ほか責任編集　近藤義休撰　有峰書店　1974.9　696p　22cm　Ⓝ291.36
〔29893〕

◇江戸地誌叢書　巻7　郊遊漫録　責任編集：長沢規矩也,財部建志,前島康彦　英祥著,斎藤幸孝撰　有峰書店　1974　670p　22cm　4800円　Ⓝ291.36　〔29894〕

◇江戸幕府千人同心史料　村上直編　文献出版　1982.9　400p　22cm　6000円　Ⓝ213.6
〔29895〕

◇江戸町方書上―旧幕府引継書　1　浅草　上　林陸朗ほか編修,小森隆吉校注,寺田登校注　新人物往来社　1987.9　458p　22cm　8800円　①4-404-01441-4　Ⓝ291.36
〔29896〕

◇江戸町方書上―旧幕府引継書　2　浅草　下　林陸朗ほか編修,小森隆吉校注,寺田登校注　新人物往来社　1987.11　524p　22cm　8800円　①4-404-01475-9　Ⓝ291.36
〔29897〕

◇江戸町方書上―旧幕府引継書　3　下谷・谷中　林陸朗ほか編修,小森隆吉校注,寺田登校注　新人物往来社　1988.3　576p　22cm　8800円　①4-404-01488-0　Ⓝ291.36
〔29898〕

◇加賀藩江戸下屋敷平尾邸拝領一件　東京都板橋区教育委員会社会教育課編　板橋区教育委員会　1989.3　106p　26cm　(文化財シリーズ　第60集)Ⓝ213.6　〔29899〕

◇上代継村名主(近藤新次家)文書　1　秋川市教育委員会社会教育課編　秋川　秋川市教育委員会　1976.1　1冊　26cm　(秋川市史史料集　第1号)Ⓝ213.6　〔29900〕

◇上代継村名主(近藤新次家)文書　2　鮎・鷹場関係文書　その1　秋川市教育委員会社会教育課編　秋川　秋川市教育委員会　1976.3　48p　26cm　(秋川市史史料集　第2号)Ⓝ213.6　〔29901〕

◇上代継村名主(近藤新次家)文書　3　鮎・鷹場関係文書　その2　秋川市教育委員会社会教育課編　秋川　秋川市教育委員会　1976.11　76p　26cm　(秋川市史史料集　第3号)Ⓝ213.6　〔29902〕

◇旧武蔵国多摩郡下師岡村名主吉野家文書調査報告　東京都教育庁社会教育部文化課編集　東京都教育庁社会教育部文化課　1988.9　311p　26cm　Ⓝ213.6　〔29903〕

◇近世練馬諸家文書抄　東京都練馬区編　1961　240p　26cm　Ⓝ213.6
〔29904〕

◇小泉次大夫用水史料　小泉次大夫事績調査団編　東京都世田谷区教育委員会　1988.3　487p　22cm　Ⓝ213.6
〔29905〕

◇公私日記　第1冊　天保八年　鈴木平九郎著　立川　立川市教育委員会　1972　105p　22cm　Ⓝ213.6
〔29906〕

◇公私日記　第2冊　天保九年　鈴木平九郎著　立川　立川市教育委員会　1973　135p　21cm　Ⓝ213.6
〔29907〕

◇公私日記　第3冊　天保十年　鈴木平九郎著　立川　立川市教育委員会　1974　109p　21cm　Ⓝ213.6
〔29908〕

◇公私日記　第4冊　天保十一年　鈴木平九郎著　立川　立川市教育委員会　1974　96p　21cm　Ⓝ213.6
〔29909〕

◇公私日記　第5冊　天保十二年　鈴木平九郎著　立川　立川市教育委員会　1975　108p　21cm　Ⓝ213.6
〔29910〕

◇公私日記　第6冊　天保十三年　鈴木平九郎著　立川　立川市教育委員会　1975　98p　21cm　Ⓝ213.6
〔29911〕

◇公私日記　第7冊　天保14年　鈴木平九郎著　立川　立川市教育委員会　1976　121p　21cm　Ⓝ213.6
〔29912〕

◇公私日記　第8冊　天保15年　鈴木平九郎著　立川　立川市教育委員会　1977.1　109p　21cm　Ⓝ213.6
〔29913〕

◇公私日記　第9冊　弘化3年　鈴木平九郎著　立川　立川市教育委員会　1978.3　142p　21cm　Ⓝ213.6
〔29914〕

◇公私日記　第10冊　弘化4年　鈴木平九郎著　立川　立川市教育委員会　1978.3　136p　21cm　Ⓝ213.6
〔29915〕

◇公私日記　第11冊　弘化5年　鈴木平九郎著　立川　立川市教育委員会　1979.3　168p　21cm　Ⓝ213.6
〔29916〕

◇公私日記　第12冊　嘉永2年　鈴木平九郎著　立川　立川市教育委員会　1979.3　184p　21cm　Ⓝ213.6
〔29917〕

◇公私日記　第13冊　嘉永3年　鈴木平九郎著　立川　立川市教育委員会　1980.3　154p　21cm　Ⓝ213.6
〔29918〕

◇公私日記　第14冊　嘉永4年　鈴木平九郎著　立川　立川市教育委員会　1980.3　186p　21cm　Ⓝ213.6
〔29919〕

◇公私日記　第15冊　嘉永5年　鈴木平九郎著　立川　立川市教育委員会　1981.3　143p　21cm　Ⓝ213.6
〔29920〕

◇公私日記　第16冊　嘉永6年　鈴木平九郎著　立川　立川市教育委員会　1981.3　126p　21cm　Ⓝ213.6
〔29921〕

◇公私日記　第17冊　嘉永7年　鈴木平九郎著　立川　立川市教育委員会　1982.3　144p　21cm　Ⓝ213.6
〔29922〕

◇公私日記　第18冊　安政2年　鈴木平九郎著　立川　立川市教育委員会　1982.3　124p　21cm　Ⓝ213.6
〔29923〕

◇公私日記　第19冊　安政3年　鈴木平九郎著　立川　立川市教育委員会　1983.3　129p　21cm　Ⓝ213.6
〔29924〕

◇公私日記　第20冊　安政4年　鈴木平九郎著　立川　立川市教育委員会　1983.3　137p　21cm　Ⓝ213.6
〔29925〕

◇河野清助日記　1　河野清助著　日野　日野市教育委員会　1997.3　134p　22cm　Ⓝ213.65　〔29926〕

◇公令抜記―上布田村名主編の法令選集　調布市市史編集委員会編　調布　調布市　1994.3　150p　21cm　(調布市史研究資料 13)Ⓝ213.6　〔29927〕

◇小島日記　1　天保七年　小島日記研究会編　町田　小島資料館　1988.9　114p　21cm　1000円　Ⓝ213.6

地方史　　　　　　　　　　近世史

　　　　　　　　　　　　　　　　〔29928〕
◇小島日記　2　天保八年　小島日記研究会編　町田　小
　島資料館　1990.7　102p　21cm　1000円　Ⓝ213.6
　　　　　　　　　　　　　　　　〔29929〕
◇小島日記　3　天保九年　小島日記研究会編　町田　小
　島資料館　1992.1　146p　21cm　1200円　Ⓝ213.6
　　　　　　　　　　　　　　　　〔29930〕
◇小島日記　28　文久三年(1863年)　小島日記研究会編
　町田　小島資料館　1984.10　126p　21cm　900円
　Ⓝ213.6　　　　　　　　　　　　〔29931〕
◇小島日記　29　文久四年(元治元年)　小島日記研究会
　編　町田　小島資料館　1987.4　170p　21cm　1000円
　Ⓝ213.6　　　　　　　　　　　　〔29932〕
◇古文書にみる江戸時代の村とくらし　1　鷹狩り　東京
　都江戸川区教育委員会社会教育課編　江戸川区教育委員
　会　1989.3　72p　21cm　(江戸川ブックレット　no.
　6)Ⓝ213.6　　　　　　　　　　〔29933〕
◇古文書にみる江戸時代の村とくらし　2　街道と水運
　東京都江戸川区教育委員会社会教育課編　江戸川区教育
　委員会　1991.3　72p　21cm　(江戸川ブックレット
　no.8)Ⓝ213.6　　　　　　　　　〔29934〕
◇古文書にみる江戸時代の村とくらし　3　黒船来航　東
　京都江戸川区教育委員会社会教育課編　江戸川区教育委
　員会　1992.3　83p　21cm　(江戸川ブックレット　no.
　9)Ⓝ213.6　　　　　　　　　　〔29935〕
◇佐藤康胤家所蔵史料　2　八王子千人同心関係　国立
　くにたち中央図書館　1985.3　116p　21cm　(国立市地
　域史料叢書　第5集)Ⓝ213.6　　　〔29936〕
◇猿渡盛章紀行文集　府中市立郷土館編　府中(東京都)
　府中市教育委員会　1980.11　304p　21cm　(府中市郷
　土資料集　4)Ⓝ291.09　　　　　　〔29937〕
◇芝新銭座町御高札物揚場諸事記録　東京都港区教育委員
　会編　東京都港区教育委員会　1995.3　66p　26cm
　(港区の古文書　1)Ⓝ213.6　　　　〔29938〕
◇将軍家の台所杉並の村―近世と近代の村の古文書　平成7
　年度版　東京都杉並区立郷土博物館編　杉並区立郷土博
　物館　1996.2　68p　26cm　Ⓝ210.02　〔29939〕
◇新宿比留間家文書目録　府中市郷土の森編　府中(東京
　都)　府中市教育委員会　1998.3　59p　30cm　(府中市
　内家分け古文書目録　1)Ⓝ213.65　　〔29940〕
◇桑都日記　巻5　塩野適斎著，山本正夫訳　八王子　多摩
　文化研究会　1967　38p　22cm　Ⓝ210.5　〔29941〕
◇桑都日記　巻1-4　塩野適斎著，山本正夫訳　八王子　多
　摩文化研究会　1966　4冊　22cm　Ⓝ210.5　〔29942〕
◇注解指田日記―村の陰陽師「指田摂津」の日々の記録
　上巻　天保5年〜安政元年　武蔵村山市立歴史民俗資
　料館編　武蔵村山　武蔵村山市教育委員会　2005.3
　8,280p　26cm　(武蔵村山市文化財資料集 25)Ⓝ213.65
　　　　　　　　　　　　　　　　〔29943〕
◇注解指田日記―村の陰陽師「指田摂津」の日々の記録
　下巻　安政2年〜明治4年　武蔵村山市立歴史民俗資料
　館編　武蔵村山　武蔵村山市教育委員会　2006.3　265p
　26cm　(武蔵村山市文化財資料集 26)Ⓝ213.65
　　　　　　　　　　　　　　　　〔29944〕
◇天明二年七島巡見志　1　東京都総務局文書課　1951.10
　184p　25cm　(伊豆七島史料)Ⓝ291.36　〔29945〕
◇東京都古文書集　第1巻　旧多摩郡新町村名主吉野家文
　書　1　東京都教育庁社会教育部文化課編　東京都教育
　委員会　1983.3　205p　26cm　Ⓝ213.6　〔29946〕
◇東京都古文書集　第2巻　旧多摩郡新町村名主吉野家文
　書　2　東京都教育庁社会教育部文化課編　東京都教育
　委員会　1984.2　112p　26cm　Ⓝ213.6　〔29947〕

◇東京都古文書集　第3巻　旧多摩郡新町村名主吉野家文
　書　3　東京都教育庁社会教育部文化課編　東京都教育
　委員会　1985.2　123p　26cm　Ⓝ213.6　〔29948〕
◇東京都古文書集　第4巻　旧多摩郡新町村名主吉野家文
　書　4　東京都教育庁社会教育部文化課編　東京都教育
　委員会　1986.2　154p　26cm　Ⓝ213.6　〔29949〕
◇東京都古文書集　第5巻　旧多摩郡新町村名主吉野家文
　書　5　東京都教育庁社会教育部文化課編　東京都教育
　委員会　1987.2　156p　26cm　Ⓝ213.6　〔29950〕
◇東京都古文書集　第6巻　旧多摩郡新町村名主吉野家文
　書　6　東京都教育庁社会教育部文化課編　東京都教育
　委員会　1988.2　159p　26cm　Ⓝ213.6　〔29951〕
◇東京都古文書集　第7巻　旧多摩郡新町村名主吉野家文
　書　7　東京都教育庁社会教育部文化課編　東京都教育
　委員会　1989.3　168p　26cm　Ⓝ213.6　〔29952〕
◇東京都古文書集　第17巻　旧多摩郡下師岡村名主吉野家
　文書　4　東京都教育庁生涯学習部文化課編　東京都教
　育庁生涯学習部文化課　1999.3　148p　26cm　Ⓝ213.6
　　　　　　　　　　　　　　　　〔29953〕
◇東京都古文書集　第18巻　旧多摩郡下師岡村名主吉野家
　文書　5　東京都教育庁生涯学習部文化課編　東京都教
　育庁生涯学習部文化課　2000.3　190p　26cm　Ⓝ213.6
　　　　　　　　　　　　　　　　〔29954〕
◇徳丸本村名主(安井家)文書　第3巻　板橋区教育委員会
　社会教育課編　板橋区教育委員会社会教育課　1977.3
　275p　26cm　(文化財シリーズ 23)Ⓝ213.6　〔29955〕
◇幕末小笠原島日記―菊池作次郎御用私用留　菊池作次郎
　著，田中弘之校訂・解説・現代語訳　緑地社　1983.9
　254p　22cm　2800円　Ⓝ213.6　　〔29956〕
◇八王子千人同心関係史料集　第1集　千人頭月番日記　1
　八王子千人同心史編集委員会編　八王子　八王子市教育
　委員会　1988.3　329p　26cm　Ⓝ213.6　〔29957〕
◇八王子千人同心関係史料集　第2集　千人頭月番日記　2
　八王子千人同心史編集委員会編　八王子　八王子市教育
　委員会　1989.3　189p　26cm　Ⓝ213.6　〔29958〕
◇八王子千人同心関係史料集　第3集　千人頭月番日記　3
　八王子千人同心史編集委員会編　八王子　八王子市教育
　委員会　1990.3　239p　26cm　Ⓝ213.6　〔29959〕
◇八王子千人同心関係史料集　第4集　千人頭月番日記　4
　八王子千人同心史編集委員会編　八王子　八王子市教育
　委員会　1991.3　179p　26cm　Ⓝ213.6　〔29960〕
◇八王子千人同心関係史料集　第6集　千人同心諸用留帳
　2　八王子市郷土資料館編　八王子　八王子市教育委員
　会　1999.3　68p　26cm　(郷土資料館資料シリーズ　第
　38号)Ⓝ213.65　　　　　　　　　〔29961〕
◇八王子千人同心関係史料集　第7集　千人同心の長州出
　兵　1　八王子市郷土資料館編　八王子　八王子市教育
　委員会　2000.2　72p　26cm　(郷土資料館資料シリー
　ズ　第39号)Ⓝ213.65　　　　　　〔29962〕
◇八王子千人同心関係史料集　第8集　千人同心の長州出
　兵　2　八王子市郷土資料館編　八王子　八王子市教育
　委員会　2001.3　69p　26cm　(郷土資料館資料シリー
　ズ　第40号)Ⓝ213.65　　　　　　〔29963〕
◇八王子千人同心関係史料集　第9集　日記・在村同心一
　件　八王子市郷土資料館編　八王子　八王子市教育委員
　会　2002.3　64p　26cm　(郷土資料館資料シリーズ　第
　41号)Ⓝ213.65　　　　　　　　　〔29964〕
◇八王子千人同心史料―河野家文書　村上直編　雄山閣
　1975　373p　22cm　5500円　Ⓝ213.6　〔29965〕
◇八幡宿田中家文書目録　府中市郷土の森博物館編　府中
　(東京都)　府中市教育委員会　2001.3　33p　30cm
　(府中市内家分け古文書目録　4)Ⓝ213.65　〔29966〕

◇彦根藩世田谷代官勤事録　大場弥十郎著,渡辺一郎校訂　吉川文館　1961　298p　22cm　Ⓝ213.6　〔29967〕
◇武州伊奈村石川家歳中日記帳—元治元年～明治九年　福生　福生市郷土資料室編　福生　福生市教育委員会　1988.10　107p　26cm　Ⓝ213.6　〔29968〕
◇武州伊奈村石川家歳中日記帳　2　福生　福生市古文書研究会　1982.11　56p　25cm　（福生古文書研史料6号）Ⓝ213.6　〔29969〕
◇細谷家文書　〔東京都〕葛飾区郷土と天文の博物館　1999.3　117p　21cm　（葛飾区古文書史料集　12）213.61　〔29970〕
◇町方書上—牛込町方書上　国立国会図書館蔵　新宿近世文書研究会　1996.5　193p　26cm　非売品　Ⓝ213.61　〔29971〕
◇町方書上—市谷町方書上　国立国会図書館所蔵　新宿近世文書研究会　2001.5　141p　26cm　非売品　Ⓝ213.61　〔29972〕
◇幻の江戸百年　鈴木理生著　筑摩書房　1991.6　290p　19cm　（ちくまライブラリー　57）1450円　①4-480-05157-0　Ⓝ213.6　〔29973〕
◇谷保村延宝検地帳　第10冊～第16冊　国立　くにたち中央図書館　1986.3　75p　26cm　（国立市地域史料集　第8集下）Ⓝ213.6　〔29974〕
◇山崎家文書—武蔵国多摩郡江古田村　1　多摩文化史研究会編　中野区教育委員会　1992.3　495p　22cm　Ⓝ213.61　〔29975〕
◇山崎家文書—武蔵国多摩郡江古田村　2　多摩文化史研究会編　中野区教育委員会　1993.3　475p　22cm　Ⓝ213.61　〔29976〕
◇山崎家文書—武蔵国多摩郡江古田村　3　多摩文化史研究会編　中野区教育委員会　1994.3　449p　22cm　Ⓝ213.61　〔29977〕
◇山崎家文書—武蔵国多摩郡江古田村　4　多摩文化史研究会編　中野区教育委員会　1995.3　480p　22cm　Ⓝ213.61　〔29978〕
◇山崎家文書—武蔵国多摩郡江古田村　5　多摩文化史研究会編　中野区教育委員会　1996.3　474p　22cm　Ⓝ213.61　〔29979〕
◇横田穂之助日記—幕末における千人隊　福生　福生市教育委員会　1975.3　67p　21cm　（福生市郷土史研究誌第1号）　〔29980〕
◇吉野家文書調査報告—旧武蔵国多摩郡下師岡村名主　東京都教育庁社会教育部文化課編　東京都教育委員会　1988.9　311p　26cm　Ⓝ213.6　〔29981〕
◇四谷塩町一丁目御触留　東京都江戸東京博物館都市歴史研究室編　東京都　2002.2　291p　27cm　（江戸東京博物館史料叢書　5）①4-924965-36-7　Ⓝ213.6　〔29982〕
◇四谷塩町一丁目役徳兵衛目録　東京都江戸東京博物館都市歴史研究室編　東京都歴史文化財団東京江戸博物館　2003.3　172p　27cm　（江戸東京博物館史料叢書　6）①4-924965-41-3　Ⓝ213.6　〔29983〕
◇四谷塩町一丁目御用留　東京都江戸東京博物館都市歴史研究室編　東京都歴史文化財団　2000.2　206p　27cm　（江戸東京博物館史料叢書　3）①4-924965-22-7　Ⓝ213.6　〔29984〕
◇四谷塩町一丁目人別書上　上　東京都江戸東京博物館都市歴史研究室編　東京都歴史文化財団　1998.3　341p　27cm　（江戸東京博物館史料叢書　1）①4-924965-09-X　Ⓝ213.6　〔29985〕
◇四谷塩町一丁目人別書上　下　東京都江戸東京博物館都市歴史研究室編　東京都歴史文化財団　1999.1　302p　27cm　（江戸東京博物館史料叢書　2）①4-924965-10-3　Ⓝ213.6　〔29986〕
◇四谷塩町一丁目人別関係補遺・近世祭礼篇　東京都江戸東京博物館都市歴史研究室編　東京都　2005.2　197p　27cm　（江戸東京博物館史料叢書　8）①4-924965-51-0　Ⓝ213.61　〔29987〕
◇四谷塩町一丁目幕末御触留　東京都江戸東京博物館都市歴史研究室編　東京都　2004.3　301p　27cm　（江戸東京博物館史料叢書　7）①4-924965-46-4　Ⓝ213.61　〔29988〕
◇四谷塩町一丁目町入用　東京都江戸東京博物館都市歴史研究室編　東京都　2001.3　311p　27cm　（江戸東京博物館史料叢書　4）①4-924965-29-4　Ⓝ213.6　〔29989〕
◇里正日誌　第7巻　東大和　東大和市教育委員会社会教育部　1995.3　495p　22cm　Ⓝ213.6　〔29990〕
◇里正日誌　第9巻　東大和　東大和市教育委員会　1994.3　473p　22cm　Ⓝ213.6　〔29991〕
◇渡辺家文書—武蔵国豊島郡角筈村名主　第4巻　渡辺家文書研究会,東京都新宿区立新宿歴史博物館編　〔東京都〕新宿区教育委員会　1997.3　453p　27cm　Ⓝ213.61　〔29992〕

◆◆◆◆江戸城下変遷絵図集
◇江戸城下変遷絵図集—御府内沿革図書　1　幕府普請奉行編　原書房　1985.7　x,149p　27cm　8000円　①4-526-01553-5　Ⓝ291.36　〔29993〕
◇江戸城下変遷絵図集—御府内沿革図書　2　幕府普請奉行編　原書房　1985.8　xi,187p　27cm　8000円　①4-562-01554-3　Ⓝ291.36　〔29994〕
◇江戸城下変遷絵図集—御府内沿革図書　3　幕府普請奉行編　原書房　1985.9　x,149p　27cm　8000円　①4-562-01555-1　Ⓝ291.36　〔29995〕
◇江戸城下変遷絵図集—御府内沿革図書　4　幕府普請奉行編　原書房　1985.10　x,173p　27cm　8000円　①4-562-01556-X　Ⓝ291.36　〔29996〕
◇江戸城下変遷絵図集—御府内沿革図書　5　幕府普請奉行編　原書房　1985.11　x,165p　27cm　8000円　①4-562-01557-8　Ⓝ291.36　〔29997〕
◇江戸城下変遷絵図集—御府内沿革図書　6　幕府普請奉行編　原書房　1985.12　x,149p　27cm　8000円　①4-562-01558-6　Ⓝ291.36　〔29998〕
◇江戸城下変遷絵図集—御府内沿革図書　7　幕府普請奉行編　原書房　1986.1　149p　27cm　8000円　①4-562-01559-4　Ⓝ291.36　〔29999〕
◇江戸城下変遷絵図集—御府内沿革図書　8　幕府普請奉行編　原書房　1986.2　159p　27cm　8000円　①4-562-01560-8　Ⓝ291.36　〔30000〕
◇江戸城下変遷絵図集—御府内沿革図書　9　幕府普請奉行編　原書房　1986.3　149p　27cm　8000円　①4-562-01561-6　Ⓝ291.36　〔30001〕
◇江戸城下変遷絵図集—御府内沿革図書　10　幕府普請奉行編　原書房　1986.4　x,157p　27cm　8000円　①4-562-01562-4　Ⓝ291.36　〔30002〕
◇江戸城下変遷絵図集—御府内沿革図書　11　幕府普請奉行編　原書房　1986.5　x,165p　27cm　8000円　①4-562-01563-2　Ⓝ291.36　〔30003〕
◇江戸城下変遷絵図集—御府内沿革図書　12　幕府普請奉行編　原書房　1986.6　x,165p　27cm　8000円　①4-562-01564-0　Ⓝ291.36　〔30004〕
◇江戸城下変遷絵図集—御府内沿革図書　13　幕府普請奉行編　原書房　1986.7　xi,177p　27cm　8000円　①4-562-01565-9　Ⓝ291.36　〔30005〕
◇江戸城下変遷絵図集—御府内沿革図書　14　幕府普請奉

行編　原書房　1986.8　x,159p　26cm　8000円
①4-562-01566-7　Ⓝ291.36　　　　　　〔30006〕
◇江戸城下変遷絵図集―御府内沿革図書　15　幕府普請奉
行編　原書房　1986.9　x,165p　27cm　8000円
①4-562-01567-5　Ⓝ291.36　　　　　　〔30007〕
◇江戸城下変遷絵図集―御府内沿革図書　16　幕府普請奉
行編　原書房　1986.10　147p　27cm　8000円
①4-562-01568-3　Ⓝ291.36　　　　　　〔30008〕
◇江戸城下変遷絵図集―御府内沿革図書　17　幕府普請奉
行編　原書房　1986.11　153p　27cm　8000円
①4-562-01569-1　Ⓝ291.36　　　　　　〔30009〕
◇江戸城下変遷絵図集―御府内沿革図書　18　幕府普請奉
行編　原書房　1987.2　xv,249p　27cm　8000円
①4-562-01570-5　Ⓝ291.36　　　　　　〔30010〕
◇江戸城下変遷絵図集―御府内沿革図書　19　幕府普請奉
行編　原書房　1987.3　xvi,286p　27cm　8000円
①4-562-01571-3　Ⓝ291.36　　　　　　〔30011〕
◇江戸城下変遷絵図集―御府内沿革図書　20　幕府普請奉
行編　原書房　1987.6　143,104pp　27cm　8000円
①4-562-01572-1　Ⓝ291.36　　　　　　〔30012〕

◆◆◆史料目録
◇宇田川家文書目録―旧武蔵国葛飾郡桑川村名主　東京都
江戸川区教育委員会社会教育課編　江戸川区教育委員会
1982.3　89p　26cm　Ⓝ213.6　　　　　〔30013〕
◇江戸時代の八丈島―孤島苦の究明　東京都.総務局編
1950　219p　25cm　Ⓝ213.6　　　　　　〔30014〕
◇江戸時代の八丈島―孤島苦の究明　東京都編　1964
261p　19cm　（都史紀要 12）Ⓝ213.6　　〔30015〕
◇江戸・東京学研究文献案内　大串夏身, 江戸・東京資料
研究会編　青弓社　1991.10　352p　22cm　8240円
Ⓝ025.8136　　　　　　　　　　　　　　　〔30016〕
◇江戸・東京学雑誌論文総覧　大串夏身, 江戸・東京資料
研究会編　青弓社　1994.10　620p　22cm　20600円
①4-7872-0018-6　Ⓝ213.6　　　　　　　〔30017〕
◇大沢家文書　近世 1　〔東京都〕墨田区教育委員会社会
教育課　1991.3　181p　26cm　Ⓝ213.6　〔30018〕
◇大沢家文書　近世 2　〔東京都〕墨田区教育委員会社会
教育課　1992.3　289p　26cm　Ⓝ213.6　〔30019〕
◇旧荏原郡上野毛村名主田中家文書目録　東京都世田谷区
立郷土資料館編　東京都世田谷区教育委員会　1982.3
185p　22cm　Ⓝ213.6　　　　　　　　　〔30020〕
◇旧荏原郡太子堂村名主森家文書目録　東京都世田谷区教
育委員会編　東京都世田谷区教育委員会　1981.2　212p
22cm　Ⓝ213.6　　　　　　　　　　　　〔30021〕
◇旧多摩郡鎌田村名主橋本家文書目録　東京都世田谷区教
育委員会編　東京都世田谷区教育委員会　1983.3　173p
22cm　Ⓝ213.6　　　　　　　　　　　　〔30022〕
◇近世練馬史料目録　東京都練馬区史料纂委員会編　東京
都練馬区役所　1957　75p　26cm　Ⓝ213.6　〔30023〕
◇国分寺市史料目録　2　御用留等内容明細目録　国分寺
市史編さん委員会編　国分寺　国分寺市　1980.3　322p
26cm　Ⓝ213.6　　　　　　　　　　　　〔30024〕
◇御府内沿革図書目録　東京都公文書館　1973　50p
25cm　Ⓝ291.36　　　　　　　　　　　　〔30025〕
◇御府内沿革図書目録　2　東京都公文書館　1974　65p
25cm　Ⓝ291.36　　　　　　　　　　　　〔30026〕
◇御府内沿革図書目録　3　東京都公文書館　1974　72p
25cm　Ⓝ291.36　　　　　　　　　　　　〔30027〕
◇御府内沿革図書目録　4　東京都公文書館　1975　11p
25cm　Ⓝ291.36　　　　　　　　　　　　〔30028〕

◇『仁君開村記』による新町村の開拓/上成木・小山家文書
目録　青梅市郷土資料室編　青梅　青梅市教育委員会
2003.3　204p　21cm　（青梅市史史料集 第51号）Ⓝ213.
65　　　　　　　　　　　　　　　　　　〔30029〕
◇野中新田与右衛門組諸家文書目録　小平市中央図書館編
小平　小平市教育委員会　1989.2　15,71p　26cm　（古
文書目録 第11集）Ⓝ213.6　　　　　　　〔30030〕
◇八王子市郷土資料館収蔵古文書目録　梅坪村関係文書
八王子市郷土資料館編　八王子　八王子市教育委員会
1989.3　58p　26cm　Ⓝ213.6　　　　　　〔30031〕
◇法政大学図書館蔵江戸文庫目録　法政大学図書館編　法
政大学図書館　1996.11　27p　30cm　Ⓝ213.61
　　　　　　　　　　　　　　　　　　　〔30032〕
◇堀江家文書目録―武蔵国多摩郡中野村名主　東京都立大
学付属図書館編　改訂増補版　東京都立大学付属図書館
1985.3　243p　26cm　Ⓝ213.6　　　　　〔30033〕
◇南伝馬町名主高野家日記言上之控　東京都編　東京都
1994.3　420p　19cm　Ⓝ213.6　　　　　〔30034〕
◇武蔵国多摩郡秋川流域近世古文書目録　戸倉元村・元上
田家文書　立正大学古文書学研究室, 立正大学古文書研
究会編　立正大学文学部史学科古文書学研究室　1974
116p　25cm　（立正大学古文書学研究室叢書　目録編
2）Ⓝ213.6　　　　　　　　　　　　　　〔30035〕
◇武蔵国多摩郡秋川流域近世古文書目録　小和田村、天野
正平家文書　立正大学文学部史学科古文書学研究室
1968　38p　25cm　（立正大学古文書学研究室叢書 1）
非売　Ⓝ213.6　　　　　　　　　　　　〔30036〕
◇武蔵国多摩郡秋川流域近世古文書目録　小和田村・天野
家文書、戸倉村星竹・山下家文書、乙津村・乙津家文書、
川野村文書　立正大学文学部史学科古文書学研究室
1973　38p　25cm　（立正大学古文書学研究室叢書　目
録編 5）Ⓝ213.6　　　　　　　　　　　〔30037〕
◇武蔵国多摩郡後ヶ谷村杉本家文書目録　国文学研究資料
館史料館編　史料館　1997.3　132p　26cm　（史料館所
蔵史料目録 第65集）Ⓝ213.65　　　　　〔30038〕
◇吉野家文書目録―旧武蔵国多摩郡新町村名主　東京都教
育庁社会教育部文化課編　東京都教育委員会　1981.9
103p　26cm　Ⓝ213.6　　　　　　　　　〔30039〕
◇渡辺家文書目録―武蔵国豊島郡角筈村名主　東京都新宿
区教育委員会編　新宿区教育委員会　1988.3　279p
26cm　Ⓝ213.6　　　　　　　　　　　　〔30040〕

◆◆◆八丈島
◇八丈流人帳　今川徳三著　毎日新聞社　1978.1　237p
20cm　980円　Ⓝ213.69　　　　　　　　〔30041〕
◇八丈流人赦免花　今川徳三著　毎日新聞社　1981.7
237p　20cm　980円　Ⓝ213.6　　　　　〔30042〕
◇八丈流人犯科帳　今川徳三著　毎日新聞社　1979.6
255p　20cm　980円　Ⓝ213.69　　　　　〔30043〕
◇御蔵島―西洋黒船漂着一件記 1863年　高橋基生著
ノーベル書房　1969　109,35p　30cm　2500円　Ⓝ213.
69　　　　　　　　　　　　　　　　　　〔30044〕

◆◆◆八丈島一般史料
◇八丈実記　第1巻　近藤富蔵著, 八丈実記刊行会編　緑地
社　1964　523p　22cm　Ⓝ213.69　　　〔30045〕
◇八丈実記　第2巻　近藤富蔵著, 八丈実記刊行会編　緑地
社　1969　551p　22cm　3500円　Ⓝ213.69　〔30046〕
◇八丈実記　第3巻　近藤富蔵著, 八丈実記刊行会編　緑地
社　1971　477p　22cm　3500円　Ⓝ213.69　〔30047〕
◇八丈実記　第4巻　近藤富蔵著, 八丈実記刊行会編　緑地

社　1966　596　22cm　Ⓝ213.69　〔30048〕
◇八丈実記　第5巻　近藤富蔵著, 八丈実記刊行会編　緑地社　1970　468p　22cm　3500円　Ⓝ213.69　〔30049〕
◇八丈実記　第6巻　近藤富蔵著, 八丈実記刊行会編　緑地社　1972　428p　22cm　3500円　Ⓝ213.69　〔30050〕
◇八丈実記　第7巻　近藤富蔵著, 八丈実記刊行会編　緑地社　1976　446p　22cm　4200円　Ⓝ213.69　〔30051〕

◆◆神奈川県
◇浮世絵・絵図でめぐるかながわの名所　横浜市歴史博物館編　横浜　横浜市歴史博物館　2005.5　15p　30cm　〔30052〕
◇浮世絵が語る小田原―小田原浮世絵集成　岩崎宗純著　秦野　夢工房　2001.5　92p　30cm　2000円　Ⓘ4-946513-66-3　Ⓝ721.8　〔30053〕
◇江戸近郊農村と地方巧者　村上直著　大河書房　2004.1　235p　22cm　3200円　Ⓘ4-902417-03-0　Ⓝ213.7　〔30054〕
◇江戸時代神奈川の100人　神奈川近世史研究会編　横浜　有隣堂　2007.3　221p　21cm　2300円　Ⓘ978-4-89660-199-2　Ⓝ281.37　〔30055〕
◇江戸時代がみえるやまきたの絵図　山北町町史編さん室編　山北町(神奈川県)　山北町町史編さん室　1999.3　35p　30cm　Ⓝ291.37　〔30056〕
◇江戸時代の神奈川―古絵図でみる風景　神奈川近世史研究会編　横浜　有隣堂　1994.1　108p　30cm　3900円　Ⓘ4-89660-117-3　Ⓝ213.7　〔30057〕
◇江戸時代の獅子ヶ谷村―絵図・古文書で探る村と名主　企画展　横浜市歴史博物館, 横浜市ふるさと歴史財団編　横浜　横浜市歴史博物館　2003.1　31p　30cm　Ⓝ213.7　〔30058〕
◇江戸時代の白根村―古文書調査の成果から　伊勢原　伊勢原市教育委員会　1986.12　96p　21cm　(伊勢原市文化財調査報告書　第10集)　Ⓝ213.7　〔30059〕
◇江戸湾防備と会津藩　星正夫著　川上久夫, 竹沢嘉範, 斎藤彦司, 軽部一一監修・編輯　横須賀　赤星直忠博士文化財資料館　2005.8　104p　図版8p　22cm　(赤星直忠博士文化財資料館研究叢書　第2輯)　Ⓝ291.37　〔30060〕
◇江の島浮世絵　藤沢市教育委員会編　藤沢　藤沢市教育委員会　1984.3　162p　26cm　Ⓝ721.8　〔30061〕
◇江の島浮世絵―写真集　藤沢市教育委員会編　藤沢　藤沢市教育委員会　1986.3　115p　24×25cm　Ⓝ721.8　〔30062〕
◇江の島浮世絵展―図録　藤沢市教育委員会編　藤沢　藤沢市教育委員会　1987.9　93p　24×25cm　Ⓝ721.8　〔30063〕
◇江の島と錦絵　楢崎宗重著　鎌倉　鎌倉市教育委員会, 鎌倉国宝館　1959　57p　21cm　(鎌倉国宝館論集　第3)　Ⓝ721.8　〔30064〕
◇江の島錦絵集成　呉文炳著　理想社　1960　図版73枚　31cm　Ⓝ721.8　〔30065〕
◇大磯宿小島本陣資料　第7編　大磯町教育委員会編　大磯町(神奈川県)　大磯町教育委員会　1989.7　86p　26cm　(大磯町文化財調査報告書　第32集)　Ⓝ213.7　〔30066〕
◇小田原城とその城下―その歴史と文化を掘る　特別展　小田原　[小田原市教育委員会]　1990　16p　26cm　〔30067〕
◇小田原藩の研究　内田哲夫著　内田哲夫論文集刊行会編　小田原　内田哲夫論文集刊行会　1996.3　450,29p　22cm　4500円　Ⓘ4-946513-29-9　Ⓝ213.7　〔30068〕

◇開国から百年―神奈川県のあゆみ　神奈川県.百年史編纂委員会編　横浜　神奈川県　1955　372,15p　図版17枚　27cm　Ⓝ213.7　〔30069〕
◇開国から百年―神奈川県のあゆみ　神奈川県.百年史編纂委員会編　改訂版2版　横浜　神奈川県　1956　377p　図版34p　26cm　Ⓝ213.7　〔30070〕
◇近世神奈川の研究　村上直編　名著出版　1975　374p　22cm　(地方史研究叢書　3)　4500円　Ⓝ213.7　〔30071〕
◇近世神奈川の地域的展開　村上直, 神崎彰利編　横浜　有隣堂　1986.4　399p　22cm　Ⓘ4-89660-072-X　Ⓝ213.7　〔30072〕
◇近世相模原の古文書にみる村の世界―遺された「みみず文字」は語る　平成9年度冬季企画展　相模原市立博物館編　相模原　相模原市立博物館　1998.2　24p　30cm　Ⓝ213.7　〔30073〕
◇近世に栄えた湊町浦賀　横須賀　神奈川県横須賀三浦地区行政センター　1990.3　36p　26cm　(かまくら三浦半島の古道を歩く　2)　Ⓝ213.7　〔30074〕
◇下野国烏山藩相模国所領　厚木市史編纂委員会編　厚木　厚木市　1976　265p　26cm　(厚木市史史料調査報告書)　Ⓝ213.7　〔30075〕
◇人口移動を中心とする江戸時代農民社会の研究―神奈川在六角橋村に就て　山室健作著　横浜　山室陽子　1986.2　171p　22cm　非売品　Ⓝ213.7　〔30076〕
◇全国の伝承江戸時代人づくり風土記―聞き書きによる知恵シリーズ　14　ふるさとの人と知恵神奈川　加藤秀俊編　農山漁村文化協会　1987.11　361p　27cm　4300円　Ⓘ4-540-87100-5　Ⓝ210.5　〔30077〕
◇都筑の村々―絵図・古文書で探る区域のすがた　企画展・江戸時代のよこはま　横浜市歴史博物館, 横浜市ふるさと歴史財団編　横浜　横浜市歴史博物館　2000.3　31p　30cm　Ⓝ213.7　〔30078〕
◇東海道藤沢宿　三浦俊明著　名著出版　1980.5　228p　19cm　(藤沢文庫　4)　980円　Ⓝ213.7　〔30079〕
◇東海道保土ケ谷宿の飯盛女　斎藤富一著　横浜　斎藤富一　1993.3　160p　21cm　Ⓝ213.7　〔30080〕
◇東海道保土ケ谷宿の飯盛女　斎藤富一著　近代文芸社　1994.12　134p　20cm　1500円　Ⓘ4-7733-3104-6　Ⓝ213.7　〔30081〕
◇『名主日記』が語る幕末―武蔵国橘樹郡生麦村の関口家と日記　横浜開港資料館編　横浜　横浜開港資料館　1986.3　93p　26cm　Ⓝ213.7　〔30082〕
◇幕末動乱を生きた武士―武州金沢藩士・萩原唯右衛門則嘉の生涯　企画展　横浜市歴史博物館, 横浜市ふるさと歴史財団編　横浜　横浜市歴史博物館　2005.4　63p　30cm　Ⓝ213.7　〔30083〕
◇幕末の農民群像―東海道と江戸湾をめぐって　横浜近世史研究会編　横浜　横浜開港資料館　1988.11　242p　21cm　Ⓝ213.7　〔30084〕
◇箱根道紀行―江戸時代の七湯道と権現への道　私家版　松永達雄著　箱根町(神奈川県)　[松永達雄]　1998.4　109p　21cm　Ⓝ291.37　〔30085〕
◇富士山大噴火―宝永の「砂降り」と神奈川　神奈川県立歴史博物館編　横浜　神奈川県立歴史博物館　2006.10　127p　30cm　Ⓝ369.31　〔30086〕
◇武州金沢藩の流転と終焉―横浜市域唯一の大名米倉家　森谷欽一著　横浜　森谷欽一　2007.2　304p　21cm　非売品　Ⓝ213.7　〔30087〕
◇武相叢書　第6編　横浜旧吉田新田の研究　石野瑛校・編　名著出版　1973　248p　図地　22cm　Ⓝ213.7　〔30088〕

地方史　　　　　　　　　　　　　近世史

◆◆◆自治体史

◇江戸時代の小田原　岩崎宗純ほか著　小田原　小田原市立図書館　1980.3　307,20p　19cm　（小田原市立図書館叢書　2）非売品　Ⓝ213.7　〔30089〕

◇江戸時代の横浜の姿―絵図・地誌などにみる　横浜市歴史博物館，横浜市ふるさと歴史財団編　横浜　横浜市歴史博物館　1997.3　79p　30cm　Ⓝ213.7　〔30090〕

◇海老名市史　7　通史編　近世　海老名市編　海老名　海老名市　2001.7　759p　22cm　Ⓝ213.7　〔30091〕

◇海老名市史の一断面―駕籠訴一件と野廻り役について　大島誠ほか著　海老名　大島誠　1996.1　205p　21cm　Ⓝ213.7　〔30092〕

◇小田原市史　通史編 近世　小田原市編　小田原　小田原市　1999.3　1030p　22cm　Ⓝ213.7　〔30093〕

◇神奈川県史　通史編 2　近世　1　神奈川県県民部県史編集室編　横浜　神奈川県　1981.3　825,6p　23cm　非売品　Ⓝ213.7　〔30094〕

◇神奈川県史　通史編 3　近世　2　神奈川県県民部県史編集室編　横浜　神奈川県　1983.3　1252,32p　23cm　非売品　Ⓝ213.7　〔30095〕

◇鎌倉市史　近世通史編　鎌倉市市史編さん委員会編さん　吉川弘文館　1990.3　726p　23cm　7800円　①4-642-01535-3　Ⓝ213.7　〔30096〕

◇鎌倉市史　近世近代　紀行地誌編　鎌倉市市史編さん委員会編　吉川弘文館　1985.3　633p　23cm　6000円　①4-642-01530-2　Ⓝ213.7　〔30097〕

◇川崎市史　通史編 2　近世　川崎市編　川崎　川崎市　1994.3　624p　22cm　Ⓝ213.7　〔30098〕

◇近世平塚への招待―館蔵資料でみる23題 春期特別展　平塚　平塚市博物館　2005.3　56p　30cm　Ⓝ213.7　〔30099〕

◇近世平塚を学ぶ人のために―平塚市近世史入門　平塚市市史編さん課編　平塚　平塚市総務部市史編さん課　1981.3　120p　26cm　Ⓝ213.7　〔30100〕

◇寒川町史　2　寒川町編　寒川町（神奈川県）　寒川町　1993.11　628p　22cm　Ⓝ213.7　〔30101〕

◇寒川町史　3　寒川町編　寒川町（神奈川県）　寒川町　1995.11　592p　22cm　Ⓝ213.7　〔30102〕

◇城山町史　6　通史編　近世　城山町編　城山町（神奈川県）　城山町　1997.3　726p　22cm　Ⓝ213.7　〔30103〕

◇にのみやの歴史―町史研究　創刊号　二宮町史編集委員会編　二宮町（神奈川県）　二宮町　1989.6　150p　21cm　Ⓝ213.7　〔30104〕

◇秦野市史　通史 2　近世　秦野　秦野市　1988.3　713p　22cm　Ⓝ213.7　〔30105〕

◇ペリー来航～横浜元町一四〇年史　元町の歴史編纂委員会編著　横浜　元町自治運営会横浜元町資料館　2002.11　432p　27cm　3500円　①4-9901368-1-0　Ⓝ213.7　〔30106〕

◇港町・横浜の都市形成史　横浜市企画調整局編　横浜　横浜市企画調整局　1981　124p　30×31cm　Ⓝ213.7　〔30107〕

◇村と人―江戸時代の愛川　愛川町郷土博物館展示基礎調査会，愛川町教育委員会編　愛川町（神奈川県）　愛川町教育委員会　1996.3　107p　26cm　（愛川町郷土博物館展示基礎調査会報告書 第2集）Ⓝ213.7　〔30108〕

◇大和市史　2　通史編 近世　大和　大和市　1983.3　756p　22cm　Ⓝ213.7　〔30109〕

◇よこすか開国物語―ペリー来航150周年記念　かこさとし文と絵　横須賀市企画　西ँ昭，山本詔一監修　エツコ・ワールド　2003.2　1冊　24×24cm　Ⓝ213.7　〔30110〕

◇ヨコスカ開国物語　山本詔一著　横浜　神奈川新聞社　2003.4　171p　19cm　1300円　①4-87645-330-6　Ⓝ213.7　〔30111〕

◇横浜浮世絵と近代日本―異国"横浜"を旅する　神奈川県立歴史博物館編　横浜　神奈川県立歴史博物館　1999.3　187p　24×25cm　Ⓝ213.7　〔30112〕

◇横浜開港資料館要覧　横浜市総務局横浜開港資料館編　横浜　横浜市総務局横浜開港資料館　1985.6　48p　26cm　Ⓝ213.7　〔30113〕

◇横浜開港側面史　横浜貿易新報社編　歴史図書社　1979.5　387p　22cm　5500円　Ⓝ213.7　〔30114〕

◇横浜ことはじめ　半沢正時著　横浜　神奈川合同出版　1988.3　237p　15cm　（かもめ文庫）680円　Ⓝ213.7　〔30115〕

◇横浜市史　第1巻　開港以前の横浜　横浜市編　横浜市史編集委員会編　横浜　1958-1963　22cm　Ⓝ213.7　〔30116〕

◇横浜市史　第2巻　開港期の横浜　横浜市編　横浜市史編集委員会編　横浜　1958-1963　22cm　Ⓝ213.7　〔30117〕

◇横浜はじめて物語―ヨコハマを読む、日本が見える。　阿佐美茂樹著　三交社　1988.11　203p　19cm　1200円　①4-87919-507-3　Ⓝ213.7　〔30118〕

◇横浜もののはじめ考　横浜開港資料館，横浜開港資料普及協会編　横浜　横浜開港資料普及協会　1988.3　188p　30cm　2000円　Ⓝ213.7　〔30119〕

◆◆◆自治体史史料

◇厚木市史　近世資料編 1　社寺　厚木市秘書部市史編さん室編　厚木　厚木市　1986.8　1088p　22cm　Ⓝ213.7　〔30120〕

◇厚木市史　近世資料編 2　村落 1　厚木市秘書部市史編さん室編　厚木　厚木市　1993.3　1024p　22cm　Ⓝ213.7　〔30121〕

◇厚木市史　近世資料編 3　文化文芸　厚木市教育委員会生涯学習部文化財保護課編　厚木　厚木市　2003.11　1208p　22cm　Ⓝ213.7　〔30122〕

◇厚木市史　近世資料編 4　村落 2　厚木市教育委員会教育総務部文化財課市史編さん係編　厚木　厚木市　2007.3　1128p　22cm　Ⓝ213.7　〔30123〕

◇厚木市史　近世資料編 3　文化文芸 索引　厚木市教育委員会生涯学習部文化財保護課市史編さん係編　厚木　厚木市　2005.3　176p　21cm　Ⓝ213.7　〔30124〕

◇綾瀬市史　2　資料編　近世　綾瀬市編　綾瀬　綾瀬市　1992.10　2冊（別冊とも）　22cm　Ⓝ213.7　〔30125〕

◇伊勢原市史　資料編 近世 1　伊勢原市史編集委員会編　伊勢原　伊勢原市　1992.3　860p　22cm　Ⓝ213.7　〔30126〕

◇伊勢原市史　資料編 近世 2　伊勢原市史編集委員会編　伊勢原　伊勢原市　1996.3　866p　22cm　Ⓝ213.7　〔30127〕

◇海老名市史　3　資料編　近世 1　海老名市編　海老名　海老名市　1994.3　775p　22cm　Ⓝ213.7　〔30128〕

◇海老名市史　3　2　資料編　近世 2　海老名市編　海老名　海老名市　1996.3　721p　22cm　Ⓝ213.7　〔30129〕

◇大磯町史　2　資料編　大磯町編　大磯町（神奈川県）　大磯町　1999.3　736p　22cm　Ⓝ213.7　〔30130〕

◇大井町史　資料編 近世　大井町（神奈川県）　大井町　1995.8　778p　22cm　Ⓝ213.7　〔30131〕

◇小田原市史　史料編　近世1　藩政　小田原市編　小田原　小田原市　1995.12　994p　22cm　Ⓝ213.7　〔30132〕
◇開成町史　資料編　近世2　開成町編　開成町（神奈川県）　開成町　1997.3　655p　22cm　Ⓝ213.7　〔30133〕
◇鎌倉近世史料　浄明寺編　上　鎌倉　鎌倉市教育委員会　1981.3　380p　22cm　Ⓝ213.7　〔30134〕
◇鎌倉近世史料　手広編1　内海家　上　鎌倉　鎌倉市教育委員会社会教育部文化財保護課　1983.3　244p　22cm　Ⓝ213.7　〔30135〕
◇鎌倉近世史料　扇ガ谷編1　河内家　1　鎌倉　鎌倉市教育委員会生涯学習部文化財課　1998.3　313p　22cm　Ⓝ213.7　〔30136〕
◇鎌倉近世史料　手広編2　内海家　中　鎌倉　鎌倉市教育委員会社会教育部文化財保護課　1984.3　519p　22cm　Ⓝ213.7　〔30137〕
◇鎌倉近世史料　長谷・坂ノ下編　鎌倉　鎌倉市教育委員会　1975　341p　22cm　2000円　Ⓝ213.7　〔30138〕
◇鎌倉近世史料　手広編3　内海家　下　鎌倉　鎌倉市教育委員会社会教育部文化財保護課　1987.3　338p　22cm　Ⓝ213.7　〔30139〕
◇鎌倉近世史料　手広編5　和田家　中　鎌倉　鎌倉市教育委員会社会教育部文化財保護課　1991.3　372p　22cm　Ⓝ213.7　〔30140〕
◇鎌倉近世史料　手広編6　和田家　下　内海家　補遺　鎌倉　鎌倉市教育委員会社会教育部文化財保護課　1993.12　359p　22cm　Ⓝ213.7　〔30141〕
◇鎌倉近世史料　十二所編　鎌倉　鎌倉市教育委員会　1976　499p　22cm　Ⓝ213.7　〔30142〕
◇鎌倉近世史料　小袋谷編　上　鎌倉　鎌倉市教育委員会　1977.10　597p　22cm　Ⓝ213.7　〔30143〕
◇鎌倉近世史料　小袋谷編　下　鎌倉　鎌倉市教育委員会　1978.12　562p　22cm　Ⓝ213.7　〔30144〕
◇鎌倉近世史料　極楽寺村編　鎌倉市図書館編　鎌倉　鎌倉市教育委員会　1968　545p　22cm　Ⓝ213.7　〔30145〕
◇鎌倉市史　近世史料編　第1　鎌倉市市史編さん委員会編　吉川弘文館　1986.3　642p　23cm　6500円　①4-642-01531-0　Ⓝ213.7　〔30146〕
◇鎌倉市史　近世史料編　第2　鎌倉市市史編さん委員会編さん　吉川弘文館　1987.7　628p　23cm　6500円　①4-642-01532-9　Ⓝ213.7　〔30147〕
◇鎌倉志料　第1巻　三浦勝男編　鎌倉　鎌倉市教育委員会　1991.12　266p　22cm　2000円　Ⓝ213.7　〔30148〕
◇鎌倉志料　第4巻　三浦勝男編　鎌倉　鎌倉市教育委員会　1992.12　273p　22cm　2000円　Ⓝ213.7　〔30149〕
◇鎌倉志料　第5巻　三浦勝男編　鎌倉　鎌倉市教育委員会　1993.10　289p　22cm　2000円　Ⓝ213.7　〔30150〕
◇鎌倉志料　第6巻　三浦勝男編　鎌倉　鎌倉国宝館　1994.10　325p　22cm　2000円　Ⓝ213.7　〔30151〕
◇鎌倉志料　第7巻　三浦勝男編　鎌倉　鎌倉国宝館　1995.10　281p　22cm　2000円　Ⓝ213.7　〔30152〕
◇鎌倉志料　第8巻　貫達人編　鎌倉　鎌倉国宝館　1996.10　218p　22cm　2000円　Ⓝ213.7　〔30153〕
◇鎌倉志料　第9巻　貫達人編　鎌倉　鎌倉国宝館　2001.12　333p　22cm　2000円　Ⓝ213.7　〔30154〕
◇川崎市史　資料編2　近世　川崎　川崎市　1989.3　800p　22cm　Ⓝ213.7　〔30155〕
◇川崎宿関係史料　1　川崎市市民ミュージアム編　川崎　川崎市市民ミュージアム　1991.3　266p　22cm　（川崎史資料叢書　第3巻）Ⓝ213.7　〔30156〕

◇川崎宿関係史料　2　川崎市市民ミュージアム編　川崎　川崎市市民ミュージアム　1992.3　258p　22cm　（川崎史資料叢書　第4巻）Ⓝ213.7　〔30157〕
◇郷土の近世文書を読む　1　海老名市編　海老名市　1995.3　142p　30cm　（海老名市史叢書　2）Ⓝ213.7　〔30158〕
◇郷土の近世文書を読む　2　海老名市編　海老名市　1997.3　143p　30cm　（海老名市史叢書　3）Ⓝ213.7　〔30159〕
◇串川財産区史―近世村落の成立とともに歩んだ四百年　串川財産区史編さん委員会編　津久井町（神奈川県）　串川財産区管理会　1992.3　352p　27cm　Ⓝ318.237　〔30160〕
◇相模原市史　第5巻　相模原市市史編さん委員会編　相模原　1965　766p　図版　表　22cm　Ⓝ213.7　〔30161〕
◇座間市史　2　近世資料編　座間　座間市　1991.6　798p　22cm　Ⓝ213.7　〔30162〕
◇逗子市史　資料編2　近世　2　逗子　逗子市　1988.3　835p　22cm　Ⓝ213.7　〔30163〕
◇東海道藤沢宿役人史料　1　藤沢市文書館編　藤沢　藤沢市文書館　2006.3　118p　21cm　（藤沢市史集　30）Ⓝ213.7　〔30164〕
◇二宮町史資料叢書　1　二宮町の検地帳　二宮町総務部総務課編　二宮町（神奈川県）　二宮町　1991.8　369p　21cm　Ⓝ213.7　〔30165〕
◇二宮町史資料叢書　2　二宮町の年貢割付状　二宮町総務部総務課編　二宮町（神奈川県）　二宮町　1992.8　288p　21cm　Ⓝ213.7　〔30166〕
◇幕末・明治の御用留　秦野　秦野市市史編さん室　1981.3　250p　21cm　（秦野市史史料叢書　2）Ⓝ213.7　〔30167〕
◇秦野市史　第2巻　近世史料　1　秦野　秦野市　1982.3　781p　22cm　Ⓝ213.7　〔30168〕
◇秦野市史　第3巻　近世史料　2　秦野　秦野市　1983.3　725p　22cm　Ⓝ213.7　〔30169〕
◇秦野市史　近世史料　統計編　1　宗門改帳・村入用帳・田畑質入証文　秦野　秦野市　1989.3　349p　27cm　Ⓝ213.7　〔30170〕
◇秦野市史　近世史料　統計編2　検地帳・名寄帳　秦野　秦野市　1989.3　203p　22cm　Ⓝ213.7　〔30171〕
◇平塚市史　2　資料編　近世1　平塚市編　平塚　平塚市　1982.4　2冊（別冊とも）　22cm　Ⓝ213.7　〔30172〕
◇平塚市史　3　資料編　近世2　平塚市編　平塚　平塚市　1983.4　2冊（別冊とも）　22cm　Ⓝ213.7　〔30173〕
◇平塚市史　4　資料編　近世3　平塚市編　平塚　平塚市　1984.4　2冊（別冊とも）　22cm　Ⓝ213.7　〔30174〕
◇藤沢市史資料　第33集　長後地区資料集　服部清道編　藤沢　藤沢市教育委員会　1989.3　136p　21cm　Ⓝ213.7　〔30175〕
◇藤沢市史料集　13　相州藤沢宿外五拾壱村組合御取締三番御用留　藤沢市文書館編　藤沢　藤沢市文書館　1988.8　142p　21cm　Ⓝ213.7　〔30176〕
◇藤沢市史料集　15　柄沢村・大庭村（入分）御用留　藤沢市文書館編　藤沢　藤沢市文書館　1991.3　117p　21cm　Ⓝ213.7　〔30177〕
◇藤沢市史料集　16　相模国鎌倉郡小塚村「御用留」1　藤沢市文書館編　藤沢　藤沢市文書館　1992.2　104p　21cm　Ⓝ213.7　〔30178〕
◇藤沢市史料集　17　相模国鎌倉郡小塚村「御用留」2　藤沢市文書館編　藤沢　藤沢市文書館　1993.3　132p　21cm　Ⓝ213.7　〔30179〕

地方史　　　　　　　　　近世史

◇藤沢市史料集　18　快元僧都記　藤沢市文書館編　藤沢　藤沢市文書館　1994.3　98p　21cm　Ⓝ213.7　〔30180〕
◇藤沢市史料集　19　相模国鎌倉郡小塚村「御用留」3　藤沢市文書館編　藤沢　藤沢市文書館　1995.3　108p　21cm　Ⓝ213.7　〔30181〕
◇藤沢市史料集　20　北条氏所領役帳　藤沢市文書館編　藤沢　藤沢市文書館　1996.3　220,26p　21cm　Ⓝ213.7　〔30182〕
◇藤沢市史料集　25　相模国鎌倉郡小塚村「御用留」5　藤沢市文書館編　藤沢　藤沢市文書館　2001.3　121p　21cm　Ⓝ213.7　〔30183〕
◇藤沢市史料集　26　相模国鎌倉郡小塚村「御用留」6　藤沢市文書館編　藤沢　藤沢市文書館　2002.3　131p　21cm　Ⓝ213.7　〔30184〕
◇南足柄市史　2　資料編　近世1　南足柄　南足柄市　1988.3　796p　22cm　Ⓝ213.7　〔30185〕
◇南足柄市史　3　資料編　近世2　南足柄市編　南足柄　南足柄市　1993.3　792p　22cm　Ⓝ213.7　〔30186〕
◇山北町史　史料編　近世　山北町編　山北町(神奈川県)　山北町　2003.3　1420p　22cm　Ⓝ213.7　〔30187〕
◇大和市史　4　近世資料編　大和　大和市　1978.3　766p　22cm　Ⓝ213.7　〔30188〕
◇横浜市史―資料編　第3　続通信全覧(抄)第1　横浜市編　横浜　1960-1964　27cm　Ⓝ213.7　〔30189〕
◇横浜市史―資料編　第4　続通信全覧(抄)〔第2〕　横浜市編　横浜　1967　43,657p　地　22cm　Ⓝ213.7　〔30190〕
◇横浜市史　資料編5　横浜　横浜市　1969　439p　22cm　Ⓝ213.7　〔30191〕
◇横浜市史　資料編6　横浜　横浜市　1969　426,6p　22cm　Ⓝ213.7　〔30192〕
◇横浜市歴史博物館史料集　第1集　鶴見村御用留　1　横浜　横浜市ふるさと歴史財団　1995.3　75p　26cm　Ⓝ213.7　〔30193〕
◇横浜町会所日記―横浜町名主小野兵助の記録　小野兵助著　横浜開港資料館,横浜開港資料普及協会編　横浜　横浜開港資料普及協会　1991.3　136p　26cm　Ⓝ213.7　〔30194〕

◆◆◆一般史料

◇江戸中期以降の大内家の古文書　大内行雄著　改訂版　南足柄　大内行雄　1980.7　200p　27cm　Ⓝ288.3　〔30195〕
◇小川泰堂「艸枕之記」―天保末期の遊歴日記　小川泰堂著　藤沢市文書館編　藤沢　藤沢市文書館　2003.3　99,12p　21cm　(藤沢市史料集 27)Ⓝ213.7　〔30196〕
◇神奈川県史　資料編4　近世　1　神奈川県企画調査部県史編集室編　横浜　神奈川県　1971　1冊　23cm　非売　Ⓝ213.7　〔30197〕
◇神奈川県史　資料編5　近世　2　神奈川県企画調査部県史編集室編　横浜　神奈川県　1972　2冊(付録共)　23cm　非売　Ⓝ213.7　〔30198〕
◇神奈川県史　資料編6　近世　3　神奈川県企画調査部県史編集室編　横浜　神奈川県　1973　2冊(付録共)　23cm　非売品　Ⓝ213.7　〔30199〕
◇神奈川県史　資料編7　近世　4幕領2　神奈川県企画調査部県史編集室編　横浜　神奈川県　1975　2冊(付録共)　23cm　Ⓝ213.7　〔30200〕
◇神奈川県史　資料編8　近世　5上　神奈川県企画調査部県史編集室編　横浜　神奈川県　1976　2冊(付録共)　23cm　非売品　Ⓝ213.7　〔30201〕
◇神奈川県史　資料編9　近世　6　神奈川県企画調査部県史編集室編　横浜　神奈川県　1974　2冊(付録共)　23cm　非売品　Ⓝ213.7　〔30202〕
◇神奈川県史　資料編10　近世　7海防・開国　神奈川県県民部県史編集室編　横浜　神奈川県　1978.3　2冊(付録とも)　23cm　非売品　Ⓝ213.7　〔30203〕
◇神奈川県史　資料編8　2　近世　5下　神奈川県県民部県史編集室編　横浜　神奈川県　1979.3　2冊(付録とも)　23cm　非売品　Ⓝ213.7　〔30204〕
◇神奈川叢書　第1輯　貞享三年御引渡記録集成　石井富之助解説校訂　横浜　神奈川叢書刊行会　1965　92p　22cm　Ⓝ213.7　〔30205〕
◇旧大平台村名主藤曲家近世文書　箱根町立郷土資料館編　箱根町(神奈川県)　箱根町立郷土資料館　1994.3　206p　22cm　(郷土資料館資料集 1)Ⓝ213.7　〔30206〕
◇京都市伏見区稲荷神社蔵『稲葉家永代日記』内容索引　小田原　小田原市史編さん室　1995.2　244p　21×30cm　Ⓝ213.7　〔30207〕
◇御家中先祖並親類書　2　内田哲夫校訂・解説　小田原市立図書館編　小田原　小田原市立図書館　1991.3　310,14p　21cm　(小田原市立図書館郷土資料集成 5)非売品　Ⓝ213.7　〔30208〕
◇御家中先祖並親類書　3　内田哲夫ほか校訂・解説　小田原市立図書館編　小田原　小田原市立図書館　1993.3　338,18p　21cm　(小田原市立図書館郷土資料集成 6)非売品　Ⓝ213.7　〔30209〕
◇御家中先祖並親類書　4　内田哲夫ほか校訂・解説　小田原市立図書館編　小田原　小田原市立図書館　1994.3　410,18p　21cm　(小田原市立図書館郷土資料集成 7)非売品　Ⓝ213.7　〔30210〕
◇相模国江の島岩本院文書抄　青山孝慈監修　藤沢古文書研究協議会編　藤沢　藤沢古文書研究協議会　1999.7　67p　30cm　Ⓝ213.7　〔30211〕
◇相模国鎌倉郡小塚村「御用留」4　藤沢市文書館編　藤沢　藤沢市文書館　1997.3　132p　21cm　(藤沢市史料集 21)Ⓝ213.7　〔30212〕
◇相模国高座郡中野村御用留　1　細川光成編　相模原　細川光成　2000.6　331p　21cm　Ⓝ213.7　〔30213〕
◇相模国高座郡中野村御用留　2　細川光成編　相模原　細川光成　2001.5　338p　21cm　Ⓝ213.7　〔30214〕
◇相模国高座郡中野村御用留　3　細川光成編　相模原　細川光成　2001　250p　21cm　Ⓝ213.7　〔30215〕
◇相模国・武蔵国三郡(神奈川県)寄場組合村高家数明細帳　綾瀬市編　綾瀬　綾瀬市　1993.3　178p　21cm　(綾瀬市史資料叢書 1)Ⓝ213.7　〔30216〕
◇鈴木藤助日記―武州橘樹郡長尾村　1　鈴木藤助著　白石通子,小林博子編　川崎　〔白石通子〕　2001.4　196p　26cm　Ⓝ213.7　〔30217〕
◇鈴木藤助日記―武州橘樹郡長尾村　2　鈴木藤助著　白石通子,小林博子編　川崎　〔白石通子〕　2003.4　219p　26cm　Ⓝ213.7　〔30218〕
◇相州箱根御関所御修復出来形帳―慶応元丑年　中村静夫,岩崎宗純校訂　箱根町(神奈川県)　箱根町　1985.3　71p　26cm　Ⓝ213.7　〔30219〕
◇東海道神奈川宿本陣石井順孝日記　1　青木美智男監修　小林風,石綿豊大校訂　ゆまに書房　2001.5　388p　22cm　8000円　①4-8433-0302-X　Ⓝ213.7　〔30220〕
◇東海道神奈川宿本陣石井順孝日記　2　青木美智男監修　小林風,石綿豊大校訂　ゆまに書房　2002.6　546p　22cm　8000円　①4-8433-0303-8　Ⓝ213.7　〔30221〕
◇東海道神奈川宿本陣石井順孝日記　3　青木美智男監修　小林風,石綿豊大校訂　ゆまに書房　2003.5　748p

22cm 12000円 ①4-8433-0304-6 Ⓝ213.7 〔30222〕
◇東海道神奈川宿本陣石井日記 文政11年～文政13年 梶川武,青木美智男校訂 秋田 みしま書房 1985.12 430p 22cm Ⓝ213.7 〔30223〕
◇名主日記 片野庄右衛門著 座間市立図書館編 座間 座間市立図書館 1997.3 153p 22cm （座間市史資料叢書 7）Ⓝ213.7 〔30224〕
◇武州金沢藩（六浦藩）関係史料集 1 横浜市歴史博物館,横浜市ふるさと歴史財団編 横浜 横浜市歴史博物館 2003.8 84p 30cm Ⓝ213.7 〔30225〕
◇武州金沢藩（六浦藩）関係史料集 2 横浜市歴史博物館,横浜市ふるさと歴史財団編 横浜 横浜市歴史博物館 2004.5 45p 30cm Ⓝ213.7 〔30226〕
◇松屋史料集 御休帳を中心として その1 二宮町（神奈川県） 二宮町教育委員会 1975.3 103p 26cm （文化財調査報告書 昭和50年度）Ⓝ213.7 〔30227〕
◇松屋史料集 御休帳を中心として その2 二宮町（神奈川県） 二宮町教育委員会 1976.3 118p 26cm （文化財調査報告書）Ⓝ213.7 〔30228〕
◇未刊横浜開港史料 神奈川県図書館協会.郷土資料集成編纂委員会編 横浜 神奈川県図書館協会 1960 318p 22cm Ⓝ213.7 〔30229〕
◇横浜開港の先駆者 中居屋重兵衛手記 日新録—安政六年一月一日～四月一日 中居剛屏著 嬬恋村（群馬県吾妻郡） 1958 23p 22cm Ⓝ213.7 〔30230〕

◆◆◆史料目録
◇小田原の近世文書目録 1 稲子家文書 小田原市立図書館編 小田原 小田原市立図書館 1979.3 175,8p 27cm （小田原市立図書館目録シリーズ 6）非売品 Ⓝ213.7 〔30231〕
◇小田原の近世文書目録 2 小田原市立図書館編 小田原 小田原市立図書館 1981.3 195,8p 27cm （小田原市立図書館目録シリーズ 7）非売品 Ⓝ213.7 〔30232〕
◇小田原の近世文書目録 3 小田原市立図書館編 小田原 小田原市立図書館 1984.3 187,8p 27cm （小田原市立図書館目録シリーズ 8）1500円 Ⓝ213.7 〔30233〕
◇小田原の近世文書目録 4 小田原市立図書館編 小田原 小田原市立図書館 1985.3 154,8p 27cm （小田原市立図書館目録シリーズ 9）1500円 Ⓝ213.7 〔30234〕
◇小田原の近世文書目録 5 小田原市立図書館編 小田原 小田原市立図書館 1986.3 160,8p 27cm （小田原市立図書館目録シリーズ 10）1500円 Ⓝ213.7 〔30235〕
◇城山町史資料所在目録 近世文書 城山町史編さん委員会編 城山町（神奈川県） 城山町 1985.3 315p 26cm Ⓝ213.7 〔30236〕
◇城山町史資料所在目録 近現代文書・近世文書補遺 城山町史編さん委員会編 城山町（神奈川県） 城山町 1986.12 203p 26cm Ⓝ213.7 〔30237〕

◆◆北越地方
◇江戸と北陸 芳賀登著 富山 富山県教育委員会 1976.2 63p 18cm （生涯教育新書 10） 〔30238〕
◇近世在郷町の研究 田中喜男著 名著出版 1990.4 734p 22cm 11650円 ①4-626-01368-6 Ⓝ214 〔30239〕
◇北越草莽維新史 田中惣五郎著 武蔵野書房 1943 606p 19cm Ⓝ210.5 〔30240〕

◆◆新潟県
◇阿賀の路—赤城源三郎著作集 赤城源三郎著 会津若松 歴史春秋出版 1993.4 469p 22cm 10000円 Ⓝ214.1 〔30241〕
◇足軽の記録—糸魚川藩成立の謎 斉藤丈著 糸魚川 斉藤丈 1995.2 290p 22cm 1900円 Ⓝ214.1 〔30242〕
◇越後いろざと奇聞—食彩もみごと 『間叟雑録』本文訳注 田中一郎編著 新潟 新潟日報事業社 2005.10 214p 19cm 1600円 ①4-86132-135-2 〔30243〕
◇越後佐渡の史的構造—小村弌先生退官記念論文集 小村弌先生退官記念事業会編 新潟 小村弌先生退官記念事業会 1984.3 839p 22cm 6500円 Ⓝ214.1 〔30244〕
◇越後長岡藩の研究 本山幸一著 高志書院 2007.4 655p 22cm 10000円 ①978-4-86215-022-6 Ⓝ214.1 〔30245〕
◇越後福島城史話 中沢肇著 上越 北越出版 1982.1 337p 19cm 2800円 Ⓝ214.1 〔30246〕
◇越後平野・佐渡と北国浜街道 池享,原直史編 吉川弘文館 2005.12 250,21p 19cm （街道の日本史 24）2600円 ①4-642-06224-6 〔30247〕
◇江戸時代百姓生業の研究—越後魚沼の村の経済生活 六本木健志著 刀水書房 2002.7 366p 22cm 8000円 ①4-88708-299-1 Ⓝ214.1 〔30248〕
◇江戸の栄華を支えた佐渡奉行たち—徳川三百年歴代102名の佐渡奉行考察 第1集 中川三代治著・編 相川町（新潟県） G&Aギャラリー&アトリエ道友よんべと 1992.10 149,10p 26cm 非売品 Ⓝ281.41 〔30249〕
◇江戸の栄華を支えた佐渡奉行たち 第2集 中川三代治著・編 相川町（新潟県） G&Aギャラリー&アトリエ道友よんべと 1993.2 150p 26cm Ⓝ281.41 〔30250〕
◇江戸の栄華を支えた佐渡奉行たち 第3集 中川三代治著・編 相川町（新潟県） G&Aギャラリー&アトリエ道友よんべと 1994.3 146,59p 26cm 非売品 Ⓝ281.41 〔30251〕
◇開町350年 津川のあゆみ 津川町（新潟県）編 津川町（新潟県） 1964 40p（おもに図版） 26cm Ⓝ214.1 〔30252〕
◇寛政義民岡村権左衛門 大平与文次編 長岡 温故談話会 1896.2 28p 24cm Ⓝ289.1 〔30253〕
◇旧長岡藩再中興の英主牧野忠精公の百年祭を迎へて 福島甲子三著 福島甲子三 1930 40p 23cm Ⓝ214.1 〔30254〕
◇旧藩当時の社会と村上藩の産業に就て 秋山知忠著 新潟 秋山知忠 1936 35p 20cm Ⓝ214.1 〔30255〕
◇享和元酉年六月江戸に於ける古津村弥次兵衛并小作人掛り出入留帳 大和屋富右衛門著 新津 新津市立記念図書館 1978 38p 21cm （新津・中蒲原郡郷土資料 第11集）Ⓝ214.1 〔30256〕
◇近世越後・佐渡史の研究 小村弌 名著出版 1976 430p 22cm （地方史研究叢書 7）4500円 Ⓝ214.1 〔30257〕
◇近世越後風土記 中沢賢郎編 東洋館出版社 1971 317p 22cm 2300円 Ⓝ214.1 〔30258〕
◇近世越佐人物伝 藤山銕太郎編 三条町（新潟県） 樋口小左衛門 1898.9 295p 19cm Ⓝ281.41 〔30259〕
◇近世庶民の脱封建性—越後と佐渡の近世民衆史 佐藤利夫,松永靖夫編 高志書院 1999.3 235p 22cm （環日本海歴民民俗学叢書 5）4000円 ①4-906641-24-5 Ⓝ214.1 〔30260〕

地方史　　　　　　　　　　近世史

◇近世農村史の研究—近世前期越後における農村構造と農業経営　松永靖夫著　京都　法律文化社　1989.3　241p　22cm　4800円　Ⓘ4-589-01448-3　Ⓝ214.1
〔30261〕
◇米百俵の歴史学—封印された主人公と送り主　坂本保富著　学文社　2006.8　206p　20cm　1800円
Ⓘ4-7620-1584-9　Ⓝ214.1　〔30262〕
◇先駆ける群像—佐渡の幕末・維新　田中圭一著　刀水書房　1989.8　2冊　19cm　各1400円　Ⓝ214.1　〔30263〕
◇椎谷藩史　磯貝文嶺著　柏崎　椎谷藩史研究会　1966　248p　22cm　Ⓝ214.1　〔30264〕
◇正保二年越後絵図　新発田郷土研究社編　新潟県新発田町　新発田郷土研究社　1936　1枚　77×144cm　Ⓝ214.1　〔30265〕
◇全国の伝承江戸時代人づくり風土記—聞き書きによる知恵シリーズ　15　ふるさとの人と知恵新潟　加藤秀俊ほか編纂　農山漁村文化協会　1988.12　401p　27cm　4300円　Ⓘ4-540-88004-7　Ⓝ210.5　〔30266〕
◇高田城　花ケ前盛明著　上越　花ケ前盛明　1981　1冊　26cm　Ⓝ214.1　〔30267〕
◇高田藩制史研究　研究編　第6巻　中村辛一編　風間書房　1971　732,109p　22cm　10000円　Ⓝ214.1　〔30268〕
◇長岡城を歩く　青柳孝司著　新潟　新潟日報事業社（発売）2004.7　95p　21cm　1400円　Ⓘ4-86132-053-4　Ⓝ214.1　〔30269〕
◇長岡城物語　梁取三義著　国書刊行会　1975　240p　19cm　850円　Ⓝ214.1　〔30270〕
◇長岡藩史要　第5巻　文政十年～元治元年　今泉省三著　長岡　長岡藩史料研究会　1942.3　114,2p　22cm　Ⓝ214.1　〔30271〕
◇長岡藩史話　蒲原拓三著　歴史図書社　1980.3　319,111p　22cm　5000円　Ⓝ214.1　〔30272〕
◇長岡藩風と常在戦場の精神　蒲原拓三著　経済書籍合資会社　1944.2　319p　21cm　Ⓝ214.1　〔30273〕
◇新潟県史—江戸時代編　上巻　斎藤秀平著　三条　野島出版　1963　571p　22cm　Ⓝ214.1　〔30274〕
◇新潟県史—江戸時代篇　下巻　斎藤秀平著　三条　野島出版　1964　530p　22cm　Ⓝ214.1　〔30275〕
◇新潟県史　通史編3　近世　1　新潟　新潟県　1987.3　851,47p　22cm　Ⓝ214.1　〔30276〕
◇新潟県史　通史編4　近世　2　新潟　新潟県　1988.3　872,47p　22cm　Ⓝ214.1　〔30277〕
◇新潟県史　通史編5　近世　3　新潟　新潟県　1988.3　884,49p　22cm　Ⓝ214.1　〔30278〕
◇新潟・文人去来—江戸時代の絵画をたのしむ　開館3周年記念企画展　新潟市歴史博物館編　新潟　新潟市歴史博物館　2007.2　144p　30cm　Ⓝ721.7　〔30279〕
◇新潟明和騒動—研究と探訪の手引き　斉藤紀生著　東銀座出版社　1996.7　215p　19cm　1600円
Ⓘ4-938652-79-X　Ⓝ214.1　〔30280〕
◇新潟明和騒動文献資料集成　斎藤紀生著　文芸社　2002.3　327p　20cm　（新潟明和騒動研究への序説1）1500円　Ⓘ4-8355-3461-1　Ⓝ214.1　〔30281〕
◇遙かなる村上藩—雅子妃のふるさと　山本茂著　恒文社　1993.6　189p　22cm　1800円　Ⓘ4-7704-0782-5
〔30282〕
◇人づくり風土記—全国の伝承・江戸時代　15　ふるさとの人と知恵・新潟　加藤秀俊ほか編纂　農山漁村文化協会　1988.12　401p　27cm　（聞き書きによる知恵シリーズ）4300円　Ⓘ4-540-88004-7　Ⓝ210.5　〔30283〕
◇三根山藩　武田広昭編　巻町（新潟県）　巻町　1973　376p　21cm　（巻町双書　第20集）非売品　Ⓝ214.1

〔30284〕
◇村上城下旅籠屋の町・小町　大場喜代司, 渡辺満雄編, 大場喜代司執筆　村上　村上市小町区小町区古文書調査委員会　1987.3　239p　19cm　1800円　Ⓝ214.1
〔30285〕
◇村上城主代々記　鈴木鉶三著　村上　平野春秋堂　1988.9　70p　18cm　Ⓝ214.1　〔30286〕

◆◆◆自治体史
◇糸魚川市史　2　近世　1 江戸前期　糸魚川市編　糸魚川　糸魚川市　1977.3　544p　27cm　Ⓝ214.1　〔30287〕
◇糸魚川市史　3　近世　2 江戸前期(続)・後期(上)　糸魚川市編　糸魚川　糸魚川市　1978.11　542p　27cm　Ⓝ214.1　〔30288〕
◇糸魚川市史　4　近世　3 江戸後期　中　糸魚川　糸魚川市　1979.11　544p　27cm　Ⓝ214.1　〔30289〕
◇糸魚川市史　5　近世　4 江戸後期(下)　糸魚川市編　糸魚川　糸魚川市　1981.8　541p　27cm　Ⓝ214.1
〔30290〕
◇入広瀬の近世　第1編　入広瀬村教育委員会編　本山幸一執筆　入広瀬村（新潟県）　入広瀬村教育委員会　1998.12　453p　22cm　Ⓝ214.1　〔30291〕
◇入広瀬の近世　第2編　入広瀬村教育委員会編　本山幸一執筆　入広瀬村（新潟県）　入広瀬村教育委員会　1998.3　2冊　22cm　Ⓝ214.1　〔30292〕
◇映像にみる昭和初期の長岡　長岡市史編集委員会・近代史部会編　長岡　長岡市　1992.3　32p　26cm　（長岡市史双書　no.20）Ⓝ214.1　〔30293〕
◇越後長岡の江戸時代　本山幸一著　高志書院　2006.3　204p　21cm　2000円　Ⓘ4-86215-009-8　Ⓝ214.1
〔30294〕
◇佐渡江戸時代史年表　山本仁, 田中圭一, 本間澪子編著　佐渡　佐渡史学会　2005.3　397p　22cm　非売品　Ⓝ214.1　〔30295〕
◇佐渡近世史年表　田中圭一, 山本仁編　真野町（新潟県）佐渡史学会　1977.1　243,21p　22cm　非売品　Ⓝ214.1
〔30296〕
◇三方領知替えと天保期の村　長岡市史編集委員会近世部会編　長岡　長岡市　1996.1　212p　26cm　（長岡市史双書　no.33）Ⓝ214.1　〔30297〕
◇上越市史　通史編3　上越市史編さん委員会編　上越　上越市　2003.3　641,18p　22cm　Ⓝ214.1　〔30298〕
◇上越市史　通史編4　上越市史編さん委員会編　上越　上越市　2004.3　765,18p　22cm　Ⓝ214.1　〔30299〕
◇天領佐渡　1　村の江戸時代史　上　田中圭一著　刀水書房　1985.4　275p　20cm　（刀水歴史全書　14）2000円　Ⓝ214.1
〔30300〕
◇天領佐渡　2　村の江戸時代史　下　田中圭一著　刀水書房　1985.6　275p　20cm　（刀水歴史全書　14）2000円　Ⓝ214.1
〔30301〕
◇天領佐渡　3　島の幕末　田中圭一著　刀水書房　1992.8　280p　20cm　（刀水歴史全書　14）2400円
Ⓘ4-88708-063-8　Ⓝ214.1　〔30302〕
◇十日町市史　通史編2　近世　1　十日町市史編さん委員会編　十日町　十日町市　1995.3　559p　22cm　Ⓝ214.1　〔30303〕
◇十日町市史　通史編3　近世　2　十日町市史編さん委員会編　十日町　十日町市　1996.7　557p　22cm　Ⓝ214.1　〔30304〕
◇新潟市史　通史編2 近世　下　新潟市史編さん近代史部会編　新潟　新潟市　1997.1　509,72p　22cm　Ⓝ214.1

◇羽茂町誌 第3巻 通史編 近世の羽茂 羽茂町史編さん委員会編 羽茂町（新潟県） 羽茂町 1993.3 825p 22cm 非売品 Ⓝ214.1
〔30306〕
◇村上市史 通史編2 近世 村上市編 村上 村上市 1999.2 746,38p 22cm Ⓝ214.1
〔30307〕

◆◆◆自治体史史料

◇出雲崎町史 資料編2 近世 2 出雲崎町史編さん委員会編 出雲崎町（新潟県） 出雲崎町 1990.3 788p 27cm Ⓝ214.1
〔30308〕
◇板倉町史資料集 別編3 板倉町史編さん委員会編 板倉町（新潟県） 板倉町史編さん委員会 2001.5 425p 26cm Ⓝ214.1
〔30309〕
◇柏崎史料叢書 第1 白川風土記 越後刈羽郡之部 第1-2 柏崎市立図書館編 柏崎 26cm Ⓝ214.1 〔30310〕
◇柏崎史料叢書 第3 人足審判中 御用留 慶応4年 柏崎市立図書館編 柏崎 26cm Ⓝ214.1 〔30311〕
◇柏崎史料叢書 第8 柏崎町鑑帳 享保10年 柏崎市立図書館編 柏崎 26cm Ⓝ214.1 〔30312〕
◇柏崎史料叢書 第9 柏崎町字納屋町 記録帳より見た見出覚 柏崎市立図書館編 柏崎 26cm Ⓝ214.1
〔30313〕
◇柏崎史料叢書 第12 御賞美御答 其外諸伺留 柏崎市立図書館編 柏崎 26cm Ⓝ214.1 〔30314〕
◇柏崎史料叢書 第13 蒲原郡下条邑 泉屋一件日記 柏崎市立図書館編 宮川徳五郎 柏崎 26cm Ⓝ214.1
〔30315〕
◇柏崎史料叢書 第14 越後国刈羽郡 劔野村茅原新田 明細村鑑帳 寛保3年 柏崎市立図書館編 柏崎 26cm Ⓝ214.1
〔30316〕
◇柏崎史料叢書 第15 佐渡貢米大坂廻送の請負 柏崎市立図書館編 田村愛之助編 柏崎 26cm Ⓝ214.1 〔30317〕
◇柏崎史料叢書 第17 柏崎県当時柏崎町会所御用留 柏崎市立図書館編 柏崎 26cm Ⓝ214.1 〔30318〕
◇柏崎史料叢書 第19 中村篤之助慶応三年公用録 柏崎市立図書館編 柏崎 26cm Ⓝ214.1 〔30319〕
◇柏崎史料叢書 第20 中村篤之助慶応四年公用録 柏崎市立図書館編 柏崎 26cm Ⓝ214.1 〔30320〕
◇柏崎史料叢書 第22 天保九年巡見使下向における諸書留 柏崎市立図書館編 柏崎 26cm Ⓝ214.1
〔30321〕
◇柏崎史料叢書 第23 中村雄右衛門慶応二年公用録 柏崎市立図書館編 柏崎 26cm Ⓝ214.1 〔30322〕
◇柏崎史料叢書 第24 樋口出羽御用留天保8年8月 柏崎市立図書館編 柏崎 26cm Ⓝ214.1 〔30323〕
◇柏崎史料叢書 第27 柏崎町検地帳 柏崎市立図書館編 柏崎 26cm Ⓝ214.1 〔30324〕
◇柏崎史料叢書 第28 戊辰役鯨波戦争記録 柏崎市立図書館編 柏崎 26cm Ⓝ214.1 〔30325〕
◇柏崎史料叢書 第29 柏崎鋳師作品・年代記 柏崎市立図書館編 柏崎 26cm Ⓝ214.1 〔30326〕
◇近世関川郷史料 1 小村弌編 関川村（新潟県） 関川村教育委員会 1978.5 236p 21cm Ⓝ214.1
〔30327〕
◇近世関川郷史料 2 小村弌編 関川村（新潟県） 関川村教育委員会 1981.3 285p 21cm Ⓝ214.1
〔30328〕
◇近世関川郷史料 3 小村弌編 関川村（新潟県） 関川村教育委員会 1983.3 272p 21cm Ⓝ214.1
〔30329〕
◇近世関川郷史料 4 小村弌編 関川村（新潟県） 関川村教育委員会 1984.3 196p 21cm Ⓝ214.1
〔30330〕
◇近世関川郷史料 5 小村弌編 関川村（新潟県） 関川村教育委員会 1988.2 301p 21cm Ⓝ214.1
〔30331〕
◇黒埼町史 資料編2 近世 黒埼町町史編さん近世史部会編 黒埼町（新潟県） 黒埼町 1996.3 675p 27cm Ⓝ214.1
〔30332〕
◇小出町歴史資料集 第3集 近世銀山編 小出町教育委員会編 小出町（新潟県） 小出町教育委員会 1982.3 268p 26cm Ⓝ214.1
〔30333〕
◇小出町歴史資料集 第5集 近世土地・租税編 小出町教育委員会編 小出町（新潟県） 小出町教育委員会 1983.10 408p 26cm Ⓝ214.1 〔30334〕
◇小出町歴史資料集 第7集 近世支配・民政編 小出町教育委員会編 小出町（新潟県） 小出町教育委員会 1985.3 241p 26cm Ⓝ214.1 〔30335〕
◇小出町歴史資料集 第8集 近世社会編 小出町教育委員会編 小出町（新潟県） 小出町教育委員会 1985.12 254p 26cm Ⓝ214.1
〔30336〕
◇小出町歴史資料集 第9集 近世産業・交通編 小出町教育委員会編 小出町（新潟県） 小出町教育委員会 1986.11 264p 26cm Ⓝ214.1
〔30337〕
◇越路町史 資料編2 越路町編 越路町（新潟県） 越路町 1999.11 980p 23cm Ⓝ214.1
〔30338〕
◇五泉市史 資料編2 五泉市史編集委員会編 五泉 五泉市 1993.3 798p 22cm Ⓝ214.1 〔30339〕
◇五泉市史 資料編3 五泉市史編さん委員会編 五泉 五泉市 1997.12 817p 22cm Ⓝ214.1
〔30340〕
◇笹神村史 資料編2 笹神村編 笹神村（新潟県） 笹神村 2003.12 611p 27cm Ⓝ214.1
〔30341〕
◇佐渡相川の歴史 資料集1 金泉近世文書 相川町史編纂委員会編 相川町（新潟県） 新潟県佐渡郡相川町 1971 587p 22cm 非売 Ⓝ214.1 〔30342〕
◇佐渡相川の歴史 資料集4 高千・外海府近世文書 相川町史編纂委員会編 相川町（新潟県） 新潟県佐渡郡相川町 1976 878p 22cm 非売品 Ⓝ214.1 〔30343〕
◇佐渡相川の歴史 資料集5 二見・相川近世文書 相川町史編纂委員会編 相川町（新潟県） 相川町 1983.2 820p 図版10枚 22cm 非売品 Ⓝ214.1 〔30344〕
◇佐渡相川の歴史 資料集10 金銀山水替人足と流人 相川町史編纂委員会編 相川町（新潟県） 相川町 1984.3 517p 図版18枚 22cm 非売品 Ⓝ214.1 〔30345〕
◇佐渡郷土史料 第1集 浮世噺, 佐渡古実物語, 佐渡古来記, 異本年代記抜抄 相川町（新潟県） 佐渡群書文庫 1973 32p 23cm Ⓝ214.1 〔30346〕
◇佐渡郷土史料 第2集 佐渡古実略記 相川町（新潟県） 佐渡群書文庫 1974 263p 23cm Ⓝ214.1 〔30347〕
◇佐渡郷土史料 第3集 佐渡奇談, 怪談藻汐草, 鄙の手振 相川町（新潟県） 佐渡群書文庫 1975 40,63,42p 24cm Ⓝ214.1
〔30348〕
◇佐渡近世・近代史料集—岩木文庫 上巻 岩木文庫史料集纂委員会編 金井町（新潟県） 金井町教育委員会 1994.12 33,366p 22cm Ⓝ214.1
〔30349〕
◇佐渡近世・近代史料集—岩木文庫 下巻 岩木文庫史料集纂委員会編 金井町（新潟県） 金井町教育委員会 1995.12 19,14,471p 22cm 非売品 Ⓝ214.1
〔30350〕

地方史　　　　　　　　　　　　　　近世史

◇佐渡叢書　第1巻　山本修之助編　真野町（新潟県）　佐渡叢書刊行会　1973　315p　22cm　3500円　Ⓝ214.1
〔30351〕

◇佐渡叢書　第2巻　山本修之助編　真野町（新潟県）　佐渡叢書刊行会　1973　237,85p　22cm　4500円　Ⓝ214.1
〔30352〕

◇佐渡叢書　第3巻　佐渡国「皇国地誌」　山本修之助編　山本静古編　真野町（新潟県）　佐渡叢書刊行会　1973　354,24p　22cm　3500円　Ⓝ214.1
〔30353〕

◇佐渡叢書　第4巻　山本修之助編　真野町（新潟県）　佐渡叢書刊行会　1973　271p　22cm　3000円　Ⓝ214.1
〔30354〕

◇佐渡叢書　第5巻　山本修之助編　真野町（新潟県）　佐渡叢書刊行会　1974　313p　22cm　3800円　Ⓝ214.1
〔30355〕

◇佐渡叢書　第6巻　山本修之助編　真野町（新潟県）　佐渡叢書刊行会　1975　312p　22cm　4500円　Ⓝ214.1
〔30356〕

◇佐渡叢書　第7巻　山本半右衛門家年代記　山本修之助編　山本半蔵編　真野町（新潟県）　佐渡叢書刊行会　1975　358p　22cm　4500円　Ⓝ214.1
〔30357〕

◇佐渡年代記　佐渡郡教育会編　京都　臨川書店　1974　4冊（続輯共）　22cm　全22000円　Ⓝ214.1
〔30358〕

◇佐渡国略記　上巻　佐和田町（新潟県）　新潟県立佐渡高等学校同窓会　1986.1　685p　22cm　Ⓝ214.1
〔30359〕

◇三条市史　資料編 第3巻　近世　1　三条市史編修委員会編　三条　三条市　1980.2　938p　22cm　Ⓝ214.1
〔30360〕

◇三条市史　資料編 第4巻　近世　2　三条市史編修委員会編　三条　三条市　1980.3　881,38p　22cm　Ⓝ214.1
〔30361〕

◇新発田市史資料　第1巻　新発田藩史料 第1　新発田市史編纂委員会編　新発田　新発田市史刊行事務局　1965　478p　21cm
〔30362〕

◇新発田市史資料　第2巻　新発田藩史料 第2 藩臣篇　新発田市史編纂委員会編　新発田　新発田市史刊行事務局　1965　422p　21cm
〔30363〕

◇新発田市史資料　第3巻　新発田藩史料 第3 藩政篇　新発田市史編纂委員会編　新発田　新発田市史刊行事務局　1966　384p　21cm
〔30364〕

◇上越市史　資料編4　上越市史編さん委員会編　上越　上越市　2001.3　688,12p　22cm　Ⓝ214.1
〔30365〕

◇上越市史　資料編5　上越市史編さん委員会編　上越　上越市　2002.3　707,15p　22cm　Ⓝ214.1
〔30366〕

◇上越市史　別編5　藩政資料　1　上越市史編さん委員会編　上越　上越市　1999.3　682,54p　22cm　Ⓝ214.1
〔30367〕

◇上越市史　別編6　藩政資料　2　上越市史編さん委員会編　上越　上越市　2000.3　773,45p　22cm　Ⓝ214.1
〔30368〕

◇白根市史　巻2　近世史料　白根市史編さん室編　白根　白根市　1985.9　1509p　27cm　Ⓝ214.1
〔30369〕

◇白根市史　巻3　近世史料　白根市史編さん室編　白根　白根市　1986.11　1冊　27cm　Ⓝ214.1
〔30370〕

◇白根市史　巻4　近世・近代史料　白根市史編さん室編　白根　白根市　1986.11　1404p　27cm　Ⓝ214.1
〔30371〕

◇専福寺諸見聞雑記　長岡市史編集委員会近世史部会編　長岡　長岡市　1993.3　184p　26cm　（長岡市史双書 no.24）Ⓝ214.1
〔30372〕

◇田上町郷土歴史資料目録集—田上町史資料 近世・近現代　田上町編　田上町（新潟県）　田上町　1996.2　522p　26cm　Ⓝ214.1
〔30373〕

◇寺泊町史　資料編2　近世　寺泊町（新潟県）　寺泊町　1990.3　928p　22cm　Ⓝ214.1
〔30374〕

◇十日町市史　資料編4　近世　1　十日町市史編さん委員会編　十日町　十日町市　1992.3　856p　22cm　Ⓝ214.1
〔30375〕

◇十日町市史　資料編5　近世　2　十日町市史編さん委員会編　十日町　十日町市　1993.3　800p　22cm　Ⓝ214.1
〔30376〕

◇豊栄市史　資料編2　近世編　豊栄　豊栄市　1990.3　817p　22cm　Ⓝ214.1
〔30377〕

◇長岡市史　資料編3　近世2　長岡市編　長岡　長岡市　1994.8　887p　23cm　Ⓝ214.1
〔30378〕

◇長岡市史　資料編4　近代1　長岡市編　長岡　長岡市　1993.3　1075p　23cm　Ⓝ214.1
〔30379〕

◇長岡城之面影—長岡城下年中行事　長岡市立中央図書館文書資料室編　長岡　長岡市立中央図書館文書資料室　2005.3　131p　26cm　（長岡市史双書 no.44）Ⓝ214.1
〔30380〕

◇長岡藩政史料集　1　郷中支配編　長岡市史編さん委員会近世史部会編　長岡　長岡市　1990.1　189p　26cm　（長岡市史双書 no.8）Ⓝ214.1
〔30381〕

◇長岡藩政史料集　2　家中　長岡市史編集委員会近世史部会編　長岡　長岡市　1991.3　163p　26cm　（長岡市史双書 no.15）Ⓝ214.1
〔30382〕

◇長岡藩政史料集　3　町方編　長岡町奉行月番日記　長岡市史編集委員会近世史部会編　長岡　長岡市　1991.12　236p　26cm　（長岡市史双書 no.19）Ⓝ214.1
〔30383〕

◇長岡藩政史料集　4　長尾平蔵収集長岡藩史料　長岡市史編集委員会近世史部会編　長岡　長岡市　1992.12　266p　26cm　（長岡市史双書 no.23）Ⓝ214.1
〔30384〕

◇長岡藩政史料集　5　御蔵と御蔵役所　長岡市立中央図書館文書資料室編　長岡　長岡市　1999.3　209p　26cm　（長岡市史双書 no.38）Ⓝ214.1
〔30385〕

◇長岡藩政史料集　6　長岡藩の家臣団　長岡市立中央図書館文書資料室編　長岡　長岡市　2002.3　195,38p　26cm　（長岡市史双書 no.41）Ⓝ214.1
〔30386〕

◇長岡藩曽根代官所調査報告書　西川町商工会代官所調査委員編さん　西川町（新潟県）　西川町商工会　1992.3　170p　22cm　Ⓝ214.1
〔30387〕

◇中里村史　資料編　下巻　近世・近代・現代　中里村史専門委員会編　中里村（新潟県）　中里村史編さん委員会　1987.5　1341p　22cm　①4-931198-11-2　Ⓝ214.1
〔30388〕

◇中条町史　資料編 第2巻　近世　上　中条町（新潟県）　中条町　1984.7　1231p　22cm　Ⓝ214.1
〔30389〕

◇中条町史　資料編 第3巻　近世　下　中条町（新潟県）　中条町　1985.9　1026p　22cm　Ⓝ214.1
〔30390〕

◇新潟市史　資料編2 近世1　新潟市史編さん近世史部会編　新潟　新潟市　1990.3　755p　22cm　Ⓝ214.1
〔30391〕

◇新潟市史　資料編3 近世2　新潟市史編さん近世史部会編　新潟　新潟市　1992.3　775p　22cm　Ⓝ214.1
〔30392〕

◇新潟市史　資料編4 近世3　新潟市史編さん近世史部会編　新潟　新潟市　1993.2　779p　22cm　Ⓝ214.1
〔30393〕

◇新津市史　資料編 第2巻　近世　1　新津市史編さん委

近世史　　　　　　　　　　　　　　　　　　　　地方史

員会編　新津　新津市　1987.11　896,11p　22cm　Ⓝ214.1　〔30394〕

◇新津市史　資料編　第3巻　近世　2　新津市史編さん委員会編　新津　新津市　1990.2　931p　22cm　Ⓝ214.1　〔30395〕

◇幕末の越路歴史資料集　越路町史編集委員会近世史部会編　越路町（新潟県）　越路町　1995.3　219p　26cm　（越路町史双書 no.2）Ⓝ214.1　〔30396〕

◇幕末の越路歴史資料集　2　越路町史編集委員会近世史部会編　越路町（新潟県）　越路町　1997.3　257p　26cm　（越路町史双書 no.5）Ⓝ214.1　〔30397〕

◇村上市史　資料編2　近世　1　藩政編　村上　村上市　1992.3　1130p　22cm　Ⓝ214.1　〔30398〕

◇村上市史　資料編3　近世　2 町・村、戊辰戦争　村上市編　村上　村上市　1994.3　1137p　22cm　Ⓝ214.1　〔30399〕

◇村松町史　資料編　第2巻　近世　1　村松町史編纂委員会編　村松町（新潟県）　村松町教育委員会事務局　1976　610p 図12枚　22cm　Ⓝ214.1　〔30400〕

◇村松町史　資料編　第3巻　近世　2　村松町史編纂委員会編　村松町（新潟県）　村松町教育委員会事務局　1978.3　748p　22cm　Ⓝ214.1　〔30401〕

◇吉川町史資料集　第1集　村明細帳・村極　吉川町史編集委員会編　吉川町（新潟県）　吉川町教育委員会　1993.2　498p　26cm　Ⓝ214.1　〔30402〕

◇吉川町史資料集　第2集　宗門改帳・附天和三年検地帳　吉川町史編集委員会編　吉川町（新潟県）　吉川町教育委員会　1993.3　269p　26cm　Ⓝ214.1　〔30403〕

◇吉川町史資料集　第6集　支配―近世前期資料と高田藩三家老知行所資料外　吉川町史編集委員会編　吉川町（新潟県）　吉川町教育委員会　1995.4　17,188p　26cm　Ⓝ214.1　〔30404〕

◇吉田町史　資料編2　近世1　吉田町編　吉田町（新潟県）　吉田町　1999.3　540p　27cm　Ⓝ214.1　〔30405〕

◇吉田町史　資料編3　近世2　吉田町編　吉田町（新潟県）　吉田町　2001.3　568p　27cm　Ⓝ214.1　〔30406〕

◆◆◆一般史料

◇相川町年寄伊藤氏日記　伊藤三右衛門父子著　佐和田町（新潟県）　新潟県立佐渡高等学校同窓会　1976　969p　22cm　Ⓝ214.1　〔30407〕

◇越佐社会経済資料　第1輯　寛文五年蒲原郡小川之庄万改帳　新潟　森田書店　1936　66p　23cm　Ⓝ214.1　〔30408〕

◇江見啓斎翁日誌　第1　村上　村上市教育委員会　1967　62p　22cm　非売　Ⓝ214.1　〔30409〕

◇江見啓斎翁日誌　上巻　鈴木鉦三編　村上　村上古文書刊行会　1988.3　400p　22cm　Ⓝ214.1　〔30410〕

◇江見啓斎翁日誌　第2　村上　村上市教育委員会　1968　50p　22cm　非売　Ⓝ214.1　〔30411〕

◇江見啓斎翁日誌　第3　村上　村上市教育委員会　1969　44p　22cm　非売　Ⓝ214.1　〔30412〕

◇江見啓斎翁日誌　下巻　鈴木鉦三編　村上　村上古文書刊行会　1988.10　404p　22cm　Ⓝ214.1　〔30413〕

◇江見啓斎翁日誌　第4　村上　村上市教育委員会　1970　46p　21cm　非売　Ⓝ214.1　〔30414〕

◇江見啓斎翁日誌　第5　村上　村上市教育委員会　1971　57p　21cm　非売　Ⓝ214.1　〔30415〕

◇江見啓斎翁日誌　6　村上　村上市教育委員会　1972.3　75p　21cm　非売品　Ⓝ214.1　〔30416〕

◇江見啓斎翁日誌　7　村上　村上市教育委員会　1973　39p　21cm　Ⓝ214.1　〔30417〕

◇江見啓斎翁日誌　8　村上　村上市教育委員会　1974　55p　21cm　Ⓝ214.1　〔30418〕

◇江見啓斎翁日誌　9　村上　村上市教育委員会　1975　58p　21cm　Ⓝ214.1　〔30419〕

◇越路町塚野山長谷川家文書調査報告　越路町（新潟県）　越路町教育委員会　1982.1　233p　27cm　（越路町文化財調査報告書　第7輯）Ⓝ214.1　〔30420〕

◇新発田藩史料　新発田市史編纂委員会編　国書刊行会　1988.6　3冊　22cm　全22000円　Ⓝ214.1　〔30421〕

◇新発田藩政史料　新発田　新発田市立図書館　1974　104p　26cm　（郷土資料目録　第2集）非売品　Ⓝ210.031　〔30422〕

◇島根のすさみ―佐渡奉行在勤日記　川路聖謨著, 川田貞夫校注　平凡社　1973　371p 図 地　18cm　（東洋文庫 226）Ⓝ214.1　〔30423〕

◇初代新潟奉行川村修就文書　1　在勤日記　新潟市郷土資料館編　新潟　新潟市郷土資料館　1978.3　192p　21cm　（新潟市郷土資料館調査年報　第2集）Ⓝ322.19　〔30424〕

◇初代新潟奉行川村修就文書　2　諸達掛合往復留・諸向文通留・市中御触并触書留　新潟市郷土資料館編　新潟　新潟市郷土資料館　1978.10　193p　21cm　（新潟市郷土資料館調査年報　第3集）Ⓝ322.19　〔30425〕

◇初代新潟奉行川村修就文書　3　弘化二年地方諸向文通留・弘化二年公事方諸向文通留・弘化三年地方諸向文通留・弘化三年公事方諸向文通留　新潟市郷土資料館編　新潟　新潟市郷土資料館　1980.2　148p　21cm　（新潟市郷土資料館調査年報　第4集）Ⓝ322.1941　〔30426〕

◇初代新潟奉行川村修就文書　4　地方諸向文通留・公事方諸向文通留　新潟市郷土資料館編　新潟　新潟市郷土資料館　1980.10　232p　21cm　（新潟市郷土資料館調査年報　第5集）Ⓝ322.1941　〔30427〕

◇初代新潟奉行川村修就文書　5　新潟上知の頃の新潟町情勢・天保改革期の地方への諸通達・新潟奉行の配下への諸通達・幕末新潟町の戸数人数　新潟市郷土資料館編　新潟　新潟市郷土資料館　1982.3　179p　21cm　（新潟市郷土資料館調査年報　第6集）Ⓝ322.19　〔30428〕

◇初代新潟奉行川村修就文書　6　日新録書抜2・新潟町中地子石高間数家並人別帳　上冊・五人組帳　新潟市郷土資料館編　新潟　新潟市郷土資料館　1983.2　211p　21cm　（新潟市郷土資料館調査年報　第7集）Ⓝ322.1941　〔30429〕

◇初代新潟奉行川村修就文書　7　幕閣から地方への諸通達.新潟奉行就任と赴任.新潟奉行所役人の勤務.新潟奉行所役人の俸給.新潟奉行所役人に関する幕閣への伺・届.新潟奉行所備付帳簿.新潟奉行退任　新潟市郷土資料館編　新潟　新潟市郷土資料館　1984.2　186p　21cm　（新潟市郷土資料館調査年報　第8集）Ⓝ322.1941　〔30430〕

◇初代新潟奉行川村修就文書　8　新潟風俗.公事出入吟味物 1　新潟市郷土資料館編　新潟　新潟市郷土資料館　1985.3　189p　21cm　（新潟市郷土資料館調査年報　第9集）Ⓝ322.1941　〔30431〕

◇初代新潟奉行川村修就文書　9　公事出入吟味物 2　新潟市郷土資料館編　新潟　新潟市郷土資料館　1986.3　176p　21cm　（新潟市郷土資料館調査年報　第10集）Ⓝ322.1941　〔30432〕

◇初代新潟奉行川村修就文書　10　経済・陸上交通・海上交通　新潟市郷土資料館編　新潟　新潟市郷土資料館　1987.3　206p　21cm　（新潟市郷土資料館調査年報　第11集）Ⓝ322.1941　〔30433〕

地方史　　　　　　　　　　近世史

◇初代新潟奉行川村修就文書　11　新潟表非常援兵関係文書・新潟御備場防備関係文書　新潟市郷土資料館編　新潟　新潟市郷土資料館　1987.3　42p　21cm　(新潟市郷土資料館調査年報　第12集) Ⓝ322.1941　〔30434〕

◇初代新潟奉行川村修就文書　12　新潟市郷土資料館編　新潟　新潟市郷土資料館　1989.3　56p　21cm　(新潟市郷土資料館調査年報　第13集) Ⓝ322.1941　〔30435〕

◇初代新潟奉行川村修就文書　13　於新潟荻野流砲術稽古関係文書　新潟市郷土資料館編　新潟　新潟市郷土資料館　1990.3　61p　21cm　(新潟市郷土資料館調査年報　第14集) Ⓝ322.1941　〔30436〕

◇高田藩制史研究　資料編　第1巻　中村辛一編　風間書房　1967　1034p　22cm　Ⓝ214.1　〔30437〕

◇高田藩制史研究　資料編　第2巻　中村辛一編　風間書房　1967　1006p　22cm　Ⓝ214.1　〔30438〕

◇高田藩制史研究　資料編　第3巻　中村辛一編　風間書房　1968　1082p　22cm　Ⓝ214.1　〔30439〕

◇高田藩制史研究　資料編　第4巻　中村辛一編　風間書房　1970　918p　22cm　10000円　Ⓝ214.1　〔30440〕

◇高田藩制史研究　資料編　第5巻　中村辛一編　風間書房　1970　939p　22cm　10000円　Ⓝ214.1　〔30441〕

◇天保年間　相川十二ケ月　石井文海筆,森三郎解説　相川町(新潟県)　「石井文海・相川十二ケ月」刊行会　1962　1冊(図版14枚解説共)　地　21×29cm　和　Ⓝ214.1　〔30442〕

◇新潟郷土古文献　第1巻　旭湊俚諺明和聞記　新潟郷土史研究会編　井上馬来著　新潟　新潟郷土史研究会　1965　76p　21cm　Ⓝ214.1　〔30443〕

◇新潟県史　資料編6　近世1　上越編　新潟県編　新潟　新潟県　1981.3　955p　22cm　Ⓝ214.1　〔30444〕

◇新潟県史　資料編7　近世2　中越編　新潟県編　新潟　新潟県　1981.3　958p　22cm　Ⓝ214.1　〔30445〕

◇新潟県史　資料編8　近世3　下越編　新潟県編　新潟　新潟県　1980.3　1049p　22cm　Ⓝ214.1　〔30446〕

◇新潟県史　資料編9　近世4　佐渡編　新潟県編　新潟　新潟県　1981.3　1032p　22cm　Ⓝ214.1　〔30447〕

◇新潟県史　資料編10　近世5　流通編　新潟　新潟県　1984.3　1006p　22cm　Ⓝ214.1　〔30448〕

◇新潟県史　資料編12　近世7　幕末編　新潟　新潟県　1984.3　957p　22cm　Ⓝ214.1　〔30449〕

◇新潟町会所文書　1　新潟市郷土資料館編　新潟　新潟市郷土資料館　1977.3　162p　21cm　(新潟市郷土資料館調査年報　第1集) Ⓝ214.1　〔30450〕

◇幕末の越路歴史資料集　3　上山領大庄屋長谷川家の日記　越路町史編集委員会近世部会編　越路町(新潟県)　越路町　2000.3　167p　26cm　(越路町史双書no.7) Ⓝ214.1　〔30451〕

◇明和五子年　新潟町中之事　山下隆吉解説　新潟　舟江郷土談話会　1958　52p　25cm　和　(舟江郷土叢書　第3巻) Ⓝ214.1　〔30452〕

◇与板藩史　池上大一著　与板町(新潟県)　与板藩史刊行会　1982.5　2冊　27cm　Ⓝ214.1　〔30453〕

◆◆富山県

◇アチックミユーゼアム彙報　第31　近世越中灘浦台網漁業史　山口和雄編　アチックミューゼアム　1939　287,3p　23cm　Ⓝ382.1　〔30454〕

◇今石動町奉行改田主馬墓碑に係る伝承等について　藤崎仲夫著　2版　城端町(富山県)〔藤崎仲夫〕1988　12p　21cm　非売品　Ⓝ214.2　〔30455〕

◇浦山宿と参勤交代　宇奈月町(富山県)　宇奈月町教育委員会　1995.9　34p　26cm　Ⓝ210.5　〔30456〕

◇越中安政大地震見聞録―立山大鳶崩れの記　富山県郷土史会校注　復刻版　富山　ケイエヌビィ・イー　2007.9　239p　22cm　2381円　①4-904078-00-4　Ⓝ369.31　〔30457〕

◇越中史前文化　早川荘作著　富山　早川荘作　1936　81p　22cm　Ⓝ214.2　〔30458〕

◇越中資料集成　4　町吟味所御触留　高瀬保編　近世文書を読む会解読　富山　桂書房　1992.5　921p　22cm　17510円　Ⓝ214.2　〔30459〕

◇越中立山大鳶崩れ―古絵図が語る安政の大災害　開館企画展　安政五年大地震大洪水の古絵図集成　立山カルデラ砂防博物館編　広瀬誠監修　立山町(富山県)　立山カルデラ砂防博物館　1998.3　95p　30cm　Ⓝ214.2　〔30460〕

◇江戸会所勤方品々覚　藤崎仲夫解読　岩滝正夫編　城端町(富山県)〔城端町教育委員会〕1993.11　195p　26cm　Ⓝ214.2　〔30461〕

◇江戸期の越中文化―文芸と娯楽　富山　富山県公文書館　1997.10　14p　26cm　Ⓝ214.2　〔30462〕

◇居住者名簿―利波郡糸岡郷江波村　嘉永6年より現在まで　砺波　西嶋栄夫　1981　1冊　26cm　Ⓝ214.2　〔30463〕

◇近世越中における病と医―病と向き合う人々　平成17年度富山県公文書館特別企画展　富山　富山県公文書館　2005　16p　30cm　〔30464〕

◇近世越中の社会経済構造　坂井誠一編　名著出版　1975　374p　22cm　(地方史研究叢書　4) 4500円　Ⓝ214.2　〔30465〕

◇近世越中の農村社会構造　新田二郎著　高岡　新田和子　1999.9　386p　22cm　3000円　①4-905564-06-9　Ⓝ214.2　〔30466〕

◇近世砺波平野の開発と散村の展開　佐伯安一著　富山　桂書房　2007.10　371p　27cm　8000円　①978-4-903351-40-7　Ⓝ214.2　〔30467〕

◇黒部奥山と加賀藩の奥山廻―第4回特別展　宇奈月町(富山県)　宇奈月町教育委員会　1996.8　11p　26cm　Ⓝ214.2　〔30468〕

◇地震の記憶―安政五年大震大水災記　広瀬誠著　富山　桂書房　2000.2　260p　21cm　2400円　①4-905564-13-1　Ⓝ214.2　〔30469〕

◇鷹栖出三百年のあゆみ―村立三百年記念誌　記念誌編集委員会編　砺波　砺波市鷹栖出公民館　1985.11　52p　22cm　Ⓝ214.2　〔30470〕

◇館五左衛門一族―大村城主欝田豊後守・平榎城主埜崎政弘家臣　館盛英夫著　富山　館盛英夫　1988.8　43p　19cm　Ⓝ288.2　〔30471〕

◇富山城跡第2次調査報告　富山城跡発掘調査団編　岡山　岡山市教育委員会　1969　40p　図版15枚　26cm　10.02　Ⓝ210.2　〔30472〕

◇富山県郷土史年表　第7編　飛見丈繁編　高岡　飛見丈繁　1952.10　354p　22cm　Ⓝ214.2　〔30473〕

◇富山県史　通史編3　近世　上　富山県編　富山　富山県　1982.3　1378p　22cm　Ⓝ214.2　〔30474〕

◇富山県史　通史編4　近世　下　富山県　1983.3　1170p　22cm　Ⓝ214.2　〔30475〕

◇富山藩―加賀支藩十万石の運命　坂井誠一著　富山　巧玄出版　1974　315p　19cm　1300円　Ⓝ214.2　〔30476〕

◇富山藩・町方事件簿―「富山町方旧記」現代語訳　高瀬保編　若葉会訳　富山　桂書房　1993.7　240p

722　日本近世史図書総覧　明治〜平成　　　　　　　〔30434〜30476〕

21cm　2266円　Ⓝ214.2
〔30477〕

◇幕末の越中―激動の時代を生きる　平成16年度富山県公文書館特別企画展　富山　[富山県公文書館]　2004　15p　30cm
〔30478〕

◇人づくり風土記―全国の伝承・江戸時代　16　ふるさとの人と知恵・富山　加藤秀俊ほか編纂　農山漁村文化協会　1993.9　413p　27cm　(聞き書きによる知恵シリーズ)4900円　①4-540-93028-1　Ⓝ210.5
〔30479〕

◇水橋の歴史―安政の大洪水と西水橋の被害　杉村利一著　富山　杉村利一　1997.5　196p　21cm　Ⓝ214.2
〔30480〕

◆◆◆自治体史

◇越中魚津キリシタン塚秘話　中村松太郎著　新興出版社　1986.10　261p　20cm　2000円　Ⓝ214.2
〔30481〕

◇近世　大江山村郷土史　第1-2巻　田村順三郎編述　大江山村(新潟県中蒲原郡)　大江山村　1950-1951　2冊　21cm　Ⓝ214.2
〔30482〕

◇近世高岡を読む　新田二郎著　高岡市立中央図書館編　高岡　高岡市立中央図書館　1999.3　72p　26cm　Ⓝ214.2
〔30483〕

◇近世の氷見町と庶民のくらし―特別展　氷見市立博物館編　氷見　氷見市立博物館　1994.3　1冊　26cm　(氷見市近世史料集成　第15冊)Ⓝ214.2
〔30484〕

◇城下町富山の町民とくらし　田中喜男著　高科書店　1993.5　287,4p　20cm　3000円　Ⓝ214.2
〔30485〕

◇高岡詩話―現代語訳　津島北渓著　篠島満訳　高岡　高岡市立中央図書館　2005.3　171p　30cm　(高岡市古書古文献シリーズ　第9集)1500円　Ⓝ919.5
〔30486〕

◇利賀村史　2　近世　利賀村史編纂委員会編　利賀村(富山県)　利賀村　1999.3　566p　22cm　Ⓝ214.2
〔30487〕

◆◆◆自治体史史料

◇高岡市史料集　第16集　高岡市立中央図書館古文書を学ぶ会編　高岡　高岡市立中央図書館　2005.3　85p　26cm　Ⓝ214.2
〔30488〕

◇砺波市史　資料編2　近世　砺波市史編纂委員会編　砺波　砺波市　1991.3　1019,21,6p　22cm　Ⓝ214.2
〔30489〕

◇氷見市史　4　資料編2　氷見市史編さん委員会編　氷見　氷見市　2003.3　681p　22cm　Ⓝ214.2
〔30490〕

◆◆◆一般史料

◇越中資料集成　1　富山藩侍帳　高瀬保編,近代文書を読む会解読　富山　桂書房　1987.3　371,35p　22cm　7500円　Ⓝ214.2
〔30491〕

◇越中資料集成　7　応響雑記　上　文政10年～天保15年　児島清文,伏脇紀夫編　富山　桂書房　1988.12　1091,50p　22cm　20000円　Ⓝ214.2
〔30492〕

◇越中資料集成　8　応響雑記　下　天保15年～安政6年　児島清文,伏脇紀夫編　富山　桂書房　1990.6　1051,17p　22cm　20600円　Ⓝ214.2
〔30493〕

◇加賀藩新川郡鳥見役石黒家文書　新田二郎編,石黒忠一執筆　富山　桂書房　1990.1　308p　27cm　3090円　Ⓝ214.2
〔30494〕

◇加茂家鳥見役留帳―安永四年八月より御留帳抄　小矢部市ふるさとづくり読書講座編　小矢部　小矢部市立石動図書館　1992.3　76p　26cm　Ⓝ214.2
〔30495〕

◇近世越登賀(越中・能登・加賀)史料　第1　深井甚三編　富山　桂書房　1992.3　171p　21cm　2575円　Ⓝ214.2
〔30496〕

◇近世越登賀(越中・能登・加賀)史料　第2　深井甚三編　富山　桂書房　1997.11　204p　21cm　2500円　Ⓝ214.2
〔30497〕

◇高府安政録・射水通覧　川上三六著,高岡市史編纂委員会校訂　高岡　高岡市　1959　114p　22cm　(高岡市史料叢書　第1集)Ⓝ214.2
〔30498〕

◇諸事御触抜書　城端町ふるさと歴史研究会解読　岩滝正夫編　城端町(富山県)　城端町教育委員会　1994.10　220p　21cm　Ⓝ214.2
〔30499〕

◇富山県史　史料編3　近世　上　加賀藩　上　富山県編　富山　富山県　1980.3　2冊(別冊とも)　22cm　Ⓝ214.2
〔30500〕

◇富山県史　史料編4　近世中　加賀藩　下　富山県編　富山　富山県　1978.3　2冊(別冊とも)　22cm　Ⓝ214.2
〔30501〕

◇富山県史　史料編5　近世　下　富山藩　富山　富山県　1974　1448,30p　22cm　Ⓝ214.2
〔30502〕

◇富山藩十村嶋倉家文書　高瀬保編　茨木　島倉淳　1986.6　194p　22cm　Ⓝ214.2
〔30503〕

◇富山町づくし―天保十二年「富山町方旧事調理帳」　高瀬保編,照古会解読　富山　桂書房　1989.5　161p　18cm　(桂新書　4)824円　Ⓝ214.2
〔30504〕

◇中村屋文書　その3　天保八年在府中御用記―ほか　氷見市立博物館編　氷見　氷見市立博物館　2003.3　52p　26cm　(氷見市近世史料集成　第25冊)Ⓝ214.2
〔30505〕

◇中村屋文書　その4　天保八年御触紙面抜書―ほか　氷見市立博物館編　氷見　氷見市立博物館　2004.3　76p　26cm　(氷見市近世史料集成　第26冊)Ⓝ214.2
〔30506〕

◇中村屋文書　その5　漁業関係史料　氷見市立博物館編　氷見　氷見市立博物館　2006.3　54p　図版16枚　26cm　(氷見市近世史料集成　第28冊)Ⓝ214.2
〔30507〕

◇中村屋文書　その6　町政関係史料　1　氷見市立博物館編　氷見　氷見市立博物館　2007.3　82p　26cm　(氷見市近世史料集成　第29冊)Ⓝ214.2
〔30508〕

◇松村屋文書　その4　御家中侍中以呂波附　氷見市立博物館編　氷見　氷見市立博物館　1991.3　91p　21cm　Ⓝ214.2
〔30509〕

◇松村屋文書　その5　いろは附加賀藩侍帳　氷見市立博物館編　氷見　氷見市立博物館　1991.3　124p　21cm　Ⓝ214.2
〔30510〕

◇松村屋文書　その6　元禄6年蔵宿一巻覚帳ほか　氷見市立博物館編　氷見　氷見市立博物館　2005.3　123p　21cm　(氷見市近世史料集成　第27冊)Ⓝ214.2
〔30511〕

◇宮永家文書　その6　氷見市立博物館編　氷見　氷見市立博物館　1993.3　51p　26cm　(氷見市近世史料集成　第13冊)Ⓝ214.2
〔30512〕

◇宮永家文書　その7　氷見市立博物館編　氷見　氷見市立博物館　1993.3　48p　26cm　(氷見市近世史料集成　第14冊)Ⓝ214.2
〔30513〕

◇宮永家文書　その8　氷見市立博物館編　氷見　氷見市立博物館　2002.3　78p　26cm　(氷見市近世史料集成　第24冊)Ⓝ214.2
〔30514〕

◇陸田家文書　その1　引網旧記并覚書　氷見市立博物館編　氷見　氷見市立博物館　1994.3　74p　26cm　(氷見市近世史料集成　第16冊)Ⓝ214.2
〔30515〕

◇陸田家文書　その2　引網旧記―附録ほか　氷見市立博物館編　氷見　氷見市立博物館　1995.3　87p　26cm　(氷見市近世史料集成　第17冊)Ⓝ214.2
〔30516〕

◇陸田家文書　その3　窪村鑑帳・鮮御用留帳・引網旧記補遺―ほか　氷見市立博物館編　氷見　氷見市立博物館

地方史　　　　　　　　　　　近世史

1996.3　41p　26cm　（氷見市近世史料集成　第18冊）Ⓝ214.2　〔30517〕

◇陸田家文書　その4　天保十三年十四年御用留帳・文政元年延御払塩留帳　氷見市立博物館編　氷見　氷見市立博物館　1997.3　5,72p　26cm　（氷見市近世史料集成第19冊）Ⓝ214.2　〔30518〕

◇陸田家文書　その5　氷見市立博物館編　氷見　氷見市立博物館　1998.3　57p　26cm　（氷見市近世史料集成第20冊）Ⓝ214.2　〔30519〕

◇陸田家文書　その6　氷見市立博物館編　氷見　氷見市立博物館　1999.3　69p　26cm　（氷見市近世史料集成第21冊）Ⓝ214.2　〔30520〕

◇陸田家文書　その7　氷見市立博物館編　氷見　氷見市立博物館　2000.3　74p　26cm　（氷見市近世史料集成第22冊）Ⓝ214.2　〔30521〕

◇陸田家文書　その8　氷見市立博物館編　氷見　氷見市立博物館　2001.3　63p　26cm　（氷見市近世史料集成第23冊）Ⓝ214.2　〔30522〕

◆◆◆史料目録

◇江尻・井伊・清水家文書目録―近世文書　細入村史編纂室編　細入村（富山県）　細入村史編纂室　1986.5　43p　26cm　（室報 4）Ⓝ214.2　〔30523〕

◇奥山廻浮田家所蔵史料目録　富山市編　富山　1960　77p　22cm　Ⓝ214.2　〔30524〕

◇近世魚津町方・村方・浦方史料目録―魚津市立図書館蔵　1979　魚津市立図書館編　魚津　魚津市立図書館　1979.11　25p　図版10p　26cm　Ⓝ214.2　〔30525〕

◇富山藩西猪谷御関所文書目録　細入村史編纂室編　細入村（富山県）　細入村史編纂室　1984.8　123p　26cm　（室報 2）Ⓝ214.2　〔30526〕

◆◆石川県

◇維新前後の金沢藩―勤王の志士岡山茂　私家版　中村慎編著　日経出版販売日経事業出版センター　2003.1　116p　19cm　①4-901892-01-0　Ⓝ214.3　〔30527〕

◇加越能近世史研究必携　田川捷一編著　金沢　北國新聞社　1995.8　294p　図版11枚　21cm　3500円　①4-8330-0904-8　Ⓝ214.3　〔30528〕

◇加賀の文学創造―戦国軍記・実録考　青山克弥著　勉誠出版　2006.7　193p　22cm　6000円　①4-585-03149-9　Ⓝ913.43　〔30529〕

◇加賀藩医江間三吉（万里）―幕末から明治へ　小林弘子著　金沢　［小林弘子］　2004.7　121p　21cm　1000円　Ⓝ289.1　〔30530〕

◇加賀藩艦船小史　梅桜会編　梅桜会　1933　47p　19cm　Ⓝ550　〔30531〕

◇加賀藩勤王紀事　陸義猶編　1911　80p　22cm　Ⓝ281.43　〔30532〕

◇加賀藩勤王始末　野口之布述　野口之布　1891.12　28p　18cm　Ⓝ214.3　〔30533〕

◇加賀藩勤王始末　野口之布編　金沢　石川県立図書館　1928　28p　19cm　Ⓝ214.3　〔30534〕

◇加賀藩勤王殉難士伝　八田健一著　金沢　加越能維新勤王記念標保存会　1939　26p　22cm　Ⓝ281.43　〔30535〕

◇加賀藩組分侍帳　金沢文化協会編　金沢　金沢文化協会　1937　215p　23cm　Ⓝ214.3　〔30536〕

◇加賀藩経済小史　石川郷土史学会編　金沢　石川県図書館協会　1993.1　143p　19cm　（郷土シリーズ 1）Ⓝ214.3　〔30537〕

◇加賀藩士―百万石の侍たち　石川県立歴史博物館編　金沢　石川県立歴史博物館　2000.4　116p　30cm　Ⓝ214.3　〔30538〕

◇加賀藩史稿　永山近彰著　石崎謙,戸水信枝校　尊経閣　1899.4　8冊（16巻合本）　23cm　Ⓝ214.3　〔30539〕

◇加賀藩社会経済史の研究　若林喜三郎著　名著出版　1980.4　431p　22cm　（地方史研究叢書 10）5800円　Ⓝ214.3　〔30540〕

◇加賀繁盛記―史料で読む藩主たちの攻防　山本博文著　日本放送出版協会　2001.12　247p　20cm　1500円　①4-14-080643-5　Ⓝ214.3　〔30541〕

◇加賀藩初期の侍帳　太田敬太郎校訂,解説　金沢　石川県図書館協会　1942　266p　22cm　Ⓝ281.43　〔30542〕

◇加賀藩史話　若林喜三郎著　金沢　能登印刷出版部　1988.9　218p　20cm　（燕台叢書）1800円　①4-89010-069-5　Ⓝ214.3　〔30543〕

◇加賀藩地割制度の研究　山口隆治著　富山　桂書房　2007.6　263p　22cm　3500円　①978-4-903351-32-2　Ⓝ611.22143　〔30544〕

◇加賀藩政改革史の研究　蔵並省自著　世界書院　1969　284p　22cm　1600円　Ⓝ214.3　〔30545〕

◇加賀藩と越前屋物語　野村昭子著　金沢　北国出版社　1987.10　183p　19cm　1500円　Ⓝ288.3　〔30546〕

◇加賀藩と越前屋物語　野村昭子著　金沢　北国出版社　1987.10　183p　19cm　1500円　①4-8330-0624-3　Ⓝ288.3　〔30547〕

◇加賀藩と起宿　尾西　尾西市歴史民俗資料館　1995.8　12p　30cm　（尾西市歴史民俗資料館特別展図録 no.39）〔30548〕

◇加賀藩・富山藩の社会経済史研究　水島茂著　文献出版　1982.9　468p　22cm　9000円　Ⓝ214.3　〔30549〕

◇加賀藩における都市の研究　田中喜男著　文一総合出版　1978.3　409p　22cm　3500円　Ⓝ214.3　〔30550〕

◇加賀藩にみる幕藩制国家成立史論　原昭午著　東京大学出版会　1981.1　325p　22cm　3800円　Ⓝ214.3　〔30551〕

◇加賀藩農政と若林宅助―郷土史研究　竹脇正道著　新湊　［竹脇正道］　1998　18p　21cm　Ⓝ214.3　〔30552〕

◇加賀藩前田家墳墓史　八木士郎著・編　金沢　［八木士郎］　1991.9　1冊　26×36cm　Ⓝ288.3　〔30553〕

◇加賀百万石　田中喜男著　東村山　教育社　1980.4　269p　18cm　（教育社歴史新書）600円　Ⓝ214.3　〔30554〕

◇加賀百万石　蔵並省自著　6版　八千代出版　1983.9　269p　22cm　①4-8429-0151-9　Ⓝ214.3　〔30555〕

◇加賀百万石と江戸芸術―前田家の国際交流　宮元健次著　京都　人文書院　2002.1　229p　19cm　1900円　①4-409-52036-9　Ⓝ214.3　〔30556〕

◇加賀百万石物語―秘史・前田家の戦争と平和　酒井美意子著　主婦と生活社　1992.1　253p　20cm　1400円　①4-391-11419-4　Ⓝ214.3　〔30557〕

◇加賀百万石物語　酒井美意子著　角川書店　2001.10　283p　15cm　（角川文庫―角川ソフィア文庫）619円　①4-04-360901-9　Ⓝ214.3　〔30558〕

◇加賀百万石物語―利家とまつ～絢爛四百年　酒井美意子著　主婦と生活社　2001.11　253p　21cm　1000円　①4-391-12568-4　Ⓝ214.3　〔30559〕

◇加賀風雲録―幕末維新　戸部新十郎著　新人物往来社　1997.7　318p　20cm　2800円　①4-404-02514-9　Ⓝ214.3　〔30560〕

724　日本近世史図書総覧　明治～平成　〔30517～30560〕

◇加賀風雲録―前田家の幕末維新　戸部新十郎著　中央公論新社　2001.10　338p　16cm　（中公文庫）724円　①4-12-203910-X　Ⓝ214.3　〔30561〕

◇加賀風雲録―前田家の幕末維新　戸部新十郎著　中央公論新社　2004.1　338p　21cm　（中公文庫ワイド版）5100円　①4-12-551471-2　Ⓝ214.3　〔30562〕

◇金沢城石垣刻印調査報告書　田端宝作著　船橋　田端宝作　1977.1　127p　26cm　Ⓝ214.3　〔30563〕

◇金沢城とその周辺　日本城郭協会編　日本城郭協会出版部　1961　96p（図版解説共）はり込原色図版1枚　22cm　Ⓝ214.3　〔30564〕

◇金沢城二ノ丸跡発掘調査概報　金沢　石川県教育委員会　1970　12p　26cm　Ⓝ214.3　〔30565〕

◇金沢城物語　森栄松著　金沢　石川県図書館協会　1959　188p　19cm　（郷土シリーズ　第3期第3）Ⓝ214.3　〔30566〕

◇金沢の古城跡―金沢市城郭調査報告書　金沢　金沢市教育委員会　1985.3　101p　30cm　（金沢市文化財紀要56）Ⓝ214.3　〔30567〕

◇近世礪波平野の開発と散村の展開　佐伯安一著　富山　桂書房　2007.10　371p　26cm　8000円　①978-4-903351-40-7　〔30568〕

◇国事雑誌―加賀藩武家社会の世事　金沢　能登印刷出版部　2003.3　142p　21cm　（資料叢書　第4冊）1900円　①4-89010-417-8　Ⓝ214.3　〔30569〕

◇小松と前田家―平成十四年度秋季特別展　小松市立博物館編　小松　小松市立博物館　2002.10　45p　30cm　Ⓝ214.3　〔30570〕

◇新能登・加賀漂流物語　佃和雄著　金沢　北國新聞社出版局　2006.9　316p　19cm　2000円　①4-8330-1492-0　Ⓝ210.5　〔30571〕

◇銭屋五兵衛　若林喜三郎著　大阪　創元社　1957　187p　18cm　（創元歴史選書）Ⓝ214.3　〔30572〕

◇大聖寺藩史　大聖寺藩史編纂会編　大聖寺藩史編纂会　1938　1056p　23cm　Ⓝ214.3　〔30573〕

◇大聖寺藩史談　太田敬太郎著　金沢　石川県図書館協会　1937　252p　23cm　Ⓝ214.3　〔30574〕

◇大聖寺藩祖前田利治　山口隆治著　金沢　北國新聞社　1988.11　138p　18cm　1000円　①4-8330-0652-9　Ⓝ214.3　〔30575〕

◇寺島蔵人と加賀藩政―化政天保期の百万石群像　長山直治著　富山　桂書房　2003.9　383p　22cm　2000円　①4-905564-58-1　Ⓝ214.3　〔30576〕

◇那谷寺通夜物語―正徳の百姓一揆史料　石川県郷土史学会編　金沢　石川県図書館協会　1993.3　169p　19cm　（郷土シリーズ）Ⓝ214.3　〔30577〕

◇七尾城の歴史　片岡樹裏人著　七尾　七尾城の歴史刊行会　1968　315p　Ⓝ214.3　〔30578〕

◇二条家御殿造営勘定帳　中村保良著　大塔村（和歌山県）　地方史研究所　1978.12　159p　22cm　（娘百万石シリーズ　3）Ⓝ214.3　〔30579〕

◇年々留―銭屋五兵衛日記　銭屋五兵衛著, 若林喜三郎編　法政大学出版会　1984.7　355,14p　22cm　5000円　Ⓝ214.3　〔30580〕

◇人づくり風土記―全国の伝承・江戸時代　17　ふるさとの人と知恵・石川　加藤秀俊ほか編纂　農山漁村文化協会　1991.6　389p　27cm　（聞き書きによる知恵シリーズ）①4-540-91007-8　Ⓝ210.5　〔30581〕

◇百姓の掟　斉藤五郎平編　福野町（富山県）　斉藤五郎平　1988　188p　26cm　Ⓝ214.3　〔30582〕

◇百万石遠鏡　八田健一著　金沢　石川県図書館協会　1961　161p　18cm　（郷土シリーズ）Ⓝ214.3　〔30583〕

◇百万石太平記　八田健一著　金沢　北国書林　1964　127p　18cm　（郷土シリーズ）Ⓝ214.3　〔30584〕

◇百万石大名―加賀藩の成立と展開　蔵並省自著　桃源社　1965　202p　20cm　（桃源選書）Ⓝ210.5　〔30585〕

◇百万石遠鏡　八田健一著　金沢　石川県図書館協会　1993.3　171p　19cm　（郷土シリーズ）Ⓝ214.3　〔30586〕

◇百万石の光と影―新しい地域史の発想と構築　浅香年木遺稿集第1集　浅香年木著　金沢　能登印刷出版部　1988.4　213p　20cm　（燕台叢書）1700円　①4-89010-066-0　Ⓝ214.3　〔30587〕

◇百万石物語―加賀藩政と徳川幕府　原谷一郎著　金沢　北国出版社　1980.11　166p　19cm　1200円　Ⓝ214.3　〔30588〕

◇百万石物語―加賀藩政と徳川幕府　原谷一郎著　9版　金沢　北國新聞社　1991.5　169p　19cm　1300円　Ⓝ214.3　〔30589〕

◇北長家騒記の研究　角島一治著　金沢　角島一治　1996.7　288p　22cm　非売品　Ⓝ214.3　〔30590〕

◇前田一族―加賀百万石の系譜　能坂利雄著　新人物往来社　1973　286p　20cm　980円　Ⓝ288.3　〔30591〕

◇前田利常と小松の歴史展　小松　小松市立博物館　1977.9　1冊　26cm　〔30592〕

◇前田慶寧と幕末維新―最後の加賀藩主の「正義」　徳田寿秋著　金沢　北國新聞社　2007.12　381p　21cm　2857円　①978-4-8330-1604-9　〔30593〕

◇名勝　兼六園　その景観と歴史　石川県図書館協会編　金沢　宇都宮書店　1962　169p　19cm　Ⓝ291.43　〔30594〕

◆◆◆自治体史

◇金沢のふしぎな話―「咄随筆」の世界　鈴木雅子著　鎌倉　港の人, 新宿書房〔発売〕　2004.11　213p　21cm　2200円　①4-88008-323-2　〔30595〕

◇城下町金沢―封建制下の都市計画と町人社会　田中喜男著　日本書院　1966　303p　図版　地　22cm　Ⓝ214.3　〔30596〕

◇城下町金沢―封建制下の都市計画と町人社会　田中喜男著　改訂版　弘詢社　1983.9　303,7p　22cm　3800円　Ⓝ214.3　〔30597〕

◇鶴来町史　歴史篇　近世・近代　鶴来町史編纂室編　鶴来町（石川県）　鶴来町　1997.3　648p　22cm　Ⓝ214.3　〔30598〕

◇羽咋市史　近世編　編集：羽咋市史編さん委員会　羽咋　羽咋市　1974　986p　22cm　Ⓝ291.43　〔30599〕

◆◆◆自治体史史料

◇内浦町史　第2巻　資料編　近世・近現代・民俗　内浦町（石川県）　内浦町　1982.10　1041p　22cm　Ⓝ214.3　〔30600〕

◇加賀市史料　1　郷村村高関係　牧野隆信編　加賀　加賀市立図書館　1981.3　278p　21cm　Ⓝ214.3　〔30601〕

◇加賀市史料　2　大聖寺藩士由緒帳　1　加賀　加賀市立図書館　1981.3　404p　21cm　Ⓝ214.3　〔30602〕

◇加賀市史料　3　大聖寺藩士由緒帳　2　加賀　加賀市立図書館　1983.3　462p　21cm　Ⓝ214.3　〔30603〕

◇加賀市史料　4　大聖寺藩士由緒帳　3　加賀　加賀市立図書館　1984.3　454p　21cm　Ⓝ214.3　〔30604〕

地方史　　　　　　　　　　　　　　近世史

◇加賀市史料　8　江戸往来記・越游雑記・御帰県日記・前田家系譜　加賀　加賀市立図書館　1988.3　345p　21cm　Ⓝ214.3　〔30605〕
◇金沢市史　資料編3　近世1　藩主と城館　金沢市史編さん委員会編　金沢　金沢市　1999.3　781,20p　22cm　Ⓝ214.3　〔30606〕
◇金沢市史　資料編4　近世2　藩制　金沢市史編さん委員会編　金沢　金沢市　2001.3　805p　22cm　Ⓝ214.3　〔30607〕
◇金沢市史　資料編5　近世3　金沢市史編さん委員会編　金沢　金沢市　2003.3　777p　22cm　Ⓝ214.3　〔30608〕
◇金沢市史　資料編6　近世4　町政と城下　金沢市史編さん委員会編　金沢　金沢市　2000.3　766,12p　22cm　Ⓝ214.3　〔30609〕
◇金沢市史　資料編7　近世5　金沢市史編さん委員会編　金沢　金沢市　2002.3　785,20p　22cm　Ⓝ214.3　〔30610〕
◇金沢市史　資料編9　近世7　農政と村方　金沢市史編さん委員会編　金沢　金沢市　2002.3　772,19p　22cm　Ⓝ214.3　〔30611〕
◇金沢市史　資料編10　近世8　金沢市史編さん委員会編　金沢　金沢市　2003.7　763,30p　図版16p　22cm　Ⓝ214.3　〔30612〕
◇金沢市史　資料編8 近世6　湊町と水運　金沢市史編さん委員会編　金沢　金沢市　1997.3　783,22p　22cm　Ⓝ214.3　〔30613〕
◇新修門前町史　資料編3　門前町史編さん専門委員会編　門前町(石川県)　石川県門前町　2005.3　388p　図版8p　27cm　Ⓝ214.3　〔30614〕
◇珠洲市史　第3巻　資料編　近世古文書　珠洲市史編さん専門委員会編　珠洲　珠洲市　1978.8　817p　22cm　Ⓝ214.3　〔30615〕
◇野々市町史　資料編2　野々市町史編纂専門委員会編　野々市町(石川県)　野々市町　2001.3　495,43p　27cm　Ⓝ214.3　〔30616〕
◇輪島市史─資料編　第4巻　近世町方海運・近現代　輪島市史編纂専門委員会編　輪島　輪島市　1975　903p　22cm　Ⓝ214.3　〔30617〕

◆◆◆一般史料
◇石川県史資料　近世篇　石川県史調査委員会, 石川県立図書館史料編さん室編　金沢　石川県　2000.3　210p　22×31cm　Ⓝ214.3　〔30618〕
◇石川県史資料　近世篇2　石川県史調査委員会, 石川県立図書館史料編さん室編　金沢　石川県　2001.2　153p　22×31cm　Ⓝ214.3　〔30619〕
◇石川県史資料　近世篇3　石川県史調査委員会, 石川県立図書館史料編さん室編　金沢　石川県　2002.1　190p　22×31cm　Ⓝ214.3　〔30620〕
◇石川県史資料　近世篇4　石川県史調査委員会, 石川県立図書館史料編さん室編　金沢　石川県　2003.3　1冊　22×31cm　Ⓝ214.3　〔30621〕
◇石川県の近世史料─アジア財団への報告として　金沢大学加賀藩庶民史料調査委員会編　金沢　1961　125p　26cm　Ⓝ214.3　〔30622〕
◇石川県銘文集成　第2巻　近世初期金石文編　上　桜井甚一編著　金沢　北国出版社　1971　278p　22cm　1500円　Ⓝ214.3　〔30623〕
◇石川県銘文集成　第3巻　近世初期金石文編　下　桜井甚一編著　金沢　北国出版社　1972　280p　22cm　1500円　Ⓝ214.3　〔30624〕

◇石川県立郷土資料館紀要　第8号　加賀藩人持組篠島家文書　金沢　石川県立郷土資料館　1976　53p　26cm　Ⓝ214.3　〔30625〕
◇温故集録　2　金沢市立玉川図書館近世史料館編　金沢　金沢市立玉川図書館近世史料館　2005.2　496p　31cm　(金沢市図書館叢書　5)Ⓝ214.3　〔30626〕
◇温故集録　3　金沢市立玉川図書館近世史料館編　金沢　金沢市立玉川図書館近世史料館　2007.3　492p　31cm　(金沢市図書館叢書　6)Ⓝ214.3　〔30627〕
◇加越能叢書　第3　加賀藩御定書　前, 後編　加賀藩編　日置謙校　金沢　加賀文化協会　1936　2冊　23cm　Ⓝ214.3　〔30628〕
◇加賀藩寺社触頭文書調査報告書　その1　金沢市教育委員会文化財課編　金沢　金沢市教育委員会　2000.3　373p　30cm　(金沢市文化財紀要　167)Ⓝ214.3　〔30629〕
◇加賀藩社寺触頭文書調査報告書　その2　金沢市教育委員会文化財課編　金沢　金沢市教育委員会　2000.3　209p　30cm　(金沢市文化財紀要　167)Ⓝ214.3　〔30630〕
◇加賀藩寺社触頭文書調査報告書　その3　金沢市教育委員会文化財課編　金沢　金沢市教育委員会　2000.3　130p　30cm　(金沢市文化財紀要　167)Ⓝ214.3　〔30631〕
◇加賀藩士人別帳　古川脩編著　金沢　古川脩　1997.7　2冊　26cm　非売品　Ⓝ214.3　〔30632〕
◇加賀藩史料　大阪　清文堂出版　1970　16冊　23cm　Ⓝ214.3　〔30633〕
◇加賀藩史料─藩末篇　上巻　嘉永元年-文久三年　前田育徳会編　広瀬豊作　1958　2冊　23cm　Ⓝ214.3　〔30634〕
◇加賀藩政救恤史料　田中喜男校訂　高科書店　1988.10　156,7p　22cm　(日本海地域史料叢書　第3輯)4000円　Ⓝ214.3　〔30635〕
◇加賀藩十村役石黒家文書　清水藤九郎校合, 川良雄解説　金沢　石川県図書館協会　1974　3冊　21cm　Ⓝ214.3　〔30636〕
◇金沢城郭史料─加賀藩穴生方後藤家文書　日本海文化研究室編　金沢　石川県図書館協会　1976.12　688p　22cm　(日本海文化叢書　第3巻)Ⓝ214.3　〔30637〕
◇金沢六家戦　金沢　能登印刷出版部　2006.3　73p　21cm　(資料叢書　第5冊)1700円　①4-89010-457-7　Ⓝ214.3　〔30638〕
◇加能越三箇国高物成帳　金沢市立玉川図書館近世史料館編　金沢　金沢市立玉川図書館近世史料館　2001.3　483p　22×31cm　(金沢市図書館叢書　3)Ⓝ214.3　〔30639〕
◇加藩貨幣録　森田柿園著　日置謙校　金沢　石川県図書館協会　1935　206p　24cm　Ⓝ337　〔30640〕
◇加藩貨幣録　森田良見著　西脇康校訂・補編　新訂　調布　書信館出版　2005.7　170p　26cm　(書信館出版貨幣叢書　13)4761円　①4-901553-13-5　Ⓝ337.2143　〔30641〕
◇木谷藤右衛門家文書　北西弘編　大阪　清文堂出版　1999.6　836p　22cm　(清文堂史料叢書　第105刊)20000円　①4-7924-0481-9　Ⓝ214.3　〔30642〕
◇太梁公日記　第1　前田治脩著　前田育徳会尊経閣文庫編　長山直治校訂　続群書類従完成会　2004.9　306,16p　22cm　(史料纂集　140)12000円　①4-7971-1320-0　Ⓝ214.3　〔30643〕
◇十村役真館家文書目録・加賀藩士小幡家文書目録　石川県立図書館編　金沢　石川県立図書館　1993.3

133,11p 図版16枚　27cm　Ⓝ214.3
〔30644〕
◇中村屋文書　その1　御用日記　氷見市立博物館編　氷見　氷見市立博物館　1992.3　94p　26cm　(氷見市近世史料集成　第11冊)Ⓝ214.3
〔30645〕
◇中村屋文書　その2　氷見市立博物館編　氷見　氷見市立博物館　1992.3　24p　26cm　(氷見市近世史料集成　第12冊)Ⓝ214.3
〔30646〕
◇微妙院様御意覚書　藤崎仲夫解読　城端町(富山県)　城端町教育委員会　1999.3　77p　30cm　Ⓝ214.3
〔30647〕
◇湊町役人勤方史料　田中喜男校訂　高科書店　1988.10　219p　22cm　(日本海地域史料叢書　第2輯)5500円　Ⓝ214.3
〔30648〕

◆◆◆◆加賀藩農政経済史料
◇加賀藩農政経済史料　　　第1　浦方御定　第1-4　井波町(富山県)　富山砺波図書館協会,富山県図書館協会　1963-1964　4冊　24cm　和　Ⓝ214.3
〔30649〕
◇加賀藩農政経済史料　　　第2　産物江戸方御用留　第1-4　井波町(富山県),富山　砺波図書館協会,富山県図書館協会　1963　4冊　24cm　和　Ⓝ214.3
〔30650〕
◇加賀藩農政経済史料　　　第3　司農庁壁図書　井波町(富山県),富山　砺波図書館協会,富山県図書館協会　1963　65p　24cm　和　Ⓝ214.3
〔30651〕
◇加賀藩農政経済史料　　　第4　御郡方旧記　第1-3　井波町(富山県),富山　砺波図書館協会,富山県図書館協会　1963　3冊　24cm　和　Ⓝ214.3
〔30652〕
◇加賀藩農政経済史料　　　第5　津方一件　第1-2　井波町(富山県),富山　砺波図書館協会,富山県図書館協会　1963　2冊　24cm　和　Ⓝ214.3
〔30653〕
◇加賀藩農政経済史料　　　第6　司農典　第1-4　井波町(富山県),富山　砺波図書館協会,富山県図書館協会　1963　4冊　24cm　和　Ⓝ214.3
〔30654〕
◇加賀藩農政経済史料　　　第6　司農典　第5-6　井波町(富山県),富山　砺波図書館協会,富山県図書館協会　1964　2冊　24cm　和　Ⓝ214.3
〔30655〕
◇加賀藩農政経済史料　　　第7　改作方勤仕帳　井波町(富山県),富山　砺波図書館協会,富山県図書館協会　1963　136p　24cm　和　Ⓝ214.3
〔30656〕
◇加賀藩農政経済史料　　　第8　郡方古例集　第1-2　井波町(富山県),富山　砺波図書館協会,富山県図書館協会　1964　2冊　24cm　和　Ⓝ214.3
〔30657〕
◇加賀藩農政経済史料　　　第9　聴事通載　第1-3　井波町(富山県),富山　砺波図書館協会,富山県図書館協会　1964　3冊　24cm　和　Ⓝ214.3
〔30658〕
◇加賀藩農政経済史料　　　第10　改作方旧日記附録　第1-3　井波町(富山県),富山　砺波図書館協会,富山県図書館協会　1964　3冊　24cm　和　Ⓝ214.3
〔30659〕
◇加賀藩農政経済史料　　　第11　河合覚書　井波町(富山県),富山　砺波図書館協会,富山県図書館協会　1964　126p　24cm　Ⓝ214.3
〔30660〕
◇加賀藩農政経済資料　　　第12　産物方御用留　第3　井波町(富山県),富山　砺波図書館協会,富山県図書館協会　1964　202p　24cm　和　Ⓝ214.3
〔30661〕
◇加賀藩農政経済史料　　　第13　新開御触留　井波町(富山県),富山　砺波図書館協会,富山県図書館協会　1964　200p　24cm　和　Ⓝ214.3
〔30662〕
◇加賀藩農政経済史料　　　第14　三百二条旧記　第1-3　井波町(富山県),富山　砺波図書館協会,富山県図書館協会　1964　3冊　24cm　和　Ⓝ214.3
〔30663〕
◇加賀藩農政経済史料　　　第15　加能越産物方自記　元亨　井波町(富山県),富山　砺波図書館協会,富山県図書館協会　1964　2冊　24cm　和　Ⓝ214.3
〔30664〕
◇加賀藩農政経済史料　　　第16　諸浦商物口銭御定帳単　井波町(富山県),富山　砺波図書館協会,富山県図書館協会　1964　2冊　24cm　和　Ⓝ214.3
〔30665〕
◇加賀藩農政経済史料　　　第17　公用集 第1　井波町(富山県),富山　砺波図書館協会,富山県図書館協会　1964　228p　24cm　和　Ⓝ214.3
〔30666〕
◇加賀藩農政経済史料　　　第18　十村手鑑二種　井波町(富山県),富山　砺波図書館協会,富山県図書館協会　1964　159p　24cm　和　Ⓝ214.3
〔30667〕
◇加賀藩農政経済史料　　　第19　加州郡方旧記 第1-2　井波町(富山県),富山　砺波図書館協会,富山県図書館協会　1964　2冊　24cm　和　Ⓝ214.3
〔30668〕
◇加賀藩農政経済史料　　　第19　加州郡方旧記 第9-10　井波町(富山県),富山　砺波図書館協会,富山県図書館協会　1965　2冊　24cm　和　Ⓝ214.3
〔30669〕
◇加賀藩農政経済史料　　　第20　定検地所旧記抜書　井波町(富山県),富山　砺波図書館協会,富山県図書館協会　1964　46丁　24cm　和　Ⓝ214.3
〔30670〕
◇加賀藩農政経済史料　　　第21　御仕法高御用留 第1-2　井波町(富山県),富山　砺波図書館協会,富山県図書館協会　1964　2冊　24cm　和　Ⓝ214.3
〔30671〕
◇加賀藩農政経済史料　　　第22　河合録 第1-4　井波町(富山県),富山　砺波図書館協会,富山県図書館協会　1964　4冊　24cm　和　Ⓝ214.3
〔30672〕
◇加賀藩農政経済史料　　　第22　河合録 第5-6　井波町(富山県),富山　砺波図書館協会,富山県図書館協会　1965　2冊　24cm　和　Ⓝ214.3
〔30673〕
◇加賀藩農政経済史料　　　第23　十村留帳抜書 第1-2　井波町(富山県),富山　砺波図書館協会,富山県図書館協会　1965　2冊　24cm　和　Ⓝ214.3
〔30674〕
◇加賀藩農政経済史料　　　第24　真館諸事留　井波町(富山県),富山　砺波図書館協会,富山県図書館協会　1965　260p　24cm　和　Ⓝ214.3
〔30675〕
◇加賀藩農政経済史料　　　第25　御郡奉行年中行事　井波町(富山県),富山　砺波図書館協会　1965　202p　24cm　和　Ⓝ214.3
〔30676〕
◇加賀藩農政経済史料　　　第26　十村勤方類聚　井波町(富山県),富山　砺波図書館協会,富山県図書館協会　1965　214p　24cm　和　Ⓝ214.3
〔30677〕
◇加賀藩農政経済史料　　　第27　産物方諸事留 第1-4　井波町(富山県),富山　砺波図書館協会,富山県図書館協会　1965　4冊　24cm　和　Ⓝ214.3
〔30678〕
◇加賀藩農政経済史料　第2期　第1　動農秘録単　井波町(富山県),富山　砺波図書館協会,富山県図書館協会　1965　98p　24cm　和　Ⓝ214.3
〔30679〕
◇加賀藩農政経済史料　第2期　第9　諸色直段書上等留単　井波町(富山県),富山　砺波図書館協会,富山県図書館協会　1965　166p　24cm　和　Ⓝ214.3
〔30680〕
◇加賀藩農政経済史料　第2期　第30　商売格並他国出入品々留　井波町(富山県),富山　砺波図書館協会,富山県図書館協会　1966　50p　24cm　和　Ⓝ214.3
〔30681〕
◇加賀藩農政経済史料　第2期　第2 第6　産物方御用留 第6　井波町(富山県),富山　砺波図書館協会,富山県図書館協会　1966　248p　24cm　和　Ⓝ214.3
〔30682〕
◇加賀藩農政経済史料　第2期　第4 第9　郡方御触 第9　井波町(富山県),富山　砺波図書館協会,富山県図書館協会　1966　164p　24cm　和　Ⓝ214.3
〔30683〕
◇加賀藩農政経済史料　第2期　第8 第1　高方等御達書

地方史　　　　　　　　近世史

　第1　井波町(富山県), 富山　砺波図書館協会, 富山県図書館協会　1965　144p　24cm　和　Ⓝ214.3
〔30684〕

◇加賀藩農政経済史料　第2期　第12 第4　杉木氏御用方雑録 第4 上　井波町(富山県), 富山　砺波図書館協会, 富山県図書館協会　1966　114p　24cm　和　Ⓝ214.3
〔30685〕

◆◆◆史料目録

◇加賀藩旧蔵洋書総合目録　金沢　金沢大学資料館　2006.9　122p　30cm　(金沢大学資料館史料叢書 2) Ⓝ029.8
〔30686〕

◇能登穴水天領文書目録　能登穴水天領文書調査団編　穴水町(石川県)　穴水町教育委員会　1982.3　341p　26cm　Ⓝ214.3
〔30687〕

◇能登穴水藩領文書目録　穴水町(石川県)　穴水町教育委員会　1985.3　347p　26cm　Ⓝ214.3
〔30688〕

◇能登志賀天領文書目録―昭和57・8年度古文書等緊急調査報告書　志賀町(石川県)　志賀町教育委員会　1984.3　264p　26cm　Ⓝ214.3
〔30689〕

◇能登羽咋十村加藤日記目録　第1輯　堀田成雄編　羽咋　羽咋市歴史民俗資料館　1994.3　52p　26cm　Ⓝ214.3
〔30690〕

◇能登羽咋十村加藤日記目録　第2輯　堀田成雄編　羽咋　羽咋市歴史民俗資料館　1995.3　68p　26cm　Ⓝ214.3
〔30691〕

◇能登羽咋十村加藤日記目録　第3輯　堀田成雄編　羽咋　羽咋市歴史民俗資料館　1996.3　104p　26cm　Ⓝ214.3
〔30692〕

◇能登羽咋十村加藤日記目録　第4輯　加藤日記選集　堀田成雄編　羽咋　羽咋市歴史民俗資料館　1997.3　113p　26cm　Ⓝ214.3
〔30693〕

◆◆福井県

◇描かれた越前若狭―江戸時代の絵図　福井　福井県立博物館　1989.4　68p　21×30cm　Ⓝ214.4
〔30694〕

◇越前(重富)島津家の歴史―平成十六年度特別展図録　姶良町(鹿児島県)　姶良町歴史民俗資料館　2004.10　72p　30cm　Ⓝ288.2
〔30695〕

◇越前武生藩史―全　神門酔生著　第2版　福井　安田書店　1987.12　318p　21cm　2800円　Ⓝ214.4
〔30696〕

◇越前松平家展―文書の部 解説総目録　福井市立郷土歴史博物館編　福井　福井市立郷土歴史博物館　1979.10　22p　26cm　Ⓝ214.4
〔30697〕

◇越藩史略　井上翼章編述, 三上一夫校訂　歴史図書社　1975　540p　22cm　10500円　Ⓝ214.4
〔30698〕

◇越藩史略　巻1-8　井上翼章(旧姓：梯)編　日置謙校　福井　中村興文堂　1901.4　2冊(合本,289p)　23cm　Ⓝ214.4
〔30699〕

◇越藩福井医史及医人伝　釣雪漁史笹岡芳名著　笹岡芳名　1921　248p　23cm　Ⓝ490.2
〔30700〕

◇奥の細道と松岡　島田和三郎著　松岡町(福井県)　松岡町誌編纂会　1951　47p　19cm　(松岡町誌概述 第2篇) Ⓝ214.4
〔30701〕

◇小浜藩―昭和45年度レポート　島津誠光著　三方町(福井県)　[島津誠光]　1970　59p　26cm　Ⓝ214.4
〔30702〕

◇小浜藩医杉田玄白　出版地不明　小浜市立図書館　1979.3　65p　22cm　(若狭人物叢書 7)
〔30703〕

◇再夢記事　中根雪江著　日本史籍協会　1922　210p　23cm　Ⓝ210.5
〔30704〕

◇再夢記事　続 第1-6　村田氏寿, 佐々木千尋編　日本史籍協会　1921-1922　6冊　23cm　Ⓝ210.5
〔30705〕

◇若越新文化史　石橋重吉編　福井県武生町　咬菜文庫　1938　268p　23cm　Ⓝ214.4
〔30706〕

◇天竜寺と芭蕉　青園謙三郎著　松岡町(福井県)　清涼山天竜寺　1980.4　184p　19cm　Ⓝ911.32
〔30707〕

◇土井利忠公と大野藩　土井利忠公百年祭奉賛会資料出版部編　補訂版　大野　土井利忠公百年祭奉賛会　1966　119p　22cm　Ⓝ214.4
〔30708〕

◇なるほど福井の江戸時代―忍者ヒストくんのなぞとき巻物 福井城大発掘　福井　福井市立郷土歴史博物館　2004.7　48p　19×26cm　Ⓝ521.823
〔30709〕

◇幕末維新福井名流戸籍調　石橋重吉編　福井　福井市立図書館　1942　80p　19cm　Ⓝ281.44
〔30710〕

◇幕末の越前藩　三上一夫著　福井　福井県立図書館, 福井県郷土誌懇談会　1974　214p　17cm　(福井県郷土新書 1) 800円　Ⓝ214.4
〔30711〕

◇藩史料の部　福井　福井県立図書館　1975　p145-188　26cm
〔30712〕

◇人づくり風土記―全国の伝承・江戸時代　18　ふるさとの人と知恵・福井　加藤秀俊ほか編纂　農山漁村文化協会　1990.6　372p　27cm　(聞き書きによる知恵シリーズ) 4500円　①4-540-90010-2　Ⓝ210.5
〔30713〕

◇福井県史　通史編3　近世1　福井県編　福井　福井県　1994.11　822,18p　22cm　①4-938772-05-1　Ⓝ214.4
〔30714〕

◇福井県史　通史編4　近世2　福井県編　福井　福井県　1996.3　928,20p　22cm　①4-938772-07-8　Ⓝ214.4
〔30715〕

◇福井城下ものがたり　舟沢茂樹著　福井　福井PRセンター出版事業部　1976　204p　19cm　(フェニックス選書) 980円　Ⓝ214.4
〔30716〕

◇福井藩史事典　鈴木準道著, 舟沢茂樹校訂　歴史図書社　1977.11　355p　22cm　7000円　Ⓝ214.4
〔30717〕

◇福井藩史話―福井城の今昔　森恒救著　歴史図書社　1975　3冊(付録共)　22cm　全19600円　Ⓝ214.4
〔30718〕

◇福井藩と起宿―特別展　尾西　尾西市歴史民俗資料館　1997.10　1冊　30cm　(尾西市歴史民俗資料館特別展図録 no.48)
〔30719〕

◇福井藩と豪商―時代を彩った豪商たち 平成18年秋季特別展　福井市立郷土歴史博物館編　福井　福井市立郷土歴史博物館　2006.9　97p　28cm　Ⓝ672.1
〔30720〕

◇福井藩の歴史　三上一夫著　東洋書院　1982.3　258p　20cm　1500円　Ⓝ214.4
〔30721〕

◆◆◆自治体史史料

◇大野市史　第4巻　藩政史料編1　大野市史編さん委員会編　大野　大野市　1983.3　1125p　22cm　Ⓝ214.4
〔30722〕

◇大野市史　第5巻　藩政史料編2　大野市史編さん委員会編　大野　大野市　1984.3　1147p　22cm　Ⓝ214.4
〔30723〕

◇小浜市史　藩政史料編1　小浜　小浜市　1983.6　623,28p　22cm　Ⓝ214.4
〔30724〕

◇小浜市史　藩政史料編2　小浜　小浜市　1985.5　878,38p　22cm　Ⓝ214.4
〔30725〕

◇小浜市史　藩政史料編3　小浜市史編纂委員会編　小浜　小浜市　1990.2　1042,26p　22cm　Ⓝ214.4
〔30726〕

◇勝山市史　資料篇 第3巻　村方2 幕府領・鯖江領・郡上領　勝山　勝山市　1985.11　995p　22cm　Ⓝ214.4

◇鯖江市史　史料編　第4巻　藩政史料編　1　鯖江市史編さん委員会編　鯖江　鯖江市　1984.3　647p　22cm　Ⓝ214.4　〔30727〕

◇鯖江市史　史料編　第5巻　藩政史料編　2　鯖江市史編纂委員会編　鯖江　鯖江市　1977.9　558p　22cm　Ⓝ214.4　〔30728〕

◇鯖江市史　史料編　第6巻　藩政史料編　3 小頭以下代数書　鯖江市史編纂委員会編　鯖江　鯖江市　1979.3　546,34p　22cm　Ⓝ214.4　〔30729〕

◇鯖江市史　史料編　第5巻　下　藩政史料編　2 鯖江藩御家人帳 下　鯖江市史編纂委員会編　鯖江　鯖江市　1978.4　572,39p　22cm　Ⓝ214.4　〔30730〕

◇武生市史　資料篇　第4　府中藩政並本保陣屋諸記録　武生市史編纂委員会編　武生　1968　525p　22cm　Ⓝ214.4　〔30731〕

◇武生市史　資料編　第9　検地帳・村明細帳等　武生市史編さん委員会編　武生　武生市　1996.2　1035p　22cm　Ⓝ214.4　〔30732〕

◇福井市史　資料編 3　近世　1 福井市の古文書　福井　福井市　1986.3　449,17p　22cm　Ⓝ214.4　〔30733〕

◇福井市史　資料編 4　近世　2 藩と藩政 上　福井　福井市　1988.3　978p　22cm　Ⓝ214.4　〔30734〕

◇福井市史　資料編 6　近世　4 上（藩法集 1）　福井市編　福井　福井市　1997.3　772p　22cm　Ⓝ214.4　〔30735〕

◇福井市史　資料編 6　近世　4 下（藩法集 2）　福井市編　福井　福井市　1999.3　771p　22cm　Ⓝ214.4　〔30736〕

◇福井市史　資料編 7　近世　5（町方）　福井市編　福井　福井市　2002.3　866p　22cm　Ⓝ214.4　〔30737〕

◇福井市史　資料編 8　近世　6（村方）　福井市編　福井　福井市　2004.3　1046,13p　22cm　Ⓝ214.4　〔30738〕

◇福井市史　資料編 9　近世　7 学問と文化　福井　福井市　1994.3　874p　22cm　Ⓝ214.4　〔30739〕

◆◆◆一般史料

◇越前国宗門人別御改帳　第3巻　佐久高士編　吉川弘文館　1969　1102p　22cm　4600円　Ⓝ214.4　〔30740〕

◇越前国宗門人別御改帳　第4巻　佐久高士編　吉川弘文館　1970　1083p　22cm　6500円　Ⓝ214.4　〔30741〕

◇越前国宗門人別御改帳　第5巻　佐久高士編　吉川弘文館　1971　1071p　22cm　8700円　Ⓝ214.4　〔30742〕

◇越前国宗門人別御改帳　第6巻　佐久高士編　吉川弘文館　1972　1139p　22cm　9500円　Ⓝ214.4　〔30743〕

◇越前国宗門人別御改帳　第1巻　佐久高士編　吉川弘文館　1967　952p　22cm　Ⓝ214.4　〔30744〕

◇越前国宗門人別御改帳　第2巻　佐久高士編　吉川弘文館　1968　1037p　22cm　Ⓝ214.4　〔30745〕

◇元禄期越前の幕府領大庄屋日記　1　福井県文書館編　福井　福井県文書館　2005.3　439p　30cm　（福井県文書館資料叢書 1）①4-938772-13-2　Ⓝ214.4　〔30746〕

◇元禄期越前の幕府領大庄屋日記　2　福井県文書館編　福井　福井県文書館　2007.3　393p　30cm　（福井県文書館資料叢書 2）①978-4-938772-14-7　Ⓝ214.4　〔30747〕

◇河野浦近世史料選　第1集　刀禰勇太郎校訂・編　武生　河野浦近世史料刊行会　1963　213p　24cm　〔30748〕

◇鯖江領御物成郷帳　丹南史料研究会編　武生　丹南史料研究会　1995.10　223p　21cm　（丹南史料研究 第3集）1600円　Ⓝ214.4　〔30749〕

◇史料が語る先人のあゆみ―近世諸家の歴史をたずねて　福井市立郷土歴史博物館編　福井　福井市立郷土歴史博物館　1990.3　174p　26cm　Ⓝ214.4　〔30750〕

◇武生越前府中本多家家臣録　1　丹南史料研究会編　武生　丹南史料研究会事務局　1991.11　178,24p　21cm　（丹南史料研究 第1集）Ⓝ214.4　〔30751〕

◇武生越前府中本多家家臣録　2　丹南史料研究会編　武生　丹南史料研究会事務局　1994.7　210,30p　21cm　（丹南史料研究 第2集）Ⓝ214.4　〔30752〕

◆◆◆史料目録

◇大野市史料所在目録　第4輯　藩政史料編―柳廼社御神庫所在越前大野土井家文書目録　大野市史編さん室編　大野　大野市教育委員会　1982.12　116p　26cm　Ⓝ214.4　〔30753〕

◇旧福井藩士門野家文書目録―福井市立郷土歴史博物館蔵　福井市立郷土歴史博物館編　福井　福井市立郷土歴史博物館　2002.1　27p　26cm　Ⓝ214.4　〔30754〕

◇近世古文書目録　1　烏山・平野・片瀬文書　勝山　勝山市教育委員会　1964　123p　21cm　Ⓝ214.4　〔30755〕

◇酒井家文庫藩政史料目録―小浜市古文書等緊急調査報告書　小浜　小浜市教育委員会　1981.3　128p　26cm　Ⓝ214.4　〔30756〕

◇福井藩明道館書目　第1巻　朝倉治彦監修　ゆまに書房　2003.12　248p　22cm　（書誌書目シリーズ 66）①4-8433-1150-2　Ⓝ029.8　〔30757〕

◇福井藩明道館書目　第2巻　朝倉治彦監修　ゆまに書房　2003.12　302p　22cm　（書誌書目シリーズ 66）①4-8433-1150-2　Ⓝ029.8　〔30758〕

◇福井藩明道館書目　第3巻　朝倉治彦監修　ゆまに書房　2003.12　416p　22cm　（書誌書目シリーズ 66）①4-8433-1150-2　Ⓝ029.8　〔30759〕

◇福井藩明道館書目　第4巻　朝倉治彦監修　ゆまに書房　2003.12　188p　22cm　（書誌書目シリーズ 66）①4-8433-1150-2　Ⓝ029.8　〔30760〕

◇福井藩明道館書目　第5巻　朝倉治彦監修　ゆまに書房　2003.12　286p　22cm　（書誌書目シリーズ 66）①4-8433-1150-2　Ⓝ029.8　〔30761〕

◇福井藩明道館書目　第6巻　朝倉治彦監修　ゆまに書房　2003.12　368p　22cm　（書誌書目シリーズ 66）①4-8433-1150-2　Ⓝ029.8　〔30762〕

◇福井藩明道館書目　第7巻　朝倉治彦監修　ゆまに書房　2003.12　548p　22cm　（書誌書目シリーズ 66）①4-8433-1150-2　Ⓝ029.8　〔30763〕

◇福井藩明道館書目　第8巻　朝倉治彦監修　ゆまに書房　2003.12　534p　22cm　（書誌書目シリーズ 66）①4-8433-1150-2　Ⓝ029.8　〔30764〕

◇福井藩明道館書目　第9巻　朝倉治彦監修　ゆまに書房　2003.12　178p　22cm　（書誌書目シリーズ 66）①4-8433-1150-2　Ⓝ029.8　〔30765〕

◇福井藩寄合所文書　上　浅田益作編　坂井町（福井県）〔浅田益作〕　2000.2　355p　26cm　Ⓝ214.4　〔30766〕

◇福井藩寄合所文書　下　浅田益作編　坂井町（福井県）〔浅田益作〕　2000.2　366p　26cm　Ⓝ214.4　〔30767〕

◇松平文庫福井藩史料目録　福井県立図書館編　福井　福井県立図書館　1989.2　61p　26cm　Ⓝ214.4　〔30768〕

◆中部・東海地方

◇浮世絵対比五十三次今昔写真集―歌川広重生誕200年記

念　菊原馥写真と文　八千代　八千代市文芸協会　1997.3　87p　26cm　Ⓣ4-906609-01-5　Ⓝ215　〔30770〕

◇近世東海地域の農耕技術　有薗正一郎著　岩田書院　2005.12　268p　22cm　(愛知大学綜合郷土研究所研究叢書 19)5200円　Ⓣ4-87294-412-7　Ⓝ610.1215
〔30771〕

◇近世東海の群像―江戸と上方の間に生きた在の知恵　都築亭編　相模原　青山社　1995.10　236p　21cm　2500円　Ⓣ4-915865-61-4　Ⓝ215　〔30772〕

◇近世東海俳壇新攷　野田千平著　若草書房　2002.11　333,6p　22cm　(近世文学研究叢書 13)11000円　Ⓣ4-948755-73-7　Ⓝ911.302　〔30773〕

◇中馬本街道と文化―写真集　鶴田雄亮著　瀬戸　〔鶴田雄亮〕　2006.2　90p　21×30cm　Ⓝ682.15　〔30774〕

◇東海地域文化研究―その歴史と文化　名古屋学芸大学短期大学部東海地域文化研究所編　京都　思文閣出版　2006.3　389p　22cm　(研究叢書 3)3500円　Ⓣ4-7842-1298-1　Ⓝ210.5　〔30775〕

◇東海道五十三次―豊橋市二川宿本陣資料館開館記念特別展　豊橋市二川宿本陣資料館編　豊橋　豊橋市二川宿本陣資料館　1991.8　65p　26cm　Ⓝ215　〔30776〕

◇東海道五十三次宿場展　1　日本橋・品川・川崎　豊橋　豊橋市二川宿本陣資料館　1993　14p　26cm　Ⓝ215
〔30777〕

◇東海道五十三次宿場展　2　神奈川・保土ケ谷・戸塚・藤沢　豊橋　豊橋市二川宿本陣資料館　1994　14p　26cm　Ⓝ215
〔30778〕

◇東海道五十三次宿場展　3　平塚・大磯・小田原・箱根　豊橋　豊橋市二川宿本陣資料館　1995　14p　30cm　Ⓝ215
〔30779〕

◇東海道五十三次宿場展　4　三島・沼津・原・吉原　豊橋　豊橋市二川宿本陣資料館　1996　14p　30cm　Ⓝ215
〔30780〕

◇東海道五十三次宿場展　5　蒲原・由比・興津・江尻　豊橋　豊橋市二川宿本陣資料館　1997　18p　30cm　Ⓝ215
〔30781〕

◇東海道五十三次シンポジウム―街道宿場夢づくり　報告書　第5回　東海道五十三次シンポジウム開催実行委員会編　豊橋　〔東海道五十三次シンポジウム開催実行委員会〕　1993.6　82p　26cm　Ⓝ215　〔30782〕

◇日本空想紀行―広重・東海道五拾三次　安田美絵著　アスキー電子出版部編　アスキー　1996.2　79p　26cm　6800円　Ⓣ4-7561-1545-4　Ⓝ215　〔30783〕

◆◆山梨県

◇甲斐近世史の研究　上　磯貝正義,村上直共編　雄山閣　1974　255p　22cm　3000円　Ⓝ215.1　〔30784〕

◇北富士すそのものがたり　第2巻　菊田日記の解明　享保3年10月14日より天保6年7月12日まで33年間の記録　その1　岩佐忠雄編著　菊田広道著　富士吉田　富士五湖史友会　1972　480p　22cm　1500円　Ⓝ215.1　〔30785〕

◇近世甲斐の諸相―江戸経済を支配した杉本茂十郎など　弦間耕一著　遠藤徳重編　矢野出版　2007.6　288p　21cm　1500円　Ⓝ215.1　〔30786〕

◇郡内甲州街道物語　鈴木美良著　大月　鈴木美良　1987.12　259p　19cm　2000円　Ⓝ215.1　〔30787〕

◇甲州大小切考　小西与志夫著　泰流社　1991.12　170p　20cm　3600円　Ⓣ4-88470-895-4　Ⓝ215.1　〔30788〕

◇甲府城総合調査報告書　甲府城跡総合学術調査団編　甲府　山梨県教育委員会　1970　355p　図版28枚　27cm　非売　Ⓝ215.1　〔30789〕

◇甲府城物語・武田氏天目山に滅びず　斎藤芳弘著　甲府　テレビ山梨　1973　271p　19cm　650円　Ⓝ215.1
〔30790〕

◇新甲斐国史　5　春秋彩る甲府城　斎藤芳弘著　甲府　テレビ山梨　1989.3　343p　19cm　Ⓝ215.1　〔30791〕

◇天保期論―甲州騒動の研究　幕末期論―下野世直し一揆の研究　深谷ゼミ編　深谷ゼミ編　〔深谷ゼミ〕　1999.6　1冊　27cm　(深谷ゼミ共同研究 3)Ⓝ215.1
〔30792〕

◇人づくり風土記―江戸時代　19　ふるさとの人と知恵・山梨　飯田文弥,会田雄次,大石慎三郎監修　石川松太郎,稲垣史生,加藤秀俊編　農山漁村文化協会　1997.9　348p　26cm　4286円　Ⓣ4-540-97064-X　〔30793〕

◇富士山麓近世農民生活史　外川理一著　地人館　1987.7　289p　20cm　2800円　Ⓣ4-7952-3914-2　Ⓝ215.1
〔30794〕

◇富士北麓幕末偉人伝　小佐野淳著　甲府　山梨日日新聞社出版局　1995.10　207p　18cm　(山日ライブラリー)Ⓣ4-89710-701-6　Ⓝ281.51　〔30795〕

◇山梨県史　通史編 3　山梨県編　甲府　山梨県　2006.3　960p　22cm　Ⓝ215.1　〔30796〕

◇山梨県史　通史編 4　山梨県編　甲府　山梨県　2007.3　909p　22cm　Ⓝ215.1　〔30797〕

◇依田長安一代記　国立史料館編　東京大学出版会　1985.3　298,32p　22cm　(史料館叢書 7)8000円　Ⓣ4-13-092807-4　Ⓝ215.1　〔30798〕

◇世直し勘兵衛義人伝―寛政太桝事件帖　小林和生著　塩山　〔小林和生〕　2003.4　134p　21cm　1500円　Ⓝ215.1　〔30799〕

◆◆◆自治体史

◇江戸時代の三富村　三富村教育委員会編　三富村(山梨県)　三富村教育委員会　2000.3　72p　26cm　Ⓝ215.1
〔30800〕

◇江戸時代の三富村―訓読版 平成13年度　三富村教育委員会編　三富村(山梨県)　三富村教育委員会　2001.3　32p　26cm　Ⓝ215.1　〔30801〕

◇御役知上塩後村の歴史　宿沢ます江著　塩山　宿沢節夫　1996.10　411p　19cm　非売品　Ⓝ215.1　〔30802〕

◇甲府市史　通史編　第2巻　近世　甲府市市史編さん委員会編　甲府　甲府市　1992.3　949p　22cm　Ⓝ215.1
〔30803〕

◇富士吉田市史　通史編　第2巻　近世　富士吉田市史編さん委員会編　富士吉田　富士吉田市　2001.3　887p　22cm　Ⓝ215.1　〔30804〕

◇大豆生田村の三百年　藤巻正富著　須玉町(山梨県)　〔藤巻正富〕　1992.1　285p　22cm　Ⓝ215.1　〔30805〕

◆◆◆自治体史史料

◇塩山市史―史料編　第2巻　塩山市史編さん委員会編　塩山　塩山市　1995.3　1010,20p　22cm　Ⓝ215.1
〔30806〕

◇甲府市史　史料編　第2巻　近世　1 町方1　甲府市市史編さん委員会編　甲府　甲府市　1987.3　759p　22cm　Ⓝ215.1　〔30807〕

◇甲府市史　史料編　第3巻　近世　2 町方2　甲府市市史編さん委員会編　甲府　甲府市　1987.3　820p　22cm　Ⓝ215.1　〔30808〕

◇甲府市史　史料編　第4巻　近世　3 町方3　甲府市市史編さん委員会編　甲府　甲府市　1987.3　780p　22cm　Ⓝ215.1　〔30809〕

◇甲府市史 史料編 第5巻 近世 4 村方 甲府市市史編さん委員会編 甲府 甲府市 1989.3 869p 22cm Ⓝ215.1 〔30810〕
◇都留市史 資料編 6 近世 2 都留市史編纂委員会編 都留 都留市 1994.3 920p 27cm Ⓝ215.1 〔30811〕
◇富士吉田市史 史料編 第5巻 近世 3 富士吉田市史編さん委員会編 富士吉田 富士吉田市 1997.3 1161p 22cm Ⓝ215.1 〔30812〕
◇富士吉田市史 史料編 第3巻 近世 1 富士吉田市史編さん委員会編 富士吉田 富士吉田市 1994.3 803p 22cm Ⓝ215.1 〔30813〕
◇富士吉田市史 史料編 第4巻 近世 2 富士吉田市史編さん委員会編 富士吉田 富士吉田市 1994.3 867p 22cm Ⓝ215.1 〔30814〕
◇山梨県史 資料編 9 山梨県編 甲府 山梨県 1996.3 1409,9p 22cm Ⓝ215.1 〔30815〕

◆◆◆一般史料
◇勝山記と原本の考証 流石奉編 国書刊行会 1985.6 298p 22cm 6000円 Ⓝ215.1 〔30816〕
◇甲州文庫史料 第1巻 社会風俗編 甲府 山梨県立図書館 1973 409p 22cm Ⓝ215.1 〔30817〕
◇甲州文庫史料 第2巻 甲府町方編 甲府 山梨県立図書館 1973 424p 22cm Ⓝ215.1 〔30818〕
◇甲州文庫史料 第3巻 甲府株仲間編 甲府 山梨県立図書館 1974 338p 22cm Ⓝ215.1 〔30819〕
◇甲州文庫史料 第4巻 甲斐国村高並村明細帳編 甲府 山梨県立図書館 1975 377,5p 22cm Ⓝ215.1 〔30820〕
◇甲州文庫史料 第5巻 交通運輸編 山梨県立図書館編 甲府 山梨県立図書館 1976.12 347p 22cm Ⓝ215.1 〔30821〕
◇甲州文庫史料 第6巻 領地支配編 山梨県立図書館編 甲府 山梨県立図書館 1978.12 313p 22cm Ⓝ215.1 〔30822〕
◇甲州文庫史料 第7巻 近世産業編 山梨県立図書館編 甲府 山梨県立図書館 1979.12 296p 22cm Ⓝ215.1 〔30823〕
◇甲州文庫史料 第8巻 甲斐俳諧編 山梨県立図書館編 甲府 山梨県立図書館 1980.12 297p 22cm Ⓝ215.1 〔30824〕
◇都留市の古文書 近世編 第1集 都留市文化財審議会編 都留 都留市教育委員会 1974 157p 26cm (都留市文化財調査資料)非売品 Ⓝ215.1 〔30825〕
◇都留市の古文書 近世編 第3集 都留市文化財審議会編 都留 都留市教育委員会 1977 168p 26cm (都留市文化財調査資料)非売品 Ⓝ215.1 〔30826〕
◇山梨県史 資料編 8 山梨県編 甲府 山梨県 1998.3 1496p 22cm Ⓝ215.1 〔30827〕
◇山梨県史 資料編 10 山梨県編 甲府 山梨県 2002.10 1173p 22cm Ⓝ215.1 〔30828〕
◇山梨県史 資料編 11 山梨県編 甲府 山梨県 2000.3 1048p 22cm Ⓝ215.1 〔30829〕
◇山梨県史 資料編 12 山梨県編 甲府 山梨県 2001.4 1019p 22cm Ⓝ215.1 〔30830〕
◇山梨県史 資料編 13 山梨県編 甲府 山梨県 2004.3 1089p 22cm Ⓝ215.1 〔30831〕
◇渡辺家近世文書集—富士吉田市・新屋 北条浩編 宗文館書店 1964 354p 図版15枚 22cm Ⓝ215.1 〔30832〕

◆◆◆史料目録
◇甲斐国巨摩郡河原部村小林家文書(布屋文庫)目録 阪急学園池田文庫編 池田 阪急学園池田文庫 1996.3 282p 26cm Ⓝ215.1 〔30833〕
◇甲府市史史料目録 近世1 甲府市市史編さん委員会編 甲府 甲府市 1985.3 223p 26cm (甲府市史調査報告書 1)Ⓝ215.1 〔30834〕

◆◆長野県
◇安曇野と義民一揆の実像—新しい事実・新しい視点で描き直された貞享加助騒動 田中薫文 中村石浄絵 長野 信毎書籍出版センター 2000.12 258p 21cm 1429円 ①4-88411-005-6 Ⓝ215.2 〔30835〕
◇飯田史談会叢書 第2篇 近世郷土年表 今井白鳥編 飯田町(長野県) 飯田史談会 1932 363p 23cm Ⓝ215.2 〔30836〕
◇飯田城と近世の飯田町 平沢清人著 飯田 伊那史学会 1972 160p 21cm (伊那文庫 8)600円 Ⓝ215.2 〔30837〕
◇維新期における小諸藩の藩制改革 木野主計著 〔木野主計〕 1981 181p 21cm Ⓝ215.2 〔30838〕
◇維新の信州人 信濃毎日新聞社編 長野 信濃毎日新聞社 1974 315p 18cm 800円 Ⓝ210.58 〔30839〕
◇伊奈城と膳所城 旧膳所藩祖三百五十年祭典大記念会編 膳所町(滋賀県) 旧膳所藩祖三百五十年祭典大記念会 1914 49p 19cm Ⓝ288 〔30840〕
◇岩村田藩略年譜 池田米寿著 浅間町(長野県) 佐久史話会 1956 52p 21cm Ⓝ215.2 〔30841〕
◇上田城—郷土の歴史 上田 上田市立博物館 1974 60p 21cm Ⓝ215.2 〔30842〕
◇上田藩の人物と文化 上田市立博物館編 上田 上田市立博物館 1986.10 111,17p 26cm Ⓝ215.2 〔30843〕
◇上田藩松平家物語 松野喜太郎著,平野勝重,尾崎行也編 松本 郷土出版社 1982.12 295p 22cm 3600円 Ⓝ215.2 〔30844〕
◇馬宿—近世街道のローマンチズム 都筑方治著 飯田 南信州新聞社出版局 2004.2 217p 22cm 3000円 ①4-943981-61-5 Ⓝ682.152 〔30845〕
◇江戸から見た信濃—楽しい歴史旅 徳竹康彰著 長野 柏企画 2005.8 221p 19cm 1300円 ①4-907788-11-8 Ⓝ215.2 〔30846〕
◇江戸時代に於ける南信濃 市村咸人著 飯田町(長野県) 信濃郷土出版社 1934 194,44p 19cm Ⓝ215.2 〔30847〕
◇江戸時代の小諸藩—資料で見る郷の歴史 塩川友衛編纂 小諸 塩川友衛 1997.4 194p 27cm 5238円 Ⓝ215.2 〔30848〕
◇江戸時代の旅と街道 上田市立博物館編 上田 上田市立博物館 1991.10 59p 26cm Ⓝ215.2 〔30849〕
◇江戸時代の農村—古文書で読む 信濃国小県郡大門村の記録 加藤正夫著 マルク社 2004.5 199p 22cm 3000円 Ⓝ215.2 〔30850〕
◇江戸時代東信濃宿村の歴史—岩井伝重翁米寿記念史談集 岩井伝重著 臼田町(長野県) 江戸時代東信濃宿村の歴史・岩井伝重翁米寿記念史談集刊行会 1975.3 464p 22cm 2800円 Ⓝ215.2 〔30851〕
◇大給藩から田野口藩へ—田野口藩拾い話集2 市川武治著 佐久 櫟 1983.8 268p 19cm (千曲川文庫)1800円 ①4-900408-04-2 Ⓝ215.2 〔30852〕

地方史　　　　　　　　　　近世史

◇上高地開発史　その1-3　横山篤美編　安曇村（長野県南安曇郡）　1966-1967　1冊　18cm　Ⓝ215.2　〔30853〕
◇川中島平の昔のはなし―「万伝書覚帳」の世界　渡辺喜代子編　所沢　〔渡辺喜代子〕　2005.2　380p　30cm　Ⓝ215.2　〔30854〕
◇貴重資料紹介展「上田にみる元禄時代」　上田市立図書館編　上田　上田市立図書館　1999　8p　30cm　Ⓝ215.2　〔30855〕
◇橘倉の古箪笥から―江戸時代の臼田村の歴史　岩井伝重著　臼田町（長野県）　江戸時代の臼田村の歴史刊行会　1974　334p　19cm　非売品　Ⓝ215.2　〔30856〕
◇京極高知公伝―飯田市建設の祖　山本慈昭著　阿智村（長野県下伊那郡）　山本文庫　1970　124p　19cm　（山本文庫　2）350円　Ⓝ288.3　〔30857〕
◇郷土の歴史　須坂　須高郷土史研究会　1994.10　68p　23cm　Ⓝ215.2　〔30858〕
◇郷土の歴史上田城　上田市立博物館編　上田　上田市立博物館　1988.3　168p　21cm　Ⓝ215.2　〔30859〕
◇虚言申すまじく候―江戸中期の行財政改革　大石慎三郎著　筑摩書房　1983.7　219p　20cm　1200円　Ⓝ210.55　〔30860〕
◇近世・近代の信濃社会―塚本学先生退官記念論文集　塚本学先生退官記念論集編集委員会編　長野　竜鳳書房　1995.2　451p　22cm　10000円　Ⓝ215.2　〔30861〕
◇近世信濃俳人・俳句全集　矢羽勝幸,田子修一編著　象山社　2004.12　250p　22cm　4000円　①4-87978-017-0　Ⓝ911.308　〔30862〕
◇近世信濃文化史　土屋弼太郎著　長野　信濃教育会　1962　348p　19cm　Ⓝ215.2　〔30863〕
◇近世信州伊那郡大河原村の自然環境と人間　桑原輝男著　環境アセスメントセンター松本研究室編　駒ケ根　国土交通省中部地方整備局天竜川上流工事事務所　2003.3　94p　21cm　（語りつぐ天竜川）Ⓝ652.152　〔30864〕
◇近世信州の穀物流通と地域構造　多和田雅保著　山川出版社　2007.11　302,4p　21cm　（山川歴史モノグラフ）5000円　①978-4-634-52345-6　〔30865〕
◇近世村落構造の研究―信州下伊郡地方を中心に　平沢清人著　吉川弘文館　1965　628p　22cm　Ⓝ215.2　〔30866〕
◇近世村落の動向と山中騒動の研究　田中薫著　松本　田中薫　1996.11　9,450p　22cm　Ⓝ215.2　〔30867〕
◇近世の交通と上田宿　上田市誌編さん委員会編　上田　上田市　2003.10　195p　26cm　（上田市誌　歴史編8）Ⓝ682.152　〔30868〕
◇近世南信濃村落社会史　堀口貞幸著　令文社　1970　211p　22cm　1000円　Ⓝ215.2　〔30869〕
◇消された飯田藩と江戸幕府　鈴川博著　飯田　南信州新聞社出版局　2002.7　747p　22cm　4000円　①4-943981-48-8　Ⓝ215.2　〔30870〕
◇孝子伝　松本藩編　鶴見次定校　松本　吟天社　1881.4　32丁　15cm　Ⓝ281.52　〔30871〕
◇国宝松本城物語　山田良春著　長野　信毎書籍出版センター　1981.4　159p　19cm　800円　Ⓝ215.2　〔30872〕
◇古戦場の村々の記録―近世川中島地区の古文書　川中島町古文書研究会編　長野　川中島町公民館　1984.12　303p　22cm　2500円　Ⓝ215.2　〔30873〕
◇小諸城　中村勝実著　佐久　櫟　1983.8　413p　19cm　（千曲川文庫　4）1600円　①4-900408-05-0　Ⓝ215.2　〔30874〕
◇小諸城全図―寛永年間領内各村石高及沿革　小山政道著　小諸町（長野県）　小山政道　1913　1冊（折りたたみ）27cm　Ⓝ215.2　〔30875〕
◇小諸藩―梅花に表徴される誠実な生き方は、小諸人の人生哲学として今日まで継承されている。　塩川友衛著　現代書館　2007.8　206p　21cm　（シリーズ藩物語）1600円　①978-4-7684-7109-8　Ⓝ215.2　〔30876〕
◇小諸藩歴史散歩―高原の城下町　飯塚道重著　佐久　櫟　1998.4　222p　21cm　1500円　①4-900408-73-5　Ⓝ215.2　〔30877〕
◇五郎兵衛新田と被差別部落　斎藤洋一著　三一書房　1987.11　299p　20cm　2000円　Ⓝ215.2　〔30878〕
◇五郎兵衛と用水　伊藤一明著　浅科村（長野県）　信州農村開発史研究所　1982.10　120p　19cm　（基礎研究シリーズ　6）Ⓝ215.2　〔30879〕
◇佐久地方江戸時代の農村生活　市川雄一郎著,市川雄一郎先生遺稿刊行会編　臼田町（長野県）　市川雄一郎先生遺稿刊行会　1955　405,40p　22cm　Ⓝ215.2　〔30880〕
◇真田一族の史実とロマン　東信史学会編　上田　東信史学会　1985　198p　21cm　1800円　Ⓝ215.2　〔30881〕
◇真田宝物館への招待―2003年度松代文化財ボランティアガイド教本　松代文化財ボランティアの会編著　長野　松代文化施設管理事務所　2003.3　67p　21cm　Ⓝ215.2　〔30882〕
◇信濃の天領陣屋　飯島町歴史民俗資料館編　飯島町（長野県）　飯島町歴史民俗資料館　1998.3　39p　21cm　（飯島陣屋ブックレット）Ⓝ215.2　〔30883〕
◇嶋立の近世資料を見る　浅田周一編著　松本　浅田周一　1993.7　137p　26cm　Ⓝ215.2　〔30884〕
◇下伊那史　第8巻　江戸中期後期　下伊那教育会編纂　飯田　下伊那誌編纂会　2006.3　1290p　22cm　Ⓝ215.2　〔30885〕
◇下伊那地方の中世末より近世への推移　平沢清人著　飯田（長野県）　平沢清人君論文刊行会　1969　195p　22cm　Ⓝ215.2　〔30886〕
◇城のあるマチの原風景―「松本学」事始め　上条宏之著　長野　龍鳳書房　1998.6　101p　21cm　（龍鳳ブックレット―歴史研究シリーズ）1200円　①4-947697-09-1　〔30887〕
◇信州岩村田藩物語　中村勝実著　佐久　櫟　1989.11　297p　19cm　（千曲川文庫　14）1845円　①4-900408-26-3　Ⓝ215.2　〔30888〕
◇信州小諸城下町と北国街道小諸宿―歴史の道と町　塩川友衛編纂　小諸　塩川友衛　1998.11　409p　21cm　3400円　Ⓝ215.2　〔30889〕
◇信州史事典　1　松本藩編　信州大学教育学部歴史研究会編　名著出版　1982.1　465p　20cm　4800円　Ⓝ215.2　〔30890〕
◇信州高遠城（藩）物語　上　赤羽喜平著　東久留米　〔赤羽喜平〕　2007.2　93p　30cm　Ⓝ215.2　〔30891〕
◇信州高遠城（藩）物語　下　赤羽喜平著　東久留米　〔赤羽喜平〕　2007.2　90p　30cm　Ⓝ215.2　〔30892〕
◇信州高遠藩浅利家の由来　中村弥六著　島信次　1930　88p　23cm　Ⓝ288　〔30893〕
◇信州の江戸社会―村や町の人間模様　樋口和雄著　長野　信濃毎日新聞社　2001.6　287p　20cm　1800円　①4-7840-9894-1　Ⓝ215.2　〔30894〕
◇信州モノづくり博覧会―モノづくりの東西交流　第50回特別展　長野市立博物館編　長野　長野市立博物館　2006.1　115p　30cm　Ⓝ210.5　〔30895〕
◇須坂藩主堀家の歴史　広瀬紀子著　長野　長野郷土史研究会　1978.3　249p　22cm　Ⓝ288.3　〔30896〕
◇須坂藩主堀家の歴史　広瀬紀子著　改訂　長野　長野郷

土史研究会　1988.9　407p 図版15枚　22cm　Ⓝ288.3
〔30897〕

◇諏訪近世史備要　諏訪古文書の会諏訪近世史備要編集委員会編　諏訪　諏訪古文書の会　1985.9　84p　30cm　3800円　Ⓝ215.2
〔30898〕

◇諏訪史概説―文化史を中心として　山田茂保著　岡谷　岡谷書店　1979.10　357p　22cm　4300円　Ⓝ215.2
〔30899〕

◇諏訪の近世史　諏訪教育会編　諏訪　1966　838p 図版地　27cm　Ⓝ215.2
〔30900〕

◇善光寺地震―震災後一五〇年　松代藩の被害と対応　平成10年度企画展　長野　長野市教育委員会松代藩文化施設管理事務所　1998.10　89p　30cm　Ⓝ215.2
〔30901〕

◇善光寺道―街道を行き来した人・物・文化　長野県立歴史館編　千曲　長野県立歴史館　2004　67p　30cm　Ⓝ682.152
〔30902〕

◇全国の伝承江戸時代人づくり風土記―聞き書きによる知恵シリーズ　20　ふるさとの人と知恵長野　加藤秀俊ほか編纂　農山漁村文化協会　1988.4　378p　27cm　4300円　①4-540-87101-3　Ⓝ210.5
〔30903〕

◇1783天明浅間山噴火報告書　中央防災会議災害教訓の継承に関する専門調査会　2006.3　193p 図版8p　30cm　Ⓝ369.31
〔30904〕

◇高島藩邸と諏訪氏一族　浅川清栄著　諏訪　中央企画（製作）　1995.11　206p　27cm　6000円　Ⓝ215.2
〔30905〕

◇高島藩邸と諏訪氏一族　浅川清栄著　改訂再版　諏訪　中央企画（制作）　2000.8　210p　27cm　6000円　Ⓝ215.2
〔30906〕

◇高遠城と藩学　北村勝雄著　名著出版　1978.2　299p　22cm　3900円　Ⓝ215.2
〔30907〕

◇高遠藩―高遠コヒガンザクラは新宿御苑にも咲く。南信州の中心藩は、その高雅さを今に残す。　長谷川正次著　現代書館　2005.11　206p　21cm　（シリーズ藩物語）1600円　①4-7684-7103-X　Ⓝ215.2
〔30908〕

◇高遠藩総合年表　長谷川正次著　長野　青山社　1980.11　182p　21cm　2500円　Ⓝ215.2
〔30909〕

◇高遠藩の基礎的研究　長谷川正次著　国書刊行会　1985.5　624p　22cm　12000円　Ⓝ215.2
〔30910〕

◇蓼科山麓の幕末維新　大沢洋三著　木耳社　1983.2　230p　19cm　1500円　Ⓝ215.2
〔30911〕

◇探訪・奈良井宿　続　楢川村教育委員会編　楢川村（長野県）　楢川村　1995.3　70p　21cm（楢川ブックレット　13）Ⓝ215.2
〔30912〕

◇土に生きた村の記録―近世松代藩田野口村古文書　唐木伸雄著　長野　銀河書房　1982.12　284p　22cm　3000円　Ⓝ215.2
〔30913〕

◇定本・信州上田城　東信史学会編　松本　郷土出版社　1986.4　230p　38cm　18000円　Ⓝ215.2
〔30914〕

◇展示解説上田の幕末・維新　上田市立博物館編　上田　上田市立博物館　1982.3　43p　26cm　Ⓝ215.2
〔30915〕

◇天領信濃坂本中之条陣屋乃新研究　中島蘊外著　上山田町（長野県）　長野県聖冠郷土文化研究会　1961　223p　21cm　Ⓝ215.2
〔30916〕

◇トバタの山崩れと大水江戸時代の天然ダムによる災害　松本市安曇資料館編　松本　松本市安曇資料館　2006.3　58p　30cm　Ⓝ369.33
〔30917〕

◇中山道塩名田宿本陣・問屋丸山家古文書目録　浅科村教育委員会編　浅科村（長野県）　浅科村教育委員会　2002.3　370p　26cm　Ⓝ215.2
〔30918〕

◇長野県史　通史編　第4巻　近世1　長野県編　長野　長野県史刊行会　1987.3　1冊　22cm　Ⓝ215.2　〔30919〕

◇長野県史　通史編　第5巻　近世2　長野県編　長野　長野県史刊行会　1988.3　1冊　22cm　Ⓝ215.2　〔30920〕

◇長野県史　通史編　第6巻　近世3　長野県編　長野　長野県史刊行会　1989.3　1冊　22cm　Ⓝ215.2
〔30921〕

◇幕末の信州―時代を駆けた草莽たち　一八年度夏季企画展　長野県立歴史館編　千曲　長野県立歴史館　2006　62p　30cm　Ⓝ210.58
〔30922〕

◇柏葉―柏葉寿　続　北原正幸著　長野　ほおずき書籍（製作）　2004.1　317p　21cm　Ⓝ215.2
〔30923〕

◇『日暮硯』と改革の時代―恩田杢にみる名臣の条件　笠谷和比古著　PHP研究所　1999.4　191p　18cm　（PHP新書）657円　①4-569-60363-7　Ⓝ215.2
〔30924〕

◇本陣の記録―信州麻績宿臼井忠兵衛家と麻績村の歴史　臼井良作著　長野　長野郷土史研究会　1975　376p　22cm　2000円　Ⓝ215.2
〔30925〕

◇松代藩勤王事略私記　近藤民之助著　近藤民之助　1892.7　91丁　24cm　Ⓝ281.52
〔30926〕

◇松代藩庁と記録―松代藩「日記繰出」　国文学研究資料館史料館編　名著出版　1998.3　383,67p　22cm　（史料叢書　2）9500円　①4-626-01548-4　Ⓝ215.2　〔30927〕

◇松代藩の絵師―三村晴山　真田宝物館企画展　松代藩文化施設管理事務所, 真田宝物館編　長野　松代藩文化施設管理事務所　2006.9　124p　30cm　Ⓝ721.025
〔30928〕

◇松本城―その歴史と見どころ　金井円編著　名著出版　1984.8　158p　19cm　1200円　①4-626-01128-4　Ⓝ215.2
〔30929〕

◇松本城三の丸跡大名町―緊急発掘調査報告書　第1次　松本　松本市教育委員会　2006.3　14p　30cm　（松本市文化財調査報告　no.184）Ⓝ210.0254　〔30930〕

◇松本城とその周辺　日本城郭協会編　日本城郭協会出版部　1961　96p（はり込み原色図版, 図版16枚共）　22cm　Ⓝ215.2
〔30931〕

◇松本城とその城下町　中島次太郎著　歴史図書社　1969　221p　19cm　600円　Ⓝ215.2
〔30932〕

◇松本藩―本州中央高地の中央に開けた松本盆地、国宝松本城・伝統行事は、みやびの文化を今に語る。　田中薫著　現代書館　2007.5　206p　21cm　（シリーズ藩物語）1600円　①978-4-7684-7108-1　Ⓝ215.2
〔30933〕

◇松本領貞享義民一揆の実像―新しい事実・新しい視点に立って描き直された貞享加助騒動　田中薫著　長野　信毎書籍出版センター　2002.7　267p　21cm　1429円　①4-88411-005-6　Ⓝ215.2
〔30934〕

◆◆◆自治体史

◇大町市史　第3巻　近世　大町市史編纂委員会編　大町　大町市　1986.3　2冊（資料編とも）　22cm　Ⓝ215.2
〔30935〕

◇近世中新田村　中村久太郎著　原村（長野県）　中村久太郎　1997.8　586p　27cm　Ⓝ215.2　〔30936〕

◇更埴市史　第2巻　近世編　更埴市史編纂委員会編　更埴　更埴市　1988.3　753p　27cm　Ⓝ215.2　〔30937〕

◇駒ケ根市誌編さん紀要　昭和57年度　江戸時代の駒ケ根　1　駒ケ根　駒ケ根市教育委員会　1982.12　315p　21cm　Ⓝ215.2
〔30938〕

◇小諸市誌　歴史篇3 近世　小諸市誌編纂委員会編纂　小諸　小諸市教育委員会　1991.12　1098p　22cm　Ⓝ215.2
〔30939〕

地方史　　　　　　　　　近世史

◇小諸市誌　歴史篇3　近世史資料　小諸城城郭絵図　小諸市誌編纂委員会編纂　小諸　小諸市教育委員会　1992.3　100p　26×37cm　Ⓝ215.2
〔30940〕

◇下伊那史　第7巻　安土・桃山・江戸初期　下伊那教育会編　下伊那　下伊那誌編纂会　1980.11　1163p　22cm　Ⓝ215.2
〔30941〕

◇茅野市史　中巻　中世・近世　茅野　茅野市　1987.11　1175,12p　22cm　Ⓝ215.2
〔30942〕

◇出来事で綴る里村山村―北小坂家文書・近世編　菅野健一編　大宮　小坂順子　1995.8　452p　26cm　Ⓝ215.2
〔30943〕

◇長野市史考―近世善光寺町の研究　小林計一郎著　吉川弘文館　1969　844p　22cm　2000円　Ⓝ215.2
〔30944〕

◇松本市史　第2巻　歴史編2　松本市編　松本　松本市　1995.11　944p　図版12枚　22cm　Ⓝ215.2　〔30945〕

◇望月町誌　第4巻　近世編　望月町誌編纂委員会編　望月町（長野県）　望月町　1997.3　766,13p　27cm　Ⓝ291.52
〔30946〕

◆◆◆自治体史史料

◇長野市史料集　第1集　中越庚申講中人別帳　長野郷土史研究会編　長野　長野市文化財図録集刊行会　1982.2　87p　21cm　Ⓝ215.2
〔30947〕

◇松本市史歴史編近世部門調査報告書　第1集　近世の史料　松本市史近世部門編集委員会,松本市史編さん室編　松本　松本市　1994.3　101p　26cm　Ⓝ215.2
〔30948〕

◇松本市史歴史編近世部門調査報告書　第2集　近世の組鑑　松本市史近世部門編集委員会,松本市史編さん室編　松本　松本市　1995.3　201p　26cm　Ⓝ215.2
〔30949〕

◇松本市史歴史編近世部門調査報告書　第3集　松本藩の史料　松本市史近世部門編集委員会,松本市史編さん室編　松本　松本市　1996.3　140p　26cm　Ⓝ215.2
〔30950〕

◇松本市史歴史編近世部門調査報告書　第4集　松本藩士の日記　松本市史近世部門編集委員会,松本市史編さん室編　松本　松本市　1997.3　153p　26cm　Ⓝ215.2
〔30951〕

◇松本市史歴史編近世部門調査報告書　第5集　松本藩士の日記　その2　松本市史近世部門編集委員会,松本市史編さん室編　松本　松本市　1998.3　152p　26cm　Ⓝ215.2
〔30952〕

◇松本市文書館史料　第1集　松本市総務部行政管理課松本市文書館編　松本　松本市　2000.3　142p　30cm　Ⓝ215.2
〔30953〕

◇松本市文書館史料　第2集　松本市総務部行政管理課松本市文書館編　松本　松本市　2001.3　108p　30cm　Ⓝ215.2
〔30954〕

◇松本市文書館史料　第3集　松本市総務部行政管理課松本市文書館編　松本　松本市　2004.3　112p　30cm　Ⓝ215.2
〔30955〕

◆◆◆一般史料

◇飯田町組頭日記　第1　御城下紙問屋一件始末之記　近世文書館設立準備会編　飯田　1967　169p　22cm　Ⓝ215.2
〔30956〕

◇各々御用慎　太田文碩著,正木敬二評釈　名古屋　正木敬二　1981.12　134,4p　22cm　1200円　Ⓝ215.2
〔30957〕

◇旧飯田藩士柳田家日記『心覚』―飯田町と藩士の暮らしぶり　1　柳田東助為善著　柳田為正翻刻　飯田市美術博物館・柳田国男館編　飯田　飯田市美術博物館・柳田国男館　2004.3　396p　31cm　Ⓝ215.2
〔30958〕

◇旧信濃国善光寺平豪農大鈴木家文書　森安彦編　長野　鈴木陽　1982.11　393p　27cm　Ⓝ215.2
〔30959〕

◇近世伊那資料　第8巻　島田記　木曽伝馬　上　近世伊那資料刊行会編　阪田　近世伊那資料刊行会　1957-1958　21cm　Ⓝ215.2
〔30960〕

◇近世伊那資料　第9巻　島田記　木曽伝馬　下　近世伊那資料刊行会編　阪田　近世伊那資料刊行会　1957-1958　21cm　Ⓝ215.2
〔30961〕

◇近世伊那資料　第16巻　小川実記,樽木資料　近世伊那資料刊行会編　阪田　近世伊那資料刊行会　1957-1958　21cm　Ⓝ215.2
〔30962〕

◇近世伊那資料　第17巻　樽木資料　第2　近世伊那資料刊行会編　阪田　近世伊那資料刊行会　1957-1958　21cm　Ⓝ215.2
〔30963〕

◇近世栗田村古文書集成　青木正義編著　長野　銀河書房　1983.7　264p　22cm　4000円　Ⓝ215.2　〔30964〕

◇近世善光寺町史料抄―第一回近世庶民史料展覧会出品　長野市公民館,県立長野図書館編　長野　長野市公民館　1955.3　22p　21cm　Ⓝ215.2
〔30965〕

◇近世三輪村史料集　霜田巌編　長野　長野郷土史研究会　1972　324,38p　22cm　Ⓝ215.2　〔30966〕

◇桑山村名主市之丞の日記　文政3年　佐藤敬子編　浅科村（長野県）　浅科村教育委員会　1999.12　199p　26cm　（浅科村の史料　第1集）Ⓝ215.2　〔30967〕

◇桑山村名主市之丞の日記　文政4年　佐藤敬子編著　浅科村（長野県）　浅科村教育委員会　2001.12　184p　26cm　（浅科村の史料　第2集）Ⓝ215.2　〔30968〕

◇桑山村名主市之丞の日記　文政5年　佐藤敬子編著　浅科村（長野県）　浅科村教育委員会　2002.12　202p　26cm　（浅科村の史料　第3集）Ⓝ215.2　〔30969〕

◇弘化四年善光寺大地震記録集　岡沢要編　長野　〔岡沢要〕　1982.4　363p　22cm　Ⓝ215.2　〔30970〕

◇公用人馬等継立記録―小野宿問屋　慶応四年　高井宗雄編著　辰野町（長野県）　高井宗雄　2007.2　147p　26cm　Ⓝ215.2
〔30971〕

◇御領内寺社制札写　関川千代丸編　長野　長野郷土史研究会　1962　45p　22cm　Ⓝ215.2　〔30972〕

◇五郎兵衛新田古文書目録　第5集　浅科村教育委員会編　浅科村（長野県）　浅科村教育委員会　1992.3　132p　26cm　Ⓝ215.2
〔30973〕

◇五郎兵衛新田古文書目録　第6集　浅科村教育委員会編　浅科村（長野県）　浅科村教育委員会　1994.3　166p　26cm　Ⓝ215.2
〔30974〕

◇真田家家中明細書　国立史料館編　東京大学出版会　1986.3　359,132p　22cm　（史料館叢書　8）8000円　①4-13-092808-2　Ⓝ215.2
〔30975〕

◇信濃史料　第20巻　慶長9年8月-15年12月　信濃史料刊行会編　長野　信濃史料刊行会　1963　613p　22cm　Ⓝ215.2
〔30976〕

◇信濃史料　第21巻　慶長16年正月-1912月　信濃史料刊行会編　長野　信濃史料刊行会　1963　597p　22cm　Ⓝ215.2
〔30977〕

◇信濃史料　第22巻　元和元年正月-元和4年6月　信濃史料刊行会編　長野　信濃史料刊行会　1964　612p　22cm　Ⓝ215.2
〔30978〕

◇信濃史料　第23巻　元和4年7月-元和8年是歳　信濃史料刊行会編　長野　信濃史料刊行会　1965　618p　27cm　Ⓝ215.2
〔30979〕

◇信濃史料　第24巻　元和9年正月-寛永5年9月　信濃史料刊行会編　長野　信濃史料刊行会　1965　626p　27cm　Ⓝ215.2
〔30980〕

◇信濃史料　第25巻　寛永5年10月-寛永9年11月　信濃史料刊行会編　長野　信濃史料刊行会　1966　664p　22cm　Ⓝ215.2
〔30981〕

◇信濃史料　第26巻　寛永9年12月-13年是歳　信濃史料刊行会編　長野　信濃史料刊行会　1966　754p　22cm　Ⓝ215.2
〔30982〕

◇信濃史料　第27巻　寛永14年1月-17年10月　信濃史料刊行会編　長野　信濃史料刊行会　1967　721p　22cm　Ⓝ215.2
〔30983〕

◇信濃史料　第28巻　寛永17年11月-20年是歳　信濃史料刊行会編　長野　信濃史料刊行会　1967　725p　22cm　Ⓝ215.2
〔30984〕

信濃国高井郡東江部村山田庄左衛門家文書目録　その2　人間文化研究機構国文学研究資料館アーカイブズ研究系編　人間文化研究機構国文学研究資料館　2005.3　229p　26cm　（史料目録　第80集）①4-87592-104-7　Ⓝ215.2
〔30985〕

◇信州安曇郡長尾組与手代御用留日記　上巻　三郷村（長野県）　三郷村　1994.3　758p　27cm　Ⓝ215.2
〔30986〕

◇信州安曇郡長尾組与手代御用留日記　下巻　三郷村（長野県）　三郷村　1996.3　1056p　27cm　Ⓝ215.2
〔30987〕

◇信州佐久郡五郎兵衛新田村柳沢家文書　1　冊子部　学習院大学史料館　1975　275p　21cm　（学習院大学史料館所蔵史料目録　第1号）Ⓝ215.2
〔30988〕

◇信州佐久郡五郎兵衛新田村柳沢家文書　2　状の部　学習院大学史料館　1982.3　330p　21cm　（学習院大学史料館所蔵史料目録　第6号）Ⓝ215.2
〔30989〕

◇信州佐久郡五郎兵衛新田村柳沢家文書　3　状の部〔2〕　学習院大学史料館　1982.3　324p　21cm　（学習院大学史料館所蔵史料目録　第7号）Ⓝ215.2
〔30990〕

◇信州塩尻赤羽家元禄大庄屋日記　解説：横山篤美　慶友社　1974　304p　22cm　3000円　Ⓝ215.2
〔30991〕

◇信府統記　鈴木重武,三井弘篤編述　国書刊行会　1996.12　891p　22cm　16000円　①4-336-03889-9　Ⓝ215.2
〔30992〕

◇新編信濃史料叢書　第5巻　信府統記　上　鈴木重武,三井弘篤編述　長野　信濃史料刊行会　1973　354,3p　22cm　Ⓝ215.2
〔30993〕

◇新編信濃史料叢書　第6巻　信府統記　下　鈴木重武,三井弘篤編述　長野　信濃史料刊行会　1973　710,3p　22cm　2500円　Ⓝ215.2
〔30994〕

◇新編信濃史料叢書　第9巻　長野　信濃史料刊行会　1973　437,4p　22cm　Ⓝ215.2
〔30995〕

◇新編信濃史料叢書　第10巻　長野　信濃史料刊行会　1974　396,2p　22cm　2500円　Ⓝ215.2
〔30996〕

◇新編信濃史料叢書　第11巻　長野　信濃史料刊行会　1975　379p　22cm　2500円　Ⓝ215.2
〔30997〕

◇新編信濃史料叢書　第13巻　長野　信濃史料刊行会　1976　307,5p　22cm　Ⓝ215.2
〔30998〕

◇新編信濃史料叢書　第14巻　長野　信濃史料刊行会　1976　402p　22cm　Ⓝ215.2
〔30999〕

◇新編信濃史料叢書　第15巻　真田家御事蹟稿　長野　信濃史料刊行会　1977.3　373,3p　22cm　Ⓝ215.2
〔31000〕

◇新編信濃史料叢書　第16巻　真田家御事蹟稿　長野　信濃史料刊行会　1977.9　371,3p　22cm　Ⓝ215.2
〔31001〕

◇新編信濃史料叢書　第17巻　真田家御事蹟稿　信濃史料刊行会編　長野　信濃史料刊行会　1977.12　393,2p　22cm　Ⓝ215.2
〔31002〕

◇新編信濃史料叢書　第18巻　真田家御事蹟稿　信濃史料刊行会編　長野　信濃史料刊行会　1978.3　381,2p　22cm　Ⓝ215.2
〔31003〕

◇新編信濃史料叢書　第19巻　長野　信濃史料刊行会　1977.6　388,2p　22cm　Ⓝ215.2
〔31004〕

◇新編信濃史料叢書　第20巻　信濃史料刊行会編　長野　信濃史料刊行会　1978.8　409,1p　22cm　Ⓝ215.2
〔31005〕

◇新編信濃史料叢書　第23巻　信濃国絵図仕立帳.松代藩勤王事略私記　信濃史料刊行会編　長野　信濃史料刊行会　1979.6　364,2p　22cm　Ⓝ215.2
〔31006〕

◇新編信濃史料叢書　第24巻　信濃史料刊行会編　長野　信濃史料刊行会　1979.12　386,3p　22cm　Ⓝ215.2
〔31007〕

◇諏訪史料叢書　巻10　諏訪教育会編　諏訪　諏訪教育会　1925-1952　23cm　Ⓝ215.2
〔31008〕

◇諏訪史料叢書　巻13　諏訪教育会編　諏訪　諏訪教育会　1925-1952　23cm　Ⓝ215.2
〔31009〕

◇諏訪史料叢書　巻22　諏訪教育会編　諏訪　諏訪教育会　1925-1952　23cm　Ⓝ215.2
〔31010〕

◇諏訪史料叢書　巻23　諏訪教育会編　鵜飼盈進　諏訪　諏訪教育会　1925-1952　23cm　Ⓝ215.2
〔31011〕

◇諏訪史料叢書　巻24　諏訪教育会編　諏訪　諏訪教育会　1925-1952　23cm　Ⓝ215.2
〔31012〕

◇善光寺大地震図絵―弘化四年　地震後世俗語之種　永井善左衛門絵　長野　銀河書房　1985.12　269p　27cm　10000円　Ⓝ215.2
〔31013〕

◇高遠の古記録　第12巻　高遠領内高札留.板町落葉.高遠町家数並間数役附之覚　高遠町（長野県）　高遠文化財保護委員会　1966.11　66p　22cm　Ⓝ215.2
〔31014〕

◇高遠の古記録　第1-8巻　高遠文化財保護委員会編　高遠町（長野県）　1958-1962　22cm　Ⓝ215.2
〔31015〕

◇高遠の古記録　第9-11巻　高遠町（長野県）　高遠文化財保護委員会　1962-1964　3冊（合本1冊）　22cm　Ⓝ215.2
〔31016〕

◇高遠藩進徳館蔵書本目録　高橋良政編　高遠町（長野県）　高遠町図書館　2004.5　93,7p　26cm　Ⓝ029.8
〔31017〕

◇長野県史　近世史料編　第3巻　南信地方　長野　長野県史刊行会　1975　1232,30,7p　22cm　Ⓝ215.2
〔31018〕

◇長野県史　近世史料編　第6巻　中信地方　長野県編　長野　長野県史刊行会　1979.12　774,26,6p　22cm　Ⓝ215.2
〔31019〕

◇長野県史　近世史料編　第9巻　全県　長野県編　長野　長野県史刊行会　1984.2　987p　22cm　Ⓝ215.2
〔31020〕

◇長野県史―近世史料編　第4巻1　南信地方　長野県編　長野　長野県史刊行会　1977.1　1275,38,7p　22cm　Ⓝ215.2
〔31021〕

◇長野県史　近世史料編　第1巻1　東信地方　1　長野　長野県史刊行会　1971　1023p　22cm　Ⓝ215.2　〔31022〕

◇長野県史　近世史料編　第1巻2　東信地方　2　長野　長野県史刊行会　1972　956,35,8p　22cm　Ⓝ215.2
〔31023〕

◇長野県史　近世史料編　第2巻1　東信地方　長野県編　長野　長野県史刊行会　1978.3　1024p　22cm　Ⓝ215.

地方史　　　　　　　　　　　　近世史

◇長野県史　近世史料編 第2巻 2　東信地方　長野県編　長野　長野県史刊行会　1979.2　1014,59,11p　22cm　Ⓝ215.2　〔31025〕

◇長野県史　近世史料編 第4巻 2　南信地方　長野県編　長野　長野県史刊行会　1982.7　1044p　22cm　Ⓝ215.2　〔31026〕

◇長野県史　近世史料編 第4巻 3　南信地方　長野県編　長野　長野県史刊行会　1983.3　1042,77,11p　22cm　Ⓝ215.2　〔31027〕

◇長野県史　近世史料編 第5巻 1　中信地方〔1〕　長野　長野県史刊行会　1973　1018p　22cm　Ⓝ215.2　〔31028〕

◇長野県史　近世史料編 第5巻 2　中信地方〔2〕　長野　長野県史刊行会　1974　977p　22cm　Ⓝ215.2　〔31029〕

◇長野県史　近世史料編 第5巻 3　中信地方〔3〕　長野　長野県史刊行会　1974　990,68,9p　22cm　Ⓝ215.2　〔31030〕

◇長野県史　近世史料編 第7巻 1　北信地方　長野県編　長野　長野県史刊行会　1981.2　1020p　22cm　Ⓝ215.2　〔31031〕

◇長野県史　近世史料編 第7巻 2　北信地方　長野県編　長野　長野県史刊行会　1981.9　989p　22cm　Ⓝ215.2　〔31032〕

◇長野県史　近世史料編 第7巻 3　北信地方　長野県編　長野　長野県史刊行会　1982.3　1033,99,14p　22cm　Ⓝ215.2　〔31033〕

◇長野県史　近世史料編 第8巻 1　北信地方〔1〕　長野　長野県史刊行会　1975　830p　22cm　Ⓝ215.2　〔31034〕

◇長野県史　近世史料編 第8巻 2　北信地方〔2〕　長野　長野県史刊行会　1976　822,55,10p　22cm　Ⓝ215.2　〔31035〕

◇長野県史　近代史料編 第2巻 1　政治・行政・県政　長野県編　長野　長野県史刊行会　1981.10　1155,34,8p　22cm　Ⓝ215.2　〔31036〕

◇長野県史　近代史料編 第2巻 2　郡政　長野県編　長野　長野県史刊行会　1982.12　792,46p　22cm　Ⓝ215.2　〔31037〕

◇町方役用記録　第3　飯田刊行協会編　飯田　1959　131p　18cm　（郷土文庫 第4）Ⓝ215.2　〔31038〕

◇脇本陣丸屋古文書解読集成─中山道下諏訪宿　蟹江文吉解読・解説・編　大久保秀一郎編　下諏訪町（長野県）　大久保秀一郎　2002.1　344p　30cm　Ⓝ215.2　〔31039〕

◆◆◆◆上田藩村明細帳

◇大日本近世史料　第1　上田藩村明細帳　東京大学史料編纂所編　東京大学出版会　1953-1956　22cm　〔31040〕

◇大日本近世史料─上田藩村明細帳　上　東京大学史料編纂所編　東京大学出版会　1984.1　413p　22cm　6000円　④4-13-092911-9　Ⓝ210.5　〔31041〕

◇大日本近世史料─上田藩村明細帳　中　東京大学史料編纂所編　東京大学出版会　1984.1　464p　22cm　6000円　④4-13-092912-7　Ⓝ210.5　〔31042〕

◇大日本近世史料─上田藩村明細帳　下　東京大学史料編纂所編　東京大学出版会　1984.1　567p　22cm　6000円　④4-13-092913-5　Ⓝ210.5　〔31043〕

◆◆岐阜県

◇揖斐陣屋・揖斐祭絵巻─特輯三輪の里　郷土史研究会編　揖斐川町（岐阜県）　郷土史研究会　1981　1冊　27cm　Ⓝ215.3　〔31044〕

◇岩村藩士福嶋氏三代記　岐阜県恵那市岩村振興事務所教育課編　恵那　岐阜県恵那市教育委員会　2005.8　271p　26cm　（岩村町史 史料 近世）Ⓝ215.3　〔31045〕

◇歌川国芳木曽街道六十九次─江戸時代の楽しみ上手な文化人　岐阜県博物館所蔵　タルイピアセンター第34回企画展　タルイピアセンター編　垂井町（岐阜県）　タルイピアセンター　2005.4　27p　30cm　〔31046〕

◇江戸時代の飛騨史　後藤新三郎著　古川町（岐阜県）　後藤新三郎　1983.4　188p　22cm　Ⓝ215.3　〔31047〕

◇江戸時代の村と地域─美濃養老・日比家文書にみる暮らしと災害　名古屋大学附属図書館2006年秋季特別展（地域貢献特別支援事業成果報告）　名古屋大学附属図書館・附属図書館研究開発室編　名古屋　名古屋大学附属図書館・附属図書館研究開発室　2006.9　67p　30cm　Ⓝ215.3　〔31048〕

◇江戸農民の暮らしと人生─歴史人口学入門　速水融著　柏　麗沢大学出版会　2002.8　274p　20cm　2400円　④4-89205-453-4　Ⓝ334.3153　〔31049〕

◇太田巴静と美濃竹ヶ鼻の俳諧─美濃竹ヶ鼻俳諧三百五十年記念　野田千平著　羽島　羽島水音吟社　2005.11　157p　21cm　1905円　④4-88519-262-5　Ⓝ911.302　〔31050〕

◇奥平信昌と加納城─家康が美濃と長女を託した武将と城　岐阜市歴史博物館編著　岐阜　岐阜新聞社　2004.2　103p　26cm　1714円　④4-87797-076-2　Ⓝ215.3　〔31051〕

◇加治田の風雅─江戸の年賀状 平成19年度富加町郷土資料館秋季特別展 展示リーフレット　加治田文芸資料研究会編　富加町（岐阜県）　富加町教育委員会　2007.11　13p　30cm　〔31052〕

◇上総片貝真忠組義士挙兵概説　高梨輝憲著　水戸史談会　1936　46p　19cm　Ⓝ210.5　〔31053〕

◇加納宿本陣の由来─松波藤右衛門家の系譜　宮嶋利三著　岐阜　宮嶋勝太郎　1983.11　31p　19cm　Ⓝ288.2　〔31054〕

◇岐阜県の歴史　第2　近世　吉岡勲著　岐阜　大衆書房　1954-1958　3冊　19cm　Ⓝ215.3　〔31055〕

◇岐阜城いまむかし　中日新聞岐阜総局編　名古屋　中日新聞本社　1982.4　231p　19cm　980円　④4-8062-0120-0　Ⓝ215.3　〔31056〕

◇近世に輝く濃飛の群像─特別展 展示図録　関　岐阜県博物館　1992.10　39p　26cm　Ⓝ215.3　〔31057〕

◇交代寄合高木家の研究─近世領主権力と支配の特質　伊藤孝幸著　大阪　清文堂出版　2004.11　430p　22cm　8800円　④4-7924-0559-9　Ⓝ215.3　〔31058〕

◇高原郷史の研究　近世・金森時代篇　村中利男著　岐阜　庶民史研究会　1996.8　238,34p　26cm　（高原郷庶民史シリーズ 1）4000円　Ⓝ215.3　〔31059〕

◇高原郷史の研究　近世・天領期篇 第1部　北飛騨における江戸時代前期の浄土宗展望　村中利男著　神岡町（岐阜県）　庶民史研究会　2003.12　96p　26cm　（高原郷庶民史シリーズ 1-3-1）1400円　Ⓝ215.3　〔31060〕

◇定本金森歴代記─初代～七代　森本一雄著　高山　「金森歴代記」刊行会　1993.4　214p　22cm　4800円　④4-9900166-3-7　Ⓝ215.3　〔31061〕

◇天明の大井宿助郷訴訟記録─藩を背景にした宿と助郷十四年間の争い　安藤利通執筆　恵那　恵那市教育委員会　2004.3　105p　21cm　Ⓝ215.3　〔31062〕

◇苗木霞ケ城　新田瑞気著　3版　中津川　新田瑞気　1978.10　64p　19cm　Ⓝ215.3 〔31063〕
◇苗木城　岸上耿久著　中津川　苗木ふるさとシリーズ刊行委員会　1987.3　460p　22cm　Ⓝ215.3 〔31064〕
◇苗木藩政史研究　後藤時男著　中津川　中津川市　1982.4　293,5,7p　22cm　Ⓝ215.3 〔31065〕
◇中仙道鵜沼宿　梅田薫著　美濃加茂　美濃文化財研究会　1993.2　311p　21cm　2500円　Ⓝ215.3 〔31066〕
◇中山道大井宿俳諧研究レポート　ひしや古文書研究会編　恵那　恵那市教育委員会　2002.3　47p　30cm　Ⓝ911.302 〔31067〕
◇中山道太田宿に生きた人々の系譜—そこに住んだ人々とその系譜　高島博著　美濃加茂　高島博　1984.11　359p　22cm　Ⓝ215.3 〔31068〕
◇中津川の中山道　小林正典編　中津川　中津川市　1995.12　101p　22cm　Ⓝ215.3 〔31069〕
◇錦絵が語る美濃と飛騨—飛騨美濃合併130周年記念特別展　岐阜県博物館学芸部人文担当編　関　岐阜県博物館　2006.9　79p　30cm　Ⓝ721.8 〔31070〕
◇飛騨一日一話　八野忠次郎著　高山　高山陣屋　1979.3　360p　21cm　(高山陣屋刊行史料 2号)1200円　Ⓝ215.3 〔31071〕
◇飛騨金森史　高山市制五十周年・金森公領国四百年記念行事推進協議会編　高山　金森公顕彰会　1986.5　219p　26cm　Ⓝ215.3 〔31072〕
◇飛騨史考　近世金森時代編　岡村守彦著　岡村健守　1986.9　720p　22cm　9500円　Ⓝ215.3 〔31073〕
◇飛騨の哀歌高山祭　山本茂実著　角川書店　1981.4　340p　15cm　(角川文庫)380円　Ⓝ215.3 〔31074〕
◇飛騨古川金森史　金森家の一族と末裔　飛騨古川金森史編さん委員会編　古川町(岐阜県)　古川町　1994.3　160p　26cm　非売品　Ⓝ215.3 〔31075〕
◇飛騨古川金森史　古川町の歴史と城下町　飛騨古川金森史編さん委員会編　古川町(岐阜県)　古川町　1991.3　148p　26cm　非売品　Ⓝ215.3 〔31076〕
◇人づくり風土記—全国の伝承・江戸時代 21 ふるさとの人と知恵・岐阜　加藤秀俊ほか編纂　農山漁村文化協会　1992.9　397p　27cm　(聞き書きによる知恵シリーズ)4500円　④-540-92009-X　Ⓝ215.3 〔31077〕
◇本阿弥輪中—藩政時代における輪中農業の成立と変貌　松原義継著　二宮書店　1977.8　334,10p　22cm　4500円　Ⓝ291.53 〔31078〕
◇美濃市と金森長近公　高林玄宝著, 後藤美彦編　美濃　清泰寺長養軒　1958　55p　22cm　Ⓝ215.3 〔31079〕
◇美濃城郭と幕末維新の藩主たち　藤林明芳著　大阪　日本古城友の会　1999.5　8,20p　22cm　(城と陣屋シリーズ 228号)　Ⓝ215.3 〔31080〕
◇美濃国白樫城趾—春日局生誕地　大久保甚一編　春日村(岐阜県)　春日村　1988.10　107p　22cm　Ⓝ215.3 〔31081〕

◆◆◆自治体史
◇朝日村史　第2巻　朝日村誌編纂委員会編　朝日村(岐阜県)　朝日村　1998.2　1冊　22cm　Ⓝ291.53 〔31082〕
◇尾張藩領落合村誌　山川喬著　神戸町(岐阜県)　山川喬　1991.10　255p　22cm　Ⓝ215.3 〔31083〕
◇各務原市史　通史編 近世・近代・現代　各務原市教育委員会編　各務原　各務原市　1987.3　1冊　22cm　Ⓝ215.3 〔31084〕
◇岐阜県史—通史編　近世 上　岐阜県編　岐阜　1968　1344p　22cm　Ⓝ215.3 〔31085〕
◇岐阜市史　通史編 近世　岐阜市編　岐阜　岐阜市　1981.3　852,43,21p　22cm　Ⓝ215.3 〔31086〕

◆◆◆自治体史史料
◇岩村町史　史料編 近世　岩村藩藩士歴世略譜　上巻　岩村町教育委員会史料編纂室編　岩村町(岐阜県)　岩村町教育委員会　1992.3　209p　26cm　Ⓝ215.3 〔31087〕
◇海津町史　史料編 第1　宝暦御手伝普請史料　海津町(岐阜県)　海津町　1969　403p　22cm　Ⓝ215.3 〔31088〕
◇各務原市史　史料編 近世1　各務原市教育委員会編　各務原　各務原市　1984.3　896p 図版19枚　22cm　Ⓝ215.3 〔31089〕
◇各務原市史　史料編 近世2　各務原市教育委員会編　各務原　各務原市　1985.3　911,19p 図版19枚　22cm　Ⓝ215.3 〔31090〕
◇岐阜市史　史料編 近世1　岐阜　岐阜市　1976　878p　22cm　Ⓝ215.3 〔31091〕
◇岐阜市史　史料編 近世2　岐阜市編　岐阜　岐阜市　1978.3　2冊(別冊とも)　22cm　Ⓝ215.3 〔31092〕
◇岐阜市史　史料編 近世3　岐阜市編　岐阜　岐阜市　1979.3　971,37p　22cm　Ⓝ215.3 〔31093〕
◇郡上八幡町史　史料編 3　幕府領・旗本領地方史料　八幡町編　八幡町(岐阜県)　八幡町　1987.3　948p　22cm　Ⓝ215.3 〔31094〕
◇新修関市史　史料編 近世2　関市教育委員会編　関　関市　1993.3　864p　22cm　Ⓝ215.3 〔31095〕
◇新修関市史　史料編 近世3　関市教育委員会編　関　関市　1994.3　1003p　22cm　Ⓝ215.3 〔31096〕
◇関ケ原町史　史料編 2　近世2・近代　関ケ原町(岐阜県)　関ケ原町　1988.3　36,757p　22cm　Ⓝ215.3 〔31097〕

◆◆◆一般史料
◇大垣藩戸田家の見聞書—二百年間集積史料「御家耳袋」　鈴木喬著　岩田書院(発売)　2006.7　150p　27cm　2857円　①4-87294-052-0　Ⓝ215.3 〔31098〕
◇加納藩士田辺氏見聞録　田辺政六ほか記録, 西村覚良解読・解説　岐阜　岐阜県郷土資料研究協議会　1982.9　190p　21cm　1800円　Ⓝ215.3 〔31099〕
◇岐阜県史—史料編　近世 第1　岐阜県編　岐阜　1965　990p　22cm　Ⓝ215.3 〔31100〕
◇岐阜県史—史料編　近世 第2　岐阜県編　岐阜　1966　980p　22cm　Ⓝ215.3 〔31101〕
◇岐阜県史—史料編　近世 第3　岐阜県編　岐阜　1966　51,1003p　22cm　Ⓝ215.3 〔31102〕
◇岐阜県史—史料編　近世 第4　岐阜県編　岐阜　1968　2冊(別冊共)　22cm　Ⓝ215.3 〔31103〕
◇岐阜県史　史料編 近世5　岐阜　岐阜県　1969　2冊(付録共)　22cm　Ⓝ215.3 〔31104〕
◇岐阜県史　史料編 近世6　岐阜　岐阜県　1969　2冊(付録共)　22cm　Ⓝ215.3 〔31105〕
◇岐阜県史　史料編 近世7　岐阜　岐阜県　1971　2冊(付録共)　22cm　Ⓝ215.3 〔31106〕
◇岐阜県史　史料編 近世8　岐阜　岐阜県　1972　2冊(付録共)　22cm　Ⓝ215.3 〔31107〕
◇岐阜県史　史料編 近世9　岐阜　岐阜県　1973　2冊(付録共)　22cm　Ⓝ215.3 〔31108〕
◇岐阜大学教育学部郷土資料 7　幕末維新期美濃地方の村方騒動関係史料　岐阜　岐阜大学教育学部　1976

地方史　　　　　　　　　　近世史

◇岐阜大学教育学部郷土資料　11　下佐波村青木久兵衛日記（抄）1　岐阜大学教育学部編　岐阜　岐阜大学教育学部　1980.3　126p　22cm　Ⓝ215.3
〔31110〕

◇岐阜大学教育学部郷土資料　1-2　岐阜　岐阜大学教育学部　1969-1971　2冊　22cm　Ⓝ215.3
〔31111〕

◇近世児島家文書資料集　1　多治見市市史編さん室編　多治見　多治見市教育委員会　1997.3　241p　30cm　（多治見市文書資料集　1）Ⓝ215.3
〔31112〕

◇近世児島家文書資料集　2　多治見市市史編さん室編　多治見　多治見市教育委員会　2000.3　305p　30cm　（多治見市文書資料集　2）Ⓝ215.3
〔31113〕

◇近世三之倉村貢租関係文書資料集―河地節雄家文書　多治見市市史編さん室編　多治見　多治見市教育委員会　2001.3　60p　30cm　Ⓝ215.3
〔31114〕

◇慶応二・三年兵賦出府日記　各務原市歴史民俗資料館編　各務原　各務原市歴史民俗資料館　1988.3　258p　26cm　（各務原市資料調査報告書　第9号）Ⓝ215.3
〔31115〕

◇御親征一件―慶応四辰年四月　岐阜　岐阜県歴史古文書研究会　1982.1　2冊　26cm　Ⓝ215.3
〔31116〕

◇常久寺宗旨改帳個人別調書　佐々木薫編　恵那　佐々木薫　1981.7　140p　27cm　Ⓝ215.3
〔31117〕

◇信行寺過去帳に見る生死流転―寺号公称三百年記念誌　東林山信行寺編　古川町（岐阜県）　信行寺　1987.11　118p　22cm　Ⓝ215.3
〔31118〕

◇西山謙之助書簡集　中島勝国編　可児　中島勝国　1983.11　235p　22cm　（可児歴史叢書　1）Ⓝ289.1
〔31119〕

◇飛騨史料　維新前後之1　岡村利平編纂　岐阜　大衆書房　1971　806p　22cm　4000円　Ⓝ215.3
〔31120〕

◇ふるさと笠松の古文書解読―天保七歳五人組御仕置帳・弘化五年宗門人別御改帳　講座「古文書解読」同人編　笠松町（岐阜県）　笠松中央公民館　1988.2　48p　26cm　Ⓝ215.3
〔31121〕

◇美濃国郡高寄帳　岐阜　岐阜県郷土資料研究協議会　1992.8　176p　21cm　①4-905687-23-3　Ⓝ215.3
〔31122〕

◆◆◆史料目録

◇大前久八郎家文書目録　1　近世史料編　岐阜県教育文化財団歴史資料館編　岐阜　岐阜県教育文化財団歴史資料館　2005.2　203p　図版16p　30cm　（岐阜県所在史料目録　第54集）Ⓝ215.3
〔31123〕

◇大前久八郎家文書目録　2　近代史料編　岐阜県教育文化財団歴史資料館編　岐阜　岐阜県教育文化財団歴史資料館　2006.2　236p　30cm　（岐阜県所在史料目録　第55集）Ⓝ215.3
〔31124〕

◇各務原市文書史料目録　2　各務原市教育委員会編　各務原　各務原市教育委員会　1983.3　120p　26cm　（各務原市資料調査報告書　第2号）Ⓝ215.3
〔31125〕

◇岐阜県所在史料目録　第11集　飛騨郡代高山陣屋文書その2（補遺）　岐阜県歴史資料館編　岐阜　岐阜県歴史資料館　1982.12　141p　26cm　Ⓝ215.3
〔31126〕

◇岐阜県所在史料目録　第14集　武井家文書目録　2　近世史料の部　岐阜県歴史資料館編　岐阜　岐阜県歴史資料館　1984.3　135p　26cm　Ⓝ215.3
〔31127〕

◇岐阜県所在史料目録　第17集　棚橋健二家文書目録　1　近世史料の部　1　岐阜　岐阜県歴史資料館　1986.2　20,140p　26cm　Ⓝ215.3
〔31128〕

◇岐阜県所在史料目録　第23集　棚橋健二家文書目録―安八郡輪之内町楡俣　2　近世史料の部　2　岐阜県歴史資料館編　岐阜　岐阜県歴史資料館　1989.3　183p　26cm　Ⓝ215.3
〔31129〕

◇鳳来寺旧領門谷西郷・新加東照宮領文書目録　鳳来町立鳳来寺小学校ほか共編　鳳来町（愛知県）〔鳳来町立鳳来寺小学校〕　1978.12　94p　21cm　Ⓝ215.3
〔31130〕

◆◆静岡県

◇維新前後の静岡　小山有言著　静岡　安川書店　1941　212p　19cm　Ⓝ215.4
〔31131〕

◇江戸から静岡へ　戸羽山瀚著　静岡　静岡文化研究会　1969　204p　26cm　2000円　Ⓝ215.4
〔31132〕

◇江戸城・大阪城と伊豆石―伊豆稲取　東伊豆町（静岡県）　稲取ふるさと学級　1979.5　36p　26cm　Ⓝ215.4
〔31133〕

◇遠州の俳諧―地域を支えた雑俳と俳諧　寺田良毅著　磐田　寺田良毅　2005.3　437p　21cm　2762円　①4-7838-9624-0　Ⓝ911.302
〔31134〕

◇遠州報国隊略歴　山崎常磐編　井伊谷村（静岡県）　山崎常磐　1922　35p　19cm　Ⓝ210.5
〔31135〕

◇北遠中・近世史年表　坪井俊三編　天竜　坪井俊三　1979　26p　26cm　Ⓝ215.4
〔31136〕

◇近世見聞　新静岡物語　桜井信太郎著　静岡　黒船工房（印刷者）　1962　240p　21cm　Ⓝ215.4
〔31137〕

◇近世じかた用語集―マニュアル　湖西文化研究協議会編　湖西　湖西文化研究協議会　1989.9　280p　19cm　Ⓝ215.4
〔31138〕

◇近世静岡変遷史　桜井信太郎著　静岡　1960　210p　22cm　Ⓝ215.4
〔31139〕

◇近世初期幕領支配の研究　関根省治著　雄山閣出版　1992.9　280,8p　22cm　5800円　①4-639-01111-3　Ⓝ215.4
〔31140〕

◇黒船談叢　森一著, 森斧水編　下田町（静岡県）　下田文化協会　1947　348p*　31cm　Ⓝ215.4
〔31141〕

◇静岡県史　通史編3　近世1　静岡県編　静岡　静岡県　1996.3　1208,21p　22cm　Ⓝ215.4
〔31142〕

◇静岡県史　通史編4　近世2　静岡県編　静岡　静岡県　1997.3　1420,39p　22cm　Ⓝ215.4
〔31143〕

◇静岡県の歴史―近世編　若林淳之著　静岡　静岡新聞社　1983.10　383,6p　20cm　1500円　①4-7838-1006-0　Ⓝ215.4
〔31144〕

◇静岡県の歴史―近世編　若林淳之著　静岡　静岡新聞社　1983.10　383,6p　19cm　1200円　①4-7838-1007-9　Ⓝ215.4
〔31145〕

◇私説黒船談叢　板垣賢一郎著　河津町（静岡県）　板富書院　1994.7　155p　19cm　Ⓝ215.4
〔31146〕

◇駿藩各所分配姓名録　駿府　本屋市蔵　1869　3枚　34×24-49cm　Ⓝ322.15
〔31147〕

◇城下町相良区史　川原崎次郎編著　相良町（静岡県）　城下町相良区史刊行会　1986.10　803p　図版16枚　22cm　Ⓝ215.4
〔31148〕

◇駿河の岩村藩―岩村藩（岐阜県）駿河領資料展　第1回企画展　藤枝市郷土博物館編　藤枝　藤枝市郷土博物館　1988.2　36p　26cm　Ⓝ215.4
〔31149〕

◇駿河国田中城絵図　藤枝　藤枝市郷土博物館　1987.11　図版1枚　80×98cm　Ⓝ215.4
〔31150〕

◇駿遠へ移住した徳川家臣団　第5編　前田匡一郎著　静岡　羽衣出版　2007.5　459p　図版8p　19cm　3000円　①978-4-938138-62-2　Ⓝ281.54
〔31151〕

◇駿州田中城趾　小花藤平著　藤枝　小花けん　1980.10　181p　22cm　2000円　Ⓝ215.4
〔31152〕

◇駿府城　前篇　市川喜代平著　静岡　市川喜代平　1986　100p　26cm　Ⓝ215.4〔31153〕
◇駿府町人の社会　若尾俊平著　静岡　静岡谷島屋　1989.8　269p　21cm　2800円　Ⓝ215.4〔31154〕
◇駿府の城下町　若尾俊平ほか著　静岡　静岡新聞社　1983.12　381p　20cm　1600円　①4-7838-1024-9　Ⓝ215.4〔31155〕
◇田中城と本多氏―開館記念特別展　藤枝市郷土博物館編　藤枝　藤枝市郷土博物館　1987.11　24p　26cm　Ⓝ215.4〔31156〕
◇東海道駿府城下町　上　東海道中核都市の誕生　建設省静岡国道工事事務所企画・監修　中部建設協会静岡支所編　静岡　中部建設協会静岡支所　1996.3　225p　26cm　2427円　Ⓝ215.4〔31157〕
◇東海道駿府城下町　下　世界を見た家康とその後の駿府　建設省静岡国道工事事務所監修　中部建設協会静岡支所編　静岡　中部建設協会静岡支所　1997.3　207p　26cm　2427円　Ⓝ215.4〔31158〕
◇遠江の郷土雑筆　古老物語　山下熙庵著　謄写版　浜松　昭和堂書店　1955　93p　地　17cm　Ⓝ210.52〔31159〕
◇徳川家康と駿府城下町　黒沢脩著　改訂増補　静岡　静岡谷島屋　1983.3　285p　20cm　1800円　Ⓝ215.4〔31160〕
◇沼津藩とその周辺―沼津城・沼津藩・菊間藩　設立15周年記念特別展　沼津市歴史民俗資料館編　沼津　沼津市歴史民俗資料館　1989.8　38p　26cm　Ⓝ215.4〔31161〕
◇幕末下田開港史　石井信一編　下田町（静岡県）　静岡県賀茂郡教育会　1925　320p　23cm　Ⓝ210.5〔31162〕
◇幕末・ロシアの風―プチャーチンと戸田号　姉妹都市交流展『戸田村』　戸田　戸田市立郷土博物館　1997.10　36p　26cm　Ⓝ215.4〔31163〕
◇浜松城と浜松藩　浜松市立郷土博物館編　浜松　浜松市教育委員会　1968　66p　26cm　（浜松市立郷土博物館叢書 第6集）非売　Ⓝ215.4〔31164〕
◇浜松城と歴代城主―第10回特別展　浜松市博物館編　浜松　浜松市博物館　1988.7　24p　26cm　Ⓝ215.4〔31165〕
◇人づくり風土記―全国の伝承・江戸時代　22　ふるさとの人と知恵・静岡　加藤秀俊ほか編纂　農山漁村文化協会　1990.2　372p　27cm　（聞き書きによる知恵シリーズ）4500円　①4-540-89011-5　Ⓝ210.5〔31166〕
◇文学史の一ページを飾る芭蕉と静岡俳諧の流れ展―企画展　静岡　駿府博物館　1990　1冊　26cm〔31167〕
◇薬史から見たふるさと伊豆　杉山茂著　近代文芸社　2004.3　130p　18cm　（近代文芸社新書）1000円　①4-7733-7127-7〔31168〕
◇わかりやすい伊東の歴史物語　続続　近世　森山俊英著　伊東　サガミヤ　1990.1　125p　19cm　（サガミヤ選書 10）1200円　Ⓝ215.4〔31169〕

◆◆◆自治体史
◇伊東の今・昔―伊東市史研究　第6号　伊東市史編さん委員会編　伊東　伊東市教育委員会　2006.3　111p　26cm　Ⓝ215.4〔31170〕
◇磐田市史　通史編 中巻 近世　磐田市史編さん委員会編　磐田　磐田市　1991.3　707p　22cm　Ⓝ215.4〔31171〕
◇江戸時代の清水市域　梅田典平著　静岡　中川プリント（印刷）　1998.10　163p　22cm　2300円　Ⓝ215.4〔31172〕
◇小山町史　第7巻　近世通史編　小山町史編さん専門委員会編　小山町（静岡県）　小山町　1998.3　1040p　22cm　Ⓝ215.4〔31173〕
◇蒲原町史私考　その2　江戸時代明細帳より　梅島鉄次郎著　蒲原町（静岡県）〔梅島鉄次郎〕　1970　1冊　26cm　Ⓝ215.4〔31174〕
◇蒲原町史私考　その3　幕末史話　梅島鉄次郎著　蒲原町（静岡県）〔梅島鉄次郎〕　1970　1冊　26cm　Ⓝ215.4〔31175〕
◇蒲原町史私考　その6　蒲原宿御状箱事件　梅島鉄次郎著　蒲原町（静岡県）〔梅島鉄次郎〕　1975　1冊　26cm　Ⓝ215.4〔31176〕
◇郷土史　幕末開国史上における伊豆下田について　持月博行著　下田町（静岡県）　勉強堂書店　1956　96p　表　17cm　Ⓝ215.4〔31177〕
◇近世・近代沼津医療事情―図録　沼津市明治史料館編　沼津　沼津市明治史料館　2006.7　51p　26cm　Ⓝ498.02154〔31178〕
◇近世沼津史　石塚恭江著　沼津　近世沼津史発行所　1937　409p　19cm　Ⓝ215.4〔31179〕
◇静岡市史　近世　静岡市編　静岡　静岡市　1979.4　1169p　22cm　Ⓝ215.4〔31180〕
◇韮山町史　第11巻　通史　2 近世　韮山町史編纂委員会編　韮山町（静岡県）　韮山町史刊行委員会　1996.3　702p　22cm　Ⓝ215.4〔31181〕
◇韮山町史　第6巻 上　韮山代官　韮山町史編纂委員会，韮山町教育委員会社会教育課町史編纂室編纂　韮山町（静岡県）　韮山町史刊行委員会　1992.3　698p　22cm　Ⓝ215.4〔31182〕
◇韮山町史　第6巻 下　韮山代官　韮山町史編纂委員会編　韮山町（静岡県）　韮山町史刊行委員会　1994.3　750p　22cm　Ⓝ215.4〔31183〕
◇ぬまづ江戸時代図誌―沼津市明治史料館常設展示解説書　沼津市明治史料館編　沼津　沼津市明治史料館　1993.3　54p　26cm　Ⓝ215.4〔31184〕
◇沼津市史編さん調査報告書　第14集　上香貫霊山寺の近世墓　沼津市教育委員会文化振興課編　沼津　沼津市教育委員会　2002.3　180p　26cm　Ⓝ215.4〔31185〕
◇浜松市史　2　近世編　浜松　浜松市　1971　686p　地　22cm　Ⓝ215.4〔31186〕

◆◆◆自治体史史料
◇浅羽町史　資料編 2　近世　浅羽町史編さん委員会編　浅羽町（静岡県）　浅羽町　1996.3　886p　22cm　Ⓝ215.4〔31187〕
◇新居町史　第5巻　近世資料 1 新居町方記録　新居町（静岡県）　新居町　1983.3　1072p　22cm　Ⓝ215.4〔31188〕
◇新居町史　第6巻　近世資料 2 新居町方記録　新居町（静岡県）　新居町　1983.3　1056p　22cm　Ⓝ215.4〔31189〕
◇新居町史　第7巻　近世資料 3 新居町方記録　新居町（静岡県）　新居町　1984.3　995p　22cm　Ⓝ215.4〔31190〕
◇新居町史　第8巻　近世資料 4 宿方・地方資料　新居町史編さん委員会編　新居町（静岡県）　新居町　1986.3　1077p　22cm　Ⓝ215.4〔31191〕
◇磐田市史　史料編 2 近世　磐田市史編さん委員会編　磐田　磐田市　1991.3　1183p　22cm　Ⓝ215.4〔31192〕
◇磐田市史　史料編 4 近世追補 1　磐田市史編さん委員会編　磐田　磐田市　1995.2　705p　22cm　Ⓝ215.4〔31193〕

地方史　　　　　　　　　　　　近世史

◇磐田市史　史料編 5 近世追補 2　磐田市史編さん委員会編　磐田　磐田市　1996.1　747p　22cm　Ⓝ215.4
〔31194〕

◇御前崎町史　資料編 近世 1　御前崎町（静岡県）　御前崎町　1991.3　410p　22cm　Ⓝ215.4
〔31195〕

◇小山町史　第 2 巻　近世資料編 1　小山町史編さん専門委員会編　小山町（静岡県）　小山町　1991.3　1132p　22cm　Ⓝ215.4
〔31196〕

◇小山町史　第 3 巻　近世資料編 2　小山町史編さん専門委員会編　小山町（静岡県）　小山町　1994.3　365p　22×31cm　Ⓝ215.4
〔31197〕

◇金谷町史　資料編 2　近世　金谷町史編さん委員会編　金谷町（静岡県）　金谷町　1993.3　752p　22cm　Ⓝ215.4
〔31198〕

◇川根町史　近世史料編 第 2 巻　上白石実編　川根町（静岡県）　川根町　1994.12　157p　27cm　Ⓝ215.4
〔31199〕

◇川根町史　近世史料編 第 3 巻　上白石実編集・執筆　川根町（静岡県）　川根町　1997.1　185p　27cm　Ⓝ215.4
〔31200〕

◇川根町史　近世史料編 第 4 巻　上白石実編集・執筆　川根町（静岡県）　川根町　1999.1　184p　27cm　Ⓝ215.4
〔31201〕

◇菊川町史　近世資料編　菊川町史編さん委員会編　菊川町（静岡県）　菊川町　1997.3　660p　22cm　Ⓝ215.4
〔31202〕

◇御殿場市史　第 2 巻　近世史料編　御殿場市史編さん委員会編　御殿場　御殿場市　1975　916,7p　22cm　Ⓝ215.4
〔31203〕

◇御殿場市史　第 3 巻　近世史料編　御殿場市史編さん委員会編　御殿場　御殿場市　1976　930,6p　図18枚　22cm　Ⓝ215.4
〔31204〕

◇御殿場市史　第 4 巻　近世史料編　御殿場市史編さん委員会編　御殿場　御殿場市　1978.10　516,83,6p　22cm　Ⓝ215.4
〔31205〕

◇御殿場市史　別巻 2　近世史料統計編　御殿場市史編さん委員会編　御殿場　御殿場市　1980.8　895p　27cm　Ⓝ215.4
〔31206〕

◇相良町史　資料編 近世 1　相良町編　相良町（静岡県）　相良町　1991.3　1025p　22cm　Ⓝ215.4
〔31207〕

◇相良町史　資料編 近世 2　相良町編　相良町（静岡県）　相良町　1992.3　1011p　22cm　Ⓝ215.4
〔31208〕

◇静岡市史　近世史料 1　静岡　静岡市　1974　944p　22cm　Ⓝ215.4
〔31209〕

◇静岡市史　近世史料 2　静岡　静岡市　1975　947p　図10枚　22cm　Ⓝ215.4
〔31210〕

◇静岡市史　近世史料 3　静岡　静岡市　1976　950p　22cm　Ⓝ215.4
〔31211〕

◇静岡市史　近世史料 4　静岡　静岡市　1977.4　960p　22cm　Ⓝ215.4
〔31212〕

◇静岡市史　中世近世史料 2　静岡市編　静岡　静岡市　1981.4　1128p　22cm　Ⓝ215.4
〔31213〕

◇清水市史資料　近世 第 1　清水市史編さん委員会編　吉川弘文館　1966　736p　22cm　Ⓝ215.4
〔31214〕

◇清水市史資料　近世 第 2　清水市史編さん委員会編　吉川弘文館　1967　783p　22cm　Ⓝ215.4
〔31215〕

◇清水市史資料　近世 第 3　清水市史編さん委員会編　吉川弘文館　1967　607p　22cm　Ⓝ215.4
〔31216〕

◇清水町史　資料編 4　清水町史編さん委員会編　清水町（静岡県）　清水町　2000.3　831p　22cm　Ⓝ215.4
〔31217〕

◇下田市史　資料編 2　下田市史編纂委員会編　下田　下田市教育委員会　2002.8　1063p　22cm　Ⓝ215.4
〔31218〕

◇下田市史　資料編 3　幕末開港 上　下田市史編纂委員会編　下田　下田市教育委員会　1990.3　1010p　22cm　Ⓝ215.4
〔31219〕

◇下田市史　資料編 3　　中　幕末開港 中　下田市史編纂委員会編　下田　下田市教育委員会　1992.3　1124p　22cm　Ⓝ215.4
〔31220〕

◇下田市史　資料編 3　　下の1　幕末開港 下の1　下田市史編纂委員会編　下田　下田市教育委員会　1994.3　1015p　22cm　Ⓝ215.4
〔31221〕

◇裾野市史　第 3 巻　資料編　近世　裾野市史編さん専門委員会編　裾野　裾野市　1996.3　1020p　22cm　Ⓝ215.4
〔31222〕

◇豊岡村史　資料編 1 近世　豊岡村史編さん委員会編　豊岡村（静岡県）　豊岡村　1992.3　657p　22cm　Ⓝ215.4
〔31223〕

◇沼津市史　史料編 近世 1　沼津市史編さん委員会,沼津市教育委員会編　沼津　沼津市　1993.10　916p　Ⓝ215.4
〔31224〕

◇沼津市史　史料編 近世 2　沼津市史編さん委員会,沼津市教育委員会編　沼津　沼津市　2000.3　794p　27cm　Ⓝ215.4
〔31225〕

◇沼津市史のしおり　史料編 近世 1　沼津市史編集委員会近世部会編　沼津　沼津市教育委員会　1994.6　15p　21cm　Ⓝ215.4
〔31226〕

◇沼津市歴史民俗資料館資料集　3　古文書　3 近世・近代文書目録　沼津　沼津市歴史民俗資料館　1982.4　295p　26cm　Ⓝ215.4
〔31227〕

◇沼津市歴史民俗資料館資料集　5　古文書　4 近世・近代文書目録　沼津　沼津市歴史民俗資料館　1987.1　192p　26cm　Ⓝ215.4
〔31228〕

◇沼津市歴史民俗資料館資料集　11　古文書　5 江梨区有文書目録1（近世編）　沼津市編さん委員会編　沼津　沼津市歴史民俗資料館　1993.3　192p　26cm　Ⓝ215.4
〔31229〕

◇浜北市史　資料編 近世 1　浜北　浜北市　1990.3　593p　22cm　Ⓝ215.4
〔31230〕

◇浜北市史　資料編 近世 2　浜北　浜北市　1992.3　577p　22cm　Ⓝ215.4
〔31231〕

◇浜北市史　資料編 近世 3　浜北　浜北市　1996.2　595p　22cm　Ⓝ215.4
〔31232〕

◇浜北市史　資料編 近世 4　浜北　浜北市　1997.1　576p　22cm　Ⓝ215.4
〔31233〕

◇浜松市史―史料篇　第 1　浜松市編　浜松　1957　537p　図版20枚　地　22cm　Ⓝ215.4
〔31234〕

◇浜松市史―史料編　第 4　浜松市編　浜松　1961　450p　図版25枚　地　21cm　Ⓝ215.4
〔31235〕

◇春野町史　資料編 2　春野町史編さん委員会編　春野町（静岡県）　春野町　1991.3　918p　22cm　Ⓝ215.4
〔31236〕

◇福田町史　資料編 1　五十子―近世　福田町史編さん委員会編　福田町（静岡県）　福田町　1994.3　418p　22cm　Ⓝ215.4
〔31237〕

◇福田町史　資料編 2　豊浜―近世　福田町史編さん委員会編　福田町（静岡県）　福田町　1995.3　711p　22cm　Ⓝ215.4
〔31238〕

◇福田町史　資料編 3　於保―近世　福田町史編さん委員会編　福田町（静岡県）　福田町　1997.3　890p　22cm　Ⓝ215.4
〔31239〕

◇袋井市史 史料編2 近世 袋井 袋井市 1982.7 619p 22cm Ⓝ215.4 〔31240〕
◇藤枝市史 資料編3 藤枝市史編さん委員会編 藤枝 藤枝市 2004.3 908p 22cm Ⓝ215.4 〔31241〕
◇本川根町史 資料編2 近世 1 本川根町史編さん委員会編 本川根町(静岡県) 本川根町 2000.3 1019p 22cm Ⓝ215.4 〔31242〕
◇本川根町史 資料編3 近世 2 本川根町史編さん委員会編 本川根町(静岡県) 本川根町 2000.7 572p 22cm Ⓝ215.4 〔31243〕
◇森町史 資料編3 近世 森町史編さん委員会編 森町(静岡県) 森町 1993.3 802p 22cm Ⓝ215.4 〔31244〕
◇焼津市近世史料集 焼津市立図書館編纂 焼津 焼津市立図書館 1987.2 158p 21cm Ⓝ215.4 〔31245〕
◇焼津市史 資料編3 近世 焼津市史編さん委員会編 焼津 焼津市 2002.3 1068p 22cm Ⓝ215.4 〔31246〕

◆◆◆一般史料
◇熱海名主代々手控抜書 今井半太夫著 熱海 熱海郷土文化研究会 1956 80p 27cm Ⓝ215.4 〔31247〕
◇井上河内守・久保長秋棚倉国替の日誌註解 浜松 浜松市北部公民館古文書同好会 2000.5 123p 26cm Ⓝ215.4 〔31248〕
◇遠州浜松軍記注解 浜松 浜松市北部公民館古文書同好会 2004.10 93p 26cm Ⓝ210.52 〔31249〕
◇菊間藩士岡田程八日記―ある水野藩士の生活記録 沼津市立駿河図書館編 沼津 沼津市立駿河図書館 1982.3 181p 21cm (沼津資料集成 9) Ⓝ215.4 〔31250〕
◇元禄期石高表所載遠江国町村沿革表―五十音順 磐田市誌編纂室編 磐田 磐田市誌編纂室 1977 126p 26cm Ⓝ215.4 〔31251〕
◇御系図御家譜大略 2 岡本清秀編 藤枝 藤枝市郷土博物館 1992.3 43p 26cm (藤枝市郷土博物館叢書 2) Ⓝ215.4 〔31252〕
◇御代々略記―沼津藩水野家年代記 早稲田大学図書館所蔵 沼津市立駿河図書館編 沼津 沼津市立駿河図書館 1991.3 199p 22cm (沼津資料集成 18) Ⓝ215.4 〔31253〕
◇古文書による安政東海南海大地震 平山高書著 干潟町(千葉県) 〔平山高書〕 1984.3 62p 19cm 500円 Ⓝ215.4 〔31254〕
◇静岡県史 資料編9 近世 1 静岡 静岡県 1992.3 1211p 22cm Ⓝ215.4 〔31255〕
◇静岡県史 資料編10 近世 2 静岡 静岡県 1993.3 1121p 22cm Ⓝ215.4 〔31256〕
◇静岡県史 資料編11 近世 3 静岡 静岡県 1994.3 1242p 22cm Ⓝ215.4 〔31257〕
◇静岡県史 資料編12 近世 4 静岡県編 静岡 静岡県 1995.3 1372p 22cm Ⓝ215.4 〔31258〕
◇静岡県史 資料編13 近世 5 静岡 静岡県 1990.3 1221p 22cm Ⓝ215.4 〔31259〕
◇静岡県史 資料編14 近世 6 静岡 静岡県 1989.3 1260p 22cm Ⓝ215.4 〔31260〕
◇静岡県史 資料編15 近世 7 静岡 静岡県 1991.3 1217p 22cm Ⓝ215.4 〔31261〕
◇諸御用日記―下田市教育委員会蔵 1番 下田 下田市教育委員会 1977.3 116p 26cm (文化財シリーズ no.7) Ⓝ215.4 〔31262〕
◇諸御用日記―下田市役所蔵 2番・3番 下田 下田市教育委員会 1978.3 22,47p 26cm (文化財シリーズ no.8) Ⓝ215.4 〔31263〕
◇駿藩仕録―沼津藩水野家家臣履歴集 静嘉堂文庫所蔵 沼津市立駿河図書館編 沼津 沼津市立駿河図書館 1989.3 289p 21cm (沼津資料集成 16) Ⓝ281.54 〔31264〕
◇遠江国山名郡北原川村名主足立五郎左衛門の記録文書―江戸時代後期の袋井地方の農村事情 足立五郎左衛門著 田中省三編 静岡 〔田中省三〕 2006.1 1冊 30cm (足立家文書・家普 第2) Ⓝ612.154 〔31265〕
◇沼津小誌―付沼津近世大事記 間宮喜十郎著,沼津市立駿河図書館編 沼津 沼津市立駿河図書館 1985.2 135p 21cm (沼津資料集成 12) Ⓝ215.4 〔31266〕
◇沼津水野藩地方書式範例集 沼津市立駿河図書館編 沼津 沼津市立駿河図書館 1986.3 115p 21cm (沼津資料集成 13) Ⓝ215.4 〔31267〕
◇原宿植松家日記・見聞雑記 2 沼津 沼津市教育委員会 1998.1 199p 26cm (沼津市史叢書 5) Ⓝ215.4 〔31268〕
◇原宿問屋渡辺八郎左衛門日記 渡辺八郎左衛門著,沼津市立駿河図書館編 沼津 沼津市立駿河図書館 1979.2 161p 22cm (沼津資料集成 6) Ⓝ215.4 〔31269〕
◇三島宿本陣家史料集 7 三島市郷土館編 三島 三島市教育委員会 1991.3 85p 19×26cm Ⓝ215.4 〔31270〕
◇三島宿本陣家史料集 8 三島市郷土館編 三島 〔三島市教育委員会〕 1992 98p 19×26cm Ⓝ215.4 〔31271〕
◇三島宿本陣家史料集 9 三島市郷土館編 三島 三島市教育委員会 1993.3 119p 18×26cm Ⓝ215.4 〔31272〕
◇三島宿本陣家史料集 10 三島市郷土館編 三島 三島市教育委員会 1994.3 132p 18×26cm Ⓝ215.4 〔31273〕
◇三島宿本陣家史料集 11 三島市郷土館編 三島 三島市教育委員会 1995.3 141p 18×26cm Ⓝ215.4 〔31274〕
◇三島宿本陣家史料集 12 三島市郷土資料館編 三島 三島市教育委員会 2000.3 43p 19×26cm Ⓝ215.4 〔31275〕
◇三島宿本陣家史料集 13 三島市郷土資料館編 三島 三島市教育委員会 2001.3 87p 19×26cm Ⓝ215.4 〔31276〕
◇三島宿本陣家史料集 14 三島市郷土資料館編 三島 三島市教育委員会 2002.3 77p 19×26cm Ⓝ215.4 〔31277〕
◇三島宿本陣家史料集 15 三島市郷土資料館編 三島 三島市教育委員会 2003.3 71p 19×26cm Ⓝ215.4 〔31278〕
◇三島宿本陣家史料集 17 三島市郷土資料館編 三島 三島市教育委員会 2005.3 117p 19×26cm Ⓝ215.4 〔31279〕
◇水野伊織日記―沼津水野藩側用人の記録 沼津 沼津市立駿河図書館 1983.3 223p 21cm (沼津資料集成 10) Ⓝ215.4 〔31280〕

◆◆◆史料目録
◇川根町近世史料所在目録 第1集 上白石実編 川根町(静岡県) 川根町教育委員会 1999.3 49p 30cm Ⓝ215.4 〔31281〕

地方史　　　　　　　　　　近世史

◇川根町近世史料所在目録　第2集　上白石実編　川根町（静岡県）　川根町教育委員会　1999.3　47p　30cm　Ⓝ215.4　〔31282〕
◇川根町近世史料所在目録　第3集　上白石実編　川根町（静岡県）　川根町教育委員会　1999.3　45p　30cm　Ⓝ215.4　〔31283〕
◇川根町近世史料所在目録　第4集　上白石実編　川根町（静岡県）　川根町教育委員会　1999.12　55p　30cm　Ⓝ215.4　〔31284〕
◇川根町近世史料所在目録　第5集　上白石実編　川根町（静岡県）　川根町教育委員会　1999.12　151p　30cm　Ⓝ215.4　〔31285〕
◇川根町近世史料所在目録　第6集　上白石実編　川根町（静岡県）　川根町教育委員会　1999.12　326p　30cm　Ⓝ215.4　〔31286〕
◇川根町近世史料所在目録　第7集　上白石実編　川根町（静岡県）　川根町教育委員会　2000.12　65p　30cm　Ⓝ215.4　〔31287〕
◇川根町近世史料所在目録　第8集　上白石実編　川根町（静岡県）　川根町教育委員会　2000.12　67p　30cm　Ⓝ215.4　〔31288〕
◇旧幕臣・沼津藩士関係文書目録　沼津市明治史料館編　沼津　沼津市明治史料館　2002.3　159p　26cm　（沼津市明治史料館史料目録　30）Ⓝ215.4　〔31289〕
◇久連区有文書目録　沼津市明治史料館編　沼津　沼津市明治史料館　2002.3　185p　26cm　（沼津市明治史料館史料目録　29）Ⓝ215.4　〔31290〕
◇御殿場市史資料所在目録　第1集　近世資料編　1　御殿場　御殿場市史編纂室　1970　212p　25cm　Ⓝ025.9137　〔31291〕
◇御殿場市史資料所在目録　第2集　近世資料編　2　御殿場　御殿場市史編纂室　1971　130p　25cm　Ⓝ025.9137　〔31292〕
◇御殿場市史資料所在目録　第3集　近世資料編　3　御殿場　御殿場市史編さん室　1971　424p　26cm　Ⓝ025.9137　〔31293〕
◇御殿場市史資料所在目録　第4集　近世資料編　4　御殿場　御殿場市史編さん室　1972　269p　26cm　Ⓝ025.9137　〔31294〕
◇御殿場市史資料所在目録　第6集　近世資料編　5　御殿場　御殿場市史編さん室　1972　307p　26cm　Ⓝ025.9137　〔31295〕
◇御殿場市史資料所在目録　第9集　近世資料編　6　御殿場　御殿場市史編さん室　1974　368p　26cm　Ⓝ025.9137　〔31296〕
◇御殿場市史資料所在目録　第16集　近世近代編　御殿場市総務課編　御殿場　御殿場市総務課　1981.12　344p　26cm　Ⓝ215.4　〔31297〕
◇静岡県磐田郡豊岡村所在文書目録　第2集　近世2　豊岡村史編さん委員会編　豊岡村（静岡県）　豊岡村　1991.3　311p　26cm　Ⓝ215.4　〔31298〕
◇静岡県天竜市西藤平大富部睦夫氏所蔵近世古文書目録　国学院大学地方研究会編集部編　国学院大学地方研究会　1974　79p　25cm　Ⓝ215.4　〔31299〕
◇諸家文書目録　1　浦和　浦和図書館　1972　312p　26cm　（近世史料所在調査報告　8）Ⓝ025.9134　〔31300〕

◆◆愛知県

◇家康がつくった革新名古屋—今に生きる350年前の都市計画　芥子川律治著　地産出版　1977.6　203p　18cm　（Chisan books）600円　Ⓝ215.5　〔31301〕

◇ええじゃないか—名古屋330年の歴史秘話　水谷盛光著　名古屋　中日新聞本社　1982.7　187p　19cm　1200円　①4-8062-0125-1　Ⓝ215.5　〔31302〕
◇江戸期なごやアトラス—絵図・分布図からの発想　新修名古屋市史第三専門部会編　名古屋　名古屋市総務局　1998.9　77p　30cm　（新修名古屋市史報告書　4）Ⓝ215.5　〔31303〕
◇江戸時代のかりや—かりやにおける庶民のくらし　村瀬正章著，刈谷市教育委員会編　刈谷　刈谷市教育委員会　1986.3　103p　21cm　Ⓝ215.5　〔31304〕
◇江戸時代の瀬戸窯—財団法人瀬戸市埋蔵文化財センター企画展図録　瀬戸市埋蔵文化財センター編　瀬戸　瀬戸市埋蔵文化財センター　2002.11　85p　30cm　Ⓝ215.5　〔31305〕
◇絵はがき・錦絵にみる郷土の風景展—明治・大正・昭和の豊川　豊川市，豊川市文化のまちづくり委員会編　豊川　豊川市　2006.7　86p　30cm　Ⓝ215.5　〔31306〕
◇大須賀三代と横須賀衆　松川葵著　文芸社　2006.10　95p　19cm　1000円　①4-286-01555-6　Ⓝ288.3　〔31307〕
◇大給松平氏と西尾藩—市制四十五周年記念特別展　西尾市資料館編　西尾　西尾市資料館　1998.12　50p　30cm　Ⓝ215.5　〔31308〕
◇大給松平十五代記　大嶋吉馬著　西尾　〔大嶋吉馬〕　1988.11　57p　26cm　Ⓝ288.3　〔31309〕
◇奥殿陣屋　城殿輝雄著　岡崎　〔城殿輝雄〕　1989.2　47p　21cm　300円　Ⓝ215.5　〔31310〕
◇奥殿陣屋のすべて　城殿輝雄著　岡崎　〔城殿輝雄〕　1995.6　559p　22cm　2500円　Ⓝ215.5　〔31311〕
◇奥殿陣屋よもやま話　続　城殿輝雄著　岡崎　〔城殿輝雄〕　1992.11　256p　22cm　1500円　Ⓝ215.5　〔31312〕
◇尾張城郭と幕末三河維新の藩主　藤林明芳著　東大阪　日本古城友の会　2002.7　24p　21cm　（城と陣屋シリーズ　239号）Ⓝ215.5　〔31313〕
◇尾張人物図会—原題・人物図会　小寺玉晃著　名古屋　ブックショップマイタウン　2006.10　62p　26cm　2000円　Ⓝ210.58　〔31314〕
◇尾張の元禄人間模様　芥子川律治著　名古屋　中日新聞本社　1979.11　590p　19cm　2000円　Ⓝ210.54　〔31315〕
◇尾張俳壇攷—近世前期俳諧史の一側面　服部直子著　大阪　清文堂出版　2006.5　337,16p　22cm　8500円　①4-7924-1391-5　Ⓝ911.302　〔31316〕
◇尾張藩家臣団の研究　林董一編　名著出版　1975　472p　22cm　（地方史研究叢書　6）5000円　Ⓝ215.5　〔31317〕
◇尾張藩紙漉文化史—御用紙漉職・辰巳家を中心として　河野徳吉著　名古屋　中日出版社　2005.6　383p　22cm　5524円　①4-88519-253-6　Ⓝ585.6　〔31318〕
◇尾張藩考　第1輯　武芸　原田好雄著　亀山　原田好雄　1972　40p　25cm　Ⓝ215.5　〔31319〕
◇尾張藩考　第2輯　産業　原田好雄著　亀山　原田好雄　1973　57p　26cm　Ⓝ215.5　〔31320〕
◇尾張藩社会の総合研究　岸野俊彦編　大阪　清文堂出版　2001.3　456p　22cm　9800円　①4-7924-0501-7　Ⓝ215.5　〔31321〕
◇尾張藩社会の総合研究　第3篇　岸野俊彦編　大阪　清文堂出版　2007.3　402p　22cm　8500円　①978-4-7924-0620-2　Ⓝ215.5　〔31322〕
◇尾張藩社会の文化・情報・学問　岸野俊彦著　大阪　清文堂出版　2002.10　373,14p　22cm　9200円

◇ⓘ4-7924-0527-0 Ⓝ215.5 〔31323〕

◇尾張藩の勤王　大口全三郎編　名古屋　大口全三郎　1927　49p　20cm　Ⓝ215.5 〔31324〕

◇尾張藩幕末風雲録―血ぬらずして事を収めよ　渡辺博史著　名古屋　ブックショップマイタウン　2007.5　261p　21cm　2500円　ⓘ978-4-938341-01-5　Ⓝ215.5 〔31325〕

◇尾張藩漫筆　林董一著　名古屋　名古屋大学出版会　1989.7　395,9p　19cm　2575円　ⓘ4-8158-0117-7　Ⓝ215.5 〔31326〕

◇尾張藩領の村落と給人　梶川勇作著　金沢　企画集団NAF　2001.12　269p　21cm　1429円　Ⓝ215.5 〔31327〕

◇刈谷藩に関する研究　宇野幸男著　名古屋　粥川印刷所（印刷者）　1959　207,70p　22cm　Ⓝ215.5 〔31328〕

◇郷土田原の文化―特集　第14号　田原藩家中屋敷畝歩坪数並屋敷附畑　杉山半八郎著　田原町（愛知県）　田原町教育委員会　1988　26p　26cm　Ⓝ215.5 〔31329〕

◇近世上野雑抄　谷沢義男編　豊田　谷沢義男　1977.11　522p　19cm　Ⓝ215.5 〔31330〕

◇近世尾張の海村と海運　青木美智男著　校倉書房　1997.4　308p　21cm　（歴史科学叢書）8000円　ⓘ4-7517-2690-0 〔31331〕

◇近世尾張の歴史地理　梶川勇作著　金沢　企画集団NAF　1997.11　212p　21cm　1905円　Ⓝ291.55 〔31332〕

◇近世史事典　小沢耕一、圖目作司、渡辺英明共著　田原町（愛知県）　田原町教育委員会　1999.8　228p　19cm　Ⓝ215.5 〔31333〕

◇近世名古屋享元絵巻の世界　林董一編　大阪　清文堂出版　2007.7　428p　21cm　9400円　ⓘ978-4-7924-0631-8 〔31334〕

◇近世濃尾地方の人口・経済・社会　速水融著　創文社　1992.5　355p　23cm　7210円　ⓘ4-423-43029-0　Ⓝ611.91 〔31335〕

◇近世の交通と地方文化　近藤恒次著　名著出版　1986.4　306p　22cm　（愛知大学綜合郷土研究所研究叢書1）3800円　ⓘ4-626-01255-8　Ⓝ215.5 〔31336〕

◇近世の瀬戸―ここで作り、ここで暮らした　瀬戸市史編さん委員会編　瀬戸　瀬戸市　1996.3　289p　20cm　Ⓝ215.5 〔31337〕

◇近世東三河の水産物流通　伊村吉秀著　岩田書院　2004.3　318p　22cm　（愛知大学綜合郷土研究叢書17）5900円　ⓘ4-87294-318-X　Ⓝ661.4 〔31338〕

◇元禄・正徳の「福井町家並帳」と町割―「名古屋叢書」による福井町（本町三丁目）ノート　水谷盛光編　名古屋　1964　69p　26cm　Ⓝ215.5 〔31339〕

◇挙母藩内藤家展―挙母のお殿様と人々のくらし　豊田市郷土資料館編　豊田　豊田市郷土資料館　1992.10　158p　30cm　Ⓝ215.5 〔31340〕

◇挙母藩老後藤又右衛門国保　渡辺善治（香桜）著　挙母町（愛知県）　渡辺善治　1911.3　5p　21cm　Ⓝ289.1 〔31341〕

◇三州上野城主考　谷沢義男編　豊田　谷沢義男　1984.1　165p　19cm　Ⓝ215.5 〔31342〕

◇七州城いまむかし　豊田市教育委員会編　豊田　豊田市教育委員会　1982.3　51p　26cm　（豊田市文化財叢書第5）Ⓝ215.5 〔31343〕

◇実説名古屋城青松葉騒動―尾張徳川家明治維新内紛秘話　水谷盛光著　名古屋　名古屋城振興協会　1972　235p　19cm　（名古屋城叢書）430円　Ⓝ210.61 〔31344〕

◇城下町・名古屋―江戸時代の町と人　名古屋博物館編　名古屋　名古屋市博物館　1987.9　128p　26cm 〔31345〕

◇史話名古屋城と城下町―歴史散歩　水谷盛光著　名古屋　名古屋城振興協会　1979.3　316p　18cm　（名古屋城叢書6）980円　Ⓝ215.5 〔31346〕

◇史話名古屋城と城下町―歴史散歩　水谷盛光著　2版　名古屋　名古屋城振興協会　1997.3　322p　19cm　（名古屋城叢書6）Ⓝ215.5 〔31347〕

◇新編尾張藩家臣団の研究　林董一編　国書刊行会　1989.10　565p　22cm　9500円　Ⓝ215.5 〔31348〕

◇図説岡崎・額田の歴史―岡崎市・額田郡（額田町・幸田町）　下巻　江戸時代後期から現代まで　名古屋　郷土出版社　1996.4　251p　22cm　2400円　ⓘ4-87670-080-X　Ⓝ215.5 〔31349〕

◇図説東三河の歴史―豊橋市・蒲郡市・豊川市・新城市・渥美郡・宝飯郡・南設楽郡・北設楽郡　下巻　江戸時代から現代まで　名古屋　郷土出版社　1996.3　286p　22cm　2400円　ⓘ4-87670-082-6　Ⓝ215.5 〔31350〕

◇図説 蓬左風土誌―名古屋三百五十年の歩み　蓬左風土誌編纂委員会編　名古屋　中部日本新聞社　1958　125p　図版200p　30cm　Ⓝ215.5 〔31351〕

◇竹谷松平氏―西ノ郡の殿様　蒲郡市教育委員会編　蒲郡　蒲郡市教育委員会　1990.3　297p　22cm　Ⓝ215.5 〔31352〕

◇地方知識人の形成　田崎哲郎著　名著出版　2001.9　372p　19cm　3200円　ⓘ4-626-01656-1　Ⓝ121.52 〔31353〕

◇天明年間に於ける新川開鑿と水野千之右衛門　高木哲之助著　名古屋　高木哲之助　1937　31p　23cm　Ⓝ215.5 〔31354〕

◇東海郷土文化史考　市橋鐸著　名古屋　愛知県郷土資料刊行会　1975　330p　22cm　3000円　Ⓝ215.5 〔31355〕

◇豊川・水野八十郎佐渡守忠直の没年及び知行所に関する一考察　松山雅要著　豊川　〔松山雅要〕　1988.5　1冊　26cm　Ⓝ215.5 〔31356〕

◇名古屋市博物館常設展尾張の歴史―展示解説　4　近世政治・経済　名古屋　名古屋市博物館　1981.3　83p　Ⓝ215.5 〔31357〕

◇名古屋市博物館常設展尾張の歴史―展示解説　5　近世文化　名古屋　名古屋市博物館　1982.3　83p　25cm　Ⓝ215.5 〔31358〕

◇名古屋藩学校と愛知英語学校―附・坪内逍遥博士のことども　堀川柳人編　名古屋　安藤次郎　1935　32p　19cm　Ⓝ372 〔31359〕

◇鍋屋―西尾藩御用鍋屋辻利八・十三代記　辻嘉和著　西尾　ナベヤ金物店　1995.12　447,2p　26cm　非売品　Ⓝ215.5 〔31360〕

◇西尾藩主御所替えと組下足軽　牧野哲也著　西尾　きらら書房　1996.12　145p　19cm　Ⓝ215.5 〔31361〕

◇西尾藩領村の土地柄―土井氏から三浦氏へ　神谷和正編　高浜　神谷和正　2004.11　72p　21cm　（西尾藩主三浦家史料1）1000円　ⓘ4-9902321-0-0　Ⓝ215.5 〔31362〕

◇尾州藩古義　重松篤大夫編　岐阜　大衆書房　1972　688p　22cm　4500円　Ⓝ215.5 〔31363〕

◇人づくり風土記―江戸時代　23　ふるさとの人と知恵・愛知　石川松太郎ほか編纂　農山漁村文化協会　1995.11　380p　27cm　4500円　ⓘ4-540-95059-2　Ⓝ210.5 〔31364〕

◇尾藩史余録　岡本柳英著　名古屋　黎明書房　1965　201p　22cm　Ⓝ215.5 〔31365〕

地方史　　　　　　　近世史

◇堀川物語—名古屋城とともに四百年　中日新聞本社社会部編　名古屋　中日新聞本社　1986.4　249,4p　19cm　1500円　⓸4-8062-0171-5　Ⓝ215.5　〔31366〕
◇三河に於ける義士の遺蹟　三井博述　安城町(愛知県)　安城第一尋常高等小学校　1938　12p　23cm　Ⓝ210.5　〔31367〕
◇妙厳寺御朱印高考　松山雅要著　豊川　松山雅要　1987.12　1冊　26cm　Ⓝ215.5　〔31368〕
◇目で見る愛知の江戸時代　国書刊行会　国書刊行会　1986.9　3冊　31cm　全15000円　Ⓝ215.5　〔31369〕
◇吉田藩家老日記　豊橋市教育委員会編　豊橋　豊橋市教育委員会　2005.3　481p　22cm　(豊橋市史々料叢書6)Ⓝ215.5　〔31370〕

◆◆◆自治体史

◇安城市新田町三百年史　新田町三百年史編さん委員会編　安城　新田連合町内会　1988.10　262p　27cm　Ⓝ215.5　〔31371〕
◇岡崎の歴史物語　岡崎の歴史物語編集委員会編　名古屋　愛知県郷土資料刊行会　1987.4　255p　21cm　980円　Ⓝ215.5　〔31372〕
◇刈谷市史　第2巻　本文　近世　刈谷市史編さん編集委員会編　刈谷　刈谷市　1994.3　945p　22cm　Ⓝ215.5　〔31373〕
◇新編岡崎市史　3　近世　新編岡崎市史編集委員会編　岡崎　新編岡崎市史編さん委員会　1992.7　1491p　22cm　Ⓝ215.5　〔31374〕
◇豊田市史　2　近世　豊田市教育委員会豊田市史編さん専門委員会編　豊田　豊田市　1981.3　765,33p　22cm　Ⓝ215.5　〔31375〕
◇豊橋市史　第2巻　近世編　豊橋市史編集委員会編　豊橋　豊橋市　1975　1124,32p　22cm　Ⓝ215.5　〔31376〕
◇名古屋と明治維新—徳川慶勝とその周辺　名古屋市博物館編　名古屋　名古屋市博物館　1979.2　38p　26cm　Ⓝ215.5　〔31377〕
◇西尾市史　3　近世　下　西尾市史編纂委員会編　西尾　西尾市　1976　1687p　22cm　非売品　Ⓝ215.5　〔31378〕

◆◆◆自治体史史料

◇一宮市史—新編　資料編9　一宮　一宮市　1969　577p　図版121枚　22cm　Ⓝ215.5　〔31379〕
◇一宮市史—新編　資料編10　市域関係近世史料集　一宮　一宮市　1971　970p　22cm　Ⓝ215.5　〔31380〕
◇一宮町誌　近世文書資料編　一宮町誌編纂委員会編　一宮町(愛知県)　一宮町教育委員会　1971　823p　22cm　Ⓝ215.5　〔31381〕
◇稲武町史　史料編 近世 2　稲武町教育委員会編　芳賀登監修　稲武町(愛知県)　稲武町　1997.3　823p　22cm　Ⓝ215.5　〔31382〕
◇犬山市史　史料編 1　近世絵図集　犬山市教育委員会,犬山市史編さん委員会編　犬山　犬山市　1979.12　図版31枚　31cm　Ⓝ215.5　〔31383〕
◇犬山市史　史料編 4　近世 上　犬山市教育委員会,犬山市史編さん委員会編　犬山　犬山市　1987.1　511p　22cm　Ⓝ215.5　〔31384〕
◇犬山市資料　第3集　犬山市教育委員会,犬山市史編さん委員会編　犬山　犬山市　1987.9　373p　22cm　Ⓝ215.5　〔31385〕
◇小垣江町歴史史料集　18　刈谷　〔小垣江町郷土の歴史研究会〕　1999　54p　26cm　Ⓝ215.5　〔31386〕
◇小垣江村歴史史料集　19・20　刈谷　〔小垣江町郷土の歴史研究会〕　1999　95p　26cm　Ⓝ215.5　〔31387〕
◇乙安政二年諸事控留帳卯正月吉日下組　刈谷　〔小垣江町郷土の歴史研究会〕　1998　65p　26cm　(小垣江村歴史史料集 17)Ⓝ215.5　〔31388〕
◇音羽町史　史料編 1　音羽町史編さん委員会編　音羽町(愛知県)　音羽町　2001.11　883p　27cm　Ⓝ215.5　〔31389〕
◇音羽町史　史料編 2　音羽町史編さん委員会編　音羽町(愛知県)　音羽町　2001.11　941p　27cm　Ⓝ215.5　〔31390〕
◇刈谷市史　第6巻　資料　近世　刈谷市史編さん編集委員会編　刈谷　刈谷市　1992.3　853p　22cm　Ⓝ215.5　〔31391〕
◇吉良町史　資料 1　御巡見様覚書—糟谷縫右衛門家文書　吉良町史編纂委員会編　吉良町(愛知県)　吉良町　1988.2　353p　22cm　Ⓝ215.5　〔31392〕
◇吉良町史　資料 5　江戸時代の加藤家三浦家古文書　吉良町史編纂委員会編　吉良町(愛知県)　吉良町　1992.3　340p　22cm　Ⓝ215.5　〔31393〕
◇江南市史　近世村絵図編　江南市教育委員会,江南市史編纂委員会編　江南　江南市　1994.3　38枚　60×84cm　Ⓝ215.5　〔31394〕
◇小牧市史　資料編 2　近世村絵図編　小牧市史編集委員会編　小牧　小牧市　1978.3　161p　31cm　Ⓝ215.5　〔31395〕
◇小牧市史　資料編 3　近世文書編 1　小牧市史編集委員会編　小牧　小牧市　1979.3　658p　31cm　Ⓝ215.5　〔31396〕
◇小牧市史　資料編 4　近世文書編 2　小牧市史編集委員会編　小牧　小牧市　1982.3　445p　31cm　Ⓝ215.5　〔31397〕
◇諸事扣留帳—天保十二年丑七月吉日下組　刈谷　〔小垣江町郷土の歴史研究会〕　1997　74p　26cm　(小垣江村歴史史料集 11)Ⓝ215.5　〔31398〕
◇諸事控留帳　刈谷　〔小垣江町郷土の歴史研究会〕　1998　117p　26cm　(小垣江村歴史史料集 14)Ⓝ215.5　〔31399〕
◇諸事扣留帳　刈谷　〔小垣江町郷土の歴史研究会〕　1998　40p　26cm　(小垣江村歴史史料集 15・16)Ⓝ215.5　〔31400〕
◇諸願書留帳—乙弘化二歳 巳三月吉日八左衛門　刈谷　〔小垣江町郷土の歴史研究会〕　1997　89p　26cm　(小垣江村歴史史料集 12)Ⓝ215.5　〔31401〕
◇新城市誌資料　第6　慶長九年検地帳集成　新城市教育委員会編　新城　1966　345p　22cm　Ⓝ215.5　〔31402〕
◇新城市誌資料　11　宗門人別改帳集成　新城　新城市教育委員会　1972　119p　21cm　Ⓝ215.5　〔31403〕
◇新編 一宮市史—資料編　第7　一宮市編　一宮　1967　842p　22cm　Ⓝ215.5　〔31404〕
◇新編豊川市史　第6巻　資料編　新編豊川市史編集委員会編　豊川　豊川市　2003.3　1213p　23cm　Ⓝ291.55　〔31405〕
◇新編豊川市史　第6巻　資料編　下　新編豊川市史編集委員会編　豊川　豊川市　2004.3　1260p　図版32p　23cm　Ⓝ215.5　〔31406〕
◇瀬戸市近世文書集　第1集　瀬戸市史編纂委員会編　瀬戸　瀬戸市　1991.3　183p　26cm　Ⓝ215.5　〔31407〕
◇瀬戸市近世文書集　第2集　瀬戸市史編纂委員会編　瀬

◇瀬戸市近世文書集　第2集　瀬戸市史編纂委員会編　瀬戸　瀬戸市　1991.10　84p　26cm　Ⓝ215.5　〔31408〕
◇瀬戸市近世文書集　第3集　瀬戸市史編纂委員会編　瀬戸　瀬戸市　1992.3　302p　26cm　Ⓝ215.5　〔31409〕
◇瀬戸市近世文書集　第4集　瀬戸市史編纂委員会編　瀬戸　瀬戸市　1993.2　133p　26cm　Ⓝ215.5　〔31410〕
◇瀬戸市近世文書集　第5集　瀬戸市史編纂委員会編　瀬戸　瀬戸市　1994.3　52p　26cm　Ⓝ215.5　〔31411〕
◇瀬戸市近世文書集　第6集　瀬戸市史編纂委員会編　瀬戸　瀬戸市　1998.3　127p　26cm　Ⓝ215.5　〔31412〕
◇瀬戸市近世文書集　第7集　瀬戸市史編纂委員会編　瀬戸　瀬戸市　2000.3　222p　26cm　Ⓝ215.5　〔31413〕
◇知多市近世文書展解説　知多　知多市民俗資料館　1992.8　17p　26cm　Ⓝ215.5　〔31414〕
◇東栄町誌　近世文書編　東栄町誌編集委員会編　東栄町（愛知県）　東栄町　2001.3　628p　22cm　Ⓝ291.55　〔31415〕
◇豊明市史　資料編補3　近世1　豊明市史編集委員会編　豊明　豊明市　1999.3　936p　22cm　Ⓝ215.5　〔31416〕
◇豊明市史　資料編補4　近世2　豊明市史編集委員会編　豊明　豊明市　2000.3　954p　22cm　Ⓝ215.5　〔31417〕
◇豊川市史　中世・近世史料　豊川市史編集委員会編　豊川　豊川市　1975　796p　21cm　Ⓝ215.5　〔31418〕
◇豊田市史　7　資料　上　近世　豊田市教育委員会, 豊田市史編さん専門委員会編　豊田　豊田市　1979.3　741p　22cm　Ⓝ215.5　〔31419〕
◇豊田市史　7　資料　下　近世　豊田市教育委員会, 豊田市史編さん専門委員会編　豊田　豊田市　1980.3　808p　22cm　Ⓝ215.5　〔31420〕
◇豊橋市史―史料編　第6　豊橋市編　豊橋　1960-1966　図版　地　22cm　Ⓝ215.5　〔31421〕
◇豊橋市史　第6巻　近世史料編　上　豊橋市史編集委員会編　豊橋　豊橋市　1976　1144p　22cm　Ⓝ215.5　〔31422〕
◇豊橋市史　第7巻　近世資料編　下　豊橋市史編集委員会編　豊橋　豊橋市　1978.2　1139,11p　22cm　Ⓝ215.5　〔31423〕
◇長久手町史　資料編1　近世村絵図・地図集　長久手町（愛知県）　長久手町　1981.4　図版13枚　31cm　Ⓝ215.5　〔31424〕
◇長久手町史　資料編7　近世　長久手町史編さん委員会編　長久手町（愛知県）　長久手町　1989.4　806,13p　27cm　Ⓝ215.5　〔31425〕
◇西尾藩の侍屋敷・西尾藩御役人両奉行系・西尾藩士成瀬氏資料・西尾藩大給松平氏分限帳索引　西尾市教育委員会編　西尾　西尾市教育委員会　2007.3　148p　26cm　（西尾市史資料叢書　3）Ⓝ215.5　〔31426〕
◇半田市誌　資料篇5　近世　1　半田市誌編さん委員会編　半田　半田市　1991.3　759p　22cm　非売品　Ⓝ215.5　〔31427〕
◇控留帳　刈谷　〔小垣江町郷土の歴史研究会〕　1997　32p　26cm　（小垣江村歴史史料集　9）Ⓝ215.5　〔31428〕
◇控留帳, 小垣江の寺小屋・私塾　刈谷　〔小垣江町の歴史研究会〕　1996　45p　26cm　（小垣江村歴史史料集　6）Ⓝ215.5　〔31429〕
◇丙弘化三年諸事控留帳午二月吉日下組　刈谷　〔小垣江町郷土の歴史研究会〕　1998　58p　26cm　（小垣江村歴史史料集　13）Ⓝ215.5　〔31430〕
◇八幡町史資料　第1集　近世庶民資料目録　八幡公民館郷土史編纂部編　知多町（愛知県）　八幡公民館郷土史編纂部　1954-1957　1冊　25cm　Ⓝ215.5　〔31431〕

◆◆◆―般史料

◇愛知県史　資料編18　近世4　愛知県史編さん委員会編　名古屋　愛知県　2003.3　1119p　23cm　Ⓝ215.5　〔31432〕
◇江戸出訴への領主の対応―交代寄合高木家役人出府中御用日記　伊藤孝幸編著　広島　渓水社　2006.2　190p　21cm　（愛知学院大学文学会叢書　2）1800円　①4-87440-908-3　Ⓝ288.3　〔31433〕
◇尾張徳川家明治維新内紛秘史考説―青松葉事件資料集成　水谷盛光著　名古屋　水谷盛光　1971　469p　図16p　22cm　非売　Ⓝ215.5　〔31434〕
◇糟谷縫右衛門家150年の年々勘定改　第1集　1715-1798　解読編集：小林定信　吉良町（愛知県）　吉良町教育委員会　1972　250p　図1枚（袋入）　26cm　Ⓝ215.5　〔31435〕
◇糟谷縫右衛門家150年の年々勘定改　第2集　1799-1847　解読編集：小林定信　吉良町（愛知県）　吉良町教育委員会　1973　249p　26cm　Ⓝ215.5　〔31436〕
◇糟谷縫右衛門家150年の年々勘定改　第3集　1849-1870　解読編集：小林定信　吉良町（愛知県）　吉良町教育委員会　1974　304p　26cm　Ⓝ215.5　〔31437〕
◇糟谷縫右衛門家文書御巡見様覚書　小林定信解読編集　吉良町（愛知県）　吉良町教育委員会　1975　204p　25cm　Ⓝ215.5　〔31438〕
◇刈谷町庄屋留帳　第1巻　宝永7年（1710）-享保21年（1736）1月　刈谷市教育委員会編　刈谷　愛知県刈谷市　1976　676p　22cm　Ⓝ215.5　〔31439〕
◇刈谷町庄屋留帳　第2巻　享保21年（1736）1月～宝暦7年（1757）1月　刈谷市教育委員会編　刈谷　愛知県刈谷市　1976.12　697p　22cm　Ⓝ215.5　〔31440〕
◇刈谷町庄屋留帳　第4巻　明和6年（1769）～天明元年（1781）　刈谷市教育委員会編　刈谷　刈谷市　1978.12　683p　22cm　Ⓝ215.5　〔31441〕
◇刈谷町庄屋留帳　第5巻　天明2年（1782）～寛政元年（1789）　刈谷市教育委員会編　刈谷　刈谷市　1979.3　745p　22cm　Ⓝ215.5　〔31442〕
◇刈谷町庄屋留帳　第6巻　寛政2年（1790）～寛政8年（1796）　刈谷市教育委員会編　刈谷　刈谷市　1979.12　701p　22cm　Ⓝ215.5　〔31443〕
◇刈谷町庄屋留帳　第7巻　寛政9年（1797）～享和4年（1804）　刈谷市教育委員会編　刈谷　刈谷市　1981.10　710p　22cm　Ⓝ215.5　〔31444〕
◇刈谷町庄屋留帳　第8巻　文化2年（1805）～文化10年（1813）　刈谷市教育委員会編　刈谷　刈谷市　1982.3　760p　22cm　Ⓝ215.5　〔31445〕
◇刈谷町庄屋留帳　第9巻　文化11年（1814）～文政3年（1820）　刈谷市教育委員会編　刈谷　刈谷市　1982.10　677p　22cm　Ⓝ215.5　〔31446〕
◇刈谷町庄屋留帳　第10巻　文政4年（1821）～文政10年（1827）　刈谷市教育委員会編　刈谷　刈谷市　1983.3　687p　22cm　Ⓝ215.5　〔31447〕
◇刈谷町庄屋留帳　第11巻　文政11年（1828）～天保5年（1834）　刈谷市教育委員会編　刈谷　刈谷市　1983.10　748p　22cm　Ⓝ215.5　〔31448〕
◇刈谷町庄屋留帳　第12巻　天保6年（1835）～天保9年（1838）　刈谷市教育委員会編　刈谷　刈谷市　1984.3　650p　22cm　Ⓝ215.5　〔31449〕

◇刈谷町庄屋留帳　第13巻　天保10年（1839）～天保15年（1844）　刈谷市教育委員会編　刈谷　刈谷市　1984.12　664p　22cm　Ⓝ215.5
〔31450〕
◇刈谷町庄屋留帳　第14巻　天保15年（1844）～嘉永4年（1851）　刈谷市教育委員会編　刈谷　刈谷市　1985.3　700p　22cm　Ⓝ215.5
〔31451〕
◇刈谷町庄屋留帳　第15巻　嘉永4年（1851）～安政4年（1857）　刈谷市教育委員会編　刈谷　刈谷市　1985.10　722p　22cm　Ⓝ215.5
〔31452〕
◇刈谷町庄屋留帳　第16巻　安政5年（1858）～文久2年（1862）　刈谷市教育委員会編　刈谷　刈谷市　1986.3　717p　22cm　Ⓝ215.5
〔31453〕
◇刈谷町庄屋留帳　第17巻　文久3年（1863）～慶応2年（1866）　刈谷市教育委員会編　刈谷　刈谷市　1987.1　770p　22cm　Ⓝ215.5
〔31454〕
◇刈谷町庄屋留帳　第18巻　慶応2年（1866）～明治2年（1869）　刈谷市教育委員会編　刈谷　刈谷市　1987.3　668p　22cm　Ⓝ215.5
〔31455〕
◇刈谷町庄屋留帳　第20巻　明治6年（1873）～明治8年（1875）・正徳2年（1712）・永7年（1778）・天明8年（1788）　刈谷市教育委員会編　刈谷　刈谷市　1988.3　787p　22cm　Ⓝ215.5
〔31456〕
◇刈谷町庄屋留帳　索引　刈谷市教育委員会編　刈谷　刈谷市　1989.3　243p　22cm　Ⓝ215.5
〔31457〕
◇刈谷町庄屋留帳解説—第一巻より第十巻まで　刈谷　刈谷市教育委員会　1983.3　76p　21cm　Ⓝ215.5
〔31458〕
◇刈谷町庄屋留帳解説　第11巻より第20巻まで　刈谷　刈谷市教育委員会　1988.3　87p　21cm　Ⓝ215.5
〔31459〕
◇記録帳—天保四癸巳歳八月吉日記之　刈谷　〔小垣江町郷土の歴史研究会〕　1995　53p　26cm　（小垣江村歴史史料集 4）Ⓝ215.5
〔31460〕
◇近世出かせぎの郷—尾張知多万歳　知多町教育委員会（愛知県）編　知多町（愛知県）　1966　78p　22cm　（知多町文化財資料　第8集）Ⓝ385.7
〔31461〕
◇近世豊橋の旅人たち—旅日記の世界　渡辺和敏監修　豊橋　豊橋市二川宿本陣資料館　2002.3　616p　22cm　（二川宿史料集 第1集）Ⓝ215.5
〔31462〕
◇近世三河地方文献集　久曽神昇,近藤恒次共編　豊橋　愛知県宝飯地方史料編纂委員会　1959　289p　22cm　（宝飯地方史資料 第7）Ⓝ215.5
〔31463〕
◇近世三河地方文献集　久曽神昇,近藤恒次編　国書刊行会　1980.9　289p　22cm　4500円　Ⓝ215.5
〔31464〕
◇紅林家文書　豊橋市二川宿本陣資料館編　豊橋　豊橋市二川宿本陣資料館　1996.1　60p　26cm　（郷土資料展 5）Ⓝ215.5
〔31465〕
◇公義御茶壷一巻留　名古屋市市政資料館編　名古屋　名古屋市市政資料館　1997.3　301p　30cm　Ⓝ215.5
〔31466〕
◇控留帳　刈谷　〔小垣江町郷土の歴史研究会〕　1996　90p　26cm　（小垣江村歴史史料集 7）Ⓝ215.5
〔31467〕
◇古文書にみる江戸時代の二川宿　渡辺和敏編著　豊橋　豊橋市教育委員会　1999.3　741p　30cm　（二川宿総合調査 文献資料編）Ⓝ215.5
〔31468〕
◇古文書に見る近世の東浦　東浦町教育委員会編　東浦町（愛知県）　東浦町教育委員会　1991.3　169p　26cm　Ⓝ215.5
〔31469〕
◇古文書の中の東三河の大地震—地震は定期的に襲う　松山雅要著　豊川　〔松山雅要〕　1995　1冊　26cm

Ⓝ215.5
〔31470〕
◇五郎兵衛新田古文書目録　第1集　浅科村教育委員会編　浅科村（長野県）　浅科村教育委員会　1981.3　215p　26cm　Ⓝ215.2
〔31471〕
◇挙母藩史・挙母藩譜　豊田史料叢書編纂会編纂　豊田　豊田市教育委員会　1994.7　410p　22cm　（豊田史料叢書）Ⓝ215.5
〔31472〕
◇三州渥美郡馬見塚村渡辺家旧蔵文書　第9集　貫租関係史料 第9　愛知大学史学研究会編　豊橋　1963-1964　25cm　Ⓝ215.5
〔31473〕
◇三州渥美郡馬見塚村渡辺家旧蔵文書　第10集　戸口関係史料 第1　愛知大学史学研究会編　豊橋　1963-1964　25cm　Ⓝ215.5
〔31474〕
◇三州渥美郡馬見塚村渡辺家旧蔵文書　第11集　戸口関係史料 第2　愛知大学史学研究会編　豊橋　1963-1964　25cm　Ⓝ215.5
〔31475〕
◇三州渥美郡馬見塚村渡辺家旧蔵文書　第12-14集　戸口関係史料 第3-5　愛知大学史学研究会編　豊橋　1964　3冊　25cm　Ⓝ215.5
〔31476〕
◇諸事書留帳上組　刈谷　〔小垣江町郷土の歴史研究会〕　1994　32p　26cm　（小垣江村歴史史料集 1）Ⓝ215.5
〔31477〕
◇諸事控留帳　刈谷　〔小垣江町郷土の歴史研究会〕　1994　44p　26cm　（小垣江村歴史史料集 2）Ⓝ215.5
〔31478〕
◇諸事控留帳—寛政二年戌三月十一日庄屋善蔵　刈谷　〔小垣江町郷土の歴史研究会〕　1995　72p　26cm　（小垣江村歴史史料集 3）Ⓝ215.5
〔31479〕
◇諸事控留帳—文化十一歳戌正月日庄屋文平　刈谷　小垣江町郷土の歴史研究会　1996　2冊　26cm　（小垣江村歴史史料集 5）Ⓝ215.5
〔31480〕
◇田原藩日記　第1巻　寛文十年～宝永八年　田原町,田原町文化財保護審議会編　田原町（愛知県）　田原町　1987.3　669p　27cm　Ⓝ215.5
〔31481〕
◇田原藩日記　第2巻　正徳二年～享保二十一年　田原町,田原町文化財保護審議会編　田原町（愛知県）　田原町　1987.3　619p　27cm　Ⓝ215.5
〔31482〕
◇田原藩日記　第3巻　元文二年～寛保四年　田原町,田原町文化財保護審議会編　田原町（愛知県）　田原町　1989.3　486p　27cm　Ⓝ215.5
〔31483〕
◇田原藩日記　第4巻　延享元年～寛延四年　田原町,田原町文化財保護審議会編　田原町（愛知県）　田原町　1989.3　482p　27cm　Ⓝ215.5
〔31484〕
◇田原藩日記　第5巻　宝暦元年～宝暦十二年　田原町,田原町文化財保護審議会編　田原町（愛知県）　田原町　1994.3　553p　27cm　Ⓝ215.5
〔31485〕
◇田原藩日記　第6巻　宝暦十二年～明和九年　田原町,田原町文化財保護審議会編　田原町（愛知県）　田原町　1994.3　551p　27cm　Ⓝ215.5
〔31486〕
◇田原藩日記　第7巻　安永二年～天明九年　田原町,田原町教育委員会編　田原町（愛知県）　田原町　1995.3　601p　27cm　Ⓝ215.5
〔31487〕
◇田原藩日記　第8巻　寛政元年～享和四年　田原町,田原町教育委員会編　田原町（愛知県）　田原町　1995.3　604p　27cm　Ⓝ215.5
〔31488〕
◇田原藩日記　第9巻　文化元年～文化十五年　田原町,田原町教育委員会編　田原町（愛知県）　田原町　1997.1　575p　27cm　Ⓝ215.5
〔31489〕
◇田原藩日記　第10巻　文政元年～文政八年　田原町,田原町教育委員会編　田原町（愛知県）　田原町　1997.11　633p　27cm　Ⓝ215.5
〔31490〕

◇田村家文書　豊橋市二川宿本陣資料館編　豊橋　豊橋市二川宿本陣資料館　1993.1　79p　26cm（郷土資料展 2）Ⓝ215.5　〔31491〕

◇天保六年諸事控留帳未四月吉日下組　刈谷〔小垣江町郷土の歴史研究会〕1997　111p　26cm（小垣江村歴史史料集 10）Ⓝ215.5　〔31492〕

◇土井伊予守家老覚帳—延享年間西尾から刈谷へ　刈谷古文書研究会編　刈谷　西村書房　1994.12　164p　21cm（刈谷叢書 第4輯）Ⓝ215.5　〔31493〕

◇西村次右衛門日記　補遺　三浦深右衛門日記　豊橋　豊橋市　1994.3　1001p　22cm（豊橋市史々料叢書 3）Ⓝ215.5　〔31494〕

◇光梶肆椋録—安政丁巳脱獄始末　翻刻　小寺玉晁稿　細野要斎添書　名古屋　愛知県郷土資料刊行会　2001.7　107p　21cm　2000円　①4-87161-073-X Ⓝ215.5　〔31495〕

◇扶桑天保村絵図　扶桑町教育委員会編　扶桑町（愛知県）扶桑町　1985.12　10枚　60×84cm Ⓝ215.5　〔31496〕

◇宝飯地方史資料　第8　三河国宝飯地方年貢免状集成　愛知県宝飯地方史編纂委員会編　大須賀初夫編　豊橋　1959　368,9p 図版 地　22cm Ⓝ215.5　〔31497〕

◇宝飯地方史資料　第10　三河国宝飯地方検地帳集成　愛知県宝飯地方史編纂委員会編　豊橋　1961　22cm Ⓝ215.5　〔31498〕

◇宝飯地方史資料　第11　三河国宝飯地方宗門人別改帳　愛知県宝飯地方史編纂委員会編　豊橋　1961　22cm Ⓝ215.5　〔31499〕

◇宝飯地方史資料　第12　三河国宝飯地方法制関係資料　愛知県宝飯地方史編纂委員会編　鈴木範一編　豊橋　1962-1963　22cm Ⓝ215.5　〔31500〕

◇宝飯地方史資料　第13　三河文献集成 近世編 上　愛知県宝飯地方史編纂委員会編　近藤恒次編　豊橋　1962-1963　22cm Ⓝ215.5　〔31501〕

◇鳳来町内江戸時代の年貢　小林定信編　鳳来町（愛知県）鳳来町古文書教室　1986.3　73,17p　21cm（古文書教室資料 2）Ⓝ215.5　〔31502〕

◇鳳来町旧村村差出明細帳　鳳来町古文書教室編　鳳来町（愛知県）鳳来町古文書教室　1986.3　247p　21cm（古文書教室資料 1）Ⓝ215.5　〔31503〕

◇松平太郎左衛門家文書　1　豊田　豊田市教育委員会　1991.3　421p　22cm（豊田史料叢書）Ⓝ215.5　〔31504〕

◇松平太郎左衛門家文書　加藤家文書 1　豊田史料叢書編纂会編　豊田　豊田市教育委員会　1992.8　431p　22cm（豊田史料叢書）Ⓝ215.5　〔31505〕

◇万歳万書留—万延弐歳酉二月　豊川・斎藤家文書　松山雅要編　豊川〔松山雅要〕1988　1冊　26cm Ⓝ215.5　〔31506〕

◇参河国豊川村庄屋文書　松山雅要著　豊川　松山雅要　1983.1　55p　26cm　非売品 Ⓝ215.5　〔31507〕

◇三河国宝飯郡村差出明細帳　近藤恒次編　国書刊行会　1986.8　205,17p　22cm　4000円 Ⓝ215.5　〔31508〕

◇三河国宝飯地方宗門人別改帳　井上和雄、後藤和夫編　国書刊行会　1986.8　578p　22cm　9600円 Ⓝ215.5　〔31509〕

◇三河国宝飯地方出入諍論資料　大須賀初夫編　国書刊行会　1986.8　251p　22cm　4800円 Ⓝ215.5　〔31510〕

◇三河国村々ာ附・額田県布告集　大須賀初夫編　国書刊行会　1986.8　300p　22cm　4800円 Ⓝ215.5　〔31511〕

◇三河文献集成　近世編 上　近藤恒次編　国書刊行会　1980.9　561p　22cm　6500円 Ⓝ215.5　〔31512〕

◇三河文献集成　近世編 下　近藤恒次編　国書刊行会　1980.9　p565〜1299　22cm　9000円 Ⓝ215.5　〔31513〕

◇三河吉田藩動員史料　出版地不明　出版者不明　1868　42丁　24cm　〔31514〕

◇山本家・大岩区有文書　豊橋市二川宿本陣資料館編　豊橋　豊橋市二川宿本陣資料館　1995.1　159p　26cm（郷土資料展 4）Ⓝ215.5　〔31515〕

◇吉田藩日記　豊橋市史編集委員会編　豊橋　豊橋市　1980.10　557p　22cm（豊橋市史々料叢書 1）Ⓝ215.5　〔31516〕

◇吉田藩普請奉行日記　染矢兵左衛門直貞著　豊橋市史編集委員会編　豊橋　豊橋市　2002.3　765p　22cm（豊橋市史々料叢書 5）Ⓝ215.5　〔31517〕

◇渡辺家文書—三州渥美郡馬見塚村　御用留 1　愛知大学綜合郷土研究所編　豊橋　愛知大学　1979.5　448p　22cm（愛知大学綜合郷土研究所資料叢書 第2集）Ⓝ215.5　〔31518〕

◇渡辺半蔵家家臣録　太田正弘編纂　瀬戸　太田正弘　1999.11　260p　21cm Ⓝ215.5　〔31519〕

◇渡辺半蔵家家譜・勤番他　豊田　豊田市教育委員会　1999.10　460p　22cm（豊田史料叢書）Ⓝ215.5　〔31520〕

◇渡辺半蔵家分限帳　上　豊田史料叢書編纂会編　豊田　豊田市教育委員会　1993.7　8,429p　22cm（豊田史料叢書）Ⓝ215.5　〔31521〕

◇渡辺半蔵家分限帳　中　豊田史料叢書編纂会編　豊田　豊田市教育委員会　1995.7　488p　22cm（豊田史料叢書）Ⓝ215.5　〔31522〕

◇渡辺半蔵家分限帳　下　豊田史料叢書編纂会編　豊田　豊田市教育委員会　1997.9　677p　22cm（豊田史料叢書）Ⓝ215.5　〔31523〕

◆◆◆史料目録

◇一宮町誌　近世文書目録編　一宮町誌編纂委員会編　一宮町（愛知県）一宮町教育委員会　1969　312p　22cm Ⓝ215.5　〔31524〕

◇内田佐七家文書目録—尾張国知多郡内海　日本福祉大学知多半島総合研究所歴史・民俗部編　美浜町（愛知県）日本福祉大学知多半島総合研究所　1993.5　601p　26cm（知多総研古文書目録 第2集）Ⓝ215.5　〔31525〕

◇尾張徳川家蔵書目録　第7巻　名古屋市蓬左文庫監修　ゆまに書房　1999.8　794p　22cm（書誌書目シリーズ 49）20000円　①4-89714-736-0,4-89714-730-1 Ⓝ029.955　〔31526〕

◇尾張国知多郡長尾村三井伝左衛門家文書目録　日本福祉大学知多半島総合研究所歴史・民俗部編　武豊町（愛知県）武豊町　1996.3　3冊　26cm Ⓝ215.5　〔31527〕

◇旧川角村安藤家文書目録—愛知県北設楽郡東栄町　近世編　駒沢大学近世史研究会編　東栄町（愛知県）安藤孝　1981.4　88p　26cm　1500円 Ⓝ215.5　〔31528〕

◇近世庶民資料目録　八幡町史編纂会編　八幡町（愛知県）八幡町　1954.12　66p　25cm（八幡町史資料 第1集）非売品 Ⓝ215.5　〔31529〕

◇近世三河・尾張文化人蔵書目録　第1巻　藤井隆監修・編集・解説　ゆまに書房　2005.12　276p　22cm（書誌書目シリーズ 75）①4-8433-2045-5 Ⓝ029.955　〔31530〕

◇近世三河・尾張文化人蔵書目録　第2巻　藤井隆監修・編集・解説　ゆまに書房　2005.12　368p　22cm（書誌書目シリーズ 75）①4-8433-2045-5 Ⓝ029.955

〔31531〕
◇近世三河・尾張文化人蔵書目録　第3巻　藤井隆監修・編集・解説　ゆまに書房　2005.12　302p　22cm　(書誌書目シリーズ 75)Ⓘ4-8433-2045-5　Ⓝ029.955
〔31532〕
◇近世三河・尾張文化人蔵書目録　第4巻　藤井隆監修・編集・解説　ゆまに書房　2005.12　364p　22cm　(書誌書目シリーズ 75)Ⓘ4-8433-2045-5　Ⓝ029.955
〔31533〕
◇近世三河・尾張文化人蔵書目録　第5巻　藤井隆監修・編集・解説　ゆまに書房　2005.12　328p　22cm　(書誌書目シリーズ 75)Ⓘ4-8433-2045-5　Ⓝ029.955
〔31534〕
◇近世三河・尾張文化人蔵書目録　第6巻　藤井隆監修・編集・解説　ゆまに書房　2005.12　300p　22cm　(書誌書目シリーズ 75)Ⓘ4-8433-2045-5　Ⓝ029.955
〔31535〕
◇近世三河・尾張文化人蔵書目録　第7巻　藤井隆監修・編集・解説　ゆまに書房　2005.12　284p　22cm　(書誌書目シリーズ 75)Ⓘ4-8433-2045-5　Ⓝ029.955
〔31536〕
◇近世三河・尾張文化人蔵書目録　第8巻　藤井隆監修・編集・解説　ゆまに書房　2005.12　216p　22cm　(書誌書目シリーズ 75)Ⓘ4-8433-2045-5　Ⓝ029.955
〔31537〕
◇新城市近世文書目録　新城市誌編集委員会編　新城　新城市教育委員会　1962　322p　地　22cm　(新城市誌資料 1)Ⓝ215.5
〔31538〕
◇東栄町近世古文書目録　下川・三輪編　東栄町町誌編集委員会編　東栄町(愛知県)　北設楽郡東栄町　1999.3　211p　30cm　Ⓝ215.5
〔31539〕
◇東栄町近世古文書目録　園・振草・補遺編　東栄町町誌編集委員会編　東栄町(愛知県)　東栄町　2001.3　303p　30cm　Ⓝ215.5
〔31540〕
◇東栄町近世古文書目録　御殿・本郷編　東栄町町誌編集委員会編　東栄町(愛知県)　東栄町　2000.3　223p　30cm　Ⓝ215.5
〔31541〕
◇三河国碧海郡野村近世・近代文書目録　野田町古文書研究委員会編　刈谷　野田史料館　1984.12　94p　26cm　Ⓝ215.5
〔31542〕
◇美濃路起宿本陣・問屋加藤家問屋永田家文書目録　尾西　尾西市歴史民俗資料館　1986.3　148p　21cm　Ⓝ215.5
〔31543〕

◆◆三重県

◇伊賀上野城　山本茂貴編集・文　上野　伊賀文化産業協会　1976.3　〔44〕p(おもに図)　20cm　Ⓝ215.6
〔31544〕
◇伊賀上野城史　上野　伊賀文化産業協会　1971　459p　22cm　非売　Ⓝ215.6
〔31545〕
◇維新の大業と藤堂藩　大道寺慶男著　岐阜　大道寺慶男　1930　13丁　24cm　Ⓝ210.6
〔31546〕
◇伊勢山田奉行所・三河西大平陣屋　藤林明芳著　大阪　日本古城友の会　1996.4　25p　22cm　(城と陣屋シリーズ 213号)Ⓝ215.6
〔31547〕
◇伊勢湾白子港歴史浪漫―木綿の道と千石船　後藤隆之著　河芸町(三重県)　三重県良書出版会　1994.6　139p　19cm　1500円　Ⓝ215.6
〔31548〕
◇上野城史　福井健二著　上野　上野城址研究会　1968　115p　19cm　500円　Ⓝ215.6
〔31549〕
◇浮き沈み或る武士の生涯―桑名藩家老の手記　小川八千代著　文芸社　1999.12　268p　19cm　1400円　Ⓘ4-88737-815-7　Ⓝ215.6
〔31550〕
◇江戸・管理職哀歌(エレジー)―藤堂藩伊賀城代家老の日誌より　岸宏子著　名古屋　エフエー出版　1990.9　197p　19cm　1165円　Ⓘ4-900435-95-3　Ⓝ215.6
〔31551〕
◇江戸時代の亀山領―『くくごしゅう』を学ぼう　第18回企画展こどもも!おとなも!調べて体験博物館　亀山市歴史博物館編　亀山　亀山市歴史博物館　2000.7　3冊　30cm
〔31552〕
◇江戸時代の神宮と朝廷　加茂正典述　伊勢　伊勢神宮崇敬会　2006.12　62p　19cm　(伊勢神宮崇敬会叢書 11)Ⓝ175.8
〔31553〕
◇旧津藩国校有造館史　梅原三千著　津　八木清八〔ほか〕　1934　146p　23cm　Ⓝ372
〔31554〕
◇九鬼藩の分裂と佐藤の家　佐藤義雄著　京都　佐藤法律事務所　1980.6　60p　19cm　Ⓝ215.6
〔31555〕
◇桑名藩士滝安良記念帳　町田成男編　町田成男　1933　50p　19cm　Ⓝ289.1
〔31556〕
◇知られざる久居藩政史―藤堂高虎の分家社会を知る事典　岡田文雄著　久居　タイムトンネル刊行部　2001.12　362p　22cm　2700円　Ⓝ215.6
〔31557〕
◇陣屋町大矢知かいわい―幕末・明治生まれ百余人の実談　青木谷彦著　四日市　谷彦文庫　1985.11　249p　19cm　(谷彦文庫 1)2000円　Ⓝ215.6
〔31558〕
◇旅日記にみる松阪かいわい―金の丸の勢いうなるよう　田畑美穂語り手　松阪　伊勢の国・松坂十楽　2003.3　51p　21cm　(十楽選よむゼミ no.8)400円　Ⓝ215.6
〔31559〕
◇津藩　深谷克己著　吉川弘文館　2002.3　279,8p　20cm　(日本歴史叢書 新装版)2900円　Ⓘ4-642-06660-8　Ⓝ215.6
〔31560〕
◇藤堂高虎公と藤堂式部家　林泉編著　久居　林泉　1982.5　262p　図版10枚　22cm　Ⓝ288.3
〔31561〕
◇藤堂藩のお殿さま―津・久居の歴史　椋本千江著　松本光出版印刷(印刷)　1999.9　244p　26cm　1300円　Ⓝ215.6
〔31562〕
◇藤堂藩の足跡　藤堂藩五日会編集委員会編　津　藤堂藩五日会　2007.10　54p　21cm　Ⓝ291.56
〔31563〕
◇鳥羽藩政下の農村　松本茂一著　新人物往来社　1984.3　413p　22cm　3800円　Ⓝ215.6
〔31564〕
◇幕末の桑名―近代ニッポンの基礎を築いた桑名のサムライたち　バーバラ寺岡著　上野秀治監修　桑名市教育委員会, 新人物往来社〔発売〕　2006.3　199p　21cm　(桑名叢書)1500円　Ⓘ4-404-03401-6
〔31565〕
◇幕末の桑名―近代ニッポンの基礎を築いた桑名のサムライたち　バーバラ寺岡著　上野秀治監修　桑名　新人物往来社(発売)　2006.3　199p　22cm　(桑名叢書 1)1500円　Ⓘ4-404-03401-6　Ⓝ291.56
〔31566〕
◇幕末の図書館―射和文庫に学ぶもの　高倉一紀著　伊勢　皇学館大学出版部　1998.3　45p　19cm　(皇学館大学講演叢書 第95輯)300円　Ⓝ010.21
〔31567〕
◇人づくり風土記―全国の伝承・江戸時代　24　ふるさとの人と知恵・三重　加藤秀俊ほか編纂　農山漁村文化協会　1992.5　401p　27cm　(聞き書きによる知恵シリーズ)4900円　Ⓘ4-540-92007-3　Ⓝ210.5
〔31568〕
◇炎を抱いて駆けた人々―近世伊勢国先人の軌跡　津坂治男著　鈴鹿　稽古舎　1992.10　219p　22cm　2500円　Ⓝ281.56
〔31569〕
◇松坂商人のすべて　1　江戸進出期の様相　大喜多甫文語り手　松阪　伊勢の国・松坂十楽　2005.2　56p　21cm　(十楽選よむゼミ no.11)Ⓝ672.156
〔31570〕

◇松坂商人のすべて 2 あるじの苦悩と奉公人の苦労 大喜多甫文語り手 松阪 伊勢の国・松坂十楽 2005.3 65p 22cm （十楽選よむゼミ no.12）420円 Ⓝ672.156
〔31571〕

◇松坂商人のすべて 3 時代を彩った豪商たち 大喜多甫文語り手 松阪 伊勢の国・松坂十楽 2006.2 119p 21cm （十楽選よむゼミ no.13）620円 Ⓝ672.156
〔31572〕

◇目でみる桑名の江戸時代 桑名市教育委員会,桑名市立文化美術館編 桑名 桑名市教育委員会 1983.12 56p 30cm 1000円 Ⓝ215.6
〔31573〕

◆◆◆自治体史史料

◇上野市史 芭蕉編 上野市編 上野 上野市 2003.3 836,30p 22cm Ⓝ215.6
〔31574〕

◇多度町史 資料編2 多度町教育委員会編 多度町（三重県） 多度町 2004.3 806p 27cm Ⓝ215.6
〔31575〕

◇名張市史料集 第1輯 新田開発関係文書・村々明細帳 名張古文書研究会編 名張 名張市立図書館 1984.3 200p 21cm Ⓝ215.6
〔31576〕

◇名張市史料集 第2輯 名張藤堂家文書 名張古文書研究会編 名張 名張市立図書館 1986.3 224p 21cm Ⓝ215.6
〔31577〕

◇松阪市史 第11巻 史料篇 近世1 政治 松阪市史編さん委員会編著 蒼人社 1982.9 572p 27cm 16000円 Ⓝ215.6
〔31578〕

◇松阪市史 第12巻 史料篇 近世2 経済 松阪市史編さん委員会編著 蒼人社 1983.11 596p 27cm 16000円 Ⓝ215.6
〔31579〕

◇松阪市史 第13巻 史料篇 御用留 松阪市史編さん委員会編著 蒼人社 1981.8 538p 27cm 16000円 Ⓝ215.6
〔31580〕

◇松阪市史 第15巻 史料篇 近代2 松阪市史編さん委員会編著 蒼人社 1983.3 658p 27cm 16000円 Ⓝ215.6
〔31581〕

◇松阪市史 第16巻 史料篇 現代 松阪市史編さん委員会編著 蒼人社 1984.1 528p 27cm 16000円 Ⓝ215.6
〔31582〕

◇四日市市史 第8巻 史料編 近世1 四日市市編 四日市 四日市市 1991.3 893p 22cm Ⓝ215.6
〔31583〕

◇四日市市史 第9巻 史料編 近世2 四日市市編 四日市 四日市市 1993.3 745p 22cm Ⓝ215.6
〔31584〕

◇四日市市史 第10巻 史料編 近世3 四日市市編 四日市 四日市市 1996.8 988p 22cm Ⓝ215.6
〔31585〕

◇四日市市史 第17巻 通史編 近世 四日市市編 四日市 四日市市 1999.3 1016,67p 22cm Ⓝ215.6
〔31586〕

◇四日市の年貢割付変遷表―近世12ケ村の幕藩領別史料集成 四日市 四日市市 1999 1冊 31cm Ⓝ215.6
〔31587〕

◆◆◆一般史料

◇伊勢国桑名藩村明細 比山芳昭編 宝塚 比山歴史文化研究所 1974.8 83p 26cm （近世農村資料 第1集）Ⓝ215.6
〔31588〕

◇伊勢久居藩史―藤影記 梅原三千著 津 三重県郷土資料刊行会 1971 268p 23cm （三重県郷土資料叢書 第43集）Ⓝ215.6
〔31589〕

◇「永保記事略」人名索引―藤堂藩城代家老日誌 久保丈武編著 上野 上野市総務部市史編さん室 1994.11 19枚 26cm Ⓝ215.6
〔31590〕

◇永保記事略―藤堂藩城代家老日誌 上野市古文献刊行会編 京都 同朋舎出版部 上野 上野市立図書館（発売） 1974 560p 22cm 8800円 Ⓝ215.6
〔31591〕

◇大塚家文書―天保十四年卯十一月東海道桑名宿より四日市宿迄諸事書上控他二冊 滴の会編 四日市 滴の会 2007 338p 30cm Ⓝ215.6
〔31592〕

◇大湊古文書―大湊町振興会所蔵 翻刻 第1輯 廻船造船関係類の内 伊勢 森幸朗 1996.9 54p 19×26cm （浜七郷別冊 1）非売品 Ⓝ215.6
〔31593〕

◇旧伊勢神戸藩主本多家史料 若林喜三郎編 西宮 大手前女子大学史学研究所 1988.3 180p 26cm Ⓝ215.6
〔31594〕

◇近世亀山藩関係史料調査報告書 図録編 亀山市歴史博物館編 亀山 亀山市歴史博物館 2003.3 91p 30cm Ⓝ215.6
〔31595〕

◇桑名藩分限帳 桑名市教育委員会編纂 桑名 桑名市教育委員会 1989.3 193p 27cm Ⓝ215.6
〔31596〕

◇公室年譜略―藤堂藩初期史料 上野市古文献刊行会編 大阪 清文堂出版 2002.7 996p 22cm （清文堂史料叢書 第109刊）16000円 ①4-7924-0523-8 Ⓝ215.6
〔31597〕

◇御領分郷村案内帳附案内帳 不破直幹,不破正人校訂 桑名 桑名宗社 1984.9 162p 26cm Ⓝ215.6
〔31598〕

◇酒井孫八郎日記 桑名 桑名市教育委員会 1987.4 86p 21cm Ⓝ215.6
〔31599〕

◇島ケ原村本陣御茶屋文書 島ケ原村郷土史研究会編纂 島ケ原村（三重県） 島ケ原村教育委員会 1987.3 87p 21cm Ⓝ215.6
〔31600〕

◇庁事類編―藤堂藩伊賀城代家老日誌 上巻 上野市古文献刊行会編 上野 上野市 上野市立図書館（発売） 1976 739p 22cm 12000円 Ⓝ215.6
〔31601〕

◇庁事類編―藤堂藩伊賀城代家老日誌 下巻 上野市古文献刊行会編 上野 上野市 1977.4 701p 22cm 12000円 Ⓝ215.6
〔31602〕

◇藤堂藩・諸士軍功録 中村勝利編著 津 三重県郷土資料刊行会 1985.4 236p 22cm （三重県郷土資料叢書 第83集）Ⓝ215.6
〔31603〕

◇藤堂藩（津・久居）功यo年表―分限録 中村勝利編著 津 三重県郷土資料刊行会 1985.2 225p 22cm （三重県郷土資料叢書 第86集）3000円 Ⓝ215.6
〔31604〕

◇藤堂藩の年々記録 上 村林正美校訂 津 三重県郷土資料刊行会 1984.6 350p 22cm （三重県郷土資料叢書 第93集）5000円 Ⓝ215.6
〔31605〕

◇藤堂藩の年々記録 下 村林正美校訂 津 三重県郷土資料刊行会 1985.11 327p 22cm （三重県郷土資料叢書 第94集）5000円 Ⓝ215.6
〔31606〕

◇藤堂藩大和山城奉行記録―西島八兵衛文書 上野市古文献刊行会編 大阪 清文堂出版 1996.2 487p 22cm （清文堂史料叢書 第77刊）11300円 ①4-7924-0415-0 Ⓝ215.6
〔31607〕

◇幕末江戸道中・滞在日記―尾鷲賀田浜中仙右衛門 浜中仙右衛門著 尾鷲古文書の会編 尾鷲 三重県北牟婁民局・生活環境部 2004.3 109p 21cm （尾鷲の古文書 1）Ⓝ682.1
〔31608〕

◇幕末藤堂藩の家臣目録 福泉重之著,桑義彦校訂 津 三重県郷土資料刊行会 1979.5 240p 27cm （三重県郷土資料刊行会叢書 第82集）4800円 Ⓝ215.6
〔31609〕

◇幕末の伊勢亀山藩　原喜一, 西口嘉雄編著　津　三重県郷土資料刊行会　1982.10　207p　22cm（三重県郷土資料叢書 第62集）2500円　Ⓝ215.6
〔31610〕

◇久居藩御触状写帳―多門村駒田家文書　三重県編　津　三重県　2006.3　165p　22cm（三重県史資料叢書 3）Ⓝ215.6
〔31611〕

◇三重県郷土資料叢書　第4集　三重県における近世五人組資料集　武藤和夫編著　津　三重県郷土資料刊行会等　1965　155p　22cm　Ⓝ215.6
〔31612〕

◇三重県郷土資料叢書　第6集　志摩国近世漁村資料集-浜島町を中心として　山崎英二編著　津　三重県郷土資料刊行会　1967　124p　Ⓝ215.6
〔31613〕

◇三重県史　資料編 近世1　三重県編　津　三重県　1993.3　2冊（別冊とも）　22cm　Ⓝ215.6
〔31614〕

◇三重県史　資料編 近世5　三重県編　津　三重県　1994.3　2冊（別冊とも）　22cm　Ⓝ215.6
〔31615〕

◇三重県史　資料編 近世4 上　三重県編　津　三重県　1998.3　1098p　22cm　Ⓝ215.6
〔31616〕

◇三重県史　資料編 近世4 下　三重県編　津　三重県　1999.8　961p　22cm　Ⓝ215.6
〔31617〕

◇三重の近世城郭絵図集　福井健二著　大阪　日本古城友の会　1977.8　48p　27cm（研究紀要 5）Ⓝ215.6
〔31618〕

◇明和五年亀山領内八十三ヶ村騒動記録集　亀山市歴史博物館編　亀山　亀山市歴史博物館　2001.3　64p　30cm（亀山市歴史博物館歴史資料叢書 第9集）Ⓝ215.6
〔31619〕

◇大和十津川出陣記録―文久三年八月天誅組会　堀井三之右エ門著　堀井光次編　明和町（三重県）　堀井光次　1993.9　40p　26cm　Ⓝ215.6
〔31620〕

◆◆◆史料目録

◇近世亀山藩関係史料調査報告書　目録編1　亀山市歴史博物館編　亀山　亀山市歴史博物館　2003.3　744p　30cm　Ⓝ215.6
〔31621〕

◇近世亀山藩関係史料調査報告書　目録編2　亀山市歴史博物館編　亀山　亀山市歴史博物館　2003.3　384p　30cm　Ⓝ215.6
〔31622〕

◇須賀利浦方文書目録―延宝6年より明治末期まで　尾鷲市立図書館編　尾鷲　1964　82p　25cm　Ⓝ215.6
〔31623〕

◇鈴鹿市史料目録　第1号　東海道石薬師・庄野宿文書目録　鈴鹿市教育委員会編　鈴鹿　鈴鹿市教育委員会　1989.3　65p　21cm　Ⓝ215.6
〔31624〕

◇名張藤堂家歴史資料目録―名張藤堂家歴史資料調査報告書　名張　名張市教育委員会　1992.3　251p　26cm　Ⓝ215.6
〔31625〕

◇三重県下幕末維新勤王事蹟資料展覧会目録　宇治山田　神宮司庁　1936　20p　23cm　Ⓝ215.6
〔31626〕

◇三重県下幕末維新勤王事蹟資料展覧会目録　神宮文庫編　宇治山田　神宮司庁　1936　20p　23cm　Ⓝ210.5
〔31627〕

◆近畿地方

◇畿内全藩全領古今―幕終期の藩領一村別旧現対照表　上田一著　大阪　日本古城友の会　1994.8　92p　26cm（研究紀要）Ⓝ216
〔31628〕

◇京の人大阪の人　原田伴彦著　デジタルパブリッシングサービス（発売）　2005.6　249p　19cm（朝日選書161）2700円　①4-86143-041-0　Ⓝ210.5
〔31629〕

◇近世畿内・近国支配の構造　岩城卓二著　柏書房　2006.6　419,5p　21cm　6800円　①4-7601-2855-7
〔31630〕

◇近世畿内在払制度の研究　美馬佑造著　京都　松籟社　2006.3　479,10　21cm　3800円　①4-87984-241-9
〔31631〕

◇近世畿内政治支配の諸相　福島雅蔵著　大阪　和泉書院　2003.3　318p　22cm（日本史研究叢刊 14）8000円　①4-7576-0186-7　Ⓝ216
〔31632〕

◇近世の畿内と西国　薮田貫編　大阪　清文堂　2002.5　362p　21cm　9800円　①4-7924-0518-1
〔31633〕

◇近世の畿内と西国　薮田貫編　大阪　清文堂出版　2002.5　362p　22cm　9800円　①4-7924-0518-1,4-7924-0517-3　Ⓝ210.5
〔31634〕

◇幕末歴史散歩　京阪神篇　一坂太郎著　中央公論新社　2005.8　368p　18cm（中公新書）980円　①4-12-101811-7　Ⓝ210.58
〔31635〕

◇1662寛文近江・若狭地震報告書　中央防災会議災害教訓の継承に関する専門調査会　2005.3　170p　30cm　Ⓝ369.31
〔31636〕

◆◆滋賀県

◇江戸時代の高宮―在郷町の歴史　彦根城博物館編　彦根　彦根市教育委員会　2001.8　24p　30cm（テーマ展歴史シリーズ）Ⓝ216.1
〔31637〕

◇淡海士魂―江州三藩藩士目録　三上・宮川・大溝　私立江州高等学校びわこ探究同好会編　彦根　私立近江高等学校びわこ探究同好会　1993.2　2冊（別冊とも）　26cm　Ⓝ216.1
〔31638〕

◇旧膳所藩学制　杉浦重文稿　杉浦重剛補　杉浦重剛　1901.11　25,15丁　23cm　Ⓝ372
〔31639〕

◇旧膳所藩学校遵義堂之図　杉浦重文著　杉浦重剛　1900.11　1冊　21cm　Ⓝ372
〔31640〕

◇近世前期の庄郷と村―近江国蒲生郡高木村とその周辺の村々を素材に　岩崎奈緒子著　彦根　〔滋賀大学経済学部附属史料館〕　1998.12　17p　21cm（滋賀大学経済学部附属史料館研究彙報 第51号）Ⓝ216.1
〔31641〕

◇草津宿庄屋の記録　草津市立街道文化情報センター編　草津　草津市　1995.2　280p　21cm（草津市史史料集 4）Ⓝ216.1
〔31642〕

◇膳所藩勤王家列伝　水野正香著　膳所村（滋賀県）　水野正香　1899.3　39p　23cm　Ⓝ281.61
〔31643〕

◇日本史のなかの湖国―地域史の再発見　苗村和正著　京都　文理閣　1991.11　292p　20cm　2000円　①4-89259-177-7　Ⓝ216.1
〔31644〕

◇幕末維新の彦根藩　佐々木克編　彦根　彦根市教育委員会　2001.3　301,33p　27cm（彦根城博物館叢書 1）5500円　①4-88325-212-4　Ⓝ216.1
〔31645〕

◇八幡山の宴―近江八幡と朝鮮通信使　近江八幡市立資料館編　近江八幡　近江八幡市　2002.10　56p　30cm　Ⓝ216.1
〔31646〕

◇彦根城とその周辺　日本城郭協会編　日本城郭協会出版部　1961　97p（図版解説共）はり込原色図版1枚　22cm　Ⓝ216.1
〔31647〕

◇彦根藩朱具足と井伊家の軍制　中村達夫著　彦根　八光社　1970　180p　20cm　470円　Ⓝ216.1
〔31648〕

◇彦根藩侍物語　中村達夫著　彦根　八光社　1972　146p　19cm　450円　Ⓝ216.1
〔31649〕

◇彦根藩茶碗山始末　小倉栄一郎著　彦根　滋賀大学経済学部附属史料館　1986.3　14p　22cm（滋賀大学経済学部附属史料館研究彙報 第16号）
〔31650〕

◇彦根藩の藩政機構　藤井譲治ほか編　彦根　彦根城博物館　2003.3　476p　27cm（彦根城博物館叢書 4）6500

円 ①4-88325-234-5 Ⓝ216.1 〔31651〕
◇人づくり風土記—江戸時代 25 ふるさとの人と知恵・滋賀 石川松太郎ほか編纂 農山漁村文化協会 1996.7 396p 27cm 4500円 ①4-540-96005-9 Ⓝ210.5 〔31652〕
◇ふるさと鎌掛の歴史 第2巻 瀬川欣一著 日野町(滋賀県) 日野町立鎌掛公民館鎌掛の歴史を学ぶ会 2000.11 375p 21cm 2500円 ①4-88325-073-3 Ⓝ216.1 〔31653〕
◇北国街道と脇往還—街道が生んだ風景と文化 市立長浜城歴史博物館企画・編集 長浜 市立長浜城歴史博物館 2004.10 201p 22cm Ⓝ682.161 〔31654〕
◇輪ノ内の昔—北船木史稿 下 近世・近代編 橋本鉄男著 安曇川町(滋賀県) 北船木史稿刊行会 1991.10 265p 27cm 2000円 Ⓝ216.1 〔31655〕

◆◆◆自治体史
◇今津町史 第2巻 近世 今津町史編集委員会編 今津町(滋賀県) 今津町 1999.3 423,35p 22cm Ⓝ216.1 〔31656〕
◇五個荘町史 第2巻 近世・近現代 五個荘町史編さん委員会編 五個荘町(滋賀県) 五個荘町 1994.3 1083,45p 22cm Ⓝ216.1 〔31657〕
◇新修大津市史 第3巻 近世前期 大津 大津市 1980.8 513,31p 22cm Ⓝ216.1 〔31658〕
◇新修大津市史 第4巻 近世後期 大津 大津市 1981.7 515,31p 22cm Ⓝ216.1 〔31659〕
◇長浜市史 第3巻 町人の時代 長浜市史編さん委員会編 長浜 長浜市 1999.3 519,29p 27cm Ⓝ216.1 〔31660〕
◇八日市市史 第3巻 近世 八日市市史編さん委員会編 八日市 八日市市 1986.8 803,35p 22cm Ⓝ216.1 〔31661〕
◇栗東の歴史 第2巻 近世編 栗東町史編さん委員会編 栗東町(滋賀県) 栗東町 1990.3 423,31p 22cm Ⓝ216.1 〔31662〕

◆◆◆自治体史史料
◇近江国栗太郡村々誌 下 草津市史編さん委員会編 草津 草津市 1991.7 119p 21cm (草津市史史料集 2)Ⓝ216.1 〔31663〕
◇新修彦根市史 第6巻 史料編 近世1 彦根市史編集委員会編 彦根 彦根市 2002.4 970,21p 22cm Ⓝ216.1 〔31664〕
◇八日市市史 第6巻 補遺 八日市市の近世史料 八日市市教育委員会編 八日市 八日市市教育委員会 1989.1 290p 22cm Ⓝ216.1 〔31665〕

◆◆◆一般史料
◇近江国鏡村玉尾家永代帳 国立史料館編 東京大学出版会 1988.3 387,13p 22cm (史料館叢書 10)9800円 ①4-13-092810-4 Ⓝ216.1 〔31666〕
◇近江国蒲生郡岩越家文書 滋賀県同和問題研究所「岩越家文書」編集委員会編 大津 滋賀県同和問題研究所「岩越家文書」編集委員会 1994.3 3冊 25cm ①4-914922-05-3 Ⓝ216.1 〔31667〕
◇近江国水口藩大庄屋山村氏諸事書留 第4冊 山村日記を読む会編 水口町(滋賀県) 水口町立歴史民俗資料館 2003.3 219p 26cm Ⓝ216.1 〔31668〕
◇近江国水口藩大庄屋山村氏諸事書留 第5冊 山村日記を読む会編 水口町(滋賀県) 水口町立歴史民俗資料館 2004.3 172p 26cm Ⓝ216.1 〔31669〕
◇久昌公御書写—井伊直孝書下留 朝尾直弘監修 彦根市史近世史部会編 彦根 彦根市教育委員会 2003.3 216p 21cm Ⓝ216.1 〔31670〕
◇草津宿本陣田中家歴史資料調査報告書 1 宿札編 草津市教育委員会事務局文化財保護課編 草津 草津市教育委員会 1997.3 201p 30cm (草津市文化財調査報告書 第30集)Ⓝ216.1 〔31671〕
◇草津宿本陣田中家歴史資料調査報告書 2 草津市教育委員会事務局文化財保護課編 草津 草津市教育委員会 1999.3 66p 30cm (草津市文化財調査報告書 第35集)Ⓝ216.1 〔31672〕
◇草津宿本陣田中家歴史資料調査報告書 3 草津市教育委員会事務局文化財保護課編 草津 草津市教育委員会 2000.3 209p 30cm (草津市文化財調査報告書 第40集)Ⓝ216.1 〔31673〕
◇江州彦根藩三十五万石藩士目録 滋賀県私立近江高等学校びわこ探究同好会編 彦根 〔滋賀県私立近江高等学校びわこ探究同好会〕 1991.11 72p 25cm Ⓝ216.1 〔31674〕
◇侍中由緒帳 1 彦根城博物館編 彦根 彦根市教育委員会 1994.3 328p 22cm (彦根藩史料叢書)Ⓝ216.1 〔31675〕
◇侍中由緒帳 2 彦根城博物館編 彦根 彦根市教育委員会 1995.3 484p 22cm (彦根藩史料叢書)Ⓝ216.1 〔31676〕
◇侍中由緒帳 3 彦根城博物館編 彦根 彦根市教育委員会 1996.3 455p 22cm (彦根藩史料叢書)Ⓝ216.1 〔31677〕
◇侍中由緒帳 4 彦根城博物館編 彦根 彦根市教育委員会 1997.3 404p 22cm (彦根藩史料叢書)Ⓝ216.1 〔31678〕
◇侍中由緒帳 5 彦根城博物館編 彦根 彦根市教育委員会 1998.3 393p 22cm (彦根藩史料叢書)Ⓝ216.1 〔31679〕
◇侍中由緒帳 6 彦根城博物館編 彦根 彦根市教育委員会 1999.3 408p 22cm (彦根藩史料叢書)Ⓝ216.1 〔31680〕
◇侍中由緒帳 7 彦根城博物館編 彦根 彦根市教育委員会 2000.3 455p 22cm (彦根藩史料叢書)Ⓝ216.1 〔31681〕
◇侍中由緒帳 8 彦根城博物館編 彦根 彦根市教育委員会 2001.3 450p 22cm (彦根藩史料叢書)Ⓝ216.1 〔31682〕
◇侍中由緒帳 9 彦根城博物館編 彦根 彦根市教育委員会 2002.3 376p 22cm (彦根藩史料叢書)Ⓝ216.1 〔31683〕
◇俊徳院殿御追善記集成—彦根藩井伊直滋公 資料集 飯島紘編 飯島町(長野県) 飯島紘 2002.1 128p 21×30cm 非売品 Ⓝ216.1 〔31684〕
◇新指定重要文化財彦根藩井伊家文書の世界—うけつがれた歴史の宝庫 彦根城博物館編 彦根 彦根市教育委員会 1996.6 24p 30cm Ⓝ216.1 〔31685〕
◇膳所藩郡方日記 1 膳所藩史料を読む会編 大津 滋賀県立図書館 1991.2 79p 26cm (膳所藩史料 第2巻)Ⓝ216.1 〔31686〕
◇膳所藩郡方日記 2 膳所藩史料を読む会編 大津 滋賀県立図書館 1992.3 60p 26cm (膳所藩史料 第3巻)Ⓝ216.1 〔31687〕
◇膳所藩郡方日記 3 膳所藩史料を読む会編 大津 滋賀県立図書館 1992.3 59,50p 26cm (膳所藩史料 第5・6巻)Ⓝ216.1 〔31688〕

◇膳所藩郡方日記 4 膳所藩史料を読む会編 大津 滋賀県立図書館 1993.3 86p 26cm （膳所藩史料 第11巻）Ⓝ216.1 〔31689〕
◇膳所藩郡方日記 5 膳所藩史料を読む会編 大津 滋賀県立図書館 1993.3 93p 26cm （膳所藩史料 第12巻）Ⓝ216.1 〔31690〕
◇膳所藩郡方日記 6 膳所藩史料を読む会編 大津 滋賀県立図書館 1993.12 81p 26cm （膳所藩史料 第13巻）Ⓝ216.1 〔31691〕
◇膳所藩郡方日記 7 膳所藩史料を読む会編 大津 滋賀県立図書館 1994.2 61,42p 26cm （膳所藩史料 第18・19巻）Ⓝ216.1 〔31692〕
◇膳所藩郡方日記 8 膳所藩史料を読む会編 大津 滋賀県立図書館 1995.2 34,30p 26cm （膳所藩史料 第23・24巻）Ⓝ216.1 〔31693〕
◇膳所藩郡方日記 9 膳所藩史料を読む会編 大津 滋賀県立図書館 1995.2 91p 26cm （膳所藩史料 第24巻の2）Ⓝ216.1 〔31694〕
◇膳所藩郡方日記 10 膳所藩史料を読む会編 大津 滋賀県立図書館 1996.2 34,40p 26cm （膳所藩史料 第30・31巻）Ⓝ216.1 〔31695〕
◇膳所藩郡方日記 11 膳所藩史料を読む会編 大津 滋賀県立図書館 1997.2 39,40p 26cm （膳所藩史料 第32・33巻）Ⓝ216.1 〔31696〕
◇膳所藩郡方日記 12 膳所藩史料を読む会編 大津 滋賀県立図書館 1998.1 42,50p 26cm （膳所藩史料 第34・35巻）Ⓝ216.1 〔31697〕
◇膳所藩郡方日記 13 膳所藩史料を読む会編 大津 滋賀県立図書館 1999.1 37,41p 26cm （膳所藩史料 第37・38巻）Ⓝ216.1 〔31698〕
◇膳所藩郡方日記 14 膳所藩史料を読む会編 大津 滋賀県立図書館 2000.2 52,55p 26cm （膳所藩史料 第39・40巻）Ⓝ216.1 〔31699〕
◇膳所藩郡方日記 15 膳所藩史料を読む会編 大津 滋賀県立図書館 2001.2 57,59p 26cm （膳所藩史料 第41・42巻）Ⓝ216.1 〔31700〕
◇膳所藩郡方日記 16 膳所藩史料を読む会編 大津 滋賀県立図書館 2003.2 57,73p 26cm （膳所藩史料 第43・44巻）Ⓝ216.1 〔31701〕
◇藩士目録―江州彦根藩三十五万石 私立近江高等学校びわこ探究同好会編 改訂増補版 彦根 〔私立近江高等学校びわこ探究同好会〕 1992.3 102p 26cm Ⓝ216.1 〔31702〕
◇東家文書は語る―江戸時代の安土 第8回企画展 滋賀県立安土城考古博物館編 安土町（滋賀県） 滋賀県立安土城考古博物館 1995.6 16p 30cm Ⓝ216.1 〔31703〕
◇彦根旧記集成 第1号 彦根史談会編 彦根 彦根史談会 1959 44p 地 21cm Ⓝ216.1 〔31704〕
◇彦根旧記集成 第6号 彦根史談会編 彦根 彦根史談会 1960 2冊 26cm Ⓝ216.1 〔31705〕
◇彦根藩文書調査報告書―昭和53～57年度古文書等緊急調査 彦根藩文書調査団編 彦根 彦根市教育委員会 1983.3-1985.3 6冊 26cm Ⓝ216.1 〔31706〕
◇彦根藩文書調査報告書―追加目録 井伊家伝来古文書 彦根城博物館編 彦根 彦根城博物館 1996.3 331p 26cm （彦根城博物館古文書調査報告書 2）Ⓝ216.1 〔31707〕
◇彦根藩屋並帳 中村達夫編 彦根 彦根藩史料研究普及会 1975 97,49p 14×20cm 2000円 Ⓝ216.1 〔31708〕

◆◆◆史料目録
◇近江国水口大徳寺文書目録 水口町立歴史民俗資料館編 水口町（滋賀県） 水口町立歴史民俗資料館 1993.3 27p 26cm （水口町文化財調査報告書 第8集）Ⓝ216.1 〔31709〕
◇関西大学所蔵近世文書目録 その1 吹田 関西大学図書館 1987.3 110p 26cm （関西大学図書館シリーズ 第24輯）Ⓝ216.1 〔31710〕
◇関西大学所蔵近世文書目録 その2 吹田 関西大学図書館 1989.3 125p 26cm （関西大学図書館シリーズ 第25輯）Ⓝ216.1 〔31711〕
◇彦根藩弘道館書籍目録 朝倉治彦監修 ゆまに書房 2005.1 399p 22cm （書誌書目シリーズ 70）20000円 ①4-8433-1550-8 Ⓝ029.8 〔31712〕

◆◆京都府
◇維新史蹟 京都市教育会編纂 再版 文新社書店 1936.5 81枚,59p 図版81枚 27×38cm Ⓝ291.62 〔31713〕
◇江戸と京都 上 明田鉄男著 京都 白川書院 1970 399p 19cm （京都市民史シリーズ）600円 Ⓝ216.2 〔31714〕
◇江戸と京都 下 明田鉄男著 京都 白川書院 1971 319p 19cm （京都市民史シリーズ）850円 Ⓝ216.2 〔31715〕
◇花洛の江戸時代―公開連続講座「春季」 同志社大学人文科学研究所編 京都 同志社大学人文科学研究所 2000.8 132p 19cm （人文研ブックレット no.11）Ⓝ216.2 〔31716〕
◇京都維新史蹟 京都市教育会編 京都 京都市教育会 1928 59p 図版83枚 26×38cm Ⓝ216.2 〔31717〕
◇京都岩倉実相院日記―下級貴族が見た幕末 菅宗次著 講談社 2003.3 220p 19cm （講談社選書メチエ）1500円 ①4-06-258263-5 Ⓝ210.58 〔31718〕
◇京都時代MAP 幕末・維新編 新創社編 京都 光村推古書院 2003.12 80p 26×21cm 1600円 ①4-8381-0325-5 〔31719〕
◇京都守護職始末 山川浩述 復刻版 周南 マツノ書店 2004.7 1冊 22cm 8000円 Ⓝ210.58 〔31720〕
◇京都庶民生活史 2 町人から市民へ 林屋辰三郎,加藤秀俊,CDI編 講談社 1975 236p 18cm （講談社現代新書）390円 Ⓝ216.2 〔31721〕
◇京都に遊ぶ―坂本龍馬・新選組、幕末志士が愛した町 木村幸比古文 杉本雅実,猪口公一撮影 京都 マリア書房 2001.9 96p 30×23cm （創作市場）2800円 ①4-89511-328-0 〔31722〕
◇京都の維新史蹟 徳重浅吉著 京都 京都市教育局文化課 1943 92p 22cm Ⓝ216.2 〔31723〕
◇京都の謎 幕末維新編 高野澄著 祥伝社 1992.4 290p 16cm （ノン・ポシェット―日本史の旅）480円 ①4-396-31043-9 Ⓝ216.2 〔31724〕
◇京都の歴史 第3 近世の胎動 京都市編 學藝書林 1968 675,31p 図版 地 23cm Ⓝ216.2 〔31725〕
◇京都の歴史 5 近世の展開 京都市編 學藝書林 1972 607,33p 図 地図1枚 23cm 3500円 Ⓝ216.2 〔31726〕
◇京都の歴史 6 伝統の定着 京都市編 學藝書林 1973 590,33p 図 地図1枚 23cm 3500円 Ⓝ216.2 〔31727〕
◇京都の歴史 7 維新の激動 京都市編 學藝書林 1974 567,31p 図 地図1枚 23cm 4500円 Ⓝ216.2 〔31728〕

近世史　地方史

◇京都幕末・維新かくれ史跡を歩く　木村幸比古文　三村博史写真　京都　淡交社　2005.11　127p　21cm　(新撰京の魅力)1500円　①4-473-03272-8　Ⓝ291.62
〔31729〕

◇京の江戸時代―町人の社会と文化　京都文化博物館開館10周年記念特別展　京都文化博物館学芸第二課編　京都　京都文化博物館　1998.4　163p　30cm　Ⓝ210.5
〔31730〕

◇京の雅び・都のひとびと―琳派と京焼　出光美術館編　出光美術館　2005.8　99p　30cm　1800円　Ⓝ721.5
〔31731〕

◇京の名所図会を読む　宗政五十緒編　東京堂出版　1998.9　217p　21cm　2900円　①4-490-20355-1
〔31732〕

◇京の歴史と文化　5　江戸時代前期　洛―朝廷と幕府　村井康彦編　講談社　1994.7　293p　22cm　2600円　①4-06-251955-0　Ⓝ216.2
〔31733〕

◇京の歴史と文化　6　江戸時代後期　匠―成熟する都　村井康彦編　講談社　1994.8　285p　22cm　2600円　①4-06-251956-9　Ⓝ216.2
〔31734〕

◇近世亀山の武家社会―石川家家老加藤家　亀山市歴史博物館編　亀山　亀山市歴史博物館　2004.2　62p　30cm　(亀山市歴史博物館歴史資料叢書　第10集)Ⓝ288.2
〔31735〕

◇近世・京都―ゼミナール　原田伴彦ほか著　朝日新聞社　1978.7　269p　19cm　1200円　Ⓝ216.2
〔31736〕

◇近世京都町組発達史―新版・公同沿革史　秋山国三著　法政大学出版局　1980.11　498p　22cm　(叢書・歴史学研究)9500円　Ⓝ216.2
〔31737〕

◇近世京都における町入用節減令と町　朴晋カン著　富士ゼロックス小林節太郎記念基金編　富士ゼロックス小林節太郎記念基金　2006.1　22p　30cm　非売品
〔31738〕

◇近世京都の学問と東アジア―2004年秋季国際学術研究会　京都　立命館大学21世紀COEプログラム京都アート・エンタテインメント創成研究近世学問都市京都研究会　2004　45p　30cm　Ⓝ121.5
〔31739〕

◇近世京都の狩野派展　京都文化博物館学芸課編　京都　京都文化博物館　2004.9　247p　30cm　Ⓝ721.4
〔31740〕

◇近世京都の都市と民衆　鎌田道隆著　京都　思文閣出版　2000.3　395,15p　22cm　(思文閣史学叢書)7800円　①4-7842-1034-2　Ⓝ216.2
〔31741〕

◇近世京都の歴史人口学的研究―都市町人の社会構造を読む　浜野潔著　慶應義塾大学出版会　2007.8　265p　21cm　3800円　①978-4-7664-1401-1
〔31742〕

◇近世都市・京都　鎌田道隆著　角川書店　1976　180p　21cm　(季刊論叢日本文化　4)1400円　Ⓝ216.2
〔31743〕

◇近世百姓株の成立と展開―近世社会の基層構造　木下礼次著　綾部　木下礼次　1996.6　178p　26cm　Ⓝ216.2
〔31744〕

◇考証幕末京都四民の生活　明田鉄男著　雄山閣出版　1974　247p　21cm　(風俗文化史選書 11　日本風俗史学会編集)1800円　Ⓝ216.2
〔31745〕

◇修学院と桂離宮―後水尾天皇の生涯　北小路功光著　平凡社　1973　209p　20cm　(歴史と文学の旅)750円　Ⓝ291.62
〔31746〕

◇全国の伝承江戸時代人づくり風土記―聞き書きによる知恵シリーズ　26　ふるさとの人と知恵京都　加藤秀俊ほか編纂　農山漁村文化協会　1988.11　377p　27cm　4300円　①4-540-88003-9　Ⓝ210.5
〔31747〕

◇園部藩別格上席待遇の郷土　湯浅五郎兵衛家由緒書　船井史談会編　京都　船井史談会　旧世木村誌編纂委員会　1957　41p　26cm　Ⓝ288.3
〔31748〕

◇丹波園部城　竹岡林著　東大阪　日本古城友の会　1970　3,21,19p　22cm　Ⓝ216.2
〔31749〕

◇地域の歴史を記録する―江戸時代の記録と『三和町史』　三和町(京都府)　三和町郷土資料館　1998.11　48p　30cm　Ⓝ216.2
〔31750〕

◇二条御城の光芒―二条御城御門番之頭・同心小原逸治正長とその時代　小原礼三著　大阪　新風書房　1993.5　181p　19cm　1500円　①4-88269-234-1　Ⓝ216.2
〔31751〕

◇幕末維新京都史跡事典　石田孝喜著　新人物往来社　1983.11　333p　23cm　5800円　Ⓝ216.2
〔31752〕

◇幕末維新京都史跡事典　石田孝喜著　新装版　新人物往来社　1997.11　336p　22cm　9800円　①4-404-02534-3　Ⓝ216.2
〔31753〕

◇幕末・維新彩色の京都　白幡洋三郎著　京都　京都新聞出版センター　2004.4　133p　19×26cm　1200円　①4-7638-0531-2　Ⓝ216.2
〔31754〕

◇幕末の京都がわかる絵図・武鑑　田中泰彦編集・解説　京都　京を語る会　1989.12　153p　27cm　4000円　Ⓝ291.62
〔31755〕

◇人づくり風土記―全国の伝承・江戸時代　26　ふるさとの人と知恵・京都　加藤秀俊ほか編纂　農山漁村文化協会　1988.11　377p　27cm　(聞き書きによる知恵シリーズ)4300円　①4-540-88003-9　Ⓝ210.5
〔31756〕

◇ほそみだに―古文書にみる江戸時代の細見谷　平成5年度企画展　三和町(京都府)　三和町郷土資料館　1993.11　32p　26cm　Ⓝ216.2
〔31757〕

◇みやこの円熟―江戸期の京都文化史再考　芳賀徹著　日本放送出版協会　2004.2　161p　21cm　(NHK人間講座)560円　①4-14-189099-5　Ⓝ216.2
〔31758〕

◇山城国大山崎荘の総合的研究(第二次)　中島三千男編　横浜　中島三千男　2005.3　92p　30cm　Ⓝ216.2
〔31759〕

◇湯浅五郎兵衛と幕末維新―平成16年度企画展　日吉町郷土資料館編　日吉町(京都府)　日吉町郷土資料館　2005.3　66p　30cm　Ⓝ289.1
〔31760〕

◇雍州府志―近世京都案内　上　黒川道祐著　宗政五十緒校訂　岩波書店　2002.3　376p　15cm　(岩波文庫)760円　①4-00-334841-9　Ⓝ291.62
〔31761〕

◆◆◆自治体史

◇宇治市史　3　近世の歴史と景観　宇治　宇治市　1976　715,46p　図　地　22cm　Ⓝ216.2
〔31762〕

◇加茂町史　第2巻　近世編　加茂町史編さん委員会編　加茂町(京都府)　加茂町　1991.2　484,39p　22cm　Ⓝ216.2
〔31763〕

◇福知山市史　第2巻　福知山市史編さん委員会編　福知山　福知山市　1982.3　950,74p　22cm　Ⓝ216.2
〔31764〕

◇福知山市史　第3巻　福知山市史編さん委員会編　福知山　福知山市　1984.3　1147,40p　22cm　Ⓝ216.2
〔31765〕

◆◆◆自治体史史料

▽元文元年記録帳　池部弥太夫著　舞鶴　小西タイプ印刷所　2002.4　27枚　26cm　Ⓝ216.2
〔31766〕

◇史料が語る城陽近世史　第1集　青谷地域編　城陽　城陽市教育委員会　1984.3　189p　21cm　Ⓝ216.2

〔31767〕
◇史料が語る城陽近世史 第2集 富野荘地域編 城陽 城陽市教育委員会 1985.7 226p 21cm Ⓝ216.2
〔31768〕
◇史料が語る城陽近世史 第3集 寺田地域編 城陽 城陽市教育委員会 1988.3 236p 21cm Ⓝ216.2
〔31769〕
◇史料が語る城陽近世史 第4集 久津川地域編 城陽 城陽市教育委員会 1990.3 238p 21cm Ⓝ216.2
〔31770〕
◇田辺町近世近代資料集 田辺町近代誌編さん委員会編 田辺町(京都府) 田辺町 1987.3 999p 22cm Ⓝ216.2
〔31771〕

◆◆◆一般史料
◇京都雑色記録 1 小島氏留書 1 京都大学文学部日本史研究室編 小島桂芽著 京都 思文閣出版 2003.6 329p 22cm (京都大学史料叢書 7)14000円 Ⓘ4-7842-1133-0 Ⓝ216.2
〔31772〕
◇京都雑色記録 2 小島氏留書 2 京都大学文学部日本史研究室編 小島桂芽著 京都 思文閣出版 2003.8 p331-648 22cm (京都大学史料叢書 8)14000円 Ⓘ4-7842-1135-7 Ⓝ216.2
〔31773〕
◇京都の歴史 4 伝統の生成 仏教大学編 京都 京都新聞社 1995.7 235p 20cm 1900円 Ⓘ4-7638-0381-6 Ⓝ216.2
〔31774〕
◇京都冷泉町文書 第1巻 京都冷泉町文書研究会編 京都 思文閣出版 1992.1 453p 22cm 13390円 Ⓘ4-7842-0695-7 Ⓝ216.2
〔31775〕
◇京都冷泉町文書 第2巻 京都冷泉町文書研究会編 京都 思文閣出版 1992.1 393p 22cm 13390円 Ⓘ4-7842-0696-5 Ⓝ216.2
〔31776〕
◇京都冷泉町文書 第3巻 京都冷泉町文書研究会編 京都 思文閣出版 1993.2 464p 22cm 13390円 Ⓘ4-7842-0777-5 Ⓝ216.2
〔31777〕
◇京都冷泉町文書 第4巻 京都冷泉町文書研究会編 京都 思文閣出版 1994.2 466p 22cm 13390円 Ⓘ4-7842-0819-4 Ⓝ216.2
〔31778〕
◇京都冷泉町文書 第5巻 京都冷泉町文書研究会編 京都 思文閣出版 1995.2 466p 22cm 13390円 Ⓘ4-7842-0878-X Ⓝ216.2
〔31779〕
◇元禄京都洛中洛外大絵図 白石克編 勉誠社 1987.7 11,19p 図版26p 37cm 6000円 Ⓝ291.62
〔31780〕
◇元禄村方日記─南山城『上田氏旧記』を読む 奥田修三編著 京都 文理閣 1988.3 249p 22cm 4500円 Ⓘ4-89259-124-6 Ⓝ216.2
〔31781〕

◆◆大阪府
◇天川屋と梶木帳─天川屋文書 米津正治編 高槻 米津正治 1996.3 121p 26cm 非売品 Ⓝ216.2
〔31782〕
◇維新の大阪 鷲谷樗風著 大阪 輝文館 1942 430p 19cm Ⓝ216.3
〔31783〕
◇泉大津風土記 近世編 辻川季三郎著 泉大津〔辻川季三郎〕1985.10 314p 22cm Ⓝ216.3
〔31784〕
◇絵図にみる村のすがた─江戸時代の神津地域 伊丹市立博物館編 伊丹 伊丹市立博物館 2002.10 14p 30cm (解説資料 第45号)
〔31785〕
◇江戸時代と大阪 有働賢造著 大阪 大阪宝文館 1942 405p 19cm Ⓝ216.3
〔31786〕
◇江戸時代の大阪海運 出版地不明 [大阪港史編集室]

1962.2 54p 25cm
〔31787〕
◇江戸と大阪 幸田成友著 富山房 1934 333,14p 22cm Ⓝ332.1
〔31788〕
◇江戸と大阪 幸田成友著 増補 富山房 1942 459p 22cm Ⓝ332.1
〔31789〕
◇大阪─天下の台所 千賀四郎編 小学館 1974 182p 20cm (歴史の旅 7)750円 Ⓝ216.3
〔31790〕
◇大坂再生─徳川幕府の大坂再築と都市の復興 特別展 大阪城天守閣編 大阪 大阪城天守閣特別事業委員会 2002.3 117p 26cm Ⓝ216.3
〔31791〕
◇大阪十二月物語─近世の大坂風物詩 渡辺忠司著 大阪 リサイクル文化社大阪編集室 2001.6 179p 19cm 1200円 Ⓘ4-434-01029-8 Ⓝ382.163
〔31792〕
◇おおさか図像学─近世の庶民生活 北川央編著 大阪 東方出版 2005.8 176p 19cm 1500円 Ⓘ4-88591-956-8
〔31793〕
◇大阪地方の史的研究 黒羽兵治郎先生喜寿記念会編 巌南堂書店 1980.10 356p 22cm 6400円 Ⓝ216.3
〔31794〕
◇大阪における都市の発展と構造 塚田孝編 山川出版社 2004.3 379p 22cm 5000円 Ⓘ4-634-52310-8 Ⓝ216.3
〔31795〕
◇大阪の研究 第2巻 近世大阪の経済史的研究 宮本又次編 大阪 清文堂出版 1968 466p 22cm 4000円 Ⓝ216.3
〔31796〕
◇大阪の研究 第3巻 近世大阪の商業史・経営史的研究 宮本又次編 大阪 清文堂出版 1969 534p 22cm 4500円 Ⓝ216.3
〔31797〕
◇大阪の研究 第4巻 蔵屋敷の研究・鴻池家の研究 宮本又次編 大阪 清文堂出版 1970 771p 22cm 5000円 Ⓝ216.3
〔31798〕
◇大阪の研究 第5巻 風俗史の研究・鴻池家の研究 宮本又次編 大阪 清文堂出版 1970 753p 22cm 5000円 Ⓝ216.3
〔31799〕
◇大阪の史跡を訪ねて─近世編 大阪民主新報編 改訂新版 大阪 ナンバー出版 1983.9 202p 19cm (ナンバーガイド)780円 Ⓝ291.63
〔31800〕
◇大阪の世相 岡本良一,渡辺武著 吹田 毎日放送 1973 407p 22cm (毎日放送文化双書 7)Ⓝ216.3
〔31801〕
◇大阪の都市文化とその産業基盤─共同研究論集 第1輯 「大阪における産業都市文化の発達に関する総合的研究」班編 豊中 大阪大学 1985.7 94p 26cm Ⓝ216.3
〔31802〕
◇大阪の都市文化とその産業基盤─共同研究論集 第2輯 「大阪における産業都市文化の発達に関する総合的研究」班編 豊中 大阪大学 1986.12 82p 26cm Ⓝ216.3
〔31803〕
◇大阪府史 第5巻 近世編 1 大阪府史編集専門委員会編 大阪 大阪府 1985.3 852,22p 22cm Ⓝ216.3
〔31804〕
◇大阪府史 第6巻 近世編 2 大阪府史編集専門委員会編 大阪 大阪府 1987.3 856,27p 22cm Ⓝ216.3
〔31805〕
◇大阪府史 第7巻 近世編 3 大阪府史編集専門委員会編 大阪 大阪府 1989.3 666,21p 22cm Ⓝ216.3
〔31806〕
◇大阪文化史研究 魚澄惣五郎編 京都 星野書店 1943 401p 19cm Ⓝ216.3
〔31807〕
◇大坂町奉行と支配所・支配国 渡辺忠司著 大阪 東方出版 2005.3 242p 20cm 2800円 Ⓘ4-88591-926-6

◇Ⓝ322.15　〔31808〕
◇上方の研究　第1巻　宮本又次編　大阪　清文堂出版　1972　420p　22cm　4300円　Ⓝ216.3　〔31809〕
◇上方の研究　第2巻　宮本又次編　大阪　清文堂出版　1975　542p　22cm　7500円　Ⓝ216.3　〔31810〕
◇上方の研究　第3巻　宮本又次編　大阪　清文堂出版　1975.9　619p　22cm　7900円　Ⓝ216.3　〔31811〕
◇河内陣屋集―寄書・今昔　上田一著　大阪　日本古城友の会　1997.11　54p　22cm　(城と陣屋シリーズ 221号)Ⓝ216.3　〔31812〕
◇岸和田城の研究　岸和田高等学校地歴クラブ編　岸和田　1960　56p　25cm　Ⓝ216.3　〔31813〕
◇岸和田藩志　野上長栄編纂　岸和田町(大阪府)　村田宜寛　1917.5　2冊　19cm　非売品　Ⓝ216.3　〔31814〕
◇岸和田藩志　落合保春　東洋書院　1977.7　680p　22cm　8500円　Ⓝ216.3　〔31815〕
◇岸和田藩志稿　落合保春　岸和田　旧士族授産場　1945　638p*　Ⓝ216.3　〔31816〕
◇岸和田藩の歴史　岸和田市立郷土資料館編　岸和田　岸和田市立郷土資料館　1995.9　60p　30cm　Ⓝ216.3　〔31817〕
◇近世大坂「自然科学」の展開―平成14年度大阪府立中之島図書館初夏の展示　大阪　大阪府立中之島図書館　2002.6　8p　30cm　〔31818〕
◇近世大坂成立史論　伊藤毅著　生活史研究所　1987.7　312p　22cm　Ⓝ216.3　〔31819〕
◇近世大坂地域の史的研究　藪田貫著　大阪　清文堂出版　2005.12　429p　22cm　9800円　④4-7924-0601-3　Ⓝ216.3　〔31820〕
◇近世大坂地域の史的分析　脇田修編著　御茶の水書房　1980.5　323p　22cm　4200円　Ⓝ216.3　〔31821〕
◇近世大坂の家・町・住民　乾宏巳著　大阪　清文堂出版　2002.6　414p　22cm　8800円　④4-7924-0521-1　Ⓝ216.3　〔31822〕
◇近世大坂の学芸　関西大学なにわ・大阪文化遺産学研究センター編　吹田　関西大学なにわ・大阪文化遺産学研究センター　2007.3　24,25p　30cm　(Kansai University Research Center for Naniwa-Osaka Cultural Heritage Studies occasional paper no.4―NOCHSレクチャーシリーズ)Ⓝ709.163　〔31823〕
◇近世大坂の学問と八尾　俊徳丸物語の展開　浅井允晶述　棚橋利光述　八尾　八尾市文化財調査研究会　1998.6　77p　19cm　(文化財講座記録集 5)Ⓝ121.5　〔31824〕
◇近世大阪の経済と町制　宮本又次著　文献出版　1985.8　331p　図版13枚　22cm　3800円　Ⓝ216.3　〔31825〕
◇近世大阪の経済と文化　脇田修著　京都　人文書院　1994.3　236p　20cm　2472円　④4-409-52021-0　Ⓝ216.3　〔31826〕
◇近世大坂の都市空間と社会構造　塚田孝,吉田伸之編　山川出版社　2001.2　322p　22cm　4800円　④4-634-52120-2　Ⓝ216.3　〔31827〕
◇近世大坂の都市社会　塚田孝著　吉川弘文館　2006.6　327p　22cm　8000円　④4-642-03411-0　Ⓝ216.3　〔31828〕
◇近世大坂の非人と身分的周縁　塚田孝著　京都　部落問題研究所　2007.3　327p　22cm　6000円　④978-4-8298-2067-4　Ⓝ210.5　〔31829〕
◇近世大坂の町と人　脇田修著　京都　人文書院　1986.10　268,〔2〕p　20cm　2000円　④4-409-52004-0　Ⓝ216.3　〔31830〕

◇近世・大坂薬種の取引構造と社会集団　渡辺祥子著　大阪　清文堂出版　2006.5　412p　22cm　8900円　④4-7924-0605-6　Ⓝ499.09　〔31831〕
◇近世「食い倒れ」考　渡辺忠司著　大阪　東方出版　2003.1　221p　20cm　2000円　④4-88591-819-7　Ⓝ216.3　〔31832〕
◇近世黒鳥村の地域社会構造　塚田孝監修　町田哲著　和泉　和泉市教育委員会　1999.3　6,167p　26cm　(和泉市史紀要 第4集)Ⓝ216.3　〔31833〕
◇近世の大阪　黒羽兵治郎著　有斐閣　1943　307p　22cm　(日本経済史研究所研究叢書　第17冊)Ⓝ216.3　〔31834〕
◇近世の大坂―国際交流フォーラム　脇田修,J.L.マクレイン編　吹田　大阪大学出版会　2000.5　312p　20cm　3000円　④4-87259-062-7　Ⓝ216.3　〔31835〕
◇近世福瀬村の歴史　塚田孝監修　和泉　和泉市教育委員会　2002.1　280p　26cm　(和泉市史紀要 第7集)Ⓝ216.3　〔31836〕
◇鴻池新田と会所　東大阪　東大阪市教育委員会　1988.3　80p　26cm　Ⓝ216.3　〔31837〕
◇古文書からみた江戸時代の久宝寺村―「高田家文書」の調査より　八尾市立歴史民俗資料館編　八尾　八尾市教育委員会　1999.11　18p　26cm　Ⓝ216.3　〔31838〕
◇狭山と畿内の陣屋を掘る―特別展　大阪狭山市立郷土資料館編　大阪狭山　大阪狭山市立郷土資料館　2001.9　46p　26cm　Ⓝ216.3　〔31839〕
◇狭山と北条氏―秀吉から明治維新まで　郷土資料館開館十五周年記念展　大阪狭山市立郷土資料館編　大阪狭山　大阪狭山市立郷土資料館　1996.10　71p　26cm　Ⓝ288.3　〔31840〕
◇社会経済の史的展開―地域史的アプローチ　福山昭,武知京三編　京都　松籟社　1986.7　218p　22cm　2000円　Ⓝ216.3　〔31841〕
◇自由学問都市大坂―懐徳堂と日本的理性の誕生　宮川康子著　講談社　2002.2　222p　19cm　(講談社選書メチエ 232)1500円　④4-06-258232-5　Ⓝ121.5　〔31842〕
◇宿場町枚方とくらわんか　中島三佳著　枚方　中島三佳　1982.9　72p　26cm　Ⓝ216.3　〔31843〕
◇図説大坂 天下の台所・大坂　脇田修監修　学習研究社　2003.8　127p　24×19cm　(GAKKEN GRAPHIC BOOKS DELUXE 34)1600円　④4-05-401932-3　〔31844〕
◇泉州堺士藩士烈挙実紀―妙国寺之切腹　佐々木甲象著　補2版　土居盛義　1900　108p　22cm　Ⓝ281.84　〔31845〕
◇泉州堺烈挙実記忠義の鑑　川谷正次編　高知　土居盛義　1907.3　56p　18cm　Ⓝ210.5　〔31846〕
◇泉州堺烈挙始末　佐々木甲象著　高知　箕浦清四郎等　1893.11　116p　23cm　Ⓝ210.5　〔31847〕
◇続・江戸時代と大阪　有働賢造著　大阪　中尾松泉堂書店　1972　439p　19cm　Ⓝ216.3　〔31848〕
◇千原騒動をめぐって　上　森杉夫著　高石　高石市郷土史研究委員会　1971.3　39p　21cm　(高石市郷土史研究紀要 第4号)Ⓝ216.3　〔31849〕
◇千原騒動をめぐって　下　森杉夫著　高石　高石市郷土史研究委員会　1972.3　35p　21cm　(高石市郷土史研究紀要 第5号)Ⓝ216.3　〔31850〕
◇町人の都大坂物語―商都の風俗と歴史　渡辺忠司著　中央公論社　1993.9　209p　18cm　(中公新書)700円　④4-12-101150-3　Ⓝ216.3　〔31851〕
◇椿の御本陣　笹川隆平ほか著　大阪　向陽書房　1986.9

◇天下の台所「なにわ」と河内　八尾市立歴史民俗資料館編　八尾　八尾市立歴史民俗資料館　1994.10　56,13p　26cm　Ⓝ216.3
〔31853〕

◇東海道枚方宿の歴史　第2号　東海道枚方宿の本陣・脇本陣　中島三佳著　枚方　中島三佳　1977.10　68p　26cm　Ⓝ216.3
〔31854〕

◇永井家十三代と高槻藩―開館3周年記念特別展図録　高槻市教育委員会,高槻市立しろあと歴史館編　高槻　高槻市教育委員会　2006.3　24p　30cm
〔31855〕

◇難波雀・浪花袖鑑―近世大坂案内　大阪市史編纂所編　大阪　大阪市史料調査会　1999.3　144p　21cm　(大阪市史史料　第53輯)Ⓝ291.63
〔31856〕

◇浪花のにぎわい　原田伴彦編　柏書房　1981.7　12,252p　22cm　(町人文化百科論集 5)2800円　Ⓝ216.3
〔31857〕

◇幕末維新期泉州一知識人の見聞雑記　泉大津市史編纂室編　泉大津　泉大津市教育委員会　1979.3　88p　21cm　(泉大津市史紀要　第4号)Ⓝ216.3
〔31858〕

◇幕末維新の大阪　北崎豊二著　京都　松籟社　1984.6　214p　18cm　(大阪文庫 8)880円　Ⓝ216.3
〔31859〕

◇人づくり風土記―江戸時代　27・49　大阪の歴史力―見る・読む・調べる ふるさとの人と知恵・大阪　会田雄次,大石慎三郎監修　石川松太郎,稲垣史生,加藤秀俊編纂　藤本篤大阪版監修　農山漁村文化協会　2000.3　636p　27cm　9524円　①4-540-99007-1　Ⓝ210.5
〔31860〕

◇百年の大阪　第1巻　幕末維新　大阪読売新聞社編　大阪　浪速社　1966　260p　19cm　Ⓝ216.3
〔31861〕

◇封建社会の村と町―幾内先進地域の史的研究　大阪歴史学会編　吉川弘文館　1960　529,63p　表 地　22cm　Ⓝ216.3
〔31862〕

◇松尾芭蕉と浦江聖天―福島区ふるさと史跡めぐり(鷺洲村篇)　山本茂貴著　大阪　大阪福島ライオンズクラブ　1979.8　9p　21cm　非売品　Ⓝ291.63
〔31863〕

◇山片蟠桃と大阪の洋学　有坂隆道著　大阪　創元社　2005.4　238p　20cm　1800円　①4-422-20146-8　Ⓝ210.5
〔31864〕

◆◆◆自治体史

◇江戸時代の泉佐野―うら・みなと・まち 特別展　歴史館いずみさの編　泉佐野　歴史館いずみさの　1998.4　46p　26cm　Ⓝ216.3
〔31865〕

◇江戸時代の吹田―古文書と絵図が語るもの 平成11年度特別陳列　吹田市立博物館編　吹田　吹田市立博物館　1999.10　28p　26cm　Ⓝ216.3
〔31866〕

◇門真市史　第4巻　近世本文編　門真　門真市　2000.3　861,33p 図版12枚　22cm　Ⓝ216.3
〔31867〕

◇河内長野市史　第2巻　本文編　近世　河内長野市史編修委員会編　河内長野　河内長野市　1998.12　879,21p　22cm　Ⓝ216.3
〔31868〕

◇岸和田市史　第3巻　近世編　岸和田市史編さん委員会編　岸和田　岸和田市　2000.9　606,17p　22cm　Ⓝ216.3
〔31869〕

◇新修池田市史　第2巻　近世編　池田市史編纂委員会編　池田　池田市　1999.3　739,24p　22cm　Ⓝ216.3
〔31870〕

◇摂津市史―史料編 2　近世 2　摂津　摂津市　1982.3　509p　22cm　Ⓝ216.3
〔31871〕

◇藤井寺市史　第2巻　通史編 2　藤井寺市史編さん委員会編　藤井寺　藤井寺市　2002.1　974,13p　22cm　Ⓝ216.3
〔31872〕

◆◆◆自治体史史料

◇池田市史　史料編 4　稲束家日記(宝暦8年～文政12年)　池田市史編纂委員会編　池田　池田市　1980.3　877p　27cm　Ⓝ216.3
〔31873〕

◇池田市史　史料編 第5　池田市史編纂委員会編　池田　池田市　1973　1286p　27cm　Ⓝ216.3
〔31874〕

◇池田市史　史料編 8　畑村関係資料(安永4年～明治5年)　池田市史編纂委員会編纂　池田　池田市　1990.3　582p　27cm　Ⓝ216.3
〔31875〕

◇門真市史　第3巻　近世史料編　門真　門真市　1997.3　945,23p 図版12枚　22cm　Ⓝ216.3
〔31876〕

◇摂津市史　史料編 3　近世編 3　摂津　摂津市　1983.3　465p　22cm　Ⓝ216.3
〔31877〕

◇松原市史資料集　第8号　壱村限取調帳　松原市史編さん室編　松原　松原市　1977.3　118p　21cm　Ⓝ216.3
〔31878〕

◇美原町史　第4巻　史料編 3 近世・近現代　美原町史編纂委員会編　美原町(大阪府)　美原町　1993.3　987p　22cm　Ⓝ216.3
〔31879〕

◆◆◆一般史料

◇鮎川村庄屋日記 1　茨木市史編さん室編　茨木　茨木市　2001.3　94p　21cm　(新修茨木市史 史料集 3)Ⓝ216.3
〔31880〕

◇鮎川村庄屋日記 2　茨木市史編さん室編　茨木　茨木市　2001.12　102p　21cm　(新修茨木市史 史料集 4)Ⓝ216.3
〔31881〕

◇鮎川村庄屋日記 3　茨木市史編さん室編　茨木　茨木市　2005.3　137p　21cm　(新修茨木市史 史料集 9)Ⓝ216.3
〔31882〕

◇鮎川村庄屋日記 4　茨木市史編さん室編　茨木　茨木市　2007.3　107p　21cm　(新修茨木市史 史料集 11)Ⓝ216.3
〔31883〕

◇和泉史料叢書　第2　農事調査書　和泉文化研究会編　岸和田　和泉文化研究会　1968　340p　22cm　3500円　Ⓝ216.3
〔31884〕

◇和泉国助松村庄屋日記　泉大津市史編纂室編　泉大津　泉大津市教育委員会　1977.5　45p　21cm　(泉大津市史紀要　第1号)Ⓝ216.3
〔31885〕

◇「大坂御仕置御書出之写」「大坂御仕置留」―大阪市立大学大学院文学研究科都市文化研究センター(21世紀COEプログラム研究拠点)「都市文化創造のための人文科学的研究」事業報告書　塚田孝,近世大坂研究会編　大阪　大阪市立大学大学院文学研究科都市文化研究センター　2007.3　152p　26cm　(近世大坂町触関係史料 2)Ⓝ322.15
〔31886〕

◇大阪御城代公用人諸ума留書　上　大阪市史編纂所編　大阪　大阪市史料調査会　1994.2　133p　21cm　(大阪市史史料　第38輯)Ⓝ216.3
〔31887〕

◇大坂御城代公用人諸用留書　下　大阪市史編纂所編　大阪　大阪市史料調査会　1994.4　129p　21cm　(大阪市史史料　第39輯)Ⓝ216.3
〔31888〕

◇大坂の町式目　大阪市史編纂所編　大阪　大阪市史料調査会　1991.7　170p　21cm　(大阪市史史料　第32輯)Ⓝ216.3
〔31889〕

◇大阪編年史　第15巻　文化元年正月-文化10年9月　大阪　大阪市立中央図書館　1973　460p　22cm　Ⓝ216.3
〔31890〕

◇大阪編年史　第16巻　文化10年10月-文政12年12月　大

阪　大阪市立中央図書館　1973　442p　22cm　Ⓝ216.3
〔31891〕
◇大阪編年史　第17巻　天保元年正月-天保4年12月　大阪　大阪市立中央図書館　1974　287p　22cm　Ⓝ216.3
〔31892〕
◇大阪編年史　第18巻　天保5年正月-天保8年2月　大阪　大阪市立中央図書館　1974　385p　22cm　Ⓝ216.3
〔31893〕
◇大阪編年史　第19巻　天保8年2月-天保10年12月　大阪　大阪市立中央図書館　1975　403p　22cm　Ⓝ216.3
〔31894〕
◇大阪編年史　第20巻　天保11年-天保14年　大阪　大阪市立中央図書館　1975　417p　22cm　Ⓝ216.3
〔31895〕
◇大阪編年史　第21巻　天保14年10月-嘉永4年12月　大阪　大阪市立中央図書館　1976　420p　22cm　Ⓝ216.3
〔31896〕
◇大阪編年史　第22巻　嘉永5年1月-安政3年5月　大阪　大阪市立中央図書館　1976　428p　22cm　Ⓝ216.3
〔31897〕
◇大阪編年史　第23巻　安政3年6月-文久2年12月　大阪市立中央図書館編　大阪　大阪市立中央図書館　1977.3　419p　22cm　Ⓝ216.3
〔31898〕
◇大阪編年史　第25巻　慶応三年中.総目次.引用書目　大阪市立中央図書館市史編集室編　大阪　大阪市立中央図書館　1978.9　93,346,20p　22cm　Ⓝ216.3　〔31899〕
◇大阪町奉行管内要覧―松平石見守殿御初入二付差出御覚書.地方役手鑑　大阪市史編纂所編　大阪　大阪市史料調査会　1985.3　155p　21cm　(大阪市史料 第15輯)Ⓝ216.3
〔31900〕
◇御触書写帳―河州丹南郡岡村寛政八年十二月　第1冊　立川　朝日カルチャーセンター立川近世の古文書を読む会　1987.8　68p　21cm　Ⓝ216.3
〔31901〕
◇御触書写帳　第3冊　河州丹南郡岡村寛政十二年二月.享和元年三月.享和元年十二月　八王子　近世の古文書を読む会　1994.11　154p　21cm　Ⓝ216.3　〔31902〕
◇近世大坂風聞集―至享文記.あすならふ.あすならふ拾遺　大阪市史編纂所編　大阪　大阪市史料調査会　1988.3　135p　21cm　(大阪市史料 第24輯)Ⓝ216.3
〔31903〕
◇河内庄可正旧記　野村豊,由井喜太郎編　大阪　清文堂出版　1970　401p　22cm　(清文堂史料叢書 第1刊)2900円　Ⓝ216.3
〔31904〕
◇御用瓦師寺島家文書　大阪市史編纂所編　大阪　大阪市史料調査会　1984.9　123p　21cm　(大阪市史料 第13輯)Ⓝ210.52
〔31905〕
◇高槻藩古文書　北村重敬編　〔北村重敬〕　1933　21p　23cm　Ⓝ216.3
〔31906〕
◇千原騒動書付留　森杉夫著　高石　高石市郷土史研究委員会　1982.3　34p　22cm　(高石市郷土史研究紀要 第10号)Ⓝ216.3
〔31907〕
◇寺田治兵衛正熈伝記関係史料集―泉州郷村支配関係文書　新美忠之編　伊勢　政教学会(皇学館大学内)　1974　235p　27cm　非売品　Ⓝ216.3
〔31908〕
◇年代記.明和の春―明和-享和大坂世相見聞集　大阪市史編纂所編　大阪　大阪市史料調査会　1991.2　122p　21cm　(大阪市史料 第31輯)Ⓝ216.3
〔31909〕
◇枚方宿役人日記―中島儀輔御用留　中島儀輔著　中島三佳,松本弦子編　大阪　清文堂出版　1992.12　400p　22cm　(清文堂史料叢書 第63刊)①4-7924-0380-4　Ⓝ216.3
〔31910〕
◇広瀬村明細鑑記録―寛政4年　奥村寛純編集・解読　島本町(大阪府)　郷土島本研究会　1985.9　220,9p　21cm　(水無瀬荘資料集成 1)Ⓝ216.3
〔31911〕
◇御津八幡宮・三津家文書　上　近世初期大坂関係資料　大阪市史編纂所編　大阪　大阪市史料調査会　1986.2　152p　21cm　(大阪市史史料 第17輯)Ⓝ216.3
〔31912〕
◇御津八幡宮・三津家文書　下　近世初期大坂関係資料　大阪市史編纂所編　大阪　大阪市史料調査会　1986.3　155p　21cm　(大阪市史史料 第18輯)Ⓝ216.3
〔31913〕
◇八尾の近世文書　沢井浩三著,八尾郷土文化研究会編　八尾　八尾郷土文化研究会　1976.4　38p　21cm　Ⓝ216.3
〔31914〕

◆◆◆史料目録
◇池上家文書目録　近世・近代　茨木　茨木市教育委員会　1995.3　2冊　26cm　Ⓝ216.3　〔31915〕
◇和泉国日根郡熊取谷中家文書目録　熊取町教育委員会編　熊取町(大阪府)　熊取町教育委員会　1987.3　351p　26cm　Ⓝ216.3
〔31916〕
◇河内国渋川郡久宝寺村高田家文書(近世分)目録　八尾市立歴史民俗資料館編　八尾　八尾市教育委員会　2000.3　102p　30cm　(八尾市内古文書調査目録 1)Ⓝ216.3
〔31917〕
◇旧狭山藩士江馬家文書目録　大阪狭山市教育委員会生涯学習部生涯学習推進課編　大阪狭山　大阪狭山市史編さん室　1994.7　74p　26cm　(大阪狭山市史編さん資料目録 2)Ⓝ216.3
〔31918〕
◇旧狭山藩士沢田秀雄家文書目録　大阪狭山市教育委員会生涯学習部生涯学習推進課編　大阪狭山　大阪狭山市史編さん室　1995.3　72p　26cm　(大阪狭山市史編さん資料目録 4)Ⓝ216.3
〔31919〕
◇北条家文書目録―旧狭山藩主　大阪狭山市教育委員会生涯学習部生涯学習推進課市史編さん室編　大阪狭山　大阪狭山市教育委員会生涯学習部生涯学習推進課市史編さん室　1996.12　98p　26cm　(大阪狭山市史編さん資料目録 7)Ⓝ216.3
〔31920〕

◆◆兵庫県
◇赤松滄洲―近世赤穂の知のリーダー　平成17年度企画展　赤穂市立歴史博物館編　赤穂　赤穂市立歴史博物館　2005.4　63p　30cm　(赤穂市立歴史博物館企画展資料集 no.10)Ⓝ121.57
〔31921〕
◇赤穂城請取りと龍野　龍野市立歴史文化資料館編　龍野　龍野市教育委員会　2000.12　89p　30cm　(龍野市立歴史文化資料館図録 25)Ⓝ216.4
〔31922〕
◇怒れる群衆―天保四年の加古川筋一揆　平成14年度秋季特別展　小野市立好古館編　小野　小野市立好古館　2002.10　50p　30cm　(小野市立好古館特別展図録 24)Ⓝ216.4
〔31923〕
◇生野義挙と其同志　沢宣一,望月茂共著　復刻版　徳山　マツノ書店　2002.4　704,63,16p　22cm　12380円　Ⓝ210.58
〔31924〕
◇生野史　第3　校補代官編　太田虎一原著,柏村儀作校補　生野町(兵庫県)　生野町　1966　639p　22cm　Ⓝ216.4
〔31925〕
◇伊丹―城と酒と俳諧と　安達文昭著　諏訪　檸檬社　1983.8　297p　20cm　1500円　①4-89607-367-3　Ⓝ216.4
〔31926〕
◇江戸時代 人づくり風土記―ふるさとの人と知恵　28　兵庫　農山漁村文化協会　1998.10　372p　26cm　4286円　①4-540-98008-4
〔31927〕

地方史　　　　　　　　　　　　　近世史

◇小野旧藩誌　藤田敬次編　福島四郎校訂　兵庫県小野町　小野藩創始三百年記念会　1937　224p　23cm　Ⓝ216.4　〔31928〕
◇小野藩一柳家の武具―特別展　小野　小野市立好古館　1990　12p　19×26cm　（小野市立好古館特別展図録6）　〔31929〕
◇小野藩史要　小林匡著　小野　小野市文化連盟　1986.10　111p　22cm　Ⓝ216.4　〔31930〕
◇柏原藩史　篠川直著　柏原町（兵庫県）　篠川直　1898.9　177p　26cm　Ⓝ216.4　〔31931〕
◇禾舟漫筆　第3　姫路藩二十四孝伝　川嶋右次著　神戸　川嶋右次　1934　1冊　23cm　Ⓝ049　〔31932〕
◇禾舟漫筆　8　姫路藩の恭順と神田松雲翁　川嶋右次著　神戸　川嶋右次　1936　32p　22cm　Ⓝ049　〔31933〕
◇禾舟漫筆　第15　竜野藩儒股野玉川伝　川嶋右次著　兵庫県御影町　川嶋右次　1944　35p　22cm　Ⓝ049　〔31934〕
◇木ノ谷に残る　勤王志士　美玉・中島両氏の伝記　稲田耕一著　山崎町（兵庫県）　山崎町　1968　57p　13×19cm　Ⓝ216.4　〔31935〕
◇黍田村に生きた人々―江戸時代農民の生涯　山田正雄著　神戸　神戸新聞出版センター　1984.11　323p　19cm　1600円　①4-87521-441-3　Ⓝ216.4　〔31936〕
◇切り抜き日本史・兵庫県編　中世・近世　有政一昭編　相生　有政一昭　1983.10　150p　26cm　Ⓝ216.4　〔31937〕
◇近世淡路史考　武田清市著　近代文芸社　1989.10　214p　20cm　2000円　①4-7733-0113-9　Ⓝ216.4　〔31938〕
◇近世いなみ野の文化―特別展　加古川総合文化センター編　加古川　加古川総合文化センター　1991.9　51p　26cm　（加古川総合文化センター博物館図録 no.7）Ⓝ291.64　〔31939〕
◇近世・近代赤穂の美―絵画・書・やきもの　平成15年度特別展　赤穂市立歴史博物館編　赤穂　赤穂市立歴史博物館　2003.11　92p　21cm　（赤穂市立歴史博物館特別展図録 no.18）Ⓝ721.02　〔31940〕
◇近世村落の研究―北播地方における　脇坂俊夫著　西脇　脇坂俊夫　1970　302p　22cm　Ⓝ216.4　〔31941〕
◇近世高砂町人生活史　赤松力著　神戸　兵庫県社会文化協会　1968　42p　21cm　非売　Ⓝ216.4　〔31942〕
◇近世の数寄と粋―高砂・加古川の文物　特別展　加古川総合文化センター編　加古川　加古川総合文化センター　1993.9　72p　26cm　（加古川総合文化センター博物館図録 no.9）Ⓝ291.64　〔31943〕
◇故郷燃える―兵庫県・近代の出発　第1巻　黒船編　神戸新聞社編　神戸　のじぎく文庫　1970　490p　19cm　Ⓝ216.4　〔31944〕
◇故郷燃える―兵庫県・近代の出発　第2巻　幕末編　神戸新聞社編　神戸　のじぎく文庫　1970　444p　19cm　Ⓝ216.4　〔31945〕
◇講座明石城史　明石城史編さん実行委員会編　明石　明石市教育委員会　2000.3　607p　22cm　Ⓝ216.4　〔31946〕
◇講座明石城史　明石城史編さん実行委員会編　神戸　神戸新聞総合出版センター　2000.6　607p　22cm　①4-343-00070-2　Ⓝ216.4　〔31947〕
◇神戸居留地史話―神戸開港140周年記念　土居晴夫著　高知　リーブル出版　2007.9　294p　19cm　1905円　①978-4-947727-92-3　〔31948〕
◇国宝姫路城　初井新三郎著　姫路　姫路郷土文献刊行会　1967　102p　22cm　Ⓝ216.4　〔31949〕
◇国宝姫路城　初井新三郎著　第4版　姫路　姫路郷土文献刊行会　1972　111p　22cm　500円　Ⓝ216.4　〔31950〕
◇三田城下町の研究　中谷一正著　大阪　〔中谷一正〕　1987.5　77p　26cm　Ⓝ216.4　〔31951〕
◇三田藩日記の研究　中谷一正著　大阪　中谷一正　1985.8　2冊　26cm　Ⓝ216.4　〔31952〕
◇三田藩の研究　中谷一正著　大阪　中谷一正　1988　84p　26cm　Ⓝ216.4　〔31953〕
◇白鷺城の興亡―流転268年危難からの復元　歴史経営学　寺林峻著　佼成出版社　1989.5　243p　20cm　1300円　①4-333-01348-8　Ⓝ216.4　〔31954〕
◇白鷺のうた―姫路の城と町と人と…　神戸新聞姫路支社編　神戸　神戸新聞出版センター　1983.4　302p　19cm　1200円　①4-87521-622-X　Ⓝ216.4　〔31955〕
◇摂津三田藩史　高田忠義編　三田　高田忠義　1982.10　214p　26cm　Ⓝ216.4　〔31956〕
◇仙石騒動　宿南保著　神戸　神戸新聞出版センター　1985.3　294p　20cm　（シリーズ兵庫の歴史 1）1800円　①4-87521-050-7　Ⓝ216.4　〔31957〕
◇但馬史　4　宿南保著　神戸　のじぎく文庫　1976.12　334p　19cm　2000円　Ⓝ216.4　〔31958〕
◇伊達政宗―福島ふるさと再見　永岡慶之助作・監修　会津若松　歴史春秋出版　1986.9　159p　26cm　1600円　Ⓝ210.48　〔31959〕
◇丹波篠山城とその周辺　嵐瑞澂著　改訂第5版　篠山町（兵庫県）　篠山史友会　1992.4　47p　26cm　410円　Ⓝ291.64　〔31960〕
◇丹波篠山の城と城下町　嵐瑞澂著　篠山町（兵庫県）　1960　77p　図版11枚　表　21cm　Ⓝ216.4　〔31961〕
◇幕末赤穂の一断面　浜田稔也著・編　赤穂　〔浜田稔也〕　1984.4　155p　21cm　Ⓝ216.4　〔31962〕
◇播磨学講座　3　近世　花盛りの城下で　姫路独協大学播磨学研究会編　神戸　神戸新聞総合出版センター　1992.4　230p　20cm　1500円　①4-87521-035-3　Ⓝ216.4　〔31963〕
◇播磨の旅人たち―紀行と絵図にみる江戸時代　特別展　姫路文学館編　姫路　姫路文学館　2003.10　55p　30cm　Ⓝ216.4　〔31964〕
◇播姫太平記　乾　脇坂俊夫解説　西脇　脇坂俊夫　2000.11　6p 44丁　25cm　（脇坂文庫 8）Ⓝ216.4　〔31965〕
◇播姫太平記　坤　脇坂俊夫解説　西脇　脇坂俊夫　2001.5　1冊　25cm　（脇坂文庫 9）Ⓝ216.4　〔31966〕
◇播州赤穂の城と城下町　赤穂高等学校歴史研究部（兵庫県）編　赤穂　赤穂高等学校郷土史料室　1959　159p　22cm　Ⓝ216.4　〔31967〕
◇播州赤穂の城と町　広山堯道編著　雄山閣出版　1982.8　220p　22cm　2800円　①4-639-00175-4　Ⓝ216.4　〔31968〕
◇播州田安領の記録―御廻米と書留帳　浅見勝也著　芦屋　洗硯亭文庫　1994.5　178p　20cm　Ⓝ216.4　〔31969〕
◇播州名所巡覧図絵　秦石田著　京都　臨川書店　1995.12　434p　22cm　（版本地誌大系 8）7725円　①4-653-03171-1　Ⓝ291.64　〔31970〕
◇東灘歴史散歩　田辺真人著　新版　神戸　〔神戸市〕東灘区　1992.10　176p　19cm　300円　Ⓝ291.64　〔31971〕
◇東播磨の歴史　3―胎動する庶民の時代　近世　東播磨の歴史を考える実行委員会編　神戸　神戸新聞総合出版

◇センター　2004.7　302p　21cm　2000円　①4-343-00262-4
〔31972〕
◇人づくり風土記―江戸時代　28　ふるさとの人と知恵・兵庫　会田雄次、大石慎三郎監修　　石川松太郎、稲垣史生,加藤秀俊編纂　酒井一兵庫版監修　農山漁村文化協会　1998.10　372p　27cm　4286円　①4-540-98008-4　Ⓝ210.5
〔31973〕
◇姫路城史　橋本政次著　名著出版　1973　3冊　22cm　19500円　Ⓝ216.4
〔31974〕
◇姫路城史　上中下巻　橋本政次著　姫路　姫路城史刊行会　1952　3冊　22cm　Ⓝ216.4
〔31975〕
◇姫路城とその周辺　日本城郭協会編　日本城郭協会出版部　1961　96p（図版解説共）はり込原色図版1枚　22cm　Ⓝ216.4
〔31976〕
◇姫路藩御用船速鳥丸と神護丸　下里静著　姫路　〔下里静〕　1996.10　216p　21cm　非売品　Ⓝ216.4
〔31977〕
◇姫路藩の恭順と神田松雲翁　川嶋右次著　神戸　神田兵右衛門　1936　32p　23cm　Ⓝ216.4
〔31978〕
◇姫路藩の藩老河合寸翁伝　穗積勝次郎著　姫路　穗積勝次郎　1972　248p　22cm　非売　Ⓝ216.4
〔31979〕
◇兵庫県十八藩史―近世の城と陣屋　森口忠著　神戸　中外書房　1977.2　145,34,64p　21cm　2000円　Ⓝ216.4
〔31980〕
◇ふるさとらいさん　高田銀蔵編　尼崎　高田銀蔵　1978.11　105p　21cm　非売品　Ⓝ216.4
〔31981〕
◇三草藩の研究　脇坂俊夫著　社町（兵庫県）　社町学術文化振興協会　1991.6　288p　22cm　Ⓝ216.4
〔31982〕
◇村役人日記―天領と三草藩領　脇坂俊夫編著　西脇　脇坂俊夫　1986.9　156p　22cm　Ⓝ216.4
〔31983〕
◇妻鹿城史　妻鹿史蹟文化財顕彰保存会編集委員会編　姫路　妻鹿史蹟文化財顕彰保存会　1973　170p　22cm　Ⓝ216.4
〔31984〕
◇森川弥平次が遺した大蔵谷物語―幕末期親藩明石松平氏が選んだ平和の道　森川平三編著　神戸　森川平三　1988.3　133p　21cm　Ⓝ216.4
〔31985〕
◇養父の本陣　足立利雄著　養父町（兵庫県）　養父町教育委員会　1968.3　17p　22cm　（養父町文化財シリーズ　3）Ⓝ216.4
〔31986〕
◇よみがえる元禄の順礼―摂州太田庄奥三十三処順礼和歌　池田重義著　川西　〔池田重義〕　1994.9　92p　26cm　Ⓝ216.4
〔31987〕
◇私の考察した近世淡路の歴史　北山学著　五色町（兵庫県）〔北山学〕　2002.6　126p　30cm　Ⓝ216.4
〔31988〕

◆◆◆自治体史
◇猪名川町史　2　近世　猪名川町史編集専門委員会編　猪名川町（兵庫県）　猪名川町　1989.3　449,6p　22cm　Ⓝ216.4
〔31989〕
◇新修神戸市史　歴史編3　近世　新修神戸市史編集委員会編　神戸　神戸市　1992.4　917,65p　22cm　Ⓝ216.4
〔31990〕
◇姫路市史　第3巻　本編　近世1　姫路市史編集専門委員会編　姫路　姫路市　1991.3　586,9p　22cm　Ⓝ216.4
〔31991〕
◇姫路市史　第14巻　別編　姫路城　姫路市史編集専門委員会編　姫路　姫路市　1988.7　913,11p　22cm　Ⓝ216.4
〔31992〕
◇兵庫県史　第3巻　兵庫県史編集専門委員会編　神戸　兵庫県　1978.3　874,15p　22cm　Ⓝ216.4
〔31993〕
◇兵庫県史　第4巻　兵庫県史編集専門委員会編　神戸　兵庫県　1979.3　848,13p　22cm　Ⓝ216.4
〔31994〕

◆◆◆自治体史史料
◇明石市史資料　第6集　近世篇　明石　明石市教育委員会　1985.3　2冊（別冊とも）　21cm　Ⓝ216.4〔31995〕
◇尼崎市史　第6巻　史料編3近世・下　尼崎　尼崎市　1977.12　818p　22cm　Ⓝ216.4
〔31996〕
◇加古川市史　第5巻　史料編2近世編　加古川市史編さん専門委員編　加古川　加古川市　1987.3　717p　22cm　Ⓝ216.4
〔31997〕
◇加古川市史史料　3　中野村坪刈記録―寛政元年～平成7年　今井修平編　加古川　加古川市史編さん室　1996.3　199p　21cm　Ⓝ216.4
〔31998〕
◇近世の家島　1　奥山芳夫編著　家島町（兵庫県）　家島町教育委員会　2002.3　55p　26cm　（家島郷土歴史史（資）料集　4）Ⓝ216.4
〔31999〕
◇近世の家島　2　奥山芳夫編著　家島町（兵庫県）　家島町教育委員会　2003.3　73p　26cm　（家島郷土歴史史（資）料集　5）Ⓝ216.4
〔32000〕
◇近世の家島　3　大森家文書『諸願控帳』1　奥山芳夫編著　家島町（兵庫県）　家島町教育委員会　2004.3　89p　26cm　（家島郷土歴史史（資）料集　6）Ⓝ216.4
〔32001〕
◇近世の家島　4　大森家文書『諸願控帳』2　奥山芳夫編著　家島町（兵庫県）　家島町教育委員会　2005.3　77p　26cm　（家島郷土歴史史（資）料集　7）Ⓝ216.4
〔32002〕
◇近世の家島　5　大森家文書『諸願控帳』3　奥山芳夫編著　家島町（兵庫県）　家島町教育委員会　2006.3　73p　26cm　（家島郷土歴史史（資）料集　8）Ⓝ216.4
〔32003〕
◇近世の家島　6　大森家文書『諸願控帳』4　奥山芳夫編著　姫路　姫路市教育委員会　2007.3　63p　26cm　（家島郷土歴史史（資）料集　9）Ⓝ216.4
〔32004〕
◇近世の五色町関係史料集　第2集　北山学編著　五色町（兵庫県）〔北山学〕　1994.3　168p　26cm　Ⓝ216.4
〔32005〕
◇播磨町史料研究　第1集　東根武一,中嶋仁道　播磨町（兵庫県）　播磨町教育委員会事務局　1963　80p　26cm　Ⓝ216.4
〔32006〕
◇姫路市史　第10巻　史料編　近世1　姫路市史編集専門委員会編　姫路　姫路市　1986.3　918p　22cm　Ⓝ216.4
〔32007〕
◇姫路市史　第11巻　上　史料編　近世2　姫路市史編集専門委員会編　姫路　姫路市　1996.3　875p　図版10枚　22cm　Ⓝ216.4
〔32008〕
◇姫路市史　第11巻　下　史料編　近世3　姫路市史編集専門委員会編　姫路　姫路市　1999.3　931p　22cm　Ⓝ216.4
〔32009〕
◇兵庫県史　史料編　近世1　兵庫県史編集専門委員会編　神戸　兵庫県　1989.3　871p　22cm　Ⓝ216.4
〔32010〕
◇本庄村史資料編　第3巻　近世水利関係資料　本庄村史編纂委員会編著　神戸　生活文化史料館　1991.3　200p　21cm　1000円　Ⓝ216.4
〔32011〕
◇三木市有宝蔵文書　第1巻　町政編・幕政編　三木郷土史の会編　三木　三木市　1994.3　631p　22cm　Ⓝ216.4
〔32012〕
◇三木市有宝蔵文書　第2巻　藩政編・触書編　三木郷土史の会編　三木　三木市　1995.5　909p　22cm　Ⓝ216.4
〔32013〕

地方史　　　　　　　　近世史

◇三木市有宝蔵文書　第3巻　　住民編・土地編・検地帳編　三木郷土史の会編　三木　三木市　1997.3　841p 22cm　Ⓝ216.4　　　　　　　　　　　〔32014〕
◇八千代町史　近世史料編　その1　八千代町史編纂委員会編　八千代町（兵庫県）　八千代町　1984.3　306p 27cm　Ⓝ216.4　　　　　　　　　　　〔32015〕

◆◆◆一般史料
◇明石郷土資料　8　明石藩主越前松平家と長寿院・松平家過去帖　永瀬巖編　明石　〔永瀬巖〕　2002　30p 26cm　Ⓝ216.4　　　　　　　　　　　〔32016〕
◇明石藩朝鮮国信使接伴記録　明石　明石市教育委員会　1981.3　2冊　21cm　（明石市史資料　第2集）Ⓝ216.4　　　　　　　　　　　〔32017〕
◇明石藩領美作国吉野郡高畑家文書抄　明石　明石市教育委員会　1982.3　93p　21cm　（明石市史資料　第3集）Ⓝ216.4　　　　　　　　　〔32018〕
◇赤穂塩業史料集　第1巻　赤穂塩業史料集編纂委員会編　赤穂　赤穂市教育委員会　1989.4　284p　22cm　Ⓝ669　　　　　　　　　　　　〔32019〕
◇赤穂城請取在番御用覚　竜野　竜野市立歴史文化資料館　1995.3　102p　30cm　Ⓝ216.4　　　　〔32020〕
◇赤穂浪人明屋敷改帳　赤穂市立歴史博物館編　赤穂　赤穂市立歴史博物館　1993.3　101p　26cm　（博物館資料集　第1号）Ⓝ216.4　　　　　〔32021〕
◇淡路の近世文書　淡路古文書学習会編　洲本　洲本市立淡路文化史料館　1995.3　138p　21×30cm　（淡路文化史料館古文書シリーズ　第1輯）Ⓝ216.4　〔32022〕
◇安政六年播州酒造株高取調帳　脇坂俊夫影印解説・著作　西脇　脇坂俊夫　1996.4　36丁,5p　25cm　（脇坂文庫―史料集　4）Ⓝ216.4　　　〔32023〕
◇家嶋御番所御用日記　奥山芳夫編著　家島町（兵庫県）　家島町教育委員会　1999.3　55p　26cm　（家島郷土歴史史（資）料集　1）Ⓝ216.4　　　〔32024〕
◇江戸時代の村―安志藩大庄屋井上家文書　兵庫県立歴史博物館編　姫路　兵庫県立歴史博物館　1992.9　85p 26cm　（企画展資料集　no.17）Ⓝ216.4　〔32025〕
◇姫藩典制録―史料　上巻　播磨古文書研究会編　姫路　播磨古文書研究会　2001.11　372p　21cm　非売品　Ⓝ216.4　　　　　　　　　　　〔32026〕
◇姫藩典制録―史料　下巻　播磨古文書研究会編　姫路　播磨古文書研究会　2001.11　p373-744　21cm　非売品　Ⓝ216.4　　　　　　　　　〔32027〕
◇九鬼史料―兵庫県三田藩　第1巻　中谷一正編　大阪　〔中谷一正〕　1981.11　65p　26cm　Ⓝ216.4　〔32028〕
◇九鬼資料　第2巻　中谷一正編　大阪　〔中谷一正〕　1969.3　56p　25cm　Ⓝ216.4　　　〔32029〕
◇九鬼史料―兵庫県三田藩　第5巻　中谷一正編　大阪　〔中谷一正〕　1980　31p　26cm　Ⓝ216.4　〔32030〕
◇慶応四年赤穂藩御城日記　浜田稔也翻刻　赤穂　花岳寺赤穂学林　2000.8　226p　26cm　Ⓝ216.4　〔32031〕
◇校註　姫路藩の大庄屋日記　内海継之著,穂積勝次郎編著　姫路　穂積勝次郎　1966　379p　22cm　Ⓝ216.4　　　　　　　　　　　　　　　〔32032〕
◇三田藩江戸屋敷絵図　高田義久　三田　〔高田義久〕　1987　27p　26cm　Ⓝ216.4　　　〔32033〕
◇三田藩主九鬼家年譜　高田義久編　三田　高田義久　1987　1冊　26cm　Ⓝ288.3　　〔32034〕
◇三田藩史　中谷一正編　大阪　中谷一正　1984.12　1冊　26cm　Ⓝ216.4　　　　　　〔32035〕
◇三田藩の研究―資料　中谷一正著　大阪　中谷一正　1988　1冊　26cm　　　　　　　〔32036〕
◇但馬国二方郡二日市村滝川家文書―帝塚山短期大学図書館蔵　解説と目録　奈良　帝塚山短期大学図書館　1997.3　107p　22cm　Ⓝ216.4　〔32037〕
◇但馬国養父郡小城村差出帳　吉井武著　養父町（兵庫県）　養父町教育委員会　1976.3　27p　22cm　（養父町文化財シリーズ　8）Ⓝ216.4　〔32038〕
◇播磨国明石郡松陰新田村検地帳並に田畑名寄帳　明石　明石市教育委員会　1980.3　110p　21cm　（明石市史資料　第1集）Ⓝ216.4　　　〔32039〕
◇播磨国村々申渡法度書　脇坂俊夫影印解読・著作　西脇　脇坂俊夫　2007.1　30丁　25cm　（脇坂文庫　14）Ⓝ322.1964　　　　　　　　　〔32040〕
◇姫路藩御船手組―播磨の郷土史　下里静編　姫路　〔下里静〕　1982.12　352p　22cm　非売品　Ⓝ216.4　〔32041〕
◇姫路藩御船手組―播磨の郷土史　下里静編　改訂・増補版　姫路　〔下里静〕　1984.8　389p　22cm　Ⓝ216.4　〔32042〕
◇兵庫県史　史料編　幕末維新　1　兵庫県史編集専門委員会編　姫路　兵庫県　1998.3　851p　22cm　Ⓝ216.4　〔32043〕
◇兵庫県史　史料編　幕末維新　2　兵庫県史編集専門委員会編　姫路　兵庫県　1998.3　795p　22cm　Ⓝ216.4　〔32044〕
◇兵庫県史　史料編　近世　3　兵庫県史編集専門委員会編　神戸　兵庫県　1993.3　955p　22cm　Ⓝ216.4　〔32045〕
◇兵庫県史　史料編　近世　4　兵庫県史編集専門委員会編　神戸　兵庫県　1995.3　1141p　22cm　Ⓝ216.4　〔32046〕
◇兵庫津北風家惣支配役　喜多文七郎日誌　喜多文七郎著　神戸　石阪孝二郎　1959　332p　22cm　Ⓝ216.4　〔32047〕
◇分類出石藩御用部屋日記　出石町総務課町史編集室編　出石町（兵庫県）　出石町　1982.11　312p　22cm　Ⓝ216.4　〔32048〕
◇三草藩村明細帳　脇坂俊夫編　西脇　脇坂俊夫　1972　211p　22cm　Ⓝ216.4　　　　　　〔32049〕
◇武蔵国幡羅郡善ケ島村羽鳥又左衛門手控　行田　長谷川宏　1974　80p　25cm　Ⓝ216.4　〔32050〕
◇村岡藩御触書―壱弐分庄大庄屋文書　古川哲男編　村岡町（兵庫県）　古川哲男　1993.9　109p　26cm　700円　Ⓝ216.4　　　　　　　　　〔32051〕
◇累年覚書集要―明石藩三木郡小川組大庄屋安福家七代の記録　三木郷土史の会編　三木　三木市教育委員会　1994.9　355p　26cm　Ⓝ216.4　〔32052〕

◆◆◆史料目録
◇尼崎市史編集資料目録集　第7　尼崎市史編集事務局編　尼崎　1963　25cm　（市史編集資料）Ⓝ216.4　〔32053〕
◇尼崎市史編集資料目録集　第16　尼崎市史編集事務局編　尼崎　1964　25cm　（市史編集資料）Ⓝ216.4　〔32054〕
◇淡路文化史料館収蔵史料目録　第10集　淡路五色町鮎原高津家保管文書―近世篇　洲本市立淡路文化史料館編　洲本　洲本市立淡路文化史料館　1994.3　130p　26cm　Ⓝ216.4　　　　　　　　　　　　　〔32055〕
◇安志藩大庄屋井上家文書　兵庫県立歴史博物館編　姫路　兵庫県立歴史博物館　1988.3　165p　26cm　（収蔵資料目録　3）Ⓝ216.4　〔32056〕
◇川西市史編集資料目録集　2　江戸時代における川西市

域村々の領知変遷　改訂　川西　川西市史編集室
1980.10　10p　25cm
〔32057〕

◇小西新右衛門氏文書目録―近世編　伊丹市酒造家資料調査委員会編　伊丹　伊丹市立博物館　1995.3　2冊
26cm　Ⓝ216.4
〔32058〕

◆◆奈良県

◇畿内周辺の地域史像―大和宇陀地方　花園大学文学部史学科編　京都　花園大学文学部史学科　1987.11　390p　22cm　Ⓝ216.5
〔32059〕

◇近世の奈良・東大寺―論集　GBS実行委員会編　京都　法藏館（製作・発売）　2006.12　137,6p　30cm　（ザ・グレイトブッダ・シンポジウム論集　第4号）2000円　Ⓝ188.35
〔32060〕

◇近世大和地方史研究　木村博一著　大阪　和泉書院　2000.3　416p　22cm　（日本史研究叢刊 10）8000円　①4-7576-0017-8　Ⓝ216.5
〔32061〕

◇最古の官道竹内街道と間道の軋轢―松尾芭蕉と覚峰を巡って　平成15年度企画展解説書　太子町立竹内街道歴史資料館編　太子町（大阪府）　太子町立竹内街道歴史資料館　2003.9　60p　26cm　Ⓝ682.165
〔32062〕

◇魁の十津川郷士　更谷義博著　新宮　浜口出版社　1986.2　263p　19cm　1000円　Ⓝ216.5
〔32063〕

◇奈良閑話　続々　喜多野徳俊著　近代文芸社　1998.4　195p　20cm　1800円　①4-7733-6255-3　Ⓝ216.5
〔32064〕

◇人づくり風土記―江戸時代　29　ふるさとの人と知恵・奈良　会田雄次,大石慎三郎監修　石川松太郎,稲垣史生,加藤秀俊編纂　広吉寿彦奈良版監修　農山漁村文化協会　1998.12　368p　27cm　4286円
①4-540-98009-2　Ⓝ210.5
〔32065〕

◆◆◆自治体史

◇今井町近世文書　森本育寛,堀内啓男共編　天理　三和コロタイプ印刷　1978.10　457p　27cm　8000円　Ⓝ216.5
〔32066〕

◇今井町近世文書　続　森本育寛編　橿原　森本順子　1982.2　246p　27cm　7000円　Ⓝ216.5
〔32067〕

◇今井町周辺地域近世初期史料　森本育寛編　橿原　森本順子　1986.3　390p　27cm　Ⓝ216.5
〔32068〕

◇大宇陀町史　史料編　第2巻　近世　下　新訂大宇陀町史編集委員会編　新訂　大宇陀町（奈良県）　大宇陀町　1996.11　1009p　22cm　Ⓝ216.5
〔32069〕

◇宮堂村御仕置五人組帳―天明四年辰三月大和国平群郡宮堂村（幕府領高取藩預かり）　春日　平成十一年度春日市中央公民館社会教育学級歴史講座（古文書を読む学級）　2000.3　55p　30cm　Ⓝ216.5
〔32070〕

◆◆◆一般史料

◇飛鳥京跡関係史料集　3　近世地誌篇　奈良県立橿原考古学研究所編　奈良　奈良県教育委員会　1981.12　48p　26cm　Ⓝ216.5
〔32071〕

◇飛鳥京跡関係史料集　4　近世地誌篇　奈良県立橿原考古学研究所編　奈良　奈良県教育委員会　1981.12　76p　26cm　Ⓝ216.5
〔32072〕

◇飛鳥京跡関係史料集　1　近世地誌篇　奈良県立橿原考古学研究所編　奈良　奈良県教育委員会　1980.2　75p　26cm　Ⓝ216.5
〔32073〕

◇飛鳥京跡関係史料集　2　近世紀行文篇　奈良県立橿原考古学研究所編　奈良　奈良県教育委員会　1980.2　89p　26cm　Ⓝ216.5
〔32074〕

◇甚太郎一代記―無足人吉川家記録　広吉寿彦編　大阪　清文堂出版　1994.1　292p　22cm　（清文堂史料叢書　第68刊）7900円　①4-7924-0396-0　Ⓝ216.5
〔32075〕

◇竹園日記　2　たかだ歴史文化叢書編集委員会監修　竹園日記を読む会翻刻・編集　大和高田　大和高田市　2001.2　518p　22cm　（たかだ歴史文化叢書）Ⓝ216.5
〔32076〕

◇竹園日記　3　たかだ歴史文化叢書編集委員会監修　竹園日記を読む会翻刻・編集　大和高田　大和高田市文化振興課　2002.11　585p　22cm　（たかだ歴史文化叢書）Ⓝ216.5
〔32077〕

◇分限帳類集　上　大和郡山　柳沢文庫保存会　1993.12　306p　22cm　（柳沢史料集成　第2巻）Ⓝ216.5　〔32078〕

◇分限帳類集　下　大和郡山　柳沢文庫保存会　1994.7　303p　22cm　（柳沢史料集成　第3巻）Ⓝ216.5　〔32079〕

◇大和国無足人日記―山本平左衛門日並記　山本平左衛門著,平山敏治郎校訂編集　大阪　清文堂出版　1988.3　2冊　22cm　（清文堂史料叢書　第21,22刊）全18000円　①4-7924-0280-8　Ⓝ216.5
〔32080〕

◆◆和歌山県

◇晦結溢言　上　堀内信編　横須賀　堀内信　1907.8　258p　27cm　Ⓝ210.5
〔32081〕

◇紀伊国民衆史―大化二年（六四六）から慶長六年（一六〇一）に至る紀伊国民衆の姿　松田文夫著　和歌山　〔松田文夫〕　2001.3　272p　24cm　3000円　Ⓝ216.6
〔32082〕

◇紀州・江戸時代―江戸時代の紀州史　松田文夫著　和歌山　〔松田文夫〕　1995.8　246p　24cm　3200円　Ⓝ216.6
〔32083〕

◇紀州史研究　1　藩政史特集　安藤精一編著　国書刊行会　1985.12　308p　22cm　7000円　Ⓝ216.6　〔32084〕

◇紀州・勢州五十五万石　松田文夫編　和歌山　〔松田文夫〕　2005.7　64p　23cm　1800円　Ⓝ216.6　〔32085〕

◇紀州藩漢文学の全貌　松下忠著　和歌山　和歌山大学紀州経済史文化史研究所　1970.3　30p　21cm　（紀州史研究叢書　第10号）
〔32086〕

◇紀州藩主と図書の撰述・転写・出版　和歌山　和歌山大学紀州経済史文化史研究所　1970.3　21p　21cm　（紀州史研究叢書　第11号）
〔32087〕

◇紀州藩の政治と社会　笠原正夫著　大阪　清文堂出版　2002.9　407p　22cm　9800円　①4-7924-0526-2　Ⓝ216.6
〔32088〕

◇きのくにの歴史と文化―和歌山県立博物館館蔵品選集　和歌山県立博物館編　和歌山　和歌山県立博物館　2004.5　79p　30cm　Ⓝ702.15
〔32089〕

◇紀藩家老三浦家の歴史　平井鈴雄著　和歌山　旧紀州藩家老三浦家を偲ふ会　1987.10　108p　21cm　Ⓝ288.2
〔32090〕

◇近世都市和歌山の研究　三尾功著　京都　思文閣出版　1994.4　351,11p　22cm　7210円　①4-7842-0825-9　Ⓝ216.6
〔32091〕

◇近世和歌山の科学者たち―'06秋季特別展　和歌山市立博物館編　和歌山　和歌山市教育委員会　2006.10　79p　30cm　Ⓝ402.105
〔32092〕

◇近世和歌山の構造　安藤精一編　名著出版　1973　338p　22cm　（地方史研究叢書）4000円　Ⓝ332.166　〔32093〕

◇十代藩主徳川治宝とその時代　和歌山市立博物館編　和歌山　和歌山市教育委員会　2004.10　80p　30cm　Ⓝ702.15
〔32094〕

◇城下町和歌山百話　三尾功著,和歌山市史編纂室編　和

地方史　　　　　　　　　　　近世史

歌山　和歌山市　1985.9　278p　19cm　Ⓝ216.6
〔32095〕
◇朝鮮通信使と紀州—'87秋季特別展　和歌山市立博物館編　和歌山　和歌山市教育委員会　1987.10　64p　26cm　Ⓝ210.5
〔32096〕
◇幕末の動乱と紀州　和歌山市立博物館編　和歌山　和歌山市教育委員会　1987.4　108p　26cm　Ⓝ216.6
〔32097〕
◇幕末武士の失業と再就職—紀州藩田辺詰与力騒動一件　中村豊秀著　中央公論社　1993.4　207p　18cm　（中公新書）680円　Ⓘ4-12-101129-5　Ⓝ216.6　〔32098〕
◇人づくり風土記—江戸時代　30　ふるさとの人と知恵・和歌山　石川松太郎ほか編纂　農山漁村文化協会　1995.6　379p　27cm　4900円　Ⓘ4-540-95009-6　Ⓝ210.5
〔32099〕
◇百姓と年貢　前千雄著　新宮〔前千雄〕1976　118p　21cm　（郷土史　第6輯）Ⓝ216.6　〔32100〕
◇襖の下貼が談る紀州藩の御家騒動　宮本八束著　和歌山〔宮本八束〕1984.3　88p　22cm　Ⓝ216.6　〔32101〕
◇穂積姓鈴木氏—紀州徳川二七〇年鈴木家系譜　鈴木淳介編　和歌山　鈴木淳介　1982.9　215p　21cm　非売品　Ⓝ288.1
〔32102〕
◇「万代記」「御用留」に見る江戸時代の新庄村　榎本修造編著　田辺　新庄愛郷会　2007.3　137p　27cm　Ⓝ216.6
〔32103〕
◇和歌山城—南海の鎮 その歴史と文化 2007秋季特別展（第35回）　和歌山市立博物館編　和歌山　和歌山市教育委員会　2007.10　100p　30cm　Ⓝ216.6　〔32104〕
◇和歌山の研究　第3巻　近世・近代篇　安藤精一編　大阪　清文堂出版　1978.11　366p　22cm　Ⓝ216.6　〔32105〕

◆◆◆自治体史
◇和歌山県史　近世　和歌山県史編さん委員会編　和歌山　和歌山県　1990.8　900p　22cm　非売品　Ⓝ216.6
〔32106〕
◇和歌山市史　第2巻　近世　和歌山市史編纂委員会編纂　和歌山　和歌山市　1989.3　893,24p　22cm　Ⓝ216.6
〔32107〕

◆◆◆自治体史史料
◇海南市史　第4巻　史料編　2（近世）　海南市史編さん委員会編　海南　海南市　1997.6　949p　22cm　Ⓝ216.6
〔32108〕
◇かつらぎ町史　近世史料編　かつらぎ町史編集委員会編　かつらぎ町（和歌山県）　かつらぎ町　1988.7　55,1200p　図版10枚　22cm　Ⓝ216.6　〔32109〕
◇町史研究資料　その6　熊野川町教育委員会編　熊野川町（和歌山県）　熊野川町教育委員会　1988.3　86p　26cm　Ⓝ216.6
〔32110〕
◇町史研究資料　その7　熊野川町教育委員会編　熊野川町（和歌山県）　熊野川町教育委員会　1989.3　88p　26cm　Ⓝ216.6
〔32111〕
◇本宮町史　近世史料編　本宮町史編さん委員会編　本宮町（和歌山県）　本宮町　1997.3　992p　22cm　非売品　Ⓝ216.6
〔32112〕
◇和歌山県史　近世史料 1　和歌山県史編さん委員会編　和歌山　和歌山県史編さん委員会　1977.3　1200p　22cm　非売品　Ⓝ216.6　〔32113〕
◇和歌山県史　近世 史料 2　和歌山県史編さん委員会編　和歌山　和歌山県　1980.2　950p　22cm　非売品　Ⓝ216.6
〔32114〕
◇和歌山県史　近世史料 3　和歌山県史編さん委員会編　和歌山　和歌山県　1981.2　1022p　22cm　非売品　Ⓝ216.6
〔32115〕
◇和歌山県史　近世史料 5　和歌山県史編さん委員会編　和歌山　和歌山県　1984.10　1030p　22cm　非売品　Ⓝ216.6
〔32116〕
◇和歌山市史　第5巻　近世史料 1　和歌山市史編纂委員会編　和歌山　和歌山市　1975　1136,5p　22cm　Ⓝ216.6
〔32117〕
◇和歌山市史　第6巻　近世史料 2　和歌山市史編纂委員会編　和歌山　和歌山市　1976　1104,10p　22cm　Ⓝ216.6
〔32118〕

◆◆◆一般史料
◇紀州田辺御用留　第1巻　田辺市教育委員会編　安藤精一監修　大阪　清文堂出版　1998.3　297p　22cm　（清文堂史料叢書　第80刊）12000円　Ⓘ4-7924-0458-4　Ⓝ216.6
〔32119〕
◇紀州田辺御用留　第2巻　田辺市教育委員会編　安藤精一監修　大阪　清文堂出版　1998.3　366p　22cm　（清文堂史料叢書　第81刊）12000円　Ⓘ4-7924-0459-2　Ⓝ216.6
〔32120〕
◇紀州田辺御用留　第3巻　田辺市教育委員会編　安藤精一監修　大阪　清文堂出版　1998.3　307p　22cm　（清文堂史料叢書　第82刊）12000円　Ⓘ4-7924-0460-6　Ⓝ216.6
〔32121〕
◇紀州田辺御用留　第4巻　田辺市教育委員会編　安藤精一監修　大阪　清文堂出版　1998.11　358p　22cm　（清文堂史料叢書　第83刊）12000円　Ⓘ4-7924-0461-4　Ⓝ216.6
〔32122〕
◇紀州田辺御用留　第5巻　田辺市教育委員会編　安藤精一監修　大阪　清文堂出版　1998.11　427p　22cm　（清文堂史料叢書　第84刊）12000円　Ⓘ4-7924-0462-2　Ⓝ216.6
〔32123〕
◇紀州田辺御用留　第6巻　田辺市教育委員会編　安藤精一監修　大阪　清文堂出版　1998.11　419p　22cm　（清文堂史料叢書　第85刊）12000円　Ⓘ4-7924-0463-0　Ⓝ216.6
〔32124〕
◇紀州田辺御用留　第7巻　田辺市教育委員会編　安藤精一監修　大阪　清文堂出版　1999.7　352p　22cm　（清文堂史料叢書　第86刊）12000円　Ⓘ4-7924-0464-9　Ⓝ216.6
〔32125〕
◇紀州田辺御用留　第8巻　田辺市教育委員会編　安藤精一監修　大阪　清文堂出版　1999.7　273p　22cm　（清文堂史料叢書　第87刊）12000円　Ⓘ4-7924-0465-7　Ⓝ216.6
〔32126〕
◇紀州田辺御用留　第9巻　田辺市教育委員会編　安藤精一監修　大阪　清文堂出版　1999.7　333p　22cm　（清文堂史料叢書　第88刊）12000円　Ⓘ4-7924-0466-5　Ⓝ216.6
〔32127〕
◇紀州田辺御用留　第10巻　田辺市教育委員会編　安藤精一監修　大阪　清文堂出版　2000.7　496p　22cm　（清文堂史料叢書　第89刊）12000円　Ⓘ4-7924-0467-3　Ⓝ216.6
〔32128〕
◇紀州田辺御用留　第11巻　田辺市教育委員会編　安藤精一監修　大阪　清文堂出版　2000.7　447p　22cm　（清文堂史料叢書　第90刊）12000円　Ⓘ4-7924-0468-1　Ⓝ216.6
〔32129〕
◇紀州田辺御用留　第12巻　田辺市教育委員会編　安藤精一監修　大阪　清文堂出版　2000.7　390p　22cm　（清文堂史料叢書　第91刊）12000円　Ⓘ4-7924-0469-X　Ⓝ216.6
〔32130〕
◇紀州田辺御用留　第13巻　田辺市教育委員会編　安藤

◇紀州田辺御用留　第14巻　田辺市教育委員会編　安藤精一監修　大阪　清文堂出版　2001.12　550p　22cm　(清文堂史料叢書　第93刊)12000円　①4-7924-0471-1　Ⓝ216.6
〔32132〕

◇紀州田辺御用留　第15巻　田辺市教育委員会編　安藤精一監修　大阪　清文堂出版　2001.12　425p　22cm　(清文堂史料叢書　第94刊)12000円　①4-7924-0472-X　Ⓝ216.6
〔32133〕

◇紀州田辺御用留　第16巻　田辺市教育委員会編　安藤精一監修　大阪　清文堂出版　2002.10　296p　22cm　(清文堂史料叢書　第95刊)12000円　①4-7924-0473-8　Ⓝ216.6
〔32134〕

◇紀州田辺町大帳　第1巻　和歌山県田辺市教育委員会編　大阪　清文堂出版　1987.10　338p　22cm　(清文堂史料叢書　第16刊)①4-7924-0301-4　Ⓝ216.6
〔32135〕

◇紀州田辺町大帳　第2巻　和歌山県田辺市教育委員会編　大阪　清文堂出版　1987.10　377p　22cm　(清文堂史料叢書　第17刊)①4-7924-0302-2　Ⓝ216.6
〔32136〕

◇紀州田辺町大帳　第3巻　和歌山県田辺市教育委員会編　大阪　清文堂出版　1987.10　337p　22cm　(清文堂史料叢書　第18刊)①4-7924-0303-0　Ⓝ216.6
〔32137〕

◇紀州田辺町大帳　第4巻　和歌山県田辺市教育委員会編　大阪　清文堂出版　1987.10　371p　22cm　(清文堂史料叢書　第19刊)①4-7924-0304-9　Ⓝ216.6
〔32138〕

◇紀州田辺町大帳　第5巻　和歌山県田辺市教育委員会編　大阪　清文堂出版　1987.10　398p　22cm　(清文堂史料叢書　第20刊)①4-7924-0305-7　Ⓝ216.6
〔32139〕

◇紀州田辺町大帳　第6巻　和歌山県田辺市教育委員会編　大阪　清文堂出版　1988.11　381p　22cm　(清文堂史料叢書　第23刊)①4-7924-0306-5　Ⓝ216.6
〔32140〕

◇紀州田辺町大帳　第7巻　和歌山県田辺市教育委員会編　大阪　清文堂出版　1988.11　357p　22cm　(清文堂史料叢書　第24刊)①4-7924-0307-3　Ⓝ216.6
〔32141〕

◇紀州田辺町大帳　第8巻　和歌山県田辺市教育委員会編　大阪　清文堂出版　1988.11　403p　22cm　(清文堂史料叢書　第25刊)①4-7924-0308-1　Ⓝ216.6
〔32142〕

◇紀州田辺町大帳　第9巻　和歌山県田辺市教育委員会編　大阪　清文堂出版　1988.11　333p　22cm　(清文堂史料叢書　第26刊)①4-7924-0309-X　Ⓝ216.6
〔32143〕

◇紀州田辺町大帳　第10巻　和歌山県田辺市教育委員会編　大阪　清文堂出版　1988.11　363p　22cm　(清文堂史料叢書　第27刊)①4-7924-0310-3　Ⓝ216.6
〔32144〕

◇紀州田辺町大帳　第17巻　田辺市教育委員会編　安藤精一監修　大阪　清文堂出版　1991.7　389p　22cm　(清文堂史料叢書　第38刊)①4-7924-0317-0　Ⓝ216.6
〔32145〕

◇紀州田辺町大帳　第18巻　田辺市教育委員会編　安藤精一監修　大阪　清文堂出版　1991.7　434p　22cm　(清文堂史料叢書　第39刊)①4-7924-0318-9　Ⓝ216.6
〔32146〕

◇紀州田辺町大帳　第19巻　田辺市教育委員会編　安藤精一監修　大阪　清文堂出版　1991.7　420p　22cm　(清文堂史料叢書　第40刊)①4-7924-0319-7　Ⓝ216.6
〔32147〕

◇紀州田辺町大帳　第21巻　田辺市教育委員会編　安藤精一監修　大阪　清文堂出版　1991.7　388p　22cm　(清文堂史料叢書　第42刊)①4-7924-0326-X　Ⓝ216.6
〔32148〕

◇紀州田辺町大帳　第22巻　田辺市教育委員会編　安藤精一監修　大阪　清文堂出版　1991.7　285p　22cm　(清文堂史料叢書　第43刊)①4-7924-0327-8　Ⓝ216.6
〔32149〕

◇紀州藩石橋家家乗　石橋生菴著,和歌山大学紀州経済史文化史研究所編　大阪　清文堂出版　1984.5　5冊　22cm　全68000円　Ⓝ210.52
〔32150〕

◇紀州藩医・泰淵の日記　中村泰淵著　君塚美恵子編著　かのう書房　1991.11　262p　20cm　2060円　Ⓝ216.6
〔32151〕

◇紀州文献日高近世史料　森彦太郎編　和歌山県日高郡東内原村　冨陽書院　1936　814p　24cm　Ⓝ216.6
〔32152〕

◇近世・紀州・中橋家文書—訳注　高野山領百姓強訴実録　松田文夫編　和歌山　〔松田文夫〕　2000.2　158p　23cm　2500円　Ⓝ216.6
〔32153〕

◇御用留—湯浅浜方　文化元年子八月　湯浅浜方文書「御用留」編集委員会編　湯浅町(和歌山県)　湯浅町教育委員会　1993.3　355p　27cm　Ⓝ216.6
〔32154〕

◇田辺藩史・田辺県史稿本　出版地不明　紀南文化財研究会　1969　287p　25cm　(紀南郷土叢書　第6輯)Ⓝ216.6
〔32155〕

◇龍命録—児玉家文書　児玉益右衛門定正,児玉元之助定勝著　和歌山　結城進　1992.12　130p　21cm　Ⓝ216.6
〔32156〕

◇那賀郡増田家文書紀州藩領内地士等名簿　結城進翻刻　和歌山　〔結城進〕　2000.3　76p　21cm　Ⓝ216.6
〔32157〕

◇南紀文書　1　中村保良著　大塔村(和歌山県西牟婁郡)地方史研究所　1973　90p　21cm　非売品　Ⓝ216.6
〔32158〕

◇日高近世史料—紀州文献　森彦太郎編　京都　臨川書店　1974　814p　22cm　9500円　Ⓝ216.6
〔32159〕

◇訳注紀州・萱野・菅野両家文書—江戸時代・高野山領紀州伊都郡萱野・菅野両家文書の訳注　松田文夫編　和歌山　〔松田文夫〕　1997.8　244p　23cm　3300円　Ⓝ216.6
〔32160〕

◇訳注近世・紀州一揆騒動史料　松田文夫編　和歌山　〔松田文夫〕　2000.4　268p　24cm　3300円　Ⓝ216.6
〔32161〕

◇訳注近世・紀州筒香・富貴荘史料—江戸時代・高野山領紀州伊都郡筒香・富貴荘史料の現代語訳　松田文夫編　和歌山　〔松田文夫〕　1997.12　210p　23cm　3000円　Ⓝ216.6
〔32162〕

◆◆◆◆南紀徳川史

◇南紀徳川史　第1冊　堀内信編　名著出版　1970　692p　表　22cm　4500円　Ⓝ210.5
〔32163〕

◇南紀徳川史　第2冊　堀内信編　名著出版　1970　687p　22cm　4500円　Ⓝ210.5
〔32164〕

◇南紀徳川史　第3冊　堀内信編　名著出版　1970　710p　22cm　4500円　Ⓝ210.5
〔32165〕

◇南紀徳川史　第4冊　堀内信編　名著出版　1970　695p　22cm　4500円　Ⓝ210.5
〔32166〕

◇南紀徳川史　第5冊　堀内信編　名著出版　1971　543p　22cm　4500円　Ⓝ210.5
〔32167〕

◇南紀徳川史　第6冊　堀内信編　名著出版　1971　657p　22cm　4500円　Ⓝ210.5
〔32168〕

◇南紀徳川史　第7冊　堀内信編　名著出版　1971　669p　22cm　4500円　Ⓝ210.5
〔32169〕

◇南紀徳川史　第8冊　堀内信編　名著出版　1971　698p　22cm　4500円　Ⓝ210.5
〔32170〕

◇南紀徳川史　第9冊　堀内信編　名著出版　1971　789p　22cm　4500円　Ⓝ210.5　〔32171〕

◇南紀徳川史　第10冊　堀内信編　名著出版　1971　778p　22cm　4500円　Ⓝ210.5　〔32172〕

◇南紀徳川史　第11冊　堀内信編　名著出版　1971　797p　22cm　4500円　Ⓝ210.5　〔32173〕

◇南紀徳川史　第12冊　堀内信編　名著出版　1971　706p　22cm　4500円　Ⓝ210.5　〔32174〕

◇南紀徳川史　第13冊　堀内信編　名著出版　1971　676p　22cm　4500円　Ⓝ210.5　〔32175〕

◇南紀徳川史　第14冊　堀内信編　名著出版　1971　793p　22cm　4500円　Ⓝ210.5　〔32176〕

◇南紀徳川史　第15冊　堀内信編　名著出版　1971　873p　22cm　4500円　Ⓝ210.5　〔32177〕

◇南紀徳川史　第16冊　堀内信編　名著出版　1971　952p　22cm　4500円　Ⓝ210.5　〔32178〕

◇南紀徳川史　第17冊　堀内信編　名著出版　1972　1122p　22cm　4500円　Ⓝ210.5　〔32179〕

◇南紀徳川史　総目録　堀内信編　名著出版　1972　345p　22cm　4500円　Ⓝ210.5　〔32180〕

◆◆◆史料目録

◇紀州小山家文書　神奈川大学日本常民文化研究所編　日本評論社　2005.4　418p　22cm　（常民資料叢書）8000円　Ⓘ4-535-58327-7　Ⓝ216.6　〔32181〕

◇紀州藩士諸家文書目録　和歌山県立文書館編　和歌山　和歌山県　2007.7　178p　26cm　（収蔵史料目録7）Ⓝ216.6　〔32182〕

◇和歌山県橋本市谷口家所蔵資料目録和歌山県橋本市田中家所蔵資料目録　古西義麿編　西宮　武庫川女子大学関西文化研究センター　2006.3　78p　26cm　（関西文化研究叢書　別巻）Ⓝ216.6　〔32183〕

◆中国地方

◇近世瀬戸内経済史研究─岡山藩・長州藩の史的分析　河田章著　岡山　吉備人出版　2005.2　375p　21cm　5000円　Ⓘ4-86069-072-9　〔32184〕

◇近世瀬戸内農村の研究　有元正雄編　広島　渓水社　1988.2　502p　22cm　8000円　Ⓝ217.4　〔32185〕

◇近世瀬戸内海地域の労働社会　森下徹著　広島　渓水社　2004.2　324p　22cm　8000円　Ⓘ4-87440-801-X　Ⓝ384.3　〔32186〕

◇近世道中閑話　東山欣之助文・写真・編集　福山　小林茂　2004.8　174p　23cm　非売品　Ⓝ682.1　〔32187〕

◇近世の山陽筋─（山陽新聞社）シンポジウム　下　山陽新聞社編　岡山　山陽新聞社　1984.1　302p　19cm　1800円　Ⓝ217.4　〔32188〕

◇山陰の城下町　内藤正中編　松江　山陰中央新報社　1983.4　283p　18cm　（山陰中央新報ふるさと文庫12）1300円　Ⓝ217.1　〔32189〕

◇山陰文化シリーズ　第9　雲藩武道史　福田明正　松江　今井書店　1965　164p　19cm　Ⓝ081.7　〔32190〕

◇シンポジウム近世の山陽筋　上　山陽新聞社編　岡山　山陽新聞社　1983.10　314p　19cm　1800円　Ⓝ210.5　〔32191〕

◇シンポジウム近世の山陽筋　下　山陽新聞社編　岡山　山陽新聞社　1984.1　302p　19cm　1800円　Ⓝ210.5　〔32192〕

◇幕末維新と山陽道─シンポジウム　上　山陽新聞社編　岡山　山陽新聞社　1984.5　249p　19cm　1700円　Ⓝ210.58　〔32193〕

◇幕末維新と山陽道─シンポジウム　下　山陽新聞社編　岡山　山陽新聞社　1984.6　291p　19cm　1700円　Ⓝ210.58　〔32194〕

◆◆鳥取県

◇汗入郡の大庄屋　幡原敦夫著　米子　〔幡原敦夫〕　1995.4　50p　21cm　1000円　Ⓝ217.2　〔32195〕

◇ある勤番侍と妻の書状─語られる生活・家族の絆　鳥取近世女性史研究会編　鳥取　鳥取近世女性史研究会　2006.4　322p　21cm　1500円　Ⓝ217.2　〔32196〕

◇因幡二十士をめぐる　鳥取藩幕末秘史　山根幸恵著　2版　毎日新聞社　1960　237p　18cm　Ⓝ210.58　〔32197〕

◇稲葉民乱新太平記・東村勘右衛門物語　小谷五郎著　八東町（鳥取県）　小谷五郎　1991.5　130p　25cm　Ⓝ217.2　〔32198〕

◇因州藩鳥取池田家の成立─池田光仲とその時代　河手龍海著　鳥取　鳥取市教育福祉振興会　1981.10　173p　18cm　（郷土シリーズ17）800円　Ⓝ217.3　〔32199〕

◇因藩二十士伝　青木寿光著　福栄村（鳥取県）　青木寿光　1930　387p　22cm　Ⓝ281.72　〔32200〕

◇江戸時代の因伯─ふるさとの歴史　徳永職男ほか共著　鳥取　新日本海新聞社　1980.12-1981.2　2冊　21cm　各1500円　Ⓝ217.3　〔32201〕

◇女ならでは世は明けぬ─江戸・鳥取の女性たち─図録─特別展　鳥取県立博物館編　鳥取　鳥取県立博物館資料刊行会　2006.5　128p　28cm　Ⓝ367.21　〔32202〕

◇旧鳥取藩士殉難禄　石原常節著　鳥取町（鳥取県）　石原常節　1881.4　34丁　19cm　Ⓝ281.72　〔32203〕

◇近世東伯耆の神々　牧田朋子著　倉吉　〔牧田朋子〕　2001.8　249p　22cm　1715円　Ⓝ387.02172　〔32204〕

◇巷説因幡二十士事件　中村忠文著　鳥取　富士書店　2001.12　244p　19cm　1429円　Ⓘ4-938875-34-9　Ⓝ217.2　〔32205〕

◇竹松宗六の生涯─幻の義民　江戸時代の飢饉と百姓一揆をかえりみて　能登路定男著　米子　立花書院　1993.11　135p　19cm　1500円　Ⓝ217.2　〔32206〕

◇鳥取池田家光と影　河手龍海著　鳥取　富士書店　2002.1　153p　19cm　1300円　Ⓘ4-938875-36-5　Ⓝ217.2　〔32207〕

◇鳥取藩史　第1巻　世家・藩士列伝　鳥取県編　鳥取　鳥取県立鳥取図書館　1969　642p　22cm　Ⓝ217.2　〔32208〕

◇鳥取藩史　第2巻　職制志・禄制志　鳥取県編　鳥取　鳥取県立鳥取図書館　1970　628p　22cm　Ⓝ217.5　〔32209〕

◇鳥取藩史　第3巻　軍制志, 学制志, 儀式志　鳥取県編　鳥取　鳥取県立鳥取図書館　1970　689p　22cm　Ⓝ217.5　〔32210〕

◇鳥取藩史　第4巻　財政志, 刑法志, 寺社志　鳥取県編　鳥取　鳥取県立鳥取図書館　1971　808p　22cm　Ⓝ217.5　〔32211〕

◇鳥取藩史　第5巻　民政志　鳥取県編　鳥取　鳥取県立鳥取図書館　1971　1038p　22cm　Ⓝ217.5　〔32212〕

◇鳥取藩史　第6巻　殖産商工志, 事変志　鳥取県編　鳥取　鳥取県立鳥取図書館　1971　839p　22cm　Ⓝ217.2　〔32213〕

◇鳥取藩史　別巻　図版, 歴代藩主画像・筆跡, 既刊補遺, 系譜, 人名索引　鳥取県編　鳥取　鳥取県立鳥取図書館　1972　2冊（別冊共）　22-33cm　Ⓝ217.2　〔32214〕

◇鳥取藩・幕末草莽の志士　河本英明編著　鳥取　いなば

◇庵　1995　138p　21cm　1800円　Ⓝ217.3　〔32215〕
◇幕末因幡勤王志士詑間樊六以下五士手結浦事変の真相　安部正吉編　島根県八束郡恵曇村　因幡二十士遺蹟保存会　1936　131p　23cm　Ⓝ210.5　〔32216〕
◇幕末の若獅士因藩二十士　日野町（鳥取県）　曹洞宗瑠璃光山泉竜寺　1989.2　19p　19×27cm　〔32217〕
◇藩政時代の絵師たち　鳥取　鳥取県立博物館　1983.3　42p　21cm　（鳥取県の自然と歴史 5）　〔32218〕
◇人づくり風土記―江戸時代 31　ふるさとの人と知恵・鳥取　石川松太郎ほか編纂　農山漁村文化協会　1994.7　379p　27cm　4900円　①4-540-94083-X　Ⓝ210.5　〔32219〕
◇伯耆国の藩倉と船のある生活誌　関本誠治著　羽合町（鳥取県）　関本誠治　1982.12　161p　22cm　非売品　Ⓝ217.2　〔32220〕

◆◆◆自治体史
◇新修鳥取市史　第2巻　近世篇　鳥取　鳥取市　1988.4　1051,40p　22cm　Ⓝ217.2　〔32221〕
◇鳥取県史　第3巻　近世　政治　鳥取県編　鳥取　鳥取県　1979.3　863,37p　22cm　Ⓝ217.2　〔32222〕
◇鳥取県史　第4巻　近世　社会経済　鳥取県編　鳥取　鳥取県　1981.3　674,36p　22cm　Ⓝ217.2　〔32223〕
◇鳥取県史　第5巻　近世　文化産業　鳥取県編　鳥取　鳥取県　1982.3　644,42p　22cm　Ⓝ217.2　〔32224〕

◆◆◆自治体史史料
◇新修米子市史　第8巻　資料編　近世 1　米子市史編さん協議会編　米子　米子市　2000.3　615p　31cm　7000円　Ⓝ217.2　〔32225〕
◇新修米子市史　第9巻　資料編　近世2　米子市史編さん協議会編　米子　米子市　2002.3　650p　31cm　7000円　Ⓝ217.2　〔32226〕

◆◆◆一般史料
◇資料調査報告書　第14集　昭和61年度　森田吉次郎氏寄贈資料・鳥取藩藩札図録　鳥取　鳥取県立博物館　1987.3　24p　26cm　Ⓝ217.2　〔32227〕
◇資料調査報告書　第17集　平成元年度　旧鳥取藩士香河家資料　鳥取　鳥取県立博物館　1990.3　30p　26cm　Ⓝ217.2　〔32228〕
◇鳥取池田家文書―原題・尺牘草案　第1,2　日本史籍協会編　日本史籍協会　1917-1921　2冊　23cm　Ⓝ210.5　〔32229〕

◆◆島根県
◇維新史蹟但馬出石に隠れたる木戸松菊公遺芳集　出石郡教育会編　出石町（兵庫県）　出石郡教育会　1932　16,5p　図版37枚　38cm　Ⓝ289.1　〔32230〕
◇維新前後津和野藩士奉公事蹟　井上瑞枝編著　青山清吉　1900.7　3冊（上44, 中53, 下57丁）　24cm　Ⓝ281.73　〔32231〕
◇維新前夜　石見乃戦　矢富熊一郎著　益田　島根郷土史会　1965　207p　21cm　Ⓝ217.3　〔32232〕
◇石見銀山代官井戸明府公恩碑―その碑文と周辺のこと　横田弥太郎編著　江津　横田弥太郎　2005.7　119p　21cm　①4-86091-241-1　Ⓝ217.3　〔32233〕
◇石見銀山代官井戸明府公恩碑―その碑文と周辺のこと　別冊篇　松風場に旧きを尋ねて　横田弥太郎編著　江津　個人書店銀座店（製作）　2007.9　319p　21cm　①978-4-86091-326-7　Ⓝ217.3　〔32234〕

◇雲藩遺聞　妹尾豊三郎編　広瀬町（島根県）　広瀬町　1975　219p　19cm　（広瀬町シリーズ 8）非売品　Ⓝ217.3　〔32235〕
◇雲藩職制　早川仲,正井儀之丞共編　増補改訂第3版　松江　郷土史研究会事務所　1929　169p　19cm　Ⓝ217.3　〔32236〕
◇雲藩職制　早川仲,正井儀之丞編　松江　郷土史研究会　1929　154p　19cm　Ⓝ217.3　〔32237〕
◇大梶七兵衛と高瀬川　石塚尊俊著　出雲　出雲市教育委員会　1988.3　209p　17cm　（出雲市民文庫 1）500円　Ⓝ217.3　〔32238〕
◇近世隠岐島史の研究　永海一正著　平田　報光社　1972　311p　22cm　1500円　Ⓝ217.3　〔32239〕
◇古道―伯太町研究論文集　v.1　伯太町（島根県）　伯太町教育委員会　1998.11　58p　30cm　Ⓝ217.3　〔32240〕
◇歳々諸作見知草―出雲国矢野村年寄役吾郷磯八三十九年の記録　藤沢秀晴,岡宏三編著　出雲　吾郷博　1992.10　49p　21cm　Ⓝ217.3　〔32241〕
◇坂崎出羽守　沖本常吉著　津和野町（島根県）　津和野歴史シリーズ刊行会　1972　114p　17cm　（津和野ものがたり 4）250円　Ⓝ217.3　〔32242〕
◇山陰沖の幕末維新動乱　大西俊輝著　近代文芸社　1996.12　389p　22cm　3000円　①4-7733-5804-1　Ⓝ217.3　〔32243〕
◇島根県旧藩美蹟　松江　島根県内務部　1912.3　393p　22cm　Ⓝ217.3　〔32244〕
◇津和野藩の勤皇教育―敬神, 尊王, 愛国の思想昂揚　岸田菊伴著　新東京社　1944　46p　19cm　（菊伴回顧録第6輯）Ⓝ217.3　〔32245〕
◇徳川時代後期出雲歌壇と国学　中沢伸弘著　錦正社　2007.10　322p　19cm　（国学研究叢書）3200円　①978-4-7646-0278-6　〔32246〕
◇鳥取県史　第6巻　鳥取　鳥取県　1974　772p　22cm　Ⓝ217.2　〔32247〕
◇鳥取県史　第7巻　鳥取　鳥取県　1976　1095p　22cm　Ⓝ217.2　〔32248〕
◇鳥取県史　第8巻　鳥取県編　鳥取　鳥取県　1977.9　987p　22cm　Ⓝ217.2　〔32249〕
◇鳥取県史　第9巻　鳥取　鳥取県　1975　1105p　22cm　Ⓝ217.2　〔32250〕
◇鳥取県史　第10巻　近世資料　鳥取県編　鳥取　鳥取県　1980.1　1443p　22cm　Ⓝ217.2　〔32251〕
◇鳥取県史　第11巻　近世資料　鳥取県編　鳥取　鳥取県　1981.1　1414p　22cm　Ⓝ217.2　〔32252〕
◇鳥取県史　第12巻　近世資料　鳥取県編　鳥取　鳥取県　1979.1　1385p　22cm　Ⓝ217.2　〔32253〕
◇鳥取県史　第13巻　近世資料　鳥取県編　鳥取　鳥取県　1978.3　1482p　22cm　Ⓝ217.2　〔32254〕
◇浜田藩雑記　須藤喜六著　久米町（岡山県）　須藤喜六　1980.11　348p　26cm　Ⓝ217.3　〔32255〕
◇はまだはん雑記　須藤喜六編著　久米町（岡山県）　須藤喜六　1988.4　586p　27cm　Ⓝ217.3　〔32256〕
◇浜田藩その後　須藤喜六著　久米町（岡山県）　須藤喜六　1983.6　137p　26cm　Ⓝ217.3　〔32257〕
◇人づくり風土記―江戸時代 32　ふるさとの人と知恵・島根　石川松太郎ほか編纂　農山漁村文化協会　1994.10　355p　27cm　4500円　①4-540-94102-X　Ⓝ210.5　〔32258〕
◇松江城とその周辺　日本城郭協会編　日本城郭協会出版

地方史　　　　　　　　　　　　近世史

◇部　1961　96p（図版 解説共）はり込み原色図版1枚　22cm　Ⓝ217.3　〔32259〕
◇松江城物語　島田成矩著　松江　山陰中央新報社　1985.3　218p　19cm　1000円　①4-87903-001-5　Ⓝ217.3　〔32260〕
◇松江藩海軍歴史年譜――一番及び二番八雲丸の記録　鈴木樸実著　鳥取　〔鈴木樸実〕　1983.7　p45～60　22cm　Ⓝ217.3　〔32261〕
◇松江藩海軍歴史の研究　鈴木樸実著　鳥取　鈴木樸実　1982.6　211p　21cm　Ⓝ217.3　〔32262〕
◇松江藩海軍歴史の研究補遺　鈴木樸実著　鳥取　〔鈴木樸実〕　1984.10　p65～75　21cm　Ⓝ217.3　〔32263〕
◇松江藩格式と職制　中原健次著　松江　今井書店　1997.11　389p　22cm　4500円　①4-89593-023-8　Ⓝ217.3　〔32264〕
◇松江藩家臣団の崩壊――秩禄処分　中原健次編　八雲村（島根県）　オフィスなかむら　2003.6　230p　21cm　3000円　Ⓝ217.3　〔32265〕
◇松江藩の中期と茶事四方山　古林布善編著　松江　〔古林布善〕　1999.9　192p　19cm　Ⓝ217.3　〔32266〕
◇母里藩史　早亀岩治著　母里村（島根県）　早亀岩治　1932　69p　20cm　Ⓝ217.3　〔32267〕

◆◆◆自治体史
◇玉湯町史　下巻1　玉湯町（島根県）　玉湯町　1982.3　405p　22cm　Ⓝ217.3　〔32268〕

◆◆◆自治体史史料
◇新修島根県史　史料篇第2　近世 上　島根県編　松江　1965　808p　22cm　Ⓝ217.3　〔32269〕

◆◆◆史料目録
◇鳥取藩政資料目録　鳥取県立博物館編　鳥取　鳥取県立博物館　1997.3　492p　27cm　Ⓝ217.3　〔32270〕
◇三木家文書目録　近世　出雲　出雲市立図書館　1994.3　27p　26cm　Ⓝ217.3　〔32271〕

◆◆岡山県
◇浅尾藩政史　総社　細谷孫一　1969　27p　26cm　Ⓝ217.5　〔32272〕
◇池田忠雄墓所調査報告書　岡山　岡山市教育委員会　1964　78p 図版21枚 地　26cm　Ⓝ210.02　〔32273〕
◇江戸時代の旧村図と人口――岡山県浅口郡鴨方町　鴨方町（岡山県浅口郡）　鴨方町教育委員会　1967.12　14p　21cm　〔32274〕
◇江戸の外交都市――朝鮮通信使と町づくり　三宅理一著　鹿島出版会　1990.6　248p　20cm　3193円　①4-306-09314-X　Ⓝ217.5　〔32275〕
◇岡山県史　第6巻　近世1　岡山　岡山県　1984.3　791,11p　22cm　Ⓝ217.5　〔32276〕
◇岡山県史　第7巻　近世2　岡山　岡山県　1985.3　743,8p　22cm　Ⓝ217.5　〔32277〕
◇岡山県史　第8巻　近世3　岡山県史編纂委員会編纂　岡山　岡山県　1987.3　754,8p　Ⓝ217.5　〔32278〕
◇岡山城史――岡山開府四百年記念　岡山城史編纂委員会編　岡山　岡山市　1983.12　686p　22cm　8500円　Ⓝ217.5　〔32279〕
◇岡山藩　谷口澄夫著　吉川弘文館　1964　325p 図版 地　20cm　（日本歴史叢書 日本歴史学会編）Ⓝ217.5　〔32280〕
◇岡山藩　谷口澄夫著　吉川弘文館　1995.4　325,12p　20cm　（日本歴史叢書 新装版）3090円　①4-642-06611-X　Ⓝ217.5　〔32281〕
◇岡山藩寺社奉行能勢勝右衛門の時代　高柳利一著　岡山　吉備人出版　2002.5　197p　20cm　1500円　①4-86069-004-4　Ⓝ217.5　〔32282〕
◇岡山藩人物情報データベース "諸職交替" 検索マニュアル　岡山大学附属図書館編　岡山　岡山大学附属図書館　1988.11　73p　30cm　Ⓝ217.5　〔32283〕
◇岡山藩と起宿――特別展　尾西　尾西市歴史民俗資料館　2000.10　12p　30cm　（尾西市歴史民俗資料館・特別展図録 no.60）　〔32284〕
◇岡山藩の研究　黒正巌著　大阪　大阪経済大学日本経済史研究所　2002.9　424p　22cm　（黒正巌著作集 第3巻）①4-7842-1122-5　Ⓝ217.5　〔32285〕
◇岡山文化の先覚者泉仲愛小伝　渡辺頼母著　岡山　岡山合同新聞社　1943　63p　19cm　Ⓝ289.1　〔32286〕
◇旧岡山藩学校図　出版地不明　桃木書院図書館　1887　1枚　78×55cm　〔32287〕
◇魚水実録　国分胤之編　旧高梁藩親睦会　1911　2冊（上976, 下714p）　22cm　Ⓝ210.5　〔32288〕
◇近世岡山県孝節録　初篇　近藤鼎著　岡山　武内教育書房　1892.7　51丁　23cm　Ⓝ281.75　〔32289〕
◇近世岡山地域史の研究――漁村史・教育史他、その途中経過報告　定兼学著　岡山　定兼学　1988.10　264p　21cm　非売品　Ⓝ217.5　〔32290〕
◇近世岡山町人の研究　片山新助著　倉敷　楓亭文庫　1984.11　318p　22cm　3800円　Ⓝ217.5　〔32291〕
◇近世の生活文化史――地域の諸問題　定兼学著　大阪　清文堂出版　1999.8　524p　22cm　13000円　①4-7924-0479-7　Ⓝ217.5　〔32292〕
◇倉敷浅尾騒動史　渡辺頼母編　岡山　渡辺頼母　1919　136p　19cm　Ⓝ217.5　〔32293〕
◇芸備二州叢書　第3編　明治維新の際に於ける芸藩の活動　手島益雄著　東京芸備社　1930　29p　24cm　Ⓝ217.6　〔32294〕
◇作州津山維新事情　竹内佑宜著　岡山　日本文教出版　2005.11　156p　15cm　（岡山文庫 237）800円　①4-8212-5237-6　Ⓝ217.5　〔32295〕
◇素晴らしき津山洋学の足跡　津山洋学資料館編　津山　津山洋学資料館　2004.9　37p　21×30cm　Ⓝ402.105　〔32296〕
◇津山城下町　渡部武著　津山　広陽本社　1979.12　221p　21cm　2000円　Ⓝ217.5　〔32297〕
◇津山城物語　日高一著　岡山　山陽新聞社　1987.7　157p　20cm　1500円　①4-88197-239-1　Ⓝ217.5　〔32298〕
◇津山藩と小豆島――平成十年度特別展　津山　津山郷土博物館　1998.10　53p　26cm　（津山郷土博物館特別展図録 第12冊）Ⓝ217.5　〔32299〕
◇動乱と変革の中で――岡山の幕末維新 平成15年度特別展　岡山県立博物館編　岡山　岡山県立博物館　2004.1　79p　30cm　Ⓝ217.5　〔32300〕
◇幕末史の研究――備中松山藩　朝森要著　岩田書院　2004.3　282p　22cm　4800円　①4-87294-035-0　Ⓝ217.5　〔32301〕
◇藩世界の意識と関係　岡山藩研究会編　岩田書院　2000.5　377p　22cm　7900円　①4-87294-171-3　Ⓝ217.5　〔32302〕
◇備前揚羽蝶評判記　森本繁著　岡山　山陽新聞社

1993.3 309p 19cm 1600円 ⓘ4-88197-454-8
Ⓝ217.5   〔32303〕
◇備前池田藩秘史 荒木祐臣著 岡山 日本文教出版
1976 210p 19cm 1500円 Ⓝ217.5   〔32304〕
◇備前岡山町奉行 荒木祐臣著 岡山 日本文教出版
1977.8 221p 19cm 1500円 Ⓝ217.5   〔32305〕
◇備前藩宇喜多・小早川・池田史談 荒木祐臣著 岡山
日本文教出版 1976.12 219p 19cm 1500円 Ⓝ217.5
                                          〔32306〕
◇備前藩殿様の生活 荒木祐臣著 岡山 日本文教出版
1979.10 227p 19cm 1500円 Ⓝ217.5   〔32307〕
◇備前藩幕末維新史談 荒木祐臣著 岡山 日本文教出版
1978.9 205p 19cm 1500円 Ⓝ217.5   〔32308〕
◇備前藩百姓の生活 荒木祐臣著 岡山 日本文教出版
1981.4 241p 19cm 1800円 Ⓝ217.5   〔32309〕
◇備中国奉行小堀遠州 人見彰彦著 岡山 山陽新聞社
1986.11 266p 20cm 1500円 ⓘ4-88197-220-0
Ⓝ217.5   〔32310〕
◇備中松山藩の研究 朝森要著 岡山 日本文教出版
1970 159p 19cm 950円 Ⓝ217.5   〔32311〕
◇人づくり風土記―全国の伝承・江戸時代 33 ふるさと
の人と知恵・岡山 加藤秀俊ほか編纂 農山漁村文化協
会 1989.9 357p 27cm (聞き書きによる知恵シリー
ズ)4500円 ⓘ4-540-89009-3 Ⓝ210.5   〔32312〕
◇光政と綱政―近世岡山の人づくり 後楽園築庭三〇〇年
記念編 劇画・郷土の歴史 柴田一監修 タケバヤシ哲
郎作画 岡山 岡山放送 1999.2 155p 21cm 952円
ⓘ4-906577-25-3   〔32313〕
◇村人が語る17世紀の村―岡山藩領備前国尾上村総合研究
報告書 東昇著 福岡 服部英雄研究室 1997.7 67p
30cm (地域資料叢書 1343-473X)Ⓝ217.5   〔32314〕
◇森本家が守り伝えた津山洋学の至宝展―津山洋学資料館
平成18年度特別展図録 津山 津山洋学資料館 2006.
10 31p 30cm Ⓝ402.105   〔32315〕
◇吉浜三百年の歩み 関藤不二男著 笠岡 菅原神社奉斉
三百年記念事業実行委員会 1974 27p 26cm 非売品
Ⓝ217.5   〔32316〕

◆◆◆自治体史
◇新修倉敷市史 第3巻 近世 上 倉敷市史研究会編
倉敷 倉敷市 2000.3 821,12p 22cm Ⓝ217.5
                                          〔32317〕
◇新修倉敷市史 第3巻 近世 上 倉敷市史研究会編
倉敷 倉敷市 2000.12 821,12p 22cm
ⓘ4-88197-685-0 Ⓝ217.5   〔32318〕
◇新修倉敷市史 第4巻 倉敷市史研究会編 倉敷 倉敷
市 2003.3 833,9p 22cm 6190円 ⓘ4-88197-710-5
Ⓝ217.5   〔32319〕
◇津山市史 第3巻 近世 1 森藩時代 津山市史編さん
委員会編 津山 津山市 1973 279,8p 22cm
Ⓝ217.5   〔32320〕
◇津山市史 第4巻 近世 2 松平藩時代 津山市史編さ
ん委員会編 津山 津山市 1995.3 1冊 21cm
Ⓝ217.5   〔32321〕
◇津山市史 第5巻 近世 3 幕末維新 津山市史編さん
委員会編 津山 津山市 1974 258,9p 22cm
Ⓝ217.5   〔32322〕

◆◆◆自治体史史料
◇長船町史 史料編 中 近世 長船町史編纂委員会編 長
船町(岡山県) 長船町 1996.3 730,8p 22cm
Ⓝ217.5   〔32323〕
◇新修倉敷市史 第10巻 史料 近世 下 倉敷市史研究
会編 倉敷 倉敷市 1997.12 1262p 22cm Ⓝ217.5
                                          〔32324〕
◇新修倉敷市史 第10巻 史料 近世 下 倉敷市史研究
会編 倉敷 倉敷市 1998.3 1262p 22cm 8095円
ⓘ4-88197-648-6 Ⓝ217.5   〔32325〕
◇総社市史 近世史料編 総社市史編さん委員会編 総社
総社市 1990.3 1080p 22cm Ⓝ217.5   〔32326〕
◇津山松平藩町奉行日記 3 津山郷土博物館編 津山
津山郷土博物館 1994.3 109p 26cm (津山郷土博物
館紀要 第6号)Ⓝ217.5   〔32327〕
◇津山松平藩町奉行日記 4 津山郷土博物館編 津山
津山郷土博物館 1995.3 121p 26cm (津山郷土博物
館紀要 第7号)Ⓝ217.5   〔32328〕
◇津山松平藩町奉行日記 5 津山郷土博物館編 津山
津山郷土博物館 1997.3 157p 26cm (津山郷土博物
館紀要 第9号)Ⓝ217.5   〔32329〕
◇津山松平藩町奉行日記 6 津山郷土博物館編 津山
津山郷土博物館 1998.3 172p 26cm (津山郷土博物
館紀要 第11号)Ⓝ217.5   〔32330〕
◇津山松平藩町奉行日記 7 津山郷土博物館編 津山
津山郷土博物館 1999.3 144p 26cm (津山郷土博物
館紀要 第12号)Ⓝ217.5   〔32331〕
◇津山松平藩町奉行日記 8 津山郷土博物館編 津山
津山郷土博物館 2000.3 145p 26cm (津山郷土博物
館紀要 第13号)Ⓝ217.5   〔32332〕
◇津山松平藩町奉行日記 9 津山郷土博物館編 津山
津山郷土博物館 2001.3 132p 26cm (津山郷土博物
館紀要 第14号)Ⓝ217.5   〔32333〕
◇津山松平藩町奉行日記 10 津山郷土博物館編 津山
津山郷土博物館 2002.3 158p 26cm (津山郷土博物
館紀要 第15号)Ⓝ217.5   〔32334〕
◇津山松平藩町奉行日記 11 津山郷土博物館編 津山
津山郷土博物館 2003.3 150p 26cm (津山郷土博物
館紀要 第16号)Ⓝ217.5   〔32335〕
◇津山洋学資料 第1集 増補宇田川家勤書 津山 津山
洋学資料館 1978 45p 26cm Ⓝ210.58   〔32336〕
◇津山洋学資料 第2集 箕作家勤書 津山 市立津山郷
土館 1976.3 28p 26cm Ⓝ210.58   〔32337〕
◇津山洋学資料 第4集 目で見る津山の洋学 津山洋学
資料館編 津山 津山洋学資料館 1978.3 43p 26cm
Ⓝ210.58   〔32338〕
◇津山洋学資料 第5集 洋学者書簡集 1 津山 津山洋
学資料館 1980.3 33p 26cm Ⓝ210.58   〔32339〕
◇津山洋学資料 第6集 津山洋学―水田昌二郎遺稿集
津山 津山洋学資料館 1986.2 125p 21cm Ⓝ210.
58   〔32340〕
◇津山洋学資料 第7集 津山洋学資料館編 津山 津山
洋学資料館 1983.3 55p 26cm Ⓝ210.58 〔32341〕
◇津山洋学資料 第8集 黒船の渡来と津山の洋学者 津
山 津山洋学資料館 1984.3 63p 26cm Ⓝ210.58
                                          〔32342〕
◇津山洋学資料 第9集 津山洋学者の墓誌・顕彰碑文
津山 津山洋学資料館 1985.3 62p 26cm Ⓝ210.58
                                          〔32343〕
◇津山洋学資料 第10集 宇田川榕菴の楽律資料を巡って
津山 津山洋学資料館 1988 82p 26cm Ⓝ210.58
                                          〔32344〕
◇早島史料大庄屋日記 1 早島史料大庄屋日記編集委員
会編 早島町(岡山県) 早島町教育委員会 1988.3

地方史　　　　　　　　　　　　近世史

260p　22cm　Ⓝ217.5
〔32345〕

◇早島史料大庄屋日記　2　早島史料大庄屋日記編集委員会編　早島町（岡山県）　早島町教育委員会　1990.3　313p　22cm　Ⓝ217.5
〔32346〕

◇目で見る津山の洋学　津山洋学資料館編　津山　津山洋学資料館　1978.3　43p　26cm　（津山洋学資料　第4集）Ⓝ210.58
〔32347〕

◆◆◆一般史料

◇池田家文庫藩政資料マイクロ版集成―岡山大学附属図書館所蔵　TAA 001-113　丸善　1993　マイクロフィルムリール113巻　16mm
〔32348〕

◇池田光政日記　藤井駿, 水野恭一郎, 谷口澄夫編著　岡山　山陽図書出版　1967　667p　22cm　2500円　Ⓝ217.5
〔32349〕

◇池田光政日記　藤井駿ほか編　国書刊行会　1983.5　667p　22cm　10000円　Ⓝ217.5
〔32350〕

◇井上家文書―新見藩舩指役　井上隆生, 松田重治, 柴山照日出編集責任　新見　御殿町センター鳳凰会　2002.4　136,6枚　26×37cm　Ⓝ217.5
〔32351〕

◇井原史料　第5集　元禄宿駅文書考　岸加四郎編著　井原　井原市教育委員会　1975　209p　26cm　非売品　Ⓝ217.5
〔32352〕

◇岡山池田家文書　第1,2　日本史籍協会編　日本史籍協会　1920　2冊　23cm　Ⓝ210.5
〔32353〕

◇岡山池田家文書　1　日本史籍協会編　東京大学出版会　1984.3　4,410p　22cm　（日本史籍協会叢書　44）5000円　①4-13-097644-3　Ⓝ217.5
〔32354〕

◇岡山県古文書緊急調査報告書―備中湛井十二ケ郷用水関係文書　岡山県教育委員会編　岡山　岡山県教育委員会　1977.3　55p　26cm　Ⓝ217.5
〔32355〕

◇岡山県史　第9巻　近世　4　岡山県史編纂委員会編纂　岡山　岡山県　1989.3　665,8p　22cm　Ⓝ217.5
〔32356〕

◇岡山県史　第24巻　岡山藩文書　岡山　岡山県　1982.2　1288p　22cm　Ⓝ217.5
〔32357〕

◇岡山県史　第25巻　津山藩文書　岡山　岡山県　1981.3　64,1348p　22cm　Ⓝ217.5
〔32358〕

◇岡山県史　第26巻　諸藩文書　岡山　岡山県　1983.11　49,1363p　22cm　Ⓝ217.5
〔32359〕

◇岡山県史　第27巻　近世編纂物　岡山　岡山県　1981.3　67,1400p　22cm　Ⓝ217.5
〔32360〕

◇岡山藩家中諸士家譜五音寄　1　倉地克直編　岡山　岡山大学文学部　1993.3　291p　21cm　（岡山大学文学部研究叢書　7）Ⓝ217.5
〔32361〕

◇岡山藩家中諸士家譜五音寄　2　倉地克直編　岡山　岡山大学文学部　1993.3　333p　21cm　Ⓝ217.5
〔32362〕

◇岡山藩家中諸士家譜五音寄　3　倉地克直編　岡山　岡山大学文学部　1993.5　232p　21cm　Ⓝ217.5
〔32363〕

◇岡山藩関係資料　1　岡山県立記録資料館編　岡山　岡山県立記録資料館　2007.3　77p　30cm　（岡山県立記録資料館所蔵記録資料目録　第2集）Ⓝ217.5
〔32364〕

◇岡山藩士松田家文書・大庭郡三世七原村文書・岸本氏収集文書　岡山県立記録資料館編　岡山　岡山県立記録資料館　2006.3　57p　30cm　（岡山県立記録資料館所蔵記録資料目録　第1集）Ⓝ217.5
〔32365〕

◇梶並家文書　3　江戸日記　新見地方史研究会編　新見　新見地方史研究会　2007.1　198p　30cm　（新見藩史料）Ⓝ217.5
〔32366〕

◇旧矢掛本陣石井家所蔵古文書目録　岡山県教育委員会編　岡山　岡山県教育委員会　1985.3　289p　26cm　Ⓝ217.5
〔32367〕

◇倉敷浅尾騒動記　角田直一著　改訂版　岡山　山陽新聞社　1982.8　365p　20cm　1800円　Ⓝ210.58
〔32368〕

◇（慶応三年）羽山村庄屋役光右衛門御公用并村諸用日記　成羽古文書研究会編　成羽町（岡山県）　成羽古文書研究会　2001.5　36p　30cm　（研究紀要　第3号）Ⓝ217.5
〔32369〕

◇（慶応二年）羽山村庄屋役光右衛門御公用并村諸用日記　成羽古文書研究会編　成羽町（岡山県）　成羽古文書研究会　2000.5　39p　30cm　（研究紀要　第2号）Ⓝ217.5
〔32370〕

◇史上の福田・福田の伝説　5～7　高橋彪編　倉敷　倉敷・福田史談会　1982.5-8　3冊（合本1冊）　26cm　Ⓝ217.5
〔32371〕

◇天和元年御定帳―酉十一月右ヨリ有之ヲ改直　成羽古文書研究会編　成羽町（岡山県）　成羽古文書研究会　2004.5　43p　30cm　（研究紀要　第6号）Ⓝ217.5
〔32372〕

◇新見藩梶並家文書　書状之部　1　松田重治, 柴山照日出編集責任　新見　御殿町センター鳳凰会　2000.3　1冊　26×37cm　Ⓝ217.5
〔32373〕

◇新見藩梶並家文書　書状之部　2　松田重治, 柴山照日出編集責任　新見　御殿町センター鳳凰会　2001.5　101,12枚　26×37cm　Ⓝ217.5
〔32374〕

◇羽山村庄屋御公用并村諸用日記―嘉永六年丑正月吉日　成羽古文書研究会編　高梁　成羽古文書研究会　2005.5　31p　30cm　（研究紀要　第7号）Ⓝ217.5
〔32375〕

◇羽山村庄屋御公用并村諸用日記―嘉永五年子正月吉日　成羽古文書研究会編　高梁　成羽古文書研究会　2006.3　39p　30cm　（研究紀要　第8号）Ⓝ217.5
〔32376〕

◇備作之史料　2　備前御留帳　岡山　備作史料研究会　1985　208p　19cm　非売品　Ⓝ217.5
〔32377〕

◇備中国久世代官早川八郎左衛門御触書留帳　成羽古文書研究会編　成羽町（岡山県）　成羽古文書研究会　1999.5　81p　30cm　（研究紀要　創刊号）Ⓝ217.5
〔32378〕

◇備中松山藩史料集成　朝森要編　高梁　高梁高校歴史部　1968　47p　26cm　Ⓝ217.5
〔32379〕

◇備陽国―岡山藩関係史料　元　津高郡　和田弥兵衛正尹ほか著　Joiegen L.Borricano,Maria Eden G.Ocier編纂　観音寺　上坂氏顕彰会史料出版部　2002.11　1冊　21×30cm　（叢書郷土史料補遺　岡山県―1）62800円　Ⓝ291.75
〔32380〕

◇備陽国志―岡山藩関係史料　亨　磐梨郡、赤坂郡　和田弥兵衛正尹著　Joiegen L.Borricano,Maria Eden G.Ocier編纂　観音寺　上坂氏顕彰会史料出版部　2002.11　1冊　21×30cm　（叢書郷土史料補遺　岡山県―1）62800円　Ⓝ291.75
〔32381〕

◇備陽国志―岡山藩関係史料　亨　和気郡　和田弥兵衛正尹ほか著　Joiegen L.Borricano,Maria Eden G.Ocier編纂　観音寺　上坂氏顕彰会史料出版部　2002.11　1冊　21×30cm　（叢書郷土史料補遺　岡山県―1）62800円　Ⓝ291.75
〔32382〕

◇備陽国志―岡山藩関係史料　元　国号、城府、御野郡　和田弥兵衛正尹ほか著　Joiegen L.Borricano,Maria Eden G.Ocier編纂　観音寺　上坂氏顕彰会史料出版部　2002.11　1冊　21×30cm　（叢書郷土史料補遺　岡山県―1）62800円　Ⓝ291.75
〔32383〕

◇渡邉家文書　1　新見地方史研究会編　新見　新見地方史研究会　2006.5　235p　30cm　（新見藩史料）Ⓝ217.5
〔32384〕

◆◆◆史料目録

◇池田家文庫マイクロ版史料目録　藩士1　岡山大学附属図書館編　改訂増補　丸善　1993.6　303p　30cm　9600円　Ⓣ4-8395-0105-X　Ⓝ217.5　〔32385〕

◇池田家文庫マイクロ版史料目録　藩士2　岡山大学附属図書館編　改訂増補　丸善　1993.3　599p　30cm　17000円　Ⓣ4-8395-0102-5　Ⓝ217.5　〔32386〕

◇池田家文庫マイクロ版史料目録　藩士3　岡山大学附属図書館編　改訂増補　丸善　1993.3　427p　30cm　11000円　Ⓣ4-8395-0103-3　Ⓝ217.5　〔32387〕

◇池田家文庫マイクロ版史料目録　藩士4　岡山大学附属図書館編　改訂増補　丸善　1993.3　447p　30cm　11000円　Ⓣ4-8395-0104-1　Ⓝ217.5　〔32388〕

◇池田家文庫マイクロ版史料目録　国事維新　岡山大学附属図書館編　改訂増補　丸善　1992.3　452p　30cm　11000円　Ⓣ4-8395-0101-7　Ⓝ217.5　〔32389〕

◇池田家文庫マイクロ版史料目録　総記　岡山大学附属図書館編　改訂増補　丸善　1992.1　316p　30cm　9600円　Ⓣ4-8395-0100-9　Ⓝ217.5　〔32390〕

◇池田家文庫マイクロ版史料目録　法制　岡山大学附属図書館編　改訂増補　丸善　1993.11　565p　30cm　19000円　Ⓣ4-8395-0106-8　Ⓝ217.5　〔32391〕

◇近世庶民史料目録―岡山大学所蔵　第1巻　岡山　岡山大学附属図書館　1973　582p　27cm　Ⓝ217.5　〔32392〕

◇近世庶民史料目録―岡山大学所蔵　第2巻　岡山　岡山大学附属図書館　1973　554p　27cm　Ⓝ217.5　〔32393〕

◇近世庶民史料目録―岡山大学所蔵　第3巻　岡山　岡山大学附属図書館　1974　400p　27cm　Ⓝ217.5　〔32394〕

◇近世庶民史料目録―岡山大学所蔵　第4巻　岡山大学附属図書館編　岡山　岡山大学附属図書館　1985.3　337p　27cm　Ⓝ217.5　〔32395〕

◇津山洋学資料館資料目録　津山　津山洋学資料館　1982.2　39p　26cm　Ⓝ210.58　〔32396〕

◆◆広島県

◇異国人送り道中記―出雲街道可部宿の場合　下野岩太著　広島　〔下野岩太〕　1982.5　34p　21cm　(郷土史話　第7集) 非売品　Ⓝ217.6　〔32397〕

◇江戸時代芸備の科学と自然―企画展　広島県立歴史博物館編　福山　広島県立歴史博物館　2001.10　96p　30cm　(広島県立歴史博物館展示図録　第27冊) Ⓝ402.105　〔32398〕

◇亀居城―夢随想　鎌田定雄編著　松山　蓬莱庵　2000.12　173p　26cm　非売品　Ⓝ217.6　〔32399〕

◇近世尾道の発展と商人―橋本家文書を中心に　平成2年度企画展　広島　広島県立文書館　1990.10　11p　26cm　〔32400〕

◇近世漢字文化と日本語　村上雅孝著　おうふう　2005.5　307p　22cm　13000円　Ⓣ4-273-03387-9　Ⓝ811.2　〔32401〕

◇近世宿場町の景観と流通―西国街道の宿場町・四日市遺跡を掘る　東広島市教育委員会編　東広島　東広島市教育委員会　2005.3　78p　30cm　(安芸のまほろばフォーラム　記録集　第10回) 682.176　〔32402〕

◇芸州近世俳諧史抄　渡辺晋山著　広島　西日本文化出版　2005.11　71p　19cm　Ⓝ911.302　〔32403〕

◇芸藩安芸郡史　青山六十著　広島　渓水社　1985.1　205p　19cm　2000円　Ⓝ217.6　〔32404〕

◇芸藩安芸郡史　補巻編　青山六十著　呉　青山六十　1987.10　109p　19cm　非売品　Ⓝ217.6　〔32405〕

◇芸藩学問所記事一片　小鷹狩元凱著　弘洲雨屋　1924　63,5p　23cm　Ⓝ372　〔32406〕

◇芸藩三十三年録　小鷹狩元凱著　弘洲雨屋　1893.5　116,18p　20cm　Ⓝ217.6　〔32407〕

◇芸藩輯要―附・藩士家系名鑑　林保登編　広島　入玄堂　1933　1冊　23cm　Ⓝ217.6　〔32408〕

◇芸藩通志　頼杏坪(惟柔)等編　広島　広島図書館〔ほか〕　1907-1922　5冊　27cm　(芸備叢書　第1輯) 217.6　〔32409〕

◇元和の栄光―水野勝成の政治　立石定夫著　福山　青葉出版　1982.4　447p　22cm　2000円　Ⓝ217.6　〔32410〕

◇高宮郡へ来た幕府巡見使　下野岩太著　広島　〔下野岩太〕　1976.8　83p　22cm　(郷土史話　第5集) 非売品　Ⓝ217.6　〔32411〕

◇長州を討て―福山藩の死節顛末　清水久人著　神辺町(広島県)〔清水久人〕　1997.8　121p　21cm　Ⓝ217.6　〔32412〕

◇朝鮮通信使と福山藩・鞆の津―国際都市鞆が見えてくる古文書、文献調査記録集　その2　正徳―文化度　福山市鞆の浦歴史民俗資料館友の会編　福山　福山市鞆の浦歴史民俗資料館活動推進協議会　2003.3　221p　26cm　Ⓝ217.6　〔32413〕

◇藩政時代広島城明細絵図附属城下武家屋敷図　林保登編　広島　林保登　1934　図版15枚　23cm　Ⓝ217.6　〔32414〕

◇藩政時代美作庄官録　津山　磯田紀一　1935　43丁　14×20cm　〔32415〕

◇人づくり風土記―全国の伝承・江戸時代　34　ふるさとの人と知恵・広島　加藤秀俊ほか編纂　農山漁村文化協会　1991.3　373p　27cm　(聞き書きによる知恵シリーズ) 4900円　Ⓣ4-540-90015-3　Ⓝ210.5　〔32416〕

◇広島城下の町組と商人文化―第1回企画展　広島県立文書館編　広島　広島県立文書館　1989.3　18p　26cm　Ⓝ217.6　〔32417〕

◇広島城の収蔵品　広島市歴史科学教育事業団広島城編　広島　広島市歴史科学教育事業団広島城　1991.9　66p　26cm　Ⓝ217.6　〔32418〕

◇広島城の堀　広島市歴史科学教育事業団広島城編　広島　広島市歴史科学教育事業団広島城　1994.8　31p　26cm　Ⓝ217.6　〔32419〕

◇広島城四百年　中國新聞社編　第一法規出版　1993.3　253,17p　21cm　2000円　Ⓣ4-474-00127-3　Ⓝ217.6　〔32420〕

◇ひろしま城と古戦場　村上正名著　広島　広学図書　1985.5　143p　15cm　(ひろしま文庫6) 700円　Ⓝ217.6　〔32421〕

◇広島藩における近世用語の概説　金岡照編　増訂版　広島　〔金岡照〕　1991.3　120p　26cm　Ⓝ217.6　〔32422〕

◇備後福山藩の誕生―備南郷土史研究　附立圃と福山　土肥日露之進著　福山　児島書店　1962.9　41p　21cm　(未顕真実　第1輯) 非売品　〔32423〕

◇福山城築城三百七十年記念誌　福山　築城三百七十年記念行事実行委員会　1993.3　367p　Ⓝ217.6　〔32424〕

◇水と焔―水野勝成　中山善照著　双三郡(広島県) 佐々木印刷株式会社出版部　1983.3　437p　19cm　(福山のルーツをさぐる　第1部) 1800円　Ⓝ217.6　〔32425〕

地方史　　　　　　　　　　　近世史

◇三次地方史論集　堀江文人著　三次　三次地方史研究会
1979.5　353p　22cm　2500円　Ⓝ217.6　〔32426〕

◆◆◆自治体史
◇広島県史　近世1　広島県編　広島　広島県　1981.3
1292,22p　23cm　Ⓝ217.6　〔32427〕
◇広島県史　近世2　広島県編　広島　広島県　1984.3
1462,27p　23cm　Ⓝ217.6　〔32428〕

◆◆◆自治体史史料
◇庄原市史　近世文書編　庄原市史編纂委員編　庄原　庄原市　1980.3　986p　22cm　Ⓝ217.6　〔32429〕
◇庄原市史　近世文書　天野屋　伊藤家　庄原市文化財協会編　庄原　庄原市文化財協会　1994.3　576p　22cm　Ⓝ217.6　〔32430〕
◇廿日市町史　資料編2　近世　上　廿日市町（広島県）　廿日市町　1975　2冊（別冊共）　22cm　Ⓝ217.6　〔32431〕
◇廿日市町史　資料編3　近世　下　廿日市町編　廿日市町（広島県）　廿日市町　1977.3　862p　22cm　Ⓝ217.6　〔32432〕
◇広島県史　近世資料編1　広島県編　広島　広島県　1973.2　1424p　23cm　Ⓝ217.6　〔32433〕
◇広島県史　近世資料編3　広島県編　広島　広島県　1973.3　81,1180p　23cm　Ⓝ217.6　〔32434〕
◇広島県史　近世資料編4　広島　広島県　1975　1152p　23cm　Ⓝ217.6　〔32435〕
◇広島県史　近世資料編5　広島県編　広島　広島県　1979.3　94,1220p　23cm　Ⓝ217.6　〔32436〕
◇広島県史　近世資料編6　広島　広島県　1976　1376p　23cm　Ⓝ217.6　〔32437〕
◇福山市史編纂資料　第3-4集　福山市史編纂会編　福山　福山市史編纂会　1963　2冊　26cm　Ⓝ217.6　〔32438〕
◇府中市史　史料編2　近世編　上　府中（広島県）　府中市　1988.3　21,739p　23cm　Ⓝ217.6　〔32439〕
◇府中市史　史料編3　近世編　下　府中（広島県）　府中市　1988.3　41,634p　23cm　Ⓝ217.6　〔32440〕

◆◆◆一般史料
◇安芸国賀茂郡竹原下市村御地詰帳―寛永拾五年九月吉日　竹原　竹原郷土文化研究会　1975.5　30p　25cm　（郷土史史料　第1集）Ⓝ217.6　〔32441〕
◇今中文庫目録―近世今中家と広島藩　広島大学図書館研究開発室編　東広島　広島大学出版会　2006.12　113p　30cm　1850円　④-903068-04-8　Ⓝ217.6　〔32442〕
◇元禄検地水帳と差出帳　浦崎郷土文化研究会編　尾道　浦崎郷土文化研究会　1984.1　134p　26cm　（郷土文化資料　第1集）非売品　Ⓝ217.6　〔32443〕
◇小場家文書　上巻　福山　福山市教育委員会　1974　193p　図地　22cm　Ⓝ217.6　〔32444〕
◇小場家文書　下巻　福山　福山市教育委員会　1976　244p　22cm　Ⓝ217.6　〔32445〕
◇古文書調査記録　第6集　元禄検地と木之庄村―岡本家文書　福山城博物館友の会編　福山　福山城博物館友の会　1983.6　181p　26cm　非売品　Ⓝ210.1　〔32446〕
◇渋谷家文書の世界―戦国期・江戸初期の豪商渋谷氏と尾道　収蔵文書展　広島県立文書館編　広島　広島県立文書館　1992.10　11p　26cm　Ⓝ210.02　〔32447〕
◇寺西家文書―第三回収蔵品展　広島市歴史科学教育事業団広島城編　広島　広島市歴史科学教育事業団広島城　1993.11　50p　26cm　Ⓝ217.6　〔32448〕
◇吹寄青枯集　広島　広島県立文書館　1991.3　171p　22cm　（広島県立文書館資料集 1）Ⓝ217.6　〔32449〕
◇武家の古文書―くずし字の中に見る広島の歴史群像　平成16年度企画展示　広島市文化財団広島城編　広島　広島市文化財団広島城　2005.2　32p　30cm　Ⓝ217.6　〔32450〕
◇三次地方近世史料集　三次　三次古文書の会　1995.1　160p　27cm　1500円　Ⓝ217.6　〔32451〕
◇文書目録―旧赤屋村庄屋伝来資料　世羅郡甲山町赤屋区蔵　国正利明編　甲山町（広島県）　甲山町教育委員会　1994.10　31p　26cm　Ⓝ217.6　〔32452〕

◆◆◆◆芸藩志
◇芸藩志　第1巻　橋本素助, 川合鱗三編　文献出版　1977.7　447p　16×22cm　9000円　Ⓝ217.6　〔32453〕
◇芸藩志　第2巻　橋本素助, 川合鱗三編　文献出版　1977.7　387p　16×22cm　9000円　Ⓝ217.6　〔32454〕
◇芸藩志　第3巻　橋本素助, 川合鱗三編　文献出版　1977.7　345p　16×22cm　9000円　Ⓝ217.6　〔32455〕
◇芸藩志　第4巻　橋本素助, 川合鱗三編　文献出版　1977.7　356p　16×22cm　9000円　Ⓝ217.6　〔32456〕
◇芸藩志　第5巻　橋本素助, 川合鱗三編　文献出版　1977.7　358p　16×22cm　9000円　Ⓝ217.6　〔32457〕
◇芸藩志　第6巻　橋本素助, 川合鱗三編　文献出版　1977.7　355p　16×22cm　9000円　Ⓝ217.6　〔32458〕
◇芸藩志　第7巻　橋本素助, 川合鱗三編　文献出版　1977.10　347p　16×22cm　9000円　Ⓝ217.6　〔32459〕
◇芸藩志　第8巻　橋本素助, 川合鱗三編　文献出版　1977.10　364p　16×22cm　9000円　Ⓝ217.6　〔32460〕
◇芸藩志　第9巻　橋本素助, 川合鱗三編　文献出版　1977.10　387p　16×22cm　9000円　Ⓝ217.6　〔32461〕
◇芸藩志　第10巻　橋本素助, 川合鱗三編　文献出版　1977.10　327p　16×22cm　8500円　Ⓝ217.6　〔32462〕
◇芸藩志　第11巻　橋本素助, 川合鱗三編　文献出版　1977.10　371p　16×22cm　8500円　Ⓝ217.6　〔32463〕
◇芸藩志　第12巻　橋本素助, 川合鱗三編　文献出版　1977.10　368p　16×22cm　9000円　Ⓝ217.6　〔32464〕
◇芸藩志　第13巻　橋本素助, 川合鱗三編　文献出版　1978.1　399p　16×22cm　9000円　Ⓝ217.6　〔32465〕
◇芸藩志　第14巻　橋本素助, 川合鱗三編　文献出版　1978.1　414p　16×22cm　9000円　Ⓝ217.6　〔32466〕
◇芸藩志　第15巻　橋本素助, 川合鱗三編　文献出版　1978.1　370p　16×22cm　9000円　Ⓝ217.6　〔32467〕
◇芸藩志　第16巻　橋本素助, 川合鱗三編　文献出版　1978.1　359p　16×22cm　9000円　Ⓝ217.6　〔32468〕
◇芸藩志　第17巻　橋本素助, 川合鱗三編　文献出版　1978.1　338p　16×22cm　9000円　Ⓝ217.6　〔32469〕
◇芸藩志　第18巻　橋本素助, 川合鱗三編　文献出版　1978.1　410p　16×22cm　9000円　Ⓝ217.6　〔32470〕
◇芸藩志　第19巻　橋本素助, 川合鱗三編　文献出版　1978.1　370p　16×22cm　9000円　Ⓝ217.6　〔32471〕
◇芸藩志　第20巻　橋本素助, 川合鱗三編　文献出版　1978.4　327p　16×22cm　9000円　Ⓝ217.6　〔32472〕
◇芸藩志　第21巻　橋本素助, 川合鱗三編　文献出版　1978.4　357p　16×22cm　9000円　Ⓝ217.6　〔32473〕
◇芸藩志　第22巻　橋本素助, 川合鱗三編　文献出版　1978.4　295p　16×22cm　9000円　Ⓝ217.6　〔32474〕
◇芸藩志拾遺　第23巻　橋本素助, 川合鱗三編　文献出版

◇芸藩志拾遺　第24巻　橋本素助, 川合鱗三編　文献出版　1978.4　265p　16×22cm　9000円　Ⓝ217.6　〔32476〕
◇芸藩志拾遺　第25巻　橋本素助, 川合鱗三編　文献出版　1978.4　336p　16×22cm　9000円　Ⓝ217.6　〔32477〕
◇芸藩志拾遺　第26巻　橋本素助, 川合鱗三編　文献出版　1978.4　332p　16×22cm　9000円　Ⓝ217.6　〔32478〕

◆◆山口県
◇赤間関本陣伊藤家―海峡人物往来　下関市立長府博物館編　下関　郷土の文化財を守る会　1991.2　69p　26cm　Ⓝ217.7　〔32479〕
◇岩国の文化と教育資料　第2集　大岡昇著　岩国　岩国市立岩国図書館　1979.10　343p　21cm　Ⓝ217.7　〔32480〕
◇岩国藩の疱瘡遠慮定―伝染病（痘瘡）予防に関する史料　岩国　岩国徴古館　1970.8　50p　21cm　〔32481〕
◇岩国藩の焼物に関する史料　岩国　岩国徴古館　1969.10　69p　21cm　〔32482〕
◇大島郡戦記―四境戦争　其ノ三　吉村藤舟著　下関　防長史料出版社　1976　164p　19cm　（郷土物語　第18輯）Ⓝ217.7　〔32483〕
◇旧長藩十二士伝　井原儀, 横山達三編　深川村（山口県）　井原儀〔ほか〕　1891.6　16p　20cm　Ⓝ281.77　〔32484〕
◇享保秘聞徳山藩再興史　松原醒堂著　徳山　現代社　1936　87p　19cm　Ⓝ217.7　〔32485〕
◇近世の検地と年貢　田中誠二著　塙書房　1996.2　519,13p　22cm　9270円　①4-8273-1140-4　Ⓝ217.7　〔32486〕
◇近世防長人名辞典　吉田祥朔著　増補　徳山　マツノ書店　1976.6（第2刷：2002.4）　347,8p　22cm　7619円　Ⓝ281.77　〔32487〕
◇芸州口戦記―四境戦争　其ノ四　吉村藤舟著　下関　防長史料出版社　1976　178p　19cm　（郷土物語　第19輯）Ⓝ217.7　〔32488〕
◇小倉戦争―四境戦争　其ノ一　吉村藤舟著　下関　防長史料出版社　1976　168p　19cm　（郷土物語　第16輯）Ⓝ217.7　〔32489〕
◇小倉戦争記―四境戦争　其ノ二　吉村藤舟著　下関　防長史料出版社　1976　160p　19cm　（郷土物語　第17輯）Ⓝ217.7　〔32490〕
◇史跡萩城城下町　田中助一著　萩　萩郷土文化研究会　1975　42p　19cm　Ⓝ291.77　〔32491〕
◇高野義祐著作集　第1巻　高野義祐著　宇部　往来舎　1996.11　378p　22cm　4500円　Ⓝ217.7　〔32492〕
◇高野義祐著作集　第2巻　高野義祐著　宇部　往来舎　1997.6　383p　22cm　4500円　Ⓝ217.7　〔32493〕
◇高野義祐著作集　第3巻　高野義祐著　宇部　往来舎　1998.4　356p　22cm　4500円　Ⓝ217.7　〔32494〕
◇長州藩銭座跡　山口県教育委員会編　山口　山口県教育委員会　2007.3　53p　図版22p　30cm　（山口県埋蔵文化財調査報告　第189集―重要遺跡確認緊急調査報告書　平成17・18年度）Ⓝ210.0254　〔32495〕
◇長州藩明治維新史研究　小林茂著　末来社　1968　423p　22cm　Ⓝ217.7　〔32496〕
◇長府旧蹟案内―長門略史草稿　坂田時正著　下関　下関文書館　1983.3　82p　21cm　（史料叢書　24）　〔32497〕
◇長府藩報国隊史　徳見光三著　下関　長門地方史料研究所　1966　335p　21cm　Ⓝ217.7　〔32498〕
◇転換期長州藩の研究　小川国治著　京都　思文閣出版　1996.5　399,14p　22cm　（思文閣史学叢書）9064円　①4-7842-0908-5　Ⓝ217.7　〔32499〕
◇徳山藩時代の標石　徳山　山口県桜ケ丘高等学校歴史研究部　1984.11　16p　26cm　Ⓝ291.7702　〔32500〕
◇中根市之丞一行長州遭難の始末　古川武雄編　1964　19枚　21×30cm　Ⓝ210.58　〔32501〕
◇萩藩戸籍制度と戸口統計　石川敦彦著　山口　石川敦彦　2005.12　188p　26cm　Ⓝ322.1977　〔32502〕
◇萩藩宰判勘場跡　山口県教育委員会文化財保護課編　山口　山口県教育委員会　2001.6　114p　30cm　（山口県未指定文化財調査報告書　10）Ⓝ217.7　〔32503〕
◇萩藩天保期の社会と政治　石川敦彦著　山口　石川敦彦　2005.12　263p　21cm　Ⓝ217.7　〔32504〕
◇萩藩の財政と撫育　三坂圭治著　春秋社松柏館　1944　328p　19cm　Ⓝ217.7　〔32505〕
◇萩藩明倫館の洋学　ハギ永秀夫著　出版地不明　〔ハギ〕永秀夫　2007.2　68,10p　21cm　Ⓝ402.105　〔32506〕
◇幕末維新期萩藩村落社会の変動　渡辺尚志編　岩田書院　2002.2　436p　22cm　9900円　①4-87294-232-9　Ⓝ217.7　〔32507〕
◇幕末・明治萩城下見聞録　林茂香著　徳山　マツノ書店　1980.11　208,4p　21cm　2700円　Ⓝ217.7　〔32508〕
◇藩領の歴史地理―萩藩　西村睦男編　大明堂　1968　411p　22cm　Ⓝ217.7　〔32509〕
◇人づくり風土記―江戸時代　35　ふるさとの人と知恵・山口　石川松太郎ほか編纂　農山漁村文化協会　1996.2　396p　27cm　4500円　①4-540-95084-3　Ⓝ210.5　〔32510〕
◇文政六歳・記録―付・母ノ教　塵屋林三郎著　柳井　柳井市立柳井図書館　1986.2　30p　21cm　（柳井図書館叢書　第1集）Ⓝ217.7　〔32511〕
◇防州日記　野村望東尼遺書　福岡皇華会編　福岡　博文社　1927　30p　19cm　Ⓝ911.15　〔32512〕
◇防長旧族の館跡古蹟址研究　御薗生翁甫著　防府　山口県地方史学会, 防府市教育委員会　1962　72p　22cm　Ⓝ217.7　〔32513〕
◇防長路―Yamgin Graph　第8　村田清風の事蹟をたずねて　山口銀行編　山口　1960-1964　21cm　Ⓝ217.7　〔32514〕
◇防長路―Yamgin Graph　第9　浮石の義民をたずねて　山口銀行編　山口　1960-1964　21cm　Ⓝ217.7　〔32515〕
◇防長路―Yamgin Graph　第10　四境戦争の遺蹟をたずねて　山口銀行編　山口　1960-1964　21cm　Ⓝ217.7　〔32516〕
◇防長路―Yamgin Graph　第11　尊皇攘夷の海峡戦をたずねて　山口銀行編　山口　1960-1964　21cm　Ⓝ217.7　〔32517〕
◇防長雌伏の端緒―江戸初期の山口は　山口放送文化セミナー運営委員会文集セミナーニュース部会編　山口　山口市中央公民館　1984.1　94,7p　21cm　（放送文化セミナー記念文集　昭和58年）Ⓝ217.7　〔32518〕
◇三輪領主・井原主計　松岡宜夫著　大和町（山口県）　松岡宜夫　1989.4　144p　21cm　Ⓝ288.2　〔32519〕
◇毛利家のシーパワーに学ぶ　熊谷直著　成山堂書店　2000.8　191,3p　21cm　2400円　①4-425-30191-9　Ⓝ217.7　〔32520〕
◇毛利十一代史　第1冊　大田報助編　名著出版　1972　621p　22cm　5000円　Ⓝ288.3　〔32521〕

地方史　　　　　　　　　　　近世史

◇毛利十一代史　第2冊　大田報助編　名著出版　1972
757p　22cm　5000円　Ⓝ288.3　〔32522〕
◇毛利十一代史　第3冊　大田報助編　名著出版　1972
641p　22cm　5000円　Ⓝ288.3　〔32523〕
◇毛利十一代史　第4冊　大田報助編　名著出版　1972
657p　22cm　5000円　Ⓝ288.3　〔32524〕
◇毛利十一代史　第5冊　大田報助編　名著出版　1972
743p　22cm　5000円　Ⓝ288.3　〔32525〕
◇毛利十一代史　第6冊　大田報助編　名著出版　1972
843p　22cm　5000円　Ⓝ288.3　〔32526〕
◇毛利十一代史　第7冊　大田報助編　名著出版　1972
685p　22cm　5000円　Ⓝ288.3　〔32527〕
◇毛利十一代史　第8冊　大田報助編　名著出版　1972
723p　22cm　5000円　Ⓝ288.3　〔32528〕
◇毛利十一代史　第9冊　大田報助編　名著出版　1972
637p　22cm　5000円　Ⓝ288.3　〔32529〕
◇毛利十一代史　第10冊　大田報助編　名著出版　1972
688p　22cm　5000円　Ⓝ288.3　〔32530〕
◇柳井の江戸文化―柳井の町並み点描　福本幸夫著　柳井　周南新報社　1987.12　63p　24cm　Ⓝ217.7　〔32531〕
◇山口県近世史研究要覧　石川卓美編修　徳山　マツノ書店　1976　339p　22cm　4200円　Ⓝ217.7　〔32532〕

◆◆◆自治体史

◇宇和島郷土叢書　第10巻　宇和島　宇和島市立図書館　1971.8　31p　21cm　〔32533〕
◇江戸期の大島　藤谷和彦著　橘町（山口県）　日良居タイムス社　1992.12　135p　22cm　Ⓝ217.7　〔32534〕
◇下関市史―藩制―明治前期　下関市.市史編修委員会編　下関　下関市役所　1964　859p　22cm　Ⓝ217.7　〔32535〕

◆◆◆自治体史史料

◇岩国市史　史料編2　岩国市史編纂委員会編　岩国　岩国市　2001.3　1800p　22cm　Ⓝ217.7　〔32536〕

◆◆◆一般史料

◇安政四年殿様御遠馬柳井御出室積普願御参詣之記　柳井市立柳井図書館編　柳井　柳井市立柳井図書館　2004.12　105p　21cm　（柳井図書館叢書　第20集）Ⓝ217.7　〔32537〕
◇岩邑年代記　4　岩国　岩国徴古館　1992.12　155p　21cm　400円　Ⓝ217.7　〔32538〕
◇岩邑年代記　5　岩国　岩国徴古館　1994.3　117p　21cm　400円　Ⓝ217.7　〔32539〕
◇岩邑年代記　6　岩国　岩国徴古館　1995.3　96p　21cm　400円　Ⓝ217.7　〔32540〕
◇岩邑年代記　7　岩国　岩国徴古館　1996.1　108p　21cm　400円　Ⓝ217.7　〔32541〕
◇岩邑年代記　8　岩国　岩国徴古館　1997.1　104p　21cm　400円　Ⓝ217.7　〔32542〕
◇岩邑年代記　9　岩国　岩国徴古館　1998.1　150p　21cm　Ⓝ217.7　〔32543〕
◇岩邑年代記　10　岩国　岩国徴古館　1999.1　124p　21cm　Ⓝ217.7　〔32544〕
◇岩国藩建言録　岩国　岩国徴古館　1979.10　147p　21cm　Ⓝ217.7　〔32545〕
◇岩国藩御用所日記抄　1　寛文9年～延宝3年　桂芳樹編　岩国　岩国徴古館　1980.8　153p　21cm　Ⓝ217.7　〔32546〕
◇岩国藩御用所日記抄　2　延宝4年～9年　桂芳樹編　岩国　岩国徴古館　1981.9　149p　21cm　Ⓝ217.7　〔32547〕
◇大野家文書―御高札守護役　柳井市立柳井図書館編　柳井　柳井市立柳井図書館　1993.1　91p　21cm　（柳井図書館叢書　第9集）Ⓝ217.7　〔32548〕
◇大野家文書　2　当家歳々行叓覚―外　柳井市立柳井図書館編　柳井　柳井市立柳井図書館　1994.3　98p　21cm　（柳井図書館叢書　第10集）Ⓝ217.7　〔32549〕
◇上粕屋村鵜川隆家文書―幕末明治初期の御申留・御触書　伊勢原市教育委員会社会教育課編　伊勢原　伊勢原市教育委員会　1985.3　170p　21cm　（伊勢原市文化財調査報告書　第8集）Ⓝ217.7　〔32550〕
◇旧岩国藩御家人帳―明治四年廃藩　岩国　岩国徴古館　1995.5　58p　21cm　Ⓝ217.7　〔32551〕
◇享保増補村記　岩国　岩国徴古館　1989.3　968p　22cm　Ⓝ217.7　〔32552〕
◇享保年黔首党事録　柳井市立柳井図書館編　柳井　柳井市立柳井図書館　1995.2　89p　21cm　（柳井図書館叢書　第11集）Ⓝ217.7　〔32553〕
◇清末藩旧記　第1冊　堀哲三郎編　下関　下関文書館　1974.3　1冊　21cm　（史料叢書　6）〔32554〕
◇清末藩旧記　第2冊　堀哲三郎編　下関　下関文書館　1974.10　1冊　21cm　（史料叢書　7）〔32555〕
◇清末藩旧記　第3冊　堀哲三郎編　下関　下関文書館　1975.3　1冊　21cm　（史料叢書　8）〔32556〕
◇清末藩旧記　第6冊　下関　下関文書館　1976.3　32p　21cm　（史料叢書　10）〔32557〕
◇清末藩旧記　第4、5冊　下関　下関文書館　1976.3　52p　21cm　（史料叢書　9）〔32558〕
◇清末藩旧記　第11～17冊　堀哲三郎編　下関　下関文書館　1977.2　3冊　21cm　（史料叢書　12～14）〔32559〕
◇清末藩旧記　第7・8・9・10冊　下関　下関文書館　1976.3　56p　21cm　（史料叢書　11）〔32560〕
◇清末藩旧記　第18-22・附冊　堀哲三郎編　下関　下関文書館　1979.3　131p　21cm　（史料叢書　15）〔32561〕
◇清末藩史話　徳見光三著　下関　長門地方史料研究所　1971　415p　図15p　21cm　非売　Ⓝ217.7　〔32562〕
◇清末藩分限帳　下関　下関文書館　1970.12　47p　21cm　（史料叢書　第1集）〔32563〕
◇近世防長諸家系図綜覧　防長新聞社山口支社編　山口　防長新聞社　1966　313,21p　22cm　1700円　Ⓝ288.21　〔32564〕
◇近世防長諸家系図綜覧　田村哲夫編修　徳山　マツノ書店　1980.11　313,21p　27cm　8700円　Ⓝ288.2　〔32565〕
◇熊谷家文書―長府藩御馬廻通　下関　下関文書館　1988.3　172p　21cm　（史料叢書　30）Ⓝ217.7　〔32566〕
◇稿本　和木村地方史料集　第1　和木村教育委員会編　西村紀義　和木村（山口県玖珂郡）　1965　154p　25cm　Ⓝ217.7　〔32567〕
◇蔵樻録―能美吉右衛門以成覚書　萩市郷土博物館編　萩　萩市郷土博物館　1993.3　76p　21cm　（萩市郷土博物館叢書　第2集）Ⓝ217.7　〔32568〕
◇団兵御仕成記　4　岩国　岩国徴古館　1991.11　122p　21cm　Ⓝ217.7　〔32569〕
◇団兵御仕成記　5　岩国　岩国徴古館　1992.4　108p　21cm　400円　Ⓝ217.7　〔32570〕

◇長周叢書 上 村田峯次郎編 徳山 マツノ書店 1991.2 758p 22cm Ⓝ217.7 〔32571〕
◇長周叢書 下 村田峯次郎編 徳山 マツノ書店 1991.3 800,40p 22cm Ⓝ217.7 〔32572〕
◇長州藩士桂家文書 北原進者 立正大学経済研究所 1979.3 95p 21cm （研究叢書 9）非売品 Ⓝ217.7 〔32573〕
◇天保九年 赤間関人別帳 下関市市史編修委員会校訂 下関 下関市役所 1959 144p 21cm （下関郷土資料 第1）Ⓝ217.7 〔32574〕
◇萩藩給禄帳 樹下明紀,田村哲夫編 徳山 マツノ書店 1984.8 696,140p 22cm 12000円 Ⓝ217.7 〔32575〕
◇萩藩近世前期主要法制史料集―大記録・編年細目次 山口県史史料編近世2別冊付録 山口県編 山口 山口県 2005.3 182,41p 21cm Ⓝ322.1977 〔32576〕
◇萩藩諸家系譜 岡部忠夫編著 琵琶書房 1983.8 1216p 27cm 23000円 Ⓝ288.2 〔32577〕
◇萩藩閥閲録 第1巻 山口県文書館編集・校訂 山口 山口県文書館 1967 845p 22cm 2000円 Ⓝ217.7 〔32578〕
◇萩藩閥閲録 第1巻 山口県文書館編 山口 山口県文書館 1986.10 845p 22cm 7500円 Ⓝ217.7 〔32579〕
◇萩藩閥閲録 第1巻 山口県文書館編修 徳山 マツノ書店 1995.3 845p 22cm Ⓝ217.7 〔32580〕
◇萩藩閥閲録 第2巻 山口県文書館編集・校訂 山口 山口県文書館 1968 973p 22cm 2000円 Ⓝ217.7 〔32581〕
◇萩藩閥閲録 第2巻 山口県文書館編 山口 山口県文書館 1987.1 973p 22cm 8500円 Ⓝ217.7 〔32582〕
◇萩藩閥閲録 第2巻 山口県文書館編修 徳山 マツノ書店 1995.3 973p 22cm Ⓝ217.7 〔32583〕
◇萩藩閥閲録 第3巻 山口県文書館編集・校訂 山口 山口県文書館 1970 878p 22cm 2000円 Ⓝ217.7 〔32584〕
◇萩藩閥閲録 第3巻 山口県文書館編 山口 山口県文書館 1987.6 878p 22cm 7700円 Ⓝ217.7 〔32585〕
◇萩藩閥閲録 第3巻 山口県文書館編修 徳山 マツノ書店 1995.3 878p 22cm Ⓝ217.7 〔32586〕
◇萩藩閥閲録 第4巻 山口県文書館編集・校訂 山口 山口県文書館 1971 456p 22cm Ⓝ217.7 〔32587〕
◇萩藩閥閲録 第4巻 山口県文書館編 山口 山口県文書館 1987.11 504,456p 22cm 8500円 Ⓝ217.7 〔32588〕
◇萩藩閥閲録 第4巻 山口県文書館編修 徳山 マツノ書店 1995.3 504,456p 22cm Ⓝ217.7 〔32589〕
◇萩藩閥閲録 別巻 家わけ文書目録 山口県文書館編 山口 山口県文書館 1989.1 970,40p 22cm 9900円 Ⓝ217.7 〔32590〕
◇萩藩閥閲録 別巻 山口県文書館編修 徳山 マツノ書店 1995.3 970,40p 22cm Ⓝ217.7 〔32591〕
◇萩藩閥閲録 遺漏 山口県文書館編修 徳山 マツノ書店 1995.3 368p 22cm Ⓝ217.7 〔32592〕
◇萩藩閥閲録遺漏 山口県文書館編集・校訂 山口 山口県文書館 1971 368p 22cm Ⓝ217.7 〔32593〕
◇萩藩閥閲録遺漏 山口県文書館編 3版 山口 山口県文書館 1988.7 368p 22cm 4500円 Ⓝ217.7 〔32594〕

◇萩藩分限帳 安藤紀一筆写,萩郷土文化研究会編 萩 萩市郷土博物館友の会 1968 314p 21cm Ⓝ217.7 〔32595〕
◇萩藩分限帳 安藤紀一筆写,萩郷土文化研究会編 改訂版 萩 萩市郷土博物館友の会 1979.11 314p 22cm Ⓝ217.7 〔32596〕
◇山口県史 史料編 幕末維新 1 山口県編 山口 山口県 2002.6 1084p 22cm Ⓝ217.7 〔32597〕
◇山口県史 史料編 幕末維新 6 山口県編 山口 山口県 2001.6 2冊（別冊とも） 22cm Ⓝ217.7 〔32598〕
◇山口県史 史料編 近世 3 山口県編 山口 山口県 2001.10 1099p 22cm Ⓝ217.7 〔32599〕
◇山口県史 史料編 近世 1 上 山口県編 山口 山口県 1999.9 676p 22cm Ⓝ217.7 〔32600〕
◇山口県史 史料編 近世 1 下 山口県編 山口 山口県 1999.9 903p 22cm Ⓝ217.7 〔32601〕
◇山口県史料 近世編 法制 上 山口県文書館編 山口 山口県文書館 1976 751,19p 22cm 4000円 Ⓝ217.7 〔32602〕
◇山口県史料 近世編 法制 下 山口県文書館編 山口 山口県文書館 1977.1 784,24p 22cm 4500円 Ⓝ217.7 〔32603〕

◆◆◆史料目録
◇座右雑記―伊藤弥一右衛門信成覚書 萩市郷土博物館編 萩 萩市郷土博物館 1992.3 121p 21cm （萩市郷土博物館叢書 第1集）Ⓝ217.7 〔32604〕
◇徳山毛利家文庫仮目録 3 山口 山口県文書館 1991.3 71p 26cm （山口県文書館収蔵文書仮目録 9）Ⓝ217.7 〔32605〕
◇徳山毛利家文庫仮目録 4 山口 山口県文書館 1992.3 73p 26cm （山口県文書館収蔵文書仮目録 10）Ⓝ217.7 〔32606〕
◇徳山毛利家文庫仮目録 5 山口 山口県文書館 1993.3 128p 26cm （山口県文書館収蔵文書仮目録 11）Ⓝ217.7 〔32607〕
◇萩市郷土博物館所蔵資料目録 第1集 諸家文書仮目録―仁保家（一〇〇石）・桂家（三〇〇石）・奈古屋家（八三石）・桂家（一六四石余） 萩 萩市郷土博物館 1995.3 55p 26cm Ⓝ217.7 〔32608〕
◇萩藩近世前期主要法制史料集―大記録・編年細目次 山口県史史料編近世2別冊付録 山口県編 山口 山口県 2005.3 182,41p 21cm Ⓝ322.1977 〔32609〕
◇山口県文書館史料目録 3 毛利家文庫目録 第3分冊 山口 山口県文書館 1972 99p 26cm Ⓝ217.7 〔32610〕

◆四国地方
◇江戸後期諸国産物帳集成 第16巻 阿波・讃岐・土佐・津島 安田健編 科学書院 2004.2 727,208p 27cm （諸国産物帳集成 第2期）50000円 ①4-7603-0183-6 Ⓝ402.91 〔32611〕

◆◆徳島県
◇阿波郷土史研究の半世紀 三好昭一郎編著 徳島 モウラ（発売） 2006.4 352p 22cm （喜寿記念日本史論集 第3部）Ⓝ218.1 〔32612〕
◇阿波近古史談 石田園坡著 徳島 徳島県出版文化協会 1973 263p 19cm 1500円 Ⓝ218.1 〔32613〕
◇阿波・近世文化の諸相 大和武生著 大和武生先生還暦記念論集刊行会編 徳島 大和武生先生還暦記念論集

地方史　近世史

◇刊行会　1997.8　381p　22cm　非売品　Ⓝ218.1
〔32614〕
◇阿波近世用語辞典　高田豊輝著　徳島　高田豊輝　2001.2　467p　22cm　5000円　Ⓝ218.1　〔32615〕
◇阿波近世用語集　第1　政治・経済編　高田豊輝編　改訂第2版　徳島　高田豊輝　1969　245p　26cm　Ⓝ218.1
〔32616〕
◇阿波国・家紋大図鑑　桑井薫著　全面改定版　徳島　桑井薫　1998.12　364p　27cm　2400円　Ⓝ218.1
〔32617〕
◇阿波の城　湯浅良幸, 鎌谷嘉喜共編　徳島　徳島県教育会　1963　128p　図版　地　19cm　（徳島郷土双書1）Ⓝ218.1
〔32618〕
◇阿波の洋学事始　佐光昭二著　徳島　徳島市立図書館　1983.1　345p　19cm　（徳島市民双書　第17集）1500円　Ⓝ210.58
〔32619〕
◇阿波蜂須賀藩之水軍　団武雄著　徳島　徳島市立図書館　1958　76p　図版　表　22cm　Ⓝ218.1　〔32620〕
◇阿波藩御家中分限帳　村田丑太郎　1933　70p　19cm　Ⓝ218.1
〔32621〕
◇阿波洋学史の研究―限定版　佐光昭二著　徳島　徳島県教育印刷　2007.4　792,20p　22cm　10000円　①978-4-903805-00-9　Ⓝ210.58
〔32622〕
◇阿波・歴史と民衆　2　徳島地方史研究会創立20周年記念論集刊行委員会編　石井町（徳島県）　徳島地方史研究会創立20周年記念論集刊行委員会　1990.3　689p　22cm　Ⓝ218.1
〔32623〕
◇嘉永阿波藩士分限帳　露木蔵六　1934　28p　19cm　Ⓝ218.1
〔32624〕
◇郷土史談　第8編　後藤捷一著　大阪　大阪史談会　1954　123p　図版13枚　22cm　Ⓝ218.1　〔32625〕
◇郷土史談　第10編　後藤捷一編　大阪　大阪史談会　1967　214p　21cm　Ⓝ218.1　〔32626〕
◇郷土史談　第12編　後藤捷一編　大阪　大阪史談会　1962　128p　22cm　Ⓝ218.1　〔32627〕
◇郷土史談　第14編　阿波の芭蕉句碑略考　後藤捷一編　大阪　大阪史談会　1966　46p　22cm　Ⓝ218.1
〔32628〕
◇暮らしとみち―江戸時代阿波の交通制度　第31回企画展　徳島県立文書館編　徳島　徳島県立文書館　2006.8　11p　30cm
〔32629〕
◇重要文化財阿波藩御召鯨船千山丸　和船文化・技術研究会編　船の科学館　2004.5　71p　図版20枚　31cm　（船の科学館叢書　1）④-902754-00-2　Ⓝ552.33　〔32630〕
◇史料の輝き―阿波徳島の歴史とともに　三木安平氏古希記念論集　三木安平氏古希記念論集刊行委員会編　北島町（徳島県）　三木安平氏古希記念論集刊行委員会　1996.11　485p　22cm　7000円　Ⓝ218.1　〔32631〕
◇新・徳島藩制史　徳島史学会編　徳島　徳島市中央公民館　1966　111p　19cm　Ⓝ218.1　〔32632〕
◇徳島近代史　1　幕末・維新編　徳島新聞社編　徳島　教育出版センター　1970　240p　21cm　600円　Ⓝ218.1
〔32633〕
◇徳島城下町民間芸能史論　三好昭一郎著　徳島　モウラ（発売）　2006.4　463p　22cm　（喜寿記念日本史論集　第2部）Ⓝ386.8181
〔32634〕
◇徳島の研究　第4巻　近世篇　2　石躍胤央, 高橋啓編　大阪　清文堂出版　1982.9　368p　22cm　3800円　Ⓝ291.81
〔32635〕
◇徳島の研究　第5巻　近世・近代篇　石躍胤央, 高橋啓編　大阪　清文堂出版　1983.4　308p　22cm　4200円

Ⓝ291.81
〔32636〕
◇徳島藩家臣団　宮本武史編　徳島　徳島藩士譜刊行会　1995.4　100p　21cm　Ⓝ218.1
〔32637〕
◇徳島藩政史研究　三好昭一郎著　徳島　新阿波国文庫　1972　232p　22cm　（阿波地方史論集　第5巻）非売　Ⓝ218.1
〔32638〕
◇徳島藩と起宿―特別展　尾西　尾西市歴史民俗資料館　1998.5　11p　30cm　（尾西市歴史民俗資料館特別展図録　no.50）
〔32639〕
◇徳島藩の史的構造　三好昭一郎著　名著出版　1975　296p　22cm　（地方史研究叢書　5）4000円　Ⓝ218.1
〔32640〕
◇鳴門秘帖の旅　教育出版センター編集部編　徳島　教育出版センター　1977.5　211p　18cm　950円　Ⓝ291.81
〔32641〕
◇蜂須賀七人衆阿波牛田一族の系譜　牛田義文編著　大阪　牛田義文　1986.4　1597p　27cm　Ⓝ288.2　〔32642〕
◇藩主の歩いた道―藩主の巡見と阿波の名所　徳島　徳島市立徳島城博物館　2006.4　4枚　30cm　〔32643〕
◇藩制成立期の研究　石躍胤央著　石躍胤央先生退官記念事業実行委員会編　徳島　石躍胤央先生退官記念事業実行委員会　1998.6　474p　22cm　非売品　Ⓝ218.1
〔32644〕
◇人づくり風土記―江戸時代　36　ふるさとの人と知恵・徳島　石川松太郎ほか編纂　農山漁村文化協会　1996.10　364p　27cm　4500円　①4-540-96014-8　Ⓝ210.5
〔32645〕
◇平岡治之助伝―宮井村藩政小史　平岡嘉泰著　徳島　平岡幸雄　1975　130p　22cm　非売品　Ⓝ289.1
〔32646〕
◇万年山　多田茂信著　徳島　多田茂信　1993.1　66,13p　26cm　500円　Ⓝ218.1
〔32647〕
◇万年山　多田茂信著　改訂増補版　徳島　多田茂信　1996.5　113,23p　21cm　1000円　Ⓝ218.1　〔32648〕

◆◆◆自治体史
◇阿南市史　第2巻　近世編　阿南市史編さん委員会編　阿南　阿南市　1995.6　1308p　22cm　Ⓝ218.1
〔32649〕
◇柳川市史　史料編4　柳川市史編集委員会編　柳川　柳川市　2005.2　542p　31cm　Ⓝ219.1　〔32650〕

◆◆◆一般史料
◇阿州徳島藩御家中録　宮本武史編著　宮本武史　1965　129p　25cm　Ⓝ218.1
〔32651〕
◇阿波徳島藩蜂須賀家家臣所領地並石高控　桑井薫編著　徳島　徳島家紋研究会　1990.3　178p　26cm　非売品　Ⓝ218.1
〔32652〕
◇阿波徳島藩蜂須賀家家臣所領地並石高控　桑井薫編著　改定版　徳島　徳島家紋研究会　2003.1　232p　22cm　1600円　Ⓝ218.1
〔32653〕
◇阿波徳島藩蜂須賀家家臣・無足以下分限帳　桑井薫編　改定　徳島　徳島家紋研究会　2000.3　4212p　22cm　2000円　Ⓝ218.1
〔32654〕
◇阿波藩儒家等成立書　竹治貞夫編　徳島　竹治貞夫　1982.3　321p　25cm　Ⓝ218.1　〔32655〕
◇阿波藩民政資料　徳島県物産陳列場編　徳島　徳島県物産陳列場　1914　1154p　22cm　Ⓝ218.1　〔32656〕
◇阿波藩民政資料―御大典記念　徳島県編　徳島　徳島県　1916　2478p　22cm　Ⓝ218.1
〔32657〕

774　日本近世史図書総覧　明治～平成　〔32614～32657〕

◇御旧記書抜―国文学研究資料館蔵阿波蜂須賀家文書　巻1　西田猛編　徳島　西田猛　2005.6　248p　27cm　1700円　Ⓝ218.1
〔32658〕
◇御旧記書抜―国文学研究資料館蔵阿波蜂須賀家文書　巻2　西田猛編　徳島　西田猛　2005.10　288p　27cm　1800円　Ⓝ218.1
〔32659〕
◇御旧記書抜―国文学研究資料館蔵阿波蜂須賀家文書　巻3　西田猛編　徳島　西田猛　2006.3　204p　27cm　1800円　Ⓝ218.1
〔32660〕
◇御旧記書抜―国文学研究資料館蔵阿波蜂須賀家文書　巻4　西田猛編　徳島　西田猛　2006.6　314p　27cm　2000円　Ⓝ218.1
〔32661〕
◇天保・阿波藩士分限帳　三原宏文編　徳島　三原武雄　1978.6　155p　16×22cm　非売品　Ⓝ218.1　〔32662〕
◇徳島藩御仕置御家老〔ヨリ〕御書附を以被仰渡候郡所記録・御仕置御家老江相窺御書附を以被仰渡候郡所記録　松本長三郎編著　徳島　松本長三郎　2001.3　254p　21cm　Ⓝ218.1
〔32663〕
◇徳島藩士譜　上巻　宮本武史編　徳島　徳島藩士譜刊行会　1972　408p　21cm　Ⓝ218.1　〔32664〕
◇徳島藩士譜　上巻　宮本武史編　徳島　徳島藩士譜刊行会　1989.10　408,71p　21cm　非売品　Ⓝ218.1
〔32665〕
◇徳島藩士譜　下巻　宮本武史編　徳島　徳島藩士譜刊行会　1973　424,68p（索引共）　21cm　非売品　Ⓝ218.1
〔32666〕
◇文化二年丑日記―小倉藩庄屋永井家文書　九州大学九州文化史研究所史料集刊行会編　福岡　九州大学九州文化史研究所史料集刊行会　2005.3　7,212p　26cm　（九州文化史研究所史料集 8）Ⓝ219.1
〔32667〕

◆◆◆史料目録
◇収集諸家文書目録　4　柳川　九州歴史資料館分館柳川古文書館　2007.3　117p　26cm　（柳川古文書館史料目録　第17集）Ⓝ219.1
〔32668〕
◇三野町の近世寺社文書　三野町教育委員会編　三野町（香川県）　三野町　2005.3　122p　30cm　（三野町文化史 5）Ⓝ218.2
〔32669〕
◇三野町の近世文書　三野町教育委員会編　三野町（香川県）　三野町　2005.3　135p　30cm　（三野町文化史 4）Ⓝ218.2
〔32670〕

◆◆香川県
◇明知行の存在した寛永期讃岐の郷村　合田学著　観音寺　上坂氏顕彰会史料出版部　2002.4　1冊　21×30cm　（上坂氏研究史料集成　第29巻）54800円　Ⓝ218.2
〔32671〕
◇生駒宗家寄進寺社領の存在した寛永期讃岐の郷村　合田学著　観音寺　上坂氏顕彰会史料出版部　2002.4　1冊　21×30cm　（上坂氏研究史料集成　第28巻）54800円　Ⓝ218.2
〔32672〕
◇香川史談　4　近世　上　香川県県史編さん室編　高松　香川県広報協会　1983.4　75p　19cm　Ⓝ218.2
〔32673〕
◇香川史談　5　近世　下　香川県県史編さん室編　高松　香川県広報協会　1983.7　71p　19cm　Ⓝ218.2
〔32674〕
◇寛永期讃岐の新田開作　分冊1　合田学著　観音寺　上坂氏顕彰会史料出版部　2002.4　1冊　21×30cm　（上坂氏研究史料集成　第27巻）46800円　Ⓝ218.2　〔32675〕
◇寛永期讃岐の新田開作　分冊2　合田学著　観音寺　上坂氏顕彰会史料出版部　2002.4　1冊　21×30cm　（上坂氏研究史料集成　第27巻）46800円　Ⓝ218.2　〔32676〕
◇寛永期讃岐の新田開作　分冊3　合田学著　観音寺　上坂氏顕彰会史料出版部　2002.4　1冊　21×30cm　（上坂氏研究史料集成　第27巻）41800円　Ⓝ218.2　〔32677〕
◇近世の讃岐　木原溥幸編　高松　美巧社　2000.11　405p　21cm　2200円　Ⓝ218.2
〔32678〕
◇グラフで見る讃岐　生駒氏統治篇 三野郡　合田学著　観音寺　上坂氏顕彰会史料出版部　1998.6　1冊　21×30cm　36800円　Ⓝ218.2
〔32679〕
◇グラフで見る讃岐　生駒氏統治篇 三野郡　合田学著　第2版　観音寺　上坂氏顕彰会史料出版部　1998.11　1冊　21×30cm　36800円　Ⓝ218.2
〔32680〕
◇グラフで見る讃岐　生駒氏統治篇 豊田郡　合田学著　観音寺　上坂氏顕彰会史料出版部　1998.6　1冊　21×30cm　36800円　Ⓝ218.2
〔32681〕
◇グラフで見る讃岐　生駒氏統治篇 豊田郡　合田学著　第2版　観音寺　上坂氏顕彰会史料出版部　1998.11　1冊　21×30cm　36800円　Ⓝ218.2
〔32682〕
◇志を嗣ぐ―後藤芝山から山田晋香　柴野栗山先生二百年祭記念　井下香泉著　高松　讃岐先賢顕彰会　2006.4　230p　19cm　1500円　Ⓝ121.5　〔32683〕
◇讃岐維新前後―随筆　草薙金四郎著　堀書店　1943　252p　19cm　Ⓝ218.2
〔32684〕
◇讃岐人物風景　4　松平十二万石の領主たち　四国新聞社編　大和学芸図書　1981.8　242p　20cm　1400円　Ⓝ218.2
〔32685〕
◇讃岐人物風景　5　京極六万石の領主たち　四国新聞社編　大和学芸図書　1981.9　224p　20cm　1400円　Ⓝ218.2
〔32686〕
◇讃岐人物風景　6　俊英の系譜　四国新聞社編　大和学芸図書　1981.10　219p　20cm　1400円　Ⓝ218.2
〔32687〕
◇讃岐人物風景　7　花開く東讃文化　四国新聞社編　大和学芸図書　1982.6　228p　20cm　1400円　Ⓝ218.2
〔32688〕
◇讃岐人物風景　8　百花繚乱の西讃　四国新聞社編　大和学芸図書　1982.9　241p　20cm　1400円　Ⓝ218.2
〔32689〕
◇讃岐人物風景　9　幕末から維新へ　四国新聞社編　大和学芸図書　1982.11　237p　20cm　1400円　Ⓝ218.2
〔32690〕
◇讃岐に於ける新田開作　合田学著　観音寺　上坂氏顕彰会史料出版部　1998.11　32p 図版21枚　30cm　（入谷氏研究叢書　第1巻）32800円　Ⓝ218.2
〔32691〕
◇讃岐に於ける新田開作　合田学著　第2版　観音寺　上坂氏顕彰会史料出版部　1999.6　32p 図版21枚　30cm　（入谷氏研究叢書　第1巻）36800円　Ⓝ218.2　〔32692〕
◇讃州生駒家に於ける給人知行の概要　分冊1　合田学著　第3版　観音寺　上坂氏顕彰会史料出版部　2000.6　1冊　21×30cm　46800円　Ⓝ218.2
〔32693〕
◇讃州生駒家に於ける給人知行の概要　分冊1　合田学著　第4版　観音寺　上坂氏顕彰会史料出版部　2002.1　1冊　21×30cm　（上坂氏研究史料集成　第25巻）46800円　Ⓝ218.2
〔32694〕
◇讃州生駒家に於ける給人知行の概要　分冊2　合田学著　第3版　観音寺　上坂氏顕彰会史料出版部　2000.6　1冊　21×30cm　46800円　Ⓝ218.2
〔32695〕
◇讃州生駒家に於ける給人知行の概要　分冊2　合田学著　第4版　観音寺　上坂氏顕彰会史料出版部　2002.1　1冊　21×30cm　（上坂氏研究史料集成　第25巻）46800円　Ⓝ218.2
〔32696〕

地方史　　　　　　　　近世史

◇讃州生駒家に於ける給人知行の概要　分冊3　合田学著　第3版　観音寺　上坂氏顕彰会史料出版部　2000.6　1冊　21×30cm　46800円　Ⓝ218.2　〔32697〕

◇讃州生駒家に於ける給人知行の概要　分冊3　合田学著　第4版　観音寺　上坂氏顕彰会史料出版部　2002.1　1冊　21×30cm　（上坂氏研究史料集成　第25巻）46800円　Ⓝ218.2　〔32698〕

◇讃州生駒家に於ける給人知行の概要　分冊4　合田学著　第3版　観音寺　上坂氏顕彰会史料出版部　2000.6　1冊　21×30cm　46800円　Ⓝ218.2　〔32699〕

◇讃州生駒家に於ける給人知行の概要　分冊4　合田学著　第4版　観音寺　上坂氏顕彰会史料出版部　2002.1　1冊　21×30cm　（上坂氏研究史料集成　第25巻）46800円　Ⓝ218.2　〔32700〕

◇讃州生駒家に於ける給人知行の概要（氏別、総知行高500石以上）　合田学著　観音寺　上坂氏顕彰会史料出版部　1998.11　2冊　21×30cm　（入谷氏研究叢書　第2巻）41800円；41800円　Ⓝ218.2　〔32701〕

◇讃州生駒家に於ける給人知行の概要（氏別、総知行高500石以上）　合田学著　第2版　観音寺　上坂氏顕彰会史料出版部　1999.12　2冊　21×30cm　（入谷氏研究叢書　第2巻）各46800円　Ⓝ218.2　〔32702〕

◇讃州生駒家に於ける政策論争　合田学著　観音寺　上坂氏顕彰会史料出版部　1998.5　60枚　21×30cm　36800円　Ⓝ218.2　〔32703〕

◇史料生駒家家臣団の解体　上坂真信著　観音寺　上坂氏顕彰会史料出版部　1998.6　63枚　21×30cm　21800円　Ⓝ218.2　〔32704〕

◇史料生駒家家臣団の解体　上坂真信著　第2版　観音寺　上坂氏顕彰会史料出版部　1999.5　63p　21×30cm　21800円　Ⓝ218.2　〔32705〕

◇新稿讃岐に於ける新田開作　合田学著　観音寺　上坂氏顕彰会史料出版部　2001.7　1冊　21×30cm　（上坂氏研究史料集成　第24巻）46800円　Ⓝ218.2　〔32706〕

◇高松城主とその時代背景―生駒氏四代・松平氏十一代の事績　高松市立図書館編　高松　美巧社　1987.3　187p　20cm　1500円　Ⓝ218.2　〔32707〕

◇高松藩記　永年会編　増補　高松　永年会　1932　601,93,70p　23cm　Ⓝ218.2　〔32708〕

◇高松藩記　永年会編　増補　京都　臨川書店　1973　601,93,70p　22cm　Ⓝ218.2　〔32709〕

◇地域にみる讃岐の近世　木原溥幸著　高松　美巧社　2003.5　299p　21cm　2000円　①4-938236-66-4　Ⓝ218.2　〔32710〕

◇堤防決潰―幕末の満濃池　秋山吾者著　丸亀　日柳印刷所（印刷）　1999.6　71p　19cm　非売品　Ⓝ218.2　〔32711〕

◇藩政にみる讃岐の近世　木原溥幸著　高松　美巧社　2007.4　380p　21cm　2000円　①978-4-938236-14-4　Ⓝ218.2　〔32712〕

◇人づくり風土記―江戸時代　37　ふるさとの人と知恵・香川　石川松太郎ほか編纂　農山漁村文化協会　1996.12　360p　27cm　4500円　①4-540-96048-2　Ⓝ210.5　〔32713〕

◇風声潮音―高松藩先霊の碑　桑田明編訳　高松　高松市図書館　1998.3　220p　19cm　（市民文庫シリーズ21）Ⓝ218.2　〔32714〕

◇丸亀藩御触控―天保の証　森本正一著　仲南町（香川県）　森本康雄　1996.5　2冊（別冊とも）　27×33cm　Ⓝ218.2　〔32715〕

◇民謡〈釜崎の五平の種の粉〉とその一族―村中部党史　村中利男編著　神岡町（岐阜県）　村中部党の会　1994.8　70p　26cm　（近世高原郷庶民史シリーズ 3）非売品　Ⓝ288.2　〔32716〕

◇四種の生駒家侍帳に於ける記載の異同・生駒宗家管理地一覧　合田学著　観音寺　上坂氏顕彰会史料出版部　1999.9　35枚　21×30cm　32800円　Ⓝ218.2　〔32717〕

◇四種の生駒家侍帳に於ける記載の異同・生駒宗家直轄地一覧　合田学著　観音寺　上坂氏顕彰会史料出版部　1999.9　35,35p　21×30cm　36800円　Ⓝ218.2　〔32718〕

◇四種の生駒家侍帳に於ける記載の異動・生駒宗家直轄地一覧、生駒宗家寄進寺社領を有する郷村　合田学著　第2版　観音寺　上坂氏顕彰会史料出版部　2000.6　24,10,26p　21×30cm　（上坂氏研究史料集成　第19巻）36800円　Ⓝ218.2　〔32719〕

◆◆◆自治体史

◇香川県史　第3巻　通史編　近世1　高松　香川県　1989.2　728,6p　22cm　Ⓝ218.2　〔32720〕

◇香川県史　第4巻　通史編　近世2　高松　香川県　1989.3　795,6p　22cm　Ⓝ218.2　〔32721〕

◇新編丸亀市史　2　近世編　丸亀市史編さん委員会編　丸亀　丸亀市　1994.11　1159p　22cm　Ⓝ218.2　〔32722〕

◆◆◆自治体史史料

◇香川県史　第9巻　資料編　近世史料1　高松　香川県　1987.2　1033p　22cm　Ⓝ218.2　〔32723〕

◇香川県史　第10巻　資料編　近世史料2　高松　香川県　1987.3　1013p　22cm　Ⓝ218.2　〔32724〕

◇町史ことひら　2　近世/近代・現代史料編　琴平町史編集委員会編　琴平町（香川県）　琴平町　1997.9　824p　27cm　Ⓝ218.2　〔32725〕

◆◆◆一般史料

◇生駒壱岐守殿家中分限帳　2版　観音寺　上坂氏顕彰会史料出版部　1998.9　2冊　30cm　（上坂太吉採集文書　第1巻）全73600円　Ⓝ218.2　〔32726〕

◇生駒壱岐守殿家中分限帳　3版　観音寺　上坂氏顕彰会史料出版部　2000.6　50,11枚　30cm　（上坂太吉採集文書　第1巻）52800円　Ⓝ218.2　〔32727〕

◇生駒壱岐守殿家中分限帳　第4版　観音寺　上坂氏顕彰会史料出版部　2001.6　1冊　21×30cm　（上坂太吉採集文書　第1巻）46800円　Ⓝ218.2　〔32728〕

◇生駒壱岐守殿御家中分限帳　観音寺　上坂氏顕彰会史料出版部　2000.6　1冊　30cm　（上坂太吉採集文書　第3巻）46800円　Ⓝ218.2　〔32729〕

◇生駒壱岐守殿御家中分限帳　第2版　観音寺　上坂氏顕彰会史料出版部　2001.6　1冊　30cm　（上坂太吉採集文書　第3巻）46800円　Ⓝ218.2　〔32730〕

◇生駒家家臣分限ノ記―表計算篇　1　五十音順　合田学著　観音寺　上坂氏顕彰会史料出版部　1999.2　65枚　21×30cm　36800円　Ⓝ218.2　〔32731〕

◇生駒家家臣分限ノ記―テキスト、グラフ篇　1　合田学著　観音寺　上坂氏顕彰会史料出版部　1999.3　1冊　21×30cm　36800円　Ⓝ218.2　〔32732〕

◇生駒家家臣分限ノ記―表計算篇　1　五十音順　合田学著　第2版　観音寺　上坂氏顕彰会史料出版部　2000.11　57枚　21×30cm　41800円　Ⓝ218.2　〔32733〕

◇生駒家家臣分限ノ記―表計算篇　2　組分　合田学著　観音寺　上坂氏顕彰会史料出版部　1999.2　65枚　21×30cm　36800円　Ⓝ218.2　〔32734〕

◇生駒家家臣分限ノ記―表計算篇 2　組分　合田学著　第2版　観音寺　上坂氏顕彰会史料出版部　2000.11　57枚　21×30cm　41800円　Ⓝ218.2　〔32735〕

◇生駒家家臣分限ノ記―表計算篇 3　給知高順　合田学著　観音寺　上坂氏顕彰会史料出版部　1999.2　65枚　21×30cm　36800円　Ⓝ218.2　〔32736〕

◇生駒家家臣分限ノ記―表計算篇 3　給知高順　合田学著　第2版　観音寺　上坂氏顕彰会史料出版部　2000.11　57枚　21×30cm　(上坂氏研究史料集成 第23巻) 41800円　Ⓝ218.2　〔32737〕

◇生駒家家臣分限ノ記　生駒藩初期侍名簿　生駒家家臣団データーベース　合田学校訂・著　Joiegen L. Borricano編　観音寺　上坂氏顕彰会・史料出版部　1997.9　41,62p　26cm　31800円　Ⓝ218.2　〔32738〕

◇生駒家家臣分限ノ記、五種の生駒家侍帳に於ける記載の異同　合田学編　観音寺　上坂氏顕彰会史料出版部　2000.8　1冊　21×30cm　36800円　Ⓝ218.2　〔32739〕

◇生駒家家臣分限ノ記　合田学校訂　観音寺　上坂氏顕彰会史料出版部　1997.9　38p　30cm　16800円　Ⓝ218.2　〔32740〕

◇生駒家家臣分限ノ記　合田学校訂・著　第2版　観音寺　上坂氏顕彰会史料出版部　1998.6　81p　26cm　38800円　Ⓝ218.2　〔32741〕

◇生駒家家臣分限ノ記―データベース編　合田学校訂・著　第3版　観音寺　上坂氏顕彰会史料出版部　1998.10　1冊　26cm　36800円　Ⓝ218.2　〔32742〕

◇生駒家家臣分限ノ記―校訂者補遺、データベース編　合田学校訂・著　第4版　観音寺　上坂氏顕彰会史料出版部　1999.9　1冊　30cm　41800円　Ⓝ218.2　〔32743〕

◇生駒家家臣分限ノ記―テキスト、グラフ篇 1　合田学編　第2版　観音寺　上坂氏顕彰会史料出版部　2000.1　1冊　21×30cm　36800円　Ⓝ218.2　〔32744〕

◇生駒家給人帳　生駒家知行帳　寛永期讃岐の知行形態　合田学著　合田学著　合田学著　第3版　観音寺　上坂氏顕彰会史料出版部　1998.6　98,10p　30cm　(日本侍帳集成 第1巻) 36800円　Ⓝ218.2　〔32745〕

◇生駒家給人帳　生駒家知行帳　寛永期讃岐の知行形態　合田学著　合田学著　合田学著　第4版　観音寺　上坂氏顕彰会史料出版部　1999.6　90p　30cm　(日本侍帳集成 第1巻) 46800円　Ⓝ218.2　〔32746〕

◇生駒藩給人帳・生駒藩知行帳　合田学著　Joiegen Borricano編　観音寺　上坂氏顕彰会・出版部　1996.5　97p　30cm　(日本侍帳集成) 31000円　Ⓝ218.2　〔32747〕

◇生駒藩給人帳　生駒藩知行帳　寛永期讃岐の知行形態　合田学著　Joiegen L.Borricano編　改訂増補版　観音寺　上坂氏顕彰会・史料出版部　1997.7　93,10p　26cm　(日本侍帳集成 第1巻) 31800円　Ⓝ218.2　〔32748〕

◇生駒藩組分侍帳　合田学編纂　改訂第3版　観音寺　上坂氏顕彰会史料出版部　1991.5　43,21p　26cm　(上坂氏研究史料集成 第3巻) Ⓝ218.2　〔32749〕

◇生駒藩侍帳　合田学著　観音寺　理想日本社　1989.7　4冊　26cm　(上坂氏研究史料集成 第3-6巻) Ⓝ218.2　〔32750〕

◇生駒藩政期讃岐国十三郡郷村別高帳　合田学著　観音寺　上坂氏顕彰会・出版部　1991.5　89,2p　30cm　(讃岐国租税史料集 第3巻) Ⓝ218.2　〔32751〕

◇寛永十六年卯年生駒壱岐守家中分限帳　観音寺　上坂氏顕彰会　1998.10　1冊　26cm　(上坂太吉採集文書 第2巻) 41800円　Ⓝ218.2　〔32752〕

◇寛永十六年卯年生駒壱岐守家中分限帳　第2版　観音寺　上坂氏顕彰会史料出版部　1999.5　1冊　30cm　(上坂太吉採集文書 第2巻) 46800円　Ⓝ218.2　〔32753〕

◇寛永十六年卯年生駒壱岐守家中分限帳　第3版　観音寺　上坂氏顕彰会史料出版部　2000.5　1冊　30cm　(上坂太吉採集文書 第2巻) 46800円　Ⓝ218.2　〔32754〕

◇寛永十六年卯年生駒壱岐守家中分限帳　第4版　観音寺　上坂氏顕彰会史料出版部　2001.6　1冊　21×30cm　(上坂太吉採集文書 第2巻) 46800円　Ⓝ218.2　〔32755〕

◇寛永年中讃州生駒家知行帳　グラフ篇 分冊―1　合田学著　第3版　観音寺　上坂氏顕彰会史料出版部　2001.11　1冊　21×30cm　(上坂氏研究史料集成 第17巻) 46800円　Ⓝ218.2　〔32756〕

◇寛永年中讃州生駒家知行帳　グラフ篇 分冊―2　合田学著　第3版　観音寺　上坂氏顕彰会史料出版部　2001.11　1冊　21×30cm　(上坂氏研究史料集成 第17巻) 46800円　Ⓝ218.2　〔32757〕

◇寛永年中讃州生駒家知行帳　グラフ篇 分冊―3　合田学著　第3版　観音寺　上坂氏顕彰会史料出版部　2001.11　1冊　21×30cm　(上坂氏研究史料集成 第17巻) 46800円　Ⓝ218.2　〔32758〕

◇寛永年中讃州生駒家知行帳　グラフ篇 分冊―4　合田学著　第3版　観音寺　上坂氏顕彰会史料出版部　2001.11　1冊　21×30cm　(上坂氏研究史料集成 第17巻) 46800円　Ⓝ218.2　〔32759〕

◇寛永年中讃州生駒家知行帳　グラフ篇 分冊―5　合田学著　第3版　観音寺　上坂氏顕彰会史料出版部　2001.11　1冊　21×30cm　(上坂氏研究史料集成 第17巻) 46800円　Ⓝ218.2　〔32760〕

◇寛永年中讃州生駒家知行帳　グラフ篇 分冊―6　合田学著　第3版　観音寺　上坂氏顕彰会史料出版部　2001.12　1冊　21×30cm　(上坂氏研究史料集成 第17巻) 46800円　Ⓝ218.2　〔32761〕

◇寛永年中讃州生駒家知行帳　グラフ篇 分冊―7　合田学著　第3版　観音寺　上坂氏顕彰会史料出版部　2001.12　1冊　21×30cm　(上坂氏研究史料集成 第17巻) 46800円　Ⓝ218.2　〔32762〕

◇寛永年中讃州生駒家知行帳　グラフ篇　合田学著　観音寺　上坂氏顕彰会史料出版部　1999.12　6冊　21×30cm　(上坂氏研究史料集成 第17巻) 各41800円　Ⓝ218.2　〔32763〕

◇寛永年中讃州生駒家知行帳　グラフ篇　合田学著　第2版　観音寺　上坂氏顕彰会史料出版部　2000.7　7冊　21×30cm　(上坂氏研究史料集成 第17巻) 各46800円　Ⓝ218.2　〔32764〕

◇寛永年中讃州諸郡知行主総覧　上坂真信著　Joiegen L.Borricano編　観音寺　上坂氏顕彰会史料出版部　1997.9　58,10p　30cm　31800円　Ⓝ218.2　〔32765〕

◇寛永年中讃州諸郡知行主総覧　上坂真信著　第2版　観音寺　上坂氏顕彰会史料出版部　1999.2　72枚　21×30cm　(上坂氏研究史料集成 第15巻) 31800円　Ⓝ218.2　〔32766〕

◇寛永年中讃州諸郡知行主総覧　分冊 1　上坂真信著　第3版　観音寺　上坂氏顕彰会史料出版部　2000.1　57枚　21×30cm　(上坂氏研究史料集成 第15巻) 31800円　Ⓝ218.2　〔32767〕

◇寛永年中讃州諸郡知行主総覧　分冊 2　上坂真信著　第3版　観音寺　上坂氏顕彰会史料出版部　2000.1　1冊　21×30cm　22800円　Ⓝ218.2　〔32768〕

◇讃州宇足郡志　史料篇 1　合田学著　観音寺　上坂氏顕彰会史料出版部　1998.10　1冊　21×30cm　41800円　Ⓝ218.2　〔32769〕

◇讃州宇足郡志　史料篇 1　合田学著　第2版　観音寺

地方史　　　　　　　　　　　　　近世史

上坂氏顕彰会史料出版部　1999.3　1冊　21×30cm　36800円　Ⓝ218.2　〔32770〕

◇讃州宇足郡志　史料篇1　合田学著　第3版　観音寺　上坂氏顕彰会史料出版部　1999.11　1冊　21×30cm　（讃州郡志集成　第9巻）41800円　Ⓝ218.2　〔32771〕

◇讃州宇足郡志　史料篇1　合田学著　第4版　観音寺　上坂氏顕彰会史料出版部　2001.7　1冊　21×30cm　（讃州郡志集成　第9巻）46800円　Ⓝ218.2　〔32772〕

◇讃州大内郡志　史料篇1　合田学著　観音寺　上坂氏顕彰会史料出版部　1999.2　1冊　21×30cm　36800円　Ⓝ218.2　〔32773〕

◇讃州大内郡志　史料篇1　合田学著　第2版　観音寺　上坂氏顕彰会史料出版部　1999.11　1冊　21×30cm　（讃州郡志集成　第1巻）46800円　Ⓝ218.2　〔32774〕

◇讃州大内郡志　史料篇1　合田学著　第3版　観音寺　上坂氏顕彰会史料出版部　2001.12　1冊　21×30cm　（讃州郡志集成　第1巻）46800円　Ⓝ218.2　〔32775〕

◇讃州御国中村切高惣帳　生駒家寛永組分知行帳　合田学著　合田学著　第3版　観音寺　上坂氏顕彰会史料出版部　1998.6　94,22p　30cm　36800円　Ⓝ218.2　〔32776〕

◇讃州御国中村切高惣帳　グラフ篇 分冊1　合田学著　観音寺　上坂氏顕彰会史料出版部　2002.4　1冊　21×30cm　（上坂氏研究史料集成　第26巻）41800円　Ⓝ218.2　〔32777〕

◇讃州御国中村切高惣帳　グラフ篇 分冊2　合田学著　観音寺　上坂氏顕彰会史料出版部　2002.4　1冊　21×30cm　（上坂氏研究史料集成　第26巻）46800円　Ⓝ218.2　〔32778〕

◇讃州御国中村切高惣帳　グラフ篇 分冊3　合田学著　観音寺　上坂氏顕彰会史料出版部　2002.4　1冊　21×30cm　（上坂氏研究史料集成　第26巻）41800円　Ⓝ218.2　〔32779〕

◇讃州御国中村切高惣帳　グラフ篇 分冊4　合田学著　観音寺　上坂氏顕彰会史料出版部　2002.4　1冊　21×30cm　（上坂氏研究史料集成　第26巻）46800円　Ⓝ218.2　〔32780〕

◇讃州御国中村切高惣帳　グラフ篇 分冊5　合田学著　観音寺　上坂氏顕彰会史料出版部　2002.4　1冊　21×30cm　（上坂氏研究史料集成　第26巻）41800円　Ⓝ218.2　〔32781〕

◇讃州御国中村切高惣帳　グラフ篇 分冊6　合田学著　観音寺　上坂氏顕彰会史料出版部　2002.4　1冊　21×30cm　（上坂氏研究史料集成　第26巻）46800円　Ⓝ218.2　〔32782〕

◇讃州御国中村切高惣帳　表計算篇　合田学著　観音寺　上坂氏顕彰会史料出版部　1999.2　2冊　21×30cm　31800円；31800円　Ⓝ218.2　〔32783〕

◇讃州御国中村切高惣帳　表計算篇　合田学著　第2版　観音寺　上坂氏顕彰会史料出版部　1999.11　2冊　21×30cm　（上坂氏研究史料集成　第16巻）31800円；31800円　Ⓝ218.2　〔32784〕

◇讃州御国中村切高惣帳　表計算篇　合田学著　第3版　観音寺　上坂氏顕彰会史料出版部　2000.10　2冊　21×30cm　（上坂氏研究史料集成　第16巻）各41800円　Ⓝ218.2　〔32785〕

◇讃州御国中村切高惣帳　分析篇　合田学著　観音寺　上坂氏顕彰会史料出版部　1999.12　3冊　21×30cm　（上坂氏研究史料集成　第18巻）各36800円　Ⓝ218.2　〔32786〕

◇讃州御国中村切高惣帳　生駒藩寛永知行帳　合田学著　Joiegen L.Borricano編　改訂増補版　観音寺　上坂

氏顕彰会・史料出版部　1997.5　93,19p　26cm　31800円　Ⓝ218.2　〔32787〕

◇讃州香西郡志　史料篇1　合田学著　観音寺　上坂氏顕彰会史料出版部　1998.12　1冊　21×30cm　36800円　Ⓝ218.2　〔32788〕

◇讃州香西郡志　史料篇1　合田学著　第2版　観音寺　上坂氏顕彰会史料出版部　1999.11　1冊　21×30cm　（讃州郡志集成　第6巻）41800円　Ⓝ218.2　〔32789〕

◇讃州香西郡志　史料篇1　合田学著　第3版　観音寺　上坂氏顕彰会史料出版部　2001.12　1冊　21×30cm　（讃州郡志集成　第6巻）46800円　Ⓝ218.2　〔32790〕

◇讃州香東郡志　史料篇1　合田学著　観音寺　上坂氏顕彰会史料出版部　1998.12　1冊　21×30cm　36800円　Ⓝ218.2　〔32791〕

◇讃州香東郡志　史料篇1　合田学著　第2版　観音寺　上坂氏顕彰会史料出版部　1999.11　1冊　21×30cm　（讃州郡志集成　第5巻）46800円　Ⓝ218.2　〔32792〕

◇讃州香東郡志　史料篇1 分冊—1　合田学著　第3版　観音寺　上坂氏顕彰会史料出版部　2001.12　1冊　21×30cm　（讃州郡志集成　第5巻）41800円　Ⓝ218.2　〔32793〕

◇讃州香東郡志　史料篇1 分冊—2　合田学著　第3版　観音寺　上坂氏顕彰会史料出版部　2001.12　1冊　21×30cm　（讃州郡志集成　第5巻）41800円　Ⓝ218.2　〔32794〕

◇讃州寒川郡志　史料篇1　合田学著　観音寺　上坂氏顕彰会史料出版部　1999.2　1冊　21×30cm　36800円　Ⓝ218.2　〔32795〕

◇讃州寒川郡志　史料篇1　合田学著　第2版　観音寺　上坂氏顕彰会史料出版部　1999.11　1冊　21×30cm　（讃州郡志集成　第2巻）41800円　Ⓝ218.2　〔32796〕

◇讃州寒川郡志　史料篇1　合田学著　第3版　観音寺　上坂氏顕彰会史料出版部　2001.12　1冊　21×30cm　（讃州郡志集成　第2巻）46800円　Ⓝ218.2　〔32797〕

◇讃州多度郡志　史料篇1　合田学著　観音寺　上坂氏顕彰会史料出版部　1998.11　1冊　21×30cm　36800円　Ⓝ218.2　〔32798〕

◇讃州多度郡志　史料篇1　合田学著　第2版　観音寺　上坂氏顕彰会史料出版部　1999.11　1冊　21×30cm　（讃州郡志集成　第11巻）41800円　Ⓝ218.2　〔32799〕

◇讃州多度郡志　史料篇1　合田学著　第3版　観音寺　上坂氏顕彰会史料出版部　2001.7　1冊　21×30cm　（讃州郡志集成　第11巻）46800円　Ⓝ218.2　〔32800〕

◇讃州豊田郡志　史料篇1　合田学著　観音寺　上坂氏顕彰会史料出版部　1999.2　1冊　21×30cm　36800円　Ⓝ218.2　〔32801〕

◇讃州豊田郡志　史料篇1　合田学著　第2版　観音寺　上坂氏顕彰会史料出版部　1999.11　1冊　21×30cm　（讃州郡志集成　第13巻）46800円　Ⓝ218.2　〔32802〕

◇讃州豊田郡志　史料篇1　合田学著　第3版　観音寺　上坂氏顕彰会史料出版部　2001.7　1冊　21×30cm　（讃州郡志集成　第13巻）46800円　Ⓝ218.2　〔32803〕

◇讃州豊田郡志　史料篇1 分冊1　合田学著　第4版　観音寺　上坂氏顕彰会史料出版部　2002.4　1冊　21×30cm　（讃州郡志集成　第13巻）41800円　Ⓝ218.2　〔32804〕

◇讃州豊田郡志　史料篇1 分冊2　合田学著　第4版　観音寺　上坂氏顕彰会史料出版部　2002.4　1冊　21×30cm　（讃州郡志集成　第13巻）46800円　Ⓝ218.2　〔32805〕

◇讃州仲郡志　史料篇1　合田学著　観音寺　上坂氏顕彰会史料出版部　1998.9　1冊　21×30cm　36800円　Ⓝ218.2　〔32806〕

◇讃州仲郡志　史料篇1　合田学著　第2版　観音寺　上坂氏顕彰会史料出版部　1999.3　1冊　21×30cm　36800円　Ⓝ218.2　〔32807〕

◇讃州仲郡志　史料篇1　合田学著　第3版　観音寺　上坂氏顕彰会史料出版部　1999.11　1冊　21×30cm　（讃州仲郡志集成　第10巻）41800円　Ⓝ218.2　〔32808〕

◇讃州仲郡志　史料篇1分冊―1　合田学著　第4版　観音寺　上坂氏顕彰会史料出版部　2001.8　1冊　21×30cm　（讃州郡志集成　第10巻）41800円　Ⓝ218.2　〔32809〕

◇讃州仲郡志　史料篇1分冊―2　合田学著　第4版　観音寺　上坂氏顕彰会史料出版部　2001.8　1冊　21×30cm　（讃州郡志集成　第10巻）41800円　Ⓝ218.2　〔32810〕

◇讃州南条郡志　史料篇1　合田学著　観音寺　上坂氏顕彰会史料出版部　1998.12　1冊　21×30cm　36800円　Ⓝ218.2　〔32811〕

◇讃州南条郡志　史料篇1　合田学著　第2版　観音寺　上坂氏顕彰会史料出版部　1999.11　1冊　21×30cm　（讃州郡志集成　第7巻）41800円　Ⓝ218.2　〔32812〕

◇讃州南条郡志　史料篇1　合田学著　第3版　観音寺　上坂氏顕彰会史料出版部　2001.7　1冊　21×30cm　（讃州郡志集成　第7巻）46800円　Ⓝ218.2　〔32813〕

◇讃州北条郡志　史料篇1　合田学著　観音寺　上坂氏顕彰会史料出版部　1999.2　1冊　21×30cm　36800円　Ⓝ218.2　〔32814〕

◇讃州北条郡志　史料篇1　合田学著　第2版　観音寺　上坂氏顕彰会史料出版部　1999.11　1冊　21×30cm　（讃州郡志集成　第8巻）36800円　Ⓝ218.2　〔32815〕

◇讃州北条郡志　史料篇1　合田学著　第3版　観音寺　上坂氏顕彰会史料出版部　2001.8　1冊　21×30cm　（讃州郡志集成　第8巻）41800円　Ⓝ218.2　〔32816〕

◇讃州三木郡志　史料篇1　合田学著　観音寺　上坂氏顕彰会史料出版部　1999.2　1冊　21×30cm　36800円　Ⓝ218.2　〔32817〕

◇讃州三木郡志　史料篇1　合田学著　第2版　観音寺　上坂氏顕彰会史料出版部　1999.11　1冊　21×30cm　（讃州郡志集成　第3巻）41800円　Ⓝ218.2　〔32818〕

◇讃州三木郡志　史料篇1　合田学著　第3版　観音寺　上坂氏顕彰会史料出版部　2001.12　1冊　21×30cm　（讃州郡志集成　第3巻）46800円　Ⓝ218.2　〔32819〕

◇讃州三野郡志　史料篇1　合田学著　観音寺　上坂氏顕彰会史料出版部　1999.2　1冊　21×30cm　36800円　Ⓝ218.2　〔32820〕

◇讃州三野郡志　史料篇1　合田学著　第2版　観音寺　上坂氏顕彰会史料出版部　1999.11　1冊　21×30cm　（讃州郡志集成　第12巻）46800円　Ⓝ218.2　〔32821〕

◇讃州三野郡志　史料篇1分冊―1　合田学著　第3版　観音寺　上坂氏顕彰会史料出版部　2001.7　1冊　21×30cm　（讃州郡志集成　第12巻）41800円　Ⓝ218.2　〔32822〕

◇讃州三野郡志　史料篇1分冊―2　合田学著　第3版　観音寺　上坂氏顕彰会史料出版部　2001.7　1冊　21×30cm　（讃州郡志集成　第12巻）41800円　Ⓝ218.2　〔32823〕

◇讃州山田郡志　史料篇1　合田学著　観音寺　上坂氏顕彰会史料出版部　1998.11　1冊　21×30cm　36800円　Ⓝ218.2　〔32824〕

◇讃州山田郡志　史料篇1　合田学著　第2版　観音寺　上坂氏顕彰会史料出版部　1999.11　1冊　21×30cm　46800円　Ⓝ218.2　〔32825〕

◇讃州山田郡志　史料篇1分冊―1　合田学著　第3版　観音寺　上坂氏顕彰会史料出版部　2001.7　1冊　21×30cm　（讃州郡志集成　第4巻）46800円　Ⓝ218.2　〔32826〕

◇讃州山田郡志　史料篇1分冊―2　合田学著　第3版　観音寺　上坂氏顕彰会史料出版部　2001.7　1冊　21×30cm　（讃州郡志集成　第4巻）46800円　Ⓝ218.2　〔32827〕

◆◆◆史料目録

◇讃岐国香川郡御料直嶋三宅家文書目録補遺　瀬戸内海歴史民俗資料館編　高松　瀬戸内海歴史民俗資料館　1991.3　118p　26cm　（歴史収蔵資料目録 15)Ⓝ218.2　〔32828〕

◇讃岐国京極家並御料内諸家文書目録　2　瀬戸内海歴民俗資料館編　高松　瀬戸内海歴史民俗資料館　1991.10　282p　26cm　（歴史収蔵資料目録 16)Ⓝ218.2　〔32829〕

◇讃岐国松平讃岐守領内諸家文書目録　瀬戸内海歴史民俗資料館編　高松　瀬戸内海歴史民俗資料館　1979.12　128p　26cm　（歴史収蔵資料目録 4)Ⓝ218.2　〔32830〕

◇讃岐国松平讃岐守領内諸家文書目録　3　瀬戸内海歴史民俗資料館編　高松　瀬戸内海歴史民俗資料館　1994.3　132p　26cm　（歴史収蔵資料目録 18)Ⓝ218.2　〔32831〕

◆◆愛媛県

◇伊予近世社会の研究　上　景浦勉編　松山　関奉仕財団　1993.3　302p　22cm　非売品　Ⓝ218.3　〔32832〕

◇伊予近世社会の研究　下　景浦勉編　松山　関奉仕財団　1997.12　284p　22cm　非売品　Ⓝ218.3　〔32833〕

◇伊予小松藩会所日記　増川宏一著　北村六合光原典解読　集英社　2001.7　198p　18cm　（集英社新書）660円　①4-08-720100-7　Ⓝ218.3　〔32834〕

◇伊予西条藩史・小松藩史　秋山英一著　松山　伊予史籍刊行会　1931　202p　20cm　Ⓝ218.3　〔32835〕

◇伊予の近世史を考える　内田九州男著　松山　創風社出版　2002.7　175p　21cm　1600円　①4-86037-016-3　Ⓝ218.3　〔32836〕

◇伊予の近世史を考える　内田九州男著　増補版　松山　創風社出版　2004.10　199p　21cm　1700円　①4-86037-047-3　Ⓝ218.3　〔32837〕

◇兎の耳―もう一つの伊達騒動　神津陽著　松山　創風社出版　1987.12　318p　20cm　1800円　①4-915699-02-1　Ⓝ218.3　〔32838〕

◇宇摩郷土史年表―江戸時代　大西素之編著　伊予三島　伊予三島市教育委員会　1966　70p　25cm　Ⓝ218.3　〔32839〕

◇江戸期の野間郡と大庄屋井手家について　近藤種太郎編著　大西町（愛媛県）　大西町史談会旧野間郡大庄屋保存会　1995.10　148p　21cm　Ⓝ218.3　〔32840〕

◇愛媛県各藩沿革史略　三宅千代二編　松山　愛媛出版協会　坊っちゃん書房（発売）　1976　320p　22cm　1800円　Ⓝ218.3　〔32841〕

◇愛媛県史　近世 上　愛媛県史編さん委員会編　松山　愛媛県　1986.1　838p　22cm　Ⓝ218.3　〔32842〕

◇愛媛県史　近世 下　愛媛県史編さん委員会編　松山　愛媛県　1987.2　914p　22cm　Ⓝ218.3　〔32843〕

◇愛媛県編年史　第8　愛媛県史編纂委員会編　松山　愛媛県　1974　488p　22cm　Ⓝ218.3　〔32844〕

◇愛媛県編年史　第9　愛媛県史編纂委員会編　松山　愛媛県　1974　548p　22cm　Ⓝ218.3　〔32845〕

◇愛媛の近世画人列伝―伊予近世絵画の流れ　矢野徹志著　松山　愛媛県文化振興財団　1996.11　275p　19cm

地方史　　　　　　　　　　　　　　　　近世史

◇大洲藩新谷藩研究　桜井久次郎著　松山　大洲藩史料研究所　1977.10　214p　19cm　(伊予大洲藩論叢 第11編)1200円　Ⓝ218.3　〔32847〕
◇加藤嘉明の戦略—松山城に因んで　日下部正盛著　伊予〔日下部正盛〕　2000.7　61p　21cm　Ⓝ218.3　〔32848〕
◇川之江天領史　進藤直作著　神戸　菊水会　1965　455p　22cm　Ⓝ218.3　〔32849〕
◇旧松山藩略史　斎藤梢著　高梁町(岡山県)　斎藤梢　1903.9　13丁　19cm　Ⓝ218.3　〔32850〕
◇近世今治物語　大成経凡著　松山　創風社出版　2000.7　204p　19cm　(風ブックス 8)1300円　①4-915699-90-0　Ⓝ218.3　〔32851〕
◇黒河コレクション・丹原町教育委員会コレクション—考古資料　愛媛考古学研究所編　丹原町(愛媛県)　丹原町教育委員会　2001.12　155p 図版20枚　30cm　Ⓝ218.3　〔32852〕
◇士魂揺曳　塩出光雅著　西条　愛媛県西条報恩会　1995.11　312p　19cm　2500円　Ⓝ218.3　〔32853〕
◇池畔の柳影—西条藩見聞録　塩出光雅編述　松山　愛媛新聞社　2000.5　246p　20cm　1600円　①4-900248-75-4　Ⓝ218.3　〔32854〕
◇朝敵伊予松山藩始末—土州松山占領記　山崎善啓著　松山　創風社出版　2003.5　241p　19cm　1700円　①4-86037-025-2　Ⓝ218.3　〔32855〕
◇俳論作法集　佐々醒雪, 巌谷小波校　博文館　1914　704p　22cm　(俳諧叢書 第4冊)Ⓝ911.3　〔32856〕
◇幕末を生きた伊予の俳人と末裔の群像—俳諧集『伊予寿多連』に寄せて　日野林清美著　松山　日野林清美　2005.8　2冊(別冊とも)　22cm　Ⓝ911.302　〔32857〕
◇花と嵐とお城下と—伊予八藩物語　松久敬著　松山　愛媛新聞サービスセンター　1974　318p　19cm　1600円　Ⓝ218.3　〔32858〕
◇人づくり風土記—江戸時代 38　ふるさとの人と知恵・愛媛　会田雄次, 大石慎三郎監修　石川松太郎ほか編纂　内田九州男愛媛版監修　農山漁村文化協会　1997.12　332p　27cm　4500円　①4-540-97096-8　Ⓝ210.5　〔32859〕
◇風水都市松山の秘密—松山藩主が施した秘術を探る!!　土井中照著　松山　アトラス出版　2003.3　141p　19cm　948円　①4-901108-26-3　Ⓝ218.3　〔32860〕
◇武左衛門一揆考　白方勝著　松山　白水書菴　1999.8　314p　22cm　1500円　Ⓝ218.3　〔32861〕
◇武左衛門一揆講釈　白方勝著　松山　白方勝　1997.8　247p　21cm　Ⓝ218.3　〔32862〕
◇文宝日記を読む—宇和島藩城代家老桑折宗臣の日々　篠崎充男著　松山　愛媛県文化振興財団　1992.3　293p　18cm　(えひめブックス)820円　Ⓝ218.3　〔32863〕
◇菩提寺住職の書く新谷藩一万石史　八島龍晴著　大洲　佐川印刷(印刷)　2004.11　14,505p　22cm　Ⓝ218.3　〔32864〕
◇松山城史　景浦勉著　松山　伊予史談会　1976　114p　18cm　700円　Ⓝ218.3　〔32865〕
◇松山城の秘密—城と藩主と城下の基礎知識　土井中照著　松山　アトラス出版　2002.8　125p　19cm　838円　①4-901108-22-0　Ⓝ218.3　〔32866〕
◇松山城の秘密—城と藩主と城下の基礎知識　土井中照編著　改訂版　松山　アトラス出版　2006.8　127p　19cm　(アトラス地域文化新書 7)900円　①4-901108-55-7　Ⓝ218.3　〔32867〕
◇松山城物語—城主と庶民の生活　玉井豊著　松山　愛農

刊行会　1966　252p　19cm　Ⓝ218.3　〔32868〕
◇松山藩政史の研究　景浦勉編　松山　関奉仕財団　1994.10　318p　22cm　非売品　Ⓝ218.3　〔32869〕
◇松山領里正鑑　出版地不明　出版者不明　1904　64p　24cm　非売品　Ⓝ218.3　〔32870〕
◇吉田藩昔語　戸田友士著　吉田同郷会　1937　180p　23cm　Ⓝ218.3　〔32871〕
◇吉田藩昔語　戸田友士著　歴史図書社　1978.10　180p　22cm　3800円　Ⓝ218.3　〔32872〕
◇ラストサムライの群像—幕末維新に生きた誇り高き男たち　星亮一, 遠藤由紀子著　光人社　2006.2　283p　19cm　1800円　①4-7698-1287-6　Ⓝ281.04　〔32873〕
◇歴史シンポジウム 2　幕末維新の宇和島藩　松山　愛媛県文化振興財団　2002.1(第3刷)　250p　19cm　900円　①4-901265-01-6　Ⓝ218.3　〔32874〕
◇歴史シンポジウム 6　近世伊予文化　大石慎三郎ほか述　松山　愛媛県文化振興財団　1985.3　209p　19cm　(財団図書 12)900円　Ⓝ218.3　〔32875〕

◆◆◆自治体史

◇松山市史　第2巻　松山市史編集委員会編　松山　松山市　1993.4　675p　22cm　Ⓝ218.3　〔32876〕

◆◆◆自治体史史料

◇松山市史料集　第3巻　近世編 2　松山市史料集編集委員会編　松山　松山市　1986.4　1199p　22cm　Ⓝ218.3　〔32877〕
◇松山市史料集　第4巻　近世編 3　松山市史料集編集委員会編　松山　松山市　1984.4　1127p　22cm　Ⓝ218.3　〔32878〕
◇松山市史料集　第5巻　近世編 4　松山市史料集編集委員会編　松山　松山市　1983.4　1222p　22cm　Ⓝ218.3　〔32879〕
◇松山市史料集　第6巻　近世編 5　松山市史料集編集委員会編　松山　松山市　1985.4　1000p　22cm　Ⓝ218.3　〔32880〕
◇松山市史料集　第7巻　近世編 6　松山市史料集編集委員会編　松山　松山市　1986.4　1292p　22cm　Ⓝ218.3　〔32881〕
◇松山市史料集　第8巻　近世編 7　松山市史料集編集委員会編　松山　松山市　1984.4　1069p　22cm　Ⓝ218.3　〔32882〕
◇松山市史料集　第13巻　年表.近世編 8.近・現代編 5　松山市史料集編集委員会編　松山　松山市　1988.4　26,1496p　22cm　Ⓝ218.3　〔32883〕

◆◆◆一般史料

◇弌墅截　上　近代史文庫宇和島研究会編　宇和島　近代史文庫宇和島研究会　1977.10　242p　27cm　(宇和島藩庁伊達家史料 2)4000円　Ⓝ218.3　〔32884〕
◇弌墅截　下　近代史文庫宇和島研究会編　宇和島　近代史文庫宇和島研究会　1978.3　251p　27cm　(宇和島藩庁伊達家資料 3)4000円　Ⓝ218.3　〔32885〕
◇今治郷土史　資料編 近世 3　波止浜町方覚日記・大浜村柳原家文書　今治郷土史編さん委員会編　今治　今治市　1988.3　1027p　27cm　Ⓝ218.3　〔32886〕
◇伊予宇和島藩医林道仙家譜資料　林敬編著　林敬　1988.5　322p　22×30cm　Ⓝ218.3　〔32887〕
◇宇和島・吉田藩史料集粋 no.1-4　宇和島　愛媛大学歴史学研究会宇和島支部史料集粋編集委員会　1963　4冊(合本1冊)　26cm　Ⓝ218.3　〔32888〕

◇宇和島・吉田藩史料集粋　no.5-11　宇和島　愛媛大学歴史学研究会宇和島支部史料集粋編集委員会　1964-1965　7冊(合本1冊)　26cm　Ⓝ218.3
〔32889〕
◇宇和島・吉田藩史料集粋　no.12-18　宇和島　愛媛大学歴史学研究会宇和島支部史料集粋編集委員会　1965-1966　7冊(合本1冊)　25cm　Ⓝ218.3
〔32890〕
◇愛媛近代史料　第23　松山藩幕末維新政情関係史料　第1輯　近代史文庫編　松山　近代史文庫　1967　162p　25cm　Ⓝ218.3
〔32891〕
◇愛媛近代史料　第24　松山藩幕末維新政情関係史料　第2輯　近代史文庫編　松山　近代史文庫　1967　196p　25cm　Ⓝ218.3
〔32892〕
◇愛媛県史　資料編　近世　上　松山　愛媛県　1984.12　942p　22cm　Ⓝ218.3
〔32893〕
◇愛媛県史　資料編　近世　下　愛媛県史編さん委員会編　松山　愛媛県　1988.3　974p　22cm　Ⓝ218.3
〔32894〕
◇大洲藩領史料要録・大洲領庄屋由来書　伊予史談会編　松山　伊予史談会　1987.11　206p　19cm　(伊予史談会双書　第16集)1600円　Ⓝ218.3
〔32895〕
◇家中由緒書　上　近代史文庫宇和島研究会編　宇和島　近代史文庫宇和島研究会　1978.11　312p　27cm　(宇和島藩庁伊達家史料　4)6000円　Ⓝ218.3
〔32896〕
◇家中由緒書　中　近代史文庫宇和島研究会編　宇和島　近代史文庫宇和島研究会　1979.11　498p　27cm　(宇和島藩庁伊達家史料　5)10000円　Ⓝ218.3
〔32897〕
◇家中由緒書　下　近代史文庫宇和島研究会編　宇和島　近代史文庫宇和島研究会　1980.10　448p　27cm　(宇和島藩庁伊達家史料　6)10000円　Ⓝ218.3
〔32898〕
◇叶高月旧記録　封内名勝志　秋田通子編　柚山俊夫監修　秋田通子編　柚山俊夫監修　松山　南予古文書の会　1998.8　83p　21cm　Ⓝ218.3
〔32899〕
◇記録書抜　1　桜田数馬親敬編纂　宇和島　近代史文庫宇和島研究会　1981.10　337p　27cm　(宇和島藩庁・伊達家史料　7)6500円　Ⓝ218.3
〔32900〕
◇記録書抜　2　桜田数馬親敬編纂　宇和島　近代史文庫宇和島研究会　1982.2　255p　27cm　(宇和島藩庁・伊達家史料　8)6500円　Ⓝ218.3
〔32901〕
◇記録書抜　3　桜田数馬親敬編纂　宇和島　近代史文庫宇和島研究会　1982.10　415p　27cm　(宇和島藩庁・伊達家史料　9)8000円　Ⓝ218.3
〔32902〕
◇記録書抜　4　桜田数馬親敬編纂　宇和島　近代史文庫宇和島研究会　1983.2　289p　27cm　(宇和島藩庁・伊達家史料　10)6300円　Ⓝ218.3
〔32903〕
◇記録書抜　5　桜田数馬親敬編纂　宇和島　近代史文庫宇和島研究会　1983.10　259p　27cm　(宇和島藩庁・伊達家史料　11)6300円　Ⓝ218.3
〔32904〕
◇国府叢書―今治市国分加藤家記録　斉藤正直編　今治　〔斉藤正直〕　1976.8　123p　21cm　(愛媛県近世地方史料　3)Ⓝ218.3
〔32905〕
◇西海巡見志・予陽塵芥集　伊予史談会編　松山　伊予史談会　1985.7　200p　19cm　(伊予史談会双書　第11集)1600円　Ⓝ218.3
〔32906〕
◇大成郡録―宇和島藩庁・伊達家史料　近代史文庫宇和島研究会編　宇和島　近代史文庫宇和島研究会　1976.11　259p　27cm　4000円　Ⓝ218.3
〔32907〕
◇高山浦庄屋史料―田中家史料　愛媛大学歴史学研究会編　宇和島　愛大歴研宇和島支部史料集粋編輯委員会　1975　152p　25cm　(宇和島・吉田藩史料)Ⓝ218.3
〔32908〕
◇田苗真土庄屋史料―亀甲家史料　愛媛大学歴史学研究会編　宇和島　愛大歴研宇和島支部史料集粋編輯委員会　1968　2冊　25cm　(宇和島・吉田藩史料)Ⓝ218.3
〔32909〕

◇藤蔓延年譜―伊予吉田藩編年史料　森退堂筆記　南予古文書の会編　野村町(愛媛県)　『藤蔓延年譜』刊行会　1992.1　292p　21cm　Ⓝ218.3
〔32910〕
◇新居郡宇摩郡天領二十九箇村明細帳―土居大庄屋加地家文書　千葉誉好編　新居浜　〔千葉誉好〕　1992　181p　19cm　Ⓝ218.3
〔32911〕
◇屏風秘録―伊予吉田藩史料　清家金治郎編　宇和島　清家金治郎　1994.7　213p　21cm　Ⓝ218.3
〔32912〕
◇松岡氏手鏡―伊予吉田藩庄屋心得　松岡時憙著　南予古文書の会編　野村町(愛媛県)　南予古文書の会　1994.1　140p　21cm　Ⓝ218.3
〔32913〕
◇松山藩役録　伊予史談会編　松山　伊予史談会　1989.7　323p　19cm　(伊予史談会双書　第19集)2400円　Ⓝ218.3
〔32914〕
◇松山領野間郡郡村庄屋越智家史料　越智三渓、斎藤正直編　今治　越智三渓,斎藤正直　1975　96p　22cm　(愛媛県近世地方史料　2)Ⓝ218.3
〔32915〕
◇松山領波止浜町町方覚日記　斉藤正直編　今治　斉藤正直　1977.5　89p　22cm　(愛媛県近世地方史料　4)Ⓝ218.3
〔32916〕
◇却睡草・赤穂御預人始末　伊予史談会編　松山　伊予史談会　1986.6　232p　19cm　(伊予史談会双書　13)1800円　Ⓝ218.3
〔32917〕

◆◆◆史料目録
◇久保家文書・上田家文書目録―故桜井久次郎編『大洲藩・新谷藩政編年史』久保家文書抜粋　愛媛県歴史文化博物館編　宇和町(愛媛県)　愛媛県歴史文化博物館　2003.3　184p　30cm　(愛媛県歴史文化博物館資料目録　第10集)Ⓝ218.3
〔32918〕
◇毛利家史料文書目録図書目録　毛利家史料調査会編　三間町(愛媛県)　毛利家史料調査会　1997.5　52p　26cm　Ⓝ218.3
〔32919〕

◆◆高知県
◇江戸幕府発給文書　1　土佐山内家宝物資料館編　高知　土佐山内家宝物資料館　2004.3　198p　30cm　(山内家資料目録　4(古文書の部))Ⓝ218.4
〔32920〕
◇江戸幕府発給文書　2　土佐山内家宝物資料館編　高知　土佐山内家宝物資料館　2005.2　269p　30cm　(山内家資料目録　5(古文書の部))Ⓝ218.4
〔32921〕
◇江戸幕府発給文書　3　土佐山内家宝物資料館編　高知　土佐山内家宝物資料館　2006.3　263p　30cm　(山内家資料目録　6(古文書の部))Ⓝ218.4
〔32922〕
◇ガラス板写真　土佐山内家宝物資料館編　高知　土佐山内家宝物資料館　2006.3　95p　30cm　(山内家資料目録　7(写真の部1))Ⓝ218.4
〔32923〕
◇近世社会史考　平尾道雄著　高知　高知市立市民図書館　1962　310p　19cm　(市民叢書)Ⓝ218.4
〔32924〕
◇近世土佐と民権思想　山本大著　高知　高知市民図書館　1976　145p　19cm　650円　Ⓝ218.4
〔32925〕
◇高知の研究　第3巻　近世篇　山本大編　大阪　清文堂出版　1983.6　514p　22cm　4600円　Ⓝ291.84
〔32926〕
◇高知の研究　第4巻　近世・近代篇　山本大編　大阪　清文堂出版　1982.9　488p　22cm　4000円　Ⓝ291.84
〔32927〕
◇高知藩教育沿革取調　高知県編　高知　青楓会　1932　288p　23cm　Ⓝ372
〔32928〕
◇権七の大太刀―戦国公家大名土佐一条氏の謎に迫る　城

邦子著　叢文社　2004.1　303p　20cm　1800円　①4-7947-0471-2　Ⓝ218.4
〔32929〕

◇坂本家系考―竜馬の祖先と一族　土居晴夫著　高山　土佐史談会　1968　137p　22cm　300円　Ⓝ288.3
〔32930〕

◇青山文庫図録―近世・近代の日本と佐川　日本史・維新・人権　佐川町立青山文庫編　佐川町（高知県）　佐川町立青山文庫　1993.8　39p　26cm　Ⓝ210.5
〔32931〕

◇青山文庫図録―近世・近代の日本と佐川　日本史・維新・人権　第2集　佐川町立青山文庫編　佐川町（高知県）　佐川町立青山文庫　1997.1　39p　26cm　Ⓝ210.5
〔32932〕

◇土佐雑感―雷の鳴る頃　髙本薫明著　高知　高知県労働基準協会連合会　1992.3　315p　19cm　Ⓝ218.4
〔32933〕

◇「土佐の郷土」解説目録―平成五年度企画展　高知市立自由民権記念館編　高知　高知市立自由民権記念館　1993　71p　26cm　Ⓝ218.4
〔32934〕

◇土佐藩　平尾道雄著　吉川弘文館　1965　262p　20cm　（日本歴史叢書 12）Ⓝ218.4
〔32935〕

◇土佐藩　平尾道雄著　吉川弘文館　1995.8　262,8p　20cm　（日本歴史叢書 新装版）2678円　①4-642-06618-7　Ⓝ218.4
〔32936〕

◇土佐藩経済史研究　松好貞夫著　日本評論社　1930　324p　19cm　Ⓝ332.1
〔32937〕

◇土佐藩郷士記録　平尾道雄著　高知　高知市立市民図書館　1964　279p　19cm　（市民叢書）Ⓝ218.4
〔32938〕

◇土藩大定目　片桐仲雄編　高知　開成舎　1896　134p　15cm　（土陽叢書 第1冊）Ⓝ322
〔32939〕

◇幕末維新の土佐の社会―庄屋多之助の記録　横川末吉著　高知　高知市立市民図書館　1967　460p　19cm　（市民叢書）Ⓝ218.4
〔32940〕

◇人づくり風土記―全国の伝承・江戸時代　39　ふるさとの人と知恵・高知　加藤秀俊ほか編纂　農山漁村文化協会　1990.3　373p　27cm　（聞き書きによる知恵シリーズ）4500円　①4-540-89012-3　Ⓝ210.5
〔32941〕

◇平尾道雄追悼記念論文集　高知市民図書館編集　高知　高知市民図書館　1980.7　156p　21cm　1000円　Ⓝ218.4
〔32942〕

◇山内一豊入国四〇〇年共同企画「ひとものこころ―土佐の近世―」企画展・講演会・シンポジウム報告書　山内一豊入国四〇〇年共同企画実行委員会編　高知　山内一豊入国四〇〇年共同企画実行委員会　2002.3　78p　30cm　Ⓝ218.4
〔32943〕

◆◆◆自治体史
◇高知県史　近世編　高知　高知県　1968　1019p　22cm　Ⓝ218.4
〔32944〕

◆◆◆自治体史史料
◇高知県史　近世史料編　高知　高知県　1975　1469,12p　22cm　Ⓝ218.4
〔32945〕

◆◆◆一般史料
◇江戸幕府発給文書　1　土佐山内家宝物資料館編　高知　土佐山内家宝物資料館　2004.3　198p　30cm　（山内家資料目録 4（古文書の部））Ⓝ218.4
〔32946〕

◇江戸幕府発給文書　2　土佐山内家宝物資料館編　高知　土佐山内家宝物資料館　2005.2　269p　30cm　（山内家資料目録 5（古文書の部））Ⓝ218.4
〔32947〕

◇江戸幕府発給文書　3　土佐山内家宝物資料館編　高知　土佐山内家宝物資料館　2006.3　263p　30cm　（山内家資料目録 6（古文書の部））Ⓝ218.4
〔32948〕

◇小原与一郎雑記抄―文久2年3～12月　小原与市著, 横田達雄編　高知　県立青山文庫後援会　1983.12　52p　21cm　（青山文庫所蔵資料集 8）2200円　Ⓝ218.4
〔32949〕

◇第三代忠豊公紀　第1編　明暦二年～寛文三年　山内家史料刊行委員会編　高知　山内神社宝物資料館　1982.3　1冊　27cm　（山内家史料）8500円　Ⓝ289.1
〔32950〕

◇第三代忠豊公紀　第2編　寛文三年～寛文九年　山内家史料刊行委員会編　高知　山内神社宝物資料館　1982.6　758p　27cm　（山内家史料）8500円　Ⓝ289.1
〔32951〕

◇第二代忠義公紀　第1編　高知　山内神社宝物資料館　1980.12　13,697p　27cm　（山内家史料）8500円　Ⓝ289.1
〔32952〕

◇第二代忠義公紀　第2編　高知　山内神社宝物資料館　1981.4　13,745p　27cm　（山内家史料）8500円　Ⓝ289.1
〔32953〕

◇第二代忠義公紀　第3輯　高知　山内神社宝物資料館　1981.8　11,756p　27cm　（山内家史料）8500円　Ⓝ289.1
〔32954〕

◇第二代忠義公紀　第4編　高知　山内神社宝物資料館　1981.12　66,731,37p　27cm　（山内家史料）8500円　Ⓝ289.1
〔32955〕

◇土佐維新史料　書翰篇3　平尾道雄編　高知　高知市図書館　1997.3　412p　20cm　（史料平尾文庫 5）2816円　Ⓝ218.4
〔32956〕

◇土佐群書集成　第19巻　長崎土佐商会関係文書―長崎奉行所記録　高知地方史研究会編　高知　高知市立市民図書館　1969　95p　25cm　Ⓝ218.4
〔32957〕

◇土佐群書集成　第20巻　土佐藩政録　上　高知地方史研究会編　高知　高知市立市民図書館　1969　113p　25cm　Ⓝ218.4
〔32958〕

◇土佐群書集成　第21巻　土佐藩政録　下　高知地方史研究会編　高知　高知市立市民図書館　1970　167p　25cm　550円　Ⓝ218.4
〔32959〕

◇土佐群書集成　第46巻　青龍寺要録（青龍寺文書）俸給営務考積証（毛利家文書）宝永大地震の大変記（清藤家文書）　高知地方史研究会編　高知　高知市立市民図書館　1979.3　50p　25cm　550円　Ⓝ218.4
〔32960〕

◇土佐藩御役人帳　第1巻　森口幸司編　高知　高知市民図書館　1989.3　261p　21cm　（新土佐史料 2）Ⓝ218.4
〔32961〕

◇土佐藩御役人帳　第2巻　森口幸司編　高知　高知市民図書館　1994.3　197p　21cm　（新土佐史料 3）3000円　Ⓝ218.4
〔32962〕

◆◆◆史料目録
◇土佐藩家老五藤家文書目録　安芸　安芸市教育委員会　1987.3　159p　26cm　Ⓝ218.4
〔32963〕

◇土佐藩家老五藤家文書目録　2　安芸　安芸市教育委員会　1991.3　92p　26cm　Ⓝ218.4
〔32964〕

◇土佐藩主山内家歴史資料目録―高知県歴史資料調査報告書　高知県教育委員会文化振興課編　高知　高知県教育委員会　1991.3　270p　26cm　Ⓝ218.4
〔32965〕

◆九州地方
◇江戸後期諸国産物帳集成　第17巻　肥前・日向・大隈・薩摩　安田健編　科学書院　2004.7　878,147p　27cm　（諸国産物帳集成 第2期）50000円　①4-7603-0184-4　Ⓝ402.91
〔32966〕

◇海外情報と九州―出島・西南雄藩　姫野順一編　福岡　九州大学出版会　1996.8　255p　21cm　2000円　①4-87378-463-8　Ⓝ219
〔32967〕
◇九州近世史研究叢書　第15巻　解説・文献目録　藤野保編　国書刊行会　1990.2　569p　22cm　9223円
〔32968〕
◇九州と外交・貿易・キリシタン　1　藤野保編　国書刊行会　1985.1　476p　22cm　（九州近世史研究叢書5）8000円　Ⓝ219
〔32969〕
◇九州と外交・貿易・キリシタン　2　藤野保編　国書刊行会　1985.2　540p　22cm　（九州近世史研究叢書6）8000円　Ⓝ219
〔32970〕
◇九州と思想・文化　藤野保編　国書刊行会　1985.11　542p　22cm　（九州近世史研究叢書　第14巻）8000円　Ⓝ219
〔32971〕
◇九州と生産・流通　藤野保編　国書刊行会　1985.7　550p　22cm　（九州近世史研究叢書 8）8000円　Ⓝ219
〔32972〕
◇九州と天領　藤野保編　国書刊行会　1984.11　525p　22cm　（九州近世史研究叢書 4）8000円　Ⓝ219
〔32973〕
◇九州と藩政　1　藤野保編　国書刊行会　1984.6　492p　22cm　（九州近世史研究叢書 2）8000円　Ⓝ219
〔32974〕
◇九州と藩政改革　1　藤野保編　国書刊行会　1985.3　453p　22cm　（九州近世史研究叢書 10）8000円　Ⓝ219
〔32975〕
◇九州と藩政改革　2　藤野保編　国書刊行会　1985.4　440p　22cm　（九州近世史研究叢書 11）8000円　Ⓝ219
〔32976〕
◇九州と明治維新　1　藤野保編　国書刊行会　1985.5　502p　22cm　（九州近世史研究叢書 12）8000円　Ⓝ219
〔32977〕
◇九州と明治維新　2　藤野保編　国書刊行会　1985.10　511p　22cm　（九州近世史研究叢書 13）8000円　Ⓝ219
〔32978〕
◇九州文化論集　2　外来文化と九州　福岡ユネスコ協会編　監修：箭内健次　平凡社　1973　446p　22cm　2700円　Ⓝ219
〔32979〕
◇九州文化論集　3　明治維新と九州　福岡ユネスコ協会編　監修：大久保利謙　平凡社　1973　530p　22cm　3000円　Ⓝ219
〔32980〕
◇近世九州の差別と周縁民衆　松下志朗著　福岡　海鳥社　2004.4　273,5p　19cm　2500円　①4-87415-473-5
〔32981〕
◇近世北部九州諸藩史の研究　桧垣元吉著　福岡　九州大学出版会　1991.1　422p　22cm　8240円　①4-87378-262-7　Ⓝ219
〔32982〕
◇「近代を開いた江戸のモノづくり―幕末の地域ネットワークと近代化の諸相」報告書―第2回リレーシンポジウム　萩博物館編　萩　萩博物館　2006.3　79p　30cm　非売品　Ⓝ402.105
〔32983〕
◇黒田節　玉井政雄著　北九州　桃源書房　1967　221p　19cm　（九州郷土夜話　第2集）Ⓝ219
〔32984〕
◇西南諸藩と廃藩置県　長野暹編　福岡　九州大学出版会　1997.2　478p　22cm　9270円　①4-87378-482-4　Ⓝ219
〔32985〕
◇西南地域の史的展開　近世篇　西南地域史研究会編　京都　思文閣出版　1988.1　642p　22cm　16000円　①4-7842-0495-4　Ⓝ219
〔32986〕
◇幕藩制下の政治と社会　丸山雍成編　文献出版　1983.12　555p　22cm　8000円　Ⓝ219
〔32987〕

◇豊前豊後の幕末維新騒乱　清原芳治著　大分　大分合同新聞文化センター（発売）　2007.1　317p　20cm　2000円　①978-4-901120-01-2　Ⓝ219.5
〔32988〕

◆◆◆一般史料
◇九州史料叢書　第5　青方文書 第2　九州史料刊行会編　福岡　九州史料刊行会　1959　158p　21cm　Ⓝ219
〔32989〕
◇九州史料叢書　第6　襴寝文書 第3　九州史料刊行会編　福岡　九州史料刊行会　1959　182p　21cm　Ⓝ219
〔32990〕
◇九州史料叢書　第14　小倉商家由緒記　九州史料刊行会編　福岡　九州史料刊行会　1963　147p　21cm　Ⓝ219
〔32991〕
◇九州史料叢書　第16　長崎平戸町人別帳　九州史料刊行会編　福岡　九州史料刊行会　1965　186p　21cm　Ⓝ219
〔32992〕
◇九州史料叢書　第18　近世初頭九州紀行記集　九州史料刊行会編　福岡　九州史料刊行会　1967　246p　21cm　Ⓝ219
〔32993〕
◇九州史料叢書　第4　益軒資料 第6 雑　益軒資料 第6 雑　九州史料刊行会編　福岡　九州史料刊行会　1960　188p　21cm　Ⓝ219
〔32994〕
◇九州史料叢書　第4　益軒資料 第7 補遺　益軒資料 第7 補遺　九州史料刊行会編　福岡　九州史料刊行会　1961　65p　表　21cm　Ⓝ219
〔32995〕
◇九州史料叢書　第12-13　黒田御用記 乾坤, 長政公御代御書出令条　九州史料刊行会編　福岡　九州史料刊行会　1961-1962　2冊　21cm　Ⓝ219
〔32996〕
◇九州史料叢書　第4 1-3　益軒資料　九州史料刊行会編　福岡　九州史料刊行会　1955-1956　3冊　21cm　Ⓝ219
〔32997〕
◇九州史料叢書　第4　益軒資料 第4-5　益軒資料 第4-5　九州史料刊行会編　福岡　九州史料刊行会　1957-1959　21-22cm　Ⓝ219
〔32998〕
◇九州史料叢書　第9　天草古切支丹資料 第3　天草古切支丹資料 第3　九州史料刊行会編　福岡　九州史料刊行会　1961　192p　22cm　Ⓝ219
〔32999〕
◇九州史料叢書　第1 前篇 第6-7巻　薩藩旧記雑録　九州史料刊行会編　福岡　九州史料刊行会　1960　195p　21cm　Ⓝ219
〔33000〕
◇九州史料叢書　第1 前篇 第8-9巻　薩藩旧記雑録　九州史料刊行会編　1961　212p　21cm　Ⓝ219　〔33001〕
◇九州史料叢書　第1 前編 第10-11巻　薩藩旧記雑録　九州史料刊行会編　福岡　九州史料刊行会　1963　112p　21cm　Ⓝ219
〔33002〕
◇九州史料叢書　第1 前編 巻15-17　薩藩旧記雑録　九州史料刊行会編　福岡　九州史料刊行会　1965　268p　21cm　Ⓝ219
〔33003〕
◇九州史料叢書　第1 前編 巻18-20　薩藩旧記雑録　九州史料刊行会編　福岡　九州史料刊行会　1966　232p　21cm　Ⓝ219
〔33004〕
◇九州史料叢書　第2 崎陽群談 第2 5-9　崎陽群談 第2 第5-9　九州史料刊行会編　福岡　九州史料刊行会　1956-1957　22cm　Ⓝ219
〔33005〕
◇九州史料叢書　第2 崎陽群談 第3 第10-12　崎陽群談 第3 第10-12　九州史料刊行会編　福岡　九州史料刊行会　1956-1957　22cm　Ⓝ219
〔33006〕
◇九州史料叢書　第9　天草古切支丹資料 第1-2　天草古切支丹資料 第1-2　九州史料刊行会編　福岡　九州史料刊行会　1959　2冊　21-22cm　Ⓝ219
〔33007〕

地方史　　　　　　　　　　　　　　　近世史

◇九州史料落穂集　第6冊　佐賀藩多久家御定書　秀村選三編　秀村選三,細川章編・校注　文献出版　1988.8　62p　21cm　1200円　Ⓝ219　〔33008〕

◇九州史料落穂集　第9冊　佐賀藩武雄領科人帳　秀村選三編　細川章校註・解題　文献出版　1995.5　84p　21cm　2575円　①4-8305-6609-4　Ⓝ219　〔33009〕

◇九州史料落穂集　第10冊　小倉商家公用私用日記　秀村選三編　有川宜博監修・解題　北図古文書を読む会校註　文献出版　1996.8　154p　21cm　4120円　①4-8305-6610-8　Ⓝ219　〔33010〕

◆◆福岡県

◇秋月悲話—史実と巷説と伝承　水木ひろかず著　人と文化社　1991.5　134p　19cm　（叢書・人と文化 9）1200円　①4-938587-23-8　Ⓝ219.1　〔33011〕

◇維新起原太宰府紀念編　江島茂逸編　博聞社〔ほか〕　1893.12　207p　23cm　Ⓝ210.6　〔33012〕

◇鵜の真似—小倉藩歴史叢書　小島礼重著　宇都宮泰長校注　鵬和出版　2004.6　222p　21cm　3000円　①4-89282-064-4　Ⓝ219.1　〔33013〕

◇江戸の博多と町方衆　朝日新聞福岡本部編　福岡　葦書房　1995.5　220p　19cm　（はかた学 5）1545円　①4-7512-0597-8　Ⓝ219.1　〔33014〕

◇大庄屋走る—小倉藩・村役人の日記　土井重人著　福岡　海鳥社　2007.9　231p　19cm　（海鳥ブックス 26）1700円　①978-4-87415-641-4　Ⓝ219.1　〔33015〕

◇加藤司書の周辺—筑前藩・乙丑の獄始末　成松正隆著　福岡　西日本新聞社　1997.4　478p　20cm　2095円　①4-8167-0436-1　Ⓝ219.1　〔33016〕

◇軌跡—間家譜（筑前秋月藩士）—その遠くて近き人びと　加藤敬三編著　玉名〔加藤敬三〕1982.5　228p　22cm　非売品　Ⓝ288.3　〔33017〕

◇旧柳川藩志　渡辺村男著,柳川山門三池教育会編　柳川　福岡県柳川・山門・三池教育会　1957　3冊　26cm　Ⓝ219.1　〔33018〕

◇近代における旧藩主家文書の基礎的研究—「旧柳河藩主立花家文書」の検討を中心に　内山一幸著　福岡　九州大学大学院比較社会文化研究院歴史資料情報講座　2004.3　92,107p　30cm　（地域資料叢書 6）Ⓝ219.1　〔33019〕

◇久留米藩大阪蔵屋敷絵図　宮本又次編　大阪　尾崎雅一　1983.1　97p　37×52cm　非売品　Ⓝ721.8　〔33020〕

◇久留米藩勤王思想伝統　〔尚友会〕1944　8,8p　19cm　Ⓝ121　〔33021〕

◇久留米藩政治経済史年表　今方重一編　久留米　久留米藩政治経済史年表刊行会　1976　359p　22cm　Ⓝ219.1　〔33022〕

◇久留米藩難から新選組まで　松本茂著　福岡　海鳥社　2006.2　254p　19cm　1500円　①4-87415-558-8　〔33023〕

◇黒木物語—貞享版　和田重雄編著　黒木町（福岡県）〔和田重雄〕1983.11　315p　22cm　（郷土の史話 1）Ⓝ219.1　〔33024〕

◇黒田武士三百年—福岡藩物語　姫路　御着史跡保存会　1991.4　34p　21cm　Ⓝ219.1　〔33025〕

◇古絵図・写真にみるいいづか—江戸・明治・現代300年　平成5年度企画展　飯塚市歴史資料館編　飯塚　飯塚市歴史資料館　1993.10　29p　19×26cm　Ⓝ219.1　〔33026〕

◇小倉藩史余滴　米津三郎著　福岡　海鳥社　1995.2　287p　22cm　3500円　①4-87415-099-3　Ⓝ219.1　〔33027〕

◇小倉藩年表稿　第1　小笠原有之編　北九州　小倉郷土会　1965　84p　26cm　Ⓝ219.1　〔33028〕

◇小倉藩の終焉と近代化　玉江彦太郎著　福岡　西日本新聞社　2002.7　247p　19cm　1143円　①4-8167-0555-4　Ⓝ219.1　〔33029〕

◇最後の攘夷党　谷川健一著　三一書房　1966　212p　18cm　（三一新書）Ⓝ219.1　〔33030〕

◇十志士の面影—増補・久留米藩文化事業史　久留米「十志士の面影」復刻実行委員会　1993.1　182p　23cm　Ⓝ219.1　〔33031〕

◇愁風小倉城　原田茂安著　限定版　北九州　自由社会人社　1965　585p　19cm　Ⓝ210.58　〔33032〕

◇愁風小倉城　原田茂安著　改訂　京都　臨川書店　1987.12　585p　19cm　5000円　①4-653-01599-6　Ⓝ210.58　〔33033〕

◇全国の伝承江戸時代人づくり風土記—聞き書きによる知恵シリーズ 40　ふるさとの人と知恵福岡　加藤秀俊ほか編纂　農山漁村文化協会　1988.9　372p　27cm　4300円　①4-540-88002-0　Ⓝ210.5　〔33034〕

◇太宰管内志　上　筑前国　伊藤常足編録　歴史図書社　1969　1冊　22cm　3200円　Ⓝ291.9　〔33035〕

◇太宰府史跡出土軒瓦・叩打痕文字瓦型式一覧　太宰府　九州歴史資料館　2000.10　80p　30cm　Ⓝ219.1　〔33036〕

◇筑前西郡史　由比章祐著　福岡　福岡地方史研究会　1980.8　370p　22cm　3500円　Ⓝ219.1　〔33037〕

◇幕末・維新と筑前・福岡藩　原田久著　福岡〔原田久〕1999.2　169p　21cm　Ⓝ219.1　〔33038〕

◇幕末秘史英彦山殉難録　高千穂有英著　添田町（福岡県）英彦山殉難大祭委員会　1965　222p　20cm　Ⓝ219.1　〔33039〕

◇人づくり風土記—全国の伝承・江戸時代 40　ふるさとの人と知恵・福岡　加藤秀俊ほか編纂　農山漁村文化協会　1988.9　372p　27cm　（聞き書きによる知恵シリーズ）3800円　①4-540-88002-0　Ⓝ210.5　〔33040〕

◇福岡県近世災異誌　立石曻編著　甘木「福岡県近世災異誌」刊行会　1992.5　713p　22cm　Ⓝ219.1　〔33041〕

◇福岡百年　上　幕末から明治へ　読売新聞社.西部本社編　大阪　浪速社　1967　19cm　Ⓝ219.1　〔33042〕

◇福岡歴史探検 1　近世福岡　福岡地方史研究会編　福岡　海鳥社　1991.6　256p　19cm　1700円　①4-906234-92-5　Ⓝ219.1　〔33043〕

◇福岡歴史探検 2　近世に生きる女たち　福岡地方史研究会編　福岡　海鳥社　1995.5　255p　19cm　1700円　①4-87415-098-5　Ⓝ219.1　〔33044〕

◇豊前叢書　副篇 第12号　小倉戦史　藤真沙夫編　北九州　豊前叢書刊行会　1967　175p　22cm　Ⓝ081.7　〔33045〕

◇豊前叢書　副篇 第13号　小倉戦史　藤真沙夫編　続編　北九州　豊前叢書刊行会　1967　150p　22cm　Ⓝ081.7　〔33046〕

◇豊前歴史風土記—近世庶民史の視角　桐畑隆行著　京都　文理閣　1978.3　231p　19cm　Ⓝ219.1　〔33047〕

◇物語秋月史　中巻　秋月黒田五万石　三浦末雄著　甘木　秋月郷土館　1975.11　385p　22cm　非売品　Ⓝ219.1　〔33048〕

◇物語秋月史　幕末維新編　幕末維新期の秋月藩　三浦末雄著　甘木　亀陽文庫　1981.8　572p　21cm　5000円　Ⓝ219.1　〔33049〕

◇物語福岡藩史　安川巖著　文献出版　1985.11　598p　22cm　7200円　Ⓝ219.1　〔33050〕

近世史　　　　　　　　　　　　　　　　　　　　　　　　　　　　　地方史

◇柳川藩と起宿―特別展　尾西　尾西市歴史民俗資料館　1999.5　12p　30cm　(尾西市歴史民俗資料館特別展図録 no.54)　〔33051〕

◇柳河藩の近世干拓―史料と解説　柳川　九州歴史資料館分館柳川古文書館　1994.6　176p　26cm　Ⓝ219.1　〔33052〕

◇「万年代記帳」に見る福岡藩直方領犯科覚帖　白石寿郎著　福岡　海鳥社　2005.5　220p　19cm　1800円　Ⓘ4-87415-524-3　Ⓝ322.1991　〔33053〕

◇雷鳴福岡藩―草莽早川勇伝　栗田藤平著　福岡　弦書房　2004.7　283p　20cm　2000円　Ⓘ4-902116-23-5　Ⓝ289.1　〔33054〕

◆◆◆自治体史

◇福岡県史　近世研究編　1　福岡藩　1　西日本文化協会編　福岡　福岡県　1983.3　488p　22cm　Ⓝ219.1　〔33055〕

◇福岡県史　近世研究編　2　福岡藩　2　西日本文化協会編　福岡　福岡県　1983.3　468p　22cm　Ⓝ219.1　〔33056〕

◇福岡県史　近世研究編　3　福岡藩　3　西日本文化協会編纂　福岡　福岡県　1987.12　840p　22cm　Ⓝ219.1　〔33057〕

◇福岡県史　近世研究編　4　福岡藩　4　西日本文化協会編纂　福岡　福岡県　1989.6　467p　22cm　Ⓝ219.1　〔33058〕

◆◆◆自治体史史料

◇甘木市史資料―下座郡湿抜二筋普請留書　甘木近世古文書研究会編　甘木　甘木市教育委員会　1993.3　192p　22cm　Ⓝ219.1　〔33059〕

◇甘木市史資料　近世編　第1集　甘木市史編纂委員会編纂　甘木　甘木市　1983.3　450p　21cm　Ⓝ219.1　〔33060〕

◇甘木市史資料　近世編　第2集　甘木市史編纂委員会編纂　甘木　甘木市　1983.3　476p　21cm　Ⓝ219.1　〔33061〕

◇甘木市史資料　近世編　第3集　甘木市史編纂委員会編纂　甘木　甘木市　1983.11　418p　21cm　Ⓝ219.1　〔33062〕

◇甘木市史資料　近世編　第4集　甘木市史編纂委員会編纂　甘木　甘木市　1984.10　458p　21cm　Ⓝ219.1　〔33063〕

◇甘木市史資料　近世編　第5集　甘木市史編纂委員会編纂　甘木　甘木市　1984.3　484p　21cm　Ⓝ219.1　〔33064〕

◇甘木市史資料　近世編　第6集　甘木市史編纂委員会編纂　甘木　甘木市　1985.9　478p　21cm　Ⓝ219.1　〔33065〕

◇甘木市史資料　近世編　第7集　甘木市史編纂委員会編纂　甘木　甘木市　1985.3　473p　21cm　Ⓝ219.1　〔33066〕

◇甘木市史資料　近世編　第8集　甘木市史編纂委員会編纂　甘木　甘木市　1986.3　433p　21cm　Ⓝ219.1　〔33067〕

◇久留米市史　第8巻　資料編　近世1　久留米市史編さん委員会編　久留米　久留米市　1993.3　1159p　22cm　Ⓝ219.1　〔33068〕

◇久留米市史　第9巻　資料編　近世2　久留米市史編さん委員会編　久留米　久留米市　1993.10　1048p　22cm　Ⓝ219.1　〔33069〕

◇太宰府市史　近世資料編　太宰府市史編集委員会編　太宰府　太宰府市　1996.3　920,68p　22cm　Ⓝ219.1　〔33070〕

◇筑紫野市史　資料編　下　筑紫野市史編さん委員会編　筑紫野　筑紫野市　2000.3　991,32p　22cm　Ⓝ219.1　〔33071〕

◇宗像市史　史料編　第3巻　近世　宗像市史編纂委員会編　宗像　宗像市　1995.5　52,897p　22cm　Ⓝ219.1　〔33072〕

◆◆◆一般史料

◇秋月藩政関係史料調査報告書―地方文書　甘木　甘木市教育委員会　1980.3　11,264,92p　26cm　(甘木市文化財調査報告　第6集)　Ⓝ219.1　〔33073〕

◇有馬織部照長書―月船公時代御勝手方御積御入不足等控　井上農夫校訂　三潴町(福岡県)　鶴久二郎　1969　1冊　26cm　Ⓝ219.1　〔33074〕

◇伊丹家史料展―ある黒田藩士の記録　福岡市民図書館編　福岡　福岡市民図書館　1986.9　112p　30cm　Ⓝ219.1　〔33075〕

◇伊藤家家事雑記　安政元年～安政4年　鞍手町(福岡県)　鞍手町教育委員会　1995.3　136p　30cm　Ⓝ219.1　〔33076〕

◇伊藤家家事雑記　弘化元年～4年　鞍手町(福岡県)　鞍手町教育委員会　1997.3　176p　30cm　Ⓝ219.1　〔33077〕

◇伊藤家家事雑記　嘉永元年～嘉永6年　鞍手町(福岡県)　鞍手町教育委員会　1996.3　232p　30cm　Ⓝ219.1　〔33078〕

◇小笠原藩侍帳　小倉藩史研究会編　鵬和出版　1994.9　107p　22cm　5150円　Ⓘ4-89282-052-0　Ⓝ219.1　〔33079〕

◇遠賀郡鬼津村井ノ口家年ībl暦算―幕末二百年間の遠賀郡郷土史総まくりの年代記　中原三十四再編　遠賀町(福岡県)　中原三十四　1985.10　225p　26cm　Ⓝ219.1　〔33080〕

◇家勤記得集―上広川大庄屋稲員家記　解読:野田正夫,編集:古賀幸雄　三潴町(福岡県)　鶴久二郎　1975　80p　21cm　Ⓝ219.1　〔33081〕

◇旧柳河藩誌　1　編註:樺島濤来,校訂:城後尚年,半田隆夫　瀬高町(福岡県)　藩政史料刊行会　1969　82p　26cm　非売　Ⓝ219.1　〔33082〕

◇旧柳河藩誌　2　編註:樺島濤来,校訂:城後尚年,半田隆夫　瀬高町(福岡県)　藩政史料刊行会　1970　91p　26cm　Ⓝ219.1　〔33083〕

◇旧柳河藩主立花家文書調査報告書―平成十～十三年度柳川市史料調査　1　柳川市教育委員会,柳川古文書館編　柳川　柳川市教育委員会　2002.3　40,514p　30cm　Ⓝ219.1　〔33084〕

◇旧柳河藩主立花家文書調査報告書―平成十～十三年度柳川市史料調査　2　柳川市教育委員会,柳川古文書館編　柳川　柳川市教育委員会　2002.3　448p　30cm　Ⓝ219.1　〔33085〕

◇旧柳河藩主立花家文書調査報告書―平成十～十三年度柳川市史料調査　3　柳川市教育委員会,柳川古文書館編　柳川　柳川市教育委員会　2002.3　406p　30cm　Ⓝ219.1　〔33086〕

◇清末文書　九州大学九州文化史研究所史料集刊行会編　福岡　九州大学九州文化史研究所史料集刊行会　2003.3　166p　26cm　(九州文化史研究所史料集　7)　Ⓝ219.1　〔33087〕

◇近世福岡博多史料　第1集　秀村選三編　福岡　西日本文化協会　1981.2　406p　22cm　10000円　Ⓝ219.1

地方史　　　　　　　　　　　　　　近世史

◇隈家文書　近世編　久留米　有馬記念館保存会　1983.3　41p　26cm　（有馬記念館歴史資料調査　第1集）Ⓝ219.1
〔33088〕

◇久留米藩御家中分限帳　鶴久二郎編　三潴町（福岡県）〔鶴久二郎〕　1974-1975　2冊　25cm　Ⓝ219.1
〔33089〕

◇久留米藩御ե当家士衆系図　鶴久二郎編　三潴町（福岡県）〔鶴久二郎〕　1977.3　1冊　26cm　Ⓝ288.2　〔33090〕

◇久留米藩史料選　三潴町（福岡県）　鶴久二郎　1972　1冊　22cm　Ⓝ219.1
〔33091〕

◇久留米藩大庄屋会議録―寛政三年～文政五年　九州大学九州文化史研究所史料集刊行会編　福岡　九州大学九州文化史研究所史料集刊行会　2001.3　243p　26cm　（九州文化史研究所史料集 5）Ⓝ219.1
〔33092〕

◇久留米藩大庄屋会議録―文政六年～文政十三年　九州大学九州文化史研究所史料集刊行会編　福岡　九州大学九州文化史研究所史料集刊行会　2002.9　19,233p　26cm（九州文化史研究所史料集 6）Ⓝ219.1
〔33093〕

◇久留米藩の旧家系図　鶴久二郎編　三潴町（福岡県）〔鶴久二郎〕　1978.11　168p　26cm　Ⓝ288.2　〔33094〕

◇久留米藩幕末維新史料集　上　鶴久二郎, 古賀幸雄編著　龍洲散人　三潴町（福岡県）　1967　25cm　Ⓝ219.1
〔33095〕

◇黒田家譜　第2巻　忠之記・光之記　川添昭二校訂, 福岡古文書を読む会校訂　新訂〔版〕　文献出版　1982.5　10,511p　22cm　9000円　Ⓝ288.3
〔33096〕

◇黒田家譜　第3巻　綱政記・宣政記　川添昭二校訂, 福岡古文書を読む会校訂　新訂〔版〕　文献出版　1982.9　10,465p　22cm　9000円　Ⓝ288.3
〔33097〕

◇黒田家譜　第5巻　治之記・治高記・斉隆記・斉清記　川添昭二校訂, 福岡古文書を読む会校訂　新訂〔版〕　文献出版　1983.2　10,443p　22cm　9000円　Ⓝ288.3
〔33098〕

◇黒田三藩分限帳　福岡　福岡地方史談話会　1978.1　455p　22cm　Ⓝ219.1
〔33099〕

◇黒田三藩分限帳　福岡地方史談話会編　増補版　福岡　西日本図書館コンサルタント協会　1980.10　459p　22cm　7500円　Ⓘ4-930723-07-8　Ⓝ219.1　〔33100〕

◇小倉藩幕末維新史料　宇都宮泰長編著　鵬和出版　2000.8　268p　22cm　5000円　Ⓘ4-89282-059-8　Ⓝ219.1
〔33101〕

◇小森承之助日記　第4巻　小森承之助著　北九州市立歴史博物館編　北九州　北九州市立歴史博物館　1998.3　340p　22cm　Ⓝ219.1
〔33102〕

◇小森承之助日記　第5巻　小森承之助著　北九州市立歴史博物館編　北九州　北九州市立歴史博物館　1999.3　9,470p　22cm　Ⓝ219.1
〔33103〕

◇新訂黒田家譜　第2巻　川添昭二, 福岡古文書を読む会校訂　文献出版　1982.5　511p　22cm　9000円　Ⓝ288.3
〔33104〕

◇新訂黒田家譜　第3巻　川添昭二, 福岡古文書を読む会校訂　文献出版　1982.9　465p　22cm　9000円　Ⓝ288.3
〔33105〕

◇新訂黒田家譜　第4巻　川添昭二, 福岡古文書を読む会校訂　文献出版　1982.11　478p　22cm　9000円　Ⓝ288.3
〔33106〕

◇新訂黒田家譜　第5巻　川添昭二, 福岡古文書を読む会校訂　文献出版　1983.2　443p　22cm　9000円　Ⓝ288.3
〔33107〕

◇新訂黒田家譜　第6巻　従二位黒田長溥公伝　川添昭二, 福岡古文書を読む会校訂　文献出版　1983.9　3冊　22cm　各9000円　Ⓝ288.3
〔33108〕

◇新訂黒田家譜　第7巻　上　附録 綱領　川添昭二, 福岡古文書を読む会校訂　文献出版　1984.3　734p　22cm　Ⓝ288.3
〔33109〕

◇新訂黒田家譜　索引・家譜年表　川添昭二, 福岡古文書を読む会校訂　文献出版　1987.2　1106p　22cm　Ⓝ288.3
〔33110〕

◇筑前町村書上帳　青柳種信著　福岡古文書を読む会校訂　文献出版　1992.7　1194p　22cm　30000円　Ⓘ4-8305-1152-4　Ⓝ219.1
〔33111〕

◇筑前国宗像郡吉田家家事日記帳　秀村選三ほか校註・解題　文献出版　2002.9　564,5p　22cm　15000円　Ⓘ4-8305-1229-6　Ⓝ219.1
〔33112〕

◇筑前博多史料　広渡正利編　文献出版　1994.4　251p　22cm　7000円　Ⓘ4-8305-1172-9　Ⓝ219.1　〔33113〕

◇筑前福岡藩史料雑纂　秀村選三編　福岡　九州大学出版会　2006.4　190p　21cm　（地域史資料叢書　第2輯）Ⓘ4-87378-913-3　Ⓝ219.1
〔33114〕

◇筑前福岡藩史料雑纂　秀村選三編　西日本文化協会古文書研究会校註　福岡　九州大学出版会　2006.5　190p　21cm　（地域史資料叢書）3000円　Ⓘ4-87378-913-3
〔33115〕

◇中村平左衛門日記　第1巻　北九州　北九州市立歴史博物館　1982.3　442p　22cm　Ⓝ219.1　〔33116〕

◇中村平左衛門日記　第2巻　北九州市立歴史博物館編　北九州　北九州市立歴史博物館　1983.3　477p　22cm　Ⓝ219.1
〔33117〕

◇中村平左衛門日記　第3巻　北九州市立歴史博物館編　北九州　北九州市立歴史博物館　1984.3　495p　22cm　Ⓝ219.1
〔33118〕

◇中村平左衛門日記　第4巻　北九州市立歴史博物館編　北九州　北九州市立歴史博物館　1985.3　9,516p　22cm　Ⓝ219.1
〔33119〕

◇中村平左衛門日記　第5巻　北九州市立歴史博物館編　北九州　北九州市立歴史博物館　1986.6　6,529p　22cm　Ⓝ219.1
〔33120〕

◇中村平左衛門日記　第6巻　北九州市立歴史博物館編　北九州　北九州市立歴史博物館　1988.10　8,646p　22cm　Ⓝ219.1
〔33121〕

◇中村平左衛門日記　第7巻　北九州市立歴史博物館編　北九州　北九州市立歴史博物館　1990.2　4,812p　22cm　Ⓝ219.1
〔33122〕

◇福岡県史　近世史料編　細川小倉藩　3　西日本文化協会編纂　福岡　福岡県　2001.3　6,375p　22cm　Ⓝ219.1
〔33123〕

◇福岡県史　近世史料編　1　福岡藩初期　上　西日本文化協会編　福岡　福岡県　1982.3　91,469p　22cm　Ⓝ219.1
〔33124〕

◇福岡県史　近世史料編　3　御当家末書　上　西日本文化協会編　福岡　福岡県　1983.3　590p　22cm　Ⓝ219.1
〔33125〕

◇福岡県史　近世史料編　4　柳川藩初期　上　西日本文化協会編纂　福岡　福岡県　1986.3　486p　22cm　Ⓝ219.1
〔33126〕

◇福岡県史　近世史料編　5　御当家末書　下　西日本文化協会編纂　福岡　福岡県　1986.3　591,48p　22cm　Ⓝ219.1
〔33127〕

◇福岡県史　近世史料編　7　柳川藩初期　下　西日本文化協会編纂　福岡　福岡県　1988.9　792p　22cm　Ⓝ219.1
〔33128〕

◇福岡県史　近世史料編　8　福岡藩町方　1　西日本

文化協会編纂　福岡　福岡県　1987.3　499p　22cm　Ⓝ219.1　〔33130〕

◇福岡県史　近世史料編　8　福岡藩御用帳　1　西日本文化協会編纂　福岡　福岡県　1988.12　28,652p　22cm　Ⓝ219.1　〔33131〕

◇福岡県史　近世史料編　9　久留米藩初期　上　西日本文化協会編纂　福岡　福岡県　1990.3　537p　22cm　Ⓝ219.1　〔33132〕

◇福岡県史　近世史料編　12　福岡藩町方　2　西日本文化協会編纂　福岡　福岡県　1991.3　383p　22cm　Ⓝ219.1　〔33133〕

◇福岡県史　近世史料編　13　細川小倉藩　2　西日本文化協会編纂　福岡　福岡県　1993.9　486p　22cm　Ⓝ219.1　〔33134〕

◇福岡県史　近世史料編　14　福岡藩御用帳　2　西日本文化協会編纂　福岡　福岡県　1993.3　37,634p　22cm　Ⓝ219.1　〔33135〕

◇福岡県史　近世史料編　15　久留米藩初期　下　西日本文化協会編纂　福岡　福岡県　1997.3　12,392p　22cm　Ⓝ219.1　〔33136〕

◇福岡県史　近世史料編　16　福岡藩浦方　1　西日本文化協会編纂　福岡　福岡県　1998.3　570p　22cm　Ⓝ219.1　〔33137〕

◇福岡県史　近代史料編　7　東洋タイムス　3　西日本文化協会編纂　福岡　福岡県　1986.3　288p　38cm　Ⓝ219.1　〔33138〕

◇福岡藩粕屋郡大庄屋留書　九州大学大学院比較社会文化研究科九州文化史研究所史料集刊行会編　福岡　九州大学大学院比較社会文化研究科九州文化史研究所史料集刊行会　2000.3　251p　26cm　（九州文化史研究所史料集　4）Ⓝ219.1　〔33139〕

◇福岡藩寛文・延宝期御用帳　九州大学大学院比較社会文化研究科九州文化史研究所史料集刊行会編　福岡　九州大学大学院比較社会文化研究科九州文化史研究所史料集刊行会　1998.3　235p　26cm　（九州文化史研究所史料集　2）Ⓝ219.1　〔33140〕

◇福岡藩郡浦御用頭付　史料集刊行会編　福岡　史料集刊行会　1997.3　236p　26cm　（九州文化史研究所史料集　1）Ⓝ219.1　〔33141〕

◇福岡藩分限帳集成　福岡地方史研究会編　福岡　海鳥社　1999.6　769,112p　22cm　23000円　Ⓘ4-87415-261-9　Ⓝ219.1　〔33142〕

◇豊前国仲津郡国作手永大庄屋御用日記—慶応二年丙寅　福岡県文化会館編　福岡　福岡県文化会館　1978.3　326p　26cm　Ⓝ219.1　〔33143〕

◇文化3年12月覚—柳河藩普請役　大串石蔵校註　大東〔大串石蔵〕　1982.6　1冊　26cm　Ⓝ219.1　〔33144〕

◇米藩志士書簡集　筑後史談会編　久留米　筑後史談会　1940　38p　20cm　Ⓝ281.91　〔33145〕

◇正行村庄屋文書　行足徹円編　柳川　柳川郷土クラブ　1982　34p　22cm　Ⓝ219.1　〔33146〕

◇明治二年殉難十志士余録—久留米藩幕末維新史料　鶴久二郎,古賀幸雄編　三潴町（福岡県）　鶴久二郎　1970　2冊（付録共）　26cm　Ⓝ219.1　〔33147〕

◇柳川藩享保八年藩士系図　上　柳川市史編集委員会編　柳川　柳川市　1996.1　465p　21cm　（柳川歴史資料集成　第1集）Ⓝ219.1　〔33148〕

◇柳河藩享保八年藩士系図　下　柳川市史編集委員会編　柳川　柳川市　1997.3　536p　21cm　（柳川歴史資料集成　第2集）Ⓝ219.1　〔33149〕

◇柳川藩史料集　永井新著,柳川・山門・三池教育会編　熊本　青潮社　1981.12　812p　27cm　18000円

Ⓝ219.1　〔33150〕

◇柳河藩政史料　第1　城後尚年,半田隆夫共編　瀬高町（福岡県）　藩政史料刊行会　1969　83p　26cm　（藩政史料叢書　1）非売　Ⓝ219.1　〔33151〕

◇柳川藩叢書　第2集　浅川聞書　浅川伝右衛門安和著　熊本　青潮社　1991.9　184,14p　22cm　8000円　Ⓝ219.1　〔33152〕

◇柳河藩立花家分限帳　柳川市史編集委員会編　柳川　柳川市　1998.3　40,525p　21cm　（柳川歴史資料集成　第3集）Ⓝ219.1　〔33153〕

◆◆◆◆小倉藩人畜改帳

◇大日本近世史料—小倉藩人畜改帳　1　東京大学史料編纂所編　東京大学出版会　1984.3　385p　22cm　5000円　Ⓘ4-13-092919-4　Ⓝ210.5　〔33154〕

◇大日本近世史料—小倉藩人畜改帳　2　東京大学史料編纂所編　東京大学出版会　1984.3　378p　22cm　5000円　Ⓘ4-13-092920-8　Ⓝ210.5　〔33155〕

◇大日本近世史料—小倉藩人畜改帳　3　東京大学史料編纂所編　東京大学出版会　1984.3　400p　22cm　6000円　Ⓘ4-13-092921-6　Ⓝ210.5　〔33156〕

◇大日本近世史料　第4　小倉藩人畜改帳　東京大学史料編纂所編　東京大学出版会　1953-1956　22cm　〔33157〕

◇大日本近世史料　4　小倉藩人畜改帳　東京大学史料編纂所編　東京大学出版会　1956-1958　5冊　22cm　Ⓝ210.5　〔33158〕

◇大日本近世史料—小倉藩人畜改帳　4　東京大学史料編纂所編　東京大学出版会　1984.3　281p　22cm　4000円　Ⓘ4-13-092922-4　Ⓝ210.5　〔33159〕

◇大日本近世史料—小倉藩人畜改帳　5　東京大学史料編纂所編　東京大学出版会　1984.3　488p　22cm　6000円　Ⓘ4-13-092923-2　Ⓝ210.5　〔33160〕

◆◆◆史料目録

◇小笠原文庫史料展目録　豊津町（福岡県）　豊津高等学校錦陵同窓会　1998.10　33p　26cm　Ⓝ219.1　〔33161〕

◇収集諸家文書目録　2　柳川　九州歴史資料館分館柳川古文書館　1992.3　183p　26cm　（柳川古文書館史料目録　第5集）Ⓝ219.1　〔33162〕

◇収集諸家文書目録　3　柳川　九州歴史資料館分館柳川古文書館　1998.3　153p　26cm　（柳川古文書館史料目録　第10集）Ⓝ219.1　〔33163〕

◇立花親賢家文書目録—1994　柳川　九州歴史資料館分館柳川古文書館　1994.3　174p　26cm　（柳川古文書館史料目録　第7集）Ⓝ219.1　〔33164〕

◇桧垣文庫目録　近世筑前国編　九州大学附属図書館六本松分館編　福岡　九州大学附属図書館六本松分館　1996.3　301,3p　30cm　Ⓝ219.031　〔33165〕

◇福岡県近世文書目録—福岡県文化会館所蔵　第4集　福岡　福岡県文化会館　1975　179p　26cm　Ⓝ025.9191　〔33166〕

◇福岡県近世文書目録—福岡県文化会館所蔵　第5集　福岡　福岡県文化会館　1983.3　136p　26cm　Ⓝ025.9191　〔33167〕

◇柳川藩今村家寄贈品目録　太宰府　九州歴史資料館　1993.3　4p　図版16枚　26cm　Ⓝ219.1　〔33168〕

◇柳河藩立花家文書目録　九州大学文学部国史学研究室,九州大学九州文化史研究施設編集,丸山雍成校訂　文献出版　1976.8　198p　21×30cm　1600円　Ⓝ219.1　〔33169〕

地方史　　　　　　　　　　近世史

◆◆佐賀県

◇江戸時代の鳥栖　鳥栖　鳥栖市教育委員会　1994.3　71p　26cm　（鳥栖の町づくりと歴史・文化講座　第5集）Ⓝ219.2　〔33170〕

◇江戸時代の鳥栖　2　鳥栖　鳥栖市教育委員会　1995.3　52p　26cm　（鳥栖の町づくりと歴史・文化講座）Ⓝ219.2　〔33171〕

◇江戸半ば鍋島佐賀藩―長崎喧嘩、葉隠、享保の飢饉、諫早一揆のことども　田中耕作著　佐賀　佐賀新聞社　2002.3　378p　19cm　1800円　Ⓘ4-88298-119-X　Ⓝ219.2　〔33172〕

◇海外交流と小城の洋学―小城鍋島文庫にみる　佐賀大学・小城市交流事業特別展佐賀大学地域学歴史文化研究センター開館1周年記念展　青木歳幸編　佐賀　佐賀大学地域学歴史文化研究センター　2007.10　139p　30cm　Ⓝ219.2　〔33173〕

◇開国前夜の佐賀藩―ペリー来航と鍋島直正　古藤浩著　佐賀　書肆草茫々　2004.10　260p　24cm　952円　Ⓝ210.58　〔33174〕

◇旧佐嘉藩弘道館記念誌　第1輯　佐賀　旧佐嘉藩弘道館記念会　1923　60p　19cm　Ⓝ372　〔33175〕

◇近世の陶磁器―発掘調査速報展　第5回ミニ企画展　塩田町歴史民俗資料館編　塩田町（佐賀県）　塩田町教育委員会　2001.11　22p　30cm　（塩田のやきもの5）Ⓝ219.2　〔33176〕

◇近世肥前窯業生産機構論―現代地場産業の基盤形成に関する研究　野上建紀著　雄松堂出版　2007.9　414p　27cm　10500円　Ⓘ978-4-8419-1210-4　Ⓝ573.2　〔33177〕

◇近代化の軌跡―幕末佐賀藩の挑戦　佐賀県立博物館平成11年度企画展　佐賀　佐賀県立博物館　1999.10　105p　30cm　Ⓝ219.2　〔33178〕

◇くにざかいの碑―藩境石物語　古賀敏朗著　熊本　峠の会　1983.11　316p　20cm　2500円　Ⓝ291.92　〔33179〕

◇佐賀城本丸歴史館―展示案内　佐賀　佐賀県立佐賀城本丸歴史館　2004.8　48p　30cm　Ⓝ219.2　〔33180〕

◇佐賀の江戸人名志　川上茂治著　佐賀　佐賀新聞社　2001.8　370p　21cm　2800円　Ⓘ4-88298-111-4　Ⓝ281.92　〔33181〕

◇佐賀の幕末維新八賢伝　福岡博著　佐賀　出門堂　2005.9　118p　21cm　952円　Ⓘ4-903157-00-8　Ⓝ219.2　〔33182〕

◇佐賀幕末明治500人　福岡博編　第2版　佐賀　佐賀新聞社　1998.12　195p　21cm　1800円　Ⓘ4-88298-064-9　Ⓝ281.92　〔33183〕

◇佐賀藩海軍史　秀島成忠編　知新会　1917　512p　22cm　Ⓝ397　〔33184〕

◇佐賀藩海軍史　秀島成忠編　原書房　1972　512p　22cm　（明治百年史叢書）5500円　Ⓝ210.58　〔33185〕

◇佐賀藩銃砲沿革史　秀島成忠著　佐賀　肥前史談会　1934　496p　23cm　Ⓝ559　〔33186〕

◇佐賀藩銃砲沿革史　秀島成忠著　原書房　1972　496,53p　図18枚　22cm　（明治百年史叢書）5500円　Ⓝ219.2　〔33187〕

◇佐嘉藩多久領古文書に見る地域の人々　細川章著　文献出版　2000.12　457p　22cm　（多久古文書の村叢書　第2冊）12000円　Ⓘ4-8305-1222-9　Ⓝ219.2　〔33188〕

◇佐嘉藩多久領地域史への模索と史料　細川章著　文献出版　2002.7　232p　22cm　（多久古文書の村叢書　第3冊）7000円　Ⓘ4-8305-1225-3　Ⓝ219.2　〔33189〕

◇佐賀藩多久領の研究　三木俊秋著　文献出版　2000.7　476p　22cm　（多久古文書の村叢書　第1冊）13000円　Ⓘ4-8305-1219-9　Ⓝ219.2　〔33190〕

◇佐賀藩と反射炉　長野暹著　新日本出版社　2000.6　206p　18cm　（新日本新書）950円　Ⓘ4-406-02748-3　Ⓝ219.2　〔33191〕

◇佐賀藩の制度と財政　城島正祥著　文献出版　1980.2　434,12p　22cm　8300円　Ⓝ219.2　〔33192〕

◇佐賀藩の総合研究―藩制の成立と構造　藤野保編　吉川弘文館　1981.2　1028p　22cm　12000円　Ⓝ219.2　〔33193〕

◇初期の鍋島佐賀藩―藩祖直茂、初代勝茂、二代光茂のことども　田中耕作著　佐賀　佐賀新聞社　2000.10　293p　19cm　1800円　Ⓘ4-88298-103-3　Ⓝ219.2　〔33194〕

◇成立期の小城藩と藩主たち　佐賀　佐賀大学地域学歴史文化研究センター　2006.10　125p　30cm　Ⓝ219.2　〔33195〕

◇続佐賀藩の総合研究―藩政改革と昭和維新　藤野保編　吉川弘文館　1987.2　23,1063p　22cm　13000円　Ⓘ4-642-03279-7　Ⓝ219.2　〔33196〕

◇「鶴屋文書」にみる江戸時代の佐賀の菓子　大園隆二郎釈文　江後迪子訳・解説　筒井泰彦編　佐賀　鶴屋菓子舗　2006.10　134p　21cm　1050円　Ⓝ588.36　〔33197〕

◇幕府役人（筒井政憲・川路聖謨・古賀茶渓）の佐賀藩反射炉見学記―2004年低平地研究会・歴史部会研究報告書　伊豆戸田村でのロシア船建造見学記―2004年低平地研究会・歴史部会研究報告書　小宮睦之翻刻・校註　低平地研究会歴史部会編　小宮睦之翻刻・校註　低平地研究会歴史部会編　佐賀　低平地研究会　2005.3　67p　21cm　Ⓝ210.5　〔33198〕

◇幕末への序章鍋島佐賀藩―八代藩主治茂の改革とその時代　田中耕作著　佐賀　佐賀新聞社　2003.12　411p　19cm　1800円　Ⓘ4-88298-141-6　Ⓝ219.2　〔33199〕

◇幕末期佐賀藩の藩政史研究　木原溥幸著　福岡　九州大学出版会　1997.2　499,11p　22cm　9785円　Ⓘ4-87378-481-6　Ⓝ219.2　〔33200〕

◇幕末佐賀藩改革ことはじめ　佐賀新聞社報道局編　佐賀　佐賀新聞社　2004.3　241p　21cm　1524円　Ⓘ4-88298-143-2　Ⓝ219.2　〔33201〕

◇幕末佐賀藩の対外関係の研究―海外経験による情報導入を中心に　アンドリュー・コビング著　佐賀　鍋島報效会　1994.3　199p　26cm　Ⓝ219.2　〔33202〕

◇幕末に於ける唐津藩の研究　植村平八郎著　畠山書店　1933　134p　19cm　Ⓝ219.2　〔33203〕

◇幕末の基肄養父　長忠生著　基山町（佐賀県）　長忠生　1984.3　242p　19cm　1000円　Ⓝ219.2　〔33204〕

◇幕末の鍋島佐賀藩―10代藩主直正（閑叟）とその時代　田中耕作著　佐賀　佐賀新聞社　2004.8　375p　19cm　1800円　Ⓘ4-88298-145-9　Ⓝ289.1　〔33205〕

◇肥前路を行く―江戸時代の佐賀の道　佐賀県立博物館企画展　平成十八年度企画展　佐賀県立博物館編　佐賀　佐賀県立博物館　2006.10　136p　30cm　Ⓝ682.192　〔33206〕

◇肥前国唐津領産物図考の研究―木崎盛標・郷土の誇る江戸期の産業絵図　中里紀元著　唐津　松浦文化連盟　2005.10　225p　31cm　3700円　Ⓝ601.192　〔33207〕

◇人づくり風土記―江戸時代　41　ふるさとの人と知恵・佐賀　石川松太郎ほか編纂　農山漁村文化協会　1995.2　379p　27cm　4900円　Ⓘ4-540-94132-1　Ⓝ210.5　〔33208〕

◇物語佐賀百年史―激動の幕末・明治　関家敏正著　改訂版　佐賀　民主佐賀社　1982.11　244p　20cm　1000円　Ⓝ219.2
〔33209〕

◆◆◆自治体史

◇佐賀市史　第2巻　近世編　佐賀市史編さん委員会編　佐賀　佐賀市　1977.7　720p　22cm　Ⓝ219.2
〔33210〕

◇多久市史　第2巻　近世編　多久市史編さん委員会編　多久　多久市　2002.12　1007p　22cm　Ⓝ219.2
〔33211〕

◇鳥栖市史研究編　第2集　幕末田代領政争の研究―仙八さん騒動の顛末　長忠生著　鳥栖(佐賀県)　鳥栖市　1970　77p　22cm　600円　Ⓝ219.2　〔33212〕

◇西有田町史　下巻　西有田町史編さん委員会編　西有田町(佐賀県)　西有田町　1988.9　1345p　22cm　Ⓝ219.2
〔33213〕

◆◆◆自治体史史料

◇鳥栖市史資料編　第3集　佐賀藩法令,佐賀藩地方文書　鳥栖市史編纂委員会編　鳥栖　鳥栖市　1971　285p　22cm　800円　Ⓝ219.2　〔33214〕

◇鳥栖市史資料編　第4集　近世鳥栖商業資料　鳥栖市史編纂委員会編　鳥栖　鳥栖市　1971　192p　22cm　Ⓝ219.2
〔33215〕

◇幕府役人(筒井政憲・川路聖謨・古賀茶渓)の佐賀藩反射炉見学記―2004年低平地研究会・歴史部会研究報告書　伊豆戸田村でのロシア船建造見学記―2004年低平地研究会・歴史部会研究報告書　小宮睦之翻刻・校註　低平地研究会歴史部会編　小宮睦之翻刻・校註　低平地研究会歴史部会編　佐賀　低平地研究会　2005.3　67p　21cm　Ⓝ210.5
〔33216〕

◆◆◆一般史料

◇安永三年伊万里・有田八谷搦干拓事業てん末記　二里町誌執筆委員会編　伊万里　伊万里市二里公民館　1992.11　192p　21cm　(二里町郷土資料集　第1集)Ⓝ219.2
〔33217〕

◇大里村・中里村庄屋史料　前山博校注　二里町誌執筆委員会編纂　伊万里　二里公民館　1993.8　236p　21cm　(二里町郷土資料集　第2集)Ⓝ219.2　〔33218〕

◇鹿島藩日記　第1巻　三好不二雄編・校註　鹿島　祐徳稲荷神社　1978.5　698p　22cm　Ⓝ219.2　〔33219〕

◇鹿島藩日記　第2巻　三好不二雄編・校註　鹿島　祐徳稲荷神社　1979.12　628p　22cm　Ⓝ219.2　〔33220〕

◇鹿島藩日記　第3巻　三好不二雄編・校註　鹿島　祐徳稲荷神社　1981.5　665p　22cm　Ⓝ219.2　〔33221〕

◇鹿島藩日記　第4巻　三好不二雄編・校註　鹿島　祐徳稲荷神社　1982.5　615p　22cm　Ⓝ219.2　〔33222〕

◇鹿島藩日記　第5巻　三好不二雄編纂校註　鹿島　祐徳稲荷神社　1983.10　776p　22cm　Ⓝ219.2　〔33223〕

◇唐津藩納所村御用留帳―文久四年子御用留帳　山田稔監修　春日　春日古文書会　2000.4　97p　26cm　(春日古文書会誌　第1号)Ⓝ219.2　〔33224〕

◇佐賀県近世史料　第1編 第1巻　佐賀県立図書館編　佐賀　佐賀県立図書館　1993.1　923p　22cm　Ⓝ219.2
〔33225〕

◇佐賀県近世史料　第1編 第2巻　佐賀県立図書館編　佐賀　佐賀県立図書館　1994.3　836p　22cm　Ⓝ219.2
〔33226〕

◇佐賀県近世史料　第1編 第3巻　佐賀県立図書館編　佐賀　佐賀県立図書館　1995.3　726p　22cm　Ⓝ219.2
〔33227〕

◇佐賀県近世史料　第1編 第4巻　佐賀県立図書館編　佐賀　佐賀県立図書館　1996.3　22,763p　22cm　Ⓝ219.2
〔33228〕

◇佐賀県近世史料　第1編 第5巻　佐賀県立図書館編　佐賀　佐賀県立図書館　1997.3　22,580p　22cm　Ⓝ219.2
〔33229〕

◇佐賀県近世史料　第1編 第7巻　佐賀県立図書館編　佐賀　佐賀県立図書館　1999.3　29,687p　22cm　Ⓝ219.2
〔33230〕

◇佐賀県近世史料　第1編 第8巻　佐賀県立図書館編　佐賀　佐賀県立図書館　2000.3　711p　22cm　Ⓝ219.2
〔33231〕

◇佐賀県近世史料　第1編 第9巻　佐賀県立図書館編　佐賀　佐賀県立図書館　2001.3　20,717p　22cm　Ⓝ219.2
〔33232〕

◇佐賀県近世史料　第1編 第10巻　佐賀県立図書館編　佐賀　佐賀県立図書館　2002.3　18,686p　22cm　Ⓝ219.2
〔33233〕

◇佐賀県近世史料　第1編 第11巻　佐賀県立図書館編　佐賀　佐賀県立図書館　2003.3　30,1038p　22cm　Ⓝ219.2
〔33234〕

◇佐賀県近世史料　第8編 第1巻　佐賀県立図書館編　佐賀　佐賀県立図書館　2005.3　29,1008p　22cm　Ⓝ219.2
〔33235〕

◇佐賀県近世史料　第8編 第2巻　佐賀県立図書館編　佐賀　佐賀県立図書館　2006.3　18,847p　22cm　Ⓝ219.2
〔33236〕

◇佐賀県近世史料　第8編 第3巻　佐賀県立図書館編　佐賀　佐賀県立図書館　2007.3　60,834p　22cm　Ⓝ219.2
〔33237〕

◇佐賀県近世史料　第9編 第1巻　俳諧/草子・実録/一舎十九集　佐賀県立図書館編　佐賀　佐賀県立図書館　2004.3　52,1000p　22cm　Ⓝ219.2　〔33238〕

◇佐賀県史料集成　古文書編第25巻　佐賀県立図書館編　佐賀　佐賀県立図書館　1984.12　407p　22cm　Ⓝ219.2
〔33239〕

◇佐賀県史料集成　第1古文書編　第6巻　武雄鍋島家文書〔ほか〕　佐賀県史料編纂委員会編　佐賀　佐賀県立図書館　1962　396p　23cm
〔33240〕

◇佐賀城下町竈帳　三好不二雄,三好嘉子編　福岡　九州大学出版会　1990.2　1017p　23cm　15450円　①4-87378-238-4　Ⓝ219.2　〔33241〕

◇佐賀藩多久家御定書　秀村選三校註,細川章校註　文献出版　1988.8　62p　21cm　(九州史料落穂集　第6冊)1200円　Ⓝ219.2　〔33242〕

◇佐賀藩多久領御屋形日記　第1巻　自天和2年至貞享3年　秀村選三監修　多久古文書の村編纂　多久古文書学校校註　福岡　九州大学出版会　2004.9　174,10p　21cm　3000円　①4-87378-830-7　Ⓝ219.2　〔33243〕

◇佐賀藩多久領御屋形日記　第2巻　自元禄元年至元禄3年　秀村選三監修　多久古文書の村編纂　多久古文書学校校註　福岡　九州大学出版会　2007.7　175,12p　21cm　3000円　①978-4-87378-949-1　Ⓝ219.2
〔33244〕

◇佐賀藩着到帳集成　佐賀　佐賀県立図書館内古文書研究会　1981.2　237p　26cm　Ⓝ219.2　〔33245〕

◇佐賀藩幕末関係文書調査報告書　佐賀　佐賀県立図書館　1981.3　415p　26cm　Ⓝ219.2　〔33246〕

◇巡見方諸控―天保九戌年　1　塩田町(佐賀県)　塩田町教育委員会　1992.3　22p　26cm　(塩田町文化財調査

地方史　　　　　　　　　　近世史

　　　　　　　　　　　　　　　　　　　　1985.2　339p　26cm　Ⓝ219.2
報告書　第7集—古文書学習資料　1)Ⓝ219.2　　　　　　　　　　　　　　　　　　　　〔33266〕
　　　　　　　　　　　　　〔33247〕
◇対馬藩田代領関係文書　1　鳥栖市誌編纂委員会編　鳥　◆◆長崎県
　栖　鳥栖市　2005.3　213p　26cm　(鳥栖市誌資料編　◇天草鈴木代官の歴史検証—切腹と石半減その真実　重成
　第8集)1200円　Ⓝ219.2　　　　　　　〔33248〕　　公歿三百五十年了記念研究　鶴田文史編著　本渡　天草
◇天相日記抜粋　塩田町(佐賀県)　塩田町教育委員会　　　民報社　2006.2　178p　26cm　1500円　Ⓝ289.1
　1994.3　91p　21×30cm　(塩田町文化財調査報告書　第　　　　　　　　　　　　　　　　　　　　〔33267〕
　11集—古文書学習資料　3)Ⓝ219.2　　　　〔33249〕　◇生月史稿—カクレキリシタンの島生月史　近藤儀左ヱ門
◇天相日記抜粋　4　松尾喬監修　塩田町(佐賀県)　塩田　　著　佐世保　芸文堂　1977.5　368p　19cm　(肥前歴史
　町教育委員会　1996.7　56p　30cm　(塩田町文化財調　　叢書　2)Ⓝ219.3　　　　　　　　　　〔33268〕
　査報告書　第14集—古文書学習資料　5)Ⓝ219.2　〔33250〕◇壱岐・対馬と松浦半島　佐伯弘次編　吉川弘文館
◇天相日記抜粋　5　松尾喬監修　塩田町(佐賀県)　塩田　　2006.4　218,24p　15cm　(街道の日本史　49)2600円
　町教育委員会　1997.7　53p　30cm　(塩田町文化財調　　①4-642-06249-1　　　　　　　　　　〔33269〕
　査報告書　第16集—古文書学習資料　6)Ⓝ219.2　〔33251〕◇壱岐・対馬と松浦半島　佐伯弘次編　吉川弘文館
◇天相日記抜粋　6　松尾喬監修　塩田町(佐賀県)　塩田　　2006.4　218,25p　20cm　(街道の日本史　49)2600円
　町教育委員会　1998.8　58p　30cm　(塩田町文化財調　　①4-642-06249-1　Ⓝ219.3　　　　　　〔33270〕
　査報告書　第18集—古文書学習資料　7)Ⓝ219.2　〔33252〕◇維新長崎　長崎　長崎市教育会　1941　199p　19cm
◇天相日記抜粋　7　松尾喬監修　塩田町(佐賀県)　塩田　　Ⓝ219.3　　　　　　　　　　　　　　〔33271〕
　町教育委員会　1999.8　68p　30cm　(塩田町文化財調　◇今様殿様物語—長崎県内八藩主家の由来と現況を語る
　査報告書　第20集—古文書学習資料　8)Ⓝ219.2　〔33253〕　宮浦一郎著　長崎県人社　1982.2　231p　19cm　1000
◇天相日記抜粋　8　松尾喬監修　塩田町(佐賀県)　塩田　　円　Ⓝ219.3　　　　　　　　　　　　〔33272〕
　町教育委員会　2000.8　63p　30cm　(塩田町文化財調　◇埋もれた歴史散歩・長崎—唐紅毛400年のロマン　田栗
　査報告書　第22集—古文書学習資料　9)Ⓝ219.2　〔33254〕　奎作著　長崎書房(制作・発行)　1977.2　238p　19cm
◇天相日記抜粋　9　松尾喬監修　塩田町(佐賀県)　塩田　　720円　Ⓝ219.3　　　　　　　　　　〔33273〕
　町教育委員会　2001.8　62p　30cm　(塩田町文化財調　◇大村藩年譜　志田一夫編　大村町(長崎県)　福田開進
　査報告書　第24集—古文書学習資料　10)Ⓝ219.2　　　舎(印刷)　1937　32,15p　23cm　(大村藩文化研究叢
　　　　　　　　　　　　　　　　　　　　〔33255〕　　書　第1篇)Ⓝ219.3　　　　　　　　　〔33274〕
◇七浦郷庄屋日記—肥前鍋島御蔵入　上　北村讃四郎編　◇大村藩の医学　深川晨堂著　大村藩之医学出版会　1930
　鹿島　七浦公民館　1987.12　231p　22cm　Ⓝ219.2　　　1冊　26cm　Ⓝ490.2　　　　　　　　〔33275〕
　　　　　　　　　　　　　　　　　　　　〔33256〕◇蘭英商館と平戸藩　平戸市史編さん委員会編　平戸　平
◇七浦郷庄屋日記—肥前鍋島御蔵入　下　北村讃四郎編　　戸市　1999.3　176p　15cm　(平戸歴史文庫　2)Ⓝ219.3
　鹿島　七浦公民館　1988.11　425p　22cm　Ⓝ219.2　　　　　　　　　　　　　　　　　　　〔33276〕
　　　　　　　　　　　　　　　　　　　　〔33257〕◇勝海舟と幕末長崎—日蘭修好一五〇周年記念事業　開館
◇幕末軍事技術の軌跡—佐賀藩史料『松乃落葉』　杉本勲　　二周年記念特別展　長崎歴史文化博物館編　長崎　長崎
　ほか編著　京都　思文閣出版(製作・発売)　1987.2　　　歴史文化博物館　2007.11　113p　30cm　Ⓝ210.59
　438,42p　22cm　8500円　①4-7842-0467-9　Ⓝ219.2　　　　　　　　　　　　　　　　　　　〔33277〕
　　　　　　　　　　　　　　　　　　　　〔33258〕◇キリシタン街道—長崎・島原・天草・五島…　堀江克彦
◇水茶屋間之水借物一通其外諸控—寛政己酉年　礼　塩田　　写真,松倉康之文　PHP研究所　1986.10　95p　25cm
　町(佐賀県)　塩田町教育委員会　1993.2　21p　26cm　　(PHPグラフィックス　2)1200円　①4-569-21852-0
　(塩田町文化財調査報告書　第9集—古文書学習資料　　　Ⓝ291.93　　　　　　　　　　　　　　〔33278〕
　2)Ⓝ219.2　　　　　　　　　　　　　〔33259〕　◇五島・久賀島年代記—藩政時代と明治前半期を中心にし
　　　　　　　　　　　　　　　　　　　　　　　　　　た概観　内海紀雄著　福江　福江市立久賀小学校創立百
◆◆◆史料目録　　　　　　　　　　　　　　　　　　　周年記念事業期成会　1974　126p　26cm　Ⓝ219.3
◇鹿島鍋島家(祐徳文庫)所蔵古文書目録　九州大学文学　　　　　　　　　　　　　　　　　　　〔33279〕
　部附属九州文化史研究施設編　福岡　九州大学文学部附　◇五島・久賀島年代記—藩政時代と明治前半期を中心にし
　属九州文化史研究施設　1977.2　47p　22cm　Ⓝ219.2　　た概観　内海紀雄著　改訂　福江　改訂五島・久賀島年
　　　　　　　　　　　　　　　　　　　　〔33260〕　　代記刊行会　1985.6　138p　26cm　Ⓝ219.3　〔33280〕
◇唐津藩庄屋文書目録—納所村・上ケ倉村・爪ケ坂村・満　◇五島編年史　中島功著　国書刊行会　1973　2冊　22cm
　越村等　佐賀大学附属図書館所蔵　佐賀　佐賀大学附属　　全9000円　Ⓝ219.3　　　　　　　　　　〔33281〕
　図書館　1988.3　70p　26cm　Ⓝ219.2　　　〔33261〕◇鎖国下の長崎と町人—自治と繁栄の虚実　赤瀬浩著　長
◇佐賀県立図書館所蔵鍋島家文庫目録—鍋島直泰氏寄託　　崎　長崎新聞社　2000.8　116p　21cm　1200円
　一般資料　和書・漢籍編　佐賀　佐賀県立図書館　　　　①4-931493-23-8　Ⓝ219.3　　　　　　　〔33282〕
　1981.12　321p　26cm　Ⓝ219.2　　　　　〔33262〕◇島原藩の仕組み　高木繁幸著　長崎　出島文庫　2004.
◇佐賀県立図書館所蔵鍋島家文庫目録—鍋島直泰氏寄託　　12　169p　21cm　(島原藩の歴史　第1集(藩政機構
　索引編　佐賀　佐賀県立図書館　1982.12　286,5p　　　編))1905円　①4-931472-48-6　Ⓝ219.3　〔33283〕
　26cm　Ⓝ219.2　　　　　　　　　　　　〔33263〕◇白帆注進—出島貿易と長崎遠見番　籏先好紀,江越弘人
◇佐賀県立図書館所蔵鍋島家文庫目録—鍋島直泰氏寄託　　共著　長崎　長崎新聞社　2001.11　145p　21cm　1238
　郷土資料編　佐賀　佐賀県立図書館　1980.10　236p　　円　①4-931493-08-4　Ⓝ219.3　　　　　〔33284〕
　26cm　Ⓝ219.2　　　　　　　　　　　　〔33264〕◇鈴木重成とその周辺—天草を救った代官　鈴木重成公後
◇武雄鍋島文書目録　武雄市教育委員会編　武雄　武雄市　　三五〇年記念事業特別展　本渡市立歴史民俗資料館編
　教育委員会　1981.3　255p　26cm　Ⓝ219.2　〔33265〕　本渡　本渡市立歴史民俗資料館　2003.10　137p　30cm
◇蓮池鍋島家文書目録・倉永家資料目録—佐賀県立図書館
　所蔵　佐賀県立図書館編　佐賀　佐賀県立図書館

◇先代萩の真相　田辺実明著　博文館　1921　480p 図版16枚　19cm　Ⓝ210.5　〔33286〕

◇旅する長崎学　7―長崎は『知の都』だった　近代化ものがたり1　長崎県企画　長崎文献社制作　長崎　長崎文献社　2007.12　64p　21cm　571円　Ⓘ978-4-88851-117-9　〔33287〕

◇旅する長崎学　3　キリシタン文化3　長崎県企画　長崎文献社編　長崎　長崎文献社　2006.8　63p　21cm　571円　Ⓘ4-88851-112-8　Ⓝ291.93　〔33288〕

◇旅する長崎学　4　キリシタン文化4　長崎県企画　五野井隆史，デ・ルカ・レンゾ，片岡瑠美子監修　長崎文献社編　長崎　長崎文献社　2006.10　63p　21cm　571円　Ⓘ4-88851-113-6　Ⓝ291.93　〔33289〕

◇旅する長崎学　5　キリシタン文化5　長崎県企画　長崎文献社編　長崎　長崎文献社　2006.11　63p　21cm　571円　Ⓘ4-88851-114-4　Ⓝ291.93　〔33290〕

◇旅する長崎学　6　別冊総集編　長崎県企画　長崎文献社編　長崎　長崎文献社　2007.6　87p　21cm　571円　Ⓘ978-4-88851-116-2　Ⓝ291.93　〔33291〕

◇筑前西郡史　2　幕末編　由比章祐著　福岡　福岡地方史研究会　1982.1　407p　22cm　3500円　Ⓝ219.3　〔33292〕

◇対馬藩の研究　泉澄一著　吹田　関西大学出版部　2002.9　525,62p　22cm　5000円　Ⓘ4-87354-366-5　Ⓝ219.3　〔33293〕

◇出島図―その景観と変遷　長崎市出島史跡整備審議会編　長崎　長崎市　1987.3　317p　31×43cm　30000円　Ⓘ4-8055-0158-8　Ⓝ219.3　〔33294〕

◇天領長崎秘録　旗先好紀著　長崎　長崎文献社　2004.8　261p　21cm　1600円　Ⓘ4-88851-024-5　Ⓝ219.3　〔33295〕

◇長崎遺響　柴秀夫編　双林社　1943　190p　19cm　Ⓝ219.3　〔33296〕

◇長崎異人街誌　浜崎国男著　福岡　葦書房　1978.9　303p　19cm　1600円　Ⓝ219.3　〔33297〕

◇長崎～江戸歴史街道を歩く―旧長崎街道～山陽道～東海道の34日間　餅田健著　諫早　昭和堂（印刷）　2004.11　117p　22cm　952円　Ⓘ4-916159-04-7　Ⓝ291.9　〔33298〕

◇長崎往来記　1　深潟久著　東京美術　1974　274p　19cm　（東京美術選書11）950円　Ⓝ210.58　〔33299〕

◇長崎開港史　古賀十二郎著　長崎　古賀十二郎翁遺稿刊行会　1957　317p　22cm　Ⓝ219.3　〔33300〕

◇長崎開港とその発展の道　結城了悟著　長崎　長崎純心大学博物館　2006.11　198p 図版4p　21cm　（長崎純心大学博物館研究　第15輯）Ⓝ219.3　〔33301〕

◇長崎外国人居留地の研究　菱谷武平著，出島研究会責任編集　福岡　九州大学出版会　1988.6　825p　22cm　10000円　Ⓘ4-87378-195-7　Ⓝ219.3　〔33302〕

◇長崎街道―鎖国下の異文化情報路　丸山雍成編著　日本放送出版協会　2000.5　226p　19cm　1400円　Ⓘ4-14-080509-9　Ⓝ682.193　〔33303〕

◇長崎街道筑前黒崎宿での五卿の宿　山神明日香著　北九州　[山神明日香]　2004.6　155p　21cm　1500円　Ⓝ291.9　〔33304〕

◇長崎華僑物語―中国貿易・唐人屋敷・長崎華僑　長崎中国交流史協会編著　長崎　長崎労金サービス（発売）　2001.8　98p　21cm　（ろうきんブックレット11）Ⓘ4-900895-36-9　Ⓝ219.3　〔33305〕

◇長崎県近世善行録　中野健明編　長崎　中野健明　1893.4　16丁　24cm　Ⓝ281.93　〔33306〕

◇長崎小話―奉行所犯科帳より　劉寒吉著　北九州　浜田沢江　1992.4　160p　20cm　Ⓝ219.3　〔33307〕

◇長崎大万華鏡―近世日蘭交流の華長崎　開館記念特別展　長崎歴史文化博物館・ライデン国立民族学博物館共同企画　長崎歴史文化博物館　2005　224p　28cm　Ⓝ702.15　〔33308〕

◇長崎旅博「出島ファイル」―355年目―出島が甦る！長崎ストーリー版出島パビリオンの案内　長崎　長崎文献社　1990.8　40p　21×30cm　1000円　Ⓝ219.3　〔33309〕

◇長崎唐館図集成　大庭脩編著　吹田　関西大学東西学術研究所　2003.11　242p　30cm　（関西大学東西学術研究所資料集刊 9-6―近世日中交渉史料集 6)13500円　Ⓘ4-87354-383-5　Ⓝ219.3　〔33310〕

◇長崎とポルトガル　日本ポルトガル友好450周年記念事業長崎県実行委員会編　長崎　日本ポルトガル友好450周年記念事業長崎県実行委員会　1994.3　90p　30cm　Ⓝ219.3　〔33311〕

◇長崎南蛮唐紅毛史蹟　第1輯　増田廉吉編　長崎　長崎史蹟探究会　1927　1冊　32cm　Ⓝ219.3　〔33312〕

◇長崎南蛮唐紅毛史蹟　第2輯　増田廉吉編　長崎　長崎史蹟探究会　1929　1冊　31cm　Ⓝ219.3　〔33313〕

◇長崎の歴史―開港四百年　松浦直治著　長崎　長崎開港四百年記念実行委員会　長崎文献社（発売）　1970　481p　22cm　700円　Ⓝ219.3　〔33314〕

◇長崎幕末浪人伝　深潟久著　福岡　西日本新聞社　1990.10　346p　19cm　1748円　Ⓘ4-8167-0290-3　Ⓝ219.3　〔33315〕

◇長崎奉行所分類雑載　長崎県立長崎図書館編　長崎　長崎県立長崎図書館　2005.3　341p　22cm　（長崎県立長崎図書館郷土史料叢書 5)Ⓝ322.15　〔33316〕

◇長崎奉行遠山景晋日記　荒木裕" 戸森麻衣子，藤田覚編著　大阪　清文堂出版　2005.12　241p　22cm　（清文堂史料叢書　第114刊）7400円　Ⓘ4-7924-0602-1　Ⓝ210.55　〔33317〕

◇長崎奉行の研究　鈴木康子著　京都　思文閣出版　2007.3　386,21p 図版2p　22cm　6200円　Ⓘ978-4-7842-1339-9　Ⓝ322.15　〔33318〕

◇長崎より江戸まで　エンゲルベルト・ケムフェル著　衛藤利夫訳　国民書院　1915　519p　20cm　Ⓝ291　〔33319〕

◇南蛮船がきたころ―平戸長崎切支丹記　板橋勉著　至誠堂　1971　327p　18cm　（至誠堂新書）480円　Ⓝ219.3　〔33320〕

◇幕府時代の長崎　荒木周道原著，福田忠昭増補訂正，長崎市役所編　増補訂正〔版〕　京都　臨川書店　1973　396,39p 図22枚　22cm　4500円　Ⓝ219.3　〔33321〕

◇幕末維新期長崎の市場構造　小山幸伸著　御茶の水書房　2006.1　337,36p　23cm　5600円　Ⓘ4-275-00393-4　Ⓝ672.193　〔33322〕

◇幕末島原記―付・西南之役探偵記　野村義文著　福岡　葦書房　1991.7　269p　20cm　2200円　Ⓝ219.3　〔33323〕

◇人づくり風土記―全国の伝承・江戸時代　42　ふるさとの人と知恵・長崎　加藤秀俊ほか編纂　農山漁村文化協会　1989.5　373p　27cm　（聞き書きによる知恵シリーズ）4500円　Ⓘ4-540-89007-7　Ⓝ210.5　〔33324〕

◇深堀藩武勇烈伝　松藤隆乗著　深堀村（長崎県）　深堀義士奉讃会　1936　81p　19cm　Ⓝ219.3　〔33325〕

◇松江藩軍艦八雲丸の航跡　藤田新著　［海城高等学校］　1976　27p　26cm　（海城高等学校研究集録　第3集）Ⓝ219.3　〔33326〕

◇明治六年の『長崎新聞』　丹羽漢吉編著，平鹿次郎挿画

地方史　　　　　　　　　　近世史

長崎　長崎文献社　1985.11　200p　21cm　（長崎近代双書　第1巻）2500円　Ⓝ219.3　〔33327〕

◇もう一つの維新史―長崎・大村藩の場合　外山幹夫著　新潮社　1993.11　254p　20cm　（新潮選書）1100円　①4-10-600450-X　〔33328〕

◇蘭風蛮歌　寺本界雄著　長崎　長崎文庫同人会　1959　237p　はり込み原色図版1枚　19cm　Ⓝ219.3　〔33329〕

◆◆◆自治体史

◇史都平戸―年表と史談　松浦史料博物館編　平戸　1962　109p　21cm　Ⓝ219.3　〔33330〕

◇史都平戸―年表と史談　松浦史料博物館編　改訂版　平戸　1964　117p　21cm　Ⓝ219.3　〔33331〕

◇島原の歴史　藩制編　入江清執筆　島原　島原市　1972.12　652p　22cm　Ⓝ219.3　〔33332〕

◇図説・歴史の島　平戸　山口康夫編著　平戸　平戸文化財研究所　1976.11　277p　26cm　3200円　Ⓝ219.3　〔33333〕

◇長崎叢書　上　長崎市役所編　原書房　1973　426,90,318p　22cm　（明治百年史叢書）6500円　Ⓝ219.3　〔33334〕

◇平戸オランダ商館―日蘭・今も続く小さな交流の物語　萩原博文著　長崎　長崎新聞社　2003.6　191p　18cm　（長崎新聞新書）952円　①4-931493-39-4　Ⓝ219.3　〔33335〕

◇平戸史話　矢動丸広著　改訂版　教文館　1964　229p　19cm　（親和文庫）Ⓝ219.3　〔33336〕

◇平戸史話　矢動丸広著　新訂版　佐世保　親和銀行済美会　1974　277p　19cm　（親和文庫　1号）非売品　Ⓝ219.3　〔33337〕

◇平戸の対外貿易時代の話　葉山萬次郎談, 松浦史料館編　平戸　松浦史料博物館　1961　85p　19cm　Ⓝ219.3　〔33338〕

◇松浦氏と平戸貿易　外山幹夫著　国書刊行会　1987.5　244p　20cm　1800円　Ⓝ219.3　〔33339〕

◇歴史と観光の島・平戸　平戸文化財研究所編　3版　平戸　平戸文研出版部　1977.8　87p　18cm　480円　Ⓝ291.93　〔33340〕

◆◆◆自治体史史料

◇平戸市史　海外史料編3　平戸オランダ商館の会計帳簿―仕訳帳1640年・1641年　平戸市史編さん委員会編　加藤栄一監修　行武和博, 加藤栄一翻訳　平戸　平戸市　1998.3　430p　31cm　Ⓝ219.3　〔33341〕

◆◆◆一般史料

◇諫早郷鑑―他　野中素校注　諫早　諫早郷土史料刊行会　1991.3　291p　21cm　（諫早郷土史料叢書 2）2000円　Ⓝ219.3　〔33342〕

◇諫早御家中家系事蹟　西郷記　雑事之部―目附役留書　諫早　諫早郷土史料刊行会　1998.10　453p　21cm　（諫早郷土史料叢書 5）2100円　Ⓝ219.3　〔33343〕

◇尾上本家古文書目録―旧福連木村庄屋役尾上本家所蔵　天草史談会作成　本渡　尾上公敏　1969　88p　22cm　Ⓝ219.3　〔33344〕

◇崎陽群談　大岡清相編, 中田易直, 中村質校訂　近藤出版社　1974　359,33p　19cm　（日本史料選書 10）4600円　Ⓝ210.55　〔33345〕

◇近世長崎・対外関係史料　太田勝也編　京都　思文閣出版　2007.10　647,39p　22cm　16000円　①978-4-7842-1362-7　Ⓝ678.21　〔33346〕

◇九葉実録　第1冊　大村史談会編　大村　大村史談会　1994.7　314p　22cm　5000円　Ⓝ219.3　〔33347〕

◇九葉実録　第2冊　大村史談会編　大村　大村史談会　1995.3　436p　22cm　6000円　Ⓝ219.3　〔33348〕

◇九葉実録　第3冊　大村史談会編　大村　大村史談会　1996.1　418p　22cm　6000円　Ⓝ219.3　〔33349〕

◇九葉実録　第4冊　大村史談会編　大村　大村史談会　1996.3　318p　22cm　5500円　Ⓝ219.3　〔33350〕

◇九葉実録　第5冊　大村史談会編　大村　大村史談会　1997.2　522p　22cm　6000円　Ⓝ219.3　〔33351〕

◇九葉実録　別冊　大村史談会編　大村　大村史談会　1997.3　23,281p　22cm　3000円　Ⓝ219.3　〔33352〕

◇慶応元年明細分限帳　越中哲也編　長崎　長崎歴史文化協会　1985.3　283p　27cm　（長崎歴史文化協会叢書　第1巻）非売品　Ⓝ219.3　〔33353〕

◇壷陽録―写本　松浦家旧記　平戸　松浦史料博物館　1976　56p　26cm　Ⓝ219.3　〔33354〕

◇佐須郷豆酘郷給人奉公帳―対馬藩郷士制度史料　中村正夫, 梅野初平共編　福岡　九州大学出版会　1986.11　364p　22cm　5000円　Ⓝ219.3　〔33355〕

◇島原藩史料と解説―藩経済を中心として　高木繁幸著　島原　〔高木繁幸〕　1973　258p　21cm　非売品　Ⓝ219.3　〔33356〕

◇対州藩覚書・御勘定所田代覚書　鈴木棠三編　村田書店　1976.10　355p　22cm　（対馬叢書　第2集）5200円　Ⓝ219.3　〔33357〕

◇豊崎郷給人奉公帳―対馬藩郷士制度史料　中村正夫, 梅野初平共編　福岡　九州大学出版会　1988.1　360p　22cm　5000円　①4-87378-187-6　Ⓝ219.3　〔33358〕

◇長崎関係史料選集　第1集　長崎史学習会編　長崎　長崎史学習会　2004.2　139p　21cm　Ⓝ219.3　〔33359〕

◇長崎関係史料選集　第2集　長崎史学習会編　長崎　長崎史学習会　2005.4　211p　21cm　Ⓝ219.3　〔33360〕

◇長崎警衛記録　井上権一郎著, 日本史籍協会編　東京大学出版会　1972　456p　22cm　（日本史籍協会叢書）3000円　Ⓝ210.59　〔33361〕

◇長崎拾芥　純心女子短期大学長崎地方文化史研究所編　長崎　純心女子短期大学　1988.3　225p　21cm　Ⓝ210.5　〔33362〕

◇長崎史料叢書　第4集　近世文書研究会編　長崎　近世文書研究会　1991.10　90p　26cm　Ⓝ219.3　〔33363〕

◇長崎史料叢書　第5集　長崎近世文書研究会編　長崎　長崎近世文書研究会　1994.10　155p　26cm　Ⓝ219.3　〔33364〕

◇長崎史料叢書　第6集　朝鮮通信使日記　長崎近世文書研究会編　長崎　長崎近世文書研究会　1995.12　323p　26cm　Ⓝ219.3　〔33365〕

◇長崎史料叢書　第9集　長崎近世文書研究会編　長崎　長崎近世文書研究会　2006.8　273p　26cm　Ⓝ219.3　〔33366〕

◇長崎幕末史料大成　1　各国往復文書編　第1　森永種夫校訂　長崎　長崎文献社　1969　508,7p　22cm　4800円　Ⓝ219.3　〔33367〕

◇長崎幕末史料大成　2　各国往復文書編　第2　森永種夫校訂　長崎　長崎文献社　1970　471,8p　地　22cm　4800円　Ⓝ219.3　〔33368〕

◇長崎幕末史料大成　3　開国対策編　1　森永種夫校訂　長崎　長崎文献社　1970　596p　22cm　4800円　Ⓝ219.3　〔33369〕

◇長崎幕末史料大成　4　開国対策編　2　森永種夫校訂　長崎　長崎文献社　1971　628p　22cm　4800円

近世史　　　　　　　　　　　　　　　　　　　地方史

Ⓝ219.3　　　　　　　　　　　〔33370〕
◇長崎幕末史料大成　5　開国対策編　3　森永種夫校訂　長崎　長崎文献社　1971　556p　22cm　4800円　Ⓝ219.3　　　　　　　　　　　〔33371〕
◇長崎文献叢書　第1集　第4巻　続長崎実録大成　小原克紹著,森永種夫校訂　長崎　長崎文献社　1974　732p　22cm　6800円　Ⓝ081.7　　〔33372〕
◇長崎文献叢書　第1集　第5巻　長崎虫眼鏡　江原某著,弄古軒菅秋序,丹羽漢吉校訂　長崎　長崎文献社　1975　86,119,52p　22cm　6800円　Ⓝ081.7　〔33373〕
◇長崎文献叢書　第2集　第1巻　長崎古今集覧名勝図絵　石崎融思著,越中哲也註解　長崎　長崎文献社　1975　350p（おもに図）　22cm　6000円　Ⓝ081.7　〔33374〕
◇長崎文献叢書　第2集　第4巻　長崎土産―延宝版　長崎　長崎文献社　1976.11　146,116,230p　22cm　Ⓝ081.7　〔33375〕
◇長崎文献叢書　第2集　第5巻　寛宝日記と犯科帳　森永種夫,越中哲也校著　長崎　長崎文献社　1977.3　401p　22cm　Ⓝ081.7　〔33376〕
◇長崎町方史料　福岡　福岡大学総合研究所　1984.3　356p　21cm　（福岡大学総合研究所資料叢書　第4冊）非売品　Ⓝ219.3　〔33377〕
◇長崎町方史料　2　福岡　福岡大学総合研究所　1987.3　261p　21cm　（福岡大学総合研究所資料叢書　第5冊）非売品　Ⓝ219.3　〔33378〕
◇長崎町方史料　3　福岡　福岡大学総合研究所　1989.3　499p　21cm　（福岡大学総合研究所資料叢書　第6冊）非売品　Ⓝ219.3　〔33379〕
◇仁位郷給人奉公帳―対馬藩郷士制度史料　中村正夫,梅野初平共編　福岡　九州大学出版会　1984.2　368p　22cm　5000円　Ⓝ219.3　〔33380〕
◇平戸藩御用窯総合調査報告書　佐世保史談会編　佐世保　佐世保史談会　2002.3　197p　30cm　Ⓝ219.3　〔33381〕
◇平戸松浦家資料　京都大学文学部国史研究室編　小葉田淳監修　京都　京都大学文学部国史研究室　1951.7　182p　22cm　非売品　Ⓝ219.3　〔33382〕
◇目附方諸件綴―元治元年八月～慶応元年八月　野中素校注　諫早　野中素　1990.6　510p　21cm　（諫早郷土史料叢書　1）2700円　Ⓝ219.3　〔33383〕
◇薬師寺文書嶋原実録並長崎表黒船一巻　長崎純心大学・長崎学研究所編　長崎　長崎純心大学　2005.12　201p　21cm　Ⓝ219.3　〔33384〕

◆◆熊本県
◇天草の灘―遣唐使の遭難とキリシタン騒動の周辺　辺境からのレポート（九州）　山本正喜著　熊本　〔山本正喜〕　1995.4　191p　19cm　2000円　Ⓝ219.4　〔33385〕
◇天草歴史談叢―田中昭策遺稿集　田中昭策著　苓北町（熊本県）　田中満里子　1982.1　455p　22cm　Ⓝ219.4　〔33386〕
◇小国郷史　禿迷盧著　小国町（熊本県）　河津泰雄　1960.6　683p　22cm　非売品　Ⓝ219.4　〔33387〕
◇上相良藩興亡史　園田健昌著　免田町（熊本県）　求麻郷土研究会　1991.8　164p　21cm　1950円　Ⓝ219.4　〔33388〕
◇近世熊本の食品・料理集―熊本県立大学文学部蔵歳時記文化一四年写　米谷隆史編集責任　熊本　熊本県立大学日本語日本文学研究室　2006.3　282p　21cm　（熊本文化研究叢書　第3輯）Ⓝ596.21　〔33389〕
◇近世大名の領国支配の構造　花岡興輝著　国書刊行会　1976　989,2,3p　22cm　15000円　Ⓝ219.4　〔33390〕
◇近世地域社会論―幕領天草の大庄屋・地役人と百姓相続　渡辺尚志編　岩田書院　1999.1　489p　22cm　11000円　①4-87294-130-6　Ⓝ219.4　〔33391〕
◇近世の領主支配と村落　松本寿三郎著　大阪　清文堂出版　2004.7　421p　22cm　9800円　①4-7924-0555-6　Ⓝ219.4　〔33392〕
◇熊本近世史―〔年報〕　昭和42年度　熊本　〔熊本近世史の会〕　1968　18p　25cm　Ⓝ219.4　〔33393〕
◇熊本近世史―年報　昭和43年度　熊本　熊本近世史の会　1969　33p　25cm　Ⓝ219.4　〔33394〕
◇熊本近世史―年報　昭和45年度　熊本　熊本近世史の会　1971　21p　25cm　Ⓝ219.4　〔33395〕
◇熊本近世史―年報　昭和46年度　熊本　熊本近世史の会　1972　22p　25cm　Ⓝ219.4　〔33396〕
◇熊本近世史―年報　昭和53年度　熊本近世史の会編　八代　熊本近世史の会　1979.5　33p　26cm　Ⓝ219.4　〔33397〕
◇熊本近世史―年報　昭和54年度　熊本近世史の会編　八代　熊本近世史の会　1980.7　16p　26cm　Ⓝ219.4　〔33398〕
◇熊本近世史―年報　昭和55年度　熊本近世史の会編　八代　熊本近世史の会　1981.3　14p　25cm　Ⓝ219.4　〔33399〕
◇熊本近世史―年報　昭和59年度　熊本近世史の会編　八代　熊本近世史の会　1985.6　21p　26cm　Ⓝ219.4　〔33400〕
◇熊本近世史―年報　昭和47・48年度　熊本　熊本近世史の会　1974　18p　25cm　Ⓝ219.4　〔33401〕
◇熊本御城下の町人（古町むかし話）　岡崎鴻吉著　熊本　日本談義社　1952　295p　19cm　（郷土文化叢書）Ⓝ219.4　〔33402〕
◇熊本の近世用語事典　山田康弘編　鹿本町（熊本県）　〔山田康弘〕　1986.5　148,25p　19cm　2000円　Ⓝ219.4　〔33403〕
◇熊本藩と起宿―特別展　尾西　尾西市歴史民俗資料館　1996.10　12p　30cm　（尾西市歴史民俗資料館特別展図録　no.44）　〔33404〕
◇熊本藩年表稿　熊本　細川藩政史研究会　1974　386p　22cm　Ⓝ219.4　〔33405〕
◇熊本藩の法と政治―近代的統治への胎動　鎌田浩著　創文社　1998.2　716,14p　22cm　14000円　①4-423-74079-6　Ⓝ219.4　〔33406〕
◇古写真に探る熊本城と城下町　富田紘一著　熊本　肥後上代文化研究会　1993.9　129p　19×27cm　2000円　Ⓝ219.4　〔33407〕
◇新・熊本の歴史　5　近世　下　「新・熊本の歴史」編集委員会編　熊本　熊本日日新聞社　1980.4　250p　21cm　1600円　Ⓝ219.4　〔33408〕
◇全国の伝承江戸時代人づくり風土記―聞き書きによる知恵シリーズ　43　ふるさとの人と知恵熊本　加藤秀俊ほか編纂　農山漁村文化協会　1990.7　373p　27cm　4369円　①4-540-90011-0　Ⓝ210.5　〔33409〕
◇高瀬藩関係資料調査報告書　玉名市立歴史博物館こころピア編　玉名　玉名市立歴史博物館こころピア　2000.3　124p　30cm　（玉名市立歴史博物館こころピア資料集成　第3集）Ⓝ219.4　〔33410〕
◇入門　江戸時代の熊本　松本寿三郎著　熊本　三章文庫　1994.4　279p　19cm　（熊本市民大学セミナー）1942円　〔33411〕
◇藩制下の村と在町―近世の阿蘇　吉村豊雄著　一の宮町

地方史　　　　　　　　　　近世史

(熊本県)　一の宮町　2001.12　254p　18cm　(一の宮町史―自然と文化阿蘇選書 3) 952円　①4-87755-118-2　Ⓝ219.4
〔33412〕

◇肥後近世史年表　生田宏著, 圭室諦成校訂　熊本　日本談義社　1958　206p　21cm　(郷土文化叢書) Ⓝ219.4
〔33413〕

◇肥後近世明治前期 気象災害記録　本田彰男編著　熊本　熊本農業経済学会　1960　58p　15×21cm　Ⓝ219.4
〔33414〕

◇肥後の勤王　後藤是山著　矢貴書店　1943　300p　19cm　Ⓝ210.5
〔33415〕

◇肥後国検地帳の基礎的研究 1　慶長九年九月 山本郡検地帳　熊本近世史の会編　八代　熊本近世史の会　1976　75p　26cm　Ⓝ219.4
〔33416〕

◇肥後国検地帳の基礎的研究 2　慶長拾三年山本郡検地帳　熊本近世史の会編　熊本　熊本近世史の会　1978.7　118p　26cm　Ⓝ219.4
〔33417〕

◇肥後藩士上田久兵衛先生略伝並年譜　鈴木登編　熊本　熊本地歴研究会　1928　193,12p　23cm　Ⓝ289.1
〔33418〕

◇肥後細川藩の研究　森田誠一編　名著出版　1974　362p　22cm　(地方史研究叢書) 4500円　Ⓝ219.4　〔33419〕

◇肥後細川藩幕末秘聞　河津武俊著　福岡　弦書房　2003.10　341p　20cm　2000円　①4-902116-12-X　Ⓝ219.4
〔33420〕

◇武家の婚礼―八代・松井家のお嫁入り 秋季特別展覧会　八代市立博物館未来の森ミュージアム編　八代　八代市立博物館未来の森ミュージアム　2004.10　135p　30cm　(八代の歴史と文化 14) Ⓝ750.21　〔33421〕

◇細川家家臣略系譜　川口恭子編　熊本　熊本藩政史研究会　1983.11　110p　26cm　Ⓝ219.4　〔33422〕

◇明治維新と肥後―皇紀二千六百年記念　伊喜見謙吉講　熊本史蹟調査会編　熊本　熊本書院　1940　100p　20cm　Ⓝ219.4
〔33423〕

◇綿考輯録　第3巻　忠興公 下　石田晴男ほか編　熊本　出水神社　1989.3　440p　22cm　(出水叢書 3) 7000円　Ⓝ288.3
〔33424〕

◇綿考輯録　第5巻　忠利公 中　土田将雄編　熊本　出水神社　1990.3　497p　22cm　(出水叢書 5) 8000円　Ⓝ288.3
〔33425〕

◆◆◆自治体史

◇新熊本市史　通史編 第3巻　近世 1　新熊本市史編纂委員会編　熊本　熊本市　2001.3　1052,22p　22cm　Ⓝ219.4
〔33426〕

◇八代市史　第3巻　蓑田田鶴男著　八代　八代市教育委員会　1972　689p　22cm　非売　Ⓝ219.4　〔33427〕

◇八代市史　第5巻　八代城下町時代 3 松井時代 前篇　蓑田田鶴男著　八代　八代市教育委員会　1978.3　948p　22cm　Ⓝ219.4
〔33428〕

◆◆◆自治体史史料

◇河内町史　資料編 第2　検地帳　花岡興輝編集・校訂　河内町(熊本県)　河内町　1991.1　366p　26cm　Ⓝ219.4
〔33429〕

◇近世荒尾の医師と馬医　荒尾市史編集委員会編　荒尾　荒尾市　2004.3　318p　26cm　(荒尾市史基礎史料 第6集) Ⓝ498.02194
〔33430〕

◇熊本市史関係資料集　第1集　近世―町役人名附　新熊本市史編纂委員会編　熊本　熊本市　1997.3　476p　21cm　Ⓝ219.4
〔33431〕

◇相良村誌　資料編 1　或村の近世史　相良村誌執筆者連絡協議会編　小山勝清著　相良村(熊本県)　相良村　1994.3　243p　27cm　Ⓝ291.94
〔33432〕

◇新宇土市史基礎資料　第1集　町在 1 寛政11～文政4年　宇土　宇土市教育委員会文化振興課　1995.3　128p　26cm　Ⓝ219.4
〔33433〕

◇新宇土市史基礎資料　第2集　町在 2 文政4～天保10年　宇土　宇土市教育委員会　1996.3　111p　26cm　Ⓝ219.4
〔33434〕

◇新宇土市史基礎資料　第3集　町在 3(天保4-嘉永元年)　宇土　宇土市教育委員会　1997.3　147p　26cm　Ⓝ219.4
〔33435〕

◇新宇土市史基礎資料　第4集　町在 4(嘉永元年―安政6年)　宇土　宇土市教育委員会　1998.3　127p　26cm　Ⓝ219.4
〔33436〕

◇新熊本市史　史料編 第3巻　近世 1　新熊本市史編纂委員会編　熊本　熊本市　1994.3　1069p　22cm　Ⓝ219.4
〔33437〕

◇新熊本市史　史料編 第4巻　近世 2　新熊本市史編纂委員会編　熊本　熊本市　1996.3　1131p　22cm　Ⓝ219.4
〔33438〕

◇新熊本市史　史料編 第5巻　近世 3　新熊本市史編纂委員会編　熊本　熊本市　1998.3　1085p　22cm　Ⓝ219.4
〔33439〕

◇玉名市検地帳集 1　玉名市史編集委員会編　玉名　玉名市史編集委員会　1991.3　358p　26cm　(玉名市歴史資料集成 第7集) Ⓝ219.4
〔33440〕

◇玉名市検地帳集 2　玉名市史編集委員会編　玉名　玉名市史編集委員会　1992.3　207p　26cm　(玉名市歴史資料集成 第9集) Ⓝ219.4
〔33441〕

◇玉名市検地帳集 3　玉名市史編集委員会編　玉名　玉名市史編集委員会　1994.3　540p　26cm　(玉名市歴史資料集成 第11集) Ⓝ219.4
〔33442〕

◇玉名市検地帳集 4 宝暦年中下ケ名寄帳　玉名市史編集委員会編　玉名　玉名市史編集委員会　1995.3　371p　26cm　(玉名市歴史資料集成 第13集) Ⓝ219.4　〔33443〕

◇八代市史　近世史料編 7　八代古文書の会編　八代　八代市教育委員会　1998.3　1095p　22cm　Ⓝ219.4
〔33444〕

◇八代市史　近世史料編 8　八代古文書の会編　八代　八代市教育委員会　1999.3　876,9p　22cm　Ⓝ219.4
〔33445〕

◇八代市史　近世史料編 9　八代古文書の会編　八代　八代市教育委員会　2000.3　690p　22cm　Ⓝ219.4
〔33446〕

◆◆◆一般史料

◇芦北郡人畜改帳　第1　城後尚年, 松本寿三郎校訂　大牟田　農村史料刊行会　1968　111p　26cm　(農村史料叢書 2) 非売　Ⓝ612.194
〔33447〕

◇芦北郡人畜改帳　第2　城後尚年, 松本寿三郎校訂　大牟田　農村史料刊行会　1969　135p　26cm　(農村史料叢書 3) 非売　Ⓝ612.194
〔33448〕

◇芦北郡人畜改帳　第3　城後尚年, 松本寿三郎校訂　大牟田　農村史料刊行会　1971　118p　26cm　(農村史料叢書 5) 非売　Ⓝ612.194
〔33449〕

◇天草古記録集　4・5・6合併号　天草郡百姓相続方仕法書―高嶋・上田家など諸家所蔵　本渡　天草古文書会　1983.7　286p　22cm　Ⓝ219.4　〔33450〕

◇荒尾市域の検地帳　宝暦・明和 1　荒尾市史編集委員会編　荒尾　荒尾市　1999.3　413p　26cm　(荒尾市史基

近世史　　　　　　　　　　　　　　地方史

礎史料　第2集）Ⓝ219.4　　　　　〔33451〕
◇荒尾市域の検地帳　宝暦・明和2　荒尾市史編集委員会編　荒尾　荒尾市　2000.1　406p　26cm　(荒尾市史基礎史料　第3集）Ⓝ219.4　　　　　〔33452〕
◇荒尾市域の検地帳　宝暦・明和3　荒尾市史編集委員会編　荒尾　荒尾市　2002.3　387p　26cm　(荒尾市史基礎史料　第4集）Ⓝ219.4　　　　　〔33453〕
◇荒尾市域の検地帳　慶長・寛永　荒尾市史編集委員会編　荒尾　荒尾市　1998.3　349p　26cm　(荒尾市史基礎史料　第1集）Ⓝ219.4　　　　　〔33454〕
◇上田宜珍日記―天草郡高浜村庄屋　享和2年　上田宜珍著　天草町（熊本県）　天草町教育委員会　1997.3　224p　22cm　Ⓝ219.3　　　　　〔33455〕
◇上田宜珍日記―天草郡高浜村庄屋　文化2年　上田宜珍著　天草町（熊本県）　天草町教育委員会　1998.11　283p　22cm　Ⓝ219.4　　　　　〔33456〕
◇上田宜珍日記―天草郡高浜村庄屋　文化3年　天草町（熊本県）　天草町教育委員会　1988.8　337p　22cm　Ⓝ219.3　　　　　〔33457〕
◇上田宜珍日記―天草郡高浜村庄屋　文化9年　天草町（熊本県）　天草町教育委員会　1991.4　359p　22cm　Ⓝ219.4　　　　　〔33458〕
◇上田宜珍日記―天草郡高浜村庄屋　寛政9年　天草町（熊本県）　天草町教育委員会　1995.1　181p　22cm　Ⓝ219.4　　　　　〔33459〕
◇上田宜珍日記―天草郡高浜村庄屋　寛政10年　天草町（熊本県）　天草町教育委員会　1995.10　174p　22cm　Ⓝ219.3　　　　　〔33460〕
◇上田宜珍日記―天草郡高浜村庄屋　文化11年　天草町（熊本県）　天草町教育委員会　1991.11　375p　22cm　Ⓝ219.4　　　　　〔33461〕
◇上田宜珍日記―天草郡高浜村庄屋　寛政11年　天草町（熊本県）　天草町教育委員会　1996.3　181p　22cm　Ⓝ219.3　　　　　〔33462〕
◇上田宜珍日記―天草郡高浜村庄屋　文化12年　天草町（熊本県）　天草町教育委員会　1992.4　376p　22cm　Ⓝ219.4　　　　　〔33463〕
◇上田宜珍日記―天草郡高浜村庄屋　文化13年　天草町（熊本県）　天草町教育委員会　1992.10　339p　22cm　Ⓝ219.4　　　　　〔33464〕
◇上田宜珍日記―天草郡高浜村庄屋　寛政13年　享和元年　上田宜珍著　天草町（熊本県）　天草町教育委員会　1997.3　235p　22cm　Ⓝ219.3　　〔33465〕
◇上田宜珍日記―天草郡高浜村庄屋　文化14年　天草町（熊本県）　天草町教育委員会　1993.3　371p　22cm　Ⓝ219.4　　　　　〔33466〕
◇上田宜珍日記―天草郡高浜村庄屋　文化15年　文政元年　天草町（熊本県）　天草町教育委員会　1993.9　382p　22cm　Ⓝ219.4　　　〔33467〕
◇上田宜珍日記―天草郡高浜村庄屋　寛政5年・寛政7年　天草町（熊本県）　天草町教育委員会　1994.3　266p　22cm　Ⓝ219.4　　　　　〔33468〕
◇上田宜珍日記　附録―寛政13年,文化2年　天草町（熊本県）〔天草町教育委員会〕　1997-1998　1冊　21cm　Ⓝ219.4　　　　　〔33469〕
◇宇土細川氏藩政関係歴史資料調査報告書　1　宇土市教育委員会編　宇土　宇土市教育委員会　1989.3　178p　26cm　(宇土市歴史民俗調査報告書　第1集）Ⓝ219.4　　　　　〔33470〕
◇宇土細川氏藩政関係歴史資料調査報告書　2　宇土市教育委員会編　宇土　宇土市教育委員会　1990.3　86p　

26cm　(宇土市歴史民俗調査報告書　第2集）Ⓝ219.4　　　〔33471〕
◇宇土細川氏藩政関係歴史資料調査報告書　3　宇土市教育委員会編　宇土　宇土市教育委員会　1991.3　150p　26cm　(宇土市歴史民俗調査報告書　第3集）Ⓝ219.4　　　〔33472〕
◇木山家尾上家所蔵大庄屋勤方書付山方役勤方書付並関係文書　本渡　本渡市教育委員会　1984.3　148p　21cm　(本渡市文化財調査報告　第3集）Ⓝ219.4　　〔33473〕
◇熊本近代史史料　第1集　肥後藩平永・物庄屋一覧　森下功編　熊本　熊本近代史研究会　1961　34p　25cm　Ⓝ219.4　　　　　〔33474〕
◇熊本県史料―近世篇　第1　部分御旧記 第1　熊本県編　熊本　1965　721,13p　22cm　Ⓝ219.4　〔33475〕
◇熊本県史料―近世篇　第2　部分御旧記 第2　熊本県編　熊本　1965　22cm　Ⓝ219.4　　〔33476〕
◇熊本県史料―近世篇　第3　部分御旧記 第3　熊本県編　熊本　1965　22cm　Ⓝ219.4　　〔33477〕
◇熊本県史料集成　第10集　肥後藩の農民生活　郷土文化研究所（熊本女子大学内)編　熊本　日本談義社　1952-1957　11冊　21cm　Ⓝ219.4　　〔33478〕
◇熊本県史料集成　第11集　肥後藩の政治　郷土文化研究所（熊本女子大学内)編　熊本　日本談義社　1952-1957　11冊　21cm　Ⓝ219.4　　　　〔33479〕
◇熊本県史料集成　第14集　人吉藩の政治と生活　郷土文化研究所（熊本女子大学内)編　熊本　日本談義社　1959　294p　21cm　Ⓝ219.4　　　　〔33480〕
◇熊本県文化財調査報告　第23集　細川家文書―中世篇　熊本県教育委員会編　熊本　熊本県教育委員会　1977.3　76p　26cm　Ⓝ709.2　　　　〔33481〕
◇熊本県文化財調査報告　第29集　細川家近世文書目録―付「中世篇」補遺　熊本県教育委員会編　熊本　熊本県教育委員会　1978.3　238p　26cm　Ⓝ709.2　〔33482〕
◇熊本藩御書出集成　1　松本寿三郎編　熊本　細川藩政史研究会　1999.7　278p　26cm　5000円　Ⓝ219.4　〔33483〕
◇熊本藩御書出集成　2　松本寿三郎編　熊本　細川藩政史研究会　1999.7　339p　26cm　5000円　Ⓝ219.4　〔33484〕
◇熊本藩御書出集成　3　松本寿三郎編　熊本　細川藩政史研究会　2001.6　363p　26cm　5000円　Ⓝ219.4　〔33485〕
◇熊本藩御書出集成　4　松本寿三郎編　熊本　細川藩政史研究会　2001.6　261p　26cm　5000円　Ⓝ219.4　〔33486〕
◇熊本藩国事史料　小橋元雄編　小橋元雄　1913　158,50p　23cm　Ⓝ219.4　　〔33487〕
◇熊本藩侍帳集成　松本寿三郎編　熊本　細川藩政史研究会　1996.5　646p　27cm　17476円　Ⓝ219.4　〔33488〕
◇熊本藩町政史料　1　惣月行事記録抜書　1　細川藩政史研究会編集・校訂　熊本　〔細川藩政史研究会〕　1985.5　629p　22cm　Ⓝ219.4　〔33489〕
◇人境考―江戸時代の八代郡誌　八代　八代古文書の会　1991.9　143,5p　21cm　Ⓝ219.4　〔33490〕
◇栖本組村々明細帳ほか―有明町史編纂資料　有明町（熊本県）　有明町教育委員会　1996.3　501p　21cm　Ⓝ219.4　　〔33491〕
◇天領天草大庄屋木山家文書　御用触写帳 第1巻　本渡　本渡市教育委員会　1995.3　350p　26cm　(本渡市古文書史料集）Ⓝ219.4　　　〔33492〕

地方史　　　　　　　　　　近世史

◇天領天草大庄屋木山家文書　御用触写帳　第2巻　本渡　本渡市教育委員会　1997.3　460p　26cm　（本渡市古文書史料集）Ⓝ219.4
〔33493〕

◇肥後中村恕斎日録―自弘化二年至明治三年　第1巻　弘化2-3年　中村恕斎著　『恕斎日録』刊行会編纂　熊本　熊本出版文化会館　2002.9　261,17p　22cm　6500円　①4-915796-37-X　Ⓝ219.4
〔33494〕

◇肥後国相良藩士分限帳　佐藤光昭編　五木村（熊本県）　五木文化研究所　1983.11　110p　26cm　Ⓝ219.4
〔33495〕

◇肥後藩切支丹宗門改影踏帳　1　城後尚年編　熊本　細川藩政史研究会　2004.6　289p　26cm　非売品　Ⓝ219.4
〔33496〕

◇肥後藩切支丹宗門改影踏帳　2　城後尚年編　熊本　細川藩政史研究会　2005.10　248p　26cm　非売品　Ⓝ219.4
〔33497〕

◇肥後藩切支丹宗門改影踏帳　3　城後尚年編　熊本　細川藩政史研究会　2007.1　172p　26cm　非売品　Ⓝ219.4
〔33498〕

◇肥後藩国事史料　細川家編纂所編　改訂　国書刊行会　1973　10冊　22cm　各7500円　Ⓝ219.4
〔33499〕

◇肥後藩国事史料　第1編上，下，第2編上，下，第3編，第4編上，下，第5編上，下　小橋元雄編　小橋元雄　1913　9冊　22cm　Ⓝ219.4
〔33500〕

◇肥後細川家侍帳　1　松本寿三郎編　熊本　細川藩政史研究会　1977.11　84p　26cm　Ⓝ219.4
〔33501〕

◇肥後細川家侍帳　2　松本寿三郎編　熊本　細川藩政史研究会　1978.10　p85～172　26cm　Ⓝ219.4
〔33502〕

◇肥後細川家侍帳　3　松本寿三郎編　熊本　細川藩政史研究会　1979　p173～297　26cm　Ⓝ219.4
〔33503〕

◇肥後細川家侍帳　4　松本寿三郎編　熊本　細川藩政史研究会　1979.10　p299～470　26cm　Ⓝ219.4
〔33504〕

◇肥後細川家分限帳　高野和人著　熊本　青潮社　1991.9　57,59p　22cm　（青潮社歴史選書 5）6000円　Ⓝ219.4
〔33505〕

◇肥後八代松井家御家人帳　八代　八代古文書の会　1984.10　180p　22cm　非売品　Ⓝ219.4
〔33506〕

◇肥後八代類例集―宝暦～文化年間の記録　八代　八代古文書の会　1996.5　192,5p　22cm　（八代古文書の会叢書　第7巻）Ⓝ219.4
〔33507〕

◇文化十四年諸御用日記　前田千佳子監修　菊陽町中央公民館古文書講座解読　菊陽町（熊本県）　菊陽町中央公民館　2004.3　70p　30cm　Ⓝ219.4
〔33508〕

◇文化二年慶応四年諸御用日記　前田千佳子監修　菊陽町古文書を読む会解読　菊陽町（熊本県）　菊陽町中央公民館　2005.3　126p　30cm　Ⓝ219.4
〔33509〕

◇宝暦五年御侍帳　熊本　出水神社　1988.3　302p　16×22cm　（出水叢書 8）5000円　Ⓝ219.4
〔33510〕

◇町在　1　城後尚年校訂　七浦古文書会編　津奈木町（熊本県）　七浦古文書会　1999　90p　26cm　（芦北郡史料叢書　第1集）Ⓝ219.4
〔33511〕

◇町在　2　城後尚年校訂　七浦古文書会編　津奈木町（熊本県）　七浦古文書会　2000.2　153p　26cm　（芦北郡史料叢書　第2集）Ⓝ219.4
〔33512〕

◆◆◆◆肥後藩人畜改帳

◇大日本近世史料―肥後藩人畜改帳　1　東京大学史料編纂所編　東京大学出版会　1984.2　403p　22cm　6000円　①4-13-092914-3　Ⓝ210.5
〔33513〕

◇大日本近世史料　第2　肥後藩人畜改帳　東京大学史料編纂所編　東京大学出版会　1953-1956　22cm
〔33514〕

◇大日本近世史料　2　肥後藩人畜改帳　東京大学史料編纂所編　東京大学出版会　1955　5冊　22cm　Ⓝ210.5
〔33515〕

◇大日本近世史料―肥後藩人畜改帳　2　東京大学史料編纂所編　東京大学出版会　1984.2　401p　22cm　6000円　①4-13-092915-1　Ⓝ210.5
〔33516〕

◇大日本近世史料―肥後藩人畜改帳　3　東京大学史料編纂所編　東京大学出版会　1984.2　331p　22cm　5000円　①4-13-092916-X　Ⓝ210.5
〔33517〕

◇大日本近世史料―肥後藩人畜改帳　4　東京大学史料編纂所編　東京大学出版会　1984.2　318p　22cm　5000円　①4-13-092917-8　Ⓝ210.5
〔33518〕

◇大日本近世史料―肥後藩人畜改帳　5　東京大学史料編纂所編　東京大学出版会　1984.2　301p　22cm　5000円　①4-13-092918-6　Ⓝ210.5
〔33519〕

◆◆◆史料目録

◇熊本関係古文書目録　近世編　熊本県企画開発部文化企画課編　熊本　熊本県　1996.3　342p　30cm　Ⓝ025.8194
〔33520〕

◆◆大分県

◇愛宕の里　別巻　12　岡藩校と庶民教育　小倉文雄著　竹田　〔小倉文雄〕　1988　190p　26cm　Ⓝ291.95
〔33521〕

◇大分県旧藩領域図　十時英司著　大分　郷土史蹟伝説研究会　1938　64p　25×33cm　Ⓝ219.5
〔33522〕

◇大分県史　近世篇1　大分県総務部総務課編　大分　大分県　1983.3　606p　22cm　非売品　Ⓝ219.5
〔33523〕

◇大分県史　近世篇2　大分県総務部総務課編　大分　大分県　1985.3　605p　22cm　非売品　Ⓝ219.5
〔33524〕

◇大分県史　近世篇3　大分県総務部総務課編　大分　大分県　1988.3　588p　22cm　非売品　Ⓝ219.5
〔33525〕

◇大分県史　近世篇4　大分県総務部総務課編　大分　大分県　1990.3　525p　22cm　非売品　Ⓝ219.5
〔33526〕

◇おおいた蘭学事始―文明開化への道　平成17年度特別展　大分県立歴史博物館編　宇佐　大分県立歴史博物館　2005.10　79p　30cm　Ⓝ210.5
〔33527〕

◇岡藩医学梗概並古今医人小史　大分県竹田町　黒川健士　1940　218p　23cm　Ⓝ490.2
〔33528〕

◇奥平中津藩の農村研究　秋吉和夫編著　吉富町（福岡県）　秋吉和夫　1986.12　347p　21cm　Ⓝ219.5
〔33529〕

◇温故知新録　6　関谷長煕編　佐伯市教育委員会編　佐伯　佐伯市教育委員会　2005.3　9,480p　27cm　（佐伯藩史料）Ⓝ219.5
〔33530〕

◇温故知新録　7　関谷長煕編　佐伯市教育委員会編　佐伯　佐伯市教育委員会　2007.3　10,431p　27cm　（佐伯藩史料）Ⓝ219.5
〔33531〕

◇杵築藩医辻家の人々　辻満生編　日出町（大分県）　辻満生　1982.3　44p　22cm　非売品　Ⓝ288.3　〔33532〕

◇杵築藩士帳―嘉永元年　土居寛申，久米忠臣解読　出版地不明　〔土居寛申〕　2005.4　93p　26cm　Ⓝ219.5
〔33533〕

◇杵築藩士帳　2　久米忠臣著　2版　杵築　杵築藩研究会　1990.11　37p　25cm　Ⓝ219.5
〔33534〕

◇旧臼杵藩の臼杵精神―質素、倹約、貯蓄、勉励　板井精一著　臼杵町（大分県）　臼杵精神調査会　1944.4　154p　19cm　非売品　Ⓝ219.5
〔33535〕
◇旧岡藩勤王家略伝―主トシテ義挙に参加シタル勤王家　竹田町教育会　竹田町（大分県）　竹田町教育会　1940　75p　19cm　Ⓝ281.95
〔33536〕
◇九州天領の研究―日田地方を中心として　杉本勲編　吉川弘文館　1976　587p　22cm　8300円　Ⓝ219.5
〔33537〕
◇近世都市竹田―空間構成と都市のイメージ　福岡　九州大学文学部地理学研究室　1989.3　67p　30cm　（地域調査報告　4）Ⓝ219.5
〔33538〕
◇古文書に見る臼杵藩稲葉氏五百年―大分県立先哲史料館平成10年度特別展　大分県立先哲史料館編　大分　大分県立先哲史料館　1998.10　52p　30cm　Ⓝ219.5
〔33539〕
◇質素.倹約.貯蓄.勉励旧臼杵藩の臼杵精神　臼杵町（大分県）　臼杵精神調査会　1944　154p　19cm　Ⓝ219.5
〔33540〕
◇知ってるつもり？小藩分立―バラバラだけどつながっている　大分県立先哲史料館平成十四年度秋季企画展　大分県立先哲史料館編　大分　大分県立先哲史料館　2002.10　42p　30cm　Ⓝ219.5
〔33541〕
◇巡見使が豊後にやって来た―街道の史跡散歩　河野太助著　大分　九州凸版印刷（印刷）　1999.9　702p　22cm　非売品　Ⓝ219.5
〔33542〕
◇庄屋の弁明―岡藩軸丸組大庄屋御調ニ付申上覚　芦刈政治監修　緒方町立歴史民俗資料館古文書講座（緒方町古文書研究会）解読　緒方町（大分県）　緒方町立歴史民俗資料館　2005.3　49p　21×30cm　Ⓝ219.5　〔33543〕
◇水滴は岩をも穿つ　川嶌真人著　福岡　梓書院　2006.5　362p　22cm　2857円　①4-87035-273-7　Ⓝ490.2195
〔33544〕
◇西藩野史　鹿児島　鹿児島私立教育会　1896.9　232p　20cm　Ⓝ219.7
〔33545〕
◇追遠私考　是永六雅原著　久米忠臣編　杵築　杵築藩研究会　1993　90p　26cm　（杵築藩資料集　第5巻）Ⓝ219.5
〔33546〕
◇天領日田　坂本武信著　日田　天領日田刊行会　1971　248p　19cm　Ⓝ219.5
〔33547〕
◇時空を超えて―森藩誕生四〇〇年　甲斐素純, 竹野孝一郎著　福岡　西日本新聞社　2005.5　283p　19cm　1600円　①4-8167-0635-6　Ⓝ219.5　〔33548〕
◇豊の国のモノづくり―江戸時代の特産品　2004年秋季企画展図録　大分県立先哲史料館編　大分　大分県立先哲史料館　2004.10　36p　30cm　Ⓝ602.195　〔33549〕
◇中津城シンポジウムの記録　2004年　中津　中津市教育委員会　2005.1　34p　30cm　Ⓝ219.5　〔33550〕
◇中津藩―歴史と風土　第11輯　半田隆夫解説・校訂　中津　中津市立小幡記念図書館　1991.3　302p　27cm　（中津藩史料叢書）非売品　Ⓝ219.5
〔33551〕
◇中津藩―歴史と風土　第12輯　半田隆夫解説・校訂　中津　中津市立小幡記念図書館　1992.3　303p　27cm　（中津藩史料叢書）非売品　Ⓝ219.5
〔33552〕
◇中津藩―歴史と風土　第13輯　半田隆夫解説・校訂　中津　中津市立小幡記念図書館　1993.3　301p　27cm　（中津藩史料叢書）非売品　Ⓝ219.5
〔33553〕
◇中津藩―歴史と風土　第14輯　半田隆夫解説・校訂　中津　中津市立小幡記念図書館　1994.3　301p　27cm　（中津藩史料叢書）非売品　Ⓝ219.5
〔33554〕
◇中津藩―歴史と風土　第15輯　半田隆夫解説・校訂　中津　中津市立小幡記念図書館　1995.3　298p　27cm　（中津藩史料叢書）非売品　Ⓝ219.5
〔33555〕
◇中津藩―歴史と風土　第16輯　半田隆夫解説・校訂　中津　中津市立小幡記念図書館　1996.3　300p　27cm　（中津藩史料叢書）非売品　Ⓝ219.5
〔33556〕
◇中津藩―歴史と風土　第17輯　半田隆夫解説・校訂　中津　中津市立小幡記念図書館　1997.3　303p　27cm　（中津藩史料叢書）非売品　Ⓝ219.5
〔33557〕
◇中津藩―歴史と風土　第18輯　半田隆夫解説・校訂　中津　中津市立小幡記念図書館　1998.3　306p　27cm　（中津藩史料叢書）非売品　Ⓝ219.5
〔33558〕
◇中津藩史　黒屋直房著　国書刊行会　1987.12　715p　図版22枚　23cm　15000円　Ⓝ219.5
〔33559〕
◇二豊小藩物語―江戸時代の大分県　上巻　狭間久著　大分　大分合同新聞社　大分合同サービス社（発売）　1975　380p　22cm　3500円　Ⓝ219.5　〔33560〕
◇二豊小藩物語―江戸時代の大分県　下巻　狭間久著　大分　大分合同新聞社　大分合同サービス社（発売）　1976　363,8p　22cm　3500円　Ⓝ219.5　〔33561〕
◇日出藩御家中系図　荒金錬次編　日出町（大分県）　日出町立万里図書館　1972　1冊　26cm　（図書館叢書　第6集）非売　Ⓝ288.21
〔33562〕
◇人づくり風土記―江戸時代　44　ふるさとの人と知恵・大分　会田雄次, 大石慎三郎監修　　石川松太郎, 稲垣史生, 加藤秀俊編纂　豊田寛三大分版監修　農山漁村文化協会　1998.6　348p　27cm　4286円　①4-540-98007-6　Ⓝ210.5
〔33563〕
◇府内藩年中行事　垣本言雄著　大分　大分史談会　1943　132p　26cm　Ⓝ385
〔33564〕
◇豊後岡藩先哲小伝　大分県立竹田中学校編　竹田町（大分県）　大分県立竹田中学校　1937　35p　23cm　Ⓝ281.95
〔33565〕
◇豊後国直入郡救民記　豊日史学会編　大分　1957　41p　22cm　（豊日史学叢書）Ⓝ219.5
〔33566〕
◇豊城世譜　是永六雅著　久米忠臣編　杵築　杵築松平藩研究会　1997.12　186p　26cm　Ⓝ219.5　〔33567〕
◇物語中津藩の歴史　上巻　原田種純著　歴史図書社　1979.11　312p　20cm　3400円　Ⓝ219.5　〔33568〕
◇魯西亜使節渡来記―竹田市立図書館所蔵文書　本田耕一監修　竹田　竹田市教育委員会　2003.3　64p　30cm　Ⓝ219.5
〔33569〕

◆◆◆自治体史

◇玖珠町史　上巻　　自然―近世　玖珠町史編纂委員会編　玖珠町（大分県）　玖珠町教育委員会　2001.3　798p　27cm　Ⓝ219.5
〔33570〕

◆◆◆自治体史史料

◇宇佐近世史料集　橋津家史料 1　村井益男, 後藤重巳編　宇佐　宇佐市史刊行会　1975　313p　22cm　Ⓝ219.5
〔33571〕
◇宇佐近世史料集　山口家史料 1　村井益男, 後藤重巳編　宇佐　宇佐市史刊行会　1976　302p　22cm　Ⓝ219.5
〔33572〕
◇宇佐近世史料集　3　中島家史料　村井益男, 後藤重巳編　宇佐　宇佐市史刊行会　1979.3　302p　22cm　Ⓝ219.5
〔33573〕
◇宇佐近世史料集　　第4集　田口家史料　1　村井益男, 後藤重巳編　宇佐　宇佐市史刊行会　1981.2　300p　22cm　Ⓝ219.5
〔33574〕
◇宇佐近世史料集　　第5集　田口家史料　2　村井益

地方史　　　　　　　　　　　　　近世史

男,後藤重巳編　宇佐　宇佐市史刊行会　1982.3　300p　22cm　Ⓝ219.5　〔33575〕

◇別府市古文書史料集　第13集　亀川村庄屋記録　別府　別府市教育委員会　1993.3　247p　26cm　Ⓝ219.5　〔33576〕

◇別府市古文書史料集　第14集　後藤庄屋文書―速見郡野田村　1　入江秀利編　別府　別府市教育委員会　1996.3　80p　30cm　Ⓝ219.5　〔33577〕

◆◆◆一般史料

◇油蝋燭受払御勘定目録　本田耕一編　竹田　〔本田耕一〕　1999　18p　26cm　Ⓝ219.5　〔33578〕

◇伊藤家文書　2　本田耕一監修　竹田　竹田市教育委員会　2001.3　103p　30cm　Ⓝ219.5　〔33579〕

◇伊藤家文書　3　本田耕一監修　竹田　竹田市教育委員会　2001.3　35p　30cm　Ⓝ219.5　〔33580〕

◇伊藤家文書　4　本田耕一監修　竹田　竹田市教育委員会　2001.3　35p　30cm　Ⓝ219.5　〔33581〕

◇伊藤家文書　5　本田耕一監修　竹田　竹田市教育委員会　2002.3　44p　30cm　Ⓝ219.5　〔33582〕

◇伊藤家文書〔ネライ〕御法令号・出猟日誌　本田耕一監修　竹田　竹田市教育委員会　2000.3　72p　30cm　Ⓝ219.5　〔33583〕

◇大分県史近世史料叢書　1　豊後国郷帳(元禄十四年)・豊後国郷帳(天保五年)・豊前国郷帳(天保五年)　大分県総務部総務課編　大分　大分県総務部総務課　1980.3　221p　21cm　非売品　Ⓝ219.5　〔33584〕

◇大分県史史料叢書　3　佐伯藩　温故知新録・古御書写　大分県総務部総務課編　大分　大分県総務部総務課　1981.3　266p　21cm　非売品　Ⓝ219.5　〔33585〕

◇大分県史料　37　第2部　補遺9　松平一伯関係文書・佐伯藩史料　大分県教育委員会編　大分　大分県教育委員会　1984.12　373p　22cm　Ⓝ219.5　〔33586〕

◇大分県史料　第17　第4部　各藩史料　大分県史料刊行会編　大分　大分県立教育研究所　1960-1964　22cm　Ⓝ219.5　〔33587〕

◇大分県史料　第18　第5部　近世庶民史料　第1　大分県史料刊行会編　大分　大分県立教育研究所　1960-1964　22cm　Ⓝ219.5　〔33588〕

◇大分県史料　第19　第5部　近世庶民史料　第2　大分県史料刊行会編　大分　大分県立教育研究所　1960-1964　22cm　Ⓝ219.5　〔33589〕

◇大分県史料　第22　第8部　先賢資料　第1　大分県史料刊行会編　大分　大分県立教育研究所　1960-1964　22cm　Ⓝ219.5　〔33590〕

◇大分県地方史料叢書　第1　豊後国村明細帳　第2　渡辺澄夫,安部叢編　大分　大分県地方史研究会　1964　176p　22cm　Ⓝ219.5　〔33591〕

◇大分県地方史料叢書　第2　豊後国郷帳　上　渡辺澄夫,富来隆編　大分　大分県地方史研究会　1964　172p　22cm　Ⓝ219.5　〔33592〕

◇大分県地方史料叢書　第5　第1　臼杵藩旧貫史―佐伯藩温故知新録・古御書写　1　大分県総務部総務課編　大分　大分県地方研究会　1981.3　266p　22cm　Ⓝ219.5　〔33593〕

◇岡藩高札扣　本田耕一編　竹田　〔本田耕一〕　1999　5p　26cm　Ⓝ219.5　〔33594〕

◇岡藩時代之雑事―羽田野長蔵遺稿　羽田野長蔵著　竹田　羽田野二郎等　1968　180p　22cm　非売　Ⓝ219.5　〔33595〕

◇奥平家中勤方覚書―仮題　中津藩政史料　半田隆夫校訂・解題指導　中津　中津市立小幡記念図書館　2002.8　282p　30cm　(中津藩政史料撰集1)　非売品　Ⓝ219.5　〔33596〕

◇温故知新録　1　関谷長熈編　佐伯市教育委員会編　佐伯　佐伯市　1995.3　484p　27cm　(佐伯藩史料)　非売品　Ⓝ219.5　〔33597〕

◇温故知新録　2　関谷長熈編　佐伯市教育委員会編　佐伯　佐伯市　1997.3　18,470p　27cm　(佐伯藩史料)　非売品　Ⓝ219.5　〔33598〕

◇温故知新録　3　関谷長熈編　佐伯市教育委員会編　佐伯　佐伯市　1999.3　19,505p　27cm　(佐伯藩史料)　非売品　Ⓝ219.5　〔33599〕

◇温故知新録　4　関谷長熈編　佐伯市教育委員会編　佐伯　佐伯市　2001.3　19,483p　27cm　(佐伯藩史料)　Ⓝ219.5　〔33600〕

◇温故知新録　5　関谷長熈編　佐伯市教育委員会編　佐伯　佐伯市　2003.3　14,486p　27cm　(佐伯藩史料)　Ⓝ219.5　〔33601〕

◇御参勤御供日記―仮題　半田隆夫校訂・解題指導　中津　中津市立小幡記念図書館　2003.8　239p　30cm　(中津藩政史料撰集2)　非売品　Ⓝ219.5　〔33602〕

◇享保九(甲辰)年岡領直入郡有氏組耶蘇宗門并類族御改帳　佐藤満洋編　大分　〔佐藤満洋〕　1986.7　60p　26cm　Ⓝ219.5　〔33603〕

◇切死丹宗門御改旦那寺証拠判帳―文久二年小原手永三井寺村　森猛校注　大分　古文書研究会　2007.2　34p　26cm　(古文書研究会資料　別冊2)　Ⓝ219.5　〔33604〕

◇島原藩橋津組大庄屋日記　1　後藤重巳校訂　別府　別府大学付属博物館　1991.12　291p　21cm　Ⓝ219.5　〔33605〕

◇市令録　第2輯　半田隆夫校訂　中津　中津市立小幡記念図書館　1979.2　286p　26cm　(中津藩史料叢書)　非売品　Ⓝ219.5　〔33606〕

◇市令録　第3輯　半田隆夫校訂　中津　中津市立小幡記念図書館　1980.1　300p　26cm　(中津藩史料叢書)　非売品　Ⓝ219.5　〔33607〕

◇惣町大帳　前編21　天明元年・二年　安部伴,松永昌代校訂　中津　中津市　2007.3　236p　26cm　非売品　Ⓝ219.5　〔33608〕

◇惣町大帳　前編24　天明七年・八年　安部伴,松永昌代校訂　中津　中津市　2007.3　303p　26cm　非売品　Ⓝ219.5　〔33609〕

◇惣町大帳　後編1　寛政十三年酉正月(改元享和)二月十三日ヨリ　竹本弘文校訂　国東町(大分県)　中津惣町大帳刊行会　1985.10　118p　26cm　非売品　Ⓝ219.5　〔33610〕

◇惣町大帳　後編2　享和二年(壬戌)正月ヨリ八月マデ　竹本弘文校訂　国東町(大分県)　中津惣町大帳刊行会　1986.10　114p　26cm　非売品　Ⓝ219.5　〔33611〕

◇惣町大帳　後編3　享和二年(壬戌)九月ヨリ十二月マデ.享和三年(癸亥)正月ヨリ六月マデ　竹本弘文校訂　国東町(大分県)　中津惣町大帳刊行会　1987.10　121p　26cm　非売品　Ⓝ219.5　〔33612〕

◇惣町大帳　後編4　享和四年(甲子)正月(改元文化元年)ヨリ文化二年(乙丑)六月マデ　竹本弘文校訂　国東町(大分県)　中津惣町大帳刊行会　1988.10　110p　26cm　非売品　Ⓝ219.5　〔33613〕

◇惣町大帳　後編5　文化二年(乙丑)七月ヨリ文化三年(丙寅)二月マデ　竹本弘文校訂　国東町(大分県)　中津惣町大帳刊行会　1989.8　117p　26cm　非売品　Ⓝ219.5　〔33614〕

◇惣町大帳　後編7　文化四年(卯)正月ヨリ同年十二月マ

◇デ 竹本弘文校訂 中津 中津惣町大帳刊行会 1991.10 115p 26cm 非売品 Ⓝ219.5 〔33615〕

◇惣町大帳 後編8 文化五年辰正月ヨリ文化六年四月マデ 竹本弘文校訂 中津 中津惣町大帳刊行会 1992.10 118p 26cm Ⓝ219.5 〔33616〕

◇惣町大帳 後編9 文化六年巳五月ヨリ文化七年十二月マデ 竹本弘文校訂 中津 中津惣町大帳刊行会 1993.10 126p 26cm Ⓝ219.5 〔33617〕

◇惣町大帳 後編10 文化九年申正月ヨリ文化九年十二月マデ 竹本弘文校訂 中津 中津惣町大帳刊行会 1995.5 108p 26cm Ⓝ219.5 〔33618〕

◇惣町大帳 後編11 文化十年酉正月ヨリ文化十年十二月マデ 竹本弘文校訂 中津 中津惣町大帳刊行会 1996.2 104p 26cm Ⓝ219.5 〔33619〕

◇惣町大帳 後編12 文化十一年酉正月ヨリ文化十一年十二月マデ 竹本弘文校訂 中津 中津惣町大帳刊行会 1996.11 117p 26cm Ⓝ219.5 〔33620〕

◇惣町大帳 後編13 文化十二年亥正月ヨリ文化十二年十二月マデ 竹本弘文校訂 中津 中津惣町大帳刊行会 1997.7 100p 26cm Ⓝ219.5 〔33621〕

◇惣町大帳 後編21 天保三年・四年・五年 七森忠利,久保英一,保科真校訂 中津 中津市 2007.3 216p 26cm 非売品 Ⓝ219.5 〔33622〕

◇惣町大帳 後編24 天保九年戌正月ヨリ天保九年十二月マデ 安部伴校訂 中津 中津市 2007.3 151p 26cm 非売品 Ⓝ219.5 〔33623〕

◇徳風録─杵築藩主松平親賢公行状記 河合水漚盛之著 渡辺八代吉写 中尾弥三郎解読・著編 安岐町（大分県）〔中尾弥三郎〕 1994 2冊（別冊とも） 26cm Ⓝ219.5 〔33624〕

◇中園村・小俣庄屋記録─杵築藩・安岐手永 久米忠臣編 小川倡吉解読 杵築 杵築松平藩研究会 1995.11 84p 26cm Ⓝ219.5 〔33625〕

◇中津藩─歴史と風土 第1輯 半田隆夫校訂 中津 中津市立小幡記念図書館 1981.1 230p 26cm （中津藩史料叢書）非売品 Ⓝ219.5 〔33626〕

◇中津藩─歴史と風土 第2輯 半田隆夫校訂 中津 中津市立小幡記念図書館 1981.11 292p 26cm （中津藩史料叢書）非売品 Ⓝ219.5 〔33627〕

◇中津藩─歴史と風土 第3輯 半田隆夫解説・校訂 中津 中津市立小幡記念図書館 1982.12 294p 26cm （中津藩史料叢書）非売品 Ⓝ219.5 〔33628〕

◇中津藩─歴史と風土 第4輯 半田隆夫解説・校訂 中津 中津市立小幡記念図書館 1983.12 308p 26cm （中津藩史料叢書）非売品 Ⓝ219.5 〔33629〕

◇中津藩─歴史と風土 第5輯 半田隆夫解説・校訂 中津 中津市立小幡記念図書館 1984.12 312p 27cm （中津藩史料叢書）非売品 Ⓝ219.5 〔33630〕

◇中津藩─歴史と風土 第6輯 半田隆夫解説・校訂 中津 中津市立小幡記念図書館 1986.3 317p 27cm （中津藩史料叢書）非売品 Ⓝ219.5 〔33631〕

◇中津藩─歴史と風土 第7輯 半田隆夫解説・校訂 中津 中津市立小幡記念図書館 1987.2 311p 27cm （中津藩史料叢書）非売品 Ⓝ219.5 〔33632〕

◇中津藩─歴史と風土 第8輯 半田隆夫解説・校訂 中津 中津市立小幡記念図書館 1988.3 323p 27cm （中津藩史料叢書）非売品 Ⓝ219.5 〔33633〕

◇中津藩─歴史と風土 第9輯 半田隆夫解説・校訂 中津 中津市立小幡記念図書館 1989.3 317p 27cm （中津藩史料叢書）非売品 Ⓝ219.5 〔33634〕

◇中津藩─歴史と風土 第10輯 半田隆夫解説・校訂 中津 中津市立小幡記念図書館 1990.3 309p 27cm （中津藩史料叢書）非売品 Ⓝ219.5 〔33635〕

◇延岡藩主夫人内藤充真院繁子著作集 1 内藤充真院繁子著 明治大学博物館 2005.2 187p 26cm （内藤家文書増補・追加目録 陸奥国磐城平藩・日向国延岡藩 9）Ⓝ219.6 〔33636〕

◇延岡藩主夫人内藤充真院繁子道中日記 内藤充真院繁子著 明治大学博物館 2004.3 272p 26cm （内藤家文書増補・追加目録 陸奥国磐城平藩・日向国延岡藩 8）Ⓝ219.6 〔33637〕

◇橋津組大庄屋日記 2 後藤重巳校訂 別府 別府大学付属博物館 1992.9 252p 21cm Ⓝ219.5 〔33638〕

◇橋津組大庄屋日記 3 後藤重巳校訂 別府 別府大学付属博物館 1994.5 284p 21cm Ⓝ219.5 〔33639〕

◇豊後国東郡中田村関係史料集 別府 別府大学文学部史学科近世文書講読会 1972 94p 26cm （近世文書解読シリーズ 第1集）Ⓝ219.5 〔33640〕

◇豊後国近世地方史料 第1 安部巌編 別府 安部巌 1964 113p 25cm （郷土叢書 51）非売 Ⓝ219.5 〔33641〕

◇豊後国近世地方史料 第2 安部巌編 別府 安部巌 1965 146p 25cm （郷土叢書 52）非売 Ⓝ219.5 〔33642〕

◇豊後国近世地方史料 第3 検地 安部巌編 別府 安部巌 1969 146p 25cm （郷土叢書 53）非売 Ⓝ219.5 〔33643〕

◇豊後国近世地方史料 第11 村里 安部巌編 別府 安部巌 1966 146p 25cm （郷土叢書 61）非売 Ⓝ219.5 〔33644〕

◇豊後国近世地方史料 第12 経済 安部巌編 別府 安部巌 1967 162p 25cm （郷土叢書 62）非売 Ⓝ219.5 〔33645〕

◇豊後国佐伯藩蒲江浦唐船漂着史料 簀川長兵衛原著,佐藤正博編 別府 広雅堂書店 1984.12 110,10p 23cm （広雅堂叢書 3）2000円 Ⓝ219.5 〔33646〕

◇豊後国日田郡渡里村年貢割付状・年貢皆済目録 1 日田 日田市教育委員会 1984.3 52p 26cm （日田郷土史料 第26回配本）Ⓝ219.5 〔33647〕

◇豊後国日田郡渡里村年貢割付状・年貢皆済目録 2 日田 日田市教育委員会 1985.3 128p 26cm （日田郷土史料 第27回配本）Ⓝ219.5 〔33648〕

◇豊後国日田郡渡里村年貢割付状・年貢皆済目録 3 日田 日田市教育委員会 1986.3 148p 26cm （日田郷土史料 第28回配本）Ⓝ219.5 〔33649〕

◇豊後国船方史料─臼杵藩 入江秀利,藤内喜六編 別府 麻生書店 1982.4 163p 28cm 2000円 Ⓝ219.5 〔33650〕

◇帆足家史料集─江戸末期・明治初期 帆足正編 九重町（大分県） 帆足正 1992.11 176p 21cm 非売品 Ⓝ219.5 〔33651〕

◇本匠の古文書─河野家文書（中野村組大庄屋） 本匠村近世文書研究会解読・編集 佐伯 本匠村教育委員会 2004 234p 26cm Ⓝ219.5 〔33652〕

◇本匠の古文書─因尾村文書（高野大庄屋） 上 本匠村近世文書研究会解読・編集 本匠村（大分県） 本匠村教育委員会 2004 194p 26cm Ⓝ219.5 〔33653〕

◇本匠の古文書─因尾村文書（高野大庄屋） 下 本匠村近世文書研究会解読・編集 本匠村（大分県） 本匠村教育委員会 2004 p195-412 26cm Ⓝ219.5 〔33654〕

◇町役所日記 第30巻 太田利男解読 久米忠臣編 杵築 杵築藩研究会事務局 1990 p4351-4500 26cm Ⓝ219.5 〔33655〕

地方史　　　　　　　　　　　　　　近世史

◇町役所日記　第33巻　太田利男解読　久米忠臣編　杵築　杵築藩研究会事務局　1990　p4801-4950　26cm　Ⓝ219.5
〔33656〕
◇町役所日記　第34巻　太田利男解読　久米忠臣編　杵築　杵築藩研究会事務局　1997　p4951-5100　26cm　Ⓝ219.5
〔33657〕
◇町役所日記　第35巻　太田利男解読　久米忠臣編　杵築　杵築藩研究会事務局　1990　p5101-5250　26cm　Ⓝ219.5
〔33658〕
◇町役所日記　第36巻　太田利男解読　久米忠臣編　杵築　杵築藩研究会事務局　1990　p5251-5400　26cm　Ⓝ219.5
〔33659〕
◇町役所日記　第37巻　太田利男解読　久米忠臣編　杵築　杵築藩研究会事務局　1997　p5401-5550　26cm　Ⓝ219.5
〔33660〕
◇町役所日記　第38巻　太田利男解読　久米忠臣編　杵築　杵築藩研究会事務局　1997　p5551-5700　26cm　Ⓝ219.5
〔33661〕
◇町役所日記　第39巻　太田利男解読　久米忠臣編　杵築　杵築藩研究会事務局　1997　p5701-5850　26cm　Ⓝ219.5
〔33662〕
◇町役所日記　第40巻　太田利男解読　久米忠臣編　杵築　杵築藩研究会事務局　1997　p5851-6000　26cm　Ⓝ219.5
〔33663〕
◇町役所日記　第41巻　太田利男解読　久米忠臣編　杵築　杵築藩研究会事務局　1990　p6001-6150　26cm　Ⓝ219.5
〔33664〕
◇町役所日記　第42巻　太田利男解読　久米忠臣編　杵築　杵築藩研究会事務局　1990　p6151-6300　26cm　Ⓝ219.5
〔33665〕
◇町役所日記　第43巻　太田利男解読　久米忠臣編　杵築　杵築藩研究会事務局　1990　p6301-6450　26cm　Ⓝ219.5
〔33666〕
◇町役所日記　第44巻　太田利男解読　久米忠臣編　杵築　杵築藩研究会事務局　1990　p6451-6600　26cm　Ⓝ219.5
〔33667〕
◇町役所日記　第45巻　太田利男解読　久米忠臣編　杵築　杵築藩研究会事務局　1998　p6601-6750　26cm　Ⓝ219.5
〔33668〕
◇町役所日記　第46巻　太田利男解読　鷲司哲暲解読（天保七年）　久米忠臣編　杵築　杵築藩研究会事務局　1998　p6751-6914　26cm　Ⓝ219.5
〔33669〕
◇町役所日記　47　明治　久米忠臣編　向進解読　杵築　〔久米忠臣〕　2003.4　p6915-6982　26cm　Ⓝ219.5
〔33670〕

◆◆◆◆豊後杵月藩城下町町役所日記

◇豊後杵築藩城下町町役所日記　第1巻　太田利男原文解読　久米忠臣編　杵築　杵築藩研究会　1999　150p　26cm　（杵築藩資料集）Ⓝ219.5
〔33671〕
◇豊後杵築藩城下町町役所日記　第2巻　太田利男原文解読　久米忠臣編　杵築　杵築藩研究会事務局　1990　p151-300　26cm　（杵築藩資料集）Ⓝ219.5
〔33672〕
◇豊後杵築藩城下町町役所日記　第3巻　太田利男原文解読　久米忠臣編　杵築　杵築藩研究会事務局　1990　p301-450　26cm　（杵築藩資料集）Ⓝ219.5
〔33673〕
◇豊後杵築藩城下町町役所日記　第4巻　太田利男原文解読　久米忠臣編　杵築　杵築藩研究会事務局　1990　p451-600　26cm　（杵築藩資料集）Ⓝ219.5
〔33674〕
◇豊後杵築藩城下町町役所日記　第5巻　太田利男原文解読　久米忠臣編　杵築　杵築藩研究会事務局　1993.10　p601-750　26cm　（杵築藩資料集）Ⓝ219.5
〔33675〕
◇豊後杵築藩城下町町役所日記　第6巻　太田利男原文解読　久米忠臣編　杵築　杵築藩研究会事務局　1993.10　p751-900　26cm　（杵築藩資料集）Ⓝ219.5
〔33676〕
◇豊後杵築藩城下町町役所日記　第7巻　太田利男解読　久米忠臣編　杵築　杵築藩研究会事務局　1990　p901-1050　26cm　（杵築藩資料集）Ⓝ219.5　〔33677〕
◇豊後杵築藩城下町町役所日記　第8巻　太田利男解読　久米忠臣編　杵築　杵築藩研究会事務局　1990　p1051-1200　26cm　（杵築藩資料集）Ⓝ219.5　〔33678〕
◇豊後杵築藩城下町町役所日記　第9巻　太田利男解読　久米忠臣編　杵築　杵築藩研究会事務局　1990　p1201-1350　26cm　（杵築藩資料集）Ⓝ219.5　〔33679〕
◇豊後杵築藩城下町町役所日記　第10巻　太田利男解読　久米忠臣編　杵築　杵築藩研究会事務局　1990　p1351-1500　26cm　（杵築藩資料集）Ⓝ219.5　〔33680〕
◇豊後杵築藩城下町町役所日記　第11巻　太田利男解読　久米忠臣編　杵築　杵築藩研究会事務局　1994　p1501-1650　26cm　（杵築藩資料集）Ⓝ219.5　〔33681〕
◇豊後杵築藩城下町町役所日記　第12巻　太田利男解読　久米忠臣編　杵築　杵築藩研究会事務局　1990　p1651-1800　26cm　（杵築藩資料集）Ⓝ219.5　〔33682〕
◇豊後杵築藩城下町町役所日記　第13巻　太田利男解読　久米忠臣編　杵築　杵築藩研究会事務局　1990　p1801-1950　26cm　（杵築藩資料集）Ⓝ219.5　〔33683〕
◇豊後杵築藩城下町町役所日記　第14巻　太田利男解読　久米忠臣編　杵築　杵築藩研究会事務局　1990　p1951-2100　26cm　（杵築藩資料集）Ⓝ219.5　〔33684〕
◇豊後杵築藩城下町町役所日記　第15巻　太田利男解読　久米忠臣編　杵築　杵築藩研究会事務局　1990　p2101-2250　26cm　（杵築藩資料集）Ⓝ219.5　〔33685〕
◇豊後杵築藩城下町町役所日記　第16巻　太田利男解読　久米忠臣編　杵築　杵築藩研究会事務局　1990　p2251-2400　26cm　（杵築藩資料集）Ⓝ219.5　〔33686〕
◇豊後杵築藩城下町町役所日記　第17巻　太田利男解読　久米忠臣編　杵築　杵築藩研究会事務局　1990　p2401-2550　26cm　（杵築藩資料集）Ⓝ219.5　〔33687〕
◇豊後杵築藩城下町町役所日記　第18巻　太田利男解読　久米忠臣編　杵築　杵築藩研究会事務局　1990　p2551-2700　26cm　（杵築藩資料集）Ⓝ219.5　〔33688〕
◇豊後杵築藩城下町町役所日記　第19巻　太田利男解読　久米忠臣編　杵築　杵築藩研究会事務局　1990　p2701-2850　26cm　（杵築藩資料集）Ⓝ219.5　〔33689〕
◇豊後杵築藩城下町町役所日記　第20巻　太田利男解読　久米忠臣編　杵築　杵築藩研究会事務局　1990　p2851-3000　26cm　（杵築藩資料集）Ⓝ219.5　〔33690〕
◇豊後杵築藩城下町町役所日記　第21巻　太田利男解読　久米忠臣編　杵築　杵築藩研究会事務局　1990　p3001-3150　26cm　（杵築藩資料集）Ⓝ219.5　〔33691〕
◇豊後杵築藩城下町町役所日記　第22巻　太田利男解読　久米忠臣編　杵築　杵築藩研究会事務局　1994　p3151-3300　26cm　（杵築藩資料集）Ⓝ219.5　〔33692〕
◇豊後杵築藩城下町町役所日記　第23巻　太田利男解読　久米忠臣編　杵築　杵築藩研究会事務局　1990　p3301-3450　26cm　（杵築藩資料集）Ⓝ219.5　〔33693〕
◇豊後杵築藩城下町町役所日記　第24巻　太田利男解読　久米忠臣編　杵築　杵築藩研究会事務局　1995　p3451-3600　26cm　（杵築藩資料集）Ⓝ219.5　〔33694〕
◇豊後杵築藩城下町町役所日記　第25巻　太田利男解読　久米忠臣編　杵築　杵築藩研究会事務局　1990

◇豊後杵築藩城下町町役所日記 第26巻 太田利男解読 久米忠臣編 杵築 杵築藩研究会 1995 p3751-3900 26cm （杵築藩資料集）Ⓝ219.5 〔33696〕

◇豊後杵築藩城下町町役所日記 第27巻 太田利男解読 久米忠臣編 杵築 杵築藩研究会事務局 1995 p3901-4050 26cm （杵築藩資料集）Ⓝ219.5 〔33697〕

◇豊後杵築藩城下町町役所日記 第28巻 太田利男解読 久米忠臣編 杵築 杵築藩研究会事務局 1995 p4051-4200 26cm （杵築藩資料集）Ⓝ219.5 〔33698〕

◇豊後杵築藩城下町町役所日記 第29巻 太田利男解読 久米忠臣編 杵築 杵築藩研究会事務局 1995 p4201-4350 26cm （杵築藩資料集）Ⓝ219.5 〔33699〕

◇豊後杵築藩城下町町役所日記 第31巻 太田利男解読 久米忠臣編 杵築 杵築藩研究会事務局 1990 p4501-4650 26cm （杵築藩資料集）Ⓝ219.5 〔33700〕

◇豊後杵築藩城下町町役所日記 第32巻 太田利男解読 久米忠臣編 杵築 杵築藩研究会事務局 1990 p4651-4800 26cm （杵築藩資料集）Ⓝ219.5 〔33701〕

◆◆◆史料目録

◇大分県郷土資料所在調査目録 第1輯 近世史料の部 大分県立大分図書館 大分 大分県立大分図書館 1979.2 190p 26cm Ⓝ025.995 〔33702〕

◇大分県郷土資料所在調査目録 第2輯 近世史料の部 昭和54年度 大分県立大分図書館編 大分 大分県立大分図書館 1979.12 163p 26cm Ⓝ025.895 〔33703〕

◇天理図書館近世文書目録 第2 大和国高市郡之部 天理大学附属天理図書館編 天理 天理大学出版部 1986.10 480,3p 26cm （天理図書館叢書 第37輯）Ⓝ025.8165 〔33704〕

◇内藤家文書目録 第1部 明治大学博物館事務室 2007.3 267p 26cm Ⓝ219.6 〔33705〕

◇広瀬家文書仮目録 第2 近世文書 第1 福岡 九州大学九州文化史研究施設 1969 284p 22cm 非売 Ⓝ219.5 〔33706〕

◆◆宮崎県

◇飫肥街道—歩く感じる江戸時代 前田博仁著 宮崎 鉱脈社 2007.1 137p 19cm 953円 Ⓘ978-4-86061-210-8 Ⓝ291.96 〔33707〕

◇近世の高崎 田中為雄著 高崎町（宮崎県） 田中為雄 1982 1冊 26cm Ⓝ219.6 〔33708〕

◇元禄期の日向飫肥藩—日高浅右ヱ門が生きた時代 永井哲雄著 宮崎 鉱脈社 1998.12 204p 19cm （鉱脈叢書 25）1400円 Ⓘ4-906008-16-X Ⓝ219.6 〔33709〕

◇元禄期の日向飫肥藩—日高浅エ門が生きた時代 宮崎の歴史・江戸時代中期 永井哲雄著 改訂新版 宮崎 鉱脈社 2003.4 205p 19cm （みやざき文庫 19）1600 Ⓘ4-86061-055-5 Ⓝ219.6 〔33710〕

◇佐土原藩史 日高徳太郎著,日高次吉校訂 佐土原町（宮崎県） 島津慶祝会 1960 283p 22cm Ⓝ219.6 〔33711〕

◇佐土原藩史 桑原節次原著 佐土原町教育委員会校訂 佐土原町（宮崎県） 佐土原町教育委員会 1997.3 569p 22cm 非売品 Ⓝ219.6 〔33712〕

◇佐土原藩譜 1 宮崎県立図書館編 宮崎 宮崎県立図書館 1997.3 162p 22cm 非売品 Ⓝ219.6 〔33713〕

◇佐土原藩譜 2 宮崎県立図書館編 宮崎 宮崎県立図書館 1998.3 200p 22cm 非売品 Ⓝ219.6 〔33714〕

◇佐土原藩譜 3 宮崎県立図書館編 宮崎 宮崎県立図書館 1999.3 244p 22cm 非売品 Ⓝ219.6 〔33715〕

◇佐土原藩分限帳 菊池徳生,有村政則調査・校訂・編集 佐土原町（宮崎県） 菊池徳生 2005.1 111p 26cm 非売品 Ⓝ219.6 〔33716〕

◇「仁」と「諫」—高鍋藩・鷹山を育んだ風土の形成と展開 永井哲雄著 宮崎 鉱脈社 2005.2 179p 19cm （みやざき文庫 34）1200円 Ⓘ4-86061-126-8 Ⓝ219.6 〔33717〕

◇高鍋藩史話 安田尚義著 宮崎 鉱脈社 1998.6 487,27p 20cm （みやざき21世紀文庫 23）2400円 Ⓝ219.6 〔33718〕

◇天領と日向市—日向市における天領の研究ノート 甲斐勝著 ぎょうせい 1976 291p 22cm 1800円 Ⓝ219.6 〔33719〕

◇人づくり風土記—江戸時代 45 ふるさとの人と知恵・宮崎 石川松太郎ほか編纂 農山漁村文化協会 1997.2 356p 27cm 4415円 Ⓘ4-540-96153-5 Ⓝ210.5 〔33720〕

◇宮崎県近世社会経済史 小寺鉄之助著 宮崎 宮崎県史料編纂会 1958 412p 22cm Ⓝ219.6 〔33721〕

◇宮崎県史 通史編 近世 上 宮崎県編 宮崎 宮崎県 2000.5 795,16p 22cm Ⓝ219.6 〔33722〕

◇宮崎県史 通史編 近世 下 宮崎県編 宮崎 宮崎県 2000.5 915,36p 22cm Ⓝ219.6 〔33723〕

◆◆◆自治体史史料

◇近世山之口町郷土史料 都城市教育委員会山之口生涯学習課編 都城 都城市教育委員会山之口生涯学習課 2006.3 10,133p 26cm Ⓝ219.6 〔33724〕

◇都城市史 史料編 近世 1 都城市史編さん委員会編 都城 都城市 2001.6 1245p 22cm Ⓝ219.6 〔33725〕

◇都城市史 史料編 近世 2 都城市史編さん委員会編 都城 都城市 2002.6 1349p 22cm Ⓝ219.6 〔33726〕

◇都城市史 史料編 近世 3 都城市史編さん委員会編 都城 都城市 2003.6 1374p 図版11枚 22cm 8500円 Ⓝ219.6 〔33727〕

◆◆◆一般史料

◇飫肥藩分限帳 野田敏夫校訂 宮崎 日向文化談話会 1974 50p 22cm Ⓝ219.6 〔33728〕

◇嶠南日誌 第1巻 平部嶠南著 宮崎県立図書館編 宮崎 宮崎県立図書館 1991.3 523p 22cm 非売品 Ⓝ219.6 〔33729〕

◇佐土原藩騒動記 宮崎県立図書館編 宮崎 宮崎県立図書館 1996.3 195p 22cm 非売品 Ⓝ219.6 〔33730〕

◇佐土原藩唐船漂着記 宮崎県立図書館編 宮崎 宮崎県立図書館 1995.3 195p 22cm 非売品 Ⓝ219.6 〔33731〕

◇佐土原藩分限帳 野田敏夫校訂 宮崎 日向文化談話会 1965 50p 21cm Ⓝ219.6 〔33732〕

◇都城島津家史料 第1巻 重永卓爾編纂・校訂 都城 都城市立図書館 1987.3 337p 22cm Ⓝ219.6 〔33733〕

◇都城島津家史料 第2巻 重永卓爾編纂・校訂 都城 都城市立図書館 1988.3 335p 22cm Ⓝ219.6 〔33734〕

地方史　　　　　　　　　　近世史

◇宮崎県史　史料編 近世1　宮崎　宮崎県　1991.3
　1059p　22cm　Ⓝ219.6　　　　　　　　〔33735〕
◇宮崎県史　史料編 近世2　宮崎県編　宮崎　宮崎県
　1993.3　1194p　22cm　Ⓝ219.6　　　　〔33736〕
◇宮崎県史　史料編 近世3　宮崎県編　宮崎　宮崎県
　1994.3　1103p　22cm　Ⓝ219.6　　　　〔33737〕
◇宮崎県史　史料編 近世4　宮崎県編　宮崎　宮崎県
　1995.3　1067p　22cm　Ⓝ219.6　　　　〔33738〕
◇宮崎県史　史料編 近世5　宮崎県編　宮崎　宮崎県
　1996.3　1108p　22cm　Ⓝ219.6　　　　〔33739〕
◇宮崎県史　史料編 近世6　宮崎県編　宮崎　宮崎県
　1997.3　1145p　22cm　Ⓝ219.6　　　　〔33740〕
◇宮崎県史料　第1巻　高鍋藩　本藩実録　宮崎　宮崎県
　立図書館　1975　337p　22cm　非売品　Ⓝ219.6
　　　　　　　　　　　　　　　　　　　〔33741〕
◇宮崎県史料　第1巻　高鍋藩　本藩実録　宮崎県立図書館
　編　2版　京都　臨川書店　1995.10　337p　22cm
　Ⓘ4-653-03112-6,4-653-03111-8　Ⓝ219.6　〔33742〕
◇宮崎県史料　第2巻　高鍋藩　拾遺本藩実録　宮崎　宮
　崎県立図書館　1976　474p　22cm　非売品　Ⓝ219.6
　　　　　　　　　　　　　　　　　　　〔33743〕
◇宮崎県史料　第2巻　高鍋藩　拾遺本藩実録　宮崎県立
　図書館編　2版　京都　臨川書店　1995.10　474p　22cm
　Ⓘ4-653-03113-4,4-653-03111-8　Ⓝ219.6　〔33744〕
◇宮崎県史料　第3巻　高鍋藩　続本藩実録(上)　宮崎県立
　図書館編　宮崎　宮崎県立図書館　1977.3　503p
　22cm　非売品　Ⓝ219.6　　　　　　　　〔33745〕
◇宮崎県史料　第3巻　高鍋藩　続本藩実録　上　宮崎県
　立図書館編　2版　京都　臨川書店　1995.10　503p
　22cm　Ⓘ4-653-03114-2,4-653-03111-8　Ⓝ219.6
　　　　　　　　　　　　　　　　　　　〔33746〕
◇宮崎県史料　第4巻　高鍋藩　続本藩実録　下　宮崎県
　立図書館編　宮崎　宮崎県立図書館　1978.3　556p
　22cm　非売品　Ⓝ219.6　　　　　　　　〔33747〕
◇宮崎県史料　第4巻　高鍋藩　続本藩実録　下　宮崎県
　立図書館編　2版　京都　臨川書店　1995.10　556p
　22cm　Ⓘ4-653-03115-0,4-653-03111-8　Ⓝ219.6
　　　　　　　　　　　　　　　　　　　〔33748〕
◇宮崎県史料　第5巻　佐土原藩　嶋津家日記 1　宮崎県
　立図書館編　宮崎　宮崎県立図書館　1979.3　515p
　22cm　非売品　Ⓝ219.6　　　　　　　　〔33749〕
◇宮崎県史料　第5巻　佐土原藩　嶋津家日記 1　宮崎県
　立図書館編　2版　京都　臨川書店　1995.10　515p
　22cm　Ⓘ4-653-03116-9,4-653-03111-8　Ⓝ219.6
　　　　　　　　　　　　　　　　　　　〔33750〕
◇宮崎県史料　第6巻　佐土原藩　嶋津家日記 2　宮崎県
　立図書館編　宮崎　宮崎県立図書館　1980.3　519p
　22cm　非売品　Ⓝ219.6　　　　　　　　〔33751〕
◇宮崎県史料　第6巻　佐土原藩　嶋津家日記 2　宮崎県
　立図書館編　2版　京都　臨川書店　1995.10　519p
　22cm　Ⓘ4-653-03117-7,4-653-03111-8　Ⓝ219.6
　　　　　　　　　　　　　　　　　　　〔33752〕
◇宮崎県史料　第7巻　佐土原藩嶋津家日記 3　宮崎県立
　図書館編　宮崎　宮崎県立図書館　1981.3　578p
　22cm　非売品　Ⓝ219.6　　　　　　　　〔33753〕
◇宮崎県史料　第7巻　佐土原藩　嶋津家日記 3　宮崎県
　立図書館編　2版　京都　臨川書店　1995.10　578p
　22cm　Ⓘ4-653-03118-5,4-653-03111-8　Ⓝ219.6
　　　　　　　　　　　　　　　　　　　〔33754〕
◇宮崎県史料　第8巻　佐土原藩　嶋津家日記 4　宮崎県
　立図書館編　宮崎　宮崎県立図書館　1982.3　579,8p

　22cm　非売品　Ⓝ219.6　　　　　　　　〔33755〕
◇宮崎県史料　第8巻　佐土原藩　嶋津家日記 4　宮崎県
　立図書館編　2版　京都　臨川書店　1995.10　579,8p
　22cm　Ⓘ4-653-03119-3,4-653-03111-8　Ⓝ219.6
　　　　　　　　　　　　　　　　　　　〔33756〕
◇宮崎県編年史料　別巻　宮崎県百姓一揆史料　小寺鉄之
　助著　2版　宮崎　宮崎県史料編纂会　1956　382p
　22cm　Ⓝ219.6　　　　　　　　　　　　〔33757〕

◆◆鹿児島県

◇池田俊彦先生講話集　池田俊彦先生遺徳顕彰会実行委員
　会編　鹿児島　池田俊彦先生遺徳顕彰会実行委員会
　1993.5　256p　21cm　Ⓝ219.7　　　　〔33758〕
◇出水郷士軍団の足あと―従軍郷士の日記より　秀島実編
　出水　秀島実　1986.10　225p　22cm　非売品　Ⓝ219.
　7　　　　　　　　　　　　　　　　　〔33759〕
◇失われた琉球船復元。―尚古集成館「平成の大改修」特
　別展図録　尚古集成館編　鹿児島　尚古集成館　2005.
　12　63p　21cm　(海洋国家薩摩 exhibition 2)Ⓝ219.7
　　　　　　　　　　　　　　　　　　　〔33760〕
◇江戸後期諸国産物帳集成　第19巻　薩摩　安田健編　科
　学書院　2004.11　807,14p　27cm　(諸国産物帳集成
　第2期)50000円　Ⓘ4-7603-0186-0　Ⓝ402.91　〔33761〕
◇嘉永六年の奄美―解説『嶋中御取扱御一冊』　山下文武
　著　那覇　ひるぎ社　1988.7　256p　18cm　(おきなわ
　文庫 40)900円　Ⓝ219.7　　　　　　　〔33762〕
◇鹿児島藩の民衆と生活　松下志朗著　鹿児島　南方新社
　2006.9　227,9p　22cm　2800円　Ⓘ4-86124-087-5
　Ⓝ219.7　　　　　　　　　　　　　　　〔33763〕
◇鹿児島百年　南日本新聞社編　鹿児島　春苑堂書店
　1967-1968　3冊　22cm　各1000円　Ⓝ219.7　〔33764〕
◇近世奄美の支配と社会　松下志朗著　第一書房　1983.7
　317,11p　20cm　(南島文化叢書 5)3000円　Ⓝ219.7
　　　　　　　　　　　　　　　　　　　〔33765〕
◇健児社―青年団結　高橋立吉(淡水)著　磯部甲陽堂
　1910.12　211p　19cm　Ⓝ210.5　　　　〔33766〕
◇健児社と薩藩士風　大久保竜著　第一出版協会　1943
　290p　19cm　Ⓝ219.7　　　　　　　　　〔33767〕
◇黒糖悲歌の奄美　前田長英著　鹿児島　著作社　1984.
　11　269p　19cm　(鹿児島の歴史シリーズ 5)1500円
　Ⓘ4-88671-005-0　Ⓝ219.7　　　　　　　〔33768〕
◇薩藩沿革地図　鹿児島市編　鹿児島　鹿児島市教育会
　1935　図版17枚　42cm　Ⓝ291.97　　　〔33769〕
◇薩藩画人伝備考　井上良吉編　井上良吉　1915　126p
　23cm　Ⓝ281.97　　　　　　　　　　　〔33770〕
◇薩藩家庭教育の研究　鹿児島県女子師範学校,鹿児島県
　立第二高等女学校編　鹿児島　鹿児島県女子師範学校
　〔ほか〕　1937　250p　22cm　Ⓝ379.9　〔33771〕
◇薩藩家庭教育の実際　山口平吉編　鹿児島　山口平吉
　1938　53p　23cm　Ⓝ379.9　　　　　　〔33772〕
◇薩藩史談集　重野安繹,小牧昌業著　講話会編　求信
　堂　1912　556,6p 図版16枚　22cm　Ⓝ219.7　〔33773〕
◇薩藩士風考　東郷重資著　鹿児島　吉田書店　1911.10
　155p　22cm　Ⓝ219.7　　　　　　　　　〔33774〕
◇薩藩士風考　谷口隆道著　再版　鹿児島　金海堂書店
　1934　226p　20cm　Ⓝ219.7　　　　　　〔33775〕
◇薩藩女性史　中村徳五郎著　鹿児島市婦人会編　鹿児
　島　鹿児島市教育会　1935　414p　23cm　Ⓝ367
　　　　　　　　　　　　　　　　　　　〔33776〕
◇薩藩の教育と財政並軍備　林吉彦著　鹿児島　鹿児島市

◇薩藩の文化　鹿児島市編　鹿児島　鹿児島市教育会　1935　319p　22cm　Ⓝ219.7　〔33778〕

◇薩藩七十七万石―鹿児島城と外城　黎明館企画特別展　鹿児島県歴史資料センター黎明館企画・編集　鹿児島　鹿児島県歴史資料センター黎明館　1991.2　104p　26cm　Ⓝ219.7　〔33779〕

◇薩摩の外城―島津藩の麓町を訪ねて　大川昌平著　大阪　日本古城友の会　1974　41p　21cm　Ⓝ219.7　〔33780〕

◇薩摩の外城―島津藩の麓町を訪ねて　大川晶平著　大阪　日本古城友の会　2000.7（再版）　40p　図版16p　22cm　（城と陣屋シリーズ 234号）Ⓝ219.7　〔33781〕

◇薩摩藩主島津重豪―近代日本形成の基礎過程　松井正人著　本邦書籍　1985.5　251p　23cm　4000円　Ⓝ219.7　〔33782〕

◇薩摩藩対外交渉史の研究　徳永和喜著　福岡　九州大学出版会　2005.12　492p　21cm　8000円　①4-87378-895-1　〔33783〕

◇薩摩藩対外交渉史の研究　徳永和喜著　福岡　九州大学出版会　2005.12　492p　22cm　8000円　①4-87378-895-1　Ⓝ219.7　〔33784〕

◇薩摩藩と富山売薬薩摩組　富山売薬薩摩組編　富山　富山売薬薩摩組　1938　102p　21cm　Ⓝ499　〔33785〕

◇薩摩藩の基礎構造　秀村選三編　御茶の水書房　1970　401p　22cm　2500円　Ⓝ219.7　〔33786〕

◇薩摩藩の構造と展開　秀村選三編　福岡　西日本文化協会　1976　648p　22cm　10000円　Ⓝ219.7　〔33787〕

◇薩摩藩文化官僚の幕末・明治―木脇啓四郎『万留』―翻刻と注釈　原口泉, 丹羽謙治, 下原美保, 河津梨絵, 入船もとる, 安達晃一, 加治屋貞之共編　岩田書院　2005.2　326,26p　22cm　6000円　①4-87294-360-0　Ⓝ289.1　〔33788〕

◇史籍集覧　22　島津家本東鑑纂　近藤瓶城校　近藤瓶城　1883.7　42丁　19cm　Ⓝ210　〔33789〕

◇史籍集覧　104　島津家譜　近藤瓶城校　近藤瓶城　1881.12　24丁　19cm　Ⓝ210　〔33790〕

◇島津家文書―歴代亀鑑・宝鑑　東京大学史料編纂所編纂　八木書店　2007.5　239,49p　22×31cm　（東京大学史料編纂所影印叢書 1）25000円　①978-4-8406-2501-2　Ⓝ219.7　〔33791〕

◇新薩摩学―薩摩・奄美・琉球　鹿児島純心女子大学国際文化研究センター編　鹿児島　南方新社　2004.12　233p　19cm　（新薩摩学シリーズ 3）1800円　①4-86124-029-8　Ⓝ219.7　〔33792〕

◇直川智の島　三島正道著　東京図書出版会, リフレ出版〔発売〕　2007.1　161p　19cm　1300円　①978-4-86223-125-3　〔33793〕

◇西藩修験と軍防　藤井重寿編　入来町（鹿児島県）　藤井重寿　1998.8　59p　26cm　Ⓝ219.7　〔33794〕

◇胎動期の薩摩藩―資料案内　鹿児島　鹿児島県立図書館　1990.6　8p　26cm　〔33795〕

◇高崎崩の志士名越佐源太翁―嘉永年間著された郷土誌　南島雑話の解説　永井亀彦著　鹿児島　永井亀彦　1934　53p　22cm　Ⓝ289.1　〔33796〕

◇チェスト関ケ原―島津義弘と薩摩精神　西田実著　鹿児島　春苑堂書店　1972　245p　20cm　680円　Ⓝ219.7　〔33797〕

◇天保十一年（一八四〇年）出水麓衆中軍役高帳―七十八番　出水市立歴史民俗資料館編　出水　出水市教育委員会　2000.2　89p　26cm　Ⓝ219.7　〔33798〕

◇南島雑話の世界―名越左源太の見た幕末の奄美　名越護執筆　鹿児島　南日本新聞社　2002.5　283p　19cm　1500円　①4-944075-97-9　Ⓝ382.197　〔33799〕

◇幕末政治と薩摩藩　佐々木克著　吉川弘文館　2004.10　440,7p　22cm　11000円　①4-642-03393-9　Ⓝ210.58　〔33800〕

◇人づくり風土記―江戸時代 46 ふるさとの人と知恵・鹿児島　会田雄次, 大石慎三郎監修　石川松太郎, 稲垣史生, 加藤秀俊編纂　芳即正鹿児島版監修　農山漁村文化協会　1999.4　412p　27cm　4286円　①4-540-98010-6　Ⓝ210.5　〔33801〕

◇物・心両面より見たる薩藩の軍備　林吉彦著　鹿児島　林吉彦　1939　413p　23cm　Ⓝ219.7　〔33802〕

◆◆◆自治体史史料

◇出水郷土誌資料編　第1-4輯　出水郷土誌編集委員会編　出水　出水市　1965-1966　1冊　26cm　Ⓝ219.7　〔33803〕

◇出水郷土誌資料編　第5-10輯　出水郷土誌編集委員会編　出水　出水市　1966　1冊　26cm　Ⓝ219.7　〔33804〕

◇出水郷土誌資料編　第11-20集　出水郷土誌編集委員会編　出水　出水市　1966　1冊　25cm　Ⓝ219.7　〔33805〕

◇出水郷土誌資料編　第21-30集　出水郷土誌編集委員会編　出水　出水市　1966-1967　1冊　25cm　Ⓝ219.7　〔33806〕

◇出水郷土誌資料編　別冊 第1-2　出水郷土誌編集委員会編　出水　出水市　1966　1冊　25cm　Ⓝ219.7　〔33807〕

◆◆◆一般史料

◇鹿児島県史料　忠義公史料 第1巻　鹿児島県維新史料編さん所編　鹿児島　鹿児島県　1974　999p　22cm　非売品　Ⓝ219.7　〔33808〕

◇鹿児島県史料　新納久仰雑譜 1　鹿児島県歴史資料センター黎明館編　鹿児島　鹿児島県　1986.1　18,2,842p　22cm　非売品　Ⓝ219.7　〔33809〕

◇鹿児島県史料　薩摩藩法令史料集 1　鹿児島県歴史資料センター黎明館編　鹿児島　鹿児島県　2004.1　28,564p　22cm　非売品　Ⓝ219.7　〔33810〕

◇鹿児島県史料　忠義公史料 第2巻　鹿児島県維新史料編さん所編　鹿児島　鹿児島県　1975　1010p　22cm　非売品　Ⓝ219.7　〔33811〕

◇鹿児島県史料　新納久仰雑譜 2　鹿児島県歴史資料センター黎明館編　鹿児島　鹿児島県　1987.1　13,2,911p　22cm　非売品　Ⓝ219.7　〔33812〕

◇鹿児島県史料　薩摩藩法令史料集 2　鹿児島県歴史資料センター黎明館編　鹿児島　鹿児島県　2005.1　27,702p　22cm　非売品　Ⓝ219.7　〔33813〕

◇鹿児島県史料　忠義公史料 第3巻　鹿児島県維新史料編さん所編　鹿児島　鹿児島県　1976　914p　22cm　Ⓝ219.7　〔33814〕

◇鹿児島県史料　薩摩藩法令史料集 3　鹿児島県歴史資料センター黎明館編　鹿児島　鹿児島県　2006.1　26,627p　22cm　非売品　Ⓝ219.7　〔33815〕

◇鹿児島県史料　忠義公史料 第4巻　鹿児島県維新史料編さん所編　鹿児島　鹿児島県　1977.1　936p　22cm　Ⓝ219.7　〔33816〕

◇鹿児島県史料　斉彬公史料 第4巻　鹿児島県歴史資料センター黎明館編　鹿児島　鹿児島県　1984.2　1122p　22cm　非売品　Ⓝ219.7　〔33817〕

◇鹿児島県史料　薩摩藩法令史料集 4　鹿児島県歴史資料

地方史　　　　　　　　　　　　　　　近世史

センター黎明館編　鹿児島　鹿児島県　2007.2
32,612p　22cm　非売品　Ⓝ219.7
〔33818〕

◇鹿児島県史料　忠義公史料 第6巻　鹿児島県維新史料編
さん所編　鹿児島　鹿児島県　1979.1　922p　22cm
Ⓝ219.7
〔33819〕

◇鹿児島県史料　鎌田正純日記 2　鹿児島県歴史資料セン
ター黎明館編　鹿児島　鹿児島県　1990.1　831p
22cm　非売品　Ⓝ219.7
〔33820〕

◇鹿児島県史料　旧記雑録後編 3　鹿児島県維新史料編さ
ん所編　鹿児島　鹿児島県　1983.1　1006p　22cm　非
売品　Ⓝ219.7
〔33821〕

◇鹿児島県史料　旧記雑録後編 5　鹿児島県歴史資料セン
ター黎明館編　鹿児島　鹿児島県　1985.1　864p
22cm　非売品　Ⓝ219.7
〔33822〕

◇鹿児島県史料　旧記雑録後編 6・附録 1　鹿児島県歴史
資料センター黎明館編　鹿児島　鹿児島県　1986.1
383,491p　22cm　非売品　Ⓝ219.7
〔33823〕

◇鹿児島県史料　旧記雑録追録 第1巻　鹿児島県維新史料
編さん所編　鹿児島　鹿児島県　1971　1042p　22cm
非売品　Ⓝ219.7
〔33824〕

◇鹿児島県史料　旧記雑録追録 第2巻　鹿児島県維新史料
編さん所編　鹿児島　鹿児島県　1972　1070p　22cm
非売品　Ⓝ219.7
〔33825〕

◇鹿児島県史料　旧記雑録追録 第3巻　鹿児島県維新史料
編さん所編　鹿児島　鹿児島県　1973　1078p　22cm
非売品　Ⓝ219.7
〔33826〕

◇鹿児島県史料　旧記雑録追録 第4巻　鹿児島県維新史料
編さん所編　鹿児島　鹿児島県　1974　1047p　22cm
非売品　Ⓝ219.7
〔33827〕

◇鹿児島県史料　旧記雑録追録 第5巻　鹿児島県維新史料
編さん所編　鹿児島　鹿児島県　1975　1074p　22cm
非売品　Ⓝ219.7
〔33828〕

◇鹿児島県史料　旧記雑録追録 第6　鹿児島県維新史料編
さん所編　鹿児島　鹿児島県　1976　1124p　22cm　非
売品　Ⓝ219.7
〔33829〕

◇鹿児島県史料　旧記雑録追録 7　鹿児島県維新史料編さ
ん所編　鹿児島　鹿児島県　1977.2　1076p　22cm　非
売品　Ⓝ219.7
〔33830〕

◇鹿児島県史料　旧記雑録追録 8　巻162（天保6年10月）
～巻182（明治28年12月）　鹿児島県維新史料編さん所編
鹿児島　鹿児島県　1978.1　1066p　22cm　非売品
Ⓝ219.7
〔33831〕

◇鹿児島県史料　島津斉宣・斉興公史料　鹿児島県歴史資
料センター黎明館編　鹿児島　鹿児島県　1985.1
14,47,903p　22cm　非売品　Ⓝ219.7
〔33832〕

◇鹿児島県史料集　第1　薩藩政要録　鹿児島県史料刊行
会編　鹿児島　鹿児島県立図書館　1960-1962　27cm
〔33833〕

◇鹿児島県史料集　第4　一向宗禁制関係史料　鹿児島県
史料刊行会編　鹿児島　鹿児島県立図書館　1964
27cm
〔33834〕

◇鹿児島県史料拾遺　23　鹿児島絵図（文政前後）―索引
塩満郁夫編　鹿児島　〔鹿児島県史料拾遺〕刊行会
2000.4　71p　30cm　Ⓝ219.7
〔33835〕

◇鹿児島県史料拾遺　24　旧薩藩御城下絵図―索引　塩満
郁夫編　鹿児島　〔鹿児島県史料拾遺〕刊行会　2001.
8　144p　30cm　Ⓝ219.7
〔33836〕

◇近世入来文書　阿部善雄ほか編　東京大学出版会
1981.4　502p　27cm　20000円　Ⓝ219.7〔33837〕

◇近世・褥寝文書　村山知一編　習志野　〔村山知一〕
2001.5　145p　22cm　Ⓝ219.7
〔33838〕

◇薩州島津家分限帳　高野和人編纂　熊本　青潮社
1984.10　152p　22cm　（青潮社歴史選書 3）4500円
Ⓝ219.7
〔33839〕

◇薩州日置郡市来湯田村御検地名寄帳―県立図書館書蔵文
書　徳永律編　東市来町（鹿児島県）　〔徳永津〕　1996.
5　112p　26cm　Ⓝ219.7
〔33840〕

◇薩藩嘉永殉難志士祭典録　鹿児島史談会編　鹿児島　鹿
児島史談会　1919　118p　23cm　Ⓝ219.7〔33841〕

◇薩藩政要録　鹿児島県史料刊行会編　鹿児島　鹿児島県
立図書館　1960　199p　26cm　（鹿児島県史料集　第
1）Ⓝ219.7
〔33842〕

◇薩藩名勝志　その1　吉本正幸編集・校閲・校訂　鹿児
島　鹿児島県立図書館　2003.3　206p　26cm　（鹿児島
県史料集　第42集）Ⓝ219.7
〔33843〕

◇薩藩名勝志　その2　吉本正幸編集・校閲・校訂　鹿児
島　鹿児島県立図書館　2004.3　167p　26cm　（鹿児島
県史料集　第43集）Ⓝ219.7
〔33844〕

◇薩藩名勝志　その3　吉本正幸編集・校正　塩満郁夫
編集・校正　鹿児島　鹿児島県立図書館　2005.3　313p
26cm　（鹿児島県史料集　第44集）Ⓝ219.7〔33845〕

◇薩摩藩天保改革関係史料　1　鹿児島　鹿児島県立図書
館　2000.3　97p　26cm　（鹿児島県史料集 39）Ⓝ219.7
〔33846〕

◇島津斉彬・道中記　都城市立図書館編　都城　都城市立
図書館　1977.9　166p　25cm　1500円　Ⓝ219.7
〔33847〕

◇玉里島津家文書　上巻　河内和夫著　鹿児島　南方新社
2006.1　675p　22cm　17000円　①4-86124-074-3
Ⓝ219.7
〔33848〕

◇玉里島津家文書　下巻　河内和夫著　鹿児島　南方新社
2006.1　725p　22cm　17000円　①4-86124-075-1
Ⓝ219.7
〔33849〕

◇明和三年（一七七六）出水麓衆中軍役高帳―四十九番
出水市立歴史民俗資料館編　出水　出水市教育委員会
2003.3　133p　26cm　Ⓝ219.7
〔33850〕

◇守屋舎人日帳　第1巻　自文政8年10月至天保2年12月
秀村選三校註　文献出版　1979.2　467,11p　22cm
8000円　Ⓝ219.7
〔33851〕

◇守屋舎人日帳　第2巻　自天保3年正月至天保7年12月
秀村選三校註　文献出版　1980.2　463p　22cm　8000
円　Ⓝ219.7
〔33852〕

◇守屋舎人日帳　第3巻　自天保8年正月至天保11年12月
秀村選三校註　文献出版　1981.2　415p　22cm　8000
円　Ⓝ219.7
〔33853〕

◇守屋舎人日帳　第4巻　天保12年正月～弘化2年12月　秀
村選三校註　文献出版　1982.2　419p　22cm　8500円
Ⓝ219.7
〔33854〕

◇守屋舎人日帳　第5巻　自弘化3年正月至嘉永3年12月
秀村選三校註　文献出版　1983.2　509p　22cm　8500
円　Ⓝ219.7
〔33855〕

◇守屋舎人日帳　第6巻　自嘉永4年正月至嘉永7年6月　秀
村選三校註　文献出版　1985.2　419p　22cm　8500円
Ⓝ219.7
〔33856〕

◇守屋舎人日帳　第7巻　自嘉永7年7月至安政4年12月　秀
村選三校註　文献出版　1986.2　438p　22cm　8500円
Ⓝ219.7
〔33857〕

◇守屋舎人日帳　第8巻　自安政5年正月至文久元年12月
秀村選三校註　文献出版　1987.2　439p　22cm　8500
円　Ⓝ219.7
〔33858〕

◇守屋舎人日帳　第9巻　自文久2年正月至慶応元年12月
秀村選三校註　文献出版　1988.2　450p　22cm　8500

円　Ⓝ219.7　　　　　　　　　　　　　〔33859〕
◇守屋舎人日帳　第10巻　自慶応2年正月至明治2年12月
　秀村選三校註　文献出版　1989.2　402p　22cm　8500
　円　Ⓝ219.7　　　　　　　　　　　　　〔33860〕
◇訳司冥加録・漂流民関係史料　鹿児島　鹿児島県立図書
　館　1999.3　145p　26cm　（鹿児島県史料集 38）Ⓝ219.
　7　　　　　　　　　　　　　　　　　　〔33861〕

◆◆沖縄県
◇維新史研究会講演集　第1輯　維新前後の琉球　東恩納
　寛惇著　弘道閣　1926　28p　23cm　Ⓝ210.6〔33862〕
◇江戸上り―琉球使節の江戸参府　沖縄県文化振興会公文
　書館管理部史料編集室編　那覇　沖縄県教育委員会
　2001.3　72p　30cm　（沖縄県史ビジュアル版 8（近世
　2））Ⓝ219.9　　　　　　　　　　　　　〔33863〕
◇沖縄近世史の諸相　田名真之著　那覇　ひるぎ社
　1992.9　272p　21cm　2700円　Ⓝ219.9　〔33864〕
◇沖縄歴史論序説　高良倉吉著　三一書房　1980.11
　258p　23cm　3800円　Ⓝ219.9　　　　　〔33865〕
◇球陽論叢　島尻勝太郎・嘉手納宗徳・渡口真清三先生古
　稀記念論集刊行委員会編　那覇　ひるぎ社　1986.12
　980p　22cm　8500円　Ⓝ219.9　　　　　　〔33866〕
◇近世沖縄の社会と宗教　島尻勝太郎著　三一書房
　1980.7　292p　23cm　3800円　Ⓝ219.9　　〔33867〕
◇近世沖縄の肖像―文学者・芸能者列伝　池宮正治著　那
　覇　ひるぎ社　1982.9　2冊　18cm　（おきなわ文庫
　4,5）各700円　Ⓝ910.29　　　　　　　　〔33868〕
◇近世沖縄の素顔　田名真之著　那覇　ひるぎ社　1998.3
　233p　18cm　（おきなわ文庫 84）900円　Ⓝ219.9
　　　　　　　　　　　　　　　　　　　　　〔33869〕
◇近世沖縄の民俗史　小川徹著　弘文堂　1987.8　326p
　22cm　（日本民俗学研究叢書）5800円
　④4-335-57035-X　Ⓝ382.199　　　　　　〔33870〕
◇近世・近代沖縄の社会事業史　末吉重人著　宜野湾　榕
　樹書林　2004.3　270,9p　21cm　（沖縄学術研究双書
　2）2800円　④4-947667-93-1　Ⓝ369.02199　〔33871〕
◇近世薩琉関係史の研究　喜舎場一隆著　国書刊行会
　1993.2　717p　22cm　22000円　④4-336-03478-8
　Ⓝ219.9　　　　　　　　　　　　　　　　〔33872〕
◇近世日本における外国使節と社会変容―『儀衛正日記』
　を読む　玉井建也編　紙屋敦之研究室　2006.7　186p
　30cm　（紙屋ゼミ共同研究成果報告書 2005年度）Ⓝ219.
　9　　　　　　　　　　　　　　　　　　〔33873〕
◇近世の琉球　渡口真清著　法政大学出版局　1975　481p
　20cm　2800円　Ⓝ219.9　　　　　　　　〔33874〕
◇近世八重山の民衆生活史―石西礁湖をめぐる海と島々の
　ネットワーク　得能寿美著　宜野湾　榕樹書林　2007.1
　316p　22cm　（琉球弧叢書 4）4800円
　①978-4-89805-123-8　Ⓝ382.199　　　　　〔33875〕
◇近世琉球の租税制度と人頭税　沖縄国際大学南島文化研
　究所編　日本経済評論社　2003.7　302p　22cm　2500
　円　④4-8188-1540-3　Ⓝ219.9　　　　　〔33876〕
◇謝名親方―史劇　新里堅進作・画　全教出版　1983.12
　179p　15×22cm　840円　Ⓝ726　　　　　〔33877〕
◇首里城王朝紀　比嘉朝進編著　那覇　風土記社　1989.
　11　224p　18cm　1000円　Ⓝ219.9　　　〔33878〕
◇首里城内の女たち―初めて公開された首里城大奥の真実
　山里永吉著　那覇　沖縄文教出版　1972　183p　22cm
　Ⓝ219.9　　　　　　　　　　　　　　　〔33879〕
◇首里城物語　真栄平房敬著　那覇　ひるぎ社　1989.11
　169p　18cm　780円　Ⓝ219.9　　　　　　〔33880〕

◇尚育王　与並岳生著　那覇　新星出版　2006.6　90p
　19cm　（新琉球王統史 17）952円　①4-902193-45-0
　Ⓝ219.9　　　　　　　　　　　　　　　　〔33881〕
◇尚温王　与並岳生著　那覇　新星出版　2006.5　87p
　19cm　（新琉球王統史 15）952円　①4-902193-42-6
　Ⓝ219.9　　　　　　　　　　　　　　　　〔33882〕
◇尚敬王　上　与並岳生著　那覇　新星出版　2006.3
　95p　19cm　（新琉球王統史 12）952円
　①4-902193-37-X　Ⓝ219.9　　　　　　　〔33883〕
◇尚敬王　下　与並岳生著　那覇　新星出版　2006.4
　106p　19cm　（新琉球王統史 13）952円　①4-902193-39-6　Ⓝ219.9　　　　　　　　　〔33884〕
◇尚［コウ］王　与並岳生著　那覇　新星出版　2006.5
　109p　19cm　（新琉球王統史 16）952円
　①4-902193-43-4　Ⓝ219.9　　　　　　　〔33885〕
◇尚質王　与並岳生著　那覇　新星出版　2006.2　108p
　19cm　（新琉球王統史 9）952円　①4-902193-33-7
　Ⓝ219.9　　　　　　　　　　　　　　　　〔33886〕
◇尚泰王/琉球処分　上　与並岳生著　那覇　新星出版
　2006.6　119p　19cm　（新琉球王統史 18）952円
　①4-902193-46-9　Ⓝ219.9　　　　　　　〔33887〕
◇尚泰王/琉球処分　中　与並岳生著　那覇　新星出版
　2006.8　119p　19cm　（新琉球王統史 19）952円
　①4-902193-47-7　Ⓝ219.9　　　　　　　〔33888〕
◇尚泰王/琉球処分　下　与並岳生著　那覇　新星出版
　2006.8　115p　19cm　（新琉球王統史 20）952円
　①4-902193-48-5　Ⓝ219.9　　　　　　　〔33889〕
◇尚貞王　上　与並岳生著　那覇　新星出版　2006.2
　107p　19cm　（新琉球王統史 10）952円
　①4-902193-34-5　Ⓝ219.9　　　　　　　〔33890〕
◇尚貞王　下　尚益王　与並岳生著　与並岳生著　那
　覇　新星出版　2006.3　113p　19cm　（新琉球王統史
　11）952円　①4-902193-36-1　Ⓝ219.9　　〔33891〕
◇尚寧王　与並岳生著　那覇　新星出版　2006.1　138p
　19cm　（新琉球王統史 7）952円　①4-902193-30-2
　Ⓝ219.9　　　　　　　　　　　　　　　　〔33892〕
◇尚豊王/尚賢王　与並岳生著　那覇　新星出版　2006.1
　133p　19cm　（新琉球王統史 8）952円
　①4-902193-31-0　Ⓝ219.9　　　　　　　〔33893〕
◇尚穆王　与並岳生著　那覇　新星出版　2006.4　132p
　19cm　（新琉球王統史 14）952円　①4-902193-40-X
　Ⓝ219.9　　　　　　　　　　　　　　　　〔33894〕
◇知られざる琉球使節―国際都市・鞆の浦　特別展　福山市
　鞆の浦歴史民俗資料館編　福山　福山市鞆の浦歴史民俗
　資料館活動推進協議会　2006.10　175p　30cm　Ⓝ210.
　5　　　　　　　　　　　　　　　　　　〔33895〕
◇「唐旅」紀行―琉球進貢使節の路程と遺跡、文書の調査
　比嘉実著　法政大学沖縄文化研究所　1996.9　183p
　26cm　（沖縄研究資料 15）Ⓝ210.5　　　　〔33896〕
◇日本・琉球の文明開化―異国船来航の系譜　ビジュアル版
　山口栄鉄監修・序説　新城良一編著　那覇　天久海洋
　文学散歩会　2005.5　170p　31cm　14286円
　①4-87127-618-X　Ⓝ210.59　　　　　　　〔33897〕
◇廃藩当時の人物　葵園尚球著　当蔵町（沖縄県）　尚球
　1915　90p　15cm　Ⓝ281.99　　　　　　〔33898〕
◇バウン号の苦力反乱と琉球王国―揺らぐ東アジアの国際
　秩序　西里喜行著　宜野湾　榕樹書林　2001.5　160p
　21cm　（沖縄学術研究双書 1）2000円　④4-947667-72-9
　Ⓝ219.9　　　　　　　　　　　　　　　　〔33899〕
◇幕藩制形成期の琉球支配　上原兼善著　吉川弘文館
　2001.11　353,11p　22cm　9500円　④4-642-03372-6
　Ⓝ210.52　　　　　　　　　　　　　　　〔33900〕

地方史　　　　　　　　　　近世史

◇幕藩制国家の琉球支配　紙屋敦之著　校倉書房　1990.2　340p　22cm　（歴史科学叢書）6695円　Ⓝ210.5　〔33901〕

◇人づくり風土記―全国の伝承・江戸時代　47　ふるさとの人と知恵・沖縄　加藤秀俊ほか編纂　農山漁村文化協会　1993.1　385p　27cm　（聞き書きによる知恵シリーズ）7500円　Ⓘ4-540-92010-3　Ⓝ210.5　〔33902〕

◇秘録沖縄―忍従と収奪の四百年　浦崎純著　番町書房　1972　294p　18cm　560円　Ⓝ219.9　〔33903〕

◇文献史料による近世沖縄の社会・文化史的研究　琉球大学・短期大学部編　那覇　琉球大学・短期大学部　1979.3　203p　22cm　Ⓝ219.9　〔33904〕

◇ペリーがやってきた―19世紀にやってきた異国人たち　沖縄県文化振興会公文書館管理部史料編集室編　那覇　沖縄県教育委員会　1999.3　57p　30cm　（沖縄県史ビジュアル版　4（近世1））Ⓝ219.9　〔33905〕

◇ペリーと大琉球　高良倉吉，玉城朋彦編　那覇　琉球放送　1997.3　205p　19cm　1429円　Ⓘ4-938923-52-1　Ⓝ219.9　〔33906〕

◇琉球王国―東アジアのコーナーストーン　赤嶺守著　講談社　2004.4　228p　19cm　（講談社選書メチエ　297）1500円　Ⓘ4-06-258297-X　Ⓝ219.9　〔33907〕

◇琉球王国史の課題　高良倉吉著　那覇　ひるぎ社　1989.10　428p　21cm　2700円　Ⓝ219.9　〔33908〕

◇琉球王国の外交と王権　豊見山和行著　吉川弘文館　2004.6　309,11p　22cm　8000円　Ⓘ4-642-03387-4　Ⓝ219.9　〔33909〕

◇琉球王国秘話―「国王の思惑」と「謎の人物」沖縄の歴史　長田昌明著　与那原町（沖縄県）　わらべ書房　2004.6　213p　21cm　1500円　Ⓘ4-9900914-5-0　Ⓝ219.9　〔33910〕

◇琉球王代記年鑑　慶留間知徳編　那覇　慶留間知徳　1935　84p　19cm　Ⓝ219.9　〔33911〕

◇琉球王朝史―おきなわの民と王　川平朝申著　那覇　月刊沖縄社　1974　464p　19cm　（沖縄文庫1）Ⓝ219.9　〔33912〕

◇琉球王統歴史物語　金城唯仁著　沖縄　琉球文庫（発売）　1981.12　333p　19cm　2500円　Ⓝ219.9　〔33913〕

◇琉球・沖縄歴史人物伝―親子で学ぶ沖縄人の生き方　新城俊昭編著　那覇　沖縄学販（発売）　2007.1　232,17p　24cm　1429円　Ⓘ978-4-903042-04-6　Ⓝ281.99　〔33914〕

◇琉球軍記・薩琉軍談　山下文武著　鹿児島　南方新社　2007.6　93p　21cm　（奄美・琉球歴史資料シリーズ1）2000円　Ⓘ978-4-86124-112-3　Ⓝ219.9　〔33915〕

◇琉球国旧記―訳注　首里王府編　原田禹雄訳注　宜野湾　榕樹書林　2005.7　501p　27cm　21500円　Ⓘ4-89805-111-1　Ⓝ219.9　〔33916〕

◇琉球国使節渡来の研究　横山学著　吉川弘文館　1987.2　529,19p　22cm　11000円　Ⓘ4-642-03277-0　Ⓝ210.5　〔33917〕

◇琉球国使節渡来の研究　横山学著　吉川弘文館　2000.10　529,19p　21cm　12000円　Ⓘ4-642-03277-0　〔33918〕

◇琉球国碑文記　塚田清策著　啓学出版　1970　4冊（別巻共）　26cm　全19500円　Ⓝ219.9　〔33919〕

◇琉球使者の江戸上り　宮城栄昌著　第一書房　1982.10　259,8p　20cm　（南島文化叢書4）2500円　Ⓝ219.9　〔33920〕

◇琉球使節展図録　豊橋市二川宿本陣資料館編　豊橋　豊橋市二川宿本陣資料館　2001.10　95p　30cm　Ⓝ210.5　〔33921〕

◇琉球・清国交易史―二集『歴代宝案』の研究　宮田俊彦著　第一書房　1984.4　202,14p　20cm　（南島文化叢書7）3000円　Ⓝ219.9　〔33922〕

◇琉球年代記　山田政忠著　那覇　琉球文教図書　1969　180p　24cm　Ⓝ219.9　〔33923〕

◇琉球藩史　小林居敬著　青江秀補　1874.3　2冊（37,51丁）　23cm　Ⓝ219.9　〔33924〕

◆◆◆自治体史史料

◇石垣市史叢書　11　御手形写抜書　乾隆36年（1771）-道光10年（1830）　石垣市総務部市史編集室編　石垣　石垣市　1998.8　151p　26cm　800円　Ⓝ219.9　〔33925〕

◇那覇市史　資料篇　第1巻の1　那覇市総務部市史編集室，那覇市史編集委員会編　那覇　那覇市　1968　393p　26cm　Ⓝ219.9　〔33926〕

◇那覇市史　資料篇　第1巻の2　那覇市総務部市史編集室，那覇市史編集委員会編　那覇　那覇市　1970　539p　29cm　Ⓝ219.9　〔33927〕

◇那覇市史　資料篇　第1巻の3　冊封使関係資料　企画部市史編集室編　那覇　那覇市　1977.3　2冊（原文編，読み下し編）　29cm　Ⓝ219.9　〔33928〕

◇那覇市史　資料篇　第1巻12　近世資料補遺・雑纂　那覇市市民文化部歴史資料室編　那覇　那覇市　2004.3　519p　27cm　Ⓝ219.9　〔33929〕

◇羽地方役人関連資料　名護市教育委員会文化課市史さん係編　名護　名護市　2005.3　114p　26cm　（名護市史　資料編5（文献資料集）3）500円　Ⓝ219.9　〔33930〕

◇平良市史　第3巻　資料編　1　前近代　平良市史編さん委員会編　平良　平良市　1981.1　684p　22cm　Ⓝ219.9　〔33931〕

◆◆◆一般史料

◇江戸後期諸国産物帳集成　第18巻　薩摩・琉球　安田健編　科学書院　2004.10　1127,25p　27cm　（諸国産物帳集成　第2期）50000円　Ⓘ4-7603-0185-2　Ⓝ402.91　〔33932〕

◇江戸後期諸国産物帳集成　第20巻　琉球　安田健編　科学書院　2005.4　812,63p　27cm　（諸国産物帳集成　第2期）50000円　Ⓘ4-7603-0187-9　Ⓝ402.91　〔33933〕

◇沖縄県史　資料編7　近世1　伊江親方日々記　沖縄県文化振興会公文書館管理部史料編集室編　伊江朝睦著　那覇　沖縄県教育委員会　1999.2　590p　27cm　Ⓝ219.9　〔33934〕

◇沖縄県史料　前近代1　首里王府仕置　沖縄県沖縄史料編集所編　那覇　沖縄県教育委員会　1981.3　426p　22cm　非売品　Ⓝ219.9　〔33935〕

◇沖縄県史料　前近代4　ベッテルハイム関係記録　沖縄県沖縄史料編集所編　那覇　沖縄県教育委員会　1985.3　662p　22cm　非売品　Ⓝ219.9　〔33936〕

◇球陽　鄭秉哲等編，桑江克英訳註　三一書房　1971　504p　27cm　6800円　Ⓝ219.9　〔33937〕

◇球陽　鄭秉哲等原編，球陽研究会編　角川書店　1974　793p　22cm　（沖縄文化史料集成5）22000円　Ⓝ219.9　〔33938〕

◇近世地方経済史料　第9巻　琉球産業制度資料　小野武夫編　吉川弘文館　1958　22cm　Ⓝ332.1　〔33939〕

◇近世地方経済史料　第10巻　琉球産業制度資料〔ほか〕　小野武夫編　中吉朝忠　吉川弘文館　1958　22cm　Ⓝ332.1　〔33940〕

◇御三代伊江親方日々記　第1冊　乾隆49年・同52年　伊

◇江朝睦著, 沖縄県立図書館編　那覇　沖縄県立図書館　1983.3　130p　26cm　(沖縄県立図書館資料叢書　第4巻)Ⓝ219.9　〔33941〕

◇蔡温選集　沖縄歴史研究会編　那覇　星印刷出版部　1967　147,5p　21cm　Ⓝ219.9　〔33942〕

◇続琉球国志略　趙新著, 沖縄県立図書館編　那覇　沖縄県立図書館　1979.5　144p　26cm　(郷土史講座テキスト冊封使使録集 16)Ⓝ219.9　〔33943〕

◇続琉球国志略　上　斉鯤, 費錫章共編, 沖縄県立図書館編　那覇　沖縄県立図書館　1978.2　202p　26cm　(郷土史講座テキスト)Ⓝ219.9　〔33944〕

◇続琉球国志略　下　斉鯤, 費錫章共編, 沖縄県立図書館編　那覇　沖縄県立図書館　1978.7　176p　26cm　(郷土史講座テキスト冊封使録集 15)Ⓝ219.9　〔33945〕

◇中山世鑑―重新校正　向象賢編述　那覇　沖縄県教育委員会　1982.10-1983.3　6冊　31cm　Ⓝ219.9　〔33946〕

◇中山伝信録―6巻　徐葆光著　台北　台湾銀行　1972　2冊　19cm　(台湾文献叢刊 第306種)Ⓝ219.9　〔33947〕

◇中山伝信録　上　巻第1-巻第3　徐葆光著　那覇　沖縄県立図書館　1976　309p　26cm　(郷土史講座テキスト冊封使録集 10)Ⓝ219.9　〔33948〕

◇中山伝信録　下　巻第4-巻第6　徐葆光著, 沖縄県立図書館編　那覇　沖縄県立図書館　1977.3　257p　26cm　(郷土史講座テキスト冊封使録集 11)Ⓝ219.9　〔33949〕

◇李朝実録琉球史料　第1集　嘉手納宗徳編　那覇　球陽研究会　1971　61p　25cm　非売　Ⓝ219.9　〔33950〕

◇李朝実録琉球史料　第2集　嘉手納宗徳編　那覇　球陽研究会　1972　106p　25cm　Ⓝ219.9　〔33951〕

◇李朝実録琉球史料　第3集　嘉手納宗徳編　那覇　球陽研究会　1972　107-196p　26cm　Ⓝ219.9　〔33952〕

◇琉球王国評定所文書　第1巻　琉球王国評定所文書編集委員会編　浦添　浦添市教育委員会　1988.3　29,619p　22cm　Ⓝ219.9　〔33953〕

◇琉球王国評定所文書　第2巻　琉球王国評定所文書編集委員会編　浦添　浦添市教育委員会　1989.1　16,591p　22cm　Ⓝ219.9　〔33954〕

◇琉球王国評定所文書　第3巻　琉球王国評定所文書編集委員会編　浦添　浦添市教育委員会　1989.3　21,479p　22cm　4120円　Ⓝ219.9　〔33955〕

◇琉球王国評定所文書　第4巻　琉球王国評定所文書編集委員会編集　浦添　浦添市教育委員会　1990.3　486p　22cm　4000円　Ⓝ219.9　〔33956〕

◇琉球王国評定所文書　第6巻　琉球王国評定所文書編集委員会編　浦添　浦添市教育委員会　1991.3　34,548p　22cm　4120円　Ⓝ219.9　〔33957〕

◇琉球王国評定所文書　第7巻　琉球王国評定所文書編集委員会編　浦添　浦添市教育委員会　1991.3　30,632p　22cm　Ⓝ219.9　〔33958〕

◇琉球王国評定所文書　第8巻　琉球王国評定所文書編集委員会編　浦添　浦添市教育委員会　1992.3　33,509p　22cm　4120円　Ⓝ219.9　〔33959〕

◇琉球王国評定所文書　第9巻　琉球王国評定所文書編集委員会編　浦添　浦添市教育委員会　1993.3　27,690p　22cm　Ⓝ219.9　〔33960〕

◇琉球王国評定所文書　第10巻　琉球王国評定所文書編集委員会編　浦添　浦添市教育委員会　1994.3　43,653p　22cm　Ⓝ219.9　〔33961〕

◇琉球王国評定所文書　第11巻　琉球王国評定所文書編集委員会編　浦添　浦添市教育委員会　1995.3　86,518p　22cm　Ⓝ219.9　〔33962〕

◇琉球王国評定所文書　第12巻　琉球王国評定所文書編集委員会編　浦添　浦添市教育委員会　1996.3　21,470p　22cm　Ⓝ219.9　〔33963〕

◇琉球王国評定所文書　第13巻　琉球王国評定所文書編集委員会編　浦添　浦添市教育委員会　1997.3　34,502p　22cm　Ⓝ219.9　〔33964〕

◇琉球王代記・氏姓集・年代記・系図手本　琉球史料研究会編　那覇　琉球史料研究会　1970　148p　24cm　Ⓝ219.9　〔33965〕

◇琉球王代文献集　第1輯　球陽外巻遺老説伝 1　桑江克英, 屋良朝陳共訳　増補2版　那覇　琉球王代文献頒布会　1939　114p　24cm　Ⓝ219.9　〔33966〕

◇琉球王代文献集　第1至3輯　屋良朝陳, 桑江克英訳　那覇　琉球王代文献頒布会　1937-13　3冊　24cm　Ⓝ219.9　〔33967〕

◇琉球王代文献集　第7-8輯　琉球王代文献頒布会編　那覇　琉球王代文献頒布会　1942-1943　2冊　26cm　Ⓝ219.9　〔33968〕

◇琉球国絵図史料集　第2集　元禄国絵図及び関連史料　沖縄県教育委員会文化課, 琉球国絵図史料集編集委員会編　宜野湾　榕樹社　1993.9　165p　31cm　①4-947667-16-8　Ⓝ219.9　〔33969〕

◇琉球国志略　周煌著, 平田嗣全訳注　三一書房　1977.10　469p　23cm　6500円　Ⓝ219.9　〔33970〕

◇琉球国志略　下　巻10-巻16　周煌輯　那覇　沖縄県立図書館　1975　1冊　26cm　(郷土史講座テキスト冊封使録集 8-3)Ⓝ219.9　〔33971〕

◆◆◆史料目録

◇旧琉球藩評定所書類目録　琉球王国評定所文書編集委員会編　浦添　浦添市教育委員会　1989.3　135p　21cm　Ⓝ219.9　〔33972〕

著者名索引

【あ】

阿井 景子 ・・・・・・・・・・・・・・・・・・・・ 05194
相川 司 ・・・・・・ 05682, 05686, 05730
相川 浩子 ・・・・・・・・・・・・・・・・・・・・ 15335
相川町史編纂委員会 ・・・ 30342〜30345
愛川町教育委員会 ・・・・・・・・・・・・ 30108
愛川町郷土博物館展示
　基礎調査会 ・・・・・・・・・・・・・・・・・・ 30108
相沢 邦衛 ・・・・・・・・・ 05414, 05525
会沢 繁治 ・・・・・・・・・・・・・・・・・・・・ 21455
会沢 正志斎 ・・ 14534, 14552, 14584
藍沢 南城 ・・・・・・・・・・・・・・・・・・・・ 27463
会津史学会 ・・・・・・・・・ 09724, 09893
会津史談会 ・・・・・・・・・・・・・・・・・・ 28420
会津高田町史編纂委員
　会 ・・・・・・・・・・・・・・・・・・・・・・・・ 28525
会津高田町教育委員会 ・・・・・・・・・ 28665
会津藩教学研究会 ・・・・・・・・・・・・ 28442
会津若松市観光課 ・・・・・・・・・・・・ 02169
会津若松市企画政策部
　秘書広聴課 ・・・・・・・・・・・・・・・・ 28437
会津若松市史研究会 ・・・・・・・・・・ 17522
会津若松史出版委員会
　 ・・・・・・・・・・・・・・・・・・・ 28502〜28504
会津若松市総務部秘書
　広聴課 ・・・・・・・・・・・ 05042, 05043
アイゼンシュタット,S.
　N. ・・・・・・・・・・・・・・・・・・・・・・・ 07635
相蘇 一弘 ・・・・・・・・・・・ 13679〜13681
相磯 貞三 ・・・・・・・・・・・ 22759, 22760
会田 捷夫 ・・・・・・・・・・・・・・・・・・・・ 24308
会田 金吾 ・・・・・・・・・・・・・・・・・・・・ 27582
会田 熊雄 ・・・・・・・・・・・・・・・・・・・・ 09870
相田 泰三 ・・・・・・・・・・・・・・・・・・・・ 05036
相田 忠朗 ・・・・・・・・・・・・・・・・・・・・ 26558
会田 範治 ・・・・・・・・・・・ 22444, 22445
藍田 正雄 ・・・・・・・・・・・・・・・・・・・・ 20610
会田 雄次 ・・・・・・・・・・・・・・・・ 02147,
　03187, 04397, 05209, 11777,
　28984, 30793, 31860, 31973,
　32065, 32859, 33563, 33801
愛知教育大学哲学教室
　内日本思想史研究会 ・・・・・・・ 13057
愛知県教育委員会 ・・・・・・・・・・・・・
　　　　　　　16627, 16628, 20915
愛知県教育委員会文化
　課 ・・・・・・・・・・・・・・・・・・・・・・・・ 20866
愛知県教育会 ・・・・・・・・・・・・・・・・ 24061
愛知県教育サービスセ
　ンター ・・・・・・・・・・・ 01833, 03306
愛知県史編さん委員会 ・・・・・・・・・ 31432
愛知県陶磁資料館 ・・・・ 20402, 20415

愛知県陶磁資料館学芸
　課 ・・ 20112, 20386, 20418, 21952
愛知県宝飯地方史編纂
　委員会 ・・・・・・・・・・・ 31497〜31501
愛知大学史学研究会 ・・・ 31473〜31476
愛知大学綜合郷土研究
　所 ・・・・・・・・ 17125, 26241, 31518
アイヌ文化振興・研究
　推進機構 ・・・・・・ 00315, 12617, 12618
アイヌ民族博物館 ・・・・・・・・・・・・ 27657
相場 一宏 ・・・・・・・・・・・・・・・・・・・・ 22096
相葉 伸 ・・・・・・・・・・・・・ 15497, 15498
相原 修 ・・・・・・・・・・・・・・・・・・・・・・ 15916
相原 熊太郎 ・・・・・・・・・・・・・・・・・・ 09348
相原 寛彰 ・・・・・・・・・・・・・・・・・・・・ 07603
愛原 豊 ・・・・・・・・・・・・・・・・・・・・・・ 14042
相原 陽三 ・・・・・・・・・・・・・・・・・・・・ 28019
相原 良一 ・・・・・・・・・・・・・・・・・・・・ 08045
相見 昌吾 ・・・・・・・・・・・ 06108, 13142
アウグスチノ岩崎太郎 ・・・・・・ 15641
饗庭 篁村 ・・・・・・・・・・・ 11560, 22593
饗庭 孝男 ・・・・・・・・・・・・・・・・・・・・ 25018
葵新聞編集室 ・・・・・・・・・・・・・・・・ 01875
亜欧堂 田善 ・・・・・・・・・・・・・・・・・・ 20020
青江 秀 ・・・・・・・・・・・・・・・・・・・・・・ 33924
青木 晦蔵 ・・・・・・・・・・・・・・・・・・・・ 13413
青木 可笑 ・・・・・・・・・・・・・・・・・・・・ 01789
青木 一好 ・・・・・・・・・・・ 29112, 29159
青木 健一 ・・・・・・・・・・・・・・・・・・・・ 05021
青木 宏一郎 ・・・・・・・・・・・・・・ 08791,
　08793, 11993, 12592, 16373
青木 更吉 ・・・・・・・・・・・・・・・・・・・・ 08724
青木 虹二 ・・・・・・・・・・・・・・・・ 09149,
　09162, 09163, 09168〜09186
青木 昆陽 ・・・・・・・・・・・・・・・・・・・・ 08905
青木 茂 ・・・・・・・・・・・・・・・・・・・・・・ 08229
青木 枝朗 ・・・・・・・・・・・ 08068, 08069
青木 進三朗 ・・・・・・・・・ 19255, 19402
青木 健 ・・・・・・・・・・・・・ 07018, 08052
青木 谷彦 ・・・・・・・・・・・・・・・・・・・・ 31558
青木 定遠 ・・・・・・・・・・・・・・・・・・・・ 07015
青木 歳幸 ・・・・・・ 15771, 15795, 33173
青木 直己 ・・・・・・・・・・・ 11947, 12320
青木 治夫 ・・・・・・・・・・・・・・・・・・・・ 08949
青木 寿光 ・・・・・・・・・・・・・・・・・・・・ 32200
青木 正義 ・・・・・・・・・・・・・・・・・・・・ 30964
青木 美加子 ・・・・・・・・・・・・・・・・・・ 05805
青木 美智男 ・・・・・・・・・・・・・・・・・・・
　00576, 00588, 00593, 00609,
　01113, 03554, 03589, 03728,
　03803, 07484, 09091〜09095,
　09158, 09217, 10504, 10546,
　11228, 11550, 13104, 16077,
　17177, 23346, 23355, 26315,
　30220〜30223, 31331

青木 光行 ・・・・・・・・・・・・・・・・・・・・ 16832
青木 木米 ・・・・・ 18470, 18477, 20301
青木 基次 ・・・・・・・・・・・・・・・・・・・・ 15460
青木 裕 ・・・・・・・・・・・・・・ 28945〜28947
青園 謙三郎 ・・・・・・・・・ 24942, 30707
青野 春水 ・・・・・・・・・・・ 02628, 08778
青野 豊作 ・・・・・・・・・・・・・・・・・・・・ 10395
青森県教育委員会 ・・・・・・・・・・・・・
　　　　　　　20867, 20868, 20930
青森県史編さん近世部
　会 ・・・・・・・・・・・・・・・・・・ 27692〜27694
青森県叢書刊行会 ・・・・・・・・・・・・ 27749
青森県文化財保護協会 ・・・・・・・・・ 27766
青森県立図書館 ・・・・・・・・・・・ 03952,
　27699〜27701, 27749, 27786
青森市史編集委員会 ・・・ 27732〜27734
青柳 孝司 ・・・・・・・・・・・・・・・・・・・・ 30269
青柳 政二 ・・・・・・・・・・・・・・・・・・・・ 20191
青柳 静林 ・・・・・・・・・・・・・・・・・・・・ 03889
青柳 種信 ・・・・・・・・・・・・・・・・・・・・ 33112
青柳 直良 ・・・・・・・・・・・・・・・・・・・・ 26351
青柳 芳子 ・・・・・・・・・・・・・・・・・・・・ 21498
青柳 嘉忠 ・・・・・・・・・・・・・・・・・・・・ 09244
青山 克弥 ・・・・・・・・・・・ 02797, 30529
青山 孝慈 ・・・・・・・・・・・・・・・・・・・・ 30211
青山 忠一 ・・・・・・・・・・・・・・・・・・・・・
　　　22449〜22451, 22579, 22772
青山 忠正 ・・・・・・・・・・・・・・・・・・・・・
　　　03813, 04696, 05530, 05596
青山 延光 ・・・・・・・・・・・ 03074, 03075
青山 幹雄 ・・・・・・・・・・・・・・・・・・・・ 28451
青山 隆一 ・・・・・・・・・・・・・・・・・・・・ 09492
青山 六十 ・・・・・・・・・・・ 32404, 32405
青山会館 ・・・・・・ 04401, 05405, 05501
阿河 準三 ・・・・・・・・・・・・・・・・・・・・ 13266
赤井 達郎 ・・・・・・・・・・・・・・・・ 01671,
　01672, 09757〜09759, 09819,
　09820, 09867, 09884, 09885,
　09898〜09905, 11302〜
　11304, 11509〜11513, 11525,
　12031, 12032,
　17629, 18618, 19252
赤池 濃 ・・・・・・・・・・・・・・・・・・・・・・ 13739
赤尾 藤市 ・・・・・・・・・・・・・・・・・・・・ 13725
赤川 菊村 ・・・・・・・・・・・ 04428, 04429
赤木 昭夫 ・・・・・・・・・・・・・・・・・・・・ 15931
赤城 源三郎 ・・・・・・・・・・・・・・・・・・ 30241
あかぎ出版 ・・・・・・・・・・・・・・・・・・・・ 28948
赤坂 治績 ・・・・・・・・・・・ 12106, 21480
明石 散人 ・・・・・・・・・・・ 19622, 19623
赤司 典弘 ・・・・・・・・・・・ 01966, 05659
明石 康 ・・・・・・・・・・・・・・・・・・・・・・ 22257
明石城史編さん実行委
　員会 ・・・・・・・・・・・・・・・ 31946, 31947
赤瀬 浩 ・・・・・・・・・・・・・・ 06956, 33282

赤瀬川 原平 …………… 19754	秋田市立佐竹史料館 … 28216〜28219	赤穂義士研究会 ……………
赤塚 行雄 …………… 04926	秋田市立赤れんが郷土	03124, 03129, 03130
暁 鐘成 …… 08887, 12801, 12866	館 ………………………… 14432	赤穂義士顕彰会 ………… 03019
赤沼 多佳 …… 20186, 20304, 20550	秋田市立中央図書館明	赤穂高等学校歴史研究
赤沼 多桂 …………… 20305	徳館 ………………… 28246, 28247	部（兵庫県） ……………… 31967
赤根 祥道 …………… 13663	秋田といくみとたみ子	赤穂市教育研究所義士
赤羽 一郎 …………… 20432	ちゃん ……………… 03142, 03319	と教育部 ……………… 03016
赤羽 喜平 …………… 30891, 30892	秋永 毅夫 …………… 27431	「赤穂事件に表出され
赤羽 貞幸 …………… 11609	秋永 芳郎 …………… 09401	た国民精神の研究」
赤羽根 龍夫 … 21859, 21917, 21921	秋葉 一男 …………… 29142	プロジェクトチーム
赤羽 学 …… 22923, 24785, 24786,	秋葉 実 …………… 27635, 27636	………………… 03071, 22286
25063, 25364〜25366, 25370,	秋保 安治 …………… 17634	赤穂市総務部市史編さ
25467, 25484, 25814, 27283	秋道 博一 …………… 24474	ん室 …………………………
赤堀 政宣 …………… 03305	秋本 悦士 …………… 22088	03057, 03117, 03234〜03238
赤間 倭子 …………… 05697, 05723	秋元 梧楼 …………… 26380	赤穂市立歴史博物館 ……… 03045,
赤間 亮 …………… 21479, 21584	秋元 茂陽 …………… 02583	03100, 03115, 03140, 03141,
赤松 金芳 …………… 16622	秋元 瑞阿弥 …………… 22024	03264, 03265, 03310〜03312,
赤松 啓介 …………… 09324	秋本 典夫 …………… 15287, 28867	03314, 08590, 09980,
赤松 滄洲 …………… 03076	穐本 洋哉 …………… 08433, 10625	16644, 18568, 18750, 19232,
赤松 力 …………… 31942	秋谷 勝三 …………… 12509	19233, 31921, 31940, 32021
赤松 俊秀 …………… 01545〜01551	秋山 木芳 …………… 21276	赤穂尋常高等小学校 ……… 03351
赤松 正章 …………… 26527, 26704	秋山 国三 …………… 31737	赤穂中学義士研究部 … 03035, 03036
赤松 柳史 …………………	秋山 悟庵 …… 03515, 13430, 13432,	浅井 啓吉 …………… 13985
18170, 18209, 18261, 18262	14785	浅井 敏 …………… 14508
赤嶺 守 …………… 33907	秋山 青渓 …………… 13683	浅井 潤子 …………… 00874
阿川 燕城 …………… 25406	秋山 高志 …………… 17262, 17332	浅井 晋吾 …………… 04934, 08555
ア企 …………… 21935	秋山 忠弥 …… 06064, 06467, 10491,	浅井 允晶 … 15935〜15939, 31824
安芸 育子 …………… 19632	12013, 12152, 22344, 24504	浅井 正純 …………… 11914
秋川市教育委員会社会	秋山 徳三郎 …………… 04491	浅井 政綱 …………… 04785
教育課 ……… 05563〜05565,	秋山 知忠 …………… 30255	浅井 勇助 …………… 19216, 19217
29900〜29902	秋山 英一 …………… 32835	浅井 了意 ……………
秋里 籬島 ……… 09812, 09825,	秋山 浩子 …………… 10439	11372, 11373, 22924, 22926
12848, 12879, 12880, 12897	秋山 弘道 …………… 13626	朝尾 直弘 …………………
秋沢 繁 …………… 09917	秋山 房子 …………… 08908, 12679	00009, 00031, 00457〜00461,
昭島市史編さん委員会 ……… 29821	秋山 巳之流 …………… 25514	00639, 01704, 01796,
秋月 一江 …………… 06333	秋山 吾者 …… 26914, 26960, 32711	01862, 02191, 02221, 02222,
秋月 俊幸 …… 07598, 07667, 08026	秋吉 和夫 …………… 33529	02244, 02804, 03369, 03370,
秋田 健夫 …………… 03143	阿久津 重雄 …………… 12907	03540, 03562, 03756, 06846,
秋田 通子 …………… 32899	阿久津 満 …………… 12907	06916, 06954, 09529, 09679,
秋田魁新報社文化部 ………… 28142	アクロス …………… 12682	10292, 10572, 10573, 10616,
秋田県 …………… 28155, 28156	アクロス福岡文化誌編	10831, 10952, 11131, 11152,
秋田県教育委員会 …………… 20930	纂委員会 …………… 09701	11199, 11213, 11227, 11228,
秋田県公文書館 ……………	上尾市教育委員会 ……… 29162	11765, 11973, 13067, 17153,
28206, 28207, 28225, 28226,	明田 鉄男 …………………	17471, 21118, 22630, 31670
28231〜28237, 28244, 28245	00515, 03824, 04683〜04685,	朝尾直弘教授退官記念
秋田県立秋田図書館 … 14399,	11544, 31714, 31715, 31745	会 …………………… 00651, 10550
14994, 28203, 28220〜28224	上田 藤十郎 …………… 09067	浅香 年木 …………… 30587
秋田県立図書館 ……… 28238〜28240	明野町史編さん委員会 ……	朝霞市教育委員会 … 29283, 29284
秋田県立博物館 …………… 28129	28763〜28771	浅川 清栄 …………… 30905, 30906
秋田県歴史教育者協議	朱楽 菅江 …………… 26609	浅川 滋男 …………… 00239, 20706
会 …………………… 14962	安居院 庄七 …………… 08888	浅川 征一郎 …………… 23706
秋田市 …………… 28148, 28157	赤穂塩業史料集編纂委	浅川 伝右衛門安和 ……… 33152
秋田市史編さん室 ……… 28242	員会 …… 09482〜09485, 32019	浅蔵 五十吉 …………… 20314
秋田市史編さん委員会		朝倉 一善 …………… 21857
近世部会 …………………		朝倉 喬司 …………… 12465
28205, 28209, 28215, 28227		朝倉 毎人 …………… 27413

著者名	番号
朝倉 治彦	00518, 01165, 01166, 01793, 02519, 02595, 02622, 02798, 03150, 03328, 03879, 04165〜04167, 06477, 06642, 08204, 08499, 09538, 10460, 10768, 11031, 11584, 11670, 11695, 11715, 11770, 11784, 11825〜11831, 11952, 11975, 12131〜12133, 12295, 12486, 12503, 12652, 14879, 16505, 17248, 17260, 17282〜17286, 17346〜17350, 20054, 21138〜21140, 21361, 22873〜22895, 22917, 22918, 28034, 29669, 29728, 30758〜30766, 31712
朝倉 無声	12471, 12507, 23727
あさくら ゆう	05870
浅倉 有子	27611
浅科村教育委員会	30918, 30973, 30974, 31471
麻島 昭一	08651
浅田 周一	30884
浅田 善二郎	24996
浅田 晃彦	21985
浅田 益作	30767, 30768
浅野 晃	22536, 22544, 22546〜22548, 22715, 23090, 23138, 23148, 23200, 23201, 24068, 24178
朝野 蝸牛	17231
浅野 建二	26820
浅野 サタ子	21782
浅野 三平	14078, 22494, 22768, 23025, 23462, 23491, 23505, 23511
浅野 秀剛	17580, 18653, 19089, 19111, 19150, 19184, 19226, 19317, 19369, 19388, 19433, 19532, 19545, 19567, 19584, 19618, 19644, 19689, 19717, 19761, 19806, 19843, 19845, 19882, 19974, 19982
浅野 信	24974, 25471, 25472, 25598, 25600, 25717, 25722
浅野 長勲	04548
浅野 伸子	20767, 20817, 20822
浅野 梅堂	04146
浅野 宏	17184
朝野 雅文	16127
浅野 美和子	10810
浅野 安隆	10934
浅羽町史編さん委員会	31187
朝日 重章	01080, 01081, 11918, 11919
朝日 文左衛門	00903
旭 正秀	19193
旭市史編さん委員会	29390
朝日ジャーナル	11429
朝日新聞大阪社会部	04600
朝日新聞大津支局	10316
朝日新聞学芸部	16852
朝日新聞社	01776, 03945, 07463〜07465, 09754, 11394, 17101, 17642, 18179, 18305, 19395, 19654, 20441, 20811, 20861, 23834, 27102, 27127
朝日新聞社学芸部	16851
朝日新聞社事業本部大阪企画事業部	18653
朝日新聞社事業本部名古屋企画事業チーム	17467
朝日新聞社文化企画局	07729
朝日新聞社文化企画局大阪企画部	23089
朝日新聞社横浜支局	11527
朝日新聞東京本社企画部	18840
朝日新聞阪神支局	12322
朝日新聞福岡本部	33014
朝日村誌編纂委員会	31082
朝日町教育文化施設朝日町歴史博物館	14148, 17287
朝比奈 厚生	07500
朝比奈 美知子	07648, 08195
浅見 晃	22545
浅見 勝也	31969
阿左見 九兵衛	29019
浅海 琴一	04883
浅見 綱斎	13419, 13420
阿佐美 茂樹	30118
浅見 美智子	26212
浅見 恵	00855, 00856, 08685〜08688, 12909, 12910, 16346〜16353, 16423〜16427, 16590〜16594, 16610, 16611
浅見 安正	13031
朝森 要	13046, 13283, 13704, 13715, 13719, 32301, 32311, 32379
浅山 佳郎	27332
芦 東山	13256, 13257, 13471
芦 文八郎	00163, 09583, 13469, 13470, 13472, 13473
足利 健亮	00276, 09696
足利市立美術館	19512
芦刈 政治	06311, 06312, 33543
葦津 珍彦	03655, 14774
蘆田 伊人	12780〜12785
芦田村	08888
芦東山先生記念館	13474, 13475
安島 良	05409
安心院町教育委員会	16603
網代 茂	28716
飛鳥井 雅道	05101
アスキー電子出版部	30783
足助 直次郎	05539
滋賀県立安土城考古博物館	31703
吾妻 健三郎	12649, 12653
吾妻 重二	13269
東 聖子	25519
東 晋太郎	08331, 08332, 13812
東 東洋	17707
東 徹	13760, 16193
東 尚胤	16022
東 喜望	23497
安積 澹泊(覚)	01972
麻生 磯次	17133, 17134, 22380, 22381, 22383, 22384, 22446, 22740, 22754, 23008, 23168〜23173, 23189, 23205, 23216, 23221, 23238, 23244, 23246, 23250, 23257, 23260, 23263, 23393, 23396, 23566, 23567, 23573, 25129, 25130, 25132, 25133, 25423, 25513, 26764, 26765, 27069, 27080, 27115, 27216〜27219
麻生 義輝	13012, 13013
アソカ書房	03986
安宅 峯子	09726, 29640
出雲郷土研究会社会科学部会	08431
足立 荒人	05502
足立 勇	03962, 12319
安達 巌	12324
安達 晃一	05236, 33788
足立 五郎左衛門	11145, 31265
足立 駿二	25586
足立 四郎吉	13320
安達 太郎	08253
足立 利雄	31986
安達 豊久	18494, 18585
足立 尚計	24197
足立 直郎	02481, 03620, 12055, 12464, 12534, 12565, 21123
安達 裕之	09605
安達 文昭	31926
安達 正巳	27478
安達 満	08902
足立 洋一郎	08888
阿達 義雄	08478, 08565, 08945, 26288, 26456, 26464〜26466, 26476, 26477, 26482, 26505, 26537
足立 栗園	03049, 03076, 07158, 13019, 13843, 13847, 14846
足立区教育委員会文化課	01777
足立区立郷土博物館	01777
アダチ版画研究所	19620

著者名	番号
アダミ，ノルベルト・R.	07990
能里 与志	26524
厚木市教育委員会教育総務部文化財課市史編さん係	30123
厚木市教育委員会生涯学習部文化財保護課	30122
厚木市教育委員会生涯学習部文化財保護課市史編さん係	30124
厚木市史編纂委員会	30075
厚木市秘書部市史編さん室	30120, 30121
熱田神宮宮庁	24774, 24775
熱田神宮文化課	04688
渥美 国泰	13992, 18416, 19517, 24479
渥美 登良男	01098, 03098, 24070
渥美郡教育会	23986
厚谷 和雄	01003
阿刀田 令造	09072
穴沢 茂敦	28422
阿南市史編さん委員会	32649
姉崎 岩蔵	28127
姉歯 量平	03717
阿野 露団	17715
安彦 孝次郎	03524
我孫子市史編さん委員会	29391〜29393
我孫子市史編集委員会近世部会	29381
油井 宏子	00831, 12011
阿部 秋生	14070
阿部 昭	08889, 08890, 11030, 11086
阿部 安佐	28268
阿部 勇雄	28479
阿部 達	12703
安部 巌	33641〜33645
阿部 一彦	22800
阿部 完市	25040
阿部 喜三男	25133, 25473, 25477, 25654, 27041, 27199, 27200, 27227
阿部 源太夫	08893
阿部 弘臧	00254
阿部 重之進重保	23839
阿部 彰晤	12899, 28077
阿部 庄兵衛	12899
阿部 次郎	17142, 17143
安部 叢	33591
阿部 孝嗣	29545
阿部 倬也	24789, 24791
阿部 武司	10182
阿部 達二	03110
阿部 恒久	03803
安部 鶴造	21986
阿部 照雄	23839
阿部 道山	04923
安部 伴	33608, 33609, 33623
阿部 八郎	
阿部 英樹	08843, 09000, 09001, 11109, 11110
阿部 博人	15098
阿部 真琴	00466, 03703
安倍 正人	01858
安倍 正人	04935〜04938, 14766, 14769, 14770
阿部 正美	24898, 24899, 25211, 25367, 25554〜25565, 25731〜25735, 27069
阿部 正巳	28348
阿部 正路	25507
阿部 正吉	32216
安部 宗男	06825, 28018, 28024
阿部 洋輔	01000
阿部 吉雄	13284, 13403
阿部 善雄	06350, 06613, 33837
安倍 能成	25372
阿部 隆一	08039, 13251, 15035
安部井 澹園	28616
アポカリプス21研究会	25494
尼崎市史編集事務局	32053, 32054
尼崎市市民局文化室	21369
甘糟 継成	03534
雨谷 毅	02931, 14555, 14594, 14614, 28749
天川屋 長右衛門〔8代目〕	10134
甘木近世古文書研究会	33059
甘木市教育委員会	27471
甘木市史編纂委員会	33060〜33067
天草史談会	33344
天草戦没者名鑑編集委員会	15631
天沢 文雅	02543
天田 愚庵	24037
天生目 杜南	25457
天野 雨山	25720
天野 清文	00882
天野 凡太	20986
天野 雅敏	10183
天野 御民	04552, 16919
天野 義郎	28267
網野 宥俊	15302, 15303
網野 善彦	00457〜00461, 10048, 19732
網野 義紘	15303
雨谷 一雫庵	23600
雨谷 幹一	14660
雨森 芳洲	07822, 07823
雨谷 一菜庵	25044
アメリカ合衆国海軍省	07432
綾瀬市	30125, 30216
綾辻 行人	22797
綾部 友治郎	07600
綾部市立図書館	06382
綾女 正雄	25672
鮎沢 信太郎	06925, 07022, 13346, 16074
荒井 顕道	06432
荒居 英次	00028, 00867, 00868, 02273, 07840, 09459, 09470〜09473
新井 恵美子	14891
新井 勝紘	09121
荒井 貫次郎	06379
新井 喜美夫	03718, 03855
新井 君美	00779, 00781
荒井 清明	27667
荒井 貢次郎	10908, 10914, 10922
荒井 孝昌	08262
荒井 忠秋	28471
荒井 勉	19392, 19468
新井 白石	00764〜00772, 00776〜00778, 00780, 00782〜00807, 06105, 08016, 13355, 13359, 13360, 13362, 13365〜13375
新井 英生	02608, 02688, 03194, 05798, 05808, 11953
新井 弘子	10799
新井 富士重	29111, 29128
新井 益太郎	22195, 26447, 26448
荒居英次先生遺著刊行会	09459
新居関所史料館	09805, 09948, 09960
新居町史編さん委員会	31191
荒尾市史編集委員会	33430, 33451〜33454
荒金 錬次	33562
荒川 久寿男	03642, 04565, 13339, 14634
荒川 敏雄	18435
荒川 豊蔵	20104, 20117, 20122, 20403, 20521, 20523, 20524
荒川 法勝	23624
荒川 英夫	08289
荒川 秀俊	06282, 06547, 09056, 11460, 11539, 11587, 21483, 21484
荒川 浩和	20605, 20606
新川 右好	00426, 07563
荒川 有史	23029, 23086, 23121

著者	番号
荒川区教育委員会	15951, 29732
荒川区立荒川ふるさと文化館	15951, 29732
荒木 見悟	13264, 13944
荒木 三郎兵衛	08619～08621
荒木 繁	21312, 22631
荒木 周道	33321
荒木 祐臣	06334, 32304～32309
荒木 誠三	12430, 12539
荒木 常能	23438, 23923
荒木 豊三郎	08609, 08618
荒木 裕行	33317
荒木 幹雄	08702
安良城 盛昭	02288～02290
荒木田 麗女	22729
新里 金福	00414
嵐 嘉一	08867, 08869
嵐 一夫	20322
嵐 瑞澂	31960, 31961
嵐山 光三郎	24853, 27027
新城 俊昭	33914
新城 良一	33897
荒瀬 進	07538, 07625, 07626, 16579
荒田 弘司	10239
荒浪 市平	14765
荒野 泰典	06924, 06937, 07682, 07685
荒俣 宏	14475, 29632
新家 君子	17134
有賀 競	00225
有賀 長雄	06815
有川 宜博	33010
有沙 啓介	27452
有坂 隆道	15841～15850, 15875, 15935～15939, 31864
有栖川宮 幟仁	04467, 04468
有薗 正一郎	08870, 08875, 12293, 30771
有田 久文	19566
有馬 照長	27435
有馬 祐政	04613, 14785
有馬 純雄	04538
有馬 成甫	15812
有馬 卓也	13233
有馬 藤太	03979
有馬 徳	04956, 26228
有馬 頼底	17505
有政 一昭	31937
有村 政則	33716
有元 正雄	15238, 32185
有元 稔	24211
有元正雄先生退官記念論文集刊行会	10497
有吉 保	23979
有吉 義弥	26607
アルシーヴ社	12626
アルファキュービックギャラリー	19765
アルミニヨン,V.F.	07553, 07554, 07640
淡川 康一	17778
泡坂 妻夫	21757
淡路古文書学習会	32022
粟津 啓有	26250
粟田 添星	22033
粟野 頼之祐	17527
安西 篤子	10786
安斎 俊二	25683～25685, 27239
安西 勝	14060
安斎 実	09586, 09598, 09599
安西播磨守	08887
庵逧 巌	21501
安生 富士	18191
安城古文書研究会	00925, 26256
安城市歴史博物館	16092, 16569, 17689, 18962, 19743, 27535
安達 五男	10956
安藤 英方	24520
安藤 紀一	15186, 32595, 32596
安藤 菊二	12131～12133, 14053
安東 俊六	27371
安藤 次郎	08747
安東 省菴	12971, 13243
安藤 精一	02053, 08245, 08987, 10425, 11105, 11177, 11190, 11843, 13467, 15501, 32084, 32093, 32105, 32119～32134, 32145～32149
安藤 武彦	24779, 24780
安藤 保	02705
安東 次男	20134, 24939, 24997, 25002, 25005, 25407, 25531, 25540, 25583, 25584, 25588, 25589, 25592～25594, 25623, 25624, 25730, 25757, 26187, 26188, 26194, 27072, 27082
安藤 勉	07576, 08123, 29592
安藤 常次郎	26837
安藤 徳器	03626, 04118, 04529, 07564
安藤 利通	09747, 31062
安藤 利道	09834
安藤 直方	29714
安藤 英男	01854, 02678, 13085, 13533, 16031, 16054, 16055, 16060, 16061, 24272, 24275
安藤 博	02234, 06386, 06387
安藤 広重	19706, 19776
安藤 洋美	16340
安藤 朴翁	26978
安藤 正人	06291
安東 靖雄	09331
安藤 優一郎	01844, 02478, 02479, 03423, 03463, 11437, 16459
安藤 由紀子	16144
安藤 義雄	11836
安藤 良雄	10534
安藤 良平	00555, 05238
安藤 和風	24602
安藤昌益基金	14985
安藤昌益石碑再建の会	14949
安藤常次郎先生米寿記念刊行会	26837
安中市市史刊行委員会	28994, 28995
安野 真幸	11206
アンベール,エメェ	07566, 07567, 07612, 07642, 07643
安楽庵 策伝	23799～23801

【い】

著者	番号
李 元植	07770, 07777
李 炫瑛	24733
李 寧熙	18843
井伊 玄太郎	10913
井伊 直弼	21943
井伊 文子	21973
井伊 正弘	01651, 01652, 04164, 04209～04211
飯尾 精	03101, 03102, 03164, 03182, 03193, 03196, 03197, 03231, 03275, 03276, 03339, 03347
飯尾 東川	12442
飯倉 晴武	00086
飯倉 洋一	23459
飯沢 匡	15359, 18679
飯島 勇	18278, 18296, 18342
飯島 兼吉	24599
飯島 虚心	19281, 19375
飯島 耕一	24502, 25815
飯島 忠夫	12061, 13762, 13775, 13778
飯島 千秋	08366
飯島 紘	31684
飯島町歴史民俗資料館	20754, 30883
飯塚 明	09824
飯塚 恵理人	21132
飯塚 友一郎	21509

飯塚 政美	00358
飯塚 道重	30877
飯塚市歴史資料館	33026
飯田 勝彦	28035, 28041
飯田 鼎	07559, 13075
飯田 吉三郎	17634
飯田 熊次郎（宇宙）	01857, 04108
飯田 昭一	21937, 21938
飯田 伝一	14925, 14926
飯田 俊郎	24434
飯田 英男	17746, 17769, 17951, 18035, 18131
飯田 文弥	00357, 08416, 30793
飯田 正一	25845, 26012
いいだ もも	13080, 14972
飯田 利行	24240, 24328, 24333, 27508
飯田 竜一	29561
飯田刊行協会	31038
飯田市美術博物館	17782, 18118
飯田市美術博物館・柳田国男館	30958
井上直弼朝臣顕彰会	04375
飯沼 二郎	02231, 08699, 08828, 08874
飯沼 寅治	09889
飯沼 慾斎	16266
飯野 哲二	21352, 25048, 25158, 25161, 25254, 25320, 25866, 27143, 27168
飯野 正子	08116
飯野町史談会	21751
伊江 朝睦	33934, 33941
家入 敏光	07601
家近 良樹	01706, 01764, 02108, 02121, 02360, 03845, 03960, 05972
家永 三郎	00255, 00463〜00467
井奥 成彦	08454
猪飼 隆明	05288, 05310
伊賀上 菜穂	08024
伊笠 碩哉	01021
伊賀文化産業協会	20362
五十嵐 篤好	08909
五十嵐 越郎	15148, 15150
五十嵐 和敏	03971
五十嵐 喜市	29727
五十嵐 金三郎	16440
五十嵐 聡美	27656
五十嵐 富夫	06768, 06769, 06773, 09878, 09879, 09958, 09959, 10423
五十嵐 義明	25204
伊狩 章	23736, 23737
猪狩 三郎	27087
何鹿郡蚕業同志会	15006
渭川 健三	13291
井川 作之助	01061
井川 昌文	24016
生松 敬三	13021
伊喜見 謙吉	33423
井草 利夫	21684
生田 耕作	27495
生田 滋	00443
生田 宏	33413
井口 朝生	02038, 02039
井口 海仙	21956
井口 洋	11516, 21337, 23078
井口 木犀	18404
生熊 文	07591, 07655, 07656
生馬 寛信	16879
王生 貞徳	20333
遺訓叢書刊行会	13838, 15144
池 享	30247
池井 優	06833
池内 紀	23924
池内 敏	07717, 07730, 07794, 07820
池内 信嘉	21454
池上 秋彦	22152
池上 彰彦	11762
池上 淳之	18115, 24055
池上 英子	17176
池上 大一	30453
池上 真由美	15673
池上 裕子	00246
池口 漂舟	10286
池沢 一郎	13327, 27342, 27358, 27361
池沢 夏樹	23479
池田 明子	18030
池田 昭	15233, 15244
池田 晧	07015, 07021
池田 英泉	19945, 19947
池田 悦夫	11344
池田 己亥一	12533
池田 儀右衛門	27628
池田 条次郎	13490
池田 晃淵	00626, 00627, 00629, 02504, 02505
池田 諭	16913, 16914
池田 重義	31987
池田 正一郎	00088, 00883, 11591, 11850
池田 史郎	06559, 06560
池田 逞	15750
池田 保	26636
池田 忠一	20198〜20207
池田 勉	14128
池田 東籬亭	12759
池田 敏雄	15582, 26933
池田 富重	02712, 02713
池田 成章	03535, 03536
池田 宣政	14900
池田 信道	06732
池田 瓢阿	22023
池田 広司	26791〜26793
池田 寛親	06985, 07030, 07031
池田 米寿	05433, 30841
池田 昌意	16338
池田 政敏	07586, 07587
池田 満寿夫	19568, 27057
池田 守利	21791
池田 弥三郎	11515, 19742, 21100
池田 雪雄	13322
池田 善昭	00594
池田 吉則	09329
池田 由寿	05433
池田 敬正	03544, 10602
井ケ田 良治	11093
池田市史編纂委員会	31870, 31873〜31875
池田市立歴史民俗資料館	08368, 18020
池田俊彦先生遺徳顕彰会実行委員会	33758
池波 正太郎	03260, 12740
池野 茂	00238
池 大雅	18268〜18272, 18274, 18277, 18281, 18287
池葉須 藤樹	09335
池端 大二	08993
池原 錬昌	24732
池辺 吉太郎	04739
池辺 三山	04740
池部 弥太夫	31766
池辺 義象	04462, 14847, 24403
池宮 彰一郎	03293, 03294
池宮 正治	33868
池本 覚	16141
池谷 雄	26938
池谷 望子	07742, 07743
異国日記刊行会	06841, 06842
生駒 粂蔵	08056
生駒 正三	24187
惠 俊彦	15740, 19306, 19884, 19886〜19888, 19890
井坂 教	05009, 16924
猪坂 直一	02884
伊坂 梅雪	21615

飯盛 宏 ……… 07624	石井 良助 ………	石川 雅望 ……… 23412
伊崎 公徳 ……… 27697	01786, 01787, 01805, 01812,	石川 松太郎 …… 10787, 16850,
伊佐坂 元成 ‥ 19528, 19949, 19994	06079~06085, 06099~	16974, 16976, 17038~17041,
砂治 寿一 ……… 23985	06101, 06246, 06248~06252,	28046, 28984, 29137, 30793,
砂治 龍恵 ……… 23985	06255~06257, 06260,	31364, 31652, 31860, 31973,
伊佐早 謙 ……… 28284	06283~06289, 06372,	32065, 32099, 32219, 32258,
伊沢 慶治 ……… 06200, 20043	06373, 06376, 06495~06498,	32510, 32645, 32713, 32859,
井沢 蟠竜 ……… 14090	06652~06654, 06672, 06673,	33208, 33563, 33720, 33801
井沢 元彦 ……… 01906,	06680, 06739, 06742, 06743,	石川 靖夫 ……… 15331
01923, 02811, 03132, 03378,	06759, 06760, 06766, 06767,	石川 佳子 ……… 16966, 16967
05630, 05631, 06905, 06906,	06778, 06779, 06782, 09376,	石川 理紀之助 ……… 08888
07526, 07527, 11476, 21868	10881, 10892, 10893, 10909,	石川 了 ……… 23209
胆沢町史刊行会 ……… 27870, 27871	10910, 11011, 11027, 12476,	石川 和助 ……… 26784
胆沢町教育委員会 ……… 08694	12477, 12489, 12519, 12566	石川郷土史学会 ……… 09291, 30537
胆沢町古文書研究会 ……… 27939, 27942	石尾 芳久 ………	石川県教育委員会 ………
胆沢町文化財調査委員	03730, 06109, 06342, 06343	00189, 00221, 00222, 00229
会 ‥ 27938, 27940, 27941, 27943	石岡 慎太郎 ……… 25867	石川県教育委員会文化
石 寒太 ……… 25288	石岡 久夫 ……… 13878, 21926	財課金沢城研究調査
石井 和子 ……… 07604	石躍 胤央 ……… 32635, 32636, 32644	室 ‥ 00962, 00963, 20741, 20742
石井 寛治 ……… 03729,	石躍 胤央先生退官記念	石川県郷土史学会 ……… 30577
07494, 07495, 08260, 08291,	事業実行委員会 ……… 32644	石川県公園事務所 ……… 21075
08453, 10194, 10197, 10272	石垣市総務部市史編集	石川県思想問題研究会 ………
石井 曲江 ……… 14834	室 ……… 33925	12998, 12999, 13315
石井 国之 ……… 21109	石神 今太 ……… 05249	石川県史調査委員会 ‥ 30618~30621
石井 健吾 ……… 15571	石上 敏 ……… 15947, 22815, 22816	石川県図書館協会 ……… 30594
石井 謙治 ……… 09993	石神 卓馬 ……… 21838	石川県立図書館 ……… 30644
石井 研堂 ………	石川 敦彦 ……… 06325, 32502, 32504	石川県立図書館史料編
03592, 17460, 19234, 22572	石川 いさむ ……… 04130	さん室 ……… 30618~30621
石井 光太郎 ……… 24720, 26038	石川 一郎 ……… 15684, 29659	石川県立美術館 ……… 00290,
石井 昇三 ……… 00213	石川 梅次郎 ……… 13649, 13722	20193, 20323, 20569, 22000
石井 紫郎 ……… 14716	石川 栄吉 ……… 08071	石川県立歴史博物館 ………
石井 信一 ……… 31162	石川 英輔 ………	06202, 17218, 30538
石井 進 ………	00528, 02831, 02832, 09515,	石川公記念誌編集委員
00457~00461, 11251, 15653	09516, 09815, 11275, 11276,	会 ……… 28014
石井 孝 ……… 03669,	11410, 11420, 11717, 11718,	石川丈山研究会 ……… 27534
03783, 03949, 03950, 04723,	11837~11841, 12008, 12020,	石倉 重継 ……… 24830
04874, 05944, 05945, 07193,	12021, 12028, 12612, 12613,	石倉 翠葉 ……… 24530
07194, 07200, 07209, 07501,	12865, 12903, 12911, 17115	石黒 敬七 ……… 03981~03985
07502, 08111, 08295, 11528	石川 銀栄子 ……… 24722~24725	石黒 敬章 ……… 04013
石井 勉 ……… 05689	石川 謙 ……… 13450, 14704, 14889,	石黒 忠一 ……… 30494
石井 桐陰 ……… 25259, 25260	15048, 16669, 16672, 16685,	石黒 千尋 ……… 00934, 08894
石井 富之助 ……… 30205	16727, 16734, 16739, 16950,	石河 積翠 ……… 25094
石井 虎吉 ……… 24463	16951, 16973, 16974, 17043	石阪 孝二郎 ……… 07744, 07745
石井 直樹 ……… 07360	石川 柊 ……… 24925	石坂 昌三 ……… 11753
いしい ひさいち ……… 14852	石川 淳 ……… 22362, 23418, 23548	石坂 美也男 ……… 00712
石井 久子 ……… 28632	石川 準吉 ……… 06542	石崎 謙 ……… 30539
石井 文海 ……… 30442	石川 真弘 ………	石崎 東国 ……… 13549, 13682
石井 正義 ……… 09881	25524, 25846, 25847, 26173	石崎 又造 ……… 22457
石井 良一 ……… 05003	石川 政太郎 ……… 08081	石崎 融思 ……… 33374
	石川 琢堂 ……… 01684	石崎 芳男 ……… 12587
	石川 卓美 ……… 08858, 32532	石島 勇 ……… 27531, 27532
	石川 忠 ……… 21006, 21017	石島 庸男 ……… 16674
	石川 恒太郎 ……… 08770	石島 弘 ……… 16525
	石川 悌二 ………	石津 達也 ……… 13496
	29576, 29577, 29767, 29769	石津 寛 ……… 04930, 04931
	石川 猶興 ……… 04999	
	石川 寛子 ……… 12337	
	石川 正雄 ……… 16859	

石塚 官蔵	08031	
石塚 恭江	31179	
石塚 青我	20155	
石塚 尊俊	32238	
石塚 裕道	04152	
石塚 豊芥子	12023	
石附 実	16871	
石曽根 民郎	26522	
石田 朗	08780, 08782	
石田 一良	13058, 13059, 13882, 13885, 17222	
石田 園坡	32613	
石田 和夫	13416	
石田 郷子	25503	
石田 熊三郎	14385	
石田 成佳	26510, 26511	
石田 純郎	16468, 16556, 16561, 16564	
石田 孝喜	31752, 31753	
石田 千尋	07913	
石田 外茂一	21906	
石田 晴男	33424	
石田 文四郎	14755	
石田 元季	22533, 23837, 24907, 25137, 25138	
石田 吉貞	15467, 24269	
石瀧 豊美	08742, 09035	
石谷 貞彦	09076	
伊地知 重幸	00123	
石塚 真	16833～16838, 28722	
石堂 秀夫	27137	
石永 雅	05547	
石野 瑛	30088	
石野 亨	09629	
石巻古文書の会	07034	
石巻市史編さん委員会	28064	
石巻文化センター	28012, 28026	
石巻若宮丸漂流民の会	07009	
石ノ森 章太郎	21929	
石橋 義秀	15240	
石橋 重吉	30706, 30710	
石橋 生菴	32150	
石橋 筑紫男	24952	
石橋 秀喜	14801	
石橋 藤雄	09614	
石橋 佳枝	25999	
石浜 知行	08319	
石原 戒造	04929	
石原 貫一郎	05311～05313	
石原 重俊	09317	
石原 常節	32203	
石原 健生	25188	
石原 正明	09536, 23996	
石原 芦堂	19208	
石部 光当	00952	
石部町	22287	
石丸 晶子	10842	
石村 貞一	01040～01043	
石村 貞吉	14041, 14232	
石村 雍子	22729	
石母田 俊	12097	
石元 明	12187	
石元 泰博	20970, 20972	
石山 修武	11195	
石山 秀和	16702, 16958	
石山 洋	12992	
石山 禎一	07091, 07106, 07116	
石山寺文化財綜合調査団	15371	
伊集院 秀秋	05372	
井尻 良雄	09326	
石綿 豊大	30220～30222	
石渡 博明	09196, 14944, 14970, 14977	
偉人遺墨顕彰会	04522	
維新研究会	03695	
維新史学会	07216, 07217	
維新史蹟会	04531	
維新史料編纂会	03665, 03667, 04026, 04035	
維新史料編纂事務局	03666, 04316, 07673	
維新戦歿者五十年祭事務所	04547	
伊豆 公夫	13358, 13369	
出石郡教育会	32230	
出石町総務課町史編集室	32048	
出田 恒治	09704	
井筒 月翁	03631, 11028	
井筒 清次	29578	
井筒 調策	03214, 03215	
伊豆の国市韮山郷土史料館	04839	
伊豆のや主人	04390	
和泉 寛一	18133	
泉 清	27145	
泉 三郎	04478	
和泉 清司	02237, 06541, 06546, 06570, 08451	
泉 武夫	17771, 17779	
泉 澄一	07822, 13385, 20086, 33293	
泉 秀樹	03287, 03299, 04594, 04676, 04679, 04686, 04687, 06805, 09720, 09790, 09920	
泉 雅博	08903	
泉 万里	17891	
和泉 竜一	27264	
泉大津市史編纂室	31858, 31885	
泉佐野市史編さん委員会	18221	
和泉市久保惣記念美術館	21885	
出水市立歴史民俗資料館	04078, 33798, 33850	
泉田 健男	28483	
泉田 胤信	28483	
夷隅町史編さん委員会	24689	
五十公野 清一	03523	
和泉文化研究会	31884	
泉谷 淑夫	17946	
出雲崎町史編さん委員会	30308	
出雲路 通次郎	13401	
伊勢 斎助	13027	
伊勢 貞丈	01589～01592	
井関 美清	14049	
伊勢崎市	28986, 28996, 28997	
伊勢市立郷土資料館	18010	
伊勢原市教育委員会社会教育課	32550	
伊勢原市史編集委員会	30126, 30127	
磯 直道	12271	
磯 博	17915	
磯貝 文嶺	30264	
磯貝 正義	30784	
磯ケ谷 紫江	10997, 12713, 23733	
磯崎 新	20991	
磯崎 康彦	15761, 15762, 17720, 17723, 17735, 20060	
磯田 紀一	28489, 28490	
磯田 道史	02602, 02656, 11955	
磯野 清	14756	
磯野 五郎	02102	
磯野 繁雄	25758	
磯野 直秀	16222	
磯野 信威	20548, 20549	
磯部 欣三	06719, 09505, 09508, 11051, 24384	
磯部 定治	23438, 23851, 26898	
礒部 鎮雄	06337, 29498～29502, 29599～29605	
磯辺 武雄	16926	
磯部 寿恵	07054, 08080	
磯部 博平	04622, 04724, 07054, 07205, 08080, 08100, 08102	
礒部 みつ女	29498～29502	
磯部 美波	04724, 07054, 08079, 08080	
磯前 順一	01695	
井田 清子	15602	
井田 継衛	16313	

板井 精一 33535	市川 光彦 22996	逸話研究会 11557
板垣 賢一郎 31146	市川 本太郎 13209, 13210, 27366	井手 今滋 24185, 24186
板倉 聖宣 00654, 00697, 01999, 04902	市川 雄一郎 30880	井出 大 24664
板倉町史編さん委員会 30309	市川 通雄 22948, 23001, 25488	井出 正信 06543, 11893, 12207～12212, 20636
板倉町史編さん室 28998	市川近世史研究会 29398	出丸 恒雄 14274～14276, 24117
潮来町史編さん委員会 28772	市川市史編纂委員会 29399	出光美術館 00284, 17772, 18457, 19247, 20297, 31731
板坂 元 11664, 17087, 17223, 22292, 23008	市川雄一郎先生遺稿刊行会 30880	糸井 通浩 23859, 23860
板坂 則子 23571, 23575, 23704	市川歴史博物館 29387	糸魚川市 30287, 30288, 30290
板坂 耀子 22330, 22348, 26904, 26905, 26909, 26910, 26921, 26925, 26926	市古 貞次 22641, 22642	糸井重里&赤城山埋蔵金発掘プロジェクト・チーム 12726
板沢 武雄 07878, 07911, 07912, 07916, 15952	市古 夏生 12670, 12671, 12810, 12842, 12872～12877, 22441, 22980, 29733	伊藤 晃 20489, 20490, 26296, 26306
板津 安彦 06616	一坂 太郎 03890, 03891, 05106, 05107, 05182, 05507, 05508, 05518, 05521, 05522, 05582, 05583, 15075, 16923, 27441, 29793, 31635	伊藤 敦子 12186
伊谷 純一郎 16395		伊藤 伊兵衛 08896
猪谷 善一 08323, 13353		伊藤 英一郎 02153, 03337
板橋 源 27853	市島 謙吉 16030	伊藤 永之介 14424
板橋 勉 33320	市島 春城 16011～16014	伊藤 修 28753
板橋区教育委員会社会教育課 29955	一条 真也 15242	伊東 尾四郎 13438
板橋区史編さん調査会 29820	市野 千鶴子 22017	伊藤 介一 01386
板橋区立郷土資料館 08789, 09588, 09593	一ノ倉 則文 27869	伊藤 一明 30879
板橋区立美術館 20583	一瀬 武 20542	伊藤 和雅 20252
伊丹 椿園 23434	一関古文書に親しむ会 12027	伊藤 冠峰 27331, 27383～27385, 27426
伊丹 末雄 24267, 24281	一関市博物館 09087, 12027, 12994, 15975, 27958	伊藤 喜助 07201
伊丹市酒造家資料調査委員会 32058	一戸 岳逸 27765	伊藤 恭子 16517
伊丹市立博物館 31785	一戸 隆次郎 04801	伊藤 銀月 05269
伊丹市立美術館 17729, 17812	一宮市 31404	伊藤 敬一 22098
市居 浩一 05653, 05716	一宮市博物館 17556, 18258	伊藤 敬子 24883
市井 三郎 13000, 13001, 13136	一宮町誌編纂委員会 31381, 31524	伊東 月草 24604, 25718
市岡 正一 11939	市橋 鐸 14516, 24613～24615, 25138, 25692, 25833, 25836, 25885, 25887, 25984, 25986, 31355	伊藤 好一 08410, 08914, 10424, 11349, 29648, 29813
市貝町史編さん委員会 28895		伊藤 三右衛門父子 30407
市川 喜代平 31153		伊藤 恣 09243, 29351
市川 訓敏 10902	市原市教育委員会 29400, 29401	伊藤 若冲 17798, 18105, 18106, 18110
市川 光一 04920	市原市近世文書調査団 29489～29491	伊藤 潤 09721
市川 興太郎 13749	市村 残月 02105	伊藤 松宇 24585, 25616, 25632
市川 小太夫 12572, 12573	市村 壮雄一 28723	伊藤 至郎 16146
市河 三陽 13246	市村 宏 00308	伊藤 慎吾 22885
市川 俊介 08077	市村 咸人 08931, 14043, 30847	伊藤 仁斎 13895
市川 慎一 07649	市村 佑一 06942, 10479	伊藤 晴雨 11333, 11685, 12124
市川 伸二 07990	市村 祐子 21950	いとう せいこう 23231
市川 青岳 22056, 22057	一竜斎 貞心 29711	伊藤 錆治 24404
市川 清流 07182	逸翁美術館 18027, 18306	伊藤 清司 17584
市川 武治 09279, 30852	一海 知義 13327, 27342	伊東 成郎 02162, 03285, 05151, 05708, 05724, 05779, 05789, 05793, 05794, 05831, 05832, 05838, 05855, 05883, 05902, 05906
市川 忠夫 24383	一荷堂 半水 23789	
市川 亭三郎 04922	五木 寛之 10937	
市川 寛明 00490, 00680, 16702, 16958	一揆首謀者の墓修復発起人会 09336	
市川 正徳 12140	『一茶と句碑』刊行会 26300	伊藤 高雄 22160, 24534
市川 光雄 16165	一筆菴主人 23344	伊藤 孝博 26908, 27313
	一筆斎 文調 18901	伊藤 孝幸 02450, 06579, 31058, 31433

伊藤 武雄	03028〜03030	
伊藤 毅	11195, 11342, 31819	
伊藤 武	00157	
伊藤 武美	10846, 18153	
伊東 多三郎	00633, 02201, 02281, 02282, 08545, 10499, 10589, 13005, 14079, 14112, 14127, 14145〜14147, 14527, 15745, 15780, 17118, 17134, 17135	
伊藤 忠士	06020, 08764, 08976	
伊藤 太文	00374	
伊藤 千真三	14578, 14798	
伊藤 痴遊	04500, 04609, 04610, 04725, 04798, 04806, 04842, 05141, 05142, 05213, 05214, 05264, 05468, 05548, 15115, 15978, 18355	
伊藤 長太郎	10420	
伊藤 常足	33035	
伊藤 ていじ	20958, 21014, 21094	
伊藤 鉄之助	20675	
伊藤 東涯	06090	
伊藤 東吉	26216	
伊藤 敏子	02896, 22019	
伊東 倫厚	13884	
伊藤 友信	13442	
伊藤 延男	20710, 20711, 21041	
伊東 豪健	18186	
伊東 兵馬	04605	
伊藤 裕久	11189	
伊藤 宏見	24244, 24364, 24389	
伊藤 比呂美	22606	
伊藤 信	08981〜08983, 27564, 27565, 28145	
伊藤 正雄	14082, 21308, 22459, 23952, 25614	
伊藤 雅紀	15262	
伊藤 美津子	09086	
伊藤 六生	25015	
伊藤 安男	08950	
伊藤 康宏	09476	
伊藤 弥太郎	16133	
伊藤 裕	14398, 14418	
伊東 竜一	20793	
伊藤 竜一	20958	
伊藤 龍平	24497	
伊東市史編さん委員会	31170	
井徳 正吾	10177	
伊奈 繁弐	14508, 14509	
稲垣 史生	00630, 01125, 02539, 02544, 02604, 02661, 02759, 02761, 02933, 02934, 03176, 06195, 06520, 06538, 06539, 10812, 10843, 11366, 11383, 11442〜11447, 11468, 11571, 11572, 11856, 11859, 11860, 11902, 11924〜11928, 11960, 11998, 12083, 12141, 17183, 17216, 20771, 20772, 21617, 29713, 30793, 31860, 31973, 32065, 33563, 33801	
稲垣 進一	12064, 18646, 18731, 19888	
稲垣 末松	16653	
稲垣 敏子	04125, 04126	
稲垣 秀哉	05335	
稲垣 裕美	16620	
稲垣 正幸	23356	
稲垣 安伸	25266, 25486	
稲上 四郎	04585	
稲川 弘明	09629	
猪名川町史編集専門委員会	31989	
稲津 済	22440	
稲津 孫会	27558	
伊南村史編さん委員会	28526	
稲田 篤信	18685, 23405, 23412, 23434, 23450, 23501, 23515, 23527, 23549	
稲田 耕一	31935	
稲田 浩二	23810	
稲田 浩治	07031	
伊奈町史編纂委員会	28773	
INAXギャラリー企画委員会	12626, 17509	
稲葉 長輝	08903	
稲葉 克夫	14986	
稲葉 重佐衛門	28941	
稲葉 誠太郎	05020	
稲葉 道意	15401	
稲葉 守	14973	
稲葉 隣作	16170	
稲畑 汀子	24529	
稲武町教育委員会	31382	
伊奈町教育委員会	29263	
伊奈町教育委員会町史編纂室	28846〜28848	
稲村 坦元	29265	
稲盛 和夫	05336	
犬井 貞恕	26838	
乾 憲雄	25068, 25154, 25644〜25647	
乾 宏巳	03618, 09076, 11191, 11192, 12047, 28741, 31822	
乾 裕幸	23177, 24541, 24773, 24783, 24784, 24793, 24835, 24843, 24849, 24852, 24882, 25144, 25146, 25182, 25424, 25899	
犬塚 孝明	05923, 07208	
犬丸 治	03300	
犬山市教育委員会	31383〜31385	
犬山市史編さん委員会	31383〜31385	
猪野 喜三郎	27000	
伊能 嘉矩	27859	
伊能 忠敬	16152〜16157, 16159, 16169	
伊能 登	16130	
稲生 武太夫	15738	
伊能 陽子	16144	
井上 敦夫	12388	
井上 勲	07153	
井上 攻	11174	
井上 和夫	06115, 06670	
井上 和雄	31509	
井上 勝生	03775, 03776, 03798, 07154, 07445	
井上 清	04661, 10903	
井上 金次郎	15426〜15428	
井上 啓治	23309	
井上 慶隆	23922, 27509	
井上 源吾	14015〜14018, 14023, 14026, 27474	
井上 幸治	02343, 02834	
井上 幸治郎	03288	
井上 権一郎	33361	
井上 定幸	08448, 12733〜12735, 28680	
井上 脩之介	26333	
井上 俊	21789	
井上 俊作	26234	
井上 準之助	08262, 10518, 11104	
井上 章一	21011, 21012	
井上 司朗	13495	
井上 井月	26423	
井上 清介	05545	
井上 精三	12520	
井上 禅定	06772, 06775, 10825	
井上 隆明	02679, 02680, 17259, 17395, 22352, 22611, 23710, 23713, 24470, 24685	
井上 隆生	32351	
井上 琢智	08357	
井上 忠	13426, 13427	
井上 通女	26914, 26960	
井上 哲次郎	13286〜13288, 13536〜13539, 13798〜13801, 13854, 13859, 13860, 14765, 14841	

| 井上 敏幸 ………… 22540, 24893
| 井上 富夫 ……………… 27188
| 井上 智勝 ……………… 15277
| 井上 智重 ……………… 21815
| 井上 朋義 ………… 06989, 07004
| 井上 豊太郎 …………… 05987
| 井上 豊英 ……………… 28133
| 井上 農夫 ………… 06353, 33074
| 井上 ひさし ……… 16176, 16177
| 井上 弘 ………………… 09308
| 井上 文二 ……………… 25325
| 井上 政共 ……………… 10312
| 井上 松五郎 …………… 26977
| 井上 馬来 ……………… 30443
| 井上 瑞枝 ……………… 32231
| 井上 通泰 ………… 13600, 13623
| 井上 光貞 …… 00043, 00676, 02252, 03397, 03563, 03564, 03762
| 井上 満 ………………… 07638
| 井上 豊 ………………… 14138, 14211, 14226, 14285, 27075
| 井上 宗和 ………… 03941, 20770
| 井上 泰至 ………… 14721, 23545
| 井上 与右衛門 ………… 09308
| 井上 翼章 ……………… 30698
| 井上 善雄 ………… 14027, 14028
| 井上 良雄 ……………… 09894
| 井上 義巳 ……………… 14008
| 井上 良吉 ……………… 33770
| 伊能忠敬研究会 ……… 16086, 16169, 16173, 16174
| 「伊能忠敬の道」発掘調査隊 …………… 16140
| 井内 千尋 ……………… 02858
| 井浦 芳信 ……………… 22489
| 猪口 公一 ……………… 31722
| 井野口 孝 ……………… 14189
| 猪口 孝 ………………… 07347
| 井下 香泉 ……………… 13452, 13456, 13458, 14551, 14822, 14931, 27406〜27409, 27414, 27443, 27496, 32683
| 井下 優子 ……………… 12270
| 井野辺 潔 ……………… 21215
| 井野辺 茂雄 … 03639, 03640, 03659, 03834, 03835, 03840, 04519, 04520, 04533, 05065, 14799
| 伊波 普猷 ………… 00421, 15389
| 伊原 昭 ………………… 17475
| 井原 勲 …………… 27491, 27492

| 井原 西鶴 ………… 22975, 22997〜22999, 23002, 23008〜23010, 23012, 23013, 23045, 23046, 23087, 23113, 23114, 23137, 23155〜23157, 23168〜23173, 23178, 23181〜23183, 23185〜23187, 23189, 23198〜23201, 23205〜23210, 23212, 23214, 23216, 23219, 23221〜23224, 23228, 23230, 23231, 23233〜23242, 23244, 23246, 23248〜23254, 23257〜23261, 23263〜23267, 24834, 24835, 24841, 24844
| 伊原 青々園 …………… 26827
| 井原 大之助 …………… 01065
| 井原 哲 ………………… 21164
| 伊原 敏郎 ………… 21520〜21525, 21597, 21647〜21653
| 伊原 勇一 ……………… 17102
| 井原 儀 ………………… 32484
| 井原 隆一 ………… 13657, 13666
| 茨城郷土文化顕彰会 … 18218
| 茨城県教育委員会 …… 20878
| 茨城県史編さん委員会 … 28824〜28826
| 茨城県史編さん近世史第1部会 …… 28816, 28818, 28827
| 茨城県史編さん近世史第2部会 …………… 28817, 28819
| 茨城県史編さん幕末維新史部会 …………… 28696
| 茨城県立図書館 ……… 14563
| 茨城県立歴史館 ……… 28695, 28814, 28815, 28820〜28822, 28856
| 茨城県立歴史館史料部 … 01117, 16810, 16811, 28704, 28829
| 茨城県歴史館史料部史料室 …………… 28855
| 茨木市史編さん室 … 31880〜31883
| 茨城大学附属図書館 …… 28733, 28734, 28832〜28839
| 揖斐 高 ………………… 13994, 22350, 22632, 24674, 26409, 27348, 27351, 27360, 27490
| 伊吹 岩五郎 …………… 13710
| 息吹 友也 ……………… 21900
| 伊吹 望 ………………… 25853
| 井伏 鱒二 ……………… 20496
| 今井 卯木 ……………… 26551〜26553, 26662, 26690
| 今井 金吾 ……………… 09768, 09769, 09771, 09939, 11474, 11776, 11778〜11780, 12109, 12846, 12916〜12923, 12942〜12962, 23379〜23385, 29668, 29754
| 今井 邦治 ……………… 25891
| 今井 栄 ………………… 12678

| 今井 修平 ……………… 31998
| 今井 淳 ………………… 14699
| 今井 庄次 ………… 22071〜22073
| 今井 泰男 ……………… 00161
| 今井 堯 …………… 00659〜00662
| 今井 正 …………… 07071〜07079
| 今井 千鶴子 …………… 24529
| 今井 豊茂 ……………… 21686
| 今井 白鳥 ……………… 30836
| 今井 半太夫 …………… 31247
| 今井 宏 ………………… 08170
| 今井 文男 ……………… 24875, 25171, 25261, 25292, 25345
| 今井 黙天 ……………… 25890
| 今井 隆助 ……………… 28697
| 今泉 篤男 ………… 17473, 17474
| 今泉 源吉 ………… 15778, 15927, 15928
| 今泉 準一 ……………… 25770, 25904, 25916, 25926, 25930
| 今泉 省三 ………… 23427, 30271
| 今泉 忠左衛門 ………… 08533
| 今泉 元佑 ……………… 20174, 20211, 20212, 20215, 20236, 20247, 20251, 20325, 20332, 20442, 20445, 20449, 20461
| 今市市史編さん委員会 … 28886, 28899〜28902
| 今市市史編さん専門委員会 …………… 28896〜28898
| 今江 広道 ………… 01563〜01569
| 今尾 哲也 ………… 21526, 21534
| 今岡 謙太郎 …………… 21543
| 今方 重一 ……………… 33022
| 今川 徳三 ……………… 05849, 05850, 05919, 06454, 06479, 06573, 06726, 06730, 06731, 11029, 11049, 30041〜30043
| 今川 美玖 ……………… 05895
| 今川 乱魚 ……………… 26573
| 今倉 真理 ……………… 15630
| 今城 甚造 ……………… 18203
| 今津 浩一 ………… 07416, 08054
| 今津町史編集委員会 … 31656
| 今瀬 剛一 ……………… 25983
| 今関 天彭 ……………… 18321
| 今田 哲夫 ………… 27479, 27487
| 今田 光夫 ……………… 09479
| 今谷 明 …………… 00257, 00277
| 今戸 栄一 ……………… 06473〜06475, 11786, 12145
| 今中 寛司 ……………… 13305, 13307, 13916, 13918
| 今永 清士 ……………… 20615
| 今中 宏 …………… 19944, 19948, 19957
| 今橋 理子 ………… 16397, 17553, 18075

今治郷土史編さん委員会	色部 城南（祐二郎） 13773	岩崎 奈緒子 27662, 31641
32886	岩井 薫 13335	岩崎 直人 28124
今堀 文一郎 13574	岩井 弘毅 11640	岩崎 英重
今村 明恒 15932	岩井 伝重 12504, 30851, 30856	00926, 00976, 04560, 05114
今村 鏘介 18151	岩井 宏実 09902	岩崎 均史 09816,
今村 新三 16930	岩井 宏美 11513	16288, 17181, 17572, 21768
今村 武志 09362	岩井 弘行 29347	岩崎 文雄 16389
今村 楽 22291	岩井 真実 21488	岩沢 和夫 14065
今村 恒美 12038	岩井 良雄 22177	岩沢 愿彦 00735, 00736
今村 正夫 17806, 17807	岩井 是道 29575	岩下 哲典 00516, 06808, 06822,
今村 明生 07089	岩井 良平 00726	07439, 07516, 15764, 16608
今村 嘉雄	岩井市史編さん委員会 28774, 28775	岩下 武岳 13757
21775, 21776, 21913～21916	岩井市史編さん専門委員会近世・近現代部会 28850～28854	岩科 小一郎 15702
今村 義孝 06220～06222, 15553		岩代町教育委員会 28657
伊万里市郷土研究会 20457	岩生 成一 06865,	磐瀬 玄策 11324
任 東権 07772	06869, 06870, 06917, 06952,	岩田 明 00087
伊村 吉秀 08452, 31338	06953, 07860, 08165, 15784	岩田 市兵衛 08903
井本 農一	岩尾 光代 10836	岩田 九郎 23547, 23841,
24228, 24229, 24270, 24516,	岩垣 顕 29702	24896, 25162, 25336, 25398,
24876, 24878, 24881, 25201,	岩上 進 29135	25940, 26460, 27049, 27122
25205, 25234, 25241, 25255,	岩城 卓二 31630	岩田 孝三 02682
25305, 25306, 25341, 25489,	いわき市史編さん委員会 28505, 28527	岩田 浩太郎
25834, 25865, 26086, 26352,		09113, 09127, 10461, 11193
27031, 27067, 27070, 27093,	いわき市立美術館 19516, 28449	岩田 隆 14265, 14362
27099～27101, 27123, 27130	いわき史料集成刊行会 28497	岩田 徳義
井本 三夫 10070	岩木文庫史料集編纂委員会 30349, 30350	05234, 08966, 08968～08970
井門 寛 08361		岩田 豊樹 16081
弥高神社平田篤胤佐藤信淵研究所 14454	岩国 玉太 15219, 16059, 26245	岩田 みゆき 03862, 07369
弥高神社奉讃会 14435	岩国市史編纂委員会 32536	岩田 由美 27078
弥永 貞三 01001	岩国徴古館 23951	岩滝 正夫 30461, 30499
伊予史談会 26935,	岩倉 さやか 25802	磐田市教育委員会 17616
32895, 32906, 32914, 32917	岩倉 具忠 04486	磐田市史編さん委員会
イラストレイテッド・ロンドン・ニュース 07565	岩倉街道調査委員会 00219	31171, 31192～31194
	岩豪 友樹子 21568	磐田市誌編纂室 31251
入内島 一崇 28954	岩沙 慎一 21161	巌津 政右衛門 16929
入江 勇 26480	岩佐 忠雄 30785	岩坪 充雄 22049～22051
入江 渚 33332	岩佐 又兵衛 17871,	岩出 甫石 24797
入江 康平 21924, 21925	18833, 19905, 19908, 19909	岩手県 27872～27874, 28010
入江 隆則 13333	岩崎 克己 15866～15868	岩手県教育委員会 20931
入江 秀利 33577, 33650	岩崎 公弥 08796	岩手県教育委員会生涯学習文化課 09561
入江 宏 10251	岩崎 元一 03183, 03316, 14824	
入江 康範 00678, 02151, 04812	岩崎 貞子 00348	岩手県教育調査研究所 16723, 16724
入谷 仙介 27377, 27459, 27560	岩崎 照栄 00348	岩手県文化財愛護協会 07025
入野 清 05536	岩崎 信也 12116	岩手県立教育研究所 16725
入広瀬村教育委員会 30291, 30292	岩崎 水哉 06013	岩手県立博物館
入船 もとる 05236, 33788	岩崎 宗純 30053, 30089, 30219	18061, 27866, 27947
入交 好脩 02232, 03553, 03934,	岩崎 徂堂 04517	岩手県立博物館覚書研究会 27947
08382, 10434, 10597, 11184	岩崎 武夫 21203	岩手県立博物館覚書編修委員会 27947
煎本 増夫	岩崎 允胤 13051, 13052	
01881, 02185, 02291, 15646	岩崎 鉄志 14514	岩手考古学会 27847
入矢 義高 27466, 27467, 27505	岩崎 俊章 07015	岩手日報社出版部 17413
入間市史編さん室 29163	岩崎 敏夫 28474, 28475	岩辺 晃三 10118, 10119
入間東部地区文化財保護連絡協議会 00195	岩崎 俊彦 06294, 06295	岩波書店 22292
色川 三中 07355		岩波書店編集部 18889, 19573,
		20718, 20843, 20960, 21016

岩橋 邦枝	26630, 26631
岩橋 小弥太	23477
岩橋 遵成	13921
岩橋 文吉	15100
岩橋 勝	08470
岩淵 匡	23800, 23801
岩淵 令治	11363, 11903
岩間 香	01552
岩見 護	13317
岩宮 武二	20945
岩村町教育委員会史料編纂室	31087
岩本 薫	22087
岩本 梓石	25613, 25908
岩本 税	11122
岩本 木外	25892
岩本 由輝	09463, 11065
巌本 善治	04858～04861, 04911
岩本 米太郎	25921
巌谷 小波	24624, 24625, 24678, 25061, 32856
岩山 和子	05275, 05276
岩山 清子	05275, 05276
印西町史編さん委員会	29402～29404
印西町町史編さん室	00888
印刷博物館学芸企画室	17234
インターナショナル・ワークス	11313, 12829, 16095
インディアナポリス美術館	17551
印旛村史編さん委員会	29405～29407

【う】

ヴァポリス, コンスタンティン・ノミコス	06210
ヴァレニウス, ベルンハルドゥス	07629
宇井 邦夫	11596
宇井 無愁	23798
ヴィシェスラフツォフ	07665
ウィッピー国際芸術院	18632
ウィリアムズ, サミュエル・ウェルズ	07421, 07422
ウィリス, ウィリアム	07560, 07639, 08174
ウィルソン, ウィリアム・スコット	14866
ウィルソン, リチャード	20148
植木 枝盛	05347

植木 四郎兵衛	08900
植木 静山	08022
植木 直一郎	14799
上里 賢一	00400, 27475, 27497
植条 則夫	09699
上江洲 均	12614
上杉 修	14959
上杉 喜寿	00184, 10087
上杉 重章	25821
上杉 虎雄	03318
上田 秋成	23525～23529, 23549, 23550, 26806
植田 一夫	23131, 23533, 23534
上田 万年	13321, 14109～14111, 14440～14449, 24410
上田 景二	03887, 04505, 04579, 04580
上田 渓水	27131
上田 賢治	14125, 14126
上田 滋	05287
上田 庄三郎	13501, 15086, 15094, 16029
上田 高嶺	26027
上田 得之助	12716
上田 都史	25401
植田 敏雄	09235
上田 南人	13431
上田 一	31628, 31812
上田 はる	00734
植田 均	03000, 03195
上田 正昭	00020, 07768
上田 美寿	26899
上田 穣	16619
上田 三四二	24363
植田 孟縉	12892
上田 義亮	02733
上田 宜珍	33455, 33456, 33465
上田市誌編さん委員会	09008, 09272, 09912, 17121, 30868
上田市立図書館	30855
上田市立博物館	30843, 30849, 30859, 30915
植苗 竹司	02123
上西 節雄	20489, 20490, 20506
上野 顕義	29378
上野 一郎	03979
上野 喜永次	03353
上野 清	16309～16312, 16315, 16332
上野 憲示	18341, 18408, 18411, 18428
上野 さち子	26042, 26043
上野 松峯	24889, 24890
上野 四郎	15651

上野 武	20258
植野 徹	13545
上野 利三	08894, 10416
上野 俊之丞	09525
上野 敏彦	07724
上野 信夫	00334
上野 晴朗	18659
上野 彦馬	03980
上野 日出刀	13318, 13383, 27458
上野 秀治	31565, 31566
上野 益三	16270
植野 明磧	24323, 24326
上野 洋三	12576, 22540, 24021, 24045, 24059, 24111, 24124, 25331, 25436, 25437, 25868, 27038, 27241, 27243, 27533
上野 芳江	08007
上野市	31574
上野市教育委員会	24858
上野市古文献刊行会	31591, 31597, 31601, 31602, 31607
上場 顕雄	15383
植原 吉朗	21865
上原 兼善	06935, 33900
上原 作和	26702
上原 七右衛門	13588
上原 東一郎	10394
上原 六郎	27510
上前 淳一郎	11626
植松 清志	20734
植松 茂	14048, 14520～14522
植松 忠博	10606
植松 長一郎	08197
植松 寿樹	24035～24037, 24089, 24208
植松 三十里	23606
植松 有希	17453
植松 隆次	03650, 04041
上村 瑛	11425
上村 行彰	12518
植村 正治	11111
植村 進	22131
植村 宗平	15973
上村 武住	09190
上村 博一	19600
植村 平八郎	33203
植村 政勝	16612
上村 雅洋	10010, 10311, 10323
上村 道子	21801
植村 蘆洲	23409
上山 守古	27976
ウエルカムジョン万の会	07048
ヴェルナー, R.	07576

魚木 忠一 ... 15552	碓井 哲也 ... 14560	内田 哲夫 ... 30068, 30208～30210
魚沢 栄治郎 ... 26692	臼井 寿光 ... 10968～10970	内田 尚長 ... 04601
魚津市立図書館 ... 30525	臼井 喜法 ... 11879	内田 実 ... 19712
魚澄 惣五郎 ... 31807	臼井 隆一郎 ... 04800	内田 保広 ... 22501, 23416, 23417, 23423, 23424
魚住 孝至 ... 21854	臼井 良作 ... 30925	
ウォーターハウス,ディヴィッド ... 19521, 19522	薄木 昇 ... 15409	内田 雄造 ... 29570
	鵜月 洋 ... 23542	内田 四方蔵 ... 12904
ヴォルペ,アンジェラ ... 15519	臼田 甚五郎 ... 14326	内田 魯庵 ... 25031～25033
鵜飼 盈進 ... 31011	臼田 石楠 ... 05330	内田 六郎 ... 20030
鵜飼 清 ... 05907	宇多 喜代子 ... 24529	内田哲夫論文集刊行会 ... 30068
鵜飼 伴子 ... 22340	宇田 敏彦 ... 22586, 24467	内野 皎亭 ... 13174, 13175
鵜飼 政志 ... 07177	宇田 久 ... 25596, 25597, 25606, 25615, 25902, 25938	内野 吾郎 ... 14054, 14055
宇賀神 隆文 ... 21602		内野 三憓 ... 25042
鵜川 馨 ... 11315	宇田 零雨 ... 25125, 25126, 25218	内野 勝裕 ... 26225
浮島 彦太郎 ... 12383	宇高 良哲 ... 15249, 15304, 15405, 15407, 15408, 15412, 15431, 15432	内村 和至 ... 22398
浮橋 康彦 ... 23087, 23223, 23224		内村 剛介 ... 03892
浮世絵研究会 ... 18594, 19650		内村 才五 ... 25516
浮世絵風俗保存会 ... 19056	歌川 国貞 ... 19970, 19971, 23682, 23683	内山 一也 ... 27180, 27181
浮世絵保存刊行会 ... 18485	歌川 国芳 ... 12078, 19100, 19163, 19875, 19879, 19891, 19894	内山 一幸 ... 33019
宇佐美 喜三八 ... 23943		内山 克巳 ... 16684
宇佐美 灝水 ... 13169	宇田川 榛斎 ... 16467	内山 孝一 ... 15954
宇佐美 竜夫 ... 11653	宇田川 武久 ... 00263, 00264, 09587	内山 舜 ... 01886
宇佐美 英機 ... 04129, 10325, 11799～11803	歌川 豊国 ... 18872, 18934, 19102, 19925, 19930, 19933, 21571	内山 淳一 ... 17212, 17837
		内山 善一 ... 15568
宇佐美 ミサ子 ... 09658, 09741, 12510	歌川 豊国〔6代〕 ... 19565	内山 惣十郎 ... 23827, 23836
鵜沢 義行 ... 13130	歌川 豊春 ... 18949	内山 知也 ... 24242, 27329, 27516
宇治 楽文 ... 03043	歌川 豊広 ... 23378, 23601	内山 美樹子 ... 21216, 21217, 21225
氏家 幹人 ... 00705, 01364, 01674, 02438, 02449, 02485, 02655, 10469, 10473, 10770, 11019, 11020, 11041, 11781, 11901, 11905, 11922, 12077, 12419, 12420, 12422, 12448, 12449, 14802, 14878, 15715	歌川 初之輔 ... 16289	撫尾 清明 ... 26632
	歌川 広重 ... 11332, 19691, 19700, 19721, 19725, 19753	宇津木 昆台 ... 16476～16480
		宇津木 三郎 ... 14909
	宇田川 勝 ... 10182	檜田 良枝 ... 24719, 29789
	歌川 芳梅 ... 23789	宇都宮 孟綱 ... 28206, 28207
	歌麿研究会 ... 19858	宇都宮 真名介 ... 15106
潮 堂佳一 ... 24611	内海 紀雄 ... 33279, 33280	宇都宮 泰長 ... 03698, 16812, 21850, 21884, 33013, 33102
牛尾 弘孝 ... 13396	内ヶ崎 有里子 ... 23672	
丑木 幸男 ... 09250, 28963	内島 北朗 ... 20558, 20559	宇都宮市史編さん委員会 ... 28887, 28903, 28904
牛久古文書研究会 ... 28729, 28730, 28830	内田 晶子 ... 07742, 07743	
	内田 和義 ... 08900, 08905	内海 定治郎 ... 03082, 03204
牛久市史編さん委員会 ... 28756, 28776, 28777	内田 兼四郎 ... 20147	内海 孝 ... 11531
牛久助郷一揆二〇〇周年顕彰・第八回全国義民サミット実行委員会 ... 09238	内田 寛一 ... 11112	内海 継之 ... 32032
	内田 銀蔵 ... 00568～00570	内海 寧子 ... 06555
	内田 九州男 ... 10875, 10944, 10945, 32836, 32837, 32859	有働 賢造 ... 31786, 31848
		有働 裕 ... 22950, 23092, 23118
牛嶋 正 ... 08975	内田 啓一 ... 17238	宇土市教育委員会 ... 33470～33472
牛島 史彦 ... 08900, 15680	内田 繁隆 ... 08321, 13810	海上町史編さん委員会 ... 29408
宇治市歴史資料館 ... 08799, 18138, 21967	内田 茂文 ... 01115, 02717	宇野 茂彦 ... 13308
	内田 周平 ... 04427, 12997, 13402, 13414	宇野 脩平 ... 03428
牛田 義文 ... 32642		宇野 正磎 ... 00162, 09500
牛山 栄治 ... 04930, 04931, 04948	内田 清之助 ... 18602	宇野 宗佑 ... 03550, 09128
牛山 之雄 ... 22472, 23495	内田 武志 ... 14508, 26954, 27319, 27321～27325	宇野 哲人 ... 13793
宇城 由文 ... 27058		宇野 信夫 ... 21500, 23749, 23750, 23765, 23769
碓井 静照 ... 21826, 21867	内田 千鶴子 ... 19585, 19588, 19594, 19596, 19627	
薄井 竜之 ... 16021		宇野 幸男 ... 31328

宇野木 好雄	13482
馬事文化財団馬の博物館	00191, 17470, 18961
海野 岩美	12253
海原 幸子	15051
海原 峻	13061
海原 徹	05520, 15050, 15051, 15064, 15140, 16735, 16868, 16869, 16871, 16881, 16917, 16918, 16921
海原 亮	16473
梅木 幸吉	26066
梅木 孝昭	16084
梅木 秀徳	20078
梅棹 忠夫	20983
梅沢 信夫	08573
梅沢 秀夫	13170
梅沢 和軒	18190, 18193, 18194
梅島 鉄次郎	31174～31176
梅田 薫	09845, 13415, 31066
梅田 典平	31172
梅田 又次郎	04612
梅渓 昇	16882, 16902, 16903, 16912
梅谷 文夫	14069, 14933
梅渓昇教授退官記念論文集刊行会	00650
梅津 順一	07635
梅野 下風	21605
梅野 初平	06440, 33355, 33358, 33380
梅野 満雄	24129, 24134, 24202
梅原 三千	16800, 31554, 31589
梅原 章太郎	25523, 25535
梅原 猛	15365, 17476, 18106, 19592, 19593
梅原 恭則	26336
梅原 与惣次	25872
梅村 為助	26785
梅村 佳代	16971, 17042
梅村 雅英	07719
梅村 又次	08270
梅森 直之	14564
梅若 実	21120
梅若 六郎	21120
梅若実日記刊行会	21120
宇山 孝人	08892
浦井 祥子	16435
浦井 正明	01784, 01785, 01866, 02053
浦賀近世史研究会	07402
浦賀古文書研究会	06488
浦上 五六	16911
浦上 玉堂	18325, 18332, 18333, 18336

浦川 晟	13966
浦崎 純	33903
浦崎郷土文化研究会	32443
浦谷 広己	08903
浦野 俊則	13195
浦野 芳雄	25434
浦野 理一	20612
卜部 典子	02471, 02525
占部 日出明	09590
浦本 誉至史	10890
裏歴史研究会	04693
浦和市教育委員会	10421, 20642
浦和市郷土文化会	09870
浦和市総務部行政管理課	29179, 29180
浦和市総務部行政資料室	29178
浦和市総務部市史編さん室	29174～29177
浦和市立郷土博物館	29132
浦和図書館文書館	29324
瓜坊 進	12102, 22198
瓜生 有伸	08567, 08570, 08581
瓜生 喬	11886
瓜生 卓造	24327, 26357, 26428
漆畑 弥一	01894
ウルティア,M.	03916
宇和川 匠助	27274
宇和島市医師会医学史編集委員会	16447
宇和島藩御浦方	09455
芸艸堂編集部	19438
海野 正造	06720
海野 弘	11334, 27045

【え】

英国東洋陶磁学会	20084
永寿 日郎	11016
英祥	29894
映像文化協会	07701
永徳 緑峯	16494
永年会	32708, 32709
営野 健一	30943
永拍	24955, 24956, 26254, 26255
栄森 康治郎	08915, 08918
永楽 善五郎	20194
江頭 恒治	10313, 10324, 10326, 10355
江上 照彦	03440
江上 綏	17619

江川 文展	04980, 09251
恵観山荘茶屋会	01713
益軒会	13441
江口 大象	22070
江口 孝夫	23997, 24094, 24469, 26435, 26437, 26590, 26598, 26599, 26604, 26615, 26620, 27158
江後 迪子	02571, 08142, 12309, 33197
江越 弘人	33284
江阪 彊近	01376
江阪 彊匠（蹇堂）	01377, 01378
榎坂 浩尚	24800, 24832
江崎 俊平	00592
江崎 誠致	02842
江刺市史編纂委員会	27875, 27899～27902
江沢 講脩	24086
江下 博彦	03190, 03191
江島 伊兵衛	17513
江島 其磧	22952, 22974, 23272～23283
江島 茂逸	05533, 33012
エス・ケイ・ケイ	04619
江連 晴生	25817
枝吉 勇	14930
枝吉 神陽	12974
越佐古俳書研究会	24735
越中 哲也	11525, 17469, 33353, 33374, 33376
江戸遺跡研究会	11326, 11506, 11705, 12268, 12640, 15676, 29736
江戸イラスト刊行会	15710
江戸いろは会	29785
江藤 彰彦	08889, 08894, 08898, 08902
江藤 淳	04857, 04864, 04865, 04918, 05356
江藤 千文	10780
衛藤 利夫	33319
江藤 文夫	05124
江藤 保定	24776
江戸を歩く会	29514
江戸川石仏の会	17523
江戸記念博覧会	11271
江戸教育事情研究会	16968
江戸狂歌本選集刊行会	24416～24428, 24430
江戸研究会	11456, 11457
江戸研究野次馬サークル	02056, 02090
江戸子ども文化研究会	12066, 17300
江戸在地系土器研究会	29550, 29551
江戸時代納涼会	11771

江戸消防記念会 ………… 12376	穎原 退蔵 ……………	演劇研究会 …………… 21175,
江戸消防彩粋会 ………… 12377	22106, 22107, 22393, 22394,	21222, 21271, 21354, 21355
江戸川柳研究会 …………	22399, 22492, 22493, 23861,	演劇博物館役者絵研究
09762, 26461, 26481, 26544	24590, 24591, 24600, 24897,	会 …………… 18934, 19930
江戸大絵図発行所 …… 12805, 16112	24902～24904, 24985, 25128,	塩山市史編さん委員会 ……… 30806
江戸東京散策倶楽部 ………	25131, 25136, 25139～25143,	塩硝の道研究会 …………… 09514
29497, 29614～29616	25167, 25225, 25346, 25357,	塩硝の道検証委員会 ………… 09517
江戸・東京資料研究会 … 30016, 30017	25358, 25375, 25377, 25537,	燕石斎 薄墨 …………… 23345
江戸東京湾研究会 ………… 29625	25543, 25607, 25839, 25937,	エンタテインメント書
「江戸の思想」編集委員	25948, 26564, 27034, 27088	籍編集部 ………… 05858
会 ……… 10773, 12983～12988,	江原 某 ……………… 33373	円地 文子 ……… 22386, 22387
13144, 15234, 17295	海老沢 有道 ……………	猿渡 玉枝 ……………… 26978
江戸の性を考える会 … 12429, 12431	06926, 10522, 15540, 15581	円堂 晃 ……………… 03220
江戸の良さを見なおす	蝦名 賢造 ……………… 10358	遠藤 伊兵衛 ……………… 08888
会 ……… 10435, 10441, 11269	海老名 俊雄 …………… 09203	遠藤 克己 ……… 15228, 15229
江戸幕府普請方 …………… 00967	海老名市 ……………… 30091,	遠藤 公男 ……………… 09452
江戸文学年誌の会 ………… 22388	30128, 30129, 30158, 30159	遠藤 金太郎 ……………… 19725
江戸文化研究会 ……………	海老名市教育委員会文	遠藤 佐々喜 ……………… 08552
10373, 10374, 12687	化財課 ……………… 02766	遠藤 周作 ……… 15517, 15535
江戸文化歴史検定協会 ………	海老根 聡郎 ……………	遠藤 正治 …… 15865, 16444, 23858
11351, 11405, 17111	17841, 17917, 18282, 18298	遠藤 進之助 ……………… 11106
江戸見廻りめ組 …………… 11756	海老原 恵 ……………… 28701	遠藤 誠治 ……………… 26160
江戸野次馬クラブ …………	海老原 雍斎 …………… 08226	遠藤 早泉 ……………… 03874
02983, 02984, 03885, 11382	エーピーピーカンパ	遠藤 健郎 ……………… 18996
江戸歴史文化研究会 ………… 02491	ニー ……………… 12828	遠藤 武 ……… 10636, 19024
榎並 和澄 ……………… 16330	愛媛近世文学研究会 ………… 23179	遠藤 為春 ……… 21583, 21615
江南 良三 …………… 10351, 10352	愛媛県教育委員会文化	遠藤 経教 ……………… 14438
NHK …………… 01842, 01867, 05774	財保護課 … 00182, 00185, 00201	遠藤 達 ……………… 03159
NHK「英語でしゃべら	愛媛県史編纂委員会 …………	遠藤 徳重 ……………… 30786
ナイト」取材班 ……… 22257	32842～32845	遠藤 友四郎 ……………… 01763
NHK「奥の細道をゆ	愛媛県美術館 ……………… 17551	遠藤 速太 ……………… 04509
く」取材班 ……… 27103	愛媛県立図書館 …………… 08800	遠藤 久江 ……………… 10562
NHKデータ情報部 … 00485, 08658,	愛媛県歴史文化博物館 ………	遠藤 博 ……………… 16108
11671, 12170, 17092, 20649	00377, 10000, 12624,	遠藤 正男 ……………… 10123
NHK「美の壺」制作班 ……… 15356	15755, 17412, 32918	遠藤 雅子 ……… 08117～08119
NHKプロモーション ………	愛媛考古学研究所 ………… 32852	遠藤 雅弘 ……… 12175, 12176
01842, 01867, 05774, 18481	愛媛大学国語国文学研	遠藤 元男 …… 00508, 00675, 01863,
榎木 伊太郎 ……………… 12296	究会 ……………… 25736	02251, 02666, 02839, 02996,
榎 俊博 ……………… 23538	愛媛大学国語国文学研	03418, 07512, 09534, 09535,
榎田 玄山 ……………… 24584	究室 …… 23448, 23865, 25750	09552, 09553, 09556, 10507,
榎本 其角 ……… 25058, 25899,	愛媛大学歴史学研究会 … 32908, 32909	10508, 11305, 11728, 12123
25906, 25918, 25928, 25929	江馬 細香 ……… 27428, 27540	遠藤 由紀子 … 02097, 04755, 32873
榎本 滋民 ……………… 21429	江馬 庄次郎 …………… 23858	遠藤 幸威 … 02556, 02558, 02564
榎本 修造 ……………… 32103	江馬 務 ……………… 11733	遠藤 嘉基 ……………… 25077
榎本 星布尼 ……………… 26025	江馬文書研究会 …………… 27363	遠藤 良左衛門 …………… 08888
榎本 宗次 ……………… 08550	MOA美術館 ……………… 17445,	
榎本 武揚 ……………… 08020	17991, 19384, 19655, 20193	
榎本 虎彦 ……………… 21588	MOA美術館・東京文化	【お】
榎本 紀子 ……………… 19678	財研究所 ……………… 17978	
榎本 弥左衛門 …………… 10243	江本 嘉兵衛 …………… 07046	呉 満 ……………… 13380
榎本 雄斎 ……… 19578, 19674	江本 裕 ……………… 22767,	及川 量正 ……………… 00582
榎本 幸弘 ……… 11344, 29809	23073, 23103, 23255, 23256	及川 和哉 ……… 27884, 27885
江幡 弘道 ……… 14546, 14547	江森 一郎 ……………… 16722	及川 勝穂 ……………… 27853
江原 恵 ……… 12281, 12335	榎森 進 ……… 27604, 27605	
	円空 ……………… 15362, 15366	
	円空学会 ……………… 15353～15355	

| 及川 健助 …………… 14451
| 追川 吉生 ……………
| 11898, 20729, 20730, 20812
| 尾池 義雄 ………… 10545, 15541
| オイテンブルク, トマス …………………… 15571
| 王 家驊 ……………… 13206
| 王 岩 …………… 18318, 26209
| 汪 楫 ………………… 00406
| 扇浦 正義 …………… 11353
| 逢坂 剛 ……… 11505, 12285
| 黄色 瑞華 …… 22468, 22470, 24518, 24655, 26286, 26291, 26321, 26323, 26335, 26342, 26359, 26384, 26385, 26408, 26411
| 王舎城美術宝物館 ……… 19228
| 鶯亭 金升 …………… 12224
| 桜楓社関西支社 ………… 24541
| 桜文会 ………………… 24403
| 旺文社 …… 00672, 00673, 11485
| 王丸 勇 ……………… 02795
| 近江 七実 ……… 04623, 05333
| 近江 雅和 …………… 09600
| 近江 幸雄 …………… 05890
| 近江高等学校びわこ探究同好会 …………… 00226
| 近江商人郷土館丁吟史研究会 ……………… 10360
| 近江八幡市立資料館 ……… 31646
| 淡海文化を育てる会 ……… 10343, 22032, 25644
| 青梅市郷土資料室 ………… 30029
| 青梅市郷土博物館 …………… 29708, 29749, 29836～29841, 29858～29860
| 大井 魁 ……………… 13976
| 大井 五郎 …………… 09221
| 大井 征 ……………… 07564
| 大井 伝重 …………… 00981
| 大石 新 ……………… 14214
| 大石 信敬 …………… 06384
| 大石 慎三郎 ………… 00042, 00487, 00505, 00529, 00675, 02046, 02049, 02053, 02247, 02341, 02577, 02825, 02966, 02967, 03377, 03398, 03406, 03409, 03416, 03418, 03420, 03451, 03452, 03484, 06308, 06384, 06811, 06859, 06942, 07978, 08207, 08257, 08461, 08491, 08760, 08779, 09034, 09407～09410, 10513, 10874, 10920, 10993, 11552, 11643, 11777, 17120, 17429～17432, 28978, 28984, 30793, 30860, 31860, 31973, 32065, 32859, 32875, 33563, 33801

| 大石 荘司良麿 ………… 03346
| 大石 直正 …………… 09915
| 大石 久敬 …………… 06384
| 大石 学 …… 00493, 00503, 00581, 02053, 02198, 02210, 03162, 03405, 03407, 03421, 03422, 05287, 05740, 05800, 08944, 09814, 11428, 11449, 11455, 11479, 11547, 13107, 16636, 16806, 17191, 17192, 29690, 29710, 29730, 29747, 29752
| 大石神社 ……………… 03344
| 大石田町「おくのほそ道」紀行三〇〇年記念事業企画実行委員会 ……………… 27064
| 大泉 昭男 …………… 10481
| 大泉 光一 …………… 06876, 06887, 06891, 06895
| 大礒 義雄 …… 23853, 24675, 25784, 25813, 25876, 26093, 26185, 26189, 26241, 26912, 26997
| 大磯町教育委員会 ……… 30066
| 大磯町 ………………… 30130
| 大分県教育委員会 … 20883, 33586
| 大分県教育庁管理部文化課 ………… 18461～18464
| 大分県教育庁文化課 … 18458, 18459
| 大分県史料刊行会 … 33587～33590
| 大分県総務部総務課 … 33523～33526, 33584, 33585, 33593
| 大分県立大分図書館 … 33702, 33703
| 大分県立芸術会館 … 18176, 18259
| 大分県立先哲史料館 …………… 33539, 33541, 33549
| 大分県立竹田中学校 ……… 33565
| 大分県立歴史博物館 …………… 12884, 15953, 17582, 33527
| 大分合同新聞文化センター ………………… 04582
| 大分市歴史資料館 ………… 09637, 12774, 16208, 21949
| 大分の文化と自然探険隊・Bahan事業部 … 11930, 16570
| 大井町史編さん委員会 … 29181, 29198
| 大糸 年夫 …………… 17086
| 大内 地山 …… 02929, 04988, 14571, 14591, 14624, 14627
| 大内 力 ……………… 09051
| 大内 初夫 ……………… 23933, 24771, 24981, 25766, 25787, 25811, 25875, 25945, 25953, 25954, 25964, 25970
| 大内 政之介 ………… 04973
| 大内 行雄 …………… 30195
| 大内 義比 …………… 28742
| 大江 志乃夫 …… 07410, 07411
| 大江戸討入り評議会 ……… 03245

| 大江戸研究会 …… 02487, 11398
| 大江戸探検隊 …… 12014, 12015
| 大江戸文化研究会 ……… 12887
| 大岡 清相 …………… 33345
| 大岡 聡 ……………… 29512
| 大岡 敏昭 …………… 11941
| 大岡 成美 …………… 16964
| 大岡 昇 ……………… 32480
| 大岡 信 ……………… 18277, 21094, 24529, 25299
| 大岡家文書刊行会 … 03429, 03430
| 大賀 郁夫 …………… 11069
| 大賀 静子 …………… 06858
| 大賀 妙子 …… 02321～02323
| 大垣市立図書館 ………… 24734
| 大垣青年クラブ …………… 08972
| 大鎌 淳正 …………… 00145
| 大川 茂雄 ……… 14107～14111
| 大川 周明 …………… 08320, 13498, 14993, 15016, 21846
| 大川 昌平 …………… 33780
| 大川 晶平 …………… 33781
| 大河 直躬 …………… 17844, 18049, 18284, 18778, 20946, 20957, 21013, 21063～21065
| 大河 寥々 …… 25057, 26005, 26006
| 大川内 洋士 ………… 06525
| 大木 雪浪 …………… 24671
| 大木 善太郎 ………… 16362
| 大喜多 甫文 ……… 10417～10419, 31570～31572
| 正親町 公和 ………… 01024
| 正親町 季董 …… 05994, 06005
| 正親町 町子 ………… 01160
| 大串 章 ……………… 24529
| 大串 石蔵 …………… 33144
| 大串 夏身 …… 11314, 30016, 30017
| 大口 全三郎 ………… 31324
| 大口 勇次郎 ………… 00027, 00655, 00668, 03600～03617, 03860, 04184, 04227～04273, 04889, 04894, 06253, 06254, 10537, 10818, 11155, 11787
| 大国 隆正 ……… 14492～14499
| 大窪 愿二 …………… 14990
| 大久保 湖州 …… 01897, 04385
| 大久保 七郎左衛門 … 05010, 05011
| 大久保 秀一郎 ………… 31039
| 大久保 純一 …………… 18569, 18706, 18974, 19737
| 大久保 順子 …… 22888, 22889
| 大久保 甚一 ………… 31081
| 大久保 忠国 … 22187, 23136, 23229
| 大久保 正 ……………… 14051, 14335～14337, 14369

大久保 忠教	01529, 01531	
大久保 忠良	02596, 28866	
大久保 千濤	13045	
大久保 常吉	04556	
大久保 昭男	07553, 07554	
大久保 董斎	08903	
大久保 利謙	00470～00473, 00889, 03696, 05931～05934, 05970, 06806, 07520, 07921～07924, 22301, 22302, 32980	
大久保 利武	04477	
大久保 利泰	05235	
大久保 利通	05387, 05388, 05390～05399, 05405	
大久保 葩雪	12521	
大久保 治男	04387, 04388, 06620, 06658, 06662	
大久保 彦左衛門	01530, 01532～01534	
大久保 洋子	12113, 12117, 12260, 12272	
大久保 正尾	14025	
大久保 守	20023	
大久保 勇市	14022, 14024	
大久保 竜	04795, 13553, 14556, 15120, 15181, 33767	
大久保 漣々	24577	
大久保侯爵	03653	
大久保甲東先生銅像建設会	05230	
大熊 浅次郎	05295, 13727, 15813, 15980	
大隈 言道	24129, 24137	
大隈 重信	07456	
大熊 孝	08946	
大熊 真	07693	
大隈 三好	06712, 06713, 06717, 14735, 14736, 14880	
大熊 喜邦	20644～20647	
大熊 良一	07148, 08003, 08004, 29697	
大熊町史編纂委員会	28528	
「大熊弁玉」編集委員会	24000	
大倉 桃郎	13571	
大蔵 永常	08879, 08889, 08892, 08895, 08904, 08905	
大倉 浩	26796	
大倉 孫兵衛	00931	
大倉 基佑	17856	
大倉 隆二	21815, 21894	
横浜税関	07204	
大倉精神文化研究所	13017, 14618, 24078	
大桑 斉	13115, 13117, 15295, 15306, 15324, 15396	
大河内 正敏	20335
大越 直子	14059
大坂 芳一	12355, 26642, 26646, 26693
大阪青山短期大学国文科	27126
大阪経済大学日本経済史研究所	08239
大阪国文談話会	14185
大阪狭山市教育委員会生涯学習部生涯学習推進課	31918, 31919
大阪狭山市教育委員会生涯学習部生涯学習推進課市史編さん室	31920
大阪狭山市立郷土資料館	12862, 31839, 31840
大阪市史編纂所	00148, 06508, 06511～06514, 06593, 06594, 20652, 31856, 31887～31889, 31900, 31903, 31905, 31909, 31912, 31913
大阪市中央卸売市場本場市場協会	09457
大阪市文化財協会	11238
大阪商業大学会計研究会	10111
大阪商業大学商業史博物館	06087, 09664, 09709, 10135～10137
大阪城修復委員会	20851
大阪城天守閣	01429～01435, 02843, 02888, 11522, 17910, 18948, 18973, 20850, 20855, 20856, 20860, 31791
大阪女子大学国文学研究室	21288, 22412, 24869
大阪市立海洋博物館なにわの海の時空館	16596
大阪市立住まいのミュージアム	12368
大阪市立大学大学院文学研究科都市文化研究センター	06281
大阪市立中央図書館	31898
大阪市立中央図書館市史編集室	31899
大阪市立博物館	07749, 10407, 21570
大阪市立美術館	17404, 17666, 17702, 20389, 20528
大阪人権博物館	06280, 07700, 10930
大阪人権歴史資料館	03575, 10634
大阪大学近世物価史研究会	08467
大阪大学経済学部経済史研究室	08477
大阪大学総合学術博物館	16219, 16899
大阪大学附属図書館	21158
「大阪における産業都市文化の発達に関する総合的研究」班	31802, 31803
大阪引札研究会	10456, 10457
大阪府教育委員会	20889, 21052
大阪府史編集専門委員会	31804～31806
大阪府文芸懇話会	23012
大阪府立岸和田高等学校	17182
大阪府立狭山池博物館	08910, 20660
大阪府立近つ飛鳥博物館	20105
大阪府立図書館	01102, 06849, 21331, 21332
大阪府立中之島図書館	17342～17344, 17352～17365
大阪府立中之島図書館百周年記念基金運営委員会	22569
大阪毎日新聞社	24593
大阪民主新報	31800
大阪読売新聞社	31861
大阪歴史学会	02284, 10503, 31862
大阪歴史博物館	07773, 10406, 18908, 21497
大崎 出	22281
大崎 正次	16418
大崎 春哉	12681
大沢 和夫	09909, 09910
大沢 俊吉	29113, 29139
おおさわ まこと	19954
大沢 洋三	30911
大沢 美夫	26974
大路 和子	05914
大塩 中斎	13683, 13685, 13686, 13688, 13691, 13693
大塩 平八郎	13419, 13679～13681, 13687, 13689, 13690
大鹿 久義	14376～14383, 14389～14391, 14393～14396
大嶋 敦子	00374
大島 栄子	10277
大島 英介	12995
大島 花束	24305, 24344, 24345, 27514
大嶋 吉馬	31309
大島 隆	18113
大島 武好	12763～12770
大島 建彦	12714
大島 延次郎	00179, 09751
大嶋 寛	26238
大島 誠	30092

著者名	番号
大島 真理夫	08763, 09002, 09003, 09527, 11097
大島 幹雄	07033, 07627
大島蓼太資料保存会	26028
大城 立裕	00427
大城屋 良助	10093, 10233
大洲 道映	22307
大須賀 鬼卵	09803
大須賀 秀道	15485
大須賀 初夫	16167, 31497, 31510, 31511
大須賀 庸之助	16147
大瀬 甚太郎	16663
大関 増業	06354
大関 光弘	08908
大曽根 章介	22534, 22535
大園 隆二郎	33197
大空 智明	05910
太田 愛人	14781
太田 巌	14748
太田 修	04797
太田 勝也	00865, 06958, 06975, 08445, 33346
太田 敬太郎	30542, 30574
太田 健一	13721
太田 孝太郎	27896, 27897, 27966
太田 三郎	09834, 09836
太田 昌子	17969
大田 資雄	02530
太田 資宗	00742, 00744, 00746, 00748, 00750, 00752〜00755, 00757
太田 誠一郎	10342
太田 青丘	13306, 25236〜25238
太田 雪中	04736
太田 尚充	21785
太田 覃	10167
太田 利男	33655〜33669, 33671〜33701
太田 俊穂	03732, 03748, 27860
太田 虎一	06010, 31925
太田 尚樹	06899, 06900
太田 尚宏	00834, 00837, 00838, 03441, 09814
太田 南畝	01022, 23303, 26807
太田 昇	26958
太田 白雪	25753, 25786
太田 浩司	22032
太田 博太郎	20710, 20711
太田 敏兄	09332
太田 文碩	30957
大田 報助	32521〜32530
太田 正弘	02427, 15259, 15260, 17242〜17244, 31519
大田 益三	16512
太田 水穂	25362, 25363, 25373, 25579, 25580
太田 素子	10623, 10850, 16693
太田 桃介	20031, 20033
太田 饗雄	02528, 02529, 02531
太田 淑子	15527
太田 能寿	03208
太田 善麿	14502, 14503
太田 竜	05556, 13579
大高 宣靖	28840
大高 弘靖	28840
大高 洋司	15727, 22763, 23295, 23304
大田垣 蓮月	24141
太田記念美術館	11499, 18508, 18824, 18826, 18827, 19224, 19225, 19228, 19353, 19676, 19679, 19681, 19738, 19813, 19884
太田記念美術館学芸部	17744, 17830, 17901, 18014, 18712, 18868, 18980, 18994, 19302, 19400
大田区立郷土博物館	09951
大竹 貞固代	28547
大竹 三郎	16194
大竹 新助	27068
大竹 英雄	22093
大竹 秀男	06111, 06752, 06792, 06793
太田市	28987, 28999〜29001
大館 右喜	02269, 02304, 02305, 09199, 28677
大谷 晃一	22982, 23100, 23123
大谷 貞夫	08923, 08935, 08936
大谷 俊太	23977
大谷 篤蔵	22423, 24876, 25552, 26267, 26981
大谷 典久	12370
大谷 雅彦	09328
大谷 瑞郎	02293
大谷 満	17982
大谷 従二	21457
大谷 亮吉	16131, 16137
大谷女子大学資料館	23873
大谷大学文学史研究会	22857
大津 早苗	28632
大津絵保存振興会美術部	19192
大塚 英二	09015
大塚 一男	29114
大塚 桂	04492
大塚 甲山	02973, 25381, 25769, 25775
大塚 清吾	17519
大塚 武松	00847, 00926, 00968, 00971, 00993, 01110, 01119, 04279, 04373, 05066, 06824, 07184, 07185, 07440, 28337
大塚 徳郎	28080, 28081
大塚 初重	11489
大塚 博人	07641
大塚 政義	05018, 05019, 28959
大塚 光信	15565, 22162〜22165
大塚 実	06683, 09727, 28498〜28501
大塚 祐子	14180
大塚 敬節	16474〜16489
大月 明	13184, 15781
大槻 茂雄	15863
大槻 修二	01382
大月 清四郎	03055
大月 隆仗	14500
大槻 如電	00776, 00783, 01372, 01379, 01388, 01391〜01393, 01397, 12183, 15803, 15852
大槻 磐翁	01389
大槻 磐渓	01040〜01042, 01372〜01382, 01384, 01387, 01388, 01396〜01398, 12758
大槻 磐水	15973
大槻 宏樹	16686
大槻 文彦	01379, 01384, 01386〜01389, 01392, 01393, 02793, 13359
大槻 幹郎	18227
大津市史編さん室	00186
大津市歴史博物館	09700, 19195, 19744, 24751
『大津と芭蕉』編集委員会	24864
大坪 元治	04921
大坪 草二郎	24361, 24374
大坪 武門	04674
大手前大学史学研究所オープン・リサーチ・センター	20085
大戸 吉古	09757, 11525, 19280
大藤 修	08888, 11116, 11126, 12024, 27670
大藤 時彦	22147
大伴 大江丸	26027
大友 一雄	02184, 08903, 17149
大友 義助	25491, 28250, 28265, 28307, 28312, 28314, 28315, 28339, 28341
大友 博	07047
大鳥 圭介	03836, 03837
大鳥 蘭三郎	16442
大成 経凡	32851
大西 一音	25799

大西 一外 …………… 24544	大庭 青楓 …………… 16023	大宮 守友 …………… 06537
大西 重孝 ………… 21253, 21315	大場 俊賢 …………… 08612	大宮市 ……………… 29144
大西 正一 ……… 05574, 09303	大場 南北 …………… 24382	大宮市立博物館 ………… 09941,
大西 静史 …………… 14905	大場 秀章 …………… 07110,	16960, 17289, 18971, 29141
大西 俊輝 …………… 32243	07111, 07115, 16375, 16391	大宮町歴史民俗資料館 ‥ 08958, 28843
大西 啓義 …………… 16872	大場 弥十郎 …………… 29967	大村 斐夫 …………… 28870
大西 素之 …………… 32839	大場 芳朗 …………… 09287	大村 有隣 …………… 20838
『大西郷遺訓』出版委員会 …………… 05342	大橋 敦夫 ……… 15532, 15896	大村 沙華 …………… 26567, 26656, 26689, 26697
大庭 邦彦 …………… 02112	大橋 健二 …………… 13534, 13535, 13582, 13622, 13684	大村 荘助 …………… 03486
大貫 章 …… 14912, 14915, 14916	大橋 康二 …………… 01802, 10046, 20175, 20254, 20444	大村 進 ……………… 29285
大貫 勢津子 …………… 16526	大橋 周治 ……… 09576, 09577	大村 西崖 …………… 19018
大沼 嘉襧 …………… 11371	大橋 俊雄 …………… 15281	大村 文夫 …………… 19018
大沼 きんじ …………… 23778	大橋 誠弐 …………… 08600	大村 益次郎 …………… 05538
大沼 新吉 …………… 11371	大橋 長一郎 …………… 13397	大村史談会 ……… 33347〜33352
大沼 枕山 …… 11371, 23409, 27355	大橋 毅 ……………… 15468	大村益次郎先生七十年記念事業会 ……… 05551, 05552
大沼 雅彦 …………… 15837	大橋 治三 ……… 21080〜21093	大村益次郎先生伝記刊行会 …………… 05542
大野 出 ………… 13310, 15226	大橋 洋 ……………… 10353	大室 幹雄 …………… 27399
大野 和興 …………… 09032	大橋 裸木 …………… 24872	大森 映子 ……… 02188, 02755
大野 和彦 …… 18950, 18951, 19760	大畑 才蔵 …………… 08902	大森 快庵 …………… 12853
大野 国彦 …………… 25810	大畑 裕 ……………… 11954	大森 戒三 ……… 08753, 09266
大野 国士 …………… 24753	大浜 徹也 ……… 29586, 29587	大森 志郎 …………… 17167
大野 鵠士 …………… 24845	大林 昭雄 …………… 17728, 17737, 18144, 18164, 18165, 28015	大森 忠行 …………… 19318
大野 重昭 …………… 01169	大林 淳男 …………… 00204	大森 宜昌 …………… 21787
大野 茂男 …………… 23212	大林 信爾 …………… 27111	大森 富士男 …………… 21889
大野 洒竹 ……… 18311, 26184	大原 和雄 …………… 03577	大森 方綱 ……… 04942, 05363
大野 修作 …………… 14003	大原 賢次 …………… 05337	大森 美香 …………… 23606
大野 晋 ………… 14335〜14337	大原 久雄 …………… 20974, 21006, 21017, 25707	大森 実 ……………… 16388
大野 太衛(雲潭) ……… 00933	大原 雄 ……………… 21616	大森 林造 …………… 23939, 27373, 27387, 27388
大野 敏明 …………… 22213	大樋 年朗 …………… 20560	大家 京子 …………… 18650
大野 広城 …………… 11373	大平 喜間多 ……… 13735, 13745	大矢 真一 …… 08347, 16215, 16334
大野 慎 ……………… 03680, 14538, 14545, 14549, 14567, 14572, 14592, 14617, 14671, 14672, 14685, 14686, 14692, 15216	大平 三次 …………… 02035	大矢野 栄次 …………… 20248
大野 政雄 …………… 14149	大平 修三 …………… 22090	大藪 虎亮 …… 21321, 23226, 23230, 23240, 25421, 27029, 27222
大野 政治 …………… 22787	大平 規 ……………… 13824	大山 喬平 …………… 00053
大野 正茂 …………… 02690	大平 祐一 ……… 06129, 06521	大山 敷太郎 …………… 08267, 08336, 08370, 08371, 09646
大野 正義 …………… 06595	大平 与文次 ……… 09269, 30253	大山 瑞代 ……… 07639, 08174
大野 瑞男 …………… 00014, 00892, 08365, 10243	太平書屋 …………… 22805	大類 伸 ………… 20768, 20769
大野市史編さん委員会 ‥ 30722, 30723	大星 哲夫 ……… 27061, 27062	大和 博幸 ……… 17248, 17260
大野市史編さん室 …… 30754	大星 光史 …………… 24066, 24258, 24339, 26430, 26431	大輪 靖宏 …………… 22390, 23478, 23498, 25392
大羽 綾子 …………… 07432	大槇 義次 …………… 06058	大和田 公一 …………… 09721
大場 修 ………… 11186, 21038	大町 桂月 …………… 03184, 03189, 13872, 14188, 23881	大和田 守 …………… 11691
大庭 脩 ……………… 02048, 06990, 07795, 07829〜07832, 07837〜07839, 07851, 07855, 07857, 33310	大町 雅美 ……… 03723, 09249	大渡 忠太郎 ……… 16378, 16379
大場 喜代司 …………… 30285	大町市史編纂委員会 …… 30935	岡 畏三郎 …………… 18878, 18894, 18904, 18937, 19025, 19344, 19345, 19351, 19635, 19673, 19686, 19732, 19797, 19953
大馬 金蔵 …………… 12900	大松 騏一 ……… 09569, 25034	
大庭 三郎 …… 13765, 14689, 15210	大間々町誌編さん室 …… 29002	
大場 俊助 …………… 23468, 23482, 26312〜26314	大南 勝彦 …… 08010, 08011, 08021	岡 鬼太郎 …………… 21283
	大嶺 豊彦 …………… 15217	岡 謙蔵 ……………… 03015
	大宮 司朗 …………… 14866	岡 宏三 ……………… 32241
	大宮 季貞 …………… 24232	

岡 山鳥	11374〜11376, 12846	
岡 繁樹	04376	
岡 俊二	08895, 08900	
岡 千似	00988, 01050, 01055, 01056	
岡 竜雄	01124	
岡 照秀	11913	
岡 不可止	15128	
岡 正信	12231	
岡 雅彦	23745	
岡 真須徳	00346	
岡 光夫	08255, 08258, 08259, 08718, 08719, 08722, 08735, 08881, 09114, 11164	
岡 泰	00233	
岡 泰彦	00777	
岡 泰正	18841, 20598	
岡 佳子	01552	
小粥 祐子	20822	
岡倉 覚三	00669	
岡倉 谷人	25917	
岡崎 鴻吉	33402	
岡崎 正	26811	
岡崎 哲二	08212	
岡崎 淑郎	26618, 26619	
岡崎 久彦	04596	
岡崎 寛徳	02190, 11915, 11971	
岡崎 柾男	12717, 12718, 15718, 17097	
岡崎 康行	24253	
岡崎 義恵	23175, 24850, 24865, 25130	
岡崎市	01950	
岡崎市立図書館郷土図書室	26246	
岡崎の歴史物語編集委員会	31372	
岡沢 要	11593, 30970	
小笠原 有之	33028	
小笠原 勝修	01034〜01039	
小笠原 恭子	00301, 21456, 21528	
小笠原 佐江子	20148	
小笠原 春夫	13188, 14141	
小笠原 亮	08792	
岡嶋	29678	
岡嶋 正義	08894	
岡田 あおい	10855, 11078	
岡田 章雄	07539, 07544, 07574, 07575, 10580〜10583, 10611〜10614, 17133	
岡田 彰子	18308, 26176	
岡田 朝太郎	03481	
岡田 霞船	03031	
岡田 加兵衛	02561, 29261	
岡田 喜秋	25895, 25898
岡田 玉山	23437
岡田 清	21005
岡田 啓	12850〜12852
岡田 袈裟男	22239, 22250, 22253, 22254
尾形 乾山	20154, 20156〜20158
尾形 光琳	17963, 17975, 17979, 17989, 17990, 17996, 17997
岡田 俊平	08582
岡田 譲	17680, 20922, 20947
岡田 新一	07647, 27621
尾形 純男	15034
岡田 清一	28474, 28475
尾形 誠次	08430
緒形 隆司	00416, 02016, 02160, 03203
岡田 武彦	10245, 13141, 13293, 13639, 13643〜13645
岡田 武松	23921
岡田 竜邦	13315
岡田 千昭	14356, 14357
尾形 仂	18308, 22467, 22469, 24516, 24537, 24651〜24653, 24812, 24813, 24824, 24911, 24912, 24927, 24928, 24940, 25299, 25308〜25310, 25403, 25405, 25475, 25480, 25530, 25831, 25936, 26144, 26146, 26147, 26168, 26169, 26175, 27084, 27088, 27098, 27172, 27275
尾形 鶴吉	11048
尾形 利雄	16713
緒方 富雄	07112, 15760, 15925, 15929, 15930, 15955, 15956, 15965, 15968, 15969, 15972, 16900
岡田 信子	06518
岡田 甫	22799, 26523, 26547, 26548, 26569, 26622, 26666〜26678, 26705〜26709
岡田 博	14892, 14911, 14914
岡田 文雄	02689, 31557
岡田 実	14489
岡田 稔	14516, 23225
緒方 無元	13999, 18147
岡田 喜一	20355, 20358
尾形 美宣	23211
岡田 芳幸	15262
岡田 芳朗	16434, 16439, 19136, 19138, 19139, 23874, 29803
小形 利吉	16524
岡田 利兵衛	18210, 18211, 18290, 18309, 24842, 24920, 25302, 25329, 25335, 25974, 26156
緒方町立歴史民俗資料館古文書講座（緒方町古文書研究会）	33543
岡西 惟中	24812, 24813, 25750
岡西 為人	16623
岡野 竹時	21568, 21610
岡野 知十（敬胤）	25922
岡野 友彦	29504
岡野 博	26302
岡部 善治郎	16830
岡部 忠夫	00724, 32577
岡部 豊常	04079, 04080
岡部 昌幸	03991
岡松 甕谷	23888〜23915
緒上 鏡	11492
小神野 中	05316
岡村 一郎	29151
岡村 金太郎	16944, 16955
岡村 敬二	17296
岡村 健次郎	28255
岡村 健三	25083, 25165, 25210, 25230, 25637, 27023
岡村 繁	13994, 27354
岡村 多希子	07601, 07602
岡村 守彦	31073
岡村 利蔵	25828
岡村 利平	28739, 31120
岡本 明	25941〜25943
岡本 和明	03230
岡元 勝美	24347
岡本 監輔	04654
岡本 綺堂	11319, 11320, 11778〜11780, 12108, 12112, 21376, 21518, 21604, 22200
岡本 清秀	31252
岡本 耕治	25893, 25894
岡本 昆石	11682
岡本 定	08726
岡本 聡	24029, 24030, 24075
岡本 茂男	20847, 20865, 20929
岡本 春一	23984
岡本 信二郎	25274
岡本 静心	16787
岡本 喬	16469
岡本 高長	08886
岡本 太郎	04561
岡本 照男	15247
岡本 文造	27393
岡本 勝	22475, 22476, 23266, 23267, 23696, 24001, 24528, 24640, 24739, 25021, 27174
岡本 実	04004
岡本 黙骨	24973
岡本 良知	15549

岡本 柳英 ....
  20833, 20834, 20840, 31365
岡本 良一 ....
 01969, 02841, 02860, 02861,
 02891, 03571, 09193, 10944,
 10945, 11511, 20859, 31801
岡谷 繁実 01854, 11614, 28977
岡山 研堂 13614
岡山県教育委員会 ....
   20911, 32355, 32367
岡山県山林会 13615
岡山県史編纂委員会 ... 32278, 32356
岡山県立記録資料館 .. 32364, 32365
岡山県立図書館 16791
岡山県立博物館 ....
 16726, 17497, 17697, 32300
岡山城史編纂委員会 32279
岡山大学附属図書館 ....
 01116, 08865, 14156, 32283,
  32385〜32391, 32395
岡山藩研究会 32302
小川 亜弥子 05445
小川 芋銭 26380
小川 栄一 26810
小川 煙村 10841, 19215, 19658
小川 克正 16840
小川 貫道 13225
小川 恭一 00992, 02239,
 02431, 02433〜02437, 02439,
 02441〜02446, 02454, 02576,
  02589〜02591, 02619, 20806
小川 喜代蔵 13618
小川 国治 08661, 32499
小川 光賢 01048, 01049, 05503
小川 康路 25664, 25665
小川 早百合 08192
小川 昭一郎 ... 27623, 27632, 27643
小川 倡吉 33625
小河 扶希子 26988
小川 太一郎 13455
小川 泰堂 30196
小川 武 01682
小川 武彦 22861,
 24840, 25749, 27531, 27532
小川 東 16320
小川 常人 14937
小川 鼎三 15772
小川 徹 33870
小川 俊夫 13386
尾河 直太郎 ....
 08924, 08925, 10487, 10488,
  21098, 29723, 29724, 29773
小川 晴久 13105, 15042
小川 英実 12270
小川 浩 .... 08534〜08536,
 08568, 08569, 08575〜08580

小川 政邦 08028
小川 正行 .... 16658, 16699〜16701
小川 泰弘 22130
小川 八千代 09953, 31550
小川 雄康 22185, 26317
小川 吉儀 08556
小川 渉 ..... 16625, 16781〜16783,
  28429〜28431, 28464
小川内 清孝 06969
小川町 29182, 29183
小木 一良 20226,
 20230, 20447, 20453, 20454
沖 冠嶺 23409
荻 慎一郎 09499, 09917
小木 新造 11293, 11311,
 18989, 29566, 29568〜29572
沖浦 和光 10954
荻田 清 21620, 22491
沖田 行司 13523, 16715
興津 要 ....
 10370, 10640, 11270, 12017,
 12039, 12053, 12257〜12259,
 12278, 12298, 12545, 12590,
 22290, 22321〜22324,
 22351, 22406, 22783, 23753,
 23754, 23757, 23759〜23761,
 23763, 23790, 23826, 26463,
 26467, 26534, 26582, 26597

沖縄県 08898
沖縄県沖縄史料編集所 .. 33935, 33936
沖縄県教育委員会文化
 課 12796, 12799, 33969
沖縄県教育庁文化課 ....
 12795, 12797, 12798, 20875
沖縄県公文書館 07848
沖縄県公文書館管理部
 史料編集室 00439, 00445
沖縄県山林会 08773
沖縄県文化振興会 00439, 00445
沖縄県文化振興会公文
 書館管理部史料編集
 室 00424, 00441,
  07409, 33863, 33905, 33934
沖縄県文化振興会公文
 書管理部 00399
沖縄県文化振興会公文
 書管理部史料編集室 ....
   00405, 00447, 00449
沖縄県立図書館 ....
  33941, 33943〜33945, 33949
沖縄県立図書館史料編
 集室 00422,
 00423, 00436〜00438, 00440,
  00442〜00444, 00446, 00448
沖縄県立博物館 00408
沖縄国際大学南島文化
 研究所 33876
沖縄歴史研究会 33942

沖野 岩三郎 14458
荻野 清 25438
沖野 辰之助 13424
荻野 独園 04946, 15446, 15449
荻野 昌弘 10525
荻野美術館 17424
荻場 善次 15484
沖本 克己 17780
沖本 常吉 15700, 32242
沖森 直三郎 14071, 25751
荻生 茂博 13631
荻生 徂徠 03076
荻原 井泉水 ....
 13665, 24644〜24646, 24659,
 24660, 24854, 24914〜24917,
  25038, 25074, 25075,
  25081, 25082, 25152, 25172,
  25173, 25185, 25187, 25190,
  25192, 25223, 25253, 25281,
  25283, 25287, 25296, 25297,
  25386, 25409, 25410, 25413,
  25414, 25419, 25420, 25445,
  25455, 25456, 25466, 25549,
  25949〜25951, 26277, 26294,
  26338, 26339, 26387〜26392,
  27003, 27004, 27010〜27015,
  27054, 27055, 27155, 27156,
  27173, 27207, 27208, 27278
奥磯 栄麓 20271, 20540
奥瀬 清簡 27782
奥田 暁子 10790
奥田 敦子 19718
奥田 恵瑞 14176
奥田 修三 31781
奥田 忠 08959
奥田 忠兵衛 03052
奥田 秀 14176
奥田 義人 13602
奥平 俊六 17888
奥平 洋一 14895
奥田家文書研究会 ... 01327〜01341
小口 郷人 12353
奥津 弘高 02142
奥富 敬之 ..... 29382, 29394〜29397
奥成 達 00049
奥野 卓司 17128
奥野 彦六 06388, 06625, 17288
奥野 彦六郎 06446, 06449
奥野 久輝 16411
奥の細道・芭蕉企画事
 業十周年記念誌編集
 委員会 27231
奥宮 衛 16333
奥村 彪生 12294, 12328
奥村 佳代子 22241
奥村 晃作 14205

奥村 正二 …………………………… 09531, 15943, 16204, 16218	尾崎 保博 …………… 00177, 09584	織田 信朝 …………………… 24063
奥村 弘 …………………………… 27574	尾崎 行也 …………… 26942, 30844	織田 久 ………………… 12902, 15056
奥村 寛純 ………………………… 31911	尾崎 良知 …………………… 01170	小田 大道 ……………… 13963, 13964
奥村 政信 ………………………… 18782	尾崎 亘 ……………………… 16053	小田 実希次 ………………… 25635
奥村 幸雄 …………………………… 15621, 25760, 25889, 26046	長田 かな子 ………………… 10807	小田 基 ……………………… 08044
	長田 幸徳 …… 19218, 19885, 19927	小田 理兵衛 ………………… 26917
奥山 猪吉 ………………………… 01391	長田 純 ……………………… 21752	尾台 榕堂 …………………… 16486
奥山 宇七 …………… 14310, 14311	長田 泰彦 …………………… 13948	尾高 煌之助 ………………… 08290
奥山 芳夫 …… 31999～32004, 32024	尾佐竹 猛 …………………………… 03909, 03915, 04532, 04694, 06651, 06710, 06823, 07160, 07161, 08098, 08218, 11023	小高 敏郎 …… 22442, 24807～24809
奥山 亮 …………………………… 27603		小高 旭之 …………………… 29119
小倉 栄一郎 ………………… 10330, 10332, 10334, 10336～10338, 10344, 10345, 31650		小高 道子 …………………… 23847
	小山内 新 …………………… 03781	小滝 辰雄 …………………… 05967
	小佐野 淳 …………………… 30795	小田切 秀雄 ………………… 22628
小椋 克己 …………… 05156, 05184	長船町史編纂委員会 ………… 32323	小田中 潜 …………………… 19185
小倉 喜市 …………… 14338, 14368	大仏 次郎 ‥ 03555～03557, 03737～03743, 04414～04417, 04472, 04648～04650, 05434～05436, 05572, 05599～05601, 05996, 06037～06039, 07398～07401, 07531～07535	小谷 茂夫 …………………… 08891
小椋 幸治 …………………… 26224		小田原市 ……………… 30093, 30132
小倉 貞男 …………………… 06864		小田原市郷土文化館 ‥ 18564, 20180
小倉 慈司 …………………… 01695		小田原市立図書館 …… 30208～30210, 30231～30235
小倉 惣右衛門 ……………… 05427		
小倉 鉄樹 …………… 04930～04932		小田原ライブラリー編 集委員会 ………………… 14909
小倉 文雄 …………… 16786, 33521	小沢 栄一 …………… 15996, 15998	
小椋 嶺一 …………………… 23463	小沢 詠美子 ‥ 08213, 11594, 12105	越智 三渓 …………………… 32915
小栗 純子 …… 15394, 15402, 15556	小沢 耕一 …………………… 18346, 18390, 18393～18399, 31333	越智 直澄 …………………… 08905
小栗 直人 …………………… 20896		越智 通敏 …………………… 14181
小栗栖 健治 ………………… 15731	小沢 三郎 …………… 15604, 15605	落合 晃 ……………… 24688, 28279
小黒 義則 …………………… 27619	小沢 健志 …………………… 03993, 03997, 03998, 04001, 04015, 29717	落合 恵美子 ………………… 10627
桶川市歴史民俗資料館 ……… 29274		落合 清彦 …………… 21694, 21695
置戸町教育委員会森林 工芸館 ………………… 12632, 12633	小沢 武二 …………… 25374, 25905	落合 功 ……………… 00899, 11138
	小沢 富夫 …………… 13077, 14863	落合 重信 …………… 10992, 17333
小河 一敏 …………………… 03658	小沢 弘 ……………… 11465, 12864, 19367, 20650, 29701, 29778	落合 冬至 …………………… 24982
小河 忠夫 …………………… 04586		落合 延孝 …………………………… 03648, 10557, 11047, 29136
小合 洋介 …………………… 24432	小沢 宏之 …………………… 12689	
越生町史研究会 ……………… 29185	小沢 政胤 …………… 14088, 14089	落合 弘樹 …………… 05307, 05308
越生町教育委員会 …………………… 00844, 26230, 29147	小沢 雄次 …………………… 09406	落合 保 ……………… 31815, 31816
	尾沢 喜雄 …………………… 26373	遠近 道印 …………………… 22926
小此木 信一郎 ……………… 24586	小沢 芦庵 …………………… 26989	尾辻 紀子 …………………… 04821
長 正統 ……………… 08001, 08175	押小路 甫子 ………… 04056～04060	乙竹 岩造 …………… 16665, 16972
尾崎 久弥 …………………… 12537, 12538, 12575, 16198, 19926, 19928, 22310, 22318, 22329, 22355, 22443, 22619, 22669, 23301, 23302, 23389, 23680	小島 徳二 …………… 08591, 08593	乙葉 弘 ……………………… 21299
	尾島町誌編集委員会 ………… 29011	音羽会 ………………… 10175, 28884
	小瀬 園子 …………………… 27371	音羽町史さん委員会 ‥ 31389, 31390
	小関 清明 …………………… 24009	音羽山 清水寺 ……………… 24091
尾崎 賢治 …………………… 07132	小田 彰信 …………………… 02599	鬼山 信行 …………………… 26794
尾崎 憲三 …………………… 13323	小田 栄一 …………………… 00121	小貫 摠右衛門 ……………… 08890
尾崎 紅葉 …………………… 24606	織田 一磨 …………………… 19419	小野 英太郎 ………………… 25027
尾崎 知光 …………… 01170, 22151	小田 吉之丈 ………… 08748, 08749	小野 公久 …………………… 20443
尾崎 周道 …………… 19423, 19424	織田 小三郎 ………………… 25591	小野 清 ……………… 02342, 20854
尾崎 卓爾 …………… 05217, 05219	織田 作之助 ………… 23083, 23232	小野 圭一朗 ………………… 25659
尾崎 忠征 …………… 01170, 04055	織田 正吉 …………………… 23811	小野 圭次郎 ………………… 05695
尾崎 朝二 …………… 27281, 27282	小田 信士 …………………… 08353	小野 晃嗣 …………………… 11241
尾崎 秀樹 …………………… 00695, 01882, 03175, 03289, 03298, 04706, 05638, 19229, 19230	小田 晋 ……………… 04621, 12332	小野 幸恵 …………… 21561, 21758
	織田 鉄三郎 … 04993, 04997, 05002	小野 智司 …………………… 16162
	小田 徳三 …………………… 03037	小野 真孝 …………………………… 12308, 23341, 26462, 26616
尾崎 正明 …………… 18368, 18369	小田 豊二 …………………… 12054	

小野 佐和子	12660
小野 重伜	27367〜27370, 27480
小野 晋也	13718
小野 晋	22904, 22905, 23187
小野 精一	14010, 15036
小野 武夫	08325, 08420〜08428, 08734, 09016〜09022, 09083, 09084, 09089, 09141, 10463, 12254, 14996, 15001, 33939, 33940
小野 武雄	06649, 06655, 06667, 08463, 08464, 08501, 09713, 09714, 11700, 12058, 12059, 12479, 12529, 12530, 12571, 12578, 12600, 12601, 12656〜12658, 15669, 19286, 21126, 21729, 21753
小野 忠重	00955, 18495, 19194, 20028, 20049, 20062
小野 辰太郎	03024
小野 職愨	16266
小野 禎一	13049
小野 利教	03218, 03295
小野 直方	01513〜01526
小野 秀雄	17369〜17372
小野 均	11240
小野 兵助	30194
小野 文雄	27570
小野 正雄	06043
小野 正弘	16521
小野 恭靖	26812, 26815, 26839, 26840
小野 靖俊	29380
小野木 重勝	21036
小野崎 敏	27858
小野沢 知之	05210
小野市立好古館	00144, 01798, 12314, 16793, 31923
小野田 勝一	20432
小野田 虎太	05378
小野寺 淳	09967
小野寺 歌子	08025
小畠 功一	04656
小幡 重康	29346, 29360, 29487
小畑 伸夫	23077
小畠 文鼎	15446, 15449, 15450
尾花 午郎	16472
小花 藤平	31152
尾花沢市史編纂委員会 編	28327
尾花沢市地域文化振興 会	27247
小浜市史編纂委員会	30726
尾原 昭夫	21744
尾原 和久	13127
小原 克紹	33372
小原 大衛	07001
尾原 隆男	20724
小原 千秋	13245
小原 与市	32949
小原 礼三	31751
小尾 俊人	05285
小比賀 時胤	08905
帯金 充利	05046
大日方 健	00197
オフィス宮崎	07412〜07414
於保 薫平	23041
雄松 比良彦	21934
小美濃 清明	05136
オームス, ヘルマン	13042, 13115, 13117
小村 弌	02274, 30257, 30327〜30331
表 章	17513
小柳津 信郎	08469
小柳 司気太	13548, 13967
小矢部市ふるさとづくり読書講座	30495
小山 正平	28059
尾山 篤二郎	24206
小山古文書愛好会	12914
小山市史編さん委員会	28888, 28905, 28906
小山田 和夫	00092, 00116, 01944
小山田 了三	17519
小山松 勝一郎	03551, 26939, 28263
小山まほろば会	01066
オランダ村博物館	07874
折井 太一郎	14856
折口 信夫	24193
織田 紘二	21580, 21610
オリファント, ローレンス	07560, 07574, 07575
オールコック, R.	07613, 07614
尾鷲古文書の会	31608
尾鷲市立図書館	31623
小和田 哲男	00002, 00018, 00035〜00038, 00305, 00519, 00596, 00616, 01869, 01895, 01924, 01949, 01976, 02173, 02830, 11476, 21848
小和田 泰経	01896, 12217
尾張名所図会を原文で読む会	12850〜12852
オン, C.K.	14813
温故学会	14504
恩賜京都博物館	17674
恩田 栄次郎	07454
恩田 木工	02707〜02709, 03506, 08384

雄鶏社	18076

【か】

夏 子陽	00396
甲斐 勝	33719
甲斐 素純	33548
海江田 信義	04115, 04550
海音寺 潮五郎	02786〜02788, 03006, 04662, 23247
海外交流史研究会	06963, 07899
皚々子	03050
懐月堂安度	18786, 18887
開国百年記念文化事業会	16072, 16073
解釈学会	25339, 25340
開成町	30133
懐徳堂記念会	16883, 16886, 16890, 16896
懐徳堂友の会	16886
海南市史編さん委員会	32108
貝原 益軒	12759, 13422, 13441〜13443, 13448〜13450
海保 徳	16027
海保 嶺夫	00312, 27588, 27592, 27596, 27598, 27609, 27614, 27631
外務省	07166, 07214, 07223, 07291〜07345
外務省外交史料館日本外交史辞典編纂委員会	06835
会訳社	04124
快倫	22156
加賀 樹芝朗	00903, 11918, 11919
加賀 康之	02857
加賀市教育委員会	17426
加賀市教育委員会社会教育課	10081, 10085
加賀市美術館	20317, 20329
加賀藩	30628
各務 支考	25063
各務 虎雄	25836
各務 義章	20680, 21050, 21051
各務原市教育委員会	31084, 31089, 31090, 31125
各務原市歴史民俗資料館	09301, 09302, 31115
鏡島 元隆	15455
香川 いくみ	03143
香川 景樹	24166, 26967
香川 敬三	04476

| 著者名索引 | | | かすかへし |

賀川 隆行 ……………………
　　　　07506, 08364, 08646, 10254
香川 鉄夫 …………………… 07499
加川 治良 …………………… 15502
香川 蓬洲 …………………… 03568
香川 政一 ……………………
　　　　05526, 05527, 15119, 15125
香川 雅信 …………………… 15720
香川県県史編さん室 … 32673, 32674
香川県立図書館 …………… 12668
香川県立図書館・文書
　館管理財団 ………… 06380, 06381
香川県立文書館 ……… 06380, 06381
香川県歴史博物館 …… 02227, 17684
香川大学附属図書館 … 15744, 16067
鍵岡 正謹 …………………… 20018
蠣崎 波響 …………………… 27376
垣花 秀武 …………………… 13352
柿花 仄 ……………………… 01700
柿原 久保 …………………… 16314
垣本 言雄 …………………… 33564
柿衛文庫 …… 17812, 18212, 18306,
　　　　24842, 24926, 25974, 26156
加来 耕三 ……………………
　　　　00602, 00657, 01839, 02053,
　　　　02098, 02118, 02165, 02551,
　　　　02658, 03333, 03436, 03507,
　　　　03510, 03800, 04595, 04657,
　　　　04735, 04884, 04898, 04899,
　　　　05081, 05082, 05168, 05204,
　　　　05807, 05860, 10283, 11461,
　　　　14730, 21839, 21844, 21864,
　　　　21873, 21892, 21899, 29762
郭 汝霖 ……………………… 00393
岳 真也 …………… 03355, 05799, 05818
郭 連友 ……………… 15062, 15200
学習院大学史料館 ………… 00050
学習院大学資料館 ………… 00912
学習院大学東洋文化研
　究所 …………………………
　　　　03071, 08868, 08871, 22286
学術文献刊行会 ……… 22555～22568
学術文献普及会 ……… 22553, 22554
角地 幸男 …………………… 18387
かくま つとむ ……………… 09550
獲麟野史 …………………… 14899
鹿毛 基生 …………… 15045, 15046
景浦 稚桃 …………………… 09349
景浦 勉 …………………… 06434,
　　　　32832, 32833, 32865, 32869
掛川市二の丸美術館 ……… 21462
蔭木 英雄 …………… 27507, 27515
かげやま こうじ …………… 07522
影山 純夫 …………………… 21987
景山 忠弘 …………………… 21933
影山 昇 ……… 15754, 16714, 16839

景山 正隆 …………… 21421, 21458
影山 正治 …………… 06003, 06004
かこ さとし ………… 07521, 30110
加古川市史編さん専門
　委員 ……………………… 31997
加古川総合文化セン
　ター ……………… 17799, 31939, 31943
鹿児島 徳治 ………… 24279, 24381
鹿児島県 …………………… 06217
鹿児島県維新史料編さ
　ん所 …………………………
　　　　33808, 33811, 33814, 33816,
　　　　33819, 33821, 33824～33831
鹿児島県教育委員会文
　化課 ……………………… 20876
鹿児島県郷土史研究会 …… 16494
鹿児島県女子師範学校 … 16694, 33771
鹿児島県史料刊行会 ………
　　　　　　　33833, 33834, 33842
鹿児島県立第二高等女
　学校 ………………… 16694, 33771
鹿児島県立図書館 ………… 16927
鹿児島県歴史資料セン
　ター黎明館 ………… 05039, 05229,
　　　　06217, 12621, 20596, 22069,
　　　　33779, 33809, 33810, 33812,
　　　　33813, 33815, 33817, 33818,
　　　　33820, 33822, 33823, 33832
鹿児島市 ……………… 05250, 33769, 33778
鹿児島市郷土課 …………… 05233
鹿児島史談会 ……………… 33841
鹿児島市婦人会 ……… 10808, 33776
鹿児島純心女子大学国
　際文化研究センター …… 33792
笠井 清 …………… 23093, 23191, 24642
葛西 重雄 …………… 06727～06729
笠井 助治 …………… 16803～16805
葛西 善一 …………… 27758, 27963
笠井 俊弥 …………… 12356, 12357
加西市教育委員会 ………… 00190
葛西城発掘30周年記念
　論文集刊行会 …………… 00339
笠原 采女 ………………… 12217
笠原 一男 ……………………
　　　　00015, 00653, 02901, 03400,
　　　　03401, 03963, 03964, 10829,
　　　　15345～15348, 15655, 15699
笠原 潔 …………………… 21739
笠原 秀 …………………… 05706
笠原 英彦 …………… 05376, 05377
笠原 正夫 …………… 09465, 32088
風間 観静 …………… 09887, 09888
風間 誠史 …………… 22532, 22813, 22962
風巻 景次郎 ………… 14331, 14334
風巻 絃一 …………………… 02501,
　　　　02516, 04885, 05149, 10263

笠間市史編さん委員会 …… 28778
笠谷 和比古 ……………………
　　　　00869, 02045, 02172, 02214,
　　　　02770, 02771, 02892, 08384,
　　　　13113, 13114, 14795, 14800,
　　　　14805, 14806, 14808, 30924
梶 洸 ………………………… 09753
加治 将一 …………………… 03805
梶浦 圭三 …………………… 21622
柏岡 富英 …………………… 07635
柏川 修一 ……… 11826, 11828～11831,
　　　　22886, 22887, 23430～23432
梶川 武 ……………………… 30223
梶川 勇作 …………… 31327, 31332
加治木 常樹 ………………… 05331
梶田 清七 …………………… 21745
梶谷 信平 …………………… 06000
加治田文芸資料研究会 …… 31052
柏原 新 ……………………… 03039
鹿島 桜巷 …………………… 04940
鹿島 淑男 …………………… 05729
鹿島 友義 …………………… 16509
鹿島 昇 ……………………… 04457
鹿島 則孝 …………… 01410～01427
鹿島 則良 …………… 01422～01428
鹿島 万兵衛 ………… 12009, 29653
鹿島町史編纂委員会 ……… 28529
鹿島町立歴史民俗資料
　館 ………………………… 04699
樫本 清人 …………………… 26396
加治屋 貞之 ………… 05236, 33788
梶山 静六 …………………… 04978
梶山 孝夫 …………… 04961, 14542,
　　　　14640, 14645～14648, 22683,
　　　　22684, 23972, 24100～24104,
　　　　24690, 24938, 28724
勧修寺 晴豊 ………………… 01026
柏倉 清 ……………………… 09615
柏崎市立図書館 ……………
　　　　　　　14525, 30310～30326
柏市史編さん委員会 ……… 29383
柏瀬 順一 …………………… 16733
柏原 昌三 …………………… 02460
柏原 辰右衛門 ……………… 12964
柏原 祐泉 …………………… 09129,
　　　　15285, 15294, 15305, 15391
柏村 儀作 …………………… 31925
柏村 哲博 …………… 03462, 04094
梶原 武雄 …………………… 22098
粕 三平 …………… 18590, 18635～18640
春日 愚良子 ………… 26249, 26424
春日 行清 …………………… 06368
春日山人 …………………… 03007
春日大社 …………………… 22802
春日部市教育委員会市
　史編さん室 ………… 29186～29190

日本近世史図書総覧 明治～平成　835

春日部市教育委員会社会教育課	29191
ガーストル,A.	22850
鹿角市史編さん委員会	28158〜28163
鹿角市史編さん事務局	〜28169
鹿角市総務部市史編さん室	〜28183
粕渕 宏昭	08894, 08895
霞会館華族資料調査委員会	04169〜04171
霞会館公家と武家文化調査委員会	06206, 17646
霞会館公家と武家文化に関する調査委員会	00241
霞会館資料展示委員会	01769, 01986, 02023, 04460, 07149, 17423
糟谷 磯丸	23986, 23987, 24061
加須屋 寿加蔵	18373
粕谷 宏紀	09812, 12883, 24413, 26695, 26696
粕谷 魯一	26019
加瀬 順一	12394, 13338, 25505
加瀬 宗太郎	16125
家世実紀刊本編纂委員会	28619〜28621
風野 真知雄	02964
雅俗の会	17455
荷田 春満	14198
加太 こうじ	05655, 10811, 11538, 11555, 11556, 22343, 23756, 23770, 23791, 23792
加田 哲二	08330, 10521, 10876, 11036
荷田 信真	14216
片岡 啓治	02453, 13134
片岡 樹裏人	30578
片岡 千鶴子	15591
片岡 徳雄	21706
片岡 豊忠	16329
片岡 紀明	03118, 04813
片岡 弥吉	15394, 15516, 15556, 15592, 15613
片岡 良一	22411, 22447, 23261
片岡 瑠美子	15537, 15591, 33289
片桐 一男	06828, 06981, 07662, 07663, 07864, 07872, 07879, 07881, 07898, 07908, 07917, 07929, 15869, 15922, 15948, 15970, 16559, 22255, 22256
片桐 修三	19197, 19198, 19202, 19203
片桐 昭一	26439
片桐 仲雄	32939
片倉 比佐子	06741, 09078
片島 武矩	03061
片田 良一	12963
片野 庄右衛門	30224
片野 純恵	11458, 16583
片野 孝志	17400
片野 次雄	02036, 02051, 07728, 07796〜07798
片平 六左	09077
片淵 琢	05323
片山 薫	00181
片山 重範	13625
片山 新助	09551, 32291
片山 摂三	20132, 20292
片山 武	14066
堅山 忠男	05098
片山 伯仙	03044
片山 迪夫	12892
片山 由美子	24529
片山 量三	18160
カタログ編集委員会	17921, 17922
加池 雄二郎	05406
勝 海舟	04857〜04861, 04863, 04867, 04880〜04882, 04887, 04894, 04918, 04936, 04937, 05346, 06051, 14769〜14771
勝 安芳	04856, 04886, 04906, 04907, 04913, 06046, 07447〜07449
学海居士	14683
勝川 春英	21571
勝川 春好	23362
勝川 春章	19919
香月 牛山	16487, 16521
勝倉 寿一	23493, 23531
学研美術出版部	20260
葛飾 北斎	19354, 19356, 19382, 19383, 19391, 19394, 19401, 19409〜19412, 19418, 19423, 19444, 19487〜19491, 19496, 19497, 23437, 23571
津和野葛飾北斎美術館	19376
勝田 勝年	13340, 13348
勝田 孫弥	05382〜05384, 05404
勝田 政治	05401
勝田市史編さん委員会	28757
カッテンディーケ、リッダー・ホイセン・ファン	07660, 09618, 09619
甲藤 勇	17713
勝部 真長	03255, 03259, 03335, 03477, 03672, 04866, 04886, 04887, 04889〜04891, 04894, 04911, 04919, 05284, 05360
勝俣 花岳	12965
勝俣 鎮夫	09090
勝水 瓊泉	03574
勝峰 晋風	24565〜24571, 24657, 24658, 24669, 24805, 24821, 24908〜24910, 24948, 24949, 25049, 25072, 25194, 25356, 25539, 25542, 25620, 25745, 25797, 25798, 25854〜25860, 25928, 25929, 26059, 26101, 26398
勝矢 倫生	08738
桂 小金治	12107
桂 とき子	24087
桂 尚樹	15463, 24370
桂 英澄	17852
桂 又三郎	20369, 20385, 20401, 20416, 20467, 20482, 20486, 20488, 20491, 20501, 20503, 20505, 20507, 20508
桂 芳樹	08374, 13249, 14936, 32546, 32547
桂井 未翁	26004
桂川 甫周	07042
桂木 寛子	03188
かつらぎ町史編集委員会	32109
桂島 宣弘	14165, 14763, 14886, 14887, 15701
嘉手納 宗徳	33950〜33952
花土 文太郎	06557
門 玲子	22722, 22723, 27362, 27537〜27539
加藤 郁乎	22338, 22339, 22686, 24498〜24500, 24502, 24514
加藤 栄一	02215, 06853, 06854, 06910, 07918, 33341
加藤 一雄	18256
加藤 和子	05350
加藤 僖一	15477, 15481, 24222, 24271, 24309〜24311, 24332, 24379, 24385, 27521
加藤 九祚	07133
加藤 清司	10815, 10816
加藤 薫	29771
加藤 慶一郎	08485
加藤 恵造	08716
加藤 敬三	33017
加藤 剛	00005
加藤 幸兵衛	20531
加藤 定彦	19077, 19877, 24540, 24627, 24692〜24716, 24799, 24810, 26069, 26326, 26410
加藤 紫舟	24885, 24970
加藤 周一	07173, 07215, 15194, 17918, 18767
加藤 楸邨	25128, 25131, 25136, 25139, 25140, 25179〜25181, 26289, 27034, 27112, 27253, 27254
加藤 淳二	15469
加藤 順三	21367

加藤 正七	24622
加藤 庄三	20115
加藤 宗一	09316
加藤 素毛	08107
加藤 貴	07026, 11262, 11431, 17876, 29663
加藤 隆	02285, 20738, 20739
加藤 高文	27570
加藤 卓男	20272, 20527, 20531
加藤 竹男	14104
加藤 忠吉	03009
加藤 恒勝	00725
加藤 貞仁	02649, 10063, 10073, 10075, 27688
加藤 唐九郎	20387, 20388, 20411, 20412, 20435
加藤 利之	09963
加藤 知己	22102, 22170
加藤 仁平	13867, 13889, 13890
加藤 信明	28084
加藤 僖重	07140
加藤 徳夫	09309
加藤 土師萠	20273
加藤 寿	06615
加藤 秀俊	27601, 27720, 27856, 28146, 28272, 28491, 28718, 28881, 29356, 29804, 30077, 30266, 30283, 30479, 30581, 30713, 30793, 30903, 31077, 31166, 31568, 31721, 31747, 31756, 31860, 31973, 32065, 32312, 32416, 32941, 33034, 33040, 33324, 33409, 33563, 33801, 33902
加藤 裕一	23241, 23242
加藤 寛	21865
加藤 浩	01893, 09686
加藤 文三	10603, 18385, 27109
加藤 正夫	22092, 30850
加藤 正高	20115
加藤 光男	22536
加藤 むつみ	02495
加藤 盛一	13555, 13556, 13570, 13572
加藤 衛拡	08897, 08898, 09425, 11068
加藤 康子	03883, 12605
加藤 祐三	07187, 07365, 07366, 07379, 07380, 07513, 08050
加藤 喜康	20564
加藤 竜次郎	07081
角川書店	02243, 03751～03753, 07503, 15836, 17502, 24879, 27085, 27086
角島 一治	30590
門田 明	05244
門田 恭一郎	08926
角田 直一	10079, 32368
門多 正志	15833
門真市企画財政部市史編さん室	03566
門真市市民部広報公聴課	03583
角光 嘯堂	14020
門屋 養安	11795
香取神宮史誌編纂委員会	01004
門脇 禎二	07504, 11762, 11763, 12030
門脇 正人	00209
門脇 むつみ	17590
金井 幸佐久	15993, 28974
金井 好道	26900
金井 達雄	09842, 09843
金井 俊行	15654
金井 寅之助	22650, 23067
金井 八郎	06569
金井 方平	12906
金井 円	00891, 01084, 01085, 1687, 02704, 02706, 06807, 06960, 07171, 07405, 07565, 07883, 07907, 08046, 08061～08063, 08137～08140, 08402, 30929
金井 杜道	17884
金岡 照	32422
仮名垣 魯文	23666～23668
神奈川近世史研究会	30055, 30057
神奈川県企画調査部県史編集室	30197～30202
神奈川県教育委員会	20880, 21033, 21034
神奈川県教育委員会文化財保護課	21035
神奈川県教育庁生涯学習部文化財保護課	20877
神奈川県県民部県史編集室	30094, 30095, 30203, 30204
神奈川県図書館協会郷土資料集成編纂委員会	30229
神奈川県百年史編纂委員会	30069, 30070
神奈川県立金沢文庫	00091
神奈川県立博物館	18621, 18744, 18847, 18850, 18960
神奈川県立歴史博物館	00922, 07361, 07473, 09760, 11627, 17560, 18511, 18849, 18895, 18860, 30112
神奈川大学日本経済史研究会	11764, 27578
神奈川大学日本常民文化研究所	32181
神長倉 真民	04928, 08298
かな研究会	00048
金沢 大士	15363, 27305
金沢 冬三郎	26952
金沢 規雄	24682, 27133, 27136
金沢 春友	05016, 05017, 06566, 28628
金沢 英之	14272, 14273
金沢 弘	21880
金沢 康隆	12181, 12182, 12220～12222
金沢近世語研究会	24794
金沢近世史料研究会	06721, 06722
金沢市教育委員会文化財課	30629～30631
金沢市史編さん委員会	30606～30613
金沢市立玉川図書館近世史料館	30626, 30627, 30639
金沢市立玉川図書館「藩政文書を読む会」	01029
金沢市立図書館	17836
金沢大学加賀藩庶民史料調査委員会	30622
金沢美術工芸大学美術工芸研究所	00178
金沢文化協会	30536
金沢文庫	00848, 00849
金杉 英五郎	03073
仮名草子研究会	22916
金田 房子	25359
金本 正之	07128, 07129
金森 敦子	09669, 09930, 12908, 26920, 27063, 27237, 27256
金森 誠也	07576
金森 直治	18506
金森 正也	28125, 28132
金谷 ヒロ子	26222
金谷町史編さん委員会	31198
金山町史編集委員会	28302
蟹江 文吉	31039
可児市教育委員会	17411
鹿沼市史編さん委員会	28907～28910
鹿沼市史編さん会	28889
金ケ崎町中央生涯教育センター	27917
兼清 正徳	23940, 24003, 24074, 24118, 24161, 24162, 24169～24173, 26987
金子 厚男	18158
金子 功	09575, 09578, 09579
金子 桂三	15273
金子 達	01000

金子 三郎	07669	
金子 重隆	18530, 19521	
金子 晋	25404	
金子 鷹之助	13612, 13728, 13764	
金子 武雄	23042, 23215, 23243	
金子 務	16192, 16207	
金子 常規	05964	
金子 兜太	26284, 26358, 26362, 26407, 26976	
金子 俊之	25022	
金子 治司	03644, 03867, 03868, 03954, 04709, 07406	
金子 半兵衛	08890	
金子 久一	15183	
金子 孚水	18814, 18815, 19237〜19239, 19241, 19450, 19546, 20004, 20011	
金子 光晴	05037, 05038	
金子 有斐	26970	
金子 容士	26276	
金子 要次郎	12199	
金子 義夫	27028, 27146	
金子 露仙	26276	
兼崎 茂樹	00733	
金指 正三	10007, 11545	
兼重 慎一	08381	
金重 陶陽	20496	
兼重 護	07105	
金重 瑞夫	13669	
金塚 友之丞	04563, 04746	
金田 英二	00227	
金田 近二	02457	
金田 耕平	04604	
金田 弘	01371	
金田 大義	29636	
金田 平一郎	06780	
金田 正也	02457	
兼築 清恵	17641, 22159	
金久 卓也	16509	
カネボウファッションセンター	00261	
兼松 艮	27768	
兼松 成言	27768, 27769	
金本 喜一	04652, 04653	
兼本 延夫	20272	
金本 正孝	13260	
兼本 雄三	11075	
鹿野 小四郎	08890	
狩野 鐘太郎	15187	
狩野 博幸	12696, 17461, 17793, 17834, 17844, 17884, 18053, 18073, 18094, 18100, 18111, 19009, 19013〜19017, 19381	
鹿野 政直	00457〜00461, 03649, 15061	
狩野 快庵	24439	
狩野 亨二	09397〜09399	
狩野 亨吉	14945	
狩野 山雪	17850	
狩野 山楽	17850	
狩野 探幽	17859, 17861, 17862, 17866	
狩野 徳蔵	28241	
狩野 長信	17813	
狩野 久	00604, 00605	
加納 宏幸	10266	
狩野 元信	17835	
加納 陽治	20532, 20545	
鹿峰田 理	08425	
樺島 濤来	33082, 33083	
カバット, アダム	23677, 23681, 23711, 23712	
川平 朝申	33912	
歌舞伎台帳研究会	21623〜21646	
歌舞伎評判記研究会	21654〜21663, 21673	
加太 邦憲	04092	
鏑木 清方	19038	
鏑木 悠紀夫	02801	
鏑木 行広	03593	
画文堂編集部	19547, 19814, 19910	
我部 政男	00062, 27583	
佳峰園 等栽	24603	
画報社	19756	
河北新報社編集局	06897, 27119, 28031	
河北町誌編纂委員会	28303, 28304	
釜石市誌編纂委員会	27918〜27920	
鎌ケ谷市教育委員会	29409	
鎌倉市史編さん委員会	30096, 30097, 30146, 30147	
鎌倉市図書館	30145	
蒲郡市教育委員会	31352	
鎌田 永吉	02292	
鎌田 定雄	32399	
鎌田 純一	01593〜01595	
鎌田 冲太	05299, 05300	
鎌田 東二	14464	
鎌田 浩	06194, 06297, 06327, 06623, 33406	
鎌田 道隆	12615, 12616, 31741, 31743	
鎌田永吉遺稿集刊行会	02292	
鎌谷 嘉喜	32618	
鎌村 善子	05172, 05173	
上 笙一郎	12064, 23670, 23671	
上天草市史編纂委員会	15628	
上伊那郡教育会	18376	
上伊那教育会	26426	
上垣外 憲一	06939, 13378, 13381	
神木 哲男	08283	
上島 鬼貫	17812, 25806, 25975	
上条 宏之	14174, 30887	
上白石 実	31199〜31201, 31281〜31288	
上三川町史編さん委員会	28911	
紙の博物館	09510	
上山市史編さん委員会	06437, 28271, 28289, 28305, 28306, 28326	
上村 敦之	13695	
上村 以和於	21435	
上村 久留美	12399, 12641	
上村 健二	04996	
神村 辰男	09864	
上村 良作	03095	
神谷 和正	31362	
神谷 勝広	15742, 22496, 22968	
神宮 邦彦	15341	
神谷 智	08845	
神宮 滋	06983, 15341, 28126	
神谷 次郎	02751, 03789, 03790, 06050	
紙谷 信雄	00347	
紙屋 敦之	06948, 07690, 17152, 33901	
神谷 正男	13930, 13931	
神谷 昌志	12789	
神谷 満雄	08254	
神谷 亮蔵	01144	
上安 祥子	08337, 08338, 13022	
神山 彰	21715	
神山 真浦	27320	
神山古文書を読む会	00873	
上領 三郎	15011, 15012	
神渡 良平	13653, 13659	
禿 迷盧	33387	
亀井 一雄	13650	
亀井 孝	15588, 15590, 22147	
亀井 高孝	07036, 07042	
亀井 千歩子	09913, 09914	
亀井 宏	03434	
亀岡市	00258, 18058	
亀岡市教育委員会	00258, 18058	
亀岡市文化資料館	09606, 18050	
亀島 靖	00434	
亀田 一邦	13215	

亀山市歴史博物館 …………	02776,	
09765, 09766, 31552, 31595,		
31619, 31621, 31622, 31735		
加茂 正典 …… 26956, 26957, 31553		
賀茂 真淵 …………………… 24036		
かも よしひさ ……………… 01369		
蒲生 潤二郎 ………………… 19581		
蒲生 俊文 …………………… 14342		
鴨方町教育委員会 …………… 13046		
鴨川市教育委員会 …………… 18824		
鴨川市編さん委員会 ………… 29410		
鹿持 雅澄 ……………… 24056, 24057		
鹿持雅澄先生百年祭記		
念誌刊行会 ……………… 14068		
加茂町史編さん委員会 ……… 31763		
浜松市立賀茂真淵記念		
館 ……… 14209, 14210, 14236		
加門 七海 …… 11426, 11427, 29567		
加舎 白雄 ……………… 26038, 26918		
栢木 寛照 …………………… 13558		
萱嶋 完彦 …………………… 25039		
萱沼 紀子 ……………… 14963, 23471		
茅原 照雄 …………………… 03174		
加山 又造 ……………… 17963, 17997		
柄井 川柳 ……………… 26535, 26536		
唐木 順三 …… 24265, 24266, 24278		
唐木 伸雄 …… 26941, 26943, 30913		
唐木 裕志 …………………… 00205		
唐沢 勝敏 …… 11343, 11344, 29809		
唐沢 孝一 …………………… 29588		
唐沢 富太郎 …………… 16706, 18825		
柄沢 義郎 ……………… 13752, 13766		
烏丸 光栄 ……………… 23992, 23993		
柄松 香 ……………………… 27141		
苅谷 春郎 …………………… 12421		
刈谷古文書研究会 …… 09268, 31493		
刈谷市教育委員会 ………………		
00362, 31304, 31439~31457		
刈谷市史編さん編集委		
員会 ……………… 31373, 31391		
刈谷市美術館 ………………… 19513		
花林舎 ………… 12223, 12599, 12696,		
17238, 17555, 17884, 19009		
軽口頓作研究会 …… 26722~26725		
ガルシーア, ホセ・デル		
ガード ……………………… 15610		
カルツァ, ジャン・カル		
ロ …………………………… 19434		
軽部 一一 …………………… 30060		
川 良雄 …………………………		
09259, 09260, 12533, 30636		
河合 敦 …… 00677, 01839, 02228,		
03278, 03499, 03712, 05103,		
05880, 05889, 05894, 05921,		
11470, 11746, 12878, 16847		
川合 釚四郎 ………………… 24867		
川井 健太郎 ………………… 26158		
河合 重子 …………………… 02164		
河合 曽良 …………………… 27268		
川井 忠親 …………………… 20779		
河合 雅子 …………………… 24308		
河合 真澄 …………………… 22502		
河合 森之助 ………………… 08516		
河合 盛之 …………………… 33624		
河合 祐輔 …………………… 00115		
河合 由二 …………………… 25982		
川合 鱗三 …………… 32453~32478		
川合梅所 ……………………… 05979		
川井村文化財調査委員		
会 ………………………… 12619		
川浦 康次 ……………… 08293, 08842		
川勝 平太 …………………… 06922		
川勝 守 ……………………… 07691		
川勝 守生 …………………… 08446		
川上 季石 …………………… 27021		
川上 三太郎 ………………… 26574		
川上 三六 …………………… 30498		
河上 繁樹 …………………… 12179		
川上 茂治 ……………… 25657, 33181		
川上 澄生 …………………… 23414		
川上 宗雪 …………………… 21970		
川上 多助 …………………… 01928		
河上 信行 …………………… 20924		
河上 肇 ……………………… 08316		
川上 久夫 …………………… 30060		
川上 貢 ………………… 20661, 20664		
川喜多 真一郎 ……… 22062~22067		
河北 展生 …………………… 03864		
川喜多 真彦 …………… 12760, 12761		
河北 倫明 ……………… 17639, 17640		
川口 謙二 …… 06494, 06577, 06578		
河口 秋次 …………………… 14759		
川口 素生 ……………… 02492, 02553,		
03475, 03782, 12728, 21883		
川口 霽亭 ……………… 24343, 26434		
川口 宗清尼 ………………… 12247		
川口 竹人 …………………… 25062		
川口 はるみ ………………… 12297		
川口 久雄 …………………… 17745		
川口 浩 ……… 08308, 08309, 08351		
川口 雅昭 …… 15145, 15185, 15215		
川口 恭子 …………………… 33422		
川口 芳昭 …………………… 05033		
河口湖町立河口湖美術		
館 ………………………… 18623		
川口市教育局社会教育		
課 ………………………… 29332		
川久保 とくお ……………… 07650		
川越 重昌 …… 14995, 15017, 16421		
河越 逸行 ……………… 00687, 29811		
川越 森之助 ………………… 13618		
川越市史編纂室 ……………… 29299		
川越市庶務課市史編纂		
室 ………………………… 29149		
川越市総務部市史編纂		
室 ……………… 29195~29197		
川越市総務部庶務課市		
史編纂室 ………………… 29148		
川越市立博物館 ……… 02606,		
07386, 12390, 29116, 29158		
川崎 克 ………………… 20362, 25442		
川崎 喜久男 ………………… 16977		
川崎 五郎 …………………… 26606		
川崎 三郎 …… 05327, 05328, 05368		
川崎 重恭 …………………… 11360		
川崎 紫山 …… 04418, 04705, 05471		
川崎 晴朗 …………………… 07196		
川崎 胤春 …………………… 14656		
川崎 秀二 …………………… 25235		
川崎 房五郎 …… 00469, 11354, 11355,		
11415, 12134, 12135, 29681		
川崎 巳之太郎 ……………… 02946		
川崎 安民 …………………… 14827		
川崎市 ………………………… 30098		
川崎市市民ミュージア		
ム ………… 14260, 30156, 30157		
川里村教育委員会 …………… 29199		
川路 聖謨 …… 04835, 09280, 30423		
川路 柳虹 …………………… 07370		
川島 恂二 …… 15524, 15558, 16571		
川島 武 ……………………… 02180		
川島 つゆ …………………… 24964,		
25621, 25622, 25991, 26343		
川嶋 信清 …………………… 22854		
川嶌 真人 ………………………		
15805, 16555, 16580, 33544		
川島 元次郎 …………… 06866~06868		
川嶋 右次 ……………… 06857, 07203,		
09310, 31932~31934, 31978		
川島町 ………………… 29200, 29201		
川尻 清潭 …………………… 21533		
川尻 信夫 …………………… 15855		
河津 一哉 …………………… 19758		
河津 梨絵 ……………… 05236, 33788		
川澄 次是 ……………… 00904, 00905		
川澄 哲夫 ………………………		
07052, 07364, 07481, 08037		
川瀬 一馬 ……………… 22733, 22734		
川瀬 作右エ門 ……………… 28624		
川瀬 七郎衛門教徳 ………… 26936		
川瀬 二郎 ……………… 04142, 26936		
河瀬 蘇北 …………………… 10290		
川瀬 忠男 …………………… 21962		

川瀬 教文	05006, 05007	
川瀬 雅男	26937	
川添 昭二	33097～33099, 33105～33111	
川添 登	11477, 20983	
川添 裕	21756	
河田 章	05418, 08419, 32184	
川田 維鶴	07055	
河田 克博	20702	
川田 耕	21129	
川田 剛	13567	
川田 貞夫	04833, 04835, 30423	
川田 潤	22119	
川田 寿	12663, 12839, 12861, 29363	
河竹 繁俊	21284, 21383, 21387, 21490, 21491, 21511～21513, 21520～21525, 21606～21608, 21647～21653, 21708, 21710, 21711, 21713, 21718, 21722, 21726, 21727, 22375, 22376	
河竹 新七〔2世〕	21503, 21591	
河竹 登志夫	21565, 21566, 21591, 21716, 21717, 21719, 21721, 21723, 21724	
川竹 文夫	19568	
河竹 黙阿弥	21533, 21543, 21611, 21714, 21715, 21719～21721	
川谷 正次	31846	
河内 和夫	33848, 33849	
河内 八郎	02216, 04143, 07484, 11154	
河内長野市史編修委員会	31868	
河内八郎先生遺稿集刊行会	11154	
河内屋 可正	11789, 23873	
河津 武俊	33420	
河手 龍海	09489, 32199, 32207	
河出版研究所	12615, 19048	
河出書房新社編集部	02104, 11432	
川戸 孤舟	25515, 25516	
川渡 甚太夫	10069	
川名 登	09970～09973, 28676	
川中島町古文書研究会	30873	
河鍋 暁斎	19998, 19999, 20066	
河鍋 楠美	19998, 19999	
河鍋 定男	08696	
河西 万文	20044	
川西 正隆	05626	
川野 京輔	02982	
川野 太助	33542	
川野 弘善	03656, 05615, 05978	
川野 正男	28952	
川野 正雄	08417, 08418	
河野 通毅	15204	
河野 良輔	20468, 20469, 20472, 20477, 20480	
川延 安直	17721	
川端 太平	04780	
川端 洋之	05165, 05851	
川端 実	24888	
川端 柳風	26637	
川原 郁夫	11867	
河原 英吉	07610	
川原 衛門	14981, 14982	
河原 一夫	06777	
河原 国男	13917	
河原 千津子	12270	
河原 宏	14698	
河原 広美	18643	
河原 正彦	20133, 20185, 20259, 20302, 20303, 20307, 20311, 20372, 20373, 20423, 20426	
河原 芳嗣	01799, 01808, 01809, 02432, 02582, 02611, 02615, 02616, 02648	
河東 碧梧桐	25911	
川辺 真蔵	15445	
川又 慶二	05122	
川村 彰男	11932	
川村 晃	21851, 21852	
河村 一郎	05463, 13791, 13942, 15107	
河村 吉三	09135	
川村 喬一	22185, 26317	
河村 定静	03025, 13875	
河村 茂	11482	
川村 惇	03539	
川村 二郎	21174, 23604, 23605	
川村 信三	15542	
川村 善二郎	07504	
河村 禎（鹿之祐）	16010	
河村 哲夫	10284	
川村 俊秀	08965	
河村 仁右衛門	09306	
河村 望	04611, 05271, 07057, 08065	
川村 肇	13189	
川村 博忠	05462, 12754, 12832, 13354, 16069, 16070, 16101, 16103	
河村 扶桑	14848	
河村 北溟	13436, 13596	
河村 政平	01064	
川村 優	02459, 02464, 02466, 08406, 08761, 16175, 29370, 29452	
河村 幹雄	07528	
川村 湊	22752	
河村 与一郎	03578	
川村 良江	22185, 26317	
川村優先生還暦記念会	11127	
川本 亨二	16300, 16316	
川本 皓嗣	25079	
河本 勢一	00234	
川本 達	02780	
河本 英明	32215	
川元 ひとみ	22968, 23185	
河本 寛	03699	
川原崎 次郎	12636, 15946, 31148	
菅 茶山	27544	
姜 在彦	07590, 07711, 07757	
菅 脩二郎	13245	
神吉 和夫	08915	
玩究隠士	12442, 19209, 26781, 26786, 26787, 26821, 26824, 26841	
環境アセスメントセンター松本研究室	30864	
観光資源保護財団	21044	
関西大学経済学会経済史研究室	06783～06787, 11058～11062	
関西大学図書館	04049～04051, 18123, 20002, 20003, 22407, 22933, 23664, 24522	
関西大学なにわ・大阪文化遺産学研究センター	31823	
関西大学法制史学会	06783～06787, 11058～11062	
関西陶磁史研究会	20365	
神崎 彰利	00342, 02447, 02448, 12790, 28687, 30072	
神崎 直美	06426, 06663	
神崎 宣武	09940, 17098	
菅茶山記念館	13463, 13464, 13466, 18134, 27544, 27548, 27549	
巌松堂忠貞居士	13774	
ガーンス, バルト	10116	
寛政大津波200年事業実行委員会事務局	11580	
乾尊軒山辺春正	14857	
神田 俊一	26814	
神田 精輝	07435	
神田 千里	15647	
神田 信夫	00440～00442	
神田 忙人	26458, 26716	
神田 正行	23578～23583	
神田 由築	21133	
神立 孝一	08709	
神立 春樹	08872, 09036	
関東学園	06184	

関東近世史研究会 .... 08407, 11157, 28681, 28688〜28692
関東取締出役研究会 ‥ 06065, 06601
かんなべ文化振興会菅
　茶山記念館 ‥ 16736, 16802, 16953
神辺町教育委員会 27549
菅野 覚明 ....
　　14298, 14302, 14814, 14819
菅野 俊輔 22115, 22116
菅野 拓也 27120
神野 力 16932
菅野 恒雄 28440
菅野 照光 27265
菅野 宏 27468
菅野 和太郎 08294, 08329, 10297, 10331, 10339, 10340
芳 即正 02552, 05134, 05237, 05245, 05338, 05348, 33801
神林 恒道 17940
神原 邦男 21984
蒲原 拓三 30272, 30273
漢文学研究会 01398
神戸 誠（かくれも生）‥ 16780, 28428
冠峰先生顕彰研究会 ....
　　　　27385, 27404, 27426
冠 賢一 15490
感和亭 鬼武 23413

【き】

木内 天民 05323
葵園 尚球 33898
祇王小学校（滋賀県野
　州郡祇王村） 24825
祇園 南海 27498
祇園祭山鉾連合会 12695
企画部市史編集室 33928
鬼川 太刀雄 09236
黄木 土也 06668
喜々津 健寿 ‥ 08375, 08662, 09906
菊川町史編さん委員会 31202
菊柱庵 峰月 24579
菊田 琴秋 27025, 27280
菊田 孝明 27236, 27277
菊田 太郎 09813
菊田 紀郎 00304
菊田 広道 30785
菊竹 淳一 17538, 17539
菊地 明範 23992, 23993

菊地 明 ....
　02162, 03210, 03875, 05084,
　05127, 05145, 05146, 05151,
　05160, 05170, 05616, 05623,
　05663, 05730, 05751〜05753,
　05791〜05794, 05801, 05810,
　05812, 05834, 05878, 05881,
　05883, 05887, 05891, 05899,
　05900, 05902, 05904, 05905,
　05908, 05917, 18705, 24105
菊池 勇夫 00150,
　00311, 09058, 09065, 27310,
　27579, 27585, 27599, 27664
菊池 万雄 ....
　　11095, 11194, 11622, 11623
菊池 寛 21823
菊池 喜一 27916
菊池 貴一郎 ‥ 11364, 11704, 12136
菊池 契月 19037
菊池 謙二郎 14553,
　14562, 14630, 14631, 14653
菊池 研介 28616, 28656
菊池 高洲 24016
菊池 作次郎 29956
菊地 貞夫 18489,
　18490, 18493, 18500, 18703,
　19020〜19022, 19246, 19249,
　19393, 19394, 19420, 19483,
　19527, 19538, 19542, 19564,
　19576, 19613, 19642, 19646,
　19666, 19667, 19693, 19708,
　19789〜19792, 19794, 19795,
　19800, 19801, 19817, 19849,
　19857, 19933, 19940, 19941
菊地 貞義 18728
菊池 三九郎 04497
菊池 山哉 29881
菊池 真一 ‥ 22859, 22864〜22871, 23825, 23884, 23885
菊池 誠一 07684
菊池 卓 18143
菊池 武人 .... 22227〜22229
菊地 正 20390
菊池 東水 08887
菊池 徳生 33716
菊地 俊彦 16210
菊地 仁 28135
菊地 ひと美 11318,
　11686, 11775, 12169, 12888
菊池 政和 15240
菊池 弥門 01090, 01091
菊池 義昭 10562
菊池 麟平 14723
菊池寛顕彰会 21823
菊原 馥 09755, 18545, 30770
菊村 紀彦 ‥ 03091, 11577, 20783
菊山 当年男 25097, 25150, 25151, 25417, 25443

菊陽町古文書を読む会 33509
菊陽町中央公民館古文
　書講座 33508
木越 治 22931, 23434, 23472
騎西町史編さん室 29203
象潟屋新蔵 06365, 06366
木崎 愛吉 ‥ 05981, 16002, 16050
木崎 国嘉 02847, 02898
木崎 好尚 16015, 16017, 16028, 16041, 16042, 16065
木崎 弘美 06816, 06976
木崎 良平 ‥ 07035, 07988, 08005
岸 英次 08727
岸 加四郎 08188, 32352
岸 志征 12018
岸 大洞 28993
岸 伝平 29150
岸 得蔵 22897, 23003
岸 俊光 07423
岸 宏子 31551
岸 文和 18648
岸 雅裕 17351
岸 祐二 ‥ 14730, 21839, 21899
岸井 良衛 .... 09710〜09712,
　09717, 11319, 11320, 11367,
　11368, 12661, 12662, 12719,
　29552, 29645, 29664〜29666
岸岡 幸雄 20191
義士会出版部 03122
岸上 耿久 31064
義士史料編纂所 03352
義士叢書刊行会 03001
岸田 菊伴 32245
岸田 知子 16892
岸田 日出刀 20715
岸田 劉生 ‥ 18599, 18600, 19243
岸俊男教授退官記念会 11216
岸野 俊彦 .... 14159, 22814, 23840, 31321〜31323
岸邊 成雄 21732
木島 俊太郎 25934
杵島 隆 ‥ 21425, 21427, 21428
岸本 芳雄 15255
喜舎場 一隆 00420, 33872
紀州藩牢番頭家文書編
　纂会 06303
技術史教育学会 09528, 16216
倚松庵 26916
稀書複製会 ....
　02902, 11436, 12833, 12840,
　21549, 22773, 23307, 24466
岸和田高等学校地歴ク
　ラブ 31813
岸和田市史編さん委員
　会 31869

岸和田市立郷土資料館 ‥ 17182, 31817	北沢 二郎 ‥‥‥‥‥‥‥‥‥ 23408	北村 六合光 ‥‥‥‥‥‥‥‥ 32834
木津 碩堂 ‥‥‥‥‥‥‥‥‥ 25067	北沢 武 ‥‥‥‥‥‥‥‥‥‥ 16331	北村 孝一 ‥‥ 12716, 22160, 24534
木塚 久仁子 ‥‥‥‥‥‥‥‥ 08908	北沢 文武 ‥‥‥ 09254, 09255, 15620	北村 穀実 ‥‥‥‥‥‥‥‥‥ 08899
紀田 順一郎 ‥‥‥‥‥‥‥‥ 03854,	北沢 正誠 ‥‥‥‥‥‥‥‥‥ 15919	北村 敏 ‥‥‥‥‥‥‥‥‥‥ 08892
03882, 07461, 11734, 11772	北島 義信 ‥‥‥‥‥‥‥‥‥ 15390	北村 沢吉 ‥‥‥‥‥‥‥‥‥ 16037
喜多 壮一郎 ‥‥‥‥‥‥‥‥ 17393	北島 藤次郎 ‥‥‥‥‥‥‥‥ 01683	北村 讃四郎 ‥‥‥‥ 33256, 33257
喜多 唯志 ‥‥‥‥‥‥‥‥‥ 12463	北島 直之助 ‥‥‥‥‥‥‥‥ 04581	北村 重敬 ‥‥‥‥‥‥‥‥‥ 31906
喜多 太郎 ‥‥‥‥‥‥‥‥‥ 04834	北嶋 広敏 ‥‥‥‥ 03111, 10114, 10279,	北村 鮭彦 ‥‥‥‥‥‥‥‥‥ 01680,
喜多 上 ‥‥‥‥‥‥‥‥‥‥ 24252	11678, 12082, 23857, 24935	11406, 11434, 11722, 12552
喜多 文七郎 ‥‥‥‥‥‥‥‥ 32047	北島 正元	北村 寿四郎 ‥‥‥‥‥‥‥‥ 08064
木田 雅三 ‥‥‥‥‥‥‥‥‥ 26532	00486, 00488, 00551, 00590,	北村 正治 ‥‥‥‥‥‥‥‥‥ 15436
北泉 太郎 ‥‥‥‥‥‥‥‥‥ 12401	00665, 01856, 01922, 01933,	北村 四郎 ‥‥‥‥‥‥‥‥‥ 18081
北尾 重政 ‥‥‥ 12078, 18779, 19649	01952, 02207, 02245, 02246,	北村 長吉 ‥‥‥‥‥‥‥‥‥ 12567
北尾 春道 ‥‥‥‥‥‥ 20967, 20968	02259, 02260, 02277, 02324,	喜多村 常次郎 ‥‥‥‥‥‥‥ 09962
北尾 政美 ‥‥‥‥‥‥‥‥‥ 23362	02325, 02329, 02718~02732,	喜多村 俊夫 ‥‥‥‥‥‥‥‥ 08857
北岡 敬 ‥‥‥‥‥‥‥‥‥‥ 03766	02758, 02760, 02826,	北村 学 ‥‥‥‥ 27425, 27434, 27447
北岡 四良 ‥‥‥‥‥‥ 14073, 14074	02839, 03598, 03599, 08839,	北村 与右衛門良忠 ‥‥‥‥‥ 08884
北垣 恭次郎 ‥‥ 03391, 03549, 07168	08997, 10375, 11099, 11100,	北村 勝史 ‥‥‥‥‥‥‥‥‥ 20609
北影 雄幸 ‥‥‥‥‥‥ 03701, 21821	13412, 29544, 29549, 29770	北本市教育委員会社会
喜多方市教育委員会生	北条 元一 ‥‥‥‥‥‥‥‥‥ 16533	教育課 ‥‥‥‥‥‥‥‥ 29204
涯学習課文化振興班	北園 孝吉 ‥‥‥‥‥‥‥‥‥ 09851	北山 学 ‥‥‥‥ 15522, 31988, 32005
‥‥‥‥‥‥‥‥ 28532, 28533	北田 幸恵 ‥‥‥‥‥‥‥‥‥ 22724	義太夫年表近世篇刊行
喜多方市史編纂委員会 ‥‥‥‥‥	北田 紫水 ‥‥‥‥‥‥‥‥‥ 26018	会 ‥‥‥‥‥‥‥ 21277~21282
28506, 28530, 28531	北田 正弘 ‥‥‥‥‥‥ 11739, 20611	義仲寺 ‥‥‥‥‥‥‥‥‥‥ 26035
北上 健介 ‥‥‥‥‥‥‥‥‥ 05329	北出 塔次郎 ‥‥‥‥‥‥‥‥ 20348	煕朝詩薈刊行会 ‥‥‥‥‥‥ 27465
北上市 ‥‥‥‥‥‥‥ 27878~27883	北出 不二雄 ‥‥‥‥‥‥ 20319, 20349	橘川 武郎 ‥‥‥‥‥‥‥‥‥ 10182
北川 勇 ‥‥‥‥ 27551~27557, 27559	木谷 蓬吟 ‥‥‥‥‥‥ 21218, 21364	橘川 俊忠 ‥‥‥‥‥‥‥‥‥ 13471
喜多川 歌麿 ‥‥‥‥‥ 18871, 19799,	北西 弘 ‥‥‥‥ 01167, 09129, 30642	木戸 偉太郎 ‥‥‥‥‥‥‥‥ 28712
19808, 19816, 19823, 19824,	北根 豊 ‥‥‥‥‥‥‥ 17375~17392	木戸 孝允 ‥‥‥‥‥‥‥‥‥ 05501
19844, 19848, 19854, 19858	北野 太乙 ‥‥‥‥‥‥‥‥‥ 02166	城戸 久 ‥‥‥‥ 16928, 20707, 20708,
喜田川 季荘 ‥‥‥‥‥‥‥‥ 11834	北野 克 ‥‥‥‥ 18007, 26928, 26929	20770, 20775, 20825, 20830
北川 舜治 ‥‥‥‥‥‥‥‥‥ 02249	北野 信彦 ‥‥‥‥‥‥ 20576, 20577	鬼頭 勝之 ‥‥‥‥‥‥ 03437, 03438
北川 省一 ‥‥‥‥‥‥‥‥‥ 15464,	北野 典夫 ‥‥‥‥‥‥ 15505, 15570	貴道 裕子 ‥‥‥‥‥‥‥‥‥ 20632
24221, 24254, 24255, 24273,	喜多野 徳俊 ‥‥‥‥‥‥‥‥ 32064	鬼頭 宏 ‥‥‥‥‥‥‥ 10564, 11842
24302, 24318, 24330, 24397	北野 有隣 ‥‥‥‥‥‥‥‥‥ 16532	鬼頭 有一 ‥‥‥‥‥‥‥‥‥ 13821
北川 静峰 ‥‥‥‥‥‥ 25655, 25660	北畠 康次 ‥‥‥‥‥‥‥‥‥ 18426	木戸公伝記編纂所 ‥‥ 05484, 05497
北川 鉄三 ‥‥‥‥‥‥‥‥‥ 16927	北原 亜以子 ‥‥‥‥‥‥ 05861, 12285	木戸田 四郎 ‥‥‥‥‥‥ 08743, 28693
北川 博愛 ‥‥‥‥‥‥‥‥‥ 14733	北原 糸子 ‥‥‥‥‥‥ 11480, 11589,	木戸孝允関係文書研究
北川 央 ‥‥‥‥‥‥‥‥‥‥ 31793	11609, 11654, 11659, 20799	会 ‥‥‥‥‥‥‥‥ 05481, 05482
北川 宗俊 ‥‥‥‥‥‥‥‥‥ 16420	北原 進 ‥‥‥‥‥‥ 00866, 00890,	城殿 輝雄 ‥‥‥‥‥‥ 31310~31312
喜田川 守貞 ‥‥‥‥‥ 11799~11803,	08496, 10510, 11114, 26265,	木名瀬 庄三郎 ‥‥‥‥‥‥‥ 08908
11825~11833	29692, 29801, 29805, 32573	木南 卓一 ‥‥‥‥‥‥‥‥‥ 13487,
北川 犂春 ‥‥‥‥‥‥‥‥‥ 24607	北原 雅長	13489, 13540, 13940, 13941
北川村立中岡慎太郎館 ‥ 05143, 05215	00984, 04113, 04114, 28466	紀南文化財研究会 ‥‥‥‥‥ 26959
北九州市立美術館 ‥‥‥‥‥ 19654	北原 正幸 ‥‥‥‥‥‥‥‥‥ 30923	衣笠 右馬之助 ‥‥‥‥‥‥‥ 27850
北九州市立松本清張記	北原 保雄	衣笠 正晃 ‥‥‥‥‥‥‥‥‥ 25334
念館 ‥‥‥‥‥‥‥‥‥‥ 16116	23784, 26789~26796, 26810	衣笠 安喜 ‥‥‥‥ 13004, 13029, 13165
北九州市立歴史博物館 ‥‥‥‥‥	北前船新総曲輪夢倶楽	礒 音成 ‥‥‥‥‥‥‥‥‥‥ 23387
10422, 17698, 33103,	部 ‥‥‥‥‥‥‥‥‥‥‥ 10065	記念誌編集委員会 ‥‥‥‥‥ 30470
33104, 33118~33123	北村 勇 ‥‥‥‥‥‥ 00140, 00141	記念シンポジウム実行
北区飛鳥山博物館 ‥‥‥ 11350, 15688	北邑 一恵 ‥‥‥‥‥‥‥‥‥ 16344	委員会 ‥‥‥‥‥‥ 07862, 07863
北区史編纂調査会 ‥‥‥ 29830~29832	北村 一夫 ‥‥‥‥‥‥‥‥‥ 12584	木野 主計 ‥‥‥‥‥‥‥‥‥ 30838
北小路 功光 ‥‥‥‥‥ 01717, 31746	北村 勝雄 ‥‥‥‥‥‥ 16829, 30907	紀野 一義 ‥‥‥‥‥‥‥‥‥ 24277
北小路 健 ‥‥‥‥‥‥ 17271, 26325	北村 季吟 ‥‥‥‥‥‥‥‥‥ 24824	喜熨斗 古登子 ‥‥‥‥‥‥‥ 12585
北崎 豊二 ‥‥‥‥‥‥‥‥‥ 31859	北村 行遠 ‥‥‥‥‥‥‥‥‥ 15488	
	北村 清士 ‥‥‥‥‥‥‥‥‥ 09359	

木下 和子	22187
木下 公定	00098
木下 宗一	05963
木下 長嘯子	24075
木下 俊熙	02899
木下 直之	17373, 17374, 17481, 17482
木下 博民	16842
樹下 明紀	32575
木下 良	09776
木下 礼次	31744
木原 悦子	07415
木原 七郎	16790
木原 尚	24387
鬼原 俊枝	17864
木原 溥幸	32678, 32710, 32712, 33200
紀平 正美	13823, 15093
岐阜県	08929, 31085, 31100~31103
岐阜県恵那市岩村振興事務所教育課	31045
岐阜県教育委員会	16642, 20915
岐阜県教育委員会文化課	20881
岐阜県教育文化財団歴史資料館	15362, 31123, 31124
岐阜県古文書研究会	26985
岐阜県博物館	08980, 09855, 15871, 18085, 18917
岐阜県博物館学芸部人文担当	19227, 31070
岐阜県立岐阜図書館	24734
岐阜県歴史資料館	03671, 03988, 12034, 15357, 15358, 31126, 31127, 31129
岐阜市	31086, 31092, 31093
岐阜市歴史博物館	07748, 17241, 18254, 25873, 31051
岐阜大学教育学部	31110
木部 誠二	06831, 27437, 27438
奇兵隊士研究所	05582, 05583, 05593
木俣 秋水	04083, 05948, 15054
君塚 美恵子	32151
君塚 仁彦	08896
君津市史編さん委員会	29411
君津市立久留里城址資料館	29367
義民六人衆顕彰会	09231
金 仁謙	07800
木村 明啓	12760, 12761
木村 晟	22104, 22156~22158
木村 新	24539
木村 岩治	07987
木村 卯之	13840, 13841
木村 芥舟	00974
木村 架空	25108
木村 菊太郎	21730, 26822, 26823
木村 錦花	21583, 21615, 21720
木村 謙	08421
木村 高敦	01129
木村 幸比古	04675, 04702, 05086, 05162, 05166, 05171, 05176, 05177, 05197, 05198, 05643, 05704, 05750, 05756, 05790, 05876, 05920, 10841, 15203, 31722, 31729
木村 重圭	17899
木村 重利	26813
木村 小舟	12698~12700
木村 捨三	21621, 25801
木村 靖二	08998
木村 仙秀	12081
木村 荘五	08571
木村 高士	05441, 05442
木村 武夫	11064
木村 武仁	05166
木村 毅	29742, 29743
木村 鉄太	08089~08091
木村 東市	16420
木村 時夫	03624, 07384
木村 直也	06804, 06948
木村 哲人	02940
木村 発	06011
木村 博一	32061
木村 浩	00701
木村 博	06379
木村 弘道	21953
木村 政伸	16682, 16698
木村 正弘	06934
木村 三樹	24662, 24900
木村 光徳	13565
木村 三四吾	00921, 17314, 22531, 22775, 23569, 23850, 24792, 25783, 25805, 25809, 26213, 26919
木村 黙老	22777
木村 礎	02192, 02286, 02640~02647, 02696~02703, 03754, 08810~08820, 08855, 10584, 11120, 11123, 11135, 11170~11172, 11912, 14923, 27561, 27566, 29371
木村 八重子	23665, 23686
木村 有見	09248
木村 由美子	09234
木村 陽二郎	07104, 15835, 16224, 16225, 16283, 16386, 16444
木村 与作	01797
木村 喜毅	04077, 04110, 08108
木村 至宏	11512
木本 政雄	28955
「逆転の日本史」編集部	00511
キャンベル, ロバート	17099, 21124
丘 培培	25796
九華坊	02467
旧参謀本部	02851, 02897
旧事諮問会	06602, 06603
九州史料刊行会	32989~33007
九州大学九州文化史研究施設	33169
九州大学九州文化史研究所史料集刊行会	32667, 33087, 33093, 33094
九州大学国史学研究室	00544
九州大学大学院比較社会文化研究科九州文化史研究所史料集刊行会	33139, 33140
九州大学農学部農業経済学教室	08701
九州大学附属図書館六本松分館	33165
九州大学文学部国史学研究室	33169
九州大学文学部附属九州文化史研究施設	33260
佐賀県立九州陶磁文化館	20146, 20214, 20452
旧膳所藩祖三百五十年祭典大記念会	30840
久曽神 昇	00851, 23735, 31463, 31464
旧邦堂 欣愿	26539
球陽研究会	33938
京 一輔	05660
姜 徳相	19214
姜 弘重	07792
教育出版センター編集部	32641
教学局	14501
狂歌大観刊行会	24440, 24441
京口 元吉	00641
京極 高宣	13664
京極 夏彦	18669
京山人 百樹	23921
共同出版	08597
京都外国語大学付属図書館	06832, 07909, 18829
京都外国語短期大学付属図書館	18829
京都国立博物館	05195, 07102, 17459, 17624, 17625, 17761, 17861, 17862, 18051, 18094, 18101, 18622, 20625, 20626

京都市	31725～31728	
京都市教育会	31713, 31717	
郷土史研究会	31044	
京都市文化観光局文化部文化財保護課	17630	
京都市文化市民局文化部文化財保護課	17602	
京都書院	20178, 20262, 20263, 20341, 20459	
京都書院編輯部	17902, 17903, 20177, 20340, 20458	
京都書肆変遷史編纂委員会	17247	
京都市歴史資料館	00119, 02425	
京都新聞社	02335～02337, 06290, 07721, 10275, 17410, 18011, 21000, 25676	
京都新聞出版センター	04624, 05628, 20849	
京都大学近世物価史研究会	08475	
京都大学日本法史研究会	06074～06078, 06422	
京都大学附属図書館	03801, 05443, 17636	
京都大学文学部国語学国文学研究室	00051, 23487, 25754	
京都大学文学部国史研究室	33382	
京都大学文学部日本史研究室	31772, 31773	
京都帝国大学国文学会	22365	
京都帝国大学附属図書館	01057	
京都帝国大学法学部日本法制史研究室	06299, 06300	
京都府教育委員会	20886	
京都府教育会	16051	
京都府教育庁指導部文化財保護課	20902, 20908	
京都府教育庁文化財保護課	20884	
京都府農村研究所	08702	
京都府文化財保護基金	17898, 20887, 20888	
京都部落史研究所	10905, 10906, 21110	
京都府立丹後郷土資料館	18317	
郷土文化会	25818	
郷土文化研究所(熊本女子大学内)	33478～33480	
京都文化博物館	07721, 17410	
京都文化博物館学芸課	17828, 20617, 31740	
京都文化博物館学芸第一課	11976, 17604, 18274	

京都文化博物館学芸第二課	31730	
京都町触研究会	06262～06277	
京都冷泉町文書研究会	31775～31779	
興野 隆雄	08897	
峡北隠士	13551, 14907, 15015, 16040	
清岡 暎一	08109	
清河 八郎	26939	
曲亭 馬琴	23553, 23556, 23560, 23571, 23585～23593, 23601, 23603, 23610, 23613, 23614, 23617, 23619, 23621～23623, 23626～23628, 23685	
曲亭主人	23423, 23424	
清沢 洌	05402	
清沢 信子	28632	
清瀬 ふさ	22009	
清田 啓子	23556	
清田 黙	02650	
清登 典子	22458, 22463, 22464, 26143, 26174	
清永 唯夫	05420, 05422	
清野 鉄臣	09220, 28259, 28260	
清原 貞雄	13055, 13056, 13813, 13874, 14133～14135, 14796, 17164	
清原 芳治	04582, 04646, 32988	
去来顕彰会	25952	
吉良 枝郎	16511, 16513	
雲英 末雄	18182, 18292, 18302, 18785, 22475, 22476, 23113, 23114, 24493, 24512, 24535, 24547, 24639, 24649, 24656, 24670, 24801, 24802, 24814, 24815, 24823, 25022, 25163, 25280, 25482, 25714, 25756, 25764, 25768, 25778, 26077, 26080, 26346	
吉良 義央	03356	
吉良町史編さん委員会	00360, 31392, 31393	
桐越 陽子	18694	
キリシタン文化研究会	15551	
切田 未良	06893	
桐野 作人	02091	
切畑 健	20621	
桐畑 隆行	33047	
霧林 道義	25435	
桐原 光明	26183	
桐原 善雄	14456, 14457	
桐山 桂一	00475, 10464	
桐山 光弘	03850, 16321	
桐生市崋山会	18365	
桐生市市民文化事業団	18724	
桐生市立図書館	28988	

桐生新町史話会	29031	
記録史料研究会	10492～10494	
紀和 鏡	23522	
金 三順	22167	
キーン,ドナルド	00282, 00283, 15837, 15838, 18387, 22637, 22638, 22643～22645, 27081	
錦花庵 三郎	25602	
錦花園 玄生	24977, 25045	
錦光山 宗兵衛	20299	
金城 須美子	12331	
金城 唯仁	33913	
近世伊那資料刊行会	30960～30963	
近世大坂研究会	06244, 31886	
近世女性史研究会	10848	
近世庶民史料調査委員会	11790～11793	
近世史料研究会	06224～06243, 06370	
近世村落研究会	08768, 11076, 11077	
近世堂上和歌論集刊行会	23950	
近世の名蹟展実行委員会	22061	
近世風俗研究会	10367, 10390, 12228	
近世文学研究「叢」の会	23697	
近世文学史研究の会	22453～22455	
近世文学書誌研究会	18751	
近世文学総索引編纂委員会	21386, 22983～22994	
近世文学読書会	23698～23703	
近世文化研究会	18730	
近世文書館設立準備会	30956	
近世文書を読む会	30459	
近世文書研究会	28706, 33363	
近世歴史資料研究会	16253～16258, 16260～16267, 16382～16384	
近世和歌研究会	23941, 23942, 24020	
近代語学会	22136～22140, 22142～22146	
近代語学会「近代語研究」編集委員会	22141	
近代史文庫	32891, 32892	
近代史文庫宇和島研究会	32884, 32885, 32896～32898, 32907	
近代女性史研究会	10764	
近代日中関係史年表編集委員会	07846	
近代日本研究会	03810, 03811	
近代日本思想史研究会	13020	
近代文学史研究の会	23208	

近代文書を読む会 …… 30491	楠 啓次郎 …… 10255	国則 三雄志 …… 26769
金野 静一 …… 28013	楠 正位 …… 21838	邦光 史郎
金原 宏行 …… 17478, 18370	楠木 誠一郎	00520, 00575, 00580, 02475,
金竜山人 …… 23328	02939, 02941, 05813, 06481	02506, 02864, 03919, 03920,
	葛葉山人 …… 12713	05109, 05164, 08282, 10260,
	久住 真也 …… 05426, 05571	10264, 10293, 10382, 10526
【く】	楠美 鉄二 …… 27581, 27695	国谷 豊次郎 …… 04845
	久隅 守景	国安 寛 …… 28136
哭 考一 …… 03207	17859, 17866, 17868, 17874	久野 治
久我 五千男 …… 20039	久須本 文雄	22010, 22018, 22020, 22021
陸 義猶 …… 30532	13423, 13434, 13655, 13658	久野 勝弥 …… 28719
久喜市史編さん室 …… 29205, 29206	楠本 正継 …… 13157	久野 九右衛門 …… 14305
茎田 佳寿子 …… 06062, 06114	楠本 美智子 …… 08649	久野 桂一郎 …… 15598
釘貫 亨 …… 22120	楠元 六男	九野 啓祐 …… 00710
久坂 義助 …… 15088	25200, 25481, 25763, 25879	久野 健 …… 00658, 17524, 17526
久坂 総三 …… 04904	楠家 重敏 …… 07182	久富木 成大 …… 13806, 13943
草加 定環 …… 06533	久世 通熙 …… 00943, 04089	久保 英一 …… 33622
日下 利春 …… 24050, 24106	久世町教育委員会生涯学習課 …… 24767	久保 一人 …… 00370
日下 寛		久保 高一
01026, 01529, 14750, 14751	杳掛 良彦 …… 24477	09455, 16150, 16151, 16161
日下 幸男	朽木 史郎 …… 20678	久保 貴子 …… 04459, 29394～29397
00281, 15386, 23948, 24023	轡田 隆史 …… 27170	久保 天随 …… 13164, 13229
日下部 維岳 …… 26935	グティエレス,L. …… 07163	久保 得二 …… 13163
日下部 正盛 …… 32848	グティエレス,トナティウ …… 07163	久保 博司 …… 22161
草津市教育委員会事務局文化財保護課 …… 31671～31673	工藤 恭吉 …… 08302, 10555, 10556	久保 弘道 …… 16266
草津市史編さん委員会 …… 31663	工藤 慶三郎 …… 21289, 21324, 21405	久保 丈武 …… 31590
草津市立街道文化情報センター …… 09752, 18761, 31642	工藤 重義(景文) …… 14661	久保 三千雄 …… 18330, 21843, 21876
草薙 金四郎 …… 08607, 14929, 32684	工藤 主善 …… 27710, 27711	久保 元彦 …… 12669
草野 和夫 …… 21040, 21066	工藤 進思郎 …… 14167	久保木 良 …… 13201～13204
草野 冴子 …… 01002, 03399	工藤 祐董 …… 06406, 06527, 27719	窪島 一系 …… 04897
草野 石瀬 …… 13279, 13280	工藤 静波 …… 24871, 25914	窪田 空穂 …… 23995, 24041, 25318
草野 富吉 …… 14013	工藤 利悦 …… 28009, 28011	久保田 英一 …… 05666
草野 比佐男 …… 26617	工藤 寛正 …… 02300, 11253, 24918	久保田 収 …… 13755, 15997
草野 正裕 …… 08471	工藤 平助 …… 08018	久保田 暁一 …… 10307, 13581
草野 喜久 …… 06293, 10820, 28455	工藤 昌伸 …… 22045	久保田 恭平 …… 08036
草場 船山 …… 13264	工藤 三寿男 …… 28951	久保田 啓一 …… 24038, 24062
草森 紳一 …… 01664, 17399, 17405	工藤 睦男 …… 27725, 27726	久保田 玄立 …… 15567
久志 卓真 …… 20150	工藤 圭章 …… 20847, 20865, 20929	久保田 淳
串川財産区史編さん委員会 …… 30160	工藤 宜 …… 04469, 04470, 13250	22293, 22295, 22297, 22299
具島 兼三郎 …… 07186	宮内省 …… 03702	久保田 辰彦 …… 05975, 05976
蘭目 作司 …… 31333	宮内省図書寮 …… 01149	久保田 信之 …… 16635
串本応挙芦雪館 …… 18043, 18070	宮内省先帝御事蹟取調掛 …… 01755～01762	久保田 晴次 …… 24933, 24934, 25166
鯨 清 …… 27194	宮内庁 …… 21001	窪田 文夫 …… 28048, 28049
鯨井 千佐登 …… 11725	宮内墨斎展図録編集委員会 …… 17727	久保田 米斎 …… 03121, 18958, 19004
釧路市史編さん事務局 …… 27618	国絵図研究会 …… 12863	久保田 万太郎 …… 23007
釧路叢書編纂事務局 …… 27617	国京 茂助 …… 21452	窪田 明治 …… 01677, 12664, 16396
葛生 能久 …… 04933	国正 利明 …… 32452	窪寺 茂 …… 20872
楠藤 波鴎 …… 25107, 25611, 25612	国武 久義 …… 26832, 26836	窪野 桂 …… 25007, 25008
玖珠町史編纂委員会 …… 33570	くにたち郷土文化館 …… 09630	窪野 英夫 …… 12323, 12964
楠戸 義昭 …… 00474, 02493, 10836	国友 古照軒 …… 13963, 13964	熊井 保 …… 02321～02323, 02370
	久邇宮 朝彦 …… 04019	熊谷 五郎 …… 16654, 16655
		熊谷 章一 …… 27889, 27890
		熊谷 隆雄 …… 01530

熊谷 武至 ……………………… 23966, 23975, 24112, 24169	久米 康生 …………… 07088, 07100, 15787, 15800, 20570	栗原 清 ………………… 29354
熊谷 直 ………………… 32520	久米田 裕 …… 24180, 24191, 24196	栗原 九市 ………… 26226, 26227
熊谷 忠泰 ………………… 16684	雲下 兼行 ………………… 07455	栗原 剛 ………………… 13634
熊谷 直好 …………… 24169～24171	雲村 俊慥 …… 02503, 02511, 02518	栗原 順庵 ………………… 26900
熊谷 博人 ………………… 11709	久門 正雄 ………………… 18146	栗原 直 ………… 18040, 18223
熊谷 正文 ………………… 09454	くもん子ども研究所 ………… 12063, 12064, 18481	栗原 哲男 ………………… 17529
熊谷 無漏 ………………… 24576	九燿木 秋佳 ………………… 15224	栗原 智久 ………… 04599, 11414
熊耳 敏 …………… 16363, 16630	蔵 巨水 ………………… 24727	栗原 彦三郎 ………………… 05629
熊谷 信一 ………………… 06790	倉石 梓 ………………… 02560	栗原 隆一 ……………… 03689, 03856, 05602, 05603, 05617, 09621
熊谷市立図書館 ……………… 29161	クライナー, ヨーゼフ ‥ 07067, 07068, 07124, 07605, 08123, 29592	
隈川 春蕃 ………………… 23846	倉員 正江 ………………… 22932	グリフイス ………… 07552, 07593
熊倉 功夫 ………………… 01709, 01712, 02865, 04384, 04393, 04394, 21118, 21946, 21963, 21971, 21990, 22012, 22030	蔵角 利幸 ………………… 25755	栗本 鋤雲 ………… 04181, 04807
	倉賀野 恵徳 ………………… 24336	栗本 瀬兵衛 ………… 04091, 04807
	クラーク, ティモシー ………… 19843	栗本 幸子 ………………… 26032
熊倉 精一 …………… 19841, 19861, 19862, 28872, 28875, 28876, 28878, 28879, 28883, 28941	倉沢 昭寿 ………………… 16629	栗谷川 虹 ………………… 13499
	倉沢 剛 …… 05937, 16719, 16747	栗谷川 仁右衛門 ……………… 08897
	倉敷市史研究会 ………… 32317～32319, 32324, 32325	栗山 茂久 …… 19167～19171, 22854
熊阪 台州 ………………… 22796		栗山 善四郎 ………………… 12279
隈崎 渡 ………………… 06781	倉科 明正 ………………… 09283	栗山 理一 ………………… 01100, 21381, 23018, 24521, 24654, 24878, 24928, 25006, 25273, 25316, 26106, 26108, 26356
熊沢 恵里子 ………… 16718, 16746	倉島 須美子 ………………… 19844, 22941, 22959, 22963, 26949	
熊沢 輝雄 ………………… 20524		
熊沢 蕃山 ………………… 13627	倉島 節尚 …… 22102, 22170, 23415	
熊代 繁 ………………… 08532	倉田 隆延 ………………… 21172	栗生 純夫 ………… 26295, 26318
熊代 照夫 ………………… 03240	蔵田 敏明 …………… 05884, 21858	クルウゼンシュテルン ‥ 07594, 07595
熊田 葦城 …… 02848, 06045, 11266	倉地 克直 …… 07027, 07716, 12439, 13112, 17103, 32361～32363	久留島 浩 ………………… 02209, 10516, 10517, 10607, 10615
熊取町教育委員会 ……………… 31916		
熊野川町教育委員会 ‥ 32110, 32111	蔵中 スミ ………………… 17561	クルト, ユリウス ……………… 19581
熊林 実 ………………… 06398	椋梨 一雪 ………………… 24789	グループ・コロンブス ………… 05805
久万美術館 ………………… 17451	蔵並 省自 ………………… 00634, 02203, 08314, 10585, 11675, 30545, 30555, 30585	グループ歴史舎 ……………… 03313
熊本 高工 ………………… 19387		久留米市史編さん委員 会 ………… 33068, 33069
熊本近世史の会 ………… 33397～33400, 33416, 33417		
	倉橋 泰聡 …………… 00926, 04074	久留米市文化観光部文 化財保護課 ………… 09687
熊本近代史研究会 ……………… 07688	倉橋 但斉 ………………… 18009	
熊本県 ……………… 33475～33477	倉橋 勇蔵 ………………… 13375	呉 茂一 ………………… 07059, 07060, 07092, 07109, 26945
熊本県企画開発部文化 企画課 ……………… 33520	蔵原 惟人 …………… 18340, 18379	
	倉本 四郎 ………………… 15739	呉 秀三 ………………… 07059, 07060, 07083～07087, 07092, 07097, 07108, 07109, 16516, 26945
熊本県教育委員会 ……… 33481, 33482	倉本 初夫 ………………… 17318	
熊本県教育会上益城郡 支会沼山津分会 ………… 13515	栗嶋 山之助 ………………… 23600	
	栗栖 平造 ………………… 04970	呉 文炳 …… 06116, 10468, 30065
熊本県地域振興部文化 企画課 ……………… 12623	栗田 彰 ………………… 06223, 08912, 08920, 26549, 29633	呉 光生 ………………… 11421
		クレイグ, A.M. ……………… 01687
熊本県立美術館 ………… 18214, 19296, 19735	栗田 勇 ………………… 20945, 20958, 24324, 24356	紅林 太郎 ………………… 09810
		黒石 陽子 ………………… 21238
熊本史蹟調査会 ……………… 33423	栗田 定之丞 …………… 28198, 28199	黒磯郷土史研究会 ……………… 08930
熊本女子大学歴史学研 究部 ……… 08399, 08736, 11161	栗田 奏二 ……………… 09373～09386	黒板 勝美 ………………… 01016～01019, 01203～01220, 01222～01243, 01255～01268, 01967, 01968, 01973, 01974, 01978, 01979, 01982～01985, 01987～01992, 01996, 02000～02004, 02007, 02009～02013, 02019, 02020, 02027, 02028, 02030～02034, 02061～02080, 02082～02088, 02103, 02106, 02107
組田 昌平 ………………… 18004	栗田 勤 …… 14625, 14626, 28713	
玖村 敏雄 …… 15106, 15121, 15141, 15146, 15182, 15201, 15202	栗田 藤平 ………………… 33054	
	栗田 二三 ………………… 25528	
久米 忠臣 …… 04430, 06562, 12288, 13486, 33533, 33534, 33546, 33567, 33625, 33655～33701	栗田 英男 ………………… 20225	
	栗田 元次 …… 00498, 00578, 03363	
久米 道彦 ………………… 12967	栗田 やすし ………………… 24529	

黒岩 一郎	24032, 24164	
黒岩 涙香	14764	
黒江 一郎	13949	
黒鉄 ヒロシ	14740	
黒川 紀章	17171	
黒川 健士	16466	
黒川 志津雄	04618	
黒川 道祐	31761	
黒川 春村	01638〜01650	
黒川 真道	00957, 00958, 01014, 11702, 11766〜11769, 18779, 19330, 19331, 19854, 22831	
黒川 真頼	00932	
黒川 みどり	10940	
黒川 洋一	27541	
黒川古文化研究所	08624, 18083	
黒木 勘蔵	21108, 21393, 21536, 21547	
黒木 国昭	17949, 19785	
黒木 喬	12378, 12384, 12395, 12396, 22927	
黒木文庫特別展実行委員会	17099, 21124	
クロケット, アラン	26632	
黒坂 周平	00212	
黒崎 和也	19122	
黒崎 幸吉	15611	
黒埼町町史編さん近世史部会	30332	
黒沢 翁満	24044	
黒沢 脩	31160	
黒沢 隆信	25740, 26319, 27042	
黒沢 哲	28944	
黒住 真	13042, 13177, 13345	
黒瀬 巌	04615, 17110	
黒瀬 昇次郎	15649	
黒田 和哉	20088〜20099	
黒田 源次	18689, 20037, 20047, 25064	
黒田 源六	03474, 28444	
畔田 翠山	16619	
黒田 宗光	21976	
黒田 泰三	17826	
黒田 伝四郎	28258, 28280	
黒田 敏夫	17764, 18445	
黒田 敏穂	29762	
黒田 長成	04578	
黒田 泊庵	17764, 18445, 18446	
黒田 日出男	12064	
黒田 義隆	25636, 27485	
黒滝 十二郎	02711, 06323, 06674, 27713	
黒瀧 秀久	09435, 27723	
黒野 吉金	14559	
黒羽 英男	21417	
黒羽 兵治郎	06245, 08220, 31834	
黒羽町芭蕉の館第十四回特別企画展運営委員会	28868	
黒羽兵治郎先生喜寿記念会	31794	
グロピウス, ワルター	20970	
黒船館	07395	
黒船協会	07385	
黒船社	07367	
黒部 亨	25636	
黒屋 直房	33559	
桑 義彦	31609	
桑井 薫	09956, 32617, 32652〜32654	
桑江 克英	33937, 33966, 33967	
桑門 俊成	20419	
桑沢 慧	21860	
桑田 明	13950〜13956, 32714	
桑田 忠親	00024, 01934, 01935, 01970, 02005, 02623, 02897, 03093, 17137, 17885, 17886, 21842, 21903, 21966, 22014, 22022, 22037	
桑田 透一	07352, 07483	
桑田 優	08256, 10252	
桑名貨幣研究会	08600	
桑名市教育委員会	31573, 31596	
桑名市博物館	17456, 17833, 18931, 19929	
桑名市立文化美術館	31573	
桑原 健次郎	29019	
桑原 三二	03330, 03786, 04814, 07505	
桑原 節次	33712	
桑原 武夫	13374	
桑原 誠	14832	
桑原 真人	03899, 27583	
桑原 恵	14163	
桑原 廉靖	24130, 24135, 24136	
桑村 寛	11089	
桑山 俊彦	23800	
郡司 篤信	28752	
郡司 喜一	07697, 07698	
郡司 正勝	21531, 21585, 21679, 21688, 22317, 22542	
軍事史学会	14837	
群馬県教育委員会	20878	
群馬県教育委員会事務局部長室県史編さん室	29071〜29101	
群馬県教育委員会文化財保護課	28981	
群馬県史編さん委員会	28961, 28962, 28989, 29023〜29030	
群馬県総務部県史編さん室	29066〜29070	
群馬県立近代美術館	18598, 28950	
群馬県立文書館	29102, 29103	
群馬県立歴史博物館	01986, 05004, 17768, 28982	
群馬部落研東毛地区近世史学習会	28939	

【け】

慶 七松	07709
慶應義塾大学国文学研究会	00309, 22755, 23036
慶応義塾図書館	04077, 19733
桂涯生	04836
渓斎 英泉	19949
経済雑誌社	01221, 01246
警視庁警務部教養課	11024
渓水社	18515
慶長遣欧使節船協会	06898
芸能史研究会	21114〜21116, 21119, 21248, 21599, 21743, 21982, 23809
芸備日日新聞社発行所	07467
刑務協会	06677
芸林逍遙木曜会	22047
芥子川 律治	02951, 31301, 31315
気仙沼市史編さん委員会	28058
月院社 何丸	25610
月尋堂	22973
月明会	24306
ケムフェル, エンゲルベルト	33319
解良 栄重	24341
慶留間 知徳	33911
厳 明	27332
見学 稔	17533
玄々堂 芦汀	25036, 25533, 27001
建材試験センター	09566
元昭	22041
源城 政好	00280, 00368
見城 幸雄	08695, 08988
剣聖会	14855
建設省静岡国道工事務所	31157, 31158
幻窓湖中	25072, 25542
源草社	11389

けんそうし　　　　　　　　　　　　　著者名索引

源草社編集部	12270	
現代俳画協会	18174	
建築フォーラム	20964	
原德斎	13234	
源八	08900	
『検夫爾日本誌』解説・総索引編纂委員会	07066	
ケンペル，エンゲルベルト	07058〜07060, 07063〜07065, 07071〜07079, 07084, 07086	
弦間　明	10105, 10241	
弦間　耕一	09270, 30786	
見目　順一朗	23813	
釼持　計夫	09372	
監物　聖善	26076	
兼六園全史編纂委員会	21075	
元禄山人	03014	
元禄探検隊	03309	
元禄忠臣蔵の会	03169	
元禄繚乱展図録編集委員会	02987	

【こ】

呉　紅華	22577
呉　鴻春	27451
呉　清源	22089
五井　蘭洲	03076
恋川　笑山	12506, 19993, 19994
小井川　百合子	28034
小池　言足	14064
小池　章太郎	11805〜11819, 21482, 21500, 21557, 21558, 21685, 29892
小池　真二	14373
小池　進	02183
小池　清治	22346
小池　壮彦	21704
小池　藤五郎	04764, 23154, 23310, 23311, 24443
小池　奈都子	22398
小池　晴子	07657〜07659
小池　正胤	22710, 22711, 23305, 23694
小池　喜明	02452, 13148, 14870
小石　房子	06714, 06715
小泉　功	29112, 29159, 29160
小泉　迂外	24576
小泉　和子	12631
小泉　策太郎（三申）	02920
小泉　蒼軒	24046

小泉　初男	15518
古泉　弘	29750
小泉　又一	16656, 16661
小泉　吉永	10652, 10654, 10656, 10658, 10660, 10662, 10664, 10666, 10668, 10670, 10672, 10674, 16105, 16638, 16645〜16652, 16938, 16939, 16949, 17031〜17041, 26950
小泉次大夫事績調査団	29905
小井田　幸哉	27715
小板橋　良平	04920, 04925
小出　鐸男	00703
小出　昌洋	00607, 00608, 15769
小出　宗治	17890
小出町教育委員会	30333〜30337
古伊万里調査委員会	20237
洪　禹載	07793
郷　直人	27464
光栄出版部	02997, 05795, 23631
工芸学会麻布美術工芸館学芸課	12180
蒿蹊大人	11559
考古学会	12171
皇国修養会	04727
香西　照雄	25931
高坂　顕一	13088
神坂　次郎	00260, 02593, 02962, 02963, 03404, 11920, 11921
高坂　正顕	13087
高坂　正堯	02835
上坂　真信	32704, 32705, 32765〜32768
講座「古文書解読」同人	31121
上里　春生	17236, 17292, 17338
合志義塾同窓会	16870
麹亭主人	14683
侯爵西郷家編輯所	01131
甲州法制史編纂会	06364
更埴市史編纂委員会	30937
神津　陽	02752, 05768, 32838
神津　朝夫	21992
上月　乙彦	25399, 25636
高鶴　元	20129
浩然斎主人	13435
高祖　敏明	15538
合田　一道	03755, 04673, 08074
幸田　成友	03570, 07867, 08205, 16887, 31788, 31789
合田　学	32671, 32672, 32675〜32677, 32679〜32682, 32691〜32703, 32706, 32717〜32719, 32731〜32751, 32756〜32764, 32769〜32827

幸田　露伴	25050, 25053, 25371, 25450〜25454, 25597, 25626〜25631, 25633, 25634, 25715, 25723, 25727, 25728
幸田町教育委員会	00361
講談倶楽部	03053
講談社	21955, 22038, 27152
講談社総合編集局	18809
高知県	05054, 16692, 16809, 32928
高知県学務部	05129
高知県教育委員会	05055
高知県教育委員会文化振興課	32965
高知県退職公務員連盟	05055
高知県文教協会	13387
高知県立図書館	06356〜06362
高知県立美術館	17444, 17673
高知県立文学館	10779
高知県立歴史民俗資料館	05143, 05215, 09589
高知市民図書館	32942
高知市立自由民権記念館	32934
高知地方史研究会	06341, 32957〜32960
河内山　雅郎	05553
交通史研究会	09678
上妻　博之	13542
神門　酔生	03263, 30696
江東区芭蕉記念館	24870, 24953〜24956, 25020, 25085, 25832, 26254, 26255, 26257, 26262, 27261
江東古文書に親しむ会	00901, 00902
神徳　昭甫	07382, 07482, 08038
江南市教育委員会	31394
江南市史編纂委員会	31394
河野　清助	29926
河野　省三	10515, 13062, 14097, 14118, 14124, 14242, 14386, 14427, 14501, 15256
河野　龍也	03303
河野　桐谷	11386
河野　德吉	31318
河野　通之	01391
河野　元昭	17690, 17797, 17841, 17917, 17923, 17999, 18079, 18109, 18120, 18282, 18298, 18331, 18450, 18452, 18479, 19152, 19342, 19958
河野　本道	27607, 27608
向野　康江	14000
河野　喜雄	24884
河野　亮	04671, 10261, 12018, 15940, 25494
鴻巣市市史編さん調査会	29153, 29207, 29208

河野村	10068
光風館編輯部	22530
甲府市市史編さん委員会	30803, 30807〜30810, 30834
甲府城跡総合学術調査団	30789
神戸高等商船学校	13219
神戸酒商青年会	13587
神戸市立博物館	06959, 17409, 17638, 17759, 18084, 19784
神戸新聞社	07359, 31944, 31945
神戸新聞姫路支社	31955
神戸大学文学部日本史研究室	01096
高野 尚好	00019, 00599, 00600
絳山 翁戯	23639〜23643
甲陽図書刊行会	01162
興梠 一郎	07368
講話会	05256, 33773
コーエー出版部	01865, 03903, 03904, 04733, 05694, 05702, 21810
小枝 繁	23419
郡 菊之助	09784
郡 俊明	23983
桑折町史編纂委員会	28535
郡山 政雄	15404
郡山 逓志	00389
郡山 良光	08002
郡山市	28508, 28510
郡山市教育委員会	28658
郡山市中田町郷土史研究会	17496
郡山市立美術館	00293
郡山市歴史資料館	28660, 28661
古賀 十二郎	12522〜12524, 15828〜15831, 17714, 33300
古賀 精里	13170
古賀 斌	14726, 14859
古賀 敏朗	33179
久我 通兄	01563〜01568
古賀 茂作	05758
古賀 幸雄	08765, 33081, 33096, 33147
古賀 了介	13486
五岳会	18148
五岳顕彰会	18173
古市市史編さん委員会	28779, 28780
五個荘町史編さん委員会	31657
五個荘町歴史博物館	10346
小金井 蘆洲(亀之助)	03223
古河歴史博物館	01399〜01406, 16510
粉川 幸男	04969
粉河町生涯学習課	09633
粉河町文化財保護審議委員会	09633
後閑 祐次	02783, 28983
小木曽 文洲	17701, 19293
故北岡四良教授遺稿集刊行会	14073
古曲保存会	12475, 21731
古今堂書店古典部	28433, 28443, 28496
国学院大学史学会近世史料研究会	29330
国学院大学地方史研究会編集部	31299
国学院大学道義学会	14257
国学院大学日本文化研究所	06117, 14183
国学院大学日本文化研究所創立百周年記念論文集編集委員会	14039
国際基督教大学博物館湯浅八郎記念館	21058
国際日本文化研究センター	07982, 10116, 10249, 13694, 25796
国際日本文化研究センター海外日本美術調査プロジェクト	17421, 17486, 17487, 17679, 18857
国際日本文化研究センター文化資料研究企画室	03994
国際ニュース事典出版委員会	07582〜07585
国史研究会	00462
国史大系編修会	01016〜01019, 01203〜01220, 01230, 01232, 01238, 01241, 01255〜01260, 01262, 01978, 01979, 01984, 01985, 01987, 01988, 01991, 01996, 02000〜02002, 02007, 02009, 02011, 02012, 02019, 02020, 02027, 02028, 02032, 02061〜02064, 02067〜02069, 02072〜02074, 02076, 02078, 02079, 02082, 02084, 02085, 02103
国書逸文研究会	00061
黒正 巌	08327, 09147, 09153〜09157, 09166, 13908, 15020, 32285
国書刊行会	09377, 09559, 09560, 11703, 11731, 11732, 11962, 12036, 12680, 19001, 19041, 19295, 31369
国勢研究会	10298
国税庁税務大学校租税史料館	09040, 09042
国税庁税務大学校租税資料室	08829, 27965
古九谷研究委員会歴史・史学的考察部会	00167
哭天居士	05268
国府 犀東	01060, 03567
国分 胤之	32288
国文学研究資料館	02328, 10567, 11197, 12060, 23199, 25226
国文学研究資料館参考室	22781
国文学研究資料館史料館	01108, 06331, 06332, 09027, 11124, 30038, 30927
国文学研究資料館整理閲覧部参考室	22551, 26934
国分寺市史編さん委員会	30024
国幣中社弥彦神社越佐徴古館	04583
小久保 明浩	16874
小久保 喜七	14595
国民新聞社	04525
国民精神総動員栃木県本部	03047
国民精神文化研究所	13082, 13083, 13845, 13846
小倉藩史研究会	33079
国立教育会館	05938〜05940
国立劇場	03302
国立劇場芸能調査室	21210〜21212, 21414, 21675
国立劇場事業部宣伝課	21254〜21257, 21259〜21270
国立劇場調査養成部芸能調査室	21213, 21214, 21571
国立劇場調査養成部資料課	18919〜18929
国立劇場文芸室	21418, 21610, 21697, 21720
国立公文書館	09929, 11581, 16268
国立国会図書館	16222
国立国会図書館一般考査部	06141
国立国会図書館閲覧部	10204, 10205, 10207
国立国会図書館参考書誌部	06094, 06095, 06097, 06690, 10206
国立国会図書館専門資料部	13190
国立国会図書館図書部	06765, 08288
国立史料館	00924, 00996, 00997, 03572, 06389, 06390, 08515, 30798, 30975, 31666
国立図書館	17101
国立能楽堂調査養成課	21445
国立博物館	17912, 18196
国立文楽劇場	21442

著者名	番号
国立文楽劇場調査養成課	21240
国立民族学博物館	07061
国立歴史民俗博物館	00936, 09126, 16978, 17179, 17230, 20614, 20618
国立歴史民俗博物館編	00561, 00562
小暮 利明	08890
小暮 実徳	07888
古劇研究会	21586
九重 左近	21097, 21121
古今亭志ん生	23795
御在所ロープウエイ株式会社	27385
湖西文化研究協議会	31138
小坂 力五郎	08889
小沢 七兵衛	10120
小沢 蕭鳳	10120
古志 太郎	15002
越 統太郎	26316, 26384
輿石 豊伸	27405
越谷 吾山	22158
越谷 忠烈	05346
越谷市史編さん室	29301
越川 春樹	13667
越川 善明	11597, 28937
越川 礼子	10440, 10442〜10450
越崎 宗一	10074, 27654
越路町史編集委員会近世史部会	30396, 30397, 30451
越路町	30338
腰原 哲朗	17056
小島 敦夫	07774
小島 烏水	18657, 19414
児島 清文	30492, 30493
小島 国次	18724, 18854
小島 桂芽	31772, 31773
小島 慶三	08660, 29521, 29522
小島 幸枝	15588, 15590, 22224, 22225
小島 茂男	02694
小嶋 健岳	24979
小島 晋治	00446, 00447
児島 孝	21964
小島 威彰	27512
小島 毅	14540
小島 貞二	21761, 21942, 23830, 23831
小島 徳弥	02926, 05092, 24043
小島 俊夫	22150, 22209
小島 信泰	06110
小嶋 彦十郎	21560
小島 英男	27039
小島 英熙	04943, 21803, 21879
小島 政二郎	24887, 25001, 26628, 26629
小島 政孝	05820, 05826, 05827, 05829
小島 正芳	24387
小島 康敬	13345, 13914, 13915, 14052
小嶋 雄嗣	11857
小島 吉雄	27245
小島 礼重	33013
小島 好治	14453
小島日記研究会	00960, 00961, 29928〜29932
腰山 巌	09240
コシュマン, J.ヴィクター	14564
五所 美子	23504
五升庵 蝶夢	25052
古浄瑠璃正本集刊行会	21192〜21197, 21235
小菅 宏	08462, 11317, 12433, 12553
小杉 博司	05857
小杉 放庵	18268〜18273
小菅 桂子	12329
小瀬 渺美	25656
小関 堅太郎	15617
五泉市史編さん委員会	30340
五泉市史編集委員会	30339
五代 夏夫	22784
小平 高明	16657
小平史研究会	29852
小平市中央図書館	01083, 06796〜06799, 29843〜29851, 29853, 29854, 30030
小高 恭	00299
小鷹狩 元凱	16808, 32406, 32407
小滝 淳	02945, 14598, 14779, 14810
小竹 隆夫	15350
小竹 田鶴	16306
小竹 とし	23344
コータッツィ, ヒュー	07547, 08155
小館 衷三	27712
小谷 虔斎	25124
小谷 五郎	32198
小谷 省三	26011, 26026
小谷 保太郎	16062
小谷 雄右衛門為善	26261
小谷 恵造	13529
児玉 幸多	00034, 00042, 00525, 00553, 00589, 00590, 00598, 00653, 00658, 00671, 00904, 00905, 00964, 01013, 01671, 01672, 02343, 02580, 02640〜02647, 02659, 02665, 02718〜02732, 02836, 02968, 02992, 02993, 03395, 03758, 05910, 07506, 08759〜08761, 08989, 08990, 09004〜09006, 09647〜09654, 09715, 09716, 09730, 09735, 09738, 09740, 09758, 09785〜09789, 09819, 09846, 09847, 11107, 11644, 11645, 29034, 29035
児玉 作左衛門	27665
児玉 識	15384, 15385
小玉 順三	16514
児玉 伝左衛門	08900
樹神 弘	16855
児玉 信	21152
児玉 益右衛門定正	32156
児玉 元之助定勝	32156
児玉幸多先生古稀記念会	02365, 09675
児玉町史編さん委員会	29210
児玉町教育委員会	29210
湖中	25729
小番 貞憲	00686
国光社	05257
国公立所蔵史料刊行会	16574
小寺 玉晃	01436, 01438, 01440, 01442, 01443, 01495〜01497, 04197〜04208, 04217〜04221, 26824, 31314, 31495
小寺 武久	20962
小寺 鉄之助	06622, 33721, 33757
小寺 裕	16342
小寺 平吉	20512, 20513
古典籍資料目録編集委員会	00895, 01106
御殿場市史編さん委員会	31203〜31206
御殿場市総務課	31297
御殿場市立図書館古文書を読む会	00193
後藤 一朗	03446, 03449
後藤 逸女	24048, 24119
後藤 嘉一	03956
後藤 和夫	31509
後藤 和雄	04017
後藤 慶二	21144
後藤 憲二	26971
後藤 小平次	08892
後藤 三郎	13583, 13589, 13604
後藤 重巳	06355, 33571〜33575, 33605, 33638, 33639

後藤 寿一	02029, 02152
後藤 捷一	24080, 32625〜32628
後藤 丈二	06678
後藤 新三郎	31047
後藤 新平	06061
後藤 直	25762
後藤 是山	33415
五塘 川柳	26639, 26640
後藤 隆之	10415, 31548
後藤, チャールズ	12553
後藤 時男	31065
後藤 利雄	26698
後藤 教子	14042
後藤 劔	10285
後藤 久子	15142
後藤 秀国	09361
古藤 浩	33174
後藤 ふで	25640
後藤 正人	06470
後藤 雅知	09461, 10535
後藤 明生	23529, 23530
後藤 基春	02240
後藤 陽一	10916, 10921, 11087
後藤 美彦	31079
五島美術館	21975
五島美術館学芸課	20075
金刀比羅宮	17642
琴平町史編集委員会	32725
ことわざ研究会	12721〜12723, 22160, 24534
ゴードン, アンドルー	07634
小中村	14140
小西 愛之助	10924, 26102
小西 重直	03537, 14005, 16704
小西 四郎	02158, 04569, 05124, 05958, 07151, 07174, 07403, 07498, 07507, 07508, 07596, 11738
小西 甚一	24937
小西 聖一	01937, 03092, 03684, 04908, 05306, 05408, 07134, 09327, 11641, 15223, 15949, 16139, 21391
小西 淑子	22501
小西 寛	27019
小西 与志夫	30788
古西 義麿	15768, 29486, 32183
小沼 勇	24572
小沼 大八	15509
五野井 隆史	15586, 15587, 33289
近衛 信尋	00999
近衛 典子	23453〜23458, 23516〜23521
近衛 通隆	00999

小橋 元雄	33487, 33500
小葉田 淳	00006, 00595, 10171, 33382
木場田 直	15547
木幡 ふじ	21961
小早川 欣吾	06757, 06758
小林 晃	26307
小林 亥一	22282
小林 一郎	25055, 25066, 25599
小林 一茶	26281, 26330, 26332, 26364, 26371, 26380, 26381, 26393, 26394, 26398
小林 郁	06999
小林 一夫	20581, 20630
小林 和生	30799
小林 克	07930, 29777
小林 華平	28936
小林 甲子男	24717, 25677
小林 久三	01836, 02154, 03247, 05175
小林 居敬	33924
小林 邦行	25784
小林 久磨雄	07183
小林 計一郎	02885, 18516, 26280, 26354, 26360, 26403, 30944
小林 啓善	26986
小林 月史	23488
小林 健二	28726
小林 健三	14472, 14635
小林 元之助	12870
小林 高寿	29722
小林 郊人	05013, 09281
小林 栄	12570
小林 定信	03356, 31435〜31438, 31502
小林 早百合	07069
小林 茂多	24681, 26395
小林 重規	00333
小林 茂文	07016
小林 茂	03901, 06800〜06803, 10916, 11101, 11519, 32496
小林 紫軒	25418
小林 風	30220〜30222
小林 淳一	07348
小林 俊治	10105, 10241
小林 正一	02618
小林 昌二	10045, 10046
小林 庄次郎	03750, 03832
小林 祥次郎	24781
小林 新一	24385, 24386, 26433, 27525
小林 新八	05267
小林 信也	10483
小林 井香	13977

小林 清司	20760
小林 清治	02794, 28039
小林 清之介	26367
小林 太市郎	20173, 20234
小林 賢章	01532
小林 孝史	05885
小林 剛	15430
小林 忠雄	11684
小林 忠	17477, 17552, 17565, 17566, 17569, 17570, 17587, 17663, 17690, 17752, 17794, 17844, 17867, 17868, 17872〜17874, 17921, 17935, 17936, 17938, 18049, 18107, 18120, 18276, 18277, 18284, 18298, 18425, 18474, 18531, 18569, 18588, 18591, 18609, 18641, 18653, 18776, 18778, 18830, 18883, 18956, 18985, 19023, 19161, 19183, 19257〜19266, 19289, 19346, 19347, 19397, 19523, 19524, 19535, 19543, 19544, 19556, 19653, 19864, 27084, 29701
小林 匡	31930
小林 丹右衛門	08902
小林 千草	21371, 26819
小林 利延	23414
小林 年春	06253, 06254
小林 友雄	04452
小林 法子	17662, 19298〜19300
小林 玻璃三	18420
小林 秀雄	14290, 14293, 14303, 14307, 14308, 14370
小林 弘子	30530
小林 博子	30217, 30218
小林 宏	06352
小林 博	02845, 09696
小林 弘忠	08367, 26471
小林 博行	14978
小林 房枝	15618
古林 布善	32266
小林 文夫	26070, 27328
小林 ふみ子	11370, 23343
小林 文華	15618
小林 文瑞	09497
小林 正典	31069
小林 雅文	26299
小林 保夫	09739
小林 安治	24286
小林 祐作	18794, 18795, 25271, 25460
小林 幸夫	22786
小林 良彰	03942
小林 良正	06949
小林 李庵	24972
小針 誠	16643

古板江戸図集成刊行会 .... 12775～12779	小室 正紀 08343	コルカット，マーチン 10608
小桧山 六郎 ‥ 02913, 05044, 05045	米家 泰作 00247	ゴレグリャード，ヴラディスラブ・ニカノロヴィッチ 07982
コビング，アンドリュー 33202	菰口 治 13158	
小堀 遠州 22028	小森 純一 01043	之潮編集部 12894
小堀 一正 13261, 16897	小森 承之助 33103, 33104	是永 六雅 33546, 33567
小堀 桂一郎 06938	小森 隆吉 29513, 29617, 29896～29898	五老井 窠雄 24595
小堀 啓爾 22100	小森 宏 05677	ゴロウニン，W.M. ‥‥ 07636～07638, 07641, 07664, 07666, 07668
小堀 宗慶 22026, 22031	小諸市誌編纂委員会 30939, 30940	
小堀 宗通 22028	古文書を読む会 00047, 06665, 06666, 28078, 28082	小和田 武紀 13443
駒 敏郎 10368, 14868, 14869		今 栄蔵 .... 24800, 24803, 24816, 24894, 24906, 25012, 25118, 25213, 25256～25258, 25474, 25476, 25748
小牧 昌業 05256, 33773	古文書に親しむ会 00973	
小牧市史編集委員会 ‥‥ 31395～31397	古文書美地の邦の旅実行委員会 26979	
駒沢 晃 20869	子安 宣邦 12978, 13079, 13151, 13152, 13883, 13891, 13910, 13911, 14264, 14270, 14278, 14279, 14299, 14301, 14348, 14352, 14420, 14422, 14466, 15696, 16885	今 東光 ‥ 02978, 20473, 27179
駒沢大学近世交通史研究会 09734		今田 洋三 ‥‥ 17293, 17294, 17341
駒沢大学近世史研究会 31528		ゴンチャローフ 07630
駒田 信二 22847, 23751, 26497, 26498		近藤 市太郎 ‥‥ 18596, 18597, 18871, 18872, 19408, 19417, 19418, 19421, 19541, 19574, 19799
小町 真之 10255	小柳 伸一 05930	
小松 和生 08292	小谷野 敦 12474, 23607, 23632	近藤 薫 20752
小松 和博 20786	小薮 繁喜 24874	近藤 鼎 32289
小松 重男 02461, 02462	小山 有言 31131	近藤 義休 00601, 29893
小松 茂美 17504, 22068	小山 一成 21329, 22490	近藤 儀左エ門 33268
小松 正衛 24319	小山 和 15271	近藤 信 04527, 14136
小松 徳年 28751	小山 勝清 11054, 33432	近藤 清春 11377
小松 寿雄 22197	小山 観翁 ‥ 11278, 11323, 19571	近藤 金羅 25601, 25603
小松 雅雄 22054	小山 寛二 19402	近藤 啓吾 ‥‥ 13255, 13276, 13278, 13304, 13390, 13406～13408, 13417, 13418, 15270
小松市立博物館 30570	児山 敬一 14709	
護摩堂 七之助 10090	小山 正 14160, 14221, 14222, 14515, 14518, 14519	近藤 敬四郎 24251
五味 可都里 26033		近藤 啓太郎 19599
五味 文彦 00655	小山 丁一 24338	近藤 重蔵 .... 06177～06183
後水尾院 01708, 01710	小山 鉄夫 16385	近藤 晴平 ‥‥ 15561, 15563, 15564
小通 孝義 27374, 27375	古山 俊彦 24924	近藤 春平 15562
小嶺 嘉太郎 04433	小山 富士夫 20354, 20368, 20504, 20523	権藤 晋 09697
小蓑庵 碓嶺 24611		近藤 忠義 21299, 22511, 22512, 22633, 22634
小宮 木代良 01202	小山 某 08900	
小宮 豊隆 .... 24905, 25129, 25130, 25132～25135, 25275～25277, 25317, 25319, 25352, 25354, 25355, 25369, 25444, 25352, 27002, 27035, 27036, 27040	小山 政道 30875	近藤 瑞男 21552
	小山 松吉 06614	近藤 民之助 30926
	児山 祐一良 09319	近藤 恒次 09800, 14223, 14505, 31336, 31463, 31464, 31501, 31508, 31512, 31513
	小山 幸伸 10127, 33322	
	古山 豊 08903	近藤 泥牛 06861
	小山 誉城 02349	近藤 富蔵 .... 30045～30051
小宮 睦之 ‥ 06609, 33198, 33216	小山 龍之輔 21247	近藤 豊勝 12496, 12497, 22203, 22204
小宮山 敏和 00918	小山町史編さん専門委員会 31173, 31196, 31197	
小宮山 南梁 28829		近藤 則之 13267
小宮山 楓軒 06436	古葉会 09081	近藤 福太郎 19290, 32840
小宮山 昌秀 .... 01120～01122	五来 重 15359	近藤 ふみ 25490, 25812
小宮山 綏介 11273	「古来の砂鉄製錬法」研究会 09582	近藤 瓶城 00980, 01050, 09069, 33789, 33790
小村弌先生退官記念事業会 30244		
	娯楽番組協議会 21818	近藤 勝 05216
小室 金之助 03269	コリャード 15565	近藤 瑞木 15727, 15734
小室 善弘 25862, 25967	呉陵軒可有 .... 26647～26651, 26666～26677, 26690	近藤 康男 08505
小室 信 23684		近藤 安太郎 00714

近藤　豊　……………… 17908	埼玉県教育委員会　… 20879, 20904	斉藤　太郎　……………… 27846
近藤　百合子　…………… 28632	埼玉県県民部県史編さ	斎藤　弔花　… 13831, 13832, 13858
近藤　義雄　……………… 10273	ん室　………………… 08809	斉藤　丈　………………… 30242
権藤　芳一　……………… 21419	埼玉県立浦和図書館文	斎藤　努　………………… 08546
近藤　喜博　……………… 19597	書館　………………… 29334	斎藤　丁治　………………
近藤　良介　……………… 05868	埼玉県立図書館　………… 29333	13771, 13772, 15079, 15080
紺野　嘉左衛門　………… 28633	埼玉県立博物館　…………	斎藤　恵太郎　… 13176, 16821, 16865
紺野　大介　……………… 15221	02023, 09871, 09876, 09880	斎藤　富一　………… 30080, 30081
今野　武雄　……………… 16138	埼玉県立文書館　…………	斎藤　直幹　……………… 15157
今野　信雄　……… 00526, 09931,	11617, 29296, 29304,	斎藤　長秋　……………… 29669
11263, 11755, 12076, 12244	29305, 29325, 29328, 29335	斎藤　信明　……………… 03917
今野　真　………………… 08890	埼玉県立歴史資料館　……	斉藤　紀生　………… 30280, 30281
今野　由恵　……………… 18891	00192, 00200, 00207	さいとう・はるき　……… 29518
今野　美寿　……………… 28476	さいたま市立博物館　… 12841, 22337	斎藤　晴輝　……………… 02041
	埼玉新聞社　……………… 29130	斎藤　彦司　……………… 30060
【さ】	斎藤　阿具　… 00550, 07608, 07893	斎藤　久雄　……………… 28256
	斎藤　伊知郎　…………… 04453	斎藤　久則　……………… 24067
蔡　温　…………… 06448, 08898	斎藤　鋭雄　……………… 28085	斎藤　斐章　………… 15991, 18362
崔　香蘭　………………… 23594	斎藤　修　………… 08206, 10181	斎藤　広作　……………… 27518
蔡　大鼎　………………… 27405	斎藤　菊太郎　…………… 20328	斎藤　文根　……………… 07608
西園寺　由利　……… 26825, 26826	斎藤　清衛　………………	斎藤　平治郎　…………… 14738
雑賀　豊太郎　…………… 04485	24984, 24988, 24991, 27166	斎藤　信　………………… 07058,
雑賀　博愛　………… 13754, 14670	斎藤　邦泰　……………… 21811	07095, 07127, 07129, 07599
西鶴学会　…………………	斎藤　之幸　……………… 05407	斎藤　政雄　……………… 14182
23009, 23047～23053, 24841	斎藤　月岑　… 01536, 01539～01543,	斎藤　正和　……………… 14033
西鶴研究会　………… 23045, 23046	12670, 12671, 29669	斎藤　正直　… 32905, 32915, 32916
西鶴三百年祭顕彰会　…… 23130	斎藤　謙　………… 13730, 15111	斎藤　昌麿　……………… 24084
梶柯坊　空然　…………… 25716	西東　玄　………… 03497, 03498	斎藤　茂吉　………… 24207, 24209
斎木　一馬　……… 00735～00740,	斎藤　耕子　………………	斎藤　保吉　……………… 08856
00742, 00744, 00746, 00748,	24744～24747, 25693, 27135	斎藤　保郎　……………… 15069
00750, 00752～00760	斎藤　幸成　……………… 12865	斎藤　幸雄　… 12835, 12837, 12838,
佐伯市教育委員会　………	斎藤　梢　………………… 32850	12865, 12881, 29670～29675
33530, 33531, 33597～33601	斉藤　五郎平　…………… 30582	斎藤　幸孝　………… 12865, 29894
斎宮歴史博物館　………… 17454	斎藤　貞夫　……………… 09966	斎藤　洋一　… 08892, 08901, 08903,
三枝　博音　…… 13068, 13069, 15043	斎藤　鹿三郎　…………… 15157	10936, 10964, 10993, 30878
三枝　康高　………… 14203, 14204	斎藤　茂太　… 13444, 13447, 13448	斎藤　祥男　……………… 16578
西郷　吉太郎　…………… 05235	斉藤　茂　………… 03017, 03109	斎藤　吉弘　………… 28346, 28347
西郷　隆文　……………… 05235	斎藤　静　………… 07593, 22247	斎藤　芳弘　………… 30790, 30791
西郷　隆盛　………………	斉藤　秀一　… 05188, 05189, 05206	斎藤　義光　……………… 24533
05310, 05317, 05342, 05343	斎藤　秀平　………… 30274, 30275	斎藤　善之　……………… 08200,
西郷　信綱　……………… 14130	斎藤　秋圃　……………… 17643	09233, 09991, 10036, 10176
菜路　周竹　……………… 24741	斎藤　純　………… 09132, 10603	斎藤　隆三　……… 00566, 02974,
斎田　功太郎　…………… 16380	斎藤　正一　………… 28261, 28262	02975, 11338, 11729, 12174
斎田　作楽　……… 18752, 19165,	斎藤　襄治　……………… 09809	座右宝刊行会　……………
27394, 27449, 27476, 27494	斎藤　昌三　………… 12402, 22841	18488, 18823, 19312, 19313,
斎田記念館　……………… 18119	斎藤　慎一　……………… 29647	19335, 19344～19347, 19393,
才谷　登士夫　…………… 05144	斎藤　青海　……………… 24084	19394, 19415, 19523, 19524,
埼玉県　……………………	斎藤　拙堂　……………… 27451	19538, 19555, 19559, 19560,
00335, 29118, 29266～29269,	斎藤　貴男　……………… 16948	19613, 19629, 19635, 19646,
29271～29273	斎藤　孝　………………… 15092	19652, 19663～19670, 19693,
埼玉県入間郡毛呂山町	斎藤　多喜夫　…………… 04016	19764, 19778, 19789～19792,
文化財保護審議委員	斎藤　忠夫　……………… 17397	19849, 19860, 19866,
会　………………… 26223	斎藤　忠　………………… 00658	19867, 19899, 19913～
	斎藤　太郎　……………… 27845	19915, 19920～19922, 19934,
		19938～19941, 19961, 19964,
		19965, 19991, 20007, 20014,
		20106～20111, 20238
		佐江　衆一　……………… 10276

佐伯 有義	14198, 14799, 14851	
佐伯 清人	00132	
佐伯 弘次	33269, 33270	
佐伯 俊次	28283	
佐伯 孝弘	22926, 22950, 23092	
佐伯 仲蔵	13413, 13414	
佐伯 徳海	29493	
佐伯 安一	08890, 08909, 30467, 30568	
佐伯 録一	10078	
早乙女 常太郎	25699	
早乙女 貢	03668, 03778, 04591, 04592, 04616, 04716, 04879, 05845, 06041, 11257, 16785, 21837	
酒井 雁高	18516, 19724	
酒井 邦恭	01676	
酒井 憲一	25034	
堺 光一	23474	
酒井 幸子	07120	
酒井 シヅ	15959, 16449	
坂井 四郎兵衛	08952, 28725	
坂井 末雄	16034	
坂井 誠一	30465, 30476	
酒井 泰治	09231	
坂井 隆	20228	
坂井 孝彦	26349	
酒井 忠正	21940	
酒井 忠康	03654, 19287	
坂井 輝久	17575, 27495	
堺 利彦	26568	
佐貝 虎夫	08627	
酒井 直樹	22119	
酒井 一	00466, 09806, 31973	
酒井 久男	27718, 27977	
酒井 抱一	17648, 17649, 17993	
酒井 真右	26274	
酒井 正子	08040	
坂井 昌彦	13648	
酒井 正喜	20029	
酒井 美意子	30557～30559	
酒井 門次郎	01394, 01395	
酒井 わか奈	22609	
堺市博物館	17528, 17627, 22077	
酒井田 柿右衛門〔14代〕	20183	
堺なんや衆	21995	
境港市民図書館	00072	
堺屋 太一	01951, 02835, 04655	
境屋 林三郎	32511	
阪上 文夫	05990, 06002	
坂内 誠一	07865, 16433	

寒河江市史編さん委員会	28290	
寒河江市史編纂委員会	28309, 28330	
寒河江市文化財保護委員会	26030	
栄町史編さん委員会	29412	
栄村近世社寺調査委員会	20910	
坂川 山輝夫	03349	
榊原 英吉	26539	
榊原 和夫	03713, 16111	
榊原 悟	17555, 17564, 17751, 17753, 17757, 17867, 17868, 17873, 17874	
榊原 忠次	00964	
榊原 直文	07649	
榊原 正文	27630	
榊原 悠二	15595, 15596	
榊山 潤	03706, 03912	
坂口 達夫	08977	
坂口 筑母	13153～13156, 13194, 13212, 13213, 13254, 13273～13275, 16755, 22043	
阪口 弘之	21130, 21168, 21221, 21239	
坂倉 九郎次	08566	
佐賀県史編纂委員会	33240	
佐賀県文化館	20446	
佐賀県立図書館	24772, 33225～33239, 33266	
佐賀県立名護屋城博物館	07726	
佐賀県立博物館	09481, 09924, 18225, 33206	
佐賀市史編さん委員会	33210	
阪下 ゆかり	20714	
佐賀新聞社出版部	20102	
佐賀新聞社報道局	03494, 33201	
坂詰 智美	08913	
坂詰 秀一	02570, 11369, 17805	
坂田 章夫	15618	
坂田 栄男	22091	
阪田 数年	00127	
坂田 新	27343	
坂田 精一	07219, 07220, 07674～07676	
坂田 大	13494	
坂田 泥華	20476	
坂田 時正	32497	
左方 郁子	02111, 02542, 10259, 13742	
坂田 吉雄	03924, 03936, 07611, 10862～10864	
酒田古文書同好会	28274	
酒田市史編纂委員会	28310, 28311	

坂戸市教育委員会	29131, 29211, 29212	
坂梨 隆三	21560, 22125, 22133, 22218	
坂之 王道	19741	
坂ノ上 信夫	09624	
坂巻 甲太	22896, 22921, 22922, 22927	
酒巻 忠雄	22093	
相模原市教育委員会生涯学習部生涯学習課文化財保護室	21067	
相模原市市史編さん委員会	30161	
相模原市立博物館	04122, 17547, 18625, 30073	
坂本 稲太郎	14998	
坂元 宇一郎	00415	
坂本 箕山	16024, 16052	
坂本 清恵	22219	
坂本 敬司	07820, 08894	
阪本 健一	01698	
阪本 是丸	14173, 14258, 15254	
坂本 武信	33547	
坂本 武人	10132	
坂本 忠久	03594, 06071, 06423, 11183	
坂本 辰之助	02932, 04570, 14040, 16026	
坂本 勉	14882	
坂本 春吉	14471	
坂本 寿夫	27760～27764	
坂元 永	12217	
坂本 裕久	00045	
坂本 藤良	10296	
阪本 平一郎	06744～06749	
坂元 正哉	15580	
阪本 基義	05980	
坂元 盛秋	05282	
坂本 守正	27334	
坂本 保富	05064, 09594～09597, 15854, 15858, 22280, 30262	
坂本 優二	21890	
坂本 竜馬	05201, 05203	
坂本中岡銅像建設会	05153	
坂本龍馬記念館	05143, 05215	
坂本龍馬新聞編集委員会	05128	
酒寄 雅志	01937, 05306, 05408, 15949, 16139, 21391	
相良 亨	12989, 13167～13172, 13179, 13181, 13185, 13316, 13631, 13886, 14291, 14861	
相良村誌執筆者連絡協議会	33432	

相良町 ……………… 31207, 31208	桜木 章 …… 03726, 04131〜04134	佐々木 隆 ………………… 27523
佐川町立青山文庫 …… 32931, 32932	桜木 俊晃 ……………… 25159	佐佐木 高行 ‥ 00940, 04084, 04085
向坂 逸郎 ………………… 15977	桜沢 一昭 ………………… 03681	佐々木 長生 ……………… 08733
崎浜 秀明 ………… 06377, 06378, 06441〜06445, 06447, 06688	佐倉市総務部行政管理課佐倉市史編さん担当 ……………… 29376	佐々木 太郎左衛門〔9代〕 ……………… 09055
崎間 敏勝 ………… 00429, 00430	佐倉市立中央公民館 ……… 15913	佐々木 力 ……………… 16356
砂丘会 ……………… 18261	桜田 数馬親敬 …… 32900〜32904	佐々木 千尋 ……………… 04766, 04768, 04770, 04772, 04774, 04775, 04781, 30705
佐久 高士 … 11113, 30741〜30746	桜田 壬午郎 ……………… 11328	
作田 啓一 ……………… 13021	桜庭 経緯（乾外） ……… 05320	
作田 高太郎 ……………… 00623	佐古 慶三 ……………… 10268	佐々木 利和 ……………… 27655
作道 洋太郎 08547, 08650, 10234, 10858	佐古 純一郎 ……………… 25000	佐々木 仁三郎 ……………… 16717
作並 清亮 ………… 28043, 28088	佐光 昭二 15751, 15753, 32619, 32622	佐佐木 信綱 …… 14191, 14206, 14225, 14235, 14237, 14241, 23962, 23964, 24116, 24129, 24134, 24200〜24202, 24401
佐久間 長敬 01849, 06503, 06504, 06651	佐々 栄三郎 ‥ 09125, 09350, 09351	
佐久間 啓荘 ……………… 07462	佐座 宗侃 ……………… 24856	佐々木 久春 ……………… 21373
佐久間 象山 ……… 13775, 27366	笹井 花明 ……………… 13751	佐々木 弘綱 ……………… 14143
佐久間 正 13205, 15573, 15578, 15610	笹井 秀山 ……………… 12905	佐々木 邦世 ……………… 15412
佐久間 達夫 …… 16152〜16158	笹尾 哲雄 …… 15441, 15442, 15447	佐々木 正子 ‥ 18044, 18054, 18305
佐久間 男留 ……………… 04718	笹岡 芳名 ………… 16448, 30700	佐々木 幹雄 ……… 19622, 19623
佐久間 寿 ……………… 25247	笹神村 ……………… 30341	佐佐木 杜太郎 ……… 03019, 03021, 03157, 03192, 03324, 03342〜03346, 03358, 13827
佐久間 文太郎 ……………… 16313	笹川 潔 ……………… 16671	
佐久間 好雄 ……………… 04987	笹川 隆平 ……………… 31852	
佐久間 柳居 ……………… 25617	笹川 種郎 22373, 22519, 23297, 23679	佐々木 好雄 ……………… 27703
佐久間象山先生遺墨顕彰会 ……………… 13756		佐々木 由太良 ……………… 05367
	笹川 臨風 02965, 03012, 03155, 11514, 12319, 12505, 18375, 18595, 22328	佐々木 米行 ……… 18267, 18280
作美 陽一 ……………… 12692		佐々木 隆爾 ……………… 03544
桜 東雄 ……………… 03047		沙々木 隆之助 ……………… 01794
さくら 俊太郎 ……………… 03700	佐々木 薫 ……………… 31117	笹沢 左保 ……………… 11337
佐倉 孫三 ……………… 04947	佐々木 一馬 ……………… 00702	笹月 清美 ……………… 14355
桜井 昭男 …… 21134, 21449, 28252	佐々木 京一 09207, 09208, 27844, 27863	佐々野 昭弘 ……………… 00552
桜井 久次郎 ‥ 13526, 23999, 32847		笹野 邦一 ……………… 05568
桜井 清彦 ……………… 07684	佐々木 教正 ……………… 15400	さ、のや ふくべ ……………… 26538
桜井 順蔵 ……………… 28075	佐々木 清 ……………… 25464	雀部 実 ……………… 09564
桜井 庄太郎 ……………… 10599	佐々木 均太郎 ……………… 18459	笹間 良彦 00134, 00532, 02187, 06468, 06528, 06529, 06586〜06588, 11423, 11424, 11782, 11858, 11873, 11931, 11958, 12019, 12102, 22186, 22198
桜井 甚一 ………… 30623, 30624	佐々木 憲徳 ……………… 13524	
桜井 信太郎 ……… 31137, 31139	佐々木 曠一 ……………… 13375	
桜井 進 …… 11181, 11348, 16339	佐々木 甲象 ‥ 03716, 31845, 31847	
桜井 青瓢 ……………… 14249	佐々木 剛三 … 18453, 18465, 18469, 18470, 18476, 18477, 20934	
桜井 武次郎 22763, 24578, 24592, 24957, 25773, 25804, 25971, 26149, 27060, 27147, 27241, 27242		笹本 正治 ……………… 09635
	佐々木 潤之介 00514, 00611, 00894, 01013, 02255, 02265, 02266, 02624, 02663, 02664, 04830, 08379, 09024, 09025, 09139, 09140, 09200〜09202, 10519, 10554, 10600, 11306, 12794, 27573	茶山詩話編集委員会 27552〜27557, 27559
桜井 敏雄 ……………… 20909		指 昭博 ……………… 11987
桜井 彦一郎 ……………… 14768		佐治 奎介 ………… 00128, 00129
桜井 冬樹 09989, 10067, 27751, 27752		佐治 次太郎 ……………… 01035
		佐島 直三郎 …… 27904〜27915
桜井 正信 12969, 29756, 29757, 29765	佐々木 譲 ……………… 04816	流石 奉 ……………… 30816
	佐々木 韶 ……………… 18686	佐瀬 恒 …… 09547, 09548, 23108
桜井 祐吉 …… 14238, 14340, 14341	佐々木 丞平 17600, 17810, 18027, 18038, 18044, 18047, 18054, 18058, 18077, 18283, 18305, 18308	佐瀬 与次右衛門 ……………… 08864
桜井 由幾 ……………… 10809		佐世保史談会 ……………… 33381
桜井 洋子 ……………… 12819		佐田 和太郎 ……………… 00628
	佐々木 克 …… 00998, 01707, 01768, 03921, 04395, 04480, 05241, 05375, 31645, 33800	佐田 満 ……………… 00477
		佐高 信 ………… 05302, 05303
桜井 芳昭 ………… 09644, 09695	佐々木 清之丞 ‥ 13228, 16641, 16730	定兼 学 …… 08899, 32290, 32292

佐竹 昭広	00306, 21225, 21579, 22584, 24059, 24546, 25787	
佐竹 永海	18152	
佐竹 義継	03828	
定村 忠士	19341, 19581, 19591, 19605	
雑学倶楽部	21825	
佐々 克明	05304	
佐々 醒雪	12561, 24624, 24625, 24678, 25061, 32856	
佐々 政一	22433	
幸手市教育委員会生涯学習課市史編さん室	29213, 29214	
薩摩総合研究所「チェスト」	05235	
佐藤 昱	05636, 05637	
サトウ,アーネスト	07671, 07673～07676, 07692	
佐藤 伊作	27981, 27982	
佐藤 一斎	13631, 13632, 13639, 13643～13645, 13648, 13649, 13652, 13655, 13656, 13658	
佐藤 栄作	13309	
佐藤 栄七	15852	
佐藤 恵里	21489	
佐藤 黄雀	19057	
佐藤 一男	22046	
佐藤 和司	28472	
佐藤 和彦	00583, 00587, 02620, 04628	
佐藤 勝明	24754, 25714, 25833～25836, 25919～25921	
佐藤 巌英	14767	
佐藤 喜一	22915	
佐藤 喜久一郎	28957	
佐藤 清	09922	
佐藤 清彦	11021	
佐藤 蔵太郎	12697	
佐藤 啓行	15003	
佐藤 啓次	12270	
佐藤 健一	09285, 16290, 16292～16298, 16301, 16302, 16307, 16328, 16335, 16337, 16341, 16343, 16344, 16364, 16365, 16367	
佐藤 賢一	16319, 25249, 25510, 26831	
佐藤 健二	11314	
佐藤 権司	07780	
佐藤 興二郎	09570～09573	
佐藤 孔亮	03179, 03250	
佐藤 貞夫	09219, 14962, 14987	
佐藤 敏	11680, 12554	
佐藤 悟	23738	
佐藤 達	18456
佐藤 早苗	15525
佐藤 成男	08551
佐藤 成裕	08892
佐藤 繁	13787
佐藤 誠朗	00576, 02216, 03808, 10347, 10551
佐藤 紫弦	26450
佐藤 雀仙人	26383
佐藤 修一	21160
佐藤 昌介	15776, 15889, 15893, 15908, 15983, 18383
佐藤 如天	06337
佐藤 進一	00076, 12129, 23407, 25069, 25108
佐藤 進三	20119, 20285
佐藤 仁之助	13368, 24405
佐藤 清一郎	08589
佐藤 善治郎	09764
佐藤 高	12677
佐藤 高俊	04048, 28474, 28475, 28477, 28626, 28627
佐藤 孝之	00882, 06774, 11072
佐藤 巧	21039
佐藤 武雄	18412
佐藤 毅	22480
佐藤 武義	22230～22237
佐藤 辰三	20979, 21021, 21022
佐藤 太平	03512
佐藤 雉鳴	14359
佐藤 通次	14091
佐藤 常雄	08868, 08887～08902, 08904～08909, 09034
佐藤 藤蔵	08901
佐藤 亨	22108, 22122, 22123, 22149, 22179, 22180
佐藤 利夫	12905, 30260
佐藤 敬子	16217, 30967～30969
佐藤 朝泰	02149
佐藤 友之	06501, 29654
佐藤 直助	17138
佐藤 直太郎	03097
佐藤 仲雄	06878
佐藤 信淵	08904, 15924
佐藤 春夫	23475
佐藤 久夫	09877
佐藤 仁	13293, 21581
佐藤 仁志	07931
佐藤 寛	04950
佐藤 博	16961
佐藤 宏之	09814
佐藤 文明	05681
佐藤 誠	03209
佐藤 雅彦	20124～20127, 20149, 20168, 20185, 20264, 20275, 20287, 20303, 20304, 20342, 20356, 20357, 20372, 20374, 20404, 20424, 20460, 20470, 20489, 20519, 20520, 20551, 20552
佐藤 正英	13268, 14142, 14718
佐藤 正博	07858, 33646
佐藤 雅美	08209, 08363, 08372
佐藤 又八	17712
佐藤 円	25232, 25243
佐藤 守	14962
佐藤 光昭	33495
佐藤 貢	25102, 25321, 26221
佐藤 光信	17685, 18881, 18885, 23724
佐藤 満洋	33603
佐藤 実	08985, 08986
佐藤 深雪	23473
佐藤 康宏	18108, 19190
佐藤 泰弘	00055
佐藤 泰正	26155
佐藤 宥紹	27617
佐藤 幸夫	09210, 28258
佐藤 至子	23675
佐藤 洋一	02907
佐藤 要人	09946, 12142, 12478, 12494, 12495, 12512, 12555, 12557, 12558, 12562, 12672, 18991, 19529, 23734, 26530, 26550, 26621
佐藤 義雄	31555
佐藤 義勝	24768
佐藤 六龍	10242
佐藤 陸郎	16128, 16159
佐藤 竜一	27865
佐藤 良	17507
佐藤 亮一	14813
佐藤 緑葉	13568
佐藤 礼介	16380
茶道資料館	21998～22000
佐渡郡教育会	30358
ザトロフスキー,ラードリ	12976
佐土原町教育委員会	33712
真田 収一郎	07632
真田 淑子	21171
真田宝物館	19304, 30928
実方 清	24088, 24160
実方 寿義	02203
佐野 英山	08625, 08626
佐野 鼎	08114, 08115
佐野 喜与伊	09204
佐野 邦雄	00722

佐野 幸夫	05272
佐野 経彦	05573
佐野 俊正	05010, 05011
佐野 仁	14668
佐野 文哉	18372, 18880, 19432, 19805, 19881, 19946, 19977, 23731, 23732
佐野 正時	02092
佐野 正巳	14076, 14121, 15792, 16856, 27389～27392
佐野 真由子	07580
佐野 保彦	00870
佐野 芳和	07007, 07163
佐野市郷土博物館	09634
佐野市史編さん委員会	28912
佐野美術館	12215, 18260, 19363
鯖江市史編纂委員会	30728～30731
佐橋 法龍	27484, 27488, 27489
佐原 隆巳	04555
座間市立図書館	30224
佐股 忠正	04986
佐股 致愷	04986
寒川 光太郎	05970, 07520
寒川 鼠骨	25395, 25869, 25870, 25900, 25901, 25920
寒川町	30101, 30102
鮫島 宗辛	05298
鮫島 白鶴	22069
座本 勝之	07397
佐山 英雄	17203, 17204
佐山 守	11651, 11652
狭山古文書勉強会	29264
更谷 義博	32063
さるみの会	25671
猿山 文彦	25551
沢 宣一	06009, 31924
沢 忠宏	21794
沢 博勝	15236, 15239
佐和 隆研	15378, 17498
沢井 啓一	13150, 13169
沢井 浩三	31914
沢井 常四郎	04521
沢井 鈴一	18631
沢井 耐三	23436
沢井 実	10182
沢内村史編纂委員会	27921
沢海 五郎作(桜州)	03688
沢木 欣一	27094
沢木 美子	25807
沢口 清	10056
沢口 芙美	24054
沢田 章	10188, 10203
沢田 一矢	22183, 22184

沢田 平	09533
沢田 真理	11422, 12642
沢田 由治	20430, 20431
沢本 江南	04451
沢本 孟虎	04966, 04967
沢山 美果子	10856, 12440
山雨楼主人	02916
山家人広住	23420
三渓園保勝会	21095
サンケイ新聞社	18418
産経新聞大阪本社	18780, 18781, 18828
産経新聞文化部	12326
三古会	22461
三彩社	18279
三十一人会	05763
三条 実美	05538
三条市史編修委員会	30360, 30361
三心堂出版社編集部	19062, 19129, 19147, 19343, 19981, 23206, 23358
三省堂編修所	26454
三省堂編集部	00071
サンソム, ジョージ・ベイリー	08137～08139
三田 花朝尼	26975
三田 葆光	13363
山東 京山	23682, 23683, 23695, 24115
山東 京伝	19027, 23306, 23307, 23315, 23317, 23318, 23321, 23327, 23705
山東京伝全集編集委員会	23313～23321
サントリー美術館	00286, 02024, 02960, 17401, 17407, 17446, 17506, 17644, 17848, 17905, 17961, 18005, 19012, 19314, 20589, 20613
山王海下ノ屋敷源之助	27959
宮内庁三の丸尚蔵館	17428, 17573, 17740, 17742
三瓶 源作	06055
三瓶 耕童	28287
参謀本部海軍部編纂課	07668
三方よし研究所	10256
さんぽみち総合研究所	02123
讃夜荘主人	26643
三遊亭 円楽	26500
山陽新聞社	03705, 21055, 32188, 32191～32194
山陽新聞社出版局	16930
山陽新報社	07468
山陽パルプ	11500～11504
山陽放送株式会社	18582

サンライズ出版	09856, 10309
サンライズ出版編集部	10310
三和町史編さん委員会	28782

【し】

椎名 佳代	22249
椎名 仁	28709
椎葉 高男	00380
寺院本末帳研究会	15332～15334, 15406
塩 照夫	00344, 10088
塩井 雨江	14188
地黄坊 樽次	19327
塩浦 林也	24398
塩竈神社博物館	00175
塩川 友衛	30848, 30876, 30889
塩沢 君夫	08842
塩沢 重義	14098
塩沢 秋嶺	04537
塩沢 尚人	05023
塩沢 仁治	10113
塩沢町文化・スポーツ事業振興公社	23852
塩尻 清市	07692
塩尻 青筰	25649
塩田 嵩	06907, 15528
塩田 道夫	03094, 03172
塩田 良平	12540
塩田町歴史民俗資料館	20103, 33176
塩出 光雅	32853, 32854
塩野 和夫	07592
塩野 適斎	29941, 29942
塩野 淑子	10195
塩野 芳夫	10195, 15235, 24748
塩谷 温	16018, 16019
塩谷 世弘	00989
塩見 鮮一郎	10891, 10895, 10935, 10999～11001, 11007, 11009, 11010, 11336, 21749, 29563
塩満 郁夫	33835, 33836, 33845
塩村 耕	17309, 17310, 22448
塩屋 照雄	09477
志賀 剛	02364
志賀 伝吉	09218, 09222
志賀 裕春	05979
志賀 与惣右エ門	04048
鹿倉 秀典	11370, 23343
滋賀県安土城郭調査研究所	00364
滋賀県教育委員会	00366, 20885

滋賀県教育委員会事務局文化財保護課 ……… 13382	時事電報通信社 ………… 16100	司東 真雄 …………………… 15512, 15513, 27848, 27849
滋賀県経済協会 …… 10321, 10322	宍戸 円喜 …………… 01094	紫桃 正隆 …………………… 06723, 06724, 15576, 28050
滋賀県私立近江高等学校びわこ探究同好会 …… 31674	志士の杜推進実行委員会事務局 …… 05155, 05509	品川 義介 …………… 15095
滋賀県陶芸の森 …………… 20144	酒々井町史編さん委員会 …………… 29414	品川 陣居 …………… 05080
滋賀県同和問題研究所「岩越家文書」編集委員会 …………… 31667	静岡アートギャラリー ……… 19207	品川 鈴子 …………… 25939
	静岡郷土研究会 ……… 02922	品川 弥二郎 …… 15057, 15088
滋賀県立近代美術館 ‥ 17551, 17637	静岡県 …… 31142, 31143, 31258	品川 弥千江 …………… 12450
四方 山径 …………… 24960, 24962, 25425, 25426, 27089	静岡県教育委員会 …… 07165, 20915	品川区立品川歴史館 ‥ 02580, 29506
四方 昌子 …………… 28632	静岡県教育委員会文化課 …………… 00198, 09774	科野 孝蔵 …………… 07873
滋賀大学経済学部附属史料館 …………… 10327	静岡県高等学校郷土研究連盟 …………… 08101	信濃教育会 …………… 13758
史学会 …… 00039, 00040	静岡県地域史研究会 ……… 09783	信濃教育会諏訪部会 …………… 05604
鹿野 嘉昭 …………… 00147	静岡県立静岡高等学校郷土研究部 …………… 08101	信濃建築史研究室 …………… 20910
志岐 隆重 …………… 15640	静岡県立美術館 …………… 17546, 17825, 18074, 18444, 19731	信濃史料刊行会 …… 30976〜30984, 31002, 31003, 31005〜31007
松山市立子規記念博物館 …… 16696, 24661, 26371	静岡古文書研究会 …………… 26983	信濃毎日新聞社 …… 07466, 30839
式亭 三馬 …… 21571, 23349, 23350	静岡市 …… 31180, 31213	信濃毎日新聞社出版局 …………… 26404
式場 寿平 …………… 24299	静岡市教育委員会 …………… 20731	信濃町観光協会 …………… 26285
式場 麻青 …………… 24299	志筑忠雄没後200年記念国際シンポジウム実行委員会 …… 15933	志野 昭 …………… 29129
式場 隆三郎 …………… 00432	滴の会 …………… 31592	篠 鷹之 …………… 19307
鴫原 仙吉 …………… 08963	志津田 兼三 …………… 24007	篠川 直 …………… 31931
繁田 健太郎 …………… 29555	慈性 …… 01455, 01456	しの木 弘明 …… 24718, 26258, 27429, 28971
重田 定一 …………… 13253	志田 延義 …………… 24090, 25388, 25587, 26800, 26801, 27028, 27187, 27230	篠木 弘明 …………… 16582
重友 毅 …………… 17214, 21353, 21366, 22296, 22483, 22498, 22514, 22622, 22624, 23106, 23466, 23524, 23532, 23541, 23543, 25278		篠崎 源三 …………… 13530
		篠崎 久躬 …………… 22238
	志田 一夫 …………… 33274	篠崎 充男 …………… 32863
	志田 義秀 …… 24947, 25183, 25184, 25387〜25391, 25504, 25532, 25720, 25741, 26114, 26282, 27169, 27187	篠島 満 …………… 30486
重永 卓爾 …… 33733, 33734		篠田 鉱造 …… 03719〜03721, 03876, 03877, 10840, 11774
重野 安繹 …………… 03018, 14750, 14751, 33773		信多 純一 …………… 21157, 21205, 21362, 22909
茂野 幽考 …… 05232, 07524	志田 正徳 …………… 28644	篠田 仙果 (久次郎) …… 05315
繁原 央 …………… 27486	時代別日本文学史事典編集委員会 …… 22574	篠田 達明 …… 01833, 01840
重久 篤太郎 …… 08012, 22246	下程 勇吉 …… 13595, 16703	篠田 竹邑 …………… 13960
重藤 威夫 …… 06967, 06968	史談会 ‥ 00864, 04645, 05006, 05961	篠田 英雄 …………… 20969
重松 一義 …………… 06455, 06659, 06661, 06711, 10781, 11015, 11018, 15584	志智 嘉九郎 …………… 22097	篠田 隆治 …………… 14075
	七卿顕彰会 …… 04463, 04464	篠原 重一 …………… 03897
重松 篤大夫 …………… 31363	実学資料研究会 …… 13093〜13103	篠原 進 …… 22974, 23270
重松 信弘 …… 14093, 22429	持月 博行 …………… 31177	忍 甲一 …………… 11621
重本 多喜津 …………… 15174	実業之日本社 …………… 04660	信夫 淳平 …………… 03126
重森 完途 …… 21018, 21080〜21093	十国 修 …… 24943, 25313	信夫 恕軒 …… 03027, 03126
茂森 唯士 …………… 07566	実践女子大学図書館 …………… 11866	信夫 清三郎 …… 06903, 15081
重森 三玲 …… 21080〜21093	十返舎 一九 …… 12559, 19844, 23358〜23362, 23367〜23370, 23372〜23374, 23376〜23387, 23389, 23390, 23392〜23396, 26941〜26943	四戸 宗城 …………… 25360
茂里 正治 …………… 24513		篠丸 頼彦 …… 16813, 29352
紫紅社 …………… 12185		柴 桂子 …………… 09756, 09942, 10632, 10763, 10802
四国新聞社 …… 32685〜32690		司馬 江漢 …… 00910, 20045
シコラ, ヤン …………… 10249		芝 定四郎 …………… 04487
志治 美世子 …………… 29762	十返舎 一九〔2代〕 …… 23389	芝 哲夫 …… 16910, 16912
GCM庚申庵倶楽部 …… 26229	十方庵 敬順 …… 01165, 01166	柴 秀夫 …………… 33296
時事世界新社 …………… 02863, 03480, 05947, 10859	子弟教育普及会 …………… 14724	司馬 遼太郎 …………… 00282, 00283, 03975, 04662, 05662, 05778, 05911, 14974

柴口 成浩	15478
柴田 荒神	26436, 26570, 26571
柴田 顕正	01950
柴田 収蔵	15799
柴田 純	11904, 13030
柴田 宵曲	03869, 03870, 22327, 25776, 25777, 25840, 25841
柴田 伸吉	08387, 08388
柴田 甚五郎	13561
柴田 善三郎	26071
柴田 武雄	09198, 13247
柴田 惠也	27201
柴田 敏明	16957
柴田 豊久	06400, 11592, 28935
柴田 一	01798, 08318, 09333, 09334, 16708, 32313
柴田 博	15335
柴田 勉治郎	25968
柴田 光彦	23555, 23578〜23583, 23596〜23599, 23625〜23628
柴田 実	16959
柴田 宜久	28885
柴田 流星	11487, 29493
新発田郷土研究社	30265
新発田市史編纂委員会	30362〜30364, 30421
柴野 栗山	13458
芝原 拓自	03714, 07509
柴村 敬次郎	07760
芝村 哲三	21793
柴村 盛之	16305
柴村 羊五	07045
柴山 肇	12453〜12455
柴山 照日出	32351, 32373, 32374
芝山町町史編さん委員会	29415
GBS実行委員会	32060
渋井 清	18540, 18728, 19393, 19394, 19420, 19538, 19542, 19576, 19613, 19642, 19646, 19693, 19698, 19708, 19778, 19788, 19798, 19800, 19818, 19849
渋江 長伯	09869, 09891
渋江 和光	28233〜28240
渋川 育由	17200
渋沢 栄一	02130, 02132, 02134, 02136〜02138
シブサワ・コウ	02997, 03765, 04668, 05847, 23631
渋沢 華子	04810, 05924
渋沢 秀雄	05925
シブサワ・コウ＋光栄出版部	05846

渋谷 光三	00915
渋谷 四郎	27606
渋谷 善嶺	00850
渋谷 隆一	08651, 08655
渋谷区立松濤美術館	12610, 18838, 19282, 20450
斯文会	16741, 16769〜16772
標津町郷土研究会	27624
司法省刑事局	09082
司法省大臣官房庶務課	06099, 06101
司法省調査課	06463
司法大臣官房調査課	06464, 06465
ジーボルト,A.	07095
シーボルト, ヴェルナー	07120
シーボルト,ハインリッヒ・フォン	07605
シーボルト, フィリップ・フランツ・フォン	07083, 07085, 07087, 07092, 07106, 07108〜07111, 07125〜07133, 07599, 26945
シーボルト記念館	07093, 07113
島 実蔵	08482
島 武史	10349, 10381, 10392
嶋 祐三	09434
志摩 芳次郎	12490
島内 景二	24827
嶋岡 晨	00412, 05150, 25478, 25485, 26361, 26366, 27415
嶋岡 七郎	08991
島岡 達三	20510
島岡 哉	12290
島ケ原村郷土史研究会	31600
島木 英	24880
島崎 圭一	09299, 09300, 24121, 24159
嶋崎 丞	20321, 20342
島崎 とみ子	12263
島尻 勝太郎	33867
島尻勝太郎・嘉手納宗徳・渡口真清三先生古稀記念論集刊行委員会	33866
島津 学堂	13851
島津 邦弘	00156
島津 誠光	30702
島津 忠夫	23979, 24790
島津 正	00303, 26783
島津 修久	05235
島津 久基	22488
島居 清	24580, 25567〜25578
島津家臨時編輯所	05258
島津斉彬文書刊行会	05253〜05255
島田 勇雄	01589〜01592, 23135

島田 一郎	24540
島田 治	09988
島田 清	09311, 20720
島田 錦蔵	09402
島田 虔次	15034
嶋田 謙次	10414
島田 駒男	04843, 09278, 09292, 09293, 11551
嶋田 貞継	16307, 16308
島田 三郎	04155, 07452, 07453
島田 成矩	32260
島田 修二郎	17904, 18149
島田 正蔵	05290, 05291, 13569, 15117
嶋田 静	08634
島田 蜻洲	12697
島田 青峰	24966, 27048
島田 孝右	08163, 08169, 15614, 15615
島田 武彦	20719
島田 筑波	19294
嶋田 正文	19746
島田 増平	15047
島田 民治	16662
島田 ゆり子	08163, 15614, 15615
島田 陽	07630
島田 和三郎	30701
島田三郎全集編集委員会	07489
島谷 真三	27551
嶋中 道則	27084
しまねきよし	03736
島根県	32269
島根県教育委員会	20911
島根県立図書館	06331, 06332
島野 三千穂	10875
島原 泰雄	23980, 23981, 24033, 24034, 24284
島原市仏教会	11613
島原陣三百年記念祭祭典事務所	15643
島村 俊広	22095
嶋村 初吉	07824
島本 昌一	24806
島本 得一	08490, 08492, 08493
島本 仲道	01025
島屋 政一	17249
清水 勲	20063, 20064, 20066
清水 覚次郎	18699
清水 勝太郎	10605
清水 橘村	01888
清水 杏芽	25086, 25694, 25695
清水 澄	18187, 18537, 18538

清水 公照	18238	
清水 三次郎	20818	
清水 松濤	13759	
清水 新兵衛	12869	
清水 晴風	12049, 12050, 12062	
清水 孝教	04516	
清水 隆久	08877, 08878, 08890, 08909	
清水 孝之	18185, 26048, 26093, 26161, 26162, 26164, 26177, 26205, 26214, 26216	
清水 琢道	00885	
清水 恒吉	08553, 08597	
清水 哲	26310, 26311, 26327, 26328, 26384	
清水 藤九郎	30636	
清水 信子	02687	
清水 昇	02492	
清水 花次郎	26761	
志水 速雄	07997	
清水 久人	16853, 32412	
清水 秀雄	08248	
清水 瓢左	25536	
清水 紘一	06821, 15529	
志水 雅明	13792	
清水 正男	23298	
清水 将大	02547	
清水 正之	14129	
清水 元彦	20392	
清水 基吉	24958, 24959	
清水 安三	13575	
清水 裕子	20514	
清水 豊	13785	
清水 吉二	28980	
清水 義寿	13768	
清水市史編さん委員会	31214～31216	
清水町史編さん委員会	31217	
沈 箕載	07802	
紫村 一重	09358	
志村 有弘	09105, 15642, 21897, 21901, 23871	
志村 純	07653	
志村 武	03256, 03273, 03274	
志村 裕次	15944	
下飯坂 秀治	28030	
下磯部村名主源左衛門	11640	
下伊那教育会	09909, 09910, 30885, 30941	
下伊那の教育史研究会	16956	
下蒲刈町文化財保護委員会	12246	
下垣内 和人	24755～24765, 26242, 26261	
下郷町史編さん委員会	28539, 28662	
下里 静	31977, 32041, 32042	
子母沢 寛	05725, 05734	
下重 清	02298, 02803	
霜田 巌	30966	
志茂田 誠諦	00592	
下田 次郎	16659	
下田 隆	14897, 14898	
下田 富宅	29745	
下平 和夫	16292～16297, 16371	
下田市教育委員会	07354	
下田市史編纂委員会	31218～31221	
下妻市史の会	28789, 28790	
下妻市史編さん委員会	28758	
下妻市史編纂専門委員会	28784～28788	
下出 繁雄	27591	
四元 学堂	13795	
四元 内治	13849, 13850	
下中 芳岳	13693	
下中 弥三郎	03623, 04498, 04499, 05278, 05301	
下西 善三郎	23364	
下野 岩太	32397, 32411	
下野 敏見	12693	
下関市市史編修委員会	32535, 32574	
下関文書館	05423, 06604	
下橋 敬長	04474	
下原 美保	05236, 33788	
下総町史編さん委員会	29385, 29416, 29417	
下宮 忠雄	01887	
下村 をさむ	26236	
下村 健二	24998	
下村 湖人	15000	
下村 千秋	03513	
下村 宏	25326	
下村 富士男		
下村 無端	14817	
下村 良之介	19802	
下山 三郎	03922	
下山 多美子	21980	
下山 照夫	29861	
下山 治久	02447, 02448	
下山 弘	12531, 15735, 26446, 26459, 26556, 26575, 26727	
下山 山下	26720	
謝 世輝	00649	
シャイヴリ, D.H.	01687	
社会経済史学会	08199	
社会事業研究所	12079	
釈 敬順	19323～19327	
釈 浄因	08905	
釈 昇道	27448
釈 瓢斎	26980
釈種 蓬仙	03008
若州竹人形座	21410, 21411
じゃげな会	00711
柘城学人	13608, 13609
写真	20381
蛇沼 耕水	28008
舎用	24953, 24954
ジャンセン, マリアス・B.	05137～05139, 10541
ジャンボール・絹子	25861
朱 徳蘭	06965
寿庵顕彰ふるさとルネッサンス委員会	15569
周 煌	33970, 33971
シュヴィント, マルティン	07629
秀川 和久	16295, 16330
修史室	09493, 10399～10403
周東町教育委員会	05578
十文字 美信	21014
宿沢 ます江	30802
宿南 保	02775, 28478, 31957, 31958
守随 憲治	21299, 21314, 21415, 21432, 21510, 21541, 22431, 22432, 22523, 23136, 23229
出水郷土誌編集委員会	33803～33807
主婦と生活社	04753, 11720, 20400, 20487, 29753
主婦の友社	20080, 20296, 20318, 22041
『修羅』同人	24286
首里王府	33916
シュリーマン, ハインリッヒ	07604, 07628
春秋居士	03426
純心女子短期大学長崎地方文化史研究所	15612, 33362
春風亭 栄枝	24483
蒹露庵主人	12409, 12410, 12414, 12418, 12425, 12447, 12456, 12457, 19078, 22843～22845, 26443, 26444, 26485, 26608, 26633, 26634
徐 恭生	00400
徐 興慶	07845
徐 葆光	33947～33949
城 邦子	32929
向 象賢	33946
所 平	08909
松宇文庫俳書目録刊行会	24542
上越市史専門委員会考古部会	00345

著者名	番号
上越市史編さん委員会	30298, 30299, 30365～30368
上越市文化財調査委員会	20763
「蕉翁遺芳」編集委員会	24891
正墻 明	13528
正墻適処顕彰展実行委員会	13529
小学館	18094
尚学図書・言語研究所	16377
城下町彦根を考える会	11247
貞享義民記念館	09283
上下町史編纂委員会	00373
上下町教育委員会	00373
城後 尚年	11158～11160, 15606～15608, 33082, 33083, 33151, 33447～33449, 33496～33498, 33511, 33512
上甲 平谷	25351, 25446
上甲 保一郎	25350
彰考館	28845
照古会	30504
彰国社	20681, 21071
尚古集成館	00130, 33760
尚古堂主人	16376
象山先生遺蹟表彰会	13733, 13734, 13736
庄司 吉之助	09365, 09366, 13018, 28453, 28505
庄司 恵一	00322, 00323
荘司 賢太郎	11668, 12194
庄司 成男	20961
荘司 晋太郎	05347
東海林 隆	27070
庄司 拓也	10504
庄司 卓郎	26237
東海林 恒英	24002
庄司 三男	07915
城島 正祥	33192
猩々庵 直翁	26624
正信協会	13560, 14890, 24545, 24901
正田 健一郎	08273
庄田 元男	07671
正田 喜久	03473
松竹京都撮影所大庭組	11579
松亭 金水	23338, 26699, 29546
荘内銀行営業企画部	27225
荘内史料研究会	11618
荘内文化財保存会	16822
沼南町史編さん委員会	29418
庄野 隆	06391
庄野 寿人	13945
城端町ふるさと歴史研究会	30499
庄原市史編纂委員	32429
庄原市文化財協会	32430
庄原市立山内公民館	09336
鍾美堂編輯部	03013
松風会	15160, 15196
城福 勇	14294, 14296
正部家 種康	27716
城陽市歴史民俗資料館	17563
常陽明治記念会	04967, 04972
正和 久佳	20327
昭和女子大学連句研究会	26179
蜀山人	24480
『恕斎日録』刊行会	33494
ジョージ秋山	14812
ジョージ石黒	19221, 19222
書人研究会	25338
女性史総合研究会	10828, 10830
ジョゼフ・ヒコ	06984
如儡子	22861
ジョーンズ, スミエ	13491, 19158, 19985
白井 雲厓	25469
白井 永二	27318
白井 菊也	18373
白井 喬二	23603, 23788
白井 孝昌	21908
白井 哲哉	00646, 16078
白石 一郎	11535, 11536
白石 借翠	01929
白石 孝	10198
白石 つとむ	12811, 12812, 12898, 19732
白石 克	18859, 19730, 19736, 31780
白石 悌三	22648, 23099, 24501, 24919, 25009, 25424, 25483, 26061, 26094
白石 寿郎	33053
白石 博男	09275
白石 広子	06971, 07903, 12516
白石 通子	30217, 30218
白石 良夫	03691, 11937, 14090, 14309, 22308, 22336, 22349
白方 勝	21328, 32861, 32862
白川 亨	00454
白河市史編さん委員会	28542～28547
白河集古苑	17441
白河市歴史民俗資料館	17441, 17708, 18154, 21076
白川部 達夫	02202, 08202, 09009, 11148, 28678, 28938
白木 博久	18072
白木 豊	13296
白倉 一由	21338, 21358, 23115, 23116, 23132
白倉 敬彦	10637, 12399, 12462, 12543, 12641, 19060, 19079, 19131, 19141～19143, 19146, 19838
白崎 謙太郎	21779, 21780
白崎 秀雄	17976, 18004, 24177
白沢 清人	17163
白洲 正子	20240, 20381
白土 与五郎	04793
白鳥町教育委員会	09284
白名 民憲	23153, 24848
白根 孝胤	00834, 00837, 00838, 03441
シラネ, ハルオ	25334
白幡 洋三郎	21072, 21078, 31754
白畑 よし	17881, 17979
白峰 旬	02297
白柳 秀湖	03366～03368, 03630, 04502, 05374, 10868, 11036, 16121
白山 友正	08437, 08438, 09456, 10058
私立近江高等学校びわこ探究同好会	06554, 31638, 31702
史料集刊行会	33141
白石市史編纂調査会	28067
白水 完児	08887
次呂久 英樹	14778
城下 嘉昭	08613
白根市史編さん室	30369～30371
城丸 花仙	26001, 26002
城山町史編さん委員会	30236, 30237
城山町	30103
史話会	03628
申 維翰	07590
神 一行	04633, 24188, 24194
辛 規秀	07753
辛 基秀	07725, 07731～07738, 07750, 07754, 07755, 07768, 07779, 07826
申 東珪	07884
シンガー, ロバート	17619
信海	24091
新川 美水	21777
新紀元社編集部	03781
新行 紀一	01949
新宮 正春	21835
神宮寺 淳	28121
神宮文庫	31627
新熊本市史編纂委員会	00379, 33426, 33431, 33437～33439

著者	番号
「新・熊本の歴史」編集委員会	33408
新里 堅進	33877
進士 慶幹	01863, 02666, 02921, 03392, 06185, 06191, 06457, 06458, 06602, 06603, 11885, 11887〜11891
神社本庁教学研究室	14115, 14363, 14465
新修神戸市史編集委員会	31990
信州大学教育学部歴史研究会	30890
新修名古屋市史第三専門部会	31303
信州歴史の道研究会	09728
新城 軍平	13301
新城 常三	09667, 09668
新庄市	28292
新庄図書館(新庄市)	28338
新城市教育委員会	31402
新城市誌編集委員会	31538
新人物往来社	05083, 05132, 05167, 05178, 05641, 05711, 05712, 05715, 05721, 05727, 05728, 05731, 05736, 05741〜05743, 05760, 05761, 05764, 05765, 05783, 05802, 05803, 05821〜05824, 05901, 05916, 06592, 10838, 11296〜11298, 12807, 29556, 29790
新星出版社編集部	00615, 03735
真正町文化財審議委員会	26041
新選組研究会「碧血碑」	05844
新選組新聞編集委員会	05746
新選組「誠」発掘隊	05666
秦泉寺 正一	05179
新選社	05848, 21882
新創社	16118, 31719
尋尊	15425
新谷 博司	03528
新谷 政彦	20221
新谷 道太郎	04526, 04625
新潮社	29606〜29613
新訂大宇陀町史編集委員会	32069
新田町三百年史編さん委員会	31371
新藤 茂	19980
進藤 寿伯	11545
進藤 直作	08598, 32849
神道 登	14085
神道 宗紀	24065
信道会館	26008
神道古典研究会会員有志	01171, 15269
陣内 秀信	11494, 29569
新日本歴史学会	00017, 10577
榛葉 英治	01915, 01916, 02026, 04689, 04691
人文社第一編集部	02668, 02669, 12855
人文社編集部	03965, 03966, 09997, 11300, 12270, 12816, 12817, 12819, 12890, 15737, 16090, 16113〜16115, 16122, 16123, 19481, 19775, 22320, 29703
新編安城市史編集委員会近世部会	08826
新編岡崎市史編集委員会	31374
新編倉吉市史編集委員会	00372
新編西鶴全集編集委員会	23155〜23163
新編豊川市史編集委員会	31405, 31406
「新編弘前市史」編纂委員会	27727, 27728, 27735, 27736
神保 五弥	12238, 22356, 22460, 22732, 22934, 22935, 22999, 23076, 23233, 23326, 23332, 23334, 23371
真保 亨	17919, 17989, 17990, 17994
神保 朋世	18738, 18745
新保 博	08237, 08284, 08472, 10404, 10541
神保 冷平	14063
シンポジウム江戸を掘る	11489
新町 徳之	22487
新見 吉治	02456, 06405, 11910
新味 三郎摺	19356
深味 春輝	24465
新村 出	13755, 15597
榛村 純一	14918
人名索引刊行会	24429
新屋敷 幸繁	22486
森林所有権研究会	09431

【す】

著者	番号
瑞巌寺博物館	17738, 25698
酔郷 散人	23849
瑞渓 周鳳	00139
瑞山会	05050, 05051, 05068
吹田市立博物館	00170, 31866
水藤 真	17876
水府明徳会	17490
スィロ ミャートニコフ,N.A.	22131
崇伝	01132〜01138, 06840, 06841
陶 智子	10774, 10819, 11688, 11726, 12177, 12225, 12227, 12235, 17661
末木 文美士	07130, 27344
末永 綾子	21412
末永 国紀	10317, 10319
末中 哲夫	08806, 13106
末久 儀運	08886
末松 謙澄	04574〜04576, 05460, 05461
末吉 重人	33871
スエンソン,エドゥアルド	07572, 07573
菅 宗次	05191, 05864, 05888, 14169, 22416, 22417, 23937, 23983, 24044, 31718
須賀 昌五	27427
須賀 庄兵衛	29020
菅 専助	21226, 21227, 21580
菅 竹浦	24438, 24460, 24461
菅井 靖雄	09943, 12889, 19747, 21812
菅井 幸雄	21136
菅江 真澄	27321〜27325
須賀川市教育委員会	27124, 28512
須賀川市図書館	24679
須賀川市立博物館	18166, 20020, 20061
須賀川市歴史民俗資料館	20058
菅沼 貞三	18264, 18343, 18351, 18352, 18364, 18381
菅沼 貞風	06847, 07172
菅野 則子	10809, 11169, 11988
菅野 陽	20025, 20026, 20040
菅村 亨	17899
簀川 長兵衛	07858, 33646
菅原 憲二	10495
菅原 謙二	25084
菅原 兵治	02707, 03506
菅原 雪枝	26979
杉 鮫太郎	24207, 24209, 24213
杉 敏介	05437, 05438
杉 仁	17124
杉 靖三郎	16562
杉 洋子	07758
杉内 雅男	22100
杉浦 昭博	28869
杉浦 丘園	22951
杉浦 重剛	16798, 31639

すすき

杉浦 重文 ....
　　　16798, 16799, 31639, 31640
杉浦 正一郎 25096,
　　　25138, 25538, 25544, 27171
杉浦 澄子 20071
杉浦 武 00689
杉浦 豊治 14517
杉浦 日向子 ... 11255, 11256, 11258,
　　　11259, 11390, 11395, 11399,
　　　11462, 11661, 11662, 11665,
　　　11666, 11716, 11747～11749,
　　　12052, 12146, 12147,
　　　12282, 12283, 17113, 22732
杉浦 民平 15601, 15839
杉浦 明平 04494, 12977,
　　　15101, 17140, 17205, 18349,
　　　18350, 22288, 22289, 23609
杉浦 守邦 22664
杉崎 重遠 25517, 25518
杉崎 夏夫 22210
杉崎 仁 14558
杉下 元明 ....
　　　13316, 27333, 27340, 27498
杉田 勲生 13970
杉田 玄白 .... 15814, 15955～15958,
　　　15962～15970, 15972, 15973
杉田 幸三 ....
　　　00625, 02999, 03500, 03884,
　　　04403, 04995, 12975, 22400
杉田 信 12158
杉田 理一郎 09274, 09289
杉戸 清彬 14245
杉並良太郎＋歴史文化
　　100問委員会 03286
杉野 茂 27433
杉原 夷山 03068,
　　　03147, 05321, 14835, 15114
杉原 謙 01107
杉原 幸次郎 09225, 28486
杉原 三郎 03526
杉原 三省 14669, 15158, 15986
杉原 子幸 03075
杉原 四郎 08352
杉原 哲彦 08728
杉村 英治 .... 13989～13991, 13993
杉村 悦郎 05782, 05784
杉村 和紀 05784
杉村 彩雨 24684, 26036
杉村 暢二 10115
杉村 義太郎 05781
杉村 利一 30480
杉本 勲 01666, 13092,
　　　15786, 16200, 33258, 33537
杉本 苑子 00479, 01669, 01670,
　　　11290, 11291, 11478, 21529

杉本 つとむ ....
　　　12481, 12715, 15758, 15763,
　　　15765, 15774, 15775, 15808,
　　　15810, 15814, 15918, 15926,
　　　15960, 15966, 15974, 16247,
　　　16456, 16557, 16558, 16560,
　　　22110, 22112, 22117, 22175,
　　　22178, 22199, 22242, 22243,
　　　22252, 22279, 23064, 23584
杉本 敏夫 29371
杉本 捷雄 20422
杉本 寿 20436
杉本 秀太郎 18333,
　　　24140, 24142～24144, 24146
杉本 史子 11175
杉本 政吉 04507, 04508
杉本 雅実 31722
杉本 幸雄 .... 20725～20727
杉本 陽一 00718
杉本 好伸 22774, 23245, 23435
杉本 善郎(江陽釣史) 19205
杉本 隆一 18831, 18832
杉森 哲也 ....
　　　00010, 00032, 00668, 11179
杉森 玲子 10253
杉谷 徳蔵 26374
杉安 嘉正 15471
杉山 亮 .... 22205～22208
杉山 宇三郎 20765
杉山 虹泉 26068
杉山 茂 31168
杉山 伸也 08176, 08177
杉山 其日庵 21283
杉山 直儀 08787, 08788
杉山 藤次郎 23878
杉山 半八郎 31329
杉山 博 06338
杉山 勝 09104
スクリーチ，タイモン ....
　　　03466, 06810, 08160,
　　　16457, 17417, 17422, 19130
助野 健太郎 06920, 06921, 10371,
　　　15545, 15546, 15644, 15645
菅野 与 28452
須佐 晋長 24362, 27517
須坂市経済部すざかガ
　　イドセンター 20567
須坂市立博物館 20566
須崎 竜平 02540
豆州下田郷土資料館 07420
鈴鹿 清之介 20948
鈴鹿市教育委員会 31624
鈴川 博 30870
鈴木 旭 10235
鈴木 彰 04957, 28728, 28747

鈴木 明 ....
　　　03995, 03996, 07145, 07146
鈴木 昶 16454, 16497, 16600,
　　　16614, 16618, 26519, 26557
鈴木 文 07718
鈴木 一水 04528
鈴木 暎一 ....
　　　04974, 14095, 14511, 14512,
　　　14667, 16857, 16858, 28745
鈴木 栄之亮 18402, 18423
鈴木 悦道 03362
鈴木 煙浪 26244
鈴木 嘉吉 ....
　　　20847, 20865, 20929, 20996
鈴木 一夫 ....
　　　02927, 02938, 02948, 11708
鈴木 和夫 06648
鈴木 一義 09518, 09532
鈴木 勝忠 22586,
　　　24546, 25827, 26270, 26504,
　　　26718, 26719, 26729～26742,
　　　26762, 26763, 26766
鈴木 克美 09458
鈴木 かほる 05154
鈴木 亀二 .... 08643～08645
鈴木 其一 17648, 17649
鈴木 恭一 13629
鈴木 謹一 09263
鈴木 国夫 04438, 09130
鈴木 邦子 07871
鈴木 久仁直 14922
鈴木 倉之助 26525
鈴木 健一 01710,
　　　12670, 12671, 12810, 12842,
　　　12872～12877, 13313, 22333,
　　　22632, 23935, 23949, 23994,
　　　24033, 24034, 27333, 29733
鈴木 謙一 20797
鈴木 光四郎 28445, 28446
鈴木 鴻人 03584
鈴木 鉀三 ....
　　　27249, 30286, 30410, 30413
鈴木 浩三 08210, 08211, 08246
鈴木 行三 22415
鈴木 貞美 12436
鈴木 貞義 26532
鈴木 幸朗 09808
鈴木 里行 04079, 04080
鈴木 三郎 04992
鈴木 氏亨 23678
鈴木 重一 28735
鈴木 重武 .... 30992～30994
鈴木 重胤 14530, 26956, 26957
鈴木 茂乃夫 ....
　　　02937, 04432, 05000, 05001

鈴木 重雅 24971, 25835, 26601	鈴木 敏雄 14034	鈴木 良明 15293
鈴木 周作 25191	鈴木 敏也 00762, 22370, 22769, 22770, 23464, 23551, 23886	鈴木 善勝 24192
鈴木 重三 .... 18494, 18585, 18612, 18666, 18704, 18878, 18894, 18904, 18937, 19350, 19352, 19375, 19405, 19412, 19413, 19487〜19491, 19561, 19577, 19628, 19686, 19710, 19781, 19866〜19868, 19880, 19900, 19921, 19922, 19935, 19938, 19939, 19953, 19962, 19964, 19965, 19992, 23585〜23593, 23686, 23727	鈴木 俊幸 .... 17297, 17301, 17302, 17311〜17313, 23357, 23705, 23724	鈴木 よね子 23854
	鈴木 友万朗 29344	鈴木 理左衛門 08903
	鈴木 直二 08466, 08480, 08481, 08494, 08495, 08783	鈴木 亮 ..... 10520, 23954〜23961
		鈴木牧之記念館 23917
	鈴木 長常 11797	鈴木牧之記念館開館十周年記念事務局 23864
	鈴木 長頼 11797	鈴木牧之顕彰会 22670
	鈴木 信昭 07719	珠洲市史編さん専門委員会 30615
鈴木 寿太郎 13076	鈴木 暢幸 22311, 22737	鈴村 進 01535, 01885, 02113, 03165, 03530, 03532, 03533, 13981, 13986, 13987
鈴木 淳 14056, 14072, 14344, 23847, 24060	鈴木 登 33418	
鈴木 淳介 32102	鈴木 春信 18870, 19171, 19309, 19310, 19328, 19528, 19534, 19541, 19545, 19546, 19550	図説・大原騒動刊行会 09286
鈴木 準道 30717		「図説・新潟県の街道」刊行会 00203
鈴木 昭一 10865	鈴木 範一 31500	図説日本文化史大系編集事務局 .... 17133〜17135
鈴木 正三 22911, 22914	鈴木 寿 02339, 08403, 27567	
鈴木 章生 09546, 11182, 12674	鈴木 尚 01811	裾野市史編さん専門委員会 31222
鈴木 省三 06892	鈴木 英男 09387	
鈴木 史楼 15466, 16032, 17517, 17518, 18266, 18314, 18315, 26197, 26198	鈴木 秀夫 14087	須田 圭三 10630, 10631
	鈴木 弘恭 13367	須田 茂 02268, 02654, 09245, 29140, 29373, 29374
	鈴木 博之 11195	
鈴木 晋一 12291, 12292, 12313, 12317	鈴木 普二男 27271	須田 武男 09394
	鈴木 武兵衛 26613	須田 努 09088
鈴木 仁一 18834, 19034, 19035, 19204, 19889	鈴木 文孝 14717	須田 肇 08901
	鈴木 平九郎 ..... 29906〜29925	スタジオ百哩 03245
鈴木 進 .... 17791, 18069, 18098, 18268〜18272, 18278, 18283, 18296, 18304, 18325, 18368, 18369, 18453	鈴木 碧堂 27372	スタットラー ..... 08061〜08063, 09809
	鈴木 牧之 .... 22592, 23852, 23921〜23924, 23926, 26898	須知 徳平 02791
		スティール,M.W. 14052
鈴木 清節 18360	鈴木 樸実 .... 32261〜32263	ステナケル,F. 12716
鈴木 清風 26014	鈴木 理生 02515, 08943, 10238, 11340, 11347, 11352, 11418, 12435, 20651, 29503, 29627, 29628, 29634, 29635, 29650, 29652, 29682, 29717, 29973	須藤 霞山 04517
鈴木 荘一 07472		須藤 功 07646
鈴木 荘丹 ..... 26416, 26419〜26422		須藤 儀門 08901
鈴木 大 00938, 00985, 01159		須藤 喜六 .... 32255〜32257
鈴木 喬 31098		須藤 茂樹 12217
鈴木 太吉 07030, 25753, 25784, 25786	鈴木 雅子 23863, 30595	須藤 荘一 13808
	鈴木 政四郎 27962	須藤 諦堂 24325
薄 多久雄 25314, 26172	鈴木 正節 03809	須藤 敏夫 06188, 06190, 06247, 06258, 06259, 06261, 06368, 06461, 13180
鈴木 健夫 07661, 08152	鈴木 瑞枝 13299, 27446	
鈴木 武雄 .... 16368〜16370	鈴木 道男 16394	
鈴木 丹士郎 22111, 22135, 22529, 23544	鈴木 光夫 09253	須藤 南翠 03223
	鈴木 満治 01382	須藤 松雄 25295
鈴木 藤助 30217, 30218	鈴木 光保 21191, 26798	周藤 道生 20506
鈴木 棠三 .... 11682, 11796〜11798, 11805〜11819, 11821〜11824, 12023, 23743, 23802, 23867, 23869, 24437, 26915, 26924, 29669, 33357	鈴木 実 26034	須藤 光興 06879, 06884, 09978
	鈴木 三八男 16756	須永 朝彦 19890
	鈴木 美良 30787	砂川 幸雄 19904
	鈴木 元子 00727	砂田 弘 02886, 05840
	鈴木 康子 06322, 07882, 33318	ズナメンスキー,S. 07667, 08026
鈴木 亨 00133, 01874, 02368, 05656, 05703, 05732, 05758, 05814, 05815, 05875, 11458, 11894	鈴木 邑 01533, 23612, 23616	スノードン,P. 07661, 08152
	鈴木 裕二 21968	スハープ,コルネリス 07620
	鈴木 由紀子 02489, 02500, 02520	スパンシチ,ハラルド 07605
鈴木 俊夫 09209, 17495	鈴木 要吾 15920, 15921	スピノラ,カルロス 15573
鈴木 敏夫 17339, 17340	鈴木 義秋 09276	ヅーフ 07608

角 和博 …… 17519	精華生 …… 03332	関市教育委員会 …… 31095, 31096
角井 菊雄 …… 05567	生活史研究所 …… 19759	関書院 …… 14105
スミス,G. …… 07633	静嘉堂文庫 …… 19969	関城町史編さん委員会 …… 28792
スミス,ジョージ …… 00426	静嘉堂文庫美術館 …… 17202, 18201, 18202	関根 悦郎 …… 15083
スミス,トマス・C. … 09051, 09527	清家 金治郎 …… 32912	関根 金四郎 …… 12473
スミス,ヘンリー …… 12804, 19759, 21058	政経学会 …… 13032	関根 幸之亟 …… 29143
隅田 潔 …… 19166	青谿書院保存会 …… 13488	関根 七郎 …… 26966
住田 正一 …… 06836	井月会 …… 26429	関根 省治 …… 31140
角田 達朗 …… 13670	静古学人 …… 04878	関根 達人 …… 09070, 09073
隅田 古雄 …… 03051	成城国文学会 …… 23018	関根 徳男 …… 03448, 03456
角田 嘉久 …… 20195	精神文化学会 …… 13033, 13066	関根 正直 …… 22367, 22368, 22581, 22789
墨田区 …… 19374	西南地域史研究会 …… 32986	関根 黙庵 …… 21545
住谷 雄幸 …… 12743, 12747	西濃俳句連盟 …… 27266	関根 矢之助 …… 08889
住谷 百合子 …… 21947	西播地域皮多村文書研究会 …… 10926	関野 準一郎 …… 24946
住谷 亮一 …… 10501	成美堂出版編集部 …… 11295, 12823	関野 克 …… 20710, 20711, 20845
住友 寛一 …… 18454	清明会 …… 04895, 04896	関場 武 …… 00307, 22127
住友 慎一 …… 17984〜17986, 17988, 20157〜20161, 20163, 20165	誓誉 …… 23425	関場 忠武 …… 18614, 28616
住友修史室 …… 10147, 10148, 10153, 10158	西洋医学教育発祥百年記念会 …… 16568	関藤 不二男 …… 32316
住友史料館 …… 06846, 08564, 10149〜10152, 10154〜10157, 10171, 10281	瀬尾 謙一 …… 21778	碩茂出版歴史研究部 …… 04567
	瀬川 欣一 …… 31653	関本 誠治 …… 10057, 32220
住谷 悦治 …… 10502	瀬川 如皐〔3代〕 …… 21567	関森 勝夫 …… 25823
住吉古文書研究会 …… 09205	瀬川 淑子 …… 00954	関家 敏正 …… 33209
スメラ民文庫編輯部 …… 13741, 14284	関 厚夫 …… 15099	関谷 長熈 …… 33530, 33531, 33597〜33601
洲本市立淡路文化史料館 …… 32055	関 和男 …… 20455	関山 和夫 …… 23741, 23742, 23799
須山 章信 …… 21122	関 克己 …… 24261	関山 邦宏 …… 16965
陶山 務 …… 13593, 15206	関 儀一郎 …… 13166, 13230, 13231	関山 豊正 …… 04982〜04985
陶山 訥庵 …… 08901	関 甲子次郎 …… 14525	関山 延 …… 14581, 14582
駿河古文書会 …… 00853	関 順也 …… 03503	瀬倉 正克 …… 07111
諏訪 俊 …… 16467	瀬木 慎一 …… 17450, 17576, 17647, 17665, 18208, 18491, 19301, 19361, 19508, 19558, 19595, 26110	瀬下 裕仁 …… 10919
諏訪 正 …… 04526, 04625		ゼスト編集部 …… 03245
諏訪 春雄 …… 03279, 12111, 17263, 18717, 18766, 18907, 18987, 19470, 19597, 19618, 21105, 21136, 21156, 21182, 21304, 21310, 21336, 21508, 21551, 21699, 22300, 22382, 22391, 22471, 22594, 22595	関 民子 …… 10639, 10847	膳所尋常高等小学校郷土研究部 …… 01028
	関 忠次 …… 17521	膳所藩史料を読む会 …… 31686〜31701
	関 俊一 …… 27269, 27500	世田谷区立郷土資料館 …… 18424, 29833
	関 保雄 …… 20571	摂待 忠兵衛 …… 27977
	関 義城 …… 10388, 10389, 20572, 20586	説話と説話文学の会 …… 22596, 22798
		瀬戸 一登 …… 16945
諏訪 頼永 …… 02736〜02750	関 義直 …… 13230, 13231	瀬戸 環 …… 01884
諏訪教育会 …… 30900, 31008〜31012	関 隆治 …… 14106	瀬戸市史編纂委員会 …… 31337, 31407〜31413
諏訪古文書の会諏訪近世史備要編集委員会 …… 30898	関岡 扇令 …… 18736	瀬戸市文化振興財団埋蔵文化財センター …… 20072
	関川 周 …… 02919	瀬戸市文化センター …… 20383
	関川 千代丸 …… 30972	瀬戸市埋蔵文化財センター …… 20384, 20516, 20517, 31305
【せ】	関口 すみ子 …… 02592, 10782, 10806, 13909	
	関口 英男 …… 07672	瀬戸市歴史民俗資料館 …… 20383, 20395
斉 鯤 …… 33944, 33945	関口 富左 …… 10814, 12168	瀬戸谷 晧 …… 03244
清 博美 …… 09811, 26440, 26441, 26486, 26585, 26612, 26655, 26659, 26660, 26682, 26726, 26743〜26759	関口 尚志 …… 07494, 08291	瀬戸伝統陶芸会 …… 20393, 20394
	『昔語水戸の芸苑』刊行会 …… 28753	瀬戸内海歴史民俗資料館 …… 32828〜32831
	関市 …… 25807	瀬名 貞雄 …… 00601

銭屋 五兵衛		30580
妹尾 和夫		13969
妹尾 啓司		
	06914, 06915, 08124, 08125	
妹尾 豊三郎		32235
瀬谷 義彦		02942,
	04964, 04965, 04974, 14612,	
	16933, 28736, 28738, 28748	
世良 琢磨		04396
瀬良 陽介		20242
芹川 博通		10356
芹沢 正雄		09585
セーリス		07631
銭 国紅	07694,	07856
千 草子		26819
千 宗左		22007
千 宗守		22005
千 宗旦		22007
潛淵菴 不玉		25965
泉屋博古館		18237
千賀 覚次		28737
千賀 耕平		09512
千賀 四郎		31790
仙化		24870
仙厓義梵		
	17771, 17774, 17779, 24064	
1986年子どもの本世界		
大会周辺プログラム		
委員会		17329
仙橋散史		05341
泉行館	08530,	08531
仙石 久利		23985
仙石 廬元坊		25800
全国水墨画美術協会		21880
全国大学国語国文学会		24531
全国大学国語国文学会		
研究史大成編纂委員		
会	21299, 23017,	24878
全国部落史研究交流会		11008
鮮斉 永濯		12649
善財 一		20633
千艘 秋男		23973
浅草寺絵馬調査団		12710
浅草寺日並記研究会	11397,	15280
千足 高保		17784
千田 金作		15514
千田 嘉博	10045, 11251,	20757
仙台郷土研究会		28032
仙台市史編さん委員会		
	28060〜28062,	
	28068〜28071	
仙台市市民文化事業団		
仙台市歴史民俗資料		
館		12620

仙台市博物館		
	06875, 06880, 07024, 15789,	
	16400, 16827, 17462, 17706,	
	17707, 17726, 17837, 21774	
仙台叢書刊行会		28079
先哲研究会		13562
全日本新聞連盟		03629
専売弘済会文化事業部		18553
専売事業協会		18551
禅文化研究所		23746
前北斎 戴斗		18668
千厩町史編纂委員会	27886,	27887
扇面亭	00706,	11277
川柳〔11世〕		26543
川柳〔6世〕		26638
沽涼		29892

【そ】

宋 彙七		13694
曹 元春		24945
宗 左近	25284,	26365
曹 蘭谷		07821
草加市企画財政部広報		
広聴課		27149
草加市自治文化課		27167
草原 三郎		24109
惣郷 正明	15806, 15911,	22245
総社市史編さん委員会		32326
増上寺史料編纂所	15413〜15424	
造船協会	09607〜09609	
早稲田大学社会科学研		
究所		04147
荘丹	25924,	25925
岬中庵 希水		
	24955, 24956, 26254, 26255	
曹洞宗宗学研究所		15454
叢の会	16940, 23676,	23694
双木園主人	22735,	22736
相馬 御風	04862, 14526, 15470,	
	15475, 15480, 22726〜	
	22728, 24198, 24216〜24218,	
	24237〜24239, 24291, 24293,	
	24294, 24298, 24321,	
	24350, 24392, 24394,	
	24399, 24488〜24492,	
	26303〜26305	
相馬 正道		05263
相馬 由也		03587
粟本 躬弦		26263
宗谷 真爾		19587
総和町教育委員会社会		
教育課		28793

総和町教育委員会・町		
史編さん室		28794
添川 栗		01163
副島 種経	01001, 01132,	01133
副島 八十六		14829
添田 達嶺		21816
曽我 宏三		27257
曾我 蕭白		17792,
	17793, 17798, 18071, 18110	
曽我部 陽子		22009
素行会	13861,	13862
素行子山鹿高興		13826
相合谷 鍵一		21705
蘇生堂主人		08887
祖田 浩一		
	00135, 00481, 00482, 02146,	
	03307, 03789, 06050, 12808	
袖 清一		08629
袖ケ浦市史編さん委員		
会		29419
曾根 伸良		28286
曽根 勇二	00008,	06804
曽根 好忠		26263
園田 健昌		33388
園田 英弘		07396
園田学園女子大学近松		
研究所		
	21145〜21150, 21322, 21400	
其日庵 錦江		25065
園部文化博物館		20761
蘇武 緑郎	12581,	12582
蘇芳菴主人		03034
蘇峰徳富猪一郎	03010,	16039
杣田 善雄		15342
曽村 保信		07430
染谷 洌	20892,	27157
染谷 智幸		23075
染矢 兵左衛門直貞		31517
反町 タカ子		24308
孫 承哲		07719

【た】

田井 章夫		13709
田井 庄之助		21537
田井 惣助		08891
田井 友季子	10638, 10839,	12315
第一住宅建設協会	11186,	21036
第一出版センター		20388
大栄町史編さん委員会		
	29386, 29420〜29422	
大学星学局		16429

著者名	番号
大学暦局	16428, 16432
醍醐 恵端	03041, 03083
ダイジェスト・シリーズ刊行会	21408, 23507
太子町立竹内街道歴史資料館	00183, 32062
大衆文学研究会	01882, 02155, 03262
大条 和雄	21742
大正 十三造	27854, 27861, 27862
大乗寺 良一	28282
大聖寺藩史編纂会	30573
大政翼賛会鹿児島県支部	05248
台帳をよむ会	23595
台東区文化財保護審議会	08498
大道寺 友山	00914
大道寺 慶男	31546
大東町文化財調査委員会	00319
対中 如雲	19734, 20046, 20053
大日本帝国海軍軍令部第二局	07664
大日本武士道研究会	14757
大日本名所図会刊行会	12881
太平主人	11706, 20005, 23682, 23683, 23846
大鵬軒破雲内海毅	21951
大安 隆	25427
太陽編集部	18647
平 重道	02789, 09215, 13009, 13199, 28027〜28029, 28085, 28093〜28116
平 政隆	20687
平 雅行	10608
タウト, ブルーノ	20969
多賀 義憲	13364
髙井 几董	26212, 26213
高井 琮玄	18015, 18018, 18023〜18025
高井 蒼風	26402
田賀井 秀夫	20152, 20153
高井 浩	16969
高井 宗雄	08938, 30971
高石屋 通喬	06845
高市 績	17232, 17233, 17246, 17251〜17255, 17265
高市 光男	10897, 10898, 10948
高尾 一彦	02816, 09007, 17122, 17180, 17187, 17449
高岡 松雄	25654, 27041, 27227
高岡市史編纂委員会	30498
高岡市立中央図書館	30483
高岡市立中央図書館古文書を学ぶ会	30488
高岡市立博物館	17452, 20619
高垣 重造	06691, 06692
高垣 眸	05280
高木 明	14038
高木 市之助	22652
高木 一夫	24230, 24342, 27260
高木 一雄	15523, 15585
高木 元	17257, 22345, 23410, 23695
高木 在中	10875
高木 重俊	27376
高木 繁幸	08432, 08903, 33283, 33356
高木 俊輔	01104, 03649, 03937, 04717, 06017, 10567
高木 昭作	00010, 00027, 00668, 00896, 01697, 02186, 02241
高木 宗監	14350
高木 蒼梧	24582, 24588, 24604, 25909, 26015〜26017
高木 たかし	05828
高木 崇世芝	27610
高木 武	14745
高木 侃	06770, 06771, 06776, 11981, 11982, 15440
高木 貞治	16317, 16318, 16354
高木 哲之助	31354
高木 展為	01394
高木 不二	13520
高木 文夫	04808
高木 正年	08892
高木 譲	25907
高木 慶子	15579
高樹文庫研究会	16184, 16185
高倉 一紀	14064, 14143, 31567
高倉 淳	06671, 06693, 09670
高倉 テル	14921, 25224
高倉 芳男	06428, 13790
高倉新一郎著作集編集委員会	27593
高桑 義生	25515, 25516, 27016
高桑 駒吉	13332
高桑 砂夜子	20616
高崎 勝文	25933
高崎 哲郎	08927, 08939, 11616, 20662
高崎 正治	23296, 23339
高崎市市史編さん委員会	29003〜29008
高崎市歴史民俗資料調査員会	〜29010
高崎哲学堂設立の会	14975, 15021, 15782
高塩 博	06059, 06060, 06292, 06352
高階 絵里加	19479
高階 惟昌	14114
高階 秀爾	00476, 11365, 17415
高島 幸次	15387
高島 真	28258
高島 忠雄	16001
高島 秀造	17398
高島 博	31068
高嶋 弘志	27628
高島 平三郎	14728
高嶋 雅明	08651
高島 元洋	13395
高島 淑郎	07800
高島 緑雄	11135
多賀城市史編纂委員会	28063
鷹巣 豊治	20176, 20448
高須 梅渓	03371, 03376, 03543, 21367, 22319
高須 芳次郎	02930, 13178, 14573, 14579, 14583〜14589, 14593, 14602, 14615, 14616, 14621, 14623, 14674〜14680, 14682, 14694, 22709, 24043
高杉 俊一郎	05200
高杉 美彦	11344, 29809
高瀬 羽皋	02524
高瀬 恭子	07742, 07743
高瀬 弘一郎	15536, 15549
高瀬 重雄	07002
高瀬 真卿	03731
高瀬 代次郎	13646, 13647, 13974, 13975, 13984
高瀬 武次郎	13603, 14566
高瀬 正	11595
高瀬 保	08441, 09081, 09424, 10001, 10002, 30459, 30477, 30491, 30503, 30504
高瀬 梅盛	24552
高田 明和	11043
高田 喜佐	11735, 20579
高田 銀蔵	31981
高田 三九三	24564
高田 茂広	03686, 10008, 10012, 10038
高田 集蔵	13671, 13672
高田 真治	13207
高田 忠義	31956
高田 徳佐	16199
高田 豊輝	32615, 32616
高田 宏	09791, 23928
高田 衛	15677, 15695, 21698, 22305, 22585, 22674, 22714, 22743, 22747, 22748, 22751, 22950, 23092, 23366, 23461, 23483, 23489, 23508, 23527, 23540, 23549, 23570, 23602, 23633

高田 稔 …… 16946	高羽 貞夫 …… 24058	高橋 達郎 …… 11289
高田 祐吉 …… 20836	鷹羽 狩行 …… 24529	高橋 淡水 …… 05239, 14906, 16038
高田 義久 …… 00717, 32033, 32034	高萩 精玄 …… 28622	高橋 力 …… 03517, 03518, 08767
たかだ歴史文化叢書編集委員会 …… 32076, 32077	高橋 昭夫 …… 09627	高橋 筑峰 …… 04423, 04424
高千穂 有英 …… 33039	高橋 章則 …… 06544, 11895	高橋 千劒破 …… 09935, 09936
高津 才次郎 …… 13034	高橋 勇 …… 20316, 20320	高橋 恒夫 …… 20672
高槻市教育委員会 …… 27442, 31855	高橋 一翠 …… 20547, 20561	高橋 彪 …… 32371
高槻市立しろあと歴史館 …… 27442, 31855	高橋 宇一 …… 07192	高橋 泥舟 …… 04936, 14790
高藤 武馬 …… 24944, 25550, 27110	高橋 治 …… 24320, 25482, 26141, 26142, 27215	高橋 鉄 …… 12444, 12445, 18505
高遠文化財保護委員会 …… 31015	高橋 和彦 …… 23333	高橋 輝和 …… 07098, 07136, 08009
高取 静山 …… 20113, 20145	高橋 和代 …… 28632	高橋 照彦 …… 08546
高梨 健吉 …… 08173, 22248	高橋 克庵 …… 12758	高橋 伝一郎 …… 24048, 24119
高梨 光司 …… 04518, 04530, 04544, 04585, 05550	高橋 克彦 …… 10455, 12146, 12147, 18517, 18518, 18547, 18548, 18592, 18616, 18617, 18677, 18741, 19219, 19220, 19625	高橋 俊 …… 14776
高梨 生馬 …… 09519		高橋 俊夫 …… 23071, 23122, 23147
高梨 輝憲 …… 31053		高橋 俊和 …… 14353
高梨 素子 …… 24010〜24012, 24081〜24083	高橋 克弥 …… 27633	高橋 利一 …… 24725
	高橋 寛治 …… 14528	高橋 俊乗 …… 13573, 16704, 16731, 16732, 16743
高根 宏浩 …… 18697	高橋 喜一 …… 22940	高橋 富雄 …… 06881, 14843〜14845
高根沢町史編さん委員会 …… 28913	高橋 恭一 …… 06489, 06490, 07164, 14758	高橋 直一 …… 10452
高野 明 …… 07630, 07998, 07999	高橋 邦太郎 …… 05941, 07567, 07612, 07642, 07643, 15864	高橋 直服 …… 08978
高野 栄次郎 …… 04381		高橋 伸明 …… 15950
高野 和人 …… 08091, 33505, 33839	高橋 圭一 …… 23422, 27440	高橋 信之 …… 25240
高野 澄 …… 00418, 01342, 01871, 01879, 02054, 02116, 02163, 02925, 03261, 03340, 03707, 03763, 03764, 03774, 04598, 04690, 04903, 04945, 04976, 05123, 10797, 11907, 14954, 15493, 16906, 23772, 31724	高橋 賢一 …… 00267, 02440	高橋 教雄 …… 09277
	高橋 兼吉 …… 07081	高橋 則子 …… 23693
	高橋 功一 …… 29719	高橋 博信 …… 19937, 19963
	高橋 幸義 …… 03888	高橋 啓 …… 02211, 32635, 32636
	高橋 孝助 …… 09059	高橋 治男 …… 13070
	高橋 敏 …… 06740, 10854, 11039, 11045, 11063, 11080, 11165, 11166, 11624, 14919, 14924, 28960, 29667	高橋 久敬 …… 00168
		高橋 英夫 …… 25043, 25499, 25500
高野 欽一 …… 28243		高橋 秀夫 …… 06220〜06222, 08900
高野 耕一 …… 14778	高橋 覚 …… 08899	高橋 秀直 …… 01705
高野 孤鹿 …… 06001	高橋 治右衛門 …… 02766	高橋 英義 …… 13483
高野 真遜 …… 00986	高橋 茂 …… 03825	高橋 裕文 …… 04963
高野 辰之 …… 21142, 21143, 21393, 21547, 22359, 22360, 22582	高橋 順子 …… 26281	高橋 博巳 …… 13898, 13899, 18130, 22420
	高橋 順二 …… 19032	
高野 長運 …… 15988〜15990	高橋 庄次 …… 24243, 24349, 25035, 25212, 25431, 26097, 26098, 26151, 26165	高橋 宏之 …… 20708
高野 長英 …… 08905, 15776		高橋 富士雄 …… 03087
高野 敏夫 …… 14297, 21297		高橋 文 …… 07568
高埜 利彦 …… 00277, 01691, 01774, 02981, 03395, 15237, 15246	高橋 史朗 …… 04117	高橋 文博 …… 13186, 13557, 15134
	高橋 碩一 …… 07211, 15891, 15892, 15915	高橋 梵仙 …… 09061〜09064, 09112, 10626, 10629
高野 信治 …… 02202, 02299, 02684		高橋 雅夫 …… 11832, 12080, 12144
高野 進芳 …… 09054	高橋 信司 …… 13124	高橋 正夫 …… 14295
高野 広八 …… 21751	高橋 在久 …… 29343	高橋 昌彦 …… 22796
高野 正巳 …… 21349, 21359, 21372, 21375	高橋 誠 …… 28130	高橋 正彦 …… 20685
	高橋 誠一郎 …… 08250, 08251, 18539, 18542, 18543, 18630, 18683, 18723, 18727, 18862, 18864, 18870, 18897, 18943, 18944, 19409, 19525, 19551, 19638, 19641, 19675, 19707	高橋 正和 …… 15027, 15040
高野 六雄 …… 24543, 24686, 26067		高橋 未衣 …… 26029
高野 瑤子 …… 18775		高橋 幹夫 …… 00468, 10095〜10097, 10102, 10852, 11701, 12001, 12249, 12250, 12469, 12470, 12609, 12630, 21463, 21572
高野 与次右衛門 …… 08890		
高野 義祐 …… 05598, 32492〜32494		
高野家 …… 29276, 29282	高橋 静虎 …… 14784	
高野長英記念館 …… 15985	高橋 多一郎 …… 03662, 07443	高橋 実 …… 03785, 09131, 09237, 23918, 23922, 23925

| 高橋 基生 ……… 07206, 30044
| 高橋 康雄 ……………… 23411
| 高橋 由貴彦 …………… 06901
| 高橋 義夫 …… 06684, 28248
| 高橋 義雄 …… 14565, 21958
| 高橋 美貴 ……………… 09462
| 高橋 良政 ……………… 31017
| 高橋 梨一 …… 27125, 27126
| 高橋 立吉（淡水）…… 05580, 33766
| 高橋 良助 ……………… 16936
| 高橋 六郎 …… 08957, 28743
| 高梁方谷会会報編集委員会 …………… 13700
| 高畠 厚定
| 00962, 00963, 20741, 20742
| 高浜 虚子 … 24593, 24992, 24994
| 高浜 清 ………………… 24620
| 高浜 二郎 ……………… 24158
| 高林 玄宝 ……………… 31079
| 高原 富保 ……………… 21959
| 高平 鳴海 …… 04669, 04677
| 高藤 晴俊 ……………… 20953
| 高部 淑子 ……………… 10176
| 高牧 実 …… 11153, 12701, 23576
| 高正 晴子 …… 07776, 12316
| 高松市立図書館 ……… 32707
| 高松市歴史資料館 ………
| 17693, 18155, 19480, 19774
| 田上 一生 ……………… 09427
| 田上 菊舎 …… 26042, 26043
| 田上 繁 ………………… 08908
| 鷹見 泉石 … 01400, 01401, 01404
| 高見沢忠雄浮世絵研究所 ……………… 18630
| 高見沢木版社 … 18356, 19011
| 高嶺 慶忠 …… 28611～28615
| 田上町 ………………… 30373
| 高宮 感斎 ……………… 01849
| 高向 嘉昭 ……………… 10429
| 高村 光雲 ……………… 03779
| 高村 忠範 ……………… 18313,
| 25487, 25497, 26196, 26369
| 高村 直助 …… 07444, 10018
| 富山市篁牛人記念美術館 ……………… 18181
| 高室 一彦 ……………… 00951
| 高本 薫明 ……………… 32933
| 高柳 金芳 …… 02342, 02472～02474,
| 02509, 02510, 02523, 02533,
| 02535, 02536, 10882～10889,
| 10967, 11881～11883, 11929,
| 11934, 21747, 21750, 29738
| 高柳 菜英 ………………
| 25924, 25925, 26419～26422
| 高柳 新十郎信之 ………
| 26231, 26232, 26260, 27267
| 高柳 真三 …… 06246, 06248～06252,
| 06257, 06260, 06650, 09376
| 高柳 荘丹 ………………
| 26413～26415, 26417, 26418
| 高柳 乙晴 ……………… 11549,
| 25924, 25925, 26231, 26232,
| 26239, 26240, 26260, 26271,
| 26272, 26413～26422, 27267
| 高柳 利一 ……………… 32282
| 高柳 俊哉 ……………… 13592
| 高柳 誠 …… 17641, 22159
| 高柳 光寿 ……………… 00133
| 高柳 義男 …… 27629, 28083
| 高山 喜内 …… 01994, 02734
| 高山 銀之助 …………… 19354,
| 19399, 19823, 19824, 19875,
| 19970, 19971, 19988, 19993
| 高山 慶子 ……………… 11362
| 高山 純 ………………… 07032
| 高山 節也 ……………… 02687
| 高山 善畎（海人）…… 16333
| 高山 坦三 ……………… 11575
| 高山 彦九郎 … 03470～03472, 11321
| 高山 秀夫 ……………… 10879
| 高山 宏 ………………… 03466, 06810,
| 10475, 16457, 17422, 19130
| 高山市教育委員会 …… 14149
| 高山市制五十周年・金森公領国四百年記念行事推進協議会 ……… 31072
| 高良 倉吉 …… 00390, 00409,
| 07418, 33865, 33906, 33908
| 宝井 其角 … 25902, 25912, 25927
| 宝井 馬琴 ……………… 26973
| 宝田 寿助 ……………… 21595
| 財部 建志 ……………… 29894
| 田川 捷一 ……………… 30528
| 滝 秋方 ………………… 27114
| 多紀 元簡 …… 16481～16484
| 滝尾 紀子 ……………… 11308
| 滝川 辰郎 ……………… 14904
| 滝川 政次郎 ……………
| 03552, 06399, 06432, 12580
| 滝川 義一 ……………… 15779
| 滝口 洋 ………………… 21318
| 滝崎 安之助 …………… 25229
| 滝沢 貞夫 ……………… 26336
| 滝沢 精一郎 … 24248, 25250, 27519
| 滝沢 精之介 …………… 11871
| 滝沢 武雄 … 00859, 00886, 00979
| 滝沢 馬琴 ………………
| 22531, 22587～22589, 23558,
| 23559, 23561, 23578～23583,
| 23611, 23615, 23618,
| 23620, 23704, 26919, 26974
| 滝沢 秀樹 ……………… 08238
| 滝沢 良忠 ……………… 16789
| 滝沢 利量 ……………… 04504
| 滝田 重一
| 06612, 29364, 29369, 29706
| 滝田 樗陰 ……………… 04740
| 滝田 勉 ………………… 28266
| 滝田 貞治 …… 22975, 23069, 23070,
| 23111, 23152, 24834, 24847
| 滝本 誠一 …… 08266, 08574
| 多久古文書学校 … 33243, 33244
| 多久古文書の村 … 33243, 33244
| 多久市史編さん委員会 … 33211
| 田口 章子
| 03116, 21472, 21473, 21477
| 田口 勇 …… 00177, 09584
| 田口 英爾 ……………… 03692
| 田口 勝一郎 …………… 08866,
| 08900, 08905, 08907, 28143
| 田口 昭二 ……………… 20541
| 田口 昌樹 …… 27304, 27316, 27317
| 田口 正治 …… 15031, 15032, 15039
| 田口 恵子 ……………… 27095
| 匠 秀夫 ………………… 18198
| 田栗 奎作 ……………… 33273
| 武 泰稔 ………………… 20712
| 武井 協三 …… 21389, 21464, 21619
| 武井 順一 …… 00877, 29338
| 武井 優 ………………… 05205
| 竹内 梅松 ……………… 17545
| 竹内 喜之助 …………… 16660
| 竹内 謙六 ……………… 22397
| 竹内 孝一 …… 16515, 17712
| 竹内 順一 ………………
| 20275, 20405, 20520, 20521
| 竹内 淳子 ……………… 20499
| 竹内 尉 …… 13880, 15195
| 竹内 千代子 …………… 25788
| 竹内 東一郎 …………… 07431
| 竹内 尚次 ……………… 17781
| 竹内 隼太（昌明）…… 02333
| 竹内 秀雄 … 01045, 01062, 01063
| 武内 博 ………………… 15851
| 竹内 弘行 …… 13318, 13383, 13670
| 竹内 誠
| 00001, 00490, 00645, 00680,
| 00834～00838, 01842, 02236,
| 02353, 02354, 02977, 03271,
| 03393, 03394, 03441, 03541,
| 09419～09422, 11211, 11303,
| 11345, 11346, 11407, 11440,
| 11463, 11464, 11467, 11471,
| 11475, 11479, 11486, 11523,
| 11524, 11690, 11736, 11991,
| 12591, 16098, 16099, 17153,
| 18989, 29553, 29687, 29699
| 竹内 将人 ……………… 24752

著者名	番号
竹内 松治	13881
竹内 道敬	21540, 21736, 21737, 21741
竹内 睦泰	02014
竹内 泰之	19431
竹内 佑宜	24205, 32295
竹内 勇太郎	03424
竹内 楊園	27453
竹内 吉平	12393
竹内 義光	13748
竹内 里欧	12290
竹内 理三	00886, 00979, 10588, 15425
竹岡 勝也	14080
竹岡 範男	08067
竹岡 林	31749
武雄市教育委員会	33265
竹垣 直道	06555
竹川 竹斎	08894
竹川 亮三	15268
武熊 武	04971
竹沢 団七	21258
竹沢 嘉範	30060
竹治 貞夫	13159, 13160, 32655
竹下 数馬	14463, 24068, 27144, 27193, 27255
竹下 喜久男	12602, 13294, 13295, 16690, 21107, 26031, 26049
竹下 金烏	17956
竹下 倫一	05196
竹柴 金作	21493
武島 又次郎	14206, 14235
武女	26952
竹末 広美	06478, 24468, 28871
竹添 敦子	17217
竹園日記を読む会	32076, 32077
竹田 旦	07772
竹田 出雲	21413, 21415, 21418, 21420, 21421, 21423, 21429, 21431～21434, 21444
竹田 出雲〔2世〕	21419
武田 桜桃	24587, 24608
武田 鶯塘	04380, 15149, 27020
武田 櫂太郎	11785
武田 勝蔵	04455
武田 勘治	03470, 13828, 15048, 15103, 15159, 16683, 16687, 16688
武田 完二	02477, 02480, 02486
武田 鏡村	02671, 21898, 24195
竹田 健二	16895
竹田 小出雲	21594
武田 光一	17690, 18120, 18199
竹田 耕三	20608
武田 春秋園（正吉）	24603
武田 清市	27007, 31938
武田 正	11742
竹田 聴洲	15258, 15286, 15697
武田 恒夫	17816, 17818, 17859, 17863, 17866, 17907, 21453
武田 友寿	15543
竹田 はなこ	09702
武田 晴人	08260
武田 秀章	04456
武田 広昭	30284
武田 孫太郎	28346, 28347
竹田 雅一	22094
武田 昌輔	09049
武田 万里子	06933, 07969, 08187
武田 元治	24052
武田 魁	09048
武田 弥富久	05986
武田 幸男	21989
武田 陽	28346, 28347
竹田 洋三郎	21947
竹田商工会議所青年部	18244～18253
武田恒夫先生古稀記念会	00291
竹谷 長二郎	12130, 18007, 18241, 18466, 18467, 18472, 27444, 27528
竹田町教育会	33536
武知 京三	31841
髙市 志友	12856～12858
武津 八千穂（稲室主人）	14139
武豊町歴史民俗資料館	15693
竹中 邦香	13355, 13365
竹中 真幸	28938
竹中 靖一	08342
竹西 寛子	24932, 26096
竹貫 元勝	15443
竹野 孝一郎	33548
竹野 静雄	22661～22663, 23006, 23188, 24672
武野 要子	06855, 10245, 10432, 10433
竹の家主人	23133
武埴 林太郎	20031, 20033
竹林 貫一	13226
竹林 熊彦	17334
タケバヤシ 哲郎	32313
竹原 俊夫	29686
武広 武雄	04136
武生市史編纂委員会	30732, 30733
建部 一男	22132
建部 清庵	08889
武部 敏夫	01587, 01588, 02555, 02557
建部 遯吾	02849, 02850
武部 保人	08700, 08752
武部 善人	08344, 13937, 13938
武光 誠	00025, 00407, 00543, 02301, 02586, 11492, 12885, 14741
武宮 正樹	22094
竹村 篤	07522
竹村 茂雄	08428
竹村 尚規	26940
岳本 恭治	21733
武元 景文	27402
竹本 三郎兵衛	21252
竹本 津大夫（4世）	21258
竹本 宏夫	24167
竹本 弘文	33610～33621
竹本 義明	22291, 24049
武元 立平	08423
竹谷 蒼郎	25511, 26062, 26074, 26075
竹安 繁治	03461, 08706, 08774, 08776
武山 憲明	02950
武山 峯久	05192, 05642, 05865
竹脇 正道	30552
田子 修一	30862
太宰 純	13926～13929
太宰 春台	03076, 13930
太宰府市史編集委員会	33070
田坂 英俊	24077, 26989, 27448, 27450
田崎 哲郎	08890, 15793, 15794, 15796, 15815, 31353
田崎 中	16291
田崎 仁義	08328, 13219
田崎 賜之介	18579
田里 朝直	26817
田沢 金吾	20354
田沢 正	24683, 27714, 27724, 27759
多治比 郁夫	13805
田島 公	00057
田島 伸夫	18288
田島 佳也	08895, 08899
田島町教育委員会	21027
田島町郷土史研究会	28550
田島町史編纂委員会	28513, 28548, 28549
但馬守約	13685～13687
多治見市市史編さん室	31112～31114
田尻 竜正	25440

田尻 隼人 …………… 14652	立田村文化財専門委員	田中 千博 …………… 12300
田尻 祐一郎 ‥ 13410, 13932, 14564	会 ………………… 12787	田中 加代 …………… 14019
田代 脩 …… 02828, 03760, 12886	竜野 咲人 …………… 13743	田中 寒楼 …………… 26423
田代 和生 …………… 07710,	竜野市教育委員会 …………	田中 喜佐雄 ………… 09987
07715, 07746, 07827, 16597	10941, 12737, 17709	田中 喜作 …… 18161, 18512
田代 重雄 …… 28617, 28618	龍野市立歴史文化資料	田中 金一 …………… 15176
田代 陣基 …… 14867〜14869	館 ………………… 16898, 31922	田中 圭一
田代 政門 …………… 15633	たつみ都志 …………… 21189	00884, 09023, 09031, 09503,
田代町 …………… 28187〜28195	伊達 牛助 …………… 16132	09504, 10117, 11139, 11168,
多田 顕 ……………… 14842	館 充 …… 09564, 09565, 09582	15479, 15799, 16531, 30263,
多田 克己 …………… 18669	伊達 宗弘 …… 06883, 28037	30295, 30296, 30300〜30302
多田 建次 …… 16670, 16754	伊達 泰宗 …………… 00721	田中 謙二 …………… 25056
多田 好問 …………… 04476	立石 喦 ……………… 33041	田中 元峰 …………… 09798
多田 茂信 …… 32647, 32648	立石 駒吉 …………… 13849	田中 厚一 …………… 23537
多田 淳典 …………… 14168	立石 定夫 …………… 32410	田中 香涯 …… 12404〜12408
多田 仁一 …… 16738, 26265	立石 優	田中 耕作
多田 武利 …………… 06201	02145, 03248, 04914, 05700	33172, 33194, 33199, 33205
多田 南嶺 …………… 22962	立岩 寧 ……………… 05385	田中 康二 …… 14360, 24114
多田 正知 …………… 16018	館岡 源右衛門 …… 28649〜28651	田中 耕司 …………… 08889
多田 実 ……………… 07619	館岡 源兵衛 ……… 〜28655	田中 作太郎 …… 20106, 20108
多田 睦雄 …… 18430, 18431	伊達町史編纂室 … 28551〜28553	田中 聡 ……………… 15721
多田 裕計 …… 25202, 25203	立林 宮太郎 …… 14568〜14570	田中 重太郎 …………… 26610
只野 真葛 …………… 11498	館林市教育委員会 … 28949, 28990	田中 純司 …………… 00330
但野 正弘 …… 02924, 14633,	館林市立図書館 …… 28949, 28990	田中 穣 ……………… 19582
14642, 14643, 14684, 14697	館林歴・文研究同好会 …… 28951	田中 庄一 …… 27864, 27945, 27946
館 徳 ………………… 01039	立平 進 ……………… 09475	田中 昭策 …………… 33386
太刀川 喜右衛門 …………… 08907	建部 恭宣 …………… 20659	田中 昭三 …… 25686〜25691
太刀川 清 …………… 15726,	立松 和平 …… 15368, 27044, 27203	田中 省三 …… 11145, 31265
15733, 22671, 23251, 23252	立山カルデラ砂防博物	田中 伸 ……………… 17219,
立川 博章 ……………	館 ………………… 11656, 30460	22579, 22764, 22861, 22900
11345, 11346, 16098, 16099	館山市立博物館 ……… 17827	田中 助一 …… 16522, 16523, 32491
立川 武蔵 …………… 15377	帯刀 次六 …………… 13478	田中 澄江 …… 15550, 21285, 21395
立川 美彦 …………… 00945	多度津文化財保存会 …… 13724	田中 寿美子 …………… 28754
立川町史編さん委員会 ‥ 28316, 28317	多度町教育委員会 …… 31575	田中 誠三郎 …………… 13761
橘 曙覧 …………………	田名 真之 …… 33864, 33869	田中 誠二 …………… 32486
24121, 24184, 24195, 24197	田中 あきら …… 24740, 24741	田中 千梅 …………… 25056
橘 右橘 ……………… 22166	田中 彰 ……………… 03496,	田中 双鶴 …………… 13965
橘 崑崙 ……………… 23438	03756, 03758, 03791, 03899,	田中 惣五郎 …………… 02093,
立花 実山 …………… 21979	03905〜03907, 03918, 03943,	02095, 03839, 04642, 04737,
立花 種恭 …………… 04137	03946, 04490, 05449, 05528,	04738, 04871, 04917, 05373,
橘 南谿 ………… 27284〜27298	05529, 05594, 05595, 07173,	05477, 05549, 15123, 30240
立花 均 ……………… 13870	07215, 15065, 15074, 15138	田中 健夫
橘 正隆 ……………… 06367	田中 明 ……………… 07976	00136, 00137, 00139, 07746
橘 米吉 ……………… 21247	田中 輝 ……………… 22101	田中 辰二 …………… 26491
橘 りつ …… 24014, 24015	田中 一松 ……………	田中 為雄 …………… 33708
立原 洋一 …………… 03173	17965, 17980, 17981, 18273	田中 ちた子 …… 12154〜12167
館盛 英夫 …………… 30471	田中 一郎 …… 12468, 30243	田中 鉄軒 …………… 05339
竜居 松之助 ……………	田中 稲彦(鉄軒) …… 05403	田中 俊一 …………… 23500
00498, 11330, 11417, 21074	田中 大秀 ……… 14476〜14480,	田中 利光 …………… 21735
辰岡 万作 …………… 21298	14482〜14485	田中 朋子 …………… 20857
立川 昭二 ……………	田中 夏織 …………… 12551	田中 友次郎 …………… 09777
00517, 16463, 16492, 17089	田中 薫 ………………	田中 豊太郎 …… 19200, 19201
竜川 清 ……………… 18322	30835, 30867, 30933, 30934	田中 直日 …………… 18685
	田中 和雄 …………… 24329	田中 佩刀 …………… 13234
	田中 一貞 …… 08104, 08112	

田中 初夫	12154〜12167
田中 彦十郎	26545
田中 日佐夫	21025
田中 秀和	15245
田中 英道	06889, 06896, 19390, 19572
田中 仁	24163
田中 宏明	23088
田中 ひろみ	05658, 29507, 29760
田中 弘之	07191, 29791, 29956
田中 政治	10112, 17213
田中 正弘	07213, 07346
田中 正也	27402
田中 真理子	05015
田中 道雄	26092
田中 光顕	03646, 03647, 04573, 04966
田中 安興	08905
田中 泰彦	31755
田中 康昌	26224
田中 優子	00476, 00698, 07003, 07683, 10485, 10637, 11260, 11325, 11327, 11365, 11483, 11687, 11689, 11712, 12020, 12021, 12446, 12612, 12613, 12865, 17422, 17577, 19061, 19160, 19176, 19986, 21734, 22334, 22335
田中 喜男	02276, 08345, 08671, 09558, 10899, 10943, 30239, 30485, 30550, 30554, 30596, 30597, 30635, 30648
田中 芳男	16266
田中 義能	14367, 14468, 14469, 14782
田中 善信	24782, 25016, 25303, 25411, 25483, 25739, 25915, 26195, 26918, 26928, 26947
田中 嘉彦	14537, 16817
田中 佳宏	25332
田中 義政	27053
田中舘 哲彦	22029
田中本家博物館	20566
棚倉町教育委員会	28555
棚倉町町史編さん室	28554
田無市立中央図書館編	29835
棚橋 一晃	17529, 17787
棚橋 久美子	26899
棚橋 淳二	20590〜20593
棚橋 宗馬	03457
棚橋 琢之助	04163
棚橋 利光	31824
棚橋 正博	11667, 11697, 22418, 22586, 23351〜23353, 23363, 23366, 23709, 23718〜23722, 29677
田辺 明雄	03202, 03229
田辺 悟	09469
田辺 実明	33286
田辺 聖子	26518, 26903
田辺 政六	31099
田辺 太一	07218〜07220
田辺 貞之助	23796, 23797, 26487, 26526, 26700, 26701
田辺 尚雄	17093
田辺 普	16584
田辺 真人	31971
田辺 昌子	18574
田辺 希繒	28085
田辺 道子	07029
田辺 泰	20956
田辺市教育委員会	32119〜32134, 32145〜32149
田辺市立美術館	18129, 18142
田辺町近代誌編さん委員会	31771
田部美術館	20546
棚町 知弥	15278
谷 晃	21994
谷 寛得	01034
谷 啓輔	08652
谷 信一	17971
谷 省吾	14467, 14529, 14533, 26956, 26957
谷 巧二	08537〜08539
谷 直樹	11235, 20684, 20690
谷 春雄	05759, 05910
谷 文晁	18413, 18419〜18422, 18427
谷 峯蔵	17396, 19598, 19609, 23306, 23325
谷 有二	07159, 11909
谷川 彰英	29761
谷川 健一	04437, 10062, 15520, 15706, 33030
谷川 健夫	10286
谷川 敏朗	24225, 24226, 24242, 24287, 24322, 24337, 24360, 24368, 24371〜24373, 24376, 24380, 24388, 24393, 27501, 27506, 27526
谷口 昭	06297, 06623
谷口 廻瀾	16033
谷口 克広	01938
谷口 鏨	01890
谷口 謙	26116, 26132, 26170, 26199, 26208
谷口 研語	03490
谷口 松軒	22117
谷口 真子	03096, 06070, 14793
谷口 澄夫	01665, 09662, 16932, 32280, 32281, 32349
谷口 隆道	33775
谷口 宰	02562
谷口 徹	20562
谷口 初意	04047
谷口 蕪村	18297, 18304, 18308, 18309, 26093, 26119, 26143〜26149, 26158, 26175, 26981
谷口 政徳	21128
谷口 学	09520, 24471
谷口 覚	21817
谷口 弥五郎	08315
谷口 吉郎	21021, 21022
谷口 流鶯	04514, 05371
谷口 良三	20298
谷崎 精二	22598
谷沢 永一	13668, 13802, 13803
谷沢 靖	26253
谷沢 義男	24738, 31330, 31342
谷田 左一	04949
谷地 快一	18319, 23973, 24666, 25716, 26193, 26210
谷端 昭夫	01772, 21957, 21960, 21974, 21993
谷畑 美帆	16460
谷村 元珉純甫	00376
谷村 英彦	00376
谷村 夢十	04731
谷村 能男	25701, 25712
谷村 玲子	04382, 21945
谷本 雅之	10196
谷本 光典	25545
谷山 正道	09119, 27575
谷脇 理史	08240, 22331, 22347, 22648, 22872, 22979, 22981, 22999, 23005, 23011, 23030, 23043, 23054, 23063, 23073, 23103, 23119, 23138, 23164, 23218, 23227, 23233, 23262, 23264
田沼 利男	07640
種 瓜平	26445
種市町史編さん委員会	00320, 27922, 27923
種市町立図書館	00073〜00075
種市町立歴史民俗資料館	00716
種村 季弘	29574
田野辺 富蔵	12398, 19046〜19051, 19067, 19936, 22832
田能村 竹田	18452, 18466, 18470, 18477
たばこと塩の博物館	07886, 12237, 17425, 18497, 18714, 19019, 21459, 21570, 21754, 23308

田畑 慶吉	18636
田畑 勉	00872, 28968, 28969
田端 秀雄	26115
田端 宝作	20758, 30563
田畑 みなお	21094
田畑 美穂	14233, 26961, 31559
田原 圭子	23398, 23400
田原 嗣郎	03077〜03079, 13044, 13797, 13919, 14287, 14430, 14431
田原 八郎	00131, 02122, 05817, 11757
田原口 保貞	28465
田原町	31481〜31490
田原町教育委員会	31487〜31490
田原町博物館	18354, 18406
田原町文化財保護審議会	31481〜31486
旅の文化研究所	12333, 12452, 21766, 21767, 23388
田平 正晴	25265
田淵 静縁	03254
玉井 建三	29591
玉井 建也	07718, 33873
玉井 哲雄	12084, 20643
玉井 政雄	32984
玉井 豊	32868
玉江 彦太郎	33029
玉懸 博之	13014
玉川 治三	08999
多摩川流域史研究会	29704
玉木 功一	08006
玉置 正太郎	04602, 04603
玉城 司	26044
玉城 徹	25267
玉木 俊明	07885
玉城 朋彦	07418, 33906
玉城 肇	07433, 07434
玉木 順彦	11727
玉置 万齢	16005, 18451
玉木 礼吉	24346
多摩市史編集委員会	17537, 29866, 29867
多摩市文化振興財団	04855
玉島良寛研究会	24334
玉名市史編集委員会	33440〜33443
玉名市立歴史博物館こころピア	06871, 17660, 33410
玉野 惣次郎	29744
玉野井 芳郎	08349
玉林 晴朗	19281, 24484, 24485
多摩美術大学文様研究所	20950
多摩文化史研究会	29975〜29979

玉虫 左太夫	04073, 04431
玉虫 敏子	18006, 18437
玉虫 茂誼	01109, 04072
玉村 禎祥	14178, 14263
圭室 諦成	13502, 13505, 15309, 33413
圭室 文雄	12639, 15248, 15295, 15301, 15310, 15328, 15394, 15556, 15694
玉山 成元	15299
タマラ・チェルナーヤ	17650
タマリン, アルフレッド	08049
田宮 房男	12037
田宮 友亀雄	03198, 03199, 03360
田村 愛之助	30317
田村 栄太郎	03085, 03107, 03291, 04905, 04910, 06198, 08676, 09098〜09100, 09116, 09117, 09138, 09189, 09197, 09638, 09708, 10824, 11034, 11035, 11416, 11761, 11854, 11984〜11986, 11992, 12119〜12122, 12149, 12150, 15804, 17185, 18410, 20791, 22804, 27571, 27572
田村 賢一	23919, 23926
田村 幸策	07993
田村 幸志郎	28419
田村 貞雄	02150, 04811, 06022
田村 順三郎	14530, 14532, 24046, 30482
田村 甚三郎	15486
田村 哲夫	05458, 32565, 32575
田村 瑞夫	00704
田村 善昭	19600, 19601
田村 吉永	05992, 05993
田村 藍水	08892
為永 春水	23328, 23329, 23333, 23335
田谷 九橋	01385
田谷 博吉	08544
田安 宗武	24036
田山 実弥登	28976
田良島 哲	00054
タルイピアセンター	09897, 19872, 31046
垂水啓進館	02859
田老町教育委員会	27888, 27924〜27927
多和田 真一郎	00433
多和田 雅保	30865
俵 国一	09582
田原 南軒	03270, 22803
俵 万智	20997, 27203
俵 元昭	12831, 16097, 29561

俵木 浩太郎	14729
俵屋 宗達	17511, 17962, 17963, 17965, 17971, 17997
丹 和浩	16952
丹 潔	01767, 03569, 15211
団 武雄	32620
ダン, チャールズ・J.	07571
丹 霊源	03127
段木 一行	29649
丹下 健三	20970, 20972
弾左衛門研究会	11006
丹治 健蔵	09645
談洲楼焉馬	26802
檀上 正孝	26998, 27030, 27031
丹南史料研究会	30750, 30752, 30753
丹野 顕	06643, 11012, 22332
淡野 史良	02512, 11845, 12400
丹波 恒夫	18846, 19721
旦暮庵野巣	08422, 08725

【ち】

地域社会研究所	11186, 21036
千賀 浩一	26163
近石 泰秋	21233, 21234
千鹿野 茂	00612, 00830
近松 鴻二	11681
近松 徳三	21592
近松 半二	21419, 21458, 21578, 21580, 21612
近松 洋男	21293
近松 門左衛門	19062, 19343, 21285, 21286, 21289, 21294, 21298, 21302, 21303, 21312, 21313, 21339〜21342, 21392, 21405, 21595
近松 保蔵	21605
近松学会	21333
近松研究会	21382
近松研究所十周年記念論文集編集委員会	21356
近松書誌研究会	21303
近松全集刊行会	21339〜21342
近松と現代人形劇を考える会	21346
近松の会	21131
千頭 清臣	05090, 05094, 05133
近森 高明	12290
近森 敏夫	17548
竹阿	25750
筑後史談会	03471, 11321, 33145

筑紫野市史編さん委員会 ………………… 33071	千葉県立房総のむら ………… 12057	鳥海山人 ………………… 27478
千曲山人 …… 26283, 26308, 26309	千葉山人 ………………… 19286	銚子市公正図書館 … 29453〜29457
遅月庵 空阿 …………… 24609	千葉市史編纂委員会 … 29423〜29427	銚子市史編纂委員会 ………… 29429
千沢 楨治 ………… 17856, 17975	千葉市史編集委員会 ………… 29428	長善館史蹟保存会 …………… 16876
知識計画 ………………… 03781	千葉市美術館 ‥ 17562, 17654, 17790, 18073, 18726, 18739, 18747, 19334, 19535, 19648, 19654	長南 俊雄 ………………… 26040
知識人研究会 …………… 15124		調布市市史編集委員会 … 29872, 29927
千々和 実 ……………… 00871		下関市立長府博物館 ………… 05135, 05417, 07695, 32479
チースリク，フーベルト ‥ 15527, 15538, 15539, 15548	千原 浅之助 ……………… 21872	
	茅原 南龍 ………………… 27497	蝶夢 … 25050, 25051, 25053, 25528
知多市歴史民俗博物館 ……… 17603	千原 弘臣 ………………… 22006	長命 豊 …………… 08852, 28813
知多町教育委員会（愛知県） ………………… 31461	千原 勝美 ………………… 16825	朝野新聞 ………………… 10891
	千葉歴史学会 ……………… 29349	『朝林』研究会 ……… 01071〜01078
秩父郷土研究会 …… 29276〜29282	地方史研究協議会 ………… 11229, 11230, 11312, 27569	猪古斉主人 ………………… 09295
秩父市誌編纂委員会 … 29276〜29282		千代女 ………………… 26000
秩父市立図書館 …… 29276〜29282	千屋 菊次郎 ……………… 00969	千代田区教育委員会 … 02060, 29637
秩父美術館 ……………… 18139	茶谷 悟郎 ………………… 16518	千代田区立四番町歴史民俗資料館 ………… 02060, 06591, 20807, 29637
致道博物館 ……………… 09136	茶谷 十六 …………… 11794, 11795	
知野 泰明 ……………… 08902	チャールズドゥウルフ ………………… 16110	
茅野市教育委員会 ………… 11237		千代尼百五十年祭記念協讃会 …………… 25997
千葉 治 …………… 26535, 26536	茶話主人 ………………… 04515	
千葉 克郎 ……………… 27948	中央義士会 … 03021〜03023, 03046, 03251, 03252, 03324, 13862	鄭 章植 …………………… 07722
千葉 亀雄 ……………… 14881		知立市文化協会 ……………… 22042
千葉 啓子 ……………… 26979	中央公論美術出版 ………… 18561	知立市歴史民俗資料館 ‥ 09522, 18954
千葉 乗隆 ……………… 15379	中元寺 智信 ……………… 28434	沈 寿官 …… 20352, 20359, 20360
千葉 惣次 ……………… 12589	中國新聞社 ………………… 32420	陳 舜臣 ………………… 00402
千葉 誉好 ……………… 32911	忠臣蔵研究会 ……………… 03239	陳 選 …………… 13238, 13239
千葉 常樹 ……………… 21451	「中世近世の禁裏の蔵書と古典学の研究─高松宮家伝来禁裏本を中心として─」研究プロジェクト ………… 00110	陳奮館主人 … 10772, 12482, 12483
千葉 徳爾 ……………… 11119		
千葉 ひろ子 …………… 13580		
千葉 正樹 ………… 12844, 20795		【つ】
千葉 燿胤 ………… 29358, 29359	忠田 敏男 06197, 06208, 06209, 09823	
千葉県企画部県民課 ………… 29476		立木 望隆 ………………… 09964
千葉県企画部広報県民課 ‥ 29473, 29477, 29479, 29481	中日新聞岐阜総局 ………… 31056	通信全覧編集委員会 … 07214, 07291〜07346
	中日新聞社 ………………… 19429	
千葉県企画部文化国際課 ……………… 29480	中日新聞社「激動の世紀」取材班 …………… 03685	ツォーベル，G. ……… 07661, 08152
千葉県教育委員会 20879, 21062, 21065		都賀 庭鐘 ………………… 23434
	中日新聞本社社会部 ………… 31366	塚越 芳太郎 13601, 21345, 21394, 23600
千葉県郷土史研究連絡協議会 …………… 11630, 29372	中部建設協会桑名支所 ……… 08971	
	中部建設協会静岡支所 ‥ 31157, 31158	塚越 芳太郎（停春） ………… 01940
千葉県史編纂審議会 29472, 29474, 29475, 29478, 29482	中部伝統染織工芸研究会 ……………… 18581	司 亮一 ………………… 15917
		塚田 晃信 ………………… 23974
千葉県史料研究財団 16410, 29483〜29485	中部日本新聞社 …………… 00016	塚田 清策 ………………… 33919
	仲芳禅師 ………………… 27365	塚田 泰三郎 ……………… 20509
千葉県中近世遺跡調査団 ……………… 00337, 00338	張 学礼 ………………… 00395	塚田 孝 06244, 09555, 10618, 10907, 10918, 10931, 10939, 10949, 10950, 10994, 10995, 11203, 11214, 31795, 31827〜31829, 31833, 31836, 31886
	趙 曦 …………… 07706〜07708	
千葉県内務部 …………… 14920	張 憲生 ………………… 14058	
千葉県立大利根博物館 ……… 29361	趙 新 …………………… 33943	
千葉県立上総博物館 ‥ 09950, 18563	暢 素梅 ………………… 13907	
千葉県立関宿城博物館 ‥ 08953, 29368	長 忠生 …………… 33204, 33212	
千葉県立総南博物館 … 00279, 09949, 12265, 16749, 18563	趙 治勲 ………………… 22088	塚田 為徳 ………………… 03128
	長 寿吉 …… 14002, 14010, 15029	塚田 正公 ………………… 09271
	長 文連 02917, 03792, 05581, 05959	塚田 正朋 ………………… 10925
千葉県立中央博物館 ‥ 02900, 18563	張 宝三 ………………… 13235	塚田 芳雄 ………… 15678, 29630
		塚原 健二郎 ……………… 07371

塚原 紫舟	………………	24663
塚原 靖	………………	00478
塚本 謙蔵	………………	27586
塚本 哲三		
	01527, 26540, 26541, 27220	
塚本 方円	………………	25663
塚本 学	………………	00453,
	00548, 00613, 00965, 01080,	
	01081, 02989, 02990, 11152,	
	12371, 16393, 17141, 17877	
塚本 洋太郎	………	17648, 17649
塚本学先生退官記念論		
集編集委員会	………	30861
津軽 政方	………………	13829
津軽近世史料刊行会	…	27760〜27764
津川 正幸	………………	10011
津川 安男	………	02124, 03145
津川町（新潟県）	………	30252
月岡 兎平	………………	13633
月岡 雪鼎	………………	22850
月岡 丹下	………………	22963
月岡 芳年	………………	19891
月川 雅夫	………………	08901
築地 誠子	………………	01914
築島 裕	………………	14190
次田 万貴子	………………	02767
月舘町史編纂委員会	………	28514
月の本 素水	………………	25046
月山 照基	………………	18407
佃 和雄	……	07008, 07017, 30571
佃 清太郎（南畝）	………	03067
佃 光雄	………………	15594
嗣永 芳照	………………	00085
筑波 常治	………	08883, 16197
筑波大学	………………	16741
柘植 久慶	………………	21870
津坂 治男		
	13039, 14280, 14932, 31569	
辻 岩雄	………………	03048
辻 邦生	………………	17923
辻 善之助	……	00501, 03453〜03455,
	07854, 15308, 15311〜	
	15322, 17155〜17159, 17161,	
	17165, 17166	
辻 達也	……	00031, 00465, 00494,
	00501, 00556, 01118, 01704,	
	01807, 01862, 01971, 02037,	
	02050, 02244, 02327, 02829,	
	02837, 02838, 03408, 03410,	
	03411, 03431, 03562, 03756,	
	06091〜06093, 09529, 09679,	
	10292, 10831, 10952, 11152,	
	11227, 11228, 11765, 13067,	
	17153, 17471, 21118, 22630	

辻 惟雄	……	17414, 17416,
	17488, 17499, 17595〜17598,	
	17645, 17676, 17794, 17797,	
	17798, 18073, 18078, 18099,	
	18106, 18107, 18109, 18110,	
	18653, 18692, 18706, 18715,	
	19077, 19273〜19276,	
	19877, 19906〜19908	
辻 ミチ子	………	00258, 10788
辻 満生	………………	33532
辻 嘉和	………………	31360
辻井 善弥	……	03863, 11156, 12321
辻尾 栄市	………………	00228
辻川 季三郎	……	15671, 31784
津市教育委員会文化課	………	14151
辻田 右左男	………………	16079
辻田 啓志	………………	25148
津島 北渓	………………	30486
辻村 石魚子	………………	25816
辻本 雅史	………	13002, 16753
辻森 秀英	……	14227, 23945, 24022,
	24176, 24182, 24198, 24399	
都築 彬	………………	27228
都築 温（鶴州）	………	16008
都築 亨	………………	30772
都築 久義	………………	03322
都筑 方治	………	09725, 30845
津田 勇	………………	16750
つだ かつみ	………………	21765
津田 潔	………………	10973
津田 三郎	………………	15557
津田 茂麿	………………	00940
津田 秀夫		
	00094, 00545〜00547, 02317,	
	03597, 06028, 09118, 10553,	
	10593, 10594, 10861, 16925	
津田 正生	………………	23840
津田 真弓	………………	22345
津田 良樹	………………	21031
津田 類	………………	
	21466, 21486, 21487, 21519	
津田秀夫先生古稀記念		
会	………………	10596
土浦市古文書研究会	…	28857〜28861
土浦市立博物館	………………	15698,
	15876, 17838, 21977, 28721	
土岡 究渓	………	20334, 20336
土田 健次郎	………	13162, 13815
土田 泰蔵	………………	05088
土田 直鎮	………………	16843
土田 将雄	………………	33425
土田 衛	………………	
	21226〜21230, 21559, 21674	
槌田 満文	……	11314, 12044, 19003
土田 良一	………	09660, 09732
土淵 正一郎	………	19606, 19607

土御門 泰重	………	01587, 01588
土持 政照	………………	05298
土本 俊和	………………	00248
土屋 侯保	………………	13786
土屋 恵一郎	………	21554, 21555
土屋 宏一	………………	12901
土屋 春泉	………	03826, 22371
土屋 喬雄	………………	
	02206, 06052, 07433, 07434,	
	08230, 08272, 08280, 08281,	
	08324, 08879, 10598, 11098	
土屋 常義	………………	15360
土屋 弼太郎	………………	30863
土屋 博映	………	26795, 27107
土屋 雄嗣	………………	05104
筒井 清彦	………………	14938
筒井 作蔵	………	09895, 09896
筒井 民治郎	………………	25604
筒井 紘一	………………	21991
筒井 真智子	………………	25784
筒井 泰彦	………………	33197
堤 章	………………	00154
堤 克彦	………………	13507
堤 邦彦	………………	15444,
	15714, 15729, 22771, 22774	
堤 紫海	………………	29629
堤 淳一	………………	06505
堤 精二	………………	22458,
	22641, 22642, 23008, 23024	
堤 洋子	………………	09206
堤 亮二	………………	15732
津名 道代	………	03350, 25175
綱淵 謙錠	………………	
	00542, 01681, 02099, 04636,	
	04637, 04697, 04819, 05260	
恒遠 俊輔	………………	16880
恒遠 醒窓	………………	27364
恒松 隆慶	………………	14491
常吉 幸子	………………	22456
角田 竹涼	………………	25729
角田 竹冷	………………	
	25088, 25089, 25104, 25105	
角田 東涯	………………	01396
燕 佐久太	………………	24312
坪井 九馬三	………	01026, 01529
坪井 俊三	………………	31136
坪井 信良	……	04159, 07063〜07065
壺井 秀生	………………	15041
坪内 逍遙	………	11570, 21611
坪内 稔典	………	25972, 27206
坪内 祐三	………………	21714
坪内 雄蔵	………………	22482
坪田 茉莉子	………………	09857

妻木 忠太 ‥‥‥‥‥‥ 03634,
　05472, 05474, 05475, 05480,
　05488, 05498〜05500, 15208
津村 節子 ‥‥‥‥‥‥‥‥ 20135
津本 信博 ‥‥‥‥‥‥‥‥
　22306, 26906, 26922, 26923
津本 陽 ‥‥‥‥‥‥‥‥ 00044,
　05169, 08491, 14761, 21911
津守 亮 ‥‥‥‥‥‥‥‥ 27163
津山郷土博物館 ‥‥‥ 32327〜32335
津山市史編さん委員会
　‥‥‥‥‥‥‥‥ 32320〜32322
津山洋学資料館 ‥‥‥‥‥ 07894,
　15807, 15818, 15821, 15872,
　32296, 32338, 32341, 32347
ツュンベリー, C.P. ‥‥‥‥ 07568
貫 秀高 ‥‥‥‥‥‥‥‥ 09526
釣 洋一 ‥‥‥‥‥‥‥‥ 05664,
　05720, 05735, 05737, 05748,
　05816, 05819, 05909, 16436
鶴尾 淳子 ‥‥‥‥‥‥‥‥ 28632
鶴岡 節雄 ‥‥‥ 24086, 27562, 27563
敦賀市立博物館 ‥‥‥‥‥‥‥
　17599, 17601, 17699, 17749,
　17750, 17754, 17857, 18884
鶴来町史編纂室 ‥‥‥‥‥ 30598
鶴来町立博物館 ‥‥‥‥‥ 26970
鶴久 二郎 ‥‥‥‥ 08765, 33090,
　33091, 33095, 33096, 33147
鶴崎 裕雄 ‥‥‥‥‥‥‥‥ 24065
都留市史編纂委員会 ‥‥‥ 30811
都留市文化財審議会 ‥‥ 30825, 30826
鶴田 倉造 ‥‥‥ 15628, 15635, 15652
鶴田 啓 ‥‥‥‥‥‥ 07781〜07788
鶴田 隆志 ‥‥‥‥‥‥‥‥ 04630
鶴田 文史 ‥‥‥ 06540, 09355, 09356,
　15503, 15636〜15638, 33267
鶴田 雄亮 ‥‥‥‥‥‥ 09746, 30774
鶴松 房治 ‥‥‥‥ 12813〜12818, 16107
鶴見 和子 ‥‥‥‥‥‥ 10791, 10792
鶴見 左吉雄 ‥‥‥‥‥ 06839, 06851
鶴見 俊輔 ‥‥‥‥‥‥ 07052, 15984
鶴見 次定 ‥‥‥‥‥‥‥‥ 30871
鶴見 吐香 ‥‥‥‥‥‥‥‥ 24481
鶴見 誠 ‥‥‥‥ 22325, 22500, 29737
鶴見大学図書館 ‥‥‥‥‥ 17330
鶴峯 戊申 ‥‥‥‥‥‥ 24406〜24409
鶴村 松一 ‥‥‥‥‥‥‥‥ 25697
鶴屋 南北 ‥‥‥‥‥‥‥‥ 21693
鶴屋 富士夫 ‥‥‥‥‥‥ 18507,
　18627, 18690, 18708, 18709
鶴屋南北〔4代〕‥‥‥‥‥‥
　21686〜21688, 21697, 21699
鶴屋南北研究会 ‥‥‥‥‥ 21689
ツンベルグ ‥‥‥‥‥‥‥ 07615

【て】

鄭 秉哲 ‥‥‥‥‥‥ 33937, 33938
鄭 麗芸 ‥‥‥‥‥‥‥‥ 18285
停雲会同人 ‥‥‥‥‥‥‥ 27380
ディキンズ, F.V. ‥‥‥‥‥ 08173
帝国教育会 ‥‥‥‥‥‥‥ 15113
鼎左 ‥‥‥‥‥‥‥ 24953, 24954
貞心尼 ‥‥‥‥ 15487, 24249, 24250
TBS ‥‥‥‥‥‥‥‥‥‥ 01688
TBS『お江戸粋いき!』
　制作スタッフ ‥‥‥‥‥ 09542
TBS文化情報部 ‥‥‥‥ 19341, 19591
低平地研究会歴史部会 ‥‥‥‥‥‥
　‥‥‥‥‥‥‥ 06609, 33198, 33216
『定本・信州の街道』刊
　行会 ‥‥‥‥‥‥‥‥ 00210
ティールホフ, M.v. ‥‥‥‥ 07885
手紙雑誌社 ‥‥‥‥‥‥‥ 24597
適塾記念会 ‥‥‥‥‥ 16901, 16904
勅使河原 宏 ‥‥‥‥‥‥‥ 22015
手島 宗太郎 ‥‥‥‥‥‥‥ 12746
手島 益雄 ‥‥‥‥‥ 04548, 32294
出島研究会 ‥‥‥‥‥‥‥ 33302
手塚 晃 ‥‥‥‥‥ 05938〜05940
帝塚山学院大学日本文
　学研究室 ‥‥‥‥‥‥‥ 26332
テッサ・モーリス=鈴
　木 ‥‥‥‥‥‥‥‥‥ 08350
鉄獅子 胡同 ‥‥‥‥‥‥‥ 26623
テームズ川物語展編集
　委員会 ‥‥‥‥‥‥‥ 08166
寺石 正路 ‥‥‥‥‥‥‥‥ 05053
寺尾 五郎 ‥‥‥ 03722, 05161, 05222,
　06040, 14965, 14968, 14971,
　14979, 14988, 14989, 15087
寺尾 英量 ‥‥‥‥‥‥ 04722, 28271
寺尾 美保 ‥‥‥‥‥‥‥‥ 02549
寺岡, バーバラ ‥‥‥‥ 31565, 31566
寺岡 弥三郎 ‥‥‥‥‥‥‥ 05380
寺門 静軒 ‥‥‥ 09381, 12129〜12133,
　22651, 23406〜23408, 29656
寺川 泰郎 ‥‥‥‥‥‥‥‥ 20079
寺木 伸明 ‥‥‥‥‥‥‥‥
　10929, 10933, 10959〜10961
寺坂 邦雄 ‥‥‥‥‥‥ 08244, 23139
寺沢 光世 ‥‥‥‥‥‥‥‥ 15652
寺沢 滋 ‥‥‥‥‥‥‥‥ 01791
寺沢 直興 ‥‥‥‥‥‥‥‥ 08909
寺沢 一 ‥‥‥‥‥ 08016〜08020, 27627
寺沢 正明 ‥‥‥‥‥‥‥‥ 03878
寺師 宗徳 ‥‥‥‥‥‥‥‥ 05259

寺島 蔵人 ‥‥‥‥‥‥ 06721, 06722
寺島 慶一 ‥‥‥‥‥‥‥‥ 09564
寺島 柾史 ‥‥‥‥‥‥‥‥ 04663
寺島 荘二 ‥‥‥‥‥‥ 06576, 11880
寺島 徹 ‥‥‥‥‥‥‥‥ 25778
寺島 初美 ‥‥‥‥‥‥‥‥ 24729
寺島 初巳 ‥‥‥‥‥‥‥‥ 26268
寺島 文夫 ‥‥‥‥‥‥‥‥ 14910
寺田 一郎 ‥‥‥‥‥‥ 00763, 12973
寺田 剛 ‥‥‥‥‥‥‥‥ 13252
寺田 登 ‥‥‥‥ 06548, 29896〜29898
寺田 泰政 ‥‥‥ 14212, 14215, 14519
寺田 良毅 ‥‥‥‥‥‥‥‥
　24510, 25761, 26721, 31134
寺林 峻 ‥‥‥‥‥‥ 21905, 31954
寺本 界雄 ‥‥‥‥ 21954, 26591, 33329
寺山 恭輔 ‥‥‥‥ 07979, 08024, 08025
寺山 星川 ‥‥‥‥‥‥‥‥ 21218
寺山 旦中 ‥‥‥‥‥‥‥‥ 21877
テーリ, チャールス・エ
　ス ‥‥‥‥‥‥‥‥‥ 19482
照井 壮助 ‥‥‥‥‥‥ 27594, 27595
暉峻 康隆 ‥‥‥‥‥‥‥‥
　02979, 11693, 22298, 22317,
　22361, 22473, 22506, 22508,
　22528, 22538, 22539, 22542,
　22744, 22851, 22997〜
　22999, 23015〜23017, 23019,
　23026, 23032〜23035, 23039,
　23040, 23084, 23085, 23198,
　23207, 23214, 23222, 23234,
　23253, 25315, 26107,
　26181, 26594〜26596
デ・ルカ・レンゾ ‥‥‥‥‥ 33289
照国神社々務所 ‥‥‥‥‥ 05261
照沼 好文 ‥‥‥‥‥‥ 14635, 14637
照屋 善彦 ‥‥‥‥‥‥‥‥ 07563
出羽文化ネットワーク
　稲州研究編集委員会 ‥‥‥ 26218
伝記学会 ‥‥‥‥ 13404, 13405, 14099
天地庵 素蓮 ‥‥‥‥‥‥‥ 25028
転々堂主人 ‥‥‥‥‥‥‥ 03056
天童市史編さん委員会 ‥‥‥‥‥
　‥‥‥‥‥‥‥ 28293, 28318〜28321
天童市立旧東村山郡役
　所資料館 ‥‥‥‥‥‥‥ 28288
天然 宗左 ‥‥‥‥‥‥‥‥ 21997
天保義民追慕会 ‥‥‥‥‥ 09224
天明俳書集刊行会 ‥‥‥ 26051〜26058
天理大学附属天理参考
　館 ‥‥‥‥‥‥‥‥ 12896, 18680
天理図書館 ‥‥‥‥‥ 15759, 21224,
　22363, 23021, 23481, 23554
天理大学附属天理図書
　館 ‥‥‥‥‥‥‥‥‥ 07764,
　13893, 17261, 24550, 33704
天理図書館司書研究部 ‥‥‥ 22510

天理図書館善本叢書和
　書之部編集委員会 ....
　　　00920, 13895, 15895, 22758
天理図書館綿屋文庫俳
　書集成編集委員会 ...... 24551〜
　　24561, 24818〜24820, 24833,
　　　　　　24941, 25791〜25794,
　　　　　　25850〜25852, 25927
天龍道人を偲ぶ会 18178

【と】

ドーア,R.P. 16633
土井 作治 02263
土井 重人 06596, 33015
土居 十郎 05351
土井 忠生 22221
土居 次義 17589,
　　17613, 17614, 17622, 17671,
　　　17849, 17850, 17908, 17958
土居 輝雄 18440
土居 晴夫 ....
　　　05148, 05156, 31948, 32930
土居 寛申 33533
土井 洋一 00306
土井 良 27182
土居 良三 04824, 04851, 04915,
　　　07446, 08072, 08073, 08083
土井 礼 18345
戸石 四郎 11615
戸板 康二 12188, 21437, 21531
ドイツ東洋文化研究協
　会 00275
ドイツ-日本研究所 ....
　　　　　07061, 07121, 17585
土井利忠公百年祭奉賛
　会資料出版部 30708
土井中 照 32860, 32866, 32867
唐 権 12467
稲 若水 ...... 16271〜16281, 16613
藤 長庚 12789
陶 徳民 13236, 16889
東井 淳 26483, 26508
東栄町町誌編集委員会 ....
　　　　　31415, 31539〜31541
東海銀行貨幣資料館 19713
東海銀行業務開発部 19715
東海市立平洲記念館 13980
東海大学外国語教育セ
　ンター 06902
東海地域文化研究所 13192
東海道五十三次シンポ
　ジウム開催実行委員
　会 30782

東海民具学会 00160
十日町情報館 10165, 10166
東京音楽学校 21738
東京科学博物館 16188, 16189
東京学芸大学近世史研
　究会 08944, 11143, 29710
東京学芸大学出版会編
　集委員会 16636
東京家政学院光塩会大
　江文庫を翻刻する会 23996
東京芸術大学大学美術
　館 17642, 19680
東京下水道史探訪会 08917
東京国立近代美術館 17933, 20032
東京国立博物館 ...... 04006〜04008,
　　　　　07747, 16160, 17419, 17491,
　　　　　17651, 17821, 17894, 17895,
　　　　　18501, 18502, 18554, 18758,
　　　　　19010, 19248, 20599, 20600
東京消防庁 12376
東京消防庁江戸火消研
　究会 12382
東京市立日比谷図書館 20796
東京人権歴史資料館 10951
東京新聞社 06203, 10454
『東京人』編集室 ....
　　　29564, 29565, 29779, 29810
東京須佐史談会 05557
東京大学地震研究所 ... 11598〜11608
東京大学史料編纂所 .. 00099〜00109,
　　　　　01005〜01012, 01269〜
　　　　　01289, 01291, 01457〜01489,
　　　　　　　　　01538〜01544,
　　　　　　　　　01556〜01562,
　　　　　01597〜01610, 01619〜
　　　　　01637, 01653〜01663, 04187,
　　　　　04188, 04294〜04314, 06140,
　　　　　06142〜06169, 07224〜
　　　　　07290, 07868, 07945〜07968,
　　　　　08178〜08184, 10215〜
　　　　　10230, 15300, 15433〜15435,
　　　　　16083, 16085, 16174〜16183,
　　　　　　　　　22258〜22278,
　　　　　　　　　27644〜27648,
　　　　　　　　　31040〜31043,
　　　　　　　　　33154〜33160,
　　　　　　　　　33513〜33519, 33791
東京大学史料編纂所附
　属画像史料解析セン
　ター 04175, 10530, 10531
東京大学附属図書館所
　蔵資料展示委員会 11473,
　　　　　15747, 22052, 22610, 29751
東京大学附属図書館整
　理課 09437
東京地学協会 16087
東京地学協会伊能忠敬
　記念出版編集委員会 16164
東京帝国大学史談会 02334
東京帝国大学文学部史
　料編纂所 01290

東京伝統木版画工芸協
　会 18985
東京都 09641, 10193,
　　　12365, 29709, 30015, 30034
東京都足立区立郷土博
　物館 ....
　　　18171, 18858, 19340, 19762
東京都板橋区教育委員
　会社会教育課 09853, 29899
東京都板橋区立郷土資
　料館 09591,
　　　09703, 09841, 12802, 21978
東京都板橋区立美術館 ....
　　　　　17574, 17815, 18017,
　　　　　18063, 19371, 20073
東京都江戸川区教育委
　員会社会教育課 ....
　　　　　29933〜29935, 30013
東京都江戸東京博物館 02565,
　　　　　06203, 06830, 11411, 11683,
　　　　　12369, 12659, 15945, 17567,
　　　　　17817, 17823, 19235, 19374,
　　　　　19446, 20792, 20800, 21461,
　　　　　29594, 29695, 29794, 29814
東京都江戸東京博物館
　都市歴史研究室 04815,
　　　04880〜04882, 12707, 16196,
　　　29585, 29792, 29982〜29989
東京都大田区立郷土博
　物館 06552, 09954
東京都葛飾区教育委員
　会社会教育課 29822
東京都北区立郷土資料
　館 19231
東京都教育委員会 11394, 20879
東京都教育庁社会教育
　部文化課 17710,
　　　20916, 29655, 29658, 29903,
　　　29946〜29952, 29981, 30039
東京都教育庁生涯学習
　部文化課 00224,
　　　09693, 09838, 29953, 29954
東京都高等学校国語教
　育研究会 21099
東京都江東区教育委員
　会社会教育課 .... 29823〜29826
東京都江東区教育委員
　会社会教育部社会教
　育課 .... 〜29829
東京都江東区教育委員
　会生涯学習課 29886
東京都公文書館 ....
　　　12637, 29818, 29888, 29889
東京都市史研究所 29802
東京都指定工芸品産地
　組合 20580
東京都品川区教育委員
　会 29856, 29857
東京都品川区立品川歴
　史館 ....
　　　07387, 12593, 18719, 29547

東京都渋谷区立松濤美
　術館
　　　　　12233, 17440, 20197, 20223
東京都新宿区教育委員
　会 ……………………………… 30040
新宿歴史博物館 ………………
　　　　　12843, 20733, 20762,
　　　　　29651, 29776, 29782, 29992
東京都杉並区教育委員
　会 ………………… 09883, 12786
東京都杉並区立郷土博
　物館 ……………… 11331, 29939
東京都生活文化局コミ
　ュニティ文化部江戸
　東京博物館建設準備
　室 ……………………………… 29593
東京都世田谷区教育委
　員会 ……… 26902, 30021, 30022
東京都世田谷区立郷土
　資料館 …………… 17581, 17592,
　　　　　18119, 29864, 29865, 30020
東京都総務局 ………………… 30014
東京都台東区 ………………… 12556
東京都中央区教育委員
　会社会教育課 …………… 10168
東京都中央区立京橋図
　書館 ………………… 29868～29871
東京都千代田区教育委
　員会 ……………………………… 15340
東京都千代田区立四番
　町歴史民俗資料館 ……… 15340
東京都豊島区立郷土資
　料館 ……………………………… 29783
東京都都政史料館 …………… 10200
東京都都政資料館 …………… 29644
東京都練馬区 ………………… 29904
東京都練馬区史編纂委
　員会 ……………………………… 30023
東京都練馬区立美術館 ……… 17796
東京都府中市史編さん
　委員会 ………………………… 29882
東京都港区医師会古川
　柳研究会 ……………………… 26714
東京都港区教育委員会 …… 07167,
　　　　07207, 08033, 17831, 29938
東京都港区文化財調査
　委員会 ………………………… 07207
東京都港区立港郷土資
　料館 ……………………………… 00572
東京都港区立みなと図
　書館 ……………… 12748～12751
東京都立大学石井研究
　室 ……………………………… 20689
東京都立大学付属図書
　館 ………………… 01147, 30033
東京都立中央図書館 ………
　　　　　　20657, 20658, 20815
東京都歴史文化財団東
　京都江戸東京博物館 ……… 17824
東京都歴史文化財団東
　京都写真美術館 ………… 03989
東京都労働経済局商工
　振興部工業振興課 ……… 20580
東京美術倶楽部青年会 …… 20326
東京百年史編集委員会 …… 29770
東京富士美術館学芸課 …… 17447
東京放送（株式会社） ……… 03768
東京松屋 ………………………… 20570
東京連合防火協会 … 12373, 12374
道家　大門 …………………… 23872
東渓隠士 ………………………… 03050
東郷　重資 …………………… 33774
東郷　豊治 ………… 24262, 24264
東西文化調査会 ……………… 05332
桃支庵　指直 ……… 25106, 25724
同志社大学人文科学研
　究所 ……………………………… 31716
東洲斎　写楽 … 19573, 19574, 19610
東条　栄喜 …………………… 14964
東条　耕 ………………………… 08427
道正　弘 ………………………… 18032
東信史学会 ………… 30881, 30914
東台隠士 ………………………… 11896
銅鐸博物館（野洲市歴
　史民俗博物館）
　　　　　09307, 24826, 24828
藤堂　憶斗 …………………… 22924
藤堂　高文 …………………… 02882
藤堂　利寿 ………… 05896, 05897
稲々軒　兎水 ………………… 08909
東々亭主人 …………………… 11332
藤堂藩五日会編集委員
　会 ……………………………… 31563
藤内　喜六 …………………… 33650
百目木　剣虹 ………………… 01946
東野　善一郎 ………………… 05989
東濃西部歴史民俗資料
　館瑞浪陶磁資料館 ……… 20529,
　　　　20530, 20534, 20536, 20539
ドゥーフ，ヘンドリッ
　ク ……………………………… 07617
東武美術館 ………… 12065, 18907
東北工業大学草野研究
　室 ……………………………… 21060
東北振興会 ……………………
　　　　08435, 08678～08684, 27686
東北大学建築学科佐藤
　巧研究室 ……………………… 21069
東北大学附属図書館 ……… 07349,
　　　12594, 17106, 17129, 17175
東北陶磁文化館 ……………… 20270
東北歴史資料館 ……………
　　　　　　00164, 00174, 09976
東北歴史博物館 ……………… 09506
堂本　昭彦 …………………… 21838
童門　冬二 ………………… 00021,
　　　00413, 00522, 00527, 00584,
　　　00683, 00699, 01876, 01878,
　　　01883, 01954, 02109, 02110,
　　　02159, 02253, 02320, 02340,
　　　02367, 02587, 02716, 02765,
　　　03084, 03205, 03206, 03267,
　　　03450, 03459, 03460, 03492,
　　　03511, 03521, 03529, 03807,
　　　03859, 04419, 04588, 04672,
　　　04695, 04700, 04712, 04752,
　　　04873, 04909, 05125, 05147,
　　　05283, 05314, 05669, 05672,
　　　05679, 05797, 05809, 05853,
　　　05892, 05893, 05912, 06035,
　　　06531, 06532, 06598, 07043,
　　　07044, 07529, 08203, 08208,
　　　08271, 08301, 08360, 08401,
　　　09979, 10107, 10237, 10240,
　　　10299, 10306, 10386, 11669,
　　　13708, 13713, 13971, 13972,
　　　14913, 15071, 16135, 16873,
　　　18338, 21853, 21912, 29643
頭山　満 …………… 04825～04827,
　　　　　04939, 05342, 05349
頭山満翁生誕百五十年
　祭実行委員会 …………… 05270
東洋貨幣協会 ……… 08522～08529
東洋大学井上円了記念
　学術センター ……………… 11268
東洋文化協会 ………………… 03865
東洋文庫 ………………………… 06830
桃李庵 …………………………… 25047
東林山信行寺 ………………… 31118
同和文献保存会 ……………… 10996
十日町市史編さん委員
　会 ………………… 10159～10163,
　　　　30303, 30304, 30375, 30376
十日町市博物館 ……………… 10164
遠野物語研究所 ……………… 09080
遠矢　才二 …………………… 05266
遠山　茂樹 ………… 03910, 03914,
　　　　03938, 04440, 05037, 05038
遠山　荘七 …………………… 27977
遠山　高志 …………………… 09826
遠山　康景 …………………… 20803
利賀村史編纂委員会 ……… 30487
梅野　守雄 …………………… 13010
外狩素心庵 …………………… 18468
戸川　残花 ………………… 02607,
　　　03842, 04157, 12676, 29764
外川　淳 …………… 01868, 02170, 03670
戸川　幸夫 ………… 03900, 20785, 20788
戸川　芳郎 …………………… 13784
外川　理一 …………………… 30794
土岐　岐南堂 ………………… 24621
土岐　善麿 ………… 24071, 24072
辰景 ……………………………… 12078
都幾川村史編さん委員
　会 ………………… 29225～29230
土岐市美濃陶磁歴史館 …… 20284

鴇田　恵吉 ………………………	徳田　進 ………… 08356, 13265,	徳増　栄太郎 ………… 06838, 06850
14029～14031, 14997, 15004	14513, 16057, 22780, 23768,	徳見　光三 …… 05432, 32498, 32562
時田　昌瑞 ……………………… 22103	23771, 23862, 24113, 26927	徳山　国三郎 ………… 04778, 04779
時野　佐一郎 ………………… 14828	徳田　武 ………………… 07842,	徳山市立中央図書館 ……………
時野谷　勝 ……………………… 03505	13168, 13994, 22587～22589,	23848, 23990, 23991
時慶記研究会 ………………… 26964	22753, 22812, 23186, 23568,	徳陽相互銀行営業企画
常葉　金太郎 ………………… 28254	23585～23593, 27337,	部 …………………………… 27160
徳江　元正 …………… 21249, 21603	27341, 27349, 27353, 27357	徳力　真太郎 ‥ 07636, 07637, 07666
徳岡　孝夫 ………………………	徳田　寿秋 ……………………… 30593	戸栗美術館 …… 20235, 20239, 20451
22637, 22638, 22643～22645	徳田　彦安 ……………………… 12079	都甲　鶴男 ……………………… 09363
徳岡　秀雄 ……………………… 15388	徳竹　康彰 ……………………… 30846	吐香散人 ……………………… 01947
徳川　恒孝 …………… 00521, 02089	渡口　真清 ……………………… 33874	常葉美術館 ……………… 18344,
徳川　斉昭 …………… 24405～24409	徳富　猪一郎	18353, 18363, 18364, 18443
徳川　宗春 ……………………… 13107	00563, 00564, 00688～00690,	常世田　令子 …………………… 21053
徳川　宗英 …… 01814, 01816, 04809	00935, 01689, 01750～	所　三男 ……………… 09429, 09430
徳川　宗敬 …………… 09395, 09396	01752, 01907～01910, 02018,	所　理喜夫 …………… 00879, 00880,
徳川　義親 ……………………… 08807	02205, 02686, 02813～	01848, 01949, 02817, 04100
徳川　慶朝 …… 02127～02129, 02156	02815, 02953～02956, 02958,	所沢市教育委員会文化
徳川　義宣 ……………… 01919,	03379～03381, 03412, 03442,	財保護課 ………… 29233, 29234
01920, 02657, 09407～09410,	03464, 03545～03547, 03588,	所沢市史編さん委員会 ……… 29231
09419～09422,	03970, 04081, 04082, 04391,	所沢市史編集委員 … 29307～29321
17429～17432	04400, 04407～04409,	土佐　光則 ……………………… 17752
徳川　吉宗 ……………………… 02052	04421, 04434, 04435,	土佐山内家宝物資料館 …………
徳川記念財団 ………… 01795, 02089	04443～04445, 04450,	02613, 32920～32923,
徳川公継宗七十年祝賀	04458, 04483, 04627, 04952,	32946～32948
記念会 …………………… 13182	04979, 05035, 05369, 05419,	戸沢　道夫 …………… 20594, 20595
徳川実紀研究会 ……… 01247～01252	05473, 05554, 05560～	戸沢　行夫 …………… 08122, 16565
徳川美術館 ………… 00285, 17467,	05562, 05949～05952, 05966,	都市と祭礼研究会 …………… 12702
20389, 20528, 21079, 21975	05977, 06012, 06029, 06030,	豊島　寛彰 ……………………… 29772
徳川林政史研究所 ………………	06820, 07357, 07475～07478,	豊島区史編纂委員会 ……………
00835～00837, 03441	15109, 15110, 15118, 16025	00340, 29873, 29874
徳川黎明会 …………………… 11940	徳富　蘇峰 ………………………	豊島区立郷土資料館 ………… 08786
徳川黎明会徳川林政史	01753, 01911～01913, 02017,	歳森　宏 ………………………… 16321
研究所 ……… 00833, 00834, 00838	02338, 02563, 02957, 02959,	道修町文書保存会 …………… 16615
禿氏　祐祥 ……………………… 17321	03136, 03443, 03465, 03548,	鳥栖市誌編纂委員会 ‥ 06575, 33248
読史会（京都大学文学	03675～03678, 04392, 04410,	戸田　氏徳 …………… 16757～16768
部内） ………………………… 11210	04411, 04422, 04436, 04482,	戸田　氏栄 …………… 01292～01299,
徳重　浅吉 …… 04546, 15232, 31723	04848～04850, 06031, 06032,	01301～01326
徳島県 …………………………… 32657	06909, 07358, 07479, 07480,	戸田　徐作 ……………………… 03633
徳島県教育委員会 …………… 20906	08082, 13007, 15137, 15218	戸田　為次郎 …………………… 04389
徳島県博物館 ………………… 17692	得富　太郎 …………………… 03734,	戸田　敏夫 ……………………… 15626
徳島県物産陳列場 …………… 32656	05450, 05453, 05456, 05457	戸田　友士 …………… 32871, 32872
徳島県立博物館 …………………	徳永　和喜 …… 02550, 33783, 33784	戸田　茂睡 ……………………… 00965
06215, 16143, 17691, 19619	徳永　真一郎 …………………… 01860,	戸田　紋平 ……………………… 20397
徳島県立文書館 ……… 08821, 32629	02040, 04378, 04822, 04823,	戸田紋平遺稿集刊行会 ……… 20397
徳島史学会 ……………………… 32632	15130, 15132, 21922, 21923	栃木県教育委員会 …………… 20878
徳島市立徳島城博物館 …………	徳永　新太郎 …………………… 13518	栃木県教育委員会文化
02630, 06216, 09983, 20602	徳永　律 ………………………… 33840	課 …………………………… 20897
徳島新聞社 …………………… 32633	徳永　職男 ……………………… 32201	栃木県史編さん委員会 …………
徳島地方史研究会創立	徳永　洋 ……… 13497, 13500, 13510	28891, 28892, 28915～28920
20周年記念論集刊行	徳永　光俊 ……………………… 08882,	栃木県那須郡黒羽町教
委員会 …………………… 32623	08891, 08894, 08898, 08900,	育委員会 ………………… 06354
徳田　光円 …………… 24141, 24154	08902, 08904, 08905, 10199	栃木県立博物館 ……… 17766, 28865
徳田　浩淳 ………………………	徳永　勲保 ……………………… 20151	栃木県立美術館 …… 17551, 17637,
08803, 28874, 28931～28934	徳永　隆宣 ……………………… 15432	17677, 18405, 18415, 18436
徳田　重義 ……………………… 13217	得能　審二 ……………………… 11849	栃木市史編さん委員会 ……… 28921
	得能　寿美 ……………………… 33875	
	徳原　聡行 ……………………… 28755	
	特別史跡旧閑谷学校顕	
	彰保存会 ………… 16818, 16931	
	特別展江戸四宿実行委	
	員会 ……………………… 29554	

栃内 礼次	08755	
戸塚 昭	01098	
咄聴堂集書先生	09330	
鳥取近世女性史研究会	10633, 32196	
鳥取県	32208〜32214, 32222〜32224, 32249, 32251〜32254	
鳥取県教育委員会	20911	
鳥取県教育委員会文化課	20917	
鳥取県立博物館	07013, 19292, 32202, 32270, 33214, 33215	
戸恒 東人	26995	
凸版印刷株式会社エデュトリアル研究室	17234	
「怒濤を越えた男たち」編集委員会	07014	
十時 英司	33522	
轟 竜造	15650	
砺波 護	06090	
砺波市史編纂委員会	06369, 30489	
利根 啓三郎	16963	
刀禰 勇太郎	30749	
利根川 靖幸	02778, 28973	
利根川 裕	04749	
ドネガン, パトリシア	25999	
殿田 良作	26021, 26022	
外村 展子	19152, 19158, 19958, 19985, 24692〜24716	
外村 佑	22013	
鳥羽 十蔵	00713	
鳥羽 正雄	20735〜20737, 20768, 20770, 20805	
土橋 定代	00720	
土橋 治重	05543, 08076	
戸羽山 瀚	09827, 31132	
戸原 純一	00736	
土肥 日露之進	32423	
土肥 鑑高	03413, 03479, 08474, 08488, 08489	
トビ, ロナルド	07686	
飛田 茂雄	18529, 18530, 19521, 19522	
戸伏 太兵	21786	
戸部 銀作	21413, 21567, 21578, 21587, 21611, 21687	
戸部 新十郎	06456, 06506, 11038, 21799, 21800, 21805, 21829, 21840, 30560〜30562	
砥部焼伝統産業会館	00173	
土木学会	08911	
苫野 敬太郎	18191	
都丸 十九一	08951	
富岡 儀八	09643	
富岡 皷川	11017	
富岡 多恵子	21326, 21327, 23104	
富岡 直方	04944	
富岡 政信	04466	
富岡 正彦	27205	
富岡市市史編さん委員会	28991, 29012	
富岡美術館	17763, 17786	
富来 隆	33592	
豊見城市組踊保存会	26817	
富子 勝久	10303, 10304	
富里村史編さん委員会	29430	
冨沢 孝吉	25828	
戸水 信枝	30539	
富塚 治部右衛門主静	08908	
冨善 一敏	11096	
富田 安敬	04606	
富田 月影	14818	
富田 紘一	33407	
富田 志津子	24563	
富田 常雄	05279	
富田 虎男	07622, 07623	
富田 仁	08189, 08191, 08194, 08198, 15864	
冨田 康之	21287	
富高 武雄	26104	
富永 堅吾	21827, 21828	
富永 周太	03516	
富永 牧太	07892	
富成 博	04626, 05627	
冨成 博	05519, 05532, 05690	
冨野 治彦	15352	
冨森 叡児	03108	
富村 登	15802	
富本 長洲(桃李園主人)	14662, 18374	
豊見山 和行	33909	
富山 昌徳	14554	
留岡 幸助	14908	
供田 太七	26809	
友田 康雄	28420	
友田 宜剛	14788	
友野 霞舟	27465	
知野 潔郎	14873	
友松 円諦	15298	
友安 盛敬	24085	
戸森 麻衣子	33317	
戸谷 精三	26336	
戸谷 敏之	08717	
外山 卯三郎	06848, 08143, 20034〜20036	
富山 奏	22079, 24929, 24965, 25227, 25269, 25696, 25820, 25956	
富山 高至	22906	
外山 福男	16748	
外山 幹夫	06534, 33328, 33339	
富山県	30474, 30500, 30501	
富山県郷土史会	09298, 11655, 30457	
富山県文化振興財団富山県民会館美術館	17893	
富山県民生涯学習カレッジ	10473, 17100	
富山県連句協会	25800	
富山市	30524	
富山市科学文化センター	16415, 16437	
富山市郷土博物館	16601	
富山城跡発掘調査団	30472	
富山売薬薩摩組	33785	
富山美術館	18031, 18136	
豊明市史編集委員会	31416, 31417	
豊岡市出土文化財管理センター	03348	
豊岡村史編さん委員会	31223, 31298	
豊川市	19213, 31306	
豊川市史編集委員会	31418	
豊川市文化のまちづくり委員会	19213, 31306	
豊島 勝蔵	08859〜08862	
豊島 宗七	18239	
豊田 寛三	33563	
豊田 国夫	27857	
豊田 小八郎	13490	
豊田 丈助	06353	
豊田 清史	20121	
豊田 武	10427, 10580〜10583, 10611〜10614, 11205	
豊田 稔一	05566	
豊田 真佐男	29746	
豊田 実	22244	
豊田 泰	07152	
豊田市教育委員会	31343, 31419, 31420	
豊田市教育委員会豊田市史編さん専門委員会	31375	
豊田市郷土資料館	00363, 31340	
豊田市史編さん専門委員会	31419, 31420	
豊田史料叢書編纂会	31472, 31505, 31521〜31523	
豊田武先生古稀記念会	00647, 10547	
豊田武教授還暦記念会	27576	
豊橋市	31421	
豊橋市教育委員会	31370	
豊橋市史編集委員会	31376, 31422, 31423, 31516, 31517	
豊橋市美術博物館	18674	

豊橋市二川宿本陣資料館 …… 09672, 09743, 09748, 09750, 12825, 16405, 17659, 18952, 19484, 19748, 30776, 31465, 31491, 31515, 33921	内藤 正人 …………… 12845, 18521, 18653, 19052, 19385	中江 彰 …………… 13586, 13590
豊浜 紀代子 …………… 12511	内藤 正敏 …… 11261, 11493, 20940	中江 和恵 ………………… 10851
豊原 資清 ………………… 05370	内藤 鳴雪 …………… 25103, 25106, 25394, 25772, 25870	中江 克己 ………………… 00411, 01810, 01852, 01853, 01855, 02157, 02476, 02484, 02507, 03135, 03257, 03258, 03272, 03281, 03282, 03476, 08465, 09544, 09545, 10110, 10393, 10482, 11392, 11400, 11466, 11674, 11906, 12010, 12012, 12033, 12415, 12432, 12595, 12684, 12752, 15713, 16941, 20628, 20808, 22214, 26572
豊日史学会 ………………… 33566	内藤 豊 …………………… 08120	
豊福 一喜 ………………… 10804	内藤 世水 …………… 03469, 06882	
トラウツ, フリードリヒ・M. ……………… 07599	内務省警保局 ……………… 06469	
	内務省地理局 ……………… 06408	
扇尾 俊哉 …… 27727, 27728, 27735	直林 不退 ………………… 15382	
虎屋虎屋文庫 ……………… 12336	中 九兵衛 ………………… 08941	永江 新三 …………… 03970, 04402
鳥居 清長 …………… 19641, 19649	仲 彰一 …………………… 14509	中江 藤樹 …… 13555, 13556, 13590
鳥居 清信 …………… 20009, 20010	名嘉 正八郎 ……………… 00428	長尾 覚 …………………… 01383
鳥居 清倍 ………………… 18540	中 直一 …………… 01993, 07062, 07069	中尾 堅一郎 ……………… 08806
鳥居 フミ子 … 21183, 21184, 21188, 21241, 21245, 21246, 21360, 22601〜22605, 22609, 23426	中井 晶夫 ………… 07125〜07128, 07131, 07577, 08136	中尾 健次 …………… 10880, 10940, 10998, 11002〜11005, 21748
	永井 新 …………………… 33150	長尾 幸作 …………… 08030, 15976
鳥居 正雄 ………………… 07603	永井 荷風 …………… 17090, 17500	長尾 浩策 …………… 08030, 15976
鳥飼 酔雅 ………………… 09916	永井 亀彦 ………………… 33796	中尾 青宵 ………………… 25155
鳥越 憲三郎 ……………… 11178	永井 久美男 ………… 08548, 08549	長尾 剛 …………………… 03697, 03881, 05361, 05973, 09557, 13036, 13676, 15958, 15961, 27223
鳥越 文蔵 ………… 21120, 21317, 21388, 21392, 21474〜21476, 21548, 21579, 21676	ナカイ, ケイト・W. ……… 13345	
	中居 剛屏 ………………… 30230	
	中井 甚兵衛 ……………… 08893	
鳥巣 通明 ………………… 03913	長井 石峰 ………………… 15923	中尾 達雄 ………………… 08516
鳥巣 通郎 ………………… 00690	中井 宗太郎 ……………… 18487	中尾 達郎 …… 11310, 12466, 22591
取手市史編さん委員会 …………… 28795〜28797	中井 竹山(積善) ………… 01901	中尾 英雄 ………………… 16458
	永井 哲雄 ………………… 06218, 11490, 33709, 33710, 33717	仲尾 宏 …………………… 07725, 07727, 07731〜07738, 07752, 07756, 07763, 07768, 07769, 07775
ドンケル=クルチウス ……… 07927		
鈍亭 魯文 ………………… 23433	永井 徳鄰 ………………… 00939	
ドン・ロドリゴ …………… 07618	永井 豊子 ………………… 16104	長尾 三知生 ……………… 23109
	中井 信彦 …… 00893, 07355, 08458, 10869, 10873, 14044, 14045	中尾 弥三郎 …………… 11913, 15033, 15044, 33624
【な】	長井 典雄 ………………… 09858	
	永井 一孝 ………………… 22358	永岡 敦 …………………… 07616
内藤 晃 …………………… 13809	永井 啓夫 …… 13796, 21117, 21618	永岡 慶之助 ……………… 02096, 02120, 03846, 28426, 28480, 31959
内藤 昌 …………………… 18987, 20665, 20666, 20671, 20687, 20831, 20988, 21008, 29626	長井 政太郎 ………… 09223, 09230	
	中井 正弘 ………………… 00369	長岡 祥三 …… 07557, 07558, 07672
	永井 道雄 ………………… 03916	長岡 高人 …… 16862, 16863, 16935
内藤 官八郎 ………… 27699〜27702	中井 三好 ………………… 26425	長岡 半太郎 ……………… 16137
内藤 希哲 …………… 16488, 16489	長井 杢兵衛 ……………… 08903	長岡 由秀 ………………… 07541
内藤 湖南 …………… 22484, 22485	中井 安治 …………… 08947, 08948	長岡市 ………………… 30378, 30379
内藤 燦聚 ………………… 07450	永井 弥六 ………………… 06430	長岡市史編さん委員会近世史部会 ……………… 30381
内藤 充真院繁子 …… 33636, 33637	中井 陽子 ………………… 27980	長岡市史編集委員会近世史部会 …… 30297, 30372, 30382〜30384
内藤 丈草 ………………… 25985	永井 義鎣 ………………… 08873	
内藤 二郎 ………………… 09665	中井 履軒 ………………… 22796	長岡市史編集委員会・近代史部会 ……………… 30293
内藤 世永 ………………… 15068	永井 竜一 …………… 05243, 08389	
内藤 正中 ………………… 32189	長生 馬齢 ………………… 24431	長岡商工会議所 …………… 08436
内藤 耻叟 ………………… 01244, 01245, 01820〜01831, 07450, 13366, 14749	中泉 哲俊 …… 16710, 16712, 16744	長岡市立中央図書館文書資料室 …… 30380, 30385, 30386
	中右 瑛 …………… 03106, 03241, 03242, 15707〜15709, 15716, 18549, 18615, 18681, 18707, 18713, 18748, 18749, 19460, 19608, 19626, 19656, 19755, 24462	中岡慎太郎館 …… 05223〜05225, 06042
		中岡慎太郎先生銅像建設会 ………………… 05220
		中神 良太 ………………… 18676
内藤 尚賢 ………………… 16485		中川 克一 ………………… 16006
内藤 久人 ………………… 04488	中内 蝶二 ………………… 03013	中川 潔 …………………… 27214
		中川 邦昭 ………………… 18977

中川 重 01900, 04386, 04479, 04854, 05076, 05265, 05364, 05469, 05504, 13351, 13726, 15049	長崎文献社 15827, 33287～33291	長島 憲子 06057, 15337
	長崎歴史文化博物館 04900, 07114, 07901, 16401, 17468, 33277, 33308	中島 半次郎 16664
		中嶋 久夫 24005
中川 すがね 04154, 08641	ながさき浪漫会 07887	長島 弘明 11342, 14366, 22463, 22464, 23452, 23479, 23535
中川 千咲 20184, 20187, 20337	中里 介山 13584, 15116, 15122, 15127	
中川 徳治 29559, 29560		中島 浩気 20141
中川 弘泰 09631, 09632	中里 機庵 04160	中島 寛 22130
中川 芳山堂 10362～10366	中里 太郎右衛門 20132, 20280, 20282, 20286, 20288, 20292, 20293, 20475	永島 福太郎 10252
中川 三代治 30249～30251		中島 平一 15797
中川 保雄 28707	中里 紀元 33207	中島 誠 10378, 14300
中川 八洋 04655	中里 富美雄 25508, 25883	中島 三千男 31759
中川 豊 23992, 23993, 24013, 24063	中里村史専門委員会 30388	中島 道子 01880, 02781
	長沢 規矩也 16066, 29893, 29894	中島 康夫 03161, 03243, 03284, 03336, 03338
中川 芳三 21693	長沢 久美子 21947	
中河原 喬 06664	中沢 賢郎 30258	中島 寧綱
長岐 喜代次 09388, 28118～28120	永沢 三朗 25601, 25603	中島 由美 20249
中吉 朝忠 33940	長沢 利明 12647, 12648, 15674	長島 要一 07572, 07573, 07665, 08148
長久手町史編さん委員会 31425	中沢 伸弘 10520, 11853, 14154, 14179, 23954～23961, 32246	
		中島 陽一郎 00149
永国 淳哉 05928	中沢 肇 30246	中島 亮一 18062
長久保 赤水 26966	中沢 正人 21765	中条村教育委員会 09290
長久保 片雲 26966, 28708	中沢 水雄 05366	長須 祥行 09239
永倉 新八 05775, 05776	中沢 巠夫 05618, 05619, 05622, 14876	中須賀 哲朗 07547, 07560, 08155
長倉 保 02283		永積 安明 22668
中込 重明 21764	中沢 護人 13133, 13620, 13621	永積 洋子 06860, 06863, 06923, 07617, 07620, 07836, 07969～07974, 08187
長坂 喜四郎 26269	長沢 蘆雪 17792, 18071	
長崎 巖 20620	中島 昭子 08192	
長崎 健 09817	中島 明 09142, 09246, 11046	永瀬 巖 32016
長崎 七左衛門 08907	長島 淳子 08908, 10835	永瀬 英一 21165
長崎 武 04426	中島 市三郎 13997, 13998, 14011	長瀬 修己 19602
中崎 昌雄 08099	永島 今四郎 02528～02531	中瀬 勝太郎 03458, 06192, 08359
長崎 由利子 26835	中島 藪外 30916	中瀬 寿一 03581, 03585, 03591
長崎学会 12522～12524, 15828～15831	中島 三佳 06611, 31843, 31854, 31910	中山道みたけ館 09854, 19671, 19943
		永添 祥多 05429
長崎近世文書研究会 33364～33366	中島 勝国 31119	長曽祢 虎徹 12215
長崎県 33287～33291	中島 儀輔 06611, 31910	中田 亮 25817
長崎県教育委員会 06973, 07904	中島 董畝（喜久平） 03003	永田 英理 25522, 25534
長崎県教育庁文化課 15458	中島 九郎 15009	中田 薫 06102, 06103, 06795
長崎県薬剤師会薬史研究会 16617	中島 功 33281	中田 嘉平 10255
	中嶋 繁雄 02632, 02662, 02676, 02753, 02772, 03491, 04730, 06733, 16109	長田 喜八郎 27134
長崎県立長崎図書館 06321, 06536, 06979, 06980, 07859, 33316		長田 偶得 00624, 00982, 01925, 04513, 14423, 15987, 21822
	中島 静雄 03099	
長崎県立美術博物館 18970	中嶋 次太郎 02346～02348, 30932	永田 耕衣 25973
長崎史学習会 33359, 33360	永島 正一 12522～12524	中田 浩作 11710
長崎市出島史跡整備審議会 33294	中嶋 仁道 32006	中田 蕭村 03836, 03838
	長島 進 04590	永田 生慈 18504, 18768～18773, 18780, 18781, 18828, 19355, 19366, 19376, 19379, 19380, 19428, 19430, 19436, 19437, 19442, 19448, 19461, 19477, 19492～19494, 19501, 19504, 19507, 19826, 19972
長崎市役所 33321, 33334	中島 誠之助 20244	
長崎純心大学・長崎学研究所 04022, 06063, 33384	中島 惣左衛門 06564	
	中嶋 隆 22953, 22954, 22956, 23095, 23096, 25779	
長崎市立博物館 17484		
長崎大学「出島の科学」刊行会 16213	中島 辰男 16455	
	中島 藤一郎 03055	中田 節子 00531, 10459, 10486
長崎大学附属図書館 04009, 11773		中田 敬義 04589
長崎中国交流史協会 07850, 33305		

中田 武司 …… 14476～14485	中西 伊之助 …… 09103	中野 三敏 …… 00483, 00484, 00557, 01343～01362, 11378, 11379, 11566, 11568, 11707, 17088, 17109, 17117, 17237, 17298, 17471, 17538, 17539, 19586, 22578, 22630, 22776, 22907
中多 巽 …… 16588	中西 清 …… 27066	
永田 富智 …… 17734	中西 啓 …… 16506, 16507, 16566, 16572, 16573, 25944	
永田 友市 …… 25330, 26253		
中田 祝夫 …… 01531	中西 健治 …… 24124	
仲田 紀夫 …… 09797, 16345	中西 悟堂 …… 25322	中野 泰雄 …… 04465
永田 広志 …… 10578, 10587	中西 聡 …… 10272	仲野 安雄 …… 16076
中田 風来 …… 25759	中西 進 …… 23402	中埜 喜雄 …… 06751
長田 昌明 …… 33910	中西 清三 …… 21878	中院 通村 …… 24081～24083
仲田 正之 …… 03573, 04840, 04841, 04844	中西 馬瓢 …… 26072	長野郷土史研究会 …… 30947
	中西 副松 …… 14732	中野区教育委員会 …… 12622, 29596
中田 勝 …… 13544	中西 茂右衛門延澄 …… 12963	長野県 …… 30919～30921, 31019～31021, 31024～31027, 31031～31033, 31036, 31037
中田 易直 …… 00897, 00898, 02359, 06818, 06821, 06845, 33345	中西 立太 …… 02483, 02538, 11746, 20801, 20820	
中田 勇次郎 …… 18242	長沼 澹斎 …… 17044～17055	長野県伊那文化会館 …… 18169
永田 芳蔵 …… 28122	長沼 迪典 …… 16306	長野県教育委員会 …… 09860, 20914
中田 嘉種 …… 26991～26993	中根 君郎 …… 12372	長野県信濃美術館 …… 18169
永田 義直 …… 25268	中根 淑 …… 00946	長野県文化財保護協会 …… 09850
永田 竜太郎 …… 24951, 25509, 25737, 26111, 26137, 26139, 26140, 26200, 26211	中根 粛治 …… 17307, 17308	長野県立長野図書館 …… 30965
	中根 大 …… 01779	長野県立歴史館 …… 12739, 15934, 22665, 30902, 30922
	中根 千枝 …… 00505	
永竹 威 …… 20100, 20111, 20123, 20141, 20208, 20210, 20217～20219, 20224, 20250, 20261, 20265, 20281, 20347	中根 楳堂 …… 26251	長野市公民館 …… 30965
	中根 誠 …… 26247	長野市立博物館 …… 30895
	中根 道幸 …… 14266	中名生 正昭 …… 18303, 24650, 27159
中谷 一正 …… 11265, 15857, 20778, 31951～31953, 32028～32030, 32035, 32036	中根 雪江 …… 04195, 04757～04763, 04765, 04767, 04769, 04771, 04773, 04777, 04796, 30704	中浜 武彦 …… 07056
		中浜 東一郎 …… 07053
		中浜 博 …… 07051, 07052
中谷 孝雄 …… 27009, 27018	中野 明 …… 09523, 16206	永浜 真理子 …… 03957, 05971
中谷 渡月 …… 14811	中野 栄三 …… 12532, 22113, 22842, 22853	長浜市史編さん委員会 …… 31660
中谷 伸生 …… 17729		長浜城歴史博物館 …… 09925, 09926, 11242, 16190, 17847, 31654
中谷 裕子 …… 02823	長野 桜岳 …… 12218	
中谷 博 …… 23014	中野 嘉吉 …… 10308	中原 邦平 …… 03733
中谷 保二 …… 09749	中野 其明 …… 17648, 17649	永原 慶二 …… 03393, 03554, 03728, 03729, 07495, 08405, 10586, 10609, 10610, 11211, 11471, 11523, 11628
中谷 吉隆 …… 11478	中野 稽雪 …… 24157	
中谷 与助 …… 12893	中野 健明 …… 33306	
那珂町史編さん委員会 …… 28727, 28759	中野 孝次 …… 15476, 24223, 24315, 24354, 24390	
中津 攸子 …… 03357		中原 健次 …… 32264, 32265
永塚 功 …… 25705, 25706	中野 範 …… 13788, 13789	中原 定人 …… 17889
中塚 紋右衛門 …… 08891	長野 遥 …… 02264, 08369, 32985, 33191	中原 三十四 …… 33080
中務 貞右衛門 …… 08899		中原 泉 …… 16595
中津川貨幣研究会 …… 08628	中野 節子 …… 10798	中原 辰哉 …… 25996
中津川市 …… 09865	中野 拓 …… 27056	中原 雅夫 …… 05416, 05585
長辻 象平 …… 21771, 21772	中野 忠明 …… 18603	中部 よし子 …… 08228, 11196
長戸 寛美 …… 11554	中野 忠之 …… 28699, 28700	中俣 白綾 …… 01892
中藤 栄祥 …… 29287	中野 達哉 …… 08824	仲町 啓子 …… 17909, 17950
永冨 明郎 …… 15105	永野 為武 …… 27160	仲町 謙吉 …… 18455
永留 久恵 …… 13379	中野 塔雨 …… 25988	永松 祥一郎 …… 16357
長友 千代治 …… 01070, 02225, 08252, 10169, 10170, 11723, 11972, 12350～12352, 16500, 16501, 17235, 17250, 17290, 17306, 17345, 21181, 21392, 22964～22967	中野 俊雄 …… 00159, 00171	中丸 明 …… 06890
	中野 元 …… 01884, 03133	中丸 和伯 …… 00947
	永野 仁 …… 24750	永海 一正 …… 32239
	長野 ひろ子 …… 08275, 10809, 10827	中見 利男 …… 05835
	中野 文平衛 …… 04061	長光 徳和 …… 09331, 09337～09341, 15494
	中野 正明 …… 15408	
長縄 光男 …… 07020	中野 操 …… 15767	那珂湊市史編さん委員会 …… 28798, 28799

永峰 文男	08027, 27773, 27944, 27978, 27979, 27983, 27984	
中村 彰彦	00523, 02905, 02906, 02912, 02914, 03682, 03816, 03857, 03858, 05645, 05646, 05650, 05651, 05701, 05754, 05755, 07362, 14707, 14820, 16828	
中村 晃	23546	
中村 哲	03715, 08708, 10601	
中村 勲	00166	
中村 一基	14371	
中村 勝利	02882, 20759, 31603, 31604	
中村 勝麻呂	21943, 21944	
中村 勝実	03958, 03959, 30874, 30888	
中村 克哉	08892	
中村 吉雄	25708	
中村 吉治	01970, 02295, 08756, 08757, 10534, 10576	
中村 吉蔵	13674	
中村 久太郎	30936	
中村 喜代三	17258	
中村 清美	08608	
中村 草田男	26134, 26136	
中村 邦光	16186	
仲村 研	04129	
中村 健之介	07621	
中村 孝也	00640, 00656, 01782, 01813, 01898, 01899, 01956〜01965, 02970, 06904, 07853, 08322, 08339〜08341, 10528, 11137, 13073, 13925, 14622, 14665, 15489	
中村 芝鶴	12564	
中村 芝翫	21502	
中村 滋男	25492, 25493	
中村 静夫	30219	
中村 倭夫	21936	
中村 雀右衛門	21688	
中村 修也	02625, 17139, 17221	
中村 春作	13143, 13988	
中村 俊定	22294, 23843, 24878, 25462, 25548, 25617, 25935, 27032	
中村 昭三	24351	
中村 正三	02691	
中村 恕斎	33494	
中村 辛一	30268, 30437〜30441	
中村 真一郎	17732, 18452, 19549, 27338, 27339, 27417	
中村 進午	06814	
中村 信二	08443	
中村 新太郎	07996	
中村 祐三	12198	
中村 精	23987	
中村 整史朗	12100	
中村 扇雀	21320	
中村 泰淵	32151	
中村 武三郎	25274	
中村 赳	07596	
中村 武彦	04748	
中村 唯一	24241	
中村 規	12683	
中村 質	06819, 06843, 06932, 07457, 33345	
中村 忠文	32205	
中村 達夫	04399, 31648, 31649, 31708	
中村 渓男	17639, 17640, 17747, 17758, 17881, 17992, 18004, 18081, 18086〜18091	
中村 忠誠	01112	
中村 暢時	18611	
中村 常一郎	14874	
中村 鉄治	26372	
中村 徳五郎	04587, 05247, 05344, 05365, 10808, 33776	
中村 敏文	00236	
中村 富十郎	21587	
中村 豊秀	32098	
中村 直三	08900	
中村 菜花群	21430	
中村 白民	26353	
中村 元	13023, 15288, 15448	
中村 光	16191	
中村 英樹	19485	
中村 拓	06862	
中村 博保	23492, 24060	
中村 慎	30527	
中村 正明	23687〜23692	
中村 昌生	00295, 20966, 20996, 21956, 21971	
中村 正夫	06440, 33355, 33358, 33380	
中村 正躬	13624	
中村 正義	19579	
中村 又五郎	21567	
中村 松太郎	30481	
中村 守	00322, 00323	
中村 通夫	01366	
中村 光夫	18851, 20588	
中村 保雄	21453	
中村 保良	30579, 32158	
中村 弥六	30893	
中村 酉四郎	14543	
中村 幸彦	01343〜01362, 13016, 13896, 14885, 21397, 22435, 22436, 22443, 22522, 22701, 22702, 22761, 22762, 22779, 22792〜22794, 23036, 23271, 23390, 24822, 26087, 27397, 27398	
中村 幸弘	14258	
中村 葉月	15487	
中村 喜和	07020, 07977	
中本 恕堂	25992, 26004, 26007	
中元 孝迪	21830	
中本 環	24367	
中本 征利	14823	
中谷 無涯	01889	
永安 幸正	14842	
中山 あい子	22543	
中山 績子	04148	
永山 卯三郎	06574	
中山 栄子	11498	
中山 栄之輔	03212, 17367	
中山 喜一朗	17777	
中山 義秀	25030	
中山 久四郎	13198	
中山 清	08844	
永山 近彰	30539	
中山 茂	15856, 16202	
中山 城山	13950	
中山 盛茂	00419	
中山 善照	32425	
中山 高安	09868, 27224	
永山 正	28720	
中山 千代	19526	
中山 富広	08429	
長山 直治	30576, 30643	
永山 久夫	12310〜12312	
中山 尚夫	23359, 23360, 23362, 23365, 23377, 23378	
中山 秀太郎	09528, 16216	
中山 広司	13811, 13868	
中山 幹雄	03292, 11361, 18910, 21377, 21443, 21590, 21680〜21682, 21690, 21692, 21696, 23312	
中山 光直	15437	
中山 三屋	23848, 23990, 23991	
中山 幽夢	01021	
中山 良昭	02574	
中山 佳英	05535	
中山 録朗	26542	
中山町	28295	
長与 進	07020	
永吉 二郎	14753	
流山市立博物館	29431〜29436	

奈河 亀輔 …………… 21587	夏山 希草 …………… 27047	楢崎 宗重 …… 18533〜18535, 18555,
奈河 彰輔 ……… 21693, 21697	名手 慶一 …………… 08300	18583, 18701, 18710, 18716,
奈河 篤助 …………… 21592	七浦古文書会 ……… 33511, 33512	18720, 18787, 18796〜18813,
名川町誌編集委員会 … 27737, 27738	七崎 修 …………… 16408	18872, 18877, 18893, 18903,
奈木 盛雄 …………… 07986	七森 忠利 …………… 33622	18936, 18949, 19020〜19022,
なぎら 健壱 ……… 29689, 29766	なにわ芳中 …………… 17983	19245, 19249, 19269〜19271,
南雲 道雄 ……… 09033, 15459	何丸 …………… 25054	19312, 19313, 19349, 19389,
名倉 英三郎 ……… 16824, 28484	難波田 徹 …………… 17443	19422, 19451〜19458, 19492,
奈倉 哲三 ……… 01690, 15392	那波 三郎右衛門 …………… 12196	19533, 19569, 19636, 19645,
奈倉 有子 …………… 04161	那覇市史編集委員会 … 33926, 33927	19651, 19686, 19690, 19711,
名倉 弓雄 …………… 16585	那覇市市民文化部歴史	19749, 19753, 19766〜19773,
名越 護 …… 07006, 07983, 33799	資料室 …………… 00394, 33929	19793, 19796, 19847,
名護市教育委員会文化	那覇市総務部市史編集	19856, 19914〜19916,
課市史編さん係 …… 06610, 33930	室 …………… 33926, 33927	19953, 19967, 30064
名越 時正 …………… 02943,	名張古文書研究会 …… 31576, 31577	楢崎 隆存 …………… 22438
02944, 14534, 14607, 14608,	鍋倉 健悦 …………… 00524	楢林 忠男 ……………
14619, 14620, 14639, 14641	鍋島家編纂所 …………… 09602	02058, 15972, 18447, 18471
名古屋学芸大学短期大	鍋島藩窯調査委員会 …………… 20456	奈良本 辰也 …………… 00463,
学部東海地域文化研	鍋田 晶山 ……… 03058〜03060	00674, 02058, 02114, 02251,
究所 …………… 30775	鍋田 三善 …………… 28497	03636, 03643, 03645, 03709,
名古屋市 …… 20829, 20835, 20841	鍋谷 博 ……… 01766, 07525	03711, 03747, 03761, 03815,
名古屋市教育委員会 … 00215, 00216	ナホッド, オスカー …………… 07892	03818, 03822, 03894, 03951,
名古屋市市政資料館 …………… 31466	生瀬 克己 …… 10506, 10512, 10953	03973, 03976, 03977, 04535,
名古屋市博物館 ……………	生田目 経徳 ……… 05969, 13848	04557, 04558, 04566, 04638,
00359, 06021, 09057, 12645,	波形 昭一 …………… 08651	04644, 04659, 04680, 04692,
12753, 16624, 17268, 17463,	浪川 健治 …… 08894, 08907, 09498,	04703, 04708, 05610, 08385,
17822, 17900, 17930, 18128,	11917, 27658, 27668, 27698	10568, 10571, 10867, 10871,
18162, 18184, 18189, 18658,	並木 五瓶 …………… 21593	10872, 11752, 12030〜12032,
18740, 19429, 19713, 19874,	並木 誠士 …………… 12599	13008, 13054, 13108, 13742,
20077, 24730, 31345, 31377	並木 千柳 …… 21418〜21420, 21423,	14737, 14821, 14862, 14865,
名古屋市博物館学芸課 …………… 18842	21429, 21433, 21434, 21594	14868, 14869, 14901, 15084,
名古屋城振興協会 ……………	浪本 沢一 …… 25527, 25585, 25625	15101, 15131, 15493, 16846,
20825, 20832, 20836, 20842	浪本 蕉一 …………… 25323	16878, 16906, 17150, 17162,
名古屋大学附属図書館 …………… 22947	苗村 和正 …………… 31644	17196, 20412, 20435, 21907
名古屋大学附属図書館・	名村 精一 …………… 16728	楢本 要助 …………… 29775
附属図書館研究開発	奈良 環之助 …………… 20031	成田 幸一 ……… 14486〜14488
室 …… 06669, 11055, 31048	奈良 守康 …………… 17132	成田 五右衛門 …………… 08893
ナジタ, テツオ …………… 16885	楢川村教育委員会 …………… 30912	成田 守 …………… 22765
梨本 義雄 …………… 03414	奈良県宇智郡五条町 …………… 05983	成田 元美 …………… 13626
那須 辰造 …………… 25470	奈良県教育委員会 …………… 20890	成田 頼直 …………… 28645
那須田 稔 …………… 19727	奈良県立橿原考古学研	成田山書道美術館 …………… 22053
那須ロイヤル美術館 …………… 19240	究所 …………… 32071〜32074	成田市史編さん委員会
名瀬 南太 …………… 26587	奈良県立美術館 ……………	…………… 29437〜29443
なだ いなだ ……… 24414, 24415	11508, 17579, 17694	成松 佐恵子 …… 09012, 11147,
那智 篤敬 …………… 11596	奈良県立民俗博物館 …………… 12197	28450, 28459, 28485, 28632
夏井 芳徳 …… 23744, 23805, 23807,	奈良国立文化財研究所 ……………	成松 正隆 …………… 33016
23814, 23816, 23817, 23821,	00059, 00060, 00117,	成羽古文書研究会 …… 32369, 32370,
23822, 26586, 26592, 26605	20874, 20898, 20899,	32372, 32375, 32376, 32378
夏石 番矢 …………… 25079	20901, 20920, 20939, 21046	鳴岩 宗三 …………… 08193
夏見 知章 …… 25011, 25222,	楢崎 彰一 ……………	成川 武夫 …………… 25248
25767, 25903, 25957, 25959,	20404, 20410, 20414, 20424,	生川 春明 …………… 24823
25960, 25965, 26023, 27238	20425, 20434, 20519, 20525	成島 司直 …………… 21073
夏目 勝弘 …………… 09767		成島 行雄 ……… 26153, 26154
夏目 けいじ …………… 08462		成島 柳北 …… 12540, 26932, 27355
夏目 漱石 …………… 26380		成瀬 慶子 ……………
夏目 隆文 ……… 24017, 24018		24139, 24145, 24147, 24150
		成瀬 忠行 …………… 00731
		成瀬 不二雄 …………… 18433,
		18434, 18438, 18439, 20024,
		20033, 20050〜20052, 20056
		成東町社会教育課 …………… 29340

鳴海 邦匡	08823, 12755, 16102	
鳴海 丈	23637, 23638	
名和 修	00999	
名和 一男	14773	
名和 弓雄	06526, 11846〜11848, 11855, 11868〜11870, 12219	
縄田 一男	12849	
南 壷谷	07817, 07818	
南山隠士	13554	
南条 範夫	00622, 01837, 01932, 02633〜02637, 02672, 02710, 02991, 11573	
南生実村	08888	
南窓外史	04556	
難波 信雄	09915	
南部 清吉	22202	
南陽市史編さん委員会	28296, 28322, 28323	
南予古文書の会	32910, 32913	

【に】

仁井岡 弘司	23832
新潟郷土史研究会	30443
新潟県	30444〜30447
新潟県教育委員会	20913
新潟県庶民史研究会	09262
新潟県内務部	09261
新潟県立佐渡高等学校同窓会	09280
新潟市郷土資料館	06304, 06305, 30424〜30436, 30450
新潟市史編さん近世史部会	30391〜30393
新潟市史編さん近代史部会	30305
新潟市歴史博物館	18192, 30279
新潟大学人文学部農村社会研究室	08802
にいがた芭蕉の会	25641
新倉 善之	15675
新座市教育委員会市史編さん室	29237
新島 繁	12354
新島村	29875, 29876
新妻 三男	14903
新津市史編さん委員会	30394, 30395
新津市図書館	24087
新居浜郷土史談会編集部	09491
新治村史編さん事務局	28800, 28801
新美 忠之	31908
新見地方史研究会	32366, 32384

新山 通江	10257, 10258, 10413
新納 大海	08162
仁枝 忠	25251, 26273, 27469
仁尾 環	15625
仁木 笑波	14746
仁木 宏	00052, 11204
ニコライ	07621
水郡 庸皓	05974, 05984, 05991, 05997
西 和夫	06970, 06982, 07902, 07928, 20648, 20784, 20844, 20963, 20965, 21004, 21015, 21043
西 鼓岳	27401
西 茂子	03683
西 義之	14791
西会津町史編さん委員会	28556〜28558
西秋 良宏	29700
西有田町史編さん委員会	33213
西尾 幹二	06946, 06947, 12990
西尾 光次	24174
西尾 忠久	06452, 10372, 29698
西岡 市祐	27378
西岡 和彦	14258, 15274, 15275
西岡 たかし	08070
西岡 虎之助	11733
西岡 まさ子	10771
西尾市岩瀬文庫	17299
西尾市教育委員会	06608, 31426
西尾市史編纂委員会	31378
西尾市資料館	31308
西海 賢二	15284, 15291, 15296, 15690
西垣 晴次	06016, 15251
西ケ谷 恭弘	11990, 20753
西川 源一	10021
西川 幸治	11247, 11512
西川 俊作	08201, 08269
西河 称	04037, 04115, 04550
西川 如見	12061
西川 祐信	12078, 20000〜20003, 20006
西川 武臣	08305, 09996
西川 孟	20988
西川 忠幸	12061
西川 登	10173
西川 裕一	08513, 08546
西川町商工会代官所調査委員	30387
西口 雅子	00855, 00856, 00861
西口 紋太郎	05982
西口 嘉雄	31610

西郡 久吾	24259, 24260
西坂 友宏	10092
西坂 靖	10300
西里 喜行	00400, 00448, 00449, 33899
西沢 淳男	06549, 06556, 06563, 06572, 06597
西沢 一風	22963, 22968〜22971
西沢 茂二郎	26063
西沢 信滋	13939
西沢 裕子	19435
西沢 正史	23612, 23616
西沢 隆治	04651
西沢一風全集刊行会	22969〜22971
西島 孜哉	22503, 23031, 23043, 23091, 23235, 23248, 23249, 23265, 24444〜24459
西島 勘治	08900
西島 実	12403
西島 明正	25245
西田 喜兵衛	08973
西田 兼三	25826, 25888
西田 耕三	00124〜00126, 00324, 00328, 02822, 06894, 07000, 07012, 09211, 09570〜09573, 15574, 15575, 22540, 22788, 22903, 26962, 26963, 27953, 27956, 28017, 28044
西田 森三	22439
西田 毅	07489
西田 猛	32658〜32661
西田 知己	13037, 16295〜16297, 16299, 16305, 16323, 16336, 17331
西田 直堅	07542
西田 長男	15264, 15265
西田 宏子	20084, 20179, 20264, 20338, 20339, 20343
西田 正好	22607, 22685, 25512
西田 実	05345, 33797
西田 幸夫	12385
西谷 重道	05592
西谷 勢之介	25468
西谷 富水	24577
西谷 文	03831
西谷 元夫	23930
仁科 又亮	18654
西成田 豊	08285
西日本人物誌編集委員会	13242
西日本文化協会	33055〜33058, 33124〜33138
西日本文化協会古文書研究会	33116
西野 妙子	24348
西野 武朗	24308
西野 辰吉	09124

著者名	番号
西野 由紀	03861, 12860
西洞院 時慶	26964
西宮市立郷土資料館	08622
西原 功	26442
西原 柳雨	12561, 26559, 26577, 26593, 26647, 26649, 26654
西原 亮	26710〜26713
西原 凉翁	23748
西部 文雄	27457
西堀 昭	07521, 08198, 15864, 30110
西丸 佳子	23825
西村 覚良	31099
西村 和子	19367
西村 公晴	14157
西村 玖	11561
西村 清	21506
西村 圭子	00631, 06957
西村 圭石	04571
西村 紅山	14655, 15085
西村 三郎	03063
西村 茂樹	03672
西村 重長	19529
西村 秋羅	26152
西村 真次	02810
西村 隆夫	13446
西村 武正	00728, 16826
西村 貞	17803, 20038
西村 天囚	03018, 04512, 13158
西村 利雄	08967
西村 紀義	32567
西村 秀雄	06682
西村 大志	12290
西村 文則	14574, 14575, 14577, 14604, 14605, 14663, 14664, 14666
西村 真砂子	27116, 27117
西村 毬子	07801
西村 睦男	32509
西村 雄一	26091
西村 幸信	00250
西村 豊	03020, 03040, 03352
西村圭子先生追悼論集編集委員会	00632
にしむら博物館	19459
西村屋 小市	08893
西山 拙斎	13047, 13048
西山 克	00056
西山 松之助	02996, 03211, 10857, 11267, 11293, 11302, 11303, 11507, 11673, 11763, 12085〜12094, 12098, 12099, 12374, 12646, 12666, 17104, 17114, 17211, 21103, 21979, 22194, 29505, 29519, 29520, 29553, 29660
西山 隆二	27204
西山 竜平	24220
西山浄土宗教学研究所	15297
西山松之助先生古稀記念会	10484, 21102
二松学舎大学陽明学研究所	13546
西脇 藍	21447
西脇 玉峰	16145
西脇 隆英	09689
西脇 康	04168, 08509, 08521, 08541〜08543, 08566, 30641
二千風 円喜	03305
日伊協会	08150
日外アソシエーツ	00637, 18777, 18856, 29777
日独文化協会	07094, 07096, 08146
日米修好通商百年記念行事運営会	08105〜08111
日米通信社	07166
日貿出版社	17776, 17788
日蘭学会	05931〜05934, 07860, 07861, 07921〜07924, 07932〜07941, 15757, 15884, 15885, 15890
日蘭学会法政蘭学研究会	07875, 07876
日蘭交渉史研究会	07932〜07941
日蓮宗不受不施派研究所	15495, 15496
日韓共通歴史教材制作チーム	07751
日光山史編纂室	15429
日光社寺文化財保存会	20923
日光東照宮社務所	00741, 00743, 00745, 00747, 00749, 00751, 00761, 20954
日進古文書同好会	01164
ニッセイエブロ	09781
日ソ協会翻訳委員会	12976
新田 完三	00719, 09804
新田 二郎	30466, 30483, 30494
新田 瑞気	31063
新田 大作	13820
新田 寛	25721
新渡戸 稲造	14731, 14737, 14739, 14768, 14772, 14773, 14776, 14777, 14780, 14864
新渡戸 仙岳	27851
新渡戸稲造博士と武士道に学ぶ会	14737
蜷川 新	03637, 03638, 04924
蜷川 竜夫	14752
二宮 金次郎	08888
二宮 彦可	16496
二宮 久	09684
二宮 嘉幸	24769
二宮町史編集委員会	30104
二宮町総務部総務課	30165, 30166
二宮町教育委員会	16742
二宮町文化財保護委員会	10055
二百年祭実行委員会	13457
仁平 勝	24529, 24637
日本アート・センター	17795, 17855, 17968, 17977, 18003, 18052, 18093, 18265, 18312, 18324, 18386, 18460, 19365, 19617, 19837, 19869, 19902
日本医史学会	16498
日本浮世絵学会	18757, 19427, 19703, 19704, 19810, 19853
日本浮世絵協会	18510, 18618, 18619, 18869, 18983, 18984, 18998, 19349〜19351, 19526, 19562, 19637, 19672〜19674, 19795, 19796, 19868, 19916, 19944, 19967
日本浮世絵協会原色浮世絵大百科事典編集委員会	18701〜18705, 19024, 19025, 19317, 19388, 19532, 19567, 19644, 19689, 19845
日本浮世絵博物館	19256
日本英学史学会北陸支部	15790, 15791
日本映画テレビプロデューサー協会	11786, 12095
日本海事科学振興財団船の科学館	10039, 10089
日本海事史学会	09998, 10023〜10032
日本海事振興会	07523
日本海文化研究室	30637
日本学協会	15999
日本学士院	16366
日本学士院日本科学史刊行会	08885, 09368, 09438, 09509, 09604, 16286, 16287, 16358〜16361, 16412, 16413, 16530, 16621〜16623
日本棋院	22081
日本教育史資料研究会	16844
日本銀行金融研究所貨幣博物館	04960, 08583, 08586
日本銀行調査局	08511, 08559〜08563
日本近世文学会	22620
日本近代教育史料研究会	16845
日本近代史研究会	00259, 00537〜00541, 00585, 00586, 00692, 04439, 06034, 07492, 11724
日本経営史研究所	08656

日本経済史研究所 ‥‥ 08296, 08297	日本城郭協会 ‥‥ 20748, 20798, 20802, 20837, 20852, 20858, 30564, 30931, 31647, 31976, 32259	日本放送出版協会 ‥‥ 00876, 29594
日本経済新聞大阪本社事業部 ‥‥‥‥‥‥ 23094		日本捕鯨協会 ‥‥‥‥‥‥ 07491
日本経済新聞社 ‥‥‥‥‥‥ 15367, 17651, 17892, 17947, 18073, 18718, 18998, 19235	日本城郭資料館 ‥‥‥‥‥‥ 20773	日本ポルトガル友好450周年記念事業長崎県実行委員会 ‥‥‥‥‥‥ 33311
	日本書誌学会 ‥‥‥‥‥‥ 00909	
	日本書道美術館 ‥‥‥‥‥‥ 24926	二本松市 ‥‥‥‥‥ 28559~28561
日本経済新聞社文化事業部 ‥‥‥‥‥ 17439, 17882	日本史料集成編纂会 ‥‥ 07739~07741	二本松藩史刊行会 ‥‥ 28487, 28488
	日本随想録編集委員会 ‥‥ 05747, 21871	日本民芸館 ‥‥‥‥‥‥ 12611
日本鯨類研究所 ‥‥‥‥‥‥ 07491	日本随筆大成編輯部 ‥‥ 17324~17328	二本柳 正一 ‥‥ 27756, 27774
日本研究センター刊行物編集委員会 ‥‥‥‥‥ 23629	日本性教育協会 ‥‥‥‥‥‥ 12424	日本歴史学会 ‥‥‥‥‥‥ 00842, 00843, 00845, 01981, 04743, 04833, 23566, 27310
	日本精神研究会 ‥‥‥‥‥‥ 13394	
日本鉱業史料刊行委員会 ‥‥‥‥‥ 09507	日本精神文化研究会 ‥‥‥‥‥‥ 13060	
	日本税理士会連合会 ‥‥‥‥‥‥ 09049	日本歴史地理学会 ‥‥‥‥‥‥ 00499, 00500, 10287, 10288, 11301
日本国際地図学会 ‥‥‥‥‥ 16086	日本石仏協会 ‥‥‥‥‥‥ 29583	
日本古鐘研究会 ‥‥‥‥‥ 20634	日本村落史講座編集委員会 ‥‥‥‥ 11149~11151	二村 博 ‥‥‥‥‥‥ 26259
日本古城友の会 ‥‥‥‥‥ 20853		韮山町教育委員会社会教育課町史編纂室 ‥‥‥‥ 31182
日本古典学会 ‥‥ 13398~13400	日本地図選集刊行委員会 ‥‥‥‥‥‥ 09997	
日本古典文学会 ‥‥‥‥‥ 29737		韮山町史編纂委員会 ‥‥ 31181~31183
日本古文化研究所 ‥‥‥‥‥ 07878	日本鉄鋼協会社会鉄鋼工学部会前近代における鉄の歴史フォーラム「鉄山必用記事研究会」‥‥‥‥‥‥ 09565	韮山町教育委員会 ‥‥‥‥‥ 09566
日本古文書学会 ‥‥ 00891~00893		二里町誌執筆委員会 ‥‥ 33217, 33218
日本雑学能力協会 ‥‥‥‥‥ 03694		楡木 恒 ‥‥‥‥‥‥ 28893
日本史研究会 ‥‥‥‥‥‥ 00011, 00041, 00577, 00674, 03687, 06033, 10505, 17188, 17199, 17196, 17197, 17207, 17208	日本陶磁協会 ‥‥‥‥‥‥ 20335	丹羽 漢吉 ‥‥‥‥ 33327, 33373
	日本取締役協会 ‥‥‥ 10105, 10241	丹羽 謙治 ‥‥ 05236, 12569, 33788
	日本根付研究会二十周年記念出版編集委員会 ‥‥‥‥‥‥ 20584	丹羽 正伯 ‥‥ 16271~16281, 16613
		丹羽 弘 ‥‥‥‥ 08840, 08848
日本史籍協会 ‥‥‥‥‥‥ 00114, 00906, 00913, 00941~00943, 00966, 00975, 00991, 01023, 01058, 01097, 01145, 01146, 01168, 01436~01443, 01495~01497, 02131, 02133, 02135, 02139~02141, 04019, 04020, 04038, 04045, 04046, 04052~04060, 04065~04070, 04074~04076, 04086~04090, 04095~04099, 04101~04107, 04111, 04112, 04116, 04121, 04123, 04127, 04128, 04135, 04138, 04144, 04147, 04148, 04174, 04183, 04195~04208, 04212~04216, 04218~04220, 04222~04226, 04274~04278, 04280~04289, 04291~04293, 04317~04355, 04357~04372, 04481, 04758~04761, 04765~04775, 05005, 05026~05032, 05069, 05070, 05115~05120, 05317, 05318, 05387, 05388, 05485~05487, 05489~05496, 05575, 05576, 05586~05591, 05955, 06480, 07156, 08084~08088, 08190, 14695, 14696, 28438, 32229, 32353, 32354, 33361	日本の文様研究会 ‥‥ 17752, 18039	二羽 弥 ‥‥‥‥‥‥ 20324
	日本博学倶楽部 ‥‥‥‥‥‥ 02175, 02176, 02526	任 紘 ‥‥‥‥‥‥ 07819
		任 鴻章 ‥‥‥‥‥‥ 07844
	日本馬具大鑑編集委員会 ‥‥‥‥‥‥ 20582	任 守幹 ‥‥‥‥‥‥ 07791
		人間文化研究機構国文学研究資料館 ‥‥‥‥ 06072
	日本美術書院 ‥‥‥‥‥‥ 02585	
	日本風俗史学会 ‥‥‥‥ 11743, 11744, 12304, 12305	人間文化研究機構国文学研究資料館アーカイブズ研究系 ‥‥‥‥‥ 30985
	日本風俗史学会二十周年記念展実行委員会 ‥‥ 18562	
		人間文化研究機構国文学研究資料館招聘外国人共同研究「井原西鶴と中世文学」‥‥‥‥ 23000
	日本武学研究所 ‥‥‥‥‥‥ 15010	
	日本福祉大学知多半島総合研究所 ‥‥‥ 10082, 10176	人間文化研究機構国文学研究資料館調査収集事業部 ‥‥‥‥‥ 28418
	日本福祉大学知多半島総合研究所歴史・民俗部 ‥‥‥‥ 31525, 31527	
		人間文化研究機構国文学研究資料館普及・連携活動事業部 ‥‥‥‥ 27460
	日本文化協会石川県支部 ‥‥‥‥ 12998, 12999, 13315	
		人間文化研究機構国立歴史民俗博物館 ‥‥‥‥‥‥ 00268, 00288, 14473
	日本文学研究資料刊行会 ‥‥ 21206, 21316, 23022, 23449, 23574, 24673, 24999, 25025	
		忍向 ‥‥‥‥‥‥ 24091
	日本文学資料研究会 ‥‥‥‥‥‥ 14111	人足寄場顕彰会 ‥‥‥‥‥‥ 06725
	日本文化研究会 ‥‥ 14557, 14744	
	日本文化の会 ‥‥‥‥‥‥ 21598	**【ぬ】**
	日本ペンクラブ ‥‥‥‥‥‥ 05778	
日本史蹟研究会 ‥‥‥‥‥‥ 04678	日本放送協会 ‥‥‥‥‥‥ 00876, 01678, 01679, 01903, 03113, 05077, 05579, 05633, 06027, 06644, 07350, 11541, 11714, 16668, 21792, 21814	糠沢 章雄 ‥‥‥‥‥‥ 28495
日本史フォーラム21 ‥‥‥‥ 04595		額田 豊 ‥‥‥‥‥‥ 16471
日本儒教宣揚会 ‥‥‥‥‥‥ 13211		貫 達人 ‥‥‥‥ 30153, 30154

沼波 瓊音 …… 25093, 25186, 25189, 25233, 26694	ねぼけ庵主人 …… 24486	野坂 忠尚 …… 08034
布川 孫市 …… 24586	根室市博物館開設準備室 …… 27613, 27659	野崎 圭介 …… 15209
布田 浩隆 …… 16004	根本 順吉 …… 16409, 16414	野崎 守英 …… 13084, 14271, 14364, 14365, 24304, 25217, 25246
布引 敏雄 …… 10942	根本 裕子 …… 00477, 11322	野沢 公次郎 …… 02998
布目 唯信 …… 14597, 15193	練馬区総務部人権・男女共同参画課 …… 10442	野沢 定長 …… 16344
沼口 信一 …… 29202		野沢 汎 …… 04987
沼崎 重孝 …… 01927		野沢 凡兆 …… 25954, 25970
沼沢 明 …… 28313	【の】	のじぎく文庫 …… 03196
沼尻 源一郎 …… 15870		野島 透 …… 13716
沼津市教育委員会 …… 31224, 31225	能坂 利雄 …… 30591	野島 芳明 …… 25262
沼津市教育委員会文化振興課 …… 31185	納札千社睦会 …… 18784	能代市史編纂委員会 …… 28149〜28152, 28197
沼津市史編さん委員会 …… 31224, 31225, 31229	農山漁村文化協会 …… 11835, 14943, 14950〜14952	能代市史編集委員会 …… 〜28199
沼津市史編集委員会近世部会 …… 31226	農政調査会 …… 09115, 09123	ノスコ, ピーター …… 14052
沼津市明治史料館 …… 16490, 17617, 24736, 31178, 31184, 31289, 31290	農村史料調査会（東京大学文学部国史学研究室内） …… 08849	能勢 朝次 …… 24047, 24905, 25129, 25130, 25132, 25133, 25135, 25324, 25532, 25980, 25981
沼津市立駿河図書館 …… 00709, 29488, 31250, 31253, 31264, 31266, 31267, 31269	納富 康之 …… 13869	能勢朝次著作集編集委員会 …… 24092, 24573〜24575
沼津市歴史民俗資料館 …… 17785, 31161	能仁 晃道 …… 15449, 15450, 15452	野田 健次郎 …… 14953, 14960
沼田 哲 …… 13300	能美 金之助 …… 12114, 12115	野田 千平 …… 23844, 24728, 24737, 24775, 25765, 26216, 30773, 31050
沼田 次郎 …… 00667, 06961, 07511, 07625, 07626, 07652, 07896, 07897, 15859, 15877, 15878, 15909	野上 平 …… 28746	野田 敏夫 …… 33728, 33732
	野上 建紀 …… 33177	野田 敏雄 …… 20245
	野上 長栄 …… 31814	野田 豊実 …… 05355
	野上 豊一郎 …… 15962〜15964	野田 直治 …… 09276
沼田 頼輔 …… 03427	野川 至 …… 09975	野田 寿雄 …… 22507, 22766, 22810, 22811, 22910, 22919, 22974, 23020, 23023, 23174, 23239, 23550
沼田市教育委員会社会教育課文化財保護係 …… 00723	野木 将典 …… 13140	野田 別天楼 …… 24975
沼田市史編さん委員会 …… 28992, 29013	野口 逸三郎 …… 09360	野田 正夫 …… 33081
沼館 愛三 …… 28036	野口 一雄 …… 08892	野田 実 …… 23944
ぬめ ひろし …… 09216	野口 勝一 …… 04425, 04466, 15190	野田 義夫 …… 16666
	野口 喜久雄 …… 08670	野田市郷土博物館 …… 29341
	野口 柴堂 …… 27128	野田市史編さん委員会 …… 29350, 29444, 29445
【ね】	野口 信一 …… 28425	野田地方史懇話会古文書研究会 …… 29339
	野口 清兵衛 …… 26784	野田町古文書研究委員会 …… 31542
根上 剛士 …… 22129	野口 善敬 …… 13541	乗附 久 …… 03232
根岸 橘三郎 …… 07188, 07514	野口 泰助 …… 16295〜16297, 16304	能登穴水天領文書調査団 …… 30687
根岸 茂夫 …… 00095, 02213, 10244	野口 武彦 …… 03228, 03233, 03657, 03820, 03821, 03851, 03872, 03873, 04584, 04720, 05425, 05570, 05796, 10474, 11387, 11402〜11404, 11649, 11650, 11679, 11711, 12979〜12981, 12991, 13137, 13138, 13147, 13902, 15722, 15723, 15995, 16020, 18776, 22284, 22285, 22389, 22401, 22573, 23451, 23552, 23971	能登路 定男 …… 32206
根岸 篤太郎 …… 29155		野中 和夫 …… 20781
根岸 友憲 …… 29134		野中 賢三 …… 00225
根岸 衛奮 …… 01611〜01616		野中 素 …… 08029, 33342, 33383
根岸 鎮衛 …… 23866〜23871		野中 退蔵 …… 18159
根岸競馬記念公苑学芸部 …… 16406	野口 徹 …… 20701	野中 日文 …… 16831
根岸友山・武香顕彰会 …… 29134	野口 復堂 …… 15060	野々市町史編纂専門委員会 …… 30616
根崎 光男 …… 01998, 09451, 11844, 16402	野口 道直 …… 12850〜12852	野々上 慶一 …… 20233
ねず・まさし …… 04471, 07657〜07659	野口 之布 …… 30533, 30534	野々山 勝美 …… 06471
根津美術館 …… 01713, 20192, 20389, 20528, 22027	野口 米次郎 …… 18765, 18816, 19308, 19839, 24638, 24969, 25384, 25385, 25429, 25432, 25433	野々山 直記 …… 03170, 03171
根津美術館学芸部 …… 17948		

野原 秋草	05505	
野原 正透	28877	
野原 祐三郎	05459	
のび しょうじ	10966	
延岡 繁	07607	
延原 時行	15462	
延広 真治	11370, 21225, 22341, 23343, 23835	
登 芳久	17264, 25966	
野間 一正	15578	
野間 光辰	12508, 22425, 22437, 22955, 23017, 23079, 23080, 23101, 23102, 23150, 23228, 24811	
野間 清六	17639, 17640, 17813	
野間 宏	10954	
野馬追の里原町市立博物館	09592, 17442, 28448	
野馬追の里歴史民俗資料館	28473	
野村 昭子	02502, 30546, 30547	
野村 岩夫	08729	
野村 一三	25214, 25913, 26180	
野村 兼太郎	08219, 08310, 08333, 08346, 11173, 13901, 29511	
野村 君代	08263	
野村 圭佑	08698, 12273, 16374	
野村 玄	01703	
野村 春畝	03627	
野村 正治郎	11448	
野村 瑞典	22035, 22040	
野村 泰三	12966, 20256	
野村 貴次	24831	
野村 伝四郎	14492〜14498	
野村 藤作	25819	
野村 寅夫	09432	
野村 八良	14094, 14116, 14117	
野村 望東尼	24107, 26988, 32512	
野村 豊	09464, 11789, 31904	
野村 義文	33323	
野村文華財団野村美術館	20312	
野本 道玄	08894	
法月 吐志楼	24742, 27006	
則道	02369, 28204	
ノルトン, ジョイ	26412	
野呂 昶	27503	
野呂 肖生	00700	
のんぶる舎編集部	05903	

【は】

バー，パット	08120	
梅桜会	30531	
俳諧寺一茶保存会	26337	
俳句研究会	25422, 25525, 25912	
俳句抒情辞典編集委員会	24636	
売酒郎喩々	27476	
俳書堂	24616, 25742, 25743	
俳仙堂碌々翁	24610, 25106	
灰野 昭郎	20603	
榛原町教育委員会	25816	
榛原町文化財保護審議委員会	09723	
梅風軒 久郷	24067	
ハイブロー武蔵	14739	
俳文学会	25207	
配山 実	27065	
芳賀 勝助	00858	
芳賀 幸四郎	17126	
羽賀 順蔵	15473, 24245	
羽賀 祥二	00579	
芳賀 徹	01687, 02058, 03940, 03991, 08141, 10565, 15838, 15972, 17100, 18295, 18382, 20066, 26206, 26207, 31758	
芳賀 登	03625, 04707, 04828, 05281, 09076, 09145, 09819, 09867, 09884, 10509, 10524, 10561, 10857, 11339, 11419, 11943〜11946, 13035, 13135, 14050, 14161, 14162, 14164, 14239, 14286, 14288, 14354, 14459, 14541, 15672, 15994, 17094, 17224〜17226, 18357, 18393〜18399, 22196, 29562, 29597, 29661, 30238, 31382	
羽下 徳彦	01000	
芳賀 八弥	01980, 02866	
芳賀 矢一	14109〜14111	
芳賀 幸雄	00732	
芳賀町史編さん委員会	28922, 28923	
袴田 南素	26984	
萩尾 農	05671, 05837	
萩郷土文化研究会	32595, 32596	
萩市教育委員会	09567	
萩市郷土博物館	06516, 32568, 32604	
萩市立図書館	15096	
ハギ永 秀夫	15853, 32506	
萩野 由之	03660, 14140, 16022	
萩原谷 常陽	14690	
萩博物館	09521, 15785, 32983	

萩原 延寿	02168, 04667, 06036, 07677〜07680, 08172	
波響論集刊行会	17733	
萩原 意校	26076	
萩原 恵一	10328	
萩原 朔太郎	18293, 26082〜26085, 26186, 26192	
萩原 正太郎	04614	
萩原 進	10273, 11635〜11639, 26946, 28979, 29016〜29018	
萩原 龍夫	00914	
萩原 博文	33335	
萩原 恭男	22579, 25091, 25746, 27077	
萩原 泰男	25747	
萩原 裕雄	02332, 02355, 02356, 10369, 11542, 11543, 13525, 23708	
萩原 頼平	14061	
萩原 蘿月	24886, 24987, 25028, 25304, 25311, 25312, 25605, 25608, 25609, 25744, 25906, 27164	
萩原朔太郎記念・水と緑と詩のまち前橋文学館	18301, 26105	
萩原裕雄グループ	01902, 02015, 02470, 10101, 11279〜11287, 11533, 12541	
朴 春日	07712, 07761, 07762	
朴 鴻圭	13409	
羽咋市史編さん委員会	30599	
白隠慧鶴	17771, 17779	
白雲	18154	
白雲館研究会	27468	
白日庵 守朴（長瀬市太郎）	25071	
爆笑問題	05163	
幕府普請奉行	29993〜30012	
博望子	12294, 12334	
幕末維新学校研究会	16745	
幕末維新期漢学塾研究会	16879	
幕末・維新史研究会	05305	
幕末維新新聞編纂委員会	03704, 04681	
幕末研究会	04669, 04677	
幕末史研究会	05706	
幕末新選組倶楽部	05806	
幕末新聞編纂委員会	03844	
幕末尊皇秘史展覧会	22048	
「幕末動乱」研究会	05208	
幕末・明治初期における西洋文明の導入に関する研究会	15886	
羽倉 敬尚	04474, 14072	

著者名	番号
羽倉 信一郎	15005
箱崎 和久	00239
函館青年会議所	19236
函館図書館（函館市）	27649
函館博物館	04818, 05661, 07407, 10076, 20139, 20743, 27587, 27620
箱根町立郷土資料館	30206
硲 真次郎	25969
狭間 久	13485, 14021, 15030, 33560, 33561
橋 霑夢	08908
橋 間石	27111
橋尾 四郎	15038
橋川 文三	15101
橋口 侯之介	17316
橋口 五葉	19211
橋口 晋作	27432
橋爪 貫一	01926
橋詰 隆康	20479
橋詰 武彦	08558, 08584, 08594, 08595, 08599, 08614, 08631
橋詰 久幸	08909
橋田 友治	26076
橋場 日月	11746
馬事文化財団	12708
馬事文化財団学芸部	12711, 12712
橋本 昭彦	16639
橋本 朝生	00306
橋本 綾子	17970
橋本 宇太郎	22097
橋本 栄治	13195, 13281
橋本 治	10470～10472, 19896, 21390, 21495, 21496
橋本 勝三郎	10776, 11052
橋本 健一郎	09688
橋本 左内	04792
橋本 成文	14561, 14681
橋本 昌二	22099
橋本 治郎右衛門	27774
橋本 進	08075
橋本 澄子	12080
橋本 隆	05863
橋本 登行	22801, 23845
橋本 鉄男	31655
橋本 篤慶	22099
橋本 野乃子	23414
橋本 博	04039, 04040
橋本 政次	31974, 31975
橋本 政宣	00758, 00999, 01771, 02212, 15278, 24184
橋本 実	14754, 14794, 14797, 14826, 14836
橋本 素助	32453～32478
端山 孝	03652
芭蕉翁記念館	24930, 25479, 25638, 25675, 25874
芭蕉翁顕彰会	25416
芭蕉研究会	25098, 25099, 27240
芭蕉講座編集部	27033
芭蕉・清風歴史資料館	27248
芭蕉全図譜刊行会	25197
芭蕉探遊会	27022
芭蕉没後三百年記念誌編集委員会	25014
芭蕉連句全集草稿編集会	25566
『柱ほとけの光』復刊委員会	15401
蓮田市教育委員会社会教育課	29238, 29239
蓮沼 文範	24138
蓮実 疆	27184
荷見 守文	28744
長谷 章久	25673, 29624, 29768, 29774
長谷 圭剛	03266
長谷 進	00169
波静	26996
長谷川 彰	08444
長谷川 勇	09830～09833
長谷川 櫂	24529, 25463
長谷川 貫一	18215
長谷川 伸	04109, 04742, 05605
長谷川 信治	14636
長谷川 伸三	09111, 09249, 11102, 11103
長谷川 深造	12118
長谷川 成一	10045, 12736, 27669, 27721, 27753, 27767
長谷川 誠一	26951
長谷川 誠也	22521
長谷川 千四	21504, 21533
長谷川 善治	14636
長谷川 つとむ	05024
長谷川 強	22342, 22478, 22509, 22936, 23044, 23074, 23166, 23268, 23269, 23842, 23866, 23868, 23870
長谷川 如是閑	08326, 14240
長谷川 宏	29288～29290
長谷川 正次	02629, 08380, 30908～30910
長谷川 匡俊	15289, 15290, 15380, 15381, 15691
長谷川 順音	02517
長谷川 裕子	00249
長谷川 洋三	24369
長谷川 吉次	08864
長谷川 利平次	09501
長谷川 龍生	18635～18640
長谷川 零余子	25383
支倉 槇人	15730
長谷部 善作	13979
長谷部 弘	09367
秦 孝治郎	10132
秦 恒平	20136
羽太 庄左衛門正養	08019
秦 新二	07137～07139
秦 石田	12848, 31970
羽田 隆雄	14807
秦 達之	04704
畑 輝忠	09344
畑 尚子	02468, 02537, 02554
秦 秀雄	20241
幡井 勉	01887
畠山 清行	00270
畠山 秋更	13611
畠山 禎	08024, 08025
畠山 豊吉	06817
畠山 弘	25668
畠山 亮	06427
畠山記念館	17931
籏先 好紀	33284, 33295
秦荘町歴史文化資料館	04620
畑田 国男	00543
畑中 維堂	01020
畑中 一男	04177～04180, 04461, 07460
畑中 誠治	09312
畑中 多忠	23974
畑中 敏之	10900, 11079, 12193
波多野 鼎	13961, 13962
波多野 純	11491, 20794
羽田野 敬雄	15266
羽田野 長蔵	33595
波田野 富信	09849
羽田野敬雄研究会	15266
幡原 敦夫	09568, 32195
旗本研究会	02463
パチェコ, ディエゴ	15573
八王子市教育委員会生涯学習スポーツ部文化財課	29800
八王子市郷土資料館	09882, 18216, 29740, 29795, 29796, 29799, 29800, 29890, 29961～29964, 30031
八王子千人同心史編集委員会	29957～29960
八丈実記刊行会	30045～30051
八野 忠次郎	31071

八戸市史編さん委員会 …………… 27740〜27748	鳩ヶ谷市文化財保護委員会 ……… 29275, 29323	馬場 粂夫 ………………… 14629
八戸市美術館 ……………… 19498	ハドソン・東洋鋳造貨幣研究所 ……………… 08557	馬場 憲一 …… 00911, 29705, 29748
八戸市立図書館 …………… 14939		馬場 幸一 ………………… 15510
八戸市立図書館市史編纂室 …… 27750, 27779, 27781	羽鳥 卓也 ………… 10511, 10575	馬場 津兵衛 ……………… 24235
	バートン, ピーター・A. ……………… 07993	馬場 白竜 ………………… 05995
八幡公民館郷土史編纂部 …………………… 31431	花井 安列 ………………… 28089	馬場 文英 ………… 01059, 04466
八幡町 ……………………… 31094	花岡 興輝 …… 00972, 33390, 33429	馬場 六郎 ………………… 05340
八幡町史編纂会 …………… 31529	花岡 淳二 ………………… 15008	馬場 蹄台 ………………… 24594
八文字屋 自笑 … 22940, 23277, 23281	花岡 百樹 ………… 26451, 26690	ハーバート・ノーマン, E ……………… 14990
八文字屋本研究会 … 23272〜23294	花ケ前 盛明 ……… 03527, 30267	羽生 道英 ………… 04698, 10376
蜂屋 新五郎 ……………… 06676	花車 利行 ………………… 12859	羽深 律 …………… 23618, 23620
蜂屋 光世 ………………… 23998	花咲 一男 ……… 01667, 10099, 10100, 10236, 10363, 10383, 10385, 10396, 10397, 11706, 11720, 12046, 12239〜12241, 12245, 12307, 12363, 12364, 12434, 12438, 12458〜12461, 12471, 12472, 12478, 12484, 12485, 12507, 12512, 12513, 12546, 12547, 12560, 12673, 15717, 18888, 19825, 21746, 21769, 21770, 22303, 22795, 23325, 26073, 26489, 26493, 26555, 26560, 26566, 26578	浜 森太郎 ………… 25206, 27198
初井 新三郎 …… 21169, 21170, 31949, 31950		浜 久雄 …… 13720, 15967, 27481
		浜 光治 …………………… 23513
初岡 敬治 ………………… 28209		浜岡 きみ子 ……………… 14531
廿日市町 …………………… 32432		浜岡 伸也 ………………… 08899
八田 健一 …… 30535, 30583, 30584, 30586		浜北市教育委員会 ………… 26984
		浜崎 国男 ………………… 33297
八田 辰雄 ………………… 01891		浜崎 献作 ………………… 15504
ハット, ジュリア ………… 18775		浜崎 惟 …………………… 16922
服部 昭 …………………… 16598		浜下 武志 ………… 00444, 00445
服部 逸郎 ………… 08092, 08094	花咲 一也 ………………… 18705	浜島 覚成 ………………… 01144
服部 和彦 ………………… 20578	花園大学文学部史学科 …… 32059	浜島 吉昭 ………………… 18022
服部 鉎二郎 ……………… 29494	花田 一重 ………………… 24073	浜田 亀吉 ………… 05137〜05139
服部 謙太郎 ……………… 10595	花田 富二夫 … 22863, 23258, 23259	浜田 義一郎 ……………… 11733, 12256, 22379, 22395, 22608, 23714, 23808, 24475, 24476, 24482, 26468, 26469, 26663
服部 畊石 ………………… 25090	花館民俗資料保存会 ……… 00332	
服部 之総 … 03679, 03895, 03896, 03923, 03925, 03926, 03947, 03948, 03953, 04440, 04539, 04617, 07190, 07372〜07378	花谷 幸比古 ……………… 04713	
	花の本 秀三 ……………… 25046	浜田 清次 …… 24051, 24056, 24057
	英 一蝶 …… 17868, 17871, 17874, 19905	浜田 啓介 …………… 22756, 23610, 23613, 23614, 23617, 23619, 23621〜23623
服部 鉦太郎 ……… 20824, 20839	花房 健次郎 ……………… 20634	
服部 聖多朗 ……… 25692, 27312	花房 孝典 ………… 12724, 23793	浜田 恂子 ………………… 03317
服部 清道 ………………… 30175	英 修道 …………………… 06834	浜田 庄司 ………………… 20509
服部 雪斎 ………………… 18080	英 敏道 …………………… 13371	浜田 進 …………………… 08974
服部 徳次郎 … 25447, 26215, 26217	花房 義実 ………………… 21128	浜田 稔也 ………… 31962, 32031
服部 敏良 ………… 16450, 16451	花巻市博物館 ……… 19305, 27868	浜田 彦蔵 ………………… 07015
服部 土芳 ………… 25751, 25937	花見 朔己 ………… 00636, 14809	浜田 右二郎 ……………… 29676
服部 直子 ………… 24731, 31316	花柳 粋史 ………………… 24464	浜千代 清 ………………… 25076
服部 英雄 ………… 00046, 15653	塙 保己一 ………………… 09378	浜中 仙右衛門 …………… 31608
服部 仁 …… 23557, 23577, 23601	羽仁 五郎 …… 02366, 03908, 03911, 03927, 03928, 07594, 07595, 08299, 13131, 13132, 13349, 13350, 13370, 13372, 15007	浜野 潔 …………………… 02677, 03509, 03531, 10621, 31742
服部 匡延 ………………… 07917		
服部 夕紀 ………………… 01783		浜野 生太郎 ……………… 12148
服部 幸雄 …… 17116, 18906, 21431, 21460, 21467, 21468, 21471, 21492, 21494, 21514〜21516, 21563, 21564, 21598		浜野 知三郎 ……………… 13025
	羽仁 説子 ………………… 07119	浜松 昭二朗 ……… 15023, 15037
	埴岡 真弓 ………………… 15731	浜松市 …………… 31234, 31235
	埴科教育会 ………………… 13732	浜松市博物館 ……… 09944, 31165
服部 嵐雪 ………………… 25804	羽生 永明 ………………… 24203	浜松市立郷土博物館 ……… 31164
服部, レイモンド …… 08059, 08060	羽生 紀子 ………… 24454〜24458	浜村 米蔵 ………………… 21144
波照間 永吉 ……………… 00401	羽田 守快 ………… 15225, 15374	浜本 純逸 ………………… 14358
馬頭町美術館準備室 ……… 17677	馬場 栄一 ………………… 13957	浜本 宗俊 ………………… 22002
馬頭町広重美術館 …… 19683, 19740, 19745	馬場 錦江 ………………… 27183	浜屋 雅軌 …… 07150, 07383, 07390, 07404, 07427, 08049, 11586

ハミッチュ, ホルスト ………… 07629	林 徳衛 ………………………… 15507	林董一博士古稀記念論
羽村町教育委員会 …………… 09247	林 紀昭 ……………… 06307, 10902	文集刊行会 ……………… 06069
羽茂町史編さん委員会 ……… 30306	林 梅洞 ………………………… 27411	林原 未井 …………………… 25073
早亀 岩治 …………………… 32267	林 明男 ………………………… 23927	早島 鏡正 …………………… 26399
早川 秋子 …………………… 06301	林 久良 ………………………… 23376	早島史料大庄屋日記編
早川 荘作 …………………… 30458	林 英夫 …………… 00081, 00082,	集委員会 ………… 32345, 32346
早川 庄八 ………… 00457〜00461	00588, 00846, 00856, 00872,	林家 こぶ平 ………………… 29685
早川 純夫 …………………… 11574	00880, 00882, 00897, 00898,	林屋 晴三 ……………………
早川 仲 …… 06336, 32236, 32237	00900, 01113, 02258, 04100,	20110, 20111, 20126〜20128,
早川 聞多 …… 18295, 18307, 18320,	05956, 08674, 09369, 10126,	20130, 20131, 20170〜
19045, 19063, 19087, 19131,	10186, 11777, 17136, 19137	20172, 20181, 20188〜20190,
19145, 19161, 19167〜19171,	林 秀年 ………………………… 29816	20266〜20268,
19174, 19397, 19548, 19830,	林 芙美夫 ……………………… 14935	20277〜20279,
19897, 22850, 22854, 23776	林 淳 …………………………… 15230	20289〜20291, 20308〜
早坂 暁 ……………………… 24400	林 正崇 ………………………… 28140	20310, 20344〜20346, 20374,
早坂 忠雄 …………………… 27250	林 政文 ………………………… 13729	20375, 20377〜
早坂 基 ……………………… 09228	林 正躬 ………………………… 04497	20379, 20406〜20408, 20427,
林 新 ………………… 03178, 03221	林 三雄 ………………………… 05534	20428, 20462〜20464, 20470,
林 勲 ………………………… 29451	林 光則 ………………………… 24314	20471, 20492〜20494,
林 泉 ………………………… 31561	林 基 ‥ 00666, 00937, 09159〜09161	20551〜20556
林 厳 ………………………… 11071	林 保登 ……………… 32408, 32414	林屋 辰三郎 …………………
林 英一 ……………………… 12667	林 泰教 ………………………… 03457	00041, 11509, 11510, 11515,
林 栄太郎 …………………… 05759	林 和 …………………………… 11042	17119, 17151, 17188, 17206,
林 えり子 …………………… 26438	林 由紀子 ……………………… 12638	17209, 20990, 21996, 31721
林 大 ………………………… 23970	林 雪光 ………………………… 17112	隼田 嘉彦 …………………… 09908
林 鶴梁 ……………………… 01493	林 裕 ………………… 22087〜22100	早武 新助 …………………… 08901
林 鷲峰 ……………………… 00929,	林 義雄 ………………………… 24967	葉山 禎作 …………… 08720, 09529
01101, 13171, 13172, 27411	林 美一 …………… 10380, 10451,	葉山 萬次郎 ………………… 33338
林 観照 ……………… 01455, 01456	10459, 10785, 11698, 11699,	速水 融 …… 00696, 07686, 08231,
林 義端 ……………………… 22938	11721, 11851, 11863〜11865,	08261, 08992, 10540, 10620,
林 久美子 …………………… 21186	12437, 12443, 12499, 12500,	10624, 10625, 31049, 31335
林 敬 ………… 08901, 08902, 32887	12514, 12515, 12535, 12536,	速水 春暁斎 ………………… 12771
林 桂 ………………………… 24633	17368, 18644, 18645, 18650,	速水 房常 …………………… 00720
林 貞夫 ……………………… 06364	18655, 18656, 18817, 18818,	原 朗 ………………………… 08260
林 左馬衛 …………………… 02094	18821, 18882, 19043, 19064,	原 和子 ……………………… 12588
林 茂香 ……………………… 32508	19080, 19081, 19083, 19086,	原 加津夫 …………………… 25738
林 茂 …………………………	19088, 19108, 19120, 19154,	原 喜一 ……………………… 31610
林 述斎 ……………………… 01300	19155, 19163, 19175, 19189,	原 潔 ………………………… 07616
林 淳一 ……………………… 12252	19316, 19358, 19515, 19531,	原 慶吉 ……………………… 14849
林 順信 ……………………… 11430,	19546, 19643, 19685, 19807,	原 三信 ……………… 16575, 16581
12261, 12690, 12691, 29696	19819, 19825, 19832〜19835,	原 淳一郎 …………………… 20895
林 正禅 ……………………… 05874	19840, 19842, 19894, 19898,	原 昭午 ……………………… 30551
林 二朗 ……………………… 17201	19917, 19923, 19970〜19952,	原 武男 …… 22731, 22738, 22739
林 信海 ……………………… 08890	19968, 19973, 19975, 19979,	原 剛 ………………………… 09622
林 翠浪 ……………………… 21615	19983, 19984, 20013, 22730,	原 胤昭 …………… 06651, 11022, 15521
林 進 ………………… 17583, 17672	22750, 22833〜22839,	原 坦嶺 ……………………… 13585
林 青梧 ……………………… 04543	22846, 22848, 22849, 22913	原 伝 ………………………… 08400
林 武朗 ……………………… 05021	林 吉彦 …… 16816, 33777, 33802	原 鶴麿 ……………………… 15521
林 格男 ……………………… 09265	林 良斎 ……………… 13723, 13724	原 利夫 ……………………… 02498
林 達也 ……………………… 22647	林 亮勝 …… 00492, 00758, 02653	原 直史 ………………………
林 董一 ………………………	林 玲子 ………………… 08449,	08457, 10046, 10231, 30247
01803, 01804, 03306, 03435,	08461, 10098, 10103, 10104,	原 念斎 ……………………… 13200
06339, 06340, 10426, 17618,	10194, 10196, 10197, 10201,	原 初男 ……………………… 29285
31317, 31326, 31334, 31348	10202, 10292, 10379, 10831	原 秀三郎 …………………… 00611
	林 陸朗 …………… 06972, 29896〜29898	原 博一 ……………………… 25896
	林 六郎左衛門 ……………… 08909	原 普 ………………………… 06872
	林 若樹 …… 25900, 25901, 25920	原 平三 ……………………… 15860
	林田 明大 ………………………	バラ, マーガレット ………… 07650
	03326, 10440, 13698, 13699	

著者名	番号
原 麻紀夫	01955
原 雅子	23502, 24122
原 道生	21237, 21243, 21325, 21390, 21426, 21715, 22647, 23219, 23366
原 三正	08630
原 弥三郎胤昭	06590
原 康史	05647〜05649, 05953, 05954, 15634, 27660
原 遙平	02126
原岡 秀人	27059, 27130
原口 泉	02546, 05236, 33788
原口 清	01693, 01749, 04831, 07512
原口 虎雄	03495, 05242
原口清著作集編集委員会	01693, 01749
原信田 実	19705
原尻 正治	09353
原園 光憲	14725, 15076
原 和彦	08903
原田 勘平	24317, 27514
原田 久美子	09330
原田 興一郎	29759
原田 茂安	33032, 33033
原田 蕉葉	25157
原田 孝	00230
原田 種純	28873, 33568
原田 敏丸	09423, 11084
原田 伴彦	00043, 00256, 00512, 03478, 09673, 09903, 09904, 10636, 10801, 10821, 10870, 10976〜10990, 11208, 11209, 11217〜11226, 11517, 11518, 17160, 17227〜17229, 20132, 20292, 21845, 31629, 31736, 31857
原田 信男	07605, 12266, 12274, 12275, 12294, 12334
原田 禹雄	00392, 00393, 00395, 00396, 00406, 00425, 33916
原田 春乃	22444, 22445
原田 久	33038
原田 弘	05624
原田 博二	06569
原田 裕司	15534
原田 平作	17716
原田 政美	08893
原田 実	27709
原田 好雄	09313, 20413, 31319, 31320
原谷 一郎	30588, 30589
服藤 弘司	02617, 02639, 06111, 06255, 06256, 06283〜06289, 06383, 06402, 06424, 06523, 06624, 06762, 06763, 11026
原町市教育委員会文化財課	28516, 28517
原町市教育委員会文化財課市史編纂室	28515
原町市古文書研究会	28568〜28575
原町市文化財専門委員会	28562〜28567
針ケ谷 鐘吉	18612, 18613
針谷 武志	03617, 04227〜04273
ハリス, タウンセント	08056
播摩 晃一	11620
播磨古文書研究会	32026, 32027
春名 徹	07010, 07011, 07023
春野町史編さん委員会	31236
春原 源太郎	06507, 06753, 06754
ばれんの会	18844
パワース, ジョン・Z.	16509
伴 五十嗣郎	14037, 15262
伴 源平	16036
伴 蒿蹊	11558, 11560〜11569, 17117
伴 成高	01380
伴 忠康	16905, 16907
伴 時彦	24155
伴 信友	14376〜14382, 14389
伴 三千雄	29558
半谷 二郎	10543
阪急学園池田文庫	18913〜18916, 26782, 30833
半沢 正時	30115
晩山得 富太郎	05451, 05452, 05454, 05455
藩史研究会	02695
藩政改革に学ぶ会	03522
藩政史研究会	06407
藩祖伊達政宗公顕彰会	28040
半田 市太郎	08672, 09480
半田 喜久美	12286
半田 公平	22580
半田 隆夫	33082, 33083, 33151, 33551〜33558, 33596, 33602, 33606, 33607, 33626〜33635
半田 良平	24131, 25378〜25380, 25382
磐梯町史編纂委員会	28576〜28579
半田市誌編さん委員会	31427
番町老耆	04577
半藤 一利	04744, 04912, 07515, 25910, 26331
板東 俊一	13149
坂東 健雄	23523
阪東 宣雄	04503
坂野 忍	18560
坂野 潤治	04734
飯能市史編集委員会	29240
伴林 光平	01100, 05998
藩法研究会	02223, 06098, 06297, 06307, 06409〜06421, 06623
藩法史料叢書刊行会	06423〜06427
ハンレー, スーザン・B.	10625, 11987
晩鈴	25756

【ひ】

著者名	番号
費 錫章	33944, 33945
尾雨亭 果然	25801
PHP研究所	00513, 00694, 03849, 11475, 11524, 14731
BSN新潟美術館	24375
稗田 雪崖	15184
日置 英剛	00591
日置 昌一	07394
比嘉 春潮	06688
比嘉 朝進	33878
比嘉 実	33896
桧垣 元吉	32982
東 明雅	22997, 25279, 25348
東 敬治	13550
東 幸治	05231
東 昇	32314
東 より子	14267
東浦 佳子	25126, 25127
東浦町教育委員会	31469
東大路 鐸	18366, 18367, 19242, 19471, 19550, 19552, 19815, 19816, 19910, 20000
東恩納 寛惇	06404, 33862
東久世 通禧	03731
東庄郷土史研究会	29460, 29461
東田 清三郎	04506
東日本部落解放研究所	10957, 10958
東根 武一	32006
東馬場 郁生	15533
東播磨の歴史を考える実行委員会	31972
東広島市教育委員会	09733, 32402
東松山市教育委員会事務局市史編さん課	29241
東村山市史編さん委員会	29877, 29878
東山 欣之助	09694, 09907, 32187
日向野 徳久	12731, 12732
氷上町教育委員会	09722
光市同和教育資料等調査専門委員会事務局	10946

著者	番号
比企 蝉人	26563, 26576
疋田 啓佑	13932
樋口 功	25062, 25087, 25095, 25528, 25538, 25544, 25547
樋口 和雄	30894
樋口 兼次	16329
樋口 清之	00003, 01945, 10826, 10834, 11450～11454, 12412, 17132, 29688
樋口 三郎	05988
樋口 真吉	04172
樋口 雄彦	04805
樋口 忠彦	12773
樋口 銅牛	24601
樋口 豊治	29557
樋口 二葉	18556
樋口 秀雄	01365, 06686, 06687
樋口 弘	18721, 18762, 18789, 18790
樋口 正意	02451
樋口 昌徳	06006, 06007
樋口 政則	00090, 00840, 00841, 11162, 11163
樋口 裕一	08196
樋口 良助	21783
樋口 慶千代	21323
樋口 麗陽	03139
引田町歴史民俗資料館	10054
肥後 和男	14599, 14600, 17167
肥後金石研究会	11580
彦坂 佳宣	22226
彦根市史近世史部会	31670
彦根市史編集委員会	31664
彦根史談会	31704, 31705
彦根城博物館	00365, 00367, 04383, 12205, 13807, 17240, 17406, 17840, 17924, 18219, 20563, 31637, 31675～31683, 31685, 31707
彦根藩文書調査団	31706
彦部氏歴史研究会	20776
久染 健夫	11663, 11719
久田 宗也	20194, 21956
久恒 秀治	20973
久富 哲雄	25065, 25100, 25101, 25119～25123, 25752, 25782, 25871, 27097, 27116～27118, 27151, 27153, 27154, 27176, 27200
久松 潜一	14096, 14120, 14186, 14187, 14193, 14195, 14231, 22635, 22636, 22646, 23976, 24088, 24168, 25498
久村 暁台	26215
鼻山人	23330
土方 晋	08358, 09039
土方 久徴	06984
土方 愛	05882
菱川 師宣	19167～19170, 19328～19331, 19534, 22926
菱川師宣記念館	19311, 19333
菱田 権太夫	03117
菱谷 武平	33302
日出町教育委員会	13476
日出町文化財保護委員会	13476
ひしや古文書研究会	09848, 24743, 31067
美術研究所談話会	17669, 17670
ビスカイノ	07618
「秘蔵浮世絵大観」編集部	18809
飛田 良文	22155, 22212, 22550, 23397～23400
日高 次吉	33711
日高 昭二	21542
日高 為善	08106
日高 輝忠	28264
日高 徳太郎	33711
日高 一	32298
日高 節	03632, 05362
日高市教育委員会	29242
日高市史編集委員会	29242
日高町史編さん委員会	29326
日田郡教育会	14001
飛騨考古土俗学会	04941
常陸太田市史編さん委員会	05008, 28802, 28803
常陸大宮市歴史民俗資料館	28717
常陸郷土資料館	04989, 04990
飛騨古川金森史編さん委員会	31075, 31076
左 光挙	17532, 17534～17536
ヒックマン,マニー・L	17797, 18109, 18529, 18530
秀島 成忠	33184～33187
秀島 実	33759
秀村 選三	05240, 33008～33010, 33088, 33113, 33115, 33116, 33242～33244, 33786, 33787, 33851～33860
尾藤 一泉	26568
尾藤 三柳	25923, 26568
尾藤 静風	25702
尾藤 二洲	13167
尾藤 正英	00506, 00507, 00644, 02994, 13072, 13292, 14944
尾藤正英先生還暦記念会	00643, 00644
ビートたけし	03898
一橋大学札差事略刊行会	08500
人見 彰彦	32310
比内町史編纂室	09498
日夏 耿之介	18240
日野 厳	16284, 16285
日野 照正	09977
日野 清三郎	08001, 08175
日野 龍夫	01673, 13146, 13171, 13172, 13920, 13994, 14269, 17096, 22326, 22382, 22481, 22792～22794, 23514, 27349, 27350, 27352, 27355, 27440, 27470, 27533
ひの・まさし	24855
日野市教育委員会	05857
日下 英之	00204
日野市ふるさと博物館	05652, 05811
日野商人山中兵右衛門家文書研究会	10354
日野市立新選組のふるさと歴史館	05771
桧谷 昭彦	11534, 22712, 22995, 23028, 23236, 23237
檜谷 昭彦	06519, 23151
日野の古文書を読む会研究部会	26977
日野林 清美	24770, 32857
樋畑 翁輔	07408
樋畑 雪湖	07408, 09639, 09691
日歯 貞夫	20650
日比野 士朗	25147
日比野 秀男	18384
日比谷図書館	12675
ヒベット,ハワード・S.	22342
飛見 丈繁	30473
氷見市史編さん委員会	30490
氷見市立博物館	30484, 30505～30522, 30645, 30646
非免故魯史	24464
姫路市史編集専門委員会	31991, 31992, 32007～32009
姫路独協大学播磨学研究会	31963
姫路文学館	17457, 24976, 25863, 31964
姫野 順一	32967
「百印百詩を読む」編集委員会	27473
百尺楼 桂雄	24442
百姓一揆研究会	09133, 09134
比屋根 安定	15599, 15600
比山 定枝	06755
比山 芳昭	06755, 31588
檜山 良昭	04832, 11532
日向 進	21037

ビューケルス, ハルメン ‥‥‥‥‥‥‥‥‥ 07135	平岡 定海 ‥‥‥‥‥ 15241, 15307	平野 繁生 ‥‥‥‥‥‥‥‥‥ 13440
ヒュースケン ‥‥‥‥‥‥‥‥‥ 08068	平岡 雅英 ‥‥‥ 07914, 07975, 07992	平野 重久 ‥‥‥‥‥‥‥‥‥ 29459
兵庫県教育委員会 ‥‥‥‥‥ 20889	平岡 緑 ‥‥‥‥‥‥‥‥‥ 08167	平野 岑一 ‥‥‥‥‥‥‥‥‥ 05428
兵庫県教育委員会埋蔵文化財調査事務所 ‥‥‥‥ 20864	平岡 嘉泰 ‥‥‥‥‥‥‥‥‥ 32646	平野 仁啓 ‥‥‥‥‥‥‥‥‥ 14172
兵庫県教育会 ‥‥‥‥‥‥‥ 16752	平賀 源内 ‥‥‥‥‥‥‥‥‥ 08905	平野 哲也 ‥‥‥‥‥ 08909, 11057
兵庫県史編集専門委員会 ‥‥‥‥‥‥‥‥‥ 31993, 31994, 32010, 32043〜32046	平鹿 次郎 ‥‥‥‥‥‥‥‥‥ 33327	平野 敏三 20363, 20366, 20367, 20382
	平賀 元義 ‥‥‥‥‥ 24037, 24204	平野 英夫 ‥‥‥‥‥‥‥‥‥ 20624
兵庫県立赤穂中学校義士研究部 ‥‥‥‥‥‥‥ 03125	平賀 礼子 ‥‥‥‥‥‥‥‥‥ 26797	平野 日出雄 ‥‥‥‥‥‥‥ 23372, 23373, 23392, 23394, 23395
兵庫県立歴史博物館 ‥‥‥‥‥ 03070, 03280, 06025, 17558, 17718, 17814, 17879, 17880, 18055, 19042, 20631, 20863, 21159, 32025, 32056	枚方市史編さん室 ‥‥‥‥‥ 10428	
	平賀元義歌と書刊行会 ‥‥‥ 24204	平野 雅章 ‥‥‥ 12251, 12255, 12279
	平川 新 ‥‥‥‥‥ 08024, 08025, 09167, 09659, 12725, 27575	平野 勝 ‥‥‥‥‥‥‥‥‥ 05841
		平野 実 ‥‥‥‥‥‥‥‥‥ 09041
	平木 清光 ‥‥‥ 17503, 20164, 20331	平野 弥十郎 ‥‥‥‥‥‥‥‥ 03899
	平木浮世絵財団 ‥‥‥ 12568, 18624, 18852, 18938, 18997, 19000	平林 治徳 ‥‥‥‥‥‥‥‥‥ 24795
兵庫史学会 ‥‥‥‥ 09315, 09321		平林 鳳二 ‥‥‥‥‥‥‥‥‥ 24544
兵藤 三平 ‥‥‥‥‥‥‥‥‥ 15178	平木浮世絵財団平木浮世絵美術館 ‥‥ 18881, 19309, 19310	平福 百穂 ‥‥‥‥‥‥‥‥‥ 19039
兵頭 二十八 ‥‥‥‥ 14708, 21902		平部 嶠南 ‥‥‥‥‥‥‥‥‥ 33729
日吉町郷土資料館 ‥‥‥‥‥ 31760	平木浮世絵財団・リッカー美術館 ‥‥‥‥‥ 18896, 18935	平松 弘之 ‥‥‥‥‥ 24857, 26078
平井 勝彦 ‥‥‥‥‥‥‥‥‥ 21950		平松 義郎 ‥‥‥‥‥‥‥‥‥ 06657
平井 希昌 ‥‥‥‥‥‥‥‥‥ 06872	平木浮世絵美術館 ‥‥‥ 18885, 18947	平松義郎博士追悼論文集編集委員会 ‥‥‥‥‥‥‥ 06681
平井 聖 ‥‥‥‥‥‥ 01790, 11938, 12035, 12792, 20691〜20700, 20767, 20817, 20822, 21094	平久保 章 ‥‥‥‥‥‥‥‥‥ 15438	
	平坂 謙二 ‥‥‥‥‥ 13270〜13272, 13314, 16716, 16740, 16788	平柳 翠 ‥‥‥‥‥ 05014, 16126
	平沢 清人 ‥‥‥‥‥ 09297, 09304, 11074, 11133, 11134, 30837, 30866, 30886	平山 憲治 ‥‥‥‥‥‥‥‥‥ 20673
平井 清隆 ‥‥‥‥‥‥‥‥‥ 10974		平山 行三 ‥‥‥‥‥ 06298, 06351
平井 鈴雄 ‥‥‥‥‥‥‥‥‥ 32090		平山 省斎 ‥‥‥‥‥‥‥‥‥ 01929
平井 誠二 ‥‥‥ 01563, 01564, 01569	平沢 元愷 ‥‥‥‥‥‥‥‥‥ 08017	平山 高書 ‥‥‥‥‥ 11657, 31254
平井 正 ‥‥‥‥‥‥‥‥‥ 01044	平沢 通有 ‥‥‥‥‥‥‥‥‥ 28242	平山 健 ‥‥‥‥‥‥‥‥‥ 26818
平井 辰雄 ‥‥‥‥‥‥‥ 00199, 00223, 13220〜13224, 29152	平田 篤胤 ‥‥‥‥‥ 14400〜14417, 14420, 15696	平山 貞 ‥‥‥‥‥‥‥‥‥ 08426
	平田 公 ‥‥‥‥‥‥‥‥‥ 10490	平山 敏治郎 ‥‥‥‥‥‥‥ 32080
平井 照敏 ‥‥‥‥‥ 27106, 27140	平田 嗣全 ‥‥‥‥‥‥‥‥‥ 33970	平山 坦 ‥‥‥‥‥‥‥‥‥ 02692
平井 行男 ‥‥‥‥‥‥‥‥‥ 08863	平田 禿木 ‥‥‥‥‥ 07609, 18733	平山諦博士長寿記念文集刊行会 ‥‥‥‥‥‥‥ 16355
平井 類蔵 ‥‥‥‥‥‥‥‥‥ 01158	平田 正範 ‥‥‥‥‥‥‥‥‥ 15504	
平石 直昭 ‥‥‥‥‥‥ 13121, 13122, 13345, 13906	平田 盛胤 ‥‥‥‥‥‥‥‥‥ 14439	平良市史編さん委員会 ‥‥‥ 33931
	平田篤胤全集刊行会 ‥‥‥ 14400〜14414	ヒリア, ジャック ‥‥‥‥‥‥‥ 18494
平泉 洸 ‥‥‥‥‥‥‥‥‥ 00565	平高 史也 ‥‥‥‥‥‥‥‥‥ 22249	肥留川 嘉子 ‥‥‥‥‥ 21231, 21232
平泉 澄 ‥‥‥‥‥ 00535, 01753, 01911〜01913, 02017, 02338, 02563, 02957, 02959, 03443, 03465, 03548, 03675〜03678, 04392, 04410, 04411, 04422, 04436, 04848〜04850, 06031, 06032, 06909, 07358, 07479, 07480, 08082, 13007, 14838, 14839, 16721, 25263, 25264	平田学会 ‥‥‥‥‥‥‥‥‥ 14433	ヒルズボロウ, ロミュラス ‥‥‥‥‥‥‥‥‥ 05688
	平塚市 ‥‥‥‥‥‥ 30172〜30174	
	平塚市市史編さん課 ‥‥‥‥ 30100	昼田 源四郎 ‥‥‥‥‥‥‥‥ 16589
	平塚市美術館 18150, 18610, 19291, 19752	ヒルドレス, R. ‥‥‥‥ 00140, 00141
		比留間 尚 ‥‥‥‥‥‥‥‥‥ 15283
	平戸 大 ‥‥‥‥‥‥‥‥‥ 07437	肥留間 博 ‥‥‥‥‥‥‥‥‥ 08915
平出 鏗二郎 ‥‥‥‥ 12151, 14877	平戸市史編さん委員会 ‥‥ 33276, 33341	ひろ さちや ‥‥‥‥‥‥‥‥ 00278
平岩 弓枝 ‥‥‥‥‥‥‥‥‥ 23572	平戸文化財研究所 ‥‥‥‥‥ 33340	広井 政昭 ‥‥‥‥‥‥‥‥‥ 12608
平尾 孤城 ‥‥‥‥‥ 03038, 03321, 03322, 13839, 13855, 13864, 13873	平沼 淑郎 ‥‥‥‥‥‥‥‥‥ 11184	広井 道顕 ‥‥‥‥‥‥‥‥‥ 12608
	平野 明夫 ‥‥‥‥‥ 00730, 01815	広川 真弘 ‥‥‥‥‥‥‥‥‥ 14064
平尾 信子 ‥‥‥‥‥‥‥‥‥ 07381	平野 勝重 ‥‥‥‥‥‥‥‥‥ 30844	広坂 朋信 ‥‥‥‥‥‥‥‥‥ 15711
平尾 道雄 ‥‥‥‥‥‥‥ 04553, 04754, 05056〜05058, 05079, 05111, 05112, 05137〜05140, 05199, 05212, 05218, 05226, 05227, 05611〜05614, 05726, 05744, 05745, 05842, 05843, 06008, 08376, 08377, 08397, 08730, 09433, 09478, 13388, 16504, 27482, 32924, 32935, 32936, 32938, 32956	平野 恵 ‥‥‥‥‥‥‥‥‥ 08798	弘前市史編纂委員会 ‥‥ 27729, 27730
	平野 謙一 ‥‥‥‥‥‥‥‥‥ 12998	弘前市立博物館 ‥‥‥‥‥ 17464
	平野 小右衛門 ‥‥‥‥‥‥‥ 04741	広沢 知晴 ‥‥‥‥‥‥‥‥‥ 23298
	平野 五岳 ‥‥‥‥‥ 18147, 18173	広重美術館 ‥‥‥‥‥‥‥‥ 19687
	平野 吾心 ‥‥‥‥‥‥‥‥‥ 15445	
	平野 茶山 ‥‥‥‥‥‥‥‥‥ 25347	

| 広島県 …… 32427, 32428, 32433, 32434, 32436
| 広島県立美術館 …… 17703
| 広島県立三次高等学校史学部 …… 15704
| 広島県立文書館 …… 09937, 32417, 32447
| 広島県立歴史博物館 …… 07142, 09911, 13462, 13465, 13468, 16854, 27550, 32398
| 広島県立歴史民俗資料館 …… 00158
| 広島高等師範学校地歴学会 …… 12824, 16089
| 広島市教育委員会社会教育部管理課 …… 20709
| 広島市文化財団広島城 …… 32450
| 広島市歴史科学教育事業団広島城 …… 12214, 12738, 32418, 32419, 32448
| 広島大学図書館研究開発室 …… 32442
| 広島文教女子大学国文学科 …… 21167
| 広末 保 …… 20015, 20017, 20019, 21306, 21307, 21334, 21335, 21401, 21402, 21700, 21702, 21703, 22537, 22541, 22597, 22654, 22655, 22657～22659, 23110, 23176, 23180, 24851, 24868, 24993, 25013, 25458, 27017
| 広瀬 旭荘 …… 13994
| 広瀬 瑛 …… 29154
| 広瀬 台山 …… 13298
| 広瀬 隆 …… 03961, 04750
| 広瀬 辰五郎 …… 12125, 18679
| 広瀬 淡窓 …… 13994, 13999～14001, 14015～14018
| 広瀬 朝光 …… 22778, 23725
| 広瀬 泣麻呂 …… 24564
| 広瀬 紀子 …… 00708, 30896, 30897
| 広瀬 誠 …… 11656, 23421, 30460, 30469
| 広瀬 正雄 …… 14012, 14014
| 広瀬 茂竹 …… 26912
| 広瀬 保博 …… 22090
| 広瀬 豊 …… 13822, 13852, 13853, 13857, 13877, 15063, 15073, 15102, 15151, 15197, 15198
| 広瀬 順晧 …… 00062
| 広瀬 龍一 …… 27336
| 広瀬旭荘全集編集委員会 …… 13968
| 広瀬八賢顕彰会 …… 13996
| 広田 才太 …… 00078
| 広田 二郎 …… 25004, 25228, 25239, 25270, 25838

| ひろた まさき …… 11765
| 広谷 喜十郎 …… 05124
| 広常 人世 …… 13047, 13048
| 弘中 孝 …… 25639
| 広橋 兼胤 …… 01484～01488
| 広幡 大典 …… 26003
| 広部 俊也 …… 11370, 23343
| 弘松 宣枝 …… 05087
| 広本 満 …… 08754
| 広屋 …… 10214
| 広山 堯道 …… 09490, 31968
| 広吉 寿彦 …… 32065, 32075
| 広渡 正利 …… 24064, 33114
| 滋賀県立琵琶湖文化館 …… 12184
| 樋渡 海門 …… 14854
| 樋渡 登 …… 22173

【ふ】

| ファイッラ, ドナテッラ …… 18695
| ファインベルク, E. …… 08028
| ファン・デル・シェイス, J.A. …… 07888
| ファン・ハーレン …… 15602
| フィスター, パトリシア …… 17632, 19167～19171, 22854
| フィッシャー, ヤコブ …… 24251
| フィッセル …… 07608
| 風国 …… 24983, 25400
| 風俗絵巻図書刊行会 …… 20607
| 風俗研究会 …… 12172
| 風俗資料研究会 …… 22855
| 楓葉軒 樹久 …… 24005
| 笛岡 清泉 …… 02935
| 笛木 悌治 …… 13772, 15080
| 笛吹 明生 …… 17172
| フォス 美弥子 …… 07579, 07880, 07927
| フォーチュン, ロバート …… 07570, 07644
| フォード, フランシス …… 26349
| フォルカード …… 08192
| フォルクマン, エルンスト-クリスティアン …… 07629
| 深井 一郎 …… 01370
| 深井 寛八 …… 28953
| 深井 景員 …… 28964
| 深井 甚三 …… 09657, 09680, 09692, 09938, 11202, 30496, 30497
| 深井 雅海 …… 00645, 00834, 00837, 00838, 01596, 02229, 02371～02423, 03441, 06580, 11963～11970, 20816

| 深潟 久 …… 33299, 33315
| 深川 純 …… 25658
| 深川 晨堂 …… 16464, 33275
| 深川 正 …… 20209, 20216, 20232, 20253
| 深川区史編纂会 …… 29657
| 深草元政上人 …… 26986
| 深作 安文 …… 14603, 14628
| 深沢 秋男 …… 01416～01428, 02465, 04042～04044, 22861, 22864～22871, 22873～22883
| 深沢 賢治 …… 13649, 13722
| 深沢 真二 …… 24026～24028, 25459, 25529
| 深沢 了子 …… 24749
| 深沢 昌夫 …… 21295
| 深沢 渉 …… 11044
| 深田 久弥 …… 20348
| 深田 忠慶 …… 06311, 06312
| 深田 正韶 …… 00948
| 深野 治 …… 20220
| 深笛 義也 …… 12052
| 深町 浩一郎 …… 14009
| 深海 信彦 …… 20633
| 深谷 克己 …… 00489, 00559, 00614, 00617, 00618, 01696, 02215, 03502, 08696, 08737, 09143, 09148, 09164, 09165, 09296, 10500, 10609, 10610, 13024, 31560
| 深谷ゼミ …… 09188, 09264, 30792
| 布川 清司 …… 09294, 13006, 13015, 14700, 14701, 14884, 16691, 28458
| 福井 栄一 …… 25682
| 福井 久蔵 …… 17131, 23963, 24098, 24099
| 福井 健二 …… 31549, 31618
| 福井 周道 …… 16934
| 福井 保 …… 01498, 17336
| 福井 敏隆 …… 08893
| 福井 正明 …… 22080, 22084
| 福井県 …… 00353, 30714, 30715
| 福井県文書館 …… 30747, 30748
| 福井県立図書館 …… 30769
| 福井県立博物館 …… 18839
| 福井市 …… 30736～30739
| 福井市橘曙覧記念文学館 …… 24190
| 福井市市民生活部生活文化課 …… 24197
| 福井市立郷土歴史博物館 …… 00356, 03794, 04782～04784, 05159, 17959, 19903, 30697, 30720, 30751, 30755
| 福泉 重之 …… 31609

福江 治郎作 …… 04501	福島県歴史資料館 …… 28461	福永 英男 …… 03403
福江 充 …… 15689	福島古泉会 …… 08592	復本 一郎
福岡 玉僊 …… 12173	福島市史編纂委員会	24503, 24676, 24922, 24928,
福岡 博 …… 33182, 33183	28520, 28521, 28584〜28586,	24950, 25079, 25145, 25327,
福岡県教育委員会 …… 20882	28595〜28599	25376, 25412, 25526, 25581,
福岡県文化会館 …… 33143	福島市史編纂準備委員	25803, 25882, 25884, 25975
福岡県立図書館 …… 10004	会 …… 28587〜28594	福本 和夫
福岡県立図書館郷土課 …… 08853	福島大学経済学会 …… 08841	17168〜17170, 19447, 19449
福岡県立美術館 …… 17274,	福島美術館 …… 17704	福本 義亮 …… 16916
17643, 17760, 17858, 20101	福住 正兄 …… 14894	福本 椿水 …… 15077
福岡皇華会 …… 24107, 32512	福泉舎 友甫 …… 26265	福本 日南 …… 02854, 03123,
福岡古文書を読む会 …… 33097〜33099,	福田 明正 …… 32190	03148, 03151〜03154, 03354
33105〜33112	福田 アジオ …… 11082, 15705	福本 幸夫 …… 32531
福岡市博物館 …… 00944	福田 和彦 …… 12416, 18496,	福本 龍 …… 05922
福岡市美術館 …… 17493,	18519, 18589, 18593, 18628,	福本 良二 …… 24667, 25430
17748, 17773, 17775, 17819,	18642, 18665, 18700, 18755,	福森 久助 …… 21609
17920, 19445, 19850, 20114	18792, 18793, 18819, 18820,	福山 昭 …… 08647, 08937, 31841
福岡市民図書館 …… 33075	18822, 18966, 18981, 18990,	福山 天蔭 …… 16063, 27335, 27529
福岡市立歴史資料館 …… 14035	19030, 19031, 19036, 19054,	ふくやま芸術文化振興
ふくおか人物誌編集委	19059, 19066, 19073〜	財団福山城博物館 …… 13028
員会 …… 05558	19075, 19091〜19107, 19109,	福山市かんなべ文化振
福岡大学研究所 …… 09496	19112〜19117, 19121, 19126,	興会菅茶山記念館 …… 13461, 27545
福岡地方史研究会	19133〜19135, 19140, 19153,	福山市教育委員会 …… 20143
33043, 33044, 33142	19162, 19186, 19187, 19191,	福山市史編纂会 …… 32438
福岡地方史研究会古文	19272, 19277, 19278, 19407,	福山市鞆の浦歴史民俗
書を読む会 …… 07803〜07815	19425, 19440, 19803, 19859,	資料館 …… 03767, 10080, 33895
福岡地方史談話会 …… 33101	19879, 19945, 19976, 22852	福山市鞆の浦歴史民俗
福岡ユネスコ協会	福田 和久 …… 09227	資料館友の会 …… 07771, 32413
18179, 32979, 32980	福田 景門 …… 14057, 14153, 23872	福山城博物館友の会
福尾教授退官記念事業	福田 耕二郎 …… 14638	00077〜00080, 00878, 32446
会 …… 08221	福田 武之 …… 22426	福山市立福山城博物館 …… 04803, 07351
福沢 昭 …… 08916, 29523	福田 忠昭 …… 33321	ふくやま美術館 …… 21972
福島 甲子三 …… 30254	福田 千鶴 …… 02764,	福良 竹亭 …… 05294, 05296
福島 義一 …… 15752, 16221, 16441	02773, 02774, 02782, 11884	福家 惣衛 …… 09347, 13453, 13454
福島 邦道 …… 15566, 22222, 22223	福田 常雄 …… 13628, 13662	富士 昭雄 …… 17239, 22926,
福島 四郎 …… 03216, 03217, 31928	福田 徹 …… 08854	23168〜23173, 23205, 23216,
福島 たか子 …… 21947	福田 浩	23221, 23238, 23244, 23246,
福島 久幸 …… 15743, 16372	12280, 12284, 12287, 12330	23250, 23257, 23260, 23263
福島 溥 …… 03969	福田 真久 …… 25177, 25282,	藤 寿々夢 …… 24548, 24549
福島 雅蔵 …… 02279, 31632	25286, 25293, 25294, 25495	藤 直幹 …… 10563, 10569, 14747
福島 理子 …… 27536	福田 正秀 …… 21849, 21861, 21862	藤 真沙夫 …… 33045, 33046
福島県 …… 28636〜28643,	福田 光子 …… 10789, 10791, 10792	富士 正晴 …… 22912, 27084
28666〜28668	福田 安典 …… 23434	藤 三男 …… 22091
福島県会津高田町誌編	福田 理軒 …… 16088	藤井 明 …… 13806, 13943
さん委員会 …… 28663, 28664	福田町史編さん委員会	藤井 乙男 …… 18345, 21394, 22353,
福島県白河市 …… 28511	31237〜31239	22357, 22364, 22374, 22378,
福島県史料集成編纂委	福地 桜痴 …… 01054, 03002,	22552, 22661〜22663, 22757,
員会 …… 28644〜28647	04829, 04830, 06047, 21593	22937, 24175, 24672, 25174,
福島県文化研究会 …… 28492	福地 桂之助 …… 26279, 26290	25595, 25596, 26803〜26807
福島県文化振興事業団	福地 源一郎 …… 03663, 03664, 04061,	藤井 一二 …… 00567, 17123
福島県歴史資料館 …… 28672〜28674	04062, 04152, 04153, 04156,	藤井 健三 …… 12696, 19009
福島県文化センター …… 20057, 28461	04710, 06048, 06049, 21588	藤井 貞文 …… 02100,
福島県立博物館 …… 01843,	福地 重孝 …… 01754	04835, 05012, 14067, 15515
06219, 07147, 09640, 12621,	福知山市史編さん委員	藤井 定義 …… 08313, 08354, 16891
13241, 17458, 17686, 18152,	会 …… 31764, 31765	藤井 滋生 …… 14372
18332, 18414, 20059, 28482	福富 太郎 …… 19590	藤井 重寿 …… 33794
	福留 照尚 …… 09753	藤井 葆光 …… 04542
	福留 真紀 …… 01850, 02350	

藤井 駿 …… 32349, 32350	富士川 英郎 …… 27346, 27347, 27389〜27392, 27412, 27418, 27527, 27542, 27543, 27546	藤田 省三 …… 22653, 22656
藤井 讓治 ‥ 01172〜01197, 01714〜01716, 01718〜01748, 01981, 02179, 02244, 02296, 02812, 02836, 06589, 31651		藤田 晋一 …… 15725
	藤川 正数 …… 13196, 13197, 27430	藤田 真一 …… 26112, 26113, 26143, 26178, 26182, 26201, 26981
	藤川 昌樹 …… 20740	
藤井 甚太郎 …… 00652, 01692, 04279, 04356, 28353	藤木 三郎 …… 25881	藤田 新太郎 …… 02233
	藤木 真 …… 04852	藤田 彰 …… 14649, 14650, 14654, 27454, 27455
藤井 晋流 …… 25848	藤崎 生雲 …… 27330	
藤井 宗哲 …… 12247	藤崎 仲夫 …… 30455, 30461, 30647	藤田 忠 …… 07195, 07424
藤井 隆 …… 31530〜31537	藤実 久美子 …… 01596, 02371〜02423, 17273, 17303	藤田 達生 …… 00026, 00253
藤井 隆至 …… 08350		藤田 貞一郎 …… 08245, 08317
藤井 猛 …… 13258, 13459, 13460	藤沢 茜 …… 18905	藤田 東湖 …… 04173, 04554, 14653
藤井 竹蔵 …… 03661	藤沢 晋 …… 09662	藤田 徳太郎 …… 04524, 14113, 14349, 14462, 14474, 24053, 24179, 26816
藤井 哲博 …… 07900	藤沢 毅 …… 23423, 23424	
藤井 信男 …… 14618	藤沢 東垓 …… 13804	
藤井 晴子 …… 25501	藤沢 令夫 …… 17762	藤田 洋 …… 03104, 03253
藤井 満喜太 …… 01921	藤沢 秀晴 …… 32241	藤田 公道 …… 02117, 04536, 15622
藤井 正伸 …… 08633	藤沢 秀行 …… 22096	藤田 大誠 …… 14084
藤井 正宣 …… 24300, 24301	藤沢 紫 …… 19536	藤田 元春 …… 16166
藤井 学 …… 15294	藤沢 衛彦 …… 04449, 04804, 06679, 10796, 26644	藤田 雄二 …… 07681
藤井 康生 …… 16308		藤田 豊 …… 15837
藤井 康男 …… 10361	藤沢古文書研究協議会 …… 30211	藤田 吉勝 …… 16322
藤井 康夫 …… 23098	藤沢市教育委員会 …… 30061〜30063	藤田 叔民 …… 09428
藤井 行磨 …… 08892	藤沢市文書館 …… 06606, 30164, 30176〜30184, 30196, 30212	藤田 良実 …… 26452
藤井 嘉雄 …… 06433, 06621, 06656		藤田 理兵衛 …… 19325, 19326
藤井寺市史編さん委員会 …… 31872	富士山麓入会権研究所 …… 09436	藤谷 和彦 …… 32534
	富士市ディアナ号研究会 …… 08023	藤谷 俊雄 …… 06023, 15252
藤江 卓三 …… 01392, 01393		武士道学会 …… 14803, 14804, 14815, 14830
藤江 卓蔵 …… 23879	藤島 亥治郎 …… 09840, 11244〜11246, 20977	
藤江 峰夫 …… 22980, 23608		藤波 隆之 …… 21535
藤枝 秀峰 …… 19820	藤島 昌平 …… 25274	藤縄 慶昭 …… 25795, 25824
藤枝市郷土博物館 …… 18124, 18156, 18222, 31149, 31156	藤島 暢 …… 24357	藤野 斎 …… 04129
	藤島 長敏 …… 06984	富士野 鞍馬 …… 26503, 26697
藤枝市史編さん委員会 …… 31241	藤島 秀隆 …… 10244	藤野 順 …… 07994, 07995
藤枝市史編さん専門委員会 …… 08822	藤島 益雄 …… 22414	藤野 保 …… 00464, 00642, 01949, 02178, 02194〜02197, 02200, 02230, 02250, 02287, 02306〜02316, 02351, 02352, 02357, 02361, 02599, 02627, 02650, 02683, 02693, 03482, 03483, 03489, 06812, 06813, 06945, 08395, 09354, 10590, 32968〜32978, 33193, 33196
	富士市立博物館 …… 07989	
藤生 豪 …… 05592	藤代 義雄 …… 12216	
藤岡 謙二郎 …… 16080	藤代町史編さん委員会 …… 28804	
藤岡 作太郎 …… 17608〜17612, 24609	武士生活研究会 …… 11874〜11876, 11936	
藤岡 弘 …… 21896		
藤岡 通夫 …… 20663, 20669, 20710, 20716, 20717, 20770, 20862, 20985, 21056, 21057	富士ゼロックス小林節太郎記念基金 …… 07169, 07687, 07694, 07884, 13208, 13506, 13907, 15062, 15200, 31738	
		藤野 恒三郎 …… 16443
藤岡 道子 …… 21446		藤野 富之助 …… 21824
藤岡 了一 …… 20274, 20276	藤田 彰典 …… 10190	藤野 豊 …… 10908
藤岡屋 由蔵 …… 11814〜11819, 11823	藤田 新 …… 00907, 16705, 33326	藤野 義雄 …… 21300, 21305, 21347, 21363, 21374, 21404, 21409, 21438, 21439, 21444, 21606〜21608, 21691
藤岡市史編さん委員会 …… 29014	藤田 卯三郎 …… 10041, 10042	
藤岡市史編さん室 …… 29104〜29110	藤田 敬次 …… 31928	
藤岡町史編さん委員会 …… 28924	藤田 幸平 …… 20481	藤野保先生還暦記念会 ‥ 08447, 13111
藤懸 静也 …… 18486, 18492, 18541	藤田 五郎 …… 08215, 08762, 10575	藤林 明芳 …… 20721〜20723, 20732, 20750, 20751, 31080, 31313, 31547
富士川 遊 …… 13560, 14890, 24545, 24901	藤田 定興 …… 15250, 15373	
	藤田 覚 …… 00573, 01002, 01694, 02262, 03382, 03447, 03468, 03493, 03561, 03595, 03596, 04475, 06086, 07157, 07689, 11412, 11852, 12229, 13564, 29512, 33317	藤林 宗源 …… 22039
藤川 清 …… 20381		藤巻 正富 …… 30805
藤川 徹 …… 07628		伏見 弘 …… 29508
		富士見市教育委員会 …… 29243

富士見市広報広聴課市史編さん係	29337	
藤村 欣市朗	20015, 20017, 20019	
藤村 聡	08486	
藤村 作	11435, 14283, 21286, 22328, 22369, 24024	
藤村博士功績記念会	22499	
藤本 篤	00083, 00875, 31860	
藤本 巌	12217	
藤本 義一	10305, 11665	
藤本 箕山	12508	
藤本 清二郎	10915	
藤本 泉	27190	
藤本 利治	11198	
藤本 正治	03246	
藤本 元啓	01593〜01595	
藤本文庫	19223	
藤森 花影	13329	
藤森 自空	14896	
藤森 成吉	15788, 18409	
藤森 素粟	26259	
藤森 大雅	27419〜27424	
藤森 照信	20705	
藤森 明豊斎	20686	
藤山 鋲太郎	30259	
藤山歴史資料館	18016	
富士吉田市史編さん委員会	30804, 30812〜30814	
伏脇 紀夫	30492, 30493	
藤原 相之助	04176	
藤原 県麻呂	29669	
藤原 義一	20704	
藤原 啓	20484, 20497, 20498	
藤原 成一	21701	
藤原 潤子	08024, 08025	
藤原 審爾	20137	
藤原 千恵子	09946, 11750, 12142, 12143, 12557, 12558, 12672, 18991, 18992	
藤原 次孫	16751	
藤原 遥	13053, 13074, 14152, 16187	
藤原 英城	22939, 22973	
藤原 秀憲	08961	
藤原 松三郎	16359〜16361	
藤原 マリ子	27162	
藤原 雄	20497, 20499, 20500	
布施 賢治	11911	
布施 昌一	07117, 07118	
布施 弥平治	04064, 06627〜06639, 06675	
武相史料刊行会	29293	
扶桑町教育委員会	31496	
蕪村研究会	18297, 25808, 26159	
布田 保之助	08902
二神 俊二	15135
双川 喜文	08775, 08777
二木 謙一	02300, 02603, 02852, 11253
二沢 久昭	26336
二村 文人	23785
淵上 貫之	14743
淵上 旭江	18157
渕上 清二	10333, 10350
府中市郷土の森事業団	03651
府中市郷土の森	20637, 24125, 29940
府中市郷土の森博物館	01114, 16422, 29712, 29966
府中市美術館	16404, 17664, 17678
府中市立郷土館	29937
府中文化振興財団	29712
普通教育研究会	02167
仏教石造文化財研究所	17494
仏教大学	31774
仏教大学総合研究所「宗教と政治」研究班	02601
復興局計画課	09642
福生市教育委員会	29509
福生市郷土資料室	16637, 29968
福生市史編さん委員会	29883〜29885
ブッセ,ニコライ	07598
プティ・トゥアール	07546
船井史談会	31748
舟木 伝内	12349
船越 昭生	16075
船越 喜平次	09326
舩阪 富美子	21987
舟沢 茂樹	30716, 30717
舟田 彦兵衛	24463
船戸 政一	08840
船戸 安之	03086, 03088, 03089, 04875, 04876, 15942
舟橋 明宏	06073, 08846
舟橋 武志	03439
舩橋 晴雄	06941, 08268
舟橋 秀賢	01553, 01554
府馬 清	19336
夫馬 進	00397, 00398
文倉 平次郎	08095〜08097
文館 輝子	03359
麓 和善	20703
麓 三郎	09495, 09502
武陽隠士	01027, 03552, 08223, 10533, 11752
プライス,ジョー・D.	17619, 17652
ブラウン,S.R.	22102
部落解放研究所	10927
部落問題研究所	10904, 10971, 10972, 10975
フラーシェム,ヨシコ・N.	08409
フラーシェム,ロバート・G.	08409
ブラック,J.R.	07657〜07659
ブラッシュ,クルト	17784
ブラマー,キャサリン	08040
フランク,スチュアート・M.	07052
ブラント,M.V.	07616
古井 由吉	26201
古池吟社	25170
古市 駿一	25790
古市 直之進	16792
古井戸 秀夫	21543, 21579, 21609
古江 亮仁	15372, 22908
ブルーガイド編集部	03114, 29758
古川 愛哲	29584
古川 治	13543, 13578, 13594
古川 脩	30632
古川 薫	04751, 04877, 05100, 05286, 05415, 05424, 05431, 05446〜05448, 05467, 05597, 07155, 07537, 07670, 13747, 15078, 15091, 15097, 15139, 15220, 16915
古川 克己	13995
古川 清行	00004, 07388, 09026, 11899
古川 貞雄	08888
古川 庄作	20518
古川 武雄	32501
古川 哲男	08636, 09075, 32051
古川 哲史	13011, 13058, 13059, 14006
古川 敏夫	11746
古川 久	23565, 24921
古川 北華	17851
古河 三樹	21759, 21930〜21932
古河 嘉雄	09999, 10064
古川市史編さん委員会	28072
古川市図書館	00325
ふるさと歴史シンポジウム実行委員会	12598
古島 敏雄	08264, 08265, 08440, 08711〜08715, 08731, 08732, 08850, 09045, 27561, 27566
古城 正佳	06439
古瀬 長栄	03538
古相 正美	14103
古田 悦造	08442
古田 重然	22017
古田 種子	27192

古田 紹欽	15323, 27076
古田 光	13021
古舘 明広	00005
プルチョウ, ヘルベルト	09934, 16246, 26911
ブルック, ジョン・マーサー	08109
古見 一夫	04837
古谷 多紀子	07050
古谷 知新	05322, 22716〜22719
古山 省吾	28042
フレデリック, クレイン	16452
プロム, クラウス・モンク	01887
不破 直幹	31598
不破 正人	31598
文学資源研究系「日本近世後期絵本研究—特に円山四条派河村文鳳を中心に—」共同研究	17323, 18021
文化財建造物保存技術協会	15024, 15025, 16819
文化財保護委員会	14244, 21030
文化出版局編集部	01668, 03886
文化庁歴史的建造物調査研究会	20871
文暁	24963, 25402, 25444
文京ふるさと歴史館	02936, 10384, 11959, 29641
文藝春秋	11288, 24946
文耕堂	21504, 21533, 21580
豊後国の二孝女研究会	10844
文人画研究所	17860

【へ】

ベアト, フェリックス	04002, 07581, 07645, 07669
平安隠士泥道人	08887
米山堂	22526
平洲顕彰会	13983
平成 西鶴	12423
平凡社	06950, 20117〜20121, 20166, 20176, 20273, 20285, 20337, 20448, 20548
日置 謙	05022, 08520, 24643, 28844, 30628, 30640, 30699
碧水社	09785〜09789
碧瑠璃園	04374, 13425, 13830, 15143
平秩 東作	01022
ヘスリンク, レイニアー・H.	07871

別冊ダ・ヴィンチ編集部	05895
別冊宝島編集部	03830, 03972, 10480, 14780, 21808, 21875
別所 興一	12977
別所 真紀子	10635, 24494, 25252
別役 恭子	18695
別府大学文学部史学科近世文書講読会	11167
ベラー, R.N.	15244
ペリー, マシュー・C.	07405, 07415, 07432〜07434
ヘリング, アン	17291
ベルツ, エルヴィン	14831
ヘルドリッチ	07610
辺土名 朝有	00431, 00450
逸見 仲三郎	14101
逸見 英夫	28087
逸見 道郎	07548

【ほ】

浦 起竜	14144
帆足 正	33651
帆足 図南次	13479, 13480, 13484
宝永一揆研究会	09252
ボーヴォワール, リュドヴィック・ド	07600
邦楽と舞踊出版社・舞踊文化研究所	21601
法貴 慶次郎	13411
法眼 慈応	27513
蓬左風土誌編纂委員会	31351
名古屋市蓬左文庫	22408, 22409, 31526
朴沢 直秀	15343
豊秋亭 里遊	08899
北条 重直	14590
北条 猛次郎	14535, 14536
北条 時鄰	00333
北条 秀雄	11979, 22920, 22925
北条 秀一	26264
北条 浩	00865, 08455, 09426, 30832
法制史学会	06099, 06101
法政大学大学院エコ地域デザイン研究所歴史プロジェクト・陣内研究室	29725
法政大学・東京のまち研究会	11494
法政大学図書館	30032
宝泉 薫	11867

報知新聞社	18756
防長新聞社山口支社	32564
保谷 徹	03802
鳳来町古文書教室	31503
鳳来町立鳳来寺小学校	31130
鳳林 承章	01545〜01551
外間 守善	00401
帆刈 喜久男	22422
朴 栄濬	07169, 07687
朴 賛基	07704
朴 晋カン	31738
北斎館	19403
北斎研究所	23420
北辰堂編集部	18536
ホークス, フランシス・L.	07347
墨堤隠士	10265
北図古文書を読む会	33010
墨磨主人	12157
墨友荘主人	17987, 20162
北陸中世土器研究会	00343
北陸俳文学研究室	26009
北陸放送株式会社	20683
鉾田町史編さん委員会	28805, 28806
鉾田町史編さん室	28791
保坂 智	00593, 00609, 09101, 09110, 09146, 09151, 09152, 09176〜09186
星 淳也	20774
星 正夫	30060
星 亮一	02097, 02101, 03833, 03902, 04755, 04799, 04817, 05034, 05040, 05048, 05049, 05412, 05777, 05946, 08103, 14706, 28275, 32873
星加 宗一	25582
星川 茂彦	25231, 26014
星川 清司	11384
星川 正甫	27967〜27971
星川 茂平治	26013
星子 忠義	09014
ホジソン	07619
保科 恒二	12138
保科 輝勝	02161
保科 真	33622
星野 英一	29133
星野 元貞	15398
星野 実宣	16320
星野 鈴	18036, 18067, 18097, 18333
星野 清蔵	27524
星野 麦丘人	24526, 24527
星野 麦人	25402, 25729
星山 京子	07536

穂積 永機	………………	25724
穂積 勝次郎	………………	
	08689〜08691, 31979, 32032	
細井 計	……………	08710, 09474
細井 平洲	………………	13982
細入村史編纂室	………	30523, 30526
細川 章	………………	33008,
	33009, 33188, 33189, 33242	
細川 景正	………………	21301
細川 亀市	………………	00240
細川 景一	………………	13658
細川 重賢	………………	00977, 00978
細川 英雄	………………	23800
細川 博昭	………………	16399
細川 光成	………	30213〜30215
細川 実	………………	23202
細川家編纂所	………………	33499
細川藩政史研究会	………………	33489
細窪 孝	………………	23833
細倉 蕉露	………………	01929
細田 栄之	………………	18814
細田 隆善	……	11381, 29680, 29720
細野 格城	………	02777, 28972
細野 金三	………………	17717
細野 正信	………………	00289,
	17685, 17842, 17843, 20048	
細野 要斎	………………	31495
細見美術館	………………	17939
細屋 勘左衛門	………………	24002
細谷 正充	………………	21910
ボダルト＝ベイリー,B.		
M.	……	01993, 07062, 07069
北海道開拓記念館	……………	
	27640〜27642, 27661	
北海道教育委員会	……	20930, 20932
北海道新聞社	………………	27615
北海道総務部文書課	……	27650
北海道・東北史研究会	……	27663
北海道立帯広美術館	………	
	18652, 18874, 19990	
北海道立近代美術館	……	17730, 18584
北海道立函館美術館	………	17731
北海道立文書館	……	27651〜27653
堀田 恭子	………………	12577
堀田 璋左右	………………	01928
堀田 節夫	………	28463, 28623
堀田 そう	………………	
堀田 正敦	……	00808〜00829, 16394
堀田 幸義	………………	11916
堀田 両平	………………	18759
ボードウァン,A.	………………	07579
保原町史編纂委員会	……	28600
保柳 睦美	………………	16163

洞 富雄	………………	
	07176, 07179, 07421, 07422	
ポーラ文化研究所	……	12237, 18879
堀 勇雄	………………	13311,
	13312, 13814, 13833, 13835	
堀 和久	………………	
	12276, 12277, 12360, 12427,	
	12428, 16461, 16462, 17770	
堀 金之丞	………………	10633
堀 貞高	………	01071〜01078
堀 貞儀	………	01071〜01078
堀 庄次郎	………………	10633
堀 新	………………	00617
堀 哲三郎	………………	
	32554〜32556, 32559, 32561	
堀 晃明	………	29716, 29806
堀 桃坡	………………	24352
堀 信夫	………………	24881,
	25178, 25489, 26086, 26352	
堀 麦水	………………	24643
堀 真彦	……	25285, 27251, 27252
堀 瑞穂	………………	27037
堀 章男	………	23125〜23129
堀井 三之右ヱ門	………………	31620
堀井 純二	………………	14917
堀井 順次	………………	15609
堀井 三重子	………………	01098
堀井 光次	………………	31620
堀内 信	………………	
	04063, 32081, 32163〜32180	
堀内 信水	………………	13738
堀内 静宇	………………	04572
堀内 鶴雄	………………	23553
堀内 啓男	………………	32066
堀内 文次郎	………………	14840
堀江 英一	………………	03504
堀江 知彦	………………	20922
堀江 秀雄	………………	
	03769, 04496, 04629, 18392	
堀江 文人	………………	32426
堀江 保蔵	……	08232, 08279, 08327,
	08507, 08508, 13908, 15020	
堀川 貴司	………	27333, 27344
堀川 豊弘	………………	03103,
	03105, 03131, 03156, 03158,	
	03160, 03163, 03361, 14883	
堀川 柳人	……	15770, 16841, 31359
堀切 実	……	22346, 22477, 23190,
	23934, 24668, 24980, 25242,	
	25289, 25396, 25397, 25448,	
	25449, 25886, 25958, 25961,	
	25963, 26406, 27083, 27105	
堀口 貞幸	………	11132, 30869
堀口 捨巳	………………	20979
堀越 正雄	………………	08942
堀越 保二	………………	18408

堀込 喜八郎	………	25678〜25681
堀田 成雄	………	30690〜30693
堀部 次郎	………………	02426
堀部 寿雄	………………	13905
堀部 弥兵衛金丸	………………	03209
堀米 繁男	………………	27977
堀見 矩浩	………	24056, 24057
ボーリュウ,ミシェル	………………	12198
ホール,ジョン・W.	………………	10541
ポルスブルック	………	07655, 07656
ボールハチェット,H.	………………	08176
ポロンスキー,A.S.	………………	08020
本阿弥 光悦	………………	17504,
	17506, 17511, 17961, 17962	
本位田 秀夫	………………	21893
本川根町史編さん委員		
会	………	31242, 31243
本郷 隆盛	………………	13024
本十軒 竹翠	………………	23374
本誌編集部	………………	16922
梵舜	………	01593〜01595
本庄 栄治郎	……	00571, 01027, 03552,
	03770, 03771, 07221, 08214,	
	08216, 08222〜08226, 08233,	
	08234, 08303, 08304, 08312,	
	08334, 08335, 08476, 08746,	
	08781, 10533, 10574, 10622,	
	11115, 11176, 11520, 11752	
本城 正琢	………………	01930
本庄 宗泉	………………	22039
本城 正徳	………………	08784
本城 靖	………………	23929
本荘市史編さん室	………………	28208
本庄市史編集室	……	29244, 29245
本庄村史編纂委員会	……	32011
本匠村近世文書研究会		
	………	33652〜33654
ポンス,フィリップ	………………	10878
本田 彰男	……	08955, 11625, 33414
本田 勇	………………	00327
本田 慧子	………………	01587
本田 耕一	………………	
	33569, 33578〜33583, 33594	
本多 修理	………………	04047
本多 隆成	………	09806, 09818
本多 夏彦	………	25669, 28942
本多 文雄	………………	14606
本多 和子	………	10777, 10849
本多 貢	………………	27602
本田 無外	………………	13610
本田 康雄	………	23348, 23354
本田 豊	………	10894, 10896
本田 義寿	………………	23082
本田 順英	………………	22095

本田 済 …… 13089	前島 康彦 …… 29894	真壁 俊信 …… 02907～02911
凡兆 … 25714, 25945, 25964, 25969	前島 和橘 …… 26638	真壁町史編さん委員会 28807, 28808
本渡市立歴史民俗資料館 06561, 33285	前田 愛 …… 06927, 22590, 22649, 26932	真壁町歴史民俗資料館 …… 09232, 20933, 28698
ポンペ …… 07625, 07626	前田 明永 …… 06738	牧 幸一 …… 07106
凡平 …… 09932, 10106, 12126, 12487, 12685	前田 勇 …… 22189, 22217, 23781, 23782	牧 孝治 …… 26024
本保 弘文 …… 09718	前田 一良 …… 13050, 17207	牧 達雄 …… 15349
本間 昭雄 …… 28714	前田 克巳 …… 24126～24128	牧 直視 …… 20958
本間 勝喜 …… 09047, 28134, 28144, 28249, 28257	前田 喜二郎 …… 05293	牧 秀彦 …… 21797
本間 寛治 …… 04711	前田 匡一郎 …… 31151	牧 英正 …… 06756, 06764
本間 清利 …… 06599, 06600, 09450, 09873, 09874	前田 金五郎 … 22479, 23010, 23066, 23145, 23203, 23204, 23213, 24836～24839, 24844, 24846	槙 不二夫 …… 13887
本間 修平 …… 06089, 06483	前田 香径 …… 04975, 13794	真木和泉守 …… 14937
本間 誠司 …… 26698	前田 恒治 …… 13389, 13865, 16779, 28427, 28439	牧江 靖斎 …… 24231
本間 信治 …… 12745	前田 若水 …… 26432	牧江 春夫 …… 24231
本間 又右衛門 …… 28270	前田 多三郎 …… 08964	牧田 朋子 …… 32204
本間 游清 …… 23865, 24110	前田 千佳子 …… 33508, 33509	牧野 一平 …… 24149
本間 洋一 …… 27411	前田 長英 …… 33768	槙野 修 …… 21763
本間 澪子 …… 30295	前田 勤 …… 02715	牧野 和春 …… 26423
本美 吉朗 …… 08596	前田 勉 …… 13139, 13183, 13200, 14250, 14251, 14304, 14306, 15257, 15749	牧野 謙次郎 …… 04559
	前田 訣子 …… 22059	牧野 松村 …… 27481
	前田 利治 …… 26220, 26326, 26393	牧野 善兵衛 …… 02235, 17267
【ま】	前田 利保 …… 23875	牧野 哲也 …… 31361
	前田 憲舒 …… 16328	牧野 望東 …… 25402
舞阪町立郷土資料館 …… 09707	前田 東雄 …… 23810	牧野 黙庵 …… 27481
米田 勝安 …… 14475	前田 治脩 …… 30643	牧野 隆信 …… 10071, 10081, 10083, 10084, 10086, 30601
毎田 周一 …… 12999	前田 英樹 …… 21909	牧原 成征 …… 00244, 08847
毎日コミュニケーションズ …… 07582～07585	前田 秀徳 …… 05152, 05185, 05187, 05193	牧村 治七 …… 08891
毎日新聞社 …… 17605, 17743, 18620, 19755	前田 博司 …… 07767	牧村 史陽 …… 02846
毎日新聞社「重要文化財」委員会 … 18863, 18865～18867, 18898～18900, 18945, 18946, 19518, 19519, 19557, 19633, 19659～19662, 19787, 19911	前田 博仁 …… 33707	マクドナルド …… 07622, 07623
	前田 政記 …… 05757	マクレイン,J.L. …… 31835
	前田 正治 …… 06791	正井 泰夫 … 11313, 12829, 12830, 16095, 16096, 29589, 29731
	前田 水穂 …… 04094	正井 儀之丞 … 06336, 32236, 32237
	前田 光信 …… 20597	正岡 容 …… 23812
毎日新聞社「重要文化財」委員会事務局 …… 17653	前田 淑 …… 22720, 22721, 22725, 26930, 26931	正岡 子規 …… 24617～24620, 26103, 26404, 26994
毎日新聞新潟支局 …… 24219	前田 米作 …… 09357	正木 恵美 …… 05688
毎日ムック・アミューズ …… 06452	前田 利見 …… 27776, 27777	正木 敬二 …… 30957
前 千雄 …… 32100	前田育徳会 …… 30634	正木 篤三 …… 17514～17516
前川 和彦 …… 15629	前田育徳会尊経閣文庫 …… 30643	正務 弘 …… 23946, 24215
前川 久太郎 …… 12628, 12629, 12634, 18659	前野 喜代治 …… 13753	正宗 敦夫 …… 01553, 01554, 11562, 11567, 11569, 14218, 14219, 16532, 18316, 24133, 24137, 24166, 25193, 26203, 26799, 26802
前沢 淵月 …… 13934, 13936	前橋市立図書館 …… 29036～29065	
前沢 潤 …… 09288	前林 清和 …… 21781	
前沢 隆重 …… 27867, 27967～27971	前林 孝一良 …… 02143	
前沢 政雄 …… 13935	真栄平 房昭 …… 06822, 27579	マサレラ,デレク …… 07069
前芝 憲一 …… 22862	真栄平 房敬 …… 33880	益子町史編さん委員会 …… 28925
前島 孝 …… 00729	前山 博 …… 33218	真下 喜太郎 …… 25806
前島 春三 …… 21352	真壁 仁 …… 16773	間島 勲 …… 05044, 05045
前嶋 雅光 …… 06014		間城 竜男 …… 11629
		増井 金典 …… 25829
		益井 邦夫 …… 20138
		桝井 寿郎 …… 22977

増尾 富房	08514	
増岡 道二郎	12391	
増川 宏一	22082, 22083, 22086, 32834	
馬杉 繁	00949, 01033, 01046, 01047, 01049	
増子 博調	07648, 08195	
増沢 淑	13888	
増田 于信	00773〜00775	
増田 勝彦	20815	
増田 喜義	27400	
増田 広州	25661	
増田 公輔	16794	
増田 七郎	03224	
益田 春光	18183	
増田 昌三郎	18207	
増田 史郎亮	16684	
増田 晴天楼	27052	
益田 宗児	05309	
増田 孝	01140, 17508, 22076	
増田 忠彦	26478, 26491, 26593	
増田 淑美	04094	
増田 広実	08456	
増田 政江	26655, 26726	
増田 光明	05718	
増田 廉吉	06940, 33312, 33313	
増田 渉	07849	
増淵 勝一	01160	
マスプロ電工美術館	18969	
町井 譲	27696	
町田 一郎	19612	
町田 源太郎	03186, 13433	
町田 三郎	13946	
町田 成男	31556	
町田 哲	31833	
町田 博三	18918	
町田市立国際版画美術館	17620, 17621, 17929, 18684, 18853, 19901	
町田市立自由民権資料館	05654	
町田市立博物館	12627, 18969, 19196, 19757	
街と暮らし社	09690, 29618, 29620〜29623, 29812	
松井 一夫	03219	
松居 久左衛門	10348	
松井 健二	21820	
松井 恒太郎	28880, 28930	
松井 惟利	01926	
松井 栄一	22217	
松井 正一	06977	
松居 高生	25993	
松井 章之	12913	
松井 俊諭	21503	
松居 弘道	16633	
松井 正人	33782	
松居 真玄	21588	
松井 満夫	07895	
松井 康秀	13513	
松浦 昭	08283, 09053	
松浦 章	06992, 07828, 07833〜07835	
松浦 詮	01126	
松浦 厚	01141	
松浦 一六	22466, 24777	
松浦 魁造	16045, 16047〜16049	
松浦 公平	22923	
松浦 鎮信	01126	
松浦 静山	01342〜01362	
松浦 誠之	13685〜13687	
松浦 武四郎	08554	
松浦 直治	33314	
松浦 伯夫	13091	
松浦 泰	09352	
松浦 允任	07746	
松浦 政泰	10805	
松浦 真人	02280	
松浦 光修	14490, 14499	
松浦 義則	09908	
松浦 玲	02115, 03823, 04857, 04901, 05607, 05608, 05675, 05678, 13503, 13509	
松浦伯爵家文庫楽歳堂	13856	
松江市教育委員会	20747	
松枝 茂	28441	
松尾 勝郎	23932, 25216, 25985, 26045	
松尾 喬	33250〜33255	
松尾 武夫	08830〜08838	
松尾 剛	01142	
松尾 芭蕉	18290, 23861, 24876, 24897, 24900, 24922, 24931, 24940, 24949, 24972, 24978, 25037, 25053, 25162, 25167, 25178, 25182, 25185, 25187, 25189〜25196, 25208, 25301, 25347, 25375, 25382, 25383, 25396, 25397, 25422, 25455, 25456, 25462, 25489, 25553, 25566, 25595, 25605, 25616, 25618, 25739, 25740, 25744〜25748, 25864, 26805, 26996, 27032, 27048, 27060, 27073, 27080, 27081, 27085, 27086, 27088, 27090, 27091, 27164, 27185〜27187, 27196, 27197, 27209, 27210, 27241, 27244	
松尾 豊材	28494	
松尾 正人	05478, 05479	
松尾 美恵子	00916〜00919	
松尾 靖秋	22465, 22513, 23931, 24523〜24525, 24634, 24635, 25160, 25439, 26133, 26287, 27041, 27129, 27178	
松尾 芳樹	18012, 18013	
松尾 龍之介	15832	
松岡 喬一	29721	
松岡 脩三	03011, 03119, 03120	
松岡 新也	24303	
松岡 精	11794, 11795	
松岡 正剛	24236	
松岡 孝雄	00952	
松岡 茶山	26248	
松岡 時憙	32913	
松岡 宣夫	32519	
松岡 英夫	04406, 04802, 07441	
松岡 司	05059, 05073, 05158, 05221	
松岡 譲	23920	
松岡 梁太郎	14548, 14580, 14613	
松尾町史編さん委員会	29388	
松尾造酒蔵	03674	
松方 冬子	07877	
松川 葵	31307	
松川 弘太郎	11438, 12502, 22118, 24436, 26554	
松木 明知	16502	
松木 喜八郎	18993, 19723	
松木 主膳	22963	
松木 寛	17832	
松隈 義勇	27161	
松倉 康之	33278	
マッケイ, アレキサンダー	08167	
松坂 弘	23938	
松阪市史編さん委員会	31578〜31582	
松坂屋	03222	
松崎 慊堂	13025	
松崎 賜	13723	
松崎 利雄	16091	
松崎 直枝	08797	
松崎 秀雄	22366	
松崎 仁	21135, 21151, 21309, 22648, 23099, 23137	
松崎 実	07640	
松沢 和彦	08888	
松沢 佐五重	27511	
松沢 卓郎	24148	
松茂町歴史民俗資料館・人形浄瑠璃芝居資料館	21223	
松下 英治	05788	
松下 邦夫	09364	

著者	番号
松下 幸子	12296, 12306
松下 志朗	02270, 08378, 08994, 10911, 10912, 32981, 33763, 33765
松下 忠	16795, 27359, 32086
松下 鉄之助	03065
松下 英磨	18141, 18263
松島 栄一	02358, 03225, 11737
松島 駿二郎	06986, 07005
松島 典雄	22960, 22961
松島 秀夫	24070
松代 英二郎	03978
松代藩文化施設管理事務所	19304, 30928
松代文化財ボランティアの会	30882
松田 修	00684, 22304, 22626, 22627, 22640, 22672, 22673, 22998, 23024, 23165, 23509, 23510, 27148, 27270
松田 毅一	06873, 06874, 06877, 06885, 07601〜07603, 15554, 15593
松田 清	15912
松田 重雄	15508, 15544
松田 重治	32351, 32373, 32374
松田 春雪	12698〜12700
松田 次郎	19144
松田 二郎	24123, 26913
松田 敬之	01773
松田 高行	11370, 23343
松田 忠徳	12242
松田 千晴	20515, 20526, 20535
松田 文夫	02052, 02208, 15376, 32082, 32083, 32085, 32153, 32160〜32162
松田 征士	26475
松田 道生	16249, 16398, 26502
松田 道雄	13449
松田 之利	00218, 09861
松田 力治	25003
松平 容頌	14820, 16843
松平 君山	01071〜01078
松平 定信	00920, 00921, 18154, 22801, 23845
松平 進	18711, 18911, 18912, 19337, 20008, 21350, 21407
松平 忠冬	01088, 01089
松平 太郎	06184〜06187, 06457, 06458, 10465, 10466
松平 乗昌	01795, 01834
松平 慶永	03793
松平 頼博	28831
松平春岳全集編纂委員会	04786〜04789
松竹 秀雄	08156, 08157, 08159
松谷 正治	00012
松任市中央図書館	25989, 25990
松任市立博物館	26000
松戸市教育委員会	05927
松戸市誌編さん委員会	29389
松戸市誌編纂委員会	29446, 29447
松戸市戸定歴史館	20042, 20846
松戸市立博物館	02631, 09742
松永 伍一	09102, 15616, 17859, 17866
松永 昌三	15065
松永 尺五	13168
松永 達雄	30085
松永 貞徳	24466
松永 昌代	33608, 33609
松永 もうこ	12270
松永 材	13123, 14347, 14470
松永 靖夫	08907, 11092, 30260, 30261
松永 ゆかこ	09543
松濤 在竜	13041
松波 治郎	14596, 14871, 14872, 14875
松波 節斉	13863, 13879
松野 一郎	13242
松野 喜太郎	30844
松野 達雄	13116
松野 鶴太郎	26020
松野 陽一	24059
松野 良寅	15809, 15826, 28269
松尾大社史料集編修委員会	00118
松延 市次	21820
松延 桜洲	04425
松橋 栄信	00331
松林 尚志	25080
松原 晃	04658, 08721, 15013
松原 信一	08887
松原 醒堂	32485
松原 輝男	30864
松原 秀江	22858
松原 義継	31078
松原市史編さん室	31878
松久 敬	32858
松久 寛	13081
松藤 庄平	12284, 12287
松藤 隆乗	33325
松藤 まつ子	25785
松丸 修三	16640
松宮 観山	17057〜17085
松宮 三郎	10387, 21465
松宮 長富	28255
松村 明	13373, 22105, 22148, 22182, 22190, 22192
松村 巌	04534, 05871
松村 月渓	18065
松村 敏	08894
松村 任三	16378, 16379
松村 善平	17530, 17531
松村 隆	27615
松村 鉄心	09736
松村 倫子	12605
松村 博	20713
松村 真佐子	12890, 19481, 19775
松村 操	13767, 16009
松村 雄介	15686
松村 義臣	25799
松邨 賀太	16720
松室 八千三	25054
松室会	14150
松本 純郎	14609〜14611
松本 市寿	15461, 15465, 24242, 24247
松本 逸也	04005, 04017
松本 和也	12139
松本 勘太郎	20813
松本 乾知	13685〜13687
松本 義一	14184, 14374, 25618
松本 健一	04701, 04756, 07459, 07496, 08043, 11923, 13780, 13781, 14944
松本 浩記	05290, 05291, 13569, 15117
松本 こーせい	29496
松本 幸子	02894, 02895
松本 三郎	09550
松本 三之介	04889, 04894, 13110, 15065
松本 茂一	31564
松本 滋	14361
松本 茂	33023
松本 正造	12871
松本 四郎	02988, 03383, 03787, 11215, 11231
松本 寿三郎	08825, 11158〜11160, 33392, 33411, 33447〜33449, 33483〜33486, 33488, 33501〜33504
松本 清張	03866, 05962, 19604, 22749
松本 節子	26032
松本 善治郎	09400
松本 隆	27590
松本 武秀	22428
松本 長三郎	32663
松本 長四郎	04607, 04608
松本 弦子	06611, 31910

松本 豊寿 …………… 11249	丸 十府 ………… 26492, 26516	三浦 忍 ………… 11187, 11188
松本 直子 …………… 05015	丸井 佳寿子 …… 01161, 28630	三浦 浄心 …………… 00947
松本 仲子 ……… 12291, 12292	丸尾 自楽 ……… 14693, 15104	三浦 末雄 ……… 33048, 33049
松本 望 ……………… 06555	丸岡 英夫 …………… 14787	三浦 晋 ………… 15019, 15044
松本 哉 ……………… 11408	丸岡 宗男 ……… 21886, 21887	三浦 隆夫 …………… 06290
松本 久史 …………… 14199	丸亀市史編さん委員会 … 32722	三浦 忠司 ……… 00716, 09682
松本 坦 ……………… 20222	丸島 敬 …… 14323, 14324, 14437	三浦 鉄郎 …………… 08851
松本 文雄 …………… 24677	マール社編集部 …… 09763, 12190, 12191, 19250, 19251, 19254	三浦 藤作 ……… 13559, 16689
松本 道弘 …………… 14866	マルナス，フランシスク …………… 15598	三浦 俊明 … 08642, 10128, 30079
松本 芳忠 …………… 13769	〇ゝ庵 雪也 ………… 25103	三浦 尚司 …………… 27364
松本家 ………… 29277〜29282	丸森町文化財保護委員会 ……………… 28051	三浦 昇 ……………… 29662
松本市 ……………… 30945	丸屋 おけ八 …… 23611, 23615	三浦 梅園 ……… 15019, 15034
松本市安曇資料館 … 11619, 30917	円山 応挙 …… 18037, 18039, 18045〜18047, 18064, 18068	三浦 宏 ……………… 12054
松本市史近世部門編集委員会 ……… 30948〜30952	丸山 一彦 … 25808, 26109, 26145, 26146, 26148, 26159, 26278, 26301, 26330, 26355, 26381	三浦 正幸 ……… 20755, 20756
松本市史編さん室 … 30948〜30952	丸山 吉三郎 ………… 02560	三浦 道寿（寧楽） …… 03134
松本市総務部行政管理課松本市文書館 …… 〜30955	丸山 国雄 …… 08145, 08146, 27597	三浦 竜 ………… 00030, 11391
松本城物語実行委員会 … 11250	丸山 幸太郎 ………… 08891	三重県 …… 16149, 31611, 31614〜31617
松本藩 ………… 14702, 30871	丸山 茂 ………… 23331, 27246	三重県教育委員会 …… 20935
松山 達彦 …………… 09862	丸山 季夫 ……… 14100, 14158	三重県厚生会 ………… 10991
松山 秀美 …………… 24004	丸山 尚一 ……… 15361, 15364	三重県立美術館 …… 17724, 17790, 17796, 18429, 27263
松山 宏 ……………… 11210	丸山 伸彦 ……… 11465, 12178	三重県連句協会連衆 …… 24866
松山 雅要 …… 15456, 15457, 20766, 31356, 31368, 31470, 31506, 31507	丸山 弘 ……………… 24873	三重町古文書を読む会 … 06311, 06312
松山市史編集委員会 … 32876	丸山 真男 …… 00606, 04440, 13038	三尾 功 ………… 32091, 32095
松山市史料集編集委員会 … 32877〜32883	丸山 雍成 ……… 02257, 02294, 06205, 09656, 09676, 09677, 09679, 09731, 09753, 10549, 32987, 33169, 33303	三方 洋子 …………… 07347
松山町史編纂委員会 … 28348	丸山 義二 …………… 15199	三兼 大石 …………… 24892
松好 貞夫 …………… 02862, 08390〜08392, 08396, 08648, 08675, 09137, 09320, 32937	丸山 恵山 …………… 09010	三上 一夫 …… 04446, 04447, 04776, 13508, 13521, 30698, 30711, 30721
松浦史料博物館 …… 33330, 33331, 33338	丸山季夫遺稿集刊行会 … 14092	三上 和志 ……… 15483, 24395
万里小路 正房 … 01145, 04182	マローン，H. …………… 07632	三上 和利 ……… 24246, 25017
万里小路 博房 … 01145, 04182	万寿亭 正二 ………… 12714	三上 強二 …………… 27709
真鍋 重忠 …………… 07991	万代 修 …… 03788, 05692, 05719, 05773	三上 定右衛門 ……… 06296
真鍋 孝志 ……… 20634, 20640		三上 参次 …… 00497, 00549, 02806〜02809, 03372〜03375, 03542, 04131, 04134, 11299, 14118, 14242
真鍋 由郎 …………… 16056	**【み】**	
真野 恵澂 ……… 02534, 10813		三上 義夫 …………… 16356
馬淵 卯三郎 ………… 21740	見市 治一 …………… 08806	三上 隆三 ……… 08517, 08519
馬淵 徳治 …………… 14760	三浦 勝男 ……… 30148〜30152	三神 礼次（開雲） …… 14749
真淵生誕三百年記念論文集刊行会 ……… 14224	三浦 叶 ………… 13232, 13237	三瓶 達司 …………… 23746
間々田 和夫 ………… 00844	三浦 邦夫 …………… 22898	三加茂 勝巳 ………… 18160
間宮 喜十郎 ………… 31266	三浦 賢童 ……… 02369, 28204	三河武士のやかた家康館 ……………… 18953
間宮 士信 …… 29120〜29127, 29734, 29735	三浦 孝次 …………… 16602	三河屋 弥平次 ……… 08892
間宮 尚子 …………… 11146	三浦 三郎 …………… 16607	未刊資料複写会 …… 06345〜06349
間森 誉司 …………… 16632	三浦 三吾 ……… 17736, 18172	三木 克彦 ……… 29807, 29808
馬屋原 二郎 ………… 05555	三浦 思雲 …………… 13195	三木 幸信 …………… 22172
真山 青果 …… 15982, 21500, 23065, 23562	三浦 実生 …………… 14850	三木 正太郎 …… 14460, 14461
真山 美保 …………… 21500		三木 健司 …………… 27272
		三木 俊秋 …………… 33190
		三木 慰子 …… 24983, 25461, 26996, 27183, 27272

三木安平氏古希記念論
　　集刊行委員会 …………… 32631
三木郷土史の会 ………………
　　　　　　32012～32014, 32052
三木産業株式会社 … 08692, 08693
三木市老人会連合会教
　　養部 …………………… 00231
三熊 花顚 …… 11560, 11568, 11569
三熊 思孝 ………………… 11562
美佐尾 ……………………… 26821
三坂 圭治 …… 08383, 08398, 32505
岬 龍一郎 … 13656, 14710, 14777
三郷市史編さん委員会 ……… 29246
三郷村教育委員会 …………… 09283
三沢 素竹 ………………… 27043
三沢 房太郎 ……………… 27108
三嶋 健男 ………………… 26955
三島 正明 ………………… 13782
三島 正道 ………………… 33793
三島 復 …………………… 13701
三島市郷土館 ……… 02451, 09923,
　　　26243, 26967, 31270～31274
三島市郷土資料館 ……………
　　　09928, 12965, 31275～31279
水江 達子 …… 00914, 10800, 11307
水尾 比呂志 ……… 17402, 17501,
　　　　17911, 17913, 17914, 17927
水落 潔 …… 21481, 21485, 21532
水垣 清 …………………… 14166
水木 ひろかず …… 13422, 33011
水口 志計夫 ……………… 07652
水口 藤雄 ………………… 22092
水越 みかる ……………… 12236
水沢 松次 …… 00707, 27850, 28451
水沢古文書研究会 … 27671～27685
水沢市教育委員会社会
　　教育課 ………………… 15985
水沢市史編纂委員会 … 27891, 27892
水沢市埋蔵文化財調査
　　センター …………… 18167
水沢市立図書館 …………… 17725
水島 茂 …………………… 30549
水島 直文 ………………… 24184
水代 勲 …………………… 14576
水田 潤 ……………………
　　　　22527, 22901, 23149, 23210
水田 稲葉 ………………… 09623
水田 信利 …… 07660, 09618, 09619
水田 紀久 ………… 13161, 14933,
　　　　　17305, 22421, 27352, 27396
水田 楽男 ………………… 15894
水谷 次郎 ………………… 04398
水谷 俊樹 ………………… 05860
水谷 寿男 ………………… 15231

水谷 三公 ………………… 01806,
　　　　06583, 11357, 11388, 11713
水谷 盛光 ………………… 02769,
　　　06018, 20832, 31302, 31339,
　　　31344, 31346, 31347, 31434
水谷 弓彦 …… 17199, 17322, 21247
瑞浪市教育委員会文化
　　課 ……………… 17701, 19293
水野 恭一郎 ……………… 32349
水野 皓司 ………………… 17193
水野 定吉 ………………… 03320
水野 聡 …………… 14867, 21895
水野 城東 ………………… 20809
水野 正香 ………………… 31643
水野 忠邦 ……………… 03600～03617
水野 智之 ………………… 12727
水野 正信 ………………… 08107
水野 稔 …… 22398, 22517, 22742,
　　　　23299, 23323, 23324, 23528,
　　　　23563, 23564, 23717, 23726
水野 盛之 ………………… 01390
水野 悠子 ………………… 21275
水谷 勝職 ………………… 12967
水林 彪 …………………… 10579
水原 明人 ………………… 22191
水原 しづ …………… 24877, 25291
水原 秋桜子 … 24877, 25291, 26138
水原 正亨 ………………… 10341
水町 和三郎 ……………… 20283
水本 邦彦 …………………
　　　08723, 11117, 11125, 18986
水守 亀之助 ………… 04853, 05093
溝口 白羊 ……………… 04664～04666
溝口 康麿 …………… 19634, 19637
御薗生 翁甫 ……………… 32513
溝淵 忠広 ………………… 13282
溝渕 利博 ………………… 15560
三谷 栄一 ………………… 22497
三谷 一馬 ………………… 09384,
　　　　09539～09541, 10108, 10109,
　　　　　　　10271, 10398, 11994～
　　　　　　　11997, 12040～12042, 12051,
　　　　　　　12056, 12548～12550,
　　　　　　　12650, 12654, 19002
三谷 博 …………… 07210, 07425
三谷 茉沙夫 ………………
　　　00403, 02059, 26449, 26488

三田村 鳶魚 ……………… 00510,
　　　00518, 00597, 01051～01053,
　　　01675, 01792, 01793, 01801,
　　　01859, 02519, 02594, 02595,
　　　02612, 02622, 02754, 02756,
　　　02757, 02798, 02800, 03004,
　　　03005, 03112, 03149, 03150,
　　　03327, 03328, 06195, 06451,
　　　06472, 06476, 06477, 06641,
　　　06642, 06645, 06646, 08204,
　　　08499, 10460, 10766～10768,
　　　10778, 10794, 10795, 10866,
　　　11031, 11033, 11037, 11335,
　　　11356, 11359, 11393, 11584,
　　　11670, 11695, 11741, 11784,
　　　11900, 11902, 11951, 11952,
　　　11975, 11998, 11999, 12006,
　　　12029, 12083, 12096, 12127,
　　　12128, 12262, 12295, 12486,
　　　12503, 12544, 12579, 12604,
　　　12651, 12652, 14876, 14879,
　　　15292, 16505, 16631, 17215,
　　　21125, 21127, 21137～21140,
　　　21361, 21569, 22327, 22372,
　　　22392, 22419, 23140～23144,
　　　23342, 23401, 29639, 29728
三田村 玄竜 ……………… 02621
三田村 信行 ……………… 05683
三田村 善衛 ……………… 20391
御手洗 昭治 ……… 06829, 07363
未知庵主人 ………………… 26565
道本 清一郎 ……………… 14831
道本 武彦 ………………… 24666
三井 高維 ………………… 08653
三井 高陽 ………… 10094, 21173
三井 高房 ………………… 10865
三井 弘篤 ……………… 30992～30994
三井 博 …………… 03323, 31367
光井 文華 ………… 24444～24447
光井 渉 …………………… 20894
三井銀行調査部 …………… 08657
光石 知恵子 ……………… 29707
三井文庫 ………… 08468, 08637～
　　　　　　08640, 10133, 10138～10145,
　　　　　　17427, 18056, 18057
三井文庫三井記念美術
　　館 …………………… 00292
満岡 忠成 …………………
　　　　20107, 20109, 20118, 20142,
　　　　20166, 20167, 20169, 20300,
　　　　20301, 20306, 20370, 20371,
　　　　20376, 20414, 20525, 20557
箕作 阮甫 ………………… 07987
箕作 秋坪 ………………… 13359
三越美術部 ………………… 17623
光田 憲雄 ………………… 11339
密田 靖夫 …………… 27026, 27050
光武 敏郎 ………………… 04994
ミットフォード, A.B. … 07557, 07558
光成 準治 ………………… 00371

三橋 時雄	08702	
光藤 珠夫	20121	
水戸 景山	24404	
水戸 烈公	24411, 24412	
水戸学塾	28740	
水戸市教育会	14658, 14659	
水戸市史編纂委員会	06363	
水戸市立博物館	29656	
水戸の学風普及会	14550	
三富村教育委員会	30800, 30801	
水上 勉	17771, 17779, 21379, 21380, 24290	
皆川 晃	26275	
皆川 英哉	13982	
皆川 嘉一	05470	
皆川 喜代弘	24355	
皆川 三郎	07562, 08185, 08186	
皆川 昌	03841	
源川 徹郎	26248	
皆川 盤水	25244	
皆川 美彦	02961	
皆木 和義	21891	
水口町立歴史民俗資料館	31709	
水無瀬 侃	08984	
港区教育委員会	20067, 20231, 20351, 20440	
港区立港郷土資料館	06809, 07442, 09371, 12367	
三鍋 昭吉	00143	
南 和男	00927, 00928, 06499, 06500, 06503, 06504, 10462, 10476, 10477, 10552, 11232, 11488, 12110, 17195, 18788, 29544, 29549	
南 啓治	14077	
南 茂樹	14107~14111	
南 信一	25789, 25946, 25947, 25962, 25977~25979, 26405	
南 晨起郎	26521	
南 得二	26506, 26507, 26509, 26531, 26579, 26584, 26611, 26625	
南 楓溪	14539	
南 不二彦	14858	
南足柄市	30186	
南足柄市郷土資料館	16979, 18696	
南有馬町	15653	
南河内町史編さん委員会	28926	
南相馬市原町古文書研究会	28601, 28602	
南知多町教育委員会	10060	
南出 康世	15766	
南日本新聞社	33764	
皆村 武一	07597
源 豊宗	17472, 17505, 17970, 18053
源 了円	13043, 13090, 13104, 13106, 13145, 13200, 13522, 13779, 17091
「源貞氏耳袋」刊行会	28090~28092
皆吉 爽雨	24517
峰 隆一郎	21798, 21809, 21888
峰尾 北兎	27132
峯岸 賢太郎	10604, 10923
峯岸 米造	00648
嶺崎 憲房	28038
蓑田 田鶴男	33427, 33428
三野町教育委員会	32669, 32670
箕輪 吉次	23181, 23182
三橋 修	11740
三原 宏文	32662
三原 迪夫	03622
三原 良吉	21450
美原町史編纂委員会	31879
三春 伊佐夫	25710
三春町	28603, 28604
三春町歴史民俗資料館	28468
ミヒェル，ヴォルフガング	16508, 16527~16529
壬生町史編さん委員会	28927
壬生町立歴史民俗資料館	07419
壬生狼友の会	05830, 05833
三保 忠夫	22176
三堀 将	22089
美馬 佑造	08484, 08705, 09044, 10428, 31631
三升屋 二三治	22396
三又 たかし	10059
三松 荘一	24093
三松館主人	12156
三村 純也	24529
三村 清三郎	13678, 14248, 14328, 16068, 22060
三村 竹清	23727
宮 栄二	22592, 24263, 24274, 24313, 24386
宮 柊二	24377
宮 淳三	04523
宮 誠而	27113
宮石 宗弘	20390
宮内 敏	16142
宮内 秀雄	16142
宮内 芳明	07629
宮内 好太朗	12585
宮浦 一郎	33272
宮尾 敬三	26242
宮尾 しげを	12081, 12563, 18760, 18983, 18984, 18995, 19360, 19668~19670, 19672, 21621, 23747, 23777, 23803, 23818, 23820, 26479, 27202
宮尾 登美子	02081, 02548
宮尾 与男	11685, 22840, 23779, 23780, 23786, 23787
宮負 定雄	11596
宮岡 和紀	29739
宮川 柯月園	11459
宮川 重信	09770
宮川 長春	19253
宮川 禎一	05180, 05181
宮川 透	13020
宮川 徳五郎	30315
宮川 寅雄	00664, 19443
宮川 半蔵	10174
宮川 曼魚	12491~12493
宮川 康子	14934, 31842
宮川 洋一	26348
宮城 栄昌	06450, 33920
宮城 公子	03819, 13126, 13677
宮城 謙一	24487
宮城県史編纂委員会	28053
宮城県庁	08424
三宅 馨	07570, 07644
三宅 一志	03263
三宅 清	14123, 14196, 14200~14202, 14523, 14524
三宅 竜子	04189
三宅 千代二	32841
三宅 紹宣	03871, 05440
三宅 虎太	05381
三宅 久之助	18329
三宅 英利	07713, 07714, 07720
宮家 準	15374
三宅 広孜	09890
三宅 正彦	13892, 14957, 14967
三宅 木仙	25108
三宅 康久	03487, 13697
三宅 米吉	23988
三宅 理一	07705, 32275
都川 一止	24665
宮古市教育委員会	27930~27937
宮古市史編さん委員会	27972~27975
都城市教育委員会山之口生涯学習課	33724
都城市史編さん委員会	33725~33727
都城市立図書館	33847
宮坂 静生	26364
宮崎 英修	15492

宮崎　円遵 …………… 20922	宮地　直一 ………… 16784, 28432	宮本　武蔵　21885, 21894, 21895
宮崎　園遵 …………… 17908	宮地　正人 …………　04159, 04473,	宮本　八束 ………… 02784, 32101
宮崎　和広 … 10520, 23954〜23961	05866, 05927, 07173, 17173	宮本　由紀子 ……… 12488, 12527
宮崎　克則 ……… 08769, 09013	宮永　孝 ……………　05531, 05929,	宮本　義己 ………… 16586, 16587
宮崎　勝美 …………… 20777	05935, 05936, 05943, 07049,	宮本三郎先生追悼論文
宮崎　興二 …………… 11329	07543, 07633, 07870, 07919,	集刊行会 ……………… 24641
宮崎　成身 ……… 01499〜01512	07920, 07925, 07926, 08000,	宮本武蔵真相究明学会 ……… 21813
宮崎　惇 ……………… 13959	08057, 08058, 08113, 08151,	宮脇　昌三 ………… 26423, 26427
宮崎　十三八 ………… 04682	08164, 08171, 15840, 21096	宮脇　白夜 …………… 15589
宮崎　紀幸 …………… 05805	宮中　千秋 …………… 18206	宮脇　真彦 …………… 25546
宮崎　平左衛門 ……… 26901	宮西　一積 …………… 25337	妙法院 ‥ 01577, 01578, 01585, 01586
宮崎　真澄 …………… 00265	宮野　澄 ……………… 05410	妙法院史研究会 …… 01150〜01154,
宮崎　道生 ……………… 00570,	宮林　義信 …………… 11694	01570〜01576,
07099, 07103, 13003, 13324,	宮原　英一 ………… 21398, 21406	01579〜01583
13325, 13330, 13334, 13337,	宮原　信 ……………… 13702	三好　一光 … 12043, 22188, 22201
13341〜13344, 13347, 13376,	宮原　武夫 …………… 00005	三好　昭一郎 …………… 09345,
13377, 13606, 13613, 13627	宮部　金吾 …………… 16379	10938, 10962, 10963, 11185,
宮崎　栗軒 …… 06107, 06170〜06176	宮部　みゆき ………… 11505	32612, 32634, 32638, 32640
宮崎県	深山　美峰 …………… 20601	三好　松洛
33722, 33723, 33736〜33740	美山　靖 ……………… 23469	21418〜21420, 21423, 21429,
宮崎県教育庁文化課 ……… 20936	みやま文庫	21433, 21434, 21556, 21594
宮崎県立図書館 ………… 01447〜	宮村　千素 …………… 26955	三善　貞司 …………… 25648
01454, 26965, 33713〜33715,	宮村　治雄 …………… 12996	三好　徹 ……………… 04726
33729〜33731,	宮本　栄一郎 ………… 29345	三好　利奄 …………… 00381
33742, 33744〜33756	宮本　圭造 …………… 21448	三好　信義 ………… 26520, 27258
宮沢　岩太郎 ………… 26404	宮本　裟袋雄 ………… 12000	三好　不二雄 … 33219〜33223, 33241
宮沢　真一 …………………	宮本　謙吾 …………… 21796	ミヨシ, マサオ ……… 08116
05228, 07540, 07545, 07561	宮元　健次 …………… 15555, 20667,	三好　正喜 …………… 08722
宮沢　助五郎 ……… 20674, 20675	20668, 20941, 20959, 20995,	三好　守雄 …………… 07070
宮沢　誠一 ……… 03090, 03138	20999, 21002, 21010, 21026,	三好　嘉子 ……… 13264, 33241
宮沢　義喜 …………… 26404	21819, 29631, 29642, 30556	三次市教育委員会 ……… 15738
宮地　佐一郎 … 02218, 02668, 02669,	宮本　三郎 … 05769, 24641, 25474,	三好町立歴史民俗資料
05108, 05124, 05201〜05203	25476, 25521, 25725, 27185	館 ……… 16453, 18114, 18127
宮地　太仲 …………… 08905	宮本　水雲 …………… 27431	三芳町立歴史民俗資料
宮地　美彦 ……… 04551, 05052	宮本　誠三 …………… 03621	館 …………………… 09038
宮下　耕三 ……… 20271, 20399	宮本　武 ……………… 14792	三芳屋編集部 ………… 14853
宮下　三郎 ……… 16563, 16616	宮本　武史 ……………… 06330,	ミルトン, ジャイルズ ……… 01914
宮下　登喜雄 ………… 29573	32637, 32651, 32664〜32666	未練 ………………… 23276
宮島　新一 ……… 17579, 19040	宮本　仲 …… 13737, 13740, 13744	三輪　公忠 …………… 07356
宮嶋　利三 …………… 31054	宮本　勉 …… 12912, 21968, 26940	三輪　休雪 …………… 20473
宮田　維禎 …………… 27379	宮本　常一 … 00685, 08726, 09745,	三輪　健司 …………… 24288
宮田　和宏 …………… 21869	09945, 14506, 14507, 26969,	三輪　執斎 ……… 13545, 13550
宮田　幸太郎 ………… 20196	26982, 27311, 27321〜27325	三輪　修三 ……… 09778〜09780
宮田　章司 …………… 21755	宮本　哲治 …………… 03180	美和　信夫 …………… 02326
宮田　仲透 …………… 28715	宮本　雅明 …………… 11212	美和　弥之助 ……… 20082, 20116
宮田　俊彦 ……… 00435, 33922	宮本　昌孝 ……… 16848, 16849	美和村史編さん委員会 ……… 28809
宮田　登 ……………… 12643, 12644,	宮本　又郎 ……… 08487, 10182	美和信夫教授遺稿集刊
15681〜15683, 15692, 15694	宮本　又次 ……………… 06744〜	行会 ………………… 02326
宮田　裕行 …………… 22902	06749, 08286, 08412〜08415,	閔　徳基 ……………… 00138
宮田　正信 …………… 26609	08497, 10178〜10180, 10184,	民主教育協会 ……… 13088, 13089
宮田　正彦 …………… 02949	10185, 10189, 10209〜10211,	民友社 ………………… 04868
宮田　雅之 …………… 27081	10248, 10250, 10267, 10282,	
宮田　良英 ……… 25662, 25700	10291, 10405, 10541, 10559,	
宮田　力松 …………… 11108	10560, 11441, 11521, 11760,	
宮武　外骨 …………… 26562	16877, 31796〜31799,	
	31809〜31811, 31825, 33020	
	宮本　瑞夫 …………… 21236	

【む】

向井 去来 .... 25714, 25932, 25933, 25935〜25937, 25945, 25949, 25954, 25964, 25970
向井 信夫 19368
向 進 33670
向井 桑人 13492
向井 芳樹 21368
向井 吉重 28647
無界坊 淡水 24623
向谷地 又三郎 09055
向江 強 03586, 09191, 09192
武笠 三 ....
  12835, 12838, 13597, 13876
百足屋 次郎兵衛 12762
百足屋 新助 12196
百足屋 新六 12196
無何有郷主人 05476
椋本 千江 31562
向田 民夫 20353
向山 源太夫 01536, 11360
向山 誠斎 .... 04227〜04273, 06106
武蔵村山市教育委員会 .. 12868, 29855
武蔵村山市史編さん委員会 29887
武蔵村山市立歴史民俗資料館
  12868, 29855, 29943, 29944
ムースハルト, ヘルマン 07655, 07656
牟田 豊 07552
牟田口 義郎 05926
むつ史市編さん委員会 27731
陸奥新報社 27707
武藤 功 14651
武藤 和夫 06435, 31612
武藤 禎夫 .... 23740, 23758, 23762, 23764, 23773〜23775, 23783, 23789, 23804, 23815, 24433
武藤 純子 18722, 18930, 21577
武藤 長蔵 00987, 08168
武藤 貞一 15126
武藤 徳子 12607
武藤 虎太 09109
武藤 直治 01139
武藤 平道 24049
武藤 元昭 23330, 23337
武藤 元信 16801
宗像 健一 18458
宗形 直蔵 28635
宗像市史編纂委員会 33072

宗政 五十緒 ... 03861, 12860, 12891, 13805, 17256, 17346〜17350, 22309, 22462, 22621, 22623, 22998, 23074, 23105, 23220, 23936, 31732, 31761
無能 唱元 13437
無明舎出版 09719, 09886
村井 淳志 02952
村井 紀 14175
村井 弦斎 05294, 05296, 13552
村井 早苗 15530, 15531, 15603
村井 敏邦 06640
村井 英雄 04630
村井 秀夫 08887
村井 益男 .... 01788, 03564, 20782, 20787, 33571〜33575
邑井 操 02976, 02986, 04564
村井 康彦 00020, 00245, 09901, 21969, 21996, 22003, 22004, 31733, 31734
村井 良八 14434
村石 利夫 03341, 10437, 23755
村尾 嘉陵 29545
村尾 次郎 00688
村岡 素一郎 01915
村岡 正 20974
村岡 典嗣 13360, 13362, 14250, 14251, 14254, 14255, 14259, 14262, 14282, 14304, 14306, 14332, 14421, 14428, 14429
村岡 博 00669
村岡 安広 12325
村岡典嗣著作集刊行会 .. 14262, 14421
村垣 範正 08039
村上 昭子 26790
村上 明子 03861, 24039
村上 一郎 ....
  03724, 03725, 15798, 29353
村上 磐太郎 04018, 05577
村上 恭一 14969
村上 元三 21424
村上 晋 04577
村上 省吾 26833, 26834
村上 静人 23329
村上 節 07451
村上 素道 24152, 24153
村上 泰賢 04920, 08051
村上 直 .... 00554, 00635, 00891, 00911, 01416〜01421, 01949, 02272, 02330, 02331, 02345, 06545, 06547, 06550, 06551, 06553, 06565, 06584, 06585, 09494, 10167, 11070, 15375, 27633, 28683, 28684, 28686, 29740, 29748, 29895, 29965, 30054, 30071, 30072, 30784

村上 忠順 04185
村上 利男 04562
村上 直次郎 ... 01111, 06840, 06856, 06964, 07202, 07618, 07622, 07623, 07910, 07942〜07944
村上 信彦 .... 12200〜12202
村上 春次 25333
村上 兵衛 04640, 04641
村上 博男 15472
村上 文機 07474
村上 雅孝 22121, 22128, 32401
村上 正名 32421
村上 貢 07019
村上 六七男 06888
村上 泰昭 17483, 18122, 18135
村上 義光 03581, 03585, 03591
村上市 30307, 30399
村上直先生還暦記念出版の会 27577
村川 堅固 07631
村川 浩平 02242
村川 行弘 02844
村崎 毅 15082
村沢 武夫 18168
村沢 博人 12230
村重 寧 17934, 17937, 17938, 17960, 17967, 17974, 18002
村島 渚 15006
村瀬 一郎 13958, 27331
村瀬 九功 27384
村瀬 ケイ 27456
村瀬 藤城 27457
村瀬 正章 01953, 04185, 06985, 09990, 10003, 31304
村田 あが 15670
村田 穆 22625
村田 氏寿 04766, 04768, 04770, 04772, 04774, 04775, 30705
村田 栄三郎 27345
村田 寛敬 13750
村田 治郎 20845
村田 孝子 12223, 12234
村田 豊治 07438
村田 昇 22524, 25328, 26401
村田 理如 20585
村田 路人 02193
村田 峰次郎 05511, 05544
村田 峯次郎 .. 05546, 32571, 32572
村田 安穂 15545, 15546
村田 裕司 11667
村谷 喜一郎 27959
村田町歴史みらい館 12720
村中 利男 31059, 31060, 32716

村中 陽一	19611	
村野 豪	13392, 13393	
村野 守治	05252	
村林 正美	31605, 31606	
村松 七九	11292	
村松 駿吉	03072	
村松 春水	15066, 15067	
村松 梢風	17682, 17683	
村松 友次	25215, 25290, 25489, 25541, 25716, 25897, 26135, 26171, 26324, 27046, 27150, 27213, 27232	
村松 友視	05722	
村松町史編纂委員会	30400, 30401	
村元 直人	16223	
村山 和裕	08160, 17417	
村山 砂田男	25642, 26433, 27229, 27525	
村山 貞雄	16634	
村山 定男	26370	
村山 茂直	12380, 12381	
村山 修一	15227	
村山 拙軒	07222	
村山 伝兵衛	08899	
村山 徳淳	02362, 02363	
村山 登志雄(天外野史)	08227	
村山 知一	33838	
村山 吉広	13227	
村山 義行	05357	
村山市史編さん委員会	28297, 28328	
室 鳩巣	03066～03069, 13316	
室生 犀星	25149	
室賀 信夫	16106	
室田 泰一	14425	
室谷 鉄膓	08224	
室津 鯨太郎	20638	
室津海駅館等運営専門委員会	07869	
室伏 勇	04998	
室伏 信助	26702	
室松 岩雄	11833, 11834, 14450, 24411, 24412	
室谷 賢治郎		
室山 源三郎	26472, 26473, 26484, 26546, 26602, 26788	

【め】

明治維新史学会	04745, 06044
明治維新殉難者百年記念会	04541
明治維新史料編纂会	02303
明治維新発祥地記念銅標建立会	05968
明治史料研究連絡会	
明治聖徳記念学会	01708
明治前日本科学史刊行会	16220, 27665
明治大学刑事博物館	06118～06128, 06314～06320, 06626
明治大学人文科学研究所	17108
明治大学図書館	01123, 06438
明治大学内藤家文書研究会	02714
明治文化研究会	04124
メイラン,G.F.	07915
明倫新聞社	04555
妻鹿 淳子	06709, 15494
目賀 道明	20502
妻鹿史蹟文化財顕彰保存会編集委員会	31984
目黒 野鳥	25070
目黒区守屋教育会館郷土資料室	09403
目崎 徳衛	27463
メーチニコフ	07588
メーチニコフ,レフ・イリイッチ	07589, 07654, 07981
メドハースト,W.H.	22170
目良 誠二郎	03565, 03796, 03797
メールデルフールト,ポムペ・ファン	07538
メレジコウスキイ	22598

【も】

毛利 和夫	02985
毛利 敏彦	04489, 05237, 05338
毛利 正直	22784
毛利家史料調査会	32919
毛利博物館	00375
真岡市史編さん委員会	28894, 28928
最上町史編纂委員会	28329
茂木 悟	08956
茂木 正雄	10377
黙阿弥	21708, 21718
目代 清	21538, 21539, 21601
モージュ,M.ド	07649
モース,アン・ニシムラ	17488, 18653
モース,ピーター	19479
母袋 未知庵	21760, 26578
望月 高明	13244
望月 茂	06009, 31924
望月 真澄	15491
持月 美乃	05879
望月 亮観	01033
望月町誌編纂委員会	30946
望月歴史民俗資料館	09822
餅田 健	09918, 33298
持田 靖之	12588
持館 泰	28649～28655
茂木 光春	13599
茂木町史編さん委員会	28929
本居 清造	14325, 14329, 14330, 14333
本居 豊顕	14329, 14330, 14333
本居 宣長	14245, 14254～14256, 14259, 26803, 26955
本居宣長記念館	14171, 14277, 14322, 14327
本居宣長記念館研究室	14318
元綱 数道	09613
元田 竹彦	13300
元田 与市	23536
元町の歴史編纂委員会	30106
元木阿弥	24596
本橋 正	08047, 08048
本部 広哲	16866
本宮町史専門委員会	28523, 28605, 28606
本宮町史編纂委員会	28523, 28605～28607, 32112
本村 猛能	17519
本山 桂川	22575, 22576, 25666, 25667, 25703, 25704
本山 幸一	30245, 30291, 30292, 30294
茂登山 長三郎	12104
本山 荻舟	21795
本山 仲造	04442
本山 幸彦	01687, 13173, 14292, 16673
本吉港史編纂委員会	10061
物上 敬	10289
茂原市立図書館	29462～29471
茂原市立図書館古文書講座	26907
籾山 庭後	24495
桃 節山	16926
桃井 隆康	24895, 24923, 25653, 25674, 25707
百川 敬仁	14234, 17107
百川 元	04951, 13598
桃沢 匡行	26064, 26987
桃沢 夢宅	26987
百瀬 昭次	05207

百瀬 明治 00297, 01528, 01534, 01879, 01975, 02044, 02762, 02763, 03419, 03508, 05110, 10636, 16908, 16909	森 正弘 02600	森田 恭二 05183
桃園 恵真 .... 15393, 15395〜15397	森 昌也 07170, 07530	森田 清行 08105
百田 米美 08483, 08610, 08611, 08615	森 実与子 02488, 10783, 12501	森田 喜郎 22629, 23476, 23480, 23485, 23490, 23499, 23525
森 礒吉 00990	森 靖雄 10121	森田 健次 03974
森 栄松 30566	森 安彦 02224, 02261, 02267, 02304, 02305, 09011, 10822, 30959	森田 柿園 08520, 30640
森 納 15756, 16446	森 泰博 08394, 08459, 08654	森田 思軒(文蔵) 16035
森 蘊 .. 20676, 20978, 20986, 21003, 21009, 21019, 21020, 22025	森 祐清 15327	森田 純 27191
森 数男 13620, 13621	森 義男 07417, 08008	守田 志郎 14902
森 嘉兵衛 08745, 09226, 09229, 27894, 27898	母利 美和 04379	森田 誠一 02685, 08766, 33419
森 喜太郎 16312	森 芳郎 27371	森田 誠吾 23340, 23568, 26715
森 雛二 22085	森 理恵 00262	森田 惣七 15207
森 敬三 03827, 23947, 23969, 24025, 24096, 24212, 24214	森 立之 04643, 18080	森田 峠 25976
森 顕治 22490	森 良之祐 14713	森田 朋子 07458, 08161
森 三郎 30442	森 林助 13866, 27722	森田 登代子 10246
森 重孝 16495	森 露華 15112	もりた なるお 21928
森 茂 05091	森井 俊彦 27393	森田 梅園 08909
森 修 21348, 21384, 21385, 21392, 22571	森岡 錠一 26491, 26533, 26581, 26583, 26593, 26626, 26627	守田 正明 03635
森 潤三郎 16498, 16499, 17337	森岡 美子 06960, 08140	森田 雅也 22505, 22949, 23038, 23254
母利 司朗 24589, 24788	盛岡市 27893, 27895	盛田 稔 08995, 08996
森 杉夫 08804, 08808, 09043, 09046, 10928, 31849, 31850, 31907	盛岡市教育委員会 .... 27991〜28007	守田 宗俊 .... 02867〜02880
森 銑三 .... 00560, 01537, 11563〜11565, 11989, 14999, 15769, 16195, 16203, 17315, 17628, 18377, 18380, 21863, 22518, 22520, 22976, 22978, 23037, 23072, 23097, 23134, 23192〜23197, 23715, 23716, 23823, 23824, 26717	盛岡市史編纂委員会 .... 27894, 27896〜27898	森田 康夫 03576, 03582
	盛岡市中央公民館 .... 27964, 27991〜28007	森田 安一 08149
	森川 昭 09799, 22515, 22713, 24798	森田 康之助 14392, 14397
	守川 吉兵衛 26808	森田 芳雄 23167
	森川 哲郎 04568, 05620, 05621, 11576, 11578	盛田 嘉徳 10901
	森川 不覚 17525	森田 良見 08521, 30641
	森川 平三 31985	森田 蘭 25343, 25719, 26144
	森口 幸司 32961, 32962	森田武教授退官記念会 .. 00242, 10496
森 荘已池 07984, 07985	森口 忠 31980	森町史編さん委員会 31244
森 退堂 32910	森越 良 .... 27770〜27772, 27791〜27838, 27840〜27842	森友 幸照 15212
森 猛 06605, 33604		森永 種夫 .... 06567, 06568, 06571, 06689, 06694〜06708, 06735, 06736, 33367〜33372, 33376
森 恒救 30718	森崎 益夫 25496	盛永 俊太郎 .... 08659, 08663〜08669, 16251, 16252
森 毅 11085, 29022	森崎 蘭外 27462	森野 美徳 22011
森 徳一郎 08960, 15267	森実 保 12836	森原 章 13328
盛 敏直 08861	森下 功 33474	森原章研究論考編集出版委員会 13328
森 朋久 03485	森下 徹 00994, 05411, 10544, 11956, 32186	森本 育寛 .... 32066〜32068
森 ノブ .... 06431, 27985〜27989	森下 みさ子 .. 10775, 10845, 11974	森本 覚丹 05514
森 獏郎 27279	モリス,J.F. 02202, 08404	森本 一雄 31061
森 一 31141	森末 義彰 06734	森本 繁 01877, 03329, 05105, 21856, 32303
森 華 06090	森杉夫先生退官記念会 08249	守本 順一郎 10538, 10539, 13120
森 晴太郎 20623	モリソン,サミュエル・エリオット 07397	森本 哲郎 .... 14722, 26088〜26090, 26099, 26100
森 彦太郎 32152, 32159	モリソン,ロバート 15623, 15624	森本 式 00220
森 英樹 12397, 29819	森田 市三 04549, 16021	森本 英夫 07546, 07606
森 仁 20573	守田 勝彦 21927	森本 浩雅 22765
森 斧水 31141	森田 希一 16640	森本 正一 32715
森 満喜子 05915		盛本 昌広 01143

森谷 尅久 …… 03564, 09885, 11509, 11510, 17130	八百 啓介 …… 06908	安岡 正篤 …… 04747, 13071, 13546, 13616, 13617, 13635, 13675, 13688, 21847
守谷 樹壱 …… 26231, 26232	八尾郷土文化研究会 …… 31914	
森谷 欽一 …… 30087	八尾市立歴史民俗資料館 …… 02856, 08962, 15451, 31838, 31853, 31917	安岡 隆一 …… 07778
守屋 健輔 …… 29781		安川 巌 …… 33050
守谷 早苗 …… 09079	矢数 道明 …… 16474〜16489	安川 浄生 …… 06737
守屋 毅 …… 10860, 11207, 17127, 19023, 21104, 21106, 21155, 21527	八亀 師勝 …… 25520	安川 実 …… 16000
	八木 哲浩 …… 03312, 03314, 08450	八杉 淳 …… 09739
	八木 一夫 …… 20363, 20381	安河内 博 …… 06385
森谷 秀亮 …… 07469, 07470	八木 一文 …… 15572	安沢 秀一 …… 08373, 08386, 11073
守屋 浩光 …… 06297, 06623	八木 喜久男 …… 05644, 05862	安田 克広 …… 03999
森谷 文昭 …… 07634	八木 清治 …… 09947	安田 健 …… 08659, 08663〜08669, 08685〜08688, 12909, 12910, 16226〜16244, 16251, 16252, 16259, 16261, 16346〜16353, 16381, 16383, 16423〜16427, 16590〜16594, 16610, 16611, 32611, 32966, 33761, 33932, 33933
森谷 正孝 …… 04493	八木 敬一 …… 12506, 12569, 12586, 26760	
守谷 正彦 …… 17633		
森谷 冝暉 …… 01977, 02008	八木 士郎 …… 30553	
森山 英一 …… 03955	八木 昇 …… 05961	
森山 重雄 …… 21179, 21187, 21365, 21683, 22504, 22666, 22667, 23107, 23112, 23460, 23484, 23486, 23494, 23506, 23539	矢木 明夫 …… 00467	
	八木 均 …… 09074	
	八木沢 善次 …… 08217	保田 憲司 …… 20120
	柳下 孤村 …… 25771	保田 孝一 …… 07136, 08009
森山 俊英 …… 31169	柳の屋 風斎 …… 24611	安田 剛蔵 …… 19364
森山 悦乃 …… 12890, 19481, 19775	柳生 四郎 …… 03879	安田 正毅 …… 28313
森山 隆平 …… 24316, 24340, 27504	柳生 宗矩 …… 21790	安田 直孝 …… 05274
森脇 正之 …… 24233, 24234	八切 止夫 …… 01905, 01936, 04714, 11401	安田 尚義 …… 33718
モレホン, ペドゥロ …… 15578		保田 晴男 …… 01490〜01494, 11796〜11798
師岡 笑子 …… 10066, 10069	薬師川 麻耶子 …… 27177	
師岡 佑行 …… 10066, 10069	役者評判記研究会 …… 21530, 21664〜21672	安田 富貴子 …… 21190
諸田 政治 …… 21784		安田 文吉 …… 21242, 21251
諸根 樟一 …… 12972, 12993, 15191, 15192	矢口 祥有理 …… 05805	安田 真紀子 …… 12615, 12616
	矢口 中三 …… 00881	安田 正秀 …… 04162
	八鍬 友広 …… 09120	安田 美絵 …… 30783
諸星 美智直 …… 22134	矢崎 藍 …… 26768	保田 安政 …… 10278
毛呂山町文化財保護審議委員会 …… 16554	矢崎 市朗 …… 29516	安田 山彦 …… 05251
	矢島 勝昭 …… 29741	安田 義章 …… 19805, 19946, 19977
門人 …… 13783	矢島 恭介 …… 01811	保田 与重郎 …… 01099, 05999, 24986, 25010, 25019, 25955
門前町史編さん専門委員会 …… 30614	矢島 清文 …… 20945, 20949	
	矢島 玄亮 …… 28022	
モンタヌス …… 07082	矢島 渚男 …… 26039, 26095, 26166, 26202	安竹 貴彦 …… 06750
文部省 …… 04033, 16739		安富 有恒 …… 16296, 16338
文部省維新史料編纂事務局 …… 04034, 04190	矢嶋 道文 …… 08758	安永 愛 …… 10878
	矢島 浩 …… 06789, 15577, 15656〜15668	安永 寿延 …… 14941, 14942, 14958, 14976, 14983, 14984
文部省教学局 …… 13778		
文部省思想局 …… 13823, 15093, 16019	八島 龍晴 …… 32864	安場 末喜 …… 14825
文部省社会教育局 …… 16697	八城 圀衛 …… 07126	安場 保吉 …… 08284
文部省震災予防評議会 …… 11611, 11612	矢代 静一 …… 19362	安原 秀魁 …… 14047
文部省総務局 …… 16707	矢津 昌永 …… 07080	やすはら まん …… 09342
	安井 小太郎 …… 13285	安原 盛彦 …… 27165
	安井 小洒 …… 25837	安間 公観 …… 10837
【や】	安井 亮平 …… 07020	安丸 良夫 …… 00457〜00461, 09097
	安池 尋幸 …… 10548	八隅 蘆庵 …… 09955, 12969
焼津市史編さん委員会 …… 31246	安岡 昭男 …… 03790, 04682, 07181	安水 稔和 …… 27306〜27308
焼津市立図書館 …… 31245	安岡 重明 …… 08274, 10183, 10247, 10301, 10335	安村 敏信 …… 09816, 17594, 17658, 17675, 17846, 17853, 17865, 17869, 18557
八重樫 良暉 …… 08897		
八重野 充弘 …… 00271〜00273, 12730	安岡 章太郎 …… 18047, 23391	安本 恭二 …… 10037

安元 彦助 ……………………… 15179	柳田 泉 …………… 25031～25033	籔野 椋十 …………………… 29764
夜雪庵金羅宗匠 ……………… 25602	柳田 和久 …………………… 02271	矢部 一郎 …………… 16248, 16387
野草老仙 ……………………… 12528	柳田 国男 …………… 24628, 27309	矢部 寛一 …………………… 08042
矢田 金一郎 ………………… 20015	柳田 聖山 …………………… 27522	矢部 誠一郎
矢田 七太郎 ………………… 04838	柳田 為正 …………………… 30958	17641, 21981, 21988, 22159
矢田 挿雲	柳田 東助為善 ………………… 30958	矢部 榾郎 …………………… 25781
03296, 05190, 29524～29541	柳田 森英	矢部 三千法 ………… 09547, 09548
矢田 弥八 …………………… 21610	11537, 11546, 23752, 26457	矢部 良明 …………… 00293, 20265,
谷田部 隆博 ………………… 11339	柳多留刊行会 ………………… 26652	20358, 20361, 20460, 22016
谷内 文佳 …………………… 26767	柳多留全集刊行会 …………… 26665	山内 一郎 …………………… 28494
八千代市史編さん委員	柳家 花緑 …………………… 21758	山内 和雄 …………………… 28086
会 …………… 29448～29450	柳谷 慶子 …………………… 10803	山内 修一 …………………… 04593
八千代市立郷土博物館 ……… 09933	簗瀬 一雄 …… 14122, 14345, 14346,	山内 久司 …………………… 26580
八千代町史編纂委員会 ………	23953, 24069, 24169～24171	山内 昌之
08805, 28810, 32015	柳瀬 留治 …………………… 24181	00523, 03682, 07362, 21714
茅野市八ヶ岳総合博物	柳瀬 万里 …………………… 24039	山内一豊入国四〇〇年
館 …………………… 24040	梁田 忠山 …………………… 27485	共同企画実行委員会 ……… 32943
矢次 最輔 …………………… 15070	梁田蛻巌先生顕彰会 ………… 13303	山内家史料刊行委員会 ………
八代古文書の会 …… 33444～33446	簗取 作次 …………………… 08893	05060～05063, 32950, 32951
八代市立博物館未来の	梁取 三義 …………… 28423, 30270	山浦 清麿 …………………… 12215
森ミュージアム …… 11980, 12189,	柳本 浩 ……………… 16295, 16322	山浦 玄嗣 …………………… 00321
15627, 17489, 24926, 33421	矢野 毅卿 …………………… 15026	山尾 三省 …………………… 26345
八剣 浩太郎 ………… 11861, 11872	矢野 公和 …………… 23146, 23217	山尾 規子 …………………… 27238
矢動 丸広 …………… 33336, 33337	矢野 城楼 …………… 06392, 06403	山岡 霞川 …………………… 09086
矢富 熊一郎 ………… 05569, 32232	矢野 きん坊 ………………… 26645	山岡 敬 ……………………… 23916
弥富 破摩雄 ………………… 03121,	矢野 憲一 …………………… 16438	山岡 荘八 …………………… 01917,
14194, 14388, 24042, 24120	矢野 誠一 …………………… 21141	01918, 01934, 01935, 02897
宿六 心配 …………………… 26588	矢野 武 ……………………… 09530	山岡 鉄舟 …………… 04936, 04937,
箭内 健次 …………………… 02834,	矢野 太郎 …………… 00908, 00929	04945, 14766, 14769～14771
06827, 06936, 07103, 32979	矢野 徹志 …………………… 32846	山岡 鉄太郎 ………… 04942, 05363
柳井市立柳井図書館 … 05559, 14046,	矢野 玄道 …………………… 00990	やまおか みつはる … 07122, 16168
32537, 32548, 32549, 32553	矢野 益治 …………………… 09491	山鹿 素行 …… 13795, 13815, 13819,
矢内原 忠雄 ………………… 14772	矢野 竜渓（文雄） ………… 00932	13820, 13822, 13825, 13848
柳川古文書館 ……… 33084～33086	矢羽 勝幸 …… 18163, 26025, 26037,	山鹿 光世 …………… 13834, 13837
柳川山門三池教育会	26050, 26233, 26259, 26292,	山形 宇兵衛 ………… 27783～27785,
13302, 33018, 33150	26293, 26297, 26320, 26322,	27787～27789
柳川市教育委員会 … 33084～33086	26329, 26336, 26368, 26382,	山方 香峰 …………… 00558, 14727
柳川市史編集委員会 …………	26394, 26397, 26412, 26948,	山県 大弐 …………………… 01162
12971, 13243, 23989,	26953, 26972, 27279, 30862	山県 二雄 …………………… 17335
32650, 33148, 33149, 33153	矢橋 三子雄 ………………… 04420	山形 紘 …………… 05785～05787, 29375
梁川町史編纂委員会 …………	野盤子支考 …………………… 25965	山形県 ……………… 28351, 28352
28524, 28608, 28609	八尋 章文 …………………… 26990	山形県経済部
梁川町史編纂室 ……………… 12915	八尋 舜右 …………… 02025, 05096,	山形県生涯学習人材育
柳 宗悦 ……………………… 20421	05515, 05516, 24276, 24282	成機構 …………………… 28253
柳 亮 ………………… 17979, 20971	藪 利和 ……………………… 06524	山形県内務部 ………………… 28276
柳沢 淇園 …………………… 18449	矢吹 修 ……………… 11066, 11067	山形県農地部農地課 ………… 09230
柳沢 京子 …………………… 26349	矢吹 邦彦 …………… 13696, 13707	山形県立博物館 ……………… 27121
柳沢 昌紀 …………………… 22883	矢吹 重政 …………………… 14455	山形市市史編さん委員
柳沢 睦郎 …………………… 21762	矢吹町 ………………………… 28610	会 …………… 28298, 28299
柳沢 良知 ……………………	藪田 重守 …………………… 00950	山形市市史編集委員会 … 28298, 28299
15188, 15189, 15213, 15214	藪田 貫 ……………………… 00618,	山形新聞社編集局 …………… 25078
柳沢 吉保 …………………… 02006	00638, 01082, 06088, 06555,	山形大学附属博物館 … 28404～28417
柳沢 良一 …………………… 27439	06991, 09122, 10500, 10784,	山神 明日香 ………… 09919, 33304
柳下 重雄 ……………………	10793, 10817, 10853, 22174,	山上 伊豆母 ………………… 00302
06223, 08912, 08921, 29543	27574, 31633, 31634, 31820	山上 笙介 …… 27705, 27706, 27708
柳田 昭 ……………………… 17186		

著者名	番号
山上 貢	27704
山川 菊栄	04955, 04962
山川 健一	05825, 14762
山川 振作	28754
山川 喬	31083
山川 武	17794, 18048, 18062, 18066, 18107
山川 弘至	14083, 22525
山川 浩	05037, 05038, 31720
山川 安人	25830, 25842, 25849, 25880
山木 育	10280, 14888
山岸 紘一	13127
山岸 常人	11195
山岸 徳平	27395
山岸 光宣	15861
山岸 素夫	00265, 00266
山北町町史編さん室	30056
山北町	30187
山口 麻太郎	06429
山口 栄吾	00153
山口 栄鉄	00426, 07563, 33897
山口 修	09757, 09904
山口 和雄	07197〜07199, 08623, 09453, 30454
山口 勝旦	20587
山口 久三	13259
山口 桂三郎	17655, 17656, 18504, 18513, 18514, 18573, 18619, 18875, 18902, 19317, 19388, 19532, 19559, 19560, 19567, 19597, 19603, 19618, 19631, 19644, 19663, 19664, 19689, 19709, 19782, 19783, 19845, 19863
山口 啓二	02275, 06929, 06931, 07486, 07488
山口 健次郎	08510, 08512
山口 光朔	07614
山口 孝平	28454
山口 志義夫	14256
山口 繁	06054, 13336
山口 誓子	25164, 25168, 25169
山口 誠太郎	04981, 04989
山口 晢子	02638, 11472
山口 隆治	08677, 09404, 09405, 30544, 30575
山口 剛	22354, 22385
山口 忠助	04715
山口 恒七	24612
山口 椿	26499, 26514
山口 徹	09460, 09466, 10122, 11129
山口 敏太郎	15724
山口 平吉	16695, 33772
山口 蓬春	17813, 17971, 17979
山口 雅生	12517
山口 光一	02712, 02713
山口 宗之	04732, 04792, 04794, 05558, 07519, 13128, 13129, 15136
山口 素義	24515
山口 康夫	33333
山口 八十八	03968, 04191〜04193
山口 祐造	08902
山口 豊	23356
山口 吉一	06015
山口 義孝	13770
山口銀行	03619, 03967, 05465, 09256, 23404, 32514〜32517
山口県	06324, 32576, 32597〜32601, 32609
山口県教育委員会	20912, 32495
山口県教育委員会文化財保護課	32503
山口県教育会	15161〜15173
山口県教育庁文化課	00180
山口県文書館	06401, 15147, 32578〜32594, 32602, 32603
山口県立萩美術館・浦上記念館	18746, 19535, 19750, 21939
山口県立美術館	17544, 18029
山口放送文化セミナー運営委員会文集セミナーニュース部会	32518
山崎 斌	24183
山崎 有信	03829, 03878
山崎 闇斎	13399
山崎 栄作	09869, 09891, 26975, 27580
山崎 英二	31613
山崎 庚午太郎	24583
山崎 勝昭	14036
山崎 喜好	24961, 24989, 24990, 25537, 25543, 25833, 25834, 25877, 25878, 27212
山崎 清司	29495, 29715
山崎 謹哉	16071, 28679
山崎 圭	11128
山崎 譲平	08890
山崎 佐	16470
山崎 忠和	05334, 05358
山崎 藤吉	24968, 25029, 25198, 25199
山崎 常磐	31135
山崎 利盛	28263
山崎 昇	24283
山崎 久之	22153, 22154, 22211
山崎 誠	26789
山崎 正董	13504, 13511, 13512, 13516, 13517, 16520
山崎 益吉	08355, 13519
山崎 道夫	13632
山崎 光夫	13439, 13451
山崎 実	19297
山崎 美成	03033, 03266, 14062
山崎 善啓	32855
山崎 好是	09685
山崎 隆三	08258, 08473
山崎記念中野区立歴史民俗資料館	12622, 29596
山里 永吉	33879
山里 澄江	07719
山沢 英雄	26648, 26650, 26651, 26653, 26657, 26658, 26695, 26696
山沢 学	08909
山路 愛山	01931, 01941〜01943, 02792, 02799, 03364, 04597, 04869, 04870, 05285, 05289, 13319, 13326, 13731, 13746, 13900, 13903, 13912
山路 閑古	26515, 26517, 26528, 26529, 26703
山路 興造	12696, 19009
山路 健	07613
山下 五樹	13191, 13218
山下 和正	12741, 16110
山下 一海	24529, 24532, 24647, 24648, 24719, 24928, 25307, 25439, 25408, 25502, 26047, 26147, 26148, 26167, 26190, 27186, 29789
山下 煕庵	31159
山下 喬子	05157
山下 朔郎	20243, 20246, 20255, 20257, 20313
山下 尚志	06930, 07487
山下 武	16937
山下 恒夫	06993〜06998, 07037〜07041
山下 登喜子	25843, 25935
山下 範久	10532
山下 久夫	14343, 23467
山下 秀範	15205
山下 文武	33762, 33915
山下 昌也	01846, 02928, 03249
山下 恭	09486
山下 裕二	17652, 17765
山下 隆吉	30452
山下 龍二	13193
山科 言経	01557〜01560

山城町・古文書サーク		山田 稔 ……………………… 33224	山上 宗二 ……………………… 21990
ル如月会 ……………… 15330		山田 安彦 ……………………… 00211	山内 長三 …… 18104, 18183, 18195
山住 昭文 …… 23766, 23794, 23819		山田 康弘 ……………………… 33403	山内 広通 ……………………… 08898
山澄 元 ……………………… 11094		山田 雄造 ……………………… 25041	山辺 知行 ……………………… 01811
山住 正己 ……………………… 13577		山田 孝雄 ………… 14131, 14132,	山邉 知行 ……………………… 20624
山田 愛剣 …………… 05609, 25300		14426, 14452, 23117, 25353	山辺町史編纂委員会 … 28331～28333
山田 秋衛 …………… 20826, 20827		山田 芳則 ……………………… 13216	山原 健二郎 …………………… 09346
山田 一郎 …………… 05113, 05186		山田 良春 ……………………… 30872	ヤマムラ,K. …………………… 10625
山田 和人 …………… 21244, 21274		山田 集美堂 …………………… 04000	山村 月巣 ……………………… 26030
山田 勝弘 ……………………… 27483		山田方谷研究会 ……………… 13717	山村 清助 ……………………… 03054
山田 勘蔵 ……………………… 14312		山田方谷に学ぶ会 …………… 13703	山村 竜也 ……… 03812, 05095, 05145,
山田 国広 ……………………… 26219		山寺 豊 ……… 25670, 27005, 27211	05146, 05151, 05635, 05667,
山田 愚木 ……………………… 01381		山寺芭蕉記念館 ………………	05671, 05680, 05684, 05709,
山田 慶児 ……………………… 15022		18213, 25301, 26204	05710, 05739, 05793, 05794,
山田 洸 ……………………… 13125		大和 智 ……………………… 21014	05839, 05854, 05856, 05867,
山田 済斎 …………… 05324～05326		大和 武生 ……………………… 32614	05877, 05886, 05891, 21802
山田 貞策 ……………………… 08979		大和郡山市教育委員会 ……… 28456	山村 豊成 ……………………… 18918
山田 佐兵衛 …………………… 12966		大和武生先生還暦記念	山村 美声（秀太郎） ………… 05668
山田 三川 …………… 00607, 00608		論集刊行会 ……………… 32614	山村 良夫 ……………………… 13297
山田 茂保 ……………………… 30899		山都町史編さん委員会	山村日記を読む会 …… 31668, 31669
山田 ジャク …………………… 07615		………………… 28580～28583	山室 恭子 …………… 01995, 02923
山田 秋甫 ……………………… 24189		大和屋 小源治 ………………… 10146	山室 健作 ……………………… 30076
山田 準 ……………………… 05359,		大和屋 富右衛門 ……………… 30256	山室山新吉野会 …… 14313, 14314
13527, 13547, 13630, 13706		山中 永之佑 …………………… 02254	山杢 誠 …………… 23328, 23335
山田 順良 ……………………… 25092		山中 清孝 …………… 00860, 29115	山本 秋広 ……………………… 02947,
山田 庄一 …… 21423, 21434, 21533,		山中 啓一 ……………………… 28970	04448, 04953, 28710, 28750
21592～21594, 21605, 21612		山中 佐市 ……………………… 11548	山本 敦司 …… 01817, 03133, 08362
山田 松斎 ……………………… 26944		山中 鉄三 ……………………… 27493	山本 一力 …… 11385, 23728, 23729
山田 昭次 ……………………… 02258		山中 秀夫 ……………………… 06026	山本 英二 …………… 06278, 06279
山田 新市 ……………………… 21948		山中 靖城 …………… 07759, 10320	山本 荷兮 …………… 25805, 25809
山田 寿々六 ……………………		山中 芳和 ……………………… 14081	山本 嘉将 ……………………… 14213,
04846, 04847, 09580, 09581		山中 蘭径 ……………………… 18273	23967, 23968, 24008, 24165
山田 宗徧 ……………………… 22036		山中 六彦 ……………………… 25998	山本 一彦 ……………………… 27073
山田 泰三 ……………………… 03304		山中一揆顕彰会 ……………… 09343	山本 和義 ……………………… 27350
山田 太一郎 …………………… 18348		山梨県 ……………… 00188, 30796,	山本 勝太郎 ………… 02972, 08241
山田 琢 ……………………… 13712		30797, 30815, 30827～30831	山本 勝美 ……………………… 19780
山田 武麿 …………… 28965～28967		山梨県教育委員会 …………… 20914	山本 清嗣 ……………………… 25652
山田 忠雄 ………… 03383, 03589,		山梨県立図書館 …… 30821～30824	山本 慶一 ……………………… 12596
06910, 09096, 09194, 09195		山梨県立文学館 ……………… 25209	山本 健吉 ……………………… 18307,
山田 珠樹 ……………………… 07615		山梨日日新聞社出版部 ……… 26033	24995, 25023, 25024, 25026,
山田 哲夫 ……………………… 07029		山根 章弘 ……………………… 12203	25156, 26191, 27074, 27104,
山田 俊雄 ……………………… 22147		山根 公 ……………………… 25651,	27196, 27197, 27209, 27210
山田 野理夫 … 02790, 27666, 27687		25994, 25999, 26009, 26010	山本 愿太郎 …………………… 25344
山田 久次 ……………………… 14102		山根 為雄 …………… 21343, 21344	山本 鉱太郎 ……………………
山田 方谷 ……………………… 13720		山根 巴 ……………………… 22424	09705, 09706, 27138, 27139
山田 正雄 …… 09030, 09314, 31936		山根 有三 ………………………	山本 僖 ……………………… 26968,
山田 正紀 ……………………… 22193		17512, 17941～17945, 17957,	27092, 27096, 27233～27235
山田 正子 ……………………… 26944		17964, 17966, 17995, 17998,	山本 茂貴 …… 14071, 31544, 31863
山田 正重 ……………………… 16304		20068, 20177, 20340, 20458	山本 茂実 ……………………… 31074
山田 政忠 ……………………… 33923		山根 幸恵 ……………………… 32197	山本 茂 ……………………… 30282
山田 雅晴 ……………………… 15261		山根 楊治郎 …………………… 13714	山本 慈昭 ……………………… 30857
山田 勝 …………… 07549, 08154		山野 寿男 ……………………… 08933	山本 七平 ………………………
山田 真知子 …………………… 12270		山野井 亮 …………… 04615, 17110	03365, 08311, 08348, 12970
		山井 幹六 …………… 13238, 13239	山本 仁 …………… 30295, 30296
			山本 四方 …… 24913, 25176, 25987
			山本 重太郎 …………………… 12358

山本 修之助	30351〜30357
山本 詔一	07521, 30110, 30111
山本 四郎	27530
山本 二郎	21249, 21531, 21603
山本 真功	10274, 13077
山本 沈三郎	16619
山本 純美	11583, 12379, 29578
山本 静古	30353
山本 盛太郎	16660
山本 成之助	12441, 26470
山本 園衛	05292, 05319, 05357
山本 素問	24598
山本 大丙	07885
山本 武夫	00930, 00956, 01101, 01444〜01446, 01555
山本 大	05124, 05126, 09902, 32925〜32927
山本 武	25711
山本 正	08703, 08704, 08795, 27589
山本 忠良	29384
山本 常朝	14866〜14869
山本 徳子	16496
山本 紀綱	07852
山本 元	04958
山本 花子	10270
山本 陽史	23343
山本 半蔵	30357
山本 秀煌	15511
山本 弘文	09663
山本 博文	00385〜00388, 00480, 00491, 00495, 00496, 00504, 00509, 00536, 00691, 01701, 01702, 01780, 01800, 01845, 01851, 02171, 02181, 02278, 02318, 02319, 02458, 02469, 02514, 02522, 02569, 02597, 02667, 02805, 02903, 02904, 03268, 03283, 06204, 06453, 06928, 06966, 07429, 07789, 07790, 10467, 10489, 10542, 11013, 11264, 11433, 11505, 11677, 11877, 11878, 11892, 11908, 11933, 11957, 12022, 14712, 14719, 14720, 14734, 14742, 14860, 20804, 29595, 30541
山本 藤枝	00681, 00682, 10832, 10833
山本 平左衛門	32080
山本 勉弥	08587, 20478
山本 北山	03076
山本 命	13591
山本 正夫	29941, 29942
山本 正喜	33385
山本 正秀	14137
山本 政恒	11942

山本 昌代	11696
山本 真帆	11024
山本 光正	09029, 09698, 29548
山本 唯一	24787, 25298, 25342, 25393, 25441, 25619, 25774, 25825, 26119
山本 有光	22087
山本 勇三	20564
山本 有造	08290, 08588
山本 饒	14228
山本 和加子	29683
山森 青硯	21773, 25780
山谷 ヤスコ	26248
山脇 悌二郎	06852, 06974, 07799, 07843, 07905, 12192, 16605
山脇 之人	04484, 04510, 04511
矢守 一彦	00274, 02256, 09900, 11248, 20749
弥吉 菅一	24996, 26996, 26999, 27030, 27071, 27276
弥吉 光長	17267, 17275〜17280
屋良 朝陳	33966, 33967
八幡 和郎	01778, 02174, 02572, 02573, 02588, 02605, 02670, 02673, 03693, 11879
八幡 義生	09773

【ゆ】

兪 玉姫	25361
湯浅 邦弘	16888, 16895
湯浅 元禎	23876, 23884, 23885
湯浅 貞夫	09322
湯浅 常山	23877〜23883, 23887〜23915
湯浅 大司	08890
湯浅 照弘	10033〜10035
湯浅 明善	23876
湯浅 裕子	27502
湯浅 佳子	23630, 24033, 24034
湯浅 淑子	08892
湯浅 良幸	32618
湯浅浜方文書「御用留」編集委員会	32154
由井 正臣	03784
由井 喜太郎	11789, 31904
結城 健三	27175
結喜 しはや	05691
結城 進	02057, 32157
結城 善太郎	28273
結城 了悟	15526, 15559, 33301
結城 礼一郎	05640

結城市史編さん委員会	28760, 28811
雄山閣	22687〜22700, 23635, 23636, 27299
雄山閣出版株式会社講座日本風俗史編集部	11737, 11738
雄山閣編輯局	03806
由之軒 政房	22946
酉水庵 無底居士	22907
郵政省郵政研究所附属資料館	18968
有精堂編集部	22639
祐田 善雄	21220, 21277〜21282, 21311
雄長老	24472, 24473
雄和町立図書館	28154, 28185, 28186, 28196, 28200, 28201
雄和町古文書研究会	28154, 28185, 28186, 28196, 28200, 28201
湯川 制	20975
湯川 玄洋	17615
湯川 敏治	00120
行足 徹円	33146
行武 和博	33341
行友 李風	11272
ゆきゆき亭 こやん	27273
遊佐 京平	21836
湯沢 賢之助	22972
湯沢 幸吉郎	01366, 22220
湯沢市教育委員会	28228〜28230
楪 太仙	03042
ユニプラン編集部	05780, 29788
柚木 学	08673, 09985, 09986, 10005, 10006, 10019, 10049〜10051, 12362
弓場 紀知	20084
由比 章祐	33037, 33292
湯本 喜作	24095, 24156, 24210
湯本 豪一	15719, 15728, 20065
湯本 五郎治	26397
柚山 俊夫	32899
由良 哲次	16667, 18737
由良 弥生	02494, 02499, 02508, 02513

【よ】

楊 儒賓	13235
容 楊黛	21502, 21503
要海 正夫	09468
八日市市教育委員会	31665
八日市市史編さん委員会	31661

著者名	番号
洋学史学会	15879～15883
洋学二百年記念会	15910
八鹿町教育委員会	13277
要子広堂	12729
横井 小楠	13511
横井 時冬	17510
横井 也有	23837, 23874
横尾 忠則	17793
横川 末吉	08434, 32940
横川 政利	16266
横倉 辰次	06502, 06617～06619, 06660, 06716, 09995
横沢 三郎	25369, 27035, 27036
横須賀 司久	26235, 27436
横須賀 利重	26235
横須賀開国史研究会	07436, 08035, 08053, 09620
横須賀市	07521, 30110
横須賀史学研究会	06484～06487, 06491～06493, 10208, 10212, 10213
横瀬 夜雨	04991
横関 英一	29638
横関 了胤	15282, 15439
横田 新	28424
横田 淳	05680, 05684, 05836, 05883
横田 庄一郎	05297
横田 真精	24079
横田 達雄	00969, 04139～04141, 04149～04151, 04172, 05071, 05072, 05074, 05606, 32949
横田 冬彦	02824, 10536, 15746, 21113
横田 貢	22215, 22216
横田 弥太郎	32233, 32234
横田 洋一	18848
横地 清	18675
横浜 文孝	25219
横浜開港資料館	00341, 03987, 04002, 06113, 07428, 07555, 07556, 07581, 07645, 08055, 08078, 08176, 11530, 30082, 30119, 30194
横浜開港資料館・横浜近世史研究会	11529
横浜開港資料普及協会	03987, 11526, 30119, 30194
横浜郷土研究会	06517, 09626
横浜近世史研究会	06113, 30084
横浜市	30116, 30117, 30189, 30190
横浜市企画調整局	30107
横浜市史編集委員	30116, 30117
横浜市総務局横浜開港資料館	30113
横浜市ふるさと歴史財団	09807, 09992, 11948, 28685, 30058, 30078, 30083, 30090, 30225, 30226
横浜市歴史博物館	09807, 09992, 11948, 19005, 28685, 30052, 30058, 30078, 30083, 30090, 30225, 30226
横浜貿易新報社	30114
横浜マリタイムミュージアム	07426, 10047
横原 英昭	22130
横山 昭男	03527, 09968, 27568, 28251, 28275, 28281
横山 篤美	09267, 09305, 30853, 30991
横山 勝行	12859
横山 巻	27419～27424
横山 寛吾	13214
横山 邦治	22424, 23419, 23446, 23447
横山 健堂	05512, 05517
横山 重	14388, 21205, 23013, 23187
横山 住雄	09844
横山 青娥	22570, 25272
横山 正	21176～21178, 21180, 21207, 21219
横山 達三	16711, 32484
横山 十四男	09106～09108, 09150, 09257, 09258, 09282
横山 俊夫	13429
横山 英	24227, 24308, 24331
横山 弘	27350
横山 学	33917, 33918
横山 弥四郎	06718
横山 泰子	21478, 21707
横山 康	04959
横山 百合子	10619
横山 伊徳	07178, 07578
横山 芳郎	11341, 23344
与謝 蕪村	18290, 18291, 18295, 18300, 26095, 26101, 27091
与謝野 寛	14217, 24132
吉井 和子	15474, 24396
吉井 武	32038
吉井 始子	12327, 12338～12348
吉浦 盛純	08144
吉江 梅寿	24317
吉江 久弥	23004, 23027, 23068, 23120, 23124, 23503
吉岡 勲	31055
吉岡 幸雄	20622
吉岡 信	16599, 16606
吉岡 孝	11032, 29797
芳岡 堂太	05523
吉岡 真之	01714～01716, 01718～01748
吉賀 大眉	20466, 20474
吉川 綾子	14688, 16064
吉川 延太郎	13691
吉川 観方	18567
吉川 久勁（松浦）	01128
吉川 金次	00155
吉川 光治	08572
吉川 幸次郎	13894, 13913, 14246, 14289, 27477
吉川 惣七郎	04093
吉川 発輝	26081, 26347, 27382
好川 之範	04721, 05025, 05890
吉川 芳秋	16444, 16576, 16577
吉川弘文館編集部	01253, 01254
吉川町史編集委員会	30402～30404
吉木 燦浪	24978, 25864
吉木 燦郎	25356
吉木 幸子	27471
吉崎 志保子	24097
吉崎 淳二	18484, 19053, 19068～19072, 19076, 19082, 19156, 19157, 19876, 19995
芳沢 勝弘	17783
吉沢 義一	27612, 28732
吉沢 忠	17680, 18197, 18299, 18300, 18334, 18378, 18475
吉沢 義則	01711
吉田 晶	00894
吉田 厚子	08905
吉田 勇	09214, 28493
吉田 栄司	22938, 24006
吉田 偃武	25052
吉田 和男	13531
吉田 冠子	21556
吉田 貫三	06727～06729
吉田 暁一郎	13493
吉田 魚川	25783
吉田 庫三	15053
吉田 健舟	13421
吉田 絃二郎	27142
吉田 幸一	01067, 18520, 19844, 22790, 22791, 22856, 22860, 22928～22930, 22940～22946, 22952, 22957～22959, 22963, 23002, 24076, 24442, 24472, 24473, 26814, 26949
吉田 公平	13532, 13689, 13690, 13724
吉田 証	10947
吉田 三右衛門	08635
吉田 章一	29817

吉田 松陰	15053, 15055, 15057, 15065, 15088, 15108, 15145, 15146, 15156, 15159, 15161〜15173, 15185, 15186, 15206, 15220, 15221, 16920
吉田 祥朔	32487
吉田 祥三郎	01068, 01069
吉田 昭治	07141
吉田 漱	18570〜18572, 18587, 18965, 19665, 19701
吉田 澄夫	22124, 22142, 22434, 27403
吉田 精一	23183, 26663
吉田 節子	02559, 06056, 11804, 21469, 21470, 21677
吉田 蔵沢	18442
吉田 武三	08013〜08015, 27637〜27639
吉田 忠明	20076
吉田 常吉	04377, 04404, 04405, 04728, 08066, 11942
吉田 哲郎	00098
吉田 暎二	18523〜18528, 18546, 18550, 18565, 18566, 18575, 18577, 18578, 18580, 18586, 18604〜18608, 18901, 18909, 18918, 19055, 19252, 19283〜19285, 19520, 19540, 19562, 19575, 19640, 19878, 19978, 21520〜21525, 21647〜21653
吉田 東伍	04540, 04545, 29780, 29781
吉田 敏子	00923
吉田 俊純	09037, 13607, 14544, 14601, 15276, 20893
吉田 直温	05413
吉田 奈良丸	03032
吉田 伸之	00994, 08460, 10018, 10091, 10516, 10517, 10566, 10617, 10917, 11227, 11239, 11342, 11439, 11469, 11481, 17580, 19433, 19545, 19584, 19717, 19806, 19882, 20777, 29348, 31827
吉田 元	12359
吉田 正志	06425, 06427, 06522, 28090〜28092
吉田 昌彦	03853
吉田 光邦	07212, 07611, 09759, 09899, 09905, 17210, 17739, 20359
吉田 光由	16334
よしだ みどり	15222
吉田 美和子	26334
吉田 靖	20925
吉田 弥生	21709, 21725
吉田 ゆか里	20573
吉田 幸雄	06375
吉田 行雄	24391
吉田 豊	00832, 01368, 02496, 03179, 11553, 12183, 14703, 16392, 16586, 16587, 16954, 16962, 17366
吉田 ゆり子	08772
吉田 庸作	
吉田 義昭	00318, 15344, 15619, 27855, 27869, 27884, 27885
吉田 義雄	25368
吉田 義次	14687
吉田 悦之	14243, 14268
吉田 笠雨	04495
吉田郷土史料研究会	24110
吉武 好孝	22283
吉田松陰先生遺跡保存会	15129
吉田町	30405, 30406
吉田町歴史民俗資料館	17635
吉永 昭	08503, 08504
吉永 季雄	21253, 21315
吉永 豊実	06393, 10040
吉成 香澄	00916
吉成 邦雄	27226
芳根 次朗	04413
吉野 浩三	13086, 15106
吉野 秀雄	24256, 24257, 24268, 24280, 24285, 24295〜24297, 24307
吉野 真保	04064
吉野 雪子	21741
吉羽 和夫	16211
吉原 亀久雄	14644
吉原 健一郎	02267, 03167, 06581, 06582, 08518, 10478, 11302, 11345, 11346, 11788, 12007, 12793, 16098, 16099, 29586, 29587
吉原 浩人	15407
吉原 北宰	20955
吉原 道正	15272
吉松 祐一	25995
吉丸 一昌	14789
吉見 俊哉	11314, 17373, 17374
吉見 文五郎	19212
吉見 良三	05985
吉村 五郎	28467
吉村 重喜	00663
吉村 善太郎	11783
吉村 武夫	10391
吉村 藤舟	21290, 32483, 32488〜32490
吉村 豊雄	02204, 11949, 11950, 33412
吉村 春雄	16007
吉村 弘	29693
吉村 寛泰	16774〜16778
吉村 平吉	12574
吉村 淑甫	15263, 20018
吉本 健二	02890
吉本 襄	04863, 04886
吉本 正幸	33843〜33845
吉屋 信子	23982
吉山 藤兵衛	09687
吉行 淳之介	22981
依田 賢太郎	16403
依田 幸人	02566
四日市市	31583〜31586
四日市市立博物館	12706
四柳 英子	16390
米子市史編さん協議会	32225, 32226
与並 岳生	33881〜33894
米崎 清実	29748
米沢 元健	06788
米沢上杉文化振興財団	12206
米沢温故会	28355, 28357, 28359, 28361, 28363, 28365, 28367, 28369, 28371, 28373, 28375, 28377, 28379, 28381, 28383, 28385, 28387, 28389, 28391, 28393, 28395, 28397, 28399, 28400
米沢市教育委員会	03519
米沢市史編さん委員会	28300, 28301, 28308, 28342, 28349
米沢図書館	28336
米津 三郎	33027
米津 正治	10134, 31782
米田 該典	16609
米田 貞一	14007
米田 弥太郎	22055, 22058
米田 芳秋	08785
米谷 栄一	07841
米長 邦雄	21881
米光 丁	16329
米村 昭二	27445
米村 正夫	09601
米村 竜治	15399, 15403
米谷 隆史	33389
米山 光儀	16640
与野市企画部市史編さん室	29249
読売新聞大阪本社	17551
読売新聞大阪本社文化部	23184
読売新聞社	21589
読売新聞西部本社	10431, 33042
読売新聞北陸支社	10072, 17452
読本研究の会	23441〜23444
四方 章夫	24680

寄居町教育委員会町史
　編さん室 29250
頼富 本宏 15377
万朝報社 07471

【ら】

頼 祺一 13067, 13262
頼 杏坪（惟柔） 32409
頼 山陽 16053
頼 惟勤 13167
頼 楳崖 16003
頼 又二郎 01046, 01047, 01050
頼 桃三郎 21252, 21313, 27416
頼祺一先生退官記念論
　集刊行会 00243, 10498
頼山陽先生遺蹟顕彰会 ....
　　　16037, 16043, 16044, 16046
ラックストン, イアン・
　C. 07672
ラードゥリ＝ザトゥロ
　フスキー 14969
ラビナ, マーク ... 02677, 03509, 03531
蘭学事始百五十年記念
　会 15971
蘭学資料研究会 15887

【り】

李 元雨 01775
李 雲 13506
李 栄九 24936
李 景稷 07816
李 献璋 07847
李 秀石 13208
李 進熙 07702, 07703, 07825
李 登輝 14783
李 東彦 09053
李 美林 18886, 19008
陸軍省編修掛 00959
栗庵 似鳩 26076
六花庵 乙兒 24740
リッカー美術館 ....
　　　　18892, 19000, 19288, 19873
立教大学文学部史学科
　日本史研究室 00852
立正大学古文書学研究
　室 30035

立正大学古文書研究会 ....
　　　　08932, 08934, 09028,
　　　　09060, 09242, 11081,
　　　11083, 11088, 11090, 11590,
　　　12361, 28702, 28703, 28705,
　　　28731, 28828, 28849, 30035
栗東町史編さん委員会 31662
栗東歴史民俗博物館 ....
　　　　10453, 17492, 18033, 18034
立命館大学産業社会学
　部高木正朗ゼミナー
　ル 09068
立命館大学高木ゼミ 10628
リディン, オロフ G. 13924
リード, ロバート 27259
里文出版 27221
劉 寒吉 20217, 33307
柳 尚熙 22240
劉 長輝 13836
竜ケ崎市史編さん委員
　会 28761, 28762, 28812
竜ケ崎市文化振興事業
　団 04820
竜ケ崎市歴史民俗資料
　館 04820
琉球王国評定所文書編
　集委員会 .... 33953～33964, 33972
琉球王代文献頒布会 33968
琉球国絵図史料集編集
　委員会 .... 12795～12799, 33969
琉球史料研究会 33965
琉球新報社 27497
琉球大学工学部建設工
　学科福島研究室 20875
琉球大学・短期大学部 33904
龍渓書舎編集部 29493, 29764
龍洲散人 33096
流泉小史 05713
龍造寺八幡宮楠神社 12974
柳亭 燕路 12847, 23828, 23829
柳亭 種彦 23413, 23734, 23850
柳門舎 .... 22313～22316
リュードルフ, F.A. 07596
呂 万和 03939
両神村史編さん委員会 29253
両神村教育委員会 ... 29254～29256
両神村村史編さん委員
　会 00336, 29251, 29252
良寛 24224, 24231,
　　　　24235, 24242, 24249, 24250,
　　　　24256, 24257, 24308, 24366,
　　　　24375, 24388, 27502, 27505,
　　　　27508, 27522, 27525, 27526
良寛会 ....
　　　　24289, 24292, 24353, 24358,
　　　　24359, 24366, 24378, 24389
緑葉散史 03032

リンダウ, ルドルフ ... 07606, 07624
林土 暁朗 26117, 26118
林睦朗先生還暦記念会 02199

【る】

ルイス, ウィリアム ... 07622, 07623
ルサン, アルフレッド ... 07564, 08196
留守 孤雲 03081
ルビンジャー, リチャー
　ド 16871

【れ】

令 敬 24790
冷泉 為人 01552
冷泉家時雨亭文庫 01776
レイトン, ウォルター ....
黎明居 紫舟 25428
レイモンド服部 08093
レイン, リチャード ....
　　　18650, 18882, 19044, 19058,
　　　19084, 19110, 19118, 19119,
　　　19123, 19124, 19127, 19159,
　　　19164, 19172, 19173, 19177,
　　　19181, 19182, 19320～19322,
　　　　　　　19339, 19359, 19406,
　　　19416, 19431, 19553, 19819,
　　　　19828, 19855, 19912, 19959
『歴史街道』編集部 11676
歴史科学協議会 ....
　　　　09194, 09195, 10600～10602
歴史学研究会 ... 00011, 00029, 00041,
　　　00577, 00674, 01105, 03687,
　　　03929～03933, 06033, 10505
歴史館いずみさの 18220, 31865
歴史記者クラブ幕末班 03852
歴史教育者協議会 ... 26142, 09132
歴史群像編集部 11862
歴史研究会出版局 05536
歴史散歩倶楽部 00533
歴史思想研究会 14740
歴史真相研究会 12103
歴史図書社 21920
歴史と文学の会 02047,
　　　　03433, 05733, 09105, 29598
歴史トレンド研究会 03799
歴史の謎を探る会 00534,
　　　10124, 11691, 11897, 12002,
　　　12004, 12005, 12267, 15243
歴史の謎研究会 11294
歴史ファンワールド編
　集部 03780

| 歴史ミステリー探訪会 ……… 12451
| レザーノフ ……………… 07627
| レフィスゾーン,J.H. … 07662, 07663
| レブン ………………… 05696
| 蓮月尼 ………………… 24152
| 恋々山人 ……………… 12442

【ろ】

| 浪化 …………………… 24557
| 弄月亭有人 …………… 03056
| 弄古軒菅秋 …………… 33373
| 六郷町町史編纂委員会 … 28153
| 六樹園 ………………… 23437
| 六兵衛 ………………… 08903
| ろじゃめいちん ……… 07569
| ローターモンド、ハルト
| 　ムート O. ……… 15685, 15703
| 六本木 健志 ………… 30248
| 露伴学人 ……………… 25726
| ロム・インターナショナ
| 　ル ………… 16117, 29763

【わ】

ワイリー、ピーター・
　ブース ……………… 07368
若尾 俊平 …………… 00096,
　00097, 00855〜00857, 00861,
　00887, 09048, 31154, 31155
若尾 政希 ……………
　13040, 13119, 14946, 14947
若木 太一 …… 22968, 25953
若木 武之助 ………… 28147
若木近世史研究会 ……
　06189, 06460, 29291, 29292
「わが国農村社会にお
　ける伝統技術の研
　究」プロジェクトチー
　ム …………………… 08871
福井県立若狭歴史民俗
　資料館 ……………… 00196
若竹 笛躬 …………… 21580
若月 保治 …… 21185, 21198〜21201,
　21296, 21319, 21330, 21351
若葉会 ………………… 30477
若林 淳之 ……………
　00237, 08408, 31144, 31145
若林 喜三郎 ……………
　02796, 08749〜08751, 30540,
　30543, 30572, 30580, 31594
若林 強斎 …………… 13260

若林 節子 …………… 24251
若林 力 ……………… 26474
和歌文学会 …………… 23978
若松 実 ………… 07706〜07709,
　07791〜07793,
　07816〜07819, 07821
若松城天守閣再建30周
　年記念特別展実行委
　員会 ………………… 28462
若松城天守閣市制百周
　年記念特別展実行委
　員会 ………………… 05047
若水 俊 ………… 12101, 13922
和歌森 太郎 ……………
　00681, 00682, 10580〜
　10583, 10591, 10611〜10614,
　10832, 10833, 27561, 27566
和歌森太郎先生還暦記
　念論文集編集委員会 … 10570
若山 拳 ……………… 05626
若山 光円 …………… 13187
若山 滋 ……………… 20703
和歌山県教育委員会 … 20891
和歌山県史編さん委員
　会 ………… 32106, 32113〜32116
和歌山県田辺市教育委
　員会 ……… 32135〜32144
和歌山県立博物館 … 11978, 17408,
　17479, 18073, 20083, 32089
和歌山県立文書館 …… 32182
和歌山市史編纂委員会 ………
　32107, 32117, 32118
和歌山市史編纂室 …… 32095
和歌山市立博物館 … 01870, 07766,
　14351, 16245, 16491, 16947,
　17448, 18691, 21983, 32092,
　32094, 32096, 32097, 32104
和歌山人権研究所 …… 10902
和歌山大学紀州経済史
　文化史研究所 …… 08411, 32150
和漢比較文学会 ……
　22495, 22741, 24626
脇 哲 ………………… 09616
和記 博 ……………… 28052
脇坂 俊夫 …………… 06326,
　08616, 08617, 09318, 09323,
　31941, 31965, 31966, 31982,
　31983, 32023, 32040, 32049
脇坂 昌宏 …………… 03843
脇田 修 ……………… 00007,
　02980, 04154, 04729, 08235,
　08236, 10932, 16892, 31821,
　31826, 31830, 31835, 31844
脇田 晴子 …………… 10608
脇田 秀太郎 ……………
　17667, 17668, 18335, 18336
脇野 博 ……………… 08898
脇本 祐一 …………… 10262

脇本
脇屋 川柳 …… 01363, 26501, 26614
ワーグマン,C ……… 20066
涌谷こもんの会 ……… 28089
涌谷町 ………………… 00176
和栗 久雄 …………… 13195
和気 紀於 …………… 10965
和崎 晶 ……………… 03490
鷲尾 厚 ……………… 18432
鷲尾 三郎 …………… 22785
鷲司 哲暲 …………… 33669
鷲谷 樗風 …………… 31783
和島 誠一 …………… 01864
和島 芳男 …… 13289, 13290, 16823
輪島市史編纂専門委員
　会 …………………… 30617
鷲山 樹心 …… 23465, 23470, 23496
和順 高雄 …………… 27079
和城 伊勢 ……… 10436, 10438
早稲田大学演劇博物館 ………
　18939〜18941, 21550
早稲田大学坪内博士記
　念演劇博物館 ………
　18734, 18735, 18908,
　18942, 21497, 21584, 21712
早稲田大学経済史学会 … 10597
早稲田大学講演部 …… 05965
早稲田大学図書館 ……
　15777, 15914, 17394, 23555
早稲田大学俳諧研究会 … 22516
早稲田大学文学部俳諧
　摺物データベース制
　作チーム …………… 18785
和船文化・技術研究会 … 32630
和田 斐太 …………… 08147
和田 修 ……………… 21579
和田 邦平 ……………
　20984, 20989, 20993, 21023
和田 健治 …… 26533, 26583
和田 健爾 …………… 05524,
　13871, 14691, 15153, 15155
和田 耕作 …… 14961, 14966, 15018
和田 重雄 …………… 33024
和田 信二郎 …… 00970, 15957
和田 伝 ……………… 13605
和田 維四郎 …………… 11380,
　12137, 17319, 17320, 22572
和田 恒彦（天華）…… 05089
和田 東郭 ……… 16474, 16475
和田 徳一 …………… 24726
和田 信子 …………… 15336
和田 信義 …………… 04441
和田 春樹 …………… 07980
和田 久徳 …… 00405, 00436〜00439
和田 斉 ……………… 09066

和田 博通 …… 23343	渡辺 昭五 …… 00300	渡辺 英夫 …… 09969
和田 政雄 04872, 05513, 05540, 05541	渡部 庄平 …… 09225, 28486	渡部 秀人 …… 24205
和田 雅実 …… 13947	渡辺 信一郎 …… 08919, 10765, 10769, 10823, 11692, 12003, 12016, 12048, 12226, 12243, 12264, 12269, 12366, 12411, 12413, 12417, 12426, 15679, 16942, 16943, 23767, 26453, 26455, 26490, 26494	渡辺 宏 …… 04990
和田 正道 …… 01781, 14711		渡辺 弘 …… 01098, 16640, 26298, 26363, 26400
和田 万吉 …… 07082, 22312		渡辺 浩 …… 13109, 13118, 13263
和田 弥兵衛正尹 …… 32380〜32383		渡辺 博史 …… 31325
和田 要治 …… 16860, 16861, 21831, 21833, 21834		渡部 史夫 …… 08506, 28285
綿谷 雪 03880, 26060, 26561, 29679	渡辺 謹馨 …… 26157	渡辺 文夫 …… 08237
	渡辺 晋山 …… 24766, 32403	渡辺 誠 11396, 11758, 11935, 15453, 20994, 21806, 21855, 21866
渡辺 朝霞 …… 05262	渡辺 信三 …… 26266	
渡辺 敦 …… 21965	渡辺 澄夫 …… 33591, 33592	渡辺 雅司 07588, 07589, 07654, 07981
渡辺 幾治郎 …… 06837	渡辺 静一 …… 04719	
渡辺 一郎 …… 16129, 16148, 16172, 17220, 21790, 29967	渡辺 善治(香桜) …… 31341	渡辺 正美 …… 07143
	渡辺 千治郎 …… 10342	渡辺 操(存軒) …… 14833
渡辺 英二 …… 22171, 22181	渡辺 善次郎 …… 12289	渡辺 満雄 …… 30285
渡辺 崋山 15776, 18339, 18342, 18346, 18347, 18369, 18393〜18399	渡辺 泰然 …… 03064	渡辺 美好 …… 15133
	渡辺 大濤 14955, 14956, 14991, 14992	渡辺 村男 …… 33018
	渡辺 多恵子 …… 05918	渡部 求 …… 04194
渡辺 和敏 …… 02226, 06019, 09655, 09782, 12791, 31462, 31468	渡辺 尚志 …… 00249, 04647, 08888, 11053, 11056, 11091, 11118, 11121, 11130, 11136, 11144, 11634, 29348, 29357, 29362, 32507, 33391	渡辺 盛衛 …… 05343
		渡辺 守邦 …… 22899
渡部 かつみ …… 15058, 15059		渡辺 守順 …… 10314
渡辺 克己 …… 02779		渡辺 八代吉 …… 33624
渡辺 霞亭 …… 05277, 13425		
渡辺 加藤一 …… 07180	渡辺 武 …… 31801	渡辺 与五郎 …… 03525, 06844, 08393
渡辺 兼雄 …… 27852	渡辺 正 …… 27499	渡辺 嘉雄 …… 28632
渡辺 喜作 …… 09440〜09449	渡辺 忠司 …… 06509, 06510, 06515, 08263, 08707, 10199, 31792, 31808, 31832, 31851	渡辺 美和 …… 16419
渡辺 京二 …… 11316		渡辺 好孝 …… 08794
渡辺 喜代子 …… 30854		渡辺 喜之 …… 21715
渡辺 金造 …… 14436	渡辺 達也 …… 19812	渡辺 世祐 …… 03022, 03023, 03213〜03215, 16920
渡部 景一 …… 28123, 28128, 28137〜28139, 28141	渡辺 頼母 …… 32286, 32293	
	渡辺 民子 …… 03143	渡辺家文書研究会 …… 29992
渡辺 源一 …… 26350	渡辺 為夫 …… 09213	綿抜 豊昭 …… 12349, 17631, 23403, 23421, 23875, 24019, 24031
渡辺 憲司 …… 12498, 12542, 12665, 17105, 22452	渡辺 保 03226, 03227, 03641, 19615, 19616, 21378, 21422, 21440, 21441, 21546, 21613, 21728	
		渡部 治 …… 23965
渡辺 浩一 …… 01104, 11201		渡部 武 …… 06530, 13576, 32297
渡邉 晃一 …… 11458	渡辺 勤 …… 11631	亘理 章三郎 …… 14673
渡辺 貢二 …… 09982	渡辺 登喜雄 …… 01530	和辻 哲郎 …… 06911〜06913, 06918, 06919, 20980〜20982, 20992
渡部 綱次郎 …… 28131, 28210〜28214	渡辺 敏夫 …… 16201, 16416, 16417	
渡部 孝徳 …… 05273	渡部 図南夫 …… 03520	和木村教育委員会 …… 32567
渡邉 五郎三郎 …… 05354, 13978	渡辺 知三郎 …… 18403	蕨市 …… 02561, 29220, 29260, 29261
渡辺 崎右衛門 …… 20857	渡辺 友左 …… 22217	蕨市立歴史民俗資料館 …… 09821
渡辺 祥子 …… 16604, 31831	渡辺 ともみ …… 09574	ワルタマン,クラウディア …… 25756
渡部 智 …… 20439	渡辺 豊和 …… 20688	
渡辺 治湟 …… 06761	渡辺 直彦 …… 01003	
渡辺 秀 …… 14137	渡辺 年応 …… 13078	
渡辺 修次郎 …… 05510	渡辺 信夫 …… 00329, 09661, 09719, 09892, 10191, 10514, 11200, 11730, 27210, 27670, 28047, 28054, 28055	【ABC】
渡辺 修二郎 04021, 05121, 05379, 05389, 05483, 13331, 13842, 18391		Borricano,Joiegen L. …… 32380〜32383, 32738, 32747, 32748, 32765, 32787
	渡辺 八郎左衛門 …… 31269	
渡辺 俊典 …… 02568, 09863	渡辺 英明 …… 31333	CDI …… 31721
渡部 昇一 …… 05353, 13668	渡辺 秀英 24237〜24239, 24335, 24365, 27510, 27520	Da Gama編集部 …… 05698
渡部 正一 …… 14705		Diepgen,Paul …… 16472

Fleischel,Robert	20573
Hane,Mikiso	00606
Matsumoto,Yutaka	07135
NHK取材班	00022, 00023, 00610, 00619〜00621, 03301, 03558〜03560, 03727, 03744, 03745, 05717, 05957, 17918, 18767
Ocier,Maria Eden G.	32380〜32383
Perry,M.C.	07412〜07414
Q‐DESIGN	05918
Stubbs,David C.	23231
Takatsuka,Masanori	23231

事項名索引

【あ】

会津藩諸士系譜　→諸家人物伝・系譜 ……… 19
愛知県
　→愛知県（中世・近世史） ……………… 10
　→徳川宗春 ………………………………… 84
　→名古屋城 ……………………………… 498
　→愛知県（近世史） …………………… 742
会津藩　→幕末期の会津藩 ……………… 121
アイヌ史　→アイヌ史 …………………… 655
合葉文山　→合葉文山 …………………… 440
亜欧堂田善　→亜欧堂田善 ……………… 479
青木木米　→青木木米 …………………… 441
青森県　→青森県（近世史） …………… 656
赤根武人　→奇兵隊 ……………………… 133
灯り　→灯り ……………………………… 298
秋田県
　→秋田県（中世・近世史） ……………… 9
　→秋田県（近世史） …………………… 666
あきない　→商業史 ……………………… 244
安芸国
　→広島県（中世・近世史） …………… 11
　→広島県（近世史） …………………… 769
あきんど　→商人 ………………………… 247
あきんどしぐさ　→江戸しぐさ ………… 252
赤穂事件　→赤穂事件 …………………… 74
浅井了意　→浅井了意 …………………… 547
アサガオ　→商品作物・園芸 …………… 212
浅草弾左衛門　→浅草弾左衛門 ………… 265
浅間山大噴火　→天明の大噴火 ………… 280
浅見絅斎　→浅見絅斎 …………………… 323
アジア　→対アジア外交 ………………… 184
蘆東山　→蘆東山 ………………………… 324
安土桃山時代　→中世・近世一般 ………… 1
東東洋　→東東洋 ………………………… 424
篤姫　→天璋院篤姫 ………………………… 64
アーネスト・サトウ　→アーネスト・サトウ …… 184
あぶな絵　→春画 ………………………… 455
天草四郎　→島原の乱 …………………… 373
雨森芳洲　→雨森芳洲 …………………… 322
アメリカ
　→外国人の見た日本 …………………… 180
　→対アメリカ外交 ……………………… 193
　→万延元年遣米使節 …………………… 194
新井白石
　→藩翰譜 ………………………………… 21
　→新井白石 ……………………………… 321
　→折たく柴の記 ………………………… 322
荒木田守武　→荒木田守武 ……………… 591
有栖川宮幟仁　→朝廷の動向 …………… 108

有田焼　→有田焼 ………………………… 483
淡路国
　→兵庫県（中世・近世史） …………… 11
　→兵庫県（近世史） …………………… 757
阿波国　→徳島県（近世史） …………… 773
安房国
　→千葉県（中世・近世史） …………… 10
　→千葉県（近世史） …………………… 695
安永期俳諧　→安永・天明期俳諧 ……… 617
暗殺
　→幕末テロ ……………………………… 134
　→暗殺事件 ……………………………… 279
安政の大地震　→安政の大地震 ………… 281
安政大獄
　→大老井伊直弼 ………………………… 106
　→安政大獄 ……………………………… 107
安政の大獄　→橋本左内 ………………… 115
安藤昌益　→安藤昌益 …………………… 357
安藤野雁　→安藤野雁 …………………… 576
安藤信正　→坂下門外の変 ……………… 108
安藤広重　→安藤広重 …………………… 469

【い】

井伊家史料　→井伊家史料 ……………… 42
井伊直弼
　→大老井伊直弼 ………………………… 106
　→安政大獄 ……………………………… 107
　→桜田門外の変 ………………………… 107
家定　→徳川家定 ………………………… 53
家重　→徳川家重 ………………………… 52
家継　→徳川家継 ………………………… 51
家綱　→徳川家綱 ………………………… 50
家斉　→徳川家斉 ………………………… 52
家宣　→徳川家宣 ………………………… 51
家治　→徳川家治 ………………………… 52
家光　→徳川家光 ………………………… 50
家茂　→徳川家茂 ………………………… 53
家康　→徳川家康 ………………………… 48
家慶　→徳川家慶 ………………………… 53
硫黄　→鉱業（近世史） ………………… 229
医学史　→医学史 ………………………… 392
伊賀国　→三重県（近世史） …………… 748
伊賀焼　→信楽焼・伊賀焼 ……………… 487
イギリス
　→外国人殺傷事件 ……………………… 180
　→外国人の見た日本 …………………… 180
　→アーネスト・サトウ ………………… 184
　→対イギリス外交 ……………………… 197
イギリス商館日記　→イギリス商館日記 …… 197
生田万　→生田万 ………………………… 348

生野の乱　→生野の乱	143
池大雅　→池大雅	436
池田英泉　→池田英泉	476
池田草庵　→池田草庵	325
石川県　→石川県（近世史）	724
石川丈山　→石川丈山	652
石塚龍麿　→石塚龍麿	348
石田軍記　→石田軍記	545
石田梅岩　→石田梅岩	356
維新　→幕末	88
維新史料　→幕末史料	97
維新の群像　→維新の群像	109
伊豆国　→静岡県（近世史）	738
和泉国	
→大阪府（中世・近世史）	11
→大阪府（近世史）	754
出雲国　→島根県（近世史）	765
伊勢商人　→伊勢商人	252
伊勢国　→三重県（近世史）	748
磯田湖竜斎　→磯田湖竜斎	476
イタリア　→外国人の見た日本	180
一揆	
→一揆（東北地方）	222
→一揆（関東地方）	223
→一揆（中部地方）	224
→一揆（近畿地方）	225
→一揆（中国地方）	225
→一揆（四国地方）	226
→一揆（九州地方）	226
一茶　→小林一茶	623
逸話　→逸話	278
伊藤若冲　→伊藤若冲	433
伊藤仁斎　→伊藤仁斎	334
因幡国	
→鳥取県（中世・近世史）	11
→鳥取県（近世史）	764
犬公方　→徳川綱吉	50
井上井月　→井上井月	626
伊能忠敬　→伊能忠敬	384
茨城県	
→茨城県（中世・近世史）	10
→幕末期の水戸藩	119
→茨城県（近世史）	680
井原西鶴	
→井原西鶴（浮世草子）	548
→好色一代男	553
→好色五人女	554
→日本永代蔵	554
→世間胸算用	554
→西鶴織留	554
→武道伝来記	555
→武家義理物語	555
→西鶴諸国はなし	555

→西鶴俗つれづれ	555
→万の文反古	555
→井原西鶴（俳諧）	592
伊万里焼　→伊万里焼	483
鋳物	
→鋳物・焼物（中世・近世史）	5
→鋳物（近世史）	233
伊予国	
→愛媛県（中世・近世史）	11
→愛媛県（近世史）	779
イリュストラシオン　→外国人の見た日本	180
色里　→遊里	300
岩倉具視　→岩倉具視	109
岩佐又兵衛　→岩佐又兵衛	475
岩瀬忠震　→開国	178
岩手県	
→岩手県（中世・近世史）	9
→岩手県（近世史）	660
石見国　→島根県（近世史）	765
隠居　→社会史（近世史）	253
印章　→花押・印章	4

【う】

上杉家御年譜　→上杉家御年譜	672
上杉鷹山　→上杉鷹山	86
上田秋成	
→上田秋成	560
→雨月物語	561
上田藩村明細帳　→上田藩村明細帳	736
上野彦馬　→幕末写真史	96
植松茂岳　→植松茂岳	348
浮世絵	
→浮世絵	442
→役者絵	451
→大津絵	458
→錦絵	459
→肉筆浮世絵	459
浮世絵の目録　→浮世絵の目録	450
浮世草子　→浮世草子	547
雨月物語　→雨月物語	561
羽後国	
→秋田県（中世・近世史）	9
→秋田県（近世史）	666
羽前国　→山形県（近世史）	669
歌川国貞　→歌川国貞	477
歌川国芳　→歌川国芳	474
歌川豊国　→歌川豊国	476
歌川豊春　→歌川豊春	474
歌麿　→喜多川歌麿	473
内山真龍　→内山真龍	348

団扇　→服飾史（近世史）	293
梅田雲浜　→梅田雲浜	323
浦上玉堂　→浦上玉堂	438
占い　→陰陽道・占い	363
運輸	
→運輸・交通（中世・近世史）	5
→運輸・交通（近世史）	233

【え】

絵　→絵画	419
永楽善五郎　→永楽善五郎	483
ええじゃないか　→ええじゃないか	143
江川英龍　→江川英龍	117
江川太郎左衛門　→江川英龍	117
絵金　→絵金	478
エコ　→環境問題	285
絵師　→絵師	460
絵島事件　→絵島事件	279
蝦夷	
→北海道（中世・近世史）	9
→東北地方（中世・近世史）	9
→北海道（近世史）	653
→アイヌ史	655
越後国	
→新潟県（中世・近世史）	10
→新潟県（近世史）	717
越前国　→石川県（近世史）	724
越前焼　→越前焼	488
越中国	
→富山県（中世・近世史）	10
→富山県（近世史）	722
江戸　→江戸	271
江戸開府　→江戸開府	70
江戸語　→江戸語	531
江戸後期　→江戸後期	87
江戸しぐさ　→江戸しぐさ	252
江戸時代　→近世一般	14
江戸時代史料　→江戸時代史料	24
江戸城　→江戸城	497
江戸城下変遷絵図集　→江戸城下変遷絵図集	711
江戸商人　→江戸商人	251
江戸初期　→江戸初期	70
江戸中期　→江戸中期	82
江戸っ子　→江戸っ子	291
江戸幕府日記　→江戸幕府日記	30
江戸藩邸毎日記　→江戸藩邸毎日記	36
江戸風景　→江戸風景	453
エトロフ島事件　→対ロシア外交	192
榎本其角　→宝井其角	614

榎本武揚　→幕末期の幕臣	116
愛媛県	
→愛媛県（中世・近世史）	11
→愛媛県（近世史）	779
絵馬　→絵馬	306
江馬細香　→江馬細香	652
エレキテル　→平賀源内	380
艶画　→春画	455
塩業　→塩業	229
縁切寺　→離婚	161
円空　→円空	366
園芸　→商品作物・園芸	212
演劇史　→演劇史	505
遠島　→流人・寄場送り	160
縁日　→祭礼・縁日	306
艶本　→艶本	545

【お】

御家騒動　→御家騒動	69
応挙　→円山応挙	431
桜斎随筆　→桜斎随筆	36
欧州　→対ヨーロッパ外交	196
奥州街道　→奥州街道	239
往生伝　→往生伝	366
近江商人　→近江商人	249
近江国	
→滋賀県（中世・近世史）	11
→滋賀県（近世史）	750
往来物　→往来物	405
大石内蔵助　→大石内蔵助	82
大石良雄　→大石内蔵助	82
大分県	
→大分県（近世史）	796
→豊後杵月藩城下町町役所日記	800
大岡越前　→大岡越前	84
大奥	
→大奥	62
→春日局	64
大国隆正　→大国隆正	347
大久保一翁　→幕末期の幕臣	116
大久保利通　→大久保利通	129
大久保彦左衛門　→三河物語	39
大隈言道　→大隈言道	576
大坂加番記録　→大坂加番記録	36
大坂城　→大坂城	498
大坂商人　→大坂商人	251
大坂定番記録　→大坂定番記録	36
大坂の陣　→大坂の陣	71
大阪府	
→大阪府（中世・近世史）	11

→大坂加番記録	36
→大坂定番記録	36
→大坂城	498
→大阪府（近世史）	754
大塩平八郎　→大塩平八郎（儒学）	329
大塩平八郎の乱　→大塩平八郎の乱	87
大隅国	
→鹿児島県（中世・近世史）	11
→鹿児島県（近世史）	802
大田垣蓮月　→大田垣蓮月	576
大田錦城　→大田錦城	337
大田蜀山人　→大田蜀山人	584
大田南畝　→大田蜀山人	584
大津絵　→大津絵	458
大槻玄沢　→大槻玄沢	381
大原幽学　→大原幽学	356
大村益次郎　→大村益次郎	132
尾形乾山　→尾形乾山	482
尾形光琳　→尾形光琳	430
岡田米山人　→岡田米山人	441
岡山県　→岡山県（近世史）	766
沖田総司　→沖田総司	141
沖縄県	
→沖縄県（中世・近世史）	11
→琉球の法制	154
→沖縄県（近世史）	805
隠岐国　→島根県（近世史）	765
荻生徂徠　→荻生徂徠	334
奥田家文書　→奥田家文書	34
奥の細道　→奥の細道	641
小栗上野介　→小栗忠順	118
小栗忠順　→小栗忠順	118
お札　→藩札・地方紙幣	207
小沢蘆庵　→小沢蘆庵	577
押小路甫子日記　→幕末史料	97
押込　→御家騒動	69
オーストラリア　→対オーストラリア外交	196
小田野直武　→小田野直武	440
織田有楽斎　→織田有楽斎	527
お茶　→茶道	525
鬼貫　→上島鬼貫	616
鬼平　→司法	154
御庭番　→役人	157
御庭焼　→御庭焼	491
御触書　→町触・触書	148
オランダ	
→留学	141
→長崎貿易	166
→外国人の見た日本	180
→対オランダ外交	189
オランダ医学　→オランダ医学	395
オランダ商館日記　→オランダ商館日記	191
折たく柴の記　→折たく柴の記	322

織部焼　→織部焼	484
オールコック　→外国人の見た日本	180
尾張国	
→愛知県（中世・近世史）	10
→愛知県（近世史）	742
音楽史　→音楽史	519
温泉　→入浴	295
陰陽道　→陰陽道・占い	363

【か】

改易　→大名	64
海援隊　→坂本竜馬	122
絵画　→絵画	419
海軍　→軍艦・海軍	232
蚕　→養蚕史	226
外交史	
→外交史（中世・近世史）	4
→外交史（近世史）	162
開国　→開国	178
外国語研究　→外国語研究	532
外国人殺傷事件　→外国人殺傷事件	180
外国人の見た日本　→外国人の見た日本	180
外国新聞　→外国人の見た日本	180
開墾　→新田開発	213
海産物　→漁業	228
海舟　→勝海舟	117
海運	
→水運・海運（中世・近世史）	7
→海運（近世史）	241
解体新書　→蘭学・洋学	376
怪談	
→妖怪・怪談	375
→四谷怪談	519
街道	
→道（中世・近世史）	5
→街道（近世史）	234
懐徳堂　→懐徳堂	403
甲斐国	
→山梨県（中世・近世史）	10
→山梨県（近世史）	730
貝原益軒　→貝原益軒	323
海北派　→海北派	425
開洋丸　→軍艦・海軍	232
花押　→花押・印章	4
化学　→化学	392
科学史　→科学史	386
加賀騒動　→加賀騒動	70
加賀国　→石川県（近世史）	724
加賀千代尼　→加賀千代尼	616
加賀藩農政経済史料　→加賀藩農政経済史料	727

各務支考 →各務支考	616	桂離宮 →桂離宮	501
香川景樹 →香川景樹	577	華道 →華道	527
香川県 →香川県（近世史）	775	加藤暁台 →加藤暁台	622
柿右衛門 →酒井田柿右衛門	482	神奈川県	
蠣崎波響 →蠣崎波響	423	→神奈川県（中世・近世史）	10
稼業 →生業風俗	290	→神奈川県（近世史）	713
学術 →学術・教育史	376	仮名草子 →仮名草子	546
隔蓂記 →隔蓂記	39	仮名手本忠臣蔵 →仮名手本忠臣蔵	512
かくれ念仏 →かくれ念仏	367	狩野山雪 →狩野山雪	427
景清外傳 →景清外傳	564	狩野探幽 →狩野探幽	427
かげま茶屋 →男色	300	狩野派 →狩野派	425
鹿児島県		狩野芳崖 →狩野芳崖	427
→鹿児島県（中世・近世史）	11	歌舞伎	
→島津久光公實紀	104	→役者絵	451
→幕末期の薩摩藩	126	→歌舞伎	513
→鹿児島県（近世史）	802	歌舞伎史料 →歌舞伎史料	517
火事 →火事・火消し	298	株仲間 →株仲間	246
崋山 →渡辺崋山	438	貨幣・金融 →貨幣・金融（中世・近世史）	4
火山噴火 →災害史	279	貨幣史 →貨幣史（近世史）	205
鍛冶 →製鉄・鍛冶（中世・近世史）	5	上方 →上方	277
歌人		上方語 →上方語	531
→和歌	572	紙細工 →紙細工	493
→短歌	573	上島鬼貫 →上島鬼貫	616
春日局		髪結 →髪結・化粧	295
→大奥	62	亀井南冥 →亀井南冥	335
→春日局	64	亀田鵬斎 →亀田鵬斎	336
上総国		賀茂真淵 →賀茂真淵	341
→千葉県（中世・近世史）	10	歌謡 →歌謡・謡曲・狂言	634
→千葉県（近世史）	695	からくり人形 →製造業・工業技術（近世史）	230
和宮		ガラス絵 →ガラス絵	479
→和宮	64	ガラス工芸 →ガラス工芸	492
→公武合体運動	108	唐津焼 →唐津焼	485
家政学 →家政学	293	河合曽良 →河合曽良	614
化政期俳諧 →化政・天保期俳諧	622	河井継之助 →河井継之助	116
家族 →家族	261	川口月嶺 →川口月嶺	432
敵討 →敵討	355	川路聖謨	
片桐石州 →片桐石州	527	→川路聖謨文書	106
刀 →鎧・武具（近世史）	294	→川路聖謨	116
荷田春満 →荷田春満	341	河竹黙阿弥 →河竹黙阿弥	519
家畜 →畜産史	226	河内国	
花鳥画 →花鳥画	432	→大阪府（中世・近世史）	11
勝海舟 →勝海舟	117	→大阪府（近世史）	754
勝川春章 →勝川春章	476	河鍋暁斎 →河鍋暁斎	478
勝川春潮 →勝川春潮	478	かわら版 →かわら版	414
学校教育 →学校教育	399	寛永時代 →寛永時代	72
葛飾北斎		寛永諸家系図伝 →寛永諸家系図伝	20
→葛飾北斎	462	寛永銭 →貨幣史（近世史）	205
→北斎漫画	466	漢学 →漢学	318
甲子夜話 →甲子夜話	34	願掛け →願掛け	306
合戦史 →合戦史（中世・近世史）	4	咸宜園 →広瀬淡窓	336
甲冑 →鎧・武具（近世史）	294	環境問題 →環境問題	285
桂小五郎 →木戸孝允	131	岸駒 →岸駒	431
		韓国 →対朝鮮外交	185

関西地方	
→近畿地方(中世・近世史)	11
→上方語	531
→近畿地方(近世史)	750
漢詩文　→漢詩文	647
干城録　→干城録	33
寛政改革　→寛政改革	85
寛政重修諸家譜　→寛政重修諸家譜	22
関孝和　→関孝和	391
菅茶山	
→菅茶山(儒学)	324
→菅茶山(漢詩)	652
関東地方	
→関東地方(中世・近世史)	10
→関東地方(近世史)	679
看板　→広告	253
官府御沙汰略記　→官府御沙汰略記	38
咸臨丸　→万延元年遣米使節	194

【き】

紀伊国	
→三重県(近世史)	748
→和歌山県(近世史)	761
其角　→宝井其角	614
飢饉　→飢饉	219
紀行文　→紀行文	637
北尾政美　→北尾政美(鍬形蕙斎)	466
喜多川歌麿　→喜多川歌麿	473
北国街道　→その他の街道	239
北前船　→北前船	243
北村季吟　→北村季吟	592
義太夫節　→義太夫節	509
吉川経幹周旋記　→吉川経幹周旋記	102
吉向焼　→吉向焼	491
几董　→高井几董	621
木戸松菊　→木戸孝允	131
木戸孝允　→木戸孝允	131
絹　→養蚕史	226
甲子雑録　→甲子雑録	36
木下順庵　→木下順庵	321
黄表紙　→黄表紙	566
岐阜県	
→宝暦治水	217
→岐阜県(近世史)	736
奇兵隊	
→高杉晋作	132
→奇兵隊	133
木村重成　→大坂の陣	71
着物　→服飾史(近世史)	293

九州地方	
→九州地方(中世・近世史)	11
→九州地方(近世史)	782
弓道　→弓道	524
教育史	
→留学	141
→学術・教育史	376
→教育史	397
狂歌　→狂歌	582
侠客　→侠客・無宿人	266
行刑　→行刑・刑罰	158
狂言　→歌謡・謡曲・狂言	634
郷校　→郷校	404
京都守護職　→幕末期の会津藩	121
京都書林仲間記録　→京都書林仲間記録	414
京都府	
→京都府(中世・近世史)	11
→二条城	498
→京都府(近世史)	752
享保期俳諧　→元禄・享保期俳諧	611
享保の改革　→徳川吉宗	51
京焼　→京焼	485
教令類纂　→教令類纂	147
清河八郎　→維新の群像	109
漁業　→漁業	228
曲芸　→大道芸・曲芸	520
清信　→鳥居清信	478
去来　→向井去来	615
吉良上野介　→吉良義央	82
吉良義央　→吉良義央	82
切絵図　→名所図絵・切絵図	309
キリシタン語　→キリシタン語	531
キリシタン類族帳　→キリシタン類族帳	373
キリスト教　→キリスト教	370
金　→鉱業(近世史)	229
銀　→鉱業(近世史)	229
近畿地方	
→近畿地方(中世・近世史)	11
→上方語	531
→近畿地方(近世史)	750
金工　→金工	493
近古史談　→近古史談	35
銀座　→貨幣史(近世史)	205
近世史　→近世一般	14
禁門の変　→禁門の変	133
蛤御門の変　→禁門の変	133
金融史　→金融史(近世史)	208

【く】

公家　→公家	45

草双紙　→草双紙	565
九条尚忠文書　→九条尚忠文書	102
鯨　→漁業	228
久隅守景　→久隅守景	427
九谷焼　→九谷焼	485
国貞　→歌川国貞	477
国芳　→歌川国芳	474
句碑　→句碑	608
公方　→徳川将軍家	45
熊谷直好　→熊谷直好	577
熊沢蕃山　→熊沢蕃山	327
熊本県	
→熊本県（中世・近世史）	11
→熊本県（近世史）	793
→肥後藩人畜改帳	796
久村暁台　→加藤暁台	622
暮らし　→庶民の生活	289
グラバー　→対イギリス外交	197
黒田泊庵　→黒田泊庵	441
黒船　→黒船・ペリー来航	176
軍艦　→軍艦・海軍	232
群馬県　→群馬県（近世史）	686

【け】

経営史　→経営史	246
桂園派　→桂園派	577
慶元軍記	
→大坂の陣	71
経済史	
→経済史（中世・近世史）	4
→経済史（近世史）	198
経済思想　→経済思想	200
経済録　→太宰春台	335
刑事法　→刑事法	158
芸術家　→芸術家	418
系図　→系譜・系図	4
契沖　→契沖	340
慶長遣欧使節　→慶長遣欧使節・支倉常長	164
慶長日件録　→慶長日件録	39
芸能史	
→芸能史（中世・近世史）	9
→芸能史（近世史）	504
刑罰　→行刑・刑罰	158
芸藩志　→芸藩志	770
系譜	
→系譜・系図	4
→諸家人物伝・系譜	19
→徳川諸家系譜	20
→寛永諸家系図伝	20

→寛政重修諸家譜	22
化粧　→髪結・化粧	295
下水　→用水・治水	215
結婚　→婚姻	289
結髪　→髪結・化粧	295
剣客　→剣客	521
憲教類典　→憲教類典	147
言語史	
→言語史（中世・近世史）	9
→言語史（近世史）	529
言志四録　→言志四録	329
検地　→検地・石高調	212
建築史	
→建築史（中世・近世史）	8
→建築史（近世史）	493
ケンペル	
→ケンペル	168
→日本誌	169
元禄時代　→元禄時代	73
元禄期俳諧　→元禄・享保期俳諧	611

【こ】

碁　→囲碁・将棋	528
恋川笑山　→恋川笑山	478
光格天皇　→光格天皇	45
合巻　→合巻	567
鉱業	
→鉱業（中世・近世史）	5
→鉱業（近世史）	229
工業技術	
→製造業・工業技術（中世・近世史）	5
→製造業・工業技術（近世史）	230
工芸　→工芸	491
広告　→広告	253
広告史　→広告史	415
甲州街道　→甲州街道	239
豪商　→商人	247
好色一代男　→好色一代男	553
好色五人女　→好色五人女	554
好色小説　→艶本	545
洪水　→災害史	279
上野国　→群馬県（近世史）	686
高知県　→高知県（近世史）	781
郷帳　→郷帳・村落の法	162
交通	
→運輸・交通（中世・近世史）	5
→運輸・交通（近世史）	233
弘道館（佐賀）　→藩校	400
弘道館（水戸）　→藩校	400

鴻池　→商人	247
公武合体運動　→公武合体運動	108
孝明天皇　→孝明天皇	45
黄門　→水戸黄門	73
光琳　→尾形光琳	430
古学派　→古学派	332
国学　→国学	337
国史館日録　→国史館日録	37
石高調　→検地・石高調	212
小倉藩人畜帳　→小倉藩人畜改帳	787
呉月渓　→呉月渓（呉春）	432
後光明天皇　→後光明天皇	44
後西天皇　→後西天皇	44
後桜町天皇　→後桜町天皇	44
御参勤　→参勤交代	148
呉春　→呉月渓（呉春）	432
御所　→御所	495
古銭　→貨幣史（近世史）	205
滑稽本　→滑稽本	557
古道　→道（中世・近世史）	5
湖東焼　→湖東焼	491
子供　→子供	291
ことわざ　→民間伝承（近世史）	306
小西来山　→小西来山	617
小林一茶　→小林一茶	623
小堀遠州　→小堀遠州	527
後水尾天皇　→後水尾天皇	43
米切手　→米取引	204
米将軍　→徳川吉宗	51
米相場　→米相場	211
米仲介業　→札差	205
米取引　→米取引	204
後桃園天皇　→後桃園天皇	44
古文書　→古文書（近世史）	22
古文書学　→古文書学（中世・近世史）	2
五輪書　→五輪書	523
コレラ　→災害史	279
ゴローニン　→外国人の見た日本	180
ゴンチャロフ　→外国人の見た日本	180
近藤勇　→近藤勇	140
近藤重蔵蝦夷地関係史料　→近藤重蔵蝦夷地関係史料	655

【さ】

災害史　→災害史	279
西鶴　→井原西鶴（俳諧）	592
西鶴織留　→西鶴織留	554
西鶴諸国はなし　→西鶴諸国はなし	555
西鶴俗つれづれ　→西鶴俗つれづれ	555
在郷商人　→在郷商人	252
西郷隆盛　→西郷隆盛	126
歳時記　→年中行事・歳時記	305
財政史　→財政史	202
埼玉県	
→埼玉県（中世・近世史）	10
→埼玉県（近世史）	690
祭礼　→祭礼・縁日	306
斎藤月岑日記　→斎藤月岑日記	39
斎藤拙堂　→斎藤拙堂	337
斎藤弥九郎　→維新の群像	109
裁縫　→家政学	293
西遊記　→西遊記	646
堺事件　→外国人殺傷事件	180
酒井宗雅　→酒井宗雅	527
酒井田柿右衛門　→酒井田柿右衛門	482
酒井抱一　→酒井抱一	430
佐賀県　→佐賀県（近世史）	788
嵯峨実愛日記　→幕末史料	97
坂下門外の変　→坂下門外の変	108
魚　→漁業	228
相模国	
→神奈川県（中世・近世史）	10
→神奈川県（近世史）	713
坂本竜馬　→坂本竜馬	122
相楽総三　→相楽総三	134
佐久間象山　→佐久間象山	330
昨夢紀事　→松平春岳	115
桜田門外の変	
→大老井伊直弼	106
→桜田門外の変	107
桜町天皇　→桜町天皇	44
酒　→酒	298
鎖国　→鎖国	164
佐々木弘綱　→国学	337
佐竹曙山　→佐竹曙山	440
佐々宗淳　→佐々宗淳	350
雑著　→雑著	42
雑俳　→雑俳	633
薩摩国	
→鹿児島県（中世・近世史）	11
→鹿児島県（近世史）	802
薩摩藩	
→幕末期の薩摩藩	126
→宝暦治水	217
薩摩焼　→薩摩焼	486
佐藤一斎	
→佐藤一斎	328
→言志四録	329
佐藤直方　→佐藤直方	323
佐藤信淵　→佐藤信淵	358
佐渡金山　→鉱業（近世史）	229
佐渡国	
→新潟県（中世・近世史）	10
→新潟県（近世史）	717
佐土原藩嶋津家江戸日記　→佐土原藩嶋津家江戸日記	37
真田幸村　→大坂の陣	71
讃岐国　→香川県（近世史）	775

さび
　　→茶道 ……………………………………… 525
　　→蕉風俳句 ……………………………… 606
差別史　→差別史 ………………………………… 262
更科紀行　→更科紀行 …………………………… 646
猿蓑　→猿蓑 ……………………………………… 610
山陰地方　→中国地方（近世史） ……………… 764
産業史　→産業史 ………………………………… 209
参勤交代　→参勤交代 …………………………… 148
算術　→数学 ……………………………………… 389
山東京伝　→山東京伝 …………………………… 556
山陽地方　→中国地方（近世史） ……………… 764

【し】

寺院　→寺院 ……………………………………… 366
寺院史料　→寺院史料 …………………………… 368
塩　→塩業 ………………………………………… 229
歯科学　→歯科学 ………………………………… 396
歴史学　→史学史 ………………………………… 381
史学史　→史学史 ………………………………… 381
滋賀県
　　→滋賀県（中世・近世史） …………………… 11
　　→滋賀県（近世史） ………………………… 750
信楽焼　→信楽焼・伊賀焼 ……………………… 487
式亭三馬　→式亭三馬 …………………………… 557
事件史　→事件史 ………………………………… 278
事件簿　→犯科帳 ………………………………… 159
支考　→各務支考 ………………………………… 616
四国地方
　　→四国地方（中世・近世史） ………………… 11
　　→四国地方（近世史） ……………………… 773
仕事　→生業風俗 ………………………………… 290
志士　→維新の群像 ……………………………… 109
寺社建築　→寺社建築 …………………………… 499
時習館（笠間）　→藩校 ………………………… 400
時習館（熊本）　→藩校 ………………………… 400
四十七士　→赤穂事件 …………………………… 74
私塾　→私塾 ……………………………………… 402
地震　→災害史 …………………………………… 279
静岡県　→静岡県（近世史） …………………… 738
慈性日記　→慈性日記 …………………………… 37
自然史　→博物誌 ………………………………… 387
思想史　→思想史 ………………………………… 313
時代劇　→時代考証 ……………………………… 286
時代考証　→時代考証 …………………………… 286
下町　→江戸っ子 ………………………………… 291
質屋　→金融史（近世史） ……………………… 208
市中取締類集　→市中取締類集 ………………… 146
視聴草　→視聴草 ………………………………… 38
実学思想　→実学思想 …………………………… 315

十返舎一九
　　→十返舎一九 ………………………………… 558
　　→東海道中膝栗毛 …………………………… 558
信濃国
　　→長野県（中世・近世史） …………………… 10
　　→長野県（近世史） ………………………… 731
地主制　→地主制 ………………………………… 213
士農工商　→士農工商 …………………………… 256
司馬江漢　→司馬江漢 …………………………… 479
柴野栗山　→柴野栗山 …………………………… 324
渋井太室　→漢学 ………………………………… 318
渋沢栄一　→留学 ………………………………… 141
紙幣　→藩札・地方紙幣 ………………………… 207
司法　→司法 ……………………………………… 154
時法　→時法・暦学 ……………………………… 392
シーボルト　→シーボルト ……………………… 169
島津家文書　→鹿児島県（中世・近世史） …… 11
島津斉彬　→島津斉彬 …………………………… 126
島津久光公實紀　→島津久光公實紀 ………… 104
島流し　→流人・寄場送り ……………………… 160
島根県　→島根県（近世史） …………………… 765
志摩国　→三重県（近世史） …………………… 748
島原の乱　→島原の乱 …………………………… 373
清水次郎長　→侠客・無宿人 …………………… 266
下総国
　　→千葉県（中世・近世史） …………………… 10
　　→千葉県（近世史） ………………………… 695
下掛謡本　→下掛謡本 …………………………… 636
下野国
　　→栃木県（中世・近世史） …………………… 10
　　→栃木県（近世史） ………………………… 684
社会史
　　→社会史（中世・近世史） …………………… 7
　　→社会史（近世史） ………………………… 253
写真　→幕末写真史 ……………………………… 96
写生画　→写生画・円山派・四条派 …………… 430
写楽　→東洲斎写楽 ……………………………… 467
洒落本　→洒落本 ………………………………… 556
朱印船　→朱印船 ………………………………… 163
銃　→鉄砲 ………………………………………… 232
修学院　→修学院 ………………………………… 502
宗教史
　　→宗教史（中世・近世史） …………………… 8
　　→宗教史（近世史） ………………………… 363
宗教統制　→宗教統制 …………………………… 364
住居史　→住居史 ………………………………… 298
儒学一般　→儒学一般 …………………………… 317
宿　→宿駅 ………………………………………… 235
塾　→私塾 ………………………………………… 402
宿駅　→宿駅 ……………………………………… 235
朱子学派　→朱子学派 …………………………… 319
出版史　→出版史 ………………………………… 411

シュリーマン			食物 →食物・料理史	295
→外国人の見た日本		180	諸宗末寺帳 →諸宗末寺帳	368
狩猟 →狩猟		228	女性 →女流文学	542
春画 →春画		455	女性史 →女性史	257
遵義堂(膳所) →藩校		400	ジョゼフ・ヒコ →漂流民	166
舜旧記 →舜旧記		41	書道 →書道	527
駿台雑話 →室鳩巣		321	諸仲間再興調 →諸仲間再興調	247
攘夷 →尊王攘夷運動		108	庶民教育 →庶民教育・寺子屋	404
攘夷論 →攘夷論		180	庶民の生活 →庶民の生活	289
→外国人殺傷事件		180	女流文学 →女流文学	542
城郭			ジョン万次郎 →中浜万次郎(ジョン万次郎)	168
→江戸城		497	使琉球録 →沖縄県(中世・近世史)	11
→名古屋城		498	城	
→二条城		498	→江戸城	497
→大坂城		498	→名古屋城	498
→姫路城		498	→二条城	498
城郭建築 →城郭建築・武家屋敷		495	→大坂城	498
松下村塾			→姫路城	498
→吉田松陰		359	清 →対中国外交	188
→松下村塾		404	新陰流 →柳生新陰流	524
城下町 →城下町		271	人口史 →人口史	257
将棋 →囲碁・将棋		528	仁斎 →伊藤仁斎	334
蒸気船 →造船		232	神社 →神社	364
商業史 →商業史		244	心中 →犯罪・心中	265
商業史料 →商業史料		245	真宗 →浄土真宗	367
将軍 →徳川将軍家		45	進修館(忍) →藩校	400
笑山 →恋川笑山		478	新選組	
象山 →佐久間象山		330	→新選組	134
丈山 →石川丈山		652	→近藤勇	140
常山紀談 →常山紀談		570	→土方歳三	140
上水 →用水・治水		215	→沖田総司	141
小説 →小説		543	新田開発 →新田開発	213
丈草 →内藤丈草		616	神道史 →神道史	364
浄土宗 →浄土宗		367	新聞	
浄土真宗 →浄土真宗		367	→かわら版	414
商人 →商人		247	→初期新聞	415
商品作物 →商品作物・園芸		212		
商品流通 →商品流通		204		
蕉風俳句 →蕉風俳句		606	**【す】**	
咲分仙臺萩 →咲分仙臺萩		565		
昌平坂学問所 →昌平坂学問所		400	水運	
商法 →商法		161	→水運・海運(中世・近世史)	7
蕉門俳諧 →蕉門俳諧		613	→水運(近世史)	241
浄瑠璃 →浄瑠璃		506	水害 →災害史	279
諸家人物伝 →諸家人物伝・系譜		19	スイス →対ヨーロッパ外交	196
書簡 →書簡(松尾芭蕉)		611	水道 →用水・治水	215
初期外交 →初期外交・貿易史		163	随筆 →随筆・評論	569
初期俳諧 →初期俳諧		591	水墨画 →水墨画・禅画	424
職業 →生業風俗		290	スウェーデン →外国人の見た日本	180
食肉 →畜産史		226	数学 →数学	389
職人史 →職人史		230	末摘花 →末摘花	633
植物学 →植物学		391		
織豊時代 →中世・近世一般		1		

周防国
　→山口県（中世・近世史）……………………… 11
　→山口県（近世史）……………………………… 771
菅江真澄
　→菅江真澄（国学）……………………………… 348
　→菅江真澄（紀行文）…………………………… 647
杉田玄白
　→杉田玄白………………………………………… 380
　→蘭学事始………………………………………… 380
数寄屋造　→数寄屋造……………………………… 501
鈴木牧之　→鈴木牧之……………………………… 348
鈴木其一　→鈴木其一……………………………… 430
鈴木重胤　→鈴木重胤……………………………… 348
鈴木清風　→鈴木清風……………………………… 617
鈴木春信　→鈴木春信……………………………… 466
ズーフ　→対オランダ外交………………………… 189
スポーツ　→体育史………………………………… 521
住吉具慶　→住吉具慶……………………………… 424
住吉如慶　→住吉如慶……………………………… 424
相撲　→相撲………………………………………… 524
駿河国　→静岡県（近世史）……………………… 738

【せ】

税　→年貢…………………………………………… 218
生活史
　→風俗・生活史（中世・近世史）……………… 7
　→風俗・生活史（近世史）……………………… 281
成器堂（勝山）　→藩校…………………………… 400
生業風俗　→生業風俗……………………………… 290
井月　→井上井月…………………………………… 626
政治思想　→政治思想・封建思想………………… 316
製造業
　→製造業・工業技術（中世・近世史）………… 5
　→製造業・工業技術（近世史）………………… 230
製鉄
　→製鉄・鍛冶（中世・近世史）………………… 5
　→製鉄・大砲製造（近世史）…………………… 231
性風俗　→性風俗…………………………………… 299
西洋紀文　→新井白石……………………………… 321
生類憐れみの令　→徳川綱吉……………………… 50
関所　→関所………………………………………… 241
世間胸算用　→世間胸算用………………………… 554
石灰　→商品流通…………………………………… 204
折衷学派　→折衷学派……………………………… 335
摂津国
　→大阪府（中世・近世史）……………………… 11
　→大阪府（近世史）……………………………… 754
瀬戸焼　→瀬戸焼…………………………………… 487
銭貨　→貨幣史（近世史）………………………… 205
禅画　→水墨画・禅画……………………………… 424

仙厓　→仙厓………………………………………… 425
千家茶道　→千家茶道……………………………… 526
禅宗　→禅宗………………………………………… 368
千宗旦　→千宗旦…………………………………… 526
染織工芸　→染織工芸……………………………… 492
戦争　→合戦史（中世・近世史）………………… 4
専売制度　→専売制度……………………………… 205
川柳　→川柳………………………………………… 627

【そ】

葬儀　→葬儀………………………………………… 304
宋紫石　→宋紫石…………………………………… 432
装飾画・障壁画　→琳派・装飾画・障壁画……… 428
造船　→造船………………………………………… 232
雑兵物語　→雑兵物語……………………………… 35
相馬九方　→相馬九方……………………………… 335
曽我蕭白　→曽我蕭白……………………………… 425
俗信　→民間信仰…………………………………… 374
続通信全覧　→続通信全覧………………………… 174
続徳川実紀　→続徳川実紀………………………… 32
測量　→地図・測量………………………………… 383
素行　→山鹿素行…………………………………… 332
袖の下　→ワイロ…………………………………… 85
曾根崎心中　→曾根崎心中………………………… 512
その他の思想　→その他の思想…………………… 357
蕎麦　→蕎麦………………………………………… 298
染物　→染物………………………………………… 5
曽良　→河合曽良…………………………………… 614
徂徠学　→荻生徂徠………………………………… 334
尊王攘夷運動　→尊王攘夷運動…………………… 108
村落　→村落………………………………………… 266
村落の法　→郷帳・村落の法……………………… 162

【た】

タイ　→対アジア外交……………………………… 184
体育史　→体育史…………………………………… 521
大火　→火事・火消し……………………………… 298
代官　→代官………………………………………… 156
大義名分論　→朱子学派…………………………… 319
太閤真顕記　→太閤真顕記………………………… 565
大黒屋光太夫　→大黒屋光太夫…………………… 168
大坂本屋仲間記録　→大坂本屋仲間記録………… 414
大政奉還　→幕府滅亡……………………………… 144
大道芸　→大道芸・曲芸…………………………… 520
大日本維新史料　→大日本維新史料……………… 104
大日本史料　→大日本史料………………………… 32
対フランス外交　→対フランス外交……………… 198

大砲製造　→製鉄・大砲製造（近世史）	231
大名　→大名	64
大名行列　→参勤交代	148
タウンゼント・ハリス　→ハリス・ヒュースケン	194
高井几董　→高井几董	621
鷹狩り　→狩猟	228
高杉晋作	
→高杉晋作	132
→奇兵隊	133
高田屋嘉兵衛　→高田屋嘉兵衛	168
高野長英　→高野長英	381
鷹見泉石日記　→鷹見泉石日記	35
高柳荘丹　→高柳荘丹	626
高山彦九郎　→高山彦九郎	85
宝井其角　→宝井其角	614
滝沢馬琴	
→滝沢馬琴	562
→南総里見八犬伝	564
竹田出雲	
→竹田出雲	512
→義経千本桜	512
→仮名手本忠臣蔵	512
武田耕雲斎　→天狗党の乱	120
武市瑞山　→武市半平太	122
武市半平太　→武市半平太	122
凧　→凧	304
太宰春台　→太宰春台	335
田崎草雲　→田崎草雲	440
但馬国	
→兵庫県（中世・近世史）	11
→兵庫県（近世史）	757
橘曙覧　→橘曙覧	577
立花北枝　→立花北枝	617
橘守部　→橘守部	348
伊達騒動　→伊達騒動	69
伊達治家記録　→伊達治家記録	666
伊達政宗　→慶長遣欧使節・支倉常長	164
田中大秀　→田中大秀	347
谷文晁　→谷文晁	440
田沼意次　→田沼時代	84
田能村竹田　→田能村竹田	441
タバコ　→専売制度	205
旅行　→旅行	240
食べ物　→食物・料理史	295
玉くしげ　→本居宣長	341
玉虫左太夫　→対アメリカ外交	193
俵屋宗達　→俵屋宗達	429
短歌　→短歌	573
探検史　→探検史	383
丹後国	
→京都府（中世・近世史）	11
→京都府（近世史）	752
弾左衛門　→浅草弾左衛門	265

男色　→男色	300
淡窓　→広瀬淡窓	336
丹波国	
→京都府（中世・近世史）	11
→兵庫県（中世・近世史）	11
→京都府（近世史）	752
→兵庫県（近世史）	757
丹波焼　→丹波焼	488
談林派　→談林派	591

【ち】

地域語　→方言	532
地学　→地学	392
近松門左衛門	
→近松門左衛門	509
→曾根崎心中	512
知行制　→知行制	203
筑後国	
→福岡県（中世・近世史）	11
→福岡県（近世史）	784
畜産史　→畜産史	226
筑前国	
→福岡県（中世・近世史）	11
→福岡県（近世史）	784
地図　→地図・測量	383
治水　→用水・治水	215
致道館（庄内）　→藩校	400
千葉県	
→千葉県（中世・近世史）	10
→千葉県（近世史）	695
地方経済　→地方経済	203
地方史	
→地方史（中世・近世史）	9
→地方史（近世史）	653
地方紙幣　→藩札・地方紙幣	207
地方商人　→在郷商人	252
地方の絵画　→地方の絵画	423
地方俳諧	
→地方俳諧（地方俳諧）	588
→地方俳諧（北海道・東北地方）	588
→地方俳諧（関東地方）	588

→地方俳諧(中部地方)	589
→地方俳諧(近畿地方)	590
→地方俳諧(中国地方)	590
→地方俳諧(四国地方)	590
→地方俳諧(九州地方)	590
地方法制 →地方法制	150
茶 →商品作物・園芸	212
→茶道	525
中国 →対中国外交	188
中国地方	
→中国地方(中世・近世史)	11
→中国地方(近世史)	764
忠臣蔵 →赤穂事件	74
中世史 →中世・近世一般	1
中部・東海地方	
→中部・東海地方(中世・近世史)	10
→中部・東海地方(近世史)	729
丁卯雑拾録 →丁卯雑拾録	101
彫刻 →彫刻	418
長州征伐 →長州征伐	133
朝鮮 →対朝鮮外交	185
朝鮮通信使 →対朝鮮外交	185
朝廷 →天皇・朝廷	43
朝廷の動向 →朝廷の動向	108
町人 →町人の台頭	262
町人の生活 →庶民の生活	289
町人文化 →町人文化	411
蝶夢 →蝶夢	617
朝野旧聞裒藁 →朝野旧聞裒藁	33
朝林 →江戸時代史料	24
千代尼 →加賀千代尼	616
丁髷 →髪結・化粧	295
地理学史 →地理学史	383
賃金 →物価史	204

【つ】

通訳 →通訳・翻訳	532
土御門泰重 →泰重卿記	40
綱吉 →徳川綱吉	50
椿椿山 →椿椿山	440
坪井杜国 →坪井杜国	617
釣り →釣り	520
鶴屋南北	
→鶴屋南北	518
→四谷怪談	519

【て】

ディアナ号 →対ロシア外交	192
庭園 →庭園	504
貞丈雑記 →貞丈雑記	40
貞心尼 →貞心尼	369
貞門派 →貞門派	591
適塾 →適塾	403
デザイン →デザイン	415
出島 →長崎貿易	166
鉄	
→製鉄・鍛冶(中世・近世史)	5
→鉱業(近世史)	229
→製鉄・大砲製造(近世史)	231
鉄舟 →山岡鉄舟	119
鉄砲 →鉄砲	232
寺子屋 →庶民教育・寺子屋	404
出羽国	
→秋田県(中世・近世史)	9
→秋田県(近世史)	666
→山形県(近世史)	669
天狗党の乱 →天狗党の乱	120
天璋院篤姫 →天璋院篤姫	64
天忠組 →天誅組の乱	143
天誅組 →天誅組の乱	143
天皇 →天皇・朝廷	43
天保期俳諧 →化政・天保期俳諧	622
天保銭 →貨幣史(近世史)	205
天保改革 →天保改革	88
天保の飢饉 →飢饉	219
デンマーク →対ヨーロッパ外交	196
天明期俳諧 →安永・天明期俳諧	617
天明の飢饉 →飢饉	219
天明の大噴火 →天明の大噴火	280
天文学 →天文学	392

【と】

ドイツ	
→外国人の見た日本	180
→対ヨーロッパ外交	196
唐 →対中国外交	188
ドゥーフ →外国人の見た日本	180
東海道 →東海道	236
東海道中膝栗毛 →東海道中膝栗毛	558
東京都	
→東京都(中世・近世史)	10
→江戸っ子	291
→江戸城	497

→東京都（近世史）	699
陶芸　→陶芸	480
東西紀聞　→東西紀聞	101
東西評林　→東西評林	102
東洲斎写楽　→東洲斎写楽	467
東条一堂　→東条一堂	337
東照宮　→日光東照宮	501
唐人お吉　→ハリス・ヒュースケン	194
盗賊　→盗人	158
道中記　→道中記	311
道徳　→倫理・道徳	352
銅版画　→洋画・銅版画	478
動物学　→動物学	391
東北地方	
→東北地方（中世・近世史）	9
→東北地方（近世史）	655
遠江国　→静岡県（近世史）	738
遠山金四郎　→江戸後期	87
言経卿記　→言経卿記	40
徳川昭武　→留学	141
徳川家定　→徳川家定	53
徳川家重　→徳川家重	52
徳川家継　→徳川家継	51
徳川家綱　→徳川家綱	50
徳川家斉　→徳川家斉	52
徳川家宣　→徳川家宣	51
徳川家治　→徳川家治	52
徳川家光　→徳川家光	50
徳川家茂　→徳川家茂	53
徳川家康　→徳川家康	48
徳川家慶　→徳川家慶	53
徳川三代　→徳川三代	48
徳川実紀　→徳川実紀	31
徳川将軍家　→徳川将軍家	45
徳川諸家系譜　→徳川諸家系譜	20
徳川綱吉　→徳川綱吉	50
徳川斉昭　→幕末期の水戸藩	119
徳川秀忠　→徳川秀忠	50
徳川埋蔵金　→埋蔵金伝説	307
徳川宗春　→徳川宗春	84
徳川慶喜　→徳川慶喜	53
徳川吉宗	
→徳川吉宗	51
→享保改革	83
徳島県　→徳島県（近世史）	773
読書　→読書・図書	412
時計　→製造業・工業技術（近世史）	230
常滑焼　→常滑焼	488
土佐国　→高知県（近世史）	781
土佐藩　→幕末期の土佐藩	121
土佐光起　→土佐光起	424
土佐光則　→土佐光則	424

都市　→都市	269
図書館　→図書館・文庫	414
戸田茂睡　→戸田茂睡	578
栃木県	
→栃木県（中世・近世史）	10
→栃木県（近世史）	684
土地制度　→土地制度	211
鳥取県	
→鳥取県（中世・近世史）	11
→鳥取県（近世史）	764
殿さま　→大名	64
土芳　→服部土芳	616
土木史　→土木史	215
弔い　→葬儀	304
富山県	
→富山県（中世・近世史）	10
→富山県（近世史）	722
豊国　→歌川豊国	476
豊臣秀頼　→大坂の陣	71
豊春　→歌川豊春	474
鳥居清長　→鳥居清長	469
鳥居清信　→鳥居清信	478
捕物　→司法	154
泥棒　→盗人	158
問屋　→問屋	246
問屋仲間　→問屋仲間	247

【な】

内藤丈草　→内藤丈草	616
長井雅楽　→幕末期の長州藩	130
中江藤樹　→中江藤樹	326
中岡慎太郎　→中岡慎太郎	125
永倉新八　→新選組	134
長崎県　→長崎県（近世史）	790
長崎通詞　→通訳・翻訳	532
長崎奉行判決記録　→犯科帳	159
長崎貿易　→長崎貿易	166
長沢蘆雪　→長沢蘆雪	432
中山道　→中山道	237
長門国	
→山口県（中世・近世史）	11
→山口県（近世史）	771
長野県	
→長野県（中世・近世史）	10
→長野県（近世史）	731
中浜万次郎　→中浜万次郎（ジョン万次郎）	168
中御門天皇　→中御門天皇	44
中山城山　→中山城山	335
中山忠能日記　→中山忠能日記	104
中山忠能履歴資料　→中山忠能履歴資料	104

名古屋城　→名古屋城	498
鍋島焼　→鍋島焼	488
生麦事件　→外国人殺傷事件	180
奈良県　→奈良県（近世史）	761
南紀徳川史　→南紀徳川史	763
南洲翁　→西郷隆盛	126
南画　→文人画・南画・俳画	433
南総里見八犬伝	
→滝沢馬琴	562
→南総里見八犬伝	564
南蛮美術　→南蛮美術	425
南部・八戸藩藩日記　→南部・八戸藩藩日記	658

【に】

新潟県	
→新潟県（中世・近世史）	10
→新潟県（近世史）	717
肉筆浮世絵　→肉筆浮世絵	459
西川祐信　→西川祐信	478
錦絵　→錦絵	459
二条城　→二条城	498
日米和親条約　→幕末外交・貿易史	171
日蓮宗　→日蓮宗	369
日光街道　→日光街道	238
日光東照宮	
→左甚五郎	419
→日光東照宮	501
日新館（会津）　→藩校	400
日新堂（盛岡藩）　→藩校	400
日本永代蔵　→日本永代蔵	554
二宮尊徳　→二宮尊徳	356
日本誌　→日本誌	169
日本酒　→酒	298
日本農書全書　→日本農書全書	214
入浴　→入浴	295
人間尊重思想　→人間尊重思想	315
仁孝天皇　→仁孝天皇	45
人情本　→人情本	557

【ぬ】

抜け荷　→初期外交・貿易史	163
盗人　→盗人	158

【ね】

年貢　→年貢	218
年中行事　→年中行事・歳時記	305

【の】

能楽　→能楽	513
農業技術　→農書・農業技術	214
農業史	
→農業史（中世・近世史）	4
→農業史（近世史）	209
農政　→農政	211
農書　→農書・農業技術	214
農民生活　→農民生活	217
野ざらし紀行　→野ざらし紀行	646
野沢凡兆　→野沢凡兆	616
能登国　→石川県（近世史）	724
野中兼山　→野中兼山	322
野々村仁清　→野々村仁清	482

【は】

俳画　→文人画・南画・俳画	433
俳諧	
→俳諧	584
→地方俳諧（地方俳諧）	588
→地方俳諧（北海道・東北地方）	588
→地方俳諧（関東地方）	588
→地方俳諧（中部地方）	589
→地方俳諧（近畿地方）	590
→地方俳諧（中国地方）	590
→地方俳諧（四国地方）	590
→地方俳諧（九州地方）	590
→初期俳諧	591
→安永・天明期俳諧	617
俳諧七部集　→俳諧七部集	608
俳句　→俳諧	584
俳文　→俳文	571
葉隠　→葉隠	355
長州藩　→幕末期の長州藩	130
萩藩諸家系譜　→諸家人物伝・系譜	19
履き物　→服飾史（近世史）	293
萩焼　→萩焼	489
白隠　→白隠	425
幕臣	
→幕府政治	58
→幕末期の幕臣	116
パークス　→対イギリス外交	197
博徒　→侠客・無宿人	266
幕藩体制　→幕藩体制	55

日本近世史図書総覧　明治～平成　941

幕府書物方日記　→幕府書物方日記	41
幕府政治　→幕府政治	58
幕府滅亡　→幕府滅亡	144
幕末　→幕末	88
幕末外交　→幕末外交・貿易史	171
幕末外交史料　→幕末外交史料	172
幕末外国関係文書　→幕末外国関係文書	172
幕末外国関係文書附録　→幕末外国関係文書附録	174
幕末群像　→維新の群像	109
幕末経済　→幕末経済	200
幕末思想　→幕末思想	316
幕末写真史　→幕末写真史	96
幕末史料　→幕末史料	97
幕末テロ　→幕末テロ	134
幕末動乱　→幕末動乱	142
幕末風聞探索書　→幕末風聞探索書	102
橋本左内	
→安政大獄	107
→橋本左内	115
芭蕉	
→松尾芭蕉（俳諧）	593
→松尾芭蕉（紀行文）	640
芭蕉句碑　→句碑	608
芭蕉七部集　→俳諧七部集	608
支倉常長　→慶長遣欧使節・支倉常長	164
旗本　→旗本	61
八丈島　→八丈島（近世史）	712
八文字屋本　→八文字屋本	555
服部土芳　→服部土芳	616
咄本　→咄本	567
英一蝶　→英一蝶	427
花街　→遊里	300
塙保己一　→塙保己一	347
林鵞峰日記　→林鵞峰日記	38
林子平　→林子平	85
林羅山　→林羅山	321
林良斎　→林良斎	330
ハリス　→ハリス・ヒュースケン	194
播磨国	
→兵庫県（中世・近世史）	11
→兵庫県（近世史）	757
春信　→鈴木春信	466
藩校　→藩校	400
犯科帳　→犯科帳	159
藩鑑　→藩鑑	68
藩翰譜　→藩翰譜	21
犯罪	
→行刑・刑罰	158
→犯罪・心中	265
藩財政　→藩財政	202
藩札　→藩札・地方紙幣	207
蛮社の獄　→蛮社の獄	381

反射炉	
→江川英龍	117
→製鉄・大砲製造（近世史）	231
藩主　→大名	64
繁盛しぐさ　→江戸しぐさ	252
藩政　→藩政	67
藩政改革　→藩政改革	85
伴信友　→伴信友	345
藩法　→藩法	151

【ひ】

東アジア　→対アジア外交	184
東山天皇　→東山天皇	44
引札　→広告	253
飛脚　→飛脚	234
火消し　→火事・火消し	298
肥後国	
→熊本県（中世・近世史）	11
→熊本県（近世史）	793
肥後藩人畜改帳　→肥後藩人畜改帳	796
土方歳三　→土方歳三	140
菱川師宣　→菱川師宣	461
美術史	
→美術史（中世・近世史）	8
→美術史（近世史）	416
美人画　→美人画	450
肥前国	
→佐賀県（近世史）	788
→長崎県（近世史）	790
備前国　→岡山県（近世史）	766
備前焼　→備前焼	489
常陸国	
→茨城県（中世・近世史）	10
→茨城県（近世史）	680
飛騨国　→岐阜県（近世史）	736
左甚五郎　→左甚五郎	419
備中国　→岡山県（近世史）	766
秀忠　→徳川秀忠	50
人斬り　→暗殺事件	279
非人　→差別史	262
百姓　→農民生活	217
百姓一揆　→百姓一揆	220
日向国	
→宮崎県（中世・近世史）	11
→宮崎県（近世史）	801
ヒュースケン	
→外国人の見た日本	180
→ハリス・ヒュースケン	194
兵庫県	
→兵庫県（中世・近世史）	11

→姫路城 ……………………………… 498
　　→兵庫県(近世史) ………………… 757
屛風絵　→屛風絵 ……………………… 427
漂流民　→漂流民 ……………………… 166
評論　→随筆・評論 …………………… 569
平賀源内　→平賀源内 ………………… 380
平賀元義　→平賀元義 ………………… 578
平田篤胤　→平田篤胤 ………………… 345
広重　→安藤広重 ……………………… 469
広島県
　　→広島県(中世・近世史) …………… 11
　　→広島県(近世史) ………………… 769
広瀬淡窓　→広瀬淡窓 ………………… 336
廣橋兼胤公武御用日記　→廣橋兼胤公武御用日記 ……… 37
備後国
　　→広島県(中世・近世史) …………… 11
　　→広島県(近世史) ………………… 769

【ふ】

風景画　→風景画 ……………………… 452
風俗
　　→風俗・生活史(中世・近世史) ……… 7
　　→風俗・生活史(近世史) ………… 281
風俗画　→風俗画 ……………………… 453
風俗史料　→風俗史料 ………………… 284
武鑑　→武鑑 …………………………… 60
奉行所　→奉行所 ……………………… 155
武具
　　→鎧・武具(中世・近世史) ………… 7
　　→鎧・武具(近世史) ……………… 294
福井県
　　→福井県(中世・近世史) …………… 10
　　→福井県(近世史) ………………… 728
福岡県
　　→福岡県(中世・近世史) …………… 11
　　→細川家史料 ……………………… 37
　　→福岡県(近世史) ………………… 784
福島県　→福島県(近世史) …………… 673
服飾史
　　→服飾史(中世・近世史) …………… 7
　　→服飾史(近世史) ………………… 293
福田半香　→福田半香 ………………… 441
武家義理物語　→武家義理物語 ……… 555
武家故実　→武家故実 ………………… 288
武家屋敷　→城郭建築・武家屋敷 …… 495
武士　→城郭建築・武家屋敷 ………… 495
藤岡屋日記　→風俗史料 ……………… 284
武士生活　→武士生活 ………………… 286
藤田東湖　→藤田東湖 ………………… 351
富士谷御杖　→富士谷御杖 …………… 348

武士道　→武士道 ……………………… 352
武士の法度　→武士の法度 …………… 148
武蔵国
　　→埼玉県(中世・近世史) …………… 10
　　→東京都(中世・近世史) …………… 10
　　→埼玉県(近世史) ………………… 690
　　→東京都(近世史) ………………… 699
不受不施派　→不受不施派 …………… 370
藤原惺窩　→藤原惺窩 ………………… 321
豊前国
　　→福岡県(中世・近世史) …………… 11
　　→福岡県(近世史) ………………… 784
　　→大分県(近世史) ………………… 796
蕪村
　　→与謝蕪村(文人画) ……………… 437
　　→与謝蕪村(俳諧) ………………… 619
札差　→札差 …………………………… 205
プチャーチン　→対ロシア外交 ……… 192
物価史　→物価史 ……………………… 204
仏教史　→仏教史 ……………………… 365
仏教美術　→仏教美術 ………………… 418
仏像　→仏像 …………………………… 419
武道　→武道 …………………………… 521
武道伝来記　→武道伝来記 …………… 555
船　→造船 ……………………………… 232
部落　→浅草弾左衛門 ………………… 265
　　→奥田家文書 ……………………… 34
　　→部落法 …………………………… 162
フランス
　　→留学 ……………………………… 141
　　→外国人の見た日本 ……………… 180
振袖火事　→火事・火消し …………… 298
古田織部　→古田織部 ………………… 526
古札　→藩札・地方紙幣 ……………… 207
触書　→町触・触書 …………………… 148
風呂　→入浴 …………………………… 295
文学史
　　→文学史(中世・近世史) …………… 9
　　→文学史(近世史) ………………… 533
文化史
　　→文化史(中世・近世史) …………… 8
　　→文化史(近世全般) ……………… 408
　　→文化史(近世前期) ……………… 410
　　→文化史(近世中期) ……………… 410
　　→文化史(近世後期) ……………… 410
文庫　→図書館・文庫 ………………… 414
豊後杵月藩城下町町役所日記　→豊後杵月藩城下町

町役所日記 ……………………………… 800
豊後国　→大分県(近世史) …………… 796
文人画　→文人画・南画・俳画 ……… 433
文治政治　→文治政治 ………………… 82
文晁　→谷文晁 ………………………… 440

【へ】

- 米価　→米相場　211
- 兵学思想　→兵学思想　316
- 平洲　→細井平洲　336
- 兵法史　→兵法史　406
- ベッテルハイム　→外国人の見た日本　180
- ベニョフスキー　→外国人の見た日本　180
- ペリー来航　→黒船・ペリー来航　176
- 編脩地誌備用典籍解題　→編脩地誌備用典籍解題　386

【ほ】

- 帆足万里　→帆足万里　325
- 抱一派　→抱一派　432
- 貿易史
  - →初期外交・貿易史　163
  - →幕末外交・貿易史　171
- 伯耆国
  - →鳥取県(中世・近世史)　11
  - →鳥取県(近世史)　764
- 封建思想　→政治思想・封建思想　316
- 方言　→方言　532
- 封建制度　→封建制度　255
- 方谷　→山田方谷　330
- 鵬斎　→亀田鵬斎　336
- 砲術　→砲術　231
- 法制史　→法制史　144
- 防長回天史　→幕末期の長州藩　130
- 宝暦治水　→宝暦治水　217
- 北越雪譜　→北越雪譜　571
- 北越地方
  - →北越地方(中世・近世史)　10
  - →北越地方(近世史)　717
- 北斎　→葛飾北斎　462
- 北斎漫画　→北斎漫画　466
- 北枝　→立花北枝　617
- 北陸地方
  - →北越地方(中世・近世史)　10
  - →北越地方(近世史)　717
- 捕鯨　→漁業　228
- 保科正之　→保科正之　72
- 細井平洲　→細井平洲　336
- 細川家史料　→細川家史料　37
- 北海道
  - →北海道(中世・近世史)　9
  - →北海道(近世史)　653
- 発句　→発句　610
- 堀田正睦　→堀田正睦　117
- 堀部安兵衛　→堀部安兵衛　82
- 本　→読書・図書　412
- 本阿弥光悦　→本阿弥光悦　418
- 本草学　→博物誌　387
- 凡兆　→野沢凡兆　616
- 本屋　→本屋　414
- 翻訳　→通訳・翻訳　532

【ま】

- 埋蔵金伝説　→埋蔵金伝説　307
- 前橋藩松平家記録　→前橋藩松平家記録　688
- 蒔絵　→蒔絵　492
- 枕絵　→春画　455
- 益子焼　→益子焼　490
- 増山雪斎　→増山雪斎　440
- 町奉行　→奉行所　155
- 町触　→町触・触書　148
- 松浦静山　→甲子夜話　34
- 松尾芭蕉
  - →松尾芭蕉(俳諧)　593
  - →俳諧七部集　608
  - →猿蓑　610
  - →松尾芭蕉(紀行文)　640
- 松平容保　→幕末期の会津藩　121
- 松平定信　→寛政改革　85
- 松平春岳　→松平春岳　115
- 松平慶永　→松平春岳　115
- 松村景文　→松村景文　432
- 間引き　→人口史　257
- 円山応挙　→円山応挙　431
- 円山派・四条派　→写生画・円山派・四条派　430
- 万延元年遣米使節　→万延元年遣米使節　194
- 漫画　→漫画　480

【み】

- 三浦梅園　→三浦梅園　359
- 三重県　→三重県(近世史)　748
- 三河国
  - →愛知県(中世・近世史)　10
  - →愛知県(近世史)　742
- 三河物語　→三河物語　39
- 三行半　→離婚　161
- 三島中洲　→三島中洲　331
- 水野忠邦　→天保改革　88
- 見世物　→寄席・見世物　520

道	
→道（中世・近世史）	5
→街道（近世史）	234
通兄公記　→通兄公記	40
密教　→密教	367
水戸学　→水戸学	348
水戸黄門　→水戸黄門	73
水戸藩　→幕末期の水戸藩	119
水戸光圀　→水戸黄門	73
皆川淇園　→皆川淇園	336
美濃国　→岐阜県（近世史）	736
美濃焼　→美濃焼	490
身分　→士農工商	256
美作国　→岡山県（近世史）	766
宮城県	
→宮城県（中世・近世史）	9
→宮城県（近世史）	664
宮座　→宮座	269
宮崎県	
→宮崎県（中世・近世史）	11
→佐土原藩嶋津家江戸日記	37
→宮崎県（近世史）	801
宮本武蔵	
→宮本武蔵	522
→五輪書	523
妙法院日次記　→妙法院日次記	40
民家　→民家	503
民間伝承	
→民間伝承（中世・近世史）	8
→民間伝承（近世史）	306
民間療法　→民間療法	396
民具　→民具	304
民事法　→民事法	161
民衆思想　→民衆思想	356
民間信仰　→民間信仰	374

【む】

向井去来　→向井去来	615
向山誠斎雑記　→向山誠斎雑記	102
武蔵　→宮本武蔵	522
無宿人　→侠客・無宿人	266
武玉川　→武玉川	633
陸奥国	
→岩手県（中世・近世史）	9
→宮城県（中世・近世史）	9
→青森県（近世史）	656
→岩手県（近世史）	660
→宮城県（近世史）	664
→福島県（近世史）	673
宗春　→徳川宗春	84

村瀬太乙　→村瀬太乙	325
室鳩巣　→室鳩巣	321

【め】

名君　→大名	64
明正天皇　→明正天皇	44
名所図絵　→名所図絵・切絵図	309
明倫歌集　→明倫歌集	582
明倫館（宇和島）　→藩校	400
明倫館（荻）　→藩校	400
明倫堂（高鍋）　→藩校	400
明暦の大火　→火事・火消し	298
綿　→産業史	209

【も】

毛利空桑　→毛利空桑	359
木材　→林業史	227
本居宣長　→本居宣長	341
物の怪　→妖怪・怪談	375
桃園天皇　→桃園天皇	44
盛岡藩雑書　→盛岡藩雑書	663
守貞謾稿　→風俗史料	284
師宣　→菱川師宣	461

【や】

やきもの　→陶芸	480
柳生新陰流　→柳生新陰流	524
薬学　→薬学	396
ヤクザ　→侠客・無宿人	266
役者絵　→役者絵	451
役人　→役人	157
野菜　→商品作物・園芸	212
野史台維新史料　→野史台維新史料	105
安井息軒　→安井息軒	335
泰重卿記　→泰重卿記	40
耶蘇教　→キリスト教	370
八橋売茶翁　→八橋売茶翁	527
梁川星巌　→梁川星巌	653
柳沢淇園　→柳沢淇園	441
柳沢吉保　→元禄時代	73
柳多留　→柳多留	631
山内容堂　→幕末期の土佐藩	121
山岡鉄舟　→山岡鉄舟	119
山鹿素行　→山鹿素行	332

山形県　→山形県（近世史）	669
山県周南　→山県周南	335
山口県	
→山口県（中世・近世史）	11
→幕末期の長州藩	130
→山口県（近世史）	771
山崎闇斎　→山崎闇斎	323
山城国	
→京都府（中世・近世史）	11
→京都府（近世史）	752
山田宗徧　→山田宗徧	527
山田方谷　→山田方谷	330
大和絵　→大和絵	424
大和挙兵　→天誅組の乱	143
大和国　→奈良県（近世史）	761
山梨県	
→山梨県（中世・近世史）	10
→山梨県（近世史）	730

【ゆ】

湯浴み　→入浴	295
由比正雪の乱　→由比正雪の乱	72
遊郭　→遊里	300
遊戯　→遊戯	303
有造館（津）　→藩校	400
郵便　→飛脚	234
遊里　→遊里	300
湯島聖堂　→昌平坂学問所	400
弓　→弓道	524

【よ】

洋画　→洋画・銅版画	478
妖怪　→妖怪・怪談	375
洋学　→蘭学・洋学	376
謡曲　→歌謡・謡曲・狂言	634
鷹山　→上杉鷹山	86
養蚕史　→養蚕史	226
養生訓　→貝原益軒	323
用水　→用水・治水	215
陽明学派　→陽明学派	326
横井小楠　→横井小楠	325
横浜　→横浜	277
与謝蕪村	
→与謝蕪村（文人画）	437
→与謝蕪村（俳諧）	619
吉田活堂　→吉田活堂	351

吉田松陰	
→安政大獄	107
→吉田松陰	359
→松下村塾	404
吉田蔵沢　→吉田蔵沢	440
吉田東洋　→幕末期の土佐藩	121
義経千本桜　→義経千本桜	512
慶喜　→徳川慶喜	53
吉宗　→徳川吉宗	51
吉原　→吉原	302
寄席　→寄席・見世物	520
寄場送り　→流人・寄場送り	160
四谷怪談　→四谷怪談	519
東海道四谷怪談　→四谷怪談	519
世直し一揆　→世直し一揆	222
読本　→読本	559
与力　→役人	157
鎧	
→鎧・武具（中世・近世史）	7
→鎧・武具（近世史）	294
万の文反古　→万の文反古	555
ヨーロッパ　→対ヨーロッパ外交	196

【ら】

頼山陽	
→頼山陽（歴史学者）	382
→頼山陽（漢詩）	652
ラクスマン　→対ロシア外交	192
楽焼　→楽焼	491
蘭学　→蘭学・洋学	376
蘭学事始　→蘭学事始	380

【り】

力士　→相撲	524
離宮　→離宮	501
陸援隊　→中岡慎太郎	125
離婚　→離婚	161
柳営補任　→柳営補任	41
留学　→留学	141
琉球	
→沖縄県（中世・近世史）	11
→沖縄県（近世史）	805
→琉球の法制	154
良寛	
→良寛（禅宗）	369
→良寛（短歌）	578
→良寛（俳諧）	627

→良寛(漢詩) ……………………………… 651
領国経営　→領国経営 ………………………… 202
竜馬　→坂本竜馬 ……………………………… 122
料理史　→食物・料理史 ……………………… 295
料理史料　→料理史料 ………………………… 297
旅　→旅行 ……………………………………… 240
林業史　→林業史 ……………………………… 227
琳派　→琳派・装飾画・障壁画 ……………… 428
倫理　→倫理・道徳 …………………………… 352

【る】

流刑　→流人・寄場送り ……………………… 160
流人　→流人・寄場送り ……………………… 160

【れ】

霊元天皇　→霊元天皇 ………………………… 44
冷泉為恭　→冷泉為恭 ………………………… 424
暦学　→時法・暦学 …………………………… 392
歴史地理
　　→歴史地理(中世・近世史) …………………… 8
　　→歴史地理(近世史) ……………………… 307
歴代残闕日記　→歴代残闕日記 ……………… 42
歴代宝案　→歴代宝案 ………………………… 13
レザノフ　→外国人の見た日本 ……………… 180
連歌　→連句 …………………………………… 606
連句　→連句 …………………………………… 606
蓮月　→大田垣蓮月 …………………………… 576
連城紀聞　→連城紀聞 ………………………… 102
連城漫筆　→連城漫筆 ………………………… 38

【ろ】

牢屋　→行刑・刑罰 …………………………… 158
ロシア　→対ロシア外交 ……………………… 192
ロセス　→小栗忠順 …………………………… 118

【わ】

ワイロ　→ワイロ ……………………………… 85
和歌　→和歌 …………………………………… 572
若狭国
　　→福井県(中世・近世史) ……………………… 10
　　→福井県(近世史) ………………………… 728
和歌山県　→和歌山県(近世史) ……………… 761

和算　→数学 …………………………………… 389
和紙　→製造業・工業技術(近世史) ………… 230
渡辺崋山　→渡辺崋山 ………………………… 438
侘び
　　→茶道 …………………………………… 525
　　→蕉風俳句 ……………………………… 606

日本近世史図書総覧 明治〜平成

2009年6月25日 第1刷発行

発 行 者／大高利夫
編集・発行／日外アソシエーツ株式会社
　　　　　　〒143-8550 東京都大田区大森北1-23-8 第3下川ビル
　　　　　　電話(03)3763-5241(代表)　FAX(03)3764-0845
　　　　　　URL http://www.nichigai.co.jp/
発 売 元／株式会社紀伊國屋書店
　　　　　　〒163-8636 東京都新宿区新宿3-17-7
　　　　　　電話(03)3354-0131(代表)
　　　　　　ホールセール部(営業)　電話(03)6910-0519

電算漢字処理／日外アソシエーツ株式会社
印刷・製本／株式会社平河工業社

不許複製・禁無断転載　《中性紙H-三菱書籍用紙イエロー使用》
〈落丁・乱丁本はお取り替えいたします〉
ISBN978-4-8169-2187-2　　Printed in Japan, 2009

本書はディジタルデータでご利用いただくことができます。詳細はお問い合わせください。

日本古代史図書総覧　明治～平成

B5・780頁　定価29,400円（本体28,000円）　2008.6刊

1868年～2007年に刊行された日本の古代に関する図書26,852点を収録した図書目録。鎌倉幕府開府までの古代史関連図書を法制史・外交史・美術史・文学史等の主題ごとに分類。稀覯本から最新の学説書まで包括的に調査できる。

日本中世史図書総覧　明治～平成

B5・580頁　定価29,925円（本体28,500円）　2008.11刊

1868年～2007年に刊行された日本の中世に関する図書18,293点を収録した図書目録。鎌倉幕府開府～江戸幕府開府までの中世史関連図書を法制史・外交史・美術史・文学史等の主題ごとに分類。稀覯本から最新の学説書まで包括的に調査できる。

歴史学紀要論文総覧

B5・1,140頁　定価68,000円（本体64,762円）　2007.9刊

歴史学関連（考古学を含む）の大学紀要に収載された論文を総覧できる内容細目集。古くは1920年代の創刊号から2006年までに刊行された大学紀要209誌・4,411冊より、26,130点の論文を収録。

全国地方史誌総目録

北海道・東北・関東・北陸・甲信越
A5・610頁　定価19,600円（本体18,667円）　2007.6刊

東海・近畿・中国・四国・九州・沖縄
A5・630頁　定価19,600円（本体18,667円）　2007.7刊

明治時代～現代までに刊行された、全国の各自治体が編纂・発行した地方史誌延べ2万冊を都道府県・市区町村ごとに一覧できる目録。各史誌には書誌事項のほか、原本調査により、それぞれの収録内容・範囲を記載。〈明治大学図書館　協力〉

CD-県史誌

1　関東—近世（通史／資料）編　　　　法人版価格56,700円（本体54,000円）　2006.10発売
2　関東—近現代（通史／資料）編　　　法人版価格56,700円（本体54,000円）　2006.12発売
3　近畿・東海—近世（通史／資料）編　法人版価格49,350円（本体47,000円）　2007.9発売
4　近畿・東海—近現代（通史／資料）編　法人版価格49,350円（本体47,000円）　2008.3発売

郷土史、地方史、地域研究の典拠となる「都道府県史誌」の内容細目集。各県史誌の詳細な目次と、本文中の資料名、写真や図版の典拠などを索引化。知りたい内容がどの県史のどこに書かれているかを簡単に検索。Windows対応検索ソフト組込。

データベースカンパニー
日外アソシエーツ

〒143-8550　東京都大田区大森北1-23-8
TEL.(03)3763-5241　FAX.(03)3764-0845　http://www.nichigai.co.jp/